חמישה חומשי תורה וסידור לשבת • נוסח אשכנז

The Koren Shabbat Ḥumash • Nusaḥ Ashkenaz

ירושלים

קורן ירושלים

THE MAGERMAN EDITION

חמישה חומשי תורה וסידור לשבת

THE KOREN SHABBAT ḤUMASH

TORAH · HAFTAROT · SIDDUR FOR SHABBAT

KOREN PUBLISHERS JERUSALEM

The Koren Shabbat Ḥumash
The Magerman Edition
First Edition, 2013

Koren Publishers Jerusalem Ltd.
POB 4044, Jerusalem 91040, ISRAEL
POB 8531, New Milford, CT 06776, USA

www.korenpub.com

The English translation and commentary in this edition are based on the English translation and commentary first published in Great Britain in 2006 in the Authorised Daily Prayer Book of the United Hebrew Congregations of the Commonwealth: New Translation and Commentary by Chief Rabbi Jonathan Sacks, (Fourth Edition, Compilation © United Synagogue) by Collins, a division of HarperCollins Publishers, London.

The creation of this Siddur was made possible with the generous support of Torah Education in Israel.

Standard Size, Hardcover, ISBN 978 965 301 284 4

KSHA1

CONTENTS

Parasha · Haftara

הפטרות מיוחדות • SPECIAL HAFTAROT

סידור לשבת • SHABBAT SIDDUR

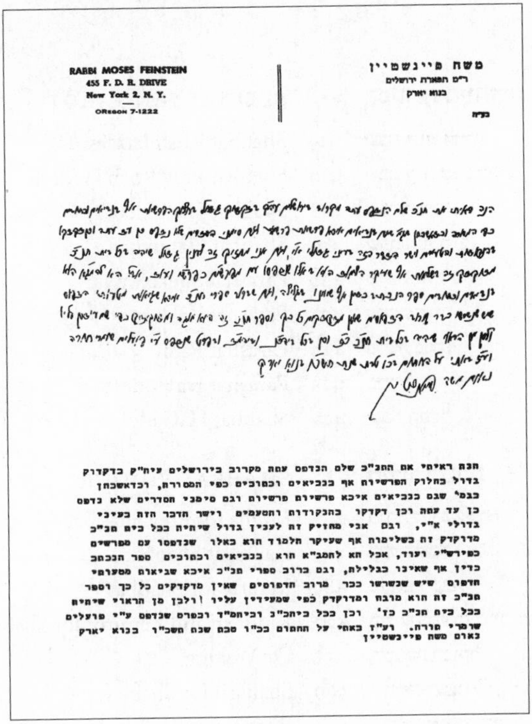

RABBI MOSES FEINSTEIN
455 F. D. R. DRIVE
New York 2, N. Y.
OREGON 7-1222

משה פיינשטיין
ר"מ תפארת ירושלים
בנוא יארק

בע"ה

הנה ראיתי את התנ"ך שלם הנדפס עתה מקרוב בירושלים עיה"ק בדקדוק
גדול בחלוק הפרשיות אף בנביאים וכתובים כפי המסורה, וכדאשכחן
בגמ' שגם בנביאים איכא פרשיות פרשיות וגם סימני הסדרים שלא נדפס
כן עד עתה וכן דקדקו בהנקודות והטעמים ויישר הדבר הזה בעיני
גדולי א"י, וגם אני מחזיק זה לענין גדול שיהיה בכל בית תנ"ך
מדוקדק זה בשלימות אף שעיקר הלמוד הוא באלו שנדפסו עם מפרשים
כפירש"י ועוד, אבל הא לחמב"א הוא בנביאים וכתובים ספר הנכתב
כדין אף שאינו בגלילה, וגם ברוב ספרי תנ"ך איכא שבושים מטעויות
הדפוס שיש שנשרשו כבר מרוב הדפוסים שאין מדקדקים כל כך וספר
תנ"ך זה הוא מוגה ומדוקדק כפי שמעידין עליו ולכן מן הראוי שיהיה
בכל בית תנ"ך כזה וכן בכל בתכ"נ ובתמ"ד ובפרט שנדפס ע"י פועלים
שומרי תורה. ועל"ז באתי על החתום בכ"ו טבת שנת תשכ"ו בנוא יארק
נאום משה פיינשטיין

I have just viewed the full Koren Bible printed in Jerusalem. I was impressed by the great meticulousness with which the *parshiyot* in Prophets and Ketuvim are distributed, according to tradition and the Talmud. The Book of Prophets, too, is divided into *parshiyot* as well as *sdarim* symbols which have never been printed until this day. In addition, Koren's editors were very scrupulous regarding vowels and vocalization [*ta'amei mikra*], pleasing to the eyes of the great Rabbis of Israel. I consider it of great importance that every Jewish home possesses this comprehensive *Tanakh*… Most *Tanakhim* include mistakes and typographic error which may have become embedded in many editions. Yet the Koren *Tanakh* is well proofread and very reliable, as testified by its users. Therefore it is advisable that such a *Tanakh* be found in every house as well as each synagogue and *Beit Midrash*, all the more since it was printed by a Jewish concern.

26th of Tevet, 5726 (1966), New York

Moses Feinstein

This haskama refers to the original edition of The Koren Tanakh, *upon which this volume is based.*

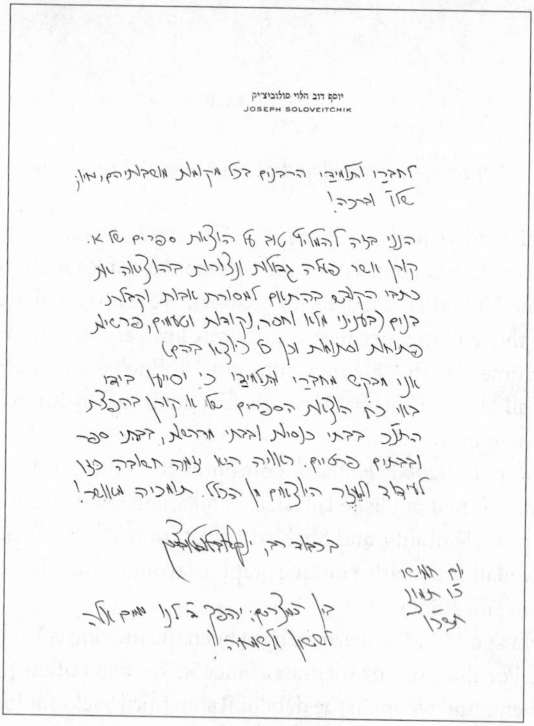

To my rabbinical colleagues and students throughout the world,

I hereby recommend the publications of Eliyahu Koren, who has performed a great service in publishing the Holy Scriptures according to Jewish tradition, with careful regard for accuracy in spelling, vowels and accentuation, open and closed Portions, and the like.

I call upon my friends and students to assist the representatives of Koren Publishers Jerusalem by distributing the *Tanakh* in synagogues and *Batei Midrash*, in schools and in private homes. This crucial initiative is worthy of our added encouragement and assistance.

"... and joyous are those who hold her fast!"

Respectfully,
Joseph B. Soloveitchik
Thursday, 26 Tammuz, 5726 (1966)
Between the straits:
May God transform these days into ones of joy and happiness!

This haskama refers to the original edition of The Koren Tanakh, *upon which this volume is based.*

PREFACE

"One generation will praise Your works to the next..."

We are pleased to introduce *The Koren Shabbat Ḥumash*, a combined Siddur with the English translation and commentary of Rabbi Lord Jonathan Sacks, and Ḥumash in Hebrew for Shabbat. We are particularly delighted to offer this volume, because it provides Jews around the world – for the first time – with a Hebrew edition with English instructions of the popular all-Hebrew Shabbat Ḥumash, first published by Koren Publishers Jerusalem in 1982.

The Koren Shabbat Ḥumash combines the Ḥumash text from *The Koren Tanakh*, first published in Israel in 1962, and renowned for its textual accuracy and legibility, and Shabbat *tefillot* from *The Koren Sacks Siddur*, introduced in 2009 with a unique graphic layout to elucidate the prayers' underlying meanings.

Debra and David Magerman have been the moving spirit behind this edition. For this and for their assistance in so many other projects, we thank them. And we are in the debt of Rabbi Lord Sacks for his continual inspiration in thought, words and deeds.

We thank the highly professional team at Koren Publishers Jerusalem, including Rabbi David Fuchs, Esther Be'er, Dena Landowne Bailey and Rachel Meghnagi in designing and typesetting this volume to advance the aim of Koren's founder, Eliyahu Koren, "to present to worshipers a means to draw and connect them not only to the words of the prayers, but also to the contents and meaning that were before our sages when engraving the phrases of the prayers, and our rabbis throughout the ages when compiling versions of the prayers."

We hope this new edition of a Koren classic will enhance the experience of Shabbat for Jews everywhere.

Matthew Miller, Publisher
Jerusalem 5774 (2013)

בראשית

BERESHIT

א

א ב בְּרֵאשִׁית בָּרָא אֱלֹהִים אֵת הַשָּׁמַיִם וְאֵת הָאָרֶץ: וְהָאָרֶץ א

הָיְתָה תֹהוּ וָבֹהוּ וְחֹשֶׁךְ עַל־פְּנֵי תְהוֹם וְרוּחַ אֱלֹהִים מְרַחֶפֶת

ג ד עַל־פְּנֵי הַמָּיִם: וַיֹּאמֶר אֱלֹהִים יְהִי־אוֹר וַיְהִי־אוֹר: וַיַּרְא אֱלֹהִים

ה אֶת־הָאוֹר כִּי־טוֹב וַיַּבְדֵּל אֱלֹהִים בֵּין הָאוֹר וּבֵין הַחֹשֶׁךְ: וַיִּקְרָא

אֱלֹהִים ׀ לָאוֹר יוֹם וְלַחֹשֶׁךְ קָרָא לָיְלָה וַיְהִי־עֶרֶב וַיְהִי־בֹקֶר יוֹם

אֶחָד:

ו וַיֹּאמֶר אֱלֹהִים יְהִי רָקִיעַ בְּתוֹךְ הַמָּיִם וִיהִי מַבְדִּיל בֵּין מַיִם

ז לָמָיִם: וַיַּעַשׂ אֱלֹהִים אֶת־הָרָקִיעַ וַיַּבְדֵּל בֵּין הַמַּיִם אֲשֶׁר

ח מִתַּחַת לָרָקִיעַ וּבֵין הַמַּיִם אֲשֶׁר מֵעַל לָרָקִיעַ וַיְהִי־כֵן: וַיִּקְרָא

אֱלֹהִים לָרָקִיעַ שָׁמָיִם וַיְהִי־עֶרֶב וַיְהִי־בֹקֶר יוֹם שֵׁנִי:

ט וַיֹּאמֶר אֱלֹהִים יִקָּווּ הַמַּיִם מִתַּחַת הַשָּׁמַיִם אֶל־מָקוֹם אֶחָד

י וְתֵרָאֶה הַיַּבָּשָׁה וַיְהִי־כֵן: וַיִּקְרָא אֱלֹהִים ׀ לַיַּבָּשָׁה אֶרֶץ וּלְמִקְוֵה

יא הַמַּיִם קָרָא יַמִּים וַיַּרְא אֱלֹהִים כִּי־טוֹב: וַיֹּאמֶר אֱלֹהִים תַּדְשֵׁא

הָאָרֶץ דֶּשֶׁא עֵשֶׂב מַזְרִיעַ זֶרַע עֵץ פְּרִי עֹשֶׂה פְּרִי לְמִינוֹ אֲשֶׁר

יב זַרְעוֹ־בוֹ עַל־הָאָרֶץ וַיְהִי־כֵן: וַתּוֹצֵא הָאָרֶץ דֶּשֶׁא עֵשֶׂב מַזְרִיעַ

זֶרַע לְמִינֵהוּ וְעֵץ עֹשֶׂה־פְּרִי אֲשֶׁר זַרְעוֹ־בוֹ לְמִינֵהוּ וַיַּרְא אֱלֹהִים

יג כִּי־טוֹב: וַיְהִי־עֶרֶב וַיְהִי־בֹקֶר יוֹם שְׁלִישִׁי:

יד וַיֹּאמֶר אֱלֹהִים יְהִי מְאֹרֹת בִּרְקִיעַ הַשָּׁמַיִם לְהַבְדִּיל בֵּין הַיּוֹם

טו וּבֵין הַלָּיְלָה וְהָיוּ לְאֹתֹת וּלְמוֹעֲדִים וּלְיָמִים וְשָׁנִים: וְהָיוּ

טז לִמְאוֹרֹת בִּרְקִיעַ הַשָּׁמַיִם לְהָאִיר עַל־הָאָרֶץ וַיְהִי־כֵן: וַיַּעַשׂ

אֱלֹהִים אֶת־שְׁנֵי הַמְּאֹרֹת הַגְּדֹלִים אֶת־הַמָּאוֹר הַגָּדֹל לְמֶמְשֶׁלֶת

הַיּוֹם וְאֶת־הַמָּאוֹר הַקָּטֹן לְמֶמְשֶׁלֶת הַלַּיְלָה וְאֵת הַכּוֹכָבִים:

יז יח וַיִּתֵּן אֹתָם אֱלֹהִים בִּרְקִיעַ הַשָּׁמָיִם לְהָאִיר עַל־הָאָרֶץ: וְלִמְשֹׁל

בַּיּוֹם וּבַלַּיְלָה וּלֲהַבְדִּיל בֵּין הָאוֹר וּבֵין הַחֹשֶׁךְ וַיַּרְא אֱלֹהִים

יט כִּי־טוֹב: וַיְהִי־עֶרֶב וַיְהִי־בֹקֶר יוֹם רְבִיעִי:

כ וַיֹּאמֶר אֱלֹהִים יִשְׁרְצוּ הַמַּיִם שֶׁרֶץ נֶפֶשׁ חַיָּה וְעוֹף יְעוֹפֵף עַל־

כא הָאָרֶץ עַל־פְּנֵי רְקִיעַ הַשָּׁמָיִם: וַיִּבְרָא אֱלֹהִים אֶת־הַתַּנִּינִם

הַגְּדֹלִים וְאֵת כָּל־נֶפֶשׁ הַחַיָּה ׀ הָרֹמֶשֶׂת אֲשֶׁר שָׁרְצוּ הַמַּיִם
לְמִינֵהֶם וְאֵת כָּל־עוֹף כָּנָף לְמִינֵהוּ וַיַּרְא אֱלֹהִים כִּי־טוֹב׃
וַיְבָרֶךְ אֹתָם אֱלֹהִים לֵאמֹר פְּרוּ וּרְבוּ וּמִלְאוּ אֶת־הַמַּיִם בַּיַּמִּים כב
וְהָעוֹף יִרֶב בָּאָרֶץ׃ וַיְהִי־עֶרֶב וַיְהִי־בֹקֶר יוֹם חֲמִישִׁי׃ כג
וַיֹּאמֶר אֱלֹהִים תּוֹצֵא הָאָרֶץ נֶפֶשׁ חַיָּה לְמִינָהּ בְּהֵמָה וָרֶמֶשׂ כד
וְחַיְתוֹ־אֶרֶץ לְמִינָהּ וַיְהִי־כֵן׃ וַיַּעַשׂ אֱלֹהִים אֶת־חַיַּת הָאָרֶץ לְמִינָהּ כה
וְאֶת־הַבְּהֵמָה לְמִינָהּ וְאֵת כָּל־רֶמֶשׂ הָאֲדָמָה לְמִינֵהוּ וַיַּרְא
אֱלֹהִים כִּי־טוֹב׃ וַיֹּאמֶר אֱלֹהִים נַעֲשֶׂה אָדָם בְּצַלְמֵנוּ כִּדְמוּתֵנוּ כו
וְיִרְדּוּ בִדְגַת הַיָּם וּבְעוֹף הַשָּׁמַיִם וּבַבְּהֵמָה וּבְכָל־הָאָרֶץ וּבְכָל־
הָרֶמֶשׂ הָרֹמֵשׂ עַל־הָאָרֶץ׃ וַיִּבְרָא אֱלֹהִים ׀ אֶת־הָאָדָם בְּצַלְמוֹ כז
בְּצֶלֶם אֱלֹהִים בָּרָא אֹתוֹ זָכָר וּנְקֵבָה בָּרָא אֹתָם׃ וַיְבָרֶךְ כח
אֹתָם אֱלֹהִים וַיֹּאמֶר לָהֶם אֱלֹהִים פְּרוּ וּרְבוּ וּמִלְאוּ אֶת־הָאָרֶץ
וְכִבְשֻׁהָ וּרְדוּ בִּדְגַת הַיָּם וּבְעוֹף הַשָּׁמַיִם וּבְכָל־חַיָּה הָרֹמֶשֶׂת
עַל־הָאָרֶץ׃ וַיֹּאמֶר אֱלֹהִים הִנֵּה נָתַתִּי לָכֶם אֶת־כָּל־עֵשֶׂב ׀ זֹרֵעַ כט
זֶרַע אֲשֶׁר עַל־פְּנֵי כָל־הָאָרֶץ וְאֶת־כָּל־הָעֵץ אֲשֶׁר־בּוֹ פְרִי־עֵץ
זֹרֵעַ זָרַע לָכֶם יִהְיֶה לְאָכְלָה׃ וּלְכָל־חַיַּת הָאָרֶץ וּלְכָל־עוֹף ל
הַשָּׁמַיִם וּלְכֹל ׀ רוֹמֵשׂ עַל־הָאָרֶץ אֲשֶׁר־בּוֹ נֶפֶשׁ חַיָּה אֶת־כָּל־
יֶרֶק עֵשֶׂב לְאָכְלָה וַיְהִי־כֵן׃ וַיַּרְא אֱלֹהִים אֶת־כָּל־אֲשֶׁר עָשָׂה לא
וְהִנֵּה־טוֹב מְאֹד וַיְהִי־עֶרֶב וַיְהִי־בֹקֶר יוֹם הַשִּׁשִּׁי׃
וַיְכֻלּוּ הַשָּׁמַיִם וְהָאָרֶץ וְכָל־צְבָאָם׃ וַיְכַל אֱלֹהִים בַּיּוֹם הַשְּׁבִיעִי א ב ב
מְלַאכְתּוֹ אֲשֶׁר עָשָׂה וַיִּשְׁבֹּת בַּיּוֹם הַשְּׁבִיעִי מִכָּל־מְלַאכְתּוֹ
אֲשֶׁר עָשָׂה׃ וַיְבָרֶךְ אֱלֹהִים אֶת־יוֹם הַשְּׁבִיעִי וַיְקַדֵּשׁ אֹתוֹ כִּי ג
בוֹ שָׁבַת מִכָּל־מְלַאכְתּוֹ אֲשֶׁר־בָּרָא אֱלֹהִים לַעֲשׂוֹת׃
שני ב אֵלֶּה תוֹלְדוֹת הַשָּׁמַיִם וְהָאָרֶץ בְּהִבָּרְאָם בְּיוֹם עֲשׂוֹת יְהוָה ד
אֱלֹהִים אֶרֶץ וְשָׁמָיִם׃ וְכֹל ׀ שִׂיחַ הַשָּׂדֶה טֶרֶם יִהְיֶה בָאָרֶץ וְכָל־ ה
עֵשֶׂב הַשָּׂדֶה טֶרֶם יִצְמָח כִּי לֹא הִמְטִיר יְהוָה אֱלֹהִים עַל־הָאָרֶץ
וְאָדָם אַיִן לַעֲבֹד אֶת־הָאֲדָמָה׃ וְאֵד יַעֲלֶה מִן־הָאָרֶץ וְהִשְׁקָה ו

ז את־כל־פני האדמה: וייצר יהוה אלהים את־האדם עפר
מן־האדמה ויפח באפיו נשמת חיים ויהי האדם לנפש חיה:
ח ויטע יהוה אלהים גן בעדן מקדם וישם שם את־האדם אשר
ט יצר: ויצמח יהוה אלהים מן־האדמה כל־עץ נחמד למראה
י וטוב למאכל ועץ החיים בתוך הגן ועץ הדעת טוב ורע: ונהר
יצא מעדן להשקות את־הגן ומשם יפרד והיה לארבעה
יא ראשים: שם האחד פישון הוא הסבב את כל־ארץ החוילה
יב אשר־שם הזהב: וזהב הארץ ההוא טוב שם הבדלח ואבן
יג השהם: ושם־הנהר השני גיחון הוא הסובב את כל־ארץ
יד כוש: ושם הנהר השלישי חדקל הוא ההלך קדמת אשור
טו והנהר הרביעי הוא פרת: ויקח יהוה אלהים את־האדם
טז וינחהו בגן־עדן לעבדה ולשמרה: ויצו יהוה אלהים על־האדם
יז לאמר מכל עץ־הגן אכל תאכל: ומעץ הדעת טוב ורע לא
יח תאכל ממנו כי ביום אכלך ממנו מות תמות: ויאמר יהוה
יט אלהים לא־טוב היות האדם לבדו אעשה־לו עזר כנגדו: ויצר
יהוה אלהים מן־האדמה כל־חית השדה ואת כל־עוף השמים
ויבא אל־האדם לראות מה־יקרא־לו וכל אשר יקרא־
כ לו האדם נפש חיה הוא שמו: ויקרא האדם שמות לכל־ שלישי
הבהמה ולעוף השמים ולכל חית השדה ולאדם לא־מצא
כא עזר כנגדו: ויפל יהוה אלהים ׀ תרדמה על־האדם ויישן
כב ויקח אחת מצלעתיו ויסגר בשר תחתנה: ויבן יהוה אלהים ׀
את־הצלע אשר־לקח מן־האדם לאשה ויבאה אל־האדם:
כג ויאמר האדם זאת הפעם עצם מעצמי ובשר מבשרי לזאת
כד יקרא אשה כי מאיש לקחה־זאת: על־כן יעזב־איש את־
כה אביו ואת־אמו ודבק באשתו והיו לבשר אחד: ויהיו שניהם
ג א ערומים האדם ואשתו ולא יתבששו: והנחש היה ערום מכל
חית השדה אשר עשה יהוה אלהים ויאמר אל־האשה אף

ב כִּֽי־אָמַר אֱלֹהִים לֹא תֹֽאכְלוּ מִכֹּל עֵץ הַגָּן׃ וַתֹּאמֶר הָֽאִשָּׁה
ג אֶל־הַנָּחָשׁ מִפְּרִי עֵֽץ־הַגָּן נֹאכֵל׃ וּמִפְּרִי הָעֵץ אֲשֶׁר בְּתוֹךְ־הַגָּן
אָמַר אֱלֹהִים לֹא תֹֽאכְלוּ מִמֶּנּוּ וְלֹא תִגְּעוּ בּוֹ פֶּן־תְּמֻתֽוּן׃
ד ה וַיֹּאמֶר הַנָּחָשׁ אֶל־הָֽאִשָּׁה לֹא־מוֹת תְּמֻתֽוּן׃ כִּי יֹדֵעַ אֱלֹהִים כִּי
בְּיוֹם אֲכָלְכֶם מִמֶּנּוּ וְנִפְקְחוּ עֵינֵיכֶם וִהְיִיתֶם כֵּֽאלֹהִים יֹדְעֵי טוֹב
ו וָרָֽע׃ וַתֵּרֶא הָֽאִשָּׁה כִּי טוֹב הָעֵץ לְמַאֲכָל וְכִי תַֽאֲוָה־הוּא
לָעֵינַיִם וְנֶחְמָד הָעֵץ לְהַשְׂכִּיל וַתִּקַּח מִפִּרְיוֹ וַתֹּאכַל וַתִּתֵּן גַּם־
ז לְאִישָׁהּ עִמָּהּ וַיֹּאכַֽל׃ וַתִּפָּקַחְנָה עֵינֵי שְׁנֵיהֶם וַיֵּדְעוּ כִּי עֵירֻמִּם
ח הֵם וַֽיִּתְפְּרוּ עֲלֵה תְאֵנָה וַיַּעֲשׂוּ לָהֶם חֲגֹרֹֽת׃ וַֽיִּשְׁמְעוּ אֶת־קוֹל
יְהוָה אֱלֹהִים מִתְהַלֵּךְ בַּגָּן לְרוּחַ הַיּוֹם וַיִּתְחַבֵּא הָֽאָדָם וְאִשְׁתּוֹ
ט מִפְּנֵי יְהוָה אֱלֹהִים בְּתוֹךְ עֵץ הַגָּֽן׃ וַיִּקְרָא יְהוָה אֱלֹהִים אֶל־
י הָֽאָדָם וַיֹּאמֶר לוֹ אַיֶּֽכָּה׃ וַיֹּאמֶר אֶת־קֹלְךָ שָׁמַעְתִּי בַּגָּן וָאִירָא
יא כִּֽי־עֵירֹם אָנֹכִי וָאֵחָבֵֽא׃ וַיֹּאמֶר מִי הִגִּיד לְךָ כִּי עֵירֹם אָתָּה
יב הֲמִן־הָעֵץ אֲשֶׁר צִוִּיתִיךָ לְבִלְתִּי אֲכָל־מִמֶּנּוּ אָכָֽלְתָּ׃ וַיֹּאמֶר
הָֽאָדָם הָֽאִשָּׁה אֲשֶׁר נָתַתָּה עִמָּדִי הִוא נָֽתְנָה־לִּי מִן־הָעֵץ
יג וָאֹכֵֽל׃ וַיֹּאמֶר יְהוָה אֱלֹהִים לָֽאִשָּׁה מַה־זֹּאת עָשִׂית וַתֹּאמֶר
יד הָֽאִשָּׁה הַנָּחָשׁ הִשִּׁיאַנִי וָאֹכֵֽל׃ וַיֹּאמֶר יְהוָה אֱלֹהִים ׀ אֶל־הַנָּחָשׁ
כִּי עָשִׂיתָ זֹּאת אָרוּר אַתָּה מִכָּל־הַבְּהֵמָה וּמִכֹּל חַיַּת הַשָּׂדֶה
טו עַל־גְּחֹנְךָ תֵלֵךְ וְעָפָר תֹּאכַל כָּל־יְמֵי חַיֶּֽיךָ׃ וְאֵיבָה ׀ אָשִׁית בֵּֽינְךָ
וּבֵין הָֽאִשָּׁה וּבֵין זַרְעֲךָ וּבֵין זַרְעָהּ הוּא יְשׁוּפְךָ רֹאשׁ וְאַתָּה
טז תְּשׁוּפֶנּוּ עָקֵֽב׃ אֶל־הָאִשָּׁה אָמַר הַרְבָּה אַרְבֶּה
עִצְּבוֹנֵךְ וְהֵֽרֹנֵךְ בְּעֶצֶב תֵּֽלְדִי בָנִים וְאֶל־אִישֵׁךְ תְּשׁוּקָתֵךְ וְהוּא
יז יִמְשָׁל־בָּֽךְ׃ וּלְאָדָם אָמַר כִּֽי־שָׁמַעְתָּ לְקוֹל אִשְׁתֶּךָ
וַתֹּאכַל מִן־הָעֵץ אֲשֶׁר צִוִּיתִיךָ לֵאמֹר לֹא תֹאכַל מִמֶּנּוּ אֲרוּרָה
יח הָֽאֲדָמָה בַּעֲבוּרֶךָ בְּעִצָּבוֹן תֹּֽאכְלֶנָּה כֹּל יְמֵי חַיֶּֽיךָ׃ וְקוֹץ
יט וְדַרְדַּר תַּצְמִיחַ לָךְ וְאָכַלְתָּ אֶת־עֵשֶׂב הַשָּׂדֶה׃ בְּזֵעַת אַפֶּיךָ
תֹּאכַל לֶחֶם עַד שׁוּבְךָ אֶל־הָֽאֲדָמָה כִּי מִמֶּנָּה לֻקָּחְתָּ כִּֽי־

כ עפר אתה ואל־עפר תשוב: ויקרא האדם שם אשתו חוה
כא כי הוא היתה אם כל־חי: ויעש יהוה אלהים לאדם ולאשתו
כתנות עור וילבשם:
כב ויאמר ׀ יהוה אלהים הן האדם היה כאחד ממנו לדעת טוב ג רביעי
ורע ועתה ׀ פן־ישלח ידו ולקח גם מעץ החיים ואכל וחי
כג לעלם: וישלחהו יהוה אלהים מגן־עדן לעבד את־האדמה
כד אשר לקח משם: ויגרש את־האדם וישכן מקדם לגן־עדן
את־הכרבים ואת להט החרב המתהפכת לשמר את־דרך
ד א עץ החיים: והאדם ידע את־חוה אשתו ותהר
ב ותלד את־קין ותאמר קניתי איש את־יהוה: ותסף ללדת
את־אחיו את־הבל ויהי־הבל רעה צאן וקין היה עבד אדמה:
ג ד ויהי מקץ ימים ויבא קין מפרי האדמה מנחה ליהוה: והבל
הביא גם־הוא מבכרות צאנו ומחלבהן וישע יהוה אל־
ה הבל ואל־מנחתו: ואל־קין ואל־מנחתו לא שעה ויחר
ו לקין מאד ויפלו פניו: ויאמר יהוה אל־קין למה חרה לך
ז ולמה נפלו פניך: הלוא אם־תיטיב שאת ואם לא תיטיב
לפתח חטאת רבץ ואליך תשוקתו ואתה תמשל־בו:
ח ויאמר קין אל־הבל אחיו ויהי בהיותם בשדה ויקם קין
ט אל־הבל אחיו ויהרגהו: ויאמר יהוה אל־קין אי הבל
י אחיך ויאמר לא ידעתי השמר אחי אנכי: ויאמר מה
יא עשית קול דמי אחיך צעקים אלי מן־האדמה: ועתה ארור
אתה מן־האדמה אשר פצתה את־פיה לקחת את־דמי
יב אחיך מידך: כי תעבד את־האדמה לא־תסף תת־כחה לך
יג נע ונד תהיה בארץ: ויאמר קין אל־יהוה גדול עוני מנשא:
יד הן גרשת אתי היום מעל פני האדמה ומפניך אסתר והייתי
טו נע ונד בארץ והיה כל־מצאי יהרגני: ויאמר לו יהוה לכן
כל־הרג קין שבעתים יקם וישם יהוה לקין אות לבלתי

הַכּוֹת־אֹתוֹ כָּל־מֹצְאוֹ׃ וַיֵּצֵא קַיִן מִלִּפְנֵי יְהוָה וַיֵּשֶׁב בְּאֶרֶץ־ טז
נוֹד קִדְמַת־עֵדֶן׃ וַיֵּדַע קַיִן אֶת־אִשְׁתּוֹ וַתַּהַר וַתֵּלֶד אֶת־חֲנוֹךְ יז
וַיְהִי בֹּנֶה עִיר וַיִּקְרָא שֵׁם הָעִיר כְּשֵׁם בְּנוֹ חֲנוֹךְ׃ וַיִּוָּלֵד לַחֲנוֹךְ יח
אֶת־עִירָד וְעִירָד יָלַד אֶת־מְחוּיָאֵל וּמְחִיָּיאֵל יָלַד אֶת־מְתוּשָׁאֵל
חמישי וּמְתוּשָׁאֵל יָלַד אֶת־לָמֶךְ׃ וַיִּקַּח־לוֹ לֶמֶךְ שְׁתֵּי נָשִׁים שֵׁם הָאַחַת יט
עָדָה וְשֵׁם הַשֵּׁנִית צִלָּה׃ וַתֵּלֶד עָדָה אֶת־יָבָל הוּא הָיָה אֲבִי כ
יֹשֵׁב אֹהֶל וּמִקְנֶה׃ וְשֵׁם אָחִיו יוּבָל הוּא הָיָה אֲבִי כָּל־תֹּפֵשׂ כא
כִּנּוֹר וְעוּגָב׃ וְצִלָּה גַם־הִוא יָלְדָה אֶת־תּוּבַל קַיִן לֹטֵשׁ כָּל־ כב
חֹרֵשׁ נְחֹשֶׁת וּבַרְזֶל וַאֲחוֹת תּוּבַל־קַיִן נַעֲמָה׃ וַיֹּאמֶר לֶמֶךְ לְנָשָׁיו כג
עָדָה וְצִלָּה שְׁמַעַן קוֹלִי נְשֵׁי לֶמֶךְ הַאְזֵנָּה אִמְרָתִי כִּי אִישׁ
הָרַגְתִּי לְפִצְעִי וְיֶלֶד לְחַבֻּרָתִי׃ כִּי שִׁבְעָתַיִם יֻקַּם־קָיִן וְלֶמֶךְ כד
שִׁבְעִים וְשִׁבְעָה׃ וַיֵּדַע אָדָם עוֹד אֶת־אִשְׁתּוֹ וַתֵּלֶד בֵּן וַתִּקְרָא כה
אֶת־שְׁמוֹ שֵׁת כִּי שָׁת־לִי אֱלֹהִים זֶרַע אַחֵר תַּחַת הֶבֶל כִּי הֲרָגוֹ
קָיִן׃ וּלְשֵׁת גַּם־הוּא יֻלַּד־בֵּן וַיִּקְרָא אֶת־שְׁמוֹ אֱנוֹשׁ אָז הוּחַל כו
ששי ד לִקְרֹא בְּשֵׁם יְהוָה׃ זֶה סֵפֶר תּוֹלְדֹת אָדָם בְּיוֹם א ה
בְּרֹא אֱלֹהִים אָדָם בִּדְמוּת אֱלֹהִים עָשָׂה אֹתוֹ׃ זָכָר וּנְקֵבָה ב
בְּרָאָם וַיְבָרֶךְ אֹתָם וַיִּקְרָא אֶת־שְׁמָם אָדָם בְּיוֹם הִבָּרְאָם׃
וַיְחִי אָדָם שְׁלֹשִׁים וּמְאַת שָׁנָה וַיּוֹלֶד בִּדְמוּתוֹ כְּצַלְמוֹ וַיִּקְרָא ג
אֶת־שְׁמוֹ שֵׁת׃ וַיִּהְיוּ יְמֵי־אָדָם אַחֲרֵי הוֹלִידוֹ אֶת־שֵׁת שְׁמֹנֶה ד
מֵאֹת שָׁנָה וַיּוֹלֶד בָּנִים וּבָנוֹת׃ וַיִּהְיוּ כָּל־יְמֵי אָדָם אֲשֶׁר־חַי ה
תְּשַׁע מֵאוֹת שָׁנָה וּשְׁלֹשִׁים שָׁנָה וַיָּמֹת׃ וַיְחִי־ ו
שֵׁת חָמֵשׁ שָׁנִים וּמְאַת שָׁנָה וַיּוֹלֶד אֶת־אֱנוֹשׁ׃ וַיְחִי־שֵׁת אַחֲרֵי ז
הוֹלִידוֹ אֶת־אֱנוֹשׁ שֶׁבַע שָׁנִים וּשְׁמֹנֶה מֵאוֹת שָׁנָה וַיּוֹלֶד בָּנִים
וּבָנוֹת׃ וַיִּהְיוּ כָּל־יְמֵי־שֵׁת שְׁתֵּים עֶשְׂרֵה שָׁנָה וּתְשַׁע מֵאוֹת ח
שָׁנָה וַיָּמֹת׃ וַיְחִי אֱנוֹשׁ תִּשְׁעִים שָׁנָה וַיּוֹלֶד אֶת־ ט
קֵינָן׃ וַיְחִי אֱנוֹשׁ אַחֲרֵי הוֹלִידוֹ אֶת־קֵינָן חֲמֵשׁ עֶשְׂרֵה שָׁנָה י
וּשְׁמֹנֶה מֵאוֹת שָׁנָה וַיּוֹלֶד בָּנִים וּבָנוֹת׃ וַיִּהְיוּ כָּל־יְמֵי אֱנוֹשׁ יא

יב חָמֵשׁ שָׁנִים וּתְשַׁע מֵאוֹת שָׁנָה וַיָּמֹת׃ וַיְחִי קֵינָן
יג שִׁבְעִים שָׁנָה וַיּוֹלֶד אֶת־מַהֲלַלְאֵל׃ וַיְחִי קֵינָן אַחֲרֵי הוֹלִידוֹ
אֶת־מַהֲלַלְאֵל אַרְבָּעִים שָׁנָה וּשְׁמֹנֶה מֵאוֹת שָׁנָה וַיּוֹלֶד
יד בָּנִים וּבָנוֹת׃ וַיִּהְיוּ כָּל־יְמֵי קֵינָן עֶשֶׂר שָׁנִים וּתְשַׁע מֵאוֹת
טו שָׁנָה וַיָּמֹת׃ וַיְחִי מַהֲלַלְאֵל חָמֵשׁ שָׁנִים וְשִׁשִּׁים
טז שָׁנָה וַיּוֹלֶד אֶת־יָרֶד׃ וַיְחִי מַהֲלַלְאֵל אַחֲרֵי הוֹלִידוֹ אֶת־יֶרֶד
יז שְׁלֹשִׁים שָׁנָה וּשְׁמֹנֶה מֵאוֹת שָׁנָה וַיּוֹלֶד בָּנִים וּבָנוֹת׃ וַיִּהְיוּ
כָּל־יְמֵי מַהֲלַלְאֵל חָמֵשׁ וְתִשְׁעִים שָׁנָה וּשְׁמֹנֶה מֵאוֹת שָׁנָה
יח וַיָּמֹת׃ וַיְחִי־יֶרֶד שְׁתַּיִם וְשִׁשִּׁים שָׁנָה וּמְאַת שָׁנָה
יט וַיּוֹלֶד אֶת־חֲנוֹךְ׃ וַיְחִי־יֶרֶד אַחֲרֵי הוֹלִידוֹ אֶת־חֲנוֹךְ שְׁמֹנֶה
כ מֵאוֹת שָׁנָה וַיּוֹלֶד בָּנִים וּבָנוֹת׃ וַיִּהְיוּ כָּל־יְמֵי־יֶרֶד שְׁתַּיִם
כא וְשִׁשִּׁים שָׁנָה וּתְשַׁע מֵאוֹת שָׁנָה וַיָּמֹת׃ וַיְחִי חֲנוֹךְ
כב חָמֵשׁ וְשִׁשִּׁים שָׁנָה וַיּוֹלֶד אֶת־מְתוּשָׁלַח׃ וַיִּתְהַלֵּךְ חֲנוֹךְ אֶת־
הָאֱלֹהִים אַחֲרֵי הוֹלִידוֹ אֶת־מְתוּשֶׁלַח שְׁלֹשׁ מֵאוֹת שָׁנָה וַיּוֹלֶד
כג בָּנִים וּבָנוֹת׃ וַיְהִי כָּל־יְמֵי חֲנוֹךְ חָמֵשׁ וְשִׁשִּׁים שָׁנָה וּשְׁלֹשׁ
כד מֵאוֹת שָׁנָה׃ וַיִּתְהַלֵּךְ חֲנוֹךְ אֶת־הָאֱלֹהִים וְאֵינֶנּוּ כִּי־לָקַח
כה אֹתוֹ אֱלֹהִים׃ וַיְחִי מְתוּשֶׁלַח שֶׁבַע וּשְׁמֹנִים שָׁנָה שביעי
כו וּמְאַת שָׁנָה וַיּוֹלֶד אֶת־לָמֶךְ׃ וַיְחִי מְתוּשֶׁלַח אַחֲרֵי הוֹלִידוֹ
אֶת־לֶמֶךְ שְׁתַּיִם וּשְׁמוֹנִים שָׁנָה וּשְׁבַע מֵאוֹת שָׁנָה וַיּוֹלֶד
כז בָּנִים וּבָנוֹת׃ וַיִּהְיוּ כָּל־יְמֵי מְתוּשֶׁלַח תֵּשַׁע וְשִׁשִּׁים שָׁנָה
כח וּתְשַׁע מֵאוֹת שָׁנָה וַיָּמֹת׃ וַיְחִי־לֶמֶךְ שְׁתַּיִם
כט וּשְׁמֹנִים שָׁנָה וּמְאַת שָׁנָה וַיּוֹלֶד בֵּן׃ וַיִּקְרָא אֶת־שְׁמוֹ נֹחַ
לֵאמֹר זֶה יְנַחֲמֵנוּ מִמַּעֲשֵׂנוּ וּמֵעִצְּבוֹן יָדֵינוּ מִן־הָאֲדָמָה
ל אֲשֶׁר אֵרְרָהּ יְהוָה׃ וַיְחִי־לֶמֶךְ אַחֲרֵי הוֹלִידוֹ אֶת־נֹחַ חָמֵשׁ
וְתִשְׁעִים שָׁנָה וַחֲמֵשׁ מֵאֹת שָׁנָה וַיּוֹלֶד בָּנִים וּבָנוֹת׃
לא וַיְהִי כָּל־יְמֵי־לֶמֶךְ שֶׁבַע וְשִׁבְעִים שָׁנָה וּשְׁבַע מֵאוֹת שָׁנָה
לב וַיָּמֹת׃ וַיְהִי־נֹחַ בֶּן־חֲמֵשׁ מֵאוֹת שָׁנָה וַיּוֹלֶד נֹחַ

אֶת־שֵׁם אֶת־חָם וְאֶת־יָפֶת׃ וַיְהִי כִּי־הֵחֵל הָאָדָם לָרֹב עַל־ א
פְּנֵי הָאֲדָמָה וּבָנוֹת יֻלְּדוּ לָהֶם׃ וַיִּרְאוּ בְנֵי־הָאֱלֹהִים אֶת־ ב
בְּנוֹת הָאָדָם כִּי טֹבֹת הֵנָּה וַיִּקְחוּ לָהֶם נָשִׁים מִכֹּל אֲשֶׁר
בָּחָרוּ׃ וַיֹּאמֶר יהוה לֹא־יָדוֹן רוּחִי בָאָדָם לְעֹלָם בְּשַׁגַּם הוּא ג
בָשָׂר וְהָיוּ יָמָיו מֵאָה וְעֶשְׂרִים שָׁנָה׃ הַנְּפִלִים הָיוּ בָאָרֶץ ד
בַּיָּמִים הָהֵם וְגַם אַחֲרֵי־כֵן אֲשֶׁר יָבֹאוּ בְּנֵי הָאֱלֹהִים אֶל־
בְּנוֹת הָאָדָם וְיָלְדוּ לָהֶם הֵמָּה הַגִּבֹּרִים אֲשֶׁר מֵעוֹלָם אַנְשֵׁי
הַשֵּׁם׃

מפטיר וַיַּרְא יהוה כִּי רַבָּה רָעַת הָאָדָם בָּאָרֶץ וְכָל־יֵצֶר מַחְשְׁבֹת ה
לִבּוֹ רַק רַע כָּל־הַיּוֹם׃ וַיִּנָּחֶם יהוה כִּי־עָשָׂה אֶת־הָאָדָם ו
בָּאָרֶץ וַיִּתְעַצֵּב אֶל־לִבּוֹ׃ וַיֹּאמֶר יהוה אֶמְחֶה אֶת־הָאָדָם ז
אֲשֶׁר־בָּרָאתִי מֵעַל פְּנֵי הָאֲדָמָה מֵאָדָם עַד־בְּהֵמָה עַד־
רֶמֶשׂ וְעַד־עוֹף הַשָּׁמָיִם כִּי נִחַמְתִּי כִּי עֲשִׂיתִם׃ וְנֹחַ מָצָא חֵן ח
בְּעֵינֵי יהוה׃

נח ה אֵלֶּה תּוֹלְדֹת נֹחַ נֹחַ אִישׁ צַדִּיק תָּמִים הָיָה בְּדֹרֹתָיו אֶת־ ט
הָאֱלֹהִים הִתְהַלֶּךְ־נֹחַ׃ וַיּוֹלֶד נֹחַ שְׁלֹשָׁה בָנִים אֶת־שֵׁם אֶת־ י
חָם וְאֶת־יָפֶת׃ וַתִּשָּׁחֵת הָאָרֶץ לִפְנֵי הָאֱלֹהִים וַתִּמָּלֵא הָאָרֶץ יא
חָמָס׃ וַיַּרְא אֱלֹהִים אֶת־הָאָרֶץ וְהִנֵּה נִשְׁחָתָה כִּי־הִשְׁחִית כָּל־ יב
בָּשָׂר אֶת־דַּרְכּוֹ עַל־הָאָרֶץ׃ וַיֹּאמֶר אֱלֹהִים לְנֹחַ יג
קֵץ כָּל־בָּשָׂר בָּא לְפָנַי כִּי־מָלְאָה הָאָרֶץ חָמָס מִפְּנֵיהֶם וְהִנְנִי
מַשְׁחִיתָם אֶת־הָאָרֶץ׃ עֲשֵׂה לְךָ תֵּבַת עֲצֵי־גֹפֶר קִנִּים תַּעֲשֶׂה יד
אֶת־הַתֵּבָה וְכָפַרְתָּ אֹתָהּ מִבַּיִת וּמִחוּץ בַּכֹּפֶר׃ וְזֶה אֲשֶׁר טו
תַּעֲשֶׂה אֹתָהּ שְׁלֹשׁ מֵאוֹת אַמָּה אֹרֶךְ הַתֵּבָה חֲמִשִּׁים אַמָּה
רָחְבָּהּ וּשְׁלֹשִׁים אַמָּה קוֹמָתָהּ׃ צֹהַר תַּעֲשֶׂה לַתֵּבָה וְאֶל־אַמָּה טז
תְּכַלֶּנָּה מִלְמַעְלָה וּפֶתַח הַתֵּבָה בְּצִדָּהּ תָּשִׂים תַּחְתִּיִּם שְׁנִיִּם
וּשְׁלִשִׁים תַּעֲשֶׂהָ׃ וַאֲנִי הִנְנִי מֵבִיא אֶת־הַמַּבּוּל מַיִם עַל־הָאָרֶץ יז
לְשַׁחֵת כָּל־בָּשָׂר אֲשֶׁר־בּוֹ רוּחַ חַיִּים מִתַּחַת הַשָּׁמָיִם כֹּל אֲשֶׁר־

ו
יח בארץ יגוע: והקמתי את־בריתי אתך ובאת אל־התבה אתה
יט ובניך ואשתך ונשי־בניך אתך: ומכל־החי מכל־בשר שנים
כ מכל תביא אל־התבה להחית אתך זכר ונקבה יהיו: מהעוף
למינהו ומן־הבהמה למינה מכל רמש האדמה למינהו שנים
כא מכל יבאו אליך להחיות: ואתה קח־לך מכל־מאכל אשר
כב יאכל ואספת אליך והיה לך ולהם לאכלה: ויעש נח ככל
ז א אשר צוה אתו אלהים כן עשה: ויאמר יהוה לנח בא־אתה שני
וכל־ביתך אל־התבה כי־אתך ראיתי צדיק לפני בדור
ב הזה: מכל | הבהמה הטהורה תקח־לך שבעה שבעה איש
ואשתו ומן־הבהמה אשר לא טהרה הוא שנים איש
ג ואשתו: גם מעוף השמים שבעה שבעה זכר ונקבה לחיות
ד זרע על־פני כל־הארץ: כי לימים עוד שבעה אנכי ממטיר
על־הארץ ארבעים יום וארבעים לילה ומחיתי את־כל־
ה היקום אשר עשיתי מעל פני האדמה: ויעש נח ככל אשר־
ו צוהו יהוה: ונח בן־שש מאות שנה והמבול היה מים על־
ז הארץ: ויבא נח ובניו ואשתו ונשי־בניו אתו אל־התבה
ח מפני מי המבול: מן־הבהמה הטהורה ומן־הבהמה אשר
ט איננה טהרה ומן־העוף וכל אשר־רמש על־האדמה: שנים
שנים באו אל־נח אל־התבה זכר ונקבה כאשר צוה אלהים
י את־נח: ויהי לשבעת הימים ומי המבול היו על־הארץ:
יא בשנת שש־מאות שנה לחיי־נח בחדש השני בשבעה־עשר
יום לחדש ביום הזה נבקעו כל־מעינות תהום רבה וארבת
יב השמים נפתחו: ויהי הגשם על־הארץ ארבעים יום וארבעים
יג לילה: בעצם היום הזה בא נח ושם־וחם ויפת בני־נח ואשת
יד נח ושלשת נשי־בניו אתם אל־התבה: המה וכל־החיה למינה
וכל־הבהמה למינה וכל־הרמש הרמש על־הארץ למינהו
טו וכל־העוף למינהו כל צפור כל־כנף: ויבאו אל־נח אל־

הַתֵּבָה שְׁנַיִם שְׁנַיִם מִכָּל־הַבָּשָׂר אֲשֶׁר־בּוֹ רוּחַ חַיִּים׃ וְהַבָּאִים טז
זָכָר וּנְקֵבָה מִכָּל־בָּשָׂר בָּאוּ כַּאֲשֶׁר צִוָּה אֹתוֹ אֱלֹהִים וַיִּסְגֹּר
שלישי יְהוָה בַּעֲדוֹ׃ וַיְהִי הַמַּבּוּל אַרְבָּעִים יוֹם עַל־הָאָרֶץ וַיִּרְבּוּ הַמַּיִם יז
וַיִּשְׂאוּ אֶת־הַתֵּבָה וַתָּרָם מֵעַל הָאָרֶץ׃ וַיִּגְבְּרוּ הַמַּיִם וַיִּרְבּוּ יח
מְאֹד עַל־הָאָרֶץ וַתֵּלֶךְ הַתֵּבָה עַל־פְּנֵי הַמָּיִם׃ וְהַמַּיִם גָּבְרוּ יט
מְאֹד מְאֹד עַל־הָאָרֶץ וַיְכֻסּוּ כָּל־הֶהָרִים הַגְּבֹהִים אֲשֶׁר־תַּחַת
כָּל־הַשָּׁמָיִם׃ חֲמֵשׁ עֶשְׂרֵה אַמָּה מִלְמַעְלָה גָּבְרוּ הַמָּיִם וַיְכֻסּוּ כ
הֶהָרִים׃ וַיִּגְוַע כָּל־בָּשָׂר ׀ הָרֹמֵשׂ עַל־הָאָרֶץ בָּעוֹף וּבַבְּהֵמָה כא
וּבַחַיָּה וּבְכָל־הַשֶּׁרֶץ הַשֹּׁרֵץ עַל־הָאָרֶץ וְכֹל הָאָדָם׃ כֹּל אֲשֶׁר כב
נִשְׁמַת־רוּחַ חַיִּים בְּאַפָּיו מִכֹּל אֲשֶׁר בֶּחָרָבָה מֵתוּ׃ וַיִּמַח אֶת־ כג
כָּל־הַיְקוּם ׀ אֲשֶׁר ׀ עַל־פְּנֵי הָאֲדָמָה מֵאָדָם עַד־בְּהֵמָה עַד־
רֶמֶשׂ וְעַד־עוֹף הַשָּׁמַיִם וַיִּמָּחוּ מִן־הָאָרֶץ וַיִּשָּׁאֶר אַךְ־נֹחַ וַאֲשֶׁר
אִתּוֹ בַּתֵּבָה׃ וַיִּגְבְּרוּ הַמַּיִם עַל־הָאָרֶץ חֲמִשִּׁים וּמְאַת יוֹם׃ כד
ו וַיִּזְכֹּר אֱלֹהִים אֶת־נֹחַ וְאֵת כָּל־הַחַיָּה וְאֶת־כָּל־הַבְּהֵמָה אֲשֶׁר ח א
אִתּוֹ בַּתֵּבָה וַיַּעֲבֵר אֱלֹהִים רוּחַ עַל־הָאָרֶץ וַיָּשֹׁכּוּ הַמָּיִם׃
וַיִּסָּכְרוּ מַעְיְנֹת תְּהוֹם וַאֲרֻבֹּת הַשָּׁמָיִם וַיִּכָּלֵא הַגֶּשֶׁם מִן־ ב
הַשָּׁמָיִם׃ וַיָּשֻׁבוּ הַמַּיִם מֵעַל הָאָרֶץ הָלוֹךְ וָשׁוֹב וַיַּחְסְרוּ הַמַּיִם ג
מִקְצֵה חֲמִשִּׁים וּמְאַת יוֹם׃ וַתָּנַח הַתֵּבָה בַּחֹדֶשׁ הַשְּׁבִיעִי ד
בְּשִׁבְעָה־עָשָׂר יוֹם לַחֹדֶשׁ עַל הָרֵי אֲרָרָט׃ וְהַמַּיִם הָיוּ הָלוֹךְ ה
וְחָסוֹר עַד הַחֹדֶשׁ הָעֲשִׂירִי בָּעֲשִׂירִי בְּאֶחָד לַחֹדֶשׁ נִרְאוּ רָאשֵׁי
הֶהָרִים׃ וַיְהִי מִקֵּץ אַרְבָּעִים יוֹם וַיִּפְתַּח נֹחַ אֶת־חַלּוֹן הַתֵּבָה ו
אֲשֶׁר עָשָׂה׃ וַיְשַׁלַּח אֶת־הָעֹרֵב וַיֵּצֵא יָצוֹא וָשׁוֹב עַד־יְבֹשֶׁת ז
הַמַּיִם מֵעַל הָאָרֶץ׃ וַיְשַׁלַּח אֶת־הַיּוֹנָה מֵאִתּוֹ לִרְאוֹת הֲקַלּוּ ח
הַמַּיִם מֵעַל פְּנֵי הָאֲדָמָה׃ וְלֹא־מָצְאָה הַיּוֹנָה מָנוֹחַ לְכַף־רַגְלָהּ ט
וַתָּשָׁב אֵלָיו אֶל־הַתֵּבָה כִּי־מַיִם עַל־פְּנֵי כָל־הָאָרֶץ וַיִּשְׁלַח יָדוֹ
וַיִּקָּחֶהָ וַיָּבֵא אֹתָהּ אֵלָיו אֶל־הַתֵּבָה׃ וַיָּחֶל עוֹד שִׁבְעַת יָמִים י
אֲחֵרִים וַיֹּסֶף שַׁלַּח אֶת־הַיּוֹנָה מִן־הַתֵּבָה׃ וַתָּבֹא אֵלָיו הַיּוֹנָה יא

ח לעת ערב והנה עלה־זית טרף בפיה וידע נח כי־קלו המים
יב מעל הארץ: וייחל עוד שבעת ימים אחרים וישלח את־היונה
יג ולא־יספה שוב־אליו עוד: ויהי באחת ושש־מאות שנה
בראשון באחד לחדש חרבו המים מעל הארץ ויסר נח את־
יד מכסה התבה וירא והנה חרבו פני האדמה: ובחדש השני
טו בשבעה ועשרים יום לחדש יבשה הארץ: וידבר ז רביעי
טז אלהים אל־נח לאמר: צא מן־התבה אתה ואשתך ובניך
יז ונשי־בניך אתך: כל־החיה אשר־אתך מכל־בשר בעוף
ובבהמה ובכל־הרמש הרמש על־הארץ הוצא אתך ושרצו היצא
יח בארץ ופרו ורבו על־הארץ: ויצא־נח ובניו ואשתו ונשי־
יט בניו אתו: כל־החיה כל־הרמש וכל־העוף כל רומש על־
כ הארץ למשפחתיהם יצאו מן־התבה: ויבן נח מזבח ליהוה
ויקח מכל ׀ הבהמה הטהרה ומכל העוף הטהור ויעל עלת
כא במזבח: וירח יהוה את־ריח הניחח ויאמר יהוה אל־לבו לא
אסף לקלל עוד את־האדמה בעבור האדם כי יצר לב האדם
רע מנעריו ולא־אסף עוד להכות את־כל־חי כאשר עשיתי:
כב עד כל־ימי הארץ זרע וקציר וקר וחם וקיץ וחרף ויום ולילה
ט א לא ישבתו: ויברך אלהים את־נח ואת־בניו ויאמר להם
ב פרו ורבו ומלאו את־הארץ: ומוראכם וחתכם יהיה על כל־
חית הארץ ועל כל־עוף השמים בכל אשר תרמש האדמה
ג ובכל־דגי הים בידכם נתנו: כל־רמש אשר הוא־חי לכם
ד יהיה לאכלה כירק עשב נתתי לכם את־כל: אך־בשר
ה בנפשו דמו לא תאכלו: ואך את־דמכם לנפשתיכם אדרש
מיד כל־חיה אדרשנו ומיד האדם מיד איש אחיו אדרש
ו את־נפש האדם: שפך דם האדם באדם דמו ישפך כי בצלם
ז אלהים עשה את־האדם: ואתם פרו ורבו שרצו בארץ
ח ורבו־בה: ויאמר אלהים אל־נח ואל־בניו אתו חמישי

לֵאמֹר׃ וַאֲנִי הִנְנִי מֵקִים אֶת־בְּרִיתִי אִתְּכֶם וְאֶת־זַרְעֲכֶם ט
אַחֲרֵיכֶם׃ וְאֵת כָּל־נֶפֶשׁ הַחַיָּה אֲשֶׁר אִתְּכֶם בָּעוֹף בַּבְּהֵמָה י
וּבְכָל־חַיַּת הָאָרֶץ אִתְּכֶם מִכֹּל יֹצְאֵי הַתֵּבָה לְכֹל חַיַּת הָאָרֶץ׃
וַהֲקִמֹתִי אֶת־בְּרִיתִי אִתְּכֶם וְלֹא־יִכָּרֵת כָּל־בָּשָׂר עוֹד מִמֵּי יא
הַמַּבּוּל וְלֹא־יִהְיֶה עוֹד מַבּוּל לְשַׁחֵת הָאָרֶץ׃ וַיֹּאמֶר אֱלֹהִים יב
זֹאת אוֹת־הַבְּרִית אֲשֶׁר־אֲנִי נֹתֵן בֵּינִי וּבֵינֵיכֶם וּבֵין כָּל־נֶפֶשׁ
חַיָּה אֲשֶׁר אִתְּכֶם לְדֹרֹת עוֹלָם׃ אֶת־קַשְׁתִּי נָתַתִּי בֶּעָנָן וְהָיְתָה יג
לְאוֹת בְּרִית בֵּינִי וּבֵין הָאָרֶץ׃ וְהָיָה בְּעַנְנִי עָנָן עַל־הָאָרֶץ יד
וְנִרְאֲתָה הַקֶּשֶׁת בֶּעָנָן׃ וְזָכַרְתִּי אֶת־בְּרִיתִי אֲשֶׁר בֵּינִי וּבֵינֵיכֶם טו
וּבֵין כָּל־נֶפֶשׁ חַיָּה בְּכָל־בָּשָׂר וְלֹא־יִהְיֶה עוֹד הַמַּיִם לְמַבּוּל
לְשַׁחֵת כָּל־בָּשָׂר׃ וְהָיְתָה הַקֶּשֶׁת בֶּעָנָן וּרְאִיתִיהָ לִזְכֹּר בְּרִית טז
עוֹלָם בֵּין אֱלֹהִים וּבֵין כָּל־נֶפֶשׁ חַיָּה בְּכָל־בָּשָׂר אֲשֶׁר עַל־
הָאָרֶץ׃ וַיֹּאמֶר אֱלֹהִים אֶל־נֹחַ זֹאת אוֹת־הַבְּרִית אֲשֶׁר הֲקִמֹתִי יז
בֵּינִי וּבֵין כָּל־בָּשָׂר אֲשֶׁר עַל־הָאָרֶץ׃
ששי ח וַיִּהְיוּ בְנֵי־נֹחַ הַיֹּצְאִים מִן־הַתֵּבָה שֵׁם וְחָם וָיָפֶת וְחָם הוּא אֲבִי יח
כְנָעַן׃ שְׁלֹשָׁה אֵלֶּה בְּנֵי־נֹחַ וּמֵאֵלֶּה נָפְצָה כָל־הָאָרֶץ׃ וַיָּחֶל יט כ
נֹחַ אִישׁ הָאֲדָמָה וַיִּטַּע כָּרֶם׃ וַיֵּשְׁתְּ מִן־הַיַּיִן וַיִּשְׁכָּר וַיִּתְגַּל כא
בְּתוֹךְ אָהֳלֹה׃ וַיַּרְא חָם אֲבִי כְנַעַן אֵת עֶרְוַת אָבִיו וַיַּגֵּד לִשְׁנֵי־ כב
אֶחָיו בַּחוּץ׃ וַיִּקַּח שֵׁם וָיֶפֶת אֶת־הַשִּׂמְלָה וַיָּשִׂימוּ עַל־שְׁכֶם כג
שְׁנֵיהֶם וַיֵּלְכוּ אֲחֹרַנִּית וַיְכַסּוּ אֵת עֶרְוַת אֲבִיהֶם וּפְנֵיהֶם אֲחֹרַנִּית
וְעֶרְוַת אֲבִיהֶם לֹא רָאוּ׃ וַיִּיקֶץ נֹחַ מִיֵּינוֹ וַיֵּדַע אֵת אֲשֶׁר־ כד
עָשָׂה לוֹ בְּנוֹ הַקָּטָן׃ וַיֹּאמֶר אָרוּר כְּנָעַן עֶבֶד עֲבָדִים יִהְיֶה כה
לְאֶחָיו׃ וַיֹּאמֶר בָּרוּךְ יְהוָה אֱלֹהֵי שֵׁם וִיהִי כְנַעַן עֶבֶד לָמוֹ׃ כו
יַפְתְּ אֱלֹהִים לְיֶפֶת וְיִשְׁכֹּן בְּאָהֳלֵי־שֵׁם וִיהִי כְנַעַן עֶבֶד לָמוֹ׃ כז
וַיְחִי־נֹחַ אַחַר הַמַּבּוּל שְׁלֹשׁ מֵאוֹת שָׁנָה וַחֲמִשִּׁים שָׁנָה׃ וַיְהִי כח כט
כָּל־יְמֵי־נֹחַ תְּשַׁע מֵאוֹת שָׁנָה וַחֲמִשִּׁים שָׁנָה וַיָּמֹת׃
וְאֵלֶּה תּוֹלְדֹת בְּנֵי־נֹחַ שֵׁם חָם וָיָפֶת וַיִּוָּלְדוּ לָהֶם בָּנִים אַחַר י א

ב הַמַּבּוּל׃ בְּנֵי יֶפֶת גֹּמֶר וּמָגוֹג וּמָדַי וְיָוָן וְתֻבָל וּמֶשֶׁךְ וְתִירָס׃
ג ד וּבְנֵי גֹּמֶר אַשְׁכְּנַז וְרִיפַת וְתֹגַרְמָה׃ וּבְנֵי יָוָן אֱלִישָׁה וְתַרְשִׁישׁ
ה כִּתִּים וְדֹדָנִים׃ מֵאֵלֶּה נִפְרְדוּ אִיֵּי הַגּוֹיִם בְּאַרְצֹתָם אִישׁ לִלְשֹׁנוֹ
ו ז לְמִשְׁפְּחֹתָם בְּגוֹיֵהֶם׃ וּבְנֵי חָם כּוּשׁ וּמִצְרַיִם וּפוּט וּכְנָעַן׃ וּבְנֵי
כוּשׁ סְבָא וַחֲוִילָה וְסַבְתָּה וְרַעְמָה וְסַבְתְּכָא וּבְנֵי רַעְמָה שְׁבָא
ח וּדְדָן׃ וְכוּשׁ יָלַד אֶת־נִמְרֹד הוּא הֵחֵל לִהְיוֹת גִּבֹּר בָּאָרֶץ׃
ט הוּא־הָיָה גִבֹּר־צַיִד לִפְנֵי יְהוָה עַל־כֵּן יֵאָמַר כְּנִמְרֹד גִּבּוֹר צַיִד
י לִפְנֵי יְהוָה׃ וַתְּהִי רֵאשִׁית מַמְלַכְתּוֹ בָּבֶל וְאֶרֶךְ וְאַכַּד וְכַלְנֵה
יא בְּאֶרֶץ שִׁנְעָר׃ מִן־הָאָרֶץ הַהִוא יָצָא אַשּׁוּר וַיִּבֶן אֶת־נִינְוֵה
יב וְאֶת־רְחֹבֹת עִיר וְאֶת־כָּלַח׃ וְאֶת־רֶסֶן בֵּין נִינְוֵה וּבֵין כָּלַח
יג הִוא הָעִיר הַגְּדֹלָה׃ וּמִצְרַיִם יָלַד אֶת־לוּדִים וְאֶת־עֲנָמִים
יד וְאֶת־לְהָבִים וְאֶת־נַפְתֻּחִים׃ וְאֶת־פַּתְרֻסִים וְאֶת־כַּסְלֻחִים
טו אֲשֶׁר יָצְאוּ מִשָּׁם פְּלִשְׁתִּים וְאֶת־כַּפְתֹּרִים׃ וּכְנַעַן
טז יָלַד אֶת־צִידֹן בְּכֹרוֹ וְאֶת־חֵת׃ וְאֶת־הַיְבוּסִי וְאֶת־הָאֱמֹרִי
יז יח וְאֵת הַגִּרְגָּשִׁי׃ וְאֶת־הַחִוִּי וְאֶת־הַעַרְקִי וְאֶת־הַסִּינִי׃ וְאֶת־
הָאַרְוָדִי וְאֶת־הַצְּמָרִי וְאֶת־הַחֲמָתִי וְאַחַר נָפֹצוּ מִשְׁפְּחוֹת
יט הַכְּנַעֲנִי׃ וַיְהִי גְּבוּל הַכְּנַעֲנִי מִצִּידֹן בֹּאֲכָה גְרָרָה עַד־עַזָּה
כ בֹּאֲכָה סְדֹמָה וַעֲמֹרָה וְאַדְמָה וּצְבֹיִם עַד־לָשַׁע׃ אֵלֶּה בְנֵי־חָם
כא לְמִשְׁפְּחֹתָם לִלְשֹׁנֹתָם בְּאַרְצֹתָם בְּגוֹיֵהֶם׃ וּלְשֵׁם
כב יֻלַּד גַּם־הוּא אֲבִי כָּל־בְּנֵי־עֵבֶר אֲחִי יֶפֶת הַגָּדוֹל׃ בְּנֵי שֵׁם
כג עֵילָם וְאַשּׁוּר וְאַרְפַּכְשַׁד וְלוּד וַאֲרָם׃ וּבְנֵי אֲרָם עוּץ וְחוּל
כד וְגֶתֶר וָמַשׁ׃ וְאַרְפַּכְשַׁד יָלַד אֶת־שָׁלַח וְשֶׁלַח יָלַד אֶת־עֵבֶר׃
כה וּלְעֵבֶר יֻלַּד שְׁנֵי בָנִים שֵׁם הָאֶחָד פֶּלֶג כִּי בְיָמָיו נִפְלְגָה הָאָרֶץ
כו וְשֵׁם אָחִיו יָקְטָן׃ וְיָקְטָן יָלַד אֶת־אַלְמוֹדָד וְאֶת־שָׁלֶף וְאֶת־
כז חֲצַרְמָוֶת וְאֶת־יָרַח׃ וְאֶת־הֲדוֹרָם וְאֶת־אוּזָל וְאֶת־דִּקְלָה׃
כח כט וְאֶת־עוֹבָל וְאֶת־אֲבִימָאֵל וְאֶת־שְׁבָא׃ וְאֶת־אוֹפִר וְאֶת־
ל חֲוִילָה וְאֶת־יוֹבָב כָּל־אֵלֶּה בְּנֵי יָקְטָן׃ וַיְהִי מוֹשָׁבָם מִמֵּשָׁא

בָּאכָה סְפָרָה הַר הַקֶּדֶם׃ אֵלֶּה בְנֵי־שֵׁם לְמִשְׁפְּחֹתָם לִלְשֹׁנֹתָם לא
בְּאַרְצֹתָם לְגוֹיֵהֶם׃ אֵלֶּה מִשְׁפְּחֹת בְּנֵי־נֹחַ לְתוֹלְדֹתָם בְּגוֹיֵהֶם לב
וּמֵאֵלֶּה נִפְרְדוּ הַגּוֹיִם בָּאָרֶץ אַחַר הַמַּבּוּל׃

שביעי ט וַיְהִי כָל־הָאָרֶץ שָׂפָה אֶחָת וּדְבָרִים אֲחָדִים׃ וַיְהִי בְּנָסְעָם יא א ב
מִקֶּדֶם וַיִּמְצְאוּ בִקְעָה בְּאֶרֶץ שִׁנְעָר וַיֵּשְׁבוּ שָׁם׃ וַיֹּאמְרוּ אִישׁ ג
אֶל־רֵעֵהוּ הָבָה נִלְבְּנָה לְבֵנִים וְנִשְׂרְפָה לִשְׂרֵפָה וַתְּהִי לָהֶם
הַלְּבֵנָה לְאָבֶן וְהַחֵמָר הָיָה לָהֶם לַחֹמֶר׃ וַיֹּאמְרוּ הָבָה ׀ נִבְנֶה־ ד
לָּנוּ עִיר וּמִגְדָּל וְרֹאשׁוֹ בַשָּׁמַיִם וְנַעֲשֶׂה־לָּנוּ שֵׁם פֶּן־נָפוּץ עַל־
פְּנֵי כָל־הָאָרֶץ׃ וַיֵּרֶד יְהוָה לִרְאֹת אֶת־הָעִיר וְאֶת־הַמִּגְדָּל ה
אֲשֶׁר בָּנוּ בְּנֵי הָאָדָם׃ וַיֹּאמֶר יְהוָה הֵן עַם אֶחָד וְשָׂפָה אַחַת ו
לְכֻלָּם וְזֶה הַחִלָּם לַעֲשׂוֹת וְעַתָּה לֹא־יִבָּצֵר מֵהֶם כֹּל אֲשֶׁר
יָזְמוּ לַעֲשׂוֹת׃ הָבָה נֵרְדָה וְנָבְלָה שָׁם שְׂפָתָם אֲשֶׁר לֹא יִשְׁמְעוּ ז
אִישׁ שְׂפַת רֵעֵהוּ׃ וַיָּפֶץ יְהוָה אֹתָם מִשָּׁם עַל־פְּנֵי כָל־הָאָרֶץ ח
וַיַּחְדְּלוּ לִבְנֹת הָעִיר׃ עַל־כֵּן קָרָא שְׁמָהּ בָּבֶל כִּי־שָׁם ט
בָּלַל יְהוָה שְׂפַת כָּל־הָאָרֶץ וּמִשָּׁם הֱפִיצָם יְהוָה עַל־פְּנֵי
כָּל־הָאָרֶץ׃

אֵלֶּה תּוֹלְדֹת שֵׁם שֵׁם בֶּן־מְאַת שָׁנָה וַיּוֹלֶד אֶת־אַרְפַּכְשָׁד י
שְׁנָתַיִם אַחַר הַמַּבּוּל׃ וַיְחִי־שֵׁם אַחֲרֵי הוֹלִידוֹ אֶת־אַרְפַּכְשָׁד יא
חֲמֵשׁ מֵאוֹת שָׁנָה וַיּוֹלֶד בָּנִים וּבָנוֹת׃ וְאַרְפַּכְשַׁד יב
חַי חָמֵשׁ וּשְׁלֹשִׁים שָׁנָה וַיּוֹלֶד אֶת־שָׁלַח׃ וַיְחִי אַרְפַּכְשַׁד יג
אַחֲרֵי הוֹלִידוֹ אֶת־שֶׁלַח שָׁלֹשׁ שָׁנִים וְאַרְבַּע מֵאוֹת שָׁנָה
וַיּוֹלֶד בָּנִים וּבָנוֹת׃ וְשֶׁלַח חַי שְׁלֹשִׁים שָׁנָה וַיּוֹלֶד יד
אֶת־עֵבֶר׃ וַיְחִי־שֶׁלַח אַחֲרֵי הוֹלִידוֹ אֶת־עֵבֶר שָׁלֹשׁ שָׁנִים טו
וְאַרְבַּע מֵאוֹת שָׁנָה וַיּוֹלֶד בָּנִים וּבָנוֹת׃ וַיְחִי־עֵבֶר טז
אַרְבַּע וּשְׁלֹשִׁים שָׁנָה וַיּוֹלֶד אֶת־פָּלֶג׃ וַיְחִי־עֵבֶר אַחֲרֵי הוֹלִידוֹ יז
אֶת־פֶּלֶג שְׁלֹשִׁים שָׁנָה וְאַרְבַּע מֵאוֹת שָׁנָה וַיּוֹלֶד בָּנִים
וּבָנוֹת׃ וַיְחִי־פֶלֶג שְׁלֹשִׁים שָׁנָה וַיּוֹלֶד אֶת־רְעוּ׃ יח

יט ויחי־פלג אחרי הולידו את־רעו תשע שנים ומאתים שנה
כ ויולד בנים ובנות: ויחי רעו שתים ושלשים שנה
כא ויולד את־שרוג: ויחי רעו אחרי הולידו את־שרוג שבע שנים
כב ומאתים שנה ויולד בנים ובנות: ויחי שרוג שלשים
כג שנה ויולד את־נחור: ויחי שרוג אחרי הולידו את־נחור מאתים
כד שנה ויולד בנים ובנות: ויחי נחור תשע ועשרים
כה שנה ויולד את־תרח: ויחי נחור אחרי הולידו את־תרח תשע־
כו עשרה שנה ומאת שנה ויולד בנים ובנות: ויחי־
תרח שבעים שנה ויולד את־אברם את־נחור ואת־הרן:
כז ואלה תולדת תרח תרח הוליד את־אברם את־נחור ואת־
כח הרן והרן הוליד את־לוט: וימת הרן על־פני תרח אביו בארץ
כט מולדתו באור כשדים: ויקח אברם ונחור להם נשים שם מפטיר
אשת־אברם שרי ושם אשת־נחור מלכה בת־הרן אבי־
ל לא מלכה ואבי יסכה: ותהי שרי עקרה אין לה ולד: ויקח תרח
את־אברם בנו ואת־לוט בן־הרן בן־בנו ואת שרי כלתו
אשת אברם בנו ויצאו אתם מאור כשדים ללכת ארצה
לב כנען ויבאו עד־חרן וישבו שם: ויהיו ימי־תרח חמש שנים
ומאתים שנה וימת תרח בחרן:
יב א ויאמר יהוה אל־אברם לך־לך מארצך וממולדתך ומבית י לך לך
ב אביך אל־הארץ אשר אראך: ואעשך לגוי גדול ואברכך
ג ואגדלה שמך והיה ברכה: ואברכה מברכיך ומקללך אאר
ד ונברכו בך כל משפחת האדמה: וילך אברם כאשר דבר
אליו יהוה וילך אתו לוט ואברם בן־חמש שנים ושבעים
ה שנה בצאתו מחרן: ויקח אברם את־שרי אשתו ואת־לוט
בן־אחיו ואת־כל־רכושם אשר רכשו ואת־הנפש אשר־עשו
ו בחרן ויצאו ללכת ארצה כנען ויבאו ארצה כנען: ויעבר
אברם בארץ עד מקום שכם עד אלון מורה והכנעני אז

בָּאָרֶץ: וַיֵּרָא יְהוָה אֶל־אַבְרָם וַיֹּאמֶר לְזַרְעֲךָ אֶתֵּן אֶת־הָאָרֶץ ז
הַזֹּאת וַיִּבֶן שָׁם מִזְבֵּחַ לַיהוָה הַנִּרְאֶה אֵלָיו: וַיַּעְתֵּק מִשָּׁם ח
הָהָרָה מִקֶּדֶם לְבֵית־אֵל וַיֵּט אָהֳלֹה בֵּית־אֵל מִיָּם וְהָעַי מִקֶּדֶם
וַיִּבֶן־שָׁם מִזְבֵּחַ לַיהוָה וַיִּקְרָא בְּשֵׁם יְהוָה: וַיִּסַּע אַבְרָם הָלוֹךְ ט
וְנָסוֹעַ הַנֶּגְבָּה:

וַיְהִי רָעָב בָּאָרֶץ וַיֵּרֶד אַבְרָם מִצְרַיְמָה לָגוּר שָׁם כִּי־כָבֵד י
הָרָעָב בָּאָרֶץ: וַיְהִי כַּאֲשֶׁר הִקְרִיב לָבוֹא מִצְרָיְמָה וַיֹּאמֶר יא
אֶל־שָׂרַי אִשְׁתּוֹ הִנֵּה־נָא יָדַעְתִּי כִּי אִשָּׁה יְפַת־מַרְאֶה אָתְּ:
וְהָיָה כִּי־יִרְאוּ אֹתָךְ הַמִּצְרִים וְאָמְרוּ אִשְׁתּוֹ זֹאת וְהָרְגוּ אֹתִי יב
וְאֹתָךְ יְחַיּוּ: אִמְרִי־נָא אֲחֹתִי אָתְּ לְמַעַן יִיטַב־לִי בַעֲבוּרֵךְ יג
שני וְחָיְתָה נַפְשִׁי בִּגְלָלֵךְ: וַיְהִי כְּבוֹא אַבְרָם מִצְרָיְמָה וַיִּרְאוּ יד
הַמִּצְרִים אֶת־הָאִשָּׁה כִּי־יָפָה הִוא מְאֹד: וַיִּרְאוּ אֹתָהּ שָׂרֵי טו
פַרְעֹה וַיְהַלְלוּ אֹתָהּ אֶל־פַּרְעֹה וַתֻּקַּח הָאִשָּׁה בֵּית פַּרְעֹה:
וּלְאַבְרָם הֵיטִיב בַּעֲבוּרָהּ וַיְהִי־לוֹ צֹאן־וּבָקָר וַחֲמֹרִים וַעֲבָדִים טז
וּשְׁפָחֹת וַאֲתֹנֹת וּגְמַלִּים: וַיְנַגַּע יְהוָה ׀ אֶת־פַּרְעֹה נְגָעִים גְּדֹלִים יז
וְאֶת־בֵּיתוֹ עַל־דְּבַר שָׂרַי אֵשֶׁת אַבְרָם: וַיִּקְרָא פַרְעֹה לְאַבְרָם יח
וַיֹּאמֶר מַה־זֹּאת עָשִׂיתָ לִּי לָמָּה לֹא־הִגַּדְתָּ לִּי כִּי אִשְׁתְּךָ הִוא:
לָמָה אָמַרְתָּ אֲחֹתִי הִוא וָאֶקַּח אֹתָהּ לִי לְאִשָּׁה וְעַתָּה הִנֵּה יט
אִשְׁתְּךָ קַח וָלֵךְ: וַיְצַו עָלָיו פַּרְעֹה אֲנָשִׁים וַיְשַׁלְּחוּ אֹתוֹ כ
וְאֶת־אִשְׁתּוֹ וְאֶת־כָּל־אֲשֶׁר־לוֹ: וַיַּעַל אַבְרָם מִמִּצְרַיִם הוּא איג
וְאִשְׁתּוֹ וְכָל־אֲשֶׁר־לוֹ וְלוֹט עִמּוֹ הַנֶּגְבָּה: וְאַבְרָם כָּבֵד מְאֹד ב
בַּמִּקְנֶה בַּכֶּסֶף וּבַזָּהָב: וַיֵּלֶךְ לְמַסָּעָיו מִנֶּגֶב וְעַד־בֵּית־אֵל עַד־ ג
הַמָּקוֹם אֲשֶׁר־הָיָה שָׁם אָהֳלֹה בַּתְּחִלָּה בֵּין בֵּית־אֵל וּבֵין הָעָי:
אֶל־מְקוֹם הַמִּזְבֵּחַ אֲשֶׁר־עָשָׂה שָׁם בָּרִאשֹׁנָה וַיִּקְרָא שָׁם ד
שלישי אַבְרָם בְּשֵׁם יְהוָה: וְגַם־לְלוֹט הַהֹלֵךְ אֶת־אַבְרָם הָיָה צֹאן־ ה
וּבָקָר וְאֹהָלִים: וְלֹא־נָשָׂא אֹתָם הָאָרֶץ לָשֶׁבֶת יַחְדָּו כִּי־הָיָה ו
רְכוּשָׁם רָב וְלֹא יָכְלוּ לָשֶׁבֶת יַחְדָּו: וַיְהִי־רִיב בֵּין רֹעֵי מִקְנֵה־ ז

אַבְרָם וּבֵין רֹעֵי מִקְנֵה־לוֹט וְהַכְּנַעֲנִי וְהַפְּרִזִּי אָז יֹשֵׁב בָּאָרֶץ׃
ח וַיֹּאמֶר אַבְרָם אֶל־לוֹט אַל־נָא תְהִי מְרִיבָה בֵּינִי וּבֵינֶךָ וּבֵין
ט רֹעַי וּבֵין רֹעֶיךָ כִּי־אֲנָשִׁים אַחִים אֲנָחְנוּ׃ הֲלֹא כָל־הָאָרֶץ
לְפָנֶיךָ הִפָּרֶד נָא מֵעָלָי אִם־הַשְּׂמֹאל וְאֵימִנָה וְאִם־הַיָּמִין
י וְאַשְׂמְאִילָה׃ וַיִּשָּׂא־לוֹט אֶת־עֵינָיו וַיַּרְא אֶת־כָּל־כִּכַּר הַיַּרְדֵּן
כִּי כֻלָּהּ מַשְׁקֶה לִפְנֵי ׀ שַׁחֵת יְהוָה אֶת־סְדֹם וְאֶת־עֲמֹרָה כְּגַן
יא יְהוָה כְּאֶרֶץ מִצְרַיִם בֹּאֲכָה צֹעַר׃ וַיִּבְחַר־לוֹ לוֹט אֵת כָּל־כִּכַּר
יב הַיַּרְדֵּן וַיִּסַּע לוֹט מִקֶּדֶם וַיִּפָּרְדוּ אִישׁ מֵעַל אָחִיו׃ אַבְרָם יָשַׁב
יג בְּאֶרֶץ־כְּנָעַן וְלוֹט יָשַׁב בְּעָרֵי הַכִּכָּר וַיֶּאֱהַל עַד־סְדֹם׃ וְאַנְשֵׁי
יד סְדֹם רָעִים וְחַטָּאִים לַיהוָה מְאֹד׃ וַיהוָה אָמַר אֶל־אַבְרָם
אַחֲרֵי הִפָּרֶד־לוֹט מֵעִמּוֹ שָׂא־נָא עֵינֶיךָ וּרְאֵה מִן־הַמָּקוֹם
טו אֲשֶׁר־אַתָּה שָׁם צָפֹנָה וָנֶגְבָּה וָקֵדְמָה וָיָמָּה׃ כִּי אֶת־כָּל־
הָאָרֶץ אֲשֶׁר־אַתָּה רֹאֶה לְךָ אֶתְּנֶנָּה וּלְזַרְעֲךָ עַד־עוֹלָם׃
טז וְשַׂמְתִּי אֶת־זַרְעֲךָ כַּעֲפַר הָאָרֶץ אֲשֶׁר ׀ אִם־יוּכַל אִישׁ לִמְנוֹת
יז אֶת־עֲפַר הָאָרֶץ גַּם־זַרְעֲךָ יִמָּנֶה׃ קוּם הִתְהַלֵּךְ בָּאָרֶץ לְאָרְכָּהּ
יח וּלְרָחְבָּהּ כִּי לְךָ אֶתְּנֶנָּה׃ וַיֶּאֱהַל אַבְרָם וַיָּבֹא וַיֵּשֶׁב בְּאֵלֹנֵי
מַמְרֵא אֲשֶׁר בְּחֶבְרוֹן וַיִּבֶן־שָׁם מִזְבֵּחַ לַיהוָה׃
יד א וַיְהִי בִּימֵי אַמְרָפֶל מֶלֶךְ־שִׁנְעָר אַרְיוֹךְ מֶלֶךְ אֶלָּסָר כְּדָרְלָעֹמֶר יא רביעי
ב מֶלֶךְ עֵילָם וְתִדְעָל מֶלֶךְ גּוֹיִם׃ עָשׂוּ מִלְחָמָה אֶת־בֶּרַע מֶלֶךְ
סְדֹם וְאֶת־בִּרְשַׁע מֶלֶךְ עֲמֹרָה שִׁנְאָב ׀ מֶלֶךְ אַדְמָה וְשֶׁמְאֵבֶר
ג מֶלֶךְ צביים וּמֶלֶךְ בֶּלַע הִיא־צֹעַר׃ כָּל־אֵלֶּה חָבְרוּ אֶל־עֵמֶק צְבוֹיִם
ד הַשִּׂדִּים הוּא יָם הַמֶּלַח׃ שְׁתֵּים עֶשְׂרֵה שָׁנָה עָבְדוּ אֶת־
ה כְּדָרְלָעֹמֶר וּשְׁלֹשׁ־עֶשְׂרֵה שָׁנָה מָרָדוּ׃ וּבְאַרְבַּע עֶשְׂרֵה שָׁנָה
בָּא כְדָרְלָעֹמֶר וְהַמְּלָכִים אֲשֶׁר אִתּוֹ וַיַּכּוּ אֶת־רְפָאִים בְּעַשְׁתְּרֹת
ו קַרְנַיִם וְאֶת־הַזּוּזִים בְּהָם וְאֵת הָאֵימִים בְּשָׁוֵה קִרְיָתָיִם׃ וְאֶת־
ז הַחֹרִי בְּהַרְרָם שֵׂעִיר עַד אֵיל פָּארָן אֲשֶׁר עַל־הַמִּדְבָּר׃ וַיָּשֻׁבוּ
וַיָּבֹאוּ אֶל־עֵין מִשְׁפָּט הִוא קָדֵשׁ וַיַּכּוּ אֶת־כָּל־שְׂדֵה הָעֲמָלֵקִי

וְגַם אֶת־הָאֱמֹרִי הַיֹּשֵׁב בְּחַצְצֹן תָּמָר׃ וַיֵּצֵא מֶלֶךְ־סְדֹם וּמֶלֶךְ ח
צְבוֹיִם עֲמֹרָה וּמֶלֶךְ אַדְמָה וּמֶלֶךְ צביים וּמֶלֶךְ בֶּלַע הִוא־צֹעַר וַיַּעַרְכוּ
אִתָּם מִלְחָמָה בְּעֵמֶק הַשִּׂדִּים׃ אֵת כְּדָרְלָעֹמֶר מֶלֶךְ עֵילָם ט
וְתִדְעָל מֶלֶךְ גּוֹיִם וְאַמְרָפֶל מֶלֶךְ שִׁנְעָר וְאַרְיוֹךְ מֶלֶךְ אֶלָּסָר
אַרְבָּעָה מְלָכִים אֶת־הַחֲמִשָּׁה׃ וְעֵמֶק הַשִּׂדִּים בֶּאֱרֹת בֶּאֱרֹת י
חֵמָר וַיָּנֻסוּ מֶלֶךְ־סְדֹם וַעֲמֹרָה וַיִּפְּלוּ־שָׁמָּה וְהַנִּשְׁאָרִים הֶרָה
נָּסוּ׃ וַיִּקְחוּ אֶת־כָּל־רְכֻשׁ סְדֹם וַעֲמֹרָה וְאֶת־כָּל־אָכְלָם וַיֵּלֵכוּ׃ יא
וַיִּקְחוּ אֶת־לוֹט וְאֶת־רְכֻשׁוֹ בֶּן־אֲחִי אַבְרָם וַיֵּלֵכוּ וְהוּא יֹשֵׁב יב
בִּסְדֹם׃ וַיָּבֹא הַפָּלִיט וַיַּגֵּד לְאַבְרָם הָעִבְרִי וְהוּא שֹׁכֵן בְּאֵלֹנֵי יג
מַמְרֵא הָאֱמֹרִי אֲחִי אֶשְׁכֹּל וַאֲחִי עָנֵר וְהֵם בַּעֲלֵי בְרִית־אַבְרָם׃
וַיִּשְׁמַע אַבְרָם כִּי נִשְׁבָּה אָחִיו וַיָּרֶק אֶת־חֲנִיכָיו יְלִידֵי בֵיתוֹ יד
שְׁמֹנָה עָשָׂר וּשְׁלֹשׁ מֵאוֹת וַיִּרְדֹּף עַד־דָּן׃ וַיֵּחָלֵק עֲלֵיהֶם ׀ לַיְלָה טו
הוּא וַעֲבָדָיו וַיַּכֵּם וַיִּרְדְּפֵם עַד־חוֹבָה אֲשֶׁר מִשְּׂמֹאל לְדַמָּשֶׂק׃
וַיָּשֶׁב אֵת כָּל־הָרְכֻשׁ וְגַם אֶת־לוֹט אָחִיו וּרְכֻשׁוֹ הֵשִׁיב וְגַם טז
אֶת־הַנָּשִׁים וְאֶת־הָעָם׃ וַיֵּצֵא מֶלֶךְ־סְדֹם לִקְרָאתוֹ אַחֲרֵי שׁוּבוֹ יז
מֵהַכּוֹת אֶת־כְּדָרְלָעֹמֶר וְאֶת־הַמְּלָכִים אֲשֶׁר אִתּוֹ אֶל־עֵמֶק
שָׁוֵה הוּא עֵמֶק הַמֶּלֶךְ׃ וּמַלְכִּי־צֶדֶק מֶלֶךְ שָׁלֵם הוֹצִיא לֶחֶם יח
וָיָיִן וְהוּא כֹהֵן לְאֵל עֶלְיוֹן׃ וַיְבָרְכֵהוּ וַיֹּאמַר בָּרוּךְ אַבְרָם לְאֵל יט
עֶלְיוֹן קֹנֵה שָׁמַיִם וָאָרֶץ׃ וּבָרוּךְ אֵל עֶלְיוֹן אֲשֶׁר־מִגֵּן צָרֶיךָ כ
חמישי בְּיָדֶךָ וַיִּתֶּן־לוֹ מַעֲשֵׂר מִכֹּל׃ וַיֹּאמֶר מֶלֶךְ־סְדֹם אֶל־אַבְרָם כא
תֶּן־לִי הַנֶּפֶשׁ וְהָרְכֻשׁ קַח־לָךְ׃ וַיֹּאמֶר אַבְרָם אֶל־מֶלֶךְ סְדֹם כב
הֲרִמֹתִי יָדִי אֶל־יהוה אֵל עֶלְיוֹן קֹנֵה שָׁמַיִם וָאָרֶץ׃ אִם־מִחוּט כג
וְעַד שְׂרוֹךְ־נַעַל וְאִם־אֶקַּח מִכָּל־אֲשֶׁר־לָךְ וְלֹא תֹאמַר אֲנִי
הֶעֱשַׁרְתִּי אֶת־אַבְרָם׃ בִּלְעָדַי רַק אֲשֶׁר אָכְלוּ הַנְּעָרִים וְחֵלֶק כד
הָאֲנָשִׁים אֲשֶׁר הָלְכוּ אִתִּי עָנֵר אֶשְׁכֹּל וּמַמְרֵא הֵם יִקְחוּ
יב חֶלְקָם׃ אַחַר ׀ הַדְּבָרִים הָאֵלֶּה הָיָה דְבַר־יהוה א טו
אֶל־אַבְרָם בַּמַּחֲזֶה לֵאמֹר אַל־תִּירָא אַבְרָם אָנֹכִי מָגֵן לָךְ

ב שְׂכָרְךָ הַרְבֵּה מְאֹד׃ וַיֹּאמֶר אַבְרָם אֲדֹנָי יֱהוִה מַה־תִּתֶּן־לִי
וְאָנֹכִי הוֹלֵךְ עֲרִירִי וּבֶן־מֶשֶׁק בֵּיתִי הוּא דַּמֶּשֶׂק אֱלִיעֶזֶר׃
ג וַיֹּאמֶר אַבְרָם הֵן לִי לֹא נָתַתָּה זָרַע וְהִנֵּה בֶן־בֵּיתִי יוֹרֵשׁ אֹתִי׃
ד וְהִנֵּה דְבַר־יהוה אֵלָיו לֵאמֹר לֹא יִירָשְׁךָ זֶה כִּי־אִם אֲשֶׁר
ה יֵצֵא מִמֵּעֶיךָ הוּא יִירָשֶׁךָ׃ וַיּוֹצֵא אֹתוֹ הַחוּצָה וַיֹּאמֶר הַבֶּט־
נָא הַשָּׁמַיְמָה וּסְפֹר הַכּוֹכָבִים אִם־תּוּכַל לִסְפֹּר אֹתָם וַיֹּאמֶר
ו לוֹ כֹּה יִהְיֶה זַרְעֶךָ׃ וְהֶאֱמִן בַּיהוָה וַיַּחְשְׁבֶהָ לּוֹ צְדָקָה׃
ז וַיֹּאמֶר אֵלָיו אֲנִי יהוה אֲשֶׁר הוֹצֵאתִיךָ מֵאוּר כַּשְׂדִּים לָתֶת ששי
ח לְךָ אֶת־הָאָרֶץ הַזֹּאת לְרִשְׁתָּהּ׃ וַיֹּאמַר אֲדֹנָי יֱהוִה בַּמָּה
ט אֵדַע כִּי אִירָשֶׁנָּה׃ וַיֹּאמֶר אֵלָיו קְחָה לִי עֶגְלָה מְשֻׁלֶּשֶׁת
י וְעֵז מְשֻׁלֶּשֶׁת וְאַיִל מְשֻׁלָּשׁ וְתֹר וְגוֹזָל׃ וַיִּקַּח־לוֹ אֶת־כָּל־
אֵלֶּה וַיְבַתֵּר אֹתָם בַּתָּוֶךְ וַיִּתֵּן אִישׁ־בִּתְרוֹ לִקְרַאת רֵעֵהוּ
יא וְאֶת־הַצִּפֹּר לֹא בָתָר׃ וַיֵּרֶד הָעַיִט עַל־הַפְּגָרִים וַיַּשֵּׁב אֹתָם
יב אַבְרָם׃ וַיְהִי הַשֶּׁמֶשׁ לָבוֹא וְתַרְדֵּמָה נָפְלָה עַל־אַבְרָם וְהִנֵּה
יג אֵימָה חֲשֵׁכָה גְדֹלָה נֹפֶלֶת עָלָיו׃ וַיֹּאמֶר לְאַבְרָם יָדֹעַ תֵּדַע
כִּי־גֵר ׀ יִהְיֶה זַרְעֲךָ בְּאֶרֶץ לֹא לָהֶם וַעֲבָדוּם וְעִנּוּ אֹתָם אַרְבַּע
יד מֵאוֹת שָׁנָה׃ וְגַם אֶת־הַגּוֹי אֲשֶׁר יַעֲבֹדוּ דָּן אָנֹכִי וְאַחֲרֵי־
טו כֵן יֵצְאוּ בִּרְכֻשׁ גָּדוֹל׃ וְאַתָּה תָּבוֹא אֶל־אֲבֹתֶיךָ בְּשָׁלוֹם
טז תִּקָּבֵר בְּשֵׂיבָה טוֹבָה׃ וְדוֹר רְבִיעִי יָשׁוּבוּ הֵנָּה כִּי לֹא־שָׁלֵם
יז עֲוֺן הָאֱמֹרִי עַד־הֵנָּה׃ וַיְהִי הַשֶּׁמֶשׁ בָּאָה וַעֲלָטָה הָיָה וְהִנֵּה
יח תַנּוּר עָשָׁן וְלַפִּיד אֵשׁ אֲשֶׁר עָבַר בֵּין הַגְּזָרִים הָאֵלֶּה׃ בַּיּוֹם
הַהוּא כָּרַת יהוה אֶת־אַבְרָם בְּרִית לֵאמֹר לְזַרְעֲךָ נָתַתִּי אֶת־
יט הָאָרֶץ הַזֹּאת מִנְּהַר מִצְרַיִם עַד־הַנָּהָר הַגָּדֹל נְהַר־פְּרָת׃ אֶת־
כ הַקֵּינִי וְאֶת־הַקְּנִזִּי וְאֵת הַקַּדְמֹנִי׃ וְאֶת־הַחִתִּי וְאֶת־הַפְּרִזִּי וְאֶת־
כא הָרְפָאִים׃ וְאֶת־הָאֱמֹרִי וְאֶת־הַכְּנַעֲנִי וְאֶת־הַגִּרְגָּשִׁי וְאֶת־
טזא הַיְבוּסִי׃ וְשָׂרַי אֵשֶׁת אַבְרָם לֹא יָלְדָה לוֹ וְלָהּ יג
ב שִׁפְחָה מִצְרִית וּשְׁמָהּ הָגָר׃ וַתֹּאמֶר שָׂרַי אֶל־אַבְרָם הִנֵּה־נָא

עֲצָרַנִי יְהוָה מִלֶּדֶת בֹּא־נָא אֶל־שִׁפְחָתִי אוּלַי אִבָּנֶה מִמֶּנָּה
ג וַיִּשְׁמַע אַבְרָם לְקוֹל שָׂרָי׃ וַתִּקַּח שָׂרַי ׀ אֵשֶׁת אַבְרָם אֶת־הָגָר
הַמִּצְרִית שִׁפְחָתָהּ מִקֵּץ עֶשֶׂר שָׁנִים לְשֶׁבֶת אַבְרָם בְּאֶרֶץ כְּנָעַן
ד וַתִּתֵּן אֹתָהּ לְאַבְרָם אִישָׁהּ לוֹ לְאִשָּׁה׃ וַיָּבֹא אֶל־הָגָר וַתַּהַר
ה וַתֵּרֶא כִּי הָרָתָה וַתֵּקַל גְּבִרְתָּהּ בְּעֵינֶיהָ׃ וַתֹּאמֶר שָׂרַי אֶל־
אַבְרָם חֲמָסִי עָלֶיךָ אָנֹכִי נָתַתִּי שִׁפְחָתִי בְּחֵיקֶךָ וַתֵּרֶא כִּי
ו הָרָתָה וָאֵקַל בְּעֵינֶיהָ יִשְׁפֹּט יְהוָה בֵּינִי וּבֵינֶיךָ׃ וַיֹּאמֶר אַבְרָם
אֶל־שָׂרַי הִנֵּה שִׁפְחָתֵךְ בְּיָדֵךְ עֲשִׂי־לָהּ הַטּוֹב בְּעֵינָיִךְ וַתְּעַנֶּהָ
ז שָׂרַי וַתִּבְרַח מִפָּנֶיהָ׃ וַיִּמְצָאָהּ מַלְאַךְ יְהוָה עַל־עֵין הַמַּיִם
ח בַּמִּדְבָּר עַל־הָעַיִן בְּדֶרֶךְ שׁוּר׃ וַיֹּאמַר הָגָר שִׁפְחַת שָׂרַי אֵי־
מִזֶּה בָאת וְאָנָה תֵלֵכִי וַתֹּאמֶר מִפְּנֵי שָׂרַי גְּבִרְתִּי אָנֹכִי בֹּרַחַת׃
ט וַיֹּאמֶר לָהּ מַלְאַךְ יְהוָה שׁוּבִי אֶל־גְּבִרְתֵּךְ וְהִתְעַנִּי תַּחַת יָדֶיהָ׃
י וַיֹּאמֶר לָהּ מַלְאַךְ יְהוָה הַרְבָּה אַרְבֶּה אֶת־זַרְעֵךְ וְלֹא יִסָּפֵר
יא מֵרֹב׃ וַיֹּאמֶר לָהּ מַלְאַךְ יְהוָה הִנָּךְ הָרָה וְיֹלַדְתְּ בֵּן וְקָרָאת
יב שְׁמוֹ יִשְׁמָעֵאל כִּי־שָׁמַע יְהוָה אֶל־עָנְיֵךְ׃ וְהוּא יִהְיֶה פֶּרֶא
יג אָדָם יָדוֹ בַכֹּל וְיַד כֹּל בּוֹ וְעַל־פְּנֵי כָל־אֶחָיו יִשְׁכֹּן׃ וַתִּקְרָא
שֵׁם־יְהוָה הַדֹּבֵר אֵלֶיהָ אַתָּה אֵל רֳאִי כִּי אָמְרָה הֲגַם הֲלֹם
יד רָאִיתִי אַחֲרֵי רֹאִי׃ עַל־כֵּן קָרָא לַבְּאֵר בְּאֵר לַחַי רֹאִי הִנֵּה
טו בֵין־קָדֵשׁ וּבֵין בָּרֶד׃ וַתֵּלֶד הָגָר לְאַבְרָם בֵּן וַיִּקְרָא אַבְרָם שֶׁם־
טז בְּנוֹ אֲשֶׁר־יָלְדָה הָגָר יִשְׁמָעֵאל׃ וְאַבְרָם בֶּן־שְׁמֹנִים שָׁנָה וְשֵׁשׁ
יד יז א שָׁנִים בְּלֶדֶת־הָגָר אֶת־יִשְׁמָעֵאל לְאַבְרָם׃ וַיְהִי
אַבְרָם בֶּן־תִּשְׁעִים שָׁנָה וְתֵשַׁע שָׁנִים וַיֵּרָא יְהוָה אֶל־אַבְרָם
ב וַיֹּאמֶר אֵלָיו אֲנִי־אֵל שַׁדַּי הִתְהַלֵּךְ לְפָנַי וֶהְיֵה תָמִים׃ וְאֶתְּנָה
ג בְרִיתִי בֵּינִי וּבֵינֶךָ וְאַרְבֶּה אוֹתְךָ בִּמְאֹד מְאֹד׃ וַיִּפֹּל אַבְרָם
ד עַל־פָּנָיו וַיְדַבֵּר אִתּוֹ אֱלֹהִים לֵאמֹר׃ אֲנִי הִנֵּה בְרִיתִי אִתָּךְ
ה וְהָיִיתָ לְאַב הֲמוֹן גּוֹיִם׃ וְלֹא־יִקָּרֵא עוֹד אֶת־שִׁמְךָ אַבְרָם
ו וְהָיָה שִׁמְךָ אַבְרָהָם כִּי אַב־הֲמוֹן גּוֹיִם נְתַתִּיךָ׃ וְהִפְרֵתִי אֹתְךָ

ז במאד מאד ונתתיך לגוים ומלכים ממך יצאו: והקמתי את־ שביעי
בריתי ביני ובינך ובין זרעך אחריך לדרתם לברית עולם
ח להיות לך לאלהים ולזרעך אחריך: ונתתי לך ולזרעך אחריך
את ׀ ארץ מגריך את כל־ארץ כנען לאחזת עולם והייתי
ט להם לאלהים: ויאמר אלהים אל־אברהם ואתה את־בריתי
י תשמר אתה וזרעך אחריך לדרתם: זאת בריתי אשר תשמרו
יא ביני וביניכם ובין זרעך אחריך המול לכם כל־זכר: ונמלתם
יב את בשר ערלתכם והיה לאות ברית ביני וביניכם: ובן־
שמנת ימים ימול לכם כל־זכר לדרתיכם יליד בית ומקנת־
יג כסף מכל בן־נכר אשר לא מזרעך הוא: המול ׀ ימול יליד
ביתך ומקנת כספך והיתה בריתי בבשרכם לברית עולם:
יד וערל ׀ זכר אשר לא־ימול את־בשר ערלתו ונכרתה הנפש
טו ההוא מעמיה את־בריתי הפר: ויאמר אלהים
אל־אברהם שרי אשתך לא־תקרא את־שמה שרי כי שרה
טז שמה: וברכתי אתה וגם נתתי ממנה לך בן וברכתיה והיתה
יז לגוים מלכי עמים ממנה יהיו: ויפל אברהם על־פניו ויצחק
ויאמר בלבו הלבן מאה־שנה יולד ואם־שרה הבת־תשעים
יח שנה תלד: ויאמר אברהם אל־האלהים לו ישמעאל יחיה
יט לפניך: ויאמר אלהים אבל שרה אשתך ילדת לך בן וקראת
את־שמו יצחק והקמתי את־בריתי אתו לברית עולם לזרעו
כ אחריו: ולישמעאל שמעתיך הנה ׀ ברכתי אתו והפריתי אתו
והרביתי אתו במאד מאד שנים־עשר נשיאם יוליד ונתתיו
כא לגוי גדול: ואת־בריתי אקים את־יצחק אשר תלד לך שרה
כב למועד הזה בשנה האחרת: ויכל לדבר אתו ויעל אלהים
כג מעל אברהם: ויקח אברהם את־ישמעאל בנו ואת כל־
ילידי ביתו ואת כל־מקנת כספו כל־זכר באנשי בית
אברהם וימל את־בשר ערלתם בעצם היום הזה כאשר

מפטיר דִּבֶּר אִתּוֹ אֱלֹהִים׃ וְאַבְרָהָם בֶּן־תִּשְׁעִים וָתֵשַׁע שָׁנָה בְּהִמֹּלוֹ כד
בְּשַׂר עָרְלָתוֹ׃ וְיִשְׁמָעֵאל בְּנוֹ בֶּן־שְׁלֹשׁ עֶשְׂרֵה שָׁנָה בְּהִמֹּלוֹ כה
אֵת בְּשַׂר עָרְלָתוֹ׃ בְּעֶצֶם הַיּוֹם הַזֶּה נִמּוֹל אַבְרָהָם וְיִשְׁמָעֵאל כו
בְּנוֹ׃ וְכָל־אַנְשֵׁי בֵיתוֹ יְלִיד בָּיִת וּמִקְנַת־כֶּסֶף מֵאֵת בֶּן־נֵכָר כז
נִמֹּלוּ אִתּוֹ׃

וירא טו וַיֵּרָא אֵלָיו יְהוָה בְּאֵלֹנֵי מַמְרֵא וְהוּא יֹשֵׁב פֶּתַח־הָאֹהֶל כְּחֹם א יח
הַיּוֹם׃ וַיִּשָּׂא עֵינָיו וַיַּרְא וְהִנֵּה שְׁלֹשָׁה אֲנָשִׁים נִצָּבִים עָלָיו וַיַּרְא ב
וַיָּרָץ לִקְרָאתָם מִפֶּתַח הָאֹהֶל וַיִּשְׁתַּחוּ אָרְצָה׃ וַיֹּאמַר אֲדֹנָי ג
אִם־נָא מָצָאתִי חֵן בְּעֵינֶיךָ אַל־נָא תַעֲבֹר מֵעַל עַבְדֶּךָ׃ יֻקַּח־ ד
נָא מְעַט־מַיִם וְרַחֲצוּ רַגְלֵיכֶם וְהִשָּׁעֲנוּ תַּחַת הָעֵץ׃ וְאֶקְחָה ה
פַת־לֶחֶם וְסַעֲדוּ לִבְּכֶם אַחַר תַּעֲבֹרוּ כִּי־עַל־כֵּן עֲבַרְתֶּם עַל־
עַבְדְּכֶם וַיֹּאמְרוּ כֵּן תַּעֲשֶׂה כַּאֲשֶׁר דִּבַּרְתָּ׃ וַיְמַהֵר אַבְרָהָם ו
הָאֹהֱלָה אֶל־שָׂרָה וַיֹּאמֶר מַהֲרִי שְׁלֹשׁ סְאִים קֶמַח סֹלֶת לוּשִׁי
וַעֲשִׂי עֻגוֹת׃ וְאֶל־הַבָּקָר רָץ אַבְרָהָם וַיִּקַּח בֶּן־בָּקָר רַךְ וָטוֹב ז
וַיִּתֵּן אֶל־הַנַּעַר וַיְמַהֵר לַעֲשׂוֹת אֹתוֹ׃ וַיִּקַּח חֶמְאָה וְחָלָב וּבֶן־ ח
הַבָּקָר אֲשֶׁר עָשָׂה וַיִּתֵּן לִפְנֵיהֶם וְהוּא עֹמֵד עֲלֵיהֶם תַּחַת הָעֵץ
וַיֹּאכֵלוּ׃ וַיֹּאמְרוּ אֵלָיו אַיֵּה שָׂרָה אִשְׁתֶּךָ וַיֹּאמֶר הִנֵּה בָאֹהֶל׃ ט
וַיֹּאמֶר שׁוֹב אָשׁוּב אֵלֶיךָ כָּעֵת חַיָּה וְהִנֵּה־בֵן לְשָׂרָה אִשְׁתֶּךָ י
וְשָׂרָה שֹׁמַעַת פֶּתַח הָאֹהֶל וְהוּא אַחֲרָיו׃ וְאַבְרָהָם וְשָׂרָה זְקֵנִים יא
בָּאִים בַּיָּמִים חָדַל לִהְיוֹת לְשָׂרָה אֹרַח כַּנָּשִׁים׃ וַתִּצְחַק שָׂרָה יב
בְּקִרְבָּהּ לֵאמֹר אַחֲרֵי בְלֹתִי הָיְתָה־לִּי עֶדְנָה וַאדֹנִי זָקֵן׃ וַיֹּאמֶר יג
יְהוָה אֶל־אַבְרָהָם לָמָּה זֶּה צָחֲקָה שָׂרָה לֵאמֹר הַאַף אֻמְנָם
אֵלֵד וַאֲנִי זָקַנְתִּי׃ הֲיִפָּלֵא מֵיְהוָה דָּבָר לַמּוֹעֵד אָשׁוּב אֵלֶיךָ יד
שני כָּעֵת חַיָּה וּלְשָׂרָה בֵן׃ וַתְּכַחֵשׁ שָׂרָה ׀ לֵאמֹר לֹא צָחַקְתִּי כִּי ׀ טו
יָרֵאָה וַיֹּאמֶר ׀ לֹא כִּי צָחָקְתְּ׃ וַיָּקֻמוּ מִשָּׁם הָאֲנָשִׁים וַיַּשְׁקִפוּ טז
עַל־פְּנֵי סְדֹם וְאַבְרָהָם הֹלֵךְ עִמָּם לְשַׁלְּחָם׃ וַיהוָה אָמָר הַמְכַסֶּה יז
אֲנִי מֵאַבְרָהָם אֲשֶׁר אֲנִי עֹשֶׂה׃ וְאַבְרָהָם הָיוֹ יִהְיֶה לְגוֹי גָּדוֹל יח

יט וְעָצוּם וְנִבְרְכוּ־בוֹ כֹּל גּוֹיֵי הָאָרֶץ׃ כִּי יְדַעְתִּיו לְמַעַן אֲשֶׁר
יְצַוֶּה אֶת־בָּנָיו וְאֶת־בֵּיתוֹ אַחֲרָיו וְשָׁמְרוּ דֶּרֶךְ יהוה לַעֲשׂוֹת
צְדָקָה וּמִשְׁפָּט לְמַעַן הָבִיא יהוה עַל־אַבְרָהָם אֵת אֲשֶׁר־
כ דִּבֶּר עָלָיו׃ וַיֹּאמֶר יהוה זַעֲקַת סְדֹם וַעֲמֹרָה כִּי־רָבָּה וְחַטָּאתָם
כא כִּי כָבְדָה מְאֹד׃ אֵרְדָה־נָּא וְאֶרְאֶה הַכְּצַעֲקָתָהּ הַבָּאָה אֵלַי
כב עָשׂוּ ׀ כָּלָה וְאִם־לֹא אֵדָעָה׃ וַיִּפְנוּ מִשָּׁם הָאֲנָשִׁים וַיֵּלְכוּ סְדֹמָה
כג וְאַבְרָהָם עוֹדֶנּוּ עֹמֵד לִפְנֵי יהוה׃ וַיִּגַּשׁ אַבְרָהָם וַיֹּאמַר הַאַף
כד תִּסְפֶּה צַדִּיק עִם־רָשָׁע׃ אוּלַי יֵשׁ חֲמִשִּׁים צַדִּיקִם בְּתוֹךְ הָעִיר
הַאַף תִּסְפֶּה וְלֹא־תִשָּׂא לַמָּקוֹם לְמַעַן חֲמִשִּׁים הַצַּדִּיקִם אֲשֶׁר
כה בְּקִרְבָּהּ׃ חָלִלָה לְּךָ מֵעֲשֹׂת ׀ כַּדָּבָר הַזֶּה לְהָמִית צַדִּיק עִם־
רָשָׁע וְהָיָה כַצַּדִּיק כָּרָשָׁע חָלִלָה לָּךְ הֲשֹׁפֵט כָּל־הָאָרֶץ לֹא
כו יַעֲשֶׂה מִשְׁפָּט׃ וַיֹּאמֶר יהוה אִם־אֶמְצָא בִסְדֹם חֲמִשִּׁים צַדִּיקִם
כז בְּתוֹךְ הָעִיר וְנָשָׂאתִי לְכָל־הַמָּקוֹם בַּעֲבוּרָם׃ וַיַּעַן אַבְרָהָם
וַיֹּאמַר הִנֵּה־נָא הוֹאַלְתִּי לְדַבֵּר אֶל־אֲדֹנָי וְאָנֹכִי עָפָר וָאֵפֶר׃
כח אוּלַי יַחְסְרוּן חֲמִשִּׁים הַצַּדִּיקִם חֲמִשָּׁה הֲתַשְׁחִית בַּחֲמִשָּׁה אֶת־
כָּל־הָעִיר וַיֹּאמֶר לֹא אַשְׁחִית אִם־אֶמְצָא שָׁם אַרְבָּעִים וַחֲמִשָּׁה׃
כט וַיֹּסֶף עוֹד לְדַבֵּר אֵלָיו וַיֹּאמַר אוּלַי יִמָּצְאוּן שָׁם אַרְבָּעִים וַיֹּאמֶר
ל לֹא אֶעֱשֶׂה בַּעֲבוּר הָאַרְבָּעִים׃ וַיֹּאמֶר אַל־נָא יִחַר לַאדֹנָי
וַאֲדַבֵּרָה אוּלַי יִמָּצְאוּן שָׁם שְׁלֹשִׁים וַיֹּאמֶר לֹא אֶעֱשֶׂה אִם־
לא אֶמְצָא שָׁם שְׁלֹשִׁים׃ וַיֹּאמֶר הִנֵּה־נָא הוֹאַלְתִּי לְדַבֵּר אֶל־
אֲדֹנָי אוּלַי יִמָּצְאוּן שָׁם עֶשְׂרִים וַיֹּאמֶר לֹא אַשְׁחִית בַּעֲבוּר
לב הָעֶשְׂרִים׃ וַיֹּאמֶר אַל־נָא יִחַר לַאדֹנָי וַאֲדַבְּרָה אַךְ־הַפַּעַם
אוּלַי יִמָּצְאוּן שָׁם עֲשָׂרָה וַיֹּאמֶר לֹא אַשְׁחִית בַּעֲבוּר הָעֲשָׂרָה׃
לג וַיֵּלֶךְ יהוה כַּאֲשֶׁר כִּלָּה לְדַבֵּר אֶל־אַבְרָהָם וְאַבְרָהָם שָׁב
יט א לִמְקֹמוֹ׃ וַיָּבֹאוּ שְׁנֵי הַמַּלְאָכִים סְדֹמָה בָּעֶרֶב וְלוֹט יֹשֵׁב בְּשַׁעַר־ טז שלישי
ב סְדֹם וַיַּרְא־לוֹט וַיָּקָם לִקְרָאתָם וַיִּשְׁתַּחוּ אַפַּיִם אָרְצָה׃ וַיֹּאמֶר
הִנֶּה נָּא־אֲדֹנַי סוּרוּ נָא אֶל־בֵּית עַבְדְּכֶם וְלִינוּ וְרַחֲצוּ רַגְלֵיכֶם

וְהִשְׁכַּמְתֶּם וַהֲלַכְתֶּם לְדַרְכְּכֶם וַיֹּאמְרוּ לֹּא כִּי בָרְחוֹב נָלִין׃
וַיִּפְצַר־בָּם מְאֹד וַיָּסֻרוּ אֵלָיו וַיָּבֹאוּ אֶל־בֵּיתוֹ וַיַּעַשׂ לָהֶם מִשְׁתֶּה ג
וּמַצּוֹת אָפָה וַיֹּאכֵלוּ׃ טֶרֶם יִשְׁכָּבוּ וְאַנְשֵׁי הָעִיר אַנְשֵׁי סְדֹם ד
נָסַבּוּ עַל־הַבַּיִת מִנַּעַר וְעַד־זָקֵן כָּל־הָעָם מִקָּצֶה׃ וַיִּקְרְאוּ אֶל־ ה
לוֹט וַיֹּאמְרוּ לוֹ אַיֵּה הָאֲנָשִׁים אֲשֶׁר־בָּאוּ אֵלֶיךָ הַלָּיְלָה הוֹצִיאֵם
אֵלֵינוּ וְנֵדְעָה אֹתָם׃ וַיֵּצֵא אֲלֵהֶם לוֹט הַפֶּתְחָה וְהַדֶּלֶת סָגַר ו
אַחֲרָיו׃ וַיֹּאמַר אַל־נָא אַחַי תָּרֵעוּ׃ הִנֵּה־נָא לִי שְׁתֵּי בָנוֹת ז ח
אֲשֶׁר לֹא־יָדְעוּ אִישׁ אוֹצִיאָה־נָּא אֶתְהֶן אֲלֵיכֶם וַעֲשׂוּ לָהֶן
כַּטּוֹב בְּעֵינֵיכֶם רַק לָאֲנָשִׁים הָאֵל אַל־תַּעֲשׂוּ דָבָר כִּי־עַל־
כֵּן בָּאוּ בְּצֵל קֹרָתִי׃ וַיֹּאמְרוּ ׀ גֶּשׁ־הָלְאָה וַיֹּאמְרוּ הָאֶחָד בָּא־ ט
לָגוּר וַיִּשְׁפֹּט שָׁפוֹט עַתָּה נָרַע לְךָ מֵהֶם וַיִּפְצְרוּ בָאִישׁ בְּלוֹט
מְאֹד וַיִּגְּשׁוּ לִשְׁבֹּר הַדָּלֶת׃ וַיִּשְׁלְחוּ הָאֲנָשִׁים אֶת־יָדָם וַיָּבִיאוּ י
אֶת־לוֹט אֲלֵיהֶם הַבָּיְתָה וְאֶת־הַדֶּלֶת סָגָרוּ׃ וְאֶת־הָאֲנָשִׁים יא
אֲשֶׁר־פֶּתַח הַבַּיִת הִכּוּ בַּסַּנְוֵרִים מִקָּטֹן וְעַד־גָּדוֹל וַיִּלְאוּ לִמְצֹא
הַפָּתַח׃ וַיֹּאמְרוּ הָאֲנָשִׁים אֶל־לוֹט עֹד מִי־לְךָ פֹה חָתָן וּבָנֶיךָ יב
וּבְנֹתֶיךָ וְכֹל אֲשֶׁר־לְךָ בָּעִיר הוֹצֵא מִן־הַמָּקוֹם׃ כִּי־מַשְׁחִתִים יג
אֲנַחְנוּ אֶת־הַמָּקוֹם הַזֶּה כִּי־גָדְלָה צַעֲקָתָם אֶת־פְּנֵי יְהוָה
וַיְשַׁלְּחֵנוּ יְהוָה לְשַׁחֲתָהּ׃ וַיֵּצֵא לוֹט וַיְדַבֵּר ׀ אֶל־חֲתָנָיו ׀ לֹקְחֵי יד
בְנֹתָיו וַיֹּאמֶר קוּמוּ צְּאוּ מִן־הַמָּקוֹם הַזֶּה כִּי־מַשְׁחִית יְהוָה
אֶת־הָעִיר וַיְהִי כִמְצַחֵק בְּעֵינֵי חֲתָנָיו׃ וּכְמוֹ הַשַּׁחַר עָלָה וַיָּאִיצוּ טו
הַמַּלְאָכִים בְּלוֹט לֵאמֹר קוּם קַח אֶת־אִשְׁתְּךָ וְאֶת־שְׁתֵּי בְנֹתֶיךָ
הַנִּמְצָאֹת פֶּן־תִּסָּפֶה בַּעֲוֺן הָעִיר׃ וַיִּתְמַהְמָהּ ׀ וַיַּחֲזִיקוּ הָאֲנָשִׁים טז
בְּיָדוֹ וּבְיַד־אִשְׁתּוֹ וּבְיַד שְׁתֵּי בְנֹתָיו בְּחֶמְלַת יְהוָה עָלָיו וַיֹּצִאֻהוּ
וַיַּנִּחֻהוּ מִחוּץ לָעִיר׃ וַיְהִי כְהוֹצִיאָם אֹתָם הַחוּצָה וַיֹּאמֶר הִמָּלֵט יז
עַל־נַפְשֶׁךָ אַל־תַּבִּיט אַחֲרֶיךָ וְאַל־תַּעֲמֹד בְּכָל־הַכִּכָּר הָהָרָה
הִמָּלֵט פֶּן־תִּסָּפֶה׃ וַיֹּאמֶר לוֹט אֲלֵהֶם אַל־נָא אֲדֹנָי׃ הִנֵּה־נָא יח יט
מָצָא עַבְדְּךָ חֵן בְּעֵינֶיךָ וַתַּגְדֵּל חַסְדְּךָ אֲשֶׁר עָשִׂיתָ עִמָּדִי לְהַחֲיוֹת

אֶת־נַפְשִׁי וְאָנֹכִי לֹא אוּכַל לְהִמָּלֵט הָהָרָה פֶּן־תִּדְבָּקַנִי הָרָעָה
כ וָמַתִּי: הִנֵּה־נָא הָעִיר הַזֹּאת קְרֹבָה לָנוּס שָׁמָּה וְהִוא מִצְעָר
כא אִמָּלְטָה נָּא שָׁמָּה הֲלֹא מִצְעָר הִוא וּתְחִי נַפְשִׁי: וַיֹּאמֶר אֵלָיו רביעי
הִנֵּה נָשָׂאתִי פָנֶיךָ גַּם לַדָּבָר הַזֶּה לְבִלְתִּי הָפְכִּי אֶת־הָעִיר
כב אֲשֶׁר דִּבַּרְתָּ: מַהֵר הִמָּלֵט שָׁמָּה כִּי לֹא אוּכַל לַעֲשׂוֹת דָּבָר
כג עַד־בֹּאֲךָ שָׁמָּה עַל־כֵּן קָרָא שֵׁם־הָעִיר צוֹעַר: הַשֶּׁמֶשׁ יָצָא
כד עַל־הָאָרֶץ וְלוֹט בָּא צֹעֲרָה: וַיהוה הִמְטִיר עַל־סְדֹם וְעַל־
כה עֲמֹרָה גָּפְרִית וָאֵשׁ מֵאֵת יהוה מִן־הַשָּׁמָיִם: וַיַּהֲפֹךְ אֶת־הֶעָרִים
הָאֵל וְאֵת כָּל־הַכִּכָּר וְאֵת כָּל־יֹשְׁבֵי הֶעָרִים וְצֶמַח הָאֲדָמָה:
כו כז וַתַּבֵּט אִשְׁתּוֹ מֵאַחֲרָיו וַתְּהִי נְצִיב מֶלַח: וַיַּשְׁכֵּם אַבְרָהָם בַּבֹּקֶר
כח אֶל־הַמָּקוֹם אֲשֶׁר־עָמַד שָׁם אֶת־פְּנֵי יהוה: וַיַּשְׁקֵף עַל־פְּנֵי
סְדֹם וַעֲמֹרָה וְעַל כָּל־פְּנֵי אֶרֶץ הַכִּכָּר וַיַּרְא וְהִנֵּה עָלָה קִיטֹר
כט הָאָרֶץ כְּקִיטֹר הַכִּבְשָׁן: וַיְהִי בְּשַׁחֵת אֱלֹהִים אֶת־עָרֵי הַכִּכָּר
וַיִּזְכֹּר אֱלֹהִים אֶת־אַבְרָהָם וַיְשַׁלַּח אֶת־לוֹט מִתּוֹךְ הַהֲפֵכָה
ל בַּהֲפֹךְ אֶת־הֶעָרִים אֲשֶׁר־יָשַׁב בָּהֵן לוֹט: וַיַּעַל לוֹט מִצּוֹעַר
וַיֵּשֶׁב בָּהָר וּשְׁתֵּי בְנֹתָיו עִמּוֹ כִּי יָרֵא לָשֶׁבֶת בְּצוֹעַר וַיֵּשֶׁב
לא בַּמְּעָרָה הוּא וּשְׁתֵּי בְנֹתָיו: וַתֹּאמֶר הַבְּכִירָה אֶל־הַצְּעִירָה
אָבִינוּ זָקֵן וְאִישׁ אֵין בָּאָרֶץ לָבוֹא עָלֵינוּ כְּדֶרֶךְ כָּל־הָאָרֶץ:
לב לְכָה נַשְׁקֶה אֶת־אָבִינוּ יַיִן וְנִשְׁכְּבָה עִמּוֹ וּנְחַיֶּה מֵאָבִינוּ זָרַע:
לג וַתַּשְׁקֶיןָ אֶת־אֲבִיהֶן יַיִן בַּלַּיְלָה הוּא וַתָּבֹא הַבְּכִירָה וַתִּשְׁכַּב
לד אֶת־אָבִיהָ וְלֹא־יָדַע בְּשִׁכְבָהּ וּבְקוּמָהּ: וַיְהִי מִמָּחֳרָת וַתֹּאמֶר
הַבְּכִירָה אֶל־הַצְּעִירָה הֵן־שָׁכַבְתִּי אֶמֶשׁ אֶת־אָבִי נַשְׁקֶנּוּ יַיִן
לה גַּם־הַלַּיְלָה וּבֹאִי שִׁכְבִי עִמּוֹ וּנְחַיֶּה מֵאָבִינוּ זָרַע: וַתַּשְׁקֶיןָ גַּם
בַּלַּיְלָה הַהוּא אֶת־אֲבִיהֶן יָיִן וַתָּקָם הַצְּעִירָה וַתִּשְׁכַּב עִמּוֹ
לו וְלֹא־יָדַע בְּשִׁכְבָהּ וּבְקֻמָהּ: וַתַּהֲרֶיןָ שְׁתֵּי בְנוֹת־לוֹט מֵאֲבִיהֶן:
לז וַתֵּלֶד הַבְּכִירָה בֵּן וַתִּקְרָא שְׁמוֹ מוֹאָב הוּא אֲבִי־מוֹאָב עַד־
לח הַיּוֹם: וְהַצְּעִירָה גַם־הִוא יָלְדָה בֵּן וַתִּקְרָא שְׁמוֹ בֶּן־עַמִּי הוּא

יז אֲבִי בְנֵי־עַמּוֹן עַד־הַיּוֹם׃ וַיִּסַּע מִשָּׁם אַבְרָהָם א
אַרְצָה הַנֶּגֶב וַיֵּשֶׁב בֵּין־קָדֵשׁ וּבֵין שׁוּר וַיָּגָר בִּגְרָר׃ וַיֹּאמֶר ב
אַבְרָהָם אֶל־שָׂרָה אִשְׁתּוֹ אֲחֹתִי הִוא וַיִּשְׁלַח אֲבִימֶלֶךְ מֶלֶךְ
גְּרָר וַיִּקַּח אֶת־שָׂרָה׃ וַיָּבֹא אֱלֹהִים אֶל־אֲבִימֶלֶךְ בַּחֲלוֹם הַלָּיְלָה ג
וַיֹּאמֶר לוֹ הִנְּךָ מֵת עַל־הָאִשָּׁה אֲשֶׁר־לָקַחְתָּ וְהִוא בְּעֻלַת בָּעַל׃
וַאֲבִימֶלֶךְ לֹא קָרַב אֵלֶיהָ וַיֹּאמַר אֲדֹנָי הֲגוֹי גַּם־צַדִּיק תַּהֲרֹג׃ ד
הֲלֹא הוּא אָמַר־לִי אֲחֹתִי הִוא וְהִיא־גַם־הִוא אָמְרָה אָחִי הוּא ה
בְּתָם־לְבָבִי וּבְנִקְיֹן כַּפַּי עָשִׂיתִי זֹאת׃ וַיֹּאמֶר אֵלָיו הָאֱלֹהִים ו
בַּחֲלֹם גַּם אָנֹכִי יָדַעְתִּי כִּי בְתָם־לְבָבְךָ עָשִׂיתָ זֹּאת וָאֶחְשֹׂךְ
גַּם־אָנֹכִי אוֹתְךָ מֵחֲטוֹ־לִי עַל־כֵּן לֹא־נְתַתִּיךָ לִנְגֹּעַ אֵלֶיהָ׃
וְעַתָּה הָשֵׁב אֵשֶׁת־הָאִישׁ כִּי־נָבִיא הוּא וְיִתְפַּלֵּל בַּעַדְךָ וֶחְיֵה ז
וְאִם־אֵינְךָ מֵשִׁיב דַּע כִּי־מוֹת תָּמוּת אַתָּה וְכָל־אֲשֶׁר־לָךְ׃
וַיַּשְׁכֵּם אֲבִימֶלֶךְ בַּבֹּקֶר וַיִּקְרָא לְכָל־עֲבָדָיו וַיְדַבֵּר אֶת־כָּל־ ח
הַדְּבָרִים הָאֵלֶּה בְּאָזְנֵיהֶם וַיִּירְאוּ הָאֲנָשִׁים מְאֹד׃ וַיִּקְרָא ט
אֲבִימֶלֶךְ לְאַבְרָהָם וַיֹּאמֶר לוֹ מֶה־עָשִׂיתָ לָּנוּ וּמֶה־חָטָאתִי לָךְ
כִּי־הֵבֵאתָ עָלַי וְעַל־מַמְלַכְתִּי חֲטָאָה גְדֹלָה מַעֲשִׂים אֲשֶׁר לֹא־
יֵעָשׂוּ עָשִׂיתָ עִמָּדִי׃ וַיֹּאמֶר אֲבִימֶלֶךְ אֶל־אַבְרָהָם מָה רָאִיתָ י
כִּי עָשִׂיתָ אֶת־הַדָּבָר הַזֶּה׃ וַיֹּאמֶר אַבְרָהָם כִּי אָמַרְתִּי רַק יא
אֵין־יִרְאַת אֱלֹהִים בַּמָּקוֹם הַזֶּה וַהֲרָגוּנִי עַל־דְּבַר אִשְׁתִּי׃ וְגַם־ יב
אָמְנָה אֲחֹתִי בַת־אָבִי הִוא אַךְ לֹא בַת־אִמִּי וַתְּהִי־לִי לְאִשָּׁה׃
וַיְהִי כַּאֲשֶׁר הִתְעוּ אֹתִי אֱלֹהִים מִבֵּית אָבִי וָאֹמַר לָהּ זֶה יג
חַסְדֵּךְ אֲשֶׁר תַּעֲשִׂי עִמָּדִי אֶל כָּל־הַמָּקוֹם אֲשֶׁר נָבוֹא שָׁמָּה
אִמְרִי־לִי אָחִי הוּא׃ וַיִּקַּח אֲבִימֶלֶךְ צֹאן וּבָקָר וַעֲבָדִים וּשְׁפָחֹת יד
וַיִּתֵּן לְאַבְרָהָם וַיָּשֶׁב לוֹ אֵת שָׂרָה אִשְׁתּוֹ׃ וַיֹּאמֶר אֲבִימֶלֶךְ טו
הִנֵּה אַרְצִי לְפָנֶיךָ בַּטּוֹב בְּעֵינֶיךָ שֵׁב׃ וּלְשָׂרָה אָמַר הִנֵּה נָתַתִּי טז
אֶלֶף כֶּסֶף לְאָחִיךְ הִנֵּה הוּא־לָךְ כְּסוּת עֵינַיִם לְכֹל אֲשֶׁר אִתָּךְ
וְאֵת כֹּל וְנֹכָחַת׃ וַיִּתְפַּלֵּל אַבְרָהָם אֶל־הָאֱלֹהִים וַיִּרְפָּא אֱלֹהִים יז

יח אֶת־אֲבִימֶלֶךְ וְאֶת־אִשְׁתּוֹ וְאַמְהֹתָיו וַיֵּלֵדוּ׃ כִּי־עָצֹר עָצַר
יְהוָה בְּעַד כָּל־רֶחֶם לְבֵית אֲבִימֶלֶךְ עַל־דְּבַר שָׂרָה אֵשֶׁת
כא א אַבְרָהָם׃ וַיהוָה פָּקַד אֶת־שָׂרָה כַּאֲשֶׁר אָמָר יח
ב וַיַּעַשׂ יְהוָה לְשָׂרָה כַּאֲשֶׁר דִּבֵּר׃ וַתַּהַר וַתֵּלֶד שָׂרָה לְאַבְרָהָם
ג בֵּן לִזְקֻנָיו לַמּוֹעֵד אֲשֶׁר־דִּבֶּר אֹתוֹ אֱלֹהִים׃ וַיִּקְרָא אַבְרָהָם
ד אֶת־שֶׁם־בְּנוֹ הַנּוֹלַד־לוֹ אֲשֶׁר־יָלְדָה־לּוֹ שָׂרָה יִצְחָק׃ וַיָּמָל
אַבְרָהָם אֶת־יִצְחָק בְּנוֹ בֶּן־שְׁמֹנַת יָמִים כַּאֲשֶׁר צִוָּה אֹתוֹ
ה אֱלֹהִים׃ וְאַבְרָהָם בֶּן־מְאַת שָׁנָה בְּהִוָּלֶד לוֹ אֵת יִצְחָק בְּנוֹ׃ חמישי
ו וַתֹּאמֶר שָׂרָה צְחֹק עָשָׂה לִי אֱלֹהִים כָּל־הַשֹּׁמֵעַ יִצְחַק־לִי׃
ז וַתֹּאמֶר מִי מִלֵּל לְאַבְרָהָם הֵינִיקָה בָנִים שָׂרָה כִּי־יָלַדְתִּי בֵן
ח לִזְקֻנָיו׃ וַיִּגְדַּל הַיֶּלֶד וַיִּגָּמַל וַיַּעַשׂ אַבְרָהָם מִשְׁתֶּה גָדוֹל בְּיוֹם
ט הִגָּמֵל אֶת־יִצְחָק׃ וַתֵּרֶא שָׂרָה אֶת־בֶּן־הָגָר הַמִּצְרִית אֲשֶׁר־
י יָלְדָה לְאַבְרָהָם מְצַחֵק׃ וַתֹּאמֶר לְאַבְרָהָם גָּרֵשׁ הָאָמָה הַזֹּאת
וְאֶת־בְּנָהּ כִּי לֹא יִירַשׁ בֶּן־הָאָמָה הַזֹּאת עִם־בְּנִי עִם־יִצְחָק׃
יא יב וַיֵּרַע הַדָּבָר מְאֹד בְּעֵינֵי אַבְרָהָם עַל אוֹדֹת בְּנוֹ׃ וַיֹּאמֶר אֱלֹהִים
אֶל־אַבְרָהָם אַל־יֵרַע בְּעֵינֶיךָ עַל־הַנַּעַר וְעַל־אֲמָתֶךָ כֹּל אֲשֶׁר
יג תֹּאמַר אֵלֶיךָ שָׂרָה שְׁמַע בְּקֹלָהּ כִּי בְיִצְחָק יִקָּרֵא לְךָ זָרַע׃ וְגַם
יד אֶת־בֶּן־הָאָמָה לְגוֹי אֲשִׂימֶנּוּ כִּי זַרְעֲךָ הוּא׃ וַיַּשְׁכֵּם אַבְרָהָם ׀
בַּבֹּקֶר וַיִּקַּח־לֶחֶם וְחֵמַת מַיִם וַיִּתֵּן אֶל־הָגָר שָׂם עַל־שִׁכְמָהּ
טו וְאֶת־הַיֶּלֶד וַיְשַׁלְּחֶהָ וַתֵּלֶךְ וַתֵּתַע בְּמִדְבַּר בְּאֵר שָׁבַע׃ וַיִּכְלוּ
טז הַמַּיִם מִן־הַחֵמֶת וַתַּשְׁלֵךְ אֶת־הַיֶּלֶד תַּחַת אַחַד הַשִּׂיחִם׃ וַתֵּלֶךְ
וַתֵּשֶׁב לָהּ מִנֶּגֶד הַרְחֵק כִּמְטַחֲוֵי קֶשֶׁת כִּי אָמְרָה אַל־אֶרְאֶה
יז בְּמוֹת הַיָּלֶד וַתֵּשֶׁב מִנֶּגֶד וַתִּשָּׂא אֶת־קֹלָהּ וַתֵּבְךְּ׃ וַיִּשְׁמַע
אֱלֹהִים אֶת־קוֹל הַנַּעַר וַיִּקְרָא מַלְאַךְ אֱלֹהִים ׀ אֶל־הָגָר מִן־
הַשָּׁמַיִם וַיֹּאמֶר לָהּ מַה־לָּךְ הָגָר אַל־תִּירְאִי כִּי־שָׁמַע אֱלֹהִים
יח אֶל־קוֹל הַנַּעַר בַּאֲשֶׁר הוּא־שָׁם׃ קוּמִי שְׂאִי אֶת־הַנַּעַר וְהַחֲזִיקִי
יט אֶת־יָדֵךְ בּוֹ כִּי־לְגוֹי גָּדוֹל אֲשִׂימֶנּוּ׃ וַיִּפְקַח אֱלֹהִים אֶת־עֵינֶיהָ

וַתֵּרֶא בְּאֵר מָיִם וַתֵּלֶךְ וַתְּמַלֵּא אֶת־הַחֵמֶת מַיִם וַתַּשְׁקְ אֶת־
כ הַנָּעַר׃ וַיְהִי אֱלֹהִים אֶת־הַנַּעַר וַיִּגְדָּל וַיֵּשֶׁב בַּמִּדְבָּר וַיְהִי רֹבֶה
כא קַשָּׁת׃ וַיֵּשֶׁב בְּמִדְבַּר פָּארָן וַתִּקַּח־לוֹ אִמּוֹ אִשָּׁה מֵאֶרֶץ
מִצְרָיִם׃
ששי כב וַיְהִי בָּעֵת הַהִוא וַיֹּאמֶר אֲבִימֶלֶךְ וּפִיכֹל שַׂר־צְבָאוֹ אֶל־אַבְרָהָם
כג לֵאמֹר אֱלֹהִים עִמְּךָ בְּכֹל אֲשֶׁר־אַתָּה עֹשֶׂה׃ וְעַתָּה הִשָּׁבְעָה
לִּי בֵאלֹהִים הֵנָּה אִם־תִּשְׁקֹר לִי וּלְנִינִי וּלְנֶכְדִּי כַּחֶסֶד אֲשֶׁר־
עָשִׂיתִי עִמְּךָ תַּעֲשֶׂה עִמָּדִי וְעִם־הָאָרֶץ אֲשֶׁר־גַּרְתָּה בָּהּ׃
כד כה וַיֹּאמֶר אַבְרָהָם אָנֹכִי אִשָּׁבֵעַ׃ וְהוֹכִחַ אַבְרָהָם אֶת־אֲבִימֶלֶךְ
כו עַל־אֹדוֹת בְּאֵר הַמַּיִם אֲשֶׁר גָּזְלוּ עַבְדֵי אֲבִימֶלֶךְ׃ וַיֹּאמֶר
אֲבִימֶלֶךְ לֹא יָדַעְתִּי מִי עָשָׂה אֶת־הַדָּבָר הַזֶּה וְגַם־אַתָּה לֹא־
כז הִגַּדְתָּ לִּי וְגַם אָנֹכִי לֹא שָׁמַעְתִּי בִּלְתִּי הַיּוֹם׃ וַיִּקַּח אַבְרָהָם
כח צֹאן וּבָקָר וַיִּתֵּן לַאֲבִימֶלֶךְ וַיִּכְרְתוּ שְׁנֵיהֶם בְּרִית׃ וַיַּצֵּב
כט אַבְרָהָם אֶת־שֶׁבַע כִּבְשֹׂת הַצֹּאן לְבַדְּהֶן׃ וַיֹּאמֶר אֲבִימֶלֶךְ אֶל־
אַבְרָהָם מָה הֵנָּה שֶׁבַע כְּבָשֹׂת הָאֵלֶּה אֲשֶׁר הִצַּבְתָּ לְבַדָּנָה׃
ל וַיֹּאמֶר כִּי אֶת־שֶׁבַע כְּבָשֹׂת תִּקַּח מִיָּדִי בַּעֲבוּר תִּהְיֶה־לִּי
לא לְעֵדָה כִּי חָפַרְתִּי אֶת־הַבְּאֵר הַזֹּאת׃ עַל־כֵּן קָרָא לַמָּקוֹם
לב הַהוּא בְּאֵר שָׁבַע כִּי שָׁם נִשְׁבְּעוּ שְׁנֵיהֶם׃ וַיִּכְרְתוּ בְרִית בִּבְאֵר
שָׁבַע וַיָּקָם אֲבִימֶלֶךְ וּפִיכֹל שַׂר־צְבָאוֹ וַיָּשֻׁבוּ אֶל־אֶרֶץ פְּלִשְׁתִּים׃
לג וַיִּטַּע אֶשֶׁל בִּבְאֵר שָׁבַע וַיִּקְרָא־שָׁם בְּשֵׁם יְהוָה אֵל עוֹלָם׃
לד וַיָּגָר אַבְרָהָם בְּאֶרֶץ פְּלִשְׁתִּים יָמִים רַבִּים׃
שביעי יט כב א וַיְהִי אַחַר הַדְּבָרִים הָאֵלֶּה וְהָאֱלֹהִים נִסָּה אֶת־אַבְרָהָם וַיֹּאמֶר
ב אֵלָיו אַבְרָהָם וַיֹּאמֶר הִנֵּנִי׃ וַיֹּאמֶר קַח־נָא אֶת־בִּנְךָ אֶת־
יְחִידְךָ אֲשֶׁר־אָהַבְתָּ אֶת־יִצְחָק וְלֶךְ־לְךָ אֶל־אֶרֶץ הַמֹּרִיָּה
ג וְהַעֲלֵהוּ שָׁם לְעֹלָה עַל אַחַד הֶהָרִים אֲשֶׁר אֹמַר אֵלֶיךָ׃ וַיַּשְׁכֵּם
אַבְרָהָם בַּבֹּקֶר וַיַּחֲבֹשׁ אֶת־חֲמֹרוֹ וַיִּקַּח אֶת־שְׁנֵי נְעָרָיו אִתּוֹ
וְאֵת יִצְחָק בְּנוֹ וַיְבַקַּע עֲצֵי עֹלָה וַיָּקָם וַיֵּלֶךְ אֶל־הַמָּקוֹם אֲשֶׁר־

ד אָמַר־לוֹ הָאֱלֹהִים׃ בַּיּוֹם הַשְּׁלִישִׁי וַיִּשָּׂא אַבְרָהָם אֶת־עֵינָיו
ה וַיַּרְא אֶת־הַמָּקוֹם מֵרָחֹק׃ וַיֹּאמֶר אַבְרָהָם אֶל־נְעָרָיו שְׁבוּ־לָכֶם
פֹּה עִם־הַחֲמוֹר וַאֲנִי וְהַנַּעַר נֵלְכָה עַד־כֹּה וְנִשְׁתַּחֲוֶה וְנָשׁוּבָה
ו אֲלֵיכֶם׃ וַיִּקַּח אַבְרָהָם אֶת־עֲצֵי הָעֹלָה וַיָּשֶׂם עַל־יִצְחָק בְּנוֹ
וַיִּקַּח בְּיָדוֹ אֶת־הָאֵשׁ וְאֶת־הַמַּאֲכֶלֶת וַיֵּלְכוּ שְׁנֵיהֶם יַחְדָּו׃
ז וַיֹּאמֶר יִצְחָק אֶל־אַבְרָהָם אָבִיו וַיֹּאמֶר אָבִי וַיֹּאמֶר הִנֶּנִּי בְנִי
ח וַיֹּאמֶר הִנֵּה הָאֵשׁ וְהָעֵצִים וְאַיֵּה הַשֶּׂה לְעֹלָה׃ וַיֹּאמֶר אַבְרָהָם
ט אֱלֹהִים יִרְאֶה־לּוֹ הַשֶּׂה לְעֹלָה בְּנִי וַיֵּלְכוּ שְׁנֵיהֶם יַחְדָּו׃ וַיָּבֹאוּ
אֶל־הַמָּקוֹם אֲשֶׁר אָמַר־לוֹ הָאֱלֹהִים וַיִּבֶן שָׁם אַבְרָהָם אֶת־
הַמִּזְבֵּחַ וַיַּעֲרֹךְ אֶת־הָעֵצִים וַיַּעֲקֹד אֶת־יִצְחָק בְּנוֹ וַיָּשֶׂם אֹתוֹ
י עַל־הַמִּזְבֵּחַ מִמַּעַל לָעֵצִים׃ וַיִּשְׁלַח אַבְרָהָם אֶת־יָדוֹ וַיִּקַּח
יא אֶת־הַמַּאֲכֶלֶת לִשְׁחֹט אֶת־בְּנוֹ׃ וַיִּקְרָא אֵלָיו מַלְאַךְ יהוה
יב מִן־הַשָּׁמַיִם וַיֹּאמֶר אַבְרָהָם ׀ אַבְרָהָם וַיֹּאמֶר הִנֵּנִי׃ וַיֹּאמֶר אַל־
תִּשְׁלַח יָדְךָ אֶל־הַנַּעַר וְאַל־תַּעַשׂ לוֹ מְאוּמָה כִּי ׀ עַתָּה יָדַעְתִּי
כִּי־יְרֵא אֱלֹהִים אַתָּה וְלֹא חָשַׂכְתָּ אֶת־בִּנְךָ אֶת־יְחִידְךָ מִמֶּנִּי׃
יג וַיִּשָּׂא אַבְרָהָם אֶת־עֵינָיו וַיַּרְא וְהִנֵּה־אַיִל אַחַר נֶאֱחַז בַּסְּבַךְ
בְּקַרְנָיו וַיֵּלֶךְ אַבְרָהָם וַיִּקַּח אֶת־הָאַיִל וַיַּעֲלֵהוּ לְעֹלָה תַּחַת
יד בְּנוֹ׃ וַיִּקְרָא אַבְרָהָם שֵׁם־הַמָּקוֹם הַהוּא יהוה ׀ יִרְאֶה אֲשֶׁר
טו יֵאָמֵר הַיּוֹם בְּהַר יהוה יֵרָאֶה׃ וַיִּקְרָא מַלְאַךְ יהוה אֶל־אַבְרָהָם
טז שֵׁנִית מִן־הַשָּׁמָיִם׃ וַיֹּאמֶר בִּי נִשְׁבַּעְתִּי נְאֻם־יהוה כִּי יַעַן אֲשֶׁר
יז עָשִׂיתָ אֶת־הַדָּבָר הַזֶּה וְלֹא חָשַׂכְתָּ אֶת־בִּנְךָ אֶת־יְחִידֶךָ׃ כִּי־
בָרֵךְ אֲבָרֶכְךָ וְהַרְבָּה אַרְבֶּה אֶת־זַרְעֲךָ כְּכוֹכְבֵי הַשָּׁמַיִם וְכַחוֹל
יח אֲשֶׁר עַל־שְׂפַת הַיָּם וְיִרַשׁ זַרְעֲךָ אֵת שַׁעַר אֹיְבָיו׃ וְהִתְבָּרְכוּ
יט בְזַרְעֲךָ כֹּל גּוֹיֵי הָאָרֶץ עֵקֶב אֲשֶׁר שָׁמַעְתָּ בְּקֹלִי׃ וַיָּשָׁב אַבְרָהָם
אֶל־נְעָרָיו וַיָּקֻמוּ וַיֵּלְכוּ יַחְדָּו אֶל־בְּאֵר שָׁבַע וַיֵּשֶׁב אַבְרָהָם
בִּבְאֵר שָׁבַע׃
כ וַיְהִי אַחֲרֵי הַדְּבָרִים הָאֵלֶּה וַיֻּגַּד לְאַבְרָהָם לֵאמֹר הִנֵּה יָלְדָה מפטיר

מלכה גם־הוא בנים לנחור אחיך: את־עוץ בכרו ואת־בוז כא
אחיו ואת־קמואל אבי ארם: ואת־כשד ואת־חזו ואת־ כב
פלדש ואת־ידלף ואת בתואל: ובתואל ילד את־רבקה כג
שמנה אלה ילדה מלכה לנחור אחי אברהם: ופילגשו כד
ושמה ראומה ותלד גם־הוא את־טבח ואת־גחם ואת־
תחש ואת־מעכה:

חיי שרה

ויהיו חיי שרה מאה שנה ועשרים שנה ושבע שנים שני חיי א כג
שרה: ותמת שרה בקרית ארבע הוא חברון בארץ כנען ב
ויבא אברהם לספד לשרה ולבכתה: ויקם אברהם מעל ג
פני מתו וידבר אל־בני־חת לאמר: גר־ותושב אנכי עמכם ד
תנו לי אחזת־קבר עמכם ואקברה מתי מלפני: ויענו בני־ ה
חת את־אברהם לאמר לו: שמענו ׀ אדני נשיא אלהים ו
אתה בתוכנו במבחר קברינו קבר את־מתך איש ממנו את־
קברו לא־יכלה ממך מקבר מתך: ויקם אברהם וישתחו ז
לעם־הארץ לבני־חת: וידבר אתם לאמר אם־יש את־ ח
נפשכם לקבר את־מתי מלפני שמעוני ופגעו־לי בעפרון
בן־צחר: ויתן־לי את־מערת המכפלה אשר־לו אשר בקצה ט
שדהו בכסף מלא יתננה לי בתוככם לאחזת־קבר: ועפרון י
ישב בתוך בני־חת ויען עפרון החתי את־אברהם באזני
בני־חת לכל באי שער־עירו לאמר: לא־אדני שמעני השדה יא
נתתי לך והמערה אשר־בו לך נתתיה לעיני בני־עמי נתתיה
לך קבר מתך: וישתחו אברהם לפני עם־הארץ: וידבר יב יג
אל־עפרון באזני עם־הארץ לאמר אך אם־אתה לו שמעני
נתתי כסף השדה קח ממני ואקברה את־מתי שמה: ויען יד
עפרון את־אברהם לאמר לו: אדני שמעני ארץ ארבע מאת טו
שקל־כסף ביני ובינך מה־הוא ואת־מתך קבר: וישמע טז
אברהם אל־עפרון וישקל אברהם לעפרן את־הכסף אשר

דִּבֶּר בְּאָזְנֵי בְנֵי־חֵת אַרְבַּע מֵאוֹת שֶׁקֶל כֶּסֶף עֹבֵר לַסֹּחֵר׃
יז וַיָּקָם ׀ שְׂדֵה עֶפְרוֹן אֲשֶׁר בַּמַּכְפֵּלָה אֲשֶׁר לִפְנֵי מַמְרֵא הַשָּׂדֶה שני
וְהַמְּעָרָה אֲשֶׁר־בּוֹ וְכָל־הָעֵץ אֲשֶׁר בַּשָּׂדֶה אֲשֶׁר בְּכָל־גְּבֻלוֹ
יח סָבִיב׃ לְאַבְרָהָם לְמִקְנָה לְעֵינֵי בְנֵי־חֵת בְּכֹל בָּאֵי שַׁעַר־עִירוֹ׃
יט וְאַחֲרֵי־כֵן קָבַר אַבְרָהָם אֶת־שָׂרָה אִשְׁתּוֹ אֶל־מְעָרַת שְׂדֵה
כ הַמַּכְפֵּלָה עַל־פְּנֵי מַמְרֵא הִוא חֶבְרוֹן בְּאֶרֶץ כְּנָעַן׃ וַיָּקָם
הַשָּׂדֶה וְהַמְּעָרָה אֲשֶׁר־בּוֹ לְאַבְרָהָם לַאֲחֻזַּת־קָבֶר מֵאֵת
כד א בְּנֵי־חֵת׃ וְאַבְרָהָם זָקֵן בָּא בַּיָּמִים וַיהוָה בֵּרַךְ כ
ב אֶת־אַבְרָהָם בַּכֹּל׃ וַיֹּאמֶר אַבְרָהָם אֶל־עַבְדּוֹ זְקַן בֵּיתוֹ הַמֹּשֵׁל
ג בְּכָל־אֲשֶׁר־לוֹ שִׂים־נָא יָדְךָ תַּחַת יְרֵכִי׃ וְאַשְׁבִּיעֲךָ בַּיהוָה
אֱלֹהֵי הַשָּׁמַיִם וֵאלֹהֵי הָאָרֶץ אֲשֶׁר לֹא־תִקַּח אִשָּׁה לִבְנִי מִבְּנוֹת
ד הַכְּנַעֲנִי אֲשֶׁר אָנֹכִי יוֹשֵׁב בְּקִרְבּוֹ׃ כִּי אֶל־אַרְצִי וְאֶל־מוֹלַדְתִּי
ה תֵּלֵךְ וְלָקַחְתָּ אִשָּׁה לִבְנִי לְיִצְחָק׃ וַיֹּאמֶר אֵלָיו הָעֶבֶד אוּלַי
לֹא־תֹאבֶה הָאִשָּׁה לָלֶכֶת אַחֲרַי אֶל־הָאָרֶץ הַזֹּאת הֶהָשֵׁב
ו אָשִׁיב אֶת־בִּנְךָ אֶל־הָאָרֶץ אֲשֶׁר־יָצָאתָ מִשָּׁם׃ וַיֹּאמֶר אֵלָיו
ז אַבְרָהָם הִשָּׁמֶר לְךָ פֶּן־תָּשִׁיב אֶת־בְּנִי שָׁמָּה׃ יְהוָה ׀ אֱלֹהֵי
הַשָּׁמַיִם אֲשֶׁר לְקָחַנִי מִבֵּית אָבִי וּמֵאֶרֶץ מוֹלַדְתִּי וַאֲשֶׁר דִּבֶּר־
לִי וַאֲשֶׁר נִשְׁבַּע־לִי לֵאמֹר לְזַרְעֲךָ אֶתֵּן אֶת־הָאָרֶץ הַזֹּאת
ח הוּא יִשְׁלַח מַלְאָכוֹ לְפָנֶיךָ וְלָקַחְתָּ אִשָּׁה לִבְנִי מִשָּׁם׃ וְאִם־לֹא
תֹאבֶה הָאִשָּׁה לָלֶכֶת אַחֲרֶיךָ וְנִקִּיתָ מִשְּׁבֻעָתִי זֹאת רַק אֶת־
ט בְּנִי לֹא תָשֵׁב שָׁמָּה׃ וַיָּשֶׂם הָעֶבֶד אֶת־יָדוֹ תַּחַת יֶרֶךְ אַבְרָהָם
י אֲדֹנָיו וַיִּשָּׁבַע לוֹ עַל־הַדָּבָר הַזֶּה׃ וַיִּקַּח הָעֶבֶד עֲשָׂרָה גְמַלִּים שלישי
מִגְּמַלֵּי אֲדֹנָיו וַיֵּלֶךְ וְכָל־טוּב אֲדֹנָיו בְּיָדוֹ וַיָּקָם וַיֵּלֶךְ אֶל־אֲרַם
יא נַהֲרַיִם אֶל־עִיר נָחוֹר׃ וַיַּבְרֵךְ הַגְּמַלִּים מִחוּץ לָעִיר אֶל־בְּאֵר
יב הַמָּיִם לְעֵת עֶרֶב לְעֵת צֵאת הַשֹּׁאֲבֹת׃ וַיֹּאמַר ׀ יְהוָה אֱלֹהֵי
אֲדֹנִי אַבְרָהָם הַקְרֵה־נָא לְפָנַי הַיּוֹם וַעֲשֵׂה־חֶסֶד עִם אֲדֹנִי
יג אַבְרָהָם׃ הִנֵּה אָנֹכִי נִצָּב עַל־עֵין הַמָּיִם וּבְנוֹת אַנְשֵׁי הָעִיר

יצאת לשאב מים: והיה הנער אשר אמר אליה הטי־נא יד
כדך ואשתה ואמרה שתה וגם־גמליך אשקה אתה הכחת
לעבדך ליצחק ובה אדע כי־עשית חסד עם־אדני: ויהי־הוא טו
טרם כלה לדבר והנה רבקה יצאת אשר ילדה לבתואל
בן־מלכה אשת נחור אחי אברהם וכדה על־שכמה: והנער טז
טבת מראה מאד בתולה ואיש לא ידעה ותרד העינה
ותמלא כדה ותעל: וירץ העבד לקראתה ויאמר הגמיאיני יז
נא מעט־מים מכדך: ותאמר שתה אדני ותמהר ותרד כדה יח
על־ידה ותשקהו: ותכל להשקתו ותאמר גם לגמליך יט
אשאב עד אם־כלו לשתת: ותמהר ותער כדה אל־השקת כ
ותרץ עוד אל־הבאר לשאב ותשאב לכל־גמליו: והאיש כא
משתאה לה מחריש לדעת ההצליח יהוה דרכו אם־לא:
ויהי כאשר כלו הגמלים לשתות ויקח האיש נזם זהב בקע כב
משקלו ושני צמידים על־ידיה עשרה זהב משקלם: ויאמר כג
בת־מי את הגידי נא לי היש בית־אביך מקום לנו ללין:
ותאמר אליו בת־בתואל אנכי בן־מלכה אשר ילדה לנחור: כד
ותאמר אליו גם־תבן גם־מספוא רב עמנו גם־מקום ללון: כה
רביעי ויקד האיש וישתחו ליהוה: ויאמר ברוך יהוה אלהי אדני כו כז
אברהם אשר לא־עזב חסדו ואמתו מעם אדני אנכי בדרך
נחני יהוה בית אחי אדני: ותרץ הנער ותגד לבית אמה כח
כדברים האלה: ולרבקה אח ושמו לבן וירץ לבן אל־האיש כט
החוצה אל־העין: ויהי כראת את־הנזם ואת־הצמדים על־ ל
ידי אחתו וכשמעו את־דברי רבקה אחתו לאמר כה־דבר
אלי האיש ויבא אל־האיש והנה עמד על־הגמלים על־
העין: ויאמר בוא ברוך יהוה למה תעמד בחוץ ואנכי פניתי לא
הבית ומקום לגמלים: ויבא האיש הביתה ויפתח הגמלים לב
ויתן תבן ומספוא לגמלים ומים לרחץ רגליו ורגלי האנשים

לג אֲשֶׁר אִתּוֹ׃ ויישם לְפָנָיו לֶאֱכֹל וַיֹּאמֶר לֹא אֹכַל עַד אִם־דִּבַּרְתִּי וַיּוּשַׂם
לד לה דְּבָרָי וַיֹּאמֶר דַּבֵּר׃ וַיֹּאמַר עֶבֶד אַבְרָהָם אָנֹכִי׃ וַיהוה בֵּרַךְ
אֶת־אֲדֹנִי מְאֹד וַיִּגְדָּל וַיִּתֶּן־לוֹ צֹאן וּבָקָר וְכֶסֶף וְזָהָב וַעֲבָדִם
לו וּשְׁפָחֹת וּגְמַלִּים וַחֲמֹרִים׃ וַתֵּלֶד שָׂרָה אֵשֶׁת אֲדֹנִי בֵן לַאדֹנִי
לז אַחֲרֵי זִקְנָתָהּ וַיִּתֶּן־לוֹ אֶת־כָּל־אֲשֶׁר־לוֹ׃ וַיַּשְׁבִּעֵנִי אֲדֹנִי לֵאמֹר
לֹא־תִקַּח אִשָּׁה לִבְנִי מִבְּנוֹת הַכְּנַעֲנִי אֲשֶׁר אָנֹכִי יֹשֵׁב בְּאַרְצוֹ׃
לח אִם־לֹא אֶל־בֵּית־אָבִי תֵּלֵךְ וְאֶל־מִשְׁפַּחְתִּי וְלָקַחְתָּ אִשָּׁה לִבְנִי׃
לט מ וָאֹמַר אֶל־אֲדֹנִי אֻלַי לֹא־תֵלֵךְ הָאִשָּׁה אַחֲרָי׃ וַיֹּאמֶר אֵלָי יהוה
אֲשֶׁר־הִתְהַלַּכְתִּי לְפָנָיו יִשְׁלַח מַלְאָכוֹ אִתָּךְ וְהִצְלִיחַ דַּרְכֶּךָ
מא וְלָקַחְתָּ אִשָּׁה לִבְנִי מִמִּשְׁפַּחְתִּי וּמִבֵּית אָבִי׃ אָז תִּנָּקֶה מֵאָלָתִי
כִּי תָבוֹא אֶל־מִשְׁפַּחְתִּי וְאִם־לֹא יִתְּנוּ לָךְ וְהָיִיתָ נָקִי מֵאָלָתִי׃
מב וָאָבֹא הַיּוֹם אֶל־הָעָיִן וָאֹמַר יהוה אֱלֹהֵי אֲדֹנִי אַבְרָהָם אִם־ כא
מג יֶשְׁךָ־נָּא מַצְלִיחַ דַּרְכִּי אֲשֶׁר אָנֹכִי הֹלֵךְ עָלֶיהָ׃ הִנֵּה אָנֹכִי
נִצָּב עַל־עֵין הַמָּיִם וְהָיָה הָעַלְמָה הַיֹּצֵאת לִשְׁאֹב וְאָמַרְתִּי
מד אֵלֶיהָ הַשְׁקִינִי־נָא מְעַט־מַיִם מִכַּדֵּךְ׃ וְאָמְרָה אֵלַי גַּם־אַתָּה
שְׁתֵה וְגַם לִגְמַלֶּיךָ אֶשְׁאָב הִוא הָאִשָּׁה אֲשֶׁר־הֹכִיחַ יהוה לְבֶן־
מה אֲדֹנִי׃ אֲנִי טֶרֶם אֲכַלֶּה לְדַבֵּר אֶל־לִבִּי וְהִנֵּה רִבְקָה יֹצֵאת
וְכַדָּהּ עַל־שִׁכְמָהּ וַתֵּרֶד הָעַיְנָה וַתִּשְׁאָב וָאֹמַר אֵלֶיהָ הַשְׁקִינִי
מו נָא׃ וַתְּמַהֵר וַתּוֹרֶד כַּדָּהּ מֵעָלֶיהָ וַתֹּאמֶר שְׁתֵה וְגַם־גְּמַלֶּיךָ
מז אַשְׁקֶה וָאֵשְׁתְּ וְגַם הַגְּמַלִּים הִשְׁקָתָה׃ וָאֶשְׁאַל אֹתָהּ וָאֹמַר
בַּת־מִי אַתְּ וַתֹּאמֶר בַּת־בְּתוּאֵל בֶּן־נָחוֹר אֲשֶׁר יָלְדָה־לּוֹ
מח מִלְכָּה וָאָשִׂם הַנֶּזֶם עַל־אַפָּהּ וְהַצְּמִידִים עַל־יָדֶיהָ׃ וָאֶקֹּד
וָאֶשְׁתַּחֲוֶה לַיהוה וָאֲבָרֵךְ אֶת־יהוה אֱלֹהֵי אֲדֹנִי אַבְרָהָם אֲשֶׁר
מט הִנְחַנִי בְּדֶרֶךְ אֱמֶת לָקַחַת אֶת־בַּת־אֲחִי אֲדֹנִי לִבְנוֹ׃ וְעַתָּה
אִם־יֶשְׁכֶם עֹשִׂים חֶסֶד וֶאֱמֶת אֶת־אֲדֹנִי הַגִּידוּ לִי וְאִם־לֹא
נ הַגִּידוּ לִי וְאֶפְנֶה עַל־יָמִין אוֹ עַל־שְׂמֹאל׃ וַיַּעַן לָבָן וּבְתוּאֵל
וַיֹּאמְרוּ מֵיהוה יָצָא הַדָּבָר לֹא נוּכַל דַּבֵּר אֵלֶיךָ רַע אוֹ־טוֹב׃

הִנֵּה־רִבְקָה לְפָנֶיךָ קַח וָלֵךְ וּתְהִי אִשָּׁה לְבֶן־אֲדֹנֶיךָ כַּאֲשֶׁר נא
דִּבֶּר יְהוָה׃ וַיְהִי כַּאֲשֶׁר שָׁמַע עֶבֶד אַבְרָהָם אֶת־דִּבְרֵיהֶם נב
חמישי וַיִּשְׁתַּחוּ אַרְצָה לַיהוָה׃ וַיּוֹצֵא הָעֶבֶד כְּלֵי־כֶסֶף וּכְלֵי זָהָב נג
וּבְגָדִים וַיִּתֵּן לְרִבְקָה וּמִגְדָּנֹת נָתַן לְאָחִיהָ וּלְאִמָּהּ׃ וַיֹּאכְלוּ נד
וַיִּשְׁתּוּ הוּא וְהָאֲנָשִׁים אֲשֶׁר־עִמּוֹ וַיָּלִינוּ וַיָּקוּמוּ בַבֹּקֶר וַיֹּאמֶר
שַׁלְּחֻנִי לַאדֹנִי׃ וַיֹּאמֶר אָחִיהָ וְאִמָּהּ תֵּשֵׁב הַנַּעֲרָ אִתָּנוּ יָמִים נה
אוֹ עָשׂוֹר אַחַר תֵּלֵךְ׃ וַיֹּאמֶר אֲלֵהֶם אַל־תְּאַחֲרוּ אֹתִי וַיהוָה נו
הִצְלִיחַ דַּרְכִּי שַׁלְּחוּנִי וְאֵלְכָה לַאדֹנִי׃ וַיֹּאמְרוּ נִקְרָא לַנַּעֲרָ נז
וְנִשְׁאֲלָה אֶת־פִּיהָ׃ וַיִּקְרְאוּ לְרִבְקָה וַיֹּאמְרוּ אֵלֶיהָ הֲתֵלְכִי נח
עִם־הָאִישׁ הַזֶּה וַתֹּאמֶר אֵלֵךְ׃ וַיְשַׁלְּחוּ אֶת־רִבְקָה אֲחֹתָם נט
וְאֶת־מֵנִקְתָּהּ וְאֶת־עֶבֶד אַבְרָהָם וְאֶת־אֲנָשָׁיו׃ וַיְבָרְכוּ אֶת־ ס
רִבְקָה וַיֹּאמְרוּ לָהּ אֲחֹתֵנוּ אַתְּ הֲיִי לְאַלְפֵי רְבָבָה וְיִירַשׁ זַרְעֵךְ
אֵת שַׁעַר שֹׂנְאָיו׃ וַתָּקָם רִבְקָה וְנַעֲרֹתֶיהָ וַתִּרְכַּבְנָה עַל־ סא
הַגְּמַלִּים וַתֵּלַכְנָה אַחֲרֵי הָאִישׁ וַיִּקַּח הָעֶבֶד אֶת־רִבְקָה וַיֵּלַךְ׃
וְיִצְחָק בָּא מִבּוֹא בְּאֵר לַחַי רֹאִי וְהוּא יוֹשֵׁב בְּאֶרֶץ הַנֶּגֶב׃ סב
וַיֵּצֵא יִצְחָק לָשׂוּחַ בַּשָּׂדֶה לִפְנוֹת עָרֶב וַיִּשָּׂא עֵינָיו וַיַּרְא וְהִנֵּה סג
גְמַלִּים בָּאִים׃ וַתִּשָּׂא רִבְקָה אֶת־עֵינֶיהָ וַתֵּרֶא אֶת־יִצְחָק סד
וַתִּפֹּל מֵעַל הַגָּמָל׃ וַתֹּאמֶר אֶל־הָעֶבֶד מִי־הָאִישׁ הַלָּזֶה הַהֹלֵךְ סה
בַּשָּׂדֶה לִקְרָאתֵנוּ וַיֹּאמֶר הָעֶבֶד הוּא אֲדֹנִי וַתִּקַּח הַצָּעִיף
וַתִּתְכָּס׃ וַיְסַפֵּר הָעֶבֶד לְיִצְחָק אֵת כָּל־הַדְּבָרִים אֲשֶׁר עָשָׂה׃ סו
וַיְבִאֶהָ יִצְחָק הָאֹהֱלָה שָׂרָה אִמּוֹ וַיִּקַּח אֶת־רִבְקָה וַתְּהִי־לוֹ סז
לְאִשָּׁה וַיֶּאֱהָבֶהָ וַיִּנָּחֵם יִצְחָק אַחֲרֵי אִמּוֹ׃

ששי כב וַיֹּסֶף אַבְרָהָם וַיִּקַּח אִשָּׁה וּשְׁמָהּ קְטוּרָה׃ וַתֵּלֶד לוֹ אֶת־זִמְרָן א ב כה
וְאֶת־יָקְשָׁן וְאֶת־מְדָן וְאֶת־מִדְיָן וְאֶת־יִשְׁבָּק וְאֶת־שׁוּחַ׃ וְיָקְשָׁן ג
יָלַד אֶת־שְׁבָא וְאֶת־דְּדָן וּבְנֵי דְדָן הָיוּ אַשּׁוּרִם וּלְטוּשִׁם וּלְאֻמִּים׃
וּבְנֵי מִדְיָן עֵיפָה וָעֵפֶר וַחֲנֹךְ וַאֲבִידָע וְאֶלְדָּעָה כָּל־אֵלֶּה בְּנֵי ד
קְטוּרָה׃ וַיִּתֵּן אַבְרָהָם אֶת־כָּל־אֲשֶׁר־לוֹ לְיִצְחָק׃ וְלִבְנֵי ה ו

הַפִּילַגְשִׁים אֲשֶׁר לְאַבְרָהָם נָתַן אַבְרָהָם מַתָּנֹת וַיְשַׁלְּחֵם מֵעַל
ז יִצְחָק בְּנוֹ בְּעוֹדֶנּוּ חַי קֵדְמָה אֶל־אֶרֶץ קֶדֶם׃ וְאֵלֶּה יְמֵי שְׁנֵי־
חַיֵּי אַבְרָהָם אֲשֶׁר־חָי מְאַת שָׁנָה וְשִׁבְעִים שָׁנָה וְחָמֵשׁ שָׁנִים׃
ח וַיִּגְוַע וַיָּמָת אַבְרָהָם בְּשֵׂיבָה טוֹבָה זָקֵן וְשָׂבֵעַ וַיֵּאָסֶף אֶל־
ט עַמָּיו׃ וַיִּקְבְּרוּ אֹתוֹ יִצְחָק וְיִשְׁמָעֵאל בָּנָיו אֶל־מְעָרַת הַמַּכְפֵּלָה
י אֶל־שְׂדֵה עֶפְרֹן בֶּן־צֹחַר הַחִתִּי אֲשֶׁר עַל־פְּנֵי מַמְרֵא׃ הַשָּׂדֶה
אֲשֶׁר־קָנָה אַבְרָהָם מֵאֵת בְּנֵי־חֵת שָׁמָּה קֻבַּר אַבְרָהָם וְשָׂרָה
יא אִשְׁתּוֹ׃ וַיְהִי אַחֲרֵי מוֹת אַבְרָהָם וַיְבָרֶךְ אֱלֹהִים אֶת־יִצְחָק
בְּנוֹ וַיֵּשֶׁב יִצְחָק עִם־בְּאֵר לַחַי רֹאִי׃
יב וְאֵלֶּה תֹּלְדֹת יִשְׁמָעֵאל בֶּן־אַבְרָהָם אֲשֶׁר יָלְדָה הָגָר הַמִּצְרִית שביעי
יג שִׁפְחַת שָׂרָה לְאַבְרָהָם׃ וְאֵלֶּה שְׁמוֹת בְּנֵי יִשְׁמָעֵאל בִּשְׁמֹתָם
לְתוֹלְדֹתָם בְּכֹר יִשְׁמָעֵאל נְבָיֹת וְקֵדָר וְאַדְבְּאֵל וּמִבְשָׂם׃
יד טו וּמִשְׁמָע וְדוּמָה וּמַשָּׂא׃ חֲדַד וְתֵימָא יְטוּר נָפִישׁ וָקֵדְמָה׃
טז אֵלֶּה הֵם בְּנֵי יִשְׁמָעֵאל וְאֵלֶּה שְׁמֹתָם בְּחַצְרֵיהֶם וּבְטִירֹתָם מפטיר
יז שְׁנֵים־עָשָׂר נְשִׂיאִם לְאֻמֹּתָם׃ וְאֵלֶּה שְׁנֵי חַיֵּי יִשְׁמָעֵאל מְאַת
שָׁנָה וּשְׁלֹשִׁים שָׁנָה וְשֶׁבַע שָׁנִים וַיִּגְוַע וַיָּמָת וַיֵּאָסֶף אֶל־עַמָּיו׃
יח וַיִּשְׁכְּנוּ מֵחֲוִילָה עַד־שׁוּר אֲשֶׁר עַל־פְּנֵי מִצְרַיִם בֹּאֲכָה אַשּׁוּרָה
עַל־פְּנֵי כָל־אֶחָיו נָפָל׃
יט וְאֵלֶּה תּוֹלְדֹת יִצְחָק בֶּן־אַבְרָהָם אַבְרָהָם הוֹלִיד אֶת־יִצְחָק׃ כג תולדת
כ וַיְהִי יִצְחָק בֶּן־אַרְבָּעִים שָׁנָה בְּקַחְתּוֹ אֶת־רִבְקָה בַּת־בְּתוּאֵל
כא הָאֲרַמִּי מִפַּדַּן אֲרָם אֲחוֹת לָבָן הָאֲרַמִּי לוֹ לְאִשָּׁה׃ וַיֶּעְתַּר
יִצְחָק לַיהוה לְנֹכַח אִשְׁתּוֹ כִּי עֲקָרָה הִוא וַיֵּעָתֶר לוֹ יהוה
כב וַתַּהַר רִבְקָה אִשְׁתּוֹ׃ וַיִּתְרֹצְצוּ הַבָּנִים בְּקִרְבָּהּ וַתֹּאמֶר אִם־
כג כֵּן לָמָּה זֶּה אָנֹכִי וַתֵּלֶךְ לִדְרֹשׁ אֶת־יהוה׃ וַיֹּאמֶר יהוה לָהּ
שְׁנֵי גיים בְּבִטְנֵךְ וּשְׁנֵי לְאֻמִּים מִמֵּעַיִךְ יִפָּרֵדוּ וּלְאֹם מִלְאֹם גוֹיִם
כד יֶאֱמָץ וְרַב יַעֲבֹד צָעִיר׃ וַיִּמְלְאוּ יָמֶיהָ לָלֶדֶת וְהִנֵּה תוֹמִם
כה בְּבִטְנָהּ׃ וַיֵּצֵא הָרִאשׁוֹן אַדְמוֹנִי כֻּלּוֹ כְּאַדֶּרֶת שֵׂעָר וַיִּקְרְאוּ

כו שְׁמוֹ עֵשָׂו: וְאַחֲרֵי־כֵן יָצָא אָחִיו וְיָדוֹ אֹחֶזֶת בַּעֲקֵב עֵשָׂו וַיִּקְרָא
כז שְׁמוֹ יַעֲקֹב וְיִצְחָק בֶּן־שִׁשִּׁים שָׁנָה בְּלֶדֶת אֹתָם: וַיִּגְדְּלוּ
הַנְּעָרִים וַיְהִי עֵשָׂו אִישׁ יֹדֵעַ צַיִד אִישׁ שָׂדֶה וְיַעֲקֹב אִישׁ תָּם
כח יֹשֵׁב אֹהָלִים: וַיֶּאֱהַב יִצְחָק אֶת־עֵשָׂו כִּי־צַיִד בְּפִיו וְרִבְקָה
כט אֹהֶבֶת אֶת־יַעֲקֹב: וַיָּזֶד יַעֲקֹב נָזִיד וַיָּבֹא עֵשָׂו מִן־הַשָּׂדֶה וְהוּא
ל עָיֵף: וַיֹּאמֶר עֵשָׂו אֶל־יַעֲקֹב הַלְעִיטֵנִי נָא מִן־הָאָדֹם הָאָדֹם
לא הַזֶּה כִּי עָיֵף אָנֹכִי עַל־כֵּן קָרָא־שְׁמוֹ אֱדוֹם: וַיֹּאמֶר יַעֲקֹב
לב מִכְרָה כַיּוֹם אֶת־בְּכֹרָתְךָ לִי: וַיֹּאמֶר עֵשָׂו הִנֵּה אָנֹכִי הוֹלֵךְ
לג לָמוּת וְלָמָּה־זֶּה לִי בְּכֹרָה: וַיֹּאמֶר יַעֲקֹב הִשָּׁבְעָה לִּי כַּיּוֹם
לד וַיִּשָּׁבַע לוֹ וַיִּמְכֹּר אֶת־בְּכֹרָתוֹ לְיַעֲקֹב: וְיַעֲקֹב נָתַן לְעֵשָׂו
לֶחֶם וּנְזִיד עֲדָשִׁים וַיֹּאכַל וַיֵּשְׁתְּ וַיָּקָם וַיֵּלַךְ וַיִּבֶז עֵשָׂו אֶת־
הַבְּכֹרָה:

כו א וַיְהִי רָעָב בָּאָרֶץ מִלְּבַד הָרָעָב הָרִאשׁוֹן אֲשֶׁר הָיָה בִּימֵי אַבְרָהָם
ב וַיֵּלֶךְ יִצְחָק אֶל־אֲבִימֶלֶךְ מֶלֶךְ־פְּלִשְׁתִּים גְּרָרָה: וַיֵּרָא אֵלָיו
יְהוָה וַיֹּאמֶר אַל־תֵּרֵד מִצְרָיְמָה שְׁכֹן בָּאָרֶץ אֲשֶׁר אֹמַר
ג אֵלֶיךָ: גּוּר בָּאָרֶץ הַזֹּאת וְאֶהְיֶה עִמְּךָ וַאֲבָרְכֶךָּ כִּי־לְךָ וּלְזַרְעֲךָ
אֶתֵּן אֶת־כָּל־הָאֲרָצֹת הָאֵל וַהֲקִמֹתִי אֶת־הַשְּׁבֻעָה אֲשֶׁר
ד נִשְׁבַּעְתִּי לְאַבְרָהָם אָבִיךָ: וְהִרְבֵּיתִי אֶת־זַרְעֲךָ כְּכוֹכְבֵי הַשָּׁמַיִם
וְנָתַתִּי לְזַרְעֲךָ אֵת כָּל־הָאֲרָצֹת הָאֵל וְהִתְבָּרְכוּ בְזַרְעֲךָ כֹּל
ה גּוֹיֵי הָאָרֶץ: עֵקֶב אֲשֶׁר־שָׁמַע אַבְרָהָם בְּקֹלִי וַיִּשְׁמֹר מִשְׁמַרְתִּי
שני ו ז מִצְוֹתַי חֻקּוֹתַי וְתוֹרֹתָי: וַיֵּשֶׁב יִצְחָק בִּגְרָר: וַיִּשְׁאֲלוּ אַנְשֵׁי
הַמָּקוֹם לְאִשְׁתּוֹ וַיֹּאמֶר אֲחֹתִי הִוא כִּי יָרֵא לֵאמֹר אִשְׁתִּי פֶּן־
ח יַהַרְגֻנִי אַנְשֵׁי הַמָּקוֹם עַל־רִבְקָה כִּי־טוֹבַת מַרְאֶה הִוא: וַיְהִי
כִּי־אָרְכוּ־לוֹ שָׁם הַיָּמִים וַיַּשְׁקֵף אֲבִימֶלֶךְ מֶלֶךְ פְּלִשְׁתִּים בְּעַד
ט הַחַלּוֹן וַיַּרְא וְהִנֵּה יִצְחָק מְצַחֵק אֵת רִבְקָה אִשְׁתּוֹ: וַיִּקְרָא
אֲבִימֶלֶךְ לְיִצְחָק וַיֹּאמֶר אַךְ הִנֵּה אִשְׁתְּךָ הִוא וְאֵיךְ אָמַרְתָּ
אֲחֹתִי הִוא וַיֹּאמֶר אֵלָיו יִצְחָק כִּי אָמַרְתִּי פֶּן־אָמוּת עָלֶיהָ:

י וַיֹּאמֶר אֲבִימֶלֶךְ מַה־זֹּאת עָשִׂיתָ לָּנוּ כִּמְעַט שָׁכַב אַחַד הָעָם
יא אֶת־אִשְׁתֶּךָ וְהֵבֵאתָ עָלֵינוּ אָשָׁם׃ וַיְצַו אֲבִימֶלֶךְ אֶת־כָּל־הָעָם
יב לֵאמֹר הַנֹּגֵעַ בָּאִישׁ הַזֶּה וּבְאִשְׁתּוֹ מוֹת יוּמָת׃ וַיִּזְרַע יִצְחָק
בָּאָרֶץ הַהִוא וַיִּמְצָא בַּשָּׁנָה הַהִוא מֵאָה שְׁעָרִים וַיְבָרְכֵהוּ
יג יד יהוה׃ וַיִּגְדַּל הָאִישׁ וַיֵּלֶךְ הָלוֹךְ וְגָדֵל עַד כִּי־גָדַל מְאֹד׃ וַיְהִי־ שלישי
לוֹ מִקְנֵה־צֹאן וּמִקְנֵה בָקָר וַעֲבֻדָּה רַבָּה וַיְקַנְאוּ אֹתוֹ פְּלִשְׁתִּים׃
טו וְכָל־הַבְּאֵרֹת אֲשֶׁר חָפְרוּ עַבְדֵי אָבִיו בִּימֵי אַבְרָהָם אָבִיו
טז סִתְּמוּם פְּלִשְׁתִּים וַיְמַלְאוּם עָפָר׃ וַיֹּאמֶר אֲבִימֶלֶךְ אֶל־יִצְחָק
יז לֵךְ מֵעִמָּנוּ כִּי־עָצַמְתָּ מִמֶּנּוּ מְאֹד׃ וַיֵּלֶךְ מִשָּׁם יִצְחָק וַיִּחַן
יח בְּנַחַל־גְּרָר וַיֵּשֶׁב שָׁם׃ וַיָּשָׁב יִצְחָק וַיַּחְפֹּר ׀ אֶת־בְּאֵרֹת הַמַּיִם
אֲשֶׁר חָפְרוּ בִּימֵי אַבְרָהָם אָבִיו וַיְסַתְּמוּם פְּלִשְׁתִּים אַחֲרֵי מוֹת
אַבְרָהָם וַיִּקְרָא לָהֶן שֵׁמוֹת כַּשֵּׁמֹת אֲשֶׁר־קָרָא לָהֶן אָבִיו׃
יט כ וַיַּחְפְּרוּ עַבְדֵי־יִצְחָק בַּנָּחַל וַיִּמְצְאוּ־שָׁם בְּאֵר מַיִם חַיִּים׃ וַיָּרִיבוּ
רֹעֵי גְרָר עִם־רֹעֵי יִצְחָק לֵאמֹר לָנוּ הַמָּיִם וַיִּקְרָא שֵׁם־הַבְּאֵר
כא עֵשֶׂק כִּי הִתְעַשְּׂקוּ עִמּוֹ׃ וַיַּחְפְּרוּ בְּאֵר אַחֶרֶת וַיָּרִיבוּ גַּם־עָלֶיהָ
כב וַיִּקְרָא שְׁמָהּ שִׂטְנָה׃ וַיַּעְתֵּק מִשָּׁם וַיַּחְפֹּר בְּאֵר אַחֶרֶת וְלֹא
רָבוּ עָלֶיהָ וַיִּקְרָא שְׁמָהּ רְחֹבוֹת וַיֹּאמֶר כִּי־עַתָּה הִרְחִיב יהוה
כג כד לָנוּ וּפָרִינוּ בָאָרֶץ׃ וַיַּעַל מִשָּׁם בְּאֵר שָׁבַע׃ וַיֵּרָא אֵלָיו יהוה רביעי
בַּלַּיְלָה הַהוּא וַיֹּאמֶר אָנֹכִי אֱלֹהֵי אַבְרָהָם אָבִיךָ אַל־תִּירָא
כִּי־אִתְּךָ אָנֹכִי וּבֵרַכְתִּיךָ וְהִרְבֵּיתִי אֶת־זַרְעֲךָ בַּעֲבוּר אַבְרָהָם
כה עַבְדִּי׃ וַיִּבֶן שָׁם מִזְבֵּחַ וַיִּקְרָא בְּשֵׁם יהוה וַיֶּט־שָׁם אָהֳלוֹ
כו וַיִּכְרוּ־שָׁם עַבְדֵי־יִצְחָק בְּאֵר׃ וַאֲבִימֶלֶךְ הָלַךְ אֵלָיו מִגְּרָר
כז וַאֲחֻזַּת מֵרֵעֵהוּ וּפִיכֹל שַׂר־צְבָאוֹ׃ וַיֹּאמֶר אֲלֵהֶם יִצְחָק מַדּוּעַ
כח בָּאתֶם אֵלָי וְאַתֶּם שְׂנֵאתֶם אֹתִי וַתְּשַׁלְּחוּנִי מֵאִתְּכֶם׃ וַיֹּאמְרוּ
רָאוֹ רָאִינוּ כִּי־הָיָה יהוה ׀ עִמָּךְ וַנֹּאמֶר תְּהִי נָא אָלָה בֵּינוֹתֵינוּ
כט בֵּינֵינוּ וּבֵינֶךָ וְנִכְרְתָה בְרִית עִמָּךְ׃ אִם־תַּעֲשֵׂה עִמָּנוּ רָעָה
כַּאֲשֶׁר לֹא נְגַעֲנוּךָ וְכַאֲשֶׁר עָשִׂינוּ עִמְּךָ רַק־טוֹב וַנְּשַׁלֵּחֲךָ

חמישי
ל בשלום אתה עתה ברוך יהוה: ויעש להם משתה ויאכלו
לא וישתו: וישכימו בבקר וישבעו איש לאחיו וישלחם יצחק
לב וילכו מאתו בשלום: ויהי ביום ההוא ויבאו עבדי יצחק
ויגדו לו על־אדות הבאר אשר חפרו ויאמרו לו מצאנו מים:
לג ויקרא אתה שבעה על־כן שם־העיר באר שבע עד היום
לד הזה: ויהי עשו בן־ארבעים שנה ויקח אשה
את־יהודית בת־בארי החתי ואת־בשמת בת־אילן החתי:
לה כז א ותהיין מרת רוח ליצחק ולרבקה: ויהי כי־זקן כד
יצחק ותכהין עיניו מראת ויקרא את־עשו בנו הגדל ויאמר
ב אליו בני ויאמר אליו הנני: ויאמר הנה־נא זקנתי לא ידעתי
ג יום מותי: ועתה שא־נא כליך תליך וקשתך וצא השדה
ד וצודה לי צידה: ועשה־לי מטעמים כאשר אהבתי והביאה ציד
ה לי ואכלה בעבור תברכך נפשי בטרם אמות: ורבקה שמעת
בדבר יצחק אל־עשו בנו וילך עשו השדה לצוד ציד להביא:
ו ורבקה אמרה אל־יעקב בנה לאמר הנה שמעתי את־אביך
ז מדבר אל־עשו אחיך לאמר: הביאה לי ציד ועשה־לי
ח מטעמים ואכלה ואברככה לפני יהוה לפני מותי: ועתה
ט בני שמע בקלי לאשר אני מצוה אתך: לך־נא אל־הצאן
וקח־לי משם שני גדיי עזים טבים ואעשה אתם מטעמים
י לאביך כאשר אהב: והבאת לאביך ואכל בעבר אשר
יא יברכך לפני מותו: ויאמר יעקב אל־רבקה אמו הן עשו
יב אחי איש שער ואנכי איש חלק: אולי ימשני אבי והייתי
יג בעיניו כמתעתע והבאתי עלי קללה ולא ברכה: ותאמר
יד לו אמו עלי קללתך בני אך שמע בקלי ולך קח־לי: וילך
ויקח ויבא לאמו ותעש אמו מטעמים כאשר אהב אביו:
טו ותקח רבקה את־בגדי עשו בנה הגדל החמדת אשר אתה
טז בבית ותלבש את־יעקב בנה הקטן: ואת ערת גדיי העזים

יז הַלְבִּישָׁה עַל־יָדָיו וְעַל חֶלְקַת צַוָּארָיו׃ וַתִּתֵּן אֶת־הַמַּטְעַמִּים
יח וְאֶת־הַלֶּחֶם אֲשֶׁר עָשָׂתָה בְּיַד יַעֲקֹב בְּנָהּ׃ וַיָּבֹא אֶל־אָבִיו
יט וַיֹּאמֶר אָבִי וַיֹּאמֶר הִנֶּנִּי מִי אַתָּה בְּנִי׃ וַיֹּאמֶר יַעֲקֹב אֶל־אָבִיו
אָנֹכִי עֵשָׂו בְּכֹרֶךָ עָשִׂיתִי כַּאֲשֶׁר דִּבַּרְתָּ אֵלָי קוּם־נָא שְׁבָה
כ וְאָכְלָה מִצֵּידִי בַּעֲבוּר תְּבָרְכַנִּי נַפְשֶׁךָ׃ וַיֹּאמֶר יִצְחָק אֶל־בְּנוֹ
מַה־זֶּה מִהַרְתָּ לִמְצֹא בְּנִי וַיֹּאמֶר כִּי הִקְרָה יְהוָה אֱלֹהֶיךָ
כא לְפָנָי׃ וַיֹּאמֶר יִצְחָק אֶל־יַעֲקֹב גְּשָׁה־נָּא וַאֲמֻשְׁךָ בְּנִי הַאַתָּה
כב זֶה בְּנִי עֵשָׂו אִם־לֹא׃ וַיִּגַּשׁ יַעֲקֹב אֶל־יִצְחָק אָבִיו וַיְמֻשֵּׁהוּ
כג וַיֹּאמֶר הַקֹּל קוֹל יַעֲקֹב וְהַיָּדַיִם יְדֵי עֵשָׂו׃ וְלֹא הִכִּירוֹ כִּי־הָיוּ
כד יָדָיו כִּידֵי עֵשָׂו אָחִיו שְׂעִרֹת וַיְבָרְכֵהוּ׃ וַיֹּאמֶר אַתָּה זֶה בְּנִי
כה עֵשָׂו וַיֹּאמֶר אָנִי׃ וַיֹּאמֶר הַגִּשָׁה לִּי וְאֹכְלָה מִצֵּיד בְּנִי לְמַעַן
כו תְּבָרֶכְךָ נַפְשִׁי וַיַּגֶּשׁ־לוֹ וַיֹּאכַל וַיָּבֵא לוֹ יַיִן וַיֵּשְׁתְּ׃ וַיֹּאמֶר אֵלָיו
כז יִצְחָק אָבִיו גְּשָׁה־נָּא וּשְׁקָה־לִּי בְּנִי׃ וַיִּגַּשׁ וַיִּשַּׁק־לוֹ וַיָּרַח אֶת־רֵיחַ
בְּגָדָיו וַיְבָרְכֵהוּ וַיֹּאמֶר רְאֵה רֵיחַ בְּנִי כְּרֵיחַ שָׂדֶה אֲשֶׁר בֵּרְכוֹ
כח יְהוָה׃ וְיִתֶּן־לְךָ הָאֱלֹהִים מִטַּל הַשָּׁמַיִם וּמִשְׁמַנֵּי הָאָרֶץ וְרֹב כה ששי
כט דָּגָן וְתִירֹשׁ׃ יַעַבְדוּךָ עַמִּים וְיִשְׁתַּחֲוּוּ לְךָ לְאֻמִּים הֱוֵה גְבִיר
לְאַחֶיךָ וְיִשְׁתַּחֲווּ לְךָ בְּנֵי אִמֶּךָ אֹרְרֶיךָ אָרוּר וּמְבָרְכֶיךָ בָּרוּךְ׃
ל וַיְהִי כַּאֲשֶׁר כִּלָּה יִצְחָק לְבָרֵךְ אֶת־יַעֲקֹב וַיְהִי אַךְ יָצֹא יָצָא
לא יַעֲקֹב מֵאֵת פְּנֵי יִצְחָק אָבִיו וְעֵשָׂו אָחִיו בָּא מִצֵּידוֹ׃ וַיַּעַשׂ גַּם־
הוּא מַטְעַמִּים וַיָּבֵא לְאָבִיו וַיֹּאמֶר לְאָבִיו יָקֻם אָבִי וְיֹאכַל
לב מִצֵּיד בְּנוֹ בַּעֲבֻר תְּבָרְכַנִּי נַפְשֶׁךָ׃ וַיֹּאמֶר לוֹ יִצְחָק אָבִיו מִי־
לג אָתָּה וַיֹּאמֶר אֲנִי בִּנְךָ בְכֹרְךָ עֵשָׂו׃ וַיֶּחֱרַד יִצְחָק חֲרָדָה גְּדֹלָה
עַד־מְאֹד וַיֹּאמֶר מִי־אֵפוֹא הוּא הַצָּד־צַיִד וַיָּבֵא לִי וָאֹכַל
לד מִכֹּל בְּטֶרֶם תָּבוֹא וָאֲבָרְכֵהוּ גַּם־בָּרוּךְ יִהְיֶה׃ כִּשְׁמֹעַ עֵשָׂו
אֶת־דִּבְרֵי אָבִיו וַיִּצְעַק צְעָקָה גְּדֹלָה וּמָרָה עַד־מְאֹד וַיֹּאמֶר
לה לְאָבִיו בָּרְכֵנִי גַם־אָנִי אָבִי׃ וַיֹּאמֶר בָּא אָחִיךָ בְּמִרְמָה וַיִּקַּח
לו בִּרְכָתֶךָ׃ וַיֹּאמֶר הֲכִי קָרָא שְׁמוֹ יַעֲקֹב וַיַּעְקְבֵנִי זֶה פַעֲמַיִם

אֶת־בְּכֹרָתִי לָקָח וְהִנֵּה עַתָּה לָקַח בִּרְכָתִי וַיֹּאמַר הֲלֹא־
אָצַלְתָּ לִּי בְּרָכָה׃ וַיַּעַן יִצְחָק וַיֹּאמֶר לְעֵשָׂו הֵן גְּבִיר שַׂמְתִּיו לז
לָךְ וְאֶת־כָּל־אֶחָיו נָתַתִּי לוֹ לַעֲבָדִים וְדָגָן וְתִירֹשׁ סְמַכְתִּיו
וּלְכָה אֵפוֹא מָה אֶעֱשֶׂה בְּנִי׃ וַיֹּאמֶר עֵשָׂו אֶל־אָבִיו הַבְרָכָה לח
אַחַת הִוא־לְךָ אָבִי בָּרְכֵנִי גַם־אָנִי אָבִי וַיִּשָּׂא עֵשָׂו קֹלוֹ
וַיֵּבְךְּ׃ וַיַּעַן יִצְחָק אָבִיו וַיֹּאמֶר אֵלָיו הִנֵּה מִשְׁמַנֵּי הָאָרֶץ לט
יִהְיֶה מוֹשָׁבֶךָ וּמִטַּל הַשָּׁמַיִם מֵעָל׃ וְעַל־חַרְבְּךָ תִחְיֶה וְאֶת־ מ
אָחִיךָ תַּעֲבֹד וְהָיָה כַּאֲשֶׁר תָּרִיד וּפָרַקְתָּ עֻלּוֹ מֵעַל צַוָּארֶךָ׃
וַיִּשְׂטֹם עֵשָׂו אֶת־יַעֲקֹב עַל־הַבְּרָכָה אֲשֶׁר בֵּרְכוֹ אָבִיו וַיֹּאמֶר מא
עֵשָׂו בְּלִבּוֹ יִקְרְבוּ יְמֵי אֵבֶל אָבִי וְאַהַרְגָה אֶת־יַעֲקֹב אָחִי׃
וַיֻּגַּד לְרִבְקָה אֶת־דִּבְרֵי עֵשָׂו בְּנָהּ הַגָּדֹל וַתִּשְׁלַח וַתִּקְרָא מב
לְיַעֲקֹב בְּנָהּ הַקָּטָן וַתֹּאמֶר אֵלָיו הִנֵּה עֵשָׂו אָחִיךָ מִתְנַחֵם לְךָ
לְהָרְגֶךָ׃ וְעַתָּה בְנִי שְׁמַע בְּקֹלִי וְקוּם בְּרַח־לְךָ אֶל־לָבָן אָחִי מג
חָרָנָה׃ וְיָשַׁבְתָּ עִמּוֹ יָמִים אֲחָדִים עַד אֲשֶׁר־תָּשׁוּב חֲמַת אָחִיךָ׃ מד
עַד־שׁוּב אַף־אָחִיךָ מִמְּךָ וְשָׁכַח אֵת אֲשֶׁר־עָשִׂיתָ לּוֹ וְשָׁלַחְתִּי מה
וּלְקַחְתִּיךָ מִשָּׁם לָמָה אֶשְׁכַּל גַּם־שְׁנֵיכֶם יוֹם אֶחָד׃ וַתֹּאמֶר מו
רִבְקָה אֶל־יִצְחָק קַצְתִּי בְחַיַּי מִפְּנֵי בְּנוֹת חֵת אִם־לֹקֵחַ יַעֲקֹב
אִשָּׁה מִבְּנוֹת־חֵת כָּאֵלֶּה מִבְּנוֹת הָאָרֶץ לָמָּה לִּי חַיִּים׃ וַיִּקְרָא כח א
יִצְחָק אֶל־יַעֲקֹב וַיְבָרֶךְ אֹתוֹ וַיְצַוֵּהוּ וַיֹּאמֶר לוֹ לֹא־תִקַּח
אִשָּׁה מִבְּנוֹת כְּנָעַן׃ קוּם לֵךְ פַּדֶּנָה אֲרָם בֵּיתָה בְתוּאֵל אֲבִי ב
אִמֶּךָ וְקַח־לְךָ מִשָּׁם אִשָּׁה מִבְּנוֹת לָבָן אֲחִי אִמֶּךָ׃ וְאֵל שַׁדַּי ג
יְבָרֵךְ אֹתְךָ וְיַפְרְךָ וְיַרְבֶּךָ וְהָיִיתָ לִקְהַל עַמִּים׃ וְיִתֶּן־לְךָ אֶת־ ד
בִּרְכַּת אַבְרָהָם לְךָ וּלְזַרְעֲךָ אִתָּךְ לְרִשְׁתְּךָ אֶת־אֶרֶץ מְגֻרֶיךָ
שביעי אֲשֶׁר־נָתַן אֱלֹהִים לְאַבְרָהָם׃ וַיִּשְׁלַח יִצְחָק אֶת־יַעֲקֹב וַיֵּלֶךְ ה
פַּדֶּנָה אֲרָם אֶל־לָבָן בֶּן־בְּתוּאֵל הָאֲרַמִּי אֲחִי רִבְקָה אֵם
יַעֲקֹב וְעֵשָׂו׃ וַיַּרְא עֵשָׂו כִּי־בֵרַךְ יִצְחָק אֶת־יַעֲקֹב וְשִׁלַּח אֹתוֹ ו
פַּדֶּנָה אֲרָם לָקַחַת־לוֹ מִשָּׁם אִשָּׁה בְּבָרְכוֹ אֹתוֹ וַיְצַו עָלָיו

ז לאמר לא־תקח אשה מבנות כנען: וישמע יעקב אל־ מפטיר
ח אביו ואל־אמו וילך פדנה ארם: וירא עשו כי רעות בנות
ט כנען בעיני יצחק אביו: וילך עשו אל־ישמעאל ויקח את־
מחלת | בת־ישמעאל בן־אברהם אחות נביות על־נשיו לו
י לאשה: ויצא יעקב מבאר שבע וילך כו ויצא
יא חרנה: ויפגע במקום וילן שם כי־בא השמש ויקח מאבני
יב המקום וישם מראשתיו וישכב במקום ההוא: ויחלם והנה
סלם מצב ארצה וראשו מגיע השמימה והנה מלאכי
יג אלהים עלים וירדים בו: והנה יהוה נצב עליו ויאמר אני
יהוה אלהי אברהם אביך ואלהי יצחק הארץ אשר אתה
יד שכב עליה לך אתננה ולזרעך: והיה זרעך כעפר הארץ
ופרצת ימה וקדמה וצפנה ונגבה ונברכו בך כל־משפחת
טו האדמה ובזרעך: והנה אנכי עמך ושמרתיך בכל אשר־תלך
והשבתיך אל־האדמה הזאת כי לא אעזבך עד אשר אם־
טז עשיתי את אשר־דברתי לך: וייקץ יעקב משנתו ויאמר
יז אכן יש יהוה במקום הזה ואנכי לא ידעתי: ויירא ויאמר
מה־נורא המקום הזה אין זה כי אם־בית אלהים וזה
יח שער השמים: וישכם יעקב בבקר ויקח את־האבן אשר־
שם מראשתיו וישם אתה מצבה ויצק שמן על־ראשה:
יט ויקרא את־שם־המקום ההוא בית־אל ואולם לוז שם־העיר
כ לראשנה: וידר יעקב נדר לאמר אם־יהיה אלהים עמדי
ושמרני בדרך הזה אשר אנכי הולך ונתן־לי לחם לאכל
כא ובגד ללבש: ושבתי בשלום אל־בית אבי והיה יהוה לי
כב לאלהים: והאבן הזאת אשר־שמתי מצבה יהיה בית
כט א אלהים וכל אשר תתן־לי עשר אעשרנו לך: וישא יעקב שני
ב רגליו וילך ארצה בני־קדם: וירא והנה באר בשדה והנה־
שם שלשה עדרי־צאן רבצים עליה כי מן־הבאר ההוא

יִשְׁק֖וּ הָעֲדָרִ֑ים וְהָאֶ֥בֶן גְּדֹלָ֖ה עַל־פִּ֥י הַבְּאֵֽר׃ וְנֶאֶסְפוּ־שָׁ֣מָּה ג
כָל־הָעֲדָרִ֗ים וְגָלְל֤וּ אֶת־הָאֶ֙בֶן֙ מֵעַל֙ פִּ֣י הַבְּאֵ֔ר וְהִשְׁק֖וּ אֶת־הַצֹּ֑אן
וְהֵשִׁ֧יבוּ אֶת־הָאֶ֛בֶן עַל־פִּ֥י הַבְּאֵ֖ר לִמְקֹמָֽהּ׃ וַיֹּ֤אמֶר לָהֶם֙ יַעֲקֹ֔ב ד
אַחַ֖י מֵאַ֣יִן אַתֶּ֑ם וַיֹּ֣אמְר֔וּ מֵחָרָ֖ן אֲנָֽחְנוּ׃ וַיֹּ֣אמֶר לָהֶ֔ם הַיְדַעְתֶּ֖ם ה
אֶת־לָבָ֣ן בֶּן־נָח֑וֹר וַיֹּאמְר֖וּ יָדָֽעְנוּ׃ וַיֹּ֥אמֶר לָהֶ֖ם הֲשָׁל֣וֹם ל֑וֹ ו
וַיֹּאמְר֣וּ שָׁל֔וֹם וְהִנֵּה֙ רָחֵ֣ל בִּתּ֔וֹ בָּאָ֖ה עִם־הַצֹּֽאן׃ וַיֹּ֗אמֶר הֵ֥ן ז
עוֹד֙ הַיּ֣וֹם גָּד֔וֹל לֹא־עֵ֖ת הֵאָסֵ֣ף הַמִּקְנֶ֑ה הַשְׁק֥וּ הַצֹּ֖אן וּלְכ֥וּ
רְעֽוּ׃ וַיֹּאמְרוּ֮ לֹ֣א נוּכַל֒ עַ֣ד אֲשֶׁ֤ר יֵאָֽסְפוּ֙ כָּל־הָ֣עֲדָרִ֔ים וְגָֽלְלוּ֙ ח
אֶת־הָאֶ֔בֶן מֵעַ֖ל פִּ֣י הַבְּאֵ֑ר וְהִשְׁקִ֖ינוּ הַצֹּֽאן׃ עוֹדֶ֖נּוּ מְדַבֵּ֣ר עִמָּ֑ם ט
וְרָחֵ֣ל ׀ בָּ֗אָה עִם־הַצֹּאן֙ אֲשֶׁ֣ר לְאָבִ֔יהָ כִּ֥י רֹעָ֖ה הִֽוא׃ וַיְהִ֡י י
כַּאֲשֶׁ֩ר רָאָ֨ה יַעֲקֹ֜ב אֶת־רָחֵ֗ל בַּת־לָבָן֙ אֲחִ֣י אִמּ֔וֹ וְאֶת־צֹ֥אן
לָבָ֖ן אֲחִ֣י אִמּ֑וֹ וַיִּגַּ֣שׁ יַעֲקֹ֗ב וַיָּ֤גֶל אֶת־הָאֶ֙בֶן֙ מֵעַל֙ פִּ֣י הַבְּאֵ֔ר
וַיַּ֕שְׁקְ אֶת־צֹ֥אן לָבָ֖ן אֲחִ֥י אִמּֽוֹ׃ וַיִּשַּׁ֥ק יַעֲקֹ֖ב לְרָחֵ֑ל וַיִּשָּׂ֥א יא
אֶת־קֹל֖וֹ וַיֵּֽבְךְּ׃ וַיַּגֵּ֨ד יַעֲקֹ֜ב לְרָחֵ֗ל כִּ֣י אֲחִ֤י אָבִ֙יהָ֙ ה֔וּא וְכִ֥י יב
בֶן־רִבְקָ֖ה ה֑וּא וַתָּ֖רָץ וַתַּגֵּ֥ד לְאָבִֽיהָ׃ וַיְהִי֩ כִשְׁמֹ֨עַ לָבָ֜ן אֶת־ יג
שֵׁ֣מַע ׀ יַעֲקֹ֣ב בֶּן־אֲחֹת֗וֹ וַיָּ֤רָץ לִקְרָאתוֹ֙ וַיְחַבֶּק־לוֹ֙ וַיְנַשֶּׁק־ל֔וֹ
וַיְבִיאֵ֖הוּ אֶל־בֵּית֑וֹ וַיְסַפֵּ֣ר לְלָבָ֔ן אֵ֥ת כָּל־הַדְּבָרִ֖ים הָאֵֽלֶּה׃
וַיֹּ֤אמֶר לוֹ֙ לָבָ֔ן אַ֛ךְ עַצְמִ֥י וּבְשָׂרִ֖י אָ֑תָּה וַיֵּ֥שֶׁב עִמּ֖וֹ חֹ֥דֶשׁ יָמִֽים׃ יד
וַיֹּ֤אמֶר לָבָן֙ לְיַעֲקֹ֔ב הֲכִי־אָחִ֣י אַ֔תָּה וַעֲבַדְתַּ֖נִי חִנָּ֑ם הַגִּ֥ידָה טו
לִּ֖י מַה־מַּשְׂכֻּרְתֶּֽךָ׃ וּלְלָבָ֖ן שְׁתֵּ֣י בָנ֑וֹת שֵׁ֤ם הַגְּדֹלָה֙ לֵאָ֔ה טז
וְשֵׁ֥ם הַקְּטַנָּ֖ה רָחֵֽל׃ וְעֵינֵ֥י לֵאָ֖ה רַכּ֑וֹת וְרָחֵל֙ הָֽיְתָ֔ה יְפַת־ יז
שלישי תֹּ֖אַר וִיפַ֥ת מַרְאֶֽה׃ וַיֶּאֱהַ֥ב יַעֲקֹ֖ב אֶת־רָחֵ֑ל וַיֹּ֗אמֶר אֶֽעֱבָדְךָ֙ יח
שֶׁ֣בַע שָׁנִ֔ים בְּרָחֵ֥ל בִּתְּךָ֖ הַקְּטַנָּֽה׃ וַיֹּ֣אמֶר לָבָ֗ן ט֚וֹב תִּתִּ֣י יט
אֹתָ֣הּ לָ֔ךְ מִתִּתִּ֥י אֹתָ֖הּ לְאִ֣ישׁ אַחֵ֑ר שְׁבָ֖ה עִמָּדִֽי׃ וַיַּעֲבֹ֧ד יַעֲקֹ֛ב כ
בְּרָחֵ֖ל שֶׁ֣בַע שָׁנִ֑ים וַיִּהְי֤וּ בְעֵינָיו֙ כְּיָמִ֣ים אֲחָדִ֔ים בְּאַהֲבָת֖וֹ
אֹתָֽהּ׃ וַיֹּ֨אמֶר יַעֲקֹ֤ב אֶל־לָבָן֙ הָבָ֣ה אֶת־אִשְׁתִּ֔י כִּ֥י מָלְא֖וּ כא
יָמָ֑י וְאָב֖וֹאָה אֵלֶֽיהָ׃ וַיֶּאֱסֹ֥ף לָבָ֛ן אֶת־כָּל־אַנְשֵׁ֥י הַמָּק֖וֹם כב

כג ויעש משתה: ויהי בערב ויקח את־לאה בתו ויבא אתה
כד אליו ויבא אליה: ויתן לבן לה את־זלפה שפחתו ללאה
כה בתו שפחה: ויהי בבקר והנה־הוא לאה ויאמר אל־לבן
מה־זאת עשית לי הלא ברחל עבדתי עמך ולמה רמיתני:
כו ויאמר לבן לא־יעשה כן במקומנו לתת הצעירה לפני
כז הבכירה: מלא שבע זאת ונתנה לך גם־את־זאת בעבדה
כח אשר תעבד עמדי עוד שבע־שנים אחרות: ויעש יעקב כן
כט וימלא שבע זאת ויתן־לו את־רחל בתו לו לאשה: ויתן
ל לבן לרחל בתו את־בלהה שפחתו לה לשפחה: ויבא גם
אל־רחל ויאהב גם־את־רחל מלאה ויעבד עמו עוד שבע־
לא שנים אחרות: וירא יהוה כי־שנואה לאה ויפתח את־רחמה כז
לב ורחל עקרה: ותהר לאה ותלד בן ותקרא שמו ראובן כי
לג אמרה כי־ראה יהוה בעניי כי עתה יאהבני אישי: ותהר
עוד ותלד בן ותאמר כי־שמע יהוה כי־שנואה אנכי ויתן־
לד לי גם־את־זה ותקרא שמו שמעון: ותהר עוד ותלד בן
ותאמר עתה הפעם ילוה אישי אלי כי־ילדתי לו שלשה
לה בנים על־כן קרא־שמו לוי: ותהר עוד ותלד בן ותאמר
הפעם אודה את־יהוה על־כן קראה שמו יהודה ותעמד
ל א מלדת: ותרא רחל כי לא ילדה ליעקב ותקנא רחל באחתה
ב ותאמר אל־יעקב הבה־לי בנים ואם־אין מתה אנכי: ויחר־
אף יעקב ברחל ויאמר התחת אלהים אנכי אשר־מנע ממך
ג פרי־בטן: ותאמר הנה אמתי בלהה בא אליה ותלד על־
ד ברכי ואבנה גם־אנכי ממנה: ותתן־לו את־בלהה שפחתה
ה לאשה ויבא אליה יעקב: ותהר בלהה ותלד ליעקב בן:
ו ותאמר רחל דנני אלהים וגם שמע בקלי ויתן־לי בן על־
ז כן קראה שמו דן: ותהר עוד ותלד בלהה שפחת רחל בן
ח שני ליעקב: ותאמר רחל נפתולי אלהים | נפתלתי עם־

אֲחֹתִי גַּם־יָכֹלְתִּי וַתִּקְרָא שְׁמוֹ נַפְתָּלִי׃ וַתֵּרֶא לֵאָה כִּי עָמְדָה ט
מִלֶּדֶת וַתִּקַּח אֶת־זִלְפָּה שִׁפְחָתָהּ וַתִּתֵּן אֹתָהּ לְיַעֲקֹב לְאִשָּׁה׃
בָּא גָד וַתֵּלֶד זִלְפָּה שִׁפְחַת לֵאָה לְיַעֲקֹב בֵּן׃ וַתֹּאמֶר לֵאָה בגד י יא
וַתִּקְרָא אֶת־שְׁמוֹ גָּד׃ וַתֵּלֶד זִלְפָּה שִׁפְחַת לֵאָה בֵּן שֵׁנִי לְיַעֲקֹב׃ יב
וַתֹּאמֶר לֵאָה בְּאָשְׁרִי כִּי אִשְּׁרוּנִי בָּנוֹת וַתִּקְרָא אֶת־שְׁמוֹ יג
רביעי אָשֵׁר׃ וַיֵּלֶךְ רְאוּבֵן בִּימֵי קְצִיר־חִטִּים וַיִּמְצָא דוּדָאִים בַּשָּׂדֶה יד
וַיָּבֵא אֹתָם אֶל־לֵאָה אִמּוֹ וַתֹּאמֶר רָחֵל אֶל־לֵאָה תְּנִי־נָא לִי
מִדּוּדָאֵי בְּנֵךְ׃ וַתֹּאמֶר לָהּ הַמְעַט קַחְתֵּךְ אֶת־אִישִׁי וְלָקַחַת טו
גַּם אֶת־דּוּדָאֵי בְּנִי וַתֹּאמֶר רָחֵל לָכֵן יִשְׁכַּב עִמָּךְ הַלַּיְלָה
תַּחַת דּוּדָאֵי בְנֵךְ׃ וַיָּבֹא יַעֲקֹב מִן־הַשָּׂדֶה בָּעֶרֶב וַתֵּצֵא לֵאָה טז
לִקְרָאתוֹ וַתֹּאמֶר אֵלַי תָּבוֹא כִּי שָׂכֹר שְׂכַרְתִּיךָ בְּדוּדָאֵי בְּנִי
וַיִּשְׁכַּב עִמָּהּ בַּלַּיְלָה הוּא׃ וַיִּשְׁמַע אֱלֹהִים אֶל־לֵאָה וַתַּהַר יז
וַתֵּלֶד לְיַעֲקֹב בֵּן חֲמִישִׁי׃ וַתֹּאמֶר לֵאָה נָתַן אֱלֹהִים שְׂכָרִי יח
אֲשֶׁר־נָתַתִּי שִׁפְחָתִי לְאִישִׁי וַתִּקְרָא שְׁמוֹ יִשָּׂשכָר׃ וַתַּהַר עוֹד יט
לֵאָה וַתֵּלֶד בֵּן־שִׁשִּׁי לְיַעֲקֹב׃ וַתֹּאמֶר לֵאָה זְבָדַנִי אֱלֹהִים ׀ אֹתִי כ
זֵבֶד טוֹב הַפַּעַם יִזְבְּלֵנִי אִישִׁי כִּי־יָלַדְתִּי לוֹ שִׁשָּׁה בָנִים וַתִּקְרָא
אֶת־שְׁמוֹ זְבֻלוּן׃ וְאַחַר יָלְדָה בַּת וַתִּקְרָא אֶת־שְׁמָהּ דִּינָה׃ כא
כח וַיִּזְכֹּר אֱלֹהִים אֶת־רָחֵל וַיִּשְׁמַע אֵלֶיהָ אֱלֹהִים וַיִּפְתַּח אֶת־ כב
רַחְמָהּ׃ וַתַּהַר וַתֵּלֶד בֵּן וַתֹּאמֶר אָסַף אֱלֹהִים אֶת־חֶרְפָּתִי׃ כג
וַתִּקְרָא אֶת־שְׁמוֹ יוֹסֵף לֵאמֹר יֹסֵף יְהוָה לִי בֵּן אַחֵר׃ וַיְהִי כד כה
כַּאֲשֶׁר יָלְדָה רָחֵל אֶת־יוֹסֵף וַיֹּאמֶר יַעֲקֹב אֶל־לָבָן שַׁלְּחֵנִי
וְאֵלְכָה אֶל־מְקוֹמִי וּלְאַרְצִי׃ תְּנָה אֶת־נָשַׁי וְאֶת־יְלָדַי אֲשֶׁר כו
עָבַדְתִּי אֹתְךָ בָּהֵן וְאֵלֵכָה כִּי אַתָּה יָדַעְתָּ אֶת־עֲבֹדָתִי אֲשֶׁר
עֲבַדְתִּיךָ׃ וַיֹּאמֶר אֵלָיו לָבָן אִם־נָא מָצָאתִי חֵן בְּעֵינֶיךָ נִחַשְׁתִּי כז
חמישי וַיְבָרְכֵנִי יְהוָה בִּגְלָלֶךָ׃ וַיֹּאמַר נָקְבָה שְׂכָרְךָ עָלַי וְאֶתֵּנָה׃ כח
וַיֹּאמֶר אֵלָיו אַתָּה יָדַעְתָּ אֵת אֲשֶׁר עֲבַדְתִּיךָ וְאֵת אֲשֶׁר־הָיָה כט
מִקְנְךָ אִתִּי׃ כִּי מְעַט אֲשֶׁר־הָיָה לְךָ לְפָנַי וַיִּפְרֹץ לָרֹב וַיְבָרֶךְ ל

לא יְהוָה אֹתְךָ לְרַגְלִי וְעַתָּה מָתַי אֶעֱשֶׂה גַם־אָנֹכִי לְבֵיתִי׃ וַיֹּאמֶר
מָה אֶתֶּן־לָךְ וַיֹּאמֶר יַעֲקֹב לֹא־תִתֶּן־לִי מְאוּמָה אִם־תַּעֲשֶׂה־
לב לִּי הַדָּבָר הַזֶּה אָשׁוּבָה אֶרְעֶה צֹאנְךָ אֶשְׁמֹר׃ אֶעֱבֹר בְּכָל־
צֹאנְךָ הַיּוֹם הָסֵר מִשָּׁם כָּל־שֶׂה ׀ נָקֹד וְטָלוּא וְכָל־שֶׂה־חוּם
לג בַּכְּשָׂבִים וְטָלוּא וְנָקֹד בָּעִזִּים וְהָיָה שְׂכָרִי׃ וְעָנְתָה־בִּי צִדְקָתִי
בְּיוֹם מָחָר כִּי־תָבוֹא עַל־שְׂכָרִי לְפָנֶיךָ כֹּל אֲשֶׁר־אֵינֶנּוּ נָקֹד
לד וְטָלוּא בָּעִזִּים וְחוּם בַּכְּשָׂבִים גָּנוּב הוּא אִתִּי׃ וַיֹּאמֶר לָבָן
לה הֵן לוּ יְהִי כִדְבָרֶךָ׃ וַיָּסַר בַּיּוֹם הַהוּא אֶת־הַתְּיָשִׁים הָעֲקֻדִּים
וְהַטְּלֻאִים וְאֵת כָּל־הָעִזִּים הַנְּקֻדּוֹת וְהַטְּלֻאֹת כֹּל אֲשֶׁר־לָבָן
לו בּוֹ וְכָל־חוּם בַּכְּשָׂבִים וַיִּתֵּן בְּיַד־בָּנָיו׃ וַיָּשֶׂם דֶּרֶךְ שְׁלֹשֶׁת יָמִים
לז בֵּינוֹ וּבֵין יַעֲקֹב וְיַעֲקֹב רֹעֶה אֶת־צֹאן לָבָן הַנּוֹתָרֹת׃ וַיִּקַּח־
לוֹ יַעֲקֹב מַקַּל לִבְנֶה לַח וְלוּז וְעַרְמוֹן וַיְפַצֵּל בָּהֵן פְּצָלוֹת
לח לְבָנוֹת מַחְשֹׂף הַלָּבָן אֲשֶׁר עַל־הַמַּקְלוֹת׃ וַיַּצֵּג אֶת־הַמַּקְלוֹת
אֲשֶׁר פִּצֵּל בָּרְהָטִים בְּשִׁקְתוֹת הַמָּיִם אֲשֶׁר תָּבֹאןָ הַצֹּאן
לט לִשְׁתּוֹת לְנֹכַח הַצֹּאן וַיֵּחַמְנָה בְּבֹאָן לִשְׁתּוֹת׃ וַיֶּחֱמוּ הַצֹּאן
מ אֶל־הַמַּקְלוֹת וַתֵּלַדְןָ הַצֹּאן עֲקֻדִּים נְקֻדִּים וּטְלֻאִים׃ וְהַכְּשָׂבִים
הִפְרִיד יַעֲקֹב וַיִּתֵּן פְּנֵי הַצֹּאן אֶל־עָקֹד וְכָל־חוּם בְּצֹאן לָבָן
מא וַיָּשֶׁת לוֹ עֲדָרִים לְבַדּוֹ וְלֹא שָׁתָם עַל־צֹאן לָבָן׃ וְהָיָה בְּכָל־
יַחֵם הַצֹּאן הַמְקֻשָּׁרוֹת וְשָׂם יַעֲקֹב אֶת־הַמַּקְלוֹת לְעֵינֵי הַצֹּאן
מב בָּרְהָטִים לְיַחְמֵנָּה בַּמַּקְלוֹת׃ וּבְהַעֲטִיף הַצֹּאן לֹא יָשִׂים וְהָיָה
מג הָעֲטֻפִים לְלָבָן וְהַקְּשֻׁרִים לְיַעֲקֹב׃ וַיִּפְרֹץ הָאִישׁ מְאֹד מְאֹד
לא א וַיְהִי־לוֹ צֹאן רַבּוֹת וּשְׁפָחוֹת וַעֲבָדִים וּגְמַלִּים וַחֲמֹרִים׃ וַיִּשְׁמַע
אֶת־דִּבְרֵי בְנֵי־לָבָן לֵאמֹר לָקַח יַעֲקֹב אֵת כָּל־אֲשֶׁר לְאָבִינוּ
ב וּמֵאֲשֶׁר לְאָבִינוּ עָשָׂה אֵת כָּל־הַכָּבֹד הַזֶּה׃ וַיַּרְא יַעֲקֹב אֶת־
ג פְּנֵי לָבָן וְהִנֵּה אֵינֶנּוּ עִמּוֹ כִּתְמוֹל שִׁלְשׁוֹם׃ וַיֹּאמֶר יְהוָה אֶל־ כט
ד יַעֲקֹב שׁוּב אֶל־אֶרֶץ אֲבוֹתֶיךָ וּלְמוֹלַדְתֶּךָ וְאֶהְיֶה עִמָּךְ׃ וַיִּשְׁלַח
ה יַעֲקֹב וַיִּקְרָא לְרָחֵל וּלְלֵאָה הַשָּׂדֶה אֶל־צֹאנוֹ׃ וַיֹּאמֶר לָהֶן

רֹאֶה אָנֹכִי אֶת־פְּנֵי אֲבִיכֶן כִּי־אֵינֶנּוּ אֵלַי כִּתְמֹל שִׁלְשֹׁם וֵאלֹהֵי
אָבִי הָיָה עִמָּדִי׃ וְאַתֵּנָה יְדַעְתֶּן כִּי בְּכָל־כֹּחִי עָבַדְתִּי אֶת־ ו
אֲבִיכֶן׃ וַאֲבִיכֶן הֵתֶל בִּי וְהֶחֱלִף אֶת־מַשְׂכֻּרְתִּי עֲשֶׂרֶת מֹנִים ז
וְלֹא־נְתָנוֹ אֱלֹהִים לְהָרַע עִמָּדִי׃ אִם־כֹּה יֹאמַר נְקֻדִּים יִהְיֶה ח
שְׂכָרֶךָ וְיָלְדוּ כָל־הַצֹּאן נְקֻדִּים וְאִם־כֹּה יֹאמַר עֲקֻדִּים יִהְיֶה
שְׂכָרֶךָ וְיָלְדוּ כָל־הַצֹּאן עֲקֻדִּים׃ וַיַּצֵּל אֱלֹהִים אֶת־מִקְנֵה ט
אֲבִיכֶם וַיִּתֶּן־לִי׃ וַיְהִי בְּעֵת יַחֵם הַצֹּאן וָאֶשָּׂא עֵינַי וָאֵרֶא י
בַּחֲלוֹם וְהִנֵּה הָעַתֻּדִים הָעֹלִים עַל־הַצֹּאן עֲקֻדִּים נְקֻדִּים
וּבְרֻדִּים׃ וַיֹּאמֶר אֵלַי מַלְאַךְ הָאֱלֹהִים בַּחֲלוֹם יַעֲקֹב וָאֹמַר יא
הִנֵּנִי׃ וַיֹּאמֶר שָׂא־נָא עֵינֶיךָ וּרְאֵה כָּל־הָעַתֻּדִים הָעֹלִים עַל־ יב
הַצֹּאן עֲקֻדִּים נְקֻדִּים וּבְרֻדִּים כִּי רָאִיתִי אֵת כָּל־אֲשֶׁר לָבָן
עֹשֶׂה לָּךְ׃ אָנֹכִי הָאֵל בֵּית־אֵל אֲשֶׁר מָשַׁחְתָּ שָּׁם מַצֵּבָה אֲשֶׁר יג
נָדַרְתָּ לִּי שָׁם נֶדֶר עַתָּה קוּם צֵא מִן־הָאָרֶץ הַזֹּאת וְשׁוּב אֶל־
אֶרֶץ מוֹלַדְתֶּךָ׃ וַתַּעַן רָחֵל וְלֵאָה וַתֹּאמַרְנָה לוֹ הַעוֹד לָנוּ יד
חֵלֶק וְנַחֲלָה בְּבֵית אָבִינוּ׃ הֲלוֹא נָכְרִיּוֹת נֶחְשַׁבְנוּ לוֹ כִּי טו
מְכָרָנוּ וַיֹּאכַל גַּם־אָכוֹל אֶת־כַּסְפֵּנוּ׃ כִּי כָל־הָעֹשֶׁר אֲשֶׁר הִצִּיל טז
אֱלֹהִים מֵאָבִינוּ לָנוּ הוּא וּלְבָנֵינוּ וְעַתָּה כֹּל אֲשֶׁר אָמַר אֱלֹהִים
ששי אֵלֶיךָ עֲשֵׂה׃ וַיָּקָם יַעֲקֹב וַיִּשָּׂא אֶת־בָּנָיו וְאֶת־נָשָׁיו עַל־ יז
הַגְּמַלִּים׃ וַיִּנְהַג אֶת־כָּל־מִקְנֵהוּ וְאֶת־כָּל־רְכֻשׁוֹ אֲשֶׁר רָכָשׁ יח
מִקְנֵה קִנְיָנוֹ אֲשֶׁר רָכַשׁ בְּפַדַּן אֲרָם לָבוֹא אֶל־יִצְחָק אָבִיו
אַרְצָה כְּנָעַן׃ וְלָבָן הָלַךְ לִגְזֹז אֶת־צֹאנוֹ וַתִּגְנֹב רָחֵל אֶת־ יט
הַתְּרָפִים אֲשֶׁר לְאָבִיהָ׃ וַיִּגְנֹב יַעֲקֹב אֶת־לֵב לָבָן הָאֲרַמִּי כ
עַל־בְּלִי הִגִּיד לוֹ כִּי בֹרֵחַ הוּא׃ וַיִּבְרַח הוּא וְכָל־אֲשֶׁר־לוֹ כא
וַיָּקָם וַיַּעֲבֹר אֶת־הַנָּהָר וַיָּשֶׂם אֶת־פָּנָיו הַר הַגִּלְעָד׃ וַיֻּגַּד לְלָבָן כב
בַּיּוֹם הַשְּׁלִישִׁי כִּי בָרַח יַעֲקֹב׃ וַיִּקַּח אֶת־אֶחָיו עִמּוֹ וַיִּרְדֹּף כג
אַחֲרָיו דֶּרֶךְ שִׁבְעַת יָמִים וַיַּדְבֵּק אֹתוֹ בְּהַר הַגִּלְעָד׃ וַיָּבֹא כד
אֱלֹהִים אֶל־לָבָן הָאֲרַמִּי בַּחֲלֹם הַלָּיְלָה וַיֹּאמֶר לוֹ הִשָּׁמֶר לְךָ

כה פֶּן־תְּדַבֵּר עִם־יַעֲקֹב מִטּוֹב עַד־רָע׃ וַיַּשֵּׂג לָבָן אֶת־יַעֲקֹב
וְיַעֲקֹב תָּקַע אֶת־אָהֳלוֹ בָּהָר וְלָבָן תָּקַע אֶת־אֶחָיו בְּהַר
כו הַגִּלְעָד׃ וַיֹּאמֶר לָבָן לְיַעֲקֹב מֶה עָשִׂיתָ וַתִּגְנֹב אֶת־לְבָבִי
כז וַתְּנַהֵג אֶת־בְּנֹתַי כִּשְׁבֻיוֹת חָרֶב׃ לָמָּה נַחְבֵּאתָ לִבְרֹחַ וַתִּגְנֹב
אֹתִי וְלֹא־הִגַּדְתָּ לִּי וָאֲשַׁלֵּחֲךָ בְּשִׂמְחָה וּבְשִׁרִים בְּתֹף וּבְכִנּוֹר׃
כח כט וְלֹא נְטַשְׁתַּנִי לְנַשֵּׁק לְבָנַי וְלִבְנֹתָי עַתָּה הִסְכַּלְתָּ עֲשׂוֹ׃ יֶשׁ־
לְאֵל יָדִי לַעֲשׂוֹת עִמָּכֶם רָע וֵאלֹהֵי אֲבִיכֶם אֶמֶשׁ ׀ אָמַר אֵלַי
ל לֵאמֹר הִשָּׁמֶר לְךָ מִדַּבֵּר עִם־יַעֲקֹב מִטּוֹב עַד־רָע׃ וְעַתָּה הָלֹךְ
הָלַכְתָּ כִּי־נִכְסֹף נִכְסַפְתָּה לְבֵית אָבִיךָ לָמָּה גָנַבְתָּ אֶת־אֱלֹהָי׃
לא וַיַּעַן יַעֲקֹב וַיֹּאמֶר לְלָבָן כִּי יָרֵאתִי כִּי אָמַרְתִּי פֶּן־תִּגְזֹל אֶת־
לב בְּנוֹתֶיךָ מֵעִמִּי׃ עִם אֲשֶׁר תִּמְצָא אֶת־אֱלֹהֶיךָ לֹא יִחְיֶה נֶגֶד
אַחֵינוּ הַכֶּר־לְךָ מָה עִמָּדִי וְקַח־לָךְ וְלֹא־יָדַע יַעֲקֹב כִּי רָחֵל
לג גְּנָבָתַם׃ וַיָּבֹא לָבָן בְּאֹהֶל־יַעֲקֹב ׀ וּבְאֹהֶל לֵאָה וּבְאֹהֶל שְׁתֵּי
הָאֲמָהֹת וְלֹא מָצָא וַיֵּצֵא מֵאֹהֶל לֵאָה וַיָּבֹא בְּאֹהֶל רָחֵל׃
לד וְרָחֵל לָקְחָה אֶת־הַתְּרָפִים וַתְּשִׂמֵם בְּכַר הַגָּמָל וַתֵּשֶׁב עֲלֵיהֶם
לה וַיְמַשֵּׁשׁ לָבָן אֶת־כָּל־הָאֹהֶל וְלֹא מָצָא׃ וַתֹּאמֶר אֶל־אָבִיהָ
אַל־יִחַר בְּעֵינֵי אֲדֹנִי כִּי לוֹא אוּכַל לָקוּם מִפָּנֶיךָ כִּי־דֶרֶךְ נָשִׁים
לו לִי וַיְחַפֵּשׂ וְלֹא מָצָא אֶת־הַתְּרָפִים׃ וַיִּחַר לְיַעֲקֹב וַיָּרֶב בְּלָבָן
וַיַּעַן יַעֲקֹב וַיֹּאמֶר לְלָבָן מַה־פִּשְׁעִי מַה חַטָּאתִי כִּי דָלַקְתָּ
לז אַחֲרָי׃ כִּי־מִשַּׁשְׁתָּ אֶת־כָּל־כֵּלַי מַה־מָּצָאתָ מִכֹּל כְּלֵי־בֵיתֶךָ
לח שִׂים כֹּה נֶגֶד אַחַי וְאַחֶיךָ וְיוֹכִיחוּ בֵּין שְׁנֵינוּ׃ זֶה עֶשְׂרִים שָׁנָה
אָנֹכִי עִמָּךְ רְחֵלֶיךָ וְעִזֶּיךָ לֹא שִׁכֵּלוּ וְאֵילֵי צֹאנְךָ לֹא אָכָלְתִּי׃
לט טְרֵפָה לֹא־הֵבֵאתִי אֵלֶיךָ אָנֹכִי אֲחַטֶּנָּה מִיָּדִי תְּבַקְשֶׁנָּה גְּנֻבְתִי
מ יוֹם וּגְנֻבְתִי לָיְלָה׃ הָיִיתִי בַיּוֹם אֲכָלַנִי חֹרֶב וְקֶרַח בַּלָּיְלָה
מא וַתִּדַּד שְׁנָתִי מֵעֵינָי׃ זֶה־לִּי עֶשְׂרִים שָׁנָה בְּבֵיתֶךָ עֲבַדְתִּיךָ
אַרְבַּע־עֶשְׂרֵה שָׁנָה בִּשְׁתֵּי בְנֹתֶיךָ וְשֵׁשׁ שָׁנִים בְּצֹאנֶךָ וַתַּחֲלֵף
מב אֶת־מַשְׂכֻּרְתִּי עֲשֶׂרֶת מֹנִים׃ לוּלֵי אֱלֹהֵי אָבִי אֱלֹהֵי אַבְרָהָם

וּפַחַד יִצְחָק הָיָה לִי כִּי עַתָּה רֵיקָם שִׁלַּחְתָּנִי אֶת־עָנְיִי וְאֶת־
שביעי מג יְגִיעַ כַּפַּי רָאָה אֱלֹהִים וַיּוֹכַח אָמֶשׁ: וַיַּעַן לָבָן וַיֹּאמֶר אֶל־
יַעֲקֹב הַבָּנוֹת בְּנֹתַי וְהַבָּנִים בָּנַי וְהַצֹּאן צֹאנִי וְכֹל אֲשֶׁר־אַתָּה
רֹאֶה לִי־הוּא וְלִבְנֹתַי מָה־אֶעֱשֶׂה לָאֵלֶּה הַיּוֹם אוֹ לִבְנֵיהֶן
מד אֲשֶׁר יָלָדוּ: וְעַתָּה לְכָה נִכְרְתָה בְרִית אֲנִי וָאָתָּה וְהָיָה לְעֵד
מה מו בֵּינִי וּבֵינֶךָ: וַיִּקַּח יַעֲקֹב אָבֶן וַיְרִימֶהָ מַצֵּבָה: וַיֹּאמֶר יַעֲקֹב
לְאֶחָיו לִקְטוּ אֲבָנִים וַיִּקְחוּ אֲבָנִים וַיַּעֲשׂוּ־גָל וַיֹּאכְלוּ שָׁם עַל־
מז הַגָּל: וַיִּקְרָא־לוֹ לָבָן יְגַר שָׂהֲדוּתָא וְיַעֲקֹב קָרָא לוֹ גַּלְעֵד:
מח וַיֹּאמֶר לָבָן הַגַּל הַזֶּה עֵד בֵּינִי וּבֵינְךָ הַיּוֹם עַל־כֵּן קָרָא־שְׁמוֹ
מט גַּלְעֵד: וְהַמִּצְפָּה אֲשֶׁר אָמַר יִצֶף יְהוָה בֵּינִי וּבֵינֶךָ כִּי נִסָּתֵר
נ אִישׁ מֵרֵעֵהוּ: אִם־תְּעַנֶּה אֶת־בְּנֹתַי וְאִם־תִּקַּח נָשִׁים עַל־
נא בְּנֹתַי אֵין אִישׁ עִמָּנוּ רְאֵה אֱלֹהִים עֵד בֵּינִי וּבֵינֶךָ: וַיֹּאמֶר
לָבָן לְיַעֲקֹב הִנֵּה ׀ הַגַּל הַזֶּה וְהִנֵּה הַמַּצֵּבָה אֲשֶׁר יָרִיתִי בֵּינִי
נב וּבֵינֶךָ: עֵד הַגַּל הַזֶּה וְעֵדָה הַמַּצֵּבָה אִם־אָנִי לֹא־אֶעֱבֹר אֵלֶיךָ
אֶת־הַגַּל הַזֶּה וְאִם־אַתָּה לֹא־תַעֲבֹר אֵלַי אֶת־הַגַּל הַזֶּה וְאֶת־
נג הַמַּצֵּבָה הַזֹּאת לְרָעָה: אֱלֹהֵי אַבְרָהָם וֵאלֹהֵי נָחוֹר יִשְׁפְּטוּ
נד בֵינֵינוּ אֱלֹהֵי אֲבִיהֶם וַיִּשָּׁבַע יַעֲקֹב בְּפַחַד אָבִיו יִצְחָק: וַיִּזְבַּח
יַעֲקֹב זֶבַח בָּהָר וַיִּקְרָא לְאֶחָיו לֶאֱכָל־לָחֶם וַיֹּאכְלוּ לֶחֶם וַיָּלִינוּ
מפטיר נה בָּהָר: וַיַּשְׁכֵּם לָבָן בַּבֹּקֶר וַיְנַשֵּׁק לְבָנָיו וְלִבְנוֹתָיו וַיְבָרֶךְ אֶתְהֶם
לב א וַיֵּלֶךְ וַיָּשָׁב לָבָן לִמְקֹמוֹ: וְיַעֲקֹב הָלַךְ לְדַרְכּוֹ וַיִּפְגְּעוּ־בוֹ מַלְאֲכֵי
ב אֱלֹהִים: וַיֹּאמֶר יַעֲקֹב כַּאֲשֶׁר רָאָם מַחֲנֵה אֱלֹהִים זֶה וַיִּקְרָא
שֵׁם־הַמָּקוֹם הַהוּא מַחֲנָיִם:

וישלח ל ג וַיִּשְׁלַח יַעֲקֹב מַלְאָכִים לְפָנָיו אֶל־עֵשָׂו אָחִיו אַרְצָה שֵׂעִיר
ד שְׂדֵה אֱדוֹם: וַיְצַו אֹתָם לֵאמֹר כֹּה תֹאמְרוּן לַאדֹנִי לְעֵשָׂו כֹּה
ה אָמַר עַבְדְּךָ יַעֲקֹב עִם־לָבָן גַּרְתִּי וָאֵחַר עַד־עָתָּה: וַיְהִי־לִי
שׁוֹר וַחֲמוֹר צֹאן וְעֶבֶד וְשִׁפְחָה וָאֶשְׁלְחָה לְהַגִּיד לַאדֹנִי לִמְצֹא־
ו חֵן בְּעֵינֶיךָ: וַיָּשֻׁבוּ הַמַּלְאָכִים אֶל־יַעֲקֹב לֵאמֹר בָּאנוּ אֶל־

אָחִיךָ אֶל־עֵשָׂו וְגַם הֹלֵךְ לִקְרָאתְךָ וְאַרְבַּע־מֵאוֹת אִישׁ עִמּוֹ׃
ז וַיִּירָא יַעֲקֹב מְאֹד וַיֵּצֶר לוֹ וַיַּחַץ אֶת־הָעָם אֲשֶׁר־אִתּוֹ וְאֶת־
ח הַצֹּאן וְאֶת־הַבָּקָר וְהַגְּמַלִּים לִשְׁנֵי מַחֲנוֹת׃ וַיֹּאמֶר אִם־יָבוֹא
עֵשָׂו אֶל־הַמַּחֲנֶה הָאַחַת וְהִכָּהוּ וְהָיָה הַמַּחֲנֶה הַנִּשְׁאָר לִפְלֵיטָה׃
ט וַיֹּאמֶר יַעֲקֹב אֱלֹהֵי אָבִי אַבְרָהָם וֵאלֹהֵי אָבִי יִצְחָק יְהוָה
י הָאֹמֵר אֵלַי שׁוּב לְאַרְצְךָ וּלְמוֹלַדְתְּךָ וְאֵיטִיבָה עִמָּךְ׃ קָטֹנְתִּי
מִכֹּל הַחֲסָדִים וּמִכָּל־הָאֱמֶת אֲשֶׁר עָשִׂיתָ אֶת־עַבְדֶּךָ כִּי
בְמַקְלִי עָבַרְתִּי אֶת־הַיַּרְדֵּן הַזֶּה וְעַתָּה הָיִיתִי לִשְׁנֵי מַחֲנוֹת׃
יא הַצִּילֵנִי נָא מִיַּד אָחִי מִיַּד עֵשָׂו כִּי־יָרֵא אָנֹכִי אֹתוֹ פֶּן־יָבוֹא
יב וְהִכַּנִי אֵם עַל־בָּנִים׃ וְאַתָּה אָמַרְתָּ הֵיטֵב אֵיטִיב עִמָּךְ וְשַׂמְתִּי
יג אֶת־זַרְעֲךָ כְּחוֹל הַיָּם אֲשֶׁר לֹא־יִסָּפֵר מֵרֹב׃ וַיָּלֶן שָׁם בַּלַּיְלָה שני
יד הַהוּא וַיִּקַּח מִן־הַבָּא בְיָדוֹ מִנְחָה לְעֵשָׂו אָחִיו׃ עִזִּים מָאתַיִם
טו וּתְיָשִׁים עֶשְׂרִים רְחֵלִים מָאתַיִם וְאֵילִים עֶשְׂרִים׃ גְּמַלִּים
מֵינִיקוֹת וּבְנֵיהֶם שְׁלֹשִׁים פָּרוֹת אַרְבָּעִים וּפָרִים עֲשָׂרָה אֲתֹנֹת
טז עֶשְׂרִים וַעְיָרִם עֲשָׂרָה׃ וַיִּתֵּן בְּיַד־עֲבָדָיו עֵדֶר עֵדֶר לְבַדּוֹ וַיֹּאמֶר
יז אֶל־עֲבָדָיו עִבְרוּ לְפָנַי וְרֶוַח תָּשִׂימוּ בֵּין עֵדֶר וּבֵין עֵדֶר׃ וַיְצַו
אֶת־הָרִאשׁוֹן לֵאמֹר כִּי יִפְגָשְׁךָ עֵשָׂו אָחִי וּשְׁאֵלְךָ לֵאמֹר לְמִי־
יח אַתָּה וְאָנָה תֵלֵךְ וּלְמִי אֵלֶּה לְפָנֶיךָ׃ וְאָמַרְתָּ לְעַבְדְּךָ לְיַעֲקֹב
יט מִנְחָה הִוא שְׁלוּחָה לַאדֹנִי לְעֵשָׂו וְהִנֵּה גַם־הוּא אַחֲרֵינוּ׃ וַיְצַו
גַּם אֶת־הַשֵּׁנִי גַּם אֶת־הַשְּׁלִישִׁי גַּם אֶת־כָּל־הַהֹלְכִים אַחֲרֵי
הָעֲדָרִים לֵאמֹר כַּדָּבָר הַזֶּה תְּדַבְּרוּן אֶל־עֵשָׂו בְּמֹצַאֲכֶם אֹתוֹ׃
כ וַאֲמַרְתֶּם גַּם הִנֵּה עַבְדְּךָ יַעֲקֹב אַחֲרֵינוּ כִּי־אָמַר אֲכַפְּרָה פָנָיו
בַּמִּנְחָה הַהֹלֶכֶת לְפָנָי וְאַחֲרֵי־כֵן אֶרְאֶה פָנָיו אוּלַי יִשָּׂא פָנָי׃
כא וַתַּעֲבֹר הַמִּנְחָה עַל־פָּנָיו וְהוּא לָן בַּלַּיְלָה־הַהוּא בַּמַּחֲנֶה׃
כב וַיָּקָם ׀ בַּלַּיְלָה הוּא וַיִּקַּח אֶת־שְׁתֵּי נָשָׁיו וְאֶת־שְׁתֵּי שִׁפְחֹתָיו
כג וְאֶת־אַחַד עָשָׂר יְלָדָיו וַיַּעֲבֹר אֵת מַעֲבַר יַבֹּק׃ וַיִּקָּחֵם וַיַּעֲבִרֵם
כד אֶת־הַנָּחַל וַיַּעֲבֵר אֶת־אֲשֶׁר־לוֹ׃ וַיִּוָּתֵר יַעֲקֹב לְבַדּוֹ וַיֵּאָבֵק

כה איש עמו עד עלות השחר: וירא כי לא יכל לו ויגע בכף־
כו ירכו ותקע כף־ירך יעקב בהאבקו עמו: ויאמר שלחני כי
כז עלה השחר ויאמר לא אשלחך כי אם־ברכתני: ויאמר
כח אליו מה־שמך ויאמר יעקב: ויאמר לא יעקב יאמר עוד
שמך כי אם־ישראל כי־שרית עם־אלהים ועם־אנשים
כט ותוכל: וישאל יעקב ויאמר הגידה־נא שמך ויאמר למה
ל זה תשאל לשמי ויברך אתו שם: ויקרא יעקב שם המקום שלישי
לא פניאל כי־ראיתי אלהים פנים אל־פנים ותנצל נפשי: ויזרח־
לב לו השמש כאשר עבר את־פנואל והוא צלע על־ירכו: על־
כן לא־יאכלו בני־ישראל את־גיד הנשה אשר על־כף הירך
אלג עד היום הזה כי נגע בכף־ירך יעקב בגיד הנשה: וישא
יעקב עיניו וירא והנה עשו בא ועמו ארבע מאות איש
ויחץ את־הילדים על־לאה ועל־רחל ועל שתי השפחות:
ב וישם את־השפחות ואת־ילדיהן ראשנה ואת־לאה וילדיה
ג אחרנים ואת־רחל ואת־יוסף אחרנים: והוא עבר לפניהם
ד וישתחו ארצה שבע פעמים עד־גשתו עד־אחיו: וירץ עשו
ה לקראתו ויחבקהו ויפל על־צוארו וישקהו ויבכו: וישא
את־עיניו וירא את־הנשים ואת־הילדים ויאמר מי־אלה
ו לך ויאמר הילדים אשר־חנן אלהים את־עבדך: ותגשן רביעי
ז השפחות הנה וילדיהן ותשתחוין: ותגש גם־לאה וילדיה
ח וישתחוו ואחר נגש יוסף ורחל וישתחוו: ויאמר מי לך כל־
המחנה הזה אשר פגשתי ויאמר למצא־חן בעיני אדני:
ט ויאמר עשו יש־לי רב אחי יהי לך אשר־לך: ויאמר יעקב
אל־נא אם־נא מצאתי חן בעיניך ולקחת מנחתי מידי
יא כי על־כן ראיתי פניך כראת פני אלהים ותרצני: קח־נא
את־ברכתי אשר הבאת לך כי־חנני אלהים וכי יש־לי־כל
יב יג ויפצר־בו ויקח: ויאמר נסעה ונלכה ואלכה לנגדך: ויאמר

אֵלָיו אֲדֹנִי יֹדֵעַ כִּי־הַיְלָדִים רַכִּים וְהַצֹּאן וְהַבָּקָר עָלוֹת עָלָי
יד וּדְפָקוּם יוֹם אֶחָד וָמֵתוּ כָּל־הַצֹּאן׃ יַעֲבָר־נָא אֲדֹנִי לִפְנֵי עַבְדּוֹ
וַאֲנִי אֶתְנָהֲלָה לְאִטִּי לְרֶגֶל הַמְּלָאכָה אֲשֶׁר־לְפָנַי וּלְרֶגֶל
טו הַיְלָדִים עַד אֲשֶׁר־אָבֹא אֶל־אֲדֹנִי שֵׂעִירָה׃ וַיֹּאמֶר עֵשָׂו אַצִּיגָה־
נָּא עִמְּךָ מִן־הָעָם אֲשֶׁר אִתִּי וַיֹּאמֶר לָמָּה זֶּה אֶמְצָא־חֵן בְּעֵינֵי
טז יז אֲדֹנִי׃ וַיָּשָׁב בַּיּוֹם הַהוּא עֵשָׂו לְדַרְכּוֹ שֵׂעִירָה׃ וְיַעֲקֹב נָסַע
סֻכֹּתָה וַיִּבֶן לוֹ בָּיִת וּלְמִקְנֵהוּ עָשָׂה סֻכֹּת עַל־כֵּן קָרָא שֵׁם־
יח הַמָּקוֹם סֻכּוֹת׃ וַיָּבֹא יַעֲקֹב שָׁלֵם עִיר שְׁכֶם אֲשֶׁר לא
יט בְּאֶרֶץ כְּנַעַן בְּבֹאוֹ מִפַּדַּן אֲרָם וַיִּחַן אֶת־פְּנֵי הָעִיר׃ וַיִּקֶן
אֶת־חֶלְקַת הַשָּׂדֶה אֲשֶׁר נָטָה־שָׁם אָהֳלוֹ מִיַּד בְּנֵי־חֲמוֹר אֲבִי
כ שְׁכֶם בְּמֵאָה קְשִׂיטָה׃ וַיַּצֶּב־שָׁם מִזְבֵּחַ וַיִּקְרָא־לוֹ אֵל אֱלֹהֵי
לד א יִשְׂרָאֵל׃ וַתֵּצֵא דִינָה בַּת־לֵאָה אֲשֶׁר יָלְדָה לְיַעֲקֹב חמישי
ב לִרְאוֹת בִּבְנוֹת הָאָרֶץ׃ וַיַּרְא אֹתָהּ שְׁכֶם בֶּן־חֲמוֹר הַחִוִּי נְשִׂיא
ג הָאָרֶץ וַיִּקַּח אֹתָהּ וַיִּשְׁכַּב אֹתָהּ וַיְעַנֶּהָ׃ וַתִּדְבַּק נַפְשׁוֹ בְּדִינָה
ד בַּת־יַעֲקֹב וַיֶּאֱהַב אֶת־הַנַּעֲרָ וַיְדַבֵּר עַל־לֵב הַנַּעֲרָ׃ וַיֹּאמֶר
שְׁכֶם אֶל־חֲמוֹר אָבִיו לֵאמֹר קַח־לִי אֶת־הַיַּלְדָּה הַזֹּאת לְאִשָּׁה׃
ה וְיַעֲקֹב שָׁמַע כִּי טִמֵּא אֶת־דִּינָה בִתּוֹ וּבָנָיו הָיוּ אֶת־מִקְנֵהוּ
ו בַּשָּׂדֶה וְהֶחֱרִשׁ יַעֲקֹב עַד־בֹּאָם׃ וַיֵּצֵא חֲמוֹר אֲבִי־שְׁכֶם
ז אֶל־יַעֲקֹב לְדַבֵּר אִתּוֹ׃ וּבְנֵי יַעֲקֹב בָּאוּ מִן־הַשָּׂדֶה כְּשָׁמְעָם
וַיִּתְעַצְּבוּ הָאֲנָשִׁים וַיִּחַר לָהֶם מְאֹד כִּי נְבָלָה עָשָׂה בְיִשְׂרָאֵל
ח לִשְׁכַּב אֶת־בַּת־יַעֲקֹב וְכֵן לֹא יֵעָשֶׂה׃ וַיְדַבֵּר חֲמוֹר אִתָּם
לֵאמֹר שְׁכֶם בְּנִי חָשְׁקָה נַפְשׁוֹ בְּבִתְּכֶם תְּנוּ נָא אֹתָהּ לוֹ
ט לְאִשָּׁה׃ וְהִתְחַתְּנוּ אֹתָנוּ בְּנֹתֵיכֶם תִּתְּנוּ־לָנוּ וְאֶת־בְּנֹתֵינוּ
י תִּקְחוּ לָכֶם׃ וְאִתָּנוּ תֵּשֵׁבוּ וְהָאָרֶץ תִּהְיֶה לִפְנֵיכֶם שְׁבוּ וּסְחָרוּהָ
יא וְהֵאָחֲזוּ בָּהּ׃ וַיֹּאמֶר שְׁכֶם אֶל־אָבִיהָ וְאֶל־אַחֶיהָ אֶמְצָא־חֵן
יב בְּעֵינֵיכֶם וַאֲשֶׁר תֹּאמְרוּ אֵלַי אֶתֵּן׃ הַרְבּוּ עָלַי מְאֹד מֹהַר
וּמַתָּן וְאֶתְּנָה כַּאֲשֶׁר תֹּאמְרוּ אֵלָי וּתְנוּ־לִי אֶת־הַנַּעֲרָ לְאִשָּׁה׃

יג וַיַּעֲנוּ בְנֵי־יַעֲקֹב אֶת־שְׁכֶם וְאֶת־חֲמוֹר אָבִיו בְּמִרְמָה וַיְדַבֵּרוּ
יד אֲשֶׁר טִמֵּא אֵת דִּינָה אֲחֹתָם: וַיֹּאמְרוּ אֲלֵיהֶם לֹא נוּכַל לַעֲשׂוֹת
הַדָּבָר הַזֶּה לָתֵת אֶת־אֲחֹתֵנוּ לְאִישׁ אֲשֶׁר־לוֹ עָרְלָה כִּי־
טו חֶרְפָּה הִוא לָנוּ: אַךְ־בְּזֹאת נֵאוֹת לָכֶם אִם תִּהְיוּ כָמֹנוּ
טז לְהִמֹּל לָכֶם כָּל־זָכָר: וְנָתַנּוּ אֶת־בְּנֹתֵינוּ לָכֶם וְאֶת־בְּנֹתֵיכֶם
יז נִקַּח־לָנוּ וְיָשַׁבְנוּ אִתְּכֶם וְהָיִינוּ לְעַם אֶחָד: וְאִם־לֹא תִשְׁמְעוּ
יח אֵלֵינוּ לְהִמּוֹל וְלָקַחְנוּ אֶת־בִּתֵּנוּ וְהָלָכְנוּ: וַיִּיטְבוּ דִבְרֵיהֶם
יט בְּעֵינֵי חֲמוֹר וּבְעֵינֵי שְׁכֶם בֶּן־חֲמוֹר: וְלֹא־אֵחַר הַנַּעַר לַעֲשׂוֹת
כ הַדָּבָר כִּי חָפֵץ בְּבַת־יַעֲקֹב וְהוּא נִכְבָּד מִכֹּל בֵּית אָבִיו: וַיָּבֹא
חֲמוֹר וּשְׁכֶם בְּנוֹ אֶל־שַׁעַר עִירָם וַיְדַבְּרוּ אֶל־אַנְשֵׁי עִירָם
כא לֵאמֹר: הָאֲנָשִׁים הָאֵלֶּה שְׁלֵמִים הֵם אִתָּנוּ וְיֵשְׁבוּ בָאָרֶץ
וְיִסְחֲרוּ אֹתָהּ וְהָאָרֶץ הִנֵּה רַחֲבַת־יָדַיִם לִפְנֵיהֶם אֶת־בְּנֹתָם
כב נִקַּח־לָנוּ לְנָשִׁים וְאֶת־בְּנֹתֵינוּ נִתֵּן לָהֶם: אַךְ־בְּזֹאת יֵאֹתוּ
לָנוּ הָאֲנָשִׁים לָשֶׁבֶת אִתָּנוּ לִהְיוֹת לְעַם אֶחָד בְּהִמּוֹל לָנוּ כָּל־
כג זָכָר כַּאֲשֶׁר הֵם נִמֹּלִים: מִקְנֵהֶם וְקִנְיָנָם וְכָל־בְּהֶמְתָּם הֲלוֹא
כד לָנוּ הֵם אַךְ נֵאוֹתָה לָהֶם וְיֵשְׁבוּ אִתָּנוּ: וַיִּשְׁמְעוּ אֶל־חֲמוֹר
וְאֶל־שְׁכֶם בְּנוֹ כָּל־יֹצְאֵי שַׁעַר עִירוֹ וַיִּמֹּלוּ כָּל־זָכָר כָּל־יֹצְאֵי
כה שַׁעַר עִירוֹ: וַיְהִי בַיּוֹם הַשְּׁלִישִׁי בִּהְיוֹתָם כֹּאֲבִים וַיִּקְחוּ שְׁנֵי־
בְנֵי־יַעֲקֹב שִׁמְעוֹן וְלֵוִי אֲחֵי דִינָה אִישׁ חַרְבּוֹ וַיָּבֹאוּ עַל־הָעִיר
כו בֶּטַח וַיַּהַרְגוּ כָּל־זָכָר: וְאֶת־חֲמוֹר וְאֶת־שְׁכֶם בְּנוֹ הָרְגוּ לְפִי־
כז חָרֶב וַיִּקְחוּ אֶת־דִּינָה מִבֵּית שְׁכֶם וַיֵּצֵאוּ: בְּנֵי יַעֲקֹב בָּאוּ
כח עַל־הַחֲלָלִים וַיָּבֹזּוּ הָעִיר אֲשֶׁר טִמְּאוּ אֲחוֹתָם: אֶת־צֹאנָם
וְאֶת־בְּקָרָם וְאֶת־חֲמֹרֵיהֶם וְאֵת אֲשֶׁר־בָּעִיר וְאֶת־אֲשֶׁר בַּשָּׂדֶה
כט לָקָחוּ: וְאֶת־כָּל־חֵילָם וְאֶת־כָּל־טַפָּם וְאֶת־נְשֵׁיהֶם שָׁבוּ וַיָּבֹזּוּ
ל וְאֵת כָּל־אֲשֶׁר בַּבָּיִת: וַיֹּאמֶר יַעֲקֹב אֶל־שִׁמְעוֹן וְאֶל־לֵוִי
עֲכַרְתֶּם אֹתִי לְהַבְאִישֵׁנִי בְּיֹשֵׁב הָאָרֶץ בַּכְּנַעֲנִי וּבַפְּרִזִּי וַאֲנִי
לא מְתֵי מִסְפָּר וְנֶאֶסְפוּ עָלַי וְהִכּוּנִי וְנִשְׁמַדְתִּי אֲנִי וּבֵיתִי: וַיֹּאמְרוּ

הַכְזוֹנָה יַעֲשֶׂה אֶת־אֲחוֹתֵנוּ׃
ה א וַיֹּאמֶר אֱלֹהִים אֶל־יַעֲקֹב קוּם עֲלֵה בֵית־אֵל וְשֶׁב־שָׁם וַעֲשֵׂה־
שָׁם מִזְבֵּחַ לָאֵל הַנִּרְאֶה אֵלֶיךָ בְּבָרְחֲךָ מִפְּנֵי עֵשָׂו אָחִיךָ׃
ב וַיֹּאמֶר יַעֲקֹב אֶל־בֵּיתוֹ וְאֶל כָּל־אֲשֶׁר עִמּוֹ הָסִרוּ אֶת־אֱלֹהֵי
ג הַנֵּכָר אֲשֶׁר בְּתֹכְכֶם וְהִטַּהֲרוּ וְהַחֲלִיפוּ שִׂמְלֹתֵיכֶם׃ וְנָקוּמָה
וְנַעֲלֶה בֵּית־אֵל וְאֶעֱשֶׂה־שָּׁם מִזְבֵּחַ לָאֵל הָעֹנֶה אֹתִי בְּיוֹם
ד צָרָתִי וַיְהִי עִמָּדִי בַּדֶּרֶךְ אֲשֶׁר הָלָכְתִּי׃ וַיִּתְּנוּ אֶל־יַעֲקֹב אֵת
כָּל־אֱלֹהֵי הַנֵּכָר אֲשֶׁר בְּיָדָם וְאֶת־הַנְּזָמִים אֲשֶׁר בְּאָזְנֵיהֶם
ה וַיִּטְמֹן אֹתָם יַעֲקֹב תַּחַת הָאֵלָה אֲשֶׁר עִם־שְׁכֶם׃ וַיִּסָּעוּ וַיְהִי
חִתַּת אֱלֹהִים עַל־הֶעָרִים אֲשֶׁר סְבִיבוֹתֵיהֶם וְלֹא רָדְפוּ אַחֲרֵי
ו בְּנֵי יַעֲקֹב׃ וַיָּבֹא יַעֲקֹב לוּזָה אֲשֶׁר בְּאֶרֶץ כְּנַעַן הִוא בֵּית־אֵל
ז הוּא וְכָל־הָעָם אֲשֶׁר־עִמּוֹ׃ וַיִּבֶן שָׁם מִזְבֵּחַ וַיִּקְרָא לַמָּקוֹם אֵל
ח בֵּית־אֵל כִּי שָׁם נִגְלוּ אֵלָיו הָאֱלֹהִים בְּבָרְחוֹ מִפְּנֵי אָחִיו׃ וַתָּמָת
דְּבֹרָה מֵינֶקֶת רִבְקָה וַתִּקָּבֵר מִתַּחַת לְבֵית־אֵל תַּחַת הָאַלּוֹן
וַיִּקְרָא שְׁמוֹ אַלּוֹן בָּכוּת׃
ט וַיֵּרָא אֱלֹהִים אֶל־יַעֲקֹב עוֹד בְּבֹאוֹ מִפַּדַּן אֲרָם וַיְבָרֶךְ אֹתוֹ׃ לב
י וַיֹּאמֶר־לוֹ אֱלֹהִים שִׁמְךָ יַעֲקֹב לֹא־יִקָּרֵא שִׁמְךָ עוֹד יַעֲקֹב כִּי
יא אִם־יִשְׂרָאֵל יִהְיֶה שְׁמֶךָ וַיִּקְרָא אֶת־שְׁמוֹ יִשְׂרָאֵל׃ וַיֹּאמֶר לוֹ
אֱלֹהִים אֲנִי אֵל שַׁדַּי פְּרֵה וּרְבֵה גּוֹי וּקְהַל גּוֹיִם יִהְיֶה מִמֶּךָּ
יב וּמְלָכִים מֵחֲלָצֶיךָ יֵצֵאוּ׃ וְאֶת־הָאָרֶץ אֲשֶׁר נָתַתִּי לְאַבְרָהָם ששי
יג וּלְיִצְחָק לְךָ אֶתְּנֶנָּה וּלְזַרְעֲךָ אַחֲרֶיךָ אֶתֵּן אֶת־הָאָרֶץ׃ וַיַּעַל
יד מֵעָלָיו אֱלֹהִים בַּמָּקוֹם אֲשֶׁר־דִּבֶּר אִתּוֹ׃ וַיַּצֵּב יַעֲקֹב מַצֵּבָה
בַּמָּקוֹם אֲשֶׁר־דִּבֶּר אִתּוֹ מַצֶּבֶת אָבֶן וַיַּסֵּךְ עָלֶיהָ נֶסֶךְ וַיִּצֹק
טו עָלֶיהָ שָׁמֶן׃ וַיִּקְרָא יַעֲקֹב אֶת־שֵׁם הַמָּקוֹם אֲשֶׁר דִּבֶּר אִתּוֹ
טז שָׁם אֱלֹהִים בֵּית־אֵל׃ וַיִּסְעוּ מִבֵּית אֵל וַיְהִי־עוֹד כִּבְרַת־הָאָרֶץ
יז לָבוֹא אֶפְרָתָה וַתֵּלֶד רָחֵל וַתְּקַשׁ בְּלִדְתָּהּ׃ וַיְהִי בְהַקְשֹׁתָהּ
בְלִדְתָּהּ וַתֹּאמֶר לָהּ הַמְיַלֶּדֶת אַל־תִּירְאִי כִּי־גַם־זֶה לָךְ בֵּן׃

וַיְהִי בְּצֵאת נַפְשָׁהּ כִּי מֵתָה וַתִּקְרָא שְׁמוֹ בֶּן־אוֹנִי וְאָבִיו קָרָא־ יח
לוֹ בִנְיָמִין׃ וַתָּמָת רָחֵל וַתִּקָּבֵר בְּדֶרֶךְ אֶפְרָתָה הִוא בֵּית לָחֶם׃ יט
וַיַּצֵּב יַעֲקֹב מַצֵּבָה עַל־קְבֻרָתָהּ הִוא מַצֶּבֶת קְבֻרַת־רָחֵל עַד־ כ
הַיּוֹם׃ וַיִּסַּע יִשְׂרָאֵל וַיֵּט אָהֳלֹה מֵהָלְאָה לְמִגְדַּל־עֵדֶר׃ וַיְהִי כא כב
בִּשְׁכֹּן יִשְׂרָאֵל בָּאָרֶץ הַהִוא וַיֵּלֶךְ רְאוּבֵן וַיִּשְׁכַּב אֶת־בִּלְהָה
פִּילֶגֶשׁ אָבִיו וַיִּשְׁמַע יִשְׂרָאֵל

וַיִּהְיוּ בְנֵי־יַעֲקֹב שְׁנֵים עָשָׂר׃ בְּנֵי לֵאָה בְּכוֹר יַעֲקֹב רְאוּבֵן כג
וְשִׁמְעוֹן וְלֵוִי וִיהוּדָה וְיִשָּׂשכָר וּזְבֻלוּן׃ בְּנֵי רָחֵל יוֹסֵף וּבִנְיָמִן׃ כד
וּבְנֵי בִלְהָה שִׁפְחַת רָחֵל דָּן וְנַפְתָּלִי׃ וּבְנֵי זִלְפָּה שִׁפְחַת לֵאָה כה כו
גָּד וְאָשֵׁר אֵלֶּה בְּנֵי יַעֲקֹב אֲשֶׁר יֻלַּד־לוֹ בְּפַדַּן אֲרָם׃ וַיָּבֹא יַעֲקֹב כז
אֶל־יִצְחָק אָבִיו מַמְרֵא קִרְיַת הָאַרְבַּע הִוא חֶבְרוֹן אֲשֶׁר־גָּר־
שָׁם אַבְרָהָם וְיִצְחָק׃ וַיִּהְיוּ יְמֵי יִצְחָק מְאַת שָׁנָה וּשְׁמֹנִים שָׁנָה׃ כח
וַיִּגְוַע יִצְחָק וַיָּמָת וַיֵּאָסֶף אֶל־עַמָּיו זָקֵן וּשְׂבַע יָמִים וַיִּקְבְּרוּ כט
אֹתוֹ עֵשָׂו וְיַעֲקֹב בָּנָיו׃

וְאֵלֶּה תֹּלְדוֹת עֵשָׂו הוּא אֱדוֹם׃ עֵשָׂו לָקַח אֶת־נָשָׁיו מִבְּנוֹת לו א ב
כְּנָעַן אֶת־עָדָה בַּת־אֵילוֹן הַחִתִּי וְאֶת־אָהֳלִיבָמָה בַּת־עֲנָה
בַּת־צִבְעוֹן הַחִוִּי׃ וְאֶת־בָּשְׂמַת בַּת־יִשְׁמָעֵאל אֲחוֹת נְבָיוֹת׃ ג
וַתֵּלֶד עָדָה לְעֵשָׂו אֶת־אֱלִיפָז וּבָשְׂמַת יָלְדָה אֶת־רְעוּאֵל׃ ד
יְעוּשׁ וְאָהֳלִיבָמָה יָלְדָה אֶת־יעיש וְאֶת־יַעְלָם וְאֶת־קֹרַח אֵלֶּה בְּנֵי ה
עֵשָׂו אֲשֶׁר יֻלְּדוּ־לוֹ בְּאֶרֶץ כְּנָעַן׃ וַיִּקַּח עֵשָׂו אֶת־נָשָׁיו וְאֶת־ ו
בָּנָיו וְאֶת־בְּנֹתָיו וְאֶת־כָּל־נַפְשׁוֹת בֵּיתוֹ וְאֶת־מִקְנֵהוּ וְאֶת־
כָּל־בְּהֶמְתּוֹ וְאֵת כָּל־קִנְיָנוֹ אֲשֶׁר רָכַשׁ בְּאֶרֶץ כְּנָעַן וַיֵּלֶךְ אֶל־
אֶרֶץ מִפְּנֵי יַעֲקֹב אָחִיו׃ כִּי־הָיָה רְכוּשָׁם רָב מִשֶּׁבֶת יַחְדָּו וְלֹא ז
יָכְלָה אֶרֶץ מְגוּרֵיהֶם לָשֵׂאת אֹתָם מִפְּנֵי מִקְנֵיהֶם׃ וַיֵּשֶׁב עֵשָׂו ח
בְּהַר שֵׂעִיר עֵשָׂו הוּא אֱדוֹם׃ וְאֵלֶּה תֹּלְדוֹת עֵשָׂו אֲבִי אֱדוֹם ט
בְּהַר שֵׂעִיר׃ אֵלֶּה שְׁמוֹת בְּנֵי־עֵשָׂו אֱלִיפַז בֶּן־עָדָה אֵשֶׁת עֵשָׂו י
רְעוּאֵל בֶּן־בָּשְׂמַת אֵשֶׁת עֵשָׂו׃ וַיִּהְיוּ בְּנֵי אֱלִיפָז תֵּימָן אוֹמָר יא

יב צִפוֹ וְגַעְתָּם וּקְנַז׃ וְתִמְנַע ׀ הָיְתָה פִילֶגֶשׁ לֶאֱלִיפַז בֶּן־עֵשָׂו
יג וַתֵּלֶד לֶאֱלִיפַז אֶת־עֲמָלֵק אֵלֶּה בְּנֵי עָדָה אֵשֶׁת עֵשָׂו׃ וְאֵלֶּה
בְּנֵי רְעוּאֵל נַחַת וָזֶרַח שַׁמָּה וּמִזָּה אֵלֶּה הָיוּ בְּנֵי בָשְׂמַת אֵשֶׁת
יד עֵשָׂו׃ וְאֵלֶּה הָיוּ בְּנֵי אָהֳלִיבָמָה בַת־עֲנָה בַּת־צִבְעוֹן אֵשֶׁת
טו עֵשָׂו וַתֵּלֶד לְעֵשָׂו אֶת־יעיש וְאֶת־יַעְלָם וְאֶת־קֹרַח׃ אֵלֶּה יְעוּשׁ
אַלּוּפֵי בְנֵי־עֵשָׂו בְּנֵי אֱלִיפַז בְּכוֹר עֵשָׂו אַלּוּף תֵּימָן אַלּוּף אוֹמָר
טז אַלּוּף צְפוֹ אַלּוּף קְנַז׃ אַלּוּף־קֹרַח אַלּוּף גַּעְתָּם אַלּוּף עֲמָלֵק
יז אֵלֶּה אַלּוּפֵי אֱלִיפַז בְּאֶרֶץ אֱדוֹם אֵלֶּה בְּנֵי עָדָה׃ וְאֵלֶּה בְּנֵי
רְעוּאֵל בֶּן־עֵשָׂו אַלּוּף נַחַת אַלּוּף זֶרַח אַלּוּף שַׁמָּה אַלּוּף מִזָּה
אֵלֶּה אַלּוּפֵי רְעוּאֵל בְּאֶרֶץ אֱדוֹם אֵלֶּה בְּנֵי בָשְׂמַת אֵשֶׁת עֵשָׂו׃
יח וְאֵלֶּה בְּנֵי אָהֳלִיבָמָה אֵשֶׁת עֵשָׂו אַלּוּף יְעוּשׁ אַלּוּף יַעְלָם אַלּוּף
יט קֹרַח אֵלֶּה אַלּוּפֵי אָהֳלִיבָמָה בַּת־עֲנָה אֵשֶׁת עֵשָׂו׃ אֵלֶּה בְנֵי־
כ עֵשָׂו וְאֵלֶּה אַלּוּפֵיהֶם הוּא אֱדוֹם׃ אֵלֶּה בְנֵי־ שביעי
כא שֵׂעִיר הַחֹרִי יֹשְׁבֵי הָאָרֶץ לוֹטָן וְשׁוֹבָל וְצִבְעוֹן וַעֲנָה׃ וְדִשׁוֹן
כב וְאֵצֶר וְדִישָׁן אֵלֶּה אַלּוּפֵי הַחֹרִי בְּנֵי שֵׂעִיר בְּאֶרֶץ אֱדוֹם׃ וַיִּהְיוּ
כג בְנֵי־לוֹטָן חֹרִי וְהֵימָם וַאֲחוֹת לוֹטָן תִּמְנָע׃ וְאֵלֶּה בְּנֵי שׁוֹבָל
כד עַלְוָן וּמָנַחַת וְעֵיבָל שְׁפוֹ וְאוֹנָם׃ וְאֵלֶּה בְנֵי־צִבְעוֹן וְאַיָּה וַעֲנָה
הוּא עֲנָה אֲשֶׁר מָצָא אֶת־הַיֵּמִם בַּמִּדְבָּר בִּרְעֹתוֹ אֶת־הַחֲמֹרִים
כה לְצִבְעוֹן אָבִיו׃ וְאֵלֶּה בְנֵי־עֲנָה דִּשֹׁן וְאָהֳלִיבָמָה בַּת־עֲנָה׃
כו כז וְאֵלֶּה בְּנֵי דִישָׁן חֶמְדָּן וְאֶשְׁבָּן וְיִתְרָן וּכְרָן׃ אֵלֶּה בְּנֵי־אֵצֶר
כח כט בִּלְהָן וְזַעֲוָן וַעֲקָן׃ אֵלֶּה בְנֵי־דִישָׁן עוּץ וַאֲרָן׃ אֵלֶּה אַלּוּפֵי
ל הַחֹרִי אַלּוּף לוֹטָן אַלּוּף שׁוֹבָל אַלּוּף צִבְעוֹן אַלּוּף עֲנָה׃ אַלּוּף
דִּשֹׁן אַלּוּף אֵצֶר אַלּוּף דִּישָׁן אֵלֶּה אַלּוּפֵי הַחֹרִי לְאַלֻּפֵיהֶם
בְּאֶרֶץ שֵׂעִיר׃
לא וְאֵלֶּה הַמְּלָכִים אֲשֶׁר מָלְכוּ בְּאֶרֶץ אֱדוֹם לִפְנֵי מְלָךְ־מֶלֶךְ
לב לִבְנֵי יִשְׂרָאֵל׃ וַיִּמְלֹךְ בֶּאֱדוֹם בֶּלַע בֶּן־בְּעוֹר וְשֵׁם עִירוֹ דִּנְהָבָה׃
לג לד וַיָּמָת בָּלַע וַיִּמְלֹךְ תַּחְתָּיו יוֹבָב בֶּן־זֶרַח מִבָּצְרָה׃ וַיָּמָת יוֹבָב

לה וַיִּמְלֹךְ תַּחְתָּיו חֻשָׁם מֵאֶרֶץ הַתֵּימָנִי׃ וַיָּמָת חֻשָׁם וַיִּמְלֹךְ תַּחְתָּיו
הֲדַד בֶּן־בְּדַד הַמַּכֶּה אֶת־מִדְיָן בִּשְׂדֵה מוֹאָב וְשֵׁם עִירוֹ עֲוִית׃
לו לז וַיָּמָת הֲדָד וַיִּמְלֹךְ תַּחְתָּיו שַׂמְלָה מִמַּשְׂרֵקָה׃ וַיָּמָת שַׂמְלָה
לח וַיִּמְלֹךְ תַּחְתָּיו שָׁאוּל מֵרְחֹבוֹת הַנָּהָר׃ וַיָּמָת שָׁאוּל וַיִּמְלֹךְ
לט תַּחְתָּיו בַּעַל חָנָן בֶּן־עַכְבּוֹר׃ וַיָּמָת בַּעַל חָנָן בֶּן־עַכְבּוֹר וַיִּמְלֹךְ
תַּחְתָּיו הֲדַר וְשֵׁם עִירוֹ פָּעוּ וְשֵׁם אִשְׁתּוֹ מְהֵיטַבְאֵל בַּת־
מפטיר מ מַטְרֵד בַּת מֵי זָהָב׃ וְאֵלֶּה שְׁמוֹת אַלּוּפֵי עֵשָׂו לְמִשְׁפְּחֹתָם
לִמְקֹמֹתָם בִּשְׁמֹתָם אַלּוּף תִּמְנָע אַלּוּף עַלְוָה אַלּוּף יְתֵת׃
מא מב אַלּוּף אָהֳלִיבָמָה אַלּוּף אֵלָה אַלּוּף פִּינֹן׃ אַלּוּף קְנַז אַלּוּף תֵּימָן
מג אַלּוּף מִבְצָר׃ אַלּוּף מַגְדִּיאֵל אַלּוּף עִירָם אֵלֶּה ׀ אַלּוּפֵי אֱדוֹם
לְמֹשְׁבֹתָם בְּאֶרֶץ אֲחֻזָּתָם הוּא עֵשָׂו אֲבִי אֱדוֹם׃

וישב לג
לז א ב וַיֵּשֶׁב יַעֲקֹב בְּאֶרֶץ מְגוּרֵי אָבִיו בְּאֶרֶץ כְּנָעַן׃ אֵלֶּה ׀ תֹּלְדוֹת
יַעֲקֹב יוֹסֵף בֶּן־שְׁבַע־עֶשְׂרֵה שָׁנָה הָיָה רֹעֶה אֶת־אֶחָיו בַּצֹּאן
וְהוּא נַעַר אֶת־בְּנֵי בִלְהָה וְאֶת־בְּנֵי זִלְפָּה נְשֵׁי אָבִיו וַיָּבֵא
ג יוֹסֵף אֶת־דִּבָּתָם רָעָה אֶל־אֲבִיהֶם׃ וְיִשְׂרָאֵל אָהַב אֶת־יוֹסֵף
ד מִכָּל־בָּנָיו כִּי־בֶן־זְקֻנִים הוּא לוֹ וְעָשָׂה לוֹ כְּתֹנֶת פַּסִּים׃ וַיִּרְאוּ
אֶחָיו כִּי־אֹתוֹ אָהַב אֲבִיהֶם מִכָּל־אֶחָיו וַיִּשְׂנְאוּ אֹתוֹ וְלֹא
ה יָכְלוּ דַּבְּרוֹ לְשָׁלֹם׃ וַיַּחֲלֹם יוֹסֵף חֲלוֹם וַיַּגֵּד לְאֶחָיו וַיּוֹסִפוּ
ו עוֹד שְׂנֹא אֹתוֹ׃ וַיֹּאמֶר אֲלֵיהֶם שִׁמְעוּ־נָא הַחֲלוֹם הַזֶּה אֲשֶׁר
ז חָלָמְתִּי׃ וְהִנֵּה אֲנַחְנוּ מְאַלְּמִים אֲלֻמִּים בְּתוֹךְ הַשָּׂדֶה וְהִנֵּה
קָמָה אֲלֻמָּתִי וְגַם־נִצָּבָה וְהִנֵּה תְסֻבֶּינָה אֲלֻמֹּתֵיכֶם וַתִּשְׁתַּחֲוֶיןָ
ח לַאֲלֻמָּתִי׃ וַיֹּאמְרוּ לוֹ אֶחָיו הֲמָלֹךְ תִּמְלֹךְ עָלֵינוּ אִם־מָשׁוֹל
תִּמְשֹׁל בָּנוּ וַיּוֹסִפוּ עוֹד שְׂנֹא אֹתוֹ עַל־חֲלֹמֹתָיו וְעַל־דְּבָרָיו׃
ט וַיַּחֲלֹם עוֹד חֲלוֹם אַחֵר וַיְסַפֵּר אֹתוֹ לְאֶחָיו וַיֹּאמֶר הִנֵּה חָלַמְתִּי
חֲלוֹם עוֹד וְהִנֵּה הַשֶּׁמֶשׁ וְהַיָּרֵחַ וְאַחַד עָשָׂר כּוֹכָבִים מִשְׁתַּחֲוִים
י לִי׃ וַיְסַפֵּר אֶל־אָבִיו וְאֶל־אֶחָיו וַיִּגְעַר־בּוֹ אָבִיו וַיֹּאמֶר לוֹ מָה
הַחֲלוֹם הַזֶּה אֲשֶׁר חָלָמְתָּ הֲבוֹא נָבוֹא אֲנִי וְאִמְּךָ וְאַחֶיךָ

יא להשתחות לך ארצה: ויקנאו־בו אחיו ואביו שמר את־
יב יג הדבר: וילכו אחיו לרעות את־צאן אביהם בשכם: ויאמר שני
ישראל אל־יוסף הלוא אחיך רעים בשכם לכה ואשלחך
יד אליהם ויאמר לו הנני: ויאמר לו לך־נא ראה את־שלום
אחיך ואת־שלום הצאן והשבני דבר וישלחהו מעמק חברון
טו ויבא שכמה: וימצאהו איש והנה תעה בשדה וישאלהו
טז האיש לאמר מה־תבקש: ויאמר את־אחי אנכי מבקש
יז הגידה־נא לי איפה הם רעים: ויאמר האיש נסעו מזה כי
שמעתי אמרים נלכה דתינה וילך יוסף אחר אחיו וימצאם
יח בדתן: ויראו אתו מרחק ובטרם יקרב אליהם ויתנכלו
יט אתו להמיתו: ויאמרו איש אל־אחיו הנה בעל החלמות
כ הלזה בא: ועתה ׀ לכו ונהרגהו ונשלכהו באחד הברות
כא ואמרנו חיה רעה אכלתהו ונראה מה־יהיו חלמתיו: וישמע
כב ראובן ויצלהו מידם ויאמר לא נכנו נפש: ויאמר אלהם ׀
ראובן אל־תשפכו־דם השליכו אתו אל־הבור הזה אשר
במדבר ויד אל־תשלחו־בו למען הציל אתו מידם להשיבו
כג אל־אביו: ויהי כאשר־בא יוסף אל־אחיו ויפשטו את־יוסף שלישי
כד את־כתנתו את־כתנת הפסים אשר עליו: ויקחהו וישלכו
כה אתו הברה והבור רק אין בו מים: וישבו לאכל־לחם וישאו
עיניהם ויראו והנה ארחת ישמעאלים באה מגלעד וגמליהם
כו נשאים נכאת וצרי ולט הולכים להוריד מצרימה: ויאמר
יהודה אל־אחיו מה־בצע כי נהרג את־אחינו וכסינו את־
כז דמו: לכו ונמכרנו לישמעאלים וידנו אל־תהי־בו כי־אחינו
כח בשרנו הוא וישמעו אחיו: ויעברו אנשים מדינים סחרים
וימשכו ויעלו את־יוסף מן־הבור וימכרו את־יוסף לישמעאלים
כט בעשרים כסף ויביאו את־יוסף מצרימה: וישב ראובן אל־
ל הבור והנה אין־יוסף בבור ויקרע את־בגדיו: וישב אל־

אָחִיו וַיֹּאמַר הַיֶּלֶד אֵינֶנּוּ וַאֲנִי אָנָה אֲנִי־בָא׃ וַיִּקְחוּ אֶת־ לא
כְּתֹנֶת יוֹסֵף וַיִּשְׁחֲטוּ שְׂעִיר עִזִּים וַיִּטְבְּלוּ אֶת־הַכֻּתֹּנֶת בַּדָּם׃
וַיְשַׁלְּחוּ אֶת־כְּתֹנֶת הַפַּסִּים וַיָּבִיאוּ אֶל־אֲבִיהֶם וַיֹּאמְרוּ זֹאת לב
מָצָאנוּ הַכֶּר־נָא הַכְּתֹנֶת בִּנְךָ הִוא אִם־לֹא׃ וַיַּכִּירָהּ וַיֹּאמֶר לג
כְּתֹנֶת בְּנִי חַיָּה רָעָה אֲכָלָתְהוּ טָרֹף טֹרַף יוֹסֵף׃ וַיִּקְרַע יַעֲקֹב לד
שִׂמְלֹתָיו וַיָּשֶׂם שַׂק בְּמָתְנָיו וַיִּתְאַבֵּל עַל־בְּנוֹ יָמִים רַבִּים׃
וַיָּקֻמוּ כָל־בָּנָיו וְכָל־בְּנֹתָיו לְנַחֲמוֹ וַיְמָאֵן לְהִתְנַחֵם וַיֹּאמֶר כִּי־ לה
אֵרֵד אֶל־בְּנִי אָבֵל שְׁאֹלָה וַיֵּבְךְּ אֹתוֹ אָבִיו׃ וְהַמְּדָנִים מָכְרוּ אֹתוֹ לו
אֶל־מִצְרָיִם לְפוֹטִיפַר סְרִיס פַּרְעֹה שַׂר הַטַּבָּחִים׃

רביעי לד וַיְהִי בָּעֵת הַהִוא וַיֵּרֶד יְהוּדָה מֵאֵת אֶחָיו וַיֵּט עַד־אִישׁ עֲדֻלָּמִי לח א
וּשְׁמוֹ חִירָה׃ וַיַּרְא־שָׁם יְהוּדָה בַּת־אִישׁ כְּנַעֲנִי וּשְׁמוֹ שׁוּעַ ב
וַיִּקָּחֶהָ וַיָּבֹא אֵלֶיהָ׃ וַתַּהַר וַתֵּלֶד בֵּן וַיִּקְרָא אֶת־שְׁמוֹ עֵר׃ ג
וַתַּהַר עוֹד וַתֵּלֶד בֵּן וַתִּקְרָא אֶת־שְׁמוֹ אוֹנָן׃ וַתֹּסֶף עוֹד וַתֵּלֶד ד ה
בֵּן וַתִּקְרָא אֶת־שְׁמוֹ שֵׁלָה וְהָיָה בִכְזִיב בְּלִדְתָּהּ אֹתוֹ׃ וַיִּקַּח ו
יְהוּדָה אִשָּׁה לְעֵר בְּכוֹרוֹ וּשְׁמָהּ תָּמָר׃ וַיְהִי עֵר בְּכוֹר יְהוּדָה ז
רַע בְּעֵינֵי יהוה וַיְמִתֵהוּ יהוה׃ וַיֹּאמֶר יְהוּדָה לְאוֹנָן בֹּא אֶל־ ח
אֵשֶׁת אָחִיךָ וְיַבֵּם אֹתָהּ וְהָקֵם זֶרַע לְאָחִיךָ׃ וַיֵּדַע אוֹנָן כִּי לֹּא ט
לוֹ יִהְיֶה הַזָּרַע וְהָיָה אִם־בָּא אֶל־אֵשֶׁת אָחִיו וְשִׁחֵת אַרְצָה
לְבִלְתִּי נְתָן־זֶרַע לְאָחִיו׃ וַיֵּרַע בְּעֵינֵי יהוה אֲשֶׁר עָשָׂה וַיָּמֶת י
גַּם־אֹתוֹ׃ וַיֹּאמֶר יְהוּדָה לְתָמָר כַּלָּתוֹ שְׁבִי אַלְמָנָה בֵית־ יא
אָבִיךְ עַד־יִגְדַּל שֵׁלָה בְנִי כִּי אָמַר פֶּן־יָמוּת גַּם־הוּא כְּאֶחָיו
וַתֵּלֶךְ תָּמָר וַתֵּשֶׁב בֵּית אָבִיהָ׃ וַיִּרְבּוּ הַיָּמִים וַתָּמָת בַּת־שׁוּעַ יב
אֵשֶׁת־יְהוּדָה וַיִּנָּחֶם יְהוּדָה וַיַּעַל עַל־גֹּזְזֵי צֹאנוֹ הוּא וְחִירָה
רֵעֵהוּ הָעֲדֻלָּמִי תִּמְנָתָה׃ וַיֻּגַּד לְתָמָר לֵאמֹר הִנֵּה חָמִיךְ עֹלֶה יג
תִמְנָתָה לָגֹז צֹאנוֹ׃ וַתָּסַר בִּגְדֵי אַלְמְנוּתָהּ מֵעָלֶיהָ וַתְּכַס יד
בַּצָּעִיף וַתִּתְעַלָּף וַתֵּשֶׁב בְּפֶתַח עֵינַיִם אֲשֶׁר עַל־דֶּרֶךְ תִּמְנָתָה
כִּי רָאֲתָה כִּי־גָדַל שֵׁלָה וְהִוא לֹא־נִתְּנָה לוֹ לְאִשָּׁה׃ וַיִּרְאֶהָ טו

טז יהודה ויחשבה לזונה כי כסתה פניה: ויט אליה אל־הדרך
ויאמר הבה נא אבוא אליך כי לא ידע כי כלתו הוא ותאמר
יז מה־תתן־לי כי תבוא אלי: ויאמר אנכי אשלח גדי־עזים
יח מן־הצאן ותאמר אם־תתן ערבון עד שלחך: ויאמר מה
הערבון אשר אתן־לך ותאמר חתמך ופתילך ומטך אשר
יט בידך ויתן־לה ויבא אליה ותהר לו: ותקם ותלך ותסר
כ צעיפה מעליה ותלבש בגדי אלמנותה: וישלח יהודה את־
גדי העזים ביד רעהו העדלמי לקחת הערבון מיד האשה
כא ולא מצאה: וישאל את־אנשי מקמה לאמר איה הקדשה
כב הוא בעינים על־הדרך ויאמרו לא־היתה בזה קדשה: וישב
אל־יהודה ויאמר לא מצאתיה וגם אנשי המקום אמרו
כג לא־היתה בזה קדשה: ויאמר יהודה תקח־לה פן נהיה
כד לבוז הנה שלחתי הגדי הזה ואתה לא מצאתה: ויהי כמשלש
חדשים ויגד ליהודה לאמר זנתה תמר כלתך וגם הנה הרה
כה לזנונים ויאמר יהודה הוציאוה ותשרף: הוא מוצאת והיא
שלחה אל־חמיה לאמר לאיש אשר־אלה לו אנכי הרה
ותאמר הכר־נא למי החתמת והפתילים והמטה האלה:
כו ויכר יהודה ויאמר צדקה ממני כי־על־כן לא־נתתיה לשלה
כז בני ולא־יסף עוד לדעתה: ויהי בעת לדתה והנה תאומים
כח בבטנה: ויהי בלדתה ויתן־יד ותקח המילדת ותקשר על־
כט ידו שני לאמר זה יצא ראשנה: ויהי כמשיב ידו והנה יצא
ל אחיו ותאמר מה־פרצת עליך פרץ ויקרא שמו פרץ: ואחר
לט א יצא אחיו אשר על־ידו השני ויקרא שמו זרח: ויוסף לה חמישי
הורד מצרימה ויקנהו פוטיפר סריס פרעה שר הטבחים
ב איש מצרי מיד הישמעאלים אשר הורדהו שמה: ויהי יהוה
ג את־יוסף ויהי איש מצליח ויהי בבית אדניו המצרי: וירא
אדניו כי יהוה אתו וכל אשר־הוא עשה יהוה מצליח בידו:

וימצא יוסף חן בעיניו וישרת אתו ויפקדהו על־ביתו וכל־ ד
יש־לו נתן בידו: ויהי מאז הפקיד אתו בביתו ועל כל־ ה
אשר יש־לו ויברך יהוה את־בית המצרי בגלל יוסף ויהי
ברכת יהוה בכל־אשר יש־לו בבית ובשדה: ויעזב כל־ ו
אשר־לו ביד־יוסף ולא־ידע אתו מאומה כי אם־הלחם
ששי אשר־הוא אוכל ויהי יוסף יפה־תאר ויפה מראה: ויהי אחר ז
הדברים האלה ותשא אשת־אדניו את־עיניה אל־יוסף
ותאמר שכבה עמי: וימאן | ויאמר אל־אשת אדניו הן אדני ח
לא־ידע אתי מה־בבית וכל אשר־יש־לו נתן בידי: איננו ט
גדול בבית הזה ממני ולא־חשך ממני מאומה כי אם־אותך
באשר את־אשתו ואיך אעשה הרעה הגדלה הזאת וחטאתי
לאלהים: ויהי כדברה אל־יוסף יום | יום ולא־שמע אליה י
לשכב אצלה להיות עמה: ויהי כהיום הזה ויבא הביתה יא
לעשות מלאכתו ואין איש מאנשי הבית שם בבית:
ותתפשהו בבגדו לאמר שכבה עמי ויעזב בגדו בידה וינס יב
ויצא החוצה: ויהי כראותה כי־עזב בגדו בידה וינס החוצה: יג
ותקרא לאנשי ביתה ותאמר להם לאמר ראו הביא לנו יד
איש עברי לצחק בנו בא אלי לשכב עמי ואקרא בקול גדול:
ויהי כשמעו כי־הרימתי קולי ואקרא ויעזב בגדו אצלי וינס טו
ויצא החוצה: ותנח בגדו אצלה עד־בוא אדניו אל־ביתו: טז
ותדבר אליו כדברים האלה לאמר בא אלי העבד העברי יז
אשר־הבאת לנו לצחק בי: ויהי כהרימי קולי ואקרא ויעזב יח
בגדו אצלי וינס החוצה: ויהי כשמע אדניו את־דברי אשתו יט
אשר דברה אליו לאמר כדברים האלה עשה לי עבדך
ויחר אפו: ויקח אדני יוסף אתו ויתנהו אל־בית הסהר כ
אסירי מקום אשר־אסורי המלך אסורים ויהי־שם בבית הסהר:
ויהי יהוה את־יוסף ויט אליו חסד ויתן חנו בעיני שר בית־ כא

ס

כב הַסֹּהַר׃ וַיִּתֵּן שַׂר בֵּית־הַסֹּהַר בְּיַד־יוֹסֵף אֵת כָּל־הָאֲסִירִם
אֲשֶׁר בְּבֵית הַסֹּהַר וְאֵת כָּל־אֲשֶׁר עֹשִׂים שָׁם הוּא הָיָה עֹשֶׂה׃
כג אֵין ׀ שַׂר בֵּית־הַסֹּהַר רֹאֶה אֶת־כָּל־מְאוּמָה בְּיָדוֹ בַּאֲשֶׁר יְהוָה
אִתּוֹ וַאֲשֶׁר־הוּא עֹשֶׂה יְהוָה מַצְלִיחַ׃
מ א וַיְהִי אַחַר הַדְּבָרִים הָאֵלֶּה חָטְאוּ מַשְׁקֵה מֶלֶךְ־מִצְרַיִם וְהָאֹפֶה שביעי
ב לַאֲדֹנֵיהֶם לְמֶלֶךְ מִצְרָיִם׃ וַיִּקְצֹף פַּרְעֹה עַל שְׁנֵי סָרִיסָיו עַל
ג שַׂר הַמַּשְׁקִים וְעַל שַׂר הָאוֹפִים׃ וַיִּתֵּן אֹתָם בְּמִשְׁמַר בֵּית שַׂר
ד הַטַּבָּחִים אֶל־בֵּית הַסֹּהַר מְקוֹם אֲשֶׁר יוֹסֵף אָסוּר שָׁם׃ וַיִּפְקֹד
שַׂר הַטַּבָּחִים אֶת־יוֹסֵף אִתָּם וַיְשָׁרֶת אֹתָם וַיִּהְיוּ יָמִים בְּמִשְׁמָר׃
ה וַיַּחַלְמוּ חֲלוֹם שְׁנֵיהֶם אִישׁ חֲלֹמוֹ בְּלַיְלָה אֶחָד אִישׁ כְּפִתְרוֹן
חֲלֹמוֹ הַמַּשְׁקֶה וְהָאֹפֶה אֲשֶׁר לְמֶלֶךְ מִצְרַיִם אֲשֶׁר אֲסוּרִים
ו בְּבֵית הַסֹּהַר׃ וַיָּבֹא אֲלֵיהֶם יוֹסֵף בַּבֹּקֶר וַיַּרְא אֹתָם וְהִנָּם
ז זֹעֲפִים׃ וַיִּשְׁאַל אֶת־סְרִיסֵי פַרְעֹה אֲשֶׁר אִתּוֹ בְמִשְׁמַר בֵּית
ח אֲדֹנָיו לֵאמֹר מַדּוּעַ פְּנֵיכֶם רָעִים הַיּוֹם׃ וַיֹּאמְרוּ אֵלָיו חֲלוֹם
חָלַמְנוּ וּפֹתֵר אֵין אֹתוֹ וַיֹּאמֶר אֲלֵהֶם יוֹסֵף הֲלוֹא לֵאלֹהִים
ט פִּתְרֹנִים סַפְּרוּ־נָא לִי׃ וַיְסַפֵּר שַׂר־הַמַּשְׁקִים אֶת־חֲלֹמוֹ לְיוֹסֵף
י וַיֹּאמֶר לוֹ בַּחֲלוֹמִי וְהִנֵּה־גֶפֶן לְפָנָי׃ וּבַגֶּפֶן שְׁלֹשָׁה שָׂרִיגִם
יא וְהִוא כְפֹרַחַת עָלְתָה נִצָּהּ הִבְשִׁילוּ אַשְׁכְּלֹתֶיהָ עֲנָבִים׃ וְכוֹס
פַּרְעֹה בְּיָדִי וָאֶקַּח אֶת־הָעֲנָבִים וָאֶשְׂחַט אֹתָם אֶל־כּוֹס פַּרְעֹה
יב וָאֶתֵּן אֶת־הַכּוֹס עַל־כַּף פַּרְעֹה׃ וַיֹּאמֶר לוֹ יוֹסֵף זֶה פִּתְרֹנוֹ
יג שְׁלֹשֶׁת הַשָּׂרִגִים שְׁלֹשֶׁת יָמִים הֵם׃ בְּעוֹד ׀ שְׁלֹשֶׁת יָמִים יִשָּׂא
פַרְעֹה אֶת־רֹאשֶׁךָ וַהֲשִׁיבְךָ עַל־כַּנֶּךָ וְנָתַתָּ כוֹס־פַּרְעֹה בְּיָדוֹ
יד כַּמִּשְׁפָּט הָרִאשׁוֹן אֲשֶׁר הָיִיתָ מַשְׁקֵהוּ׃ כִּי אִם־זְכַרְתַּנִי אִתְּךָ
כַּאֲשֶׁר יִיטַב לָךְ וְעָשִׂיתָ־נָּא עִמָּדִי חָסֶד וְהִזְכַּרְתַּנִי אֶל־פַּרְעֹה
טו וְהוֹצֵאתַנִי מִן־הַבַּיִת הַזֶּה׃ כִּי־גֻנֹּב גֻּנַּבְתִּי מֵאֶרֶץ הָעִבְרִים
טז וְגַם־פֹּה לֹא־עָשִׂיתִי מְאוּמָה כִּי־שָׂמוּ אֹתִי בַּבּוֹר׃ וַיַּרְא שַׂר־
הָאֹפִים כִּי טוֹב פָּתָר וַיֹּאמֶר אֶל־יוֹסֵף אַף־אֲנִי בַּחֲלוֹמִי וְהִנֵּה

שלשה סלי חרי על־ראשי׃ ובסל העליון מכל מאכל פרעה יז
מעשה אפה והעוף אכל אתם מן־הסל מעל ראשי׃ ויען יח
יוסף ויאמר זה פתרנו שלשת הסלים שלשת ימים הם׃
בעוד ׀ שלשת ימים ישא פרעה את־ראשך מעליך ותלה יט
מפטיר אותך על־עץ ואכל העוף את־בשרך מעליך׃ ויהי ׀ ביום כ
השלישי יום הלדת את־פרעה ויעש משתה לכל־עבדיו
וישא את־ראש ׀ שר המשקים ואת־ראש שר האפים בתוך
עבדיו׃ וישב את־שר המשקים על־משקהו ויתן הכוס על־ כא
כף פרעה׃ ואת שר האפים תלה כאשר פתר להם יוסף׃ כב
ולא־זכר שר־המשקים את־יוסף וישכחהו׃ כג
מקץ לו ויהי מקץ שנתים ימים ופרעה חלם והנה עמד על־היאר׃ א מא
והנה מן־היאר עלת שבע פרות יפות מראה ובריאת בשר ב
ותרעינה באחו׃ והנה שבע פרות אחרות עלות אחריהן מן־ ג
היאר רעות מראה ודקות בשר ותעמדנה אצל הפרות על־
שפת היאר׃ ותאכלנה הפרות רעות המראה ודקת הבשר ד
את שבע הפרות יפת המראה והבריאת וייקץ פרעה׃ ויישן ה
ויחלם שנית והנה ׀ שבע שבלים עלות בקנה אחד בריאות
וטבות׃ והנה שבע שבלים דקות ושדופת קדים צמחות ו
אחריהן׃ ותבלענה השבלים הדקות את שבע השבלים ז
הבריאות והמלאות וייקץ פרעה והנה חלום׃ ויהי בבקר ח
ותפעם רוחו וישלח ויקרא את־כל־חרטמי מצרים ואת־
כל־חכמיה ויספר פרעה להם את־חלמו ואין־פותר אותם
לפרעה׃ וידבר שר המשקים את־פרעה לאמר את־חטאי ט
אני מזכיר היום׃ פרעה קצף על־עבדיו ויתן אתי במשמר י
בית שר הטבחים אתי ואת שר האפים׃ ונחלמה חלום יא
בלילה אחד אני והוא איש כפתרון חלמו חלמנו׃ ושם יב
אתנו נער עברי עבד לשר הטבחים ונספר־לו ויפתר־לנו

יג אֶת־חֲלֹמֹתֵינוּ אִישׁ כַּחֲלֹמוֹ פָּתָר׃ וַיְהִי כַּאֲשֶׁר פָּתַר־לָנוּ כֵּן
יד הָיָה אֹתִי הֵשִׁיב עַל־כַּנִּי וְאֹתוֹ תָלָה׃ וַיִּשְׁלַח פַּרְעֹה וַיִּקְרָא
אֶת־יוֹסֵף וַיְרִיצֻהוּ מִן־הַבּוֹר וַיְגַלַּח וַיְחַלֵּף שִׂמְלֹתָיו וַיָּבֹא אֶל־
טו פַּרְעֹה׃ וַיֹּאמֶר פַּרְעֹה אֶל־יוֹסֵף חֲלוֹם חָלַמְתִּי וּפֹתֵר אֵין אֹתוֹ שני
טז וַאֲנִי שָׁמַעְתִּי עָלֶיךָ לֵאמֹר תִּשְׁמַע חֲלוֹם לִפְתֹּר אֹתוֹ׃ וַיַּעַן
יוֹסֵף אֶת־פַּרְעֹה לֵאמֹר בִּלְעָדָי אֱלֹהִים יַעֲנֶה אֶת־שְׁלוֹם פַּרְעֹה׃
יז וַיְדַבֵּר פַּרְעֹה אֶל־יוֹסֵף בַּחֲלֹמִי הִנְנִי עֹמֵד עַל־שְׂפַת הַיְאֹר׃
יח וְהִנֵּה מִן־הַיְאֹר עֹלֹת שֶׁבַע פָּרוֹת בְּרִיאוֹת בָּשָׂר וִיפֹת תֹּאַר
יט וַתִּרְעֶינָה בָּאָחוּ׃ וְהִנֵּה שֶׁבַע פָּרוֹת אֲחֵרוֹת עֹלוֹת אַחֲרֵיהֶן
דַּלּוֹת וְרָעוֹת תֹּאַר מְאֹד וְרַקּוֹת בָּשָׂר לֹא־רָאִיתִי כָהֵנָּה בְּכָל־
כ אֶרֶץ מִצְרַיִם לָרֹעַ׃ וַתֹּאכַלְנָה הַפָּרוֹת הָרַקּוֹת וְהָרָעוֹת אֵת
כא שֶׁבַע הַפָּרוֹת הָרִאשֹׁנוֹת הַבְּרִיאֹת׃ וַתָּבֹאנָה אֶל־קִרְבֶּנָה
וְלֹא נוֹדַע כִּי־בָאוּ אֶל־קִרְבֶּנָה וּמַרְאֵיהֶן רַע כַּאֲשֶׁר בַּתְּחִלָּה
כב וָאִיקָץ׃ וָאֵרֶא בַּחֲלֹמִי וְהִנֵּה ׀ שֶׁבַע שִׁבֳּלִים עֹלֹת בְּקָנֶה
כג אֶחָד מְלֵאֹת וְטֹבוֹת׃ וְהִנֵּה שֶׁבַע שִׁבֳּלִים צְנֻמוֹת דַּקּוֹת
כד שְׁדֻפוֹת קָדִים צֹמְחוֹת אַחֲרֵיהֶם׃ וַתִּבְלַעְןָ הַשִּׁבֳּלִים הַדַּקֹּת
אֵת שֶׁבַע הַשִּׁבֳּלִים הַטֹּבוֹת וָאֹמַר אֶל־הַחַרְטֻמִּים וְאֵין מַגִּיד
כה לִי׃ וַיֹּאמֶר יוֹסֵף אֶל־פַּרְעֹה חֲלוֹם פַּרְעֹה אֶחָד הוּא אֵת אֲשֶׁר
כו הָאֱלֹהִים עֹשֶׂה הִגִּיד לְפַרְעֹה׃ שֶׁבַע פָּרֹת הַטֹּבֹת שֶׁבַע שָׁנִים
הֵנָּה וְשֶׁבַע הַשִּׁבֳּלִים הַטֹּבֹת שֶׁבַע שָׁנִים הֵנָּה חֲלוֹם אֶחָד
כז הוּא׃ וְשֶׁבַע הַפָּרוֹת הָרַקּוֹת וְהָרָעֹת הָעֹלֹת אַחֲרֵיהֶן שֶׁבַע
שָׁנִים הֵנָּה וְשֶׁבַע הַשִּׁבֳּלִים הָרֵקוֹת שְׁדֻפוֹת הַקָּדִים יִהְיוּ שֶׁבַע
כח שְׁנֵי רָעָב׃ הוּא הַדָּבָר אֲשֶׁר דִּבַּרְתִּי אֶל־פַּרְעֹה אֲשֶׁר הָאֱלֹהִים
כט עֹשֶׂה הֶרְאָה אֶת־פַּרְעֹה׃ הִנֵּה שֶׁבַע שָׁנִים בָּאוֹת שָׂבָע גָּדוֹל
ל בְּכָל־אֶרֶץ מִצְרָיִם׃ וְקָמוּ שֶׁבַע שְׁנֵי רָעָב אַחֲרֵיהֶן וְנִשְׁכַּח
לא כָּל־הַשָּׂבָע בְּאֶרֶץ מִצְרָיִם וְכִלָּה הָרָעָב אֶת־הָאָרֶץ׃ וְלֹא־
יִוָּדַע הַשָּׂבָע בָּאָרֶץ מִפְּנֵי הָרָעָב הַהוּא אַחֲרֵי־כֵן כִּי־כָבֵד

הוא מאד: ועל השנות החלום אל־פרעה פעמים כי־נכון לב
הדבר מעם האלהים וממהר האלהים לעשתו: ועתה ירא לג
פרעה איש נבון וחכם וישיתהו על־ארץ מצרים: יעשה לד
פרעה ויפקד פקדים על־הארץ וחמש את־ארץ מצרים
בשבע שני השבע: ויקבצו את־כל־אכל השנים הטבות לה
הבאת האלה ויצברו־בר תחת יד־פרעה אכל בערים ושמרו:
והיה האכל לפקדון לארץ לשבע שני הרעב אשר תהיין לו
בארץ מצרים ולא־תכרת הארץ ברעב: וייטב הדבר בעיני לז
לז פרעה ובעיני כל־עבדיו: ויאמר פרעה אל־עבדיו הנמצא לח
שלישי כזה איש אשר רוח אלהים בו: ויאמר פרעה אל־יוסף אחרי לט
הודיע אלהים אותך את־כל־זאת אין־נבון וחכם כמוך:
אתה תהיה על־ביתי ועל־פיך ישק כל־עמי רק הכסא אגדל מ
ממך: ויאמר פרעה אל־יוסף ראה נתתי אתך על כל־ מא
ארץ מצרים: ויסר פרעה את־טבעתו מעל ידו ויתן אתה מב
על־יד יוסף וילבש אתו בגדי־שש וישם רבד הזהב על־
צוארו: וירכב אתו במרכבת המשנה אשר־לו ויקראו לפניו מג
אברך ונתון אתו על כל־ארץ מצרים: ויאמר פרעה אל־ מד
יוסף אני פרעה ובלעדיך לא־ירים איש את־ידו ואת־רגלו
בכל־ארץ מצרים: ויקרא פרעה שם־יוסף צפנת פענח ויתן־ מה
לו את־אסנת בת־פוטי פרע כהן אן לאשה ויצא יוסף על־
ארץ מצרים: ויוסף בן־שלשים שנה בעמדו לפני פרעה מו
מלך־מצרים ויצא יוסף מלפני פרעה ויעבר בכל־ארץ
מצרים: ותעש הארץ בשבע שני השבע לקמצים: ויקבץ מז מח
את־כל־אכל ׀ שבע שנים אשר היו בארץ מצרים ויתן־
אכל בערים אכל שדה־העיר אשר סביבתיה נתן בתוכה:
ויצבר יוסף בר כחול הים הרבה מאד עד כי־חדל לספר מט
כי־אין מספר: וליוסף ילד שני בנים בטרם תבוא שנת נ

נא הָרָעָב אֲשֶׁר יָלְדָה־לּוֹ אָסְנַת בַּת־פּוֹטִי פֶרַע כֹּהֵן אוֹן׃ וַיִּקְרָא
יוֹסֵף אֶת־שֵׁם הַבְּכוֹר מְנַשֶּׁה כִּי־נַשַּׁנִי אֱלֹהִים אֶת־כָּל־עֲמָלִי
נב וְאֵת כָּל־בֵּית אָבִי׃ וְאֵת שֵׁם הַשֵּׁנִי קָרָא אֶפְרָיִם כִּי־הִפְרַנִי
נג אֱלֹהִים בְּאֶרֶץ עָנְיִי׃ וַתִּכְלֶינָה שֶׁבַע שְׁנֵי הַשָּׂבָע אֲשֶׁר הָיָה רביעי
נד בְּאֶרֶץ מִצְרָיִם׃ וַתְּחִלֶּינָה שֶׁבַע שְׁנֵי הָרָעָב לָבוֹא כַּאֲשֶׁר אָמַר
יוֹסֵף וַיְהִי רָעָב בְּכָל־הָאֲרָצוֹת וּבְכָל־אֶרֶץ מִצְרַיִם הָיָה לָחֶם׃
נה וַתִּרְעַב כָּל־אֶרֶץ מִצְרַיִם וַיִּצְעַק הָעָם אֶל־פַּרְעֹה לַלָּחֶם וַיֹּאמֶר
פַּרְעֹה לְכָל־מִצְרַיִם לְכוּ אֶל־יוֹסֵף אֲשֶׁר־יֹאמַר לָכֶם תַּעֲשׂוּ׃
נו וְהָרָעָב הָיָה עַל כָּל־פְּנֵי הָאָרֶץ וַיִּפְתַּח יוֹסֵף אֶת־כָּל־אֲשֶׁר
נז בָּהֶם וַיִּשְׁבֹּר לְמִצְרַיִם וַיֶּחֱזַק הָרָעָב בְּאֶרֶץ מִצְרָיִם׃ וְכָל־הָאָרֶץ
בָּאוּ מִצְרַיְמָה לִשְׁבֹּר אֶל־יוֹסֵף כִּי־חָזַק הָרָעָב בְּכָל־הָאָרֶץ׃
ב א וַיַּרְא יַעֲקֹב כִּי יֶשׁ־שֶׁבֶר בְּמִצְרָיִם וַיֹּאמֶר יַעֲקֹב לְבָנָיו לָמָּה
ב תִּתְרָאוּ׃ וַיֹּאמֶר הִנֵּה שָׁמַעְתִּי כִּי יֶשׁ־שֶׁבֶר בְּמִצְרָיִם רְדוּ־שָׁמָּה
ג וְשִׁבְרוּ־לָנוּ מִשָּׁם וְנִחְיֶה וְלֹא נָמוּת׃ וַיֵּרְדוּ אֲחֵי־יוֹסֵף עֲשָׂרָה
ד לִשְׁבֹּר בָּר מִמִּצְרָיִם׃ וְאֶת־בִּנְיָמִין אֲחִי יוֹסֵף לֹא־שָׁלַח יַעֲקֹב
ה אֶת־אֶחָיו כִּי אָמַר פֶּן־יִקְרָאֶנּוּ אָסוֹן׃ וַיָּבֹאוּ בְּנֵי יִשְׂרָאֵל לִשְׁבֹּר
ו בְּתוֹךְ הַבָּאִים כִּי־הָיָה הָרָעָב בְּאֶרֶץ כְּנָעַן׃ וְיוֹסֵף הוּא הַשַּׁלִּיט
עַל־הָאָרֶץ הוּא הַמַּשְׁבִּיר לְכָל־עַם הָאָרֶץ וַיָּבֹאוּ אֲחֵי יוֹסֵף
ז וַיִּשְׁתַּחֲווּ־לוֹ אַפַּיִם אָרְצָה׃ וַיַּרְא יוֹסֵף אֶת־אֶחָיו וַיַּכִּרֵם וַיִּתְנַכֵּר
אֲלֵיהֶם וַיְדַבֵּר אִתָּם קָשׁוֹת וַיֹּאמֶר אֲלֵהֶם מֵאַיִן בָּאתֶם וַיֹּאמְרוּ
ח מֵאֶרֶץ כְּנַעַן לִשְׁבָּר־אֹכֶל׃ וַיַּכֵּר יוֹסֵף אֶת־אֶחָיו וְהֵם לֹא
ט הִכִּרֻהוּ׃ וַיִּזְכֹּר יוֹסֵף אֵת הַחֲלֹמוֹת אֲשֶׁר חָלַם לָהֶם וַיֹּאמֶר
אֲלֵהֶם מְרַגְּלִים אַתֶּם לִרְאוֹת אֶת־עֶרְוַת הָאָרֶץ בָּאתֶם׃
יא וַיֹּאמְרוּ אֵלָיו לֹא אֲדֹנִי וַעֲבָדֶיךָ בָּאוּ לִשְׁבָּר־אֹכֶל׃ כֻּלָּנוּ בְּנֵי
יב אִישׁ־אֶחָד נָחְנוּ כֵּנִים אֲנַחְנוּ לֹא־הָיוּ עֲבָדֶיךָ מְרַגְּלִים׃ וַיֹּאמֶר
יג אֲלֵהֶם לֹא כִּי־עֶרְוַת הָאָרֶץ בָּאתֶם לִרְאוֹת׃ וַיֹּאמְרוּ שְׁנֵים
עָשָׂר עֲבָדֶיךָ אַחִים ׀ אֲנַחְנוּ בְּנֵי אִישׁ־אֶחָד בְּאֶרֶץ כְּנָעַן וְהִנֵּה

הקטן את־אבינו היום והאחד איננו: ויאמר אלהם יוסף יד
הוא אשר דברתי אלכם לאמר מרגלים אתם: בזאת תבחנו טו
חי פרעה אם־תצאו מזה כי אם־בבוא אחיכם הקטן הנה:
שלחו מכם אחד ויקח את־אחיכם ואתם האסרו ויבחנו טז
דבריכם האמת אתכם ואם־לא חי פרעה כי מרגלים אתם:
לח ויאסף אתם אל־משמר שלשת ימים: ויאמר אלהם יוסף יז יח
חמישי ביום השלישי זאת עשו וחיו את־האלהים אני ירא: אם־ יט
כנים אתם אחיכם אחד יאסר בבית משמרכם ואתם לכו
הביאו שבר רעבון בתיכם: ואת־אחיכם הקטן תביאו אלי כ
ויאמנו דבריכם ולא תמותו ויעשו־כן: ויאמרו איש אל־ כא
אחיו אבל אשמים | אנחנו על־אחינו אשר ראינו צרת נפשו
בהתחננו אלינו ולא שמענו על־כן באה אלינו הצרה הזאת:
ויען ראובן אתם לאמר הלוא אמרתי אליכם | לאמר אל־ כב
תחטאו בילד ולא שמעתם וגם־דמו הנה נדרש: והם לא כג
ידעו כי שמע יוסף כי המליץ בינתם: ויסב מעליהם ויבך כד
וישב אלהם וידבר אלהם ויקח מאתם את־שמעון ויאסר
אתו לעיניהם: ויצו יוסף וימלאו את־כליהם בר ולהשיב כה
כספיהם איש אל־שקו ולתת להם צדה לדרך ויעש להם
כן: וישאו את־שברם על־חמריהם וילכו משם: ויפתח כו כז
האחד את־שקו לתת מספוא לחמרו במלון וירא את־כספו
והנה־הוא בפי אמתחתו: ויאמר אל־אחיו הושב כספי וגם כח
הנה באמתחתי ויצא לבם ויחרדו איש אל־אחיו לאמר מה־
זאת עשה אלהים לנו: ויבאו אל־יעקב אביהם ארצה כנען כט
ויגידו לו את כל־הקרת אתם לאמר: דבר האיש אדני ל
הארץ אתנו קשות ויתן אתנו כמרגלים את־הארץ: ונאמר לא
אליו כנים אנחנו לא היינו מרגלים: שנים־עשר אנחנו אחים לב
בני אבינו האחד איננו והקטן היום את־אבינו בארץ כנען:

לג וַיֹּאמֶר אֵלֵינוּ הָאִישׁ אֲדֹנֵי הָאָרֶץ בְּזֹאת אֵדַע כִּי כֵנִים אַתֶּם
אֲחִיכֶם הָאֶחָד הַנִּיחוּ אִתִּי וְאֶת־רַעֲבוֹן בָּתֵּיכֶם קְחוּ וָלֵכוּ׃
לד וְהָבִיאוּ אֶת־אֲחִיכֶם הַקָּטֹן אֵלַי וְאֵדְעָה כִּי לֹא מְרַגְּלִים אַתֶּם
לה כִּי כֵנִים אַתֶּם אֶת־אֲחִיכֶם אֶתֵּן לָכֶם וְאֶת־הָאָרֶץ תִּסְחָרוּ׃ וַיְהִי
הֵם מְרִיקִים שַׂקֵּיהֶם וְהִנֵּה־אִישׁ צְרוֹר־כַּסְפּוֹ בְּשַׂקּוֹ וַיִּרְאוּ אֶת־
לו צְרֹרוֹת כַּסְפֵּיהֶם הֵמָּה וַאֲבִיהֶם וַיִּירָאוּ׃ וַיֹּאמֶר אֲלֵהֶם יַעֲקֹב
אֲבִיהֶם אֹתִי שִׁכַּלְתֶּם יוֹסֵף אֵינֶנּוּ וְשִׁמְעוֹן אֵינֶנּוּ וְאֶת־בִּנְיָמִן
לז תִּקָּחוּ עָלַי הָיוּ כֻלָּנָה׃ וַיֹּאמֶר רְאוּבֵן אֶל־אָבִיו לֵאמֹר אֶת־
שְׁנֵי בָנַי תָּמִית אִם־לֹא אֲבִיאֶנּוּ אֵלֶיךָ תְּנָה אֹתוֹ עַל־יָדִי וַאֲנִי
לח אֲשִׁיבֶנּוּ אֵלֶיךָ׃ וַיֹּאמֶר לֹא־יֵרֵד בְּנִי עִמָּכֶם כִּי־אָחִיו מֵת וְהוּא
לְבַדּוֹ נִשְׁאָר וּקְרָאָהוּ אָסוֹן בַּדֶּרֶךְ אֲשֶׁר תֵּלְכוּ־בָהּ וְהוֹרַדְתֶּם
מג א ב אֶת־שֵׂיבָתִי בְּיָגוֹן שְׁאוֹלָה׃ וְהָרָעָב כָּבֵד בָּאָרֶץ׃ וַיְהִי כַּאֲשֶׁר
כִּלּוּ לֶאֱכֹל אֶת־הַשֶּׁבֶר אֲשֶׁר הֵבִיאוּ מִמִּצְרָיִם וַיֹּאמֶר אֲלֵיהֶם
ג אֲבִיהֶם שֻׁבוּ שִׁבְרוּ־לָנוּ מְעַט־אֹכֶל׃ וַיֹּאמֶר אֵלָיו יְהוּדָה
לֵאמֹר הָעֵד הֵעִד בָּנוּ הָאִישׁ לֵאמֹר לֹא־תִרְאוּ פָנַי בִּלְתִּי
ד אֲחִיכֶם אִתְּכֶם׃ אִם־יֶשְׁךָ מְשַׁלֵּחַ אֶת־אָחִינוּ אִתָּנוּ נֵרְדָה
ה וְנִשְׁבְּרָה לְךָ אֹכֶל׃ וְאִם־אֵינְךָ מְשַׁלֵּחַ לֹא נֵרֵד כִּי־הָאִישׁ אָמַר
ו אֵלֵינוּ לֹא־תִרְאוּ פָנַי בִּלְתִּי אֲחִיכֶם אִתְּכֶם׃ וַיֹּאמֶר יִשְׂרָאֵל
ז לָמָה הֲרֵעֹתֶם לִי לְהַגִּיד לָאִישׁ הַעוֹד לָכֶם אָח׃ וַיֹּאמְרוּ שָׁאוֹל
שָׁאַל־הָאִישׁ לָנוּ וּלְמוֹלַדְתֵּנוּ לֵאמֹר הַעוֹד אֲבִיכֶם חַי הֲיֵשׁ
לָכֶם אָח וַנַּגֶּד־לוֹ עַל־פִּי הַדְּבָרִים הָאֵלֶּה הֲיָדוֹעַ נֵדַע כִּי יֹאמַר
ח הוֹרִידוּ אֶת־אֲחִיכֶם׃ וַיֹּאמֶר יְהוּדָה אֶל־יִשְׂרָאֵל אָבִיו שִׁלְחָה
הַנַּעַר אִתִּי וְנָקוּמָה וְנֵלֵכָה וְנִחְיֶה וְלֹא נָמוּת גַּם־אֲנַחְנוּ גַם־
ט אַתָּה גַּם־טַפֵּנוּ׃ אָנֹכִי אֶעֶרְבֶנּוּ מִיָּדִי תְּבַקְשֶׁנּוּ אִם־לֹא הֲבִיאֹתִיו
י אֵלֶיךָ וְהִצַּגְתִּיו לְפָנֶיךָ וְחָטָאתִי לְךָ כָּל־הַיָּמִים׃ כִּי לוּלֵא
יא הִתְמַהְמָהְנוּ כִּי־עַתָּה שַׁבְנוּ זֶה פַעֲמָיִם׃ וַיֹּאמֶר אֲלֵהֶם יִשְׂרָאֵל
אֲבִיהֶם אִם־כֵּן ׀ אֵפוֹא זֹאת עֲשׂוּ קְחוּ מִזִּמְרַת הָאָרֶץ בִּכְלֵיכֶם

וְהוֹרִידוּ לָאִישׁ מִנְחָה מְעַט צֳרִי וּמְעַט דְּבַשׁ נְכֹאת וָלֹט בָּטְנִים
וּשְׁקֵדִים׃ וְכֶסֶף מִשְׁנֶה קְחוּ בְיֶדְכֶם וְאֶת־הַכֶּסֶף הַמּוּשָׁב בְּפִי יב
אַמְתְּחֹתֵיכֶם תָּשִׁיבוּ בְיֶדְכֶם אוּלַי מִשְׁגֶּה הוּא׃ וְאֶת־אֲחִיכֶם יג
לט קְחוּ וְקוּמוּ שׁוּבוּ אֶל־הָאִישׁ׃ וְאֵל שַׁדַּי יִתֵּן לָכֶם רַחֲמִים לִפְנֵי יד
הָאִישׁ וְשִׁלַּח לָכֶם אֶת־אֲחִיכֶם אַחֵר וְאֶת־בִּנְיָמִין וַאֲנִי כַּאֲשֶׁר
שָׁכֹלְתִּי שָׁכָלְתִּי׃ וַיִּקְחוּ הָאֲנָשִׁים אֶת־הַמִּנְחָה הַזֹּאת וּמִשְׁנֶה־ טו
כֶּסֶף לָקְחוּ בְיָדָם וְאֶת־בִּנְיָמִן וַיָּקֻמוּ וַיֵּרְדוּ מִצְרַיִם וַיַּעַמְדוּ
ששי לִפְנֵי יוֹסֵף׃ וַיַּרְא יוֹסֵף אִתָּם אֶת־בִּנְיָמִין וַיֹּאמֶר לַאֲשֶׁר עַל־ טז
בֵּיתוֹ הָבֵא אֶת־הָאֲנָשִׁים הַבָּיְתָה וּטְבֹחַ טֶבַח וְהָכֵן כִּי אִתִּי
יֹאכְלוּ הָאֲנָשִׁים בַּצָּהֳרָיִם׃ וַיַּעַשׂ הָאִישׁ כַּאֲשֶׁר אָמַר יוֹסֵף יז
וַיָּבֵא הָאִישׁ אֶת־הָאֲנָשִׁים בֵּיתָה יוֹסֵף׃ וַיִּירְאוּ הָאֲנָשִׁים כִּי יח
הוּבְאוּ בֵּית יוֹסֵף וַיֹּאמְרוּ עַל־דְּבַר הַכֶּסֶף הַשָּׁב בְּאַמְתְּחֹתֵינוּ
בַּתְּחִלָּה אֲנַחְנוּ מוּבָאִים לְהִתְגֹּלֵל עָלֵינוּ וּלְהִתְנַפֵּל עָלֵינוּ
וְלָקַחַת אֹתָנוּ לַעֲבָדִים וְאֶת־חֲמֹרֵינוּ׃ וַיִּגְּשׁוּ אֶל־הָאִישׁ אֲשֶׁר יט
עַל־בֵּית יוֹסֵף וַיְדַבְּרוּ אֵלָיו פֶּתַח הַבָּיִת׃ וַיֹּאמְרוּ בִּי אֲדֹנִי יָרֹד כ
יָרַדְנוּ בַּתְּחִלָּה לִשְׁבָּר־אֹכֶל׃ וַיְהִי כִּי־בָאנוּ אֶל־הַמָּלוֹן וַנִּפְתְּחָה כא
אֶת־אַמְתְּחֹתֵינוּ וְהִנֵּה כֶסֶף־אִישׁ בְּפִי אַמְתַּחְתּוֹ כַּסְפֵּנוּ
בְּמִשְׁקָלוֹ וַנָּשֶׁב אֹתוֹ בְּיָדֵנוּ׃ וְכֶסֶף אַחֵר הוֹרַדְנוּ בְיָדֵנוּ לִשְׁבָּר־ כב
אֹכֶל לֹא יָדַעְנוּ מִי־שָׂם כַּסְפֵּנוּ בְּאַמְתְּחֹתֵינוּ׃ וַיֹּאמֶר שָׁלוֹם כג
לָכֶם אַל־תִּירָאוּ אֱלֹהֵיכֶם וֵאלֹהֵי אֲבִיכֶם נָתַן לָכֶם מַטְמוֹן
בְּאַמְתְּחֹתֵיכֶם כַּסְפְּכֶם בָּא אֵלָי וַיּוֹצֵא אֲלֵהֶם אֶת־שִׁמְעוֹן׃
וַיָּבֵא הָאִישׁ אֶת־הָאֲנָשִׁים בֵּיתָה יוֹסֵף וַיִּתֶּן־מַיִם וַיִּרְחֲצוּ כד
רַגְלֵיהֶם וַיִּתֵּן מִסְפּוֹא לַחֲמֹרֵיהֶם׃ וַיָּכִינוּ אֶת־הַמִּנְחָה עַד־בּוֹא כה
יוֹסֵף בַּצָּהֳרָיִם כִּי שָׁמְעוּ כִּי־שָׁם יֹאכְלוּ לָחֶם׃ וַיָּבֹא יוֹסֵף כו
הַבַּיְתָה וַיָּבִיאוּ לוֹ אֶת־הַמִּנְחָה אֲשֶׁר־בְּיָדָם הַבָּיְתָה וַיִּשְׁתַּחֲווּ־
לוֹ אָרְצָה׃ וַיִּשְׁאַל לָהֶם לְשָׁלוֹם וַיֹּאמֶר הֲשָׁלוֹם אֲבִיכֶם הַזָּקֵן כז
אֲשֶׁר אֲמַרְתֶּם הַעוֹדֶנּוּ חָי׃ וַיֹּאמְרוּ שָׁלוֹם לְעַבְדְּךָ לְאָבִינוּ כח

כט עוֹדֶנּוּ חָי וַיִּקְּדוּ וַיִּשְׁתַּחֲוֻ׃ וַיִּשָּׂא עֵינָיו וַיַּרְא אֶת־בִּנְיָמִין אָחִיו
בֶּן־אִמּוֹ וַיֹּאמֶר הֲזֶה אֲחִיכֶם הַקָּטֹן אֲשֶׁר אֲמַרְתֶּם אֵלָי וַיֹּאמַר
ל אֱלֹהִים יָחְנְךָ בְּנִי׃ וַיְמַהֵר יוֹסֵף כִּי־נִכְמְרוּ רַחֲמָיו אֶל־אָחִיו שביעי
לא וַיְבַקֵּשׁ לִבְכּוֹת וַיָּבֹא הַחַדְרָה וַיֵּבְךְּ שָׁמָּה׃ וַיִּרְחַץ פָּנָיו וַיֵּצֵא
לב וַיִּתְאַפַּק וַיֹּאמֶר שִׂימוּ לָחֶם׃ וַיָּשִׂימוּ לוֹ לְבַדּוֹ וְלָהֶם לְבַדָּם
וְלַמִּצְרִים הָאֹכְלִים אִתּוֹ לְבַדָּם כִּי לֹא יוּכְלוּן הַמִּצְרִים לֶאֱכֹל
לג אֶת־הָעִבְרִים לֶחֶם כִּי־תוֹעֵבָה הִוא לְמִצְרָיִם׃ וַיֵּשְׁבוּ לְפָנָיו
הַבְּכֹר כִּבְכֹרָתוֹ וְהַצָּעִיר כִּצְעִרָתוֹ וַיִּתְמְהוּ הָאֲנָשִׁים אִישׁ אֶל־
לד רֵעֵהוּ׃ וַיִּשָּׂא מַשְׂאֹת מֵאֵת פָּנָיו אֲלֵהֶם וַתֵּרֶב מַשְׂאַת בִּנְיָמִן
ד א מִמַּשְׂאֹת כֻּלָּם חָמֵשׁ יָדוֹת וַיִּשְׁתּוּ וַיִּשְׁכְּרוּ עִמּוֹ׃ וַיְצַו אֶת־אֲשֶׁר
עַל־בֵּיתוֹ לֵאמֹר מַלֵּא אֶת־אַמְתְּחֹת הָאֲנָשִׁים אֹכֶל כַּאֲשֶׁר
ב יוּכְלוּן שְׂאֵת וְשִׂים כֶּסֶף־אִישׁ בְּפִי אַמְתַּחְתּוֹ׃ וְאֶת־גְּבִיעִי
גְּבִיעַ הַכֶּסֶף תָּשִׂים בְּפִי אַמְתַּחַת הַקָּטֹן וְאֵת כֶּסֶף שִׁבְרוֹ וַיַּעַשׂ
ג כִּדְבַר יוֹסֵף אֲשֶׁר דִּבֵּר׃ הַבֹּקֶר אוֹר וְהָאֲנָשִׁים שֻׁלְּחוּ הֵמָּה
ד וַחֲמֹרֵיהֶם׃ הֵם יָצְאוּ אֶת־הָעִיר לֹא הִרְחִיקוּ וְיוֹסֵף אָמַר לַאֲשֶׁר
עַל־בֵּיתוֹ קוּם רְדֹף אַחֲרֵי הָאֲנָשִׁים וְהִשַּׂגְתָּם וְאָמַרְתָּ אֲלֵהֶם
ה לָמָּה שִׁלַּמְתֶּם רָעָה תַּחַת טוֹבָה׃ הֲלוֹא זֶה אֲשֶׁר יִשְׁתֶּה אֲדֹנִי
ו בּוֹ וְהוּא נַחֵשׁ יְנַחֵשׁ בּוֹ הֲרֵעֹתֶם אֲשֶׁר עֲשִׂיתֶם׃ וַיַּשִּׂגֵם וַיְדַבֵּר
ז אֲלֵהֶם אֶת־הַדְּבָרִים הָאֵלֶּה׃ וַיֹּאמְרוּ אֵלָיו לָמָּה יְדַבֵּר אֲדֹנִי
ח כַּדְּבָרִים הָאֵלֶּה חָלִילָה לַעֲבָדֶיךָ מֵעֲשׂוֹת כַּדָּבָר הַזֶּה׃ הֵן כֶּסֶף
אֲשֶׁר מָצָאנוּ בְּפִי אַמְתְּחֹתֵינוּ הֱשִׁיבֹנוּ אֵלֶיךָ מֵאֶרֶץ כְּנָעַן וְאֵיךְ
ט נִגְנֹב מִבֵּית אֲדֹנֶיךָ כֶּסֶף אוֹ זָהָב׃ אֲשֶׁר יִמָּצֵא אִתּוֹ מֵעֲבָדֶיךָ
י וָמֵת וְגַם־אֲנַחְנוּ נִהְיֶה לַאדֹנִי לַעֲבָדִים׃ וַיֹּאמֶר גַּם־עַתָּה
כְדִבְרֵיכֶם כֶּן־הוּא אֲשֶׁר יִמָּצֵא אִתּוֹ יִהְיֶה־לִּי עָבֶד וְאַתֶּם
יא תִּהְיוּ נְקִיִּם׃ וַיְמַהֲרוּ וַיּוֹרִדוּ אִישׁ אֶת־אַמְתַּחְתּוֹ אָרְצָה וַיִּפְתְּחוּ
יב אִישׁ אַמְתַּחְתּוֹ׃ וַיְחַפֵּשׂ בַּגָּדוֹל הֵחֵל וּבַקָּטֹן כִּלָּה וַיִּמָּצֵא הַגָּבִיעַ
יג בְּאַמְתַּחַת בִּנְיָמִן׃ וַיִּקְרְעוּ שִׂמְלֹתָם וַיַּעֲמֹס אִישׁ עַל־חֲמֹרוֹ

מפטיר וַיֵּשְׁבוּ הָעִירָה: וַיָּבֹא יְהוּדָה וְאֶחָיו בֵּיתָה יוֹסֵף וְהוּא עוֹדֶנּוּ יד
שָׁם וַיִּפְּלוּ לְפָנָיו אָרְצָה: וַיֹּאמֶר לָהֶם יוֹסֵף מָה־הַמַּעֲשֶׂה הַזֶּה טו
אֲשֶׁר עֲשִׂיתֶם הֲלוֹא יְדַעְתֶּם כִּי־נַחֵשׁ יְנַחֵשׁ אִישׁ אֲשֶׁר כָּמֹנִי:
וַיֹּאמֶר יְהוּדָה מַה־נֹּאמַר לַאדֹנִי מַה־נְּדַבֵּר וּמַה־נִּצְטַדָּק טז
הָאֱלֹהִים מָצָא אֶת־עֲוֺן עֲבָדֶיךָ הִנֶּנּוּ עֲבָדִים לַאדֹנִי גַּם־אֲנַחְנוּ
גַּם אֲשֶׁר־נִמְצָא הַגָּבִיעַ בְּיָדוֹ: וַיֹּאמֶר חָלִילָה לִּי מֵעֲשׂוֹת זֹאת יז
הָאִישׁ אֲשֶׁר נִמְצָא הַגָּבִיעַ בְּיָדוֹ הוּא יִהְיֶה־לִּי עָבֶד וְאַתֶּם
ויגש מ עֲלוּ לְשָׁלוֹם אֶל־אֲבִיכֶם: וַיִּגַּשׁ אֵלָיו יְהוּדָה יח
וַיֹּאמֶר בִּי אֲדֹנִי יְדַבֶּר־נָא עַבְדְּךָ דָבָר בְּאָזְנֵי אֲדֹנִי וְאַל־יִחַר
אַפְּךָ בְּעַבְדֶּךָ כִּי כָמוֹךָ כְּפַרְעֹה: אֲדֹנִי שָׁאַל אֶת־עֲבָדָיו לֵאמֹר יט
הֲיֵשׁ־לָכֶם אָב אוֹ־אָח: וַנֹּאמֶר אֶל־אֲדֹנִי יֶשׁ־לָנוּ אָב זָקֵן כ
וְיֶלֶד זְקֻנִים קָטָן וְאָחִיו מֵת וַיִּוָּתֵר הוּא לְבַדּוֹ לְאִמּוֹ וְאָבִיו
אֲהֵבוֹ: וַתֹּאמֶר אֶל־עֲבָדֶיךָ הוֹרִדֻהוּ אֵלָי וְאָשִׂימָה עֵינִי עָלָיו: כא
וַנֹּאמֶר אֶל־אֲדֹנִי לֹא־יוּכַל הַנַּעַר לַעֲזֹב אֶת־אָבִיו וְעָזַב אֶת־ כב
אָבִיו וָמֵת: וַתֹּאמֶר אֶל־עֲבָדֶיךָ אִם־לֹא יֵרֵד אֲחִיכֶם הַקָּטֹן כג
אִתְּכֶם לֹא תֹסִפוּן לִרְאוֹת פָּנָי: וַיְהִי כִּי עָלִינוּ אֶל־עַבְדְּךָ אָבִי כד
וַנַּגֶּד־לוֹ אֵת דִּבְרֵי אֲדֹנִי: וַיֹּאמֶר אָבִינוּ שֻׁבוּ שִׁבְרוּ־לָנוּ מְעַט־ כה
אֹכֶל: וַנֹּאמֶר לֹא נוּכַל לָרֶדֶת אִם־יֵשׁ אָחִינוּ הַקָּטֹן אִתָּנוּ כו
וְיָרַדְנוּ כִּי־לֹא נוּכַל לִרְאוֹת פְּנֵי הָאִישׁ וְאָחִינוּ הַקָּטֹן אֵינֶנּוּ
אִתָּנוּ: וַיֹּאמֶר עַבְדְּךָ אָבִי אֵלֵינוּ אַתֶּם יְדַעְתֶּם כִּי שְׁנַיִם יָלְדָה־ כז
לִּי אִשְׁתִּי: וַיֵּצֵא הָאֶחָד מֵאִתִּי וָאֹמַר אַךְ טָרֹף טֹרָף וְלֹא כח
רְאִיתִיו עַד־הֵנָּה: וּלְקַחְתֶּם גַּם־אֶת־זֶה מֵעִם פָּנַי וְקָרָהוּ אָסוֹן כט
וְהוֹרַדְתֶּם אֶת־שֵׂיבָתִי בְּרָעָה שְׁאֹלָה: וְעַתָּה כְּבֹאִי אֶל־עַבְדְּךָ ל
שני אָבִי וְהַנַּעַר אֵינֶנּוּ אִתָּנוּ וְנַפְשׁוֹ קְשׁוּרָה בְנַפְשׁוֹ: וְהָיָה כִּרְאוֹתוֹ לא
כִּי־אֵין הַנַּעַר וָמֵת וְהוֹרִידוּ עֲבָדֶיךָ אֶת־שֵׂיבַת עַבְדְּךָ אָבִינוּ
בְּיָגוֹן שְׁאֹלָה: כִּי עַבְדְּךָ עָרַב אֶת־הַנַּעַר מֵעִם אָבִי לֵאמֹר לב
אִם־לֹא אֲבִיאֶנּוּ אֵלֶיךָ וְחָטָאתִי לְאָבִי כָּל־הַיָּמִים: וְעַתָּה לג

מד יֵשֶׁב־נָא עַבְדְּךָ תַּחַת הַנַּעַר עֶבֶד לַאדֹנִי וְהַנַּעַר יַעַל עִם־אֶחָיו׃
לד כִּי־אֵיךְ אֶעֱלֶה אֶל־אָבִי וְהַנַּעַר אֵינֶנּוּ אִתִּי פֶּן אֶרְאֶה בָרָע
ה א אֲשֶׁר יִמְצָא אֶת־אָבִי׃ וְלֹא־יָכֹל יוֹסֵף לְהִתְאַפֵּק לְכֹל הַנִּצָּבִים
עָלָיו וַיִּקְרָא הוֹצִיאוּ כָל־אִישׁ מֵעָלָי וְלֹא־עָמַד אִישׁ אִתּוֹ
ב בְּהִתְוַדַּע יוֹסֵף אֶל־אֶחָיו׃ וַיִּתֵּן אֶת־קֹלוֹ בִּבְכִי וַיִּשְׁמְעוּ מִצְרַיִם
ג וַיִּשְׁמַע בֵּית פַּרְעֹה׃ וַיֹּאמֶר יוֹסֵף אֶל־אֶחָיו אֲנִי יוֹסֵף הַעוֹד
ד אָבִי חָי וְלֹא־יָכְלוּ אֶחָיו לַעֲנוֹת אֹתוֹ כִּי נִבְהֲלוּ מִפָּנָיו׃ וַיֹּאמֶר
יוֹסֵף אֶל־אֶחָיו גְּשׁוּ־נָא אֵלַי וַיִּגָּשׁוּ וַיֹּאמֶר אֲנִי יוֹסֵף אֲחִיכֶם
ה אֲשֶׁר־מְכַרְתֶּם אֹתִי מִצְרָיְמָה׃ וְעַתָּה ׀ אַל־תֵּעָצְבוּ וְאַל־יִחַר
בְּעֵינֵיכֶם כִּי־מְכַרְתֶּם אֹתִי הֵנָּה כִּי לְמִחְיָה שְׁלָחַנִי אֱלֹהִים
ו לִפְנֵיכֶם׃ כִּי־זֶה שְׁנָתַיִם הָרָעָב בְּקֶרֶב הָאָרֶץ וְעוֹד חָמֵשׁ שָׁנִים
ז אֲשֶׁר אֵין־חָרִישׁ וְקָצִיר׃ וַיִּשְׁלָחֵנִי אֱלֹהִים לִפְנֵיכֶם לָשׂוּם לָכֶם
ח שְׁאֵרִית בָּאָרֶץ וּלְהַחֲיוֹת לָכֶם לִפְלֵיטָה גְּדֹלָה׃ וְעַתָּה לֹא־אַתֶּם שלישי
שְׁלַחְתֶּם אֹתִי הֵנָּה כִּי הָאֱלֹהִים וַיְשִׂימֵנִי לְאָב לְפַרְעֹה וּלְאָדוֹן
ט לְכָל־בֵּיתוֹ וּמֹשֵׁל בְּכָל־אֶרֶץ מִצְרָיִם׃ מַהֲרוּ וַעֲלוּ אֶל־אָבִי
וַאֲמַרְתֶּם אֵלָיו כֹּה אָמַר בִּנְךָ יוֹסֵף שָׂמַנִי אֱלֹהִים לְאָדוֹן לְכָל־
י מִצְרָיִם רְדָה אֵלַי אַל־תַּעֲמֹד׃ וְיָשַׁבְתָּ בְאֶרֶץ־גֹּשֶׁן וְהָיִיתָ קָרוֹב
אֵלַי אַתָּה וּבָנֶיךָ וּבְנֵי בָנֶיךָ וְצֹאנְךָ וּבְקָרְךָ וְכָל־אֲשֶׁר־לָךְ׃
יא וְכִלְכַּלְתִּי אֹתְךָ שָׁם כִּי־עוֹד חָמֵשׁ שָׁנִים רָעָב פֶּן־תִּוָּרֵשׁ אַתָּה
יב וּבֵיתְךָ וְכָל־אֲשֶׁר־לָךְ׃ וְהִנֵּה עֵינֵיכֶם רֹאוֹת וְעֵינֵי אָחִי בִנְיָמִין
יג כִּי־פִי הַמְדַבֵּר אֲלֵיכֶם׃ וְהִגַּדְתֶּם לְאָבִי אֶת־כָּל־כְּבוֹדִי בְּמִצְרַיִם
וְאֵת כָּל־אֲשֶׁר רְאִיתֶם וּמִהַרְתֶּם וְהוֹרַדְתֶּם אֶת־אָבִי הֵנָּה׃
יד וַיִּפֹּל עַל־צַוְּארֵי בִנְיָמִן־אָחִיו וַיֵּבְךְּ וּבִנְיָמִן בָּכָה עַל־צַוָּארָיו׃
טו וַיְנַשֵּׁק לְכָל־אֶחָיו וַיֵּבְךְּ עֲלֵהֶם וְאַחֲרֵי כֵן דִּבְּרוּ אֶחָיו אִתּוֹ׃
טז וְהַקֹּל נִשְׁמַע בֵּית פַּרְעֹה לֵאמֹר בָּאוּ אֲחֵי יוֹסֵף וַיִּיטַב בְּעֵינֵי
יז פַרְעֹה וּבְעֵינֵי עֲבָדָיו׃ וַיֹּאמֶר פַּרְעֹה אֶל־יוֹסֵף אֱמֹר אֶל־אַחֶיךָ
יח זֹאת עֲשׂוּ טַעֲנוּ אֶת־בְּעִירְכֶם וּלְכוּ־בֹאוּ אַרְצָה כְּנָעַן׃ וּקְחוּ

את־אביכם ואת־בתיכם ובאו אלי ואתנה לכם את־טוב
רביעי ארץ מצרים ואכלו את־חלב הארץ: ואתה צויתה זאת עשו יט
קחו־לכם מארץ מצרים עגלות לטפכם ולנשיכם ונשאתם
את־אביכם ובאתם: ועינכם אל־תחס על־כליכם כי־טוב כ
כל־ארץ מצרים לכם הוא: ויעשו־כן בני ישראל ויתן להם כא
יוסף עגלות על־פי פרעה ויתן להם צדה לדרך: לכלם נתן כב
לאיש חלפות שמלת ולבנימן נתן שלש מאות כסף וחמש
חלפת שמלת: ולאביו שלח כזאת עשרה חמרים נשאים כג
מטוב מצרים ועשר אתנת נשאת בר ולחם ומזון לאביו
לדרך: וישלח את־אחיו וילכו ויאמר אלהם אל־תרגזו כד
בדרך: ויעלו ממצרים ויבאו ארץ כנען אל־יעקב אביהם: כה
ויגדו לו לאמר עוד יוסף חי וכי־הוא משל בכל־ארץ מצרים כו
ויפג לבו כי לא־האמין להם: וידברו אליו את כל־דברי כז
יוסף אשר דבר אלהם וירא את־העגלות אשר־שלח יוסף
חמישי לשאת אתו ותחי רוח יעקב אביהם: ויאמר ישראל רב עוד־ כח
יוסף בני חי אלכה ואראנו בטרם אמות: ויסע ישראל וכל־ א מו
אשר־לו ויבא בארה שבע ויזבח זבחים לאלהי אביו יצחק:
ויאמר אלהים ׀ לישראל במראת הלילה ויאמר יעקב ׀ יעקב ב
ויאמר הנני: ויאמר אנכי האל אלהי אביך אל־תירא מרדה ג
מצרימה כי־לגוי גדול אשימך שם: אנכי ארד עמך מצרימה ד
ואנכי אעלך גם־עלה ויוסף ישית ידו על־עיניך: ויקם יעקב ה
מבאר שבע וישאו בני־ישראל את־יעקב אביהם ואת־טפם
ואת־נשיהם בעגלות אשר־שלח פרעה לשאת אתו: ויקחו ו
את־מקניהם ואת־רכושם אשר רכשו בארץ כנען ויבאו
מצרימה יעקב וכל־זרעו אתו: בניו ובני בניו אתו בנתיו ובנות ז
בניו וכל־זרעו הביא אתו מצרימה: ואלה שמות ח
בני־ישראל הבאים מצרימה יעקב ובניו בכר יעקב ראובן:

ט ובני ראובן חנוך ופלוא וחצרן וכרמי: ובני שמעון ימואל
יא וימין ואהד ויכין וצחר ושאול בן-הכנענית: ובני לוי גרשון
יב קהת ומררי: ובני יהודה ער ואונן ושלה ופרץ וזרח וימת
יג ער ואונן בארץ כנען ויהיו בני-פרץ חצרן וחמול: ובני
יד יששכר תולע ופוה ויוב ושמרן: ובני זבלון סרד ואלון ויחלאל:
טו אלה | בני לאה אשר ילדה ליעקב בפדן ארם ואת דינה
טז בתו כל-נפש בניו ובנותיו שלשים ושלש: ובני גד צפיון
יז וחגי שוני ואצבן ערי וארודי ואראלי: ובני אשר ימנה וישוה
יח וישוי ובריעה ושרח אחתם ובני בריעה חבר ומלכיאל: אלה
בני זלפה אשר-נתן לבן ללאה בתו ותלד את-אלה ליעקב
יט כ שש עשרה נפש: בני רחל אשת יעקב יוסף ובנימן: ויולד
ליוסף בארץ מצרים אשר ילדה-לו אסנת בת-פוטי פרע
כא כהן אן את-מנשה ואת-אפרים: ובני בנימן בלע ובכר
כב ואשבל גרא ונעמן אחי וראש מפים וחפים וארד: אלה בני
כג רחל אשר ילד ליעקב כל-נפש ארבעה עשר: ובני-דן חשים:
כד כה ובני נפתלי יחצאל וגוני ויצר ושלם: אלה בני בלהה אשר-
נתן לבן לרחל בתו ותלד את-אלה ליעקב כל-נפש שבעה:
כו כל-הנפש הבאה ליעקב מצרימה יצאי ירכו מלבד נשי
כז בני-יעקב כל-נפש ששים ושש: ובני יוסף אשר-ילד-לו
במצרים נפש שנים כל-הנפש לבית-יעקב הבאה מצרימה
כח שבעים: ואת-יהודה שלח לפניו אל-יוסף להורת ששי מא
כט לפניו גשנה ויבאו ארצה גשן: ויאסר יוסף מרכבתו ויעל
לקראת-ישראל אביו גשנה וירא אליו ויפל על-צואריו ויבך
ל על-צואריו עוד: ויאמר ישראל אל-יוסף אמותה הפעם
לא אחרי ראותי את-פניך כי עודך חי: ויאמר יוסף אל-אחיו
ואל-בית אביו אעלה ואגידה לפרעה ואמרה אליו אחי
לב ובית-אבי אשר בארץ-כנען באו אלי: והאנשים רעי צאן

כי־אנשי מקנה היו וצאנם ובקרם וכל־אשר להם הביאו׃
והיה כי־יקרא לכם פרעה ואמר מה־מעשיכם׃ ואמרתם לג לד
אנשי מקנה היו עבדיך מנעורינו ועד־עתה גם־אנחנו גם־
אבתינו בעבור תשבו בארץ גשן כי־תועבת מצרים כל־
רעה צאן׃ ויבא יוסף ויגד לפרעה ויאמר אבי ואחי וצאנם א מז
ובקרם וכל־אשר להם באו מארץ כנען והנם בארץ גשן׃
ומקצה אחיו לקח חמשה אנשים ויצגם לפני פרעה׃ ויאמר ב ג
פרעה אל־אחיו מה־מעשיכם ויאמרו אל־פרעה רעה צאן
עבדיך גם־אנחנו גם־אבותינו׃ ויאמרו אל־פרעה לגור ד
בארץ באנו כי־אין מרעה לצאן אשר לעבדיך כי־כבד
הרעב בארץ כנען ועתה ישבו־נא עבדיך בארץ גשן׃
ויאמר פרעה אל־יוסף לאמר אביך ואחיך באו אליך׃ ארץ ה ו
מצרים לפניך הוא במיטב הארץ הושב את־אביך ואת־
אחיך ישבו בארץ גשן ואם־ידעת ויש־בם אנשי־חיל ושמתם
שרי מקנה על־אשר־לי׃ ויבא יוסף את־יעקב אביו ויעמדהו ז
לפני פרעה ויברך יעקב את־פרעה׃ ויאמר פרעה אל־יעקב ח
כמה ימי שני חייך׃ ויאמר יעקב אל־פרעה ימי שני מגורי ט
שלשים ומאת שנה מעט ורעים היו ימי שני חיי ולא השיגו
את־ימי שני חיי אבתי בימי מגוריהם׃ ויברך יעקב את־ י
שביעי פרעה ויצא מלפני פרעה׃ ויושב יוסף את־אביו ואת־אחיו יא
ויתן להם אחזה בארץ מצרים במיטב הארץ בארץ רעמסס
כאשר צוה פרעה׃ ויכלכל יוסף את־אביו ואת־אחיו ואת יב
כל־בית אביו לחם לפי הטף׃ ולחם אין בכל־הארץ כי־ יג
כבד הרעב מאד ותלה ארץ מצרים וארץ כנען מפני הרעב׃
וילקט יוסף את־כל־הכסף הנמצא בארץ־מצרים ובארץ יד
כנען בשבר אשר־הם שברים ויבא יוסף את־הכסף ביתה
פרעה׃ ויתם הכסף מארץ מצרים ומארץ כנען ויבאו כל־ טו

מצרים אל־יוסף לאמר הבה־לנו לחם ולמה נמות נגדך כי
טז אפס כסף׃ ויאמר יוסף הבו מקניכם ואתנה לכם במקניכם
יז אם־אפס כסף׃ ויביאו את־מקניהם אל־יוסף ויתן להם יוסף
לחם בסוסים ובמקנה הצאן ובמקנה הבקר ובחמרים וינהלם
יח בלחם בכל־מקנהם בשנה ההוא׃ ותתם השנה ההוא ויבאו
אליו בשנה השנית ויאמרו לו לא־נכחד מאדני כי אם־תם
הכסף ומקנה הבהמה אל־אדני לא נשאר לפני אדני בלתי
יט אם־גויתנו ואדמתנו׃ למה נמות לעיניך גם־אנחנו גם־
אדמתנו קנה־אתנו ואת־אדמתנו בלחם ונהיה אנחנו
ואדמתנו עבדים לפרעה ותן־זרע ונחיה ולא נמות והאדמה
כ לא תשם׃ ויקן יוסף את־כל־אדמת מצרים לפרעה כי־
מכרו מצרים איש שדהו כי־חזק עלהם הרעב ותהי הארץ
כא לפרעה׃ ואת־העם העביר אתו לערים מקצה גבול־מצרים
כב ועד־קצהו׃ רק אדמת הכהנים לא קנה כי חק לכהנים מאת
פרעה ואכלו את־חקם אשר נתן להם פרעה על־כן לא
כג מכרו את־אדמתם׃ ויאמר יוסף אל־העם הן קניתי אתכם
היום ואת־אדמתכם לפרעה הא־לכם זרע וזרעתם את־
כד האדמה׃ והיה בתבואת ונתתם חמישית לפרעה וארבע
הידת יהיה לכם לזרע השדה ולאכלכם ולאשר בבתיכם
כה ולאכל לטפכם׃ ויאמרו החיתנו נמצא־חן בעיני אדני והיינו מפטיר
כו עבדים לפרעה׃ וישם אתה יוסף לחק עד־היום הזה על־
אדמת מצרים לפרעה לחמש רק אדמת הכהנים לבדם לא
כז היתה לפרעה׃ וישב ישראל בארץ מצרים בארץ גשן
כח ויאחזו בה ויפרו וירבו מאד׃ ויחי יעקב בארץ מצרים שבע ויחי
עשרה שנה ויהי ימי־יעקב שני חייו שבע שנים וארבעים
כט ומאת שנה׃ ויקרבו ימי־ישראל למות ויקרא ׀ לבנו ליוסף
ויאמר לו אם־נא מצאתי חן בעיניך שים־נא ידך תחת ירכי

ל וְעָשִׂיתָ עִמָּדִי חֶסֶד וֶאֱמֶת אַל־נָא תִקְבְּרֵנִי בְּמִצְרָיִם׃ וְשָׁכַבְתִּי
עִם־אֲבֹתַי וּנְשָׂאתַנִי מִמִּצְרַיִם וּקְבַרְתַּנִי בִּקְבֻרָתָם וַיֹּאמַר
לא אָנֹכִי אֶעֱשֶׂה כִדְבָרֶךָ׃ וַיֹּאמֶר הִשָּׁבְעָה לִי וַיִּשָּׁבַע לוֹ וַיִּשְׁתַּחוּ
יִשְׂרָאֵל עַל־רֹאשׁ הַמִּטָּה׃

מב א וַיְהִי אַחֲרֵי הַדְּבָרִים הָאֵלֶּה וַיֹּאמֶר לְיוֹסֵף הִנֵּה אָבִיךָ חֹלֶה
ב וַיִּקַּח אֶת־שְׁנֵי בָנָיו עִמּוֹ אֶת־מְנַשֶּׁה וְאֶת־אֶפְרָיִם׃ וַיַּגֵּד לְיַעֲקֹב
וַיֹּאמֶר הִנֵּה בִּנְךָ יוֹסֵף בָּא אֵלֶיךָ וַיִּתְחַזֵּק יִשְׂרָאֵל וַיֵּשֶׁב עַל־
ג הַמִּטָּה׃ וַיֹּאמֶר יַעֲקֹב אֶל־יוֹסֵף אֵל שַׁדַּי נִרְאָה־אֵלַי בְּלוּז
ד בְּאֶרֶץ כְּנָעַן וַיְבָרֶךְ אֹתִי׃ וַיֹּאמֶר אֵלַי הִנְנִי מַפְרְךָ וְהִרְבִּיתִךָ
וּנְתַתִּיךָ לִקְהַל עַמִּים וְנָתַתִּי אֶת־הָאָרֶץ הַזֹּאת לְזַרְעֲךָ אַחֲרֶיךָ
ה אֲחֻזַּת עוֹלָם׃ וְעַתָּה שְׁנֵי־בָנֶיךָ הַנּוֹלָדִים לְךָ בְּאֶרֶץ מִצְרַיִם עַד־
בֹּאִי אֵלֶיךָ מִצְרַיְמָה לִי־הֵם אֶפְרַיִם וּמְנַשֶּׁה כִּרְאוּבֵן וְשִׁמְעוֹן
ו יִהְיוּ־לִי׃ וּמוֹלַדְתְּךָ אֲשֶׁר־הוֹלַדְתָּ אַחֲרֵיהֶם לְךָ יִהְיוּ עַל שֵׁם
ז אֲחֵיהֶם יִקָּרְאוּ בְּנַחֲלָתָם׃ וַאֲנִי ׀ בְּבֹאִי מִפַּדָּן מֵתָה עָלַי רָחֵל
בְּאֶרֶץ כְּנַעַן בַּדֶּרֶךְ בְּעוֹד כִּבְרַת־אֶרֶץ לָבֹא אֶפְרָתָה וָאֶקְבְּרֶהָ
ח שָׁם בְּדֶרֶךְ אֶפְרָת הִוא בֵּית לָחֶם׃ וַיַּרְא יִשְׂרָאֵל אֶת־בְּנֵי
ט יוֹסֵף וַיֹּאמֶר מִי־אֵלֶּה׃ וַיֹּאמֶר יוֹסֵף אֶל־אָבִיו בָּנַי הֵם אֲשֶׁר־
שני י נָתַן־לִי אֱלֹהִים בָּזֶה וַיֹּאמַר קָחֶם־נָא אֵלַי וַאֲבָרְכֵם׃ וְעֵינֵי
יִשְׂרָאֵל כָּבְדוּ מִזֹּקֶן לֹא יוּכַל לִרְאוֹת וַיַּגֵּשׁ אֹתָם אֵלָיו וַיִּשַּׁק
יא לָהֶם וַיְחַבֵּק לָהֶם׃ וַיֹּאמֶר יִשְׂרָאֵל אֶל־יוֹסֵף רְאֹה פָנֶיךָ לֹא
יב פִלָּלְתִּי וְהִנֵּה הֶרְאָה אֹתִי אֱלֹהִים גַּם אֶת־זַרְעֶךָ׃ וַיּוֹצֵא יוֹסֵף
יג אֹתָם מֵעִם בִּרְכָּיו וַיִּשְׁתַּחוּ לְאַפָּיו אָרְצָה׃ וַיִּקַּח יוֹסֵף אֶת־
שְׁנֵיהֶם אֶת־אֶפְרַיִם בִּימִינוֹ מִשְּׂמֹאל יִשְׂרָאֵל וְאֶת־מְנַשֶּׁה
יד בִשְׂמֹאלוֹ מִימִין יִשְׂרָאֵל וַיַּגֵּשׁ אֵלָיו׃ וַיִּשְׁלַח יִשְׂרָאֵל אֶת־
יְמִינוֹ וַיָּשֶׁת עַל־רֹאשׁ אֶפְרַיִם וְהוּא הַצָּעִיר וְאֶת־שְׂמֹאלוֹ עַל־
טו רֹאשׁ מְנַשֶּׁה שִׂכֵּל אֶת־יָדָיו כִּי מְנַשֶּׁה הַבְּכוֹר׃ וַיְבָרֶךְ אֶת־
יוֹסֵף וַיֹּאמַר הָאֱלֹהִים אֲשֶׁר הִתְהַלְּכוּ אֲבֹתַי לְפָנָיו אַבְרָהָם

טז וְיִצְחָ֑ק הָֽאֱלֹהִים֙ הָרֹעֶ֣ה אֹתִ֔י מֵעוֹדִ֖י עַד־הַיּ֥וֹם הַזֶּֽה׃ הַמַּלְאָךְ֩
הַגֹּאֵ֨ל אֹתִ֜י מִכָּל־רָ֗ע יְבָרֵךְ֮ אֶת־הַנְּעָרִים֒ וְיִקָּרֵ֤א בָהֶם֙ שְׁמִ֔י
יז וְשֵׁ֥ם אֲבֹתַ֖י אַבְרָהָ֣ם וְיִצְחָ֑ק וְיִדְגּ֥וּ לָרֹ֖ב בְּקֶ֥רֶב הָאָֽרֶץ׃ וַיַּ֣רְא שלישי
יוֹסֵ֗ף כִּֽי־יָשִׁ֨ית אָבִ֧יו יַד־יְמִינ֛וֹ עַל־רֹ֥אשׁ אֶפְרַ֖יִם וַיֵּ֣רַע בְּעֵינָ֑יו
וַיִּתְמֹ֣ךְ יַד־אָבִ֗יו לְהָסִ֥יר אֹתָ֛הּ מֵעַ֥ל רֹאשׁ־אֶפְרַ֖יִם עַל־רֹ֥אשׁ
יח מְנַשֶּֽׁה׃ וַיֹּ֧אמֶר יוֹסֵ֛ף אֶל־אָבִ֖יו לֹא־כֵ֣ן אָבִ֑י כִּי־זֶ֣ה הַבְּכֹ֔ר שִׂ֥ים
יט יְמִינְךָ֖ עַל־רֹאשֽׁוֹ׃ וַיְמָאֵ֣ן אָבִ֗יו וַיֹּ֙אמֶר֙ יָדַ֤עְתִּֽי בְנִי֙ יָדַ֔עְתִּי גַּם־
ה֥וּא יִֽהְיֶה־לְּעָ֖ם וְגַם־ה֣וּא יִגְדָּ֑ל וְאוּלָ֗ם אָחִ֤יו הַקָּטֹן֙ יִגְדַּ֣ל מִמֶּ֔נּוּ
כ וְזַרְע֖וֹ יִהְיֶ֥ה מְלֹֽא־הַגּוֹיִֽם׃ וַיְבָרְכֵ֞ם בַּיּ֣וֹם הַהוּא֮ לֵאמוֹר֒ בְּךָ֗
יְבָרֵ֤ךְ יִשְׂרָאֵל֙ לֵאמֹ֔ר יְשִֽׂמְךָ֣ אֱלֹהִ֔ים כְּאֶפְרַ֖יִם וְכִמְנַשֶּׁ֑ה וַיָּ֥שֶׂם
כא אֶת־אֶפְרַ֖יִם לִפְנֵ֥י מְנַשֶּֽׁה׃ וַיֹּ֤אמֶר יִשְׂרָאֵל֙ אֶל־יוֹסֵ֔ף הִנֵּ֥ה
אָנֹכִ֖י מֵ֑ת וְהָיָ֤ה אֱלֹהִים֙ עִמָּכֶ֔ם וְהֵשִׁ֣יב אֶתְכֶ֔ם אֶל־אֶ֖רֶץ
כב אֲבֹתֵיכֶֽם׃ וַאֲנִ֞י נָתַ֧תִּי לְךָ֛ שְׁכֶ֥ם אַחַ֖ד עַל־אַחֶ֑יךָ אֲשֶׁ֤ר לָקַ֙חְתִּי֙
מִיַּ֣ד הָֽאֱמֹרִ֔י בְּחַרְבִּ֖י וּבְקַשְׁתִּֽי׃
מט א וַיִּקְרָ֥א יַעֲקֹ֖ב אֶל־בָּנָ֑יו וַיֹּ֗אמֶר הֵאָֽסְפוּ֙ וְאַגִּ֣ידָה לָכֶ֔ם אֵ֛ת אֲשֶׁר־ רביעי מג
ב יִקְרָ֥א אֶתְכֶ֖ם בְּאַחֲרִ֥ית הַיָּמִֽים׃ הִקָּבְצ֥וּ וְשִׁמְע֖וּ בְּנֵ֣י יַעֲקֹ֑ב
ג וְשִׁמְע֖וּ אֶל־יִשְׂרָאֵ֥ל אֲבִיכֶֽם׃ רְאוּבֵן֙ בְּכֹ֣רִי אַ֔תָּה כֹּחִ֖י וְרֵאשִׁ֣ית
ד אוֹנִ֑י יֶ֥תֶר שְׂאֵ֖ת וְיֶ֥תֶר עָֽז׃ פַּ֤חַז כַּמַּ֙יִם֙ אַל־תּוֹתַ֔ר כִּ֥י עָלִ֖יתָ
מִשְׁכְּבֵ֣י אָבִ֑יךָ אָ֥ז חִלַּ֖לְתָּ יְצוּעִ֥י עָלָֽה׃
ה ו שִׁמְע֥וֹן וְלֵוִ֖י אַחִ֑ים כְּלֵ֥י חָמָ֖ס מְכֵרֹתֵיהֶֽם׃ בְּסֹדָם֙ אַל־תָּבֹ֣א
נַפְשִׁ֔י בִּקְהָלָ֖ם אַל־תֵּחַ֣ד כְּבֹדִ֑י כִּ֤י בְאַפָּם֙ הָ֣רְגוּ אִ֔ישׁ וּבִרְצֹנָ֖ם
ז עִקְּרוּ־שֽׁוֹר׃ אָר֤וּר אַפָּם֙ כִּ֣י עָ֔ז וְעֶבְרָתָ֖ם כִּ֣י קָשָׁ֑תָה אֲחַלְּקֵ֣ם
בְּיַעֲקֹ֔ב וַאֲפִיצֵ֖ם בְּיִשְׂרָאֵֽל׃
ח יְהוּדָ֗ה אַתָּה֙ יוֹד֣וּךָ אַחֶ֔יךָ יָדְךָ֖ בְּעֹ֣רֶף אֹיְבֶ֑יךָ יִשְׁתַּחֲוּ֥וּ לְךָ֖ בְּנֵ֥י
ט אָבִֽיךָ׃ גּ֤וּר אַרְיֵה֙ יְהוּדָ֔ה מִטֶּ֖רֶף בְּנִ֣י עָלִ֑יתָ כָּרַ֨ע רָבַ֧ץ כְּאַרְיֵ֛ה
י וּכְלָבִ֖יא מִ֥י יְקִימֶֽנּוּ׃ לֹֽא־יָס֥וּר שֵׁ֙בֶט֙ מִֽיהוּדָ֔ה וּמְחֹקֵ֖ק מִבֵּ֣ין
יא רַגְלָ֑יו עַ֚ד כִּֽי־יָבֹ֣א שִׁילֹ֔ה וְל֖וֹ יִקְּהַ֥ת עַמִּֽים׃ אֹסְרִ֤י לַגֶּ֙פֶן֙ עִירֹ֔ה

וּלְשֹׂרֵקָה בְּנִי אֲתֹנוֹ כִּבֵּס בַּיַּיִן לְבֻשׁוֹ וּבְדַם־עֲנָבִים סוּתֹה׃
חַכְלִילִי עֵינַיִם מִיָּיִן וּלְבֶן־שִׁנַּיִם מֵחָלָב׃ יב
זְבוּלֻן לְחוֹף יַמִּים יִשְׁכֹּן וְהוּא לְחוֹף אֳנִיֹּת וְיַרְכָתוֹ עַל־צִידֹן׃ יג
יִשָּׂשכָר חֲמֹר גָּרֶם רֹבֵץ בֵּין הַמִּשְׁפְּתָיִם׃ וַיַּרְא מְנֻחָה כִּי יד טו
טוֹב וְאֶת־הָאָרֶץ כִּי נָעֵמָה וַיֵּט שִׁכְמוֹ לִסְבֹּל וַיְהִי לְמַס־
עֹבֵד׃ דָּן יָדִין עַמּוֹ כְּאַחַד שִׁבְטֵי יִשְׂרָאֵל׃ טז
יְהִי־דָן נָחָשׁ עֲלֵי־דֶרֶךְ שְׁפִיפֹן עֲלֵי־אֹרַח הַנֹּשֵׁךְ עִקְּבֵי־סוּס יז
חמישי וַיִּפֹּל רֹכְבוֹ אָחוֹר׃ לִישׁוּעָתְךָ קִוִּיתִי יְהוָה׃ גָּד יח יט
גְּדוּד יְגוּדֶנּוּ וְהוּא יָגֻד עָקֵב׃ מֵאָשֵׁר שְׁמֵנָה לַחְמוֹ כ
וְהוּא יִתֵּן מַעֲדַנֵּי־מֶלֶךְ׃ נַפְתָּלִי אַיָּלָה שְׁלֻחָה כא
הַנֹּתֵן אִמְרֵי־שָׁפֶר׃ בֵּן פֹּרָת יוֹסֵף בֵּן פֹּרָת כב
עֲלֵי־עָיִן בָּנוֹת צָעֲדָה עֲלֵי־שׁוּר׃ וַיְמָרְרֻהוּ וָרֹבּוּ וַיִּשְׂטְמֻהוּ כג
בַּעֲלֵי חִצִּים׃ וַתֵּשֶׁב בְּאֵיתָן קַשְׁתּוֹ וַיָּפֹזּוּ זְרֹעֵי יָדָיו מִידֵי כד
אֲבִיר יַעֲקֹב מִשָּׁם רֹעֶה אֶבֶן יִשְׂרָאֵל׃ מֵאֵל אָבִיךָ וְיַעְזְרֶךָּ כה
וְאֵת שַׁדַּי וִיבָרְכֶךָּ בִּרְכֹת שָׁמַיִם מֵעָל בִּרְכֹת תְּהוֹם רֹבֶצֶת
תָּחַת בִּרְכֹת שָׁדַיִם וָרָחַם׃ בִּרְכֹת אָבִיךָ גָּבְרוּ עַל־בִּרְכֹת הוֹרַי כו
עַד־תַּאֲוַת גִּבְעֹת עוֹלָם תִּהְיֶיןָ לְרֹאשׁ יוֹסֵף וּלְקָדְקֹד נְזִיר
אֶחָיו׃
ששי בִּנְיָמִין זְאֵב יִטְרָף בַּבֹּקֶר יֹאכַל עַד וְלָעֶרֶב יְחַלֵּק שָׁלָל׃ כָּל־ כז כח
אֵלֶּה שִׁבְטֵי יִשְׂרָאֵל שְׁנֵים עָשָׂר וְזֹאת אֲשֶׁר־דִּבֶּר לָהֶם אֲבִיהֶם
וַיְבָרֶךְ אוֹתָם אִישׁ אֲשֶׁר כְּבִרְכָתוֹ בֵּרַךְ אֹתָם׃ וַיְצַו אוֹתָם כט
וַיֹּאמֶר אֲלֵהֶם אֲנִי נֶאֱסָף אֶל־עַמִּי קִבְרוּ אֹתִי אֶל־אֲבֹתָי אֶל־
הַמְּעָרָה אֲשֶׁר בִּשְׂדֵה עֶפְרוֹן הַחִתִּי׃ בַּמְּעָרָה אֲשֶׁר בִּשְׂדֵה ל
הַמַּכְפֵּלָה אֲשֶׁר־עַל־פְּנֵי מַמְרֵא בְּאֶרֶץ כְּנָעַן אֲשֶׁר קָנָה
אַבְרָהָם אֶת־הַשָּׂדֶה מֵאֵת עֶפְרֹן הַחִתִּי לַאֲחֻזַּת־קָבֶר׃ שָׁמָּה לא
קָבְרוּ אֶת־אַבְרָהָם וְאֵת שָׂרָה אִשְׁתּוֹ שָׁמָּה קָבְרוּ אֶת־יִצְחָק
וְאֵת רִבְקָה אִשְׁתּוֹ וְשָׁמָּה קָבַרְתִּי אֶת־לֵאָה׃ מִקְנֵה הַשָּׂדֶה לב

לג וְהַמְּעָרָה אֲשֶׁר־בּוֹ מֵאֵת בְּנֵי־חֵת׃ וַיְכַל יַעֲקֹב לְצַוֹּת אֶת־
נ א בָּנָיו וַיֶּאֱסֹף רַגְלָיו אֶל־הַמִּטָּה וַיִּגְוַע וַיֵּאָסֶף אֶל־עַמָּיו׃ וַיִּפֹּל
ב יוֹסֵף עַל־פְּנֵי אָבִיו וַיֵּבְךְּ עָלָיו וַיִּשַּׁק־לוֹ׃ וַיְצַו יוֹסֵף אֶת־
עֲבָדָיו אֶת־הָרֹפְאִים לַחֲנֹט אֶת־אָבִיו וַיַּחַנְטוּ הָרֹפְאִים אֶת־
ג יִשְׂרָאֵל׃ וַיִּמְלְאוּ־לוֹ אַרְבָּעִים יוֹם כִּי כֵּן יִמְלְאוּ יְמֵי הַחֲנֻטִים
ד וַיִּבְכּוּ אֹתוֹ מִצְרַיִם שִׁבְעִים יוֹם׃ וַיַּעַבְרוּ יְמֵי בְכִיתוֹ וַיְדַבֵּר
יוֹסֵף אֶל־בֵּית פַּרְעֹה לֵאמֹר אִם־נָא מָצָאתִי חֵן בְּעֵינֵיכֶם
ה דַּבְּרוּ־נָא בְּאָזְנֵי פַרְעֹה לֵאמֹר׃ אָבִי הִשְׁבִּיעַנִי לֵאמֹר הִנֵּה
אָנֹכִי מֵת בְּקִבְרִי אֲשֶׁר כָּרִיתִי לִי בְּאֶרֶץ כְּנַעַן שָׁמָּה תִּקְבְּרֵנִי
ו וְעַתָּה אֶעֱלֶה־נָּא וְאֶקְבְּרָה אֶת־אָבִי וְאָשׁוּבָה׃ וַיֹּאמֶר פַּרְעֹה
ז עֲלֵה וּקְבֹר אֶת־אָבִיךָ כַּאֲשֶׁר הִשְׁבִּיעֶךָ׃ וַיַּעַל יוֹסֵף לִקְבֹּר
אֶת־אָבִיו וַיַּעֲלוּ אִתּוֹ כָּל־עַבְדֵי פַרְעֹה זִקְנֵי בֵיתוֹ וְכֹל זִקְנֵי
ח אֶרֶץ־מִצְרָיִם׃ וְכֹל בֵּית יוֹסֵף וְאֶחָיו וּבֵית אָבִיו רַק טַפָּם וְצֹאנָם
ט וּבְקָרָם עָזְבוּ בְּאֶרֶץ גֹּשֶׁן׃ וַיַּעַל עִמּוֹ גַּם־רֶכֶב גַּם־פָּרָשִׁים וַיְהִי
י הַמַּחֲנֶה כָּבֵד מְאֹד׃ וַיָּבֹאוּ עַד־גֹּרֶן הָאָטָד אֲשֶׁר בְּעֵבֶר הַיַּרְדֵּן
וַיִּסְפְּדוּ־שָׁם מִסְפֵּד גָּדוֹל וְכָבֵד מְאֹד וַיַּעַשׂ לְאָבִיו אֵבֶל שִׁבְעַת
יא יָמִים׃ וַיַּרְא יוֹשֵׁב הָאָרֶץ הַכְּנַעֲנִי אֶת־הָאֵבֶל בְּגֹרֶן הָאָטָד
וַיֹּאמְרוּ אֵבֶל־כָּבֵד זֶה לְמִצְרָיִם עַל־כֵּן קָרָא שְׁמָהּ אָבֵל מִצְרַיִם
יב יג אֲשֶׁר בְּעֵבֶר הַיַּרְדֵּן׃ וַיַּעֲשׂוּ בָנָיו לוֹ כֵּן כַּאֲשֶׁר צִוָּם׃ וַיִּשְׂאוּ
אֹתוֹ בָנָיו אַרְצָה כְּנַעַן וַיִּקְבְּרוּ אֹתוֹ בִּמְעָרַת שְׂדֵה הַמַּכְפֵּלָה
אֲשֶׁר קָנָה אַבְרָהָם אֶת־הַשָּׂדֶה לַאֲחֻזַּת־קֶבֶר מֵאֵת עֶפְרֹן
יד הַחִתִּי עַל־פְּנֵי מַמְרֵא׃ וַיָּשָׁב יוֹסֵף מִצְרַיְמָה הוּא וְאֶחָיו וְכָל־
טו הָעֹלִים אִתּוֹ לִקְבֹּר אֶת־אָבִיו אַחֲרֵי קָבְרוֹ אֶת־אָבִיו׃ וַיִּרְאוּ
אֲחֵי־יוֹסֵף כִּי־מֵת אֲבִיהֶם וַיֹּאמְרוּ לוּ יִשְׂטְמֵנוּ יוֹסֵף וְהָשֵׁב
טז יָשִׁיב לָנוּ אֵת כָּל־הָרָעָה אֲשֶׁר גָּמַלְנוּ אֹתוֹ׃ וַיְצַוּוּ אֶל־יוֹסֵף
יז לֵאמֹר אָבִיךָ צִוָּה לִפְנֵי מוֹתוֹ לֵאמֹר׃ כֹּה־תֹאמְרוּ לְיוֹסֵף אָנָּא
שָׂא נָא פֶּשַׁע אַחֶיךָ וְחַטָּאתָם כִּי־רָעָה גְמָלוּךָ וְעַתָּה שָׂא נָא

לְפֶ֕שַׁע עַבְדֵ֖י אֱלֹהֵ֣י אָבִ֑יךָ וַיֵּ֥בְךְּ יוֹסֵ֖ף בְּדַבְּרָ֥ם אֵלָֽיו׃ וַיֵּֽלְכוּ֙ גַּם־ יח
אֶחָ֔יו וַיִּפְּל֖וּ לְפָנָ֑יו וַיֹּ֣אמְר֔וּ הִנֶּ֥נּֽוּ לְךָ֖ לַעֲבָדִֽים׃ וַיֹּ֧אמֶר אֲלֵהֶ֛ם יט
יוֹסֵ֖ף אַל־תִּירָ֑אוּ כִּ֛י הֲתַ֥חַת אֱלֹהִ֖ים אָֽנִי׃ וְאַתֶּ֕ם חֲשַׁבְתֶּ֥ם עָלַ֖י כ
רָעָ֑ה אֱלֹהִים֙ חֲשָׁבָ֣הּ לְטֹבָ֔ה לְמַ֗עַן עֲשֹׂ֛ה כַּיּ֥וֹם הַזֶּ֖ה לְהַחֲיֹ֥ת
שביעי עַם־רָֽב׃ וְעַתָּה֙ אַל־תִּירָ֔אוּ אָנֹכִ֛י אֲכַלְכֵּ֥ל אֶתְכֶ֖ם וְאֶת־טַפְּכֶ֑ם כא
וַיְנַחֵ֣ם אוֹתָ֔ם וַיְדַבֵּ֖ר עַל־לִבָּֽם׃ וַיֵּ֤שֶׁב יוֹסֵף֙ בְּמִצְרַ֔יִם ה֖וּא וּבֵ֣ית כב
מפטיר אָבִ֑יו וַיְחִ֣י יוֹסֵ֔ף מֵאָ֥ה וָעֶ֖שֶׂר שָׁנִֽים׃ וַיַּ֤רְא יוֹסֵף֙ לְאֶפְרַ֔יִם בְּנֵ֖י כג
שִׁלֵּשִׁ֑ים גַּ֗ם בְּנֵ֤י מָכִיר֙ בֶּן־מְנַשֶּׁ֔ה יֻלְּד֖וּ עַל־בִּרְכֵּ֥י יוֹסֵֽף׃ וַיֹּ֤אמֶר כד
יוֹסֵף֙ אֶל־אֶחָ֔יו אָנֹכִ֖י מֵ֑ת וֵֽאלֹהִ֞ים פָּקֹ֧ד יִפְקֹ֣ד אֶתְכֶ֗ם וְהֶעֱלָ֤ה
אֶתְכֶם֙ מִן־הָאָ֣רֶץ הַזֹּ֔את אֶל־הָאָ֕רֶץ אֲשֶׁ֥ר נִשְׁבַּ֛ע לְאַבְרָהָ֥ם
לְיִצְחָ֖ק וּֽלְיַעֲקֹֽב׃ וַיַּשְׁבַּ֣ע יוֹסֵ֔ף אֶת־בְּנֵ֥י יִשְׂרָאֵ֖ל לֵאמֹ֑ר פָּקֹ֨ד כה
יִפְקֹ֤ד אֱלֹהִים֙ אֶתְכֶ֔ם וְהַעֲלִתֶ֥ם אֶת־עַצְמֹתַ֖י מִזֶּֽה׃ וַיָּ֣מָת יוֹסֵ֔ף כו
בֶּן־מֵאָ֥ה וָעֶ֖שֶׂר שָׁנִ֑ים וַיַּחַנְט֣וּ אֹת֔וֹ וַיִּ֥ישֶׂם בָּאָר֖וֹן בְּמִצְרָֽיִם׃

פ

שמות

SHEMOT

א

א ואלה שמות בני ישראל הבאים מצרימה את יעקב איש א
ב ג וביתו באו: ראובן שמעון לוי ויהודה: יששכר זבולן ובנימן:
ד ה דן ונפתלי גד ואשר: ויהי כל-נפש יצאי ירך-יעקב שבעים
ו נפש ויוסף היה במצרים: וימת יוסף וכל-אחיו וכל הדור
ז ההוא: ובני ישראל פרו וישרצו וירבו ויעצמו במאד מאד
ותמלא הארץ אתם:
ח ט ויקם מלך-חדש על-מצרים אשר לא-ידע את-יוסף: ויאמר
י אל-עמו הנה עם בני ישראל רב ועצום ממנו: הבה נתחכמה
לו פן-ירבה והיה כי-תקראנה מלחמה ונוסף גם-הוא על-
יא שנאינו ונלחם-בנו ועלה מן-הארץ: וישימו עליו שרי מסים
למען ענתו בסבלתם ויבן ערי מסכנות לפרעה את-פתם
יב ואת-רעמסס: וכאשר יענו אתו כן ירבה וכן יפרץ ויקצו
יג מפני בני ישראל: ויעבדו מצרים את-בני ישראל בפרך:
יד וימררו את-חייהם בעבדה קשה בחמר ובלבנים ובכל-
עבדה בשדה את כל-עבדתם אשר-עבדו בהם בפרך:
טו ויאמר מלך מצרים למילדת העברית אשר שם האחת שפרה
טז ושם השנית פועה: ויאמר בילדכן את-העבריות וראיתן על-
יז האבנים אם-בן הוא והמתן אתו ואם-בת הוא וחיה: ותיראן
המילדת את-האלהים ולא עשו כאשר דבר אליהן מלך
יח מצרים ותחיין את-הילדים: ויקרא מלך-מצרים למילדת שני
ויאמר להן מדוע עשיתן הדבר הזה ותחיין את-הילדים:
יט ותאמרן המילדת אל-פרעה כי לא כנשים המצרית העברית
כ כי-חיות הנה בטרם תבוא אלהן המילדת וילדו: וייטב
כא אלהים למילדת וירב העם ויעצמו מאד: ויהי כי-יראו
כב המילדת את-האלהים ויעש להם בתים: ויצו פרעה לכל-
עמו לאמר כל-הבן הילוד היארה תשליכהו וכל-הבת
תחיון:

וַיֵּ֥לֶךְ אִ֖ישׁ מִבֵּ֣ית לֵוִ֑י וַיִּקַּ֖ח אֶת־בַּת־לֵוִֽי׃ וַתַּ֤הַר הָֽאִשָּׁה֙ וַתֵּ֣לֶד א ב
בֵּ֑ן וַתֵּ֤רֶא אֹתוֹ֙ כִּי־ט֣וֹב ה֔וּא וַֽתִּצְפְּנֵ֖הוּ שְׁלֹשָׁ֥ה יְרָחִֽים׃ וְלֹא־ ג
יָכְלָ֣ה עוֹד֮ הַצְּפִינוֹ֒ וַתִּקַּח־לוֹ֙ תֵּ֣בַת גֹּ֔מֶא וַתַּחְמְרָ֥ה בַחֵמָ֖ר וּבַזָּ֑פֶת
וַתָּ֤שֶׂם בָּהּ֙ אֶת־הַיֶּ֔לֶד וַתָּ֥שֶׂם בַּסּ֖וּף עַל־שְׂפַ֥ת הַיְאֹֽר׃ וַתֵּתַצַּ֥ב ד
אֲחֹת֖וֹ מֵרָחֹ֑ק לְדֵעָ֕ה מַה־יֵּעָשֶׂ֖ה לֽוֹ׃ וַתֵּ֤רֶד בַּת־פַּרְעֹה֙ לִרְחֹ֣ץ ה
עַל־הַיְאֹ֔ר וְנַעֲרֹתֶ֥יהָ הֹלְכֹ֖ת עַל־יַ֣ד הַיְאֹ֑ר וַתֵּ֤רֶא אֶת־הַתֵּבָה֙
בְּת֣וֹךְ הַסּ֔וּף וַתִּשְׁלַ֥ח אֶת־אֲמָתָ֖הּ וַתִּקָּחֶֽהָ׃ וַתִּפְתַּח֙ וַתִּרְאֵ֣הוּ ו
אֶת־הַיֶּ֔לֶד וְהִנֵּה־נַ֖עַר בֹּכֶ֑ה וַתַּחְמֹ֣ל עָלָ֔יו וַתֹּ֕אמֶר מִיַּלְדֵ֥י
הָֽעִבְרִ֖ים זֶֽה׃ וַתֹּ֣אמֶר אֲחֹתוֹ֮ אֶל־בַּת־פַּרְעֹה֒ הַאֵלֵ֗ךְ וְקָרָ֤אתִי ז
לָךְ֙ אִשָּׁ֣ה מֵינֶ֔קֶת מִ֖ן הָעִבְרִיֹּ֑ת וְתֵינִ֥ק לָ֖ךְ אֶת־הַיָּֽלֶד׃ וַתֹּֽאמֶר־ ח
לָ֥הּ בַּת־פַּרְעֹ֖ה לֵ֑כִי וַתֵּ֙לֶךְ֙ הָֽעַלְמָ֔ה וַתִּקְרָ֖א אֶת־אֵ֥ם הַיָּֽלֶד׃
וַתֹּ֣אמֶר לָ֣הּ בַּת־פַּרְעֹ֡ה הֵילִ֜יכִי אֶת־הַיֶּ֤לֶד הַזֶּה֙ וְהֵינִקִ֣הוּ לִ֔י ט
וַאֲנִ֖י אֶתֵּ֣ן אֶת־שְׂכָרֵ֑ךְ וַתִּקַּ֧ח הָאִשָּׁ֛ה הַיֶּ֖לֶד וַתְּנִיקֵֽהוּ׃ וַיִּגְדַּ֣ל הַיֶּ֗לֶד י
וַתְּבִאֵ֙הוּ֙ לְבַת־פַּרְעֹ֔ה וַֽיְהִי־לָ֖הּ לְבֵ֑ן וַתִּקְרָ֤א שְׁמוֹ֙ מֹשֶׁ֔ה וַתֹּ֕אמֶר
שלישי כִּ֥י מִן־הַמַּ֖יִם מְשִׁיתִֽהוּ׃ וַיְהִ֣י ׀ בַּיָּמִ֣ים הָהֵ֗ם וַיִּגְדַּ֤ל מֹשֶׁה֙ וַיֵּצֵ֣א יא
אֶל־אֶחָ֔יו וַיַּ֖רְא בְּסִבְלֹתָ֑ם וַיַּרְא֙ אִ֣ישׁ מִצְרִ֔י מַכֶּ֥ה אִישׁ־עִבְרִ֖י
מֵאֶחָֽיו׃ וַיִּ֤פֶן כֹּה֙ וָכֹ֔ה וַיַּ֖רְא כִּ֣י אֵ֣ין אִ֑ישׁ וַיַּךְ֙ אֶת־הַמִּצְרִ֔י יב
וַֽיִּטְמְנֵ֖הוּ בַּחֽוֹל׃ וַיֵּצֵא֙ בַּיּ֣וֹם הַשֵּׁנִ֔י וְהִנֵּ֛ה שְׁנֵֽי־אֲנָשִׁ֥ים עִבְרִ֖ים יג
נִצִּ֑ים וַיֹּ֙אמֶר֙ לָֽרָשָׁ֔ע לָ֥מָּה תַכֶּ֖ה רֵעֶֽךָ׃ וַ֠יֹּאמֶר מִ֣י שָֽׂמְךָ֞ לְאִ֨ישׁ יד
שַׂ֤ר וְשֹׁפֵט֙ עָלֵ֔ינוּ הַלְהָרְגֵ֙נִי֙ אַתָּ֣ה אֹמֵ֔ר כַּאֲשֶׁ֥ר הָרַ֖גְתָּ אֶת־
הַמִּצְרִ֑י וַיִּירָ֤א מֹשֶׁה֙ וַיֹּאמַ֔ר אָכֵ֖ן נוֹדַ֥ע הַדָּבָֽר׃ וַיִּשְׁמַ֤ע פַּרְעֹה֙ טו
אֶת־הַדָּבָ֣ר הַזֶּ֔ה וַיְבַקֵּ֖שׁ לַהֲרֹ֣ג אֶת־מֹשֶׁ֑ה וַיִּבְרַ֤ח מֹשֶׁה֙ מִפְּנֵ֣י
פַרְעֹ֔ה וַיֵּ֥שֶׁב בְּאֶֽרֶץ־מִדְיָ֖ן וַיֵּ֥שֶׁב עַל־הַבְּאֵֽר׃ וּלְכֹהֵ֥ן מִדְיָ֖ן שֶׁ֣בַע טז
בָּנ֑וֹת וַתָּבֹ֣אנָה וַתִּדְלֶ֗נָה וַתְּמַלֶּ֙אנָה֙ אֶת־הָ֣רְהָטִ֔ים לְהַשְׁק֖וֹת
צֹ֥אן אֲבִיהֶֽן׃ וַיָּבֹ֥אוּ הָרֹעִ֖ים וַיְגָרְשׁ֑וּם וַיָּ֤קָם מֹשֶׁה֙ וַיּ֣וֹשִׁעָ֔ן וַיַּ֖שְׁקְ יז
אֶת־צֹאנָֽם׃ וַתָּבֹ֕אנָה אֶל־רְעוּאֵ֖ל אֲבִיהֶ֑ן וַיֹּ֕אמֶר מַדּ֛וּעַ מִהַרְתֶּ֥ן יח
בֹּ֖א הַיּֽוֹם׃ וַתֹּאמַ֕רְןָ אִ֣ישׁ מִצְרִ֔י הִצִּילָ֖נוּ מִיַּ֣ד הָרֹעִ֑ים וְגַם־דָּלֹ֤ה יט

כ דָלָה לָנוּ וַיַּשְׁקְ אֶת־הַצֹּאן׃ וַיֹּאמֶר אֶל־בְּנֹתָיו וְאַיּוֹ לָמָּה זֶּה
כא עֲזַבְתֶּן אֶת־הָאִישׁ קִרְאֶן לוֹ וְיֹאכַל לָחֶם׃ וַיּוֹאֶל מֹשֶׁה לָשֶׁבֶת
כב אֶת־הָאִישׁ וַיִּתֵּן אֶת־צִפֹּרָה בִתּוֹ לְמֹשֶׁה׃ וַתֵּלֶד בֵּן וַיִּקְרָא אֶת־
שְׁמוֹ גֵּרְשֹׁם כִּי אָמַר גֵּר הָיִיתִי בְּאֶרֶץ נָכְרִיָּה׃
כג וַיְהִי בַיָּמִים הָרַבִּים הָהֵם וַיָּמָת מֶלֶךְ מִצְרַיִם וַיֵּאָנְחוּ בְנֵי־
יִשְׂרָאֵל מִן־הָעֲבֹדָה וַיִּזְעָקוּ וַתַּעַל שַׁוְעָתָם אֶל־הָאֱלֹהִים מִן־
כד הָעֲבֹדָה׃ וַיִּשְׁמַע אֱלֹהִים אֶת־נַאֲקָתָם וַיִּזְכֹּר אֱלֹהִים אֶת־
כה בְּרִיתוֹ אֶת־אַבְרָהָם אֶת־יִצְחָק וְאֶת־יַעֲקֹב׃ וַיַּרְא אֱלֹהִים
ג א אֶת־בְּנֵי יִשְׂרָאֵל וַיֵּדַע אֱלֹהִים׃ וּמֹשֶׁה הָיָה רֹעֶה ב רביעי
אֶת־צֹאן יִתְרוֹ חֹתְנוֹ כֹּהֵן מִדְיָן וַיִּנְהַג אֶת־הַצֹּאן אַחַר הַמִּדְבָּר
ב וַיָּבֹא אֶל־הַר הָאֱלֹהִים חֹרֵבָה׃ וַיֵּרָא מַלְאַךְ יְהוָה אֵלָיו בְּלַבַּת־
אֵשׁ מִתּוֹךְ הַסְּנֶה וַיַּרְא וְהִנֵּה הַסְּנֶה בֹּעֵר בָּאֵשׁ וְהַסְּנֶה אֵינֶנּוּ
ג אֻכָּל׃ וַיֹּאמֶר מֹשֶׁה אָסֻרָה־נָּא וְאֶרְאֶה אֶת־הַמַּרְאֶה הַגָּדֹל
ד הַזֶּה מַדּוּעַ לֹא־יִבְעַר הַסְּנֶה׃ וַיַּרְא יְהוָה כִּי סָר לִרְאוֹת וַיִּקְרָא
אֵלָיו אֱלֹהִים מִתּוֹךְ הַסְּנֶה וַיֹּאמֶר מֹשֶׁה מֹשֶׁה וַיֹּאמֶר הִנֵּנִי׃
ה וַיֹּאמֶר אַל־תִּקְרַב הֲלֹם שַׁל־נְעָלֶיךָ מֵעַל רַגְלֶיךָ כִּי הַמָּקוֹם
ו אֲשֶׁר אַתָּה עוֹמֵד עָלָיו אַדְמַת־קֹדֶשׁ הוּא׃ וַיֹּאמֶר אָנֹכִי אֱלֹהֵי
אָבִיךָ אֱלֹהֵי אַבְרָהָם אֱלֹהֵי יִצְחָק וֵאלֹהֵי יַעֲקֹב וַיַּסְתֵּר מֹשֶׁה
ז פָּנָיו כִּי יָרֵא מֵהַבִּיט אֶל־הָאֱלֹהִים׃ וַיֹּאמֶר יְהוָה רָאֹה רָאִיתִי
אֶת־עֳנִי עַמִּי אֲשֶׁר בְּמִצְרָיִם וְאֶת־צַעֲקָתָם שָׁמַעְתִּי מִפְּנֵי
ח נֹגְשָׂיו כִּי יָדַעְתִּי אֶת־מַכְאֹבָיו׃ וָאֵרֵד לְהַצִּילוֹ ׀ מִיַּד מִצְרַיִם
וּלְהַעֲלֹתוֹ מִן־הָאָרֶץ הַהִוא אֶל־אֶרֶץ טוֹבָה וּרְחָבָה אֶל־אֶרֶץ
זָבַת חָלָב וּדְבָשׁ אֶל־מְקוֹם הַכְּנַעֲנִי וְהַחִתִּי וְהָאֱמֹרִי וְהַפְּרִזִּי
ט וְהַחִוִּי וְהַיְבוּסִי׃ וְעַתָּה הִנֵּה צַעֲקַת בְּנֵי־יִשְׂרָאֵל בָּאָה אֵלָי וְגַם־
י רָאִיתִי אֶת־הַלַּחַץ אֲשֶׁר מִצְרַיִם לֹחֲצִים אֹתָם׃ וְעַתָּה לְכָה
וְאֶשְׁלָחֲךָ אֶל־פַּרְעֹה וְהוֹצֵא אֶת־עַמִּי בְנֵי־יִשְׂרָאֵל מִמִּצְרָיִם׃
יא וַיֹּאמֶר מֹשֶׁה אֶל־הָאֱלֹהִים מִי אָנֹכִי כִּי אֵלֵךְ אֶל־פַּרְעֹה וְכִי

יב אוֹצִיא אֶת־בְּנֵי יִשְׂרָאֵל מִמִּצְרָיִם׃ וַיֹּאמֶר כִּי־אֶהְיֶה עִמָּךְ וְזֶה־
לְּךָ הָאוֹת כִּי אָנֹכִי שְׁלַחְתִּיךָ בְּהוֹצִיאֲךָ אֶת־הָעָם מִמִּצְרַיִם
יג תַּעַבְדוּן אֶת־הָאֱלֹהִים עַל הָהָר הַזֶּה׃ וַיֹּאמֶר מֹשֶׁה אֶל־
הָאֱלֹהִים הִנֵּה אָנֹכִי בָא אֶל־בְּנֵי יִשְׂרָאֵל וְאָמַרְתִּי לָהֶם אֱלֹהֵי
אֲבוֹתֵיכֶם שְׁלָחַנִי אֲלֵיכֶם וְאָמְרוּ־לִי מַה־שְּׁמוֹ מָה אֹמַר אֲלֵהֶם׃
יד וַיֹּאמֶר אֱלֹהִים אֶל־מֹשֶׁה אֶהְיֶה אֲשֶׁר אֶהְיֶה וַיֹּאמֶר כֹּה תֹאמַר
טו לִבְנֵי יִשְׂרָאֵל אֶהְיֶה שְׁלָחַנִי אֲלֵיכֶם׃ וַיֹּאמֶר עוֹד אֱלֹהִים אֶל־
מֹשֶׁה כֹּה תֹאמַר אֶל־בְּנֵי יִשְׂרָאֵל יְהוָה אֱלֹהֵי אֲבֹתֵיכֶם אֱלֹהֵי
אַבְרָהָם אֱלֹהֵי יִצְחָק וֵאלֹהֵי יַעֲקֹב שְׁלָחַנִי אֲלֵיכֶם זֶה־שְּׁמִי
חמישי טז לְעֹלָם וְזֶה זִכְרִי לְדֹר דֹּר׃ לֵךְ וְאָסַפְתָּ אֶת־זִקְנֵי יִשְׂרָאֵל וְאָמַרְתָּ
אֲלֵהֶם יְהוָה אֱלֹהֵי אֲבֹתֵיכֶם נִרְאָה אֵלַי אֱלֹהֵי אַבְרָהָם
יִצְחָק וְיַעֲקֹב לֵאמֹר פָּקֹד פָּקַדְתִּי אֶתְכֶם וְאֶת־הֶעָשׂוּי לָכֶם
יז בְּמִצְרָיִם׃ וָאֹמַר אַעֲלֶה אֶתְכֶם מֵעֳנִי מִצְרַיִם אֶל־אֶרֶץ הַכְּנַעֲנִי
וְהַחִתִּי וְהָאֱמֹרִי וְהַפְּרִזִּי וְהַחִוִּי וְהַיְבוּסִי אֶל־אֶרֶץ זָבַת חָלָב
יח וּדְבָשׁ׃ וְשָׁמְעוּ לְקֹלֶךָ וּבָאתָ אַתָּה וְזִקְנֵי יִשְׂרָאֵל אֶל־מֶלֶךְ
מִצְרַיִם וַאֲמַרְתֶּם אֵלָיו יְהוָה אֱלֹהֵי הָעִבְרִיִּים נִקְרָה עָלֵינוּ
וְעַתָּה נֵלְכָה־נָּא דֶּרֶךְ שְׁלֹשֶׁת יָמִים בַּמִּדְבָּר וְנִזְבְּחָה לַיהוָה
יט אֱלֹהֵינוּ׃ וַאֲנִי יָדַעְתִּי כִּי לֹא־יִתֵּן אֶתְכֶם מֶלֶךְ מִצְרַיִם לַהֲלֹךְ
כ וְלֹא בְּיָד חֲזָקָה׃ וְשָׁלַחְתִּי אֶת־יָדִי וְהִכֵּיתִי אֶת־מִצְרַיִם בְּכֹל
כא נִפְלְאֹתַי אֲשֶׁר אֶעֱשֶׂה בְּקִרְבּוֹ וְאַחֲרֵי־כֵן יְשַׁלַּח אֶתְכֶם׃ וְנָתַתִּי
אֶת־חֵן הָעָם־הַזֶּה בְּעֵינֵי מִצְרָיִם וְהָיָה כִּי תֵלֵכוּן לֹא תֵלְכוּ
כב רֵיקָם׃ וְשָׁאֲלָה אִשָּׁה מִשְּׁכֶנְתָּהּ וּמִגָּרַת בֵּיתָהּ כְּלֵי־כֶסֶף וּכְלֵי
זָהָב וּשְׂמָלֹת וְשַׂמְתֶּם עַל־בְּנֵיכֶם וְעַל־בְּנֹתֵיכֶם וְנִצַּלְתֶּם אֶת־
ד א מִצְרָיִם׃ וַיַּעַן מֹשֶׁה וַיֹּאמֶר וְהֵן לֹא־יַאֲמִינוּ לִי וְלֹא יִשְׁמְעוּ
ב בְּקֹלִי כִּי יֹאמְרוּ לֹא־נִרְאָה אֵלֶיךָ יְהוָה׃ וַיֹּאמֶר אֵלָיו יְהוָה
ג מַזֶּה בְיָדֶךָ וַיֹּאמֶר מַטֶּה׃ וַיֹּאמֶר הַשְׁלִיכֵהוּ אַרְצָה וַיַּשְׁלִכֵהוּ מַה־זֶּה
ד אַרְצָה וַיְהִי לְנָחָשׁ וַיָּנָס מֹשֶׁה מִפָּנָיו׃ וַיֹּאמֶר יְהוָה אֶל־מֹשֶׁה

שְׁלַח יָדְךָ וֶאֱחֹז בִּזְנָבוֹ וַיִּשְׁלַח יָדוֹ וַיַּחֲזֶק־בּוֹ וַיְהִי לְמַטֶּה בְּכַפּוֹ׃
ה לְמַעַן יַאֲמִינוּ כִּי־נִרְאָה אֵלֶיךָ יְהוָה אֱלֹהֵי אֲבֹתָם אֱלֹהֵי
ו אַבְרָהָם אֱלֹהֵי יִצְחָק וֵאלֹהֵי יַעֲקֹב׃ וַיֹּאמֶר יְהוָה לוֹ עוֹד הָבֵא־
נָא יָדְךָ בְּחֵיקֶךָ וַיָּבֵא יָדוֹ בְּחֵיקוֹ וַיּוֹצִאָהּ וְהִנֵּה יָדוֹ מְצֹרַעַת
ז כַּשָּׁלֶג׃ וַיֹּאמֶר הָשֵׁב יָדְךָ אֶל־חֵיקֶךָ וַיָּשֶׁב יָדוֹ אֶל־חֵיקוֹ וַיּוֹצִאָהּ
ח מֵחֵיקוֹ וְהִנֵּה־שָׁבָה כִּבְשָׂרוֹ׃ וְהָיָה אִם־לֹא יַאֲמִינוּ לָךְ וְלֹא
יִשְׁמְעוּ לְקֹל הָאֹת הָרִאשׁוֹן וְהֶאֱמִינוּ לְקֹל הָאֹת הָאַחֲרוֹן׃
ט וְהָיָה אִם־לֹא יַאֲמִינוּ גַּם לִשְׁנֵי הָאֹתוֹת הָאֵלֶּה וְלֹא יִשְׁמְעוּן
לְקֹלֶךָ וְלָקַחְתָּ מִמֵּימֵי הַיְאֹר וְשָׁפַכְתָּ הַיַּבָּשָׁה וְהָיוּ הַמַּיִם אֲשֶׁר
י תִּקַּח מִן־הַיְאֹר וְהָיוּ לְדָם בַּיַּבָּשֶׁת׃ וַיֹּאמֶר מֹשֶׁה אֶל־יְהוָה
בִּי אֲדֹנָי לֹא אִישׁ דְּבָרִים אָנֹכִי גַּם מִתְּמוֹל גַּם מִשִּׁלְשֹׁם גַּם
יא מֵאָז דַּבֶּרְךָ אֶל־עַבְדֶּךָ כִּי כְבַד־פֶּה וּכְבַד לָשׁוֹן אָנֹכִי׃ וַיֹּאמֶר
יְהוָה אֵלָיו מִי שָׂם פֶּה לָאָדָם אוֹ מִי־יָשׂוּם אִלֵּם אוֹ חֵרֵשׁ אוֹ
יב פִקֵּחַ אוֹ עִוֵּר הֲלֹא אָנֹכִי יְהוָה׃ וְעַתָּה לֵךְ וְאָנֹכִי אֶהְיֶה עִם־פִּיךָ
יג וְהוֹרֵיתִיךָ אֲשֶׁר תְּדַבֵּר׃ וַיֹּאמֶר בִּי אֲדֹנָי שְׁלַח־נָא בְּיַד־תִּשְׁלָח׃
יד וַיִּחַר־אַף יְהוָה בְּמֹשֶׁה וַיֹּאמֶר הֲלֹא אַהֲרֹן אָחִיךָ הַלֵּוִי יָדַעְתִּי
כִּי־דַבֵּר יְדַבֵּר הוּא וְגַם הִנֵּה־הוּא יֹצֵא לִקְרָאתֶךָ וְרָאֲךָ וְשָׂמַח
טו בְּלִבּוֹ׃ וְדִבַּרְתָּ אֵלָיו וְשַׂמְתָּ אֶת־הַדְּבָרִים בְּפִיו וְאָנֹכִי אֶהְיֶה
טז עִם־פִּיךָ וְעִם־פִּיהוּ וְהוֹרֵיתִי אֶתְכֶם אֵת אֲשֶׁר תַּעֲשׂוּן׃ וְדִבֶּר־
הוּא לְךָ אֶל־הָעָם וְהָיָה הוּא יִהְיֶה־לְּךָ לְפֶה וְאַתָּה תִּהְיֶה־
יז לּוֹ לֵאלֹהִים׃ וְאֶת־הַמַּטֶּה הַזֶּה תִּקַּח בְּיָדֶךָ אֲשֶׁר תַּעֲשֶׂה־
בּוֹ אֶת־הָאֹתֹת׃
יח וַיֵּלֶךְ מֹשֶׁה וַיָּשָׁב ׀ אֶל־יֶתֶר חֹתְנוֹ וַיֹּאמֶר לוֹ אֵלְכָה־נָּא וְאָשׁוּבָה ג ששי
אֶל־אַחַי אֲשֶׁר־בְּמִצְרַיִם וְאֶרְאֶה הַעוֹדָם חַיִּים וַיֹּאמֶר יִתְרוֹ
יט לְמֹשֶׁה לֵךְ לְשָׁלוֹם׃ וַיֹּאמֶר יְהוָה אֶל־מֹשֶׁה בְּמִדְיָן לֵךְ שֻׁב
כ מִצְרָיִם כִּי־מֵתוּ כָּל־הָאֲנָשִׁים הַמְבַקְשִׁים אֶת־נַפְשֶׁךָ׃ וַיִּקַּח
מֹשֶׁה אֶת־אִשְׁתּוֹ וְאֶת־בָּנָיו וַיַּרְכִּבֵם עַל־הַחֲמֹר וַיָּשָׁב אַרְצָה

מִצְרָיִם וַיִּקַּח מֹשֶׁה אֶת־מַטֵּה הָאֱלֹהִים בְּיָדוֹ׃ וַיֹּאמֶר יְהוָה כא
אֶל־מֹשֶׁה בְּלֶכְתְּךָ לָשׁוּב מִצְרַיְמָה רְאֵה כָּל־הַמֹּפְתִים אֲשֶׁר־
שַׂמְתִּי בְיָדֶךָ וַעֲשִׂיתָם לִפְנֵי פַרְעֹה וַאֲנִי אֲחַזֵּק אֶת־לִבּוֹ וְלֹא
יְשַׁלַּח אֶת־הָעָם׃ וְאָמַרְתָּ אֶל־פַּרְעֹה כֹּה אָמַר יְהוָה בְּנִי בְכֹרִי כב
יִשְׂרָאֵל׃ וָאֹמַר אֵלֶיךָ שַׁלַּח אֶת־בְּנִי וְיַעַבְדֵנִי וַתְּמָאֵן לְשַׁלְּחוֹ כג
הִנֵּה אָנֹכִי הֹרֵג אֶת־בִּנְךָ בְּכֹרֶךָ׃ וַיְהִי בַדֶּרֶךְ בַּמָּלוֹן וַיִּפְגְּשֵׁהוּ כד
יְהוָה וַיְבַקֵּשׁ הֲמִיתוֹ׃ וַתִּקַּח צִפֹּרָה צֹר וַתִּכְרֹת אֶת־עָרְלַת כה
בְּנָהּ וַתַּגַּע לְרַגְלָיו וַתֹּאמֶר כִּי חֲתַן־דָּמִים אַתָּה לִי׃ וַיִּרֶף כו
מִמֶּנּוּ אָז אָמְרָה חֲתַן דָּמִים לַמּוּלֹת׃
וַיֹּאמֶר יְהוָה אֶל־אַהֲרֹן לֵךְ לִקְרַאת מֹשֶׁה הַמִּדְבָּרָה וַיֵּלֶךְ כז
וַיִּפְגְּשֵׁהוּ בְּהַר הָאֱלֹהִים וַיִּשַּׁק־לוֹ׃ וַיַּגֵּד מֹשֶׁה לְאַהֲרֹן אֵת כָּל־ כח
דִּבְרֵי יְהוָה אֲשֶׁר שְׁלָחוֹ וְאֵת כָּל־הָאֹתֹת אֲשֶׁר צִוָּהוּ׃ וַיֵּלֶךְ כט
מֹשֶׁה וְאַהֲרֹן וַיַּאַסְפוּ אֶת־כָּל־זִקְנֵי בְּנֵי יִשְׂרָאֵל׃ וַיְדַבֵּר אַהֲרֹן ל
אֵת כָּל־הַדְּבָרִים אֲשֶׁר־דִּבֶּר יְהוָה אֶל־מֹשֶׁה וַיַּעַשׂ הָאֹתֹת
לְעֵינֵי הָעָם׃ וַיַּאֲמֵן הָעָם וַיִּשְׁמְעוּ כִּי־פָקַד יְהוָה אֶת־בְּנֵי לא
שביעי יִשְׂרָאֵל וְכִי רָאָה אֶת־עָנְיָם וַיִּקְּדוּ וַיִּשְׁתַּחֲווּ׃ וְאַחַר בָּאוּ מֹשֶׁה א ה
וְאַהֲרֹן וַיֹּאמְרוּ אֶל־פַּרְעֹה כֹּה־אָמַר יְהוָה אֱלֹהֵי יִשְׂרָאֵל שַׁלַּח
אֶת־עַמִּי וְיָחֹגּוּ לִי בַּמִּדְבָּר׃ וַיֹּאמֶר פַּרְעֹה מִי יְהוָה אֲשֶׁר אֶשְׁמַע ב
בְּקֹלוֹ לְשַׁלַּח אֶת־יִשְׂרָאֵל לֹא יָדַעְתִּי אֶת־יְהוָה וְגַם אֶת־
יִשְׂרָאֵל לֹא אֲשַׁלֵּחַ׃ וַיֹּאמְרוּ אֱלֹהֵי הָעִבְרִים נִקְרָא עָלֵינוּ ג
נֵלֲכָה־נָּא דֶּרֶךְ שְׁלֹשֶׁת יָמִים בַּמִּדְבָּר וְנִזְבְּחָה לַיהוָה אֱלֹהֵינוּ
פֶּן־יִפְגָּעֵנוּ בַּדֶּבֶר אוֹ בֶחָרֶב׃ וַיֹּאמֶר אֲלֵהֶם מֶלֶךְ מִצְרַיִם לָמָּה ד
מֹשֶׁה וְאַהֲרֹן תַּפְרִיעוּ אֶת־הָעָם מִמַּעֲשָׂיו לְכוּ לְסִבְלֹתֵיכֶם׃
וַיֹּאמֶר פַּרְעֹה הֵן־רַבִּים עַתָּה עַם־הָאָרֶץ וְהִשְׁבַּתֶּם אֹתָם ה
מִסִּבְלֹתָם׃ וַיְצַו פַּרְעֹה בַּיּוֹם הַהוּא אֶת־הַנֹּגְשִׂים בָּעָם וְאֶת־ ו
שֹׁטְרָיו לֵאמֹר׃ לֹא תֹאסִפוּן לָתֵת תֶּבֶן לָעָם לִלְבֹּן הַלְּבֵנִים ז
כִּתְמוֹל שִׁלְשֹׁם הֵם יֵלְכוּ וְקֹשְׁשׁוּ לָהֶם תֶּבֶן׃ וְאֶת־מַתְכֹּנֶת ח

הלבנים אשר הם עשים תמול שלשם תשימו עליהם לא
תגרעו ממנו כי־נרפים הם על־כן הם צעקים לאמר נלכה
ט נזבחה לאלהינו: תכבד העבדה על־האנשים ויעשו־בה
י ואל־ישעו בדברי־שקר: ויצאו נגשי העם ושטריו ויאמרו
יא אל־העם לאמר כה אמר פרעה אינני נתן לכם תבן: אתם
לכו קחו לכם תבן מאשר תמצאו כי אין נגרע מעבדתכם
יב דבר: ויפץ העם בכל־ארץ מצרים לקשש קש לתבן:
יג והנגשים אצים לאמר כלו מעשיכם דבר־יום ביומו כאשר
יד בהיות התבן: ויכו שטרי בני ישראל אשר־שמו עלהם נגשי
פרעה לאמר מדוע לא כליתם חקכם ללבן כתמול שלשם
טו גם־תמול גם־היום: ויבאו שטרי בני ישראל ויצעקו אל־
טז פרעה לאמר למה תעשה כה לעבדיך: תבן אין נתן לעבדיך
ולבנים אמרים לנו עשו והנה עבדיך מכים וחטאת עמך:
יז ויאמר נרפים אתם נרפים על־כן אתם אמרים נלכה נזבחה
יח ליהוה: ועתה לכו עבדו ותבן לא־ינתן לכם ותכן לבנים
יט תתנו: ויראו שטרי בני־ישראל אתם ברע לאמר לא־תגרעו
כ מלבניכם דבר־יום ביומו: ויפגעו את־משה ואת־אהרן
כא נצבים לקראתם בצאתם מאת פרעה: ויאמרו אלהם ירא
יהוה עליכם וישפט אשר הבאשתם את־ריחנו בעיני פרעה
כב ובעיני עבדיו לתת־חרב בידם להרגנו: וישב משה אל־ מפטיר
יהוה ויאמר אדני למה הרעתה לעם הזה למה זה שלחתני:
כג ומאז באתי אל־פרעה לדבר בשמך הרע לעם הזה והצל
ו א לא־הצלת את־עמך: ויאמר יהוה אל־משה עתה תראה
אשר אעשה לפרעה כי ביד חזקה ישלחם וביד חזקה יגרשם
ב מארצו: וידבר אלהים אל־משה ויאמר אליו ד וארא
ג אני יהוה: וארא אל־אברהם אל־יצחק ואל־יעקב באל
ד שדי ושמי יהוה לא נודעתי להם: וגם הקמתי את־בריתי

אֹתָם לָתֵת לָהֶם אֶת־אֶרֶץ כְּנָעַן אֵת אֶרֶץ מְגֻרֵיהֶם אֲשֶׁר־
ה גָּרוּ בָהּ׃ וְגַם׀ אֲנִי שָׁמַעְתִּי אֶת־נַאֲקַת בְּנֵי יִשְׂרָאֵל אֲשֶׁר מִצְרַיִם
ו מַעֲבִדִים אֹתָם וָאֶזְכֹּר אֶת־בְּרִיתִי׃ לָכֵן אֱמֹר לִבְנֵי־יִשְׂרָאֵל
אֲנִי יְהוָה וְהוֹצֵאתִי אֶתְכֶם מִתַּחַת סִבְלֹת מִצְרַיִם וְהִצַּלְתִּי
אֶתְכֶם מֵעֲבֹדָתָם וְגָאַלְתִּי אֶתְכֶם בִּזְרוֹעַ נְטוּיָה וּבִשְׁפָטִים
ז גְּדֹלִים׃ וְלָקַחְתִּי אֶתְכֶם לִי לְעָם וְהָיִיתִי לָכֶם לֵאלֹהִים וִידַעְתֶּם
כִּי אֲנִי יְהוָה אֱלֹהֵיכֶם הַמּוֹצִיא אֶתְכֶם מִתַּחַת סִבְלוֹת מִצְרָיִם׃
ח וְהֵבֵאתִי אֶתְכֶם אֶל־הָאָרֶץ אֲשֶׁר נָשָׂאתִי אֶת־יָדִי לָתֵת אֹתָהּ
לְאַבְרָהָם לְיִצְחָק וּלְיַעֲקֹב וְנָתַתִּי אֹתָהּ לָכֶם מוֹרָשָׁה אֲנִי יְהוָה׃
ט וַיְדַבֵּר מֹשֶׁה כֵּן אֶל־בְּנֵי יִשְׂרָאֵל וְלֹא שָׁמְעוּ אֶל־מֹשֶׁה מִקֹּצֶר
רוּחַ וּמֵעֲבֹדָה קָשָׁה׃

י יא וַיְדַבֵּר יְהוָה אֶל־מֹשֶׁה לֵּאמֹר׃ בֹּא דַבֵּר אֶל־פַּרְעֹה מֶלֶךְ
יב מִצְרָיִם וִישַׁלַּח אֶת־בְּנֵי־יִשְׂרָאֵל מֵאַרְצוֹ׃ וַיְדַבֵּר מֹשֶׁה לִפְנֵי
יְהוָה לֵאמֹר הֵן בְּנֵי־יִשְׂרָאֵל לֹא־שָׁמְעוּ אֵלַי וְאֵיךְ יִשְׁמָעֵנִי
פַרְעֹה וַאֲנִי עֲרַל שְׂפָתָיִם׃

יג וַיְדַבֵּר יְהוָה אֶל־מֹשֶׁה וְאֶל־אַהֲרֹן וַיְצַוֵּם אֶל־בְּנֵי יִשְׂרָאֵל
וְאֶל־פַּרְעֹה מֶלֶךְ מִצְרָיִם לְהוֹצִיא אֶת־בְּנֵי־יִשְׂרָאֵל מֵאֶרֶץ
יד מִצְרָיִם׃ אֵלֶּה רָאשֵׁי בֵית־אֲבֹתָם בְּנֵי רְאוּבֵן שני
בְּכֹר יִשְׂרָאֵל חֲנוֹךְ וּפַלּוּא חֶצְרֹן וְכַרְמִי אֵלֶּה מִשְׁפְּחֹת רְאוּבֵן׃
טו וּבְנֵי שִׁמְעוֹן יְמוּאֵל וְיָמִין וְאֹהַד וְיָכִין וְצֹחַר וְשָׁאוּל בֶּן־הַכְּנַעֲנִית
טז אֵלֶּה מִשְׁפְּחֹת שִׁמְעוֹן׃ וְאֵלֶּה שְׁמוֹת בְּנֵי־לֵוִי לְתֹלְדֹתָם גֵּרְשׁוֹן
יז וּקְהָת וּמְרָרִי וּשְׁנֵי חַיֵּי לֵוִי שֶׁבַע וּשְׁלֹשִׁים וּמְאַת שָׁנָה׃ בְּנֵי
יח גֵרְשׁוֹן לִבְנִי וְשִׁמְעִי לְמִשְׁפְּחֹתָם׃ וּבְנֵי קְהָת עַמְרָם וְיִצְהָר
וְחֶבְרוֹן וְעֻזִּיאֵל וּשְׁנֵי חַיֵּי קְהָת שָׁלֹשׁ וּשְׁלֹשִׁים וּמְאַת שָׁנָה׃
יט כ וּבְנֵי מְרָרִי מַחְלִי וּמוּשִׁי אֵלֶּה מִשְׁפְּחֹת הַלֵּוִי לְתֹלְדֹתָם׃ וַיִּקַּח
עַמְרָם אֶת־יוֹכֶבֶד דֹּדָתוֹ לוֹ לְאִשָּׁה וַתֵּלֶד לוֹ אֶת־אַהֲרֹן וְאֶת־
כא מֹשֶׁה וּשְׁנֵי חַיֵּי עַמְרָם שֶׁבַע וּשְׁלֹשִׁים וּמְאַת שָׁנָה׃ וּבְנֵי יִצְהָר

כב כג קרח ונפג וזכרי: ובני עזיאל מישאל ואלצפן וסתרי: ויקח
אהרן את־אלישבע בת־עמינדב אחות נחשון לו לאשה
ותלד לו את־נדב ואת־אביהוא את־אלעזר ואת־איתמר:
כד ובני קרח אסיר ואלקנה ואביאסף אלה משפחת הקרחי:
כה ואלעזר בן־אהרן לקח־לו מבנות פוטיאל לו לאשה
ותלד לו את־פינחס אלה ראשי אבות הלוים למשפחתם:
כו הוא אהרן ומשה אשר אמר יהוה להם הוציאו את־
כז בני ישראל מארץ מצרים על־צבאתם: הם המדברים
אל־פרעה מלך־מצרים להוציא את־בני־ישראל ממצרים
כח הוא משה ואהרן: ויהי ביום דבר יהוה אל־משה בארץ
כט מצרים: וידבר יהוה אל־משה לאמר אני יהוה שלישי
דבר אל־פרעה מלך מצרים את כל־אשר אני דבר אליך:
ל ויאמר משה לפני יהוה הן אני ערל שפתים ואיך ישמע
אלי פרעה:
ז א ויאמר יהוה אל־משה ראה נתתיך אלהים לפרעה ואהרן
ב אחיך יהיה נביאך: אתה תדבר את כל־אשר אצוך ואהרן
ג אחיך ידבר אל־פרעה ושלח את־בני־ישראל מארצו: ואני
אקשה את־לב פרעה והרביתי את־אתתי ואת־מופתי בארץ
ד מצרים: ולא־ישמע אלכם פרעה ונתתי את־ידי במצרים
והוצאתי את־צבאתי את־עמי בני־ישראל מארץ מצרים
ה בשפטים גדלים: וידעו מצרים כי־אני יהוה בנטתי את־
ו ידי על־מצרים והוצאתי את־בני־ישראל מתוכם: ויעש
ז משה ואהרן כאשר צוה יהוה אתם כן עשו: ומשה בן־
שמנים שנה ואהרן בן־שלש ושמנים שנה בדברם אל־
פרעה:
ח ט ה ויאמר יהוה אל־משה ואל־אהרן לאמר: כי ידבר אלכם רביעי
פרעה לאמר תנו לכם מופת ואמרת אל־אהרן קח את־

י מַטְּךָ וְהַשְׁלֵךְ לִפְנֵי־פַרְעֹה יְהִי לְתַנִּין׃ וַיָּבֹא מֹשֶׁה וְאַהֲרֹן אֶל־
פַּרְעֹה וַיַּעֲשׂוּ־כֵן כַּאֲשֶׁר צִוָּה יְהוָה וַיַּשְׁלֵךְ אַהֲרֹן אֶת־מַטֵּהוּ
יא לִפְנֵי פַרְעֹה וְלִפְנֵי עֲבָדָיו וַיְהִי לְתַנִּין׃ וַיִּקְרָא גַּם־פַּרְעֹה לַחֲכָמִים
וְלַמְכַשְּׁפִים וַיַּעֲשׂוּ גַם־הֵם חַרְטֻמֵּי מִצְרַיִם בְּלַהֲטֵיהֶם כֵּן׃
יב וַיַּשְׁלִיכוּ אִישׁ מַטֵּהוּ וַיִּהְיוּ לְתַנִּינִם וַיִּבְלַע מַטֵּה־אַהֲרֹן אֶת־
יג מַטֹּתָם׃ וַיֶּחֱזַק לֵב פַּרְעֹה וְלֹא שָׁמַע אֲלֵהֶם כַּאֲשֶׁר דִּבֶּר
יד יְהוָה׃ וַיֹּאמֶר יְהוָה אֶל־מֹשֶׁה כָּבֵד לֵב פַּרְעֹה
טו מֵאֵן לְשַׁלַּח הָעָם׃ לֵךְ אֶל־פַּרְעֹה בַּבֹּקֶר הִנֵּה יֹצֵא הַמַּיְמָה
וְנִצַּבְתָּ לִקְרָאתוֹ עַל־שְׂפַת הַיְאֹר וְהַמַּטֶּה אֲשֶׁר־נֶהְפַּךְ לְנָחָשׁ
טז תִּקַּח בְּיָדֶךָ׃ וְאָמַרְתָּ אֵלָיו יְהוָה אֱלֹהֵי הָעִבְרִים שְׁלָחַנִי אֵלֶיךָ
לֵאמֹר שַׁלַּח אֶת־עַמִּי וְיַעַבְדֻנִי בַּמִּדְבָּר וְהִנֵּה לֹא־שָׁמַעְתָּ
יז עַד־כֹּה׃ כֹּה אָמַר יְהוָה בְּזֹאת תֵּדַע כִּי אֲנִי יְהוָה הִנֵּה אָנֹכִי
מַכֶּה ׀ בַּמַּטֶּה אֲשֶׁר־בְּיָדִי עַל־הַמַּיִם אֲשֶׁר בַּיְאֹר וְנֶהֶפְכוּ לְדָם׃
יח וְהַדָּגָה אֲשֶׁר־בַּיְאֹר תָּמוּת וּבָאַשׁ הַיְאֹר וְנִלְאוּ מִצְרַיִם לִשְׁתּוֹת
יט מַיִם מִן־הַיְאֹר׃ וַיֹּאמֶר יְהוָה אֶל־מֹשֶׁה אֱמֹר
אֶל־אַהֲרֹן קַח מַטְּךָ וּנְטֵה־יָדְךָ עַל־מֵימֵי מִצְרַיִם עַל־נַהֲרֹתָם ׀
עַל־יְאֹרֵיהֶם וְעַל־אַגְמֵיהֶם וְעַל כָּל־מִקְוֵה מֵימֵיהֶם וְיִהְיוּ־דָם
כ וְהָיָה דָם בְּכָל־אֶרֶץ מִצְרַיִם וּבָעֵצִים וּבָאֲבָנִים׃ וַיַּעֲשׂוּ־כֵן
מֹשֶׁה וְאַהֲרֹן כַּאֲשֶׁר ׀ צִוָּה יְהוָה וַיָּרֶם בַּמַּטֶּה וַיַּךְ אֶת־הַמַּיִם
אֲשֶׁר בַּיְאֹר לְעֵינֵי פַרְעֹה וּלְעֵינֵי עֲבָדָיו וַיֵּהָפְכוּ כָּל־הַמַּיִם אֲשֶׁר־
כא בַּיְאֹר לְדָם׃ וְהַדָּגָה אֲשֶׁר־בַּיְאֹר מֵתָה וַיִּבְאַשׁ הַיְאֹר וְלֹא־
יָכְלוּ מִצְרַיִם לִשְׁתּוֹת מַיִם מִן־הַיְאֹר וַיְהִי הַדָּם בְּכָל־אֶרֶץ
כב מִצְרָיִם׃ וַיַּעֲשׂוּ־כֵן חַרְטֻמֵּי מִצְרַיִם בְּלָטֵיהֶם וַיֶּחֱזַק לֵב־פַּרְעֹה
כג וְלֹא־שָׁמַע אֲלֵהֶם כַּאֲשֶׁר דִּבֶּר יְהוָה׃ וַיִּפֶן פַּרְעֹה וַיָּבֹא אֶל־
כד בֵּיתוֹ וְלֹא־שָׁת לִבּוֹ גַּם־לָזֹאת׃ וַיַּחְפְּרוּ כָל־מִצְרַיִם סְבִיבֹת
כה הַיְאֹר מַיִם לִשְׁתּוֹת כִּי לֹא יָכְלוּ לִשְׁתֹּת מִמֵּימֵי הַיְאֹר׃ וַיִּמָּלֵא
שִׁבְעַת יָמִים אַחֲרֵי הַכּוֹת־יְהוָה אֶת־הַיְאֹר׃

כו וַיֹּ֤אמֶר יְהוָה֙ אֶל־מֹשֶׁ֔ה בֹּ֖א אֶל־פַּרְעֹ֑ה וְאָמַרְתָּ֣ אֵלָ֗יו כֹּ֚ה אָמַ֣ר
כז יְהוָ֔ה שַׁלַּ֥ח אֶת־עַמִּ֖י וְיַֽעַבְדֻֽנִי׃ וְאִם־מָאֵ֥ן אַתָּ֖ה לְשַׁלֵּ֑חַ הִנֵּ֣ה
כח אָנֹכִ֗י נֹגֵ֛ף אֶת־כָּל־גְּבוּלְךָ֖ בַּֽצְפַרְדְּעִֽים׃ וְשָׁרַ֣ץ הַיְאֹר֮ צְפַרְדְּעִים֒
וְעָלוּ֙ וּבָ֣אוּ בְּבֵיתֶ֔ךָ וּבַחֲדַ֥ר מִשְׁכָּבְךָ֖ וְעַל־מִטָּתֶ֑ךָ וּבְבֵ֤ית עֲבָדֶ֙יךָ֙
כט וּבְעַמֶּ֔ךָ וּבְתַנּוּרֶ֖יךָ וּבְמִשְׁאֲרוֹתֶֽיךָ׃ וּבְכָ֥ה וּֽבְעַמְּךָ֖ וּבְכָל־עֲבָדֶ֑יךָ
ח א יַעֲל֖וּ הַֽצְפַרְדְּעִֽים׃ וַיֹּ֣אמֶר יְהוָה֮ אֶל־מֹשֶׁה֒ אֱמֹ֣ר אֶֽל־אַהֲרֹ֗ן
נְטֵ֤ה אֶת־יָֽדְךָ֙ בְּמַטֶּ֔ךָ עַל־הַנְּהָרֹ֔ת עַל־הַיְאֹרִ֖ים וְעַל־הָאֲגַמִּ֑ים
ב וְהַ֥עַל אֶת־הַֽצְפַרְדְּעִ֖ים עַל־אֶ֥רֶץ מִצְרָֽיִם׃ וַיֵּ֤ט אַהֲרֹן֙ אֶת־יָד֔וֹ
עַ֖ל מֵימֵ֣י מִצְרָ֑יִם וַתַּ֙עַל֙ הַצְּפַרְדֵּ֔עַ וַתְּכַ֖ס אֶת־אֶ֥רֶץ מִצְרָֽיִם׃
ג וַיַּעֲשׂוּ־כֵ֥ן הַחַרְטֻמִּ֖ים בְּלָטֵיהֶ֑ם וַיַּעֲל֥וּ אֶת־הַֽצְפַרְדְּעִ֖ים עַל־
ד אֶ֥רֶץ מִצְרָֽיִם׃ וַיִּקְרָ֨א פַרְעֹ֜ה לְמֹשֶׁ֣ה וּֽלְאַהֲרֹ֗ן וַיֹּ֙אמֶר֙ הַעְתִּ֣ירוּ
אֶל־יְהוָ֔ה וְיָסֵר֙ הַֽצְפַרְדְּעִ֔ים מִמֶּ֖נִּי וּמֵֽעַמִּ֑י וַאֲשַׁלְּחָה֙ אֶת־הָעָ֔ם
ה וְיִזְבְּח֖וּ לַֽיהוָֽה׃ וַיֹּ֨אמֶר מֹשֶׁ֣ה לְפַרְעֹה֮ הִתְפָּאֵ֣ר עָלַי֒ לְמָתַ֣י ׀
אַעְתִּ֣יר לְךָ֗ וְלַעֲבָדֶ֙יךָ֙ וּֽלְעַמְּךָ֔ לְהַכְרִית֙ הַֽצְפַרְדְּעִ֔ים מִמְּךָ֖
ו וּמִבָּתֶּ֑יךָ רַ֥ק בַּיְאֹ֖ר תִּשָּׁאַֽרְנָה׃ וַיֹּ֖אמֶר לְמָחָ֑ר וַיֹּ֙אמֶר֙ כִּדְבָ֣רְךָ֔
חמישי ז לְמַ֣עַן תֵּדַ֔ע כִּי־אֵ֖ין כַּיהוָ֥ה אֱלֹהֵֽינוּ׃ וְסָר֣וּ הַֽצְפַרְדְּעִ֗ים מִמְּךָ֙
ח וּמִבָּתֶּ֔יךָ וּמֵעֲבָדֶ֖יךָ וּמֵעַמֶּ֑ךָ רַ֥ק בַּיְאֹ֖ר תִּשָּׁאַֽרְנָה׃ וַיֵּצֵ֥א מֹשֶׁ֛ה
וְאַהֲרֹ֖ן מֵעִ֣ם פַּרְעֹ֑ה וַיִּצְעַ֤ק מֹשֶׁה֙ אֶל־יְהוָ֔ה עַל־דְּבַ֥ר הַֽצְפַרְדְּעִ֖ים
ט אֲשֶׁר־שָׂ֥ם לְפַרְעֹֽה׃ וַיַּ֥עַשׂ יְהוָ֖ה כִּדְבַ֣ר מֹשֶׁ֑ה וַיָּמֻ֙תוּ֙ הַֽצְפַרְדְּעִ֔ים
י מִן־הַבָּתִּ֥ים מִן־הַחֲצֵרֹ֖ת וּמִן־הַשָּׂדֹֽת׃ וַיִּצְבְּר֥וּ אֹתָ֖ם חֳמָרִ֣ם
יא חֳמָרִ֑ם וַתִּבְאַ֖שׁ הָאָֽרֶץ׃ וַיַּ֣רְא פַּרְעֹ֗ה כִּ֤י הָֽיְתָה֙ הָֽרְוָחָ֔ה וְהַכְבֵּד֙
יב אֶת־לִבּ֔וֹ וְלֹ֥א שָׁמַ֖ע אֲלֵהֶ֑ם כַּאֲשֶׁ֖ר דִּבֶּ֥ר יְהוָֽה׃ וַיֹּ֣אמֶר
יְהוָה֮ אֶל־מֹשֶׁה֒ אֱמֹר֙ אֶל־אַהֲרֹ֔ן נְטֵ֣ה אֶֽת־מַטְּךָ֔ וְהַ֖ךְ אֶת־
יג עֲפַ֣ר הָאָ֑רֶץ וְהָיָ֥ה לְכִנִּ֖ם בְּכָל־אֶ֥רֶץ מִצְרָֽיִם׃ וַיַּֽעֲשׂוּ־כֵ֗ן וַיֵּ֨ט
אַהֲרֹ֤ן אֶת־יָדוֹ֙ בְמַטֵּ֔הוּ וַיַּךְ֙ אֶת־עֲפַ֣ר הָאָ֔רֶץ וַתְּהִי֙ הַכִּנָּ֔ם בָּאָדָ֖ם
וּבַבְּהֵמָ֑ה כָּל־עֲפַ֥ר הָאָ֛רֶץ הָיָ֥ה כִנִּ֖ים בְּכָל־אֶ֥רֶץ מִצְרָֽיִם׃
יד וַיַּעֲשׂוּ־כֵ֨ן הַחַרְטֻמִּ֤ים בְּלָטֵיהֶם֙ לְהוֹצִ֥יא אֶת־הַכִּנִּ֖ים וְלֹ֣א יָכֹ֑לוּ

וַתְּהִי הַכִּנָּם בָּאָדָם וּבַבְּהֵמָה׃ וַיֹּאמְרוּ הַחַרְטֻמִּם אֶל־פַּרְעֹה טו
אֶצְבַּע אֱלֹהִים הִוא וַיֶּחֱזַק לֵב־פַּרְעֹה וְלֹא־שָׁמַע אֲלֵהֶם כַּאֲשֶׁר
ו דִּבֶּר יְהוָה׃ וַיֹּאמֶר יְהוָה אֶל־מֹשֶׁה הַשְׁכֵּם בַּבֹּקֶר טז
וְהִתְיַצֵּב לִפְנֵי פַרְעֹה הִנֵּה יוֹצֵא הַמָּיְמָה וְאָמַרְתָּ אֵלָיו כֹּה
אָמַר יְהוָה שַׁלַּח עַמִּי וְיַעַבְדֻנִי׃ כִּי אִם־אֵינְךָ מְשַׁלֵּחַ אֶת־עַמִּי יז
הִנְנִי מַשְׁלִיחַ בְּךָ וּבַעֲבָדֶיךָ וּבְעַמְּךָ וּבְבָתֶּיךָ אֶת־הֶעָרֹב וּמָלְאוּ
בָּתֵּי מִצְרַיִם אֶת־הֶעָרֹב וְגַם הָאֲדָמָה אֲשֶׁר־הֵם עָלֶיהָ׃ וְהִפְלֵיתִי יח
בַיּוֹם הַהוּא אֶת־אֶרֶץ גֹּשֶׁן אֲשֶׁר עַמִּי עֹמֵד עָלֶיהָ לְבִלְתִּי הֱיוֹת־
ששי שָׁם עָרֹב לְמַעַן תֵּדַע כִּי אֲנִי יְהוָה בְּקֶרֶב הָאָרֶץ׃ וְשַׂמְתִּי יט
פְדֻת בֵּין עַמִּי וּבֵין עַמֶּךָ לְמָחָר יִהְיֶה הָאֹת הַזֶּה׃ וַיַּעַשׂ יְהוָה כ
כֵּן וַיָּבֹא עָרֹב כָּבֵד בֵּיתָה פַרְעֹה וּבֵית עֲבָדָיו וּבְכָל־אֶרֶץ
מִצְרַיִם תִּשָּׁחֵת הָאָרֶץ מִפְּנֵי הֶעָרֹב׃ וַיִּקְרָא פַרְעֹה אֶל־מֹשֶׁה כא
וּלְאַהֲרֹן וַיֹּאמֶר לְכוּ זִבְחוּ לֵאלֹהֵיכֶם בָּאָרֶץ׃ וַיֹּאמֶר מֹשֶׁה כב
לֹא נָכוֹן לַעֲשׂוֹת כֵּן כִּי תּוֹעֲבַת מִצְרַיִם נִזְבַּח לַיהוָה אֱלֹהֵינוּ
הֵן נִזְבַּח אֶת־תּוֹעֲבַת מִצְרַיִם לְעֵינֵיהֶם וְלֹא יִסְקְלֻנוּ׃ דֶּרֶךְ כג
שְׁלֹשֶׁת יָמִים נֵלֵךְ בַּמִּדְבָּר וְזָבַחְנוּ לַיהוָה אֱלֹהֵינוּ כַּאֲשֶׁר יֹאמַר
אֵלֵינוּ׃ וַיֹּאמֶר פַּרְעֹה אָנֹכִי אֲשַׁלַּח אֶתְכֶם וּזְבַחְתֶּם לַיהוָה כד
אֱלֹהֵיכֶם בַּמִּדְבָּר רַק הַרְחֵק לֹא־תַרְחִיקוּ לָלֶכֶת הַעְתִּירוּ
בַּעֲדִי׃ וַיֹּאמֶר מֹשֶׁה הִנֵּה אָנֹכִי יוֹצֵא מֵעִמָּךְ וְהַעְתַּרְתִּי אֶל־ כה
יְהוָה וְסָר הֶעָרֹב מִפַּרְעֹה מֵעֲבָדָיו וּמֵעַמּוֹ מָחָר רַק אַל־יֹסֵף
פַּרְעֹה הָתֵל לְבִלְתִּי שַׁלַּח אֶת־הָעָם לִזְבֹּחַ לַיהוָה׃ וַיֵּצֵא מֹשֶׁה כו
מֵעִם פַּרְעֹה וַיֶּעְתַּר אֶל־יְהוָה׃ וַיַּעַשׂ יְהוָה כִּדְבַר מֹשֶׁה וַיָּסַר כז
הֶעָרֹב מִפַּרְעֹה מֵעֲבָדָיו וּמֵעַמּוֹ לֹא נִשְׁאַר אֶחָד׃ וַיַּכְבֵּד פַּרְעֹה כח
אֶת־לִבּוֹ גַּם בַּפַּעַם הַזֹּאת וְלֹא שִׁלַּח אֶת־הָעָם׃

וַיֹּאמֶר יְהוָה אֶל־מֹשֶׁה בֹּא אֶל־פַּרְעֹה וְדִבַּרְתָּ אֵלָיו כֹּה־אָמַר א ט
יְהוָה אֱלֹהֵי הָעִבְרִים שַׁלַּח אֶת־עַמִּי וְיַעַבְדֻנִי׃ כִּי אִם־מָאֵן אַתָּה ב
לְשַׁלֵּחַ וְעוֹדְךָ מַחֲזִיק בָּם׃ הִנֵּה יַד־יְהוָה הוֹיָה בְּמִקְנְךָ אֲשֶׁר ג

בַּשָּׂדֶה בַּסּוּסִים בַּחֲמֹרִים בַּגְּמַלִּים בַּבָּקָר וּבַצֹּאן דֶּבֶר כָּבֵד
ד מְאֹד׃ וְהִפְלָה יְהוָה בֵּין מִקְנֵה יִשְׂרָאֵל וּבֵין מִקְנֵה מִצְרָיִם
ה וְלֹא יָמוּת מִכָּל־לִבְנֵי יִשְׂרָאֵל דָּבָר׃ וַיָּשֶׂם יְהוָה מוֹעֵד לֵאמֹר
ו מָחָר יַעֲשֶׂה יְהוָה הַדָּבָר הַזֶּה בָּאָרֶץ׃ וַיַּעַשׂ יְהוָה אֶת־הַדָּבָר
הַזֶּה מִמָּחֳרָת וַיָּמָת כֹּל מִקְנֵה מִצְרָיִם וּמִמִּקְנֵה בְנֵי־יִשְׂרָאֵל
ז לֹא־מֵת אֶחָד׃ וַיִּשְׁלַח פַּרְעֹה וְהִנֵּה לֹא־מֵת מִמִּקְנֵה יִשְׂרָאֵל
עַד־אֶחָד וַיִּכְבַּד לֵב פַּרְעֹה וְלֹא שִׁלַּח אֶת־הָעָם׃
ח וַיֹּאמֶר יְהוָה אֶל־מֹשֶׁה וְאֶל־אַהֲרֹן קְחוּ לָכֶם מְלֹא חָפְנֵיכֶם
ט פִּיחַ כִּבְשָׁן וּזְרָקוֹ מֹשֶׁה הַשָּׁמַיְמָה לְעֵינֵי פַרְעֹה׃ וְהָיָה לְאָבָק
עַל כָּל־אֶרֶץ מִצְרָיִם וְהָיָה עַל־הָאָדָם וְעַל־הַבְּהֵמָה לִשְׁחִין
י פֹּרֵחַ אֲבַעְבֻּעֹת בְּכָל־אֶרֶץ מִצְרָיִם׃ וַיִּקְחוּ אֶת־פִּיחַ הַכִּבְשָׁן
וַיַּעַמְדוּ לִפְנֵי פַרְעֹה וַיִּזְרֹק אֹתוֹ מֹשֶׁה הַשָּׁמָיְמָה וַיְהִי שְׁחִין
יא אֲבַעְבֻּעֹת פֹּרֵחַ בָּאָדָם וּבַבְּהֵמָה׃ וְלֹא־יָכְלוּ הַחַרְטֻמִּים לַעֲמֹד
לִפְנֵי מֹשֶׁה מִפְּנֵי הַשְּׁחִין כִּי־הָיָה הַשְּׁחִין בַּחַרְטֻמִּם וּבְכָל־מִצְרָיִם׃
יב וַיְחַזֵּק יְהוָה אֶת־לֵב פַּרְעֹה וְלֹא שָׁמַע אֲלֵהֶם כַּאֲשֶׁר דִּבֶּר
יג יְהוָה אֶל־מֹשֶׁה׃ וַיֹּאמֶר יְהוָה אֶל־מֹשֶׁה הַשְׁכֵּם
בַּבֹּקֶר וְהִתְיַצֵּב לִפְנֵי פַרְעֹה וְאָמַרְתָּ אֵלָיו כֹּה־אָמַר יְהוָה
יד אֱלֹהֵי הָעִבְרִים שַׁלַּח אֶת־עַמִּי וְיַעַבְדֻנִי׃ כִּי ׀ בַּפַּעַם הַזֹּאת אֲנִי
שֹׁלֵחַ אֶת־כָּל־מַגֵּפֹתַי אֶל־לִבְּךָ וּבַעֲבָדֶיךָ וּבְעַמֶּךָ בַּעֲבוּר תֵּדַע
טו כִּי אֵין כָּמֹנִי בְּכָל־הָאָרֶץ׃ כִּי עַתָּה שָׁלַחְתִּי אֶת־יָדִי וָאַךְ אוֹתְךָ
טז וְאֶת־עַמְּךָ בַּדָּבֶר וַתִּכָּחֵד מִן־הָאָרֶץ׃ וְאוּלָם בַּעֲבוּר זֹאת
הֶעֱמַדְתִּיךָ בַּעֲבוּר הַרְאֹתְךָ אֶת־כֹּחִי וּלְמַעַן סַפֵּר שְׁמִי בְּכָל־
יז יח הָאָרֶץ׃ עוֹדְךָ מִסְתּוֹלֵל בְּעַמִּי לְבִלְתִּי שַׁלְּחָם׃ הִנְנִי מַמְטִיר שביעי
כָּעֵת מָחָר בָּרָד כָּבֵד מְאֹד אֲשֶׁר לֹא־הָיָה כָמֹהוּ בְּמִצְרַיִם לְמִן־
יט הַיּוֹם הִוָּסְדָה וְעַד־עָתָּה׃ וְעַתָּה שְׁלַח הָעֵז אֶת־מִקְנְךָ וְאֵת כָּל־
אֲשֶׁר לְךָ בַּשָּׂדֶה כָּל־הָאָדָם וְהַבְּהֵמָה אֲשֶׁר־יִמָּצֵא בַשָּׂדֶה
כ וְלֹא יֵאָסֵף הַבַּיְתָה וְיָרַד עֲלֵהֶם הַבָּרָד וָמֵתוּ׃ הַיָּרֵא אֶת־דְּבַר

יְהוָה מֵעַבְדֵי פַּרְעֹה הֵנִיס אֶת־עֲבָדָיו וְאֶת־מִקְנֵהוּ אֶל־
הַבָּתִּים׃ וַאֲשֶׁר לֹא־שָׂם לִבּוֹ אֶל־דְּבַר יְהוָה וַיַּעֲזֹב אֶת־עֲבָדָיו כא
וְאֶת־מִקְנֵהוּ בַּשָּׂדֶה׃

וַיֹּאמֶר יְהוָה אֶל־מֹשֶׁה נְטֵה אֶת־יָדְךָ עַל־הַשָּׁמַיִם וִיהִי בָרָד כב
בְּכָל־אֶרֶץ מִצְרָיִם עַל־הָאָדָם וְעַל־הַבְּהֵמָה וְעַל כָּל־עֵשֶׂב
הַשָּׂדֶה בְּאֶרֶץ מִצְרָיִם׃ וַיֵּט מֹשֶׁה אֶת־מַטֵּהוּ עַל־הַשָּׁמַיִם כג
וַיהוָה נָתַן קֹלֹת וּבָרָד וַתִּהֲלַךְ־אֵשׁ אָרְצָה וַיַּמְטֵר יְהוָה בָּרָד
עַל־אֶרֶץ מִצְרָיִם׃ וַיְהִי בָרָד וְאֵשׁ מִתְלַקַּחַת בְּתוֹךְ הַבָּרָד כָּבֵד כד
מְאֹד אֲשֶׁר לֹא־הָיָה כָמֹהוּ בְּכָל־אֶרֶץ מִצְרַיִם מֵאָז הָיְתָה לְגוֹי׃
וַיַּךְ הַבָּרָד בְּכָל־אֶרֶץ מִצְרַיִם אֵת כָּל־אֲשֶׁר בַּשָּׂדֶה מֵאָדָם כה
וְעַד־בְּהֵמָה וְאֵת כָּל־עֵשֶׂב הַשָּׂדֶה הִכָּה הַבָּרָד וְאֶת־כָּל־עֵץ
הַשָּׂדֶה שִׁבֵּר׃ רַק בְּאֶרֶץ גֹּשֶׁן אֲשֶׁר־שָׁם בְּנֵי יִשְׂרָאֵל לֹא הָיָה כו
בָּרָד׃ וַיִּשְׁלַח פַּרְעֹה וַיִּקְרָא לְמֹשֶׁה וּלְאַהֲרֹן וַיֹּאמֶר אֲלֵהֶם כז
חָטָאתִי הַפָּעַם יְהוָה הַצַּדִּיק וַאֲנִי וְעַמִּי הָרְשָׁעִים׃ הַעְתִּירוּ כח
אֶל־יְהוָה וְרַב מִהְיֹת קֹלֹת אֱלֹהִים וּבָרָד וַאֲשַׁלְּחָה אֶתְכֶם וְלֹא
תֹסִפוּן לַעֲמֹד׃ וַיֹּאמֶר אֵלָיו מֹשֶׁה כְּצֵאתִי אֶת־הָעִיר אֶפְרֹשׂ כט
אֶת־כַּפַּי אֶל־יְהוָה הַקֹּלוֹת יֶחְדָּלוּן וְהַבָּרָד לֹא יִהְיֶה־עוֹד לְמַעַן
תֵּדַע כִּי לַיהוָה הָאָרֶץ׃ וְאַתָּה וַעֲבָדֶיךָ יָדַעְתִּי כִּי טֶרֶם תִּירְאוּן ל
מִפְּנֵי יְהוָה אֱלֹהִים׃ וְהַפִּשְׁתָּה וְהַשְּׂעֹרָה נֻכָּתָה כִּי הַשְּׂעֹרָה לא
אָבִיב וְהַפִּשְׁתָּה גִּבְעֹל׃ וְהַחִטָּה וְהַכֻּסֶּמֶת לֹא נֻכּוּ כִּי אֲפִילֹת לב
מפטיר הֵנָּה׃ וַיֵּצֵא מֹשֶׁה מֵעִם פַּרְעֹה אֶת־הָעִיר וַיִּפְרֹשׂ כַּפָּיו אֶל־יְהוָה לג
וַיַּחְדְּלוּ הַקֹּלוֹת וְהַבָּרָד וּמָטָר לֹא־נִתַּךְ אָרְצָה׃ וַיַּרְא פַּרְעֹה לד
כִּי־חָדַל הַמָּטָר וְהַבָּרָד וְהַקֹּלֹת וַיֹּסֶף לַחֲטֹא וַיַּכְבֵּד לִבּוֹ הוּא
וַעֲבָדָיו׃ וַיֶּחֱזַק לֵב פַּרְעֹה וְלֹא שִׁלַּח אֶת־בְּנֵי יִשְׂרָאֵל כַּאֲשֶׁר לה
דִּבֶּר יְהוָה בְּיַד־מֹשֶׁה׃

בא ז וַיֹּאמֶר יְהוָה אֶל־מֹשֶׁה בֹּא אֶל־פַּרְעֹה כִּי־אֲנִי הִכְבַּדְתִּי אֶת־ י א
לִבּוֹ וְאֶת־לֵב עֲבָדָיו לְמַעַן שִׁתִי אֹתֹתַי אֵלֶּה בְּקִרְבּוֹ׃ וּלְמַעַן ב

תְּסַפֵּר בְּאָזְנֵי בִנְךָ וּבֶן־בִּנְךָ אֵת אֲשֶׁר הִתְעַלַּלְתִּי בְּמִצְרַיִם
ג וְאֶת־אֹתֹתַי אֲשֶׁר־שַׂמְתִּי בָם וִידַעְתֶּם כִּי־אֲנִי יְהוָה׃ וַיָּבֹא
מֹשֶׁה וְאַהֲרֹן אֶל־פַּרְעֹה וַיֹּאמְרוּ אֵלָיו כֹּה־אָמַר יְהוָה אֱלֹהֵי
הָעִבְרִים עַד־מָתַי מֵאַנְתָּ לֵעָנֹת מִפָּנָי שַׁלַּח עַמִּי וְיַעַבְדֻנִי׃
ד כִּי אִם־מָאֵן אַתָּה לְשַׁלֵּחַ אֶת־עַמִּי הִנְנִי מֵבִיא מָחָר אַרְבֶּה
ה בִּגְבֻלֶךָ׃ וְכִסָּה אֶת־עֵין הָאָרֶץ וְלֹא יוּכַל לִרְאֹת אֶת־הָאָרֶץ
וְאָכַל ׀ אֶת־יֶתֶר הַפְּלֵטָה הַנִּשְׁאֶרֶת לָכֶם מִן־הַבָּרָד וְאָכַל אֶת־
ו כָּל־הָעֵץ הַצֹּמֵחַ לָכֶם מִן־הַשָּׂדֶה׃ וּמָלְאוּ בָתֶּיךָ וּבָתֵּי כָל־
עֲבָדֶיךָ וּבָתֵּי כָל־מִצְרַיִם אֲשֶׁר לֹא־רָאוּ אֲבֹתֶיךָ וַאֲבוֹת אֲבֹתֶיךָ
מִיּוֹם הֱיוֹתָם עַל־הָאֲדָמָה עַד הַיּוֹם הַזֶּה וַיִּפֶן וַיֵּצֵא מֵעִם פַּרְעֹה׃
ז וַיֹּאמְרוּ עַבְדֵי פַרְעֹה אֵלָיו עַד־מָתַי יִהְיֶה זֶה לָנוּ לְמוֹקֵשׁ
שַׁלַּח אֶת־הָאֲנָשִׁים וְיַעַבְדוּ אֶת־יְהוָה אֱלֹהֵיהֶם הֲטֶרֶם תֵּדַע
ח כִּי אָבְדָה מִצְרָיִם׃ וַיּוּשַׁב אֶת־מֹשֶׁה וְאֶת־אַהֲרֹן אֶל־פַּרְעֹה
וַיֹּאמֶר אֲלֵהֶם לְכוּ עִבְדוּ אֶת־יְהוָה אֱלֹהֵיכֶם מִי וָמִי הַהֹלְכִים׃
ט וַיֹּאמֶר מֹשֶׁה בִּנְעָרֵינוּ וּבִזְקֵנֵינוּ נֵלֵךְ בְּבָנֵינוּ וּבִבְנוֹתֵנוּ בְּצֹאנֵנוּ
י וּבִבְקָרֵנוּ נֵלֵךְ כִּי חַג־יְהוָה לָנוּ׃ וַיֹּאמֶר אֲלֵהֶם יְהִי כֵן יְהוָה
עִמָּכֶם כַּאֲשֶׁר אֲשַׁלַּח אֶתְכֶם וְאֶת־טַפְּכֶם רְאוּ כִּי רָעָה נֶגֶד
יא פְּנֵיכֶם׃ לֹא כֵן לְכוּ־נָא הַגְּבָרִים וְעִבְדוּ אֶת־יְהוָה כִּי אֹתָהּ אַתֶּם
יב מְבַקְשִׁים וַיְגָרֶשׁ אֹתָם מֵאֵת פְּנֵי פַרְעֹה׃ וַיֹּאמֶר שני
יְהוָה אֶל־מֹשֶׁה נְטֵה יָדְךָ עַל־אֶרֶץ מִצְרַיִם בָּאַרְבֶּה וְיַעַל עַל־
אֶרֶץ מִצְרָיִם וְיֹאכַל אֶת־כָּל־עֵשֶׂב הָאָרֶץ אֵת כָּל־אֲשֶׁר
יג הִשְׁאִיר הַבָּרָד׃ וַיֵּט מֹשֶׁה אֶת־מַטֵּהוּ עַל־אֶרֶץ מִצְרַיִם וַיהוָה
נִהַג רוּחַ־קָדִים בָּאָרֶץ כָּל־הַיּוֹם הַהוּא וְכָל־הַלָּיְלָה הַבֹּקֶר
יד הָיָה וְרוּחַ הַקָּדִים נָשָׂא אֶת־הָאַרְבֶּה׃ וַיַּעַל הָאַרְבֶּה עַל כָּל־
אֶרֶץ מִצְרַיִם וַיָּנַח בְּכֹל גְּבוּל מִצְרָיִם כָּבֵד מְאֹד לְפָנָיו לֹא־
טו הָיָה כֵן אַרְבֶּה כָּמֹהוּ וְאַחֲרָיו לֹא יִהְיֶה־כֵּן׃ וַיְכַס אֶת־עֵין
כָּל־הָאָרֶץ וַתֶּחְשַׁךְ הָאָרֶץ וַיֹּאכַל אֶת־כָּל־עֵשֶׂב הָאָרֶץ וְאֵת

כל־פרי העץ אשר הותיר הברד ולא־נותר כל־ירק בעץ
ובעשב השדה בכל־ארץ מצרים: וימהר פרעה לקרא טז
למשה ולאהרן ויאמר חטאתי ליהוה אלהיכם ולכם: ועתה יז
שא נא חטאתי אך הפעם והעתירו ליהוה אלהיכם ויסר
מעלי רק את־המות הזה: ויצא מעם פרעה ויעתר אל־יהוה: יח
ויהפך יהוה רוח־ים חזק מאד וישא את־הארבה ויתקעהו יט
ימה סוף לא נשאר ארבה אחד בכל גבול מצרים: ויחזק כ
יהוה את־לב פרעה ולא שלח את־בני ישראל:

ויאמר יהוה אל־משה נטה ידך על־השמים ויהי חשך על־ כא
ארץ מצרים וימש חשך: ויט משה את־ידו על־השמים כב
ויהי חשך־אפלה בכל־ארץ מצרים שלשת ימים: לא־ראו כג
איש את־אחיו ולא־קמו איש מתחתיו שלשת ימים ולכל־
שלישי בני ישראל היה אור במושבתם: ויקרא פרעה אל־משה כד
ויאמר לכו עבדו את־יהוה רק צאנכם ובקרכם יצג גם־
טפכם ילך עמכם: ויאמר משה גם־אתה תתן בידנו זבחים כה
ועלת ועשינו ליהוה אלהינו: וגם־מקננו ילך עמנו לא כו
תשאר פרסה כי ממנו נקח לעבד את־יהוה אלהינו ואנחנו
לא־נדע מה־נעבד את־יהוה עד־באנו שמה: ויחזק כז
יהוה את־לב פרעה ולא אבה לשלחם: ויאמר־לו פרעה כח
לך מעלי השמר לך אל־תסף ראות פני כי ביום ראתך
פני תמות: ויאמר משה כן דברת לא־אסף עוד ראות כט
פניך:

ח ויאמר יהוה אל־משה עוד נגע אחד אביא על־פרעה ועל־ א יא
מצרים אחרי־כן ישלח אתכם מזה כשלחו כלה גרש יגרש
אתכם מזה: דבר־נא באזני העם וישאלו איש מאת רעהו ב
ואשה מאת רעותה כלי־כסף וכלי זהב: ויתן יהוה את־חן ג
העם בעיני מצרים גם האיש משה גדול מאד בארץ מצרים

יא

ד בְּעֵינֵי עַבְדֵי־פַרְעֹה וּבְעֵינֵי הָעָם׃ וַיֹּאמֶר מֹשֶׁה רביעי
ה כֹּה אָמַר יהוה כַּחֲצֹת הַלַּיְלָה אֲנִי יוֹצֵא בְּתוֹךְ מִצְרָיִם׃ וּמֵת
כָּל־בְּכוֹר בְּאֶרֶץ מִצְרַיִם מִבְּכוֹר פַּרְעֹה הַיֹּשֵׁב עַל־כִּסְאוֹ עַד
ו בְּכוֹר הַשִּׁפְחָה אֲשֶׁר אַחַר הָרֵחָיִם וְכֹל בְּכוֹר בְּהֵמָה׃ וְהָיְתָה
צְעָקָה גְדֹלָה בְּכָל־אֶרֶץ מִצְרָיִם אֲשֶׁר כָּמֹהוּ לֹא נִהְיָתָה
ז וְכָמֹהוּ לֹא תֹסִף׃ וּלְכֹל ׀ בְּנֵי יִשְׂרָאֵל לֹא יֶחֱרַץ־כֶּלֶב לְשֹׁנוֹ
לְמֵאִישׁ וְעַד־בְּהֵמָה לְמַעַן תֵּדְעוּן אֲשֶׁר יַפְלֶה יהוה בֵּין מִצְרַיִם
ח וּבֵין יִשְׂרָאֵל׃ וְיָרְדוּ כָל־עֲבָדֶיךָ אֵלֶּה אֵלַי וְהִשְׁתַּחֲווּ־לִי לֵאמֹר
צֵא אַתָּה וְכָל־הָעָם אֲשֶׁר־בְּרַגְלֶיךָ וְאַחֲרֵי־כֵן אֵצֵא וַיֵּצֵא
ט מֵעִם־פַּרְעֹה בָּחֳרִי־אָף׃ וַיֹּאמֶר יהוה אֶל־
מֹשֶׁה לֹא־יִשְׁמַע אֲלֵיכֶם פַּרְעֹה לְמַעַן רְבוֹת מוֹפְתַי בְּאֶרֶץ
י מִצְרָיִם׃ וּמֹשֶׁה וְאַהֲרֹן עָשׂוּ אֶת־כָּל־הַמֹּפְתִים הָאֵלֶּה לִפְנֵי
פַרְעֹה וַיְחַזֵּק יהוה אֶת־לֵב פַּרְעֹה וְלֹא־שִׁלַּח אֶת־בְּנֵי־יִשְׂרָאֵל
יב א מֵאַרְצוֹ׃ וַיֹּאמֶר יהוה אֶל־מֹשֶׁה וְאֶל־אַהֲרֹן
ב בְּאֶרֶץ מִצְרַיִם לֵאמֹר׃ הַחֹדֶשׁ הַזֶּה לָכֶם רֹאשׁ חֳדָשִׁים רִאשׁוֹן
ג הוּא לָכֶם לְחָדְשֵׁי הַשָּׁנָה׃ דַּבְּרוּ אֶל־כָּל־עֲדַת יִשְׂרָאֵל לֵאמֹר
בֶּעָשֹׂר לַחֹדֶשׁ הַזֶּה וְיִקְחוּ לָהֶם אִישׁ שֶׂה לְבֵית־אָבֹת שֶׂה
ד לַבָּיִת׃ וְאִם־יִמְעַט הַבַּיִת מִהְיוֹת מִשֶּׂה וְלָקַח הוּא וּשְׁכֵנוֹ
הַקָּרֹב אֶל־בֵּיתוֹ בְּמִכְסַת נְפָשֹׁת אִישׁ לְפִי אָכְלוֹ תָּכֹסּוּ עַל־
ה הַשֶּׂה׃ שֶׂה תָמִים זָכָר בֶּן־שָׁנָה יִהְיֶה לָכֶם מִן־הַכְּבָשִׂים וּמִן־
ו הָעִזִּים תִּקָּחוּ׃ וְהָיָה לָכֶם לְמִשְׁמֶרֶת עַד אַרְבָּעָה עָשָׂר יוֹם
לַחֹדֶשׁ הַזֶּה וְשָׁחֲטוּ אֹתוֹ כֹּל קְהַל עֲדַת־יִשְׂרָאֵל בֵּין הָעַרְבָּיִם׃
ז וְלָקְחוּ מִן־הַדָּם וְנָתְנוּ עַל־שְׁתֵּי הַמְּזוּזֹת וְעַל־הַמַּשְׁקוֹף עַל
ח הַבָּתִּים אֲשֶׁר־יֹאכְלוּ אֹתוֹ בָּהֶם׃ וְאָכְלוּ אֶת־הַבָּשָׂר בַּלַּיְלָה
ט הַזֶּה צְלִי־אֵשׁ וּמַצּוֹת עַל־מְרֹרִים יֹאכְלֻהוּ׃ אַל־תֹּאכְלוּ מִמֶּנּוּ
נָא וּבָשֵׁל מְבֻשָּׁל בַּמָּיִם כִּי אִם־צְלִי־אֵשׁ רֹאשׁוֹ עַל־כְּרָעָיו
י וְעַל־קִרְבּוֹ׃ וְלֹא־תוֹתִירוּ מִמֶּנּוּ עַד־בֹּקֶר וְהַנֹּתָר מִמֶּנּוּ עַד־

בֹּקֶר בָּאֵשׁ תִּשְׂרֹפוּ׃ וְכָכָה תֹּאכְלוּ אֹתוֹ מָתְנֵיכֶם חֲגֻרִים יא
נַעֲלֵיכֶם בְּרַגְלֵיכֶם וּמַקֶּלְכֶם בְּיֶדְכֶם וַאֲכַלְתֶּם אֹתוֹ בְּחִפָּזוֹן
פֶּסַח הוּא לַיהוָה׃ וְעָבַרְתִּי בְאֶרֶץ־מִצְרַיִם בַּלַּיְלָה הַזֶּה וְהִכֵּיתִי יב
כָל־בְּכוֹר בְּאֶרֶץ מִצְרַיִם מֵאָדָם וְעַד־בְּהֵמָה וּבְכָל־אֱלֹהֵי
מִצְרַיִם אֶעֱשֶׂה שְׁפָטִים אֲנִי יְהוָה׃ וְהָיָה הַדָּם לָכֶם לְאֹת עַל יג
הַבָּתִּים אֲשֶׁר אַתֶּם שָׁם וְרָאִיתִי אֶת־הַדָּם וּפָסַחְתִּי עֲלֵכֶם
וְלֹא־יִהְיֶה בָכֶם נֶגֶף לְמַשְׁחִית בְּהַכֹּתִי בְּאֶרֶץ מִצְרָיִם׃ וְהָיָה יד
הַיּוֹם הַזֶּה לָכֶם לְזִכָּרוֹן וְחַגֹּתֶם אֹתוֹ חַג לַיהוָה לְדֹרֹתֵיכֶם
חֻקַּת עוֹלָם תְּחָגֻּהוּ׃ שִׁבְעַת יָמִים מַצּוֹת תֹּאכֵלוּ אַךְ בַּיּוֹם טו
הָרִאשׁוֹן תַּשְׁבִּיתוּ שְּׂאֹר מִבָּתֵּיכֶם כִּי ׀ כָּל־אֹכֵל חָמֵץ וְנִכְרְתָה
הַנֶּפֶשׁ הַהִוא מִיִּשְׂרָאֵל מִיּוֹם הָרִאשֹׁן עַד־יוֹם הַשְּׁבִעִי׃ וּבַיּוֹם טז
הָרִאשׁוֹן מִקְרָא־קֹדֶשׁ וּבַיּוֹם הַשְּׁבִיעִי מִקְרָא־קֹדֶשׁ יִהְיֶה לָכֶם
כָּל־מְלָאכָה לֹא־יֵעָשֶׂה בָהֶם אַךְ אֲשֶׁר יֵאָכֵל לְכָל־נֶפֶשׁ הוּא
לְבַדּוֹ יֵעָשֶׂה לָכֶם׃ וּשְׁמַרְתֶּם אֶת־הַמַּצּוֹת כִּי בְּעֶצֶם הַיּוֹם יז
הַזֶּה הוֹצֵאתִי אֶת־צִבְאוֹתֵיכֶם מֵאֶרֶץ מִצְרָיִם וּשְׁמַרְתֶּם אֶת־
הַיּוֹם הַזֶּה לְדֹרֹתֵיכֶם חֻקַּת עוֹלָם׃ בָּרִאשֹׁן בְּאַרְבָּעָה עָשָׂר יח
יוֹם לַחֹדֶשׁ בָּעֶרֶב תֹּאכְלוּ מַצֹּת עַד יוֹם הָאֶחָד וְעֶשְׂרִים
לַחֹדֶשׁ בָּעָרֶב׃ שִׁבְעַת יָמִים שְׂאֹר לֹא יִמָּצֵא בְּבָתֵּיכֶם כִּי ׀ כָּל־ יט
אֹכֵל מַחְמֶצֶת וְנִכְרְתָה הַנֶּפֶשׁ הַהִוא מֵעֲדַת יִשְׂרָאֵל בַּגֵּר
וּבְאֶזְרַח הָאָרֶץ׃ כָּל־מַחְמֶצֶת לֹא תֹאכֵלוּ בְּכֹל מוֹשְׁבֹתֵיכֶם כ
תֹּאכְלוּ מַצּוֹת׃

חמישי
וַיִּקְרָא מֹשֶׁה לְכָל־זִקְנֵי יִשְׂרָאֵל וַיֹּאמֶר אֲלֵהֶם מִשְׁכוּ וּקְחוּ כא
לָכֶם צֹאן לְמִשְׁפְּחֹתֵיכֶם וְשַׁחֲטוּ הַפָּסַח׃ וּלְקַחְתֶּם אֲגֻדַּת אֵזוֹב כב
וּטְבַלְתֶּם בַּדָּם אֲשֶׁר־בַּסַּף וְהִגַּעְתֶּם אֶל־הַמַּשְׁקוֹף וְאֶל־שְׁתֵּי
הַמְּזוּזֹת מִן־הַדָּם אֲשֶׁר בַּסָּף וְאַתֶּם לֹא תֵצְאוּ אִישׁ מִפֶּתַח־
בֵּיתוֹ עַד־בֹּקֶר׃ וְעָבַר יְהוָה לִנְגֹּף אֶת־מִצְרַיִם וְרָאָה אֶת־ כג
הַדָּם עַל־הַמַּשְׁקוֹף וְעַל שְׁתֵּי הַמְּזוּזֹת וּפָסַח יְהוָה עַל־הַפֶּתַח

כד וְלֹא יִתֵּן הַמַּשְׁחִית לָבֹא אֶל־בָּתֵּיכֶם לִנְגֹּף׃ וּשְׁמַרְתֶּם אֶת־
כה הַדָּבָר הַזֶּה לְחָק־לְךָ וּלְבָנֶיךָ עַד־עוֹלָם׃ וְהָיָה כִּי־תָבֹאוּ אֶל־
הָאָרֶץ אֲשֶׁר יִתֵּן יהוה לָכֶם כַּאֲשֶׁר דִּבֵּר וּשְׁמַרְתֶּם אֶת־
כו הָעֲבֹדָה הַזֹּאת׃ וְהָיָה כִּי־יֹאמְרוּ אֲלֵיכֶם בְּנֵיכֶם מָה הָעֲבֹדָה
כז הַזֹּאת לָכֶם׃ וַאֲמַרְתֶּם זֶבַח־פֶּסַח הוּא לַיהוה אֲשֶׁר פָּסַח עַל־
בָּתֵּי בְנֵי־יִשְׂרָאֵל בְּמִצְרַיִם בְּנָגְפּוֹ אֶת־מִצְרַיִם וְאֶת־בָּתֵּינוּ הִצִּיל
כח וַיִּקֹּד הָעָם וַיִּשְׁתַּחֲווּ׃ וַיֵּלְכוּ וַיַּעֲשׂוּ בְּנֵי יִשְׂרָאֵל כַּאֲשֶׁר צִוָּה יהוה
כט אֶת־מֹשֶׁה וְאַהֲרֹן כֵּן עָשׂוּ׃ וַיְהִי ׀ בַּחֲצִי הַלַּיְלָה ט ששי
וַיהוה הִכָּה כָל־בְּכוֹר בְּאֶרֶץ מִצְרַיִם מִבְּכֹר פַּרְעֹה הַיֹּשֵׁב עַל־
כִּסְאוֹ עַד בְּכוֹר הַשְּׁבִי אֲשֶׁר בְּבֵית הַבּוֹר וְכֹל בְּכוֹר בְּהֵמָה׃
ל וַיָּקָם פַּרְעֹה לַיְלָה הוּא וְכָל־עֲבָדָיו וְכָל־מִצְרַיִם וַתְּהִי צְעָקָה
לא גְדֹלָה בְּמִצְרָיִם כִּי־אֵין בַּיִת אֲשֶׁר אֵין־שָׁם מֵת׃ וַיִּקְרָא לְמֹשֶׁה
וּלְאַהֲרֹן לַיְלָה וַיֹּאמֶר קוּמוּ צְּאוּ מִתּוֹךְ עַמִּי גַּם־אַתֶּם גַּם־
לב בְּנֵי יִשְׂרָאֵל וּלְכוּ עִבְדוּ אֶת־יהוה כְּדַבֶּרְכֶם׃ גַּם־צֹאנְכֶם גַּם־
לג בְּקַרְכֶם קְחוּ כַּאֲשֶׁר דִּבַּרְתֶּם וָלֵכוּ וּבֵרַכְתֶּם גַּם־אֹתִי׃ וַתֶּחֱזַק
מִצְרַיִם עַל־הָעָם לְמַהֵר לְשַׁלְּחָם מִן־הָאָרֶץ כִּי אָמְרוּ כֻּלָּנוּ
לד מֵתִים׃ וַיִּשָּׂא הָעָם אֶת־בְּצֵקוֹ טֶרֶם יֶחְמָץ מִשְׁאֲרֹתָם צְרֻרֹת
לה בְּשִׂמְלֹתָם עַל־שִׁכְמָם׃ וּבְנֵי־יִשְׂרָאֵל עָשׂוּ כִּדְבַר מֹשֶׁה וַיִּשְׁאֲלוּ
לו מִמִּצְרַיִם כְּלֵי־כֶסֶף וּכְלֵי זָהָב וּשְׂמָלֹת׃ וַיהוה נָתַן אֶת־חֵן הָעָם
בְּעֵינֵי מִצְרַיִם וַיַּשְׁאִלוּם וַיְנַצְּלוּ אֶת־מִצְרָיִם׃
לז וַיִּסְעוּ בְנֵי־יִשְׂרָאֵל מֵרַעְמְסֵס סֻכֹּתָה כְּשֵׁשׁ־מֵאוֹת אֶלֶף רַגְלִי
לח הַגְּבָרִים לְבַד מִטָּף׃ וְגַם־עֵרֶב רַב עָלָה אִתָּם וְצֹאן וּבָקָר
לט מִקְנֶה כָּבֵד מְאֹד׃ וַיֹּאפוּ אֶת־הַבָּצֵק אֲשֶׁר הוֹצִיאוּ מִמִּצְרַיִם
עֻגֹת מַצּוֹת כִּי־לֹא חָמֵץ כִּי־גֹרְשׁוּ מִמִּצְרַיִם וְלֹא יָכְלוּ לְהִתְמַהְמֵהַּ
מ וְגַם־צֵדָה לֹא־עָשׂוּ לָהֶם׃ וּמוֹשַׁב בְּנֵי יִשְׂרָאֵל אֲשֶׁר יָשְׁבוּ
מא בְּמִצְרָיִם שְׁלֹשִׁים שָׁנָה וְאַרְבַּע מֵאוֹת שָׁנָה׃ וַיְהִי מִקֵּץ שְׁלֹשִׁים
שָׁנָה וְאַרְבַּע מֵאוֹת שָׁנָה וַיְהִי בְּעֶצֶם הַיּוֹם הַזֶּה יָצְאוּ כָּל־

מב צִבְאוֹת יְהוָה מֵאֶרֶץ מִצְרָיִם: לֵיל שִׁמֻּרִים הוּא לַיהוָה
לְהוֹצִיאָם מֵאֶרֶץ מִצְרָיִם הוּא־הַלַּיְלָה הַזֶּה לַיהוָה שִׁמֻּרִים
לְכָל־בְּנֵי יִשְׂרָאֵל לְדֹרֹתָם:
מג וַיֹּאמֶר יְהוָה אֶל־מֹשֶׁה וְאַהֲרֹן זֹאת חֻקַּת הַפָּסַח כָּל־בֶּן־נֵכָר
מד לֹא־יֹאכַל בּוֹ: וְכָל־עֶבֶד אִישׁ מִקְנַת־כָּסֶף וּמַלְתָּה אֹתוֹ אָז
מה מו יֹאכַל בּוֹ: תּוֹשָׁב וְשָׂכִיר לֹא־יֹאכַל בּוֹ: בְּבַיִת אֶחָד יֵאָכֵל לֹא־
תוֹצִיא מִן־הַבַּיִת מִן־הַבָּשָׂר חוּצָה וְעֶצֶם לֹא תִשְׁבְּרוּ־בוֹ:
מז מח כָּל־עֲדַת יִשְׂרָאֵל יַעֲשׂוּ אֹתוֹ: וְכִי־יָגוּר אִתְּךָ גֵּר וְעָשָׂה פֶסַח
לַיהוָה הִמּוֹל לוֹ כָל־זָכָר וְאָז יִקְרַב לַעֲשֹׂתוֹ וְהָיָה כְּאֶזְרַח הָאָרֶץ
מט וְכָל־עָרֵל לֹא־יֹאכַל בּוֹ: תּוֹרָה אַחַת יִהְיֶה לָאֶזְרָח וְלַגֵּר הַגָּר
נ בְּתוֹכְכֶם: וַיַּעֲשׂוּ כָּל־בְּנֵי יִשְׂרָאֵל כַּאֲשֶׁר צִוָּה יְהוָה אֶת־מֹשֶׁה
נא וְאֶת־אַהֲרֹן כֵּן עָשׂוּ: וַיְהִי בְּעֶצֶם הַיּוֹם הַזֶּה הוֹצִיא
יְהוָה אֶת־בְּנֵי יִשְׂרָאֵל מֵאֶרֶץ מִצְרַיִם עַל־צִבְאֹתָם:
שביעי יג א ב וַיְדַבֵּר יְהוָה אֶל־מֹשֶׁה לֵּאמֹר: קַדֶּשׁ־לִי כָל־בְּכוֹר פֶּטֶר כָּל־רֶחֶם
ג בִּבְנֵי יִשְׂרָאֵל בָּאָדָם וּבַבְּהֵמָה לִי הוּא: וַיֹּאמֶר מֹשֶׁה אֶל־הָעָם י
זָכוֹר אֶת־הַיּוֹם הַזֶּה אֲשֶׁר יְצָאתֶם מִמִּצְרַיִם מִבֵּית עֲבָדִים כִּי
ד בְּחֹזֶק יָד הוֹצִיא יְהוָה אֶתְכֶם מִזֶּה וְלֹא יֵאָכֵל חָמֵץ: הַיּוֹם
ה אַתֶּם יֹצְאִים בְּחֹדֶשׁ הָאָבִיב: וְהָיָה כִי־יְבִיאֲךָ יְהוָה אֶל־אֶרֶץ
הַכְּנַעֲנִי וְהַחִתִּי וְהָאֱמֹרִי וְהַחִוִּי וְהַיְבוּסִי אֲשֶׁר נִשְׁבַּע לַאֲבֹתֶיךָ
לָתֶת לָךְ אֶרֶץ זָבַת חָלָב וּדְבָשׁ וְעָבַדְתָּ אֶת־הָעֲבֹדָה הַזֹּאת
ו בַּחֹדֶשׁ הַזֶּה: שִׁבְעַת יָמִים תֹּאכַל מַצֹּת וּבַיּוֹם הַשְּׁבִיעִי חַג
ז לַיהוָה: מַצּוֹת יֵאָכֵל אֵת שִׁבְעַת הַיָּמִים וְלֹא־יֵרָאֶה לְךָ חָמֵץ
ח וְלֹא־יֵרָאֶה לְךָ שְׂאֹר בְּכָל־גְּבֻלֶךָ: וְהִגַּדְתָּ לְבִנְךָ בַּיּוֹם הַהוּא
ט לֵאמֹר בַּעֲבוּר זֶה עָשָׂה יְהוָה לִי בְּצֵאתִי מִמִּצְרָיִם: וְהָיָה לְךָ
לְאוֹת עַל־יָדְךָ וּלְזִכָּרוֹן בֵּין עֵינֶיךָ לְמַעַן תִּהְיֶה תּוֹרַת יְהוָה
י בְּפִיךָ כִּי בְּיָד חֲזָקָה הוֹצִאֲךָ יְהוָה מִמִּצְרָיִם: וְשָׁמַרְתָּ אֶת־
הַחֻקָּה הַזֹּאת לְמוֹעֲדָהּ מִיָּמִים יָמִימָה:

יג
יא וְהָיָה כִּי־יְבִאֲךָ יהוה אֶל־אֶרֶץ הַכְּנַעֲנִי כַּאֲשֶׁר נִשְׁבַּע לְךָ
יב וְלַאֲבֹתֶיךָ וּנְתָנָהּ לָךְ׃ וְהַעֲבַרְתָּ כָל־פֶּטֶר־רֶחֶם לַיהוה וְכָל־
יג פֶּטֶר ׀ שֶׁגֶר בְּהֵמָה אֲשֶׁר יִהְיֶה לְךָ הַזְּכָרִים לַיהוה׃ וְכָל־פֶּטֶר
חֲמֹר תִּפְדֶּה בְשֶׂה וְאִם־לֹא תִפְדֶּה וַעֲרַפְתּוֹ וְכֹל בְּכוֹר אָדָם
יד בְּבָנֶיךָ תִּפְדֶּה׃ וְהָיָה כִּי־יִשְׁאָלְךָ בִנְךָ מָחָר לֵאמֹר מַה־זֹּאת מפטיר
וְאָמַרְתָּ אֵלָיו בְּחֹזֶק יָד הוֹצִיאָנוּ יהוה מִמִּצְרַיִם מִבֵּית עֲבָדִים׃
טו וַיְהִי כִּי־הִקְשָׁה פַרְעֹה לְשַׁלְּחֵנוּ וַיַּהֲרֹג יהוה כָּל־בְּכוֹר בְּאֶרֶץ
מִצְרַיִם מִבְּכֹר אָדָם וְעַד־בְּכוֹר בְּהֵמָה עַל־כֵּן אֲנִי זֹבֵחַ לַיהוה
טז כָּל־פֶּטֶר רֶחֶם הַזְּכָרִים וְכָל־בְּכוֹר בָּנַי אֶפְדֶּה׃ וְהָיָה לְאוֹת
עַל־יָדְכָה וּלְטוֹטָפֹת בֵּין עֵינֶיךָ כִּי בְּחֹזֶק יָד הוֹצִיאָנוּ יהוה
יז מִמִּצְרָיִם׃ וַיְהִי בְּשַׁלַּח פַּרְעֹה אֶת־הָעָם וְלֹא־ בשלח
נָחָם אֱלֹהִים דֶּרֶךְ אֶרֶץ פְּלִשְׁתִּים כִּי קָרוֹב הוּא כִּי ׀ אָמַר
יח אֱלֹהִים פֶּן־יִנָּחֵם הָעָם בִּרְאֹתָם מִלְחָמָה וְשָׁבוּ מִצְרָיְמָה׃ וַיַּסֵּב
אֱלֹהִים ׀ אֶת־הָעָם דֶּרֶךְ הַמִּדְבָּר יַם־סוּף וַחֲמֻשִׁים עָלוּ בְנֵי־
יט יִשְׂרָאֵל מֵאֶרֶץ מִצְרָיִם׃ וַיִּקַּח מֹשֶׁה אֶת־עַצְמוֹת יוֹסֵף עִמּוֹ
כִּי הַשְׁבֵּעַ הִשְׁבִּיעַ אֶת־בְּנֵי יִשְׂרָאֵל לֵאמֹר פָּקֹד יִפְקֹד אֱלֹהִים
כ אֶתְכֶם וְהַעֲלִיתֶם אֶת־עַצְמֹתַי מִזֶּה אִתְּכֶם׃ וַיִּסְעוּ מִסֻּכֹּת
כא וַיַּחֲנוּ בְאֵתָם בִּקְצֵה הַמִּדְבָּר׃ וַיהוה הֹלֵךְ לִפְנֵיהֶם יוֹמָם
בְּעַמּוּד עָנָן לַנְחֹתָם הַדֶּרֶךְ וְלַיְלָה בְּעַמּוּד אֵשׁ לְהָאִיר לָהֶם
כב לָלֶכֶת יוֹמָם וָלָיְלָה׃ לֹא־יָמִישׁ עַמּוּד הֶעָנָן יוֹמָם וְעַמּוּד הָאֵשׁ
לָיְלָה לִפְנֵי הָעָם׃
יד א ב וַיְדַבֵּר יהוה אֶל־מֹשֶׁה לֵּאמֹר׃ דַּבֵּר אֶל־בְּנֵי יִשְׂרָאֵל וְיָשֻׁבוּ וְיַחֲנוּ
לִפְנֵי פִּי הַחִירֹת בֵּין מִגְדֹּל וּבֵין הַיָּם לִפְנֵי בַּעַל צְפֹן נִכְחוֹ תַחֲנוּ
ג עַל־הַיָּם׃ וְאָמַר פַּרְעֹה לִבְנֵי יִשְׂרָאֵל נְבֻכִים הֵם בָּאָרֶץ סָגַר
ד עֲלֵיהֶם הַמִּדְבָּר׃ וְחִזַּקְתִּי אֶת־לֶב־פַּרְעֹה וְרָדַף אַחֲרֵיהֶם וְאִכָּבְדָה
בְּפַרְעֹה וּבְכָל־חֵילוֹ וְיָדְעוּ מִצְרַיִם כִּי־אֲנִי יהוה וַיַּעֲשׂוּ־כֵן׃
ה וַיֻּגַּד לְמֶלֶךְ מִצְרַיִם כִּי בָרַח הָעָם וַיֵּהָפֵךְ לְבַב פַּרְעֹה וַעֲבָדָיו

אֶל־הָעָם וַיֹּאמְרוּ מַה־זֹּאת עָשִׂינוּ כִּי־שִׁלַּחְנוּ אֶת־יִשְׂרָאֵל
מֵעָבְדֵנוּ׃ וַיֶּאְסֹר אֶת־רִכְבּוֹ וְאֶת־עַמּוֹ לָקַח עִמּוֹ׃ וַיִּקַּח שֵׁשׁ־ ז
מֵאוֹת רֶכֶב בָּחוּר וְכֹל רֶכֶב מִצְרָיִם וְשָׁלִשִׁם עַל־כֻּלּוֹ׃ וַיְחַזֵּק ח
יהוה אֶת־לֵב פַּרְעֹה מֶלֶךְ מִצְרַיִם וַיִּרְדֹּף אַחֲרֵי בְּנֵי יִשְׂרָאֵל
שני וּבְנֵי יִשְׂרָאֵל יֹצְאִים בְּיָד רָמָה׃ וַיִּרְדְּפוּ מִצְרַיִם אַחֲרֵיהֶם וַיַּשִּׂיגוּ ט
אוֹתָם חֹנִים עַל־הַיָּם כָּל־סוּס רֶכֶב פַּרְעֹה וּפָרָשָׁיו וְחֵילוֹ עַל־
פִּי הַחִירֹת לִפְנֵי בַּעַל צְפֹן׃ וּפַרְעֹה הִקְרִיב וַיִּשְׂאוּ בְנֵי־יִשְׂרָאֵל י
אֶת־עֵינֵיהֶם וְהִנֵּה מִצְרַיִם ׀ נֹסֵעַ אַחֲרֵיהֶם וַיִּירְאוּ מְאֹד וַיִּצְעֲקוּ
בְנֵי־יִשְׂרָאֵל אֶל־יהוה׃ וַיֹּאמְרוּ אֶל־מֹשֶׁה הֲמִבְּלִי אֵין־קְבָרִים יא
בְּמִצְרַיִם לְקַחְתָּנוּ לָמוּת בַּמִּדְבָּר מַה־זֹּאת עָשִׂיתָ לָּנוּ לְהוֹצִיאָנוּ
מִמִּצְרָיִם׃ הֲלֹא־זֶה הַדָּבָר אֲשֶׁר דִּבַּרְנוּ אֵלֶיךָ בְמִצְרַיִם לֵאמֹר יב
חֲדַל מִמֶּנּוּ וְנַעַבְדָה אֶת־מִצְרָיִם כִּי טוֹב לָנוּ עֲבֹד אֶת־מִצְרַיִם
מִמֻּתֵנוּ בַּמִּדְבָּר׃ וַיֹּאמֶר מֹשֶׁה אֶל־הָעָם אַל־תִּירָאוּ הִתְיַצְּבוּ יג
וּרְאוּ אֶת־יְשׁוּעַת יהוה אֲשֶׁר־יַעֲשֶׂה לָכֶם הַיּוֹם כִּי אֲשֶׁר
רְאִיתֶם אֶת־מִצְרַיִם הַיּוֹם לֹא תֹסִפוּ לִרְאֹתָם עוֹד עַד־עוֹלָם׃
יהוה יִלָּחֵם לָכֶם וְאַתֶּם תַּחֲרִשׁוּן׃ יד
שלישי יא וַיֹּאמֶר יהוה אֶל־מֹשֶׁה מַה־תִּצְעַק אֵלָי דַּבֵּר אֶל־בְּנֵי־יִשְׂרָאֵל טו
וְיִסָּעוּ׃ וְאַתָּה הָרֵם אֶת־מַטְּךָ וּנְטֵה אֶת־יָדְךָ עַל־הַיָּם וּבְקָעֵהוּ טז
וְיָבֹאוּ בְנֵי־יִשְׂרָאֵל בְּתוֹךְ הַיָּם בַּיַּבָּשָׁה׃ וַאֲנִי הִנְנִי מְחַזֵּק אֶת־ יז
לֵב מִצְרַיִם וְיָבֹאוּ אַחֲרֵיהֶם וְאִכָּבְדָה בְּפַרְעֹה וּבְכָל־חֵילוֹ
בְּרִכְבּוֹ וּבְפָרָשָׁיו׃ וְיָדְעוּ מִצְרַיִם כִּי־אֲנִי יהוה בְּהִכָּבְדִי בְּפַרְעֹה יח
בְּרִכְבּוֹ וּבְפָרָשָׁיו׃ וַיִּסַּע מַלְאַךְ הָאֱלֹהִים הַהֹלֵךְ לִפְנֵי מַחֲנֵה יט
יִשְׂרָאֵל וַיֵּלֶךְ מֵאַחֲרֵיהֶם וַיִּסַּע עַמּוּד הֶעָנָן מִפְּנֵיהֶם וַיַּעֲמֹד
מֵאַחֲרֵיהֶם׃ וַיָּבֹא בֵּין ׀ מַחֲנֵה מִצְרַיִם וּבֵין מַחֲנֵה יִשְׂרָאֵל כ
וַיְהִי הֶעָנָן וְהַחֹשֶׁךְ וַיָּאֶר אֶת־הַלָּיְלָה וְלֹא־קָרַב זֶה אֶל־זֶה
כָּל־הַלָּיְלָה׃ וַיֵּט מֹשֶׁה אֶת־יָדוֹ עַל־הַיָּם וַיּוֹלֶךְ יהוה ׀ אֶת־ כא
הַיָּם בְּרוּחַ קָדִים עַזָּה כָּל־הַלַּיְלָה וַיָּשֶׂם אֶת־הַיָּם לֶחָרָבָה

כב וַיִּבָּקְעוּ הַמָּיִם׃ וַיָּבֹאוּ בְנֵי־יִשְׂרָאֵל בְּתוֹךְ הַיָּם בַּיַּבָּשָׁה וְהַמַּיִם
כג לָהֶם חוֹמָה מִימִינָם וּמִשְּׂמֹאלָם׃ וַיִּרְדְּפוּ מִצְרַיִם וַיָּבֹאוּ אַחֲרֵיהֶם
כד כֹּל סוּס פַּרְעֹה רִכְבּוֹ וּפָרָשָׁיו אֶל־תּוֹךְ הַיָּם׃ וַיְהִי בְּאַשְׁמֹרֶת
הַבֹּקֶר וַיַּשְׁקֵף יהוה אֶל־מַחֲנֵה מִצְרַיִם בְּעַמּוּד אֵשׁ וְעָנָן
כה וַיָּהָם אֵת מַחֲנֵה מִצְרָיִם׃ וַיָּסַר אֵת אֹפַן מַרְכְּבֹתָיו וַיְנַהֲגֵהוּ
בִּכְבֵדֻת וַיֹּאמֶר מִצְרַיִם אָנוּסָה מִפְּנֵי יִשְׂרָאֵל כִּי יהוה נִלְחָם
לָהֶם בְּמִצְרָיִם׃
כו וַיֹּאמֶר יהוה אֶל־מֹשֶׁה נְטֵה אֶת־יָדְךָ עַל־הַיָּם וְיָשֻׁבוּ הַמַּיִם רביעי
כז עַל־מִצְרַיִם עַל־רִכְבּוֹ וְעַל־פָּרָשָׁיו׃ וַיֵּט מֹשֶׁה אֶת־יָדוֹ עַל־הַיָּם
וַיָּשָׁב הַיָּם לִפְנוֹת בֹּקֶר לְאֵיתָנוֹ וּמִצְרַיִם נָסִים לִקְרָאתוֹ וַיְנַעֵר
כח יהוה אֶת־מִצְרַיִם בְּתוֹךְ הַיָּם׃ וַיָּשֻׁבוּ הַמַּיִם וַיְכַסּוּ אֶת־הָרֶכֶב
וְאֶת־הַפָּרָשִׁים לְכֹל חֵיל פַּרְעֹה הַבָּאִים אַחֲרֵיהֶם בַּיָּם לֹא־
כט נִשְׁאַר בָּהֶם עַד־אֶחָד׃ וּבְנֵי יִשְׂרָאֵל הָלְכוּ בַיַּבָּשָׁה בְּתוֹךְ הַיָּם
ל וְהַמַּיִם לָהֶם חֹמָה מִימִינָם וּמִשְּׂמֹאלָם׃ וַיּוֹשַׁע יהוה בַּיּוֹם הַהוּא
אֶת־יִשְׂרָאֵל מִיַּד מִצְרָיִם וַיַּרְא יִשְׂרָאֵל אֶת־מִצְרַיִם מֵת עַל־
לא שְׂפַת הַיָּם׃ וַיַּרְא יִשְׂרָאֵל אֶת־הַיָּד הַגְּדֹלָה אֲשֶׁר עָשָׂה יהוה
בְּמִצְרַיִם וַיִּירְאוּ הָעָם אֶת־יהוה וַיַּאֲמִינוּ בַּיהוה וּבְמֹשֶׁה עַבְדּוֹ׃

טו א אָז יָשִׁיר־מֹשֶׁה וּבְנֵי יִשְׂרָאֵל אֶת־הַשִּׁירָה הַזֹּאת לַיהוה וַיֹּאמְרוּ
לֵאמֹר אָשִׁירָה לַּיהוה כִּי־גָאֹה גָּאָה סוּס
ב וְרֹכְבוֹ רָמָה בַיָּם׃ עָזִּי וְזִמְרָת יָהּ וַיְהִי־לִי
לִישׁוּעָה זֶה אֵלִי וְאַנְוֵהוּ אֱלֹהֵי
ג אָבִי וַאֲרֹמְמֶנְהוּ׃ יהוה אִישׁ מִלְחָמָה יהוה
ד שְׁמוֹ׃ מַרְכְּבֹת פַּרְעֹה וְחֵילוֹ יָרָה בַיָּם וּמִבְחַר
ה שָׁלִשָׁיו טֻבְּעוּ בְיַם־סוּף׃ תְּהֹמֹת יְכַסְיֻמוּ יָרְדוּ בִמְצוֹלֹת כְּמוֹ־
ו אָבֶן׃ יְמִינְךָ יהוה נֶאְדָּרִי בַּכֹּחַ יְמִינְךָ
ז יהוה תִּרְעַץ אוֹיֵב׃ וּבְרֹב גְּאוֹנְךָ תַּהֲרֹס

קָמֶיךָ תְּשַׁלַּח חֲרֹנְךָ יֹאכְלֵמוֹ כַּקַּשׁ׃ וּבְרוּחַ ח
אַפֶּיךָ נֶעֶרְמוּ מַיִם נִצְּבוּ כְמוֹ־נֵד
נֹזְלִים קָפְאוּ תְהֹמֹת בְּלֶב־יָם׃ אָמַר ט
אוֹיֵב אֶרְדֹּף אַשִּׂיג אֲחַלֵּק שָׁלָל תִּמְלָאֵמוֹ
נַפְשִׁי אָרִיק חַרְבִּי תּוֹרִישֵׁמוֹ יָדִי׃ נָשַׁפְתָּ י
בְרוּחֲךָ כִּסָּמוֹ יָם צָלֲלוּ כַּעוֹפֶרֶת בְּמַיִם
אַדִּירִים׃ מִי־כָמֹכָה בָּאֵלִם יהוה מִי יא
כָּמֹכָה נֶאְדָּר בַּקֹּדֶשׁ נוֹרָא תְהִלֹּת עֹשֵׂה
פֶלֶא׃ נָטִיתָ יְמִינְךָ תִּבְלָעֵמוֹ אָרֶץ׃ נָחִיתָ יב יג
בְחַסְדְּךָ עַם־זוּ גָּאָלְתָּ נֵהַלְתָּ בְעָזְּךָ אֶל־נְוֵה
קָדְשֶׁךָ׃ שָׁמְעוּ עַמִּים יִרְגָּזוּן חִיל יד
אָחַז יֹשְׁבֵי פְּלָשֶׁת׃ אָז נִבְהֲלוּ אַלּוּפֵי טו
אֱדוֹם אֵילֵי מוֹאָב יֹאחֲזֵמוֹ רָעַד נָמֹגוּ
כֹּל יֹשְׁבֵי כְנָעַן׃ תִּפֹּל עֲלֵיהֶם אֵימָתָה טז
וָפַחַד בִּגְדֹל זְרוֹעֲךָ יִדְּמוּ כָּאָבֶן עַד
יַעֲבֹר עַמְּךָ יהוה עַד־יַעֲבֹר עַם־זוּ
קָנִיתָ׃ תְּבִאֵמוֹ וְתִטָּעֵמוֹ בְּהַר נַחֲלָתְךָ מָכוֹן יז
לְשִׁבְתְּךָ פָּעַלְתָּ יהוה מִקְּדָשׁ אֲדֹנָי כּוֹנְנוּ
יָדֶיךָ׃ יהוה ׀ יִמְלֹךְ לְעֹלָם וָעֶד׃ כִּי יח יט
בָא סוּס פַּרְעֹה בְּרִכְבּוֹ וּבְפָרָשָׁיו בַּיָּם וַיָּשֶׁב יהוה עֲלֵהֶם אֶת־מֵי
הַיָּם וּבְנֵי יִשְׂרָאֵל הָלְכוּ בַיַּבָּשָׁה בְּתוֹךְ הַיָּם׃

וַתִּקַּח מִרְיָם הַנְּבִיאָה אֲחוֹת אַהֲרֹן אֶת־הַתֹּף בְּיָדָהּ וַתֵּצֶאןָ כ
כָל־הַנָּשִׁים אַחֲרֶיהָ בְּתֻפִּים וּבִמְחֹלֹת׃ וַתַּעַן לָהֶם מִרְיָם שִׁירוּ כא
לַיהוה כִּי־גָאֹה גָּאָה סוּס וְרֹכְבוֹ רָמָה בַיָּם׃ וַיַּסַּע כב
מֹשֶׁה אֶת־יִשְׂרָאֵל מִיַּם־סוּף וַיֵּצְאוּ אֶל־מִדְבַּר־שׁוּר וַיֵּלְכוּ שְׁלֹשֶׁת־
יָמִים בַּמִּדְבָּר וְלֹא־מָצְאוּ מָיִם׃ וַיָּבֹאוּ מָרָתָה וְלֹא יָכְלוּ לִשְׁתֹּת כג

כד מַיִם מִמָּרָה כִּי מָרִים הֵם עַל־כֵּן קָרָא־שְׁמָהּ מָרָה׃ וַיִּלֹּנוּ
כה הָעָם עַל־מֹשֶׁה לֵּאמֹר מַה־נִּשְׁתֶּה׃ וַיִּצְעַק אֶל־יהוה וַיּוֹרֵהוּ
יהוה עֵץ וַיַּשְׁלֵךְ אֶל־הַמַּיִם וַיִּמְתְּקוּ הַמָּיִם שָׁם שָׂם לוֹ חֹק
כו וּמִשְׁפָּט וְשָׁם נִסָּהוּ׃ וַיֹּאמֶר אִם־שָׁמוֹעַ תִּשְׁמַע לְקוֹל ׀ יהוה
אֱלֹהֶיךָ וְהַיָּשָׁר בְּעֵינָיו תַּעֲשֶׂה וְהַאֲזַנְתָּ לְמִצְוֺתָיו וְשָׁמַרְתָּ כָּל־
חֻקָּיו כָּל־הַמַּחֲלָה אֲשֶׁר־שַׂמְתִּי בְמִצְרַיִם לֹא־אָשִׂים עָלֶיךָ כִּי
כז אֲנִי יהוה רֹפְאֶךָ׃ וַיָּבֹאוּ אֵילִמָה וְשָׁם שְׁתֵּים חמישי
עֶשְׂרֵה עֵינֹת מַיִם וְשִׁבְעִים תְּמָרִים וַיַּחֲנוּ־שָׁם עַל־הַמָּיִם׃
טז א וַיִּסְעוּ מֵאֵילִם וַיָּבֹאוּ כָּל־עֲדַת בְּנֵי־יִשְׂרָאֵל אֶל־מִדְבַּר־סִין
אֲשֶׁר בֵּין־אֵילִם וּבֵין סִינָי בַּחֲמִשָּׁה עָשָׂר יוֹם לַחֹדֶשׁ הַשֵּׁנִי
ב לְצֵאתָם מֵאֶרֶץ מִצְרָיִם׃ וילינו כָּל־עֲדַת בְּנֵי־יִשְׂרָאֵל עַל־מֹשֶׁה וַיִּלּוֹנוּ
ג וְעַל־אַהֲרֹן בַּמִּדְבָּר׃ וַיֹּאמְרוּ אֲלֵהֶם בְּנֵי יִשְׂרָאֵל מִי־יִתֵּן מוּתֵנוּ
בְיַד־יהוה בְּאֶרֶץ מִצְרַיִם בְּשִׁבְתֵּנוּ עַל־סִיר הַבָּשָׂר בְּאָכְלֵנוּ
לֶחֶם לָשֹׂבַע כִּי־הוֹצֵאתֶם אֹתָנוּ אֶל־הַמִּדְבָּר הַזֶּה לְהָמִית
ד אֶת־כָּל־הַקָּהָל הַזֶּה בָּרָעָב׃ וַיֹּאמֶר יהוה אֶל־ יב
מֹשֶׁה הִנְנִי מַמְטִיר לָכֶם לֶחֶם מִן־הַשָּׁמָיִם וְיָצָא הָעָם וְלָקְטוּ
ה דְּבַר־יוֹם בְּיוֹמוֹ לְמַעַן אֲנַסֶּנּוּ הֲיֵלֵךְ בְּתוֹרָתִי אִם־לֹא׃ וְהָיָה
בַּיּוֹם הַשִּׁשִּׁי וְהֵכִינוּ אֵת אֲשֶׁר־יָבִיאוּ וְהָיָה מִשְׁנֶה עַל אֲשֶׁר־
ו יִלְקְטוּ יוֹם ׀ יוֹם׃ וַיֹּאמֶר מֹשֶׁה וְאַהֲרֹן אֶל־כָּל־בְּנֵי יִשְׂרָאֵל
ז עֶרֶב וִידַעְתֶּם כִּי יהוה הוֹצִיא אֶתְכֶם מֵאֶרֶץ מִצְרָיִם׃ וּבֹקֶר
וּרְאִיתֶם אֶת־כְּבוֹד יהוה בְּשָׁמְעוֹ אֶת־תְּלֻנֹּתֵיכֶם עַל־יהוה
ח וְנַחְנוּ מָה כִּי תלונו עָלֵינוּ׃ וַיֹּאמֶר מֹשֶׁה בְּתֵת יהוה לָכֶם תַלִּינוּ
בָּעֶרֶב בָּשָׂר לֶאֱכֹל וְלֶחֶם בַּבֹּקֶר לִשְׂבֹּעַ בִּשְׁמֹעַ יהוה אֶת־
תְּלֻנֹּתֵיכֶם אֲשֶׁר־אַתֶּם מַלִּינִם עָלָיו וְנַחְנוּ מָה לֹא־עָלֵינוּ
ט תְלֻנֹּתֵיכֶם כִּי עַל־יהוה׃ וַיֹּאמֶר מֹשֶׁה אֶל־אַהֲרֹן אֱמֹר אֶל־
כָּל־עֲדַת בְּנֵי יִשְׂרָאֵל קִרְבוּ לִפְנֵי יהוה כִּי שָׁמַע אֵת תְּלֻנֹּתֵיכֶם׃
י וַיְהִי כְּדַבֵּר אַהֲרֹן אֶל־כָּל־עֲדַת בְּנֵי־יִשְׂרָאֵל וַיִּפְנוּ אֶל־הַמִּדְבָּר

וְהִנֵּה כְּבוֹד יְהוָה נִרְאָה בֶּעָנָן׃
ששי וַיְדַבֵּר יְהוָה אֶל־מֹשֶׁה לֵּאמֹר׃ שָׁמַעְתִּי אֶת־תְּלוּנֹּת בְּנֵי יא יב
יִשְׂרָאֵל דַּבֵּר אֲלֵהֶם לֵאמֹר בֵּין הָעַרְבַּיִם תֹּאכְלוּ בָשָׂר וּבַבֹּקֶר
תִּשְׂבְּעוּ־לָחֶם וִידַעְתֶּם כִּי אֲנִי יְהוָה אֱלֹהֵיכֶם׃ וַיְהִי בָעֶרֶב יג
וַתַּעַל הַשְּׂלָו וַתְּכַס אֶת־הַמַּחֲנֶה וּבַבֹּקֶר הָיְתָה שִׁכְבַת הַטַּל
סָבִיב לַמַּחֲנֶה׃ וַתַּעַל שִׁכְבַת הַטָּל וְהִנֵּה עַל־פְּנֵי הַמִּדְבָּר דַּק יד
מְחֻסְפָּס דַּק כַּכְּפֹר עַל־הָאָרֶץ׃ וַיִּרְאוּ בְנֵי־יִשְׂרָאֵל וַיֹּאמְרוּ אִישׁ טו
אֶל־אָחִיו מָן הוּא כִּי לֹא יָדְעוּ מַה־הוּא וַיֹּאמֶר מֹשֶׁה אֲלֵהֶם
הוּא הַלֶּחֶם אֲשֶׁר נָתַן יְהוָה לָכֶם לְאָכְלָה׃ זֶה הַדָּבָר אֲשֶׁר טז
צִוָּה יְהוָה לִקְטוּ מִמֶּנּוּ אִישׁ לְפִי אָכְלוֹ עֹמֶר לַגֻּלְגֹּלֶת מִסְפַּר
נַפְשֹׁתֵיכֶם אִישׁ לַאֲשֶׁר בְּאָהֳלוֹ תִּקָּחוּ׃ וַיַּעֲשׂוּ־כֵן בְּנֵי יִשְׂרָאֵל יז
וַיִּלְקְטוּ הַמַּרְבֶּה וְהַמַּמְעִיט׃ וַיָּמֹדּוּ בָעֹמֶר וְלֹא הֶעְדִּיף הַמַּרְבֶּה יח
וְהַמַּמְעִיט לֹא הֶחְסִיר אִישׁ לְפִי־אָכְלוֹ לָקָטוּ׃ וַיֹּאמֶר מֹשֶׁה יט
אֲלֵהֶם אִישׁ אַל־יוֹתֵר מִמֶּנּוּ עַד־בֹּקֶר׃ וְלֹא־שָׁמְעוּ אֶל־מֹשֶׁה כ
וַיּוֹתִרוּ אֲנָשִׁים מִמֶּנּוּ עַד־בֹּקֶר וַיָּרֻם תּוֹלָעִים וַיִּבְאַשׁ וַיִּקְצֹף
עֲלֵהֶם מֹשֶׁה׃ וַיִּלְקְטוּ אֹתוֹ בַּבֹּקֶר בַּבֹּקֶר אִישׁ כְּפִי אָכְלוֹ כא
וְחַם הַשֶּׁמֶשׁ וְנָמָס׃ וַיְהִי ׀ בַּיּוֹם הַשִּׁשִּׁי לָקְטוּ לֶחֶם מִשְׁנֶה שְׁנֵי כב
הָעֹמֶר לָאֶחָד וַיָּבֹאוּ כָּל־נְשִׂיאֵי הָעֵדָה וַיַּגִּידוּ לְמֹשֶׁה׃ וַיֹּאמֶר כג
אֲלֵהֶם הוּא אֲשֶׁר דִּבֶּר יְהוָה שַׁבָּתוֹן שַׁבַּת־קֹדֶשׁ לַיהוָה מָחָר
אֵת אֲשֶׁר־תֹּאפוּ אֵפוּ וְאֵת אֲשֶׁר־תְּבַשְּׁלוּ בַּשֵּׁלוּ וְאֵת כָּל־
הָעֹדֵף הַנִּיחוּ לָכֶם לְמִשְׁמֶרֶת עַד־הַבֹּקֶר׃ וַיַּנִּיחוּ אֹתוֹ עַד־ כד
הַבֹּקֶר כַּאֲשֶׁר צִוָּה מֹשֶׁה וְלֹא הִבְאִישׁ וְרִמָּה לֹא־הָיְתָה־בּוֹ׃
וַיֹּאמֶר מֹשֶׁה אִכְלֻהוּ הַיּוֹם כִּי־שַׁבָּת הַיּוֹם לַיהוָה הַיּוֹם לֹא כה
תִמְצָאֻהוּ בַּשָּׂדֶה׃ שֵׁשֶׁת יָמִים תִּלְקְטֻהוּ וּבַיּוֹם הַשְּׁבִיעִי שַׁבָּת כו
לֹא יִהְיֶה־בּוֹ׃ וַיְהִי בַּיּוֹם הַשְּׁבִיעִי יָצְאוּ מִן־הָעָם לִלְקֹט וְלֹא כז
יג מָצָאוּ׃ וַיֹּאמֶר יְהוָה אֶל־מֹשֶׁה עַד־אָנָה מֵאַנְתֶּם כח
לִשְׁמֹר מִצְוֹתַי וְתוֹרֹתָי׃ רְאוּ כִּי־יְהוָה נָתַן לָכֶם הַשַּׁבָּת עַל־ כט

כֵּן הוּא נֹתֵן לָכֶם בַּיּוֹם הַשִּׁשִּׁי לֶחֶם יוֹמָיִם שְׁבוּ | אִישׁ תַּחְתָּיו
ל אַל־יֵצֵא אִישׁ מִמְּקֹמוֹ בַּיּוֹם הַשְּׁבִיעִי: וַיִּשְׁבְּתוּ הָעָם בַּיּוֹם
לא הַשְּׁבִעִי: וַיִּקְרְאוּ בֵית־יִשְׂרָאֵל אֶת־שְׁמוֹ מָן וְהוּא כְּזֶרַע גַּד
לב לָבָן וְטַעְמוֹ כְּצַפִּיחִת בִּדְבָשׁ: וַיֹּאמֶר מֹשֶׁה זֶה הַדָּבָר אֲשֶׁר
צִוָּה יְהוָה מְלֹא הָעֹמֶר מִמֶּנּוּ לְמִשְׁמֶרֶת לְדֹרֹתֵיכֶם לְמַעַן | יִרְאוּ
אֶת־הַלֶּחֶם אֲשֶׁר הֶאֱכַלְתִּי אֶתְכֶם בַּמִּדְבָּר בְּהוֹצִיאִי אֶתְכֶם
לג מֵאֶרֶץ מִצְרָיִם: וַיֹּאמֶר מֹשֶׁה אֶל־אַהֲרֹן קַח צִנְצֶנֶת אַחַת
וְתֶן־שָׁמָּה מְלֹא־הָעֹמֶר מָן וְהַנַּח אֹתוֹ לִפְנֵי יְהוָה לְמִשְׁמֶרֶת
לד לְדֹרֹתֵיכֶם: כַּאֲשֶׁר צִוָּה יְהוָה אֶל־מֹשֶׁה וַיַּנִּיחֵהוּ אַהֲרֹן לִפְנֵי
לה הָעֵדֻת לְמִשְׁמָרֶת: וּבְנֵי יִשְׂרָאֵל אָכְלוּ אֶת־הַמָּן אַרְבָּעִים שָׁנָה
עַד־בֹּאָם אֶל־אֶרֶץ נוֹשָׁבֶת אֶת־הַמָּן אָכְלוּ עַד־בֹּאָם אֶל־
לו קְצֵה אֶרֶץ כְּנָעַן: וְהָעֹמֶר עֲשִׂרִית הָאֵיפָה הוּא:
יז א וַיִּסְעוּ כָּל־עֲדַת בְּנֵי־יִשְׂרָאֵל מִמִּדְבַּר־סִין לְמַסְעֵיהֶם עַל־פִּי יְהוָה שביעי
ב וַיַּחֲנוּ בִּרְפִידִים וְאֵין מַיִם לִשְׁתֹּת הָעָם: וַיָּרֶב הָעָם עִם־מֹשֶׁה
וַיֹּאמְרוּ תְּנוּ־לָנוּ מַיִם וְנִשְׁתֶּה וַיֹּאמֶר לָהֶם מֹשֶׁה מַה־תְּרִיבוּן
ג עִמָּדִי מַה־תְּנַסּוּן אֶת־יְהוָה: וַיִּצְמָא שָׁם הָעָם לַמַּיִם וַיָּלֶן הָעָם
עַל־מֹשֶׁה וַיֹּאמֶר לָמָּה זֶּה הֶעֱלִיתָנוּ מִמִּצְרַיִם לְהָמִית אֹתִי
ד וְאֶת־בָּנַי וְאֶת־מִקְנַי בַּצָּמָא: וַיִּצְעַק מֹשֶׁה אֶל־יְהוָה לֵאמֹר
ה מָה אֶעֱשֶׂה לָעָם הַזֶּה עוֹד מְעַט וּסְקָלֻנִי: וַיֹּאמֶר יְהוָה אֶל־
מֹשֶׁה עֲבֹר לִפְנֵי הָעָם וְקַח אִתְּךָ מִזִּקְנֵי יִשְׂרָאֵל וּמַטְּךָ אֲשֶׁר
ו הִכִּיתָ בּוֹ אֶת־הַיְאֹר קַח בְּיָדְךָ וְהָלָכְתָּ: הִנְנִי עֹמֵד לְפָנֶיךָ
שָּׁם | עַל־הַצּוּר בְּחֹרֵב וְהִכִּיתָ בַצּוּר וְיָצְאוּ מִמֶּנּוּ מַיִם וְשָׁתָה
ז הָעָם וַיַּעַשׂ כֵּן מֹשֶׁה לְעֵינֵי זִקְנֵי יִשְׂרָאֵל: וַיִּקְרָא שֵׁם הַמָּקוֹם
מַסָּה וּמְרִיבָה עַל־רִיב | בְּנֵי יִשְׂרָאֵל וְעַל נַסֹּתָם אֶת־יְהוָה
לֵאמֹר הֲיֵשׁ יְהוָה בְּקִרְבֵּנוּ אִם־אָיִן:
ח ט וַיָּבֹא עֲמָלֵק וַיִּלָּחֶם עִם־יִשְׂרָאֵל בִּרְפִידִם: וַיֹּאמֶר מֹשֶׁה אֶל־
יְהוֹשֻׁעַ בְּחַר־לָנוּ אֲנָשִׁים וְצֵא הִלָּחֵם בַּעֲמָלֵק מָחָר אָנֹכִי נִצָּב

עַל־רֹאשׁ הַגִּבְעָה וּמַטֵּה הָאֱלֹהִים בְּיָדִי׃ וַיַּעַשׂ יְהוֹשֻׁעַ כַּאֲשֶׁר י
אָמַר־לוֹ מֹשֶׁה לְהִלָּחֵם בַּעֲמָלֵק וּמֹשֶׁה אַהֲרֹן וְחוּר עָלוּ רֹאשׁ
יא הַגִּבְעָה׃ וְהָיָה כַּאֲשֶׁר יָרִים מֹשֶׁה יָדוֹ וְגָבַר יִשְׂרָאֵל וְכַאֲשֶׁר
יב יָנִיחַ יָדוֹ וְגָבַר עֲמָלֵק׃ וִידֵי מֹשֶׁה כְּבֵדִים וַיִּקְחוּ־אֶבֶן וַיָּשִׂימוּ
תַחְתָּיו וַיֵּשֶׁב עָלֶיהָ וְאַהֲרֹן וְחוּר תָּמְכוּ בְיָדָיו מִזֶּה אֶחָד וּמִזֶּה
יג אֶחָד וַיְהִי יָדָיו אֱמוּנָה עַד־בֹּא הַשָּׁמֶשׁ׃ וַיַּחֲלֹשׁ יְהוֹשֻׁעַ אֶת־
עֲמָלֵק וְאֶת־עַמּוֹ לְפִי־חָרֶב׃

מפטיר

יד וַיֹּאמֶר יְהוָה אֶל־מֹשֶׁה כְּתֹב זֹאת זִכָּרוֹן בַּסֵּפֶר וְשִׂים בְּאָזְנֵי
טו יְהוֹשֻׁעַ כִּי־מָחֹה אֶמְחֶה אֶת־זֵכֶר עֲמָלֵק מִתַּחַת הַשָּׁמָיִם׃ וַיִּבֶן
טז מֹשֶׁה מִזְבֵּחַ וַיִּקְרָא שְׁמוֹ יְהוָה ׀ נִסִּי׃ וַיֹּאמֶר כִּי־יָד עַל־כֵּס
יָהּ מִלְחָמָה לַיהוָה בַּעֲמָלֵק מִדֹּר דֹּר׃

יתרו יד

א יד וַיִּשְׁמַע יִתְרוֹ כֹהֵן מִדְיָן חֹתֵן מֹשֶׁה אֵת כָּל־אֲשֶׁר עָשָׂה אֱלֹהִים
לְמֹשֶׁה וּלְיִשְׂרָאֵל עַמּוֹ כִּי־הוֹצִיא יְהוָה אֶת־יִשְׂרָאֵל מִמִּצְרָיִם׃
ב וַיִּקַּח יִתְרוֹ חֹתֵן מֹשֶׁה אֶת־צִפֹּרָה אֵשֶׁת מֹשֶׁה אַחַר שִׁלּוּחֶיהָ׃
ג וְאֵת שְׁנֵי בָנֶיהָ אֲשֶׁר שֵׁם הָאֶחָד גֵּרְשֹׁם כִּי אָמַר גֵּר הָיִיתִי
ד בְּאֶרֶץ נָכְרִיָּה׃ וְשֵׁם הָאֶחָד אֱלִיעֶזֶר כִּי־אֱלֹהֵי אָבִי בְּעֶזְרִי
ה וַיַּצִּלֵנִי מֵחֶרֶב פַּרְעֹה׃ וַיָּבֹא יִתְרוֹ חֹתֵן מֹשֶׁה וּבָנָיו וְאִשְׁתּוֹ
אֶל־מֹשֶׁה אֶל־הַמִּדְבָּר אֲשֶׁר־הוּא חֹנֶה שָׁם הַר הָאֱלֹהִים׃
ו וַיֹּאמֶר אֶל־מֹשֶׁה אֲנִי חֹתֶנְךָ יִתְרוֹ בָּא אֵלֶיךָ וְאִשְׁתְּךָ וּשְׁנֵי
ז בָנֶיהָ עִמָּהּ׃ וַיֵּצֵא מֹשֶׁה לִקְרַאת חֹתְנוֹ וַיִּשְׁתַּחוּ וַיִּשַּׁק־לוֹ
ח וַיִּשְׁאֲלוּ אִישׁ־לְרֵעֵהוּ לְשָׁלוֹם וַיָּבֹאוּ הָאֹהֱלָה׃ וַיְסַפֵּר מֹשֶׁה
לְחֹתְנוֹ אֵת כָּל־אֲשֶׁר עָשָׂה יְהוָה לְפַרְעֹה וּלְמִצְרַיִם עַל אוֹדֹת
יִשְׂרָאֵל אֵת כָּל־הַתְּלָאָה אֲשֶׁר מְצָאָתַם בַּדֶּרֶךְ וַיַּצִּלֵם יְהוָה׃
ט וַיִּחַדְּ יִתְרוֹ עַל כָּל־הַטּוֹבָה אֲשֶׁר־עָשָׂה יְהוָה לְיִשְׂרָאֵל אֲשֶׁר
י הִצִּילוֹ מִיַּד מִצְרָיִם׃ וַיֹּאמֶר יִתְרוֹ בָּרוּךְ יְהוָה אֲשֶׁר הִצִּיל
אֶתְכֶם מִיַּד מִצְרַיִם וּמִיַּד פַּרְעֹה אֲשֶׁר הִצִּיל אֶת־הָעָם מִתַּחַת
יא יַד־מִצְרָיִם׃ עַתָּה יָדַעְתִּי כִּי־גָדוֹל יְהוָה מִכָּל־הָאֱלֹהִים כִּי

יב בַּדָּבָר אֲשֶׁר זָדוּ עֲלֵיהֶם: וַיִּקַּח יִתְרוֹ חֹתֵן מֹשֶׁה עֹלָה וּזְבָחִים
לֵאלֹהִים וַיָּבֹא אַהֲרֹן וְכֹל ׀ זִקְנֵי יִשְׂרָאֵל לֶאֱכָל־לֶחֶם עִם־חֹתֵן
יג מֹשֶׁה לִפְנֵי הָאֱלֹהִים: וַיְהִי מִמָּחֳרָת וַיֵּשֶׁב מֹשֶׁה לִשְׁפֹּט אֶת־ שני
יד הָעָם וַיַּעֲמֹד הָעָם עַל־מֹשֶׁה מִן־הַבֹּקֶר עַד־הָעָרֶב: וַיַּרְא חֹתֵן
מֹשֶׁה אֵת כָּל־אֲשֶׁר־הוּא עֹשֶׂה לָעָם וַיֹּאמֶר מָה־הַדָּבָר הַזֶּה
אֲשֶׁר אַתָּה עֹשֶׂה לָעָם מַדּוּעַ אַתָּה יוֹשֵׁב לְבַדֶּךָ וְכָל־הָעָם
טו נִצָּב עָלֶיךָ מִן־בֹּקֶר עַד־עָרֶב: וַיֹּאמֶר מֹשֶׁה לְחֹתְנוֹ כִּי־יָבֹא
טז אֵלַי הָעָם לִדְרֹשׁ אֱלֹהִים: כִּי־יִהְיֶה לָהֶם דָּבָר בָּא אֵלַי וְשָׁפַטְתִּי
בֵּין אִישׁ וּבֵין רֵעֵהוּ וְהוֹדַעְתִּי אֶת־חֻקֵּי הָאֱלֹהִים וְאֶת־תּוֹרֹתָיו:
יז וַיֹּאמֶר חֹתֵן מֹשֶׁה אֵלָיו לֹא־טוֹב הַדָּבָר אֲשֶׁר אַתָּה עֹשֶׂה:
יח נָבֹל תִּבֹּל גַּם־אַתָּה גַּם־הָעָם הַזֶּה אֲשֶׁר עִמָּךְ כִּי־כָבֵד מִמְּךָ
יט הַדָּבָר לֹא־תוּכַל עֲשֹׂהוּ לְבַדֶּךָ: עַתָּה שְׁמַע בְּקֹלִי אִיעָצְךָ וִיהִי
אֱלֹהִים עִמָּךְ הֱיֵה אַתָּה לָעָם מוּל הָאֱלֹהִים וְהֵבֵאתָ אַתָּה
כ אֶת־הַדְּבָרִים אֶל־הָאֱלֹהִים: וְהִזְהַרְתָּה אֶתְהֶם אֶת־הַחֻקִּים
וְאֶת־הַתּוֹרֹת וְהוֹדַעְתָּ לָהֶם אֶת־הַדֶּרֶךְ יֵלְכוּ בָהּ וְאֶת־הַמַּעֲשֶׂה
כא אֲשֶׁר יַעֲשׂוּן: וְאַתָּה תֶחֱזֶה מִכָּל־הָעָם אַנְשֵׁי־חַיִל יִרְאֵי אֱלֹהִים
אַנְשֵׁי אֱמֶת שֹׂנְאֵי בָצַע וְשַׂמְתָּ עֲלֵהֶם שָׂרֵי אֲלָפִים שָׂרֵי מֵאוֹת
כב שָׂרֵי חֲמִשִּׁים וְשָׂרֵי עֲשָׂרֹת: וְשָׁפְטוּ אֶת־הָעָם בְּכָל־עֵת וְהָיָה
כָּל־הַדָּבָר הַגָּדֹל יָבִיאוּ אֵלֶיךָ וְכָל־הַדָּבָר הַקָּטֹן יִשְׁפְּטוּ־הֵם
כג וְהָקֵל מֵעָלֶיךָ וְנָשְׂאוּ אִתָּךְ: אִם אֶת־הַדָּבָר הַזֶּה תַּעֲשֶׂה וְצִוְּךָ
אֱלֹהִים וְיָכָלְתָּ עֲמֹד וְגַם כָּל־הָעָם הַזֶּה עַל־מְקֹמוֹ יָבֹא בְשָׁלוֹם:
כד כה וַיִּשְׁמַע מֹשֶׁה לְקוֹל חֹתְנוֹ וַיַּעַשׂ כֹּל אֲשֶׁר אָמָר: וַיִּבְחַר שלישי
מֹשֶׁה אַנְשֵׁי־חַיִל מִכָּל־יִשְׂרָאֵל וַיִּתֵּן אֹתָם רָאשִׁים עַל־הָעָם
כו שָׂרֵי אֲלָפִים שָׂרֵי מֵאוֹת שָׂרֵי חֲמִשִּׁים וְשָׂרֵי עֲשָׂרֹת: וְשָׁפְטוּ
אֶת־הָעָם בְּכָל־עֵת אֶת־הַדָּבָר הַקָּשֶׁה יְבִיאוּן אֶל־מֹשֶׁה וְכָל־
כז הַדָּבָר הַקָּטֹן יִשְׁפּוּטוּ הֵם: וַיְשַׁלַּח מֹשֶׁה אֶת־חֹתְנוֹ וַיֵּלֶךְ לוֹ
אֶל־אַרְצוֹ:

רביעי
בַּחֹדֶשׁ הַשְּׁלִישִׁי לְצֵאת בְּנֵי־יִשְׂרָאֵל מֵאֶרֶץ מִצְרָיִם בַּיּוֹם הַזֶּה א
בָּאוּ מִדְבַּר סִינָי׃ וַיִּסְעוּ מֵרְפִידִים וַיָּבֹאוּ מִדְבַּר סִינַי וַיַּחֲנוּ ב
בַּמִּדְבָּר וַיִּחַן־שָׁם יִשְׂרָאֵל נֶגֶד הָהָר׃ וּמֹשֶׁה עָלָה אֶל־הָאֱלֹהִים ג
וַיִּקְרָא אֵלָיו יְהוָה מִן־הָהָר לֵאמֹר כֹּה תֹאמַר לְבֵית יַעֲקֹב
וְתַגֵּיד לִבְנֵי יִשְׂרָאֵל׃ אַתֶּם רְאִיתֶם אֲשֶׁר עָשִׂיתִי לְמִצְרָיִם ד
וָאֶשָּׂא אֶתְכֶם עַל־כַּנְפֵי נְשָׁרִים וָאָבִא אֶתְכֶם אֵלָי׃ וְעַתָּה ה
אִם־שָׁמוֹעַ תִּשְׁמְעוּ בְּקֹלִי וּשְׁמַרְתֶּם אֶת־בְּרִיתִי וִהְיִיתֶם לִי
טו סְגֻלָּה מִכָּל־הָעַמִּים כִּי־לִי כָּל־הָאָרֶץ׃ וְאַתֶּם תִּהְיוּ־לִי מַמְלֶכֶת ו
כֹּהֲנִים וְגוֹי קָדוֹשׁ אֵלֶּה הַדְּבָרִים אֲשֶׁר תְּדַבֵּר אֶל־בְּנֵי יִשְׂרָאֵל׃
חמישי
וַיָּבֹא מֹשֶׁה וַיִּקְרָא לְזִקְנֵי הָעָם וַיָּשֶׂם לִפְנֵיהֶם אֵת כָּל־הַדְּבָרִים ז
הָאֵלֶּה אֲשֶׁר צִוָּהוּ יְהוָה׃ וַיַּעֲנוּ כָל־הָעָם יַחְדָּו וַיֹּאמְרוּ כֹּל ח
אֲשֶׁר־דִּבֶּר יְהוָה נַעֲשֶׂה וַיָּשֶׁב מֹשֶׁה אֶת־דִּבְרֵי הָעָם אֶל־
יְהוָה׃ וַיֹּאמֶר יְהוָה אֶל־מֹשֶׁה הִנֵּה אָנֹכִי בָּא אֵלֶיךָ בְּעַב ט
הֶעָנָן בַּעֲבוּר יִשְׁמַע הָעָם בְּדַבְּרִי עִמָּךְ וְגַם־בְּךָ יַאֲמִינוּ לְעוֹלָם
וַיַּגֵּד מֹשֶׁה אֶת־דִּבְרֵי הָעָם אֶל־יְהוָה׃ וַיֹּאמֶר יְהוָה אֶל־מֹשֶׁה י
לֵךְ אֶל־הָעָם וְקִדַּשְׁתָּם הַיּוֹם וּמָחָר וְכִבְּסוּ שִׂמְלֹתָם׃ וְהָיוּ יא
נְכֹנִים לַיּוֹם הַשְּׁלִישִׁי כִּי ׀ בַּיּוֹם הַשְּׁלִשִׁי יֵרֵד יְהוָה לְעֵינֵי כָל־
הָעָם עַל־הַר סִינָי׃ וְהִגְבַּלְתָּ אֶת־הָעָם סָבִיב לֵאמֹר הִשָּׁמְרוּ יב
לָכֶם עֲלוֹת בָּהָר וּנְגֹעַ בְּקָצֵהוּ כָּל־הַנֹּגֵעַ בָּהָר מוֹת יוּמָת׃
לֹא־תִגַּע בּוֹ יָד כִּי־סָקוֹל יִסָּקֵל אוֹ־יָרֹה יִיָּרֶה אִם־בְּהֵמָה אִם־ יג
אִישׁ לֹא יִחְיֶה בִּמְשֹׁךְ הַיֹּבֵל הֵמָּה יַעֲלוּ בָהָר׃ וַיֵּרֶד מֹשֶׁה יד
מִן־הָהָר אֶל־הָעָם וַיְקַדֵּשׁ אֶת־הָעָם וַיְכַבְּסוּ שִׂמְלֹתָם׃ וַיֹּאמֶר טו
אֶל־הָעָם הֱיוּ נְכֹנִים לִשְׁלֹשֶׁת יָמִים אַל־תִּגְּשׁוּ אֶל־אִשָּׁה׃
וַיְהִי בַיּוֹם הַשְּׁלִישִׁי בִּהְיֹת הַבֹּקֶר וַיְהִי קֹלֹת וּבְרָקִים וְעָנָן כָּבֵד טז
עַל־הָהָר וְקֹל שֹׁפָר חָזָק מְאֹד וַיֶּחֱרַד כָּל־הָעָם אֲשֶׁר בַּמַּחֲנֶה׃
וַיּוֹצֵא מֹשֶׁה אֶת־הָעָם לִקְרַאת הָאֱלֹהִים מִן־הַמַּחֲנֶה וַיִּתְיַצְּבוּ יז
בְּתַחְתִּית הָהָר׃ וְהַר סִינַי עָשַׁן כֻּלּוֹ מִפְּנֵי אֲשֶׁר יָרַד עָלָיו יְהוָה יח

יט באש ויעל עשנו כעשן הכבשן ויחרד כל-ההר מאד: ויהי
קול השפר הולך וחזק מאד משה ידבר והאלהים יעננו בקול:
כ וירד יהוה על-הר סיני אל-ראש ההר ויקרא יהוה למשה ששי
כא אל-ראש ההר ויעל משה: ויאמר יהוה אל-משה רד העד
כב בעם פן-יהרסו אל-יהוה לראות ונפל ממנו רב: וגם הכהנים
כג הנגשים אל-יהוה יתקדשו פן-יפרץ בהם יהוה: ויאמר משה
אל-יהוה לא-יוכל העם לעלת אל-הר סיני כי-אתה העדתה
כד בנו לאמר הגבל את-ההר וקדשתו: ויאמר אליו יהוה לך-
רד ועלית אתה ואהרן עמך והכהנים והעם אל-יהרסו
כה לעלת אל-יהוה פן-יפרץ-בם: וירד משה אל-העם ויאמר
כ א אלהם: וידבר אלהים את כל-הדברים האלה
ב לאמר: אנכי יהוה אלהיך אשר הוצאתיך
ג מארץ מצרים מבית עבדים: לא-יהיה לך אלהים אחרים
ד על-פני: לא-תעשה לך פסל וכל-תמונה אשר בשמים ממעל
ה ואשר בארץ מתחת ואשר במים מתחת לארץ: לא-
תשתחוה להם ולא תעבדם כי אנכי יהוה אלהיך אל קנא
פקד עון אבת על-בנים על-שלשים ועל-רבעים לשנאי:
ו ז ועשה חסד לאלפים לאהבי ולשמרי מצותי: לא
תשא את-שם-יהוה אלהיך לשוא כי לא ינקה יהוה את
אשר-ישא את-שמו לשוא:
ח ט זכור את-יום השבת לקדשו: ששת ימים תעבד ועשית כל-
י מלאכתך: ויום השביעי שבת ליהוה אלהיך לא-תעשה כל-
מלאכה אתה ובנך ובתך עבדך ואמתך ובהמתך וגרך אשר
יא בשעריך: כי ששת-ימים עשה יהוה את-השמים ואת-הארץ
את-הים ואת-כל-אשר-בם וינח ביום השביעי על-כן ברך
יב יהוה את-יום השבת ויקדשהו: כבד את-אביך
ואת-אמך למען יארכון ימיך על האדמה אשר-יהוה אלהיך

כ

נָתַן לָךְ׃ לֹא תִרְצָח לֹא יג
תִנְאָף לֹא תִגְנֹב לֹא־
תַעֲנֶה בְרֵעֲךָ עֵד שָׁקֶר׃ לֹא יד
תַחְמֹד בֵּית רֵעֶךָ לֹא־
תַחְמֹד אֵשֶׁת רֵעֶךָ וְעַבְדּוֹ וַאֲמָתוֹ וְשׁוֹרוֹ וַחֲמֹרוֹ וְכֹל אֲשֶׁר
לְרֵעֶךָ׃
שביעי וְכָל־הָעָם רֹאִים אֶת־הַקּוֹלֹת וְאֶת־הַלַּפִּידִם וְאֵת קוֹל הַשֹּׁפָר טו
וְאֶת־הָהָר עָשֵׁן וַיַּרְא הָעָם וַיָּנֻעוּ וַיַּעַמְדוּ מֵרָחֹק׃ וַיֹּאמְרוּ אֶל־ טז
מֹשֶׁה דַּבֵּר־אַתָּה עִמָּנוּ וְנִשְׁמָעָה וְאַל־יְדַבֵּר עִמָּנוּ אֱלֹהִים פֶּן־
נָמוּת׃ וַיֹּאמֶר מֹשֶׁה אֶל־הָעָם אַל־תִּירָאוּ כִּי לְבַעֲבוּר נַסּוֹת יז
אֶתְכֶם בָּא הָאֱלֹהִים וּבַעֲבוּר תִּהְיֶה יִרְאָתוֹ עַל־פְּנֵיכֶם לְבִלְתִּי
תֶחֱטָאוּ׃ וַיַּעֲמֹד הָעָם מֵרָחֹק וּמֹשֶׁה נִגַּשׁ אֶל־הָעֲרָפֶל אֲשֶׁר־ יח
מפטיר שָׁם הָאֱלֹהִים׃ וַיֹּאמֶר יהוה אֶל־מֹשֶׁה כֹּה יט
תֹאמַר אֶל־בְּנֵי יִשְׂרָאֵל אַתֶּם רְאִיתֶם כִּי מִן־הַשָּׁמַיִם דִּבַּרְתִּי
עִמָּכֶם׃ לֹא תַעֲשׂוּן אִתִּי אֱלֹהֵי כֶסֶף וֵאלֹהֵי זָהָב לֹא תַעֲשׂוּ כ
לָכֶם׃ מִזְבַּח אֲדָמָה תַּעֲשֶׂה־לִּי וְזָבַחְתָּ עָלָיו אֶת־עֹלֹתֶיךָ כא
וְאֶת־שְׁלָמֶיךָ אֶת־צֹאנְךָ וְאֶת־בְּקָרֶךָ בְּכָל־הַמָּקוֹם אֲשֶׁר
אַזְכִּיר אֶת־שְׁמִי אָבוֹא אֵלֶיךָ וּבֵרַכְתִּיךָ׃ וְאִם־מִזְבַּח אֲבָנִים כב
תַּעֲשֶׂה־לִּי לֹא־תִבְנֶה אֶתְהֶן גָּזִית כִּי חַרְבְּךָ הֵנַפְתָּ עָלֶיהָ
וַתְּחַלְלֶהָ׃ וְלֹא־תַעֲלֶה בְמַעֲלֹת עַל־מִזְבְּחִי אֲשֶׁר לֹא־תִגָּלֶה כג
עֶרְוָתְךָ עָלָיו׃
משפטים טז וְאֵלֶּה הַמִּשְׁפָּטִים אֲשֶׁר תָּשִׂים לִפְנֵיהֶם׃ כִּי תִקְנֶה עֶבֶד עִבְרִי כא א ב
שֵׁשׁ שָׁנִים יַעֲבֹד וּבַשְּׁבִעִת יֵצֵא לַחָפְשִׁי חִנָּם׃ אִם־בְּגַפּוֹ יָבֹא ג
בְּגַפּוֹ יֵצֵא אִם־בַּעַל אִשָּׁה הוּא וְיָצְאָה אִשְׁתּוֹ עִמּוֹ׃ אִם־אֲדֹנָיו ד
יִתֶּן־לוֹ אִשָּׁה וְיָלְדָה־לוֹ בָנִים אוֹ בָנוֹת הָאִשָּׁה וִילָדֶיהָ תִּהְיֶה
לַאדֹנֶיהָ וְהוּא יֵצֵא בְגַפּוֹ׃ וְאִם־אָמֹר יֹאמַר הָעֶבֶד אָהַבְתִּי ה
אֶת־אֲדֹנִי אֶת־אִשְׁתִּי וְאֶת־בָּנָי לֹא אֵצֵא חָפְשִׁי׃ וְהִגִּישׁוֹ אֲדֹנָיו ו

אֶל־הָאֱלֹהִים וְהִגִּישׁוֹ אֶל־הַדֶּלֶת אוֹ אֶל־הַמְּזוּזָה וְרָצַע אֲדֹנָיו
ז אֶת־אָזְנוֹ בַּמַּרְצֵעַ וַעֲבָדוֹ לְעֹלָם׃ וְכִי־יִמְכֹּר אִישׁ
ח אֶת־בִּתּוֹ לְאָמָה לֹא תֵצֵא כְּצֵאת הָעֲבָדִים׃ אִם־רָעָה בְּעֵינֵי
אֲדֹנֶיהָ אֲשֶׁר־לֹא יְעָדָהּ וְהֶפְדָּהּ לְעַם נָכְרִי לֹא־יִמְשֹׁל לְמָכְרָהּ לוֹ
ט י בְּבִגְדוֹ־בָהּ׃ וְאִם־לִבְנוֹ יִיעָדֶנָּה כְּמִשְׁפַּט הַבָּנוֹת יַעֲשֶׂה־לָּהּ׃ אִם־
יא אַחֶרֶת יִקַּח־לוֹ שְׁאֵרָהּ כְּסוּתָהּ וְעֹנָתָהּ לֹא יִגְרָע׃ וְאִם־שְׁלָשׁ־
יב אֵלֶּה לֹא יַעֲשֶׂה לָהּ וְיָצְאָה חִנָּם אֵין כָּסֶף׃ מַכֵּה
יג אִישׁ וָמֵת מוֹת יוּמָת׃ וַאֲשֶׁר לֹא צָדָה וְהָאֱלֹהִים אִנָּה לְיָדוֹ
יד וְשַׂמְתִּי לְךָ מָקוֹם אֲשֶׁר יָנוּס שָׁמָּה׃ וְכִי־
יָזִד אִישׁ עַל־רֵעֵהוּ לְהָרְגוֹ בְעָרְמָה מֵעִם מִזְבְּחִי תִּקָּחֶנּוּ
טו טז לָמוּת׃ וּמַכֵּה אָבִיו וְאִמּוֹ מוֹת יוּמָת׃ וְגֹנֵב
יז אִישׁ וּמְכָרוֹ וְנִמְצָא בְיָדוֹ מוֹת יוּמָת׃ וּמְקַלֵּל
יח אָבִיו וְאִמּוֹ מוֹת יוּמָת׃ וְכִי־יְרִיבֻן אֲנָשִׁים וְהִכָּה־
אִישׁ אֶת־רֵעֵהוּ בְּאֶבֶן אוֹ בְאֶגְרֹף וְלֹא יָמוּת וְנָפַל לְמִשְׁכָּב׃
יט אִם־יָקוּם וְהִתְהַלֵּךְ בַּחוּץ עַל־מִשְׁעַנְתּוֹ וְנִקָּה הַמַּכֶּה רַק
כ שִׁבְתּוֹ יִתֵּן וְרַפֹּא יְרַפֵּא׃ וְכִי־יַכֶּה אִישׁ אֶת־עַבְדּוֹ שני
כא אוֹ אֶת־אֲמָתוֹ בַּשֵּׁבֶט וּמֵת תַּחַת יָדוֹ נָקֹם יִנָּקֵם׃ אַךְ אִם־יוֹם
כב אוֹ יוֹמַיִם יַעֲמֹד לֹא יֻקַּם כִּי כַסְפּוֹ הוּא׃ וְכִי־
יִנָּצוּ אֲנָשִׁים וְנָגְפוּ אִשָּׁה הָרָה וְיָצְאוּ יְלָדֶיהָ וְלֹא יִהְיֶה אָסוֹן
עָנוֹשׁ יֵעָנֵשׁ כַּאֲשֶׁר יָשִׁית עָלָיו בַּעַל הָאִשָּׁה וְנָתַן בִּפְלִלִים׃
כג כד וְאִם־אָסוֹן יִהְיֶה וְנָתַתָּה נֶפֶשׁ תַּחַת נָפֶשׁ׃ עַיִן תַּחַת עַיִן שֵׁן
כה תַּחַת שֵׁן יָד תַּחַת יָד רֶגֶל תַּחַת רָגֶל׃ כְּוִיָּה תַּחַת כְּוִיָּה פֶּצַע
כו תַּחַת פָּצַע חַבּוּרָה תַּחַת חַבּוּרָה׃ וְכִי־יַכֶּה אִישׁ
אֶת־עֵין עַבְדּוֹ אוֹ־אֶת־עֵין אֲמָתוֹ וְשִׁחֲתָהּ לַחָפְשִׁי יְשַׁלְּחֶנּוּ
כז תַּחַת עֵינוֹ׃ וְאִם־שֵׁן עַבְדּוֹ אוֹ־שֵׁן אֲמָתוֹ יַפִּיל לַחָפְשִׁי יְשַׁלְּחֶנּוּ
תַּחַת שִׁנּוֹ׃
כח וְכִי־יִגַּח שׁוֹר אֶת־אִישׁ אוֹ אֶת־אִשָּׁה וָמֵת סָקוֹל יִסָּקֵל הַשּׁוֹר

וְלֹא יֵאָכֵל אֶת־בְּשָׂרוֹ וּבַעַל הַשּׁוֹר נָקִי׃ וְאִם שׁוֹר נַגָּח הוּא כט
מִתְּמֹל שִׁלְשֹׁם וְהוּעַד בִּבְעָלָיו וְלֹא יִשְׁמְרֶנּוּ וְהֵמִית אִישׁ אוֹ
אִשָּׁה הַשּׁוֹר יִסָּקֵל וְגַם־בְּעָלָיו יוּמָת׃ אִם־כֹּפֶר יוּשַׁת עָלָיו וְנָתַן ל
פִּדְיֹן נַפְשׁוֹ כְּכֹל אֲשֶׁר־יוּשַׁת עָלָיו׃ אוֹ־בֵן יִגָּח אוֹ־בַת יִגָּח כַּמִּשְׁפָּט לא
הַזֶּה יֵעָשֶׂה לּוֹ׃ אִם־עֶבֶד יִגַּח הַשּׁוֹר אוֹ אָמָה כֶּסֶף ׀ שְׁלֹשִׁים לב
שְׁקָלִים יִתֵּן לַאדֹנָיו וְהַשּׁוֹר יִסָּקֵל׃ וְכִי־יִפְתַּח לג
אִישׁ בּוֹר אוֹ כִּי־יִכְרֶה אִישׁ בֹּר וְלֹא יְכַסֶּנּוּ וְנָפַל־שָׁמָּה שּׁוֹר
אוֹ חֲמוֹר׃ בַּעַל הַבּוֹר יְשַׁלֵּם כֶּסֶף יָשִׁיב לִבְעָלָיו וְהַמֵּת יִהְיֶה־ לד
לּוֹ׃ וְכִי־יִגֹּף שׁוֹר־אִישׁ אֶת־שׁוֹר רֵעֵהוּ וָמֵת לה
וּמָכְרוּ אֶת־הַשּׁוֹר הַחַי וְחָצוּ אֶת־כַּסְפּוֹ וְגַם אֶת־הַמֵּת יֶחֱצוּן׃
אוֹ נוֹדַע כִּי שׁוֹר נַגָּח הוּא מִתְּמוֹל שִׁלְשֹׁם וְלֹא יִשְׁמְרֶנּוּ בְּעָלָיו לו
שַׁלֵּם יְשַׁלֵּם שׁוֹר תַּחַת הַשּׁוֹר וְהַמֵּת יִהְיֶה־לּוֹ׃ כִּי לז
יִגְנֹב־אִישׁ שׁוֹר אוֹ־שֶׂה וּטְבָחוֹ אוֹ מְכָרוֹ חֲמִשָּׁה בָקָר יְשַׁלֵּם
תַּחַת הַשּׁוֹר וְאַרְבַּע־צֹאן תַּחַת הַשֶּׂה׃ אִם־בַּמַּחְתֶּרֶת יִמָּצֵא כב א
הַגַּנָּב וְהֻכָּה וָמֵת אֵין לוֹ דָּמִים׃ אִם־זָרְחָה הַשֶּׁמֶשׁ עָלָיו ב
דָּמִים לוֹ שַׁלֵּם יְשַׁלֵּם אִם־אֵין לוֹ וְנִמְכַּר בִּגְנֵבָתוֹ׃ אִם־הִמָּצֵא ג
תִמָּצֵא בְיָדוֹ הַגְּנֵבָה מִשּׁוֹר עַד־חֲמוֹר עַד־שֶׂה חַיִּים שְׁנַיִם
שלישי יְשַׁלֵּם׃ כִּי יַבְעֶר־אִישׁ שָׂדֶה אוֹ־כֶרֶם וְשִׁלַּח ד
אֶת־בְּעִירֹה וּבִעֵר בִּשְׂדֵה אַחֵר מֵיטַב שָׂדֵהוּ וּמֵיטַב כַּרְמוֹ
יְשַׁלֵּם׃ כִּי־תֵצֵא אֵשׁ וּמָצְאָה קֹצִים וְנֶאֱכַל ה
גָּדִישׁ אוֹ הַקָּמָה אוֹ הַשָּׂדֶה שַׁלֵּם יְשַׁלֵּם הַמַּבְעִר אֶת־
הַבְּעֵרָה׃ כִּי־יִתֵּן אִישׁ אֶל־רֵעֵהוּ כֶּסֶף אוֹ־כֵלִים ו
לִשְׁמֹר וְגֻנַּב מִבֵּית הָאִישׁ אִם־יִמָּצֵא הַגַּנָּב יְשַׁלֵּם שְׁנָיִם׃ אִם־ ז
לֹא יִמָּצֵא הַגַּנָּב וְנִקְרַב בַּעַל־הַבַּיִת אֶל־הָאֱלֹהִים אִם־לֹא שָׁלַח
יָדוֹ בִּמְלֶאכֶת רֵעֵהוּ׃ עַל־כָּל־דְּבַר־פֶּשַׁע עַל־שׁוֹר עַל־חֲמוֹר עַל־ ח
שֶׂה עַל־שַׂלְמָה עַל־כָּל־אֲבֵדָה אֲשֶׁר יֹאמַר כִּי־הוּא זֶה עַד
הָאֱלֹהִים יָבֹא דְּבַר־שְׁנֵיהֶם אֲשֶׁר יַרְשִׁיעֻן אֱלֹהִים יְשַׁלֵּם שְׁנַיִם

כב
ט לְרֵעֵהוּ׃ כִּי־יִתֵּן אִישׁ אֶל־רֵעֵהוּ חֲמוֹר אוֹ־שׁוֹר
אוֹ־שֶׂה וְכָל־בְּהֵמָה לִשְׁמֹר וּמֵת אוֹ־נִשְׁבַּר אוֹ־נִשְׁבָּה אֵין
י רֹאֶה׃ שְׁבֻעַת יהוה תִּהְיֶה בֵּין שְׁנֵיהֶם אִם־לֹא שָׁלַח יָדוֹ
יא בִּמְלֶאכֶת רֵעֵהוּ וְלָקַח בְּעָלָיו וְלֹא יְשַׁלֵּם׃ וְאִם־גָּנֹב יִגָּנֵב
יב מֵעִמּוֹ יְשַׁלֵּם לִבְעָלָיו׃ אִם־טָרֹף יִטָּרֵף יְבִאֵהוּ עֵד הַטְּרֵפָה
לֹא יְשַׁלֵּם׃
יג וְכִי־יִשְׁאַל אִישׁ מֵעִם רֵעֵהוּ וְנִשְׁבַּר אוֹ־מֵת בְּעָלָיו אֵין־עִמּוֹ
יד שַׁלֵּם יְשַׁלֵּם׃ אִם־בְּעָלָיו עִמּוֹ לֹא יְשַׁלֵּם אִם־שָׂכִיר הוּא בָּא
טו בִּשְׂכָרוֹ׃ וְכִי־יְפַתֶּה אִישׁ בְּתוּלָה אֲשֶׁר לֹא־אֹרָשָׂה
טז וְשָׁכַב עִמָּהּ מָהֹר יִמְהָרֶנָּה לּוֹ לְאִשָּׁה׃ אִם־מָאֵן יְמָאֵן אָבִיהָ
יז לָתֵת לוֹ כֶּסֶף יִשְׁקֹל כְּמֹהַר הַבְּתוּלֹת׃ מְכַשֵּׁפָה
יח יט לֹא תְחַיֶּה׃ כָּל־שֹׁכֵב עִם־בְּהֵמָה מוֹת יוּמָת׃ זֹבֵחַ
כ לָאֱלֹהִים יָחֳרָם בִּלְתִּי לַיהוה לְבַדּוֹ׃ וְגֵר לֹא־תוֹנֶה וְלֹא
כא תִלְחָצֶנּוּ כִּי־גֵרִים הֱיִיתֶם בְּאֶרֶץ מִצְרָיִם׃ כָּל־אַלְמָנָה וְיָתוֹם
כב לֹא תְעַנּוּן׃ אִם־עַנֵּה תְעַנֶּה אֹתוֹ כִּי אִם־צָעֹק יִצְעַק אֵלַי
כג שָׁמֹעַ אֶשְׁמַע צַעֲקָתוֹ׃ וְחָרָה אַפִּי וְהָרַגְתִּי אֶתְכֶם בֶּחָרֶב וְהָיוּ
נְשֵׁיכֶם אַלְמָנוֹת וּבְנֵיכֶם יְתֹמִים׃
כד אִם־כֶּסֶף ׀ תַּלְוֶה אֶת־עַמִּי אֶת־הֶעָנִי עִמָּךְ לֹא־תִהְיֶה לוֹ כְּנֹשֶׁה יז
כה לֹא־תְשִׂימוּן עָלָיו נֶשֶׁךְ׃ אִם־חָבֹל תַּחְבֹּל שַׂלְמַת רֵעֶךָ עַד־
כו בֹּא הַשֶּׁמֶשׁ תְּשִׁיבֶנּוּ לוֹ׃ כִּי הִוא כְסוּתֹה לְבַדָּהּ הִוא שִׂמְלָתוֹ
לְעֹרוֹ בַּמֶּה יִשְׁכָּב וְהָיָה כִּי־יִצְעַק אֵלַי וְשָׁמַעְתִּי כִּי־חַנּוּן
כז אָנִי׃ אֱלֹהִים לֹא תְקַלֵּל וְנָשִׂיא בְעַמְּךָ לֹא תָאֹר׃ רביעי
כח כט מְלֵאָתְךָ וְדִמְעֲךָ לֹא תְאַחֵר בְּכוֹר בָּנֶיךָ תִּתֶּן־לִּי׃ כֵּן־תַּעֲשֶׂה
לְשֹׁרְךָ לְצֹאנֶךָ שִׁבְעַת יָמִים יִהְיֶה עִם־אִמּוֹ בַּיּוֹם הַשְּׁמִינִי
ל תִּתְּנוֹ־לִי׃ וְאַנְשֵׁי־קֹדֶשׁ תִּהְיוּן לִי וּבָשָׂר בַּשָּׂדֶה טְרֵפָה לֹא
כג א תֹאכֵלוּ לַכֶּלֶב תַּשְׁלִכוּן אֹתוֹ׃ לֹא תִשָּׂא שֵׁמַע
ב שָׁוְא אַל־תָּשֶׁת יָדְךָ עִם־רָשָׁע לִהְיֹת עֵד חָמָס׃ לֹא־תִהְיֶה

אַחֲרֵי־רַבִּים לְרָעֹת וְלֹא־תַעֲנֶה עַל־רִב לִנְטֹת אַחֲרֵי רַבִּים
לְהַטֹּת׃ וְדָל לֹא תֶהְדַּר בְּרִיבוֹ׃ כִּי תִפְגַּע שׁוֹר ג ד
אֹיִבְךָ אוֹ חֲמֹרוֹ תֹּעֶה הָשֵׁב תְּשִׁיבֶנּוּ לוֹ׃ כִּי־ ה
תִרְאֶה חֲמוֹר שֹׂנַאֲךָ רֹבֵץ תַּחַת מַשָּׂאוֹ וְחָדַלְתָּ מֵעֲזֹב לוֹ עָזֹב
חמישי תַּעֲזֹב עִמּוֹ׃ לֹא תַטֶּה מִשְׁפַּט אֶבְיֹנְךָ בְּרִיבוֹ׃ ו
מִדְּבַר־שֶׁקֶר תִּרְחָק וְנָקִי וְצַדִּיק אַל־תַּהֲרֹג כִּי לֹא־אַצְדִּיק ז
רָשָׁע׃ וְשֹׁחַד לֹא תִקָּח כִּי הַשֹּׁחַד יְעַוֵּר פִּקְחִים וִיסַלֵּף דִּבְרֵי ח
צַדִּיקִים׃ וְגֵר לֹא תִלְחָץ וְאַתֶּם יְדַעְתֶּם אֶת־נֶפֶשׁ הַגֵּר כִּי־ ט
גֵרִים הֱיִיתֶם בְּאֶרֶץ מִצְרָיִם׃ וְשֵׁשׁ שָׁנִים תִּזְרַע אֶת־אַרְצֶךָ י
וְאָסַפְתָּ אֶת־תְּבוּאָתָהּ׃ וְהַשְּׁבִיעִת תִּשְׁמְטֶנָּה וּנְטַשְׁתָּהּ וְאָכְלוּ יא
אֶבְיֹנֵי עַמֶּךָ וְיִתְרָם תֹּאכַל חַיַּת הַשָּׂדֶה כֵּן־תַּעֲשֶׂה לְכַרְמְךָ
לְזֵיתֶךָ׃ שֵׁשֶׁת יָמִים תַּעֲשֶׂה מַעֲשֶׂיךָ וּבַיּוֹם הַשְּׁבִיעִי תִּשְׁבֹּת יב
לְמַעַן יָנוּחַ שׁוֹרְךָ וַחֲמֹרֶךָ וְיִנָּפֵשׁ בֶּן־אֲמָתְךָ וְהַגֵּר׃ וּבְכֹל אֲשֶׁר־ יג
אָמַרְתִּי אֲלֵיכֶם תִּשָּׁמֵרוּ וְשֵׁם אֱלֹהִים אֲחֵרִים לֹא תַזְכִּירוּ
לֹא יִשָּׁמַע עַל־פִּיךָ׃ שָׁלֹשׁ רְגָלִים תָּחֹג לִי בַּשָּׁנָה׃ אֶת־חַג יד טו
הַמַּצּוֹת תִּשְׁמֹר שִׁבְעַת יָמִים תֹּאכַל מַצּוֹת כַּאֲשֶׁר צִוִּיתִךָ
לְמוֹעֵד חֹדֶשׁ הָאָבִיב כִּי־בוֹ יָצָאתָ מִמִּצְרָיִם וְלֹא־יֵרָאוּ פָנַי
רֵיקָם׃ וְחַג הַקָּצִיר בִּכּוּרֵי מַעֲשֶׂיךָ אֲשֶׁר תִּזְרַע בַּשָּׂדֶה וְחַג טז
הָאָסִף בְּצֵאת הַשָּׁנָה בְּאָסְפְּךָ אֶת־מַעֲשֶׂיךָ מִן־הַשָּׂדֶה׃ שָׁלֹשׁ יז
פְּעָמִים בַּשָּׁנָה יֵרָאֶה כָּל־זְכוּרְךָ אֶל־פְּנֵי הָאָדֹן ׀ יְהוָה׃ לֹא־ יח
תִזְבַּח עַל־חָמֵץ דַּם־זִבְחִי וְלֹא־יָלִין חֵלֶב־חַגִּי עַד־בֹּקֶר׃
רֵאשִׁית בִּכּוּרֵי אַדְמָתְךָ תָּבִיא בֵּית יְהוָה אֱלֹהֶיךָ לֹא־תְבַשֵּׁל יט
גְּדִי בַּחֲלֵב אִמּוֹ׃

ששי הִנֵּה אָנֹכִי שֹׁלֵחַ מַלְאָךְ לְפָנֶיךָ לִשְׁמָרְךָ בַּדָּרֶךְ וְלַהֲבִיאֲךָ אֶל־ כ
הַמָּקוֹם אֲשֶׁר הֲכִנֹתִי׃ הִשָּׁמֶר מִפָּנָיו וּשְׁמַע בְּקֹלוֹ אַל־תַּמֵּר כא
בּוֹ כִּי לֹא יִשָּׂא לְפִשְׁעֲכֶם כִּי שְׁמִי בְּקִרְבּוֹ׃ כִּי אִם־שָׁמוֹעַ כב
תִּשְׁמַע בְּקֹלוֹ וְעָשִׂיתָ כֹּל אֲשֶׁר אֲדַבֵּר וְאָיַבְתִּי אֶת־אֹיְבֶיךָ

כג וצרתי את־צרריך׃ כי־ילך מלאכי לפניך והביאך אל־
כד האמרי והחתי והפרזי והכנעני החוי והיבוסי והכחדתיו׃ לא־
תשתחוה לאלהיהם ולא תעבדם ולא תעשה כמעשיהם
כה כי הרס תהרסם ושבר תשבר מצבתיהם׃ ועבדתם את
יהוה אלהיכם וברך את־לחמך ואת־מימיך והסרתי מחלה
כו מקרבך׃ לא תהיה משכלה ועקרה בארצך שביעי
כז את־מספר ימיך אמלא׃ את־אימתי אשלח לפניך והמתי
את־כל־העם אשר תבא בהם ונתתי את־כל־איביך אליך
כח ערף׃ ושלחתי את־הצרעה לפניך וגרשה את־החוי את־
כט הכנעני ואת־החתי מלפניך׃ לא אגרשנו מפניך בשנה
ל אחת פן־תהיה הארץ שממה ורבה עליך חית השדה׃ מעט
מעט אגרשנו מפניך עד אשר תפרה ונחלת את־הארץ׃
לא ושתי את־גבלך מים־סוף ועד־ים פלשתים וממדבר עד־
הנהר כי ׀ אתן בידכם את ישבי הארץ וגרשתמו מפניך׃
לב לא־תכרת להם ולאלהיהם ברית׃ לא ישבו בארצך
לג פן־יחטיאו אתך לי כי תעבד את־אלהיהם כי־יהיה לך
למוקש׃
ד א ואל־משה אמר עלה אל־יהוה אתה ואהרן נדב ואביהוא
ב ושבעים מזקני ישראל והשתחויתם מרחק׃ ונגש משה
ג לבדו אל־יהוה והם לא יגשו והעם לא יעלו עמו׃ ויבא
משה ויספר לעם את כל־דברי יהוה ואת כל־המשפטים
ויען כל־העם קול אחד ויאמרו כל־הדברים אשר־דבר
ד יהוה נעשה׃ ויכתב משה את כל־דברי יהוה וישכם בבקר
ויבן מזבח תחת ההר ושתים עשרה מצבה לשנים עשר
ה שבטי ישראל׃ וישלח את־נערי בני ישראל ויעלו עלת
ו ויזבחו זבחים שלמים ליהוה פרים׃ ויקח משה חצי הדם
ז וישם באגנת וחצי הדם זרק על־המזבח׃ ויקח ספר הברית

ויקרא באזני העם ויאמרו כל אשר־דבר יהוה נעשה ונשמע:
ח ויקח משה את־הדם ויזרק על־העם ויאמר הנה דם־הברית
ט אשר כרת יהוה עמכם על כל־הדברים האלה: ויעל משה
י ואהרן נדב ואביהוא ושבעים מזקני ישראל: ויראו את
אלהי ישראל ותחת רגליו כמעשה לבנת הספיר וכעצם
יא השמים לטהר: ואל־אצילי בני ישראל לא שלח ידו ויחזו
יב את־האלהים ויאכלו וישתו: ויאמר יהוה אל־
משה עלה אלי ההרה והיה־שם ואתנה לך את־לחת האבן
יג והתורה והמצוה אשר כתבתי להורתם: ויקם משה ויהושע
יד משרתו ויעל משה אל־הר האלהים: ואל־הזקנים אמר
שבו־לנו בזה עד אשר־נשוב אליכם והנה אהרן וחור עמכם
טו מי־בעל דברים יגש אלהם: ויעל משה אל־ההר ויכס הענן
טז מפטיר את־ההר: וישכן כבוד־יהוה על־הר סיני ויכסהו הענן ששת
יז ימים ויקרא אל־משה ביום השביעי מתוך הענן: ומראה
יח כבוד יהוה כאש אכלת בראש ההר לעיני בני ישראל: ויבא
משה בתוך הענן ויעל אל־ההר ויהי משה בהר ארבעים
יום וארבעים לילה:

תרומה יח כ א ב וידבר יהוה אל־משה לאמר: דבר אל־בני ישראל ויקחו־
לי תרומה מאת כל־איש אשר ידבנו לבו תקחו את־תרומתי:
ג ד וזאת התרומה אשר תקחו מאתם זהב וכסף ונחשת: ותכלת
ה וארגמן ותולעת שני ושש ועזים: וערת אילם מאדמים
ו וערת תחשים ועצי שטים: שמן למאר בשמים לשמן
ז המשחה ולקטרת הסמים: אבני־שהם ואבני מלאים לאפד
ח ט ולחשן: ועשו לי מקדש ושכנתי בתוכם: ככל אשר אני
מראה אותך את תבנית המשכן ואת תבנית כל־כליו וכן
י תעשו: ועשו ארון עצי שטים אמתים וחצי
יא ארכו ואמה וחצי רחבו ואמה וחצי קמתו: וצפית אתו זהב

טָהוֹר מִבַּיִת וּמִחוּץ תְּצַפֶּנּוּ וְעָשִׂיתָ עָלָיו זֵר זָהָב סָבִיב׃
יב וְיָצַקְתָּ לּוֹ אַרְבַּע טַבְּעֹת זָהָב וְנָתַתָּה עַל אַרְבַּע פַּעֲמֹתָיו
וּשְׁתֵּי טַבָּעֹת עַל־צַלְעוֹ הָאֶחָת וּשְׁתֵּי טַבָּעֹת עַל־צַלְעוֹ הַשֵּׁנִית׃
יג יד וְעָשִׂיתָ בַדֵּי עֲצֵי שִׁטִּים וְצִפִּיתָ אֹתָם זָהָב׃ וְהֵבֵאתָ אֶת־הַבַּדִּים
טו בַּטַּבָּעֹת עַל צַלְעֹת הָאָרֹן לָשֵׂאת אֶת־הָאָרֹן בָּהֶם׃ בְּטַבְּעֹת
טז הָאָרֹן יִהְיוּ הַבַּדִּים לֹא יָסֻרוּ מִמֶּנּוּ׃ וְנָתַתָּ אֶל־הָאָרֹן אֵת
יז הָעֵדֻת אֲשֶׁר אֶתֵּן אֵלֶיךָ׃ וְעָשִׂיתָ כַפֹּרֶת זָהָב טָהוֹר אַמָּתַיִם שני
יח וָחֵצִי אָרְכָּהּ וְאַמָּה וָחֵצִי רָחְבָּהּ׃ וְעָשִׂיתָ שְׁנַיִם כְּרֻבִים זָהָב
יט מִקְשָׁה תַּעֲשֶׂה אֹתָם מִשְּׁנֵי קְצוֹת הַכַּפֹּרֶת׃ וַעֲשֵׂה כְּרוּב אֶחָד
מִקָּצָה מִזֶּה וּכְרוּב־אֶחָד מִקָּצָה מִזֶּה מִן־הַכַּפֹּרֶת תַּעֲשׂוּ אֶת־
כ הַכְּרֻבִים עַל־שְׁנֵי קְצוֹתָיו׃ וְהָיוּ הַכְּרֻבִים פֹּרְשֵׂי כְנָפַיִם לְמַעְלָה
סֹכְכִים בְּכַנְפֵיהֶם עַל־הַכַּפֹּרֶת וּפְנֵיהֶם אִישׁ אֶל־אָחִיו אֶל־
כא הַכַּפֹּרֶת יִהְיוּ פְּנֵי הַכְּרֻבִים׃ וְנָתַתָּ אֶת־הַכַּפֹּרֶת עַל־הָאָרֹן
מִלְמָעְלָה וְאֶל־הָאָרֹן תִּתֵּן אֶת־הָעֵדֻת אֲשֶׁר אֶתֵּן אֵלֶיךָ׃
כב וְנוֹעַדְתִּי לְךָ שָׁם וְדִבַּרְתִּי אִתְּךָ מֵעַל הַכַּפֹּרֶת מִבֵּין שְׁנֵי
הַכְּרֻבִים אֲשֶׁר עַל־אֲרוֹן הָעֵדֻת אֵת כָּל־אֲשֶׁר אֲצַוֶּה אוֹתְךָ
אֶל־בְּנֵי יִשְׂרָאֵל׃
כג וְעָשִׂיתָ שֻׁלְחָן עֲצֵי שִׁטִּים אַמָּתַיִם אָרְכּוֹ וְאַמָּה רָחְבּוֹ וְאַמָּה
כד וָחֵצִי קֹמָתוֹ׃ וְצִפִּיתָ אֹתוֹ זָהָב טָהוֹר וְעָשִׂיתָ לּוֹ זֵר זָהָב סָבִיב׃
כה וְעָשִׂיתָ לּוֹ מִסְגֶּרֶת טֹפַח סָבִיב וְעָשִׂיתָ זֵר־זָהָב לְמִסְגַּרְתּוֹ
כו סָבִיב׃ וְעָשִׂיתָ לּוֹ אַרְבַּע טַבְּעֹת זָהָב וְנָתַתָּ אֶת־הַטַּבָּעֹת
כז עַל אַרְבַּע הַפֵּאֹת אֲשֶׁר לְאַרְבַּע רַגְלָיו׃ לְעֻמַּת הַמִּסְגֶּרֶת תִּהְיֶיןָ
כח הַטַּבָּעֹת לְבָתִּים לְבַדִּים לָשֵׂאת אֶת־הַשֻּׁלְחָן׃ וְעָשִׂיתָ אֶת־
הַבַּדִּים עֲצֵי שִׁטִּים וְצִפִּיתָ אֹתָם זָהָב וְנִשָּׂא־בָם אֶת־הַשֻּׁלְחָן׃
כט וְעָשִׂיתָ קְּעָרֹתָיו וְכַפֹּתָיו וּקְשׂוֹתָיו וּמְנַקִּיֹּתָיו אֲשֶׁר יֻסַּךְ בָּהֵן
ל זָהָב טָהוֹר תַּעֲשֶׂה אֹתָם׃ וְנָתַתָּ עַל־הַשֻּׁלְחָן לֶחֶם פָּנִים לְפָנַי
תָּמִיד׃

לא ועשית מנרת זהב טהור מקשה תיעשה המנורה ירכה
לב וקנה גביעיה כפתריה ופרחיה ממנה יהיו: וששה קנים
יצאים מצדיה שלשה ׀ קני מנרה מצדה האחד ושלשה קני
לג מנרה מצדה השני: שלשה גבעים משקדים בקנה האחד
כפתר ופרח ושלשה גבעים משקדים בקנה האחד כפתר
לד ופרח כן לששת הקנים היצאים מן־המנרה: ובמנרה ארבעה
לה גבעים משקדים כפתריה ופרחיה: וכפתר תחת שני הקנים
ממנה וכפתר תחת שני הקנים ממנה וכפתר תחת־שני
לו הקנים ממנה לששת הקנים היצאים מן־המנרה: כפתריהם
לז וקנתם ממנה יהיו כלה מקשה אחת זהב טהור: ועשית
את־נרתיה שבעה והעלה את־נרתיה והאיר על־עבר פניה:
לח לט ומלקחיה ומחתתיה זהב טהור: ככר זהב טהור יעשה אתה
מ את כל־הכלים האלה: וראה ועשה בתבניתם אשר־אתה
כו א מראה בהר: ואת־המשכן תעשה עשר יריעת שלישי יט
שש משזר ותכלת וארגמן ותלעת שני כרבים מעשה חשב
ב תעשה אתם: ארך ׀ היריעה האחת שמנה ועשרים באמה
ורחב ארבע באמה היריעה האחת מדה אחת לכל־היריעת:
ג חמש היריעת תהיין חברת אשה אל־אחתה וחמש יריעת
ד חברת אשה אל־אחתה: ועשית ללאת תכלת על שפת
היריעה האחת מקצה בחברת וכן תעשה בשפת היריעה
ה הקיצונה במחברת השנית: חמשים ללאת תעשה ביריעה
האחת וחמשים ללאת תעשה בקצה היריעה אשר במחברת
ו השנית מקבילת הללאת אשה אל־אחתה: ועשית חמשים
קרסי זהב וחברת את־היריעת אשה אל־אחתה בקרסים
ז והיה המשכן אחד: ועשית יריעת עזים לאהל על־המשכן
ח עשתי־עשרה יריעת תעשה אתם: ארך ׀ היריעה האחת
שלשים באמה ורחב ארבע באמה היריעה האחת מדה

ט אַחַת לְעַשְׁתֵּי עֶשְׂרֵה יְרִיעֹת׃ וְחִבַּרְתָּ אֶת־חֲמֵשׁ הַיְרִיעֹת לְבָד
וְאֶת־שֵׁשׁ הַיְרִיעֹת לְבָד וְכָפַלְתָּ אֶת־הַיְרִיעָה הַשִּׁשִּׁית אֶל־
י מוּל פְּנֵי הָאֹהֶל׃ וְעָשִׂיתָ חֲמִשִּׁים לֻלָאֹת עַל שְׂפַת הַיְרִיעָה
הָאֶחָת הַקִּיצֹנָה בַּחֹבָרֶת וַחֲמִשִּׁים לֻלָאֹת עַל שְׂפַת הַיְרִיעָה
יא הַחֹבֶרֶת הַשֵּׁנִית׃ וְעָשִׂיתָ קַרְסֵי נְחֹשֶׁת חֲמִשִּׁים וְהֵבֵאתָ אֶת־
יב הַקְּרָסִים בַּלֻּלָאֹת וְחִבַּרְתָּ אֶת־הָאֹהֶל וְהָיָה אֶחָד׃ וְסֶרַח הָעֹדֵף
בִּירִיעֹת הָאֹהֶל חֲצִי הַיְרִיעָה הָעֹדֶפֶת תִּסְרַח עַל אֲחֹרֵי
יג הַמִּשְׁכָּן׃ וְהָאַמָּה מִזֶּה וְהָאַמָּה מִזֶּה בָּעֹדֵף בְּאֹרֶךְ יְרִיעֹת
הָאֹהֶל יִהְיֶה סָרוּחַ עַל־צִדֵּי הַמִּשְׁכָּן מִזֶּה וּמִזֶּה לְכַסֹּתוֹ׃
יד וְעָשִׂיתָ מִכְסֶה לָאֹהֶל עֹרֹת אֵילִם מְאָדָּמִים וּמִכְסֵה עֹרֹת
תְּחָשִׁים מִלְמָעְלָה׃
טו טז וְעָשִׂיתָ אֶת־הַקְּרָשִׁים לַמִּשְׁכָּן עֲצֵי שִׁטִּים עֹמְדִים׃ עֶשֶׂר אַמּוֹת רביעי
יז אֹרֶךְ הַקָּרֶשׁ וְאַמָּה וַחֲצִי הָאַמָּה רֹחַב הַקֶּרֶשׁ הָאֶחָד׃ שְׁתֵּי
יָדוֹת לַקֶּרֶשׁ הָאֶחָד מְשֻׁלָּבֹת אִשָּׁה אֶל־אֲחֹתָהּ כֵּן תַּעֲשֶׂה
יח לְכֹל קַרְשֵׁי הַמִּשְׁכָּן׃ וְעָשִׂיתָ אֶת־הַקְּרָשִׁים לַמִּשְׁכָּן עֶשְׂרִים
יט קֶרֶשׁ לִפְאַת נֶגְבָּה תֵימָנָה׃ וְאַרְבָּעִים אַדְנֵי־כֶסֶף תַּעֲשֶׂה
תַּחַת עֶשְׂרִים הַקָּרֶשׁ שְׁנֵי אֲדָנִים תַּחַת־הַקֶּרֶשׁ הָאֶחָד לִשְׁתֵּי
כ יְדֹתָיו וּשְׁנֵי אֲדָנִים תַּחַת־הַקֶּרֶשׁ הָאֶחָד לִשְׁתֵּי יְדֹתָיו׃ וּלְצֶלַע
כא הַמִּשְׁכָּן הַשֵּׁנִית לִפְאַת צָפוֹן עֶשְׂרִים קָרֶשׁ׃ וְאַרְבָּעִים אַדְנֵיהֶם
כָּסֶף שְׁנֵי אֲדָנִים תַּחַת הַקֶּרֶשׁ הָאֶחָד וּשְׁנֵי אֲדָנִים תַּחַת הַקָּרֶשׁ
כב כג הָאֶחָד׃ וּלְיַרְכְּתֵי הַמִּשְׁכָּן יָמָּה תַּעֲשֶׂה שִׁשָּׁה קְרָשִׁים׃ וּשְׁנֵי
כד קְרָשִׁים תַּעֲשֶׂה לִמְקֻצְעֹת הַמִּשְׁכָּן בַּיַּרְכָתָיִם׃ וְיִהְיוּ תֹאֲמִם
מִלְּמַטָּה וְיַחְדָּו יִהְיוּ תַמִּים עַל־רֹאשׁוֹ אֶל־הַטַּבַּעַת הָאֶחָת
כה כֵּן יִהְיֶה לִשְׁנֵיהֶם לִשְׁנֵי הַמִּקְצֹעֹת יִהְיוּ׃ וְהָיוּ שְׁמֹנָה קְרָשִׁים
וְאַדְנֵיהֶם כֶּסֶף שִׁשָּׁה עָשָׂר אֲדָנִים שְׁנֵי אֲדָנִים תַּחַת הַקֶּרֶשׁ
כו הָאֶחָד וּשְׁנֵי אֲדָנִים תַּחַת הַקֶּרֶשׁ הָאֶחָד׃ וְעָשִׂיתָ בְרִיחִם עֲצֵי
כז שִׁטִּים חֲמִשָּׁה לְקַרְשֵׁי צֶלַע־הַמִּשְׁכָּן הָאֶחָד׃ וַחֲמִשָּׁה בְרִיחִם

לְקַרְשֵׁי צֶלַע־הַמִּשְׁכָּן הַשֵּׁנִית וַחֲמִשָּׁה בְרִיחִם לְקַרְשֵׁי צֶלַע
הַמִּשְׁכָּן לַיַּרְכָתַיִם יָמָּה׃ וְהַבְּרִיחַ הַתִּיכֹן בְּתוֹךְ הַקְּרָשִׁים כח
מַבְרִחַ מִן־הַקָּצֶה אֶל־הַקָּצֶה׃ וְאֶת־הַקְּרָשִׁים תְּצַפֶּה זָהָב כט
וְאֶת־טַבְּעֹתֵיהֶם תַּעֲשֶׂה זָהָב בָּתִּים לַבְּרִיחִם וְצִפִּיתָ אֶת־
הַבְּרִיחִם זָהָב׃ וַהֲקֵמֹתָ אֶת־הַמִּשְׁכָּן כְּמִשְׁפָּטוֹ אֲשֶׁר הָרְאֵיתָ ל
חמישי כ בָּהָר׃ וְעָשִׂיתָ פָרֹכֶת תְּכֵלֶת וְאַרְגָּמָן וְתוֹלַעַת לא
שָׁנִי וְשֵׁשׁ מָשְׁזָר מַעֲשֵׂה חֹשֵׁב יַעֲשֶׂה אֹתָהּ כְּרֻבִים׃ וְנָתַתָּה לב
אֹתָהּ עַל־אַרְבָּעָה עַמּוּדֵי שִׁטִּים מְצֻפִּים זָהָב וָוֵיהֶם זָהָב עַל־
אַרְבָּעָה אַדְנֵי־כָסֶף׃ וְנָתַתָּה אֶת־הַפָּרֹכֶת תַּחַת הַקְּרָסִים לג
וְהֵבֵאתָ שָׁמָּה מִבֵּית לַפָּרֹכֶת אֵת אֲרוֹן הָעֵדוּת וְהִבְדִּילָה
הַפָּרֹכֶת לָכֶם בֵּין הַקֹּדֶשׁ וּבֵין קֹדֶשׁ הַקֳּדָשִׁים׃ וְנָתַתָּ אֶת־ לד
הַכַּפֹּרֶת עַל אֲרוֹן הָעֵדֻת בְּקֹדֶשׁ הַקֳּדָשִׁים׃ וְשַׂמְתָּ אֶת־ לה
הַשֻּׁלְחָן מִחוּץ לַפָּרֹכֶת וְאֶת־הַמְּנֹרָה נֹכַח הַשֻּׁלְחָן עַל צֶלַע
הַמִּשְׁכָּן תֵּימָנָה וְהַשֻּׁלְחָן תִּתֵּן עַל־צֶלַע צָפוֹן׃ וְעָשִׂיתָ מָסָךְ לו
לְפֶתַח הָאֹהֶל תְּכֵלֶת וְאַרְגָּמָן וְתוֹלַעַת שָׁנִי וְשֵׁשׁ מָשְׁזָר מַעֲשֵׂה
רֹקֵם׃ וְעָשִׂיתָ לַמָּסָךְ חֲמִשָּׁה עַמּוּדֵי שִׁטִּים וְצִפִּיתָ אֹתָם זָהָב לז
ששי וָוֵיהֶם זָהָב וְיָצַקְתָּ לָהֶם חֲמִשָּׁה אַדְנֵי נְחֹשֶׁת׃ וְעָשִׂיתָ א כ
אֶת־הַמִּזְבֵּחַ עֲצֵי שִׁטִּים חָמֵשׁ אַמּוֹת אֹרֶךְ וְחָמֵשׁ אַמּוֹת רֹחַב
רָבוּעַ יִהְיֶה הַמִּזְבֵּחַ וְשָׁלֹשׁ אַמּוֹת קֹמָתוֹ׃ וְעָשִׂיתָ קַרְנֹתָיו עַל ב
אַרְבַּע פִּנֹּתָיו מִמֶּנּוּ תִּהְיֶיןָ קַרְנֹתָיו וְצִפִּיתָ אֹתוֹ נְחֹשֶׁת׃ וְעָשִׂיתָ ג
סִּירֹתָיו לְדַשְּׁנוֹ וְיָעָיו וּמִזְרְקֹתָיו וּמִזְלְגֹתָיו וּמַחְתֹּתָיו לְכָל־כֵּלָיו
תַּעֲשֶׂה נְחֹשֶׁת׃ וְעָשִׂיתָ לּוֹ מִכְבָּר מַעֲשֵׂה רֶשֶׁת נְחֹשֶׁת וְעָשִׂיתָ ד
עַל־הָרֶשֶׁת אַרְבַּע טַבְּעֹת נְחֹשֶׁת עַל אַרְבַּע קְצוֹתָיו׃ וְנָתַתָּה ה
אֹתָהּ תַּחַת כַּרְכֹּב הַמִּזְבֵּחַ מִלְּמָטָּה וְהָיְתָה הָרֶשֶׁת עַד חֲצִי
הַמִּזְבֵּחַ׃ וְעָשִׂיתָ בַדִּים לַמִּזְבֵּחַ בַּדֵּי עֲצֵי שִׁטִּים וְצִפִּיתָ אֹתָם ו
נְחֹשֶׁת׃ וְהוּבָא אֶת־בַּדָּיו בַּטַּבָּעֹת וְהָיוּ הַבַּדִּים עַל־שְׁתֵּי ז
צַלְעֹת הַמִּזְבֵּחַ בִּשְׂאֵת אֹתוֹ׃ נְבוּב לֻחֹת תַּעֲשֶׂה אֹתוֹ כַּאֲשֶׁר ח

ט הָרְאָה אֹתְךָ בָּהָר כֵּן יַעֲשׂוּ׃ וְעָשִׂיתָ אֵת חֲצַר שביעי
הַמִּשְׁכָּן לִפְאַת נֶגֶב־תֵּימָנָה קְלָעִים לֶחָצֵר שֵׁשׁ מָשְׁזָר מֵאָה
י בָאַמָּה אֹרֶךְ לַפֵּאָה הָאֶחָת׃ וְעַמֻּדָיו עֶשְׂרִים וְאַדְנֵיהֶם עֶשְׂרִים
יא נְחֹשֶׁת וָוֵי הָעַמֻּדִים וַחֲשֻׁקֵיהֶם כָּסֶף׃ וְכֵן לִפְאַת צָפוֹן בָּאֹרֶךְ
קְלָעִים מֵאָה אֹרֶךְ וְעַמֻּדָו עֶשְׂרִים וְאַדְנֵיהֶם עֶשְׂרִים נְחֹשֶׁת
יב וָוֵי הָעַמֻּדִים וַחֲשֻׁקֵיהֶם כָּסֶף׃ וְרֹחַב הֶחָצֵר לִפְאַת־יָם קְלָעִים
יג חֲמִשִּׁים אַמָּה עַמֻּדֵיהֶם עֲשָׂרָה וְאַדְנֵיהֶם עֲשָׂרָה׃ וְרֹחַב הֶחָצֵר
יד לִפְאַת קֵדְמָה מִזְרָחָה חֲמִשִּׁים אַמָּה׃ וַחֲמֵשׁ עֶשְׂרֵה אַמָּה
טו קְלָעִים לַכָּתֵף עַמֻּדֵיהֶם שְׁלֹשָׁה וְאַדְנֵיהֶם שְׁלֹשָׁה׃ וְלַכָּתֵף
הַשֵּׁנִית חֲמֵשׁ עֶשְׂרֵה קְלָעִים עַמֻּדֵיהֶם שְׁלֹשָׁה וְאַדְנֵיהֶם שְׁלֹשָׁה׃
טז וּלְשַׁעַר הֶחָצֵר מָסָךְ ׀ עֶשְׂרִים אַמָּה תְּכֵלֶת וְאַרְגָּמָן וְתוֹלַעַת
שָׁנִי וְשֵׁשׁ מָשְׁזָר מַעֲשֵׂה רֹקֵם עַמֻּדֵיהֶם אַרְבָּעָה וְאַדְנֵיהֶם
יז אַרְבָּעָה׃ כָּל־עַמּוּדֵי הֶחָצֵר סָבִיב מְחֻשָּׁקִים כֶּסֶף וָוֵיהֶם כָּסֶף מפטיר
יח וְאַדְנֵיהֶם נְחֹשֶׁת׃ אֹרֶךְ הֶחָצֵר מֵאָה בָאַמָּה וְרֹחַב ׀ חֲמִשִּׁים
יט בַּחֲמִשִּׁים וְקֹמָה חָמֵשׁ אַמּוֹת שֵׁשׁ מָשְׁזָר וְאַדְנֵיהֶם נְחֹשֶׁת׃ לְכֹל
כְּלֵי הַמִּשְׁכָּן בְּכֹל עֲבֹדָתוֹ וְכָל־יְתֵדֹתָיו וְכָל־יִתְדֹת הֶחָצֵר
כ נְחֹשֶׁת׃ וְאַתָּה תְּצַוֶּה ׀ אֶת־בְּנֵי יִשְׂרָאֵל וְיִקְחוּ כא תצוה
כא אֵלֶיךָ שֶׁמֶן זַיִת זָךְ כָּתִית לַמָּאוֹר לְהַעֲלֹת נֵר תָּמִיד׃ בְּאֹהֶל
מוֹעֵד מִחוּץ לַפָּרֹכֶת אֲשֶׁר עַל־הָעֵדֻת יַעֲרֹךְ אֹתוֹ אַהֲרֹן וּבָנָיו
מֵעֶרֶב עַד־בֹּקֶר לִפְנֵי יהוה חֻקַּת עוֹלָם לְדֹרֹתָם מֵאֵת בְּנֵי
ח א יִשְׂרָאֵל׃ וְאַתָּה הַקְרֵב אֵלֶיךָ אֶת־אַהֲרֹן אָחִיךָ וְאֶת־
בָּנָיו אִתּוֹ מִתּוֹךְ בְּנֵי יִשְׂרָאֵל לְכַהֲנוֹ־לִי אַהֲרֹן נָדָב וַאֲבִיהוּא
ב אֶלְעָזָר וְאִיתָמָר בְּנֵי אַהֲרֹן׃ וְעָשִׂיתָ בִגְדֵי־קֹדֶשׁ לְאַהֲרֹן אָחִיךָ
ג לְכָבוֹד וּלְתִפְאָרֶת׃ וְאַתָּה תְּדַבֵּר אֶל־כָּל־חַכְמֵי־לֵב אֲשֶׁר
מִלֵּאתִיו רוּחַ חָכְמָה וְעָשׂוּ אֶת־בִּגְדֵי אַהֲרֹן לְקַדְּשׁוֹ לְכַהֲנוֹ־
ד לִי׃ וְאֵלֶּה הַבְּגָדִים אֲשֶׁר יַעֲשׂוּ חֹשֶׁן וְאֵפוֹד וּמְעִיל וּכְתֹנֶת
תַּשְׁבֵּץ מִצְנֶפֶת וְאַבְנֵט וְעָשׂוּ בִגְדֵי־קֹדֶשׁ לְאַהֲרֹן אָחִיךָ וּלְבָנָיו

לכהנו־לי: והם יקחו את־הזהב ואת־התכלת ואת־הארגמן ה
ואת־תולעת השני ואת־השש:
ועשו את־האפד זהב תכלת וארגמן תולעת שני ושש משזר ו
מעשה חשב: שתי כתפת חברת יהיה־לו אל־שני קצותיו ז
וחבר: וחשב אפדתו אשר עליו כמעשהו ממנו יהיה זהב ח
תכלת וארגמן ותולעת שני ושש משזר: ולקחת את־שתי ט
אבני־שהם ופתחת עליהם שמות בני ישראל: ששה משמתם י
על האבן האחת ואת־שמות הששה הנותרים על־האבן
השנית כתולדתם: מעשה חרש אבן פתוחי חתם תפתח יא
את־שתי האבנים על־שמת בני ישראל מסבת משבצות
זהב תעשה אתם: ושמת את־שתי האבנים על כתפת האפד יב
אבני זכרן לבני ישראל ונשא אהרן את־שמותם לפני יהוה
שני על־שתי כתפיו לזכרן: ועשית משבצת זהב: יג
ושתי שרשרת זהב טהור מגבלת תעשה אתם מעשה עבת יד
ונתתה את־שרשרת העבתת על־המשבצת: ועשית טו
חשן משפט מעשה חשב כמעשה אפד תעשנו זהב תכלת
וארגמן ותולעת שני ושש משזר תעשה אתו: רבוע יהיה טז
כפול זרת ארכו וזרת רחבו: ומלאת בו מלאת אבן ארבעה יז
טורים אבן טור אדם פטדה וברקת הטור האחד: והטור יח
השני נפך ספיר ויהלם: והטור השלישי לשם שבו ואחלמה: יט
והטור הרביעי תרשיש ושהם וישפה משבצים זהב יהיו כ
במלואתם: והאבנים תהיין על־שמת בני־ישראל שתים כא
עשרה על־שמתם פתוחי חותם איש על־שמו תהיין לשני
עשר שבט: ועשית על־החשן שרשת גבלת מעשה עבת כב
זהב טהור: ועשית על־החשן שתי טבעות זהב ונתת את־ כג
שתי הטבעות על־שני קצות החשן: ונתתה את־שתי עבתת כד
הזהב על־שתי הטבעת אל־קצות החשן: ואת שתי קצות כה

שְׁתֵּי הָעֲבֹתֹת תִּתֵּן עַל־שְׁתֵּי הַמִּשְׁבְּצוֹת וְנָתַתָּה עַל־כִּתְפוֹת
כו הָאֵפֹד אֶל־מוּל פָּנָיו׃ וְעָשִׂיתָ שְׁתֵּי טַבְּעוֹת זָהָב וְשַׂמְתָּ אֹתָם
עַל־שְׁנֵי קְצוֹת הַחֹשֶׁן עַל־שְׂפָתוֹ אֲשֶׁר אֶל־עֵבֶר הָאֵפוֹד בָּיְתָה׃
כז וְעָשִׂיתָ שְׁתֵּי טַבְּעוֹת זָהָב וְנָתַתָּה אֹתָם עַל־שְׁתֵּי כִתְפוֹת
הָאֵפוֹד מִלְּמַטָּה מִמּוּל פָּנָיו לְעֻמַּת מֶחְבַּרְתּוֹ מִמַּעַל לְחֵשֶׁב
כח הָאֵפוֹד׃ וְיִרְכְּסוּ אֶת־הַחֹשֶׁן מִטַּבְּעֹתָו אֶל־טַבְּעֹת הָאֵפוֹד
בִּפְתִיל תְּכֵלֶת לִהְיוֹת עַל־חֵשֶׁב הָאֵפוֹד וְלֹא־יִזַּח הַחֹשֶׁן מֵעַל
כט הָאֵפוֹד׃ וְנָשָׂא אַהֲרֹן אֶת־שְׁמוֹת בְּנֵי־יִשְׂרָאֵל בְּחֹשֶׁן הַמִּשְׁפָּט
ל עַל־לִבּוֹ בְּבֹאוֹ אֶל־הַקֹּדֶשׁ לְזִכָּרֹן לִפְנֵי־יְהוָה תָּמִיד׃ וְנָתַתָּ אֶל־
חֹשֶׁן הַמִּשְׁפָּט אֶת־הָאוּרִים וְאֶת־הַתֻּמִּים וְהָיוּ עַל־לֵב אַהֲרֹן
בְּבֹאוֹ לִפְנֵי יְהוָה וְנָשָׂא אַהֲרֹן אֶת־מִשְׁפַּט בְּנֵי־יִשְׂרָאֵל עַל־
לא לִבּוֹ לִפְנֵי יְהוָה תָּמִיד׃ וְעָשִׂיתָ אֶת־מְעִיל הָאֵפוֹד שלישי
לב כְּלִיל תְּכֵלֶת׃ וְהָיָה פִי־רֹאשׁוֹ בְּתוֹכוֹ שָׂפָה יִהְיֶה לְפִיו סָבִיב
לג מַעֲשֵׂה אֹרֵג כְּפִי תַחְרָא יִהְיֶה־לּוֹ לֹא יִקָּרֵעַ׃ וְעָשִׂיתָ עַל־שׁוּלָיו
רִמֹּנֵי תְּכֵלֶת וְאַרְגָּמָן וְתוֹלַעַת שָׁנִי עַל־שׁוּלָיו סָבִיב וּפַעֲמֹנֵי
לד זָהָב בְּתוֹכָם סָבִיב׃ פַּעֲמֹן זָהָב וְרִמּוֹן פַּעֲמֹן זָהָב וְרִמּוֹן עַל־
לה שׁוּלֵי הַמְּעִיל סָבִיב׃ וְהָיָה עַל־אַהֲרֹן לְשָׁרֵת וְנִשְׁמַע קוֹלוֹ בְּבֹאוֹ
לו אֶל־הַקֹּדֶשׁ לִפְנֵי יְהוָה וּבְצֵאתוֹ וְלֹא יָמוּת׃ וְעָשִׂיתָ
לז צִּיץ זָהָב טָהוֹר וּפִתַּחְתָּ עָלָיו פִּתּוּחֵי חֹתָם קֹדֶשׁ לַיהוָה׃ וְשַׂמְתָּ
אֹתוֹ עַל־פְּתִיל תְּכֵלֶת וְהָיָה עַל־הַמִּצְנָפֶת אֶל־מוּל פְּנֵי־
לח הַמִּצְנֶפֶת יִהְיֶה׃ וְהָיָה עַל־מֵצַח אַהֲרֹן וְנָשָׂא אַהֲרֹן אֶת־עֲוֺן
הַקֳּדָשִׁים אֲשֶׁר יַקְדִּישׁוּ בְּנֵי יִשְׂרָאֵל לְכָל־מַתְּנֹת קָדְשֵׁיהֶם
לט וְהָיָה עַל־מִצְחוֹ תָּמִיד לְרָצוֹן לָהֶם לִפְנֵי יְהוָה׃ וְשִׁבַּצְתָּ הַכְּתֹנֶת
מ שֵׁשׁ וְעָשִׂיתָ מִצְנֶפֶת שֵׁשׁ וְאַבְנֵט תַּעֲשֶׂה מַעֲשֵׂה רֹקֵם׃ וְלִבְנֵי
אַהֲרֹן תַּעֲשֶׂה כֻתֳּנֹת וְעָשִׂיתָ לָהֶם אַבְנֵטִים וּמִגְבָּעוֹת תַּעֲשֶׂה
מא לָהֶם לְכָבוֹד וּלְתִפְאָרֶת׃ וְהִלְבַּשְׁתָּ אֹתָם אֶת־אַהֲרֹן אָחִיךָ
וְאֶת־בָּנָיו אִתּוֹ וּמָשַׁחְתָּ אֹתָם וּמִלֵּאתָ אֶת־יָדָם וְקִדַּשְׁתָּ אֹתָם

וְכֹהֲנוּ־לִי׃ וַעֲשֵׂה לָהֶם מִכְנְסֵי־בָד לְכַסּוֹת בְּשַׂר עֶרְוָה מִמָּתְנַיִם מב
וְעַד־יְרֵכַיִם יִהְיוּ׃ וְהָיוּ עַל־אַהֲרֹן וְעַל־בָּנָיו בְּבֹאָם ׀ אֶל־אֹהֶל מג
מוֹעֵד אוֹ בְגִשְׁתָּם אֶל־הַמִּזְבֵּחַ לְשָׁרֵת בַּקֹּדֶשׁ וְלֹא־יִשְׂאוּ עָוֺן
רביעי כב וָמֵתוּ חֻקַּת עוֹלָם לוֹ וּלְזַרְעוֹ אַחֲרָיו׃ וְזֶה הַדָּבָר א כ
אֲשֶׁר תַּעֲשֶׂה לָהֶם לְקַדֵּשׁ אֹתָם לְכַהֵן לִי לְקַח פַּר אֶחָד בֶּן־
בָּקָר וְאֵילִם שְׁנַיִם תְּמִימִם׃ וְלֶחֶם מַצּוֹת וְחַלֹּת מַצֹּת בְּלוּלֹת ב
בַּשֶּׁמֶן וּרְקִיקֵי מַצּוֹת מְשֻׁחִים בַּשָּׁמֶן סֹלֶת חִטִּים תַּעֲשֶׂה אֹתָם׃
וְנָתַתָּ אוֹתָם עַל־סַל אֶחָד וְהִקְרַבְתָּ אֹתָם בַּסָּל וְאֶת־הַפָּר ג
וְאֵת שְׁנֵי הָאֵילִם׃ וְאֶת־אַהֲרֹן וְאֶת־בָּנָיו תַּקְרִיב אֶל־פֶּתַח אֹהֶל ד
מוֹעֵד וְרָחַצְתָּ אֹתָם בַּמָּיִם׃ וְלָקַחְתָּ אֶת־הַבְּגָדִים וְהִלְבַּשְׁתָּ ה
אֶת־אַהֲרֹן אֶת־הַכֻּתֹּנֶת וְאֵת מְעִיל הָאֵפֹד וְאֶת־הָאֵפֹד וְאֶת־
הַחֹשֶׁן וְאָפַדְתָּ לוֹ בְּחֵשֶׁב הָאֵפֹד׃ וְשַׂמְתָּ הַמִּצְנֶפֶת עַל־רֹאשׁוֹ ו
וְנָתַתָּ אֶת־נֵזֶר הַקֹּדֶשׁ עַל־הַמִּצְנָפֶת׃ וְלָקַחְתָּ אֶת־שֶׁמֶן ז
הַמִּשְׁחָה וְיָצַקְתָּ עַל־רֹאשׁוֹ וּמָשַׁחְתָּ אֹתוֹ׃ וְאֶת־בָּנָיו תַּקְרִיב ח
וְהִלְבַּשְׁתָּם כֻּתֳּנֹת׃ וְחָגַרְתָּ אֹתָם אַבְנֵט אַהֲרֹן וּבָנָיו וְחָבַשְׁתָּ ט
לָהֶם מִגְבָּעֹת וְהָיְתָה לָהֶם כְּהֻנָּה לְחֻקַּת עוֹלָם וּמִלֵּאתָ יַד־
אַהֲרֹן וְיַד־בָּנָיו׃ וְהִקְרַבְתָּ אֶת־הַפָּר לִפְנֵי אֹהֶל מוֹעֵד וְסָמַךְ י
אַהֲרֹן וּבָנָיו אֶת־יְדֵיהֶם עַל־רֹאשׁ הַפָּר׃ וְשָׁחַטְתָּ אֶת־הַפָּר יא
לִפְנֵי יְהוָה פֶּתַח אֹהֶל מוֹעֵד׃ וְלָקַחְתָּ מִדַּם הַפָּר וְנָתַתָּה עַל־ יב
קַרְנֹת הַמִּזְבֵּחַ בְּאֶצְבָּעֶךָ וְאֶת־כָּל־הַדָּם תִּשְׁפֹּךְ אֶל־יְסוֹד
הַמִּזְבֵּחַ׃ וְלָקַחְתָּ אֶת־כָּל־הַחֵלֶב הַמְכַסֶּה אֶת־הַקֶּרֶב וְאֵת יג
הַיֹּתֶרֶת עַל־הַכָּבֵד וְאֵת שְׁתֵּי הַכְּלָיֹת וְאֶת־הַחֵלֶב אֲשֶׁר עֲלֵיהֶן
וְהִקְטַרְתָּ הַמִּזְבֵּחָה׃ וְאֶת־בְּשַׂר הַפָּר וְאֶת־עֹרוֹ וְאֶת־פִּרְשׁוֹ יד
תִּשְׂרֹף בָּאֵשׁ מִחוּץ לַמַּחֲנֶה חַטָּאת הוּא׃ וְאֶת־הָאַיִל הָאֶחָד טו
תִּקָּח וְסָמְכוּ אַהֲרֹן וּבָנָיו אֶת־יְדֵיהֶם עַל־רֹאשׁ הָאָיִל׃ וְשָׁחַטְתָּ טז
אֶת־הָאָיִל וְלָקַחְתָּ אֶת־דָּמוֹ וְזָרַקְתָּ עַל־הַמִּזְבֵּחַ סָבִיב׃ וְאֶת־ יז
הָאַיִל תְּנַתֵּחַ לִנְתָחָיו וְרָחַצְתָּ קִרְבּוֹ וּכְרָעָיו וְנָתַתָּ עַל־נְתָחָיו

יח וְעַל־רֹאשׁוֹ׃ וְהִקְטַרְתָּ אֶת־כָּל־הָאַיִל הַמִּזְבֵּחָה עֹלָה הוּא
יט לַיהוָה רֵיחַ נִיחוֹחַ אִשֶּׁה לַיהוָה הוּא׃ וְלָקַחְתָּ אֵת הָאַיִל הַשֵּׁנִי חמישי
כ וְסָמַךְ אַהֲרֹן וּבָנָיו אֶת־יְדֵיהֶם עַל־רֹאשׁ הָאָיִל׃ וְשָׁחַטְתָּ אֶת־
הָאַיִל וְלָקַחְתָּ מִדָּמוֹ וְנָתַתָּה עַל־תְּנוּךְ אֹזֶן אַהֲרֹן וְעַל־תְּנוּךְ
אֹזֶן בָּנָיו הַיְמָנִית וְעַל־בֹּהֶן יָדָם הַיְמָנִית וְעַל־בֹּהֶן רַגְלָם
כא הַיְמָנִית וְזָרַקְתָּ אֶת־הַדָּם עַל־הַמִּזְבֵּחַ סָבִיב׃ וְלָקַחְתָּ מִן־הַדָּם
אֲשֶׁר עַל־הַמִּזְבֵּחַ וּמִשֶּׁמֶן הַמִּשְׁחָה וְהִזֵּיתָ עַל־אַהֲרֹן וְעַל־
בְּגָדָיו וְעַל־בָּנָיו וְעַל־בִּגְדֵי בָנָיו אִתּוֹ וְקָדַשׁ הוּא וּבְגָדָיו וּבָנָיו
כב וּבִגְדֵי בָנָיו אִתּוֹ׃ וְלָקַחְתָּ מִן־הָאַיִל הַחֵלֶב וְהָאַלְיָה וְאֶת־
הַחֵלֶב ׀ הַמְכַסֶּה אֶת־הַקֶּרֶב וְאֵת יֹתֶרֶת הַכָּבֵד וְאֵת ׀ שְׁתֵּי
הַכְּלָיֹת וְאֶת־הַחֵלֶב אֲשֶׁר עֲלֵיהֶן וְאֵת שׁוֹק הַיָּמִין כִּי אֵיל
כג מִלֻּאִים הוּא׃ וְכִכַּר לֶחֶם אַחַת וְחַלַּת לֶחֶם שֶׁמֶן אַחַת וְרָקִיק
כד אֶחָד מִסַּל הַמַּצּוֹת אֲשֶׁר לִפְנֵי יְהוָה׃ וְשַׂמְתָּ הַכֹּל עַל כַּפֵּי
כה אַהֲרֹן וְעַל כַּפֵּי בָנָיו וְהֵנַפְתָּ אֹתָם תְּנוּפָה לִפְנֵי יְהוָה׃ וְלָקַחְתָּ
אֹתָם מִיָּדָם וְהִקְטַרְתָּ הַמִּזְבֵּחָה עַל־הָעֹלָה לְרֵיחַ נִיחוֹחַ לִפְנֵי
כו יְהוָה אִשֶּׁה הוּא לַיהוָה׃ וְלָקַחְתָּ אֶת־הֶחָזֶה מֵאֵיל הַמִּלֻּאִים
אֲשֶׁר לְאַהֲרֹן וְהֵנַפְתָּ אֹתוֹ תְּנוּפָה לִפְנֵי יְהוָה וְהָיָה לְךָ לְמָנָה׃
כז וְקִדַּשְׁתָּ אֵת ׀ חֲזֵה הַתְּנוּפָה וְאֵת שׁוֹק הַתְּרוּמָה אֲשֶׁר הוּנַף
וַאֲשֶׁר הוּרָם מֵאֵיל הַמִּלֻּאִים מֵאֲשֶׁר לְאַהֲרֹן וּמֵאֲשֶׁר לְבָנָיו׃
כח וְהָיָה לְאַהֲרֹן וּלְבָנָיו לְחָק־עוֹלָם מֵאֵת בְּנֵי יִשְׂרָאֵל כִּי תְרוּמָה
הוּא וּתְרוּמָה יִהְיֶה מֵאֵת בְּנֵי־יִשְׂרָאֵל מִזִּבְחֵי שַׁלְמֵיהֶם
כט תְּרוּמָתָם לַיהוָה׃ וּבִגְדֵי הַקֹּדֶשׁ אֲשֶׁר לְאַהֲרֹן יִהְיוּ לְבָנָיו
ל אַחֲרָיו לְמָשְׁחָה בָהֶם וּלְמַלֵּא־בָם אֶת־יָדָם׃ שִׁבְעַת יָמִים
יִלְבָּשָׁם הַכֹּהֵן תַּחְתָּיו מִבָּנָיו אֲשֶׁר יָבֹא אֶל־אֹהֶל מוֹעֵד לְשָׁרֵת
לא בַּקֹּדֶשׁ׃ וְאֵת אֵיל הַמִּלֻּאִים תִּקָּח וּבִשַּׁלְתָּ אֶת־בְּשָׂרוֹ בְּמָקֹם
לב קָדֹשׁ׃ וְאָכַל אַהֲרֹן וּבָנָיו אֶת־בְּשַׂר הָאַיִל וְאֶת־הַלֶּחֶם אֲשֶׁר
לג בַּסָּל פֶּתַח אֹהֶל מוֹעֵד׃ וְאָכְלוּ אֹתָם אֲשֶׁר כֻּפַּר בָּהֶם לְמַלֵּא

אֶת־יָדָם לְקַדֵּשׁ אֹתָם וְזָר לֹא־יֹאכַל כִּי־קֹדֶשׁ הֵם׃ וְאִם־ לד
יִוָּתֵר מִבְּשַׂר הַמִּלֻּאִים וּמִן־הַלֶּחֶם עַד־הַבֹּקֶר וְשָׂרַפְתָּ אֶת־
הַנּוֹתָר בָּאֵשׁ לֹא יֵאָכֵל כִּי־קֹדֶשׁ הוּא׃ וְעָשִׂיתָ לְאַהֲרֹן וּלְבָנָיו לה
כָּכָה כְּכֹל אֲשֶׁר־צִוִּיתִי אֹתָכָה שִׁבְעַת יָמִים תְּמַלֵּא יָדָם׃ וּפַר לו
חַטָּאת תַּעֲשֶׂה לַיּוֹם עַל־הַכִּפֻּרִים וְחִטֵּאתָ עַל־הַמִּזְבֵּחַ בְּכַפֶּרְךָ
עָלָיו וּמָשַׁחְתָּ אֹתוֹ לְקַדְּשׁוֹ׃ שִׁבְעַת יָמִים תְּכַפֵּר עַל־הַמִּזְבֵּחַ לז
וְקִדַּשְׁתָּ אֹתוֹ וְהָיָה הַמִּזְבֵּחַ קֹדֶשׁ קָדָשִׁים כָּל־הַנֹּגֵעַ בַּמִּזְבֵּחַ
ששי יִקְדָּשׁ׃ וְזֶה אֲשֶׁר תַּעֲשֶׂה עַל־הַמִּזְבֵּחַ כְּבָשִׂים לח
בְּנֵי־שָׁנָה שְׁנַיִם לַיּוֹם תָּמִיד׃ אֶת־הַכֶּבֶשׂ הָאֶחָד תַּעֲשֶׂה לט
בַבֹּקֶר וְאֵת הַכֶּבֶשׂ הַשֵּׁנִי תַּעֲשֶׂה בֵּין הָעַרְבָּיִם׃ וְעִשָּׂרֹן סֹלֶת מ
בָּלוּל בְּשֶׁמֶן כָּתִית רֶבַע הַהִין וְנֵסֶךְ רְבִיעִת הַהִין יָיִן לַכֶּבֶשׂ
הָאֶחָד׃ וְאֵת הַכֶּבֶשׂ הַשֵּׁנִי תַּעֲשֶׂה בֵּין הָעַרְבָּיִם כְּמִנְחַת מא
הַבֹּקֶר וּכְנִסְכָּהּ תַּעֲשֶׂה־לָּהּ לְרֵיחַ נִיחֹחַ אִשֶּׁה לַיהוָה׃ עֹלַת מב
תָּמִיד לְדֹרֹתֵיכֶם פֶּתַח אֹהֶל־מוֹעֵד לִפְנֵי יְהוָה אֲשֶׁר אִוָּעֵד
לָכֶם שָׁמָּה לְדַבֵּר אֵלֶיךָ שָׁם׃ וְנֹעַדְתִּי שָׁמָּה לִבְנֵי יִשְׂרָאֵל מג
וְנִקְדַּשׁ בִּכְבֹדִי׃ וְקִדַּשְׁתִּי אֶת־אֹהֶל מוֹעֵד וְאֶת־הַמִּזְבֵּחַ מד
וְאֶת־אַהֲרֹן וְאֶת־בָּנָיו אֲקַדֵּשׁ לְכַהֵן לִי׃ וְשָׁכַנְתִּי בְּתוֹךְ בְּנֵי מה
יִשְׂרָאֵל וְהָיִיתִי לָהֶם לֵאלֹהִים׃ וְיָדְעוּ כִּי אֲנִי יְהוָה אֱלֹהֵיהֶם מו
אֲשֶׁר הוֹצֵאתִי אֹתָם מֵאֶרֶץ מִצְרַיִם לְשָׁכְנִי בְתוֹכָם אֲנִי יְהוָה
אֱלֹהֵיהֶם׃

שביעי כג וְעָשִׂיתָ מִזְבֵּחַ מִקְטַר קְטֹרֶת עֲצֵי שִׁטִּים תַּעֲשֶׂה אֹתוֹ׃ אַמָּה א ב ל
אָרְכּוֹ וְאַמָּה רָחְבּוֹ רָבוּעַ יִהְיֶה וְאַמָּתַיִם קֹמָתוֹ מִמֶּנּוּ קַרְנֹתָיו׃
וְצִפִּיתָ אֹתוֹ זָהָב טָהוֹר אֶת־גַּגּוֹ וְאֶת־קִירֹתָיו סָבִיב וְאֶת־ ג
קַרְנֹתָיו וְעָשִׂיתָ לּוֹ זֵר זָהָב סָבִיב׃ וּשְׁתֵּי טַבְּעֹת זָהָב תַּעֲשֶׂה־ ד
לּוֹ מִתַּחַת לְזֵרוֹ עַל שְׁתֵּי צַלְעֹתָיו תַּעֲשֶׂה עַל־שְׁנֵי צִדָּיו וְהָיָה
לְבָתִּים לְבַדִּים לָשֵׂאת אֹתוֹ בָּהֵמָּה׃ וְעָשִׂיתָ אֶת־הַבַּדִּים עֲצֵי ה
שִׁטִּים וְצִפִּיתָ אֹתָם זָהָב׃ וְנָתַתָּה אֹתוֹ לִפְנֵי הַפָּרֹכֶת אֲשֶׁר עַל־ ו

אֲרֹן הָעֵדֻת לִפְנֵי הַכַּפֹּרֶת אֲשֶׁר עַל־הָעֵדֻת אֲשֶׁר אִוָּעֵד לְךָ
ז שָׁמָּה׃ וְהִקְטִיר עָלָיו אַהֲרֹן קְטֹרֶת סַמִּים בַּבֹּקֶר בַּבֹּקֶר בְּהֵיטִיבוֹ
ח אֶת־הַנֵּרֹת יַקְטִירֶנָּה׃ וּבְהַעֲלֹת אַהֲרֹן אֶת־הַנֵּרֹת בֵּין הָעַרְבַּיִם מפטיר
ט יַקְטִירֶנָּה קְטֹרֶת תָּמִיד לִפְנֵי יהוה לְדֹרֹתֵיכֶם׃ לֹא־תַעֲלוּ עָלָיו
י קְטֹרֶת זָרָה וְעֹלָה וּמִנְחָה וְנֶסֶךְ לֹא תִסְּכוּ עָלָיו׃ וְכִפֶּר אַהֲרֹן
עַל־קַרְנֹתָיו אַחַת בַּשָּׁנָה מִדַּם חַטַּאת הַכִּפֻּרִים אַחַת בַּשָּׁנָה
יְכַפֵּר עָלָיו לְדֹרֹתֵיכֶם קֹדֶשׁ־קָדָשִׁים הוּא לַיהוה׃
יא יב וַיְדַבֵּר יהוה אֶל־מֹשֶׁה לֵּאמֹר׃ כִּי תִשָּׂא אֶת־רֹאשׁ בְּנֵי־יִשְׂרָאֵל כי תשא
לִפְקֻדֵיהֶם וְנָתְנוּ אִישׁ כֹּפֶר נַפְשׁוֹ לַיהוה בִּפְקֹד אֹתָם וְלֹא־
יג יִהְיֶה בָהֶם נֶגֶף בִּפְקֹד אֹתָם׃ זֶה יִתְּנוּ כָּל־הָעֹבֵר עַל־הַפְּקֻדִים
מַחֲצִית הַשֶּׁקֶל בְּשֶׁקֶל הַקֹּדֶשׁ עֶשְׂרִים גֵּרָה הַשֶּׁקֶל מַחֲצִית
יד הַשֶּׁקֶל תְּרוּמָה לַיהוה׃ כֹּל הָעֹבֵר עַל־הַפְּקֻדִים מִבֶּן עֶשְׂרִים
טו שָׁנָה וָמָעְלָה יִתֵּן תְּרוּמַת יהוה׃ הֶעָשִׁיר לֹא־יַרְבֶּה וְהַדַּל לֹא
יַמְעִיט מִמַּחֲצִית הַשָּׁקֶל לָתֵת אֶת־תְּרוּמַת יהוה לְכַפֵּר עַל־
טז נַפְשֹׁתֵיכֶם׃ וְלָקַחְתָּ אֶת־כֶּסֶף הַכִּפֻּרִים מֵאֵת בְּנֵי יִשְׂרָאֵל וְנָתַתָּ
אֹתוֹ עַל־עֲבֹדַת אֹהֶל מוֹעֵד וְהָיָה לִבְנֵי יִשְׂרָאֵל לְזִכָּרוֹן לִפְנֵי
יהוה לְכַפֵּר עַל־נַפְשֹׁתֵיכֶם׃
יז יח וַיְדַבֵּר יהוה אֶל־מֹשֶׁה לֵּאמֹר׃ וְעָשִׂיתָ כִּיּוֹר נְחֹשֶׁת וְכַנּוֹ נְחֹשֶׁת
לְרָחְצָה וְנָתַתָּ אֹתוֹ בֵּין־אֹהֶל מוֹעֵד וּבֵין הַמִּזְבֵּחַ וְנָתַתָּ שָׁמָּה
יט כ מָיִם׃ וְרָחֲצוּ אַהֲרֹן וּבָנָיו מִמֶּנּוּ אֶת־יְדֵיהֶם וְאֶת־רַגְלֵיהֶם׃ בְּבֹאָם
אֶל־אֹהֶל מוֹעֵד יִרְחֲצוּ־מַיִם וְלֹא יָמֻתוּ אוֹ בְגִשְׁתָּם אֶל־הַמִּזְבֵּחַ
כא לְשָׁרֵת לְהַקְטִיר אִשֶּׁה לַיהוה׃ וְרָחֲצוּ יְדֵיהֶם וְרַגְלֵיהֶם וְלֹא
יָמֻתוּ וְהָיְתָה לָהֶם חָק־עוֹלָם לוֹ וּלְזַרְעוֹ לְדֹרֹתָם׃
כב כג וַיְדַבֵּר יהוה אֶל־מֹשֶׁה לֵּאמֹר׃ וְאַתָּה קַח־לְךָ בְּשָׂמִים רֹאשׁ
מָר־דְּרוֹר חֲמֵשׁ מֵאוֹת וְקִנְּמָן־בֶּשֶׂם מַחֲצִיתוֹ חֲמִשִּׁים וּמָאתָיִם
כד וּקְנֵה־בֹשֶׂם חֲמִשִּׁים וּמָאתָיִם׃ וְקִדָּה חֲמֵשׁ מֵאוֹת בְּשֶׁקֶל
כה הַקֹּדֶשׁ וְשֶׁמֶן זַיִת הִין׃ וְעָשִׂיתָ אֹתוֹ שֶׁמֶן מִשְׁחַת־קֹדֶשׁ רֹקַח

כו מִרְקַחַת מַעֲשֵׂה רֹקֵחַ שֶׁמֶן מִשְׁחַת־קֹדֶשׁ יִהְיֶה׃ וּמָשַׁחְתָּ בוֹ
כז אֶת־אֹהֶל מוֹעֵד וְאֵת אֲרוֹן הָעֵדֻת׃ וְאֶת־הַשֻּׁלְחָן וְאֶת־כָּל־
כח כֵּלָיו וְאֶת־הַמְּנֹרָה וְאֶת־כֵּלֶיהָ וְאֵת מִזְבַּח הַקְּטֹרֶת׃ וְאֶת־
כט מִזְבַּח הָעֹלָה וְאֶת־כָּל־כֵּלָיו וְאֶת־הַכִּיֹּר וְאֶת־כַּנּוֹ׃ וְקִדַּשְׁתָּ
ל אֹתָם וְהָיוּ קֹדֶשׁ קָדָשִׁים כָּל־הַנֹּגֵעַ בָּהֶם יִקְדָּשׁ׃ וְאֶת־אַהֲרֹן
לא וְאֶת־בָּנָיו תִּמְשָׁח וְקִדַּשְׁתָּ אֹתָם לְכַהֵן לִי׃ וְאֶל־בְּנֵי יִשְׂרָאֵל
לב תְּדַבֵּר לֵאמֹר שֶׁמֶן מִשְׁחַת־קֹדֶשׁ יִהְיֶה זֶה לִי לְדֹרֹתֵיכֶם׃ עַל־
בְּשַׂר אָדָם לֹא יִיסָךְ וּבְמַתְכֻּנְתּוֹ לֹא תַעֲשׂוּ כָּמֹהוּ קֹדֶשׁ הוּא
לג קֹדֶשׁ יִהְיֶה לָכֶם׃ אִישׁ אֲשֶׁר יִרְקַח כָּמֹהוּ וַאֲשֶׁר יִתֵּן מִמֶּנּוּ
לד עַל־זָר וְנִכְרַת מֵעַמָּיו׃ וַיֹּאמֶר יְהוָה אֶל־מֹשֶׁה
קַח־לְךָ סַמִּים נָטָף ׀ וּשְׁחֵלֶת וְחֶלְבְּנָה סַמִּים וּלְבֹנָה זַכָּה בַּד
לה בְּבַד יִהְיֶה׃ וְעָשִׂיתָ אֹתָהּ קְטֹרֶת רֹקַח מַעֲשֵׂה רוֹקֵחַ מְמֻלָּח
לו טָהוֹר קֹדֶשׁ׃ וְשָׁחַקְתָּ מִמֶּנָּה הָדֵק וְנָתַתָּה מִמֶּנָּה לִפְנֵי הָעֵדֻת
בְּאֹהֶל מוֹעֵד אֲשֶׁר אִוָּעֵד לְךָ שָׁמָּה קֹדֶשׁ קָדָשִׁים תִּהְיֶה לָכֶם׃
לז וְהַקְּטֹרֶת אֲשֶׁר תַּעֲשֶׂה בְּמַתְכֻּנְתָּהּ לֹא תַעֲשׂוּ לָכֶם קֹדֶשׁ
לח תִּהְיֶה לְךָ לַיהוָה׃ אִישׁ אֲשֶׁר־יַעֲשֶׂה כָמוֹהָ לְהָרִיחַ בָּהּ וְנִכְרַת
לא א ב מֵעַמָּיו׃ וַיְדַבֵּר יְהוָה אֶל־מֹשֶׁה לֵּאמֹר׃ רְאֵה כד
ג קָרָאתִי בְשֵׁם בְּצַלְאֵל בֶּן־אוּרִי בֶן־חוּר לְמַטֵּה יְהוּדָה׃ וָאֲמַלֵּא
אֹתוֹ רוּחַ אֱלֹהִים בְּחָכְמָה וּבִתְבוּנָה וּבְדַעַת וּבְכָל־מְלָאכָה׃
ד ה לַחְשֹׁב מַחֲשָׁבֹת לַעֲשׂוֹת בַּזָּהָב וּבַכֶּסֶף וּבַנְּחֹשֶׁת׃ וּבַחֲרֹשֶׁת
ו אֶבֶן לְמַלֹּאת וּבַחֲרֹשֶׁת עֵץ לַעֲשׂוֹת בְּכָל־מְלָאכָה׃ וַאֲנִי הִנֵּה
נָתַתִּי אִתּוֹ אֵת אָהֳלִיאָב בֶּן־אֲחִיסָמָךְ לְמַטֵּה־דָן וּבְלֵב כָּל־
ז חֲכַם־לֵב נָתַתִּי חָכְמָה וְעָשׂוּ אֵת כָּל־אֲשֶׁר צִוִּיתִךָ׃ אֵת ׀ אֹהֶל
מוֹעֵד וְאֶת־הָאָרֹן לָעֵדֻת וְאֶת־הַכַּפֹּרֶת אֲשֶׁר עָלָיו וְאֵת כָּל־
ח כְּלֵי הָאֹהֶל׃ וְאֶת־הַשֻּׁלְחָן וְאֶת־כֵּלָיו וְאֶת־הַמְּנֹרָה הַטְּהֹרָה
ט וְאֶת־כָּל־כֵּלֶיהָ וְאֵת מִזְבַּח הַקְּטֹרֶת׃ וְאֶת־מִזְבַּח הָעֹלָה
י וְאֶת־כָּל־כֵּלָיו וְאֶת־הַכִּיּוֹר וְאֶת־כַּנּוֹ׃ וְאֵת בִּגְדֵי הַשְּׂרָד וְאֶת־

יא בגדי הקדש לאהרן הכהן ואת־בגדי בניו לכהן: ואת שמן
המשחה ואת־קטרת הסמים לקדש ככל אשר־צויתך
יעשו:
יב יג ויאמר יהוה אל־משה לאמר: ואתה דבר אל־בני ישראל
לאמר אך את־שבתתי תשמרו כי אות הוא ביני וביניכם
יד לדרתיכם לדעת כי אני יהוה מקדשכם: ושמרתם את־
השבת כי קדש הוא לכם מחלליה מות יומת כי כל־העשה
טו בה מלאכה ונכרתה הנפש ההוא מקרב עמיה: ששת ימים
יעשה מלאכה וביום השביעי שבת שבתון קדש ליהוה
טז כל־העשה מלאכה ביום השבת מות יומת: ושמרו
בני־ישראל את־השבת לעשות את־השבת לדרתם ברית
יז עולם: ביני ובין בני ישראל אות הוא לעלם כי־ששת ימים
עשה יהוה את־השמים ואת־הארץ וביום השביעי שבת
יח וינפש: ויתן אל־משה ככלתו לדבר אתו שני
בהר סיני שני לחת העדת לחת אבן כתבים באצבע אלהים:
ב א וירא העם כי־בשש משה לרדת מן־ההר ויקהל העם על־
אהרן ויאמרו אליו קום | עשה־לנו אלהים אשר ילכו לפנינו
כי־זה | משה האיש אשר העלנו מארץ מצרים לא ידענו
ב מה־היה לו: ויאמר אלהם אהרן פרקו נזמי הזהב אשר
ג באזני נשיכם בניכם ובנתיכם והביאו אלי: ויתפרקו כל־
ד העם את־נזמי הזהב אשר באזניהם ויביאו אל־אהרן: ויקח
מידם ויצר אתו בחרט ויעשהו עגל מסכה ויאמרו אלה
ה אלהיך ישראל אשר העלוך מארץ מצרים: וירא אהרן ויבן
ו מזבח לפניו ויקרא אהרן ויאמר חג ליהוה מחר: וישכימו
ממחרת ויעלו עלת ויגשו שלמים וישב העם לאכל ושתו
ויקמו לצחק:
ז וידבר יהוה אל־משה לך־רד כי שחת עמך אשר העלית

מֵאֶרֶץ מִצְרָיִם׃ סָרוּ מַהֵר מִן־הַדֶּרֶךְ אֲשֶׁר צִוִּיתִם עָשׂוּ לָהֶם ח
עֵגֶל מַסֵּכָה וַיִּשְׁתַּחֲווּ־לוֹ וַיִּזְבְּחוּ־לוֹ וַיֹּאמְרוּ אֵלֶּה אֱלֹהֶיךָ
יִשְׂרָאֵל אֲשֶׁר הֶעֱלוּךָ מֵאֶרֶץ מִצְרָיִם׃ וַיֹּאמֶר יְהוָה אֶל־מֹשֶׁה ט
רָאִיתִי אֶת־הָעָם הַזֶּה וְהִנֵּה עַם־קְשֵׁה־עֹרֶף הוּא׃ וְעַתָּה הַנִּיחָה י
לִּי וְיִחַר־אַפִּי בָהֶם וַאֲכַלֵּם וְאֶעֱשֶׂה אוֹתְךָ לְגוֹי גָּדוֹל׃ וַיְחַל מֹשֶׁה יא
אֶת־פְּנֵי יְהוָה אֱלֹהָיו וַיֹּאמֶר לָמָה יְהוָה יֶחֱרֶה אַפְּךָ בְּעַמֶּךָ אֲשֶׁר
הוֹצֵאתָ מֵאֶרֶץ מִצְרַיִם בְּכֹחַ גָּדוֹל וּבְיָד חֲזָקָה׃ לָמָּה יֹאמְרוּ יב
מִצְרַיִם לֵאמֹר בְּרָעָה הוֹצִיאָם לַהֲרֹג אֹתָם בֶּהָרִים וּלְכַלֹּתָם
מֵעַל פְּנֵי הָאֲדָמָה שׁוּב מֵחֲרוֹן אַפֶּךָ וְהִנָּחֵם עַל־הָרָעָה לְעַמֶּךָ׃
זְכֹר לְאַבְרָהָם לְיִצְחָק וּלְיִשְׂרָאֵל עֲבָדֶיךָ אֲשֶׁר נִשְׁבַּעְתָּ לָהֶם יג
בָּךְ וַתְּדַבֵּר אֲלֵהֶם אַרְבֶּה אֶת־זַרְעֲכֶם כְּכוֹכְבֵי הַשָּׁמָיִם וְכָל־
הָאָרֶץ הַזֹּאת אֲשֶׁר אָמַרְתִּי אֶתֵּן לְזַרְעֲכֶם וְנָחֲלוּ לְעֹלָם׃ וַיִּנָּחֶם יד
יְהוָה עַל־הָרָעָה אֲשֶׁר דִּבֶּר לַעֲשׂוֹת לְעַמּוֹ׃
כה וַיִּפֶן וַיֵּרֶד מֹשֶׁה מִן־הָהָר וּשְׁנֵי לֻחֹת הָעֵדֻת בְּיָדוֹ לֻחֹת כְּתֻבִים טו
מִשְּׁנֵי עֶבְרֵיהֶם מִזֶּה וּמִזֶּה הֵם כְּתֻבִים׃ וְהַלֻּחֹת מַעֲשֵׂה אֱלֹהִים טז
הֵמָּה וְהַמִּכְתָּב מִכְתַּב אֱלֹהִים הוּא חָרוּת עַל־הַלֻּחֹת׃ וַיִּשְׁמַע יז
יְהוֹשֻׁעַ אֶת־קוֹל הָעָם בְּרֵעֹה וַיֹּאמֶר אֶל־מֹשֶׁה קוֹל מִלְחָמָה
בַּמַּחֲנֶה׃ וַיֹּאמֶר אֵין קוֹל עֲנוֹת גְּבוּרָה וְאֵין קוֹל עֲנוֹת חֲלוּשָׁה יח
קוֹל עַנּוֹת אָנֹכִי שֹׁמֵעַ׃ וַיְהִי כַּאֲשֶׁר קָרַב אֶל־הַמַּחֲנֶה וַיַּרְא יט
אֶת־הָעֵגֶל וּמְחֹלֹת וַיִּחַר־אַף מֹשֶׁה וַיַּשְׁלֵךְ מִיָּדָו אֶת־הַלֻּחֹת
וַיְשַׁבֵּר אֹתָם תַּחַת הָהָר׃ וַיִּקַּח אֶת־הָעֵגֶל אֲשֶׁר עָשׂוּ וַיִּשְׂרֹף כ
בָּאֵשׁ וַיִּטְחַן עַד אֲשֶׁר־דָּק וַיִּזֶר עַל־פְּנֵי הַמַּיִם וַיַּשְׁקְ אֶת־בְּנֵי
יִשְׂרָאֵל׃ וַיֹּאמֶר מֹשֶׁה אֶל־אַהֲרֹן מֶה־עָשָׂה לְךָ הָעָם הַזֶּה כא
כִּי־הֵבֵאתָ עָלָיו חֲטָאָה גְדֹלָה׃ וַיֹּאמֶר אַהֲרֹן אַל־יִחַר אַף כב
אֲדֹנִי אַתָּה יָדַעְתָּ אֶת־הָעָם כִּי בְרָע הוּא׃ וַיֹּאמְרוּ לִי עֲשֵׂה־ כג
לָנוּ אֱלֹהִים אֲשֶׁר יֵלְכוּ לְפָנֵינוּ כִּי־זֶה ׀ מֹשֶׁה הָאִישׁ אֲשֶׁר
הֶעֱלָנוּ מֵאֶרֶץ מִצְרַיִם לֹא יָדַעְנוּ מֶה־הָיָה לוֹ׃ וָאֹמַר לָהֶם כד

לְמִי זָהָב הִתְפָּרָקוּ וַיִּתְּנוּ־לִי וָאַשְׁלִכֵהוּ בָאֵשׁ וַיֵּצֵא הָעֵגֶל
כה הַזֶּה׃ וַיַּרְא מֹשֶׁה אֶת־הָעָם כִּי פָרֻעַ הוּא כִּי־פְרָעֹה אַהֲרֹן
כו לְשִׁמְצָה בְּקָמֵיהֶם׃ וַיַּעֲמֹד מֹשֶׁה בְּשַׁעַר הַמַּחֲנֶה וַיֹּאמֶר מִי
כז לַיהוָה אֵלָי וַיֵּאָסְפוּ אֵלָיו כָּל־בְּנֵי לֵוִי׃ וַיֹּאמֶר לָהֶם כֹּה־אָמַר
יְהוָה אֱלֹהֵי יִשְׂרָאֵל שִׂימוּ אִישׁ־חַרְבּוֹ עַל־יְרֵכוֹ עִבְרוּ וָשׁוּבוּ
מִשַּׁעַר לָשַׁעַר בַּמַּחֲנֶה וְהִרְגוּ אִישׁ־אֶת־אָחִיו וְאִישׁ אֶת־רֵעֵהוּ
כח וְאִישׁ אֶת־קְרֹבוֹ׃ וַיַּעֲשׂוּ בְנֵי־לֵוִי כִּדְבַר מֹשֶׁה וַיִּפֹּל מִן־הָעָם
כט בַּיּוֹם הַהוּא כִּשְׁלֹשֶׁת אַלְפֵי אִישׁ׃ וַיֹּאמֶר מֹשֶׁה מִלְאוּ יֶדְכֶם
הַיּוֹם לַיהוָה כִּי אִישׁ בִּבְנוֹ וּבְאָחִיו וְלָתֵת עֲלֵיכֶם הַיּוֹם בְּרָכָה׃
ל וַיְהִי מִמָּחֳרָת וַיֹּאמֶר מֹשֶׁה אֶל־הָעָם אַתֶּם חֲטָאתֶם חֲטָאָה
גְדֹלָה וְעַתָּה אֶעֱלֶה אֶל־יְהוָה אוּלַי אֲכַפְּרָה בְּעַד חַטַּאתְכֶם׃
לא וַיָּשָׁב מֹשֶׁה אֶל־יְהוָה וַיֹּאמַר אָנָּא חָטָא הָעָם הַזֶּה חֲטָאָה גְדֹלָה
לב וַיַּעֲשׂוּ לָהֶם אֱלֹהֵי זָהָב׃ וְעַתָּה אִם־תִּשָּׂא חַטָּאתָם וְאִם־אַיִן
לג מְחֵנִי נָא מִסִּפְרְךָ אֲשֶׁר כָּתָבְתָּ׃ וַיֹּאמֶר יְהוָה אֶל־מֹשֶׁה מִי
לד אֲשֶׁר חָטָא־לִי אֶמְחֶנּוּ מִסִּפְרִי׃ וְעַתָּה לֵךְ ׀ נְחֵה אֶת־הָעָם אֶל
אֲשֶׁר־דִּבַּרְתִּי לָךְ הִנֵּה מַלְאָכִי יֵלֵךְ לְפָנֶיךָ וּבְיוֹם פָּקְדִי וּפָקַדְתִּי
לה עֲלֵהֶם חַטָּאתָם׃ וַיִּגֹּף יְהוָה אֶת־הָעָם עַל אֲשֶׁר עָשׂוּ אֶת־
לג א הָעֵגֶל אֲשֶׁר עָשָׂה אַהֲרֹן׃ וַיְדַבֵּר יְהוָה אֶל־מֹשֶׁה
לֵךְ עֲלֵה מִזֶּה אַתָּה וְהָעָם אֲשֶׁר הֶעֱלִיתָ מֵאֶרֶץ מִצְרָיִם אֶל־
הָאָרֶץ אֲשֶׁר נִשְׁבַּעְתִּי לְאַבְרָהָם לְיִצְחָק וּלְיַעֲקֹב לֵאמֹר
ב לְזַרְעֲךָ אֶתְּנֶנָּה׃ וְשָׁלַחְתִּי לְפָנֶיךָ מַלְאָךְ וְגֵרַשְׁתִּי אֶת־הַכְּנַעֲנִי
ג הָאֱמֹרִי וְהַחִתִּי וְהַפְּרִזִּי הַחִוִּי וְהַיְבוּסִי׃ אֶל־אֶרֶץ זָבַת חָלָב
וּדְבָשׁ כִּי לֹא אֶעֱלֶה בְּקִרְבְּךָ כִּי עַם־קְשֵׁה־עֹרֶף אַתָּה פֶּן־
ד אֲכֶלְךָ בַּדָּרֶךְ׃ וַיִּשְׁמַע הָעָם אֶת־הַדָּבָר הָרָע הַזֶּה וַיִּתְאַבָּלוּ
ה וְלֹא־שָׁתוּ אִישׁ עֶדְיוֹ עָלָיו׃ וַיֹּאמֶר יְהוָה אֶל־מֹשֶׁה אֱמֹר אֶל־
בְּנֵי־יִשְׂרָאֵל אַתֶּם עַם־קְשֵׁה־עֹרֶף רֶגַע אֶחָד אֶעֱלֶה בְקִרְבְּךָ
וְכִלִּיתִיךָ וְעַתָּה הוֹרֵד עֶדְיְךָ מֵעָלֶיךָ וְאֵדְעָה מָה אֶעֱשֶׂה־לָּךְ׃

וַיִּתְנַצְּל֧וּ בְנֵֽי־יִשְׂרָאֵ֛ל אֶת־עֶדְיָ֖ם מֵהַ֥ר חוֹרֵֽב׃ וּמֹשֶׁה֩ יִקַּ֨ח ז
אֶת־הָאֹ֜הֶל וְנָֽטָה־ל֣וֹ ׀ מִח֣וּץ לַֽמַּחֲנֶ֗ה הַרְחֵק֙ מִן־הַֽמַּחֲנֶ֔ה וְקָ֥רָא
ל֖וֹ אֹ֣הֶל מוֹעֵ֑ד וְהָיָה֙ כָּל־מְבַקֵּ֣שׁ יהוה יֵצֵא֙ אֶל־אֹ֣הֶל מוֹעֵ֔ד
אֲשֶׁ֖ר מִח֥וּץ לַֽמַּחֲנֶֽה׃ וְהָיָ֗ה כְּצֵ֤את מֹשֶׁה֙ אֶל־הָאֹ֔הֶל יָק֙וּמוּ֙ ח
כָּל־הָעָ֔ם וְנִ֨צְּב֔וּ אִ֖ישׁ פֶּ֣תַח אָהֳל֑וֹ וְהִבִּ֙יטוּ֙ אַחֲרֵ֣י מֹשֶׁ֔ה עַד־
בֹּא֖וֹ הָאֹֽהֱלָה׃ וְהָיָ֗ה כְּבֹ֤א מֹשֶׁה֙ הָאֹ֔הֱלָה יֵרֵד֙ עַמּ֣וּד הֶֽעָנָ֔ן ט
וְעָמַ֖ד פֶּ֣תַח הָאֹ֑הֶל וְדִבֶּ֖ר עִם־מֹשֶֽׁה׃ וְרָאָ֤ה כָל־הָעָם֙ אֶת־ י
עַמּ֣וּד הֶֽעָנָ֔ן עֹמֵ֖ד פֶּ֣תַח הָאֹ֑הֶל וְקָ֤ם כָּל־הָעָם֙ וְהִֽשְׁתַּחֲוּ֔וּ אִ֖ישׁ
פֶּ֥תַח אָהֳלֽוֹ׃ וְדִבֶּ֨ר יהוה אֶל־מֹשֶׁה֙ פָּנִ֣ים אֶל־פָּנִ֔ים כַּאֲשֶׁ֛ר יא
יְדַבֵּ֥ר אִ֖ישׁ אֶל־רֵעֵ֑הוּ וְשָׁב֙ אֶל־הַֽמַּחֲנֶ֔ה וּמְשָׁ֨רְת֜וֹ יְהוֹשֻׁ֤עַ בִּן־
נוּן֙ נַ֔עַר לֹ֥א יָמִ֖ישׁ מִתּ֥וֹךְ הָאֹֽהֶל׃
שלישי וַיֹּ֨אמֶר מֹשֶׁ֜ה אֶל־יהוה רְ֠אֵה אַתָּ֞ה אֹמֵ֤ר אֵלַי֙ הַ֚עַל אֶת־הָעָ֣ם יב
הַזֶּ֔ה וְאַתָּה֙ לֹ֣א הֽוֹדַעְתַּ֔נִי אֵ֥ת אֲשֶׁר־תִּשְׁלַ֖ח עִמִּ֑י וְאַתָּ֤ה אָמַ֙רְתָּ֙
יְדַעְתִּ֣יךָֽ בְשֵׁ֔ם וְגַם־מָצָ֥אתָ חֵ֖ן בְּעֵינָֽי׃ וְעַתָּ֡ה אִם־נָא֩ מָצָ֨אתִי יג
חֵ֜ן בְּעֵינֶ֗יךָ הוֹדִעֵ֤נִי נָא֙ אֶת־דְּרָכֶ֔ךָ וְאֵדָ֣עֲךָ֔ לְמַ֥עַן אֶמְצָא־חֵ֖ן
בְּעֵינֶ֑יךָ וּרְאֵ֕ה כִּ֥י עַמְּךָ֖ הַגּ֥וֹי הַזֶּֽה׃ וַיֹּאמַ֑ר פָּנַ֥י יֵלֵ֖כוּ וַהֲנִחֹ֥תִי יד
לָֽךְ׃ וַיֹּ֖אמֶר אֵלָ֑יו אִם־אֵ֤ין פָּנֶ֙יךָ֙ הֹלְכִ֔ים אַֽל־תַּעֲלֵ֖נוּ מִזֶּֽה׃ טו
וּבַמֶּ֣ה ׀ יִוָּדַ֣ע אֵפ֗וֹא כִּֽי־מָצָ֨אתִי חֵ֤ן בְּעֵינֶ֙יךָ֙ אֲנִ֣י וְעַמֶּ֔ךָ הֲל֖וֹא טז
בְּלֶכְתְּךָ֣ עִמָּ֑נוּ וְנִפְלֵ֙ינוּ֙ אֲנִ֣י וְעַמְּךָ֔ מִכָּל־הָעָ֔ם אֲשֶׁ֖ר עַל־פְּנֵ֥י
הָאֲדָמָֽה׃
רביעי וַיֹּ֤אמֶר יהוה אֶל־מֹשֶׁ֔ה גַּ֣ם אֶת־הַדָּבָ֥ר הַזֶּ֛ה אֲשֶׁ֥ר דִּבַּ֖רְתָּ אֶֽעֱשֶׂ֑ה יז
כִּֽי־מָצָ֤אתָ חֵן֙ בְּעֵינַ֔י וָאֵדָעֲךָ֖ בְּשֵֽׁם׃ וַיֹּאמַ֑ר הַרְאֵ֥נִי נָ֖א אֶת־ יח
כְּבֹדֶֽךָ׃ וַיֹּ֗אמֶר אֲנִ֨י אַעֲבִ֤יר כָּל־טוּבִי֙ עַל־פָּנֶ֔יךָ וְקָרָ֧אתִֽי בְשֵׁ֛ם יט
יהוה לְפָנֶ֑יךָ וְחַנֹּתִי֙ אֶת־אֲשֶׁ֣ר אָחֹ֔ן וְרִחַמְתִּ֖י אֶת־אֲשֶׁ֥ר אֲרַחֵֽם׃
וַיֹּ֕אמֶר לֹ֥א תוּכַ֖ל לִרְאֹ֣ת אֶת־פָּנָ֑י כִּ֛י לֹֽא־יִרְאַ֥נִי הָאָדָ֖ם וָחָֽי׃ כ
וַיֹּ֣אמֶר יהוה הִנֵּ֥ה מָק֖וֹם אִתִּ֑י וְנִצַּבְתָּ֖ עַל־הַצּֽוּר׃ וְהָיָה֙ בַּעֲבֹ֣ר כא כב
כְּבֹדִ֔י וְשַׂמְתִּ֖יךָ בְּנִקְרַ֣ת הַצּ֑וּר וְשַׂכֹּתִ֥י כַפִּ֛י עָלֶ֖יךָ עַד־עָבְרִֽי׃

כג וַהֲסִרֹתִי֙ אֶת־כַּפִּ֔י וְרָאִ֖יתָ אֶת־אֲחֹרָ֑י וּפָנַ֖י לֹ֥א יֵרָאֽוּ׃
לד א וַיֹּ֤אמֶר יהוה֙ אֶל־מֹשֶׁ֔ה פְּסָל־לְךָ֛ שְׁנֵֽי־לֻחֹ֥ת אֲבָנִ֖ים כָּרִאשֹׁנִ֑ים חמישי
וְכָתַבְתִּי֙ עַל־הַלֻּחֹ֔ת אֶת־הַדְּבָרִ֔ים אֲשֶׁ֥ר הָי֛וּ עַל־הַלֻּחֹ֥ת
ב הָרִאשֹׁנִ֖ים אֲשֶׁ֥ר שִׁבַּֽרְתָּ׃ וֶהְיֵ֥ה נָכ֖וֹן לַבֹּ֑קֶר וְעָלִ֤יתָ בַבֹּ֙קֶר֙ אֶל־
ג הַ֣ר סִינַ֔י וְנִצַּבְתָּ֥ לִ֛י שָׁ֖ם עַל־רֹ֥אשׁ הָהָֽר׃ וְאִישׁ֙ לֹא־יַעֲלֶ֣ה עִמָּ֔ךְ
וְגַם־אִ֥ישׁ אַל־יֵרָ֖א בְּכָל־הָהָ֑ר גַּם־הַצֹּ֤אן וְהַבָּקָר֙ אַל־יִרְע֔וּ אֶל־
ד מ֖וּל הָהָ֥ר הַהֽוּא׃ וַיִּפְסֹ֡ל שְׁנֵֽי־לֻחֹ֨ת אֲבָנִ֜ים כָּרִאשֹׁנִ֗ים וַיַּשְׁכֵּ֨ם
מֹשֶׁ֤ה בַבֹּ֙קֶר֙ וַיַּ֙עַל֙ אֶל־הַ֣ר סִינַ֔י כַּאֲשֶׁ֛ר צִוָּ֥ה יהוה֖ אֹת֑וֹ וַיִּקַּ֣ח
ה בְּיָד֔וֹ שְׁנֵ֖י לֻחֹ֥ת אֲבָנִֽים׃ וַיֵּ֤רֶד יהוה֙ בֶּֽעָנָ֔ן וַיִּתְיַצֵּ֥ב עִמּ֖וֹ שָׁ֑ם
ו וַיִּקְרָ֥א בְשֵׁ֖ם יהוֽה׃ וַיַּעֲבֹ֨ר יהוה֥ ׀ עַל־פָּנָיו֮ וַיִּקְרָא֒ יהוה֣ ׀ יהוה֔
ז אֵ֥ל רַח֖וּם וְחַנּ֑וּן אֶ֥רֶךְ אַפַּ֖יִם וְרַב־חֶ֥סֶד וֶאֱמֶֽת׃ נֹצֵ֥ר חֶ֙סֶד֙
לָאֲלָפִ֔ים נֹשֵׂ֥א עָוֺ֛ן וָפֶ֖שַׁע וְחַטָּאָ֑ה וְנַקֵּה֙ לֹ֣א יְנַקֶּ֔ה פֹּקֵ֣ד ׀ עֲוֺ֣ן
ח אָב֗וֹת עַל־בָּנִים֙ וְעַל־בְּנֵ֣י בָנִ֔ים עַל־שִׁלֵּשִׁ֖ים וְעַל־רִבֵּעִֽים׃ וַיְמַהֵ֖ר
ט מֹשֶׁ֑ה וַיִּקֹּ֥ד אַ֖רְצָה וַיִּשְׁתָּֽחוּ׃ וַיֹּ֡אמֶר אִם־נָא֩ מָצָ֨אתִי חֵ֤ן בְּעֵינֶ֙יךָ֙
אֲדֹנָ֔י יֵֽלֶךְ־נָ֥א אֲדֹנָ֖י בְּקִרְבֵּ֑נוּ כִּ֤י עַם־קְשֵׁה־עֹ֙רֶף֙ ה֔וּא וְסָלַחְתָּ֛
י לַעֲוֺנֵ֥נוּ וּלְחַטָּאתֵ֖נוּ וּנְחַלְתָּֽנוּ׃ וַיֹּ֗אמֶר הִנֵּ֣ה אָנֹכִי֮ כֹּרֵ֣ת בְּרִית֒ ששי
נֶ֤גֶד כָּל־עַמְּךָ֙ אֶעֱשֶׂ֣ה נִפְלָאֹ֔ת אֲשֶׁ֛ר לֹא־נִבְרְא֥וּ בְכָל־הָאָ֖רֶץ
וּבְכָל־הַגּוֹיִ֑ם וְרָאָ֣ה כָל־הָ֠עָם אֲשֶׁר־אַתָּ֨ה בְקִרְבּ֜וֹ אֶת־מַעֲשֵׂ֤ה
יא יהוה֙ כִּֽי־נוֹרָ֣א ה֔וּא אֲשֶׁ֥ר אֲנִ֖י עֹשֶׂ֥ה עִמָּֽךְ׃ שְׁמָ֣ר־לְךָ֔ אֵ֛ת אֲשֶׁ֥ר
אָנֹכִ֖י מְצַוְּךָ֣ הַיּ֑וֹם הִנְנִ֧י גֹרֵ֣שׁ מִפָּנֶ֗יךָ אֶת־הָֽאֱמֹרִי֙ וְהַֽכְּנַעֲנִ֔י וְהַֽחִתִּי֙
יב וְהַפְּרִזִּ֔י וְהַֽחִוִּ֖י וְהַיְבוּסִֽי׃ הִשָּׁ֣מֶר לְךָ֗ פֶּן־תִּכְרֹ֤ת בְּרִית֙ לְיוֹשֵׁ֣ב
יג הָאָ֔רֶץ אֲשֶׁ֥ר אַתָּ֖ה בָּ֣א עָלֶ֑יהָ פֶּן־יִהְיֶ֖ה לְמוֹקֵ֥שׁ בְּקִרְבֶּֽךָ׃ כִּ֤י
אֶת־מִזְבְּחֹתָם֙ תִּתֹּצ֔וּן וְאֶת־מַצֵּבֹתָ֖ם תְּשַׁבֵּר֑וּן וְאֶת־אֲשֵׁרָ֖יו
יד תִּכְרֹתֽוּן׃ כִּ֛י לֹ֥א תִשְׁתַּחֲוֶ֖ה לְאֵ֣ל אַחֵ֑ר כִּ֤י יהוה֙ קַנָּ֣א שְׁמ֔וֹ אֵ֥ל
טו קַנָּ֖א הֽוּא׃ פֶּן־תִּכְרֹ֥ת בְּרִ֖ית לְיוֹשֵׁ֣ב הָאָ֑רֶץ וְזָנ֣וּ ׀ אַחֲרֵ֣י אֱלֹֽהֵיהֶ֗ם
טז וְזָבְחוּ֙ לֵאלֹ֣הֵיהֶ֔ם וְקָרָ֣א לְךָ֔ וְאָכַלְתָּ֖ מִזִּבְחֽוֹ׃ וְלָקַחְתָּ֥ מִבְּנֹתָ֖יו
לְבָנֶ֑יךָ וְזָנ֣וּ בְנֹתָ֗יו אַחֲרֵי֙ אֱלֹ֣הֵיהֶ֔ן וְהִזְנוּ֙ אֶת־בָּנֶ֔יךָ אַחֲרֵ֖י אֱלֹהֵיהֶֽן׃

אלהי מסכה לא תעשה-לך: את-חג המצות תשמר שבעת יז יח
ימים תאכל מצות אשר צויתך למועד חדש האביב כי בחדש
האביב יצאת ממצרים: כל-פטר רחם לי וכל-מקנך תזכר יט
פטר שור ושה: ופטר חמור תפדה בשה ואם-לא תפדה כ
וערפתו כל בכור בניך תפדה ולא-יראו פני ריקם: ששת כא
ימים תעבד וביום השביעי תשבת בחריש ובקציר תשבת:
וחג שבעת תעשה לך בכורי קציר חטים וחג האסיף תקופת כב
השנה: שלש פעמים בשנה יראה כל-זכורך את-פני האדן | כג
יהוה אלהי ישראל: כי-אוריש גוים מפניך והרחבתי את- כד
גבלך ולא-יחמד איש את-ארצך בעלתך לראות את-פני יהוה
אלהיך שלש פעמים בשנה: לא-תשחט על-חמץ דם-זבחי כה
ולא-ילין לבקר זבח חג הפסח: ראשית בכורי אדמתך תביא כו
בית יהוה אלהיך לא-תבשל גדי בחלב אמו:
שביעי ויאמר יהוה אל-משה כתב-לך את-הדברים האלה כי על- כז
פי הדברים האלה כרתי אתך ברית ואת-ישראל: ויהי-שם כח
עם-יהוה ארבעים יום וארבעים לילה לחם לא אכל ומים
לא שתה ויכתב על-הלחת את דברי הברית עשרת הדברים:
ויהי ברדת משה מהר סיני ושני לחת העדת ביד-משה ברדתו כט
מן-ההר ומשה לא-ידע כי קרן עור פניו בדברו אתו: וירא ל
אהרן וכל-בני ישראל את-משה והנה קרן עור פניו וייראו
מגשת אליו: ויקרא אלהם משה וישבו אליו אהרן וכל- לא
הנשאים בעדה וידבר משה אלהם: ואחרי-כן נגשו כל-בני לב
מפטיר ישראל ויצום את כל-אשר דבר יהוה אתו בהר סיני: ויכל לג
משה מדבר אתם ויתן על-פניו מסוה: ובבא משה לפני לד
יהוה לדבר אתו יסיר את-המסוה עד-צאתו ויצא ודבר אל-
בני ישראל את אשר יצוה: וראו בני-ישראל את-פני משה לה
כי קרן עור פני משה והשיב משה את-המסוה על-פניו עד-

א בֹּאוֹ לְדַבֵּר אִתּוֹ׃ וַיַּקְהֵל מֹשֶׁה אֶת־כָּל־עֲדַת
בְּנֵי יִשְׂרָאֵל וַיֹּאמֶר אֲלֵהֶם אֵלֶּה הַדְּבָרִים אֲשֶׁר־צִוָּה יְהוָה לַעֲשֹׂת
ב אֹתָם׃ שֵׁשֶׁת יָמִים תֵּעָשֶׂה מְלָאכָה וּבַיּוֹם הַשְּׁבִיעִי יִהְיֶה לָכֶם
ג קֹדֶשׁ שַׁבַּת שַׁבָּתוֹן לַיהוָה כָּל־הָעֹשֶׂה בוֹ מְלָאכָה יוּמָת׃ לֹא־
תְבַעֲרוּ אֵשׁ בְּכֹל מֹשְׁבֹתֵיכֶם בְּיוֹם הַשַּׁבָּת׃
ד וַיֹּאמֶר מֹשֶׁה אֶל־כָּל־עֲדַת בְּנֵי־יִשְׂרָאֵל לֵאמֹר זֶה הַדָּבָר אֲשֶׁר־
ה צִוָּה יְהוָה לֵאמֹר׃ קְחוּ מֵאִתְּכֶם תְּרוּמָה לַיהוָה כֹּל נְדִיב
ו לִבּוֹ יְבִיאֶהָ אֵת תְּרוּמַת יְהוָה זָהָב וָכֶסֶף וּנְחֹשֶׁת׃ וּתְכֵלֶת
ז וְאַרְגָּמָן וְתוֹלַעַת שָׁנִי וְשֵׁשׁ וְעִזִּים׃ וְעֹרֹת אֵילִם מְאָדָּמִים וְעֹרֹת
ח תְּחָשִׁים וַעֲצֵי שִׁטִּים׃ וְשֶׁמֶן לַמָּאוֹר וּבְשָׂמִים לְשֶׁמֶן הַמִּשְׁחָה
ט וְלִקְטֹרֶת הַסַּמִּים׃ וְאַבְנֵי־שֹׁהַם וְאַבְנֵי מִלֻּאִים לָאֵפוֹד וְלַחֹשֶׁן׃
י וְכָל־חֲכַם־לֵב בָּכֶם יָבֹאוּ וְיַעֲשׂוּ אֵת כָּל־אֲשֶׁר צִוָּה יְהוָה׃
יא אֶת־הַמִּשְׁכָּן אֶת־אָהֳלוֹ וְאֶת־מִכְסֵהוּ אֶת־קְרָסָיו וְאֶת־קְרָשָׁיו
יב אֶת־בְּרִחָו אֶת־עַמֻּדָיו וְאֶת־אֲדָנָיו׃ אֶת־הָאָרֹן וְאֶת־בַּדָּיו
יג אֶת־הַכַּפֹּרֶת וְאֵת פָּרֹכֶת הַמָּסָךְ׃ אֶת־הַשֻּׁלְחָן וְאֶת־בַּדָּיו
יד וְאֶת־כָּל־כֵּלָיו וְאֵת לֶחֶם הַפָּנִים׃ וְאֶת־מְנֹרַת הַמָּאוֹר וְאֶת־
טו כֵּלֶיהָ וְאֶת־נֵרֹתֶיהָ וְאֵת שֶׁמֶן הַמָּאוֹר׃ וְאֶת־מִזְבַּח הַקְּטֹרֶת
וְאֶת־בַּדָּיו וְאֵת שֶׁמֶן הַמִּשְׁחָה וְאֵת קְטֹרֶת הַסַּמִּים וְאֶת־
טז מָסַךְ הַפֶּתַח לְפֶתַח הַמִּשְׁכָּן׃ אֵת ׀ מִזְבַּח הָעֹלָה וְאֶת־מִכְבַּר
הַנְּחֹשֶׁת אֲשֶׁר־לוֹ אֶת־בַּדָּיו וְאֶת־כָּל־כֵּלָיו אֶת־הַכִּיֹּר וְאֶת־
יז כַּנּוֹ׃ אֵת קַלְעֵי הֶחָצֵר אֶת־עַמֻּדָיו וְאֶת־אֲדָנֶיהָ וְאֵת מָסַךְ
יח שַׁעַר הֶחָצֵר׃ אֶת־יִתְדֹת הַמִּשְׁכָּן וְאֶת־יִתְדֹת הֶחָצֵר וְאֶת־
יט מֵיתְרֵיהֶם׃ אֶת־בִּגְדֵי הַשְּׂרָד לְשָׁרֵת בַּקֹּדֶשׁ אֶת־בִּגְדֵי הַקֹּדֶשׁ
כ לְאַהֲרֹן הַכֹּהֵן וְאֶת־בִּגְדֵי בָנָיו לְכַהֵן׃ וַיֵּצְאוּ כָּל־עֲדַת בְּנֵי־
כא יִשְׂרָאֵל מִלִּפְנֵי מֹשֶׁה׃ וַיָּבֹאוּ כָּל־אִישׁ אֲשֶׁר־נְשָׂאוֹ לִבּוֹ וְכֹל שני
אֲשֶׁר נָדְבָה רוּחוֹ אֹתוֹ הֵבִיאוּ אֶת־תְּרוּמַת יְהוָה לִמְלֶאכֶת
כב אֹהֶל מוֹעֵד וּלְכָל־עֲבֹדָתוֹ וּלְבִגְדֵי הַקֹּדֶשׁ׃ וַיָּבֹאוּ הָאֲנָשִׁים

עַל־הַנָּשִׁים כֹּל ׀ נְדִיב לֵב הֵבִיאוּ חָח וָנֶזֶם וְטַבַּעַת וְכוּמָז כָּל־
כְּלִי זָהָב וְכָל־אִישׁ אֲשֶׁר הֵנִיף תְּנוּפַת זָהָב לַיהוָה׃ וְכָל־אִישׁ כג
אֲשֶׁר־נִמְצָא אִתּוֹ תְּכֵלֶת וְאַרְגָּמָן וְתוֹלַעַת שָׁנִי וְשֵׁשׁ וְעִזִּים
וְעֹרֹת אֵילִם מְאָדָּמִים וְעֹרֹת תְּחָשִׁים הֵבִיאוּ׃ כָּל־מֵרִים תְּרוּמַת כד
כֶּסֶף וּנְחֹשֶׁת הֵבִיאוּ אֵת תְּרוּמַת יְהוָה וְכֹל אֲשֶׁר נִמְצָא אִתּוֹ
עֲצֵי שִׁטִּים לְכָל־מְלֶאכֶת הָעֲבֹדָה הֵבִיאוּ׃ וְכָל־אִשָּׁה חַכְמַת־ כה
לֵב בְּיָדֶיהָ טָווּ וַיָּבִיאוּ מַטְוֶה אֶת־הַתְּכֵלֶת וְאֶת־הָאַרְגָּמָן
אֶת־תּוֹלַעַת הַשָּׁנִי וְאֶת־הַשֵּׁשׁ׃ וְכָל־הַנָּשִׁים אֲשֶׁר נָשָׂא לִבָּן כו
אֹתָנָה בְּחָכְמָה טָווּ אֶת־הָעִזִּים׃ וְהַנְּשִׂאִם הֵבִיאוּ אֵת אַבְנֵי כז
הַשֹּׁהַם וְאֵת אַבְנֵי הַמִּלֻּאִים לָאֵפוֹד וְלַחֹשֶׁן׃ וְאֶת־הַבֹּשֶׂם כח
וְאֶת־הַשָּׁמֶן לְמָאוֹר וּלְשֶׁמֶן הַמִּשְׁחָה וְלִקְטֹרֶת הַסַּמִּים׃ כָּל־ כט
אִישׁ וְאִשָּׁה אֲשֶׁר נָדַב לִבָּם אֹתָם לְהָבִיא לְכָל־הַמְּלָאכָה
אֲשֶׁר צִוָּה יְהוָה לַעֲשׂוֹת בְּיַד־מֹשֶׁה הֵבִיאוּ בְנֵי־יִשְׂרָאֵל נְדָבָה
לַיהוָה׃

שלישי (שני)
וַיֹּאמֶר מֹשֶׁה אֶל־בְּנֵי יִשְׂרָאֵל רְאוּ קָרָא יְהוָה בְּשֵׁם בְּצַלְאֵל ל
בֶּן־אוּרִי בֶן־חוּר לְמַטֵּה יְהוּדָה׃ וַיְמַלֵּא אֹתוֹ רוּחַ אֱלֹהִים לא
בְּחָכְמָה בִּתְבוּנָה וּבְדַעַת וּבְכָל־מְלָאכָה׃ וְלַחְשֹׁב מַחֲשָׁבֹת לב
לַעֲשֹׂת בַּזָּהָב וּבַכֶּסֶף וּבַנְּחֹשֶׁת׃ וּבַחֲרֹשֶׁת אֶבֶן לְמַלֹּאת לג
וּבַחֲרֹשֶׁת עֵץ לַעֲשׂוֹת בְּכָל־מְלֶאכֶת מַחֲשָׁבֶת׃ וּלְהוֹרֹת נָתַן לד
בְּלִבּוֹ הוּא וְאָהֳלִיאָב בֶּן־אֲחִיסָמָךְ לְמַטֵּה־דָן׃ מִלֵּא אֹתָם לה
חָכְמַת־לֵב לַעֲשׂוֹת כָּל־מְלֶאכֶת חָרָשׁ ׀ וְחֹשֵׁב וְרֹקֵם בַּתְּכֵלֶת
וּבָאַרְגָּמָן בְּתוֹלַעַת הַשָּׁנִי וּבַשֵּׁשׁ וְאֹרֵג עֹשֵׂי כָּל־מְלָאכָה
וְחֹשְׁבֵי מַחֲשָׁבֹת׃ וְעָשָׂה בְצַלְאֵל וְאָהֳלִיאָב וְכֹל ׀ אִישׁ חֲכַם־ לו א
לֵב אֲשֶׁר נָתַן יְהוָה חָכְמָה וּתְבוּנָה בָּהֵמָּה לָדַעַת לַעֲשֹׂת אֶת־
כָּל־מְלֶאכֶת עֲבֹדַת הַקֹּדֶשׁ לְכֹל אֲשֶׁר־צִוָּה יְהוָה׃ וַיִּקְרָא ב
מֹשֶׁה אֶל־בְּצַלְאֵל וְאֶל־אָהֳלִיאָב וְאֶל כָּל־אִישׁ חֲכַם־לֵב
אֲשֶׁר נָתַן יְהוָה חָכְמָה בְּלִבּוֹ כֹּל אֲשֶׁר נְשָׂאוֹ לִבּוֹ לְקָרְבָה

ג אֶל־הַמְּלָאכָה לַעֲשֹׂת אֹתָהּ׃ וַיִּקְחוּ מִלִּפְנֵי מֹשֶׁה אֵת כָּל־
הַתְּרוּמָה אֲשֶׁר הֵבִיאוּ בְּנֵי יִשְׂרָאֵל לִמְלֶאכֶת עֲבֹדַת הַקֹּדֶשׁ
לַעֲשֹׂת אֹתָהּ וְהֵם הֵבִיאוּ אֵלָיו עוֹד נְדָבָה בַּבֹּקֶר בַּבֹּקֶר׃
ד וַיָּבֹאוּ כָּל־הַחֲכָמִים הָעֹשִׂים אֵת כָּל־מְלֶאכֶת הַקֹּדֶשׁ אִישׁ
ה אִישׁ מִמְּלַאכְתּוֹ אֲשֶׁר־הֵמָּה עֹשִׂים׃ וַיֹּאמְרוּ אֶל־מֹשֶׁה לֵּאמֹר
מַרְבִּים הָעָם לְהָבִיא מִדֵּי הָעֲבֹדָה לַמְּלָאכָה אֲשֶׁר־צִוָּה יְהוָה
ו לַעֲשֹׂת אֹתָהּ׃ וַיְצַו מֹשֶׁה וַיַּעֲבִירוּ קוֹל בַּמַּחֲנֶה לֵאמֹר אִישׁ
וְאִשָּׁה אַל־יַעֲשׂוּ־עוֹד מְלָאכָה לִתְרוּמַת הַקֹּדֶשׁ וַיִּכָּלֵא הָעָם
ז מֵהָבִיא׃ וְהַמְּלָאכָה הָיְתָה דַיָּם לְכָל־הַמְּלָאכָה לַעֲשׂוֹת אֹתָהּ
ח וְהוֹתֵר׃ וַיַּעֲשׂוּ כָל־חֲכַם־לֵב בְּעֹשֵׂי הַמְּלָאכָה רביעי
אֶת־הַמִּשְׁכָּן עֶשֶׂר יְרִיעֹת שֵׁשׁ מָשְׁזָר וּתְכֵלֶת וְאַרְגָּמָן וְתוֹלַעַת
ט שָׁנִי כְּרֻבִים מַעֲשֵׂה חֹשֵׁב עָשָׂה אֹתָם׃ אֹרֶךְ הַיְרִיעָה הָאַחַת
שְׁמֹנֶה וְעֶשְׂרִים בָּאַמָּה וְרֹחַב אַרְבַּע בָּאַמָּה הַיְרִיעָה הָאֶחָת
י מִדָּה אַחַת לְכָל־הַיְרִיעֹת׃ וַיְחַבֵּר אֶת־חֲמֵשׁ הַיְרִיעֹת אַחַת
יא אֶל־אֶחָת וְחָמֵשׁ יְרִיעֹת חִבַּר אַחַת אֶל־אֶחָת׃ וַיַּעַשׂ לֻלְאֹת
תְּכֵלֶת עַל שְׂפַת הַיְרִיעָה הָאֶחָת מִקָּצָה בַּמַּחְבָּרֶת כֵּן עָשָׂה
יב בִּשְׂפַת הַיְרִיעָה הַקִּיצוֹנָה בַּמַּחְבֶּרֶת הַשֵּׁנִית׃ חֲמִשִּׁים לֻלָאֹת
עָשָׂה בַּיְרִיעָה הָאֶחָת וַחֲמִשִּׁים לֻלָאֹת עָשָׂה בִּקְצֵה הַיְרִיעָה
אֲשֶׁר בַּמַּחְבֶּרֶת הַשֵּׁנִית מַקְבִּילֹת הַלֻּלָאֹת אַחַת אֶל־אֶחָת׃
יג וַיַּעַשׂ חֲמִשִּׁים קַרְסֵי זָהָב וַיְחַבֵּר אֶת־הַיְרִיעֹת אַחַת אֶל־אַחַת
בַּקְּרָסִים וַיְהִי הַמִּשְׁכָּן אֶחָד׃
יד וַיַּעַשׂ יְרִיעֹת עִזִּים לְאֹהֶל עַל־הַמִּשְׁכָּן עַשְׁתֵּי־עֶשְׂרֵה יְרִיעֹת
טו עָשָׂה אֹתָם׃ אֹרֶךְ הַיְרִיעָה הָאַחַת שְׁלֹשִׁים בָּאַמָּה וְאַרְבַּע
אַמּוֹת רֹחַב הַיְרִיעָה הָאֶחָת מִדָּה אַחַת לְעַשְׁתֵּי עֶשְׂרֵה יְרִיעֹת׃
טז יז וַיְחַבֵּר אֶת־חֲמֵשׁ הַיְרִיעֹת לְבָד וְאֶת־שֵׁשׁ הַיְרִיעֹת לְבָד׃ וַיַּעַשׂ
לֻלָאֹת חֲמִשִּׁים עַל שְׂפַת הַיְרִיעָה הַקִּיצֹנָה בַּמַּחְבָּרֶת וַחֲמִשִּׁים
יח לֻלָאֹת עָשָׂה עַל־שְׂפַת הַיְרִיעָה הַחֹבֶרֶת הַשֵּׁנִית׃ וַיַּעַשׂ

קַרְסֵי נְחֹשֶׁת חֲמִשִּׁים לְחַבֵּר אֶת־הָאֹהֶל לִהְיֹת אֶחָד׃ וַיַּעַשׂ יט
מִכְסֶה לָאֹהֶל עֹרֹת אֵילִם מְאָדָּמִים וּמִכְסֵה עֹרֹת תְּחָשִׁים
חמישי מִלְמָעְלָה׃ וַיַּעַשׂ אֶת־הַקְּרָשִׁים לַמִּשְׁכָּן עֲצֵי כ
שִׁטִּים עֹמְדִים׃ עֶשֶׂר אַמֹּת אֹרֶךְ הַקָּרֶשׁ וְאַמָּה וַחֲצִי הָאַמָּה כא
רֹחַב הַקֶּרֶשׁ הָאֶחָד׃ שְׁתֵּי יָדֹת לַקֶּרֶשׁ הָאֶחָד מְשֻׁלָּבֹת אַחַת כב
אֶל־אֶחָת כֵּן עָשָׂה לְכֹל קַרְשֵׁי הַמִּשְׁכָּן׃ וַיַּעַשׂ אֶת־הַקְּרָשִׁים כג
לַמִּשְׁכָּן עֶשְׂרִים קְרָשִׁים לִפְאַת נֶגֶב תֵּימָנָה׃ וְאַרְבָּעִים אַדְנֵי־ כד
כֶסֶף עָשָׂה תַּחַת עֶשְׂרִים הַקְּרָשִׁים שְׁנֵי אֲדָנִים תַּחַת־הַקֶּרֶשׁ
הָאֶחָד לִשְׁתֵּי יְדֹתָיו וּשְׁנֵי אֲדָנִים תַּחַת־הַקֶּרֶשׁ הָאֶחָד לִשְׁתֵּי
יְדֹתָיו׃ וּלְצֶלַע הַמִּשְׁכָּן הַשֵּׁנִית לִפְאַת צָפוֹן עָשָׂה עֶשְׂרִים כה
קְרָשִׁים׃ וְאַרְבָּעִים אַדְנֵיהֶם כָּסֶף שְׁנֵי אֲדָנִים תַּחַת הַקֶּרֶשׁ כו
הָאֶחָד וּשְׁנֵי אֲדָנִים תַּחַת הַקֶּרֶשׁ הָאֶחָד׃ וּלְיַרְכְּתֵי הַמִּשְׁכָּן כז
יָמָּה עָשָׂה שִׁשָּׁה קְרָשִׁים׃ וּשְׁנֵי קְרָשִׁים עָשָׂה לִמְקֻצְעֹת הַמִּשְׁכָּן כח
בַּיַּרְכָתָיִם׃ וְהָיוּ תוֹאֲמִם מִלְּמַטָּה וְיַחְדָּו יִהְיוּ תַמִּים אֶל־רֹאשׁוֹ כט
אֶל־הַטַּבַּעַת הָאֶחָת כֵּן עָשָׂה לִשְׁנֵיהֶם לִשְׁנֵי הַמִּקְצֹעֹת׃ וְהָיוּ ל
שְׁמֹנָה קְרָשִׁים וְאַדְנֵיהֶם כֶּסֶף שִׁשָּׁה עָשָׂר אֲדָנִים שְׁנֵי אֲדָנִים
שְׁנֵי אֲדָנִים תַּחַת הַקֶּרֶשׁ הָאֶחָד׃ וַיַּעַשׂ בְּרִיחֵי עֲצֵי שִׁטִּים לא
חֲמִשָּׁה לְקַרְשֵׁי צֶלַע־הַמִּשְׁכָּן הָאֶחָת׃ וַחֲמִשָּׁה בְרִיחִם לְקַרְשֵׁי לב
צֶלַע־הַמִּשְׁכָּן הַשֵּׁנִית וַחֲמִשָּׁה בְרִיחִם לְקַרְשֵׁי הַמִּשְׁכָּן לַיַּרְכָתַיִם
יָמָּה׃ וַיַּעַשׂ אֶת־הַבְּרִיחַ הַתִּיכֹן לִבְרֹחַ בְּתוֹךְ הַקְּרָשִׁים מִן־ לג
הַקָּצֶה אֶל־הַקָּצֶה׃ וְאֶת־הַקְּרָשִׁים צִפָּה זָהָב וְאֶת־טַבְּעֹתָם לד
עָשָׂה זָהָב בָּתִּים לַבְּרִיחִם וַיְצַף אֶת־הַבְּרִיחִם זָהָב׃ וַיַּעַשׂ אֶת־ לה
הַפָּרֹכֶת תְּכֵלֶת וְאַרְגָּמָן וְתוֹלַעַת שָׁנִי וְשֵׁשׁ מָשְׁזָר מַעֲשֵׂה
חֹשֵׁב עָשָׂה אֹתָהּ כְּרֻבִים׃ וַיַּעַשׂ לָהּ אַרְבָּעָה עַמּוּדֵי שִׁטִּים לו
וַיְצַפֵּם זָהָב וָוֵיהֶם זָהָב וַיִּצֹק לָהֶם אַרְבָּעָה אַדְנֵי־כָסֶף׃ וַיַּעַשׂ לז
מָסָךְ לְפֶתַח הָאֹהֶל תְּכֵלֶת וְאַרְגָּמָן וְתוֹלַעַת שָׁנִי וְשֵׁשׁ מָשְׁזָר
מַעֲשֵׂה רֹקֵם׃ וְאֶת־עַמּוּדָיו חֲמִשָּׁה וְאֶת־וָוֵיהֶם וְצִפָּה רָאשֵׁיהֶם לח

וחשקיהם זהב ואדניהם חמשה נחשת׃
כז לז א ויעש בצלאל את־הארן עצי שטים אמתים וחצי ארכו ואמה
ב וחצי רחבו ואמה וחצי קמתו׃ ויצפהו זהב טהור מבית
ג ומחוץ ויעש לו זר זהב סביב׃ ויצק לו ארבע טבעת זהב
על ארבע פעמתיו ושתי טבעת על־צלעו האחת ושתי טבעת
ד על־צלעו השנית׃ ויעש בדי עצי שטים ויצף אתם זהב׃
ה ויבא את־הבדים בטבעת על צלעת הארן לשאת את־
ו הארן׃ ויעש כפרת זהב טהור אמתים וחצי ארכה ואמה
ז וחצי רחבה׃ ויעש שני כרבים זהב מקשה עשה אתם משני
ח קצות הכפרת׃ כרוב־אחד מקצה מזה וכרוב־אחד מקצה מזה
קצותיו ט מן־הכפרת עשה את־הכרבים משני קצוותו׃ ויהיו הכרבים
פרשי כנפים למעלה סככים בכנפיהם על־הכפרת ופניהם
איש אל־אחיו אל־הכפרת היו פני הכרבים׃
י ויעש את־השלחן עצי שטים אמתים ארכו ואמה רחבו
יא ואמה וחצי קמתו׃ ויצף אתו זהב טהור ויעש לו זר זהב
יב סביב׃ ויעש לו מסגרת טפח סביב ויעש זר־זהב למסגרתו
יג סביב׃ ויצק לו ארבע טבעת זהב ויתן את־הטבעת על
יד ארבע הפאת אשר לארבע רגליו׃ לעמת המסגרת היו
טו הטבעת בתים לבדים לשאת את־השלחן׃ ויעש את־הבדים
טז עצי שטים ויצף אתם זהב לשאת את־השלחן׃ ויעש את־
הכלים ׀ אשר על־השלחן את־קערתיו ואת־כפתיו ואת
מנקיתיו ואת־הקשות אשר יסך בהן זהב טהור׃
ששי (שלישי) יז ויעש את־המנרה זהב טהור מקשה עשה את־המנרה ירכה
יח וקנה גביעיה כפתריה ופרחיה ממנה היו׃ וששה קנים יצאים
מצדיה שלשה ׀ קני מנרה מצדה האחד ושלשה קני מנרה
יט מצדה השני׃ שלשה גבעים משקדים בקנה האחד כפתר
ופרח ושלשה גבעים משקדים בקנה אחד כפתר ופרח כן

כ לששת הקנים היצאים מן־המנרה: ובמנרה ארבעה גבעים
כא משקדים כפתריה ופרחיה: וכפתר תחת שני הקנים ממנה
וכפתר תחת שני הקנים ממנה וכפתר תחת־שני הקנים ממנה
כב לששת הקנים היצאים ממנה: כפתריהם וקנתם ממנה היו
כג כלה מקשה אחת זהב טהור: ויעש את־נרתיה שבעה
כד ומלקחיה ומחתתיה זהב טהור: ככר זהב טהור עשה אתה
ואת כל־כליה:
כה ויעש את־מזבח הקטרת עצי שטים אמה ארכו ואמה רחבו
כו רבוע ואמתים קמתו ממנו היו קרנתיו: ויצף אתו זהב
טהור את־גגו ואת־קירתיו סביב ואת־קרנתיו ויעש לו
כז זר זהב סביב: ושתי טבעת זהב עשה־לו | מתחת לזרו
על שתי צלעתיו על שני צדיו לבתים לבדים לשאת אתו
כח כט בהם: ויעש את־הבדים עצי שטים ויצף אתם זהב: ויעש
את־שמן המשחה קדש ואת־קטרת הסמים טהור מעשה
שביעי /רביעי/ לח א רקח: ויעש את־מזבח העלה עצי שטים חמש
אמות ארכו וחמש־אמות רחבו רבוע ושלש אמות קמתו:
ב ויעש קרנתיו על ארבע פנתיו ממנו היו קרנתיו ויצף אתו
ג נחשת: ויעש את־כל־כלי המזבח את־הסירת ואת־היעים
ואת־המזרקת את־המזלגת ואת־המחתת כל־כליו עשה
ד נחשת: ויעש למזבח מכבר מעשה רשת נחשת תחת
ה כרכבו מלמטה עד־חציו: ויצק ארבע טבעת בארבע
ו הקצות למכבר הנחשת בתים לבדים: ויעש את־הבדים
ז עצי שטים ויצף אתם נחשת: ויבא את־הבדים בטבעת
על צלעת המזבח לשאת אתו בהם נבוב לחת עשה
ח אתו: ויעש את הכיור נחשת ואת כנו נחשת במראת
ט הצבאת אשר צבאו פתח אהל מועד: ויעש
את־החצר לפאת | נגב תימנה קלעי החצר שש משזר מאה

י בָּאַמָּה׃ עַמּוּדֵיהֶם עֶשְׂרִים וְאַדְנֵיהֶם עֶשְׂרִים נְחֹשֶׁת וָוֵי הָעַמּוּדִים
יא וַחֲשֻׁקֵיהֶם כָּסֶף׃ וְלִפְאַת צָפוֹן מֵאָה בָאַמָּה עַמּוּדֵיהֶם עֶשְׂרִים
יב וְאַדְנֵיהֶם עֶשְׂרִים נְחֹשֶׁת וָוֵי הָעַמּוּדִים וַחֲשֻׁקֵיהֶם כָּסֶף׃ וְלִפְאַת
יָם קְלָעִים חֲמִשִּׁים בָּאַמָּה עַמּוּדֵיהֶם עֲשָׂרָה וְאַדְנֵיהֶם עֲשָׂרָה
יג וָוֵי הָעַמֻּדִים וַחֲשׁוּקֵיהֶם כָּסֶף׃ וְלִפְאַת קֵדְמָה מִזְרָחָה חֲמִשִּׁים
יד אַמָּה׃ קְלָעִים חֲמֵשׁ־עֶשְׂרֵה אַמָּה אֶל־הַכָּתֵף עַמּוּדֵיהֶם שְׁלֹשָׁה
טו וְאַדְנֵיהֶם שְׁלֹשָׁה׃ וְלַכָּתֵף הַשֵּׁנִית מִזֶּה וּמִזֶּה לְשַׁעַר הֶחָצֵר
קְלָעִים חֲמֵשׁ עֶשְׂרֵה אַמָּה עַמֻּדֵיהֶם שְׁלֹשָׁה וְאַדְנֵיהֶם שְׁלֹשָׁה׃
טז יז כָּל־קַלְעֵי הֶחָצֵר סָבִיב שֵׁשׁ מָשְׁזָר׃ וְהָאֲדָנִים לָעַמֻּדִים נְחֹשֶׁת
וָוֵי הָעַמּוּדִים וַחֲשׁוּקֵיהֶם כֶּסֶף וְצִפּוּי רָאשֵׁיהֶם כָּסֶף וְהֵם
יח מְחֻשָּׁקִים כֶּסֶף כֹּל עַמֻּדֵי הֶחָצֵר׃ וּמָסַךְ שַׁעַר הֶחָצֵר מַעֲשֵׂה מפטיר
רֹקֵם תְּכֵלֶת וְאַרְגָּמָן וְתוֹלַעַת שָׁנִי וְשֵׁשׁ מָשְׁזָר וְעֶשְׂרִים
אַמָּה אֹרֶךְ וְקוֹמָה בְרֹחַב חָמֵשׁ אַמּוֹת לְעֻמַּת קַלְעֵי הֶחָצֵר׃
יט וְעַמֻּדֵיהֶם אַרְבָּעָה וְאַדְנֵיהֶם אַרְבָּעָה נְחֹשֶׁת וָוֵיהֶם כֶּסֶף וְצִפּוּי
כ רָאשֵׁיהֶם וַחֲשֻׁקֵיהֶם כָּסֶף׃ וְכָל־הַיְתֵדֹת לַמִּשְׁכָּן וְלֶחָצֵר סָבִיב
כא נְחֹשֶׁת׃ אֵלֶּה פְקוּדֵי הַמִּשְׁכָּן מִשְׁכַּן הָעֵדֻת כח פקודי
אֲשֶׁר פֻּקַּד עַל־פִּי מֹשֶׁה עֲבֹדַת הַלְוִיִּם בְּיַד אִיתָמָר בֶּן־אַהֲרֹן
כב הַכֹּהֵן׃ וּבְצַלְאֵל בֶּן־אוּרִי בֶן־חוּר לְמַטֵּה יְהוּדָה עָשָׂה אֵת
כג כָּל־אֲשֶׁר־צִוָּה יְהוָה אֶת־מֹשֶׁה׃ וְאִתּוֹ אָהֳלִיאָב בֶּן־אֲחִיסָמָךְ
לְמַטֵּה־דָן חָרָשׁ וְחֹשֵׁב וְרֹקֵם בַּתְּכֵלֶת וּבָאַרְגָּמָן וּבְתוֹלַעַת
כד הַשָּׁנִי וּבַשֵּׁשׁ׃ כָּל־הַזָּהָב הֶעָשׂוּי לַמְּלָאכָה בְּכֹל
מְלֶאכֶת הַקֹּדֶשׁ וַיְהִי ׀ זְהַב הַתְּנוּפָה תֵּשַׁע וְעֶשְׂרִים כִּכָּר וּשְׁבַע
כה מֵאוֹת וּשְׁלֹשִׁים שֶׁקֶל בְּשֶׁקֶל הַקֹּדֶשׁ׃ וְכֶסֶף פְּקוּדֵי הָעֵדָה מְאַת
כִּכָּר וְאֶלֶף וּשְׁבַע מֵאוֹת וַחֲמִשָּׁה וְשִׁבְעִים שֶׁקֶל בְּשֶׁקֶל הַקֹּדֶשׁ׃
כו בֶּקַע לַגֻּלְגֹּלֶת מַחֲצִית הַשֶּׁקֶל בְּשֶׁקֶל הַקֹּדֶשׁ לְכֹל הָעֹבֵר עַל־
הַפְּקֻדִים מִבֶּן עֶשְׂרִים שָׁנָה וָמַעְלָה לְשֵׁשׁ־מֵאוֹת אֶלֶף וּשְׁלֹשֶׁת
כז אֲלָפִים וַחֲמֵשׁ מֵאוֹת וַחֲמִשִּׁים׃ וַיְהִי מְאַת כִּכַּר הַכֶּסֶף לָצֶקֶת

אֶת אַדְנֵי הַקֹּדֶשׁ וְאֵת אַדְנֵי הַפָּרֹכֶת מְאַת אֲדָנִים לִמְאַת
כח הַכִּכָּר כִּכָּר לָאָדֶן׃ וְאֶת־הָאֶלֶף וּשְׁבַע הַמֵּאוֹת וַחֲמִשָּׁה וְשִׁבְעִים
כט עָשָׂה וָוִים לָעַמּוּדִים וְצִפָּה רָאשֵׁיהֶם וְחִשַּׁק אֹתָם׃ וּנְחֹשֶׁת
ל הַתְּנוּפָה שִׁבְעִים כִּכָּר וְאַלְפַּיִם וְאַרְבַּע־מֵאוֹת שָׁקֶל׃ וַיַּעַשׂ
בָּהּ אֶת־אַדְנֵי פֶּתַח אֹהֶל מוֹעֵד וְאֵת מִזְבַּח הַנְּחֹשֶׁת וְאֶת־
לא מִכְבַּר הַנְּחֹשֶׁת אֲשֶׁר־לוֹ וְאֵת כָּל־כְּלֵי הַמִּזְבֵּחַ׃ וְאֶת־אַדְנֵי
הֶחָצֵר סָבִיב וְאֶת־אַדְנֵי שַׁעַר הֶחָצֵר וְאֵת כָּל־יִתְדֹת הַמִּשְׁכָּן
לט א וְאֶת־כָּל־יִתְדֹת הֶחָצֵר סָבִיב׃ וּמִן־הַתְּכֵלֶת וְהָאַרְגָּמָן וְתוֹלַעַת
הַשָּׁנִי עָשׂוּ בִגְדֵי־שְׂרָד לְשָׁרֵת בַּקֹּדֶשׁ וַיַּעֲשׂוּ אֶת־בִּגְדֵי הַקֹּדֶשׁ
אֲשֶׁר לְאַהֲרֹן כַּאֲשֶׁר צִוָּה יְהוָה אֶת־מֹשֶׁה׃

שני /חמישי/
ב וַיַּעַשׂ אֶת־הָאֵפֹד זָהָב תְּכֵלֶת וְאַרְגָּמָן וְתוֹלַעַת שָׁנִי וְשֵׁשׁ
ג מָשְׁזָר׃ וַיְרַקְּעוּ אֶת־פַּחֵי הַזָּהָב וְקִצֵּץ פְּתִילִם לַעֲשׂוֹת בְּתוֹךְ
הַתְּכֵלֶת וּבְתוֹךְ הָאַרְגָּמָן וּבְתוֹךְ תּוֹלַעַת הַשָּׁנִי וּבְתוֹךְ הַשֵּׁשׁ
ד מַעֲשֵׂה חֹשֵׁב׃ כְּתֵפֹת עָשׂוּ־לוֹ חֹבְרֹת עַל־שְׁנֵי קצוותו חֻבָּר׃ קְצוֹתָיו
ה וְחֵשֶׁב אֲפֻדָּתוֹ אֲשֶׁר עָלָיו מִמֶּנּוּ הוּא כְּמַעֲשֵׂהוּ זָהָב תְּכֵלֶת
וְאַרְגָּמָן וְתוֹלַעַת שָׁנִי וְשֵׁשׁ מָשְׁזָר כַּאֲשֶׁר צִוָּה יְהוָה אֶת־
ו מֹשֶׁה׃ וַיַּעֲשׂוּ אֶת־אַבְנֵי הַשֹּׁהַם מֻסַבֹּת מִשְׁבְּצֹת
ז זָהָב מְפֻתָּחֹת פִּתּוּחֵי חוֹתָם עַל־שְׁמוֹת בְּנֵי יִשְׂרָאֵל׃ וַיָּשֶׂם
אֹתָם עַל כִּתְפֹת הָאֵפֹד אַבְנֵי זִכָּרוֹן לִבְנֵי יִשְׂרָאֵל כַּאֲשֶׁר צִוָּה
יְהוָה אֶת־מֹשֶׁה׃

ח וַיַּעַשׂ אֶת־הַחֹשֶׁן מַעֲשֵׂה חֹשֵׁב כְּמַעֲשֵׂה אֵפֹד זָהָב תְּכֵלֶת
ט וְאַרְגָּמָן וְתוֹלַעַת שָׁנִי וְשֵׁשׁ מָשְׁזָר׃ רָבוּעַ הָיָה כָּפוּל עָשׂוּ אֶת־
י הַחֹשֶׁן זֶרֶת אָרְכּוֹ וְזֶרֶת רָחְבּוֹ כָּפוּל׃ וַיְמַלְאוּ־בוֹ אַרְבָּעָה טוּרֵי
יא אָבֶן טוּר אֹדֶם פִּטְדָה וּבָרֶקֶת הַטּוּר הָאֶחָד׃ וְהַטּוּר הַשֵּׁנִי נֹפֶךְ
יב יג סַפִּיר וְיָהֲלֹם׃ וְהַטּוּר הַשְּׁלִישִׁי לֶשֶׁם שְׁבוֹ וְאַחְלָמָה׃ וְהַטּוּר
הָרְבִיעִי תַּרְשִׁישׁ שֹׁהַם וְיָשְׁפֵה מוּסַבֹּת מִשְׁבְּצוֹת זָהָב בְּמִלֻּאֹתָם׃
יד וְהָאֲבָנִים עַל־שְׁמֹת בְּנֵי־יִשְׂרָאֵל הֵנָּה שְׁתֵּים עֶשְׂרֵה עַל־שְׁמֹתָם

טו פִּתּוּחֵי חֹתָם אִישׁ עַל־שְׁמוֹ לִשְׁנֵים עָשָׂר שָׁבֶט׃ וַיַּעֲשׂוּ עַל־
טז הַחֹשֶׁן שַׁרְשְׁרֹת גַּבְלֻת מַעֲשֵׂה עֲבֹת זָהָב טָהוֹר׃ וַיַּעֲשׂוּ שְׁתֵּי
מִשְׁבְּצֹת זָהָב וּשְׁתֵּי טַבְּעֹת זָהָב וַיִּתְּנוּ אֶת־שְׁתֵּי הַטַּבָּעֹת
יז עַל־שְׁנֵי קְצוֹת הַחֹשֶׁן׃ וַיִּתְּנוּ שְׁתֵּי הָעֲבֹתֹת הַזָּהָב עַל־שְׁתֵּי
יח הַטַּבָּעֹת עַל־קְצוֹת הַחֹשֶׁן׃ וְאֵת שְׁתֵּי קְצוֹת שְׁתֵּי הָעֲבֹתֹת
נָתְנוּ עַל־שְׁתֵּי הַמִּשְׁבְּצֹת וַיִּתְּנֻם עַל־כִּתְפֹת הָאֵפֹד אֶל־מוּל
יט פָּנָיו׃ וַיַּעֲשׂוּ שְׁתֵּי טַבְּעֹת זָהָב וַיָּשִׂימוּ עַל־שְׁנֵי קְצוֹת הַחֹשֶׁן
כ עַל־שְׂפָתוֹ אֲשֶׁר אֶל־עֵבֶר הָאֵפֹד בָּיְתָה׃ וַיַּעֲשׂוּ שְׁתֵּי טַבְּעֹת
זָהָב וַיִּתְּנֻם עַל־שְׁתֵּי כִתְפֹת הָאֵפֹד מִלְּמַטָּה מִמּוּל פָּנָיו
כא לְעֻמַּת מַחְבַּרְתּוֹ מִמַּעַל לְחֵשֶׁב הָאֵפֹד׃ וַיִּרְכְּסוּ אֶת־הַחֹשֶׁן
מִטַּבְּעֹתָיו אֶל־טַבְּעֹת הָאֵפֹד בִּפְתִיל תְּכֵלֶת לִהְיֹת עַל־
חֵשֶׁב הָאֵפֹד וְלֹא־יִזַּח הַחֹשֶׁן מֵעַל הָאֵפֹד כַּאֲשֶׁר צִוָּה יְהוָה
אֶת־מֹשֶׁה׃

שלישי
(ששי)

כב כג וַיַּעַשׂ אֶת־מְעִיל הָאֵפֹד מַעֲשֵׂה אֹרֵג כְּלִיל תְּכֵלֶת׃ וּפִי־הַמְּעִיל
כד בְּתוֹכוֹ כְּפִי תַחְרָא שָׂפָה לְפִיו סָבִיב לֹא יִקָּרֵעַ׃ וַיַּעֲשׂוּ עַל־
שׁוּלֵי הַמְּעִיל רִמּוֹנֵי תְּכֵלֶת וְאַרְגָּמָן וְתוֹלַעַת שָׁנִי מָשְׁזָר׃
כה וַיַּעֲשׂוּ פַעֲמֹנֵי זָהָב טָהוֹר וַיִּתְּנוּ אֶת־הַפַּעֲמֹנִים בְּתוֹךְ הָרִמֹּנִים
כו עַל־שׁוּלֵי הַמְּעִיל סָבִיב בְּתוֹךְ הָרִמֹּנִים׃ פַּעֲמֹן וְרִמֹּן פַּעֲמֹן
וְרִמֹּן עַל־שׁוּלֵי הַמְּעִיל סָבִיב לְשָׁרֵת כַּאֲשֶׁר צִוָּה יְהוָה אֶת־
כז מֹשֶׁה׃ וַיַּעֲשׂוּ אֶת־הַכָּתְנֹת שֵׁשׁ מַעֲשֵׂה אֹרֵג
כח לְאַהֲרֹן וּלְבָנָיו׃ וְאֵת הַמִּצְנֶפֶת שֵׁשׁ וְאֶת־פַּאֲרֵי הַמִּגְבָּעֹת שֵׁשׁ
כט וְאֶת־מִכְנְסֵי הַבָּד שֵׁשׁ מָשְׁזָר׃ וְאֶת־הָאַבְנֵט שֵׁשׁ מָשְׁזָר וּתְכֵלֶת
וְאַרְגָּמָן וְתוֹלַעַת שָׁנִי מַעֲשֵׂה רֹקֵם כַּאֲשֶׁר צִוָּה יְהוָה אֶת־
ל מֹשֶׁה׃ וַיַּעֲשׂוּ אֶת־צִיץ נֵזֶר־הַקֹּדֶשׁ זָהָב טָהוֹר
לא וַיִּכְתְּבוּ עָלָיו מִכְתַּב פִּתּוּחֵי חוֹתָם קֹדֶשׁ לַיהוָה׃ וַיִּתְּנוּ עָלָיו
פְּתִיל תְּכֵלֶת לָתֵת עַל־הַמִּצְנֶפֶת מִלְמָעְלָה כַּאֲשֶׁר צִוָּה יְהוָה
לב אֶת־מֹשֶׁה׃ וַתֵּכֶל כָּל־עֲבֹדַת מִשְׁכַּן אֹהֶל

מוֹעֵד וַיַּעֲשׂוּ בְּנֵי יִשְׂרָאֵל כְּכֹל אֲשֶׁר צִוָּה יְהוָה אֶת־מֹשֶׁה כֵּן
עָשׂוּ׃

רביעי כט לג וַיָּבִיאוּ אֶת־הַמִּשְׁכָּן אֶל־מֹשֶׁה אֶת־הָאֹהֶל וְאֶת־כָּל־כֵּלָיו
לד קְרָסָיו קְרָשָׁיו בְּרִיחָו וְעַמֻּדָיו וַאֲדָנָיו׃ וְאֶת־מִכְסֵה עוֹרֹת הָאֵילִם
הַמְאָדָּמִים וְאֶת־מִכְסֵה עֹרֹת הַתְּחָשִׁים וְאֵת פָּרֹכֶת הַמָּסָךְ׃
לה לו אֶת־אֲרוֹן הָעֵדֻת וְאֶת־בַּדָּיו וְאֵת הַכַּפֹּרֶת׃ אֶת־הַשֻּׁלְחָן אֶת־
לז כָּל־כֵּלָיו וְאֵת לֶחֶם הַפָּנִים׃ אֶת־הַמְּנֹרָה הַטְּהֹרָה אֶת־נֵרֹתֶיהָ
לח נֵרֹת הַמַּעֲרָכָה וְאֶת־כָּל־כֵּלֶיהָ וְאֵת שֶׁמֶן הַמָּאוֹר׃ וְאֵת מִזְבַּח
הַזָּהָב וְאֵת שֶׁמֶן הַמִּשְׁחָה וְאֵת קְטֹרֶת הַסַּמִּים וְאֵת מָסַךְ
לט פֶּתַח הָאֹהֶל׃ אֵת ׀ מִזְבַּח הַנְּחֹשֶׁת וְאֶת־מִכְבַּר הַנְּחֹשֶׁת אֲשֶׁר־
מ לוֹ אֶת־בַּדָּיו וְאֶת־כָּל־כֵּלָיו אֶת־הַכִּיֹּר וְאֶת־כַּנּוֹ׃ אֵת קַלְעֵי
הֶחָצֵר אֶת־עַמֻּדֶיהָ וְאֶת־אֲדָנֶיהָ וְאֶת־הַמָּסָךְ לְשַׁעַר הֶחָצֵר
אֶת־מֵיתָרָיו וִיתֵדֹתֶיהָ וְאֵת כָּל־כְּלֵי עֲבֹדַת הַמִּשְׁכָּן לְאֹהֶל
מא מוֹעֵד׃ אֶת־בִּגְדֵי הַשְּׂרָד לְשָׁרֵת בַּקֹּדֶשׁ אֶת־בִּגְדֵי הַקֹּדֶשׁ
מב לְאַהֲרֹן הַכֹּהֵן וְאֶת־בִּגְדֵי בָנָיו לְכַהֵן׃ כְּכֹל אֲשֶׁר־צִוָּה יְהוָה
מג אֶת־מֹשֶׁה כֵּן עָשׂוּ בְּנֵי יִשְׂרָאֵל אֵת כָּל־הָעֲבֹדָה׃ וַיַּרְא מֹשֶׁה
אֶת־כָּל־הַמְּלָאכָה וְהִנֵּה עָשׂוּ אֹתָהּ כַּאֲשֶׁר צִוָּה יְהוָה כֵּן עָשׂוּ
וַיְבָרֶךְ אֹתָם מֹשֶׁה׃

חמישי /שביעי/ מ א ב וַיְדַבֵּר יְהוָה אֶל־מֹשֶׁה לֵּאמֹר׃ בְּיוֹם־הַחֹדֶשׁ הָרִאשׁוֹן בְּאֶחָד
ג לַחֹדֶשׁ תָּקִים אֶת־מִשְׁכַּן אֹהֶל מוֹעֵד׃ וְשַׂמְתָּ שָׁם אֵת אֲרוֹן
ד הָעֵדוּת וְסַכֹּתָ עַל־הָאָרֹן אֶת־הַפָּרֹכֶת׃ וְהֵבֵאתָ אֶת־הַשֻּׁלְחָן
וְעָרַכְתָּ אֶת־עֶרְכּוֹ וְהֵבֵאתָ אֶת־הַמְּנֹרָה וְהַעֲלֵיתָ אֶת־נֵרֹתֶיהָ׃
ה וְנָתַתָּה אֶת־מִזְבַּח הַזָּהָב לִקְטֹרֶת לִפְנֵי אֲרוֹן הָעֵדֻת וְשַׂמְתָּ
ו אֶת־מָסַךְ הַפֶּתַח לַמִּשְׁכָּן׃ וְנָתַתָּה אֵת מִזְבַּח הָעֹלָה לִפְנֵי
ז פֶּתַח מִשְׁכַּן אֹהֶל־מוֹעֵד׃ וְנָתַתָּ אֶת־הַכִּיֹּר בֵּין־אֹהֶל מוֹעֵד
ח וּבֵין הַמִּזְבֵּחַ וְנָתַתָּ שָׁם מָיִם׃ וְשַׂמְתָּ אֶת־הֶחָצֵר סָבִיב וְנָתַתָּ
ט אֶת־מָסַךְ שַׁעַר הֶחָצֵר׃ וְלָקַחְתָּ אֶת־שֶׁמֶן הַמִּשְׁחָה וּמָשַׁחְתָּ

אֶת־הַמִּשְׁכָּן וְאֶת־כָּל־אֲשֶׁר־בּוֹ וְקִדַּשְׁתָּ אֹתוֹ וְאֶת־כָּל־כֵּלָיו
י וְהָיָה קֹדֶשׁ׃ וּמָשַׁחְתָּ אֶת־מִזְבַּח הָעֹלָה וְאֶת־כָּל־כֵּלָיו וְקִדַּשְׁתָּ
יא אֶת־הַמִּזְבֵּחַ וְהָיָה הַמִּזְבֵּחַ קֹדֶשׁ קָדָשִׁים׃ וּמָשַׁחְתָּ אֶת־הַכִּיֹּר
יב וְאֶת־כַּנּוֹ וְקִדַּשְׁתָּ אֹתוֹ׃ וְהִקְרַבְתָּ אֶת־אַהֲרֹן וְאֶת־בָּנָיו אֶל־
יג פֶּתַח אֹהֶל מוֹעֵד וְרָחַצְתָּ אֹתָם בַּמָּיִם׃ וְהִלְבַּשְׁתָּ אֶת־אַהֲרֹן
יד אֵת בִּגְדֵי הַקֹּדֶשׁ וּמָשַׁחְתָּ אֹתוֹ וְקִדַּשְׁתָּ אֹתוֹ וְכִהֵן לִי׃ וְאֶת־
טו בָּנָיו תַּקְרִיב וְהִלְבַּשְׁתָּ אֹתָם כֻּתֳּנֹת׃ וּמָשַׁחְתָּ אֹתָם כַּאֲשֶׁר
מָשַׁחְתָּ אֶת־אֲבִיהֶם וְכִהֲנוּ לִי וְהָיְתָה לִהְיֹת לָהֶם מָשְׁחָתָם
טז לִכְהֻנַּת עוֹלָם לְדֹרֹתָם׃ וַיַּעַשׂ מֹשֶׁה כְּכֹל אֲשֶׁר צִוָּה יְהוָה
יז אֹתוֹ כֵּן עָשָׂה׃ וַיְהִי בַּחֹדֶשׁ הָרִאשׁוֹן בַּשָּׁנָה ששי
יח הַשֵּׁנִית בְּאֶחָד לַחֹדֶשׁ הוּקַם הַמִּשְׁכָּן׃ וַיָּקֶם מֹשֶׁה אֶת־
הַמִּשְׁכָּן וַיִּתֵּן אֶת־אֲדָנָיו וַיָּשֶׂם אֶת־קְרָשָׁיו וַיִּתֵּן אֶת־בְּרִיחָיו
יט וַיָּקֶם אֶת־עַמּוּדָיו׃ וַיִּפְרֹשׂ אֶת־הָאֹהֶל עַל־הַמִּשְׁכָּן וַיָּשֶׂם
אֶת־מִכְסֵה הָאֹהֶל עָלָיו מִלְמָעְלָה כַּאֲשֶׁר צִוָּה יְהוָה אֶת־
כ מֹשֶׁה׃ וַיִּקַּח וַיִּתֵּן אֶת־הָעֵדֻת אֶל־הָאָרֹן וַיָּשֶׂם
אֶת־הַבַּדִּים עַל־הָאָרֹן וַיִּתֵּן אֶת־הַכַּפֹּרֶת עַל־הָאָרֹן מִלְמָעְלָה׃
כא וַיָּבֵא אֶת־הָאָרֹן אֶל־הַמִּשְׁכָּן וַיָּשֶׂם אֵת פָּרֹכֶת הַמָּסָךְ וַיָּסֶךְ עַל
כב אֲרוֹן הָעֵדוּת כַּאֲשֶׁר צִוָּה יְהוָה אֶת־מֹשֶׁה׃ וַיִּתֵּן
אֶת־הַשֻּׁלְחָן בְּאֹהֶל מוֹעֵד עַל יֶרֶךְ הַמִּשְׁכָּן צָפֹנָה מִחוּץ
כג לַפָּרֹכֶת׃ וַיַּעֲרֹךְ עָלָיו עֵרֶךְ לֶחֶם לִפְנֵי יְהוָה כַּאֲשֶׁר צִוָּה יְהוָה
כד אֶת־מֹשֶׁה׃ וַיָּשֶׂם אֶת־הַמְּנֹרָה בְּאֹהֶל מוֹעֵד
כה נֹכַח הַשֻּׁלְחָן עַל יֶרֶךְ הַמִּשְׁכָּן נֶגְבָּה׃ וַיַּעַל הַנֵּרֹת לִפְנֵי יְהוָה
כו כַּאֲשֶׁר צִוָּה יְהוָה אֶת־מֹשֶׁה׃ וַיָּשֶׂם אֶת־מִזְבַּח
כז הַזָּהָב בְּאֹהֶל מוֹעֵד לִפְנֵי הַפָּרֹכֶת׃ וַיַּקְטֵר עָלָיו קְטֹרֶת סַמִּים
כח כַּאֲשֶׁר צִוָּה יְהוָה אֶת־מֹשֶׁה׃ וַיָּשֶׂם אֶת־מָסַךְ שביעי
כט הַפֶּתַח לַמִּשְׁכָּן׃ וְאֵת מִזְבַּח הָעֹלָה שָׂם פֶּתַח מִשְׁכַּן אֹהֶל־
מוֹעֵד וַיַּעַל עָלָיו אֶת־הָעֹלָה וְאֶת־הַמִּנְחָה כַּאֲשֶׁר צִוָּה יְהוָה

מ

אֶת־מֹשֶׁה׃ וַיָּשֶׂם אֶת־הַכִּיֹּר בֵּין־אֹהֶל מוֹעֵד ל
וּבֵין הַמִּזְבֵּחַ וַיִּתֵּן שָׁמָּה מַיִם לְרָחְצָה׃ וְרָחֲצוּ מִמֶּנּוּ מֹשֶׁה לא
וְאַהֲרֹן וּבָנָיו אֶת־יְדֵיהֶם וְאֶת־רַגְלֵיהֶם׃ בְּבֹאָם אֶל־אֹהֶל לב
מוֹעֵד וּבְקָרְבָתָם אֶל־הַמִּזְבֵּחַ יִרְחָצוּ כַּאֲשֶׁר צִוָּה יְהוָה אֶת־
מֹשֶׁה׃ וַיָּקֶם אֶת־הֶחָצֵר סָבִיב לג
לַמִּשְׁכָּן וְלַמִּזְבֵּחַ וַיִּתֵּן אֶת־מָסַךְ שַׁעַר הֶחָצֵר וַיְכַל מֹשֶׁה אֶת־
הַמְּלָאכָה׃

מפטיר
וַיְכַס הֶעָנָן אֶת־אֹהֶל מוֹעֵד וּכְבוֹד יְהוָה מָלֵא אֶת־הַמִּשְׁכָּן׃ לד
וְלֹא־יָכֹל מֹשֶׁה לָבוֹא אֶל־אֹהֶל מוֹעֵד כִּי־שָׁכַן עָלָיו הֶעָנָן לה
וּכְבוֹד יְהוָה מָלֵא אֶת־הַמִּשְׁכָּן׃ וּבְהֵעָלוֹת הֶעָנָן מֵעַל הַמִּשְׁכָּן לו
יִסְעוּ בְּנֵי יִשְׂרָאֵל בְּכֹל מַסְעֵיהֶם׃ וְאִם־לֹא יֵעָלֶה הֶעָנָן וְלֹא לז
יִסְעוּ עַד־יוֹם הֵעָלֹתוֹ׃ כִּי עֲנַן יְהוָה עַל־הַמִּשְׁכָּן יוֹמָם וְאֵשׁ לח
תִּהְיֶה לַיְלָה בּוֹ לְעֵינֵי כָל־בֵּית־יִשְׂרָאֵל בְּכָל־מַסְעֵיהֶם׃

ויקרא

VAYIKRA

א

א וַיִּקְרָא אֶל־מֹשֶׁה וַיְדַבֵּר יְהוָה אֵלָיו מֵאֹהֶל מוֹעֵד לֵאמֹר׃ א
ב דַּבֵּר אֶל־בְּנֵי יִשְׂרָאֵל וְאָמַרְתָּ אֲלֵהֶם אָדָם כִּי־יַקְרִיב מִכֶּם
קָרְבָּן לַיהוָה מִן־הַבְּהֵמָה מִן־הַבָּקָר וּמִן־הַצֹּאן תַּקְרִיבוּ אֶת־
ג קָרְבַּנְכֶם׃ אִם־עֹלָה קָרְבָּנוֹ מִן־הַבָּקָר זָכָר תָּמִים יַקְרִיבֶנּוּ
ד אֶל־פֶּתַח אֹהֶל מוֹעֵד יַקְרִיב אֹתוֹ לִרְצֹנוֹ לִפְנֵי יְהוָה׃ וְסָמַךְ
ה יָדוֹ עַל רֹאשׁ הָעֹלָה וְנִרְצָה לוֹ לְכַפֵּר עָלָיו׃ וְשָׁחַט אֶת־בֶּן
הַבָּקָר לִפְנֵי יְהוָה וְהִקְרִיבוּ בְּנֵי אַהֲרֹן הַכֹּהֲנִים אֶת־הַדָּם וְזָרְקוּ
ו אֶת־הַדָּם עַל־הַמִּזְבֵּחַ סָבִיב אֲשֶׁר־פֶּתַח אֹהֶל מוֹעֵד׃ וְהִפְשִׁיט
ז אֶת־הָעֹלָה וְנִתַּח אֹתָהּ לִנְתָחֶיהָ׃ וְנָתְנוּ בְּנֵי אַהֲרֹן הַכֹּהֵן
ח אֵשׁ עַל־הַמִּזְבֵּחַ וְעָרְכוּ עֵצִים עַל־הָאֵשׁ׃ וְעָרְכוּ בְּנֵי אַהֲרֹן
הַכֹּהֲנִים אֵת הַנְּתָחִים אֶת־הָרֹאשׁ וְאֶת־הַפָּדֶר עַל־הָעֵצִים
ט אֲשֶׁר עַל־הָאֵשׁ אֲשֶׁר עַל־הַמִּזְבֵּחַ׃ וְקִרְבּוֹ וּכְרָעָיו יִרְחַץ בַּמָּיִם
וְהִקְטִיר הַכֹּהֵן אֶת־הַכֹּל הַמִּזְבֵּחָה עֹלָה אִשֵּׁה רֵיחַ־נִיחוֹחַ
י לַיהוָה׃ וְאִם־מִן־הַצֹּאן קָרְבָּנוֹ מִן־הַכְּשָׂבִים אוֹ
יא מִן־הָעִזִּים לְעֹלָה זָכָר תָּמִים יַקְרִיבֶנּוּ׃ וְשָׁחַט אֹתוֹ עַל יֶרֶךְ
הַמִּזְבֵּחַ צָפֹנָה לִפְנֵי יְהוָה וְזָרְקוּ בְּנֵי אַהֲרֹן הַכֹּהֲנִים אֶת־דָּמוֹ
יב עַל־הַמִּזְבֵּחַ סָבִיב׃ וְנִתַּח אֹתוֹ לִנְתָחָיו וְאֶת־רֹאשׁוֹ וְאֶת־
פִּדְרוֹ וְעָרַךְ הַכֹּהֵן אֹתָם עַל־הָעֵצִים אֲשֶׁר עַל־הָאֵשׁ אֲשֶׁר
יג עַל־הַמִּזְבֵּחַ׃ וְהַקֶּרֶב וְהַכְּרָעַיִם יִרְחַץ בַּמָּיִם וְהִקְרִיב הַכֹּהֵן
אֶת־הַכֹּל וְהִקְטִיר הַמִּזְבֵּחָה עֹלָה הוּא אִשֵּׁה רֵיחַ נִיחֹחַ
לַיהוָה׃
יד וְאִם מִן־הָעוֹף עֹלָה קָרְבָּנוֹ לַיהוָה וְהִקְרִיב מִן־הַתֹּרִים אוֹ שני
טו מִן־בְּנֵי הַיּוֹנָה אֶת־קָרְבָּנוֹ׃ וְהִקְרִיבוֹ הַכֹּהֵן אֶל־הַמִּזְבֵּחַ וּמָלַק
אֶת־רֹאשׁוֹ וְהִקְטִיר הַמִּזְבֵּחָה וְנִמְצָה דָמוֹ עַל קִיר הַמִּזְבֵּחַ׃
טז וְהֵסִיר אֶת־מֻרְאָתוֹ בְּנֹצָתָהּ וְהִשְׁלִיךְ אֹתָהּ אֵצֶל הַמִּזְבֵּחַ
יז קֵדְמָה אֶל־מְקוֹם הַדָּשֶׁן׃ וְשִׁסַּע אֹתוֹ בִכְנָפָיו לֹא יַבְדִּיל וְהִקְטִיר
אֹתוֹ הַכֹּהֵן הַמִּזְבֵּחָה עַל־הָעֵצִים אֲשֶׁר עַל־הָאֵשׁ עֹלָה הוּא

אִשֵּׁ֥ה רֵֽיחַ נִיחֹ֖חַ לַיהוָֽה׃ וְנֶ֗פֶשׁ כִּֽי־תַקְרִ֞יב קָרְבַּ֤ן א ב
מִנְחָה֙ לַֽיהוָ֔ה סֹ֖לֶת יִהְיֶ֣ה קָרְבָּנ֑וֹ וְיָצַ֤ק עָלֶ֙יהָ֙ שֶׁ֔מֶן וְנָתַ֥ן עָלֶ֖יהָ
לְבֹנָֽה׃ וֶֽהֱבִיאָ֗הּ אֶל־בְּנֵ֣י אַהֲרֹן֮ הַכֹּהֲנִים֒ וְקָמַ֨ץ מִשָּׁ֜ם מְלֹ֣א קֻמְצ֗וֹ ב
מִסָּלְתָּהּ֙ וּמִשַּׁמְנָ֔הּ עַ֖ל כָּל־לְבֹנָתָ֑הּ וְהִקְטִ֨יר הַכֹּהֵ֜ן אֶת־אַזְכָּרָתָהּ֙
הַמִּזְבֵּ֔חָה אִשֵּׁ֛ה רֵ֥יחַ נִיחֹ֖חַ לַיהוָֽה׃ וְהַנּוֹתֶ֙רֶת֙ מִן־הַמִּנְחָ֔ה לְאַהֲרֹ֖ן ג
וּלְבָנָ֑יו קֹ֥דֶשׁ קָֽדָשִׁ֖ים מֵאִשֵּׁ֥י יְהוָֽה׃   וְכִ֥י תַקְרִ֖ב ד
קָרְבַּ֣ן מִנְחָ֑ה מַאֲפֵ֣ה תַנּ֗וּר סֹ֣לֶת חַלּ֤וֹת מַצֹּת֙ בְּלוּלֹ֣ת בַּשֶּׁ֔מֶן
וּרְקִיקֵ֥י מַצּ֖וֹת מְשֻׁחִ֥ים בַּשָּֽׁמֶן׃   וְאִם־מִנְחָ֥ה עַל־ ה
הַֽמַּחֲבַ֖ת קָרְבָּנֶ֑ךָ סֹ֛לֶת בְּלוּלָ֥ה בַשֶּׁ֖מֶן מַצָּ֥ה תִהְיֶֽה׃ פָּת֤וֹת אֹתָהּ֙ ו
שלישי פִּתִּ֔ים וְיָצַקְתָּ֥ עָלֶ֖יהָ שָׁ֑מֶן מִנְחָ֖ה הִֽוא׃   וְאִם־ ז
מִנְחַ֥ת מַרְחֶ֖שֶׁת קָרְבָּנֶ֑ךָ סֹ֖לֶת בַּשֶּׁ֥מֶן תֵּעָשֶֽׂה׃ וְהֵבֵאתָ֣ אֶת־ ח
הַמִּנְחָ֔ה אֲשֶׁ֧ר יֵעָשֶׂ֛ה מֵאֵ֖לֶּה לַיהוָ֑ה וְהִקְרִיבָהּ֙ אֶל־הַכֹּהֵ֔ן וְהִגִּישָׁ֖הּ
אֶל־הַמִּזְבֵּֽחַ׃ וְהֵרִ֨ים הַכֹּהֵ֤ן מִן־הַמִּנְחָה֙ אֶת־אַזְכָּ֣רָתָ֔הּ וְהִקְטִ֖יר ט
הַמִּזְבֵּ֑חָה אִשֵּׁ֛ה רֵ֥יחַ נִיחֹ֖חַ לַיהוָֽה׃ וְהַנּוֹתֶ֙רֶת֙ מִן־הַמִּנְחָ֔ה לְאַהֲרֹ֖ן י
וּלְבָנָ֑יו קֹ֥דֶשׁ קָֽדָשִׁ֖ים מֵאִשֵּׁ֥י יְהוָֽה׃ כָּל־הַמִּנְחָ֗ה אֲשֶׁ֤ר תַּקְרִ֙יבוּ֙ יא
לַֽיהוָ֔ה לֹ֥א תֵעָשֶׂ֖ה חָמֵ֑ץ כִּ֤י כָל־שְׂאֹר֙ וְכָל־דְּבַ֔שׁ לֹֽא־תַקְטִ֥ירוּ
מִמֶּ֛נּוּ אִשֶּׁ֖ה לַיהוָֽה׃ קָרְבַּ֥ן רֵאשִׁ֛ית תַּקְרִ֥יבוּ אֹתָ֖ם לַיהוָ֑ה וְאֶל־ יב
הַמִּזְבֵּ֥חַ לֹא־יַעֲל֖וּ לְרֵ֥יחַ נִיחֹֽחַ׃ וְכָל־קָרְבַּ֣ן מִנְחָתְךָ֮ בַּמֶּ֣לַח תִּמְלָח֒ יג
וְלֹ֣א תַשְׁבִּ֗ית מֶ֚לַח בְּרִ֣ית אֱלֹהֶ֔יךָ מֵעַ֖ל מִנְחָתֶ֑ךָ עַ֥ל כָּל־קָרְבָּנְךָ֖
תַּקְרִ֥יב מֶֽלַח׃   וְאִם־תַּקְרִ֛יב מִנְחַ֥ת בִּכּוּרִ֖ים יד
לַיהוָ֑ה אָבִ֞יב קָל֤וּי בָּאֵשׁ֙ גֶּ֣רֶשׂ כַּרְמֶ֔ל תַּקְרִ֕יב אֵ֖ת מִנְחַ֥ת
בִּכּוּרֶֽיךָ׃ וְנָתַתָּ֤ עָלֶ֙יהָ֙ שֶׁ֔מֶן וְשַׂמְתָּ֥ עָלֶ֖יהָ לְבֹנָ֑ה מִנְחָ֖ה הִֽוא׃ טו
וְהִקְטִ֨יר הַכֹּהֵ֜ן אֶת־אַזְכָּרָתָ֗הּ מִגִּרְשָׂהּ֙ וּמִשַּׁמְנָ֔הּ עַ֖ל כָּל־לְבֹנָתָ֑הּ טז
אִשֶּׁ֖ה לַיהוָֽה׃

רביעי וְאִם־זֶ֥בַח שְׁלָמִ֖ים קָרְבָּנ֑וֹ אִ֤ם מִן־הַבָּקָר֙ ה֣וּא מַקְרִ֔יב אִם־ א ג
זָכָר֙ אִם־נְקֵבָ֔ה תָּמִ֥ים יַקְרִיבֶ֖נּוּ לִפְנֵ֥י יְהוָֽה׃ וְסָמַ֤ךְ יָדוֹ֙ עַל־רֹ֣אשׁ ב
קָרְבָּנ֔וֹ וּשְׁחָט֕וֹ פֶּ֖תַח אֹ֣הֶל מוֹעֵ֑ד וְזָרְק֞וּ בְּנֵ֨י אַהֲרֹ֧ן הַכֹּהֲנִ֛ים

ג אֶת־הַדָּם עַל־הַמִּזְבֵּחַ סָבִיב׃ וְהִקְרִיב מִזֶּבַח הַשְּׁלָמִים אִשֶּׁה
לַיהוָה אֶת־הַחֵלֶב הַמְכַסֶּה אֶת־הַקֶּרֶב וְאֵת כָּל־הַחֵלֶב אֲשֶׁר
ד עַל־הַקֶּרֶב׃ וְאֵת שְׁתֵּי הַכְּלָיֹת וְאֶת־הַחֵלֶב אֲשֶׁר עֲלֵהֶן אֲשֶׁר
עַל־הַכְּסָלִים וְאֶת־הַיֹּתֶרֶת עַל־הַכָּבֵד עַל־הַכְּלָיוֹת יְסִירֶנָּה׃
ה וְהִקְטִירוּ אֹתוֹ בְנֵי־אַהֲרֹן הַמִּזְבֵּחָה עַל־הָעֹלָה אֲשֶׁר עַל־הָעֵצִים
אֲשֶׁר עַל־הָאֵשׁ אִשֵּׁה רֵיחַ נִיחֹחַ לַיהוָה׃
ו וְאִם־מִן־הַצֹּאן קָרְבָּנוֹ לְזֶבַח שְׁלָמִים לַיהוָה זָכָר אוֹ נְקֵבָה
ז תָּמִים יַקְרִיבֶנּוּ׃ אִם־כֶּשֶׂב הוּא־מַקְרִיב אֶת־קָרְבָּנוֹ וְהִקְרִיב
ח אֹתוֹ לִפְנֵי יְהוָה׃ וְסָמַךְ אֶת־יָדוֹ עַל־רֹאשׁ קָרְבָּנוֹ וְשָׁחַט אֹתוֹ
לִפְנֵי אֹהֶל מוֹעֵד וְזָרְקוּ בְּנֵי אַהֲרֹן אֶת־דָּמוֹ עַל־הַמִּזְבֵּחַ סָבִיב׃
ט וְהִקְרִיב מִזֶּבַח הַשְּׁלָמִים אִשֶּׁה לַיהוָה חֶלְבּוֹ הָאַלְיָה תְמִימָה
לְעֻמַּת הֶעָצֶה יְסִירֶנָּה וְאֶת־הַחֵלֶב הַמְכַסֶּה אֶת־הַקֶּרֶב וְאֵת
י כָּל־הַחֵלֶב אֲשֶׁר עַל־הַקֶּרֶב׃ וְאֵת שְׁתֵּי הַכְּלָיֹת וְאֶת־הַחֵלֶב
אֲשֶׁר עֲלֵהֶן אֲשֶׁר עַל־הַכְּסָלִים וְאֶת־הַיֹּתֶרֶת עַל־הַכָּבֵד
יא עַל־הַכְּלָיֹת יְסִירֶנָּה׃ וְהִקְטִירוֹ הַכֹּהֵן הַמִּזְבֵּחָה לֶחֶם אִשֶּׁה
לַיהוָה׃
יב יג וְאִם־עֵז קָרְבָּנוֹ וְהִקְרִיבוֹ לִפְנֵי יְהוָה׃ וְסָמַךְ אֶת־יָדוֹ עַל־רֹאשׁוֹ
וְשָׁחַט אֹתוֹ לִפְנֵי אֹהֶל מוֹעֵד וְזָרְקוּ בְּנֵי אַהֲרֹן אֶת־דָּמוֹ עַל־
יד הַמִּזְבֵּחַ סָבִיב׃ וְהִקְרִיב מִמֶּנּוּ קָרְבָּנוֹ אִשֶּׁה לַיהוָה אֶת־הַחֵלֶב
טו הַמְכַסֶּה אֶת־הַקֶּרֶב וְאֵת כָּל־הַחֵלֶב אֲשֶׁר עַל־הַקֶּרֶב׃ וְאֵת
שְׁתֵּי הַכְּלָיֹת וְאֶת־הַחֵלֶב אֲשֶׁר עֲלֵהֶן אֲשֶׁר עַל־הַכְּסָלִים
טז וְאֶת־הַיֹּתֶרֶת עַל־הַכָּבֵד עַל־הַכְּלָיֹת יְסִירֶנָּה׃ וְהִקְטִירָם
הַכֹּהֵן הַמִּזְבֵּחָה לֶחֶם אִשֶּׁה לְרֵיחַ נִיחֹחַ כָּל־חֵלֶב לַיהוָה׃
יז חֻקַּת עוֹלָם לְדֹרֹתֵיכֶם בְּכֹל מוֹשְׁבֹתֵיכֶם כָּל־חֵלֶב וְכָל־דָּם
לֹא תֹאכֵלוּ׃
ד א ב וַיְדַבֵּר יְהוָה אֶל־מֹשֶׁה לֵּאמֹר׃ דַּבֵּר אֶל־בְּנֵי יִשְׂרָאֵל לֵאמֹר ב חמישי
נֶפֶשׁ כִּי־תֶחֱטָא בִשְׁגָגָה מִכֹּל מִצְוֺת יְהוָה אֲשֶׁר לֹא תֵעָשֶׂינָה

ג וְעָשָׂה מֵאַחַת מֵהֵנָּה׃ אִם הַכֹּהֵן הַמָּשִׁיחַ יֶחֱטָא לְאַשְׁמַת
הָעָם וְהִקְרִיב עַל חַטָּאתוֹ אֲשֶׁר חָטָא פַּר בֶּן־בָּקָר תָּמִים
ד לַיהוָה לְחַטָּאת׃ וְהֵבִיא אֶת־הַפָּר אֶל־פֶּתַח אֹהֶל מוֹעֵד לִפְנֵי
יְהוָה וְסָמַךְ אֶת־יָדוֹ עַל־רֹאשׁ הַפָּר וְשָׁחַט אֶת־הַפָּר לִפְנֵי
ה יְהוָה׃ וְלָקַח הַכֹּהֵן הַמָּשִׁיחַ מִדַּם הַפָּר וְהֵבִיא אֹתוֹ אֶל־אֹהֶל
ו מוֹעֵד׃ וְטָבַל הַכֹּהֵן אֶת־אֶצְבָּעוֹ בַּדָּם וְהִזָּה מִן־הַדָּם שֶׁבַע
ז פְּעָמִים לִפְנֵי יְהוָה אֶת־פְּנֵי פָּרֹכֶת הַקֹּדֶשׁ׃ וְנָתַן הַכֹּהֵן מִן־
הַדָּם עַל־קַרְנוֹת מִזְבַּח קְטֹרֶת הַסַּמִּים לִפְנֵי יְהוָה אֲשֶׁר בְּאֹהֶל
מוֹעֵד וְאֵת ׀ כָּל־דַּם הַפָּר יִשְׁפֹּךְ אֶל־יְסוֹד מִזְבַּח הָעֹלָה אֲשֶׁר־
ח פֶּתַח אֹהֶל מוֹעֵד׃ וְאֶת־כָּל־חֵלֶב פַּר הַחַטָּאת יָרִים מִמֶּנּוּ
אֶת־הַחֵלֶב הַמְכַסֶּה עַל־הַקֶּרֶב וְאֵת כָּל־הַחֵלֶב אֲשֶׁר עַל־
ט הַקֶּרֶב׃ וְאֵת שְׁתֵּי הַכְּלָיֹת וְאֶת־הַחֵלֶב אֲשֶׁר עֲלֵיהֶן אֲשֶׁר עַל־
י הַכְּסָלִים וְאֶת־הַיֹּתֶרֶת עַל־הַכָּבֵד עַל־הַכְּלָיוֹת יְסִירֶנָּה׃ כַּאֲשֶׁר
יוּרַם מִשּׁוֹר זֶבַח הַשְּׁלָמִים וְהִקְטִירָם הַכֹּהֵן עַל מִזְבַּח הָעֹלָה׃
יא וְאֶת־עוֹר הַפָּר וְאֶת־כָּל־בְּשָׂרוֹ עַל־רֹאשׁוֹ וְעַל־כְּרָעָיו וְקִרְבּוֹ
יב וּפִרְשׁוֹ׃ וְהוֹצִיא אֶת־כָּל־הַפָּר אֶל־מִחוּץ לַמַּחֲנֶה אֶל־מָקוֹם
טָהוֹר אֶל־שֶׁפֶךְ הַדֶּשֶׁן וְשָׂרַף אֹתוֹ עַל־עֵצִים בָּאֵשׁ עַל־שֶׁפֶךְ
הַדֶּשֶׁן יִשָּׂרֵף׃

יג וְאִם כָּל־עֲדַת יִשְׂרָאֵל יִשְׁגּוּ וְנֶעְלַם דָּבָר מֵעֵינֵי הַקָּהָל וְעָשׂוּ
יד אַחַת מִכָּל־מִצְוֹת יְהוָה אֲשֶׁר לֹא־תֵעָשֶׂינָה וְאָשֵׁמוּ׃ וְנוֹדְעָה
הַחַטָּאת אֲשֶׁר חָטְאוּ עָלֶיהָ וְהִקְרִיבוּ הַקָּהָל פַּר בֶּן־בָּקָר
טו לְחַטָּאת וְהֵבִיאוּ אֹתוֹ לִפְנֵי אֹהֶל מוֹעֵד׃ וְסָמְכוּ זִקְנֵי הָעֵדָה
אֶת־יְדֵיהֶם עַל־רֹאשׁ הַפָּר לִפְנֵי יְהוָה וְשָׁחַט אֶת־הַפָּר לִפְנֵי
טז יז יְהוָה׃ וְהֵבִיא הַכֹּהֵן הַמָּשִׁיחַ מִדַּם הַפָּר אֶל־אֹהֶל מוֹעֵד׃ וְטָבַל
הַכֹּהֵן אֶצְבָּעוֹ מִן־הַדָּם וְהִזָּה שֶׁבַע פְּעָמִים לִפְנֵי יְהוָה אֶת־
יח פְּנֵי הַפָּרֹכֶת׃ וּמִן־הַדָּם יִתֵּן ׀ עַל־קַרְנֹת הַמִּזְבֵּחַ אֲשֶׁר לִפְנֵי
יְהוָה אֲשֶׁר בְּאֹהֶל מוֹעֵד וְאֵת כָּל־הַדָּם יִשְׁפֹּךְ אֶל־יְסוֹד מִזְבַּח

יט הָעֹלָה אֲשֶׁר־פֶּתַח אֹהֶל מוֹעֵד׃ וְאֵת כָּל־חֶלְבּוֹ יָרִים מִמֶּנּוּ
כ וְהִקְטִיר הַמִּזְבֵּחָה׃ וְעָשָׂה לַפָּר כַּאֲשֶׁר עָשָׂה לְפַר הַחַטָּאת כֵּן
כא יַעֲשֶׂה־לּוֹ וְכִפֶּר עֲלֵהֶם הַכֹּהֵן וְנִסְלַח לָהֶם׃ וְהוֹצִיא אֶת־הַפָּר
אֶל־מִחוּץ לַמַּחֲנֶה וְשָׂרַף אֹתוֹ כַּאֲשֶׁר שָׂרַף אֵת הַפָּר הָרִאשׁוֹן
חַטַּאת הַקָּהָל הוּא׃

כב אֲשֶׁר נָשִׂיא יֶחֱטָא וְעָשָׂה אַחַת מִכָּל־מִצְוֺת יְהוָה אֱלֹהָיו
כג אֲשֶׁר לֹא־תֵעָשֶׂינָה בִּשְׁגָגָה וְאָשֵׁם׃ אוֹ־הוֹדַע אֵלָיו חַטָּאתוֹ
אֲשֶׁר חָטָא בָּהּ וְהֵבִיא אֶת־קָרְבָּנוֹ שְׂעִיר עִזִּים זָכָר תָּמִים׃
כד וְסָמַךְ יָדוֹ עַל־רֹאשׁ הַשָּׂעִיר וְשָׁחַט אֹתוֹ בִּמְקוֹם אֲשֶׁר־
כה יִשְׁחַט אֶת־הָעֹלָה לִפְנֵי יְהוָה חַטָּאת הוּא׃ וְלָקַח הַכֹּהֵן
מִדַּם הַחַטָּאת בְּאֶצְבָּעוֹ וְנָתַן עַל־קַרְנֹת מִזְבַּח הָעֹלָה וְאֶת־
כו דָּמוֹ יִשְׁפֹּךְ אֶל־יְסוֹד מִזְבַּח הָעֹלָה׃ וְאֶת־כָּל־חֶלְבּוֹ יַקְטִיר
הַמִּזְבֵּחָה כְּחֵלֶב זֶבַח הַשְּׁלָמִים וְכִפֶּר עָלָיו הַכֹּהֵן מֵחַטָּאתוֹ
וְנִסְלַח לוֹ׃

כז וְאִם־נֶפֶשׁ אַחַת תֶּחֱטָא בִשְׁגָגָה מֵעַם הָאָרֶץ בַּעֲשֹׂתָהּ אַחַת ששי
כח מִמִּצְוֺת יְהוָה אֲשֶׁר לֹא־תֵעָשֶׂינָה וְאָשֵׁם׃ אוֹ הוֹדַע אֵלָיו
חַטָּאתוֹ אֲשֶׁר חָטָא וְהֵבִיא קָרְבָּנוֹ שְׂעִירַת עִזִּים תְּמִימָה נְקֵבָה
כט עַל־חַטָּאתוֹ אֲשֶׁר חָטָא׃ וְסָמַךְ אֶת־יָדוֹ עַל רֹאשׁ הַחַטָּאת
ל וְשָׁחַט אֶת־הַחַטָּאת בִּמְקוֹם הָעֹלָה׃ וְלָקַח הַכֹּהֵן מִדָּמָהּ
בְּאֶצְבָּעוֹ וְנָתַן עַל־קַרְנֹת מִזְבַּח הָעֹלָה וְאֶת־כָּל־דָּמָהּ יִשְׁפֹּךְ
לא אֶל־יְסוֹד הַמִּזְבֵּחַ׃ וְאֶת־כָּל־חֶלְבָּהּ יָסִיר כַּאֲשֶׁר הוּסַר חֵלֶב
מֵעַל־זֶבַח הַשְּׁלָמִים וְהִקְטִיר הַכֹּהֵן הַמִּזְבֵּחָה לְרֵיחַ נִיחֹחַ לַיהוָה
וְכִפֶּר עָלָיו הַכֹּהֵן וְנִסְלַח לוֹ׃

לב וְאִם־כֶּבֶשׂ יָבִיא קָרְבָּנוֹ לְחַטָּאת נְקֵבָה תְמִימָה יְבִיאֶנָּה׃
לג וְסָמַךְ אֶת־יָדוֹ עַל רֹאשׁ הַחַטָּאת וְשָׁחַט אֹתָהּ לְחַטָּאת
לד בִּמְקוֹם אֲשֶׁר יִשְׁחַט אֶת־הָעֹלָה׃ וְלָקַח הַכֹּהֵן מִדַּם הַחַטָּאת
בְּאֶצְבָּעוֹ וְנָתַן עַל־קַרְנֹת מִזְבַּח הָעֹלָה וְאֶת־כָּל־דָּמָהּ יִשְׁפֹּךְ

אֶל־יְסוֹד הַמִּזְבֵּחַ׃ וְאֶת־כָּל־חֶלְבָּהּ יָסִיר כַּאֲשֶׁר יוּסַר חֵלֶב־ לה
הַכֶּשֶׂב מִזֶּבַח הַשְּׁלָמִים וְהִקְטִיר הַכֹּהֵן אֹתָם הַמִּזְבֵּחָה עַל
אִשֵּׁי יְהוָה וְכִפֶּר עָלָיו הַכֹּהֵן עַל־חַטָּאתוֹ אֲשֶׁר־חָטָא וְנִסְלַח
לוֹ׃

וְנֶפֶשׁ כִּי־תֶחֱטָא וְשָׁמְעָה קוֹל אָלָה וְהוּא עֵד אוֹ רָאָה אוֹ יָדָע א ה
אִם־לוֹא יַגִּיד וְנָשָׂא עֲוֺנוֹ׃ אוֹ נֶפֶשׁ אֲשֶׁר תִּגַּע בְּכָל־דָּבָר טָמֵא ב
אוֹ בְנִבְלַת חַיָּה טְמֵאָה אוֹ בְּנִבְלַת בְּהֵמָה טְמֵאָה אוֹ בְּנִבְלַת
שֶׁרֶץ טָמֵא וְנֶעְלַם מִמֶּנּוּ וְהוּא טָמֵא וְאָשֵׁם׃ אוֹ כִי יִגַּע ג
בְּטֻמְאַת אָדָם לְכֹל טֻמְאָתוֹ אֲשֶׁר יִטְמָא בָּהּ וְנֶעְלַם מִמֶּנּוּ
וְהוּא יָדַע וְאָשֵׁם׃ אוֹ נֶפֶשׁ כִּי תִשָּׁבַע לְבַטֵּא בִשְׂפָתַיִם לְהָרַע ד
אוֹ לְהֵיטִיב לְכֹל אֲשֶׁר יְבַטֵּא הָאָדָם בִּשְׁבֻעָה וְנֶעְלַם מִמֶּנּוּ
וְהוּא־יָדַע וְאָשֵׁם לְאַחַת מֵאֵלֶּה׃ וְהָיָה כִי־יֶאְשַׁם לְאַחַת ה
מֵאֵלֶּה וְהִתְוַדָּה אֲשֶׁר חָטָא עָלֶיהָ׃ וְהֵבִיא אֶת־אֲשָׁמוֹ לַיהוָה ו
עַל חַטָּאתוֹ אֲשֶׁר חָטָא נְקֵבָה מִן־הַצֹּאן כִּשְׂבָּה אוֹ־שְׂעִירַת
עִזִּים לְחַטָּאת וְכִפֶּר עָלָיו הַכֹּהֵן מֵחַטָּאתוֹ׃ וְאִם־לֹא תַגִּיעַ יָדוֹ ז
דֵּי שֶׂה וְהֵבִיא אֶת־אֲשָׁמוֹ אֲשֶׁר חָטָא שְׁתֵּי תֹרִים אוֹ־שְׁנֵי
בְנֵי־יוֹנָה לַיהוָה אֶחָד לְחַטָּאת וְאֶחָד לְעֹלָה׃ וְהֵבִיא אֹתָם ח
אֶל־הַכֹּהֵן וְהִקְרִיב אֶת־אֲשֶׁר לַחַטָּאת רִאשׁוֹנָה וּמָלַק אֶת־
רֹאשׁוֹ מִמּוּל עָרְפּוֹ וְלֹא יַבְדִּיל׃ וְהִזָּה מִדַּם הַחַטָּאת עַל־קִיר ט
הַמִּזְבֵּחַ וְהַנִּשְׁאָר בַּדָּם יִמָּצֵה אֶל־יְסוֹד הַמִּזְבֵּחַ חַטָּאת הוּא׃
וְאֶת־הַשֵּׁנִי יַעֲשֶׂה עֹלָה כַּמִּשְׁפָּט וְכִפֶּר עָלָיו הַכֹּהֵן מֵחַטָּאתוֹ י
שביעי אֲשֶׁר־חָטָא וְנִסְלַח לוֹ׃ וְאִם־לֹא תַשִּׂיג יָדוֹ יא
לִשְׁתֵּי תֹרִים אוֹ לִשְׁנֵי בְנֵי־יוֹנָה וְהֵבִיא אֶת־קָרְבָּנוֹ אֲשֶׁר חָטָא
עֲשִׂירִת הָאֵפָה סֹלֶת לְחַטָּאת לֹא־יָשִׂים עָלֶיהָ שֶׁמֶן וְלֹא־יִתֵּן
עָלֶיהָ לְבֹנָה כִּי חַטָּאת הִוא׃ וֶהֱבִיאָהּ אֶל־הַכֹּהֵן וְקָמַץ הַכֹּהֵן יב
מִמֶּנָּה מְלוֹא קֻמְצוֹ אֶת־אַזְכָּרָתָהּ וְהִקְטִיר הַמִּזְבֵּחָה עַל אִשֵּׁי
יְהוָה חַטָּאת הִוא׃ וְכִפֶּר עָלָיו הַכֹּהֵן עַל־חַטָּאתוֹ אֲשֶׁר־חָטָא יג

יד מֵאַחַת מֵאֵלֶּה וְנִסְלַח לוֹ וְהָיְתָה לַכֹּהֵן כַּמִּנְחָה: וַיְדַבֵּר
טו יְהוָה אֶל־מֹשֶׁה לֵּאמֹר: נֶפֶשׁ כִּי־תִמְעֹל מַעַל וְחָטְאָה בִּשְׁגָגָה
מִקָּדְשֵׁי יְהוָה וְהֵבִיא אֶת־אֲשָׁמוֹ לַיהוָה אַיִל תָּמִים מִן־הַצֹּאן
טז בְּעֶרְכְּךָ כֶּסֶף־שְׁקָלִים בְּשֶׁקֶל־הַקֹּדֶשׁ לְאָשָׁם: וְאֵת אֲשֶׁר חָטָא
מִן־הַקֹּדֶשׁ יְשַׁלֵּם וְאֶת־חֲמִישִׁתוֹ יוֹסֵף עָלָיו וְנָתַן אֹתוֹ לַכֹּהֵן
וְהַכֹּהֵן יְכַפֵּר עָלָיו בְּאֵיל הָאָשָׁם וְנִסְלַח לוֹ:
יז וְאִם־נֶפֶשׁ כִּי תֶחֱטָא וְעָשְׂתָה אַחַת מִכָּל־מִצְוֺת יְהוָה אֲשֶׁר
יח לֹא תֵעָשֶׂינָה וְלֹא־יָדַע וְאָשֵׁם וְנָשָׂא עֲוֺנוֹ: וְהֵבִיא אַיִל תָּמִים
מִן־הַצֹּאן בְּעֶרְכְּךָ לְאָשָׁם אֶל־הַכֹּהֵן וְכִפֶּר עָלָיו הַכֹּהֵן עַל
יט שִׁגְגָתוֹ אֲשֶׁר־שָׁגָג וְהוּא לֹא־יָדַע וְנִסְלַח לוֹ: אָשָׁם הוּא אָשֹׁם
אָשַׁם לַיהוָה:
כ כא וַיְדַבֵּר יְהוָה אֶל־מֹשֶׁה לֵּאמֹר: נֶפֶשׁ כִּי תֶחֱטָא וּמָעֲלָה מַעַל
בַּיהוָה וְכִחֵשׁ בַּעֲמִיתוֹ בְּפִקָּדוֹן אוֹ־בִתְשׂוּמֶת יָד אוֹ בְגָזֵל אוֹ
כב עָשַׁק אֶת־עֲמִיתוֹ: אוֹ־מָצָא אֲבֵדָה וְכִחֶשׁ בָּהּ וְנִשְׁבַּע עַל־
כג שָׁקֶר עַל־אַחַת מִכֹּל אֲשֶׁר־יַעֲשֶׂה הָאָדָם לַחֲטֹא בָהֵנָּה: וְהָיָה
כִּי־יֶחֱטָא וְאָשֵׁם וְהֵשִׁיב אֶת־הַגְּזֵלָה אֲשֶׁר גָּזָל אוֹ אֶת־הָעֹשֶׁק
אֲשֶׁר עָשָׁק אוֹ אֶת־הַפִּקָּדוֹן אֲשֶׁר הָפְקַד אִתּוֹ אוֹ אֶת־הָאֲבֵדָה
כד אֲשֶׁר מָצָא: אוֹ מִכֹּל אֲשֶׁר־יִשָּׁבַע עָלָיו לַשֶּׁקֶר וְשִׁלַּם אֹתוֹ מפטיר
בְּרֹאשׁוֹ וַחֲמִשִׁתָיו יֹסֵף עָלָיו לַאֲשֶׁר הוּא לוֹ יִתְּנֶנּוּ בְּיוֹם אַשְׁמָתוֹ:
כה וְאֶת־אֲשָׁמוֹ יָבִיא לַיהוָה אַיִל תָּמִים מִן־הַצֹּאן בְּעֶרְכְּךָ לְאָשָׁם
כו אֶל־הַכֹּהֵן: וְכִפֶּר עָלָיו הַכֹּהֵן לִפְנֵי יְהוָה וְנִסְלַח לוֹ עַל־אַחַת
מִכֹּל אֲשֶׁר־יַעֲשֶׂה לְאַשְׁמָה בָהּ:
ו א ב וַיְדַבֵּר יְהוָה אֶל־מֹשֶׁה לֵּאמֹר: צַו אֶת־אַהֲרֹן וְאֶת־בָּנָיו לֵאמֹר צו
זֹאת תּוֹרַת הָעֹלָה הִוא הָעֹלָה עַל מוֹקְדָה עַל־הַמִּזְבֵּחַ כָּל־
ג הַלַּיְלָה עַד־הַבֹּקֶר וְאֵשׁ הַמִּזְבֵּחַ תּוּקַד בּוֹ: וְלָבַשׁ הַכֹּהֵן מִדּוֹ
בַד וּמִכְנְסֵי־בַד יִלְבַּשׁ עַל־בְּשָׂרוֹ וְהֵרִים אֶת־הַדֶּשֶׁן אֲשֶׁר
תֹּאכַל הָאֵשׁ אֶת־הָעֹלָה עַל־הַמִּזְבֵּחַ וְשָׂמוֹ אֵצֶל הַמִּזְבֵּחַ:

וּפָשַׁט אֶת־בְּגָדָיו וְלָבַשׁ בְּגָדִים אֲחֵרִים וְהוֹצִיא אֶת־הַדֶּשֶׁן ד
אֶל־מִחוּץ לַמַּחֲנֶה אֶל־מָקוֹם טָהוֹר׃ וְהָאֵשׁ עַל־הַמִּזְבֵּחַ תּוּקַד־ ה
בּוֹ לֹא תִכְבֶּה וּבִעֵר עָלֶיהָ הַכֹּהֵן עֵצִים בַּבֹּקֶר בַּבֹּקֶר וְעָרַךְ
עָלֶיהָ הָעֹלָה וְהִקְטִיר עָלֶיהָ חֶלְבֵי הַשְּׁלָמִים׃ אֵשׁ תָּמִיד תּוּקַד ו
עַל־הַמִּזְבֵּחַ לֹא תִכְבֶּה׃ וְזֹאת תּוֹרַת הַמִּנְחָה ז
הַקְרֵב אֹתָהּ בְּנֵי־אַהֲרֹן לִפְנֵי יהוה אֶל־פְּנֵי הַמִּזְבֵּחַ׃ וְהֵרִים ח
מִמֶּנּוּ בְּקֻמְצוֹ מִסֹּלֶת הַמִּנְחָה וּמִשַּׁמְנָהּ וְאֵת כָּל־הַלְּבֹנָה אֲשֶׁר
עַל־הַמִּנְחָה וְהִקְטִיר הַמִּזְבֵּחַ רֵיחַ נִיחֹחַ אַזְכָּרָתָהּ לַיהוה׃
וְהַנּוֹתֶרֶת מִמֶּנָּה יֹאכְלוּ אַהֲרֹן וּבָנָיו מַצּוֹת תֵּאָכֵל בְּמָקוֹם ט
קָדֹשׁ בַּחֲצַר אֹהֶל־מוֹעֵד יֹאכְלוּהָ׃ לֹא תֵאָפֶה חָמֵץ חֶלְקָם י
נָתַתִּי אֹתָהּ מֵאִשָּׁי קֹדֶשׁ קָדָשִׁים הִוא כַּחַטָּאת וְכָאָשָׁם׃ כָּל־ יא
זָכָר בִּבְנֵי אַהֲרֹן יֹאכְלֶנָּה חָק־עוֹלָם לְדֹרֹתֵיכֶם מֵאִשֵּׁי יהוה
כֹּל אֲשֶׁר־יִגַּע בָּהֶם יִקְדָּשׁ׃

שני ג וַיְדַבֵּר יהוה אֶל־מֹשֶׁה לֵּאמֹר׃ זֶה קָרְבַּן אַהֲרֹן וּבָנָיו אֲשֶׁר־ יב יג
יַקְרִיבוּ לַיהוה בְּיוֹם הִמָּשַׁח אֹתוֹ עֲשִׂירִת הָאֵפָה סֹלֶת מִנְחָה
תָּמִיד מַחֲצִיתָהּ בַּבֹּקֶר וּמַחֲצִיתָהּ בָּעָרֶב׃ עַל־מַחֲבַת בַּשֶּׁמֶן יד
תֵּעָשֶׂה מֻרְבֶּכֶת תְּבִיאֶנָּה תֻּפִינֵי מִנְחַת פִּתִּים תַּקְרִיב רֵיחַ־
נִיחֹחַ לַיהוה׃ וְהַכֹּהֵן הַמָּשִׁיחַ תַּחְתָּיו מִבָּנָיו יַעֲשֶׂה אֹתָהּ חָק־ טו
עוֹלָם לַיהוה כָּלִיל תָּקְטָר׃ וְכָל־מִנְחַת כֹּהֵן כָּלִיל תִּהְיֶה לֹא טז
תֵאָכֵל׃

וַיְדַבֵּר יהוה אֶל־מֹשֶׁה לֵּאמֹר׃ דַּבֵּר אֶל־אַהֲרֹן וְאֶל־בָּנָיו לֵאמֹר יז יח
זֹאת תּוֹרַת הַחַטָּאת בִּמְקוֹם אֲשֶׁר תִּשָּׁחֵט הָעֹלָה תִּשָּׁחֵט
הַחַטָּאת לִפְנֵי יהוה קֹדֶשׁ קָדָשִׁים הִוא׃ הַכֹּהֵן הַמְחַטֵּא אֹתָהּ יט
יֹאכְלֶנָּה בְּמָקוֹם קָדֹשׁ תֵּאָכֵל בַּחֲצַר אֹהֶל מוֹעֵד׃ כֹּל אֲשֶׁר־ כ
יִגַּע בִּבְשָׂרָהּ יִקְדָּשׁ וַאֲשֶׁר יִזֶּה מִדָּמָהּ עַל־הַבֶּגֶד אֲשֶׁר יִזֶּה
עָלֶיהָ תְּכַבֵּס בְּמָקוֹם קָדֹשׁ׃ וּכְלִי־חֶרֶשׂ אֲשֶׁר תְּבֻשַּׁל־בּוֹ כא
יִשָּׁבֵר וְאִם־בִּכְלִי נְחֹשֶׁת בֻּשָּׁלָה וּמֹרַק וְשֻׁטַּף בַּמָּיִם׃ כָּל־זָכָר כב

כג בַּכֹּהֲנִים יֹאכַל אֹתָהּ קֹדֶשׁ קָדָשִׁים הִוא׃ וְכָל־חַטָּאת אֲשֶׁר
יוּבָא מִדָּמָהּ אֶל־אֹהֶל מוֹעֵד לְכַפֵּר בַּקֹּדֶשׁ לֹא תֵאָכֵל בָּאֵשׁ
תִּשָּׂרֵף׃
ז א ב וְזֹאת תּוֹרַת הָאָשָׁם קֹדֶשׁ קָדָשִׁים הוּא׃ בִּמְקוֹם אֲשֶׁר יִשְׁחֲטוּ
אֶת־הָעֹלָה יִשְׁחֲטוּ אֶת־הָאָשָׁם וְאֶת־דָּמוֹ יִזְרֹק עַל־הַמִּזְבֵּחַ
ג סָבִיב׃ וְאֵת כָּל־חֶלְבּוֹ יַקְרִיב מִמֶּנּוּ אֵת הָאַלְיָה וְאֶת־הַחֵלֶב
ד הַמְכַסֶּה אֶת־הַקֶּרֶב׃ וְאֵת שְׁתֵּי הַכְּלָיֹת וְאֶת־הַחֵלֶב אֲשֶׁר
עֲלֵיהֶן אֲשֶׁר עַל־הַכְּסָלִים וְאֶת־הַיֹּתֶרֶת עַל־הַכָּבֵד עַל־הַכְּלָיֹת
ה יְסִירֶנָּה׃ וְהִקְטִיר אֹתָם הַכֹּהֵן הַמִּזְבֵּחָה אִשֶּׁה לַיהוָה אָשָׁם
ו הוּא׃ כָּל־זָכָר בַּכֹּהֲנִים יֹאכְלֶנּוּ בְּמָקוֹם קָדוֹשׁ יֵאָכֵל קֹדֶשׁ
ז קָדָשִׁים הוּא׃ כַּחַטָּאת כָּאָשָׁם תּוֹרָה אַחַת לָהֶם הַכֹּהֵן אֲשֶׁר
ח יְכַפֶּר־בּוֹ לוֹ יִהְיֶה׃ וְהַכֹּהֵן הַמַּקְרִיב אֶת־עֹלַת אִישׁ עוֹר הָעֹלָה
ט אֲשֶׁר הִקְרִיב לַכֹּהֵן לוֹ יִהְיֶה׃ וְכָל־מִנְחָה אֲשֶׁר תֵּאָפֶה בַּתַּנּוּר
וְכָל־נַעֲשָׂה בַמַּרְחֶשֶׁת וְעַל־מַחֲבַת לַכֹּהֵן הַמַּקְרִיב אֹתָהּ לוֹ
י תִהְיֶה׃ וְכָל־מִנְחָה בְלוּלָה־בַשֶּׁמֶן וַחֲרֵבָה לְכָל־בְּנֵי אַהֲרֹן
תִּהְיֶה אִישׁ כְּאָחִיו׃
שלישי יא יב וְזֹאת תּוֹרַת זֶבַח הַשְּׁלָמִים אֲשֶׁר יַקְרִיב לַיהוָה׃ אִם עַל־תּוֹדָה
יַקְרִיבֶנּוּ וְהִקְרִיב ׀ עַל־זֶבַח הַתּוֹדָה חַלּוֹת מַצּוֹת בְּלוּלֹת בַּשֶּׁמֶן
וּרְקִיקֵי מַצּוֹת מְשֻׁחִים בַּשָּׁמֶן וְסֹלֶת מֻרְבֶּכֶת חַלֹּת בְּלוּלֹת
יג בַּשָּׁמֶן׃ עַל־חַלֹּת לֶחֶם חָמֵץ יַקְרִיב קָרְבָּנוֹ עַל־זֶבַח תּוֹדַת
יד שְׁלָמָיו׃ וְהִקְרִיב מִמֶּנּוּ אֶחָד מִכָּל־קָרְבָּן תְּרוּמָה לַיהוָה לַכֹּהֵן
טו הַזֹּרֵק אֶת־דַּם הַשְּׁלָמִים לוֹ יִהְיֶה׃ וּבְשַׂר זֶבַח תּוֹדַת שְׁלָמָיו
טז בְּיוֹם קָרְבָּנוֹ יֵאָכֵל לֹא־יַנִּיחַ מִמֶּנּוּ עַד־בֹּקֶר׃ וְאִם־נֶדֶר ׀ אוֹ
נְדָבָה זֶבַח קָרְבָּנוֹ בְּיוֹם הַקְרִיבוֹ אֶת־זִבְחוֹ יֵאָכֵל וּמִמָּחֳרָת
יז וְהַנּוֹתָר מִמֶּנּוּ יֵאָכֵל׃ וְהַנּוֹתָר מִבְּשַׂר הַזָּבַח בַּיּוֹם הַשְּׁלִישִׁי
יח בָּאֵשׁ יִשָּׂרֵף׃ וְאִם הֵאָכֹל יֵאָכֵל מִבְּשַׂר־זֶבַח שְׁלָמָיו בַּיּוֹם
הַשְּׁלִישִׁי לֹא יֵרָצֶה הַמַּקְרִיב אֹתוֹ לֹא יֵחָשֵׁב לוֹ פִּגּוּל יִהְיֶה

יט וְהַנֶּפֶשׁ הָאֹכֶלֶת מִמֶּנּוּ עֲוֺנָהּ תִּשָּׂא: וְהַבָּשָׂר אֲשֶׁר־יִגַּע בְּכָל־
טָמֵא לֹא יֵאָכֵל בָּאֵשׁ יִשָּׂרֵף וְהַבָּשָׂר כָּל־טָהוֹר יֹאכַל בָּשָׂר:
כ וְהַנֶּפֶשׁ אֲשֶׁר־תֹּאכַל בָּשָׂר מִזֶּבַח הַשְּׁלָמִים אֲשֶׁר לַיהוָה וְטֻמְאָתוֹ
כא עָלָיו וְנִכְרְתָה הַנֶּפֶשׁ הַהִוא מֵעַמֶּיהָ: וְנֶפֶשׁ כִּי־תִגַּע בְּכָל־טָמֵא
בְּטֻמְאַת אָדָם אוֹ בִּבְהֵמָה טְמֵאָה אוֹ בְּכָל־שֶׁקֶץ טָמֵא וְאָכַל
מִבְּשַׂר־זֶבַח הַשְּׁלָמִים אֲשֶׁר לַיהוָה וְנִכְרְתָה הַנֶּפֶשׁ הַהִוא
כב כג מֵעַמֶּיהָ: וַיְדַבֵּר יְהוָה אֶל־מֹשֶׁה לֵּאמֹר: דַּבֵּר אֶל־בְּנֵי יִשְׂרָאֵל
כד לֵאמֹר כָּל־חֵלֶב שׁוֹר וְכֶשֶׂב וָעֵז לֹא תֹאכֵלוּ: וְחֵלֶב נְבֵלָה
כה וְחֵלֶב טְרֵפָה יֵעָשֶׂה לְכָל־מְלָאכָה וְאָכֹל לֹא תֹאכְלֻהוּ: כִּי
כָּל־אֹכֵל חֵלֶב מִן־הַבְּהֵמָה אֲשֶׁר יַקְרִיב מִמֶּנָּה אִשֶּׁה לַיהוָה
כו וְנִכְרְתָה הַנֶּפֶשׁ הָאֹכֶלֶת מֵעַמֶּיהָ: וְכָל־דָּם לֹא תֹאכְלוּ בְּכֹל
כז מוֹשְׁבֹתֵיכֶם לָעוֹף וְלַבְּהֵמָה: כָּל־נֶפֶשׁ אֲשֶׁר־תֹּאכַל כָּל־דָּם
וְנִכְרְתָה הַנֶּפֶשׁ הַהִוא מֵעַמֶּיהָ:
כח כט וַיְדַבֵּר יְהוָה אֶל־מֹשֶׁה לֵּאמֹר: דַּבֵּר אֶל־בְּנֵי יִשְׂרָאֵל לֵאמֹר
הַמַּקְרִיב אֶת־זֶבַח שְׁלָמָיו לַיהוָה יָבִיא אֶת־קָרְבָּנוֹ לַיהוָה
ל מִזֶּבַח שְׁלָמָיו: יָדָיו תְּבִיאֶינָה אֵת אִשֵּׁי יְהוָה אֶת־הַחֵלֶב עַל־
הֶחָזֶה יְבִיאֶנּוּ אֵת הֶחָזֶה לְהָנִיף אֹתוֹ תְּנוּפָה לִפְנֵי יְהוָה:
לא וְהִקְטִיר הַכֹּהֵן אֶת־הַחֵלֶב הַמִּזְבֵּחָה וְהָיָה הֶחָזֶה לְאַהֲרֹן וּלְבָנָיו:
לב וְאֵת שׁוֹק הַיָּמִין תִּתְּנוּ תְרוּמָה לַכֹּהֵן מִזִּבְחֵי שַׁלְמֵיכֶם:
לג הַמַּקְרִיב אֶת־דַּם הַשְּׁלָמִים וְאֶת־הַחֵלֶב מִבְּנֵי אַהֲרֹן לוֹ תִהְיֶה
לד שׁוֹק הַיָּמִין לְמָנָה: כִּי אֶת־חֲזֵה הַתְּנוּפָה וְאֵת שׁוֹק הַתְּרוּמָה
לָקַחְתִּי מֵאֵת בְּנֵי־יִשְׂרָאֵל מִזִּבְחֵי שַׁלְמֵיהֶם וָאֶתֵּן אֹתָם
לה לְאַהֲרֹן הַכֹּהֵן וּלְבָנָיו לְחָק־עוֹלָם מֵאֵת בְּנֵי יִשְׂרָאֵל: זֹאת
מִשְׁחַת אַהֲרֹן וּמִשְׁחַת בָּנָיו מֵאִשֵּׁי יְהוָה בְּיוֹם הִקְרִיב אֹתָם
לו לְכַהֵן לַיהוָה: אֲשֶׁר צִוָּה יְהוָה לָתֵת לָהֶם בְּיוֹם מָשְׁחוֹ אֹתָם
לז מֵאֵת בְּנֵי יִשְׂרָאֵל חֻקַּת עוֹלָם לְדֹרֹתָם: זֹאת הַתּוֹרָה לָעֹלָה
לח לַמִּנְחָה וְלַחַטָּאת וְלָאָשָׁם וְלַמִּלּוּאִים וּלְזֶבַח הַשְּׁלָמִים: אֲשֶׁר

צִוָּה יְהוָה אֶת־מֹשֶׁה בְּהַר סִינָי בְּיוֹם צַוֺּתוֹ אֶת־בְּנֵי יִשְׂרָאֵל
לְהַקְרִיב אֶת־קָרְבְּנֵיהֶם לַיהוָה בְּמִדְבַּר סִינָי׃
ח א ב וַיְדַבֵּר יְהוָה אֶל־מֹשֶׁה לֵּאמֹר׃ קַח אֶת־אַהֲרֹן וְאֶת־בָּנָיו אִתּוֹ ד רביעי
וְאֵת הַבְּגָדִים וְאֵת שֶׁמֶן הַמִּשְׁחָה וְאֵת ׀ פַּר הַחַטָּאת וְאֵת שְׁנֵי
ג הָאֵילִים וְאֵת סַל הַמַּצּוֹת׃ וְאֵת כָּל־הָעֵדָה הַקְהֵל אֶל־פֶּתַח
ד אֹהֶל מוֹעֵד׃ וַיַּעַשׂ מֹשֶׁה כַּאֲשֶׁר צִוָּה יְהוָה אֹתוֹ וַתִּקָּהֵל הָעֵדָה
ה אֶל־פֶּתַח אֹהֶל מוֹעֵד׃ וַיֹּאמֶר מֹשֶׁה אֶל־הָעֵדָה זֶה הַדָּבָר
ו אֲשֶׁר־צִוָּה יְהוָה לַעֲשׂוֹת׃ וַיַּקְרֵב מֹשֶׁה אֶת־אַהֲרֹן וְאֶת־בָּנָיו
ז וַיִּרְחַץ אֹתָם בַּמָּיִם׃ וַיִּתֵּן עָלָיו אֶת־הַכֻּתֹּנֶת וַיַּחְגֹּר אֹתוֹ בָּאַבְנֵט
וַיַּלְבֵּשׁ אֹתוֹ אֶת־הַמְּעִיל וַיִּתֵּן עָלָיו אֶת־הָאֵפֹד וַיַּחְגֹּר אֹתוֹ
ח בְּחֵשֶׁב הָאֵפֹד וַיֶּאְפֹּד לוֹ בּוֹ׃ וַיָּשֶׂם עָלָיו אֶת־הַחֹשֶׁן וַיִּתֵּן אֶל־
ט הַחֹשֶׁן אֶת־הָאוּרִים וְאֶת־הַתֻּמִּים׃ וַיָּשֶׂם אֶת־הַמִּצְנֶפֶת עַל־
רֹאשׁוֹ וַיָּשֶׂם עַל־הַמִּצְנֶפֶת אֶל־מוּל פָּנָיו אֵת צִיץ הַזָּהָב נֵזֶר
י הַקֹּדֶשׁ כַּאֲשֶׁר צִוָּה יְהוָה אֶת־מֹשֶׁה׃ וַיִּקַּח מֹשֶׁה אֶת־שֶׁמֶן
הַמִּשְׁחָה וַיִּמְשַׁח אֶת־הַמִּשְׁכָּן וְאֶת־כָּל־אֲשֶׁר־בּוֹ וַיְקַדֵּשׁ אֹתָם׃
יא וַיַּז מִמֶּנּוּ עַל־הַמִּזְבֵּחַ שֶׁבַע פְּעָמִים וַיִּמְשַׁח אֶת־הַמִּזְבֵּחַ וְאֶת־
יב כָּל־כֵּלָיו וְאֶת־הַכִּיֹּר וְאֶת־כַּנּוֹ לְקַדְּשָׁם׃ וַיִּצֹק מִשֶּׁמֶן הַמִּשְׁחָה
יג עַל רֹאשׁ אַהֲרֹן וַיִּמְשַׁח אֹתוֹ לְקַדְּשׁוֹ׃ וַיַּקְרֵב מֹשֶׁה אֶת־בְּנֵי
אַהֲרֹן וַיַּלְבִּשֵׁם כֻּתֳּנֹת וַיַּחְגֹּר אֹתָם אַבְנֵט וַיַּחֲבֹשׁ לָהֶם מִגְבָּעוֹת
יד כַּאֲשֶׁר צִוָּה יְהוָה אֶת־מֹשֶׁה׃ וַיַּגֵּשׁ אֵת פַּר הַחַטָּאת וַיִּסְמֹךְ חמישי
טו אַהֲרֹן וּבָנָיו אֶת־יְדֵיהֶם עַל־רֹאשׁ פַּר הַחַטָּאת׃ וַיִּשְׁחָט וַיִּקַּח
מֹשֶׁה אֶת־הַדָּם וַיִּתֵּן עַל־קַרְנוֹת הַמִּזְבֵּחַ סָבִיב בְּאֶצְבָּעוֹ וַיְחַטֵּא
אֶת־הַמִּזְבֵּחַ וְאֶת־הַדָּם יָצַק אֶל־יְסוֹד הַמִּזְבֵּחַ וַיְקַדְּשֵׁהוּ לְכַפֵּר
טז עָלָיו׃ וַיִּקַּח אֶת־כָּל־הַחֵלֶב אֲשֶׁר עַל־הַקֶּרֶב וְאֵת יֹתֶרֶת הַכָּבֵד
יז וְאֶת־שְׁתֵּי הַכְּלָיֹת וְאֶת־חֶלְבְּהֶן וַיַּקְטֵר מֹשֶׁה הַמִּזְבֵּחָה׃ וְאֶת־
הַפָּר וְאֶת־עֹרוֹ וְאֶת־בְּשָׂרוֹ וְאֶת־פִּרְשׁוֹ שָׂרַף בָּאֵשׁ מִחוּץ
יח לַמַּחֲנֶה כַּאֲשֶׁר צִוָּה יְהוָה אֶת־מֹשֶׁה׃ וַיַּקְרֵב אֵת אֵיל הָעֹלָה

וַיִּסְמְכוּ אהרן ובניו את־ידיהם על־ראש האיל׃ וישחט ויזרק יט
משה את־הדם על־המזבח סביב׃ ואת־האיל נתח לנתחיו כ
ויקטר משה את־הראש ואת־הנתחים ואת־הפדר׃ ואת־ כא
הקרב ואת־הכרעים רחץ במים ויקטר משה את־כל־האיל
המזבחה עלה הוא לריח־ניחח אשה הוא ליהוה כאשר צוה
ששי יהוה את־משה׃ ויקרב את־האיל השני איל המלאים ויסמכו כב
אהרן ובניו את־ידיהם על־ראש האיל׃ וישחט ויקח משה כג
מדמו ויתן על־תנוך אזן־אהרן הימנית ועל־בהן ידו הימנית
ועל־בהן רגלו הימנית׃ ויקרב את־בני אהרן ויתן משה מן־ כד
הדם על־תנוך אזנם הימנית ועל־בהן ידם הימנית ועל־בהן
רגלם הימנית ויזרק משה את־הדם על־המזבח סביב׃ ויקח כה
את־החלב ואת־האליה ואת־כל־החלב אשר על־הקרב
ואת יתרת הכבד ואת־שתי הכלית ואת־חלבהן ואת שוק
הימין׃ ומסל המצות אשר לפני יהוה לקח חלת מצה אחת כו
וחלת לחם שמן אחת ורקיק אחד וישם על־החלבים ועל
שוק הימין׃ ויתן את־הכל על כפי אהרן ועל כפי בניו וינף כז
אתם תנופה לפני יהוה׃ ויקח משה אתם מעל כפיהם ויקטר כח
המזבחה על־העלה מלאים הם לריח ניחח אשה הוא ליהוה׃
ויקח משה את־החזה ויניפהו תנופה לפני יהוה מאיל המלאים כט
שביעי למשה היה למנה כאשר צוה יהוה את־משה׃ ויקח משה ל
משמן המשחה ומן־הדם אשר על־המזבח ויז על־אהרן
על־בגדיו ועל־בניו ועל־בגדי בניו אתו ויקדש את־אהרן
את־בגדיו ואת־בניו ואת־בגדי בניו אתו׃ ויאמר משה אל־ לא
אהרן ואל־בניו בשלו את־הבשר פתח אהל מועד ושם
תאכלו אתו ואת־הלחם אשר בסל המלאים כאשר צויתי
לאמר אהרן ובניו יאכלהו׃ והנותר בבשר ובלחם באש לב
מפטיר תשרפו׃ ומפתח אהל מועד לא תצאו שבעת ימים עד יום לג

לד מְלֹאת יְמֵי מִלֻּאֵיכֶם כִּי שִׁבְעַת יָמִים יְמַלֵּא אֶת־יֶדְכֶם׃ כַּאֲשֶׁר
לה עָשָׂה בַּיּוֹם הַזֶּה צִוָּה יְהוָה לַעֲשֹׂת לְכַפֵּר עֲלֵיכֶם׃ וּפֶתַח אֹהֶל
מוֹעֵד תֵּשְׁבוּ יוֹמָם וָלַיְלָה שִׁבְעַת יָמִים וּשְׁמַרְתֶּם אֶת־מִשְׁמֶרֶת
לו יְהוָה וְלֹא תָמוּתוּ כִּי־כֵן צֻוֵּיתִי׃ וַיַּעַשׂ אַהֲרֹן וּבָנָיו אֵת כָּל־
ט א הַדְּבָרִים אֲשֶׁר־צִוָּה יְהוָה בְּיַד־מֹשֶׁה׃ וַיְהִי שמיני
ב בַּיּוֹם הַשְּׁמִינִי קָרָא מֹשֶׁה לְאַהֲרֹן וּלְבָנָיו וּלְזִקְנֵי יִשְׂרָאֵל׃ וַיֹּאמֶר
אֶל־אַהֲרֹן קַח־לְךָ עֵגֶל בֶּן־בָּקָר לְחַטָּאת וְאַיִל לְעֹלָה תְּמִימִם
ג וְהַקְרֵב לִפְנֵי יְהוָה׃ וְאֶל־בְּנֵי יִשְׂרָאֵל תְּדַבֵּר לֵאמֹר קְחוּ שְׂעִיר־
ד עִזִּים לְחַטָּאת וְעֵגֶל וָכֶבֶשׂ בְּנֵי־שָׁנָה תְּמִימִם לְעֹלָה׃ וְשׁוֹר
וָאַיִל לִשְׁלָמִים לִזְבֹּחַ לִפְנֵי יְהוָה וּמִנְחָה בְּלוּלָה בַשָּׁמֶן כִּי הַיּוֹם
ה יְהוָה נִרְאָה אֲלֵיכֶם׃ וַיִּקְחוּ אֵת אֲשֶׁר צִוָּה מֹשֶׁה אֶל־פְּנֵי אֹהֶל
ו מוֹעֵד וַיִּקְרְבוּ כָּל־הָעֵדָה וַיַּעַמְדוּ לִפְנֵי יְהוָה׃ וַיֹּאמֶר מֹשֶׁה זֶה
ז הַדָּבָר אֲשֶׁר־צִוָּה יְהוָה תַּעֲשׂוּ וְיֵרָא אֲלֵיכֶם כְּבוֹד יְהוָה׃ וַיֹּאמֶר
מֹשֶׁה אֶל־אַהֲרֹן קְרַב אֶל־הַמִּזְבֵּחַ וַעֲשֵׂה אֶת־חַטָּאתְךָ וְאֶת־
עֹלָתֶךָ וְכַפֵּר בַּעַדְךָ וּבְעַד הָעָם וַעֲשֵׂה אֶת־קָרְבַּן הָעָם וְכַפֵּר
ח בַּעֲדָם כַּאֲשֶׁר צִוָּה יְהוָה׃ וַיִּקְרַב אַהֲרֹן אֶל־הַמִּזְבֵּחַ וַיִּשְׁחַט
ט אֶת־עֵגֶל הַחַטָּאת אֲשֶׁר־לוֹ׃ וַיַּקְרִבוּ בְּנֵי אַהֲרֹן אֶת־הַדָּם אֵלָיו
וַיִּטְבֹּל אֶצְבָּעוֹ בַּדָּם וַיִּתֵּן עַל־קַרְנוֹת הַמִּזְבֵּחַ וְאֶת־הַדָּם יָצַק
י אֶל־יְסוֹד הַמִּזְבֵּחַ׃ וְאֶת־הַחֵלֶב וְאֶת־הַכְּלָיֹת וְאֶת־הַיֹּתֶרֶת מִן־
הַכָּבֵד מִן־הַחַטָּאת הִקְטִיר הַמִּזְבֵּחָה כַּאֲשֶׁר צִוָּה יְהוָה אֶת־
יא מֹשֶׁה׃ וְאֶת־הַבָּשָׂר וְאֶת־הָעוֹר שָׂרַף בָּאֵשׁ מִחוּץ לַמַּחֲנֶה׃
יב וַיִּשְׁחַט אֶת־הָעֹלָה וַיַּמְצִאוּ בְּנֵי אַהֲרֹן אֵלָיו אֶת־הַדָּם וַיִּזְרְקֵהוּ
יג עַל־הַמִּזְבֵּחַ סָבִיב׃ וְאֶת־הָעֹלָה הִמְצִיאוּ אֵלָיו לִנְתָחֶיהָ וְאֶת־
יד הָרֹאשׁ וַיַּקְטֵר עַל־הַמִּזְבֵּחַ׃ וַיִּרְחַץ אֶת־הַקֶּרֶב וְאֶת־הַכְּרָעָיִם
טו וַיַּקְטֵר עַל־הָעֹלָה הַמִּזְבֵּחָה׃ וַיַּקְרֵב אֵת קָרְבַּן הָעָם וַיִּקַּח אֶת־
טז שְׂעִיר הַחַטָּאת אֲשֶׁר לָעָם וַיִּשְׁחָטֵהוּ וַיְחַטְּאֵהוּ כָּרִאשׁוֹן׃ וַיַּקְרֵב
יז אֶת־הָעֹלָה וַיַּעֲשֶׂהָ כַּמִּשְׁפָּט׃ וַיַּקְרֵב אֶת־הַמִּנְחָה וַיְמַלֵּא כַפּוֹ שני

יח מִמֶּנָּה וַיַּקְטֵר עַל־הַמִּזְבֵּחַ מִלְּבַד עֹלַת הַבֹּקֶר׃ וַיִּשְׁחַט אֶת־
הַשּׁוֹר וְאֶת־הָאַיִל זֶבַח הַשְּׁלָמִים אֲשֶׁר לָעָם וַיַּמְצִאוּ בְּנֵי אַהֲרֹן
יט אֶת־הַדָּם אֵלָיו וַיִּזְרְקֵהוּ עַל־הַמִּזְבֵּחַ סָבִיב׃ וְאֶת־הַחֲלָבִים
מִן־הַשּׁוֹר וּמִן־הָאַיִל הָאַלְיָה וְהַמְכַסֶּה וְהַכְּלָיֹת וְיֹתֶרֶת הַכָּבֵד׃
כ וַיָּשִׂימוּ אֶת־הַחֲלָבִים עַל־הֶחָזוֹת וַיַּקְטֵר הַחֲלָבִים הַמִּזְבֵּחָה׃
כא וְאֵת הֶחָזוֹת וְאֵת שׁוֹק הַיָּמִין הֵנִיף אַהֲרֹן תְּנוּפָה לִפְנֵי יְהוָה
כב כַּאֲשֶׁר צִוָּה מֹשֶׁה׃ וַיִּשָּׂא אַהֲרֹן אֶת־יָדָו אֶל־הָעָם וַיְבָרְכֵם
כג וַיֵּרֶד מֵעֲשֹׂת הַחַטָּאת וְהָעֹלָה וְהַשְּׁלָמִים׃ וַיָּבֹא מֹשֶׁה וְאַהֲרֹן
אֶל־אֹהֶל מוֹעֵד וַיֵּצְאוּ וַיְבָרְכוּ אֶת־הָעָם וַיֵּרָא כְבוֹד־יְהוָה אֶל־
שלישי כד כָּל־הָעָם׃ וַתֵּצֵא אֵשׁ מִלִּפְנֵי יְהוָה וַתֹּאכַל עַל־הַמִּזְבֵּחַ אֶת־
הָעֹלָה וְאֶת־הַחֲלָבִים וַיַּרְא כָּל־הָעָם וַיָּרֹנּוּ וַיִּפְּלוּ עַל־פְּנֵיהֶם׃
א וַיִּקְחוּ בְנֵי־אַהֲרֹן נָדָב וַאֲבִיהוּא אִישׁ מַחְתָּתוֹ וַיִּתְּנוּ בָהֵן אֵשׁ
וַיָּשִׂימוּ עָלֶיהָ קְטֹרֶת וַיַּקְרִיבוּ לִפְנֵי יְהוָה אֵשׁ זָרָה אֲשֶׁר לֹא
ב צִוָּה אֹתָם׃ וַתֵּצֵא אֵשׁ מִלִּפְנֵי יְהוָה וַתֹּאכַל אוֹתָם וַיָּמֻתוּ לִפְנֵי
ג יְהוָה׃ וַיֹּאמֶר מֹשֶׁה אֶל־אַהֲרֹן הוּא אֲשֶׁר־דִּבֶּר יְהוָה ׀ לֵאמֹר
ד בִּקְרֹבַי אֶקָּדֵשׁ וְעַל־פְּנֵי כָל־הָעָם אֶכָּבֵד וַיִּדֹּם אַהֲרֹן׃ וַיִּקְרָא
מֹשֶׁה אֶל־מִישָׁאֵל וְאֶל אֶלְצָפָן בְּנֵי עֻזִּיאֵל דֹּד אַהֲרֹן וַיֹּאמֶר
אֲלֵהֶם קִרְבוּ שְׂאוּ אֶת־אֲחֵיכֶם מֵאֵת פְּנֵי־הַקֹּדֶשׁ אֶל־מִחוּץ
ה לַמַּחֲנֶה׃ וַיִּקְרְבוּ וַיִּשָּׂאֻם בְּכֻתֳּנֹתָם אֶל־מִחוּץ לַמַּחֲנֶה כַּאֲשֶׁר
ו דִּבֶּר מֹשֶׁה׃ וַיֹּאמֶר מֹשֶׁה אֶל־אַהֲרֹן וּלְאֶלְעָזָר וּלְאִיתָמָר ׀ בָּנָיו
רָאשֵׁיכֶם אַל־תִּפְרָעוּ ׀ וּבִגְדֵיכֶם לֹא־תִפְרֹמוּ וְלֹא תָמֻתוּ וְעַל כָּל־
הָעֵדָה יִקְצֹף וַאֲחֵיכֶם כָּל־בֵּית יִשְׂרָאֵל יִבְכּוּ אֶת־הַשְּׂרֵפָה
ז אֲשֶׁר שָׂרַף יְהוָה׃ וּמִפֶּתַח אֹהֶל מוֹעֵד לֹא תֵצְאוּ פֶּן־תָּמֻתוּ כִּי־
שֶׁמֶן מִשְׁחַת יְהוָה עֲלֵיכֶם וַיַּעֲשׂוּ כִּדְבַר מֹשֶׁה׃
ה ח ט וַיְדַבֵּר יְהוָה אֶל־אַהֲרֹן לֵאמֹר׃ יַיִן וְשֵׁכָר אַל־תֵּשְׁתְּ ׀ אַתָּה ׀
וּבָנֶיךָ אִתָּךְ בְּבֹאֲכֶם אֶל־אֹהֶל מוֹעֵד וְלֹא תָמֻתוּ חֻקַּת עוֹלָם
י לְדֹרֹתֵיכֶם׃ וּלְהַבְדִּיל בֵּין הַקֹּדֶשׁ וּבֵין הַחֹל וּבֵין הַטָּמֵא וּבֵין

יא הַטָּהוֹר׃ וּלְהוֹרֹת אֶת־בְּנֵי יִשְׂרָאֵל אֵת כָּל־הַחֻקִּים אֲשֶׁר דִּבֶּר
יְהוָה אֲלֵיהֶם בְּיַד־מֹשֶׁה׃
יב וַיְדַבֵּר מֹשֶׁה אֶל־אַהֲרֹן וְאֶל אֶלְעָזָר וְאֶל־אִיתָמָר ׀ בָּנָיו הַנּוֹתָרִים רביעי
קְחוּ אֶת־הַמִּנְחָה הַנּוֹתֶרֶת מֵאִשֵּׁי יְהוָה וְאִכְלוּהָ מַצּוֹת אֵצֶל
יג הַמִּזְבֵּחַ כִּי קֹדֶשׁ קָדָשִׁים הִוא׃ וַאֲכַלְתֶּם אֹתָהּ בְּמָקוֹם קָדוֹשׁ
יד כִּי חָקְךָ וְחָק־בָּנֶיךָ הִוא מֵאִשֵּׁי יְהוָה כִּי־כֵן צֻוֵּיתִי׃ וְאֵת
חֲזֵה הַתְּנוּפָה וְאֵת ׀ שׁוֹק הַתְּרוּמָה תֹּאכְלוּ בְּמָקוֹם טָהוֹר
אַתָּה וּבָנֶיךָ וּבְנֹתֶיךָ אִתָּךְ כִּי־חָקְךָ וְחָק־בָּנֶיךָ נִתְּנוּ מִזִּבְחֵי
טו שַׁלְמֵי בְּנֵי יִשְׂרָאֵל׃ שׁוֹק הַתְּרוּמָה וַחֲזֵה הַתְּנוּפָה עַל אִשֵּׁי
הַחֲלָבִים יָבִיאוּ לְהָנִיף תְּנוּפָה לִפְנֵי יְהוָה וְהָיָה לְךָ וּלְבָנֶיךָ אִתְּךָ
טז לְחָק־עוֹלָם כַּאֲשֶׁר צִוָּה יְהוָה׃ וְאֵת ׀ שְׂעִיר הַחַטָּאת דָּרֹשׁ חמישי
דָּרַשׁ מֹשֶׁה וְהִנֵּה שֹׂרָף וַיִּקְצֹף עַל־אֶלְעָזָר וְעַל־אִיתָמָר בְּנֵי אַהֲרֹן
יז הַנּוֹתָרִם לֵאמֹר׃ מַדּוּעַ לֹא־אֲכַלְתֶּם אֶת־הַחַטָּאת בִּמְקוֹם
הַקֹּדֶשׁ כִּי קֹדֶשׁ קָדָשִׁים הִוא וְאֹתָהּ ׀ נָתַן לָכֶם לָשֵׂאת אֶת־
יח עֲוֹן הָעֵדָה לְכַפֵּר עֲלֵיהֶם לִפְנֵי יְהוָה׃ הֵן לֹא־הוּבָא אֶת־דָּמָהּ
אֶל־הַקֹּדֶשׁ פְּנִימָה אָכוֹל תֹּאכְלוּ אֹתָהּ בַּקֹּדֶשׁ כַּאֲשֶׁר צִוֵּיתִי׃
יט וַיְדַבֵּר אַהֲרֹן אֶל־מֹשֶׁה הֵן הַיּוֹם הִקְרִיבוּ אֶת־חַטָּאתָם וְאֶת־
עֹלָתָם לִפְנֵי יְהוָה וַתִּקְרֶאנָה אֹתִי כָּאֵלֶּה וְאָכַלְתִּי חַטָּאת הַיּוֹם
כ הַיִּיטַב בְּעֵינֵי יְהוָה׃ וַיִּשְׁמַע מֹשֶׁה וַיִּיטַב בְּעֵינָיו׃
א א ב וַיְדַבֵּר יְהוָה אֶל־מֹשֶׁה וְאֶל־אַהֲרֹן לֵאמֹר אֲלֵהֶם׃ דַּבְּרוּ אֶל־ ו ששי
בְּנֵי יִשְׂרָאֵל לֵאמֹר זֹאת הַחַיָּה אֲשֶׁר תֹּאכְלוּ מִכָּל־הַבְּהֵמָה
ג אֲשֶׁר עַל־הָאָרֶץ׃ כֹּל ׀ מַפְרֶסֶת פַּרְסָה וְשֹׁסַעַת שֶׁסַע פְּרָסֹת
ד מַעֲלַת גֵּרָה בַּבְּהֵמָה אֹתָהּ תֹּאכֵלוּ׃ אַךְ אֶת־זֶה לֹא תֹאכְלוּ
מִמַּעֲלֵי הַגֵּרָה וּמִמַּפְרִסֵי הַפַּרְסָה אֶת־הַגָּמָל כִּי־מַעֲלֵה גֵרָה
ה הוּא וּפַרְסָה אֵינֶנּוּ מַפְרִיס טָמֵא הוּא לָכֶם׃ וְאֶת־הַשָּׁפָן כִּי־
ו מַעֲלֵה גֵרָה הוּא וּפַרְסָה לֹא יַפְרִיס טָמֵא הוּא לָכֶם׃ וְאֶת־
הָאַרְנֶבֶת כִּי־מַעֲלַת גֵּרָה הִוא וּפַרְסָה לֹא הִפְרִיסָה טְמֵאָה

הוּא לָכֶם׃ וְאֶת־הַחֲזִיר כִּי־מַפְרִיס פַּרְסָה הוּא וְשֹׁסַע שֶׁסַע ז
פַּרְסָה וְהוּא גֵּרָה לֹא־יִגָּר טָמֵא הוּא לָכֶם׃ מִבְּשָׂרָם לֹא ח
תֹאכֵלוּ וּבְנִבְלָתָם לֹא תִגָּעוּ טְמֵאִים הֵם לָכֶם׃ אֶת־זֶה תֹּאכְלוּ ט
מִכֹּל אֲשֶׁר בַּמָּיִם כֹּל אֲשֶׁר־לוֹ סְנַפִּיר וְקַשְׂקֶשֶׂת בַּמַּיִם בַּיַּמִּים
וּבַנְּחָלִים אֹתָם תֹּאכֵלוּ׃ וְכֹל אֲשֶׁר אֵין־לוֹ סְנַפִּיר וְקַשְׂקֶשֶׂת י
בַּיַּמִּים וּבַנְּחָלִים מִכֹּל שֶׁרֶץ הַמַּיִם וּמִכֹּל נֶפֶשׁ הַחַיָּה אֲשֶׁר
בַּמָּיִם שֶׁקֶץ הֵם לָכֶם׃ וְשֶׁקֶץ יִהְיוּ לָכֶם מִבְּשָׂרָם לֹא תֹאכֵלוּ יא
וְאֶת־נִבְלָתָם תְּשַׁקֵּצוּ׃ כֹּל אֲשֶׁר אֵין־לוֹ סְנַפִּיר וְקַשְׂקֶשֶׂת בַּמָּיִם יב
שֶׁקֶץ הוּא לָכֶם׃ וְאֶת־אֵלֶּה תְּשַׁקְּצוּ מִן־הָעוֹף לֹא יֵאָכְלוּ שֶׁקֶץ יג
הֵם אֶת־הַנֶּשֶׁר וְאֶת־הַפֶּרֶס וְאֵת הָעָזְנִיָּה׃ וְאֶת־הַדָּאָה וְאֶת־ יד
הָאַיָּה לְמִינָהּ׃ אֵת כָּל־עֹרֵב לְמִינוֹ׃ וְאֵת בַּת הַיַּעֲנָה וְאֶת־ טו טז
הַתַּחְמָס וְאֶת־הַשָּׁחַף וְאֶת־הַנֵּץ לְמִינֵהוּ׃ וְאֶת־הַכּוֹס וְאֶת־ יז
הַשָּׁלָךְ וְאֶת־הַיַּנְשׁוּף׃ וְאֶת־הַתִּנְשֶׁמֶת וְאֶת־הַקָּאָת וְאֶת־ יח
הָרָחָם׃ וְאֵת הַחֲסִידָה הָאֲנָפָה לְמִינָהּ וְאֶת־הַדּוּכִיפַת וְאֶת־ יט
הָעֲטַלֵּף׃ כֹּל שֶׁרֶץ הָעוֹף הַהֹלֵךְ עַל־אַרְבַּע שֶׁקֶץ הוּא לָכֶם׃ כ
אַךְ אֶת־זֶה תֹּאכְלוּ מִכֹּל שֶׁרֶץ הָעוֹף הַהֹלֵךְ עַל־אַרְבַּע אֲשֶׁר־ כא
לוֹ לא כְרָעַיִם מִמַּעַל לְרַגְלָיו לְנַתֵּר בָּהֵן עַל־הָאָרֶץ׃ אֶת־אֵלֶּה כב
מֵהֶם תֹּאכֵלוּ אֶת־הָאַרְבֶּה לְמִינוֹ וְאֶת־הַסָּלְעָם לְמִינֵהוּ וְאֶת־
הַחַרְגֹּל לְמִינֵהוּ וְאֶת־הֶחָגָב לְמִינֵהוּ׃ וְכֹל שֶׁרֶץ הָעוֹף אֲשֶׁר־ כג
לוֹ אַרְבַּע רַגְלָיִם שֶׁקֶץ הוּא לָכֶם׃ וּלְאֵלֶּה תִּטַּמָּאוּ כָּל־הַנֹּגֵעַ כד
בְּנִבְלָתָם יִטְמָא עַד־הָעָרֶב׃ וְכָל־הַנֹּשֵׂא מִנִּבְלָתָם יְכַבֵּס בְּגָדָיו כה
וְטָמֵא עַד־הָעָרֶב׃ לְכָל־הַבְּהֵמָה אֲשֶׁר הִוא מַפְרֶסֶת פַּרְסָה כו
וְשֶׁסַע ׀ אֵינֶנָּה שֹׁסַעַת וְגֵרָה אֵינֶנָּה מַעֲלָה טְמֵאִים הֵם לָכֶם
כָּל־הַנֹּגֵעַ בָּהֶם יִטְמָא׃ וְכֹל ׀ הוֹלֵךְ עַל־כַּפָּיו בְּכָל־הַחַיָּה כז
הַהֹלֶכֶת עַל־אַרְבַּע טְמֵאִים הֵם לָכֶם כָּל־הַנֹּגֵעַ בְּנִבְלָתָם
יִטְמָא עַד־הָעָרֶב׃ וְהַנֹּשֵׂא אֶת־נִבְלָתָם יְכַבֵּס בְּגָדָיו וְטָמֵא כח
עַד־הָעָרֶב טְמֵאִים הֵמָּה לָכֶם׃ וְזֶה לָכֶם הַטָּמֵא כט

בשרץ השרץ על־הארץ החלד והעכבר והצב למינהו:
ל לא והאנקה והכח והלטאה והחמט והתנשמת: אלה הטמאים
לב לכם בכל־השרץ כל־הנגע בהם במתם יטמא עד־הערב: וכל
אשר־יפל עליו מהם במתם יטמא מכל־כלי־עץ או בגד או־
עור או שק כל־כלי אשר־יעשה מלאכה בהם במים יובא וטמא
לג עד־הערב וטהר: וכל־כלי־חרש אשר־יפל מהם אל־תוכו שביעי
לד כל אשר בתוכו יטמא ואתו תשברו: מכל־האכל אשר
יאכל אשר יבוא עליו מים יטמא וכל־משקה אשר ישתה
לה בכל־כלי יטמא: וכל אשר־יפל מנבלתם עליו יטמא תנור
לו וכירים יתץ טמאים הם וטמאים יהיו לכם: אך מעין ובור
לז מקוה־מים יהיה טהור ונגע בנבלתם יטמא: וכי יפל מנבלתם
לח על־כל־זרע זרוע אשר יזרע טהור הוא: וכי יתן־מים על־
לט זרע ונפל מנבלתם עליו טמא הוא לכם: וכי
ימות מן־הבהמה אשר־היא לכם לאכלה הנגע בנבלתה
מ יטמא עד־הערב: והאכל מנבלתה יכבס בגדיו וטמא עד־
הערב והנשא את־נבלתה יכבס בגדיו וטמא עד־הערב:
מא מב וכל־השרץ השרץ על־הארץ שקץ הוא לא יאכל: כל הולך
על־גחון וכל הולך על־ארבע עד כל־מרבה רגלים לכל־
מג השרץ השרץ על־הארץ לא תאכלום כי־שקץ הם: אל־
תשקצו את־נפשתיכם בכל־השרץ השרץ ולא תטמאו בהם
מד ונטמתם בם: כי אני יהוה אלהיכם והתקדשתם והייתם
קדשים כי קדוש אני ולא תטמאו את־נפשתיכם בכל־השרץ
מה הרמש על־הארץ: כי אני יהוה המעלה אתכם מארץ מצרים מפטיר
מו להית לכם לאלהים והייתם קדשים כי קדוש אני: זאת
תורת הבהמה והעוף וכל נפש החיה הרמשת במים ולכל־
מז נפש השרצת על־הארץ: להבדיל בין הטמא ובין הטהר ובין
החיה הנאכלת ובין החיה אשר לא תאכל:

יב

תזריע ז א ב וַיְדַבֵּר יְהוָה אֶל־מֹשֶׁה לֵּאמֹר׃ דַּבֵּר אֶל־בְּנֵי יִשְׂרָאֵל לֵאמֹר
אִשָּׁה כִּי תַזְרִיעַ וְיָלְדָה זָכָר וְטָמְאָה שִׁבְעַת יָמִים כִּימֵי נִדַּת
ג ד דְּוֺתָהּ תִּטְמָא׃ וּבַיּוֹם הַשְּׁמִינִי יִמּוֹל בְּשַׂר עָרְלָתוֹ׃ וּשְׁלֹשִׁים
יוֹם וּשְׁלֹשֶׁת יָמִים תֵּשֵׁב בִּדְמֵי טָהֳרָה בְּכָל־קֹדֶשׁ לֹא־תִגָּע
ה וְאֶל־הַמִּקְדָּשׁ לֹא תָבֹא עַד־מְלֹאת יְמֵי טָהֳרָהּ׃ וְאִם־נְקֵבָה
תֵלֵד וְטָמְאָה שְׁבֻעַיִם כְּנִדָּתָהּ וְשִׁשִּׁים יוֹם וְשֵׁשֶׁת יָמִים תֵּשֵׁב
ו עַל־דְּמֵי טָהֳרָה׃ וּבִמְלֹאת ׀ יְמֵי טָהֳרָהּ לְבֵן אוֹ לְבַת תָּבִיא
כֶּבֶשׂ בֶּן־שְׁנָתוֹ לְעֹלָה וּבֶן־יוֹנָה אוֹ־תֹר לְחַטָּאת אֶל־פֶּתַח אֹהֶל־
ז מוֹעֵד אֶל־הַכֹּהֵן׃ וְהִקְרִיבוֹ לִפְנֵי יְהוָה וְכִפֶּר עָלֶיהָ וְטָהֲרָה
ח מִמְּקֹר דָּמֶיהָ זֹאת תּוֹרַת הַיֹּלֶדֶת לַזָּכָר אוֹ לַנְּקֵבָה׃ וְאִם־לֹא
תִמְצָא יָדָהּ דֵּי שֶׂה וְלָקְחָה שְׁתֵּי־תֹרִים אוֹ שְׁנֵי בְּנֵי יוֹנָה אֶחָד
לְעֹלָה וְאֶחָד לְחַטָּאת וְכִפֶּר עָלֶיהָ הַכֹּהֵן וְטָהֵרָה׃

יג

א ב וַיְדַבֵּר יְהוָה אֶל־מֹשֶׁה וְאֶל־אַהֲרֹן לֵאמֹר׃ אָדָם כִּי־יִהְיֶה
בְעוֹר־בְּשָׂרוֹ שְׂאֵת אוֹ־סַפַּחַת אוֹ בַהֶרֶת וְהָיָה בְעוֹר־בְּשָׂרוֹ
לְנֶגַע צָרָעַת וְהוּבָא אֶל־אַהֲרֹן הַכֹּהֵן אוֹ אֶל־אַחַד מִבָּנָיו
ג הַכֹּהֲנִים׃ וְרָאָה הַכֹּהֵן אֶת־הַנֶּגַע בְּעוֹר־הַבָּשָׂר וְשֵׂעָר בַּנֶּגַע
הָפַךְ ׀ לָבָן וּמַרְאֵה הַנֶּגַע עָמֹק מֵעוֹר בְּשָׂרוֹ נֶגַע צָרַעַת הוּא
ד וְרָאָהוּ הַכֹּהֵן וְטִמֵּא אֹתוֹ׃ וְאִם־בַּהֶרֶת לְבָנָה הִוא בְּעוֹר בְּשָׂרוֹ
וְעָמֹק אֵין־מַרְאֶהָ מִן־הָעוֹר וּשְׂעָרָה לֹא־הָפַךְ לָבָן וְהִסְגִּיר
ה הַכֹּהֵן אֶת־הַנֶּגַע שִׁבְעַת יָמִים׃ וְרָאָהוּ הַכֹּהֵן בַּיּוֹם הַשְּׁבִיעִי
וְהִנֵּה הַנֶּגַע עָמַד בְּעֵינָיו לֹא־פָשָׂה הַנֶּגַע בָּעוֹר וְהִסְגִּירוֹ הַכֹּהֵן
שני ו שִׁבְעַת יָמִים שֵׁנִית׃ וְרָאָה הַכֹּהֵן אֹתוֹ בַּיּוֹם הַשְּׁבִיעִי שֵׁנִית
וְהִנֵּה כֵּהָה הַנֶּגַע וְלֹא־פָשָׂה הַנֶּגַע בָּעוֹר וְטִהֲרוֹ הַכֹּהֵן מִסְפַּחַת
ז הִוא וְכִבֶּס בְּגָדָיו וְטָהֵר׃ וְאִם־פָּשֹׂה תִפְשֶׂה הַמִּסְפַּחַת בָּעוֹר
אַחֲרֵי הֵרָאֹתוֹ אֶל־הַכֹּהֵן לְטָהֳרָתוֹ וְנִרְאָה שֵׁנִית אֶל־הַכֹּהֵן׃
ח וְרָאָה הַכֹּהֵן וְהִנֵּה פָּשְׂתָה הַמִּסְפַּחַת בָּעוֹר וְטִמְּאוֹ הַכֹּהֵן
צָרַעַת הִוא׃

ט נֶגַע צָרַעַת כִּי תִהְיֶה בְּאָדָם וְהוּבָא אֶל־הַכֹּהֵן׃ וְרָאָה הַכֹּהֵן
וְהִנֵּה שְׂאֵת־לְבָנָה בָּעוֹר וְהִיא הָפְכָה שֵׂעָר לָבָן וּמִחְיַת בָּשָׂר
יא חַי בַּשְׂאֵת׃ צָרַעַת נוֹשֶׁנֶת הִוא בְּעוֹר בְּשָׂרוֹ וְטִמְּאוֹ הַכֹּהֵן
יב לֹא יַסְגִּרֶנּוּ כִּי טָמֵא הוּא׃ וְאִם־פָּרוֹחַ תִּפְרַח הַצָּרַעַת בָּעוֹר
וְכִסְּתָה הַצָּרַעַת אֵת כָּל־עוֹר הַנֶּגַע מֵרֹאשׁוֹ וְעַד־רַגְלָיו לְכָל־
יג מַרְאֵה עֵינֵי הַכֹּהֵן׃ וְרָאָה הַכֹּהֵן וְהִנֵּה כִסְּתָה הַצָּרַעַת אֶת־
יד כָּל־בְּשָׂרוֹ וְטִהַר אֶת־הַנָּגַע כֻּלּוֹ הָפַךְ לָבָן טָהוֹר הוּא׃ וּבְיוֹם
טו הֵרָאוֹת בּוֹ בָּשָׂר חַי יִטְמָא׃ וְרָאָה הַכֹּהֵן אֶת־הַבָּשָׂר הַחַי
טז וְטִמְּאוֹ הַבָּשָׂר הַחַי טָמֵא הוּא צָרַעַת הוּא׃ אוֹ כִי יָשׁוּב הַבָּשָׂר
יז הַחַי וְנֶהְפַּךְ לְלָבָן וּבָא אֶל־הַכֹּהֵן׃ וְרָאָהוּ הַכֹּהֵן וְהִנֵּה נֶהְפַּךְ
הַנֶּגַע לְלָבָן וְטִהַר הַכֹּהֵן אֶת־הַנֶּגַע טָהוֹר הוּא׃
יח יט וּבָשָׂר כִּי־יִהְיֶה בוֹ־בְעֹרוֹ שְׁחִין וְנִרְפָּא׃ וְהָיָה בִּמְקוֹם הַשְּׁחִין שְׂאֵת שלישי
כ לְבָנָה אוֹ בַהֶרֶת לְבָנָה אֲדַמְדָּמֶת וְנִרְאָה אֶל־הַכֹּהֵן׃ וְרָאָה
הַכֹּהֵן וְהִנֵּה מַרְאֶהָ שָׁפָל מִן־הָעוֹר וּשְׂעָרָהּ הָפַךְ לָבָן וְטִמְּאוֹ
כא הַכֹּהֵן נֶגַע־צָרַעַת הִוא בַּשְּׁחִין פָּרָחָה׃ וְאִם ׀ יִרְאֶנָּה הַכֹּהֵן וְהִנֵּה
אֵין־בָּהּ שֵׂעָר לָבָן וּשְׁפָלָה אֵינֶנָּה מִן־הָעוֹר וְהִיא כֵהָה וְהִסְגִּירוֹ
כב הַכֹּהֵן שִׁבְעַת יָמִים׃ וְאִם־פָּשֹׂה תִפְשֶׂה בָּעוֹר וְטִמֵּא הַכֹּהֵן אֹתוֹ
כג נֶגַע הִוא׃ וְאִם־תַּחְתֶּיהָ תַּעֲמֹד הַבַּהֶרֶת לֹא פָשָׂתָה צָרֶבֶת
כד הַשְּׁחִין הִוא וְטִהֲרוֹ הַכֹּהֵן׃ אוֹ בָשָׂר כִּי־יִהְיֶה רביעי (שני)
בְעֹרוֹ מִכְוַת־אֵשׁ וְהָיְתָה מִחְיַת הַמִּכְוָה בַּהֶרֶת לְבָנָה אֲדַמְדֶּמֶת
כה אוֹ לְבָנָה׃ וְרָאָה אֹתָהּ הַכֹּהֵן וְהִנֵּה נֶהְפַּךְ שֵׂעָר לָבָן בַּבַּהֶרֶת
וּמַרְאֶהָ עָמֹק מִן־הָעוֹר צָרַעַת הִוא בַּמִּכְוָה פָּרָחָה וְטִמֵּא אֹתוֹ
כו הַכֹּהֵן נֶגַע צָרַעַת הִוא׃ וְאִם ׀ יִרְאֶנָּה הַכֹּהֵן וְהִנֵּה אֵין־בַּבַּהֶרֶת
שֵׂעָר לָבָן וּשְׁפָלָה אֵינֶנָּה מִן־הָעוֹר וְהִוא כֵהָה וְהִסְגִּירוֹ הַכֹּהֵן
כז שִׁבְעַת יָמִים׃ וְרָאָהוּ הַכֹּהֵן בַּיּוֹם הַשְּׁבִיעִי אִם־פָּשֹׂה תִפְשֶׂה
כח בָּעוֹר וְטִמֵּא הַכֹּהֵן אֹתוֹ נֶגַע צָרַעַת הִוא׃ וְאִם־תַּחְתֶּיהָ תַעֲמֹד
הַבַּהֶרֶת לֹא־פָשְׂתָה בָעוֹר וְהִוא כֵהָה שְׂאֵת הַמִּכְוָה הִוא

וְטִהֲרוֹ הַכֹּהֵן כִּי־צָרֶבֶת הַמִּכְוָה הִוא׃
חמישי ח וְאִישׁ אוֹ אִשָּׁה כִּי־יִהְיֶה בוֹ נָגַע בְּרֹאשׁ אוֹ בְזָקָן׃ וְרָאָה הַכֹּהֵן כט ל
אֶת־הַנֶּגַע וְהִנֵּה מַרְאֵהוּ עָמֹק מִן־הָעוֹר וּבוֹ שֵׂעָר צָהֹב דָּק
וְטִמֵּא אֹתוֹ הַכֹּהֵן נֶתֶק הוּא צָרַעַת הָרֹאשׁ אוֹ הַזָּקָן הוּא׃
וְכִי־יִרְאֶה הַכֹּהֵן אֶת־נֶגַע הַנֶּתֶק וְהִנֵּה אֵין־מַרְאֵהוּ עָמֹק מִן־ לא
הָעוֹר וְשֵׂעָר שָׁחֹר אֵין בּוֹ וְהִסְגִּיר הַכֹּהֵן אֶת־נֶגַע הַנֶּתֶק שִׁבְעַת
יָמִים׃ וְרָאָה הַכֹּהֵן אֶת־הַנֶּגַע בַּיּוֹם הַשְּׁבִיעִי וְהִנֵּה לֹא־פָשָׂה לב
הַנֶּתֶק וְלֹא־הָיָה בוֹ שֵׂעָר צָהֹב וּמַרְאֵה הַנֶּתֶק אֵין עָמֹק מִן־
הָעוֹר׃ וְהִתְגַּלָּח וְאֶת־הַנֶּתֶק לֹא יְגַלֵּחַ וְהִסְגִּיר הַכֹּהֵן אֶת־הַנֶּתֶק לג
שִׁבְעַת יָמִים שֵׁנִית׃ וְרָאָה הַכֹּהֵן אֶת־הַנֶּתֶק בַּיּוֹם הַשְּׁבִיעִי לד
וְהִנֵּה לֹא־פָשָׂה הַנֶּתֶק בָּעוֹר וּמַרְאֵהוּ אֵינֶנּוּ עָמֹק מִן־הָעוֹר
וְטִהַר אֹתוֹ הַכֹּהֵן וְכִבֶּס בְּגָדָיו וְטָהֵר׃ וְאִם־פָּשֹׂה יִפְשֶׂה הַנֶּתֶק לה
בָּעוֹר אַחֲרֵי טָהֳרָתוֹ׃ וְרָאָהוּ הַכֹּהֵן וְהִנֵּה פָּשָׂה הַנֶּתֶק בָּעוֹר לו
לֹא־יְבַקֵּר הַכֹּהֵן לַשֵּׂעָר הַצָּהֹב טָמֵא הוּא׃ וְאִם־בְּעֵינָיו עָמַד לז
הַנֶּתֶק וְשֵׂעָר שָׁחֹר צָמַח־בּוֹ נִרְפָּא הַנֶּתֶק טָהוֹר הוּא וְטִהֲרוֹ
הַכֹּהֵן׃ וְאִישׁ אוֹ־אִשָּׁה כִּי־יִהְיֶה בְעוֹר־בְּשָׂרָם בֶּהָרֹת לח
בֶּהָרֹת לְבָנֹת׃ וְרָאָה הַכֹּהֵן וְהִנֵּה בְעוֹר־בְּשָׂרָם בֶּהָרֹת כֵּהוֹת לט
ששי /שלישי לְבָנֹת בֹּהַק הוּא פָּרַח בָּעוֹר טָהוֹר הוּא׃ וְאִישׁ מ
כִּי יִמָּרֵט רֹאשׁוֹ קֵרֵחַ הוּא טָהוֹר הוּא׃ וְאִם מִפְּאַת פָּנָיו יִמָּרֵט מא
רֹאשׁוֹ גִּבֵּחַ הוּא טָהוֹר הוּא׃ וְכִי־יִהְיֶה בַקָּרַחַת אוֹ בַגַּבַּחַת מב
נֶגַע לָבָן אֲדַמְדָּם צָרַעַת פֹּרַחַת הִוא בְּקָרַחְתּוֹ אוֹ בְגַבַּחְתּוֹ׃
וְרָאָה אֹתוֹ הַכֹּהֵן וְהִנֵּה שְׂאֵת־הַנֶּגַע לְבָנָה אֲדַמְדֶּמֶת בְּקָרַחְתּוֹ מג
אוֹ בְגַבַּחְתּוֹ כְּמַרְאֵה צָרַעַת עוֹר בָּשָׂר׃ אִישׁ־צָרוּעַ הוּא טָמֵא מד
הוּא טַמֵּא יְטַמְּאֶנּוּ הַכֹּהֵן בְּרֹאשׁוֹ נִגְעוֹ׃ וְהַצָּרוּעַ אֲשֶׁר־בּוֹ הַנֶּגַע מה
בְּגָדָיו יִהְיוּ פְרֻמִים וְרֹאשׁוֹ יִהְיֶה פָרוּעַ וְעַל־שָׂפָם יַעְטֶה וְטָמֵא
טָמֵא יִקְרָא׃ כָּל־יְמֵי אֲשֶׁר הַנֶּגַע בּוֹ יִטְמָא טָמֵא הוּא בָּדָד מו
יֵשֵׁב מִחוּץ לַמַּחֲנֶה מוֹשָׁבוֹ׃ וְהַבֶּגֶד כִּי־יִהְיֶה בוֹ מז

מח נֶגַע צָרַעַת בְּבֶגֶד צֶמֶר אוֹ בְּבֶגֶד פִּשְׁתִּים׃ אוֹ בִשְׁתִי אוֹ בְעֵרֶב
מט לַפִּשְׁתִּים וְלַצָּמֶר אוֹ בְעוֹר אוֹ בְּכָל־מְלֶאכֶת עוֹר׃ וְהָיָה הַנֶּגַע
יְרַקְרַק ׀ אוֹ אֲדַמְדָּם בַּבֶּגֶד אוֹ בָעוֹר אוֹ־בַשְּׁתִי אוֹ־בָעֵרֶב אוֹ
נ בְכָל־כְּלִי־עוֹר נֶגַע צָרַעַת הוּא וְהָרְאָה אֶת־הַכֹּהֵן׃ וְרָאָה
נא הַכֹּהֵן אֶת־הַנָּגַע וְהִסְגִּיר אֶת־הַנֶּגַע שִׁבְעַת יָמִים׃ וְרָאָה אֶת־
הַנֶּגַע בַּיּוֹם הַשְּׁבִיעִי כִּי־פָשָׂה הַנֶּגַע בַּבֶּגֶד אוֹ־בַשְּׁתִי אוֹ־בָעֵרֶב
אוֹ בָעוֹר לְכֹל אֲשֶׁר־יֵעָשֶׂה הָעוֹר לִמְלָאכָה צָרַעַת מַמְאֶרֶת
נב הַנֶּגַע טָמֵא הוּא׃ וְשָׂרַף אֶת־הַבֶּגֶד אוֹ אֶת־הַשְּׁתִי ׀ אוֹ אֶת־
הָעֵרֶב בַּצֶּמֶר אוֹ בַפִּשְׁתִּים אוֹ אֶת־כָּל־כְּלִי הָעוֹר אֲשֶׁר־
נג יִהְיֶה בוֹ הַנָּגַע כִּי־צָרַעַת מַמְאֶרֶת הִוא בָּאֵשׁ תִּשָּׂרֵף׃ וְאִם
יִרְאֶה הַכֹּהֵן וְהִנֵּה לֹא־פָשָׂה הַנֶּגַע בַּבֶּגֶד אוֹ בַשְּׁתִי אוֹ בָעֵרֶב
נד אוֹ בְּכָל־כְּלִי־עוֹר׃ וְצִוָּה הַכֹּהֵן וְכִבְּסוּ אֵת אֲשֶׁר־בּוֹ הַנָּגַע
נה וְהִסְגִּירוֹ שִׁבְעַת־יָמִים שֵׁנִית׃ וְרָאָה הַכֹּהֵן אַחֲרֵי ׀ הֻכַּבֵּס שביעי /רביעי/
אֶת־הַנֶּגַע וְהִנֵּה לֹא־הָפַךְ הַנֶּגַע אֶת־עֵינוֹ וְהַנֶּגַע לֹא־פָשָׂה
טָמֵא הוּא בָּאֵשׁ תִּשְׂרְפֶנּוּ פְּחֶתֶת הִוא בְּקָרַחְתּוֹ אוֹ בְגַבַּחְתּוֹ׃
נו וְאִם רָאָה הַכֹּהֵן וְהִנֵּה כֵּהָה הַנֶּגַע אַחֲרֵי הֻכַּבֵּס אֹתוֹ וְקָרַע
אֹתוֹ מִן־הַבֶּגֶד אוֹ מִן־הָעוֹר אוֹ מִן־הַשְּׁתִי אוֹ מִן־הָעֵרֶב׃
נז וְאִם־תֵּרָאֶה עוֹד בַּבֶּגֶד אוֹ־בַשְּׁתִי אוֹ־בָעֵרֶב אוֹ בְכָל־כְּלִי־ מפטיר
נח עוֹר פֹּרַחַת הִוא בָּאֵשׁ תִּשְׂרְפֶנּוּ אֵת אֲשֶׁר־בּוֹ הַנָּגַע׃ וְהַבֶּגֶד
אוֹ־הַשְּׁתִי אוֹ־הָעֵרֶב אוֹ־כָל־כְּלִי הָעוֹר אֲשֶׁר תְּכַבֵּס וְסָר
נט מֵהֶם הַנָּגַע וְכֻבַּס שֵׁנִית וְטָהֵר׃ זֹאת תּוֹרַת נֶגַע־צָרַעַת בֶּגֶד
הַצֶּמֶר ׀ אוֹ הַפִּשְׁתִּים אוֹ הַשְּׁתִי אוֹ הָעֵרֶב אוֹ כָּל־כְּלִי־עוֹר
לְטַהֲרוֹ אוֹ לְטַמְּאוֹ׃

יד א ב וַיְדַבֵּר יְהוָה אֶל־מֹשֶׁה לֵּאמֹר׃ זֹאת תִּהְיֶה תּוֹרַת הַמְּצֹרָע ט מצרע
ג בְּיוֹם טָהֳרָתוֹ וְהוּבָא אֶל־הַכֹּהֵן׃ וְיָצָא הַכֹּהֵן אֶל־מִחוּץ לַמַּחֲנֶה
ד וְרָאָה הַכֹּהֵן וְהִנֵּה נִרְפָּא נֶגַע־הַצָּרַעַת מִן־הַצָּרוּעַ׃ וְצִוָּה הַכֹּהֵן
וְלָקַח לַמִּטַּהֵר שְׁתֵּי־צִפֳּרִים חַיּוֹת טְהֹרוֹת וְעֵץ אֶרֶז וּשְׁנִי תוֹלַעַת

וְאֵזֹב׃ וְצִוָּה הַכֹּהֵן וְשָׁחַט אֶת־הַצִּפּוֹר הָאֶחָת אֶל־כְּלִי־חֶרֶשׂ ה
עַל־מַיִם חַיִּים׃ אֶת־הַצִּפֹּר הַחַיָּה יִקַּח אֹתָהּ וְאֶת־עֵץ הָאֶרֶז ו
וְאֶת־שְׁנִי הַתּוֹלַעַת וְאֶת־הָאֵזֹב וְטָבַל אוֹתָם וְאֵת ׀ הַצִּפֹּר הַחַיָּה
בְּדַם הַצִּפֹּר הַשְּׁחֻטָה עַל הַמַּיִם הַחַיִּים׃ וְהִזָּה עַל הַמִּטַּהֵר ז
מִן־הַצָּרַעַת שֶׁבַע פְּעָמִים וְטִהֲרוֹ וְשִׁלַּח אֶת־הַצִּפֹּר הַחַיָּה
עַל־פְּנֵי הַשָּׂדֶה׃ וְכִבֶּס הַמִּטַּהֵר אֶת־בְּגָדָיו וְגִלַּח אֶת־כָּל־ ח
שְׂעָרוֹ וְרָחַץ בַּמַּיִם וְטָהֵר וְאַחַר יָבוֹא אֶל־הַמַּחֲנֶה וְיָשַׁב
מִחוּץ לְאָהֳלוֹ שִׁבְעַת יָמִים׃ וְהָיָה בַיּוֹם הַשְּׁבִיעִי יְגַלַּח אֶת־ ט
כָּל־שְׂעָרוֹ אֶת־רֹאשׁוֹ וְאֶת־זְקָנוֹ וְאֵת גַּבֹּת עֵינָיו וְאֶת־כָּל־
שְׂעָרוֹ יְגַלֵּחַ וְכִבֶּס אֶת־בְּגָדָיו וְרָחַץ אֶת־בְּשָׂרוֹ בַּמַּיִם וְטָהֵר׃
וּבַיּוֹם הַשְּׁמִינִי יִקַּח שְׁנֵי־כְבָשִׂים תְּמִימִם וְכַבְשָׂה אַחַת בַּת־ י
שְׁנָתָהּ תְּמִימָה וּשְׁלֹשָׁה עֶשְׂרֹנִים סֹלֶת מִנְחָה בְּלוּלָה בַשֶּׁמֶן
וְלֹג אֶחָד שָׁמֶן׃ וְהֶעֱמִיד הַכֹּהֵן הַמְטַהֵר אֵת הָאִישׁ הַמִּטַּהֵר יא
וְאֹתָם לִפְנֵי יְהוָה פֶּתַח אֹהֶל מוֹעֵד׃ וְלָקַח הַכֹּהֵן אֶת־הַכֶּבֶשׂ יב
הָאֶחָד וְהִקְרִיב אֹתוֹ לְאָשָׁם וְאֶת־לֹג הַשָּׁמֶן וְהֵנִיף אֹתָם תְּנוּפָה
שני לִפְנֵי יְהוָה׃ וְשָׁחַט אֶת־הַכֶּבֶשׂ בִּמְקוֹם אֲשֶׁר יִשְׁחַט אֶת־ יג
הַחַטָּאת וְאֶת־הָעֹלָה בִּמְקוֹם הַקֹּדֶשׁ כִּי כַּחַטָּאת הָאָשָׁם הוּא
לַכֹּהֵן קֹדֶשׁ קָדָשִׁים הוּא׃ וְלָקַח הַכֹּהֵן מִדַּם הָאָשָׁם וְנָתַן יד
הַכֹּהֵן עַל־תְּנוּךְ אֹזֶן הַמִּטַּהֵר הַיְמָנִית וְעַל־בֹּהֶן יָדוֹ הַיְמָנִית
וְעַל־בֹּהֶן רַגְלוֹ הַיְמָנִית׃ וְלָקַח הַכֹּהֵן מִלֹּג הַשָּׁמֶן וְיָצַק עַל־ טו
כַּף הַכֹּהֵן הַשְּׂמָאלִית׃ וְטָבַל הַכֹּהֵן אֶת־אֶצְבָּעוֹ הַיְמָנִית מִן־ טז
הַשֶּׁמֶן אֲשֶׁר עַל־כַּפּוֹ הַשְּׂמָאלִית וְהִזָּה מִן־הַשֶּׁמֶן בְּאֶצְבָּעוֹ
שֶׁבַע פְּעָמִים לִפְנֵי יְהוָה׃ וּמִיֶּתֶר הַשֶּׁמֶן אֲשֶׁר עַל־כַּפּוֹ יִתֵּן יז
הַכֹּהֵן עַל־תְּנוּךְ אֹזֶן הַמִּטַּהֵר הַיְמָנִית וְעַל־בֹּהֶן יָדוֹ הַיְמָנִית
וְעַל־בֹּהֶן רַגְלוֹ הַיְמָנִית עַל דַּם הָאָשָׁם׃ וְהַנּוֹתָר בַּשֶּׁמֶן אֲשֶׁר יח
עַל־כַּף הַכֹּהֵן יִתֵּן עַל־רֹאשׁ הַמִּטַּהֵר וְכִפֶּר עָלָיו הַכֹּהֵן לִפְנֵי
יְהוָה׃ וְעָשָׂה הַכֹּהֵן אֶת־הַחַטָּאת וְכִפֶּר עַל־הַמִּטַּהֵר מִטֻּמְאָתוֹ יט

כ וְאַחַר יִשְׁחַט אֶת־הָעֹלָה׃ וְהֶעֱלָה הַכֹּהֵן אֶת־הָעֹלָה וְאֶת־
כא הַמִּנְחָה הַמִּזְבֵּחָה וְכִפֶּר עָלָיו הַכֹּהֵן וְטָהֵר׃ וְאִם־ שלישי /חמישי/
דַּל הוּא וְאֵין יָדוֹ מַשֶּׂגֶת וְלָקַח כֶּבֶשׂ אֶחָד אָשָׁם לִתְנוּפָה לְכַפֵּר
כב עָלָיו וְעִשָּׂרוֹן סֹלֶת אֶחָד בָּלוּל בַּשֶּׁמֶן לְמִנְחָה וְלֹג שָׁמֶן׃ וּשְׁתֵּי
תֹרִים אוֹ שְׁנֵי בְּנֵי יוֹנָה אֲשֶׁר תַּשִּׂיג יָדוֹ וְהָיָה אֶחָד חַטָּאת
כג וְהָאֶחָד עֹלָה׃ וְהֵבִיא אֹתָם בַּיּוֹם הַשְּׁמִינִי לְטָהֳרָתוֹ אֶל־הַכֹּהֵן
כד אֶל־פֶּתַח אֹהֶל־מוֹעֵד לִפְנֵי יְהוָה׃ וְלָקַח הַכֹּהֵן אֶת־כֶּבֶשׂ
הָאָשָׁם וְאֶת־לֹג הַשָּׁמֶן וְהֵנִיף אֹתָם הַכֹּהֵן תְּנוּפָה לִפְנֵי יְהוָה׃
כה וְשָׁחַט אֶת־כֶּבֶשׂ הָאָשָׁם וְלָקַח הַכֹּהֵן מִדַּם הָאָשָׁם וְנָתַן עַל־
תְּנוּךְ אֹזֶן־הַמִּטַּהֵר הַיְמָנִית וְעַל־בֹּהֶן יָדוֹ הַיְמָנִית וְעַל־בֹּהֶן
כו רַגְלוֹ הַיְמָנִית׃ וּמִן־הַשֶּׁמֶן יִצֹק הַכֹּהֵן עַל־כַּף הַכֹּהֵן הַשְּׂמָאלִית׃
כז וְהִזָּה הַכֹּהֵן בְּאֶצְבָּעוֹ הַיְמָנִית מִן־הַשֶּׁמֶן אֲשֶׁר עַל־כַּפּוֹ
כח הַשְּׂמָאלִית שֶׁבַע פְּעָמִים לִפְנֵי יְהוָה׃ וְנָתַן הַכֹּהֵן מִן־הַשֶּׁמֶן ׀
אֲשֶׁר עַל־כַּפּוֹ עַל־תְּנוּךְ אֹזֶן הַמִּטַּהֵר הַיְמָנִית וְעַל־בֹּהֶן יָדוֹ
כט הַיְמָנִית וְעַל־בֹּהֶן רַגְלוֹ הַיְמָנִית עַל־מְקוֹם דַּם הָאָשָׁם׃ וְהַנּוֹתָר
מִן־הַשֶּׁמֶן אֲשֶׁר עַל־כַּף הַכֹּהֵן יִתֵּן עַל־רֹאשׁ הַמִּטַּהֵר לְכַפֵּר
ל עָלָיו לִפְנֵי יְהוָה׃ וְעָשָׂה אֶת־הָאֶחָד מִן־הַתֹּרִים אוֹ מִן־בְּנֵי
לא הַיּוֹנָה מֵאֲשֶׁר תַּשִּׂיג יָדוֹ׃ אֵת אֲשֶׁר־תַּשִּׂיג יָדוֹ אֶת־הָאֶחָד
חַטָּאת וְאֶת־הָאֶחָד עֹלָה עַל־הַמִּנְחָה וְכִפֶּר הַכֹּהֵן עַל הַמִּטַּהֵר
לב לִפְנֵי יְהוָה׃ זֹאת תּוֹרַת אֲשֶׁר־בּוֹ נֶגַע צָרָעַת אֲשֶׁר לֹא־תַשִּׂיג
יָדוֹ בְּטָהֳרָתוֹ׃
לג לד וַיְדַבֵּר יְהוָה אֶל־מֹשֶׁה וְאֶל־אַהֲרֹן לֵאמֹר׃ כִּי תָבֹאוּ אֶל־אֶרֶץ י רביעי /ששי/
כְּנַעַן אֲשֶׁר אֲנִי נֹתֵן לָכֶם לַאֲחֻזָּה וְנָתַתִּי נֶגַע צָרַעַת בְּבֵית
לה אֶרֶץ אֲחֻזַּתְכֶם׃ וּבָא אֲשֶׁר־לוֹ הַבַּיִת וְהִגִּיד לַכֹּהֵן לֵאמֹר
לו כְּנֶגַע נִרְאָה לִי בַּבָּיִת׃ וְצִוָּה הַכֹּהֵן וּפִנּוּ אֶת־הַבַּיִת בְּטֶרֶם
יָבֹא הַכֹּהֵן לִרְאוֹת אֶת־הַנֶּגַע וְלֹא יִטְמָא כָּל־אֲשֶׁר בַּבָּיִת וְאַחַר
לז כֵּן יָבֹא הַכֹּהֵן לִרְאוֹת אֶת־הַבָּיִת׃ וְרָאָה אֶת־הַנֶּגַע וְהִנֵּה

הנגע בקירת הבית שקערורת ירקרקת או אדמדמת ומראיהן
לח שפל מן־הקיר: ויצא הכהן מן־הבית אל־פתח הבית והסגיר
לט את־הבית שבעת ימים: ושב הכהן ביום השביעי וראה והנה
מ פשה הנגע בקירת הבית: וצוה הכהן וחלצו את־האבנים
אשר בהן הנגע והשליכו אתהן אל־מחוץ לעיר אל־מקום
מא טמא: ואת־הבית יקצע מבית סביב ושפכו את־העפר אשר
מב הקצו אל־מחוץ לעיר אל־מקום טמא: ולקחו אבנים אחרות
והביאו אל־תחת האבנים ועפר אחר יקח וטח את־הבית:
מג ואם־ישוב הנגע ופרח בבית אחר חלץ את־האבנים ואחרי
מד הקצות את־הבית ואחרי הטוח: ובא הכהן וראה והנה פשה
מה הנגע בבית צרעת ממארת הוא בבית טמא הוא: ונתץ
את־הבית את־אבניו ואת־עציו ואת כל־עפר הבית והוציא
מו אל־מחוץ לעיר אל־מקום טמא: והבא אל־הבית כל־ימי
מז הסגיר אתו יטמא עד־הערב: והשכב בבית יכבס את־בגדיו
מח והאכל בבית יכבס את־בגדיו: ואם־בא יבא הכהן וראה
והנה לא־פשה הנגע בבית אחרי הטח את־הבית וטהר
מט הכהן את־הבית כי נרפא הנגע: ולקח לחטא את־הבית
נ שתי צפרים ועץ ארז ושני תולעת ואזב: ושחט את־הצפר
נא האחת אל־כלי־חרש על־מים חיים: ולקח את־עץ־הארז
ואת־האזב ואת ׀ שני התולעת ואת הצפר החיה וטבל אתם
בדם הצפר השחוטה ובמים החיים והזה אל־הבית שבע
נב פעמים: וחטא את־הבית בדם הצפור ובמים החיים ובצפר
נג החיה ובעץ הארז ובאזב ובשני התולעת: ושלח את־הצפר
החיה אל־מחוץ לעיר אל־פני השדה וכפר על־הבית וטהר:
נד נה זאת התורה לכל־נגע הצרעת ולנתק: ולצרעת הבגד ולבית: חמישי
נו נז ולשאת ולספחת ולבהרת: להורת ביום הטמא וביום הטהר
זאת תורת הצרעת:

א ב וידבר יהוה אל־משה ואל־אהרן לאמר: דברו אל־בני ישראל יא
ואמרתם אלהם איש איש כי יהיה זב מבשרו זובו טמא הוא:
ג וזאת תהיה טמאתו בזובו רר בשרו את־זובו או־החתים
ד בשרו מזובו טמאתו הוא: כל־המשכב אשר ישכב עליו
ה הזב יטמא וכל־הכלי אשר־ישב עליו יטמא: ואיש אשר יגע
ו במשכבו יכבס בגדיו ורחץ במים וטמא עד־הערב: והישב
על־הכלי אשר־ישב עליו הזב יכבס בגדיו ורחץ במים וטמא
ז עד־הערב: והנגע בבשר הזב יכבס בגדיו ורחץ במים וטמא
ח עד־הערב: וכי־ירק הזב בטהור וכבס בגדיו ורחץ במים
ט וטמא עד־הערב: וכל־המרכב אשר ירכב עליו הזב יטמא:
י וכל־הנגע בכל אשר יהיה תחתיו יטמא עד־הערב והנושא
יא אותם יכבס בגדיו ורחץ במים וטמא עד־הערב: וכל אשר
יגע־בו הזב וידיו לא־שטף במים וכבס בגדיו ורחץ במים
יב וטמא עד־הערב: וכלי־חרש אשר־יגע־בו הזב ישבר וכל־
יג כלי־עץ ישטף במים: וכי־יטהר הזב מזובו וספר לו שבעת
ימים לטהרתו וכבס בגדיו ורחץ בשרו במים חיים וטהר:
יד וביום השמיני יקח־לו שתי תרים או שני בני יונה ובא לפני
טו יהוה אל־פתח אהל מועד ונתנם אל־הכהן: ועשה אתם
הכהן אחד חטאת והאחד עלה וכפר עליו הכהן לפני יהוה
טז מזובו: ואיש כי־תצא ממנו שכבת־זרע ורחץ ששי /שביעי/
יז במים את־כל־בשרו וטמא עד־הערב: וכל־בגד וכל־עור
אשר־יהיה עליו שכבת־זרע וכבס במים וטמא עד־הערב:
יח ואשה אשר ישכב איש אתה שכבת־זרע ורחצו במים וטמאו
עד־הערב:
יט ואשה כי־תהיה זבה דם יהיה זבה בבשרה שבעת ימים
כ תהיה בנדתה וכל־הנגע בה יטמא עד־הערב: וכל אשר
כא תשכב עליו בנדתה יטמא וכל אשר־תשב עליו יטמא: וכל־

הַנֹּגֵעַ בְּמִשְׁכָּבָהּ יְכַבֵּס בְּגָדָיו וְרָחַץ בַּמַּיִם וְטָמֵא עַד־הָעָרֶב׃
וְכָל־הַנֹּגֵעַ בְּכָל־כְּלִי אֲשֶׁר־תֵּשֵׁב עָלָיו יְכַבֵּס בְּגָדָיו וְרָחַץ בַּמַּיִם כב
וְטָמֵא עַד־הָעָרֶב׃ וְאִם עַל־הַמִּשְׁכָּב הוּא אוֹ עַל־הַכְּלִי אֲשֶׁר־ כג
הִוא יֹשֶׁבֶת־עָלָיו בְּנָגְעוֹ־בוֹ יִטְמָא עַד־הָעָרֶב׃ וְאִם שָׁכֹב יִשְׁכַּב כד
אִישׁ אֹתָהּ וּתְהִי נִדָּתָהּ עָלָיו וְטָמֵא שִׁבְעַת יָמִים וְכָל־הַמִּשְׁכָּב
יב אֲשֶׁר־יִשְׁכַּב עָלָיו יִטְמָא׃ וְאִשָּׁה כִּי־יָזוּב זוֹב כה
דָּמָהּ יָמִים רַבִּים בְּלֹא עֶת־נִדָּתָהּ אוֹ כִי־תָזוּב עַל־נִדָּתָהּ כָּל־
יְמֵי זוֹב טֻמְאָתָהּ כִּימֵי נִדָּתָהּ תִּהְיֶה טְמֵאָה הִוא׃ כָּל־הַמִּשְׁכָּב כו
אֲשֶׁר תִּשְׁכַּב עָלָיו כָּל־יְמֵי זוֹבָהּ כְּמִשְׁכַּב נִדָּתָהּ יִהְיֶה־לָּהּ
וְכָל־הַכְּלִי אֲשֶׁר תֵּשֵׁב עָלָיו טָמֵא יִהְיֶה כְּטֻמְאַת נִדָּתָהּ׃
וְכָל־הַנּוֹגֵעַ בָּם יִטְמָא וְכִבֶּס בְּגָדָיו וְרָחַץ בַּמַּיִם וְטָמֵא עַד־ כז
הָעָרֶב׃ וְאִם־טָהֲרָה מִזּוֹבָהּ וְסָפְרָה־לָּהּ שִׁבְעַת יָמִים וְאַחַר כח
שביעי תִּטְהָר׃ וּבַיּוֹם הַשְּׁמִינִי תִּקַּח־לָהּ שְׁתֵּי תֹרִים אוֹ שְׁנֵי בְּנֵי יוֹנָה כט
וְהֵבִיאָה אוֹתָם אֶל־הַכֹּהֵן אֶל־פֶּתַח אֹהֶל מוֹעֵד׃ וְעָשָׂה הַכֹּהֵן ל
אֶת־הָאֶחָד חַטָּאת וְאֶת־הָאֶחָד עֹלָה וְכִפֶּר עָלֶיהָ הַכֹּהֵן לִפְנֵי
מפטיר יְהוָה מִזּוֹב טֻמְאָתָהּ׃ וְהִזַּרְתֶּם אֶת־בְּנֵי־יִשְׂרָאֵל מִטֻּמְאָתָם לא
וְלֹא יָמֻתוּ בְּטֻמְאָתָם בְּטַמְּאָם אֶת־מִשְׁכָּנִי אֲשֶׁר בְּתוֹכָם׃ זֹאת לב
תּוֹרַת הַזָּב וַאֲשֶׁר תֵּצֵא מִמֶּנּוּ שִׁכְבַת־זֶרַע לְטָמְאָה־בָהּ׃ וְהַדָּוָה לג
בְּנִדָּתָהּ וְהַזָּב אֶת־זוֹבוֹ לַזָּכָר וְלַנְּקֵבָה וּלְאִישׁ אֲשֶׁר יִשְׁכַּב עִם־
טְמֵאָה׃

אחרי מות וַיְדַבֵּר יְהוָה אֶל־מֹשֶׁה אַחֲרֵי מוֹת שְׁנֵי בְּנֵי אַהֲרֹן בְּקָרְבָתָם טז א
לִפְנֵי־יְהוָה וַיָּמֻתוּ׃ וַיֹּאמֶר יְהוָה אֶל־מֹשֶׁה דַּבֵּר אֶל־אַהֲרֹן אָחִיךָ ב
וְאַל־יָבֹא בְכָל־עֵת אֶל־הַקֹּדֶשׁ מִבֵּית לַפָּרֹכֶת אֶל־פְּנֵי הַכַּפֹּרֶת
אֲשֶׁר עַל־הָאָרֹן וְלֹא יָמוּת כִּי בֶּעָנָן אֵרָאֶה עַל־הַכַּפֹּרֶת׃ בְּזֹאת ג
יָבֹא אַהֲרֹן אֶל־הַקֹּדֶשׁ בְּפַר בֶּן־בָּקָר לְחַטָּאת וְאַיִל לְעֹלָה׃
כְּתֹנֶת־בַּד קֹדֶשׁ יִלְבָּשׁ וּמִכְנְסֵי־בַד יִהְיוּ עַל־בְּשָׂרוֹ וּבְאַבְנֵט ד
בַּד יַחְגֹּר וּבְמִצְנֶפֶת בַּד יִצְנֹף בִּגְדֵי־קֹדֶשׁ הֵם וְרָחַץ בַּמַּיִם אֶת־

ה בְּשָׂרוֹ וּלְבֵשָׁם: וּמֵאֵת עֲדַת בְּנֵי יִשְׂרָאֵל יִקַּח שְׁנֵי־שְׂעִירֵי עִזִּים
ו לְחַטָּאת וְאַיִל אֶחָד לְעֹלָה: וְהִקְרִיב אַהֲרֹן אֶת־פַּר הַחַטָּאת
ז אֲשֶׁר־לוֹ וְכִפֶּר בַּעֲדוֹ וּבְעַד בֵּיתוֹ: וְלָקַח אֶת־שְׁנֵי הַשְּׂעִירִם
ח וְהֶעֱמִיד אֹתָם לִפְנֵי יהוה פֶּתַח אֹהֶל מוֹעֵד: וְנָתַן אַהֲרֹן עַל־
שְׁנֵי הַשְּׂעִירִם גֹּרָלוֹת גּוֹרָל אֶחָד לַיהוה וְגוֹרָל אֶחָד לַעֲזָאזֵל:
ט וְהִקְרִיב אַהֲרֹן אֶת־הַשָּׂעִיר אֲשֶׁר עָלָה עָלָיו הַגּוֹרָל לַיהוה
י וְעָשָׂהוּ חַטָּאת: וְהַשָּׂעִיר אֲשֶׁר עָלָה עָלָיו הַגּוֹרָל לַעֲזָאזֵל יָעֳמַד־
חַי לִפְנֵי יהוה לְכַפֵּר עָלָיו לְשַׁלַּח אֹתוֹ לַעֲזָאזֵל הַמִּדְבָּרָה:
יא וְהִקְרִיב אַהֲרֹן אֶת־פַּר הַחַטָּאת אֲשֶׁר־לוֹ וְכִפֶּר בַּעֲדוֹ וּבְעַד
יב בֵּיתוֹ וְשָׁחַט אֶת־פַּר הַחַטָּאת אֲשֶׁר־לוֹ: וְלָקַח מְלֹא־הַמַּחְתָּה
גַּחֲלֵי־אֵשׁ מֵעַל הַמִּזְבֵּחַ מִלִּפְנֵי יהוה וּמְלֹא חָפְנָיו קְטֹרֶת סַמִּים
יג דַּקָּה וְהֵבִיא מִבֵּית לַפָּרֹכֶת: וְנָתַן אֶת־הַקְּטֹרֶת עַל־הָאֵשׁ לִפְנֵי
יהוה וְכִסָּה ׀ עֲנַן הַקְּטֹרֶת אֶת־הַכַּפֹּרֶת אֲשֶׁר עַל־הָעֵדוּת וְלֹא
יד יָמוּת: וְלָקַח מִדַּם הַפָּר וְהִזָּה בְאֶצְבָּעוֹ עַל־פְּנֵי הַכַּפֹּרֶת קֵדְמָה
טו וְלִפְנֵי הַכַּפֹּרֶת יַזֶּה שֶׁבַע־פְּעָמִים מִן־הַדָּם בְּאֶצְבָּעוֹ: וְשָׁחַט
אֶת־שְׂעִיר הַחַטָּאת אֲשֶׁר לָעָם וְהֵבִיא אֶת־דָּמוֹ אֶל־מִבֵּית
לַפָּרֹכֶת וְעָשָׂה אֶת־דָּמוֹ כַּאֲשֶׁר עָשָׂה לְדַם הַפָּר וְהִזָּה אֹתוֹ עַל־
טז הַכַּפֹּרֶת וְלִפְנֵי הַכַּפֹּרֶת: וְכִפֶּר עַל־הַקֹּדֶשׁ מִטֻּמְאֹת בְּנֵי יִשְׂרָאֵל
וּמִפִּשְׁעֵיהֶם לְכָל־חַטֹּאתָם וְכֵן יַעֲשֶׂה לְאֹהֶל מוֹעֵד הַשֹּׁכֵן אִתָּם
יז בְּתוֹךְ טֻמְאֹתָם: וְכָל־אָדָם לֹא־יִהְיֶה ׀ בְּאֹהֶל מוֹעֵד בְּבֹאוֹ
לְכַפֵּר בַּקֹּדֶשׁ עַד־צֵאתוֹ וְכִפֶּר בַּעֲדוֹ וּבְעַד בֵּיתוֹ וּבְעַד כָּל־
יח קְהַל יִשְׂרָאֵל: וְיָצָא אֶל־הַמִּזְבֵּחַ אֲשֶׁר לִפְנֵי־יהוה וְכִפֶּר עָלָיו שני
וְלָקַח מִדַּם הַפָּר וּמִדַּם הַשָּׂעִיר וְנָתַן עַל־קַרְנוֹת הַמִּזְבֵּחַ סָבִיב:
יט וְהִזָּה עָלָיו מִן־הַדָּם בְּאֶצְבָּעוֹ שֶׁבַע פְּעָמִים וְטִהֲרוֹ וְקִדְּשׁוֹ
כ מִטֻּמְאֹת בְּנֵי יִשְׂרָאֵל: וְכִלָּה מִכַּפֵּר אֶת־הַקֹּדֶשׁ וְאֶת־אֹהֶל
כא מוֹעֵד וְאֶת־הַמִּזְבֵּחַ וְהִקְרִיב אֶת־הַשָּׂעִיר הֶחָי: וְסָמַךְ אַהֲרֹן
אֶת־שְׁתֵּי יָדָו עַל־רֹאשׁ הַשָּׂעִיר הַחַי וְהִתְוַדָּה עָלָיו אֶת־כָּל־

עֲוֺנֹת בְּנֵי יִשְׂרָאֵל וְאֶת־כָּל־פִּשְׁעֵיהֶם לְכָל־חַטֹּאתָם וְנָתַן אֹתָם
עַל־רֹאשׁ הַשָּׂעִיר וְשִׁלַּח בְּיַד־אִישׁ עִתִּי הַמִּדְבָּרָה׃ וְנָשָׂא כב
הַשָּׂעִיר עָלָיו אֶת־כָּל־עֲוֺנֹתָם אֶל־אֶרֶץ גְּזֵרָה וְשִׁלַּח אֶת־הַשָּׂעִיר
בַּמִּדְבָּר׃ וּבָא אַהֲרֹן אֶל־אֹהֶל מוֹעֵד וּפָשַׁט אֶת־בִּגְדֵי הַבָּד כג
אֲשֶׁר לָבַשׁ בְּבֹאוֹ אֶל־הַקֹּדֶשׁ וְהִנִּיחָם שָׁם׃ וְרָחַץ אֶת־בְּשָׂרוֹ כד
בַמַּיִם בְּמָקוֹם קָדוֹשׁ וְלָבַשׁ אֶת־בְּגָדָיו וְיָצָא וְעָשָׂה אֶת־עֹלָתוֹ
שלישי /שני/ וְאֶת־עֹלַת הָעָם וְכִפֶּר בַּעֲדוֹ וּבְעַד הָעָם׃ וְאֵת חֵלֶב הַחַטָּאת כה
יַקְטִיר הַמִּזְבֵּחָה׃ וְהַמְשַׁלֵּחַ אֶת־הַשָּׂעִיר לַעֲזָאזֵל יְכַבֵּס בְּגָדָיו כו
וְרָחַץ אֶת־בְּשָׂרוֹ בַּמָּיִם וְאַחֲרֵי־כֵן יָבוֹא אֶל־הַמַּחֲנֶה׃ וְאֵת כז
פַּר הַחַטָּאת וְאֵת ׀ שְׂעִיר הַחַטָּאת אֲשֶׁר הוּבָא אֶת־דָּמָם לְכַפֵּר
בַּקֹּדֶשׁ יוֹצִיא אֶל־מִחוּץ לַמַּחֲנֶה וְשָׂרְפוּ בָאֵשׁ אֶת־עֹרֹתָם וְאֶת־
בְּשָׂרָם וְאֶת־פִּרְשָׁם׃ וְהַשֹּׂרֵף אֹתָם יְכַבֵּס בְּגָדָיו וְרָחַץ אֶת־ כח
בְּשָׂרוֹ בַּמָּיִם וְאַחֲרֵי־כֵן יָבוֹא אֶל־הַמַּחֲנֶה׃ וְהָיְתָה לָכֶם לְחֻקַּת כט
עוֹלָם בַּחֹדֶשׁ הַשְּׁבִיעִי בֶּעָשׂוֹר לַחֹדֶשׁ תְּעַנּוּ אֶת־נַפְשֹׁתֵיכֶם
וְכָל־מְלָאכָה לֹא תַעֲשׂוּ הָאֶזְרָח וְהַגֵּר הַגָּר בְּתוֹכְכֶם׃ כִּי־בַיּוֹם ל
הַזֶּה יְכַפֵּר עֲלֵיכֶם לְטַהֵר אֶתְכֶם מִכֹּל חַטֹּאתֵיכֶם לִפְנֵי יְהוָה
תִּטְהָרוּ׃ שַׁבַּת שַׁבָּתוֹן הִיא לָכֶם וְעִנִּיתֶם אֶת־נַפְשֹׁתֵיכֶם חֻקַּת לא
עוֹלָם׃ וְכִפֶּר הַכֹּהֵן אֲשֶׁר־יִמְשַׁח אֹתוֹ וַאֲשֶׁר יְמַלֵּא אֶת־יָדוֹ לב
לְכַהֵן תַּחַת אָבִיו וְלָבַשׁ אֶת־בִּגְדֵי הַבָּד בִּגְדֵי הַקֹּדֶשׁ׃ וְכִפֶּר לג
אֶת־מִקְדַּשׁ הַקֹּדֶשׁ וְאֶת־אֹהֶל מוֹעֵד וְאֶת־הַמִּזְבֵּחַ יְכַפֵּר וְעַל
הַכֹּהֲנִים וְעַל־כָּל־עַם הַקָּהָל יְכַפֵּר׃ וְהָיְתָה־זֹּאת לָכֶם לְחֻקַּת לד
עוֹלָם לְכַפֵּר עַל־בְּנֵי יִשְׂרָאֵל מִכָּל־חַטֹּאתָם אַחַת בַּשָּׁנָה וַיַּעַשׂ
כַּאֲשֶׁר צִוָּה יְהוָה אֶת־מֹשֶׁה׃

רביעי יג וַיְדַבֵּר יְהוָה אֶל־מֹשֶׁה לֵּאמֹר׃ דַּבֵּר אֶל־אַהֲרֹן וְאֶל־בָּנָיו וְאֶל יז א ב
כָּל־בְּנֵי יִשְׂרָאֵל וְאָמַרְתָּ אֲלֵיהֶם זֶה הַדָּבָר אֲשֶׁר־צִוָּה יְהוָה
לֵאמֹר׃ אִישׁ אִישׁ מִבֵּית יִשְׂרָאֵל אֲשֶׁר יִשְׁחַט שׁוֹר אוֹ־כֶשֶׂב ג
אוֹ־עֵז בַּמַּחֲנֶה אוֹ אֲשֶׁר יִשְׁחַט מִחוּץ לַמַּחֲנֶה׃ וְאֶל־פֶּתַח ד

אֹהֶל מוֹעֵד לֹא הֱבִיאוֹ לְהַקְרִיב קָרְבָּן לַיהוָה לִפְנֵי מִשְׁכַּן יְהוָה
דָּם יֵחָשֵׁב לָאִישׁ הַהוּא דָּם שָׁפָךְ וְנִכְרַת הָאִישׁ הַהוּא מִקֶּרֶב
ה עַמּוֹ׃ לְמַעַן אֲשֶׁר יָבִיאוּ בְּנֵי יִשְׂרָאֵל אֶת־זִבְחֵיהֶם אֲשֶׁר הֵם
זֹבְחִים עַל־פְּנֵי הַשָּׂדֶה וֶהֱבִיאֻם לַיהוָה אֶל־פֶּתַח אֹהֶל מוֹעֵד
ו אֶל־הַכֹּהֵן וְזָבְחוּ זִבְחֵי שְׁלָמִים לַיהוָה אוֹתָם׃ וְזָרַק הַכֹּהֵן אֶת־
הַדָּם עַל־מִזְבַּח יְהוָה פֶּתַח אֹהֶל מוֹעֵד וְהִקְטִיר הַחֵלֶב לְרֵיחַ
ז נִיחֹחַ לַיהוָה׃ וְלֹא־יִזְבְּחוּ עוֹד אֶת־זִבְחֵיהֶם לַשְּׂעִירִם אֲשֶׁר הֵם
ח זֹנִים אַחֲרֵיהֶם חֻקַּת עוֹלָם תִּהְיֶה־זֹּאת לָהֶם לְדֹרֹתָם׃ וַאֲלֵהֶם חמישי (שלישי)
תֹּאמַר אִישׁ אִישׁ מִבֵּית יִשְׂרָאֵל וּמִן־הַגֵּר אֲשֶׁר־יָגוּר בְּתוֹכָם
ט אֲשֶׁר־יַעֲלֶה עֹלָה אוֹ־זָבַח׃ וְאֶל־פֶּתַח אֹהֶל מוֹעֵד לֹא יְבִיאֶנּוּ
י לַעֲשׂוֹת אֹתוֹ לַיהוָה וְנִכְרַת הָאִישׁ הַהוּא מֵעַמָּיו׃ וְאִישׁ אִישׁ
מִבֵּית יִשְׂרָאֵל וּמִן־הַגֵּר הַגָּר בְּתוֹכָם אֲשֶׁר יֹאכַל כָּל־דָּם
וְנָתַתִּי פָנַי בַּנֶּפֶשׁ הָאֹכֶלֶת אֶת־הַדָּם וְהִכְרַתִּי אֹתָהּ מִקֶּרֶב
יא עַמָּהּ׃ כִּי־נֶפֶשׁ הַבָּשָׂר בַּדָּם הִוא וַאֲנִי נְתַתִּיו לָכֶם עַל־הַמִּזְבֵּחַ
יב לְכַפֵּר עַל־נַפְשֹׁתֵיכֶם כִּי־הַדָּם הוּא בַּנֶּפֶשׁ יְכַפֵּר׃ עַל־כֵּן
אָמַרְתִּי לִבְנֵי יִשְׂרָאֵל כָּל־נֶפֶשׁ מִכֶּם לֹא־תֹאכַל דָּם וְהַגֵּר
יג הַגָּר בְּתוֹכְכֶם לֹא־יֹאכַל דָּם׃ וְאִישׁ אִישׁ מִבְּנֵי יִשְׂרָאֵל וּמִן־
הַגֵּר הַגָּר בְּתוֹכָם אֲשֶׁר יָצוּד צֵיד חַיָּה אוֹ־עוֹף אֲשֶׁר יֵאָכֵל
יד וְשָׁפַךְ אֶת־דָּמוֹ וְכִסָּהוּ בֶּעָפָר׃ כִּי־נֶפֶשׁ כָּל־בָּשָׂר דָּמוֹ בְנַפְשׁוֹ
הוּא וָאֹמַר לִבְנֵי יִשְׂרָאֵל דַּם כָּל־בָּשָׂר לֹא תֹאכֵלוּ כִּי נֶפֶשׁ
טו כָּל־בָּשָׂר דָּמוֹ הִוא כָּל־אֹכְלָיו יִכָּרֵת׃ וְכָל־נֶפֶשׁ אֲשֶׁר תֹּאכַל
נְבֵלָה וּטְרֵפָה בָּאֶזְרָח וּבַגֵּר וְכִבֶּס בְּגָדָיו וְרָחַץ בַּמַּיִם וְטָמֵא
טז עַד־הָעֶרֶב וְטָהֵר׃ וְאִם לֹא יְכַבֵּס וּבְשָׂרוֹ לֹא יִרְחָץ וְנָשָׂא
עֲוֺנוֹ׃

יח א ב וַיְדַבֵּר יְהוָה אֶל־מֹשֶׁה לֵּאמֹר׃ דַּבֵּר אֶל־בְּנֵי יִשְׂרָאֵל וְאָמַרְתָּ יד
ג אֲלֵהֶם אֲנִי יְהוָה אֱלֹהֵיכֶם׃ כְּמַעֲשֵׂה אֶרֶץ־מִצְרַיִם אֲשֶׁר יְשַׁבְתֶּם־
בָּהּ לֹא תַעֲשׂוּ וּכְמַעֲשֵׂה אֶרֶץ־כְּנַעַן אֲשֶׁר אֲנִי מֵבִיא אֶתְכֶם

שמה לא תעשו ובחקתיהם לא תלכו: את־משפטי תעשו ד
ואת־חקתי תשמרו ללכת בהם אני יהוה אלהיכם: ושמרתם ה
את־חקתי ואת־משפטי אשר יעשה אתם האדם וחי בהם אני
ששי יהוה: איש איש אל־כל־שאר בשרו לא תקרבו ו
לגלות ערוה אני יהוה: ערות אביך וערות אמך ז
לא תגלה אמך הוא לא תגלה ערותה: ערות ח
אשת־אביך לא תגלה ערות אביך הוא: ערות ט
אחותך בת־אביך או בת־אמך מולדת בית או מולדת חוץ
לא תגלה ערותן: ערות בת־בנך או בת־ י
בתך לא תגלה ערותן כי ערותך הנה: ערות יא
בת־אשת אביך מולדת אביך אחותך הוא לא תגלה
ערותה: ערות אחות־אביך לא תגלה שאר יב
אביך הוא: ערות אחות־אמך לא תגלה כי־ יג
שאר אמך הוא: ערות אחי־אביך לא תגלה אל־ יד
אשתו לא תקרב דדתך הוא: ערות כלתך לא טו
תגלה אשת בנך הוא לא תגלה ערותה: ערות טז
אשת־אחיך לא תגלה ערות אחיך הוא: ערות יז
אשה ובתה לא תגלה את־בת־בנה ואת־בת־בתה לא
תקח לגלות ערותה שארה הנה זמה הוא: ואשה אל־ יח
אחתה לא תקח לצרר לגלות ערותה עליה בחייה: ואל־ יט
אשה בנדת טמאתה לא תקרב לגלות ערותה: ואל־אשת כ
עמיתך לא־תתן שכבתך לזרע לטמאה־בה: ומזרעך לא־ כא
תתן להעביר למלך ולא תחלל את־שם אלהיך אני יהוה:
שביעי /רביעי/ ואת־זכר לא תשכב משכבי אשה תועבה הוא: ובכל־בהמה כב כג
לא־תתן שכבתך לטמאה־בה ואשה לא־תעמד לפני בהמה
לרבעה תבל הוא: אל־תטמאו בכל־אלה כי בכל־אלה כד
נטמאו הגוים אשר־אני משלח מפניכם: ותטמא הארץ כה

כו וָאֶפְקֹד עֲוֺנָהּ עָלֶיהָ וַתָּקִא הָאָרֶץ אֶת־יֹשְׁבֶיהָ׃ וּשְׁמַרְתֶּם אַתֶּם
אֶת־חֻקֹּתַי וְאֶת־מִשְׁפָּטַי וְלֹא תַעֲשׂוּ מִכֹּל הַתּוֹעֵבֹת הָאֵלֶּה
כז הָאֶזְרָח וְהַגֵּר הַגָּר בְּתוֹכְכֶם׃ כִּי אֶת־כָּל־הַתּוֹעֵבֹת הָאֵל עָשׂוּ
כח אַנְשֵׁי־הָאָרֶץ אֲשֶׁר לִפְנֵיכֶם וַתִּטְמָא הָאָרֶץ׃ וְלֹא־תָקִיא הָאָרֶץ מפטיר
אֶתְכֶם בְּטַמַּאֲכֶם אֹתָהּ כַּאֲשֶׁר קָאָה אֶת־הַגּוֹי אֲשֶׁר לִפְנֵיכֶם׃
כט כִּי כָּל־אֲשֶׁר יַעֲשֶׂה מִכֹּל הַתּוֹעֵבֹת הָאֵלֶּה וְנִכְרְתוּ הַנְּפָשׁוֹת
ל הָעֹשֹׂת מִקֶּרֶב עַמָּם׃ וּשְׁמַרְתֶּם אֶת־מִשְׁמַרְתִּי לְבִלְתִּי עֲשׂוֹת
מֵחֻקּוֹת הַתּוֹעֵבֹת אֲשֶׁר נַעֲשׂוּ לִפְנֵיכֶם וְלֹא תִטַּמְּאוּ בָּהֶם אֲנִי
יְהוָה אֱלֹהֵיכֶם׃

יט א ב וַיְדַבֵּר יְהוָה אֶל־מֹשֶׁה לֵּאמֹר׃ דַּבֵּר אֶל־כָּל־עֲדַת בְּנֵי־יִשְׂרָאֵל טו קדשים
וְאָמַרְתָּ אֲלֵהֶם קְדֹשִׁים תִּהְיוּ כִּי קָדוֹשׁ אֲנִי יְהוָה אֱלֹהֵיכֶם׃
ג אִישׁ אִמּוֹ וְאָבִיו תִּירָאוּ וְאֶת־שַׁבְּתֹתַי תִּשְׁמֹרוּ אֲנִי יְהוָה
ד אֱלֹהֵיכֶם׃ אַל־תִּפְנוּ אֶל־הָאֱלִילִם וֵאלֹהֵי מַסֵּכָה לֹא תַעֲשׂוּ
ה לָכֶם אֲנִי יְהוָה אֱלֹהֵיכֶם׃ וְכִי תִזְבְּחוּ זֶבַח שְׁלָמִים לַיהוָה
ו לִרְצֹנְכֶם תִּזְבָּחֻהוּ׃ בְּיוֹם זִבְחֲכֶם יֵאָכֵל וּמִמָּחֳרָת וְהַנּוֹתָר עַד־
ז יוֹם הַשְּׁלִישִׁי בָּאֵשׁ יִשָּׂרֵף׃ וְאִם הֵאָכֹל יֵאָכֵל בַּיּוֹם הַשְּׁלִישִׁי
ח פִּגּוּל הוּא לֹא יֵרָצֶה׃ וְאֹכְלָיו עֲוֺנוֹ יִשָּׂא כִּי־אֶת־קֹדֶשׁ יְהוָה
ט חִלֵּל וְנִכְרְתָה הַנֶּפֶשׁ הַהִוא מֵעַמֶּיהָ׃ וּבְקֻצְרְכֶם אֶת־קְצִיר
אַרְצְכֶם לֹא תְכַלֶּה פְּאַת שָׂדְךָ לִקְצֹר וְלֶקֶט קְצִירְךָ לֹא תְלַקֵּט׃
י וְכַרְמְךָ לֹא תְעוֹלֵל וּפֶרֶט כַּרְמְךָ לֹא תְלַקֵּט לֶעָנִי וְלַגֵּר תַּעֲזֹב
יא אֹתָם אֲנִי יְהוָה אֱלֹהֵיכֶם׃ לֹא תִּגְנֹבוּ וְלֹא־תְכַחֲשׁוּ וְלֹא־תְשַׁקְּרוּ
יב אִישׁ בַּעֲמִיתוֹ׃ וְלֹא־תִשָּׁבְעוּ בִשְׁמִי לַשָּׁקֶר וְחִלַּלְתָּ אֶת־שֵׁם
יג אֱלֹהֶיךָ אֲנִי יְהוָה׃ לֹא־תַעֲשֹׁק אֶת־רֵעֲךָ וְלֹא תִגְזֹל לֹא־תָלִין
יד פְּעֻלַּת שָׂכִיר אִתְּךָ עַד־בֹּקֶר׃ לֹא־תְקַלֵּל חֵרֵשׁ וְלִפְנֵי עִוֵּר לֹא
טו תִתֵּן מִכְשֹׁל וְיָרֵאתָ מֵּאֱלֹהֶיךָ אֲנִי יְהוָה׃ לֹא־תַעֲשׂוּ עָוֶל בַּמִּשְׁפָּט שני /חמישי
לֹא־תִשָּׂא פְנֵי־דָל וְלֹא תֶהְדַּר פְּנֵי גָדוֹל בְּצֶדֶק תִּשְׁפֹּט עֲמִיתֶךָ׃
טז לֹא־תֵלֵךְ רָכִיל בְּעַמֶּיךָ לֹא תַעֲמֹד עַל־דַּם רֵעֶךָ אֲנִי יְהוָה׃

יז לֹא־תִשְׂנָא אֶת־אָחִיךָ בִּלְבָבֶךָ הוֹכֵחַ תּוֹכִיחַ אֶת־עֲמִיתֶךָ וְלֹא־
יח תִשָּׂא עָלָיו חֵטְא׃ לֹא־תִקֹּם וְלֹא־תִטֹּר אֶת־בְּנֵי עַמֶּךָ וְאָהַבְתָּ
יט לְרֵעֲךָ כָּמוֹךָ אֲנִי יְהוָה׃ אֶת־חֻקֹּתַי תִּשְׁמֹרוּ בְּהֶמְתְּךָ לֹא־תַרְבִּיעַ
כִּלְאַיִם שָׂדְךָ לֹא־תִזְרַע כִּלְאָיִם וּבֶגֶד כִּלְאַיִם שַׁעַטְנֵז לֹא יַעֲלֶה
כ עָלֶיךָ׃ וְאִישׁ כִּי־יִשְׁכַּב אֶת־אִשָּׁה שִׁכְבַת־זֶרַע וְהִוא שִׁפְחָה
נֶחֱרֶפֶת לְאִישׁ וְהָפְדֵּה לֹא נִפְדָּתָה אוֹ חֻפְשָׁה לֹא נִתַּן־לָהּ
כא בִּקֹּרֶת תִּהְיֶה לֹא יוּמְתוּ כִּי־לֹא חֻפָּשָׁה׃ וְהֵבִיא אֶת־אֲשָׁמוֹ
כב לַיהוָה אֶל־פֶּתַח אֹהֶל מוֹעֵד אֵיל אָשָׁם׃ וְכִפֶּר עָלָיו הַכֹּהֵן
בְּאֵיל הָאָשָׁם לִפְנֵי יְהוָה עַל־חַטָּאתוֹ אֲשֶׁר חָטָא וְנִסְלַח לוֹ
מֵחַטָּאתוֹ אֲשֶׁר חָטָא׃
שלישי טז
כג וְכִי־תָבֹאוּ אֶל־הָאָרֶץ וּנְטַעְתֶּם כָּל־עֵץ מַאֲכָל וַעֲרַלְתֶּם עָרְלָתוֹ
כד אֶת־פִּרְיוֹ שָׁלֹשׁ שָׁנִים יִהְיֶה לָכֶם עֲרֵלִים לֹא יֵאָכֵל׃ וּבַשָּׁנָה
כה הָרְבִיעִת יִהְיֶה כָּל־פִּרְיוֹ קֹדֶשׁ הִלּוּלִים לַיהוָה׃ וּבַשָּׁנָה הַחֲמִישִׁת
תֹּאכְלוּ אֶת־פִּרְיוֹ לְהוֹסִיף לָכֶם תְּבוּאָתוֹ אֲנִי יְהוָה אֱלֹהֵיכֶם׃
כו כז לֹא תֹאכְלוּ עַל־הַדָּם לֹא תְנַחֲשׁוּ וְלֹא תְעוֹנֵנוּ׃ לֹא תַקִּפוּ
כח פְּאַת רֹאשְׁכֶם וְלֹא תַשְׁחִית אֵת פְּאַת זְקָנֶךָ׃ וְשֶׂרֶט לָנֶפֶשׁ
לֹא תִתְּנוּ בִּבְשַׂרְכֶם וּכְתֹבֶת קַעֲקַע לֹא תִתְּנוּ בָּכֶם אֲנִי יְהוָה׃
כט אַל־תְּחַלֵּל אֶת־בִּתְּךָ לְהַזְנוֹתָהּ וְלֹא־תִזְנֶה הָאָרֶץ וּמָלְאָה
ל הָאָרֶץ זִמָּה׃ אֶת־שַׁבְּתֹתַי תִּשְׁמֹרוּ וּמִקְדָּשִׁי תִּירָאוּ אֲנִי יְהוָה׃
לא אַל־תִּפְנוּ אֶל־הָאֹבֹת וְאֶל־הַיִּדְּעֹנִים אַל־תְּבַקְשׁוּ לְטָמְאָה
לב בָהֶם אֲנִי יְהוָה אֱלֹהֵיכֶם׃ מִפְּנֵי שֵׂיבָה תָּקוּם וְהָדַרְתָּ פְּנֵי זָקֵן
לג וְיָרֵאתָ מֵּאֱלֹהֶיךָ אֲנִי יְהוָה׃ וְכִי־יָגוּר אִתְּךָ גֵּר
רביעי (ששי)
לד בְּאַרְצְכֶם לֹא תוֹנוּ אֹתוֹ׃ כְּאֶזְרָח מִכֶּם יִהְיֶה לָכֶם הַגֵּר ׀ הַגָּר
אִתְּכֶם וְאָהַבְתָּ לוֹ כָּמוֹךָ כִּי־גֵרִים הֱיִיתֶם בְּאֶרֶץ מִצְרָיִם אֲנִי
לה יְהוָה אֱלֹהֵיכֶם׃ לֹא־תַעֲשׂוּ עָוֶל בַּמִּשְׁפָּט בַּמִּדָּה בַּמִּשְׁקָל
לו וּבַמְּשׂוּרָה׃ מֹאזְנֵי צֶדֶק אַבְנֵי־צֶדֶק אֵיפַת צֶדֶק וְהִין צֶדֶק יִהְיֶה
לָכֶם אֲנִי יְהוָה אֱלֹהֵיכֶם אֲשֶׁר־הוֹצֵאתִי אֶתְכֶם מֵאֶרֶץ מִצְרָיִם׃

לז וּשְׁמַרְתֶּם אֶת־כָּל־חֻקֹּתַי וְאֶת־כָּל־מִשְׁפָּטַי וַעֲשִׂיתֶם אֹתָם
אֲנִי יְהוָה׃
כ א ב וַיְדַבֵּר יְהוָה אֶל־מֹשֶׁה לֵּאמֹר׃ וְאֶל־בְּנֵי יִשְׂרָאֵל תֹּאמַר אִישׁ חמישי
אִישׁ מִבְּנֵי יִשְׂרָאֵל וּמִן־הַגֵּר ׀ הַגָּר בְּיִשְׂרָאֵל אֲשֶׁר יִתֵּן מִזַּרְעוֹ
ג לַמֹּלֶךְ מוֹת יוּמָת עַם הָאָרֶץ יִרְגְּמֻהוּ בָאָבֶן׃ וַאֲנִי אֶתֵּן אֶת־
פָּנַי בָּאִישׁ הַהוּא וְהִכְרַתִּי אֹתוֹ מִקֶּרֶב עַמּוֹ כִּי מִזַּרְעוֹ נָתַן
ד לַמֹּלֶךְ לְמַעַן טַמֵּא אֶת־מִקְדָּשִׁי וּלְחַלֵּל אֶת־שֵׁם קָדְשִׁי׃ וְאִם
הַעְלֵם יַעְלִימוּ עַם הָאָרֶץ אֶת־עֵינֵיהֶם מִן־הָאִישׁ הַהוּא בְּתִתּוֹ
ה מִזַּרְעוֹ לַמֹּלֶךְ לְבִלְתִּי הָמִית אֹתוֹ׃ וְשַׂמְתִּי אֲנִי אֶת־פָּנַי בָּאִישׁ
הַהוּא וּבְמִשְׁפַּחְתּוֹ וְהִכְרַתִּי אֹתוֹ וְאֵת ׀ כָּל־הַזֹּנִים אַחֲרָיו לִזְנוֹת
ו אַחֲרֵי הַמֹּלֶךְ מִקֶּרֶב עַמָּם׃ וְהַנֶּפֶשׁ אֲשֶׁר תִּפְנֶה אֶל־הָאֹבֹת
וְאֶל־הַיִּדְּעֹנִים לִזְנֹת אַחֲרֵיהֶם וְנָתַתִּי אֶת־פָּנַי בַּנֶּפֶשׁ הַהִוא
ז וְהִכְרַתִּי אֹתוֹ מִקֶּרֶב עַמּוֹ׃ וְהִתְקַדִּשְׁתֶּם וִהְיִיתֶם קְדֹשִׁים כִּי
ח אֲנִי יְהוָה אֱלֹהֵיכֶם׃ וּשְׁמַרְתֶּם אֶת־חֻקֹּתַי וַעֲשִׂיתֶם אֹתָם אֲנִי ששי /שביעי/
ט יְהוָה מְקַדִּשְׁכֶם׃ כִּי־אִישׁ אִישׁ אֲשֶׁר יְקַלֵּל אֶת־אָבִיו וְאֶת־
י אִמּוֹ מוֹת יוּמָת אָבִיו וְאִמּוֹ קִלֵּל דָּמָיו בּוֹ׃ וְאִישׁ אֲשֶׁר יִנְאַף
אֶת־אֵשֶׁת אִישׁ אֲשֶׁר יִנְאַף אֶת־אֵשֶׁת רֵעֵהוּ מוֹת־יוּמַת הַנֹּאֵף
יא וְהַנֹּאָפֶת׃ וְאִישׁ אֲשֶׁר יִשְׁכַּב אֶת־אֵשֶׁת אָבִיו עֶרְוַת אָבִיו גִּלָּה
יב מוֹת־יוּמְתוּ שְׁנֵיהֶם דְּמֵיהֶם בָּם׃ וְאִישׁ אֲשֶׁר יִשְׁכַּב אֶת־כַּלָּתוֹ
יג מוֹת יוּמְתוּ שְׁנֵיהֶם תֶּבֶל עָשׂוּ דְּמֵיהֶם בָּם׃ וְאִישׁ אֲשֶׁר יִשְׁכַּב
אֶת־זָכָר מִשְׁכְּבֵי אִשָּׁה תּוֹעֵבָה עָשׂוּ שְׁנֵיהֶם מוֹת יוּמָתוּ דְּמֵיהֶם
יד בָּם׃ וְאִישׁ אֲשֶׁר יִקַּח אֶת־אִשָּׁה וְאֶת־אִמָּהּ זִמָּה הִוא בָּאֵשׁ
טו יִשְׂרְפוּ אֹתוֹ וְאֶתְהֶן וְלֹא־תִהְיֶה זִמָּה בְּתוֹכְכֶם׃ וְאִישׁ אֲשֶׁר
טז יִתֵּן שְׁכָבְתּוֹ בִּבְהֵמָה מוֹת יוּמָת וְאֶת־הַבְּהֵמָה תַּהֲרֹגוּ׃ וְאִשָּׁה
אֲשֶׁר תִּקְרַב אֶל־כָּל־בְּהֵמָה לְרִבְעָה אֹתָהּ וְהָרַגְתָּ אֶת־הָאִשָּׁה
יז וְאֶת־הַבְּהֵמָה מוֹת יוּמָתוּ דְּמֵיהֶם בָּם׃ וְאִישׁ אֲשֶׁר־יִקַּח אֶת־
אֲחֹתוֹ בַּת־אָבִיו אוֹ בַת־אִמּוֹ וְרָאָה אֶת־עֶרְוָתָהּ וְהִיא תִרְאֶה

את־ערותו חסד הוא ונכרתו לעיני בני עמם ערות אחתו
גלה עונו ישא׃ ואיש אשר־ישכב את־אשה דוה וגלה את־ יח
ערותה את־מקרה הערה והוא גלתה את־מקור דמיה ונכרתו
שניהם מקרב עמם׃ וערות אחות אמך ואחות אביך לא יט
תגלה כי את־שארו הערה עונם ישאו׃ ואיש אשר ישכב כ
את־דדתו ערות דדו גלה חטאם ישאו ערירים ימתו׃ ואיש כא
אשר יקח את־אשת אחיו נדה הוא ערות אחיו גלה ערירים
יהיו׃ ושמרתם את־כל־חקתי ואת־כל־משפטי ועשיתם כב
אתם ולא־תקיא אתכם הארץ אשר אני מביא אתכם שמה
שביעי לשבת בה׃ ולא תלכו בחקת הגוי אשר־אני משלח מפניכם כג
כי את־כל־אלה עשו ואקץ בם׃ ואמר לכם אתם תירשו כד
את־אדמתם ואני אתננה לכם לרשת אתה ארץ זבת חלב
ודבש אני יהוה אלהיכם אשר־הבדלתי אתכם מן־העמים׃
מפטיר והבדלתם בין־הבהמה הטהרה לטמאה ובין־העוף הטמא כה
לטהר ולא־תשקצו את־נפשתיכם בבהמה ובעוף ובכל
אשר תרמש האדמה אשר־הבדלתי לכם לטמא׃ והייתם לי כו
קדשים כי קדוש אני יהוה ואבדל אתכם מן־העמים להיות
לי׃ ואיש או־אשה כי־יהיה בהם אוב או ידעני מות יומתו כז
באבן ירגמו אתם דמיהם בם׃
אמר יז ויאמר יהוה אל־משה אמר אל־הכהנים בני אהרן ואמרת כא א
אלהם לנפש לא־יטמא בעמיו׃ כי אם־לשארו הקרב אליו ב
לאמו ולאביו ולבנו ולבתו ולאחיו׃ ולאחתו הבתולה הקרובה ג
אליו אשר לא־היתה לאיש לה יטמא׃ לא יטמא בעל בעמיו ד
יקרחו להחלו׃ לא־יקרחה קרחה בראשם ופאת זקנם לא יגלחו ה
ובבשרם לא ישרטו שרטת׃ קדשים יהיו לאלהיהם ולא ו
יחללו שם אלהיהם כי את־אשי יהוה לחם אלהיהם הם
מקריבם והיו קדש׃ אשה זנה וחללה לא יקחו ואשה גרושה ז

ח מֵאִשָּׁה לֹא יִקָּחוּ כִּי־קָדֹשׁ הוּא לֵאלֹהָיו׃ וְקִדַּשְׁתּוֹ כִּי־אֶת־
לֶחֶם אֱלֹהֶיךָ הוּא מַקְרִיב קָדֹשׁ יִהְיֶה־לָּךְ כִּי קָדוֹשׁ אֲנִי יְהוָה
ט מְקַדִּשְׁכֶם׃ וּבַת אִישׁ כֹּהֵן כִּי תֵחֵל לִזְנוֹת אֶת־אָבִיהָ הִיא
י מְחַלֶּלֶת בָּאֵשׁ תִּשָּׂרֵף׃ וְהַכֹּהֵן הַגָּדוֹל מֵאֶחָיו
אֲשֶׁר־יוּצַק עַל־רֹאשׁוֹ ׀ שֶׁמֶן הַמִּשְׁחָה וּמִלֵּא אֶת־יָדוֹ לִלְבֹּשׁ
יא אֶת־הַבְּגָדִים אֶת־רֹאשׁוֹ לֹא יִפְרָע וּבְגָדָיו לֹא יִפְרֹם׃ וְעַל כָּל־
יב נַפְשֹׁת מֵת לֹא יָבֹא לְאָבִיו וּלְאִמּוֹ לֹא יִטַּמָּא׃ וּמִן־הַמִּקְדָּשׁ
לֹא יֵצֵא וְלֹא יְחַלֵּל אֵת מִקְדַּשׁ אֱלֹהָיו כִּי נֵזֶר שֶׁמֶן מִשְׁחַת
יג יד אֱלֹהָיו עָלָיו אֲנִי יְהוָה׃ וְהוּא אִשָּׁה בִבְתוּלֶיהָ יִקָּח׃ אַלְמָנָה
וּגְרוּשָׁה וַחֲלָלָה זֹנָה אֶת־אֵלֶּה לֹא יִקָּח כִּי אִם־בְּתוּלָה
טו מֵעַמָּיו יִקַּח אִשָּׁה׃ וְלֹא־יְחַלֵּל זַרְעוֹ בְּעַמָּיו כִּי אֲנִי יְהוָה
טז יז מְקַדְּשׁוֹ׃ וַיְדַבֵּר יְהוָה אֶל־מֹשֶׁה לֵּאמֹר׃ דַּבֵּר שני
אֶל־אַהֲרֹן לֵאמֹר אִישׁ מִזַּרְעֲךָ לְדֹרֹתָם אֲשֶׁר יִהְיֶה בוֹ מוּם לֹא
יח יִקְרַב לְהַקְרִיב לֶחֶם אֱלֹהָיו׃ כִּי כָל־אִישׁ אֲשֶׁר־בּוֹ מוּם לֹא
יט יִקְרָב אִישׁ עִוֵּר אוֹ פִסֵּחַ אוֹ חָרֻם אוֹ שָׂרוּעַ׃ אוֹ אִישׁ אֲשֶׁר־
כ יִהְיֶה בוֹ שֶׁבֶר רָגֶל אוֹ שֶׁבֶר יָד׃ אוֹ־גִבֵּן אוֹ־דַק אוֹ תְּבַלֻּל בְּעֵינוֹ
כא אוֹ גָרָב אוֹ יַלֶּפֶת אוֹ מְרוֹחַ אָשֶׁךְ׃ כָּל־אִישׁ אֲשֶׁר־בּוֹ מוּם
מִזֶּרַע אַהֲרֹן הַכֹּהֵן לֹא יִגַּשׁ לְהַקְרִיב אֶת־אִשֵּׁי יְהוָה מוּם בּוֹ
כב אֵת לֶחֶם אֱלֹהָיו לֹא יִגַּשׁ לְהַקְרִיב׃ לֶחֶם אֱלֹהָיו מִקָּדְשֵׁי
כג הַקֳּדָשִׁים וּמִן־הַקֳּדָשִׁים יֹאכֵל׃ אַךְ אֶל־הַפָּרֹכֶת לֹא יָבֹא וְאֶל־
הַמִּזְבֵּחַ לֹא יִגַּשׁ כִּי־מוּם בּוֹ וְלֹא יְחַלֵּל אֶת־מִקְדָּשַׁי כִּי אֲנִי
כד יְהוָה מְקַדְּשָׁם׃ וַיְדַבֵּר מֹשֶׁה אֶל־אַהֲרֹן וְאֶל־בָּנָיו וְאֶל־כָּל־
בְּנֵי יִשְׂרָאֵל׃

כב א ב וַיְדַבֵּר יְהוָה אֶל־מֹשֶׁה לֵּאמֹר׃ דַּבֵּר אֶל־אַהֲרֹן וְאֶל־בָּנָיו וְיִנָּזְרוּ
מִקָּדְשֵׁי בְנֵי־יִשְׂרָאֵל וְלֹא יְחַלְּלוּ אֶת־שֵׁם קָדְשִׁי אֲשֶׁר הֵם
ג מַקְדִּשִׁים לִי אֲנִי יְהוָה׃ אֱמֹר אֲלֵהֶם לְדֹרֹתֵיכֶם כָּל־אִישׁ ׀ אֲשֶׁר־
יִקְרַב מִכָּל־זַרְעֲכֶם אֶל־הַקֳּדָשִׁים אֲשֶׁר יַקְדִּישׁוּ בְנֵי־יִשְׂרָאֵל

לַיהוָה וְטֻמְאָתוֹ עָלָיו וְנִכְרְתָה הַנֶּפֶשׁ הַהִוא מִלְּפָנַי אֲנִי יְהוָה׃
ד אִישׁ אִישׁ מִזֶּרַע אַהֲרֹן וְהוּא צָרוּעַ אוֹ זָב בַּקֳּדָשִׁים לֹא יֹאכַל
עַד אֲשֶׁר יִטְהָר וְהַנֹּגֵעַ בְּכָל־טְמֵא־נֶפֶשׁ אוֹ אִישׁ אֲשֶׁר־תֵּצֵא
ה מִמֶּנּוּ שִׁכְבַת־זָרַע׃ אוֹ־אִישׁ אֲשֶׁר יִגַּע בְּכָל־שֶׁרֶץ אֲשֶׁר יִטְמָא־
ו לוֹ אוֹ בְאָדָם אֲשֶׁר יִטְמָא־לוֹ לְכֹל טֻמְאָתוֹ׃ נֶפֶשׁ אֲשֶׁר תִּגַּע־
בּוֹ וְטָמְאָה עַד־הָעָרֶב וְלֹא יֹאכַל מִן־הַקֳּדָשִׁים כִּי אִם־רָחַץ
ז בְּשָׂרוֹ בַּמָּיִם׃ וּבָא הַשֶּׁמֶשׁ וְטָהֵר וְאַחַר יֹאכַל מִן־הַקֳּדָשִׁים
ח כִּי לַחְמוֹ הוּא׃ נְבֵלָה וּטְרֵפָה לֹא יֹאכַל לְטָמְאָה־בָהּ אֲנִי יְהוָה׃
ט וְשָׁמְרוּ אֶת־מִשְׁמַרְתִּי וְלֹא־יִשְׂאוּ עָלָיו חֵטְא וּמֵתוּ בוֹ כִּי יְחַלְּלֻהוּ
י אֲנִי יְהוָה מְקַדְּשָׁם׃ וְכָל־זָר לֹא־יֹאכַל קֹדֶשׁ תּוֹשַׁב כֹּהֵן וְשָׂכִיר
יא לֹא־יֹאכַל קֹדֶשׁ׃ וְכֹהֵן כִּי־יִקְנֶה נֶפֶשׁ קִנְיַן כַּסְפּוֹ הוּא יֹאכַל
יב בּוֹ וִילִיד בֵּיתוֹ הֵם יֹאכְלוּ בְלַחְמוֹ׃ וּבַת־כֹּהֵן כִּי תִהְיֶה לְאִישׁ
יג זָר הִוא בִּתְרוּמַת הַקֳּדָשִׁים לֹא תֹאכֵל׃ וּבַת־כֹּהֵן כִּי תִהְיֶה
אַלְמָנָה וּגְרוּשָׁה וְזֶרַע אֵין לָהּ וְשָׁבָה אֶל־בֵּית אָבִיהָ כִּנְעוּרֶיהָ
יד מִלֶּחֶם אָבִיהָ תֹּאכֵל וְכָל־זָר לֹא־יֹאכַל בּוֹ׃ וְאִישׁ כִּי־יֹאכַל
קֹדֶשׁ בִּשְׁגָגָה וְיָסַף חֲמִשִׁיתוֹ עָלָיו וְנָתַן לַכֹּהֵן אֶת־הַקֹּדֶשׁ׃
טו וְלֹא יְחַלְּלוּ אֶת־קָדְשֵׁי בְּנֵי יִשְׂרָאֵל אֵת אֲשֶׁר־יָרִימוּ לַיהוָה׃
טז וְהִשִּׂיאוּ אוֹתָם עֲוֺן אַשְׁמָה בְּאָכְלָם אֶת־קָדְשֵׁיהֶם כִּי אֲנִי יְהוָה
מְקַדְּשָׁם׃

יז יח וַיְדַבֵּר יְהוָה אֶל־מֹשֶׁה לֵּאמֹר׃ דַּבֵּר אֶל־אַהֲרֹן וְאֶל־בָּנָיו וְאֶל שלישי יח
כָּל־בְּנֵי יִשְׂרָאֵל וְאָמַרְתָּ אֲלֵהֶם אִישׁ אִישׁ מִבֵּית יִשְׂרָאֵל וּמִן־
הַגֵּר בְּיִשְׂרָאֵל אֲשֶׁר יַקְרִיב קָרְבָּנוֹ לְכָל־נִדְרֵיהֶם וּלְכָל־נִדְבוֹתָם
יט אֲשֶׁר־יַקְרִיבוּ לַיהוָה לְעֹלָה׃ לִרְצֹנְכֶם תָּמִים זָכָר בַּבָּקָר
כ בַּכְּשָׂבִים וּבָעִזִּים׃ כֹּל אֲשֶׁר־בּוֹ מוּם לֹא תַקְרִיבוּ כִּי־לֹא לְרָצוֹן
כא יִהְיֶה לָכֶם׃ וְאִישׁ כִּי־יַקְרִיב זֶבַח־שְׁלָמִים לַיהוָה לְפַלֵּא־נֶדֶר
אוֹ לִנְדָבָה בַּבָּקָר אוֹ בַצֹּאן תָּמִים יִהְיֶה לְרָצוֹן כָּל־מוּם לֹא
כב יִהְיֶה־בּוֹ׃ עַוֶּרֶת אוֹ שָׁבוּר אוֹ־חָרוּץ אוֹ־יַבֶּלֶת אוֹ גָרָב אוֹ

יַלֶּפֶת לֹא־תַקְרִיבוּ אֵלֶּה לַיהוָה וְאִשֶּׁה לֹא־תִתְּנוּ מֵהֶם עַל־
כג הַמִּזְבֵּחַ לַיהוָה׃ וְשׁוֹר וָשֶׂה שָׂרוּעַ וְקָלוּט נְדָבָה תַּעֲשֶׂה אֹתוֹ
כד וּלְנֵדֶר לֹא יֵרָצֶה׃ וּמָעוּךְ וְכָתוּת וְנָתוּק וְכָרוּת לֹא תַקְרִיבוּ
כה לַיהוָה וּבְאַרְצְכֶם לֹא תַעֲשׂוּ׃ וּמִיַּד בֶּן־נֵכָר לֹא תַקְרִיבוּ אֶת־
לֶחֶם אֱלֹהֵיכֶם מִכָּל־אֵלֶּה כִּי מָשְׁחָתָם בָּהֶם מוּם בָּם לֹא יֵרָצוּ
כו כז לָכֶם׃ וַיְדַבֵּר יְהוָה אֶל־מֹשֶׁה לֵּאמֹר׃ שׁוֹר אוֹ־
כֶשֶׂב אוֹ־עֵז כִּי יִוָּלֵד וְהָיָה שִׁבְעַת יָמִים תַּחַת אִמּוֹ וּמִיּוֹם הַשְּׁמִינִי
כח וָהָלְאָה יֵרָצֶה לְקָרְבַּן אִשֶּׁה לַיהוָה׃ וְשׁוֹר אוֹ־שֶׂה אֹתוֹ וְאֶת־
כט בְּנוֹ לֹא תִשְׁחֲטוּ בְּיוֹם אֶחָד׃ וְכִי־תִזְבְּחוּ זֶבַח־תּוֹדָה לַיהוָה
ל לִרְצֹנְכֶם תִּזְבָּחוּ׃ בַּיּוֹם הַהוּא יֵאָכֵל לֹא־תוֹתִירוּ מִמֶּנּוּ עַד־
לא בֹּקֶר אֲנִי יְהוָה׃ וּשְׁמַרְתֶּם מִצְוֺתַי וַעֲשִׂיתֶם אֹתָם אֲנִי יְהוָה׃
לב וְלֹא תְחַלְּלוּ אֶת־שֵׁם קָדְשִׁי וְנִקְדַּשְׁתִּי בְּתוֹךְ בְּנֵי יִשְׂרָאֵל אֲנִי
לג יְהוָה מְקַדִּשְׁכֶם׃ הַמּוֹצִיא אֶתְכֶם מֵאֶרֶץ מִצְרַיִם לִהְיוֹת לָכֶם
לֵאלֹהִים אֲנִי יְהוָה׃

כג א ב וַיְדַבֵּר יְהוָה אֶל־מֹשֶׁה לֵּאמֹר׃ דַּבֵּר אֶל־בְּנֵי יִשְׂרָאֵל וְאָמַרְתָּ רביעי
אֲלֵהֶם מוֹעֲדֵי יְהוָה אֲשֶׁר־תִּקְרְאוּ אֹתָם מִקְרָאֵי קֹדֶשׁ אֵלֶּה
ג הֵם מוֹעֲדָי׃ שֵׁשֶׁת יָמִים תֵּעָשֶׂה מְלָאכָה וּבַיּוֹם הַשְּׁבִיעִי שַׁבַּת
שַׁבָּתוֹן מִקְרָא־קֹדֶשׁ כָּל־מְלָאכָה לֹא תַעֲשׂוּ שַׁבָּת הִוא לַיהוָה
בְּכֹל מוֹשְׁבֹתֵיכֶם׃

ד אֵלֶּה מוֹעֲדֵי יְהוָה מִקְרָאֵי קֹדֶשׁ אֲשֶׁר־תִּקְרְאוּ אֹתָם בְּמוֹעֲדָם׃
ה בַּחֹדֶשׁ הָרִאשׁוֹן בְּאַרְבָּעָה עָשָׂר לַחֹדֶשׁ בֵּין הָעַרְבָּיִם פֶּסַח
ו לַיהוָה׃ וּבַחֲמִשָּׁה עָשָׂר יוֹם לַחֹדֶשׁ הַזֶּה חַג הַמַּצּוֹת לַיהוָה
ז שִׁבְעַת יָמִים מַצּוֹת תֹּאכֵלוּ׃ בַּיּוֹם הָרִאשׁוֹן מִקְרָא־קֹדֶשׁ יִהְיֶה
ח לָכֶם כָּל־מְלֶאכֶת עֲבֹדָה לֹא תַעֲשׂוּ׃ וְהִקְרַבְתֶּם אִשֶּׁה לַיהוָה
שִׁבְעַת יָמִים בַּיּוֹם הַשְּׁבִיעִי מִקְרָא־קֹדֶשׁ כָּל־מְלֶאכֶת עֲבֹדָה
לֹא תַעֲשׂוּ׃

ט וַיְדַבֵּר יְהוָה אֶל־מֹשֶׁה לֵּאמֹר׃ דַּבֵּר אֶל־בְּנֵי יִשְׂרָאֵל וְאָמַרְתָּ

אלהם כי־תבאו אל־הארץ אשר אני נתן לכם וקצרתם
את־קצירה והבאתם את־עמר ראשית קצירכם אל־הכהן:
יא והניף את־העמר לפני יהוה לרצנכם ממחרת השבת יניפנו
יב הכהן: ועשיתם ביום הניפכם את־העמר כבש תמים בן־
יג שנתו לעלה ליהוה: ומנחתו שני עשרנים סלת בלולה
בשמן אשה ליהוה ריח ניחח ונסכה יין רביעת ההין:
יד ולחם וקלי וכרמל לא תאכלו עד־עצם היום הזה עד
הביאכם את־קרבן אלהיכם חקת עולם לדרתיכם בכל
יט טו משבתיכם: וספרתם לכם ממחרת השבת
מיום הביאכם את־עמר התנופה שבע שבתות תמימת
טז תהיינה: עד ממחרת השבת השביעת תספרו חמשים יום
יז והקרבתם מנחה חדשה ליהוה: ממושבתיכם תביאו ׀ לחם
תנופה שתים שני עשרנים סלת תהיינה חמץ תאפינה בכורים
יח ליהוה: והקרבתם על־הלחם שבעת כבשים תמימם בני
שנה ופר בן־בקר אחד ואילם שנים יהיו עלה ליהוה ומנחתם
יט ונסכיהם אשה ריח־ניחח ליהוה: ועשיתם שעיר־עזים אחד
כ לחטאת ושני כבשים בני שנה לזבח שלמים: והניף הכהן ׀
אתם על לחם הבכרים תנופה לפני יהוה על־שני כבשים
כא קדש יהיו ליהוה לכהן: וקראתם בעצם ׀ היום הזה מקרא־
קדש יהיה לכם כל־מלאכת עבדה לא תעשו חקת עולם
כב בכל־מושבתיכם לדרתיכם: ובקצרכם את־קציר ארצכם
לא־תכלה פאת שדך בקצרך ולקט קצירך לא תלקט לעני
ולגר תעזב אתם אני יהוה אלהיכם:
חמישי כג כד וידבר יהוה אל־משה לאמר: דבר אל־בני ישראל לאמר
בחדש השביעי באחד לחדש יהיה לכם שבתון זכרון תרועה
כה מקרא־קדש: כל־מלאכת עבדה לא תעשו והקרבתם אשה
כו כז ליהוה: וידבר יהוה אל־משה לאמר: אך

בֶּעָשׂוֹר לַחֹדֶשׁ הַשְּׁבִיעִי הַזֶּה יוֹם הַכִּפֻּרִים הוּא מִקְרָא־קֹדֶשׁ
יִהְיֶה לָכֶם וְעִנִּיתֶם אֶת־נַפְשֹׁתֵיכֶם וְהִקְרַבְתֶּם אִשֶּׁה לַיהוָה׃
כח וְכָל־מְלָאכָה לֹא תַעֲשׂוּ בְּעֶצֶם הַיּוֹם הַזֶּה כִּי יוֹם כִּפֻּרִים הוּא
כט לְכַפֵּר עֲלֵיכֶם לִפְנֵי יְהוָה אֱלֹהֵיכֶם׃ כִּי כָל־הַנֶּפֶשׁ אֲשֶׁר לֹא־
ל תְעֻנֶּה בְּעֶצֶם הַיּוֹם הַזֶּה וְנִכְרְתָה מֵעַמֶּיהָ׃ וְכָל־הַנֶּפֶשׁ אֲשֶׁר
תַּעֲשֶׂה כָּל־מְלָאכָה בְּעֶצֶם הַיּוֹם הַזֶּה וְהַאֲבַדְתִּי אֶת־הַנֶּפֶשׁ
לא הַהִוא מִקֶּרֶב עַמָּהּ׃ כָּל־מְלָאכָה לֹא תַעֲשׂוּ חֻקַּת עוֹלָם
לב לְדֹרֹתֵיכֶם בְּכֹל מֹשְׁבֹתֵיכֶם׃ שַׁבַּת שַׁבָּתוֹן הוּא לָכֶם וְעִנִּיתֶם
אֶת־נַפְשֹׁתֵיכֶם בְּתִשְׁעָה לַחֹדֶשׁ בָּעֶרֶב מֵעֶרֶב עַד־עֶרֶב תִּשְׁבְּתוּ
שַׁבַּתְּכֶם׃
לג לד וַיְדַבֵּר יְהוָה אֶל־מֹשֶׁה לֵּאמֹר׃ דַּבֵּר אֶל־בְּנֵי יִשְׂרָאֵל לֵאמֹר ששי
בַּחֲמִשָּׁה עָשָׂר יוֹם לַחֹדֶשׁ הַשְּׁבִיעִי הַזֶּה חַג הַסֻּכּוֹת שִׁבְעַת
לה יָמִים לַיהוָה׃ בַּיּוֹם הָרִאשׁוֹן מִקְרָא־קֹדֶשׁ כָּל־מְלֶאכֶת עֲבֹדָה
לו לֹא תַעֲשׂוּ׃ שִׁבְעַת יָמִים תַּקְרִיבוּ אִשֶּׁה לַיהוָה בַּיּוֹם הַשְּׁמִינִי
מִקְרָא־קֹדֶשׁ יִהְיֶה לָכֶם וְהִקְרַבְתֶּם אִשֶּׁה לַיהוָה עֲצֶרֶת הִוא
לז כָּל־מְלֶאכֶת עֲבֹדָה לֹא תַעֲשׂוּ׃ אֵלֶּה מוֹעֲדֵי יְהוָה אֲשֶׁר־
תִּקְרְאוּ אֹתָם מִקְרָאֵי קֹדֶשׁ לְהַקְרִיב אִשֶּׁה לַיהוָה עֹלָה וּמִנְחָה
לח זֶבַח וּנְסָכִים דְּבַר־יוֹם בְּיוֹמוֹ׃ מִלְּבַד שַׁבְּתֹת יְהוָה וּמִלְּבַד
מַתְּנוֹתֵיכֶם וּמִלְּבַד כָּל־נִדְרֵיכֶם וּמִלְּבַד כָּל־נִדְבֹתֵיכֶם אֲשֶׁר
לט תִּתְּנוּ לַיהוָה׃ אַךְ בַּחֲמִשָּׁה עָשָׂר יוֹם לַחֹדֶשׁ הַשְּׁבִיעִי בְּאָסְפְּכֶם
אֶת־תְּבוּאַת הָאָרֶץ תָּחֹגּוּ אֶת־חַג־יְהוָה שִׁבְעַת יָמִים בַּיּוֹם
מ הָרִאשׁוֹן שַׁבָּתוֹן וּבַיּוֹם הַשְּׁמִינִי שַׁבָּתוֹן׃ וּלְקַחְתֶּם לָכֶם בַּיּוֹם
הָרִאשׁוֹן פְּרִי עֵץ הָדָר כַּפֹּת תְּמָרִים וַעֲנַף עֵץ־עָבֹת וְעַרְבֵי־
מא נָחַל וּשְׂמַחְתֶּם לִפְנֵי יְהוָה אֱלֹהֵיכֶם שִׁבְעַת יָמִים׃ וְחַגֹּתֶם
אֹתוֹ חַג לַיהוָה שִׁבְעַת יָמִים בַּשָּׁנָה חֻקַּת עוֹלָם לְדֹרֹתֵיכֶם
מב בַּחֹדֶשׁ הַשְּׁבִיעִי תָּחֹגּוּ אֹתוֹ׃ בַּסֻּכֹּת תֵּשְׁבוּ שִׁבְעַת יָמִים כָּל־
מג הָאֶזְרָח בְּיִשְׂרָאֵל יֵשְׁבוּ בַּסֻּכֹּת׃ לְמַעַן יֵדְעוּ דֹרֹתֵיכֶם כִּי בַסֻּכּוֹת

הוֹשַׁבְתִּי אֶת־בְּנֵי יִשְׂרָאֵל בְּהוֹצִיאִי אוֹתָם מֵאֶרֶץ מִצְרָיִם

מד אֲנִי יְהוָה אֱלֹהֵיכֶם׃ וַיְדַבֵּר מֹשֶׁה אֶת־מֹעֲדֵי יְהוָה אֶל־בְּנֵי
יִשְׂרָאֵל׃

שביעי כד א ב וַיְדַבֵּר יְהוָה אֶל־מֹשֶׁה לֵּאמֹר׃ צַו אֶת־בְּנֵי יִשְׂרָאֵל וְיִקְחוּ אֵלֶיךָ
ג שֶׁמֶן זַיִת זָךְ כָּתִית לַמָּאוֹר לְהַעֲלֹת נֵר תָּמִיד׃ מִחוּץ לְפָרֹכֶת
הָעֵדֻת בְּאֹהֶל מוֹעֵד יַעֲרֹךְ אֹתוֹ אַהֲרֹן מֵעֶרֶב עַד־בֹּקֶר לִפְנֵי
ד יְהוָה תָּמִיד חֻקַּת עוֹלָם לְדֹרֹתֵיכֶם׃ עַל הַמְּנֹרָה הַטְּהֹרָה יַעֲרֹךְ
אֶת־הַנֵּרוֹת לִפְנֵי יְהוָה תָּמִיד׃

ה וְלָקַחְתָּ סֹלֶת וְאָפִיתָ אֹתָהּ שְׁתֵּים עֶשְׂרֵה חַלּוֹת שְׁנֵי עֶשְׂרֹנִים יִהְיֶה
ו הַחַלָּה הָאֶחָת׃ וְשַׂמְתָּ אוֹתָם שְׁתַּיִם מַעֲרָכוֹת שֵׁשׁ הַמַּעֲרָכֶת
ז עַל הַשֻּׁלְחָן הַטָּהֹר לִפְנֵי יְהוָה׃ וְנָתַתָּ עַל־הַמַּעֲרֶכֶת לְבֹנָה
ח זַכָּה וְהָיְתָה לַלֶּחֶם לְאַזְכָּרָה אִשֶּׁה לַיהוָה׃ בְּיוֹם הַשַּׁבָּת בְּיוֹם
הַשַּׁבָּת יַעַרְכֶנּוּ לִפְנֵי יְהוָה תָּמִיד מֵאֵת בְּנֵי־יִשְׂרָאֵל בְּרִית עוֹלָם׃
ט וְהָיְתָה לְאַהֲרֹן וּלְבָנָיו וַאֲכָלֻהוּ בְּמָקוֹם קָדֹשׁ כִּי קֹדֶשׁ קָדָשִׁים
י הוּא לוֹ מֵאִשֵּׁי יְהוָה חָק־עוֹלָם׃ וַיֵּצֵא בֶּן־אִשָּׁה
יִשְׂרְאֵלִית וְהוּא בֶּן־אִישׁ מִצְרִי בְּתוֹךְ בְּנֵי יִשְׂרָאֵל וַיִּנָּצוּ בַּמַּחֲנֶה
יא בֶּן הַיִּשְׂרְאֵלִית וְאִישׁ הַיִּשְׂרְאֵלִי׃ וַיִּקֹּב בֶּן־הָאִשָּׁה הַיִּשְׂרְאֵלִית
אֶת־הַשֵּׁם וַיְקַלֵּל וַיָּבִיאוּ אֹתוֹ אֶל־מֹשֶׁה וְשֵׁם אִמּוֹ שְׁלֹמִית
יב בַּת־דִּבְרִי לְמַטֵּה־דָן׃ וַיַּנִּיחֻהוּ בַּמִּשְׁמָר לִפְרֹשׁ לָהֶם עַל־פִּי
יְהוָה׃

יג יד וַיְדַבֵּר יְהוָה אֶל־מֹשֶׁה לֵּאמֹר׃ הוֹצֵא אֶת־הַמְקַלֵּל אֶל־מִחוּץ
לַמַּחֲנֶה וְסָמְכוּ כָל־הַשֹּׁמְעִים אֶת־יְדֵיהֶם עַל־רֹאשׁוֹ וְרָגְמוּ אֹתוֹ
טו כָּל־הָעֵדָה׃ וְאֶל־בְּנֵי יִשְׂרָאֵל תְּדַבֵּר לֵאמֹר אִישׁ אִישׁ כִּי־
טז יְקַלֵּל אֱלֹהָיו וְנָשָׂא חֶטְאוֹ׃ וְנֹקֵב שֵׁם־יְהוָה מוֹת יוּמָת רָגוֹם
יז יִרְגְּמוּ־בוֹ כָּל־הָעֵדָה כַּגֵּר כָּאֶזְרָח בְּנָקְבוֹ־שֵׁם יוּמָת׃ וְאִישׁ כִּי
יח יַכֶּה כָּל־נֶפֶשׁ אָדָם מוֹת יוּמָת׃ וּמַכֵּה נֶפֶשׁ־בְּהֵמָה יְשַׁלְּמֶנָּה
יט נֶפֶשׁ תַּחַת נָפֶשׁ׃ וְאִישׁ כִּי־יִתֵּן מוּם בַּעֲמִיתוֹ כַּאֲשֶׁר עָשָׂה כֵּן

כ יֵעָשֶׂה לּוֹ׃ שֶׁבֶר תַּחַת שֶׁבֶר עַיִן תַּחַת עַיִן שֵׁן תַּחַת שֵׁן כַּאֲשֶׁר
כא יִתֵּן מוּם בָּאָדָם כֵּן יִנָּתֶן בּוֹ׃ וּמַכֵּה בְהֵמָה יְשַׁלְּמֶנָּה וּמַכֵּה מפטיר
כב אָדָם יוּמָת׃ מִשְׁפַּט אֶחָד יִהְיֶה לָכֶם כַּגֵּר כָּאֶזְרָח יִהְיֶה כִּי אֲנִי
כג יְהוָה אֱלֹהֵיכֶם׃ וַיְדַבֵּר מֹשֶׁה אֶל־בְּנֵי יִשְׂרָאֵל וַיּוֹצִיאוּ אֶת־
הַמְקַלֵּל אֶל־מִחוּץ לַמַּחֲנֶה וַיִּרְגְּמוּ אֹתוֹ אָבֶן וּבְנֵי־יִשְׂרָאֵל עָשׂוּ
כַּאֲשֶׁר צִוָּה יְהוָה אֶת־מֹשֶׁה׃

בהר סיני

כה א ב וַיְדַבֵּר יְהוָה אֶל־מֹשֶׁה בְּהַר סִינַי לֵאמֹר׃ דַּבֵּר אֶל־בְּנֵי יִשְׂרָאֵל
וְאָמַרְתָּ אֲלֵהֶם כִּי תָבֹאוּ אֶל־הָאָרֶץ אֲשֶׁר אֲנִי נֹתֵן לָכֶם
ג וְשָׁבְתָה הָאָרֶץ שַׁבָּת לַיהוָה׃ שֵׁשׁ שָׁנִים תִּזְרַע שָׂדֶךָ וְשֵׁשׁ
ד שָׁנִים תִּזְמֹר כַּרְמֶךָ וְאָסַפְתָּ אֶת־תְּבוּאָתָהּ׃ וּבַשָּׁנָה הַשְּׁבִיעִת
שַׁבַּת שַׁבָּתוֹן יִהְיֶה לָאָרֶץ שַׁבָּת לַיהוָה שָׂדְךָ לֹא תִזְרָע וְכַרְמְךָ
ה לֹא תִזְמֹר׃ אֵת סְפִיחַ קְצִירְךָ לֹא תִקְצוֹר וְאֶת־עִנְּבֵי נְזִירֶךָ
ו לֹא תִבְצֹר שְׁנַת שַׁבָּתוֹן יִהְיֶה לָאָרֶץ׃ וְהָיְתָה שַׁבַּת הָאָרֶץ
לָכֶם לְאָכְלָה לְךָ וּלְעַבְדְּךָ וְלַאֲמָתֶךָ וְלִשְׂכִירְךָ וּלְתוֹשָׁבְךָ הַגָּרִים
ז עִמָּךְ׃ וְלִבְהֶמְתְּךָ וְלַחַיָּה אֲשֶׁר בְּאַרְצֶךָ תִּהְיֶה כָל־תְּבוּאָתָהּ
ח לֶאֱכֹל׃ וְסָפַרְתָּ לְךָ שֶׁבַע שַׁבְּתֹת שָׁנִים שֶׁבַע
שָׁנִים שֶׁבַע פְּעָמִים וְהָיוּ לְךָ יְמֵי שֶׁבַע שַׁבְּתֹת הַשָּׁנִים תֵּשַׁע
ט וְאַרְבָּעִים שָׁנָה׃ וְהַעֲבַרְתָּ שׁוֹפַר תְּרוּעָה בַּחֹדֶשׁ הַשְּׁבִעִי בֶּעָשׂוֹר
י לַחֹדֶשׁ בְּיוֹם הַכִּפֻּרִים תַּעֲבִירוּ שׁוֹפָר בְּכָל־אַרְצְכֶם׃ וְקִדַּשְׁתֶּם
אֵת שְׁנַת הַחֲמִשִּׁים שָׁנָה וּקְרָאתֶם דְּרוֹר בָּאָרֶץ לְכָל־יֹשְׁבֶיהָ
יוֹבֵל הִוא תִּהְיֶה לָכֶם וְשַׁבְתֶּם אִישׁ אֶל־אֲחֻזָּתוֹ וְאִישׁ אֶל־
יא מִשְׁפַּחְתּוֹ תָּשֻׁבוּ׃ יוֹבֵל הִוא שְׁנַת הַחֲמִשִּׁים שָׁנָה תִּהְיֶה לָכֶם
לֹא תִזְרָעוּ וְלֹא תִקְצְרוּ אֶת־סְפִיחֶיהָ וְלֹא תִבְצְרוּ אֶת־נְזִרֶיהָ׃
יב כִּי יוֹבֵל הִוא קֹדֶשׁ תִּהְיֶה לָכֶם מִן־הַשָּׂדֶה תֹּאכְלוּ אֶת־תְּבוּאָתָהּ׃
יג יד בִּשְׁנַת הַיּוֹבֵל הַזֹּאת תָּשֻׁבוּ אִישׁ אֶל־אֲחֻזָּתוֹ׃ וְכִי־תִמְכְּרוּ כ שני
מִמְכָּר לַעֲמִיתֶךָ אוֹ קָנֹה מִיַּד עֲמִיתֶךָ אַל־תּוֹנוּ אִישׁ אֶת־
טו אָחִיו׃ בְּמִסְפַּר שָׁנִים אַחַר הַיּוֹבֵל תִּקְנֶה מֵאֵת עֲמִיתֶךָ בְּמִסְפַּר

טז שני־תבואת ימכר־לך: לפי ׀ רב השנים תרבה מקנתו
ולפי מעט השנים תמעיט מקנתו כי מספר תבואת הוא
יז מכר לך: ולא תונו איש את־עמיתו ויראת מאלהיך כי
יח אני יהוה אלהיכם: ועשיתם את־חקתי ואת־משפטי תשמרו
יט ועשיתם אתם וישבתם על־הארץ לבטח: ונתנה הארץ שלישי /שני/
כ פריה ואכלתם לשבע וישבתם לבטח עליה: וכי תאמרו
מה־נאכל בשנה השביעת הן לא נזרע ולא נאסף את־
כא תבואתנו: וצויתי את־ברכתי לכם בשנה הששית ועשת
כב את־התבואה לשלש השנים: וזרעתם את השנה השמינת
ואכלתם מן־התבואה ישן עד ׀ השנה התשיעת עד־בוא
כג תבואתה תאכלו ישן: והארץ לא תמכר לצמתת כי־לי
כד הארץ כי־גרים ותושבים אתם עמדי: ובכל ארץ אחזתכם
כה גאלה תתנו לארץ: כי־ימוך אחיך ומכר רביעי
מאחזתו ובא גאלו הקרב אליו וגאל את ממכר אחיו:
כו ואיש כי לא יהיה־לו גאל והשיגה ידו ומצא כדי גאלתו:
כז וחשב את־שני ממכרו והשיב את־העדף לאיש אשר מכר־
כח לו ושב לאחזתו: ואם לא־מצאה ידו די השיב לו והיה
ממכרו ביד הקנה אתו עד שנת היובל ויצא ביבל ושב
כט לאחזתו: ואיש כי־ימכר בית־מושב עיר חמישי /שלישי/
חומה והיתה גאלתו עד־תם שנת ממכרו ימים תהיה
ל גאלתו: ואם לא־יגאל עד־מלאת לו שנה תמימה וקם
הבית אשר־בעיר אשר־לא חמה לצמיתת לקנה אתו לו
לא לדרתיו לא יצא ביבל: ובתי החצרים אשר אין־להם
חמה סביב על־שדה הארץ יחשב גאלה תהיה־לו וביבל
לב יצא: וערי הלוים בתי ערי אחזתם גאלת עולם תהיה
לג ללוים: ואשר יגאל מן־הלוים ויצא ממכר־בית ועיר
אחזתו ביבל כי בתי ערי הלוים הוא אחזתם בתוך בני

לד יִשְׂרָאֵל׃ וּשְׂדֵה מִגְרַשׁ עָרֵיהֶם לֹא יִמָּכֵר כִּי־אֲחֻזַּת עוֹלָם הוּא
לה לָהֶם׃ וְכִי־יָמוּךְ אָחִיךָ וּמָטָה יָדוֹ עִמָּךְ וְהֶחֱזַקְתָּ כא
לו בּוֹ גֵּר וְתוֹשָׁב וָחַי עִמָּךְ׃ אַל־תִּקַּח מֵאִתּוֹ נֶשֶׁךְ וְתַרְבִּית וְיָרֵאתָ
לז מֵאֱלֹהֶיךָ וְחֵי אָחִיךָ עִמָּךְ׃ אֶת־כַּסְפְּךָ לֹא־תִתֵּן לוֹ בְּנֶשֶׁךְ
לח וּבְמַרְבִּית לֹא־תִתֵּן אָכְלֶךָ׃ אֲנִי יהוה אֱלֹהֵיכֶם אֲשֶׁר־הוֹצֵאתִי
אֶתְכֶם מֵאֶרֶץ מִצְרָיִם לָתֵת לָכֶם אֶת־אֶרֶץ כְּנַעַן לִהְיוֹת לָכֶם
לט לֵאלֹהִים׃ וְכִי־יָמוּךְ אָחִיךָ עִמָּךְ וְנִמְכַּר־לָךְ לֹא־ ששי /רביעי/
מ תַעֲבֹד בּוֹ עֲבֹדַת עָבֶד׃ כְּשָׂכִיר כְּתוֹשָׁב יִהְיֶה עִמָּךְ עַד־שְׁנַת
מא הַיֹּבֵל יַעֲבֹד עִמָּךְ׃ וְיָצָא מֵעִמָּךְ הוּא וּבָנָיו עִמּוֹ וְשָׁב אֶל־
מב מִשְׁפַּחְתּוֹ וְאֶל־אֲחֻזַּת אֲבֹתָיו יָשׁוּב׃ כִּי־עֲבָדַי הֵם אֲשֶׁר־
מג הוֹצֵאתִי אֹתָם מֵאֶרֶץ מִצְרָיִם לֹא יִמָּכְרוּ מִמְכֶּרֶת עָבֶד׃ לֹא־
מד תִרְדֶּה בוֹ בְּפָרֶךְ וְיָרֵאתָ מֵאֱלֹהֶיךָ׃ וְעַבְדְּךָ וַאֲמָתְךָ אֲשֶׁר יִהְיוּ־
לָךְ מֵאֵת הַגּוֹיִם אֲשֶׁר סְבִיבֹתֵיכֶם מֵהֶם תִּקְנוּ עֶבֶד וְאָמָה׃
מה וְגַם מִבְּנֵי הַתּוֹשָׁבִים הַגָּרִים עִמָּכֶם מֵהֶם תִּקְנוּ וּמִמִּשְׁפַּחְתָּם
אֲשֶׁר עִמָּכֶם אֲשֶׁר הוֹלִידוּ בְּאַרְצְכֶם וְהָיוּ לָכֶם לַאֲחֻזָּה׃
מו וְהִתְנַחַלְתֶּם אֹתָם לִבְנֵיכֶם אַחֲרֵיכֶם לָרֶשֶׁת אֲחֻזָּה לְעֹלָם בָּהֶם
תַּעֲבֹדוּ וּבְאַחֵיכֶם בְּנֵי־יִשְׂרָאֵל אִישׁ בְּאָחִיו לֹא־תִרְדֶּה בוֹ
מז בְּפָרֶךְ׃ וְכִי תַשִּׂיג יַד גֵּר וְתוֹשָׁב עִמָּךְ וּמָךְ אָחִיךָ שביעי
מח עִמּוֹ וְנִמְכַּר לְגֵר תּוֹשָׁב עִמָּךְ אוֹ לְעֵקֶר מִשְׁפַּחַת גֵּר׃ אַחֲרֵי
מט נִמְכַּר גְּאֻלָּה תִּהְיֶה־לּוֹ אֶחָד מֵאֶחָיו יִגְאָלֶנּוּ׃ אוֹ־דֹדוֹ אוֹ בֶן־
דֹּדוֹ יִגְאָלֶנּוּ אוֹ־מִשְּׁאֵר בְּשָׂרוֹ מִמִּשְׁפַּחְתּוֹ יִגְאָלֶנּוּ אוֹ־הִשִּׂיגָה
נ יָדוֹ וְנִגְאָל׃ וְחִשַּׁב עִם־קֹנֵהוּ מִשְּׁנַת הִמָּכְרוֹ לוֹ עַד שְׁנַת הַיֹּבֵל
נא וְהָיָה כֶּסֶף מִמְכָּרוֹ בְּמִסְפַּר שָׁנִים כִּימֵי שָׂכִיר יִהְיֶה עִמּוֹ׃ אִם־
נב עוֹד רַבּוֹת בַּשָּׁנִים לְפִיהֶן יָשִׁיב גְּאֻלָּתוֹ מִכֶּסֶף מִקְנָתוֹ׃ וְאִם־
מְעַט נִשְׁאַר בַּשָּׁנִים עַד־שְׁנַת הַיֹּבֵל וְחִשַּׁב־לוֹ כְּפִי שָׁנָיו יָשִׁיב
נג אֶת־גְּאֻלָּתוֹ׃ כִּשְׂכִיר שָׁנָה בְּשָׁנָה יִהְיֶה עִמּוֹ לֹא־יִרְדֶּנּוּ בְּפֶרֶךְ
נד לְעֵינֶיךָ׃ וְאִם־לֹא יִגָּאֵל בְּאֵלֶּה וְיָצָא בִּשְׁנַת הַיֹּבֵל הוּא וּבָנָיו

מפטיר
נה עַמּוֹ׃ כִּי־לִי בְנֵי־יִשְׂרָאֵל עֲבָדִים עֲבָדַי הֵם אֲשֶׁר־הוֹצֵאתִי
כו א אוֹתָם מֵאֶרֶץ מִצְרָיִם אֲנִי יְהוָה אֱלֹהֵיכֶם׃ לֹא־תַעֲשׂוּ לָכֶם
אֱלִילִם וּפֶסֶל וּמַצֵּבָה לֹא־תָקִימוּ לָכֶם וְאֶבֶן מַשְׂכִּית לֹא תִתְּנוּ
ב בְּאַרְצְכֶם לְהִשְׁתַּחֲוֹת עָלֶיהָ כִּי אֲנִי יְהוָה אֱלֹהֵיכֶם׃ אֶת־שַׁבְּתֹתַי
תִּשְׁמֹרוּ וּמִקְדָּשִׁי תִּירָאוּ אֲנִי יְהוָה׃

בחקתי כב
ג ד אִם־בְּחֻקֹּתַי תֵּלֵכוּ וְאֶת־מִצְוֹתַי תִּשְׁמְרוּ וַעֲשִׂיתֶם אֹתָם׃ וְנָתַתִּי
גִשְׁמֵיכֶם בְּעִתָּם וְנָתְנָה הָאָרֶץ יְבוּלָהּ וְעֵץ הַשָּׂדֶה יִתֵּן פִּרְיוֹ׃
ה וְהִשִּׂיג לָכֶם דַּיִשׁ אֶת־בָּצִיר וּבָצִיר יַשִּׂיג אֶת־זָרַע וַאֲכַלְתֶּם
שני
ו לַחְמְכֶם לָשֹׂבַע וִישַׁבְתֶּם לָבֶטַח בְּאַרְצְכֶם׃ וְנָתַתִּי שָׁלוֹם בָּאָרֶץ
וּשְׁכַבְתֶּם וְאֵין מַחֲרִיד וְהִשְׁבַּתִּי חַיָּה רָעָה מִן־הָאָרֶץ וְחֶרֶב
ז לֹא־תַעֲבֹר בְּאַרְצְכֶם׃ וּרְדַפְתֶּם אֶת־אֹיְבֵיכֶם וְנָפְלוּ לִפְנֵיכֶם
ח לֶחָרֶב׃ וְרָדְפוּ מִכֶּם חֲמִשָּׁה מֵאָה וּמֵאָה מִכֶּם רְבָבָה יִרְדֹּפוּ
ט וְנָפְלוּ אֹיְבֵיכֶם לִפְנֵיכֶם לֶחָרֶב׃ וּפָנִיתִי אֲלֵיכֶם וְהִפְרֵיתִי אֶתְכֶם
שלישי /חמישי/
י וְהִרְבֵּיתִי אֶתְכֶם וַהֲקִימֹתִי אֶת־בְּרִיתִי אִתְּכֶם׃ וַאֲכַלְתֶּם יָשָׁן
יא נוֹשָׁן וְיָשָׁן מִפְּנֵי חָדָשׁ תּוֹצִיאוּ׃ וְנָתַתִּי מִשְׁכָּנִי בְּתוֹכְכֶם וְלֹא־
יב תִגְעַל נַפְשִׁי אֶתְכֶם׃ וְהִתְהַלַּכְתִּי בְּתוֹכְכֶם וְהָיִיתִי לָכֶם לֵאלֹהִים
יג וְאַתֶּם תִּהְיוּ־לִי לְעָם׃ אֲנִי יְהוָה אֱלֹהֵיכֶם אֲשֶׁר הוֹצֵאתִי אֶתְכֶם
מֵאֶרֶץ מִצְרַיִם מִהְיֹת לָהֶם עֲבָדִים וָאֶשְׁבֹּר מֹטֹת עֻלְּכֶם וָאוֹלֵךְ
אֶתְכֶם קוֹמְמִיּוּת׃

יד טו וְאִם־לֹא תִשְׁמְעוּ לִי וְלֹא תַעֲשׂוּ אֵת כָּל־הַמִּצְוֹת הָאֵלֶּה׃ וְאִם־
בְּחֻקֹּתַי תִּמְאָסוּ וְאִם אֶת־מִשְׁפָּטַי תִּגְעַל נַפְשְׁכֶם לְבִלְתִּי עֲשׂוֹת
טז אֶת־כָּל־מִצְוֹתַי לְהַפְרְכֶם אֶת־בְּרִיתִי׃ אַף־אֲנִי אֶעֱשֶׂה־זֹּאת
לָכֶם וְהִפְקַדְתִּי עֲלֵיכֶם בֶּהָלָה אֶת־הַשַּׁחֶפֶת וְאֶת־הַקַּדַּחַת
מְכַלּוֹת עֵינַיִם וּמְדִיבֹת נָפֶשׁ וּזְרַעְתֶּם לָרִיק זַרְעֲכֶם וַאֲכָלֻהוּ
יז אֹיְבֵיכֶם׃ וְנָתַתִּי פָנַי בָּכֶם וְנִגַּפְתֶּם לִפְנֵי אֹיְבֵיכֶם וְרָדוּ בָכֶם
יח שֹׂנְאֵיכֶם וְנַסְתֶּם וְאֵין־רֹדֵף אֶתְכֶם׃ וְאִם־עַד־אֵלֶּה לֹא תִשְׁמְעוּ
יט לִי וְיָסַפְתִּי לְיַסְּרָה אֶתְכֶם שֶׁבַע עַל־חַטֹּאתֵיכֶם׃ וְשָׁבַרְתִּי אֶת־

גְּאוֹן עֻזְּכֶם וְנָתַתִּי אֶת־שְׁמֵיכֶם כַּבַּרְזֶל וְאֶת־אַרְצְכֶם כַּנְּחֻשָׁה׃
כ וְתַם לָרִיק כֹּחֲכֶם וְלֹא־תִתֵּן אַרְצְכֶם אֶת־יְבוּלָהּ וְעֵץ הָאָרֶץ
כא לֹא יִתֵּן פִּרְיוֹ׃ וְאִם־תֵּלְכוּ עִמִּי קֶרִי וְלֹא תֹאבוּ לִשְׁמֹעַ לִי
כב וְיָסַפְתִּי עֲלֵיכֶם מַכָּה שֶׁבַע כְּחַטֹּאתֵיכֶם׃ וְהִשְׁלַחְתִּי בָכֶם אֶת־
חַיַּת הַשָּׂדֶה וְשִׁכְּלָה אֶתְכֶם וְהִכְרִיתָה אֶת־בְּהֶמְתְּכֶם וְהִמְעִיטָה
כג אֶתְכֶם וְנָשַׁמּוּ דַּרְכֵיכֶם׃ וְאִם־בְּאֵלֶּה לֹא תִוָּסְרוּ לִי וַהֲלַכְתֶּם
כד עִמִּי קֶרִי׃ וְהָלַכְתִּי אַף־אֲנִי עִמָּכֶם בְּקֶרִי וְהִכֵּיתִי אֶתְכֶם גַּם־
כה אָנִי שֶׁבַע עַל־חַטֹּאתֵיכֶם׃ וְהֵבֵאתִי עֲלֵיכֶם חֶרֶב נֹקֶמֶת
נְקַם־בְּרִית וְנֶאֱסַפְתֶּם אֶל־עָרֵיכֶם וְשִׁלַּחְתִּי דֶבֶר בְּתוֹכְכֶם
כו וְנִתַּתֶּם בְּיַד־אוֹיֵב׃ בְּשִׁבְרִי לָכֶם מַטֵּה־לֶחֶם וְאָפוּ עֶשֶׂר נָשִׁים
לַחְמְכֶם בְּתַנּוּר אֶחָד וְהֵשִׁיבוּ לַחְמְכֶם בַּמִּשְׁקָל וַאֲכַלְתֶּם וְלֹא
כז תִשְׂבָּעוּ׃ וְאִם־בְּזֹאת לֹא תִשְׁמְעוּ לִי וַהֲלַכְתֶּם
כח עִמִּי בְּקֶרִי׃ וְהָלַכְתִּי עִמָּכֶם בַּחֲמַת־קֶרִי וְיִסַּרְתִּי אֶתְכֶם אַף־
כט אָנִי שֶׁבַע עַל־חַטֹּאתֵיכֶם׃ וַאֲכַלְתֶּם בְּשַׂר בְּנֵיכֶם וּבְשַׂר בְּנֹתֵיכֶם
ל תֹּאכֵלוּ׃ וְהִשְׁמַדְתִּי אֶת־בָּמֹתֵיכֶם וְהִכְרַתִּי אֶת־חַמָּנֵיכֶם וְנָתַתִּי
לא אֶת־פִּגְרֵיכֶם עַל־פִּגְרֵי גִּלּוּלֵיכֶם וְגָעֲלָה נַפְשִׁי אֶתְכֶם׃ וְנָתַתִּי
אֶת־עָרֵיכֶם חָרְבָּה וַהֲשִׁמּוֹתִי אֶת־מִקְדְּשֵׁיכֶם וְלֹא אָרִיחַ בְּרֵיחַ
לב נִיחֹחֲכֶם׃ וַהֲשִׁמֹּתִי אֲנִי אֶת־הָאָרֶץ וְשָׁמְמוּ עָלֶיהָ אֹיְבֵיכֶם
לג הַיֹּשְׁבִים בָּהּ׃ וְאֶתְכֶם אֱזָרֶה בַגּוֹיִם וַהֲרִיקֹתִי אַחֲרֵיכֶם חָרֶב
לד וְהָיְתָה אַרְצְכֶם שְׁמָמָה וְעָרֵיכֶם יִהְיוּ חָרְבָּה׃ אָז תִּרְצֶה הָאָרֶץ
אֶת־שַׁבְּתֹתֶיהָ כֹּל יְמֵי הָשַּׁמָּה וְאַתֶּם בְּאֶרֶץ אֹיְבֵיכֶם אָז תִּשְׁבַּת
לה הָאָרֶץ וְהִרְצָת אֶת־שַׁבְּתֹתֶיהָ׃ כָּל־יְמֵי הָשַּׁמָּה תִּשְׁבֹּת אֵת
לו אֲשֶׁר לֹא־שָׁבְתָה בְּשַׁבְּתֹתֵיכֶם בְּשִׁבְתְּכֶם עָלֶיהָ׃ וְהַנִּשְׁאָרִים
בָּכֶם וְהֵבֵאתִי מֹרֶךְ בִּלְבָבָם בְּאַרְצֹת אֹיְבֵיהֶם וְרָדַף אֹתָם קוֹל
לז עָלֶה נִדָּף וְנָסוּ מְנֻסַת־חֶרֶב וְנָפְלוּ וְאֵין רֹדֵף׃ וְכָשְׁלוּ אִישׁ־
בְּאָחִיו כְּמִפְּנֵי־חֶרֶב וְרֹדֵף אָיִן וְלֹא־תִהְיֶה לָכֶם תְּקוּמָה לִפְנֵי
לח אֹיְבֵיכֶם׃ וַאֲבַדְתֶּם בַּגּוֹיִם וְאָכְלָה אֶתְכֶם אֶרֶץ אֹיְבֵיכֶם׃

וְהַנִּשְׁאָרִים בָּכֶם יִמַּקּוּ בַּעֲוֺנָם בְּאַרְצֹת אֹיְבֵיכֶם וְאַף בַּעֲוֺנֹת לט
אֲבֹתָם אִתָּם יִמָּקּוּ: וְהִתְוַדּוּ אֶת־עֲוֺנָם וְאֶת־עֲוֺן אֲבֹתָם בְּמַעֲלָם מ
אֲשֶׁר מָעֲלוּ־בִי וְאַף אֲשֶׁר־הָלְכוּ עִמִּי בְּקֶרִי: אַף־אֲנִי אֵלֵךְ מא
עִמָּם בְּקֶרִי וְהֵבֵאתִי אֹתָם בְּאֶרֶץ אֹיְבֵיהֶם אוֹ־אָז יִכָּנַע לְבָבָם
הֶעָרֵל וְאָז יִרְצוּ אֶת־עֲוֺנָם: וְזָכַרְתִּי אֶת־בְּרִיתִי יַעֲקוֹב וְאַף מב
אֶת־בְּרִיתִי יִצְחָק וְאַף אֶת־בְּרִיתִי אַבְרָהָם אֶזְכֹּר וְהָאָרֶץ אֶזְכֹּר:
וְהָאָרֶץ תֵּעָזֵב מֵהֶם וְתִרֶץ אֶת־שַׁבְּתֹתֶיהָ בָּהְשַׁמָּה מֵהֶם וְהֵם מג
יִרְצוּ אֶת־עֲוֺנָם יַעַן וּבְיַעַן בְּמִשְׁפָּטַי מָאָסוּ וְאֶת־חֻקֹּתַי גָּעֲלָה
נַפְשָׁם: וְאַף גַּם־זֹאת בִּהְיוֹתָם בְּאֶרֶץ אֹיְבֵיהֶם לֹא־מְאַסְתִּים מד
וְלֹא־גְעַלְתִּים לְכַלֹּתָם לְהָפֵר בְּרִיתִי אִתָּם כִּי אֲנִי יהוה אֱלֹהֵיהֶם:
וְזָכַרְתִּי לָהֶם בְּרִית רִאשֹׁנִים אֲשֶׁר הוֹצֵאתִי־אֹתָם מֵאֶרֶץ מִצְרַיִם מה
לְעֵינֵי הַגּוֹיִם לִהְיוֹת לָהֶם לֵאלֹהִים אֲנִי יהוה: אֵלֶּה הַחֻקִּים מו
וְהַמִּשְׁפָּטִים וְהַתּוֹרֹת אֲשֶׁר נָתַן יהוה בֵּינוֹ וּבֵין בְּנֵי יִשְׂרָאֵל
בְּהַר סִינַי בְּיַד־מֹשֶׁה:

רביעי /ששי/ כג וַיְדַבֵּר יהוה אֶל־מֹשֶׁה לֵּאמֹר: דַּבֵּר אֶל־בְּנֵי יִשְׂרָאֵל וְאָמַרְתָּ א ב כ
אֲלֵהֶם אִישׁ כִּי יַפְלִא נֶדֶר בְּעֶרְכְּךָ נְפָשֹׁת לַיהוה: וְהָיָה עֶרְכְּךָ ג
הַזָּכָר מִבֶּן עֶשְׂרִים שָׁנָה וְעַד בֶּן־שִׁשִּׁים שָׁנָה וְהָיָה עֶרְכְּךָ
חֲמִשִּׁים שֶׁקֶל כֶּסֶף בְּשֶׁקֶל הַקֹּדֶשׁ: וְאִם־נְקֵבָה הִוא וְהָיָה ד
עֶרְכְּךָ שְׁלֹשִׁים שָׁקֶל: וְאִם מִבֶּן־חָמֵשׁ שָׁנִים וְעַד בֶּן־עֶשְׂרִים ה
שָׁנָה וְהָיָה עֶרְכְּךָ הַזָּכָר עֶשְׂרִים שְׁקָלִים וְלַנְּקֵבָה עֲשֶׂרֶת שְׁקָלִים:
וְאִם מִבֶּן־חֹדֶשׁ וְעַד בֶּן־חָמֵשׁ שָׁנִים וְהָיָה עֶרְכְּךָ הַזָּכָר חֲמִשָּׁה ו
שְׁקָלִים כָּסֶף וְלַנְּקֵבָה עֶרְכְּךָ שְׁלֹשֶׁת שְׁקָלִים כָּסֶף: וְאִם מִבֶּן־ ז
שִׁשִּׁים שָׁנָה וָמַעְלָה אִם־זָכָר וְהָיָה עֶרְכְּךָ חֲמִשָּׁה עָשָׂר שָׁקֶל
וְלַנְּקֵבָה עֲשָׂרָה שְׁקָלִים: וְאִם־מָךְ הוּא מֵעֶרְכֶּךָ וְהֶעֱמִידוֹ לִפְנֵי ח
הַכֹּהֵן וְהֶעֱרִיךְ אֹתוֹ הַכֹּהֵן עַל־פִּי אֲשֶׁר תַּשִּׂיג יַד הַנֹּדֵר יַעֲרִיכֶנּוּ
הַכֹּהֵן: וְאִם־בְּהֵמָה אֲשֶׁר יַקְרִיבוּ מִמֶּנָּה קָרְבָּן ט
לַיהוה כֹּל אֲשֶׁר יִתֵּן מִמֶּנּוּ לַיהוה יִהְיֶה־קֹּדֶשׁ: לֹא יַחֲלִיפֶנּוּ י

וְלֹא־יָמִיר אֹתוֹ טוֹב בְּרָע אוֹ־רַע בְּטוֹב וְאִם־הָמֵר יָמִיר בְּהֵמָה
יא בִּבְהֵמָה וְהָיָה־הוּא וּתְמוּרָתוֹ יִהְיֶה־קֹּדֶשׁ׃ וְאִם כָּל־בְּהֵמָה
טְמֵאָה אֲשֶׁר לֹא־יַקְרִיבוּ מִמֶּנָּה קׇרְבָּן לַיהֹוָה וְהֶעֱמִיד אֶת־
יב הַבְּהֵמָה לִפְנֵי הַכֹּהֵן׃ וְהֶעֱרִיךְ הַכֹּהֵן אֹתָהּ בֵּין טוֹב וּבֵין רָע
יג כְּעֶרְכְּךָ הַכֹּהֵן כֵּן יִהְיֶה׃ וְאִם־גָּאֹל יִגְאָלֶנָּה וְיָסַף חֲמִישִׁתוֹ עַל־
יד עֶרְכֶּךָ׃ וְאִישׁ כִּי־יַקְדִּשׁ אֶת־בֵּיתוֹ קֹדֶשׁ לַיהֹוָה וְהֶעֱרִיכוֹ הַכֹּהֵן
טו בֵּין טוֹב וּבֵין רָע כַּאֲשֶׁר יַעֲרִיךְ אֹתוֹ הַכֹּהֵן כֵּן יָקוּם׃ וְאִם־
הַמַּקְדִּישׁ יִגְאַל אֶת־בֵּיתוֹ וְיָסַף חֲמִישִׁית כֶּסֶף־עֶרְכְּךָ עָלָיו
טז וְהָיָה לוֹ׃ וְאִם ׀ מִשְּׂדֵה אֲחֻזָּתוֹ יַקְדִּישׁ אִישׁ לַיהֹוָה וְהָיָה עֶרְכְּךָ חמישי /שביעי/
יז לְפִי זַרְעוֹ זֶרַע חֹמֶר שְׂעֹרִים בַּחֲמִשִּׁים שֶׁקֶל כָּסֶף׃ אִם־מִשְּׁנַת
יח הַיֹּבֵל יַקְדִּישׁ שָׂדֵהוּ כְּעֶרְכְּךָ יָקוּם׃ וְאִם־אַחַר הַיֹּבֵל יַקְדִּישׁ
שָׂדֵהוּ וְחִשַּׁב־לוֹ הַכֹּהֵן אֶת־הַכֶּסֶף עַל־פִּי הַשָּׁנִים הַנּוֹתָרֹת
יט עַד שְׁנַת הַיֹּבֵל וְנִגְרַע מֵעֶרְכֶּךָ׃ וְאִם־גָּאֹל יִגְאַל אֶת־הַשָּׂדֶה
כ הַמַּקְדִּישׁ אֹתוֹ וְיָסַף חֲמִשִׁית כֶּסֶף־עֶרְכְּךָ עָלָיו וְקָם לוֹ׃ וְאִם־
לֹא יִגְאַל אֶת־הַשָּׂדֶה וְאִם־מָכַר אֶת־הַשָּׂדֶה לְאִישׁ אַחֵר לֹא־
כא יִגָּאֵל עוֹד׃ וְהָיָה הַשָּׂדֶה בְּצֵאתוֹ בַיֹּבֵל קֹדֶשׁ לַיהֹוָה כִּשְׂדֵה
כב הַחֵרֶם לַכֹּהֵן תִּהְיֶה אֲחֻזָּתוֹ׃ וְאִם אֶת־שְׂדֵה מִקְנָתוֹ אֲשֶׁר לֹא ששי
כג מִשְּׂדֵה אֲחֻזָּתוֹ יַקְדִּישׁ לַיהֹוָה׃ וְחִשַּׁב־לוֹ הַכֹּהֵן אֵת מִכְסַת
הָעֶרְכְּךָ עַד שְׁנַת הַיֹּבֵל וְנָתַן אֶת־הָעֶרְכְּךָ בַּיּוֹם הַהוּא קֹדֶשׁ
כד לַיהֹוָה׃ בִּשְׁנַת הַיּוֹבֵל יָשׁוּב הַשָּׂדֶה לַאֲשֶׁר קָנָהוּ מֵאִתּוֹ
כה לַאֲשֶׁר־לוֹ אֲחֻזַּת הָאָרֶץ׃ וְכׇל־עֶרְכְּךָ יִהְיֶה בְּשֶׁקֶל הַקֹּדֶשׁ
כו עֶשְׂרִים גֵּרָה יִהְיֶה הַשָּׁקֶל׃ אַךְ־בְּכוֹר אֲשֶׁר יְבֻכַּר לַיהֹוָה
בִּבְהֵמָה לֹא־יַקְדִּישׁ אִישׁ אֹתוֹ אִם־שׁוֹר אִם־שֶׂה לַיהֹוָה
כז הוּא׃ וְאִם בַּבְּהֵמָה הַטְּמֵאָה וּפָדָה בְעֶרְכֶּךָ וְיָסַף חֲמִשִׁתוֹ עָלָיו
כח וְאִם־לֹא יִגָּאֵל וְנִמְכַּר בְּעֶרְכֶּךָ׃ אַךְ־כׇּל־חֵרֶם אֲשֶׁר יַחֲרִם אִישׁ
לַיהֹוָה מִכׇּל־אֲשֶׁר־לוֹ מֵאָדָם וּבְהֵמָה וּמִשְּׂדֵה אֲחֻזָּתוֹ לֹא יִמָּכֵר
כט וְלֹא יִגָּאֵל כׇּל־חֵרֶם קֹדֶשׁ־קׇדָשִׁים הוּא לַיהֹוָה׃ כׇּל־חֵרֶם שביעי

ל אֲשֶׁר יָחֳרַם מִן־הָאָדָם לֹא יִפָּדֶה מוֹת יוּמָת׃ וְכָל־מַעְשַׂר
הָאָרֶץ מִזֶּרַע הָאָרֶץ מִפְּרִי הָעֵץ לַיהוָה הוּא קֹדֶשׁ לַיהוָה׃
מפטיר לא לב וְאִם־גָּאֹל יִגְאַל אִישׁ מִמַּעַשְׂרוֹ חֲמִשִׁיתוֹ יֹסֵף עָלָיו׃ וְכָל־
מַעְשַׂר בָּקָר וָצֹאן כֹּל אֲשֶׁר־יַעֲבֹר תַּחַת הַשָּׁבֶט הָעֲשִׂירִי יִהְיֶה־
לג קֹּדֶשׁ לַיהוָה׃ לֹא יְבַקֵּר בֵּין־טוֹב לָרַע וְלֹא יְמִירֶנּוּ וְאִם־הָמֵר
לד יְמִירֶנּוּ וְהָיָה־הוּא וּתְמוּרָתוֹ יִהְיֶה־קֹּדֶשׁ לֹא יִגָּאֵל׃ אֵלֶּה
הַמִּצְוֺת אֲשֶׁר צִוָּה יְהוָה אֶת־מֹשֶׁה אֶל־בְּנֵי יִשְׂרָאֵל בְּהַר סִינָי׃

במדבר

BEMIDBAR

א וַיְדַבֵּר יְהוָה אֶל־מֹשֶׁה בְּמִדְבַּר סִינַי בְּאֹהֶל מוֹעֵד בְּאֶחָד לַחֹדֶשׁ א
ב הַשֵּׁנִי בַּשָּׁנָה הַשֵּׁנִית לְצֵאתָם מֵאֶרֶץ מִצְרַיִם לֵאמֹר: שְׂאוּ אֶת־
רֹאשׁ כָּל־עֲדַת בְּנֵי־יִשְׂרָאֵל לְמִשְׁפְּחֹתָם לְבֵית אֲבֹתָם בְּמִסְפַּר
ג שֵׁמוֹת כָּל־זָכָר לְגֻלְגְּלֹתָם: מִבֶּן עֶשְׂרִים שָׁנָה וָמַעְלָה כָּל־יֹצֵא
ד צָבָא בְּיִשְׂרָאֵל תִּפְקְדוּ אֹתָם לְצִבְאֹתָם אַתָּה וְאַהֲרֹן: וְאִתְּכֶם
ה יִהְיוּ אִישׁ אִישׁ לַמַּטֶּה אִישׁ רֹאשׁ לְבֵית־אֲבֹתָיו הוּא: וְאֵלֶּה
שְׁמוֹת הָאֲנָשִׁים אֲשֶׁר יַעַמְדוּ אִתְּכֶם לִרְאוּבֵן אֱלִיצוּר בֶּן־
ו ז שְׁדֵיאוּר: לְשִׁמְעוֹן שְׁלֻמִיאֵל בֶּן־צוּרִישַׁדָּי: לִיהוּדָה נַחְשׁוֹן בֶּן־
ח ט עַמִּינָדָב: לְיִשָּׂשכָר נְתַנְאֵל בֶּן־צוּעָר: לִזְבוּלֻן אֱלִיאָב בֶּן־חֵלֹן:
י לִבְנֵי יוֹסֵף לְאֶפְרַיִם אֱלִישָׁמָע בֶּן־עַמִּיהוּד לִמְנַשֶּׁה גַּמְלִיאֵל בֶּן־
יא יב פְּדָהצוּר: לְבִנְיָמִן אֲבִידָן בֶּן־גִּדְעֹנִי: לְדָן אֲחִיעֶזֶר בֶּן־עַמִּישַׁדָּי:
יג יד טו לְאָשֵׁר פַּגְעִיאֵל בֶּן־עָכְרָן: לְגָד אֶלְיָסָף בֶּן־דְּעוּאֵל: לְנַפְתָּלִי
טז אֲחִירַע בֶּן־עֵינָן: אֵלֶּה קריאי הָעֵדָה נְשִׂיאֵי מַטּוֹת אֲבוֹתָם רָאשֵׁי קְרוּאֵי
יז אַלְפֵי יִשְׂרָאֵל הֵם: וַיִּקַּח מֹשֶׁה וְאַהֲרֹן אֵת הָאֲנָשִׁים הָאֵלֶּה
יח אֲשֶׁר נִקְּבוּ בְּשֵׁמוֹת: וְאֵת כָּל־הָעֵדָה הִקְהִילוּ בְּאֶחָד לַחֹדֶשׁ
הַשֵּׁנִי וַיִּתְיַלְדוּ עַל־מִשְׁפְּחֹתָם לְבֵית אֲבֹתָם בְּמִסְפַּר שֵׁמוֹת
יט מִבֶּן עֶשְׂרִים שָׁנָה וָמַעְלָה לְגֻלְגְּלֹתָם: כַּאֲשֶׁר צִוָּה יְהוָה אֶת־
כ מֹשֶׁה וַיִּפְקְדֵם בְּמִדְבַּר סִינָי: וַיִּהְיוּ בְנֵי־רְאוּבֵן שני
בְּכֹר יִשְׂרָאֵל תּוֹלְדֹתָם לְמִשְׁפְּחֹתָם לְבֵית אֲבֹתָם בְּמִסְפַּר
שֵׁמוֹת לְגֻלְגְּלֹתָם כָּל־זָכָר מִבֶּן עֶשְׂרִים שָׁנָה וָמַעְלָה כֹּל יֹצֵא
כא צָבָא: פְּקֻדֵיהֶם לְמַטֵּה רְאוּבֵן שִׁשָּׁה וְאַרְבָּעִים אֶלֶף וַחֲמֵשׁ
מֵאוֹת:
כב לִבְנֵי שִׁמְעוֹן תּוֹלְדֹתָם לְמִשְׁפְּחֹתָם לְבֵית אֲבֹתָם פְּקֻדָיו בְּמִסְפַּר
שֵׁמוֹת לְגֻלְגְּלֹתָם כָּל־זָכָר מִבֶּן עֶשְׂרִים שָׁנָה וָמַעְלָה כֹּל יֹצֵא
כג צָבָא: פְּקֻדֵיהֶם לְמַטֵּה שִׁמְעוֹן תִּשְׁעָה וַחֲמִשִּׁים אֶלֶף וּשְׁלֹשׁ
מֵאוֹת:
כד לִבְנֵי גָד תּוֹלְדֹתָם לְמִשְׁפְּחֹתָם לְבֵית אֲבֹתָם בְּמִסְפַּר שֵׁמוֹת

מִבֶּן עֶשְׂרִים שָׁנָה וָמַעְלָה כֹּל יֹצֵא צָבָא׃ פְּקֻדֵיהֶם לְמַטֵּה גָד כה
חֲמִשָּׁה וְאַרְבָּעִים אֶלֶף וְשֵׁשׁ מֵאוֹת וַחֲמִשִּׁים׃
לִבְנֵי יְהוּדָה תּוֹלְדֹתָם לְמִשְׁפְּחֹתָם לְבֵית אֲבֹתָם בְּמִסְפַּר שֵׁמֹת כו
מִבֶּן עֶשְׂרִים שָׁנָה וָמַעְלָה כֹּל יֹצֵא צָבָא׃ פְּקֻדֵיהֶם לְמַטֵּה יְהוּדָה כז
אַרְבָּעָה וְשִׁבְעִים אֶלֶף וְשֵׁשׁ מֵאוֹת׃
לִבְנֵי יִשָּׂשכָר תּוֹלְדֹתָם לְמִשְׁפְּחֹתָם לְבֵית אֲבֹתָם בְּמִסְפַּר כח
שֵׁמֹת מִבֶּן עֶשְׂרִים שָׁנָה וָמַעְלָה כֹּל יֹצֵא צָבָא׃ פְּקֻדֵיהֶם לְמַטֵּה כט
יִשָּׂשכָר אַרְבָּעָה וַחֲמִשִּׁים אֶלֶף וְאַרְבַּע מֵאוֹת׃
לִבְנֵי זְבוּלֻן תּוֹלְדֹתָם לְמִשְׁפְּחֹתָם לְבֵית אֲבֹתָם בְּמִסְפַּר שֵׁמֹת ל
מִבֶּן עֶשְׂרִים שָׁנָה וָמַעְלָה כֹּל יֹצֵא צָבָא׃ פְּקֻדֵיהֶם לְמַטֵּה זְבוּלֻן לא
שִׁבְעָה וַחֲמִשִּׁים אֶלֶף וְאַרְבַּע מֵאוֹת׃
לִבְנֵי יוֹסֵף לִבְנֵי אֶפְרַיִם תּוֹלְדֹתָם לְמִשְׁפְּחֹתָם לְבֵית אֲבֹתָם לב
בְּמִסְפַּר שֵׁמֹת מִבֶּן עֶשְׂרִים שָׁנָה וָמַעְלָה כֹּל יֹצֵא צָבָא׃ פְּקֻדֵיהֶם לג
לְמַטֵּה אֶפְרָיִם אַרְבָּעִים אֶלֶף וַחֲמֵשׁ מֵאוֹת׃
לִבְנֵי מְנַשֶּׁה תּוֹלְדֹתָם לְמִשְׁפְּחֹתָם לְבֵית אֲבֹתָם בְּמִסְפַּר שֵׁמוֹת לד
מִבֶּן עֶשְׂרִים שָׁנָה וָמַעְלָה כֹּל יֹצֵא צָבָא׃ פְּקֻדֵיהֶם לְמַטֵּה מְנַשֶּׁה לה
שְׁנַיִם וּשְׁלֹשִׁים אֶלֶף וּמָאתָיִם׃
לִבְנֵי בִנְיָמִן תּוֹלְדֹתָם לְמִשְׁפְּחֹתָם לְבֵית אֲבֹתָם בְּמִסְפַּר שֵׁמֹת לו
מִבֶּן עֶשְׂרִים שָׁנָה וָמַעְלָה כֹּל יֹצֵא צָבָא׃ פְּקֻדֵיהֶם לְמַטֵּה בִנְיָמִן לז
חֲמִשָּׁה וּשְׁלֹשִׁים אֶלֶף וְאַרְבַּע מֵאוֹת׃
לִבְנֵי דָן תּוֹלְדֹתָם לְמִשְׁפְּחֹתָם לְבֵית אֲבֹתָם בְּמִסְפַּר שֵׁמֹת מִבֶּן לח
עֶשְׂרִים שָׁנָה וָמַעְלָה כֹּל יֹצֵא צָבָא׃ פְּקֻדֵיהֶם לְמַטֵּה דָן שְׁנַיִם לט
וְשִׁשִּׁים אֶלֶף וּשְׁבַע מֵאוֹת׃
לִבְנֵי אָשֵׁר תּוֹלְדֹתָם לְמִשְׁפְּחֹתָם לְבֵית אֲבֹתָם בְּמִסְפַּר שֵׁמֹת מ
מִבֶּן עֶשְׂרִים שָׁנָה וָמַעְלָה כֹּל יֹצֵא צָבָא׃ פְּקֻדֵיהֶם לְמַטֵּה אָשֵׁר מא
אֶחָד וְאַרְבָּעִים אֶלֶף וַחֲמֵשׁ מֵאוֹת׃
בְּנֵי נַפְתָּלִי תּוֹלְדֹתָם לְמִשְׁפְּחֹתָם לְבֵית אֲבֹתָם בְּמִסְפַּר שֵׁמֹת מב

מג מִבֶּן עֶשְׂרִים שָׁנָה וָמַעְלָה כֹּל יֹצֵא צָבָא׃ פְּקֻדֵיהֶם לְמַטֵּה נַפְתָּלִי
שְׁלֹשָׁה וַחֲמִשִּׁים אֶלֶף וְאַרְבַּע מֵאוֹת׃
מד אֵלֶּה הַפְּקֻדִים אֲשֶׁר פָּקַד מֹשֶׁה וְאַהֲרֹן וּנְשִׂיאֵי יִשְׂרָאֵל שְׁנֵים
מה עָשָׂר אִישׁ אִישׁ־אֶחָד לְבֵית־אֲבֹתָיו הָיוּ׃ וַיִּהְיוּ כָּל־פְּקוּדֵי בְנֵי־
יִשְׂרָאֵל לְבֵית אֲבֹתָם מִבֶּן עֶשְׂרִים שָׁנָה וָמַעְלָה כָּל־יֹצֵא צָבָא
מו בְּיִשְׂרָאֵל׃ וַיִּהְיוּ כָּל־הַפְּקֻדִים שֵׁשׁ־מֵאוֹת אֶלֶף וּשְׁלֹשֶׁת אֲלָפִים
מז וַחֲמֵשׁ מֵאוֹת וַחֲמִשִּׁים׃ וְהַלְוִיִּם לְמַטֵּה אֲבֹתָם לֹא הָתְפָּקְדוּ
בְּתוֹכָם׃
מח מט וַיְדַבֵּר יְהוָה אֶל־מֹשֶׁה לֵּאמֹר׃ אַךְ אֶת־מַטֵּה לֵוִי לֹא תִפְקֹד
נ וְאֶת־רֹאשָׁם לֹא תִשָּׂא בְּתוֹךְ בְּנֵי יִשְׂרָאֵל׃ וְאַתָּה הַפְקֵד אֶת־
הַלְוִיִּם עַל־מִשְׁכַּן הָעֵדֻת וְעַל כָּל־כֵּלָיו וְעַל כָּל־אֲשֶׁר־לוֹ הֵמָּה
יִשְׂאוּ אֶת־הַמִּשְׁכָּן וְאֶת־כָּל־כֵּלָיו וְהֵם יְשָׁרְתֻהוּ וְסָבִיב לַמִּשְׁכָּן
נא יַחֲנוּ׃ וּבִנְסֹעַ הַמִּשְׁכָּן יוֹרִידוּ אֹתוֹ הַלְוִיִּם וּבַחֲנֹת הַמִּשְׁכָּן יָקִימוּ
נב אֹתוֹ הַלְוִיִּם וְהַזָּר הַקָּרֵב יוּמָת׃ וְחָנוּ בְּנֵי יִשְׂרָאֵל אִישׁ עַל־
נג מַחֲנֵהוּ וְאִישׁ עַל־דִּגְלוֹ לְצִבְאֹתָם׃ וְהַלְוִיִּם יַחֲנוּ סָבִיב לְמִשְׁכַּן
הָעֵדֻת וְלֹא־יִהְיֶה קֶצֶף עַל־עֲדַת בְּנֵי יִשְׂרָאֵל וְשָׁמְרוּ הַלְוִיִּם
נד אֶת־מִשְׁמֶרֶת מִשְׁכַּן הָעֵדוּת׃ וַיַּעֲשׂוּ בְּנֵי יִשְׂרָאֵל כְּכֹל אֲשֶׁר
צִוָּה יְהוָה אֶת־מֹשֶׁה כֵּן עָשׂוּ׃
ב א ב וַיְדַבֵּר יְהוָה אֶל־מֹשֶׁה וְאֶל־אַהֲרֹן לֵאמֹר׃ אִישׁ עַל־דִּגְלוֹ ב שלישי
בְאֹתֹת לְבֵית אֲבֹתָם יַחֲנוּ בְּנֵי יִשְׂרָאֵל מִנֶּגֶד סָבִיב לְאֹהֶל־
ג מוֹעֵד יַחֲנוּ׃ וְהַחֹנִים קֵדְמָה מִזְרָחָה דֶּגֶל מַחֲנֵה יְהוּדָה לְצִבְאֹתָם
ד וְנָשִׂיא לִבְנֵי יְהוּדָה נַחְשׁוֹן בֶּן־עַמִּינָדָב׃ וּצְבָאוֹ וּפְקֻדֵיהֶם
ה אַרְבָּעָה וְשִׁבְעִים אֶלֶף וְשֵׁשׁ מֵאוֹת׃ וְהַחֹנִים עָלָיו מַטֵּה
ו יִשָּׂשכָר וְנָשִׂיא לִבְנֵי יִשָּׂשכָר נְתַנְאֵל בֶּן־צוּעָר׃ וּצְבָאוֹ וּפְקֻדָיו
ז אַרְבָּעָה וַחֲמִשִּׁים אֶלֶף וְאַרְבַּע מֵאוֹת׃ מַטֵּה זְבוּלֻן וְנָשִׂיא
ח לִבְנֵי זְבוּלֻן אֱלִיאָב בֶּן־חֵלֹן׃ וּצְבָאוֹ וּפְקֻדָיו שִׁבְעָה וַחֲמִשִּׁים
ט אֶלֶף וְאַרְבַּע מֵאוֹת׃ כָּל־הַפְּקֻדִים לְמַחֲנֵה יְהוּדָה מְאַת אֶלֶף

וּשְׁמֹנִים אֶלֶף וְשֵׁשֶׁת־אֲלָפִים וְאַרְבַּע־מֵאוֹת לְצִבְאֹתָם רִאשֹׁנָה
י יִסָּעוּ׃ דֶּגֶל מַחֲנֵה רְאוּבֵן תֵּימָנָה לְצִבְאֹתָם
יא וְנָשִׂיא לִבְנֵי רְאוּבֵן אֱלִיצוּר בֶּן־שְׁדֵיאוּר׃ וּצְבָאוֹ וּפְקֻדָיו
יב שִׁשָּׁה וְאַרְבָּעִים אֶלֶף וַחֲמֵשׁ מֵאוֹת׃ וְהַחוֹנִם עָלָיו מַטֵּה שִׁמְעוֹן
יג וְנָשִׂיא לִבְנֵי שִׁמְעוֹן שְׁלֻמִיאֵל בֶּן־צוּרִישַׁדָּי׃ וּצְבָאוֹ וּפְקֻדֵיהֶם
יד תִּשְׁעָה וַחֲמִשִּׁים אֶלֶף וּשְׁלֹשׁ מֵאוֹת׃ וּמַטֵּה גָּד וְנָשִׂיא לִבְנֵי גָד
טו אֶלְיָסָף בֶּן־רְעוּאֵל׃ וּצְבָאוֹ וּפְקֻדֵיהֶם חֲמִשָּׁה וְאַרְבָּעִים אֶלֶף
טז וְשֵׁשׁ מֵאוֹת וַחֲמִשִּׁים׃ כָּל־הַפְּקֻדִים לְמַחֲנֵה רְאוּבֵן מְאַת
אֶלֶף וְאֶחָד וַחֲמִשִּׁים אֶלֶף וְאַרְבַּע־מֵאוֹת וַחֲמִשִּׁים לְצִבְאֹתָם
יז וּשְׁנִיִּם יִסָּעוּ׃ וְנָסַע אֹהֶל־מוֹעֵד מַחֲנֵה
הַלְוִיִּם בְּתוֹךְ הַמַּחֲנֹת כַּאֲשֶׁר יַחֲנוּ כֵּן יִסָּעוּ אִישׁ עַל־יָדוֹ
יח לְדִגְלֵיהֶם׃ דֶּגֶל מַחֲנֵה אֶפְרַיִם לְצִבְאֹתָם
יט יָמָּה וְנָשִׂיא לִבְנֵי אֶפְרַיִם אֱלִישָׁמָע בֶּן־עַמִּיהוּד׃ וּצְבָאוֹ וּפְקֻדֵיהֶם
כ אַרְבָּעִים אֶלֶף וַחֲמֵשׁ מֵאוֹת׃ וְעָלָיו מַטֵּה מְנַשֶּׁה וְנָשִׂיא לִבְנֵי
כא מְנַשֶּׁה גַּמְלִיאֵל בֶּן־פְּדָהצוּר׃ וּצְבָאוֹ וּפְקֻדֵיהֶם שְׁנַיִם וּשְׁלֹשִׁים
כב אֶלֶף וּמָאתָיִם׃ וּמַטֵּה בִּנְיָמִן וְנָשִׂיא לִבְנֵי בִנְיָמִן אֲבִידָן בֶּן־
כג גִּדְעֹנִי׃ וּצְבָאוֹ וּפְקֻדֵיהֶם חֲמִשָּׁה וּשְׁלֹשִׁים אֶלֶף וְאַרְבַּע מֵאוֹת׃
כד כָּל־הַפְּקֻדִים לְמַחֲנֵה אֶפְרַיִם מְאַת אֶלֶף וּשְׁמֹנַת־אֲלָפִים וּמֵאָה
כה לְצִבְאֹתָם וּשְׁלִשִׁים יִסָּעוּ׃ דֶּגֶל מַחֲנֵה דָן צָפֹנָה
כו לְצִבְאֹתָם וְנָשִׂיא לִבְנֵי דָן אֲחִיעֶזֶר בֶּן־עַמִּישַׁדָּי׃ וּצְבָאוֹ וּפְקֻדֵיהֶם
כז שְׁנַיִם וְשִׁשִּׁים אֶלֶף וּשְׁבַע מֵאוֹת׃ וְהַחֹנִים עָלָיו מַטֵּה אָשֵׁר
כח וְנָשִׂיא לִבְנֵי אָשֵׁר פַּגְעִיאֵל בֶּן־עָכְרָן׃ וּצְבָאוֹ וּפְקֻדֵיהֶם אֶחָד
כט וְאַרְבָּעִים אֶלֶף וַחֲמֵשׁ מֵאוֹת׃ וּמַטֵּה נַפְתָּלִי וְנָשִׂיא לִבְנֵי נַפְתָּלִי
ל אֲחִירַע בֶּן־עֵינָן׃ וּצְבָאוֹ וּפְקֻדֵיהֶם שְׁלֹשָׁה וַחֲמִשִּׁים אֶלֶף וְאַרְבַּע
לא מֵאוֹת׃ כָּל־הַפְּקֻדִים לְמַחֲנֵה דָן מְאַת אֶלֶף וְשִׁבְעָה וַחֲמִשִּׁים
אֶלֶף וְשֵׁשׁ מֵאוֹת לָאַחֲרֹנָה יִסְעוּ לְדִגְלֵיהֶם׃
לב אֵלֶּה פְּקוּדֵי בְנֵי־יִשְׂרָאֵל לְבֵית אֲבֹתָם כָּל־פְּקוּדֵי הַמַּחֲנֹת

לְצִבְאֹתָם שֵׁשׁ־מֵאוֹת אֶלֶף וּשְׁלֹשֶׁת אֲלָפִים וַחֲמֵשׁ מֵאוֹת
לג וַחֲמִשִּׁים׃ וְהַלְוִיִּם לֹא הָתְפָּקְדוּ בְּתוֹךְ בְּנֵי יִשְׂרָאֵל כַּאֲשֶׁר צִוָּה
לד יְהוָה אֶת־מֹשֶׁה׃ וַיַּעֲשׂוּ בְּנֵי יִשְׂרָאֵל כְּכֹל אֲשֶׁר־צִוָּה יְהוָה
אֶת־מֹשֶׁה כֵּן־חָנוּ לְדִגְלֵיהֶם וְכֵן נָסָעוּ אִישׁ לְמִשְׁפְּחֹתָיו עַל־
בֵּית אֲבֹתָיו׃
ג א וְאֵלֶּה תּוֹלְדֹת אַהֲרֹן וּמֹשֶׁה בְּיוֹם דִּבֶּר יְהוָה אֶת־מֹשֶׁה בְּהַר רביעי
ב סִינָי׃ וְאֵלֶּה שְׁמוֹת בְּנֵי־אַהֲרֹן הַבְּכֹר ׀ נָדָב וַאֲבִיהוּא אֶלְעָזָר
ג וְאִיתָמָר׃ אֵלֶּה שְׁמוֹת בְּנֵי אַהֲרֹן הַכֹּהֲנִים הַמְּשֻׁחִים אֲשֶׁר־מִלֵּא
ד יָדָם לְכַהֵן׃ וַיָּמָת נָדָב וַאֲבִיהוּא לִפְנֵי יְהוָה בְּהַקְרִבָם אֵשׁ זָרָה
לִפְנֵי יְהוָה בְּמִדְבַּר סִינַי וּבָנִים לֹא־הָיוּ לָהֶם וַיְכַהֵן אֶלְעָזָר
וְאִיתָמָר עַל־פְּנֵי אַהֲרֹן אֲבִיהֶם׃
ה ו וַיְדַבֵּר יְהוָה אֶל־מֹשֶׁה לֵּאמֹר׃ הַקְרֵב אֶת־מַטֵּה לֵוִי וְהַעֲמַדְתָּ
ז אֹתוֹ לִפְנֵי אַהֲרֹן הַכֹּהֵן וְשֵׁרְתוּ אֹתוֹ׃ וְשָׁמְרוּ אֶת־מִשְׁמַרְתּוֹ
וְאֶת־מִשְׁמֶרֶת כָּל־הָעֵדָה לִפְנֵי אֹהֶל מוֹעֵד לַעֲבֹד אֶת־עֲבֹדַת
ח הַמִּשְׁכָּן׃ וְשָׁמְרוּ אֶת־כָּל־כְּלֵי אֹהֶל מוֹעֵד וְאֶת־מִשְׁמֶרֶת
ט בְּנֵי יִשְׂרָאֵל לַעֲבֹד אֶת־עֲבֹדַת הַמִּשְׁכָּן׃ וְנָתַתָּה אֶת־הַלְוִיִּם
לְאַהֲרֹן וּלְבָנָיו נְתוּנִם נְתוּנִם הֵמָּה לוֹ מֵאֵת בְּנֵי יִשְׂרָאֵל׃
י וְאֶת־אַהֲרֹן וְאֶת־בָּנָיו תִּפְקֹד וְשָׁמְרוּ אֶת־כְּהֻנָּתָם וְהַזָּר הַקָּרֵב
יוּמָת׃
יא יב וַיְדַבֵּר יְהוָה אֶל־מֹשֶׁה לֵּאמֹר׃ וַאֲנִי הִנֵּה לָקַחְתִּי אֶת־הַלְוִיִּם
מִתּוֹךְ בְּנֵי יִשְׂרָאֵל תַּחַת כָּל־בְּכוֹר פֶּטֶר רֶחֶם מִבְּנֵי יִשְׂרָאֵל
יג וְהָיוּ לִי הַלְוִיִּם׃ כִּי לִי כָּל־בְּכוֹר בְּיוֹם הַכֹּתִי כָל־בְּכוֹר בְּאֶרֶץ
מִצְרַיִם הִקְדַּשְׁתִּי לִי כָל־בְּכוֹר בְּיִשְׂרָאֵל מֵאָדָם עַד־בְּהֵמָה
לִי יִהְיוּ אֲנִי יְהוָה׃
יד טו וַיְדַבֵּר יְהוָה אֶל־מֹשֶׁה בְּמִדְבַּר סִינַי לֵאמֹר׃ פְּקֹד אֶת־בְּנֵי לֵוִי חמישי
לְבֵית אֲבֹתָם לְמִשְׁפְּחֹתָם כָּל־זָכָר מִבֶּן־חֹדֶשׁ וָמַעְלָה תִּפְקְדֵם׃
טז יז וַיִּפְקֹד אֹתָם מֹשֶׁה עַל־פִּי יְהוָה כַּאֲשֶׁר צֻוָּה׃ וַיִּהְיוּ־אֵלֶּה בְנֵי־

יח לוי בשמתם גרשון וקהת ומררי: ואלה שמות בני־גרשון
יט למשפחתם לבני ושמעי: ובני קהת למשפחתם עמרם ויצהר
כ חברון ועזיאל: ובני מררי למשפחתם מחלי ומושי אלה הם
כא משפחת הלוי לבית אבתם: לגרשון משפחת הלבני ומשפחת
כב השמעי אלה הם משפחת הגרשני: פקדיהם במספר כל־זכר
מבן־חדש ומעלה פקדיהם שבעת אלפים וחמש מאות:
כג כד משפחת הגרשני אחרי המשכן יחנו ימה: ונשיא בית־אב
כה לגרשני אליסף בן־לאל: ומשמרת בני־גרשון באהל מועד
כו המשכן והאהל מכסהו ומסך פתח אהל מועד: וקלעי החצר
ואת־מסך פתח החצר אשר על־המשכן ועל־המזבח סביב
כז ואת מיתריו לכל עבדתו: ולקהת משפחת
העמרמי ומשפחת היצהרי ומשפחת החברני ומשפחת
כח העזיאלי אלה הם משפחת הקהתי: במספר כל־זכר מבן־
חדש ומעלה שמנת אלפים ושש מאות שמרי משמרת
כט ל הקדש: משפחת בני־קהת יחנו על ירך המשכן תימנה: ונשיא
לא בית־אב למשפחת הקהתי אליצפן בן־עזיאל: ומשמרתם
הארן והשלחן והמנרה והמזבחת וכלי הקדש אשר ישרתו
לב בהם והמסך וכל עבדתו: ונשיא נשיאי הלוי אלעזר בן־
לג אהרן הכהן פקדת שמרי משמרת הקדש: למררי משפחת
לד המחלי ומשפחת המושי אלה הם משפחת מררי: ופקדיהם
במספר כל־זכר מבן־חדש ומעלה ששת אלפים ומאתים:
לה ונשיא בית־אב למשפחת מררי צוריאל בן־אביחיל על ירך
לו המשכן יחנו צפנה: ופקדת משמרת בני מררי קרשי המשכן
לז ובריחיו ועמדיו ואדניו וכל־כליו וכל עבדתו: ועמדי החצר
לח סביב ואדניהם ויתדתם ומיתריהם: והחנים לפני המשכן
קדמה לפני אהל־מועד ׀ מזרחה משה ׀ ואהרן ובניו שמרים
משמרת המקדש למשמרת בני ישראל והזר הקרב יומת:

לט כׇּל־פְּקוּדֵי הַלְוִיִּם אֲשֶׁר פָּקַד מֹשֶׁה וְאַהֲרֹן עַל־פִּי יְהוָה
לְמִשְׁפְּחֹתָם כׇּל־זָכָר מִבֶּן־חֹדֶשׁ וָמַעְלָה שְׁנַיִם וְעֶשְׂרִים
מ אָלֶף׃ וַיֹּאמֶר יְהוָה אֶל־מֹשֶׁה פְּקֹד כׇּל־בְּכֹר ששי
זָכָר לִבְנֵי יִשְׂרָאֵל מִבֶּן־חֹדֶשׁ וָמָעְלָה וְשָׂא אֵת מִסְפַּר שְׁמֹתָם׃
מא וְלָקַחְתָּ אֶת־הַלְוִיִּם לִי אֲנִי יְהוָה תַּחַת כׇּל־בְּכֹר בִּבְנֵי יִשְׂרָאֵל
וְאֵת בֶּהֱמַת הַלְוִיִּם תַּחַת כׇּל־בְּכוֹר בְּבֶהֱמַת בְּנֵי יִשְׂרָאֵל׃
מב וַיִּפְקֹד מֹשֶׁה כַּאֲשֶׁר צִוָּה יְהוָה אֹתוֹ אֶת־כׇּל־בְּכוֹר בִּבְנֵי יִשְׂרָאֵל׃
מג וַיְהִי כׇל־בְּכוֹר זָכָר בְּמִסְפַּר שֵׁמֹת מִבֶּן־חֹדֶשׁ וָמַעְלָה לִפְקֻדֵיהֶם
שְׁנַיִם וְעֶשְׂרִים אֶלֶף שְׁלֹשָׁה וְשִׁבְעִים וּמָאתָיִם׃
מד מה וַיְדַבֵּר יְהוָה אֶל־מֹשֶׁה לֵּאמֹר׃ קַח אֶת־הַלְוִיִּם תַּחַת כׇּל־בְּכוֹר
בִּבְנֵי יִשְׂרָאֵל וְאֶת־בֶּהֱמַת הַלְוִיִּם תַּחַת בְּהֶמְתָּם וְהָיוּ־לִי
מו הַלְוִיִּם אֲנִי יְהוָה׃ וְאֵת פְּדוּיֵי הַשְּׁלֹשָׁה וְהַשִּׁבְעִים וְהַמָּאתָיִם
מז הָעֹדְפִים עַל־הַלְוִיִּם מִבְּכוֹר בְּנֵי יִשְׂרָאֵל׃ וְלָקַחְתָּ חֲמֵשֶׁת
חֲמֵשֶׁת שְׁקָלִים לַגֻּלְגֹּלֶת בְּשֶׁקֶל הַקֹּדֶשׁ תִּקָּח עֶשְׂרִים גֵּרָה
מח הַשָּׁקֶל׃ וְנָתַתָּה הַכֶּסֶף לְאַהֲרֹן וּלְבָנָיו פְּדוּיֵי הָעֹדְפִים בָּהֶם׃
מט וַיִּקַּח מֹשֶׁה אֵת כֶּסֶף הַפִּדְיוֹם מֵאֵת הָעֹדְפִים עַל פְּדוּיֵי הַלְוִיִּם׃
נ מֵאֵת בְּכוֹר בְּנֵי יִשְׂרָאֵל לָקַח אֶת־הַכָּסֶף חֲמִשָּׁה וְשִׁשִּׁים
נא וּשְׁלֹשׁ מֵאוֹת וָאֶלֶף בְּשֶׁקֶל הַקֹּדֶשׁ׃ וַיִּתֵּן מֹשֶׁה אֶת־כֶּסֶף
הַפְּדֻיִם לְאַהֲרֹן וּלְבָנָיו עַל־פִּי יְהוָה כַּאֲשֶׁר צִוָּה יְהוָה אֶת־
מֹשֶׁה׃

ד א ב וַיְדַבֵּר יְהוָה אֶל־מֹשֶׁה וְאֶל־אַהֲרֹן לֵאמֹר׃ נָשֹׂא אֶת־רֹאשׁ בְּנֵי שביעי
ג קְהָת מִתּוֹךְ בְּנֵי לֵוִי לְמִשְׁפְּחֹתָם לְבֵית אֲבֹתָם׃ מִבֶּן שְׁלֹשִׁים
שָׁנָה וָמַעְלָה וְעַד בֶּן־חֲמִשִּׁים שָׁנָה כׇּל־בָּא לַצָּבָא לַעֲשׂוֹת
ד מְלָאכָה בְּאֹהֶל מוֹעֵד׃ זֹאת עֲבֹדַת בְּנֵי־קְהָת בְּאֹהֶל מוֹעֵד
ה קֹדֶשׁ הַקֳּדָשִׁים׃ וּבָא אַהֲרֹן וּבָנָיו בִּנְסֹעַ הַמַּחֲנֶה וְהוֹרִדוּ אֵת
ו פָּרֹכֶת הַמָּסָךְ וְכִסּוּ־בָהּ אֵת אֲרֹן הָעֵדֻת׃ וְנָתְנוּ עָלָיו כְּסוּי
עוֹר תַּחַשׁ וּפָרְשׂוּ בֶגֶד־כְּלִיל תְּכֵלֶת מִלְמַעְלָה וְשָׂמוּ בַּדָּיו׃

וְעַל ׀ שֻׁלְחַן הַפָּנִים יִפְרְשׂוּ בֶּגֶד תְּכֵלֶת וְנָתְנוּ עָלָיו אֶת־הַקְּעָרֹת ז
וְאֶת־הַכַּפֹּת וְאֶת־הַמְּנַקִּיֹּת וְאֵת קְשׂוֹת הַנָּסֶךְ וְלֶחֶם הַתָּמִיד
עָלָיו יִהְיֶה׃ וּפָרְשׂוּ עֲלֵיהֶם בֶּגֶד תּוֹלַעַת שָׁנִי וְכִסּוּ אֹתוֹ בְּמִכְסֵה ח
עוֹר תָּחַשׁ וְשָׂמוּ אֶת־בַּדָּיו׃ וְלָקְחוּ ׀ בֶּגֶד תְּכֵלֶת וְכִסּוּ אֶת־ ט
מְנֹרַת הַמָּאוֹר וְאֶת־נֵרֹתֶיהָ וְאֶת־מַלְקָחֶיהָ וְאֶת־מַחְתֹּתֶיהָ
וְאֵת כָּל־כְּלֵי שַׁמְנָהּ אֲשֶׁר יְשָׁרְתוּ־לָהּ בָּהֶם׃ וְנָתְנוּ אֹתָהּ וְאֶת־ י
כָּל־כֵּלֶיהָ אֶל־מִכְסֵה עוֹר תָּחַשׁ וְנָתְנוּ עַל־הַמּוֹט׃ וְעַל ׀ מִזְבַּח יא
הַזָּהָב יִפְרְשׂוּ בֶּגֶד תְּכֵלֶת וְכִסּוּ אֹתוֹ בְּמִכְסֵה עוֹר תָּחַשׁ וְשָׂמוּ
אֶת־בַּדָּיו׃ וְלָקְחוּ אֶת־כָּל־כְּלֵי הַשָּׁרֵת אֲשֶׁר יְשָׁרְתוּ־בָם בַּקֹּדֶשׁ יב
וְנָתְנוּ אֶל־בֶּגֶד תְּכֵלֶת וְכִסּוּ אוֹתָם בְּמִכְסֵה עוֹר תָּחַשׁ וְנָתְנוּ
עַל־הַמּוֹט׃ וְדִשְּׁנוּ אֶת־הַמִּזְבֵּחַ וּפָרְשׂוּ עָלָיו בֶּגֶד אַרְגָּמָן׃ וְנָתְנוּ יג יד
עָלָיו אֶת־כָּל־כֵּלָיו אֲשֶׁר יְשָׁרְתוּ עָלָיו בָּהֶם אֶת־הַמַּחְתֹּת אֶת־
הַמִּזְלָגֹת וְאֶת־הַיָּעִים וְאֶת־הַמִּזְרָקֹת כֹּל כְּלֵי הַמִּזְבֵּחַ וּפָרְשׂוּ
עָלָיו כְּסוּי עוֹר תַּחַשׁ וְשָׂמוּ בַדָּיו׃ וְכִלָּה אַהֲרֹן־וּבָנָיו לְכַסֹּת אֶת־ טו
הַקֹּדֶשׁ וְאֶת־כָּל־כְּלֵי הַקֹּדֶשׁ בִּנְסֹעַ הַמַּחֲנֶה וְאַחֲרֵי־כֵן יָבֹאוּ בְנֵי־
קְהָת לָשֵׂאת וְלֹא־יִגְּעוּ אֶל־הַקֹּדֶשׁ וָמֵתוּ אֵלֶּה מַשָּׂא בְנֵי־קְהָת
בְּאֹהֶל מוֹעֵד׃ וּפְקֻדַּת אֶלְעָזָר ׀ בֶּן־אַהֲרֹן הַכֹּהֵן שֶׁמֶן הַמָּאוֹר טז
וּקְטֹרֶת הַסַּמִּים וּמִנְחַת הַתָּמִיד וְשֶׁמֶן הַמִּשְׁחָה פְּקֻדַּת כָּל־
הַמִּשְׁכָּן וְכָל־אֲשֶׁר־בּוֹ בְּקֹדֶשׁ וּבְכֵלָיו׃

מפטיר ד וַיְדַבֵּר יהוה אֶל־מֹשֶׁה וְאֶל־אַהֲרֹן לֵאמֹר׃ אַל־תַּכְרִיתוּ אֶת־ יז יח
שֵׁבֶט מִשְׁפְּחֹת הַקְּהָתִי מִתּוֹךְ הַלְוִיִּם׃ וְזֹאת ׀ עֲשׂוּ לָהֶם וְחָיוּ יט
וְלֹא יָמֻתוּ בְּגִשְׁתָּם אֶת־קֹדֶשׁ הַקֳּדָשִׁים אַהֲרֹן וּבָנָיו יָבֹאוּ וְשָׂמוּ
אוֹתָם אִישׁ אִישׁ עַל־עֲבֹדָתוֹ וְאֶל־מַשָּׂאוֹ׃ וְלֹא־יָבֹאוּ לִרְאוֹת כ
כְּבַלַּע אֶת־הַקֹּדֶשׁ וָמֵתוּ׃

נשא וַיְדַבֵּר יהוה אֶל־מֹשֶׁה לֵּאמֹר׃ נָשֹׂא אֶת־רֹאשׁ בְּנֵי גֵרְשׁוֹן גַּם־ כא כב
הֵם לְבֵית אֲבֹתָם לְמִשְׁפְּחֹתָם׃ מִבֶּן שְׁלֹשִׁים שָׁנָה וָמַעְלָה עַד כג
בֶּן־חֲמִשִּׁים שָׁנָה תִּפְקֹד אוֹתָם כָּל־הַבָּא לִצְבֹא צָבָא לַעֲבֹד

כד עֲבֹדָה בְּאֹהֶל מוֹעֵד׃ זֹאת עֲבֹדַת מִשְׁפְּחֹת הַגֵּרְשֻׁנִּי לַעֲבֹד
כה וּלְמַשָּׂא׃ וְנָשְׂאוּ אֶת־יְרִיעֹת הַמִּשְׁכָּן וְאֶת־אֹהֶל מוֹעֵד מִכְסֵהוּ
וּמִכְסֵה הַתַּחַשׁ אֲשֶׁר־עָלָיו מִלְמָעְלָה וְאֶת־מָסַךְ פֶּתַח אֹהֶל
כו מוֹעֵד׃ וְאֵת קַלְעֵי הֶחָצֵר וְאֶת־מָסַךְ ׀ פֶּתַח ׀ שַׁעַר הֶחָצֵר אֲשֶׁר
עַל־הַמִּשְׁכָּן וְעַל־הַמִּזְבֵּחַ סָבִיב וְאֵת מֵיתְרֵיהֶם וְאֶת־כָּל־כְּלֵי
כז עֲבֹדָתָם וְאֵת כָּל־אֲשֶׁר יֵעָשֶׂה לָהֶם וְעָבָדוּ׃ עַל־פִּי אַהֲרֹן וּבָנָיו
תִּהְיֶה כָּל־עֲבֹדַת בְּנֵי הַגֵּרְשֻׁנִּי לְכָל־מַשָּׂאָם וּלְכֹל עֲבֹדָתָם
כח וּפְקַדְתֶּם עֲלֵהֶם בְּמִשְׁמֶרֶת אֵת כָּל־מַשָּׂאָם׃ זֹאת עֲבֹדַת
מִשְׁפְּחֹת בְּנֵי הַגֵּרְשֻׁנִּי בְּאֹהֶל מוֹעֵד וּמִשְׁמַרְתָּם בְּיַד אִיתָמָר בֶּן־
כט אַהֲרֹן הַכֹּהֵן׃ בְּנֵי מְרָרִי לְמִשְׁפְּחֹתָם לְבֵית־
ל אֲבֹתָם תִּפְקֹד אֹתָם׃ מִבֶּן שְׁלֹשִׁים שָׁנָה וָמַעְלָה וְעַד בֶּן־חֲמִשִּׁים
שָׁנָה תִּפְקְדֵם כָּל־הַבָּא לַצָּבָא לַעֲבֹד אֶת־עֲבֹדַת אֹהֶל מוֹעֵד׃
לא וְזֹאת מִשְׁמֶרֶת מַשָּׂאָם לְכָל־עֲבֹדָתָם בְּאֹהֶל מוֹעֵד קַרְשֵׁי הַמִּשְׁכָּן
לב וּבְרִיחָיו וְעַמּוּדָיו וַאֲדָנָיו׃ וְעַמּוּדֵי הֶחָצֵר סָבִיב וְאַדְנֵיהֶם וִיתֵדֹתָם
וּמֵיתְרֵיהֶם לְכָל־כְּלֵיהֶם וּלְכֹל עֲבֹדָתָם וּבְשֵׁמֹת תִּפְקְדוּ אֶת־
לג כְּלֵי מִשְׁמֶרֶת מַשָּׂאָם׃ זֹאת עֲבֹדַת מִשְׁפְּחֹת בְּנֵי מְרָרִי לְכָל־
לד עֲבֹדָתָם בְּאֹהֶל מוֹעֵד בְּיַד אִיתָמָר בֶּן־אַהֲרֹן הַכֹּהֵן׃ וַיִּפְקֹד
מֹשֶׁה וְאַהֲרֹן וּנְשִׂיאֵי הָעֵדָה אֶת־בְּנֵי הַקְּהָתִי לְמִשְׁפְּחֹתָם וּלְבֵית
לה אֲבֹתָם׃ מִבֶּן שְׁלֹשִׁים שָׁנָה וָמַעְלָה וְעַד בֶּן־חֲמִשִּׁים שָׁנָה כָּל־
לו הַבָּא לַצָּבָא לַעֲבֹדָה בְּאֹהֶל מוֹעֵד׃ וַיִּהְיוּ פְקֻדֵיהֶם לְמִשְׁפְּחֹתָם
לז אַלְפַּיִם שְׁבַע מֵאוֹת וַחֲמִשִּׁים׃ אֵלֶּה פְקוּדֵי מִשְׁפְּחֹת הַקְּהָתִי
כָּל־הָעֹבֵד בְּאֹהֶל מוֹעֵד אֲשֶׁר פָּקַד מֹשֶׁה וְאַהֲרֹן עַל־פִּי יְהוָה
לח בְּיַד־מֹשֶׁה׃ וּפְקוּדֵי בְּנֵי גֵּרְשׁוֹן לְמִשְׁפְּחוֹתָם שני
לט וּלְבֵית אֲבֹתָם׃ מִבֶּן שְׁלֹשִׁים שָׁנָה וָמַעְלָה וְעַד בֶּן־חֲמִשִּׁים
מ שָׁנָה כָּל־הַבָּא לַצָּבָא לַעֲבֹדָה בְּאֹהֶל מוֹעֵד׃ וַיִּהְיוּ פְּקֻדֵיהֶם
מא לְמִשְׁפְּחֹתָם לְבֵית אֲבֹתָם אַלְפַּיִם וְשֵׁשׁ מֵאוֹת וּשְׁלֹשִׁים׃ אֵלֶּה
פְקוּדֵי מִשְׁפְּחֹת בְּנֵי גֵרְשׁוֹן כָּל־הָעֹבֵד בְּאֹהֶל מוֹעֵד אֲשֶׁר פָּקַד

מֹשֶׁה וְאַהֲרֹן עַל־פִּי יְהוָה׃ וּפְקוּדֵי מִשְׁפְּחֹת בְּנֵי מְרָרִי לְמִשְׁפְּחֹתָם מב
לְבֵית אֲבֹתָם׃ מִבֶּן שְׁלֹשִׁים שָׁנָה וָמַעְלָה וְעַד בֶּן־חֲמִשִּׁים מג
שָׁנָה כָּל־הַבָּא לַצָּבָא לַעֲבֹדָה בְּאֹהֶל מוֹעֵד׃ וַיִּהְיוּ פְקֻדֵיהֶם מד
לְמִשְׁפְּחֹתָם שְׁלֹשֶׁת אֲלָפִים וּמָאתָיִם׃ אֵלֶּה פְקוּדֵי מִשְׁפְּחֹת מה
בְּנֵי מְרָרִי אֲשֶׁר פָּקַד מֹשֶׁה וְאַהֲרֹן עַל־פִּי יְהוָה בְּיַד־מֹשֶׁה׃
כָּל־הַפְּקֻדִים אֲשֶׁר פָּקַד מֹשֶׁה וְאַהֲרֹן וּנְשִׂיאֵי יִשְׂרָאֵל אֶת־ מו
הַלְוִיִּם לְמִשְׁפְּחֹתָם וּלְבֵית אֲבֹתָם׃ מִבֶּן שְׁלֹשִׁים שָׁנָה וָמַעְלָה מז
וְעַד בֶּן־חֲמִשִּׁים שָׁנָה כָּל־הַבָּא לַעֲבֹד עֲבֹדַת עֲבֹדָה וַעֲבֹדַת
מַשָּׂא בְּאֹהֶל מוֹעֵד׃ וַיִּהְיוּ פְּקֻדֵיהֶם שְׁמֹנַת אֲלָפִים וַחֲמֵשׁ מֵאוֹת מח
וּשְׁמֹנִים׃ עַל־פִּי יְהוָה פָּקַד אוֹתָם בְּיַד־מֹשֶׁה אִישׁ אִישׁ עַל־עֲבֹדָתוֹ מט
וְעַל־מַשָּׂאוֹ וּפְקֻדָיו אֲשֶׁר־צִוָּה יְהוָה אֶת־מֹשֶׁה׃

שלישי וַיְדַבֵּר יְהוָה אֶל־מֹשֶׁה לֵּאמֹר׃ צַו אֶת־בְּנֵי יִשְׂרָאֵל וִישַׁלְּחוּ מִן־ ה א ב
הַמַּחֲנֶה כָּל־צָרוּעַ וְכָל־זָב וְכֹל טָמֵא לָנָפֶשׁ׃ מִזָּכָר עַד־נְקֵבָה ג
תְּשַׁלֵּחוּ אֶל־מִחוּץ לַמַּחֲנֶה תְּשַׁלְּחוּם וְלֹא יְטַמְּאוּ אֶת־מַחֲנֵיהֶם
אֲשֶׁר אֲנִי שֹׁכֵן בְּתוֹכָם׃ וַיַּעֲשׂוּ־כֵן בְּנֵי יִשְׂרָאֵל וַיְשַׁלְּחוּ אוֹתָם ד
אֶל־מִחוּץ לַמַּחֲנֶה כַּאֲשֶׁר דִּבֶּר יְהוָה אֶל־מֹשֶׁה כֵּן עָשׂוּ בְּנֵי
יִשְׂרָאֵל׃

וַיְדַבֵּר יְהוָה אֶל־מֹשֶׁה לֵּאמֹר׃ דַּבֵּר אֶל־בְּנֵי יִשְׂרָאֵל אִישׁ אוֹ־ ה ו
אִשָּׁה כִּי יַעֲשׂוּ מִכָּל־חַטֹּאת הָאָדָם לִמְעֹל מַעַל בַּיהוָה
וְאָשְׁמָה הַנֶּפֶשׁ הַהִוא׃ וְהִתְוַדּוּ אֶת־חַטָּאתָם אֲשֶׁר עָשׂוּ וְהֵשִׁיב ז
אֶת־אֲשָׁמוֹ בְּרֹאשׁוֹ וַחֲמִישִׁתוֹ יֹסֵף עָלָיו וְנָתַן לַאֲשֶׁר אָשַׁם
לוֹ׃ וְאִם־אֵין לָאִישׁ גֹּאֵל לְהָשִׁיב הָאָשָׁם אֵלָיו הָאָשָׁם הַמּוּשָׁב ח
לַיהוָה לַכֹּהֵן מִלְּבַד אֵיל הַכִּפֻּרִים אֲשֶׁר יְכַפֶּר־בּוֹ עָלָיו׃ וְכָל־ ט
תְּרוּמָה לְכָל־קָדְשֵׁי בְנֵי־יִשְׂרָאֵל אֲשֶׁר־יַקְרִיבוּ לַכֹּהֵן לוֹ
יִהְיֶה׃ וְאִישׁ אֶת־קֳדָשָׁיו לוֹ יִהְיוּ אִישׁ אֲשֶׁר־יִתֵּן לַכֹּהֵן לוֹ י
יִהְיֶה׃

רביעי ה וַיְדַבֵּר יְהוָה אֶל־מֹשֶׁה לֵּאמֹר׃ דַּבֵּר אֶל־בְּנֵי יִשְׂרָאֵל וְאָמַרְתָּ יא יב

יג אֲלֵהֶ֑ם אִ֣ישׁ אִישׁ֙ כִּֽי־תִשְׂטֶ֣ה אִשְׁתּ֔וֹ וּמָעֲלָ֥ה ב֖וֹ מָֽעַל׃ וְשָׁכַ֨ב
אִ֣ישׁ אֹתָהּ֮ שִׁכְבַת־זֶרַע֒ וְנֶעְלַם֙ מֵעֵינֵ֣י אִישָׁ֔הּ וְנִסְתְּרָ֖ה וְהִ֣יא
יד נִטְמָ֑אָה וְעֵד֙ אֵ֣ין בָּ֔הּ וְהִ֖וא לֹ֥א נִתְפָּֽשָׂה׃ וְעָבַ֨ר עָלָ֧יו רֽוּחַ־
קִנְאָ֛ה וְקִנֵּ֥א אֶת־אִשְׁתּ֖וֹ וְהִ֣וא נִטְמָ֑אָה אֽוֹ־עָבַ֨ר עָלָ֤יו רֽוּחַ־
טו קִנְאָה֙ וְקִנֵּ֣א אֶת־אִשְׁתּ֔וֹ וְהִ֖יא לֹ֥א נִטְמָֽאָה׃ וְהֵבִ֨יא הָאִ֣ישׁ
אֶת־אִשְׁתּוֹ֮ אֶל־הַכֹּהֵן֒ וְהֵבִ֤יא אֶת־קָרְבָּנָהּ֙ עָלֶ֔יהָ עֲשִׂירִ֥ת הָאֵיפָ֖ה
קֶ֣מַח שְׂעֹרִ֑ים לֹֽא־יִצֹ֨ק עָלָ֜יו שֶׁ֗מֶן וְלֹֽא־יִתֵּ֤ן עָלָיו֙ לְבֹנָ֔ה כִּֽי־
טז מִנְחַ֤ת קְנָאֹת֙ ה֔וּא מִנְחַ֥ת זִכָּר֖וֹן מַזְכֶּ֥רֶת עָוֺֽן׃ וְהִקְרִ֥יב אֹתָ֖הּ
יז הַכֹּהֵ֑ן וְהֶֽעֱמִדָ֖הּ לִפְנֵ֥י יְהוָֽה׃ וְלָקַ֧ח הַכֹּהֵ֛ן מַ֥יִם קְדֹשִׁ֖ים בִּכְלִי־
חָ֑רֶשׂ וּמִן־הֶֽעָפָ֗ר אֲשֶׁ֤ר יִהְיֶה֙ בְּקַרְקַ֣ע הַמִּשְׁכָּ֔ן יִקַּ֥ח הַכֹּהֵ֖ן וְנָתַ֥ן
יח אֶל־הַמָּֽיִם׃ וְהֶֽעֱמִ֨יד הַכֹּהֵ֥ן אֶֽת־הָאִשָּׁה֮ לִפְנֵ֣י יְהוָה֒ וּפָרַע֙ אֶת־
רֹ֣אשׁ הָֽאִשָּׁ֔ה וְנָתַ֣ן עַל־כַּפֶּ֗יהָ אֵ֚ת מִנְחַ֣ת הַזִּכָּר֔וֹן מִנְחַ֥ת קְנָאֹ֖ת
יט הִ֑וא וּבְיַ֤ד הַכֹּהֵן֙ יִהְי֔וּ מֵ֥י הַמָּרִ֖ים הַמְאָרְרִֽים׃ וְהִשְׁבִּ֨יעַ אֹתָ֜הּ
הַכֹּהֵ֗ן וְאָמַ֤ר אֶל־הָֽאִשָּׁה֙ אִם־לֹ֨א שָׁכַ֥ב אִישׁ֙ אֹתָ֔ךְ וְאִם־לֹ֥א
שָׂטִ֛ית טֻמְאָ֖ה תַּ֣חַת אִישֵׁ֑ךְ הִנָּקִ֕י מִמֵּ֛י הַמָּרִ֥ים הַֽמְאָרְרִ֖ים הָאֵֽלֶּה׃
כ וְאַ֗תְּ כִּ֥י שָׂטִ֛ית תַּ֥חַת אִישֵׁ֖ךְ וְכִ֣י נִטְמֵ֑את וַיִּתֵּ֨ן אִ֥ישׁ בָּךְ֙ אֶת־
כא שְׁכָבְתּ֔וֹ מִֽבַּלְעֲדֵ֖י אִישֵֽׁךְ׃ וְהִשְׁבִּ֨יעַ הַכֹּהֵ֥ן אֶֽת־הָאִשָּׁה֮ בִּשְׁבֻעַ֣ת
הָאָלָה֒ וְאָמַ֤ר הַכֹּהֵן֙ לָֽאִשָּׁ֔ה יִתֵּ֨ן יְהוָ֥ה אוֹתָ֛ךְ לְאָלָ֥ה וְלִשְׁבֻעָ֖ה
בְּת֣וֹךְ עַמֵּ֑ךְ בְּתֵ֨ת יְהוָ֤ה אֶת־יְרֵכֵךְ֙ נֹפֶ֔לֶת וְאֶת־בִּטְנֵ֖ךְ צָבָֽה׃
כב וּ֠בָאוּ הַמַּ֨יִם הַמְאָרְרִ֤ים הָאֵ֙לֶּה֙ בְּמֵעַ֔יִךְ לַצְבּ֥וֹת בֶּ֖טֶן וְלַנְפִּ֣ל יָרֵ֑ךְ
כג וְאָמְרָ֥ה הָאִשָּׁ֖ה אָמֵ֥ן ׀ אָמֵֽן׃ וְ֠כָתַב אֶת־הָאָלֹ֥ת הָאֵ֛לֶּה הַכֹּהֵ֖ן
כד בַּסֵּ֑פֶר וּמָחָ֖ה אֶל־מֵ֥י הַמָּרִֽים׃ וְהִשְׁקָה֙ אֶת־הָ֣אִשָּׁ֔ה אֶת־מֵ֥י
כה הַמָּרִ֖ים הַמְאָרְרִ֑ים וּבָ֥אוּ בָ֛הּ הַמַּ֥יִם הַמְאָרְרִ֖ים לְמָרִֽים׃ וְלָקַ֤ח
הַכֹּהֵן֙ מִיַּ֣ד הָֽאִשָּׁ֔ה אֵ֖ת מִנְחַ֣ת הַקְּנָאֹ֑ת וְהֵנִ֤יף אֶת־הַמִּנְחָה֙
כו לִפְנֵ֣י יְהוָ֔ה וְהִקְרִ֥יב אֹתָ֖הּ אֶל־הַמִּזְבֵּֽחַ׃ וְקָמַ֨ץ הַכֹּהֵ֤ן מִן־הַמִּנְחָה֙
אֶת־אַזְכָּ֣רָתָ֔הּ וְהִקְטִ֖יר הַמִּזְבֵּ֑חָה וְאַחַ֛ר יַשְׁקֶ֥ה אֶת־הָאִשָּׁ֖ה אֶת־
כז הַמָּֽיִם׃ וְהִשְׁקָ֣הּ אֶת־הַמַּ֗יִם וְהָיְתָ֣ה אִֽם־נִטְמְאָה֮ וַתִּמְעֹ֣ל מַ֣עַל

בְּאִישָׁהּ וּבָאוּ בָהּ הַמַּיִם הַמְאָרְרִים לְמָרִים וְצָבְתָה בִטְנָהּ
כח וְנָפְלָה יְרֵכָהּ וְהָיְתָה הָאִשָּׁה לְאָלָה בְּקֶרֶב עַמָּהּ: וְאִם־לֹא
כט נִטְמְאָה הָאִשָּׁה וּטְהֹרָה הִוא וְנִקְּתָה וְנִזְרְעָה זָרַע: זֹאת
תּוֹרַת הַקְּנָאֹת אֲשֶׁר תִּשְׂטֶה אִשָּׁה תַּחַת אִישָׁהּ וְנִטְמָאָה:
ל אוֹ אִישׁ אֲשֶׁר תַּעֲבֹר עָלָיו רוּחַ קִנְאָה וְקִנֵּא אֶת־אִשְׁתּוֹ
וְהֶעֱמִיד אֶת־הָאִשָּׁה לִפְנֵי יהוה וְעָשָׂה לָהּ הַכֹּהֵן אֵת כָּל־
לא הַתּוֹרָה הַזֹּאת: וְנִקָּה הָאִישׁ מֵעָוֺן וְהָאִשָּׁה הַהִוא תִּשָּׂא אֶת־
עֲוֺנָהּ:

ו א ב וַיְדַבֵּר יהוה אֶל־מֹשֶׁה לֵּאמֹר: דַּבֵּר אֶל־בְּנֵי יִשְׂרָאֵל וְאָמַרְתָּ
אֲלֵהֶם אִישׁ אוֹ־אִשָּׁה כִּי יַפְלִא לִנְדֹּר נֶדֶר נָזִיר לְהַזִּיר לַיהוה:
ג מִיַּיִן וְשֵׁכָר יַזִּיר חֹמֶץ יַיִן וְחֹמֶץ שֵׁכָר לֹא יִשְׁתֶּה וְכָל־מִשְׁרַת
ד עֲנָבִים לֹא יִשְׁתֶּה וַעֲנָבִים לַחִים וִיבֵשִׁים לֹא יֹאכֵל: כֹּל יְמֵי
נִזְרוֹ מִכֹּל אֲשֶׁר יֵעָשֶׂה מִגֶּפֶן הַיַּיִן מֵחַרְצַנִּים וְעַד־זָג לֹא יֹאכֵל:
ה כָּל־יְמֵי נֶדֶר נִזְרוֹ תַּעַר לֹא־יַעֲבֹר עַל־רֹאשׁוֹ עַד־מְלֹאת הַיָּמִם
ו אֲשֶׁר־יַזִּיר לַיהוה קָדֹשׁ יִהְיֶה גַּדֵּל פֶּרַע שְׂעַר רֹאשׁוֹ: כָּל־יְמֵי
ז הַזִּירוֹ לַיהוה עַל־נֶפֶשׁ מֵת לֹא יָבֹא: לְאָבִיו וּלְאִמּוֹ לְאָחִיו
וּלְאַחֹתוֹ לֹא־יִטַּמָּא לָהֶם בְּמֹתָם כִּי נֵזֶר אֱלֹהָיו עַל־רֹאשׁוֹ:
ח ט כֹּל יְמֵי נִזְרוֹ קָדֹשׁ הוּא לַיהוה: וְכִי־יָמוּת מֵת עָלָיו בְּפֶתַע
פִּתְאֹם וְטִמֵּא רֹאשׁ נִזְרוֹ וְגִלַּח רֹאשׁוֹ בְּיוֹם טָהֳרָתוֹ בַּיּוֹם הַשְּׁבִיעִי
י יְגַלְּחֶנּוּ: וּבַיּוֹם הַשְּׁמִינִי יָבִא שְׁתֵּי תֹרִים אוֹ שְׁנֵי בְּנֵי יוֹנָה אֶל־
יא הַכֹּהֵן אֶל־פֶּתַח אֹהֶל מוֹעֵד: וְעָשָׂה הַכֹּהֵן אֶחָד לְחַטָּאת וְאֶחָד
לְעֹלָה וְכִפֶּר עָלָיו מֵאֲשֶׁר חָטָא עַל־הַנָּפֶשׁ וְקִדַּשׁ אֶת־רֹאשׁוֹ
יב בַּיּוֹם הַהוּא: וְהִזִּיר לַיהוה אֶת־יְמֵי נִזְרוֹ וְהֵבִיא כֶּבֶשׂ בֶּן־שְׁנָתוֹ
יג לְאָשָׁם וְהַיָּמִים הָרִאשֹׁנִים יִפְּלוּ כִּי טָמֵא נִזְרוֹ: וְזֹאת תּוֹרַת
הַנָּזִיר בְּיוֹם מְלֹאת יְמֵי נִזְרוֹ יָבִיא אֹתוֹ אֶל־פֶּתַח אֹהֶל מוֹעֵד:
יד וְהִקְרִיב אֶת־קָרְבָּנוֹ לַיהוה כֶּבֶשׂ בֶּן־שְׁנָתוֹ תָמִים אֶחָד לְעֹלָה
וְכַבְשָׂה אַחַת בַּת־שְׁנָתָהּ תְּמִימָה לְחַטָּאת וְאַיִל־אֶחָד תָּמִים

טו לִשְׁלָמִים: וְסַל מַצּוֹת סֹלֶת חַלֹּת בְּלוּלֹת בַּשֶּׁמֶן וּרְקִיקֵי מַצּוֹת
טז מְשֻׁחִים בַּשָּׁמֶן וּמִנְחָתָם וְנִסְכֵּיהֶם: וְהִקְרִיב הַכֹּהֵן לִפְנֵי יְהוָה
יז וְעָשָׂה אֶת־חַטָּאתוֹ וְאֶת־עֹלָתוֹ: וְאֶת־הָאַיִל יַעֲשֶׂה זֶבַח
שְׁלָמִים לַיהוָה עַל סַל הַמַּצּוֹת וְעָשָׂה הַכֹּהֵן אֶת־מִנְחָתוֹ וְאֶת־
יח נִסְכּוֹ: וְגִלַּח הַנָּזִיר פֶּתַח אֹהֶל מוֹעֵד אֶת־רֹאשׁ נִזְרוֹ וְלָקַח
אֶת־שְׂעַר רֹאשׁ נִזְרוֹ וְנָתַן עַל־הָאֵשׁ אֲשֶׁר־תַּחַת זֶבַח הַשְּׁלָמִים:
יט וְלָקַח הַכֹּהֵן אֶת־הַזְּרֹעַ בְּשֵׁלָה מִן־הָאַיִל וְחַלַּת מַצָּה אַחַת
מִן־הַסַּל וּרְקִיק מַצָּה אֶחָד וְנָתַן עַל־כַּפֵּי הַנָּזִיר אַחַר הִתְגַּלְּחוֹ
כ אֶת־נִזְרוֹ: וְהֵנִיף אוֹתָם הַכֹּהֵן ׀ תְּנוּפָה לִפְנֵי יְהוָה קֹדֶשׁ הוּא
לַכֹּהֵן עַל חֲזֵה הַתְּנוּפָה וְעַל שׁוֹק הַתְּרוּמָה וְאַחַר יִשְׁתֶּה הַנָּזִיר
כא יָיִן: זֹאת תּוֹרַת הַנָּזִיר אֲשֶׁר יִדֹּר קָרְבָּנוֹ לַיהוָה עַל־נִזְרוֹ מִלְּבַד
אֲשֶׁר־תַּשִּׂיג יָדוֹ כְּפִי נִדְרוֹ אֲשֶׁר יִדֹּר כֵּן יַעֲשֶׂה עַל תּוֹרַת
נִזְרוֹ:
כב כג וַיְדַבֵּר יְהוָה אֶל־מֹשֶׁה לֵּאמֹר: דַּבֵּר אֶל־אַהֲרֹן וְאֶל־בָּנָיו לֵאמֹר כֹּה ו
כד תְבָרְכוּ אֶת־בְּנֵי יִשְׂרָאֵל אָמוֹר לָהֶם: יְבָרֶכְךָ יְהוָה
כה כו וְיִשְׁמְרֶךָ: יָאֵר יְהוָה ׀ פָּנָיו אֵלֶיךָ וִיחֻנֶּךָּ: יִשָּׂא
כז יְהוָה ׀ פָּנָיו אֵלֶיךָ וְיָשֵׂם לְךָ שָׁלוֹם: וְשָׂמוּ אֶת־שְׁמִי
ז א עַל־בְּנֵי יִשְׂרָאֵל וַאֲנִי אֲבָרְכֵם: וַיְהִי בְּיוֹם כַּלּוֹת מֹשֶׁה חמישי
לְהָקִים אֶת־הַמִּשְׁכָּן וַיִּמְשַׁח אֹתוֹ וַיְקַדֵּשׁ אֹתוֹ וְאֶת־כָּל־כֵּלָיו
ב וְאֶת־הַמִּזְבֵּחַ וְאֶת־כָּל־כֵּלָיו וַיִּמְשָׁחֵם וַיְקַדֵּשׁ אֹתָם: וַיַּקְרִיבוּ
נְשִׂיאֵי יִשְׂרָאֵל רָאשֵׁי בֵּית אֲבֹתָם הֵם נְשִׂיאֵי הַמַּטֹּת הֵם
ג הָעֹמְדִים עַל־הַפְּקֻדִים: וַיָּבִיאוּ אֶת־קָרְבָּנָם לִפְנֵי יְהוָה שֵׁשׁ־
עֶגְלֹת צָב וּשְׁנֵי־עָשָׂר בָּקָר עֲגָלָה עַל־שְׁנֵי הַנְּשִׂאִים וְשׁוֹר
ד לְאֶחָד וַיַּקְרִיבוּ אוֹתָם לִפְנֵי הַמִּשְׁכָּן: וַיֹּאמֶר יְהוָה אֶל־מֹשֶׁה
ה לֵּאמֹר: קַח מֵאִתָּם וְהָיוּ לַעֲבֹד אֶת־עֲבֹדַת אֹהֶל מוֹעֵד וְנָתַתָּה
ו אוֹתָם אֶל־הַלְוִיִּם אִישׁ כְּפִי עֲבֹדָתוֹ: וַיִּקַּח מֹשֶׁה אֶת־הָעֲגָלֹת
ז וְאֶת־הַבָּקָר וַיִּתֵּן אוֹתָם אֶל־הַלְוִיִּם: אֵת ׀ שְׁתֵּי הָעֲגָלוֹת וְאֵת

ח אַרְבַּעַת הַבָּקָר נָתַן לִבְנֵי גֵרְשׁוֹן כְּפִי עֲבֹדָתָם: וְאֵת ׀ אַרְבַּע
הָעֲגָלֹת וְאֵת שְׁמֹנַת הַבָּקָר נָתַן לִבְנֵי מְרָרִי כְּפִי עֲבֹדָתָם בְּיַד
ט אִיתָמָר בֶּן־אַהֲרֹן הַכֹּהֵן: וְלִבְנֵי קְהָת לֹא נָתָן כִּי־עֲבֹדַת הַקֹּדֶשׁ
י עֲלֵהֶם בַּכָּתֵף יִשָּׂאוּ: וַיַּקְרִיבוּ הַנְּשִׂאִים אֵת חֲנֻכַּת הַמִּזְבֵּחַ בְּיוֹם
יא הִמָּשַׁח אֹתוֹ וַיַּקְרִיבוּ הַנְּשִׂיאִם אֶת־קָרְבָּנָם לִפְנֵי הַמִּזְבֵּחַ: וַיֹּאמֶר
יְהוָה אֶל־מֹשֶׁה נָשִׂיא אֶחָד לַיּוֹם נָשִׂיא אֶחָד לַיּוֹם יַקְרִיבוּ
יב אֶת־קָרְבָּנָם לַחֲנֻכַּת הַמִּזְבֵּחַ: וַיְהִי הַמַּקְרִיב בַּיּוֹם
יג הָרִאשׁוֹן אֶת־קָרְבָּנוֹ נַחְשׁוֹן בֶּן־עַמִּינָדָב לְמַטֵּה יְהוּדָה: וְקָרְבָּנוֹ
קַעֲרַת־כֶּסֶף אַחַת שְׁלֹשִׁים וּמֵאָה מִשְׁקָלָהּ מִזְרָק אֶחָד כֶּסֶף
שִׁבְעִים שֶׁקֶל בְּשֶׁקֶל הַקֹּדֶשׁ שְׁנֵיהֶם ׀ מְלֵאִים סֹלֶת בְּלוּלָה
יד טו בַשֶּׁמֶן לְמִנְחָה: כַּף אַחַת עֲשָׂרָה זָהָב מְלֵאָה קְטֹרֶת: פַּר אֶחָד
טז בֶּן־בָּקָר אַיִל אֶחָד כֶּבֶשׂ־אֶחָד בֶּן־שְׁנָתוֹ לְעֹלָה: שְׂעִיר־עִזִּים
יז אֶחָד לְחַטָּאת: וּלְזֶבַח הַשְּׁלָמִים בָּקָר שְׁנַיִם אֵילִם חֲמִשָּׁה
עַתּוּדִים חֲמִשָּׁה כְּבָשִׂים בְּנֵי־שָׁנָה חֲמִשָּׁה זֶה קָרְבַּן נַחְשׁוֹן
בֶּן־עַמִּינָדָב:

יח יט בַּיּוֹם הַשֵּׁנִי הִקְרִיב נְתַנְאֵל בֶּן־צוּעָר נְשִׂיא יִשָּׂשכָר: הִקְרִב
אֶת־קָרְבָּנוֹ קַעֲרַת־כֶּסֶף אַחַת שְׁלֹשִׁים וּמֵאָה מִשְׁקָלָהּ מִזְרָק
אֶחָד כֶּסֶף שִׁבְעִים שֶׁקֶל בְּשֶׁקֶל הַקֹּדֶשׁ שְׁנֵיהֶם ׀ מְלֵאִים סֹלֶת
כ בְּלוּלָה בַשֶּׁמֶן לְמִנְחָה: כַּף אַחַת עֲשָׂרָה זָהָב מְלֵאָה קְטֹרֶת:
כא פַּר אֶחָד בֶּן־בָּקָר אַיִל אֶחָד כֶּבֶשׂ־אֶחָד בֶּן־שְׁנָתוֹ לְעֹלָה:
כב כג שְׂעִיר־עִזִּים אֶחָד לְחַטָּאת: וּלְזֶבַח הַשְּׁלָמִים בָּקָר שְׁנַיִם אֵילִם
חֲמִשָּׁה עַתֻּדִים חֲמִשָּׁה כְּבָשִׂים בְּנֵי־שָׁנָה חֲמִשָּׁה זֶה קָרְבַּן
נְתַנְאֵל בֶּן־צוּעָר:

כד כה בַּיּוֹם הַשְּׁלִישִׁי נָשִׂיא לִבְנֵי זְבוּלֻן אֱלִיאָב בֶּן־חֵלֹן: קָרְבָּנוֹ
קַעֲרַת־כֶּסֶף אַחַת שְׁלֹשִׁים וּמֵאָה מִשְׁקָלָהּ מִזְרָק אֶחָד כֶּסֶף
שִׁבְעִים שֶׁקֶל בְּשֶׁקֶל הַקֹּדֶשׁ שְׁנֵיהֶם ׀ מְלֵאִים סֹלֶת בְּלוּלָה
כו כז בַשֶּׁמֶן לְמִנְחָה: כַּף אַחַת עֲשָׂרָה זָהָב מְלֵאָה קְטֹרֶת: פַּר אֶחָד

כח בֶּן־בָּקָר אַיִל אֶחָד כֶּבֶשׂ־אֶחָד בֶּן־שְׁנָתוֹ לְעֹלָה׃ שְׂעִיר־עִזִּים
כט אֶחָד לְחַטָּאת׃ וּלְזֶבַח הַשְּׁלָמִים בָּקָר שְׁנַיִם אֵילִם חֲמִשָּׁה
עַתֻּדִים חֲמִשָּׁה כְּבָשִׂים בְּנֵי־שָׁנָה חֲמִשָּׁה זֶה קָרְבַּן אֱלִיאָב
בֶּן־חֵלֹן׃
ל לא בַּיּוֹם הָרְבִיעִי נָשִׂיא לִבְנֵי רְאוּבֵן אֱלִיצוּר בֶּן־שְׁדֵיאוּר׃ קָרְבָּנוֹ
קַעֲרַת־כֶּסֶף אַחַת שְׁלֹשִׁים וּמֵאָה מִשְׁקָלָהּ מִזְרָק אֶחָד כֶּסֶף
שִׁבְעִים שֶׁקֶל בְּשֶׁקֶל הַקֹּדֶשׁ שְׁנֵיהֶם ׀ מְלֵאִים סֹלֶת בְּלוּלָה
לב לג בַשֶּׁמֶן לְמִנְחָה׃ כַּף אַחַת עֲשָׂרָה זָהָב מְלֵאָה קְטֹרֶת׃ פַּר
לד אֶחָד בֶּן־בָּקָר אַיִל אֶחָד כֶּבֶשׂ־אֶחָד בֶּן־שְׁנָתוֹ לְעֹלָה׃ שְׂעִיר־
לה עִזִּים אֶחָד לְחַטָּאת׃ וּלְזֶבַח הַשְּׁלָמִים בָּקָר שְׁנַיִם אֵילִם חֲמִשָּׁה
עַתֻּדִים חֲמִשָּׁה כְּבָשִׂים בְּנֵי־שָׁנָה חֲמִשָּׁה זֶה קָרְבַּן אֱלִיצוּר
בֶּן־שְׁדֵיאוּר׃
לו בַּיּוֹם הַחֲמִישִׁי נָשִׂיא לִבְנֵי שִׁמְעוֹן שְׁלֻמִיאֵל בֶּן־צוּרִישַׁדָּי׃
לז קָרְבָּנוֹ קַעֲרַת־כֶּסֶף אַחַת שְׁלֹשִׁים וּמֵאָה מִשְׁקָלָהּ מִזְרָק אֶחָד
כֶּסֶף שִׁבְעִים שֶׁקֶל בְּשֶׁקֶל הַקֹּדֶשׁ שְׁנֵיהֶם ׀ מְלֵאִים סֹלֶת בְּלוּלָה
לח לט בַשֶּׁמֶן לְמִנְחָה׃ כַּף אַחַת עֲשָׂרָה זָהָב מְלֵאָה קְטֹרֶת׃ פַּר
מ אֶחָד בֶּן־בָּקָר אַיִל אֶחָד כֶּבֶשׂ־אֶחָד בֶּן־שְׁנָתוֹ לְעֹלָה׃ שְׂעִיר־
מא עִזִּים אֶחָד לְחַטָּאת׃ וּלְזֶבַח הַשְּׁלָמִים בָּקָר שְׁנַיִם אֵילִם חֲמִשָּׁה
עַתֻּדִים חֲמִשָּׁה כְּבָשִׂים בְּנֵי־שָׁנָה חֲמִשָּׁה זֶה קָרְבַּן שְׁלֻמִיאֵל
בֶּן־צוּרִישַׁדָּי׃
מב מג בַּיּוֹם הַשִּׁשִּׁי נָשִׂיא לִבְנֵי גָד אֶלְיָסָף בֶּן־דְּעוּאֵל׃ קָרְבָּנוֹ קַעֲרַת־ ששי
כֶּסֶף אַחַת שְׁלֹשִׁים וּמֵאָה מִשְׁקָלָהּ מִזְרָק אֶחָד כֶּסֶף שִׁבְעִים
שֶׁקֶל בְּשֶׁקֶל הַקֹּדֶשׁ שְׁנֵיהֶם ׀ מְלֵאִים סֹלֶת בְּלוּלָה בַשֶּׁמֶן
מד מה לְמִנְחָה׃ כַּף אַחַת עֲשָׂרָה זָהָב מְלֵאָה קְטֹרֶת׃ פַּר אֶחָד בֶּן־
מו בָּקָר אַיִל אֶחָד כֶּבֶשׂ־אֶחָד בֶּן־שְׁנָתוֹ לְעֹלָה׃ שְׂעִיר־עִזִּים
מז אֶחָד לְחַטָּאת׃ וּלְזֶבַח הַשְּׁלָמִים בָּקָר שְׁנַיִם אֵילִם חֲמִשָּׁה
עַתֻּדִים חֲמִשָּׁה כְּבָשִׂים בְּנֵי־שָׁנָה חֲמִשָּׁה זֶה קָרְבַּן אֶלְיָסָף

בֶּן־דְּעוּאֵֽל׃
ז בַּיּוֹם֙ הַשְּׁבִיעִ֔י נָשִׂ֖יא לִבְנֵ֣י אֶפְרָ֑יִם אֱלִֽישָׁמָ֖ע בֶּן־עַמִּיהֽוּד׃ קָרְבָּנ֞וֹ מח מט
קַֽעֲרַת־כֶּ֣סֶף אַחַ֗ת שְׁלֹשִׁ֣ים וּמֵאָה֮ מִשְׁקָלָהּ֒ מִזְרָ֤ק אֶחָד֙ כֶּ֔סֶף
שִׁבְעִ֥ים שֶׁ֖קֶל בְּשֶׁ֣קֶל הַקֹּ֑דֶשׁ שְׁנֵיהֶ֣ם ׀ מְלֵאִ֗ים סֹ֛לֶת בְּלוּלָ֥ה
בַשֶּׁ֖מֶן לְמִנְחָֽה׃ כַּ֥ף אַחַ֛ת עֲשָׂרָ֥ה זָהָ֖ב מְלֵאָ֥ה קְטֹֽרֶת׃ פַּ֣ר אֶחָ֞ד נ נא
בֶּן־בָּקָ֗ר אַ֧יִל אֶחָ֛ד כֶּֽבֶשׂ־אֶחָ֥ד בֶּן־שְׁנָת֖וֹ לְעֹלָֽה׃ שְׂעִיר־עִזִּ֥ים נב
אֶחָ֖ד לְחַטָּֽאת׃ וּלְזֶ֣בַח הַשְּׁלָמִים֮ בָּקָ֣ר שְׁנַ֒יִם֒ אֵילִ֤ם חֲמִשָּׁה֙ נג
עַתֻּדִ֣ים חֲמִשָּׁ֔ה כְּבָשִׂ֥ים בְּנֵֽי־שָׁנָ֖ה חֲמִשָּׁ֑ה זֶ֛ה קָרְבַּ֥ן אֱלִישָׁמָ֖ע
בֶּן־עַמִּיהֽוּד׃
בַּיּוֹם֙ הַשְּׁמִינִ֔י נָשִׂ֖יא לִבְנֵ֣י מְנַשֶּׁ֑ה גַּמְלִיאֵ֖ל בֶּן־פְּדָהצֽוּר׃ קָרְבָּנ֞וֹ נד נה
קַֽעֲרַת־כֶּ֣סֶף אַחַ֗ת שְׁלֹשִׁ֣ים וּמֵאָה֮ מִשְׁקָלָהּ֒ מִזְרָ֤ק אֶחָד֙ כֶּ֔סֶף
שִׁבְעִ֥ים שֶׁ֖קֶל בְּשֶׁ֣קֶל הַקֹּ֑דֶשׁ שְׁנֵיהֶ֣ם ׀ מְלֵאִ֗ים סֹ֛לֶת בְּלוּלָ֥ה
בַשֶּׁ֖מֶן לְמִנְחָֽה׃ כַּ֥ף אַחַ֛ת עֲשָׂרָ֥ה זָהָ֖ב מְלֵאָ֥ה קְטֹֽרֶת׃ פַּ֣ר אֶחָ֞ד נו נז
בֶּן־בָּקָ֗ר אַ֧יִל אֶחָ֛ד כֶּֽבֶשׂ־אֶחָ֥ד בֶּן־שְׁנָת֖וֹ לְעֹלָֽה׃ שְׂעִיר־עִזִּ֥ים נח
אֶחָ֖ד לְחַטָּֽאת׃ וּלְזֶ֣בַח הַשְּׁלָמִים֮ בָּקָ֣ר שְׁנַ֒יִם֒ אֵילִ֤ם חֲמִשָּׁה֙ נט
עַתֻּדִ֣ים חֲמִשָּׁ֔ה כְּבָשִׂ֥ים בְּנֵֽי־שָׁנָ֖ה חֲמִשָּׁ֑ה זֶ֛ה קָרְבַּ֥ן גַּמְלִיאֵ֖ל
בֶּן־פְּדָהצֽוּר׃
בַּיּוֹם֙ הַתְּשִׁיעִ֔י נָשִׂ֖יא לִבְנֵ֣י בִנְיָמִ֑ן אֲבִידָ֖ן בֶּן־גִּדְעֹנִֽי׃ קָרְבָּנ֞וֹ ס סא
קַֽעֲרַת־כֶּ֣סֶף אַחַ֗ת שְׁלֹשִׁ֣ים וּמֵאָה֮ מִשְׁקָלָהּ֒ מִזְרָ֤ק אֶחָד֙ כֶּ֔סֶף
שִׁבְעִ֥ים שֶׁ֖קֶל בְּשֶׁ֣קֶל הַקֹּ֑דֶשׁ שְׁנֵיהֶ֣ם ׀ מְלֵאִ֗ים סֹ֛לֶת בְּלוּלָ֥ה
בַשֶּׁ֖מֶן לְמִנְחָֽה׃ כַּ֥ף אַחַ֛ת עֲשָׂרָ֥ה זָהָ֖ב מְלֵאָ֥ה קְטֹֽרֶת׃ פַּ֣ר אֶחָ֞ד סב סג
בֶּן־בָּקָ֗ר אַ֧יִל אֶחָ֛ד כֶּֽבֶשׂ־אֶחָ֥ד בֶּן־שְׁנָת֖וֹ לְעֹלָֽה׃ שְׂעִיר־עִזִּ֥ים סד
אֶחָ֖ד לְחַטָּֽאת׃ וּלְזֶ֣בַח הַשְּׁלָמִים֮ בָּקָ֣ר שְׁנַ֒יִם֒ אֵילִ֤ם חֲמִשָּׁה֙ סה
עַתֻּדִ֣ים חֲמִשָּׁ֔ה כְּבָשִׂ֥ים בְּנֵֽי־שָׁנָ֖ה חֲמִשָּׁ֑ה זֶ֛ה קָרְבַּ֥ן אֲבִידָ֖ן
בֶּן־גִּדְעֹנִֽי׃
בַּיּוֹם֙ הָֽעֲשִׂירִ֔י נָשִׂ֖יא לִבְנֵ֣י דָ֑ן אֲחִיעֶ֖זֶר בֶּן־עַמִּישַׁדָּֽי׃ קָרְבָּנ֞וֹ סו סז
קַֽעֲרַת־כֶּ֣סֶף אַחַ֗ת שְׁלֹשִׁ֣ים וּמֵאָה֮ מִשְׁקָלָהּ֒ מִזְרָ֤ק אֶחָד֙ כֶּ֔סֶף

שִׁבְעִים שֶׁקֶל בְּשֶׁקֶל הַקֹּדֶשׁ שְׁנֵיהֶם ׀ מְלֵאִים סֹלֶת בְּלוּלָה
סח סט בַשֶּׁמֶן לְמִנְחָה: כַּף אַחַת עֲשָׂרָה זָהָב מְלֵאָה קְטֹרֶת: פַּר
ע אֶחָד בֶּן־בָּקָר אַיִל אֶחָד כֶּבֶשׂ־אֶחָד בֶּן־שְׁנָתוֹ לְעֹלָה: שְׂעִיר־
עא עִזִּים אֶחָד לְחַטָּאת: וּלְזֶבַח הַשְּׁלָמִים בָּקָר שְׁנַיִם אֵילִם חֲמִשָּׁה
עַתֻּדִים חֲמִשָּׁה כְּבָשִׂים בְּנֵי־שָׁנָה חֲמִשָּׁה זֶה קָרְבַּן אֲחִיעֶזֶר
בֶּן־עַמִּישַׁדָּי:

עב עג בְּיוֹם עַשְׁתֵּי עָשָׂר יוֹם נָשִׂיא לִבְנֵי אָשֵׁר פַּגְעִיאֵל בֶּן־עָכְרָן: קָרְבָּנוֹ שביעי
קַעֲרַת־כֶּסֶף אַחַת שְׁלֹשִׁים וּמֵאָה מִשְׁקָלָהּ מִזְרָק אֶחָד כֶּסֶף
שִׁבְעִים שֶׁקֶל בְּשֶׁקֶל הַקֹּדֶשׁ שְׁנֵיהֶם ׀ מְלֵאִים סֹלֶת בְּלוּלָה
עד עה בַשֶּׁמֶן לְמִנְחָה: כַּף אַחַת עֲשָׂרָה זָהָב מְלֵאָה קְטֹרֶת: פַּר אֶחָד
עו בֶּן־בָּקָר אַיִל אֶחָד כֶּבֶשׂ־אֶחָד בֶּן־שְׁנָתוֹ לְעֹלָה: שְׂעִיר־עִזִּים
עז אֶחָד לְחַטָּאת: וּלְזֶבַח הַשְּׁלָמִים בָּקָר שְׁנַיִם אֵילִם חֲמִשָּׁה
עַתֻּדִים חֲמִשָּׁה כְּבָשִׂים בְּנֵי־שָׁנָה חֲמִשָּׁה זֶה קָרְבַּן פַּגְעִיאֵל
בֶּן־עָכְרָן:

עח עט בְּיוֹם שְׁנֵים עָשָׂר יוֹם נָשִׂיא לִבְנֵי נַפְתָּלִי אֲחִירַע בֶּן־עֵינָן: קָרְבָּנוֹ
קַעֲרַת־כֶּסֶף אַחַת שְׁלֹשִׁים וּמֵאָה מִשְׁקָלָהּ מִזְרָק אֶחָד כֶּסֶף
שִׁבְעִים שֶׁקֶל בְּשֶׁקֶל הַקֹּדֶשׁ שְׁנֵיהֶם ׀ מְלֵאִים סֹלֶת בְּלוּלָה
פ פא בַשֶּׁמֶן לְמִנְחָה: כַּף אַחַת עֲשָׂרָה זָהָב מְלֵאָה קְטֹרֶת: פַּר אֶחָד
פב בֶּן־בָּקָר אַיִל אֶחָד כֶּבֶשׂ־אֶחָד בֶּן־שְׁנָתוֹ לְעֹלָה: שְׂעִיר־עִזִּים
פג אֶחָד לְחַטָּאת: וּלְזֶבַח הַשְּׁלָמִים בָּקָר שְׁנַיִם אֵילִם חֲמִשָּׁה
עַתֻּדִים חֲמִשָּׁה כְּבָשִׂים בְּנֵי־שָׁנָה חֲמִשָּׁה זֶה קָרְבַּן אֲחִירַע
בֶּן־עֵינָן:

פד זֹאת ׀ חֲנֻכַּת הַמִּזְבֵּחַ בְּיוֹם הִמָּשַׁח אֹתוֹ מֵאֵת נְשִׂיאֵי יִשְׂרָאֵל
קַעֲרֹת כֶּסֶף שְׁתֵּים עֶשְׂרֵה מִזְרְקֵי־כֶסֶף שְׁנֵים עָשָׂר כַּפּוֹת זָהָב
פה שְׁתֵּים עֶשְׂרֵה: שְׁלֹשִׁים וּמֵאָה הַקְּעָרָה הָאַחַת כֶּסֶף וְשִׁבְעִים
הַמִּזְרָק הָאֶחָד כֹּל כֶּסֶף הַכֵּלִים אַלְפַּיִם וְאַרְבַּע־מֵאוֹת בְּשֶׁקֶל
פו הַקֹּדֶשׁ: כַּפּוֹת זָהָב שְׁתֵּים־עֶשְׂרֵה מְלֵאֹת קְטֹרֶת עֲשָׂרָה עֲשָׂרָה

מפטיר הכף בשקל הקדש כל־זהב הכפות עשרים ומאה: כל־הבקר פז
לעלה שנים עשר פרים אילם שנים־עשר כבשים בני־שנה
שנים עשר ומנחתם ושעירי עזים שנים עשר לחטאת: וכל פח
בקר | זבח השלמים עשרים וארבעה פרים אילם ששים
עתדים ששים כבשים בני־שנה ששים זאת חנכת המזבח
אחרי המשח אתו: ובבא משה אל־אהל מועד לדבר אתו פט
וישמע את־הקול מדבר אליו מעל הכפרת אשר על־ארן
העדת מבין שני הכרבים וידבר אליו:

בהעלתך ח וידבר יהוה אל־משה לאמר: דבר אל־אהרן ואמרת אליו ח א ב
בהעלתך את־הנרת אל־מול פני המנורה יאירו שבעת הנרות:
ויעש כן אהרן אל־מול פני המנורה העלה נרתיה כאשר ג
צוה יהוה את־משה: וזה מעשה המנרה מקשה זהב עד־ ד
ירכה עד־פרחה מקשה הוא כמראה אשר הראה יהוה את־
משה כן עשה את־המנרה:

וידבר יהוה אל־משה לאמר: קח את־הלוים מתוך בני ישראל ה ו
וטהרת אתם: וכה־תעשה להם לטהרם הזה עליהם מי ז
חטאת והעבירו תער על־כל־בשרם וכבסו בגדיהם והטהרו:
ולקחו פר בן־בקר ומנחתו סלת בלולה בשמן ופר־שני בן־ ח
בקר תקח לחטאת: והקרבת את־הלוים לפני אהל מועד ט
והקהלת את־כל־עדת בני ישראל: והקרבת את־הלוים י
לפני יהוה וסמכו בני־ישראל את־ידיהם על־הלוים: והניף יא
אהרן את־הלוים תנופה לפני יהוה מאת בני ישראל והיו
לעבד את־עבדת יהוה: והלוים יסמכו את־ידיהם על ראש יב
הפרים ועשה את־האחד חטאת ואת־האחד עלה ליהוה
לכפר על־הלוים: והעמדת את־הלוים לפני אהרן ולפני בניו יג
והנפת אתם תנופה ליהוה: והבדלת את־הלוים מתוך בני יד
שני ישראל והיו לי הלוים: ואחרי־כן יבאו הלוים לעבד את־ טו

טז אֹהֶל מוֹעֵד וְטִהַרְתָּ אֹתָם וְהֵנַפְתָּ אֹתָם תְּנוּפָה׃ כִּי נְתֻנִים
נְתֻנִים הֵמָּה לִי מִתּוֹךְ בְּנֵי יִשְׂרָאֵל תַּחַת פִּטְרַת כָּל־רֶחֶם בְּכוֹר
יז כֹּל מִבְּנֵי יִשְׂרָאֵל לָקַחְתִּי אֹתָם לִי׃ כִּי לִי כָל־בְּכוֹר בִּבְנֵי יִשְׂרָאֵל
בָּאָדָם וּבַבְּהֵמָה בְּיוֹם הַכֹּתִי כָל־בְּכוֹר בְּאֶרֶץ מִצְרַיִם הִקְדַּשְׁתִּי
יח אֹתָם לִי׃ וָאֶקַּח אֶת־הַלְוִיִּם תַּחַת כָּל־בְּכוֹר בִּבְנֵי יִשְׂרָאֵל׃
יט וָאֶתְּנָה אֶת־הַלְוִיִּם נְתֻנִים ׀ לְאַהֲרֹן וּלְבָנָיו מִתּוֹךְ בְּנֵי יִשְׂרָאֵל
לַעֲבֹד אֶת־עֲבֹדַת בְּנֵי־יִשְׂרָאֵל בְּאֹהֶל מוֹעֵד וּלְכַפֵּר עַל־בְּנֵי
יִשְׂרָאֵל וְלֹא יִהְיֶה בִּבְנֵי יִשְׂרָאֵל נֶגֶף בְּגֶשֶׁת בְּנֵי־יִשְׂרָאֵל אֶל־
כ הַקֹּדֶשׁ׃ וַיַּעַשׂ מֹשֶׁה וְאַהֲרֹן וְכָל־עֲדַת בְּנֵי־יִשְׂרָאֵל לַלְוִיִּם
כְּכֹל אֲשֶׁר־צִוָּה יְהוָה אֶת־מֹשֶׁה לַלְוִיִּם כֵּן־עָשׂוּ לָהֶם בְּנֵי
כא יִשְׂרָאֵל׃ וַיִּתְחַטְּאוּ הַלְוִיִּם וַיְכַבְּסוּ בִּגְדֵיהֶם וַיָּנֶף אַהֲרֹן אֹתָם
כב תְּנוּפָה לִפְנֵי יְהוָה וַיְכַפֵּר עֲלֵיהֶם אַהֲרֹן לְטַהֲרָם׃ וְאַחֲרֵי־כֵן
בָּאוּ הַלְוִיִּם לַעֲבֹד אֶת־עֲבֹדָתָם בְּאֹהֶל מוֹעֵד לִפְנֵי אַהֲרֹן
וְלִפְנֵי בָנָיו כַּאֲשֶׁר צִוָּה יְהוָה אֶת־מֹשֶׁה עַל־הַלְוִיִּם כֵּן עָשׂוּ
כג כד לָהֶם׃ וַיְדַבֵּר יְהוָה אֶל־מֹשֶׁה לֵּאמֹר׃ זֹאת אֲשֶׁר
לַלְוִיִּם מִבֶּן חָמֵשׁ וְעֶשְׂרִים שָׁנָה וָמַעְלָה יָבוֹא לִצְבֹא צָבָא בַּעֲבֹדַת
כה אֹהֶל מוֹעֵד׃ וּמִבֶּן חֲמִשִּׁים שָׁנָה יָשׁוּב מִצְּבָא הָעֲבֹדָה וְלֹא יַעֲבֹד
כו עוֹד׃ וְשֵׁרֵת אֶת־אֶחָיו בְּאֹהֶל מוֹעֵד לִשְׁמֹר מִשְׁמֶרֶת וַעֲבֹדָה
לֹא יַעֲבֹד כָּכָה תַּעֲשֶׂה לַלְוִיִּם בְּמִשְׁמְרֹתָם׃

ט א וַיְדַבֵּר יְהוָה אֶל־מֹשֶׁה בְמִדְבַּר־סִינַי בַּשָּׁנָה הַשֵּׁנִית לְצֵאתָם שלישי
ב מֵאֶרֶץ מִצְרַיִם בַּחֹדֶשׁ הָרִאשׁוֹן לֵאמֹר׃ וְיַעֲשׂוּ בְנֵי־יִשְׂרָאֵל
ג אֶת־הַפָּסַח בְּמוֹעֲדוֹ׃ בְּאַרְבָּעָה עָשָׂר־יוֹם בַּחֹדֶשׁ הַזֶּה בֵּין
הָעַרְבַּיִם תַּעֲשׂוּ אֹתוֹ בְּמֹעֲדוֹ כְּכָל־חֻקֹּתָיו וּכְכָל־מִשְׁפָּטָיו
ד תַּעֲשׂוּ אֹתוֹ׃ וַיְדַבֵּר מֹשֶׁה אֶל־בְּנֵי יִשְׂרָאֵל לַעֲשֹׂת הַפָּסַח׃
ה וַיַּעֲשׂוּ אֶת־הַפֶּסַח בָּרִאשׁוֹן בְּאַרְבָּעָה עָשָׂר יוֹם לַחֹדֶשׁ בֵּין
הָעַרְבַּיִם בְּמִדְבַּר סִינָי כְּכֹל אֲשֶׁר צִוָּה יְהוָה אֶת־מֹשֶׁה כֵּן עָשׂוּ
ו בְּנֵי יִשְׂרָאֵל׃ וַיְהִי אֲנָשִׁים אֲשֶׁר הָיוּ טְמֵאִים לְנֶפֶשׁ אָדָם וְלֹא־

יָכְלוּ לַעֲשֹׂת־הַפֶּסַח בַּיּוֹם הַהוּא וַיִּקְרְבוּ לִפְנֵי מֹשֶׁה וְלִפְנֵי
אַהֲרֹן בַּיּוֹם הַהוּא׃ וַיֹּאמְרוּ הָאֲנָשִׁים הָהֵמָּה אֵלָיו אֲנַחְנוּ ז
טְמֵאִים לְנֶפֶשׁ אָדָם לָמָּה נִגָּרַע לְבִלְתִּי הַקְרִיב אֶת־קָרְבַּן יְהוָה
בְּמֹעֲדוֹ בְּתוֹךְ בְּנֵי יִשְׂרָאֵל׃ וַיֹּאמֶר אֲלֵהֶם מֹשֶׁה עִמְדוּ וְאֶשְׁמְעָה ח
מַה־יְצַוֶּה יְהוָה לָכֶם׃
וַיְדַבֵּר יְהוָה אֶל־מֹשֶׁה לֵּאמֹר׃ דַּבֵּר אֶל־בְּנֵי יִשְׂרָאֵל לֵאמֹר ט
אִישׁ אִישׁ כִּי־יִהְיֶה טָמֵא ׀ לָנֶפֶשׁ אוֹ בְדֶרֶךְ רְחֹקָה לָכֶם אוֹ
לְדֹרֹתֵיכֶם וְעָשָׂה פֶסַח לַיהוָה׃ בַּחֹדֶשׁ הַשֵּׁנִי בְּאַרְבָּעָה עָשָׂר יא
יוֹם בֵּין הָעַרְבַּיִם יַעֲשׂוּ אֹתוֹ עַל־מַצּוֹת וּמְרֹרִים יֹאכְלֻהוּ׃
לֹא־יַשְׁאִירוּ מִמֶּנּוּ עַד־בֹּקֶר וְעֶצֶם לֹא יִשְׁבְּרוּ־בוֹ כְּכָל־חֻקַּת יב
הַפֶּסַח יַעֲשׂוּ אֹתוֹ׃ וְהָאִישׁ אֲשֶׁר־הוּא טָהוֹר וּבְדֶרֶךְ לֹא־ יג
הָיָה וְחָדַל לַעֲשׂוֹת הַפֶּסַח וְנִכְרְתָה הַנֶּפֶשׁ הַהִוא מֵעַמֶּיהָ
כִּי ׀ קָרְבַּן יְהוָה לֹא הִקְרִיב בְּמֹעֲדוֹ חֶטְאוֹ יִשָּׂא הָאִישׁ הַהוּא׃
וְכִי־יָגוּר אִתְּכֶם גֵּר וְעָשָׂה פֶסַח לַיהוָה כְּחֻקַּת הַפֶּסַח יד
וּכְמִשְׁפָּטוֹ כֵּן יַעֲשֶׂה חֻקָּה אַחַת יִהְיֶה לָכֶם וְלַגֵּר וּלְאֶזְרַח
רביעי הָאָרֶץ׃ וּבְיוֹם הָקִים אֶת־הַמִּשְׁכָּן כִּסָּה הֶעָנָן טו
אֶת־הַמִּשְׁכָּן לְאֹהֶל הָעֵדֻת וּבָעֶרֶב יִהְיֶה עַל־הַמִּשְׁכָּן כְּמַרְאֵה־
אֵשׁ עַד־בֹּקֶר׃ כֵּן יִהְיֶה תָמִיד הֶעָנָן יְכַסֶּנּוּ וּמַרְאֵה־אֵשׁ לָיְלָה׃ טז
וּלְפִי הֵעָלוֹת הֶעָנָן מֵעַל הָאֹהֶל וְאַחֲרֵי כֵן יִסְעוּ בְּנֵי יִשְׂרָאֵל יז
וּבִמְקוֹם אֲשֶׁר יִשְׁכָּן־שָׁם הֶעָנָן שָׁם יַחֲנוּ בְּנֵי יִשְׂרָאֵל׃ עַל־ יח
פִּי יְהוָה יִסְעוּ בְּנֵי יִשְׂרָאֵל וְעַל־פִּי יְהוָה יַחֲנוּ כָּל־יְמֵי אֲשֶׁר
יִשְׁכֹּן הֶעָנָן עַל־הַמִּשְׁכָּן יַחֲנוּ׃ וּבְהַאֲרִיךְ הֶעָנָן עַל־הַמִּשְׁכָּן יט
יָמִים רַבִּים וְשָׁמְרוּ בְנֵי־יִשְׂרָאֵל אֶת־מִשְׁמֶרֶת יְהוָה וְלֹא יִסָּעוּ׃
וְיֵשׁ אֲשֶׁר יִהְיֶה הֶעָנָן יָמִים מִסְפָּר עַל־הַמִּשְׁכָּן עַל־פִּי יְהוָה כ
יַחֲנוּ וְעַל־פִּי יְהוָה יִסָּעוּ׃ וְיֵשׁ אֲשֶׁר יִהְיֶה הֶעָנָן מֵעֶרֶב עַד־ כא
בֹּקֶר וְנַעֲלָה הֶעָנָן בַּבֹּקֶר וְנָסָעוּ אוֹ יוֹמָם וָלַיְלָה וְנַעֲלָה הֶעָנָן
וְנָסָעוּ׃ אוֹ־יֹמַיִם אוֹ־חֹדֶשׁ אוֹ־יָמִים בְּהַאֲרִיךְ הֶעָנָן עַל־הַמִּשְׁכָּן כב

כג לִשְׁכֹּן עָלָיו יַחֲנוּ בְּנֵי־יִשְׂרָאֵל וְלֹא יִסָּעוּ וּבְהֵעָלֹתוֹ יִסָּעוּ׃ עַל־
פִּי יהוה יַחֲנוּ וְעַל־פִּי יהוה יִסָּעוּ אֶת־מִשְׁמֶרֶת יהוה שָׁמָרוּ עַל־
פִּי יהוה בְּיַד־מֹשֶׁה׃

י א ב וַיְדַבֵּר יהוה אֶל־מֹשֶׁה לֵּאמֹר׃ עֲשֵׂה לְךָ שְׁתֵּי חֲצוֹצְרֹת כֶּסֶף ט
מִקְשָׁה תַּעֲשֶׂה אֹתָם וְהָיוּ לְךָ לְמִקְרָא הָעֵדָה וּלְמַסַּע אֶת־
ג הַמַּחֲנוֹת׃ וְתָקְעוּ בָּהֵן וְנוֹעֲדוּ אֵלֶיךָ כָּל־הָעֵדָה אֶל־פֶּתַח אֹהֶל
ד מוֹעֵד׃ וְאִם־בְּאַחַת יִתְקָעוּ וְנוֹעֲדוּ אֵלֶיךָ הַנְּשִׂיאִים רָאשֵׁי
ה אַלְפֵי יִשְׂרָאֵל׃ וּתְקַעְתֶּם תְּרוּעָה וְנָסְעוּ הַמַּחֲנוֹת הַחֹנִים קֵדְמָה׃
ו וּתְקַעְתֶּם תְּרוּעָה שֵׁנִית וְנָסְעוּ הַמַּחֲנוֹת הַחֹנִים תֵּימָנָה תְּרוּעָה
ז יִתְקְעוּ לְמַסְעֵיהֶם׃ וּבְהַקְהִיל אֶת־הַקָּהָל תִּתְקְעוּ וְלֹא תָרִיעוּ׃
ח וּבְנֵי אַהֲרֹן הַכֹּהֲנִים יִתְקְעוּ בַּחֲצֹצְרוֹת וְהָיוּ לָכֶם לְחֻקַּת עוֹלָם
ט לְדֹרֹתֵיכֶם׃ וְכִי־תָבֹאוּ מִלְחָמָה בְּאַרְצְכֶם עַל־הַצַּר הַצֹּרֵר אֶתְכֶם
וַהֲרֵעֹתֶם בַּחֲצֹצְרֹת וְנִזְכַּרְתֶּם לִפְנֵי יהוה אֱלֹהֵיכֶם וְנוֹשַׁעְתֶּם
י מֵאֹיְבֵיכֶם׃ וּבְיוֹם שִׂמְחַתְכֶם וּבְמוֹעֲדֵיכֶם וּבְרָאשֵׁי חָדְשֵׁכֶם
וּתְקַעְתֶּם בַּחֲצֹצְרֹת עַל עֹלֹתֵיכֶם וְעַל זִבְחֵי שַׁלְמֵיכֶם וְהָיוּ לָכֶם
לְזִכָּרוֹן לִפְנֵי אֱלֹהֵיכֶם אֲנִי יהוה אֱלֹהֵיכֶם׃

יא וַיְהִי בַּשָּׁנָה הַשֵּׁנִית בַּחֹדֶשׁ הַשֵּׁנִי בְּעֶשְׂרִים בַּחֹדֶשׁ נַעֲלָה הֶעָנָן חמישי
יב מֵעַל מִשְׁכַּן הָעֵדֻת׃ וַיִּסְעוּ בְנֵי־יִשְׂרָאֵל לְמַסְעֵיהֶם מִמִּדְבַּר סִינָי
יג וַיִּשְׁכֹּן הֶעָנָן בְּמִדְבַּר פָּארָן׃ וַיִּסְעוּ בָּרִאשֹׁנָה עַל־פִּי יהוה בְּיַד־
יד מֹשֶׁה׃ וַיִּסַּע דֶּגֶל מַחֲנֵה בְנֵי־יְהוּדָה בָּרִאשֹׁנָה לְצִבְאֹתָם וְעַל־
טו צְבָאוֹ נַחְשׁוֹן בֶּן־עַמִּינָדָב׃ וְעַל־צְבָא מַטֵּה בְּנֵי יִשָּׂשכָר נְתַנְאֵל
טז יז בֶּן־צוּעָר׃ וְעַל־צְבָא מַטֵּה בְּנֵי זְבוּלֻן אֱלִיאָב בֶּן־חֵלֹן׃ וְהוּרַד
יח הַמִּשְׁכָּן וְנָסְעוּ בְנֵי־גֵרְשׁוֹן וּבְנֵי מְרָרִי נֹשְׂאֵי הַמִּשְׁכָּן׃ וְנָסַע דֶּגֶל
יט מַחֲנֵה רְאוּבֵן לְצִבְאֹתָם וְעַל־צְבָאוֹ אֱלִיצוּר בֶּן־שְׁדֵיאוּר׃ וְעַל־
כ צְבָא מַטֵּה בְּנֵי שִׁמְעוֹן שְׁלֻמִיאֵל בֶּן־צוּרִישַׁדָּי׃ וְעַל־צְבָא מַטֵּה
כא בְנֵי־גָד אֶלְיָסָף בֶּן־דְּעוּאֵל׃ וְנָסְעוּ הַקְּהָתִים נֹשְׂאֵי הַמִּקְדָּשׁ
כב וְהֵקִימוּ אֶת־הַמִּשְׁכָּן עַד־בֹּאָם׃ וְנָסַע דֶּגֶל מַחֲנֵה בְנֵי־אֶפְרַיִם

כג לְצִבְאֹתָם וְעַל־צְבָאוֹ אֱלִישָׁמָע בֶּן־עַמִּיהוּד: וְעַל־צְבָא מַטֵּה
כד בְּנֵי מְנַשֶּׁה גַּמְלִיאֵל בֶּן־פְּדָהצוּר: וְעַל־צְבָא מַטֵּה בְּנֵי בִנְיָמִן
כה אֲבִידָן בֶּן־גִּדְעוֹנִי: וְנָסַע דֶּגֶל מַחֲנֵה בְנֵי־דָן מְאַסֵּף לְכָל־
כו הַמַּחֲנֹת לְצִבְאֹתָם וְעַל־צְבָאוֹ אֲחִיעֶזֶר בֶּן־עַמִּישַׁדָּי: וְעַל־
כז צְבָא מַטֵּה בְּנֵי אָשֵׁר פַּגְעִיאֵל בֶּן־עָכְרָן: וְעַל־צְבָא מַטֵּה
כח בְּנֵי נַפְתָּלִי אֲחִירַע בֶּן־עֵינָן: אֵלֶּה מַסְעֵי בְנֵי־יִשְׂרָאֵל לְצִבְאֹתָם
כט וַיִּסָּעוּ: וַיֹּאמֶר מֹשֶׁה לְחֹבָב בֶּן־רְעוּאֵל הַמִּדְיָנִי
חֹתֵן מֹשֶׁה נֹסְעִים ׀ אֲנַחְנוּ אֶל־הַמָּקוֹם אֲשֶׁר אָמַר יהוה אֹתוֹ
אֶתֵּן לָכֶם לְכָה אִתָּנוּ וְהֵטַבְנוּ לָךְ כִּי־יהוה דִּבֶּר־טוֹב עַל־יִשְׂרָאֵל:
ל וַיֹּאמֶר אֵלָיו לֹא אֵלֵךְ כִּי אִם־אֶל־אַרְצִי וְאֶל־מוֹלַדְתִּי אֵלֵךְ:
לא וַיֹּאמֶר אַל־נָא תַּעֲזֹב אֹתָנוּ כִּי ׀ עַל־כֵּן יָדַעְתָּ חֲנֹתֵנוּ בַּמִּדְבָּר
לב וְהָיִיתָ לָּנוּ לְעֵינָיִם: וְהָיָה כִּי־תֵלֵךְ עִמָּנוּ וְהָיָה ׀ הַטּוֹב הַהוּא
לג אֲשֶׁר יֵיטִיב יהוה עִמָּנוּ וְהֵטַבְנוּ לָךְ: וַיִּסְעוּ מֵהַר יהוה דֶּרֶךְ
שְׁלֹשֶׁת יָמִים וַאֲרוֹן בְּרִית־יהוה נֹסֵעַ לִפְנֵיהֶם דֶּרֶךְ שְׁלֹשֶׁת
לד יָמִים לָתוּר לָהֶם מְנוּחָה: וַעֲנַן יהוה עֲלֵיהֶם יוֹמָם בְּנָסְעָם מִן־
לה הַמַּחֲנֶה: ׆ וַיְהִי בִּנְסֹעַ הָאָרֹן וַיֹּאמֶר מֹשֶׁה קוּמָה ׀ ששי
לו יהוה וְיָפֻצוּ אֹיְבֶיךָ וְיָנֻסוּ מְשַׂנְאֶיךָ מִפָּנֶיךָ: וּבְנֻחֹה יֹאמַר שׁוּבָה
יהוה רִבְבוֹת אַלְפֵי יִשְׂרָאֵל: ׆

יא א וַיְהִי הָעָם כְּמִתְאֹנְנִים רַע בְּאָזְנֵי יהוה וַיִּשְׁמַע יהוה וַיִּחַר אַפּוֹ
ב וַתִּבְעַר־בָּם אֵשׁ יהוה וַתֹּאכַל בִּקְצֵה הַמַּחֲנֶה: וַיִּצְעַק הָעָם
ג אֶל־מֹשֶׁה וַיִּתְפַּלֵּל מֹשֶׁה אֶל־יהוה וַתִּשְׁקַע הָאֵשׁ: וַיִּקְרָא שֵׁם־
ד הַמָּקוֹם הַהוּא תַּבְעֵרָה כִּי־בָעֲרָה בָם אֵשׁ יהוה: וְהָאסַפְסֻף
אֲשֶׁר בְּקִרְבּוֹ הִתְאַוּוּ תַּאֲוָה וַיָּשֻׁבוּ וַיִּבְכּוּ גַּם בְּנֵי יִשְׂרָאֵל וַיֹּאמְרוּ
ה מִי יַאֲכִלֵנוּ בָּשָׂר: זָכַרְנוּ אֶת־הַדָּגָה אֲשֶׁר־נֹאכַל בְּמִצְרַיִם חִנָּם
אֵת הַקִּשֻּׁאִים וְאֵת הָאֲבַטִּחִים וְאֶת־הֶחָצִיר וְאֶת־הַבְּצָלִים
ו וְאֶת־הַשּׁוּמִים: וְעַתָּה נַפְשֵׁנוּ יְבֵשָׁה אֵין כֹּל בִּלְתִּי אֶל־הַמָּן
ז ח עֵינֵינוּ: וְהַמָּן כִּזְרַע־גַּד הוּא וְעֵינוֹ כְּעֵין הַבְּדֹלַח: שָׁטוּ הָעָם

ולקטו וטחנו ברחים או דכו במדכה ובשלו בפרור ועשו אתו
ט עגות והיה טעמו כטעם לשד השמן: וברדת הטל על־המחנה
י לילה ירד המן עליו: וישמע משה את־העם בכה למשפחתיו
יא איש לפתח אהלו ויחר־אף יהוה מאד ובעיני משה רע: ויאמר
משה אל־יהוה למה הרעת לעבדך ולמה לא־מצתי חן בעיניך
יב לשום את־משא כל־העם הזה עלי: האנכי הריתי את כל־העם
הזה אם־אנכי ילדתיהו כי־תאמר אלי שאהו בחיקך כאשר
ישא האמן את־הינק על האדמה אשר נשבעת לאבתיו:
יג מאין לי בשר לתת לכל־העם הזה כי־יבכו עלי לאמר תנה־
יד לנו בשר ונאכלה: לא־אוכל אנכי לבדי לשאת את־כל־העם
טו הזה כי כבד ממני: ואם־ככה את־עשה לי הרגני נא הרג אם־
מצאתי חן בעיניך ואל־אראה ברעתי:
טז ויאמר יהוה אל־משה אספה־לי שבעים איש מזקני ישראל י
אשר ידעת כי־הם זקני העם ושטריו ולקחת אתם אל־אהל
יז מועד והתיצבו שם עמך: וירדתי ודברתי עמך שם ואצלתי
מן־הרוח אשר עליך ושמתי עליהם ונשאו אתך במשא
יח העם ולא־תשא אתה לבדך: ואל־העם תאמר התקדשו
למחר ואכלתם בשר כי בכיתם באזני יהוה לאמר מי יאכלנו
בשר כי־טוב לנו במצרים ונתן יהוה לכם בשר ואכלתם:
יט לא יום אחד תאכלון ולא יומים ולא ׀ חמשה ימים ולא
כ עשרה ימים ולא עשרים יום: עד ׀ חדש ימים עד אשר־
יצא מאפכם והיה לכם לזרא יען כי־מאסתם את־יהוה
אשר בקרבכם ותבכו לפניו לאמר למה זה יצאנו ממצרים:
כא ויאמר משה שש־מאות אלף רגלי העם אשר אנכי בקרבו
כב ואתה אמרת בשר אתן להם ואכלו חדש ימים: הצאן ובקר
ישחט להם ומצא להם אם את־כל־דגי הים יאסף להם ומצא
להם:

יא כג וַיֹּאמֶר יְהוָה אֶל־מֹשֶׁה הֲיַד יְהוָה תִּקְצָר עַתָּה תִרְאֶה הֲיִקְרְךָ
כד דְבָרִי אִם־לֹא׃ וַיֵּצֵא מֹשֶׁה וַיְדַבֵּר אֶל־הָעָם אֵת דִּבְרֵי יְהוָה
וַיֶּאֱסֹף שִׁבְעִים אִישׁ מִזִּקְנֵי הָעָם וַיַּעֲמֵד אֹתָם סְבִיבֹת הָאֹהֶל׃
כה וַיֵּרֶד יְהוָה ׀ בֶּעָנָן וַיְדַבֵּר אֵלָיו וַיָּאצֶל מִן־הָרוּחַ אֲשֶׁר עָלָיו וַיִּתֵּן
עַל־שִׁבְעִים אִישׁ הַזְּקֵנִים וַיְהִי כְּנוֹחַ עֲלֵיהֶם הָרוּחַ וַיִּתְנַבְּאוּ
כו וְלֹא יָסָפוּ׃ וַיִּשָּׁאֲרוּ שְׁנֵי־אֲנָשִׁים ׀ בַּמַּחֲנֶה שֵׁם הָאֶחָד ׀ אֶלְדָּד
וְשֵׁם הַשֵּׁנִי מֵידָד וַתָּנַח עֲלֵהֶם הָרוּחַ וְהֵמָּה בַּכְּתֻבִים וְלֹא יָצְאוּ
כז הָאֹהֱלָה וַיִּתְנַבְּאוּ בַּמַּחֲנֶה׃ וַיָּרָץ הַנַּעַר וַיַּגֵּד לְמֹשֶׁה וַיֹּאמַר
כח אֶלְדָּד וּמֵידָד מִתְנַבְּאִים בַּמַּחֲנֶה׃ וַיַּעַן יְהוֹשֻׁעַ בִּן־נוּן מְשָׁרֵת
כט מֹשֶׁה מִבְּחֻרָיו וַיֹּאמַר אֲדֹנִי מֹשֶׁה כְּלָאֵם׃ וַיֹּאמֶר לוֹ מֹשֶׁה
הַמְקַנֵּא אַתָּה לִי וּמִי יִתֵּן כָּל־עַם יְהוָה נְבִיאִים כִּי־יִתֵּן יְהוָה
שביעי ל אֶת־רוּחוֹ עֲלֵיהֶם׃ וַיֵּאָסֵף מֹשֶׁה אֶל־הַמַּחֲנֶה הוּא וְזִקְנֵי יִשְׂרָאֵל׃
לא וְרוּחַ נָסַע ׀ מֵאֵת יְהוָה וַיָּגָז שַׂלְוִים מִן־הַיָּם וַיִּטֹּשׁ עַל־הַמַּחֲנֶה
כְּדֶרֶךְ יוֹם כֹּה וּכְדֶרֶךְ יוֹם כֹּה סְבִיבוֹת הַמַּחֲנֶה וּכְאַמָּתַיִם עַל־
לב פְּנֵי הָאָרֶץ׃ וַיָּקָם הָעָם כָּל־הַיּוֹם הַהוּא וְכָל־הַלַּיְלָה וְכֹל ׀ יוֹם
הַמָּחֳרָת וַיַּאַסְפוּ אֶת־הַשְּׂלָו הַמַּמְעִיט אָסַף עֲשָׂרָה חֳמָרִים
לג וַיִּשְׁטְחוּ לָהֶם שָׁטוֹחַ סְבִיבוֹת הַמַּחֲנֶה׃ הַבָּשָׂר עוֹדֶנּוּ בֵּין שִׁנֵּיהֶם
טֶרֶם יִכָּרֵת וְאַף יְהוָה חָרָה בָעָם וַיַּךְ יְהוָה בָּעָם מַכָּה רַבָּה
לד מְאֹד׃ וַיִּקְרָא אֶת־שֵׁם־הַמָּקוֹם הַהוּא קִבְרוֹת הַתַּאֲוָה כִּי־
לה שָׁם קָבְרוּ אֶת־הָעָם הַמִּתְאַוִּים׃ מִקִּבְרוֹת הַתַּאֲוָה נָסְעוּ הָעָם
חֲצֵרוֹת וַיִּהְיוּ בַּחֲצֵרוֹת׃
יב א וַתְּדַבֵּר מִרְיָם וְאַהֲרֹן בְּמֹשֶׁה עַל־אֹדוֹת הָאִשָּׁה הַכֻּשִׁית אֲשֶׁר
ב לָקָח כִּי־אִשָּׁה כֻשִׁית לָקָח׃ וַיֹּאמְרוּ הֲרַק אַךְ־בְּמֹשֶׁה דִּבֶּר יְהוָה
ג הֲלֹא גַּם־בָּנוּ דִבֵּר וַיִּשְׁמַע יְהוָה׃ וְהָאִישׁ מֹשֶׁה עָנָו מְאֹד מִכֹּל
ד הָאָדָם אֲשֶׁר עַל־פְּנֵי הָאֲדָמָה׃ וַיֹּאמֶר יְהוָה
פִּתְאֹם אֶל־מֹשֶׁה וְאֶל־אַהֲרֹן וְאֶל־מִרְיָם צְאוּ שְׁלָשְׁתְּכֶם אֶל־
ה אֹהֶל מוֹעֵד וַיֵּצְאוּ שְׁלָשְׁתָּם׃ וַיֵּרֶד יְהוָה בְּעַמּוּד עָנָן וַיַּעֲמֹד

ו פֶּתַח הָאֹהֶל וַיִּקְרָא אַהֲרֹן וּמִרְיָם וַיֵּצְאוּ שְׁנֵיהֶם: וַיֹּאמֶר שִׁמְעוּ־
נָא דְבָרָי אִם־יִהְיֶה נְבִיאֲכֶם יהוה בַּמַּרְאָה אֵלָיו אֶתְוַדָּע בַּחֲלוֹם
ז ח אֲדַבֶּר־בּוֹ: לֹא־כֵן עַבְדִּי מֹשֶׁה בְּכָל־בֵּיתִי נֶאֱמָן הוּא: פֶּה
אֶל־פֶּה אֲדַבֶּר־בּוֹ וּמַרְאֶה וְלֹא בְחִידֹת וּתְמֻנַת יהוה יַבִּיט
ט וּמַדּוּעַ לֹא יְרֵאתֶם לְדַבֵּר בְּעַבְדִּי בְמֹשֶׁה: וַיִּחַר־אַף יהוה בָּם
י וַיֵּלַךְ: וְהֶעָנָן סָר מֵעַל הָאֹהֶל וְהִנֵּה מִרְיָם מְצֹרַעַת כַּשָּׁלֶג
יא וַיִּפֶן אַהֲרֹן אֶל־מִרְיָם וְהִנֵּה מְצֹרָעַת: וַיֹּאמֶר אַהֲרֹן אֶל־
מֹשֶׁה בִּי אֲדֹנִי אַל־נָא תָשֵׁת עָלֵינוּ חַטָּאת אֲשֶׁר נוֹאַלְנוּ וַאֲשֶׁר
יב חָטָאנוּ: אַל־נָא תְהִי כַּמֵּת אֲשֶׁר בְּצֵאתוֹ מֵרֶחֶם אִמּוֹ וַיֵּאָכֵל
יג חֲצִי בְשָׂרוֹ: וַיִּצְעַק מֹשֶׁה אֶל־יהוה לֵאמֹר אֵל נָא רְפָא נָא
לָהּ:
יד וַיֹּאמֶר יהוה אֶל־מֹשֶׁה וְאָבִיהָ יָרֹק יָרַק בְּפָנֶיהָ הֲלֹא תִכָּלֵם מפטיר
שִׁבְעַת יָמִים תִּסָּגֵר שִׁבְעַת יָמִים מִחוּץ לַמַּחֲנֶה וְאַחַר תֵּאָסֵף:
טו וַתִּסָּגֵר מִרְיָם מִחוּץ לַמַּחֲנֶה שִׁבְעַת יָמִים וְהָעָם לֹא נָסַע
טז עַד הֵאָסֵף מִרְיָם: וְאַחַר נָסְעוּ הָעָם מֵחֲצֵרוֹת וַיַּחֲנוּ בְּמִדְבַּר
פָּארָן:

יג א ב וַיְדַבֵּר יהוה אֶל־מֹשֶׁה לֵּאמֹר: שְׁלַח־לְךָ אֲנָשִׁים וְיָתֻרוּ אֶת־ יב שלח
אֶרֶץ כְּנַעַן אֲשֶׁר־אֲנִי נֹתֵן לִבְנֵי יִשְׂרָאֵל אִישׁ אֶחָד אִישׁ אֶחָד
ג לְמַטֵּה אֲבֹתָיו תִּשְׁלָחוּ כֹּל נָשִׂיא בָהֶם: וַיִּשְׁלַח אֹתָם מֹשֶׁה
מִמִּדְבַּר פָּארָן עַל־פִּי יהוה כֻּלָּם אֲנָשִׁים רָאשֵׁי בְנֵי־יִשְׂרָאֵל
ד ה הֵמָּה: וְאֵלֶּה שְׁמוֹתָם לְמַטֵּה רְאוּבֵן שַׁמּוּעַ בֶּן־זַכּוּר: לְמַטֵּה
ו ז שִׁמְעוֹן שָׁפָט בֶּן־חוֹרִי: לְמַטֵּה יְהוּדָה כָּלֵב בֶּן־יְפֻנֶּה: לְמַטֵּה
ח ט יִשָּׂשכָר יִגְאָל בֶּן־יוֹסֵף: לְמַטֵּה אֶפְרָיִם הוֹשֵׁעַ בִּן־נוּן: לְמַטֵּה
י יא בִנְיָמִן פַּלְטִי בֶּן־רָפוּא: לְמַטֵּה זְבוּלֻן גַּדִּיאֵל בֶּן־סוֹדִי: לְמַטֵּה
יב יוֹסֵף לְמַטֵּה מְנַשֶּׁה גַּדִּי בֶּן־סוּסִי: לְמַטֵּה דָן עַמִּיאֵל בֶּן־גְּמַלִּי:
יג יד לְמַטֵּה אָשֵׁר סְתוּר בֶּן־מִיכָאֵל: לְמַטֵּה נַפְתָּלִי נַחְבִּי בֶּן־וָפְסִי:
טו טז לְמַטֵּה גָד גְּאוּאֵל בֶּן־מָכִי: אֵלֶּה שְׁמוֹת הָאֲנָשִׁים אֲשֶׁר־שָׁלַח

מֹשֶׁה לָתוּר אֶת־הָאָרֶץ וַיִּקְרָא מֹשֶׁה לְהוֹשֵׁעַ בִּן־נוּן יְהוֹשֻׁעַ׃
וַיִּשְׁלַח אֹתָם מֹשֶׁה לָתוּר אֶת־אֶרֶץ כְּנָעַן וַיֹּאמֶר אֲלֵהֶם עֲלוּ יז
זֶה בַּנֶּגֶב וַעֲלִיתֶם אֶת־הָהָר׃ וּרְאִיתֶם אֶת־הָאָרֶץ מַה־הִוא יח
וְאֶת־הָעָם הַיֹּשֵׁב עָלֶיהָ הֶחָזָק הוּא הֲרָפֶה הַמְעַט הוּא אִם־
רָב׃ וּמָה הָאָרֶץ אֲשֶׁר־הוּא יֹשֵׁב בָּהּ הֲטוֹבָה הִוא אִם־רָעָה יט
וּמָה הֶעָרִים אֲשֶׁר־הוּא יוֹשֵׁב בָּהֵנָּה הַבְּמַחֲנִים אִם בְּמִבְצָרִים׃
וּמָה הָאָרֶץ הַשְּׁמֵנָה הִוא אִם־רָזָה הֲיֵשׁ־בָּהּ עֵץ אִם־אַיִן כ
וְהִתְחַזַּקְתֶּם וּלְקַחְתֶּם מִפְּרִי הָאָרֶץ וְהַיָּמִים יְמֵי בִּכּוּרֵי עֲנָבִים׃
שני וַיַּעֲלוּ וַיָּתֻרוּ אֶת־הָאָרֶץ מִמִּדְבַּר־צִן עַד־רְחֹב לְבֹא חֲמָת׃ כא
וַיַּעֲלוּ בַנֶּגֶב וַיָּבֹא עַד־חֶבְרוֹן וְשָׁם אֲחִימַן שֵׁשַׁי וְתַלְמַי יְלִידֵי כב
הָעֲנָק וְחֶבְרוֹן שֶׁבַע שָׁנִים נִבְנְתָה לִפְנֵי צֹעַן מִצְרָיִם׃ וַיָּבֹאוּ כג
עַד־נַחַל אֶשְׁכֹּל וַיִּכְרְתוּ מִשָּׁם זְמוֹרָה וְאֶשְׁכּוֹל עֲנָבִים אֶחָד
וַיִּשָּׂאֻהוּ בַמּוֹט בִּשְׁנָיִם וּמִן־הָרִמֹּנִים וּמִן־הַתְּאֵנִים׃ לַמָּקוֹם כד
הַהוּא קָרָא נַחַל אֶשְׁכּוֹל עַל אֹדוֹת הָאֶשְׁכּוֹל אֲשֶׁר־כָּרְתוּ מִשָּׁם
בְּנֵי יִשְׂרָאֵל׃ וַיָּשֻׁבוּ מִתּוּר הָאָרֶץ מִקֵּץ אַרְבָּעִים יוֹם׃ וַיֵּלְכוּ כה כו
וַיָּבֹאוּ אֶל־מֹשֶׁה וְאֶל־אַהֲרֹן וְאֶל־כָּל־עֲדַת בְּנֵי־יִשְׂרָאֵל אֶל־
מִדְבַּר פָּארָן קָדֵשָׁה וַיָּשִׁיבוּ אֹתָם דָּבָר וְאֶת־כָּל־הָעֵדָה וַיַּרְאוּם
אֶת־פְּרִי הָאָרֶץ׃ וַיְסַפְּרוּ־לוֹ וַיֹּאמְרוּ בָּאנוּ אֶל־הָאָרֶץ אֲשֶׁר כז
שְׁלַחְתָּנוּ וְגַם זָבַת חָלָב וּדְבַשׁ הִוא וְזֶה־פִּרְיָהּ׃ אֶפֶס כִּי־עַז כח
הָעָם הַיֹּשֵׁב בָּאָרֶץ וְהֶעָרִים בְּצֻרוֹת גְּדֹלֹת מְאֹד וְגַם־יְלִדֵי
הָעֲנָק רָאִינוּ שָׁם׃ עֲמָלֵק יוֹשֵׁב בְּאֶרֶץ הַנֶּגֶב וְהַחִתִּי וְהַיְבוּסִי כט
וְהָאֱמֹרִי יוֹשֵׁב בָּהָר וְהַכְּנַעֲנִי יוֹשֵׁב עַל־הַיָּם וְעַל יַד הַיַּרְדֵּן׃
וַיַּהַס כָּלֵב אֶת־הָעָם אֶל־מֹשֶׁה וַיֹּאמֶר עָלֹה נַעֲלֶה וְיָרַשְׁנוּ ל
אֹתָהּ כִּי־יָכוֹל נוּכַל לָהּ׃ וְהָאֲנָשִׁים אֲשֶׁר עָלוּ עִמּוֹ אָמְרוּ לֹא לא
נוּכַל לַעֲלוֹת אֶל־הָעָם כִּי־חָזָק הוּא מִמֶּנּוּ׃ וַיֹּצִיאוּ דִּבַּת הָאָרֶץ לב
אֲשֶׁר תָּרוּ אֹתָהּ אֶל־בְּנֵי יִשְׂרָאֵל לֵאמֹר הָאָרֶץ אֲשֶׁר עָבַרְנוּ
בָהּ לָתוּר אֹתָהּ אֶרֶץ אֹכֶלֶת יוֹשְׁבֶיהָ הִוא וְכָל־הָעָם אֲשֶׁר־

לג רָאִינוּ בְתוֹכָהּ אַנְשֵׁי מִדּוֹת׃ וְשָׁם רָאִינוּ אֶת־הַנְּפִילִים בְּנֵי
עֲנָק מִן־הַנְּפִלִים וַנְּהִי בְעֵינֵינוּ כַּחֲגָבִים וְכֵן הָיִינוּ בְּעֵינֵיהֶם׃
יד א וַתִּשָּׂא כָּל־הָעֵדָה וַיִּתְּנוּ אֶת־קוֹלָם וַיִּבְכּוּ הָעָם בַּלַּיְלָה הַהוּא׃
ב וַיִּלֹּנוּ עַל־מֹשֶׁה וְעַל־אַהֲרֹן כֹּל בְּנֵי יִשְׂרָאֵל וַיֹּאמְרוּ אֲלֵהֶם כָּל־
הָעֵדָה לוּ־מַתְנוּ בְּאֶרֶץ מִצְרַיִם אוֹ בַּמִּדְבָּר הַזֶּה לוּ־מָתְנוּ׃
ג וְלָמָה יְהוָה מֵבִיא אֹתָנוּ אֶל־הָאָרֶץ הַזֹּאת לִנְפֹּל בַּחֶרֶב נָשֵׁינוּ
ד וְטַפֵּנוּ יִהְיוּ לָבַז הֲלוֹא טוֹב לָנוּ שׁוּב מִצְרָיְמָה׃ וַיֹּאמְרוּ אִישׁ
ה אֶל־אָחִיו נִתְּנָה רֹאשׁ וְנָשׁוּבָה מִצְרָיְמָה׃ וַיִּפֹּל מֹשֶׁה וְאַהֲרֹן
ו עַל־פְּנֵיהֶם לִפְנֵי כָּל־קְהַל עֲדַת בְּנֵי יִשְׂרָאֵל׃ וִיהוֹשֻׁעַ בִּן־נוּן
ז וְכָלֵב בֶּן־יְפֻנֶּה מִן־הַתָּרִים אֶת־הָאָרֶץ קָרְעוּ בִּגְדֵיהֶם׃ וַיֹּאמְרוּ
אֶל־כָּל־עֲדַת בְּנֵי־יִשְׂרָאֵל לֵאמֹר הָאָרֶץ אֲשֶׁר עָבַרְנוּ בָהּ לָתוּר
ח אֹתָהּ טוֹבָה הָאָרֶץ מְאֹד מְאֹד׃ אִם־חָפֵץ בָּנוּ יְהוָה וְהֵבִיא שלישי
אֹתָנוּ אֶל־הָאָרֶץ הַזֹּאת וּנְתָנָהּ לָנוּ אֶרֶץ אֲשֶׁר־הִוא זָבַת חָלָב
ט וּדְבָשׁ׃ אַךְ בַּיהוָה אַל־תִּמְרֹדוּ וְאַתֶּם אַל־תִּירְאוּ אֶת־עַם הָאָרֶץ
כִּי לַחְמֵנוּ הֵם סָר צִלָּם מֵעֲלֵיהֶם וַיהוָה אִתָּנוּ אַל־תִּירָאֻם׃
י וַיֹּאמְרוּ כָּל־הָעֵדָה לִרְגּוֹם אֹתָם בָּאֲבָנִים וּכְבוֹד יְהוָה נִרְאָה
בְּאֹהֶל מוֹעֵד אֶל־כָּל־בְּנֵי יִשְׂרָאֵל׃
יא וַיֹּאמֶר יְהוָה אֶל־מֹשֶׁה עַד־אָנָה יְנַאֲצֻנִי הָעָם הַזֶּה וְעַד־אָנָה יג
יב לֹא־יַאֲמִינוּ בִי בְּכֹל הָאֹתוֹת אֲשֶׁר עָשִׂיתִי בְּקִרְבּוֹ׃ אַכֶּנּוּ בַדֶּבֶר
יג וְאוֹרִשֶׁנּוּ וְאֶעֱשֶׂה אֹתְךָ לְגוֹי־גָּדוֹל וְעָצוּם מִמֶּנּוּ׃ וַיֹּאמֶר מֹשֶׁה
אֶל־יְהוָה וְשָׁמְעוּ מִצְרַיִם כִּי־הֶעֱלִיתָ בְכֹחֲךָ אֶת־הָעָם הַזֶּה
יד מִקִּרְבּוֹ׃ וְאָמְרוּ אֶל־יוֹשֵׁב הָאָרֶץ הַזֹּאת שָׁמְעוּ כִּי־אַתָּה יְהוָה
בְּקֶרֶב הָעָם הַזֶּה אֲשֶׁר־עַיִן בְּעַיִן נִרְאָה ׀ אַתָּה יְהוָה וַעֲנָנְךָ
עֹמֵד עֲלֵהֶם וּבְעַמֻּד עָנָן אַתָּה הֹלֵךְ לִפְנֵיהֶם יוֹמָם וּבְעַמּוּד אֵשׁ
טו לָיְלָה׃ וְהֵמַתָּה אֶת־הָעָם הַזֶּה כְּאִישׁ אֶחָד וְאָמְרוּ הַגּוֹיִם אֲשֶׁר־
טז שָׁמְעוּ אֶת־שִׁמְעֲךָ לֵאמֹר׃ מִבִּלְתִּי יְכֹלֶת יְהוָה לְהָבִיא אֶת־
יז הָעָם הַזֶּה אֶל־הָאָרֶץ אֲשֶׁר־נִשְׁבַּע לָהֶם וַיִּשְׁחָטֵם בַּמִּדְבָּר׃ וְעַתָּה

יח יגדל־נא כח אדני כאשר דברת לאמר: יהוה ארך אפים
ורב־חסד נשא עון ופשע ונקה לא ינקה פקד עון אבות על־
יט בנים על־שלשים ועל־רבעים: סלח־נא לעון העם הזה כגדל
כ חסדך וכאשר נשאתה לעם הזה ממצרים ועד־הנה: ויאמר
כא יהוה סלחתי כדברך: ואולם חי־אני וימלא כבוד־יהוה את־
כב כל־הארץ: כי כל־האנשים הראים את־כבדי ואת־אתתי
אשר־עשיתי במצרים ובמדבר וינסו אתי זה עשר פעמים
כג ולא שמעו בקולי: אם־יראו את־הארץ אשר נשבעתי לאבתם
כד וכל־מנאצי לא יראוה: ועבדי כלב עקב היתה רוח אחרת
עמו וימלא אחרי והביאתיו אל־הארץ אשר־בא שמה וזרעו
כה יורשנה: והעמלקי והכנעני יושב בעמק מחר פנו וסעו לכם
המדבר דרך ים־סוף:

רביעי

כו כז וידבר יהוה אל־משה ואל־אהרן לאמר: עד־מתי לעדה
הרעה הזאת אשר המה מלינים עלי את־תלנות בני ישראל
כח אשר המה מלינים עלי שמעתי: אמר אלהם חי־אני נאם־
כט יהוה אם־לא כאשר דברתם באזני כן אעשה לכם: במדבר
הזה יפלו פגריכם וכל־פקדיכם לכל־מספרכם מבן עשרים
ל שנה ומעלה אשר הלינתם עלי: אם־אתם תבאו אל־הארץ
אשר נשאתי את־ידי לשכן אתכם בה כי אם־כלב בן־יפנה
לא ויהושע בן־נון: וטפכם אשר אמרתם לבז יהיה והביאתי
לב אתם וידעו את־הארץ אשר מאסתם בה: ופגריכם אתם
לג יפלו במדבר הזה: ובניכם יהיו רעים במדבר ארבעים שנה
לד ונשאו את־זנותיכם עד־תם פגריכם במדבר: במספר הימים
אשר־תרתם את־הארץ ארבעים יום יום לשנה יום לשנה
תשאו את־עונתיכם ארבעים שנה וידעתם את־תנואתי:
לה אני יהוה דברתי אם־לא ׀ זאת אעשה לכל־העדה הרעה
לו הזאת הנועדים עלי במדבר הזה יתמו ושם ימתו: והאנשים

אשר־שלח משה לתור את־הארץ וישבו וילונו עליו את־ וילינו
לז כל־העדה להוציא דבה על־הארץ: וימתו האנשים מוצאי
לח דבת־הארץ רעה במגפה לפני יהוה: ויהושע בן־נון וכלב
בן־יפנה חיו מן־האנשים ההם ההלכים לתור את־הארץ:
לט וידבר משה את־הדברים האלה אל־כל־בני ישראל ויתאבלו
מ העם מאד: וישכמו בבקר ויעלו אל־ראש־ההר לאמר
מא הננו ועלינו אל־המקום אשר־אמר יהוה כי חטאנו: ויאמר
משה למה זה אתם עברים את־פי יהוה והוא לא תצלח:
מב אל־תעלו כי אין יהוה בקרבכם ולא תנגפו לפני איביכם:
מג כי העמלקי והכנעני שם לפניכם ונפלתם בחרב כי־על־כן
מד שבתם מאחרי יהוה ולא־יהיה יהוה עמכם: ויעפלו לעלות
אל־ראש ההר וארון ברית־יהוה ומשה לא־משו מקרב
מה המחנה: וירד העמלקי והכנעני הישב בהר ההוא ויכום
ויכתום עד־החרמה:

טו א ב וידבר יהוה אל־משה לאמר: דבר אל־בני ישראל ואמרת יד
אלהם כי תבאו אל־ארץ מושבתיכם אשר אני נתן לכם:
ג ועשיתם אשה ליהוה עלה או־זבח לפלא־נדר או בנדבה
או במעדיכם לעשות ריח ניחח ליהוה מן־הבקר או מן־
ד הצאן: והקריב המקריב קרבנו ליהוה מנחה סלת עשרון
ה בלול ברבעית ההין שמן: ויין לנסך רביעית ההין תעשה
ו על־העלה או לזבח לכבש האחד: או לאיל תעשה מנחה
ז סלת שני עשרנים בלולה בשמן שלשית ההין: ויין לנסך
ח שלשית ההין תקריב ריח־ניחח ליהוה: וכי־תעשה בן־בקר חמישי
ט עלה או־זבח לפלא־נדר או־שלמים ליהוה: והקריב על־
בן־הבקר מנחה סלת שלשה עשרנים בלול בשמן חצי ההין:
י יא ויין תקריב לנסך חצי ההין אשה ריח־ניחח ליהוה: ככה
יעשה לשור האחד או לאיל האחד או־לשה בכבשים או

יב בָּעִזִּים׃ כַּמִּסְפָּר אֲשֶׁר תַּעֲשׂוּ כָּכָה תַּעֲשׂוּ לָאֶחָד כְּמִסְפָּרָם׃
יג כָּל־הָאֶזְרָח יַעֲשֶׂה־כָּכָה אֶת־אֵלֶּה לְהַקְרִיב אִשֵּׁה רֵיחַ־נִיחֹחַ
יד לַיהוָה׃ וְכִי־יָגוּר אִתְּכֶם גֵּר אוֹ אֲשֶׁר־בְּתוֹכְכֶם לְדֹרֹתֵיכֶם וְעָשָׂה
טו אִשֵּׁה רֵיחַ־נִיחֹחַ לַיהוָה כַּאֲשֶׁר תַּעֲשׂוּ כֵּן יַעֲשֶׂה׃ הַקָּהָל חֻקָּה
אַחַת לָכֶם וְלַגֵּר הַגָּר חֻקַּת עוֹלָם לְדֹרֹתֵיכֶם כָּכֶם כַּגֵּר יִהְיֶה
טז לִפְנֵי יְהוָה׃ תּוֹרָה אַחַת וּמִשְׁפָּט אֶחָד יִהְיֶה לָכֶם וְלַגֵּר הַגָּר
אִתְּכֶם׃

ששי יז יח וַיְדַבֵּר יְהוָה אֶל־מֹשֶׁה לֵּאמֹר׃ דַּבֵּר אֶל־בְּנֵי יִשְׂרָאֵל וְאָמַרְתָּ
יט אֲלֵהֶם בְּבֹאֲכֶם אֶל־הָאָרֶץ אֲשֶׁר אֲנִי מֵבִיא אֶתְכֶם שָׁמָּה׃ וְהָיָה
כ בַּאֲכָלְכֶם מִלֶּחֶם הָאָרֶץ תָּרִימוּ תְרוּמָה לַיהוָה׃ רֵאשִׁית עֲרִסֹתֵכֶם
כא חַלָּה תָּרִימוּ תְרוּמָה כִּתְרוּמַת גֹּרֶן כֵּן תָּרִימוּ אֹתָהּ׃ מֵרֵאשִׁית
כב עֲרִסֹתֵיכֶם תִּתְּנוּ לַיהוָה תְּרוּמָה לְדֹרֹתֵיכֶם׃ וְכִי
תִשְׁגּוּ וְלֹא תַעֲשׂוּ אֵת כָּל־הַמִּצְוֺת הָאֵלֶּה אֲשֶׁר־דִּבֶּר יְהוָה
כג אֶל־מֹשֶׁה׃ אֵת כָּל־אֲשֶׁר צִוָּה יְהוָה אֲלֵיכֶם בְּיַד־מֹשֶׁה מִן־
כד הַיּוֹם אֲשֶׁר צִוָּה יְהוָה וָהָלְאָה לְדֹרֹתֵיכֶם׃ וְהָיָה אִם מֵעֵינֵי
הָעֵדָה נֶעֶשְׂתָה לִשְׁגָגָה וְעָשׂוּ כָל־הָעֵדָה פַּר בֶּן־בָּקָר אֶחָד
לְעֹלָה לְרֵיחַ נִיחֹחַ לַיהוָה וּמִנְחָתוֹ וְנִסְכּוֹ כַּמִּשְׁפָּט וּשְׂעִיר־עִזִּים
כה אֶחָד לְחַטָּת׃ וְכִפֶּר הַכֹּהֵן עַל־כָּל־עֲדַת בְּנֵי יִשְׂרָאֵל וְנִסְלַח
לָהֶם כִּי־שְׁגָגָה הִוא וְהֵם הֵבִיאוּ אֶת־קָרְבָּנָם אִשֶּׁה לַיהוָה
כו וְחַטָּאתָם לִפְנֵי יְהוָה עַל־שִׁגְגָתָם׃ וְנִסְלַח לְכָל־עֲדַת בְּנֵי יִשְׂרָאֵל
שביעי כז וְלַגֵּר הַגָּר בְּתוֹכָם כִּי לְכָל־הָעָם בִּשְׁגָגָה׃ וְאִם־
נֶפֶשׁ אַחַת תֶּחֱטָא בִשְׁגָגָה וְהִקְרִיבָה עֵז בַּת־שְׁנָתָהּ לְחַטָּאת׃
כח וְכִפֶּר הַכֹּהֵן עַל־הַנֶּפֶשׁ הַשֹּׁגֶגֶת בְּחֶטְאָה בִשְׁגָגָה לִפְנֵי יְהוָה
כט לְכַפֵּר עָלָיו וְנִסְלַח לוֹ׃ הָאֶזְרָח בִּבְנֵי יִשְׂרָאֵל וְלַגֵּר הַגָּר בְּתוֹכָם
ל תּוֹרָה אַחַת יִהְיֶה לָכֶם לָעֹשֶׂה בִּשְׁגָגָה׃ וְהַנֶּפֶשׁ אֲשֶׁר־תַּעֲשֶׂה ׀
בְּיָד רָמָה מִן־הָאֶזְרָח וּמִן־הַגֵּר אֶת־יְהוָה הוּא מְגַדֵּף וְנִכְרְתָה
לא הַנֶּפֶשׁ הַהִוא מִקֶּרֶב עַמָּהּ׃ כִּי דְבַר־יְהוָה בָּזָה וְאֶת־מִצְוָתוֹ

הפר הכרת תכרת הנפש ההוא עונה בה:
לב ויהיו בני־ישראל במדבר וימצאו איש מקשש עצים ביום
לג השבת: ויקריבו אתו המצאים אתו מקשש עצים אל־משה
לד ואל־אהרן ואל כל־העדה: ויניחו אתו במשמר כי לא פרש
לה מה־יעשה לו: ויאמר יהוה אל־משה מות
יומת האיש רגום אתו באבנים כל־העדה מחוץ למחנה:
לו ויציאו אתו כל־העדה אל־מחוץ למחנה וירגמו אתו באבנים
וימת כאשר צוה יהוה את־משה:
לז לח ויאמר יהוה אל־משה לאמר: דבר אל־בני ישראל ואמרת מפטיר
אלהם ועשו להם ציצת על־כנפי בגדיהם לדרתם ונתנו על־
לט ציצת הכנף פתיל תכלת: והיה לכם לציצת וראיתם אתו
וזכרתם את־כל־מצות יהוה ועשיתם אתם ולא תתורו אחרי
מ לבבכם ואחרי עיניכם אשר־אתם זנים אחריהם: למען תזכרו
מא ועשיתם את־כל־מצותי והייתם קדשים לאלהיכם: אני יהוה
אלהיכם אשר הוצאתי אתכם מארץ מצרים להיות לכם
לאלהים אני יהוה אלהיכם:

טז א ויקח קרח בן־יצהר בן־קהת בן־לוי ודתן ואבירם בני אליאב טו קרח
ב ואון בן־פלת בני ראובן: ויקמו לפני משה ואנשים מבני־
ישראל חמשים ומאתים נשיאי עדה קראי מועד אנשי־שם:
ג ויקהלו על־משה ועל־אהרן ויאמרו אלהם רב־לכם כי כל־
העדה כלם קדשים ובתוכם יהוה ומדוע תתנשאו על־קהל
ד ה יהוה: וישמע משה ויפל על־פניו: וידבר אל־קרח ואל־כל־
עדתו לאמר בקר וידע יהוה את־אשר־לו ואת־הקדוש והקריב
ו אליו ואת אשר יבחר־בו יקריב אליו: זאת עשו קחו־לכם
ז מחתות קרח וכל־עדתו: ותנו בהן ׀ אש ושימו עליהן ׀ קטרת
לפני יהוה מחר והיה האיש אשר־יבחר יהוה הוא הקדוש
ח רב־לכם בני לוי: ויאמר משה אל־קרח שמעו־נא בני לוי:

ט המעט מכם כי־הבדיל אלהי ישראל אתכם מעדת ישראל
להקריב אתכם אליו לעבד את־עבדת משכן יהוה ולעמד
י לפני העדה לשרתם: ויקרב אתך ואת־כל־אחיך בני־לוי אתך
יא ובקשתם גם־כהנה: לכן אתה וכל־עדתך הנעדים על־יהוה
יב ואהרן מה־הוא כי תלונו עליו: וישלח משה לקרא לדתן תלינו
יג ולאבירם בני אליאב ויאמרו לא נעלה: המעט כי העליתנו
מארץ זבת חלב ודבש להמיתנו במדבר כי־תשתרר עלינו
יד גם־השתרר: אף לא אל־ארץ זבת חלב ודבש הביאתנו שני
ותתן־לנו נחלת שדה וכרם העיני האנשים ההם תנקר לא
טו נעלה: ויחר למשה מאד ויאמר אל־יהוה אל־תפן אל־
מנחתם לא חמור אחד מהם נשאתי ולא הרעתי את־אחד
טז מהם: ויאמר משה אל־קרח אתה וכל־עדתך היו לפני יהוה
יז אתה והם ואהרן מחר: וקחו איש מחתתו ונתתם עליהם
קטרת והקרבתם לפני יהוה איש מחתתו חמשים ומאתים
יח מחתת ואתה ואהרן איש מחתתו: ויקחו איש מחתתו ויתנו
עליהם אש וישימו עליהם קטרת ויעמדו פתח אהל מועד
יט ומשה ואהרן: ויקהל עליהם קרח את־כל־העדה אל־פתח אהל
כ מועד וירא כבוד־יהוה אל־כל־העדה: וידבר שלישי
כא יהוה אל־משה ואל־אהרן לאמר: הבדלו מתוך העדה
כב הזאת ואכלה אתם כרגע: ויפלו על־פניהם ויאמרו אל
אלהי הרוחת לכל־בשר האיש אחד יחטא ועל כל־העדה
כג כד תקצף: וידבר יהוה אל־משה לאמר: דבר
אל־העדה לאמר העלו מסביב למשכן־קרח דתן ואבירם:
כה ויקם משה וילך אל־דתן ואבירם וילכו אחריו זקני ישראל:
כו וידבר אל־העדה לאמר סורו נא מעל אהלי האנשים הרשעים
האלה ואל־תגעו בכל־אשר להם פן־תספו בכל־חטאתם:
כז ויעלו מעל משכן־קרח דתן ואבירם מסביב ודתן ואבירם

כח יֵצְאוּ נִצָּבִים פֶּתַח אָהֳלֵיהֶם וּנְשֵׁיהֶם וּבְנֵיהֶם וְטַפָּם: וַיֹּאמֶר
מֹשֶׁה בְּזֹאת תֵּדְעוּן כִּי־יְהוָה שְׁלָחַנִי לַעֲשׂוֹת אֵת כָּל־הַמַּעֲשִׂים
כט הָאֵלֶּה כִּי־לֹא מִלִּבִּי: אִם־כְּמוֹת כָּל־הָאָדָם יְמֻתוּן אֵלֶּה וּפְקֻדַּת
ל כָּל־הָאָדָם יִפָּקֵד עֲלֵיהֶם לֹא יְהוָה שְׁלָחָנִי: וְאִם־בְּרִיאָה יִבְרָא
יְהוָה וּפָצְתָה הָאֲדָמָה אֶת־פִּיהָ וּבָלְעָה אֹתָם וְאֶת־כָּל־אֲשֶׁר
לָהֶם וְיָרְדוּ חַיִּים שְׁאֹלָה וִידַעְתֶּם כִּי נִאֲצוּ הָאֲנָשִׁים הָאֵלֶּה
לא אֶת־יְהוָה: וַיְהִי כְּכַלֹּתוֹ לְדַבֵּר אֵת כָּל־הַדְּבָרִים הָאֵלֶּה וַתִּבָּקַע
לב הָאֲדָמָה אֲשֶׁר תַּחְתֵּיהֶם: וַתִּפְתַּח הָאָרֶץ אֶת־פִּיהָ וַתִּבְלַע אֹתָם
לג וְאֶת־בָּתֵּיהֶם וְאֵת כָּל־הָאָדָם אֲשֶׁר לְקֹרַח וְאֵת כָּל־הָרְכוּשׁ: וַיֵּרְדוּ
הֵם וְכָל־אֲשֶׁר לָהֶם חַיִּים שְׁאֹלָה וַתְּכַס עֲלֵיהֶם הָאָרֶץ וַיֹּאבְדוּ
לד מִתּוֹךְ הַקָּהָל: וְכָל־יִשְׂרָאֵל אֲשֶׁר סְבִיבֹתֵיהֶם נָסוּ לְקֹלָם כִּי
לה אָמְרוּ פֶּן־תִּבְלָעֵנוּ הָאָרֶץ: וְאֵשׁ יָצְאָה מֵאֵת יְהוָה וַתֹּאכַל אֵת
יז א הַחֲמִשִּׁים וּמָאתַיִם אִישׁ מַקְרִיבֵי הַקְּטֹרֶת: וַיְדַבֵּר
ב יְהוָה אֶל־מֹשֶׁה לֵּאמֹר: אֱמֹר אֶל־אֶלְעָזָר בֶּן־אַהֲרֹן הַכֹּהֵן וְיָרֵם
אֶת־הַמַּחְתֹּת מִבֵּין הַשְּׂרֵפָה וְאֶת־הָאֵשׁ זְרֵה־הָלְאָה כִּי קָדֵשׁוּ:
ג אֵת מַחְתּוֹת הַחַטָּאִים הָאֵלֶּה בְּנַפְשֹׁתָם וְעָשׂוּ אֹתָם רִקֻּעֵי
פַחִים צִפּוּי לַמִּזְבֵּחַ כִּי־הִקְרִיבֻם לִפְנֵי־יְהוָה וַיִּקְדָּשׁוּ וְיִהְיוּ לְאוֹת
ד לִבְנֵי יִשְׂרָאֵל: וַיִּקַּח אֶלְעָזָר הַכֹּהֵן אֵת מַחְתּוֹת הַנְּחֹשֶׁת אֲשֶׁר
ה הִקְרִיבוּ הַשְּׂרֻפִים וַיְרַקְּעוּם צִפּוּי לַמִּזְבֵּחַ: זִכָּרוֹן לִבְנֵי יִשְׂרָאֵל
לְמַעַן אֲשֶׁר לֹא־יִקְרַב אִישׁ זָר אֲשֶׁר לֹא מִזֶּרַע אַהֲרֹן הוּא
לְהַקְטִיר קְטֹרֶת לִפְנֵי יְהוָה וְלֹא־יִהְיֶה כְקֹרַח וְכַעֲדָתוֹ כַּאֲשֶׁר
דִּבֶּר יְהוָה בְּיַד־מֹשֶׁה לוֹ:
ו וַיִּלֹּנוּ כָּל־עֲדַת בְּנֵי־יִשְׂרָאֵל מִמָּחֳרָת עַל־מֹשֶׁה וְעַל־אַהֲרֹן
ז לֵאמֹר אַתֶּם הֲמִתֶּם אֶת־עַם יְהוָה: וַיְהִי בְּהִקָּהֵל הָעֵדָה
עַל־מֹשֶׁה וְעַל־אַהֲרֹן וַיִּפְנוּ אֶל־אֹהֶל מוֹעֵד וְהִנֵּה כִסָּהוּ
ח הֶעָנָן וַיֵּרָא כְּבוֹד יְהוָה: וַיָּבֹא מֹשֶׁה וְאַהֲרֹן אֶל־פְּנֵי אֹהֶל
ט מוֹעֵד: וַיְדַבֵּר יְהוָה אֶל־מֹשֶׁה לֵּאמֹר: הֵרֹמּוּ רביעי

מִתּוֹךְ הָעֵדָה הַזֹּאת וַאֲכַלֶּה אֹתָם כְּרָגַע וַיִּפְּלוּ עַל־פְּנֵיהֶם׃
וַיֹּאמֶר מֹשֶׁה אֶל־אַהֲרֹן קַח אֶת־הַמַּחְתָּה וְתֶן־עָלֶיהָ אֵשׁ יא
מֵעַל הַמִּזְבֵּחַ וְשִׂים קְטֹרֶת וְהוֹלֵךְ מְהֵרָה אֶל־הָעֵדָה וְכַפֵּר
עֲלֵיהֶם כִּי־יָצָא הַקֶּצֶף מִלִּפְנֵי יְהוָה הֵחֵל הַנָּגֶף׃ וַיִּקַּח אַהֲרֹן יב
כַּאֲשֶׁר ׀ דִּבֶּר מֹשֶׁה וַיָּרָץ אֶל־תּוֹךְ הַקָּהָל וְהִנֵּה הֵחֵל הַנֶּגֶף בָּעָם
וַיִּתֵּן אֶת־הַקְּטֹרֶת וַיְכַפֵּר עַל־הָעָם׃ וַיַּעֲמֹד בֵּין־הַמֵּתִים וּבֵין יג
הַחַיִּים וַתֵּעָצַר הַמַּגֵּפָה׃ וַיִּהְיוּ הַמֵּתִים בַּמַּגֵּפָה אַרְבָּעָה עָשָׂר יד
אֶלֶף וּשְׁבַע מֵאוֹת מִלְּבַד הַמֵּתִים עַל־דְּבַר־קֹרַח׃ וַיָּשָׁב אַהֲרֹן טו
אֶל־מֹשֶׁה אֶל־פֶּתַח אֹהֶל מוֹעֵד וְהַמַּגֵּפָה נֶעֱצָרָה׃
חמישי טז וַיְדַבֵּר יְהוָה אֶל־מֹשֶׁה לֵּאמֹר׃ דַּבֵּר ׀ אֶל־בְּנֵי יִשְׂרָאֵל וְקַח טז יז
מֵאִתָּם מַטֶּה מַטֶּה לְבֵית אָב מֵאֵת כָּל־נְשִׂיאֵהֶם לְבֵית אֲבֹתָם
שְׁנֵים עָשָׂר מַטּוֹת אִישׁ אֶת־שְׁמוֹ תִּכְתֹּב עַל־מַטֵּהוּ׃ וְאֵת שֵׁם יח
אַהֲרֹן תִּכְתֹּב עַל־מַטֵּה לֵוִי כִּי מַטֶּה אֶחָד לְרֹאשׁ בֵּית אֲבוֹתָם׃
וְהִנַּחְתָּם בְּאֹהֶל מוֹעֵד לִפְנֵי הָעֵדוּת אֲשֶׁר אִוָּעֵד לָכֶם שָׁמָּה׃ יט
וְהָיָה הָאִישׁ אֲשֶׁר אֶבְחַר־בּוֹ מַטֵּהוּ יִפְרָח וַהֲשִׁכֹּתִי מֵעָלַי אֶת־ כ
תְּלֻנּוֹת בְּנֵי יִשְׂרָאֵל אֲשֶׁר הֵם מַלִּינִם עֲלֵיכֶם׃ וַיְדַבֵּר מֹשֶׁה כא
אֶל־בְּנֵי יִשְׂרָאֵל וַיִּתְּנוּ אֵלָיו ׀ כָּל־נְשִׂיאֵיהֶם מַטֶּה לְנָשִׂיא אֶחָד
מַטֶּה לְנָשִׂיא אֶחָד לְבֵית אֲבֹתָם שְׁנֵים עָשָׂר מַטּוֹת וּמַטֵּה
אַהֲרֹן בְּתוֹךְ מַטּוֹתָם׃ וַיַּנַּח מֹשֶׁה אֶת־הַמַּטֹּת לִפְנֵי יְהוָה בְּאֹהֶל כב
הָעֵדֻת׃ וַיְהִי מִמָּחֳרָת וַיָּבֹא מֹשֶׁה אֶל־אֹהֶל הָעֵדוּת וְהִנֵּה פָּרַח כג
מַטֵּה־אַהֲרֹן לְבֵית לֵוִי וַיֹּצֵא פֶרַח וַיָּצֵץ צִיץ וַיִּגְמֹל שְׁקֵדִים׃
וַיֹּצֵא מֹשֶׁה אֶת־כָּל־הַמַּטֹּת מִלִּפְנֵי יְהוָה אֶל־כָּל־בְּנֵי יִשְׂרָאֵל כד
וַיִּרְאוּ וַיִּקְחוּ אִישׁ מַטֵּהוּ׃
ששי וַיֹּאמֶר יְהוָה אֶל־מֹשֶׁה הָשֵׁב אֶת־מַטֵּה אַהֲרֹן לִפְנֵי הָעֵדוּת כה
לְמִשְׁמֶרֶת לְאוֹת לִבְנֵי־מֶרִי וּתְכַל תְּלוּנֹּתָם מֵעָלַי וְלֹא יָמֻתוּ׃
וַיַּעַשׂ מֹשֶׁה כַּאֲשֶׁר צִוָּה יְהוָה אֹתוֹ כֵּן עָשָׂה׃ כו
וַיֹּאמְרוּ בְּנֵי יִשְׂרָאֵל אֶל־מֹשֶׁה לֵאמֹר הֵן גָּוַעְנוּ אָבַדְנוּ כֻּלָּנוּ כז

כח אָבַדְנוּ׃ כֹּל הַקָּרֵב ׀ הַקָּרֵב אֶל־מִשְׁכַּן יְהוָה יָמוּת הַאִם תַּמְנוּ
יח א לִגְוֹעַ׃ וַיֹּאמֶר יְהוָה אֶל־אַהֲרֹן אַתָּה וּבָנֶיךָ וּבֵית־
אָבִיךָ אִתָּךְ תִּשְׂאוּ אֶת־עֲוֹן הַמִּקְדָּשׁ וְאַתָּה וּבָנֶיךָ אִתָּךְ תִּשְׂאוּ
ב אֶת־עֲוֹן כְּהֻנַּתְכֶם׃ וְגַם אֶת־אַחֶיךָ מַטֵּה לֵוִי שֵׁבֶט אָבִיךָ הַקְרֵב
אִתָּךְ וְיִלָּווּ עָלֶיךָ וִישָׁרְתוּךָ וְאַתָּה וּבָנֶיךָ אִתָּךְ לִפְנֵי אֹהֶל הָעֵדֻת׃
ג וְשָׁמְרוּ מִשְׁמַרְתְּךָ וּמִשְׁמֶרֶת כָּל־הָאֹהֶל אַךְ אֶל־כְּלֵי הַקֹּדֶשׁ
ד וְאֶל־הַמִּזְבֵּחַ לֹא יִקְרָבוּ וְלֹא־יָמֻתוּ גַם־הֵם גַּם־אַתֶּם׃ וְנִלְווּ
עָלֶיךָ וְשָׁמְרוּ אֶת־מִשְׁמֶרֶת אֹהֶל מוֹעֵד לְכֹל עֲבֹדַת הָאֹהֶל
ה וְזָר לֹא־יִקְרַב אֲלֵיכֶם׃ וּשְׁמַרְתֶּם אֵת מִשְׁמֶרֶת הַקֹּדֶשׁ וְאֵת
ו מִשְׁמֶרֶת הַמִּזְבֵּחַ וְלֹא־יִהְיֶה עוֹד קֶצֶף עַל־בְּנֵי יִשְׂרָאֵל׃ וַאֲנִי
הִנֵּה לָקַחְתִּי אֶת־אֲחֵיכֶם הַלְוִיִּם מִתּוֹךְ בְּנֵי יִשְׂרָאֵל לָכֶם
ז מַתָּנָה נְתֻנִים לַיהוָה לַעֲבֹד אֶת־עֲבֹדַת אֹהֶל מוֹעֵד׃ וְאַתָּה
וּבָנֶיךָ אִתְּךָ תִּשְׁמְרוּ אֶת־כְּהֻנַּתְכֶם לְכָל־דְּבַר הַמִּזְבֵּחַ וּלְמִבֵּית
לַפָּרֹכֶת וַעֲבַדְתֶּם עֲבֹדַת מַתָּנָה אֶתֵּן אֶת־כְּהֻנַּתְכֶם וְהַזָּר הַקָּרֵב
יוּמָת׃
ח וַיְדַבֵּר יְהוָה אֶל־אַהֲרֹן וַאֲנִי הִנֵּה נָתַתִּי לְךָ אֶת־מִשְׁמֶרֶת
תְּרוּמֹתָי לְכָל־קָדְשֵׁי בְנֵי־יִשְׂרָאֵל לְךָ נְתַתִּים לְמָשְׁחָה וּלְבָנֶיךָ
ט לְחָק־עוֹלָם׃ זֶה יִהְיֶה לְךָ מִקֹּדֶשׁ הַקֳּדָשִׁים מִן־הָאֵשׁ כָּל־קָרְבָּנָם
לְכָל־מִנְחָתָם וּלְכָל־חַטָּאתָם וּלְכָל־אֲשָׁמָם אֲשֶׁר יָשִׁיבוּ לִי
י קֹדֶשׁ קָדָשִׁים לְךָ הוּא וּלְבָנֶיךָ׃ בְּקֹדֶשׁ הַקֳּדָשִׁים תֹּאכְלֶנּוּ כָּל־
יא זָכָר יֹאכַל אֹתוֹ קֹדֶשׁ יִהְיֶה־לָּךְ׃ וְזֶה־לְּךָ תְּרוּמַת מַתָּנָם לְכָל־
תְּנוּפֹת בְּנֵי יִשְׂרָאֵל לְךָ נְתַתִּים וּלְבָנֶיךָ וְלִבְנֹתֶיךָ אִתְּךָ לְחָק־
יב עוֹלָם כָּל־טָהוֹר בְּבֵיתְךָ יֹאכַל אֹתוֹ׃ כֹּל חֵלֶב יִצְהָר וְכָל־חֵלֶב
יג תִּירוֹשׁ וְדָגָן רֵאשִׁיתָם אֲשֶׁר־יִתְּנוּ לַיהוָה לְךָ נְתַתִּים׃ בִּכּוּרֵי
כָּל־אֲשֶׁר בְּאַרְצָם אֲשֶׁר־יָבִיאוּ לַיהוָה לְךָ יִהְיֶה כָּל־טָהוֹר בְּבֵיתְךָ
יד טו יֹאכְלֶנּוּ׃ כָּל־חֵרֶם בְּיִשְׂרָאֵל לְךָ יִהְיֶה׃ כָּל־פֶּטֶר רֶחֶם לְכָל־
בָּשָׂר אֲשֶׁר־יַקְרִיבוּ לַיהוָה בָּאָדָם וּבַבְּהֵמָה יִהְיֶה־לָּךְ אַךְ ׀ פָּדֹה

תִּפְדֶּה אֵת בְּכוֹר הָאָדָם וְאֵת בְּכוֹר־הַבְּהֵמָה הַטְּמֵאָה תִּפְדֶּה׃
וּפְדוּיָו מִבֶּן־חֹדֶשׁ תִּפְדֶּה בְּעֶרְכְּךָ כֶּסֶף חֲמֵשֶׁת שְׁקָלִים בְּשֶׁקֶל טז
הַקֹּדֶשׁ עֶשְׂרִים גֵּרָה הוּא׃ אַךְ בְּכוֹר־שׁוֹר אוֹ־בְכוֹר כֶּשֶׂב אוֹ־ יז
בְכוֹר עֵז לֹא תִפְדֶּה קֹדֶשׁ הֵם אֶת־דָּמָם תִּזְרֹק עַל־הַמִּזְבֵּחַ
וְאֶת־חֶלְבָּם תַּקְטִיר אִשֶּׁה לְרֵיחַ נִיחֹחַ לַיהוה׃ וּבְשָׂרָם יִהְיֶה־ יח
לָּךְ כַּחֲזֵה הַתְּנוּפָה וּכְשׁוֹק הַיָּמִין לְךָ יִהְיֶה׃ כֹּל ׀ תְּרוּמֹת יט
הַקֳּדָשִׁים אֲשֶׁר יָרִימוּ בְנֵי־יִשְׂרָאֵל לַיהוה נָתַתִּי לְךָ וּלְבָנֶיךָ
וְלִבְנֹתֶיךָ אִתְּךָ לְחָק־עוֹלָם בְּרִית מֶלַח עוֹלָם הִוא לִפְנֵי יהוה
לְךָ וּלְזַרְעֲךָ אִתָּךְ׃ וַיֹּאמֶר יהוה אֶל־אַהֲרֹן בְּאַרְצָם לֹא תִנְחָל כ
וְחֵלֶק לֹא־יִהְיֶה לְךָ בְּתוֹכָם אֲנִי חֶלְקְךָ וְנַחֲלָתְךָ בְּתוֹךְ בְּנֵי
שביעי יִשְׂרָאֵל׃ וְלִבְנֵי לֵוִי הִנֵּה נָתַתִּי כָּל־מַעֲשֵׂר בְּיִשְׂרָאֵל כא
לְנַחֲלָה חֵלֶף עֲבֹדָתָם אֲשֶׁר־הֵם עֹבְדִים אֶת־עֲבֹדַת אֹהֶל מוֹעֵד׃
וְלֹא־יִקְרְבוּ עוֹד בְּנֵי יִשְׂרָאֵל אֶל־אֹהֶל מוֹעֵד לָשֵׂאת חֵטְא כב
לָמוּת׃ וְעָבַד הַלֵּוִי הוּא אֶת־עֲבֹדַת אֹהֶל מוֹעֵד וְהֵם יִשְׂאוּ כג
עֲוֺנָם חֻקַּת עוֹלָם לְדֹרֹתֵיכֶם וּבְתוֹךְ בְּנֵי יִשְׂרָאֵל לֹא יִנְחֲלוּ
נַחֲלָה׃ כִּי אֶת־מַעְשַׂר בְּנֵי־יִשְׂרָאֵל אֲשֶׁר יָרִימוּ לַיהוה תְּרוּמָה כד
נָתַתִּי לַלְוִיִּם לְנַחֲלָה עַל־כֵּן אָמַרְתִּי לָהֶם בְּתוֹךְ בְּנֵי יִשְׂרָאֵל
לֹא יִנְחֲלוּ נַחֲלָה׃

יז וַיְדַבֵּר יהוה אֶל־מֹשֶׁה לֵּאמֹר׃ וְאֶל־הַלְוִיִּם תְּדַבֵּר וְאָמַרְתָּ כה כו
אֲלֵהֶם כִּי־תִקְחוּ מֵאֵת בְּנֵי־יִשְׂרָאֵל אֶת־הַמַּעֲשֵׂר אֲשֶׁר נָתַתִּי
לָכֶם מֵאִתָּם בְּנַחֲלַתְכֶם וַהֲרֵמֹתֶם מִמֶּנּוּ תְּרוּמַת יהוה מַעֲשֵׂר
מִן־הַמַּעֲשֵׂר׃ וְנֶחְשַׁב לָכֶם תְּרוּמַתְכֶם כַּדָּגָן מִן־הַגֹּרֶן וְכַמְלֵאָה כז
מִן־הַיָּקֶב׃ כֵּן תָּרִימוּ גַם־אַתֶּם תְּרוּמַת יהוה מִכֹּל מַעְשְׂרֹתֵיכֶם כח
אֲשֶׁר תִּקְחוּ מֵאֵת בְּנֵי יִשְׂרָאֵל וּנְתַתֶּם מִמֶּנּוּ אֶת־תְּרוּמַת יהוה
לְאַהֲרֹן הַכֹּהֵן׃ מִכֹּל מַתְּנֹתֵיכֶם תָּרִימוּ אֵת כָּל־תְּרוּמַת יהוה כט
מפטיר מִכָּל־חֶלְבּוֹ אֶת־מִקְדְּשׁוֹ מִמֶּנּוּ׃ וְאָמַרְתָּ אֲלֵהֶם בַּהֲרִימְכֶם ל
אֶת־חֶלְבּוֹ מִמֶּנּוּ וְנֶחְשַׁב לַלְוִיִּם כִּתְבוּאַת גֹּרֶן וְכִתְבוּאַת יָקֶב׃

לא וַאֲכַלְתֶּם אֹתוֹ בְּכָל־מָקוֹם אַתֶּם וּבֵיתְכֶם כִּי־שָׂכָר הוּא לָכֶם
לב חֵלֶף עֲבֹדַתְכֶם בְּאֹהֶל מוֹעֵד׃ וְלֹא־תִשְׂאוּ עָלָיו חֵטְא בַּהֲרִימְכֶם
אֶת־חֶלְבּוֹ מִמֶּנּוּ וְאֶת־קָדְשֵׁי בְנֵי־יִשְׂרָאֵל לֹא תְחַלְּלוּ וְלֹא
תָמוּתוּ׃

יט א ב וַיְדַבֵּר יְהוָה אֶל־מֹשֶׁה וְאֶל־אַהֲרֹן לֵאמֹר׃ זֹאת חֻקַּת הַתּוֹרָה חקת
אֲשֶׁר־צִוָּה יְהוָה לֵאמֹר דַּבֵּר ׀ אֶל־בְּנֵי יִשְׂרָאֵל וְיִקְחוּ אֵלֶיךָ פָרָה
אֲדֻמָּה תְּמִימָה אֲשֶׁר אֵין־בָּהּ מוּם אֲשֶׁר לֹא־עָלָה עָלֶיהָ עֹל׃
ג וּנְתַתֶּם אֹתָהּ אֶל־אֶלְעָזָר הַכֹּהֵן וְהוֹצִיא אֹתָהּ אֶל־מִחוּץ לַמַּחֲנֶה
ד וְשָׁחַט אֹתָהּ לְפָנָיו׃ וְלָקַח אֶלְעָזָר הַכֹּהֵן מִדָּמָהּ בְּאֶצְבָּעוֹ וְהִזָּה
ה אֶל־נֹכַח פְּנֵי אֹהֶל־מוֹעֵד מִדָּמָהּ שֶׁבַע פְּעָמִים׃ וְשָׂרַף אֶת־
הַפָּרָה לְעֵינָיו אֶת־עֹרָהּ וְאֶת־בְּשָׂרָהּ וְאֶת־דָּמָהּ עַל־פִּרְשָׁהּ
ו יִשְׂרֹף׃ וְלָקַח הַכֹּהֵן עֵץ אֶרֶז וְאֵזוֹב וּשְׁנִי תוֹלָעַת וְהִשְׁלִיךְ אֶל־
ז תּוֹךְ שְׂרֵפַת הַפָּרָה׃ וְכִבֶּס בְּגָדָיו הַכֹּהֵן וְרָחַץ בְּשָׂרוֹ בַּמַּיִם
ח וְאַחַר יָבֹא אֶל־הַמַּחֲנֶה וְטָמֵא הַכֹּהֵן עַד־הָעָרֶב׃ וְהַשֹּׂרֵף אֹתָהּ
יְכַבֵּס בְּגָדָיו בַּמַּיִם וְרָחַץ בְּשָׂרוֹ בַּמָּיִם וְטָמֵא עַד־הָעָרֶב׃
ט וְאָסַף ׀ אִישׁ טָהוֹר אֵת אֵפֶר הַפָּרָה וְהִנִּיחַ מִחוּץ לַמַּחֲנֶה בְּמָקוֹם
טָהוֹר וְהָיְתָה לַעֲדַת בְּנֵי־יִשְׂרָאֵל לְמִשְׁמֶרֶת לְמֵי נִדָּה חַטָּאת
י הִוא׃ וְכִבֶּס הָאֹסֵף אֶת־אֵפֶר הַפָּרָה אֶת־בְּגָדָיו וְטָמֵא עַד־
הָעָרֶב וְהָיְתָה לִבְנֵי יִשְׂרָאֵל וְלַגֵּר הַגָּר בְּתוֹכָם לְחֻקַּת עוֹלָם׃
יא יב הַנֹּגֵעַ בְּמֵת לְכָל־נֶפֶשׁ אָדָם וְטָמֵא שִׁבְעַת יָמִים׃ הוּא יִתְחַטָּא־
בוֹ בַּיּוֹם הַשְּׁלִישִׁי וּבַיּוֹם הַשְּׁבִיעִי יִטְהָר וְאִם־לֹא יִתְחַטָּא בַּיּוֹם
יג הַשְּׁלִישִׁי וּבַיּוֹם הַשְּׁבִיעִי לֹא יִטְהָר׃ כָּל־הַנֹּגֵעַ בְּמֵת בְּנֶפֶשׁ
הָאָדָם אֲשֶׁר־יָמוּת וְלֹא יִתְחַטָּא אֶת־מִשְׁכַּן יְהוָה טִמֵּא וְנִכְרְתָה
הַנֶּפֶשׁ הַהִוא מִיִּשְׂרָאֵל כִּי מֵי נִדָּה לֹא־זֹרַק עָלָיו טָמֵא יִהְיֶה
יד עוֹד טֻמְאָתוֹ בוֹ׃ זֹאת הַתּוֹרָה אָדָם כִּי־יָמוּת בְּאֹהֶל כָּל־
טו הַבָּא אֶל־הָאֹהֶל וְכָל־אֲשֶׁר בָּאֹהֶל יִטְמָא שִׁבְעַת יָמִים׃ וְכֹל
טז כְּלִי פָתוּחַ אֲשֶׁר אֵין־צָמִיד פָּתִיל עָלָיו טָמֵא הוּא׃ וְכֹל אֲשֶׁר־

יגע על-פני השדה בחלל-חרב או במת או-בעצם אדם או
יז בקבר יטמא שבעת ימים: ולקחו לטמא מעפר שרפת
יח שני החטאת ונתן עליו מים חיים אל-כלי: ולקח אזוב וטבל במים
איש טהור והזה על-האהל ועל-כל-הכלים ועל-הנפשות
אשר היו-שם ועל-הנגע בעצם או בחלל או במת או בקבר:
יט והזה הטהר על-הטמא ביום השלישי וביום השביעי וחטאו
כ ביום השביעי וכבס בגדיו ורחץ במים וטהר בערב: ואיש
אשר-יטמא ולא יתחטא ונכרתה הנפש ההוא מתוך הקהל
כי את-מקדש יהוה טמא מי נדה לא-זרק עליו טמא הוא:
כא והיתה להם לחקת עולם ומזה מי-הנדה יכבס בגדיו והנגע
כב במי הנדה יטמא עד-הערב: וכל אשר-יגע-בו הטמא יטמא
והנפש הנגעת תטמא עד-הערב:

כ א ויבאו בני-ישראל כל-העדה מדבר-צן בחדש הראשון וישב
ב העם בקדש ותמת שם מרים ותקבר שם: ולא-היה מים
ג לעדה ויקהלו על-משה ועל-אהרן: וירב העם עם-משה
ד ויאמרו לאמר ולו גוענו בגוע אחינו לפני יהוה: ולמה הבאתם
את-קהל יהוה אל-המדבר הזה למות שם אנחנו ובעירנו:
ה ולמה העליתנו ממצרים להביא אתנו אל-המקום הרע הזה
ו לא ׀ מקום זרע ותאנה וגפן ורמון ומים אין לשתות: ויבא
משה ואהרן מפני הקהל אל-פתח אהל מועד ויפלו על-פניהם
וירא כבוד-יהוה אליהם:

ז ח שלישי / שני וידבר יהוה אל-משה לאמר: קח את-המטה והקהל את-
העדה אתה ואהרן אחיך ודברתם אל-הסלע לעיניהם
ונתן מימיו והוצאת להם מים מן-הסלע והשקית את-העדה
ט ואת-בעירם: ויקח משה את-המטה מלפני יהוה כאשר
י צוהו: ויקהלו משה ואהרן את-הקהל אל-פני הסלע ויאמר
להם שמעו-נא המרים המן-הסלע הזה נוציא לכם מים:

יא וַיָּרֶם מֹשֶׁה אֶת־יָדוֹ וַיַּךְ אֶת־הַסֶּלַע בְּמַטֵּהוּ פַּעֲמָיִם וַיֵּצְאוּ
יב מַיִם רַבִּים וַתֵּשְׁתְּ הָעֵדָה וּבְעִירָם׃ וַיֹּאמֶר יהוה
אֶל־מֹשֶׁה וְאֶל־אַהֲרֹן יַעַן לֹא־הֶאֱמַנְתֶּם בִּי לְהַקְדִּישֵׁנִי לְעֵינֵי
בְּנֵי יִשְׂרָאֵל לָכֵן לֹא תָבִיאוּ אֶת־הַקָּהָל הַזֶּה אֶל־הָאָרֶץ אֲשֶׁר־
יג נָתַתִּי לָהֶם׃ הֵמָּה מֵי מְרִיבָה אֲשֶׁר־רָבוּ בְנֵי־יִשְׂרָאֵל אֶת־
יד יהוה וַיִּקָּדֵשׁ בָּם׃ וַיִּשְׁלַח מֹשֶׁה מַלְאָכִים מִקָּדֵשׁ יח רביעי
אֶל־מֶלֶךְ אֱדוֹם כֹּה אָמַר אָחִיךָ יִשְׂרָאֵל אַתָּה יָדַעְתָּ אֵת כָּל־
טו הַתְּלָאָה אֲשֶׁר מְצָאָתְנוּ׃ וַיֵּרְדוּ אֲבֹתֵינוּ מִצְרַיְמָה וַנֵּשֶׁב בְּמִצְרַיִם
טז יָמִים רַבִּים וַיָּרֵעוּ לָנוּ מִצְרַיִם וְלַאֲבֹתֵינוּ׃ וַנִּצְעַק אֶל־יהוה
וַיִּשְׁמַע קֹלֵנוּ וַיִּשְׁלַח מַלְאָךְ וַיֹּצִאֵנוּ מִמִּצְרָיִם וְהִנֵּה אֲנַחְנוּ בְקָדֵשׁ
יז עִיר קְצֵה גְבוּלֶךָ׃ נַעְבְּרָה־נָּא בְאַרְצֶךָ לֹא נַעֲבֹר בְּשָׂדֶה וּבְכֶרֶם
וְלֹא נִשְׁתֶּה מֵי בְאֵר דֶּרֶךְ הַמֶּלֶךְ נֵלֵךְ לֹא נִטֶּה יָמִין וּשְׂמֹאול
יח עַד אֲשֶׁר־נַעֲבֹר גְּבֻלֶךָ׃ וַיֹּאמֶר אֵלָיו אֱדוֹם לֹא תַעֲבֹר בִּי פֶּן־
יט בַּחֶרֶב אֵצֵא לִקְרָאתֶךָ׃ וַיֹּאמְרוּ אֵלָיו בְּנֵי־יִשְׂרָאֵל בַּמְסִלָּה נַעֲלֶה
וְאִם־מֵימֶיךָ נִשְׁתֶּה אֲנִי וּמִקְנַי וְנָתַתִּי מִכְרָם רַק אֵין־דָּבָר בְּרַגְלַי
כ אֶעֱבֹרָה׃ וַיֹּאמֶר לֹא תַעֲבֹר וַיֵּצֵא אֱדוֹם לִקְרָאתוֹ בְּעַם כָּבֵד
כא וּבְיָד חֲזָקָה׃ וַיְמָאֵן ׀ אֱדוֹם נְתֹן אֶת־יִשְׂרָאֵל עֲבֹר בִּגְבֻלוֹ וַיֵּט
יִשְׂרָאֵל מֵעָלָיו׃

כב כג וַיִּסְעוּ מִקָּדֵשׁ וַיָּבֹאוּ בְנֵי־יִשְׂרָאֵל כָּל־הָעֵדָה הֹר הָהָר׃ וַיֹּאמֶר חמישי ושלישי
יהוה אֶל־מֹשֶׁה וְאֶל־אַהֲרֹן בְּהֹר הָהָר עַל־גְּבוּל אֶרֶץ־אֱדוֹם
כד לֵאמֹר׃ יֵאָסֵף אַהֲרֹן אֶל־עַמָּיו כִּי לֹא יָבֹא אֶל־הָאָרֶץ אֲשֶׁר
נָתַתִּי לִבְנֵי יִשְׂרָאֵל עַל אֲשֶׁר־מְרִיתֶם אֶת־פִּי לְמֵי מְרִיבָה׃
כה כו קַח אֶת־אַהֲרֹן וְאֶת־אֶלְעָזָר בְּנוֹ וְהַעַל אֹתָם הֹר הָהָר׃ וְהַפְשֵׁט
אֶת־אַהֲרֹן אֶת־בְּגָדָיו וְהִלְבַּשְׁתָּם אֶת־אֶלְעָזָר בְּנוֹ וְאַהֲרֹן יֵאָסֵף
כז וּמֵת שָׁם׃ וַיַּעַשׂ מֹשֶׁה כַּאֲשֶׁר צִוָּה יהוה וַיַּעֲלוּ אֶל־הֹר הָהָר
כח לְעֵינֵי כָּל־הָעֵדָה׃ וַיַּפְשֵׁט מֹשֶׁה אֶת־אַהֲרֹן אֶת־בְּגָדָיו וַיַּלְבֵּשׁ
אֹתָם אֶת־אֶלְעָזָר בְּנוֹ וַיָּמָת אַהֲרֹן שָׁם בְּרֹאשׁ הָהָר וַיֵּרֶד מֹשֶׁה

וְאֶלְעָזָר מִן־הָהָר׃ וַיִּרְאוּ כׇּל־הָעֵדָה כִּי גָוַע אַהֲרֹן וַיִּבְכּוּ אֶת־ כט
אַהֲרֹן שְׁלֹשִׁים יוֹם כֹּל בֵּית יִשְׂרָאֵל׃ וַיִּשְׁמַע א כא
הַכְּנַעֲנִי מֶלֶךְ־עֲרָד יֹשֵׁב הַנֶּגֶב כִּי בָּא יִשְׂרָאֵל דֶּרֶךְ הָאֲתָרִים
וַיִּלָּחֶם בְּיִשְׂרָאֵל וַיִּשְׁבְּ ׀ מִמֶּנּוּ שֶׁבִי׃ וַיִּדַּר יִשְׂרָאֵל נֶדֶר לַיהֹוָה ב
וַיֹּאמַר אִם־נָתֹן תִּתֵּן אֶת־הָעָם הַזֶּה בְּיָדִי וְהַחֲרַמְתִּי אֶת־
עָרֵיהֶם׃ וַיִּשְׁמַע יהוה בְּקוֹל יִשְׂרָאֵל וַיִּתֵּן אֶת־הַכְּנַעֲנִי וַיַּחֲרֵם ג
אֶתְהֶם וְאֶת־עָרֵיהֶם וַיִּקְרָא שֵׁם־הַמָּקוֹם חׇרְמָה׃
וַיִּסְעוּ מֵהֹר הָהָר דֶּרֶךְ יַם־סוּף לִסְבֹב אֶת־אֶרֶץ אֱדוֹם וַתִּקְצַר ד
נֶפֶשׁ־הָעָם בַּדָּרֶךְ׃ וַיְדַבֵּר הָעָם בֵּאלֹהִים וּבְמֹשֶׁה לָמָה הֶעֱלִיתֻנוּ ה
מִמִּצְרַיִם לָמוּת בַּמִּדְבָּר כִּי אֵין לֶחֶם וְאֵין מַיִם וְנַפְשֵׁנוּ קָצָה
בַּלֶּחֶם הַקְּלֹקֵל׃ וַיְשַׁלַּח יהוה בָּעָם אֵת הַנְּחָשִׁים הַשְּׂרָפִים ו
וַיְנַשְּׁכוּ אֶת־הָעָם וַיָּמׇת עַם־רָב מִיִּשְׂרָאֵל׃ וַיָּבֹא הָעָם אֶל־ ז
מֹשֶׁה וַיֹּאמְרוּ חָטָאנוּ כִּי־דִבַּרְנוּ בַיהוה וָבָךְ הִתְפַּלֵּל אֶל־יהוה
וְיָסֵר מֵעָלֵינוּ אֶת־הַנָּחָשׁ וַיִּתְפַּלֵּל מֹשֶׁה בְּעַד הָעָם׃ וַיֹּאמֶר ח
יהוה אֶל־מֹשֶׁה עֲשֵׂה לְךָ שָׂרָף וְשִׂים אֹתוֹ עַל־נֵס וְהָיָה כׇּל־
הַנָּשׁוּךְ וְרָאָה אֹתוֹ וָחָי׃ וַיַּעַשׂ מֹשֶׁה נְחַשׁ נְחֹשֶׁת וַיְשִׂמֵהוּ ט
עַל־הַנֵּס וְהָיָה אִם־נָשַׁךְ הַנָּחָשׁ אֶת־אִישׁ וְהִבִּיט אֶל־נְחַשׁ
ששי הַנְּחֹשֶׁת וָחָי׃ וַיִּסְעוּ בְּנֵי יִשְׂרָאֵל וַיַּחֲנוּ בְּאֹבֹת׃ וַיִּסְעוּ מֵאֹבֹת י יא
וַיַּחֲנוּ בְּעִיֵּי הָעֲבָרִים בַּמִּדְבָּר אֲשֶׁר עַל־פְּנֵי מוֹאָב מִמִּזְרַח
הַשָּׁמֶשׁ׃ מִשָּׁם נָסָעוּ וַיַּחֲנוּ בְּנַחַל זָרֶד׃ מִשָּׁם נָסָעוּ וַיַּחֲנוּ מֵעֵבֶר יב יג
אַרְנוֹן אֲשֶׁר בַּמִּדְבָּר הַיֹּצֵא מִגְּבֻל הָאֱמֹרִי כִּי אַרְנוֹן גְּבוּל מוֹאָב
בֵּין מוֹאָב וּבֵין הָאֱמֹרִי׃ עַל־כֵּן יֵאָמַר בְּסֵפֶר מִלְחֲמֹת יהוה יד
אֶת־וָהֵב בְּסוּפָה וְאֶת־הַנְּחָלִים אַרְנוֹן׃ וְאֶשֶׁד הַנְּחָלִים אֲשֶׁר טו
נָטָה לְשֶׁבֶת עָר וְנִשְׁעַן לִגְבוּל מוֹאָב׃ וּמִשָּׁם בְּאֵרָה הִוא טז
הַבְּאֵר אֲשֶׁר אָמַר יהוה לְמֹשֶׁה אֱסֹף אֶת־הָעָם וְאֶתְּנָה לָהֶם
מָיִם׃ אָז יָשִׁיר יִשְׂרָאֵל אֶת־הַשִּׁירָה הַזֹּאת עֲלִי יז
בְאֵר עֱנוּ־לָהּ׃ בְּאֵר חֲפָרוּהָ שָׂרִים כָּרוּהָ נְדִיבֵי הָעָם בִּמְחֹקֵק יח

יט בְּמִשְׁעֲנֹתָם וּמִמִּדְבָּר מַתָּנָה׃ וּמִמַּתָּנָה נַחֲלִיאֵל וּמִנַּחֲלִיאֵל
כ בָּמוֹת׃ וּמִבָּמוֹת הַגַּיְא אֲשֶׁר בִּשְׂדֵה מוֹאָב רֹאשׁ הַפִּסְגָּה וְנִשְׁקָפָה
עַל־פְּנֵי הַיְשִׁימֹן׃
כא וַיִּשְׁלַח יִשְׂרָאֵל מַלְאָכִים אֶל־סִיחֹן מֶלֶךְ־הָאֱמֹרִי לֵאמֹר׃ שביעי /רביעי/
כב אֶעְבְּרָה בְאַרְצֶךָ לֹא נִטֶּה בְּשָׂדֶה וּבְכֶרֶם לֹא נִשְׁתֶּה מֵי בְאֵר
כג בְּדֶרֶךְ הַמֶּלֶךְ נֵלֵךְ עַד אֲשֶׁר־נַעֲבֹר גְּבֻלֶךָ׃ וְלֹא־נָתַן סִיחֹן אֶת־
יִשְׂרָאֵל עֲבֹר בִּגְבֻלוֹ וַיֶּאֱסֹף סִיחֹן אֶת־כָּל־עַמּוֹ וַיֵּצֵא לִקְרַאת
כד יִשְׂרָאֵל הַמִּדְבָּרָה וַיָּבֹא יָהְצָה וַיִּלָּחֶם בְּיִשְׂרָאֵל׃ וַיַּכֵּהוּ יִשְׂרָאֵל
לְפִי־חָרֶב וַיִּירַשׁ אֶת־אַרְצוֹ מֵאַרְנֹן עַד־יַבֹּק עַד־בְּנֵי עַמּוֹן כִּי
כה עַז גְּבוּל בְּנֵי עַמּוֹן׃ וַיִּקַּח יִשְׂרָאֵל אֵת כָּל־הֶעָרִים הָאֵלֶּה וַיֵּשֶׁב
כו יִשְׂרָאֵל בְּכָל־עָרֵי הָאֱמֹרִי בְּחֶשְׁבּוֹן וּבְכָל־בְּנֹתֶיהָ׃ כִּי חֶשְׁבּוֹן
עִיר סִיחֹן מֶלֶךְ הָאֱמֹרִי הִוא וְהוּא נִלְחַם בְּמֶלֶךְ מוֹאָב הָרִאשׁוֹן
כז וַיִּקַּח אֶת־כָּל־אַרְצוֹ מִיָּדוֹ עַד־אַרְנֹן׃ עַל־כֵּן יֹאמְרוּ הַמֹּשְׁלִים
כח בֹּאוּ חֶשְׁבּוֹן תִּבָּנֶה וְתִכּוֹנֵן עִיר סִיחוֹן׃ כִּי־אֵשׁ יָצְאָה מֵחֶשְׁבּוֹן
כט לֶהָבָה מִקִּרְיַת סִיחֹן אָכְלָה עָר מוֹאָב בַּעֲלֵי בָּמוֹת אַרְנֹן׃ אוֹי־
לְךָ מוֹאָב אָבַדְתָּ עַם־כְּמוֹשׁ נָתַן בָּנָיו פְּלֵיטִם וּבְנֹתָיו בַּשְּׁבִית
ל לְמֶלֶךְ אֱמֹרִי סִיחוֹן׃ וַנִּירָם אָבַד חֶשְׁבּוֹן עַד־דִּיבֹן וַנַּשִּׁים עַד־
לא לב נֹפַח אֲשֶׁר עַד־מֵידְבָא׃ וַיֵּשֶׁב יִשְׂרָאֵל בְּאֶרֶץ הָאֱמֹרִי׃ וַיִּשְׁלַח
מֹשֶׁה לְרַגֵּל אֶת־יַעְזֵר וַיִּלְכְּדוּ בְּנֹתֶיהָ ויירש אֶת־הָאֱמֹרִי אֲשֶׁר־ וַיּוֹרֶשׁ
לג שָׁם׃ וַיִּפְנוּ וַיַּעֲלוּ דֶּרֶךְ הַבָּשָׁן וַיֵּצֵא עוֹג מֶלֶךְ־הַבָּשָׁן לִקְרָאתָם
לד הוּא וְכָל־עַמּוֹ לַמִּלְחָמָה אֶדְרֶעִי׃ וַיֹּאמֶר יְהוָה אֶל־מֹשֶׁה אַל־ מפטיר
תִּירָא אֹתוֹ כִּי בְיָדְךָ נָתַתִּי אֹתוֹ וְאֶת־כָּל־עַמּוֹ וְאֶת־אַרְצוֹ וְעָשִׂיתָ
לּוֹ כַּאֲשֶׁר עָשִׂיתָ לְסִיחֹן מֶלֶךְ הָאֱמֹרִי אֲשֶׁר יוֹשֵׁב בְּחֶשְׁבּוֹן׃
לה וַיַּכּוּ אֹתוֹ וְאֶת־בָּנָיו וְאֶת־כָּל־עַמּוֹ עַד־בִּלְתִּי הִשְׁאִיר־לוֹ שָׂרִיד
כב א וַיִּירְשׁוּ אֶת־אַרְצוֹ׃ וַיִּסְעוּ בְּנֵי יִשְׂרָאֵל וַיַּחֲנוּ בְּעַרְבוֹת מוֹאָב
ב מֵעֵבֶר לְיַרְדֵּן יְרֵחוֹ׃ וַיַּרְא בָּלָק בֶּן־צִפּוֹר אֵת יט בלק
ג כָּל־אֲשֶׁר־עָשָׂה יִשְׂרָאֵל לָאֱמֹרִי׃ וַיָּגָר מוֹאָב מִפְּנֵי הָעָם מְאֹד

כִּי רַב־הוּא וַיָּקָץ מוֹאָב מִפְּנֵי בְּנֵי יִשְׂרָאֵל׃ וַיֹּאמֶר מוֹאָב אֶל־ ד
זִקְנֵי מִדְיָן עַתָּה יְלַחֲכוּ הַקָּהָל אֶת־כָּל־סְבִיבֹתֵינוּ כִּלְחֹךְ הַשּׁוֹר
אֵת יֶרֶק הַשָּׂדֶה וּבָלָק בֶּן־צִפּוֹר מֶלֶךְ לְמוֹאָב בָּעֵת הַהִוא׃
וַיִּשְׁלַח מַלְאָכִים אֶל־בִּלְעָם בֶּן־בְּעוֹר פְּתוֹרָה אֲשֶׁר עַל־הַנָּהָר ה
אֶרֶץ בְּנֵי־עַמּוֹ לִקְרֹא־לוֹ לֵאמֹר הִנֵּה עַם יָצָא מִמִּצְרַיִם הִנֵּה
כִסָּה אֶת־עֵין הָאָרֶץ וְהוּא יֹשֵׁב מִמֻּלִי׃ וְעַתָּה לְכָה־נָּא אָרָה־ ו
לִּי אֶת־הָעָם הַזֶּה כִּי־עָצוּם הוּא מִמֶּנִּי אוּלַי אוּכַל נַכֶּה־בּוֹ
וַאֲגָרְשֶׁנּוּ מִן־הָאָרֶץ כִּי יָדַעְתִּי אֵת אֲשֶׁר־תְּבָרֵךְ מְבֹרָךְ וַאֲשֶׁר
תָּאֹר יוּאָר׃ וַיֵּלְכוּ זִקְנֵי מוֹאָב וְזִקְנֵי מִדְיָן וּקְסָמִים בְּיָדָם וַיָּבֹאוּ ז
אֶל־בִּלְעָם וַיְדַבְּרוּ אֵלָיו דִּבְרֵי בָלָק׃ וַיֹּאמֶר אֲלֵיהֶם לִינוּ פֹה ח
הַלַּיְלָה וַהֲשִׁבֹתִי אֶתְכֶם דָּבָר כַּאֲשֶׁר יְדַבֵּר יהוה אֵלָי וַיֵּשְׁבוּ
שָׂרֵי־מוֹאָב עִם־בִּלְעָם׃ וַיָּבֹא אֱלֹהִים אֶל־בִּלְעָם וַיֹּאמֶר מִי ט
הָאֲנָשִׁים הָאֵלֶּה עִמָּךְ׃ וַיֹּאמֶר בִּלְעָם אֶל־הָאֱלֹהִים בָּלָק בֶּן־ י
צִפֹּר מֶלֶךְ מוֹאָב שָׁלַח אֵלָי׃ הִנֵּה הָעָם הַיֹּצֵא מִמִּצְרַיִם וַיְכַס יא
אֶת־עֵין הָאָרֶץ עַתָּה לְכָה קָבָה־לִּי אֹתוֹ אוּלַי אוּכַל לְהִלָּחֶם
בּוֹ וְגֵרַשְׁתִּיו׃ וַיֹּאמֶר אֱלֹהִים אֶל־בִּלְעָם לֹא תֵלֵךְ עִמָּהֶם לֹא יב
שני /חמישי/ תָאֹר אֶת־הָעָם כִּי בָרוּךְ הוּא׃ וַיָּקָם בִּלְעָם בַּבֹּקֶר וַיֹּאמֶר יג
אֶל־שָׂרֵי בָלָק לְכוּ אֶל־אַרְצְכֶם כִּי מֵאֵן יהוה לְתִתִּי לַהֲלֹךְ
עִמָּכֶם׃ וַיָּקוּמוּ שָׂרֵי מוֹאָב וַיָּבֹאוּ אֶל־בָּלָק וַיֹּאמְרוּ מֵאֵן בִּלְעָם יד
הֲלֹךְ עִמָּנוּ׃ וַיֹּסֶף עוֹד בָּלָק שְׁלֹחַ שָׂרִים רַבִּים וְנִכְבָּדִים מֵאֵלֶּה׃ טו
וַיָּבֹאוּ אֶל־בִּלְעָם וַיֹּאמְרוּ לוֹ כֹּה אָמַר בָּלָק בֶּן־צִפּוֹר אַל־ טז
נָא תִמָּנַע מֵהֲלֹךְ אֵלָי׃ כִּי־כַבֵּד אֲכַבֶּדְךָ מְאֹד וְכֹל אֲשֶׁר־ יז
תֹּאמַר אֵלַי אֶעֱשֶׂה וּלְכָה־נָּא קָבָה לִּי אֵת הָעָם הַזֶּה׃ וַיַּעַן יח
בִּלְעָם וַיֹּאמֶר אֶל־עַבְדֵי בָלָק אִם־יִתֶּן־לִי בָלָק מְלֹא בֵיתוֹ
כֶּסֶף וְזָהָב לֹא אוּכַל לַעֲבֹר אֶת־פִּי יהוה אֱלֹהָי לַעֲשׂוֹת קְטַנָּה
אוֹ גְדוֹלָה׃ וְעַתָּה שְׁבוּ נָא בָזֶה גַּם־אַתֶּם הַלָּיְלָה וְאֵדְעָה מַה־ יט
יֹּסֵף יהוה דַּבֵּר עִמִּי׃ וַיָּבֹא אֱלֹהִים ׀ אֶל־בִּלְעָם לַיְלָה וַיֹּאמֶר כ

לוֹ אִם־לִקְרֹא לְךָ בָּאוּ הָאֲנָשִׁים קוּם לֵךְ אִתָּם וְאַךְ אֶת־הַדָּבָר
כא אֲשֶׁר־אֲדַבֵּר אֵלֶיךָ אֹתוֹ תַעֲשֶׂה׃ וַיָּקָם בִּלְעָם בַּבֹּקֶר וַיַּחֲבֹשׁ שלישי
כב אֶת־אֲתֹנוֹ וַיֵּלֶךְ עִם־שָׂרֵי מוֹאָב׃ וַיִּחַר־אַף אֱלֹהִים כִּי־הוֹלֵךְ
הוּא וַיִּתְיַצֵּב מַלְאַךְ יְהוָה בַּדֶּרֶךְ לְשָׂטָן לוֹ וְהוּא רֹכֵב עַל־אֲתֹנוֹ
כג וּשְׁנֵי נְעָרָיו עִמּוֹ׃ וַתֵּרֶא הָאָתוֹן אֶת־מַלְאַךְ יְהוָה נִצָּב בַּדֶּרֶךְ
וְחַרְבּוֹ שְׁלוּפָה בְּיָדוֹ וַתֵּט הָאָתוֹן מִן־הַדֶּרֶךְ וַתֵּלֶךְ בַּשָּׂדֶה וַיַּךְ
כד בִּלְעָם אֶת־הָאָתוֹן לְהַטֹּתָהּ הַדָּרֶךְ׃ וַיַּעֲמֹד מַלְאַךְ יְהוָה בְּמִשְׁעוֹל
כה הַכְּרָמִים גָּדֵר מִזֶּה וְגָדֵר מִזֶּה׃ וַתֵּרֶא הָאָתוֹן אֶת־מַלְאַךְ יְהוָה
וַתִּלָּחֵץ אֶל־הַקִּיר וַתִּלְחַץ אֶת־רֶגֶל בִּלְעָם אֶל־הַקִּיר וַיֹּסֶף
כו לְהַכֹּתָהּ׃ וַיּוֹסֶף מַלְאַךְ־יְהוָה עֲבוֹר וַיַּעֲמֹד בְּמָקוֹם צָר אֲשֶׁר
כז אֵין־דֶּרֶךְ לִנְטוֹת יָמִין וּשְׂמֹאול׃ וַתֵּרֶא הָאָתוֹן אֶת־מַלְאַךְ יְהוָה
וַתִּרְבַּץ תַּחַת בִּלְעָם וַיִּחַר־אַף בִּלְעָם וַיַּךְ אֶת־הָאָתוֹן בַּמַּקֵּל׃
כח וַיִּפְתַּח יְהוָה אֶת־פִּי הָאָתוֹן וַתֹּאמֶר לְבִלְעָם מֶה־עָשִׂיתִי לְךָ
כט כִּי הִכִּיתַנִי זֶה שָׁלֹשׁ רְגָלִים׃ וַיֹּאמֶר בִּלְעָם לָאָתוֹן כִּי הִתְעַלַּלְתְּ
ל בִּי לוּ יֶשׁ־חֶרֶב בְּיָדִי כִּי עַתָּה הֲרַגְתִּיךְ׃ וַתֹּאמֶר הָאָתוֹן אֶל־
בִּלְעָם הֲלוֹא אָנֹכִי אֲתֹנְךָ אֲשֶׁר־רָכַבְתָּ עָלַי מֵעוֹדְךָ עַד־הַיּוֹם
לא הַזֶּה הַהַסְכֵּן הִסְכַּנְתִּי לַעֲשׂוֹת לְךָ כֹּה וַיֹּאמֶר לֹא׃ וַיְגַל יְהוָה
אֶת־עֵינֵי בִלְעָם וַיַּרְא אֶת־מַלְאַךְ יְהוָה נִצָּב בַּדֶּרֶךְ וְחַרְבּוֹ
לב שְׁלֻפָה בְּיָדוֹ וַיִּקֹּד וַיִּשְׁתַּחוּ לְאַפָּיו׃ וַיֹּאמֶר אֵלָיו מַלְאַךְ יְהוָה
עַל־מָה הִכִּיתָ אֶת־אֲתֹנְךָ זֶה שָׁלוֹשׁ רְגָלִים הִנֵּה אָנֹכִי יָצָאתִי
לג לְשָׂטָן כִּי־יָרַט הַדֶּרֶךְ לְנֶגְדִּי׃ וַתִּרְאַנִי הָאָתוֹן וַתֵּט לְפָנַי זֶה שָׁלֹשׁ
רְגָלִים אוּלַי נָטְתָה מִפָּנַי כִּי עַתָּה גַּם־אֹתְכָה הָרַגְתִּי וְאוֹתָהּ
לד הֶחֱיֵיתִי׃ וַיֹּאמֶר בִּלְעָם אֶל־מַלְאַךְ יְהוָה חָטָאתִי כִּי לֹא יָדַעְתִּי
כִּי אַתָּה נִצָּב לִקְרָאתִי בַּדָּרֶךְ וְעַתָּה אִם־רַע בְּעֵינֶיךָ אָשׁוּבָה
לה לִּי׃ וַיֹּאמֶר מַלְאַךְ יְהוָה אֶל־בִּלְעָם לֵךְ עִם־הָאֲנָשִׁים וְאֶפֶס
אֶת־הַדָּבָר אֲשֶׁר־אֲדַבֵּר אֵלֶיךָ אֹתוֹ תְדַבֵּר וַיֵּלֶךְ בִּלְעָם עִם־
לו שָׂרֵי בָלָק׃ וַיִּשְׁמַע בָּלָק כִּי־בָא בִלְעָם וַיֵּצֵא לִקְרָאתוֹ אֶל־

עיר מואב אשר על־גבול ארנן אשר בקצה הגבול: ויאמר לז
בלק אל־בלעם הלא שלח שלחתי אליך לקרא־לך למה
לא־הלכת אלי האמנם לא אוכל כבדך: ויאמר בלעם אל־ לח
בלק הנה־באתי אליך עתה היכל אוכל דבר מאומה הדבר
רביעי אשר ישים אלהים בפי אתו אדבר: וילך בלעם עם־בלק לט
וששי ויבאו קרית חצות: ויזבח בלק בקר וצאן וישלח לבלעם מ
ולשרים אשר אתו: ויהי בבקר ויקח בלק את־בלעם ויעלהו מא
במות בעל וירא משם קצה העם: ויאמר בלעם אל־בלק א כג
בנה־לי בזה שבעה מזבחת והכן לי בזה שבעה פרים ושבעה
אילים: ויעש בלק כאשר דבר בלעם ויעל בלק ובלעם פר ב
ואיל במזבח: ויאמר בלעם לבלק התיצב על־עלתך ואלכה ג
אולי יקרה יהוה לקראתי ודבר מה־יראני והגדתי לך וילך
שפי: ויקר אלהים אל־בלעם ויאמר אליו את־שבעת המזבחת ד
ערכתי ואעל פר ואיל במזבח: וישם יהוה דבר בפי בלעם ה
ויאמר שוב אל־בלק וכה תדבר: וישב אליו והנה נצב על־ ו
עלתו הוא וכל־שרי מואב: וישא משלו ויאמר מן־ארם ז
ינחני בלק מלך־מואב מהררי־קדם לכה ארה־לי יעקב ולכה
זעמה ישראל: מה אקב לא קבה אל ומה אזעם לא זעם ח
יהוה: כי־מראש צרים אראנו ומגבעות אשורנו הן־עם ט
כ לבדד ישכן ובגוים לא יתחשב: מי מנה עפר יעקב ומספר י
את־רבע ישראל תמת נפשי מות ישרים ותהי אחריתי
כמהו: ויאמר בלק אל־בלעם מה עשית לי לקב איבי יא
לקחתיך והנה ברכת ברך: ויען ויאמר הלא את אשר ישים יב
חמישי יהוה בפי אתו אשמר לדבר: ויאמר אליו בלק לך־נא אתי יג
אל־מקום אחר אשר תראנו משם אפס קצהו תראה וכלו
לא תראה וקבנו־לי משם: ויקחהו שדה צפים אל־ראש יד
הפסגה ויבן שבעה מזבחת ויעל פר ואיל במזבח: ויאמר טו

טז אֶל־בָּלָק הִתְיַצֵּב כֹּה עַל־עֹלָתֶךָ וְאָנֹכִי אִקָּרֶה כֹּה׃ וַיִּקָּר יְהוָה
אֶל־בִּלְעָם וַיָּשֶׂם דָּבָר בְּפִיו וַיֹּאמֶר שׁוּב אֶל־בָּלָק וְכֹה תְדַבֵּר׃
יז וַיָּבֹא אֵלָיו וְהִנּוֹ נִצָּב עַל־עֹלָתוֹ וְשָׂרֵי מוֹאָב אִתּוֹ וַיֹּאמֶר לוֹ
יח בָּלָק מַה־דִּבֶּר יְהוָה׃ וַיִּשָּׂא מְשָׁלוֹ וַיֹּאמַר קוּם בָּלָק וּשְׁמָע
יט הַאֲזִינָה עָדַי בְּנוֹ צִפֹּר׃ לֹא אִישׁ אֵל וִיכַזֵּב וּבֶן־אָדָם וְיִתְנֶחָם
כ הַהוּא אָמַר וְלֹא יַעֲשֶׂה וְדִבֶּר וְלֹא יְקִימֶנָּה׃ הִנֵּה בָרֵךְ לָקָחְתִּי
כא וּבֵרֵךְ וְלֹא אֲשִׁיבֶנָּה׃ לֹא־הִבִּיט אָוֶן בְּיַעֲקֹב וְלֹא־רָאָה עָמָל
כב בְּיִשְׂרָאֵל יְהוָה אֱלֹהָיו עִמּוֹ וּתְרוּעַת מֶלֶךְ בּוֹ׃ אֵל מוֹצִיאָם
כג מִמִּצְרָיִם כְּתוֹעֲפֹת רְאֵם לוֹ׃ כִּי לֹא־נַחַשׁ בְּיַעֲקֹב וְלֹא־קֶסֶם
כד בְּיִשְׂרָאֵל כָּעֵת יֵאָמֵר לְיַעֲקֹב וּלְיִשְׂרָאֵל מַה־פָּעַל אֵל׃ הֶן־עָם
כְּלָבִיא יָקוּם וְכַאֲרִי יִתְנַשָּׂא לֹא יִשְׁכַּב עַד־יֹאכַל טֶרֶף וְדַם־
כה חֲלָלִים יִשְׁתֶּה׃ וַיֹּאמֶר בָּלָק אֶל־בִּלְעָם גַּם־קֹב לֹא תִקֳּבֶנּוּ
כו גַּם־בָּרֵךְ לֹא תְבָרְכֶנּוּ׃ וַיַּעַן בִּלְעָם וַיֹּאמֶר אֶל־בָּלָק הֲלֹא
ששי (שביעי)
כז דִּבַּרְתִּי אֵלֶיךָ לֵאמֹר כֹּל אֲשֶׁר־יְדַבֵּר יְהוָה אֹתוֹ אֶעֱשֶׂה׃ וַיֹּאמֶר
בָּלָק אֶל־בִּלְעָם לְכָה־נָּא אֶקָּחֲךָ אֶל־מָקוֹם אַחֵר אוּלַי יִישַׁר בְּעֵינֵי
כח הָאֱלֹהִים וְקַבֹּתוֹ לִי מִשָּׁם׃ וַיִּקַּח בָּלָק אֶת־בִּלְעָם רֹאשׁ הַפְּעוֹר
כט הַנִּשְׁקָף עַל־פְּנֵי הַיְשִׁימֹן׃ וַיֹּאמֶר בִּלְעָם אֶל־בָּלָק בְּנֵה־לִי בָזֶה
ל שִׁבְעָה מִזְבְּחֹת וְהָכֵן לִי בָּזֶה שִׁבְעָה פָרִים וְשִׁבְעָה אֵילִם׃ וַיַּעַשׂ
כד א בָּלָק כַּאֲשֶׁר אָמַר בִּלְעָם וַיַּעַל פַּר וָאַיִל בַּמִּזְבֵּחַ׃ וַיַּרְא בִּלְעָם
כִּי טוֹב בְּעֵינֵי יְהוָה לְבָרֵךְ אֶת־יִשְׂרָאֵל וְלֹא־הָלַךְ כְּפַעַם־בְּפַעַם
ב לִקְרַאת נְחָשִׁים וַיָּשֶׁת אֶל־הַמִּדְבָּר פָּנָיו׃ וַיִּשָּׂא בִלְעָם אֶת־עֵינָיו
ג וַיַּרְא אֶת־יִשְׂרָאֵל שֹׁכֵן לִשְׁבָטָיו וַתְּהִי עָלָיו רוּחַ אֱלֹהִים׃ וַיִּשָּׂא
מְשָׁלוֹ וַיֹּאמַר נְאֻם בִּלְעָם בְּנוֹ בְעֹר וּנְאֻם הַגֶּבֶר שְׁתֻם הָעָיִן׃
ד נְאֻם שֹׁמֵעַ אִמְרֵי־אֵל אֲשֶׁר מַחֲזֵה שַׁדַּי יֶחֱזֶה נֹפֵל וּגְלוּי עֵינָיִם׃
ה ו מַה־טֹּבוּ אֹהָלֶיךָ יַעֲקֹב מִשְׁכְּנֹתֶיךָ יִשְׂרָאֵל׃ כִּנְחָלִים נִטָּיוּ כְּגַנֹּת
ז עֲלֵי נָהָר כַּאֲהָלִים נָטַע יְהוָה כַּאֲרָזִים עֲלֵי־מָיִם׃ יִזַּל־מַיִם
מִדָּלְיָו וְזַרְעוֹ בְּמַיִם רַבִּים וְיָרֹם מֵאֲגַג מַלְכּוֹ וְתִנַּשֵּׂא מַלְכֻתוֹ׃

אֵל מוֹצִיאוֹ מִמִּצְרַיִם כְּתוֹעֲפֹת רְאֵם לוֹ יֹאכַל גּוֹיִם צָרָיו ח
וְעַצְמֹתֵיהֶם יְגָרֵם וְחִצָּיו יִמְחָץ׃ כָּרַע שָׁכַב כַּאֲרִי וּכְלָבִיא מִי ט
יְקִימֶנּוּ מְבָרְכֶיךָ בָרוּךְ וְאֹרְרֶיךָ אָרוּר׃ וַיִּחַר־אַף בָּלָק אֶל־ י
בִּלְעָם וַיִּסְפֹּק אֶת־כַּפָּיו וַיֹּאמֶר בָּלָק אֶל־בִּלְעָם לָקֹב אֹיְבַי
קְרָאתִיךָ וְהִנֵּה בֵּרַכְתָּ בָרֵךְ זֶה שָׁלֹשׁ פְּעָמִים׃ וְעַתָּה בְּרַח־לְךָ יא
אֶל־מְקוֹמֶךָ אָמַרְתִּי כַּבֵּד אֲכַבֶּדְךָ וְהִנֵּה מְנָעֲךָ יְהוָה מִכָּבוֹד׃
וַיֹּאמֶר בִּלְעָם אֶל־בָּלָק הֲלֹא גַּם אֶל־מַלְאָכֶיךָ אֲשֶׁר־שָׁלַחְתָּ יב
אֵלַי דִּבַּרְתִּי לֵאמֹר׃ אִם־יִתֶּן־לִי בָלָק מְלֹא בֵיתוֹ כֶּסֶף וְזָהָב יג
לֹא אוּכַל לַעֲבֹר אֶת־פִּי יְהוָה לַעֲשׂוֹת טוֹבָה אוֹ רָעָה מִלִּבִּי
שביעי אֲשֶׁר־יְדַבֵּר יְהוָה אֹתוֹ אֲדַבֵּר׃ וְעַתָּה הִנְנִי הוֹלֵךְ לְעַמִּי לְכָה יד
אִיעָצְךָ אֲשֶׁר יַעֲשֶׂה הָעָם הַזֶּה לְעַמְּךָ בְּאַחֲרִית הַיָּמִים׃ וַיִּשָּׂא טו
מְשָׁלוֹ וַיֹּאמַר נְאֻם בִּלְעָם בְּנוֹ בְעֹר וּנְאֻם הַגֶּבֶר שְׁתֻם הָעָיִן׃
נְאֻם שֹׁמֵעַ אִמְרֵי־אֵל וְיֹדֵעַ דַּעַת עֶלְיוֹן מַחֲזֵה שַׁדַּי יֶחֱזֶה נֹפֵל טז
וּגְלוּי עֵינָיִם׃ אֶרְאֶנּוּ וְלֹא עַתָּה אֲשׁוּרֶנּוּ וְלֹא קָרוֹב דָּרַךְ כּוֹכָב יז
מִיַּעֲקֹב וְקָם שֵׁבֶט מִיִּשְׂרָאֵל וּמָחַץ פַּאֲתֵי מוֹאָב וְקַרְקַר כָּל־
בְּנֵי־שֵׁת׃ וְהָיָה אֱדוֹם יְרֵשָׁה וְהָיָה יְרֵשָׁה שֵׂעִיר אֹיְבָיו וְיִשְׂרָאֵל יח
עֹשֶׂה חָיִל׃ וְיֵרְדְּ מִיַּעֲקֹב וְהֶאֱבִיד שָׂרִיד מֵעִיר׃ וַיַּרְא אֶת־ יט כ
עֲמָלֵק וַיִּשָּׂא מְשָׁלוֹ וַיֹּאמַר רֵאשִׁית גּוֹיִם עֲמָלֵק וְאַחֲרִיתוֹ עֲדֵי
אֹבֵד׃ וַיַּרְא אֶת־הַקֵּינִי וַיִּשָּׂא מְשָׁלוֹ וַיֹּאמַר אֵיתָן מוֹשָׁבֶךָ וְשִׂים כא
בַּסֶּלַע קִנֶּךָ׃ כִּי אִם־יִהְיֶה לְבָעֵר קָיִן עַד־מָה אַשּׁוּר תִּשְׁבֶּךָּ׃ כב
וַיִּשָּׂא מְשָׁלוֹ וַיֹּאמַר אוֹי מִי יִחְיֶה מִשֻּׂמוֹ אֵל׃ וְצִים מִיַּד כִּתִּים כג כד
וְעִנּוּ אַשּׁוּר וְעִנּוּ־עֵבֶר וְגַם־הוּא עֲדֵי אֹבֵד׃ וַיָּקָם בִּלְעָם וַיֵּלֶךְ כה
וַיָּשָׁב לִמְקֹמוֹ וְגַם־בָּלָק הָלַךְ לְדַרְכּוֹ׃

כה וַיֵּשֶׁב יִשְׂרָאֵל בַּשִּׁטִּים וַיָּחֶל הָעָם לִזְנוֹת אֶל־בְּנוֹת מוֹאָב׃ א
וַתִּקְרֶאןָ לָעָם לְזִבְחֵי אֱלֹהֵיהֶן וַיֹּאכַל הָעָם וַיִּשְׁתַּחֲווּ לֵאלֹהֵיהֶן׃ ב
וַיִּצָּמֶד יִשְׂרָאֵל לְבַעַל פְּעוֹר וַיִּחַר־אַף יְהוָה בְּיִשְׂרָאֵל׃ וַיֹּאמֶר ג ד
יְהוָה אֶל־מֹשֶׁה קַח אֶת־כָּל־רָאשֵׁי הָעָם וְהוֹקַע אוֹתָם לַיהוָה

ה נגד השמש וישב חרון אף־יהוה מישראל: ויאמר משה אל־
ו שפטי ישראל הרגו איש אנשיו הנצמדים לבעל פעור: והנה
איש מבני ישראל בא ויקרב אל־אחיו את־המדינית לעיני
משה ולעיני כל־עדת בני־ישראל והמה בכים פתח אהל
ז מועד: וירא פינחס בן־אלעזר בן־אהרן הכהן ויקם מתוך מפטיר
ח העדה ויקח רמח בידו: ויבא אחר איש־ישראל אל־הקבה
וידקר את־שניהם את איש ישראל ואת־האשה אל־קבתה
ט ותעצר המגפה מעל בני ישראל: ויהיו המתים במגפה ארבעה
ועשרים אלף:

כב פינחס

י יא וידבר יהוה אל־משה לאמר: פינחס בן־אלעזר בן־אהרן הכהן
השיב את־חמתי מעל בני־ישראל בקנאו את־קנאתי בתוכם
יב ולא־כליתי את־בני־ישראל בקנאתי: לכן אמר הנני נתן לו
יג את־בריתי שלום: והיתה לו ולזרעו אחריו ברית כהנת עולם
יד תחת אשר קנא לאלהיו ויכפר על־בני ישראל: ושם איש
ישראל המכה אשר הכה את־המדינית זמרי בן־סלוא נשיא
טו בית־אב לשמעני: ושם האשה המכה המדינית כזבי בת־
צור ראש אמות בית־אב במדין הוא:
טז יז וידבר יהוה אל־משה לאמר: צרור את־המדינים והכיתם
יח אותם: כי־צררים הם לכם בנכליהם אשר־נכלו לכם על־דבר
פעור ועל־דבר כזבי בת־נשיא מדין אחתם המכה ביום־
כו א המגפה על־דבר פעור: ויהי אחרי המגפה
ויאמר יהוה אל־משה ואל אלעזר בן־אהרן הכהן לאמר:
ב שאו את־ראש | כל־עדת בני־ישראל מבן עשרים שנה ומעלה
ג לבית אבתם כל־יצא צבא בישראל: וידבר משה ואלעזר
ד הכהן אתם בערבת מואב על־ירדן ירחו לאמר: מבן עשרים
שנה ומעלה כאשר צוה יהוה את־משה ובני ישראל היצאים
ה מארץ מצרים: ראובן בכור ישראל בני ראובן חנוך משפחת שני

הַחֲנֹכִי לְפַלּוּא מִשְׁפַּחַת הַפַּלֻּאִי׃ לְחֶצְרֹן מִשְׁפַּחַת הַחֶצְרוֹנִי ו
לְכַרְמִי מִשְׁפַּחַת הַכַּרְמִי׃ אֵלֶּה מִשְׁפְּחֹת הָרֻאוּבֵנִי וַיִּהְיוּ פְקֻדֵיהֶם ז
שְׁלֹשָׁה וְאַרְבָּעִים אֶלֶף וּשְׁבַע מֵאוֹת וּשְׁלֹשִׁים׃ וּבְנֵי פַלּוּא ח
אֱלִיאָב׃ וּבְנֵי אֱלִיאָב נְמוּאֵל וְדָתָן וַאֲבִירָם הוּא־דָתָן וַאֲבִירָם ט
קרואי הָעֵדָה אֲשֶׁר הִצּוּ עַל־מֹשֶׁה וְעַל־אַהֲרֹן בַּעֲדַת־קֹרַח קְרִיאֵי
בְּהַצֹּתָם עַל־יְהוָה׃ וַתִּפְתַּח הָאָרֶץ אֶת־פִּיהָ וַתִּבְלַע אֹתָם י
וְאֶת־קֹרַח בְּמוֹת הָעֵדָה בַּאֲכֹל הָאֵשׁ אֵת חֲמִשִּׁים וּמָאתַיִם
אִישׁ וַיִּהְיוּ לְנֵס׃ וּבְנֵי־קֹרַח לֹא־מֵתוּ׃ בְּנֵי יא יב
שִׁמְעוֹן לְמִשְׁפְּחֹתָם לִנְמוּאֵל מִשְׁפַּחַת הַנְּמוּאֵלִי לְיָמִין מִשְׁפַּחַת
הַיָּמִינִי לְיָכִין מִשְׁפַּחַת הַיָּכִינִי׃ לְזֶרַח מִשְׁפַּחַת הַזַּרְחִי לְשָׁאוּל יג
מִשְׁפַּחַת הַשָּׁאוּלִי׃ אֵלֶּה מִשְׁפְּחֹת הַשִּׁמְעֹנִי שְׁנַיִם וְעֶשְׂרִים יד
אֶלֶף וּמָאתָיִם׃ בְּנֵי גָד לְמִשְׁפְּחֹתָם לִצְפוֹן מִשְׁפַּחַת טו
הַצְּפוֹנִי לְחַגִּי מִשְׁפַּחַת הַחַגִּי לְשׁוּנִי מִשְׁפַּחַת הַשּׁוּנִי׃ לְאָזְנִי מִשְׁפַּחַת טז
הָאָזְנִי לְעֵרִי מִשְׁפַּחַת הָעֵרִי׃ לַאֲרוֹד מִשְׁפַּחַת הָאֲרוֹדִי לְאַרְאֵלִי יז
מִשְׁפַּחַת הָאַרְאֵלִי׃ אֵלֶּה מִשְׁפְּחֹת בְּנֵי־גָד לִפְקֻדֵיהֶם אַרְבָּעִים יח
אֶלֶף וַחֲמֵשׁ מֵאוֹת׃ בְּנֵי יְהוּדָה עֵר וְאוֹנָן וַיָּמָת יט
עֵר וְאוֹנָן בְּאֶרֶץ כְּנָעַן׃ וַיִּהְיוּ בְנֵי־יְהוּדָה לְמִשְׁפְּחֹתָם לְשֵׁלָה כ
מִשְׁפַּחַת הַשֵּׁלָנִי לְפֶרֶץ מִשְׁפַּחַת הַפַּרְצִי לְזֶרַח מִשְׁפַּחַת הַזַּרְחִי׃
וַיִּהְיוּ בְנֵי־פֶרֶץ לְחֶצְרֹן מִשְׁפַּחַת הַחֶצְרֹנִי לְחָמוּל מִשְׁפַּחַת הֶחָמוּלִי׃ כא
אֵלֶּה מִשְׁפְּחֹת יְהוּדָה לִפְקֻדֵיהֶם שִׁשָּׁה וְשִׁבְעִים אֶלֶף וַחֲמֵשׁ כב
מֵאוֹת׃ בְּנֵי יִשָּׂשכָר לְמִשְׁפְּחֹתָם תּוֹלָע מִשְׁפַּחַת כג
הַתּוֹלָעִי לְפֻוָּה מִשְׁפַּחַת הַפּוּנִי׃ לְיָשׁוּב מִשְׁפַּחַת הַיָּשֻׁבִי לְשִׁמְרֹן כד
מִשְׁפַּחַת הַשִּׁמְרֹנִי׃ אֵלֶּה מִשְׁפְּחֹת יִשָּׂשכָר לִפְקֻדֵיהֶם אַרְבָּעָה כה
וְשִׁשִּׁים אֶלֶף וּשְׁלֹשׁ מֵאוֹת׃ בְּנֵי זְבוּלֻן לְמִשְׁפְּחֹתָם כו
לְסֶרֶד מִשְׁפַּחַת הַסַּרְדִּי לְאֵלוֹן מִשְׁפַּחַת הָאֵלֹנִי לְיַחְלְאֵל מִשְׁפַּחַת
הַיַּחְלְאֵלִי׃ אֵלֶּה מִשְׁפְּחֹת הַזְּבוּלֹנִי לִפְקֻדֵיהֶם שִׁשִּׁים אֶלֶף וַחֲמֵשׁ כז
מֵאוֹת׃ בְּנֵי יוֹסֵף לְמִשְׁפְּחֹתָם מְנַשֶּׁה וְאֶפְרָיִם׃ כח

כט בְּנֵי מְנַשֶּׁה לְמָכִיר מִשְׁפַּחַת הַמָּכִירִי וּמָכִיר הוֹלִיד אֶת־גִּלְעָד
ל לְגִלְעָד מִשְׁפַּחַת הַגִּלְעָדִי׃ אֵלֶּה בְּנֵי גִלְעָד אִיעֶזֶר מִשְׁפַּחַת
לא הָאִיעֶזְרִי לְחֵלֶק מִשְׁפַּחַת הַחֶלְקִי׃ וְאַשְׂרִיאֵל מִשְׁפַּחַת הָאַשְׂרְאֵלִי
לב וְשֶׁכֶם מִשְׁפַּחַת הַשִּׁכְמִי׃ וּשְׁמִידָע מִשְׁפַּחַת הַשְּׁמִידָעִי וְחֵפֶר
לג מִשְׁפַּחַת הַחֶפְרִי׃ וּצְלָפְחָד בֶּן־חֵפֶר לֹא־הָיוּ לוֹ בָּנִים כִּי אִם־
בָּנוֹת וְשֵׁם בְּנוֹת צְלָפְחָד מַחְלָה וְנֹעָה חָגְלָה מִלְכָּה וְתִרְצָה׃
לד אֵלֶּה מִשְׁפְּחֹת מְנַשֶּׁה וּפְקֻדֵיהֶם שְׁנַיִם וַחֲמִשִּׁים אֶלֶף וּשְׁבַע
לה מֵאוֹת׃ אֵלֶּה בְנֵי־אֶפְרַיִם לְמִשְׁפְּחֹתָם לְשׁוּתֶלַח
מִשְׁפַּחַת הַשֻּׁתַלְחִי לְבֶכֶר מִשְׁפַּחַת הַבַּכְרִי לְתַחַן מִשְׁפַּחַת
לו לז הַתַּחֲנִי׃ וְאֵלֶּה בְּנֵי שׁוּתָלַח לְעֵרָן מִשְׁפַּחַת הָעֵרָנִי׃ אֵלֶּה מִשְׁפְּחֹת
בְּנֵי־אֶפְרַיִם לִפְקֻדֵיהֶם שְׁנַיִם וּשְׁלֹשִׁים אֶלֶף וַחֲמֵשׁ מֵאוֹת אֵלֶּה
לח בְנֵי־יוֹסֵף לְמִשְׁפְּחֹתָם׃ בְּנֵי בִנְיָמִן לְמִשְׁפְּחֹתָם
לְבֶלַע מִשְׁפַּחַת הַבַּלְעִי לְאַשְׁבֵּל מִשְׁפַּחַת הָאַשְׁבֵּלִי לַאֲחִירָם
לט מִשְׁפַּחַת הָאֲחִירָמִי׃ לִשְׁפוּפָם מִשְׁפַּחַת הַשּׁוּפָמִי לְחוּפָם מִשְׁפַּחַת
מ הַחוּפָמִי׃ וַיִּהְיוּ בְנֵי־בֶלַע אַרְדְּ וְנַעֲמָן מִשְׁפַּחַת הָאַרְדִּי לְנַעֲמָן
מא מִשְׁפַּחַת הַנַּעֲמִי׃ אֵלֶּה בְנֵי־בִנְיָמִן לְמִשְׁפְּחֹתָם וּפְקֻדֵיהֶם חֲמִשָּׁה
מב וְאַרְבָּעִים אֶלֶף וְשֵׁשׁ מֵאוֹת׃ אֵלֶּה בְנֵי־
דָן לְמִשְׁפְּחֹתָם לְשׁוּחָם מִשְׁפַּחַת הַשּׁוּחָמִי אֵלֶּה מִשְׁפְּחֹת דָּן
מג לְמִשְׁפְּחֹתָם׃ כָּל־מִשְׁפְּחֹת הַשּׁוּחָמִי לִפְקֻדֵיהֶם אַרְבָּעָה וְשִׁשִּׁים
מד אֶלֶף וְאַרְבַּע מֵאוֹת׃ בְּנֵי אָשֵׁר לְמִשְׁפְּחֹתָם
לְיִמְנָה מִשְׁפַּחַת הַיִּמְנָה לְיִשְׁוִי מִשְׁפַּחַת הַיִּשְׁוִי לִבְרִיעָה
מה מִשְׁפַּחַת הַבְּרִיעִי׃ לִבְנֵי בְרִיעָה לְחֶבֶר מִשְׁפַּחַת הַחֶבְרִי
מו מז לְמַלְכִּיאֵל מִשְׁפַּחַת הַמַּלְכִּיאֵלִי׃ וְשֵׁם בַּת־אָשֵׁר שָׂרַח׃ אֵלֶּה
מִשְׁפְּחֹת בְּנֵי־אָשֵׁר לִפְקֻדֵיהֶם שְׁלֹשָׁה וַחֲמִשִּׁים אֶלֶף וְאַרְבַּע
מח מֵאוֹת׃ בְּנֵי נַפְתָּלִי לְמִשְׁפְּחֹתָם לְיַחְצְאֵל מִשְׁפַּחַת
מט הַיַּחְצְאֵלִי לְגוּנִי מִשְׁפַּחַת הַגּוּנִי׃ לְיֵצֶר מִשְׁפַּחַת הַיִּצְרִי לְשִׁלֵּם
נ מִשְׁפַּחַת הַשִּׁלֵּמִי׃ אֵלֶּה מִשְׁפְּחֹת נַפְתָּלִי לְמִשְׁפְּחֹתָם וּפְקֻדֵיהֶם

חֲמִשָּׁה וְאַרְבָּעִים אֶלֶף וְאַרְבַּע מֵאוֹת׃ אֵלֶּה פְּקוּדֵי בְּנֵי יִשְׂרָאֵל נא
שֵׁשׁ־מֵאוֹת אֶלֶף וָאָלֶף שְׁבַע מֵאוֹת וּשְׁלֹשִׁים׃
שלישי כג וַיְדַבֵּר יהוה אֶל־מֹשֶׁה לֵּאמֹר׃ לָאֵלֶּה תֵּחָלֵק הָאָרֶץ בְּנַחֲלָה נב נג
בְּמִסְפַּר שֵׁמוֹת׃ לָרַב תַּרְבֶּה נַחֲלָתוֹ וְלַמְעַט תַּמְעִיט נַחֲלָתוֹ נד
אִישׁ לְפִי פְקֻדָיו יֻתַּן נַחֲלָתוֹ׃ אַךְ־בְּגוֹרָל יֵחָלֵק אֶת־הָאָרֶץ נה
לִשְׁמוֹת מַטּוֹת־אֲבֹתָם יִנְחָלוּ׃ עַל־פִּי הַגּוֹרָל תֵּחָלֵק נַחֲלָתוֹ נו
בֵּין רַב לִמְעָט׃ וְאֵלֶּה פְקוּדֵי הַלֵּוִי לְמִשְׁפְּחֹתָם נז
לְגֵרְשׁוֹן מִשְׁפַּחַת הַגֵּרְשֻׁנִּי לִקְהָת מִשְׁפַּחַת הַקְּהָתִי לִמְרָרִי
מִשְׁפַּחַת הַמְּרָרִי׃ אֵלֶּה ׀ מִשְׁפְּחֹת לֵוִי מִשְׁפַּחַת הַלִּבְנִי מִשְׁפַּחַת נח
הַחֶבְרֹנִי מִשְׁפַּחַת הַמַּחְלִי מִשְׁפַּחַת הַמּוּשִׁי מִשְׁפַּחַת הַקָּרְחִי
וּקְהָת הוֹלִד אֶת־עַמְרָם׃ וְשֵׁם ׀ אֵשֶׁת עַמְרָם יוֹכֶבֶד בַּת־לֵוִי נט
אֲשֶׁר יָלְדָה אֹתָהּ לְלֵוִי בְּמִצְרָיִם וַתֵּלֶד לְעַמְרָם אֶת־אַהֲרֹן וְאֶת־
מֹשֶׁה וְאֵת מִרְיָם אֲחֹתָם׃ וַיִּוָּלֵד לְאַהֲרֹן אֶת־נָדָב וְאֶת־אֲבִיהוּא ס
אֶת־אֶלְעָזָר וְאֶת־אִיתָמָר׃ וַיָּמָת נָדָב וַאֲבִיהוּא בְּהַקְרִיבָם סא
אֵשׁ־זָרָה לִפְנֵי יהוה׃ וַיִּהְיוּ פְקֻדֵיהֶם שְׁלֹשָׁה וְעֶשְׂרִים אֶלֶף כָּל־ סב
זָכָר מִבֶּן־חֹדֶשׁ וָמָעְלָה כִּי ׀ לֹא הָתְפָּקְדוּ בְּתוֹךְ בְּנֵי יִשְׂרָאֵל כִּי
לֹא־נִתַּן לָהֶם נַחֲלָה בְּתוֹךְ בְּנֵי יִשְׂרָאֵל׃ אֵלֶּה פְּקוּדֵי מֹשֶׁה סג
וְאֶלְעָזָר הַכֹּהֵן אֲשֶׁר פָּקְדוּ אֶת־בְּנֵי יִשְׂרָאֵל בְּעַרְבֹת מוֹאָב
עַל יַרְדֵּן יְרֵחוֹ׃ וּבְאֵלֶּה לֹא־הָיָה אִישׁ מִפְּקוּדֵי מֹשֶׁה וְאַהֲרֹן סד
הַכֹּהֵן אֲשֶׁר פָּקְדוּ אֶת־בְּנֵי יִשְׂרָאֵל בְּמִדְבַּר סִינָי׃ כִּי־אָמַר יהוה סה
לָהֶם מוֹת יָמֻתוּ בַּמִּדְבָּר וְלֹא־נוֹתַר מֵהֶם אִישׁ כִּי אִם־כָּלֵב
בֶּן־יְפֻנֶּה וִיהוֹשֻׁעַ בִּן־נוּן׃ וַתִּקְרַבְנָה בְּנוֹת צְלָפְחָד א כז
בֶּן־חֵפֶר בֶּן־גִּלְעָד בֶּן־מָכִיר בֶּן־מְנַשֶּׁה לְמִשְׁפְּחֹת מְנַשֶּׁה בֶן־
יוֹסֵף וְאֵלֶּה שְׁמוֹת בְּנֹתָיו מַחְלָה נֹעָה וְחָגְלָה וּמִלְכָּה וְתִרְצָה׃
וַתַּעֲמֹדְנָה לִפְנֵי מֹשֶׁה וְלִפְנֵי אֶלְעָזָר הַכֹּהֵן וְלִפְנֵי הַנְּשִׂיאִם וְכָל־ ב
הָעֵדָה פֶּתַח אֹהֶל־מוֹעֵד לֵאמֹר׃ אָבִינוּ מֵת בַּמִּדְבָּר וְהוּא לֹא־ ג
הָיָה בְּתוֹךְ הָעֵדָה הַנּוֹעָדִים עַל־יהוה בַּעֲדַת־קֹרַח כִּי־בְחֶטְאוֹ

ד מֵת וּבָנִים לֹא־הָיוּ לוֹ׃ לָמָּה יִגָּרַע שֵׁם־אָבִינוּ מִתּוֹךְ מִשְׁפַּחְתּוֹ
ה כִּי אֵין לוֹ בֵּן תְּנָה־לָּנוּ אֲחֻזָּה בְּתוֹךְ אֲחֵי אָבִינוּ׃ וַיַּקְרֵב מֹשֶׁה
אֶת־מִשְׁפָּטָן לִפְנֵי יְהוָה׃
ו ז וַיֹּאמֶר יְהוָה אֶל־מֹשֶׁה לֵּאמֹר׃ כֵּן בְּנוֹת צְלָפְחָד דֹּבְרֹת נָתֹן תִּתֵּן רביעי
לָהֶם אֲחֻזַּת נַחֲלָה בְּתוֹךְ אֲחֵי אֲבִיהֶם וְהַעֲבַרְתָּ אֶת־נַחֲלַת
ח אֲבִיהֶן לָהֶן׃ וְאֶל־בְּנֵי יִשְׂרָאֵל תְּדַבֵּר לֵאמֹר אִישׁ כִּי־יָמוּת וּבֵן
ט אֵין לוֹ וְהַעֲבַרְתֶּם אֶת־נַחֲלָתוֹ לְבִתּוֹ׃ וְאִם־אֵין לוֹ בַּת וּנְתַתֶּם
י אֶת־נַחֲלָתוֹ לְאֶחָיו׃ וְאִם־אֵין לוֹ אַחִים וּנְתַתֶּם אֶת־נַחֲלָתוֹ
יא לַאֲחֵי אָבִיו׃ וְאִם־אֵין אַחִים לְאָבִיו וּנְתַתֶּם אֶת־נַחֲלָתוֹ לִשְׁאֵרוֹ
הַקָּרֹב אֵלָיו מִמִּשְׁפַּחְתּוֹ וְיָרַשׁ אֹתָהּ וְהָיְתָה לִבְנֵי יִשְׂרָאֵל לְחֻקַּת
מִשְׁפָּט כַּאֲשֶׁר צִוָּה יְהוָה אֶת־מֹשֶׁה׃
יב וַיֹּאמֶר יְהוָה אֶל־מֹשֶׁה עֲלֵה אֶל־הַר הָעֲבָרִים הַזֶּה וּרְאֵה אֶת־
יג הָאָרֶץ אֲשֶׁר נָתַתִּי לִבְנֵי יִשְׂרָאֵל׃ וְרָאִיתָה אֹתָהּ וְנֶאֱסַפְתָּ אֶל־
יד עַמֶּיךָ גַּם־אָתָּה כַּאֲשֶׁר נֶאֱסַף אַהֲרֹן אָחִיךָ׃ כַּאֲשֶׁר מְרִיתֶם פִּי
בְּמִדְבַּר־צִן בִּמְרִיבַת הָעֵדָה לְהַקְדִּישֵׁנִי בַמַּיִם לְעֵינֵיהֶם הֵם מֵי־
טו מְרִיבַת קָדֵשׁ מִדְבַּר־צִן׃ וַיְדַבֵּר מֹשֶׁה אֶל־יְהוָה כד
טז לֵאמֹר׃ יִפְקֹד יְהוָה אֱלֹהֵי הָרוּחֹת לְכָל־בָּשָׂר אִישׁ עַל־הָעֵדָה׃
יז אֲשֶׁר־יֵצֵא לִפְנֵיהֶם וַאֲשֶׁר יָבֹא לִפְנֵיהֶם וַאֲשֶׁר יוֹצִיאֵם וַאֲשֶׁר
יְבִיאֵם וְלֹא תִהְיֶה עֲדַת יְהוָה כַּצֹּאן אֲשֶׁר אֵין־לָהֶם רֹעֶה׃
יח וַיֹּאמֶר יְהוָה אֶל־מֹשֶׁה קַח־לְךָ אֶת־יְהוֹשֻׁעַ בִּן־נוּן אִישׁ אֲשֶׁר־
יט רוּחַ בּוֹ וְסָמַכְתָּ אֶת־יָדְךָ עָלָיו׃ וְהַעֲמַדְתָּ אֹתוֹ לִפְנֵי אֶלְעָזָר
כ הַכֹּהֵן וְלִפְנֵי כָּל־הָעֵדָה וְצִוִּיתָה אֹתוֹ לְעֵינֵיהֶם׃ וְנָתַתָּה מֵהוֹדְךָ
כא עָלָיו לְמַעַן יִשְׁמְעוּ כָּל־עֲדַת בְּנֵי יִשְׂרָאֵל׃ וְלִפְנֵי אֶלְעָזָר הַכֹּהֵן
יַעֲמֹד וְשָׁאַל לוֹ בְּמִשְׁפַּט הָאוּרִים לִפְנֵי יְהוָה עַל־פִּיו יֵצְאוּ וְעַל־
כב פִּיו יָבֹאוּ הוּא וְכָל־בְּנֵי־יִשְׂרָאֵל אִתּוֹ וְכָל־הָעֵדָה׃ וַיַּעַשׂ מֹשֶׁה
כַּאֲשֶׁר צִוָּה יְהוָה אֹתוֹ וַיִּקַּח אֶת־יְהוֹשֻׁעַ וַיַּעֲמִדֵהוּ לִפְנֵי אֶלְעָזָר
כג הַכֹּהֵן וְלִפְנֵי כָּל־הָעֵדָה׃ וַיִּסְמֹךְ אֶת־יָדָיו עָלָיו וַיְצַוֵּהוּ כַּאֲשֶׁר

דִּבֶּר יְהוָה בְּיַד־מֹשֶׁה׃
חמישי כח א ב וַיְדַבֵּר יְהוָה אֶל־מֹשֶׁה לֵּאמֹר׃ צַו אֶת־בְּנֵי יִשְׂרָאֵל וְאָמַרְתָּ
אֲלֵהֶם אֶת־קָרְבָּנִי לַחְמִי לְאִשַּׁי רֵיחַ נִיחֹחִי תִּשְׁמְרוּ לְהַקְרִיב
ג לִי בְּמוֹעֲדוֹ׃ וְאָמַרְתָּ לָהֶם זֶה הָאִשֶּׁה אֲשֶׁר תַּקְרִיבוּ לַיהוָה
ד כְּבָשִׂים בְּנֵי־שָׁנָה תְמִימִם שְׁנַיִם לַיּוֹם עֹלָה תָמִיד׃ אֶת־הַכֶּבֶשׂ
אֶחָד תַּעֲשֶׂה בַבֹּקֶר וְאֵת הַכֶּבֶשׂ הַשֵּׁנִי תַּעֲשֶׂה בֵּין הָעַרְבָּיִם׃
ה וַעֲשִׂירִית הָאֵיפָה סֹלֶת לְמִנְחָה בְּלוּלָה בְּשֶׁמֶן כָּתִית רְבִיעִת
ו הַהִין׃ עֹלַת תָּמִיד הָעֲשֻׂיָה בְּהַר סִינַי לְרֵיחַ נִיחֹחַ אִשֶּׁה לַיהוָה׃
ז וְנִסְכּוֹ רְבִיעִת הַהִין לַכֶּבֶשׂ הָאֶחָד בַּקֹּדֶשׁ הַסֵּךְ נֶסֶךְ שֵׁכָר לַיהוָה׃
ח וְאֵת הַכֶּבֶשׂ הַשֵּׁנִי תַּעֲשֶׂה בֵּין הָעַרְבָּיִם כְּמִנְחַת הַבֹּקֶר וּכְנִסְכּוֹ
תַּעֲשֶׂה אִשֵּׁה רֵיחַ נִיחֹחַ לַיהוָה׃
ט וּבְיוֹם הַשַּׁבָּת שְׁנֵי־כְבָשִׂים בְּנֵי־שָׁנָה תְּמִימִם וּשְׁנֵי עֶשְׂרֹנִים סֹלֶת
י מִנְחָה בְּלוּלָה בַשֶּׁמֶן וְנִסְכּוֹ׃ עֹלַת שַׁבַּת בְּשַׁבַּתּוֹ עַל־עֹלַת
הַתָּמִיד וְנִסְכָּהּ׃
יא וּבְרָאשֵׁי חָדְשֵׁיכֶם תַּקְרִיבוּ עֹלָה לַיהוָה פָּרִים בְּנֵי־בָקָר שְׁנַיִם
יב וְאַיִל אֶחָד כְּבָשִׂים בְּנֵי־שָׁנָה שִׁבְעָה תְּמִימִם׃ וּשְׁלֹשָׁה עֶשְׂרֹנִים
סֹלֶת מִנְחָה בְּלוּלָה בַשֶּׁמֶן לַפָּר הָאֶחָד וּשְׁנֵי עֶשְׂרֹנִים סֹלֶת
יג מִנְחָה בְּלוּלָה בַשֶּׁמֶן לָאַיִל הָאֶחָד׃ וְעִשָּׂרֹן עִשָּׂרוֹן סֹלֶת
מִנְחָה בְּלוּלָה בַשֶּׁמֶן לַכֶּבֶשׂ הָאֶחָד עֹלָה רֵיחַ נִיחֹחַ אִשֶּׁה
יד לַיהוָה׃ וְנִסְכֵּיהֶם חֲצִי הַהִין יִהְיֶה לַפָּר וּשְׁלִישִׁת הַהִין לָאַיִל
וּרְבִיעִת הַהִין לַכֶּבֶשׂ יָיִן זֹאת עֹלַת חֹדֶשׁ בְּחָדְשׁוֹ לְחָדְשֵׁי הַשָּׁנָה׃
טו וּשְׂעִיר עִזִּים אֶחָד לְחַטָּאת לַיהוָה עַל־עֹלַת הַתָּמִיד יֵעָשֶׂה
ששי טז וְנִסְכּוֹ׃ וּבַחֹדֶשׁ הָרִאשׁוֹן בְּאַרְבָּעָה עָשָׂר יוֹם
יז לַחֹדֶשׁ פֶּסַח לַיהוָה׃ וּבַחֲמִשָּׁה עָשָׂר יוֹם לַחֹדֶשׁ הַזֶּה חָג שִׁבְעַת
יח יָמִים מַצּוֹת יֵאָכֵל׃ בַּיּוֹם הָרִאשׁוֹן מִקְרָא־קֹדֶשׁ כָּל־מְלֶאכֶת
יט עֲבֹדָה לֹא תַעֲשׂוּ׃ וְהִקְרַבְתֶּם אִשֶּׁה עֹלָה לַיהוָה פָּרִים בְּנֵי־
בָקָר שְׁנַיִם וְאַיִל אֶחָד וְשִׁבְעָה כְבָשִׂים בְּנֵי שָׁנָה תְּמִימִם יִהְיוּ

כ לָכֶם׃ וּמִנְחָתָם סֹלֶת בְּלוּלָה בַשָּׁמֶן שְׁלֹשָׁה עֶשְׂרֹנִים לַפָּר וּשְׁנֵי
כא עֶשְׂרֹנִים לָאַיִל תַּעֲשׂוּ׃ עִשָּׂרוֹן עִשָּׂרוֹן תַּעֲשֶׂה לַכֶּבֶשׂ הָאֶחָד
כב כג לְשִׁבְעַת הַכְּבָשִׂים׃ וּשְׂעִיר חַטָּאת אֶחָד לְכַפֵּר עֲלֵיכֶם׃ מִלְּבַד
כד עֹלַת הַבֹּקֶר אֲשֶׁר לְעֹלַת הַתָּמִיד תַּעֲשׂוּ אֶת־אֵלֶּה׃ כָּאֵלֶּה
תַּעֲשׂוּ לַיּוֹם שִׁבְעַת יָמִים לֶחֶם אִשֵּׁה רֵיחַ־נִיחֹחַ לַיהוָה עַל־
כה עוֹלַת הַתָּמִיד יֵעָשֶׂה וְנִסְכּוֹ׃ וּבַיּוֹם הַשְּׁבִיעִי מִקְרָא־קֹדֶשׁ יִהְיֶה
כו לָכֶם כָּל־מְלֶאכֶת עֲבֹדָה לֹא תַעֲשׂוּ׃ וּבְיוֹם כה
הַבִּכּוּרִים בְּהַקְרִיבְכֶם מִנְחָה חֲדָשָׁה לַיהוָה בְּשָׁבֻעֹתֵיכֶם
מִקְרָא־קֹדֶשׁ יִהְיֶה לָכֶם כָּל־מְלֶאכֶת עֲבֹדָה לֹא תַעֲשׂוּ׃
כז וְהִקְרַבְתֶּם עוֹלָה לְרֵיחַ נִיחֹחַ לַיהוָה פָּרִים בְּנֵי־בָקָר שְׁנַיִם אַיִל
כח אֶחָד שִׁבְעָה כְבָשִׂים בְּנֵי שָׁנָה׃ וּמִנְחָתָם סֹלֶת בְּלוּלָה בַשָּׁמֶן
כט שְׁלֹשָׁה עֶשְׂרֹנִים לַפָּר הָאֶחָד שְׁנֵי עֶשְׂרֹנִים לָאַיִל הָאֶחָד׃ עִשָּׂרוֹן
ל עִשָּׂרוֹן לַכֶּבֶשׂ הָאֶחָד לְשִׁבְעַת הַכְּבָשִׂים׃ שְׂעִיר עִזִּים אֶחָד
לא לְכַפֵּר עֲלֵיכֶם׃ מִלְּבַד עֹלַת הַתָּמִיד וּמִנְחָתוֹ תַּעֲשׂוּ תְּמִימִם
יִהְיוּ־לָכֶם וְנִסְכֵּיהֶם׃

כט א וּבַחֹדֶשׁ הַשְּׁבִיעִי בְּאֶחָד לַחֹדֶשׁ מִקְרָא־קֹדֶשׁ יִהְיֶה לָכֶם כָּל־
ב מְלֶאכֶת עֲבֹדָה לֹא תַעֲשׂוּ יוֹם תְּרוּעָה יִהְיֶה לָכֶם׃ וַעֲשִׂיתֶם
עֹלָה לְרֵיחַ נִיחֹחַ לַיהוָה פַּר בֶּן־בָּקָר אֶחָד אַיִל אֶחָד כְּבָשִׂים
ג בְּנֵי־שָׁנָה שִׁבְעָה תְּמִימִם׃ וּמִנְחָתָם סֹלֶת בְּלוּלָה בַשָּׁמֶן שְׁלֹשָׁה
ד עֶשְׂרֹנִים לַפָּר שְׁנֵי עֶשְׂרֹנִים לָאָיִל׃ וְעִשָּׂרוֹן אֶחָד לַכֶּבֶשׂ הָאֶחָד
ה לְשִׁבְעַת הַכְּבָשִׂים׃ וּשְׂעִיר־עִזִּים אֶחָד חַטָּאת לְכַפֵּר עֲלֵיכֶם׃
ו מִלְּבַד עֹלַת הַחֹדֶשׁ וּמִנְחָתָהּ וְעֹלַת הַתָּמִיד וּמִנְחָתָהּ וְנִסְכֵּיהֶם
ז כְּמִשְׁפָּטָם לְרֵיחַ נִיחֹחַ אִשֶּׁה לַיהוָה׃ וּבֶעָשׂוֹר
לַחֹדֶשׁ הַשְּׁבִיעִי הַזֶּה מִקְרָא־קֹדֶשׁ יִהְיֶה לָכֶם וְעִנִּיתֶם אֶת־
ח נַפְשֹׁתֵיכֶם כָּל־מְלָאכָה לֹא תַעֲשׂוּ׃ וְהִקְרַבְתֶּם עֹלָה לַיהוָה רֵיחַ
נִיחֹחַ פַּר בֶּן־בָּקָר אֶחָד אַיִל אֶחָד כְּבָשִׂים בְּנֵי־שָׁנָה שִׁבְעָה תְּמִימִם
ט יִהְיוּ לָכֶם׃ וּמִנְחָתָם סֹלֶת בְּלוּלָה בַּשָּׁמֶן שְׁלֹשָׁה עֶשְׂרֹנִים לַפָּר

שְׁנֵי עֶשְׂרֹנִים לָאַיִל הָאֶחָד׃ עִשָּׂרוֹן עִשָּׂרוֹן לַכֶּבֶשׂ הָאֶחָד לְשִׁבְעַת י
הַכְּבָשִׂים׃ שְׂעִיר־עִזִּים אֶחָד חַטָּאת מִלְּבַד חַטַּאת הַכִּפֻּרִים יא
שביעי וְעֹלַת הַתָּמִיד וּמִנְחָתָהּ וְנִסְכֵּיהֶם׃ וּבַחֲמִשָּׁה יב
עָשָׂר יוֹם לַחֹדֶשׁ הַשְּׁבִיעִי מִקְרָא־קֹדֶשׁ יִהְיֶה לָכֶם כָּל־מְלֶאכֶת
עֲבֹדָה לֹא תַעֲשׂוּ וְחַגֹּתֶם חַג לַיהוָה שִׁבְעַת יָמִים׃ וְהִקְרַבְתֶּם יג
עֹלָה אִשֵּׁה רֵיחַ נִיחֹחַ לַיהוָה פָּרִים בְּנֵי־בָקָר שְׁלֹשָׁה עָשָׂר אֵילִם
שְׁנָיִם כְּבָשִׂים בְּנֵי־שָׁנָה אַרְבָּעָה עָשָׂר תְּמִימִם יִהְיוּ׃ וּמִנְחָתָם יד
סֹלֶת בְּלוּלָה בַשָּׁמֶן שְׁלֹשָׁה עֶשְׂרֹנִים לַפָּר הָאֶחָד לִשְׁלֹשָׁה עָשָׂר
פָּרִים שְׁנֵי עֶשְׂרֹנִים לָאַיִל הָאֶחָד לִשְׁנֵי הָאֵילִם׃ וְעִשָּׂרוֹן עִשָּׂרוֹן טו
לַכֶּבֶשׂ הָאֶחָד לְאַרְבָּעָה עָשָׂר כְּבָשִׂים׃ וּשְׂעִיר־עִזִּים אֶחָד חַטָּאת טז
מִלְּבַד עֹלַת הַתָּמִיד מִנְחָתָהּ וְנִסְכָּהּ׃ וּבַיּוֹם יז
הַשֵּׁנִי פָּרִים בְּנֵי־בָקָר שְׁנֵים עָשָׂר אֵילִם שְׁנָיִם כְּבָשִׂים בְּנֵי־שָׁנָה
אַרְבָּעָה עָשָׂר תְּמִימִם׃ וּמִנְחָתָם וְנִסְכֵּיהֶם לַפָּרִים לָאֵילִם יח
וְלַכְּבָשִׂים בְּמִסְפָּרָם כַּמִּשְׁפָּט׃ וּשְׂעִיר־עִזִּים אֶחָד חַטָּאת מִלְּבַד יט
עֹלַת הַתָּמִיד וּמִנְחָתָהּ וְנִסְכֵּיהֶם׃ וּבַיּוֹם הַשְּׁלִישִׁי כ
פָּרִים עַשְׁתֵּי־עָשָׂר אֵילִם שְׁנָיִם כְּבָשִׂים בְּנֵי־שָׁנָה אַרְבָּעָה
עָשָׂר תְּמִימִם׃ וּמִנְחָתָם וְנִסְכֵּיהֶם לַפָּרִים לָאֵילִם וְלַכְּבָשִׂים כא
בְּמִסְפָּרָם כַּמִּשְׁפָּט׃ וּשְׂעִיר חַטָּאת אֶחָד מִלְּבַד עֹלַת הַתָּמִיד כב
וּמִנְחָתָהּ וְנִסְכָּהּ׃ וּבַיּוֹם הָרְבִיעִי פָּרִים עֲשָׂרָה כג
אֵילִם שְׁנָיִם כְּבָשִׂים בְּנֵי־שָׁנָה אַרְבָּעָה עָשָׂר תְּמִימִם׃ מִנְחָתָם כד
וְנִסְכֵּיהֶם לַפָּרִים לָאֵילִם וְלַכְּבָשִׂים בְּמִסְפָּרָם כַּמִּשְׁפָּט׃
וּשְׂעִיר־עִזִּים אֶחָד חַטָּאת מִלְּבַד עֹלַת הַתָּמִיד מִנְחָתָהּ כה
וְנִסְכָּהּ׃ וּבַיּוֹם הַחֲמִישִׁי פָּרִים תִּשְׁעָה אֵילִם שְׁנָיִם כו
כְּבָשִׂים בְּנֵי־שָׁנָה אַרְבָּעָה עָשָׂר תְּמִימִם׃ וּמִנְחָתָם וְנִסְכֵּיהֶם כז
לַפָּרִים לָאֵילִם וְלַכְּבָשִׂים בְּמִסְפָּרָם כַּמִּשְׁפָּט׃ וּשְׂעִיר חַטָּאת כח
אֶחָד מִלְּבַד עֹלַת הַתָּמִיד וּמִנְחָתָהּ וְנִסְכָּהּ׃ וּבַיּוֹם כט
הַשִּׁשִּׁי פָּרִים שְׁמֹנָה אֵילִם שְׁנָיִם כְּבָשִׂים בְּנֵי־שָׁנָה אַרְבָּעָה

ל עָשָׂר תְּמִימִם: וּמִנְחָתָם וְנִסְכֵּיהֶם לַפָּרִים לָאֵילִם וְלַכְּבָשִׂים
לא בְּמִסְפָּרָם כַּמִּשְׁפָּט: וּשְׂעִיר חַטָּאת אֶחָד מִלְּבַד עֹלַת הַתָּמִיד
לב מִנְחָתָהּ וּנְסָכֶיהָ: וּבַיּוֹם הַשְּׁבִיעִי פָּרִים שִׁבְעָה
לג אֵילִם שְׁנָיִם כְּבָשִׂים בְּנֵי־שָׁנָה אַרְבָּעָה עָשָׂר תְּמִימִם: וּמִנְחָתָם
לד וְנִסְכֵּהֶם לַפָּרִים לָאֵילִם וְלַכְּבָשִׂים בְּמִסְפָּרָם כְּמִשְׁפָּטָם: וּשְׂעִיר
לה חַטָּאת אֶחָד מִלְּבַד עֹלַת הַתָּמִיד מִנְחָתָהּ וְנִסְכָּהּ: בַּיּוֹם מפטיר
הַשְּׁמִינִי עֲצֶרֶת תִּהְיֶה לָכֶם כָּל־מְלֶאכֶת עֲבֹדָה לֹא תַעֲשׂוּ:
לו וְהִקְרַבְתֶּם עֹלָה אִשֵּׁה רֵיחַ נִיחֹחַ לַיהוָה פַּר אֶחָד אַיִל אֶחָד
לז כְּבָשִׂים בְּנֵי־שָׁנָה שִׁבְעָה תְּמִימִם: מִנְחָתָם וְנִסְכֵּיהֶם לַפָּר
לח לָאַיִל וְלַכְּבָשִׂים בְּמִסְפָּרָם כַּמִּשְׁפָּט: וּשְׂעִיר חַטָּאת אֶחָד
לט מִלְּבַד עֹלַת הַתָּמִיד וּמִנְחָתָהּ וְנִסְכָּהּ: אֵלֶּה תַּעֲשׂוּ לַיהוָה
בְּמוֹעֲדֵיכֶם לְבַד מִנִּדְרֵיכֶם וְנִדְבֹתֵיכֶם לְעֹלֹתֵיכֶם וּלְמִנְחֹתֵיכֶם
ל א וּלְנִסְכֵּיכֶם וּלְשַׁלְמֵיכֶם: וַיֹּאמֶר מֹשֶׁה אֶל־בְּנֵי יִשְׂרָאֵל כְּכֹל
אֲשֶׁר־צִוָּה יְהוָה אֶת־מֹשֶׁה:

ב וַיְדַבֵּר מֹשֶׁה אֶל־רָאשֵׁי הַמַּטּוֹת לִבְנֵי יִשְׂרָאֵל לֵאמֹר זֶה הַדָּבָר כו מטות
ג אֲשֶׁר צִוָּה יְהוָה: אִישׁ כִּי־יִדֹּר נֶדֶר לַיהוָה אוֹ־הִשָּׁבַע שְׁבֻעָה
לֶאְסֹר אִסָּר עַל־נַפְשׁוֹ לֹא יַחֵל דְּבָרוֹ כְּכָל־הַיֹּצֵא מִפִּיו יַעֲשֶׂה:
ד וְאִשָּׁה כִּי־תִדֹּר נֶדֶר לַיהוָה וְאָסְרָה אִסָּר בְּבֵית אָבִיהָ בִּנְעֻרֶיהָ:
ה וְשָׁמַע אָבִיהָ אֶת־נִדְרָהּ וֶאֱסָרָהּ אֲשֶׁר אָסְרָה עַל־נַפְשָׁהּ וְהֶחֱרִישׁ
לָהּ אָבִיהָ וְקָמוּ כָּל־נְדָרֶיהָ וְכָל־אִסָּר אֲשֶׁר־אָסְרָה עַל־נַפְשָׁהּ
ו יָקוּם: וְאִם־הֵנִיא אָבִיהָ אֹתָהּ בְּיוֹם שָׁמְעוֹ כָּל־נְדָרֶיהָ וֶאֱסָרֶיהָ
אֲשֶׁר־אָסְרָה עַל־נַפְשָׁהּ לֹא יָקוּם וַיהוָה יִסְלַח־לָהּ כִּי־הֵנִיא
ז אָבִיהָ אֹתָהּ: וְאִם־הָיוֹ תִהְיֶה לְאִישׁ וּנְדָרֶיהָ עָלֶיהָ אוֹ מִבְטָא
ח שְׂפָתֶיהָ אֲשֶׁר אָסְרָה עַל־נַפְשָׁהּ: וְשָׁמַע אִישָׁהּ בְּיוֹם שָׁמְעוֹ
וְהֶחֱרִישׁ לָהּ וְקָמוּ נְדָרֶיהָ וֶאֱסָרֶהָ אֲשֶׁר־אָסְרָה עַל־נַפְשָׁהּ
ט יָקֻמוּ: וְאִם בְּיוֹם שְׁמֹעַ אִישָׁהּ יָנִיא אוֹתָהּ וְהֵפֵר אֶת־נִדְרָהּ
אֲשֶׁר עָלֶיהָ וְאֵת מִבְטָא שְׂפָתֶיהָ אֲשֶׁר אָסְרָה עַל־נַפְשָׁהּ וַיהוָה

י יסלח־לה: ונדר אלמנה וגרושה כל אשר־אסרה על־נפשה
יא יקום עליה: ואם־בית אישה נדרה או־אסרה אסר על־נפשה
יב בשבעה: ושמע אישה והחרש לה לא הניא אתה וקמו כל־
יג נדריה וכל־אסר אשר־אסרה על־נפשה יקום: ואם־הפר
יפר אתם ׀ אישה ביום שמעו כל־מוצא שפתיה לנדריה
יד ולאסר נפשה לא יקום אישה הפרם ויהוה יסלח־לה: כל־
נדר וכל־שבעת אסר לענת נפש אישה יקימנו ואישה יפרנו:
טו ואם־החרש יחריש לה אישה מיום אל־יום והקים את־כל־
נדריה או את־כל־אסריה אשר עליה הקים אתם כי־החרש
טז לה ביום שמעו: ואם־הפר יפר אתם אחרי שמעו ונשא את־
יז עונה: אלה החקים אשר צוה יהוה את־משה בין איש
לאשתו בין־אב לבתו בנעריה בית אביה:

שני כז לא א ב וידבר יהוה אל־משה לאמר: נקם נקמת בני ישראל מאת
ג המדינים אחר תאסף אל־עמיך: וידבר משה אל־העם לאמר
החלצו מאתכם אנשים לצבא ויהיו על־מדין לתת נקמת־
ד יהוה במדין: אלף למטה אלף למטה לכל מטות ישראל
ה תשלחו לצבא: וימסרו מאלפי ישראל אלף למטה שנים־
ו עשר אלף חלוצי צבא: וישלח אתם משה אלף למטה לצבא
אתם ואת־פינחס בן־אלעזר הכהן לצבא וכלי הקדש וחצצרות
ז התרועה בידו: ויצבאו על־מדין כאשר צוה יהוה את־משה
ח ויהרגו כל־זכר: ואת־מלכי מדין הרגו על־חלליהם את־אוי
ואת־רקם ואת־צור ואת־חור ואת־רבע חמשת מלכי מדין
ט ואת בלעם בן־בעור הרגו בחרב: וישבו בני־ישראל את־
נשי מדין ואת־טפם ואת כל־בהמתם ואת־כל־מקנהם ואת־
י כל־חילם בזזו: ואת כל־עריהם במושבתם ואת כל־טירתם
יא שרפו באש: ויקחו את־כל־השלל ואת כל־המלקוח באדם
יב ובבהמה: ויבאו אל־משה ואל־אלעזר הכהן ואל־עדת בני־

יִשְׂרָאֵל אֶת־הַשְּׁבִי וְאֶת־הַמַּלְקוֹחַ וְאֶת־הַשָּׁלָל אֶל־הַמַּחֲנֶה
יג אֶל־עַרְבֹת מוֹאָב אֲשֶׁר עַל־יַרְדֵּן יְרֵחוֹ׃ וַיֵּצְאוּ שלישי (שני)
מֹשֶׁה וְאֶלְעָזָר הַכֹּהֵן וְכָל־נְשִׂיאֵי הָעֵדָה לִקְרָאתָם אֶל־מִחוּץ
יד לַמַּחֲנֶה׃ וַיִּקְצֹף מֹשֶׁה עַל פְּקוּדֵי הֶחָיִל שָׂרֵי הָאֲלָפִים וְשָׂרֵי
טו הַמֵּאוֹת הַבָּאִים מִצְּבָא הַמִּלְחָמָה׃ וַיֹּאמֶר אֲלֵיהֶם מֹשֶׁה
טז הַחִיִּיתֶם כָּל־נְקֵבָה׃ הֵן הֵנָּה הָיוּ לִבְנֵי יִשְׂרָאֵל בִּדְבַר בִּלְעָם
לִמְסָר־מַעַל בַּיהוה עַל־דְּבַר פְּעוֹר וַתְּהִי הַמַּגֵּפָה בַּעֲדַת יהוה׃
יז וְעַתָּה הִרְגוּ כָל־זָכָר בַּטָּף וְכָל־אִשָּׁה יֹדַעַת אִישׁ לְמִשְׁכַּב
יח זָכָר הֲרֹגוּ׃ וְכֹל הַטַּף בַּנָּשִׁים אֲשֶׁר לֹא־יָדְעוּ מִשְׁכַּב זָכָר הַחֲיוּ
יט לָכֶם׃ וְאַתֶּם חֲנוּ מִחוּץ לַמַּחֲנֶה שִׁבְעַת יָמִים כֹּל הֹרֵג נֶפֶשׁ
וְכֹל ׀ נֹגֵעַ בֶּחָלָל תִּתְחַטְּאוּ בַּיּוֹם הַשְּׁלִישִׁי וּבַיּוֹם הַשְּׁבִיעִי אַתֶּם
כ וּשְׁבִיכֶם׃ וְכָל־בֶּגֶד וְכָל־כְּלִי־עוֹר וְכָל־מַעֲשֵׂה עִזִּים וְכָל־כְּלִי־
כא עֵץ תִּתְחַטָּאוּ׃ וַיֹּאמֶר אֶלְעָזָר הַכֹּהֵן אֶל־אַנְשֵׁי
הַצָּבָא הַבָּאִים לַמִּלְחָמָה זֹאת חֻקַּת הַתּוֹרָה אֲשֶׁר־צִוָּה יהוה
כב אֶת־מֹשֶׁה׃ אַךְ אֶת־הַזָּהָב וְאֶת־הַכָּסֶף אֶת־הַנְּחֹשֶׁת אֶת־הַבַּרְזֶל
כג אֶת־הַבְּדִיל וְאֶת־הָעֹפָרֶת׃ כָּל־דָּבָר אֲשֶׁר־יָבֹא בָאֵשׁ תַּעֲבִירוּ
בָאֵשׁ וְטָהֵר אַךְ בְּמֵי נִדָּה יִתְחַטָּא וְכֹל אֲשֶׁר לֹא־יָבֹא בָּאֵשׁ
כד תַּעֲבִירוּ בַמָּיִם׃ וְכִבַּסְתֶּם בִּגְדֵיכֶם בַּיּוֹם הַשְּׁבִיעִי וּטְהַרְתֶּם
כה וְאַחַר תָּבֹאוּ אֶל־הַמַּחֲנֶה׃ וַיֹּאמֶר יהוה אֶל־ כח רביעי
כו מֹשֶׁה לֵּאמֹר׃ שָׂא אֵת רֹאשׁ מַלְקוֹחַ הַשְּׁבִי בָּאָדָם וּבַבְּהֵמָה
כז אַתָּה וְאֶלְעָזָר הַכֹּהֵן וְרָאשֵׁי אֲבוֹת הָעֵדָה׃ וְחָצִיתָ אֶת־הַמַּלְקוֹחַ
כח בֵּין תֹּפְשֵׂי הַמִּלְחָמָה הַיֹּצְאִים לַצָּבָא וּבֵין כָּל־הָעֵדָה׃ וַהֲרֵמֹתָ
מֶכֶס לַיהוה מֵאֵת אַנְשֵׁי הַמִּלְחָמָה הַיֹּצְאִים לַצָּבָא אֶחָד נֶפֶשׁ
מֵחֲמֵשׁ הַמֵּאוֹת מִן־הָאָדָם וּמִן־הַבָּקָר וּמִן־הַחֲמֹרִים וּמִן־הַצֹּאן׃
כט מִמַּחֲצִיתָם תִּקָּחוּ וְנָתַתָּה לְאֶלְעָזָר הַכֹּהֵן תְּרוּמַת יהוה׃
ל וּמִמַּחֲצִת בְּנֵי־יִשְׂרָאֵל תִּקַּח ׀ אֶחָד ׀ אָחֻז מִן־הַחֲמִשִּׁים מִן־הָאָדָם
מִן־הַבָּקָר מִן־הַחֲמֹרִים וּמִן־הַצֹּאן מִכָּל־הַבְּהֵמָה וְנָתַתָּה אֹתָם

לא לַלְוִיִּם שֹׁמְרֵי מִשְׁמֶרֶת מִשְׁכַּן יְהוָה׃ וַיַּעַשׂ מֹשֶׁה וְאֶלְעָזָר הַכֹּהֵן
לב כַּאֲשֶׁר צִוָּה יְהוָה אֶת־מֹשֶׁה׃ וַיְהִי הַמַּלְקוֹחַ יֶתֶר הַבָּז אֲשֶׁר בָּזְזוּ
עַם הַצָּבָא צֹאן שֵׁשׁ־מֵאוֹת אֶלֶף וְשִׁבְעִים אֶלֶף וַחֲמֵשֶׁת אֲלָפִים׃
לג לד לה וּבָקָר שְׁנַיִם וְשִׁבְעִים אָלֶף׃ וַחֲמֹרִים אֶחָד וְשִׁשִּׁים אָלֶף׃ וְנֶפֶשׁ
אָדָם מִן־הַנָּשִׁים אֲשֶׁר לֹא־יָדְעוּ מִשְׁכַּב זָכָר כָּל־נֶפֶשׁ שְׁנַיִם
לו וּשְׁלֹשִׁים אָלֶף׃ וַתְּהִי הַמֶּחֱצָה חֵלֶק הַיֹּצְאִים בַּצָּבָא מִסְפַּר
הַצֹּאן שְׁלֹשׁ־מֵאוֹת אֶלֶף וּשְׁלֹשִׁים אֶלֶף וְשִׁבְעַת אֲלָפִים וַחֲמֵשׁ
לז מֵאוֹת׃ וַיְהִי הַמֶּכֶס לַיהוָה מִן־הַצֹּאן שֵׁשׁ מֵאוֹת חָמֵשׁ וְשִׁבְעִים׃
לח וְהַבָּקָר שִׁשָּׁה וּשְׁלֹשִׁים אָלֶף וּמִכְסָם לַיהוָה שְׁנַיִם וְשִׁבְעִים׃
לט וַחֲמֹרִים שְׁלֹשִׁים אֶלֶף וַחֲמֵשׁ מֵאוֹת וּמִכְסָם לַיהוָה אֶחָד וְשִׁשִּׁים׃
מ וְנֶפֶשׁ אָדָם שִׁשָּׁה עָשָׂר אָלֶף וּמִכְסָם לַיהוָה שְׁנַיִם וּשְׁלֹשִׁים נָפֶשׁ׃
מא וַיִּתֵּן מֹשֶׁה אֶת־מֶכֶס תְּרוּמַת יְהוָה לְאֶלְעָזָר הַכֹּהֵן כַּאֲשֶׁר צִוָּה
מב יְהוָה אֶת־מֹשֶׁה׃ וּמִמַּחֲצִית בְּנֵי יִשְׂרָאֵל אֲשֶׁר חָצָה מֹשֶׁה מִן־ חמישי
מג הָאֲנָשִׁים הַצֹּבְאִים׃ וַתְּהִי מֶחֱצַת הָעֵדָה מִן־הַצֹּאן שְׁלֹשׁ־מֵאוֹת
מד אֶלֶף וּשְׁלֹשִׁים אֶלֶף שִׁבְעַת אֲלָפִים וַחֲמֵשׁ מֵאוֹת׃ וּבָקָר שִׁשָּׁה
מה מו וּשְׁלֹשִׁים אָלֶף׃ וַחֲמֹרִים שְׁלֹשִׁים אֶלֶף וַחֲמֵשׁ מֵאוֹת׃ וְנֶפֶשׁ אָדָם
מז שִׁשָּׁה עָשָׂר אָלֶף׃ וַיִּקַּח מֹשֶׁה מִמַּחֲצִת בְּנֵי־יִשְׂרָאֵל אֶת־הָאָחֻז
אֶחָד מִן־הַחֲמִשִּׁים מִן־הָאָדָם וּמִן־הַבְּהֵמָה וַיִּתֵּן אֹתָם לַלְוִיִּם
שֹׁמְרֵי מִשְׁמֶרֶת מִשְׁכַּן יְהוָה כַּאֲשֶׁר צִוָּה יְהוָה אֶת־מֹשֶׁה׃
מח וַיִּקְרְבוּ אֶל־מֹשֶׁה הַפְּקֻדִים אֲשֶׁר לְאַלְפֵי הַצָּבָא שָׂרֵי הָאֲלָפִים
מט וְשָׂרֵי הַמֵּאוֹת׃ וַיֹּאמְרוּ אֶל־מֹשֶׁה עֲבָדֶיךָ נָשְׂאוּ אֶת־רֹאשׁ
נ אַנְשֵׁי הַמִּלְחָמָה אֲשֶׁר בְּיָדֵנוּ וְלֹא־נִפְקַד מִמֶּנּוּ אִישׁ׃ וַנַּקְרֵב
אֶת־קָרְבַּן יְהוָה אִישׁ אֲשֶׁר מָצָא כְלִי־זָהָב אֶצְעָדָה וְצָמִיד
נא טַבַּעַת עָגִיל וְכוּמָז לְכַפֵּר עַל־נַפְשֹׁתֵינוּ לִפְנֵי יְהוָה׃ וַיִּקַּח מֹשֶׁה
נב וְאֶלְעָזָר הַכֹּהֵן אֶת־הַזָּהָב מֵאִתָּם כֹּל כְּלִי מַעֲשֶׂה׃ וַיְהִי ׀ כָּל־
זְהַב הַתְּרוּמָה אֲשֶׁר הֵרִימוּ לַיהוָה שִׁשָּׁה עָשָׂר אֶלֶף שְׁבַע־
מֵאוֹת וַחֲמִשִּׁים שָׁקֶל מֵאֵת שָׂרֵי הָאֲלָפִים וּמֵאֵת שָׂרֵי הַמֵּאוֹת׃

נג נד אַנְשֵׁי הַצָּבָא בָּזְזוּ אִישׁ לוֹ: וַיִּקַּח מֹשֶׁה וְאֶלְעָזָר הַכֹּהֵן אֶת־הַזָּהָב
מֵאֵת שָׂרֵי הָאֲלָפִים וְהַמֵּאוֹת וַיָּבִאוּ אֹתוֹ אֶל־אֹהֶל מוֹעֵד זִכָּרוֹן
לִבְנֵי־יִשְׂרָאֵל לִפְנֵי יְהוָה:

לב
כט ששי (שלישי)
א וּמִקְנֶה ׀ רַב הָיָה לִבְנֵי רְאוּבֵן וְלִבְנֵי־גָד עָצוּם מְאֹד וַיִּרְאוּ אֶת־
ב אֶרֶץ יַעְזֵר וְאֶת־אֶרֶץ גִּלְעָד וְהִנֵּה הַמָּקוֹם מְקוֹם מִקְנֶה: וַיָּבֹאוּ
בְנֵי־גָד וּבְנֵי רְאוּבֵן וַיֹּאמְרוּ אֶל־מֹשֶׁה וְאֶל־אֶלְעָזָר הַכֹּהֵן וְאֶל־
ג נְשִׂיאֵי הָעֵדָה לֵאמֹר: עֲטָרוֹת וְדִיבֹן וְיַעְזֵר וְנִמְרָה וְחֶשְׁבּוֹן
ד וְאֶלְעָלֵה וּשְׂבָם וּנְבוֹ וּבְעֹן: הָאָרֶץ אֲשֶׁר הִכָּה יְהוָה לִפְנֵי עֲדַת
ה יִשְׂרָאֵל אֶרֶץ מִקְנֶה הִוא וְלַעֲבָדֶיךָ מִקְנֶה: וַיֹּאמְרוּ
אִם־מָצָאנוּ חֵן בְּעֵינֶיךָ יֻתַּן אֶת־הָאָרֶץ הַזֹּאת לַעֲבָדֶיךָ לַאֲחֻזָּה
ו אַל־תַּעֲבִרֵנוּ אֶת־הַיַּרְדֵּן: וַיֹּאמֶר מֹשֶׁה לִבְנֵי־גָד וְלִבְנֵי רְאוּבֵן
ז הַאַחֵיכֶם יָבֹאוּ לַמִּלְחָמָה וְאַתֶּם תֵּשְׁבוּ פֹה: וְלָמָּה תנואון אֶת־ תְּנִיאוּן
ח לֵב בְּנֵי יִשְׂרָאֵל מֵעֲבֹר אֶל־הָאָרֶץ אֲשֶׁר־נָתַן לָהֶם יְהוָה: כֹּה
עָשׂוּ אֲבֹתֵיכֶם בְּשָׁלְחִי אֹתָם מִקָּדֵשׁ בַּרְנֵעַ לִרְאוֹת אֶת־הָאָרֶץ:
ט וַיַּעֲלוּ עַד־נַחַל אֶשְׁכּוֹל וַיִּרְאוּ אֶת־הָאָרֶץ וַיָּנִיאוּ אֶת־לֵב בְּנֵי
י יִשְׂרָאֵל לְבִלְתִּי־בֹא אֶל־הָאָרֶץ אֲשֶׁר־נָתַן לָהֶם יְהוָה: וַיִּחַר־אַף
יא יְהוָה בַּיּוֹם הַהוּא וַיִּשָּׁבַע לֵאמֹר: אִם־יִרְאוּ הָאֲנָשִׁים הָעֹלִים
מִמִּצְרַיִם מִבֶּן עֶשְׂרִים שָׁנָה וָמַעְלָה אֵת הָאֲדָמָה אֲשֶׁר נִשְׁבַּעְתִּי
יב לְאַבְרָהָם לְיִצְחָק וּלְיַעֲקֹב כִּי לֹא־מִלְאוּ אַחֲרָי: בִּלְתִּי כָּלֵב
יג בֶּן־יְפֻנֶּה הַקְּנִזִּי וִיהוֹשֻׁעַ בִּן־נוּן כִּי מִלְאוּ אַחֲרֵי יְהוָה: וַיִּחַר־
אַף יְהוָה בְּיִשְׂרָאֵל וַיְנִעֵם בַּמִּדְבָּר אַרְבָּעִים שָׁנָה עַד־תֹּם כָּל־
יד הַדּוֹר הָעֹשֶׂה הָרַע בְּעֵינֵי יְהוָה: וְהִנֵּה קַמְתֶּם תַּחַת אֲבֹתֵיכֶם
תַּרְבּוּת אֲנָשִׁים חַטָּאִים לִסְפּוֹת עוֹד עַל חֲרוֹן אַף־יְהוָה אֶל־
טו יִשְׂרָאֵל: כִּי תְשׁוּבֻן מֵאַחֲרָיו וְיָסַף עוֹד לְהַנִּיחוֹ בַּמִּדְבָּר וְשִׁחַתֶּם
טז לְכָל־הָעָם הַזֶּה: וַיִּגְּשׁוּ אֵלָיו וַיֹּאמְרוּ גִּדְרֹת צֹאן
יז נִבְנֶה לְמִקְנֵנוּ פֹּה וְעָרִים לְטַפֵּנוּ: וַאֲנַחְנוּ נֵחָלֵץ חֻשִׁים לִפְנֵי בְּנֵי
יִשְׂרָאֵל עַד אֲשֶׁר אִם־הֲבִיאֹנֻם אֶל־מְקוֹמָם וְיָשַׁב טַפֵּנוּ בְּעָרֵי

יח הַמִּבְצָר מִפְּנֵי יֹשְׁבֵי הָאָרֶץ: לֹא נָשׁוּב אֶל־בָּתֵּינוּ עַד הִתְנַחֵל בְּנֵי
יט יִשְׂרָאֵל אִישׁ נַחֲלָתוֹ: כִּי לֹא נִנְחַל אִתָּם מֵעֵבֶר לַיַּרְדֵּן וָהָלְאָה
כִּי בָאָה נַחֲלָתֵנוּ אֵלֵינוּ מֵעֵבֶר הַיַּרְדֵּן מִזְרָחָה:
כ וַיֹּאמֶר אֲלֵיהֶם מֹשֶׁה אִם־תַּעֲשׂוּן אֶת־הַדָּבָר הַזֶּה אִם־תֵּחָלְצוּ שביעי (רביעי)
כא לִפְנֵי יְהוָה לַמִּלְחָמָה: וְעָבַר לָכֶם כָּל־חָלוּץ אֶת־הַיַּרְדֵּן לִפְנֵי
כב יְהוָה עַד הוֹרִישׁוֹ אֶת־אֹיְבָיו מִפָּנָיו: וְנִכְבְּשָׁה הָאָרֶץ לִפְנֵי יְהוָה
וְאַחַר תָּשֻׁבוּ וִהְיִיתֶם נְקִיִּם מֵיְהוָה וּמִיִּשְׂרָאֵל וְהָיְתָה הָאָרֶץ
כג הַזֹּאת לָכֶם לַאֲחֻזָּה לִפְנֵי יְהוָה: וְאִם־לֹא תַעֲשׂוּן כֵּן הִנֵּה חֲטָאתֶם
כד לַיהוָה וּדְעוּ חַטַּאתְכֶם אֲשֶׁר תִּמְצָא אֶתְכֶם: בְּנוּ־לָכֶם עָרִים
כה לְטַפְּכֶם וּגְדֵרֹת לְצֹנַאֲכֶם וְהַיֹּצֵא מִפִּיכֶם תַּעֲשׂוּ: וַיֹּאמֶר בְּנֵי־
גָד וּבְנֵי רְאוּבֵן אֶל־מֹשֶׁה לֵאמֹר עֲבָדֶיךָ יַעֲשׂוּ כַּאֲשֶׁר אֲדֹנִי
כו מְצַוֶּה: טַפֵּנוּ נָשֵׁינוּ מִקְנֵנוּ וְכָל־בְּהֶמְתֵּנוּ יִהְיוּ־שָׁם בְּעָרֵי הַגִּלְעָד:
כז וַעֲבָדֶיךָ יַעַבְרוּ כָּל־חֲלוּץ צָבָא לִפְנֵי יְהוָה לַמִּלְחָמָה כַּאֲשֶׁר
כח אֲדֹנִי דֹּבֵר: וַיְצַו לָהֶם מֹשֶׁה אֵת אֶלְעָזָר הַכֹּהֵן וְאֵת יְהוֹשֻׁעַ
כט בִּן־נוּן וְאֶת־רָאשֵׁי אֲבוֹת הַמַּטּוֹת לִבְנֵי יִשְׂרָאֵל: וַיֹּאמֶר מֹשֶׁה
אֲלֵהֶם אִם־יַעַבְרוּ בְנֵי־גָד וּבְנֵי־רְאוּבֵן ׀ אִתְּכֶם אֶת־הַיַּרְדֵּן כָּל־
חָלוּץ לַמִּלְחָמָה לִפְנֵי יְהוָה וְנִכְבְּשָׁה הָאָרֶץ לִפְנֵיכֶם וּנְתַתֶּם
ל לָהֶם אֶת־אֶרֶץ הַגִּלְעָד לַאֲחֻזָּה: וְאִם־לֹא יַעַבְרוּ חֲלוּצִים אִתְּכֶם
לא וְנֹאחֲזוּ בְתֹכְכֶם בְּאֶרֶץ כְּנָעַן: וַיַּעֲנוּ בְנֵי־גָד וּבְנֵי רְאוּבֵן לֵאמֹר
לב אֵת אֲשֶׁר דִּבֶּר יְהוָה אֶל־עֲבָדֶיךָ כֵּן נַעֲשֶׂה: נַחְנוּ נַעֲבֹר חֲלוּצִים
לִפְנֵי יְהוָה אֶרֶץ כְּנָעַן וְאִתָּנוּ אֲחֻזַּת נַחֲלָתֵנוּ מֵעֵבֶר לַיַּרְדֵּן:
לג וַיִּתֵּן לָהֶם ׀ מֹשֶׁה לִבְנֵי־גָד וְלִבְנֵי רְאוּבֵן וְלַחֲצִי ׀ שֵׁבֶט ׀ מְנַשֶּׁה
בֶן־יוֹסֵף אֶת־מַמְלֶכֶת סִיחֹן מֶלֶךְ הָאֱמֹרִי וְאֶת־מַמְלֶכֶת עוֹג
לד מֶלֶךְ הַבָּשָׁן הָאָרֶץ לְעָרֶיהָ בִּגְבֻלֹת עָרֵי הָאָרֶץ סָבִיב: וַיִּבְנוּ
לה בְנֵי־גָד אֶת־דִּיבֹן וְאֶת־עֲטָרֹת וְאֵת עֲרֹעֵר: וְאֶת־עַטְרֹת שׁוֹפָן
לו וְאֶת־יַעְזֵר וְיָגְבְּהָה: וְאֶת־בֵּית נִמְרָה וְאֶת־בֵּית הָרָן עָרֵי מִבְצָר
לז וְגִדְרֹת צֹאן: וּבְנֵי רְאוּבֵן בָּנוּ אֶת־חֶשְׁבּוֹן וְאֶת־אֶלְעָלֵא וְאֵת

לח קריתים: ואת־נבו ואת־בעל מעון מוסבת שם ואת־שבמה
לט ויקראו בשמת את־שמות הערים אשר בנו: וילכו בני
מכיר בן־מנשה גלעדה וילכדה ויורש את־האמרי אשר־
מ בה: ויתן משה את־הגלעד למכיר בן־מנשה וישב בה: מפטיר
מא ויאיר בן־מנשה הלך וילכד את־חותיהם ויקרא אתהן חות
מב יאיר: ונבח הלך וילכד את־קנת ואת־בנתיה ויקרא לה
נבח בשמו:

לג א אלה מסעי בני־ישראל אשר יצאו מארץ מצרים לצבאתם ל מסעי
ב ביד־משה ואהרן: ויכתב משה את־מוצאיהם למסעיהם
ג על־פי יהוה ואלה מסעיהם למוצאיהם: ויסעו מרעמסס
בחדש הראשון בחמשה עשר יום לחדש הראשון ממחרת
ד הפסח יצאו בני־ישראל ביד רמה לעיני כל־מצרים: ומצרים
מקברים את אשר הכה יהוה בהם כל־בכור ובאלהיהם
ה עשה יהוה שפטים: ויסעו בני־ישראל מרעמסס ויחנו בסכת:
ו ז ויסעו מסכת ויחנו באתם אשר בקצה המדבר: ויסעו מאתם
וישב על־פי החירת אשר על־פני בעל צפון ויחנו לפני מגדל:
ח ויסעו מפני החירת ויעברו בתוך־הים המדברה וילכו דרך
ט שלשת ימים במדבר אתם ויחנו במרה: ויסעו ממרה ויבאו
אילמה ובאילם שתים עשרה עינת מים ושבעים תמרים
י יא ויחנו־שם: ויסעו מאילם ויחנו על־ים־סוף: ויסעו מים־סוף שני
יב יג ויחנו במדבר־סין: ויסעו ממדבר־סין ויחנו בדפקה: ויסעו
יד מדפקה ויחנו באלוש: ויסעו מאלוש ויחנו ברפידם ולא־
טו היה שם מים לעם לשתות: ויסעו מרפידם ויחנו במדבר
טז יז סיני: ויסעו ממדבר סיני ויחנו בקברת התאוה: ויסעו מקברת
יח יט התאוה ויחנו בחצרת: ויסעו מחצרת ויחנו ברתמה: ויסעו
כ מרתמה ויחנו ברמן פרץ: ויסעו מרמן פרץ ויחנו בלבנה:
כא כב ויסעו מלבנה ויחנו ברסה: ויסעו מרסה ויחנו בקהלתה:

ויסעו מקהלתה ויחנו בהר־שפר: ויסעו מהר־שפר ויחנו כג כד
בחרדה: ויסעו מחרדה ויחנו במקהלת: ויסעו ממקהלת כה כו
ויחנו בתחת: ויסעו מתחת ויחנו בתרח: ויסעו מתרח ויחנו כז כח
במתקה: ויסעו ממתקה ויחנו בחשמנה: ויסעו מחשמנה כט ל
ויחנו במסרות: ויסעו ממסרות ויחנו בבני יעקן: ויסעו מבני לא לב
יעקן ויחנו בחר הגדגד: ויסעו מחר הגדגד ויחנו ביטבתה: לג
ויסעו מיטבתה ויחנו בעברנה: ויסעו מעברנה ויחנו בעצין לד לה
גבר: ויסעו מעצין גבר ויחנו במדבר־צן הוא קדש: ויסעו לו לז
מקדש ויחנו בהר ההר בקצה ארץ אדום: ויעל אהרן לח
הכהן אל־הר ההר על־פי יהוה וימת שם בשנת הארבעים
לצאת בני־ישראל מארץ מצרים בחדש החמישי באחד
לחדש: ואהרן בן־שלש ועשרים ומאת שנה במתו בהר לט
ההר: וישמע הכנעני מלך ערד והוא־ישב מ
בנגב בארץ כנען בבא בני ישראל: ויסעו מהר ההר ויחנו מא
בצלמנה: ויסעו מצלמנה ויחנו בפונן: ויסעו מפונן ויחנו מב מג
באבת: ויסעו מאבת ויחנו בעיי העברים בגבול מואב: מד
ויסעו מעיים ויחנו בדיבן גד: ויסעו מדיבן גד ויחנו בעלמן מה מו
דבלתימה: ויסעו מעלמן דבלתימה ויחנו בהרי העברים מז
לפני נבו: ויסעו מהרי העברים ויחנו בערבת מואב על ירדן מח
ירחו: ויחנו על־הירדן מבית הישמת עד אבל השטים בערבת מט
שלישי (חמישי) מואב: וידבר יהוה אל־משה בערבת מואב נ
על־ירדן ירחו לאמר: דבר אל־בני ישראל ואמרת אלהם נא
כי אתם עברים את־הירדן אל־ארץ כנען: והורשתם את־ נב
כל־ישבי הארץ מפניכם ואבדתם את כל־משכיתם ואת
כל־צלמי מסכתם תאבדו ואת כל־במותם תשמידו: והורשתם נג
את־הארץ וישבתם־בה כי לכם נתתי את־הארץ לרשת
אתה: והתנחלתם את־הארץ בגורל למשפחתיכם לרב נד

תַּרְבּוּ אֶת־נַחֲלָתוֹ וְלַמְעַט תַּמְעִיט אֶת־נַחֲלָתוֹ אֶל אֲשֶׁר־יֵצֵא
(נה) לוֹ שָׁמָּה הַגּוֹרָל לוֹ יִהְיֶה לְמַטּוֹת אֲבֹתֵיכֶם תִּתְנֶחָלוּ׃ וְאִם־
לֹא תוֹרִישׁוּ אֶת־יֹשְׁבֵי הָאָרֶץ מִפְּנֵיכֶם וְהָיָה אֲשֶׁר תּוֹתִירוּ
מֵהֶם לְשִׂכִּים בְּעֵינֵיכֶם וְלִצְנִינִם בְּצִדֵּיכֶם וְצָרְרוּ אֶתְכֶם עַל־
(נו) הָאָרֶץ אֲשֶׁר אַתֶּם יֹשְׁבִים בָּהּ׃ וְהָיָה כַּאֲשֶׁר דִּמִּיתִי לַעֲשׂוֹת
לָהֶם אֶעֱשֶׂה לָכֶם׃

לד (א ב) וַיְדַבֵּר יְהוָה אֶל־מֹשֶׁה לֵּאמֹר׃ צַו אֶת־בְּנֵי יִשְׂרָאֵל וְאָמַרְתָּ לא
אֲלֵהֶם כִּי־אַתֶּם בָּאִים אֶל־הָאָרֶץ כְּנָעַן זֹאת הָאָרֶץ אֲשֶׁר
(ג) תִּפֹּל לָכֶם בְּנַחֲלָה אֶרֶץ כְּנַעַן לִגְבֻלֹתֶיהָ׃ וְהָיָה לָכֶם פְּאַת־
נֶגֶב מִמִּדְבַּר־צִן עַל־יְדֵי אֱדוֹם וְהָיָה לָכֶם גְּבוּל נֶגֶב מִקְצֵה יָם־
(ד) הַמֶּלַח קֵדְמָה׃ וְנָסַב לָכֶם הַגְּבוּל מִנֶּגֶב לְמַעֲלֵה עַקְרַבִּים וְעָבַר
צִנָה והיה תּוֹצְאֹתָיו מִנֶּגֶב לְקָדֵשׁ בַּרְנֵעַ וְיָצָא חֲצַר־אַדָּר וְעָבַר וְהָיוּ
(ה) עַצְמֹנָה׃ וְנָסַב הַגְּבוּל מֵעַצְמוֹן נַחְלָה מִצְרָיִם וְהָיוּ תוֹצְאֹתָיו
(ו) הַיָּמָּה׃ וּגְבוּל יָם וְהָיָה לָכֶם הַיָּם הַגָּדוֹל וּגְבוּל זֶה־יִהְיֶה לָכֶם
(ז) גְּבוּל יָם׃ וְזֶה־יִהְיֶה לָכֶם גְּבוּל צָפוֹן מִן־הַיָּם הַגָּדֹל תְּתָאוּ לָכֶם
(ח) הֹר הָהָר׃ מֵהֹר הָהָר תְּתָאוּ לְבֹא חֲמָת וְהָיוּ תּוֹצְאֹת הַגְּבֻל
(ט) צְדָדָה׃ וְיָצָא הַגְּבֻל זִפְרֹנָה וְהָיוּ תוֹצְאֹתָיו חֲצַר עֵינָן זֶה־יִהְיֶה
(י) לָכֶם גְּבוּל צָפוֹן׃ וְהִתְאַוִּיתֶם לָכֶם לִגְבוּל קֵדְמָה מֵחֲצַר עֵינָן
(יא) שְׁפָמָה׃ וְיָרַד הַגְּבֻל מִשְּׁפָם הָרִבְלָה מִקֶּדֶם לָעָיִן וְיָרַד הַגְּבֻל וּמָחָה
(יב) עַל־כֶּתֶף יָם־כִּנֶּרֶת קֵדְמָה׃ וְיָרַד הַגְּבוּל הַיַּרְדֵּנָה וְהָיוּ תוֹצְאֹתָיו
(יג) יָם הַמֶּלַח זֹאת תִּהְיֶה לָכֶם הָאָרֶץ לִגְבֻלֹתֶיהָ סָבִיב׃ וַיְצַו מֹשֶׁה
אֶת־בְּנֵי יִשְׂרָאֵל לֵאמֹר זֹאת הָאָרֶץ אֲשֶׁר תִּתְנַחֲלוּ אֹתָהּ בְּגוֹרָל
(יד) אֲשֶׁר צִוָּה יְהוָה לָתֵת לְתִשְׁעַת הַמַּטּוֹת וַחֲצִי הַמַּטֶּה׃ כִּי לָקְחוּ
מַטֵּה בְנֵי הָראוּבֵנִי לְבֵית אֲבֹתָם וּמַטֵּה בְנֵי־הַגָּדִי לְבֵית אֲבֹתָם
(טו) וַחֲצִי מַטֵּה מְנַשֶּׁה לָקְחוּ נַחֲלָתָם׃ שְׁנֵי הַמַּטּוֹת וַחֲצִי הַמַּטֶּה לָקְחוּ
נַחֲלָתָם מֵעֵבֶר לְיַרְדֵּן יְרֵחוֹ קֵדְמָה מִזְרָחָה׃

(טז יז) וַיְדַבֵּר יְהוָה אֶל־מֹשֶׁה לֵּאמֹר׃ אֵלֶּה שְׁמוֹת הָאֲנָשִׁים אֲשֶׁר־ רביעי (ששי)

ינחלו לכם את־הארץ אלעזר הכהן ויהושע בן־נון: ונשיא יח
אחד נשיא אחד ממטה תקחו לנחל את־הארץ: ואלה שמות יט
האנשים למטה יהודה כלב בן־יפנה: ולמטה בני שמעון כ
שמואל בן־עמיהוד: למטה בנימן אלידד בן־כסלון: ולמטה כא כב
בני־דן נשיא בקי בן־יגלי: לבני יוסף למטה בני־מנשה נשיא כג
חניאל בן־אפד: ולמטה בני־אפרים נשיא קמואל בן־שפטן: כד
ולמטה בני־זבולן נשיא אליצפן בן־פרנך: ולמטה בני־יששכר כה כו
נשיא פלטיאל בן־עזן: ולמטה בני־אשר נשיא אחיהוד בן־שלמי: כז
ולמטה בני־נפתלי נשיא פדהאל בן־עמיהוד: אלה אשר צוה כח כט
יהוה לנחל את־בני־ישראל בארץ כנען:

חמישי וידבר יהוה אל־משה בערבת מואב על־ירדן ירחו לאמר: לה א
צו את־בני ישראל ונתנו ללוים מנחלת אחזתם ערים לשבת ב
ומגרש לערים סביבתיהם תתנו ללוים: והיו הערים להם ג
לשבת ומגרשיהם יהיו לבהמתם ולרכשם ולכל חיתם:
ומגרשי הערים אשר תתנו ללוים מקיר העיר וחוצה אלף אמה ד
סביב: ומדתם מחוץ לעיר את־פאת־קדמה אלפים באמה ה
ואת־פאת־נגב אלפים באמה ואת־פאת־ים | אלפים באמה
ואת פאת צפון אלפים באמה והעיר בתוך זה יהיה להם
מגרשי הערים: ואת הערים אשר תתנו ללוים את שש־ערי ו
המקלט אשר תתנו לנס שמה הרצח ועליהם תתנו ארבעים
ושתים עיר: כל־הערים אשר תתנו ללוים ארבעים ושמנה עיר ז
אתהן ואת־מגרשיהן: והערים אשר תתנו מאחזת בני־ישראל ח
מאת הרב תרבו ומאת המעט תמעיטו איש כפי נחלתו אשר
ינחלו יתן מעריו ללוים:

ששי /שביעי/ לב וידבר יהוה אל־משה לאמר: דבר אל־בני ישראל ואמרת ט י
אלהם כי אתם עברים את־הירדן ארצה כנען: והקריתם יא
לכם ערים ערי מקלט תהיינה לכם ונס שמה רצח מכה־

יב נֶפֶשׁ בִּשְׁגָגָה׃ וְהָיוּ לָכֶם הֶעָרִים לְמִקְלָט מִגֹּאֵל וְלֹא יָמוּת הָרֹצֵחַ
יג עַד־עָמְדוֹ לִפְנֵי הָעֵדָה לַמִּשְׁפָּט׃ וְהֶעָרִים אֲשֶׁר תִּתֵּנוּ שֵׁשׁ־
יד עָרֵי מִקְלָט תִּהְיֶינָה לָכֶם׃ אֵת ׀ שְׁלֹשׁ הֶעָרִים תִּתְּנוּ מֵעֵבֶר
לַיַּרְדֵּן וְאֵת שְׁלֹשׁ הֶעָרִים תִּתְּנוּ בְּאֶרֶץ כְּנָעַן עָרֵי מִקְלָט תִּהְיֶינָה׃
טו לִבְנֵי יִשְׂרָאֵל וְלַגֵּר וְלַתּוֹשָׁב בְּתוֹכָם תִּהְיֶינָה שֵׁשׁ־הֶעָרִים הָאֵלֶּה
טז לְמִקְלָט לָנוּס שָׁמָּה כָּל־מַכֵּה־נֶפֶשׁ בִּשְׁגָגָה׃ וְאִם־בִּכְלִי בַרְזֶל ׀
יז הִכָּהוּ וַיָּמֹת רֹצֵחַ הוּא מוֹת יוּמַת הָרֹצֵחַ׃ וְאִם בְּאֶבֶן יָד אֲשֶׁר־
יח יָמוּת בָּהּ הִכָּהוּ וַיָּמֹת רֹצֵחַ הוּא מוֹת יוּמַת הָרֹצֵחַ׃ אוֹ בִּכְלִי
עֵץ־יָד אֲשֶׁר־יָמוּת בּוֹ הִכָּהוּ וַיָּמֹת רֹצֵחַ הוּא מוֹת יוּמַת הָרֹצֵחַ׃
יט כ גֹּאֵל הַדָּם הוּא יָמִית אֶת־הָרֹצֵחַ בְּפִגְעוֹ־בוֹ הוּא יְמִתֶנּוּ׃ וְאִם־
כא בְּשִׂנְאָה יֶהְדֳּפֶנּוּ אוֹ־הִשְׁלִיךְ עָלָיו בִּצְדִיָּה וַיָּמֹת׃ אוֹ בְאֵיבָה
הִכָּהוּ בְיָדוֹ וַיָּמֹת מוֹת־יוּמַת הַמַּכֶּה רֹצֵחַ הוּא גֹּאֵל הַדָּם יָמִית
כב אֶת־הָרֹצֵחַ בְּפִגְעוֹ־בוֹ׃ וְאִם־בְּפֶתַע בְּלֹא־אֵיבָה הֲדָפוֹ אוֹ־
כג הִשְׁלִיךְ עָלָיו כָּל־כְּלִי בְּלֹא צְדִיָּה׃ אוֹ בְכָל־אֶבֶן אֲשֶׁר־יָמוּת
בָּהּ בְּלֹא רְאוֹת וַיַּפֵּל עָלָיו וַיָּמֹת וְהוּא לֹא־אוֹיֵב לוֹ וְלֹא מְבַקֵּשׁ
כד רָעָתוֹ׃ וְשָׁפְטוּ הָעֵדָה בֵּין הַמַּכֶּה וּבֵין גֹּאֵל הַדָּם עַל הַמִּשְׁפָּטִים
כה הָאֵלֶּה׃ וְהִצִּילוּ הָעֵדָה אֶת־הָרֹצֵחַ מִיַּד גֹּאֵל הַדָּם וְהֵשִׁיבוּ אֹתוֹ
הָעֵדָה אֶל־עִיר מִקְלָטוֹ אֲשֶׁר־נָס שָׁמָּה וְיָשַׁב בָּהּ עַד־מוֹת
כו הַכֹּהֵן הַגָּדֹל אֲשֶׁר־מָשַׁח אֹתוֹ בְּשֶׁמֶן הַקֹּדֶשׁ׃ וְאִם־יָצֹא יֵצֵא
כז הָרֹצֵחַ אֶת־גְּבוּל עִיר מִקְלָטוֹ אֲשֶׁר יָנוּס שָׁמָּה׃ וּמָצָא אֹתוֹ
גֹּאֵל הַדָּם מִחוּץ לִגְבוּל עִיר מִקְלָטוֹ וְרָצַח גֹּאֵל הַדָּם אֶת־הָרֹצֵחַ
כח אֵין לוֹ דָּם׃ כִּי בְעִיר מִקְלָטוֹ יֵשֵׁב עַד־מוֹת הַכֹּהֵן הַגָּדֹל וְאַחֲרֵי־
כט מוֹת הַכֹּהֵן הַגָּדֹל יָשׁוּב הָרֹצֵחַ אֶל־אֶרֶץ אֲחֻזָּתוֹ׃ וְהָיוּ אֵלֶּה
ל לָכֶם לְחֻקַּת מִשְׁפָּט לְדֹרֹתֵיכֶם בְּכֹל מוֹשְׁבֹתֵיכֶם׃ כָּל־מַכֵּה־
נֶפֶשׁ לְפִי עֵדִים יִרְצַח אֶת־הָרֹצֵחַ וְעֵד אֶחָד לֹא־יַעֲנֶה בְנֶפֶשׁ
לא לָמוּת׃ וְלֹא־תִקְחוּ כֹפֶר לְנֶפֶשׁ רֹצֵחַ אֲשֶׁר־הוּא רָשָׁע לָמוּת
לב כִּי־מוֹת יוּמָת׃ וְלֹא־תִקְחוּ כֹפֶר לָנוּס אֶל־עִיר מִקְלָטוֹ לָשׁוּב

לשבת בארץ עד־מות הכהן: ולא־תחניפו את־הארץ אשר לג
אתם בה כי הדם הוא יחניף את־הארץ ולארץ לא־יכפר
לדם אשר שפך־בה כי־אם בדם שפכו: ולא תטמא את־ לד
הארץ אשר אתם ישבים בה אשר אני שכן בתוכה כי אני
יהוה שכן בתוך בני ישראל:

שביעי ויקרבו ראשי האבות למשפחת בני־גלעד בן־מכיר בן־מנשה לו א
ממשפחת בני יוסף וידברו לפני משה ולפני הנשאים ראשי
אבות לבני ישראל: ויאמרו את־אדני צוה יהוה לתת את־הארץ ב
בנחלה בגורל לבני ישראל ואדני צוה ביהוה לתת את־נחלת
צלפחד אחינו לבנתיו: והיו לאחד מבני שבטי בני־ישראל ג
לנשים ונגרעה נחלתן מנחלת אבתינו ונוסף על נחלת המטה
אשר תהיינה להם ומגרל נחלתנו יגרע: ואם־יהיה היבל לבני ד
ישראל ונוספה נחלתן על נחלת המטה אשר תהיינה להם
ומנחלת מטה אבתינו יגרע נחלתן: ויצו משה את־בני ישראל ה
על־פי יהוה לאמר כן מטה בני־יוסף דברים: זה הדבר אשר־צוה ו
יהוה לבנות צלפחד לאמר לטוב בעיניהם תהיינה לנשים אך
למשפחת מטה אביהם תהיינה לנשים: ולא־תסב נחלה ז
לבני ישראל ממטה אל־מטה כי איש בנחלת מטה אבתיו
ידבקו בני ישראל: וכל־בת ירשת נחלה ממטות בני ישראל ח
לאחד ממשפחת מטה אביה תהיה לאשה למען יירשו
בני ישראל איש נחלת אבתיו: ולא־תסב נחלה ממטה ט
למטה אחר כי־איש בנחלתו ידבקו מטות בני ישראל: כאשר י
מפטיר צוה יהוה את־משה כן עשו בנות צלפחד: ותהיינה מחלה יא
תרצה וחגלה ומלכה ונעה בנות צלפחד לבני דדיהן לנשים:
ממשפחת בני־מנשה בן־יוסף היו לנשים ותהי נחלתן על־ יב
מטה משפחת אביהן: אלה המצות והמשפטים אשר צוה יג
יהוה ביד־משה אל־בני ישראל בערבת מואב על ירדן ירחו:

דברים

DEVARIM

א אֵלֶּה הַדְּבָרִים אֲשֶׁר דִּבֶּר מֹשֶׁה אֶל־כָּל־יִשְׂרָאֵל בְּעֵבֶר הַיַּרְדֵּן א
בַּמִּדְבָּר בָּעֲרָבָה מוֹל סוּף בֵּין־פָּארָן וּבֵין־תֹּפֶל וְלָבָן וַחֲצֵרֹת
ב וְדִי זָהָב׃ אַחַד עָשָׂר יוֹם מֵחֹרֵב דֶּרֶךְ הַר־שֵׂעִיר עַד קָדֵשׁ בַּרְנֵעַ׃
ג וַיְהִי בְּאַרְבָּעִים שָׁנָה בְּעַשְׁתֵּי־עָשָׂר חֹדֶשׁ בְּאֶחָד לַחֹדֶשׁ דִּבֶּר
ד מֹשֶׁה אֶל־בְּנֵי יִשְׂרָאֵל כְּכֹל אֲשֶׁר צִוָּה יהוה אֹתוֹ אֲלֵהֶם׃ אַחֲרֵי
הַכֹּתוֹ אֵת סִיחֹן מֶלֶךְ הָאֱמֹרִי אֲשֶׁר יוֹשֵׁב בְּחֶשְׁבּוֹן וְאֵת עוֹג
ה מֶלֶךְ הַבָּשָׁן אֲשֶׁר־יוֹשֵׁב בְּעַשְׁתָּרֹת בְּאֶדְרֶעִי׃ בְּעֵבֶר הַיַּרְדֵּן
בְּאֶרֶץ מוֹאָב הוֹאִיל מֹשֶׁה בֵּאֵר אֶת־הַתּוֹרָה הַזֹּאת לֵאמֹר׃
ו יהוה אֱלֹהֵינוּ דִּבֶּר אֵלֵינוּ בְּחֹרֵב לֵאמֹר רַב־לָכֶם שֶׁבֶת בָּהָר
ז הַזֶּה׃ פְּנוּ ׀ וּסְעוּ לָכֶם וּבֹאוּ הַר הָאֱמֹרִי וְאֶל־כָּל־שְׁכֵנָיו בָּעֲרָבָה
בָהָר וּבַשְּׁפֵלָה וּבַנֶּגֶב וּבְחוֹף הַיָּם אֶרֶץ הַכְּנַעֲנִי וְהַלְּבָנוֹן עַד־
ח הַנָּהָר הַגָּדֹל נְהַר־פְּרָת׃ רְאֵה נָתַתִּי לִפְנֵיכֶם אֶת־הָאָרֶץ בֹּאוּ
וּרְשׁוּ אֶת־הָאָרֶץ אֲשֶׁר נִשְׁבַּע יהוה לַאֲבֹתֵיכֶם לְאַבְרָהָם לְיִצְחָק
ט וּלְיַעֲקֹב לָתֵת לָהֶם וּלְזַרְעָם אַחֲרֵיהֶם׃ וָאֹמַר אֲלֵכֶם בָּעֵת הַהִוא
י לֵאמֹר לֹא־אוּכַל לְבַדִּי שְׂאֵת אֶתְכֶם׃ יהוה אֱלֹהֵיכֶם הִרְבָּה
יא אֶתְכֶם וְהִנְּכֶם הַיּוֹם כְּכוֹכְבֵי הַשָּׁמַיִם לָרֹב׃ יהוה אֱלֹהֵי אֲבוֹתֵכֶם שני
יֹסֵף עֲלֵיכֶם כָּכֶם אֶלֶף פְּעָמִים וִיבָרֵךְ אֶתְכֶם כַּאֲשֶׁר דִּבֶּר לָכֶם׃
יב יג אֵיכָה אֶשָּׂא לְבַדִּי טָרְחֲכֶם וּמַשַּׂאֲכֶם וְרִיבְכֶם׃ הָבוּ לָכֶם אֲנָשִׁים
יד חֲכָמִים וּנְבֹנִים וִידֻעִים לְשִׁבְטֵיכֶם וַאֲשִׂימֵם בְּרָאשֵׁיכֶם׃ וַתַּעֲנוּ
טו אֹתִי וַתֹּאמְרוּ טוֹב־הַדָּבָר אֲשֶׁר־דִּבַּרְתָּ לַעֲשׂוֹת׃ וָאֶקַּח אֶת־
רָאשֵׁי שִׁבְטֵיכֶם אֲנָשִׁים חֲכָמִים וִידֻעִים וָאֶתֵּן אֹתָם רָאשִׁים
עֲלֵיכֶם שָׂרֵי אֲלָפִים וְשָׂרֵי מֵאוֹת וְשָׂרֵי חֲמִשִּׁים וְשָׂרֵי עֲשָׂרֹת
טז וְשֹׁטְרִים לְשִׁבְטֵיכֶם׃ וָאֲצַוֶּה אֶת־שֹׁפְטֵיכֶם בָּעֵת הַהִוא לֵאמֹר
שָׁמֹעַ בֵּין־אֲחֵיכֶם וּשְׁפַטְתֶּם צֶדֶק בֵּין־אִישׁ וּבֵין־אָחִיו וּבֵין גֵּרוֹ׃
יז לֹא־תַכִּירוּ פָנִים בַּמִּשְׁפָּט כַּקָּטֹן כַּגָּדֹל תִּשְׁמָעוּן לֹא תָגוּרוּ
מִפְּנֵי־אִישׁ כִּי הַמִּשְׁפָּט לֵאלֹהִים הוּא וְהַדָּבָר אֲשֶׁר יִקְשֶׁה מִכֶּם
יח תַּקְרִבוּן אֵלַי וּשְׁמַעְתִּיו׃ וָאֲצַוֶּה אֶתְכֶם בָּעֵת הַהִוא אֵת כָּל־

הַדְּבָרִים אֲשֶׁר תַּעֲשׂוּן׃ וַנִּסַּע מֵחֹרֵב וַנֵּלֶךְ אֵת כָּל־הַמִּדְבָּר יט
הַגָּדוֹל וְהַנּוֹרָא הַהוּא אֲשֶׁר רְאִיתֶם דֶּרֶךְ הַר הָאֱמֹרִי כַּאֲשֶׁר
צִוָּה יהוה אֱלֹהֵינוּ אֹתָנוּ וַנָּבֹא עַד קָדֵשׁ בַּרְנֵעַ׃ וָאֹמַר אֲלֵכֶם כ
בָּאתֶם עַד־הַר הָאֱמֹרִי אֲשֶׁר־יהוה אֱלֹהֵינוּ נֹתֵן לָנוּ׃ רְאֵה נָתַן כא
יהוה אֱלֹהֶיךָ לְפָנֶיךָ אֶת־הָאָרֶץ עֲלֵה רֵשׁ כַּאֲשֶׁר דִּבֶּר יהוה
שלישי אֱלֹהֵי אֲבֹתֶיךָ לָךְ אַל־תִּירָא וְאַל־תֵּחָת׃ וַתִּקְרְבוּן אֵלַי כֻּלְּכֶם כב
וַתֹּאמְרוּ נִשְׁלְחָה אֲנָשִׁים לְפָנֵינוּ וְיַחְפְּרוּ־לָנוּ אֶת־הָאָרֶץ וְיָשִׁבוּ
אֹתָנוּ דָּבָר אֶת־הַדֶּרֶךְ אֲשֶׁר נַעֲלֶה־בָּהּ וְאֵת הֶעָרִים אֲשֶׁר נָבֹא
אֲלֵיהֶן׃ וַיִּיטַב בְּעֵינַי הַדָּבָר וָאֶקַּח מִכֶּם שְׁנֵים עָשָׂר אֲנָשִׁים אִישׁ כג
אֶחָד לַשָּׁבֶט׃ וַיִּפְנוּ וַיַּעֲלוּ הָהָרָה וַיָּבֹאוּ עַד־נַחַל אֶשְׁכֹּל וַיְרַגְּלוּ כד
אֹתָהּ׃ וַיִּקְחוּ בְיָדָם מִפְּרִי הָאָרֶץ וַיּוֹרִדוּ אֵלֵינוּ וַיָּשִׁבוּ אֹתָנוּ כה
דָבָר וַיֹּאמְרוּ טוֹבָה הָאָרֶץ אֲשֶׁר־יהוה אֱלֹהֵינוּ נֹתֵן לָנוּ׃ וְלֹא כו
אֲבִיתֶם לַעֲלֹת וַתַּמְרוּ אֶת־פִּי יהוה אֱלֹהֵיכֶם׃ וַתֵּרָגְנוּ בְאָהֳלֵיכֶם כז
וַתֹּאמְרוּ בְּשִׂנְאַת יהוה אֹתָנוּ הוֹצִיאָנוּ מֵאֶרֶץ מִצְרָיִם לָתֵת
אֹתָנוּ בְּיַד הָאֱמֹרִי לְהַשְׁמִידֵנוּ׃ אָנָה ׀ אֲנַחְנוּ עֹלִים אַחֵינוּ הֵמַסּוּ כח
אֶת־לְבָבֵנוּ לֵאמֹר עַם גָּדוֹל וָרָם מִמֶּנּוּ עָרִים גְּדֹלֹת וּבְצוּרֹת
בַּשָּׁמָיִם וְגַם־בְּנֵי עֲנָקִים רָאִינוּ שָׁם׃ וָאֹמַר אֲלֵכֶם לֹא־תַעַרְצוּן כט
וְלֹא־תִירְאוּן מֵהֶם׃ יהוה אֱלֹהֵיכֶם הַהֹלֵךְ לִפְנֵיכֶם הוּא יִלָּחֵם ל
לָכֶם כְּכֹל אֲשֶׁר עָשָׂה אִתְּכֶם בְּמִצְרַיִם לְעֵינֵיכֶם׃ וּבַמִּדְבָּר לא
אֲשֶׁר רָאִיתָ אֲשֶׁר נְשָׂאֲךָ יהוה אֱלֹהֶיךָ כַּאֲשֶׁר יִשָּׂא־אִישׁ אֶת־
בְּנוֹ בְּכָל־הַדֶּרֶךְ אֲשֶׁר הֲלַכְתֶּם עַד־בֹּאֲכֶם עַד־הַמָּקוֹם הַזֶּה׃
וּבַדָּבָר הַזֶּה אֵינְכֶם מַאֲמִינִם בַּיהוה אֱלֹהֵיכֶם׃ הַהֹלֵךְ לִפְנֵיכֶם לב לג
בַּדֶּרֶךְ לָתוּר לָכֶם מָקוֹם לַחֲנֹתְכֶם בָּאֵשׁ ׀ לַיְלָה לַרְאֹתְכֶם בַּדֶּרֶךְ
אֲשֶׁר תֵּלְכוּ־בָהּ וּבֶעָנָן יוֹמָם׃ וַיִּשְׁמַע יהוה אֶת־קוֹל דִּבְרֵיכֶם לד
וַיִּקְצֹף וַיִּשָּׁבַע לֵאמֹר׃ אִם־יִרְאֶה אִישׁ בָּאֲנָשִׁים הָאֵלֶּה הַדּוֹר לה
הָרָע הַזֶּה אֵת הָאָרֶץ הַטּוֹבָה אֲשֶׁר נִשְׁבַּעְתִּי לָתֵת לַאֲבֹתֵיכֶם׃
זוּלָתִי כָּלֵב בֶּן־יְפֻנֶּה הוּא יִרְאֶנָּה וְלוֹ־אֶתֵּן אֶת־הָאָרֶץ אֲשֶׁר לו

לז דָּֽרַךְ־בָּ֖הּ וּלְבָנָ֑יו יַ֕עַן אֲשֶׁ֥ר מִלֵּ֖א אַחֲרֵ֥י יְהוָֽה׃ גַּם־בִּי֙ הִתְאַנַּ֣ף
לח יְהוָ֔ה בִּגְלַלְכֶ֖ם לֵאמֹ֑ר גַּם־אַתָּ֖ה לֹא־תָבֹ֥א שָֽׁם׃ יְהוֹשֻׁ֤עַ בִּן־נוּן֙
הָעֹמֵ֣ד לְפָנֶ֔יךָ ה֖וּא יָ֣בֹא שָׁ֑מָּה אֹת֣וֹ חַזֵּ֔ק כִּי־ה֖וּא יַנְחִלֶ֥נָּה אֶת־
לט יִשְׂרָאֵֽל׃ וְטַפְּכֶם֩ אֲשֶׁ֨ר אֲמַרְתֶּ֜ם לָבַ֣ז יִהְיֶ֗ה וּ֠בְנֵיכֶם אֲשֶׁ֨ר לֹא־ רביעי
יָדְע֤וּ הַיּוֹם֙ ט֣וֹב וָרָ֔ע הֵ֖מָּה יָבֹ֣אוּ שָׁ֑מָּה וְלָהֶ֣ם אֶתְּנֶ֔נָּה וְהֵ֖ם
מ מא יִירָשֽׁוּהָ׃ וְאַתֶּ֖ם פְּנ֣וּ לָכֶ֑ם וּסְע֥וּ הַמִּדְבָּ֖רָה דֶּ֥רֶךְ יַם־סֽוּף׃ וַתַּעֲנ֣וּ ׀
וַתֹּאמְר֣וּ אֵלַ֗י חָטָ֘אנוּ֮ לַֽיהוָה֒ אֲנַ֤חְנוּ נַעֲלֶה֙ וְנִלְחַ֔מְנוּ כְּכֹ֥ל אֲשֶׁר־
צִוָּ֖נוּ יְהוָ֣ה אֱלֹהֵ֑ינוּ וַֽתַּחְגְּר֗וּ אִ֚ישׁ אֶת־כְּלֵ֣י מִלְחַמְתּ֔וֹ וַתָּהִ֖ינוּ
מב לַעֲלֹ֥ת הָהָֽרָה׃ וַיֹּ֨אמֶר יְהוָ֜ה אֵלַ֗י אֱמֹ֤ר לָהֶם֙ לֹ֤א תַֽעֲלוּ֙ וְלֹֽא
מג תִלָּ֣חֲמ֔וּ כִּ֥י אֵינֶ֖נִּי בְּקִרְבְּכֶ֑ם וְלֹא֙ תִּנָּ֣גְפ֔וּ לִפְנֵ֖י אֹיְבֵיכֶֽם׃ וָאֲדַבֵּ֥ר
אֲלֵיכֶ֖ם וְלֹ֣א שְׁמַעְתֶּ֑ם וַתַּמְרוּ֙ אֶת־פִּ֣י יְהוָ֔ה וַתָּזִ֖דוּ וַתַּעֲל֥וּ הָהָֽרָה׃
מד וַיֵּצֵ֨א הָאֱמֹרִ֜י הַיֹּשֵׁ֨ב בָּהָ֤ר הַהוּא֙ לִקְרַאתְכֶ֔ם וַיִּרְדְּפ֣וּ אֶתְכֶ֔ם
כַּאֲשֶׁ֥ר תַּעֲשֶׂ֖ינָה הַדְּבֹרִ֑ים וַֽיַּכְּת֥וּ אֶתְכֶ֛ם בְּשֵׂעִ֖יר עַד־חָרְמָֽה׃
מה וַתָּשֻׁ֥בוּ וַתִּבְכּ֖וּ לִפְנֵ֣י יְהוָ֑ה וְלֹא־שָׁמַ֤ע יְהוָה֙ בְּקֹ֣לְכֶ֔ם וְלֹ֥א הֶאֱזִ֖ין
מו אֲלֵיכֶֽם׃ וַתֵּשְׁב֥וּ בְקָדֵ֖שׁ יָמִ֣ים רַבִּ֑ים כַּיָּמִ֖ים אֲשֶׁ֥ר יְשַׁבְתֶּֽם׃
א וַנֵּ֜פֶן וַנִּסַּ֤ע הַמִּדְבָּ֙רָה֙ דֶּ֣רֶךְ יַם־ס֔וּף כַּאֲשֶׁ֛ר דִּבֶּ֥ר יְהוָ֖ה אֵלָ֑י וַנָּ֥סָב ב
ב אֶת־הַר־שֵׂעִ֖יר יָמִ֥ים רַבִּֽים׃ וַיֹּ֥אמֶר יְהוָ֖ה אֵלַ֥י ב חמישי
ג ד לֵאמֹֽר׃ רַב־לָכֶ֕ם סֹ֖ב אֶת־הָהָ֣ר הַזֶּ֑ה פְּנ֥וּ לָכֶ֖ם צָפֹֽנָה׃ וְאֶת־הָעָם֮
צַ֣ו לֵאמֹר֒ אַתֶּ֣ם עֹֽבְרִ֗ים בִּגְבוּל֙ אֲחֵיכֶ֣ם בְּנֵי־עֵשָׂ֔ו הַיֹּשְׁבִ֖ים
ה בְּשֵׂעִ֑יר וְיִֽירְא֣וּ מִכֶּ֔ם וְנִשְׁמַרְתֶּ֖ם מְאֹֽד׃ אַל־תִּתְגָּר֣וּ בָ֔ם כִּ֠י לֹא־
אֶתֵּ֤ן לָכֶם֙ מֵֽאַרְצָ֔ם עַ֖ד מִדְרַ֣ךְ כַּף־רָ֑גֶל כִּֽי־יְרֻשָּׁ֣ה לְעֵשָׂ֔ו נָתַ֖תִּי
ו אֶת־הַ֥ר שֵׂעִֽיר׃ אֹ֣כֶל תִּשְׁבְּר֧וּ מֵאִתָּ֛ם בַּכֶּ֖סֶף וַאֲכַלְתֶּ֑ם וְגַם־
ז מַ֜יִם תִּכְר֧וּ מֵאִתָּ֛ם בַּכֶּ֖סֶף וּשְׁתִיתֶֽם׃ כִּי֩ יְהוָ֨ה אֱלֹהֶ֜יךָ בֵּֽרַכְךָ֗
בְּכֹל֙ מַעֲשֵׂ֣ה יָדֶ֔ךָ יָדַ֣ע לֶכְתְּךָ֔ אֶת־הַמִּדְבָּ֥ר הַגָּדֹ֖ל הַזֶּ֑ה זֶ֣ה ׀ אַרְבָּעִ֣ים
ח שָׁנָ֗ה יְהוָ֤ה אֱלֹהֶ֙יךָ֙ עִמָּ֔ךְ לֹ֥א חָסַ֖רְתָּ דָּבָֽר׃ וַנַּעֲבֹ֞ר מֵאֵ֧ת אַחֵ֣ינוּ
בְנֵי־עֵשָׂ֗ו הַיֹּֽשְׁבִים֙ בְּשֵׂעִ֔יר מִדֶּ֙רֶךְ֙ הָֽעֲרָבָ֔ה מֵאֵילַ֖ת וּמֵעֶצְיֹ֣ן
ט גָּ֑בֶר וַנֵּ֗פֶן וַֽנַּעֲבֹ֔ר דֶּ֖רֶךְ מִדְבַּ֥ר מוֹאָֽב׃ וַיֹּ֨אמֶר

יְהוָה אֵלַי אַל־תָּצַר אֶת־מוֹאָב וְאַל־תִּתְגָּר בָּם מִלְחָמָה כִּי
לֹא־אֶתֵּן לְךָ מֵאַרְצוֹ יְרֻשָּׁה כִּי לִבְנֵי־לוֹט נָתַתִּי אֶת־עָר יְרֻשָּׁה׃
יא הָאֵמִים לְפָנִים יָשְׁבוּ בָהּ עַם גָּדוֹל וְרַב וָרָם כָּעֲנָקִים׃ רְפָאִים
יב יֵחָשְׁבוּ אַף־הֵם כָּעֲנָקִים וְהַמֹּאָבִים יִקְרְאוּ לָהֶם אֵמִים׃ וּבְשֵׂעִיר
יָשְׁבוּ הַחֹרִים לְפָנִים וּבְנֵי עֵשָׂו יִירָשׁוּם וַיַּשְׁמִידוּם מִפְּנֵיהֶם וַיֵּשְׁבוּ
תַּחְתָּם כַּאֲשֶׁר עָשָׂה יִשְׂרָאֵל לְאֶרֶץ יְרֻשָּׁתוֹ אֲשֶׁר־נָתַן יְהוָה
יג לָהֶם׃ עַתָּה קֻמוּ וְעִבְרוּ לָכֶם אֶת־נַחַל זָרֶד וַנַּעֲבֹר אֶת־נַחַל זָרֶד׃
יד וְהַיָּמִים אֲשֶׁר־הָלַכְנוּ ׀ מִקָּדֵשׁ בַּרְנֵעַ עַד אֲשֶׁר־עָבַרְנוּ אֶת־נַחַל
זֶרֶד שְׁלֹשִׁים וּשְׁמֹנֶה שָׁנָה עַד־תֹּם כָּל־הַדּוֹר אַנְשֵׁי הַמִּלְחָמָה
טו מִקֶּרֶב הַמַּחֲנֶה כַּאֲשֶׁר נִשְׁבַּע יְהוָה לָהֶם׃ וְגַם יַד־יְהוָה הָיְתָה בָּם
טז לְהֻמָּם מִקֶּרֶב הַמַּחֲנֶה עַד תֻּמָּם׃ וַיְהִי כַאֲשֶׁר־תַּמּוּ כָּל־אַנְשֵׁי
יז הַמִּלְחָמָה לָמוּת מִקֶּרֶב הָעָם׃ וַיְדַבֵּר יְהוָה אֵלַי
יח יט לֵאמֹר׃ אַתָּה עֹבֵר הַיּוֹם אֶת־גְּבוּל מוֹאָב אֶת־עָר׃ וְקָרַבְתָּ
מוּל בְּנֵי עַמּוֹן אַל־תְּצֻרֵם וְאַל־תִּתְגָּר בָּם כִּי לֹא־אֶתֵּן מֵאֶרֶץ
כ בְּנֵי־עַמּוֹן לְךָ יְרֻשָּׁה כִּי לִבְנֵי־לוֹט נְתַתִּיהָ יְרֻשָּׁה׃ אֶרֶץ־רְפָאִים
תֵּחָשֵׁב אַף־הִוא רְפָאִים יָשְׁבוּ־בָהּ לְפָנִים וְהָעַמֹּנִים יִקְרְאוּ לָהֶם
כא זַמְזֻמִּים׃ עַם גָּדוֹל וְרַב וָרָם כָּעֲנָקִים וַיַּשְׁמִידֵם יְהוָה מִפְּנֵיהֶם
כב וַיִּירָשֻׁם וַיֵּשְׁבוּ תַחְתָּם׃ כַּאֲשֶׁר עָשָׂה לִבְנֵי עֵשָׂו הַיֹּשְׁבִים בְּשֵׂעִיר
אֲשֶׁר הִשְׁמִיד אֶת־הַחֹרִי מִפְּנֵיהֶם וַיִּירָשֻׁם וַיֵּשְׁבוּ תַחְתָּם עַד הַיּוֹם
כג הַזֶּה׃ וְהָעַוִּים הַיֹּשְׁבִים בַּחֲצֵרִים עַד־עַזָּה כַּפְתֹּרִים הַיֹּצְאִים
כד מִכַּפְתֹּר הִשְׁמִידֻם וַיֵּשְׁבוּ תַחְתָּם׃ קוּמוּ סְּעוּ וְעִבְרוּ אֶת־נַחַל
אַרְנֹן רְאֵה נָתַתִּי בְיָדְךָ אֶת־סִיחֹן מֶלֶךְ־חֶשְׁבּוֹן הָאֱמֹרִי וְאֶת־
כה אַרְצוֹ הָחֵל רָשׁ וְהִתְגָּר בּוֹ מִלְחָמָה׃ הַיּוֹם הַזֶּה אָחֵל תֵּת פַּחְדְּךָ
וְיִרְאָתְךָ עַל־פְּנֵי הָעַמִּים תַּחַת כָּל־הַשָּׁמָיִם אֲשֶׁר יִשְׁמְעוּן שִׁמְעֲךָ
כו וְרָגְזוּ וְחָלוּ מִפָּנֶיךָ׃ וָאֶשְׁלַח מַלְאָכִים מִמִּדְבַּר קְדֵמוֹת אֶל־
כז סִיחוֹן מֶלֶךְ חֶשְׁבּוֹן דִּבְרֵי שָׁלוֹם לֵאמֹר׃ אֶעְבְּרָה בְאַרְצֶךָ בַּדֶּרֶךְ
כח בַּדֶּרֶךְ אֵלֵךְ לֹא אָסוּר יָמִין וּשְׂמֹאול׃ אֹכֶל בַּכֶּסֶף תַּשְׁבִּרֵנִי

וְאָכַלְתִּי וּמַיִם בַּכֶּסֶף תִּתֶּן־לִי וְשָׁתִיתִי רַק אֶעְבְּרָה בְרַגְלָי׃
כט כַּאֲשֶׁר עָשׂוּ־לִי בְּנֵי עֵשָׂו הַיֹּשְׁבִים בְּשֵׂעִיר וְהַמּוֹאָבִים הַיֹּשְׁבִים
בְּעָר עַד אֲשֶׁר־אֶעֱבֹר אֶת־הַיַּרְדֵּן אֶל־הָאָרֶץ אֲשֶׁר־יְהוָה
ל אֱלֹהֵינוּ נֹתֵן לָנוּ׃ וְלֹא אָבָה סִיחֹן מֶלֶךְ חֶשְׁבּוֹן הַעֲבִרֵנוּ בּוֹ
כִּי־הִקְשָׁה יְהוָה אֱלֹהֶיךָ אֶת־רוּחוֹ וְאִמֵּץ אֶת־לְבָבוֹ לְמַעַן תִּתּוֹ
לא בְיָדְךָ כַּיּוֹם הַזֶּה׃ וַיֹּאמֶר יְהוָה אֵלַי רְאֵה הַחִלֹּתִי ג ששי
תֵּת לְפָנֶיךָ אֶת־סִיחֹן וְאֶת־אַרְצוֹ הָחֵל רָשׁ לָרֶשֶׁת אֶת־אַרְצוֹ׃
לב לג וַיֵּצֵא סִיחֹן לִקְרָאתֵנוּ הוּא וְכָל־עַמּוֹ לַמִּלְחָמָה יָהְצָה׃ וַיִּתְּנֵהוּ
לד יְהוָה אֱלֹהֵינוּ לְפָנֵינוּ וַנַּךְ אֹתוֹ וְאֶת־בָּנָו וְאֶת־כָּל־עַמּוֹ׃ וַנִּלְכֹּד
אֶת־כָּל־עָרָיו בָּעֵת הַהִוא וַנַּחֲרֵם אֶת־כָּל־עִיר מְתִם וְהַנָּשִׁים
לה וְהַטָּף לֹא הִשְׁאַרְנוּ שָׂרִיד׃ רַק הַבְּהֵמָה בָּזַזְנוּ לָנוּ וּשְׁלַל הֶעָרִים
לו אֲשֶׁר לָכָדְנוּ׃ מֵעֲרֹעֵר אֲשֶׁר עַל־שְׂפַת־נַחַל אַרְנֹן וְהָעִיר אֲשֶׁר
בַּנַּחַל וְעַד־הַגִּלְעָד לֹא הָיְתָה קִרְיָה אֲשֶׁר שָׂגְבָה מִמֶּנּוּ אֶת־
לז הַכֹּל נָתַן יְהוָה אֱלֹהֵינוּ לְפָנֵינוּ׃ רַק אֶל־אֶרֶץ בְּנֵי־עַמּוֹן לֹא
קָרָבְתָּ כָּל־יַד נַחַל יַבֹּק וְעָרֵי הָהָר וְכֹל אֲשֶׁר־צִוָּה יְהוָה אֱלֹהֵינוּ׃
ג א וַנֵּפֶן וַנַּעַל דֶּרֶךְ הַבָּשָׁן וַיֵּצֵא עוֹג מֶלֶךְ־הַבָּשָׁן לִקְרָאתֵנוּ הוּא
ב וְכָל־עַמּוֹ לַמִּלְחָמָה אֶדְרֶעִי׃ וַיֹּאמֶר יְהוָה אֵלַי אַל־תִּירָא אֹתוֹ
כִּי בְיָדְךָ נָתַתִּי אֹתוֹ וְאֶת־כָּל־עַמּוֹ וְאֶת־אַרְצוֹ וְעָשִׂיתָ לּוֹ כַּאֲשֶׁר
ג עָשִׂיתָ לְסִיחֹן מֶלֶךְ הָאֱמֹרִי אֲשֶׁר יוֹשֵׁב בְּחֶשְׁבּוֹן׃ וַיִּתֵּן יְהוָה
אֱלֹהֵינוּ בְּיָדֵנוּ גַּם אֶת־עוֹג מֶלֶךְ־הַבָּשָׁן וְאֶת־כָּל־עַמּוֹ וַנַּכֵּהוּ
ד עַד־בִּלְתִּי הִשְׁאִיר־לוֹ שָׂרִיד׃ וַנִּלְכֹּד אֶת־כָּל־עָרָיו בָּעֵת הַהִוא
לֹא הָיְתָה קִרְיָה אֲשֶׁר לֹא־לָקַחְנוּ מֵאִתָּם שִׁשִּׁים עִיר כָּל־חֶבֶל
ה אַרְגֹּב מַמְלֶכֶת עוֹג בַּבָּשָׁן׃ כָּל־אֵלֶּה עָרִים בְּצֻרֹת חוֹמָה גְבֹהָה
ו דְּלָתַיִם וּבְרִיחַ לְבַד מֵעָרֵי הַפְּרָזִי הַרְבֵּה מְאֹד׃ וַנַּחֲרֵם אוֹתָם
כַּאֲשֶׁר עָשִׂינוּ לְסִיחֹן מֶלֶךְ חֶשְׁבּוֹן הַחֲרֵם כָּל־עִיר מְתִם הַנָּשִׁים
ז ח וְהַטָּף׃ וְכָל־הַבְּהֵמָה וּשְׁלַל הֶעָרִים בַּזּוֹנוּ לָנוּ׃ וַנִּקַּח בָּעֵת הַהִוא
אֶת־הָאָרֶץ מִיַּד שְׁנֵי מַלְכֵי הָאֱמֹרִי אֲשֶׁר בְּעֵבֶר הַיַּרְדֵּן מִנַּחַל

ט ארנן עד־הר חרמון: צידנים יקראו לחרמון שרין והאמרי
י יקראו־לו שניר: כל ׀ ערי המישר וכל־הגלעד וכל־הבשן עד־
יא סלכה ואדרעי ערי ממלכת עוג בבשן: כי רק־עוג מלך הבשן
נשאר מיתר הרפאים הנה ערשו ערש ברזל הלה הוא ברבת
בני עמון תשע אמות ארכה וארבע אמות רחבה באמת־
יב איש: ואת־הארץ הזאת ירשנו בעת ההוא מערער אשר־על־
יג נחל ארנן וחצי הר־הגלעד ועריו נתתי לראובני ולגדי: ויתר
הגלעד וכל־הבשן ממלכת עוג נתתי לחצי שבט המנשה
יד כל חבל הארגב לכל־הבשן ההוא יקרא ארץ רפאים: יאיר
בן־מנשה לקח את־כל־חבל ארגב עד־גבול הגשורי והמעכתי
ויקרא אתם על־שמו את־הבשן חות יאיר עד היום הזה:
שביעי טו טז ולמכיר נתתי את־הגלעד: ולראובני ולגדי נתתי מן־הגלעד
ועד־נחל ארנן תוך הנחל וגבל ועד יבק הנחל גבול בני עמון:
יז והערבה והירדן וגבל מכנרת ועד ים הערבה ים המלח תחת
יח אשדת הפסגה מזרחה: ואצו אתכם בעת ההוא לאמר יהוה
אלהיכם נתן לכם את־הארץ הזאת לרשתה חלוצים תעברו
יט לפני אחיכם בני־ישראל כל־בני־חיל: רק נשיכם וטפכם
ומקנכם ידעתי כי־מקנה רב לכם ישבו בעריכם אשר נתתי
מפטיר כ לכם: עד אשר־יניח יהוה ׀ לאחיכם ככם וירשו גם־הם את־
הארץ אשר יהוה אלהיכם נתן להם בעבר הירדן ושבתם
כא איש לירשתו אשר נתתי לכם: ואת־יהושוע צויתי בעת
ההוא לאמר עיניך הראת את כל־אשר עשה יהוה אלהיכם
לשני המלכים האלה כן־יעשה יהוה לכל־הממלכות אשר
כב אתה עבר שמה: לא תיראום כי יהוה אלהיכם הוא הנלחם
ואתחנן ד כג לכם: ואתחנן אל־יהוה בעת ההוא לאמר:
כד אדני יהוה אתה החלות להראות את־עבדך את־גדלך ואת־
ידך החזקה אשר מי־אל בשמים ובארץ אשר־יעשה כמעשיך

כה וְכִגְבוּרֹתֶךָ: אֶעְבְּרָה־נָּא וְאֶרְאֶה אֶת־הָאָרֶץ הַטּוֹבָה אֲשֶׁר בְּעֵבֶר
כו הַיַּרְדֵּן הָהָר הַטּוֹב הַזֶּה וְהַלְּבָנֹן: וַיִּתְעַבֵּר יְהוָה בִּי לְמַעַנְכֶם
וְלֹא שָׁמַע אֵלָי וַיֹּאמֶר יְהוָה אֵלַי רַב־לָךְ אַל־תּוֹסֶף דַּבֵּר אֵלַי
כז עוֹד בַּדָּבָר הַזֶּה: עֲלֵה | רֹאשׁ הַפִּסְגָּה וְשָׂא עֵינֶיךָ יָמָּה וְצָפֹנָה
וְתֵימָנָה וּמִזְרָחָה וּרְאֵה בְעֵינֶיךָ כִּי־לֹא תַעֲבֹר אֶת־הַיַּרְדֵּן הַזֶּה:
כח וְצַו אֶת־יְהוֹשֻׁעַ וְחַזְּקֵהוּ וְאַמְּצֵהוּ כִּי־הוּא יַעֲבֹר לִפְנֵי הָעָם הַזֶּה
כט וְהוּא יַנְחִיל אוֹתָם אֶת־הָאָרֶץ אֲשֶׁר תִּרְאֶה: וַנֵּשֶׁב בַּגָּיְא מוּל
בֵּית פְּעוֹר:

ד א וְעַתָּה יִשְׂרָאֵל שְׁמַע אֶל־הַחֻקִּים וְאֶל־הַמִּשְׁפָּטִים אֲשֶׁר אָנֹכִי
מְלַמֵּד אֶתְכֶם לַעֲשׂוֹת לְמַעַן תִּחְיוּ וּבָאתֶם וִירִשְׁתֶּם אֶת־הָאָרֶץ
ב אֲשֶׁר יְהוָה אֱלֹהֵי אֲבֹתֵיכֶם נֹתֵן לָכֶם: לֹא תֹסִפוּ עַל־הַדָּבָר
אֲשֶׁר אָנֹכִי מְצַוֶּה אֶתְכֶם וְלֹא תִגְרְעוּ מִמֶּנּוּ לִשְׁמֹר אֶת־מִצְוֹת
ג יְהוָה אֱלֹהֵיכֶם אֲשֶׁר אָנֹכִי מְצַוֶּה אֶתְכֶם: עֵינֵיכֶם הָרֹאוֹת אֵת
אֲשֶׁר־עָשָׂה יְהוָה בְּבַעַל פְּעוֹר כִּי כָל־הָאִישׁ אֲשֶׁר הָלַךְ אַחֲרֵי
ד בַעַל־פְּעוֹר הִשְׁמִידוֹ יְהוָה אֱלֹהֶיךָ מִקִּרְבֶּךָ: וְאַתֶּם הַדְּבֵקִים
ה בַּיהוָה אֱלֹהֵיכֶם חַיִּים כֻּלְּכֶם הַיּוֹם: רְאֵה | לִמַּדְתִּי אֶתְכֶם חֻקִּים שני
וּמִשְׁפָּטִים כַּאֲשֶׁר צִוַּנִי יְהוָה אֱלֹהָי לַעֲשׂוֹת כֵּן בְּקֶרֶב הָאָרֶץ
ו אֲשֶׁר אַתֶּם בָּאִים שָׁמָּה לְרִשְׁתָּהּ: וּשְׁמַרְתֶּם וַעֲשִׂיתֶם כִּי הִוא
חָכְמַתְכֶם וּבִינַתְכֶם לְעֵינֵי הָעַמִּים אֲשֶׁר יִשְׁמְעוּן אֵת כָּל־הַחֻקִּים
ז הָאֵלֶּה וְאָמְרוּ רַק עַם־חָכָם וְנָבוֹן הַגּוֹי הַגָּדוֹל הַזֶּה: כִּי מִי־
גוֹי גָּדוֹל אֲשֶׁר־לוֹ אֱלֹהִים קְרֹבִים אֵלָיו כַּיהוָה אֱלֹהֵינוּ בְּכָל־
ח קָרְאֵנוּ אֵלָיו: וּמִי גּוֹי גָּדוֹל אֲשֶׁר־לוֹ חֻקִּים וּמִשְׁפָּטִים צַדִּיקִם
ט כְּכֹל הַתּוֹרָה הַזֹּאת אֲשֶׁר אָנֹכִי נֹתֵן לִפְנֵיכֶם הַיּוֹם: רַק הִשָּׁמֶר
לְךָ וּשְׁמֹר נַפְשְׁךָ מְאֹד פֶּן־תִּשְׁכַּח אֶת־הַדְּבָרִים אֲשֶׁר־רָאוּ
עֵינֶיךָ וּפֶן־יָסוּרוּ מִלְּבָבְךָ כֹּל יְמֵי חַיֶּיךָ וְהוֹדַעְתָּם לְבָנֶיךָ וְלִבְנֵי
י בָנֶיךָ: יוֹם אֲשֶׁר עָמַדְתָּ לִפְנֵי יְהוָה אֱלֹהֶיךָ בְּחֹרֵב בֶּאֱמֹר יְהוָה
אֵלַי הַקְהֶל־לִי אֶת־הָעָם וְאַשְׁמִעֵם אֶת־דְּבָרָי אֲשֶׁר יִלְמְדוּן

לְיִרְאָה אֹתִי כָּל־הַיָּמִים אֲשֶׁר הֵם חַיִּים עַל־הָאֲדָמָה וְאֶת־
יא בְּנֵיהֶם יְלַמֵּדוּן׃ וַתִּקְרְבוּן וַתַּעַמְדוּן תַּחַת הָהָר וְהָהָר בֹּעֵר
יב בָּאֵשׁ עַד־לֵב הַשָּׁמַיִם חֹשֶׁךְ עָנָן וַעֲרָפֶל׃ וַיְדַבֵּר יְהוָה אֲלֵיכֶם
מִתּוֹךְ הָאֵשׁ קוֹל דְּבָרִים אַתֶּם שֹׁמְעִים וּתְמוּנָה אֵינְכֶם רֹאִים
יג זוּלָתִי קוֹל׃ וַיַּגֵּד לָכֶם אֶת־בְּרִיתוֹ אֲשֶׁר צִוָּה אֶתְכֶם לַעֲשׂוֹת
יד עֲשֶׂרֶת הַדְּבָרִים וַיִּכְתְּבֵם עַל־שְׁנֵי לֻחוֹת אֲבָנִים׃ וְאֹתִי צִוָּה
יְהוָה בָּעֵת הַהִוא לְלַמֵּד אֶתְכֶם חֻקִּים וּמִשְׁפָּטִים לַעֲשֹׂתְכֶם
טו אֹתָם בָּאָרֶץ אֲשֶׁר אַתֶּם עֹבְרִים שָׁמָּה לְרִשְׁתָּהּ׃ וְנִשְׁמַרְתֶּם
מְאֹד לְנַפְשֹׁתֵיכֶם כִּי לֹא רְאִיתֶם כָּל־תְּמוּנָה בְּיוֹם דִּבֶּר יְהוָה
טז אֲלֵיכֶם בְּחֹרֵב מִתּוֹךְ הָאֵשׁ׃ פֶּן־תַּשְׁחִתוּן וַעֲשִׂיתֶם לָכֶם פֶּסֶל
יז תְּמוּנַת כָּל־סָמֶל תַּבְנִית זָכָר אוֹ נְקֵבָה׃ תַּבְנִית כָּל־בְּהֵמָה אֲשֶׁר
יח בָּאָרֶץ תַּבְנִית כָּל־צִפּוֹר כָּנָף אֲשֶׁר תָּעוּף בַּשָּׁמָיִם׃ תַּבְנִית כָּל־
רֹמֵשׂ בָּאֲדָמָה תַּבְנִית כָּל־דָּגָה אֲשֶׁר־בַּמַּיִם מִתַּחַת לָאָרֶץ׃
יט וּפֶן־תִּשָּׂא עֵינֶיךָ הַשָּׁמַיְמָה וְרָאִיתָ אֶת־הַשֶּׁמֶשׁ וְאֶת־הַיָּרֵחַ
וְאֶת־הַכּוֹכָבִים כֹּל צְבָא הַשָּׁמַיִם וְנִדַּחְתָּ וְהִשְׁתַּחֲוִיתָ לָהֶם
וַעֲבַדְתָּם אֲשֶׁר חָלַק יְהוָה אֱלֹהֶיךָ אֹתָם לְכֹל הָעַמִּים תַּחַת
כ כָּל־הַשָּׁמָיִם׃ וְאֶתְכֶם לָקַח יְהוָה וַיּוֹצִא אֶתְכֶם מִכּוּר הַבַּרְזֶל
כא מִמִּצְרָיִם לִהְיוֹת לוֹ לְעַם נַחֲלָה כַּיּוֹם הַזֶּה׃ וַיהוָה הִתְאַנַּף־
בִּי עַל־דִּבְרֵיכֶם וַיִּשָּׁבַע לְבִלְתִּי עָבְרִי אֶת־הַיַּרְדֵּן וּלְבִלְתִּי־בֹא
כב אֶל־הָאָרֶץ הַטּוֹבָה אֲשֶׁר יְהוָה אֱלֹהֶיךָ נֹתֵן לְךָ נַחֲלָה׃ כִּי אָנֹכִי
מֵת בָּאָרֶץ הַזֹּאת אֵינֶנִּי עֹבֵר אֶת־הַיַּרְדֵּן וְאַתֶּם עֹבְרִים וִירִשְׁתֶּם
כג אֶת־הָאָרֶץ הַטּוֹבָה הַזֹּאת׃ הִשָּׁמְרוּ לָכֶם פֶּן־תִּשְׁכְּחוּ אֶת־בְּרִית
יְהוָה אֱלֹהֵיכֶם אֲשֶׁר כָּרַת עִמָּכֶם וַעֲשִׂיתֶם לָכֶם פֶּסֶל תְּמוּנַת
כד כֹּל אֲשֶׁר צִוְּךָ יְהוָה אֱלֹהֶיךָ׃ כִּי יְהוָה אֱלֹהֶיךָ אֵשׁ אֹכְלָה הוּא
אֵל קַנָּא׃

כה כִּי־תוֹלִיד בָּנִים וּבְנֵי בָנִים וְנוֹשַׁנְתֶּם בָּאָרֶץ וְהִשְׁחַתֶּם וַעֲשִׂיתֶם
פֶּסֶל תְּמוּנַת כֹּל וַעֲשִׂיתֶם הָרַע בְּעֵינֵי־יְהוָה אֱלֹהֶיךָ לְהַכְעִיסוֹ׃

כו העידתי בכם היום את־השמים ואת־הארץ כי־אבד תאבדון
מהר מעל הארץ אשר אתם עברים את־הירדן שמה לרשתה
כז לא־תאריכן ימים עליה כי השמד תשמדון: והפיץ יהוה אתכם
בעמים ונשארתם מתי מספר בגוים אשר ינהג יהוה אתכם
כח שמה: ועבדתם־שם אלהים מעשה ידי אדם עץ ואבן אשר
כט לא־יראון ולא ישמעון ולא יאכלון ולא יריחן: ובקשתם משם
את־יהוה אלהיך ומצאת כי תדרשנו בכל־לבבך ובכל־
ל נפשך: בצר לך ומצאוך כל הדברים האלה באחרית הימים
לא ושבת עד־יהוה אלהיך ושמעת בקלו: כי אל רחום יהוה
אלהיך לא ירפך ולא ישחיתך ולא ישכח את־ברית אבתיך
לב אשר נשבע להם: כי שאל־נא לימים ראשנים אשר־היו לפניך
למן־היום אשר ברא אלהים ׀ אדם על־הארץ ולמקצה השמים
ועד־קצה השמים הנהיה כדבר הגדול הזה או הנשמע כמהו:
לג השמע עם קול אלהים מדבר מתוך־האש כאשר־שמעת
לד אתה ויחי: או ׀ הנסה אלהים לבוא לקחת לו גוי מקרב גוי
במסת באתת ובמופתים ובמלחמה וביד חזקה ובזרוע נטויה
ובמוראים גדלים ככל אשר־עשה לכם יהוה אלהיכם במצרים
לה לעיניך: אתה הראת לדעת כי יהוה הוא האלהים אין עוד
לו מלבדו: מן־השמים השמיעך את־קלו ליסרך ועל־הארץ
לז הראך את־אשו הגדולה ודבריו שמעת מתוך האש: ותחת
כי אהב את־אבתיך ויבחר בזרעו אחריו ויוצאך בפניו בכחו
לח הגדל ממצרים: להוריש גוים גדלים ועצמים ממך מפניך
לט להביאך לתת־לך את־ארצם נחלה כיום הזה: וידעת היום
והשבת אל־לבבך כי יהוה הוא האלהים בשמים ממעל ועל־
מ הארץ מתחת אין עוד: ושמרת את־חקיו ואת־מצותיו אשר אנכי
מצוך היום אשר ייטב לך ולבניך אחריך ולמען תאריך ימים על־
האדמה אשר יהוה אלהיך נתן לך כל־הימים:

שלישי ה אָז יַבְדִּיל מֹשֶׁה שָׁלֹשׁ עָרִים בְּעֵבֶר הַיַּרְדֵּן מִזְרְחָה שָׁמֶשׁ׃ לָנֻס מא מב
שָׁמָּה רוֹצֵחַ אֲשֶׁר יִרְצַח אֶת־רֵעֵהוּ בִּבְלִי־דַעַת וְהוּא לֹא־שֹׂנֵא
לוֹ מִתְּמֹל שִׁלְשֹׁם וְנָס אֶל־אַחַת מִן־הֶעָרִים הָאֵל וָחָי׃ אֶת־בֶּצֶר מג
בַּמִּדְבָּר בְּאֶרֶץ הַמִּישֹׁר לָראוּבֵנִי וְאֶת־רָאמֹת בַּגִּלְעָד לַגָּדִי
וְאֶת־גּוֹלָן בַּבָּשָׁן לַמְנַשִּׁי׃ וְזֹאת הַתּוֹרָה אֲשֶׁר־שָׂם מֹשֶׁה לִפְנֵי מד
בְּנֵי יִשְׂרָאֵל׃ אֵלֶּה הָעֵדֹת וְהַחֻקִּים וְהַמִּשְׁפָּטִים אֲשֶׁר דִּבֶּר מֹשֶׁה מה
אֶל־בְּנֵי יִשְׂרָאֵל בְּצֵאתָם מִמִּצְרָיִם׃ בְּעֵבֶר הַיַּרְדֵּן בַּגַּיְא מוּל מו
בֵּית פְּעוֹר בְּאֶרֶץ סִיחֹן מֶלֶךְ הָאֱמֹרִי אֲשֶׁר יוֹשֵׁב בְּחֶשְׁבּוֹן אֲשֶׁר
הִכָּה מֹשֶׁה וּבְנֵי יִשְׂרָאֵל בְּצֵאתָם מִמִּצְרָיִם׃ וַיִּירְשׁוּ אֶת־אַרְצוֹ מז
וְאֶת־אֶרֶץ ׀ עוֹג מֶלֶךְ־הַבָּשָׁן שְׁנֵי מַלְכֵי הָאֱמֹרִי אֲשֶׁר בְּעֵבֶר
הַיַּרְדֵּן מִזְרַח שָׁמֶשׁ׃ מֵעֲרֹעֵר אֲשֶׁר עַל־שְׂפַת־נַחַל אַרְנֹן וְעַד־הַר מח
שִׂיאֹן הוּא חֶרְמוֹן׃ וְכָל־הָעֲרָבָה עֵבֶר הַיַּרְדֵּן מִזְרָחָה וְעַד יָם מט
הָעֲרָבָה תַּחַת אַשְׁדֹּת הַפִּסְגָּה׃

רביעי וַיִּקְרָא מֹשֶׁה אֶל־כָּל־יִשְׂרָאֵל וַיֹּאמֶר אֲלֵהֶם שְׁמַע יִשְׂרָאֵל א ה
אֶת־הַחֻקִּים וְאֶת־הַמִּשְׁפָּטִים אֲשֶׁר אָנֹכִי דֹּבֵר בְּאָזְנֵיכֶם הַיּוֹם
וּלְמַדְתֶּם אֹתָם וּשְׁמַרְתֶּם לַעֲשֹׂתָם׃ יְהוָה אֱלֹהֵינוּ כָּרַת עִמָּנוּ ב
בְּרִית בְּחֹרֵב׃ לֹא אֶת־אֲבֹתֵינוּ כָּרַת יְהוָה אֶת־הַבְּרִית הַזֹּאת ג
כִּי אִתָּנוּ אֲנַחְנוּ אֵלֶּה פֹה הַיּוֹם כֻּלָּנוּ חַיִּים׃ פָּנִים ׀ בְּפָנִים דִּבֶּר ד
יְהוָה עִמָּכֶם בָּהָר מִתּוֹךְ הָאֵשׁ׃ אָנֹכִי עֹמֵד בֵּין־יְהוָה וּבֵינֵיכֶם ה
בָּעֵת הַהִוא לְהַגִּיד לָכֶם אֶת־דְּבַר יְהוָה כִּי יְרֵאתֶם מִפְּנֵי הָאֵשׁ
וְלֹא־עֲלִיתֶם בָּהָר לֵאמֹר׃ אָנֹכִי יְהוָה אֱלֹהֶיךָ ו
אֲשֶׁר הוֹצֵאתִיךָ מֵאֶרֶץ מִצְרַיִם מִבֵּית עֲבָדִים׃ לֹא־יִהְיֶה לְךָ ז
אֱלֹהִים אֲחֵרִים עַל־פָּנָי׃ לֹא־תַעֲשֶׂה לְךָ פֶסֶל כָּל־תְּמוּנָה ח
אֲשֶׁר בַּשָּׁמַיִם מִמַּעַל וַאֲשֶׁר בָּאָרֶץ מִתָּחַת וַאֲשֶׁר בַּמַּיִם
מִתַּחַת לָאָרֶץ׃ לֹא־תִשְׁתַּחֲוֶה לָהֶם וְלֹא תָעָבְדֵם כִּי אָנֹכִי יְהוָה ט
אֱלֹהֶיךָ אֵל קַנָּא פֹּקֵד עֲוֺן אָבוֹת עַל־בָּנִים וְעַל־שִׁלֵּשִׁים
וְעַל־רִבֵּעִים לְשֹׂנְאָי׃ וְעֹשֶׂה חֶסֶד לַאֲלָפִים לְאֹהֲבַי וּלְשֹׁמְרֵי י

מִצְוֹתָי
יא מצותו: לֹא תִשָּׂא אֶת־שֵׁם־יְהוָה אֱלֹהֶיךָ לַשָּׁוְא כִּי לֹא
יב יְנַקֶּה יְהוָה אֵת אֲשֶׁר־יִשָּׂא אֶת־שְׁמוֹ לַשָּׁוְא: שָׁמוֹר
יג אֶת־יוֹם הַשַּׁבָּת לְקַדְּשׁוֹ כַּאֲשֶׁר צִוְּךָ יְהוָה אֱלֹהֶיךָ: שֵׁשֶׁת יָמִים
יד תַּעֲבֹד וְעָשִׂיתָ כָּל־מְלַאכְתֶּךָ: וְיוֹם הַשְּׁבִיעִי שַׁבָּת לַיהוָה
אֱלֹהֶיךָ לֹא־תַעֲשֶׂה כָל־מְלָאכָה אַתָּה | וּבִנְךָ־וּבִתֶּךָ וְעַבְדְּךָ־
וַאֲמָתֶךָ וְשׁוֹרְךָ וַחֲמֹרְךָ וְכָל־בְּהֶמְתֶּךָ וְגֵרְךָ אֲשֶׁר בִּשְׁעָרֶיךָ לְמַעַן
טו יָנוּחַ עַבְדְּךָ וַאֲמָתְךָ כָּמוֹךָ: וְזָכַרְתָּ כִּי עֶבֶד הָיִיתָ בְּאֶרֶץ מִצְרַיִם
וַיֹּצִאֲךָ יְהוָה אֱלֹהֶיךָ מִשָּׁם בְּיָד חֲזָקָה וּבִזְרֹעַ נְטוּיָה עַל־כֵּן צִוְּךָ
טז יְהוָה אֱלֹהֶיךָ לַעֲשׂוֹת אֶת־יוֹם הַשַּׁבָּת: כַּבֵּד
אֶת־אָבִיךָ וְאֶת־אִמֶּךָ כַּאֲשֶׁר צִוְּךָ יְהוָה אֱלֹהֶיךָ לְמַעַן | יַאֲרִיכֻן
יָמֶיךָ וּלְמַעַן יִיטַב לָךְ עַל הָאֲדָמָה אֲשֶׁר־יְהוָה אֱלֹהֶיךָ נֹתֵן
יז לָךְ: לֹא תִרְצָח וְלֹא
תִנְאָף וְלֹא תִגְנֹב וְלֹא־
יח תַעֲנֶה בְרֵעֲךָ עֵד שָׁוְא: וְלֹא
תַחְמֹד אֵשֶׁת רֵעֶךָ וְלֹא
תִתְאַוֶּה בֵּית רֵעֶךָ שָׂדֵהוּ וְעַבְדּוֹ וַאֲמָתוֹ שׁוֹרוֹ וַחֲמֹרוֹ וְכֹל אֲשֶׁר
יט לְרֵעֶךָ: אֶת־הַדְּבָרִים הָאֵלֶּה דִּבֶּר יְהוָה אֶל־כָּל־ חמישי
קְהַלְכֶם בָּהָר מִתּוֹךְ הָאֵשׁ הֶעָנָן וְהָעֲרָפֶל קוֹל גָּדוֹל וְלֹא יָסָף
כ וַיִּכְתְּבֵם עַל־שְׁנֵי לֻחֹת אֲבָנִים וַיִּתְּנֵם אֵלָי: וַיְהִי כְּשָׁמְעֲכֶם אֶת־
הַקּוֹל מִתּוֹךְ הַחֹשֶׁךְ וְהָהָר בֹּעֵר בָּאֵשׁ וַתִּקְרְבוּן אֵלַי כָּל־רָאשֵׁי
כא שִׁבְטֵיכֶם וְזִקְנֵיכֶם: וַתֹּאמְרוּ הֵן הֶרְאָנוּ יְהוָה אֱלֹהֵינוּ אֶת־כְּבֹדוֹ
וְאֶת־גָּדְלוֹ וְאֶת־קֹלוֹ שָׁמַעְנוּ מִתּוֹךְ הָאֵשׁ הַיּוֹם הַזֶּה רָאִינוּ כִּי־
כב יְדַבֵּר אֱלֹהִים אֶת־הָאָדָם וָחָי: וְעַתָּה לָמָּה נָמוּת כִּי תֹאכְלֵנוּ
הָאֵשׁ הַגְּדֹלָה הַזֹּאת אִם־יֹסְפִים | אֲנַחְנוּ לִשְׁמֹעַ אֶת־קוֹל יְהוָה
כג אֱלֹהֵינוּ עוֹד וָמָתְנוּ: כִּי מִי כָל־בָּשָׂר אֲשֶׁר שָׁמַע קוֹל אֱלֹהִים
כד חַיִּים מְדַבֵּר מִתּוֹךְ־הָאֵשׁ כָּמֹנוּ וַיֶּחִי: קְרַב אַתָּה וּשְׁמָע אֵת כָּל־
אֲשֶׁר יֹאמַר יְהוָה אֱלֹהֵינוּ וְאַתְּ | תְּדַבֵּר אֵלֵינוּ אֵת כָּל־אֲשֶׁר

ידבר יהוה אלהינו אליך ושמענו ועשינו: וישמע יהוה את־ כה
קול דבריכם בדברכם אלי ויאמר יהוה אלי שמעתי את־קול
דברי העם הזה אשר דברו אליך היטיבו כל־אשר דברו: מי־ כו
יתן והיה לבבם זה להם ליראה אתי ולשמר את־כל־מצותי
כל־הימים למען ייטב להם ולבניהם לעלם: לך אמר להם שובו כז
לכם לאהליכם: ואתה פה עמד עמדי ואדברה אליך את כל־ כח
המצוה והחקים והמשפטים אשר תלמדם ועשו בארץ אשר
אנכי נתן להם לרשתה: ושמרתם לעשות כאשר צוה יהוה כט
אלהיכם אתכם לא תסרו ימין ושמאל: בכל־הדרך אשר צוה ל
יהוה אלהיכם אתכם תלכו למען תחיון וטוב לכם והארכתם
ימים בארץ אשר תירשון: וזאת המצוה החקים והמשפטים ו א
אשר צוה יהוה אלהיכם ללמד אתכם לעשות בארץ אשר
אתם עברים שמה לרשתה: למען תירא את־יהוה אלהיך ב
לשמר את־כל־חקתיו ומצותיו אשר אנכי מצוך אתה ובנך
ובן־בנך כל ימי חייך ולמען יארכן ימיך: ושמעת ישראל ג
ושמרת לעשות אשר ייטב לך ואשר תרבון מאד כאשר דבר
יהוה אלהי אבתיך לך ארץ זבת חלב ודבש:

ששי שמ**ע** ישראל יהוה אלהינו יהוה אח**ד**: ואהבת את יהוה ד ה
אלהיך בכל־לבבך ובכל־נפשך ובכל־מאדך: והיו הדברים ו
האלה אשר אנכי מצוך היום על־לבבך: ושננתם לבניך ז
ודברת בם בשבתך בביתך ובלכתך בדרך ובשכבך ובקומך:
וקשרתם לאות על־ידך והיו לטטפת בין עיניך: וכתבתם ח ט
על־מזזות ביתך ובשעריך: והיה כי־יביאך יהוה י
אלהיך אל־הארץ אשר נשבע לאבתיך לאברהם ליצחק
וליעקב לתת לך ערים גדלת וטבת אשר לא־בנית: ובתים יא
מלאים כל־טוב אשר לא־מלאת וברת חצובים אשר לא־
חצבת כרמים וזיתים אשר לא־נטעת ואכלת ושבעת: השמר יב

לך פן־תשכח את־יהוה אשר הוציאך מארץ מצרים מבית
יג יד עבדים: את־יהוה אלהיך תירא ואתו תעבד ובשמו תשבע: לא
תלכון אחרי אלהים אחרים מאלהי העמים אשר סביבותיכם:
טו כי אל קנא יהוה אלהיך בקרבך פן־יחרה אף־יהוה אלהיך
טז בך והשמידך מעל פני האדמה: לא תנסו את־
יז יהוה אלהיכם כאשר נסיתם במסה: שמור תשמרון את־
יח מצות יהוה אלהיכם ועדתיו וחקיו אשר צוך: ועשית הישר
והטוב בעיני יהוה למען ייטב לך ובאת וירשת את־הארץ
יט הטבה אשר־נשבע יהוה לאבתיך: להדף את־כל־איביך
כ מפניך כאשר דבר יהוה: כי־ישאלך בנך מחר
לאמר מה העדת והחקים והמשפטים אשר צוה יהוה אלהינו
כא אתכם: ואמרת לבנך עבדים היינו לפרעה במצרים ויציאנו
כב יהוה ממצרים ביד חזקה: ויתן יהוה אותת ומפתים גדלים
כג ורעים | במצרים בפרעה ובכל־ביתו לעינינו: ואותנו הוציא
משם למען הביא אתנו לתת לנו את־הארץ אשר נשבע
כד לאבתינו: ויצונו יהוה לעשות את־כל־החקים האלה ליראה
את־יהוה אלהינו לטוב לנו כל־הימים לחיתנו כהיום הזה:
כה וצדקה תהיה־לנו כי־נשמר לעשות את־כל־המצוה הזאת
ז א לפני יהוה אלהינו כאשר צונו: כי יביאך יהוה שביעי
אלהיך אל־הארץ אשר־אתה בא־שמה לרשתה ונשל גוים־
רבים | מפניך החתי והגרגשי והאמרי והכנעני והפרזי והחוי
ב והיבוסי שבעה גוים רבים ועצומים ממך: ונתנם יהוה אלהיך
לפניך והכיתם החרם תחרים אתם לא־תכרת להם ברית
ג ולא תחנם: ולא תתחתן בם בתך לא־תתן לבנו ובתו לא־
ד תקח לבנך: כי־יסיר את־בנך מאחרי ועבדו אלהים אחרים
ה וחרה אף־יהוה בכם והשמידך מהר: כי אם־כה תעשו
להם מזבחתיהם תתצו ומצבתם תשברו ואשירהם תגדעון

ופסיליהם תשרפון באש: כי עם קדוש אתה ליהוה אלהיך ו
בך בחר | יהוה אלהיך להיות לו לעם סגלה מכל העמים
אשר על־פני האדמה: לא מרבכם מכל־העמים חשק יהוה ז
בכם ויבחר בכם כי־אתם המעט מכל־העמים: כי מאהבת ח
יהוה אתכם ומשמרו את־השבעה אשר נשבע לאבתיכם
הוציא יהוה אתכם ביד חזקה ויפדך מבית עבדים מיד פרעה
מפטיר מלך־מצרים: וידעת כי־יהוה אלהיך הוא האלהים האל ט
הנאמן שמר הברית והחסד לאהביו ולשמרי מצותו לאלף
דור: ומשלם לשנאיו אל־פניו להאבידו לא יאחר לשנאו אל־ י
פניו ישלם־לו: ושמרת את־המצוה ואת־החקים ואת־המשפטים יא
אשר אנכי מצוך היום לעשותם:

עקב ז
והיה | עקב תשמעון את המשפטים האלה ושמרתם ועשיתם יב
אתם ושמר יהוה אלהיך לך את־הברית ואת־החסד אשר
נשבע לאבתיך: ואהבך וברכך והרבך וברך פרי־בטנך ופרי־ יג
אדמתך דגנך ותירשך ויצהרך שגר־אלפיך ועשתרת צאנך
על האדמה אשר־נשבע לאבתיך לתת לך: ברוך תהיה מכל־ יד
העמים לא־יהיה בך עקר ועקרה ובבהמתך: והסיר יהוה טו
ממך כל־חלי וכל־מדוי מצרים הרעים אשר ידעת לא ישימם
בך ונתנם בכל־שנאיך: ואכלת את־כל־העמים אשר יהוה טז
אלהיך נתן לך לא־תחוס עינך עליהם ולא תעבד את־אלהיהם
כי־מוקש הוא לך: כי תאמר בלבבך רבים יז
הגוים האלה ממני איכה אוכל להורישם: לא תירא מהם יח
זכר תזכר את אשר־עשה יהוה אלהיך לפרעה ולכל־מצרים:
המסת הגדלת אשר־ראו עיניך והאתת והמפתים והיד החזקה יט
והזרע הנטויה אשר הוצאך יהוה אלהיך כן־יעשה יהוה אלהיך
לכל־העמים אשר־אתה ירא מפניהם: וגם את־הצרעה כ
ישלח יהוה אלהיך בם עד־אבד הנשארים והנסתרים מפניך:

כא לֹא תַעֲרֹץ מִפְּנֵיהֶם כִּי־יְהוָה אֱלֹהֶיךָ בְּקִרְבֶּךָ אֵל גָּדוֹל וְנוֹרָא׃
כב וְנָשַׁל יְהוָה אֱלֹהֶיךָ אֶת־הַגּוֹיִם הָאֵל מִפָּנֶיךָ מְעַט מְעָט לֹא
כג תוּכַל כַּלֹּתָם מַהֵר פֶּן־תִּרְבֶּה עָלֶיךָ חַיַּת הַשָּׂדֶה׃ וּנְתָנָם יְהוָה
כד אֱלֹהֶיךָ לְפָנֶיךָ וְהָמָם מְהוּמָה גְדֹלָה עַד הִשָּׁמְדָם׃ וְנָתַן מַלְכֵיהֶם
בְּיָדֶךָ וְהַאֲבַדְתָּ אֶת־שְׁמָם מִתַּחַת הַשָּׁמָיִם לֹא־יִתְיַצֵּב אִישׁ בְּפָנֶיךָ
כה עַד הִשְׁמִדְךָ אֹתָם׃ פְּסִילֵי אֱלֹהֵיהֶם תִּשְׂרְפוּן בָּאֵשׁ לֹא־תַחְמֹד
כֶּסֶף וְזָהָב עֲלֵיהֶם וְלָקַחְתָּ לָךְ פֶּן תִּוָּקֵשׁ בּוֹ כִּי תוֹעֲבַת יְהוָה
כו אֱלֹהֶיךָ הוּא׃ וְלֹא־תָבִיא תוֹעֵבָה אֶל־בֵּיתֶךָ וְהָיִיתָ חֵרֶם כָּמֹהוּ
שַׁקֵּץ ׀ תְּשַׁקְּצֶנּוּ וְתַעֵב ׀ תְּתַעֲבֶנּוּ כִּי־חֵרֶם הוּא׃
ח א כָּל־הַמִּצְוָה אֲשֶׁר אָנֹכִי מְצַוְּךָ הַיּוֹם תִּשְׁמְרוּן לַעֲשׂוֹת לְמַעַן
תִּחְיוּן וּרְבִיתֶם וּבָאתֶם וִירִשְׁתֶּם אֶת־הָאָרֶץ אֲשֶׁר־נִשְׁבַּע יְהוָה
ב לַאֲבֹתֵיכֶם׃ וְזָכַרְתָּ אֶת־כָּל־הַדֶּרֶךְ אֲשֶׁר הוֹלִיכְךָ יְהוָה אֱלֹהֶיךָ
זֶה אַרְבָּעִים שָׁנָה בַּמִּדְבָּר לְמַעַן עַנֹּתְךָ לְנַסֹּתְךָ לָדַעַת אֶת־
ג אֲשֶׁר בִּלְבָבְךָ הֲתִשְׁמֹר מִצְוֺתָו אִם־לֹא׃ וַיְעַנְּךָ וַיַּרְעִבֶךָ וַיַּאֲכִלְךָ
אֶת־הַמָּן אֲשֶׁר לֹא־יָדַעְתָּ וְלֹא יָדְעוּן אֲבֹתֶיךָ לְמַעַן הוֹדִיעֲךָ
כִּי לֹא עַל־הַלֶּחֶם לְבַדּוֹ יִחְיֶה הָאָדָם כִּי עַל־כָּל־מוֹצָא פִי־
ד יְהוָה יִחְיֶה הָאָדָם׃ שִׂמְלָתְךָ לֹא בָלְתָה מֵעָלֶיךָ וְרַגְלְךָ לֹא
ה בָצֵקָה זֶה אַרְבָּעִים שָׁנָה׃ וְיָדַעְתָּ עִם־לְבָבֶךָ כִּי כַּאֲשֶׁר יְיַסֵּר
ו אִישׁ אֶת־בְּנוֹ יְהוָה אֱלֹהֶיךָ מְיַסְּרֶךָּ׃ וְשָׁמַרְתָּ אֶת־מִצְוֺת יְהוָה
ז אֱלֹהֶיךָ לָלֶכֶת בִּדְרָכָיו וּלְיִרְאָה אֹתוֹ׃ כִּי יְהוָה אֱלֹהֶיךָ מְבִיאֲךָ
אֶל־אֶרֶץ טוֹבָה אֶרֶץ נַחֲלֵי מָיִם עֲיָנֹת וּתְהֹמֹת יֹצְאִים בַּבִּקְעָה
ח וּבָהָר׃ אֶרֶץ חִטָּה וּשְׂעֹרָה וְגֶפֶן וּתְאֵנָה וְרִמּוֹן אֶרֶץ־זֵית שֶׁמֶן
ט וּדְבָשׁ׃ אֶרֶץ אֲשֶׁר לֹא בְמִסְכֵּנֻת תֹּאכַל־בָּהּ לֶחֶם לֹא־תֶחְסַר
כֹּל בָּהּ אֶרֶץ אֲשֶׁר אֲבָנֶיהָ בַרְזֶל וּמֵהֲרָרֶיהָ תַּחְצֹב נְחֹשֶׁת׃
י וְאָכַלְתָּ וְשָׂבָעְתָּ וּבֵרַכְתָּ אֶת־יְהוָה אֱלֹהֶיךָ עַל־הָאָרֶץ הַטֹּבָה
יא אֲשֶׁר נָתַן־לָךְ׃ הִשָּׁמֶר לְךָ פֶּן־תִּשְׁכַּח אֶת־יְהוָה אֱלֹהֶיךָ לְבִלְתִּי שני
יב שְׁמֹר מִצְוֺתָיו וּמִשְׁפָּטָיו וְחֻקֹּתָיו אֲשֶׁר אָנֹכִי מְצַוְּךָ הַיּוֹם׃ פֶּן־

תאכל ושבעת ובתים טבים תבנה וישבת: ובקרך וצאנך יג
ירבין וכסף וזהב ירבה־לך וכל אשר־לך ירבה: ורם לבבך יד
ושכחת את־יהוה אלהיך המוציאך מארץ מצרים מבית
עבדים: המוליכך במדבר ׀ הגדל והנורא נחש ׀ שרף ועקרב טו
וצמאון אשר אין־מים המוציא לך מים מצור החלמיש:
המאכלך מן במדבר אשר לא־ידעון אבתיך למען ענתך טז
ולמען נסתך להיטבך באחריתך: ואמרת בלבבך כחי ועצם יז
ידי עשה לי את־החיל הזה: וזכרת את־יהוה אלהיך כי הוא יח
הנתן לך כח לעשות חיל למען הקים את־בריתו אשר־נשבע
לאבתיך כיום הזה:

והיה אם־שכח תשכח את־יהוה אלהיך והלכת אחרי אלהים יט
אחרים ועבדתם והשתחוית להם העדתי בכם היום כי אבד
תאבדון: כגוים אשר יהוה מאביד מפניכם כן תאבדון עקב כ
לא תשמעון בקול יהוה אלהיכם:

ח שמע ישראל אתה עבר היום את־הירדן לבא לרשת גוים א ט
גדלים ועצמים ממך ערים גדלת ובצרת בשמים: עם־גדול ב
ורם בני ענקים אשר אתה ידעת ואתה שמעת מי יתיצב לפני
בני־ענק: וידעת היום כי יהוה אלהיך הוא־העבר לפניך אש ג
אכלה הוא ישמידם והוא יכניעם לפניך והורשתם והאבדתם
שלישי מהר כאשר דבר יהוה לך: אל־תאמר בלבבך בהדף יהוה ד
אלהיך אתם ׀ מלפניך לאמר בצדקתי הביאני יהוה לרשת
את־הארץ הזאת וברשעת הגוים האלה יהוה מורישם מפניך:
לא בצדקתך ובישר לבבך אתה בא לרשת את־ארצם כי ה
ברשעת ׀ הגוים האלה יהוה אלהיך מורישם מפניך ולמען
הקים את־הדבר אשר נשבע יהוה לאבתיך לאברהם ליצחק
וליעקב: וידעת כי לא בצדקתך יהוה אלהיך נתן לך את־ ו
הארץ הטובה הזאת לרשתה כי עם־קשה־ערף אתה: זכר ז

אַל־תִּשְׁכַּח אֵת אֲשֶׁר־הִקְצַפְתָּ אֶת־יְהוָה אֱלֹהֶיךָ בַּמִּדְבָּר לְמִן־
הַיּוֹם אֲשֶׁר־יָצָאתָ ׀ מֵאֶרֶץ מִצְרַיִם עַד־בֹּאֲכֶם עַד־הַמָּקוֹם הַזֶּה
ח מַמְרִים הֱיִיתֶם עִם־יְהוָה׃ וּבְחֹרֵב הִקְצַפְתֶּם אֶת־יְהוָה וַיִּתְאַנַּף
ט יְהוָה בָּכֶם לְהַשְׁמִיד אֶתְכֶם׃ בַּעֲלֹתִי הָהָרָה לָקַחַת לוּחֹת
הָאֲבָנִים לוּחֹת הַבְּרִית אֲשֶׁר־כָּרַת יְהוָה עִמָּכֶם וָאֵשֵׁב בָּהָר
אַרְבָּעִים יוֹם וְאַרְבָּעִים לַיְלָה לֶחֶם לֹא אָכַלְתִּי וּמַיִם לֹא שָׁתִיתִי׃
י וַיִּתֵּן יְהוָה אֵלַי אֶת־שְׁנֵי לוּחֹת הָאֲבָנִים כְּתֻבִים בְּאֶצְבַּע אֱלֹהִים
וַעֲלֵיהֶם כְּכָל־הַדְּבָרִים אֲשֶׁר דִּבֶּר יְהוָה עִמָּכֶם בָּהָר מִתּוֹךְ הָאֵשׁ
יא בְּיוֹם הַקָּהָל׃ וַיְהִי מִקֵּץ אַרְבָּעִים יוֹם וְאַרְבָּעִים לַיְלָה נָתַן יְהוָה
יב אֵלַי אֶת־שְׁנֵי לֻחֹת הָאֲבָנִים לֻחוֹת הַבְּרִית׃ וַיֹּאמֶר יְהוָה אֵלַי קוּם
רֵד מַהֵר מִזֶּה כִּי שִׁחֵת עַמְּךָ אֲשֶׁר הוֹצֵאתָ מִמִּצְרָיִם סָרוּ מַהֵר
יג מִן־הַדֶּרֶךְ אֲשֶׁר צִוִּיתִם עָשׂוּ לָהֶם מַסֵּכָה׃ וַיֹּאמֶר יְהוָה אֵלַי
יד לֵאמֹר רָאִיתִי אֶת־הָעָם הַזֶּה וְהִנֵּה עַם־קְשֵׁה־עֹרֶף הוּא׃ הֶרֶף
מִמֶּנִּי וְאַשְׁמִידֵם וְאֶמְחֶה אֶת־שְׁמָם מִתַּחַת הַשָּׁמָיִם וְאֶעֱשֶׂה
טו אוֹתְךָ לְגוֹי־עָצוּם וָרָב מִמֶּנּוּ׃ וָאֵפֶן וָאֵרֵד מִן־הָהָר וְהָהָר בֹּעֵר
טז בָּאֵשׁ וּשְׁנֵי לוּחֹת הַבְּרִית עַל שְׁתֵּי יָדָי׃ וָאֵרֶא וְהִנֵּה חֲטָאתֶם
לַיהוָה אֱלֹהֵיכֶם עֲשִׂיתֶם לָכֶם עֵגֶל מַסֵּכָה סַרְתֶּם מַהֵר מִן־
יז הַדֶּרֶךְ אֲשֶׁר־צִוָּה יְהוָה אֶתְכֶם׃ וָאֶתְפֹּשׂ בִּשְׁנֵי הַלֻּחֹת וָאַשְׁלִכֵם
יח מֵעַל שְׁתֵּי יָדָי וָאֲשַׁבְּרֵם לְעֵינֵיכֶם׃ וָאֶתְנַפַּל לִפְנֵי יְהוָה כָּרִאשֹׁנָה
אַרְבָּעִים יוֹם וְאַרְבָּעִים לַיְלָה לֶחֶם לֹא אָכַלְתִּי וּמַיִם לֹא שָׁתִיתִי
עַל כָּל־חַטַּאתְכֶם אֲשֶׁר חֲטָאתֶם לַעֲשׂוֹת הָרַע בְּעֵינֵי יְהוָה
יט לְהַכְעִיסוֹ׃ כִּי יָגֹרְתִּי מִפְּנֵי הָאַף וְהַחֵמָה אֲשֶׁר קָצַף יְהוָה עֲלֵיכֶם
כ לְהַשְׁמִיד אֶתְכֶם וַיִּשְׁמַע יְהוָה אֵלַי גַּם בַּפַּעַם הַהִוא׃ וּבְאַהֲרֹן
הִתְאַנַּף יְהוָה מְאֹד לְהַשְׁמִידוֹ וָאֶתְפַּלֵּל גַּם־בְּעַד אַהֲרֹן בָּעֵת
כא הַהִוא׃ וְאֶת־חַטַּאתְכֶם אֲשֶׁר־עֲשִׂיתֶם אֶת־הָעֵגֶל לָקַחְתִּי וָאֶשְׂרֹף
אֹתוֹ ׀ בָּאֵשׁ וָאֶכֹּת אֹתוֹ טָחוֹן הֵיטֵב עַד אֲשֶׁר־דַּק לְעָפָר וָאַשְׁלִךְ
כב אֶת־עֲפָרוֹ אֶל־הַנַּחַל הַיֹּרֵד מִן־הָהָר׃ וּבְתַבְעֵרָה וּבְמַסָּה

כג וּבְקִבְרֹת הַתַּאֲוָה מַקְצִפִים הֱיִיתֶם אֶת־יְהוָה׃ וּבִשְׁלֹחַ יְהוָה
אֶתְכֶם מִקָּדֵשׁ בַּרְנֵעַ לֵאמֹר עֲלוּ וּרְשׁוּ אֶת־הָאָרֶץ אֲשֶׁר נָתַתִּי
לָכֶם וַתַּמְרוּ אֶת־פִּי יְהוָה אֱלֹהֵיכֶם וְלֹא הֶאֱמַנְתֶּם לוֹ וְלֹא
כד שְׁמַעְתֶּם בְּקֹלוֹ׃ מַמְרִים הֱיִיתֶם עִם־יְהוָה מִיּוֹם דַּעְתִּי אֶתְכֶם׃
כה וָאֶתְנַפַּל לִפְנֵי יְהוָה אֶת־אַרְבָּעִים הַיּוֹם וְאֶת־אַרְבָּעִים הַלַּיְלָה
כו אֲשֶׁר הִתְנַפָּלְתִּי כִּי־אָמַר יְהוָה לְהַשְׁמִיד אֶתְכֶם׃ וָאֶתְפַּלֵּל
אֶל־יְהוָה וָאֹמַר אֲדֹנָי יְהוִה אַל־תַּשְׁחֵת עַמְּךָ וְנַחֲלָתְךָ אֲשֶׁר
כז פָּדִיתָ בְּגָדְלֶךָ אֲשֶׁר־הוֹצֵאתָ מִמִּצְרַיִם בְּיָד חֲזָקָה׃ זְכֹר לַעֲבָדֶיךָ
לְאַבְרָהָם לְיִצְחָק וּלְיַעֲקֹב אַל־תֵּפֶן אֶל־קְשִׁי הָעָם הַזֶּה וְאֶל־
כח רִשְׁעוֹ וְאֶל־חַטָּאתוֹ׃ פֶּן־יֹאמְרוּ הָאָרֶץ אֲשֶׁר הוֹצֵאתָנוּ מִשָּׁם
מִבְּלִי יְכֹלֶת יְהוָה לַהֲבִיאָם אֶל־הָאָרֶץ אֲשֶׁר־דִּבֶּר לָהֶם וּמִשִּׂנְאָתוֹ
כט אוֹתָם הוֹצִיאָם לַהֲמִתָם בַּמִּדְבָּר׃ וְהֵם עַמְּךָ וְנַחֲלָתֶךָ אֲשֶׁר
הוֹצֵאתָ בְּכֹחֲךָ הַגָּדֹל וּבִזְרֹעֲךָ הַנְּטוּיָה׃

רביעי ט

אי בָּעֵת הַהִוא אָמַר יְהוָה אֵלַי פְּסָל־לְךָ שְׁנֵי־לוּחֹת אֲבָנִים כָּרִאשֹׁנִים
ב וַעֲלֵה אֵלַי הָהָרָה וְעָשִׂיתָ לְּךָ אֲרוֹן עֵץ׃ וְאֶכְתֹּב עַל־הַלֻּחֹת אֶת־
הַדְּבָרִים אֲשֶׁר הָיוּ עַל־הַלֻּחֹת הָרִאשֹׁנִים אֲשֶׁר שִׁבַּרְתָּ וְשַׂמְתָּם
ג בָּאָרוֹן׃ וָאַעַשׂ אֲרוֹן עֲצֵי שִׁטִּים וָאֶפְסֹל שְׁנֵי־לֻחֹת אֲבָנִים
ד כָּרִאשֹׁנִים וָאַעַל הָהָרָה וּשְׁנֵי הַלֻּחֹת בְּיָדִי׃ וַיִּכְתֹּב עַל־הַלֻּחֹת
כַּמִּכְתָּב הָרִאשׁוֹן אֵת עֲשֶׂרֶת הַדְּבָרִים אֲשֶׁר דִּבֶּר יְהוָה אֲלֵיכֶם
ה בָּהָר מִתּוֹךְ הָאֵשׁ בְּיוֹם הַקָּהָל וַיִּתְּנֵם יְהוָה אֵלָי׃ וָאֵפֶן וָאֵרֵד
מִן־הָהָר וָאָשִׂם אֶת־הַלֻּחֹת בָּאָרוֹן אֲשֶׁר עָשִׂיתִי וַיִּהְיוּ שָׁם כַּאֲשֶׁר
ו צִוַּנִי יְהוָה׃ וּבְנֵי יִשְׂרָאֵל נָסְעוּ מִבְּאֵרֹת בְּנֵי־יַעֲקָן מוֹסֵרָה שָׁם
ז מֵת אַהֲרֹן וַיִּקָּבֵר שָׁם וַיְכַהֵן אֶלְעָזָר בְּנוֹ תַּחְתָּיו׃ מִשָּׁם נָסְעוּ
ח הַגֻּדְגֹּדָה וּמִן־הַגֻּדְגֹּדָה יָטְבָתָה אֶרֶץ נַחֲלֵי־מָיִם׃ בָּעֵת הַהִוא
הִבְדִּיל יְהוָה אֶת־שֵׁבֶט הַלֵּוִי לָשֵׂאת אֶת־אֲרוֹן בְּרִית־יְהוָה
ט לַעֲמֹד לִפְנֵי יְהוָה לְשָׁרְתוֹ וּלְבָרֵךְ בִּשְׁמוֹ עַד הַיּוֹם הַזֶּה׃ עַל־
כֵּן לֹא־הָיָה לְלֵוִי חֵלֶק וְנַחֲלָה עִם־אֶחָיו יְהוָה הוּא נַחֲלָתוֹ

י כַּאֲשֶׁר דִּבֶּר יְהוָה אֱלֹהֶיךָ לוֹ׃ וְאָנֹכִי עָמַדְתִּי בָהָר כַּיָּמִים
הָרִאשֹׁנִים אַרְבָּעִים יוֹם וְאַרְבָּעִים לָיְלָה וַיִּשְׁמַע יְהוָה אֵלַי גַּם
יא בַּפַּעַם הַהִוא לֹא־אָבָה יְהוָה הַשְׁחִיתֶךָ׃ וַיֹּאמֶר יְהוָה אֵלַי קוּם
לֵךְ לְמַסַּע לִפְנֵי הָעָם וְיָבֹאוּ וְיִירְשׁוּ אֶת־הָאָרֶץ אֲשֶׁר־נִשְׁבַּעְתִּי
לַאֲבֹתָם לָתֵת לָהֶם׃
יב וְעַתָּה יִשְׂרָאֵל מָה יְהוָה אֱלֹהֶיךָ שֹׁאֵל מֵעִמָּךְ כִּי אִם־לְיִרְאָה חמישי
אֶת־יְהוָה אֱלֹהֶיךָ לָלֶכֶת בְּכָל־דְּרָכָיו וּלְאַהֲבָה אֹתוֹ וְלַעֲבֹד
יג אֶת־יְהוָה אֱלֹהֶיךָ בְּכָל־לְבָבְךָ וּבְכָל־נַפְשֶׁךָ׃ לִשְׁמֹר אֶת־מִצְוֹת
יד יְהוָה וְאֶת־חֻקֹּתָיו אֲשֶׁר אָנֹכִי מְצַוְּךָ הַיּוֹם לְטוֹב לָךְ׃ הֵן לַיהוָה
טו אֱלֹהֶיךָ הַשָּׁמַיִם וּשְׁמֵי הַשָּׁמָיִם הָאָרֶץ וְכָל־אֲשֶׁר־בָּהּ׃ רַק
בַּאֲבֹתֶיךָ חָשַׁק יְהוָה לְאַהֲבָה אוֹתָם וַיִּבְחַר בְּזַרְעָם אַחֲרֵיהֶם
טז בָּכֶם מִכָּל־הָעַמִּים כַּיּוֹם הַזֶּה׃ וּמַלְתֶּם אֵת עָרְלַת לְבַבְכֶם
יז וְעָרְפְּכֶם לֹא תַקְשׁוּ עוֹד׃ כִּי יְהוָה אֱלֹהֵיכֶם הוּא אֱלֹהֵי הָאֱלֹהִים
וַאֲדֹנֵי הָאֲדֹנִים הָאֵל הַגָּדֹל הַגִּבֹּר וְהַנּוֹרָא אֲשֶׁר לֹא־יִשָּׂא פָנִים
יח וְלֹא יִקַּח שֹׁחַד׃ עֹשֶׂה מִשְׁפַּט יָתוֹם וְאַלְמָנָה וְאֹהֵב גֵּר לָתֶת לוֹ
יט לֶחֶם וְשִׂמְלָה׃ וַאֲהַבְתֶּם אֶת־הַגֵּר כִּי־גֵרִים הֱיִיתֶם בְּאֶרֶץ מִצְרָיִם׃
כ אֶת־יְהוָה אֱלֹהֶיךָ תִּירָא אֹתוֹ תַעֲבֹד וּבוֹ תִדְבָּק וּבִשְׁמוֹ תִּשָּׁבֵעַ׃
כא הוּא תְהִלָּתְךָ וְהוּא אֱלֹהֶיךָ אֲשֶׁר־עָשָׂה אִתְּךָ אֶת־הַגְּדֹלֹת
כב וְאֶת־הַנּוֹרָאֹת הָאֵלֶּה אֲשֶׁר רָאוּ עֵינֶיךָ׃ בְּשִׁבְעִים נֶפֶשׁ יָרְדוּ
אֲבֹתֶיךָ מִצְרָיְמָה וְעַתָּה שָׂמְךָ יְהוָה אֱלֹהֶיךָ כְּכוֹכְבֵי הַשָּׁמַיִם
יא א לָרֹב׃ וְאָהַבְתָּ אֵת יְהוָה אֱלֹהֶיךָ וְשָׁמַרְתָּ מִשְׁמַרְתּוֹ וְחֻקֹּתָיו
ב וּמִשְׁפָּטָיו וּמִצְוֹתָיו כָּל־הַיָּמִים׃ וִידַעְתֶּם הַיּוֹם כִּי לֹא אֶת־בְּנֵיכֶם
אֲשֶׁר לֹא־יָדְעוּ וַאֲשֶׁר לֹא־רָאוּ אֶת־מוּסַר יְהוָה אֱלֹהֵיכֶם אֶת־
ג גָּדְלוֹ אֶת־יָדוֹ הַחֲזָקָה וּזְרֹעוֹ הַנְּטוּיָה׃ וְאֶת־אֹתֹתָיו וְאֶת־מַעֲשָׂיו
אֲשֶׁר עָשָׂה בְּתוֹךְ מִצְרָיִם לְפַרְעֹה מֶלֶךְ־מִצְרַיִם וּלְכָל־אַרְצוֹ׃
ד וַאֲשֶׁר עָשָׂה לְחֵיל מִצְרַיִם לְסוּסָיו וּלְרִכְבּוֹ אֲשֶׁר הֵצִיף אֶת־מֵי
יַם־סוּף עַל־פְּנֵיהֶם בְּרָדְפָם אַחֲרֵיכֶם וַיְאַבְּדֵם יְהוָה עַד הַיּוֹם

הַזֶּה׃ וַאֲשֶׁר עָשָׂה לָכֶם בַּמִּדְבָּר עַד־בֹּאֲכֶם עַד־הַמָּקוֹם הַזֶּה׃ ה
וַאֲשֶׁר עָשָׂה לְדָתָן וְלַאֲבִירָם בְּנֵי אֱלִיאָב בֶּן־רְאוּבֵן אֲשֶׁר פָּצְתָה ו
הָאָרֶץ אֶת־פִּיהָ וַתִּבְלָעֵם וְאֶת־בָּתֵּיהֶם וְאֶת־אָהֳלֵיהֶם וְאֵת כָּל־
הַיְקוּם אֲשֶׁר בְּרַגְלֵיהֶם בְּקֶרֶב כָּל־יִשְׂרָאֵל׃ כִּי עֵינֵיכֶם הָרֹאֹת ז
אֵת כָּל־מַעֲשֵׂה יְהוָה הַגָּדֹל אֲשֶׁר עָשָׂה׃ וּשְׁמַרְתֶּם אֶת־כָּל־ ח
הַמִּצְוָה אֲשֶׁר אָנֹכִי מְצַוְּךָ הַיּוֹם לְמַעַן תֶּחֶזְקוּ וּבָאתֶם וִירִשְׁתֶּם
אֶת־הָאָרֶץ אֲשֶׁר אַתֶּם עֹבְרִים שָׁמָּה לְרִשְׁתָּהּ׃ וּלְמַעַן תַּאֲרִיכוּ ט
יָמִים עַל־הָאֲדָמָה אֲשֶׁר נִשְׁבַּע יְהוָה לַאֲבֹתֵיכֶם לָתֵת לָהֶם
ששי וּלְזַרְעָם אֶרֶץ זָבַת חָלָב וּדְבָשׁ׃ כִּי הָאָרֶץ אֲשֶׁר י
אַתָּה בָא־שָׁמָּה לְרִשְׁתָּהּ לֹא כְאֶרֶץ מִצְרַיִם הִוא אֲשֶׁר יְצָאתֶם
מִשָּׁם אֲשֶׁר תִּזְרַע אֶת־זַרְעֲךָ וְהִשְׁקִיתָ בְרַגְלְךָ כְּגַן הַיָּרָק׃ וְהָאָרֶץ יא
אֲשֶׁר אַתֶּם עֹבְרִים שָׁמָּה לְרִשְׁתָּהּ אֶרֶץ הָרִים וּבְקָעֹת לִמְטַר
הַשָּׁמַיִם תִּשְׁתֶּה־מָּיִם׃ אֶרֶץ אֲשֶׁר־יְהוָה אֱלֹהֶיךָ דֹּרֵשׁ אֹתָהּ יב
תָּמִיד עֵינֵי יְהוָה אֱלֹהֶיךָ בָּהּ מֵרֵשִׁית הַשָּׁנָה וְעַד אַחֲרִית
שָׁנָה׃ וְהָיָה אִם־שָׁמֹעַ תִּשְׁמְעוּ אֶל־מִצְוֺתַי אֲשֶׁר יג
אָנֹכִי מְצַוֶּה אֶתְכֶם הַיּוֹם לְאַהֲבָה אֶת־יְהוָה אֱלֹהֵיכֶם וּלְעָבְדוֹ
בְּכָל־לְבַבְכֶם וּבְכָל־נַפְשְׁכֶם׃ וְנָתַתִּי מְטַר־אַרְצְכֶם בְּעִתּוֹ יוֹרֶה יד
וּמַלְקוֹשׁ וְאָסַפְתָּ דְגָנֶךָ וְתִירֹשְׁךָ וְיִצְהָרֶךָ׃ וְנָתַתִּי עֵשֶׂב בְּשָׂדְךָ טו
לִבְהֶמְתֶּךָ וְאָכַלְתָּ וְשָׂבָעְתָּ׃ הִשָּׁמְרוּ לָכֶם פֶּן־יִפְתֶּה לְבַבְכֶם טז
וְסַרְתֶּם וַעֲבַדְתֶּם אֱלֹהִים אֲחֵרִים וְהִשְׁתַּחֲוִיתֶם לָהֶם׃ וְחָרָה יז
אַף־יְהוָה בָּכֶם וְעָצַר אֶת־הַשָּׁמַיִם וְלֹא־יִהְיֶה מָטָר וְהָאֲדָמָה
לֹא תִתֵּן אֶת־יְבוּלָהּ וַאֲבַדְתֶּם מְהֵרָה מֵעַל הָאָרֶץ הַטֹּבָה אֲשֶׁר
יְהוָה נֹתֵן לָכֶם׃ וְשַׂמְתֶּם אֶת־דְּבָרַי אֵלֶּה עַל־לְבַבְכֶם וְעַל־ יח
נַפְשְׁכֶם וּקְשַׁרְתֶּם אֹתָם לְאוֹת עַל־יֶדְכֶם וְהָיוּ לְטוֹטָפֹת בֵּין
עֵינֵיכֶם׃ וְלִמַּדְתֶּם אֹתָם אֶת־בְּנֵיכֶם לְדַבֵּר בָּם בְּשִׁבְתְּךָ בְּבֵיתֶךָ יט
וּבְלֶכְתְּךָ בַדֶּרֶךְ וּבְשָׁכְבְּךָ וּבְקוּמֶךָ׃ וּכְתַבְתָּם עַל־מְזוּזוֹת כ
בֵּיתֶךָ וּבִשְׁעָרֶיךָ׃ לְמַעַן יִרְבּוּ יְמֵיכֶם וִימֵי בְנֵיכֶם עַל הָאֲדָמָה כא

אֲשֶׁר נִשְׁבַּע יְהוָה לַאֲבֹתֵיכֶם לָתֵת לָהֶם כִּימֵי הַשָּׁמַיִם עַל־
כב הָאָרֶץ׃ כִּי אִם־שָׁמֹר תִּשְׁמְרוּן אֶת־כָּל־ שביעי ומפטיר
הַמִּצְוָה הַזֹּאת אֲשֶׁר אָנֹכִי מְצַוֶּה אֶתְכֶם לַעֲשֹׂתָהּ לְאַהֲבָה
כג אֶת־יְהוָה אֱלֹהֵיכֶם לָלֶכֶת בְּכָל־דְּרָכָיו וּלְדָבְקָה־בוֹ׃ וְהוֹרִישׁ
יְהוָה אֶת־כָּל־הַגּוֹיִם הָאֵלֶּה מִלִּפְנֵיכֶם וִירִשְׁתֶּם גּוֹיִם גְּדֹלִים
כד וַעֲצֻמִים מִכֶּם׃ כָּל־הַמָּקוֹם אֲשֶׁר תִּדְרֹךְ כַּף־רַגְלְכֶם בּוֹ לָכֶם
יִהְיֶה מִן־הַמִּדְבָּר וְהַלְּבָנוֹן מִן־הַנָּהָר נְהַר־פְּרָת וְעַד הַיָּם הָאַחֲרוֹן
כה יִהְיֶה גְּבֻלְכֶם׃ לֹא־יִתְיַצֵּב אִישׁ בִּפְנֵיכֶם פַּחְדְּכֶם וּמוֹרַאֲכֶם יִתֵּן ׀
יְהוָה אֱלֹהֵיכֶם עַל־פְּנֵי כָל־הָאָרֶץ אֲשֶׁר תִּדְרְכוּ־בָהּ כַּאֲשֶׁר דִּבֶּר
כו לָכֶם׃ רְאֵה אָנֹכִי נֹתֵן לִפְנֵיכֶם הַיּוֹם בְּרָכָה ראה
כז וּקְלָלָה׃ אֶת־הַבְּרָכָה אֲשֶׁר תִּשְׁמְעוּ אֶל־מִצְוֺת יְהוָה אֱלֹהֵיכֶם
כח אֲשֶׁר אָנֹכִי מְצַוֶּה אֶתְכֶם הַיּוֹם׃ וְהַקְּלָלָה אִם־לֹא תִשְׁמְעוּ
אֶל־מִצְוֺת יְהוָה אֱלֹהֵיכֶם וְסַרְתֶּם מִן־הַדֶּרֶךְ אֲשֶׁר אָנֹכִי
מְצַוֶּה אֶתְכֶם הַיּוֹם לָלֶכֶת אַחֲרֵי אֱלֹהִים אֲחֵרִים אֲשֶׁר לֹא־
כט יְדַעְתֶּם׃ וְהָיָה כִּי יְבִיאֲךָ יְהוָה אֱלֹהֶיךָ אֶל־
הָאָרֶץ אֲשֶׁר־אַתָּה בָא־שָׁמָּה לְרִשְׁתָּהּ וְנָתַתָּה אֶת־הַבְּרָכָה
ל עַל־הַר גְּרִזִים וְאֶת־הַקְּלָלָה עַל־הַר עֵיבָל׃ הֲלֹא־הֵמָּה בְּעֵבֶר
הַיַּרְדֵּן אַחֲרֵי דֶּרֶךְ מְבוֹא הַשֶּׁמֶשׁ בְּאֶרֶץ הַכְּנַעֲנִי הַיֹּשֵׁב בָּעֲרָבָה
לא מוּל הַגִּלְגָּל אֵצֶל אֵלוֹנֵי מֹרֶה׃ כִּי אַתֶּם עֹבְרִים אֶת־הַיַּרְדֵּן
לָבֹא לָרֶשֶׁת אֶת־הָאָרֶץ אֲשֶׁר־יְהוָה אֱלֹהֵיכֶם נֹתֵן לָכֶם וִירִשְׁתֶּם
לב אֹתָהּ וִישַׁבְתֶּם־בָּהּ׃ וּשְׁמַרְתֶּם לַעֲשׂוֹת אֵת כָּל־הַחֻקִּים וְאֶת־
ב א הַמִּשְׁפָּטִים אֲשֶׁר אָנֹכִי נֹתֵן לִפְנֵיכֶם הַיּוֹם׃ אֵלֶּה הַחֻקִּים
וְהַמִּשְׁפָּטִים אֲשֶׁר תִּשְׁמְרוּן לַעֲשׂוֹת בָּאָרֶץ אֲשֶׁר נָתַן יְהוָה
אֱלֹהֵי אֲבֹתֶיךָ לְךָ לְרִשְׁתָּהּ כָּל־הַיָּמִים אֲשֶׁר־אַתֶּם חַיִּים עַל־
ב הָאֲדָמָה׃ אַבֵּד תְּאַבְּדוּן אֶת־כָּל־הַמְּקֹמוֹת אֲשֶׁר עָבְדוּ־שָׁם
הַגּוֹיִם אֲשֶׁר אַתֶּם יֹרְשִׁים אֹתָם אֶת־אֱלֹהֵיהֶם עַל־הֶהָרִים
ג הָרָמִים וְעַל־הַגְּבָעוֹת וְתַחַת כָּל־עֵץ רַעֲנָן׃ וְנִתַּצְתֶּם אֶת־

מִזְבְּחֹתָם וְשִׁבַּרְתֶּם אֶת־מַצֵּבֹתָם וַאֲשֵׁרֵיהֶם תִּשְׂרְפוּן בָּאֵשׁ
וּפְסִילֵי אֱלֹהֵיהֶם תְּגַדֵּעוּן וְאִבַּדְתֶּם אֶת־שְׁמָם מִן־הַמָּקוֹם הַהוּא׃
ד ה לֹא־תַעֲשׂוּן כֵּן לַיהוָה אֱלֹהֵיכֶם׃ כִּי אִם־אֶל־הַמָּקוֹם אֲשֶׁר־יִבְחַר
יְהוָה אֱלֹהֵיכֶם מִכָּל־שִׁבְטֵיכֶם לָשׂוּם אֶת־שְׁמוֹ שָׁם לְשִׁכְנוֹ
ו תִדְרְשׁוּ וּבָאתָ שָׁמָּה׃ וַהֲבֵאתֶם שָׁמָּה עֹלֹתֵיכֶם וְזִבְחֵיכֶם וְאֵת
מַעְשְׂרֹתֵיכֶם וְאֵת תְּרוּמַת יֶדְכֶם וְנִדְרֵיכֶם וְנִדְבֹתֵיכֶם וּבְכֹרֹת
ז בְּקַרְכֶם וְצֹאנְכֶם׃ וַאֲכַלְתֶּם־שָׁם לִפְנֵי יְהוָה אֱלֹהֵיכֶם וּשְׂמַחְתֶּם
בְּכֹל מִשְׁלַח יֶדְכֶם אַתֶּם וּבָתֵּיכֶם אֲשֶׁר בֵּרַכְךָ יְהוָה אֱלֹהֶיךָ׃
ח לֹא תַעֲשׂוּן כְּכֹל אֲשֶׁר אֲנַחְנוּ עֹשִׂים פֹּה הַיּוֹם אִישׁ כָּל־הַיָּשָׁר
ט בְּעֵינָיו׃ כִּי לֹא־בָאתֶם עַד־עָתָּה אֶל־הַמְּנוּחָה וְאֶל־הַנַּחֲלָה
י אֲשֶׁר־יְהוָה אֱלֹהֶיךָ נֹתֵן לָךְ׃ וַעֲבַרְתֶּם אֶת־הַיַּרְדֵּן וִישַׁבְתֶּם
בָּאָרֶץ אֲשֶׁר־יְהוָה אֱלֹהֵיכֶם מַנְחִיל אֶתְכֶם וְהֵנִיחַ לָכֶם מִכָּל־
יא אֹיְבֵיכֶם מִסָּבִיב וִישַׁבְתֶּם־בֶּטַח׃ וְהָיָה הַמָּקוֹם אֲשֶׁר־יִבְחַר יְהוָה שני
אֱלֹהֵיכֶם בּוֹ לְשַׁכֵּן שְׁמוֹ שָׁם שָׁמָּה תָבִיאוּ אֵת כָּל־אֲשֶׁר אָנֹכִי
מְצַוֶּה אֶתְכֶם עוֹלֹתֵיכֶם וְזִבְחֵיכֶם מַעְשְׂרֹתֵיכֶם וּתְרֻמַת יֶדְכֶם
יב וְכֹל מִבְחַר נִדְרֵיכֶם אֲשֶׁר תִּדְּרוּ לַיהוָה׃ וּשְׂמַחְתֶּם לִפְנֵי יְהוָה
אֱלֹהֵיכֶם אַתֶּם וּבְנֵיכֶם וּבְנֹתֵיכֶם וְעַבְדֵיכֶם וְאַמְהֹתֵיכֶם וְהַלֵּוִי
יג אֲשֶׁר בְּשַׁעֲרֵיכֶם כִּי אֵין לוֹ חֵלֶק וְנַחֲלָה אִתְּכֶם׃ הִשָּׁמֶר לְךָ פֶּן־
יד תַּעֲלֶה עֹלֹתֶיךָ בְּכָל־מָקוֹם אֲשֶׁר תִּרְאֶה׃ כִּי אִם־בַּמָּקוֹם אֲשֶׁר־
יִבְחַר יְהוָה בְּאַחַד שְׁבָטֶיךָ שָׁם תַּעֲלֶה עֹלֹתֶיךָ וְשָׁם תַּעֲשֶׂה כֹּל
טו אֲשֶׁר אָנֹכִי מְצַוֶּךָּ׃ רַק בְּכָל־אַוַּת נַפְשְׁךָ תִּזְבַּח ׀ וְאָכַלְתָּ בָשָׂר
כְּבִרְכַּת יְהוָה אֱלֹהֶיךָ אֲשֶׁר נָתַן־לְךָ בְּכָל־שְׁעָרֶיךָ הַטָּמֵא וְהַטָּהוֹר
טז יֹאכְלֶנּוּ כַּצְּבִי וְכָאַיָּל׃ רַק הַדָּם לֹא תֹאכֵלוּ עַל־הָאָרֶץ תִּשְׁפְּכֶנּוּ
יז כַּמָּיִם׃ לֹא־תוּכַל לֶאֱכֹל בִּשְׁעָרֶיךָ מַעְשַׂר דְּגָנְךָ וְתִירֹשְׁךָ וְיִצְהָרֶךָ
וּבְכֹרֹת בְּקָרְךָ וְצֹאנֶךָ וְכָל־נְדָרֶיךָ אֲשֶׁר תִּדֹּר וְנִדְבֹתֶיךָ וּתְרוּמַת
יח יָדֶךָ׃ כִּי אִם־לִפְנֵי יְהוָה אֱלֹהֶיךָ תֹּאכְלֶנּוּ בַּמָּקוֹם אֲשֶׁר יִבְחַר
יְהוָה אֱלֹהֶיךָ בּוֹ אַתָּה וּבִנְךָ וּבִתֶּךָ וְעַבְדְּךָ וַאֲמָתֶךָ וְהַלֵּוִי אֲשֶׁר

יט בִּשְׁעָרֶיךָ וְשָׂמַחְתָּ לִפְנֵי יהוה אֱלֹהֶיךָ בְּכֹל מִשְׁלַח יָדֶךָ: הִשָּׁמֶר
כ לְךָ פֶּן־תַּעֲזֹב אֶת־הַלֵּוִי כָּל־יָמֶיךָ עַל־אַדְמָתֶךָ: כִּי־ יא
יַרְחִיב יהוה אֱלֹהֶיךָ אֶת־גְּבֻלְךָ כַּאֲשֶׁר דִּבֶּר־לָךְ וְאָמַרְתָּ אֹכְלָה
בָשָׂר כִּי־תְאַוֶּה נַפְשְׁךָ לֶאֱכֹל בָּשָׂר בְּכָל־אַוַּת נַפְשְׁךָ תֹּאכַל
כא בָּשָׂר: כִּי־יִרְחַק מִמְּךָ הַמָּקוֹם אֲשֶׁר יִבְחַר יהוה אֱלֹהֶיךָ לָשׂוּם
שְׁמוֹ שָׁם וְזָבַחְתָּ מִבְּקָרְךָ וּמִצֹּאנְךָ אֲשֶׁר נָתַן יהוה לְךָ כַּאֲשֶׁר
כב צִוִּיתִךָ וְאָכַלְתָּ בִּשְׁעָרֶיךָ בְּכֹל אַוַּת נַפְשֶׁךָ: אַךְ כַּאֲשֶׁר יֵאָכֵל
אֶת־הַצְּבִי וְאֶת־הָאַיָּל כֵּן תֹּאכְלֶנּוּ הַטָּמֵא וְהַטָּהוֹר יַחְדָּו
כג יֹאכְלֶנּוּ: רַק חֲזַק לְבִלְתִּי אֲכֹל הַדָּם כִּי הַדָּם הוּא הַנָּפֶשׁ וְלֹא־
כד תֹאכַל הַנֶּפֶשׁ עִם־הַבָּשָׂר: לֹא תֹּאכְלֶנּוּ עַל־הָאָרֶץ תִּשְׁפְּכֶנּוּ
כה כַּמָּיִם: לֹא תֹּאכְלֶנּוּ לְמַעַן יִיטַב לְךָ וּלְבָנֶיךָ אַחֲרֶיךָ כִּי־תַעֲשֶׂה
כו הַיָּשָׁר בְּעֵינֵי יהוה: רַק קָדָשֶׁיךָ אֲשֶׁר־יִהְיוּ לְךָ וּנְדָרֶיךָ תִּשָּׂא וּבָאתָ
כז אֶל־הַמָּקוֹם אֲשֶׁר־יִבְחַר יהוה: וְעָשִׂיתָ עֹלֹתֶיךָ הַבָּשָׂר וְהַדָּם עַל־
מִזְבַּח יהוה אֱלֹהֶיךָ וְדַם־זְבָחֶיךָ יִשָּׁפֵךְ עַל־מִזְבַּח יהוה אֱלֹהֶיךָ
כח וְהַבָּשָׂר תֹּאכֵל: שְׁמֹר וְשָׁמַעְתָּ אֵת כָּל־הַדְּבָרִים הָאֵלֶּה אֲשֶׁר
אָנֹכִי מְצַוֶּךָּ לְמַעַן יִיטַב לְךָ וּלְבָנֶיךָ אַחֲרֶיךָ עַד־עוֹלָם כִּי תַעֲשֶׂה
כט הַטּוֹב וְהַיָּשָׁר בְּעֵינֵי יהוה אֱלֹהֶיךָ: כִּי־יַכְרִית שלישי
יהוה אֱלֹהֶיךָ אֶת־הַגּוֹיִם אֲשֶׁר אַתָּה בָא־שָׁמָּה לָרֶשֶׁת אוֹתָם
ל מִפָּנֶיךָ וְיָרַשְׁתָּ אֹתָם וְיָשַׁבְתָּ בְּאַרְצָם: הִשָּׁמֶר לְךָ פֶּן־תִּנָּקֵשׁ
אַחֲרֵיהֶם אַחֲרֵי הִשָּׁמְדָם מִפָּנֶיךָ וּפֶן־תִּדְרֹשׁ לֵאלֹהֵיהֶם לֵאמֹר
אֵיכָה יַעַבְדוּ הַגּוֹיִם הָאֵלֶּה אֶת־אֱלֹהֵיהֶם וְאֶעֱשֶׂה־כֵּן גַּם־אָנִי:
לא לֹא־תַעֲשֶׂה כֵן לַיהוה אֱלֹהֶיךָ כִּי כָל־תּוֹעֲבַת יהוה אֲשֶׁר שָׂנֵא
עָשׂוּ לֵאלֹהֵיהֶם כִּי גַם אֶת־בְּנֵיהֶם וְאֶת־בְּנֹתֵיהֶם יִשְׂרְפוּ בָאֵשׁ
יג א לֵאלֹהֵיהֶם: אֵת כָּל־הַדָּבָר אֲשֶׁר אָנֹכִי מְצַוֶּה אֶתְכֶם אֹתוֹ תִשְׁמְרוּ
לַעֲשׂוֹת לֹא־תֹסֵף עָלָיו וְלֹא תִגְרַע מִמֶּנּוּ:
ב כִּי־יָקוּם בְּקִרְבְּךָ נָבִיא אוֹ חֹלֵם חֲלוֹם וְנָתַן אֵלֶיךָ אוֹת אוֹ
ג מוֹפֵת: וּבָא הָאוֹת וְהַמּוֹפֵת אֲשֶׁר־דִּבֶּר אֵלֶיךָ לֵאמֹר נֵלְכָה

אחרי אלהים אחרים אשר לא־ידעתם ונעבדם: לא תשמע ד
אל־דברי הנביא ההוא או אל־חולם החלום ההוא כי מנסה
יהוה אלהיכם אתכם לדעת הישכם אהבים את־יהוה
אלהיכם בכל־לבבכם ובכל־נפשכם: אחרי יהוה אלהיכם ה
תלכו ואתו תיראו ואת־מצותיו תשמרו ובקלו תשמעו ואתו
תעבדו ובו תדבקון: והנביא ההוא או חלם החלום ההוא ו
יומת כי דבר־סרה על־יהוה אלהיכם המוציא אתכם | מארץ
מצרים והפדך מבית עבדים להדיחך מן־הדרך אשר צוך יהוה
אלהיך ללכת בה ובערת הרע מקרבך: כי ז
יסיתך אחיך בן־אמך או־בנך או־בתך או | אשת חיקך או
רעך אשר כנפשך בסתר לאמר נלכה ונעבדה אלהים אחרים
אשר לא ידעת אתה ואבתיך: מאלהי העמים אשר סביבתיכם ח
הקרבים אליך או הרחקים ממך מקצה הארץ ועד־קצה
הארץ: לא־תאבה לו ולא תשמע אליו ולא־תחוס עינך עליו ט
ולא־תחמל ולא־תכסה עליו: כי הרג תהרגנו ידך תהיה־בו י
בראשונה להמיתו ויד כל־העם באחרנה: וסקלתו באבנים יא
ומת כי בקש להדיחך מעל יהוה אלהיך המוציאך מארץ
מצרים מבית עבדים: וכל־ישראל ישמעו ויראון ולא־יוספו יב
לעשות כדבר הרע הזה בקרבך: כי־תשמע יג
באחת עריך אשר יהוה אלהיך נתן לך לשבת שם לאמר:
יצאו אנשים בני־בליעל מקרבך וידיחו את־ישבי עירם לאמר יד
נלכה ונעבדה אלהים אחרים אשר לא־ידעתם: ודרשת טו
וחקרת ושאלת היטב והנה אמת נכון הדבר נעשתה התועבה
הזאת בקרבך: הכה תכה את־ישבי העיר ההוא לפי־חרב טז
החרם אתה ואת־כל־אשר־בה ואת־בהמתה לפי־חרב:
ואת־כל־שללה תקבץ אל־תוך רחבה ושרפת באש את־ יז
העיר ואת־כל־שללה כליל ליהוה אלהיך והיתה תל עולם

יח לֹא תִבָּנֶה עוֹד׃ וְלֹא־יִדְבַּק בְּיָדְךָ מְאוּמָה מִן־הַחֵרֶם לְמַעַן יָשׁוּב
יְהוָה מֵחֲרוֹן אַפּוֹ וְנָתַן־לְךָ רַחֲמִים וְרִחַמְךָ וְהִרְבֶּךָ כַּאֲשֶׁר
יט נִשְׁבַּע לַאֲבֹתֶיךָ׃ כִּי תִשְׁמַע בְּקוֹל יְהוָה אֱלֹהֶיךָ לִשְׁמֹר אֶת־
כָּל־מִצְוֺתָיו אֲשֶׁר אָנֹכִי מְצַוְּךָ הַיּוֹם לַעֲשׂוֹת הַיָּשָׁר בְּעֵינֵי יְהוָה
יד א אֱלֹהֶיךָ׃ בָּנִים אַתֶּם לַיהוָה אֱלֹהֵיכֶם לֹא תִתְגֹּדְדוּ יב רביעי
ב וְלֹא־תָשִׂימוּ קָרְחָה בֵּין עֵינֵיכֶם לָמֵת׃ כִּי עַם קָדוֹשׁ אַתָּה
לַיהוָה אֱלֹהֶיךָ וּבְךָ בָּחַר יְהוָה לִהְיוֹת לוֹ לְעַם סְגֻלָּה מִכֹּל
ג הָעַמִּים אֲשֶׁר עַל־פְּנֵי הָאֲדָמָה׃ לֹא תֹאכַל כָּל־
ד תּוֹעֵבָה׃ זֹאת הַבְּהֵמָה אֲשֶׁר תֹּאכֵלוּ שׁוֹר שֵׂה כְשָׂבִים וְשֵׂה
ה ו עִזִּים׃ אַיָּל וּצְבִי וְיַחְמוּר וְאַקּוֹ וְדִישֹׁן וּתְאוֹ וָזָמֶר׃ וְכָל־בְּהֵמָה
מַפְרֶסֶת פַּרְסָה וְשֹׁסַעַת שֶׁסַע שְׁתֵּי פְרָסוֹת מַעֲלַת גֵּרָה בַּבְּהֵמָה
ז אֹתָהּ תֹּאכֵלוּ׃ אַךְ אֶת־זֶה לֹא תֹאכְלוּ מִמַּעֲלֵי הַגֵּרָה וּמִמַּפְרִיסֵי
הַפַּרְסָה הַשְּׁסוּעָה אֶת־הַגָּמָל וְאֶת־הָאַרְנֶבֶת וְאֶת־הַשָּׁפָן כִּי־
ח מַעֲלֵה גֵרָה הֵמָּה וּפַרְסָה לֹא הִפְרִיסוּ טְמֵאִים הֵם לָכֶם׃ וְאֶת־
הַחֲזִיר כִּי־מַפְרִיס פַּרְסָה הוּא וְלֹא גֵרָה טָמֵא הוּא לָכֶם מִבְּשָׂרָם
ט לֹא תֹאכֵלוּ וּבְנִבְלָתָם לֹא תִגָּעוּ׃ אֶת־זֶה
תֹּאכְלוּ מִכֹּל אֲשֶׁר בַּמָּיִם כֹּל אֲשֶׁר־לוֹ סְנַפִּיר וְקַשְׂקֶשֶׂת תֹּאכֵלוּ׃
י וְכֹל אֲשֶׁר אֵין־לוֹ סְנַפִּיר וְקַשְׂקֶשֶׂת לֹא תֹאכֵלוּ טָמֵא הוּא
יא יב לָכֶם׃ כָּל־צִפּוֹר טְהֹרָה תֹּאכֵלוּ׃ וְזֶה אֲשֶׁר לֹא־
יג תֹאכְלוּ מֵהֶם הַנֶּשֶׁר וְהַפֶּרֶס וְהָעָזְנִיָּה׃ וְהָרָאָה וְאֶת־הָאַיָּה וְהַדַּיָּה
יד טו לְמִינָהּ׃ וְאֵת כָּל־עֹרֵב לְמִינוֹ׃ וְאֵת בַּת הַיַּעֲנָה וְאֶת־הַתַּחְמָס וְאֶת־
טז הַשָּׁחַף וְאֶת־הַנֵּץ לְמִינֵהוּ׃ אֶת־הַכּוֹס וְאֶת־הַיַּנְשׁוּף וְהַתִּנְשָׁמֶת׃
יז יח וְהַקָּאָת וְאֶת־הָרָחָמָה וְאֶת־הַשָּׁלָךְ׃ וְהַחֲסִידָה וְהָאֲנָפָה לְמִינָהּ
יט וְהַדּוּכִיפַת וְהָעֲטַלֵּף׃ וְכֹל שֶׁרֶץ הָעוֹף טָמֵא הוּא לָכֶם לֹא יֵאָכֵלוּ׃
כ כא כָּל־עוֹף טָהוֹר תֹּאכֵלוּ׃ לֹא תֹאכְלוּ כָל־נְבֵלָה לַגֵּר אֲשֶׁר־בִּשְׁעָרֶיךָ
תִּתְּנֶנָּה וַאֲכָלָהּ אוֹ מָכֹר לְנָכְרִי כִּי עַם קָדוֹשׁ אַתָּה לַיהוָה אֱלֹהֶיךָ
לֹא־תְבַשֵּׁל גְּדִי בַּחֲלֵב אִמּוֹ׃

חמישי כב עַשֵּׂר תְּעַשֵּׂר אֵת כָּל־תְּבוּאַת זַרְעֶךָ הַיֹּצֵא הַשָּׂדֶה שָׁנָה שָׁנָה׃
כג וְאָכַלְתָּ לִפְנֵי ׀ יְהוָה אֱלֹהֶיךָ בַּמָּקוֹם אֲשֶׁר־יִבְחַר לְשַׁכֵּן שְׁמוֹ
שָׁם מַעְשַׂר דְּגָנְךָ תִּירֹשְׁךָ וְיִצְהָרֶךָ וּבְכֹרֹת בְּקָרְךָ וְצֹאנֶךָ לְמַעַן
כד תִּלְמַד לְיִרְאָה אֶת־יְהוָה אֱלֹהֶיךָ כָּל־הַיָּמִים׃ וְכִי־יִרְבֶּה
מִמְּךָ הַדֶּרֶךְ כִּי לֹא תוּכַל שְׂאֵתוֹ כִּי־יִרְחַק מִמְּךָ הַמָּקוֹם אֲשֶׁר
יִבְחַר יְהוָה אֱלֹהֶיךָ לָשׂוּם שְׁמוֹ שָׁם כִּי יְבָרֶכְךָ יְהוָה אֱלֹהֶיךָ׃
כה וְנָתַתָּה בַּכָּסֶף וְצַרְתָּ הַכֶּסֶף בְּיָדְךָ וְהָלַכְתָּ אֶל־הַמָּקוֹם אֲשֶׁר
כו יִבְחַר יְהוָה אֱלֹהֶיךָ בּוֹ׃ וְנָתַתָּה הַכֶּסֶף בְּכֹל אֲשֶׁר־תְּאַוֶּה
נַפְשְׁךָ בַּבָּקָר וּבַצֹּאן וּבַיַּיִן וּבַשֵּׁכָר וּבְכֹל אֲשֶׁר תִּשְׁאָלְךָ
נַפְשֶׁךָ וְאָכַלְתָּ שָׁם לִפְנֵי יְהוָה אֱלֹהֶיךָ וְשָׂמַחְתָּ אַתָּה וּבֵיתֶךָ׃
כז וְהַלֵּוִי אֲשֶׁר־בִּשְׁעָרֶיךָ לֹא תַעַזְבֶנּוּ כִּי אֵין לוֹ חֵלֶק וְנַחֲלָה
כח עִמָּךְ׃ מִקְצֵה ׀ שָׁלֹשׁ שָׁנִים תּוֹצִיא אֶת־כָּל־מַעְשַׂר
כט תְּבוּאָתְךָ בַּשָּׁנָה הַהִוא וְהִנַּחְתָּ בִּשְׁעָרֶיךָ׃ וּבָא הַלֵּוִי כִּי אֵין־
לוֹ חֵלֶק וְנַחֲלָה עִמָּךְ וְהַגֵּר וְהַיָּתוֹם וְהָאַלְמָנָה אֲשֶׁר בִּשְׁעָרֶיךָ
וְאָכְלוּ וְשָׂבֵעוּ לְמַעַן יְבָרֶכְךָ יְהוָה אֱלֹהֶיךָ בְּכָל־מַעֲשֵׂה יָדְךָ
ששי טו א אֲשֶׁר תַּעֲשֶׂה׃ מִקֵּץ שֶׁבַע־שָׁנִים תַּעֲשֶׂה שְׁמִטָּה׃
ב וְזֶה דְּבַר הַשְּׁמִטָּה שָׁמוֹט כָּל־בַּעַל מַשֵּׁה יָדוֹ אֲשֶׁר יַשֶּׁה בְּרֵעֵהוּ
ג לֹא־יִגֹּשׂ אֶת־רֵעֵהוּ וְאֶת־אָחִיו כִּי־קָרָא שְׁמִטָּה לַיהוָה׃ אֶת־
ד הַנָּכְרִי תִּגֹּשׂ וַאֲשֶׁר יִהְיֶה לְךָ אֶת־אָחִיךָ תַּשְׁמֵט יָדֶךָ׃ אֶפֶס
כִּי לֹא יִהְיֶה־בְּךָ אֶבְיוֹן כִּי־בָרֵךְ יְבָרֶכְךָ יְהוָה בָּאָרֶץ אֲשֶׁר יְהוָה
ה אֱלֹהֶיךָ נֹתֵן־לְךָ נַחֲלָה לְרִשְׁתָּהּ׃ רַק אִם־שָׁמוֹעַ תִּשְׁמַע בְּקוֹל
יְהוָה אֱלֹהֶיךָ לִשְׁמֹר לַעֲשׂוֹת אֶת־כָּל־הַמִּצְוָה הַזֹּאת אֲשֶׁר
ו אָנֹכִי מְצַוְּךָ הַיּוֹם׃ כִּי־יְהוָה אֱלֹהֶיךָ בֵּרַכְךָ כַּאֲשֶׁר דִּבֶּר־לָךְ
וְהַעֲבַטְתָּ גּוֹיִם רַבִּים וְאַתָּה לֹא תַעֲבֹט וּמָשַׁלְתָּ בְּגוֹיִם רַבִּים
יג ז וּבְךָ לֹא יִמְשֹׁלוּ׃ כִּי־יִהְיֶה בְךָ אֶבְיוֹן מֵאַחַד
אַחֶיךָ בְּאַחַד שְׁעָרֶיךָ בְּאַרְצְךָ אֲשֶׁר־יְהוָה אֱלֹהֶיךָ נֹתֵן לָךְ לֹא
ח תְאַמֵּץ אֶת־לְבָבְךָ וְלֹא תִקְפֹּץ אֶת־יָדְךָ מֵאָחִיךָ הָאֶבְיוֹן׃ כִּי־

פָּתֹחַ תִּפְתַּח אֶת־יָדְךָ לוֹ וְהַעֲבֵט תַּעֲבִיטֶנּוּ דֵּי מַחְסֹרוֹ אֲשֶׁר
ט יֶחְסַר לוֹ׃ הִשָּׁמֶר לְךָ פֶּן־יִהְיֶה דָבָר עִם־לְבָבְךָ בְלִיַּעַל לֵאמֹר
קָרְבָה שְׁנַת־הַשֶּׁבַע שְׁנַת הַשְּׁמִטָּה וְרָעָה עֵינְךָ בְּאָחִיךָ הָאֶבְיוֹן
י וְלֹא תִתֵּן לוֹ וְקָרָא עָלֶיךָ אֶל־יהוה וְהָיָה בְךָ חֵטְא׃ נָתוֹן תִּתֵּן
לוֹ וְלֹא־יֵרַע לְבָבְךָ בְּתִתְּךָ לוֹ כִּי בִּגְלַל ׀ הַדָּבָר הַזֶּה יְבָרֶכְךָ יהוה
יא אֱלֹהֶיךָ בְּכָל־מַעֲשֶׂךָ וּבְכֹל מִשְׁלַח יָדֶךָ׃ כִּי לֹא־יֶחְדַּל אֶבְיוֹן
מִקֶּרֶב הָאָרֶץ עַל־כֵּן אָנֹכִי מְצַוְּךָ לֵאמֹר פָּתֹחַ תִּפְתַּח אֶת־
יב יָדְךָ לְאָחִיךָ לַעֲנִיֶּךָ וּלְאֶבְיֹנְךָ בְּאַרְצֶךָ׃ כִּי־יִמָּכֵר
לְךָ אָחִיךָ הָעִבְרִי אוֹ הָעִבְרִיָּה וַעֲבָדְךָ שֵׁשׁ שָׁנִים וּבַשָּׁנָה הַשְּׁבִיעִת
יג תְּשַׁלְּחֶנּוּ חָפְשִׁי מֵעִמָּךְ׃ וְכִי־תְשַׁלְּחֶנּוּ חָפְשִׁי מֵעִמָּךְ לֹא תְשַׁלְּחֶנּוּ
יד רֵיקָם׃ הַעֲנֵיק תַּעֲנִיק לוֹ מִצֹּאנְךָ וּמִגָּרְנְךָ וּמִיִּקְבֶךָ אֲשֶׁר בֵּרַכְךָ
טו יהוה אֱלֹהֶיךָ תִּתֶּן־לוֹ׃ וְזָכַרְתָּ כִּי עֶבֶד הָיִיתָ בְּאֶרֶץ מִצְרַיִם
וַיִּפְדְּךָ יהוה אֱלֹהֶיךָ עַל־כֵּן אָנֹכִי מְצַוְּךָ אֶת־הַדָּבָר הַזֶּה הַיּוֹם׃
טז וְהָיָה כִּי־יֹאמַר אֵלֶיךָ לֹא אֵצֵא מֵעִמָּךְ כִּי אֲהֵבְךָ וְאֶת־בֵּיתֶךָ
יז כִּי־טוֹב לוֹ עִמָּךְ׃ וְלָקַחְתָּ אֶת־הַמַּרְצֵעַ וְנָתַתָּה בְאָזְנוֹ וּבַדֶּלֶת
יח וְהָיָה לְךָ עֶבֶד עוֹלָם וְאַף לַאֲמָתְךָ תַּעֲשֶׂה־כֵּן׃ לֹא־יִקְשֶׁה בְעֵינֶךָ
בְּשַׁלֵּחֲךָ אֹתוֹ חָפְשִׁי מֵעִמָּךְ כִּי מִשְׁנֶה שְׂכַר שָׂכִיר עֲבָדְךָ שֵׁשׁ
שָׁנִים וּבֵרַכְךָ יהוה אֱלֹהֶיךָ בְּכֹל אֲשֶׁר תַּעֲשֶׂה׃
יט כָּל־הַבְּכוֹר אֲשֶׁר יִוָּלֵד בִּבְקָרְךָ וּבְצֹאנְךָ הַזָּכָר תַּקְדִּישׁ לַיהוה שביעי
כ אֱלֹהֶיךָ לֹא תַעֲבֹד בִּבְכֹר שׁוֹרֶךָ וְלֹא תָגֹז בְּכוֹר צֹאנֶךָ׃ לִפְנֵי
יהוה אֱלֹהֶיךָ תֹאכְלֶנּוּ שָׁנָה בְשָׁנָה בַּמָּקוֹם אֲשֶׁר־יִבְחַר יהוה
כא אַתָּה וּבֵיתֶךָ׃ וְכִי־יִהְיֶה בוֹ מוּם פִּסֵּחַ אוֹ עִוֵּר כֹּל מוּם רָע
כב לֹא תִזְבָּחֶנּוּ לַיהוה אֱלֹהֶיךָ׃ בִּשְׁעָרֶיךָ תֹּאכְלֶנּוּ הַטָּמֵא וְהַטָּהוֹר
כג יַחְדָּו כַּצְּבִי וְכָאַיָּל׃ רַק אֶת־דָּמוֹ לֹא תֹאכֵל עַל־הָאָרֶץ תִּשְׁפְּכֶנּוּ
כַּמָּיִם׃
טז א שָׁמוֹר אֶת־חֹדֶשׁ הָאָבִיב וְעָשִׂיתָ פֶּסַח לַיהוה אֱלֹהֶיךָ כִּי בְּחֹדֶשׁ
ב הָאָבִיב הוֹצִיאֲךָ יהוה אֱלֹהֶיךָ מִמִּצְרַיִם לָיְלָה׃ וְזָבַחְתָּ פֶּסַח

לַיהוָה אֱלֹהֶיךָ צֹאן וּבָקָר בַּמָּקוֹם אֲשֶׁר יִבְחַר יְהוָה לְשַׁכֵּן
ג שְׁמוֹ שָׁם׃ לֹא־תֹאכַל עָלָיו חָמֵץ שִׁבְעַת יָמִים תֹּאכַל־עָלָיו מַצּוֹת
לֶחֶם עֹנִי כִּי בְחִפָּזוֹן יָצָאתָ מֵאֶרֶץ מִצְרַיִם לְמַעַן תִּזְכֹּר אֶת־יוֹם
ד צֵאתְךָ מֵאֶרֶץ מִצְרַיִם כֹּל יְמֵי חַיֶּיךָ׃ וְלֹא־יֵרָאֶה לְךָ שְׂאֹר בְּכָל־
גְּבֻלְךָ שִׁבְעַת יָמִים וְלֹא־יָלִין מִן־הַבָּשָׂר אֲשֶׁר תִּזְבַּח בָּעֶרֶב
ה בַּיּוֹם הָרִאשׁוֹן לַבֹּקֶר׃ לֹא תוּכַל לִזְבֹּחַ אֶת־הַפָּסַח בְּאַחַד
ו שְׁעָרֶיךָ אֲשֶׁר־יְהוָה אֱלֹהֶיךָ נֹתֵן לָךְ׃ כִּי אִם־אֶל־הַמָּקוֹם אֲשֶׁר־
יִבְחַר יְהוָה אֱלֹהֶיךָ לְשַׁכֵּן שְׁמוֹ שָׁם תִּזְבַּח אֶת־הַפֶּסַח בָּעָרֶב
ז כְּבוֹא הַשֶּׁמֶשׁ מוֹעֵד צֵאתְךָ מִמִּצְרָיִם׃ וּבִשַּׁלְתָּ וְאָכַלְתָּ בַּמָּקוֹם
אֲשֶׁר יִבְחַר יְהוָה אֱלֹהֶיךָ בּוֹ וּפָנִיתָ בַבֹּקֶר וְהָלַכְתָּ לְאֹהָלֶיךָ׃
ח שֵׁשֶׁת יָמִים תֹּאכַל מַצּוֹת וּבַיּוֹם הַשְּׁבִיעִי עֲצֶרֶת לַיהוָה אֱלֹהֶיךָ
ט לֹא תַעֲשֶׂה מְלָאכָה׃ שִׁבְעָה שָׁבֻעֹת תִּסְפָּר־לָךְ
י מֵהָחֵל חֶרְמֵשׁ בַּקָּמָה תָּחֵל לִסְפֹּר שִׁבְעָה שָׁבֻעוֹת׃ וְעָשִׂיתָ חַג
שָׁבֻעוֹת לַיהוָה אֱלֹהֶיךָ מִסַּת נִדְבַת יָדְךָ אֲשֶׁר תִּתֵּן כַּאֲשֶׁר
יא יְבָרֶכְךָ יְהוָה אֱלֹהֶיךָ׃ וְשָׂמַחְתָּ לִפְנֵי ׀ יְהוָה אֱלֹהֶיךָ אַתָּה וּבִנְךָ
וּבִתֶּךָ וְעַבְדְּךָ וַאֲמָתֶךָ וְהַלֵּוִי אֲשֶׁר בִּשְׁעָרֶיךָ וְהַגֵּר וְהַיָּתוֹם
וְהָאַלְמָנָה אֲשֶׁר בְּקִרְבֶּךָ בַּמָּקוֹם אֲשֶׁר יִבְחַר יְהוָה אֱלֹהֶיךָ
יב לְשַׁכֵּן שְׁמוֹ שָׁם׃ וְזָכַרְתָּ כִּי־עֶבֶד הָיִיתָ בְּמִצְרָיִם וְשָׁמַרְתָּ וְעָשִׂיתָ
אֶת־הַחֻקִּים הָאֵלֶּה׃
מפטיר יג חַג הַסֻּכֹּת תַּעֲשֶׂה לְךָ שִׁבְעַת יָמִים בְּאָסְפְּךָ מִגָּרְנְךָ וּמִיִּקְבֶךָ׃
יד וְשָׂמַחְתָּ בְּחַגֶּךָ אַתָּה וּבִנְךָ וּבִתֶּךָ וְעַבְדְּךָ וַאֲמָתֶךָ וְהַלֵּוִי וְהַגֵּר
טו וְהַיָּתוֹם וְהָאַלְמָנָה אֲשֶׁר בִּשְׁעָרֶיךָ׃ שִׁבְעַת יָמִים תָּחֹג לַיהוָה
אֱלֹהֶיךָ בַּמָּקוֹם אֲשֶׁר־יִבְחַר יְהוָה כִּי יְבָרֶכְךָ יְהוָה אֱלֹהֶיךָ בְּכֹל־
טז תְּבוּאָתְךָ וּבְכֹל מַעֲשֵׂה יָדֶיךָ וְהָיִיתָ אַךְ שָׂמֵחַ׃ שָׁלוֹשׁ פְּעָמִים ׀
בַּשָּׁנָה יֵרָאֶה כָל־זְכוּרְךָ אֶת־פְּנֵי ׀ יְהוָה אֱלֹהֶיךָ בַּמָּקוֹם אֲשֶׁר
יִבְחָר בְּחַג הַמַּצּוֹת וּבְחַג הַשָּׁבֻעוֹת וּבְחַג הַסֻּכּוֹת וְלֹא יֵרָאֶה
יז אֶת־פְּנֵי יְהוָה רֵיקָם׃ אִישׁ כְּמַתְּנַת יָדוֹ כְּבִרְכַּת יְהוָה אֱלֹהֶיךָ

יח אֲשֶׁר נָתַן־לָךְ׃ שֹׁפְטִים וְשֹׁטְרִים תִּתֶּן־לְךָ בְּכָל־ יד
שְׁעָרֶיךָ אֲשֶׁר יְהוָה אֱלֹהֶיךָ נֹתֵן לְךָ לִשְׁבָטֶיךָ וְשָׁפְטוּ אֶת־הָעָם
יט מִשְׁפַּט־צֶדֶק׃ לֹא־תַטֶּה מִשְׁפָּט לֹא תַכִּיר פָּנִים וְלֹא־תִקַּח
כ שֹׁחַד כִּי הַשֹּׁחַד יְעַוֵּר עֵינֵי חֲכָמִים וִיסַלֵּף דִּבְרֵי צַדִּיקִם׃ צֶדֶק
צֶדֶק תִּרְדֹּף לְמַעַן תִּחְיֶה וְיָרַשְׁתָּ אֶת־הָאָרֶץ אֲשֶׁר־יְהוָה אֱלֹהֶיךָ
כא נֹתֵן לָךְ׃ לֹא־תִטַּע לְךָ אֲשֵׁרָה כָּל־עֵץ אֵצֶל
כב מִזְבַּח יְהוָה אֱלֹהֶיךָ אֲשֶׁר תַּעֲשֶׂה־לָּךְ׃ וְלֹא־תָקִים לְךָ מַצֵּבָה
יז א אֲשֶׁר שָׂנֵא יְהוָה אֱלֹהֶיךָ׃ לֹא־תִזְבַּח לַיהוָה
אֱלֹהֶיךָ שׁוֹר וָשֶׂה אֲשֶׁר יִהְיֶה בוֹ מוּם כֹּל דָּבָר רָע כִּי תוֹעֲבַת
ב יְהוָה אֱלֹהֶיךָ הוּא׃ כִּי־יִמָּצֵא בְקִרְבְּךָ בְּאַחַד
שְׁעָרֶיךָ אֲשֶׁר־יְהוָה אֱלֹהֶיךָ נֹתֵן לָךְ אִישׁ אוֹ־אִשָּׁה אֲשֶׁר יַעֲשֶׂה
ג אֶת־הָרַע בְּעֵינֵי יְהוָה־אֱלֹהֶיךָ לַעֲבֹר בְּרִיתוֹ׃ וַיֵּלֶךְ וַיַּעֲבֹד אֱלֹהִים
אֲחֵרִים וַיִּשְׁתַּחוּ לָהֶם וְלַשֶּׁמֶשׁ ׀ אוֹ לַיָּרֵחַ אוֹ לְכָל־צְבָא הַשָּׁמַיִם
ד אֲשֶׁר לֹא־צִוִּיתִי׃ וְהֻגַּד־לְךָ וְשָׁמָעְתָּ וְדָרַשְׁתָּ הֵיטֵב וְהִנֵּה אֱמֶת
ה נָכוֹן הַדָּבָר נֶעֶשְׂתָה הַתּוֹעֵבָה הַזֹּאת בְּיִשְׂרָאֵל׃ וְהוֹצֵאתָ אֶת־
הָאִישׁ הַהוּא אוֹ אֶת־הָאִשָּׁה הַהִוא אֲשֶׁר עָשׂוּ אֶת־הַדָּבָר הָרָע
הַזֶּה אֶל־שְׁעָרֶיךָ אֶת־הָאִישׁ אוֹ אֶת־הָאִשָּׁה וּסְקַלְתָּם בָּאֲבָנִים
ו וָמֵתוּ׃ עַל־פִּי ׀ שְׁנַיִם עֵדִים אוֹ שְׁלֹשָׁה עֵדִים יוּמַת הַמֵּת לֹא יוּמַת
ז עַל־פִּי עֵד אֶחָד׃ יַד הָעֵדִים תִּהְיֶה־בּוֹ בָרִאשֹׁנָה לַהֲמִיתוֹ וְיַד כָּל־
הָעָם בָּאַחֲרֹנָה וּבִעַרְתָּ הָרָע מִקִּרְבֶּךָ׃
ח כִּי יִפָּלֵא מִמְּךָ דָבָר לַמִּשְׁפָּט בֵּין־דָּם ׀ לְדָם בֵּין־דִּין לְדִין וּבֵין
נֶגַע לָנֶגַע דִּבְרֵי רִיבֹת בִּשְׁעָרֶיךָ וְקַמְתָּ וְעָלִיתָ אֶל־הַמָּקוֹם
ט אֲשֶׁר יִבְחַר יְהוָה אֱלֹהֶיךָ בּוֹ׃ וּבָאתָ אֶל־הַכֹּהֲנִים הַלְוִיִּם וְאֶל־
הַשֹּׁפֵט אֲשֶׁר יִהְיֶה בַּיָּמִים הָהֵם וְדָרַשְׁתָּ וְהִגִּידוּ לְךָ אֵת דְּבַר
י הַמִּשְׁפָּט׃ וְעָשִׂיתָ עַל־פִּי הַדָּבָר אֲשֶׁר יַגִּידוּ לְךָ מִן־הַמָּקוֹם
הַהוּא אֲשֶׁר יִבְחַר יְהוָה וְשָׁמַרְתָּ לַעֲשׂוֹת כְּכֹל אֲשֶׁר יוֹרוּךָ׃
יא עַל־פִּי הַתּוֹרָה אֲשֶׁר יוֹרוּךָ וְעַל־הַמִּשְׁפָּט אֲשֶׁר־יֹאמְרוּ לְךָ

תַּעֲשֶׂה לֹא תָסוּר מִן־הַדָּבָר אֲשֶׁר־יַגִּידוּ לְךָ יָמִין וּשְׂמֹאל׃
וְהָאִישׁ אֲשֶׁר־יַעֲשֶׂה בְזָדוֹן לְבִלְתִּי שְׁמֹעַ אֶל־הַכֹּהֵן הָעֹמֵד יב
לְשָׁרֶת שָׁם אֶת־יְהוָה אֱלֹהֶיךָ אוֹ אֶל־הַשֹּׁפֵט וּמֵת הָאִישׁ הַהוּא
וּבִעַרְתָּ הָרָע מִיִּשְׂרָאֵל׃ וְכָל־הָעָם יִשְׁמְעוּ וְיִרָאוּ וְלֹא יְזִידוּן יג
שני טו עוֹד׃ כִּי־תָבֹא אֶל־הָאָרֶץ אֲשֶׁר יְהוָה אֱלֹהֶיךָ יד
נֹתֵן לָךְ וִירִשְׁתָּהּ וְיָשַׁבְתָּה בָּהּ וְאָמַרְתָּ אָשִׂימָה עָלַי מֶלֶךְ כְּכָל־
הַגּוֹיִם אֲשֶׁר סְבִיבֹתָי׃ שׂוֹם תָּשִׂים עָלֶיךָ מֶלֶךְ אֲשֶׁר יִבְחַר יְהוָה טו
אֱלֹהֶיךָ בּוֹ מִקֶּרֶב אַחֶיךָ תָּשִׂים עָלֶיךָ מֶלֶךְ לֹא תוּכַל לָתֵת
עָלֶיךָ אִישׁ נָכְרִי אֲשֶׁר לֹא־אָחִיךָ הוּא׃ רַק לֹא־יַרְבֶּה־לּוֹ סוּסִים טז
וְלֹא־יָשִׁיב אֶת־הָעָם מִצְרַיְמָה לְמַעַן הַרְבּוֹת סוּס וַיהוָה אָמַר
לָכֶם לֹא תֹסִפוּן לָשׁוּב בַּדֶּרֶךְ הַזֶּה עוֹד׃ וְלֹא יַרְבֶּה־לּוֹ נָשִׁים יז
וְלֹא יָסוּר לְבָבוֹ וְכֶסֶף וְזָהָב לֹא יַרְבֶּה־לּוֹ מְאֹד׃ וְהָיָה כְשִׁבְתּוֹ יח
עַל כִּסֵּא מַמְלַכְתּוֹ וְכָתַב לוֹ אֶת־מִשְׁנֵה הַתּוֹרָה הַזֹּאת עַל־
סֵפֶר מִלִּפְנֵי הַכֹּהֲנִים הַלְוִיִּם׃ וְהָיְתָה עִמּוֹ וְקָרָא בוֹ כָּל־יְמֵי יט
חַיָּיו לְמַעַן יִלְמַד לְיִרְאָה אֶת־יְהוָה אֱלֹהָיו לִשְׁמֹר אֶת־כָּל־דִּבְרֵי
הַתּוֹרָה הַזֹּאת וְאֶת־הַחֻקִּים הָאֵלֶּה לַעֲשֹׂתָם׃ לְבִלְתִּי רוּם־לְבָבוֹ כ
מֵאֶחָיו וּלְבִלְתִּי סוּר מִן־הַמִּצְוָה יָמִין וּשְׂמֹאול לְמַעַן יַאֲרִיךְ
שלישי יָמִים עַל־מַמְלַכְתּוֹ הוּא וּבָנָיו בְּקֶרֶב יִשְׂרָאֵל׃ לֹא־ א יח
יִהְיֶה לַכֹּהֲנִים הַלְוִיִּם כָּל־שֵׁבֶט לֵוִי חֵלֶק וְנַחֲלָה עִם־יִשְׂרָאֵל
אִשֵּׁי יְהוָה וְנַחֲלָתוֹ יֹאכֵלוּן׃ וְנַחֲלָה לֹא־יִהְיֶה־לּוֹ בְּקֶרֶב אֶחָיו ב
יְהוָה הוּא נַחֲלָתוֹ כַּאֲשֶׁר דִּבֶּר־לוֹ׃ וְזֶה יִהְיֶה ג
מִשְׁפַּט הַכֹּהֲנִים מֵאֵת הָעָם מֵאֵת זֹבְחֵי הַזֶּבַח אִם־שׁוֹר אִם־
שֶׂה וְנָתַן לַכֹּהֵן הַזְּרֹעַ וְהַלְּחָיַיִם וְהַקֵּבָה׃ רֵאשִׁית דְּגָנְךָ תִּירֹשְׁךָ ד
וְיִצְהָרֶךָ וְרֵאשִׁית גֵּז צֹאנְךָ תִּתֶּן־לוֹ׃ כִּי בוֹ בָּחַר יְהוָה אֱלֹהֶיךָ ה
מִכָּל־שְׁבָטֶיךָ לַעֲמֹד לְשָׁרֵת בְּשֵׁם־יְהוָה הוּא וּבָנָיו כָּל־
רביעי הַיָּמִים׃ וְכִי־יָבֹא הַלֵּוִי מֵאַחַד שְׁעָרֶיךָ מִכָּל־ ו
יִשְׂרָאֵל אֲשֶׁר־הוּא גָּר שָׁם וּבָא בְּכָל־אַוַּת נַפְשׁוֹ אֶל־הַמָּקוֹם

ז אֲשֶׁר־יִבְחַר יְהוָה׃ וְשֵׁרֵת בְּשֵׁם יְהוָה אֱלֹהָיו כְּכָל־אֶחָיו הַלְוִיִּם
ח הָעֹמְדִים שָׁם לִפְנֵי יְהוָה׃ חֵלֶק כְּחֵלֶק יֹאכֵלוּ לְבַד מִמְכָּרָיו
ט עַל־הָאָבוֹת׃ כִּי אַתָּה בָּא אֶל־הָאָרֶץ אֲשֶׁר־
יְהוָה אֱלֹהֶיךָ נֹתֵן לָךְ לֹא־תִלְמַד לַעֲשׂוֹת כְּתוֹעֲבֹת הַגּוֹיִם הָהֵם׃
י לֹא־יִמָּצֵא בְךָ מַעֲבִיר בְּנוֹ־וּבִתּוֹ בָּאֵשׁ קֹסֵם קְסָמִים מְעוֹנֵן
יא וּמְנַחֵשׁ וּמְכַשֵּׁף׃ וְחֹבֵר חָבֶר וְשֹׁאֵל אוֹב וְיִדְּעֹנִי וְדֹרֵשׁ אֶל־
יב הַמֵּתִים׃ כִּי־תוֹעֲבַת יְהוָה כָּל־עֹשֵׂה אֵלֶּה וּבִגְלַל הַתּוֹעֵבֹת
יג הָאֵלֶּה יְהוָה אֱלֹהֶיךָ מוֹרִישׁ אוֹתָם מִפָּנֶיךָ׃ תָּמִים תִּהְיֶה עִם
יד יְהוָה אֱלֹהֶיךָ׃ כִּי הַגּוֹיִם הָאֵלֶּה אֲשֶׁר אַתָּה יוֹרֵשׁ אוֹתָם אֶל־ חמישי
מְעֹנְנִים וְאֶל־קֹסְמִים יִשְׁמָעוּ וְאַתָּה לֹא כֵן נָתַן לְךָ יְהוָה אֱלֹהֶיךָ׃
טו נָבִיא מִקִּרְבְּךָ מֵאַחֶיךָ כָּמֹנִי יָקִים לְךָ יְהוָה אֱלֹהֶיךָ אֵלָיו תִּשְׁמָעוּן׃
טז כְּכֹל אֲשֶׁר־שָׁאַלְתָּ מֵעִם יְהוָה אֱלֹהֶיךָ בְּחֹרֵב בְּיוֹם הַקָּהָל לֵאמֹר
לֹא אֹסֵף לִשְׁמֹעַ אֶת־קוֹל יְהוָה אֱלֹהָי וְאֶת־הָאֵשׁ הַגְּדֹלָה הַזֹּאת
יז לֹא־אֶרְאֶה עוֹד וְלֹא אָמוּת׃ וַיֹּאמֶר יְהוָה אֵלָי הֵיטִיבוּ אֲשֶׁר
יח דִּבֵּרוּ׃ נָבִיא אָקִים לָהֶם מִקֶּרֶב אֲחֵיהֶם כָּמוֹךָ וְנָתַתִּי דְבָרַי
יט בְּפִיו וְדִבֶּר אֲלֵיהֶם אֵת כָּל־אֲשֶׁר אֲצַוֶּנּוּ׃ וְהָיָה הָאִישׁ אֲשֶׁר
לֹא־יִשְׁמַע אֶל־דְּבָרַי אֲשֶׁר יְדַבֵּר בִּשְׁמִי אָנֹכִי אֶדְרֹשׁ מֵעִמּוֹ׃
כ אַךְ הַנָּבִיא אֲשֶׁר יָזִיד לְדַבֵּר דָּבָר בִּשְׁמִי אֵת אֲשֶׁר לֹא־צִוִּיתִיו
לְדַבֵּר וַאֲשֶׁר יְדַבֵּר בְּשֵׁם אֱלֹהִים אֲחֵרִים וּמֵת הַנָּבִיא הַהוּא׃
כא וְכִי תֹאמַר בִּלְבָבֶךָ אֵיכָה נֵדַע אֶת־הַדָּבָר אֲשֶׁר לֹא־דִבְּרוֹ
כב יְהוָה׃ אֲשֶׁר יְדַבֵּר הַנָּבִיא בְּשֵׁם יְהוָה וְלֹא־יִהְיֶה הַדָּבָר וְלֹא
יָבֹא הוּא הַדָּבָר אֲשֶׁר לֹא־דִבְּרוֹ יְהוָה בְּזָדוֹן דִּבְּרוֹ הַנָּבִיא לֹא
יט א תָגוּר מִמֶּנּוּ׃ כִּי־יַכְרִית יְהוָה אֱלֹהֶיךָ אֶת־הַגּוֹיִם
אֲשֶׁר יְהוָה אֱלֹהֶיךָ נֹתֵן לְךָ אֶת־אַרְצָם וִירִשְׁתָּם וְיָשַׁבְתָּ בְעָרֵיהֶם
ב וּבְבָתֵּיהֶם׃ שָׁלוֹשׁ עָרִים תַּבְדִּיל לָךְ בְּתוֹךְ אַרְצְךָ אֲשֶׁר יְהוָה
ג אֱלֹהֶיךָ נֹתֵן לְךָ לְרִשְׁתָּהּ׃ תָּכִין לְךָ הַדֶּרֶךְ וְשִׁלַּשְׁתָּ אֶת־גְּבוּל
אַרְצְךָ אֲשֶׁר יַנְחִילְךָ יְהוָה אֱלֹהֶיךָ וְהָיָה לָנוּס שָׁמָּה כָּל־רֹצֵחַ׃

וְזֶה דְּבַר הָרֹצֵחַ אֲשֶׁר־יָנוּס שָׁמָּה וָחָי אֲשֶׁר יַכֶּה אֶת־רֵעֵהוּ ד
בִּבְלִי־דַעַת וְהוּא לֹא־שֹׂנֵא לוֹ מִתְּמֹל שִׁלְשֹׁם׃ וַאֲשֶׁר יָבֹא אֶת־ ה
רֵעֵהוּ בַיַּעַר לַחְטֹב עֵצִים וְנִדְּחָה יָדוֹ בַגַּרְזֶן לִכְרֹת הָעֵץ וְנָשַׁל
הַבַּרְזֶל מִן־הָעֵץ וּמָצָא אֶת־רֵעֵהוּ וָמֵת הוּא יָנוּס אֶל־אַחַת
הֶעָרִים־הָאֵלֶּה וָחָי׃ פֶּן־יִרְדֹּף גֹּאֵל הַדָּם אַחֲרֵי הָרֹצֵחַ כִּי יֵחַם ו
לְבָבוֹ וְהִשִּׂיגוֹ כִּי־יִרְבֶּה הַדֶּרֶךְ וְהִכָּהוּ נָפֶשׁ וְלוֹ אֵין מִשְׁפַּט־
מָוֶת כִּי לֹא שֹׂנֵא הוּא לוֹ מִתְּמוֹל שִׁלְשׁוֹם׃ עַל־כֵּן אָנֹכִי מְצַוְּךָ ז
לֵאמֹר שָׁלֹשׁ עָרִים תַּבְדִּיל לָךְ׃ וְאִם־יַרְחִיב יהוה אֱלֹהֶיךָ אֶת־ ח
גְּבֻלְךָ כַּאֲשֶׁר נִשְׁבַּע לַאֲבֹתֶיךָ וְנָתַן לְךָ אֶת־כָּל־הָאָרֶץ אֲשֶׁר
דִּבֶּר לָתֵת לַאֲבֹתֶיךָ׃ כִּי־תִשְׁמֹר אֶת־כָּל־הַמִּצְוָה הַזֹּאת לַעֲשֹׂתָהּ ט
אֲשֶׁר אָנֹכִי מְצַוְּךָ הַיּוֹם לְאַהֲבָה אֶת־יהוה אֱלֹהֶיךָ וְלָלֶכֶת בִּדְרָכָיו
כָּל־הַיָּמִים וְיָסַפְתָּ לְךָ עוֹד שָׁלֹשׁ עָרִים עַל הַשָּׁלֹשׁ הָאֵלֶּה׃ וְלֹא י
יִשָּׁפֵךְ דָּם נָקִי בְּקֶרֶב אַרְצְךָ אֲשֶׁר יהוה אֱלֹהֶיךָ נֹתֵן לְךָ נַחֲלָה
וְהָיָה עָלֶיךָ דָּמִים׃

וְכִי־יִהְיֶה אִישׁ שֹׂנֵא לְרֵעֵהוּ וְאָרַב לוֹ וְקָם עָלָיו וְהִכָּהוּ נֶפֶשׁ וָמֵת יא
וְנָס אֶל־אַחַת הֶעָרִים הָאֵל׃ וְשָׁלְחוּ זִקְנֵי עִירוֹ וְלָקְחוּ אֹתוֹ מִשָּׁם יב
וְנָתְנוּ אֹתוֹ בְּיַד גֹּאֵל הַדָּם וָמֵת׃ לֹא־תָחוֹס עֵינְךָ עָלָיו וּבִעַרְתָּ דַם־ יג
ששי הַנָּקִי מִיִּשְׂרָאֵל וְטוֹב לָךְ׃ לֹא תַסִּיג גְּבוּל רֵעֲךָ יד
אֲשֶׁר גָּבְלוּ רִאשֹׁנִים בְּנַחֲלָתְךָ אֲשֶׁר תִּנְחַל בָּאָרֶץ אֲשֶׁר יהוה
אֱלֹהֶיךָ נֹתֵן לְךָ לְרִשְׁתָּהּ׃ לֹא־יָקוּם עֵד אֶחָד טו
בְּאִישׁ לְכָל־עָוֹן וּלְכָל־חַטָּאת בְּכָל־חֵטְא אֲשֶׁר יֶחֱטָא עַל־
פִּי ׀ שְׁנֵי עֵדִים אוֹ עַל־פִּי שְׁלֹשָׁה־עֵדִים יָקוּם דָּבָר׃ כִּי־יָקוּם עֵד־ טז
חָמָס בְּאִישׁ לַעֲנוֹת בּוֹ סָרָה׃ וְעָמְדוּ שְׁנֵי־הָאֲנָשִׁים אֲשֶׁר־לָהֶם יז
הָרִיב לִפְנֵי יהוה לִפְנֵי הַכֹּהֲנִים וְהַשֹּׁפְטִים אֲשֶׁר יִהְיוּ בַּיָּמִים
הָהֵם׃ וְדָרְשׁוּ הַשֹּׁפְטִים הֵיטֵב וְהִנֵּה עֵד־שֶׁקֶר הָעֵד שֶׁקֶר עָנָה יח
בְאָחִיו׃ וַעֲשִׂיתֶם לוֹ כַּאֲשֶׁר זָמַם לַעֲשׂוֹת לְאָחִיו וּבִעַרְתָּ הָרָע יט
מִקִּרְבֶּךָ׃ וְהַנִּשְׁאָרִים יִשְׁמְעוּ וְיִרָאוּ וְלֹא־יֹסִפוּ לַעֲשׂוֹת עוֹד כַּדָּבָר כ

כא הָרָע הַזֶּה בְּקִרְבֶּךָ׃ וְלֹא תָחוֹס עֵינֶךָ נֶפֶשׁ בְּנֶפֶשׁ עַיִן בְּעַיִן שֵׁן
כ א בְּשֵׁן יָד בְּיָד רֶגֶל בְּרָגֶל׃ כִּי־תֵצֵא לַמִּלְחָמָה עַל־
אֹיְבֶךָ וְרָאִיתָ סוּס וָרֶכֶב עַם רַב מִמְּךָ לֹא תִירָא מֵהֶם כִּי־יְהוָה
ב אֱלֹהֶיךָ עִמָּךְ הַמַּעַלְךָ מֵאֶרֶץ מִצְרָיִם׃ וְהָיָה כְּקָרָבְכֶם אֶל־
ג הַמִּלְחָמָה וְנִגַּשׁ הַכֹּהֵן וְדִבֶּר אֶל־הָעָם׃ וְאָמַר אֲלֵהֶם שְׁמַע
יִשְׂרָאֵל אַתֶּם קְרֵבִים הַיּוֹם לַמִּלְחָמָה עַל־אֹיְבֵיכֶם אַל־יֵרַךְ
ד לְבַבְכֶם אַל־תִּירְאוּ וְאַל־תַּחְפְּזוּ וְאַל־תַּעַרְצוּ מִפְּנֵיהֶם׃ כִּי־יְהוָה
אֱלֹהֵיכֶם הַהֹלֵךְ עִמָּכֶם לְהִלָּחֵם לָכֶם עִם־אֹיְבֵיכֶם לְהוֹשִׁיעַ
ה אֶתְכֶם׃ וְדִבְּרוּ הַשֹּׁטְרִים אֶל־הָעָם לֵאמֹר מִי־הָאִישׁ אֲשֶׁר בָּנָה
בַיִת־חָדָשׁ וְלֹא חֲנָכוֹ יֵלֵךְ וְיָשֹׁב לְבֵיתוֹ פֶּן־יָמוּת בַּמִּלְחָמָה
ו וְאִישׁ אַחֵר יַחְנְכֶנּוּ׃ וּמִי־הָאִישׁ אֲשֶׁר נָטַע כֶּרֶם וְלֹא חִלְּלוֹ יֵלֵךְ
ז וְיָשֹׁב לְבֵיתוֹ פֶּן־יָמוּת בַּמִּלְחָמָה וְאִישׁ אַחֵר יְחַלְּלֶנּוּ׃ וּמִי־
הָאִישׁ אֲשֶׁר אֵרַשׂ אִשָּׁה וְלֹא לְקָחָהּ יֵלֵךְ וְיָשֹׁב לְבֵיתוֹ פֶּן־יָמוּת
ח בַּמִּלְחָמָה וְאִישׁ אַחֵר יִקָּחֶנָּה׃ וְיָסְפוּ הַשֹּׁטְרִים לְדַבֵּר אֶל־הָעָם
וְאָמְרוּ מִי־הָאִישׁ הַיָּרֵא וְרַךְ הַלֵּבָב יֵלֵךְ וְיָשֹׁב לְבֵיתוֹ וְלֹא יִמַּס
ט אֶת־לְבַב אֶחָיו כִּלְבָבוֹ׃ וְהָיָה כְּכַלֹּת הַשֹּׁטְרִים לְדַבֵּר אֶל־הָעָם
י וּפָקְדוּ שָׂרֵי צְבָאוֹת בְּרֹאשׁ הָעָם׃ כִּי־תִקְרַב אֶל־ טז שביעי
יא עִיר לְהִלָּחֵם עָלֶיהָ וְקָרָאתָ אֵלֶיהָ לְשָׁלוֹם׃ וְהָיָה אִם־שָׁלוֹם
תַּעַנְךָ וּפָתְחָה לָךְ וְהָיָה כָּל־הָעָם הַנִּמְצָא־בָהּ יִהְיוּ לְךָ לָמַס
יב וַעֲבָדוּךָ׃ וְאִם־לֹא תַשְׁלִים עִמָּךְ וְעָשְׂתָה עִמְּךָ מִלְחָמָה וְצַרְתָּ
יג עָלֶיהָ׃ וּנְתָנָהּ יְהוָה אֱלֹהֶיךָ בְּיָדֶךָ וְהִכִּיתָ אֶת־כָּל־זְכוּרָהּ לְפִי־
יד חָרֶב׃ רַק הַנָּשִׁים וְהַטַּף וְהַבְּהֵמָה וְכֹל אֲשֶׁר יִהְיֶה בָעִיר כָּל־
שְׁלָלָהּ תָּבֹז לָךְ וְאָכַלְתָּ אֶת־שְׁלַל אֹיְבֶיךָ אֲשֶׁר נָתַן יְהוָה אֱלֹהֶיךָ
טו לָךְ׃ כֵּן תַּעֲשֶׂה לְכָל־הֶעָרִים הָרְחֹקֹת מִמְּךָ מְאֹד אֲשֶׁר לֹא־מֵעָרֵי
טז הַגּוֹיִם־הָאֵלֶּה הֵנָּה׃ רַק מֵעָרֵי הָעַמִּים הָאֵלֶּה אֲשֶׁר יְהוָה אֱלֹהֶיךָ
יז נֹתֵן לְךָ נַחֲלָה לֹא תְחַיֶּה כָּל־נְשָׁמָה׃ כִּי־הַחֲרֵם תַּחֲרִימֵם הַחִתִּי
וְהָאֱמֹרִי הַכְּנַעֲנִי וְהַפְּרִזִּי הַחִוִּי וְהַיְבוּסִי כַּאֲשֶׁר צִוְּךָ יְהוָה אֱלֹהֶיךָ׃

יח לְמַעַן אֲשֶׁר לֹא־יְלַמְּדוּ אֶתְכֶם לַעֲשׂוֹת כְּכֹל תּוֹעֲבֹתָם אֲשֶׁר
יט עָשׂוּ לֵאלֹהֵיהֶם וַחֲטָאתֶם לַיהוָה אֱלֹהֵיכֶם׃ כִּֽי־
תָצוּר אֶל־עִיר יָמִים רַבִּים לְהִלָּחֵם עָלֶיהָ לְתָפְשָׂהּ לֹא־תַשְׁחִית
אֶת־עֵצָהּ לִנְדֹּחַ עָלָיו גַּרְזֶן כִּי מִמֶּנּוּ תֹאכֵל וְאֹתוֹ לֹא תִכְרֹת כִּי
כ הָאָדָם עֵץ הַשָּׂדֶה לָבֹא מִפָּנֶיךָ בַּמָּצוֹר׃ רַק עֵץ אֲשֶׁר־תֵּדַע כִּי־לֹא־
עֵץ מַאֲכָל הוּא אֹתוֹ תַשְׁחִית וְכָרָתָּ וּבָנִיתָ מָצוֹר עַל־הָעִיר
אֲשֶׁר־הִוא עֹשָׂה עִמְּךָ מִלְחָמָה עַד רִדְתָּהּ׃

כא א כִּֽי־יִמָּצֵא חָלָל בָּאֲדָמָה אֲשֶׁר יְהוָה אֱלֹהֶיךָ נֹתֵן לְךָ לְרִשְׁתָּהּ נֹפֵל
ב בַּשָּׂדֶה לֹא נוֹדַע מִי הִכָּהוּ׃ וְיָצְאוּ זְקֵנֶיךָ וְשֹׁפְטֶיךָ וּמָדְדוּ אֶל־
ג הֶעָרִים אֲשֶׁר סְבִיבֹת הֶחָלָל׃ וְהָיָה הָעִיר הַקְּרֹבָה אֶל־הֶחָלָל
וְלָקְחוּ זִקְנֵי הָעִיר הַהִוא עֶגְלַת בָּקָר אֲשֶׁר לֹא־עֻבַּד בָּהּ אֲשֶׁר
ד לֹא־מָשְׁכָה בְּעֹל׃ וְהוֹרִדוּ זִקְנֵי הָעִיר הַהִוא אֶת־הָעֶגְלָה אֶל־
נַחַל אֵיתָן אֲשֶׁר לֹא־יֵעָבֵד בּוֹ וְלֹא יִזָּרֵעַ וְעָרְפוּ־שָׁם אֶת־הָעֶגְלָה
ה בַּנָּחַל׃ וְנִגְּשׁוּ הַכֹּהֲנִים בְּנֵי לֵוִי כִּי בָם בָּחַר יְהוָה אֱלֹהֶיךָ לְשָׁרְתוֹ
ו וּלְבָרֵךְ בְּשֵׁם יְהוָה וְעַל־פִּיהֶם יִהְיֶה כָּל־רִיב וְכָל־נָגַע׃ וְכֹל
זִקְנֵי הָעִיר הַהִוא הַקְּרֹבִים אֶל־הֶחָלָל יִרְחֲצוּ אֶת־יְדֵיהֶם עַל־
ז הָעֶגְלָה הָעֲרוּפָה בַנָּחַל׃ וְעָנוּ וְאָמְרוּ יָדֵינוּ לֹא שָׁפְכָה אֶת־ מפטיר שָׁפְכוּ
ח הַדָּם הַזֶּה וְעֵינֵינוּ לֹא רָאוּ׃ כַּפֵּר לְעַמְּךָ יִשְׂרָאֵל אֲשֶׁר־פָּדִיתָ
יְהוָה וְאַל־תִּתֵּן דָּם נָקִי בְּקֶרֶב עַמְּךָ יִשְׂרָאֵל וְנִכַּפֵּר לָהֶם
ט הַדָּם׃ וְאַתָּה תְּבַעֵר הַדָּם הַנָּקִי מִקִּרְבֶּךָ כִּי־תַעֲשֶׂה הַיָּשָׁר
י בְּעֵינֵי יְהוָה׃ כִּי־תֵצֵא לַמִּלְחָמָה עַל־אֹיְבֶיךָ כי תצא
יא וּנְתָנוֹ יְהוָה אֱלֹהֶיךָ בְּיָדֶךָ וְשָׁבִיתָ שִׁבְיוֹ׃ וְרָאִיתָ בַּשִּׁבְיָה אֵשֶׁת
יב יְפַת־תֹּאַר וְחָשַׁקְתָּ בָהּ וְלָקַחְתָּ לְךָ לְאִשָּׁה׃ וַהֲבֵאתָהּ אֶל־
יג תּוֹךְ בֵּיתֶךָ וְגִלְּחָה אֶת־רֹאשָׁהּ וְעָשְׂתָה אֶת־צִפָּרְנֶיהָ׃ וְהֵסִירָה
אֶת־שִׂמְלַת שִׁבְיָהּ מֵעָלֶיהָ וְיָשְׁבָה בְּבֵיתֶךָ וּבָכְתָה אֶת־אָבִיהָ
וְאֶת־אִמָּהּ יֶרַח יָמִים וְאַחַר כֵּן תָּבוֹא אֵלֶיהָ וּבְעַלְתָּהּ וְהָיְתָה
יד לְךָ לְאִשָּׁה׃ וְהָיָה אִם־לֹא חָפַצְתָּ בָּהּ וְשִׁלַּחְתָּהּ לְנַפְשָׁהּ

וּמָכֹ֥ר לֹא־תִמְכְּרֶ֖נָּה בַּכָּ֑סֶף לֹא־תִתְעַמֵּ֣ר בָּ֔הּ תַּ֖חַת אֲשֶׁ֥ר
טו עִנִּיתָֽהּ׃ כִּֽי־תִהְיֶ֨יןָ לְאִ֜ישׁ שְׁתֵּ֣י נָשִׁ֗ים הָאַחַ֤ת
אֲהוּבָה֙ וְהָאַחַ֣ת שְׂנוּאָ֔ה וְיָֽלְדוּ־ל֣וֹ בָנִ֔ים הָאֲהוּבָ֖ה וְהַשְּׂנוּאָ֑ה
טז וְהָיָ֛ה הַבֵּ֥ן הַבְּכ֖וֹר לַשְּׂנִיאָֽה׃ וְהָיָ֗ה בְּיוֹם֙ הַנְחִיל֣וֹ אֶת־בָּנָ֔יו אֵ֖ת
אֲשֶׁר־יִהְיֶ֣ה ל֑וֹ לֹ֣א יוּכַ֗ל לְבַכֵּר֙ אֶת־בֶּן־הָ֣אֲהוּבָ֔ה עַל־פְּנֵ֥י בֶן־
יז הַשְּׂנוּאָ֖ה הַבְּכֹֽר׃ כִּי֩ אֶת־הַבְּכֹ֨ר בֶּן־הַשְּׂנוּאָ֜ה יַכִּ֗יר לָ֤תֶת לוֹ֙
פִּ֣י שְׁנַ֔יִם בְּכֹ֥ל אֲשֶׁר־יִמָּצֵ֖א ל֑וֹ כִּי־הוּא֙ רֵאשִׁ֣ית אֹנ֔וֹ ל֖וֹ מִשְׁפַּ֥ט
יח הַבְּכֹרָֽה׃ כִּֽי־יִהְיֶ֣ה לְאִ֗ישׁ בֵּ֚ן סוֹרֵ֣ר וּמוֹרֶ֔ה אֵינֶ֣נּוּ
שֹׁמֵ֔עַ בְּק֥וֹל אָבִ֖יו וּבְק֣וֹל אִמּ֑וֹ וְיִסְּר֣וּ אֹת֔וֹ וְלֹ֥א יִשְׁמַ֖ע אֲלֵיהֶֽם׃
יט וְתָ֥פְשׂוּ ב֖וֹ אָבִ֣יו וְאִמּ֑וֹ וְהוֹצִ֧יאוּ אֹת֛וֹ אֶל־זִקְנֵ֥י עִיר֖וֹ וְאֶל־שַׁ֥עַר
כ מְקֹמֽוֹ׃ וְאָמְר֞וּ אֶל־זִקְנֵ֣י עִיר֗וֹ בְּנֵ֤נוּ זֶה֙ סוֹרֵ֣ר וּמֹרֶ֔ה אֵינֶ֥נּוּ שֹׁמֵ֖עַ
כא בְּקֹלֵ֑נוּ זוֹלֵ֖ל וְסֹבֵֽא׃ וּ֠רְגָמֻהוּ כָּל־אַנְשֵׁ֨י עִיר֤וֹ בָֽאֲבָנִים֙ וָמֵ֔ת וּבִֽעַרְתָּ֥
כב הָרָ֖ע מִקִּרְבֶּ֑ךָ וְכָל־יִשְׂרָאֵ֖ל יִשְׁמְע֥וּ וְיִרָֽאוּ׃ וְכִֽי־ שני
יִהְיֶ֣ה בְאִ֗ישׁ חֵ֛טְא מִשְׁפַּט־מָ֖וֶת וְהוּמָ֑ת וְתָלִ֥יתָ אֹת֖וֹ עַל־עֵֽץ׃
כג לֹא־תָלִ֨ין נִבְלָת֜וֹ עַל־הָעֵ֗ץ כִּֽי־קָב֤וֹר תִּקְבְּרֶ֙נּוּ֙ בַּיּ֣וֹם הַה֔וּא כִּֽי־
קִלְלַ֥ת אֱלֹהִ֖ים תָּל֑וּי וְלֹ֤א תְטַמֵּא֙ אֶת־אַדְמָ֣תְךָ֔ אֲשֶׁר֙ יְהוָ֣ה אֱלֹהֶ֔יךָ
כב א נֹתֵ֥ן לְךָ֖ נַחֲלָֽה׃ לֹֽא־תִרְאֶה֩ אֶת־שׁ֨וֹר אָחִ֜יךָ א֤וֹ
ב אֶת־שֵׂיוֹ֙ נִדָּחִ֔ים וְהִתְעַלַּמְתָּ֖ מֵהֶ֑ם הָשֵׁ֥ב תְּשִׁיבֵ֖ם לְאָחִֽיךָ׃ וְאִם־
לֹ֨א קָר֥וֹב אָחִ֛יךָ אֵלֶ֖יךָ וְלֹ֣א יְדַעְתּ֑וֹ וַאֲסַפְתּוֹ֙ אֶל־תּ֣וֹךְ בֵּיתֶ֔ךָ וְהָיָ֣ה
ג עִמְּךָ֗ עַ֣ד דְּרֹ֤שׁ אָחִ֙יךָ֙ אֹת֔וֹ וַהֲשֵׁבֹת֖וֹ לֽוֹ׃ וְכֵ֧ן תַּעֲשֶׂ֣ה לַחֲמֹר֗וֹ וְכֵ֤ן
תַּעֲשֶׂה֙ לְשִׂמְלָת֔וֹ וְכֵ֧ן תַּעֲשֶׂ֛ה לְכָל־אֲבֵדַ֥ת אָחִ֛יךָ אֲשֶׁר־תֹּאבַ֥ד
ד מִמֶּ֖נּוּ וּמְצָאתָ֑הּ לֹ֥א תוּכַ֖ל לְהִתְעַלֵּֽם׃ לֹא־תִרְאֶ֞ה
אֶת־חֲמ֨וֹר אָחִ֜יךָ א֤וֹ שׁוֹרוֹ֙ נֹפְלִ֣ים בַּדֶּ֔רֶךְ וְהִתְעַלַּמְתָּ֖ מֵהֶ֑ם הָקֵ֥ם
ה תָּקִ֖ים עִמּֽוֹ׃ לֹא־יִהְיֶ֤ה כְלִי־גֶ֙בֶר֙ עַל־אִשָּׁ֔ה וְלֹא־
יִלְבַּ֥שׁ גֶּ֖בֶר שִׂמְלַ֣ת אִשָּׁ֑ה כִּ֧י תוֹעֲבַ֛ת יְהוָ֥ה אֱלֹהֶ֖יךָ כָּל־עֹ֥שֵׂה
אֵֽלֶּה׃
ו כִּ֣י יִקָּרֵ֣א קַן־צִפּ֣וֹר ׀ לְפָנֶ֡יךָ בַּדֶּ֜רֶךְ בְּכָל־עֵ֣ץ ׀ א֣וֹ עַל־הָאָ֗רֶץ יז

אֶפְרֹחִים֙ א֣וֹ בֵיצִ֔ים וְהָאֵם֙ רֹבֶ֣צֶת עַל־הָֽאֶפְרֹחִ֔ים א֖וֹ עַל־הַבֵּיצִ֑ים
ז לֹא־תִקַּ֥ח הָאֵ֖ם עַל־הַבָּנִֽים׃ שַׁלֵּ֤חַ תְּשַׁלַּח֙ אֶת־הָאֵ֔ם וְאֶת־הַבָּנִ֖ים
ח שלישי תִּֽקַּֽח־לָ֑ךְ לְמַ֙עַן֙ יִ֣יטַב לָ֔ךְ וְהַאֲרַכְתָּ֖ יָמִֽים׃ כִּ֤י
תִבְנֶה֙ בַּ֣יִת חָדָ֔שׁ וְעָשִׂ֥יתָ מַעֲקֶ֖ה לְגַגֶּ֑ךָ וְלֹֽא־תָשִׂ֤ים דָּמִים֙ בְּבֵיתֶ֔ךָ
ט כִּֽי־יִפֹּ֥ל הַנֹּפֵ֖ל מִמֶּֽנּוּ׃ לֹא־תִזְרַ֥ע כַּרְמְךָ֖ כִּלְאָ֑יִם פֶּן־תִּקְדַּ֗שׁ
י הַֽמְלֵאָ֤ה הַזֶּ֙רַע֙ אֲשֶׁ֣ר תִּזְרָ֔ע וּתְב֖וּאַת הַכָּֽרֶם׃ לֹא־
יא תַחֲרֹ֥שׁ בְּשׁוֹר־וּבַחֲמֹ֖ר יַחְדָּֽו׃ לֹ֤א תִלְבַּשׁ֙ שַֽׁעַטְנֵ֔ז צֶ֥מֶר וּפִשְׁתִּ֖ים
יב יַחְדָּֽו׃ גְּדִלִ֖ים תַּעֲשֶׂה־לָּ֑ךְ עַל־אַרְבַּ֛ע כַּנְפ֥וֹת
יג כְּסוּתְךָ֖ אֲשֶׁ֥ר תְּכַסֶּה־בָּֽהּ׃ כִּֽי־יִקַּ֥ח אִ֖ישׁ אִשָּׁ֑ה
יד וּבָ֥א אֵלֶ֖יהָ וּשְׂנֵאָֽהּ׃ וְשָׂ֥ם לָהּ֙ עֲלִילֹ֣ת דְּבָרִ֔ים וְהוֹצִ֥א עָלֶ֖יהָ
שֵׁ֣ם רָ֑ע וְאָמַ֗ר אֶת־הָאִשָּׁ֤ה הַזֹּאת֙ לָקַ֔חְתִּי וָאֶקְרַ֣ב אֵלֶ֔יהָ וְלֹא־
טו מָצָ֥אתִי לָ֖הּ בְּתוּלִֽים׃ וְלָקַ֛ח אֲבִ֥י הַֽנַּעֲרָ֖ וְאִמָּ֑הּ וְהוֹצִ֜יאוּ אֶת־
טז בְּתוּלֵ֧י הַֽנַּעֲרָ֛ אֶל־זִקְנֵ֥י הָעִ֖יר הַשָּֽׁעְרָה׃ וְאָמַ֛ר אֲבִ֥י הַנַּעֲרָ֖ אֶל־
יז הַזְּקֵנִ֑ים אֶת־בִּתִּ֗י נָתַ֜תִּי לָאִ֥ישׁ הַזֶּ֛ה לְאִשָּׁ֖ה וַיִּשְׂנָאֶֽהָ׃ וְהִנֵּה־ה֡וּא
שָׂם֩ עֲלִילֹ֨ת דְּבָרִ֜ים לֵאמֹ֗ר לֹֽא־מָצָ֤אתִי לְבִתְּךָ֙ בְּתוּלִ֔ים וְאֵ֖לֶּה
יח בְּתוּלֵ֣י בִתִּ֑י וּפָֽרְשׂוּ֙ הַשִּׂמְלָ֔ה לִפְנֵ֖י זִקְנֵ֥י הָעִֽיר׃ וְלָֽקְח֛וּ זִקְנֵ֥י הָֽעִיר־
יט הַהִ֖וא אֶת־הָאִ֑ישׁ וְיִסְּר֖וּ אֹתֽוֹ׃ וְעָנְשׁ֨וּ אֹת֜וֹ מֵ֣אָה כֶ֗סֶף וְנָתְנוּ֙
לַאֲבִ֣י הַֽנַּעֲרָ֔ה כִּ֤י הוֹצִיא֙ שֵׁ֣ם רָ֔ע עַ֖ל בְּתוּלַ֣ת יִשְׂרָאֵ֑ל וְלוֹ־תִהְיֶ֣ה
כ לְאִשָּׁ֔ה לֹא־יוּכַ֥ל לְשַׁלְּחָ֖הּ כָּל־יָמָֽיו׃ וְאִם־אֱמֶ֣ת הָיָ֔ה
כא הַדָּבָ֖ר הַזֶּ֑ה לֹא־נִמְצְא֥וּ בְתוּלִ֖ים לַֽנַּעֲרָ׃ וְהוֹצִ֨יאוּ אֶת־הַֽנַּעֲרָ֜
אֶל־פֶּ֣תַח בֵּית־אָבִ֗יהָ וּסְקָל֩וּהָ֩ אַנְשֵׁ֨י עִירָ֤הּ בָּאֲבָנִים֙ וָמֵ֔תָה
כִּֽי־עָשְׂתָ֤ה נְבָלָה֙ בְּיִשְׂרָאֵ֔ל לִזְנ֖וֹת בֵּ֣ית אָבִ֑יהָ וּבִֽעַרְתָּ֥ הָרָ֖ע
כב מִקִּרְבֶּֽךָ׃ כִּֽי־יִמָּצֵ֨א אִ֜ישׁ שֹׁכֵ֣ב ׀ עִם־אִשָּׁ֣ה בְעֻֽלַת־
בַּ֗עַל וּמֵ֙תוּ֙ גַּם־שְׁנֵיהֶ֔ם הָאִ֛ישׁ הַשֹּׁכֵ֥ב עִם־הָאִשָּׁ֖ה וְהָאִשָּׁ֑ה וּבִֽעַרְתָּ֥
כג הָרָ֖ע מִיִּשְׂרָאֵֽל׃ כִּ֤י יִהְיֶה֙ נַעֲרָ֣ בְתוּלָ֔ה מְאֹרָשָׂ֖ה
כד לְאִ֑ישׁ וּמְצָאָ֥הּ אִ֛ישׁ בָּעִ֖יר וְשָׁכַ֥ב עִמָּֽהּ׃ וְהוֹצֵאתֶ֨ם אֶת־שְׁנֵיהֶ֜ם אֶל־
שַׁ֣עַר ׀ הָעִ֣יר הַהִ֗וא וּסְקַלְתֶּ֨ם אֹתָ֤ם בָּאֲבָנִים֙ וָמֵ֔תוּ אֶת־הַֽנַּעֲרָ֙ עַל־

דבר אשר לא־צעקה בעיר ואת־האיש על־דבר אשר־ענה את־
כה אשת רעהו ובערת הרע מקרבך: ואם־בשדה
ימצא האיש את־הנער המארשה והחזיק־בה האיש ושכב
כו עמה ומת האיש אשר־שכב עמה לבדו: ולנער לא־תעשה
דבר אין לנער חטא מות כי כאשר יקום איש על־רעהו ורצחו
כז נפש כן הדבר הזה: כי בשדה מצאה צעקה הנער המארשה
כח ואין מושיע לה: כי־ימצא איש נער בתולה
כט אשר לא־ארשה ותפשה ושכב עמה ונמצאו: ונתן האיש
השכב עמה לאבי הנער חמשים כסף ולו־תהיה לאשה תחת
כג א אשר ענה לא־יוכל שלחה כל־ימיו: לא־יקח
ב איש את־אשת אביו ולא יגלה כנף אביו: לא־
ג יבא פצוע־דכה וכרות שפכה בקהל יהוה: לא־
יבא ממזר בקהל יהוה גם דור עשירי לא־יבא לו בקהל
ד יהוה: לא־יבא עמוני ומואבי בקהל יהוה גם
ה דור עשירי לא־יבא להם בקהל יהוה עד־עולם: על־דבר אשר
לא־קדמו אתכם בלחם ובמים בדרך בצאתכם ממצרים
ואשר שכר עליך את־בלעם בן־בעור מפתור ארם נהרים
ו לקללך: ולא־אבה יהוה אלהיך לשמע אל־בלעם ויהפך יהוה
ז אלהיך לך את־הקללה לברכה כי אהבך יהוה אלהיך: לא־
ח תדרש שלמם וטבתם כל־ימיך לעולם: לא־ רביעי
תתעב אדמי כי אחיך הוא לא־תתעב מצרי כי־גר היית
ט בארצו: בנים אשר־יולדו להם דור שלישי יבא להם בקהל
י יהוה: כי־תצא מחנה על־איביך ונשמרת יח
יא מכל דבר רע: כי־יהיה בך איש אשר לא־יהיה טהור מקרה־
יב לילה ויצא אל־מחוץ למחנה לא יבא אל־תוך המחנה: והיה
לפנות־ערב ירחץ במים וכבא השמש יבא אל־תוך המחנה:
יג ויד תהיה לך מחוץ למחנה ויצאת שמה חוץ: ויתד תהיה לך

עַל־אֲזֵנֶךָ וְהָיָה בְּשִׁבְתְּךָ חוּץ וְחָפַרְתָּה בָהּ וְשַׁבְתָּ וְכִסִּיתָ אֶת־
טו צֵאָתֶךָ׃ כִּי יְהוָה אֱלֹהֶיךָ מִתְהַלֵּךְ ׀ בְּקֶרֶב מַחֲנֶךָ לְהַצִּילְךָ וְלָתֵת
אֹיְבֶיךָ לְפָנֶיךָ וְהָיָה מַחֲנֶיךָ קָדוֹשׁ וְלֹא־יִרְאֶה בְךָ עֶרְוַת דָּבָר
טז וְשָׁב מֵאַחֲרֶיךָ׃ לֹא־תַסְגִּיר עֶבֶד אֶל־אֲדֹנָיו אֲשֶׁר־
יז יִנָּצֵל אֵלֶיךָ מֵעִם אֲדֹנָיו׃ עִמְּךָ יֵשֵׁב בְּקִרְבְּךָ בַּמָּקוֹם אֲשֶׁר־יִבְחַר
יח בְּאַחַד שְׁעָרֶיךָ בַּטּוֹב לוֹ לֹא תּוֹנֶנּוּ׃ לֹא־תִהְיֶה
יט קְדֵשָׁה מִבְּנוֹת יִשְׂרָאֵל וְלֹא־יִהְיֶה קָדֵשׁ מִבְּנֵי יִשְׂרָאֵל׃ לֹא־תָבִיא
אֶתְנַן זוֹנָה וּמְחִיר כֶּלֶב בֵּית יְהוָה אֱלֹהֶיךָ לְכָל־נֶדֶר כִּי תוֹעֲבַת
כ יְהוָה אֱלֹהֶיךָ גַּם־שְׁנֵיהֶם׃ לֹא־תַשִּׁיךְ לְאָחִיךָ נֶשֶׁךְ
כא כֶּסֶף נֶשֶׁךְ אֹכֶל נֶשֶׁךְ כָּל־דָּבָר אֲשֶׁר יִשָּׁךְ׃ לַנָּכְרִי תַשִּׁיךְ וּלְאָחִיךָ
לֹא תַשִּׁיךְ לְמַעַן יְבָרֶכְךָ יְהוָה אֱלֹהֶיךָ בְּכֹל מִשְׁלַח יָדֶךָ עַל־הָאָרֶץ
יט כב אֲשֶׁר־אַתָּה בָא־שָׁמָּה לְרִשְׁתָּהּ׃ כִּי־תִדֹּר נֶדֶר
לַיהוָה אֱלֹהֶיךָ לֹא תְאַחֵר לְשַׁלְּמוֹ כִּי־דָרֹשׁ יִדְרְשֶׁנּוּ יְהוָה אֱלֹהֶיךָ
כג מֵעִמָּךְ וְהָיָה בְךָ חֵטְא׃ וְכִי תֶחְדַּל לִנְדֹּר לֹא־יִהְיֶה בְךָ חֵטְא׃
כד מוֹצָא שְׂפָתֶיךָ תִּשְׁמֹר וְעָשִׂיתָ כַּאֲשֶׁר נָדַרְתָּ לַיהוָה אֱלֹהֶיךָ נְדָבָה
חמישי כה אֲשֶׁר דִּבַּרְתָּ בְּפִיךָ׃ כִּי תָבֹא בְּכֶרֶם רֵעֶךָ וְאָכַלְתָּ
כו עֲנָבִים כְּנַפְשְׁךָ שָׂבְעֶךָ וְאֶל־כֶּלְיְךָ לֹא תִתֵּן׃ כִּי
תָבֹא בְּקָמַת רֵעֶךָ וְקָטַפְתָּ מְלִילֹת בְּיָדֶךָ וְחֶרְמֵשׁ לֹא תָנִיף עַל
כד א קָמַת רֵעֶךָ׃ כִּי־יִקַּח אִישׁ אִשָּׁה וּבְעָלָהּ וְהָיָה אִם־לֹא
תִמְצָא־חֵן בְּעֵינָיו כִּי־מָצָא בָהּ עֶרְוַת דָּבָר וְכָתַב לָהּ סֵפֶר כְּרִיתֻת
ב וְנָתַן בְּיָדָהּ וְשִׁלְּחָהּ מִבֵּיתוֹ׃ וְיָצְאָה מִבֵּיתוֹ וְהָלְכָה וְהָיְתָה
ג לְאִישׁ־אַחֵר׃ וּשְׂנֵאָהּ הָאִישׁ הָאַחֲרוֹן וְכָתַב לָהּ סֵפֶר כְּרִיתֻת
וְנָתַן בְּיָדָהּ וְשִׁלְּחָהּ מִבֵּיתוֹ אוֹ כִי יָמוּת הָאִישׁ הָאַחֲרוֹן אֲשֶׁר־
ד לְקָחָהּ לוֹ לְאִשָּׁה׃ לֹא־יוּכַל בַּעְלָהּ הָרִאשׁוֹן אֲשֶׁר־שִׁלְּחָהּ לָשׁוּב
לְקַחְתָּהּ לִהְיוֹת לוֹ לְאִשָּׁה אַחֲרֵי אֲשֶׁר הֻטַּמָּאָה כִּי־תוֹעֵבָה
הִוא לִפְנֵי יְהוָה וְלֹא תַחֲטִיא אֶת־הָאָרֶץ אֲשֶׁר יְהוָה אֱלֹהֶיךָ נֹתֵן
ששי ה לְךָ נַחֲלָה׃ כִּי־יִקַּח אִישׁ אִשָּׁה חֲדָשָׁה לֹא יֵצֵא

בצבא ולא־יעבר עליו לכל־דבר נקי יהיה לביתו שנה אחת
ו ושמח את־אשתו אשר־לקח: לא־יחבל רחים ורכב כי־נפש
ז הוא חבל: כי־ימצא איש גנב נפש מאחיו מבני
ישראל והתעמר־בו ומכרו ומת הגנב ההוא ובערת הרע
ח מקרבך: השמר בנגע־הצרעת לשמר מאד
ולעשות ככל אשר־יורו אתכם הכהנים הלוים כאשר צויתם
ט תשמרו לעשות: זכור את אשר־עשה יהוה אלהיך למרים
י בדרך בצאתכם ממצרים: כי־תשה ברעך
יא משאת מאומה לא־תבא אל־ביתו לעבט עבטו: בחוץ
תעמד והאיש אשר אתה נשה בו יוציא אליך את־העבוט
יב יג החוצה: ואם־איש עני הוא לא תשכב בעבטו: השב תשיב
לו את־העבוט כבוא השמש ושכב בשלמתו וברכך ולך
יד תהיה צדקה לפני יהוה אלהיך: לא־תעשק שביעי
שכיר עני ואביון מאחיך או מגרך אשר בארצך בשעריך:
טו ביומו תתן שכרו ולא־תבוא עליו השמש כי עני הוא ואליו
הוא נשא את־נפשו ולא־יקרא עליך אל־יהוה והיה בך
טז חטא: לא־יומתו אבות על־בנים ובנים לא־
יז יומתו על־אבות איש בחטאו יומתו: לא תטה
יח משפט גר יתום ולא תחבל בגד אלמנה: וזכרת כי עבד היית
במצרים ויפדך יהוה אלהיך משם על־כן אנכי מצוך לעשות
יט את־הדבר הזה: כי תקצר קצירך בשדך ושכחת כ
עמר בשדה לא תשוב לקחתו לגר ליתום ולאלמנה יהיה
כ למען יברכך יהוה אלהיך בכל מעשה ידיך: כי
תחבט זיתך לא תפאר אחריך לגר ליתום ולאלמנה יהיה:
כא כי תבצר כרמך לא תעולל אחריך לגר ליתום ולאלמנה יהיה:
כב וזכרת כי־עבד היית בארץ מצרים על־כן אנכי מצוך לעשות
כה א את־הדבר הזה: כי־יהיה ריב בין אנשים ונגשו

אֶל־הַמִּשְׁפָּט וּשְׁפָטוּם וְהִצְדִּיקוּ אֶת־הַצַּדִּיק וְהִרְשִׁיעוּ אֶת־
ב הָרָשָׁע׃ וְהָיָה אִם־בִּן הַכּוֹת הָרָשָׁע וְהִפִּילוֹ הַשֹּׁפֵט וְהִכָּהוּ
ג לְפָנָיו כְּדֵי רִשְׁעָתוֹ בְּמִסְפָּר׃ אַרְבָּעִים יַכֶּנּוּ לֹא יֹסִיף פֶּן־יֹסִיף
ד לְהַכֹּתוֹ עַל־אֵלֶּה מַכָּה רַבָּה וְנִקְלָה אָחִיךָ לְעֵינֶיךָ׃ לֹא־תַחְסֹם
ה שׁוֹר בְּדִישׁוֹ׃ כִּי־יֵשְׁבוּ אַחִים יַחְדָּו וּמֵת אַחַד
מֵהֶם וּבֵן אֵין־לוֹ לֹא־תִהְיֶה אֵשֶׁת־הַמֵּת הַחוּצָה לְאִישׁ זָר יְבָמָהּ
ו יָבֹא עָלֶיהָ וּלְקָחָהּ לוֹ לְאִשָּׁה וְיִבְּמָהּ׃ וְהָיָה הַבְּכוֹר אֲשֶׁר תֵּלֵד
ז יָקוּם עַל־שֵׁם אָחִיו הַמֵּת וְלֹא־יִמָּחֶה שְׁמוֹ מִיִּשְׂרָאֵל׃ וְאִם־
לֹא יַחְפֹּץ הָאִישׁ לָקַחַת אֶת־יְבִמְתּוֹ וְעָלְתָה יְבִמְתּוֹ הַשַּׁעְרָה
אֶל־הַזְּקֵנִים וְאָמְרָה מֵאֵן יְבָמִי לְהָקִים לְאָחִיו שֵׁם בְּיִשְׂרָאֵל
ח לֹא אָבָה יַבְּמִי׃ וְקָרְאוּ־לוֹ זִקְנֵי־עִירוֹ וְדִבְּרוּ אֵלָיו וְעָמַד וְאָמַר
ט לֹא חָפַצְתִּי לְקַחְתָּהּ׃ וְנִגְּשָׁה יְבִמְתּוֹ אֵלָיו לְעֵינֵי הַזְּקֵנִים וְחָלְצָה
נַעֲלוֹ מֵעַל רַגְלוֹ וְיָרְקָה בְּפָנָיו וְעָנְתָה וְאָמְרָה כָּכָה יֵעָשֶׂה לָאִישׁ
י אֲשֶׁר לֹא־יִבְנֶה אֶת־בֵּית אָחִיו׃ וְנִקְרָא שְׁמוֹ בְּיִשְׂרָאֵל בֵּית חֲלוּץ
יא הַנָּעַל׃ כִּי־יִנָּצוּ אֲנָשִׁים יַחְדָּו אִישׁ וְאָחִיו וְקָרְבָה
אֵשֶׁת הָאֶחָד לְהַצִּיל אֶת־אִישָׁהּ מִיַּד מַכֵּהוּ וְשָׁלְחָה יָדָהּ וְהֶחֱזִיקָה
יב יג בִּמְבֻשָׁיו׃ וְקַצֹּתָה אֶת־כַּפָּהּ לֹא תָחוֹס עֵינֶךָ׃ לֹא־
יד יִהְיֶה לְךָ בְּכִיסְךָ אֶבֶן וָאָבֶן גְּדוֹלָה וּקְטַנָּה׃ לֹא־יִהְיֶה לְךָ בְּבֵיתְךָ
טו אֵיפָה וְאֵיפָה גְּדוֹלָה וּקְטַנָּה׃ אֶבֶן שְׁלֵמָה וָצֶדֶק יִהְיֶה־לָּךְ אֵיפָה
שְׁלֵמָה וָצֶדֶק יִהְיֶה־לָּךְ לְמַעַן יַאֲרִיכוּ יָמֶיךָ עַל הָאֲדָמָה אֲשֶׁר־
טז יהוה אֱלֹהֶיךָ נֹתֵן לָךְ׃ כִּי תוֹעֲבַת יהוה אֱלֹהֶיךָ כָּל־עֹשֵׂה אֵלֶּה
כֹּל עֹשֵׂה עָוֶל׃

מפטיר
יז יח זָכוֹר אֵת אֲשֶׁר־עָשָׂה לְךָ עֲמָלֵק בַּדֶּרֶךְ בְּצֵאתְכֶם מִמִּצְרָיִם׃ אֲשֶׁר
קָרְךָ בַּדֶּרֶךְ וַיְזַנֵּב בְּךָ כָּל־הַנֶּחֱשָׁלִים אַחֲרֶיךָ וְאַתָּה עָיֵף וְיָגֵעַ וְלֹא
יט יָרֵא אֱלֹהִים׃ וְהָיָה בְּהָנִיחַ יהוה אֱלֹהֶיךָ לְךָ מִכָּל־אֹיְבֶיךָ מִסָּבִיב
בָּאָרֶץ אֲשֶׁר־יהוה אֱלֹהֶיךָ נֹתֵן לְךָ נַחֲלָה לְרִשְׁתָּהּ תִּמְחֶה אֶת־
זֵכֶר עֲמָלֵק מִתַּחַת הַשָּׁמָיִם לֹא תִּשְׁכָּח׃

א וְהָיָה כִּי־תָבוֹא אֶל־הָאָרֶץ אֲשֶׁר יְהוָה אֱלֹהֶיךָ נֹתֵן לְךָ נַחֲלָה כא
ב וִירִשְׁתָּהּ וְיָשַׁבְתָּ בָּהּ׃ וְלָקַחְתָּ מֵרֵאשִׁית ׀ כָּל־פְּרִי הָאֲדָמָה אֲשֶׁר
תָּבִיא מֵאַרְצְךָ אֲשֶׁר יְהוָה אֱלֹהֶיךָ נֹתֵן לָךְ וְשַׂמְתָּ בַטֶּנֶא וְהָלַכְתָּ
ג אֶל־הַמָּקוֹם אֲשֶׁר יִבְחַר יְהוָה אֱלֹהֶיךָ לְשַׁכֵּן שְׁמוֹ שָׁם׃ וּבָאתָ
אֶל־הַכֹּהֵן אֲשֶׁר יִהְיֶה בַּיָּמִים הָהֵם וְאָמַרְתָּ אֵלָיו הִגַּדְתִּי הַיּוֹם
לַיהוָה אֱלֹהֶיךָ כִּי־בָאתִי אֶל־הָאָרֶץ אֲשֶׁר נִשְׁבַּע יְהוָה לַאֲבֹתֵינוּ
ד לָתֶת לָנוּ׃ וְלָקַח הַכֹּהֵן הַטֶּנֶא מִיָּדֶךָ וְהִנִּיחוֹ לִפְנֵי מִזְבַּח יְהוָה
ה אֱלֹהֶיךָ׃ וְעָנִיתָ וְאָמַרְתָּ לִפְנֵי ׀ יְהוָה אֱלֹהֶיךָ אֲרַמִּי אֹבֵד אָבִי וַיֵּרֶד
מִצְרַיְמָה וַיָּגָר שָׁם בִּמְתֵי מְעָט וַיְהִי־שָׁם לְגוֹי גָּדוֹל עָצוּם וָרָב׃
ו ז וַיָּרֵעוּ אֹתָנוּ הַמִּצְרִים וַיְעַנּוּנוּ וַיִּתְּנוּ עָלֵינוּ עֲבֹדָה קָשָׁה׃ וַנִּצְעַק
אֶל־יְהוָה אֱלֹהֵי אֲבֹתֵינוּ וַיִּשְׁמַע יְהוָה אֶת־קֹלֵנוּ וַיַּרְא אֶת־
ח עָנְיֵנוּ וְאֶת־עֲמָלֵנוּ וְאֶת־לַחֲצֵנוּ׃ וַיּוֹצִאֵנוּ יְהוָה מִמִּצְרַיִם בְּיָד חֲזָקָה
ט וּבִזְרֹעַ נְטוּיָה וּבְמֹרָא גָּדֹל וּבְאֹתוֹת וּבְמֹפְתִים׃ וַיְבִאֵנוּ אֶל־
הַמָּקוֹם הַזֶּה וַיִּתֶּן־לָנוּ אֶת־הָאָרֶץ הַזֹּאת אֶרֶץ זָבַת חָלָב וּדְבָשׁ׃
י וְעַתָּה הִנֵּה הֵבֵאתִי אֶת־רֵאשִׁית פְּרִי הָאֲדָמָה אֲשֶׁר־נָתַתָּה לִּי
יְהוָה וְהִנַּחְתּוֹ לִפְנֵי יְהוָה אֱלֹהֶיךָ וְהִשְׁתַּחֲוִיתָ לִפְנֵי יְהוָה אֱלֹהֶיךָ׃
יא וְשָׂמַחְתָּ בְכָל־הַטּוֹב אֲשֶׁר נָתַן־לְךָ יְהוָה אֱלֹהֶיךָ וּלְבֵיתֶךָ אַתָּה
יב וְהַלֵּוִי וְהַגֵּר אֲשֶׁר בְּקִרְבֶּךָ׃ כִּי תְכַלֶּה לַעְשֵׂר אֶת־ שני
כָּל־מַעְשַׂר תְּבוּאָתְךָ בַּשָּׁנָה הַשְּׁלִישִׁת שְׁנַת הַמַּעֲשֵׂר וְנָתַתָּה
יג לַלֵּוִי לַגֵּר לַיָּתוֹם וְלָאַלְמָנָה וְאָכְלוּ בִשְׁעָרֶיךָ וְשָׂבֵעוּ׃ וְאָמַרְתָּ
לִפְנֵי יְהוָה אֱלֹהֶיךָ בִּעַרְתִּי הַקֹּדֶשׁ מִן־הַבַּיִת וְגַם נְתַתִּיו לַלֵּוִי
וְלַגֵּר לַיָּתוֹם וְלָאַלְמָנָה כְּכָל־מִצְוָתְךָ אֲשֶׁר צִוִּיתָנִי לֹא־עָבַרְתִּי
יד מִמִּצְוֹתֶיךָ וְלֹא שָׁכָחְתִּי׃ לֹא־אָכַלְתִּי בְאֹנִי מִמֶּנּוּ וְלֹא־בִעַרְתִּי
מִמֶּנּוּ בְּטָמֵא וְלֹא־נָתַתִּי מִמֶּנּוּ לְמֵת שָׁמַעְתִּי בְּקוֹל יְהוָה אֱלֹהָי
טו עָשִׂיתִי כְּכֹל אֲשֶׁר צִוִּיתָנִי׃ הַשְׁקִיפָה מִמְּעוֹן קָדְשְׁךָ מִן־הַשָּׁמַיִם
וּבָרֵךְ אֶת־עַמְּךָ אֶת־יִשְׂרָאֵל וְאֵת הָאֲדָמָה אֲשֶׁר נָתַתָּה לָנוּ כַּאֲשֶׁר
טז נִשְׁבַּעְתָּ לַאֲבֹתֵינוּ אֶרֶץ זָבַת חָלָב וּדְבָשׁ׃ הַיּוֹם שלישי

הַזֶּה יְהוָה אֱלֹהֶיךָ מְצַוְּךָ לַעֲשׂוֹת אֶת־הַחֻקִּים הָאֵלֶּה וְאֶת־
הַמִּשְׁפָּטִים וְשָׁמַרְתָּ וְעָשִׂיתָ אוֹתָם בְּכָל־לְבָבְךָ וּבְכָל־נַפְשֶׁךָ׃
יז אֶת־יְהוָה הֶאֱמַרְתָּ הַיּוֹם לִהְיוֹת לְךָ לֵאלֹהִים וְלָלֶכֶת בִּדְרָכָיו
יח וְלִשְׁמֹר חֻקָּיו וּמִצְוֹתָיו וּמִשְׁפָּטָיו וְלִשְׁמֹעַ בְּקֹלוֹ׃ וַיהוָה הֶאֱמִירְךָ
הַיּוֹם לִהְיוֹת לוֹ לְעַם סְגֻלָּה כַּאֲשֶׁר דִּבֶּר־לָךְ וְלִשְׁמֹר כָּל־מִצְוֹתָיו׃
יט וּלְתִתְּךָ עֶלְיוֹן עַל כָּל־הַגּוֹיִם אֲשֶׁר עָשָׂה לִתְהִלָּה וּלְשֵׁם וּלְתִפְאָרֶת
וְלִהְיֹתְךָ עַם־קָדֹשׁ לַיהוָה אֱלֹהֶיךָ כַּאֲשֶׁר דִּבֵּר׃
רביעי כז א וַיְצַו מֹשֶׁה וְזִקְנֵי יִשְׂרָאֵל אֶת־הָעָם לֵאמֹר שָׁמֹר אֶת־כָּל־הַמִּצְוָה
ב אֲשֶׁר אָנֹכִי מְצַוֶּה אֶתְכֶם הַיּוֹם׃ וְהָיָה בַּיּוֹם אֲשֶׁר תַּעַבְרוּ אֶת־
הַיַּרְדֵּן אֶל־הָאָרֶץ אֲשֶׁר־יְהוָה אֱלֹהֶיךָ נֹתֵן לָךְ וַהֲקֵמֹתָ לְךָ אֲבָנִים
ג גְּדֹלוֹת וְשַׂדְתָּ אֹתָם בַּשִּׂיד׃ וְכָתַבְתָּ עֲלֵיהֶן אֶת־כָּל־דִּבְרֵי הַתּוֹרָה
הַזֹּאת בְּעָבְרֶךָ לְמַעַן אֲשֶׁר תָּבֹא אֶל־הָאָרֶץ אֲשֶׁר־יְהוָה אֱלֹהֶיךָ
נֹתֵן לְךָ אֶרֶץ זָבַת חָלָב וּדְבַשׁ כַּאֲשֶׁר דִּבֶּר יְהוָה אֱלֹהֵי־אֲבֹתֶיךָ
ד לָךְ׃ וְהָיָה בְּעָבְרְכֶם אֶת־הַיַּרְדֵּן תָּקִימוּ אֶת־הָאֲבָנִים הָאֵלֶּה
אֲשֶׁר אָנֹכִי מְצַוֶּה אֶתְכֶם הַיּוֹם בְּהַר עֵיבָל וְשַׂדְתָּ אוֹתָם בַּשִּׂיד׃
ה וּבָנִיתָ שָּׁם מִזְבֵּחַ לַיהוָה אֱלֹהֶיךָ מִזְבַּח אֲבָנִים לֹא־תָנִיף עֲלֵיהֶם
ו בַּרְזֶל׃ אֲבָנִים שְׁלֵמוֹת תִּבְנֶה אֶת־מִזְבַּח יְהוָה אֱלֹהֶיךָ וְהַעֲלִיתָ
ז עָלָיו עוֹלֹת לַיהוָה אֱלֹהֶיךָ׃ וְזָבַחְתָּ שְׁלָמִים וְאָכַלְתָּ שָּׁם וְשָׂמַחְתָּ
ח לִפְנֵי יְהוָה אֱלֹהֶיךָ׃ וְכָתַבְתָּ עַל־הָאֲבָנִים אֶת־כָּל־דִּבְרֵי הַתּוֹרָה
ט הַזֹּאת בַּאֵר הֵיטֵב׃ וַיְדַבֵּר מֹשֶׁה וְהַכֹּהֲנִים הַלְוִיִּם
אֶל־כָּל־יִשְׂרָאֵל לֵאמֹר הַסְכֵּת ׀ וּשְׁמַע יִשְׂרָאֵל הַיּוֹם הַזֶּה נִהְיֵיתָ
י לְעָם לַיהוָה אֱלֹהֶיךָ׃ וְשָׁמַעְתָּ בְּקוֹל יְהוָה אֱלֹהֶיךָ וְעָשִׂיתָ אֶת־
חמישי יא מִצְוֹתָו וְאֶת־חֻקָּיו אֲשֶׁר אָנֹכִי מְצַוְּךָ הַיּוֹם׃ וַיְצַו
יב מֹשֶׁה אֶת־הָעָם בַּיּוֹם הַהוּא לֵאמֹר׃ אֵלֶּה יַעַמְדוּ לְבָרֵךְ אֶת־
הָעָם עַל־הַר גְּרִזִּים בְּעָבְרְכֶם אֶת־הַיַּרְדֵּן שִׁמְעוֹן וְלֵוִי וִיהוּדָה
יג וְיִשָּׂשכָר וְיוֹסֵף וּבִנְיָמִן׃ וְאֵלֶּה יַעַמְדוּ עַל־הַקְּלָלָה בְּהַר עֵיבָל
יד רְאוּבֵן גָּד וְאָשֵׁר וּזְבוּלֻן דָּן וְנַפְתָּלִי׃ וְעָנוּ הַלְוִיִּם וְאָמְרוּ אֶל־כָּל־

טו אִישׁ יִשְׂרָאֵל קוֹל רָם׃ אָרוּר הָאִישׁ אֲשֶׁר יַעֲשֶׂה
פֶסֶל וּמַסֵּכָה תּוֹעֲבַת יְהוָה מַעֲשֵׂה יְדֵי חָרָשׁ וְשָׂם בַּסָּתֶר וְעָנוּ
טז כָל־הָעָם וְאָמְרוּ אָמֵן׃ אָרוּר מַקְלֶה אָבִיו וְאִמּוֹ
יז וְאָמַר כָּל־הָעָם אָמֵן׃ אָרוּר מַסִּיג גְּבוּל רֵעֵהוּ
יח וְאָמַר כָּל־הָעָם אָמֵן׃ אָרוּר מַשְׁגֶּה עִוֵּר בַּדָּרֶךְ
יט וְאָמַר כָּל־הָעָם אָמֵן׃ אָרוּר מַטֶּה מִשְׁפַּט גֵּר־
כ יָתוֹם וְאַלְמָנָה וְאָמַר כָּל־הָעָם אָמֵן׃ אָרוּר שֹׁכֵב עִם־אֵשֶׁת
כא אָבִיו כִּי גִלָּה כְּנַף אָבִיו וְאָמַר כָּל־הָעָם אָמֵן׃ אָרוּר
כב שֹׁכֵב עִם־כָּל־בְּהֵמָה וְאָמַר כָּל־הָעָם אָמֵן׃ אָרוּר
שֹׁכֵב עִם־אֲחֹתוֹ בַּת־אָבִיו אוֹ בַת־אִמּוֹ וְאָמַר כָּל־הָעָם
כג אָמֵן׃ אָרוּר שֹׁכֵב עִם־חֹתַנְתּוֹ וְאָמַר כָּל־הָעָם
כד אָמֵן׃ אָרוּר מַכֵּה רֵעֵהוּ בַּסָּתֶר וְאָמַר כָּל־הָעָם
כה אָמֵן׃ אָרוּר לֹקֵחַ שֹׁחַד לְהַכּוֹת נֶפֶשׁ דָּם נָקִי
כו וְאָמַר כָּל־הָעָם אָמֵן׃ אָרוּר אֲשֶׁר לֹא־יָקִים
אֶת־דִּבְרֵי הַתּוֹרָה־הַזֹּאת לַעֲשׂוֹת אוֹתָם וְאָמַר כָּל־הָעָם
אָמֵן׃

כח א וְהָיָה אִם־שָׁמוֹעַ תִּשְׁמַע בְּקוֹל יְהוָה אֱלֹהֶיךָ לִשְׁמֹר לַעֲשׂוֹת אֶת־ כב
כָּל־מִצְוֹתָיו אֲשֶׁר אָנֹכִי מְצַוְּךָ הַיּוֹם וּנְתָנְךָ יְהוָה אֱלֹהֶיךָ עֶלְיוֹן
ב עַל כָּל־גּוֹיֵי הָאָרֶץ׃ וּבָאוּ עָלֶיךָ כָּל־הַבְּרָכוֹת הָאֵלֶּה וְהִשִּׂיגֻךָ
ג כִּי תִשְׁמַע בְּקוֹל יְהוָה אֱלֹהֶיךָ׃ בָּרוּךְ אַתָּה בָּעִיר וּבָרוּךְ אַתָּה
ד בַּשָּׂדֶה׃ בָּרוּךְ פְּרִי־בִטְנְךָ וּפְרִי אַדְמָתְךָ וּפְרִי בְהֶמְתֶּךָ שְׁגַר
ה ו אֲלָפֶיךָ וְעַשְׁתְּרוֹת צֹאנֶךָ׃ בָּרוּךְ טַנְאֲךָ וּמִשְׁאַרְתֶּךָ׃ בָּרוּךְ אַתָּה
ז בְּבֹאֶךָ וּבָרוּךְ אַתָּה בְּצֵאתֶךָ׃ יִתֵּן יְהוָה אֶת־אֹיְבֶיךָ הַקָּמִים ששי
עָלֶיךָ נִגָּפִים לְפָנֶיךָ בְּדֶרֶךְ אֶחָד יֵצְאוּ אֵלֶיךָ וּבְשִׁבְעָה דְרָכִים
ח יָנוּסוּ לְפָנֶיךָ׃ יְצַו יְהוָה אִתְּךָ אֶת־הַבְּרָכָה בַּאֲסָמֶיךָ וּבְכֹל
ט מִשְׁלַח יָדֶךָ וּבֵרַכְךָ בָּאָרֶץ אֲשֶׁר־יְהוָה אֱלֹהֶיךָ נֹתֵן לָךְ׃ יְקִימְךָ
יְהוָה לוֹ לְעַם קָדוֹשׁ כַּאֲשֶׁר נִשְׁבַּע־לָךְ כִּי תִשְׁמֹר אֶת־מִצְוֹת

יְהוָה אֱלֹהֶיךָ וְהָלַכְתָּ בִּדְרָכָיו׃ וְרָאוּ כָּל־עַמֵּי הָאָרֶץ כִּי שֵׁם י
יְהוָה נִקְרָא עָלֶיךָ וְיָרְאוּ מִמֶּךָּ׃ וְהוֹתִרְךָ יְהוָה לְטוֹבָה בִּפְרִי יא
בִטְנְךָ וּבִפְרִי בְהֶמְתְּךָ וּבִפְרִי אַדְמָתֶךָ עַל הָאֲדָמָה אֲשֶׁר נִשְׁבַּע
יְהוָה לַאֲבֹתֶיךָ לָתֶת לָךְ׃ יִפְתַּח יְהוָה ׀ לְךָ אֶת־אוֹצָרוֹ הַטּוֹב יב
אֶת־הַשָּׁמַיִם לָתֵת מְטַר־אַרְצְךָ בְּעִתּוֹ וּלְבָרֵךְ אֵת כָּל־מַעֲשֵׂה
יָדֶךָ וְהִלְוִיתָ גּוֹיִם רַבִּים וְאַתָּה לֹא תִלְוֶה׃ וּנְתָנְךָ יְהוָה לְרֹאשׁ יג
וְלֹא לְזָנָב וְהָיִיתָ רַק לְמַעְלָה וְלֹא תִהְיֶה לְמָטָּה כִּי־תִשְׁמַע אֶל־
מִצְוֺת ׀ יְהוָה אֱלֹהֶיךָ אֲשֶׁר אָנֹכִי מְצַוְּךָ הַיּוֹם לִשְׁמֹר וְלַעֲשׂוֹת׃
וְלֹא תָסוּר מִכָּל־הַדְּבָרִים אֲשֶׁר אָנֹכִי מְצַוֶּה אֶתְכֶם הַיּוֹם יָמִין יד
וּשְׂמֹאול לָלֶכֶת אַחֲרֵי אֱלֹהִים אֲחֵרִים לְעָבְדָם׃
וְהָיָה אִם־לֹא תִשְׁמַע בְּקוֹל יְהוָה אֱלֹהֶיךָ לִשְׁמֹר לַעֲשׂוֹת אֶת־כָּל־ טו
מִצְוֺתָיו וְחֻקֹּתָיו אֲשֶׁר אָנֹכִי מְצַוְּךָ הַיּוֹם וּבָאוּ עָלֶיךָ כָּל־הַקְּלָלוֹת
הָאֵלֶּה וְהִשִּׂיגוּךָ׃ אָרוּר אַתָּה בָּעִיר וְאָרוּר אַתָּה בַּשָּׂדֶה׃ אָרוּר טז יז
טַנְאֲךָ וּמִשְׁאַרְתֶּךָ׃ אָרוּר פְּרִי־בִטְנְךָ וּפְרִי אַדְמָתֶךָ שְׁגַר אֲלָפֶיךָ יח
וְעַשְׁתְּרֹת צֹאנֶךָ׃ אָרוּר אַתָּה בְּבֹאֶךָ וְאָרוּר אַתָּה בְּצֵאתֶךָ׃ יט
יְשַׁלַּח יְהוָה ׀ בְּךָ אֶת־הַמְּאֵרָה אֶת־הַמְּהוּמָה וְאֶת־הַמִּגְעֶרֶת כ
בְּכָל־מִשְׁלַח יָדְךָ אֲשֶׁר תַּעֲשֶׂה עַד הִשָּׁמֶדְךָ וְעַד־אֲבָדְךָ מַהֵר
מִפְּנֵי רֹעַ מַעֲלָלֶיךָ אֲשֶׁר עֲזַבְתָּנִי׃ יַדְבֵּק יְהוָה בְּךָ אֶת־הַדָּבֶר עַד כא
כַּלֹּתוֹ אֹתְךָ מֵעַל הָאֲדָמָה אֲשֶׁר־אַתָּה בָא־שָׁמָּה לְרִשְׁתָּהּ׃
יַכְּכָה יְהוָה בַּשַּׁחֶפֶת וּבַקַּדַּחַת וּבַדַּלֶּקֶת וּבַחַרְחֻר וּבַחֶרֶב כב
וּבַשִּׁדָּפוֹן וּבַיֵּרָקוֹן וּרְדָפוּךָ עַד אָבְדֶךָ׃ וְהָיוּ שָׁמֶיךָ אֲשֶׁר עַל־ כג
רֹאשְׁךָ נְחֹשֶׁת וְהָאָרֶץ אֲשֶׁר־תַּחְתֶּיךָ בַּרְזֶל׃ יִתֵּן יְהוָה אֶת־ כד
מְטַר אַרְצְךָ אָבָק וְעָפָר מִן־הַשָּׁמַיִם יֵרֵד עָלֶיךָ עַד הִשָּׁמְדָךְ׃
יִתֶּנְךָ יְהוָה ׀ נִגָּף לִפְנֵי אֹיְבֶיךָ בְּדֶרֶךְ אֶחָד תֵּצֵא אֵלָיו וּבְשִׁבְעָה כה
דְרָכִים תָּנוּס לְפָנָיו וְהָיִיתָ לְזַעֲוָה לְכֹל מַמְלְכוֹת הָאָרֶץ׃ וְהָיְתָה כו
נִבְלָתְךָ לְמַאֲכָל לְכָל־עוֹף הַשָּׁמַיִם וּלְבֶהֱמַת הָאָרֶץ וְאֵין מַחֲרִיד׃
יַכְּכָה יְהוָה בִּשְׁחִין מִצְרַיִם וּבעפלים וּבַגָּרָב וּבֶחָרֶס אֲשֶׁר לֹא־ כז

וּבַטְּחֹרִים

כח תּוּכַל לְהֵרָפֵא׃ יַכְּכָה יְהוָה בְּשִׁגָּעוֹן וּבְעִוָּרוֹן וּבְתִמְהוֹן לֵבָב׃
כט וְהָיִיתָ מְמַשֵּׁשׁ בַּצָּהֳרַיִם כַּאֲשֶׁר יְמַשֵּׁשׁ הָעִוֵּר בָּאֲפֵלָה וְלֹא תַצְלִיחַ
אֶת־דְּרָכֶיךָ וְהָיִיתָ אַךְ עָשׁוּק וְגָזוּל כָּל־הַיָּמִים וְאֵין מוֹשִׁיעַ׃
ל אִשָּׁה תְאָרֵשׂ וְאִישׁ אַחֵר ישגלנה בַּיִת תִּבְנֶה וְלֹא־תֵשֵׁב בּוֹ יִשְׁכָּבֶנָּה
לא כֶּרֶם תִּטַּע וְלֹא תְחַלְּלֶנּוּ׃ שׁוֹרְךָ טָבוּחַ לְעֵינֶיךָ וְלֹא תֹאכַל מִמֶּנּוּ
חֲמֹרְךָ גָּזוּל מִלְּפָנֶיךָ וְלֹא יָשׁוּב לָךְ צֹאנְךָ נְתֻנוֹת לְאֹיְבֶיךָ וְאֵין לְךָ
לב מוֹשִׁיעַ׃ בָּנֶיךָ וּבְנֹתֶיךָ נְתֻנִים לְעַם אַחֵר וְעֵינֶיךָ רֹאוֹת וְכָלוֹת
לג אֲלֵיהֶם כָּל־הַיּוֹם וְאֵין לְאֵל יָדֶךָ׃ פְּרִי אַדְמָתְךָ וְכָל־יְגִיעֲךָ יֹאכַל
לד עַם אֲשֶׁר לֹא־יָדָעְתָּ וְהָיִיתָ רַק עָשׁוּק וְרָצוּץ כָּל־הַיָּמִים׃ וְהָיִיתָ
לה מְשֻׁגָּע מִמַּרְאֵה עֵינֶיךָ אֲשֶׁר תִּרְאֶה׃ יַכְּכָה יְהוָה בִּשְׁחִין רָע
עַל־הַבִּרְכַּיִם וְעַל־הַשֹּׁקַיִם אֲשֶׁר לֹא־תוּכַל לְהֵרָפֵא מִכַּף רַגְלְךָ
לו וְעַד קָדְקֳדֶךָ׃ יוֹלֵךְ יְהוָה אֹתְךָ וְאֶת־מַלְכְּךָ אֲשֶׁר תָּקִים עָלֶיךָ
אֶל־גּוֹי אֲשֶׁר לֹא־יָדַעְתָּ אַתָּה וַאֲבֹתֶיךָ וְעָבַדְתָּ שָּׁם אֱלֹהִים
לז אֲחֵרִים עֵץ וָאָבֶן׃ וְהָיִיתָ לְשַׁמָּה לְמָשָׁל וְלִשְׁנִינָה בְּכֹל הָעַמִּים
לח אֲשֶׁר־יְנַהֶגְךָ יְהוָה שָׁמָּה׃ זֶרַע רַב תּוֹצִיא הַשָּׂדֶה וּמְעַט תֶּאֱסֹף
לט כִּי יַחְסְלֶנּוּ הָאַרְבֶּה׃ כְּרָמִים תִּטַּע וְעָבָדְתָּ וְיַיִן לֹא־תִשְׁתֶּה וְלֹא
מ תֶאֱגֹר כִּי תֹאכְלֶנּוּ הַתֹּלָעַת׃ זֵיתִים יִהְיוּ לְךָ בְּכָל־גְּבוּלֶךָ וְשֶׁמֶן
מא לֹא תָסוּךְ כִּי יִשַּׁל זֵיתֶךָ׃ בָּנִים וּבָנוֹת תּוֹלִיד וְלֹא־יִהְיוּ לָךְ כִּי
מב מג יֵלְכוּ בַּשֶּׁבִי׃ כָּל־עֵצְךָ וּפְרִי אַדְמָתֶךָ יְיָרֵשׁ הַצְּלָצַל׃ הַגֵּר אֲשֶׁר
בְּקִרְבְּךָ יַעֲלֶה עָלֶיךָ מַעְלָה מָּעְלָה וְאַתָּה תֵרֵד מַטָּה מָּטָּה׃
מד הוּא יַלְוְךָ וְאַתָּה לֹא תַלְוֶנּוּ הוּא יִהְיֶה לְרֹאשׁ וְאַתָּה תִּהְיֶה לְזָנָב׃
מה וּבָאוּ עָלֶיךָ כָּל־הַקְּלָלוֹת הָאֵלֶּה וּרְדָפוּךָ וְהִשִּׂיגוּךָ עַד הִשָּׁמְדָךְ
כִּי־לֹא שָׁמַעְתָּ בְּקוֹל יְהוָה אֱלֹהֶיךָ לִשְׁמֹר מִצְוֹתָיו וְחֻקֹּתָיו אֲשֶׁר
מו מז צִוָּךְ׃ וְהָיוּ בְךָ לְאוֹת וּלְמוֹפֵת וּבְזַרְעֲךָ עַד־עוֹלָם׃ תַּחַת אֲשֶׁר
לֹא־עָבַדְתָּ אֶת־יְהוָה אֱלֹהֶיךָ בְּשִׂמְחָה וּבְטוּב לֵבָב מֵרֹב כֹּל׃
מח וְעָבַדְתָּ אֶת־אֹיְבֶיךָ אֲשֶׁר יְשַׁלְּחֶנּוּ יְהוָה בָּךְ בְּרָעָב וּבְצָמָא
וּבְעֵירֹם וּבְחֹסֶר כֹּל וְנָתַן עֹל בַּרְזֶל עַל־צַוָּארֶךָ עַד הִשְׁמִידוֹ

מט אתך: ישא יהוה עליך גוי מרחק מקצה הארץ כאשר ידאה
נ הנשר גוי אשר לא־תשמע לשנו: גוי עז פנים אשר לא־ישא
נא פנים לזקן ונער לא יחן: ואכל פרי בהמתך ופרי־אדמתך
עד השמדך אשר לא־ישאיר לך דגן תירוש ויצהר שגר אלפיך
נב ועשתרת צאנך עד האבידו אתך: והצר לך בכל־שעריך עד
רדת חמתיך הגבהות והבצרות אשר אתה בטח בהן בכל־
ארצך והצר לך בכל־שעריך בכל־ארצך אשר נתן יהוה
נג אלהיך לך: ואכלת פרי־בטנך בשר בניך ובנתיך אשר נתן־
נד לך יהוה אלהיך במצור ובמצוק אשר־יציק לך איבך: האיש
הרך בך והענג מאד תרע עינו באחיו ובאשת חיקו וביתר
נה בניו אשר יותיר: מתת ׀ לאחד מהם מבשר בניו אשר יאכל
מבלי השאיר־לו כל במצור ובמצוק אשר יציק לך איבך
נו בכל־שעריך: הרכה בך והענגה אשר לא־נסתה כף־רגלה
הצג על־הארץ מהתענג ומרך תרע עינה באיש חיקה ובבנה
נז ובבתה: ובשליתה היוצת ׀ מבין רגליה ובבניה אשר תלד
כי־תאכלם בחסר־כל בסתר במצור ובמצוק אשר יציק לך
נח איבך בשעריך: אם־לא תשמר לעשות את־כל־דברי התורה
הזאת הכתבים בספר הזה ליראה את־השם הנכבד והנורא
נט הזה את יהוה אלהיך: והפלא יהוה את־מכתך ואת מכות
ס זרעך מכות גדלת ונאמנות וחלים רעים ונאמנים: והשיב
בך את כל־מדוה מצרים אשר יגרת מפניהם ודבקו בך:
סא גם כל־חלי וכל־מכה אשר לא כתוב בספר התורה הזאת יעלם
סב יהוה עליך עד השמדך: ונשארתם במתי מעט תחת אשר
הייתם ככוכבי השמים לרב כי־לא שמעת בקול יהוה אלהיך:
סג והיה כאשר־שש יהוה עליכם להיטיב אתכם ולהרבות אתכם
כן ישיש יהוה עליכם להאביד אתכם ולהשמיד אתכם
סד ונסחתם מעל האדמה אשר־אתה בא־שמה לרשתה: והפיצך

יהוה בכל־העמים מקצה הארץ ועד־קצה הארץ ועבדת שם
סה אלהים אחרים אשר לא־ידעת אתה ואבתיך עץ ואבן: ובגוים
ההם לא תרגיע ולא־יהיה מנוח לכף־רגלך ונתן יהוה לך
סו שם לב רגז וכליון עינים ודאבון נפש: והיו חייך תלאים לך
סז מנגד ופחדת לילה ויומם ולא תאמין בחייך: בבקר תאמר מי־
יתן ערב ובערב תאמר מי־יתן בקר מפחד לבבך אשר תפחד
סח וממראה עיניך אשר תראה: והשיבך יהוה ׀ מצרים באניות
בדרך אשר אמרתי לך לא־תסיף עוד לראתה והתמכרתם
סט שם לאיביך לעבדים ולשפחות ואין קנה: אלה
דברי הברית אשר־צוה יהוה את־משה לכרת את־בני ישראל
בארץ מואב מלבד הברית אשר־כרת אתם בחרב:

כט א ויקרא משה אל־כל־ישראל ויאמר אלהם אתם ראיתם את שביעי
כל־אשר עשה יהוה לעיניכם בארץ מצרים לפרעה ולכל־
ב עבדיו ולכל־ארצו: המסות הגדלת אשר ראו עיניך האתת
ג והמפתים הגדלים ההם: ולא־נתן יהוה לכם לב לדעת
ד ועינים לראות ואזנים לשמע עד היום הזה: ואולך אתכם
ארבעים שנה במדבר לא־בלו שלמתיכם מעליכם ונעלך לא־
ה בלתה מעל רגלך: לחם לא אכלתם ויין ושכר לא שתיתם
ו למען תדעו כי אני יהוה אלהיכם: ותבאו אל־המקום הזה מפטיר
ויצא סיחן מלך־חשבון ועוג מלך־הבשן לקראתנו למלחמה
ז ונכם: ונקח את־ארצם ונתנה לנחלה לראובני ולגדי ולחצי
ח שבט המנשי: ושמרתם את־דברי הברית הזאת ועשיתם
אתם למען תשכילו את כל־אשר תעשון:

ט אתם נצבים היום כלכם לפני יהוה אלהיכם ראשיכם שבטיכם כג נצבים
י זקניכם ושטריכם כל איש ישראל: טפכם נשיכם וגרך אשר
יא בקרב מחניך מחטב עציך עד שאב מימיך: לעברך בברית
יהוה אלהיך ובאלתו אשר יהוה אלהיך כרת עמך היום:

שני יב למען הקים־אתך היום ׀ לו לעם והוא יהיה־לך לאלהים כאשר
דבר־לך וכאשר נשבע לאבתיך לאברהם ליצחק וליעקב:
יג ולא אתכם לבדכם אנכי כרת את־הברית הזאת ואת־האלה
יד הזאת: כי את־אשר ישנו פה עמנו עמד היום לפני יהוה אלהינו
שלישי טו ואת אשר איננו פה עמנו היום: כי־אתם ידעתם את אשר־
ישבנו בארץ מצרים ואת אשר־עברנו בקרב הגוים אשר
טז עברתם: ותראו את־שקוציהם ואת גלליהם עץ ואבן כסף
יז וזהב אשר עמהם: פן־יש בכם איש או־אשה או משפחה או־
שבט אשר לבבו פנה היום מעם יהוה אלהינו ללכת לעבד
את־אלהי הגוים ההם פן־יש בכם שרש פרה ראש ולענה:
יח והיה בשמעו את־דברי האלה הזאת והתברך בלבבו לאמר
שלום יהיה־לי כי בשררות לבי אלך למען ספות הרוה את־
יט הצמאה: לא־יאבה יהוה סלח לו כי אז יעשן אף־יהוה וקנאתו
באיש ההוא ורבצה בו כל־האלה הכתובה בספר הזה ומחה
כ יהוה את־שמו מתחת השמים: והבדילו יהוה לרעה מכל
שבטי ישראל ככל אלות הברית הכתובה בספר התורה
כא הזה: ואמר הדור האחרון בניכם אשר יקומו מאחריכם
והנכרי אשר יבא מארץ רחוקה וראו את־מכות הארץ ההוא
כב ואת־תחלאיה אשר־חלה יהוה בה: גפרית ומלח שרפה
כל־ארצה לא תזרע ולא תצמח ולא־יעלה בה כל־עשב
וצבוים כמהפכת סדם ועמרה אדמה וצביים אשר הפך יהוה באפו
כג ובחמתו: ואמרו כל־הגוים על־מה עשה יהוה ככה לארץ
כד הזאת מה חרי האף הגדול הזה: ואמרו על אשר עזבו את־
ברית יהוה אלהי אבתם אשר כרת עמם בהוציאו אתם
כה מארץ מצרים: וילכו ויעבדו אלהים אחרים וישתחוו להם
כו אלהים אשר לא־ידעום ולא חלק להם: ויחר־אף יהוה
בארץ ההוא להביא עליה את־כל־הקללה הכתובה בספר

כז הזה: ויתשם יהוה מעל אדמתם באף ובחמה ובקצף גדול
כח וישלכם אל־ארץ אחרת כיום הזה: הנסתרת ליהוה אלהינו
והנגלת לנו ולבנינו עד־עולם לעשות את־כל־דברי התורה
ל א הזאת: והיה כי־יבאו עליך כל־הדברים האלה רביעי (שני)
הברכה והקללה אשר נתתי לפניך והשבת אל־לבבך בכל־
ב הגוים אשר הדיחך יהוה אלהיך שמה: ושבת עד־יהוה
אלהיך ושמעת בקלו ככל אשר־אנכי מצוך היום אתה
ג ובניך בכל־לבבך ובכל־נפשך: ושב יהוה אלהיך את־שבותך
ורחמך ושב וקבצך מכל־העמים אשר הפיצך יהוה אלהיך
ד שמה: אם־יהיה נדחך בקצה השמים משם יקבצך יהוה
ה אלהיך ומשם יקחך: והביאך יהוה אלהיך אל־הארץ אשר־
ו ירשו אבתיך וירשתה והיטבך והרבך מאבתיך: ומל יהוה
אלהיך את־לבבך ואת־לבב זרעך לאהבה את־יהוה אלהיך
ז בכל־לבבך ובכל־נפשך למען חייך: ונתן יהוה אלהיך את חמישי (שלישי)
ח כל־האלות האלה על־איביך ועל־שנאיך אשר רדפוך: ואתה
תשוב ושמעת בקול יהוה ועשית את־כל־מצותיו אשר אנכי
ט מצוך היום: והותירך יהוה אלהיך בכל ׀ מעשה ידך בפרי
בטנך ובפרי בהמתך ובפרי אדמתך לטבה כי ׀ ישוב יהוה
י לשוש עליך לטוב כאשר־שש על־אבתיך: כי תשמע
בקול יהוה אלהיך לשמר מצותיו וחקתיו הכתובה בספר
התורה הזה כי תשוב אל־יהוה אלהיך בכל־לבבך ובכל־
יא נפשך: כי המצוה הזאת אשר אנכי מצוך היום כד ששי
יב לא־נפלאת הוא ממך ולא־רחקה הוא: לא בשמים הוא
לאמר מי יעלה־לנו השמימה ויקחה לנו וישמענו אתה
יג ונעשנה: ולא־מעבר לים הוא לאמר מי יעבר־לנו אל־עבר
יד הים ויקחה לנו וישמענו אתה ונעשנה: כי־קרוב אליך הדבר
טו מאד בפיך ובלבבך לעשתו: ראה נתתי לפניך שביעי ומפטיר (רביעי)

טו היום את־החיים ואת־הטוב ואת־המות ואת־הרע: אשר
אנכי מצוך היום לאהבה את־יהוה אלהיך ללכת בדרכיו
ולשמר מצותיו וחקתיו ומשפטיו וחיית ורבית וברכך יהוה
יז אלהיך בארץ אשר־אתה בא־שמה לרשתה: ואם־יפנה
לבבך ולא תשמע ונדחת והשתחוית לאלהים אחרים
יח ועבדתם: הגדתי לכם היום כי אבד תאבדון לא־תאריכן
ימים על־האדמה אשר אתה עבר את־הירדן לבוא שמה
יט לרשתה: העדתי בכם היום את־השמים ואת־הארץ החיים
והמות נתתי לפניך הברכה והקללה ובחרת בחיים למען
כ תחיה אתה וזרעך: לאהבה את־יהוה אלהיך לשמע בקלו
ולדבקה־בו כי הוא חייך וארך ימיך לשבת על־האדמה
אשר נשבע יהוה לאבתיך לאברהם ליצחק וליעקב לתת
להם:

וילך

לא א וילך משה וידבר את־הדברים האלה אל־כל־ישראל:
ב ויאמר
אלהם בן־מאה ועשרים שנה אנכי היום לא־אוכל עוד
לצאת ולבוא ויהוה אמר אלי לא תעבר את־הירדן הזה:
ג יהוה אלהיך הוא | עבר לפניך הוא־ישמיד את־הגוים האלה
מלפניך וירשתם יהושע הוא עבר לפניך כאשר דבר יהוה:
שני ד ועשה יהוה להם כאשר עשה לסיחון ולעוג מלכי האמרי
ה ולארצם אשר השמיד אתם: ונתנם יהוה לפניכם ועשיתם
ו להם ככל־המצוה אשר צויתי אתכם: חזקו ואמצו אל־תיראו
ואל־תערצו מפניהם כי | יהוה אלהיך הוא ההלך עמך לא
שלישי (וחמישי) ז ירפך ולא יעזבך: ויקרא משה ליהושע ויאמר
אליו לעיני כל־ישראל חזק ואמץ כי אתה תבוא את־העם
הזה אל־הארץ אשר נשבע יהוה לאבתם לתת להם ואתה
ח תנחילנה אותם: ויהוה הוא | ההלך לפניך הוא יהיה עמך
ט לא ירפך ולא יעזבך לא תירא ולא תחת: ויכתב משה את־

הַתּוֹרָה הַזֹּאת וַיִּתְּנָהּ אֶל־הַכֹּהֲנִים בְּנֵי לֵוִי הַנֹּשְׂאִים אֶת־אֲרוֹן
י בְּרִית יְהוָה וְאֶל־כָּל־זִקְנֵי יִשְׂרָאֵל׃ וַיְצַו מֹשֶׁה אוֹתָם לֵאמֹר רביעי
יא מִקֵּץ ׀ שֶׁבַע שָׁנִים בְּמֹעֵד שְׁנַת הַשְּׁמִטָּה בְּחַג הַסֻּכּוֹת׃ בְּבוֹא
כָל־יִשְׂרָאֵל לֵרָאוֹת אֶת־פְּנֵי יְהוָה אֱלֹהֶיךָ בַּמָּקוֹם אֲשֶׁר יִבְחָר
יב תִּקְרָא אֶת־הַתּוֹרָה הַזֹּאת נֶגֶד כָּל־יִשְׂרָאֵל בְּאָזְנֵיהֶם׃ הַקְהֵל
אֶת־הָעָם הָאֲנָשִׁים וְהַנָּשִׁים וְהַטַּף וְגֵרְךָ אֲשֶׁר בִּשְׁעָרֶיךָ לְמַעַן
יִשְׁמְעוּ וּלְמַעַן יִלְמְדוּ וְיָרְאוּ אֶת־יְהוָה אֱלֹהֵיכֶם וְשָׁמְרוּ לַעֲשׂוֹת
יג אֶת־כָּל־דִּבְרֵי הַתּוֹרָה הַזֹּאת׃ וּבְנֵיהֶם אֲשֶׁר לֹא־יָדְעוּ יִשְׁמְעוּ
וְלָמְדוּ לְיִרְאָה אֶת־יְהוָה אֱלֹהֵיכֶם כָּל־הַיָּמִים אֲשֶׁר אַתֶּם
חַיִּים עַל־הָאֲדָמָה אֲשֶׁר אַתֶּם עֹבְרִים אֶת־הַיַּרְדֵּן שָׁמָּה
לְרִשְׁתָּהּ׃
יד וַיֹּאמֶר יְהוָה אֶל־מֹשֶׁה הֵן קָרְבוּ יָמֶיךָ לָמוּת קְרָא אֶת־יְהוֹשֻׁעַ כה חמישי (ששי)
וְהִתְיַצְּבוּ בְּאֹהֶל מוֹעֵד וַאֲצַוֶּנּוּ וַיֵּלֶךְ מֹשֶׁה וִיהוֹשֻׁעַ וַיִּתְיַצְּבוּ בְּאֹהֶל
טו מוֹעֵד׃ וַיֵּרָא יְהוָה בָּאֹהֶל בְּעַמּוּד עָנָן וַיַּעֲמֹד עַמּוּד הֶעָנָן עַל־
טז פֶּתַח הָאֹהֶל׃ וַיֹּאמֶר יְהוָה אֶל־מֹשֶׁה הִנְּךָ שֹׁכֵב עִם־אֲבֹתֶיךָ
וְקָם הָעָם הַזֶּה וְזָנָה ׀ אַחֲרֵי ׀ אֱלֹהֵי נֵכַר־הָאָרֶץ אֲשֶׁר הוּא בָא־
יז שָׁמָּה בְּקִרְבּוֹ וַעֲזָבַנִי וְהֵפֵר אֶת־בְּרִיתִי אֲשֶׁר כָּרַתִּי אִתּוֹ׃ וְחָרָה
אַפִּי בוֹ בַיּוֹם־הַהוּא וַעֲזַבְתִּים וְהִסְתַּרְתִּי פָנַי מֵהֶם וְהָיָה לֶאֱכֹל
וּמְצָאֻהוּ רָעוֹת רַבּוֹת וְצָרוֹת וְאָמַר בַּיּוֹם הַהוּא הֲלֹא עַל כִּי־
יח אֵין אֱלֹהַי בְּקִרְבִּי מְצָאוּנִי הָרָעוֹת הָאֵלֶּה׃ וְאָנֹכִי הַסְתֵּר אַסְתִּיר
פָּנַי בַּיּוֹם הַהוּא עַל כָּל־הָרָעָה אֲשֶׁר עָשָׂה כִּי פָנָה אֶל־אֱלֹהִים
יט אֲחֵרִים׃ וְעַתָּה כִּתְבוּ לָכֶם אֶת־הַשִּׁירָה הַזֹּאת וְלַמְּדָהּ אֶת־בְּנֵי־
יִשְׂרָאֵל שִׂימָהּ בְּפִיהֶם לְמַעַן תִּהְיֶה־לִּי הַשִּׁירָה הַזֹּאת לְעֵד בִּבְנֵי
כ יִשְׂרָאֵל׃ כִּי־אֲבִיאֶנּוּ אֶל־הָאֲדָמָה ׀ אֲשֶׁר־נִשְׁבַּעְתִּי לַאֲבֹתָיו זָבַת ששי (שביעי)
חָלָב וּדְבַשׁ וְאָכַל וְשָׂבַע וְדָשֵׁן וּפָנָה אֶל־אֱלֹהִים אֲחֵרִים וַעֲבָדוּם
כא וְנִאֲצוּנִי וְהֵפֵר אֶת־בְּרִיתִי׃ וְהָיָה כִּי־תִמְצֶאןָ אֹתוֹ רָעוֹת רַבּוֹת
וְצָרוֹת וְעָנְתָה הַשִּׁירָה הַזֹּאת לְפָנָיו לְעֵד כִּי לֹא תִשָּׁכַח מִפִּי

זַרְעוֹ כִּי יָדַעְתִּי אֶת־יִצְרוֹ אֲשֶׁר הוּא עֹשֶׂה הַיּוֹם בְּטֶרֶם אֲבִיאֶנּוּ
אֶל־הָאָרֶץ אֲשֶׁר נִשְׁבָּעְתִּי׃ וַיִּכְתֹּב מֹשֶׁה אֶת־הַשִּׁירָה הַזֹּאת כב
בַּיּוֹם הַהוּא וַיְלַמְּדָהּ אֶת־בְּנֵי יִשְׂרָאֵל׃ וַיְצַו אֶת־יְהוֹשֻׁעַ בִּן־ כג
נוּן וַיֹּאמֶר חֲזַק וֶאֱמָץ כִּי אַתָּה תָּבִיא אֶת־בְּנֵי יִשְׂרָאֵל אֶל־
הָאָרֶץ אֲשֶׁר־נִשְׁבַּעְתִּי לָהֶם וְאָנֹכִי אֶהְיֶה עִמָּךְ׃ וַיְהִי ׀ כְּכַלּוֹת כד
מֹשֶׁה לִכְתֹּב אֶת־דִּבְרֵי הַתּוֹרָה־הַזֹּאת עַל־סֵפֶר עַד תֻּמָּם׃
שביעי וַיְצַו מֹשֶׁה אֶת־הַלְוִיִּם נֹשְׂאֵי אֲרוֹן בְּרִית־יְהוָה לֵאמֹר׃ לָקֹחַ כה כו
אֵת סֵפֶר הַתּוֹרָה הַזֶּה וְשַׂמְתֶּם אֹתוֹ מִצַּד אֲרוֹן בְּרִית־יְהוָה
אֱלֹהֵיכֶם וְהָיָה־שָׁם בְּךָ לְעֵד׃ כִּי אָנֹכִי יָדַעְתִּי אֶת־מֶרְיְךָ כז
וְאֶת־עָרְפְּךָ הַקָּשֶׁה הֵן בְּעוֹדֶנִּי חַי עִמָּכֶם הַיּוֹם מַמְרִים הֱיִתֶם
מפטיר עִם־יְהוָה וְאַף כִּי־אַחֲרֵי מוֹתִי׃ הַקְהִילוּ אֵלַי אֶת־כָּל־זִקְנֵי כח
שִׁבְטֵיכֶם וְשֹׁטְרֵיכֶם וַאֲדַבְּרָה בְאָזְנֵיהֶם אֵת הַדְּבָרִים הָאֵלֶּה
וְאָעִידָה בָּם אֶת־הַשָּׁמַיִם וְאֶת־הָאָרֶץ׃ כִּי יָדַעְתִּי אַחֲרֵי מוֹתִי כט
כִּי־הַשְׁחֵת תַּשְׁחִתוּן וְסַרְתֶּם מִן־הַדֶּרֶךְ אֲשֶׁר צִוִּיתִי אֶתְכֶם וְקָרָאת
אֶתְכֶם הָרָעָה בְּאַחֲרִית הַיָּמִים כִּי־תַעֲשׂוּ אֶת־הָרַע בְּעֵינֵי יְהוָה
לְהַכְעִיסוֹ בְּמַעֲשֵׂה יְדֵיכֶם׃ וַיְדַבֵּר מֹשֶׁה בְּאָזְנֵי כָּל־קְהַל יִשְׂרָאֵל ל
אֶת־דִּבְרֵי הַשִּׁירָה הַזֹּאת עַד תֻּמָּם׃

האזינו כו הַאֲזִינוּ הַשָּׁמַיִם וַאֲדַבֵּרָה   וְתִשְׁמַע הָאָרֶץ אִמְרֵי־פִי׃ א לב
יַעֲרֹף כַּמָּטָר לִקְחִי   תִּזַּל כַּטַּל אִמְרָתִי ב
כִּשְׂעִירִם עֲלֵי־דֶשֶׁא   וְכִרְבִיבִים עֲלֵי־עֵשֶׂב׃
כִּי שֵׁם יְהוָה אֶקְרָא   הָבוּ גֹדֶל לֵאלֹהֵינוּ׃ ג
הַצּוּר תָּמִים פָּעֳלוֹ   כִּי כָל־דְּרָכָיו מִשְׁפָּט ד
אֵל אֱמוּנָה וְאֵין עָוֶל   צַדִּיק וְיָשָׁר הוּא׃
שִׁחֵת לוֹ לֹא בָּנָיו מוּמָם   דּוֹר עִקֵּשׁ וּפְתַלְתֹּל׃ ה
הֲ לַיְהוָה תִּגְמְלוּ־זֹאת   עַם נָבָל וְלֹא חָכָם ו
הֲלוֹא־הוּא אָבִיךָ קָּנֶךָ   הוּא עָשְׂךָ וַיְכֹנְנֶךָ׃

ז זְכֹר יְמוֹת עוֹלָם   בִּינוּ שְׁנוֹת דֹּר־וָדֹר   שני
שְׁאַל אָבִיךָ וְיַגֵּדְךָ   זְקֵנֶיךָ וְיֹאמְרוּ לָךְ׃
ח בְּהַנְחֵל עֶלְיוֹן גּוֹיִם   בְּהַפְרִידוֹ בְּנֵי אָדָם
יַצֵּב גְּבֻלֹת עַמִּים   לְמִסְפַּר בְּנֵי יִשְׂרָאֵל׃
ט כִּי חֵלֶק יְהוָה עַמּוֹ   יַעֲקֹב חֶבֶל נַחֲלָתוֹ׃
י יִמְצָאֵהוּ בְּאֶרֶץ מִדְבָּר   וּבְתֹהוּ יְלֵל יְשִׁמֹן
יְסֹבְבֶנְהוּ יְבוֹנְנֵהוּ   יִצְּרֶנְהוּ כְּאִישׁוֹן עֵינוֹ׃
יא כְּנֶשֶׁר יָעִיר קִנּוֹ   עַל־גּוֹזָלָיו יְרַחֵף
יִפְרֹשׂ כְּנָפָיו יִקָּחֵהוּ   יִשָּׂאֵהוּ עַל־אֶבְרָתוֹ׃
יב יְהוָה בָּדָד יַנְחֶנּוּ   וְאֵין עִמּוֹ אֵל נֵכָר׃   שלישי
יג יַרְכִּבֵהוּ עַל־במותי אָרֶץ   וַיֹּאכַל תְּנוּבֹת שָׂדָי   בָּמֳתֵי
וַיֵּנִקֵהוּ דְבַשׁ מִסֶּלַע   וְשֶׁמֶן מֵחַלְמִישׁ צוּר׃
יד חֶמְאַת בָּקָר וַחֲלֵב צֹאן   עִם־חֵלֶב כָּרִים
וְאֵילִים בְּנֵי־בָשָׁן וְעַתּוּדִים   עִם־חֵלֶב כִּלְיוֹת חִטָּה
טו וְדַם־עֵנָב תִּשְׁתֶּה־חָמֶר׃   וַיִּשְׁמַן יְשֻׁרוּן וַיִּבְעָט
שָׁמַנְתָּ עָבִיתָ כָּשִׂיתָ   וַיִּטֹּשׁ אֱלוֹהַ עָשָׂהוּ
טז וַיְנַבֵּל צוּר יְשֻׁעָתוֹ׃   יְקַנְאֻהוּ בְּזָרִים
יז בְּתוֹעֵבֹת יַכְעִיסֻהוּ׃   יִזְבְּחוּ לַשֵּׁדִים לֹא אֱלֹהַ
אֱלֹהִים לֹא יְדָעוּם   חֲדָשִׁים מִקָּרֹב בָּאוּ
יח לֹא שְׂעָרוּם אֲבֹתֵיכֶם׃   צוּר יְלָדְךָ תֶּשִׁי
יט וַתִּשְׁכַּח אֵל מְחֹלְלֶךָ׃   וַיַּרְא יְהוָה וַיִּנְאָץ   רביעי
כ מִכַּעַס בָּנָיו וּבְנֹתָיו׃   וַיֹּאמֶר אַסְתִּירָה פָנַי מֵהֶם
אֶרְאֶה מָה אַחֲרִיתָם   כִּי דוֹר תַּהְפֻּכֹת הֵמָּה
כא בָּנִים לֹא־אֵמֻן בָּם׃   הֵם קִנְאוּנִי בְלֹא־אֵל
כִּעֲסוּנִי בְּהַבְלֵיהֶם   וַאֲנִי אַקְנִיאֵם בְּלֹא־עָם
כב בְּגוֹי נָבָל אַכְעִיסֵם׃   כִּי־אֵשׁ קָדְחָה בְאַפִּי
וַתִּיקַד עַד־שְׁאוֹל תַּחְתִּית   וַתֹּאכַל אֶרֶץ וִיבֻלָהּ

וַתְּלַהֵט מוֹסְדֵי הָרִים׃ אַסְפֶּה עָלֵימוֹ רָעוֹת כג
חִצַּי אֲכַלֶּה־בָּם׃ מְזֵי רָעָב וּלְחֻמֵי רֶשֶׁף כד
וְקֶטֶב מְרִירִי וְשֶׁן־בְּהֵמֹת אֲשַׁלַּח־בָּם
עִם־חֲמַת זֹחֲלֵי עָפָר׃ מִחוּץ תְּשַׁכֶּל־חֶרֶב כה
וּמֵחֲדָרִים אֵימָה גַּם־בָּחוּר גַּם־בְּתוּלָה
יוֹנֵק עִם־אִישׁ שֵׂיבָה׃ אָמַרְתִּי אַפְאֵיהֶם כו
אַשְׁבִּיתָה מֵאֱנוֹשׁ זִכְרָם׃ לוּלֵי כַּעַס אוֹיֵב אָגוּר כז
פֶּן־יְנַכְּרוּ צָרֵימוֹ פֶּן־יֹאמְרוּ יָדֵנוּ רָמָה
וְלֹא יְהוָה פָּעַל כָּל־זֹאת׃ כִּי־גוֹי אֹבַד עֵצוֹת הֵמָּה כח
חמישי וְאֵין בָּהֶם תְּבוּנָה׃ לוּ חָכְמוּ יַשְׂכִּילוּ זֹאת כט
יָבִינוּ לְאַחֲרִיתָם׃ אֵיכָה יִרְדֹּף אֶחָד אֶלֶף ל
וּשְׁנַיִם יָנִיסוּ רְבָבָה אִם־לֹא כִּי־צוּרָם מְכָרָם
וַיהוָה הִסְגִּירָם׃ כִּי לֹא כְצוּרֵנוּ צוּרָם לא
וְאֹיְבֵינוּ פְּלִילִים׃ כִּי־מִגֶּפֶן סְדֹם גַּפְנָם לב
וּמִשַּׁדְמֹת עֲמֹרָה עֲנָבֵמוֹ עִנְּבֵי־רוֹשׁ
אַשְׁכְּלֹת מְרֹרֹת לָמוֹ׃ חֲמַת תַּנִּינִם יֵינָם לג
וְרֹאשׁ פְּתָנִים אַכְזָר׃ הֲלֹא־הוּא כָּמֻס עִמָּדִי לד
חָתוּם בְּאוֹצְרֹתָי׃ לִי נָקָם וְשִׁלֵּם לה
לְעֵת תָּמוּט רַגְלָם כִּי קָרוֹב יוֹם אֵידָם
וְחָשׁ עֲתִדֹת לָמוֹ׃ כִּי־יָדִין יְהוָה עַמּוֹ לו
וְעַל־עֲבָדָיו יִתְנֶחָם כִּי יִרְאֶה כִּי־אָזְלַת יָד
וְאֶפֶס עָצוּר וְעָזוּב׃ וְאָמַר אֵי אֱלֹהֵימוֹ לז
צוּר חָסָיוּ בוֹ׃ אֲשֶׁר חֵלֶב זְבָחֵימוֹ יֹאכֵלוּ לח
יִשְׁתּוּ יֵין נְסִיכָם יָקוּמוּ וְיַעְזְרֻכֶם
יְהִי עֲלֵיכֶם סִתְרָה׃ רְאוּ ׀ עַתָּה כִּי אֲנִי אֲנִי הוּא לט
וְאֵין אֱלֹהִים עִמָּדִי אֲנִי אָמִית וַאֲחַיֶּה
מָחַצְתִּי וַאֲנִי אֶרְפָּא וְאֵין מִיָּדִי מַצִּיל׃

מ כִּי־אֶשָּׂא אֶל־שָׁמַיִם יָדִי וְאָמַרְתִּי חַי אָנֹכִי לְעֹלָם׃ ששי
מא אִם־שַׁנּוֹתִי בְּרַק חַרְבִּי וְתֹאחֵז בְּמִשְׁפָּט יָדִי
אָשִׁיב נָקָם לְצָרָי וְלִמְשַׂנְאַי אֲשַׁלֵּם׃
מב אַשְׁכִּיר חִצַּי מִדָּם וְחַרְבִּי תֹּאכַל בָּשָׂר
מִדַּם חָלָל וְשִׁבְיָה מֵרֹאשׁ פַּרְעוֹת אוֹיֵב׃
מג הַרְנִינוּ גוֹיִם עַמּוֹ כִּי דַם־עֲבָדָיו יִקּוֹם
וְנָקָם יָשִׁיב לְצָרָיו וְכִפֶּר אַדְמָתוֹ עַמּוֹ׃

מד וַיָּבֹא מֹשֶׁה וַיְדַבֵּר אֶת־כָּל־דִּבְרֵי הַשִּׁירָה־הַזֹּאת בְּאָזְנֵי הָעָם הוּא שביעי
מה וְהוֹשֵׁעַ בִּן־נוּן׃ וַיְכַל מֹשֶׁה לְדַבֵּר אֶת־כָּל־הַדְּבָרִים הָאֵלֶּה אֶל־
מו כָּל־יִשְׂרָאֵל׃ וַיֹּאמֶר אֲלֵהֶם שִׂימוּ לְבַבְכֶם לְכָל־הַדְּבָרִים אֲשֶׁר
אָנֹכִי מֵעִיד בָּכֶם הַיּוֹם אֲשֶׁר תְּצַוֻּם אֶת־בְּנֵיכֶם לִשְׁמֹר לַעֲשׂוֹת
מז אֶת־כָּל־דִּבְרֵי הַתּוֹרָה הַזֹּאת׃ כִּי לֹא־דָבָר רֵק הוּא מִכֶּם כִּי־הוּא
חַיֵּיכֶם וּבַדָּבָר הַזֶּה תַּאֲרִיכוּ יָמִים עַל־הָאֲדָמָה אֲשֶׁר אַתֶּם עֹבְרִים
אֶת־הַיַּרְדֵּן שָׁמָּה לְרִשְׁתָּהּ׃
מח מט וַיְדַבֵּר יהוה אֶל־מֹשֶׁה בְּעֶצֶם הַיּוֹם הַזֶּה לֵאמֹר׃ עֲלֵה אֶל־ מפטיר
הַר הָעֲבָרִים הַזֶּה הַר־נְבוֹ אֲשֶׁר בְּאֶרֶץ מוֹאָב אֲשֶׁר עַל־פְּנֵי
יְרֵחוֹ וּרְאֵה אֶת־אֶרֶץ כְּנַעַן אֲשֶׁר אֲנִי נֹתֵן לִבְנֵי יִשְׂרָאֵל
נ לַאֲחֻזָּה׃ וּמֻת בָּהָר אֲשֶׁר אַתָּה עֹלֶה שָׁמָּה וְהֵאָסֵף אֶל־עַמֶּיךָ
נא כַּאֲשֶׁר־מֵת אַהֲרֹן אָחִיךָ בְּהֹר הָהָר וַיֵּאָסֶף אֶל־עַמָּיו׃ עַל אֲשֶׁר
מְעַלְתֶּם בִּי בְּתוֹךְ בְּנֵי יִשְׂרָאֵל בְּמֵי־מְרִיבַת קָדֵשׁ מִדְבַּר־צִן
נב עַל אֲשֶׁר לֹא־קִדַּשְׁתֶּם אוֹתִי בְּתוֹךְ בְּנֵי יִשְׂרָאֵל׃ כִּי מִנֶּגֶד תִּרְאֶה
אֶת־הָאָרֶץ וְשָׁמָּה לֹא תָבוֹא אֶל־הָאָרֶץ אֲשֶׁר־אֲנִי נֹתֵן לִבְנֵי
יִשְׂרָאֵל׃

כז

לג א וְזֹאת הַבְּרָכָה אֲשֶׁר בֵּרַךְ מֹשֶׁה אִישׁ הָאֱלֹהִים אֶת־בְּנֵי יִשְׂרָאֵל וזאת הברכה
ב לִפְנֵי מוֹתוֹ׃ וַיֹּאמַר יהוה מִסִּינַי בָּא וְזָרַח מִשֵּׂעִיר לָמוֹ הוֹפִיעַ
ג מֵהַר פָּארָן וְאָתָה מֵרִבְבֹת קֹדֶשׁ מִימִינוֹ אשדת לָמוֹ׃ אַף חֹבֵב אֵשׁ דָּת

עמים כל־קדשיו בידך והם תכו לרגלך ישא מדברתיך:
ד ה תורה צוה־לנו משה מורשה קהלת יעקב: ויהי בישרון מלך
ו בהתאסף ראשי עם יחד שבטי ישראל: יחי ראובן ואל־ימת
ז ויהי מתיו מספר: וזאת ליהודה ויאמר שמע
יהוה קול יהודה ואל־עמו תביאנו ידיו רב לו ועזר מצריו
תהיה:
שני ח וללוי אמר תמיך ואוריך לאיש חסידך אשר נסיתו במסה
ט תריבהו על־מי מריבה: האמר לאביו ולאמו לא ראיתיו ואת־
אחיו לא הכיר ואת־בנו לא ידע כי שמרו אמרתך ובריתך
י ינצרו: יורו משפטיך ליעקב ותורתך לישראל ישימו קטורה
יא באפך וכליל על־מזבחך: ברך יהוה חילו ופעל ידיו תרצה
יב מחץ מתנים קמיו ומשנאיו מן־יקומון: לבנימן
אמר ידיד יהוה ישכן לבטח עליו חפף עליו כל־היום ובין
שלישי יג כתפיו שכן: וליוסף אמר מברכת יהוה ארצו
יד ממגד שמים מטל ומתהום רבצת תחת: וממגד תבואת שמש
טו וממגד גרש ירחים: ומראש הררי־קדם וממגד גבעות עולם:
טז וממגד ארץ ומלאה ורצון שכני סנה תבואתה לראש יוסף
יז ולקדקד נזיר אחיו: בכור שורו הדר לו וקרני ראם קרניו בהם
עמים ינגח יחדו אפסי־ארץ והם רבבות אפרים והם אלפי
רביעי יח מנשה: ולזבולן אמר שמח זבולן בצאתך
יט ויששכר באהליך: עמים הר־יקראו שם יזבחו זבחי־צדק כי
כ שפע ימים יינקו ושפני טמוני חול: ולגד אמר
כא ברוך מרחיב גד כלביא שכן וטרף זרוע אף־קדקד: וירא
ראשית לו כי־שם חלקת מחקק ספון ויתא ראשי עם צדקת
חמישי כב יהוה עשה ומשפטיו עם־ישראל: ולדן אמר
כג דן גור אריה יזנק מן־הבשן: ולנפתלי אמר נפתלי שבע רצון
כד ומלא ברכת יהוה ים ודרום ירשה: ולאשר

אָמַר בָּרוּךְ מִבָּנִים אָשֵׁר יְהִי רְצוּי אֶחָיו וְטֹבֵל בַּשֶּׁמֶן רַגְלוֹ׃
כה כו בַּרְזֶל וּנְחֹשֶׁת מִנְעָלֶךָ וּכְיָמֶיךָ דָּבְאֶךָ׃ אֵין כָּאֵל יְשֻׁרוּן רֹכֵב
כז שָׁמַיִם בְּעֶזְרֶךָ וּבְגַאֲוָתוֹ שְׁחָקִים׃ מְעֹנָה אֱלֹהֵי קֶדֶם וּמִתַּחַת חתן התורה
כח זְרֹעֹת עוֹלָם וַיְגָרֶשׁ מִפָּנֶיךָ אוֹיֵב וַיֹּאמֶר הַשְׁמֵד׃ וַיִּשְׁכֹּן יִשְׂרָאֵל
בֶּטַח בָּדָד עֵין יַעֲקֹב אֶל־אֶרֶץ דָּגָן וְתִירוֹשׁ אַף־שָׁמָיו יַעַרְפוּ־
כט טָל׃ אַשְׁרֶיךָ יִשְׂרָאֵל מִי כָמוֹךָ עַם נוֹשַׁע בַּיהוָה מָגֵן עֶזְרֶךָ
וַאֲשֶׁר־חֶרֶב גַּאֲוָתֶךָ וְיִכָּחֲשׁוּ אֹיְבֶיךָ לָךְ וְאַתָּה עַל־בָּמוֹתֵימוֹ
לד א תִדְרֹךְ׃ וַיַּעַל מֹשֶׁה מֵעַרְבֹת מוֹאָב אֶל־הַר נְבוֹ
רֹאשׁ הַפִּסְגָּה אֲשֶׁר עַל־פְּנֵי יְרֵחוֹ וַיַּרְאֵהוּ יְהוָה אֶת־כָּל־הָאָרֶץ
ב אֶת־הַגִּלְעָד עַד־דָּן׃ וְאֵת כָּל־נַפְתָּלִי וְאֶת־אֶרֶץ אֶפְרַיִם וּמְנַשֶּׁה
ג וְאֵת כָּל־אֶרֶץ יְהוּדָה עַד הַיָּם הָאַחֲרוֹן׃ וְאֶת־הַנֶּגֶב וְאֶת־הַכִּכָּר
ד בִּקְעַת יְרֵחוֹ עִיר הַתְּמָרִים עַד־צֹעַר׃ וַיֹּאמֶר יְהוָה אֵלָיו זֹאת
הָאָרֶץ אֲשֶׁר נִשְׁבַּעְתִּי לְאַבְרָהָם לְיִצְחָק וּלְיַעֲקֹב לֵאמֹר לְזַרְעֲךָ
ה אֶתְּנֶנָּה הֶרְאִיתִיךָ בְעֵינֶיךָ וְשָׁמָּה לֹא תַעֲבֹר׃ וַיָּמָת שָׁם מֹשֶׁה
ו עֶבֶד־יְהוָה בְּאֶרֶץ מוֹאָב עַל־פִּי יְהוָה׃ וַיִּקְבֹּר אֹתוֹ בַגַּי בְּאֶרֶץ
מוֹאָב מוּל בֵּית פְּעוֹר וְלֹא־יָדַע אִישׁ אֶת־קְבֻרָתוֹ עַד הַיּוֹם הַזֶּה׃
ז וּמֹשֶׁה בֶּן־מֵאָה וְעֶשְׂרִים שָׁנָה בְּמֹתוֹ לֹא־כָהֲתָה עֵינוֹ וְלֹא־
ח נָס לֵחֹה׃ וַיִּבְכּוּ בְנֵי יִשְׂרָאֵל אֶת־מֹשֶׁה בְּעַרְבֹת מוֹאָב שְׁלֹשִׁים
ט יוֹם וַיִּתְּמוּ יְמֵי בְכִי אֵבֶל מֹשֶׁה׃ וִיהוֹשֻׁעַ בִּן־נוּן מָלֵא רוּחַ חָכְמָה
כִּי־סָמַךְ מֹשֶׁה אֶת־יָדָיו עָלָיו וַיִּשְׁמְעוּ אֵלָיו בְּנֵי־יִשְׂרָאֵל וַיַּעֲשׂוּ
י כַּאֲשֶׁר צִוָּה יְהוָה אֶת־מֹשֶׁה׃ וְלֹא־קָם נָבִיא עוֹד בְּיִשְׂרָאֵל
יא כְּמֹשֶׁה אֲשֶׁר יְדָעוֹ יְהוָה פָּנִים אֶל־פָּנִים׃ לְכָל־הָאֹתֹת וְהַמּוֹפְתִים
אֲשֶׁר שְׁלָחוֹ יְהוָה לַעֲשׂוֹת בְּאֶרֶץ מִצְרָיִם לְפַרְעֹה וּלְכָל־עֲבָדָיו
יב וּלְכָל־אַרְצוֹ׃ וּלְכֹל הַיָּד הַחֲזָקָה וּלְכֹל הַמּוֹרָא הַגָּדוֹל אֲשֶׁר
עָשָׂה מֹשֶׁה לְעֵינֵי כָּל־יִשְׂרָאֵל׃

עשרת הדברות שבפרשת יתרו

בטעם העליון

אָ֣נֹכִ֔י יְהוָ֖ה אֱלֹהֶ֑יךָ אֲשֶׁ֧ר הוֹצֵאתִ֛יךָ
מֵאֶ֥רֶץ מִצְרַ֖יִם מִבֵּ֣ית עֲבָדִ֑ים לֹ֣א יִהְיֶ֣ה לְךָ֩ אֱלֹהִ֨ים אֲחֵרִ֜ים
עַל־פָּנַ֗י לֹ֣א תַעֲשֶׂ֨ה־לְךָ֥ פֶ֙סֶל֙ ׀ וְכָל־תְּמוּנָ֔ה אֲשֶׁ֤ר בַּשָּׁמַ֙יִם֙ ׀ מִמַּ֔עַל
וַאֲשֶׁ֥ר בָּאָ֖רֶץ מִתָּ֑חַת וַאֲשֶׁ֥ר בַּמַּ֖יִם ׀ מִתַּ֣חַת לָאָ֗רֶץ לֹֽא־
תִשְׁתַּחֲוֶ֥ה לָהֶ֛ם וְלֹ֥א תָעָבְדֵ֖ם כִּ֣י אָנֹכִ֞י יְהוָ֤ה אֱלֹהֶ֙יךָ֙ אֵ֣ל קַנָּ֔א
פֹּ֠קֵד עֲוֺ֨ן אָבֹ֧ת עַל־בָּנִ֛ים עַל־שִׁלֵּשִׁ֥ים וְעַל־רִבֵּעִ֖ים לְשֹׂנְאָֽי׃
וְעֹ֥שֶׂה חֶ֖סֶד לַאֲלָפִ֑ים לְאֹהֲבַ֖י וּלְשֹׁמְרֵ֥י מִצְוֺתָֽי׃ לֹ֥א
תִשָּׂ֛א אֶת־שֵֽׁם־יְהוָ֥ה אֱלֹהֶ֖יךָ לַשָּׁ֑וְא כִּ֣י לֹ֤א יְנַקֶּה֙ יְהוָ֔ה אֵ֛ת
אֲשֶׁר־יִשָּׂ֥א אֶת־שְׁמ֖וֹ לַשָּֽׁוְא׃
זָכ֛וֹר אֶת־י֥וֹם הַשַּׁבָּ֖ת לְקַדְּשׁ֑וֹ שֵׁ֤שֶׁת יָמִים֙ תַּעֲבֹד֙ וְעָשִׂ֣יתָ כָּל־
מְלַאכְתֶּ֔ךָ וְי֨וֹם הַשְּׁבִיעִ֜י שַׁבָּ֣ת ׀ לַיהוָ֣ה אֱלֹהֶ֗יךָ לֹ֣א תַעֲשֶׂ֣ה כָל־
מְלָאכָ֡ה אַתָּ֣ה ׀ וּבִנְךָ֣ וּבִתֶּ֗ךָ עַבְדְּךָ֤ וַאֲמָתְךָ֙ וּבְהֶמְתֶּ֔ךָ וְגֵרְךָ֖ אֲשֶׁ֣ר
בִּשְׁעָרֶ֑יךָ כִּ֣י שֵֽׁשֶׁת־יָמִ֡ים עָשָׂה֩ יְהוָ֨ה אֶת־הַשָּׁמַ֜יִם וְאֶת־הָאָ֗רֶץ
אֶת־הַיָּם֙ וְאֶת־כָּל־אֲשֶׁר־בָּ֔ם וַיָּ֖נַח בַּיּ֣וֹם הַשְּׁבִיעִ֑י עַל־כֵּ֗ן בֵּרַ֧ךְ
יְהוָ֛ה אֶת־י֥וֹם הַשַּׁבָּ֖ת וַֽיְקַדְּשֵֽׁהוּ׃ כַּבֵּ֥ד אֶת־אָבִ֖יךָ
וְאֶת־אִמֶּ֑ךָ לְמַ֙עַן֙ יַאֲרִכ֣וּן יָמֶ֔יךָ עַ֚ל הָאֲדָמָ֔ה אֲשֶׁר־יְהוָ֥ה אֱלֹהֶ֖יךָ
נֹתֵ֥ן לָֽךְ׃ לֹ֥א תִרְצָֽח׃ לֹ֥א
תִנְאָֽף׃ לֹ֥א תִגְנֹֽב׃ לֹֽא־
תַעֲנֶ֥ה בְרֵעֲךָ֖ עֵ֥ד שָֽׁקֶר׃ לֹ֥א
תַחְמֹ֖ד בֵּ֣ית רֵעֶ֑ךָ לֹֽא־
תַחְמֹ֞ד אֵ֣שֶׁת רֵעֶ֗ךָ וְעַבְדּ֤וֹ וַאֲמָתוֹ֙ וְשׁוֹר֣וֹ וַחֲמֹר֔וֹ וְכֹ֖ל אֲשֶׁ֥ר
לְרֵעֶֽךָ׃

According to the Gr"a and Heidenheim, the first commandment until מִבֵּ֣ית עֲבָדִ֑ים *should be read with the regular trop.*

עשרת הדברות שבפרשת ואתחנן

בטעם העליון

אָֽנֹכִי֙ יְהוָ֣ה אֱלֹהֶ֔יךָ

אֲשֶׁ֧ר הוֹצֵאתִ֛יךָ מֵאֶ֥רֶץ מִצְרַ֖יִם מִבֵּ֣ית עֲבָדִ֑ים לֹ֣א יִהְיֶ֥ה לְךָ֛

אֱלֹהִ֥ים אֲחֵרִ֖ים עַל־פָּנָ֗י לֹ֣א תַֽעֲשֶׂה־לְךָ֥ פֶ֣סֶל ׀ כָּל־תְּמוּנָ֔ה

אֲשֶׁ֤ר בַּשָּׁמַ֙יִם ׀ מִמַּ֔עַל וַֽאֲשֶׁר֙ בָּאָ֣רֶץ מִתָּ֔חַת וַֽאֲשֶׁ֥ר בַּמַּ֖יִם ׀

מִתַּ֣חַת לָאָ֑רֶץ לֹֽא־תִשְׁתַּחֲוֶ֥ה לָהֶ֖ם וְלֹ֣א תָֽעָבְדֵ֑ם כִּ֣י אָֽנֹכִ֞י יְהוָ֤ה

אֱלֹהֶ֙יךָ֙ אֵ֣ל קַנָּ֔א פֹּ֠קֵד עֲוֺ֨ן אָב֧וֹת עַל־בָּנִ֛ים וְעַל־שִׁלֵּשִׁ֥ים

וְעַל־רִבֵּעִ֖ים לְשֹֽׂנְאָ֑י וְעֹ֤שֶׂה חֶ֙סֶד֙ לַֽאֲלָפִ֔ים לְאֹֽהֲבַ֖י וּלְשֹֽׁמְרֵ֥י

מצותו׃ לֹ֥א תִשָּׂ֛א אֶת־שֵֽׁם־יְהוָ֥ה אֱלֹהֶ֖יךָ לַשָּׁ֑וְא כִּ֣י לֹ֤א מִצְוֺתָֽי

יְנַקֶּה֙ יְהוָ֔ה אֵ֛ת אֲשֶׁר־יִשָּׂ֥א אֶת־שְׁמ֖וֹ לַשָּֽׁוְא׃ שָׁמ֣וֹר

אֶת־י֤וֹם הַשַּׁבָּת֙ לְקַדְּשׁ֔וֹ כַּֽאֲשֶׁ֥ר צִוְּךָ֖ ׀ יְהוָ֥ה אֱלֹהֶ֑יךָ שֵׁ֣שֶׁת יָמִ֞ים

תַּֽעֲבֹד֙ וְעָשִׂ֣יתָ כָּל־מְלַאכְתֶּ֔ךָ וְי֙וֹם֙ הַשְּׁבִיעִ֔י שַׁבָּ֖ת ׀ לַֽיהוָ֣ה

אֱלֹהֶ֑יךָ לֹ֣א תַֽעֲשֶׂ֣ה כָל־מְלָאכָ֡ה אַתָּ֣ה וּבִנְךָֽ־וּבִתֶּ֣ךָ וְעַבְדְּךָֽ־

וַ֠אֲמָתֶךָ וְשׁוֹרְךָ֨ וַחֲמֹֽרְךָ֜ וְכָל־בְּהֶמְתֶּ֗ךָ וְגֵֽרְךָ֙ אֲשֶׁ֣ר בִּשְׁעָרֶ֔יךָ לְמַ֗עַן

יָנ֛וּחַ עַבְדְּךָ֥ וַאֲמָתְךָ֖ כָּמ֑וֹךָ וְזָכַרְתָּ֞ כִּי־עֶ֣בֶד הָיִ֣יתָ ׀ בְּאֶ֣רֶץ מִצְרַ֗יִם

וַיֹּצִ֨אֲךָ֜ יְהוָ֤ה אֱלֹהֶ֙יךָ֙ מִשָּׁ֔ם בְּיָ֤ד חֲזָקָה֙ וּבִזְרֹ֣עַ נְטוּיָ֔ה עַל־כֵּ֗ן צִוְּךָ֙

יְהוָ֣ה אֱלֹהֶ֔יךָ לַֽעֲשׂ֖וֹת אֶת־י֥וֹם הַשַּׁבָּֽת׃ כַּבֵּ֤ד

אֶת־אָבִ֙יךָ֙ וְאֶת־אִמֶּ֔ךָ כַּֽאֲשֶׁ֥ר צִוְּךָ֖ יְהוָ֣ה אֱלֹהֶ֑יךָ לְמַ֣עַן ׀ יַאֲרִיכֻ֣ן

יָמֶ֗יךָ וּלְמַ֙עַן֙ יִ֣יטַב לָ֔ךְ עַ֚ל הָֽאֲדָמָ֔ה אֲשֶׁר־יְהוָ֥ה אֱלֹהֶ֖יךָ נֹתֵ֥ן

לָֽךְ׃ לֹ֥א תִּֿרְצָֽח׃ וְלֹ֥א

תִּֿנְאָֽף׃ וְלֹ֥א תִּֿגְנֹֽב׃ וְלֹֽא־

תַעֲנֶ֥ה בְרֵעֲךָ֖ עֵ֥ד שָֽׁוְא׃ וְלֹ֥א

תַחְמֹ֖ד אֵ֣שֶׁת רֵעֶ֑ךָ וְלֹ֨א

תִתְאַוֶּ֜ה בֵּ֣ית רֵעֶ֗ךָ שָׂדֵ֞הוּ וְעַבְדּ֤וֹ וַאֲמָתוֹ֙ שׁוֹר֣וֹ וַחֲמֹר֔וֹ וְכֹ֖ל אֲשֶׁ֥ר

לְרֵעֶֽךָ׃

According to the Gr"a and Heidenheim, the first commandment until מִבֵּ֣ית עֲבָדִ֑ים *should be read with the regular trop.*

הפטרות

HAFTAROT

הפטרת בראשית

On ערב ראש חודש מרחשון *some read the* הפטרה *on page 416.*

ישעיה

מב ה כה־אמר האל ׀ יהוה בורא השמים ונוטיהם רקע הארץ
ו וצאצאיה נתן נשמה לעם עליה ורוח להלכים בה: אני יהוה
קראתיך בצדק ואחזק בידך ואצרך ואתנך לברית עם לאור
ז גוים: לפקח עינים עורות להוציא ממסגר אסיר מבית כלא
ח ישבי חשך: אני יהוה הוא שמי וכבודי לאחר לא־אתן ותהלתי
ט לפסילים: הראשנות הנה־באו וחדשות אני מגיד בטרם
י תצמחנה אשמיע אתכם: שירו ליהוה שיר חדש
יא תהלתו מקצה הארץ יורדי הים ומלאו איים וישביהם: ישאו
מדבר ועריו חצרים תשב קדר ירנו ישבי סלע מראש הרים
יב יג יצוחו: ישימו ליהוה כבוד ותהלתו באיים יגידו: יהוה כגבור
יצא כאיש מלחמות יעיר קנאה יריע אף־יצריח על־איביו
יד יתגבר: החשיתי מעולם אחריש אתאפק כיולדה
טו אפעה אשם ואשאף יחד: אחריב הרים וגבעות וכל־עשבם
טז אוביש ושמתי נהרות לאיים ואגמים אוביש: והולכתי עורים
בדרך לא ידעו בנתיבות לא־ידעו אדריכם אשים מחשך
לפניהם לאור ומעקשים למישור אלה הדברים עשיתם ולא
יז עזבתים: נסגו אחור יבשו בשת הבטחים בפסל האמרים
יח למסכה אתם אלהינו: החרשים שמעו והעורים
יט הביטו לראות: מי עור כי אם־עבדי וחרש כמלאכי אשלח
כ מי עור כמשלם ועור כעבד יהוה: ראית רבות ולא תשמר ראות
כא פקוח אזנים ולא ישמע: יהוה חפץ למען צדקו יגדיל תורה
כב ויאדיר:* והוא עם־בזוז ושסוי הפח בחורים כלם ובבתי כלאים *Sephardim end here*
כג החבאו היו לבז ואין מציל משסה ואין־אמר השב: מי בכם
כד יאזין זאת יקשב וישמע לאחור: מי־נתן למשוסה יעקב למשסה

וְיִשְׂרָאֵל לְבֹזְזִים הֲלוֹא יְהוָה זוּ חָטָאנוּ לוֹ וְלֹא־אָבוּ בִדְרָכָיו
הָלוֹךְ וְלֹא שָׁמְעוּ בְּתוֹרָתוֹ: וַיִּשְׁפֹּךְ עָלָיו חֵמָה אַפּוֹ וֶעֱזוּז כה
מִלְחָמָה וַתְּלַהֲטֵהוּ מִסָּבִיב וְלֹא יָדָע וַתִּבְעַר־בּוֹ וְלֹא־יָשִׂים
עַל־לֵב: וְעַתָּה כֹּה־אָמַר יְהוָה בֹּרַאֲךָ יַעֲקֹב וְיֹצֶרְךָ א מג
יִשְׂרָאֵל אַל־תִּירָא כִּי גְאַלְתִּיךָ קָרָאתִי בְשִׁמְךָ לִי־אָתָּה: כִּי־ ב
תַעֲבֹר בַּמַּיִם אִתְּךָ־אָנִי וּבַנְּהָרוֹת לֹא יִשְׁטְפוּךָ כִּי־תֵלֵךְ בְּמוֹ־
אֵשׁ לֹא תִכָּוֶה וְלֶהָבָה לֹא תִבְעַר־בָּךְ: כִּי אֲנִי יְהוָה אֱלֹהֶיךָ ג
קְדוֹשׁ יִשְׂרָאֵל מוֹשִׁיעֶךָ נָתַתִּי כָפְרְךָ מִצְרַיִם כּוּשׁ וּסְבָא תַּחְתֶּיךָ:
מֵאֲשֶׁר יָקַרְתָּ בְעֵינַי נִכְבַּדְתָּ וַאֲנִי אֲהַבְתִּיךָ וְאֶתֵּן אָדָם תַּחְתֶּיךָ ד
וּלְאֻמִּים תַּחַת נַפְשֶׁךָ: אַל־תִּירָא כִּי אִתְּךָ־אָנִי מִמִּזְרָח אָבִיא ה
זַרְעֶךָ וּמִמַּעֲרָב אֲקַבְּצֶךָּ: אֹמַר לַצָּפוֹן תֵּנִי וּלְתֵימָן אַל־תִּכְלָאִי ו
הָבִיאִי בָנַי מֵרָחוֹק וּבְנוֹתַי מִקְצֵה הָאָרֶץ: כֹּל הַנִּקְרָא בִשְׁמִי ז
וְלִכְבוֹדִי בְּרָאתִיו יְצַרְתִּיו אַף־עֲשִׂיתִיו: הוֹצִיא עַם־עִוֵּר וְעֵינַיִם יֵשׁ ח
וְחֵרְשִׁים וְאָזְנַיִם לָמוֹ: כָּל־הַגּוֹיִם נִקְבְּצוּ יַחְדָּו וְיֵאָסְפוּ לְאֻמִּים מִי ט
בָהֶם יַגִּיד זֹאת וְרִאשֹׁנוֹת יַשְׁמִיעֻנוּ יִתְּנוּ עֵדֵיהֶם וְיִצְדָּקוּ וְיִשְׁמְעוּ
וְיֹאמְרוּ אֱמֶת: אַתֶּם עֵדַי נְאֻם־יְהוָה וְעַבְדִּי אֲשֶׁר בָּחָרְתִּי לְמַעַן י
תֵּדְעוּ וְתַאֲמִינוּ לִי וְתָבִינוּ כִּי־אֲנִי הוּא לְפָנַי לֹא־נוֹצַר אֵל וְאַחֲרַי
לֹא יִהְיֶה:

הפטרת נח

On ראש חודש מרחשון *read the* הפטרה *on page 415.*

ישעיה
רָנִּי עֲקָרָה לֹא יָלָדָה פִּצְחִי רִנָּה וְצַהֲלִי לֹא־חָלָה כִּי־רַבִּים בְּנֵי־ א נד
שׁוֹמֵמָה מִבְּנֵי בְעוּלָה אָמַר יְהוָה: הַרְחִיבִי ׀ מְקוֹם אָהֳלֵךְ וִירִיעוֹת ב
מִשְׁכְּנוֹתַיִךְ יַטּוּ אַל־תַּחְשֹׂכִי הַאֲרִיכִי מֵיתָרַיִךְ וִיתֵדֹתַיִךְ חַזֵּקִי: כִּי־ ג
יָמִין וּשְׂמֹאול תִּפְרֹצִי וְזַרְעֵךְ גּוֹיִם יִירָשׁ וְעָרִים נְשַׁמּוֹת יוֹשִׁיבוּ:
אַל־תִּירְאִי כִּי־לֹא תֵבוֹשִׁי וְאַל־תִּכָּלְמִי כִּי לֹא תַחְפִּירִי כִּי בֹשֶׁת ד
עֲלוּמַיִךְ תִּשְׁכָּחִי וְחֶרְפַּת אַלְמְנוּתַיִךְ לֹא תִזְכְּרִי־עוֹד: כִּי בֹעֲלַיִךְ ה

עֹשַׂיִךְ יְהוָה צְבָאוֹת שְׁמוֹ וְגֹאֲלֵךְ קְדוֹשׁ יִשְׂרָאֵל אֱלֹהֵי כָל־הָאָרֶץ
ו יִקָּרֵא׃ כִּי־כְאִשָּׁה עֲזוּבָה וַעֲצוּבַת רוּחַ קְרָאָךְ יְהוָה וְאֵשֶׁת
ז נְעוּרִים כִּי תִמָּאֵס אָמַר אֱלֹהָיִךְ׃ בְּרֶגַע קָטֹן עֲזַבְתִּיךְ וּבְרַחֲמִים
ח גְּדֹלִים אֲקַבְּצֵךְ׃ בְּשֶׁצֶף קֶצֶף הִסְתַּרְתִּי פָנַי רֶגַע מִמֵּךְ וּבְחֶסֶד
ט עוֹלָם רִחַמְתִּיךְ אָמַר גֹּאֲלֵךְ יְהוָה׃ כִּי־מֵי נֹחַ זֹאת
לִי אֲשֶׁר נִשְׁבַּעְתִּי מֵעֲבֹר מֵי־נֹחַ עוֹד עַל־הָאָרֶץ כֵּן נִשְׁבַּעְתִּי
י מִקְּצֹף עָלַיִךְ וּמִגְּעָר־בָּךְ׃ כִּי הֶהָרִים יָמוּשׁוּ וְהַגְּבָעוֹת תְּמוּטֶינָה
וְחַסְדִּי מֵאִתֵּךְ לֹא־יָמוּשׁ וּבְרִית שְׁלוֹמִי לֹא תָמוּט אָמַר מְרַחֲמֵךְ
Sephardim end here
יא יְהוָה׃* עֲנִיָּה סֹעֲרָה לֹא נֻחָמָה הִנֵּה אָנֹכִי מַרְבִּיץ
יב בַּפּוּךְ אֲבָנַיִךְ וִיסַדְתִּיךְ בַּסַּפִּירִים׃ וְשַׂמְתִּי כַּדְכֹד שִׁמְשֹׁתַיִךְ וּשְׁעָרַיִךְ
יג לְאַבְנֵי אֶקְדָּח וְכָל־גְּבוּלֵךְ לְאַבְנֵי־חֵפֶץ׃ וְכָל־בָּנַיִךְ לִמּוּדֵי יְהוָה
יד וְרַב שְׁלוֹם בָּנָיִךְ׃ בִּצְדָקָה תִּכּוֹנָנִי רַחֲקִי מֵעֹשֶׁק כִּי־לֹא תִירָאִי
טו וּמִמְּחִתָּה כִּי לֹא־תִקְרַב אֵלָיִךְ׃ הֵן גּוֹר יָגוּר אֶפֶס מֵאוֹתִי מִי־גָר
טז אִתָּךְ עָלַיִךְ יִפּוֹל׃ הן אָנֹכִי בָּרָאתִי חָרָשׁ נֹפֵחַ בְּאֵשׁ פֶּחָם וּמוֹצִיא הִנֵּה
יז כְלִי לְמַעֲשֵׂהוּ וְאָנֹכִי בָּרָאתִי מַשְׁחִית לְחַבֵּל׃ כָּל־כְּלִי יוּצַר עָלַיִךְ
לֹא יִצְלָח וְכָל־לָשׁוֹן תָּקוּם־אִתָּךְ לַמִּשְׁפָּט תַּרְשִׁיעִי זֹאת נַחֲלַת
ה א עַבְדֵי יְהוָה וְצִדְקָתָם מֵאִתִּי נְאֻם־יְהוָה׃ הוֹי כָּל־
צָמֵא לְכוּ לַמַּיִם וַאֲשֶׁר אֵין־לוֹ כָּסֶף לְכוּ שִׁבְרוּ וֶאֱכֹלוּ וּלְכוּ שִׁבְרוּ
ב בְּלוֹא־כֶסֶף וּבְלוֹא מְחִיר יַיִן וְחָלָב׃ לָמָּה תִשְׁקְלוּ־כֶסֶף בְּלוֹא־
לֶחֶם וִיגִיעֲכֶם בְּלוֹא לְשָׂבְעָה שִׁמְעוּ שָׁמוֹעַ אֵלַי וְאִכְלוּ־טוֹב
ג וְתִתְעַנַּג בַּדֶּשֶׁן נַפְשְׁכֶם׃ הַטּוּ אָזְנְכֶם וּלְכוּ אֵלַי שִׁמְעוּ וּתְחִי
ד נַפְשְׁכֶם וְאֶכְרְתָה לָכֶם בְּרִית עוֹלָם חַסְדֵי דָוִד הַנֶּאֱמָנִים׃ הֵן
ה עֵד לְאוּמִּים נְתַתִּיו נָגִיד וּמְצַוֵּה לְאֻמִּים׃ הֵן גּוֹי לֹא־תֵדַע תִּקְרָא
וְגוֹי לֹא־יְדָעוּךָ אֵלֶיךָ יָרוּצוּ לְמַעַן יְהוָה אֱלֹהֶיךָ וְלִקְדוֹשׁ יִשְׂרָאֵל
כִּי פֵאֲרָךְ׃

הפטרת לך לך

ישעיה
לָמָּה תֹאמַר יַעֲקֹב וּתְדַבֵּר יִשְׂרָאֵל נִסְתְּרָה דַרְכִּי מֵיְהוָה וּמֵאֱלֹהַי כז מ
מִשְׁפָּטִי יַעֲבוֹר׃ הֲלוֹא יָדַעַתְּ אִם־לֹא שָׁמַעַתְּ אֱלֹהֵי עוֹלָם כח
יְהוָה בּוֹרֵא קְצוֹת הָאָרֶץ לֹא יִיעַף וְלֹא יִיגָע אֵין חֵקֶר לִתְבוּנָתוֹ׃
נֹתֵן לַיָּעֵף כֹּחַ וּלְאֵין אוֹנִים עָצְמָה יַרְבֶּה׃ וְיִעֲפוּ נְעָרִים וְיִגָעוּ כט ל
וּבַחוּרִים כָּשׁוֹל יִכָּשֵׁלוּ׃ וְקוֹיֵ יְהוָה יַחֲלִיפוּ כֹחַ יַעֲלוּ אֵבֶר לא
כַּנְּשָׁרִים יָרוּצוּ וְלֹא יִיגָעוּ יֵלְכוּ וְלֹא יִיעָפוּ׃ הַחֲרִישׁוּ א מא
אֵלַי אִיִּים וּלְאֻמִּים יַחֲלִיפוּ כֹחַ יִגְּשׁוּ אָז יְדַבֵּרוּ יַחְדָּו לַמִּשְׁפָּט
נִקְרָבָה׃ מִי הֵעִיר מִמִּזְרָח צֶדֶק יִקְרָאֵהוּ לְרַגְלוֹ יִתֵּן לְפָנָיו גּוֹיִם ב
וּמְלָכִים יַרְדְּ יִתֵּן כֶּעָפָר חַרְבּוֹ כְּקַשׁ נִדָּף קַשְׁתּוֹ׃ יִרְדְּפֵם יַעֲבוֹר ג
שָׁלוֹם אֹרַח בְּרַגְלָיו לֹא יָבוֹא׃ מִי־פָעַל וְעָשָׂה קֹרֵא הַדֹּרוֹת ד
מֵרֹאשׁ אֲנִי יְהוָה רִאשׁוֹן וְאֶת־אַחֲרֹנִים אֲנִי־הוּא׃ רָאוּ אִיִּים ה
וְיִירָאוּ קְצוֹת הָאָרֶץ יֶחֱרָדוּ קָרְבוּ וַיֶּאֱתָיוּן׃ אִישׁ אֶת־רֵעֵהוּ ו
יַעְזֹרוּ וּלְאָחִיו יֹאמַר חֲזָק׃ וַיְחַזֵּק חָרָשׁ אֶת־צֹרֵף מַחֲלִיק פַּטִּישׁ ז
אֶת־הוֹלֶם פָּעַם אֹמֵר לַדֶּבֶק טוֹב הוּא וַיְחַזְּקֵהוּ בְמַסְמְרִים לֹא
יִמּוֹט׃ וְאַתָּה יִשְׂרָאֵל עַבְדִּי יַעֲקֹב אֲשֶׁר בְּחַרְתִּיךָ ח
זֶרַע אַבְרָהָם אֹהֲבִי׃ אֲשֶׁר הֶחֱזַקְתִּיךָ מִקְצוֹת הָאָרֶץ וּמֵאֲצִילֶיהָ ט
קְרָאתִיךָ וָאֹמַר לְךָ עַבְדִּי־אַתָּה בְּחַרְתִּיךָ וְלֹא מְאַסְתִּיךָ׃ אַל־ י
תִּירָא כִּי עִמְּךָ־אָנִי אַל־תִּשְׁתָּע כִּי־אֲנִי אֱלֹהֶיךָ אִמַּצְתִּיךָ אַף־
עֲזַרְתִּיךָ אַף־תְּמַכְתִּיךָ בִּימִין צִדְקִי׃ הֵן יֵבֹשׁוּ וְיִכָּלְמוּ כֹּל הַנֶּחֱרִים יא
בָךְ יִהְיוּ כְאַיִן וְיֹאבְדוּ אַנְשֵׁי רִיבֶךָ׃ תְּבַקְשֵׁם וְלֹא תִמְצָאֵם אַנְשֵׁי יב
מַצֻּתֶךָ יִהְיוּ כְאַיִן וּכְאֶפֶס אַנְשֵׁי מִלְחַמְתֶּךָ׃ כִּי אֲנִי יְהוָה אֱלֹהֶיךָ יג
מַחֲזִיק יְמִינֶךָ הָאֹמֵר לְךָ אַל־תִּירָא אֲנִי עֲזַרְתִּיךָ׃ אַל־ יד
תִּירְאִי תּוֹלַעַת יַעֲקֹב מְתֵי יִשְׂרָאֵל אֲנִי עֲזַרְתִּיךְ נְאֻם־יְהוָה
וְגֹאֲלֵךְ קְדוֹשׁ יִשְׂרָאֵל׃ הִנֵּה שַׂמְתִּיךְ לְמוֹרַג חָרוּץ חָדָשׁ בַּעַל טו
פִּיפִיּוֹת תָּדוּשׁ הָרִים וְתָדֹק וּגְבָעוֹת כַּמֹּץ תָּשִׂים׃ תִּזְרֵם וְרוּחַ טז

תִּשָּׂאֵם וּסְעָרָה תָּפִיץ אוֹתָם וְאַתָּה תָּגִיל בַּיהוָה בִּקְדוֹשׁ יִשְׂרָאֵל
תִּתְהַלָּל׃

הפטרת וירא

ד א וְאִשָּׁה אַחַת מִנְּשֵׁי בְנֵי־הַנְּבִיאִים צָעֲקָה אֶל־אֱלִישָׁע לֵאמֹר מלכים ב׳
עַבְדְּךָ אִישִׁי מֵת וְאַתָּה יָדַעְתָּ כִּי עַבְדְּךָ הָיָה יָרֵא אֶת־יְהוָה
ב וְהַנֹּשֶׁה בָּא לָקַחַת אֶת־שְׁנֵי יְלָדַי לוֹ לַעֲבָדִים׃ וַיֹּאמֶר אֵלֶיהָ
אֱלִישָׁע מָה אֶעֱשֶׂה־לָּךְ הַגִּידִי לִי מַה־יֶּשׁ־לכי בַּבָּיִת וַתֹּאמֶר אֵין לָךְ
ג לְשִׁפְחָתְךָ כֹל בַּבַּיִת כִּי אִם־אָסוּךְ שָׁמֶן׃ וַיֹּאמֶר לְכִי שַׁאֲלִי־לָךְ
כֵּלִים מִן־הַחוּץ מֵאֵת כָּל־שכניכי כֵּלִים רֵקִים אַל־תַּמְעִיטִי׃ שְׁכֵנָיִךְ
ד וּבָאת וְסָגַרְתְּ הַדֶּלֶת בַּעֲדֵךְ וּבְעַד־בָּנַיִךְ וְיָצַקְתְּ עַל כָּל־הַכֵּלִים
ה הָאֵלֶּה וְהַמָּלֵא תַּסִּיעִי׃ וַתֵּלֶךְ מֵאִתּוֹ וַתִּסְגֹּר הַדֶּלֶת בַּעֲדָהּ וּבְעַד
ו בָּנֶיהָ הֵם מַגִּשִׁים אֵלֶיהָ וְהִיא מיצקת׃ וַיְהִי ׀ כִּמְלֹאת הַכֵּלִים מוּצָקֶת
וַתֹּאמֶר אֶל־בְּנָהּ הַגִּישָׁה אֵלַי עוֹד כֶּלִי וַיֹּאמֶר אֵלֶיהָ אֵין עוֹד כֶּלִי
ז וַיַּעֲמֹד הַשָּׁמֶן׃ וַתָּבֹא וַתַּגֵּד לְאִישׁ הָאֱלֹהִים וַיֹּאמֶר לְכִי מִכְרִי אֶת־
ח הַשֶּׁמֶן וְשַׁלְּמִי אֶת־נשיכי וְאַתְּ בניכי תִּחְיִי בַּנּוֹתָר׃ וַיְהִי נְשַׁיִךְ | וּבָנַיִךְ
הַיּוֹם וַיַּעֲבֹר אֱלִישָׁע אֶל־שׁוּנֵם וְשָׁם אִשָּׁה גְדוֹלָה וַתַּחֲזֶק־בּוֹ
ט לֶאֱכָל־לָחֶם וַיְהִי מִדֵּי עָבְרוֹ יָסֻר שָׁמָּה לֶאֱכָל־לָחֶם׃ וַתֹּאמֶר
אֶל־אִישָׁהּ הִנֵּה־נָא יָדַעְתִּי כִּי אִישׁ אֱלֹהִים קָדוֹשׁ הוּא עֹבֵר
י עָלֵינוּ תָּמִיד׃ נַעֲשֶׂה־נָּא עֲלִיַּת־קִיר קְטַנָּה וְנָשִׂים לוֹ שָׁם מִטָּה
יא וְשֻׁלְחָן וְכִסֵּא וּמְנוֹרָה וְהָיָה בְּבֹאוֹ אֵלֵינוּ יָסוּר שָׁמָּה׃ וַיְהִי הַיּוֹם
יב וַיָּבֹא שָׁמָּה וַיָּסַר אֶל־הָעֲלִיָּה וַיִּשְׁכַּב־שָׁמָּה׃ וַיֹּאמֶר אֶל־גֵּיחֲזִי
יג נַעֲרוֹ קְרָא לַשּׁוּנַמִּית הַזֹּאת וַיִּקְרָא־לָהּ וַתַּעֲמֹד לְפָנָיו׃ וַיֹּאמֶר
לוֹ אֱמָר־נָא אֵלֶיהָ הִנֵּה חָרַדְתְּ ׀ אֵלֵינוּ אֶת־כָּל־הַחֲרָדָה הַזֹּאת
מֶה לַעֲשׂוֹת לָךְ הֲיֵשׁ לְדַבֶּר־לָךְ אֶל־הַמֶּלֶךְ אוֹ אֶל־שַׂר הַצָּבָא
יד וַתֹּאמֶר בְּתוֹךְ עַמִּי אָנֹכִי יֹשָׁבֶת׃ וַיֹּאמֶר וּמֶה לַעֲשׂוֹת לָהּ וַיֹּאמֶר

טו גֵּיחֲזִי אֲבָל בֵּן אֵין־לָהּ וְאִישָׁהּ זָקֵן׃ וַיֹּאמֶר קְרָא־לָהּ וַיִּקְרָא־
טז לָהּ וַתַּעֲמֹד בַּפָּתַח׃ וַיֹּאמֶר לַמּוֹעֵד הַזֶּה כָּעֵת חַיָּה אתי חֹבֶקֶת — אַתְּ
בֵּן וַתֹּאמֶר אַל־אֲדֹנִי אִישׁ הָאֱלֹהִים אַל־תְּכַזֵּב בְּשִׁפְחָתֶךָ׃
יז וַתַּהַר הָאִשָּׁה וַתֵּלֶד בֵּן לַמּוֹעֵד הַזֶּה כָּעֵת חַיָּה אֲשֶׁר־דִּבֶּר אֵלֶיהָ
יח אֱלִישָׁע׃ וַיִּגְדַּל הַיָּלֶד וַיְהִי הַיּוֹם וַיֵּצֵא אֶל־אָבִיו אֶל־הַקֹּצְרִים׃
יט וַיֹּאמֶר אֶל־אָבִיו רֹאשִׁי ׀ רֹאשִׁי וַיֹּאמֶר אֶל־הַנַּעַר שָׂאֵהוּ אֶל־
כ אִמּוֹ׃ וַיִּשָּׂאֵהוּ וַיְבִיאֵהוּ אֶל־אִמּוֹ וַיֵּשֶׁב עַל־בִּרְכֶּיהָ עַד־הַצָּהֳרַיִם
כא וַיָּמֹת׃ וַתַּעַל וַתַּשְׁכִּבֵהוּ עַל־מִטַּת אִישׁ הָאֱלֹהִים וַתִּסְגֹּר בַּעֲדוֹ
כב וַתֵּצֵא׃ וַתִּקְרָא אֶל־אִישָׁהּ וַתֹּאמֶר שִׁלְחָה נָא לִי אֶחָד מִן־הַנְּעָרִים
כג וְאַחַת הָאֲתֹנוֹת וְאָרוּצָה עַד־אִישׁ הָאֱלֹהִים וְאָשׁוּבָה׃ וַיֹּאמֶר
מַדּוּעַ אתי הלכתי אֵלָיו הַיּוֹם לֹא־חֹדֶשׁ וְלֹא שַׁבָּת וַתֹּאמֶר — אַתְּ הֹלֶכֶת
כד שָׁלוֹם׃* וַתַּחֲבֹשׁ הָאָתוֹן וַתֹּאמֶר אֶל־נַעֲרָהּ נְהַג וָלֵךְ אַל־תַּעֲצָר־ — *Sephardim end here*
כה לִי לִרְכֹּב כִּי אִם־אָמַרְתִּי לָךְ׃ וַתֵּלֶךְ וַתָּבֹא אֶל־אִישׁ הָאֱלֹהִים
אֶל־הַר הַכַּרְמֶל וַיְהִי כִּרְאוֹת אִישׁ־הָאֱלֹהִים אֹתָהּ מִנֶּגֶד וַיֹּאמֶר
כו אֶל־גֵּיחֲזִי נַעֲרוֹ הִנֵּה הַשּׁוּנַמִּית הַלָּז׃ עַתָּה רוּץ־נָא לִקְרָאתָהּ
וֶאֱמָר־לָהּ הֲשָׁלוֹם לָךְ הֲשָׁלוֹם לְאִישֵׁךְ הֲשָׁלוֹם לַיָּלֶד וַתֹּאמֶר
כז שָׁלוֹם׃ וַתָּבֹא אֶל־אִישׁ הָאֱלֹהִים אֶל־הָהָר וַתַּחֲזֵק בְּרַגְלָיו וַיִּגַּשׁ
גֵּיחֲזִי לְהָדְפָהּ וַיֹּאמֶר אִישׁ הָאֱלֹהִים הַרְפֵּה־לָהּ כִּי־נַפְשָׁהּ מָרָה־
כח לָהּ וַיהוָה הֶעְלִים מִמֶּנִּי וְלֹא הִגִּיד לִי׃ וַתֹּאמֶר הֲשָׁאַלְתִּי בֵן מֵאֵת
כט אֲדֹנִי הֲלֹא אָמַרְתִּי לֹא תַשְׁלֶה אֹתִי׃ וַיֹּאמֶר לְגֵיחֲזִי חֲגֹר מָתְנֶיךָ
וְקַח מִשְׁעַנְתִּי בְיָדְךָ וָלֵךְ כִּי־תִמְצָא אִישׁ לֹא תְבָרְכֶנּוּ וְכִי־יְבָרֶכְךָ
ל אִישׁ לֹא תַעֲנֶנּוּ וְשַׂמְתָּ מִשְׁעַנְתִּי עַל־פְּנֵי הַנָּעַר׃ וַתֹּאמֶר אֵם הַנַּעַר
לא חַי־יְהוָה וְחֵי־נַפְשְׁךָ אִם־אֶעֶזְבֶךָּ וַיָּקָם וַיֵּלֶךְ אַחֲרֶיהָ׃ וְגֵחֲזִי עָבַר
לִפְנֵיהֶם וַיָּשֶׂם אֶת־הַמִּשְׁעֶנֶת עַל־פְּנֵי הַנַּעַר וְאֵין קוֹל וְאֵין קָשֶׁב
לב וַיָּשָׁב לִקְרָאתוֹ וַיַּגֶּד־לוֹ לֵאמֹר לֹא הֵקִיץ הַנָּעַר׃ וַיָּבֹא אֱלִישָׁע
לג הַבַּיְתָה וְהִנֵּה הַנַּעַר מֵת מֻשְׁכָּב עַל־מִטָּתוֹ׃ וַיָּבֹא וַיִּסְגֹּר הַדֶּלֶת

לד בְּעַד שְׁנֵיהֶם וַיִּתְפַּלֵּל אֶל־יְהוָה׃ וַיַּעַל וַיִּשְׁכַּב עַל־הַיֶּלֶד וַיָּשֶׂם
פִּיו עַל־פִּיו וְעֵינָיו עַל־עֵינָיו וְכַפָּיו עַל־כַּפָּו וַיִּגְהַר עָלָיו וַיָּחָם בְּשַׂר
לה הַיָּלֶד׃ וַיָּשָׁב וַיֵּלֶךְ בַּבַּיִת אַחַת הֵנָּה וְאַחַת הֵנָּה וַיַּעַל וַיִּגְהַר עָלָיו
לו וַיְזוֹרֵר הַנַּעַר עַד־שֶׁבַע פְּעָמִים וַיִּפְקַח הַנַּעַר אֶת־עֵינָיו׃ וַיִּקְרָא
אֶל־גֵּיחֲזִי וַיֹּאמֶר קְרָא אֶל־הַשֻּׁנַמִּית הַזֹּאת וַיִּקְרָאֶהָ וַתָּבוֹא אֵלָיו
לז וַיֹּאמֶר שְׂאִי בְנֵךְ׃ וַתָּבֹא וַתִּפֹּל עַל־רַגְלָיו וַתִּשְׁתַּחוּ אָרְצָה וַתִּשָּׂא
אֶת־בְּנָהּ וַתֵּצֵא׃

הפטרת חיי שרה

מלכים א׳

א א ב וְהַמֶּלֶךְ דָּוִד זָקֵן בָּא בַּיָּמִים וַיְכַסֻּהוּ בַּבְּגָדִים וְלֹא יִחַם לוֹ׃ וַיֹּאמְרוּ
לוֹ עֲבָדָיו יְבַקְשׁוּ לַאדֹנִי הַמֶּלֶךְ נַעֲרָה בְתוּלָה וְעָמְדָה לִפְנֵי הַמֶּלֶךְ
ג וּתְהִי־לוֹ סֹכֶנֶת וְשָׁכְבָה בְחֵיקֶךָ וְחַם לַאדֹנִי הַמֶּלֶךְ׃ וַיְבַקְשׁוּ
נַעֲרָה יָפָה בְּכֹל גְּבוּל יִשְׂרָאֵל וַיִּמְצְאוּ אֶת־אֲבִישַׁג הַשּׁוּנַמִּית
ד וַיָּבִאוּ אֹתָהּ לַמֶּלֶךְ׃ וְהַנַּעֲרָה יָפָה עַד־מְאֹד וַתְּהִי לַמֶּלֶךְ סֹכֶנֶת
ה וַתְּשָׁרְתֵהוּ וְהַמֶּלֶךְ לֹא יְדָעָהּ׃ וַאֲדֹנִיָּה בֶן־חַגִּית מִתְנַשֵּׂא לֵאמֹר
אֲנִי אֶמְלֹךְ וַיַּעַשׂ לוֹ רֶכֶב וּפָרָשִׁים וַחֲמִשִּׁים אִישׁ רָצִים לְפָנָיו׃
ו וְלֹא־עֲצָבוֹ אָבִיו מִיָּמָיו לֵאמֹר מַדּוּעַ כָּכָה עָשִׂיתָ וְגַם־הוּא טוֹב־
ז תֹּאַר מְאֹד וְאֹתוֹ יָלְדָה אַחֲרֵי אַבְשָׁלוֹם׃ וַיִּהְיוּ דְבָרָיו עִם יוֹאָב
ח בֶּן־צְרוּיָה וְעִם אֶבְיָתָר הַכֹּהֵן וַיַּעְזְרוּ אַחֲרֵי אֲדֹנִיָּה׃ וְצָדוֹק הַכֹּהֵן
וּבְנָיָהוּ בֶן־יְהוֹיָדָע וְנָתָן הַנָּבִיא וְשִׁמְעִי וְרֵעִי וְהַגִּבּוֹרִים אֲשֶׁר
ט לְדָוִד לֹא הָיוּ עִם־אֲדֹנִיָּהוּ׃ וַיִּזְבַּח אֲדֹנִיָּהוּ צֹאן וּבָקָר וּמְרִיא
עִם אֶבֶן הַזֹּחֶלֶת אֲשֶׁר־אֵצֶל עֵין רֹגֵל וַיִּקְרָא אֶת־כָּל־אֶחָיו בְּנֵי
י הַמֶּלֶךְ וּלְכָל־אַנְשֵׁי יְהוּדָה עַבְדֵי הַמֶּלֶךְ׃ וְאֶת־נָתָן הַנָּבִיא וּבְנָיָהוּ
יא וְאֶת־הַגִּבּוֹרִים וְאֶת־שְׁלֹמֹה אָחִיו לֹא קָרָא׃ וַיֹּאמֶר נָתָן אֶל־
בַּת־שֶׁבַע אֵם־שְׁלֹמֹה לֵאמֹר הֲלוֹא שָׁמַעַתְּ כִּי מָלַךְ אֲדֹנִיָּהוּ בֶן־

יב חַגִּית וַאדֹנֵינוּ דָוִד לֹא יָדָע׃ וְעַתָּה לְכִי אִיעָצֵךְ נָא עֵצָה וּמַלְּטִי
יג אֶת־נַפְשֵׁךְ וְאֶת־נֶפֶשׁ בְּנֵךְ שְׁלֹמֹה׃ לְכִי וּבֹאִי ׀ אֶל־הַמֶּלֶךְ דָּוִד
וְאָמַרְתְּ אֵלָיו הֲלֹא־אַתָּה אֲדֹנִי הַמֶּלֶךְ נִשְׁבַּעְתָּ לַאֲמָתְךָ לֵאמֹר
כִּי־שְׁלֹמֹה בְנֵךְ יִמְלֹךְ אַחֲרַי וְהוּא יֵשֵׁב עַל־כִּסְאִי וּמַדּוּעַ מָלַךְ
יד אֲדֹנִיָּהוּ׃ הִנֵּה עוֹדָךְ מְדַבֶּרֶת שָׁם עִם־הַמֶּלֶךְ וַאֲנִי אָבוֹא אַחֲרַיִךְ
טו וּמִלֵּאתִי אֶת־דְּבָרָיִךְ׃ וַתָּבֹא בַת־שֶׁבַע אֶל־הַמֶּלֶךְ הַחַדְרָה וְהַמֶּלֶךְ
טז זָקֵן מְאֹד וַאֲבִישַׁג הַשּׁוּנַמִּית מְשָׁרַת אֶת־הַמֶּלֶךְ׃ וַתִּקֹּד בַּת־
יז שֶׁבַע וַתִּשְׁתַּחוּ לַמֶּלֶךְ וַיֹּאמֶר הַמֶּלֶךְ מַה־לָּךְ׃ וַתֹּאמֶר לוֹ אֲדֹנִי
אַתָּה נִשְׁבַּעְתָּ בַּיהוה אֱלֹהֶיךָ לַאֲמָתֶךָ כִּי־שְׁלֹמֹה בְנֵךְ יִמְלֹךְ
יח אַחֲרָי וְהוּא יֵשֵׁב עַל־כִּסְאִי׃ וְעַתָּה הִנֵּה אֲדֹנִיָּה מָלָךְ וְעַתָּה אֲדֹנִי
יט הַמֶּלֶךְ לֹא יָדָעְתָּ׃ וַיִּזְבַּח שׁוֹר וּמְרִיא־וְצֹאן לָרֹב וַיִּקְרָא לְכָל־
בְּנֵי הַמֶּלֶךְ וּלְאֶבְיָתָר הַכֹּהֵן וּלְיֹאָב שַׂר הַצָּבָא וְלִשְׁלֹמֹה עַבְדְּךָ
כ לֹא קָרָא׃ וְאַתָּה אֲדֹנִי הַמֶּלֶךְ עֵינֵי כָל־יִשְׂרָאֵל עָלֶיךָ לְהַגִּיד
כא לָהֶם מִי יֵשֵׁב עַל־כִּסֵּא אֲדֹנִי־הַמֶּלֶךְ אַחֲרָיו׃ וְהָיָה כִּשְׁכַב אֲדֹנִי־
כב הַמֶּלֶךְ עִם־אֲבֹתָיו וְהָיִיתִי אֲנִי וּבְנִי שְׁלֹמֹה חַטָּאִים׃ וְהִנֵּה עוֹדֶנָּה
כג מְדַבֶּרֶת עִם־הַמֶּלֶךְ וְנָתָן הַנָּבִיא בָּא׃ וַיַּגִּידוּ לַמֶּלֶךְ לֵאמֹר הִנֵּה
נָתָן הַנָּבִיא וַיָּבֹא לִפְנֵי הַמֶּלֶךְ וַיִּשְׁתַּחוּ לַמֶּלֶךְ עַל־אַפָּיו אָרְצָה׃
כד וַיֹּאמֶר נָתָן אֲדֹנִי הַמֶּלֶךְ אַתָּה אָמַרְתָּ אֲדֹנִיָּהוּ יִמְלֹךְ אַחֲרָי וְהוּא
כה יֵשֵׁב עַל־כִּסְאִי׃ כִּי ׀ יָרַד הַיּוֹם וַיִּזְבַּח שׁוֹר וּמְרִיא־וְצֹאן לָרֹב
וַיִּקְרָא לְכָל־בְּנֵי הַמֶּלֶךְ וּלְשָׂרֵי הַצָּבָא וּלְאֶבְיָתָר הַכֹּהֵן וְהִנָּם
כו אֹכְלִים וְשֹׁתִים לְפָנָיו וַיֹּאמְרוּ יְחִי הַמֶּלֶךְ אֲדֹנִיָּהוּ׃ וְלִי אֲנִי־עַבְדֶּךָ
כז וּלְצָדֹק הַכֹּהֵן וְלִבְנָיָהוּ בֶן־יְהוֹיָדָע וְלִשְׁלֹמֹה עַבְדְּךָ לֹא קָרָא׃ אִם
מֵאֵת אֲדֹנִי הַמֶּלֶךְ נִהְיָה הַדָּבָר הַזֶּה וְלֹא הוֹדַעְתָּ אֶת־עַבְדיך עַבְדְּךָ
כח מִי יֵשֵׁב עַל־כִּסֵּא אֲדֹנִי־הַמֶּלֶךְ אַחֲרָיו׃ וַיַּעַן הַמֶּלֶךְ דָּוִד וַיֹּאמֶר
קִרְאוּ־לִי לְבַת־שָׁבַע וַתָּבֹא לִפְנֵי הַמֶּלֶךְ וַתַּעֲמֹד לִפְנֵי הַמֶּלֶךְ׃
כט וַיִּשָּׁבַע הַמֶּלֶךְ וַיֹּאמַר חַי־יהוה אֲשֶׁר־פָּדָה אֶת־נַפְשִׁי מִכָּל־צָרָה׃
ל כִּי כַּאֲשֶׁר נִשְׁבַּעְתִּי לָךְ בַּיהוה אֱלֹהֵי יִשְׂרָאֵל לֵאמֹר כִּי־שְׁלֹמֹה

בְּנֵךְ יִמְלֹךְ אַחֲרַי וְהוּא יֵשֵׁב עַל־כִּסְאִי תַּחְתָּי כִּי כֵּן אֶעֱשֶׂה הַיּוֹם
לא הַזֶּה׃ וַתִּקֹּד בַּת־שֶׁבַע אַפַּיִם אֶרֶץ וַתִּשְׁתַּחוּ לַמֶּלֶךְ וַתֹּאמֶר יְחִי
אֲדֹנִי הַמֶּלֶךְ דָּוִד לְעֹלָם׃

הפטרת תולדת

On ערב ראש חודש כסלו *read the* הפטרה *on page 416.*

א א ב מַשָּׂא דְבַר־יְהוָה אֶל־יִשְׂרָאֵל בְּיַד מַלְאָכִי׃ אָהַבְתִּי אֶתְכֶם מלאכי
אָמַר יְהוָה וַאֲמַרְתֶּם בַּמָּה אֲהַבְתָּנוּ הֲלוֹא־אָח עֵשָׂו לְיַעֲקֹב
ג נְאֻם־יְהוָה וָאֹהַב אֶת־יַעֲקֹב׃ וְאֶת־עֵשָׂו שָׂנֵאתִי וָאָשִׂים אֶת־
ד הָרָיו שְׁמָמָה וְאֶת־נַחֲלָתוֹ לְתַנּוֹת מִדְבָּר׃ כִּי־תֹאמַר אֱדוֹם
רֻשַּׁשְׁנוּ וְנָשׁוּב וְנִבְנֶה חֳרָבוֹת כֹּה אָמַר יְהוָה צְבָאוֹת הֵמָּה יִבְנוּ
וַאֲנִי אֶהֱרוֹס וְקָרְאוּ לָהֶם גְּבוּל רִשְׁעָה וְהָעָם אֲשֶׁר־זָעַם יְהוָה
ה עַד־עוֹלָם׃ וְעֵינֵיכֶם תִּרְאֶינָה וְאַתֶּם תֹּאמְרוּ יִגְדַּל יְהוָה מֵעַל
ו לִגְבוּל יִשְׂרָאֵל׃ בֵּן יְכַבֵּד אָב וְעֶבֶד אֲדֹנָיו וְאִם־אָב אָנִי אַיֵּה
כְבוֹדִי וְאִם־אֲדוֹנִים אָנִי אַיֵּה מוֹרָאִי אָמַר ׀ יְהוָה צְבָאוֹת לָכֶם
ז הַכֹּהֲנִים בּוֹזֵי שְׁמִי וַאֲמַרְתֶּם בַּמֶּה בָזִינוּ אֶת־שְׁמֶךָ׃ מַגִּישִׁים
עַל־מִזְבְּחִי לֶחֶם מְגֹאָל וַאֲמַרְתֶּם בַּמֶּה גֵאַלְנוּךָ בֶּאֱמָרְכֶם שֻׁלְחַן
ח יְהוָה נִבְזֶה הוּא׃ וְכִי־תַגִּשׁוּן עִוֵּר לִזְבֹּחַ אֵין רָע וְכִי תַגִּישׁוּ פִּסֵּחַ
וְחֹלֶה אֵין רָע הַקְרִיבֵהוּ נָא לְפֶחָתֶךָ הֲיִרְצְךָ אוֹ הֲיִשָּׂא פָנֶיךָ
ט אָמַר יְהוָה צְבָאוֹת׃ וְעַתָּה חַלּוּ־נָא פְנֵי־אֵל וִיחָנֵנוּ מִיֶּדְכֶם
י הָיְתָה זֹּאת הֲיִשָּׂא מִכֶּם פָּנִים אָמַר יְהוָה צְבָאוֹת׃ מִי גַם־בָּכֶם
וְיִסְגֹּר דְּלָתַיִם וְלֹא־תָאִירוּ מִזְבְּחִי חִנָּם אֵין־לִי חֵפֶץ בָּכֶם אָמַר
יא יְהוָה צְבָאוֹת וּמִנְחָה לֹא־אֶרְצֶה מִיֶּדְכֶם׃ כִּי מִמִּזְרַח־שֶׁמֶשׁ
וְעַד־מְבוֹאוֹ גָּדוֹל שְׁמִי בַּגּוֹיִם וּבְכָל־מָקוֹם מֻקְטָר מֻגָּשׁ לִשְׁמִי
יב וּמִנְחָה טְהוֹרָה כִּי־גָדוֹל שְׁמִי בַּגּוֹיִם אָמַר יְהוָה צְבָאוֹת׃ וְאַתֶּם
מְחַלְּלִים אוֹתוֹ בֶּאֱמָרְכֶם שֻׁלְחַן אֲדֹנָי מְגֹאָל הוּא וְנִיבוֹ נִבְזֶה
יג אָכְלוֹ׃ וַאֲמַרְתֶּם הִנֵּה מַתְּלָאָה וְהִפַּחְתֶּם אוֹתוֹ אָמַר יְהוָה צְבָאוֹת

וַהֲבֵאתֶם גָּזוּל וְאֶת־הַפִּסֵּחַ וְאֶת־הַחוֹלֶה וַהֲבֵאתֶם אֶת־הַמִּנְחָה
יד הַאֶרְצֶה אוֹתָהּ מִיֶּדְכֶם אָמַר יְהוָה׃ וְאָרוּר נוֹכֵל וְיֵשׁ בְּעֶדְרוֹ זָכָר
וְנֹדֵר וְזֹבֵחַ מָשְׁחָת לַאדֹנָי כִּי מֶלֶךְ גָּדוֹל אָנִי אָמַר יְהוָה צְבָאוֹת
ב א ב וּשְׁמִי נוֹרָא בַגּוֹיִם׃ וְעַתָּה אֲלֵיכֶם הַמִּצְוָה הַזֹּאת הַכֹּהֲנִים׃ אִם־לֹא
תִשְׁמְעוּ וְאִם־לֹא תָשִׂימוּ עַל־לֵב לָתֵת כָּבוֹד לִשְׁמִי אָמַר יְהוָה
צְבָאוֹת וְשִׁלַּחְתִּי בָכֶם אֶת־הַמְּאֵרָה וְאָרוֹתִי אֶת־בִּרְכוֹתֵיכֶם וְגַם
ג אָרוֹתִיהָ כִּי אֵינְכֶם שָׂמִים עַל־לֵב׃ הִנְנִי גֹעֵר לָכֶם אֶת־הַזֶּרַע
ד וְזֵרִיתִי פֶרֶשׁ עַל־פְּנֵיכֶם פֶּרֶשׁ חַגֵּיכֶם וְנָשָׂא אֶתְכֶם אֵלָיו׃ וִידַעְתֶּם
כִּי שִׁלַּחְתִּי אֲלֵיכֶם אֵת הַמִּצְוָה הַזֹּאת לִהְיוֹת בְּרִיתִי אֶת־לֵוִי אָמַר
ה יְהוָה צְבָאוֹת׃ בְּרִיתִי ׀ הָיְתָה אִתּוֹ הַחַיִּים וְהַשָּׁלוֹם וָאֶתְּנֵם־לוֹ
ו מוֹרָא וַיִּירָאֵנִי וּמִפְּנֵי שְׁמִי נִחַת הוּא׃ תּוֹרַת אֱמֶת הָיְתָה בְּפִיהוּ
וְעַוְלָה לֹא־נִמְצָא בִשְׂפָתָיו בְּשָׁלוֹם וּבְמִישׁוֹר הָלַךְ אִתִּי וְרַבִּים
ז הֵשִׁיב מֵעָוֹן׃ כִּי־שִׂפְתֵי כֹהֵן יִשְׁמְרוּ־דַעַת וְתוֹרָה יְבַקְשׁוּ מִפִּיהוּ
כִּי מַלְאַךְ יְהוָה־צְבָאוֹת הוּא׃

הפטרת ויצא

הושע
Sephardim begin here

יא ז וְעַמִּי תְלוּאִים לִמְשׁוּבָתִי וְאֶל־עַל יִקְרָאֻהוּ יַחַד לֹא יְרוֹמֵם׃
ח אֵיךְ אֶתֶּנְךָ אֶפְרַיִם אֲמַגֶּנְךָ יִשְׂרָאֵל אֵיךְ אֶתֶּנְךָ כְאַדְמָה אֲשִׂימְךָ
ט כִּצְבֹאיִם נֶהְפַּךְ עָלַי לִבִּי יַחַד נִכְמְרוּ נִחוּמָי׃ לֹא אֶעֱשֶׂה חֲרוֹן
אַפִּי לֹא אָשׁוּב לְשַׁחֵת אֶפְרָיִם כִּי אֵל אָנֹכִי וְלֹא־אִישׁ בְּקִרְבְּךָ
י קָדוֹשׁ וְלֹא אָבוֹא בְּעִיר׃ אַחֲרֵי יְהוָה יֵלְכוּ כְּאַרְיֵה יִשְׁאַג כִּי־הוּא
יא יִשְׁאַג וְיֶחֶרְדוּ בָנִים מִיָּם׃ יֶחֶרְדוּ כְצִפּוֹר מִמִּצְרַיִם וּכְיוֹנָה מֵאֶרֶץ
יב א אַשּׁוּר וְהוֹשַׁבְתִּים עַל־בָּתֵּיהֶם נְאֻם־יְהוָה׃ סְבָבֻנִי
בְכַחַשׁ אֶפְרַיִם וּבְמִרְמָה בֵּית יִשְׂרָאֵל וִיהוּדָה עֹד רָד עִם־אֵל
ב וְעִם־קְדוֹשִׁים נֶאֱמָן׃ אֶפְרַיִם רֹעֶה רוּחַ וְרֹדֵף קָדִים כָּל־הַיּוֹם
כָּזָב וָשֹׁד יַרְבֶּה וּבְרִית עִם־אַשּׁוּר יִכְרֹתוּ וְשֶׁמֶן לְמִצְרַיִם יוּבָל׃

ג וְרִיב לַיהוָה עִם־יְהוּדָה וְלִפְקֹד עַל־יַעֲקֹב כִּדְרָכָיו כְּמַעֲלָלָיו
ד ה יָשִׁיב לוֹ: בַּבֶּטֶן עָקַב אֶת־אָחִיו וּבְאוֹנוֹ שָׂרָה אֶת־אֱלֹהִים: וַיָּשַׂר
אֶל־מַלְאָךְ וַיֻּכָל בָּכָה וַיִּתְחַנֶּן־לוֹ בֵּית־אֵל יִמְצָאֶנּוּ וְשָׁם יְדַבֵּר
ו ז עִמָּנוּ: וַיהוָה אֱלֹהֵי הַצְּבָאוֹת יְהוָה זִכְרוֹ: וְאַתָּה בֵּאלֹהֶיךָ תָשׁוּב
ח חֶסֶד וּמִשְׁפָּט שְׁמֹר וְקַוֵּה אֶל־אֱלֹהֶיךָ תָּמִיד: כְּנַעַן בְּיָדוֹ מֹאזְנֵי
ט מִרְמָה לַעֲשֹׁק אָהֵב: וַיֹּאמֶר אֶפְרַיִם אַךְ עָשַׁרְתִּי מָצָאתִי אוֹן לִי
י כָּל־יְגִיעַי לֹא יִמְצְאוּ־לִי עָוֹן אֲשֶׁר־חֵטְא: וְאָנֹכִי יְהוָה אֱלֹהֶיךָ
יא מֵאֶרֶץ מִצְרָיִם עֹד אוֹשִׁיבְךָ בָאֳהָלִים כִּימֵי מוֹעֵד: וְדִבַּרְתִּי עַל־
יב הַנְּבִיאִים וְאָנֹכִי חָזוֹן הִרְבֵּיתִי וּבְיַד הַנְּבִיאִים אֲדַמֶּה: אִם־גִּלְעָד
Some end here אָוֶן אַךְ־שָׁוְא הָיוּ בַּגִּלְגָּל שְׁוָרִים זִבֵּחוּ גַּם מִזְבְּחוֹתָם כְּגַלִּים עַל
Ashkenazim begin here יג תַּלְמֵי שָׂדָי: * וַיִּבְרַח יַעֲקֹב שְׂדֵה אֲרָם וַיַּעֲבֹד יִשְׂרָאֵל בְּאִשָּׁה
יד וּבְאִשָּׁה שָׁמָר: וּבְנָבִיא הֶעֱלָה יְהוָה אֶת־יִשְׂרָאֵל מִמִּצְרָיִם וּבְנָבִיא
טו נִשְׁמָר: הִכְעִיס אֶפְרַיִם תַּמְרוּרִים וְדָמָיו עָלָיו יִטּוֹשׁ וְחֶרְפָּתוֹ יָשִׁיב
יג א לוֹ אֲדֹנָיו: כְּדַבֵּר אֶפְרַיִם רְתֵת נָשָׂא הוּא בְּיִשְׂרָאֵל וַיֶּאְשַׁם בַּבַּעַל
ב וַיָּמֹת: וְעַתָּה | יוֹסִפוּ לַחֲטֹא וַיַּעֲשׂוּ לָהֶם מַסֵּכָה מִכַּסְפָּם כִּתְבוּנָם
עֲצַבִּים מַעֲשֵׂה חָרָשִׁים כֻּלֹּה לָהֶם הֵם אֹמְרִים זֹבְחֵי אָדָם עֲגָלִים
ג יִשָּׁקוּן: לָכֵן יִהְיוּ כַּעֲנַן־בֹּקֶר וְכַטַּל מַשְׁכִּים הֹלֵךְ כְּמֹץ יְסֹעֵר מִגֹּרֶן
ד וּכְעָשָׁן מֵאֲרֻבָּה: וְאָנֹכִי יְהוָה אֱלֹהֶיךָ מֵאֶרֶץ מִצְרָיִם וֵאלֹהִים
ה זוּלָתִי לֹא תֵדָע וּמוֹשִׁיעַ אַיִן בִּלְתִּי: אֲנִי יְדַעְתִּיךָ בַּמִּדְבָּר בְּאֶרֶץ
Sephardim end here ו תַּלְאֻבוֹת: * כְּמַרְעִיתָם וַיִּשְׂבָּעוּ שָׂבְעוּ וַיָּרָם לִבָּם עַל־כֵּן שְׁכֵחוּנִי:
ז ח וָאֱהִי לָהֶם כְּמוֹ־שָׁחַל כְּנָמֵר עַל־דֶּרֶךְ אָשׁוּר: אֶפְגְּשֵׁם כְּדֹב
שַׁכּוּל וְאֶקְרַע סְגוֹר לִבָּם וְאֹכְלֵם שָׁם כְּלָבִיא חַיַּת הַשָּׂדֶה
ט י תְּבַקְּעֵם: שִׁחֶתְךָ יִשְׂרָאֵל כִּי־בִי בְעֶזְרֶךָ: אֱהִי מַלְכְּךָ אֵפוֹא
וְיוֹשִׁיעֲךָ בְּכָל־עָרֶיךָ וְשֹׁפְטֶיךָ אֲשֶׁר אָמַרְתָּ תְּנָה־לִּי מֶלֶךְ וְשָׂרִים:
יא יב אֶתֶּן־לְךָ מֶלֶךְ בְּאַפִּי וְאֶקַּח בְּעֶבְרָתִי: צָרוּר עֲוֺן אֶפְרָיִם
יג צְפוּנָה חַטָּאתוֹ: חֶבְלֵי יוֹלֵדָה יָבֹאוּ לוֹ הוּא־בֵן לֹא חָכָם כִּי־עֵת
יד לֹא־יַעֲמֹד בְּמִשְׁבַּר בָּנִים: מִיַּד שְׁאוֹל אֶפְדֵּם מִמָּוֶת אֶגְאָלֵם

אֱהִי דְבָרֶיךָ מָוֶת אֱהִי קָטָבְךָ שְׁאוֹל נֹחַם יִסָּתֵר מֵעֵינָי׃ כִּי הוּא טו
בֵּין אַחִים יַפְרִיא יָבוֹא קָדִים רוּחַ יְהוָה מִמִּדְבָּר עֹלֶה וְיֵבוֹשׁ
מְקוֹרוֹ וְיֶחֱרַב מַעְיָנוֹ הוּא יִשְׁסֶה אוֹצַר כָּל־כְּלִי חֶמְדָּה׃ תֶּאְשַׁם א יד
שֹׁמְרוֹן כִּי מָרְתָה בֵּאלֹהֶיהָ בַּחֶרֶב יִפְּלוּ עֹלְלֵיהֶם יְרֻטָּשׁוּ וְהָרִיּוֹתָיו
יְבֻקָּעוּ׃ שׁוּבָה יִשְׂרָאֵל עַד יְהוָה אֱלֹהֶיךָ כִּי כָשַׁלְתָּ ב
בַּעֲוֺנֶךָ׃ קְחוּ עִמָּכֶם דְּבָרִים וְשׁוּבוּ אֶל־יְהוָה אִמְרוּ אֵלָיו כָּל־תִּשָּׂא ג
עָוֺן וְקַח־טוֹב וּנְשַׁלְּמָה פָרִים שְׂפָתֵינוּ׃ אַשּׁוּר ׀ לֹא יוֹשִׁיעֵנוּ עַל־ ד
סוּס לֹא נִרְכָּב וְלֹא־נֹאמַר עוֹד אֱלֹהֵינוּ לְמַעֲשֵׂה יָדֵינוּ אֲשֶׁר־בְּךָ
יְרֻחַם יָתוֹם׃ אֶרְפָּא מְשׁוּבָתָם אֹהֲבֵם נְדָבָה כִּי שָׁב אַפִּי מִמֶּנּוּ׃ ה
אֶהְיֶה כַטַּל לְיִשְׂרָאֵל יִפְרַח כַּשּׁוֹשַׁנָּה וְיַךְ שָׁרָשָׁיו כַּלְּבָנוֹן׃ יֵלְכוּ ו ז
יֹנְקוֹתָיו וִיהִי כַזַּיִת הוֹדוֹ וְרֵיחַ לוֹ כַּלְּבָנוֹן׃ יָשֻׁבוּ יֹשְׁבֵי בְצִלּוֹ יְחַיּוּ ח
דָגָן וְיִפְרְחוּ כַגָּפֶן זִכְרוֹ כְּיֵין לְבָנוֹן׃ אֶפְרַיִם מַה־לִּי עוֹד לָעֲצַבִּים ט
אֲנִי עָנִיתִי וַאֲשׁוּרֶנּוּ אֲנִי כִּבְרוֹשׁ רַעֲנָן מִמֶּנִּי פֶּרְיְךָ נִמְצָא׃ מִי י
חָכָם וְיָבֵן אֵלֶּה נָבוֹן וְיֵדָעֵם כִּי־יְשָׁרִים דַּרְכֵי יְהוָה וְצַדִּקִים יֵלְכוּ
בָם וּפֹשְׁעִים יִכָּשְׁלוּ בָם׃

Some add
יואל

וַאֲכַלְתֶּם אָכוֹל וְשָׂבוֹעַ וְהִלַּלְתֶּם אֶת־שֵׁם יְהוָה אֱלֹהֵיכֶם אֲשֶׁר־ כו ב
עָשָׂה עִמָּכֶם לְהַפְלִיא וְלֹא־יֵבֹשׁוּ עַמִּי לְעוֹלָם׃ וִידַעְתֶּם כִּי כז
בְקֶרֶב יִשְׂרָאֵל אָנִי וַאֲנִי יְהוָה אֱלֹהֵיכֶם וְאֵין עוֹד וְלֹא־יֵבֹשׁוּ עַמִּי
לְעוֹלָם׃

הפטרת וישלח

עובדיה

חֲזוֹן עֹבַדְיָה כֹּה־אָמַר אֲדֹנָי יְהוִה לֶאֱדוֹם שְׁמוּעָה שָׁמַעְנוּ מֵאֵת א א
יְהוָה וְצִיר בַּגּוֹיִם שֻׁלָּח קוּמוּ וְנָקוּמָה עָלֶיהָ לַמִּלְחָמָה׃ הִנֵּה ב
קָטֹן נְתַתִּיךָ בַּגּוֹיִם בָּזוּי אַתָּה מְאֹד׃ זְדוֹן לִבְּךָ הִשִּׁיאֶךָ שֹׁכְנִי ג
בְחַגְוֵי־סֶלַע מְרוֹם שִׁבְתּוֹ אֹמֵר בְּלִבּוֹ מִי יוֹרִדֵנִי אָרֶץ׃ אִם־ ד
תַּגְבִּיהַּ כַּנֶּשֶׁר וְאִם־בֵּין כּוֹכָבִים שִׂים קִנֶּךָ מִשָּׁם אוֹרִידְךָ נְאֻם־

ה יהוה: אם־גנבים באו־לך אם־שודדי לילה איך נדמיתה הלוא
ו יגנבו דים אם־בצרים באו לך הלוא ישאירו עללות: איך נחפשו
ז עשו נבעו מצפניו: עד־הגבול שלחוך כל אנשי בריתך השיאוך
יכלו לך אנשי שלמך לחמך ישימו מזור תחתיך אין תבונה
ח בו: הלוא ביום ההוא נאם־יהוה והאבדתי חכמים מאדום
ט ותבונה מהר עשו: וחתו גבוריך תימן למען יכרת־איש מהר
י עשו מקטל: מחמס אחיך יעקב תכסך בושה ונכרת לעולם:
יא ביום עמדך מנגד ביום שבות זרים חילו ונכרים באו שערו ועל־
יב ירושלם ידו גורל גם־אתה כאחד מהם: ואל־תרא ביום־אחיך
ביום נכרו ואל־תשמח לבני־יהודה ביום אבדם ואל־תגדל
יג פיך ביום צרה: אל־תבוא בשער־עמי ביום אידם אל־תרא
גם־אתה ברעתו ביום אידו ואל־תשלחנה בחילו ביום אידו:
יד ואל־תעמד על־הפרק להכרית את־פליטיו ואל־תסגר שרידיו
טו ביום צרה: כי־קרוב יום־יהוה על־כל־הגוים כאשר עשית יעשה
טז לך גמלך ישוב בראשך: כי כאשר שתיתם על־הר קדשי
יז ישתו כל־הגוים תמיד ושתו ולעו והיו כלוא היו: ובהר ציון
יח תהיה פליטה והיה קדש וירשו בית יעקב את מורשיהם: והיה
בית־יעקב אש ובית יוסף להבה ובית עשו לקש ודלקו בהם
יט ואכלום ולא־יהיה שריד לבית עשו כי יהוה דבר: וירשו הנגב
את־הר עשו והשפלה את־פלשתים וירשו את־שדה אפרים
כ ואת שדה שמרון ובנימן את־הגלעד: וגלת החל־הזה לבני
ישראל אשר־כנענים עד־צרפת וגלת ירושלם אשר בספרד
כא ירשו את ערי הנגב: ועלו מושעים בהר ציון לשפט את־הר
עשו והיתה ליהוה המלוכה:

הפטרת וישב

On חנוכה *read the* הפטרה *on page 418.*

עמוס
כה אמר יהוה על־שלשה פשעי ישראל ועל־ארבעה לא ו ב
אשיבנו על־מכרם בכסף צדיק ואביון בעבור נעלים: השאפים ז
על־עפר־ארץ בראש דלים ודרך ענוים יטו ואיש ואביו ילכו
אל־הנערה למען חלל את־שם קדשי: ועל־בגדים חבלים יטו ח
אצל כל־מזבח ויין ענושים ישתו בית אלהיהם: ואנכי השמדתי ט
את־האמרי מפניהם אשר כגבה ארזים גבהו וחסן הוא כאלונים
ואשמיד פריו ממעל ושרשיו מתחת: ואנכי העליתי אתכם י
מארץ מצרים ואולך אתכם במדבר ארבעים שנה לרשת את־
ארץ האמרי: ואקים מבניכם לנביאים ומבחוריכם לנזרים האף יא
אין־זאת בני ישראל נאם־יהוה: ותשקו את־הנזרים יין ועל־ יב
הנביאים צויתם לאמר לא תנבאו: הנה אנכי מעיק תחתיכם יג
כאשר תעיק העגלה המלאה לה עמיר: ואבד מנוס מקל וחזק יד
לא־יאמץ כחו וגבור לא־ימלט נפשו: ותפש הקשת לא יעמד טו
וקל ברגליו לא ימלט ורכב הסוס לא ימלט נפשו: ואמיץ לבו טז
בגבורים ערום ינוס ביום־ההוא נאם־יהוה: שמעו א ג
את־הדבר הזה אשר דבר יהוה עליכם בני ישראל על כל־
המשפחה אשר העליתי מארץ מצרים לאמר: רק אתכם ידעתי ב
מכל משפחות האדמה על־כן אפקד עליכם את כל־עונתיכם:
הילכו שנים יחדו בלתי אם־נועדו: הישאג אריה ביער וטרף ג ד
אין לו היתן כפיר קולו ממענתו בלתי אם־לכד: התפל צפור ה
על־פח הארץ ומוקש אין לה היעלה־פח מן־האדמה ולכוד
לא ילכוד: אם־יתקע שופר בעיר ועם לא יחרדו אם־תהיה ו
רעה בעיר ויהוה לא עשה: כי לא יעשה אדני יהוה דבר כי ז
אם־גלה סודו אל־עבדיו הנביאים: אריה שאג מי לא יירא ח
אדני יהוה דבר מי לא ינבא:

הפטרת מקץ

On חנוכה *read the* הפטרה *on page 418 (even on* ראש חודש טבת *or* ערב ראש חודש טבת*).*
On the second שבת *of* חנוכה *read the* הפטרה *on page 419.*

ג טו וַיִּקַץ שְׁלֹמֹה וְהִנֵּה חֲלוֹם וַיָּבוֹא יְרוּשָׁלַםִ וַיַּעֲמֹד ׀ לִפְנֵי ׀ אֲרוֹן מלכים א׳
בְּרִית־אֲדֹנָי וַיַּעַל עֹלוֹת וַיַּעַשׂ שְׁלָמִים וַיַּעַשׂ מִשְׁתֶּה לְכָל־
טז עֲבָדָיו׃ אָז תָּבֹאנָה שְׁתַּיִם נָשִׁים זֹנוֹת אֶל־הַמֶּלֶךְ
יז וַתַּעֲמֹדְנָה לְפָנָיו׃ וַתֹּאמֶר הָאִשָּׁה הָאַחַת בִּי אֲדֹנִי אֲנִי וְהָאִשָּׁה
יח הַזֹּאת יֹשְׁבֹת בְּבַיִת אֶחָד וָאֵלֵד עִמָּהּ בַּבָּיִת׃ וַיְהִי בַּיּוֹם הַשְּׁלִישִׁי
לְלִדְתִּי וַתֵּלֶד גַּם־הָאִשָּׁה הַזֹּאת וַאֲנַחְנוּ יַחְדָּו אֵין־זָר אִתָּנוּ בַּבַּיִת
יט זוּלָתִי שְׁתַּיִם־אֲנַחְנוּ בַּבָּיִת׃ וַיָּמָת בֶּן־הָאִשָּׁה הַזֹּאת לָיְלָה אֲשֶׁר
כ שָׁכְבָה עָלָיו׃ וַתָּקָם בְּתוֹךְ הַלַּיְלָה וַתִּקַּח אֶת־בְּנִי מֵאֶצְלִי וַאֲמָתְךָ
כא יְשֵׁנָה וַתַּשְׁכִּיבֵהוּ בְּחֵיקָהּ וְאֶת־בְּנָהּ הַמֵּת הִשְׁכִּיבָה בְחֵיקִי׃ וָאָקֻם
בַּבֹּקֶר לְהֵינִיק אֶת־בְּנִי וְהִנֵּה־מֵת וָאֶתְבּוֹנֵן אֵלָיו בַּבֹּקֶר וְהִנֵּה לֹא־
כב הָיָה בְנִי אֲשֶׁר יָלָדְתִּי׃ וַתֹּאמֶר הָאִשָּׁה הָאַחֶרֶת לֹא כִי בְּנִי הַחַי
וּבְנֵךְ הַמֵּת וְזֹאת אֹמֶרֶת לֹא כִי בְּנֵךְ הַמֵּת וּבְנִי הֶחָי וַתְּדַבֵּרְנָה
כג לִפְנֵי הַמֶּלֶךְ׃ וַיֹּאמֶר הַמֶּלֶךְ זֹאת אֹמֶרֶת זֶה־בְּנִי הַחַי וּבְנֵךְ הַמֵּת
כד וְזֹאת אֹמֶרֶת לֹא כִי בְּנֵךְ הַמֵּת וּבְנִי הֶחָי׃ וַיֹּאמֶר
כה הַמֶּלֶךְ קְחוּ לִי־חָרֶב וַיָּבִאוּ הַחֶרֶב לִפְנֵי הַמֶּלֶךְ׃ וַיֹּאמֶר הַמֶּלֶךְ
גִּזְרוּ אֶת־הַיֶּלֶד הַחַי לִשְׁנָיִם וּתְנוּ אֶת־הַחֲצִי לְאַחַת וְאֶת־הַחֲצִי
כו לְאֶחָת׃ וַתֹּאמֶר הָאִשָּׁה אֲשֶׁר־בְּנָהּ הַחַי אֶל־הַמֶּלֶךְ כִּי־נִכְמְרוּ
רַחֲמֶיהָ עַל־בְּנָהּ וַתֹּאמֶר ׀ בִּי אֲדֹנִי תְּנוּ־לָהּ אֶת־הַיָּלוּד הַחַי
וְהָמֵת אַל־תְּמִיתֻהוּ וְזֹאת אֹמֶרֶת גַּם־לִי גַם־לָךְ לֹא יִהְיֶה גְּזֹרוּ׃
כז וַיַּעַן הַמֶּלֶךְ וַיֹּאמֶר תְּנוּ־לָהּ אֶת־הַיָּלוּד הַחַי וְהָמֵת לֹא תְמִיתֻהוּ
כח הִיא אִמּוֹ׃ וַיִּשְׁמְעוּ כָל־יִשְׂרָאֵל אֶת־הַמִּשְׁפָּט אֲשֶׁר שָׁפַט הַמֶּלֶךְ
וַיִּרְאוּ מִפְּנֵי הַמֶּלֶךְ כִּי רָאוּ כִּי־חָכְמַת אֱלֹהִים בְּקִרְבּוֹ לַעֲשׂוֹת
ד א מִשְׁפָּט׃ וַיְהִי הַמֶּלֶךְ שְׁלֹמֹה מֶלֶךְ עַל־כָּל־יִשְׂרָאֵל׃

הפטרת ויגש

יחזקאל

לז טו טז וַיְהִי דְבַר־יְהוָה אֵלַי לֵאמֹר׃ וְאַתָּה בֶן־אָדָם קַח־לְךָ עֵץ אֶחָד
וּכְתֹב עָלָיו לִיהוּדָה וְלִבְנֵי יִשְׂרָאֵל חֲבֵרָו וּלְקַח עֵץ אֶחָד וּכְתוֹב
יז עָלָיו לְיוֹסֵף עֵץ אֶפְרַיִם וְכָל־בֵּית יִשְׂרָאֵל חֲבֵרָו׃ וְקָרַב אֹתָם אֶחָד
יח אֶל־אֶחָד לְךָ לְעֵץ אֶחָד וְהָיוּ לַאֲחָדִים בְּיָדֶךָ׃ וְכַאֲשֶׁר יֹאמְרוּ
יט אֵלֶיךָ בְּנֵי עַמְּךָ לֵאמֹר הֲלוֹא־תַגִּיד לָנוּ מָה־אֵלֶּה לָּךְ׃ דַּבֵּר אֲלֵהֶם
כֹּה־אָמַר אֲדֹנָי יְהוִה הִנֵּה אֲנִי לֹקֵחַ אֶת־עֵץ יוֹסֵף אֲשֶׁר בְּיַד־
אֶפְרַיִם וְשִׁבְטֵי יִשְׂרָאֵל חֲבֵרָו וְנָתַתִּי אוֹתָם עָלָיו אֶת־עֵץ יְהוּדָה
כ וַעֲשִׂיתִם לְעֵץ אֶחָד וְהָיוּ אֶחָד בְּיָדִי׃ וְהָיוּ הָעֵצִים אֲשֶׁר־תִּכְתֹּב
כא עֲלֵיהֶם בְּיָדְךָ לְעֵינֵיהֶם׃ וְדַבֵּר אֲלֵיהֶם כֹּה־אָמַר אֲדֹנָי יְהוִה הִנֵּה
אֲנִי לֹקֵחַ אֶת־בְּנֵי יִשְׂרָאֵל מִבֵּין הַגּוֹיִם אֲשֶׁר הָלְכוּ־שָׁם וְקִבַּצְתִּי
כב אֹתָם מִסָּבִיב וְהֵבֵאתִי אוֹתָם אֶל־אַדְמָתָם׃ וְעָשִׂיתִי אֹתָם לְגוֹי
אֶחָד בָּאָרֶץ בְּהָרֵי יִשְׂרָאֵל וּמֶלֶךְ אֶחָד יִהְיֶה לְכֻלָּם לְמֶלֶךְ וְלֹא
כג יהיה־עוֹד לִשְׁנֵי גוֹיִם וְלֹא יֵחָצוּ עוֹד לִשְׁתֵּי מַמְלָכוֹת עוֹד׃ וְלֹא יִהְיוּ־
יִטַּמְּאוּ עוֹד בְּגִלּוּלֵיהֶם וּבְשִׁקּוּצֵיהֶם וּבְכֹל פִּשְׁעֵיהֶם וְהוֹשַׁעְתִּי
אֹתָם מִכֹּל מוֹשְׁבֹתֵיהֶם אֲשֶׁר חָטְאוּ בָהֶם וְטִהַרְתִּי אוֹתָם וְהָיוּ־לִי
כד לְעָם וַאֲנִי אֶהְיֶה לָהֶם לֵאלֹהִים׃ וְעַבְדִּי דָוִד מֶלֶךְ עֲלֵיהֶם וְרוֹעֶה
אֶחָד יִהְיֶה לְכֻלָּם וּבְמִשְׁפָּטַי יֵלֵכוּ וְחֻקֹּתַי יִשְׁמְרוּ וְעָשׂוּ אוֹתָם׃
כה וְיָשְׁבוּ עַל־הָאָרֶץ אֲשֶׁר נָתַתִּי לְעַבְדִּי לְיַעֲקֹב אֲשֶׁר יָשְׁבוּ־בָהּ
אֲבוֹתֵיכֶם וְיָשְׁבוּ עָלֶיהָ הֵמָּה וּבְנֵיהֶם וּבְנֵי בְנֵיהֶם עַד־עוֹלָם וְדָוִד
כו עַבְדִּי נָשִׂיא לָהֶם לְעוֹלָם׃ וְכָרַתִּי לָהֶם בְּרִית שָׁלוֹם בְּרִית עוֹלָם
יִהְיֶה אוֹתָם וּנְתַתִּים וְהִרְבֵּיתִי אוֹתָם וְנָתַתִּי אֶת־מִקְדָּשִׁי בְּתוֹכָם
כז לְעוֹלָם׃ וְהָיָה מִשְׁכָּנִי עֲלֵיהֶם וְהָיִיתִי לָהֶם לֵאלֹהִים וְהֵמָּה יִהְיוּ־
כח לִי לְעָם׃ וְיָדְעוּ הַגּוֹיִם כִּי אֲנִי יְהוָה מְקַדֵּשׁ אֶת־יִשְׂרָאֵל בִּהְיוֹת
מִקְדָּשִׁי בְּתוֹכָם לְעוֹלָם׃

הפטרת ויחי

ב א ב וַיִּקְרְבוּ יְמֵי־דָוִד לָמוּת וַיְצַו אֶת־שְׁלֹמֹה בְנוֹ לֵאמֹר׃ אָנֹכִי הֹלֵךְ מלכים א׳
ג בְּדֶרֶךְ כָּל־הָאָרֶץ וְחָזַקְתָּ וְהָיִיתָ לְאִישׁ׃ וְשָׁמַרְתָּ אֶת־מִשְׁמֶרֶת
יְהוָה אֱלֹהֶיךָ לָלֶכֶת בִּדְרָכָיו לִשְׁמֹר חֻקֹּתָיו מִצְוֹתָיו וּמִשְׁפָּטָיו
וְעֵדְוֹתָיו כַּכָּתוּב בְּתוֹרַת מֹשֶׁה לְמַעַן תַּשְׂכִּיל אֵת כָּל־אֲשֶׁר
ד תַּעֲשֶׂה וְאֵת כָּל־אֲשֶׁר תִּפְנֶה שָׁם׃ לְמַעַן יָקִים יְהוָה אֶת־דְּבָרוֹ
אֲשֶׁר דִּבֶּר עָלַי לֵאמֹר אִם־יִשְׁמְרוּ בָנֶיךָ אֶת־דַּרְכָּם לָלֶכֶת לְפָנַי
בֶּאֱמֶת בְּכָל־לְבָבָם וּבְכָל־נַפְשָׁם לֵאמֹר לֹא־יִכָּרֵת לְךָ אִישׁ מֵעַל
ה כִּסֵּא יִשְׂרָאֵל׃ וְגַם אַתָּה יָדַעְתָּ אֵת אֲשֶׁר־עָשָׂה לִי יוֹאָב בֶּן־צְרוּיָה
אֲשֶׁר עָשָׂה לִשְׁנֵי־שָׂרֵי צִבְאוֹת יִשְׂרָאֵל לְאַבְנֵר בֶּן־נֵר וְלַעֲמָשָׂא
בֶן־יֶתֶר וַיַּהַרְגֵם וַיָּשֶׂם דְּמֵי־מִלְחָמָה בְּשָׁלֹם וַיִּתֵּן דְּמֵי מִלְחָמָה
ו בַּחֲגֹרָתוֹ אֲשֶׁר בְּמָתְנָיו וּבְנַעֲלוֹ אֲשֶׁר בְּרַגְלָיו׃ וְעָשִׂיתָ כְּחָכְמָתֶךָ
ז וְלֹא־תוֹרֵד שֵׂיבָתוֹ בְּשָׁלֹם שְׁאֹל׃ וְלִבְנֵי בַרְזִלַּי הַגִּלְעָדִי
תַּעֲשֶׂה־חֶסֶד וְהָיוּ בְּאֹכְלֵי שֻׁלְחָנֶךָ כִּי־כֵן קָרְבוּ אֵלַי בְּבָרְחִי מִפְּנֵי
ח אַבְשָׁלוֹם אָחִיךָ׃ וְהִנֵּה עִמְּךָ שִׁמְעִי בֶן־גֵּרָא בֶן־הַיְמִינִי מִבַּחֻרִים
וְהוּא קִלְלַנִי קְלָלָה נִמְרֶצֶת בְּיוֹם לֶכְתִּי מַחֲנָיִם וְהוּא־יָרַד לִקְרָאתִי
ט הַיַּרְדֵּן וָאֶשָּׁבַע לוֹ בַיהוָה לֵאמֹר אִם־אֲמִיתְךָ בֶּחָרֶב׃ וְעַתָּה אַל־
תְּנַקֵּהוּ כִּי אִישׁ חָכָם אָתָּה וְיָדַעְתָּ אֵת אֲשֶׁר תַּעֲשֶׂה־לּוֹ וְהוֹרַדְתָּ
י אֶת־שֵׂיבָתוֹ בְּדָם שְׁאוֹל׃ וַיִּשְׁכַּב דָּוִד עִם־אֲבֹתָיו וַיִּקָּבֵר בְּעִיר
יא דָּוִד׃ וְהַיָּמִים אֲשֶׁר מָלַךְ דָּוִד עַל־יִשְׂרָאֵל אַרְבָּעִים
שָׁנָה בְּחֶבְרוֹן מָלַךְ שֶׁבַע שָׁנִים וּבִירוּשָׁלִַם מָלַךְ שְׁלֹשִׁים וְשָׁלֹשׁ
יב שָׁנִים׃ וּשְׁלֹמֹה יָשַׁב עַל־כִּסֵּא דָּוִד אָבִיו וַתִּכֹּן מַלְכֻתוֹ מְאֹד׃

הפטרת שמות

ישעיה
For Ashkenazim

כז ו הבאים ישרש יעקב יציץ ופרח ישראל ומלאו פני־תבל
ז תנובה: הכמכת מכהו הכהו אם־כהרג הרגיו הרג:
ח בסאסאה בשלחה תריבנה הגה ברוחו הקשה ביום קדים:
ט לכן בזאת יכפר עון־יעקב וזה כל־פרי הסר חטאתו בשומו ׀
כל־אבני מזבח כאבני־גר מנפצות לא־יקמו אשרים וחמנים:
י כי עיר בצורה בדד נוה משלח ונעזב כמדבר שם ירעה עגל
יא ושם ירבץ וכלה סעפיה: ביבש קצירה תשברנה נשים באות
מאירות אותה כי לא עם־בינות הוא על־כן לא־ירחמנו
יב עשהו ויצרו לא יחננו: והיה ביום ההוא יחבט יהוה
משבלת הנהר עד־נחל מצרים ואתם תלקטו לאחד אחד
יג בני ישראל: והיה ׀ ביום ההוא יתקע בשופר גדול
ובאו האבדים בארץ אשור והנדחים בארץ מצרים והשתחוו
כח א ליהוה בהר הקדש בירושלם: הוי עטרת גאות שכרי
אפרים וציץ נבל צבי תפארתו אשר על־ראש גיא־שמנים
ב הלומי יין: הנה חזק ואמץ לאדני כזרם ברד שער קטב כזרם
ג מים כבירים שטפים הניח לארץ ביד: ברגלים תרמסנה עטרת
ד גאות שכורי אפרים: והיתה ציצת נבל צבי תפארתו אשר
על־ראש גיא שמנים כבכורה בטרם קיץ אשר יראה הראה
ה אותה בעודה בכפו יבלענה: ביום ההוא יהיה יהוה
ו צבאות לעטרת צבי ולצפירת תפארה לשאר עמו: ולרוח
משפט ליושב על־המשפט ולגבורה משיבי מלחמה שערה:
ז וגם־אלה ביין שגו ובשכר תעו כהן ונביא שגו בשכר נבלעו
ח מן־היין תעו מן־השכר שגו בראה פקו פליליה: כי כל־שלחנות
ט מלאו קיא צאה בלי מקום: את־מי יורה דעה ואת־מי
י יבין שמועה גמולי מחלב עתיקי משדים: כי צו לצו צו לצו קו

יא לָקָו קַו לָקָו זְעֵיר שָׁם זְעֵיר שָׁם׃ כִּי בְּלַעֲגֵי שָׂפָה וּבְלָשׁוֹן אַחֶרֶת
יב יְדַבֵּר אֶל־הָעָם הַזֶּה׃ אֲשֶׁר ׀ אָמַר אֲלֵיהֶם זֹאת הַמְּנוּחָה הָנִיחוּ
יג לֶעָיֵף וְזֹאת הַמַּרְגֵּעָה וְלֹא אָבוּא שְׁמוֹעַ׃ וְהָיָה לָהֶם דְּבַר־יְהוָה
צַו לָצָו צַו לָצָו קַו לָקָו קַו לָקָו זְעֵיר שָׁם זְעֵיר שָׁם לְמַעַן יֵלְכוּ
וְכָשְׁלוּ אָחוֹר וְנִשְׁבָּרוּ וְנוֹקְשׁוּ וְנִלְכָּדוּ׃

כט כב לָכֵן כֹּה־אָמַר יְהוָה אֶל־בֵּית יַעֲקֹב אֲשֶׁר פָּדָה אֶת־אַבְרָהָם לֹא־
כג עַתָּה יֵבוֹשׁ יַעֲקֹב וְלֹא עַתָּה פָּנָיו יֶחֱוָרוּ׃ כִּי בִרְאֹתוֹ יְלָדָיו מַעֲשֵׂה
יָדַי בְּקִרְבּוֹ יַקְדִּישׁוּ שְׁמִי וְהִקְדִּישׁוּ אֶת־קְדוֹשׁ יַעֲקֹב וְאֶת־אֱלֹהֵי
יִשְׂרָאֵל יַעֲרִיצוּ׃

ירמיה
For Sephardim

א א דִּבְרֵי יִרְמְיָהוּ בֶּן־חִלְקִיָּהוּ מִן־הַכֹּהֲנִים אֲשֶׁר בַּעֲנָתוֹת בְּאֶרֶץ
ב בִּנְיָמִן׃ אֲשֶׁר הָיָה דְבַר־יְהוָה אֵלָיו בִּימֵי יֹאשִׁיָּהוּ בֶן־אָמוֹן מֶלֶךְ
ג יְהוּדָה בִּשְׁלֹשׁ־עֶשְׂרֵה שָׁנָה לְמָלְכוֹ׃ וַיְהִי בִּימֵי יְהוֹיָקִים בֶּן־יֹאשִׁיָּהוּ
מֶלֶךְ יְהוּדָה עַד־תֹּם עַשְׁתֵּי־עֶשְׂרֵה שָׁנָה לְצִדְקִיָּהוּ בֶן־יֹאשִׁיָּהוּ
ד מֶלֶךְ יְהוּדָה עַד־גְּלוֹת יְרוּשָׁלִַם בַּחֹדֶשׁ הַחֲמִישִׁי׃ וַיְהִי
ה דְבַר־יְהוָה אֵלַי לֵאמֹר׃ בְּטֶרֶם אצורך בַבֶּטֶן יְדַעְתִּיךָ וּבְטֶרֶם תֵּצֵא אֶצָּרְךָ
ו מֵרֶחֶם הִקְדַּשְׁתִּיךָ נָבִיא לַגּוֹיִם נְתַתִּיךָ׃ וָאֹמַר אֲהָהּ אֲדֹנָי יֱהוִה
ז הִנֵּה לֹא־יָדַעְתִּי דַּבֵּר כִּי־נַעַר אָנֹכִי׃ וַיֹּאמֶר יְהוָה אֵלַי אַל־תֹּאמַר
נַעַר אָנֹכִי כִּי עַל־כָּל־אֲשֶׁר אֶשְׁלָחֲךָ תֵּלֵךְ וְאֵת כָּל־אֲשֶׁר אֲצַוְּךָ
ח תְּדַבֵּר׃ אַל־תִּירָא מִפְּנֵיהֶם כִּי־אִתְּךָ אֲנִי לְהַצִּלֶךָ נְאֻם־יְהוָה׃
ט וַיִּשְׁלַח יְהוָה אֶת־יָדוֹ וַיַּגַּע עַל־פִּי וַיֹּאמֶר יְהוָה אֵלַי הִנֵּה נָתַתִּי דְבָרַי
י בְּפִיךָ׃ רְאֵה הִפְקַדְתִּיךָ ׀ הַיּוֹם הַזֶּה עַל־הַגּוֹיִם וְעַל־הַמַּמְלָכוֹת
יא לִנְתוֹשׁ וְלִנְתוֹץ וּלְהַאֲבִיד וְלַהֲרוֹס לִבְנוֹת וְלִנְטוֹעַ׃ וַיְהִי
דְבַר־יְהוָה אֵלַי לֵאמֹר מָה־אַתָּה רֹאֶה יִרְמְיָהוּ וָאֹמַר מַקֵּל שָׁקֵד
יב אֲנִי רֹאֶה׃ וַיֹּאמֶר יְהוָה אֵלַי הֵיטַבְתָּ לִרְאוֹת כִּי־שֹׁקֵד אֲנִי עַל־
יג דְּבָרִי לַעֲשֹׂתוֹ׃ וַיְהִי דְבַר־יְהוָה ׀ אֵלַי שֵׁנִית לֵאמֹר מָה
יד אַתָּה רֹאֶה וָאֹמַר סִיר נָפוּחַ אֲנִי רֹאֶה וּפָנָיו מִפְּנֵי צָפוֹנָה׃ וַיֹּאמֶר

יהוה אלי מצפון תפתח הרעה על כל־ישבי הארץ: כי ׀ הנני טו
קרא לכל־משפחות ממלכות צפונה נאם־יהוה ובאו ונתנו איש
כסאו פתח ׀ שערי ירושלם ועל כל־חומתיה סביב ועל כל־
ערי יהודה: ודברתי משפטי אותם על כל־רעתם אשר עזבוני טז
ויקטרו לאלהים אחרים וישתחוו למעשי ידיהם: ואתה תאזר יז
מתניך וקמת ודברת אליהם את כל־אשר אנכי אצוך אל־תחת
מפניהם פן־אחתך לפניהם: ואני הנה נתתיך היום לעיר מבצר יח
ולעמוד ברזל ולחמות נחשת על־כל־הארץ למלכי יהודה
לשריה לכהניה ולעם הארץ: ונלחמו אליך ולא־יוכלו לך כי־ יט
אתך אני נאם־יהוה להצילך: ויהי דבר־יהוה אלי א ב
לאמר: הלך וקראת באזני ירושלם לאמר כה אמר יהוה זכרתי ב
לך חסד נעוריך אהבת כלולתיך לכתך אחרי במדבר בארץ
לא זרועה: קדש ישראל ליהוה ראשית תבואתה כל־אכליו ג
יאשמו רעה תבא אליהם נאם־יהוה:

הפטרת וארא

On ראש חודש שבט *read the* הפטרה *on page 415.*

יחזקאל

כה־אמר אדני יהוה בקבצי ׀ את־בית ישראל מן־העמים אשר כה כ
נפצו בם ונקדשתי בם לעיני הגוים וישבו על־אדמתם אשר
נתתי לעבדי ליעקב: וישבו עליה לבטח ובנו בתים ונטעו כו
כרמים וישבו לבטח בעשותי שפטים בכל השאטים אתם
מסביבותם וידעו כי אני יהוה אלהיהם: בשנה א כ
העשרית בעשרי בשנים עשר לחדש היה דבר־יהוה אלי
לאמר: בן־אדם שים פניך על־פרעה מלך מצרים והנבא עליו ב
ועל־מצרים כלה: דבר ואמרת כה־אמר ׀ אדני יהוה הנני עליך ג
פרעה מלך־מצרים התנים הגדול הרבץ בתוך יאריו אשר אמר
לי יארי ואני עשיתני: ונתתי חחיים בלחייך והדבקתי דגת־ ד

חחים

יְאֹרֶיךָ בְּקַשְׂקְשֹׂתֶיךָ וְהַעֲלִיתִיךָ מִתּוֹךְ יְאֹרֶיךָ וְאֵת כָּל־דְּגַת יְאֹרֶיךָ
ה בְּקַשְׂקְשֹׂתֶיךָ תִּדְבָּק׃ וּנְטַשְׁתִּיךָ הַמִּדְבָּרָה אוֹתְךָ וְאֵת כָּל־דְּגַת
יְאֹרֶיךָ עַל־פְּנֵי הַשָּׂדֶה תִּפּוֹל לֹא תֵאָסֵף וְלֹא תִקָּבֵץ לְחַיַּת הָאָרֶץ
ו וּלְעוֹף הַשָּׁמַיִם נְתַתִּיךָ לְאָכְלָה׃ וְיָדְעוּ כָּל־יֹשְׁבֵי מִצְרַיִם כִּי אֲנִי
ז יְהוָה יַעַן הֱיוֹתָם מִשְׁעֶנֶת קָנֶה לְבֵית יִשְׂרָאֵל׃ בְּתָפְשָׂם בְּךָ בככפך בַּכַּף
תֵּרוֹץ וּבָקַעְתָּ לָהֶם כָּל־כָּתֵף וּבְהִשָּׁעֲנָם עָלֶיךָ תִּשָּׁבֵר וְהַעֲמַדְתָּ
ח לָהֶם כָּל־מָתְנָיִם׃ לָכֵן כֹּה אָמַר אֲדֹנָי יְהוִה הִנְנִי מֵבִיא
ט עָלַיִךְ חָרֶב וְהִכְרַתִּי מִמֵּךְ אָדָם וּבְהֵמָה׃ וְהָיְתָה אֶרֶץ־מִצְרַיִם
לִשְׁמָמָה וְחָרְבָּה וְיָדְעוּ כִּי־אֲנִי יְהוָה יַעַן אָמַר יְאֹר לִי וַאֲנִי עָשִׂיתִי׃
י לָכֵן הִנְנִי אֵלֶיךָ וְאֶל־יְאֹרֶיךָ וְנָתַתִּי אֶת־אֶרֶץ מִצְרַיִם לְחָרְבוֹת
יא חֹרֶב שְׁמָמָה מִמִּגְדֹּל סְוֵנֵה וְעַד־גְּבוּל כּוּשׁ׃ לֹא תַעֲבָר־בָּהּ רֶגֶל
יב אָדָם וְרֶגֶל בְּהֵמָה לֹא תַעֲבָר־בָּהּ וְלֹא תֵשֵׁב אַרְבָּעִים שָׁנָה׃ וְנָתַתִּי
אֶת־אֶרֶץ מִצְרַיִם שְׁמָמָה בְּתוֹךְ ׀ אֲרָצוֹת נְשַׁמּוֹת וְעָרֶיהָ בְּתוֹךְ
עָרִים מָחֳרָבוֹת תִּהְיֶיןָ שְׁמָמָה אַרְבָּעִים שָׁנָה וַהֲפִצֹתִי אֶת־מִצְרַיִם
יג בַּגּוֹיִם וְזֵרִיתִים בָּאֲרָצוֹת׃ כִּי כֹּה אָמַר אֲדֹנָי יְהוִה
מִקֵּץ אַרְבָּעִים שָׁנָה אֲקַבֵּץ אֶת־מִצְרַיִם מִן־הָעַמִּים אֲשֶׁר־נָפֹצוּ
יד שָׁמָּה׃ וְשַׁבְתִּי אֶת־שְׁבוּת מִצְרַיִם וַהֲשִׁבֹתִי אֹתָם אֶרֶץ פַּתְרוֹס
טו עַל־אֶרֶץ מְכוּרָתָם וְהָיוּ שָׁם מַמְלָכָה שְׁפָלָה׃ מִן־הַמַּמְלָכוֹת
תִּהְיֶה שְׁפָלָה וְלֹא־תִתְנַשֵּׂא עוֹד עַל־הַגּוֹיִם וְהִמְעַטְתִּים לְבִלְתִּי
טז רְדוֹת בַּגּוֹיִם׃ וְלֹא יִהְיֶה־עוֹד לְבֵית יִשְׂרָאֵל לְמִבְטָח מַזְכִּיר עָוֺן
יז בִּפְנוֹתָם אַחֲרֵיהֶם וְיָדְעוּ כִּי אֲנִי אֲדֹנָי יְהוִה׃ וַיְהִי
בְּעֶשְׂרִים וָשֶׁבַע שָׁנָה בָּרִאשׁוֹן בְּאֶחָד לַחֹדֶשׁ הָיָה דְבַר־יְהוָה אֵלַי
יח לֵאמֹר׃ בֶּן־אָדָם נְבוּכַדְרֶאצַּר מֶלֶךְ־בָּבֶל הֶעֱבִיד אֶת־חֵילוֹ עֲבֹדָה
גְדוֹלָה אֶל־צֹר כָּל־רֹאשׁ מֻקְרָח וְכָל־כָּתֵף מְרוּטָה וְשָׂכָר לֹא־הָיָה
יט לוֹ וּלְחֵילוֹ מִצֹּר עַל־הָעֲבֹדָה אֲשֶׁר־עָבַד עָלֶיהָ׃ לָכֵן
כֹּה אָמַר אֲדֹנָי יְהוִה הִנְנִי נֹתֵן לִנְבוּכַדְרֶאצַּר מֶלֶךְ־בָּבֶל אֶת־אֶרֶץ
מִצְרָיִם וְנָשָׂא הֲמֹנָהּ וְשָׁלַל שְׁלָלָהּ וּבָזַז בִּזָּהּ וְהָיְתָה שָׂכָר לְחֵילוֹ׃

פְּעֻלָּתוֹ אֲשֶׁר־עָבַד בָּהּ נָתַתִּי לוֹ אֶת־אֶרֶץ מִצְרָיִם אֲשֶׁר עָשׂוּ לִי כ
נְאֻם אֲדֹנָי יֱהֹוִה׃ בַּיּוֹם הַהוּא אַצְמִיחַ קֶרֶן לְבֵית יִשְׂרָאֵל וּלְךָ כא
אֶתֵּן פִּתְחוֹן־פֶּה בְּתוֹכָם וְיָדְעוּ כִּי־אֲנִי יְהוָה׃

הפטרת בא

ירמיה
הַדָּבָר אֲשֶׁר דִּבֶּר יְהוָה אֶל־יִרְמְיָהוּ הַנָּבִיא לָבוֹא נְבוּכַדְרֶאצַּר יג מו
מֶלֶךְ בָּבֶל לְהַכּוֹת אֶת־אֶרֶץ מִצְרָיִם׃ הַגִּידוּ בְמִצְרַיִם וְהַשְׁמִיעוּ יד
בְמִגְדּוֹל וְהַשְׁמִיעוּ בְנֹף וּבְתַחְפַּנְחֵס אִמְרוּ הִתְיַצֵּב וְהָכֵן לָךְ כִּי־
אָכְלָה חֶרֶב סְבִיבֶיךָ׃ מַדּוּעַ נִסְחַף אַבִּירֶיךָ לֹא עָמַד כִּי יְהוָה הֲדָפוֹ׃ טו
הִרְבָּה כּוֹשֵׁל גַּם־נָפַל אִישׁ אֶל־רֵעֵהוּ וַיֹּאמְרוּ קוּמָה ׀ וְנָשֻׁבָה אֶל־ טז
עַמֵּנוּ וְאֶל־אֶרֶץ מוֹלַדְתֵּנוּ מִפְּנֵי חֶרֶב הַיּוֹנָה׃ קָרְאוּ שָׁם פַּרְעֹה יז
מֶלֶךְ־מִצְרַיִם שָׁאוֹן הֶעֱבִיר הַמּוֹעֵד׃ חַי־אָנִי נְאֻם־הַמֶּלֶךְ יְהוָה יח
צְבָאוֹת שְׁמוֹ כִּי כְּתָבוֹר בֶּהָרִים וּכְכַרְמֶל בַּיָּם יָבוֹא׃ כְּלֵי גוֹלָה יט
עֲשִׂי לָךְ יוֹשֶׁבֶת בַּת־מִצְרָיִם כִּי־נֹף לְשַׁמָּה תִהְיֶה וְנִצְּתָה מֵאֵין
יוֹשֵׁב׃ עֶגְלָה יְפֵה־פִיָּה מִצְרָיִם קֶרֶץ מִצָּפוֹן בָּא בָא׃ כ
גַּם־שְׂכִרֶיהָ בְקִרְבָּהּ כְּעֶגְלֵי מַרְבֵּק כִּי־גַם־הֵמָּה הִפְנוּ נָסוּ יַחְדָּיו כא
לֹא עָמָדוּ כִּי יוֹם אֵידָם בָּא עֲלֵיהֶם עֵת פְּקֻדָּתָם׃ קוֹלָהּ כַּנָּחָשׁ כב
יֵלֵךְ כִּי־בְחַיִל יֵלֵכוּ וּבְקַרְדֻּמּוֹת בָּאוּ לָהּ כְּחֹטְבֵי עֵצִים׃ כָּרְתוּ כג
יַעְרָהּ נְאֻם־יְהוָה כִּי לֹא יֵחָקֵר כִּי רַבּוּ מֵאַרְבֶּה וְאֵין לָהֶם מִסְפָּר׃
הֹבִישָׁה בַּת־מִצְרָיִם נִתְּנָה בְּיַד עַם־צָפוֹן׃ אָמַר יְהוָה צְבָאוֹת כד כה
אֱלֹהֵי יִשְׂרָאֵל הִנְנִי פוֹקֵד אֶל־אָמוֹן מִנֹּא וְעַל־פַּרְעֹה וְעַל־מִצְרַיִם
וְעַל־אֱלֹהֶיהָ וְעַל־מְלָכֶיהָ וְעַל־פַּרְעֹה וְעַל הַבֹּטְחִים בּוֹ׃ וּנְתַתִּים כו
בְּיַד מְבַקְשֵׁי נַפְשָׁם וּבְיַד נְבוּכַדְרֶאצַּר מֶלֶךְ־בָּבֶל וּבְיַד־עֲבָדָיו
וְאַחֲרֵי־כֵן תִּשְׁכֹּן כִּימֵי־קֶדֶם נְאֻם־יְהוָה׃ וְאַתָּה אַל־ כז
תִּירָא עַבְדִּי יַעֲקֹב וְאַל־תֵּחַת יִשְׂרָאֵל כִּי הִנְנִי מוֹשִׁעֲךָ מֵרָחוֹק
וְאֶת־זַרְעֲךָ מֵאֶרֶץ שִׁבְיָם וְשָׁב יַעֲקוֹב וְשָׁקַט וְשַׁאֲנַן וְאֵין מַחֲרִיד׃

כח אתה אל־תירא עבדי יעקב נאם־יהוה כי אתך אני כי אעשה
כלה בכל־הגוים | אשר הדחתיך שמה ואתך לא־אעשה כלה
ויסרתיך למשפט ונקה לא אנקך:

הפטרת בשלח

שופטים
Ashkenazim begin here

ד ודבורה אשה נביאה אשת לפידות היא שפטה את־ישראל
ה בעת ההיא: והיא יושבת תחת־תמר דבורה בין הרמה ובין
ו בית־אל בהר אפרים ויעלו אליה בני ישראל למשפט: ותשלח
ותקרא לברק בן־אבינעם מקדש נפתלי ותאמר אליו הלא־
צוה | יהוה אלהי־ישראל לך ומשכת בהר תבור ולקחת עמך
ז עשרת אלפים איש מבני נפתלי ומבני זבלון: ומשכתי אליך
אל־נחל קישון את־סיסרא שר־צבא יבין ואת־רכבו ואת־
ח המונו ונתתיהו בידך: ויאמר אליה ברק אם־תלכי עמי והלכתי
ט ואם־לא תלכי עמי לא אלך: ותאמר הלך אלך עמך אפס כי
לא תהיה תפארתך על־הדרך אשר אתה הולך כי ביד־אשה
ימכר יהוה את־סיסרא ותקם דבורה ותלך עם־ברק קדשה:
י ויזעק ברק את־זבולן ואת־נפתלי קדשה ויעל ברגליו עשרת
יא אלפי איש ותעל עמו דבורה: וחבר הקיני נפרד מקין מבני
חבב חתן משה ויט אהלו עד־אלון בצענים אשר את־קדש: (בצעננים)
יב יג ויגדו לסיסרא כי עלה ברק בן־אבינעם הר־תבור: ויזעק
סיסרא את־כל־רכבו תשע מאות רכב ברזל ואת־כל־העם
יד אשר אתו מחרשת הגוים אל־נחל קישון: ותאמר דברה
אל־ברק קום כי זה היום אשר נתן יהוה את־סיסרא בידך
הלא יהוה יצא לפניך וירד ברק מהר תבור ועשרת אלפים
טו איש אחריו: ויהם יהוה את־סיסרא ואת־כל־הרכב ואת־כל־
המחנה לפי־חרב לפני ברק וירד סיסרא מעל המרכבה וינס

טז בְּרַגְלָיו: וּבָרָק רָדַף אַחֲרֵי הָרֶכֶב וְאַחֲרֵי הַמַּחֲנֶה עַד חֲרֹשֶׁת
הַגּוֹיִם וַיִּפֹּל כָּל־מַחֲנֵה סִיסְרָא לְפִי־חֶרֶב לֹא נִשְׁאַר עַד־אֶחָד:
יז וְסִיסְרָא נָס בְּרַגְלָיו אֶל־אֹהֶל יָעֵל אֵשֶׁת חֶבֶר הַקֵּינִי כִּי שָׁלוֹם
יח בֵּין יָבִין מֶלֶךְ־חָצוֹר וּבֵין בֵּית חֶבֶר הַקֵּינִי: וַתֵּצֵא יָעֵל לִקְרַאת
סִיסְרָא וַתֹּאמֶר אֵלָיו סוּרָה אֲדֹנִי סוּרָה אֵלַי אַל־תִּירָא וַיָּסַר
יט אֵלֶיהָ הָאֹהֱלָה וַתְּכַסֵּהוּ בַּשְּׂמִיכָה: וַיֹּאמֶר אֵלֶיהָ הַשְׁקִינִי־נָא
מְעַט־מַיִם כִּי צָמֵאתִי וַתִּפְתַּח אֶת־נֹאוד הֶחָלָב וַתַּשְׁקֵהוּ וַתְּכַסֵּהוּ:
כ וַיֹּאמֶר אֵלֶיהָ עֲמֹד פֶּתַח הָאֹהֶל וְהָיָה אִם־אִישׁ יָבֹא וּשְׁאֵלֵךְ
כא וְאָמַר הֲיֵשׁ־פֹּה אִישׁ וְאָמַרְתְּ אָיִן: וַתִּקַּח יָעֵל אֵשֶׁת־חֶבֶר אֶת־
יְתַד הָאֹהֶל וַתָּשֶׂם אֶת־הַמַּקֶּבֶת בְּיָדָהּ וַתָּבוֹא אֵלָיו בַּלָּאט
וַתִּתְקַע אֶת־הַיָּתֵד בְּרַקָּתוֹ וַתִּצְנַח בָּאָרֶץ וְהוּא־נִרְדָּם וַיָּעַף
כב וַיָּמֹת: וְהִנֵּה בָרָק רֹדֵף אֶת־סִיסְרָא וַתֵּצֵא יָעֵל לִקְרָאתוֹ וַתֹּאמֶר
לוֹ לֵךְ וְאַרְאֶךָּ אֶת־הָאִישׁ אֲשֶׁר־אַתָּה מְבַקֵּשׁ וַיָּבֹא אֵלֶיהָ וְהִנֵּה
כג סִיסְרָא נֹפֵל מֵת וְהַיָּתֵד בְּרַקָּתוֹ: וַיַּכְנַע אֱלֹהִים בַּיּוֹם הַהוּא אֵת
כד יָבִין מֶלֶךְ־כְּנָעַן לִפְנֵי בְּנֵי יִשְׂרָאֵל: וַתֵּלֶךְ יַד בְּנֵי־יִשְׂרָאֵל הָלוֹךְ
וְקָשָׁה עַל יָבִין מֶלֶךְ־כְּנָעַן עַד אֲשֶׁר הִכְרִיתוּ אֵת יָבִין מֶלֶךְ־כְּנָעַן:

Sephardim begin here

ה א וַתָּשַׁר דְּבוֹרָה וּבָרָק בֶּן־אֲבִינֹעַם בַּיּוֹם הַהוּא
ב לֵאמֹר: בִּפְרֹעַ פְּרָעוֹת בְּיִשְׂרָאֵל בְּהִתְנַדֵּב
ג עָם בָּרְכוּ יְהוָה: שִׁמְעוּ מְלָכִים הַאֲזִינוּ
רֹזְנִים אָנֹכִי לַיהוָה אָנֹכִי אָשִׁירָה אֲזַמֵּר
ד לַיהוָה אֱלֹהֵי יִשְׂרָאֵל: יְהוָה בְּצֵאתְךָ
מִשֵּׂעִיר בְּצַעְדְּךָ מִשְּׂדֵה אֱדוֹם אֶרֶץ
רָעָשָׁה גַּם־שָׁמַיִם נָטָפוּ גַּם־עָבִים נָטְפוּ
ה מָיִם: הָרִים נָזְלוּ מִפְּנֵי יְהוָה זֶה
ו סִינַי מִפְּנֵי יְהוָה אֱלֹהֵי יִשְׂרָאֵל: בִּימֵי שַׁמְגַּר בֶּן־
עֲנָת בִּימֵי יָעֵל חָדְלוּ אֳרָחוֹת וְהֹלְכֵי

ז נִתִּיב֖וֹת יֵלְכ֔וּ אֳרָח֖וֹת עֲקַלְקַלּֽוֹת׃ חָֽדְל֧וּ פְרָז֛וֹן בְּיִשְׂרָאֵ֖ל
חָדֵ֑לּוּ עַ֤ד שַׁקַּ֙מְתִּי֙ דְּבוֹרָ֔ה שַׁקַּ֥מְתִּי
ח אֵ֖ם בְּיִשְׂרָאֵֽל׃ יִבְחַר֙ אֱלֹהִ֣ים
חֲדָשִׁ֔ים אָ֖ז לָחֶ֣ם שְׁעָרִ֑ים מָגֵ֤ן
אִם־יֵרָאֶה֙ וָרֹ֔מַח בְּאַרְבָּעִ֥ים אֶ֖לֶף
ט בְּיִשְׂרָאֵֽל׃ לִבִּי֙ לְחוֹקְקֵ֣י יִשְׂרָאֵ֔ל הַמִּֽתְנַדְּבִ֖ים
י בָּעָ֑ם בָּרְכ֖וּ יְהוָֽה׃ רֹכְבֵ֞י אֲתֹנ֣וֹת
צְחֹר֗וֹת יֹשְׁבֵ֛י עַל־מִדִּ֖ין וְהֹלְכֵ֥י
יא עַל־דֶּ֖רֶךְ שִֽׂיחוּ׃ מִקּ֣וֹל מְחַצְצִ֗ים בֵּ֚ין
מַשְׁאַבִּ֔ים שָׁ֤ם יְתַנּוּ֙ צִדְק֣וֹת יְהוָ֔ה צִדְקֹ֥ת
פִּרְזֹנ֖וֹ בְּיִשְׂרָאֵ֑ל אָ֛ז יָרְד֥וּ לַשְּׁעָרִ֖ים עַם־
יב יְהוָֽה׃ ע֤וּרִי עוּרִי֙ דְּבוֹרָ֔ה ע֥וּרִי
ע֖וּרִי דַּבְּרִי־שִׁ֑יר ק֥וּם בָּרָ֛ק וּֽשֲׁבֵ֥ה שֶׁבְיְךָ֖ בֶּן־
יג אֲבִינֹֽעַם׃ אָ֚ז יְרַ֣ד שָׂרִ֔יד לְאַדִּירִ֖ים עָ֑ם יְהוָ֕ה
יד יְרַד־לִ֖י בַּגִּבּוֹרִֽים׃ מִנִּ֣י אֶפְרַ֗יִם שָׁרְשָׁם֙
בַּעֲמָלֵ֔ק אַחֲרֶ֥יךָ בִנְיָמִ֖ין בַּעֲמָמֶ֑יךָ מִנִּ֣י
מָכִ֗יר יָֽרְדוּ֙ מְחֹ֣קְקִ֔ים וּמִ֨זְּבוּלֻ֔ן מֹשְׁכִ֖ים בְּשֵׁ֥בֶט
טו סֹפֵֽר׃ וְשָׂרַ֤י בְּיִשָּׂשכָר֙ עִם־דְּבֹרָ֔ה וְיִשָּׂשכָר֙
כֵּ֣ן בָּרָ֔ק בָּעֵ֖מֶק שֻׁלַּ֣ח
בְּרַגְלָ֑יו בִּפְלַגּ֣וֹת רְאוּבֵ֔ן גְּדֹלִ֖ים
טז חִקְקֵי־לֵֽב׃ לָ֣מָּה יָשַׁ֗בְתָּ בֵּ֚ין
הַמִּשְׁפְּתַ֔יִם לִשְׁמֹ֖עַ שְׁרִק֣וֹת עֲדָרִ֑ים לִפְלַגּ֣וֹת
יז רְאוּבֵ֔ן גְּדוֹלִ֖ים חִקְרֵי־לֵֽב׃ גִּלְעָ֞ד בְּעֵ֤בֶר הַיַּרְדֵּן֙
שָׁכֵ֔ן וְדָ֕ן לָ֥מָּה יָג֖וּר אֳנִיּ֑וֹת אָשֵׁ֗ר
יָשַׁב֙ לְח֣וֹף יַמִּ֔ים וְעַ֥ל מִפְרָצָ֖יו
יח יִשְׁכּֽוֹן׃ זְבֻל֗וּן עַ֣ם חֵרֵ֥ף נַפְשׁ֛וֹ לָמ֖וּת וְנַפְתָּלִ֑י
יט עַ֖ל מְר֥וֹמֵי שָׂדֶֽה׃ בָּ֤אוּ מְלָכִים֙

נִלְחָמוּ   אָז נִלְחֲמוּ מַלְכֵי כְנַעַן   בְּתַעְנַךְ
עַל־מֵי מְגִדּוֹ   בֶּצַע כֶּסֶף לֹא
לָקָחוּ׃   מִן־שָׁמַיִם נִלְחָמוּ   הַכּוֹכָבִים כ
מִמְּסִלּוֹתָם נִלְחֲמוּ עִם סִיסְרָא׃   נַחַל קִישׁוֹן כא
גְּרָפָם   נַחַל קְדוּמִים נַחַל קִישׁוֹן   תִּדְרְכִי
נַפְשִׁי עֹז׃   אָז הָלְמוּ עִקְּבֵי־ כב
סוּס   מִדַּהֲרוֹת דַּהֲרוֹת אַבִּירָיו׃   אוֹרוּ כג
מֵרוֹז אָמַר מַלְאַךְ יְהוָה   אֹרוּ אָרוֹר
יֹשְׁבֶיהָ   כִּי לֹא־בָאוּ לְעֶזְרַת יְהוָה   לְעֶזְרַת
יְהוָה בַּגִּבּוֹרִים׃   תְּבֹרַךְ מִנָּשִׁים כד
יָעֵל   אֵשֶׁת חֶבֶר הַקֵּינִי   מִנָּשִׁים
בָּאֹהֶל תְּבֹרָךְ׃   מַיִם שָׁאַל חָלָב כה
נָתָנָה   בְּסֵפֶל אַדִּירִים הִקְרִיבָה חֶמְאָה׃   יָדָהּ כו
לַיָּתֵד תִּשְׁלַחְנָה   וִימִינָהּ לְהַלְמוּת
עֲמֵלִים   וְהָלְמָה סִיסְרָא מָחֲקָה רֹאשׁוֹ   וּמָחֲצָה
וְחָלְפָה רַקָּתוֹ׃   בֵּין רַגְלֶיהָ כָּרַע נָפַל כז
שָׁכָב   בֵּין רַגְלֶיהָ כָּרַע נָפָל   בַּאֲשֶׁר
כָּרַע שָׁם נָפַל שָׁדוּד׃   בְּעַד הַחַלּוֹן נִשְׁקְפָה כח
וַתְּיַבֵּב   אֵם סִיסְרָא בְּעַד הָאֶשְׁנָב   מַדּוּעַ
בֹּשֵׁשׁ רִכְבּוֹ לָבוֹא   מַדּוּעַ אֶחֱרוּ פַּעֲמֵי
מַרְכְּבוֹתָיו׃   חַכְמוֹת שָׂרוֹתֶיהָ תַּעֲנֶינָּה   אַף־ כט
הִיא תָּשִׁיב אֲמָרֶיהָ לָהּ׃   הֲלֹא יִמְצְאוּ יְחַלְּקוּ ל
שָׁלָל   רַחַם רַחֲמָתַיִם לְרֹאשׁ גֶּבֶר   שְׁלַל
צְבָעִים לְסִיסְרָא   שְׁלַל צְבָעִים
רִקְמָה   צֶבַע רִקְמָתַיִם לְצַוְּארֵי שָׁלָל׃   כֵּן לא
יֹאבְדוּ כָל־אוֹיְבֶיךָ יְהוָה   וְאֹהֲבָיו כְּצֵאת הַשֶּׁמֶשׁ
בִּגְבֻרָתוֹ   וַתִּשְׁקֹט הָאָרֶץ   אַרְבָּעִים שָׁנָה׃

הפטרת יתרו

ו א בשנת־מות המלך עזיהו ואראה את־אדני ישב על־כסא רם ישעיה
ב ונשא ושוליו מלאים את־ההיכל: שרפים עמדים | ממעל לו
שש כנפים שש כנפים לאחד בשתים | יכסה פניו ובשתים יכסה
ג רגליו ובשתים יעופף: וקרא זה אל־זה ואמר קדוש | קדוש
ד קדוש יהוה צבאות מלא כל־הארץ כבודו: וינעו אמות הספים
ה מקול הקורא והבית ימלא עשן: ואמר אוי־לי כי־נדמיתי כי
איש טמא־שפתים אנכי ובתוך עם־טמא שפתים אנכי ישב כי
ו את־המלך יהוה צבאות ראו עיני: ויעף אלי אחד מן־השרפים
ז ובידו רצפה במלקחים לקח מעל המזבח: ויגע על־פי ויאמר
ח הנה נגע זה על־שפתיך וסר עונך וחטאתך תכפר: ואשמע
את־קול אדני אמר את־מי אשלח ומי ילך־לנו ואמר הנני
ט שלחני: ויאמר לך ואמרת לעם הזה שמעו שמוע ואל־תבינו
י וראו ראו ואל־תדעו: השמן לב־העם הזה ואזניו הכבד ועיניו
השע פן־יראה בעיניו ובאזניו ישמע ולבבו יבין ושב ורפא לו:
יא ואמר עד־מתי אדני ויאמר עד אשר אם־שאו ערים מאין יושב
יב ובתים מאין אדם והאדמה תשאה שממה: ורחק יהוה את־
יג האדם ורבה העזובה בקרב הארץ: ועוד בה עשיריה ושבה
והיתה לבער כאלה וכאלון אשר בשלכת מצבת בם זרע קדש
ז א מצבתה:* ויהי בימי אחז בן־יותם בן־עזיהו מלך *Sephardim end here*
יהודה עלה רצין מלך־ארם ופקח בן־רמליהו מלך־ישראל
ב ירושלם למלחמה עליה ולא יכל להלחם עליה: ויגד לבית
דוד לאמר נחה ארם על־אפרים וינע לבבו ולבב עמו כנוע
ג עצי־יער מפני־רוח: ויאמר יהוה אל־ישעיהו צא־נא
לקראת אחז אתה ושאר ישוב בנך אל־קצה תעלת הברכה
ד העליונה אל־מסלת שדה כובס: ואמרת אליו השמר והשקט

אל־תירא ולבבך אל־ירך משני זנבות האודים העשנים האלה
ה בחרי־אף רצין וארם ובן־רמליהו: יען כי־יעץ עליך ארם רעה
ו אפרים ובן־רמליהו לאמר: נעלה ביהודה ונקיצנה ונבקענה
אלינו ונמליך מלך בתוכה את בן־טבאל:
ט ה כי־ילד ילד־לנו בן נתן־לנו ותהי המשרה על־שכמו
ו ויקרא שמו פלא יועץ אל גבור אבי־עד שר־שלום: לסרבה (למרבה)
המשרה ולשלום אין־קץ על־כסא דוד ועל־ממלכתו להכין
אתה ולסעדה במשפט ובצדקה מעתה ועד־עולם קנאת יהוה
צבאות תעשה־זאת:

הפטרת משפטים

On ערב ראש חודש אדר א׳ *read the* הפטרה *on page 415. On* ראש חודש אדר א׳ *read the* הפטרה *on page 416. However, on the* שבת *of* פרשת שקלים*, even if it is also* ערב ראש חודש אדר *or* ראש חודש*, read the* הפטרה *on page 420.*

ירמיה
לד ח הדבר אשר־היה אל־ירמיהו מאת יהוה אחרי כרת המלך
צדקיהו ברית את־כל־העם אשר בירושלם לקרא להם דרור:
ט לשלח איש את־עבדו ואיש את־שפחתו העברי והעבריה
י חפשים לבלתי עבד־בם ביהודי אחיהו איש: וישמעו כל־
השרים וכל־העם אשר־באו בברית לשלח איש את־עבדו
ואיש את־שפחתו חפשים לבלתי עבד־בם עוד וישמעו וישלחו:
יא וישובו אחרי־כן וישבו את־העבדים ואת־השפחות אשר שלחו
יב חפשים ויכבישום לעבדים ולשפחות: ויהי דבר־ (ויכבשום)
יג יהוה אל־ירמיהו מאת יהוה לאמר: כה־אמר יהוה אלהי
ישראל אנכי כרתי ברית את־אבותיכם ביום הוצאי אותם
יד מארץ מצרים מבית עבדים לאמר: מקץ שבע שנים תשלחו
איש את־אחיו העברי אשר־ימכר לך ועבדך שש שנים
ושלחתו חפשי מעמך ולא־שמעו אבותיכם אלי ולא הטו את־
טו אזנם: ותשבו אתם היום ותעשו את־הישר בעיני לקרא דרור

אִישׁ לְרֵעֵהוּ וַתִּכְרְתוּ בְרִית לְפָנַי בַּבַּיִת אֲשֶׁר־נִקְרָא שְׁמִי עָלָיו׃
טז וַתָּשֻׁבוּ וַתְּחַלְּלוּ אֶת־שְׁמִי וַתָּשִׁבוּ אִישׁ אֶת־עַבְדּוֹ וְאִישׁ אֶת־
שִׁפְחָתוֹ אֲשֶׁר־שִׁלַּחְתֶּם חָפְשִׁים לְנַפְשָׁם וַתִּכְבְּשׁוּ אֹתָם לִהְיוֹת
יז לָכֶם לַעֲבָדִים וְלִשְׁפָחוֹת׃ לָכֵן כֹּה־אָמַר יהוה אַתֶּם
לֹא־שְׁמַעְתֶּם אֵלַי לִקְרֹא דְּרוֹר אִישׁ לְאָחִיו וְאִישׁ לְרֵעֵהוּ הִנְנִי
קֹרֵא לָכֶם דְּרוֹר נְאֻם־יהוה אֶל־הַחֶרֶב אֶל־הַדֶּבֶר וְאֶל־הָרָעָב
יח וְנָתַתִּי אֶתְכֶם לזועה לְכֹל מַמְלְכוֹת הָאָרֶץ׃ וְנָתַתִּי אֶת־הָאֲנָשִׁים לְזַעֲוָה
הָעֹבְרִים אֶת־בְּרִתִי אֲשֶׁר לֹא־הֵקִימוּ אֶת־דִּבְרֵי הַבְּרִית אֲשֶׁר
יט כָּרְתוּ לְפָנָי הָעֵגֶל אֲשֶׁר כָּרְתוּ לִשְׁנַיִם וַיַּעַבְרוּ בֵּין בְּתָרָיו׃ שָׂרֵי
יְהוּדָה וְשָׂרֵי יְרוּשָׁלִַם הַסָּרִסִים וְהַכֹּהֲנִים וְכֹל עַם הָאָרֶץ הָעֹבְרִים
כ בֵּין בִּתְרֵי הָעֵגֶל׃ וְנָתַתִּי אוֹתָם בְּיַד אֹיְבֵיהֶם וּבְיַד מְבַקְשֵׁי נַפְשָׁם
כא וְהָיְתָה נִבְלָתָם לְמַאֲכָל לְעוֹף הַשָּׁמַיִם וּלְבֶהֱמַת הָאָרֶץ׃ וְאֶת־
צִדְקִיָּהוּ מֶלֶךְ־יְהוּדָה וְאֶת־שָׂרָיו אֶתֵּן בְּיַד אֹיְבֵיהֶם וּבְיַד מְבַקְשֵׁי
כב נַפְשָׁם וּבְיַד חֵיל מֶלֶךְ בָּבֶל הָעֹלִים מֵעֲלֵיכֶם׃ הִנְנִי מְצַוֶּה נְאֻם־
יהוה וַהֲשִׁבֹתִים אֶל־הָעִיר הַזֹּאת וְנִלְחֲמוּ עָלֶיהָ וּלְכָדוּהָ וּשְׂרָפֻהָ
בָאֵשׁ וְאֶת־עָרֵי יְהוּדָה אֶתֵּן שְׁמָמָה מֵאֵין יֹשֵׁב׃
ג כה כֹּה אָמַר יהוה אִם־לֹא בְרִיתִי יוֹמָם וָלָיְלָה חֻקּוֹת שָׁמַיִם וָאָרֶץ
כו לֹא־שָׂמְתִּי׃ גַּם־זֶרַע יַעֲקוֹב וְדָוִד עַבְדִּי אֶמְאַס מִקַּחַת מִזַּרְעוֹ
מֹשְׁלִים אֶל־זֶרַע אַבְרָהָם יִשְׂחָק וְיַעֲקֹב כִּי־אשוב אֶת־שְׁבוּתָם אָשִׁיב
וְרִחַמְתִּים׃

הפטרת תרומה

On the שבת *of* פרשת שקלים*, even if it is also* ראש חודש אדר *or* ערב ראש חודש אדר*, read the* הפטרה *on page 420. On the* שבת *of* פרשת זכור *read the* הפטרה *on page 421. On* ראש חודש אדר א׳ *read the* הפטרה *on page 415.*

ה כו וַיהוה נָתַן חָכְמָה לִשְׁלֹמֹה כַּאֲשֶׁר דִּבֶּר־לוֹ וַיְהִי שָׁלֹם בֵּין חִירָם מלכים א׳
כז וּבֵין שְׁלֹמֹה וַיִּכְרְתוּ בְרִית שְׁנֵיהֶם׃ וַיַּעַל הַמֶּלֶךְ שְׁלֹמֹה מַס מִכָּל־
כח יִשְׂרָאֵל וַיְהִי הַמַּס שְׁלֹשִׁים אֶלֶף אִישׁ׃ וַיִּשְׁלָחֵם לְבָנוֹנָה עֲשֶׂרֶת

אֲלָפִים בַּחֹדֶשׁ חֲלִיפוֹת חֹדֶשׁ יִהְיוּ בַלְּבָנוֹן שְׁנַיִם חֳדָשִׁים בְּבֵיתוֹ
וַאֲדֹנִירָם עַל־הַמַּס׃ וַיְהִי לִשְׁלֹמֹה שִׁבְעִים אֶלֶף נֹשֵׂא כט
סַבָּל וּשְׁמֹנִים אֶלֶף חֹצֵב בָּהָר׃ לְבַד מִשָּׂרֵי הַנִּצָּבִים לִשְׁלֹמֹה ל
אֲשֶׁר עַל־הַמְּלָאכָה שְׁלֹשֶׁת אֲלָפִים וּשְׁלֹשׁ מֵאוֹת הָרֹדִים בָּעָם
הָעֹשִׂים בַּמְּלָאכָה׃ וַיְצַו הַמֶּלֶךְ וַיַּסִּעוּ אֲבָנִים גְּדֹלוֹת אֲבָנִים לא
יְקָרוֹת לְיַסֵּד הַבָּיִת אַבְנֵי גָזִית׃ וַיִּפְסְלוּ בֹּנֵי שְׁלֹמֹה וּבֹנֵי חִירוֹם לב
וְהַגִּבְלִים וַיָּכִינוּ הָעֵצִים וְהָאֲבָנִים לִבְנוֹת הַבָּיִת׃ וַיְהִי ו א
בִשְׁמוֹנִים שָׁנָה וְאַרְבַּע מֵאוֹת שָׁנָה לְצֵאת בְּנֵי־יִשְׂרָאֵל מֵאֶרֶץ־
מִצְרַיִם בַּשָּׁנָה הָרְבִיעִית בְּחֹדֶשׁ זִו הוּא הַחֹדֶשׁ הַשֵּׁנִי לִמְלֹךְ
שְׁלֹמֹה עַל־יִשְׂרָאֵל וַיִּבֶן הַבַּיִת לַיהוָה׃ וְהַבַּיִת אֲשֶׁר בָּנָה הַמֶּלֶךְ ב
שְׁלֹמֹה לַיהוָה שִׁשִּׁים־אַמָּה אָרְכּוֹ וְעֶשְׂרִים רָחְבּוֹ וּשְׁלֹשִׁים אַמָּה
קוֹמָתוֹ׃ וְהָאוּלָם עַל־פְּנֵי הֵיכַל הַבַּיִת עֶשְׂרִים אַמָּה אָרְכּוֹ ג
עַל־פְּנֵי רֹחַב הַבָּיִת עֶשֶׂר בָּאַמָּה רָחְבּוֹ עַל־פְּנֵי הַבָּיִת׃ וַיַּעַשׂ ד
יָצִיעַ לַבָּיִת חַלּוֹנֵי שְׁקֻפִים אֲטֻמִים׃ וַיִּבֶן עַל־קִיר הַבַּיִת יצוע סָבִיב ה
אֶת־קִירוֹת הַבַּיִת סָבִיב לַהֵיכָל וְלַדְּבִיר וַיַּעַשׂ צְלָעוֹת סָבִיב׃ ו
הַיָּצִיעַ היצוע הַתַּחְתֹּנָה חָמֵשׁ בָּאַמָּה רָחְבָּהּ וְהַתִּיכֹנָה שֵׁשׁ בָּאַמָּה
רָחְבָּהּ וְהַשְּׁלִישִׁית שֶׁבַע בָּאַמָּה רָחְבָּהּ כִּי מִגְרָעוֹת נָתַן לַבַּיִת
סָבִיב חוּצָה לְבִלְתִּי אֲחֹז בְּקִירוֹת הַבָּיִת׃ וְהַבַּיִת בְּהִבָּנֹתוֹ אֶבֶן־ ז
שְׁלֵמָה מַסָּע נִבְנָה וּמַקָּבוֹת וְהַגַּרְזֶן כָּל־כְּלִי בַרְזֶל לֹא־נִשְׁמַע
בַּבַּיִת בְּהִבָּנֹתוֹ׃ פֶּתַח הַצֵּלָע הַתִּיכֹנָה אֶל־כֶּתֶף הַבַּיִת הַיְמָנִית ח
וּבְלוּלִּים יַעֲלוּ עַל־הַתִּיכֹנָה וּמִן־הַתִּיכֹנָה אֶל־הַשְּׁלִשִׁים׃ וַיִּבֶן ט
אֶת־הַבַּיִת וַיְכַלֵּהוּ וַיִּסְפֹּן אֶת־הַבַּיִת גֵּבִים וּשְׂדֵרֹת בָּאֲרָזִים׃ וַיִּבֶן י
הַיָּצִיעַ אֶת־היצוע עַל־כָּל־הַבַּיִת חָמֵשׁ אַמּוֹת קוֹמָתוֹ וַיֶּאֱחֹז אֶת־הַבַּיִת
בַּעֲצֵי אֲרָזִים׃ וַיְהִי דְּבַר־יְהוָה אֶל־שְׁלֹמֹה לֵאמֹר׃ יא
הַבַּיִת הַזֶּה אֲשֶׁר־אַתָּה בֹנֶה אִם־תֵּלֵךְ בְּחֻקֹּתַי וְאֶת־מִשְׁפָּטַי יב
תַּעֲשֶׂה וְשָׁמַרְתָּ אֶת־כָּל־מִצְוֹתַי לָלֶכֶת בָּהֶם וַהֲקִמֹתִי אֶת־דְּבָרִי

יג אִתָּךְ אֲשֶׁר דִּבַּרְתִּי אֶל־דָּוִד אָבִיךָ׃ וְשָׁכַנְתִּי בְּתוֹךְ בְּנֵי יִשְׂרָאֵל
וְלֹא אֶעֱזֹב אֶת־עַמִּי יִשְׂרָאֵל׃

הפטרת תצוה

On the שבת *of* פרשת זכור *or on* פורים משולש *in Jerusalem*
read the הפטרה *on page 421.*

מג י אַתָּה בֶן־אָדָם הַגֵּד אֶת־בֵּית־יִשְׂרָאֵל אֶת־הַבַּיִת וְיִכָּלְמוּ יחזקאל
יא מֵעֲוֺנוֹתֵיהֶם וּמָדְדוּ אֶת־תָּכְנִית׃ וְאִם־נִכְלְמוּ מִכֹּל אֲשֶׁר־עָשׂוּ
צוּרַת הַבַּיִת וּתְכוּנָתוֹ וּמוֹצָאָיו וּמוֹבָאָיו וְכָל־צוּרֹתָו וְאֵת כָּל־
חֻקֹּתָיו וְכָל־צוּרֹתָו וְכָל־תּוֹרֹתָו הוֹדַע אוֹתָם וּכְתֹב לְעֵינֵיהֶם
יב וְיִשְׁמְרוּ אֶת־כָּל־צוּרָתוֹ וְאֶת־כָּל־חֻקֹּתָיו וְעָשׂוּ אוֹתָם׃ זֹאת תּוֹרַת
הַבָּיִת עַל־רֹאשׁ הָהָר כָּל־גְּבֻלוֹ סָבִיב ׀ סָבִיב קֹדֶשׁ קָדָשִׁים
יג הִנֵּה־זֹאת תּוֹרַת הַבָּיִת׃ וְאֵלֶּה מִדּוֹת הַמִּזְבֵּחַ בָּאַמּוֹת אַמָּה
אַמָּה וָטֹפַח וְחֵיק הָאַמָּה וְאַמָּה־רֹחַב וּגְבוּלָהּ אֶל־שְׂפָתָהּ
יד סָבִיב זֶרֶת הָאֶחָד וְזֶה גַּב הַמִּזְבֵּחַ׃ וּמֵחֵיק הָאָרֶץ עַד־הָעֲזָרָה
הַתַּחְתּוֹנָה שְׁתַּיִם אַמּוֹת וְרֹחַב אַמָּה אֶחָת וּמֵהָעֲזָרָה הַקְּטַנָּה
טו עַד־הָעֲזָרָה הַגְּדוֹלָה אַרְבַּע אַמּוֹת וְרֹחַב הָאַמָּה׃ וְהַהַרְאֵל אַרְבַּע
טז אַמּוֹת וּמֵהָאֲרִאֵיל וּלְמַעְלָה הַקְּרָנוֹת אַרְבַּע׃ וְהָאֲרִאֵיל שְׁתֵּים
עֶשְׂרֵה אֹרֶךְ בִּשְׁתֵּים עֶשְׂרֵה רֹחַב רָבוּעַ אֶל אַרְבַּעַת רְבָעָיו׃
יז וְהָעֲזָרָה אַרְבַּע עֶשְׂרֵה אֹרֶךְ בְּאַרְבַּע עֶשְׂרֵה רֹחַב אֶל אַרְבַּעַת
רְבָעֶיהָ וְהַגְּבוּל סָבִיב אוֹתָהּ חֲצִי הָאַמָּה וְהַחֵיק־לָהּ אַמָּה סָבִיב
יח וּמַעֲלֹתֵהוּ פְּנוֹת קָדִים׃ וַיֹּאמֶר אֵלַי בֶּן־אָדָם כֹּה אָמַר אֲדֹנָי יֱהֹוִה
אֵלֶּה חֻקּוֹת הַמִּזְבֵּחַ בְּיוֹם הֵעָשׂוֹתוֹ לְהַעֲלוֹת עָלָיו עוֹלָה וְלִזְרֹק
יט עָלָיו דָּם׃ וְנָתַתָּה אֶל־הַכֹּהֲנִים הַלְוִיִּם אֲשֶׁר הֵם מִזֶּרַע צָדוֹק
הַקְּרֹבִים אֵלַי נְאֻם אֲדֹנָי יֱהֹוִה לְשָׁרְתֵנִי פַּר בֶּן־בָּקָר לְחַטָּאת׃
כ וְלָקַחְתָּ מִדָּמוֹ וְנָתַתָּה עַל־אַרְבַּע קַרְנֹתָיו וְאֶל־אַרְבַּע פִּנּוֹת

כא העזרה ואל־הגבול סביב וחטאת אותו וכפרתהו: ולקחת
כב את הפר החטאת ושרפו במפקד הבית מחוץ למקדש: וביום
השני תקריב שעיר־עזים תמים לחטאת וחטאו את־המזבח
כג כאשר חטאו בפר: בכלותך מחטא תקריב פר בן־בקר תמים
כד ואיל מן־הצאן תמים: והקרבתם לפני יהוה והשליכו הכהנים
כה עליהם מלח והעלו אותם עלה ליהוה: שבעת ימים תעשה
שעיר־חטאת ליום ופר בן־בקר ואיל מן־הצאן תמימים
כו יעשו: שבעת ימים יכפרו את־המזבח וטהרו אתו ומלאו ידו:
כז ויכלו את־הימים והיה ביום השמיני והלאה יעשו הכהנים
על־המזבח את־עולותיכם ואת־שלמיכם ורצאתי אתכם נאם
אדני יהוה:

הפטרת כי תשא

On the שבת *of* פרשת פרה *read the* הפטרה *on page 424.*

מלכים א׳
Ashkenazim begin here

יח א ויהי ימים רבים ודבר־יהוה היה אל־אליהו בשנה השלישית
לאמר לך הראה אל־אחאב ואתנה מטר על־פני האדמה:
ב ג וילך אליהו להראות אל־אחאב והרעב חזק בשמרון: ויקרא
אחאב אל־עבדיהו אשר על־הבית ועבדיהו היה ירא את־
ד יהוה מאד: ויהי בהכרית איזבל את נביאי יהוה ויקח עבדיהו
מאה נביאים ויחביאם חמשים איש במערה וכלכלם לחם
ה ומים: ויאמר אחאב אל־עבדיהו לך בארץ אל־כל־מעיני
המים ואל כל־הנחלים אולי | נמצא חציר ונחיה סוס ופרד
ו ולוא נכרית מהבהמה: ויחלקו להם את־הארץ לעבר־בה
אחאב הלך בדרך אחד לבדו ועבדיהו הלך בדרך־אחד לבדו:
ז ויהי עבדיהו בדרך והנה אליהו לקראתו ויכרהו ויפל על־
ח פניו ויאמר האתה זה אדני אליהו: ויאמר לו אני לך אמר
ט לאדניך הנה אליהו: ויאמר מה חטאתי כי־אתה נתן את־

י עַבְדְּךָ֛ בְּיַד־אַחְאָ֖ב לַהֲמִיתֵֽנִי׃ חַ֣י ׀ יְהוָ֣ה אֱלֹהֶ֗יךָ אִם־יֶשׁ־גּ֤וֹי
וּמַמְלָכָה֙ אֲשֶׁ֨ר לֹא־שָׁלַ֤ח אֲדֹנִי֙ שָׁ֣ם לְבַקֶּשְׁךָ֔ וְאָמְר֖וּ אָ֑יִן וְהִשְׁבִּ֤יעַ
יא אֶת־הַמַּמְלָכָה֙ וְאֶת־הַגּ֔וֹי כִּ֖י לֹ֥א יִמְצָאֶֽכָּה׃ וְעַתָּ֖ה אַתָּ֣ה אֹמֵ֑ר לֵ֛ךְ
יב אֱמֹ֥ר לַאדֹנֶ֖יךָ הִנֵּ֥ה אֵלִיָּֽהוּ׃ וְהָיָ֞ה אֲנִ֣י ׀ אֵלֵ֣ךְ מֵאִתָּ֗ךְ וְר֨וּחַ יְהוָ֤ה ׀
יִשָּׂאֲךָ֙ עַ֚ל אֲשֶׁ֣ר לֹֽא־אֵדָ֔ע וּבָ֨אתִי לְהַגִּ֧יד לְאַחְאָ֛ב וְלֹ֥א יִמְצָאֲךָ֖
יג וַהֲרָגָ֑נִי וְעַבְדְּךָ֛ יָרֵ֥א אֶת־יְהוָ֖ה מִנְּעֻרָֽי׃ הֲלֹֽא־הֻגַּ֣ד לַֽאדֹנִי֩ אֵ֨ת
אֲשֶׁר־עָשִׂ֜יתִי בַּהֲרֹ֣ג אִיזֶ֗בֶל אֵ֚ת נְבִיאֵ֣י יְהוָ֔ה וָאַחְבִּא֩ מִנְּבִיאֵ֨י
יְהוָ֜ה מֵ֣אָה אִ֗ישׁ חֲמִשִּׁ֨ים חֲמִשִּׁ֥ים אִישׁ֙ בַּמְּעָרָ֔ה וָאֲכַלְכְּלֵ֖ם לֶ֥חֶם
יד וָמָֽיִם׃ וְעַתָּה֙ אַתָּ֣ה אֹמֵ֔ר לֵ֛ךְ אֱמֹ֥ר לַאדֹנֶ֖יךָ הִנֵּ֣ה אֵלִיָּ֑הוּ וַהֲרָגָֽנִי׃
טו וַיֹּ֙אמֶר֙ אֵֽלִיָּ֔הוּ חַ֚י יְהוָ֣ה צְבָא֔וֹת אֲשֶׁ֥ר עָמַ֖דְתִּי לְפָנָ֑יו כִּ֥י הַיּ֖וֹם
טז אֵרָאֶ֥ה אֵלָֽיו׃ וַיֵּ֧לֶךְ עֹבַדְיָ֛הוּ לִקְרַ֥את אַחְאָ֖ב וַיַּגֶּד־ל֑וֹ וַיֵּ֥לֶךְ אַחְאָ֖ב
יז לִקְרַ֥את אֵלִיָּֽהוּ׃ וַיְהִ֛י כִּרְא֥וֹת אַחְאָ֖ב אֶת־אֵלִיָּ֑הוּ וַיֹּ֤אמֶר אַחְאָב֙
יח אֵלָ֔יו הַאַתָּ֥ה זֶ֖ה עֹכֵ֥ר יִשְׂרָאֵֽל׃ וַיֹּ֗אמֶר לֹ֤א עָכַ֙רְתִּי֙ אֶת־יִשְׂרָאֵ֔ל
כִּ֥י אִם־אַתָּ֖ה וּבֵ֣ית אָבִ֑יךָ בַּעֲזָבְכֶם֙ אֶת־מִצְוֺ֣ת יְהוָ֔ה וַתֵּ֖לֶךְ אַחֲרֵ֥י
יט הַבְּעָלִֽים׃ וְעַתָּ֗ה שְׁלַ֨ח קְבֹ֥ץ אֵלַ֛י אֶת־כָּל־יִשְׂרָאֵ֖ל אֶל־הַ֣ר הַכַּרְמֶ֑ל
וְֽאֶת־נְבִיאֵ֨י הַבַּ֜עַל אַרְבַּ֧ע מֵא֣וֹת וַחֲמִשִּׁ֗ים וּנְבִיאֵ֤י הָאֲשֵׁרָה֙ אַרְבַּ֣ע
Sephardim begin here
כ מֵא֔וֹת אֹכְלֵ֖י שֻׁלְחַ֥ן אִיזָֽבֶל׃ *וַיִּשְׁלַ֥ח אַחְאָ֖ב בְּכָל־בְּנֵ֣י יִשְׂרָאֵ֑ל
כא וַיִּקְבֹּ֥ץ אֶת־הַנְּבִיאִ֖ים אֶל־הַ֥ר הַכַּרְמֶֽל׃ וַיִּגַּ֨שׁ אֵלִיָּ֜הוּ אֶל־כָּל־
הָעָ֗ם וַיֹּ֙אמֶר֙ עַד־מָתַ֞י אַתֶּ֣ם פֹּסְחִים֮ עַל־שְׁתֵּ֣י הַסְּעִפִּים֒ אִם־יְהוָ֤ה
הָֽאֱלֹהִים֙ לְכ֣וּ אַחֲרָ֔יו וְאִם־הַבַּ֖עַל לְכ֣וּ אַחֲרָ֑יו וְלֹֽא־עָנ֥וּ הָעָ֛ם אֹת֖וֹ
כב דָּבָֽר׃ וַיֹּ֤אמֶר אֵלִיָּ֙הוּ֙ אֶל־הָעָ֔ם אֲנִ֞י נוֹתַ֧רְתִּי נָבִ֛יא לַֽיהוָ֖ה לְבַדִּ֑י
כג וּנְבִיאֵ֣י הַבַּ֔עַל אַרְבַּע־מֵא֥וֹת וַחֲמִשִּׁ֖ים אִֽישׁ׃ וְיִתְּנוּ־לָ֜נוּ שְׁנַ֣יִם פָּרִ֗ים
וְיִבְחֲר֣וּ לָהֶם֩ הַפָּ֨ר הָאֶחָ֜ד וִֽינַתְּחֻ֗הוּ וְיָשִׂ֙ימוּ֙ עַל־הָ֣עֵצִ֔ים וְאֵ֖שׁ לֹ֣א
יָשִׂ֑ימוּ וַאֲנִ֞י אֶעֱשֶׂ֣ה ׀ אֶת־הַפָּ֣ר הָאֶחָ֗ד וְנָתַתִּי֙ עַל־הָ֣עֵצִ֔ים וְאֵ֖שׁ
כד לֹ֥א אָשִֽׂים׃ וּקְרָאתֶ֞ם בְּשֵׁ֣ם אֱלֹהֵיכֶ֗ם וַאֲנִי֙ אֶקְרָ֣א בְשֵׁם־יְהוָ֔ה
וְהָיָ֧ה הָאֱלֹהִ֛ים אֲשֶׁר־יַעֲנֶ֥ה בָאֵ֖שׁ ה֣וּא הָאֱלֹהִ֑ים וַיַּ֧עַן כָּל־הָעָ֛ם
כה וַיֹּאמְר֖וּ ט֥וֹב הַדָּבָֽר׃ וַיֹּ֨אמֶר אֵלִיָּ֜הוּ לִנְבִיאֵ֣י הַבַּ֗עַל בַּחֲר֨וּ לָכֶ֜ם

הפר האחד ועשו ראשנה כי אתם הרבים וקראו בשם אלהיכם
ואש לא תשימו: ויקחו את־הפר אשר־נתן להם ויעשו ויקראו כו
בשם־הבעל מהבקר ועד־הצהרים לאמר הבעל עננו ואין
קול ואין ענה ויפסחו על־המזבח אשר עשה: ויהי בצהרים כז
ויהתל בהם אליהו ויאמר קראו בקול־גדול כי־אלהים הוא
כי־שיח וכי־שיג לו וכי־דרך לו אולי ישן הוא ויקץ: ויקראו כח
בקול גדול ויתגדדו כמשפטם בחרבות וברמחים עד־שפך־
דם עליהם: ויהי כעבר הצהרים ויתנבאו עד לעלות המנחה כט
ואין־קול ואין־ענה ואין קשב: ויאמר אליהו לכל־העם גשו ל
אלי ויגשו כל־העם אליו וירפא את־מזבח יהוה ההרוס: ויקח לא
אליהו שתים עשרה אבנים כמספר שבטי בני־יעקב אשר היה
דבר־יהוה אליו לאמר ישראל יהיה שמך: ויבנה את־האבנים לב
מזבח בשם יהוה ויעש תעלה כבית סאתים זרע סביב למזבח:
ויערך את־העצים וינתח את־הפר וישם על־העצים: ויאמר לג לד
מלאו ארבעה כדים מים ויצקו על־העלה ועל־העצים ויאמר
שנו וישנו ויאמר שלשו וישלשו: וילכו המים סביב למזבח לה
וגם את־התעלה מלא־מים: ויהי | בעלות המנחה ויגש אליהו לו
הנביא ויאמר יהוה אלהי אברהם יצחק וישראל היום יודע
כי־אתה אלהים בישראל ואני עבדך ובדבריך עשיתי את ובדברך
כל־הדברים האלה: ענני יהוה ענני וידעו העם הזה כי־אתה לז
יהוה האלהים ואתה הסבת את־לבם אחרנית: ותפל אש־יהוה לח
ותאכל את־העלה ואת־העצים ואת־האבנים ואת־העפר ואת־
המים אשר־בתעלה לחכה: וירא כל־העם ויפלו על־פניהם לט
ויאמרו יהוה הוא האלהים יהוה הוא האלהים:

הפטרת ויקהל

On the שבת *of* פרשת שקלים *read the* הפטרה *on page 420. On the* שבת *of* פרשת החודש *read the* הפטרה *on page 424. On the* שבת *of* פרשת פרה *read the* הפטרה *on page 425. When* ויקהל *and* פקודי *are read together read the* הפטרה *on page 368.*

מלכים א׳
For Sephardim

ז יג יד וַיִּשְׁלַח הַמֶּלֶךְ שְׁלֹמֹה וַיִּקַּח אֶת־חִירָם מִצֹּר: בֶּן־אִשָּׁה אַלְמָנָה
הוּא מִמַּטֵּה נַפְתָּלִי וְאָבִיו אִישׁ־צֹרִי חֹרֵשׁ נְחֹשֶׁת וַיִּמָּלֵא אֶת־
הַחָכְמָה וְאֶת־הַתְּבוּנָה וְאֶת־הַדַּעַת לַעֲשׂוֹת כָּל־מְלָאכָה בַּנְּחֹשֶׁת
טו וַיָּבוֹא אֶל־הַמֶּלֶךְ שְׁלֹמֹה וַיַּעַשׂ אֶת־כָּל־מְלַאכְתּוֹ: וַיָּצַר אֶת־שְׁנֵי
הָעַמּוּדִים נְחֹשֶׁת שְׁמֹנֶה עֶשְׂרֵה אַמָּה קוֹמַת הָעַמּוּד הָאֶחָד
טז וְחוּט שְׁתֵּים־עֶשְׂרֵה אַמָּה יָסֹב אֶת־הָעַמּוּד הַשֵּׁנִי: וּשְׁתֵּי כֹתָרֹת
עָשָׂה לָתֵת עַל־רָאשֵׁי הָעַמּוּדִים מֻצַק נְחֹשֶׁת חָמֵשׁ אַמּוֹת קוֹמַת
יז הַכֹּתֶרֶת הָאֶחָת וְחָמֵשׁ אַמּוֹת קוֹמַת הַכֹּתֶרֶת הַשֵּׁנִית: שְׂבָכִים
מַעֲשֵׂה שְׂבָכָה גְּדִלִים מַעֲשֵׂה שַׁרְשְׁרוֹת לַכֹּתָרֹת אֲשֶׁר עַל־רֹאשׁ
יח הָעַמּוּדִים שִׁבְעָה לַכֹּתֶרֶת הָאֶחָת וְשִׁבְעָה לַכֹּתֶרֶת הַשֵּׁנִית: וַיַּעַשׂ
אֶת־הָעַמּוּדִים וּשְׁנֵי טוּרִים סָבִיב עַל־הַשְּׂבָכָה הָאֶחָת לְכַסּוֹת
אֶת־הַכֹּתָרֹת אֲשֶׁר עַל־רֹאשׁ הָרִמֹּנִים וְכֵן עָשָׂה לַכֹּתֶרֶת הַשֵּׁנִית:
יט וְכֹתָרֹת אֲשֶׁר עַל־רֹאשׁ הָעַמּוּדִים מַעֲשֵׂה שׁוּשַׁן בָּאוּלָם אַרְבַּע
כ אַמּוֹת: וְכֹתָרֹת עַל־שְׁנֵי הָעַמּוּדִים גַּם־מִמַּעַל מִלְּעֻמַּת הַבֶּטֶן
אֲשֶׁר לְעֵבֶר שבכה וְהָרִמּוֹנִים מָאתַיִם טֻרִים סָבִיב עַל הַכֹּתֶרֶת (הַשְּׂבָכָה)
כא הַשֵּׁנִית: וַיָּקֶם אֶת־הָעַמֻּדִים לְאֻלָם הַהֵיכָל וַיָּקֶם אֶת־הָעַמּוּד
הַיְמָנִי וַיִּקְרָא אֶת־שְׁמוֹ יָכִין וַיָּקֶם אֶת־הָעַמּוּד הַשְּׂמָאלִי וַיִּקְרָא
כב אֶת־שְׁמוֹ בֹּעַז: וְעַל רֹאשׁ הָעַמּוּדִים מַעֲשֵׂה שׁוֹשָׁן וַתִּתֹּם מְלֶאכֶת
כג הָעַמּוּדִים: וַיַּעַשׂ אֶת־הַיָּם מוּצָק עֶשֶׂר בָּאַמָּה מִשְּׂפָתוֹ
עַד־שְׂפָתוֹ עָגֹל ׀ סָבִיב וְחָמֵשׁ בָּאַמָּה קוֹמָתוֹ וקוה שְׁלֹשִׁים בָּאַמָּה (וְקָו)
כד יָסֹב אֹתוֹ סָבִיב: וּפְקָעִים מִתַּחַת לִשְׂפָתוֹ ׀ סָבִיב סֹבְבִים אֹתוֹ
עֶשֶׂר בָּאַמָּה מַקִּפִים אֶת־הַיָּם סָבִיב שְׁנֵי טוּרִים הַפְּקָעִים יְצֻקִים
כה בִּיצֻקָתוֹ: עֹמֵד עַל־שְׁנֵי עָשָׂר בָּקָר שְׁלֹשָׁה פֹנִים ׀ צָפוֹנָה וּשְׁלֹשָׁה
פֹנִים ׀ יָמָּה וּשְׁלֹשָׁה ׀ פֹּנִים נֶגְבָּה וּשְׁלֹשָׁה פֹּנִים מִזְרָחָה וְהַיָּם

עֲלֵיהֶם מִלְמָעְלָה וְכָל־אֲחֹרֵיהֶם בָּיְתָה׃ וְעָבְיוֹ טֶפַח וּשְׂפָתוֹ כו
כְּמַעֲשֵׂה שְׂפַת־כּוֹס פֶּרַח שׁוֹשָׁן אַלְפַּיִם בַּת יָכִיל׃

מלכים א׳
For Ashkenazim

מ ז וַיַּעַשׂ חִירוֹם אֶת־הַכִּיֹּרוֹת וְאֶת־הַיָּעִים וְאֶת־הַמִּזְרָקוֹת וַיְכַל חִירָם
לַעֲשׂוֹת אֶת־כָּל־הַמְּלָאכָה אֲשֶׁר עָשָׂה לַמֶּלֶךְ שְׁלֹמֹה בֵּית יְהוָה׃
מא עַמֻּדִים שְׁנַיִם וְגֻלֹּת הַכֹּתָרֹת אֲשֶׁר־עַל־רֹאשׁ הָעַמּוּדִים שְׁתָּיִם
וְהַשְּׂבָכוֹת שְׁתַּיִם לְכַסּוֹת אֶת־שְׁתֵּי גֻּלֹּת הַכֹּתָרֹת אֲשֶׁר עַל־רֹאשׁ
מב הָעַמּוּדִים׃ וְאֶת־הָרִמֹּנִים אַרְבַּע מֵאוֹת לִשְׁתֵּי הַשְּׂבָכוֹת שְׁנֵי־
טוּרִים רִמֹּנִים לַשְּׂבָכָה הָאֶחָת לְכַסּוֹת אֶת־שְׁתֵּי גֻּלֹּת הַכֹּתָרֹת
מג אֲשֶׁר עַל־פְּנֵי הָעַמּוּדִים׃ וְאֶת־הַמְּכֹנוֹת עֶשֶׂר וְאֶת־הַכִּיֹּרֹת עֲשָׂרָה
מד עַל־הַמְּכֹנוֹת׃ וְאֶת־הַיָּם הָאֶחָד וְאֶת־הַבָּקָר שְׁנֵים־עָשָׂר תַּחַת
מה הַיָּם׃ וְאֶת־הַסִּירוֹת וְאֶת־הַיָּעִים וְאֶת־הַמִּזְרָקוֹת וְאֵת כָּל־הַכֵּלִים
האהל אֲשֶׁר עָשָׂה חִירָם לַמֶּלֶךְ שְׁלֹמֹה בֵּית יְהוָה נְחֹשֶׁת מְמֹרָט׃ הָאֵלֶּה
מו בְּכִכַּר הַיַּרְדֵּן יְצָקָם הַמֶּלֶךְ בְּמַעֲבֵה הָאֲדָמָה בֵּין סֻכּוֹת וּבֵין צָרְתָן׃
מז וַיַּנַּח שְׁלֹמֹה אֶת־כָּל־הַכֵּלִים מֵרֹב מְאֹד מְאֹד לֹא נֶחְקַר מִשְׁקַל
מח הַנְּחֹשֶׁת׃ וַיַּעַשׂ שְׁלֹמֹה אֵת כָּל־הַכֵּלִים אֲשֶׁר בֵּית יְהוָה אֵת
מט מִזְבַּח הַזָּהָב וְאֶת־הַשֻּׁלְחָן אֲשֶׁר עָלָיו לֶחֶם הַפָּנִים זָהָב׃ וְאֶת־
הַמְּנֹרוֹת חָמֵשׁ מִיָּמִין וְחָמֵשׁ מִשְּׂמֹאול לִפְנֵי הַדְּבִיר זָהָב סָגוּר
נ וְהַפֶּרַח וְהַנֵּרֹת וְהַמֶּלְקַחַיִם זָהָב׃ וְהַסִּפּוֹת וְהַמְזַמְּרוֹת וְהַמִּזְרָקוֹת
וְהַכַּפּוֹת וְהַמַּחְתּוֹת זָהָב סָגוּר וְהַפֹּתוֹת לְדַלְתוֹת הַבַּיִת הַפְּנִימִי
לְקֹדֶשׁ הַקֳּדָשִׁים לְדַלְתֵי הַבַּיִת לַהֵיכָל זָהָב׃

הפטרת פקודי

When ויקהל *and* פקודי *are read together read this* הפטרה. *On the* שבת *of* פרשת שקלים *read the* הפטרה *on page 420. On the* שבת *of* פרשת פרה *read the* הפטרה *on page 424. On the* שבת *of* פרשת החודש *read the* הפטרה *on page 425.*

מלכים א׳
Sephardim begin here

מ ז וַיַּעַשׂ חִירוֹם אֶת־הַכִּיֹּרוֹת וְאֶת־הַיָּעִים וְאֶת־הַמִּזְרָקוֹת וַיְכַל חִירָם
לַעֲשׂוֹת אֶת־כָּל־הַמְּלָאכָה אֲשֶׁר עָשָׂה לַמֶּלֶךְ שְׁלֹמֹה בֵּית יְהוָה׃

מא עַמֻּדִים שְׁנַיִם וְגֻלֹּת הַכֹּתָרֹת אֲשֶׁר־עַל־רֹאשׁ הָעַמֻּדִים שְׁתָּיִם
וְהַשְּׂבָכוֹת שְׁתַּיִם לְכַסּוֹת אֶת־שְׁתֵּי גֻּלּוֹת הַכֹּתָרֹת אֲשֶׁר עַל־רֹאשׁ
מב הָעַמּוּדִים׃ וְאֶת־הָרִמֹּנִים אַרְבַּע מֵאוֹת לִשְׁתֵּי הַשְּׂבָכוֹת שְׁנֵי־
טוּרִים רִמֹּנִים לַשְּׂבָכָה הָאֶחָת לְכַסּוֹת אֶת־שְׁתֵּי גֻּלּוֹת הַכֹּתָרֹת
מג אֲשֶׁר עַל־פְּנֵי הָעַמּוּדִים׃ וְאֶת־הַמְּכֹנוֹת עָשֶׂר וְאֶת־הַכִּיֹּרֹת עֲשָׂרָה
מד עַל־הַמְּכֹנוֹת׃ וְאֶת־הַיָּם הָאֶחָד וְאֶת־הַבָּקָר שְׁנֵים־עָשָׂר תַּחַת
מה הַיָּם׃ וְאֶת־הַסִּירוֹת וְאֶת־הַיָּעִים וְאֶת־הַמִּזְרָקוֹת וְאֵת כָּל־הַכֵּלִים
האהל אֲשֶׁר עָשָׂה חִירָם לַמֶּלֶךְ שְׁלֹמֹה בֵּית יְהוָה נְחֹשֶׁת מְמֹרָט׃ הָאֵלֶּה
מו בְּכִכַּר הַיַּרְדֵּן יְצָקָם הַמֶּלֶךְ בְּמַעֲבֵה הָאֲדָמָה בֵּין סֻכּוֹת וּבֵין צָרְתָן׃
מז וַיַּנַּח שְׁלֹמֹה אֶת־כָּל־הַכֵּלִים מֵרֹב מְאֹד מְאֹד לֹא נֶחְקַר מִשְׁקַל
מח הַנְּחֹשֶׁת׃ וַיַּעַשׂ שְׁלֹמֹה אֵת כָּל־הַכֵּלִים אֲשֶׁר בֵּית יְהוָה אֵת
מט מִזְבַּח הַזָּהָב וְאֶת־הַשֻּׁלְחָן אֲשֶׁר עָלָיו לֶחֶם הַפָּנִים זָהָב׃ וְאֶת־
הַמְּנֹרוֹת חָמֵשׁ מִיָּמִין וְחָמֵשׁ מִשְּׂמֹאול לִפְנֵי הַדְּבִיר זָהָב סָגוּר
נ וְהַפֶּרַח וְהַנֵּרֹת וְהַמֶּלְקַחַיִם זָהָב׃ וְהַסִּפּוֹת וְהַמְזַמְּרוֹת וְהַמִּזְרָקוֹת
וְהַכַּפּוֹת וְהַמַּחְתּוֹת זָהָב סָגוּר וְהַפֹּתוֹת לְדַלְתוֹת הַבַּיִת הַפְּנִימִי
נא לְקֹדֶשׁ הַקֳּדָשִׁים לְדַלְתֵי הַבַּיִת לַהֵיכָל זָהָב׃ *וַתִּשְׁלַם

Sephardim end here
Ashkenazim begin here

כָּל־הַמְּלָאכָה אֲשֶׁר עָשָׂה הַמֶּלֶךְ שְׁלֹמֹה בֵּית יְהוָה וַיָּבֵא שְׁלֹמֹה
אֶת־קָדְשֵׁי ׀ דָּוִד אָבִיו אֶת־הַכֶּסֶף וְאֶת־הַזָּהָב וְאֶת־הַכֵּלִים נָתַן
ח א בְּאֹצְרוֹת בֵּית יְהוָה׃ אָז יַקְהֵל שְׁלֹמֹה אֶת־זִקְנֵי יִשְׂרָאֵל
אֶת־כָּל־רָאשֵׁי הַמַּטּוֹת נְשִׂיאֵי הָאָבוֹת לִבְנֵי יִשְׂרָאֵל אֶל־הַמֶּלֶךְ
שְׁלֹמֹה יְרוּשָׁלִָם לְהַעֲלוֹת אֶת־אֲרוֹן בְּרִית־יְהוָה מֵעִיר דָּוִד הִיא
ב צִיּוֹן׃ וַיִּקָּהֲלוּ אֶל־הַמֶּלֶךְ שְׁלֹמֹה כָּל־אִישׁ יִשְׂרָאֵל בְּיֶרַח הָאֵתָנִים
ג בֶּחָג הוּא הַחֹדֶשׁ הַשְּׁבִיעִי׃ וַיָּבֹאוּ כֹּל זִקְנֵי יִשְׂרָאֵל וַיִּשְׂאוּ הַכֹּהֲנִים
ד אֶת־הָאָרוֹן׃ וַיַּעֲלוּ אֶת־אֲרוֹן יְהוָה וְאֶת־אֹהֶל מוֹעֵד וְאֶת־כָּל־כְּלֵי
ה הַקֹּדֶשׁ אֲשֶׁר בָּאֹהֶל וַיַּעֲלוּ אֹתָם הַכֹּהֲנִים וְהַלְוִיִּם׃ וְהַמֶּלֶךְ שְׁלֹמֹה
וְכָל־עֲדַת יִשְׂרָאֵל הַנּוֹעָדִים עָלָיו אִתּוֹ לִפְנֵי הָאָרוֹן מְזַבְּחִים צֹאן
ו וּבָקָר אֲשֶׁר לֹא־יִסָּפְרוּ וְלֹא יִמָּנוּ מֵרֹב׃ וַיָּבִאוּ הַכֹּהֲנִים אֶת־אֲרוֹן

בְּרִית־יְהוָה אֶל־מְקוֹמוֹ אֶל־דְּבִיר הַבַּיִת אֶל־קֹדֶשׁ הַקֳּדָשִׁים
ז אֶל־תַּחַת כַּנְפֵי הַכְּרוּבִים׃ כִּי הַכְּרוּבִים פֹּרְשִׂים כְּנָפַיִם אֶל־מְקוֹם
ח הָאָרוֹן וַיָּסֹכּוּ הַכְּרֻבִים עַל־הָאָרוֹן וְעַל־בַּדָּיו מִלְמָעְלָה׃ וַיַּאֲרִכוּ
הַבַּדִּים וַיֵּרָאוּ רָאשֵׁי הַבַּדִּים מִן־הַקֹּדֶשׁ עַל־פְּנֵי הַדְּבִיר וְלֹא
ט יֵרָאוּ הַחוּצָה וַיִּהְיוּ שָׁם עַד הַיּוֹם הַזֶּה׃ אֵין בָּאָרוֹן רַק שְׁנֵי לֻחוֹת
הָאֲבָנִים אֲשֶׁר הִנִּחַ שָׁם מֹשֶׁה בְּחֹרֵב אֲשֶׁר כָּרַת יְהוָה עִם־בְּנֵי
י יִשְׂרָאֵל בְּצֵאתָם מֵאֶרֶץ מִצְרָיִם׃ וַיְהִי בְּצֵאת הַכֹּהֲנִים מִן־הַקֹּדֶשׁ
יא וְהֶעָנָן מָלֵא אֶת־בֵּית יְהוָה׃ וְלֹא־יָכְלוּ הַכֹּהֲנִים לַעֲמֹד לְשָׁרֵת
יב מִפְּנֵי הֶעָנָן כִּי־מָלֵא כְבוֹד־יְהוָה אֶת־בֵּית יְהוָה׃ אָז
יג אָמַר שְׁלֹמֹה יְהוָה אָמַר לִשְׁכֹּן בָּעֲרָפֶל׃ בָּנֹה בָנִיתִי בֵּית זְבֻל
יד לָךְ מָכוֹן לְשִׁבְתְּךָ עוֹלָמִים׃ וַיַּסֵּב הַמֶּלֶךְ אֶת־פָּנָיו וַיְבָרֶךְ אֵת
טו כָּל־קְהַל יִשְׂרָאֵל וְכָל־קְהַל יִשְׂרָאֵל עֹמֵד׃ וַיֹּאמֶר בָּרוּךְ יְהוָה
אֱלֹהֵי יִשְׂרָאֵל אֲשֶׁר דִּבֶּר בְּפִיו אֵת דָּוִד אָבִי וּבְיָדוֹ מִלֵּא לֵאמֹר׃
טז מִן־הַיּוֹם אֲשֶׁר הוֹצֵאתִי אֶת־עַמִּי אֶת־יִשְׂרָאֵל מִמִּצְרַיִם לֹא־
בָחַרְתִּי בְעִיר מִכֹּל שִׁבְטֵי יִשְׂרָאֵל לִבְנוֹת בַּיִת לִהְיוֹת שְׁמִי שָׁם
יז וָאֶבְחַר בְּדָוִד לִהְיוֹת עַל־עַמִּי יִשְׂרָאֵל׃ וַיְהִי עִם־לְבַב דָּוִד אָבִי
יח לִבְנוֹת בַּיִת לְשֵׁם יְהוָה אֱלֹהֵי יִשְׂרָאֵל׃ וַיֹּאמֶר יְהוָה אֶל־דָּוִד
אָבִי יַעַן אֲשֶׁר הָיָה עִם־לְבָבְךָ לִבְנוֹת בַּיִת לִשְׁמִי הֱטִיבֹתָ כִּי
יט הָיָה עִם־לְבָבֶךָ׃ רַק אַתָּה לֹא תִבְנֶה הַבָּיִת כִּי אִם־בִּנְךָ הַיֹּצֵא
כ מֵחֲלָצֶיךָ הוּא־יִבְנֶה הַבַּיִת לִשְׁמִי׃ וַיָּקֶם יְהוָה אֶת־דְּבָרוֹ אֲשֶׁר
דִּבֵּר וָאָקֻם תַּחַת דָּוִד אָבִי וָאֵשֵׁב ׀ עַל־כִּסֵּא יִשְׂרָאֵל כַּאֲשֶׁר דִּבֶּר
כא יְהוָה וָאֶבְנֶה הַבַּיִת לְשֵׁם יְהוָה אֱלֹהֵי יִשְׂרָאֵל׃ וָאָשִׂם שָׁם מָקוֹם
לָאָרוֹן אֲשֶׁר־שָׁם בְּרִית יְהוָה אֲשֶׁר כָּרַת עִם־אֲבֹתֵינוּ בְּהוֹצִיאוֹ
אֹתָם מֵאֶרֶץ מִצְרָיִם׃

הפטרת ויקרא

On the שבת *of* פרשת זכור *read the* הפטרה *on page 421.*
On the שבת *of* פרשת החודש *read the* הפטרה *on page 425.*

מג כא כב עם־זו יצרתי לי תהלתי יספרו: ולא־אתי קראת יעקב כי־יגעת
כג בי ישראל: לא־הביאת לי שה עלתיך וזבחיך לא כבדתני לא
כד העבדתיך במנחה ולא הוגעתיך בלבונה: לא־קנית לי בכסף
קנה וחלב זבחיך לא הרויתני אך העבדתני בחטאותיך הוגעתני
כה בעונתיך: אנכי אנכי הוא מחה פשעיך למעני וחטאתיך לא
כו כז אזכר: הזכירני נשפטה יחד ספר אתה למען תצדק: אביך
כח הראשון חטא ומליציך פשעו בי: ואחלל שרי קדש ואתנה
מד א לחרם יעקב וישראל לגדופים: ועתה שמע יעקב
ב עבדי וישראל בחרתי בו: כה־אמר יהוה עשך ויצרך מבטן
ג יעזרך אל־תירא עבדי יעקב וישרון בחרתי בו: כי אצק־מים
על־צמא ונזלים על־יבשה אצק רוחי על־זרעך וברכתי על־
ד ה צאצאיך: וצמחו בבין חציר כערבים על־יבלי־מים: זה יאמר
ליהוה אני וזה יקרא בשם־יעקב וזה יכתב ידו ליהוה ובשם
ו ישראל יכנה: כה־אמר יהוה מלך־ישראל וגאלו
ז יהוה צבאות אני ראשון ואני אחרון ומבלעדי אין אלהים: ומי־
כמוני יקרא ויגידה ויערכה לי משומי עם־עולם ואתיות ואשר
ח תבאנה יגידו למו: אל־תפחדו ואל־תרהו הלא מאז השמעתיך
והגדתי ואתם עדי היש אלוה מבלעדי ואין צור בל־ידעתי:
ט יצרי־פסל כלם תהו וחמודיהם בל־יועילו ועדיהם המה בל־
י יראו ובל־ידעו למען יבשו: מי־יצר אל ופסל נסך לבלתי הועיל:
יא הן כל־חבריו יבשו וחרשים המה מאדם יתקבצו כלם יעמדו
יב יפחדו יבשו יחד: חרש ברזל מעצד ופעל בפחם ובמקבות
יצרהו ויפעלהו בזרוע כחו גם־רעב ואין כח לא־שתה מים
יג ויעף: חרש עצים נטה קו יתארהו בשרד יעשהו במקצעות

וּבַמְּחוּגָה יְתָאֳרֵהוּ וַיַּעֲשֵׂהוּ כְּתַבְנִית אִישׁ כְּתִפְאֶרֶת אָדָם לָשֶׁבֶת
יד בָּיִת׃ לִכְרָת־לוֹ אֲרָזִים וַיִּקַּח תִּרְזָה וְאַלּוֹן וַיְאַמֶּץ־לוֹ בַּעֲצֵי־יָעַר
טו נָטַע אֹרֶן וְגֶשֶׁם יְגַדֵּל׃ וְהָיָה לְאָדָם לְבָעֵר וַיִּקַּח מֵהֶם וַיָּחָם אַף־
יַשִּׂיק וְאָפָה לָחֶם אַף־יִפְעַל־אֵל וַיִּשְׁתָּחוּ עָשָׂהוּ פֶסֶל וַיִּסְגָּד־לָמוֹ׃
טז חֶצְיוֹ שָׂרַף בְּמוֹ־אֵשׁ עַל־חֶצְיוֹ בָּשָׂר יֹאכֵל יִצְלֶה צָלִי וְיִשְׂבָּע אַף־
יז יָחֹם וְיֹאמַר הֶאָח חַמּוֹתִי רָאִיתִי אוּר׃ וּשְׁאֵרִיתוֹ לְאֵל עָשָׂה לְפִסְלוֹ
יח יסגוד־לוֹ וְיִשְׁתַּחוּ וְיִתְפַּלֵּל אֵלָיו וְיֹאמַר הַצִּילֵנִי כִּי אֵלִי אָתָּה׃ לֹא יִסְגָּד־
יט יָדְעוּ וְלֹא יָבִינוּ כִּי טַח מֵרְאוֹת עֵינֵיהֶם מֵהַשְׂכִּיל לִבֹּתָם׃ וְלֹא־
יָשִׁיב אֶל־לִבּוֹ וְלֹא דַעַת וְלֹא־תְבוּנָה לֵאמֹר חֶצְיוֹ שָׂרַפְתִּי בְמוֹ־
אֵשׁ וְאַף אָפִיתִי עַל־גֶּחָלָיו לֶחֶם אֶצְלֶה בָשָׂר וְאֹכֵל וְיִתְרוֹ לְתוֹעֵבָה
כ אֶעֱשֶׂה לְבוּל עֵץ אֶסְגּוֹד׃ רֹעֶה אֵפֶר לֵב הוּתַל הִטָּהוּ וְלֹא־יַצִּיל
כא אֶת־נַפְשׁוֹ וְלֹא יֹאמַר הֲלוֹא שֶׁקֶר בִּימִינִי׃ זְכָר־אֵלֶּה
יַעֲקֹב וְיִשְׂרָאֵל כִּי עַבְדִּי־אָתָּה יְצַרְתִּיךָ עֶבֶד־לִי אַתָּה יִשְׂרָאֵל
כב לֹא תִנָּשֵׁנִי׃ מָחִיתִי כָעָב פְּשָׁעֶיךָ וְכֶעָנָן חַטֹּאותֶיךָ שׁוּבָה אֵלַי
כג כִּי גְאַלְתִּיךָ׃ רָנּוּ שָׁמַיִם כִּי־עָשָׂה יהוה הָרִיעוּ תַּחְתִּיּוֹת אָרֶץ
פִּצְחוּ הָרִים רִנָּה יַעַר וְכָל־עֵץ בּוֹ כִּי־גָאַל יהוה יַעֲקֹב וּבְיִשְׂרָאֵל
יִתְפָּאָר׃

הפטרת צו

On the שבת *of* פרשת זכור *read the* הפטרה *on page 421. On the* שבת *of* פרשת פרה *read the* הפטרה *on page 424. On* שבת הגדול *read the* הפטרה *on page 427.*

ז כא כֹּה אָמַר יהוה צְבָאוֹת אֱלֹהֵי יִשְׂרָאֵל עֹלוֹתֵיכֶם סְפוּ עַל־זִבְחֵיכֶם ירמיה
כב וְאִכְלוּ בָשָׂר׃ כִּי לֹא־דִבַּרְתִּי אֶת־אֲבוֹתֵיכֶם וְלֹא צִוִּיתִים בְּיוֹם
כג הוֹצִיא אוֹתָם מֵאֶרֶץ מִצְרָיִם עַל־דִּבְרֵי עוֹלָה וָזָבַח׃ כִּי אִם־
אֶת־הַדָּבָר הַזֶּה צִוִּיתִי אוֹתָם לֵאמֹר שִׁמְעוּ בְקוֹלִי וְהָיִיתִי לָכֶם
לֵאלֹהִים וְאַתֶּם תִּהְיוּ־לִי לְעָם וַהֲלַכְתֶּם בְּכָל־הַדֶּרֶךְ אֲשֶׁר אֲצַוֶּה
כד אֶתְכֶם לְמַעַן יִיטַב לָכֶם׃ וְלֹא שָׁמְעוּ וְלֹא־הִטּוּ אֶת־אָזְנָם וַיֵּלְכוּ

כה בְּמֹעֵצוֹת בִּשְׁרִרוּת לִבָּם הָרָע וַיִּהְיוּ לְאָחוֹר וְלֹא לְפָנִים׃ לְמִן־
הַיּוֹם אֲשֶׁר יָצְאוּ אֲבוֹתֵיכֶם מֵאֶרֶץ מִצְרַיִם עַד הַיּוֹם הַזֶּה וָאֶשְׁלַח
כו אֲלֵיכֶם אֶת־כָּל־עֲבָדַי הַנְּבִיאִים יוֹם הַשְׁכֵּם וְשָׁלֹחַ׃ וְלוֹא שָׁמְעוּ
אֵלַי וְלֹא הִטּוּ אֶת־אָזְנָם וַיַּקְשׁוּ אֶת־עָרְפָּם הֵרֵעוּ מֵאֲבוֹתָם׃
כז וְדִבַּרְתָּ אֲלֵיהֶם אֶת־כָּל־הַדְּבָרִים הָאֵלֶּה וְלֹא יִשְׁמְעוּ אֵלֶיךָ
כח וְקָרָאתָ אֲלֵיהֶם וְלֹא יַעֲנוּכָה׃ וְאָמַרְתָּ אֲלֵיהֶם זֶה הַגּוֹי אֲשֶׁר
לוֹא־שָׁמְעוּ בְּקוֹל יְהוָה אֱלֹהָיו וְלֹא לָקְחוּ מוּסָר אָבְדָה הָאֱמוּנָה
כט וְנִכְרְתָה מִפִּיהֶם׃ גָּזִּי נִזְרֵךְ וְהַשְׁלִיכִי וּשְׂאִי עַל־שְׁפָיִם
ל קִינָה כִּי מָאַס יְהוָה וַיִּטֹּשׁ אֶת־דּוֹר עֶבְרָתוֹ׃ כִּי־עָשׂוּ בְנֵי־יְהוּדָה
הָרַע בְּעֵינַי נְאֻם־יְהוָה שָׂמוּ שִׁקּוּצֵיהֶם בַּבַּיִת אֲשֶׁר־נִקְרָא־שְׁמִי
לא עָלָיו לְטַמְּאוֹ׃ וּבָנוּ בָּמוֹת הַתֹּפֶת אֲשֶׁר בְּגֵיא בֶן־הִנֹּם לִשְׂרֹף
אֶת־בְּנֵיהֶם וְאֶת־בְּנֹתֵיהֶם בָּאֵשׁ אֲשֶׁר לֹא צִוִּיתִי וְלֹא עָלְתָה
לב עַל־לִבִּי׃ לָכֵן הִנֵּה יָמִים בָּאִים נְאֻם־יְהוָה וְלֹא־יֵאָמֵר
עוֹד הַתֹּפֶת וְגֵיא בֶן־הִנֹּם כִּי אִם־גֵּיא הַהֲרֵגָה וְקָבְרוּ בְתֹפֶת מֵאֵין
לג מָקוֹם׃ וְהָיְתָה נִבְלַת הָעָם הַזֶּה לְמַאֲכָל לְעוֹף הַשָּׁמַיִם וּלְבֶהֱמַת
לד הָאָרֶץ וְאֵין מַחֲרִיד׃ וְהִשְׁבַּתִּי ׀ מֵעָרֵי יְהוּדָה וּמֵחֻצוֹת יְרוּשָׁלִַם
קוֹל שָׂשׂוֹן וְקוֹל שִׂמְחָה קוֹל חָתָן וְקוֹל כַּלָּה כִּי לְחָרְבָּה תִּהְיֶה
ח א הָאָרֶץ׃ בָּעֵת הַהִיא נְאֻם־יְהוָה ויוציאו אֶת־עַצְמוֹת מַלְכֵי־יְהוּדָה יוֹצִיאוּ
וְאֶת־עַצְמוֹת שָׂרָיו וְאֶת־עַצְמוֹת הַכֹּהֲנִים וְאֵת ׀ עַצְמוֹת הַנְּבִיאִים
ב וְאֵת עַצְמוֹת יוֹשְׁבֵי־יְרוּשָׁלִָם מִקִּבְרֵיהֶם׃ וּשְׁטָחוּם לַשֶּׁמֶשׁ וְלַיָּרֵחַ
וּלְכֹל ׀ צְבָא הַשָּׁמַיִם אֲשֶׁר אֲהֵבוּם וַאֲשֶׁר עֲבָדוּם וַאֲשֶׁר הָלְכוּ
אַחֲרֵיהֶם וַאֲשֶׁר דְּרָשׁוּם וַאֲשֶׁר הִשְׁתַּחֲווּ לָהֶם לֹא יֵאָסְפוּ וְלֹא
ג יִקָּבֵרוּ לְדֹמֶן עַל־פְּנֵי הָאֲדָמָה יִהְיוּ׃ וְנִבְחַר מָוֶת מֵחַיִּים לְכֹל
הַשְּׁאֵרִית הַנִּשְׁאָרִים מִן־הַמִּשְׁפָּחָה הָרָעָה הַזֹּאת בְּכָל־הַמְּקֹמוֹת
הַנִּשְׁאָרִים אֲשֶׁר הִדַּחְתִּים שָׁם נְאֻם יְהוָה צְבָאוֹת׃
ט כב כֹּה ׀ אָמַר יְהוָה אַל־יִתְהַלֵּל חָכָם בְּחָכְמָתוֹ וְאַל־יִתְהַלֵּל הַגִּבּוֹר
כג בִּגְבוּרָתוֹ אַל־יִתְהַלֵּל עָשִׁיר בְּעָשְׁרוֹ׃ כִּי אִם־בְּזֹאת יִתְהַלֵּל

המתהלל השכל וידע אותי כי אני יהוה עשה חסד משפט
וצדקה בארץ כי־באלה חפצתי נאם־יהוה:

הפטרת שמיני

On the שבת *of* פרשת פרה *read the* הפטרה *on page 424.*
On the שבת *of* פרשת החודש *read the* הפטרה *on page 425.*

שמואל ב׳

ו א ב ויסף עוד דוד את־כל־בחור בישראל שלשים אלף: ויקם | וילך
דוד וכל־העם אשר אתו מבעלי יהודה להעלות משם את
ארון האלהים אשר־נקרא שם שם יהוה צבאות ישב הכרבים
ג עליו: וירכבו את־ארון האלהים אל־עגלה חדשה וישאהו
מבית אבינדב אשר בגבעה ועזא ואחיו בני אבינדב נהגים
ד את־העגלה חדשה: וישאהו מבית אבינדב אשר בגבעה עם
ה ארון האלהים ואחיו הלך לפני הארון: ודוד | וכל־בית ישראל
משחקים לפני יהוה בכל עצי ברושים ובכנרות ובנבלים
ו ובתפים ובמנענעים ובצלצלים: ויבאו עד־גרן נכון וישלח עזה
ז אל־ארון האלהים ויאחז בו כי שמטו הבקר: ויחר־אף יהוה
בעזה ויכהו שם האלהים על־השל וימת שם עם ארון האלהים:
ח ויחר לדוד על אשר פרץ יהוה פרץ בעזה ויקרא למקום ההוא
ט פרץ עזה עד היום הזה: ויירא דוד את־יהוה ביום ההוא ויאמר
י איך יבוא אלי ארון יהוה: ולא־אבה דוד להסיר אליו את־ארון
יא יהוה על־עיר דוד ויטהו דוד בית עבד־אדם הגתי: וישב ארון
יהוה בית עבד אדם הגתי שלשה חדשים ויברך יהוה את־עבד
יב אדם ואת־כל־ביתו: ויגד למלך דוד לאמר ברך יהוה את־בית
עבד אדם ואת־כל־אשר־לו בעבור ארון האלהים וילך דוד
ויעל את־ארון האלהים מבית עבד אדם עיר דוד בשמחה:
יג ויהי כי צעדו נשאי ארון־יהוה ששה צעדים ויזבח שור ומריא:
יד טו ודוד מכרכר בכל־עז לפני יהוה ודוד חגור אפוד בד: ודוד

וְכָל־בֵּית יִשְׂרָאֵל מַעֲלִים אֶת־אֲרוֹן יהוה בִּתְרוּעָה וּבְקוֹל שׁוֹפָר׃
טז וְהָיָה אֲרוֹן יהוה בָּא עִיר דָּוִד וּמִיכַל בַּת־שָׁאוּל נִשְׁקְפָה ׀ בְּעַד
הַחַלּוֹן וַתֵּרֶא אֶת־הַמֶּלֶךְ דָּוִד מְפַזֵּז וּמְכַרְכֵּר לִפְנֵי יהוה וַתִּבֶז לוֹ
יז בְּלִבָּהּ׃ וַיָּבִאוּ אֶת־אֲרוֹן יהוה וַיַּצִּגוּ אֹתוֹ בִּמְקוֹמוֹ בְּתוֹךְ הָאֹהֶל
יח אֲשֶׁר נָטָה־לוֹ דָּוִד וַיַּעַל דָּוִד עֹלוֹת לִפְנֵי יהוה וּשְׁלָמִים׃ וַיְכַל
דָּוִד מֵהַעֲלוֹת הָעוֹלָה וְהַשְּׁלָמִים וַיְבָרֶךְ אֶת־הָעָם בְּשֵׁם יהוה
יט צְבָאוֹת׃ וַיְחַלֵּק לְכָל־הָעָם לְכָל־הֲמוֹן יִשְׂרָאֵל לְמֵאִישׁ וְעַד־
אִשָּׁה לְאִישׁ חַלַּת לֶחֶם אַחַת וְאֶשְׁפָּר אֶחָד וַאֲשִׁישָׁה אֶחָת

Sephardim end here

כ וַיֵּלֶךְ כָּל־הָעָם אִישׁ לְבֵיתוֹ׃* וַיָּשָׁב דָּוִד לְבָרֵךְ אֶת־בֵּיתוֹ וַתֵּצֵא
מִיכַל בַּת־שָׁאוּל לִקְרַאת דָּוִד וַתֹּאמֶר מַה־נִּכְבַּד הַיּוֹם מֶלֶךְ
יִשְׂרָאֵל אֲשֶׁר נִגְלָה הַיּוֹם לְעֵינֵי אַמְהוֹת עֲבָדָיו כְּהִגָּלוֹת נִגְלוֹת
כא אַחַד הָרֵקִים׃ וַיֹּאמֶר דָּוִד אֶל־מִיכַל לִפְנֵי יהוה אֲשֶׁר בָּחַר־בִּי
מֵאָבִיךְ וּמִכָּל־בֵּיתוֹ לְצַוֹּת אֹתִי נָגִיד עַל־עַם יהוה עַל־יִשְׂרָאֵל
כב וְשִׂחַקְתִּי לִפְנֵי יהוה׃ וּנְקַלֹּתִי עוֹד מִזֹּאת וְהָיִיתִי שָׁפָל בְּעֵינָי
כג וְעִם־הָאֲמָהוֹת אֲשֶׁר אָמַרְתְּ עִמָּם אִכָּבֵדָה׃ וּלְמִיכַל בַּת־שָׁאוּל
ז א לֹא־הָיָה לָהּ יָלֶד עַד יוֹם מוֹתָהּ׃ וַיְהִי כִּי־יָשַׁב הַמֶּלֶךְ
ב בְּבֵיתוֹ וַיהוה הֵנִיחַ־לוֹ מִסָּבִיב מִכָּל־אֹיְבָיו׃ וַיֹּאמֶר הַמֶּלֶךְ אֶל־
נָתָן הַנָּבִיא רְאֵה נָא אָנֹכִי יוֹשֵׁב בְּבֵית אֲרָזִים וַאֲרוֹן הָאֱלֹהִים
ג יֹשֵׁב בְּתוֹךְ הַיְרִיעָה׃ וַיֹּאמֶר נָתָן אֶל־הַמֶּלֶךְ כֹּל אֲשֶׁר בִּלְבָבְךָ לֵךְ
ד עֲשֵׂה כִּי יהוה עִמָּךְ׃ וַיְהִי בַּלַּיְלָה הַהוּא וַיְהִי
ה דְּבַר־יהוה אֶל־נָתָן לֵאמֹר׃ לֵךְ וְאָמַרְתָּ אֶל־עַבְדִּי אֶל־דָּוִד כֹּה
ו אָמַר יהוה הַאַתָּה תִּבְנֶה־לִּי בַיִת לְשִׁבְתִּי׃ כִּי לֹא יָשַׁבְתִּי בְּבַיִת
לְמִיּוֹם הַעֲלֹתִי אֶת־בְּנֵי יִשְׂרָאֵל מִמִּצְרַיִם וְעַד הַיּוֹם הַזֶּה וָאֶהְיֶה
ז מִתְהַלֵּךְ בְּאֹהֶל וּבְמִשְׁכָּן׃ בְּכֹל אֲשֶׁר־הִתְהַלַּכְתִּי בְּכָל־בְּנֵי יִשְׂרָאֵל
הֲדָבָר דִּבַּרְתִּי אֶת־אַחַד שִׁבְטֵי יִשְׂרָאֵל אֲשֶׁר צִוִּיתִי לִרְעוֹת אֶת־
ח עַמִּי אֶת־יִשְׂרָאֵל לֵאמֹר לָמָּה לֹא־בְנִיתֶם לִי בֵּית אֲרָזִים׃ וְעַתָּה
כֹּה־תֹאמַר לְעַבְדִּי לְדָוִד כֹּה אָמַר יהוה צְבָאוֹת אֲנִי לְקַחְתִּיךָ

מִן־הַנָּוֶה מֵאַחַר הַצֹּאן לִהְיוֹת נָגִיד עַל־עַמִּי עַל־יִשְׂרָאֵל: וָאֶהְיֶה ט
עִמְּךָ בְּכֹל אֲשֶׁר הָלַכְתָּ וָאַכְרִתָה אֶת־כָּל־אֹיְבֶיךָ מִפָּנֶיךָ וְעָשִׂתִי
לְךָ שֵׁם גָּדוֹל כְּשֵׁם הַגְּדֹלִים אֲשֶׁר בָּאָרֶץ: וְשַׂמְתִּי מָקוֹם לְעַמִּי י
לְיִשְׂרָאֵל וּנְטַעְתִּיו וְשָׁכַן תַּחְתָּיו וְלֹא יִרְגַּז עוֹד וְלֹא־יֹסִיפוּ בְנֵי־
עַוְלָה לְעַנּוֹתוֹ כַּאֲשֶׁר בָּרִאשׁוֹנָה: וּלְמִן־הַיּוֹם אֲשֶׁר צִוִּיתִי שֹׁפְטִים יא
עַל־עַמִּי יִשְׂרָאֵל וַהֲנִיחֹתִי לְךָ מִכָּל־אֹיְבֶיךָ וְהִגִּיד לְךָ יְהוָה כִּי־בַיִת
יַעֲשֶׂה־לְּךָ יְהוָה: כִּי ׀ יִמְלְאוּ יָמֶיךָ וְשָׁכַבְתָּ אֶת־אֲבֹתֶיךָ וַהֲקִימֹתִי יב
אֶת־זַרְעֲךָ אַחֲרֶיךָ אֲשֶׁר יֵצֵא מִמֵּעֶיךָ וַהֲכִינֹתִי אֶת־מַמְלַכְתּוֹ:
הוּא יִבְנֶה־בַּיִת לִשְׁמִי וְכֹנַנְתִּי אֶת־כִּסֵּא מַמְלַכְתּוֹ עַד־עוֹלָם: אֲנִי יג יד
אֶהְיֶה־לּוֹ לְאָב וְהוּא יִהְיֶה־לִּי לְבֵן אֲשֶׁר בְּהַעֲוֺתוֹ וְהֹכַחְתִּיו בְּשֵׁבֶט
אֲנָשִׁים וּבְנִגְעֵי בְּנֵי אָדָם: וְחַסְדִּי לֹא־יָסוּר מִמֶּנּוּ כַּאֲשֶׁר הֲסִרֹתִי טו
מֵעִם שָׁאוּל אֲשֶׁר הֲסִרֹתִי מִלְּפָנֶיךָ: וְנֶאְמַן בֵּיתְךָ וּמַמְלַכְתְּךָ עַד־ טז
עוֹלָם לְפָנֶיךָ כִּסְאֲךָ יִהְיֶה נָכוֹן עַד־עוֹלָם: כְּכֹל הַדְּבָרִים הָאֵלֶּה יז
וּכְכֹל הַחִזָּיוֹן הַזֶּה כֵּן דִּבֶּר נָתָן אֶל־דָּוִד:

הפטרת תזריע

On the שבת *of* פרשת החודש *read the* הפטרה *on page 425.*
When תזריע *and* מצרע *are read together read the* הפטרה *on page 378.*

מלכים ב׳
וְאִישׁ בָּא מִבַּעַל שָׁלִשָׁה וַיָּבֵא לְאִישׁ הָאֱלֹהִים לֶחֶם בִּכּוּרִים מב ד
עֶשְׂרִים־לֶחֶם שְׂעֹרִים וְכַרְמֶל בְּצִקְלֹנוֹ וַיֹּאמֶר תֵּן לָעָם וְיֹאכֵלוּ:
וַיֹּאמֶר מְשָׁרְתוֹ מָה אֶתֵּן זֶה לִפְנֵי מֵאָה אִישׁ וַיֹּאמֶר תֵּן לָעָם מג
וְיֹאכֵלוּ כִּי כֹה אָמַר יְהוָה אָכֹל וְהוֹתֵר: וַיִּתֵּן לִפְנֵיהֶם וַיֹּאכְלוּ מד
וַיּוֹתִרוּ כִּדְבַר יְהוָה: וְנַעֲמָן שַׂר־צְבָא מֶלֶךְ־אֲרָם הָיָה א ה
אִישׁ גָּדוֹל לִפְנֵי אֲדֹנָיו וּנְשֻׂא פָנִים כִּי־בוֹ נָתַן־יְהוָה תְּשׁוּעָה לַאֲרָם
וְהָאִישׁ הָיָה גִּבּוֹר חַיִל מְצֹרָע: וַאֲרָם יָצְאוּ גְדוּדִים וַיִּשְׁבּוּ מֵאֶרֶץ ב
יִשְׂרָאֵל נַעֲרָה קְטַנָּה וַתְּהִי לִפְנֵי אֵשֶׁת נַעֲמָן: וַתֹּאמֶר אֶל־גְּבִרְתָּהּ ג
אַחֲלֵי אֲדֹנִי לִפְנֵי הַנָּבִיא אֲשֶׁר בְּשֹׁמְרוֹן אָז יֶאֱסֹף אֹתוֹ מִצָּרַעְתּוֹ:

ד וַיָּבֹא וַיַּגֵּד לַאדֹנָיו לֵאמֹר כָּזֹאת וְכָזֹאת דִּבְּרָה הַנַּעֲרָה אֲשֶׁר
ה מֵאֶרֶץ יִשְׂרָאֵל׃ וַיֹּאמֶר מֶלֶךְ־אֲרָם לֶךְ־בֹּא וְאֶשְׁלְחָה סֵפֶר אֶל־
מֶלֶךְ יִשְׂרָאֵל וַיֵּלֶךְ וַיִּקַּח בְּיָדוֹ עֶשֶׂר כִּכְּרֵי־כֶסֶף וְשֵׁשֶׁת אֲלָפִים
ו זָהָב וְעֶשֶׂר חֲלִיפוֹת בְּגָדִים׃ וַיָּבֵא הַסֵּפֶר אֶל־מֶלֶךְ יִשְׂרָאֵל לֵאמֹר
וְעַתָּה כְּבוֹא הַסֵּפֶר הַזֶּה אֵלֶיךָ הִנֵּה שָׁלַחְתִּי אֵלֶיךָ אֶת־נַעֲמָן
ז עַבְדִּי וַאֲסַפְתּוֹ מִצָּרַעְתּוֹ׃ וַיְהִי כִּקְרֹא מֶלֶךְ־יִשְׂרָאֵל אֶת־הַסֵּפֶר
וַיִּקְרַע בְּגָדָיו וַיֹּאמֶר הַאֱלֹהִים אָנִי לְהָמִית וּלְהַחֲיוֹת כִּי־זֶה שֹׁלֵחַ
אֵלַי לֶאֱסֹף אִישׁ מִצָּרַעְתּוֹ כִּי אַךְ־דְּעוּ־נָא וּרְאוּ כִּי־מִתְאַנֶּה הוּא
ח לִי׃ וַיְהִי כִּשְׁמֹעַ ׀ אֱלִישָׁע אִישׁ־הָאֱלֹהִים כִּי־קָרַע מֶלֶךְ־יִשְׂרָאֵל
אֶת־בְּגָדָיו וַיִּשְׁלַח אֶל־הַמֶּלֶךְ לֵאמֹר לָמָּה קָרַעְתָּ בְּגָדֶיךָ יָבֹא־נָא
ט אֵלַי וְיֵדַע כִּי יֵשׁ נָבִיא בְּיִשְׂרָאֵל׃ וַיָּבֹא נַעֲמָן בְּסוּסָו וּבְרִכְבּוֹ וַיַּעֲמֹד
י פֶּתַח־הַבַּיִת לֶאֱלִישָׁע׃ וַיִּשְׁלַח אֵלָיו אֱלִישָׁע מַלְאָךְ לֵאמֹר הָלוֹךְ
יא וְרָחַצְתָּ שֶׁבַע־פְּעָמִים בַּיַּרְדֵּן וְיָשֹׁב בְּשָׂרְךָ לְךָ וּטְהָר׃ וַיִּקְצֹף נַעֲמָן
וַיֵּלַךְ וַיֹּאמֶר הִנֵּה אָמַרְתִּי אֵלַי ׀ יֵצֵא יָצוֹא וְעָמַד וְקָרָא בְּשֵׁם־יְהוָה
יב אֱלֹהָיו וְהֵנִיף יָדוֹ אֶל־הַמָּקוֹם וְאָסַף הַמְּצֹרָע׃ הֲלֹא טוֹב אבנה אֲמָנָה
וּפַרְפַּר נַהֲרוֹת דַּמֶּשֶׂק מִכֹּל מֵימֵי יִשְׂרָאֵל הֲלֹא־אֶרְחַץ בָּהֶם
יג וְטָהָרְתִּי וַיִּפֶן וַיֵּלֶךְ בְּחֵמָה׃ וַיִּגְּשׁוּ עֲבָדָיו וַיְדַבְּרוּ אֵלָיו וַיֹּאמְרוּ
אָבִי דָּבָר גָּדוֹל הַנָּבִיא דִּבֶּר אֵלֶיךָ הֲלוֹא תַעֲשֶׂה וְאַף כִּי־אָמַר
יד אֵלֶיךָ רְחַץ וּטְהָר׃ וַיֵּרֶד וַיִּטְבֹּל בַּיַּרְדֵּן שֶׁבַע פְּעָמִים כִּדְבַר אִישׁ
טו הָאֱלֹהִים וַיָּשָׁב בְּשָׂרוֹ כִּבְשַׂר נַעַר קָטֹן וַיִּטְהָר׃ וַיָּשָׁב אֶל־אִישׁ
הָאֱלֹהִים הוּא וְכָל־מַחֲנֵהוּ וַיָּבֹא וַיַּעֲמֹד לְפָנָיו וַיֹּאמֶר הִנֵּה־נָא
יָדַעְתִּי כִּי אֵין אֱלֹהִים בְּכָל־הָאָרֶץ כִּי אִם־בְּיִשְׂרָאֵל וְעַתָּה קַח־נָא
טז בְרָכָה מֵאֵת עַבְדֶּךָ׃ וַיֹּאמֶר חַי־יְהוָה אֲשֶׁר־עָמַדְתִּי לְפָנָיו אִם־
יז אֶקָּח וַיִּפְצַר־בּוֹ לָקַחַת וַיְמָאֵן׃ וַיֹּאמֶר נַעֲמָן וָלֹא יֻתַּן־נָא לְעַבְדְּךָ
מַשָּׂא צֶמֶד־פְּרָדִים אֲדָמָה כִּי לוֹא־יַעֲשֶׂה עוֹד עַבְדְּךָ עֹלָה וָזֶבַח
יח לֵאלֹהִים אֲחֵרִים כִּי אִם־לַיהוָה׃ לַדָּבָר הַזֶּה יִסְלַח יְהוָה לְעַבְדֶּךָ
בְּבוֹא אֲדֹנִי בֵית־רִמּוֹן לְהִשְׁתַּחֲוֺת שָׁמָּה וְהוּא ׀ נִשְׁעָן עַל־יָדִי

נא כתיב ולא קרי והשתחויתי בית רמן בהשתחויתי בית רמן יסלח־נא־יהוה
לעבדך בדבר הזה: ויאמר לו לך לשלום וילך מאתו כברת יט
ארץ:

הפטרת מצרע

When תזריע *and* מצרע *are read together read this* הפטרה. *On* שבת הגדול *read the* הפטרה *on page 427. On* ראש חודש אייר *read the* הפטרה *on page 415. On* ערב ראש חודש אייר *read the* הפטרה *on page 416.*

מלכים ב׳ וארבעה אנשים היו מצרעים פתח השער ויאמרו איש אל־ ג ז
רעהו מה אנחנו ישבים פה עד־מתנו: אם־אמרנו נבוא העיר ד
והרעב בעיר ומתנו שם ואם־ישבנו פה ומתנו ועתה לכו ונפלה
אל־מחנה ארם אם־יחינו נחיה ואם־ימיתנו ומתנו: ויקמו ה
בנשף לבוא אל־מחנה ארם ויבאו עד־קצה מחנה ארם והנה
אין־שם איש: ואדני השמיע ׀ את־מחנה ארם קול רכב קול ו
סוס קול חיל גדול ויאמרו איש אל־אחיו הנה שכר־עלינו
מלך ישראל את־מלכי החתים ואת־מלכי מצרים לבוא עלינו:
ויקומו וינוסו בנשף ויעזבו את־אהליהם ואת־סוסיהם ואת־ ז
חמריהם המחנה כאשר היא וינסו אל־נפשם: ויבאו המצרעים ח
האלה עד־קצה המחנה ויבאו אל־אהל אחד ויאכלו וישתו
וישאו משם כסף וזהב ובגדים וילכו ויטמנו וישבו ויבאו אל־
אהל אחר וישאו משם וילכו ויטמנו: ויאמרו איש אל־רעהו ט
לא־כן ׀ אנחנו עשים היום הזה יום־בשרה הוא ואנחנו מחשים
וחכינו עד־אור הבקר ומצאנו עוון ועתה לכו ונבאה ונגידה
בית המלך: ויבאו ויקראו אל־שער העיר ויגידו להם לאמר י
באנו אל־מחנה ארם והנה אין־שם איש וקול אדם כי אם־הסוס
אסור והחמור אסור ואהלים כאשר המה: ויקרא השערים יא
ויגידו בית המלך פנימה: ויקם המלך לילה ויאמר אל־עבדיו יב
אגידה־נא לכם את אשר־עשו לנו ארם ידעו כי־רעבים אנחנו

וְיָצְאוּ מִן־הַמַּחֲנֶה לְהֵחָבֵה בהשדה לֵאמֹר כִּי־יֵצְאוּ מִן־הָעִיר בַּשָּׂדֶה
יג וְנִתְפְּשֵׂם חַיִּים וְאֶל־הָעִיר נָבֹא׃ וַיַּעַן אֶחָד מֵעֲבָדָיו וַיֹּאמֶר וְיִקְחוּ־
נָא חֲמִשָּׁה מִן־הַסּוּסִים הַנִּשְׁאָרִים אֲשֶׁר נִשְׁאֲרוּ־בָהּ הִנָּם כְּכָל־
ההמון יִשְׂרָאֵל אֲשֶׁר נִשְׁאֲרוּ־בָהּ הִנָּם כְּכָל־הֲמוֹן יִשְׂרָאֵל אֲשֶׁר־ הֶהָמוֹן
יד תָּמּוּ וְנִשְׁלְחָה וְנִרְאֶה׃ וַיִּקְחוּ שְׁנֵי רֶכֶב סוּסִים וַיִּשְׁלַח הַמֶּלֶךְ אַחֲרֵי
טו מַחֲנֵה־אֲרָם לֵאמֹר לְכוּ וּרְאוּ׃ וַיֵּלְכוּ אַחֲרֵיהֶם עַד־הַיַּרְדֵּן וְהִנֵּה
כָל־הַדֶּרֶךְ מְלֵאָה בְגָדִים וְכֵלִים אֲשֶׁר־הִשְׁלִיכוּ אֲרָם בהחפזם בְּחָפְזָם
טז וַיָּשֻׁבוּ הַמַּלְאָכִים וַיַּגִּדוּ לַמֶּלֶךְ׃ וַיֵּצֵא הָעָם וַיָּבֹזּוּ אֵת מַחֲנֵה אֲרָם
וַיְהִי סְאָה־סֹלֶת בְּשֶׁקֶל וְסָאתַיִם שְׂעֹרִים בְּשֶׁקֶל כִּדְבַר יְהוָה׃
יז וְהַמֶּלֶךְ הִפְקִיד אֶת־הַשָּׁלִישׁ אֲשֶׁר־נִשְׁעָן עַל־יָדוֹ עַל־הַשַּׁעַר
וַיִּרְמְסֻהוּ הָעָם בַּשַּׁעַר וַיָּמֹת כַּאֲשֶׁר דִּבֶּר אִישׁ הָאֱלֹהִים אֲשֶׁר
יח דִּבֶּר בְּרֶדֶת הַמֶּלֶךְ אֵלָיו׃ וַיְהִי כְּדַבֵּר אִישׁ הָאֱלֹהִים אֶל־הַמֶּלֶךְ
לֵאמֹר סָאתַיִם שְׂעֹרִים בְּשֶׁקֶל וּסְאָה־סֹלֶת בְּשֶׁקֶל יִהְיֶה כָּעֵת
יט מָחָר בְּשַׁעַר שֹׁמְרוֹן׃ וַיַּעַן הַשָּׁלִישׁ אֶת־אִישׁ הָאֱלֹהִים וַיֹּאמַר
וְהִנֵּה יְהוָה עֹשֶׂה אֲרֻבּוֹת בַּשָּׁמַיִם הֲיִהְיֶה כַּדָּבָר הַזֶּה וַיֹּאמֶר
כ הִנְּכָה רֹאֶה בְּעֵינֶיךָ וּמִשָּׁם לֹא תֹאכֵל׃ וַיְהִי־לוֹ כֵּן וַיִּרְמְסוּ אֹתוֹ
הָעָם בַּשַּׁעַר וַיָּמֹת׃

הפטרת אחרי מות

When אחרי מות *and* קדשים *are read together read the* הפטרה *on page 380.*
On שבת הגדול *read the* הפטרה *on page 427.*

ב א ב וַיְהִי דְבַר־יְהוָה אֵלַי לֵאמֹר׃ וְאַתָּה בֶן־אָדָם הֲתִשְׁפֹּט הֲתִשְׁפֹּט יחזקאל
ג אֶת־עִיר הַדָּמִים וְהוֹדַעְתָּהּ אֵת כָּל־תּוֹעֲבוֹתֶיהָ׃ וְאָמַרְתָּ כֹּה אָמַר
אֲדֹנָי יְהוִה עִיר שֹׁפֶכֶת דָּם בְּתוֹכָהּ לָבוֹא עִתָּהּ וְעָשְׂתָה גִלּוּלִים
ד עָלֶיהָ לְטָמְאָה׃ בְּדָמֵךְ אֲשֶׁר־שָׁפַכְתְּ אָשַׁמְתְּ וּבְגִלּוּלַיִךְ אֲשֶׁר־
עָשִׂית טָמֵאת וַתַּקְרִיבִי יָמַיִךְ וַתָּבוֹא עַד־שְׁנוֹתָיִךְ עַל־כֵּן נְתַתִּיךְ
ה חֶרְפָּה לַגּוֹיִם וְקַלָּסָה לְכָל־הָאֲרָצוֹת׃ הַקְּרֹבוֹת וְהָרְחֹקוֹת מִמֵּךְ

ו יִתְקַלְּסוּ־בָךְ טְמֵאַת הַשֵּׁם רַבַּת הַמְּהוּמָה: הִנֵּה נְשִׂיאֵי יִשְׂרָאֵל
ז אִישׁ לִזְרֹעוֹ הָיוּ בָךְ לְמַעַן שְׁפָךְ־דָּם: אָב וָאֵם הֵקַלּוּ בָךְ לַגֵּר
ח עָשׂוּ בַעֹשֶׁק בְּתוֹכֵךְ יָתוֹם וְאַלְמָנָה הוֹנוּ בָךְ: קָדָשַׁי בָּזִית וְאֶת־
ט שַׁבְּתֹתַי חִלָּלְתְּ: אַנְשֵׁי רָכִיל הָיוּ בָךְ לְמַעַן שְׁפָךְ־דָּם וְאֶל־הֶהָרִים
י אָכְלוּ בָךְ זִמָּה עָשׂוּ בְתוֹכֵךְ: עֶרְוַת־אָב גִּלָּה־בָךְ טְמֵאַת הַנִּדָּה
יא עִנּוּ־בָךְ: וְאִישׁ ׀ אֶת־אֵשֶׁת רֵעֵהוּ עָשָׂה תּוֹעֵבָה וְאִישׁ אֶת־כַּלָּתוֹ
יב טִמֵּא בְזִמָּה וְאִישׁ אֶת־אֲחֹתוֹ בַת־אָבִיו עִנָּה־בָךְ: שֹׁחַד לָקְחוּ־
בָךְ לְמַעַן שְׁפָךְ־דָּם נֶשֶׁךְ וְתַרְבִּית לָקַחַתְּ וַתְּבַצְּעִי רֵעַיִךְ בַּעֹשֶׁק
יג וְאֹתִי שָׁכַחַתְּ נְאֻם אֲדֹנָי יֱהוִה: וְהִנֵּה הִכֵּיתִי כַפִּי אֶל־בִּצְעֵךְ אֲשֶׁר
יד עָשִׂית וְעַל־דָּמֵךְ אֲשֶׁר הָיוּ בְּתוֹכֵךְ: הֲיַעֲמֹד לִבֵּךְ אִם־תֶּחֱזַקְנָה
יָדַיִךְ לַיָּמִים אֲשֶׁר אֲנִי עֹשֶׂה אוֹתָךְ אֲנִי יְהוָה דִּבַּרְתִּי וְעָשִׂיתִי:
טו וַהֲפִיצוֹתִי אוֹתָךְ בַּגּוֹיִם וְזֵרִיתִיךְ בָּאֲרָצוֹת וַהֲתִמֹּתִי טֻמְאָתֵךְ
טז מִמֵּךְ: וְנִחַלְתְּ בָּךְ לְעֵינֵי גוֹיִם וְיָדַעַתְּ כִּי־אֲנִי יְהוָה:

הפטרת קדשים

When אחרי מות *and* קדשים *are read together read this* הפטרה*.*
On ראש חודש אייר *read the* הפטרה *on page 415.*

עמוס
For Ashkenazim

ט ז הֲלוֹא כִבְנֵי כֻשִׁיִּים אַתֶּם לִי בְּנֵי יִשְׂרָאֵל נְאֻם־יְהוָה הֲלוֹא אֶת־
יִשְׂרָאֵל הֶעֱלֵיתִי מֵאֶרֶץ מִצְרַיִם וּפְלִשְׁתִּיִּים מִכַּפְתּוֹר וַאֲרָם מִקִּיר:
ח הִנֵּה עֵינֵי ׀ אֲדֹנָי יֱהוִה בַּמַּמְלָכָה הַחַטָּאָה וְהִשְׁמַדְתִּי אֹתָהּ
מֵעַל פְּנֵי הָאֲדָמָה אֶפֶס כִּי לֹא הַשְׁמֵיד אַשְׁמִיד אֶת־בֵּית יַעֲקֹב
ט נְאֻם־יְהוָה: כִּי־הִנֵּה אָנֹכִי מְצַוֶּה וַהֲנִעוֹתִי בְכָל־הַגּוֹיִם אֶת־בֵּית
י יִשְׂרָאֵל כַּאֲשֶׁר יִנּוֹעַ בַּכְּבָרָה וְלֹא־יִפּוֹל צְרוֹר אָרֶץ: בַּחֶרֶב יָמוּתוּ
כֹּל חַטָּאֵי עַמִּי הָאֹמְרִים לֹא־תַגִּישׁ וְתַקְדִּים בַּעֲדֵינוּ הָרָעָה:
יא בַּיּוֹם הַהוּא אָקִים אֶת־סֻכַּת דָּוִיד הַנֹּפֶלֶת וְגָדַרְתִּי אֶת־פִּרְצֵיהֶן
יב וַהֲרִסֹתָיו אָקִים וּבְנִיתִיהָ כִּימֵי עוֹלָם: לְמַעַן יִירְשׁוּ אֶת־שְׁאֵרִית
אֱדוֹם וְכָל־הַגּוֹיִם אֲשֶׁר־נִקְרָא שְׁמִי עֲלֵיהֶם נְאֻם־יְהוָה עֹשֶׂה

יג זֹאת׃ הִנֵּה יָמִים בָּאִים נְאֻם־יְהוָה וְנִגַּשׁ חוֹרֵשׁ בַּקֹּצֵר
וְדֹרֵךְ עֲנָבִים בְּמֹשֵׁךְ הַזָּרַע וְהִטִּיפוּ הֶהָרִים עָסִיס וְכָל־הַגְּבָעוֹת
יד תִּתְמוֹגַגְנָה׃ וְשַׁבְתִּי אֶת־שְׁבוּת עַמִּי יִשְׂרָאֵל וּבָנוּ עָרִים נְשַׁמּוֹת
וְיָשָׁבוּ וְנָטְעוּ כְרָמִים וְשָׁתוּ אֶת־יֵינָם וְעָשׂוּ גַנּוֹת וְאָכְלוּ אֶת־
טו פְּרִיהֶם׃ וּנְטַעְתִּים עַל־אַדְמָתָם וְלֹא יִנָּתְשׁוּ עוֹד מֵעַל אַדְמָתָם
אֲשֶׁר נָתַתִּי לָהֶם אָמַר יְהוָה אֱלֹהֶיךָ׃

יחזקאל
For Sephardim

ב ג וַיְהִי דְבַר־יְהוָה אֵלַי לֵאמֹר׃ בֶּן־אָדָם דַּבֵּר אֶת־זִקְנֵי יִשְׂרָאֵל
וְאָמַרְתָּ אֲלֵהֶם כֹּה אָמַר אֲדֹנָי יְהוִה הֲלִדְרֹשׁ אֹתִי אַתֶּם בָּאִים חַי־
ד אָנִי אִם־אִדָּרֵשׁ לָכֶם נְאֻם אֲדֹנָי יְהוִה׃ הֲתִשְׁפֹּט אֹתָם הֲתִשְׁפּוֹט
ה בֶּן־אָדָם אֶת־תּוֹעֲבֹת אֲבוֹתָם הוֹדִיעֵם׃ וְאָמַרְתָּ אֲלֵיהֶם כֹּה־
אָמַר אֲדֹנָי יְהוִה בְּיוֹם בָּחֳרִי בְיִשְׂרָאֵל וָאֶשָּׂא יָדִי לְזֶרַע בֵּית
יַעֲקֹב וָאִוָּדַע לָהֶם בְּאֶרֶץ מִצְרָיִם וָאֶשָּׂא יָדִי לָהֶם לֵאמֹר אֲנִי
ו יְהוָה אֱלֹהֵיכֶם׃ בַּיּוֹם הַהוּא נָשָׂאתִי יָדִי לָהֶם לְהוֹצִיאָם מֵאֶרֶץ
מִצְרָיִם אֶל־אֶרֶץ אֲשֶׁר־תַּרְתִּי לָהֶם זָבַת חָלָב וּדְבַשׁ צְבִי הִיא
ז לְכָל־הָאֲרָצוֹת׃ וָאֹמַר אֲלֵהֶם אִישׁ שִׁקּוּצֵי עֵינָיו הַשְׁלִיכוּ וּבְגִלּוּלֵי
ח מִצְרַיִם אַל־תִּטַּמָּאוּ אֲנִי יְהוָה אֱלֹהֵיכֶם׃ וַיַּמְרוּ־בִי וְלֹא אָבוּ
לִשְׁמֹעַ אֵלַי אִישׁ אֶת־שִׁקּוּצֵי עֵינֵיהֶם לֹא הִשְׁלִיכוּ וְאֶת־גִּלּוּלֵי
מִצְרַיִם לֹא עָזָבוּ וָאֹמַר לִשְׁפֹּךְ חֲמָתִי עֲלֵיהֶם לְכַלּוֹת אַפִּי בָּהֶם
ט בְּתוֹךְ אֶרֶץ מִצְרָיִם׃ וָאַעַשׂ לְמַעַן שְׁמִי לְבִלְתִּי הֵחֵל לְעֵינֵי הַגּוֹיִם
אֲשֶׁר־הֵמָּה בְתוֹכָם אֲשֶׁר נוֹדַעְתִּי אֲלֵיהֶם לְעֵינֵיהֶם לְהוֹצִיאָם
י מֵאֶרֶץ מִצְרָיִם׃ וָאוֹצִיאֵם מֵאֶרֶץ מִצְרָיִם וָאֲבִאֵם אֶל־הַמִּדְבָּר׃
יא וָאֶתֵּן לָהֶם אֶת־חֻקּוֹתַי וְאֶת־מִשְׁפָּטַי הוֹדַעְתִּי אוֹתָם אֲשֶׁר יַעֲשֶׂה
יב אוֹתָם הָאָדָם וָחַי בָּהֶם׃ וְגַם אֶת־שַׁבְּתוֹתַי נָתַתִּי לָהֶם לִהְיוֹת
יג לְאוֹת בֵּינִי וּבֵינֵיהֶם לָדַעַת כִּי אֲנִי יְהוָה מְקַדְּשָׁם׃ וַיַּמְרוּ־בִי בֵית־
יִשְׂרָאֵל בַּמִּדְבָּר בְּחֻקּוֹתַי לֹא־הָלָכוּ וְאֶת־מִשְׁפָּטַי מָאָסוּ אֲשֶׁר
יַעֲשֶׂה אֹתָם הָאָדָם וָחַי בָּהֶם וְאֶת־שַׁבְּתֹתַי חִלְּלוּ מְאֹד וָאֹמַר

יד לִשְׁפֹּךְ חֲמָתִי עֲלֵיהֶם בַּמִּדְבָּר לְכַלּוֹתָם׃ וָאֶעֱשֶׂה לְמַעַן שְׁמִי
טו לְבִלְתִּי הֵחֵל לְעֵינֵי הַגּוֹיִם אֲשֶׁר הוֹצֵאתִים לְעֵינֵיהֶם׃ וְגַם־אֲנִי
נָשָׂאתִי יָדִי לָהֶם בַּמִּדְבָּר לְבִלְתִּי הָבִיא אוֹתָם אֶל־הָאָרֶץ אֲשֶׁר־
טז נָתַתִּי זָבַת חָלָב וּדְבַשׁ צְבִי הִיא לְכָל־הָאֲרָצוֹת׃ יַעַן בְּמִשְׁפָּטַי
מָאָסוּ וְאֶת־חֻקּוֹתַי לֹא־הָלְכוּ בָהֶם וְאֶת־שַׁבְּתוֹתַי חִלֵּלוּ כִּי אַחֲרֵי
יז גִלּוּלֵיהֶם לִבָּם הֹלֵךְ׃ וַתָּחָס עֵינִי עֲלֵיהֶם מִשַּׁחֲתָם וְלֹא־עָשִׂיתִי
יח אוֹתָם כָּלָה בַּמִּדְבָּר׃ וָאֹמַר אֶל־בְּנֵיהֶם בַּמִּדְבָּר בְּחוּקֵּי אֲבוֹתֵיכֶם
אַל־תֵּלֵכוּ וְאֶת־מִשְׁפְּטֵיהֶם אַל־תִּשְׁמֹרוּ וּבְגִלּוּלֵיהֶם אַל־תִּטַּמָּאוּ׃
יט אֲנִי יְהוָה אֱלֹהֵיכֶם בְּחֻקּוֹתַי לֵכוּ וְאֶת־מִשְׁפָּטַי שִׁמְרוּ וַעֲשׂוּ אוֹתָם׃
כ וְאֶת־שַׁבְּתוֹתַי קַדֵּשׁוּ וְהָיוּ לְאוֹת בֵּינִי וּבֵינֵיכֶם לָדַעַת כִּי אֲנִי
יְהוָה אֱלֹהֵיכֶם׃

הפטרת אמר

יחזקאל מד טו וְהַכֹּהֲנִים הַלְוִיִּם בְּנֵי צָדוֹק אֲשֶׁר שָׁמְרוּ אֶת־מִשְׁמֶרֶת מִקְדָּשִׁי
בִּתְעוֹת בְּנֵי־יִשְׂרָאֵל מֵעָלַי הֵמָּה יִקְרְבוּ אֵלַי לְשָׁרְתֵנִי וְעָמְדוּ לְפָנַי
טז לְהַקְרִיב לִי חֵלֶב וָדָם נְאֻם אֲדֹנָי יְהוִה׃ הֵמָּה יָבֹאוּ אֶל־מִקְדָּשִׁי
יז וְהֵמָּה יִקְרְבוּ אֶל־שֻׁלְחָנִי לְשָׁרְתֵנִי וְשָׁמְרוּ אֶת־מִשְׁמַרְתִּי׃ וְהָיָה
בְּבוֹאָם אֶל־שַׁעֲרֵי הֶחָצֵר הַפְּנִימִית בִּגְדֵי פִשְׁתִּים יִלְבָּשׁוּ וְלֹא־
יַעֲלֶה עֲלֵיהֶם צֶמֶר בְּשָׁרְתָם בְּשַׁעֲרֵי הֶחָצֵר הַפְּנִימִית וָבָיְתָה׃
יח פַּאֲרֵי פִשְׁתִּים יִהְיוּ עַל־רֹאשָׁם וּמִכְנְסֵי פִשְׁתִּים יִהְיוּ עַל־מָתְנֵיהֶם
יט לֹא יַחְגְּרוּ בַּיָּזַע׃ וּבְצֵאתָם אֶל־הֶחָצֵר הַחִיצוֹנָה אֶל־הֶחָצֵר
הַחִיצוֹנָה אֶל־הָעָם יִפְשְׁטוּ אֶת־בִּגְדֵיהֶם אֲשֶׁר־הֵמָּה מְשָׁרְתִם בָּם
וְהִנִּיחוּ אוֹתָם בְּלִשְׁכֹת הַקֹּדֶשׁ וְלָבְשׁוּ בְּגָדִים אֲחֵרִים וְלֹא־יְקַדְּשׁוּ
כ אֶת־הָעָם בְּבִגְדֵיהֶם׃ וְרֹאשָׁם לֹא יְגַלֵּחוּ וּפֶרַע לֹא יְשַׁלֵּחוּ כָּסוֹם
כא יִכְסְמוּ אֶת־רָאשֵׁיהֶם׃ וְיַיִן לֹא־יִשְׁתּוּ כָּל־כֹּהֵן בְּבוֹאָם אֶל־הֶחָצֵר
כב הַפְּנִימִית׃ וְאַלְמָנָה וּגְרוּשָׁה לֹא־יִקְחוּ לָהֶם לְנָשִׁים כִּי אִם־בְּתוּלֹת

מִזֶּ֙רַע֙ בֵּ֣ית יִשְׂרָאֵ֔ל וְהָֽאַלְמָנָה֙ אֲשֶׁ֣ר תִּהְיֶ֣ה אַלְמָנָ֔ה מִכֹּהֵ֖ן יִקָּֽחוּ׃
כג כד וְאֶת־עַמִּ֣י יוֹר֔וּ בֵּ֥ין קֹ֖דֶשׁ לְחֹ֑ל וּבֵין־טָמֵ֥א לְטָה֖וֹר יוֹדִעֻֽם׃ וְעַל־רִ֗יב
הֵ֚מָּה יַעַמְד֣וּ לשפט בְּמִשְׁפָּטַ֖י ושפטהו וְאֶת־תּוֹרֹתַ֤י וְאֶת־חֻקֹּתַי֙
כה בְּכָל־מוֹעֲדַ֣י יִשְׁמֹ֔רוּ וְאֶת־שַׁבְּתוֹתַ֖י יְקַדֵּֽשׁוּ׃ וְאֶל־מֵ֣ת אָדָ֔ם לֹ֖א
יָב֣וֹא לְטָמְאָ֑ה כִּ֣י אִם־לְאָ֡ב וּ֠לְאֵם וּלְבֵ֨ן וּלְבַ֜ת לְאָ֗ח וּלְאָח֛וֹת
כו אֲשֶׁר־לֹא־הָיְתָ֥ה לְאִ֖ישׁ יִטַּמָּֽאוּ׃ וְאַחֲרֵ֖י טָהֳרָת֑וֹ שִׁבְעַ֥ת יָמִ֖ים
כז יִסְפְּרוּ־לֽוֹ׃ וּבְי֨וֹם בֹּא֜וֹ אֶל־הַקֹּ֗דֶשׁ אֶל־הֶחָצֵ֤ר הַפְּנִימִית֙ לְשָׁרֵ֣ת
כח בַּקֹּ֔דֶשׁ יַקְרִ֖יב חַטָּאת֑וֹ נְאֻ֖ם אֲדֹנָ֥י יֱהֹוִֽה׃ וְהָיְתָ֤ה לָהֶם֙ לְֽנַחֲלָ֔ה אֲנִ֖י
כט נַחֲלָתָ֑ם וַאֲחֻזָּ֗ה לֹא־תִתְּנ֤וּ לָהֶם֙ בְּיִשְׂרָאֵ֔ל אֲנִ֖י אֲחֻזָּתָֽם׃ הַמִּנְחָה֙
וְהַחַטָּ֣את וְהָאָשָׁ֔ם הֵ֖מָּה יֹאכְל֑וּם וְכָל־חֵ֥רֶם בְּיִשְׂרָאֵ֖ל לָהֶ֥ם יִהְיֶֽה׃
ל וְרֵאשִׁית֩ כָּל־בִּכּ֨וּרֵי כֹ֜ל וְכָל־תְּר֣וּמַת כֹּ֗ל מִכֹּל֙ תְּרוּמֹ֣תֵיכֶ֔ם לַכֹּהֲנִ֖ים
יִהְיֶ֑ה וְרֵאשִׁ֤ית עֲרִיסֽוֹתֵיכֶם֙ תִּתְּנ֣וּ לַכֹּהֵ֔ן לְהָנִ֥יחַ בְּרָכָ֖ה אֶל־בֵּיתֶֽךָ׃
לא כָּל־נְבֵלָה֙ וּטְרֵפָ֔ה מִן־הָע֖וֹף וּמִן־הַבְּהֵמָ֑ה לֹ֥א יֹאכְל֖וּ הַכֹּהֲנִֽים׃

לְמִשְׁפָּ֖ט
יִשְׁפְּטֻ֑הוּ

הפטרת בהר סיני

When בהר סיני *and* בחקתי *are read together read the* הפטרה *on page 385.*

ירמיה

לב ו ז וַיֹּ֖אמֶר יִרְמְיָ֑הוּ הָיָ֥ה דְבַר־יְהוָ֖ה אֵלַ֥י לֵאמֹֽר׃ הִנֵּ֣ה חֲנַמְאֵ֗ל בֶּן־
שַׁלֻּם֙ דֹּֽדְךָ֔ בָּ֥א אֵלֶ֖יךָ לֵאמֹ֑ר קְנֵ֣ה לְךָ֗ אֶת־שָׂדִי֙ אֲשֶׁ֣ר בַּעֲנָת֔וֹת
ח כִּ֣י לְךָ֛ מִשְׁפַּ֥ט הַגְּאֻלָּ֖ה לִקְנֽוֹת׃ וַיָּבֹ֣א אֵ֠לַי חֲנַמְאֵ֨ל בֶּן־דֹּדִ֜י כִּדְבַ֣ר
יְהוָה֮ אֶל־חֲצַ֣ר הַמַּטָּרָה֒ וַיֹּ֣אמֶר אֵלַ֡י קְנֵ֣ה נָ֠א אֶת־שָׂדִ֨י אֲשֶׁר־
בַּעֲנָת֜וֹת אֲשֶׁ֣ר ׀ בְּאֶ֣רֶץ בִּנְיָמִ֗ין כִּֽי־לְךָ֞ מִשְׁפַּ֧ט הַיְרֻשָּׁ֛ה וּלְךָ֥ הַגְּאֻלָּ֖ה
ט קְנֵה־לָ֑ךְ וָאֵדַ֕ע כִּ֥י דְבַר־יְהוָ֖ה הֽוּא׃ וָֽאֶקְנֶה֙ אֶת־הַשָּׂדֶ֔ה מֵאֵ֛ת
חֲנַמְאֵ֥ל בֶּן־דֹּדִ֖י אֲשֶׁ֣ר בַּעֲנָת֑וֹת וָאֶשְׁקֲלָה־לּוֹ֙ אֶת־הַכֶּ֔סֶף שִׁבְעָ֥ה
י שְׁקָלִ֖ים וַעֲשָׂרָ֥ה הַכָּֽסֶף׃ וָאֶכְתֹּ֤ב בַּסֵּ֙פֶר֙ וָֽאֶחְתֹּ֔ם וָאָעֵ֖ד עֵדִ֑ים
יא וָאֶשְׁקֹ֥ל הַכֶּ֖סֶף בְּמֹאזְנָֽיִם׃ וָאֶקַּ֖ח אֶת־סֵ֣פֶר הַמִּקְנָ֑ה אֶת־הֶחָת֛וּם
יב הַמִּצְוָ֥ה וְהַחֻקִּ֖ים וְאֶת־הַגָּלֽוּי׃ וָאֶתֵּ֞ן אֶת־הַסֵּ֣פֶר הַמִּקְנָ֗ה אֶל־
בָּר֣וּךְ בֶּן־נֵרִיָּה֮ בֶּן־מַחְסֵיָה֒ לְעֵינֵי֙ חֲנַמְאֵ֣ל דֹּדִ֔י וּלְעֵינֵי֙ הָֽעֵדִ֔ים

הַכֹּתְבִים בְּסֵפֶר הַמִּקְנָה לְעֵינֵי כָּל־הַיְּהוּדִים הַיֹּשְׁבִים בַּחֲצַר
הַמַּטָּרָה׃ וָאֲצַוֶּה אֶת־בָּרוּךְ לְעֵינֵיהֶם לֵאמֹר׃ כֹּה־אָמַר יְהוָה יג יד
צְבָאוֹת אֱלֹהֵי יִשְׂרָאֵל לָקוֹחַ אֶת־הַסְּפָרִים הָאֵלֶּה אֵת סֵפֶר
הַמִּקְנָה הַזֶּה וְאֵת הֶחָתוּם וְאֵת סֵפֶר הַגָּלוּי הַזֶּה וּנְתַתָּם בִּכְלִי־
חָרֶשׂ לְמַעַן יַעַמְדוּ יָמִים רַבִּים׃ כִּי כֹה אָמַר יְהוָה טו
צְבָאוֹת אֱלֹהֵי יִשְׂרָאֵל עוֹד יִקָּנוּ בָתִּים וְשָׂדוֹת וּכְרָמִים בָּאָרֶץ
הַזֹּאת׃ וָאֶתְפַּלֵּל אֶל־יְהוָה אַחֲרֵי תִתִּי אֶת־סֵפֶר טז
הַמִּקְנָה אֶל־בָּרוּךְ בֶּן־נֵרִיָּה לֵאמֹר׃ אֲהָהּ אֲדֹנָי יֱהֹוִה הִנֵּה ׀ יז
אַתָּה עָשִׂיתָ אֶת־הַשָּׁמַיִם וְאֶת־הָאָרֶץ בְּכֹחֲךָ הַגָּדוֹל וּבִזְרֹעֲךָ
הַנְּטוּיָה לֹא־יִפָּלֵא מִמְּךָ כָּל־דָּבָר׃ עֹשֶׂה חֶסֶד לַאֲלָפִים וּמְשַׁלֵּם יח
עֲוֺן אָבוֹת אֶל־חֵיק בְּנֵיהֶם אַחֲרֵיהֶם הָאֵל הַגָּדוֹל הַגִּבּוֹר יְהוָה
צְבָאוֹת שְׁמוֹ׃ גְּדֹל הָעֵצָה וְרַב הָעֲלִילִיָּה אֲשֶׁר־עֵינֶיךָ פְקֻחוֹת יט
עַל־כָּל־דַּרְכֵי בְּנֵי אָדָם לָתֵת לְאִישׁ כִּדְרָכָיו וְכִפְרִי מַעֲלָלָיו׃ אֲשֶׁר כ
שַׂמְתָּ אֹתוֹת וּמֹפְתִים בְּאֶרֶץ מִצְרַיִם עַד־הַיּוֹם הַזֶּה וּבְיִשְׂרָאֵל
וּבָאָדָם וַתַּעֲשֶׂה־לְּךָ שֵׁם כַּיּוֹם הַזֶּה׃ וַתֹּצֵא אֶת־עַמְּךָ אֶת־יִשְׂרָאֵל כא
מֵאֶרֶץ מִצְרָיִם בְּאֹתוֹת וּבְמוֹפְתִים וּבְיָד חֲזָקָה וּבְאֶזְרוֹעַ נְטוּיָה
וּבְמוֹרָא גָּדוֹל׃ וַתִּתֵּן לָהֶם אֶת־הָאָרֶץ הַזֹּאת אֲשֶׁר־נִשְׁבַּעְתָּ כב
לַאֲבוֹתָם לָתֵת לָהֶם אֶרֶץ זָבַת חָלָב וּדְבָשׁ׃ וַיָּבֹאוּ וַיִּרְשׁוּ אֹתָהּ כג
וְלֹא־שָׁמְעוּ בְקוֹלֶךָ ובתרותך לֹא־הָלָכוּ אֵת כָּל־אֲשֶׁר צִוִּיתָה וּבְתוֹרָתְךָ
לָהֶם לַעֲשׂוֹת לֹא עָשׂוּ וַתַּקְרֵא אֹתָם אֵת כָּל־הָרָעָה הַזֹּאת׃
הִנֵּה הַסֹּלְלוֹת בָּאוּ הָעִיר לְלָכְדָהּ וְהָעִיר נִתְּנָה בְּיַד הַכַּשְׂדִּים כד
הַנִּלְחָמִים עָלֶיהָ מִפְּנֵי הַחֶרֶב וְהָרָעָב וְהַדָּבֶר וַאֲשֶׁר דִּבַּרְתָּ הָיָה
וְהִנְּךָ רֹאֶה׃ וְאַתָּה אָמַרְתָּ אֵלַי אֲדֹנָי יֱהֹוִה קְנֵה־לְךָ הַשָּׂדֶה כה
בַּכֶּסֶף וְהָעֵד עֵדִים וְהָעִיר נִתְּנָה בְּיַד הַכַּשְׂדִּים׃ וַיְהִי כו
דְּבַר־יְהוָה אֶל־יִרְמְיָהוּ לֵאמֹר׃ הִנֵּה אֲנִי יְהוָה אֱלֹהֵי כָּל־בָּשָׂר כז
הֲמִמֶּנִּי יִפָּלֵא כָּל־דָּבָר׃

הפטרת בחקתי

When בהר סיני *and* בחקתי *are read together read this* הפטרה.

ירמיה

יט יהוה עזי ומעזי ומנוסי ביום צרה אליך גוים יבאו מאפסי־
ארץ ויאמרו אך־שקר נחלו אבותינו הבל ואין־בם מועיל:
כ כא היעשה־לו אדם אלהים והמה לא אלהים: לכן הנני מודיעם
בפעם הזאת אודיעם את־ידי ואת־גבורתי וידעו כי־שמי
א יהוה: חטאת יהודה כתובה בעט ברזל בצפרן
ב שמיר חרושה על־לוח לבם ולקרנות מזבחותיכם: כזכר בניהם
ג מזבחותם ואשריהם על־עץ רענן על גבעות הגבהות: הררי
בשדה חילך כל־אוצרותיך לבז אתן במתיך בחטאת בכל־
ד גבוליך: ושמטתה ובך מנחלתך אשר נתתי לך והעבדתיך
את־איביך בארץ אשר לא־ידעת כי־אש קדחתם באפי עד־
ה עולם תוקד: כה ׀ אמר יהוה ארור הגבר אשר
ו יבטח באדם ושם בשר זרעו ומן־יהוה יסור לבו: והיה כערער
בערבה ולא יראה כי־יבוא טוב ושכן חררים במדבר ארץ
ז מלחה ולא תשב: ברוך הגבר אשר יבטח ביהוה
ח והיה יהוה מבטחו: והיה כעץ ׀ שתול על־מים ועל־יובל
ישלח שרשיו ולא ירא כי־יבא חם והיה עלהו רענן ובשנת
ט בצרת לא ידאג ולא ימיש מעשות פרי: עקב הלב מכל ואנש
י הוא מי ידענו: אני יהוה חקר לב בחן כליות ולתת לאיש
יא כדרכו כפרי מעלליו: קרא דגר ולא ילד עשה עשר
יב ולא במשפט בחצי ימו יעזבנו ובאחריתו יהיה נבל: כסא
יג כבוד מרום מראשון מקום מקדשנו: מקוה ישראל יהוה כל־
עזביך יבשו יסורי בארץ יכתבו כי עזבו מקור מים־חיים וסורי
יד את־יהוה: רפאני יהוה וארפא הושיעני ואושעה
כי תהלתי אתה:

הפטרת במדבר

On ערב ראש חודש סיון *read the* הפטרה *on page 416.*

הושע וְהָיָה מִסְפַּר בְּנֵי־יִשְׂרָאֵל כְּחוֹל הַיָּם אֲשֶׁר לֹא־יִמַּד וְלֹא יִסָּפֵר א
וְהָיָה בִּמְקוֹם אֲשֶׁר־יֵאָמֵר לָהֶם לֹא־עַמִּי אַתֶּם יֵאָמֵר לָהֶם בְּנֵי
אֵל־חָי׃ וְנִקְבְּצוּ בְּנֵי־יְהוּדָה וּבְנֵי־יִשְׂרָאֵל יַחְדָּו וְשָׂמוּ לָהֶם רֹאשׁ ב
אֶחָד וְעָלוּ מִן־הָאָרֶץ כִּי גָדוֹל יוֹם יִזְרְעֶאל׃ אִמְרוּ לַאֲחֵיכֶם ג
עַמִּי וְלַאֲחוֹתֵיכֶם רֻחָמָה׃ רִיבוּ בְאִמְּכֶם רִיבוּ כִּי־הִיא לֹא אִשְׁתִּי ד
וְאָנֹכִי לֹא אִישָׁהּ וְתָסֵר זְנוּנֶיהָ מִפָּנֶיהָ וְנַאֲפוּפֶיהָ מִבֵּין שָׁדֶיהָ׃
פֶּן־אַפְשִׁיטֶנָּה עֲרֻמָּה וְהִצַּגְתִּיהָ כְּיוֹם הִוָּלְדָהּ וְשַׂמְתִּיהָ כַמִּדְבָּר ה
וְשַׁתִּהָ כְּאֶרֶץ צִיָּה וַהֲמִתִּיהָ בַּצָּמָא׃ וְאֶת־בָּנֶיהָ לֹא אֲרַחֵם כִּי־בְנֵי ו
זְנוּנִים הֵמָּה׃ כִּי זָנְתָה אִמָּם הֹבִישָׁה הוֹרָתָם כִּי אָמְרָה אֵלְכָה ז
אַחֲרֵי מְאַהֲבַי נֹתְנֵי לַחְמִי וּמֵימַי צַמְרִי וּפִשְׁתִּי שַׁמְנִי וְשִׁקּוּיָי׃
לָכֵן הִנְנִי־שָׂךְ אֶת־דַּרְכֵּךְ בַּסִּירִים וְגָדַרְתִּי אֶת־גְּדֵרָהּ וּנְתִיבוֹתֶיהָ ח
לֹא תִמְצָא׃ וְרִדְּפָה אֶת־מְאַהֲבֶיהָ וְלֹא־תַשִּׂיג אֹתָם וּבִקְשָׁתַם ט
וְלֹא תִמְצָא וְאָמְרָה אֵלְכָה וְאָשׁוּבָה אֶל־אִישִׁי הָרִאשׁוֹן כִּי
טוֹב לִי אָז מֵעָתָּה׃ וְהִיא לֹא יָדְעָה כִּי אָנֹכִי נָתַתִּי לָהּ הַדָּגָן י
וְהַתִּירוֹשׁ וְהַיִּצְהָר וְכֶסֶף הִרְבֵּיתִי לָהּ וְזָהָב עָשׂוּ לַבָּעַל׃ לָכֵן אָשׁוּב יא
וְלָקַחְתִּי דְגָנִי בְּעִתּוֹ וְתִירוֹשִׁי בְּמוֹעֲדוֹ וְהִצַּלְתִּי צַמְרִי וּפִשְׁתִּי
לְכַסּוֹת אֶת־עֶרְוָתָהּ׃ וְעַתָּה אֲגַלֶּה אֶת־נַבְלֻתָהּ לְעֵינֵי מְאַהֲבֶיהָ יב
וְאִישׁ לֹא־יַצִּילֶנָּה מִיָּדִי׃ וְהִשְׁבַּתִּי כָּל־מְשׂוֹשָׂהּ חַגָּהּ חָדְשָׁהּ יג
וְשַׁבַּתָּהּ וְכֹל מוֹעֲדָהּ׃ וַהֲשִׁמֹּתִי גַּפְנָהּ וּתְאֵנָתָהּ אֲשֶׁר אָמְרָה יד
אֶתְנָה הֵמָּה לִי אֲשֶׁר נָתְנוּ־לִי מְאַהֲבָי וְשַׂמְתִּים לְיַעַר וַאֲכָלָתַם
חַיַּת הַשָּׂדֶה׃ וּפָקַדְתִּי עָלֶיהָ אֶת־יְמֵי הַבְּעָלִים אֲשֶׁר תַּקְטִיר טו
לָהֶם וַתַּעַד נִזְמָהּ וְחֶלְיָתָהּ וַתֵּלֶךְ אַחֲרֵי מְאַהֲבֶיהָ וְאֹתִי שָׁכְחָה
נְאֻם־יהוה׃ לָכֵן הִנֵּה אָנֹכִי מְפַתֶּיהָ וְהֹלַכְתִּיהָ הַמִּדְבָּר טז
וְדִבַּרְתִּי עַל־לִבָּהּ׃ וְנָתַתִּי לָהּ אֶת־כְּרָמֶיהָ מִשָּׁם וְאֶת־עֵמֶק עָכוֹר יז
לְפֶתַח תִּקְוָה וְעָנְתָה שָּׁמָּה כִּימֵי נְעוּרֶיהָ וּכְיוֹם עֲלֹתָהּ מֵאֶרֶץ־

יח מִצְרָיִם: וְהָיָה בַיּוֹם־הַהוּא נְאֻם־יְהוָה תִּקְרְאִי אִישִׁי
יט וְלֹא־תִקְרְאִי־לִי עוֹד בַּעְלִי: וַהֲסִרֹתִי אֶת־שְׁמוֹת הַבְּעָלִים מִפִּיהָ
כ וְלֹא־יִזָּכְרוּ עוֹד בִּשְׁמָם: וְכָרַתִּי לָהֶם בְּרִית בַּיּוֹם הַהוּא עִם־חַיַּת
הַשָּׂדֶה וְעִם־עוֹף הַשָּׁמַיִם וְרֶמֶשׂ הָאֲדָמָה וְקֶשֶׁת וְחֶרֶב וּמִלְחָמָה
כא אֶשְׁבּוֹר מִן־הָאָרֶץ וְהִשְׁכַּבְתִּים לָבֶטַח: וְאֵרַשְׂתִּיךְ לִי לְעוֹלָם
כב וְאֵרַשְׂתִּיךְ לִי בְּצֶדֶק וּבְמִשְׁפָּט וּבְחֶסֶד וּבְרַחֲמִים: וְאֵרַשְׂתִּיךְ לִי
בֶּאֱמוּנָה וְיָדַעַתְּ אֶת־יְהוָה:

הפטרת נשא

יג ב וַיְהִי אִישׁ אֶחָד מִצָּרְעָה מִמִּשְׁפַּחַת הַדָּנִי וּשְׁמוֹ מָנוֹחַ וְאִשְׁתּוֹ שופטים
ג עֲקָרָה וְלֹא יָלָדָה: וַיֵּרָא מַלְאַךְ־יְהוָה אֶל־הָאִשָּׁה וַיֹּאמֶר אֵלֶיהָ
ד הִנֵּה־נָא אַתְּ־עֲקָרָה וְלֹא יָלַדְתְּ וְהָרִית וְיָלַדְתְּ בֵּן: וְעַתָּה הִשָּׁמְרִי
ה נָא וְאַל־תִּשְׁתִּי יַיִן וְשֵׁכָר וְאַל־תֹּאכְלִי כָּל־טָמֵא: כִּי הִנָּךְ הָרָה
וְיֹלַדְתְּ בֵּן וּמוֹרָה לֹא־יַעֲלֶה עַל־רֹאשׁוֹ כִּי־נְזִיר אֱלֹהִים יִהְיֶה הַנַּעַר
ו מִן־הַבָּטֶן וְהוּא יָחֵל לְהוֹשִׁיעַ אֶת־יִשְׂרָאֵל מִיַּד פְּלִשְׁתִּים: וַתָּבֹא
הָאִשָּׁה וַתֹּאמֶר לְאִישָׁהּ לֵאמֹר אִישׁ הָאֱלֹהִים בָּא אֵלַי וּמַרְאֵהוּ
כְּמַרְאֵה מַלְאַךְ הָאֱלֹהִים נוֹרָא מְאֹד וְלֹא שְׁאִלְתִּיהוּ אֵי־מִזֶּה הוּא
ז וְאֶת־שְׁמוֹ לֹא־הִגִּיד לִי: וַיֹּאמֶר לִי הִנָּךְ הָרָה וְיֹלַדְתְּ בֵּן וְעַתָּה
אַל־תִּשְׁתִּי ׀ יַיִן וְשֵׁכָר וְאַל־תֹּאכְלִי כָּל־טֻמְאָה כִּי־נְזִיר אֱלֹהִים
יִהְיֶה הַנַּעַר מִן־הַבֶּטֶן עַד־יוֹם מוֹתוֹ:
ח וַיֶּעְתַּר מָנוֹחַ אֶל־יְהוָה וַיֹּאמַר בִּי אֲדוֹנָי אִישׁ הָאֱלֹהִים אֲשֶׁר
שָׁלַחְתָּ יָבוֹא־נָא עוֹד אֵלֵינוּ וְיוֹרֵנוּ מַה־נַּעֲשֶׂה לַנַּעַר הַיּוּלָּד:
ט וַיִּשְׁמַע הָאֱלֹהִים בְּקוֹל מָנוֹחַ וַיָּבֹא מַלְאַךְ הָאֱלֹהִים עוֹד אֶל־
י הָאִשָּׁה וְהִיא יוֹשֶׁבֶת בַּשָּׂדֶה וּמָנוֹחַ אִישָׁהּ אֵין עִמָּהּ: וַתְּמַהֵר
הָאִשָּׁה וַתָּרָץ וַתַּגֵּד לְאִישָׁהּ וַתֹּאמֶר אֵלָיו הִנֵּה נִרְאָה אֵלַי הָאִישׁ
יא אֲשֶׁר־בָּא בַיּוֹם אֵלָי: וַיָּקָם וַיֵּלֶךְ מָנוֹחַ אַחֲרֵי אִשְׁתּוֹ וַיָּבֹא אֶל־

הָאִישׁ וַיֹּאמֶר לוֹ הַאַתָּה הָאִישׁ אֲשֶׁר־דִּבַּרְתָּ אֶל־הָאִשָּׁה וַיֹּאמֶר
יב אָנִי׃ וַיֹּאמֶר מָנוֹחַ עַתָּה יָבֹא דְבָרֶיךָ מַה־יִּהְיֶה מִשְׁפַּט־הַנַּעַר
יג וּמַעֲשֵׂהוּ׃ וַיֹּאמֶר מַלְאַךְ יְהוָה אֶל־מָנוֹחַ מִכֹּל אֲשֶׁר־אָמַרְתִּי אֶל־
יד הָאִשָּׁה תִּשָּׁמֵר׃ מִכֹּל אֲשֶׁר־יֵצֵא מִגֶּפֶן הַיַּיִן לֹא תֹאכַל וְיַיִן וְשֵׁכָר
אַל־תֵּשְׁתְּ וְכָל־טֻמְאָה אַל־תֹּאכַל כֹּל אֲשֶׁר־צִוִּיתִיהָ תִּשְׁמֹר׃
טו וַיֹּאמֶר מָנוֹחַ אֶל־מַלְאַךְ יְהוָה נַעְצְרָה־נָּא אוֹתָךְ וְנַעֲשֶׂה לְפָנֶיךָ
טז גְּדִי עִזִּים׃ וַיֹּאמֶר מַלְאַךְ יְהוָה אֶל־מָנוֹחַ אִם־תַּעְצְרֵנִי לֹא־אֹכַל
בְּלַחְמֶךָ וְאִם־תַּעֲשֶׂה עֹלָה לַיהוָה תַּעֲלֶנָּה כִּי לֹא־יָדַע מָנוֹחַ
יז כִּי־מַלְאַךְ יְהוָה הוּא׃ וַיֹּאמֶר מָנוֹחַ אֶל־מַלְאַךְ יְהוָה מִי שְׁמֶךָ
יח כִּי־יָבֹא דבריך וְכִבַּדְנוּךָ׃ וַיֹּאמֶר לוֹ מַלְאַךְ יְהוָה לָמָּה זֶּה תִּשְׁאַל דְּבָרְךָ
יט לִשְׁמִי וְהוּא־פֶלִאי׃ וַיִּקַּח מָנוֹחַ אֶת־גְּדִי הָעִזִּים וְאֶת־הַמִּנְחָה
וַיַּעַל עַל־הַצּוּר לַיהוָה וּמַפְלִא לַעֲשׂוֹת וּמָנוֹחַ וְאִשְׁתּוֹ רֹאִים׃
כ וַיְהִי בַעֲלוֹת הַלַּהַב מֵעַל הַמִּזְבֵּחַ הַשָּׁמַיְמָה וַיַּעַל מַלְאַךְ־יְהוָה
בְּלַהַב הַמִּזְבֵּחַ וּמָנוֹחַ וְאִשְׁתּוֹ רֹאִים וַיִּפְּלוּ עַל־פְּנֵיהֶם אָרְצָה׃
כא וְלֹא־יָסַף עוֹד מַלְאַךְ יְהוָה לְהֵרָאֹה אֶל־מָנוֹחַ וְאֶל־אִשְׁתּוֹ אָז יָדַע
כב מָנוֹחַ כִּי־מַלְאַךְ יְהוָה הוּא׃ וַיֹּאמֶר מָנוֹחַ אֶל־אִשְׁתּוֹ מוֹת נָמוּת
כג כִּי אֱלֹהִים רָאִינוּ׃ וַתֹּאמֶר לוֹ אִשְׁתּוֹ לוּ חָפֵץ יְהוָה לַהֲמִיתֵנוּ
לֹא־לָקַח מִיָּדֵנוּ עֹלָה וּמִנְחָה וְלֹא הֶרְאָנוּ אֶת־כָּל־אֵלֶּה וְכָעֵת
כד לֹא הִשְׁמִיעָנוּ כָּזֹאת׃ וַתֵּלֶד הָאִשָּׁה בֵּן וַתִּקְרָא אֶת־שְׁמוֹ שִׁמְשׁוֹן
כה וַיִּגְדַּל הַנַּעַר וַיְבָרְכֵהוּ יְהוָה׃ וַתָּחֶל רוּחַ יְהוָה לְפַעֲמוֹ בְּמַחֲנֵה־דָן
בֵּין צָרְעָה וּבֵין אֶשְׁתָּאוֹל׃

הפטרת בהעלתך

זכריה ב יד רָנִּי וְשִׂמְחִי בַּת־צִיּוֹן כִּי הִנְנִי־בָא וְשָׁכַנְתִּי בְתוֹכֵךְ נְאֻם־יְהוָה׃
טו וְנִלְווּ גוֹיִם רַבִּים אֶל־יְהוָה בַּיּוֹם הַהוּא וְהָיוּ לִי לְעָם וְשָׁכַנְתִּי
טז בְתוֹכֵךְ וְיָדַעַתְּ כִּי־יְהוָה צְבָאוֹת שְׁלָחַנִי אֵלָיִךְ׃ וְנָחַל יְהוָה

יז אֶת־יְהוּדָה חֶלְקוֹ עַל אַדְמַת הַקֹּדֶשׁ וּבָחַר עוֹד בִּירוּשָׁלִָם׃ הַס
ג א כָּל־בָּשָׂר מִפְּנֵי יְהוָה כִּי נֵעוֹר מִמְּעוֹן קָדְשׁוֹ׃ וַיַּרְאֵנִי
אֶת־יְהוֹשֻׁעַ הַכֹּהֵן הַגָּדוֹל עֹמֵד לִפְנֵי מַלְאַךְ יְהוָה וְהַשָּׂטָן עֹמֵד
ב עַל־יְמִינוֹ לְשִׂטְנוֹ׃ וַיֹּאמֶר יְהוָה אֶל־הַשָּׂטָן יִגְעַר יְהוָה בְּךָ
הַשָּׂטָן וְיִגְעַר יְהוָה בְּךָ הַבֹּחֵר בִּירוּשָׁלִָם הֲלוֹא זֶה אוּד מֻצָּל
ג מֵאֵשׁ׃ וִיהוֹשֻׁעַ הָיָה לָבֻשׁ בְּגָדִים צוֹאִים וְעֹמֵד לִפְנֵי הַמַּלְאָךְ׃
ד וַיַּעַן וַיֹּאמֶר אֶל־הָעֹמְדִים לְפָנָיו לֵאמֹר הָסִירוּ הַבְּגָדִים הַצֹּאִים
מֵעָלָיו וַיֹּאמֶר אֵלָיו רְאֵה הֶעֱבַרְתִּי מֵעָלֶיךָ עֲוֺנֶךָ וְהַלְבֵּשׁ אֹתְךָ
ה מַחֲלָצוֹת׃ וָאֹמַר יָשִׂימוּ צָנִיף טָהוֹר עַל־רֹאשׁוֹ וַיָּשִׂימוּ הַצָּנִיף
ו הַטָּהוֹר עַל־רֹאשׁוֹ וַיַּלְבִּשֻׁהוּ בְּגָדִים וּמַלְאַךְ יְהוָה עֹמֵד׃ וַיָּעַד
ז מַלְאַךְ יְהוָה בִּיהוֹשֻׁעַ לֵאמֹר׃ כֹּה־אָמַר יְהוָה צְבָאוֹת אִם־
בִּדְרָכַי תֵּלֵךְ וְאִם אֶת־מִשְׁמַרְתִּי תִשְׁמֹר וְגַם־אַתָּה תָּדִין אֶת־
בֵּיתִי וְגַם תִּשְׁמֹר אֶת־חֲצֵרָי וְנָתַתִּי לְךָ מַהְלְכִים בֵּין הָעֹמְדִים
ח הָאֵלֶּה׃ שְׁמַע־נָא יְהוֹשֻׁעַ ׀ הַכֹּהֵן הַגָּדוֹל אַתָּה וְרֵעֶיךָ הַיֹּשְׁבִים
לְפָנֶיךָ כִּי־אַנְשֵׁי מוֹפֵת הֵמָּה כִּי־הִנְנִי מֵבִיא אֶת־עַבְדִּי צֶמַח׃
ט כִּי ׀ הִנֵּה הָאֶבֶן אֲשֶׁר נָתַתִּי לִפְנֵי יְהוֹשֻׁעַ עַל־אֶבֶן אַחַת שִׁבְעָה
עֵינָיִם הִנְנִי מְפַתֵּחַ פִּתֻּחָהּ נְאֻם יְהוָה צְבָאוֹת וּמַשְׁתִּי אֶת־עֲוֺן
י הָאָרֶץ־הַהִיא בְּיוֹם אֶחָד׃ בַּיּוֹם הַהוּא נְאֻם יְהוָה צְבָאוֹת תִּקְרְאוּ
ד א אִישׁ לְרֵעֵהוּ אֶל־תַּחַת גֶּפֶן וְאֶל־תַּחַת תְּאֵנָה׃ וַיָּשָׁב
ב הַמַּלְאָךְ הַדֹּבֵר בִּי וַיְעִירֵנִי כְּאִישׁ אֲשֶׁר־יֵעוֹר מִשְּׁנָתוֹ׃ וַיֹּאמֶר
אֵלַי מָה אַתָּה רֹאֶה ויאמר רָאִיתִי וְהִנֵּה מְנוֹרַת זָהָב כֻּלָּהּ וְגֻלָּהּ וָאֹמַר
עַל־רֹאשָׁהּ וְשִׁבְעָה נֵרֹתֶיהָ עָלֶיהָ שִׁבְעָה וְשִׁבְעָה מוּצָקוֹת לַנֵּרוֹת
ג אֲשֶׁר עַל־רֹאשָׁהּ׃ וּשְׁנַיִם זֵיתִים עָלֶיהָ אֶחָד מִימִין הַגֻּלָּה וְאֶחָד
ד עַל־שְׂמֹאלָהּ׃ וָאַעַן וָאֹמַר אֶל־הַמַּלְאָךְ הַדֹּבֵר בִּי לֵאמֹר מָה־
ה אֵלֶּה אֲדֹנִי׃ וַיַּעַן הַמַּלְאָךְ הַדֹּבֵר בִּי וַיֹּאמֶר אֵלַי הֲלוֹא יָדַעְתָּ
ו מָה־הֵמָּה אֵלֶּה וָאֹמַר לֹא אֲדֹנִי׃ וַיַּעַן וַיֹּאמֶר אֵלַי לֵאמֹר זֶה
דְּבַר־יְהוָה אֶל־זְרֻבָּבֶל לֵאמֹר לֹא בְחַיִל וְלֹא בְכֹחַ כִּי אִם־בְּרוּחִי

אָמַר יְהוָה צְבָאוֹת׃ מִי־אַתָּה הַר־הַגָּדוֹל לִפְנֵי זְרֻבָּבֶל לְמִישֹׁר ז
וְהוֹצִיא אֶת־הָאֶבֶן הָרֹאשָׁה תְּשֻׁאוֹת חֵן ׀ חֵן לָהּ׃

הפטרת שלח לך

יהושע וַיִּשְׁלַח יְהוֹשֻׁעַ בִּן־נוּן מִן־הַשִּׁטִּים שְׁנַיִם אֲנָשִׁים מְרַגְּלִים חֶרֶשׁ א ב
לֵאמֹר לְכוּ רְאוּ אֶת־הָאָרֶץ וְאֶת־יְרִיחוֹ וַיֵּלְכוּ וַיָּבֹאוּ בֵּית־אִשָּׁה
זוֹנָה וּשְׁמָהּ רָחָב וַיִּשְׁכְּבוּ־שָׁמָּה׃ וַיֵּאָמַר לְמֶלֶךְ יְרִיחוֹ לֵאמֹר ב
הִנֵּה אֲנָשִׁים בָּאוּ הֵנָּה הַלַּיְלָה מִבְּנֵי יִשְׂרָאֵל לַחְפֹּר אֶת־הָאָרֶץ׃
וַיִּשְׁלַח מֶלֶךְ יְרִיחוֹ אֶל־רָחָב לֵאמֹר הוֹצִיאִי הָאֲנָשִׁים הַבָּאִים ג
אֵלַיִךְ אֲשֶׁר־בָּאוּ לְבֵיתֵךְ כִּי לַחְפֹּר אֶת־כָּל־הָאָרֶץ בָּאוּ׃ וַתִּקַּח ד
הָאִשָּׁה אֶת־שְׁנֵי הָאֲנָשִׁים וַתִּצְפְּנוֹ וַתֹּאמֶר כֵּן בָּאוּ אֵלַי הָאֲנָשִׁים
וְלֹא יָדַעְתִּי מֵאַיִן הֵמָּה׃ וַיְהִי הַשַּׁעַר לִסְגּוֹר בַּחֹשֶׁךְ וְהָאֲנָשִׁים יָצָאוּ ה
לֹא יָדַעְתִּי אָנָה הָלְכוּ הָאֲנָשִׁים רִדְפוּ מַהֵר אַחֲרֵיהֶם כִּי תַשִּׂיגוּם׃
וְהִיא הֶעֱלָתַם הַגָּגָה וַתִּטְמְנֵם בְּפִשְׁתֵּי הָעֵץ הָעֲרֻכוֹת לָהּ עַל־ ו
הַגָּג׃ וְהָאֲנָשִׁים רָדְפוּ אַחֲרֵיהֶם דֶּרֶךְ הַיַּרְדֵּן עַל הַמַּעְבְּרוֹת וְהַשַּׁעַר ז
סָגָרוּ אַחֲרֵי כַּאֲשֶׁר יָצְאוּ הָרֹדְפִים אַחֲרֵיהֶם׃ וְהֵמָּה טֶרֶם יִשְׁכָּבוּן ח
וְהִיא עָלְתָה עֲלֵיהֶם עַל־הַגָּג׃ וַתֹּאמֶר אֶל־הָאֲנָשִׁים יָדַעְתִּי כִּי־ ט
נָתַן יְהוָה לָכֶם אֶת־הָאָרֶץ וְכִי־נָפְלָה אֵימַתְכֶם עָלֵינוּ וְכִי נָמֹגוּ
כָּל־יֹשְׁבֵי הָאָרֶץ מִפְּנֵיכֶם׃ כִּי שָׁמַעְנוּ אֵת אֲשֶׁר־הוֹבִישׁ יְהוָה י
אֶת־מֵי יַם־סוּף מִפְּנֵיכֶם בְּצֵאתְכֶם מִמִּצְרָיִם וַאֲשֶׁר עֲשִׂיתֶם לִשְׁנֵי
מַלְכֵי הָאֱמֹרִי אֲשֶׁר בְּעֵבֶר הַיַּרְדֵּן לְסִיחֹן וּלְעוֹג אֲשֶׁר הַחֲרַמְתֶּם
אוֹתָם׃ וַנִּשְׁמַע וַיִּמַּס לְבָבֵנוּ וְלֹא־קָמָה עוֹד רוּחַ בְּאִישׁ מִפְּנֵיכֶם כִּי יא
יְהוָה אֱלֹהֵיכֶם הוּא אֱלֹהִים בַּשָּׁמַיִם מִמַּעַל וְעַל־הָאָרֶץ מִתָּחַת׃
וְעַתָּה הִשָּׁבְעוּ־נָא לִי בַּיהוָה כִּי־עָשִׂיתִי עִמָּכֶם חָסֶד וַעֲשִׂיתֶם יב
גַּם־אַתֶּם עִם־בֵּית אָבִי חֶסֶד וּנְתַתֶּם לִי אוֹת אֱמֶת׃ וְהַחֲיִתֶם יג
אֶת־אָבִי וְאֶת־אִמִּי וְאֶת־אַחַי וְאֶת־אחותי וְאֵת כָּל־אֲשֶׁר לָהֶם אֲחִיוֹתַי

יד וְהִצַּלְתֶּם אֶת־נַפְשֹׁתֵינוּ מִמָּוֶת: וַיֹּאמְרוּ לָהּ הָאֲנָשִׁים נַפְשֵׁנוּ
תַחְתֵּיכֶם לָמוּת אִם לֹא תַגִּידוּ אֶת־דְּבָרֵנוּ זֶה וְהָיָה בְּתֵת־יהוה
טו לָנוּ אֶת־הָאָרֶץ וְעָשִׂינוּ עִמָּךְ חֶסֶד וֶאֱמֶת: וַתּוֹרִדֵם בַּחֶבֶל בְּעַד
טז הַחַלּוֹן כִּי בֵיתָהּ בְּקִיר הַחוֹמָה וּבַחוֹמָה הִיא יוֹשָׁבֶת: וַתֹּאמֶר
לָהֶם הָהָרָה לֵּכוּ פֶּן־יִפְגְּעוּ בָכֶם הָרֹדְפִים וְנַחְבֵּתֶם שָׁמָּה שְׁלֹשֶׁת
יז יָמִים עַד שׁוֹב הָרֹדְפִים וְאַחַר תֵּלְכוּ לְדַרְכְּכֶם: וַיֹּאמְרוּ אֵלֶיהָ
יח הָאֲנָשִׁים נְקִיִּם אֲנַחְנוּ מִשְּׁבֻעָתֵךְ הַזֶּה אֲשֶׁר הִשְׁבַּעְתָּנוּ: הִנֵּה
אֲנַחְנוּ בָאִים בָּאָרֶץ אֶת־תִּקְוַת חוּט הַשָּׁנִי הַזֶּה תִּקְשְׁרִי בַּחַלּוֹן
אֲשֶׁר הוֹרַדְתֵּנוּ בוֹ וְאֶת־אָבִיךְ וְאֶת־אִמֵּךְ וְאֶת־אַחַיִךְ וְאֵת כָּל־
יט בֵּית אָבִיךְ תַּאַסְפִי אֵלַיִךְ הַבָּיְתָה: וְהָיָה כֹּל אֲשֶׁר־יֵצֵא מִדַּלְתֵי
בֵיתֵךְ ׀ הַחוּצָה דָּמוֹ בְרֹאשׁוֹ וַאֲנַחְנוּ נְקִיִּם וְכֹל אֲשֶׁר יִהְיֶה אִתָּךְ
כ בַּבַּיִת דָּמוֹ בְרֹאשֵׁנוּ אִם־יָד תִּהְיֶה־בּוֹ: וְאִם־תַּגִּידִי אֶת־דְּבָרֵנוּ
כא זֶה וְהָיִינוּ נְקִיִּם מִשְּׁבֻעָתֵךְ אֲשֶׁר הִשְׁבַּעְתָּנוּ: וַתֹּאמֶר כְּדִבְרֵיכֶם
כב כֶּן־הוּא וַתְּשַׁלְּחֵם וַיֵּלֵכוּ וַתִּקְשֹׁר אֶת־תִּקְוַת הַשָּׁנִי בַּחַלּוֹן: וַיֵּלְכוּ
וַיָּבֹאוּ הָהָרָה וַיֵּשְׁבוּ שָׁם שְׁלֹשֶׁת יָמִים עַד־שָׁבוּ הָרֹדְפִים וַיְבַקְשׁוּ
כג הָרֹדְפִים בְּכָל־הַדֶּרֶךְ וְלֹא מָצָאוּ: וַיָּשֻׁבוּ שְׁנֵי הָאֲנָשִׁים וַיֵּרְדוּ
מֵהָהָר וַיַּעַבְרוּ וַיָּבֹאוּ אֶל־יְהוֹשֻׁעַ בִּן־נוּן וַיְסַפְּרוּ־לוֹ אֵת כָּל־
כד הַמֹּצְאוֹת אוֹתָם: וַיֹּאמְרוּ אֶל־יְהוֹשֻׁעַ כִּי־נָתַן יהוה בְּיָדֵנוּ אֶת־
כָּל־הָאָרֶץ וְגַם־נָמֹגוּ כָּל־יֹשְׁבֵי הָאָרֶץ מִפָּנֵינוּ:

הפטרת קרח

On ראש חודש תמוז *read the* הפטרה *on page 415.*

שמואל א

א יד וַיֹּאמֶר שְׁמוּאֵל אֶל־הָעָם לְכוּ וְנֵלְכָה הַגִּלְגָּל וּנְחַדֵּשׁ שָׁם הַמְּלוּכָה:
טו וַיֵּלְכוּ כָל־הָעָם הַגִּלְגָּל וַיַּמְלִכוּ שָׁם אֶת־שָׁאוּל לִפְנֵי יהוה בַּגִּלְגָּל
וַיִּזְבְּחוּ־שָׁם זְבָחִים שְׁלָמִים לִפְנֵי יהוה וַיִּשְׂמַח שָׁם שָׁאוּל וְכָל־
ב א אַנְשֵׁי יִשְׂרָאֵל עַד־מְאֹד: וַיֹּאמֶר שְׁמוּאֵל אֶל־כָּל־
יִשְׂרָאֵל הִנֵּה שָׁמַעְתִּי בְקֹלְכֶם לְכֹל אֲשֶׁר־אֲמַרְתֶּם לִי וָאַמְלִיךְ

עֲלֵיכֶם מֶלֶךְ: וְעַתָּה הִנֵּה הַמֶּלֶךְ | מִתְהַלֵּךְ לִפְנֵיכֶם וַאֲנִי זָקַנְתִּי ב
וָשַׂבְתִּי וּבָנַי הִנָּם אִתְּכֶם וַאֲנִי הִתְהַלַּכְתִּי לִפְנֵיכֶם מִנְּעֻרַי עַד־הַיּוֹם
הַזֶּה: הִנְנִי עֲנוּ בִי נֶגֶד יהוה וְנֶגֶד מְשִׁיחוֹ אֶת־שׁוֹר | מִי לָקַחְתִּי ג
וַחֲמוֹר מִי לָקַחְתִּי וְאֶת־מִי עָשַׁקְתִּי אֶת־מִי רַצּוֹתִי וּמִיַּד־מִי
לָקַחְתִּי כֹפֶר וְאַעְלִים עֵינַי בּוֹ וְאָשִׁיב לָכֶם: וַיֹּאמְרוּ לֹא עֲשַׁקְתָּנוּ ד
וְלֹא רַצּוֹתָנוּ וְלֹא־לָקַחְתָּ מִיַּד־אִישׁ מְאוּמָה: וַיֹּאמֶר אֲלֵיהֶם עֵד ה
יהוה בָּכֶם וְעֵד מְשִׁיחוֹ הַיּוֹם הַזֶּה כִּי לֹא מְצָאתֶם בְּיָדִי מְאוּמָה
וַיֹּאמֶר עֵד: וַיֹּאמֶר שְׁמוּאֵל אֶל־הָעָם יהוה אֲשֶׁר ו
עָשָׂה אֶת־מֹשֶׁה וְאֶת־אַהֲרֹן וַאֲשֶׁר הֶעֱלָה אֶת־אֲבוֹתֵיכֶם מֵאֶרֶץ
מִצְרָיִם: וְעַתָּה הִתְיַצְּבוּ וְאִשָּׁפְטָה אִתְּכֶם לִפְנֵי יהוה אֵת כָּל־ ז
צִדְקוֹת יהוה אֲשֶׁר־עָשָׂה אִתְּכֶם וְאֶת־אֲבוֹתֵיכֶם: כַּאֲשֶׁר־בָּא ח
יַעֲקֹב מִצְרָיִם וַיִּזְעֲקוּ אֲבֹתֵיכֶם אֶל־יהוה וַיִּשְׁלַח יהוה אֶת־מֹשֶׁה
וְאֶת־אַהֲרֹן וַיּוֹצִיאוּ אֶת־אֲבוֹתֵיכֶם מִמִּצְרַיִם וַיֹּשִׁבוּם בַּמָּקוֹם
הַזֶּה: וַיִּשְׁכְּחוּ אֶת־יהוה אֱלֹהֵיהֶם וַיִּמְכֹּר אֹתָם בְּיַד סִיסְרָא ט
שַׂר־צְבָא חָצוֹר וּבְיַד־פְּלִשְׁתִּים וּבְיַד מֶלֶךְ מוֹאָב וַיִּלָּחֲמוּ בָּם:
וַיִּזְעֲקוּ אֶל־יהוה וַיֹּאמר חָטָאנוּ כִּי עָזַבְנוּ אֶת־יהוה וַנַּעֲבֹד אֶת־ י
הַבְּעָלִים וְאֶת־הָעַשְׁתָּרוֹת וְעַתָּה הַצִּילֵנוּ מִיַּד אֹיְבֵינוּ וְנַעַבְדֶךָּ:
וַיִּשְׁלַח יהוה אֶת־יְרֻבַּעַל וְאֶת־בְּדָן וְאֶת־יִפְתָּח וְאֶת־שְׁמוּאֵל יא
וַיַּצֵּל אֶתְכֶם מִיַּד אֹיְבֵיכֶם מִסָּבִיב וַתֵּשְׁבוּ בֶּטַח: וַתִּרְאוּ כִּי נָחָשׁ יב
מֶלֶךְ בְּנֵי־עַמּוֹן בָּא עֲלֵיכֶם וַתֹּאמְרוּ לִי לֹא כִּי־מֶלֶךְ יִמְלֹךְ עָלֵינוּ
וַיהוה אֱלֹהֵיכֶם מַלְכְּכֶם: וְעַתָּה הִנֵּה הַמֶּלֶךְ אֲשֶׁר בְּחַרְתֶּם אֲשֶׁר יג
שְׁאֶלְתֶּם וְהִנֵּה נָתַן יהוה עֲלֵיכֶם מֶלֶךְ: אִם־תִּירְאוּ אֶת־יהוה יד
וַעֲבַדְתֶּם אֹתוֹ וּשְׁמַעְתֶּם בְּקֹלוֹ וְלֹא תַמְרוּ אֶת־פִּי יהוה וִהְיִתֶם
גַּם־אַתֶּם וְגַם־הַמֶּלֶךְ אֲשֶׁר מָלַךְ עֲלֵיכֶם אַחַר יהוה אֱלֹהֵיכֶם:
וְאִם־לֹא תִשְׁמְעוּ בְּקוֹל יהוה וּמְרִיתֶם אֶת־פִּי יהוה וְהָיְתָה יַד־ טו
יהוה בָּכֶם וּבַאֲבֹתֵיכֶם: גַּם־עַתָּה הִתְיַצְּבוּ וּרְאוּ אֶת־הַדָּבָר הַגָּדוֹל טז
הַזֶּה אֲשֶׁר יהוה עֹשֶׂה לְעֵינֵיכֶם: הֲלוֹא קְצִיר־חִטִּים הַיּוֹם אֶקְרָא יז

אֶל־יְהֹוָה וְיִתֵּן קֹלוֹת וּמָטָר וּדְעוּ וּרְאוּ כִּי־רָעַתְכֶם רַבָּה אֲשֶׁר
יח עֲשִׂיתֶם בְּעֵינֵי יְהֹוָה לִשְׁאוֹל לָכֶם מֶלֶךְ׃ וַיִּקְרָא שְׁמוּאֵל
אֶל־יְהֹוָה וַיִּתֵּן יְהֹוָה קֹלֹת וּמָטָר בַּיּוֹם הַהוּא וַיִּירָא כָל־הָעָם
יט מְאֹד אֶת־יְהֹוָה וְאֶת־שְׁמוּאֵל׃ וַיֹּאמְרוּ כָל־הָעָם אֶל־שְׁמוּאֵל
הִתְפַּלֵּל בְּעַד־עֲבָדֶיךָ אֶל־יְהֹוָה אֱלֹהֶיךָ וְאַל־נָמוּת כִּי־יָסַפְנוּ עַל־
כ כָּל־חַטֹּאתֵינוּ רָעָה לִשְׁאֹל לָנוּ מֶלֶךְ׃ וַיֹּאמֶר שְׁמוּאֵל
אֶל־הָעָם אַל־תִּירָאוּ אַתֶּם עֲשִׂיתֶם אֵת כָּל־הָרָעָה הַזֹּאת אַךְ
כא אַל־תָּסוּרוּ מֵאַחֲרֵי יְהֹוָה וַעֲבַדְתֶּם אֶת־יְהֹוָה בְּכָל־לְבַבְכֶם׃ וְלֹא
תָּסוּרוּ כִּי ׀ אַחֲרֵי הַתֹּהוּ אֲשֶׁר לֹא־יוֹעִילוּ וְלֹא יַצִּילוּ כִּי־תֹהוּ הֵמָּה׃
כב כִּי לֹא־יִטֹּשׁ יְהֹוָה אֶת־עַמּוֹ בַּעֲבוּר שְׁמוֹ הַגָּדוֹל כִּי הוֹאִיל יְהֹוָה
לַעֲשׂוֹת אֶתְכֶם לוֹ לְעָם׃

הפטרת חקת

When חקת *and* בלק *are read together read the* הפטרה *on page 395.*
On ראש חודש תמוז *read the* הפטרה *on page 415.*

שופטים
יא א וְיִפְתָּח הַגִּלְעָדִי הָיָה גִּבּוֹר חַיִל וְהוּא בֶּן־אִשָּׁה זוֹנָה וַיּוֹלֶד גִּלְעָד
ב אֶת־יִפְתָּח׃ וַתֵּלֶד אֵשֶׁת־גִּלְעָד לוֹ בָּנִים וַיִּגְדְּלוּ בְנֵי־הָאִשָּׁה וַיְגָרְשׁוּ
אֶת־יִפְתָּח וַיֹּאמְרוּ לוֹ לֹא־תִנְחַל בְּבֵית־אָבִינוּ כִּי בֶּן־אִשָּׁה אַחֶרֶת
ג אָתָּה׃ וַיִּבְרַח יִפְתָּח מִפְּנֵי אֶחָיו וַיֵּשֶׁב בְּאֶרֶץ טוֹב וַיִּתְלַקְּטוּ אֶל־
ד יִפְתָּח אֲנָשִׁים רֵיקִים וַיֵּצְאוּ עִמּוֹ׃ וַיְהִי מִיָּמִים וַיִּלָּחֲמוּ
ה בְנֵי־עַמּוֹן עִם־יִשְׂרָאֵל׃ וַיְהִי כַּאֲשֶׁר־נִלְחֲמוּ בְנֵי־עַמּוֹן עִם־יִשְׂרָאֵל
ו וַיֵּלְכוּ זִקְנֵי גִלְעָד לָקַחַת אֶת־יִפְתָּח מֵאֶרֶץ טוֹב׃ וַיֹּאמְרוּ לְיִפְתָּח
ז לְכָה וְהָיִיתָה לָּנוּ לְקָצִין וְנִלָּחֲמָה בִּבְנֵי עַמּוֹן׃ וַיֹּאמֶר יִפְתָּח לְזִקְנֵי
גִלְעָד הֲלֹא אַתֶּם שְׂנֵאתֶם אוֹתִי וַתְּגָרְשׁוּנִי מִבֵּית אָבִי וּמַדּוּעַ
ח בָּאתֶם אֵלַי עַתָּה כַּאֲשֶׁר צַר לָכֶם׃ וַיֹּאמְרוּ זִקְנֵי גִלְעָד אֶל־יִפְתָּח
לָכֵן עַתָּה שַׁבְנוּ אֵלֶיךָ וְהָלַכְתָּ עִמָּנוּ וְנִלְחַמְתָּ בִּבְנֵי עַמּוֹן וְהָיִיתָ
ט לָּנוּ לְרֹאשׁ לְכֹל יֹשְׁבֵי גִלְעָד׃ וַיֹּאמֶר יִפְתָּח אֶל־זִקְנֵי גִלְעָד אִם־

משיבים אתם אותי להלחם בבני עמון ונתן יהוה אותם לפני
י אנכי אהיה לכם לראש: ויאמרו זקני־גלעד אל־יפתח יהוה
יא יהיה שמע בינותינו אם־לא כדברך כן נעשה: וילך יפתח
עם־זקני גלעד וישימו העם אותו עליהם לראש ולקצין וידבר
יב יפתח את־כל־דבריו לפני יהוה במצפה: וישלח
יפתח מלאכים אל־מלך בני־עמון לאמר מה־לי ולך כי־
יג באת אלי להלחם בארצי: ויאמר מלך בני־עמון אל־מלאכי
יפתח כי־לקח ישראל את־ארצי בעלותו ממצרים מארנון
יד ועד־היבק ועד־הירדן ועתה השיבה אתהן בשלום: ויוסף
טו עוד יפתח וישלח מלאכים אל־מלך בני עמון: ויאמר לו כה
אמר יפתח לא־לקח ישראל את־ארץ מואב ואת־ארץ בני
טז עמון: כי בעלותם ממצרים וילך ישראל במדבר עד־ים־סוף
יז ויבא קדשה: וישלח ישראל מלאכים ׀ אל־מלך אדום לאמר
אעברה־נא בארצך ולא שמע מלך אדום וגם אל־מלך מואב
יח שלח ולא אבה וישב ישראל בקדש: וילך במדבר ויסב את־
ארץ אדום ואת־ארץ מואב ויבא ממזרח־שמש לארץ מואב
ויחנון בעבר ארנון ולא־באו בגבול מואב כי ארנון גבול מואב:
יט וישלח ישראל מלאכים אל־סיחון מלך־האמרי מלך חשבון
כ ויאמר לו ישראל נעברה־נא בארצך עד־מקומי: ולא־האמין
סיחון את־ישראל עבר בגבלו ויאסף סיחון את־כל־עמו ויחנו
כא ביהצה וילחם עם־ישראל: ויתן יהוה אלהי־ישראל את־סיחון
ואת־כל־עמו ביד ישראל ויכום ויירש ישראל את כל־ארץ
כב האמרי יושב הארץ ההיא: ויירשו את כל־גבול האמרי מארנון
כג ועד־היבק ומן־המדבר ועד־הירדן: ועתה יהוה ׀ אלהי ישראל
כד הוריש את־האמרי מפני עמו ישראל ואתה תירשנו: הלא את
אשר יורישך כמוש אלהיך אותו תירש ואת כל־אשר הוריש
כה יהוה אלהינו מפנינו אותו נירש: ועתה הטוב טוב אתה מבלק

בֶּן־צִפּוֹר מֶלֶךְ מוֹאָב הֲרוֹב רָב עִם־יִשְׂרָאֵל אִם־נִלְחֹם נִלְחַם
כו בָּם׃ בְּשֶׁבֶת יִשְׂרָאֵל בְּחֶשְׁבּוֹן וּבִבְנוֹתֶיהָ וּבְעַרְעוֹר וּבִבְנוֹתֶיהָ
וּבְכָל־הֶעָרִים אֲשֶׁר עַל־יְדֵי אַרְנוֹן שְׁלֹשׁ מֵאוֹת שָׁנָה וּמַדּוּעַ לֹא־
כז הִצַּלְתֶּם בָּעֵת הַהִיא׃ וְאָנֹכִי לֹא־חָטָאתִי לָךְ וְאַתָּה עֹשֶׂה אִתִּי
רָעָה לְהִלָּחֶם בִּי יִשְׁפֹּט יהוה הַשֹּׁפֵט הַיּוֹם בֵּין בְּנֵי יִשְׂרָאֵל וּבֵין
כח בְּנֵי עַמּוֹן׃ וְלֹא שָׁמַע מֶלֶךְ בְּנֵי עַמּוֹן אֶל־דִּבְרֵי יִפְתָּח אֲשֶׁר שָׁלַח
כט אֵלָיו׃ וַתְּהִי עַל־יִפְתָּח רוּחַ יהוה וַיַּעֲבֹר אֶת־הַגִּלְעָד
וְאֶת־מְנַשֶּׁה וַיַּעֲבֹר אֶת־מִצְפֵּה גִלְעָד וּמִמִּצְפֵּה גִלְעָד עָבַר בְּנֵי
ל עַמּוֹן׃ וַיִּדַּר יִפְתָּח נֶדֶר לַיהוה וַיֹּאמַר אִם־נָתוֹן תִּתֵּן אֶת־בְּנֵי
לא עַמּוֹן בְּיָדִי׃ וְהָיָה הַיּוֹצֵא אֲשֶׁר יֵצֵא מִדַּלְתֵי בֵיתִי לִקְרָאתִי בְּשׁוּבִי
בְשָׁלוֹם מִבְּנֵי עַמּוֹן וְהָיָה לַיהוה וְהַעֲלִיתִהוּ עוֹלָה׃
לב לג וַיַּעֲבֹר יִפְתָּח אֶל־בְּנֵי עַמּוֹן לְהִלָּחֶם בָּם וַיִּתְּנֵם יהוה בְּיָדוֹ׃ וַיַּכֵּם
מֵעֲרוֹעֵר וְעַד־בּוֹאֲךָ מִנִּית עֶשְׂרִים עִיר וְעַד אָבֵל כְּרָמִים מַכָּה
גְּדוֹלָה מְאֹד וַיִּכָּנְעוּ בְּנֵי עַמּוֹן מִפְּנֵי בְּנֵי יִשְׂרָאֵל׃

הפטרת בלק

When חקת and בלק are read together read this הפטרה.

מיכה ה ו וְהָיָה ׀ שְׁאֵרִית יַעֲקֹב בְּקֶרֶב עַמִּים רַבִּים כְּטַל מֵאֵת יהוה
כִּרְבִיבִים עֲלֵי־עֵשֶׂב אֲשֶׁר לֹא־יְקַוֶּה לְאִישׁ וְלֹא יְיַחֵל לִבְנֵי אָדָם׃
ז וְהָיָה שְׁאֵרִית יַעֲקֹב בַּגּוֹיִם בְּקֶרֶב עַמִּים רַבִּים כְּאַרְיֵה בְּבַהֲמוֹת
יַעַר כִּכְפִיר בְּעֶדְרֵי־צֹאן אֲשֶׁר אִם עָבַר וְרָמַס וְטָרַף וְאֵין מַצִּיל׃
ח ט תָּרֹם יָדְךָ עַל־צָרֶיךָ וְכָל־אֹיְבֶיךָ יִכָּרֵתוּ׃ וְהָיָה בַיּוֹם־
הַהוּא נְאֻם־יהוה וְהִכְרַתִּי סוּסֶיךָ מִקִּרְבֶּךָ וְהַאֲבַדְתִּי מַרְכְּבֹתֶיךָ׃
י יא וְהִכְרַתִּי עָרֵי אַרְצֶךָ וְהָרַסְתִּי כָּל־מִבְצָרֶיךָ׃ וְהִכְרַתִּי כְשָׁפִים מִיָּדֶךָ
יב וּמְעוֹנְנִים לֹא יִהְיוּ־לָךְ׃ וְהִכְרַתִּי פְסִילֶיךָ וּמַצֵּבוֹתֶיךָ מִקִּרְבֶּךָ
יג וְלֹא־תִשְׁתַּחֲוֶה עוֹד לְמַעֲשֵׂה יָדֶיךָ׃ וְנָתַשְׁתִּי אֲשֵׁירֶיךָ מִקִּרְבֶּךָ
יד וְהִשְׁמַדְתִּי עָרֶיךָ׃ וְעָשִׂיתִי בְּאַף וּבְחֵמָה נָקָם אֶת־הַגּוֹיִם אֲשֶׁר

לֹא שָׁמֵעוּ׃ שִׁמְעוּ־נָא אֵת אֲשֶׁר־יְהוָה אֹמֵר קוּם רִיב ו א
אֶת־הֶהָרִים וְתִשְׁמַעְנָה הַגְּבָעוֹת קוֹלֶךָ׃ שִׁמְעוּ הָרִים אֶת־רִיב ב
יְהוָה וְהָאֵתָנִים מֹסְדֵי אָרֶץ כִּי רִיב לַיהוָה עִם־עַמּוֹ וְעִם־יִשְׂרָאֵל
יִתְוַכָּח׃ עַמִּי מֶה־עָשִׂיתִי לְךָ וּמָה הֶלְאֵתִיךָ עֲנֵה בִי׃ כִּי הֶעֱלִתִיךָ ג ד
מֵאֶרֶץ מִצְרַיִם וּמִבֵּית עֲבָדִים פְּדִיתִיךָ וָאֶשְׁלַח לְפָנֶיךָ אֶת־מֹשֶׁה
אַהֲרֹן וּמִרְיָם׃ עַמִּי זְכָר־נָא מַה־יָּעַץ בָּלָק מֶלֶךְ מוֹאָב וּמֶה־עָנָה ה
אֹתוֹ בִּלְעָם בֶּן־בְּעוֹר מִן־הַשִּׁטִּים עַד־הַגִּלְגָּל לְמַעַן דַּעַת צִדְקוֹת
יְהוָה׃ בַּמָּה אֲקַדֵּם יְהוָה אִכַּף לֵאלֹהֵי מָרוֹם הַאֲקַדְּמֶנּוּ בְעוֹלוֹת ו
בַּעֲגָלִים בְּנֵי שָׁנָה׃ הֲיִרְצֶה יְהוָה בְּאַלְפֵי אֵילִים בְּרִבְבוֹת נַחֲלֵי־ ז
שָׁמֶן הַאֶתֵּן בְּכוֹרִי פִּשְׁעִי פְּרִי בִטְנִי חַטַּאת נַפְשִׁי׃ הִגִּיד לְךָ אָדָם ח
מַה־טּוֹב וּמָה־יְהוָה דּוֹרֵשׁ מִמְּךָ כִּי אִם־עֲשׂוֹת מִשְׁפָּט וְאַהֲבַת
חֶסֶד וְהַצְנֵעַ לֶכֶת עִם־אֱלֹהֶיךָ׃

הפטרת פינחס

If this פרשה *falls before the 17th of* תמוז*, read this* הפטרה*.*
If it falls afterwards, read the הפטרה *on page 398.*

מלכים א

וְיַד־יְהוָה הָיְתָה אֶל־אֵלִיָּהוּ וַיְשַׁנֵּס מָתְנָיו וַיָּרָץ לִפְנֵי אַחְאָב יח מו
עַד־בֹּאֲכָה יִזְרְעֶאלָה׃ וַיַּגֵּד אַחְאָב לְאִיזֶבֶל אֵת כָּל־אֲשֶׁר עָשָׂה יט א
אֵלִיָּהוּ וְאֵת כָּל־אֲשֶׁר הָרַג אֶת־כָּל־הַנְּבִיאִים בֶּחָרֶב׃ וַתִּשְׁלַח ב
אִיזֶבֶל מַלְאָךְ אֶל־אֵלִיָּהוּ לֵאמֹר כֹּה־יַעֲשׂוּן אֱלֹהִים וְכֹה יוֹסִפוּן
כִּי־כָעֵת מָחָר אָשִׂים אֶת־נַפְשְׁךָ כְּנֶפֶשׁ אַחַד מֵהֶם׃ וַיַּרְא וַיָּקָם ג
וַיֵּלֶךְ אֶל־נַפְשׁוֹ וַיָּבֹא בְּאֵר שֶׁבַע אֲשֶׁר לִיהוּדָה וַיַּנַּח אֶת־נַעֲרוֹ
אֶחָד שָׁם׃ וְהוּא־הָלַךְ בַּמִּדְבָּר דֶּרֶךְ יוֹם וַיָּבֹא וַיֵּשֶׁב תַּחַת רֹתֶם אֶחָת ד
וַיִּשְׁאַל אֶת־נַפְשׁוֹ לָמוּת וַיֹּאמֶר ׀ רַב עַתָּה יְהוָה קַח נַפְשִׁי כִּי־לֹא־
טוֹב אָנֹכִי מֵאֲבֹתָי׃ וַיִּשְׁכַּב וַיִּישַׁן תַּחַת רֹתֶם אֶחָד וְהִנֵּה־זֶה מַלְאָךְ ה
נֹגֵעַ בּוֹ וַיֹּאמֶר לוֹ קוּם אֱכוֹל׃ וַיַּבֵּט וְהִנֵּה מְרַאֲשֹׁתָיו עֻגַת רְצָפִים ו
וְצַפַּחַת מָיִם וַיֹּאכַל וַיֵּשְׁתְּ וַיָּשָׁב וַיִּשְׁכָּב׃ וַיָּשָׁב מַלְאַךְ יְהוָה ׀ שֵׁנִית ז

ח ויגע־בו ויאמר קום אכל כי רב ממך הדרך: ויקם ויאכל וישתה
וילך בכח ׀ האכילה ההיא ארבעים יום וארבעים לילה עד הר
ט האלהים חרב: ויבא־שם אל־המערה וילן שם והנה דבר־יהוה
י אליו ויאמר לו מה־לך פה אליהו: ויאמר קנא קנאתי ליהוה ׀
אלהי צבאות כי־עזבו בריתך בני ישראל את־מזבחתיך הרסו
ואת־נביאיך הרגו בחרב ואותר אני לבדי ויבקשו את־נפשי
יא לקחתה: ויאמר צא ועמדת בהר לפני יהוה והנה יהוה עבר
ורוח גדולה וחזק מפרק הרים ומשבר סלעים לפני יהוה לא
יב ברוח יהוה ואחר הרוח רעש לא ברעש יהוה: ואחר הרעש
יג אש לא באש יהוה ואחר האש קול דממה דקה: ויהי ׀ כשמע
אליהו וילט פניו באדרתו ויצא ויעמד פתח המערה והנה אליו
יד קול ויאמר מה־לך פה אליהו: ויאמר קנא קנאתי ליהוה ׀
אלהי צבאות כי־עזבו בריתך בני ישראל את־מזבחתיך הרסו
ואת־נביאיך הרגו בחרב ואותר אני לבדי ויבקשו את־נפשי
טו לקחתה: ויאמר יהוה אליו לך שוב לדרכך מדברה
טז דמשק ובאת ומשחת את־חזאל למלך על־ארם: ואת יהוא בן־
נמשי תמשח למלך על־ישראל ואת־אלישע בן־שפט מאבל
יז מחולה תמשח לנביא תחתיך: והיה הנמלט מחרב חזאל ימית
יח יהוא והנמלט מחרב יהוא ימית אלישע: והשארתי בישראל
שבעת אלפים כל־הברכים אשר לא־כרעו לבעל וכל־הפה
יט אשר לא־נשק לו: וילך משם וימצא את־אלישע בן־שפט
והוא חרש שנים־עשר צמדים לפניו והוא בשנים העשר ויעבר
כ אליהו אליו וישלך אדרתו אליו: ויעזב את־הבקר וירץ אחרי
אליהו ויאמר אשקה־נא לאבי ולאמי ואלכה אחריך ויאמר
כא לו לך שוב כי מה־עשיתי לך: וישב מאחריו ויקח את־צמד
הבקר ויזבחהו ובכלי הבקר בשלם הבשר ויתן לעם ויאכלו
ויקם וילך אחרי אליהו וישרתהו:

הפטרת פינחס א׳ מטות

Read this הפטרה *on the first* שבת *after the 17th of* תמוז.

ירמיה דִּבְרֵי יִרְמְיָהוּ בֶּן־חִלְקִיָּהוּ מִן־הַכֹּהֲנִים אֲשֶׁר בַּעֲנָתוֹת א א
בְּאֶרֶץ בִּנְיָמִן׃ אֲשֶׁר הָיָה דְבַר־יהוה אֵלָיו בִּימֵי יֹאשִׁיָּהוּ בֶן־ ב
אָמוֹן מֶלֶךְ יְהוּדָה בִּשְׁלֹשׁ־עֶשְׂרֵה שָׁנָה לְמָלְכוֹ׃ וַיְהִי בִּימֵי ג
יְהוֹיָקִים בֶּן־יֹאשִׁיָּהוּ מֶלֶךְ יְהוּדָה עַד־תֹּם עַשְׁתֵּי־עֶשְׂרֵה שָׁנָה
לְצִדְקִיָּהוּ בֶן־יֹאשִׁיָּהוּ מֶלֶךְ יְהוּדָה עַד־גְּלוֹת יְרוּשָׁלִַם בַּחֹדֶשׁ
אֶצָּרְךָ הַחֲמִישִׁי׃ וַיְהִי דְבַר־יהוה אֵלַי לֵאמֹר׃ בְּטֶרֶם אצורך ד ה
בַבֶּטֶן יְדַעְתִּיךָ וּבְטֶרֶם תֵּצֵא מֵרֶחֶם הִקְדַּשְׁתִּיךָ נָבִיא לַגּוֹיִם
נְתַתִּיךָ׃ וָאֹמַר אֲהָהּ אֲדֹנָי יֱהוִה הִנֵּה לֹא־יָדַעְתִּי דַּבֵּר כִּי־נַעַר ו
אָנֹכִי׃ וַיֹּאמֶר יהוה אֵלַי אַל־תֹּאמַר נַעַר אָנֹכִי כִּי עַל־כָּל־ ז
אֲשֶׁר אֶשְׁלָחֲךָ תֵּלֵךְ וְאֵת כָּל־אֲשֶׁר אֲצַוְּךָ תְּדַבֵּר׃ אַל־תִּירָא ח
מִפְּנֵיהֶם כִּי־אִתְּךָ אֲנִי לְהַצִּלֶךָ נְאֻם־יהוה׃ וַיִּשְׁלַח יהוה אֶת־ ט
יָדוֹ וַיַּגַּע עַל־פִּי וַיֹּאמֶר יהוה אֵלַי הִנֵּה נָתַתִּי דְבָרַי בְּפִיךָ׃ רְאֵה י
הִפְקַדְתִּיךָ ׀ הַיּוֹם הַזֶּה עַל־הַגּוֹיִם וְעַל־הַמַּמְלָכוֹת לִנְתוֹשׁ
וְלִנְתוֹץ וּלְהַאֲבִיד וְלַהֲרוֹס לִבְנוֹת וְלִנְטוֹעַ׃ וַיְהִי יא
דְבַר־יהוה אֵלַי לֵאמֹר מָה־אַתָּה רֹאֶה יִרְמְיָהוּ וָאֹמַר מַקֵּל שָׁקֵד
אֲנִי רֹאֶה׃ וַיֹּאמֶר יהוה אֵלַי הֵיטַבְתָּ לִרְאוֹת כִּי־שֹׁקֵד אֲנִי עַל־ יב
דְּבָרִי לַעֲשֹׂתוֹ׃ וַיְהִי דְבַר־יהוה ׀ אֵלַי שֵׁנִית לֵאמֹר מָה יג
אַתָּה רֹאֶה וָאֹמַר סִיר נָפוּחַ אֲנִי רֹאֶה וּפָנָיו מִפְּנֵי צָפוֹנָה׃ וַיֹּאמֶר יד
יהוה אֵלָי מִצָּפוֹן תִּפָּתַח הָרָעָה עַל כָּל־יֹשְׁבֵי הָאָרֶץ׃ כִּי ׀ הִנְנִי טו
קֹרֵא לְכָל־מִשְׁפְּחוֹת מַמְלְכוֹת צָפוֹנָה נְאֻם־יהוה וּבָאוּ וְנָתְנוּ אִישׁ
כִּסְאוֹ פֶּתַח ׀ שַׁעֲרֵי יְרוּשָׁלִַם וְעַל כָּל־חוֹמֹתֶיהָ סָבִיב וְעַל כָּל־
עָרֵי יְהוּדָה׃ וְדִבַּרְתִּי מִשְׁפָּטַי אוֹתָם עַל כָּל־רָעָתָם אֲשֶׁר עֲזָבוּנִי טז
וַיְקַטְּרוּ לֵאלֹהִים אֲחֵרִים וַיִּשְׁתַּחֲווּ לְמַעֲשֵׂי יְדֵיהֶם׃ וְאַתָּה תֶּאְזֹר יז
מָתְנֶיךָ וְקַמְתָּ וְדִבַּרְתָּ אֲלֵיהֶם אֵת כָּל־אֲשֶׁר אָנֹכִי אֲצַוֶּךָּ אַל־תֵּחַת
מִפְּנֵיהֶם פֶּן־אֲחִתְּךָ לִפְנֵיהֶם׃ וַאֲנִי הִנֵּה נְתַתִּיךָ הַיּוֹם לְעִיר מִבְצָר יח

וּלְעַמּוּד בַּרְזֶל וּלְחֹמוֹת נְחֹשֶׁת עַל־כָּל־הָאָרֶץ לְמַלְכֵי יְהוּדָה
יט לְשָׂרֶיהָ לְכֹהֲנֶיהָ וּלְעַם הָאָרֶץ׃ וְנִלְחֲמוּ אֵלֶיךָ וְלֹא־יוּכְלוּ לָךְ כִּי־
ב א אִתְּךָ אֲנִי נְאֻם־יְהוָה לְהַצִּילֶךָ׃ וַיְהִי דְבַר־יְהוָה אֵלַי
ב לֵאמֹר׃ הָלֹךְ וְקָרָאתָ בְאָזְנֵי יְרוּשָׁלִַם לֵאמֹר כֹּה אָמַר יְהוָה זָכַרְתִּי
לָךְ חֶסֶד נְעוּרַיִךְ אַהֲבַת כְּלוּלֹתָיִךְ לֶכְתֵּךְ אַחֲרַי בַּמִּדְבָּר בְּאֶרֶץ
ג לֹא זְרוּעָה׃ קֹדֶשׁ יִשְׂרָאֵל לַיהוָה רֵאשִׁית תְּבוּאָתֹה כָּל־אֹכְלָיו
יֶאְשָׁמוּ רָעָה תָּבֹא אֲלֵיהֶם נְאֻם־יְהוָה׃

הפטרת מסעי

Read this הפטרה *even when it is* ראש חודש אב.

ירמיה ב ד ה שִׁמְעוּ דְבַר־יְהוָה בֵּית יַעֲקֹב וְכָל־מִשְׁפְּחוֹת בֵּית יִשְׂרָאֵל׃ כֹּה ׀
אָמַר יְהוָה מַה־מָּצְאוּ אֲבוֹתֵיכֶם בִּי עָוֶל כִּי רָחֲקוּ מֵעָלָי וַיֵּלְכוּ
ו אַחֲרֵי הַהֶבֶל וַיֶּהְבָּלוּ׃ וְלֹא אָמְרוּ אַיֵּה יְהוָה הַמַּעֲלֶה אֹתָנוּ מֵאֶרֶץ
מִצְרָיִם הַמּוֹלִיךְ אֹתָנוּ בַּמִּדְבָּר בְּאֶרֶץ עֲרָבָה וְשׁוּחָה בְּאֶרֶץ צִיָּה
ז וְצַלְמָוֶת בְּאֶרֶץ לֹא־עָבַר בָּהּ אִישׁ וְלֹא־יָשַׁב אָדָם שָׁם׃ וָאָבִיא
אֶתְכֶם אֶל־אֶרֶץ הַכַּרְמֶל לֶאֱכֹל פִּרְיָהּ וְטוּבָהּ וַתָּבֹאוּ וַתְּטַמְּאוּ
ח אֶת־אַרְצִי וְנַחֲלָתִי שַׂמְתֶּם לְתוֹעֵבָה׃ הַכֹּהֲנִים לֹא אָמְרוּ אַיֵּה
יְהוָה וְתֹפְשֵׂי הַתּוֹרָה לֹא יְדָעוּנִי וְהָרֹעִים פָּשְׁעוּ בִי וְהַנְּבִיאִים
ט נִבְּאוּ בַבַּעַל וְאַחֲרֵי לֹא־יוֹעִלוּ הָלָכוּ׃ לָכֵן עֹד אָרִיב אִתְּכֶם נְאֻם־
י יְהוָה וְאֶת־בְּנֵי בְנֵיכֶם אָרִיב׃ כִּי עִבְרוּ אִיֵּי כִתִּיִּים וּרְאוּ וְקֵדָר
יא שִׁלְחוּ וְהִתְבּוֹנְנוּ מְאֹד וּרְאוּ הֵן הָיְתָה כָּזֹאת׃ הַהֵימִיר גּוֹי אֱלֹהִים
יב וְהֵמָּה לֹא אֱלֹהִים וְעַמִּי הֵמִיר כְּבוֹדוֹ בְּלוֹא יוֹעִיל׃ שֹׁמּוּ שָׁמַיִם
יג עַל־זֹאת וְשַׂעֲרוּ חָרְבוּ מְאֹד נְאֻם־יְהוָה׃ כִּי־שְׁתַּיִם רָעוֹת עָשָׂה
עַמִּי אֹתִי עָזְבוּ מְקוֹר ׀ מַיִם חַיִּים לַחְצֹב לָהֶם בֹּארוֹת בֹּארֹת
יד נִשְׁבָּרִים אֲשֶׁר לֹא־יָכִלוּ הַמָּיִם׃ הַעֶבֶד יִשְׂרָאֵל אִם־יְלִיד בַּיִת
טו הוּא מַדּוּעַ הָיָה לָבַז׃ עָלָיו יִשְׁאֲגוּ כְפִרִים נָתְנוּ קוֹלָם וַיָּשִׁיתוּ
טז אַרְצוֹ לְשַׁמָּה עָרָיו נצתה מִבְּלִי יֹשֵׁב׃ גַּם־בְּנֵי־נֹף ותחפנס יִרְעוּךְ נִצְּתוּ | וְתַחְפַּנְחֵס

יז קָדְקֹד: הֲלוֹא־זֹאת תַּעֲשֶׂה־לָּךְ עָזְבֵךְ אֶת־יְהוָה אֱלֹהַיִךְ בְּעֵת
יח מוֹלִכֵךְ בַּדָּרֶךְ: וְעַתָּה מַה־לָּךְ לְדֶרֶךְ מִצְרַיִם לִשְׁתּוֹת מֵי שִׁחוֹר
יט וּמַה־לָּךְ לְדֶרֶךְ אַשּׁוּר לִשְׁתּוֹת מֵי נָהָר: תְּיַסְּרֵךְ רָעָתֵךְ וּמְשֻׁבוֹתַיִךְ
תּוֹכִחֻךְ וּדְעִי וּרְאִי כִּי־רַע וָמָר עָזְבֵךְ אֶת־יְהוָה אֱלֹהָיִךְ וְלֹא
כ פַחְדָּתִי אֵלַיִךְ נְאֻם־אֲדֹנָי יֱהוִה צְבָאוֹת: כִּי מֵעוֹלָם שָׁבַרְתִּי עֻלֵּךְ
נִתַּקְתִּי מוֹסְרוֹתַיִךְ וַתֹּאמְרִי לֹא אעבוד כִּי עַל־כָּל־גִּבְעָה גְּבֹהָה   אֶעֱבוֹר
כא וְתַחַת כָּל־עֵץ רַעֲנָן אַתְּ צֹעָה זֹנָה: וְאָנֹכִי נְטַעְתִּיךְ שֹׂרֵק כֻּלֹּה
כב זֶרַע אֱמֶת וְאֵיךְ נֶהְפַּכְתְּ לִי סוּרֵי הַגֶּפֶן נָכְרִיָּה: כִּי אִם־תְּכַבְּסִי
כג בַּנֶּתֶר וְתַרְבִּי־לָךְ בֹּרִית נִכְתָּם עֲוֹנֵךְ לְפָנַי נְאֻם אֲדֹנָי יֱהוִה: אֵיךְ
תֹּאמְרִי לֹא נִטְמֵאתִי אַחֲרֵי הַבְּעָלִים לֹא הָלַכְתִּי רְאִי דַרְכֵּךְ בַּגַּיְא
כד דְּעִי מֶה עָשִׂית בִּכְרָה קַלָּה מְשָׂרֶכֶת דְּרָכֶיהָ: פֶּרֶה | לִמֻּד מִדְבָּר
בְּאַוַּת נפשו שָׁאֲפָה רוּחַ תַּאֲנָתָהּ מִי יְשִׁיבֶנָּה כָּל־מְבַקְשֶׁיהָ לֹא   נַפְשָׁהּ
כה יִיעָפוּ בְּחָדְשָׁהּ יִמְצָאוּנְהָ: מִנְעִי רַגְלֵךְ מִיָּחֵף וגורנך מִצִּמְאָה   וּגְרוֹנֵךְ
כו וַתֹּאמְרִי נוֹאָשׁ לוֹא כִּי־אָהַבְתִּי זָרִים וְאַחֲרֵיהֶם אֵלֵךְ: כְּבֹשֶׁת
גַּנָּב כִּי יִמָּצֵא כֵּן הֹבִישׁוּ בֵּית יִשְׂרָאֵל הֵמָּה מַלְכֵיהֶם שָׂרֵיהֶם
כז וְכֹהֲנֵיהֶם וּנְבִיאֵיהֶם: אֹמְרִים לָעֵץ אָבִי אַתָּה וְלָאֶבֶן אַתְּ ילדתני   יְלִדְתָּנוּ
כִּי־פָנוּ אֵלַי עֹרֶף וְלֹא פָנִים וּבְעֵת רָעָתָם יֹאמְרוּ קוּמָה וְהוֹשִׁיעֵנוּ:
כח וְאַיֵּה אֱלֹהֶיךָ אֲשֶׁר עָשִׂיתָ לָּךְ יָקוּמוּ אִם־יוֹשִׁיעוּךָ בְּעֵת רָעָתֶךָ
כִּי מִסְפַּר עָרֶיךָ הָיוּ אֱלֹהֶיךָ יְהוּדָה:

Ashkenazim add

ג ד הֲלוֹא מֵעַתָּה קראתי לִי אָבִי אַלּוּף נְעֻרַי אָתָּה: קָרָאת

Sephardim add

ד א אִם־תָּשׁוּב יִשְׂרָאֵל | נְאֻם־יְהוָה אֵלַי תָּשׁוּב וְאִם־תָּסִיר שִׁקּוּצֶיךָ
ב מִפָּנַי וְלֹא תָנוּד: וְנִשְׁבַּעְתָּ חַי־יְהוָה בֶּאֱמֶת בְּמִשְׁפָּט וּבִצְדָקָה
וְהִתְבָּרְכוּ בוֹ גּוֹיִם וּבוֹ יִתְהַלָּלוּ:

הפטרת דברים

א א חזון ישעיהו בן־אמוץ אשר חזה על־יהודה וירושלם בימי ישעיה
ב עזיהו יותם אחז יחזקיהו מלכי יהודה: שמעו שמים והאזיני
ג ארץ כי יהוה דבר בנים גדלתי ורוממתי והם פשעו בי: ידע
שור קנהו וחמור אבוס בעליו ישראל לא ידע עמי לא התבונן:
ד הוי ׀ גוי חטא עם כבד עון זרע מרעים בנים משחיתים עזבו
ה את־יהוה נאצו את־קדוש ישראל נזרו אחור: על מה תכו
ו עוד תוסיפו סרה כל־ראש לחלי וכל־לבב דוי: מכף־רגל
ועד־ראש אין־בו מתם פצע וחבורה ומכה טריה לא־זרו
ז ולא חבשו ולא רככה בשמן: ארצכם שממה עריכם שרפות
אש אדמתכם לנגדכם זרים אכלים אתה ושממה כמהפכת
ח זרים: ונותרה בת־ציון כסכה בכרם כמלונה במקשה כעיר
ט נצורה: לולי יהוה צבאות הותיר לנו שריד כמעט כסדם
י היינו לעמרה דמינו: שמעו דבר־יהוה קציני
יא סדם האזינו תורת אלהינו עם עמרה: למה לי רב־זבחיכם
יאמר יהוה שבעתי עלות אילים וחלב מריאים ודם פרים
יב וכבשים ועתודים לא חפצתי: כי תבאו לראות פני מי־בקש
יג זאת מידכם רמס חצרי: לא תוסיפו הביא מנחת־שוא קטרת
תועבה היא לי חדש ושבת קרא מקרא לא־אוכל און ועצרה:
יד חדשיכם ומועדיכם שנאה נפשי היו עלי לטרח נלאיתי נשא:
טו ובפרשכם כפיכם אעלים עיני מכם גם כי־תרבו תפלה אינני
טז שמע ידיכם דמים מלאו: רחצו הזכו הסירו רע מעלליכם
יז מנגד עיני חדלו הרע: למדו היטב דרשו משפט אשרו חמוץ
יח שפטו יתום ריבו אלמנה: לכו־נא ונוכחה יאמר
יהוה אם־יהיו חטאיכם כשנים כשלג ילבינו אם־יאדימו כתולע
יט כ כצמר יהיו: אם־תאבו ושמעתם טוב הארץ תאכלו: ואם־

תְּמָאֲנוּ וּמְרִיתֶם חֶרֶב תְּאֻכְּלוּ כִּי פִּי יְהוָה דִּבֵּר׃ אֵיכָה כא
הָיְתָה לְזוֹנָה קִרְיָה נֶאֱמָנָה מְלֵאֲתִי מִשְׁפָּט צֶדֶק יָלִין בָּהּ וְעַתָּה
מְרַצְּחִים׃ כַּסְפֵּךְ הָיָה לְסִיגִים סָבְאֵךְ מָהוּל בַּמָּיִם׃ שָׂרַיִךְ סוֹרְרִים כב כג
וְחַבְרֵי גַּנָּבִים כֻּלּוֹ אֹהֵב שֹׁחַד וְרֹדֵף שַׁלְמֹנִים יָתוֹם לֹא יִשְׁפֹּטוּ
וְרִיב אַלְמָנָה לֹא־יָבוֹא אֲלֵיהֶם׃ לָכֵן נְאֻם הָאָדוֹן כד
יְהוָה צְבָאוֹת אֲבִיר יִשְׂרָאֵל הוֹי אֶנָּחֵם מִצָּרַי וְאִנָּקְמָה מֵאוֹיְבָי׃
וְאָשִׁיבָה יָדִי עָלַיִךְ וְאֶצְרֹף כַּבֹּר סִיגָיִךְ וְאָסִירָה כָּל־בְּדִילָיִךְ׃ כה
וְאָשִׁיבָה שֹׁפְטַיִךְ כְּבָרִאשֹׁנָה וְיֹעֲצַיִךְ כְּבַתְּחִלָּה אַחֲרֵי־כֵן יִקָּרֵא לָךְ כו
עִיר הַצֶּדֶק קִרְיָה נֶאֱמָנָה׃ צִיּוֹן בְּמִשְׁפָּט תִּפָּדֶה וְשָׁבֶיהָ בִּצְדָקָה׃ כז

הפטרת ואתחנן

ישעיה נַחֲמוּ נַחֲמוּ עַמִּי יֹאמַר אֱלֹהֵיכֶם׃ דַּבְּרוּ עַל־לֵב יְרוּשָׁלַ͏ִם וְקִרְאוּ מ א ב
אֵלֶיהָ כִּי מָלְאָה צְבָאָהּ כִּי נִרְצָה עֲוֺנָהּ כִּי לָקְחָה מִיַּד יְהוָה כִּפְלַיִם
בְּכָל־חַטֹּאתֶיהָ׃ קוֹל קוֹרֵא בַּמִּדְבָּר פַּנּוּ דֶּרֶךְ יְהוָה ג
יַשְּׁרוּ בָּעֲרָבָה מְסִלָּה לֵאלֹהֵינוּ׃ כָּל־גֶּיא יִנָּשֵׂא וְכָל־הַר וְגִבְעָה ד
יִשְׁפָּלוּ וְהָיָה הֶעָקֹב לְמִישׁוֹר וְהָרְכָסִים לְבִקְעָה׃ וְנִגְלָה כְּבוֹד ה
יְהוָה וְרָאוּ כָל־בָּשָׂר יַחְדָּו כִּי פִּי יְהוָה דִּבֵּר׃ קוֹל אֹמֵר ו
קְרָא וְאָמַר מָה אֶקְרָא כָּל־הַבָּשָׂר חָצִיר וְכָל־חַסְדּוֹ כְּצִיץ הַשָּׂדֶה׃
יָבֵשׁ חָצִיר נָבֵל צִיץ כִּי רוּחַ יְהוָה נָשְׁבָה בּוֹ אָכֵן חָצִיר הָעָם׃ יָבֵשׁ ז ח
חָצִיר נָבֵל צִיץ וּדְבַר אֱלֹהֵינוּ יָקוּם לְעוֹלָם׃ עַל הַר־ ט
גָּבֹהַּ עֲלִי־לָךְ מְבַשֶּׂרֶת צִיּוֹן הָרִימִי בַכֹּחַ קוֹלֵךְ מְבַשֶּׂרֶת יְרוּשָׁלָ͏ִם
הָרִימִי אַל־תִּירָאִי אִמְרִי לְעָרֵי יְהוּדָה הִנֵּה אֱלֹהֵיכֶם׃ הִנֵּה אֲדֹנָי י
יְהוִה בְּחָזָק יָבוֹא וּזְרֹעוֹ מֹשְׁלָה לוֹ הִנֵּה שְׂכָרוֹ אִתּוֹ וּפְעֻלָּתוֹ
לְפָנָיו׃ כְּרֹעֶה עֶדְרוֹ יִרְעֶה בִּזְרֹעוֹ יְקַבֵּץ טְלָאִים וּבְחֵיקוֹ יִשָּׂא יא
עָלוֹת יְנַהֵל׃ מִי־מָדַד בְּשָׁעֳלוֹ מַיִם וְשָׁמַיִם בַּזֶּרֶת תִּכֵּן יב
וְכֹל בַּשָּׁלִשׁ עֲפַר הָאָרֶץ וְשָׁקַל בַּפֶּלֶס הָרִים וּגְבָעוֹת בְּמֹאזְנָיִם׃

יג יד מִי־תִכֵּן אֶת־רוּחַ יְהוָה וְאִישׁ עֲצָתוֹ יוֹדִיעֶנּוּ׃ אֶת־מִי נוֹעָץ וַיְבִינֵהוּ
וַיְלַמְּדֵהוּ בְּאֹרַח מִשְׁפָּט וַיְלַמְּדֵהוּ דַעַת וְדֶרֶךְ תְּבוּנוֹת יוֹדִיעֶנּוּ׃
טו הֵן גּוֹיִם כְּמַר מִדְּלִי וּכְשַׁחַק מֹאזְנַיִם נֶחְשָׁבוּ הֵן אִיִּים כַּדַּק יִטּוֹל׃
טז יז וּלְבָנוֹן אֵין דֵּי בָּעֵר וְחַיָּתוֹ אֵין דֵּי עוֹלָה׃ כָּל־הַגּוֹיִם
יח כְּאַיִן נֶגְדּוֹ מֵאֶפֶס וָתֹהוּ נֶחְשְׁבוּ־לוֹ׃ וְאֶל־מִי תְּדַמְּיוּן אֵל וּמַה־
יט דְּמוּת תַּעַרְכוּ־לוֹ׃ הַפֶּסֶל נָסַךְ חָרָשׁ וְצֹרֵף בַּזָּהָב יְרַקְּעֶנּוּ וּרְתֻקוֹת
כ כֶּסֶף צוֹרֵף׃ הַמְסֻכָּן תְּרוּמָה עֵץ לֹא־יִרְקַב יִבְחָר חָרָשׁ חָכָם
כא יְבַקֶּשׁ־לוֹ לְהָכִין פֶּסֶל לֹא יִמּוֹט׃ הֲלוֹא תֵדְעוּ הֲלוֹא תִשְׁמָעוּ
כב הֲלוֹא הֻגַּד מֵרֹאשׁ לָכֶם הֲלוֹא הֲבִינוֹתֶם מוֹסְדוֹת הָאָרֶץ׃ הַיֹּשֵׁב
עַל־חוּג הָאָרֶץ וְיֹשְׁבֶיהָ כַּחֲגָבִים הַנּוֹטֶה כַדֹּק שָׁמַיִם וַיִּמְתָּחֵם
כג כָּאֹהֶל לָשָׁבֶת׃ הַנּוֹתֵן רוֹזְנִים לְאָיִן שֹׁפְטֵי אֶרֶץ כַּתֹּהוּ עָשָׂה׃
כד אַף בַּל־נִטָּעוּ אַף בַּל־זֹרָעוּ אַף בַּל־שֹׁרֵשׁ בָּאָרֶץ גִּזְעָם וְגַם נָשַׁף
כה בָּהֶם וַיִּבָשׁוּ וּסְעָרָה כַּקַּשׁ תִּשָּׂאֵם׃ וְאֶל־מִי תְדַמְּיוּנִי
כו וְאֶשְׁוֶה יֹאמַר קָדוֹשׁ׃ שְׂאוּ־מָרוֹם עֵינֵיכֶם וּרְאוּ מִי־בָרָא אֵלֶּה
הַמּוֹצִיא בְמִסְפָּר צְבָאָם לְכֻלָּם בְּשֵׁם יִקְרָא מֵרֹב אוֹנִים וְאַמִּיץ
כֹּחַ אִישׁ לֹא נֶעְדָּר׃

הפטרת עקב

ישעיה מט יד טו וַתֹּאמֶר צִיּוֹן עֲזָבַנִי יְהוָה וַאדֹנָי שְׁכֵחָנִי׃ הֲתִשְׁכַּח אִשָּׁה עוּלָהּ
טז מֵרַחֵם בֶּן־בִּטְנָהּ גַּם־אֵלֶּה תִשְׁכַּחְנָה וְאָנֹכִי לֹא אֶשְׁכָּחֵךְ׃ הֵן
יז עַל־כַּפַּיִם חַקֹּתִיךְ חוֹמֹתַיִךְ נֶגְדִּי תָּמִיד׃ מִהֲרוּ בָּנָיִךְ מְהָרְסַיִךְ
יח וּמַחֲרִבַיִךְ מִמֵּךְ יֵצֵאוּ׃ שְׂאִי־סָבִיב עֵינַיִךְ וּרְאִי כֻּלָּם נִקְבְּצוּ בָאוּ־
יט לָךְ חַי־אָנִי נְאֻם־יְהוָה כִּי כֻלָּם כַּעֲדִי תִלְבָּשִׁי וּתְקַשְּׁרִים כַּכַּלָּה׃ כִּי
חָרְבֹתַיִךְ וְשֹׁמְמֹתַיִךְ וְאֶרֶץ הֲרִסֻתֵךְ כִּי עַתָּה תֵּצְרִי מִיּוֹשֵׁב וְרָחֲקוּ
כ מְבַלְּעָיִךְ׃ עוֹד יֹאמְרוּ בְאָזְנַיִךְ בְּנֵי שִׁכֻּלָיִךְ צַר־לִי הַמָּקוֹם גְּשָׁה־
כא לִּי וְאֵשֵׁבָה׃ וְאָמַרְתְּ בִּלְבָבֵךְ מִי יָלַד־לִי אֶת־אֵלֶּה וַאֲנִי שְׁכוּלָה

וְגַלְמוּדָה גֹּלָה ׀ וְסוּרָה וְאֵלֶּה מִי גִדֵּל הֵן אֲנִי נִשְׁאַרְתִּי לְבַדִּי אֵלֶּה
אֵיפֹה הֵם׃ כֹּה־אָמַר אֲדֹנָי יֱהֹוִה הִנֵּה אֶשָּׂא אֶל־גּוֹיִם כב
יָדִי וְאֶל־עַמִּים אָרִים נִסִּי וְהֵבִיאוּ בָנַיִךְ בְּחֹצֶן וּבְנֹתַיִךְ עַל־כָּתֵף
תִּנָּשֶׂאנָה׃ וְהָיוּ מְלָכִים אֹמְנַיִךְ וְשָׂרוֹתֵיהֶם מֵינִיקֹתַיִךְ אַפַּיִם אֶרֶץ כג
יִשְׁתַּחֲווּ לָךְ וַעֲפַר רַגְלַיִךְ יְלַחֵכוּ וְיָדַעַתְּ כִּי־אֲנִי יְהוָה אֲשֶׁר לֹא־
יֵבֹשׁוּ קֹוָי׃ הֲיֻקַּח מִגִּבּוֹר מַלְקוֹחַ וְאִם־שְׁבִי צַדִּיק יִמָּלֵט׃ כד
כִּי־כֹה ׀ אָמַר יְהוָה גַּם־שְׁבִי גִבּוֹר יֻקָּח וּמַלְקוֹחַ עָרִיץ יִמָּלֵט וְאֶת־ כה
יְרִיבֵךְ אָנֹכִי אָרִיב וְאֶת־בָּנַיִךְ אָנֹכִי אוֹשִׁיעַ׃ וְהַאֲכַלְתִּי אֶת־מוֹנַיִךְ כו
אֶת־בְּשָׂרָם וְכֶעָסִיס דָּמָם יִשְׁכָּרוּן וְיָדְעוּ כָל־בָּשָׂר כִּי אֲנִי יְהוָה
מוֹשִׁיעֵךְ וְגֹאֲלֵךְ אֲבִיר יַעֲקֹב׃ כֹּה ׀ אָמַר יְהוָה אֵי זֶה א נ
סֵפֶר כְּרִיתוּת אִמְּכֶם אֲשֶׁר שִׁלַּחְתִּיהָ אוֹ מִי מִנּוֹשַׁי אֲשֶׁר־מָכַרְתִּי
אֶתְכֶם לוֹ הֵן בַּעֲוֺנֹתֵיכֶם נִמְכַּרְתֶּם וּבְפִשְׁעֵיכֶם שֻׁלְּחָה אִמְּכֶם׃
מַדּוּעַ בָּאתִי וְאֵין אִישׁ קָרָאתִי וְאֵין עוֹנֶה הֲקָצוֹר קָצְרָה יָדִי ב
מִפְּדוּת וְאִם־אֵין־בִּי כֹחַ לְהַצִּיל הֵן בְּגַעֲרָתִי אַחֲרִיב יָם אָשִׂים
נְהָרוֹת מִדְבָּר תִּבְאַשׁ דְּגָתָם מֵאֵין מַיִם וְתָמֹת בַּצָּמָא׃ אַלְבִּישׁ ג
שָׁמַיִם קַדְרוּת וְשַׂק אָשִׂים כְּסוּתָם׃ אֲדֹנָי יֱהֹוִה נָתַן ד
לִי לְשׁוֹן לִמּוּדִים לָדַעַת לָעוּת אֶת־יָעֵף דָּבָר יָעִיר ׀ בַּבֹּקֶר
בַּבֹּקֶר יָעִיר לִי אֹזֶן לִשְׁמֹעַ כַּלִּמּוּדִים׃ אֲדֹנָי יֱהֹוִה פָּתַח־לִי אֹזֶן ה
וְאָנֹכִי לֹא מָרִיתִי אָחוֹר לֹא נְסוּגֹתִי׃ גֵּוִי נָתַתִּי לְמַכִּים וּלְחָיַי ו
לְמֹרְטִים פָּנַי לֹא הִסְתַּרְתִּי מִכְּלִמּוֹת וָרֹק׃ וַאדֹנָי יֱהֹוִה יַעֲזָר־ ז
לִי עַל־כֵּן לֹא נִכְלָמְתִּי עַל־כֵּן שַׂמְתִּי פָנַי כַּחַלָּמִישׁ וָאֵדַע כִּי־
לֹא אֵבוֹשׁ׃ קָרוֹב מַצְדִּיקִי מִי־יָרִיב אִתִּי נַעַמְדָה יָּחַד מִי־בַעַל ח
מִשְׁפָּטִי יִגַּשׁ אֵלָי׃ הֵן אֲדֹנָי יֱהֹוִה יַעֲזָר־לִי מִי־הוּא יַרְשִׁיעֵנִי ט
הֵן כֻּלָּם כַּבֶּגֶד יִבְלוּ עָשׁ יֹאכְלֵם׃ מִי בָכֶם יְרֵא יְהוָה י
שֹׁמֵעַ בְּקוֹל עַבְדּוֹ אֲשֶׁר ׀ הָלַךְ חֲשֵׁכִים וְאֵין נֹגַהּ לוֹ יִבְטַח
בְּשֵׁם יְהוָה וְיִשָּׁעֵן בֵּאלֹהָיו׃ הֵן כֻּלְּכֶם קֹדְחֵי אֵשׁ מְאַזְּרֵי זִיקוֹת יא
לְכוּ ׀ בְּאוּר אֶשְׁכֶם וּבְזִיקוֹת בִּעַרְתֶּם מִיָּדִי הָיְתָה־זֹּאת לָכֶם

נא א לְמַעֲצֵבָה תִּשְׁכָּבוּן׃ שִׁמְעוּ אֵלַי רֹדְפֵי צֶדֶק מְבַקְשֵׁי
ב יְהוָה הַבִּיטוּ אֶל־צוּר חֻצַּבְתֶּם וְאֶל־מַקֶּבֶת בּוֹר נֻקַּרְתֶּם׃ הַבִּיטוּ
אֶל־אַבְרָהָם אֲבִיכֶם וְאֶל־שָׂרָה תְּחוֹלֶלְכֶם כִּי־אֶחָד קְרָאתִיו
ג וַאֲבָרְכֵהוּ וְאַרְבֵּהוּ׃ כִּי־נִחַם יְהוָה צִיּוֹן נִחַם כָּל־חָרְבֹתֶיהָ וַיָּשֶׂם
מִדְבָּרָהּ כְּעֵדֶן וְעַרְבָתָהּ כְּגַן־יְהוָה שָׂשׂוֹן וְשִׂמְחָה יִמָּצֵא בָהּ
תּוֹדָה וְקוֹל זִמְרָה׃

הפטרת ראה

This הפטרה *is read even on* ערב ראש חודש אלול*. On* ראש חודש אלול*, however,* אשכנזים *read the* הפטרה *on page 415, while* ספרדים *read this* הפטרה*.*

ישעיה

נד יא עֲנִיָּה סֹעֲרָה לֹא נֻחָמָה הִנֵּה אָנֹכִי מַרְבִּיץ בַּפּוּךְ אֲבָנַיִךְ וִיסַדְתִּיךְ
יב בַּסַּפִּירִים׃ וְשַׂמְתִּי כַּדְכֹד שִׁמְשֹׁתַיִךְ וּשְׁעָרַיִךְ לְאַבְנֵי אֶקְדָּח וְכָל־
יג גְּבוּלֵךְ לְאַבְנֵי־חֵפֶץ׃ וְכָל־בָּנַיִךְ לִמּוּדֵי יְהוָה וְרַב שְׁלוֹם בָּנָיִךְ׃
יד בִּצְדָקָה תִּכּוֹנָנִי רַחֲקִי מֵעֹשֶׁק כִּי־לֹא תִירָאִי וּמִמְּחִתָּה כִּי לֹא־
טו תִקְרַב אֵלָיִךְ׃ הֵן גּוֹר יָגוּר אֶפֶס מֵאוֹתִי מִי־גָר אִתָּךְ עָלַיִךְ יִפּוֹל׃
טז הֵן אָנֹכִי בָּרָאתִי חָרָשׁ נֹפֵחַ בְּאֵשׁ פֶּחָם וּמוֹצִיא כְלִי לְמַעֲשֵׂהוּ הִנֵּה
יז וְאָנֹכִי בָּרָאתִי מַשְׁחִית לְחַבֵּל׃ כָּל־כְּלִי יוּצַר עָלַיִךְ לֹא יִצְלָח
וְכָל־לָשׁוֹן תָּקוּם־אִתָּךְ לַמִּשְׁפָּט תַּרְשִׁיעִי זֹאת נַחֲלַת עַבְדֵי יְהוָה
נה א וְצִדְקָתָם מֵאִתִּי נְאֻם־יְהוָה׃ הוֹי כָּל־צָמֵא לְכוּ לַמַּיִם
וַאֲשֶׁר אֵין־לוֹ כָּסֶף לְכוּ שִׁבְרוּ וֶאֱכֹלוּ וּלְכוּ שִׁבְרוּ בְּלוֹא־כֶסֶף וּבְלוֹא
ב מְחִיר יַיִן וְחָלָב׃ לָמָּה תִשְׁקְלוּ־כֶסֶף בְּלוֹא־לֶחֶם וִיגִיעֲכֶם בְּלוֹא
לְשָׂבְעָה שִׁמְעוּ שָׁמוֹעַ אֵלַי וְאִכְלוּ־טוֹב וְתִתְעַנַּג בַּדֶּשֶׁן נַפְשְׁכֶם׃
ג הַטּוּ אָזְנְכֶם וּלְכוּ אֵלַי שִׁמְעוּ וּתְחִי נַפְשְׁכֶם וְאֶכְרְתָה לָכֶם בְּרִית
ד עוֹלָם חַסְדֵי דָוִד הַנֶּאֱמָנִים׃ הֵן עֵד לְאוּמִּים נְתַתִּיו נָגִיד וּמְצַוֵּה
ה לְאֻמִּים׃ הֵן גּוֹי לֹא־תֵדַע תִּקְרָא וְגוֹי לֹא־יְדָעוּךָ אֵלֶיךָ יָרוּצוּ
לְמַעַן יְהוָה אֱלֹהֶיךָ וְלִקְדוֹשׁ יִשְׂרָאֵל כִּי פֵאֲרָךְ׃

On ערב ראש חודש *and* ראש חודש*,* ספרדים *add the first and last verses of the* הפטרות *for those days. The* הפטרה *for* ערב ראש חודש *is on page 416 and for* ראש חודש *on page 415.*

הפטרת שפטים

ישעיה

נא יב אָנֹכִי אָנֹכִי הוּא מְנַחֶמְכֶם מִי־אַתְּ וַתִּירְאִי מֵאֱנוֹשׁ יָמוּת וּמִבֶּן־
יג אָדָם חָצִיר יִנָּתֵן׃ וַתִּשְׁכַּח יְהוָה עֹשֶׂךָ נוֹטֶה שָׁמַיִם וְיֹסֵד אָרֶץ
וַתְּפַחֵד תָּמִיד כָּל־הַיּוֹם מִפְּנֵי חֲמַת הַמֵּצִיק כַּאֲשֶׁר כּוֹנֵן לְהַשְׁחִית
יד וְאַיֵּה חֲמַת הַמֵּצִיק׃ מִהַר צֹעֶה לְהִפָּתֵחַ וְלֹא־יָמוּת לַשַּׁחַת וְלֹא
טו יֶחְסַר לַחְמוֹ׃ וְאָנֹכִי יְהוָה אֱלֹהֶיךָ רֹגַע הַיָּם וַיֶּהֱמוּ גַּלָּיו יְהוָה
טז צְבָאוֹת שְׁמוֹ׃ וָאָשִׂם דְּבָרַי בְּפִיךָ וּבְצֵל יָדִי כִּסִּיתִיךָ לִנְטֹעַ שָׁמַיִם
יז וְלִיסֹד אָרֶץ וְלֵאמֹר לְצִיּוֹן עַמִּי־אָתָּה׃ הִתְעוֹרְרִי
הִתְעוֹרְרִי קוּמִי יְרוּשָׁלַםִ אֲשֶׁר שָׁתִית מִיַּד יְהוָה אֶת־כּוֹס
יח חֲמָתוֹ אֶת־קֻבַּעַת כּוֹס הַתַּרְעֵלָה שָׁתִית מָצִית׃ אֵין־מְנַהֵל לָהּ
יט מִכָּל־בָּנִים יָלָדָה וְאֵין מַחֲזִיק בְּיָדָהּ מִכָּל־בָּנִים גִּדֵּלָה׃ שְׁתַּיִם
הֵנָּה קֹרְאֹתַיִךְ מִי יָנוּד לָךְ הַשֹּׁד וְהַשֶּׁבֶר וְהָרָעָב וְהַחֶרֶב מִי
כ אֲנַחֲמֵךְ׃ בָּנַיִךְ עֻלְּפוּ שָׁכְבוּ בְּרֹאשׁ כָּל־חוּצוֹת כְּתוֹא מִכְמָר
כא הַמְלֵאִים חֲמַת־יְהוָה גַּעֲרַת אֱלֹהָיִךְ׃ לָכֵן שִׁמְעִי־נָא זֹאת עֲנִיָּה
כב וּשְׁכֻרַת וְלֹא מִיָּיִן׃ כֹּה־אָמַר אֲדֹנַיִךְ יְהוָה וֵאלֹהַיִךְ
יָרִיב עַמּוֹ הִנֵּה לָקַחְתִּי מִיָּדֵךְ אֶת־כּוֹס הַתַּרְעֵלָה אֶת־קֻבַּעַת
כג כּוֹס חֲמָתִי לֹא־תוֹסִיפִי לִשְׁתּוֹתָהּ עוֹד׃ וְשַׂמְתִּיהָ בְּיַד־מוֹגַיִךְ
אֲשֶׁר־אָמְרוּ לְנַפְשֵׁךְ שְׁחִי וְנַעֲבֹרָה וַתָּשִׂימִי כָאָרֶץ גֵּוֵךְ וְכַחוּץ
נב א לַעֹבְרִים׃ עוּרִי עוּרִי לִבְשִׁי עֻזֵּךְ צִיּוֹן לִבְשִׁי ׀ בִּגְדֵי
תִּפְאַרְתֵּךְ יְרוּשָׁלַםִ עִיר הַקֹּדֶשׁ כִּי לֹא יוֹסִיף יָבֹא־בָךְ עוֹד עָרֵל
ב וְטָמֵא׃ הִתְנַעֲרִי מֵעָפָר קוּמִי שְּׁבִי יְרוּשָׁלָםִ התפתחו מוֹסְרֵי הִתְפַּתְּחִי
ג צַוָּארֵךְ שְׁבִיָּה בַּת־צִיּוֹן׃ כִּי־כֹה אָמַר יְהוָה חִנָּם נִמְכַּרְתֶּם
ד וְלֹא בְכֶסֶף תִּגָּאֵלוּ׃ כִּי כֹה אָמַר אֲדֹנָי יְהוִה מִצְרַיִם
ה יָרַד־עַמִּי בָרִאשֹׁנָה לָגוּר שָׁם וְאַשּׁוּר בְּאֶפֶס עֲשָׁקוֹ׃ וְעַתָּה מַה־
לִּי־פֹה נְאֻם־יְהוָה כִּי־לֻקַּח עַמִּי חִנָּם מֹשְׁלָו יְהֵילִילוּ נְאֻם־יְהוָה

ו וְתָמִיד כָּל־הַיּוֹם שְׁמִי מִנֹּאָץ׃ לָכֵן יֵדַע עַמִּי שְׁמִי לָכֵן בַּיּוֹם הַהוּא
ז כִּי־אֲנִי־הוּא הַמְדַבֵּר הִנֵּנִי׃ מַה־נָּאווּ עַל־הֶהָרִים רַגְלֵי
מְבַשֵּׂר מַשְׁמִיעַ שָׁלוֹם מְבַשֵּׂר טוֹב מַשְׁמִיעַ יְשׁוּעָה אֹמֵר לְצִיּוֹן
ח מָלַךְ אֱלֹהָיִךְ׃ קוֹל צֹפַיִךְ נָשְׂאוּ קוֹל יַחְדָּו יְרַנֵּנוּ כִּי עַיִן בְּעַיִן יִרְאוּ
ט בְּשׁוּב יהוה צִיּוֹן׃ פִּצְחוּ רַנְּנוּ יַחְדָּו חָרְבוֹת יְרוּשָׁלָםִ כִּי־נִחַם יהוה
י עַמּוֹ גָּאַל יְרוּשָׁלָםִ׃ חָשַׂף יהוה אֶת־זְרוֹעַ קָדְשׁוֹ לְעֵינֵי כָּל־הַגּוֹיִם
יא וְרָאוּ כָּל־אַפְסֵי־אָרֶץ אֵת יְשׁוּעַת אֱלֹהֵינוּ׃ סוּרוּ סוּרוּ
צְאוּ מִשָּׁם טָמֵא אַל־תִּגָּעוּ צְאוּ מִתּוֹכָהּ הִבָּרוּ נֹשְׂאֵי כְּלֵי יהוה׃
יב כִּי לֹא בְחִפָּזוֹן תֵּצֵאוּ וּבִמְנוּסָה לֹא תֵלֵכוּן כִּי־הֹלֵךְ לִפְנֵיכֶם יהוה
וּמְאַסִּפְכֶם אֱלֹהֵי יִשְׂרָאֵל׃

הפטרת כי תצא

If the הפטרה *of* ראה *was not read (because of* ראש חודש אלול*),*
it is read at the end of this הפטרה *(see page 405).*

נד א רָנִּי עֲקָרָה לֹא יָלָדָה פִּצְחִי רִנָּה וְצַהֲלִי לֹא־חָלָה כִּי־רַבִּים ישעיה
ב בְנֵי־שׁוֹמֵמָה מִבְּנֵי בְעוּלָה אָמַר יהוה׃ הַרְחִיבִי ׀ מְקוֹם אָהֳלֵךְ
וִירִיעוֹת מִשְׁכְּנוֹתַיִךְ יַטּוּ אַל־תַּחְשֹׂכִי הַאֲרִיכִי מֵיתָרַיִךְ וִיתֵדֹתַיִךְ
ג חַזֵּקִי׃ כִּי־יָמִין וּשְׂמֹאול תִּפְרֹצִי וְזַרְעֵךְ גּוֹיִם יִירָשׁ וְעָרִים נְשַׁמּוֹת
ד יוֹשִׁיבוּ׃ אַל־תִּירְאִי כִּי־לֹא תֵבוֹשִׁי וְאַל־תִּכָּלְמִי כִּי לֹא תַחְפִּירִי
כִּי בֹשֶׁת עֲלוּמַיִךְ תִּשְׁכָּחִי וְחֶרְפַּת אַלְמְנוּתַיִךְ לֹא תִזְכְּרִי־עוֹד׃
ה כִּי בֹעֲלַיִךְ עֹשַׂיִךְ יהוה צְבָאוֹת שְׁמוֹ וְגֹאֲלֵךְ קְדוֹשׁ יִשְׂרָאֵל אֱלֹהֵי
ו כָל־הָאָרֶץ יִקָּרֵא׃ כִּי־כְאִשָּׁה עֲזוּבָה וַעֲצוּבַת רוּחַ קְרָאָךְ יהוה
ז וְאֵשֶׁת נְעוּרִים כִּי תִמָּאֵס אָמַר אֱלֹהָיִךְ׃ בְּרֶגַע קָטֹן עֲזַבְתִּיךְ
ח וּבְרַחֲמִים גְּדֹלִים אֲקַבְּצֵךְ׃ בְּשֶׁצֶף קֶצֶף הִסְתַּרְתִּי פָנַי רֶגַע
ט מִמֵּךְ וּבְחֶסֶד עוֹלָם רִחַמְתִּיךְ אָמַר גֹּאֲלֵךְ יהוה׃ כִּי־
מֵי נֹחַ זֹאת לִי אֲשֶׁר נִשְׁבַּעְתִּי מֵעֲבֹר מֵי־נֹחַ עוֹד עַל־הָאָרֶץ כֵּן

י נִשְׁבַּעְתִּי מִקְּצֹף עָלַיִךְ וּמִגְּעָר־בָּךְ׃ כִּי הֶהָרִים יָמוּשׁוּ וְהַגְּבָעוֹת
תְּמוּטֶינָה וְחַסְדִּי מֵאִתֵּךְ לֹא־יָמוּשׁ וּבְרִית שְׁלוֹמִי לֹא תָמוּט
אָמַר מְרַחֲמֵךְ יְהוָה׃

הפטרת כי תבוא

ישעיה

א ב קוּמִי אוֹרִי כִּי בָא אוֹרֵךְ וּכְבוֹד יְהוָה עָלַיִךְ זָרָח׃ כִּי־הִנֵּה הַחֹשֶׁךְ ס
יְכַסֶּה־אֶרֶץ וַעֲרָפֶל לְאֻמִּים וְעָלַיִךְ יִזְרַח יְהוָה וּכְבוֹדוֹ עָלַיִךְ יֵרָאֶה׃
ג ד וְהָלְכוּ גוֹיִם לְאוֹרֵךְ וּמְלָכִים לְנֹגַהּ זַרְחֵךְ׃ שְׂאִי־סָבִיב עֵינַיִךְ וּרְאִי
כֻּלָּם נִקְבְּצוּ בָאוּ־לָךְ בָּנַיִךְ מֵרָחוֹק יָבֹאוּ וּבְנֹתַיִךְ עַל־צַד תֵּאָמַנָה׃
ה אָז תִּרְאִי וְנָהַרְתְּ וּפָחַד וְרָחַב לְבָבֵךְ כִּי־יֵהָפֵךְ עָלַיִךְ הֲמוֹן יָם
ו חֵיל גּוֹיִם יָבֹאוּ לָךְ׃ שִׁפְעַת גְּמַלִּים תְּכַסֵּךְ בִּכְרֵי מִדְיָן וְעֵיפָה כֻּלָּם
ז מִשְּׁבָא יָבֹאוּ זָהָב וּלְבוֹנָה יִשָּׂאוּ וּתְהִלֹּת יְהוָה יְבַשֵּׂרוּ׃ כָּל־צֹאן
קֵדָר יִקָּבְצוּ לָךְ אֵילֵי נְבָיוֹת יְשָׁרְתוּנֶךְ יַעֲלוּ עַל־רָצוֹן מִזְבְּחִי וּבֵית
ח תִּפְאַרְתִּי אֲפָאֵר׃ מִי־אֵלֶּה כָּעָב תְּעוּפֶינָה וְכַיּוֹנִים אֶל־אֲרֻבֹּתֵיהֶם׃
ט כִּי־לִי ׀ אִיִּים יְקַוּוּ וָאֳנִיּוֹת תַּרְשִׁישׁ בָּרִאשֹׁנָה לְהָבִיא בָנַיִךְ מֵרָחוֹק
כַּסְפָּם וּזְהָבָם אִתָּם לְשֵׁם יְהוָה אֱלֹהַיִךְ וְלִקְדוֹשׁ יִשְׂרָאֵל כִּי פֵאֲרָךְ׃
י וּבָנוּ בְנֵי־נֵכָר חֹמֹתַיִךְ וּמַלְכֵיהֶם יְשָׁרְתוּנֶךְ כִּי בְקִצְפִּי הִכִּיתִיךְ
יא וּבִרְצוֹנִי רִחַמְתִּיךְ׃ וּפִתְּחוּ שְׁעָרַיִךְ תָּמִיד יוֹמָם וָלַיְלָה לֹא יִסָּגֵרוּ
יב לְהָבִיא אֵלַיִךְ חֵיל גּוֹיִם וּמַלְכֵיהֶם נְהוּגִים׃ כִּי־הַגּוֹי וְהַמַּמְלָכָה
יג אֲשֶׁר לֹא־יַעַבְדוּךְ יֹאבֵדוּ וְהַגּוֹיִם חָרֹב יֶחֱרָבוּ׃ כְּבוֹד הַלְּבָנוֹן אֵלַיִךְ
יָבוֹא בְּרוֹשׁ תִּדְהָר וּתְאַשּׁוּר יַחְדָּו לְפָאֵר מְקוֹם מִקְדָּשִׁי וּמְקוֹם
יד רַגְלַי אֲכַבֵּד׃ וְהָלְכוּ אֵלַיִךְ שְׁחוֹחַ בְּנֵי מְעַנַּיִךְ וְהִשְׁתַּחֲווּ עַל־כַּפּוֹת
רַגְלַיִךְ כָּל־מְנַאֲצָיִךְ וְקָרְאוּ לָךְ עִיר יְהוָה צִיּוֹן קְדוֹשׁ יִשְׂרָאֵל׃
טו תַּחַת הֱיוֹתֵךְ עֲזוּבָה וּשְׂנוּאָה וְאֵין עוֹבֵר וְשַׂמְתִּיךְ לִגְאוֹן עוֹלָם
טז מְשׂוֹשׂ דּוֹר וָדוֹר׃ וְיָנַקְתְּ חֲלֵב גּוֹיִם וְשֹׁד מְלָכִים תִּינָקִי וְיָדַעַתְּ כִּי
יז אֲנִי יְהוָה מוֹשִׁיעֵךְ וְגֹאֲלֵךְ אֲבִיר יַעֲקֹב׃ תַּחַת הַנְּחֹשֶׁת אָבִיא זָהָב
וְתַחַת הַבַּרְזֶל אָבִיא כֶסֶף וְתַחַת הָעֵצִים נְחֹשֶׁת וְתַחַת הָאֲבָנִים

יח ברזל ושמתי פקדתך שלום ונגשיך צדקה: לא־ישמע עוד חמס
בארצך שד ושבר בגבוליך וקראת ישועה חומתיך ושעריך
יט תהלה: לא־יהיה־לך עוד השמש לאור יומם ולנגה הירח
לא־יאיר לך והיה־לך יהוה לאור עולם ואלהיך לתפארתך:
כ לא־יבוא עוד שמשך וירחך לא יאסף כי יהוה יהיה־לך לאור
כא עולם ושלמו ימי אבלך: ועמך כלם צדיקים לעולם יירשו ארץ
כב נצר מטעו מעשה ידי להתפאר: הקטן יהיה לאלף והצעיר מַטָּעַי
לגוי עצום אני יהוה בעתה אחישנה:

הפטרת נצבים

When נצבים *and* וילך *are read together read this* הפטרה.

סא י שוש אשיש ביהוה תגל נפשי באלהי כי הלבישני בגדי־ישע ישעיה
יא מעיל צדקה יעטני כחתן יכהן פאר וככלה תעדה כליה: כי
כארץ תוציא צמחה וכגנה זרועיה תצמיח כן | אדני יהוה
סב א יצמיח צדקה ותהלה נגד כל־הגוים: למען ציון לא אחשה
ולמען ירושלם לא אשקוט עד־יצא כנגה צדקה וישועתה
ב כלפיד יבער: וראו גוים צדקך וכל־מלכים כבודך וקרא לך שם
ג חדש אשר פי יהוה יקבנו: והיית עטרת תפארת ביד־יהוה
ד וצנוף מלוכה בכף־אלהיך: לא־יאמר לך עוד עזובה ולארצך וּצְנִיף
לא־יאמר עוד שממה כי לך יקרא חפצי־בה ולארצך בעולה
ה כי־חפץ יהוה בך וארצך תבעל: כי־יבעל בחור בתולה יבעלוך
ו בניך ומשוש חתן על־כלה ישיש עליך אלהיך: על־חומתיך
ירושלם הפקדתי שמרים כל־היום וכל־הלילה תמיד לא יחשו
ז המזכירים את־יהוה אל־דמי לכם: ואל־תתנו דמי לו עד־יכונן
ח ועד־ישים את־ירושלם תהלה בארץ: נשבע יהוה בימינו
ובזרוע עזו אם־אתן את־דגנך עוד מאכל לאיביך ואם־ישתו
ט בני־נכר תירושך אשר יגעת בו: כי מאספיו יאכלהו והללו

אֶת־יְהוָה וּמְקַבְּצָיו יִשְׁתֻּהוּ בְּחַצְרוֹת קָדְשִׁי׃ עִבְרוּ י
עִבְרוּ בַּשְּׁעָרִים פַּנּוּ דֶּרֶךְ הָעָם סֹלּוּ סֹלּוּ הַמְסִלָּה סַקְּלוּ מֵאֶבֶן
הָרִימוּ נֵס עַל־הָעַמִּים׃ הִנֵּה יְהוָה הִשְׁמִיעַ אֶל־קְצֵה הָאָרֶץ יא
אִמְרוּ לְבַת־צִיּוֹן הִנֵּה יִשְׁעֵךְ בָּא הִנֵּה שְׂכָרוֹ אִתּוֹ וּפְעֻלָּתוֹ לְפָנָיו׃
וְקָרְאוּ לָהֶם עַם־הַקֹּדֶשׁ גְּאוּלֵי יְהוָה וְלָךְ יִקָּרֵא דְרוּשָׁה עִיר לֹא יב
נֶעֱזָבָה׃ מִי־זֶה ׀ בָּא מֵאֱדוֹם חֲמוּץ בְּגָדִים מִבָּצְרָה א סג
זֶה הָדוּר בִּלְבוּשׁוֹ צֹעֶה בְּרֹב כֹּחוֹ אֲנִי מְדַבֵּר בִּצְדָקָה רַב
לְהוֹשִׁיעַ׃ מַדּוּעַ אָדֹם לִלְבוּשֶׁךָ וּבְגָדֶיךָ כְּדֹרֵךְ בְּגַת׃ פּוּרָה ׀ דָּרַכְתִּי ב ג
לְבַדִּי וּמֵעַמִּים אֵין־אִישׁ אִתִּי וְאֶדְרְכֵם בְּאַפִּי וְאֶרְמְסֵם בַּחֲמָתִי
וְיֵז נִצְחָם עַל־בְּגָדַי וְכָל־מַלְבּוּשַׁי אֶגְאָלְתִּי׃ כִּי יוֹם נָקָם בְּלִבִּי ד
וּשְׁנַת גְּאוּלַי בָּאָה׃ וְאַבִּיט וְאֵין עֹזֵר וְאֶשְׁתּוֹמֵם וְאֵין סוֹמֵךְ וַתּוֹשַׁע ה
לִי זְרֹעִי וַחֲמָתִי הִיא סְמָכָתְנִי׃ וְאָבוּס עַמִּים בְּאַפִּי וַאֲשַׁכְּרֵם ו
בַּחֲמָתִי וְאוֹרִיד לָאָרֶץ נִצְחָם׃ חַסְדֵי יְהוָה ׀ אַזְכִּיר ז
תְּהִלֹּת יְהוָה כְּעַל כֹּל אֲשֶׁר־גְּמָלָנוּ יְהוָה וְרַב־טוּב לְבֵית יִשְׂרָאֵל
אֲשֶׁר־גְּמָלָם כְּרַחֲמָיו וּכְרֹב חֲסָדָיו׃ וַיֹּאמֶר אַךְ־עַמִּי הֵמָּה בָּנִים ח
לוֹ לֹא יְשַׁקֵּרוּ וַיְהִי לָהֶם לְמוֹשִׁיעַ׃ בְּכָל־צָרָתָם ׀ לֹא צָר וּמַלְאַךְ ט
פָּנָיו הוֹשִׁיעָם בְּאַהֲבָתוֹ וּבְחֶמְלָתוֹ הוּא גְאָלָם וַיְנַטְּלֵם וַיְנַשְּׂאֵם
כָּל־יְמֵי עוֹלָם׃

הפטרה לשבת שובה

Read on the שבת *between* ראש השנה *and* יום כיפור (האזינו *or* וילך).

הושע שׁוּבָה יִשְׂרָאֵל עַד יְהוָה אֱלֹהֶיךָ כִּי כָשַׁלְתָּ בַּעֲוֺנֶךָ׃ קְחוּ עִמָּכֶם ב ג יד
דְּבָרִים וְשׁוּבוּ אֶל־יְהוָה אִמְרוּ אֵלָיו כָּל־תִּשָּׂא עָוֺן וְקַח־טוֹב
וּנְשַׁלְּמָה פָרִים שְׂפָתֵינוּ׃ אַשּׁוּר ׀ לֹא יוֹשִׁיעֵנוּ עַל־סוּס לֹא נִרְכָּב ד
וְלֹא־נֹאמַר עוֹד אֱלֹהֵינוּ לְמַעֲשֵׂה יָדֵינוּ אֲשֶׁר־בְּךָ יְרֻחַם יָתוֹם׃
אֶרְפָּא מְשׁוּבָתָם אֹהֲבֵם נְדָבָה כִּי שָׁב אַפִּי מִמֶּנּוּ׃ אֶהְיֶה כַטַּל ה ו
לְיִשְׂרָאֵל יִפְרַח כַּשּׁוֹשַׁנָּה וְיַךְ שָׁרָשָׁיו כַּלְּבָנוֹן׃ יֵלְכוּ יֹנְקוֹתָיו ז

ח וִיהִי כַזַּיִת הוֹדוֹ וְרֵיחַ לוֹ כַּלְּבָנוֹן: יָשֻׁבוּ יֹשְׁבֵי בְצִלּוֹ יְחַיּוּ דָגָן
ט וְיִפְרְחוּ כַגָּפֶן זִכְרוֹ כְּיֵין לְבָנוֹן: אֶפְרַיִם מַה־לִּי עוֹד לָעֲצַבִּים אֲנִי
י עָנִיתִי וַאֲשׁוּרֶנּוּ אֲנִי כִּבְרוֹשׁ רַעֲנָן מִמֶּנִּי פֶּרְיְךָ נִמְצָא: מִי חָכָם
וְיָבֵן אֵלֶּה נָבוֹן וְיֵדָעֵם כִּי־יְשָׁרִים דַּרְכֵי יהוה וְצַדִּקִים יֵלְכוּ בָם
וּפֹשְׁעִים יִכָּשְׁלוּ בָם:

יואל

Some Ashkenazim continue from here

ב יא וַיהוה נָתַן קוֹלוֹ לִפְנֵי חֵילוֹ כִּי רַב מְאֹד מַחֲנֵהוּ כִּי עָצוּם עֹשֵׂה דְבָרוֹ
יב כִּי־גָדוֹל יוֹם־יהוה וְנוֹרָא מְאֹד וּמִי יְכִילֶנּוּ: וְגַם־עַתָּה נְאֻם־יהוה
יג שֻׁבוּ עָדַי בְּכָל־לְבַבְכֶם וּבְצוֹם וּבִבְכִי וּבְמִסְפֵּד: וְקִרְעוּ לְבַבְכֶם
וְאַל־בִּגְדֵיכֶם וְשׁוּבוּ אֶל־יהוה אֱלֹהֵיכֶם כִּי־חַנּוּן וְרַחוּם הוּא אֶרֶךְ
יד אַפַּיִם וְרַב־חֶסֶד וְנִחָם עַל־הָרָעָה: מִי יוֹדֵעַ יָשׁוּב וְנִחָם וְהִשְׁאִיר
טו אַחֲרָיו בְּרָכָה מִנְחָה וָנֶסֶךְ לַיהוה אֱלֹהֵיכֶם: *תִּקְעוּ

Most Ashkenazim continue from here

טז שׁוֹפָר בְּצִיּוֹן קַדְּשׁוּ־צוֹם קִרְאוּ עֲצָרָה: אִסְפוּ־עָם קַדְּשׁוּ קָהָל
קִבְצוּ זְקֵנִים אִסְפוּ עוֹלָלִים וְיֹנְקֵי שָׁדָיִם יֵצֵא חָתָן מֵחֶדְרוֹ
יז וְכַלָּה מֵחֻפָּתָהּ: בֵּין הָאוּלָם וְלַמִּזְבֵּחַ יִבְכּוּ הַכֹּהֲנִים מְשָׁרְתֵי יהוה
וְיֹאמְרוּ חוּסָה יהוה עַל־עַמֶּךָ וְאַל־תִּתֵּן נַחֲלָתְךָ לְחֶרְפָּה לִמְשָׁל־
יח בָּם גּוֹיִם לָמָּה יֹאמְרוּ בָעַמִּים אַיֵּה אֱלֹהֵיהֶם: וַיְקַנֵּא יהוה לְאַרְצוֹ
יט וַיַּחְמֹל עַל־עַמּוֹ: וַיַּעַן יהוה וַיֹּאמֶר לְעַמּוֹ הִנְנִי שֹׁלֵחַ לָכֶם אֶת־
הַדָּגָן וְהַתִּירוֹשׁ וְהַיִּצְהָר וּשְׂבַעְתֶּם אֹתוֹ וְלֹא־אֶתֵּן אֶתְכֶם עוֹד
כ חֶרְפָּה בַּגּוֹיִם: וְאֶת־הַצְּפוֹנִי אַרְחִיק מֵעֲלֵיכֶם וְהִדַּחְתִּיו אֶל־
אֶרֶץ צִיָּה וּשְׁמָמָה אֶת־פָּנָיו אֶל־הַיָּם הַקַּדְמֹנִי וְסֹפוֹ אֶל־הַיָּם
כא הָאַחֲרוֹן וְעָלָה בָאְשׁוֹ וְתַעַל צַחֲנָתוֹ כִּי הִגְדִּיל לַעֲשׂוֹת: אַל־
כב תִּירְאִי אֲדָמָה גִּילִי וּשְׂמָחִי כִּי־הִגְדִּיל יהוה לַעֲשׂוֹת: אַל־תִּירְאוּ
בַּהֲמוֹת שָׂדַי כִּי דָשְׁאוּ נְאוֹת מִדְבָּר כִּי־עֵץ נָשָׂא פִרְיוֹ תְּאֵנָה
כג וָגֶפֶן נָתְנוּ חֵילָם: וּבְנֵי צִיּוֹן גִּילוּ וְשִׂמְחוּ בַּיהוה אֱלֹהֵיכֶם כִּי־
נָתַן לָכֶם אֶת־הַמּוֹרֶה לִצְדָקָה וַיּוֹרֶד לָכֶם גֶּשֶׁם מוֹרֶה וּמַלְקוֹשׁ
כד בָּרִאשׁוֹן: וּמָלְאוּ הַגֳּרָנוֹת בָּר וְהֵשִׁיקוּ הַיְקָבִים תִּירוֹשׁ וְיִצְהָר:
כה וְשִׁלַּמְתִּי לָכֶם אֶת־הַשָּׁנִים אֲשֶׁר אָכַל הָאַרְבֶּה הַיֶּלֶק וְהֶחָסִיל

כו וְהַגָּזָם חֵילִי הַגָּדוֹל אֲשֶׁר שִׁלַּחְתִּי בָּכֶם: וַאֲכַלְתֶּם אָכוֹל וְשָׂבוֹעַ
וְהִלַּלְתֶּם אֶת־שֵׁם יהוה אֱלֹהֵיכֶם אֲשֶׁר־עָשָׂה עִמָּכֶם לְהַפְלִיא
כז וְלֹא־יֵבֹשׁוּ עַמִּי לְעוֹלָם: וִידַעְתֶּם כִּי בְקֶרֶב יִשְׂרָאֵל אָנִי וַאֲנִי
יהוה אֱלֹהֵיכֶם וְאֵין עוֹד וְלֹא־יֵבֹשׁוּ עַמִּי לְעוֹלָם:

מיכה
Sephardim and some Ashkenazim add

ז יח מִי־אֵל כָּמוֹךָ נֹשֵׂא עָוֹן וְעֹבֵר עַל־פֶּשַׁע לִשְׁאֵרִית נַחֲלָתוֹ לֹא־
יט הֶחֱזִיק לָעַד אַפּוֹ כִּי־חָפֵץ חֶסֶד הוּא: יָשׁוּב יְרַחֲמֵנוּ יִכְבֹּשׁ עֲוֹנֹתֵינוּ
כ וְתַשְׁלִיךְ בִּמְצֻלוֹת יָם כָּל־חַטֹּאותָם: תִּתֵּן אֱמֶת לְיַעֲקֹב חֶסֶד
לְאַבְרָהָם אֲשֶׁר־נִשְׁבַּעְתָּ לַאֲבֹתֵינוּ מִימֵי קֶדֶם:

הפטרת האזינו

On the שבת *between* ראש השנה *and* יום כיפור *read the* הפטרה *on page 410.*

שמואל ב׳

כב א וַיְדַבֵּר דָּוִד לַיהוה אֶת־דִּבְרֵי הַשִּׁירָה הַזֹּאת בְּיוֹם
הִצִּיל יהוה אֹתוֹ מִכַּף כָּל־אֹיְבָיו וּמִכַּף שָׁאוּל:
ב וַיֹּאמַר יהוה סַלְעִי וּמְצֻדָתִי וּמְפַלְטִי־לִי: ג אֱלֹהֵי
צוּרִי אֶחֱסֶה־בּוֹ מָגִנִּי וְקֶרֶן יִשְׁעִי מִשְׂגַּבִּי
וּמְנוּסִי מֹשִׁעִי מֵחָמָס תֹּשִׁעֵנִי: ד מְהֻלָּל
אֶקְרָא יהוה וּמֵאֹיְבַי אִוָּשֵׁעַ: ה כִּי אֲפָפֻנִי מִשְׁבְּרֵי־
מָוֶת נַחֲלֵי בְלִיַּעַל יְבַעֲתֻנִי: ו חֶבְלֵי
שְׁאוֹל סַבֻּנִי קִדְּמֻנִי מֹקְשֵׁי־
מָוֶת: ז בַּצַּר־לִי אֶקְרָא יהוה וְאֶל־
אֱלֹהַי אֶקְרָא וַיִּשְׁמַע מֵהֵיכָלוֹ
קוֹלִי וְשַׁוְעָתִי בְּאָזְנָיו: ח ותגעש וַיִּתְגָּעַשׁ
וַתִּרְעַשׁ הָאָרֶץ מוֹסְדוֹת הַשָּׁמַיִם
יִרְגָּזוּ וַיִּתְגָּעֲשׁוּ כִּי־חָרָה לוֹ: ט עָלָה
עָשָׁן בְּאַפּוֹ וְאֵשׁ מִפִּיו
תֹּאכֵל גֶּחָלִים בָּעֲרוּ מִמֶּנּוּ: י וַיֵּט
שָׁמַיִם וַיֵּרַד וַעֲרָפֶל תַּחַת

יא רַגְלָיו׃ וַיִּרְכַּב עַל־כְּרוּב וַיָּעֹף וַיֵּרָא
יב עַל־כַּנְפֵי־רוּחַ׃ וַיָּשֶׁת חֹשֶׁךְ סְבִיבֹתָיו
יג סֻכּוֹת חַשְׁרַת־מַיִם עָבֵי שְׁחָקִים׃ מִנֹּגַהּ
יד נֶגְדּוֹ בָּעֲרוּ גַּחֲלֵי־אֵשׁ׃ יַרְעֵם מִן־שָׁמַיִם
טו יְהוָה וְעֶלְיוֹן יִתֵּן קוֹלוֹ׃ וַיִּשְׁלַח
טז חִצִּים וַיְפִיצֵם בָּרָק ויהמם׃ וַיֵּרָאוּ אֲפִקֵי וַיָּהֹם
יָם יִגָּלוּ מֹסְדוֹת תֵּבֵל בְּגַעֲרַת
יז יְהוָה מִנִּשְׁמַת רוּחַ אַפּוֹ׃ יִשְׁלַח מִמָּרוֹם
יח יִקָּחֵנִי יַמְשֵׁנִי מִמַּיִם רַבִּים׃ יַצִּילֵנִי
מֵאֹיְבִי עָז מִשֹּׂנְאַי כִּי אָמְצוּ
יט מִמֶּנִּי׃ יְקַדְּמֻנִי בְּיוֹם אֵידִי וַיְהִי
כ יְהוָה מִשְׁעָן לִי׃ וַיֹּצֵא לַמֶּרְחָב
כא אֹתִי יְחַלְּצֵנִי כִּי־חָפֵץ בִּי׃ יִגְמְלֵנִי
יְהוָה כְּצִדְקָתִי כְּבֹר יָדַי יָשִׁיב
כב לִי׃ כִּי שָׁמַרְתִּי דַּרְכֵי יְהוָה וְלֹא
כג רָשַׁעְתִּי מֵאֱלֹהָי׃ כִּי כָל־מִשְׁפָּטָו
כד לְנֶגְדִּי וְחֻקֹּתָיו לֹא־אָסוּר מִמֶּנָּה׃ וָאֶהְיֶה
כה תָמִים לוֹ וָאֶשְׁתַּמְּרָה מֵעֲוֹנִי׃ וַיָּשֶׁב יְהוָה לִי
כו כְּצִדְקָתִי כְּבֹרִי לְנֶגֶד עֵינָיו׃ עִם־
חָסִיד תִּתְחַסָּד עִם־גִּבּוֹר תָּמִים
כז תִּתַּמָּם׃ עִם־נָבָר תִּתָּבָר וְעִם־
כח עִקֵּשׁ תִּתַּפָּל׃ וְאֶת־עַם עָנִי
כט תּוֹשִׁיעַ וְעֵינֶיךָ עַל־רָמִים תַּשְׁפִּיל׃ כִּי־
אַתָּה נֵירִי יְהוָה וַיהוָה יַגִּיהַּ
ל חָשְׁכִּי׃ כִּי בְכָה אָרוּץ גְּדוּד בֵּאלֹהַי
לא אֲדַלֶּג־שׁוּר׃ הָאֵל תָּמִים
דַּרְכּוֹ אִמְרַת יְהוָה צְרוּפָה מָגֵן

הוּא לְכֹל הַחֹסִים בּוֹ׃ כִּי מִי־אֵל מִבַּלְעֲדֵי לב
יְהֹוָה וּמִי צוּר מִבַּלְעֲדֵי אֱלֹהֵינוּ׃ הָאֵל לג
מָעוּזִּי חָיִל וַיַּתֵּר תָּמִים
דַּרְכִּי | רַגְלַי דרכו׃ מְשַׁוֶּה רגליו כָּאַיָּלוֹת וְעַל־ לד
בָּמוֹתַי יַעֲמִידֵנִי׃ מְלַמֵּד יָדַי לה
לַמִּלְחָמָה וְנִחַת קֶשֶׁת־נְחוּשָׁה זְרֹעֹתָי׃ וַתִּתֶּן־ לו
לִי מָגֵן יִשְׁעֶךָ וַעֲנֹתְךָ תַּרְבֵּנִי׃ תַּרְחִיב צַעֲדִי לז
תַּחְתֵּנִי וְלֹא מָעֲדוּ קַרְסֻלָּי׃ אֶרְדְּפָה לח
אֹיְבַי וָאַשְׁמִידֵם וְלֹא אָשׁוּב עַד־
כַּלּוֹתָם׃ וָאֲכַלֵּם וָאֶמְחָצֵם וְלֹא יְקוּמוּן וַיִּפְּלוּ לט
תַּחַת רַגְלָי׃ וַתַּזְרֵנִי חַיִל מ
לַמִּלְחָמָה תַּכְרִיעַ קָמַי תַּחְתֵּנִי׃ וְאֹיְבַי מא
תַּתָּה לִּי עֹרֶף מְשַׂנְאַי וָאַצְמִיתֵם׃ יִשְׁעוּ וְאֵין מב
מֹשִׁיעַ אֶל־יְהֹוָה וְלֹא עָנָם׃ וְאֶשְׁחָקֵם מג
כַּעֲפַר־אָרֶץ כְּטִיט־חוּצוֹת אֲדִקֵּם
אֶרְקָעֵם׃ וַתְּפַלְּטֵנִי מֵרִיבֵי עַמִּי תִּשְׁמְרֵנִי מד
לְרֹאשׁ גּוֹיִם עַם לֹא־יָדַעְתִּי
יַעַבְדֻנִי׃ בְּנֵי נֵכָר יִתְכַּחֲשׁוּ־לִי לִשְׁמוֹעַ מה
אֹזֶן יִשָּׁמְעוּ לִי׃ בְּנֵי נֵכָר יִבֹּלוּ וְיַחְגְּרוּ מו
מִמִּסְגְּרוֹתָם׃ חַי־יְהֹוָה וּבָרוּךְ צוּרִי וְיָרֻם מז
אֱלֹהֵי צוּר יִשְׁעִי׃ הָאֵל הַנֹּתֵן נְקָמֹת מח
לִי וּמוֹרִיד עַמִּים תַּחְתֵּנִי׃ וּמוֹצִיאִי מט
מֵאֹיְבָי וּמִקָּמַי תְּרוֹמְמֵנִי מֵאִישׁ חֲמָסִים
תַּצִּילֵנִי׃ עַל־כֵּן אוֹדְךָ יְהֹוָה בַּגּוֹיִם וּלְשִׁמְךָ נ
מִגְדּוֹל אֲזַמֵּר׃ מגדיל יְשׁוּעוֹת נא
מַלְכּוֹ וְעֹשֶׂה־חֶסֶד לִמְשִׁיחוֹ
לְדָוִד וּלְזַרְעוֹ עַד־עוֹלָם׃

הפטרת שבת ראש חודש

The מפטיר *for* שבת ראש חודש *is from* במדבר*, ch. 28:9–15, page 254.*

סו א כֹּה אָמַר יְהוָה הַשָּׁמַיִם כִּסְאִי וְהָאָרֶץ הֲדֹם רַגְלָי אֵי־זֶה בַיִת ישעיה
ב אֲשֶׁר תִּבְנוּ־לִי וְאֵי־זֶה מָקוֹם מְנוּחָתִי׃ וְאֶת־כָּל־אֵלֶּה יָדִי עָשָׂתָה
וַיִּהְיוּ כָל־אֵלֶּה נְאֻם־יְהוָה וְאֶל־זֶה אַבִּיט אֶל־עָנִי וּנְכֵה־רוּחַ
ג וְחָרֵד עַל־דְּבָרִי׃ שׁוֹחֵט הַשּׁוֹר מַכֵּה־אִישׁ זוֹבֵחַ הַשֶּׂה עֹרֵף כֶּלֶב
מַעֲלֵה מִנְחָה דַּם־חֲזִיר מַזְכִּיר לְבֹנָה מְבָרֵךְ אָוֶן גַּם־הֵמָּה בָּחֲרוּ
ד בְּדַרְכֵיהֶם וּבְשִׁקּוּצֵיהֶם נַפְשָׁם חָפֵצָה׃ גַּם־אֲנִי אֶבְחַר בְּתַעֲלֻלֵיהֶם
וּמְגוּרֹתָם אָבִיא לָהֶם יַעַן קָרָאתִי וְאֵין עוֹנֶה דִּבַּרְתִּי וְלֹא שָׁמֵעוּ
ה וַיַּעֲשׂוּ הָרַע בְּעֵינַי וּבַאֲשֶׁר לֹא־חָפַצְתִּי בָּחָרוּ׃ שִׁמְעוּ
דְּבַר־יְהוָה הַחֲרֵדִים אֶל־דְּבָרוֹ אָמְרוּ אֲחֵיכֶם שֹׂנְאֵיכֶם מְנַדֵּיכֶם
ו לְמַעַן שְׁמִי יִכְבַּד יְהוָה וְנִרְאֶה בְשִׂמְחַתְכֶם וְהֵם יֵבֹשׁוּ׃ קוֹל שָׁאוֹן
ז מֵעִיר קוֹל מֵהֵיכָל קוֹל יְהוָה מְשַׁלֵּם גְּמוּל לְאֹיְבָיו׃ בְּטֶרֶם תָּחִיל
ח יָלָדָה בְּטֶרֶם יָבוֹא חֵבֶל לָהּ וְהִמְלִיטָה זָכָר׃ מִי־שָׁמַע כָּזֹאת מִי
רָאָה כָּאֵלֶּה הֲיוּחַל אֶרֶץ בְּיוֹם אֶחָד אִם־יִוָּלֵד גּוֹי פַּעַם אֶחָת כִּי־
ט חָלָה גַּם־יָלְדָה צִיּוֹן אֶת־בָּנֶיהָ׃ הַאֲנִי אַשְׁבִּיר וְלֹא אוֹלִיד יֹאמַר
י יְהוָה אִם־אֲנִי הַמּוֹלִיד וְעָצַרְתִּי אָמַר אֱלֹהָיִךְ׃ שִׂמְחוּ
אֶת־יְרוּשָׁלַםִ וְגִילוּ בָהּ כָּל־אֹהֲבֶיהָ שִׂישׂוּ אִתָּהּ מָשׂוֹשׂ כָּל־
יא הַמִּתְאַבְּלִים עָלֶיהָ׃ לְמַעַן תִּינְקוּ וּשְׂבַעְתֶּם מִשֹּׁד תַּנְחֻמֶיהָ לְמַעַן
יב תָּמֹצּוּ וְהִתְעַנַּגְתֶּם מִזִּיז כְּבוֹדָהּ׃ כִּי־כֹה ׀ אָמַר יְהוָה
הִנְנִי נֹטֶה־אֵלֶיהָ כְּנָהָר שָׁלוֹם וּכְנַחַל שׁוֹטֵף כְּבוֹד גּוֹיִם וִינַקְתֶּם
יג עַל־צַד תִּנָּשֵׂאוּ וְעַל־בִּרְכַּיִם תְּשָׁעֳשָׁעוּ׃ כְּאִישׁ אֲשֶׁר אִמּוֹ תְּנַחֲמֶנּוּ
יד כֵּן אָנֹכִי אֲנַחֶמְכֶם וּבִירוּשָׁלַםִ תְּנֻחָמוּ׃ וּרְאִיתֶם וְשָׂשׂ לִבְּכֶם
וְעַצְמוֹתֵיכֶם כַּדֶּשֶׁא תִפְרַחְנָה וְנוֹדְעָה יַד־יְהוָה אֶת־עֲבָדָיו וְזָעַם
טו אֶת־אֹיְבָיו׃ כִּי־הִנֵּה יְהוָה בָּאֵשׁ יָבוֹא וְכַסּוּפָה מַרְכְּבֹתָיו לְהָשִׁיב
טז בְּחֵמָה אַפּוֹ וְגַעֲרָתוֹ בְּלַהֲבֵי־אֵשׁ׃ כִּי בָאֵשׁ יְהוָה נִשְׁפָּט וּבְחַרְבּוֹ
יז אֶת־כָּל־בָּשָׂר וְרַבּוּ חַלְלֵי יְהוָה׃ הַמִּתְקַדְּשִׁים וְהַמִּטַּהֲרִים אֶל־

הַגַּנּוֹת אַחַר אחד בַּתָּוֶךְ אֹכְלֵי בְּשַׂר הַחֲזִיר וְהַשֶּׁקֶץ וְהָעַכְבָּר אחת
יח יַחְדָּו יָסֻפוּ נְאֻם־יהוה׃ וְאָנֹכִי מַעֲשֵׂיהֶם וּמַחְשְׁבֹתֵיהֶם בָּאָה
יט לְקַבֵּץ אֶת־כָּל־הַגּוֹיִם וְהַלְּשֹׁנוֹת וּבָאוּ וְרָאוּ אֶת־כְּבוֹדִי׃ וְשַׂמְתִּי
בָהֶם אוֹת וְשִׁלַּחְתִּי מֵהֶם ׀ פְּלֵיטִים אֶל־הַגּוֹיִם תַּרְשִׁישׁ פּוּל וְלוּד
מֹשְׁכֵי קֶשֶׁת תֻּבַל וְיָוָן הָאִיִּים הָרְחֹקִים אֲשֶׁר לֹא־שָׁמְעוּ אֶת־
כ שִׁמְעִי וְלֹא־רָאוּ אֶת־כְּבוֹדִי וְהִגִּידוּ אֶת־כְּבוֹדִי בַּגּוֹיִם׃ וְהֵבִיאוּ
אֶת־כָּל־אֲחֵיכֶם ׀ מִכָּל־הַגּוֹיִם ׀ מִנְחָה ׀ לַיהוה בַּסּוּסִים וּבָרֶכֶב
וּבַצַּבִּים וּבַפְּרָדִים וּבַכִּרְכָּרוֹת עַל הַר קָדְשִׁי יְרוּשָׁלִָם אָמַר יהוה
כַּאֲשֶׁר יָבִיאוּ בְנֵי יִשְׂרָאֵל אֶת־הַמִּנְחָה בִּכְלִי טָהוֹר בֵּית יהוה׃
כא כב וְגַם־מֵהֶם אֶקַּח לַכֹּהֲנִים לַלְוִיִּם אָמַר יהוה׃ כִּי כַאֲשֶׁר הַשָּׁמַיִם
הַחֲדָשִׁים וְהָאָרֶץ הַחֲדָשָׁה אֲשֶׁר אֲנִי עֹשֶׂה עֹמְדִים לְפָנַי נְאֻם־
כג יהוה כֵּן יַעֲמֹד זַרְעֲכֶם וְשִׁמְכֶם׃ וְהָיָה מִדֵּי־חֹדֶשׁ בְּחָדְשׁוֹ וּמִדֵּי
כד שַׁבָּת בְּשַׁבַּתּוֹ יָבוֹא כָל־בָּשָׂר לְהִשְׁתַּחֲוֹת לְפָנַי אָמַר יהוה׃ וְיָצְאוּ
וְרָאוּ בְּפִגְרֵי הָאֲנָשִׁים הַפֹּשְׁעִים בִּי כִּי תוֹלַעְתָּם לֹא תָמוּת וְאִשָּׁם
לֹא תִכְבֶּה וְהָיוּ דֵרָאוֹן לְכָל־בָּשָׂר׃

וְהָיָה מִדֵּי־חֹדֶשׁ בְּחָדְשׁוֹ וּמִדֵּי שַׁבָּת בְּשַׁבַּתּוֹ יָבוֹא כָל־בָּשָׂר
לְהִשְׁתַּחֲוֹת לְפָנַי אָמַר יהוה׃

When a two-day ראש חודש *falls on* שבת *and Sunday,* ספרדים *add the first and last verses of the* הפטרה *for* ערב ראש חודש*, below.*

הפטרת שבת ערב ראש חודש

שמואל א׳ כ יח וַיֹּאמֶר־לוֹ יְהוֹנָתָן מָחָר חֹדֶשׁ וְנִפְקַדְתָּ כִּי יִפָּקֵד מוֹשָׁבֶךָ׃ וְשִׁלַּשְׁתָּ
יט תֵּרֵד מְאֹד וּבָאתָ אֶל־הַמָּקוֹם אֲשֶׁר־נִסְתַּרְתָּ שָּׁם בְּיוֹם הַמַּעֲשֶׂה
כ וְיָשַׁבְתָּ אֵצֶל הָאֶבֶן הָאָזֶל׃ וַאֲנִי שְׁלֹשֶׁת הַחִצִּים צִדָּה אוֹרֶה
כא לְשַׁלַּח־לִי לְמַטָּרָה׃ וְהִנֵּה אֶשְׁלַח אֶת־הַנַּעַר לֵךְ מְצָא אֶת־הַחִצִּים
אִם־אָמֹר אֹמַר לַנַּעַר הִנֵּה הַחִצִּים ׀ מִמְּךָ וָהֵנָּה קָחֶנּוּ וָבֹאָה
כב כִּי־שָׁלוֹם לְךָ וְאֵין דָּבָר חַי־יהוה׃ וְאִם־כֹּה אֹמַר לָעֶלֶם הִנֵּה
כג הַחִצִּים מִמְּךָ וָהָלְאָה לֵךְ כִּי שִׁלַּחֲךָ יהוה׃ וְהַדָּבָר אֲשֶׁר דִּבַּרְנוּ

כד אֲנִי וָאָתָּה הִנֵּה יְהוָה בֵּינִי וּבֵינְךָ עַד־עוֹלָם׃ וַיִּסָּתֵר
כה דָּוִד בַּשָּׂדֶה וַיְהִי הַחֹדֶשׁ וַיֵּשֶׁב הַמֶּלֶךְ עַל־הַלֶּחֶם לֶאֱכוֹל׃ וַיֵּשֶׁב אֶל־
הַמֶּלֶךְ עַל־מוֹשָׁבוֹ כְּפַעַם ׀ בְּפַעַם אֶל־מוֹשַׁב הַקִּיר וַיָּקָם יְהוֹנָתָן
כו וַיֵּשֶׁב אַבְנֵר מִצַּד שָׁאוּל וַיִּפָּקֵד מְקוֹם דָּוִד׃ וְלֹא־דִבֶּר שָׁאוּל
מְאוּמָה בַּיּוֹם הַהוּא כִּי אָמַר מִקְרֶה הוּא בִּלְתִּי טָהוֹר הוּא
כז כִּי־לֹא טָהוֹר׃ וַיְהִי מִמָּחֳרַת הַחֹדֶשׁ הַשֵּׁנִי וַיִּפָּקֵד
מְקוֹם דָּוִד וַיֹּאמֶר שָׁאוּל אֶל־יְהוֹנָתָן בְּנוֹ מַדּוּעַ לֹא־בָא בֶן־יִשַׁי
כח גַּם־תְּמוֹל גַּם־הַיּוֹם אֶל־הַלָּחֶם׃ וַיַּעַן יְהוֹנָתָן אֶת־שָׁאוּל נִשְׁאֹל
כט נִשְׁאַל דָּוִד מֵעִמָּדִי עַד־בֵּית לָחֶם׃ וַיֹּאמֶר שַׁלְּחֵנִי נָא כִּי זֶבַח
מִשְׁפָּחָה לָנוּ בָּעִיר וְהוּא צִוָּה־לִי אָחִי וְעַתָּה אִם־מָצָאתִי חֵן
בְּעֵינֶיךָ אִמָּלְטָה נָּא וְאֶרְאֶה אֶת־אֶחָי עַל־כֵּן לֹא־בָא אֶל־שֻׁלְחַן
ל הַמֶּלֶךְ׃ וַיִּחַר־אַף שָׁאוּל בִּיהוֹנָתָן וַיֹּאמֶר לוֹ בֶּן־נַעֲוַת
הַמַּרְדּוּת הֲלוֹא יָדַעְתִּי כִּי־בֹחֵר אַתָּה לְבֶן־יִשַׁי לְבָשְׁתְּךָ וּלְבֹשֶׁת
לא עֶרְוַת אִמֶּךָ׃ כִּי כָל־הַיָּמִים אֲשֶׁר בֶּן־יִשַׁי חַי עַל־הָאֲדָמָה לֹא
תִכּוֹן אַתָּה וּמַלְכוּתֶךָ וְעַתָּה שְׁלַח וְקַח אֹתוֹ אֵלַי כִּי בֶן־מָוֶת
לב הוּא׃ וַיַּעַן יְהוֹנָתָן אֶת־שָׁאוּל אָבִיו וַיֹּאמֶר אֵלָיו לָמָּה
לג יוּמַת מֶה עָשָׂה׃ וַיָּטֶל שָׁאוּל אֶת־הַחֲנִית עָלָיו לְהַכֹּתוֹ וַיֵּדַע
לד יְהוֹנָתָן כִּי־כָלָה הִיא מֵעִם אָבִיו לְהָמִית אֶת־דָּוִד׃ וַיָּקָם
יְהוֹנָתָן מֵעִם הַשֻּׁלְחָן בָּחֳרִי־אָף וְלֹא־אָכַל בְּיוֹם־הַחֹדֶשׁ הַשֵּׁנִי
לה לֶחֶם כִּי נֶעְצַב אֶל־דָּוִד כִּי הִכְלִמוֹ אָבִיו׃ וַיְהִי בַבֹּקֶר
לו וַיֵּצֵא יְהוֹנָתָן הַשָּׂדֶה לְמוֹעֵד דָּוִד וְנַעַר קָטֹן עִמּוֹ׃ וַיֹּאמֶר לְנַעֲרוֹ
רֻץ מְצָא־נָא אֶת־הַחִצִּים אֲשֶׁר אָנֹכִי מוֹרֶה הַנַּעַר רָץ וְהוּא־יָרָה
לז הַחֵצִי לְהַעֲבִרוֹ׃ וַיָּבֹא הַנַּעַר עַד־מְקוֹם הַחֵצִי אֲשֶׁר יָרָה יְהוֹנָתָן
וַיִּקְרָא יְהוֹנָתָן אַחֲרֵי הַנַּעַר וַיֹּאמֶר הֲלוֹא הַחֵצִי מִמְּךָ וָהָלְאָה׃
לח וַיִּקְרָא יְהוֹנָתָן אַחֲרֵי הַנַּעַר מְהֵרָה חוּשָׁה אַל־תַּעֲמֹד וַיְלַקֵּט נַעַר
לט יְהוֹנָתָן אֶת־הַחִצִּי וַיָּבֹא אֶל־אֲדֹנָיו׃ וְהַנַּעַר לֹא־יָדַע מְאוּמָה אַךְ הַחִצִּים
מ יְהוֹנָתָן וְדָוִד יָדְעוּ אֶת־הַדָּבָר׃ וַיִּתֵּן יְהוֹנָתָן אֶת־כֵּלָיו אֶל־הַנַּעַר

מא אשר־לו ויאמר לו לך הביא העיר: הנער בא ודוד קם מאצל
הנגב ויפל לאפיו ארצה וישתחו שלש פעמים וישקו ׀ איש
מב את־רעהו ויבכו איש את־רעהו עד־דוד הגדיל: ויאמר יהונתן
לדוד לך לשלום אשר נשבענו שנינו אנחנו בשם יהוה לאמר
יהוה יהיה ׀ ביני ובינך ובין זרעי ובין זרעך עד־עולם:

הפטרת שבת ראשונה של חנוכה

for the first day of חנוכה: אשכנזים *read* במדבר *7:1–17;* מפטיר
ספרדים *read* במדבר *6:22–7:17, both on pages 215–216.*
All other days: במדבר*, ch. 7, reading for that day, pages 216–218. When* שבת חנוכה *falls on* ראש חודש*, read the* ראש חודש *portion,* במדבר *28:9–15, page 254, from the second Torah scroll and the* מפטיר *for* חנוכה *from the third Torah scroll.*

זכריה
ב יד טו רני ושמחי בת־ציון כי הנני־בא ושכנתי בתוכך נאם־יהוה: ונלוו
גוים רבים אל־יהוה ביום ההוא והיו לי לעם ושכנתי בתוכך
טז וידעת כי־יהוה צבאות שלחני אליך: ונחל יהוה את־יהודה
יז חלקו על אדמת הקדש ובחר עוד בירושלם: הס כל־בשר מפני
ג א יהוה כי נעור ממעון קדשו: ויראני את־יהושע הכהן
הגדול עמד לפני מלאך יהוה והשטן עמד על־ימינו לשטנו:
ב ויאמר יהוה אל־השטן יגער יהוה בך השטן ויגער יהוה בך
ג הבחר בירושלם הלוא זה אוד מצל מאש: ויהושע היה לבש
ד בגדים צואים ועמד לפני המלאך: ויען ויאמר אל־העמדים לפניו
לאמר הסירו הבגדים הצאים מעליו ויאמר אליו ראה העברתי
ה מעליך עונך והלבש אתך מחלצות: ואמר ישימו צניף טהור
על־ראשו וישימו הצניף הטהור על־ראשו וילבשהו בגדים
ו ז ומלאך יהוה עמד: ויעד מלאך יהוה ביהושע לאמר: כה־אמר
יהוה צבאות אם־בדרכי תלך ואם את־משמרתי תשמר וגם־
אתה תדין את־ביתי וגם תשמר את־חצרי ונתתי לך מהלכים
ח בין העמדים האלה: שמע־נא יהושע ׀ הכהן הגדול אתה
ורעיך הישבים לפניך כי־אנשי מופת המה כי־הנני מביא

ט אֶת־עַבְדִּי צֶמַח׃ כִּי ׀ הִנֵּה הָאֶבֶן אֲשֶׁר נָתַתִּי לִפְנֵי יְהוֹשֻׁעַ עַל־
אֶבֶן אַחַת שִׁבְעָה עֵינָיִם הִנְנִי מְפַתֵּחַ פִּתֻּחָהּ נְאֻם יְהוָה צְבָאוֹת
י וּמַשְׁתִּי אֶת־עֲוֺן הָאָרֶץ־הַהִיא בְּיוֹם אֶחָד׃ בַּיּוֹם הַהוּא נְאֻם
יְהוָה צְבָאוֹת תִּקְרְאוּ אִישׁ לְרֵעֵהוּ אֶל־תַּחַת גֶּפֶן וְאֶל־תַּחַת
ד א תְּאֵנָה׃ וַיָּשָׁב הַמַּלְאָךְ הַדֹּבֵר בִּי וַיְעִירֵנִי כְּאִישׁ אֲשֶׁר־
ב יֵעוֹר מִשְּׁנָתוֹ׃ וַיֹּאמֶר אֵלַי מָה אַתָּה רֹאֶה ויאמר רָאִיתִי ׀ וְהִנֵּה וָאֹמַר
מְנוֹרַת זָהָב כֻּלָּהּ וְגֻלָּהּ עַל־רֹאשָׁהּ וְשִׁבְעָה נֵרֹתֶיהָ עָלֶיהָ שִׁבְעָה
ג וְשִׁבְעָה מוּצָקוֹת לַנֵּרוֹת אֲשֶׁר עַל־רֹאשָׁהּ׃ וּשְׁנַיִם זֵיתִים עָלֶיהָ
ד אֶחָד מִימִין הַגֻּלָּה וְאֶחָד עַל־שְׂמֹאלָהּ׃ וָאַעַן וָאֹמַר אֶל־הַמַּלְאָךְ
ה הַדֹּבֵר בִּי לֵאמֹר מָה־אֵלֶּה אֲדֹנִי׃ וַיַּעַן הַמַּלְאָךְ הַדֹּבֵר בִּי וַיֹּאמֶר
ו אֵלַי הֲלוֹא יָדַעְתָּ מָה־הֵמָּה אֵלֶּה וָאֹמַר לֹא אֲדֹנִי׃ וַיַּעַן וַיֹּאמֶר אֵלַי
לֵאמֹר זֶה דְּבַר־יְהוָה אֶל־זְרֻבָּבֶל לֵאמֹר לֹא בְחַיִל וְלֹא בְכֹחַ כִּי
ז אִם־בְּרוּחִי אָמַר יְהוָה צְבָאוֹת׃ מִי־אַתָּה הַר־הַגָּדוֹל לִפְנֵי זְרֻבָּבֶל
לְמִישֹׁר וְהוֹצִיא אֶת־הָאֶבֶן הָרֹאשָׁה תְּשֻׁאוֹת חֵן ׀ חֵן לָהּ׃

הפטרת שבת שניה של חנוכה

The מפטיר *for the second* שבת חנוכה, במדבר *7:54–8:4, is on pages 218–220.*

מלכים א׳

ז מ וַיַּעַשׂ חִירוֹם אֶת־הַכִּיֹּרוֹת וְאֶת־הַיָּעִים וְאֶת־הַמִּזְרָקוֹת וַיְכַל חִירָם
לַעֲשׂוֹת אֶת־כָּל־הַמְּלָאכָה אֲשֶׁר עָשָׂה לַמֶּלֶךְ שְׁלֹמֹה בֵּית יְהוָה׃
מא עַמֻּדִים שְׁנַיִם וְגֻלֹּת הַכֹּתָרֹת אֲשֶׁר־עַל־רֹאשׁ הָעַמּוּדִים שְׁתָּיִם
וְהַשְּׂבָכוֹת שְׁתַּיִם לְכַסּוֹת אֶת־שְׁתֵּי גֻּלּוֹת הַכֹּתָרֹת אֲשֶׁר עַל־רֹאשׁ
מב הָעַמּוּדִים׃ וְאֶת־הָרִמֹּנִים אַרְבַּע מֵאוֹת לִשְׁתֵּי הַשְּׂבָכוֹת שְׁנֵי־
טוּרִים רִמֹּנִים לַשְּׂבָכָה הָאֶחָת לְכַסּוֹת אֶת־שְׁתֵּי גֻּלֹּת הַכֹּתָרֹת
מג אֲשֶׁר עַל־פְּנֵי הָעַמּוּדִים׃ וְאֶת־הַמְּכֹנוֹת עָשֶׂר וְאֶת־הַכִּיֹּרֹת עֲשָׂרָה
מד עַל־הַמְּכֹנוֹת׃ וְאֶת־הַיָּם הָאֶחָד וְאֶת־הַבָּקָר שְׁנֵים־עָשָׂר תַּחַת
מה הַיָּם׃ וְאֶת־הַסִּירוֹת וְאֶת־הַיָּעִים וְאֶת־הַמִּזְרָקוֹת וְאֵת כָּל־הַכֵּלִים
האהל אֲשֶׁר עָשָׂה חִירָם לַמֶּלֶךְ שְׁלֹמֹה בֵּית יְהוָה נְחֹשֶׁת מְמֹרָט׃ הָאֵלֶּה

מו בְּכִכַּר הַיַּרְדֵּן יְצָקָם הַמֶּלֶךְ בְּמַעֲבֵה הָאֲדָמָה בֵּין סֻכּוֹת וּבֵין צָרְתָן׃
מז וַיַּנַּח שְׁלֹמֹה אֶת־כָּל־הַכֵּלִים מֵרֹב מְאֹד מְאֹד לֹא נֶחְקַר מִשְׁקַל
מח הַנְּחֹשֶׁת׃ וַיַּעַשׂ שְׁלֹמֹה אֵת כָּל־הַכֵּלִים אֲשֶׁר בֵּית יְהוָה אֵת
מט מִזְבַּח הַזָּהָב וְאֶת־הַשֻּׁלְחָן אֲשֶׁר עָלָיו לֶחֶם הַפָּנִים זָהָב׃ וְאֶת־
הַמְּנֹרוֹת חָמֵשׁ מִיָּמִין וְחָמֵשׁ מִשְּׂמֹאול לִפְנֵי הַדְּבִיר זָהָב סָגוּר
נ וְהַפֶּרַח וְהַנֵּרֹת וְהַמֶּלְקַחַיִם זָהָב׃ וְהַסִּפּוֹת וְהַמְזַמְּרוֹת וְהַמִּזְרָקוֹת
וְהַכַּפּוֹת וְהַמַּחְתּוֹת זָהָב סָגוּר וְהַפֹּתוֹת לְדַלְתוֹת הַבַּיִת הַפְּנִימִי
לְקֹדֶשׁ הַקֳּדָשִׁים לְדַלְתֵי הַבַּיִת לְהֵיכָל זָהָב׃

הפטרת פרשת שקלים

The מפטיר *for* פרשת שקלים, שמות *30:11–16, is on page 131.*
When פרשת שקלים *falls on* ראש חודש, *read the* ראש חודש *portion,*
במדבר *28:9–15, page 254, from the second Torah scroll*
and the מפטיר *for* פרשת שקלים *from the third Torah scroll.*

מלכים ב׳
Sephardim begin here

יא יז וַיִּכְרֹת יְהוֹיָדָע אֶת־הַבְּרִית בֵּין יְהוָה וּבֵין הַמֶּלֶךְ וּבֵין הָעָם לִהְיוֹת
יח לְעָם לַיהוָה וּבֵין הַמֶּלֶךְ וּבֵין הָעָם׃ וַיָּבֹאוּ כָל־עַם הָאָרֶץ בֵּית־
הַבַּעַל וַיִּתְּצֻהוּ אֶת־מִזְבְּחֹתָו וְאֶת־צְלָמָיו שִׁבְּרוּ הֵיטֵב וְאֵת
מַתָּן כֹּהֵן הַבַּעַל הָרְגוּ לִפְנֵי הַמִּזְבְּחוֹת וַיָּשֶׂם הַכֹּהֵן פְּקֻדֹּת עַל־
יט בֵּית יְהוָה׃ וַיִּקַּח אֶת־שָׂרֵי הַמֵּאוֹת וְאֶת־הַכָּרִי וְאֶת־הָרָצִים
וְאֵת ׀ כָּל־עַם הָאָרֶץ וַיֹּרִידוּ אֶת־הַמֶּלֶךְ מִבֵּית יְהוָה וַיָּבוֹאוּ
כ דֶּרֶךְ־שַׁעַר הָרָצִים בֵּית הַמֶּלֶךְ וַיֵּשֶׁב עַל־כִּסֵּא הַמְּלָכִים׃ וַיִּשְׂמַח
כָּל־עַם־הָאָרֶץ וְהָעִיר שָׁקָטָה וְאֶת־עֲתַלְיָהוּ הֵמִיתוּ בַחֶרֶב בֵּית

Ashkenazim begin here

יב א ב מלך׃ הַמֶּלֶךְ ★בֶּן־שֶׁבַע שָׁנִים יְהוֹאָשׁ בְּמָלְכוֹ׃ בִּשְׁנַת־שֶׁבַע
לְיֵהוּא מָלַךְ יְהוֹאָשׁ וְאַרְבָּעִים שָׁנָה מָלַךְ בִּירוּשָׁלִָם וְשֵׁם אִמּוֹ
ג צִבְיָה מִבְּאֵר שָׁבַע׃ וַיַּעַשׂ יְהוֹאָשׁ הַיָּשָׁר בְּעֵינֵי יְהוָה כָּל־יָמָיו אֲשֶׁר
ד הוֹרָהוּ יְהוֹיָדָע הַכֹּהֵן׃ רַק הַבָּמוֹת לֹא־סָרוּ עוֹד הָעָם מְזַבְּחִים
ה וּמְקַטְּרִים בַּבָּמוֹת׃ וַיֹּאמֶר יְהוֹאָשׁ אֶל־הַכֹּהֲנִים כֹּל כֶּסֶף הַקֳּדָשִׁים
אֲשֶׁר יוּבָא בֵית־יְהוָה כֶּסֶף עוֹבֵר אִישׁ כֶּסֶף נַפְשׁוֹת עֶרְכּוֹ כָּל־כֶּסֶף

ו אשר יעלה על לב־איש להביא בית יהוה: יקחו להם הכהנים
איש מאת מכרו והם יחזקו את־בדק הבית לכל אשר־ימצא
ז שם בדק: ויהי בשנת עשרים ושלש שנה למלך
ח יהואש לא־חזקו הכהנים את־בדק הבית: ויקרא המלך יהואש
ליהוידע הכהן ולכהנים ויאמר אלהם מדוע אינכם מחזקים
את־בדק הבית ועתה אל־תקחו־כסף מאת מכריכם כי־לבדק
ט הבית תתנהו: ויאתו הכהנים לבלתי קחת־כסף מאת העם
י ולבלתי חזק את־בדק הבית: ויקח יהוידע הכהן ארון אחד
ויקב חר בדלתו ויתן אתו אצל המזבח בימין בבוא־איש בית — מימין
יהוה ונתנו־שמה הכהנים שמרי הסף את־כל־הכסף המובא
יא בית־יהוה: ויהי כראותם כי־רב הכסף בארון ויעל ספר המלך
יב והכהן הגדול ויצרו וימנו את־הכסף הנמצא בית־יהוה: ונתנו
את־הכסף המתכן על־יד עשי המלאכה הפקדים בית יהוה — המפקדים
יג ויוציאהו לחרשי העץ ולבנים העשים בית יהוה: ולגדרים
ולחצבי האבן ולקנות עצים ואבני מחצב לחזק את־בדק בית־
יד יהוה ולכל אשר־יצא על־הבית לחזקה: אך לא יעשה בית
יהוה ספות כסף מזמרות מזרקות חצצרות כל־כלי זהב וכלי־
טו כסף מן־הכסף המובא בית־יהוה: כי־לעשי המלאכה יתנהו
טז וחזקו־בו את־בית יהוה: ולא יחשבו את־האנשים אשר יתנו
את־הכסף על־ידם לתת לעשי המלאכה כי באמנה הם עשים:
יז כסף אשם וכסף חטאות לא יובא בית יהוה לכהנים יהיו:

הפטרת פרשת זכור

The מפטיר *for* פרשת זכור, דברים *25:17–19, is on page 310.*

Sephardim begin here
שמואל א׳ טו

א ויאמר שמואל אל־שאול אתי שלח יהוה למשחך למלך על־
ב עמו על־ישראל ועתה שמע לקול דברי יהוה: ★כה
אמר יהוה צבאות פקדתי את אשר־עשה עמלק לישראל

Ashkenazim begin here

אֲשֶׁר־שָׂם לוֹ בַּדֶּרֶךְ בַּעֲלֹתוֹ מִמִּצְרָיִם׃ עַתָּה לֵךְ וְהִכִּיתָה אֶת־ ג
עֲמָלֵק וְהַחֲרַמְתֶּם אֶת־כָּל־אֲשֶׁר־לוֹ וְלֹא תַחְמֹל עָלָיו וְהֵמַתָּה
מֵאִישׁ עַד־אִשָּׁה מֵעֹלֵל וְעַד־יוֹנֵק מִשּׁוֹר וְעַד־שֶׂה מִגָּמָל וְעַד־
חֲמוֹר׃ וַיְשַׁמַּע שָׁאוּל אֶת־הָעָם וַיִּפְקְדֵם בַּטְּלָאִים ד
מָאתַיִם אֶלֶף רַגְלִי וַעֲשֶׂרֶת אֲלָפִים אֶת־אִישׁ יְהוּדָה׃ וַיָּבֹא שָׁאוּל ה
עַד־עִיר עֲמָלֵק וַיָּרֶב בַּנָּחַל׃ וַיֹּאמֶר שָׁאוּל אֶל־הַקֵּינִי לְכוּ סֻּרוּ רְדוּ ו
מִתּוֹךְ עֲמָלֵקִי פֶּן־אֹסִפְךָ עִמּוֹ וְאַתָּה עָשִׂיתָה חֶסֶד עִם־כָּל־בְּנֵי
יִשְׂרָאֵל בַּעֲלוֹתָם מִמִּצְרָיִם וַיָּסַר קֵינִי מִתּוֹךְ עֲמָלֵק׃ וַיַּךְ שָׁאוּל ז
אֶת־עֲמָלֵק מֵחֲוִילָה בּוֹאֲךָ שׁוּר אֲשֶׁר עַל־פְּנֵי מִצְרָיִם׃ וַיִּתְפֹּשׂ ח
אֶת־אֲגַג מֶלֶךְ־עֲמָלֵק חָי וְאֶת־כָּל־הָעָם הֶחֱרִים לְפִי־חָרֶב׃ וַיַּחְמֹל ט
שָׁאוּל וְהָעָם עַל־אֲגָג וְעַל־מֵיטַב הַצֹּאן וְהַבָּקָר וְהַמִּשְׁנִים וְעַל־
הַכָּרִים וְעַל־כָּל־הַטּוֹב וְלֹא אָבוּ הַחֲרִימָם וְכָל־הַמְּלָאכָה נְמִבְזָה
וְנָמֵס אֹתָהּ הֶחֱרִימוּ׃ וַיְהִי דְּבַר יְהוָה אֶל־שְׁמוּאֵל י
לֵאמֹר׃ נִחַמְתִּי כִּי־הִמְלַכְתִּי אֶת־שָׁאוּל לְמֶלֶךְ כִּי־שָׁב מֵאַחֲרַי יא
וְאֶת־דְּבָרַי לֹא הֵקִים וַיִּחַר לִשְׁמוּאֵל וַיִּזְעַק אֶל־יְהוָה כָּל־הַלָּיְלָה׃
וַיַּשְׁכֵּם שְׁמוּאֵל לִקְרַאת שָׁאוּל בַּבֹּקֶר וַיֻּגַּד לִשְׁמוּאֵל לֵאמֹר יב
בָּא־שָׁאוּל הַכַּרְמֶלָה וְהִנֵּה מַצִּיב לוֹ יָד וַיִּסֹּב וַיַּעֲבֹר וַיֵּרֶד הַגִּלְגָּל׃
וַיָּבֹא שְׁמוּאֵל אֶל־שָׁאוּל וַיֹּאמֶר לוֹ שָׁאוּל בָּרוּךְ אַתָּה לַיהוָה יג
הֲקִימֹתִי אֶת־דְּבַר יְהוָה׃ וַיֹּאמֶר שְׁמוּאֵל וּמֶה קוֹל־הַצֹּאן הַזֶּה יד
בְּאָזְנָי וְקוֹל הַבָּקָר אֲשֶׁר אָנֹכִי שֹׁמֵעַ׃ וַיֹּאמֶר שָׁאוּל מֵעֲמָלֵקִי טו
הֱבִיאוּם אֲשֶׁר חָמַל הָעָם עַל־מֵיטַב הַצֹּאן וְהַבָּקָר לְמַעַן
זְבֹחַ לַיהוָה אֱלֹהֶיךָ וְאֶת־הַיּוֹתֵר הֶחֱרַמְנוּ׃ וַיֹּאמֶר טז
שְׁמוּאֵל אֶל־שָׁאוּל הֶרֶף וְאַגִּידָה לְּךָ אֵת אֲשֶׁר דִּבֶּר יְהוָה
וַיֹּאמֶר אֵלַי הַלָּיְלָה ויאמרו לוֹ דַּבֵּר׃ וַיֹּאמֶר שְׁמוּאֵל הֲלוֹא יז
אִם־קָטֹן אַתָּה בְּעֵינֶיךָ רֹאשׁ שִׁבְטֵי יִשְׂרָאֵל אָתָּה וַיִּמְשָׁחֲךָ
יְהוָה לְמֶלֶךְ עַל־יִשְׂרָאֵל׃ וַיִּשְׁלָחֲךָ יְהוָה בְּדָרֶךְ וַיֹּאמֶר לֵךְ יח
וְהַחֲרַמְתָּה אֶת־הַחַטָּאִים אֶת־עֲמָלֵק וְנִלְחַמְתָּ בוֹ עַד־כַּלּוֹתָם

יט אֹתָם׃ וְלָמָּה לֹא־שָׁמַעְתָּ בְּקוֹל יְהוָה וַתַּעַט אֶל־הַשָּׁלָל
כ וַתַּעַשׂ הָרַע בְּעֵינֵי יְהוָה׃ וַיֹּאמֶר שָׁאוּל אֶל־שְׁמוּאֵל
אֲשֶׁר שָׁמַעְתִּי בְּקוֹל יְהוָה וָאֵלֵךְ בַּדֶּרֶךְ אֲשֶׁר־שְׁלָחַנִי יְהוָה
כא וָאָבִיא אֶת־אֲגַג מֶלֶךְ עֲמָלֵק וְאֶת־עֲמָלֵק הֶחֱרַמְתִּי׃ וַיִּקַּח
הָעָם מֵהַשָּׁלָל צֹאן וּבָקָר רֵאשִׁית הַחֵרֶם לִזְבֹּחַ לַיהוָה אֱלֹהֶיךָ
כב בַּגִּלְגָּל׃ וַיֹּאמֶר שְׁמוּאֵל הַחֵפֶץ לַיהוָה בְּעֹלוֹת וּזְבָחִים
כִּשְׁמֹעַ בְּקוֹל יְהוָה הִנֵּה שְׁמֹעַ מִזֶּבַח טוֹב לְהַקְשִׁיב מֵחֵלֶב
כג אֵילִים׃ כִּי חַטַּאת־קֶסֶם מֶרִי וְאָוֶן וּתְרָפִים הַפְצַר יַעַן מָאַסְתָּ
כד אֶת־דְּבַר יְהוָה וַיִּמְאָסְךָ מִמֶּלֶךְ׃ וַיֹּאמֶר שָׁאוּל אֶל־
שְׁמוּאֵל חָטָאתִי כִּי־עָבַרְתִּי אֶת־פִּי־יְהוָה וְאֶת־דְּבָרֶיךָ כִּי יָרֵאתִי
כה אֶת־הָעָם וָאֶשְׁמַע בְּקוֹלָם׃ וְעַתָּה שָׂא נָא אֶת־חַטָּאתִי וְשׁוּב עִמִּי
כו וְאֶשְׁתַּחֲוֶה לַיהוָה׃ וַיֹּאמֶר שְׁמוּאֵל אֶל־שָׁאוּל לֹא אָשׁוּב עִמָּךְ כִּי
מָאַסְתָּה אֶת־דְּבַר יְהוָה וַיִּמְאָסְךָ יְהוָה מִהְיוֹת מֶלֶךְ עַל־יִשְׂרָאֵל׃
כז כח וַיִּסֹּב שְׁמוּאֵל לָלֶכֶת וַיַּחֲזֵק בִּכְנַף־מְעִילוֹ וַיִּקָּרַע׃ וַיֹּאמֶר אֵלָיו
שְׁמוּאֵל קָרַע יְהוָה אֶת־מַמְלְכוּת יִשְׂרָאֵל מֵעָלֶיךָ הַיּוֹם וּנְתָנָהּ
כט לְרֵעֲךָ הַטּוֹב מִמֶּךָּ׃ וְגַם נֵצַח יִשְׂרָאֵל לֹא יְשַׁקֵּר וְלֹא יִנָּחֵם כִּי לֹא
ל אָדָם הוּא לְהִנָּחֵם׃ וַיֹּאמֶר חָטָאתִי עַתָּה כַּבְּדֵנִי נָא נֶגֶד זִקְנֵי־
לא עַמִּי וְנֶגֶד יִשְׂרָאֵל וְשׁוּב עִמִּי וְהִשְׁתַּחֲוֵיתִי לַיהוָה אֱלֹהֶיךָ׃ וַיָּשָׁב
לב שְׁמוּאֵל אַחֲרֵי שָׁאוּל וַיִּשְׁתַּחוּ שָׁאוּל לַיהוָה׃ וַיֹּאמֶר
שְׁמוּאֵל הַגִּישׁוּ אֵלַי אֶת־אֲגַג מֶלֶךְ עֲמָלֵק וַיֵּלֶךְ אֵלָיו אֲגַג מַעֲדַנֹּת
לג וַיֹּאמֶר אֲגָג אָכֵן סָר מַר־הַמָּוֶת׃ וַיֹּאמֶר שְׁמוּאֵל כַּאֲשֶׁר שִׁכְּלָה
נָשִׁים חַרְבֶּךָ כֵּן־תִּשְׁכַּל מִנָּשִׁים אִמֶּךָ וַיְשַׁסֵּף שְׁמוּאֵל אֶת־אֲגָג
לד לִפְנֵי יְהוָה בַּגִּלְגָּל׃ וַיֵּלֶךְ שְׁמוּאֵל הָרָמָתָה וְשָׁאוּל
עָלָה אֶל־בֵּיתוֹ גִּבְעַת שָׁאוּל׃

הפטרת פרשת פרה

The מפטיר *for* פרשת פרה ,במדבר *19:1–22, is on pages 239–240.*

יחזקאל וַיְהִי דְבַר־יְהוָה אֵלַי לֵאמֹר: בֶּן־אָדָם בֵּית יִשְׂרָאֵל יֹשְׁבִים עַל־ טז יז לו
אַדְמָתָם וַיְטַמְּאוּ אוֹתָהּ בְּדַרְכָּם וּבַעֲלִילוֹתָם כְּטֻמְאַת הַנִּדָּה
הָיְתָה דַרְכָּם לְפָנָי: וָאֶשְׁפֹּךְ חֲמָתִי עֲלֵיהֶם עַל־הַדָּם אֲשֶׁר־שָׁפְכוּ יח
עַל־הָאָרֶץ וּבְגִלּוּלֵיהֶם טִמְּאוּהָ: וָאָפִיץ אֹתָם בַּגּוֹיִם וַיִּזָּרוּ בָּאֲרָצוֹת יט
כְּדַרְכָּם וְכַעֲלִילוֹתָם שְׁפַטְתִּים: וַיָּבוֹא אֶל־הַגּוֹיִם אֲשֶׁר־בָּאוּ שָׁם כ
וַיְחַלְּלוּ אֶת־שֵׁם קָדְשִׁי בֶּאֱמֹר לָהֶם עַם־יְהוָה אֵלֶּה וּמֵאַרְצוֹ
יָצָאוּ: וָאֶחְמֹל עַל־שֵׁם קָדְשִׁי אֲשֶׁר חִלְּלֻהוּ בֵּית יִשְׂרָאֵל בַּגּוֹיִם כא
אֲשֶׁר־בָּאוּ שָׁמָּה: לָכֵן אֱמֹר לְבֵית־יִשְׂרָאֵל כֹּה אָמַר כב
אֲדֹנָי יֱהוִה לֹא לְמַעַנְכֶם אֲנִי עֹשֶׂה בֵּית יִשְׂרָאֵל כִּי אִם־לְשֵׁם־
קָדְשִׁי אֲשֶׁר חִלַּלְתֶּם בַּגּוֹיִם אֲשֶׁר־בָּאתֶם שָׁם: וְקִדַּשְׁתִּי אֶת־ כג
שְׁמִי הַגָּדוֹל הַמְחֻלָּל בַּגּוֹיִם אֲשֶׁר חִלַּלְתֶּם בְּתוֹכָם וְיָדְעוּ הַגּוֹיִם
כִּי־אֲנִי יְהוָה נְאֻם אֲדֹנָי יֱהוִה בְּהִקָּדְשִׁי בָכֶם לְעֵינֵיהֶם: וְלָקַחְתִּי כד
אֶתְכֶם מִן־הַגּוֹיִם וְקִבַּצְתִּי אֶתְכֶם מִכָּל־הָאֲרָצוֹת וְהֵבֵאתִי אֶתְכֶם
אֶל־אַדְמַתְכֶם: וְזָרַקְתִּי עֲלֵיכֶם מַיִם טְהוֹרִים וּטְהַרְתֶּם מִכֹּל כה
טֻמְאוֹתֵיכֶם וּמִכָּל־גִּלּוּלֵיכֶם אֲטַהֵר אֶתְכֶם: וְנָתַתִּי לָכֶם לֵב חָדָשׁ כו
וְרוּחַ חֲדָשָׁה אֶתֵּן בְּקִרְבְּכֶם וַהֲסִרֹתִי אֶת־לֵב הָאֶבֶן מִבְּשַׂרְכֶם
וְנָתַתִּי לָכֶם לֵב בָּשָׂר: וְאֶת־רוּחִי אֶתֵּן בְּקִרְבְּכֶם וְעָשִׂיתִי כז
אֵת אֲשֶׁר־בְּחֻקַּי תֵּלֵכוּ וּמִשְׁפָּטַי תִּשְׁמְרוּ וַעֲשִׂיתֶם: וִישַׁבְתֶּם כח
בָּאָרֶץ אֲשֶׁר נָתַתִּי לַאֲבֹתֵיכֶם וִהְיִיתֶם לִי לְעָם וְאָנֹכִי אֶהְיֶה
לָכֶם לֵאלֹהִים: וְהוֹשַׁעְתִּי אֶתְכֶם מִכֹּל טֻמְאוֹתֵיכֶם וְקָרָאתִי כט
אֶל־הַדָּגָן וְהִרְבֵּיתִי אֹתוֹ וְלֹא־אֶתֵּן עֲלֵיכֶם רָעָב: וְהִרְבֵּיתִי אֶת־ ל
פְּרִי הָעֵץ וּתְנוּבַת הַשָּׂדֶה לְמַעַן אֲשֶׁר לֹא תִקְחוּ עוֹד חֶרְפַּת
רָעָב בַּגּוֹיִם: וּזְכַרְתֶּם אֶת־דַּרְכֵיכֶם הָרָעִים וּמַעַלְלֵיכֶם אֲשֶׁר לא
לֹא־טוֹבִים וּנְקֹטֹתֶם בִּפְנֵיכֶם עַל עֲוֺנֹתֵיכֶם וְעַל תּוֹעֲבוֹתֵיכֶם:

לב לא למענכם אני־עשה נאם אדני יהוה יודע לכם בושו
והכלמו מדרכיכם בית ישראל:
לג כה אמר אדני יהוה ביום טהרי אתכם מכל עונותיכם
לד והושבתי את־הערים ונבנו החרבות: והארץ הנשמה
לה תעבד תחת אשר היתה שממה לעיני כל־עובר: ואמרו הארץ
הלזו הנשמה היתה כגן־עדן והערים החרבות והנשמות
לו והנהרסות בצורות ישבו: וידעו הגוים אשר ישארו סביבותיכם
כי | אני יהוה בניתי הנהרסות נטעתי הנשמה אני יהוה דברתי
Sephardim end here
לז ועשיתי:* כה אמר אדני יהוה עוד זאת אדרש לבית־
לח ישראל לעשות להם ארבה אתם כצאן אדם: כצאן קדשים
כצאן ירושלם במועדיה כן תהיינה הערים החרבות מלאות
צאן אדם וידעו כי־אני יהוה:

הפטרת פרשת החודש

The מפטיר *for* פרשת החודש, שמות *12:1–20, is on pages 99–100.*

When פרשת החודש *falls on* ראש חודש, *read the* ראש חודש *portion,* במדבר *28:9–15, page 254, from the second Torah scroll and the* מפטיר *for* פרשת החודש *from the third Torah scroll.*

יחזקאל
Ashkenazim begin here

מה טז כל העם הארץ יהיו אל־התרומה הזאת לנשיא בישראל:
יז ועל־הנשיא יהיה העולות והמנחה והנסך בחגים ובחדשים
ובשבתות בכל־מועדי בית ישראל הוא־יעשה את־החטאת
ואת־המנחה ואת־העולה ואת־השלמים לכפר בעד בית־
Sephardim begin here
יח ישראל: *כה־אמר אדני יהוה בראשון באחד
יט לחדש תקח פר־בן־בקר תמים וחטאת את־המקדש: ולקח
הכהן מדם החטאת ונתן אל־מזוזת הבית ואל־ארבע פנות
כ העזרה למזבח ועל־מזוזת שער החצר הפנימית: וכן תעשה
כא בשבעה בחדש מאיש שגה ומפתי וכפרתם את־הבית: בראשון

בְּאַרְבָּעָה עָשָׂר יוֹם לַחֹדֶשׁ יִהְיֶה לָכֶם הַפָּסַח חָג שְׁבֻעוֹת יָמִים
כב מַצּוֹת יֵאָכֵל׃ וְעָשָׂה הַנָּשִׂיא בַּיּוֹם הַהוּא בַּעֲדוֹ וּבְעַד כָּל־עַם
כג הָאָרֶץ פַּר חַטָּאת׃ וְשִׁבְעַת יְמֵי־הֶחָג יַעֲשֶׂה עוֹלָה לַיהוָה שִׁבְעַת
פָּרִים וְשִׁבְעַת אֵילִים תְּמִימִם לַיּוֹם שִׁבְעַת הַיָּמִים וְחַטָּאת שְׂעִיר
כד עִזִּים לַיּוֹם׃ וּמִנְחָה אֵיפָה לַפָּר וְאֵיפָה לָאַיִל יַעֲשֶׂה וְשֶׁמֶן הִין
כה לָאֵיפָה׃ בַּשְּׁבִיעִי בַּחֲמִשָּׁה עָשָׂר יוֹם לַחֹדֶשׁ בֶּחָג יַעֲשֶׂה כָאֵלֶּה
מו א שִׁבְעַת הַיָּמִים כַּחַטָּאת כָּעֹלָה וְכַמִּנְחָה וְכַשָּׁמֶן׃ כֹּה־
אָמַר אֲדֹנָי יְהוִה שַׁעַר הֶחָצֵר הַפְּנִימִית הַפֹּנֶה קָדִים יִהְיֶה סָגוּר
שֵׁשֶׁת יְמֵי הַמַּעֲשֶׂה וּבְיוֹם הַשַּׁבָּת יִפָּתֵחַ וּבְיוֹם הַחֹדֶשׁ יִפָּתֵחַ׃
ב וּבָא הַנָּשִׂיא דֶּרֶךְ אוּלָם הַשַּׁעַר מִחוּץ וְעָמַד עַל־מְזוּזַת הַשַּׁעַר
וְעָשׂוּ הַכֹּהֲנִים אֶת־עוֹלָתוֹ וְאֶת־שְׁלָמָיו וְהִשְׁתַּחֲוָה עַל־מִפְתַּן
ג הַשַּׁעַר וְיָצָא וְהַשַּׁעַר לֹא־יִסָּגֵר עַד־הָעָרֶב׃ וְהִשְׁתַּחֲווּ עַם־
הָאָרֶץ פֶּתַח הַשַּׁעַר הַהוּא בַּשַּׁבָּתוֹת וּבֶחֳדָשִׁים לִפְנֵי יְהוָה׃
ד וְהָעֹלָה אֲשֶׁר־יַקְרִב הַנָּשִׂיא לַיהוָה בְּיוֹם הַשַּׁבָּת שִׁשָּׁה כְבָשִׂים
ה תְּמִימִם וְאַיִל תָּמִים׃ וּמִנְחָה אֵיפָה לָאַיִל וְלַכְּבָשִׂים מִנְחָה
ו מַתַּת יָדוֹ וְשֶׁמֶן הִין לָאֵיפָה׃ וּבְיוֹם הַחֹדֶשׁ פַּר בֶּן־בָּקָר תְּמִימִם
ז וְשֵׁשֶׁת כְּבָשִׂים וָאַיִל תְּמִימִם יִהְיוּ׃ וְאֵיפָה לַפָּר וְאֵיפָה לָאַיִל
יַעֲשֶׂה מִנְחָה וְלַכְּבָשִׂים כַּאֲשֶׁר תַּשִּׂיג יָדוֹ וְשֶׁמֶן הִין לָאֵיפָה׃
ח ט וּבְבוֹא הַנָּשִׂיא דֶּרֶךְ אוּלָם הַשַּׁעַר יָבוֹא וּבְדַרְכּוֹ יֵצֵא׃ וּבְבוֹא עַם־
הָאָרֶץ לִפְנֵי יְהוָה בַּמּוֹעֲדִים הַבָּא דֶּרֶךְ שַׁעַר צָפוֹן לְהִשְׁתַּחֲוֹת
יֵצֵא דֶּרֶךְ־שַׁעַר נֶגֶב וְהַבָּא דֶּרֶךְ־שַׁעַר נֶגֶב יֵצֵא דֶּרֶךְ־שַׁעַר צָפוֹנָה
י לֹא יָשׁוּב דֶּרֶךְ הַשַּׁעַר אֲשֶׁר־בָּא בוֹ כִּי נִכְחוֹ יצאו׃ וְהַנָּשִׂיא יֵצֵא
יא בְּתוֹכָם בְּבוֹאָם יָבוֹא וּבְצֵאתָם יֵצֵאוּ׃ וּבַחַגִּים וּבַמּוֹעֲדִים תִּהְיֶה
הַמִּנְחָה אֵיפָה לַפָּר וְאֵיפָה לָאַיִל וְלַכְּבָשִׂים מַתַּת יָדוֹ וְשֶׁמֶן הִין
יב לָאֵיפָה׃ וְכִי־יַעֲשֶׂה הַנָּשִׂיא נְדָבָה עוֹלָה אוֹ־שְׁלָמִים
נְדָבָה לַיהוָה וּפָתַח לוֹ אֶת־הַשַּׁעַר הַפֹּנֶה קָדִים וְעָשָׂה אֶת־עֹלָתוֹ
וְאֶת־שְׁלָמָיו כַּאֲשֶׁר יַעֲשֶׂה בְּיוֹם הַשַּׁבָּת וְיָצָא וְסָגַר אֶת־הַשַּׁעַר

יג אַחֲרֵי צֵאתוֹ: וְכֶבֶשׂ בֶּן־שְׁנָתוֹ תָּמִים תַּעֲשֶׂה עוֹלָה לַיּוֹם לַיהוָה
יד בַּבֹּקֶר בַּבֹּקֶר תַּעֲשֶׂה אֹתוֹ: וּמִנְחָה תַעֲשֶׂה עָלָיו בַּבֹּקֶר בַּבֹּקֶר
שִׁשִּׁית הָאֵיפָה וְשֶׁמֶן שְׁלִישִׁית הַהִין לָרֹס אֶת־הַסֹּלֶת מִנְחָה
טו לַיהוָה חֻקּוֹת עוֹלָם תָּמִיד: ועשו אֶת־הַכֶּבֶשׂ וְאֶת־הַמִּנְחָה
טז וְאֶת־הַשֶּׁמֶן בַּבֹּקֶר בַּבֹּקֶר עוֹלַת תָּמִיד:* כֹּה־אָמַר
אֲדֹנָי יֱהוִֹה כִּי־יִתֵּן הַנָּשִׂיא מַתָּנָה לְאִישׁ מִבָּנָיו נַחֲלָתוֹ הִיא לְבָנָיו
יז תִּהְיֶה אֲחֻזָּתָם הִיא בְּנַחֲלָה: וְכִי־יִתֵּן מַתָּנָה מִנַּחֲלָתוֹ לְאַחַד
מֵעֲבָדָיו וְהָיְתָה לּוֹ עַד־שְׁנַת הַדְּרוֹר וְשָׁבַת לַנָּשִׂיא אַךְ נַחֲלָתוֹ
יח בָּנָיו לָהֶם תִּהְיֶה: וְלֹא־יִקַּח הַנָּשִׂיא מִנַּחֲלַת הָעָם לְהוֹנֹתָם
מֵאֲחֻזָּתָם מֵאֲחֻזָּתוֹ יַנְחִל אֶת־בָּנָיו לְמַעַן אֲשֶׁר לֹא־יָפֻצוּ עַמִּי
אִישׁ מֵאֲחֻזָּתוֹ:

יַעֲשׂוּ
Sephardim end here

הפטרת שבת הגדול

מלאכי

ג ד וְעָרְבָה לַיהוָה מִנְחַת יְהוּדָה וִירוּשָׁלָ͏ִם כִּימֵי עוֹלָם וּכְשָׁנִים
ה קַדְמֹנִיּוֹת: וְקָרַבְתִּי אֲלֵיכֶם לַמִּשְׁפָּט וְהָיִיתִי ׀ עֵד מְמַהֵר בַּמְכַשְּׁפִים
וּבַמְנָאֲפִים וּבַנִּשְׁבָּעִים לַשָּׁקֶר וּבְעֹשְׁקֵי שְׂכַר־שָׂכִיר אַלְמָנָה וְיָתוֹם
ו וּמַטֵּי־גֵר וְלֹא יְרֵאוּנִי אָמַר יְהוָה צְבָאוֹת: כִּי אֲנִי יְהוָה לֹא שָׁנִיתִי
ז וְאַתֶּם בְּנֵי־יַעֲקֹב לֹא כְלִיתֶם: לְמִימֵי אֲבֹתֵיכֶם סַרְתֶּם מֵחֻקַּי
וְלֹא שְׁמַרְתֶּם שׁוּבוּ אֵלַי וְאָשׁוּבָה אֲלֵיכֶם אָמַר יְהוָה צְבָאוֹת
ח וַאֲמַרְתֶּם בַּמֶּה נָשׁוּב: הֲיִקְבַּע אָדָם אֱלֹהִים כִּי אַתֶּם קֹבְעִים
ט אֹתִי וַאֲמַרְתֶּם בַּמֶּה קְבַעֲנוּךָ הַמַּעֲשֵׂר וְהַתְּרוּמָה: בַּמְּאֵרָה אַתֶּם
י נֵאָרִים וְאֹתִי אַתֶּם קֹבְעִים הַגּוֹי כֻּלּוֹ: הָבִיאוּ אֶת־כָּל־הַמַּעֲשֵׂר
אֶל־בֵּית הָאוֹצָר וִיהִי טֶרֶף בְּבֵיתִי וּבְחָנוּנִי נָא בָּזֹאת אָמַר יְהוָה
צְבָאוֹת אִם־לֹא אֶפְתַּח לָכֶם אֵת אֲרֻבּוֹת הַשָּׁמַיִם וַהֲרִיקֹתִי לָכֶם
יא בְּרָכָה עַד־בְּלִי־דָי: וְגָעַרְתִּי לָכֶם בָּאֹכֵל וְלֹא־יַשְׁחִת לָכֶם אֶת־
פְּרִי הָאֲדָמָה וְלֹא־תְשַׁכֵּל לָכֶם הַגֶּפֶן בַּשָּׂדֶה אָמַר יְהוָה צְבָאוֹת:

יב וְאִשְּׁרוּ אֶתְכֶם כָּל־הַגּוֹיִם כִּי־תִהְיוּ אַתֶּם אֶרֶץ חֵפֶץ אָמַר יְהוָה
יג צְבָאוֹת׃ חָזְקוּ עָלַי דִּבְרֵיכֶם אָמַר יְהוָה וַאֲמַרְתֶּם מַה־
יד נִּדְבַּרְנוּ עָלֶיךָ׃ אֲמַרְתֶּם שָׁוְא עֲבֹד אֱלֹהִים וּמַה־בֶּצַע כִּי שָׁמַרְנוּ
טו מִשְׁמַרְתּוֹ וְכִי הָלַכְנוּ קְדֹרַנִּית מִפְּנֵי יְהוָה צְבָאוֹת׃ וְעַתָּה אֲנַחְנוּ
מְאַשְּׁרִים זֵדִים גַּם־נִבְנוּ עֹשֵׂי רִשְׁעָה גַּם בָּחֲנוּ אֱלֹהִים וַיִּמָּלֵטוּ׃
טז אָז נִדְבְּרוּ יִרְאֵי יְהוָה אִישׁ אֶל־רֵעֵהוּ וַיַּקְשֵׁב יְהוָה וַיִּשְׁמָע וַיִּכָּתֵב
יז סֵפֶר זִכָּרוֹן לְפָנָיו לְיִרְאֵי יְהוָה וּלְחֹשְׁבֵי שְׁמוֹ׃ וְהָיוּ לִי אָמַר יְהוָה
צְבָאוֹת לַיּוֹם אֲשֶׁר אֲנִי עֹשֶׂה סְגֻלָּה וְחָמַלְתִּי עֲלֵיהֶם כַּאֲשֶׁר יַחְמֹל
יח אִישׁ עַל־בְּנוֹ הָעֹבֵד אֹתוֹ׃ וְשַׁבְתֶּם וּרְאִיתֶם בֵּין צַדִּיק לְרָשָׁע בֵּין
יט עֹבֵד אֱלֹהִים לַאֲשֶׁר לֹא עֲבָדוֹ׃ כִּי־הִנֵּה הַיּוֹם בָּא בֹּעֵר
כַּתַּנּוּר וְהָיוּ כָל־זֵדִים וְכָל־עֹשֵׂה רִשְׁעָה קַשׁ וְלִהַט אֹתָם הַיּוֹם
כ הַבָּא אָמַר יְהוָה צְבָאוֹת אֲשֶׁר לֹא־יַעֲזֹב לָהֶם שֹׁרֶשׁ וְעָנָף׃ וְזָרְחָה
לָכֶם יִרְאֵי שְׁמִי שֶׁמֶשׁ צְדָקָה וּמַרְפֵּא בִּכְנָפֶיהָ וִיצָאתֶם וּפִשְׁתֶּם
כא כְּעֶגְלֵי מַרְבֵּק׃ וְעַסּוֹתֶם רְשָׁעִים כִּי־יִהְיוּ אֵפֶר תַּחַת כַּפּוֹת רַגְלֵיכֶם
כב בַּיּוֹם אֲשֶׁר אֲנִי עֹשֶׂה אָמַר יְהוָה צְבָאוֹת׃ זִכְרוּ תּוֹרַת
מֹשֶׁה עַבְדִּי אֲשֶׁר צִוִּיתִי אוֹתוֹ בְחֹרֵב עַל־כָּל־יִשְׂרָאֵל חֻקִּים
כג וּמִשְׁפָּטִים׃ הִנֵּה אָנֹכִי שֹׁלֵחַ לָכֶם אֵת אֵלִיָּה הַנָּבִיא לִפְנֵי בּוֹא
כד יוֹם יְהוָה הַגָּדוֹל וְהַנּוֹרָא׃ וְהֵשִׁיב לֵב־אָבוֹת עַל־בָּנִים וְלֵב בָּנִים
עַל־אֲבוֹתָם פֶּן־אָבוֹא וְהִכֵּיתִי אֶת־הָאָרֶץ חֵרֶם׃
הִנֵּה אָנֹכִי שֹׁלֵחַ לָכֶם אֵת אֵלִיָּה הַנָּבִיא לִפְנֵי בּוֹא יוֹם יְהוָה
הַגָּדוֹל וְהַנּוֹרָא׃

סידור לשבת

SHABBAT SIDDUR

Minḥa for Erev Shabbat

אַשְׁרֵי Happy are those who dwell in Your House; *Ps. 84*
they shall continue to praise You, Selah!
Happy are the people for whom this is so; *Ps. 144*
happy are the people whose God is the LORD.
A song of praise by David. *Ps. 145*

I will exalt You, my God, the King, and bless Your name for ever and all time. Every day I will bless You, and praise Your name for ever and all time. Great is the LORD and greatly to be praised; His greatness is unfathomable. One generation will praise Your works to the next, and tell of Your mighty deeds. On the glorious splendor of Your majesty I will meditate, and on the acts of Your wonders. They shall talk of the power of Your awesome deeds, and I will tell of Your greatness. They shall recite the record of Your great goodness, and sing with joy of Your righteousness. The LORD is gracious and compassionate, slow to anger and great in loving-kindness. The LORD is good to all, and His compassion extends to all His works. All Your works shall thank You, LORD, and Your devoted ones shall bless You. They shall talk of the glory of Your kingship, and speak of Your might. To make known to mankind His mighty deeds and the

---

Its form is simple. It begins with *Ashrei* as a prelude to prayer, the third of three daily recitals. The Amida is the same as in the morning with two changes. In the Leader's Repetition, the passage referring to the priestly blessing is not said, since in the Temple the priests did not bless the congregation in the afternoon. Likewise, a shorter form of the final blessing (associated with the priestly blessing in the Temple) is said. *Taḥanun* is also said at Minḥa, on days when it is said in the morning, except on the afternoon before Shabbat and Yom Tov and certain other occasions. The service ends with *Aleinu*.

מנחה לערב שבת

תהלים פד אַשְׁרֵי יוֹשְׁבֵי בֵיתֶךָ, עוֹד יְהַלְלְוּךָ סֶּלָה:

תהלים קמד אַשְׁרֵי הָעָם שֶׁכָּכָה לּוֹ, אַשְׁרֵי הָעָם שֶׁיהוה אֱלֹהָיו:

תהלים קמה תְּהִלָּה לְדָוִד

אֲרוֹמִמְךָ אֱלוֹהַי הַמֶּלֶךְ, וַאֲבָרְכָה שִׁמְךָ לְעוֹלָם וָעֶד:

בְּכָל־יוֹם אֲבָרְכֶךָּ, וַאֲהַלְלָה שִׁמְךָ לְעוֹלָם וָעֶד:

גָּדוֹל יהוה וּמְהֻלָּל מְאֹד, וְלִגְדֻלָּתוֹ אֵין חֵקֶר:

דּוֹר לְדוֹר יְשַׁבַּח מַעֲשֶׂיךָ, וּגְבוּרֹתֶיךָ יַגִּידוּ:

הֲדַר כְּבוֹד הוֹדֶךָ, וְדִבְרֵי נִפְלְאֹתֶיךָ אָשִׂיחָה:

וֶעֱזוּז נוֹרְאֹתֶיךָ יֹאמֵרוּ, וּגְדוּלָּתְךָ אֲסַפְּרֶנָּה:

זֵכֶר רַב־טוּבְךָ יַבִּיעוּ, וְצִדְקָתְךָ יְרַנֵּנוּ:

חַנּוּן וְרַחוּם יהוה, אֶרֶךְ אַפַּיִם וּגְדָל־חָסֶד:

טוֹב־יהוה לַכֹּל, וְרַחֲמָיו עַל־כָּל־מַעֲשָׂיו:

יוֹדְוּךָ יהוה כָּל־מַעֲשֶׂיךָ, וַחֲסִידֶיךָ יְבָרְכוּכָה:

כְּבוֹד מַלְכוּתְךָ יֹאמֵרוּ, וּגְבוּרָתְךָ יְדַבֵּרוּ:

לְהוֹדִיעַ לִבְנֵי הָאָדָם גְּבוּרֹתָיו, וּכְבוֹד הֲדַר מַלְכוּתוֹ:

מַלְכוּתְךָ מַלְכוּת כָּל־עֹלָמִים, וּמֶמְשַׁלְתְּךָ בְּכָל־דּוֹר וָדֹר:

AFTERNOON SERVICE

The afternoon service corresponds to the daily afternoon sacrifice (Num. 28:4). *Minḥa,* the "meal-offering," was not unique to the afternoon. The prayer may have acquired this name because of the verse in Psalms (141:2): "May my prayer be like incense before You, the lifting up of my hands like the afternoon offering (*minḥat arev*)." The sages attached special significance to this prayer, noting that Elijah's prayer was answered at this time (1 Kings 18:36).

glorious majesty of His kingship. Your kingdom is an everlasting kingdom, and Your reign is for all generations. The LORD supports all who fall, and raises all who are bowed down. All raise their eyes to You in hope, and You give them their food in due season. You open Your hand, and satisfy every living thing with favor. The LORD is righteous in all His ways, and kind in all He does. The LORD is close to all who call on Him, to all who call on Him in truth. He fulfills the will of those who revere Him; He hears their cry and saves them. The LORD guards all who love Him, but all the wicked He will destroy. ▸ My mouth shall speak the praise of the LORD, and all creatures shall bless His holy name for ever and all time.

We will bless the LORD now and for ever. Halleluya! *Ps. 115*

HALF KADDISH

Leader: יִתְגַּדַּל Magnified and sanctified may His great name be,
in the world He created by His will.
May He establish His kingdom
in your lifetime and in your days,
and in the lifetime of all the house of Israel,
swiftly and soon –
and say: Amen.

All: May His great name be blessed for ever and all time.

Leader: Blessed and praised,
glorified and exalted,
raised and honored,
uplifted and lauded
be the name of the Holy One, blessed be He,
beyond any blessing,
song, praise and consolation
uttered in the world –
and say: Amen.

סוֹמֵךְ יהוה לְכָל־הַנֹּפְלִים, וְזוֹקֵף לְכָל־הַכְּפוּפִים:
עֵינֵי־כֹל אֵלֶיךָ יְשַׂבֵּרוּ, וְאַתָּה נוֹתֵן־לָהֶם אֶת־אָכְלָם בְּעִתּוֹ:
פּוֹתֵחַ אֶת־יָדֶךָ, וּמַשְׂבִּיעַ לְכָל־חַי רָצוֹן:
צַדִּיק יהוה בְּכָל־דְּרָכָיו, וְחָסִיד בְּכָל־מַעֲשָׂיו:
קָרוֹב יהוה לְכָל־קֹרְאָיו, לְכֹל אֲשֶׁר יִקְרָאֻהוּ בֶאֱמֶת:
רְצוֹן־יְרֵאָיו יַעֲשֶׂה, וְאֶת־שַׁוְעָתָם יִשְׁמַע, וְיוֹשִׁיעֵם:
שׁוֹמֵר יהוה אֶת־כָּל־אֹהֲבָיו, וְאֵת כָּל־הָרְשָׁעִים יַשְׁמִיד:
› תְּהִלַּת יהוה יְדַבֶּר פִּי, וִיבָרֵךְ כָּל־בָּשָׂר שֵׁם קָדְשׁוֹ לְעוֹלָם וָעֶד:
וַאֲנַחְנוּ נְבָרֵךְ יָהּ מֵעַתָּה וְעַד־עוֹלָם, הַלְלוּיָהּ: תהלים קטו

חצי קדיש

ש״ץ: יִתְגַּדַּל וְיִתְקַדַּשׁ שְׁמֵהּ רַבָּא (קהל: אָמֵן)
בְּעָלְמָא דִּי בְרָא כִרְעוּתֵהּ
וְיַמְלִיךְ מַלְכוּתֵהּ
בְּחַיֵּיכוֹן וּבְיוֹמֵיכוֹן וּבְחַיֵּי דְכָל בֵּית יִשְׂרָאֵל
בַּעֲגָלָא וּבִזְמַן קָרִיב, וְאִמְרוּ אָמֵן. (קהל: אָמֵן)

קהל וש״ץ: יְהֵא שְׁמֵהּ רַבָּא מְבָרַךְ לְעָלַם וּלְעָלְמֵי עָלְמַיָּא.

ש״ץ: יִתְבָּרַךְ וְיִשְׁתַּבַּח וְיִתְפָּאַר וְיִתְרוֹמַם וְיִתְנַשֵּׂא
וְיִתְהַדָּר וְיִתְעַלֶּה וְיִתְהַלָּל
שְׁמֵהּ דְּקֻדְשָׁא בְּרִיךְ הוּא (קהל: בְּרִיךְ הוּא)
לְעֵלָּא מִן כָּל בִּרְכָתָא
/בעשרת ימי תשובה: לְעֵלָּא לְעֵלָּא מִכָּל בִּרְכָתָא/
וְשִׁירָתָא, תֻּשְׁבְּחָתָא וְנֶחֱמָתָא
דַּאֲמִירָן בְּעָלְמָא, וְאִמְרוּ אָמֵן. (קהל: אָמֵן)

THE AMIDA

The following prayer, until "in former years" on page 452, is said silently, standing with feet together. If there is a minyan, the Amida is repeated aloud by the Leader. Take three steps forward and at the points indicated by ▾, bend the knees at the first word, bow at the second, and stand straight before saying God's name.

When I proclaim the LORD's name, give glory to our God. *Deut. 32*
O LORD, open my lips, so that my mouth may declare Your praise. *Ps. 51*

PATRIARCHS

▾בָּרוּךְ Blessed are You, LORD our God and God of our fathers,
God of Abraham, God of Isaac and God of Jacob;
the great, mighty and awesome God, God Most High,
who bestows acts of loving-kindness and creates all,
who remembers the loving-kindness of the fathers
and will bring a Redeemer to their children's children
for the sake of His name, in love.

Between Rosh HaShana & Yom Kippur: Remember us for life, O King who desires life,
and write us in the book of life –
for Your sake, O God of life.

King, Helper, Savior, Shield:
▾Blessed are You, LORD, Shield of Abraham.

DIVINE MIGHT

אַתָּה גִּבּוֹר You are eternally mighty, LORD.
You give life to the dead and have great power to save.

The phrase "He makes the wind blow and the rain fall" is added from Simḥat Torah until Pesaḥ. In Israel the phrase "He causes the dew to fall" is added from Pesaḥ until Shemini Atzeret.

In fall & winter: He makes the wind blow and the rain fall.

In Israel, in spring & summer: He causes the dew to fall.

"I am not a man of words … I am heavy of speech and tongue." Isaiah said, "I am a man of unclean lips." Jeremiah said, "I cannot speak for I am a child." So our first prayer is for divine help in the act of prayer itself.

עמידה

The following prayer, until קַדְמֹנִיּוֹת *on page 453, is said silently, standing with feet together. If there is a* מנין, *the* עמידה *is repeated aloud by the* שליח ציבור. *Take three steps forward and at the points indicated by* ❜, *bend the knees at the first word, bow at the second, and stand straight before saying God's name.*

כִּי שֵׁם יהוה אֶקְרָא, הָבוּ גֹדֶל לֵאלֹהֵינוּ: דברים לב
אֲדֹנָי, שְׂפָתַי תִּפְתָּח, וּפִי יַגִּיד תְּהִלָּתֶךָ: תהלים נא

אבות

❜בָּרוּךְ אַתָּה יהוה, אֱלֹהֵינוּ וֵאלֹהֵי אֲבוֹתֵינוּ
אֱלֹהֵי אַבְרָהָם, אֱלֹהֵי יִצְחָק, וֵאלֹהֵי יַעֲקֹב
הָאֵל הַגָּדוֹל הַגִּבּוֹר וְהַנּוֹרָא, אֵל עֶלְיוֹן
גּוֹמֵל חֲסָדִים טוֹבִים, וְקוֹנֵה הַכֹּל
וְזוֹכֵר חַסְדֵי אָבוֹת
וּמֵבִיא גוֹאֵל לִבְנֵי בְנֵיהֶם לְמַעַן שְׁמוֹ בְּאַהֲבָה.

בעשרת ימי תשובה: זָכְרֵנוּ לְחַיִּים, מֶלֶךְ חָפֵץ בַּחַיִּים
וְכָתְבֵנוּ בְּסֵפֶר הַחַיִּים, לְמַעַנְךָ אֱלֹהִים חַיִּים.

מֶלֶךְ עוֹזֵר וּמוֹשִׁיעַ וּמָגֵן.
❜בָּרוּךְ אַתָּה יהוה, מָגֵן אַבְרָהָם.

גבורות

אַתָּה גִּבּוֹר לְעוֹלָם, אֲדֹנָי
מְחַיֵּה מֵתִים אַתָּה, רַב לְהוֹשִׁיעַ

The phrase מַשִּׁיב הָרְוּחַ *is added from* שמחת תורה *until* פסח.
In ארץ ישראל *the phrase* מוֹרִיד הַטָּל *is added from* פסח *until* שמיני עצרת.

בחורף: מַשִּׁיב הָרְוּחַ וּמוֹרִיד הַגֶּשֶׁם / בארץ ישראל בקיץ: מוֹרִיד הַטָּל

אֲדֹנָי, שְׂפָתַי תִּפְתָּח *O Lord, open my lips:* Standing in the presence of God, we feel our inadequacy. The greatest of the prophets felt tongue-tied. Moses said,

He sustains the living with loving-kindness,
and with great compassion revives the dead.
He supports the fallen, heals the sick,
sets captives free,
and keeps His faith with those who sleep in the dust.
Who is like You, Master of might,
and to whom can You be compared,
O King who brings death and gives life,
and makes salvation grow?

Between Rosh HaShana & Yom Kippur: Who is like You, compassionate Father,
who remembers His creatures in compassion, for life?

Faithful are You to revive the dead.
Blessed are You, LORD, who revives the dead.

When saying the Amida silently, continue with "You are holy" on the next page.

KEDUSHA

During the Leader's Repetition, the following is said standing with feet together, rising on the toes at the words indicated by ▴.

Cong. then Leader: נְקַדֵּשׁ We will sanctify Your name on earth,
as they sanctify it in the highest heavens,
as is written by Your prophet,
"And they [the angels] call to one another saying: *Is. 6*

Cong. then Leader: ▴Holy, ▴holy, ▴holy is the LORD of hosts
the whole world is filled with His glory."
Those facing them say "Blessed – "

Cong. then Leader: ▴"Blessed is the LORD's glory from His place." *Ezek. 3*
And in Your holy Writings it is written thus:

Cong. then Leader: ▴"The LORD shall reign for ever. He is your God, Zion, *Ps. 146*
from generation to generation, Halleluya!"

Leader: From generation to generation we will declare Your greatness,
and we will proclaim Your holiness for evermore.
Your praise, our God, shall not leave our mouth forever,
for You, God, are a great and holy King. Blessed are You, LORD,
the holy God. / *Between Rosh HaShana & Yom Kippur:* the holy King./

The Leader continues with "You grace humanity" on the next page.

מְכַלְכֵּל חַיִּים בְּחֶסֶד, מְחַיֵּה מֵתִים בְּרַחֲמִים רַבִּים
סוֹמֵךְ נוֹפְלִים, וְרוֹפֵא חוֹלִים, וּמַתִּיר אֲסוּרִים
וּמְקַיֵּם אֱמוּנָתוֹ לִישֵׁנֵי עָפָר.
מִי כָמְוֹךָ, בַּעַל גְּבוּרוֹת
וּמִי דּוֹמֶה לָּךְ
מֶלֶךְ, מֵמִית וּמְחַיֶּה וּמַצְמִיחַ יְשׁוּעָה.

בעשרת ימי תשובה: מִי כָמְוֹךָ אַב הָרַחֲמִים
זוֹכֵר יְצוּרָיו לְחַיִּים בְּרַחֲמִים.

וְנֶאֱמָן אַתָּה לְהַחֲיוֹת מֵתִים.
בָּרוּךְ אַתָּה יהוה, מְחַיֵּה הַמֵּתִים.

When saying the עמידה *silently, continue with* אַתָּה קָדוֹשׁ *on the next page.*

קדושה

During the חזרת הש״ץ*, the following is said standing with feet together, rising on the toes at the words indicated by* ˄.

then קהל ש״ץ: נְקַדֵּשׁ אֶת שִׁמְךָ בָּעוֹלָם, כְּשֵׁם שֶׁמַּקְדִּישִׁים אוֹתוֹ בִּשְׁמֵי מָרוֹם
כַּכָּתוּב עַל יַד נְבִיאֶךָ: וְקָרָא זֶה אֶל־זֶה וְאָמַר ישעיה ו

then קהל ש״ץ: ˄קָדוֹשׁ, ˄קָדוֹשׁ, ˄קָדוֹשׁ, יהוה צְבָאוֹת, מְלֹא כָל־הָאָרֶץ כְּבוֹדוֹ:
לְעֻמָּתָם בָּרוּךְ יֹאמֵרוּ

then קהל ש״ץ: ˄בָּרוּךְ כְּבוֹד־יהוה מִמְּקוֹמוֹ: יחזקאל ג
וּבְדִבְרֵי קָדְשְׁךָ כָּתוּב לֵאמֹר

then קהל ש״ץ: ˄יִמְלֹךְ יהוה לְעוֹלָם, אֱלֹהַיִךְ צִיּוֹן לְדֹר וָדֹר, הַלְלוּיָהּ: תהלים קמו

ש״ץ: לְדוֹר וָדוֹר נַגִּיד גָּדְלֶךָ, וּלְנֵצַח נְצָחִים קְדֻשָּׁתְךָ נַקְדִּישׁ
וְשִׁבְחֲךָ אֱלֹהֵינוּ מִפִּינוּ לֹא יָמוּשׁ לְעוֹלָם וָעֶד
כִּי אֵל מֶלֶךְ גָּדוֹל וְקָדוֹשׁ אָתָּה.
בָּרוּךְ אַתָּה יהוה, הָאֵל הַקָּדוֹשׁ./ בעשרת ימי תשובה: הַמֶּלֶךְ הַקָּדוֹשׁ./

The שליח ציבור *continues with* אַתָּה חוֹנֵן *on the next page.*

HOLINESS

אַתָּה קָדוֹשׁ You are holy and Your name is holy,
and holy ones praise You daily, Selah!
Blessed are You, LORD,
the holy God. / *Between Rosh HaShana & Yom Kippur:* the holy King./

(*If forgotten, repeat the Amida.*)

KNOWLEDGE

אַתָּה חוֹנֵן You grace humanity with knowledge
and teach mortals understanding.
Grace us with the knowledge, understanding
and discernment that come from You.
Blessed are You, LORD,
who graciously grants knowledge.

REPENTANCE

הֲשִׁיבֵנוּ Bring us back, our Father, to Your Torah.
Draw us near, our King, to Your service.
Lead us back to You in perfect repentance.
Blessed are You, LORD,
who desires repentance.

FORGIVENESS

Strike the left side of the chest at °.

סְלַח לָנוּ Forgive us, our Father, for we have °sinned.
Pardon us, our King, for we have °transgressed;
for You pardon and forgive.
Blessed are You, LORD,
the gracious One who repeatedly forgives.

REDEMPTION

רְאֵה Look on our affliction, plead our cause,
and redeem us soon for Your name's sake,
for You are a powerful Redeemer.
Blessed are You, LORD,
the Redeemer of Israel.

קדושת השם

אַתָּה קָדוֹשׁ וְשִׁמְךָ קָדוֹשׁ
וּקְדוֹשִׁים בְּכָל יוֹם יְהַלְלוּךָ סֶּלָה.
בָּרוּךְ אַתָּה יהוה, הָאֵל הַקָּדוֹשׁ./ בעשרת ימי תשובה: הַמֶּלֶךְ הַקָּדוֹשׁ./

(*If forgotten, repeat the* עמידה*.*)

דעת

אַתָּה חוֹנֵן לְאָדָם דַּעַת, וּמְלַמֵּד לֶאֱנוֹשׁ בִּינָה.
חָנֵּנוּ מֵאִתְּךָ דֵּעָה בִּינָה וְהַשְׂכֵּל.
בָּרוּךְ אַתָּה יהוה, חוֹנֵן הַדָּעַת.

תשובה

הֲשִׁיבֵנוּ אָבִינוּ לְתוֹרָתֶךָ, וְקָרְבֵנוּ מַלְכֵּנוּ לַעֲבוֹדָתֶךָ
וְהַחֲזִירֵנוּ בִּתְשׁוּבָה שְׁלֵמָה לְפָנֶיךָ.
בָּרוּךְ אַתָּה יהוה, הָרוֹצֶה בִּתְשׁוּבָה.

סליחה

Strike the left side of the chest at °.

סְלַח לָנוּ אָבִינוּ כִּי °חָטָאנוּ
מְחַל לָנוּ מַלְכֵּנוּ כִּי °פָשָׁעְנוּ
כִּי מוֹחֵל וְסוֹלֵחַ אָתָּה.
בָּרוּךְ אַתָּה יהוה, חַנּוּן הַמַּרְבֶּה לִסְלֹחַ.

גאולה

רְאֵה בְעָנְיֵנוּ, וְרִיבָה רִיבֵנוּ
וּגְאָלֵנוּ מְהֵרָה לְמַעַן שְׁמֶךָ
כִּי גּוֹאֵל חָזָק אָתָּה.
בָּרוּךְ אַתָּה יהוה, גּוֹאֵל יִשְׂרָאֵל.

HEALING

רְפָאֵנוּ Heal us, Lord, and we shall be healed.
Save us and we shall be saved,
for You are our praise.
Bring complete recovery for all our ailments,

The following prayer for a sick person may be said here:
May it be Your will, O Lord my God and God of my ancestors, that You speedily send a complete recovery from heaven, a healing of both soul and body, to the patient (*name*), son/daughter of (*mother's name*) among the other afflicted of Israel.

for You, God, King, are a faithful and compassionate Healer.
Blessed are You, Lord, Healer of the sick of His people Israel.

PROSPERITY

The phrase "Grant dew and rain as a blessing" is said from December 5th (in the year before a civil leap year, December 6th) until Pesaḥ. In Israel, it is said from the 7th of Marḥeshvan. The phrase "Grant blessing" is said from Ḥol HaMo'ed Pesaḥ until December 4th (in the year before a civil leap year, December 5th). In Israel it is said through the 6th of Marḥeshvan.

בָּרֵךְ Bless this year for us, Lord our God,
and all its types of produce for good.

In winter: Grant dew and rain as a blessing
In other seasons: Grant blessing

on the face of the earth, and from its goodness satisfy us,
blessing our year as the best of years.
Blessed are You, Lord, who blesses the years.

INGATHERING OF EXILES

תְּקַע Sound the great shofar for our freedom,
raise high the banner to gather our exiles,
and gather us together
from the four quarters of the earth.
Blessed are You, Lord,
who gathers the dispersed of His people Israel.

רפואה

רְפָאֵנוּ יהוה וְנֵרָפֵא, הוֹשִׁיעֵנוּ וְנִוָּשֵׁעָה, כִּי תְהִלָּתֵנוּ אָתָּה
וְהַעֲלֵה רְפוּאָה שְׁלֵמָה לְכָל מַכּוֹתֵינוּ

The following prayer for a sick person may be said here:

יְהִי רָצוֹן מִלְּפָנֶיךָ יהוה אֱלֹהַי וֵאלֹהֵי אֲבוֹתַי, שֶׁתִּשְׁלַח מְהֵרָה רְפוּאָה שְׁלֵמָה
מִן הַשָּׁמַיִם רְפוּאַת הַנֶּפֶשׁ וּרְפוּאַת הַגּוּף לַחוֹלֶה/לַחוֹלָה *name of patient*
בֶּן/בַּת *mother's name* בְּתוֹךְ שְׁאָר חוֹלֵי יִשְׂרָאֵל.

כִּי אֵל מֶלֶךְ רוֹפֵא נֶאֱמָן וְרַחֲמָן אָתָּה.
בָּרוּךְ אַתָּה יהוה, רוֹפֵא חוֹלֵי עַמּוֹ יִשְׂרָאֵל.

ברכת השנים

The phrase וְתֵן טַל וּמָטָר לִבְרָכָה *is said from December 5th (in the year before a civil leap year, December 6th) until* פסח. *In* ארץ ישראל*, it is said from* ז׳ מרחשון.
The phrase וְתֵן בְּרָכָה *is said from* חול המועד פסח *until December 4th (in the year before a civil leap year, December 5th). In* ארץ ישראל *it is said through* ו׳ מרחשון.

בָּרֵךְ עָלֵינוּ יהוה אֱלֹהֵינוּ אֶת הַשָּׁנָה הַזֹּאת
וְאֶת כָּל מִינֵי תְבוּאָתָהּ, לְטוֹבָה

בחורף: **וְתֵן טַל וּמָטָר לִבְרָכָה** / בקיץ: **וְתֵן בְּרָכָה**

עַל פְּנֵי הָאֲדָמָה, וְשַׂבְּעֵנוּ מִטּוּבָהּ
וּבָרֵךְ שְׁנָתֵנוּ כַּשָּׁנִים הַטּוֹבוֹת.
בָּרוּךְ אַתָּה יהוה, מְבָרֵךְ הַשָּׁנִים.

קבוץ גלויות

תְּקַע בְּשׁוֹפָר גָּדוֹל לְחֵרוּתֵנוּ
וְשָׂא נֵס לְקַבֵּץ גָּלֻיּוֹתֵינוּ
וְקַבְּצֵנוּ יַחַד מֵאַרְבַּע כַּנְפוֹת הָאָרֶץ.
בָּרוּךְ אַתָּה יהוה, מְקַבֵּץ נִדְחֵי עַמּוֹ יִשְׂרָאֵל.

JUSTICE

הָשִׁיבָה Restore our judges as at first,
and our counselors as at the beginning,
and remove from us sorrow and sighing.
May You alone, LORD,
reign over us with loving-kindness and compassion,
and vindicate us in justice.
Blessed are You, LORD,
the King who loves righteousness and justice.
/ *Between Rosh HaShana & Yom Kippur, end the blessing:* the King of justice./

AGAINST INFORMERS

וְלַמַּלְשִׁינִים For the slanderers let there be no hope,
and may all wickedness perish in an instant.
May all Your people's enemies swiftly be cut down.
May You swiftly uproot, crush, cast down
and humble the arrogant swiftly in our days.
Blessed are You, LORD,
who destroys enemies and humbles the arrogant.

THE RIGHTEOUS

עַל הַצַּדִּיקִים To the righteous, the pious,
the elders of Your people the house of Israel,
the remnant of their scholars,
the righteous converts, and to us,
may Your compassion be aroused, LORD our God.
Grant a good reward to all who sincerely trust in Your name.
Set our lot with them,
so that we may never be ashamed,
for in You we trust.
Blessed are You, LORD,
who is the support and trust of the righteous.

השבת המשפט

הָשִׁיבָה שׁוֹפְטֵינוּ כְּבָרִאשׁוֹנָה וְיוֹעֲצֵינוּ כְּבַתְּחִלָּה
וְהָסֵר מִמֶּנּוּ יָגוֹן וַאֲנָחָה
וּמְלֹךְ עָלֵינוּ אַתָּה יהוה לְבַדְּךָ בְּחֶסֶד וּבְרַחֲמִים
וְצַדְּקֵנוּ בַּמִּשְׁפָּט.
בָּרוּךְ אַתָּה יהוה
מֶלֶךְ אוֹהֵב צְדָקָה וּמִשְׁפָּט. / בעשרת ימי תשובה: הַמֶּלֶךְ הַמִּשְׁפָּט./

ברכת המינים

וְלַמַּלְשִׁינִים אַל תְּהִי תִקְוָה
וְכָל הָרִשְׁעָה כְּרֶגַע תֹּאבֵד
וְכָל אוֹיְבֵי עַמְּךָ מְהֵרָה יִכָּרֵתוּ
וְהַזֵּדִים מְהֵרָה תְעַקֵּר וּתְשַׁבֵּר וּתְמַגֵּר וְתַכְנִיעַ בִּמְהֵרָה בְיָמֵינוּ.
בָּרוּךְ אַתָּה יהוה, שׁוֹבֵר אוֹיְבִים וּמַכְנִיעַ זֵדִים.

על הצדיקים

עַל הַצַּדִּיקִים וְעַל הַחֲסִידִים
וְעַל זִקְנֵי עַמְּךָ בֵּית יִשְׂרָאֵל
וְעַל פְּלֵיטַת סוֹפְרֵיהֶם
וְעַל גֵּרֵי הַצֶּדֶק, וְעָלֵינוּ
יֶהֱמוּ רַחֲמֶיךָ יהוה אֱלֹהֵינוּ
וְתֵן שָׂכָר טוֹב לְכָל הַבּוֹטְחִים בְּשִׁמְךָ בֶּאֱמֶת
וְשִׂים חֶלְקֵנוּ עִמָּהֶם
וּלְעוֹלָם לֹא נֵבוֹשׁ כִּי בְךָ בָּטָחְנוּ.
בָּרוּךְ אַתָּה יהוה, מִשְׁעָן וּמִבְטָח לַצַּדִּיקִים.

REBUILDING JERUSALEM

וְלִירוּשָׁלַיִם To Jerusalem, Your city, may You return in compassion,
and may You dwell in it as You promised.
May You rebuild it rapidly in our days as an everlasting structure,
and install within it soon the throne of David.
Blessed are You, Lord, who builds Jerusalem.

KINGDOM OF DAVID

אֶת צֶמַח May the offshoot of Your servant David soon flower,
and may his pride be raised high by Your salvation,
for we wait for Your salvation all day.
Blessed are You, Lord, who makes the glory of salvation flourish.

RESPONSE TO PRAYER

שְׁמַע קוֹלֵנוּ Listen to our voice, Lord our God.
Spare us and have compassion on us,
and in compassion and favor accept our prayer,
for You, God, listen to prayers and pleas.
Do not turn us away, O our King,
empty-handed from Your presence,*
for You listen with compassion
to the prayer of Your people Israel.
Blessed are You, Lord, who listens to prayer.

At this point, in times of drought in Israel, say "And answer us" on page 1004.

TEMPLE SERVICE

רְצֵה Find favor, Lord our God,
in Your people Israel and their prayer.
Restore the service to Your most holy House,
and accept in love and favor
the fire-offerings of Israel and their prayer.
May the service of Your people Israel always find favor with You.

On Rosh Hodesh say:

אֱלֹהֵינוּ Our God and God of our ancestors, may there rise, come, reach, appear, be favored, heard, regarded and remembered before You, our recollection and remembrance, as well as the remembrance of our

בניין ירושלים

וְלִירוּשָׁלַיִם עִירְךָ בְּרַחֲמִים תָּשׁוּב, וְתִשְׁכֹּן בְּתוֹכָהּ כַּאֲשֶׁר דִּבַּרְתָּ
וּבְנֵה אוֹתָהּ בְּקָרוֹב בְּיָמֵינוּ בִּנְיַן עוֹלָם
וְכִסֵּא דָוִד מְהֵרָה לְתוֹכָהּ תָּכִין.
בָּרוּךְ אַתָּה יהוה, בּוֹנֵה יְרוּשָׁלָיִם.

משיח בן דוד

אֶת צֶמַח דָּוִד עַבְדְּךָ מְהֵרָה תַצְמִיחַ
וְקַרְנוֹ תָּרוּם בִּישׁוּעָתֶךָ, כִּי לִישׁוּעָתְךָ קִוִּינוּ כָּל הַיּוֹם.
בָּרוּךְ אַתָּה יהוה, מַצְמִיחַ קֶרֶן יְשׁוּעָה.

שומע תפילה

שְׁמַע קוֹלֵנוּ יהוה אֱלֹהֵינוּ, חוּס וְרַחֵם עָלֵינוּ
וְקַבֵּל בְּרַחֲמִים וּבְרָצוֹן אֶת תְּפִלָּתֵנוּ
כִּי אֵל שׁוֹמֵעַ תְּפִלּוֹת וְתַחֲנוּנִים אָתָּה
וּמִלְּפָנֶיךָ מַלְכֵּנוּ רֵיקָם אַל תְּשִׁיבֵנוּ*
כִּי אַתָּה שׁוֹמֵעַ תְּפִלַּת עַמְּךָ יִשְׂרָאֵל בְּרַחֲמִים.
בָּרוּךְ אַתָּה יהוה, שׁוֹמֵעַ תְּפִלָּה.

*At this point, in times of drought in ארץ ישראל, say וַעֲנֵנוּ on page 1005.

עבודה

רְצֵה יהוה אֱלֹהֵינוּ בְּעַמְּךָ יִשְׂרָאֵל, וּבִתְפִלָּתָם
וְהָשֵׁב אֶת הָעֲבוֹדָה לִדְבִיר בֵּיתֶךָ
וְאִשֵּׁי יִשְׂרָאֵל וּתְפִלָּתָם בְּאַהֲבָה תְקַבֵּל בְּרָצוֹן
וּתְהִי לְרָצוֹן תָּמִיד עֲבוֹדַת יִשְׂרָאֵל עַמֶּךָ.

On ראש חודש *say:*

אֱלֹהֵינוּ וֵאלֹהֵי אֲבוֹתֵינוּ, יַעֲלֶה וְיָבוֹא וְיַגִּיעַ, וְיֵרָאֶה וְיֵרָצֶה וְיִשָּׁמַע,
וְיִפָּקֵד וְיִזָּכֵר זִכְרוֹנֵנוּ וּפִקְדוֹנֵנוּ וְזִכְרוֹן אֲבוֹתֵינוּ, וְזִכְרוֹן מָשִׁיחַ בֶּן

ancestors, and of the Messiah son of David Your servant, and of Jerusalem Your holy city, and of all Your people the house of Israel – for deliverance and well-being, grace, loving-kindness and compassion, life and peace, on this day of Rosh Ḥodesh.On it remember us, LORD our God, for good; recollect us for blessing, and deliver us for life. In accord with Your promise of salvation and compassion, spare us and be gracious to us; have compassion on us and deliver us, for our eyes are turned to You because You, God, are a gracious and compassionate King.

וְתֶחֱזֶינָה And may our eyes witness Your return to Zion in compassion. Blessed are You, LORD, who restores His Presence to Zion.

THANKSGIVING

Bow at the first nine words.

מוֹדִים We give thanks to You,
for You are the LORD our God
and God of our ancestors
for ever and all time.
You are the Rock of our lives,
Shield of our salvation
from generation to generation.
We will thank You and
declare Your praise for our lives,
which are entrusted into Your hand;
for our souls,
which are placed in Your charge;
for Your miracles
which are with us every day;
and for Your wonders and favors
at all times,
evening, morning and midday.
You are good –
for Your compassion never fails.
You are compassionate –
for Your loving-kindnesses never cease.
We have always placed our hope in You.

During the Leader's Repetition, the congregation says quietly:

מוֹדִים We give thanks to You,
for You are the LORD our God
and God of our ancestors,
God of all flesh,
who formed us
and formed the universe.
Blessings and thanks
are due to Your great
and holy name
for giving us
life and sustaining us.
May You continue
to give us life and sustain us;
and may You gather our
exiles to Your holy courts,
to keep Your decrees,
do Your will and serve You
with a perfect heart,
for it is for us
to give You thanks.
Blessed be God to whom
thanksgiving is due.

דָּוִד עַבְדֶּךָ, וְזִכְרוֹן יְרוּשָׁלַיִם עִיר קׇדְשֶׁךָ, וְזִכְרוֹן כׇּל עַמְּךָ בֵּית
יִשְׂרָאֵל, לְפָנֶיךָ, לִפְלֵיטָה לְטוֹבָה, לְחֵן וּלְחֶסֶד וּלְרַחֲמִים, לְחַיִּים
וּלְשָׁלוֹם בְּיוֹם רֹאשׁ הַחֹדֶשׁ הַזֶּה. זׇכְרֵנוּ יהוה אֱלֹהֵינוּ בּוֹ לְטוֹבָה,
וּפׇקְדֵנוּ בוֹ לִבְרָכָה, וְהוֹשִׁיעֵנוּ בוֹ לְחַיִּים. וּבִדְבַר יְשׁוּעָה וְרַחֲמִים,
חוּס וְחׇנֵּנוּ וְרַחֵם עָלֵינוּ וְהוֹשִׁיעֵנוּ, כִּי אֵלֶיךָ עֵינֵינוּ, כִּי אֵל מֶלֶךְ
חַנּוּן וְרַחוּם אָתָּה.

וְתֶחֱזֶינָה עֵינֵינוּ בְּשׁוּבְךָ לְצִיּוֹן בְּרַחֲמִים.
בָּרוּךְ אַתָּה יהוה, הַמַּחֲזִיר שְׁכִינָתוֹ לְצִיּוֹן.

הודאה

Bow at the first five words.

מוֹדִים אֲנַחְנוּ לָךְ
שָׁאַתָּה הוּא יהוה אֱלֹהֵינוּ
וֵאלֹהֵי אֲבוֹתֵינוּ לְעוֹלָם וָעֶד.
צוּר חַיֵּינוּ, מָגֵן יִשְׁעֵנוּ
אַתָּה הוּא לְדוֹר וָדוֹר.
נוֹדֶה לְּךָ וּנְסַפֵּר תְּהִלָּתֶךָ
עַל חַיֵּינוּ הַמְּסוּרִים בְּיָדֶךָ
וְעַל נִשְׁמוֹתֵינוּ הַפְּקוּדוֹת לָךְ
וְעַל נִסֶּיךָ שֶׁבְּכׇל יוֹם עִמָּנוּ
וְעַל נִפְלְאוֹתֶיךָ וְטוֹבוֹתֶיךָ
שֶׁבְּכׇל עֵת, עֶרֶב וָבֹקֶר וְצׇהֳרָיִם.
הַטּוֹב, כִּי לֹא כָלוּ רַחֲמֶיךָ
וְהַמְרַחֵם, כִּי לֹא תַמּוּ חֲסָדֶיךָ
מֵעוֹלָם קִוִּינוּ לָךְ.

During the חזרת הש״ץ, *the* קהל *says quietly:*

מוֹדִים אֲנַחְנוּ לָךְ
שָׁאַתָּה הוּא יהוה אֱלֹהֵינוּ
וֵאלֹהֵי אֲבוֹתֵינוּ
אֱלֹהֵי כׇל בָּשָׂר
יוֹצְרֵנוּ, יוֹצֵר בְּרֵאשִׁית.
בְּרָכוֹת וְהוֹדָאוֹת
לְשִׁמְךָ הַגָּדוֹל וְהַקָּדוֹשׁ
עַל שֶׁהֶחֱיִיתָנוּ וְקִיַּמְתָּנוּ.
כֵּן תְּחַיֵּנוּ וּתְקַיְּמֵנוּ
וְתֶאֱסֹף גָּלֻיּוֹתֵינוּ
לְחַצְרוֹת קׇדְשֶׁךָ
לִשְׁמֹר חֻקֶּיךָ וְלַעֲשׂוֹת רְצוֹנֶךָ
וּלְעׇבְדְּךָ בְּלֵבָב שָׁלֵם
עַל שֶׁאֲנַחְנוּ מוֹדִים לָךְ.
בָּרוּךְ אֵל הַהוֹדָאוֹת.

On Ḥanukka:

עַל הַנִּסִּים [We thank You also] for the miracles, the redemption, the mighty deeds, the salvations, and the victories in battle which You performed for our ancestors in those days, at this time.

בִּימֵי מַתִּתְיָהוּ In the days of Mattityahu, son of Yoḥanan, the High Priest, the Hasmonean, and his sons, the wicked Greek kingdom rose up against Your people Israel to make them forget Your Torah and to force them to transgress the statutes of Your will. It was then that You in Your great compassion stood by them in the time of their distress. You championed their cause, judged their claim, and avenged their wrong. You delivered the strong into the hands of the weak, the many into the hands of the few, the impure into the hands of the pure, the wicked into the hands of the righteous, and the arrogant into the hands of those who were engaged in the study of Your Torah. You made for Yourself great and holy renown in Your world, and for Your people Israel You performed a great salvation and redemption as of this very day. Your children then entered the holiest part of Your House, cleansed Your Temple, purified Your Sanctuary, kindled lights in Your holy courts, and designated these eight days of Ḥanukka for giving thanks and praise to Your great name.

Continue with "For all these things."

On Purim:

עַל הַנִּסִּים [We thank You also] for the miracles, the redemption, the mighty deeds, the salvations, and the victories in battle which You performed for our ancestors in those days, at this time.

בִּימֵי מָרְדְּכַי In the days of Mordekhai and Esther, in Shushan the capital, the wicked Haman rose up against them and sought to destroy, slay and exterminate all the Jews, young and old, children and women, on one day, the thirteenth day of the twelfth month, which is the month of Adar, and to plunder their possessions. Then You in Your great compassion thwarted his counsel, frustrated his plans, and caused his scheme to recoil on his own head, so that they hanged him and his sons on the gallows. *Esther 3*

Continue with "For all these things."

וְעַל כֻּלָּם For all these things may Your name be blessed and exalted, our King, continually, for ever and all time.

Between Rosh HaShana & Yom Kippur: And write, for a good life, all the children of Your covenant.

Let all that lives thank You, Selah! and praise Your name in truth, God, our Savior and Help, Selah!

▾Blessed are You, Lord, whose name is "the Good" and to whom thanks are due.

בחנוכה:

עַל הַנִּסִּים וְעַל הַפֻּרְקָן וְעַל הַגְּבוּרוֹת וְעַל הַתְּשׁוּעוֹת וְעַל הַמִּלְחָמוֹת שֶׁעָשִׂיתָ לַאֲבוֹתֵינוּ בַּיָּמִים הָהֵם בַּזְּמַן הַזֶּה.

בִּימֵי מַתִּתְיָהוּ בֶּן יוֹחָנָן כֹּהֵן גָּדוֹל חַשְׁמוֹנַאי וּבָנָיו, כְּשֶׁעָמְדָה מַלְכוּת יָוָן הָרְשָׁעָה עַל עַמְּךָ יִשְׂרָאֵל לְהַשְׁכִּיחָם תּוֹרָתֶךָ וּלְהַעֲבִירָם מֵחֻקֵּי רְצוֹנֶךָ, וְאַתָּה בְּרַחֲמֶיךָ הָרַבִּים עָמַדְתָּ לָהֶם בְּעֵת צָרָתָם, רַבְתָּ אֶת רִיבָם, דַּנְתָּ אֶת דִּינָם, נָקַמְתָּ אֶת נִקְמָתָם, מָסַרְתָּ גִבּוֹרִים בְּיַד חַלָּשִׁים, וְרַבִּים בְּיַד מְעַטִּים, וּטְמֵאִים בְּיַד טְהוֹרִים, וּרְשָׁעִים בְּיַד צַדִּיקִים, וְזֵדִים בְּיַד עוֹסְקֵי תוֹרָתֶךָ, וּלְךָ עָשִׂיתָ שֵׁם גָּדוֹל וְקָדוֹשׁ בְּעוֹלָמֶךָ, וּלְעַמְּךָ יִשְׂרָאֵל עָשִׂיתָ תְּשׁוּעָה גְדוֹלָה וּפֻרְקָן כְּהַיּוֹם הַזֶּה. וְאַחַר כֵּן בָּאוּ בָנֶיךָ לִדְבִיר בֵּיתֶךָ, וּפִנּוּ אֶת הֵיכָלֶךָ, וְטִהֲרוּ אֶת מִקְדָּשֶׁךָ, וְהִדְלִיקוּ נֵרוֹת בְּחַצְרוֹת קָדְשֶׁךָ, וְקָבְעוּ שְׁמוֹנַת יְמֵי חֲנֻכָּה אֵלּוּ, לְהוֹדוֹת וּלְהַלֵּל לְשִׁמְךָ הַגָּדוֹל.

Continue with וְעַל כֻּלָּם.

בפורים:

עַל הַנִּסִּים וְעַל הַפֻּרְקָן וְעַל הַגְּבוּרוֹת וְעַל הַתְּשׁוּעוֹת וְעַל הַמִּלְחָמוֹת שֶׁעָשִׂיתָ לַאֲבוֹתֵינוּ בַּיָּמִים הָהֵם בַּזְּמַן הַזֶּה.

בִּימֵי מָרְדְּכַי וְאֶסְתֵּר בְּשׁוּשַׁן הַבִּירָה, כְּשֶׁעָמַד עֲלֵיהֶם הָמָן הָרָשָׁע, בִּקֵּשׁ לְהַשְׁמִיד לַהֲרֹג וּלְאַבֵּד אֶת־כָּל־הַיְּהוּדִים מִנַּעַר וְעַד־זָקֵן טַף וְנָשִׁים בְּיוֹם אֶחָד, בִּשְׁלוֹשָׁה עָשָׂר לְחֹדֶשׁ שְׁנֵים־עָשָׂר, הוּא־חֹדֶשׁ אֲדָר, וּשְׁלָלָם לָבוֹז: וְאַתָּה בְּרַחֲמֶיךָ הָרַבִּים הֵפַרְתָּ אֶת עֲצָתוֹ, וְקִלְקַלְתָּ אֶת מַחֲשַׁבְתּוֹ, וַהֲשֵׁבוֹתָ לּוֹ גְּמוּלוֹ בְּרֹאשׁוֹ, וְתָלוּ אוֹתוֹ וְאֶת בָּנָיו עַל הָעֵץ. אסתר ג

Continue with וְעַל כֻּלָּם.

וְעַל כֻּלָּם יִתְבָּרַךְ וְיִתְרוֹמַם שִׁמְךָ מַלְכֵּנוּ תָּמִיד לְעוֹלָם וָעֶד.

בעשרת ימי תשובה: וּכְתֹב לְחַיִּים טוֹבִים כָּל בְּנֵי בְרִיתֶךָ.

וְכֹל הַחַיִּים יוֹדוּךָ סֶּלָה, וִיהַלְלוּ אֶת שִׁמְךָ בֶּאֱמֶת הָאֵל יְשׁוּעָתֵנוּ וְעֶזְרָתֵנוּ סֶלָה.

בָּרוּךְ אַתָּה יהוה, הַטּוֹב שִׁמְךָ וּלְךָ נָאֶה לְהוֹדוֹת.

PEACE

שָׁלוֹם רָב Grant great peace to Your people Israel for ever,
for You are the sovereign LORD of all peace;
and may it be good in Your eyes
to bless Your people Israel
at every time, at every hour, with Your peace.

Between Rosh HaShana & Yom Kippur: In the book of life, blessing, peace and prosperity,
may we and all Your people the house of Israel be remembered
and written before You for a good life, and for peace.*

Blessed are You, LORD, who blesses His people Israel with peace.

**Between Rosh HaShana and Yom Kippur outside Israel, many end the blessing:*
Blessed are You, LORD, who makes peace.

The following verse concludes the Leader's Repetition of the Amida. Some also say it here as part of the silent Amida.

May the words of my mouth and the meditation of my heart *Ps. 19*
find favor before You, LORD, my Rock and Redeemer.

אֱלֹהַי My God, *Berakhot 17a*
guard my tongue from evil and my lips from deceitful speech.
To those who curse me, let my soul be silent;
may my soul be to all like the dust.
Open my heart to Your Torah and let my soul
pursue Your commandments. As for all who plan evil against me,
swiftly thwart their counsel and frustrate their plans.
Act for the sake of Your name;
act for the sake of Your right hand;
act for the sake of Your holiness;
act for the sake of Your Torah.
That Your beloved ones may be delivered, *Ps. 60*
save with Your right hand and answer me.
May the words of my mouth and the meditation of my heart *Ps. 19*
find favor before You, LORD, my Rock and Redeemer.

Bow, take three steps back, then bow, first left, then right, then center, while saying:

May He who makes peace in His high places,
make peace for us and all Israel – and say: Amen.

ברכת שלום

שָׁלוֹם רָב עַל יִשְׂרָאֵל עַמְּךָ תָּשִׂים לְעוֹלָם
כִּי אַתָּה הוּא מֶלֶךְ אָדוֹן לְכָל הַשָּׁלוֹם.
וְטוֹב בְּעֵינֶיךָ לְבָרֵךְ אֶת עַמְּךָ יִשְׂרָאֵל
בְּכָל עֵת וּבְכָל שָׁעָה בִּשְׁלוֹמֶךָ.

בעשרת ימי תשובה: **בְּסֵפֶר חַיִּים, בְּרָכָה וְשָׁלוֹם, וּפַרְנָסָה טוֹבָה**
נִזָּכֵר וְנִכָּתֵב לְפָנֶיךָ, אֲנַחְנוּ וְכָל עַמְּךָ בֵּית יִשְׂרָאֵל
לְחַיִּים טוֹבִים וּלְשָׁלוֹם.*

בָּרוּךְ אַתָּה יהוה, הַמְבָרֵךְ אֶת עַמּוֹ יִשְׂרָאֵל בַּשָּׁלוֹם.

**During the* עשרת ימי תשובה *in* חוץ לארץ*, many end the blessing:*

בָּרוּךְ אַתָּה יהוה, עוֹשֵׂה הַשָּׁלוֹם.

The following verse concludes the חזרת הש״ץ.
Some also say it here as part of the silent עמידה.

יִהְיוּ לְרָצוֹן אִמְרֵי־פִי וְהֶגְיוֹן לִבִּי לְפָנֶיךָ, יהוה צוּרִי וְגֹאֲלִי: תהלים יט

אֱלֹהַי ברכות יז.

נְצֹר לְשׁוֹנִי מֵרָע וּשְׂפָתַי מִדַּבֵּר מִרְמָה
וְלִמְקַלְלַי נַפְשִׁי תִדֹּם, וְנַפְשִׁי כֶּעָפָר לַכֹּל תִּהְיֶה.
פְּתַח לִבִּי בְּתוֹרָתֶךָ, וּבְמִצְוֹתֶיךָ תִּרְדֹּף נַפְשִׁי.
וְכָל הַחוֹשְׁבִים עָלַי רָעָה
מְהֵרָה הָפֵר עֲצָתָם וְקַלְקֵל מַחֲשַׁבְתָּם.
עֲשֵׂה לְמַעַן שְׁמֶךָ, עֲשֵׂה לְמַעַן יְמִינֶךָ
עֲשֵׂה לְמַעַן קְדֻשָּׁתֶךָ, עֲשֵׂה לְמַעַן תּוֹרָתֶךָ.
לְמַעַן יֵחָלְצוּן יְדִידֶיךָ, הוֹשִׁיעָה יְמִינְךָ וַעֲנֵנִי: תהלים ס
יִהְיוּ לְרָצוֹן אִמְרֵי־פִי וְהֶגְיוֹן לִבִּי לְפָנֶיךָ, יהוה צוּרִי וְגֹאֲלִי: תהלים יט

Bow, take three steps back, then bow, first left, then right, then center, while saying:

עֹשֶׂה שָׁלוֹם/ בעשרת ימי תשובה: **הַשָּׁלוֹם/ בִּמְרוֹמָיו**
הוּא יַעֲשֶׂה שָׁלוֹם עָלֵינוּ וְעַל כָּל יִשְׂרָאֵל, וְאִמְרוּ אָמֵן.

יְהִי רָצוֹן May it be Your will, LORD our God and God of our ancestors,
that the Temple be rebuilt speedily in our days,
and grant us a share in Your Torah.
And there we will serve You with reverence,
as in the days of old and as in former years.
Then the offering of Judah and Jerusalem will be pleasing to the LORD *Mal. 3*
as in the days of old and as in former years.

The Leader says Full Kaddish below.

FULL KADDISH

Leader: יִתְגַּדַּל Magnified and sanctified may His great name be,
in the world He created by His will.
May He establish His kingdom
in your lifetime and in your days,
and in the lifetime of all the house of Israel,
swiftly and soon –
and say: Amen.

All: May His great name be blessed for ever and all time.

Leader: Blessed and praised, glorified and exalted,
raised and honored, uplifted and lauded be
the name of the Holy One, blessed be He,
beyond any blessing,
song, praise and consolation uttered in the world –
and say: Amen.

May the prayers and pleas of all Israel
be accepted by their Father in heaven –
and say: Amen.

May there be great peace from heaven,
and life for us and all Israel –
and say: Amen.

*Bow, take three steps back, as if taking leave of the Divine Presence,
then bow, first left, then right, then center, while saying:*

May He who makes peace in His high places,
make peace for us and all Israel –
and say: Amen.

יְהִי רָצוֹן מִלְּפָנֶיךָ יהוה אֱלֹהֵינוּ וֵאלֹהֵי אֲבוֹתֵינוּ
שֶׁיִּבָּנֶה בֵּית הַמִּקְדָּשׁ בִּמְהֵרָה בְיָמֵינוּ, וְתֵן חֶלְקֵנוּ בְּתוֹרָתֶךָ
וְשָׁם נַעֲבָדְךָ בְּיִרְאָה כִּימֵי עוֹלָם וּכְשָׁנִים קַדְמֹנִיּוֹת.
וְעָרְבָה לַיהוה מִנְחַת יְהוּדָה וִירוּשָׁלָםִ כִּימֵי עוֹלָם וּכְשָׁנִים קַדְמֹנִיּוֹת: מלאכי ג

The שליח ציבור *says* קדיש שלם *below.*

קדיש שלם

ש״ץ: יִתְגַּדַּל וְיִתְקַדַּשׁ שְׁמֵהּ רַבָּא (קהל: אָמֵן)
בְּעָלְמָא דִּי בְרָא כִרְעוּתֵהּ
וְיַמְלִיךְ מַלְכוּתֵהּ
בְּחַיֵּיכוֹן וּבְיוֹמֵיכוֹן וּבְחַיֵּי דְכָל בֵּית יִשְׂרָאֵל
בַּעֲגָלָא וּבִזְמַן קָרִיב, וְאִמְרוּ אָמֵן. (קהל: אָמֵן)

קהל וש״ץ: יְהֵא שְׁמֵהּ רַבָּא מְבָרַךְ לְעָלַם וּלְעָלְמֵי עָלְמַיָּא.

ש״ץ: יִתְבָּרַךְ וְיִשְׁתַּבַּח וְיִתְפָּאַר
וְיִתְרוֹמַם וְיִתְנַשֵּׂא וְיִתְהַדָּר וְיִתְעַלֶּה וְיִתְהַלָּל
שְׁמֵהּ דְּקֻדְשָׁא בְּרִיךְ הוּא (קהל: בְּרִיךְ הוּא)
לְעֵלָּא מִן כָּל בִּרְכָתָא / בעשרת ימי תשובה: לְעֵלָּא לְעֵלָּא מִכָּל בִּרְכָתָא/
וְשִׁירָתָא, תֻּשְׁבְּחָתָא וְנֶחֱמָתָא
דַּאֲמִירָן בְּעָלְמָא, וְאִמְרוּ אָמֵן. (קהל: אָמֵן)
תִּתְקַבַּל צְלוֹתְהוֹן וּבָעוּתְהוֹן דְּכָל יִשְׂרָאֵל
קֳדָם אֲבוּהוֹן דִּי בִשְׁמַיָּא, וְאִמְרוּ אָמֵן. (קהל: אָמֵן)

יְהֵא שְׁלָמָא רַבָּא מִן שְׁמַיָּא
וְחַיִּים, עָלֵינוּ וְעַל כָּל יִשְׂרָאֵל, וְאִמְרוּ אָמֵן. (קהל: אָמֵן)

Bow, take three steps back, as if taking leave of the Divine Presence, then bow, first left, then right, then center, while saying:

עֹשֶׂה שָׁלוֹם/ בעשרת ימי תשובה: הַשָּׁלוֹם/ בִּמְרוֹמָיו
הוּא יַעֲשֶׂה שָׁלוֹם עָלֵינוּ וְעַל כָּל יִשְׂרָאֵל, וְאִמְרוּ אָמֵן. (קהל: אָמֵן)

Stand while saying Aleinu. Bow at ▾.

עָלֵינוּ It is our duty to praise the Master of all,
and ascribe greatness to the Author of creation,
who has not made us like the nations of the lands
nor placed us like the families of the earth;
who has not made our portion like theirs,
nor our destiny like all their multitudes.
(For they worship vanity and emptiness,
and pray to a god who cannot save.)
▾But we bow in worship and thank the Supreme King of kings,
the Holy One, blessed be He,
who extends the heavens and establishes the earth,
whose throne of glory is in the heavens above,
and whose power's Presence is in the highest of heights.
He is our God; there is no other.
Truly He is our King, there is none else,
as it is written in His Torah:
"You shall know and take to heart this day that the LORD is God, *Deut. 4*
in heaven above and on earth below. There is no other."

Therefore, we place our hope in You, LORD our God,
that we may soon see the glory of Your power,
when You will remove abominations from the earth,
and idols will be utterly destroyed,
when the world will be perfected
under the sovereignty of the Almighty,
when all humanity will call on Your name,
to turn all the earth's wicked toward You.
All the world's inhabitants will realize and know
that to You every knee must bow and every tongue swear loyalty.
Before You, LORD our God, they will kneel and bow down
and give honor to Your glorious name.
They will all accept the yoke of Your kingdom,
and You will reign over them soon and for ever.
For the kingdom is Yours, and to all eternity You will reign in glory,
as it is written in Your Torah:
"The LORD will reign for ever and ever." *Ex. 15*

Stand while saying עָלֵינוּ. *Bow at* ⁻.

עָלֵינוּ לְשַׁבֵּחַ לַאֲדוֹן הַכֹּל, לָתֵת גְּדֻלָּה לְיוֹצֵר בְּרֵאשִׁית
שֶׁלֹּא עָשָׂנוּ כְּגוֹיֵי הָאֲרָצוֹת, וְלֹא שָׂמָנוּ כְּמִשְׁפְּחוֹת הָאֲדָמָה
שֶׁלֹּא שָׂם חֶלְקֵנוּ כָּהֶם וְגוֹרָלֵנוּ כְּכָל הֲמוֹנָם.
(שֶׁהֵם מִשְׁתַּחֲוִים לְהֶבֶל וָרִיק וּמִתְפַּלְּלִים אֶל אֵל לֹא יוֹשִׁיעַ.)
⁻וַאֲנַחְנוּ כּוֹרְעִים וּמִשְׁתַּחֲוִים וּמוֹדִים
לִפְנֵי מֶלֶךְ מַלְכֵי הַמְּלָכִים, הַקָּדוֹשׁ בָּרוּךְ הוּא
שֶׁהוּא נוֹטֶה שָׁמַיִם וְיוֹסֵד אָרֶץ, וּמוֹשַׁב יְקָרוֹ בַּשָּׁמַיִם מִמַּעַל
וּשְׁכִינַת עֻזּוֹ בְּגָבְהֵי מְרוֹמִים.
הוּא אֱלֹהֵינוּ, אֵין עוֹד.
אֱמֶת מַלְכֵּנוּ, אֶפֶס זוּלָתוֹ
כַּכָּתוּב בְּתוֹרָתוֹ
דברים ד וְיָדַעְתָּ הַיּוֹם וַהֲשֵׁבֹתָ אֶל־לְבָבֶךָ
כִּי יהוה הוּא הָאֱלֹהִים בַּשָּׁמַיִם מִמַּעַל וְעַל־הָאָרֶץ מִתָּחַת
אֵין עוֹד:

עַל כֵּן נְקַוֶּה לְּךָ יהוה אֱלֹהֵינוּ, לִרְאוֹת מְהֵרָה בְּתִפְאֶרֶת עֻזֶּךָ
לְהַעֲבִיר גִּלּוּלִים מִן הָאָרֶץ, וְהָאֱלִילִים כָּרוֹת יִכָּרֵתוּן
לְתַקֵּן עוֹלָם בְּמַלְכוּת שַׁדַּי.
וְכָל בְּנֵי בָשָׂר יִקְרְאוּ בִשְׁמֶךָ לְהַפְנוֹת אֵלֶיךָ כָּל רִשְׁעֵי אָרֶץ.
יַכִּירוּ וְיֵדְעוּ כָּל יוֹשְׁבֵי תֵבֵל
כִּי לְךָ תִּכְרַע כָּל בֶּרֶךְ, תִּשָּׁבַע כָּל לָשׁוֹן.
לְפָנֶיךָ יהוה אֱלֹהֵינוּ יִכְרְעוּ וְיִפֹּלוּ, וְלִכְבוֹד שִׁמְךָ יְקָר יִתֵּנוּ
וִיקַבְּלוּ כֻלָּם אֶת עֹל מַלְכוּתֶךָ
וְתִמְלֹךְ עֲלֵיהֶם מְהֵרָה לְעוֹלָם וָעֶד.
כִּי הַמַּלְכוּת שֶׁלְּךָ הִיא וּלְעוֹלְמֵי עַד תִּמְלֹךְ בְּכָבוֹד
שמות טו כַּכָּתוּב בְּתוֹרָתֶךָ, יהוה יִמְלֹךְ לְעֹלָם וָעֶד:

▸ And it is said: "Then the LORD shall be King over all the earth; Zech. 14
on that day the LORD shall be One and His name One."

Some add:

Have no fear of sudden terror or of the ruin when it overtakes the wicked. *Prov. 3*
Devise your strategy, but it will be thwarted; propose your plan, *Is. 8*
but it will not stand, for God is with us. When you grow old, I will still be the same. *Is. 46*
When your hair turns gray, I will still carry you. I made you, I will bear you,
I will carry you, and I will rescue you.

MOURNER'S KADDISH

The following prayer, said by mourners, requires the presence of a minyan.
A transliteration can be found on page 1049.

Mourner: יִתְגַּדַּל Magnified and sanctified may His great name be,
in the world He created by His will.
May He establish His kingdom
in your lifetime and in your days,
and in the lifetime of all the house of Israel,
swiftly and soon –
and say: Amen.

All: May His great name be blessed for ever and all time.

Mourner: Blessed and praised, glorified and exalted,
raised and honored, uplifted and lauded
be the name of the Holy One,
blessed be He,
beyond any blessing, song, praise and consolation
uttered in the world –
and say: Amen.

May there be great peace from heaven,
and life for us and all Israel –
and say: Amen.

Bow, take three steps back, as if taking leave of the Divine Presence,
then bow, first left, then right, then center, while saying:

May He who makes peace in His high places,
make peace for us and all Israel –
and say: Amen.

◂ וְנֶאֱמַר, וְהָיָה יהוה לְמֶלֶךְ עַל־כָּל־הָאָרֶץ זכריה יד
בַּיּוֹם הַהוּא יִהְיֶה יהוה אֶחָד וּשְׁמוֹ אֶחָד:

Some add:

אַל־תִּירָא מִפַּחַד פִּתְאֹם וּמִשֹּׁאַת רְשָׁעִים כִּי תָבֹא: משלי ג
עֻצוּ עֵצָה וְתֻפָר, דַּבְּרוּ דָבָר וְלֹא יָקוּם, כִּי עִמָּנוּ אֵל: ישעיה ח
וְעַד־זִקְנָה אֲנִי הוּא, וְעַד־שֵׂיבָה אֲנִי אֶסְבֹּל אֲנִי עָשִׂיתִי וַאֲנִי אֶשָּׂא וַאֲנִי אֶסְבֹּל וַאֲמַלֵּט: ישעיה מו

קדיש יתום

The following prayer, said by mourners, requires the presence of a מנין*.*
A transliteration can be found on page 1049.

אבל: יִתְגַּדַּל וְיִתְקַדַּשׁ שְׁמֵהּ רַבָּא (קהל: אָמֵן)
בְּעָלְמָא דִּי בְרָא כִרְעוּתֵהּ
וְיַמְלִיךְ מַלְכוּתֵהּ
בְּחַיֵּיכוֹן וּבְיוֹמֵיכוֹן וּבְחַיֵּי דְכָל בֵּית יִשְׂרָאֵל
בַּעֲגָלָא וּבִזְמַן קָרִיב, וְאִמְרוּ אָמֵן. (קהל: אָמֵן)

קהל ואבל: יְהֵא שְׁמֵהּ רַבָּא מְבָרַךְ לְעָלַם וּלְעָלְמֵי עָלְמַיָּא.

אבל: יִתְבָּרַךְ וְיִשְׁתַּבַּח וְיִתְפָּאַר
וְיִתְרוֹמַם וְיִתְנַשֵּׂא וְיִתְהַדָּר וְיִתְעַלֶּה וְיִתְהַלָּל
שְׁמֵהּ דְּקֻדְשָׁא בְּרִיךְ הוּא (קהל: בְּרִיךְ הוּא)
לְעֵלָּא מִן כָּל בִּרְכָתָא / בעשרת ימי תשובה: לְעֵלָּא לְעֵלָּא מִכָּל בִּרְכָתָא/
וְשִׁירָתָא, תֻּשְׁבְּחָתָא וְנֶחֱמָתָא
דַּאֲמִירָן בְּעָלְמָא, וְאִמְרוּ אָמֵן. (קהל: אָמֵן)

יְהֵא שְׁלָמָא רַבָּא מִן שְׁמַיָּא
וְחַיִּים, עָלֵינוּ וְעַל כָּל יִשְׂרָאֵל, וְאִמְרוּ אָמֵן. (קהל: אָמֵן)

Bow, take three steps back, as if taking leave of the Divine Presence, then bow, first left, then right, then center, while saying:

עֹשֶׂה שָׁלוֹם/ בעשרת ימי תשובה: הַשָּׁלוֹם/ בִּמְרוֹמָיו
הוּא יַעֲשֶׂה שָׁלוֹם עָלֵינוּ וְעַל כָּל יִשְׂרָאֵל, וְאִמְרוּ אָמֵן. (קהל: אָמֵן)

Erev Shabbat

EIRUV TEḤUMIN

On Shabbat and Yom Tov it is forbidden to walk more than 2000 cubits (about 3000 feet) beyond the boundary (teḥum) of the town where you live or are staying when the day begins. By placing food sufficient for two meals, before nightfall, at a point within 2000 cubits from the town limits, you confer on that place the status of a dwelling for the next day, and are then permitted to walk 2000 cubits from there.

בָּרוּךְ Blessed are You, LORD our God, King of the Universe,
who has made us holy through His commandments,
and has commanded us about the mitzva of Eiruv.

By this Eiruv may we be permitted to walk from this place,
2000 cubits in any direction.

EIRUV ḤATZEROT

On Shabbat it is forbidden to carry objects from one private domain to another, or from a private domain into space shared by others, such as a communal staircase, corridor or courtyard. An Eiruv Ḥatzerot is created when each of the Jewish households in a court or apartment block, before Shabbat, places a loaf of bread or matza in one of the homes. The entire court or block then becomes a single private domain within which it is permitted to carry.

בָּרוּךְ Blessed are You, LORD our God, King of the Universe,
who has made us holy through His commandments,
and has commanded us about the mitzva of Eiruv.

By this Eiruv may we be permitted to move,
carry out and carry in from the houses to the courtyard,
or from the courtyard to the houses, or from house to house,
for all the houses within the courtyard.

ערב שבת

עירוב תחומין

On שבת *and* יום טוב *it is forbidden to walk more than 2000 cubits (about 3000 feet) beyond the boundary* (תחום) *of the town where you live or are staying when the day begins. By placing food sufficient for two meals, before nightfall, at a point within 2000 cubits from the town limits, you confer on that place the status of a dwelling for the next day, and are then permitted to walk 2000 cubits from there.*

בָּרוּךְ אַתָּה יהוה אֱלֹהֵינוּ מֶלֶךְ הָעוֹלָם
אֲשֶׁר קִדְּשָׁנוּ בְּמִצְוֹתָיו וְצִוָּנוּ עַל מִצְוַת עֵרוּב.

בְּדֵין עֵרוּבָא יְהֵא שְׁרֵא לִי לְמֵיזַל מֵאַתְרָא הָדֵין
תְּרֵין אַלְפִּין אַמִּין לְכָל רוּחָא.

עירוב חצרות

On שבת *it is forbidden to carry objects from one private domain to another, or from a private domain into space shared by others, such as a communal staircase, corridor or courtyard. An* עירוב חצרות *is created when each of the Jewish households in a court or apartment block, before* שבת*, places a loaf of bread or matza in one of the homes. The entire court or block then becomes a single private domain within which it is permitted to carry.*

בָּרוּךְ אַתָּה יהוה אֱלֹהֵינוּ מֶלֶךְ הָעוֹלָם
אֲשֶׁר קִדְּשָׁנוּ בְּמִצְוֹתָיו וְצִוָּנוּ עַל מִצְוַת עֵרוּב.

בְּדֵין עֵרוּבָא יְהֵא שְׁרֵא לַנָא לְטַלְטוּלֵי
וּלְאַפּוּקֵי וּלְעַיּוּלֵי מִן הַבָּתִּים לֶחָצֵר וּמִן הֶחָצֵר לַבָּתִּים
וּמִבַּיִת לְבַיִת לְכָל הַבָּתִּים שֶׁבֶּחָצֵר.

CANDLE LIGHTING

On Hannuka, light the Hannukiya (see page 994) before lighting the Shabbat candles.
On Erev Shabbat cover the eyes with the hands after lighting the candles, and say:

בָּרוּךְ Blessed are You, LORD our God, King of the Universe,
who has made us holy through His commandments,
and has commanded us to light the Sabbath light.

Prayer after candlelighting (add the words in parentheses as appropriate):

יְהִי May it be Your will, LORD my God and God of my forebears, that You give me grace – me (and my husband/and my father/and my mother/and my sons and my daughters) and all those close to me, and give us and all Israel good and long lives. And remember us with a memory that brings goodness and blessing; come to us with compassion and bless us with great blessings. Build our homes until they are complete, and allow Your Presence to live among us. And may I merit to raise children and grandchildren, each one wise and understanding, loving the LORD and in awe of God, people of truth, holy children, who will cling on to the LORD and light up the world with Torah and with good actions, and with all the kinds of work that serve the Creator. Please, hear my pleading at this time, by the merit of Sarah and Rebecca, Rachel and Leah our mothers, and light our candle that it should never go out, and light up Your face, so that we shall be saved, Amen.

The ancient custom is for women to perform this commandment since they are the primary guardians of the home. Our custom is to light two candles, representing the two dimensions of Shabbat: *shamor,* "guarding," observing the prohibitions of Shabbat; and *zakhor,* "remembering," keeping its positive commandments.

Normally we make a blessing over a commandment *before* performing it. In the case of Shabbat lights, however, the blessing is made afterward, so that the lighting precedes mental acceptance of the day and its prohibitions. The blessing is made while covering one's eyes, so that the blessing follows the act but precedes its benefit.

הדלקת נרות

On חנוכה*, light the* חנוכיה *(see page 995) before lighting the* שבת *candles.*
On ערב שבת *cover the eyes with the hands after lighting the candles, and say:*

בָּרוּךְ אַתָּה יהוה אֱלֹהֵינוּ מֶלֶךְ הָעוֹלָם
אֲשֶׁר קִדְּשָׁנוּ בְּמִצְוֹתָיו וְצִוָּנוּ לְהַדְלִיק נֵר שֶׁל שַׁבָּת.

Prayer after candlelighting (add the words in parentheses as appropriate):

יְהִי רָצוֹן מִלְּפָנֶיךָ יהוה אֱלֹהַי וֵאלֹהֵי אֲבוֹתַי, שֶׁתְּחוֹנֵן אוֹתִי (וְאֶת אִישִׁי/ וְאֶת אָבִי/ וְאֶת אִמִּי/ וְאֶת בָּנַי וְאֶת בְּנוֹתַי) וְאֶת כָּל קְרוֹבַי, וְתִתֶּן לָנוּ וּלְכָל יִשְׂרָאֵל חַיִּים טוֹבִים וַאֲרֻכִּים, וְתִזְכְּרֵנוּ בְּזִכְרוֹן טוֹבָה וּבְרָכָה, וְתִפְקְדֵנוּ בִּפְקֻדַּת יְשׁוּעָה וְרַחֲמִים, וּתְבָרְכֵנוּ בְּרָכוֹת גְּדוֹלוֹת, וְתַשְׁלִים בָּתֵּינוּ וְתַשְׁכֵּן שְׁכִינָתְךָ בֵּינֵינוּ. וְזַכֵּנִי לְגַדֵּל בָּנִים וּבְנֵי בָנִים חֲכָמִים וּנְבוֹנִים, אוֹהֲבֵי יהוה יִרְאֵי אֱלֹהִים, אַנְשֵׁי אֱמֶת זֶרַע קֹדֶשׁ, בַּיהוה דְּבֵקִים וּמְאִירִים אֶת הָעוֹלָם בַּתּוֹרָה וּבְמַעֲשִׂים טוֹבִים וּבְכָל מְלֶאכֶת עֲבוֹדַת הַבּוֹרֵא. אָנָּא שְׁמַע אֶת תְּחִנָּתִי בָּעֵת הַזֹּאת בִּזְכוּת שָׂרָה וְרִבְקָה וְרָחֵל וְלֵאָה אִמּוֹתֵינוּ, וְהָאֵר נֵרֵנוּ שֶׁלֹּא יִכְבֶּה לְעוֹלָם וָעֶד, וְהָאֵר פָּנֶיךָ וְנִוָּשֵׁעָה. אָמֵן.

CANDLE LIGHTING

Lighting candles is a positive rabbinic commandment, symbolizing *shalom bayit*, domestic peace. By creating peace in the home, we are helping to make peace in the world.

The Shabbat candles also symbolize the light of the Divine Presence, which illuminates relationships within the home. Rabbi Akiva noted that the Hebrew words for man (*ish*) and woman (*isha*) both contain the letters of *esh*, "fire." Each contains one extra letter – *yod* in the case of man, *heh* in the case of woman, and these two letters together spell one of the names of God. He concluded: "When husband and wife are worthy, the Divine Presence dwells between them" (*Sota* 17a).

The service starts with Minḥa for Erev Shabbat on page 430.
Most congregations sing "Beloved of the soul" before the Kabbalat Shabbat service.
On Motza'ei Yom Tov falling on Shabbat, the service begins with Psalm 92 on page 478.

יְדִיד Beloved of the soul, Father of compassion,
draw Your servant close to Your will.
Like a deer will Your servant run
and fall prostrate before Your beauty.
To him Your love is sweeter
than honey from the comb, than any taste.

הָדוּר Glorious, beautiful, radiance of the world,
my soul is sick with love for You.
Please, God, heal her now
by showing her Your tender radiance.
Then she will recover her strength and be healed,
Be Your servant for eternity.

וָתִיק Ancient of Days, let Your mercy be aroused;
please have pity on Your beloved child.
How long have I yearned
to see the glory of Your strength.
Please, my God, my heart's desire –
hasten; do not hide Yourself.

הִגָּלֵה Reveal Yourself, beloved, and spread over me
the tabernacle of Your peace.
Let the earth shine with Your glory,
let us be overjoyed and rejoice in You.
Hurry, beloved, for the appointed time has come,
and be gracious to me as in the times of old.

The service starts with מנחה לערב שבת *on page 431.*
Most congregations sing יְדִיד נֶפֶשׁ *at this point before* קבלת שבת.
On מוצאי יום טוב *falling on* שבת, *the service begins with* מִזְמוֹר שִׁיר *on page 479.*

יְדִיד נֶפֶשׁ, אָב הָרַחֲמָן, מְשֹׁךְ עַבְדְּךָ אֶל רְצוֹנָךְ
יָרוּץ עַבְדְּךָ כְּמוֹ אַיָּל, יִשְׁתַּחֲוֶה מוּל הֲדָרָךְ
כִּי יֶעֱרַב לוֹ יְדִידוּתָךְ, מִנֹּפֶת צוּף וְכָל טָעַם.

הָדוּר, נָאֶה, זִיו הָעוֹלָם, נַפְשִׁי חוֹלַת אַהֲבָתָךְ
אָנָּא, אֵל נָא, רְפָא נָא לָהּ, בְּהַרְאוֹת לָהּ נֹעַם זִיוָךְ
אָז תִּתְחַזֵּק וְתִתְרַפֵּא, וְהָיְתָה לָךְ שִׁפְחַת עוֹלָם.

וָתִיק, יֶהֱמוּ רַחֲמֶיךָ, וְחוּס נָא עַל בֵּן אוֹהֲבָךְ
כִּי זֶה כַּמָּה נִכְסֹף נִכְסַף לִרְאוֹת בְּתִפְאֶרֶת עֻזָּךְ
אָנָּא, אֵלִי, מַחְמַד לִבִּי, חוּשָׁה נָּא, וְאַל תִּתְעַלָּם.

הִגָּלֶה נָא וּפְרֹשׂ, חָבִיב, עָלַי אֶת סֻכַּת שְׁלוֹמָךְ
תָּאִיר אֶרֶץ מִכְּבוֹדָךְ, נָגִילָה וְנִשְׂמְחָה בָךְ.
מַהֵר, אָהוּב, כִּי בָא מוֹעֵד, וְחָנֵּנִי כִּימֵי עוֹלָם.

יְדִיד נֶפֶשׁ *Beloved of the soul:* A song of passionate intensity, composed by the Safed kabbalist Rabbi Elazar Azikri (1533–1600). In language reminiscent of the Song of Songs, it speaks of Israel's yearning for God: Azikri himself called it "a prayer for union and the desire of love." The text here, differing in a number of details from that found in some other siddurim, is based on the original manuscript in the author's own hand. The initial letters of the four verses spell God's holiest name. וְאַל תִּתְעַלָּם *Do not hide Yourself:* refers to Israel's exile. The poet calls for God to reveal Himself at *the appointed time* of redemption, כִּי בָא מוֹעֵד.

Kabbalat Shabbat

Mourners during the week of Shiva leave the synagogue at this point, returning after "Come my Beloved" on page 476.

לְכוּ נְרַנְּנָה Come, let us sing for joy to the Lord, let us shout aloud to the Rock of our salvation. Let us greet Him with thanksgiving, shout aloud to Him with songs of praise. For the Lord is the great God, the King great above all powers. In His hand are the depths of the earth, and the mountain peaks are His. The sea is His, for He made it; the dry land too, for His hands formed it. Come, let us bow in worship and bend the knee before the Lord our Maker. For He is our God, and we are the people of His pasture, the flock He tends – today, if you would heed His voice. Do not harden your hearts as you did at Meribah, as you did that day at Massah in the desert, *Ps. 95*

---

character of *Kabbalat Shabbat*, the custom in some synagogues is for the Leader to recite it from the *bima* rather than the *amud* (lectern) at the front of the synagogue.

The six psalms said before *Lekha Dodi* represent the six days of the week. The first five appear sequentially in the book of Psalms (95–99). They speak of the song creation sings to its Creator. These are followed by Psalm 29, understood by some as a description of the Giving of the Torah at Mount Sinai. *Lekha Dodi* looks forward to future redemption, and Psalms 92 and 93 envision the end of days. Thus the entire sequence is structured around the movement from creation to revelation to redemption.

לְכוּ נְרַנְּנָה *Psalm 95. Come, let us sing for joy*: The Psalmist calls on the people to serve God with joy, redeeming the sin of their ancestors who, though they had been rescued by God from slavery, were ungrateful and argumentative. *Massah and Meribah* (literally, "testing and quarreling"), were the names given to the place where, after crossing the Reed Sea, the Israelites complained of their lack of water (Ex. 17:1–7). אַרְבָּעִים שָׁנָה *For forty years* (*next page*): A reference to the episode of the spies (Num. chapters 13–14), when the people, demoralized by their report, rebelled. Their fate was to spend forty years in the desert. The Psalmist urges the people to do the opposite: to sing to God with joy.

קבלת שבת

Mourners during the week of שבעה *leave the* בית כנסת *at this point,*
returning after לְכָה דוֹדִי *on page 477.*

תהלים צה
לְכוּ נְרַנְּנָה לַיהוה, נָרִיעָה לְצוּר יִשְׁעֵנוּ: נְקַדְּמָה פָנָיו בְּתוֹדָה,
בִּזְמִרוֹת נָרִיעַ לוֹ: כִּי אֵל גָּדוֹל יהוה, וּמֶלֶךְ גָּדוֹל עַל־כָּל־אֱלֹהִים:
אֲשֶׁר בְּיָדוֹ מֶחְקְרֵי־אָרֶץ, וְתוֹעֲפוֹת הָרִים לוֹ: אֲשֶׁר־לוֹ הַיָּם
וְהוּא עָשָׂהוּ, וְיַבֶּשֶׁת יָדָיו יָצָרוּ: בֹּאוּ נִשְׁתַּחֲוֶה וְנִכְרָעָה, נִבְרְכָה
לִפְנֵי־יהוה עֹשֵׂנוּ: כִּי הוּא אֱלֹהֵינוּ, וַאֲנַחְנוּ עַם מַרְעִיתוֹ וְצֹאן
יָדוֹ, הַיּוֹם אִם־בְּקֹלוֹ תִשְׁמָעוּ: אַל־תַּקְשׁוּ לְבַבְכֶם כִּמְרִיבָה, כְּיוֹם

KABBALAT SHABBAT / WELCOMING SHABBAT

Already in Talmudic times Shabbat was seen as a bride, and the day itself as a wedding. "Rabbi Ḥanina robed himself and stood on the eve of Shabbat at sunset and said, 'Come, let us go and welcome Shabbat the queen.' Rabbi Yannai donned his robes and said, 'Come O bride, come O bride'" (*Shabbat* 119a).

In the late sixteenth century, this idea was developed with fresh intensity by a remarkable group of Jewish mystics in Safed. They included Rabbi Moses Cordovero who developed the custom of saying special psalms to greet the incoming Shabbat; his brother-in-law Rabbi Shlomo Alkabetz, composer of the song *Lekha Dodi* ("Come my Beloved"); Rabbi Elazar Azikri, author of *Yedid Nefesh* ("Beloved of the Soul"); and Rabbi Isaac Luria (known as the "Ari" or "Arizal"), greatest of the Safed mystics, whose thought brought new depth to our understanding of prayer and observance of Shabbat as acts that help heal the spiritual fractures of the world.

By the twelfth century, the custom existed to say Psalm 92 as a song of welcome to Shabbat. The Safed kabbalists did more. Dressed in white, they would go out into the fields as the sun set, singing psalms and songs to the Shabbat bride. That is the origin of the custom (first mentioned by Rabbi Moshe ben Yehuda Makhir, *Seder HaYom*) to recite the six extra psalms (95–99, 29) prior to *Lekha Dodi*. A further reminder of the original custom is our practice of turning round to face west at the last verse of the song, facing, as they did, the setting sun, to welcome the incoming bride. To emphasize the non-statutory

when your ancestors tested and tried Me though they had seen My deeds. ‣ For forty years I strove with that generation. I said, "They are a people whose hearts go astray, who have not understood My ways." So I swore in My anger, "They shall not enter My place of rest."

שִׁירוּ Sing to the Lord a new song; sing to the Lord all the earth. *Ps. 96*
Sing to the Lord, bless His name; proclaim his deliverance day after day. Declare His glory among the nations, His marvels among all peoples. For great is the Lord and greatly to be praised; He is awesome beyond all heavenly powers. For all the gods of the peoples are mere idols: it was the Lord who made the heavens. Before Him are majesty and splendor; there are strength and beauty in His holy place. Render to the Lord, O families of the peoples; render to the Lord glory and might. Render to the Lord the glory due to His name; bring an offering and come into His courts. Bow down to the Lord in the splendor of holiness. Tremble before Him, all the earth. Say among the nations, "The Lord is King." The world stands firm, it will not be shaken. He will judge the peoples with equity. ‣ Let the heavens rejoice and the earth be glad. Let the sea roar, and all that is in it; let the fields be jubilant, and all they contain. Then the trees of the forest will sing for joy before the Lord, for He is coming to judge the earth. He will judge the world with justice, and the peoples with His faithfulness.

יהוה מָלָךְ The Lord reigns, let the earth be glad. Let the many *Ps. 97*
islands rejoice. Clouds and thick darkness surround Him; righteousness and justice are the foundation of His throne. Fire goes ahead of Him, consuming His enemies on every side. His lightning

---

יהוה מָלָךְ *Psalm 97. The Lord reigns, let the earth be glad:* God, Maker of the Universe, is the ultimate Sovereign. Therefore, all earthly rule and exercise of power is subject to His overarching authority: "The Lord reigns." History is not destined to be an endless story of the victory of might over right, the powerful over the powerless. At the heart of reality is a force that makes for justice, giving strength to the weak, and courage to the oppressed. "Light is sown for the righteous, and joy for the upright in heart."

מַסָּה בַּמִּדְבָּר: אֲשֶׁר נִסּוּנִי אֲבוֹתֵיכֶם, בְּחָנוּנִי גַּם רָאוּ פָעֳלִי:
‹ אַרְבָּעִים שָׁנָה אָקוּט בְּדוֹר, וָאֹמַר עַם תֹּעֵי לֵבָב הֵם, וְהֵם לֹא־
יָדְעוּ דְרָכָי: אֲשֶׁר־נִשְׁבַּעְתִּי בְאַפִּי, אִם־יְבֹאוּן אֶל־מְנוּחָתִי:

תהלים צו
שִׁירוּ לַיהוה שִׁיר חָדָשׁ, שִׁירוּ לַיהוה כָּל־הָאָרֶץ: שִׁירוּ לַיהוה,
בָּרְכוּ שְׁמוֹ, בַּשְּׂרוּ מִיּוֹם־לְיוֹם יְשׁוּעָתוֹ: סַפְּרוּ בַגּוֹיִם כְּבוֹדוֹ,
בְּכָל־הָעַמִּים נִפְלְאוֹתָיו: כִּי גָדוֹל יהוה וּמְהֻלָּל מְאֹד, נוֹרָא הוּא
עַל־כָּל־אֱלֹהִים: כִּי כָּל־אֱלֹהֵי הָעַמִּים אֱלִילִים, וַיהוה שָׁמַיִם
עָשָׂה: הוֹד־וְהָדָר לְפָנָיו, עֹז וְתִפְאֶרֶת בְּמִקְדָּשׁוֹ: הָבוּ לַיהוה
מִשְׁפְּחוֹת עַמִּים, הָבוּ לַיהוה כָּבוֹד וָעֹז: הָבוּ לַיהוה כְּבוֹד שְׁמוֹ,
שְׂאוּ־מִנְחָה וּבֹאוּ לְחַצְרוֹתָיו: הִשְׁתַּחֲווּ לַיהוה בְּהַדְרַת־קֹדֶשׁ,
חִילוּ מִפָּנָיו כָּל־הָאָרֶץ: אִמְרוּ בַגּוֹיִם יהוה מָלָךְ, אַף־תִּכּוֹן תֵּבֵל
בַּל־תִּמּוֹט, יָדִין עַמִּים בְּמֵישָׁרִים: ‹ יִשְׂמְחוּ הַשָּׁמַיִם וְתָגֵל הָאָרֶץ,
יִרְעַם הַיָּם וּמְלֹאוֹ: יַעֲלֹז שָׂדַי וְכָל־אֲשֶׁר־בּוֹ, אָז יְרַנְּנוּ כָּל־עֲצֵי־
יָעַר: לִפְנֵי יהוה כִּי בָא, כִּי בָא לִשְׁפֹּט הָאָרֶץ, יִשְׁפֹּט־תֵּבֵל בְּצֶדֶק,
וְעַמִּים בֶּאֱמוּנָתוֹ:

תהלים צז
יהוה מָלָךְ תָּגֵל הָאָרֶץ, יִשְׂמְחוּ אִיִּים רַבִּים: עָנָן וַעֲרָפֶל סְבִיבָיו,
צֶדֶק וּמִשְׁפָּט מְכוֹן כִּסְאוֹ: אֵשׁ לְפָנָיו תֵּלֵךְ, וּתְלַהֵט סָבִיב צָרָיו:

שִׁירוּ לַיהוה *Psalm 96. Sing to the Lord a new song*: One of the most difficult ideas for modern minds to grasp is that the universe might sing for joy at the coming of judgment and justice. Yet we believe not only in one God, Creator of heaven and earth, but also in the inseparable connection between *cosmos* and *ethos*, the world-that-is and the world-that-ought-to-be. God not only created the universe but also "saw that it was good." From the outset, the universe had an objective moral structure. As the natural world is governed by scientific law, so the human world is governed by moral law. Hence creation rejoices that *He is coming to judge the earth* כִּי בָא לִשְׁפֹּט הָאָרֶץ, that the world is governed by the rule of right rather than the rule of force.

lights up the world; the earth sees and trembles. Mountains melt like wax before the LORD, before the LORD of all the earth. The heavens proclaim His righteousness, and all the peoples see His glory. All who worship images and boast in idols are put to shame. Bow down to Him, all you heavenly powers. Zion hears and rejoices, and the towns of Judah are glad because of your judgments, LORD. For You, LORD, are supreme over all the earth; You are exalted far above all heavenly powers. ▸ Let those who love the LORD hate evil, for He protects the lives of his devoted ones, delivering them from the hand of the wicked. Light is sown for the righteous, and joy for the upright in heart. Rejoice in the LORD, you who are righteous, and give thanks to His holy name.

מִזְמוֹר A Psalm. Sing a new song to the LORD, for He has done wondrous things; He has saved by His right hand and His holy arm. The LORD has made His salvation known; He has displayed His righteousness in the sight of the nations. He remembered His loving-kindness and faithfulness to the house of Israel; all the ends of the earth have seen the victory of our LORD. Shout for joy to the LORD, all the earth; burst into song, sing with joy, play music. Play music to the LORD on the harp – on the harp with the sound of singing. With trumpets and the sound of the shofar, shout for joy before the LORD, the King. ▸ Let the sea and all that is in it thunder, the world and all who live in it. Let the rivers clap their hands, the mountains sing together for joy – before the LORD, for He is coming to judge the earth. He will judge the world with justice, and the peoples with equity. *Ps. 98*

יהוה מָלָךְ The LORD reigns, let the peoples tremble. He sits enthroned on the Cherubim, let the earth quake. Great is the LORD in *Ps. 99*

יהוה מָלָךְ *Psalm 99. The LORD reigns, let the peoples tremble:* Having declared God's sovereignty, the Psalmist now speaks of His holiness. The three sections of the psalm each end on this theme. The first two – about God's enthronement and His justice, end with the declaration, "He is holy." The

הֵאִירוּ בְרָקָיו תֵּבֵל, רָאֲתָה וַתָּחֵל הָאָרֶץ: הָרִים כַּדּוֹנַג נָמַסּוּ
מִלִּפְנֵי יהוה, מִלִּפְנֵי אֲדוֹן כָּל־הָאָרֶץ: הִגִּידוּ הַשָּׁמַיִם צִדְקוֹ, וְרָאוּ
כָל־הָעַמִּים כְּבוֹדוֹ: יֵבֹשׁוּ כָּל־עֹבְדֵי פֶסֶל הַמִּתְהַלְלִים בָּאֱלִילִים,
הִשְׁתַּחֲווּ־לוֹ כָּל־אֱלֹהִים: שָׁמְעָה וַתִּשְׂמַח צִיּוֹן, וַתָּגֵלְנָה בְּנוֹת
יְהוּדָה, לְמַעַן מִשְׁפָּטֶיךָ יהוה: כִּי־אַתָּה יהוה עֶלְיוֹן עַל־כָּל־
הָאָרֶץ, מְאֹד נַעֲלֵיתָ עַל־כָּל־אֱלֹהִים: ◂ אֹהֲבֵי יהוה שִׂנְאוּ רָע,
שֹׁמֵר נַפְשׁוֹת חֲסִידָיו, מִיַּד רְשָׁעִים יַצִּילֵם: אוֹר זָרֻעַ לַצַּדִּיק,
וּלְיִשְׁרֵי־לֵב שִׂמְחָה: שִׂמְחוּ צַדִּיקִים בַּיהוה, וְהוֹדוּ לְזֵכֶר קָדְשׁוֹ:

תהלים צח
מִזְמוֹר, שִׁירוּ לַיהוה שִׁיר חָדָשׁ כִּי־נִפְלָאוֹת עָשָׂה, הוֹשִׁיעָה־לּוֹ
יְמִינוֹ וּזְרוֹעַ קָדְשׁוֹ: הוֹדִיעַ יהוה יְשׁוּעָתוֹ, לְעֵינֵי הַגּוֹיִם גִּלָּה
צִדְקָתוֹ: זָכַר חַסְדּוֹ וֶאֱמוּנָתוֹ לְבֵית יִשְׂרָאֵל, רָאוּ כָל־אַפְסֵי־אָרֶץ
אֵת יְשׁוּעַת אֱלֹהֵינוּ: הָרִיעוּ לַיהוה כָּל־הָאָרֶץ, פִּצְחוּ וְרַנְּנוּ וְזַמֵּרוּ:
זַמְּרוּ לַיהוה בְּכִנּוֹר, בְּכִנּוֹר וְקוֹל זִמְרָה: בַּחֲצֹצְרוֹת וְקוֹל שׁוֹפָר,
הָרִיעוּ לִפְנֵי הַמֶּלֶךְ יהוה: ◂ יִרְעַם הַיָּם וּמְלֹאוֹ, תֵּבֵל וְיֹשְׁבֵי בָהּ:
נְהָרוֹת יִמְחֲאוּ־כָף, יַחַד הָרִים יְרַנֵּנוּ: לִפְנֵי יהוה כִּי בָא לִשְׁפֹּט
הָאָרֶץ, יִשְׁפֹּט־תֵּבֵל בְּצֶדֶק, וְעַמִּים בְּמֵישָׁרִים:

תהלים צט
יהוה מָלָךְ יִרְגְּזוּ עַמִּים, יֹשֵׁב כְּרוּבִים תָּנוּט הָאָרֶץ: יהוה בְּצִיּוֹן
גָּדוֹל, וְרָם הוּא עַל־כָּל־הָעַמִּים: יוֹדוּ שִׁמְךָ גָּדוֹל וְנוֹרָא קָדוֹשׁ

מִזְמוֹר *Psalm 98. A Psalm. Sing a new song to the LORD:* In this celebratory song, the Psalmist describes redemption in the vivid image of a royal arrival. The King who is also Judge and Deliverer is about to come. The trumpets sound a clarion to announce His entrance. A roar is heard, not just from the assembled people but from the universe itself: the sea, the earth, rivers and mountains. All herald His coming with joy, for they know that when He sits in judgment He will resolve all disputes with equity.

Zion, He is exalted over all the peoples. Let them praise Your name, O great and awesome One: He is holy! The King in His might loves justice. You have established equity. The justice and righteousness in Jacob is Your doing. Exalt the LORD our God, and bow at His footstool: He is holy! Moses and Aaron were among His priests; Samuel was among those who called on His name. They called on the LORD and He answered them. ▸ He spoke to them in a pillar of cloud; they observed His testimonies and the statute He gave them. LORD our God, You answered them. You were for them a forgiving God, though You punished their misdeeds. Exalt the LORD our God and bow at His holy mountain, for the LORD our God is holy.

The following psalm is said standing:

מִזְמוֹר לְדָוִד A psalm of David. Render to the LORD, you angelic powers, render to the LORD glory and might. Render to the LORD the glory due to His name. Bow to the LORD in the beauty of holiness. The LORD's voice echoes over the waters; the God of glory thunders; the LORD is over the mighty waters. The LORD's voice in power, the LORD's voice in beauty, the LORD's voice breaks cedars, the LORD shatters the cedars of Lebanon. He makes Lebanon skip like a calf, Sirion like a young wild ox. The LORD's voice cleaves flames of fire. The LORD's voice makes the desert quake, the LORD shakes the desert of Kadesh. ▸ The LORD's voice makes hinds calve and strips the forests bare, and in His temple all say: "Glory!" The LORD sat enthroned at the Flood, the LORD sits enthroned as King for ever. The LORD will give strength to His people; the LORD will bless His people with peace. *Ps. 29*

Torah. The Talmud Yerushalmi (*Berakhot* 4:3) relates its seven mentions of the word *kol*, "voice," to the seven blessings of the Shabbat Amida. Its mood is significant. It describes an earth-shattering storm which subsides, so that the last word of the psalm is "peace." So will the storm of human history one day be transfigured into peace. Redemption stands to history as does Shabbat to the six days of creation.

הוּא: וְעֹז מֶלֶךְ מִשְׁפָּט אָהֵב, אַתָּה כּוֹנַנְתָּ מֵישָׁרִים, מִשְׁפָּט
וּצְדָקָה בְּיַעֲקֹב אַתָּה עָשִׂיתָ: רוֹמְמוּ יהוה אֱלֹהֵינוּ, וְהִשְׁתַּחֲווּ
לַהֲדֹם רַגְלָיו, קָדוֹשׁ הוּא: מֹשֶׁה וְאַהֲרֹן בְּכֹהֲנָיו, וּשְׁמוּאֵל בְּקֹרְאֵי
שְׁמוֹ, קֹרְאִים אֶל־יהוה וְהוּא יַעֲנֵם: ‹ בְּעַמּוּד עָנָן יְדַבֵּר אֲלֵיהֶם,
שָׁמְרוּ עֵדֹתָיו וְחֹק נָתַן־לָמוֹ: יהוה אֱלֹהֵינוּ אַתָּה עֲנִיתָם, אֵל
נֹשֵׂא הָיִיתָ לָהֶם, וְנֹקֵם עַל־עֲלִילוֹתָם: רוֹמְמוּ יהוה אֱלֹהֵינוּ,
וְהִשְׁתַּחֲווּ לְהַר קָדְשׁוֹ, כִּי־קָדוֹשׁ יהוה אֱלֹהֵינוּ:

The following psalm is said standing:

תהלים כט
מִזְמוֹר לְדָוִד, הָבוּ לַיהוה בְּנֵי אֵלִים, הָבוּ לַיהוה כָּבוֹד וָעֹז: הָבוּ
לַיהוה כְּבוֹד שְׁמוֹ, הִשְׁתַּחֲווּ לַיהוה בְּהַדְרַת־קֹדֶשׁ: קוֹל יהוה
עַל הַמָּיִם, אֵל־הַכָּבוֹד הִרְעִים, יהוה עַל־מַיִם רַבִּים: קוֹל־יהוה
בַּכֹּחַ, קוֹל יהוה בֶּהָדָר: קוֹל יהוה שֹׁבֵר אֲרָזִים, וַיְשַׁבֵּר יהוה אֶת־
אַרְזֵי הַלְּבָנוֹן: וַיַּרְקִידֵם כְּמוֹ־עֵגֶל, לְבָנוֹן וְשִׂרְיֹן כְּמוֹ בֶן־רְאֵמִים:
קוֹל־יהוה חֹצֵב לַהֲבוֹת אֵשׁ: קוֹל יהוה יָחִיל מִדְבָּר, יָחִיל יהוה
מִדְבַּר קָדֵשׁ: ‹ קוֹל יהוה יְחוֹלֵל אַיָּלוֹת וַיֶּחֱשֹׂף יְעָרוֹת, וּבְהֵיכָלוֹ,
כֻּלּוֹ אֹמֵר כָּבוֹד: יהוה לַמַּבּוּל יָשָׁב, וַיֵּשֶׁב יהוה מֶלֶךְ לְעוֹלָם:
יהוה עֹז לְעַמּוֹ יִתֵּן, יהוה יְבָרֵךְ אֶת־עַמּוֹ בַשָּׁלוֹם:

---

third ends with a double use of the word: "Bow at His *holy* mountain, for the Lord our God is *holy*." *Moses, Aaron, Samuel.* Respectively they represent the three "crowns" of leadership: prophecy, priesthood and kingship. Moses was the greatest of the prophets, Aaron the first High Priest, and Samuel the man who anointed Israel's first kings, Saul and David.

מִזְמוֹר לְדָוִד *Psalm 29. A psalm of David. Render to the Lord:* This psalm, powerful in both imagery and language, breaks the sequence of the previous psalms (95–99). Many interpret it as a poetic description of the giving of the

The following is said in some congregations:

Please, by the power of Your great right hand,
set the captive nation free.
Accept Your people's prayer. Strengthen us, purify us,
You who are revered.
Please, mighty One, guard like the pupil of the eye
those who seek Your unity.
Bless them, cleanse them, have compassion on them,
grant them Your righteousness always.
Mighty One, Holy One, in Your great goodness
guide Your congregation.
Only One, exalted One, turn to Your people,
who proclaim Your holiness.
Accept our plea and heed our cry,
You who know all secret thoughts.
Blessed be the name of His glorious kingdom for
ever and all time.

לְכָה דוֹדִי Come, my Beloved, to greet the bride;
let us welcome the Sabbath.
Come, my Beloved, to greet the bride;
let us welcome the Sabbath.

שָׁמוֹר "Observe" and "Remember" in one act of speech,
The One and Only God made us hear.
The LORD is One and His name is One,
For renown, for splendor, and for praise.
Come, my Beloved, to greet the bride;
let us welcome the Sabbath.

שָׁמוֹר וְזָכוֹר בְּדִבּוּר אֶחָד *"Observe" and "Remember" in one act of speech:* This refers to two versions of the Ten Commandments. In the first (Ex. 20:8), Israel was commanded to "Remember" the Sabbath; in the second (Deut. 5:12), to "observe" it. According to the sages, both were uttered at the same time. "Observe" refers to the negative commandment of Shabbat, the prohibition against work, while "Remember" refers to the positive commandment, to sanctify it in word and deed. The idea that both were spoken simultaneously teaches that the negative and positive aspects of holy time are inseparable. The prohibition against work creates space for rest and joy.

The following is said in some congregations:

אָנָּא, בְּכֹחַ גְּדֻלַּת יְמִינְךָ, תַּתִּיר צְרוּרָה.
קַבֵּל רִנַּת עַמְּךָ, שַׂגְּבֵנוּ, טַהֲרֵנוּ, נוֹרָא.
נָא גִבּוֹר, דּוֹרְשֵׁי יִחוּדְךָ כְּבָבַת שָׁמְרֵם.
בָּרְכֵם, טַהֲרֵם, רַחֲמֵם, צִדְקָתְךָ תָּמִיד גָּמְלֵם.
חֲסִין קָדוֹשׁ, בְּרֹב טוּבְךָ נַהֵל עֲדָתֶךָ.
יָחִיד גֵּאֶה, לְעַמְּךָ פְּנֵה, זוֹכְרֵי קְדֻשָּׁתֶךָ.
שַׁוְעָתֵנוּ קַבֵּל וּשְׁמַע צַעֲקָתֵנוּ, יוֹדֵעַ תַּעֲלוּמוֹת.
בָּרוּךְ שֵׁם כְּבוֹד מַלְכוּתוֹ לְעוֹלָם וָעֶד.

לְכָה דוֹדִי לִקְרַאת כַּלָּה, פְּנֵי שַׁבָּת נְקַבְּלָה.
לְכָה דוֹדִי לִקְרַאת כַּלָּה, פְּנֵי שַׁבָּת נְקַבְּלָה.

שָׁמוֹר וְזָכוֹר בְּדִבּוּר אֶחָד
הִשְׁמִיעָנוּ אֵל הַמְיֻחָד
יהוה אֶחָד וּשְׁמוֹ אֶחָד
לְשֵׁם וּלְתִפְאֶרֶת וְלִתְהִלָּה.
לְכָה דוֹדִי לִקְרַאת כַּלָּה, פְּנֵי שַׁבָּת נְקַבְּלָה.

אָנָּא, בְּכֹחַ *Please, by the power:* A hymn in seven lines, each of six words, whose initial letters spell out a mystical 42-letter name of God. It is attributed to Rabbi Neḥunya ben haKanah (second half of the first century CE).

לְכָה דוֹדִי *Come, my Beloved:* This song – the one original composition introduced into this service by the Safed kabbalists – was written by Rabbi Shlomo Alkabetz. It is a work of surpassing beauty, speaking in turn of Shabbat, Jerusalem, the Jewish people, and the Messiah, before returning in its last verse to the Shabbat again. Artfully woven from biblical quotations, many of them drawn from Isaiah's prophecies of consolation, together with Talmudic and midrashic ideas, its first eight verses form an acrostic, spelling out the name of its author, Shlomo HaLevi.

לִקְרַאת To greet the Sabbath, come let us go,
For of blessing, she is the source.
From the outset, as of old, ordained:
Last in deed, first in thought.

Come, my Beloved, to greet the bride;
let us welcome the Sabbath.

מִקְדַּשׁ Sanctuary of the King, royal city,
Arise, go forth from your ruined state.
Too long have you dwelt in the valley of tears.
He will shower compassion on you.

Come, my Beloved, to greet the bride;
let us welcome the Sabbath.

הִתְנַעֲרִי Shake yourself off, arise from the dust!
Put on your clothes of glory, My people.
Through the son of Jesse the Bethlehemite,
Draw near to my soul and redeem it.

Come, my Beloved, to greet the bride;
let us welcome the Sabbath.

הִתְעוֹרְרִי Wake up, wake up,
For your light has come: rise, shine!
Awake, awake, break out in song,
For the LORD's glory is revealed on you.

Come, my Beloved, to greet the bride;
let us welcome the Sabbath.

---

people in his day. Using language drawn from Isaiah, he turns first to Jerusalem, then to the Jewish people, then to the land of Israel itself, summoning them to shake off their grief and rouse themselves to new glory. These verses radiate the hope born of faith, the victory of joy over despair.

לִקְרַאת שַׁבָּת לְכוּ וְנֵלְכָה
כִּי הִיא מְקוֹר הַבְּרָכָה
מֵרֹאשׁ מִקֶּדֶם נְסוּכָה
סוֹף מַעֲשֶׂה בְּמַחֲשָׁבָה תְּחִלָּה.
לְכָה דוֹדִי לִקְרַאת כַּלָּה, פְּנֵי שַׁבָּת נְקַבְּלָה.

מִקְדַּשׁ מֶלֶךְ עִיר מְלוּכָה
קוּמִי צְאִי מִתּוֹךְ הַהֲפֵכָה
רַב לָךְ שֶׁבֶת בְּעֵמֶק הַבָּכָא
וְהוּא יַחֲמֹל עָלַיִךְ חֶמְלָה.
לְכָה דוֹדִי לִקְרַאת כַּלָּה, פְּנֵי שַׁבָּת נְקַבְּלָה.

הִתְנַעֲרִי, מֵעָפָר קוּמִי
לִבְשִׁי בִּגְדֵי תִפְאַרְתֵּךְ עַמִּי
עַל יַד בֶּן יִשַׁי בֵּית הַלַּחְמִי
קָרְבָה אֶל נַפְשִׁי, גְּאָלָהּ.
לְכָה דוֹדִי לִקְרַאת כַּלָּה, פְּנֵי שַׁבָּת נְקַבְּלָה.

הִתְעוֹרְרִי הִתְעוֹרְרִי
כִּי בָא אוֹרֵךְ קוּמִי אוֹרִי
עוּרִי עוּרִי, שִׁיר דַּבֵּרִי
כְּבוֹד יהוה עָלַיִךְ נִגְלָה.
לְכָה דוֹדִי לִקְרַאת כַּלָּה, פְּנֵי שַׁבָּת נְקַבְּלָה.

מִקְדַּשׁ מֶלֶךְ עִיר מְלוּכָה *Sanctuary of the King, royal city:* In this and the next four verses, the poet speaks of the desolate condition of Jerusalem and the Jewish

לֹא תֵבֹשִׁי Do not be ashamed, do not be confounded.
Why be downcast? Why do you mourn?
In you the needy of My people find shelter,
And the city shall be rebuilt on its hill.

Come, my Beloved, to greet the bride;
let us welcome the Sabbath.

וְהָיוּ Those who despoiled you shall be despoiled,
And all who devoured you shall be far away.
Your God will rejoice over you
As a bridegroom rejoices over his bride.

Come, my Beloved, to greet the bride;
let us welcome the Sabbath.

יָמִין Right and left you shall spread out,
And God you will revere.
Through the descendant of Peretz,
We shall rejoice and we shall be glad.

Come, my Beloved, to greet the bride;
let us welcome the Sabbath.

Stand and turn to face the door or the rear (usually western side) of the synagogue, as if to greet the incoming bride, bowing at the words "Enter, O bride!," then turn back.

בּוֹאִי Come in peace, O crown of her husband;
Come with joy and jubilation,
Among the faithful of the treasured people.
Enter, O bride! Enter, O bride!

Come, my Beloved, to greet the bride;
let us welcome the Sabbath.

Mourners during the week of Shiva return to the synagogue at this point.
They are greeted with the following words of consolation:

הַמָּקוֹם May the Almighty comfort you
among the other mourners of Zion and Jerusalem.

בּוֹאִי בְשָׁלוֹם *Come in peace*: At this point our custom is to turn around to greet the Shabbat bride, as did the mystics in the fields of Safed.

לֹא תֵבֹשִׁי וְלֹא תִכָּלְמִי
מַה תִּשְׁתּוֹחֲחִי וּמַה תֶּהֱמִי
בָּךְ יֶחֱסוּ עֲנִיֵּי עַמִּי
וְנִבְנְתָה עִיר עַל תִּלָּהּ.

לְכָה דוֹדִי לִקְרַאת כַּלָּה, פְּנֵי שַׁבָּת נְקַבְּלָה.

וְהָיוּ לִמְשִׁסָּה שֹׁאסָיִךְ
וְרָחֲקוּ כָּל מְבַלְּעָיִךְ
יָשִׂישׂ עָלַיִךְ אֱלֹהָיִךְ
כִּמְשׂוֹשׂ חָתָן עַל כַּלָּה.

לְכָה דוֹדִי לִקְרַאת כַּלָּה, פְּנֵי שַׁבָּת נְקַבְּלָה.

יָמִין וּשְׂמֹאל תִּפְרֹצִי
וְאֶת יהוה תַּעֲרִיצִי
עַל יַד אִישׁ בֶּן פַּרְצִי
וְנִשְׂמְחָה וְנָגִילָה.

לְכָה דוֹדִי לִקְרַאת כַּלָּה, פְּנֵי שַׁבָּת נְקַבְּלָה.

Stand and turn to face the door or the rear (usually western side) of the בית כנסת*,*
as if to greet the incoming bride, bowing at the words בּוֹאִי כַלָּה*, then turn back.*

בּוֹאִי בְשָׁלוֹם עֲטֶרֶת בַּעְלָהּ
גַּם בְּשִׂמְחָה וּבְצָהֳלָה
תּוֹךְ אֱמוּנֵי עַם סְגֻלָּה
בּוֹאִי כַלָּה, בּוֹאִי כַלָּה.

לְכָה דוֹדִי לִקְרַאת כַּלָּה, פְּנֵי שַׁבָּת נְקַבְּלָה.

Mourners during the week of שבעה *return to the* בית כנסת *at this point.*
They are greeted with the following words of consolation:

הַמָּקוֹם יְנַחֵם אֶתְכֶם בְּתוֹךְ שְׁאָר אֲבֵלֵי צִיּוֹן וִירוּשָׁלָיִם.

On Motza'ei Yom Tov, Kabbalat Shabbat begins here.

מִזְמוֹר A psalm. A song for the Sabbath day. It is good to thank the LORD and sing psalms to Your name, Most High – to tell of Your loving-kindness in the morning and Your faithfulness at night, to the music of the ten-stringed lyre and the melody of the harp. For You have made me rejoice by Your work, O LORD; I sing for joy at the deeds of Your hands. How great are Your deeds, LORD, and how very deep Your thoughts. A boor cannot know, nor can a fool understand, that though the wicked spring up like grass and all evildoers flourish, it is only that they may be destroyed for ever. But You, LORD, are eternally exalted. For behold Your enemies, LORD, behold Your enemies will perish; all evildoers will be scattered. You have raised my pride like that of a wild ox; I am anointed with fresh oil. My eyes shall look in triumph on my adversaries, my ears shall hear the downfall of the wicked who rise against me. ▸ The righteous will flourish like a palm tree and grow tall like a cedar in Lebanon. Planted in the LORD's House, blossoming in our God's courtyards, they will still bear fruit in old age, and stay vigorous and fresh, proclaiming that the LORD is upright: He is my Rock, in whom there is no wrong. *Ps. 92*

יהוה מָלָךְ The LORD reigns. He is robed in majesty. The LORD is robed, girded with strength. The world is firmly established; it cannot be moved. Your throne stands firm as of old; You are eternal. Rivers lift up, LORD, rivers lift up their voice, rivers lift up their crashing waves. ▸ Mightier than the noise of many waters, than the mighty waves of the sea is the LORD on high. Your testimonies are very sure; holiness adorns Your House, LORD, for evermore. *Ps. 93*

---

ished "like grass," it was short-lived, while the righteous grow slowly but stand tall "like the cedar of Lebanon." Because our time perspective is short, we seem to inhabit a world in which evil prevails. Were we able to see history as a whole, we would know that good wins the final victory; in the long run justice prevails.

On מוצאי יום טוב, קבלת שבת *begins here.*

מִזְמוֹר שִׁיר לְיוֹם הַשַּׁבָּת: טוֹב לְהֹדוֹת לַיהוה, וּלְזַמֵּר לְשִׁמְךָ תהלים צב
עֶלְיוֹן: לְהַגִּיד בַּבֹּקֶר חַסְדֶּךָ, וֶאֱמוּנָתְךָ בַּלֵּילוֹת: עֲלֵי־עָשׂוֹר
וַעֲלֵי־נָבֶל, עֲלֵי הִגָּיוֹן בְּכִנּוֹר: כִּי שִׂמַּחְתַּנִי יהוה בְּפָעֳלֶךָ, בְּמַעֲשֵׂי
יָדֶיךָ אֲרַנֵּן: מַה־גָּדְלוּ מַעֲשֶׂיךָ יהוה, מְאֹד עָמְקוּ מַחְשְׁבֹתֶיךָ:
אִישׁ־בַּעַר לֹא יֵדָע, וּכְסִיל לֹא־יָבִין אֶת־זֹאת: בִּפְרֹחַ רְשָׁעִים
כְּמוֹ עֵשֶׂב, וַיָּצִיצוּ כָּל־פֹּעֲלֵי אָוֶן, לְהִשָּׁמְדָם עֲדֵי־עַד: וְאַתָּה
מָרוֹם לְעֹלָם יהוה: כִּי הִנֵּה אֹיְבֶיךָ יהוה, כִּי־הִנֵּה אֹיְבֶיךָ יֹאבֵדוּ,
יִתְפָּרְדוּ כָּל־פֹּעֲלֵי אָוֶן: וַתָּרֶם כִּרְאֵים קַרְנִי, בַּלֹּתִי בְּשֶׁמֶן רַעֲנָן:
וַתַּבֵּט עֵינִי בְּשׁוּרָי, בַּקָּמִים עָלַי מְרֵעִים תִּשְׁמַעְנָה אָזְנָי: ‹ צַדִּיק
כַּתָּמָר יִפְרָח, כְּאֶרֶז בַּלְּבָנוֹן יִשְׂגֶּה: שְׁתוּלִים בְּבֵית יהוה, בְּחַצְרוֹת
אֱלֹהֵינוּ יַפְרִיחוּ: עוֹד יְנוּבוּן בְּשֵׂיבָה, דְּשֵׁנִים וְרַעֲנַנִּים יִהְיוּ: לְהַגִּיד
כִּי־יָשָׁר יהוה, צוּרִי, וְלֹא־עַוְלָתָה בּוֹ:

יהוה מָלָךְ, גֵּאוּת לָבֵשׁ, לָבֵשׁ יהוה עֹז הִתְאַזָּר, אַף־תִּכּוֹן תֵּבֵל תהלים צג
בַּל־תִּמּוֹט: נָכוֹן כִּסְאֲךָ מֵאָז, מֵעוֹלָם אָתָּה: נָשְׂאוּ נְהָרוֹת יהוה,
נָשְׂאוּ נְהָרוֹת קוֹלָם, יִשְׂאוּ נְהָרוֹת דָּכְיָם: ‹ מִקֹּלוֹת מַיִם רַבִּים,
אַדִּירִים מִשְׁבְּרֵי־יָם, אַדִּיר בַּמָּרוֹם יהוה: עֵדֹתֶיךָ נֶאֶמְנוּ מְאֹד,
לְבֵיתְךָ נַאֲוָה־קֹדֶשׁ, יהוה לְאֹרֶךְ יָמִים:

מִזְמוֹר שִׁיר לְיוֹם הַשַּׁבָּת *A Psalm. A song for the Sabbath day:* This psalm, sung by the Levites on Shabbat, was already understood by the sages as "a song for the time to come, for the day that will be all Shabbat and rest in life everlasting." Shabbat is not merely a day of rest, it is a rehearsal, within time, for the age beyond time when humanity, guided by the call of God, moves beyond strife, evil and oppression, to create a world of harmony, respecting the integrity of creation as God's work, and the human person as God's image.

At that time, people looking back at history will see that though evil flour-

MOURNER'S KADDISH

The following prayer, said by mourners, requires the presence of a minyan.
A transliteration can be found on page 1049.

Mourner: יִתְגַּדַּל Magnified and sanctified
may His great name be,
in the world He created by His will.
May He establish His kingdom
in your lifetime and in your days,
and in the lifetime of all the house of Israel,
swiftly and soon –
and say: Amen.

All: May His great name
be blessed for ever and all time.

Mourner: Blessed and praised,
glorified and exalted,
raised and honored,
uplifted and lauded
be the name of the Holy One,
blessed be He,
beyond any blessing,
song, praise and consolation
uttered in the world –
and say: Amen.

May there be great peace from heaven,
and life for us and all Israel –
and say: Amen.

Bow, take three steps back, as if taking leave of the Divine Presence,
then bow, first left, then right, then center, while saying:

May He who makes peace in His high places,
make peace for us and all Israel –
and say: Amen.

קדיש יתום

The following prayer, said by mourners, requires the presence of a מנין.
A transliteration can be found on page 1049.

אבל: יִתְגַּדַּל וְיִתְקַדַּשׁ שְׁמֵהּ רַבָּא (קהל: אָמֵן)
בְּעָלְמָא דִּי בְרָא כִרְעוּתֵהּ
וְיַמְלִיךְ מַלְכוּתֵהּ
בְּחַיֵּיכוֹן וּבְיוֹמֵיכוֹן וּבְחַיֵּי דְכָל בֵּית יִשְׂרָאֵל
בַּעֲגָלָא וּבִזְמַן קָרִיב, וְאִמְרוּ אָמֵן. (קהל: אָמֵן)

קהל ואבל: יְהֵא שְׁמֵהּ רַבָּא מְבָרַךְ לְעָלַם וּלְעָלְמֵי עָלְמַיָּא.

אבל: יִתְבָּרַךְ וְיִשְׁתַּבַּח וְיִתְפָּאַר
וְיִתְרוֹמַם וְיִתְנַשֵּׂא וְיִתְהַדָּר וְיִתְעַלֶּה וְיִתְהַלָּל
שְׁמֵהּ דְּקֻדְשָׁא בְּרִיךְ הוּא (קהל: בְּרִיךְ הוּא)
לְעֵלָּא מִן כָּל בִּרְכָתָא
/ בשבת שובה: לְעֵלָּא לְעֵלָּא מִכָּל בִּרְכָתָא/
וְשִׁירָתָא, תֻּשְׁבְּחָתָא וְנֶחֱמָתָא
דַּאֲמִירָן בְּעָלְמָא, וְאִמְרוּ אָמֵן. (קהל: אָמֵן)

יְהֵא שְׁלָמָא רַבָּא מִן שְׁמַיָּא
וְחַיִּים, עָלֵינוּ וְעַל כָּל יִשְׂרָאֵל
וְאִמְרוּ אָמֵן. (קהל: אָמֵן)

Bow, take three steps back, as if taking leave of the Divine Presence, then bow, first left, then right, then center, while saying:

עֹשֶׂה שָׁלוֹם/ בשבת שובה: הַשָּׁלוֹם/ בִּמְרוֹמָיו
הוּא יַעֲשֶׂה שָׁלוֹם עָלֵינוּ וְעַל כָּל יִשְׂרָאֵל
וְאִמְרוּ אָמֵן. (קהל: אָמֵן)

The following is not said on Motza'ei Yom Tov.

1. בַּמֶּה מַדְלִיקִין With what wicks may we light the Sabbath lamp and with what may we not light? We may not use a wick of cedar bast, or uncombed flax, or raw silk, or a wick made of willow bast or desert weed, or seaweed. [For oil] we may not use pitch, or wax, or cottonseed oil or [contaminated consecrated] oil that must be destroyed by burning, or fat from sheeps' tails, or tallow. Naḥum the Mede says: We may use boiled tallow. But the sages say: Whether boiled or not boiled, we may not use it. *Mishna Shabbat, chapter 2*

2. [Contaminated consecrated] oil that must be destroyed by burning may not be used for a festival lamp. Rabbi Yishmael says: We may not use tar out of respect for the honor due to the Sabbath. But the sages permit all these oils: sesame oil, nut oil, radish oil, fish oil, gourd oil, tar or naphtha. Rabbi Tarfon, however, says: We may use only olive oil.

3. No product from a tree may be used as a wick for the Sabbath lamp, except flax. Also no product of a tree can contract "tent" uncleanness, except flax. If a wick was made from a cloth that has been twisted but not singed, Rabbi Eliezer declares, it is susceptible to contamination and may not be used for a Sabbath lamp; but Rabbi Akiva says, it is not susceptible to contamination, and may be used for the Sabbath lamp.

4. One may not pierce an eggshell, fill it with oil, and put it over the mouth of a lamp so that the oil may drip from it into the lamp, even if the vessel is of earthenware, but Rabbi Judah permits it. If, however, the potter had originally attached it to the lamp, it is permitted because it constitutes a single vessel. One may not fill a bowl with oil, put it beside a lamp, and put the end of the wick in it so that it draws oil from the bowl; but Rabbi Judah permits this.

5. One who extinguishes a lamp because he is afraid of heathens, robbers, or depression, or to enable a sick person to sleep, is not liable [for violating the Sabbath]. If he did it to spare the lamp, or the oil, or the wick, he is liable. Rabbi Yose absolves him in all these cases except that of sparing the wick, because he thereby turns it into charcoal.

Karaites) who denied it. The latter held that the commandment, "Do not light a fire in any of your dwellings on the Sabbath day" (Ex. 35:3), precluded the use of any light; the former held that it excluded only the act of kindling itself, and not the use of a light that had been lit before Shabbat. Hence the study of the section of the Mishna, part of the Oral Law, that deals with Shabbat lights (*Sefer HaIttim*).

The following is not said on .מוצאי יום טוב

משנה שבת פרק שני

א בַּמֶּה מַדְלִיקִין וּבַמָּה אֵין מַדְלִיקִין. אֵין מַדְלִיקִין לֹא בְלֶכֶשׁ, וְלֹא בְחֹסֶן, וְלֹא בְכַלָּךְ, וְלֹא בִפְתִילַת הָאִידָן, וְלֹא בִפְתִילַת הַמִּדְבָּר, וְלֹא בִירוֹקָה שֶׁעַל פְּנֵי הַמָּיִם. וְלֹא בְזֶפֶת וְלֹא בְשַׁעֲוָה וְלֹא בְשֶׁמֶן קִיק וְלֹא בְשֶׁמֶן שְׂרֵפָה וְלֹא בְאַלְיָה וְלֹא בְחֵלֶב. נַחוּם הַמָּדִי אוֹמֵר: מַדְלִיקִין בְּחֵלֶב מְבֻשָּׁל, וַחֲכָמִים אוֹמְרִים: אֶחָד מְבֻשָּׁל וְאֶחָד שֶׁאֵינוֹ מְבֻשָּׁל, אֵין מַדְלִיקִין בּוֹ.

ב אֵין מַדְלִיקִין בְּשֶׁמֶן שְׂרֵפָה בְּיוֹם טוֹב. רַבִּי יִשְׁמָעֵאל אוֹמֵר: אֵין מַדְלִיקִין בְּעִטְרָן מִפְּנֵי כְבוֹד הַשַּׁבָּת. וַחֲכָמִים מַתִּירִין בְּכָל הַשְּׁמָנִים, בְּשֶׁמֶן שֻׁמְשְׁמִין, בְּשֶׁמֶן אֱגוֹזִים, בְּשֶׁמֶן צְנוֹנוֹת, בְּשֶׁמֶן דָּגִים, בְּשֶׁמֶן פַּקּוּעוֹת, בְּעִטְרָן וּבְנֵפְט. רַבִּי טַרְפוֹן אוֹמֵר: אֵין מַדְלִיקִין אֶלָּא בְּשֶׁמֶן זַיִת בִּלְבָד.

ג כָּל הַיּוֹצֵא מִן הָעֵץ אֵין מַדְלִיקִין בּוֹ, אֶלָּא פִשְׁתָּן. וְכָל הַיּוֹצֵא מִן הָעֵץ אֵינוֹ מִטַּמֵּא טֻמְאַת אֹהָלִים, אֶלָּא פִשְׁתָּן. פְּתִילַת הַבֶּגֶד שֶׁקִּפְּלָהּ וְלֹא הִבְהֲבָהּ, רַבִּי אֱלִיעֶזֶר אוֹמֵר: טְמֵאָה הִיא, וְאֵין מַדְלִיקִין בָּהּ. רַבִּי עֲקִיבָא אוֹמֵר: טְהוֹרָה הִיא, וּמַדְלִיקִין בָּהּ.

ד לֹא יִקֹּב אָדָם שְׁפוֹפֶרֶת שֶׁל בֵּיצָה וִימַלְּאֶנָּה שֶׁמֶן וְיִתְּנֶנָּה עַל פִּי הַנֵּר, בִּשְׁבִיל שֶׁתְּהֵא מְנַטֶּפֶת, וַאֲפִלּוּ הִיא שֶׁל חֶרֶס. וְרַבִּי יְהוּדָה מַתִּיר. אֲבָל אִם חִבְּרָהּ הַיּוֹצֵר מִתְּחִלָּה מֻתָּר, מִפְּנֵי שֶׁהוּא כְּלִי אֶחָד. לֹא יְמַלֵּא אָדָם אֶת הַקְּעָרָה שֶׁמֶן וְיִתְּנֶנָּה בְּצַד הַנֵּר וְיִתֵּן רֹאשׁ הַפְּתִילָה בְתוֹכָהּ, בִּשְׁבִיל שֶׁתְּהֵא שׁוֹאֶבֶת. וְרַבִּי יְהוּדָה מַתִּיר.

ה הַמְכַבֶּה אֶת הַנֵּר מִפְּנֵי שֶׁהוּא מִתְיָרֵא מִפְּנֵי גוֹיִם, מִפְּנֵי לִסְטִים, מִפְּנֵי רוּחַ רָעָה, אוֹ בִשְׁבִיל הַחוֹלֶה שֶׁיִּישַׁן, פָּטוּר. כְּחָס עַל הַנֵּר, כְּחָס עַל הַשֶּׁמֶן, כְּחָס עַל הַפְּתִילָה, חַיָּב. רַבִּי יוֹסֵי פּוֹטֵר בְּכֻלָּן חוּץ מִן הַפְּתִילָה, מִפְּנֵי שֶׁהוּא עוֹשָׂה פֶּחָם.

בַּמֶּה מַדְלִיקִין *With what wicks may we light?* This, the second chapter of the Mishna tractate *Shabbat*, was also added to prolong the service for the benefit of latecomers. Its recitation, however, is also related to an ancient controversy between those who accepted the Oral Law and those (Sadducees, and later,

6. For three transgressions women may die in childbirth: for being careless in observing the laws of menstruation, separating challah [dough-offering], and lighting the Sabbath light.
7. One should say three things at home on the eve of the Sabbath just before dark: Have you tithed? Have you prepared the Eiruv? Light the Sabbath lamp. If there is doubt whether or not darkness has fallen, we may not tithe definitely untithed produce, nor immerse [unclean] vessels, nor light the Sabbath lamp. We may tithe produce about which there is a doubt whether it has been tithed or not, we may prepare an Eiruv, and insulate hot food.

It was taught, Rabbi Ḥanina said: One should examine his clothing on the eve of the Sabbath before nightfall [to ensure that one is not carrying anything], for one may forget and go out. Rabbi Yosef said: This is an important law about the Sabbath [for it is easy to forget, and thus inadvertently violate the holiness of the day]. *Shabbat 12a*

Rabbi Elazar said in the name of Rabbi Ḥanina: The disciples of the sages increase peace in the world, as it is said, "And all your children shall be taught of the Lord, and great shall be the peace of your children [*banayikh*]." Read not *banayikh*, "your children," but *bonayikh*, "your builders." Those who love Your Torah have great peace; there is no stumbling block for them. May there be peace within your ramparts, prosperity in your palaces. For the sake of my brothers and friends, I shall say, "Peace be within you." For the sake of the House of the Lord our God, I will seek your good. ▸ May the Lord grant strength to His people; may the Lord bless His people with peace. *Berakhot 64a* *Is. 54* *Ps. 119* *Ps. 122* *Ps. 29*

THE RABBIS' KADDISH

The following prayer, said by mourners, requires the presence of a minyan.
A transliteration can be found on page 1048.

Mourner: יִתְגַּדַּל Magnified and sanctified may His great name be,
in the world He created by His will.
May He establish His kingdom in your lifetime
and in your days,
and in the lifetime of all the house of Israel,
swiftly and soon –
and say: Amen.

All: May His great name be blessed for ever and all time.

ו עַל שָׁלשׁ עֲבֵרוֹת נָשִׁים מֵתוֹת בִּשְׁעַת לֵדָתָן, עַל שֶׁאֵינָן זְהִירוֹת בְּנִדָּה, בְּחַלָּה וּבְהַדְלָקַת הַנֵּר.

ז שְׁלֹשָׁה דְבָרִים צָרִיךְ אָדָם לוֹמַר בְּתוֹךְ בֵּיתוֹ עֶרֶב שַׁבָּת עִם חֲשֵׁכָה: עִשַּׂרְתֶּם, עֵרַבְתֶּם, הַדְלִיקוּ אֶת הַנֵּר. סָפֵק חֲשֵׁכָה סָפֵק אֵינָהּ חֲשֵׁכָה, אֵין מְעַשְּׂרִין אֶת הַוַּדַּאי, וְאֵין מַטְבִּילִין אֶת הַכֵּלִים, וְאֵין מַדְלִיקִין אֶת הַנֵּרוֹת. אֲבָל מְעַשְּׂרִין אֶת הַדְּמַאי, וּמְעָרְבִין וְטוֹמְנִין אֶת הַחַמִּין.

שבת יב. תַּנְיָא, אָמַר רַבִּי חֲנִינָא: חַיָּב אָדָם לְמַשְׁמֵשׁ בְּגָדָיו בְּעֶרֶב שַׁבָּת עִם חֲשֵׁכָה, שֶׁמָּא יִשְׁכַּח וְיֵצֵא. אָמַר רַב יוֹסֵף: הִלְכְתָא רַבְּתָא לְשַׁבְּתָא.

ברכות סד. אָמַר רַבִּי אֶלְעָזָר, אָמַר רַבִּי חֲנִינָא: תַּלְמִידֵי חֲכָמִים מַרְבִּים שָׁלוֹם בָּעוֹלָם,
ישעיה נד שֶׁנֶּאֱמַר: וְכָל־בָּנַיִךְ לִמּוּדֵי יהוה, וְרַב שְׁלוֹם בָּנָיִךְ: אַל תִּקְרֵי בָּנָיִךְ, אֶלָּא
תהלים קיט בּוֹנָיִךְ. שָׁלוֹם רָב לְאֹהֲבֵי תוֹרָתֶךָ, וְאֵין־לָמוֹ מִכְשׁוֹל: יְהִי־שָׁלוֹם בְּחֵילֵךְ,
תהלים קכב שַׁלְוָה בְּאַרְמְנוֹתָיִךְ: לְמַעַן אַחַי וְרֵעָי אֲדַבְּרָה־נָּא שָׁלוֹם בָּךְ: לְמַעַן בֵּית־
תהלים כט יהוה אֱלֹהֵינוּ אֲבַקְשָׁה טוֹב לָךְ: ◂ יהוה עֹז לְעַמּוֹ יִתֵּן, יהוה יְבָרֵךְ אֶת־עַמּוֹ בַשָּׁלוֹם:

קדיש דרבנן

The following prayer, said by mourners, requires the presence of a מנין.
A transliteration can be found on page 1048.

אבל: יִתְגַּדַּל וְיִתְקַדַּשׁ שְׁמֵהּ רַבָּא (קהל: אָמֵן)
בְּעָלְמָא דִּי בְרָא כִרְעוּתֵהּ
וְיַמְלִיךְ מַלְכוּתֵהּ
בְּחַיֵּיכוֹן וּבְיוֹמֵיכוֹן וּבְחַיֵּי דְכָל בֵּית יִשְׂרָאֵל
בַּעֲגָלָא וּבִזְמַן קָרִיב
וְאִמְרוּ אָמֵן. (קהל: אָמֵן)

קהל ואבל: יְהֵא שְׁמֵהּ רַבָּא מְבָרַךְ לְעָלַם וּלְעָלְמֵי עָלְמַיָּא.

Mourner: Blessed and praised,
glorified and exalted,
raised and honored,
uplifted and lauded
be the name of the Holy One,
blessed be He,
beyond any blessing,
song, praise and consolation
uttered in the world –
and say: Amen.

To Israel,
to the teachers,
their disciples and their disciples' disciples,
and to all who engage in the study of Torah,
in this (*In Israel add:* holy) place or elsewhere,
may there come to them
and you great peace,
grace, kindness and compassion,
long life, ample sustenance and deliverance,
from their Father in Heaven –
and say: Amen.

May there be great peace from heaven,
and (good) life for us and all Israel –
and say: Amen.

Bow, take three steps back, as if taking leave of the Divine Presence, then bow, first left, then right, then center, while saying:

May He who makes peace
in His high places,
in His compassion make peace for us and all Israel –
and say: Amen.

אבל: יִתְבָּרַךְ וְיִשְׁתַּבַּח וְיִתְפָּאַר וְיִתְרוֹמַם וְיִתְנַשֵּׂא
וְיִתְהַדָּר וְיִתְעַלֶּה וְיִתְהַלָּל
שְׁמֵהּ דְּקֻדְשָׁא בְּרִיךְ הוּא (קהל: בְּרִיךְ הוּא)
לְעֵלָּא מִן כָּל בִּרְכָתָא
/ בשבת שובה: לְעֵלָּא לְעֵלָּא מִכָּל בִּרְכָתָא/
וְשִׁירָתָא, תֻּשְׁבְּחָתָא וְנֶחֱמָתָא, דַּאֲמִירָן בְּעָלְמָא
וְאִמְרוּ אָמֵן. (קהל: אָמֵן)

עַל יִשְׂרָאֵל וְעַל רַבָּנָן
וְעַל תַּלְמִידֵיהוֹן וְעַל כָּל תַּלְמִידֵי תַלְמִידֵיהוֹן
וְעַל כָּל מָאן דְּעָסְקִין בְּאוֹרַיְתָא
דִּי בְּאַתְרָא (בארץ ישראל: קַדִּישָׁא) הָדֵין, וְדִי בְּכָל אֲתַר וַאֲתַר
יְהֵא לְהוֹן וּלְכוֹן שְׁלָמָא רַבָּא
חִנָּא וְחִסְדָּא, וְרַחֲמֵי, וְחַיֵּי אֲרִיכֵי, וּמְזוֹנֵי רְוִיחֵי
וּפֻרְקָנָא מִן קֳדָם אֲבוּהוֹן דִּי בִשְׁמַיָּא
וְאִמְרוּ אָמֵן. (קהל: אָמֵן)

יְהֵא שְׁלָמָא רַבָּא מִן שְׁמַיָּא
וְחַיִּים (טוֹבִים) עָלֵינוּ וְעַל כָּל יִשְׂרָאֵל
וְאִמְרוּ אָמֵן. (קהל: אָמֵן)

Bow, take three steps back, as if taking leave of the Divine Presence, then bow, first left, then right, then center, while saying:

עֹשֶׂה שָׁלוֹם/ בשבת שובה: הַשָּׁלוֹם/ בִּמְרוֹמָיו
הוּא יַעֲשֶׂה בְרַחֲמָיו שָׁלוֹם, עָלֵינוּ וְעַל כָּל יִשְׂרָאֵל
וְאִמְרוּ אָמֵן. (קהל: אָמֵן)

Ma'ariv for Shabbat

BLESSINGS OF THE SHEMA

The Leader says the following, bowing at "Bless," standing straight at "the Lord." The congregation, followed by the Leader, responds, bowing at "Bless," standing straight at "the Lord."

Leader: **BLESS**
the Lord, the blessed One.

Congregation: Bless the Lord, the blessed One,
for ever and all time.

Leader: Bless the Lord, the blessed One,
for ever and all time.

בָּרוּךְ Blessed are You, Lord our God, King of the Universe,
who by His word brings on evenings,
by His wisdom opens the gates of heaven,
with understanding makes time change and the seasons rotate,
and by His will
orders the stars in their constellations in the sky.
He creates day and night,
rolling away the light before the darkness,
and darkness before the light.
▸ He makes the day pass and brings on night,
distinguishing day from night:
the Lord of hosts is His name.
May the living and forever enduring God rule over us for all time.
Blessed are You, Lord, who brings on evenings.

אֲשֶׁר בִּדְבָרוֹ מַעֲרִיב עֲרָבִים *Who by His word brings on evenings:* The three key Jewish beliefs are creation (that God made the universe), revelation (that God speaks to mankind), and redemption (that God rescues humanity,

מעריב לשבת

קריאת שמע וברכותיה

The שליח ציבור *says the following, bowing at* בָּרְכוּ*, standing straight at* ה׳.
The קהל*, followed by the* שליח ציבור*, responds, bowing at* בָּרוּךְ*, standing straight at* ה׳.

ש״ץ: בָּרְכוּ

אֶת יהוה הַמְבֹרָךְ.

קהל: בָּרוּךְ יהוה הַמְבֹרָךְ לְעוֹלָם וָעֶד.

ש״ץ: בָּרוּךְ יהוה הַמְבֹרָךְ לְעוֹלָם וָעֶד.

בָּרוּךְ אַתָּה יהוה אֱלֹהֵינוּ מֶלֶךְ הָעוֹלָם
אֲשֶׁר בִּדְבָרוֹ מַעֲרִיב עֲרָבִים
בְּחָכְמָה פּוֹתֵחַ שְׁעָרִים
וּבִתְבוּנָה מְשַׁנֶּה עִתִּים וּמַחֲלִיף אֶת הַזְּמַנִּים
וּמְסַדֵּר אֶת הַכּוֹכָבִים בְּמִשְׁמְרוֹתֵיהֶם בָּרָקִיעַ כִּרְצוֹנוֹ.
בּוֹרֵא יוֹם וָלָיְלָה, גּוֹלֵל אוֹר מִפְּנֵי חֹשֶׁךְ וְחֹשֶׁךְ מִפְּנֵי אוֹר
◂ וּמַעֲבִיר יוֹם וּמֵבִיא לָיְלָה
וּמַבְדִּיל בֵּין יוֹם וּבֵין לָיְלָה
יהוה צְבָאוֹת שְׁמוֹ.
אֵל חַי וְקַיָּם תָּמִיד, יִמְלֹךְ עָלֵינוּ לְעוֹלָם וָעֶד.
בָּרוּךְ אַתָּה יהוה, הַמַּעֲרִיב עֲרָבִים.

אַהֲבַת עוֹלָם With everlasting love
have You loved Your people, the house of Israel.
You have taught us Torah and commandments,
decrees and laws of justice.
Therefore, LORD our God, when we lie down and when we rise up
we will speak of Your decrees, rejoicing in the words of Your Torah
and Your commandments for ever.
▸ For they are our life and the length of our days;
on them will we meditate day and night.
May You never take away Your love from us.
Blessed are You, LORD, who loves His people Israel.

The Shema must be said with intense concentration.
When not with a minyan, say:

God, faithful King!

The following verse should be said aloud, while covering the eyes with the right hand:

Listen, Israel: the LORD is our God, the LORD is One. *Deut. 6*

Quietly: Blessed be the name of His glorious kingdom for ever and all time.

וְאָהַבְתָּ Love the LORD your God with all your heart, with all your soul, and with all your might. These words which I command you today shall be on your heart. Teach them repeatedly to your children, speaking of them when you sit at home and when you travel on the way, when you lie down and when you rise. Bind them as a sign on your hand, and they shall be an emblem between your eyes. Write them on the doorposts of your house and gates. *Deut. 6*

---

the people of Israel pour out their thanks for the gift of Torah and its "commandments, decrees and laws of justice." Here, law becomes love and love becomes law. God unites us to Him by teaching us how to act in accordance with His will – which becomes in turn "our life and the length of our days."

שְׁמַע יִשְׂרָאֵל *Listen, Israel: Shema* means not only "to hear" but also "to listen, understand, internalize, respond and obey." It is translated here as "Listen"

אַהֲבַת עוֹלָם בֵּית יִשְׂרָאֵל עַמְּךָ אָהָבְתָּ
תּוֹרָה וּמִצְוֹת, חֻקִּים וּמִשְׁפָּטִים, אוֹתָנוּ לִמַּדְתָּ
עַל כֵּן יהוה אֱלֹהֵינוּ בְּשָׁכְבֵנוּ וּבְקוּמֵנוּ נָשִׂיחַ בְּחֻקֶּיךָ
וְנִשְׂמַח בְּדִבְרֵי תוֹרָתֶךָ וּבְמִצְוֹתֶיךָ לְעוֹלָם וָעֶד
◂ כִּי הֵם חַיֵּינוּ וְאֹרֶךְ יָמֵינוּ, וּבָהֶם נֶהְגֶּה יוֹמָם וָלָיְלָה.
וְאַהֲבָתְךָ אַל תָּסִיר מִמֶּנּוּ לְעוֹלָמִים.
בָּרוּךְ אַתָּה יהוה, אוֹהֵב עַמּוֹ יִשְׂרָאֵל.

The שמע must be said with intense concentration.
When not with a מנין, say:

אֵל מֶלֶךְ נֶאֱמָן

The following verse should be said aloud, while covering the eyes with the right hand:

דברים ו שְׁמַע יִשְׂרָאֵל, יהוה אֱלֹהֵינוּ, יהוה ׀ אֶחָד:

Quietly בָּרוּךְ שֵׁם כְּבוֹד מַלְכוּתוֹ לְעוֹלָם וָעֶד.

דברים ו וְאָהַבְתָּ אֵת יהוה אֱלֹהֶיךָ, בְּכָל־לְבָבְךָ וּבְכָל־נַפְשְׁךָ וּבְכָל־
מְאֹדֶךָ: וְהָיוּ הַדְּבָרִים הָאֵלֶּה, אֲשֶׁר אָנֹכִי מְצַוְּךָ הַיּוֹם, עַל־לְבָבֶךָ:
וְשִׁנַּנְתָּם לְבָנֶיךָ וְדִבַּרְתָּ בָּם, בְּשִׁבְתְּךָ בְּבֵיתֶךָ וּבְלֶכְתְּךָ בַדֶּרֶךְ,
וּבְשָׁכְבְּךָ וּבְקוּמֶךָ: וּקְשַׁרְתָּם לְאוֹת עַל־יָדֶךָ וְהָיוּ לְטֹטָפֹת בֵּין
עֵינֶיךָ: וּכְתַבְתָּם עַל־מְזֻזוֹת בֵּיתֶךָ וּבִשְׁעָרֶיךָ:

---

teaching us how to act with justice and compassion). The blessings surrounding the Shema are constructed on this pattern. This, the first, speaks of creation – heaven and earth, light and darkness, day and night. The next speaks of revelation, God's gift of the Torah to the children of Israel. The third, immediately after the Shema, speaks of redemption ("who redeemed Israel"). The siddur is our tutorial in belief, teaching us to see the world through the eyes of faith.

אַהֲבַת עוֹלָם *With everlasting love:* Nothing more eloquently refutes the idea that Judaism is a dry, legalistic religion than this magnificent poem in which

וְהָיָה If you indeed heed My commandments with which I charge you today, to love the LORD your God and worship Him with all your heart and with all your soul, I will give rain in your land in its season, the early and late rain; and you shall gather in your grain, wine and oil. I will give grass in your field for your cattle, and you shall eat and be satisfied. Be careful lest your heart be tempted and you go astray and worship other gods, bowing down to them. Then the LORD's anger will flare against you and He will close the heavens so that there will be no rain. The land will not yield its crops, and you will perish swiftly from the good land that the LORD is giving you. Therefore, set these, My words, on your heart and soul. Bind them as a sign on your hand, and they shall be an emblem between your eyes. Teach them to your children, speaking of them when you sit at home and when you travel on the way, when you lie down and when you rise. Write them on the doorposts of your house and gates, so that you and your children may live long in the land that the LORD swore to your ancestors to give them, for as long as the heavens are above the earth. *Deut. 11*

וַיֹּאמֶר The LORD spoke to Moses, saying: Speak to the Israelites and tell them to make tassels on the corners of their garments for all generations. They shall attach to the tassel at each corner a thread of blue. This shall be your tassel, and you shall see it and remember all of the LORD's commandments and keep them, not straying after your heart and after your eyes, following your own sinful desires. Thus you will be reminded to keep all My *Num. 15*

Secular terms for understanding are permeated with visual images. We speak of insight, foresight, vision, observation, perspective; when we understand, we say "I see." Judaism, with its belief in an invisible, transcendent God, is a culture of the ear, not the eye. The patriarchs and prophets did not see God; they heard Him. To emphasize the non-visual nature of Jewish belief, it is our custom to cover our eyes as we say these words.

דברים יא

וְהָיָה אִם־שָׁמֹעַ תִּשְׁמְעוּ אֶל־מִצְוֺתַי אֲשֶׁר אָנֹכִי מְצַוֶּה אֶתְכֶם
הַיּוֹם, לְאַהֲבָה אֶת־יהוה אֱלֹהֵיכֶם וּלְעָבְדוֹ, בְּכָל־לְבַבְכֶם וּבְכָל־
נַפְשְׁכֶם: וְנָתַתִּי מְטַר־אַרְצְכֶם בְּעִתּוֹ, יוֹרֶה וּמַלְקוֹשׁ, וְאָסַפְתָּ
דְגָנֶךָ וְתִירֹשְׁךָ וְיִצְהָרֶךָ: וְנָתַתִּי עֵשֶׂב בְּשָׂדְךָ לִבְהֶמְתֶּךָ, וְאָכַלְתָּ
וְשָׂבָעְתָּ: הִשָּׁמְרוּ לָכֶם פֶּן־יִפְתֶּה לְבַבְכֶם, וְסַרְתֶּם וַעֲבַדְתֶּם
אֱלֹהִים אֲחֵרִים וְהִשְׁתַּחֲוִיתֶם לָהֶם: וְחָרָה אַף־יהוה בָּכֶם, וְעָצַר
אֶת־הַשָּׁמַיִם וְלֹא־יִהְיֶה מָטָר, וְהָאֲדָמָה לֹא תִתֵּן אֶת־יְבוּלָהּ,
וַאֲבַדְתֶּם מְהֵרָה מֵעַל הָאָרֶץ הַטֹּבָה אֲשֶׁר יהוה נֹתֵן לָכֶם:
וְשַׂמְתֶּם אֶת־דְּבָרַי אֵלֶּה עַל־לְבַבְכֶם וְעַל־נַפְשְׁכֶם, וּקְשַׁרְתֶּם
אֹתָם לְאוֹת עַל־יֶדְכֶם, וְהָיוּ לְטוֹטָפֹת בֵּין עֵינֵיכֶם: וְלִמַּדְתֶּם
אֹתָם אֶת־בְּנֵיכֶם לְדַבֵּר בָּם, בְּשִׁבְתְּךָ בְּבֵיתֶךָ וּבְלֶכְתְּךָ בַדֶּרֶךְ,
וּבְשָׁכְבְּךָ וּבְקוּמֶךָ: וּכְתַבְתָּם עַל־מְזוּזוֹת בֵּיתֶךָ וּבִשְׁעָרֶיךָ: לְמַעַן
יִרְבּוּ יְמֵיכֶם וִימֵי בְנֵיכֶם עַל הָאֲדָמָה אֲשֶׁר נִשְׁבַּע יהוה לַאֲבֹתֵיכֶם
לָתֵת לָהֶם, כִּימֵי הַשָּׁמַיִם עַל־הָאָרֶץ:

במדבר טו

וַיֹּאמֶר יהוה אֶל־מֹשֶׁה לֵּאמֹר: דַּבֵּר אֶל־בְּנֵי יִשְׂרָאֵל וְאָמַרְתָּ
אֲלֵהֶם, וְעָשׂוּ לָהֶם צִיצִת עַל־כַּנְפֵי בִגְדֵיהֶם לְדֹרֹתָם, וְנָתְנוּ
עַל־צִיצִת הַכָּנָף פְּתִיל תְּכֵלֶת: וְהָיָה לָכֶם לְצִיצִת, וּרְאִיתֶם אֹתוֹ
וּזְכַרְתֶּם אֶת־כָּל־מִצְוֺת יהוה וַעֲשִׂיתֶם אֹתָם, וְלֹא תָתֻרוּ אַחֲרֵי
לְבַבְכֶם וְאַחֲרֵי עֵינֵיכֶם, אֲשֶׁר־אַתֶּם זֹנִים אַחֲרֵיהֶם: לְמַעַן תִּזְכְּרוּ

---

because listening is active, while hearing is passive. This, the most famous line of Jewish prayer, is a call to action on the part of the mind, emotion and will. It asks us to reflect on, strive to understand, and to affirm the unity of God. God speaks in a "still, small voice" (1 Kings 19:12), and to serve Him is to listen with the totality of our being.

commandments, and be holy to your God. I am the LORD your God, who brought you out of the land of Egypt to be your God. I am the LORD your God.

True –

The Leader repeats:

▸ The LORD your God is true –

וֶאֱמוּנָה – and faithful is all this,
and firmly established for us
that He is the LORD our God,
and there is none besides Him,
and that we, Israel, are His people.
He is our King, who redeems us from the hand of kings
and delivers us from the grasp of all tyrants.
He is our God,
who on our behalf repays our foes
and brings just retribution on our mortal enemies;
who performs great deeds beyond understanding
and wonders beyond number;
who kept us alive, not letting our foot slip; *Ps. 66*
who led us on the high places of our enemies,
raising our pride above all our foes;
who did miracles for us
and brought vengeance against Pharaoh;
who performed signs and wonders
in the land of Ham's children;
who smote in His wrath all the firstborn of Egypt,
and brought out His people Israel from their midst
into everlasting freedom;
who led His children through the divided Reed Sea,
plunging their pursuers and enemies into the depths.

וַעֲשִׂיתֶם אֶת־כׇּל־מִצְוֺתָי, וִהְיִיתֶם קְדֹשִׁים לֵאלֹהֵיכֶם: אֲנִי יְהוָה אֱלֹהֵיכֶם, אֲשֶׁר הוֹצֵאתִי אֶתְכֶם מֵאֶרֶץ מִצְרַיִם, לִהְיוֹת לָכֶם לֵאלֹהִים, אֲנִי יְהוָה אֱלֹהֵיכֶם:

אֱמֶת

The שליח ציבור *repeats:*

› יְהוָה אֱלֹהֵיכֶם אֱמֶת

וֶאֱמוּנָה כׇּל זֹאת וְקַיָּם עָלֵינוּ
כִּי הוּא יְהוָה אֱלֹהֵינוּ וְאֵין זוּלָתוֹ
וַאֲנַחְנוּ יִשְׂרָאֵל עַמּוֹ.
הַפּוֹדֵנוּ מִיַּד מְלָכִים
מַלְכֵּנוּ הַגּוֹאֲלֵנוּ מִכַּף כׇּל הֶעָרִיצִים.
הָאֵל הַנִּפְרָע לָנוּ מִצָּרֵינוּ
וְהַמְשַׁלֵּם גְּמוּל לְכׇל אוֹיְבֵי נַפְשֵׁנוּ.
הָעוֹשֶׂה גְדוֹלוֹת עַד אֵין חֵקֶר, וְנִפְלָאוֹת עַד אֵין מִסְפָּר
הַשָּׂם נַפְשֵׁנוּ בַּחַיִּים, וְלֹא־נָתַן לַמּוֹט רַגְלֵנוּ: תהלים סו
הַמַּדְרִיכֵנוּ עַל בָּמוֹת אוֹיְבֵינוּ
וַיָּרֶם קַרְנֵנוּ עַל כׇּל שׂוֹנְאֵינוּ.
הָעוֹשֶׂה לָּנוּ נִסִּים וּנְקָמָה בְּפַרְעֹה
אוֹתוֹת וּמוֹפְתִים בְּאַדְמַת בְּנֵי חָם.
הַמַּכֶּה בְעֶבְרָתוֹ כׇּל בְּכוֹרֵי מִצְרָיִם
וַיּוֹצֵא אֶת עַמּוֹ יִשְׂרָאֵל מִתּוֹכָם לְחֵרוּת עוֹלָם.
הַמַּעֲבִיר בָּנָיו בֵּין גִּזְרֵי יַם סוּף
אֶת רוֹדְפֵיהֶם וְאֶת שׂוֹנְאֵיהֶם בִּתְהוֹמוֹת טִבַּע

When His children saw His might,
they gave praise and thanks to His name,
▸ and willingly accepted His Sovereignty.
Moses and the children of Israel
then sang a song to You with great joy, and they all exclaimed:

"Who is like You, LORD, among the mighty? *Ex. 15*
Who is like You, majestic in holiness,
awesome in praises, doing wonders?"

▸ Your children beheld Your majesty
as You parted the sea before Moses.
"This is my God!" they responded, and then said:

"The LORD shall reign for ever and ever." *Ex. 15*

▸ And it is said,
"For the LORD has redeemed Jacob *Jer. 31*
and rescued him from a power stronger than his own."
Blessed are You, LORD, who redeemed Israel.

הַשְׁכִּיבֵנוּ Help us lie down, O LORD our God, in peace,
and rise up, O our King, to life.
Spread over us Your canopy of peace.
Direct us with Your good counsel,
and save us for the sake of Your name.
Shield us and remove from us every enemy,
plague, sword, famine and sorrow.
Remove the adversary from before and behind us.
Shelter us in the shadow of Your wings,
for You, God, are our Guardian and Deliverer;
You, God, are a gracious and compassionate King.
▸ Guard our going out and our coming in,
for life and peace, from now and for ever.
Spread over us Your canopy of peace.
Blessed are You, LORD, who spreads a canopy of peace over us,
over all His people Israel, and over Jerusalem.

וְרָאוּ בָנָיו גְּבוּרָתוֹ, שִׁבְּחוּ וְהוֹדוּ לִשְׁמוֹ
‹ וּמַלְכוּתוֹ בְּרָצוֹן קִבְּלוּ עֲלֵיהֶם.
מֹשֶׁה וּבְנֵי יִשְׂרָאֵל, לְךָ עָנוּ שִׁירָה בְּשִׂמְחָה רַבָּה
וְאָמְרוּ כֻלָּם

שמות טו

מִי־כָמֹכָה בָּאֵלִם יהוה
מִי כָּמֹכָה נֶאְדָּר בַּקֹּדֶשׁ
נוֹרָא תְהִלֹּת עֹשֵׂה פֶלֶא:

‹ מַלְכוּתְךָ רָאוּ בָנֶיךָ, בּוֹקֵעַ יָם לִפְנֵי מֹשֶׁה
זֶה אֵלִי עָנוּ, וְאָמְרוּ

שמות טו

יהוה יִמְלֹךְ לְעֹלָם וָעֶד:

‹ וְנֶאֱמַר

ירמיהו לא

כִּי־פָדָה יהוה אֶת־יַעֲקֹב, וּגְאָלוֹ מִיַּד חָזָק מִמֶּנּוּ:
בָּרוּךְ אַתָּה יהוה, גָּאַל יִשְׂרָאֵל.

הַשְׁכִּיבֵנוּ יהוה אֱלֹהֵינוּ לְשָׁלוֹם, וְהַעֲמִידֵנוּ מַלְכֵּנוּ לְחַיִּים
וּפְרֹשׂ עָלֵינוּ סֻכַּת שְׁלוֹמֶךָ, וְתַקְּנֵנוּ בְּעֵצָה טוֹבָה מִלְּפָנֶיךָ
וְהוֹשִׁיעֵנוּ לְמַעַן שְׁמֶךָ.
וְהָגֵן בַּעֲדֵנוּ, וְהָסֵר מֵעָלֵינוּ אוֹיֵב, דֶּבֶר וְחֶרֶב וְרָעָב וְיָגוֹן
וְהָסֵר שָׂטָן מִלְּפָנֵינוּ וּמֵאַחֲרֵינוּ, וּבְצֵל כְּנָפֶיךָ תַּסְתִּירֵנוּ
כִּי אֵל שׁוֹמְרֵנוּ וּמַצִּילֵנוּ אָתָּה
כִּי אֵל מֶלֶךְ חַנּוּן וְרַחוּם אָתָּה.
‹ וּשְׁמֹר צֵאתֵנוּ וּבוֹאֵנוּ לְחַיִּים וּלְשָׁלוֹם מֵעַתָּה וְעַד עוֹלָם.
וּפְרֹשׂ עָלֵינוּ סֻכַּת שְׁלוֹמֶךָ.
בָּרוּךְ אַתָּה יהוה
הַפּוֹרֵשׂ סֻכַּת שָׁלוֹם עָלֵינוּ וְעַל כָּל עַמּוֹ יִשְׂרָאֵל וְעַל יְרוּשָׁלָיִם.

The congregation stands and, together with the Leader, says:

וְשָׁמְרוּ The children of Israel must keep the Sabbath, *Ex. 31*
observing the Sabbath in every generation
as an everlasting covenant.
It is a sign between Me and the children of Israel for ever,
for in six days God made the heavens and the earth,
but on the seventh day He ceased work
and refreshed Himself.

HALF KADDISH

Leader: יִתְגַּדַּל Magnified and sanctified
may His great name be,
in the world He created by His will.
May He establish His kingdom
in your lifetime and in your days,
and in the lifetime of all the house of Israel,
swiftly and soon –
and say: Amen.

All: May His great name be blessed for ever and all time.

Leader: Blessed and praised,
glorified and exalted,
raised and honored,
uplifted and lauded
be the name of the Holy One,
blessed be He,
beyond any blessing,
song, praise and consolation
uttered in the world –
and say: Amen.

The קהל *stands and, together with the* שליח ציבור*, says:*

שמות לא

וְשָׁמְרוּ בְנֵי־יִשְׂרָאֵל אֶת־הַשַּׁבָּת
לַעֲשׂוֹת אֶת־הַשַּׁבָּת לְדֹרֹתָם בְּרִית עוֹלָם:
בֵּינִי וּבֵין בְּנֵי יִשְׂרָאֵל, אוֹת הִוא לְעֹלָם
כִּי־שֵׁשֶׁת יָמִים עָשָׂה יהוה אֶת־הַשָּׁמַיִם וְאֶת־הָאָרֶץ
וּבַיּוֹם הַשְּׁבִיעִי שָׁבַת וַיִּנָּפַשׁ:

חצי קדיש

ש״ץ: יִתְגַּדַּל וְיִתְקַדַּשׁ שְׁמֵהּ רַבָּא (קהל: אָמֵן)
בְּעָלְמָא דִּי בְרָא כִרְעוּתֵהּ
וְיַמְלִיךְ מַלְכוּתֵהּ
בְּחַיֵּיכוֹן וּבְיוֹמֵיכוֹן וּבְחַיֵּי דְכָל בֵּית יִשְׂרָאֵל
בַּעֲגָלָא וּבִזְמַן קָרִיב
וְאִמְרוּ אָמֵן. (קהל: אָמֵן)

קהל וש״ץ: יְהֵא שְׁמֵהּ רַבָּא מְבָרַךְ לְעָלַם וּלְעָלְמֵי עָלְמַיָּא.

ש״ץ: יִתְבָּרַךְ וְיִשְׁתַּבַּח וְיִתְפָּאַר וְיִתְרוֹמַם וְיִתְנַשֵּׂא
וְיִתְהַדָּר וְיִתְעַלֶּה וְיִתְהַלָּל
שְׁמֵהּ דְּקֻדְשָׁא בְּרִיךְ הוּא (קהל: בְּרִיךְ הוּא)
לְעֵלָּא מִן כָּל בִּרְכָתָא
/בשבת שובה: לְעֵלָּא לְעֵלָּא מִכָּל בִּרְכָתָא/
וְשִׁירָתָא, תֻּשְׁבְּחָתָא וְנֶחֱמָתָא
דַּאֲמִירָן בְּעָלְמָא
וְאִמְרוּ אָמֵן. (קהל: אָמֵן)

THE AMIDA

The following prayer, until "in former years" on page 512, is said silently, standing with feet together. Take three steps forward and at the points indicated by ▾, bend the knees at the first word, bow at the second, and stand straight before saying God's name.

O Lord, open my lips, *Ps. 51*
so that my mouth may declare Your praise.

PATRIARCHS

▾בָּרוּךְ Blessed are You, Lord our God and God of our fathers,
God of Abraham, God of Isaac and God of Jacob;
the great, mighty and awesome God, God Most High,
who bestows acts of loving-kindness and creates all,
who remembers the loving-kindness of the fathers
and will bring a Redeemer to their children's children
for the sake of His name, in love.

On Shabbat Shuva: Remember us for life, O King who desires life,
and write us in the book of life –
for Your sake, O God of life.

King, Helper, Savior, Shield:
▾Blessed are You, Lord, Shield of Abraham.

---

evening, we think of the birth of time; in the morning, of historical time, the remembered past and the living present; and in the afternoon, of the culmination of time, and the World to Come of which Shabbat is the foretaste. Shabbat becomes a journey through the three phases of faith: God's creation of the universe, His self-revelation to humanity, and His redemptive acts – collectively summoning us to build a world at peace with itself because it is at peace with God.

Another interpretation sees in the three stages of Shabbat the three parts of a wedding: first betrothal, *kiddushin*; then the marriage itself, symbolized by joy; then *yiḥud*, the coming together of the bride and groom (Abudarham). This idea, reflected in the language of the Amida, accords with the mystical understanding of Shabbat as a bride, and the day itself as a marriage of heaven and earth.

עמידה

The following prayer, until קַדְמֹנִיּוֹת *on page 513, is said silently, standing with feet together. Take three steps forward and at the points indicated by* ˅, *bend the knees at the first word, bow at the second, and stand straight before saying God's name.*

אֲדֹנָי, שְׂפָתַי תִּפְתָּח, וּפִי יַגִּיד תְּהִלָּתֶךָ: תהלים נא

אבות

˅בָּרוּךְ אַתָּה יהוה, אֱלֹהֵינוּ וֵאלֹהֵי אֲבוֹתֵינוּ
אֱלֹהֵי אַבְרָהָם, אֱלֹהֵי יִצְחָק, וֵאלֹהֵי יַעֲקֹב
הָאֵל הַגָּדוֹל הַגִּבּוֹר וְהַנּוֹרָא, אֵל עֶלְיוֹן
גּוֹמֵל חֲסָדִים טוֹבִים, וְקוֹנֵה הַכֹּל
וְזוֹכֵר חַסְדֵי אָבוֹת
וּמֵבִיא גוֹאֵל לִבְנֵי בְנֵיהֶם לְמַעַן שְׁמוֹ בְּאַהֲבָה.

בשבת שובה: זָכְרֵנוּ לְחַיִּים, מֶלֶךְ חָפֵץ בַּחַיִּים
וְכָתְבֵנוּ בְּסֵפֶר הַחַיִּים, לְמַעַנְךָ אֱלֹהִים חַיִּים.

מֶלֶךְ עוֹזֵר וּמוֹשִׁיעַ וּמָגֵן.
˅בָּרוּךְ אַתָּה יהוה, מָגֵן אַבְרָהָם.

THE FRIDAY NIGHT AMIDA

On Shabbat and Yom Tov, the Amida, the "standing prayer," consists not of nineteen but seven blessings (in Musaf of Rosh HaShana, nine). The first and last three are, with minor variations, the same throughout the year. The seventh (middle) blessing is dedicated to the special "sanctity of the day." Uniquely on Shabbat, this blessing is different for each of the three services; evening, morning and afternoon (the Musaf prayer is in a category of its own). The quality of time on Shabbat is different from other days: like a symphony, it has several movements.

On Friday evening, we speak of the Shabbat of creation; in the morning, of the Shabbat of revelation, as it was commanded on Mount Sinai; and in the afternoon, we look forward to the Shabbat of redemption. Thus in the

DIVINE MIGHT

אַתָּה גִּבּוֹר You are eternally mighty, LORD.
You give life to the dead and have great power to save.

The phrase "He makes the wind blow and the rain fall" is added from Simḥat Torah until Pesaḥ. In Israel, the phrase "He causes the dew to fall" is added from Pesaḥ until Shemini Atzeret.

In fall & winter: He makes the wind blow and the rain fall.
In Israel, in spring & summer: He causes the dew to fall.

He sustains the living with loving-kindness,
and with great compassion revives the dead.
He supports the fallen, heals the sick, sets captives free,
and keeps His faith with those who sleep in the dust.
Who is like You, Master of might, and to whom can You be compared,
O King who brings death and gives life, and makes salvation grow?

On Shabbat Shuva: Who is like You, compassionate Father,
who remembers His creatures in compassion, for life?

Faithful are You to revive the dead.
Blessed are You, LORD, who revives the dead.

HOLINESS

אַתָּה קָדוֹשׁ You are holy and Your name is holy,
and holy ones praise You daily, Selah!
Blessed are You, LORD,
the holy God. / *On Shabbat Shuva:* the holy King./
(*If forgotten, repeat the Amida.*)

HOLINESS OF THE DAY

אַתָּה קִדַּשְׁתָּ You sanctified the seventh day
for Your name's sake,
as the culmination of the creation of heaven and earth.
Of all days, You blessed it; of all seasons You sanctified it –
and so it is written in Your Torah:

---

ning of time: the seventh day of creation when God rested and the universe was young. It also uses the word "sanctified," the key word of the betrothal declaration under the bridal canopy.

גבורות

אַתָּה גִּבּוֹר לְעוֹלָם, אֲדֹנָי

מְחַיֵּה מֵתִים אַתָּה, רַב לְהוֹשִׁיעַ

The phrase מַשִּׁיב הָרוּחַ *is added from* שמחת תורה *until* פסח.
In ארץ ישראל *the phrase* מוֹרִיד הַטָּל *is added from* פסח *until* שמיני עצרת.

בחורף: מַשִּׁיב הָרוּחַ וּמוֹרִיד הַגֶּשֶׁם / בארץ ישראל בקיץ: מוֹרִיד הַטָּל

מְכַלְכֵּל חַיִּים בְּחֶסֶד, מְחַיֵּה מֵתִים בְּרַחֲמִים רַבִּים

סוֹמֵךְ נוֹפְלִים, וְרוֹפֵא חוֹלִים, וּמַתִּיר אֲסוּרִים

וּמְקַיֵּם אֱמוּנָתוֹ לִישֵׁנֵי עָפָר.

מִי כָמוֹךָ, בַּעַל גְּבוּרוֹת, וּמִי דּוֹמֶה לָּךְ

מֶלֶךְ, מֵמִית וּמְחַיֶּה וּמַצְמִיחַ יְשׁוּעָה.

בשבת שובה: מִי כָמוֹךָ אַב הָרַחֲמִים, זוֹכֵר יְצוּרָיו לְחַיִּים בְּרַחֲמִים.

וְנֶאֱמָן אַתָּה לְהַחֲיוֹת מֵתִים.

בָּרוּךְ אַתָּה יהוה, מְחַיֵּה הַמֵּתִים.

קדושת השם

אַתָּה קָדוֹשׁ וְשִׁמְךָ קָדוֹשׁ, וּקְדוֹשִׁים בְּכָל יוֹם יְהַלְלוּךָ סֶּלָה.

בָּרוּךְ אַתָּה יהוה, הָאֵל הַקָּדוֹשׁ. / בשבת שובה: הַמֶּלֶךְ הַקָּדוֹשׁ./

(*If forgotten, repeat the* עמידה.)

קדושת היום

אַתָּה קִדַּשְׁתָּ אֶת יוֹם הַשְּׁבִיעִי לִשְׁמֶךָ

תַּכְלִית מַעֲשֵׂה שָׁמַיִם וָאָרֶץ

וּבֵרַכְתּוֹ מִכָּל הַיָּמִים, וְקִדַּשְׁתּוֹ מִכָּל הַזְּמַנִּים

וְכֵן כָּתוּב בְּתוֹרָתֶךָ

אַתָּה קִדַּשְׁתָּ *You sanctified:* As signaled above, the Friday evening blessing speaks of creation: "You sanctified the seventh day for Your name's sake, as the culmination of the creation of heaven and earth." It refers to the begin-

וַיְכֻלּוּ Then the heavens and the earth were completed, Gen. 2
and all their array.
With the seventh day, God completed the work He had done.
He ceased on the seventh day from all the work He had done.
God blessed the seventh day and declared it holy,
because on it He ceased from all His work
He had created to do.

אֱלֹהֵינוּ Our God and God of our ancestors,
may You find favor in our rest.
Make us holy through Your commandments
and grant us our share in Your Torah.
Satisfy us with Your goodness, grant us joy in Your salvation,
and purify our hearts to serve You in truth.
In love and favor, O Lord our God,
grant us as our heritage Your holy Shabbat,
so that Israel, who sanctify Your name, may find rest on it.
Blessed are You, Lord,
who sanctifies the Sabbath.

TEMPLE SERVICE

רְצֵה Find favor, Lord our God,
in Your people Israel and their prayer.
Restore the service to Your most holy House,
and accept in love and favor
the fire-offerings of Israel and their prayer.
May the service of Your people Israel
always find favor with You.

וַיְקַדֵּשׁ אֹתוֹ *And declared it holy:* This is the first time the word "holy" appears in the Torah, indicating that time, not just space, is holy. The sages noted the similarities between Shabbat and the Sanctuary (*mishkan*) constructed by the Israelites in the wilderness. The thirty-nine categories of work performed in the building of the Sanctuary are the same as those forbidden on Shabbat. Shabbat is thus a "sanctuary in time," and Israel, the "eternal people," is the nation called on to sanctify time.

בראשית ב

וַיְכֻלּוּ הַשָּׁמַיִם וְהָאָרֶץ וְכָל־צְבָאָם:
וַיְכַל אֱלֹהִים בַּיּוֹם הַשְּׁבִיעִי מְלַאכְתּוֹ אֲשֶׁר עָשָׂה
וַיִּשְׁבֹּת בַּיּוֹם הַשְּׁבִיעִי מִכָּל־מְלַאכְתּוֹ אֲשֶׁר עָשָׂה:
וַיְבָרֶךְ אֱלֹהִים אֶת־יוֹם הַשְּׁבִיעִי, וַיְקַדֵּשׁ אֹתוֹ
כִּי בוֹ שָׁבַת מִכָּל־מְלַאכְתּוֹ, אֲשֶׁר־בָּרָא אֱלֹהִים לַעֲשׂוֹת:

אֱלֹהֵינוּ וֵאלֹהֵי אֲבוֹתֵינוּ, רְצֵה בִמְנוּחָתֵנוּ.
קַדְּשֵׁנוּ בְּמִצְוֹתֶיךָ, וְתֵן חֶלְקֵנוּ בְּתוֹרָתֶךָ
שַׂבְּעֵנוּ מִטּוּבֶךָ, וְשַׂמְּחֵנוּ בִּישׁוּעָתֶךָ
וְטַהֵר לִבֵּנוּ לְעָבְדְּךָ בֶּאֱמֶת.
וְהַנְחִילֵנוּ, יהוה אֱלֹהֵינוּ, בְּאַהֲבָה וּבְרָצוֹן שַׁבַּת קָדְשֶׁךָ
וְיָנוּחוּ בָהּ יִשְׂרָאֵל מְקַדְּשֵׁי שְׁמֶךָ.
בָּרוּךְ אַתָּה יהוה, מְקַדֵּשׁ הַשַּׁבָּת.

עבודה

רְצֵה יהוה אֱלֹהֵינוּ בְּעַמְּךָ יִשְׂרָאֵל, וּבִתְפִלָּתָם
וְהָשֵׁב אֶת הָעֲבוֹדָה לִדְבִיר בֵּיתֶךָ
וְאִשֵּׁי יִשְׂרָאֵל וּתְפִלָּתָם בְּאַהֲבָה תְקַבֵּל בְּרָצוֹן
וּתְהִי לְרָצוֹן תָּמִיד עֲבוֹדַת יִשְׂרָאֵל עַמֶּךָ.

וַיְכֻלּוּ הַשָּׁמַיִם וְהָאָרֶץ *Then the heavens and the earth were completed:* These three verses conclude the biblical account of creation. They contain thirty-five (5×7) words. The entire creation narrative (Gen. 1:1–2:3) is constructed in multiples of seven. The word "good" appears seven times, the word "God" thirty-five times, and the word "earth" twenty-one times. The opening verse contains seven words, the second fourteen, and the complete text 469 (7×67) words. From the very outset, seven dominates, as if to signal from the beginning that the seventh day was the culmination and purpose of creation: "last in deed, first in thought."

On Rosh Ḥodesh say:

אֱלֹהֵינוּ Our God and God of our ancestors, may there rise, come, reach, appear, be favored, heard, regarded and remembered before You, our recollection and remembrance, as well as the remembrance of our ancestors, and of the Messiah son of David Your servant, and of Jerusalem Your holy city, and of all Your people the house of Israel – for deliverance and well-being, grace, loving-kindness and compassion, life and peace, on this day of Rosh Ḥodesh.On it remember us, LORD our God, for good; recollect us for blessing, and deliver us for life. In accord with Your promise of salvation and compassion, spare us and be gracious to us; have compassion on us and deliver us, for our eyes are turned to You because You, God, are a gracious and compassionate King.

וְתֶחֱזֶינָה And may our eyes witness Your return to Zion in compassion.
Blessed are You, LORD,
who restores His Presence to Zion.

THANKSGIVING

Bow at the first nine words.

מוֹדִים We give thanks to You,
for You are the LORD our God and God of our ancestors
for ever and all time.
You are the Rock of our lives,
Shield of our salvation from generation to generation.
We will thank You and declare Your praise for our lives,
which are entrusted into Your hand;
for our souls, which are placed in Your charge;
for Your miracles which are with us every day;
and for Your wonders and favors
at all times, evening, morning and midday.
You are good – for Your compassion never fails.
You are compassionate – for Your loving-kindnesses never cease.
We have always placed our hope in You.

On ראש חודש *say:*

אֱלֹהֵינוּ וֵאלֹהֵי אֲבוֹתֵינוּ, יַעֲלֶה וְיָבוֹא וְיַגִּיעַ, וְיֵרָאֶה וְיֵרָצֶה וְיִשָּׁמַע, וְיִפָּקֵד וְיִזָּכֵר זִכְרוֹנֵנוּ וּפִקְדּוֹנֵנוּ וְזִכְרוֹן אֲבוֹתֵינוּ, וְזִכְרוֹן מָשִׁיחַ בֶּן דָּוִד עַבְדֶּךָ, וְזִכְרוֹן יְרוּשָׁלַיִם עִיר קָדְשֶׁךָ, וְזִכְרוֹן כָּל עַמְּךָ בֵּית יִשְׂרָאֵל, לְפָנֶיךָ, לִפְלֵיטָה לְטוֹבָה, לְחֵן וּלְחֶסֶד וּלְרַחֲמִים, לְחַיִּים וּלְשָׁלוֹם בְּיוֹם רֹאשׁ הַחֹדֶשׁ הַזֶּה. זָכְרֵנוּ יהוה אֱלֹהֵינוּ בּוֹ לְטוֹבָה, וּפָקְדֵנוּ בוֹ לִבְרָכָה, וְהוֹשִׁיעֵנוּ בוֹ לְחַיִּים. וּבִדְבַר יְשׁוּעָה וְרַחֲמִים, חוּס וְחָנֵּנוּ וְרַחֵם עָלֵינוּ וְהוֹשִׁיעֵנוּ, כִּי אֵלֶיךָ עֵינֵינוּ, כִּי אֵל מֶלֶךְ חַנּוּן וְרַחוּם אָתָּה.

וְתֶחֱזֶינָה עֵינֵינוּ בְּשׁוּבְךָ לְצִיּוֹן בְּרַחֲמִים.
בָּרוּךְ אַתָּה יהוה, הַמַּחֲזִיר שְׁכִינָתוֹ לְצִיּוֹן.

הודאה

Bow at the first five words.

מוֹדִים אֲנַחְנוּ לָךְ
שָׁאַתָּה הוּא יהוה אֱלֹהֵינוּ וֵאלֹהֵי אֲבוֹתֵינוּ לְעוֹלָם וָעֶד.
צוּר חַיֵּינוּ, מָגֵן יִשְׁעֵנוּ, אַתָּה הוּא לְדוֹר וָדוֹר.
נוֹדֶה לְּךָ וּנְסַפֵּר תְּהִלָּתֶךָ
עַל חַיֵּינוּ הַמְּסוּרִים בְּיָדֶךָ
וְעַל נִשְׁמוֹתֵינוּ הַפְּקוּדוֹת לָךְ
וְעַל נִסֶּיךָ שֶׁבְּכָל יוֹם עִמָּנוּ
וְעַל נִפְלְאוֹתֶיךָ וְטוֹבוֹתֶיךָ שֶׁבְּכָל עֵת, עֶרֶב וָבֹקֶר וְצָהֳרָיִם.
הַטּוֹב, כִּי לֹא כָלוּ רַחֲמֶיךָ
וְהַמְרַחֵם, כִּי לֹא תַמּוּ חֲסָדֶיךָ
מֵעוֹלָם קִוִּינוּ לָךְ.

On Ḥanukka:

עַל הַנִּסִּים [We thank You also] for the miracles, the redemption, the mighty deeds, the salvations, and the victories in battle which You performed for our ancestors in those days, at this time.

בִּימֵי מַתִּתְיָהוּ In the days of Mattityahu, son of Yoḥanan, the High Priest, the Hasmonean, and his sons, the wicked Greek kingdom rose up against Your people Israel to make them forget Your Torah and to force them to transgress the statutes of Your will. It was then that You in Your great compassion stood by them in the time of their distress. You championed their cause, judged their claim, and avenged their wrong. You delivered the strong into the hands of the weak, the many into the hands of the few, the impure into the hands of the pure, the wicked into the hands of the righteous, and the arrogant into the hands of those who were engaged in the study of Your Torah. You made for Yourself great and holy renown in Your world, and for Your people Israel You performed a great salvation and redemption as of this very day. Your children then entered the holiest part of Your House, cleansed Your Temple, purified Your Sanctuary, kindled lights in Your holy courts, and designated these eight days of Ḥanukka for giving thanks and praise to Your great name.

Continue with "For all these things."

On Shushan Purim in Jerusalem:

עַל הַנִּסִּים [We thank You also] for the miracles, the redemption, the mighty deeds, the salvations, and the victories in battle which You performed for our ancestors in those days, at this time.

בִּימֵי מָרְדְּכַי In the days of Mordekhai and Esther, in Shushan the capital, the wicked Haman rose up against them and sought to destroy, slay and exterminate all the Jews, young and old, children and women, on one day, the thirteenth day of the twelfth month, which is the month of Adar, and to plunder their possessions. Then You in Your great compassion thwarted his counsel, frustrated his plans, and caused his scheme to recoil on his own head, so that they hanged him and his sons on the gallows. *Esther 3*

Continue with "For all these things."

וְעַל כֻּלָּם For all these things may Your name be blessed and exalted, our King, continually, for ever and all time.

On Shabbat Shuva: And write, for a good life,
all the children of Your covenant.

Let all that lives thank You, Selah! and praise Your name in truth,
God, our Savior and Help, Selah!
▼Blessed are You, Lord, whose name is "the Good"
and to whom thanks are due.

בחנוכה:

עַל הַנִּסִּים וְעַל הַפֻּרְקָן וְעַל הַגְּבוּרוֹת וְעַל הַתְּשׁוּעוֹת וְעַל הַמִּלְחָמוֹת שֶׁעָשִׂיתָ לַאֲבוֹתֵינוּ בַּיָּמִים הָהֵם בַּזְּמַן הַזֶּה.

בִּימֵי מַתִּתְיָהוּ בֶּן יוֹחָנָן כֹּהֵן גָּדוֹל חַשְׁמוֹנַאי וּבָנָיו, כְּשֶׁעָמְדָה מַלְכוּת יָוָן הָרְשָׁעָה עַל עַמְּךָ יִשְׂרָאֵל לְהַשְׁכִּיחָם תּוֹרָתֶךָ וּלְהַעֲבִירָם מֵחֻקֵּי רְצוֹנֶךָ, וְאַתָּה בְּרַחֲמֶיךָ הָרַבִּים עָמַדְתָּ לָהֶם בְּעֵת צָרָתָם, רַבְתָּ אֶת רִיבָם, דַּנְתָּ אֶת דִּינָם, נָקַמְתָּ אֶת נִקְמָתָם, מָסַרְתָּ גִבּוֹרִים בְּיַד חַלָּשִׁים, וְרַבִּים בְּיַד מְעַטִּים, וּטְמֵאִים בְּיַד טְהוֹרִים, וּרְשָׁעִים בְּיַד צַדִּיקִים, וְזֵדִים בְּיַד עוֹסְקֵי תוֹרָתֶךָ, וּלְךָ עָשִׂיתָ שֵׁם גָּדוֹל וְקָדוֹשׁ בְּעוֹלָמֶךָ, וּלְעַמְּךָ יִשְׂרָאֵל עָשִׂיתָ תְּשׁוּעָה גְדוֹלָה וּפֻרְקָן כְּהַיּוֹם הַזֶּה. וְאַחַר כֵּן בָּאוּ בָנֶיךָ לִדְבִיר בֵּיתֶךָ, וּפִנּוּ אֶת הֵיכָלֶךָ, וְטִהֲרוּ אֶת מִקְדָּשֶׁךָ, וְהִדְלִיקוּ נֵרוֹת בְּחַצְרוֹת קָדְשֶׁךָ, וְקָבְעוּ שְׁמוֹנַת יְמֵי חֲנֻכָּה אֵלּוּ, לְהוֹדוֹת וּלְהַלֵּל לְשִׁמְךָ הַגָּדוֹל.

Continue with וְעַל כֻּלָּם.

בשושן פורים בירושלים:

עַל הַנִּסִּים וְעַל הַפֻּרְקָן וְעַל הַגְּבוּרוֹת וְעַל הַתְּשׁוּעוֹת וְעַל הַמִּלְחָמוֹת שֶׁעָשִׂיתָ לַאֲבוֹתֵינוּ בַּיָּמִים הָהֵם בַּזְּמַן הַזֶּה.

בִּימֵי מָרְדְּכַי וְאֶסְתֵּר בְּשׁוּשַׁן הַבִּירָה, כְּשֶׁעָמַד עֲלֵיהֶם הָמָן הָרָשָׁע, בִּקֵּשׁ
לְהַשְׁמִיד לַהֲרֹג וּלְאַבֵּד אֶת־כָּל־הַיְּהוּדִים מִנַּעַר וְעַד־זָקֵן טַף וְנָשִׁים בְּיוֹם אסתר ג
אֶחָד, בִּשְׁלוֹשָׁה עָשָׂר לְחֹדֶשׁ שְׁנֵים־עָשָׂר, הוּא־חֹדֶשׁ אֲדָר, וּשְׁלָלָם לָבוֹז: וְאַתָּה בְּרַחֲמֶיךָ הָרַבִּים הֵפַרְתָּ אֶת עֲצָתוֹ, וְקִלְקַלְתָּ אֶת מַחֲשַׁבְתּוֹ, וַהֲשֵׁבוֹתָ לּוֹ גְּמוּלוֹ בְּרֹאשׁוֹ, וְתָלוּ אוֹתוֹ וְאֶת בָּנָיו עַל הָעֵץ.

Continue with וְעַל כֻּלָּם.

וְעַל כֻּלָּם יִתְבָּרַךְ וְיִתְרוֹמַם שִׁמְךָ מַלְכֵּנוּ תָּמִיד לְעוֹלָם וָעֶד.

בשבת שובה: וּכְתֹב לְחַיִּים טוֹבִים כָּל בְּנֵי בְרִיתֶךָ.

וְכֹל הַחַיִּים יוֹדוּךָ סֶּלָה, וִיהַלְלוּ אֶת שִׁמְךָ בֶּאֱמֶת הָאֵל יְשׁוּעָתֵנוּ וְעֶזְרָתֵנוּ סֶלָה.

ˈבָּרוּךְ אַתָּה יהוה, הַטּוֹב שִׁמְךָ וּלְךָ נָאֶה לְהוֹדוֹת.

PEACE

שָׁלוֹם רָב Grant great peace to Your people Israel for ever,
for You are the sovereign LORD of all peace;
and may it be good in Your eyes
to bless Your people Israel
at every time, at every hour, with Your peace.

On Shabbat Shuva: In the book of life, blessing, peace and prosperity,
may we and all Your people the house of Israel
be remembered and written before You
for a good life, and for peace.*

Blessed are You, LORD, who blesses His people Israel with peace.

**On Shabbat Shuva outside Israel, many end the blessing:*
Blessed are You, LORD, who makes peace.

Some say the following verse:
May the words of my mouth and the meditation of my heart *Ps. 19*
find favor before You, LORD, my Rock and Redeemer.

אֱלֹהַי My God, *Berakhot 17a*
guard my tongue from evil and my lips from deceitful speech.
To those who curse me, let my soul be silent;
may my soul be to all like the dust.
Open my heart to Your Torah
and let my soul pursue Your commandments.
As for all who plan evil against me,
swiftly thwart their counsel and frustrate their plans.
Act for the sake of Your name; act for the sake of Your right hand;
act for the sake of Your holiness; act for the sake of Your Torah.
That Your beloved ones may be delivered, *Ps. 60*
save with Your right hand and answer me.
May the words of my mouth *Ps. 19*
and the meditation of my heart find favor before You,
LORD, my Rock and Redeemer.

Bow, take three steps back, then bow, first left, then right, then center, while saying:
May He who makes peace in His high places,
make peace for us and all Israel – and say: Amen.

ברכת שלום

שָׁלוֹם רָב עַל יִשְׂרָאֵל עַמְּךָ תָּשִׂים לְעוֹלָם
כִּי אַתָּה הוּא מֶלֶךְ אָדוֹן לְכָל הַשָּׁלוֹם.
וְטוֹב בְּעֵינֶיךָ לְבָרֵךְ אֶת עַמְּךָ יִשְׂרָאֵל
בְּכָל עֵת וּבְכָל שָׁעָה בִּשְׁלוֹמֶךָ.

בשבת שובה: בְּסֵפֶר חַיִּים, בְּרָכָה וְשָׁלוֹם, וּפַרְנָסָה טוֹבָה
נִזָּכֵר וְנִכָּתֵב לְפָנֶיךָ, אֲנַחְנוּ וְכָל עַמְּךָ בֵּית יִשְׂרָאֵל
לְחַיִּים טוֹבִים וּלְשָׁלוֹם.*

בָּרוּךְ אַתָּה יהוה, הַמְבָרֵךְ אֶת עַמּוֹ יִשְׂרָאֵל בַּשָּׁלוֹם.

**On* שבת שובה *in* חוץ לארץ*, many end the blessing:*

בָּרוּךְ אַתָּה יהוה, עוֹשֶׂה הַשָּׁלוֹם.

Some say the following verse:

יִהְיוּ לְרָצוֹן אִמְרֵי־פִי וְהֶגְיוֹן לִבִּי לְפָנֶיךָ, יהוה צוּרִי וְגֹאֲלִי: תהלים יט

אֱלֹהַי ברכות יז.
נְצֹר לְשׁוֹנִי מֵרָע וּשְׂפָתַי מִדַּבֵּר מִרְמָה
וְלִמְקַלְלַי נַפְשִׁי תִדֹּם, וְנַפְשִׁי כֶּעָפָר לַכֹּל תִּהְיֶה.
פְּתַח לִבִּי בְּתוֹרָתֶךָ, וּבְמִצְוֹתֶיךָ תִּרְדֹּף נַפְשִׁי.
וְכָל הַחוֹשְׁבִים עָלַי רָעָה
מְהֵרָה הָפֵר עֲצָתָם וְקַלְקֵל מַחֲשַׁבְתָּם.
עֲשֵׂה לְמַעַן שְׁמֶךָ, עֲשֵׂה לְמַעַן יְמִינֶךָ
עֲשֵׂה לְמַעַן קְדֻשָּׁתֶךָ, עֲשֵׂה לְמַעַן תּוֹרָתֶךָ.
לְמַעַן יֵחָלְצוּן יְדִידֶיךָ, הוֹשִׁיעָה יְמִינְךָ וַעֲנֵנִי: תהלים ס
יִהְיוּ לְרָצוֹן אִמְרֵי־פִי וְהֶגְיוֹן לִבִּי לְפָנֶיךָ, יהוה צוּרִי וְגֹאֲלִי: תהלים יט

Bow, take three steps back, then bow, first left, then right, then center, while saying:

עֹשֶׂה שָׁלוֹם/ בשבת שובה: הַשָּׁלוֹם/ בִּמְרוֹמָיו
הוּא יַעֲשֶׂה שָׁלוֹם עָלֵינוּ וְעַל כָּל יִשְׂרָאֵל, וְאִמְרוּ אָמֵן.

יְהִי רָצוֹן May it be Your will, LORD our God and God of our ancestors,
that the Temple be rebuilt speedily in our days, and grant us a share in Your Torah.
And there we will serve You with reverence,
as in the days of old and as in former years.
Then the offering of Judah and Jerusalem *Mal. 3*
will be pleasing to the LORD as in the days of old and as in former years.

All stand and say:

וַיְכֻלּוּ Then the heavens and the earth were completed, *Gen. 2*
and all their array.
With the seventh day, God completed the work He had done.
He ceased on the seventh day from all the work He had done.
God blessed the seventh day and declared it holy,
because on it He ceased from all His work He had created to do.

The following until "who sanctifies the Sabbath" on page 514,
is omitted when praying with an occasional minyan or alone.
The Leader continues:

בָּרוּךְ Blessed are You, LORD our God and God of our fathers,
God of Abraham, God of Isaac and God of Jacob,
the great, mighty and awesome God,
God Most High, Creator of heaven and earth.

The congregation then the Leader:

מָגֵן אָבוֹת By His word, He was the Shield of our ancestors.
By His promise, He will revive the dead.
There is none like the holy God/*On Shabbat Shuva:* the holy King/
who gives rest to His people on His holy Sabbath day,
for He found them worthy of His favor to give them rest.
Before Him we will come in worship with reverence and awe,
giving thanks to His name daily, continually, with due blessings.

---

tion ascribes it to the fact that in Babylon – where synagogues were, for the most part, outside town – going home at night was fraught with danger. This prayer was added for the benefit of latecomers, so that the congregation could leave together.

יְהִי רָצוֹן מִלְּפָנֶיךָ יהוה אֱלֹהֵינוּ וֵאלֹהֵי אֲבוֹתֵינוּ
שֶׁיִּבָּנֶה בֵּית הַמִּקְדָּשׁ בִּמְהֵרָה בְיָמֵינוּ, וְתֵן חֶלְקֵנוּ בְּתוֹרָתֶךָ
וְשָׁם נַעֲבָדְךָ בְּיִרְאָה כִּימֵי עוֹלָם וּכְשָׁנִים קַדְמוֹנִיּוֹת.
וְעָרְבָה לַיהוה מִנְחַת יְהוּדָה וִירוּשָׁלָםִ כִּימֵי עוֹלָם וּכְשָׁנִים קַדְמֹנִיּוֹת: מלאכי ג

All stand and say:

וַיְכֻלּוּ הַשָּׁמַיִם וְהָאָרֶץ וְכָל־צְבָאָם: בראשית ב
וַיְכַל אֱלֹהִים בַּיּוֹם הַשְּׁבִיעִי מְלַאכְתּוֹ אֲשֶׁר עָשָׂה
וַיִּשְׁבֹּת בַּיּוֹם הַשְּׁבִיעִי מִכָּל־מְלַאכְתּוֹ אֲשֶׁר עָשָׂה:
וַיְבָרֶךְ אֱלֹהִים אֶת־יוֹם הַשְּׁבִיעִי, וַיְקַדֵּשׁ אֹתוֹ
כִּי בוֹ שָׁבַת מִכָּל־מְלַאכְתּוֹ, אֲשֶׁר־בָּרָא אֱלֹהִים, לַעֲשׂוֹת:

The following until מְקַדֵּשׁ הַשַּׁבָּת *on page 515,*
is omitted when praying with an occasional מנין *or alone.*

The שליח ציבור *continues:*

בָּרוּךְ אַתָּה יהוה, אֱלֹהֵינוּ וֵאלֹהֵי אֲבוֹתֵינוּ
אֱלֹהֵי אַבְרָהָם, אֱלֹהֵי יִצְחָק, וֵאלֹהֵי יַעֲקֹב
הָאֵל הַגָּדוֹל הַגִּבּוֹר וְהַנּוֹרָא, אֵל עֶלְיוֹן, קֹנֵה שָׁמַיִם וָאָרֶץ.

The קהל *then the* שליח ציבור*:*

מָגֵן אָבוֹת בִּדְבָרוֹ, מְחַיֵּה מֵתִים בְּמַאֲמָרוֹ
הָאֵל / בשבת שובה: הַמֶּלֶךְ / הַקָּדוֹשׁ שֶׁאֵין כָּמְוֹהוּ
הַמֵּנִיחַ לְעַמּוֹ בְּיוֹם שַׁבַּת קָדְשׁוֹ
כִּי בָם רָצָה לְהָנִיחַ לָהֶם
לְפָנָיו נַעֲבֹד בְּיִרְאָה וָפַחַד
וְנוֹדֶה לִשְׁמוֹ בְּכָל יוֹם תָּמִיד, מֵעֵין הַבְּרָכוֹת

מָגֵן אָבוֹת בִּדְבָרוֹ *By His word, He was the Shield of our ancestors:* A summary of the seven blessings of the Amida, which is unique to Friday evening. Tradi-

He is God to whom thanks are due, the LORD of peace
who sanctifies the Sabbath and blesses the seventh day,
and in holiness gives rest to a people filled with delight,
in remembrance of the work of creation.

The Leader continues:

אֱלֹהֵינוּ Our God and God of our ancestors,
may You find favor in our rest.
Make us holy through Your commandments
and grant us our share in Your Torah.
Satisfy us with Your goodness, grant us joy in Your salvation,
and purify our hearts to serve You in truth.
In love and favor, LORD our God,
grant us as our heritage Your holy Sabbath,
so that Israel who sanctify Your name may find rest on it.
Blessed are You, LORD, who sanctifies the Sabbath.

FULL KADDISH

Leader: יִתְגַּדַּל Magnified and sanctified
may His great name be,
in the world He created by His will.
May He establish His kingdom
in your lifetime and in your days,
and in the lifetime of all the house of Israel,
swiftly and soon –
and say: Amen.

All: May His great name be blessed for ever and all time.

Leader: Blessed and praised,
glorified and exalted,
raised and honored,
uplifted and lauded be
the name of the Holy One,
blessed be He, beyond any blessing,

אֵל הַהוֹדָאוֹת, אֲדוֹן הַשָּׁלוֹם
מְקַדֵּשׁ הַשַּׁבָּת וּמְבָרֵךְ שְׁבִיעִי
וּמֵנִיחַ בִּקְדֻשָּׁה לְעַם מְדֻשְּׁנֵי עֹנֶג
זֵכֶר לְמַעֲשֵׂה בְרֵאשִׁית.

The שליח ציבור *continues:*

אֱלֹהֵינוּ וֵאלֹהֵי אֲבוֹתֵינוּ, רְצֵה בִמְנוּחָתֵנוּ.
קַדְּשֵׁנוּ בְּמִצְוֹתֶיךָ וְתֵן חֶלְקֵנוּ בְּתוֹרָתֶךָ
שַׂבְּעֵנוּ מִטּוּבֶךָ וְשַׂמְּחֵנוּ בִּישׁוּעָתֶךָ
וְטַהֵר לִבֵּנוּ לְעָבְדְּךָ בֶּאֱמֶת.
וְהַנְחִילֵנוּ יהוה אֱלֹהֵינוּ בְּאַהֲבָה וּבְרָצוֹן שַׁבַּת קָדְשֶׁךָ
וְיָנוּחוּ בָהּ יִשְׂרָאֵל מְקַדְּשֵׁי שְׁמֶךָ.
בָּרוּךְ אַתָּה יהוה, מְקַדֵּשׁ הַשַּׁבָּת.

קדיש שלם

ש״ץ: יִתְגַּדַּל וְיִתְקַדַּשׁ שְׁמֵהּ רַבָּא (קהל: אָמֵן)
בְּעָלְמָא דִּי בְרָא כִרְעוּתֵהּ
וְיַמְלִיךְ מַלְכוּתֵהּ
בְּחַיֵּיכוֹן וּבְיוֹמֵיכוֹן וּבְחַיֵּי דְכָל בֵּית יִשְׂרָאֵל
בַּעֲגָלָא וּבִזְמַן קָרִיב, וְאִמְרוּ אָמֵן. (קהל: אָמֵן)

קהל וש״ץ: יְהֵא שְׁמֵהּ רַבָּא מְבָרַךְ לְעָלַם וּלְעָלְמֵי עָלְמַיָּא.

ש״ץ: יִתְבָּרַךְ וְיִשְׁתַּבַּח וְיִתְפָּאַר
וְיִתְרוֹמַם וְיִתְנַשֵּׂא וְיִתְהַדָּר וְיִתְעַלֶּה וְיִתְהַלָּל
שְׁמֵהּ דְּקֻדְשָׁא בְּרִיךְ הוּא (קהל: בְּרִיךְ הוּא)
לְעֵלָּא מִן כָּל בִּרְכָתָא
/ בשבת שובה: לְעֵלָּא לְעֵלָּא מִכָּל בִּרְכָתָא/

song, praise and consolation
uttered in the world – and say: Amen.

May the prayers and pleas of all Israel
be accepted by their Father in heaven – and say: Amen.

May there be great peace from heaven,
and life for us and all Israel – and say: Amen.

Bow, take three steps back, as if taking leave of the Divine Presence, then bow, first left, then right, then center, while saying:

May He who makes peace in His high places,
make peace for us and all Israel – and say: Amen.

KIDDUSH IN THE SYNAGOGUE

The Leader raises a cup of wine and says:

Please pay attention, my masters.
בָּרוּךְ Blessed are You, LORD our God, King of the Universe,
who creates the fruit of the vine.

בָּרוּךְ Blessed are You, LORD our God, King of the Universe,
who has made us holy with His commandments, has favored us,
and in love and favor given us His holy Sabbath as a heritage,
a remembrance of the work of creation.
It is the first among the holy days of assembly,
a remembrance of the exodus from Egypt.
For You chose us and sanctified us from all the peoples,
and in love and favor gave us Your holy Sabbath as a heritage.
Blessed are You, LORD, who sanctifies the Sabbath.

The wine should be drunk by children under the age of Bar/Bat Mitzva or, if there are none, by the Leader.

קידוש *Kiddush.* As Kiddush is usually said "where we eat the meal," in order to avoid a blessing "said in vain," the wine is not drunk by an adult but by a child. The custom of saying Kiddush in the synagogue goes back to an age when the synagogue was also a hostel for visitors, who ate their meals nearby.

וְשִׁירָתָא, תֻּשְׁבְּחָתָא וְנֶחֱמָתָא
דַּאֲמִירָן בְּעָלְמָא, וְאִמְרוּ אָמֵן. (קהל: אָמֵן)
תִּתְקַבַּל צְלוֹתְהוֹן וּבָעוּתְהוֹן דְּכָל יִשְׂרָאֵל
קֳדָם אֲבוּהוֹן דִּי בִשְׁמַיָּא, וְאִמְרוּ אָמֵן. (קהל: אָמֵן)
יְהֵא שְׁלָמָא רַבָּא מִן שְׁמַיָּא
וְחַיִּים, עָלֵינוּ וְעַל כָּל יִשְׂרָאֵל, וְאִמְרוּ אָמֵן. (קהל: אָמֵן)

Bow, take three steps back, as if taking leave of the Divine Presence, then bow, first left, then right, then center, while saying:

עֹשֶׂה שָׁלוֹם/ בשבת שובה: הַשָּׁלוֹם/ בִּמְרוֹמָיו
הוּא יַעֲשֶׂה שָׁלוֹם עָלֵינוּ
וְעַל כָּל יִשְׂרָאֵל, וְאִמְרוּ אָמֵן. (קהל: אָמֵן)

קידוש בבית הכנסת

The שליח ציבור *raises a cup of wine and says:*

סַבְרִי מָרָנָן
בָּרוּךְ אַתָּה יהוה אֱלֹהֵינוּ מֶלֶךְ הָעוֹלָם בּוֹרֵא פְּרִי הַגָּפֶן.

בָּרוּךְ אַתָּה יהוה אֱלֹהֵינוּ מֶלֶךְ הָעוֹלָם
אֲשֶׁר קִדְּשָׁנוּ בְּמִצְוֹתָיו, וְרָצָה בָנוּ
וְשַׁבַּת קָדְשׁוֹ בְּאַהֲבָה וּבְרָצוֹן הִנְחִילָנוּ
זִכָּרוֹן לְמַעֲשֵׂה בְרֵאשִׁית
כִּי הוּא יוֹם תְּחִלָּה לְמִקְרָאֵי קֹדֶשׁ, זֵכֶר לִיצִיאַת מִצְרָיִם
כִּי בָנוּ בָחַרְתָּ וְאוֹתָנוּ קִדַּשְׁתָּ מִכָּל הָעַמִּים
וְשַׁבַּת קָדְשְׁךָ בְּאַהֲבָה וּבְרָצוֹן הִנְחַלְתָּנוּ.
בָּרוּךְ אַתָּה יהוה, מְקַדֵּשׁ הַשַּׁבָּת.

The wine should be drunk by children under the age of בר מצווה *or* בת מצווה *or, if there are none, by the* שליח ציבור.

From the second night of Pesaḥ until the night before Shavuot,
the Omer is counted here (page 964).

Stand while saying Aleinu. Bow at ▾.

עָלֵינוּ It is our duty to praise the Master of all,
and ascribe greatness to the Author of creation,
who has not made us like the nations of the lands
nor placed us like the families of the earth;
who has not made our portion like theirs,
nor our destiny like all their multitudes.
(For they worship vanity and emptiness,
and pray to a god who cannot save.)
▾But we bow in worship
and thank the Supreme King of kings,
the Holy One, blessed be He,
who extends the heavens and establishes the earth,
whose throne of glory is in the heavens above,
and whose power's Presence is in the highest of heights.
He is our God; there is no other.
Truly He is our King, there is none else,
as it is written in His Torah:
"You shall know and take to heart this day — *Deut. 4*
that the LORD is God, in heaven above and on earth below.
There is no other."

Therefore, we place our hope in You, LORD our God,
that we may soon see the glory of Your power,
when You will remove abominations from the earth,
and idols will be utterly destroyed,
when the world will be perfected under the sovereignty of the Almighty,
when all humanity will call on Your name,
to turn all the earth's wicked toward You.
All the world's inhabitants will realize and know
that to You every knee must bow and every tongue swear loyalty.
Before You, LORD our God, they will kneel and bow down
and give honor to Your glorious name.

From the second night of פסח until the night before שבועות,
the עומר is counted here (page 965).

Stand while saying עָלֵינוּ. Bow at ׳.

עָלֵינוּ לְשַׁבֵּחַ לַאֲדוֹן הַכֹּל, לָתֵת גְּדֻלָּה לְיוֹצֵר בְּרֵאשִׁית
שֶׁלֹּא עָשָׂנוּ כְּגוֹיֵי הָאֲרָצוֹת, וְלֹא שָׂמָנוּ כְּמִשְׁפְּחוֹת הָאֲדָמָה
שֶׁלֹּא שָׂם חֶלְקֵנוּ כָּהֶם וְגוֹרָלֵנוּ כְּכָל הֲמוֹנָם.
(שֶׁהֵם מִשְׁתַּחֲוִים לְהֶבֶל וָרִיק וּמִתְפַּלְּלִים אֶל אֵל לֹא יוֹשִׁיעַ.)
׳וַאֲנַחְנוּ כּוֹרְעִים וּמִשְׁתַּחֲוִים וּמוֹדִים
לִפְנֵי מֶלֶךְ מַלְכֵי הַמְּלָכִים, הַקָּדוֹשׁ בָּרוּךְ הוּא
שֶׁהוּא נוֹטֶה שָׁמַיִם וְיוֹסֵד אָרֶץ
וּמוֹשַׁב יְקָרוֹ בַּשָּׁמַיִם מִמַּעַל
וּשְׁכִינַת עֻזּוֹ בְּגָבְהֵי מְרוֹמִים.
הוּא אֱלֹהֵינוּ, אֵין עוֹד.
אֱמֶת מַלְכֵּנוּ, אֶפֶס זוּלָתוֹ
כַּכָּתוּב בְּתוֹרָתוֹ
וְיָדַעְתָּ הַיּוֹם וַהֲשֵׁבֹתָ אֶל־לְבָבֶךָ דברים ד
כִּי יהוה הוּא הָאֱלֹהִים בַּשָּׁמַיִם מִמַּעַל וְעַל־הָאָרֶץ מִתָּחַת
אֵין עוֹד:

עַל כֵּן נְקַוֶּה לְּךָ יהוה אֱלֹהֵינוּ, לִרְאוֹת מְהֵרָה בְּתִפְאֶרֶת עֻזֶּךָ
לְהַעֲבִיר גִּלּוּלִים מִן הָאָרֶץ, וְהָאֱלִילִים כָּרוֹת יִכָּרֵתוּן
לְתַקֵּן עוֹלָם בְּמַלְכוּת שַׁדַּי.
וְכָל בְּנֵי בָשָׂר יִקְרְאוּ בִשְׁמֶךָ לְהַפְנוֹת אֵלֶיךָ כָּל רִשְׁעֵי אָרֶץ.
יַכִּירוּ וְיֵדְעוּ כָּל יוֹשְׁבֵי תֵבֵל
כִּי לְךָ תִּכְרַע כָּל בֶּרֶךְ, תִּשָּׁבַע כָּל לָשׁוֹן.
לְפָנֶיךָ יהוה אֱלֹהֵינוּ יִכְרְעוּ וְיִפֹּלוּ, וְלִכְבוֹד שִׁמְךָ יְקָר יִתֵּנוּ

They will all accept the yoke of Your kingdom,
and You will reign over them soon and for ever.
For the kingdom is Yours,
and to all eternity You will reign in glory,
as it is written in Your Torah: "The LORD will reign for ever and ever." *Ex. 15*
▸ And it is said: "Then the LORD shall be King over all the earth; *Zech. 14*
on that day the LORD shall be One and His name One."

Some add:

Have no fear of sudden terror or of the ruin when it overtakes the wicked. *Prov. 3*
Devise your strategy, but it will be thwarted; *Is. 8*
propose your plan, but it will not stand, for God is with us.
When you grow old, I will still be the same. *Is. 46*
When your hair turns gray, I will still carry you.
I made you, I will bear you, I will carry you, and I will rescue you.

MOURNER'S KADDISH

The following prayer, said by mourners, requires the presence of a minyan.
A transliteration can be found on page 1049.

Mourner: יִתְגַּדַּל Magnified and sanctified
may His great name be,
in the world He created by His will.
May He establish His kingdom
in your lifetime and in your days,
and in the lifetime of all the house of Israel,
swiftly and soon –
and say: Amen.

All: May His great name be blessed for ever and all time.

Mourner: Blessed and praised,
glorified and exalted,
raised and honored,
uplifted and lauded
be the name of the Holy One,
blessed be He, beyond any blessing,

וִיקַבְּלוּ כֻלָּם אֶת עֹל מַלְכוּתֶךָ
וְתִמְלֹךְ עֲלֵיהֶם מְהֵרָה לְעוֹלָם וָעֶד.
כִּי הַמַּלְכוּת שֶׁלְּךָ הִיא וּלְעוֹלְמֵי עַד תִּמְלֹךְ בְּכָבוֹד
כַּכָּתוּב בְּתוֹרָתֶךָ, יהוה יִמְלֹךְ לְעֹלָם וָעֶד: שמות טו
◂ וְנֶאֱמַר, וְהָיָה יהוה לְמֶלֶךְ עַל־כָּל־הָאָרֶץ זכריה יד
בַּיּוֹם הַהוּא יִהְיֶה יהוה אֶחָד וּשְׁמוֹ אֶחָד:

Some add:

אַל־תִּירָא מִפַּחַד פִּתְאֹם וּמִשֹּׁאַת רְשָׁעִים כִּי תָבֹא: משלי ג
עֻצוּ עֵצָה וְתֻפָר, דַּבְּרוּ דָבָר וְלֹא יָקוּם, כִּי עִמָּנוּ אֵל: ישעיה ח
וְעַד־זִקְנָה אֲנִי הוּא, וְעַד־שֵׂיבָה אֲנִי אֶסְבֹּל ישעיה מו
אֲנִי עָשִׂיתִי וַאֲנִי אֶשָּׂא וַאֲנִי אֶסְבֹּל וַאֲמַלֵּט:

קדיש יתום

The following prayer, said by mourners, requires the presence of a מנין.
A transliteration can be found on page 1049.

אבל: יִתְגַּדַּל וְיִתְקַדַּשׁ שְׁמֵהּ רַבָּא (קהל: אָמֵן)
בְּעָלְמָא דִּי בְרָא כִרְעוּתֵהּ
וְיַמְלִיךְ מַלְכוּתֵהּ
בְּחַיֵּיכוֹן וּבְיוֹמֵיכוֹן וּבְחַיֵּי דְכָל בֵּית יִשְׂרָאֵל
בַּעֲגָלָא וּבִזְמַן קָרִיב
וְאִמְרוּ אָמֵן. (קהל: אָמֵן)

קהל ואבל: יְהֵא שְׁמֵהּ רַבָּא מְבָרַךְ לְעָלַם וּלְעָלְמֵי עָלְמַיָּא.

אבל: יִתְבָּרַךְ וְיִשְׁתַּבַּח וְיִתְפָּאַר
וְיִתְרוֹמַם וְיִתְנַשֵּׂא וְיִתְהַדָּר וְיִתְעַלֶּה וְיִתְהַלָּל
שְׁמֵהּ דְּקֻדְשָׁא בְּרִיךְ הוּא (קהל: בְּרִיךְ הוּא)
לְעֵלָּא מִן כָּל בִּרְכָתָא / בשבת שובה: לְעֵלָּא לְעֵלָּא מִכָּל בִּרְכָתָא/

song, praise and consolation
uttered in the world –
and say: Amen.

May there be great peace from heaven,
and life for us and all Israel –
and say: Amen.

Bow, take three steps back, as if taking leave of the Divine Presence, then bow, first left, then right, then center, while saying:

May He who makes peace in His high places,
make peace for us and all Israel –
and say: Amen.

From the second day of Rosh Ḥodesh Elul until and including Shemini Atzeret, the following psalm is said:

לְדָוִד A psalm of David. The LORD is my light and my salvation – whom then shall I fear? The LORD is the stronghold of my life – of whom shall I be afraid? When evil men close in on me to devour my flesh, it is they, my enemies and foes, who stumble and fall. Should an army besiege me, my heart would not fear. Should war break out against me, still I would be confident. One thing I ask of the LORD, only this do I seek: to live in the House of the LORD all the days of my life, to gaze on the beauty of the LORD and worship in His Temple. For He will keep me safe in His pavilion on the day of trouble. He will hide me under the cover of His tent. He will set me high upon a rock. Now my head is high above my enemies who surround me. I will sacrifice in His tent with shouts of joy. I will sing and chant praises to the LORD. LORD, hear my voice when I call. Be gracious to me and answer me. On Your behalf my heart says, "Seek My face." Your face, LORD, will I seek. Do not hide Your face from me. Do not turn Your servant away in anger. You have been my help. Do not reject or forsake me, God, my Savior. Were my father and my mother to forsake me, the LORD would take me in. Teach me Your way, LORD, and lead me on a level path, because of my oppressors. Do not abandon me to the will of my foes, for false witnesses have risen against me, breathing violence. ▸ Were it not for my faith that I shall see the LORD's goodness in the land of the living. Hope in the LORD. Be strong and of good courage, and hope in the LORD! *Ps. 27*

Mourner's Kaddish (on previous page)

וְשִׁירָתָא, תֻּשְׁבְּחָתָא וְנֶחֱמָתָא
דַּאֲמִירָן בְּעָלְמָא
וְאִמְרוּ אָמֵן. (קהל: אָמֵן)

יְהֵא שְׁלָמָא רַבָּא מִן שְׁמַיָּא
וְחַיִּים, עָלֵינוּ וְעַל כָּל יִשְׂרָאֵל
וְאִמְרוּ אָמֵן. (קהל: אָמֵן)

Bow, take three steps back, as if taking leave of the Divine Presence, then bow, first left, then right, then center, while saying:

עֹשֶׂה שָׁלוֹם/ בשבת שובה: הַשָּׁלוֹם/ בִּמְרוֹמָיו
הוּא יַעֲשֶׂה שָׁלוֹם עָלֵינוּ וְעַל כָּל יִשְׂרָאֵל
וְאִמְרוּ אָמֵן. (קהל: אָמֵן)

From the second day of ראש חודש אלול *until and including* שמיני עצרת*, the following psalm is said:*

לְדָוִד, יהוה אוֹרִי וְיִשְׁעִי, מִמִּי אִירָא, יהוה מָעוֹז־חַיַּי, מִמִּי אֶפְחָד: בִּקְרֹב תהלים כז
עָלַי מְרֵעִים לֶאֱכֹל אֶת־בְּשָׂרִי, צָרַי וְאֹיְבַי לִי, הֵמָּה כָשְׁלוּ וְנָפָלוּ: אִם־
תַּחֲנֶה עָלַי מַחֲנֶה, לֹא־יִירָא לִבִּי, אִם־תָּקוּם עָלַי מִלְחָמָה, בְּזֹאת אֲנִי
בוֹטֵחַ: אַחַת שָׁאַלְתִּי מֵאֵת־יהוה, אוֹתָהּ אֲבַקֵּשׁ, שִׁבְתִּי בְּבֵית־יהוה
כָּל־יְמֵי חַיַּי, לַחֲזוֹת בְּנֹעַם־יהוה, וּלְבַקֵּר בְּהֵיכָלוֹ: כִּי יִצְפְּנֵנִי בְּסֻכֹּה
בְּיוֹם רָעָה, יַסְתִּרֵנִי בְּסֵתֶר אָהֳלוֹ, בְּצוּר יְרוֹמְמֵנִי: וְעַתָּה יָרוּם רֹאשִׁי
עַל אֹיְבַי סְבִיבוֹתַי, וְאֶזְבְּחָה בְאָהֳלוֹ זִבְחֵי תְרוּעָה, אָשִׁירָה וַאֲזַמְּרָה
לַיהוה: שְׁמַע־יהוה קוֹלִי אֶקְרָא, וְחָנֵּנִי וַעֲנֵנִי: לְךָ אָמַר לִבִּי בַּקְּשׁוּ פָנָי,
אֶת־פָּנֶיךָ יהוה אֲבַקֵּשׁ: אַל־תַּסְתֵּר פָּנֶיךָ מִמֶּנִּי, אַל תַּט־בְּאַף עַבְדֶּךָ,
עֶזְרָתִי הָיִיתָ, אַל־תִּטְּשֵׁנִי וְאַל־תַּעַזְבֵנִי, אֱלֹהֵי יִשְׁעִי: כִּי־אָבִי וְאִמִּי
עֲזָבוּנִי, וַיהוה יַאַסְפֵנִי: הוֹרֵנִי יהוה דַּרְכֶּךָ, וּנְחֵנִי בְּאֹרַח מִישׁוֹר, לְמַעַן
שׁוֹרְרָי: אַל־תִּתְּנֵנִי בְּנֶפֶשׁ צָרָי, כִּי קָמוּ־בִי עֵדֵי־שֶׁקֶר, וִיפֵחַ חָמָס: › לוּלֵא
הֶאֱמַנְתִּי לִרְאוֹת בְּטוּב־יהוה בְּאֶרֶץ חַיִּים: קַוֵּה אֶל־יהוה, חֲזַק וְיַאֲמֵץ
לִבֶּךָ, וְקַוֵּה אֶל־יהוה:

קדיש יתום (*on previous page*)

Most congregations sing Yigdal at this point.
In Israel, most congregations sing Adon Olam (*page 564*).

GREAT

is the living God and praised.
He exists, and His existence is beyond time.

He is One, and there is no unity like His.
Unfathomable, His oneness is infinite.

He has neither bodily form nor substance;
His holiness is beyond compare.

He preceded all that was created.
He was first: there was no beginning to His beginning.

Behold He is Master of the Universe; every creature
shows His greatness and majesty.

The rich flow of His prophecy He gave
to His treasured people in whom He gloried.

Never in Israel has there arisen another like Moses,
a prophet who beheld God's image.

God gave His people a Torah of truth
by the hand of His prophet, most faithful of His House.

God will not alter or change His law
for any other, for eternity.

He sees and knows our secret thoughts;
as soon as something is begun, He foresees its end.

He rewards people with loving-kindness according to their deeds;
He punishes the wicked according to his wickedness.

At the end of days He will send our Messiah,
to redeem those who await His final salvation.

God will revive the dead in His great loving-kindness.
Blessed for evermore is His glorious name!

Most congregations sing יגדל *at this point.*
In ארץ ישראל*, most congregations sing* אדון עולם *(page 565).*

יִגְדַּל

אֱלֹהִים חַי וְיִשְׁתַּבַּח, נִמְצָא וְאֵין עֵת אֶל מְצִיאוּתוֹ.

אֶחָד וְאֵין יָחִיד כְּיִחוּדוֹ, נֶעְלָם וְגַם אֵין סוֹף לְאַחְדוּתוֹ.

אֵין לוֹ דְּמוּת הַגּוּף וְאֵינוֹ גוּף, לֹא נַעֲרֹךְ אֵלָיו קְדֻשָּׁתוֹ.

קַדְמוֹן לְכָל דָּבָר אֲשֶׁר נִבְרָא, רִאשׁוֹן וְאֵין רֵאשִׁית לְרֵאשִׁיתוֹ.

הִנּוֹ אֲדוֹן עוֹלָם, וְכָל נוֹצָר יוֹרֶה גְדֻלָּתוֹ וּמַלְכוּתוֹ.

שֶׁפַע נְבוּאָתוֹ נְתָנוֹ אֶל־אַנְשֵׁי סְגֻלָּתוֹ וְתִפְאַרְתּוֹ.

לֹא קָם בְּיִשְׂרָאֵל כְּמֹשֶׁה עוֹד נָבִיא וּמַבִּיט אֶת תְּמוּנָתוֹ.

תּוֹרַת אֱמֶת נָתַן לְעַמּוֹ אֵל עַל יַד נְבִיאוֹ נֶאֱמַן בֵּיתוֹ.

לֹא יַחֲלִיף הָאֵל וְלֹא יָמִיר דָּתוֹ לְעוֹלָמִים לְזוּלָתוֹ.

צוֹפֶה וְיוֹדֵעַ סְתָרֵינוּ, מַבִּיט לְסוֹף דָּבָר בְּקַדְמָתוֹ.

גּוֹמֵל לְאִישׁ חֶסֶד כְּמִפְעָלוֹ, נוֹתֵן לְרָשָׁע רָע כְּרִשְׁעָתוֹ.

יִשְׁלַח לְקֵץ יָמִין מְשִׁיחֵנוּ לִפְדּוֹת מְחַכֵּי קֵץ יְשׁוּעָתוֹ.

מֵתִים יְחַיֶּה אֵל בְּרֹב חַסְדּוֹ, בָּרוּךְ עֲדֵי עַד שֵׁם תְּהִלָּתוֹ.

יִגְדַּל אֱלֹהִים חַי *Great is the living God:* A poetic setting of Maimonides' Thirteen Principles of Jewish Faith, written by Rabbi Daniel bar Judah (Rome, fourteenth century), each line representing one of the principles. Like Adon Olam, the presence of Yigdal in the siddur reminds us that it is not only a book of prayer but also the supreme book of Jewish faith. Judaism contains little systematic theology. We speak *to* God more than we speak *about* God. Yet Judaism *is* a faith whose distinctive beliefs find their home in the prayer book. We do not analyze faith in academic detachment. We sing it, affirming faith with joy.

Kiddush and Zemirot for Shabbat Evening

BLESSING THE CHILDREN

On the evenings of Shabbat many have the custom to bless their children.

To sons, say:

יְשִׂמְךָ May God
make you like Ephraim
and Manasseh.

To daughters, say:

יְשִׂימֵךְ May God
make you like Sarah, Rebecca,
Rachel and Leah.

יְבָרֶכְךָ May the LORD bless you and protect you. *Num. 6*
May the LORD make His face shine on you
and be gracious to you.
May the LORD turn His face toward you
and grant you peace.

---

invisible signs of God's protection; (4) praising the "woman of strength," guardian of the home; (5) Kiddush, the dimension of holiness; (6) the blessing over bread, a symbol of sustenance as God's gift; and (7) song and words of Torah, expressing our faith joyously.

BLESSING THE CHILDREN

The custom of parents blessing their children has its origin in the blessing Jacob gave to his grandsons: "By you shall Israel invoke blessings, saying, May God make you like Ephraim and Manasseh" (Gen. 48:20). The blessing for boys repeats this phrase. That for girls invokes the four biblical matriarchs: Sarah, Rebecca, Rachel and Leah. This is followed, in both cases, by the priestly blessing. It is a beautiful custom, symbolizing the continuity of the generations in a way that is both tender and deeply spiritual. In the only verse to describe why Abraham was chosen, God says: "I have chosen him so that he will teach his children and his household after him to keep the way of the LORD, doing righteousness and justice" (Gen. 18:19). The bond between parents and children represents the continuity of the covenant across the generations.

קידוש וזמירות לליל שבת

ברכת הבנים

On ליל שבת *many have the custom to bless their children.*

To sons, say:

יְשִׂמְךָ אֱלֹהִים
כְּאֶפְרַיִם וְכִמְנַשֶּׁה׃

To daughters, say:

יְשִׂימֵךְ אֱלֹהִים
כְּשָׂרָה רִבְקָה רָחֵל וְלֵאָה. בראשית מח

יְבָרֶכְךָ יהוה וְיִשְׁמְרֶךָ׃ במדבר ו
יָאֵר יהוה פָּנָיו אֵלֶיךָ וִיחֻנֶּךָּ׃
יִשָּׂא יהוה פָּנָיו אֵלֶיךָ וְיָשֵׂם לְךָ שָׁלוֹם׃

SHABBAT AT HOME

Shabbat is a celebration of the Jewish home, and the home is the matrix of Judaism. The prophets compared the relationship between God and Israel with that between husband and wife, and between parent and child. The Hebrew word *emuna*, usually translated as "faith," in fact means "faithfulness, fidelity," the virtue born and sustained within the home. The love between husband and wife is the human redemption of solitude. The love between parent and child is the closest we come to immortality in this world, for it is through our children that we, and what we live for, live on.

Friday night is when, freed from the pressures of work, we can give time and loving attention to one another. It is also the time when we feel most profoundly the *Shekhina*, the Divine Presence, in the home. Our relationship to God and to those closest to us are both covenantal; that is to say, a mutual pledge of loyalty and love. Through the family and the quality of its relationships, divine blessings flow into the world.

Before the Friday evening meal, we enact sequentially the values on which the home is built: (1) lighting candles, symbolizing domestic peace; (2) blessing children, our responsibility and continuity; (3) welcoming angels,

Many people sing each of the four verses of the following song three times:

שָׁלוֹם עֲלֵיכֶם Welcome,
ministering angels, angels of the Most High,
from the Supreme King of kings,
the Holy One, blessed be He.

Enter in peace,
angels of peace, angels of the Most High,
from the Supreme King of kings,
the Holy One, blessed be He.

Bless me with peace,
angels of peace, angels of the Most High,
from the Supreme King of kings,
the Holy One, blessed be He.

Go in peace,
angels of peace, angels of the Most High,
from the Supreme King of kings,
the Holy One, blessed be He.

כִּי מַלְאָכָיו He will command His angels about you, *Ps. 91*
to guard you in all your ways.
May the Lord guard your going out and your return, *Ps. 121*
from now and for all time.

Shabbat, they bless the family. The author of the poem is unknown, but it is first mentioned in mystical circles in the seventeenth century.

Many people sing each of the four verses of the following song three times:

שָׁלוֹם עֲלֵיכֶם
מַלְאֲכֵי הַשָּׁרֵת, מַלְאֲכֵי עֶלְיוֹן
מִמֶּלֶךְ מַלְכֵי הַמְּלָכִים, הַקָּדוֹשׁ בָּרוּךְ הוּא.

בּוֹאֲכֶם לְשָׁלוֹם
מַלְאֲכֵי הַשָּׁלוֹם, מַלְאֲכֵי עֶלְיוֹן
מִמֶּלֶךְ מַלְכֵי הַמְּלָכִים, הַקָּדוֹשׁ בָּרוּךְ הוּא.

בָּרְכוּנִי לְשָׁלוֹם
מַלְאֲכֵי הַשָּׁלוֹם, מַלְאֲכֵי עֶלְיוֹן
מִמֶּלֶךְ מַלְכֵי הַמְּלָכִים, הַקָּדוֹשׁ בָּרוּךְ הוּא.

צֵאתְכֶם לְשָׁלוֹם
מַלְאֲכֵי הַשָּׁלוֹם, מַלְאֲכֵי עֶלְיוֹן
מִמֶּלֶךְ מַלְכֵי הַמְּלָכִים, הַקָּדוֹשׁ בָּרוּךְ הוּא.

כִּי מַלְאָכָיו יְצַוֶּה־לָּךְ, לִשְׁמָרְךָ בְּכָל־דְּרָכֶיךָ: תהלים צא
יהוה יִשְׁמָר־צֵאתְךָ וּבוֹאֶךָ, מֵעַתָּה וְעַד־עוֹלָם: תהלים קכא

שָׁלוֹם עֲלֵיכֶם *Welcome:* A poem based on the Talmudic passage (*Shabbat* 119b) that states that two ministering angels accompany a person on Friday night on his way from synagogue to home. When they see the home prepared for

Some say:

רִבּוֹן כָּל הָעוֹלָמִים Master of all worlds, LORD of all souls, LORD of peace, mighty, blessed and great King, King who speaks peace, King who is glorious, enduring and pure, King who gives life to worlds, King who is good and does good, King alone and unique, great King who robes Himself in compassion, King who reigns over all kings, who is exalted and supports those who fall, King who is Author of creation, who redeems and rescues, who is radiant and ruddy, King who is holy, high and exalted, King who hears prayer, King whose way is just: I thank You, LORD my God and God of my ancestors, for all the loving-kindness You have done and will do for me, and all the members of my household and all my fellow creatures. Blessed are Your angels, holy and pure, who do Your will. LORD of peace, King to whom peace belongs, bless me with peace, and grant me and the members of my household, and all Your people the house of Israel, a good and peaceful life. King exalted over all the heavenly array, who formed me and who formed creation, I entreat Your radiant presence, that You find me and all the members of my household worthy of grace and good favor in Your eyes and the eyes of all people and all who see us, that we may serve You. May we be worthy to receive Sabbaths amidst great joy, wealth and honor, and few sins. May You remove from me and all the members of my household and all Your people the house of Israel all sickness and disease, all poverty, hardship and destitution. Grant us a virtuous desire to serve You in truth, awe and love. May we find honor in Your eyes and the eyes of all who see us, for You are the King of honor: to You it belongs, to You it accords. Please, King who reigns over all kings, command Your angels, ministering angels who minister to the Most High, to act compassionately toward me when they enter my house on our holy day, for I have lit my lights, spread my couch and changed my clothes in honor of the Sabbath; I have come to Your House to lay my pleas before You that You remove my sighs; I have testified that in six days You created all things, and said it a second time, and will testify to it a third time over my cup, in joy, as You commanded me to remember it, delighting in the extra soul You have given me. On it [the Sabbath] I shall rest as You have commanded me, thereby to serve You. So too I will declare Your greatness in joyful song, for I have set the LORD before me, that You may have compassion upon me in my exile, redeeming me and awakening my heart to Your love. Then I will keep Your commands and statutes without sadness, praying correctly as is right and fitting. Angels of peace, come in peace and bless me with peace; declare blessed the table I have prepared, and go in peace, now and forever. Amen, Selah.

Some say:

רִבּוֹן כָּל הָעוֹלָמִים, אֲדוֹן כָּל הַנְּשָׁמוֹת, אֲדוֹן הַשָּׁלוֹם. מֶלֶךְ אַבִּיר, מֶלֶךְ בָּרוּךְ, מֶלֶךְ גָּדוֹל, מֶלֶךְ דּוֹבֵר שָׁלוֹם, מֶלֶךְ הָדוּר, מֶלֶךְ וָתִיק, מֶלֶךְ זַךְ, מֶלֶךְ חֵי הָעוֹלָמִים, מֶלֶךְ טוֹב וּמֵטִיב, מֶלֶךְ יָחִיד וּמְיֻחָד, מֶלֶךְ כַּבִּיר, מֶלֶךְ לוֹבֵשׁ רַחֲמִים, מֶלֶךְ מַלְכֵי הַמְּלָכִים, מֶלֶךְ נִשְׂגָּב, מֶלֶךְ סוֹמֵךְ נוֹפְלִים, מֶלֶךְ עֹשֶׂה מַעֲשֵׂה בְרֵאשִׁית, מֶלֶךְ פּוֹדֶה וּמַצִּיל, מֶלֶךְ צַח וְאָדֹם, מֶלֶךְ קָדוֹשׁ, מֶלֶךְ רָם וְנִשָּׂא, מֶלֶךְ שׁוֹמֵעַ תְּפִלָּה, מֶלֶךְ תָּמִים דַּרְכּוֹ. מוֹדֶה אֲנִי לְפָנֶיךָ, יהוה אֱלֹהַי וֵאלֹהֵי אֲבוֹתַי, עַל כָּל הַחֶסֶד אֲשֶׁר עָשִׂיתָ עִמָּדִי וַאֲשֶׁר אַתָּה עָתִיד לַעֲשׂוֹת עִמִּי וְעִם כָּל בְּנֵי בֵיתִי וְעִם כָּל בְּרִיּוֹתֶיךָ, בְּנֵי בְרִיתִי. וּבְרוּכִים הֵם מַלְאָכֶיךָ הַקְּדוֹשִׁים וְהַטְּהוֹרִים שֶׁעוֹשִׂים רְצוֹנֶךָ. אֲדוֹן הַשָּׁלוֹם, מֶלֶךְ שֶׁהַשָּׁלוֹם שֶׁלּוֹ, בָּרְכֵנִי בַשָּׁלוֹם, וְתִפְקֹד אוֹתִי וְאֶת כָּל בְּנֵי בֵיתִי וְכָל עַמְּךָ בֵּית יִשְׂרָאֵל לְחַיִּים טוֹבִים וּלְשָׁלוֹם. מֶלֶךְ עֶלְיוֹן עַל כָּל צְבָא מָרוֹם, יוֹצְרֵנוּ, יוֹצֵר בְּרֵאשִׁית, אֲחַלֶּה פָנֶיךָ הַמְּאִירִים, שֶׁתְּזַכֶּה אוֹתִי וְאֶת כָּל בְּנֵי בֵיתִי לִמְצֹא חֵן וְשֵׂכֶל טוֹב בְּעֵינֶיךָ וּבְעֵינֵי כָל בְּנֵי אָדָם וּבְעֵינֵי כָל רוֹאֵינוּ לַעֲבוֹדָתֶךָ. וְזַכֵּנוּ לְקַבֵּל שַׁבָּתוֹת מִתּוֹךְ רֹב שִׂמְחָה וּמִתּוֹךְ עֹשֶׁר וְכָבוֹד וּמִתּוֹךְ מִעוּט עֲוֹנוֹת. וְהָסֵר מִמֶּנִּי וּמִכָּל בְּנֵי בֵיתִי וּמִכָּל עַמְּךָ בֵּית יִשְׂרָאֵל כָּל מִינֵי חֹלִי וְכָל מִינֵי מַדְוֶה וְכָל מִינֵי דַלּוּת וַעֲנִיּוּת וְאֶבְיוֹנוּת. וְתֵן בָּנוּ יֵצֶר טוֹב לְעָבְדְּךָ בֶּאֱמֶת וּבְיִרְאָה וּבְאַהֲבָה. וְנִהְיֶה מְכֻבָּדִים בְּעֵינֶיךָ וּבְעֵינֵי כָל רוֹאֵינוּ, כִּי אַתָּה הוּא מֶלֶךְ הַכָּבוֹד, כִּי לְךָ נָאֶה, כִּי לְךָ יָאֶה. אָנָּא, מֶלֶךְ מַלְכֵי הַמְּלָכִים, צַוֵּה לְמַלְאָכֶיךָ, מַלְאֲכֵי הַשָּׁרֵת, מְשָׁרְתֵי עֶלְיוֹן, שֶׁיִּפְקְדוּנִי בְּרַחֲמִים וִיבָרְכוּנִי בְּבוֹאָם לְבֵיתִי בְּיוֹם קָדְשֵׁנוּ, כִּי הִדְלַקְתִּי נֵרוֹתַי וְהִצַּעְתִּי מִטָּתִי וְהֶחֱלַפְתִּי שִׂמְלוֹתַי לִכְבוֹד יוֹם הַשַּׁבָּת וּבָאתִי לְבֵיתְךָ לְהַפִּיל תְּחִנָּתִי לְפָנֶיךָ, שֶׁתַּעֲבִיר אַנְחָתִי, וָאָעִיד אֲשֶׁר בָּרָאתָ בְשִׁשָּׁה יָמִים כָּל הַיְצוּר, וָאֶשְׁנֶה וַאֲשַׁלֵּשׁ עוֹד לְהָעִיד עַל כּוֹסִי בְּתוֹךְ שִׂמְחָתִי, כַּאֲשֶׁר צִוִּיתַנִי לְזָכְרוֹ וּלְהִתְעַנֵּג בְּיֶתֶר נִשְׁמָתִי אֲשֶׁר נָתַתָּ בִּי. בּוֹ אֶשְׁבֹּת כַּאֲשֶׁר צִוִּיתַנִי לְשָׁרְתֶךָ, וְכֵן אַגִּיד גְּדֻלָּתְךָ בְּרִנָּה, וְשִׁוִּיתִי יהוה לִקְרָאתִי שֶׁתְּרַחֲמֵנִי עוֹד בְּגָלוּתִי לְגָאֳלֵנִי לְעוֹרֵר לִבִּי לְאַהֲבָתֶךָ. וְאָז אֶשְׁמֹר פִּקּוּדֶיךָ וְחֻקֶּיךָ בְּלִי עֶצֶב, וְאֶתְפַּלֵּל כַּדָּת כָּרָאוּי וְכַנָּכוֹן. מַלְאֲכֵי הַשָּׁלוֹם, בּוֹאֲכֶם לְשָׁלוֹם, בָּרְכוּנִי לְשָׁלוֹם, וְאִמְרוּ בָּרוּךְ לְשֻׁלְחָנִי הֶעָרוּךְ, וְצֵאתְכֶם לְשָׁלוֹם מֵעַתָּה וְעַד עוֹלָם, אָמֵן סֶלָה.

אֵשֶׁת־חַיִל A woman of strength, who can find? Her worth is far beyond pearls. *Prov. 31*
Her husband's heart trusts in her, and he has no lack of gain.
She brings him good, not harm, all the days of her life.
She seeks wool and linen, and works with willing hands.
She is like a ship laden with merchandise, bringing her food from afar.
She rises while it is still night, providing food for her household, portions for her maids.
She considers a field and buys it; from her earnings she plants a vineyard.
She girds herself with strength, and braces her arms for her tasks.
She sees that her business goes well; her lamp does not go out at night.
She holds the distaff in her hand, and grasps the spindle with her palms.
She reaches out her palm to the poor, and extends her hand to the needy.
She has no fear for her family when it snows, for all her household is clothed in crimson wool.
She makes elegant coverings; her clothing is fine linen and purple wool.
Her husband is well known in the gates,
where he sits with the elders of the land.
She makes linen garments and sells them, and supplies merchants with sashes.
She is clothed with strength and dignity; she can laugh at the days to come.
She opens her mouth with wisdom,
and the law of kindness is on her tongue.
She watches over the ways of her household,
and never eats the bread of idleness.
Her children rise and call her happy; her husband also praises her:
"Many women have excelled, but you surpass them all."
Charm is deceptive and beauty vain:
it is the God-fearing woman who deserves praise.
Give her the reward she has earned;
let her deeds bring her praise in the gates.

---

a woman of wisdom and kindness, "clothed with strength and dignity." The word *ḥayil* in the opening phrase signifies strength, both moral and physical. Many of the commentators see the woman in this passage as a symbol of the Divine Presence (or Shabbat itself, personified as a bride). Without negating this allegorical meaning, the poem is also a hymn of thanks to the female head of the household for the blessings she brings to the family and the home.

אֵשֶׁת־חַיִל מִי יִמְצָא, וְרָחֹק מִפְּנִינִים מִכְרָהּ: משלי לא
בָּטַח בָּהּ לֵב בַּעְלָהּ, וְשָׁלָל לֹא יֶחְסָר:
גְּמָלַתְהוּ טוֹב וְלֹא־רָע, כֹּל יְמֵי חַיֶּיהָ:
דָּרְשָׁה צֶמֶר וּפִשְׁתִּים, וַתַּעַשׂ בְּחֵפֶץ כַּפֶּיהָ:
הָיְתָה כָּאֳנִיּוֹת סוֹחֵר, מִמֶּרְחָק תָּבִיא לַחְמָהּ:
וַתָּקָם בְּעוֹד לַיְלָה, וַתִּתֵּן טֶרֶף לְבֵיתָהּ, וְחֹק לְנַעֲרֹתֶיהָ:
זָמְמָה שָׂדֶה וַתִּקָּחֵהוּ, מִפְּרִי כַפֶּיהָ נָטַע כָּרֶם:
חָגְרָה בְעוֹז מָתְנֶיהָ, וַתְּאַמֵּץ זְרוֹעֹתֶיהָ:
טָעֲמָה כִּי־טוֹב סַחְרָהּ, לֹא־יִכְבֶּה בַלַּיִל נֵרָהּ:
יָדֶיהָ שִׁלְּחָה בַכִּישׁוֹר, וְכַפֶּיהָ תָּמְכוּ פָלֶךְ:
כַּפָּהּ פָּרְשָׂה לֶעָנִי, וְיָדֶיהָ שִׁלְּחָה לָאֶבְיוֹן:
לֹא־תִירָא לְבֵיתָהּ מִשָּׁלֶג, כִּי כָל־בֵּיתָהּ לָבֻשׁ שָׁנִים:
מַרְבַדִּים עָשְׂתָה־לָּהּ, שֵׁשׁ וְאַרְגָּמָן לְבוּשָׁהּ:
נוֹדָע בַּשְּׁעָרִים בַּעְלָהּ, בְּשִׁבְתּוֹ עִם־זִקְנֵי־אָרֶץ:
סָדִין עָשְׂתָה וַתִּמְכֹּר, וַחֲגוֹר נָתְנָה לַכְּנַעֲנִי:
עוֹז־וְהָדָר לְבוּשָׁהּ, וַתִּשְׂחַק לְיוֹם אַחֲרוֹן:
פִּיהָ פָּתְחָה בְחָכְמָה, וְתוֹרַת־חֶסֶד עַל־לְשׁוֹנָהּ:
צוֹפִיָּה הֲלִיכוֹת בֵּיתָהּ, וְלֶחֶם עַצְלוּת לֹא תֹאכֵל:
קָמוּ בָנֶיהָ וַיְאַשְּׁרוּהָ, בַּעְלָהּ וַיְהַלְלָהּ:
רַבּוֹת בָּנוֹת עָשׂוּ חָיִל, וְאַתְּ עָלִית עַל־כֻּלָּנָה:
שֶׁקֶר הַחֵן וְהֶבֶל הַיֹּפִי, אִשָּׁה יִרְאַת־יהוה הִיא תִתְהַלָּל:
תְּנוּ־לָהּ מִפְּרִי יָדֶיהָ, וִיהַלְלוּהָ בַשְּׁעָרִים מַעֲשֶׂיהָ:

אֵשֶׁת־חַיִל *A woman of strength:* This text, an alphabetical acrostic, is taken from the closing chapter of the book of Proverbs. In a series of scenes it describes an ideal woman: active, practical, a businesswoman as well as director of the household, involved in the welfare of strangers as well as her family,

Some say:

Prepare the feast of perfect faith, joy of the holy King.
Prepare the royal feast.

This is the feast [mystically known as] 'the Field of Holy Apples' –
and 'the Small Face' and 'the Holy Ancient One'
[mystical terms for aspects of the Divine] come to partake in the feast with it.

With songs of praise I will cut away [evil forces],
to enter the holy gates of 'the Field of Apples.'
We now invite Her [the Divine Presence] with a newly prepared table
and a fine candelabrum spreading light upon our heads.
Between right and left is the bride, decked with jewelry, adorned and robed.
Her husband embraces her, and in the joy of their togetherness
[evil forces] are crushed.
Cries and suffering stop and cease; a new face comes upon spirits and souls.
She will have great and doubled joy; light will come, and bounteous blessing.
Come near, dear friends, and prepare delicacies of many kinds, and fish and fowl.
Renewing souls and spirits through the thirty-two [paths of wisdom]
and the three branches [of Scripture].
She [the Divine Presence] has seventy crowns, and above,
the King is crowned with all in the Holy of Holies.
Engraved and hidden with her are all worlds,
but the pestle of the Ancient of Days releases all that is hidden.
May it be His will that the Divine Presence rest on His people who,
for His name's sake, delight in sweet foods and honey.
To the south, I will arrange the candelabrum of hidden [wisdom],
to the north I will set the table with bread.
With wine in the cup, and myrtle clusters for bridegroom and bride,
the weak will be given strength.
Let us make them crowns of precious words, seventy crowns beyond the fifty.
May the Divine Presence be crowned with six loaves on each side, like
the two sets of six loaves [of showbread] and other articles [in the Temple].
[On the Sabbath] impure powers and afflicting angels cease and desist; and
those who are confined have respite.
To break bread the size of an olive or an egg, for there are two ways of
interpreting the *Yod* [of the divine name], restrictively or expansively.
It is like pure olive oil, pressed in a mill, flowing like rivers, whispering secrets.
Let us speak of mysteries, secrets unrevealed, hidden and concealed.
To crown the bride with mysteries above, at this,
the holy angels' wedding celebration.

Some say:

אַתְקִינוּ סְעוּדָתָא דִמְהֵימְנוּתָא שְׁלִימְתָא
חֶדְוָתָא דְמַלְכָּא קַדִּישָׁא.
אַתְקִינוּ סְעוּדָתָא דְמַלְכָּא.

דָּא הִיא סְעוּדָתָא דַּחֲקַל תַּפּוּחִין קַדִּישִׁין
וּזְעֵיר אַנְפִּין וְעַתִּיקָא קַדִּישָׁא אָתְיָן לְסַעֲדָה בַּהֲדָהּ.

אֲזַמֵּר בִּשְׁבָחִין / לְמֵעַל גּוֹ פִתְחִין / דְּבַחֲקַל תַּפּוּחִין / דְּאִנּוּן קַדִּישִׁין.
נְזַמֵּן לַהּ הַשְׁתָּא / בְּפָתוֹרָא חַדְתָּא / וּבִמְנַרְתָּא טָבְתָא / דְּנָהֲרָה עַל רֵישִׁין.
יְמִינָא וּשְׂמָאלָא / וּבֵינַיְהוּ כַלָּה / בְּקִשּׁוּטִין אָזְלָא / וּמָנִין וּלְבוּשִׁין.
יְחַבֵּק לַהּ בַּעְלָהּ / וּבִיסוֹדָא דִי לַהּ / דְּעָבֵד נַיְחָא לַהּ / יְהֵא כָתֵשׁ כְּתִישִׁין.
צְוָחִין אוּף עָקְתִין / בְּטִילִין וּשְׁבִיתִין / בְּרַם אַנְפִּין חַדְתִּין / וְרוּחִין עִם נַפְשִׁין.
חֲדוּ סַגִּי יֵיתֵי / וְעַל חֲדָה תַרְתֵּי / נְהוֹרָא לַהּ יַמְטֵי / וּבִרְכָן דִּנְפִישִׁין.
קְרִיבוּ שׁוּשְׁבִינִין / עֲבִידוּ תִקּוּנִין / לְאַפָּשָׁה זִינִין / וְנוּנִין עִם רַחְשִׁין.
לְמֶעְבַּד נִשְׁמָתִין / וְרוּחִין חַדְתִּין / בְּתַרְתֵּי וּתְלָתִין / וּבִתְלָתָא שִׁבְשִׁין.
וְעִטְרִין שַׁבְעִין לַהּ / וּמַלְכָּא דִלְעֵלָּא / דְּיִתְעַטַּר כֹּלָּא / בְּקַדִּישׁ קַדִּישִׁין.
רְשִׁימִין וּסְתִימִין / בְּגַוַּהּ כָּל עָלְמִין / בְּרַם עַתִּיק יוֹמִין / הֲלָא בָטֵשׁ בְּטִישִׁין.
יְהֵא רַעֲוָה קַמֵּהּ / דְּתִשְׁרֵי עַל עַמֵּהּ / דְּיִתְעַנַּג לִשְׁמֵהּ / בְּמִתְקִין וְדֻבְשִׁין.
אֲסַדֵּר לִדְרוֹמָא / מְנַרְתָּא דִסְתִימָא / וְשֻׁלְחָן עִם נַהֲמָא / בִּצְפּוּנָא אַדְשִׁין.
בְּחַמְרָא גוֹ כָסָא / וּמְדָנֵי אָסָא / לְאָרוּס וַאֲרוּסָה / לְאַתְקָפָא חַלָּשִׁין.
נְעַבֵּד לוֹן כִּתְרִין / בְּמִלִּין יַקִּירִין / בְּשַׁבְעִין עִטּוּרִין / דְּעַל גַּבֵּי חַמְשִׁין.
שְׁכִינְתָּא תִתְעַטַּר / בְּשִׁית נַהֲמֵי לִסְטַר / בְּוָוִין תִּתְקַטַּר / וְזֵינִין דִּכְנִישִׁין.
(שְׁבִיתִין וּשְׁבִיקִין / מְסָאֲבִין דְּדָחֲקִין / חֲבִילִין דִּמְעִיקִין / וְכָל זֵינֵי חַרְשִׁין.)
לְמִבְצַע עַל רִיפְתָּא / כְּזֵיתָא וּכְבֵיעֲתָא / תְּרֵין יוּדִין נָקְטָא / סְתִימִין וּפְרִישִׁין.
מְשַׁח זֵיתָא דָכְיָא / דְּטָחֲנִין רֵיחַיָּא / וְנַגְדִּין נַחֲלַיָּא / בְּגַוַּהּ בִּלְחִישִׁין.
הֲלָא נֵימָא רָזִין / וּמִלִּין דִּגְנִיזִין / דְּלֵיתֵיהוֹן מִתְחֲזִין / טְמִירִין וּכְבִישִׁין.
לְאַעְטָרָה כַלָּה / בְּרָזִין דִּלְעֵלָּא / בְּגוֹ הַאי הִלּוּלָא / דְּעִירִין קַדִּישִׁין.

KIDDUSH FOR SHABBAT EVENING

Quietly: And it was evening, and it was morning – *Gen. 1*
יוֹם הַשִּׁשִּׁי the sixth day.

Then the heavens and the earth were completed, and all their array. *Gen. 2*
With the seventh day, God completed the work He had done.
He ceased on the seventh day from all the work He had done.
God blessed the seventh day and declared it holy,
because on it He ceased from all His work He had created to do.

When saying Kiddush for others, add:
Please pay attention, my masters.

Blessed are You, LORD our God, King of the Universe,
who creates the fruit of the vine.

Blessed are You, LORD our God, King of the Universe,
who has made us holy through His commandments,
who has favored us,
and in love and favor gave us His holy Sabbath as a heritage,
a remembrance of the work of creation.
It is the first among the holy days of assembly,
a remembrance of the exodus from Egypt.
For You chose us and sanctified us from all the peoples,
and in love and favor gave us Your holy Sabbath as a heritage.
Blessed are You, LORD, who sanctifies the Sabbath.

It is customary for all present to drink of the wine.

---

completed creation and rested on the seventh day; (2) a blessing over wine; and (3) a blessing over the day itself.

It is our custom to begin the first paragraph with the last two words of the previous verse so that the first four Hebrew words of Kiddush – *Yom Hashishi Vayekhulu Hashamayim* – spell out the four-letter name of God. The previous words are said quietly. The blessing over the day recalls the two fundamental beliefs of which Shabbat is a reminder: creation and the exodus from Egypt.

קידוש לליל שבת

בראשית א

Quietly וַיְהִי־עֶרֶב וַיְהִי־בֹקֶר

יוֹם הַשִּׁשִּׁי:

בראשית ב

וַיְכֻלּוּ הַשָּׁמַיִם וְהָאָרֶץ וְכָל־צְבָאָם:

וַיְכַל אֱלֹהִים בַּיּוֹם הַשְּׁבִיעִי מְלַאכְתּוֹ אֲשֶׁר עָשָׂה

וַיִּשְׁבֹּת בַּיּוֹם הַשְּׁבִיעִי מִכָּל־מְלַאכְתּוֹ אֲשֶׁר עָשָׂה:

וַיְבָרֶךְ אֱלֹהִים אֶת־יוֹם הַשְּׁבִיעִי, וַיְקַדֵּשׁ אֹתוֹ

כִּי בוֹ שָׁבַת מִכָּל־מְלַאכְתּוֹ, אֲשֶׁר־בָּרָא אֱלֹהִים, לַעֲשׂוֹת:

When saying קידוש *for others, add:*

סַבְרִי מָרָנָן

בָּרוּךְ אַתָּה יהוה אֱלֹהֵינוּ מֶלֶךְ הָעוֹלָם, בּוֹרֵא פְּרִי הַגָּפֶן.

בָּרוּךְ אַתָּה יהוה אֱלֹהֵינוּ מֶלֶךְ הָעוֹלָם

אֲשֶׁר קִדְּשָׁנוּ בְּמִצְוֹתָיו, וְרָצָה בָנוּ

וְשַׁבַּת קָדְשׁוֹ בְּאַהֲבָה וּבְרָצוֹן הִנְחִילָנוּ

זִכָּרוֹן לְמַעֲשֵׂה בְרֵאשִׁית

כִּי הוּא יוֹם תְּחִלָּה לְמִקְרָאֵי קֹדֶשׁ, זֵכֶר לִיצִיאַת מִצְרָיִם

כִּי בָנוּ בָחַרְתָּ וְאוֹתָנוּ קִדַּשְׁתָּ מִכָּל הָעַמִּים

וְשַׁבַּת קָדְשְׁךָ בְּאַהֲבָה וּבְרָצוֹן הִנְחַלְתָּנוּ.

בָּרוּךְ אַתָּה יהוה, מְקַדֵּשׁ הַשַּׁבָּת.

It is customary for all present to drink of the wine.

קידוש *Kiddush:* In the Ten Commandments, we are commanded to "remember" the Shabbat day. This was understood to mean a verbal declaration, said over a cup of wine: hence Kiddush. The Friday night Kiddush contains three elements: (1) a biblical reading, referring to the first Shabbat when God

ZEMIROT FOR SHABBAT EVENING

כָּל מְקַדֵּשׁ All who fittingly sanctify the seventh day,
All who protect the Sabbath properly from desecration,
Will have great reward in accord with their deed.
"Each in his own camp, each under his own banner." *Num. 1*

Lovers of the LORD, who await the building of the Temple,
Be glad and joyful on the Sabbath as if receiving the gift of God's inheritance,
Raise your hands in holiness and say to God:
"Blessed is the LORD who has given rest to His people Israel." *I Kings 8*

Seekers of the LORD, offspring of His beloved Abraham,
Who are slow to leave the Sabbath but hasten to enter it,
Who rejoice to keep it and make its *eiruv* –
"This is the day the LORD has made, let us rejoice and be glad in it." *Ps. 118*

Remember Moses' Torah, from which the laws of Sabbath are learned,
Engraved is the seventh day like a bedecked bride between her companions,
The pure inherit it and sanctify it with the words: "All that He had made…
With the seventh day God completed the work He had done." *Gen. 2*

It is a sacred day from beginning to end,
All Jacob's offspring will honor it as the King's word and decree,
Resting on it and rejoicing with delights of food and drink.
"All the congregation of Israel will observe it." *Ex. 12*

Extend Your loving-kindness to those who know You, zealous and retributive God,
Those who keep the seventh day, fulfilling "Remember" and "Observe,"
Grant them the joy of Jerusalem rebuilt, make them shine with the light of Your face.
"Fill them with the rich plenty of Your House, give them drink from Your river of delights." *Ps. 36*

Help those who, on the seventh day, rest from plow and harvest,
Who walk slowly, and eat three meals to bless You.
May their righteousness shine like the light of the seven days,
LORD God of Israel, grant completion. *I Sam. 14*

זמירות לליל שבת

כָּל מְקַדֵּשׁ שְׁבִיעִי כָּרָאוּי לוֹ
כָּל שׁוֹמֵר שַׁבָּת כַּדָּת, מֵחַלְּלוֹ
שְׂכָרוֹ הַרְבֵּה מְאֹד עַל פִּי פָעֳלוֹ
אִישׁ עַל־מַחֲנֵהוּ וְאִישׁ עַל־דִּגְלוֹ: במדבר א

אוֹהֲבֵי יהוה הַמְחַכִּים לְבִנְיַן אֲרִיאֵל
בְּיוֹם הַשַּׁבָּת שִׂישׂוּ וְשִׂמְחוּ כִּמְקַבְּלֵי מַתַּן נַחֲלִיאֵל
גַּם שְׂאוּ יְדֵיכֶם קֹדֶשׁ וְאִמְרוּ לָאֵל
בָּרוּךְ יהוה אֲשֶׁר נָתַן מְנוּחָה לְעַמּוֹ יִשְׂרָאֵל: מלכים א, ח

דּוֹרְשֵׁי יהוה זֶרַע אַבְרָהָם אוֹהֲבוֹ
הַמְאַחֲרִים לָצֵאת מִן הַשַּׁבָּת וּמְמַהֲרִים לָבוֹא
וּשְׂמֵחִים לְשָׁמְרוֹ וּלְעָרֵב עֵרוּבוֹ
זֶה־הַיּוֹם עָשָׂה יהוה, נָגִילָה וְנִשְׂמְחָה בוֹ: תהלים קיח

זִכְרוּ תּוֹרַת מֹשֶׁה בְּמִצְוַת שַׁבָּת גְּרוּסָה
חֲרוּתָה לַיּוֹם הַשְּׁבִיעִי, כְּכַלָּה בֵּין רֵעוֹתֶיהָ מְשֻׁבָּצָה
טְהוֹרִים יִירָשׁוּהָ, וִיקַדְּשׁוּהָ בְּמַאֲמַר כָּל אֲשֶׁר עָשָׂה
וַיְכַל אֱלֹהִים בַּיּוֹם הַשְּׁבִיעִי מְלַאכְתּוֹ אֲשֶׁר עָשָׂה: בראשית ב

יוֹם קָדוֹשׁ הוּא, מִבּוֹאוֹ וְעַד צֵאתוֹ
כָּל זֶרַע יַעֲקֹב יְכַבְּדוּהוּ, כִּדְבַר הַמֶּלֶךְ וְדָתוֹ
לָנוּחַ בּוֹ וְלִשְׂמֹחַ בְּתַעֲנוּג אָכוֹל וְשָׁתֹה
כָּל־עֲדַת יִשְׂרָאֵל יַעֲשׂוּ אֹתוֹ: שמות יב

מְשֹׁךְ חַסְדְּךָ לְיוֹדְעֶיךָ, אֵל קַנּוֹא וְנוֹקֵם
נוֹטְרֵי יוֹם הַשְּׁבִיעִי זָכוֹר וְשָׁמוֹר לְהָקֵם
שַׂמְּחֵם בְּבִנְיַן שָׁלֵם, בְּאוֹר פָּנֶיךָ תַּבְהִיקֵם
יִרְוְיֻן מִדֶּשֶׁן בֵּיתֶךָ, וְנַחַל עֲדָנֶיךָ תַשְׁקֵם: תהלים לו

עֲזֹר לַשּׁוֹבְתִים בַּשְּׁבִיעִי, בֶּחָרִישׁ וּבַקָּצִיר עוֹלָמִים
פּוֹסְעִים בּוֹ פְּסִיעָה קְטַנָּה, סוֹעֲדִים בּוֹ, לְבָרֵךְ שָׁלֹשׁ פְּעָמִים
צִדְקָתָם תַּצְהִיר כְּאוֹר שִׁבְעַת הַיָּמִים
יהוה אֱלֹהֵי יִשְׂרָאֵל, הָבָה תָמִים: שמואל א, יד

מְנוּחָה וְשִׂמְחָה Rest and joy, light for all Jews,
Is the Sabbath day, day of delights;
Those who keep and recall it bear witness
That in six days all creation was made.

The highest heavens, land and seas,
The hosts of heaven, high and sublime;
Sea monsters, humans and all wild beasts,
Were created by God, the Lord, who formed all worlds.

It was He who spoke to His treasured people:
"Keep it to make it holy from beginning to end."
The holy Sabbath is His day of delight,
For on it God rested from all His work.

Through the Sabbath commandment
God will give you strength,
Rise, pray to Him, and He will invigorate you.
Recite the Nishmat prayer, and the Kedusha,
Then eat with joy, for He is pleased with you.

With twin loaves, and wine for the Kiddush,
With many delicacies and a willing spirit;
Those who delight in it shall merit great reward:
The coming of the redeemer, and life in the World to Come.

מְנוּחָה וְשִׂמְחָה אוֹר לַיְּהוּדִים
יוֹם שַׁבָּתוֹן, יוֹם מַחֲמַדִּים
שׁוֹמְרָיו וְזוֹכְרָיו הֵמָּה מְעִידִים
כִּי לְשִׁשָּׁה כֹּל בְּרוּאִים וְעוֹמְדִים.

שְׁמֵי שָׁמַיִם, אֶרֶץ וְיַמִּים
כָּל צְבָא מָרוֹם גְּבוֹהִים וְרָמִים
תַּנִּין וְאָדָם וְחַיַּת רְאֵמִים
כִּי בְּיָהּ יהוה צוּר עוֹלָמִים.

הוּא אֲשֶׁר דִּבֶּר לְעַם סְגֻלָּתוֹ
שָׁמוֹר לְקַדְּשׁוֹ מִבּוֹאוֹ עַד צֵאתוֹ
שַׁבַּת קֹדֶשׁ יוֹם חֶמְדָּתוֹ
כִּי בוֹ שָׁבַת אֵל מִכָּל מְלַאכְתּוֹ.

בְּמִצְוַת שַׁבָּת אֵל יַחֲלִיצָךְ
קוּם קְרָא אֵלָיו, יָחִישׁ לְאַמְּצָךְ
נִשְׁמַת כָּל חַי וְגַם נַעֲרִיצָךְ
אֱכֹל בְּשִׂמְחָה כִּי כְבָר רָצָךְ.

בְּמִשְׁנֶה לֶחֶם וְקִדּוּשׁ רַבָּה
בְּרֹב מַטְעַמִּים וְרוּחַ נְדִיבָה
יִזְכּוּ לְרַב טוּב הַמִּתְעַנְּגִים בָּהּ
בְּבִיאַת גּוֹאֵל לְחַיֵּי הָעוֹלָם הַבָּא.

מַה־יְּדִידוּת How beloved is your rest, Sabbath Queen,
We run to greet you: Come, royal bride,
Dressed in fine robes. We light the light with blessing.
All labors end [as is said:] "You shall do no work."
To savor the delights of fowl, quail and fish.

In advance all kinds of tasty food have been prepared,
Fattened chickens made ready while it was still day.
Varied dishes set out, and fragrant wines to drink,
And special delicacies all three times.
To savor the delights of fowl, quail and fish.

They shall inherit Jacob's heritage, a heritage unbounded,
Rich and poor will honor [the Sabbath] and be worthy of redemption,
If you keep the Sabbath day you will be My special treasure,
Six days shall you labor – and on the seventh let us rejoice.
To savor the delights of fowl, quail and fish.

Your secular concerns are forbidden; so too are calculations.
Reflections are permitted, and arranging matches for girls,
And teaching a child a book, and singing songs of praise,
And meditating on fine words at every place and gathering.
To savor the delights of fowl, quail and fish.

Your walk shall be unhurried; you shall call the Sabbath a delight.
Sleep too is praiseworthy, for it refreshes the spirit.
Therefore my soul yearns for you, to rest in you in love,
As if within a fence of roses: on it son and daughter rest.
To savor the delights of fowl, quail and fish.

A foretaste of the World to Come is the day of Sabbath rest.
All who take delight in it will be worthy of great joy.
They will be delivered with relief from the birthpangs of the Messiah,
May our redemption spring forth, and sadness and sighing flee away.
To savor the delights of fowl, quail and fish.

מַה־יְּדִידוּת מְנוּחָתֵךְ, אַתְּ שַׁבָּת הַמַּלְכָּה
בְּכֵן נָרוּץ לִקְרָאתֵךְ, בּוֹאִי כַלָּה נְסוּכָה
לְבוּשׁ בִּגְדֵי חֲמוּדוֹת, לְהַדְלִיק נֵר בִּבְרָכָה
וַתֵּכֶל כָּל הָעֲבוֹדוֹת, לֹא תַעֲשׂוּ מְלָאכָה.
לְהִתְעַנֵּג בְּתַעֲנוּגִים בַּרְבּוּרִים וּשְׂלָו וְדָגִים.

מֵעֶרֶב מַזְמִינִים כָּל מִינֵי מַטְעַמִּים
מִבְּעוֹד יוֹם מוּכָנִים תַּרְנְגוֹלִים מְפֻטָּמִים
וְלַעֲרֹךְ בּוֹ כַּמָּה מִינִים, שְׁתוֹת יֵינוֹת מְבֻשָּׂמִים
וְתַפְנוּקֵי מַעֲדַנִּים בְּכָל שָׁלֹשׁ פְּעָמִים.
לְהִתְעַנֵּג בְּתַעֲנוּגִים בַּרְבּוּרִים וּשְׂלָו וְדָגִים.

נַחֲלַת יַעֲקֹב יִירָשׁ, בְּלִי מְצָרִים נַחֲלָה
וִיכַבְּדוּהוּ עָשִׁיר וָרָשׁ, וְתִזְכּוּ לִגְאֻלָּה
יוֹם שַׁבָּת אִם תְּכַבֵּדוּ וִהְיִיתֶם לִי סְגֻלָּה
שֵׁשֶׁת יָמִים תַּעֲבֹדוּ וּבַשְּׁבִיעִי נָגִילָה.
לְהִתְעַנֵּג בְּתַעֲנוּגִים בַּרְבּוּרִים וּשְׂלָו וְדָגִים.

חֲפָצֶיךָ אֲסוּרִים וְגַם לַחֲשֹׁב חֶשְׁבּוֹנוֹת
הִרְהוּרִים מֻתָּרִים וּלְשַׁדֵּךְ הַבָּנוֹת
וְתִינוֹק לְלַמְּדוֹ סֵפֶר, לַמְנַצֵּחַ בִּנְגִינוֹת
וְלַהֲגוֹת בְּאִמְרֵי שֶׁפֶר בְּכָל פִּנּוֹת וּמַחֲנוֹת.
לְהִתְעַנֵּג בְּתַעֲנוּגִים בַּרְבּוּרִים וּשְׂלָו וְדָגִים.

הִלּוּכָךְ יְהֵא בְנַחַת, עֹנֶג קְרָא לַשַּׁבָּת
וְהַשֵּׁנָה מְשֻׁבַּחַת כְּדָת נֶפֶשׁ מְשִׁיבַת
בְּכֵן נַפְשִׁי לְךָ עָרְגָה וְלָנוּחַ בְּחִבַּת
כַּשּׁוֹשַׁנִּים סוּגָה, בּוֹ יָנוּחוּ בֵּן וּבַת.
לְהִתְעַנֵּג בְּתַעֲנוּגִים בַּרְבּוּרִים וּשְׂלָו וְדָגִים.

מֵעֵין עוֹלָם הַבָּא יוֹם שַׁבָּת מְנוּחָה
כָּל הַמִּתְעַנְּגִים בָּהּ יִזְכּוּ לְרֹב שִׂמְחָה
מֵחֶבְלֵי מָשִׁיחַ יֻצָּלוּ לִרְוָחָה
פְּדוּתֵנוּ תַצְמִיחַ, וְנָס יָגוֹן וַאֲנָחָה.
לְהִתְעַנֵּג בְּתַעֲנוּגִים בַּרְבּוּרִים וּשְׂלָו וְדָגִים.

יוֹם זֶה לְיִשְׂרָאֵל This day for Israel is light and joy,
a Sabbath of serenity.
At the assembly at Sinai You decreed the laws,
Sabbath and the festivals – to keep them all my years;
Setting a table before me with courses of fine food –
A Sabbath of serenity.
This day, for Israel, is light and joy, a Sabbath of serenity.

Heart's delight to a shattered people,
To suffering spirits, an extra soul.
From troubled hearts may it banish sighs –
A Sabbath of serenity.
This day, for Israel, is light and joy, a Sabbath of serenity.

You sanctified and blessed it above all other days.
In six days You finished the making of all worlds.
On it sad souls find quiet and safety –
A Sabbath of serenity.
This day, for Israel, is light and joy, a Sabbath of serenity.

All work is forbidden by the revered One's commandment,
I will merit royal glory if I keep the Sabbath day,
Bringing the awesome One a sweetly scented gift –
A Sabbath of serenity.
This day, for Israel, is light and joy, a Sabbath of serenity.

Renew our Sanctuary, remember the ruined city.
Bestow Your goodness, Savior, on one who is sad,
Yet still she spends the Sabbath in song and praise –
A Sabbath of serenity.
This day, for Israel, is light and joy, a Sabbath of serenity.

יוֹם זֶה לְיִשְׂרָאֵל אוֹרָה וְשִׂמְחָה, שַׁבַּת מְנוּחָה.

צִוִּיתָ פִּקּוּדִים בְּמַעֲמַד סִינַי
שַׁבָּת וּמוֹעֲדִים לִשְׁמֹר בְּכָל שָׁנַי
לַעֲרֹךְ לְפָנַי מַשְׂאֵת וַאֲרוּחָה שַׁבַּת מְנוּחָה.

יוֹם זֶה לְיִשְׂרָאֵל אוֹרָה וְשִׂמְחָה, שַׁבַּת מְנוּחָה.

חֶמְדַּת הַלְּבָבוֹת לְאֻמָּה שְׁבוּרָה
לִנְפָשׁוֹת נִכְאָבוֹת נְשָׁמָה יְתֵרָה
לְנֶפֶשׁ מְצֵרָה יָסִיר אֲנָחָה שַׁבַּת מְנוּחָה.

יוֹם זֶה לְיִשְׂרָאֵל אוֹרָה וְשִׂמְחָה, שַׁבַּת מְנוּחָה.

קִדַּשְׁתָּ בֵּרַכְתָּ אוֹתוֹ מִכָּל יָמִים
בְּשֵׁשֶׁת כִּלִּיתָ מְלֶאכֶת עוֹלָמִים
בּוֹ מָצְאוּ עֲגוּמִים הַשְׁקֵט וּבִטְחָה שַׁבַּת מְנוּחָה.

יוֹם זֶה לְיִשְׂרָאֵל אוֹרָה וְשִׂמְחָה, שַׁבַּת מְנוּחָה.

לְאִסּוּר מְלָאכָה צִוִּיתָנוּ נוֹרָא
אֶזְכֶּה הוֹד מְלוּכָה אִם שַׁבָּת אֶשְׁמְרָה
אַקְרִיב שַׁי לַמּוֹרָא, מִנְחָה מֶרְקָחָה שַׁבַּת מְנוּחָה.

יוֹם זֶה לְיִשְׂרָאֵל אוֹרָה וְשִׂמְחָה, שַׁבַּת מְנוּחָה.

חַדֵּשׁ מִקְדָּשֵׁנוּ, זָכְרָה נֶחֱרֶבֶת
טוּבְךָ, מוֹשִׁיעֵנוּ, תְּנָה לַנֶּעֱצֶבֶת
בְּשַׁבָּת יוֹשֶׁבֶת בְּזֶמֶר וּשְׁבָחָה שַׁבַּת מְנוּחָה.

יוֹם זֶה לְיִשְׂרָאֵל אוֹרָה וְשִׂמְחָה, שַׁבַּת מְנוּחָה.

יָהּ רִבּוֹן Master of all worlds, our God, adored,
King of kings, over all the LORD:
Your wondrous deeds to applaud
We sing to You with one accord.
God of all worlds, our God, adored;
King of kings, over all, the LORD.

Early and late my praise shall ring,
To You, holy Author of every thing:
Beasts of the field, birds that take wing.
Angels and mortals to You shall sing.
God of all worlds, our God, adored;
King of kings, over all, the LORD.

Your great good deeds are vast in scale,
You humble the proud, You lift the frail.
A thousand years would not avail
Of Your works to tell the tale.
God of all worlds, our God, adored;
King of kings, over all, the LORD.

Yours is the glory, the greatness too,
From the lion's jaw, Your flock rescue.
Bring Your exiles home to You:
The people You chose, deliver anew.
God of all worlds, our God, adored;
King of kings, over all, the LORD.

Come back to Your Temple, Your sacred shrine,
That there in joy our souls may entwine.
In song our voices to combine,
When Jerusalem's beauty again will shine.
God of all worlds, our God, adored;
King of kings, over all, the LORD.

יָהּ רִבּוֹן עָלַם וְעָלְמַיָּא
אַנְתְּ הוּא מַלְכָּא מֶלֶךְ מַלְכַיָּא
עוֹבַד גְּבוּרְתֵּךְ וְתִמְהַיָּא
שְׁפַר קֳדָמָךְ לְהַחֲוָיָא.
יָהּ רִבּוֹן עָלַם וְעָלְמַיָּא, אַנְתְּ הוּא מַלְכָּא מֶלֶךְ מַלְכַיָּא.

שְׁבָחִין אֲסַדֵּר צַפְרָא וְרַמְשָׁא
לָךְ אֱלָהָא קַדִּישָׁא דִּי בְרָא כָּל נַפְשָׁא
עִירִין קַדִּישִׁין וּבְנֵי אֱנָשָׁא
חֵיוַת בָּרָא וְעוֹפֵי שְׁמַיָּא.
יָהּ רִבּוֹן עָלַם וְעָלְמַיָּא, אַנְתְּ הוּא מַלְכָּא מֶלֶךְ מַלְכַיָּא.

רַבְרְבִין עוֹבָדָיךְ וְתַקִּיפִין
מָכֵךְ רָמַיָּא וְזָקֵף כְּפִיפִין
לוּ יְחֵי גְבַר שְׁנִין אַלְפִין
לָא יֵעוֹל גְּבוּרְתֵּךְ בְּחֻשְׁבְּנַיָּא.
יָהּ רִבּוֹן עָלַם וְעָלְמַיָּא, אַנְתְּ הוּא מַלְכָּא מֶלֶךְ מַלְכַיָּא.

אֱלָהָא דִּי לֵהּ יְקָר וּרְבוּתָא
פְּרוֹק יָת עָנָךְ מִפֻּם אַרְיָוָתָא
וְאַפֵּק יָת עַמֵּךְ מִגּוֹ גָלוּתָא
עַמָּא דִּי בְחַרְתְּ מִכָּל אֻמַּיָּא.
יָהּ רִבּוֹן עָלַם וְעָלְמַיָּא, אַנְתְּ הוּא מַלְכָּא מֶלֶךְ מַלְכַיָּא.

לְמִקְדָּשָׁךְ תּוּב וּלְקֹדֶשׁ קֻדְשִׁין
אֲתַר דִּי בֵהּ יֶחֱדוּן רוּחִין וְנַפְשִׁין
וִיזַמְּרוּן לָךְ שִׁירִין וְרַחֲשִׁין
בִּירוּשְׁלֵם קַרְתָּא דְשׁוּפְרַיָּא.
יָהּ רִבּוֹן עָלַם וְעָלְמַיָּא, אַנְתְּ הוּא מַלְכָּא מֶלֶךְ מַלְכַיָּא.

צָמְאָה נַפְשִׁי My soul thirsts for God, the living God *Ps. 42*
My heart and flesh will sing joyfully to the living God. *Ps. 84*
The One God created me, and said "As I live,
No one shall see Me and live."

My soul thirsts for God, the living God
My heart and flesh will sing joyfully to the living God.

He created all with wisdom, design and deliberation,
Deeply hidden though it is from the eyes of all that live.
His glory is high above all, every mouth makes known His splendor,
Blessed is He in whose hands is the life-force of all that lives.

My soul thirsts for God, the living God
My heart and flesh will sing joyfully to the living God.

He set apart the quiet one's offspring, to teach them decrees,
Which if one performs them, thereby he shall live.
Who can vindicate himself? We are like specks of dust,
Truly none can vindicate itself before You, nothing that lives.

My soul thirsts for God, the living God
My heart and flesh will sing joyfully to the living God.

In the heart, the inclination is like a viper's poison,
How then can we return, and be like flesh that lives?
Those who have gone astray, if they wished, could turn from their way,
Before they go to their rest in the place destined for all that lives.

My soul thirsts for God, the living God
My heart and flesh will sing joyfully to the living God.

For everything, I shall thank You, every mouth shall declare Your oneness,
You who open Your hand and satisfy all that lives.
Recall the love of ancient times, and revive those who slumber,
Bring near the days when the Messiah shall live.

My soul thirsts for God, the living God
My heart and flesh will sing joyfully to the living God.

See who is the true mistress, when the handmaid says,
"No, your son is dead while my son lives."
I will bow face down and spread my hands toward you,
When I open my mouth to say: "The soul of all that lives."

My soul thirsts for God, the living God
My heart and flesh will sing joyfully to the living God.

צָמְאָה נַפְשִׁי לֵאלֹהִים לְאֵל חָי: לִבִּי וּבְשָׂרִי יְרַנְּנוּ אֶל אֵל־חָי: תהלים מב תהלים פד
אֵל אֶחָד בְּרָאָנִי, וְאָמַר חַי אָנִי כִּי לֹא יִרְאַנִי הָאָדָם וָחָי.

צָמְאָה נַפְשִׁי לֵאלֹהִים לְאֵל חָי, לִבִּי וּבְשָׂרִי יְרַנְּנוּ אֶל אֵל־חָי.

בָּרָא כֹל בְּחָכְמָה, בְּעֵצָה וּבִמְזִמָּה מְאֹד נֶעְלָמָה מֵעֵינֵי כָל חָי.
רָם עַל כֹּל כְּבוֹדוֹ, כָּל פֶּה יְחַוֶּה הוֹדוֹ בָּרוּךְ אֲשֶׁר בְּיָדוֹ נֶפֶשׁ כָּל חָי.

צָמְאָה נַפְשִׁי לֵאלֹהִים לְאֵל חָי, לִבִּי וּבְשָׂרִי יְרַנְּנוּ אֶל אֵל־חָי.

הִבְדִּיל נִינֵי תָם, חֻקִּים לְהוֹרוֹתָם אֲשֶׁר יַעֲשֶׂה אוֹתָם הָאָדָם וָחָי.
מִי זֶה יִצְטַדָּק, נִמְשַׁל לְאָבָק דָּק אֱמֶת, כִּי לֹא יִצְדַּק לְפָנֶיךָ כָל חָי.

צָמְאָה נַפְשִׁי לֵאלֹהִים לְאֵל חָי, לִבִּי וּבְשָׂרִי יְרַנְּנוּ אֶל אֵל־חָי.

בְּלֵב יֵצֶר חָשׁוּב כִּדְמוּת חֲמַת עַכְשׁוּב וְאֵיכָכָה יָשׁוּב הַבָּשָׂר הֶחָי.
נְסוֹגִים אִם אָבוּ, וּמִדַּרְכָּם שָׁבוּ טֶרֶם יִשְׁכָּבוּ בֵּית מוֹעֵד לְכָל חָי.

צָמְאָה נַפְשִׁי לֵאלֹהִים לְאֵל חָי, לִבִּי וּבְשָׂרִי יְרַנְּנוּ אֶל אֵל־חָי.

עַל כֹּל אֲהוֹדְךָ, כָּל פֶּה תְּיַחֲדֶךָ פּוֹתֵחַ אֶת יָדֶךָ וּמַשְׂבִּיעַ לְכָל חָי.
זְכֹר אַהֲבַת קְדוּמִים, וְהַחֲיֵה נִרְדָּמִים וְקָרֵב הַיָּמִים אֲשֶׁר בֶּן יִשַׁי חָי.

צָמְאָה נַפְשִׁי לֵאלֹהִים לְאֵל חָי, לִבִּי וּבְשָׂרִי יְרַנְּנוּ אֶל אֵל־חָי.

רְאֵה לִגְבֶרֶת אֱמֶת, שִׁפְחָה נוֹאֱמֶת לֹא כִי, בְּנֵךְ הַמֵּת וּבְנִי הֶחָי.
אֶקֹּד עַל אַפִּי, וְאֶפְרֹשׂ לְךָ כַּפִּי עֵת אֶפְתַּח פִּי בְּנִשְׁמַת כָּל חָי.

צָמְאָה נַפְשִׁי לֵאלֹהִים לְאֵל חָי, לִבִּי וּבְשָׂרִי יְרַנְּנוּ אֶל אֵל־חָי.

צוּר מִשֶּׁלּוֹ The Rock from whom we have eaten:
Bless Him, my faithful friends;
we have sufficed, we have left over,
just as the LORD said.

He feeds His world – our Shepherd, our Father,
we have eaten of His bread, His wine we have drunk.
So let us thank His name, let us praise Him with our mouths,
saying, singing: None is holy like the LORD.

The Rock from whom we have eaten: Bless Him, my faithful friends;
we have sufficed, we have left over, just as the LORD said.

With song and sound of thanks, we shall bless our God,
for the gift He gave our fathers: A lovely land.
With food and sustenance He has satisfied our souls.
His kindness overwhelms us: True is the LORD.

The Rock from whom we have eaten: Bless Him, my faithful friends;
we have sufficed, we have left over, just as the LORD said.

Have compassion in Your love for Your people, our Rock,
for Zion, Your home of glory, Temple of our splendor.
The son of David Your servant: may he come and redeem us,
breath of our life, anointed of the LORD.

The Rock from whom we have eaten: Bless Him, my faithful friends;
we have sufficed, we have left over, just as the LORD said.

May the Temple be rebuilt, Zion's city full again;
there we will sing a new song as we go up in joy,
to the Compassionate, the Holy One –
may He be blessed and raised on high –
with a full cup of wine, sign of the blessing of the LORD.

The Rock from whom we have eaten: Bless Him, my faithful friends;
we have sufficed, we have left over, just as the LORD said.

Birkat HaMazon can be found on page 1006.

צוּר מִשֶּׁלּוֹ אָכַלְנוּ בָּרְכוּ אֱמוּנַי
שָׂבַעְנוּ וְהוֹתַרְנוּ כִּדְבַר יהוה.

הַזָּן אֶת עוֹלָמוֹ רוֹעֵנוּ אָבִינוּ
אָכַלְנוּ אֶת לַחְמוֹ וְיֵינוֹ שָׁתִינוּ
עַל כֵּן נוֹדֶה לִשְׁמוֹ וּנְהַלְּלוֹ בְּפִינוּ
אָמַרְנוּ וְעָנִינוּ אֵין קָדוֹשׁ כַּיהוה.
צוּר מִשֶּׁלּוֹ אָכַלְנוּ, בָּרְכוּ אֱמוּנַי, שָׂבַעְנוּ וְהוֹתַרְנוּ כִּדְבַר יהוה.

בְּשִׁיר וְקוֹל תּוֹדָה נְבָרֵךְ אֱלֹהֵינוּ
עַל אֶרֶץ חֶמְדָּה שֶׁהִנְחִיל לַאֲבוֹתֵינוּ
מָזוֹן וְצֵידָה הִשְׂבִּיעַ לְנַפְשֵׁנוּ
חַסְדּוֹ גָּבַר עָלֵינוּ וֶאֱמֶת יהוה.
צוּר מִשֶּׁלּוֹ אָכַלְנוּ, בָּרְכוּ אֱמוּנַי, שָׂבַעְנוּ וְהוֹתַרְנוּ כִּדְבַר יהוה.

רַחֵם בְּחַסְדֶּךָ עַל עַמְּךָ צוּרֵנוּ
עַל צִיּוֹן מִשְׁכַּן כְּבוֹדֶךָ זְבוּל בֵּית תִּפְאַרְתֵּנוּ
בֶּן דָּוִד עַבְדֶּךָ יָבוֹא וְיִגְאָלֵנוּ
רוּחַ אַפֵּינוּ מְשִׁיחַ יהוה.
צוּר מִשֶּׁלּוֹ אָכַלְנוּ, בָּרְכוּ אֱמוּנַי, שָׂבַעְנוּ וְהוֹתַרְנוּ כִּדְבַר יהוה.

יִבָּנֶה הַמִּקְדָּשׁ עִיר צִיּוֹן תְּמַלֵּא
וְשָׁם נָשִׁיר שִׁיר חָדָשׁ וּבִרְנָנָה נַעֲלֶה
הָרַחֲמָן הַנִּקְדָּשׁ יִתְבָּרַךְ וְיִתְעַלֶּה
עַל כּוֹס יַיִן מָלֵא כְּבִרְכַּת יהוה.
צוּר מִשֶּׁלּוֹ אָכַלְנוּ, בָּרְכוּ אֱמוּנַי, שָׂבַעְנוּ וְהוֹתַרְנוּ כִּדְבַר יהוה.

ברכת המזון *can be found on page 1007.*

Shaḥarit for Shabbat

The following order of prayers and blessings, which departs from that of most prayer books, is based on the consensus of recent halakhic authorities.

ON WAKING

On waking, our first thought should be that we are in the presence of God. Since we are forbidden to speak God's name until we have washed our hands, the following prayer is said, which, without mentioning God's name, acknowledges His presence and gives thanks for a new day and for the gift of life.

מוֹדֶה I thank You, living and eternal King,
for giving me back my soul in mercy.
Great is Your faithfulness.

Wash hands and say the following blessings.
Some have the custom to say "Wisdom begins" on page 558 at this point.

בָּרוּךְ Blessed are You, LORD our God, King of the Universe,
who has made us holy through His commandments,
and has commanded us about washing hands.

בָּרוּךְ Blessed are You, LORD our God, King of the Universe,
who formed man in wisdom
and created in him many orifices and cavities.
It is revealed and known before the throne of Your glory
that were one of them to be ruptured or blocked,
it would be impossible to survive
and stand before You.
Blessed are You, LORD,
Healer of all flesh who does wondrous deeds.

אֲשֶׁר יָצַר *Who formed man in wisdom:* A blessing of thanks for the intricate wonders of the human body. *Were one of them to be ruptured or blocked* – even the smallest variation in the human genome can cause potentially fatal illness. The more we understand of the complexity of life, the more we appreciate "How numerous are Your works, LORD; You made them all in wisdom; the earth is full of Your creations" (Psalm 104:24). This blessing is a rejection of the idea that the spirit alone is holy, and physical life bereft of God.

שחרית לשבת

The following order of prayers and blessings, which departs from that of most prayer books, is based on the consensus of recent halakhic authorities.

השכמת הבוקר

On waking, our first thought should be that we are in the presence of God. Since we are forbidden to speak God's name until we have washed our hands, the following prayer is said, which, without mentioning God's name, acknowledges His presence and gives thanks for a new day and for the gift of life.

מוֹדֶה/ *women* מוֹדָה/ אֲנִי לְפָנֶיךָ מֶלֶךְ חַי וְקַיָּם
שֶׁהֶחֱזַרְתָּ בִּי נִשְׁמָתִי בְּחֶמְלָה
רַבָּה אֱמוּנָתֶךָ.

Wash hands and say the following blessings.
Some have the custom to say רֵאשִׁית חָכְמָה *on page 559 at this point.*

בָּרוּךְ אַתָּה יהוה אֱלֹהֵינוּ מֶלֶךְ הָעוֹלָם
אֲשֶׁר קִדְּשָׁנוּ בְּמִצְוֹתָיו וְצִוָּנוּ עַל נְטִילַת יָדָיִם.

בָּרוּךְ אַתָּה יהוה אֱלֹהֵינוּ מֶלֶךְ הָעוֹלָם
אֲשֶׁר יָצַר אֶת הָאָדָם בְּחָכְמָה
וּבָרָא בוֹ נְקָבִים נְקָבִים, חֲלוּלִים חֲלוּלִים.
גָּלוּי וְיָדוּעַ לִפְנֵי כִסֵּא כְבוֹדֶךָ
שֶׁאִם יִפָּתֵחַ אֶחָד מֵהֶם אוֹ יִסָּתֵם אֶחָד מֵהֶם
אִי אֶפְשַׁר לְהִתְקַיֵּם וְלַעֲמֹד לְפָנֶיךָ.
בָּרוּךְ אַתָּה יהוה, רוֹפֵא כָל בָּשָׂר וּמַפְלִיא לַעֲשׂוֹת.

מוֹדֶה אֲנִי *I thank You:* These words are to be said immediately on waking from sleep. In them we thank God for life itself, renewed each day. Sleep, said the sages, is "one-sixtieth of death" (*Berakhot* 57b). Waking, therefore, is a miniature rebirth. Despite its brevity, this sentence articulates a transformative act of faith: the recognition that life is a gift from God. Expressing gratitude at the fact of being alive, we prepare ourselves to celebrate and sanctify the new day.

אֱלֹהַי My God,
the soul You placed within me is pure.
You created it, You formed it, You breathed it into me,
and You guard it while it is within me.
One day You will take it from me,
and restore it to me in the time to come.
As long as the soul is within me,
I will thank You,
LORD my God and God of my ancestors,
Master of all works, LORD of all souls.
Blessed are You, LORD,
who restores souls to lifeless bodies.

TZITZIT

*The following blessing is said before putting on tzitzit.
Neither it nor the subsequent prayer is said by those who wear
a tallit. The blessing over the latter exempts the former.*

בָּרוּךְ Blessed are You, LORD our God, King of the Universe,
who has made us holy through His commandments,
and has commanded us about the command of tasseled garments.

After putting on tzitzit, say:

יְהִי רָצוֹן May it be Your will, LORD my God and God of my ancestors,
that the commandment of the tasseled garment be considered before You
as if I had fulfilled it in all its specifics,
details and intentions,
as well as the 613 commandments
dependent on it, Amen, Selah.

---

them. The blessing ends with a reference to the resurrection of the dead, returning to the theme of the first words said in the morning.

אֱלֹהַי
נְשָׁמָה שֶׁנָּתַתָּ בִּי טְהוֹרָה הִיא.
אַתָּה בְרָאתָהּ, אַתָּה יְצַרְתָּהּ, אַתָּה נְפַחְתָּהּ בִּי
וְאַתָּה מְשַׁמְּרָהּ בְּקִרְבִּי, וְאַתָּה עָתִיד לִטְּלָהּ מִמֶּנִּי
וּלְהַחֲזִירָהּ בִּי לֶעָתִיד לָבוֹא.
כָּל זְמַן שֶׁהַנְּשָׁמָה בְקִרְבִּי, מוֹדֶה/*women* מוֹדָה/ אֲנִי לְפָנֶיךָ
יהוה אֱלֹהַי וֵאלֹהֵי אֲבוֹתַי
רִבּוֹן כָּל הַמַּעֲשִׂים, אֲדוֹן כָּל הַנְּשָׁמוֹת.
בָּרוּךְ אַתָּה יהוה, הַמַּחֲזִיר נְשָׁמוֹת לִפְגָרִים מֵתִים.

לבישת ציצית

The following blessing is said before putting on a טלית קטן*.*
Neither it nor יְהִי רָצוֹן *is said by those who wear a* טלית*.*
The blessing over the latter exempts the former.

בָּרוּךְ אַתָּה יהוה אֱלֹהֵינוּ מֶלֶךְ הָעוֹלָם
אֲשֶׁר קִדְּשָׁנוּ בְּמִצְוֹתָיו וְצִוָּנוּ עַל מִצְוַת צִיצִית.

After putting on the טלית קטן*, say:*

יְהִי רָצוֹן מִלְּפָנֶיךָ, יהוה אֱלֹהַי וֵאלֹהֵי אֲבוֹתַי
שֶׁתְּהֵא חֲשׁוּבָה מִצְוַת צִיצִית לְפָנֶיךָ
כְּאִלּוּ קִיַּמְתִּיהָ בְּכָל פְּרָטֶיהָ וְדִקְדּוּקֶיהָ וְכַוָּנוֹתֶיהָ
וְתַרְיַ״ג מִצְוֹת הַתְּלוּיוֹת בָּהּ, אָמֵן סֶלָה.

אֱלֹהַי *My God, the soul You placed within me is pure:* An affirmation of Jewish belief in the freedom and responsibility of each human being. The soul as such is pure. We have good instincts and bad, and we must choose between

BLESSINGS OVER THE TORAH

In Judaism, study is greater even than prayer. So, before beginning to pray, we engage in a miniature act of study, preceded by the appropriate blessings. The blessings are followed by brief selections from Scripture, Mishna and Gemara, the three foundational texts of Judaism.

בָּרוּךְ Blessed are You, LORD our God, King of the Universe,
who has made us holy through His commandments,
and has commanded us to engage in study
of the words of Torah.
Please, LORD our God, make the words of Your Torah
sweet in our mouths and in the mouths of Your people,
the house of Israel,
so that we, our descendants (and their descendants)
and the descendants of Your people,
the house of Israel,
may all know Your name
and study Your Torah for its own sake.
Blessed are You, LORD,
who teaches Torah to His people Israel.

בָּרוּךְ Blessed are You, LORD our God, King of the Universe,
who has chosen us from all the peoples
and given us His Torah.
Blessed are You, LORD, Giver of the Torah.

---

chosenness means responsibility, and is inseparably linked to the study and practice of Torah.

So as to follow the blessings immediately with an act that fulfills the commandment, we read three texts whose recitation forms an act of study. The Talmud (*Kiddushin* 30a) rules that Torah study must be divided into three: study of (1) Torah, (2) Mishna, and (3) Gemara. Hence we read: (1) a biblical text – the priestly blessings, (2) a passage from the Mishna about commandments that have no fixed measure, and (3) a passage from the Gemara about the reward of good deeds in this world and the next.

ברכות התורה

In Judaism, study is greater even than prayer. So, before beginning to pray, we engage in a miniature act of study, preceded by the appropriate blessings. The blessings are followed by brief selections from תנ״ך, משנה and גמרא, the three foundational texts of Judaism.

בָּרוּךְ אַתָּה יהוה אֱלֹהֵינוּ מֶלֶךְ הָעוֹלָם
אֲשֶׁר קִדְּשָׁנוּ בְּמִצְוֹתָיו
וְצִוָּנוּ לַעֲסֹק בְּדִבְרֵי תוֹרָה.
וְהַעֲרֶב נָא יהוה אֱלֹהֵינוּ אֶת דִּבְרֵי תוֹרָתְךָ
בְּפִינוּ וּבְפִי עַמְּךָ בֵּית יִשְׂרָאֵל
וְנִהְיֶה אֲנַחְנוּ וְצֶאֱצָאֵינוּ (וְצֶאֱצָאֵי צֶאֱצָאֵינוּ)
וְצֶאֱצָאֵי עַמְּךָ בֵּית יִשְׂרָאֵל
כֻּלָּנוּ יוֹדְעֵי שְׁמֶךָ וְלוֹמְדֵי תוֹרָתְךָ לִשְׁמָהּ.
בָּרוּךְ אַתָּה יהוה, הַמְלַמֵּד תּוֹרָה לְעַמּוֹ יִשְׂרָאֵל.

בָּרוּךְ אַתָּה יהוה אֱלֹהֵינוּ מֶלֶךְ הָעוֹלָם
אֲשֶׁר בָּחַר בָּנוּ מִכָּל הָעַמִּים
וְנָתַן לָנוּ אֶת תּוֹרָתוֹ.
בָּרוּךְ אַתָּה יהוה, נוֹתֵן הַתּוֹרָה.

BLESSINGS OVER THE TORAH

The history of Judaism is a story of the love of a people for the Book of Books, the Torah. As a preliminary to study, we pronounce two blessings and a prayer. The first, "who has made us holy through His commandments," is a blessing over the commandment to engage in study of the Torah, a declaration that we do not simply study as an intellectual or cultural exercise but as the fulfillment of a divine commandment. This is followed by a prayer that God make Torah study sweet, and help us to hand it on to our children. The final blessing, "who has chosen us," is a blessing of acknowledgment that

יְבָרֶכְךָ May the Lord bless you and protect you. *Num. 6*
May the Lord make His face shine on you
and be gracious to you.
May the Lord turn His face toward you
and grant you peace.

אֵלּוּ These are the things *Mishna Pe'ah 1:1*
for which there is no fixed measure:
the corner of the field, first-fruits,
appearances before the Lord
[on festivals, with offerings],
acts of kindness and the study of Torah.

אֵלּוּ These are the things *Shabbat 127a*
whose fruits we eat in this world
but whose full reward awaits us
in the World to Come:
honoring parents; acts of kindness;
arriving early at the house of study
morning and evening;
hospitality to strangers; visiting the sick;
helping the needy bride; attending to the dead;
devotion in prayer;
and bringing peace between people –
but the study of Torah is equal to them all.

Some say:

רֵאשִׁית חָכְמָה Wisdom begins in awe of the Lord; *Ps. 111*
all who fulfill [His commandments] gain good understanding;
His praise is ever-lasting.
The Torah Moses commanded us *Deut. 33*
is the heritage of the congregation of Jacob.
Listen, my son, to your father's instruction, *Prov. 1*
and do not forsake your mother's teaching.
May the Torah be my faith and Almighty God my help.
Blessed be the name of His glorious kingdom for ever and all time.

במדבר ו
יְבָרֶכְךָ יהוה וְיִשְׁמְרֶךָ:
יָאֵר יהוה פָּנָיו אֵלֶיךָ וִיחֻנֶּךָּ:
יִשָּׂא יהוה פָּנָיו אֵלֶיךָ וְיָשֵׂם לְךָ שָׁלוֹם:

משנה, פאה א:א
אֵלּוּ דְבָרִים שֶׁאֵין לָהֶם שִׁעוּר
הַפֵּאָה וְהַבִּכּוּרִים וְהָרֵאָיוֹן
וּגְמִילוּת חֲסָדִים וְתַלְמוּד תּוֹרָה.

שבת קכז.
אֵלּוּ דְבָרִים שֶׁאָדָם אוֹכֵל פֵּרוֹתֵיהֶם בָּעוֹלָם הַזֶּה
וְהַקֶּרֶן קַיֶּמֶת לוֹ לָעוֹלָם הַבָּא
וְאֵלּוּ הֵן
כִּבּוּד אָב וָאֵם, וּגְמִילוּת חֲסָדִים
וְהַשְׁכָּמַת בֵּית הַמִּדְרָשׁ שַׁחֲרִית וְעַרְבִית
וְהַכְנָסַת אוֹרְחִים, וּבִקּוּר חוֹלִים
וְהַכְנָסַת כַּלָּה, וּלְוָיַת הַמֵּת
וְעִיּוּן תְּפִלָּה
וַהֲבָאַת שָׁלוֹם בֵּין אָדָם לַחֲבֵרוֹ
וְתַלְמוּד תּוֹרָה כְּנֶגֶד כֻּלָּם.

Some say:

תהלים קיא
רֵאשִׁית חָכְמָה יִרְאַת יהוה
שֵׂכֶל טוֹב לְכָל־עֹשֵׂיהֶם
תְּהִלָּתוֹ עֹמֶדֶת לָעַד:
דברים לג
תּוֹרָה צִוָּה־לָנוּ מֹשֶׁה, מוֹרָשָׁה קְהִלַּת יַעֲקֹב:
משלי א
שְׁמַע בְּנִי מוּסַר אָבִיךָ וְאַל־תִּטֹּשׁ תּוֹרַת אִמֶּךָ:
תּוֹרָה תְּהֵא אֱמוּנָתִי, וְאֵל שַׁדַּי בְּעֶזְרָתִי.
בָּרוּךְ שֵׁם כְּבוֹד מַלְכוּתוֹ לְעוֹלָם וָעֶד.

TALLIT

Say the following meditation before putting on the tallit. Meditations before the fulfillment of mitzvot are to ensure that we do so with the requisite intention (kavana). This particularly applies to mitzvot whose purpose is to induce in us certain states of mind, as is the case with tallit and tefillin, both of which are external symbols of inward commitment to the life of observance of the mitzvot.

בָּרְכִי נַפְשִׁי Bless the LORD, my soul. LORD, my God, You are very great, clothed in majesty and splendor, wrapped in a robe of light, spreading out the heavens like a tent. *Ps. 104*

Some say:

For the sake of the unification of the Holy One, blessed be He, and His Divine Presence, in reverence and love, to unify the name *Yod-Heh* with *Vav-Heh* in perfect unity in the name of all Israel.

I am about to wrap myself in this tasseled garment (tallit). So may my soul, my 248 limbs and 365 sinews be wrapped in the light of the tassel (*hatzitzit*) which amounts to 613 [commandments]. And just as I cover myself with a tasseled garment in this world, so may I be worthy of rabbinical dress and a fine garment in the World to Come in the Garden of Eden. Through the commandment of tassels may my life's-breath, spirit, soul and prayer be delivered from external impediments, and may the tallit spread its wings over them like an eagle stirring up its nest, hovering over its young. *Deut. 32* May the commandment of the tasseled garment be considered before the Holy One, blessed be He, as if I had fulfilled it in all its specifics, details and intentions, as well as the 613 commandments dependent on it, Amen, Selah.

Before wrapping oneself in the tallit, say:

בָּרוּךְ Blessed are You, LORD our God, King of the Universe,
who has made us holy through His commandments,
and has commanded us to wrap ourselves in the tasseled garment.

According to the Shela (R. Isaiah Horowitz), one should say these verses after wrapping oneself in the tallit:

מַה־יָּקָר How precious is Your loving-kindness, O God, and the children of men find refuge under the shadow of Your wings. They are filled with the rich plenty of Your House. You give them drink from Your river of delights. For with You is the fountain of life; in Your light, we see light. Continue Your loving-kindness to those who know You, and Your righteousness to the upright in heart. *Ps. 36*

---

an undergarment *beneath* our outer clothes. Though they fulfill a single commandment, they were deemed so different as to warrant two different blessings.

עטיפת טלית

Say the following meditation before putting on the טלית*. Meditations before the fulfillment of* מצוות *are to ensure that we do so with the requisite intention (*כוונה*). This particularly applies to* מצוות *whose purpose is to induce in us certain states of mind, as is the case with* טלית *and* תפילין*, both of which are external symbols of inward commitment to the life of observance of the* מצוות*.*

תהלים קד
בָּרְכִי נַפְשִׁי אֶת־יהוה, יהוה אֱלֹהַי גָּדַלְתָּ מְּאֹד, הוֹד וְהָדָר לָבָשְׁתָּ:
עֹטֶה־אוֹר כַּשַּׂלְמָה, נוֹטֶה שָׁמַיִם כַּיְרִיעָה:

Some say:

לְשֵׁם יִחוּד קֻדְשָׁא בְּרִיךְ הוּא וּשְׁכִינְתֵּהּ בִּדְחִילוּ וּרְחִימוּ, לְיַחֵד שֵׁם י״ה בו״ה בְּיִחוּדָא שְׁלִים בְּשֵׁם כָּל יִשְׂרָאֵל.

הֲרֵינִי מִתְעַטֵּף בְּצִיצִית. כֵּן תִּתְעַטֵּף נִשְׁמָתִי וּרְמַ״ח אֵבָרַי וּשְׁסָ״ה גִידַי בְּאוֹר הַצִּיצִית הָעוֹלֶה תַּרְיַ״ג. וּכְשֵׁם שֶׁאֲנִי מִתְכַּסֶּה בְּטַלִּית בָּעוֹלָם הַזֶּה, כָּךְ אֶזְכֶּה לַחֲלוּקָא דְרַבָּנָן וּלְטַלִּית נָאָה לָעוֹלָם הַבָּא בְּגַן עֵדֶן. וְעַל יְדֵי מִצְוַת צִיצִית תִּנָּצֵל נַפְשִׁי רוּחִי וְנִשְׁמָתִי וּתְפִלָּתִי מִן הַחִיצוֹנִים. וְהַטַּלִּית תִּפְרֹשׂ כְּנָפֶיהָ עֲלֵיהֶם וְתַצִּילֵם, כְּנֶשֶׁר יָעִיר קִנּוֹ, עַל גּוֹזָלָיו יְרַחֵף: וּתְהֵא חֲשׁוּבָה מִצְוַת צִיצִית לִפְנֵי הַקָּדוֹשׁ בָּרוּךְ הוּא, כְּאִלּוּ קִיַּמְתִּיהָ בְּכָל פְּרָטֶיהָ וְדִקְדּוּקֶיהָ וְכַוָּנוֹתֶיהָ וְתַרְיַ״ג מִצְוֹת הַתְּלוּיוֹת בָּהּ, אָמֵן סֶלָה. דברים לב

Before wrapping oneself in the טלית*, say:*

בָּרוּךְ אַתָּה יהוה אֱלֹהֵינוּ מֶלֶךְ הָעוֹלָם
אֲשֶׁר קִדְּשָׁנוּ בְּמִצְוֹתָיו וְצִוָּנוּ לְהִתְעַטֵּף בַּצִּיצִית.

According to the Shela (R. Isaiah Horowitz), one should say these verses after wrapping oneself in the טלית*:*

תהלים לו
מַה־יָּקָר חַסְדְּךָ אֱלֹהִים, וּבְנֵי אָדָם בְּצֵל כְּנָפֶיךָ יֶחֱסָיוּן: יִרְוְיֻן מִדֶּשֶׁן בֵּיתֶךָ, וְנַחַל עֲדָנֶיךָ תַשְׁקֵם: כִּי־עִמְּךָ מְקוֹר חַיִּים, בְּאוֹרְךָ נִרְאֶה־אוֹר: מְשֹׁךְ חַסְדְּךָ לְיֹדְעֶיךָ, וְצִדְקָתְךָ לְיִשְׁרֵי־לֵב:

TALLIT

The mitzva of tzitzit, placing tassels on the corner of our garments, is to recall us constantly to our vocation: "Thus you will be reminded to keep all My commandments, and be holy to your God" (Num. 15:40). Over the course of time, the fulfillment of this commandment took two different forms: the tallit, worn as a robe during prayer, *over* our clothes, and the tallit katan, worn as

PREPARATION FOR PRAYER

On entering the synagogue:

HOW GOODLY *Num. 24*

are your tents, Jacob, your dwelling places, Israel.
As for me, *Ps. 5*
in Your great loving-kindness,
I will come into Your House.
I will bow down to Your holy Temple
in awe of You.
LORD, I love the habitation of Your House, *Ps. 26*
the place where Your glory dwells.

As for me,
I will bow in worship;
I will bend the knee
before the LORD my Maker.

As for me, *Ps. 69*
may my prayer come to You, LORD,
at a time of favor.
God, in Your great loving-kindness,
answer me with Your faithful salvation.

הכנה לתפילה

On entering the בית כנסת:

במדבר כד

מַה־טֹּבוּ

אֹהָלֶיךָ יַעֲקֹב, מִשְׁכְּנֹתֶיךָ יִשְׂרָאֵל:

תהלים ה

וַאֲנִי בְּרֹב חַסְדְּךָ אָבוֹא בֵיתֶךָ
אֶשְׁתַּחֲוֶה אֶל־הֵיכַל־קָדְשְׁךָ
בְּיִרְאָתֶךָ:

תהלים כו

יהוה אָהַבְתִּי מְעוֹן בֵּיתֶךָ
וּמְקוֹם מִשְׁכַּן כְּבוֹדֶךָ:

וַאֲנִי אֶשְׁתַּחֲוֶה

וְאֶכְרָעָה
אֶבְרְכָה לִפְנֵי יהוה עֹשִׂי.

תהלים סט

וַאֲנִי תְפִלָּתִי־לְךָ יהוה

עֵת רָצוֹן
אֱלֹהִים בְּרָב־חַסְדֶּךָ
עֲנֵנִי בֶּאֱמֶת יִשְׁעֶךָ:

The following poems, on this page and the next, both from the Middle Ages, are summary statements of Jewish faith, orienting us to the spiritual contours of the world that we actualize in the mind by the act of prayer.

Lord of the universe,
who reigned before the birth of any thing –

When by His will all things were made
then was His name proclaimed King.

And when all things shall cease to be
He alone will reign in awe.

He was, He is, and He shall be
glorious for evermore.

He is One, there is none else,
alone, unique, beyond compare;

Without beginning, without end,
His might, His rule are everywhere.

He is my God; my Redeemer lives.
He is the Rock on whom I rely –

My banner and my safe retreat,
my cup, my portion when I cry.

Into His hand my soul I place,
when I awake and when I sleep.

The Lord is with me, I shall not fear;
body and soul from harm will He keep.

The following poems, on this page and the next, both from the Middle Ages, are summary statements of Jewish faith, orienting us to the spiritual contours of the world that we actualize in the mind by the act of prayer.

אֲדוֹן עוֹלָם

אֲשֶׁר מָלַךְ בְּטֶרֶם כָּל־יְצִיר נִבְרָא.
לְעֵת נַעֲשָׂה בְחֶפְצוֹ כֹּל אֲזַי מֶלֶךְ שְׁמוֹ נִקְרָא.
וְאַחֲרֵי כִּכְלוֹת הַכֹּל לְבַדּוֹ יִמְלֹךְ נוֹרָא.
וְהוּא הָיָה וְהוּא הֹוֶה וְהוּא יִהְיֶה בְּתִפְאָרָה.
וְהוּא אֶחָד וְאֵין שֵׁנִי לְהַמְשִׁיל לוֹ לְהַחְבִּירָה.
בְּלִי רֵאשִׁית בְּלִי תַכְלִית וְלוֹ הָעֹז וְהַמִּשְׂרָה.
וְהוּא אֵלִי וְחַי גּוֹאֲלִי וְצוּר חֶבְלִי בְּעֵת צָרָה.
וְהוּא נִסִּי וּמָנוֹס לִי מְנָת כּוֹסִי בְּיוֹם אֶקְרָא.
בְּיָדוֹ אַפְקִיד רוּחִי בְּעֵת אִישַׁן וְאָעִירָה.
וְעִם רוּחִי גְּוִיָּתִי יהוה לִי וְלֹא אִירָא.

GREAT

is the living God and praised.
He exists, and His existence is beyond time.

He is One, and there is no unity like His.
Unfathomable, His oneness is infinite.

He has neither bodily form nor substance;
His holiness is beyond compare.

He preceded all that was created.
He was first: there was no beginning to His beginning.

Behold He is Master of the Universe; and every creature
shows His greatness and majesty.

The rich flow of His prophecy He gave
to His treasured people in whom He gloried.

Never in Israel has there arisen another like Moses,
a prophet who beheld God's image.

God gave His people a Torah of truth
by the hand of His prophet, most faithful of His House.

God will not alter or change His law
for any other, for eternity.

He sees and knows our secret thoughts;
as soon as something is begun, He foresees its end.

He rewards people with loving-kindness according to their deeds;
He punishes the wicked according to his wickedness.

At the end of days He will send our Messiah
to redeem those who await His final salvation.

God will revive the dead in His great loving-kindness.
Blessed for evermore is His glorious name!

יִגְדַּל

אֱלֹהִים חַי וְיִשְׁתַּבַּח, נִמְצָא וְאֵין עֵת אֶל מְצִיאוּתוֹ.

אֶחָד וְאֵין יָחִיד כְּיִחוּדוֹ, נֶעְלָם וְגַם אֵין סוֹף לְאַחְדוּתוֹ.

אֵין לוֹ דְּמוּת הַגּוּף וְאֵינוֹ גוּף, לֹא נַעֲרֹךְ אֵלָיו קְדֻשָּׁתוֹ.

קַדְמוֹן לְכָל דָּבָר אֲשֶׁר נִבְרָא, רִאשׁוֹן וְאֵין רֵאשִׁית לְרֵאשִׁיתוֹ.

הִנּוֹ אֲדוֹן עוֹלָם, וְכָל נוֹצָר יוֹרֶה גְדֻלָּתוֹ וּמַלְכוּתוֹ.

שֶׁפַע נְבוּאָתוֹ נְתָנוֹ אֶל־אַנְשֵׁי סְגֻלָּתוֹ וְתִפְאַרְתּוֹ.

לֹא קָם בְּיִשְׂרָאֵל כְּמֹשֶׁה עוֹד נָבִיא וּמַבִּיט אֶת תְּמוּנָתוֹ.

תּוֹרַת אֱמֶת נָתַן לְעַמּוֹ אֵל עַל יַד נְבִיאוֹ נֶאֱמַן בֵּיתוֹ.

לֹא יַחֲלִיף הָאֵל וְלֹא יָמִיר דָּתוֹ לְעוֹלָמִים לְזוּלָתוֹ.

צוֹפֶה וְיוֹדֵעַ סְתָרֵינוּ, מַבִּיט לְסוֹף דָּבָר בְּקַדְמָתוֹ.

גּוֹמֵל לְאִישׁ חֶסֶד כְּמִפְעָלוֹ, נוֹתֵן לְרָשָׁע רָע כְּרִשְׁעָתוֹ.

יִשְׁלַח לְקֵץ יָמִין מְשִׁיחֵנוּ לִפְדּוֹת מְחַכֵּי קֵץ יְשׁוּעָתוֹ.

מֵתִים יְחַיֶּה אֵל בְּרֹב חַסְדּוֹ, בָּרוּךְ עֲדֵי עַד שֵׁם תְּהִלָּתוֹ.

MORNING BLESSINGS

The following blessings are said aloud by the Leader, but each individual should say them quietly as well. It is our custom to say them standing.

בָּרוּךְ Blessed are You, Lord our God,
King of the Universe,
who gives the heart understanding
to distinguish day from night.

Blessed are You, Lord our God,
King of the Universe,
who has not made me a heathen.

Blessed are You, Lord our God,
King of the Universe,
who has not made me a slave.

Blessed are You, Lord our God,
King of the Universe,
men: who has not made me a woman.
women: who has made me according to His will.

שֶׁלֹּא עָשַׂנִי *Who has not made me a heathen, a slave, a woman:* These three blessings are mentioned in the Talmud (*Menaḥot* 43b). Before we bless God for the universalities of human life, we bless Him for the particularities of our identity. We belong to the people of the covenant; we are free; and we have differentiated responsibilities as women and men. These blessings have nothing to do with hierarchies of dignity, for we believe that every human being is equally formed in the image of God. Rather, they are expressions of acknowledgment of the special duties of Jewish life. Heathens, slaves and women are exempt from certain commands which apply to Jewish men. By these blessings, we express our faith that the commandments are not a burden but a cherished vocation.

ברכות השחר

The following blessings are said aloud by the שליח ציבור*, but each individual should say them quietly as well. It is our custom to say them standing.*

בָּרוּךְ אַתָּה יהוה אֱלֹהֵינוּ מֶלֶךְ הָעוֹלָם
אֲשֶׁר נָתַן לַשֶּׂכְוִי בִינָה
לְהַבְחִין בֵּין יוֹם וּבֵין לָיְלָה.

בָּרוּךְ אַתָּה יהוה אֱלֹהֵינוּ מֶלֶךְ הָעוֹלָם
שֶׁלֹּא עָשַׂנִי גּוֹי.

בָּרוּךְ אַתָּה יהוה אֱלֹהֵינוּ מֶלֶךְ הָעוֹלָם
שֶׁלֹּא עָשַׂנִי עָבֶד.

בָּרוּךְ אַתָּה יהוה אֱלֹהֵינוּ מֶלֶךְ הָעוֹלָם
men שֶׁלֹּא עָשַׂנִי אִשָּׁה. / *women* שֶׁעָשַׂנִי כִּרְצוֹנוֹ.

בָּרוּךְ אַתָּה *Blessed are You:* These blessings, itemized in the Talmud (*Berakhot* 60b), were originally said at home to accompany the various stages of waking and rising. "Who gives sight to the blind" was said on opening one's eyes, "Who clothes the naked" on putting on clothes, and so on. Several medieval authorities, however, held that they should be said in the synagogue.

Their purpose is to make us conscious of what we might otherwise take for granted. Praise is an act of focused attention, foregrounding what is usually in the background of awareness. "The world is full of the light of God, but to see it we must learn to open our eyes" (Rabbi Naḥman of Bratslav).

אֲשֶׁר נָתַן לַשֶּׂכְוִי *Who gives the heart:* This is the translation according to Rabbeinu Asher (Rosh); Rashi and Abudarham read it, "who gives the cockerel." According to Rosh's reading, the first blessing mirrors the first request of the Amida, for human understanding, as well as the first act of creation in which God created light, separating it from darkness.

Blessed are You, Lord our God,
King of the Universe,
who gives sight to the blind.

Blessed are You, Lord our God,
King of the Universe,
who clothes the naked.

Blessed are You, Lord our God,
King of the Universe,
who sets captives free.

Blessed are You, Lord our God,
King of the Universe,
who raises those bowed down.

Blessed are You, Lord our God,
King of the Universe,
who spreads the earth above the waters.

Blessed are You, Lord our God,
King of the Universe,
who has provided me with all I need.

Blessed are You, Lord our God,
King of the Universe,
who makes firm the steps of man.

Blessed are You, Lord our God,
King of the Universe,
who girds Israel with strength.

Blessed are You, Lord our God,
King of the Universe,
who crowns Israel with glory.

Blessed are You, Lord our God,
King of the Universe,
who gives strength to the weary.

בָּרוּךְ אַתָּה יהוה אֱלֹהֵינוּ מֶלֶךְ הָעוֹלָם
פּוֹקֵחַ עִוְרִים.

בָּרוּךְ אַתָּה יהוה אֱלֹהֵינוּ מֶלֶךְ הָעוֹלָם
מַלְבִּישׁ עֲרֻמִּים.

בָּרוּךְ אַתָּה יהוה אֱלֹהֵינוּ מֶלֶךְ הָעוֹלָם
מַתִּיר אֲסוּרִים.

בָּרוּךְ אַתָּה יהוה אֱלֹהֵינוּ מֶלֶךְ הָעוֹלָם
זוֹקֵף כְּפוּפִים.

בָּרוּךְ אַתָּה יהוה אֱלֹהֵינוּ מֶלֶךְ הָעוֹלָם
רוֹקַע הָאָרֶץ עַל הַמָּיִם.

בָּרוּךְ אַתָּה יהוה אֱלֹהֵינוּ מֶלֶךְ הָעוֹלָם
שֶׁעָשָׂה לִי כָּל צָרְכִּי.

בָּרוּךְ אַתָּה יהוה אֱלֹהֵינוּ מֶלֶךְ הָעוֹלָם
הַמֵּכִין מִצְעֲדֵי גָבֶר.

בָּרוּךְ אַתָּה יהוה אֱלֹהֵינוּ מֶלֶךְ הָעוֹלָם
אוֹזֵר יִשְׂרָאֵל בִּגְבוּרָה.

בָּרוּךְ אַתָּה יהוה אֱלֹהֵינוּ מֶלֶךְ הָעוֹלָם
עוֹטֵר יִשְׂרָאֵל בְּתִפְאָרָה.

בָּרוּךְ אַתָּה יהוה אֱלֹהֵינוּ מֶלֶךְ הָעוֹלָם
הַנּוֹתֵן לַיָּעֵף כֹּחַ.

בָּרוּךְ Blessed are You, LORD our God, King of the Universe,
who removes sleep from my eyes
and slumber from my eyelids.
And may it be Your will, LORD our God
and God of our ancestors,
to accustom us to Your Torah,
and make us attached to Your commandments.
Lead us not into error, transgression,
iniquity, temptation or disgrace.
Do not let the evil instinct dominate us.
Keep us far from a bad man and a bad companion.
Help us attach ourselves to the good instinct and to good deeds
and bend our instincts to be subservient to You.
Grant us, this day and every day,
grace, loving-kindness and compassion in Your eyes
and in the eyes of all who see us,
and bestow loving-kindness upon us.
Blessed are You, LORD,
who bestows loving-kindness on His people Israel.

יְהִי רָצוֹן May it be Your will, LORD my God and God of my ancestors, to save me today and every day, from the arrogant and from arrogance itself, from a bad man, a bad friend, a bad neighbor, a bad mishap, a destructive adversary, a harsh trial and a harsh opponent, whether or not he is a son of the covenant. *Berakhot 16b*

---

us of the verse from Psalms (92:3): "To proclaim Your loving-kindness in the morning and Your faithfulness at night."

יְהִי רָצוֹן *May it be Your will:* A meditation composed by Rabbi Judah the Prince (late second–early third century), redactor of the Mishna and leader of the Jewish community in Israel. We are social beings, influenced by our environment (Maimonides); therefore, we pray to be protected from harmful people, events and temptations. The prayer reflects the "social fabric of faith" (Rabbi Lord Jakobovits).

בָּרוּךְ אַתָּה יהוה אֱלֹהֵינוּ מֶלֶךְ הָעוֹלָם
הַמַּעֲבִיר שֵׁנָה מֵעֵינַי וּתְנוּמָה מֵעַפְעַפָּי.
וִיהִי רָצוֹן מִלְּפָנֶיךָ יהוה אֱלֹהֵינוּ וֵאלֹהֵי אֲבוֹתֵינוּ
שֶׁתַּרְגִּילֵנוּ בְּתוֹרָתֶךָ
וְדַבְּקֵנוּ בְּמִצְוֹתֶיךָ
וְאַל תְּבִיאֵנוּ לֹא לִידֵי חֵטְא
וְלֹא לִידֵי עֲבֵרָה וְעָוֹן
וְלֹא לִידֵי נִסָּיוֹן וְלֹא לִידֵי בִזָּיוֹן
וְאַל תַּשְׁלֶט בָּנוּ יֵצֶר הָרָע
וְהַרְחִיקֵנוּ מֵאָדָם רָע וּמֵחָבֵר רָע
וְדַבְּקֵנוּ בְּיֵצֶר הַטּוֹב וּבְמַעֲשִׂים טוֹבִים
וְכֹף אֶת יִצְרֵנוּ לְהִשְׁתַּעְבֶּד לָךְ
וּתְנֵנוּ הַיּוֹם וּבְכָל יוֹם לְחֵן וּלְחֶסֶד וּלְרַחֲמִים
בְּעֵינֶיךָ, וּבְעֵינֵי כָל רוֹאֵינוּ
וְתִגְמְלֵנוּ חֲסָדִים טוֹבִים.
בָּרוּךְ אַתָּה יהוה, גּוֹמֵל חֲסָדִים טוֹבִים לְעַמּוֹ יִשְׂרָאֵל.

יְהִי רָצוֹן מִלְּפָנֶיךָ יהוה אֱלֹהַי וֵאלֹהֵי אֲבוֹתַי, שֶׁתַּצִּילֵנִי הַיּוֹם וּבְכָל יוֹם מֵעַזֵּי פָנִים וּמֵעַזּוּת פָּנִים, מֵאָדָם רָע, וּמֵחָבֵר רָע, וּמִשָּׁכֵן רָע, וּמִפֶּגַע רָע, וּמִשָּׂטָן הַמַּשְׁחִית, מִדִּין קָשֶׁה, וּמִבַּעַל דִּין קָשֶׁה בֵּין שֶׁהוּא בֶן בְּרִית וּבֵין שֶׁאֵינוֹ בֶן בְּרִית. ברכות טז.

הַמַּעֲבִיר *Who removes sleep from my eyes:* Having thanked God for the blessings with which we are surrounded, we conclude by asking for His help in dedicating our lives to His service, undeterred by obstacles that may stand in our way. The prayer ends with thanksgiving for God's kindness, reminding

THE BINDING OF ISAAC

On the basis of Jewish mystical tradition, some have the custom of saying daily the biblical passage recounting the Binding of Isaac, the supreme trial of faith in which Abraham demonstrated his love of God above all other loves. On Shabbat most omit the introductory and concluding prayers, "Our God and God of our ancestors" and "Master of the Universe." Others skip to "A person should" on the next page.

Our God and God of our ancestors, remember us with a favorable memory, and recall us with a remembrance of salvation and compassion from the highest of high heavens. Remember, Lord our God, on our behalf, the love of the ancients, Abraham, Isaac and Yisrael Your servants; the covenant, the loving-kindness, and the oath You swore to Abraham our father on Mount Moriah, and the Binding, when he bound Isaac his son on the altar, as is written in Your Torah:

It happened after these things that God tested Abraham. He said to him, "Abraham!" "Here I am," he replied. He said, "Take your son, your only son, Isaac, whom you love, and go to the land of Moriah and offer him there as a burnt-offering on one of the mountains which I shall say to you." Early the next morning Abraham rose and saddled his donkey and took his two lads with him, and Isaac his son, and he cut wood for the burnt-offering, and he set out for the place of which God had told him. On the third day Abraham looked up and saw the place from afar. Abraham said to his lads, "Stay here with the donkey while I and the boy go on ahead. We will worship and we will return to you." Abraham took the wood for the burnt-offering and placed it on Isaac his son, and he took in his hand the fire and the knife, and the two of them went together. Isaac said to Abraham his father, "Father?" and he said "Here I am, my son." And he said, "Here are the fire and the wood, but where is the sheep for the burnt-offering?" Abraham said, "God will see to the sheep for the burnt-offering, my son." And the two of them went together. They came to the place God had told him about, and Abraham built there an altar and arranged the wood and bound Isaac his son and laid him on the altar on top of the wood. He reached out his hand and took the knife to slay his son. Then an angel of the Lord called out to him from heaven, "Abraham! Abraham!" He said, "Here I am." He said, "Do not reach out your hand against the boy; do not do anything to him, for now I know that you fear God, because you have not held back your son, your only son, from Me." Abraham looked up and there he saw a ram caught in a thicket by its horns, and Abraham went and took the ram and offered it as a burnt-offering instead of his son. Abraham called that place "The Lord will see," as is said to this day, "On the mountain of the Lord He will be seen." The angel of the Lord called to Abraham a second time from heaven, and said, "By Myself I swear, declares the Lord, that because you have done this and have not held

Gen. 22

פרשת העקדה

On the basis of Jewish mystical tradition, some have the custom of saying daily the biblical passage recounting the Binding of Isaac, the supreme trial of faith in which Abraham demonstrated his love of God above all other loves. On שבת *most omit the introductory and concluding prayers,* אֱלֹהֵינוּ וֵאלֹהֵי אֲבוֹתֵינוּ *and* רִבּוֹנוֹ שֶׁל עוֹלָם*. Others skip to* לְעוֹלָם יְהֵא אָדָם *on the next page.*

אֱלֹהֵינוּ וֵאלֹהֵי אֲבוֹתֵינוּ, זָכְרֵנוּ בְּזִכָּרוֹן טוֹב לְפָנֶיךָ, וּפָקְדֵנוּ בִּפְקֻדַּת יְשׁוּעָה וְרַחֲמִים מִשְּׁמֵי שְׁמֵי קֶדֶם, וּזְכָר לָנוּ יהוה אֱלֹהֵינוּ, אַהֲבַת הַקַּדְמוֹנִים אַבְרָהָם יִצְחָק וְיִשְׂרָאֵל עֲבָדֶיךָ, אֶת הַבְּרִית וְאֶת הַחֶסֶד וְאֶת הַשְּׁבוּעָה שֶׁנִּשְׁבַּעְתָּ לְאַבְרָהָם אָבִינוּ בְּהַר הַמּוֹרִיָּה, וְאֶת הָעֲקֵדָה שֶׁעָקַד אֶת יִצְחָק בְּנוֹ עַל גַּבֵּי הַמִּזְבֵּחַ, כַּכָּתוּב בְּתוֹרָתֶךָ:

וַיְהִי אַחַר הַדְּבָרִים הָאֵלֶּה, וְהָאֱלֹהִים נִסָּה אֶת־אַבְרָהָם, וַיֹּאמֶר אֵלָיו אַבְרָהָם, בראשית כב
וַיֹּאמֶר הִנֵּנִי: וַיֹּאמֶר קַח־נָא אֶת־בִּנְךָ אֶת־יְחִידְךָ אֲשֶׁר־אָהַבְתָּ, אֶת־יִצְחָק, וְלֶךְ־לְךָ אֶל־אֶרֶץ הַמֹּרִיָּה, וְהַעֲלֵהוּ שָׁם לְעֹלָה עַל אַחַד הֶהָרִים אֲשֶׁר אֹמַר אֵלֶיךָ: וַיַּשְׁכֵּם אַבְרָהָם בַּבֹּקֶר, וַיַּחֲבֹשׁ אֶת־חֲמֹרוֹ, וַיִּקַּח אֶת־שְׁנֵי נְעָרָיו אִתּוֹ וְאֵת יִצְחָק בְּנוֹ, וַיְבַקַּע עֲצֵי עֹלָה, וַיָּקָם וַיֵּלֶךְ אֶל־הַמָּקוֹם אֲשֶׁר־אָמַר־לוֹ הָאֱלֹהִים: בַּיּוֹם הַשְּׁלִישִׁי וַיִּשָּׂא אַבְרָהָם אֶת־עֵינָיו וַיַּרְא אֶת־הַמָּקוֹם מֵרָחֹק: וַיֹּאמֶר אַבְרָהָם אֶל־נְעָרָיו, שְׁבוּ־לָכֶם פֹּה עִם־הַחֲמוֹר, וַאֲנִי וְהַנַּעַר נֵלְכָה עַד־כֹּה, וְנִשְׁתַּחֲוֶה וְנָשׁוּבָה אֲלֵיכֶם: וַיִּקַּח אַבְרָהָם אֶת־עֲצֵי הָעֹלָה וַיָּשֶׂם עַל־יִצְחָק בְּנוֹ, וַיִּקַּח בְּיָדוֹ אֶת־הָאֵשׁ וְאֶת־הַמַּאֲכֶלֶת, וַיֵּלְכוּ שְׁנֵיהֶם יַחְדָּו: וַיֹּאמֶר יִצְחָק אֶל־אַבְרָהָם אָבִיו, וַיֹּאמֶר אָבִי, וַיֹּאמֶר הִנֶּנִּי בְנִי, וַיֹּאמֶר, הִנֵּה הָאֵשׁ וְהָעֵצִים, וְאַיֵּה הַשֶּׂה לְעֹלָה: וַיֹּאמֶר אַבְרָהָם, אֱלֹהִים יִרְאֶה־לּוֹ הַשֶּׂה לְעֹלָה, בְּנִי, וַיֵּלְכוּ שְׁנֵיהֶם יַחְדָּו: וַיָּבֹאוּ אֶל־הַמָּקוֹם אֲשֶׁר אָמַר־לוֹ הָאֱלֹהִים, וַיִּבֶן שָׁם אַבְרָהָם אֶת־הַמִּזְבֵּחַ וַיַּעֲרֹךְ אֶת־הָעֵצִים, וַיַּעֲקֹד אֶת־יִצְחָק בְּנוֹ, וַיָּשֶׂם אֹתוֹ עַל־הַמִּזְבֵּחַ מִמַּעַל לָעֵצִים: וַיִּשְׁלַח אַבְרָהָם אֶת־יָדוֹ, וַיִּקַּח אֶת־הַמַּאֲכֶלֶת, לִשְׁחֹט אֶת־בְּנוֹ: וַיִּקְרָא אֵלָיו מַלְאַךְ יהוה מִן־הַשָּׁמַיִם, וַיֹּאמֶר אַבְרָהָם אַבְרָהָם, וַיֹּאמֶר הִנֵּנִי: וַיֹּאמֶר אַל־תִּשְׁלַח יָדְךָ אֶל־הַנַּעַר, וְאַל־תַּעַשׂ לוֹ מְאוּמָה, כִּי עַתָּה יָדַעְתִּי כִּי־יְרֵא אֱלֹהִים אַתָּה, וְלֹא חָשַׂכְתָּ אֶת־בִּנְךָ אֶת־יְחִידְךָ מִמֶּנִּי: וַיִּשָּׂא אַבְרָהָם אֶת־עֵינָיו, וַיַּרְא וְהִנֵּה־אַיִל, אַחַר נֶאֱחַז בַּסְּבַךְ בְּקַרְנָיו, וַיֵּלֶךְ אַבְרָהָם וַיִּקַּח אֶת־הָאַיִל, וַיַּעֲלֵהוּ לְעֹלָה תַּחַת בְּנוֹ: וַיִּקְרָא אַבְרָהָם שֵׁם־הַמָּקוֹם הַהוּא יהוה יִרְאֶה, אֲשֶׁר יֵאָמֵר הַיּוֹם בְּהַר יהוה יֵרָאֶה: וַיִּקְרָא מַלְאַךְ יהוה

back your son, your only son, I will greatly bless you and greatly multiply your descendants, as the stars of heaven and the sand of the seashore, and your descendants shall take possession of the gates of their enemies. Through your descendants, all the nations of the earth will be blessed, because you have heeded My voice." Then Abraham returned to his lads, and they rose and went together to Beersheba, and Abraham stayed in Beersheba.

Most omit this passage on Shabbat.

Master of the Universe, just as Abraham our father suppressed his compassion to do Your will wholeheartedly, so may Your compassion suppress Your anger from us and may Your compassion prevail over Your other attributes. Deal with us, Lord our God, with the attributes of loving-kindness and compassion, and in Your great goodness may Your anger be turned away from Your people, Your city, Your land and Your inheritance. Fulfill in us, Lord our God, the promise You made in Your Torah through the hand of Moses Your servant, as it is said: "I will remember My covenant with Jacob, and also My covenant with Isaac, and also My covenant with Abraham I will remember, and the land I will remember." *Lev. 26*

ACCEPTING THE SOVEREIGNTY OF HEAVEN

לְעוֹלָם A person should always be God-fearing, privately and publicly, acknowledging the truth and speaking it in his heart. *Tanna DeVei Eliyahu, ch. 21*
He should rise early and say:

Master of all worlds,
not because of our righteousness *Dan. 9*
do we lay our pleas before You,
but because of Your great compassion.

"privately" and "speaking it [truth] in his heart" (that is, the secret practice of Judaism) and the recitation here of the first lines of the Shema, which could not be said at the normal time. The final blessing, "Who sanctifies His name among the multitudes," refers to the martyrdom of those who went to their deaths rather than renounce their faith. Martyrdom is called *Kiddush HaShem*, "sanctifying [God's] name."

רִבּוֹן *Master of all worlds:* This passage also appears in the *Ne'ila* prayer on Yom Kippur. It expresses the paradox of the human condition in the presence of

אֶל־אַבְרָהָם שֵׁנִית מִן־הַשָּׁמָיִם: וַיֹּאמֶר, בִּי נִשְׁבַּעְתִּי נְאֻם־יהוה, כִּי יַעַן אֲשֶׁר עָשִׂיתָ אֶת־הַדָּבָר הַזֶּה, וְלֹא חָשַׂכְתָּ אֶת־בִּנְךָ אֶת־יְחִידֶךָ: כִּי־בָרֵךְ אֲבָרֶכְךָ, וְהַרְבָּה אַרְבֶּה אֶת־זַרְעֲךָ כְּכוֹכְבֵי הַשָּׁמַיִם, וְכַחוֹל אֲשֶׁר עַל־שְׂפַת הַיָּם, וְיִרַשׁ זַרְעֲךָ אֵת שַׁעַר אֹיְבָיו: וְהִתְבָּרְכוּ בְזַרְעֲךָ כֹּל גּוֹיֵי הָאָרֶץ, עֵקֶב אֲשֶׁר שָׁמַעְתָּ בְּקֹלִי: וַיָּשָׁב אַבְרָהָם אֶל־נְעָרָיו, וַיָּקֻמוּ וַיֵּלְכוּ יַחְדָּו אֶל־בְּאֵר שָׁבַע, וַיֵּשֶׁב אַבְרָהָם בִּבְאֵר שָׁבַע:

Most omit this passage on שבת.

רִבּוֹנוֹ שֶׁל עוֹלָם, כְּמוֹ שֶׁכָּבַשׁ אַבְרָהָם אָבִינוּ אֶת רַחֲמָיו לַעֲשׂוֹת רְצוֹנְךָ בְּלֵבָב שָׁלֵם, כֵּן יִכְבְּשׁוּ רַחֲמֶיךָ אֶת כַּעַסְךָ מֵעָלֵינוּ וְיִגֹּלּוּ רַחֲמֶיךָ עַל מִדּוֹתֶיךָ. וְתִתְנַהֵג עִמָּנוּ יהוה אֱלֹהֵינוּ בְּמִדַּת הַחֶסֶד וּבְמִדַּת הָרַחֲמִים, וּבְטוּבְךָ הַגָּדוֹל יָשׁוּב חֲרוֹן אַפְּךָ מֵעַמְּךָ וּמֵעִירְךָ וּמֵאַרְצְךָ וּמִנַּחֲלָתֶךָ. וְקַיֶּם לָנוּ יהוה אֱלֹהֵינוּ אֶת הַדָּבָר שֶׁהִבְטַחְתָּנוּ בְּתוֹרָתֶךָ
ויקרא כו עַל יְדֵי מֹשֶׁה עַבְדֶּךָ, כָּאָמוּר: וְזָכַרְתִּי אֶת־בְּרִיתִי יַעֲקוֹב וְאַף אֶת־בְּרִיתִי יִצְחָק, וְאַף אֶת־בְּרִיתִי אַבְרָהָם אֶזְכֹּר, וְהָאָרֶץ אֶזְכֹּר:

קבלת עול מלכות שמים

תנא דבי אליהו, פרק כא

לְעוֹלָם יְהֵא אָדָם יְרֵא שָׁמַיִם בְּסֵתֶר וּבַגָּלוּי
וּמוֹדֶה עַל הָאֱמֶת, וְדוֹבֵר אֱמֶת בִּלְבָבוֹ
וְיַשְׁכֵּם וְיֹאמַר
רִבּוֹן כָּל הָעוֹלָמִים
דניאל ט לֹא עַל־צִדְקוֹתֵינוּ אֲנַחְנוּ מַפִּילִים תַּחֲנוּנֵינוּ לְפָנֶיךָ
כִּי עַל־רַחֲמֶיךָ הָרַבִּים:

לְעוֹלָם *A person should always:* This whole section until "Who sanctifies His name among the multitudes" appears in the tenth-century Midrash, *Tanna DeVei Eliyahu* (chapter 21). Some believe that it dates from a period of persecution under the Persian ruler Yazdegerd II who, in 456 CE, forbade the observance of Shabbat and the reading of the Torah. Jews continued to practice their faith in secret, saying prayers at times and in ways that would not be detected by their persecutors. This explains the reference to fearing God

What are we? What are our lives?
What is our loving-kindness? What is our righteousness?
What is our salvation? What is our strength?
What is our might? What shall we say before You,
LORD our God and God of our ancestors?
Are not all the mighty like nothing before You,
the men of renown as if they had never been,
the wise as if they know nothing,
and the understanding as if they lack intelligence?
For their many works are in vain,
and the days of their lives like a fleeting breath before You.
The pre-eminence of man over the animals is nothing, *Eccl. 3*
for all is but a fleeting breath.

אֲבָל Yet we are Your people, the children of Your covenant,
the children of Abraham, Your beloved,
to whom You made a promise on Mount Moriah;
the offspring of Isaac his only one who was bound on the altar;
the congregation of Jacob Your firstborn son
whom – because of the love with which You loved him
and the joy with which You rejoiced in him –
You called Yisrael and Yeshurun.

לְפִיכָךְ Therefore it is our duty
to thank You, and to praise, glorify, bless, sanctify
and give praise and thanks to Your name.
Happy are we, how good is our portion,
how lovely our fate, how beautiful our heritage.

---

of the brevity and insubstantiality of life as a physical phenomenon. All that lives soon dies, and is as if it had never been. *Yet:* You created us, made us, chose us. We are infinitesimally small, yet brushed by the wings of Infinity. We are dust; yet *we are Your people, children of Your covenant,* descendants of those You singled out to be witnesses to the world of Your existence and majesty.

מָה אָֽנוּ, מֶה חַיֵּֽינוּ, מֶה חַסְדֵּֽנוּ, מַה צִּדְקוֹתֵֽינוּ
מַה יְּשׁוּעָתֵֽנוּ, מַה כֹּחֵֽנוּ, מַה גְּבוּרָתֵֽנוּ
מַה נֹּאמַר לְפָנֶֽיךָ, יהוה אֱלֹהֵֽינוּ וֵאלֹהֵי אֲבוֹתֵֽינוּ
הֲלֹא כָּל הַגִּבּוֹרִים כְּאַֽיִן לְפָנֶֽיךָ
וְאַנְשֵׁי הַשֵּׁם כְּלֹא הָיוּ
וַחֲכָמִים כִּבְלִי מַדָּע, וּנְבוֹנִים כִּבְלִי הַשְׂכֵּל
כִּי רֹב מַעֲשֵׂיהֶם תֹּֽהוּ, וִימֵי חַיֵּיהֶם הֶֽבֶל לְפָנֶֽיךָ
וּמוֹתַר הָאָדָם מִן־הַבְּהֵמָה אָֽיִן קהלת ג
כִּי הַכֹּל הָֽבֶל:

אֲבָל אֲנַֽחְנוּ עַמְּךָ בְּנֵי בְרִיתֶֽךָ
בְּנֵי אַבְרָהָם אֹהַבְךָ שֶׁנִּשְׁבַּֽעְתָּ לּוֹ בְּהַר הַמּוֹרִיָּה
זֶֽרַע יִצְחָק יְחִידוֹ שֶׁנֶּעֱקַד עַל גַּבֵּי הַמִּזְבֵּֽחַ
עֲדַת יַעֲקֹב בִּנְךָ בְּכוֹרֶֽךָ
שֶׁמֵּאַהֲבָתְךָ שֶׁאָהַֽבְתָּ אוֹתוֹ, וּמִשִּׂמְחָתְךָ שֶׁשָּׂמַֽחְתָּ בּוֹ
קָרָֽאתָ אֶת שְׁמוֹ יִשְׂרָאֵל וִישֻׁרוּן.

לְפִיכָךְ אֲנַֽחְנוּ חַיָּבִים
לְהוֹדוֹת לְךָ וּלְשַׁבֵּחֲךָ וּלְפָאֶרְךָ
וּלְבָרֵךְ וּלְקַדֵּשׁ וְלָתֵת שֶֽׁבַח וְהוֹדָיָה לִשְׁמֶֽךָ.
אַשְׁרֵֽינוּ, מַה טּוֹב חֶלְקֵֽנוּ
וּמַה נָּעִים גּוֹרָלֵֽנוּ, וּמַה יָּפָה יְרֻשָּׁתֵֽנוּ.

God. We know how small we are and how brief our lives. *Fleeting breath:* the Hebrew word *hevel* – the key word of the opening chapters of Ecclesiastes, from which this line is taken – has been translated as "vain, meaningless, empty, futile." However, it literally means "a short breath." It conveys a sense

▸ Happy are we who, early and late,
evening and morning,
say twice each day –

Listen, Israel: the Lord is our God, the Lord is One. *Deut. 6*

Quietly: Blessed be the name of His glorious kingdom for ever and all time.

Some congregations say the entire first paragraph of the Shema (below) at this point. If there is a concern that the Shema will not be recited within the prescribed time, then all three paragraphs should be said.

Love the Lord your God with all your heart, with all your soul, and with all your might. These words which I command you today shall be on your heart. Teach them repeatedly to your children, speaking of them when you sit at home and when you travel on the way, when you lie down and when you rise. Bind them as a sign on your hand, and they shall be an emblem between your eyes. Write them on the doorposts of your house and gates.

אַתָּה הוּא It was You who existed
before the world was created,
it is You now that the world has been created.
It is You in this world
and You in the World to Come.
▸ Sanctify Your name
through those who sanctify Your name,
and sanctify Your name
throughout Your world.
By Your salvation may our pride be exalted;
raise high our pride.
Blessed are You, Lord,
who sanctifies His name among the multitudes.

His covenant; therefore, we may not renounce our religion or identity: "I, God, do not change; so you, children of Jacob, are not destroyed" (Mal. 3:6).

▸ אַשְׁרֵינוּ, שֶׁאֲנַחְנוּ מַשְׁכִּימִים וּמַעֲרִיבִים עֶרֶב וָבְקֶר
וְאוֹמְרִים פַּעֲמַיִם בְּכָל יוֹם

דברים ו
שְׁמַע יִשְׂרָאֵל, יהוה אֱלֹהֵינוּ, יהוה אֶחָד:

Quietly בָּרוּךְ שֵׁם כְּבוֹד מַלְכוּתוֹ לְעוֹלָם וָעֶד.

Some congregations say the entire first paragraph of the שמע *(below) at this point. If there is a concern that the* שמע *will not be recited within the prescribed time, then all three paragraphs should be said.*

וְאָהַבְתָּ אֵת יהוה אֱלֹהֶיךָ, בְּכָל־לְבָבְךָ, וּבְכָל־נַפְשְׁךָ, וּבְכָל־מְאֹדֶךָ: וְהָיוּ הַדְּבָרִים הָאֵלֶּה, אֲשֶׁר אָנֹכִי מְצַוְּךָ הַיּוֹם, עַל־לְבָבֶךָ: וְשִׁנַּנְתָּם לְבָנֶיךָ, וְדִבַּרְתָּ בָּם, בְּשִׁבְתְּךָ בְּבֵיתֶךָ, וּבְלֶכְתְּךָ בַדֶּרֶךְ, וּבְשָׁכְבְּךָ וּבְקוּמֶךָ: וּקְשַׁרְתָּם לְאוֹת עַל־יָדֶךָ וְהָיוּ לְטֹטָפֹת בֵּין עֵינֶיךָ: וּכְתַבְתָּם עַל־מְזֻזוֹת בֵּיתֶךָ וּבִשְׁעָרֶיךָ:

אַתָּה הוּא עַד שֶׁלֹּא נִבְרָא הָעוֹלָם
אַתָּה הוּא מִשֶּׁנִּבְרָא הָעוֹלָם.
אַתָּה הוּא בָּעוֹלָם הַזֶּה
וְאַתָּה הוּא לָעוֹלָם הַבָּא.
▸ קַדֵּשׁ אֶת שִׁמְךָ עַל מַקְדִּישֵׁי שְׁמֶךָ
וְקַדֵּשׁ אֶת שִׁמְךָ בְּעוֹלָמֶךָ
וּבִישׁוּעָתְךָ תָּרוּם וְתַגְבִּיהַּ קַרְנֵנוּ.
בָּרוּךְ אַתָּה יהוה
הַמְקַדֵּשׁ אֶת שְׁמוֹ בָּרַבִּים.

אַתָּה הוּא *It was You who existed:* This prayer, with its emphasis on the changelessness of God, may have been incorporated at a time of persecution, expressing the refusal of Jews to abandon their faith. God does not alter or revoke

אַתָּה הוּא You are the LORD our God
in heaven and on earth,
and in the highest heaven of heavens.
Truly, You are the first
and You are the last,
and besides You there is no god.
Gather those who hope in You
from the four quarters of the earth.
May all mankind recognize and know
that You alone are God
over all the kingdoms on earth.

You made the heavens and the earth,
the sea and all they contain.
Who among all the works of Your hands,
above and below,
can tell You what to do?

Heavenly Father,
deal kindly with us
for the sake of Your great name
by which we are called,
and fulfill for us,
LORD our God,
that which is written:

"At that time I will bring you home, and at that time I will gather you, for I will give you renown and praise among all the peoples of the earth when I bring back your exiles before your eyes, says the LORD." *Zeph. 3*

---

ingathering of Jews and of a time when "I will give you renown and praise among all the peoples of the earth." This entire sequence of prayers is eloquent testimony to how Jews sustained faith and hope, dignity and pride, during some of the most prolonged periods of persecution in history.

אַתָּה הוּא יהוה אֱלֹהֵינוּ
בַּשָּׁמַיִם וּבָאָרֶץ
וּבִשְׁמֵי הַשָּׁמַיִם הָעֶלְיוֹנִים.
אֱמֶת, אַתָּה הוּא רִאשׁוֹן
וְאַתָּה הוּא אַחֲרוֹן
וּמִבַּלְעָדֶיךָ אֵין אֱלֹהִים.
קַבֵּץ קֹוֶיךָ מֵאַרְבַּע כַּנְפוֹת הָאָרֶץ.
יַכִּירוּ וְיֵדְעוּ כָּל בָּאֵי עוֹלָם
כִּי אַתָּה הוּא הָאֱלֹהִים לְבַדְּךָ לְכֹל מַמְלְכוֹת הָאָרֶץ.

אַתָּה עָשִׂיתָ אֶת הַשָּׁמַיִם וְאֶת הָאָרֶץ
אֶת הַיָּם וְאֶת כָּל אֲשֶׁר בָּם
וּמִי בְּכָל מַעֲשֵׂי יָדֶיךָ בָּעֶלְיוֹנִים אוֹ בַתַּחְתּוֹנִים
שֶׁיֹּאמַר לְךָ מַה תַּעֲשֶׂה.

אָבִינוּ שֶׁבַּשָּׁמַיִם
עֲשֵׂה עִמָּנוּ חֶסֶד
בַּעֲבוּר שִׁמְךָ הַגָּדוֹל שֶׁנִּקְרָא עָלֵינוּ
וְקַיֶּם לָנוּ יהוה אֱלֹהֵינוּ
מַה שֶּׁכָּתוּב:

בָּעֵת הַהִיא אָבִיא אֶתְכֶם, וּבָעֵת קַבְּצִי אֶתְכֶם, צפניה ג
כִּי־אֶתֵּן אֶתְכֶם לְשֵׁם וְלִתְהִלָּה בְּכֹל עַמֵּי הָאָרֶץ,
בְּשׁוּבִי אֶת־שְׁבוּתֵיכֶם לְעֵינֵיכֶם, אָמַר יהוה:

אַתָּה הוּא *You are the* LORD *our God:* This second prayer, for the end of exile, culminates with the verse from Zephania (3:20) which speaks of the

OFFERINGS

The sages held that, in the absence of the Temple, studying the laws of sacrifices is the equivalent of offering them. Hence the following texts. There are different customs as to how many passages are to be said, and one should follow the custom of one's congregation.

The minimum requirement is to say the verses relating to The Daily Sacrifice on the next page.

THE BASIN

The Lord spoke to Moses, saying: Make a bronze basin, with its bronze stand for washing, and place it between the Tent of Meeting and the altar, and put water in it. From it, Aaron and his sons are to wash their hands and feet. When they enter the Tent of Meeting, they shall wash with water so that they will not die; likewise when they approach the altar to minister, presenting a fire-offering to the Lord. They must wash their hands and feet so that they will not die. This shall be an everlasting ordinance for Aaron and his descendants throughout their generations. *Ex. 30*

TAKING OF THE ASHES

The Lord spoke to Moses, saying: Instruct Aaron and his sons, saying, This is the law of the burnt-offering. The burnt-offering shall remain on the altar hearth throughout the night until morning, and the altar fire shall be kept burning on it. The priest shall then put on his linen garments, and linen breeches next to his body, and shall remove the ashes of the burnt-offering that the fire has consumed on the altar and place them beside the altar. Then he shall take off these clothes and put on others, and carry the ashes outside the camp to a clean place. The fire on the altar must be kept burning; it must not go out. Each morning the priest shall burn wood on it, and prepare on it the burnt-offering and burn the fat of the peace-offerings. A perpetual fire must be kept burning on the altar; it must not go out. *Lev. 6*

May it be Your will, Lord our God and God of our ancestors, that You have compassion on us and pardon us all our sins, grant atonement for all our iniquities and forgive all our transgressions. May You rebuild the Temple swiftly in our days so that we may offer You the continual-offering that it may atone for us as You have prescribed for us in Your Torah through Moses Your servant, from the mouthpiece of Your glory, as it is said:

---

from the Mishna (*Zevaḥim* 5) is also about sacrifices, and was chosen because it does not contain any disagreement between the sages, and thus accords with the rule that one should pray "after a decided *halakha*," that is, an item of Jewish law about which there is no debate.

סדר הקרבנות

חז״ל held that, in the absence of the Temple, studying the laws of sacrifices is the equivalent of offering them. Hence the following texts. There are different customs as to how many passages are to be said, and one should follow the custom of one's congregation.

The minimum requirement is to say the verses relating to the קרבן תמיד on the next page.

פרשת הכיור

שמות ל וַיְדַבֵּר יהוה אֶל־מֹשֶׁה לֵּאמֹר: וְעָשִׂיתָ כִּיּוֹר נְחֹשֶׁת וְכַנּוֹ נְחֹשֶׁת לְרָחְצָה,
וְנָתַתָּ אֹתוֹ בֵּין־אֹהֶל מוֹעֵד וּבֵין הַמִּזְבֵּחַ, וְנָתַתָּ שָׁמָּה מָיִם: וְרָחֲצוּ אַהֲרֹן
וּבָנָיו מִמֶּנּוּ אֶת־יְדֵיהֶם וְאֶת־רַגְלֵיהֶם: בְּבֹאָם אֶל־אֹהֶל מוֹעֵד יִרְחֲצוּ־
מַיִם, וְלֹא יָמֻתוּ, אוֹ בְגִשְׁתָּם אֶל־הַמִּזְבֵּחַ לְשָׁרֵת, לְהַקְטִיר אִשֶּׁה לַיהוה:
וְרָחֲצוּ יְדֵיהֶם וְרַגְלֵיהֶם וְלֹא יָמֻתוּ, וְהָיְתָה לָהֶם חָק־עוֹלָם, לוֹ וּלְזַרְעוֹ
לְדֹרֹתָם:

פרשת תרומת הדשן

ויקרא ו וַיְדַבֵּר יהוה אֶל־מֹשֶׁה לֵּאמֹר: צַו אֶת־אַהֲרֹן וְאֶת־בָּנָיו לֵאמֹר, זֹאת תּוֹרַת
הָעֹלָה, הִוא הָעֹלָה עַל מוֹקְדָה עַל־הַמִּזְבֵּחַ כָּל־הַלַּיְלָה עַד־הַבֹּקֶר,
וְאֵשׁ הַמִּזְבֵּחַ תּוּקַד בּוֹ: וְלָבַשׁ הַכֹּהֵן מִדּוֹ בַד, וּמִכְנְסֵי־בַד יִלְבַּשׁ עַל־
בְּשָׂרוֹ, וְהֵרִים אֶת־הַדֶּשֶׁן אֲשֶׁר תֹּאכַל הָאֵשׁ אֶת־הָעֹלָה, עַל־הַמִּזְבֵּחַ,
וְשָׂמוֹ אֵצֶל הַמִּזְבֵּחַ: וּפָשַׁט אֶת־בְּגָדָיו, וְלָבַשׁ בְּגָדִים אֲחֵרִים, וְהוֹצִיא
אֶת־הַדֶּשֶׁן אֶל־מִחוּץ לַמַּחֲנֶה, אֶל־מָקוֹם טָהוֹר: וְהָאֵשׁ עַל־הַמִּזְבֵּחַ
תּוּקַד־בּוֹ, לֹא תִכְבֶּה, וּבִעֵר עָלֶיהָ הַכֹּהֵן עֵצִים בַּבֹּקֶר בַּבֹּקֶר, וְעָרַךְ עָלֶיהָ
הָעֹלָה, וְהִקְטִיר עָלֶיהָ חֶלְבֵי הַשְּׁלָמִים: אֵשׁ, תָּמִיד תּוּקַד עַל־הַמִּזְבֵּחַ,
לֹא תִכְבֶּה:

יְהִי רָצוֹן מִלְּפָנֶיךָ יהוה אֱלֹהֵינוּ וֵאלֹהֵי אֲבוֹתֵינוּ, שֶׁתְּרַחֵם עָלֵינוּ, וְתִמְחֹל לָנוּ עַל כָּל חַטֹּאתֵינוּ
וּתְכַפֶּר לָנוּ עַל כָּל עֲוֹנוֹתֵינוּ וְתִסְלַח לָנוּ עַל כָּל פְּשָׁעֵינוּ, וְתִבְנֶה בֵּית הַמִּקְדָּשׁ בִּמְהֵרָה בְיָמֵינוּ,
וְנַקְרִיב לְפָנֶיךָ קָרְבַּן הַתָּמִיד שֶׁיְּכַפֵּר בַּעֲדֵנוּ, כְּמוֹ שֶׁכָּתַבְתָּ עָלֵינוּ בְּתוֹרָתֶךָ עַל יְדֵי מֹשֶׁה עַבְדֶּךָ
מִפִּי כְבוֹדֶךָ, כָּאָמוּר

OFFERINGS

There now follows a second cycle of study, with the same structure as the first, with passages from (1) the Torah, (2) the Mishna, and (3) the Gemara. The passages from the Torah relate to the daily, weekly and monthly sacrifices because, in the absence of the Temple, the sages held that study of the laws about sacrifice was a substitute for sacrifice itself (*Ta'anit* 27b). The passage

THE DAILY SACRIFICE

וַיְדַבֵּר The LORD said to Moses, "Command the Israelites and tell them: 'Be careful to offer to Me at the appointed time My food-offering consumed by fire, as an aroma pleasing to Me.' Tell them: 'This is the fire-offering you shall offer to the LORD – two lambs a year old without blemish, as a regular burnt-offering each day. Prepare one lamb in the morning and the other toward evening, together with a meal-offering of a tenth of an ephah of fine flour mixed with a quarter of a hin of oil from pressed olives. This is the regular burnt-offering instituted at Mount Sinai as a pleasing aroma, a fire-offering made to the LORD. Its libation is to be a quarter of a hin [of wine] with each lamb, poured in the Sanctuary as a libation of strong drink to the LORD. Prepare the second lamb in the afternoon, along with the same meal-offering and libation as in the morning. This is a fire-offering, an aroma pleasing to the LORD.'" *Num. 28*

וְשָׁחַט He shall slaughter it at the north side of the altar before the LORD, and Aaron's sons the priests shall sprinkle its blood against the altar on all sides. *Lev. 1*

May it be Your will, LORD our God and God of our ancestors,
that this recitation be considered accepted and favored before You
as if we had offered the daily sacrifice at its appointed time and place, according to its laws.

It is You, LORD our God, to whom our ancestors offered fragrant incense when the Temple stood, as You commanded them through Moses Your prophet, as is written in Your Torah:

THE INCENSE

The LORD said to Moses: Take fragrant spices – balsam, onycha, galbanum and pure frankincense, all in equal amounts – and make a fragrant blend of incense, the work of a perfumer, well mixed, pure and holy. Grind it very finely and place it in front of the [Ark of] Testimony in the Tent of Meeting, where I will meet with you. It shall be most holy to you. *Ex. 30*

And it is said:

Aaron shall burn fragrant incense on the altar every morning when he cleans the lamps. He shall burn incense again when he lights the lamps toward evening so that there will be incense before the LORD at all times, throughout your generations.

פרשת קרבן התמיד

וַיְדַבֵּר יהוה אֶל־מֹשֶׁה לֵּאמֹר: צַו אֶת־בְּנֵי יִשְׂרָאֵל וְאָמַרְתָּ במדבר כח
אֲלֵהֶם, אֶת־קָרְבָּנִי לַחְמִי לְאִשַּׁי, רֵיחַ נִיחֹחִי, תִּשְׁמְרוּ לְהַקְרִיב
לִי בְּמוֹעֲדוֹ: וְאָמַרְתָּ לָהֶם, זֶה הָאִשֶּׁה אֲשֶׁר תַּקְרִיבוּ לַיהוה,
כְּבָשִׂים בְּנֵי־שָׁנָה תְמִימִם שְׁנַיִם לַיּוֹם, עֹלָה תָמִיד: אֶת־הַכֶּבֶשׂ
אֶחָד תַּעֲשֶׂה בַבֹּקֶר, וְאֵת הַכֶּבֶשׂ הַשֵּׁנִי תַּעֲשֶׂה בֵּין הָעַרְבָּיִם:
וַעֲשִׂירִית הָאֵיפָה סֹלֶת לְמִנְחָה, בְּלוּלָה בְּשֶׁמֶן כָּתִית רְבִיעִת
הַהִין: עֹלַת תָּמִיד, הָעֲשֻׂיָה בְּהַר סִינַי, לְרֵיחַ נִיחֹחַ אִשֶּׁה לַיהוה:
וְנִסְכּוֹ רְבִיעִת הַהִין לַכֶּבֶשׂ הָאֶחָד, בַּקֹּדֶשׁ הַסֵּךְ נֶסֶךְ שֵׁכָר
לַיהוה: וְאֵת הַכֶּבֶשׂ הַשֵּׁנִי תַּעֲשֶׂה בֵּין הָעַרְבָּיִם, כְּמִנְחַת הַבֹּקֶר
וּכְנִסְכּוֹ תַּעֲשֶׂה, אִשֵּׁה רֵיחַ נִיחֹחַ לַיהוה:

וְשָׁחַט אֹתוֹ עַל יֶרֶךְ הַמִּזְבֵּחַ צָפֹנָה לִפְנֵי יהוה, וְזָרְקוּ בְּנֵי אַהֲרֹן ויקרא א
הַכֹּהֲנִים אֶת־דָּמוֹ עַל־הַמִּזְבֵּחַ, סָבִיב:

יְהִי רָצוֹן מִלְּפָנֶיךָ, יהוה אֱלֹהֵינוּ וֵאלֹהֵי אֲבוֹתֵינוּ
שֶׁתְּהֵא אֲמִירָה זוֹ חֲשׁוּבָה וּמְקֻבֶּלֶת וּמְרֻצָּה לְפָנֶיךָ
כְּאִלּוּ הִקְרַבְנוּ קָרְבַּן הַתָּמִיד בְּמוֹעֲדוֹ וּבִמְקוֹמוֹ וּכְהִלְכָתוֹ.

אַתָּה הוּא יהוה אֱלֹהֵינוּ שֶׁהִקְטִירוּ אֲבוֹתֵינוּ לְפָנֶיךָ אֶת קְטֹרֶת הַסַּמִּים בִּזְמַן שֶׁבֵּית
הַמִּקְדָּשׁ הָיָה קַיָּם, כַּאֲשֶׁר צִוִּיתָ אוֹתָם עַל יְדֵי מֹשֶׁה נְבִיאֶךָ, כַּכָּתוּב בְּתוֹרָתֶךָ:

פרשת הקטורת

וַיֹּאמֶר יהוה אֶל־מֹשֶׁה, קַח־לְךָ סַמִּים נָטָף וּשְׁחֵלֶת וְחֶלְבְּנָה, סַמִּים וּלְבֹנָה שמות ל
זַכָּה, בַּד בְּבַד יִהְיֶה: וְעָשִׂיתָ אֹתָהּ קְטֹרֶת, רֹקַח מַעֲשֵׂה רוֹקֵחַ, מְמֻלָּח, טָהוֹר
קֹדֶשׁ: וְשָׁחַקְתָּ מִמֶּנָּה הָדֵק, וְנָתַתָּה מִמֶּנָּה לִפְנֵי הָעֵדֻת בְּאֹהֶל מוֹעֵד אֲשֶׁר
אִוָּעֵד לְךָ שָׁמָּה, קֹדֶשׁ קָדָשִׁים תִּהְיֶה לָכֶם:

וְנֶאֱמַר

וְהִקְטִיר עָלָיו אַהֲרֹן קְטֹרֶת סַמִּים, בַּבֹּקֶר בַּבֹּקֶר בְּהֵיטִיבוֹ אֶת־הַנֵּרֹת
יַקְטִירֶנָּה: וּבְהַעֲלֹת אַהֲרֹן אֶת־הַנֵּרֹת בֵּין הָעַרְבַּיִם יַקְטִירֶנָּה, קְטֹרֶת תָּמִיד
לִפְנֵי יהוה לְדֹרֹתֵיכֶם:

The rabbis taught: How was the incense prepared? It weighed 368 manehs, 365 corresponding to the number of days in a solar year, a maneh for each day, half to be offered in the morning and half in the afternoon, and three additional manehs from which the High Priest took two handfuls on Yom Kippur. These were put back into the mortar on the day before Yom Kippur and ground again very thoroughly so as to be extremely fine. The incense contained eleven kinds of spices: balsam, onycha, galbanum and frankincense, each weighing seventy manehs; myrrh, cassia, spikenard and saffron, each weighing sixteen manehs; twelve manehs of costus, three of aromatic bark; nine of cinnamon; nine kabs of Carsina lye; three seahs and three kabs of Cyprus wine. If Cyprus wine was not available, old white wine might be used. A quarter of a kab of Sodom salt, and a minute amount of a smoke-raising herb. Rabbi Nathan the Babylonian says: also a minute amount of Jordan amber. If one added honey to the mixture, he rendered it unfit for sacred use. If he omitted any one of its ingredients, he is guilty of a capital offence. *Keritot 6a*

Rabban Simeon ben Gamliel says: "Balsam" refers to the sap that drips from the balsam tree. The Carsina lye was used for bleaching the onycha to improve it. The Cyprus wine was used to soak the onycha in it to make it pungent. Though urine is suitable for this purpose, it is not brought into the Temple out of respect.

It was taught, Rabbi Nathan says: While it was being ground, another would say, "Grind well, well grind," because the [rhythmic] sound is good for spices. If it was mixed in half-quantities, it is fit for use, but we have not heard whether this applies to a third or a quarter. Rabbi Judah said: The general rule is that if it was made in the correct proportions, it is fit for use even if made in half-quantity, but if he omitted any one of its ingredients, he is guilty of a capital offence.

It was taught, Bar Kappara says: Once every sixty or seventy years, the accumulated surpluses amounted to half the yearly quantity. Bar Kappara also taught: If a minute quantity of honey had been mixed into the incense, no one could have resisted the scent. Why did they not put honey into it? Because the Torah says, "For you are not to burn any leaven or honey in a fire-offering made to the LORD." *JT Yoma 4:5* *Lev. 2*

The following three verses are each said three times:

The LORD of hosts is with us; the God of Jacob is our stronghold, Selah. *Ps. 46*
LORD of hosts, happy is the one who trusts in You. *Ps. 84*
LORD, save! May the King answer us on the day we call. *Ps. 20*

כריתות ו. תָּנוּ רַבָּנָן: פִּטּוּם הַקְּטֹרֶת כֵּיצַד, שְׁלֹשׁ מֵאוֹת וְשִׁשִּׁים וּשְׁמוֹנָה מָנִים הָיוּ בָהּ. שְׁלֹשׁ מֵאוֹת וְשִׁשִּׁים וַחֲמִשָּׁה כְּמִנְיַן יְמוֹת הַחַמָּה, מָנֶה לְכָל יוֹם, פְּרַס בְּשַׁחֲרִית וּפְרַס בֵּין הָעַרְבַּיִם, וּשְׁלֹשָׁה מָנִים יְתֵרִים שֶׁמֵּהֶם מַכְנִיס כֹּהֵן גָּדוֹל מְלֹא חָפְנָיו בְּיוֹם הַכִּפּוּרִים, וּמַחֲזִירָן לְמַכְתֶּשֶׁת בְּעֶרֶב יוֹם הַכִּפּוּרִים וְשׁוֹחֲקָן יָפֶה יָפֶה, כְּדֵי שֶׁתְּהֵא דַקָּה מִן הַדַּקָּה. וְאַחַד עָשָׂר סַמָּנִים הָיוּ בָהּ, וְאֵלּוּ הֵן: הַצֳּרִי, וְהַצִּפֹּרֶן, וְהַחֶלְבְּנָה, וְהַלְּבוֹנָה מִשְׁקַל שִׁבְעִים שִׁבְעִים מָנֶה, מֹר, וּקְצִיעָה, שִׁבֹּלֶת נֵרְדְּ, וְכַרְכֹּם מִשְׁקַל שִׁשָּׁה עָשָׂר שִׁשָּׁה עָשָׂר מָנֶה, הַקֹּשְׁטְ שְׁנֵים עָשָׂר, קִלּוּפָה שְׁלֹשָׁה, קִנָּמוֹן תִּשְׁעָה, בֹּרִית כַּרְשִׁינָה תִּשְׁעָה קַבִּין, יֵין קַפְרִיסִין סְאִין תְּלָת וְקַבִּין תְּלָתָא, וְאִם לֹא מָצָא יֵין קַפְרִיסִין, מֵבִיא חֲמַר חִוַּרְיָן עַתִּיק. מֶלַח סְדוֹמִית רֹבַע, מַעֲלֶה עָשָׁן כָּל שֶׁהוּא. רַבִּי נָתָן הַבַּבְלִי אוֹמֵר: אַף כִּפַּת הַיַּרְדֵּן כָּל שֶׁהִיא, וְאִם נָתַן בָּהּ דְּבַשׁ פְּסָלָהּ, וְאִם חִסַּר אֶחָד מִכָּל סַמָּנֶיהָ, חַיָּב מִיתָה.

רַבָּן שִׁמְעוֹן בֶּן גַּמְלִיאֵל אוֹמֵר: הַצֳּרִי אֵינוֹ אֶלָּא שְׂרָף הַנּוֹטֵף מֵעֲצֵי הַקְּטָף. בֹּרִית כַּרְשִׁינָה שֶׁשָּׁפִין בָּהּ אֶת הַצִּפֹּרֶן כְּדֵי שֶׁתְּהֵא נָאָה, יֵין קַפְרִיסִין שֶׁשּׁוֹרִין בּוֹ אֶת הַצִּפֹּרֶן כְּדֵי שֶׁתְּהֵא עַזָּה, וַהֲלֹא מֵי רַגְלַיִם יָפִין לָהּ, אֶלָּא שֶׁאֵין מַכְנִיסִין מֵי רַגְלַיִם בַּמִּקְדָּשׁ מִפְּנֵי הַכָּבוֹד.

תַּנְיָא, רַבִּי נָתָן אוֹמֵר: כְּשֶׁהוּא שׁוֹחֵק אוֹמֵר, הָדֵק הֵיטֵב הֵיטֵב הָדֵק, מִפְּנֵי שֶׁהַקּוֹל יָפֶה לַבְּשָׂמִים. פִּטְּמָהּ לַחֲצָאִין כְּשֵׁרָה, לִשְׁלִישׁ וְלִרְבִיעַ לֹא שָׁמַעְנוּ. אָמַר רַבִּי יְהוּדָה: זֶה הַכְּלָל, אִם כְּמִדָּתָהּ כְּשֵׁרָה לַחֲצָאִין, וְאִם חִסַּר אֶחָד מִכָּל סַמָּנֶיהָ חַיָּב מִיתָה.

ירושלמי יומא ד, הלכה ה תַּנְיָא, בַּר קַפָּרָא אוֹמֵר: אַחַת לְשִׁשִּׁים אוֹ לְשִׁבְעִים שָׁנָה הָיְתָה בָאָה שֶׁל שִׁירַיִם לַחֲצָאִין. וְעוֹד תָּנֵי בַּר קַפָּרָא: אִלּוּ הָיָה נוֹתֵן בָּהּ קָרְטוֹב שֶׁל דְּבַשׁ אֵין אָדָם יָכוֹל לַעֲמֹד מִפְּנֵי רֵיחָהּ, וְלָמָּה אֵין מְעָרְבִין בָּהּ דְּבַשׁ, מִפְּנֵי שֶׁהַתּוֹרָה אָמְרָה: (ויקרא ב) כִּי כָל־שְׂאֹר וְכָל־דְּבַשׁ לֹא־תַקְטִירוּ מִמֶּנּוּ אִשֶּׁה לַיהוה:

The following three verses are each said three times:

תהלים מו יהוה צְבָאוֹת עִמָּנוּ, מִשְׂגָּב לָנוּ אֱלֹהֵי יַעֲקֹב סֶלָה:

תהלים פד יהוה צְבָאוֹת, אַשְׁרֵי אָדָם בֹּטֵחַ בָּךְ:

תהלים כ יהוה הוֹשִׁיעָה, הַמֶּלֶךְ יַעֲנֵנוּ בְיוֹם־קָרְאֵנוּ:

You are my hiding place; You will protect me from distress and surround me with songs of salvation, Selah. *Ps. 32*
Then the offering of Judah and Jerusalem will be pleasing to the LORD as in the days of old and as in former years. *Mal. 3*

THE ORDER OF THE PRIESTLY FUNCTIONS

Abaye related the order of the daily priestly functions in the name of tradition and in accordance with Abba Shaul: The large pile [of wood] comes before the second pile for the incense; the second pile for the incense precedes the laying in order of the two logs of wood; the laying in order of the two logs of wood comes before the removing of ashes from the inner altar; the removing of ashes from the inner altar precedes the cleaning of the five lamps; the cleaning of the five lamps comes before the blood of the daily offering; the blood of the daily offering precedes the cleaning of the [other] two lamps; the cleaning of the two lamps comes before the incense-offering; the incense-offering precedes the burning of the limbs; the burning of the limbs comes before the meal-offering; the meal-offering precedes the pancakes; the pancakes come before the wine-libations; the wine-libations precede the additional offerings; the additional offerings come before the [frankincense] censers; the censers precede the daily afternoon offering; as it is said, "On it he shall arrange burnt-offerings, and on it he shall burn the fat of the peace-offerings" – "on it" [the daily offering] all the offerings were completed. *Yoma 33a* *Lev. 6*

Please, by the power of Your great right hand, set the captive nation free.
Accept Your people's prayer. Strengthen us, purify us, You who are revered.
Please, mighty One, guard like the pupil of the eye those who seek Your unity.
Bless them, cleanse them, have compassion on them,
grant them Your righteousness always.
Mighty One, Holy One, in Your great goodness guide Your congregation.
Only One, exalted One, turn to Your people, who proclaim Your holiness.
Accept our plea and heed our cry, You who know all secret thoughts.
Blessed be the name of His glorious kingdom for ever and all time.

Master of the Universe, You have commanded us to offer the daily sacrifice at its appointed time with the priests at their service, the Levites on their platform, and the Israelites at their post. Now, because of our sins, the Temple is destroyed and the daily sacrifice discontinued, and we have no priest at his service, no Levite on his platform, no Israelite at his post. But You said: "We will offer in place of bullocks [the prayer of] our lips." Therefore may it be Your will, LORD our God and God of our ancestors, that the prayer of our lips be considered, accepted and favored before You as if we had offered the daily sacrifice at its appointed time and place, according to its laws. *Hos. 14*

אַתָּה סֵתֶר לִי, מִצַּר תִּצְּרֵנִי, רָנֵּי פַלֵּט תְּסוֹבְבֵנִי סֶלָה: תהלים לב

וְעָרְבָה לַיהוה מִנְחַת יְהוּדָה וִירוּשָׁלָםִ מלאכי ג

כִּימֵי עוֹלָם וּכְשָׁנִים קַדְמֹנִיּוֹת:

סדר המערכה

אַבַּיֵּי הֲוָה מְסַדֵּר סֵדֶר הַמַּעֲרָכָה מִשְּׁמָא דִגְמָרָא, וְאַלִּבָּא דְאַבָּא שָׁאוּל: יומא לג.
מַעֲרָכָה גְדוֹלָה קוֹדֶמֶת לְמַעֲרָכָה שְׁנִיָּה שֶׁל קְטֹרֶת, וּמַעֲרָכָה שְׁנִיָּה שֶׁל קְטֹרֶת קוֹדֶמֶת לְסִדּוּר שְׁנֵי גִזְרֵי עֵצִים, וְסִדּוּר שְׁנֵי גִזְרֵי עֵצִים קוֹדֵם לְדִשּׁוּן מִזְבֵּחַ הַפְּנִימִי, וְדִשּׁוּן מִזְבֵּחַ הַפְּנִימִי קוֹדֵם לַהֲטָבַת חָמֵשׁ נֵרוֹת, וַהֲטָבַת חָמֵשׁ נֵרוֹת קוֹדֶמֶת לְדַם הַתָּמִיד, וְדַם הַתָּמִיד קוֹדֵם לַהֲטָבַת שְׁתֵּי נֵרוֹת, וַהֲטָבַת שְׁתֵּי נֵרוֹת קוֹדֶמֶת לִקְטֹרֶת, וּקְטֹרֶת קוֹדֶמֶת לְאֵבָרִים, וְאֵבָרִים לְמִנְחָה, וּמִנְחָה לַחֲבִתִּין, וַחֲבִתִּין לִנְסָכִין, וּנְסָכִין לְמוּסָפִין, וּמוּסָפִין לְבָזִיכִין, וּבָזִיכִין קוֹדְמִין לְתָמִיד שֶׁל בֵּין הָעַרְבַּיִם. שֶׁנֶּאֱמַר: וְעָרַךְ עָלֶיהָ ויקרא ו
הָעֹלָה, וְהִקְטִיר עָלֶיהָ חֶלְבֵי הַשְּׁלָמִים: עָלֶיהָ הַשְׁלֵם כָּל הַקָּרְבָּנוֹת כֻּלָּם.

אָנָּא, בְּכֹחַ גְּדֻלַּת יְמִינְךָ, תַּתִּיר צְרוּרָה.
קַבֵּל רִנַּת עַמְּךָ, שַׂגְּבֵנוּ, טַהֲרֵנוּ, נוֹרָא.
נָא גִבּוֹר, דּוֹרְשֵׁי יִחוּדְךָ כְּבָבַת שָׁמְרֵם.
בָּרְכֵם, טַהֲרֵם, רַחֲמֵם, צִדְקָתְךָ תָּמִיד גָּמְלֵם.
חֲסִין קָדוֹשׁ, בְּרֹב טוּבְךָ נַהֵל עֲדָתֶךָ.
יָחִיד גֵּאֶה, לְעַמְּךָ פְּנֵה, זוֹכְרֵי קְדֻשָּׁתֶךָ.
שַׁוְעָתֵנוּ קַבֵּל וּשְׁמַע צַעֲקָתֵנוּ, יוֹדֵעַ תַּעֲלוּמוֹת.
בָּרוּךְ שֵׁם כְּבוֹד מַלְכוּתוֹ לְעוֹלָם וָעֶד.

רִבּוֹן הָעוֹלָמִים, אַתָּה צִוִּיתָנוּ לְהַקְרִיב קָרְבַּן הַתָּמִיד בְּמוֹעֲדוֹ וְלִהְיוֹת כֹּהֲנִים בַּעֲבוֹדָתָם וּלְוִיִּם בְּדוּכָנָם וְיִשְׂרָאֵל בְּמַעֲמָדָם, וְעַתָּה בַּעֲוֹנוֹתֵינוּ חָרַב בֵּית הַמִּקְדָּשׁ וּבֻטַּל הַתָּמִיד וְאֵין לָנוּ לֹא כֹהֵן בַּעֲבוֹדָתוֹ וְלֹא לֵוִי בְּדוּכָנוֹ וְלֹא יִשְׂרָאֵל
בְּמַעֲמָדוֹ, וְאַתָּה אָמַרְתָּ: וּנְשַׁלְּמָה פָרִים שְׂפָתֵינוּ: לָכֵן יְהִי רָצוֹן מִלְּפָנֶיךָ יהוה הושע יד
אֱלֹהֵינוּ וֵאלֹהֵי אֲבוֹתֵינוּ, שֶׁיְּהֵא שִׂיחַ שִׂפְתוֹתֵינוּ חָשׁוּב וּמְקֻבָּל וּמְרֻצֶּה לְפָנֶיךָ, כְּאִלּוּ הִקְרַבְנוּ קָרְבַּן הַתָּמִיד בְּמוֹעֲדוֹ וּבִמְקוֹמוֹ וּכְהִלְכָתוֹ.

וּבְיוֹם הַשַּׁבָּת On the Shabbat day, *Num. 28*
make an offering of two lambs a year old, without blemish,
together with two-tenths of an ephah of fine flour mixed with oil
as a meal-offering, and its appropriate libation.
This is the burnt-offering for every Shabbat,
in addition to the regular daily burnt-offering and its libation.

On Rosh Ḥodesh say:

וּבְרָאשֵׁי חָדְשֵׁיכֶם On your new moons, present as a burnt-offering to the LORD, two young bulls, one ram, and seven yearling lambs without blemish. There shall be a meal-offering of three-tenths of an ephah of fine flour mixed with oil for each bull, two-tenths of an ephah of fine flour mixed with oil for the ram, and one-tenth of an ephah of fine flour mixed with oil for each lamb. This is the burnt-offering – a fire-offering of pleasing aroma to the LORD. Their libations shall be: half a hin of wine for each bull, a third of a hin for the ram, and a quarter of a hin for each lamb. This is the monthly burnt-offering to be made at each new moon throughout the year. One male goat should be offered as a sin-offering to God, in addition to the regular daily burnt-offering and its libation. *Num. 28*

LAWS OF OFFERINGS, MISHNA ZEVAḤIM

אֵיזֶהוּ מְקוֹמָן What is the location for sacrifices? The holiest offerings were slaughtered on the north side. The bull and he-goat of Yom Kippur were slaughtered on the north side. Their blood was received in a sacred vessel on the north side, and had to be sprinkled between the poles [of the Ark], toward the veil [screening the Holy of Holies], and on the golden altar. [The omission of] one of these sprinklings invalidated [the atonement ceremony]. The leftover blood was to be poured onto the western base of the outer altar. If this was not done, however, the omission did not invalidate [the ceremony]. *Zevaḥim Ch. 5*

The bulls and he-goats that were completely burnt were slaughtered on the north side, their blood was received in a sacred vessel on the north side, and had to be sprinkled toward the veil and on the golden altar. [The omission of] one of these sprinklings invalidated [the ceremony]. The leftover blood was to be poured onto the western base of the outer altar. If this was not done, however, the omission did not invalidate [the ceremony]. All these offerings were burnt where the altar ashes were deposited.

The communal and individual sin-offerings – these are the communal sin-offerings: the he-goats offered on Rosh Ḥodesh and Festivals were slaughtered on the north side, their blood was received in a sacred vessel on the north side, and required four sprinklings, one on each of the four corners of the altar. How was this done? The priest ascended the ramp and turned [right] onto the surrounding ledge. He came to the southeast corner, then went to the northeast, then to the northwest, then to

במדבר כח

וּבְיוֹם הַשַּׁבָּת
שְׁנֵי־כְבָשִׂים בְּנֵי־שָׁנָה תְּמִימִם
וּשְׁנֵי עֶשְׂרֹנִים סֹלֶת מִנְחָה בְּלוּלָה בַשֶּׁמֶן, וְנִסְכּוֹ:
עֹלַת שַׁבַּת בְּשַׁבַּתּוֹ, עַל־עֹלַת הַתָּמִיד וְנִסְכָּהּ:

On ראש חודש *say:*

במדבר כח

וּבְרָאשֵׁי חָדְשֵׁיכֶם תַּקְרִיבוּ עֹלָה לַיהוה, פָּרִים בְּנֵי־בָקָר שְׁנַיִם, וְאַיִל אֶחָד, כְּבָשִׂים בְּנֵי־שָׁנָה שִׁבְעָה, תְּמִימִם: וּשְׁלֹשָׁה עֶשְׂרֹנִים סֹלֶת מִנְחָה בְּלוּלָה בַשֶּׁמֶן לַפָּר הָאֶחָד, וּשְׁנֵי עֶשְׂרֹנִים סֹלֶת מִנְחָה בְּלוּלָה בַשֶּׁמֶן לָאַיִל הָאֶחָד: וְעִשָּׂרֹן עִשָּׂרוֹן סֹלֶת מִנְחָה בְּלוּלָה בַשֶּׁמֶן לַכֶּבֶשׂ הָאֶחָד, עֹלָה רֵיחַ נִיחֹחַ, אִשֶּׁה לַיהוה: וְנִסְכֵּיהֶם, חֲצִי הַהִין יִהְיֶה לַפָּר, וּשְׁלִישִׁת הַהִין לָאַיִל, וּרְבִיעִת הַהִין לַכֶּבֶשׂ, יָיִן, זֹאת עֹלַת חֹדֶשׁ בְּחָדְשׁוֹ לְחָדְשֵׁי הַשָּׁנָה: וּשְׂעִיר עִזִּים אֶחָד לְחַטָּאת לַיהוה, עַל־עֹלַת הַתָּמִיד יֵעָשֶׂה, וְנִסְכּוֹ:

דיני זבחים

זבחים פרק ה

אֵיזֶהוּ מְקוֹמָן שֶׁל זְבָחִים. קָדְשֵׁי קָדָשִׁים שְׁחִיטָתָן בַּצָּפוֹן. פַּר וְשָׂעִיר שֶׁל יוֹם הַכִּפּוּרִים, שְׁחִיטָתָן בַּצָּפוֹן, וְקִבּוּל דָּמָן בִּכְלִי שָׁרֵת בַּצָּפוֹן, וְדָמָן טָעוּן הַזָּיָה עַל בֵּין הַבַּדִּים, וְעַל הַפָּרֹכֶת, וְעַל מִזְבַּח הַזָּהָב. מַתָּנָה אַחַת מֵהֶן מְעַכָּבֶת. שְׁיָרֵי הַדָּם הָיָה שׁוֹפֵךְ עַל יְסוֹד מַעֲרָבִי שֶׁל מִזְבֵּחַ הַחִיצוֹן, אִם לֹא נָתַן לֹא עִכֵּב.

פָּרִים הַנִּשְׂרָפִים וּשְׂעִירִים הַנִּשְׂרָפִים, שְׁחִיטָתָן בַּצָּפוֹן, וְקִבּוּל דָּמָן בִּכְלִי שָׁרֵת בַּצָּפוֹן, וְדָמָן טָעוּן הַזָּיָה עַל הַפָּרֹכֶת וְעַל מִזְבַּח הַזָּהָב. מַתָּנָה אַחַת מֵהֶן מְעַכָּבֶת. שְׁיָרֵי הַדָּם הָיָה שׁוֹפֵךְ עַל יְסוֹד מַעֲרָבִי שֶׁל מִזְבֵּחַ הַחִיצוֹן, אִם לֹא נָתַן לֹא עִכֵּב. אֵלּוּ וָאֵלּוּ נִשְׂרָפִין בְּבֵית הַדֶּשֶׁן.

חַטֹּאת הַצִּבּוּר וְהַיָּחִיד. אֵלּוּ הֵן חַטֹּאת הַצִּבּוּר: שְׂעִירֵי רָאשֵׁי חֳדָשִׁים וְשֶׁל מוֹעֲדוֹת. שְׁחִיטָתָן בַּצָּפוֹן, וְקִבּוּל דָּמָן בִּכְלִי שָׁרֵת בַּצָּפוֹן, וְדָמָן טָעוּן אַרְבַּע מַתָּנוֹת עַל אַרְבַּע קְרָנוֹת. כֵּיצַד, עָלָה בַכֶּבֶשׁ, וּפָנָה לַסּוֹבֵב, וּבָא לוֹ לְקֶרֶן דְּרוֹמִית מִזְרָחִית, מִזְרָחִית צְפוֹנִית, צְפוֹנִית מַעֲרָבִית, מַעֲרָבִית

the southwest. The leftover blood he poured onto the southern base. [The meat of these offerings], prepared in any manner, was eaten within the [courtyard] curtains, by males of the priest-hood, on that day and the following night, until midnight.

The burnt-offering was among the holiest of sacrifices. It was slaughtered on the north side, its blood was received in a sacred vessel on the north side, and required two sprinklings [at opposite corners of the altar], making four in all. The offering had to be flayed, dismembered and wholly consumed by fire.

The communal peace-offerings and the guilt-offerings – these are the guilt-offerings: the guilt-offering for robbery; the guilt-offering for profane use of a sacred object; the guilt-offering [for violating] a betrothed maidservant; the guilt-offering of a Nazirite [who had become defiled by a corpse]; the guilt-offering of a leper [at his cleansing]; and the guilt-offering in case of doubt. All these were slaughtered on the north side, their blood was received in a sacred vessel on the north side, and required two sprinklings [at opposite corners of the altar], making four in all. [The meat of these offerings], prepared in any manner, was eaten within the [courtyard] curtains, by males of the priesthood, on that day and the following night, until midnight.

The thanksgiving-offering and the ram of a Nazirite were offerings of lesser holiness. They could be slaughtered anywhere in the Temple court, and their blood required two sprinklings [at opposite corners of the altar], making four in all. The meat of these offerings, prepared in any manner, was eaten anywhere within the city [Jerusalem], by anyone during that day and the following night until midnight. This also applied to the portion of these sacrifices [given to the priests], except that the priests' portion was only to be eaten by the priests, their wives, children and servants.

Peace-offerings were [also] of lesser holiness. They could be slaughtered anywhere in the Temple court, and their blood required two sprinklings [at opposite corners of the altar], making four in all. The meat of these offerings, prepared in any manner, was eaten anywhere within the city [Jerusalem], by anyone, for two days and one night. This also applied to the portion of these sacrifices [given to the priests], except that the priests' portion was only to be eaten by the priests, their wives, children and servants.

The firstborn and tithe of cattle and the Pesaḥ lamb were sacrifices of lesser holiness. They could be slaughtered anywhere in the Temple court, and their blood required only one sprinkling, which had to be done at the base of the altar. They differed in their consumption: the firstborn was eaten only by priests, while the tithe could be eaten by anyone. Both could be eaten anywhere within the city, prepared in any manner, during two days and one night. The Pesaḥ lamb had to be eaten that night until midnight. It could only be eaten by those who had been numbered for it, and eaten only roasted.

דְּרוֹמִית. שְׁיָרֵי הַדָּם הָיָה שׁוֹפֵךְ עַל יְסוֹד דְּרוֹמִי. וְנֶאֱכָלִין לִפְנִים מִן הַקְּלָעִים, לְזִכְרֵי כְהֻנָּה, בְּכָל מַאֲכָל, לְיוֹם וָלַיְלָה עַד חֲצוֹת.

הָעוֹלָה קֹדֶשׁ קָדָשִׁים. שְׁחִיטָתָהּ בַּצָּפוֹן, וְקִבּוּל דָּמָהּ בִּכְלִי שָׁרֵת בַּצָּפוֹן, וְדָמָהּ טָעוּן שְׁתֵּי מַתָּנוֹת שֶׁהֵן אַרְבַּע, וּטְעוּנָה הֶפְשֵׁט וְנִתּוּחַ, וְכָלִיל לָאִשִּׁים.

זִבְחֵי שַׁלְמֵי צִבּוּר וַאֲשָׁמוֹת. אֵלּוּ הֵן אֲשָׁמוֹת: אֲשַׁם גְּזֵלוֹת, אֲשַׁם מְעִילוֹת, אֲשַׁם שִׁפְחָה חֲרוּפָה, אֲשַׁם נָזִיר, אֲשַׁם מְצֹרָע, אָשָׁם תָּלוּי. שְׁחִיטָתָן בַּצָּפוֹן, וְקִבּוּל דָּמָן בִּכְלִי שָׁרֵת בַּצָּפוֹן, וְדָמָן טָעוּן שְׁתֵּי מַתָּנוֹת שֶׁהֵן אַרְבַּע. וְנֶאֱכָלִין לִפְנִים מִן הַקְּלָעִים, לְזִכְרֵי כְהֻנָּה, בְּכָל מַאֲכָל, לְיוֹם וָלַיְלָה עַד חֲצוֹת.

הַתּוֹדָה וְאֵיל נָזִיר קָדָשִׁים קַלִּים. שְׁחִיטָתָן בְּכָל מָקוֹם בָּעֲזָרָה, וְדָמָן טָעוּן שְׁתֵּי מַתָּנוֹת שֶׁהֵן אַרְבַּע, וְנֶאֱכָלִין בְּכָל הָעִיר, לְכָל אָדָם, בְּכָל מַאֲכָל, לְיוֹם וָלַיְלָה עַד חֲצוֹת. הַמּוּרָם מֵהֶם כַּיּוֹצֵא בָהֶם, אֶלָּא שֶׁהַמּוּרָם נֶאֱכָל לַכֹּהֲנִים, לִנְשֵׁיהֶם, וְלִבְנֵיהֶם וּלְעַבְדֵיהֶם.

שְׁלָמִים קָדָשִׁים קַלִּים. שְׁחִיטָתָן בְּכָל מָקוֹם בָּעֲזָרָה, וְדָמָן טָעוּן שְׁתֵּי מַתָּנוֹת שֶׁהֵן אַרְבַּע, וְנֶאֱכָלִין בְּכָל הָעִיר, לְכָל אָדָם, בְּכָל מַאֲכָל, לִשְׁנֵי יָמִים וְלַיְלָה אֶחָד. הַמּוּרָם מֵהֶם כַּיּוֹצֵא בָהֶם, אֶלָּא שֶׁהַמּוּרָם נֶאֱכָל לַכֹּהֲנִים, לִנְשֵׁיהֶם, וְלִבְנֵיהֶם וּלְעַבְדֵיהֶם.

הַבְּכוֹר וְהַמַּעֲשֵׂר וְהַפֶּסַח קָדָשִׁים קַלִּים. שְׁחִיטָתָן בְּכָל מָקוֹם בָּעֲזָרָה, וְדָמָן טָעוּן מַתָּנָה אַחַת, וּבִלְבָד שֶׁיִּתֵּן כְּנֶגֶד הַיְסוֹד. שִׁנָּה בַאֲכִילָתָן, הַבְּכוֹר נֶאֱכָל לַכֹּהֲנִים וְהַמַּעֲשֵׂר לְכָל אָדָם, וְנֶאֱכָלִין בְּכָל הָעִיר, בְּכָל מַאֲכָל, לִשְׁנֵי יָמִים וְלַיְלָה אֶחָד. הַפֶּסַח אֵינוֹ נֶאֱכָל אֶלָּא בַלַּיְלָה, וְאֵינוֹ נֶאֱכָל אֶלָּא עַד חֲצוֹת, וְאֵינוֹ נֶאֱכָל אֶלָּא לִמְנוּיָו, וְאֵינוֹ נֶאֱכָל אֶלָּא צָלִי.

THE INTERPRETIVE PRINCIPLES OF RABBI YISHMAEL

רַבִּי יִשְׁמָעֵאל Rabbi Yishmael says:
The Torah is expounded by thirteen principles:

1. An inference from a lenient law to a strict one, and vice versa.
2. An inference drawn from identical words in two passages.
3. A general principle derived from one text or two related texts.
4. A general law followed by specific examples [where the law applies exclusively to those examples].
5. A specific example followed by a general law [where the law applies to everything implied in the general statement].
6. A general law followed by specific examples and concluding with a general law: here you may infer only cases similar to the examples.
7. When a general statement requires clarification by a specific example, or a specific example requires clarification by a general statement [then rules 4 and 5 do not apply].
8. When a particular case, already included in the general statement, is expressly mentioned to teach something new, that special provision applies to all other cases included in the general statement.
9. When a particular case, though included in the general statement, is expressly mentioned with a provision similar to the general law, such a case is singled out to lessen the severity of the law, not to increase it.
10. When a particular case, though included in the general statement, is explicitly mentioned with a provision differing from the general law, it is singled out to lessen in some respects, and in others to increase, the severity of the law.
11. When a particular case, though included in the general statement, is explicitly mentioned with a new provision, the terms of the general statement no longer apply to it, unless Scripture indicates explicitly that they do apply.
12. A matter elucidated from its context, or from the following passage.
13. ▸ Also, when two passages [seem to] contradict each other, [they are to be elucidated by] a third passage that reconciles them.

May it be Your will, Lord our God and God of our ancestors, that the Temple be speedily rebuilt in our days, and grant us our share in Your Torah. And may we serve You there in reverence, as in the days of old and as in former years.

Torah is interpreted" (Maimonides, Laws of Torah Study 1:11). It was chosen because it appears at the beginning of the *Sifra*, the halakhic commentary to Leviticus, which is the source of most of the laws of offerings. It also reminds us of the indissoluble connection between the Written Law (the Mosaic books) and the Oral Law (Mishna, Midrash and Talmud). Rabbi Yishmael's principles show how the latter can be derived from the former.

ברייתא דרבי ישמעאל

רַבִּי יִשְׁמָעֵאל אוֹמֵר: בִּשְׁלֹשׁ עֶשְׂרֵה מִדּוֹת הַתּוֹרָה נִדְרֶשֶׁת

א מִקַּל וָחֹמֶר

ב וּמִגְּזֵרָה שָׁוָה

ג מִבִּנְיַן אָב מִכָּתוּב אֶחָד, וּמִבִּנְיַן אָב מִשְּׁנֵי כְתוּבִים

ד מִכְּלָל וּפְרָט

ה מִפְּרָט וּכְלָל

ו כְּלָל וּפְרָט וּכְלָל, אִי אַתָּה דָן אֶלָּא כְּעֵין הַפְּרָט

ז מִכְּלָל שֶׁהוּא צָרִיךְ לִפְרָט, וּמִפְּרָט שֶׁהוּא צָרִיךְ לִכְלָל

ח כָּל דָּבָר שֶׁהָיָה בִּכְלָל, וְיָצָא מִן הַכְּלָל לְלַמֵּד
לֹא לְלַמֵּד עַל עַצְמוֹ יָצָא, אֶלָּא לְלַמֵּד עַל הַכְּלָל כֻּלּוֹ יָצָא

ט כָּל דָּבָר שֶׁהָיָה בִּכְלָל, וְיָצָא לִטְעֹן טֹעַן אֶחָד שֶׁהוּא כְעִנְיָנוֹ
יָצָא לְהָקֵל וְלֹא לְהַחֲמִיר

י כָּל דָּבָר שֶׁהָיָה בִּכְלָל, וְיָצָא לִטְעֹן טֹעַן אַחֵר שֶׁלֹּא כְעִנְיָנוֹ
יָצָא לְהָקֵל וּלְהַחֲמִיר

יא כָּל דָּבָר שֶׁהָיָה בִּכְלָל, וְיָצָא לִדּוֹן בַּדָּבָר הֶחָדָשׁ
אִי אַתָּה יָכוֹל לְהַחֲזִירוֹ לִכְלָלוֹ
עַד שֶׁיַּחֲזִירֶנּוּ הַכָּתוּב לִכְלָלוֹ בְּפֵרוּשׁ

יב דָּבָר הַלָּמֵד מֵעִנְיָנוֹ, וְדָבָר הַלָּמֵד מִסּוֹפוֹ

◂ יג וְכֵן שְׁנֵי כְתוּבִים הַמַּכְחִישִׁים זֶה אֶת זֶה
עַד שֶׁיָּבוֹא הַכָּתוּב הַשְּׁלִישִׁי וְיַכְרִיעַ בֵּינֵיהֶם.

יְהִי רָצוֹן מִלְּפָנֶיךָ, יהוה אֱלֹהֵינוּ וֵאלֹהֵי אֲבוֹתֵינוּ, שֶׁיִּבָּנֶה בֵּית הַמִּקְדָּשׁ בִּמְהֵרָה בְיָמֵינוּ, וְתֵן חֶלְקֵנוּ בְּתוֹרָתֶךָ, וְשָׁם נַעֲבָדְךָ בְּיִרְאָה כִּימֵי עוֹלָם וּכְשָׁנִים קַדְמוֹנִיּוֹת.

THE INTERPRETIVE PRINCIPLES OF RABBI YISHMAEL

This passage is included as an item of Talmud, defined in its broadest sense as "deducing conclusions from premises, developing implications of statements, comparing dicta, and studying the hermeneutical principles by which the

THE RABBIS' KADDISH

The following prayer, said by mourners, requires the presence of a minyan.
A transliteration can be found on page 1048.

Mourner: יִתְגַּדַּל Magnified and sanctified
may His great name be,
in the world He created by His will.
May He establish His kingdom
in your lifetime
and in your days,
and in the lifetime of all the house of Israel,
swiftly and soon –
and say: Amen.

All: May His great name be blessed for ever and all time.

Mourner: Blessed and praised,
glorified and exalted,
raised and honored,
uplifted and lauded
be the name of the Holy One,
blessed be He,
beyond any blessing,
song, praise and consolation
uttered in the world –
and say: Amen.

---

widely practiced, of ending every discourse or sermon with the hope that we may speedily see the coming of the messianic age, when the sovereignty of God will be recognized by all the dwellers on earth. It is written mainly in Aramaic, the language most widely spoken by Jews in the first centuries of the Common Era.

It has come to have five forms: (1) Half Kaddish, recited to mark the beginning or end of a section of the prayers; (2) Full Kaddish (*Titkabal*), to

קדיש דרבנן

The following prayer, said by mourners, requires the presence of a מנין*.*
A transliteration can be found on page 1048.

אבל: יִתְגַּדַּל וְיִתְקַדַּשׁ שְׁמֵהּ רַבָּא (קהל: אָמֵן)
בְּעָלְמָא דִּי בְרָא כִרְעוּתֵהּ
וְיַמְלִיךְ מַלְכוּתֵהּ
בְּחַיֵּיכוֹן וּבְיוֹמֵיכוֹן
וּבְחַיֵּי דְכָל בֵּית יִשְׂרָאֵל
בַּעֲגָלָא וּבִזְמַן קָרִיב
וְאִמְרוּ אָמֵן. (קהל: אָמֵן)

קהל ואבל: יְהֵא שְׁמֵהּ רַבָּא מְבָרַךְ לְעָלַם וּלְעָלְמֵי עָלְמַיָּא.

אבל: יִתְבָּרַךְ וְיִשְׁתַּבַּח וְיִתְפָּאַר וְיִתְרוֹמַם וְיִתְנַשֵּׂא
וְיִתְהַדָּר וְיִתְעַלֶּה וְיִתְהַלָּל
שְׁמֵהּ דְּקֻדְשָׁא בְּרִיךְ הוּא (קהל: בְּרִיךְ הוּא)
לְעֵלָּא מִן כָּל בִּרְכָתָא
/בשבת שובה לְעֵלָּא לְעֵלָּא מִכָּל בִּרְכָתָא/
וְשִׁירָתָא
תֻּשְׁבְּחָתָא וְנֶחֱמָתָא
דַּאֲמִירָן בְּעָלְמָא
וְאִמְרוּ אָמֵן. (קהל: אָמֵן)

THE RABBIS' KADDISH

The Kaddish, one of the most important of all prayers, had its origins not in the synagogue but in the house of study. It grew out of a custom, still

To Israel, to the teachers,
their disciples and their disciples' disciples,
and to all who engage in the study of Torah,
in this (*in Israel add:* holy) place or elsewhere,
may there come to them and you great peace,
grace, kindness and compassion,
long life, ample sustenance and deliverance,
from their Father in Heaven –
and say: Amen.

May there be great peace from heaven,
and (good) life for us and all Israel –
and say: Amen.

Bow, take three steps back, as if taking leave of the Divine Presence, then bow, first left, then right, then center, while saying:

May He who makes peace in His high places,
in His compassion make peace
for us and all Israel –
and say: Amen.

---

kingdom but also for the teachers of Torah and their disciples. It is characteristic of Judaism's value system that this is the first Kaddish we say each morning. Judaism is a faith whose passion is education, whose heroes are teachers, and whose citadels are schools and houses of study. To learn, to teach, to internalize God's will, to join our minds with the great sages and scholars of the past – this is a supreme expression of Judaism, and the one from which all else flows.

עַל יִשְׂרָאֵל וְעַל רַבָּנָן
וְעַל תַּלְמִידֵיהוֹן וְעַל כָּל תַּלְמִידֵי תַלְמִידֵיהוֹן
וְעַל כָּל מָאן דְּעָסְקִין בְּאוֹרַיְתָא
דִּי בְּאַתְרָא (בארץ ישראל: קַדִּישָׁא) הָדֵין, וְדִי בְּכָל אֲתַר וַאֲתַר
יְהֵא לְהוֹן וּלְכוֹן שְׁלָמָא רַבָּא
חִנָּא וְחִסְדָּא
וְרַחֲמֵי, וְחַיֵּי אֲרִיכֵי, וּמְזוֹנֵי רְוִיחֵי
וּפֻרְקָנָא מִן קֳדָם אֲבוּהוֹן דִּי בִשְׁמַיָּא
וְאִמְרוּ אָמֵן. (קהל: אָמֵן)

יְהֵא שְׁלָמָא רַבָּא מִן שְׁמַיָּא
וְחַיִּים (טוֹבִים) עָלֵינוּ וְעַל כָּל יִשְׂרָאֵל
וְאִמְרוּ אָמֵן. (קהל: אָמֵן)

Bow, take three steps back, as if taking leave of the Divine Presence, then bow, first left, then right, then center, while saying:

עֹשֶׂה שָׁלוֹם/ בשבת שובה: הַשָּׁלוֹם/ בִּמְרוֹמָיו
הוּא יַעֲשֶׂה בְרַחֲמָיו שָׁלוֹם, עָלֵינוּ וְעַל כָּל יִשְׂרָאֵל
וְאִמְרוּ אָמֵן. (קהל: אָמֵן)

---

mark the end of the Amida and its associated meditations; (3) the Mourner's Kaddish; (4) The Rabbis' Kaddish, said after a passage from the Oral Law; (5) the Kaddish of Renewal, said only at the conclusion of a tractate of the Talmud, or by a child at the funeral of a parent.

The Rabbis' Kaddish is a prayer not only for the establishment of God's

A PSALM BEFORE VERSES OF PRAISE

מִזְמוֹר שִׁיר A psalm of David. *Ps. 30*
A song for the dedication of the House.
I will exalt You, LORD, for You have lifted me up,
and not let my enemies rejoice over me.
LORD, my God, I cried to You for help and You healed me.
LORD, You lifted my soul from the grave;
You spared me from going down to the pit.
Sing to the LORD, you His devoted ones,
and give thanks to His holy name.
For His anger is for a moment, but His favor for a lifetime.
At night there may be weeping, but in the morning there is joy.
When I felt secure, I said, "I shall never be shaken."
LORD, when You favored me,
You made me stand firm as a mountain,
but when You hid Your face, I was terrified.
To You, LORD, I called; I pleaded with my LORD:
"What gain would there be if I died and went down to the grave?
Can dust thank You? Can it declare Your truth?
Hear, LORD, and be gracious to me; LORD, be my help."
You have turned my sorrow into dancing.
▸ You have removed my sackcloth and clothed me with joy,
so that my soul may sing to You and not be silent.
LORD my God, for ever will I thank You.

Its content is beautifully suited to be a bridge between the Morning Blessings and the *Pesukei DeZimra*. The connecting theme is the restoration of life as a reason for giving praise. The Psalmist recounts a crisis when his life, hitherto secure, was suddenly in danger. It was then that he prayed to God, "What gain would there be if I died and went down to the grave?…Can dust thank You?" So we, waking to the life of a new day, express our sense of joy, "so that my soul may sing to You and not be silent."

מזמור לפני פסוקי דזמרה

מִזְמוֹר שִׁיר־חֲנֻכַּת הַבַּיִת לְדָוִד: תהלים ל
אֲרוֹמִמְךָ יהוה כִּי דִלִּיתָנִי, וְלֹא־שִׂמַּחְתָּ אֹיְבַי לִי:
יהוה אֱלֹהָי, שִׁוַּעְתִּי אֵלֶיךָ וַתִּרְפָּאֵנִי:
יהוה, הֶעֱלִיתָ מִן־שְׁאוֹל נַפְשִׁי, חִיִּיתַנִי מִיָּרְדִי־בוֹר:
זַמְּרוּ לַיהוה חֲסִידָיו, וְהוֹדוּ לְזֵכֶר קָדְשׁוֹ:
כִּי רֶגַע בְּאַפּוֹ, חַיִּים בִּרְצוֹנוֹ
בָּעֶרֶב יָלִין בֶּכִי וְלַבֹּקֶר רִנָּה:
וַאֲנִי אָמַרְתִּי בְשַׁלְוִי, בַּל־אֶמּוֹט לְעוֹלָם:
יהוה, בִּרְצוֹנְךָ הֶעֱמַדְתָּה לְהַרְרִי עֹז
הִסְתַּרְתָּ פָנֶיךָ הָיִיתִי נִבְהָל:
אֵלֶיךָ יהוה אֶקְרָא, וְאֶל־אֲדֹנָי אֶתְחַנָּן:
מַה־בֶּצַע בְּדָמִי, בְּרִדְתִּי אֶל שָׁחַת
הֲיוֹדְךָ עָפָר, הֲיַגִּיד אֲמִתֶּךָ:
שְׁמַע־יהוה וְחָנֵּנִי, יהוה הֱיֵה־עֹזֵר לִי:
◂ הָפַכְתָּ מִסְפְּדִי לְמָחוֹל לִי
פִּתַּחְתָּ שַׂקִּי, וַתְּאַזְּרֵנִי שִׂמְחָה:
לְמַעַן יְזַמֶּרְךָ כָבוֹד וְלֹא יִדֹּם
יהוה אֱלֹהַי, לְעוֹלָם אוֹדֶךָּ:

מִזְמוֹר שִׁיר־חֲנֻכַּת הַבַּיִת *A song for the dedication of the House:* According to Rashi, David wrote this psalm to be sung at the inauguration of the Temple, though he knew it would only take place in the lifetime of his son, Solomon. The psalm first entered the siddur as a prayer to be said on Ḥanukka, and was later adopted as part of the daily prayers.

MOURNER'S KADDISH

The following prayer, said by mourners, requires the presence of a minyan.
A transliteration can be found on page 1049.

Mourner: יִתְגַּדַּל Magnified and sanctified
may His great name be,
in the world He created by His will.
May He establish His kingdom
in your lifetime and in your days,
and in the lifetime of all the house of Israel,
swiftly and soon – and say: Amen.

All: May His great name be blessed for ever and all time.

Mourner: Blessed and praised, glorified and exalted,
raised and honored, uplifted and lauded
be the name of the Holy One,
blessed be He,
beyond any blessing,
song, praise and consolation
uttered in the world – and say: Amen.

May there be great peace from heaven,
and life for us and all Israel – and say: Amen.

Bow, take three steps back, as if taking leave of the Divine Presence, then bow, first left, then right, then center, while saying:

May He who makes peace in His high places,
make peace for us and all Israel – and say: Amen.

The most profound gift we can bring to the memory of one we have lost is to be a source of blessing to the deceased by the good deeds we do in his or her name. When we say Kaddish, we are the cause of the congregation saying, in response, "May His great name be blessed for ever and all time." This, according to the Talmud, brings great pleasure to God. By causing the congregation to praise God, we show that the recollection of the person we have lost moves us to good deeds – and thus that their memory continues to be a blessing.

קדיש יתום

The following prayer, said by mourners, requires the presence of a מנין.
A transliteration can be found on page 1049.

אבל: יִתְגַּדַּל וְיִתְקַדַּשׁ שְׁמֵהּ רַבָּא (קהל: אָמֵן)
בְּעָלְמָא דִּי בְרָא כִרְעוּתֵהּ
וְיַמְלִיךְ מַלְכוּתֵהּ
בְּחַיֵּיכוֹן וּבְיוֹמֵיכוֹן וּבְחַיֵּי דְכָל בֵּית יִשְׂרָאֵל
בַּעֲגָלָא וּבִזְמַן קָרִיב, וְאִמְרוּ אָמֵן. (קהל: אָמֵן)

קהל ואבל: יְהֵא שְׁמֵהּ רַבָּא מְבָרַךְ לְעָלַם וּלְעָלְמֵי עָלְמַיָּא.

אבל: יִתְבָּרַךְ וְיִשְׁתַּבַּח וְיִתְפָּאַר
וְיִתְרוֹמַם וְיִתְנַשֵּׂא וְיִתְהַדָּר וְיִתְעַלֶּה וְיִתְהַלָּל
שְׁמֵהּ דְּקֻדְשָׁא בְּרִיךְ הוּא (קהל: בְּרִיךְ הוּא)
לְעֵלָּא מִן כָּל בִּרְכָתָא / בשבת שובה: לְעֵלָּא לְעֵלָּא מִכָּל בִּרְכָתָא/
וְשִׁירָתָא, תֻּשְׁבְּחָתָא וְנֶחֱמָתָא
דַּאֲמִירָן בְּעָלְמָא, וְאִמְרוּ אָמֵן. (קהל: אָמֵן)
יְהֵא שְׁלָמָא רַבָּא מִן שְׁמַיָּא
וְחַיִּים, עָלֵינוּ וְעַל כָּל יִשְׂרָאֵל, וְאִמְרוּ אָמֵן. (קהל: אָמֵן)

Bow, take three steps back, as if taking leave of the Divine Presence,
then bow, first left, then right, then center, while saying:

עֹשֶׂה שָׁלוֹם/ בשבת שובה: הַשָּׁלוֹם/ בִּמְרוֹמָיו
הוּא יַעֲשֶׂה שָׁלוֹם עָלֵינוּ
וְעַל כָּל יִשְׂרָאֵל, וְאִמְרוּ אָמֵן. (קהל: אָמֵן)

MOURNER'S KADDISH

The paradox has long been noted that the mourner's Kaddish contains no mention of death, bereavement or grief. In Judaism, we emerge from the pain of loss by re-immersing ourselves in life – and thus in God, the source of all life.

PESUKEI DEZIMRA

The following introductory blessing to the Pesukei DeZimra (Verses of Praise) is said standing, while holding the two front tzitziot of the tallit. They are kissed and released at the end of the blessing at "songs of praise" (on the next page). From the beginning of this prayer to the end of the Amida, conversation is forbidden.

Some say:

I hereby prepare my mouth to thank, praise and laud my Creator, for the sake of the unification of the Holy One, blessed be He, and His Divine Presence, through that which is hidden and concealed, in the name of all Israel.

BLESSED IS HE WHO SPOKE

and the world came into being, blessed is He.
Blessed is He who creates the universe.
Blessed is He who speaks and acts.
Blessed is He who decrees and fulfills.
Blessed is He who shows compassion to the earth.
Blessed is He who shows compassion to all creatures.
Blessed is He who gives a good reward
to those who fear Him.
Blessed is He who lives for ever and exists to eternity.
Blessed is He who redeems and saves.
Blessed is His name.

---

tal preparation beforehand, as well as a gradual leave-taking afterward. It is impossible to move directly from worldly concerns to the intense concentration required for genuine prayer, and vice versa. The verse cited in support of this practice is "Happy are they that dwell in Your House" (Psalm 84:5), and this verse occupies a prominent place at the heart of the Verses of Praise. In addition to the six psalms said on weekdays, nine extra psalms are added on Shabbat and Yom Tov.

בָּרוּךְ שֶׁאָמַר *Blessed is He:* An introductory blessing to the *Pesukei DeZimra*, in two parts. The first is a ten-part litany of praise to God as creator, each phrase introduced with the word "Blessed" (the second phrase, "Blessed is He," is not a separate verse but originally a congregational response). The number

פסוקי דזמרה

The following introductory blessing to the פסוקי דזמרה *is said standing, while holding the two front* ציציות *of the* טלית*. They are kissed and released at the end of the blessing at* בַּתִּשְׁבָּחוֹת *(on the next page). From the beginning of this prayer to the end of the* עמידה*, conversation is forbidden.*

Some say:

הֲרֵינִי מְזַמֵּן אֶת פִּי לְהוֹדוֹת וּלְהַלֵּל וּלְשַׁבֵּחַ אֶת בּוֹרְאִי, לְשֵׁם יִחוּד קֻדְשָׁא בְּרִיךְ הוּא וּשְׁכִינְתֵּהּ עַל יְדֵי הַהוּא טָמִיר וְנֶעְלָם בְּשֵׁם כָּל יִשְׂרָאֵל.

בָּרוּךְ שֶׁאָמַר וְהָיָה הָעוֹלָם, בָּרוּךְ הוּא.

בָּרוּךְ עוֹשֶׂה בְרֵאשִׁית
בָּרוּךְ אוֹמֵר וְעוֹשֶׂה
בָּרוּךְ גּוֹזֵר וּמְקַיֵּם
בָּרוּךְ מְרַחֵם עַל הָאָרֶץ
בָּרוּךְ מְרַחֵם עַל הַבְּרִיּוֹת
בָּרוּךְ מְשַׁלֵּם שָׂכָר טוֹב לִירֵאָיו
בָּרוּךְ חַי לָעַד וְקַיָּם לָנֶצַח
בָּרוּךְ פּוֹדֶה וּמַצִּיל
בָּרוּךְ שְׁמוֹ

PESUKEI DEZIMRA / VERSES OF PRAISE

This section of the prayers is based on the Talmudic teaching (*Berakhot* 32a) that "The pious men of old used to wait for an hour [before praying], they prayed for an hour, and then waited again for an hour." Prayer requires men-

Blessed are You, Lord our God,
King of the Universe,
God, compassionate Father,
extolled by the mouth of His people,
praised and glorified by the tongue of His devoted ones
and those who serve Him.
With the songs of Your servant David
we will praise You, O Lord our God.
With praises and psalms
we will magnify and praise You, glorify You,
Speak Your name and proclaim Your kingship,
our King, our God, ▸ the only One, Giver of life to the worlds
the King whose great name is praised
and glorified to all eternity.
Blessed are You, Lord,
the King extolled with songs of praise.

הודו Thank the Lord, call on His name, make His acts known among the peoples. Sing to Him, make music to Him, tell of all His wonders. Glory in His holy name; let the hearts of those who seek the Lord rejoice. Search out the Lord and His strength; seek His presence at all times. Remember the wonders He has done, His miracles, and the judgments He pronounced. Descendants of Yisrael His servant, sons of Jacob His chosen ones: He is the Lord our God. His judgments are throughout the earth. Remember *1 Chr. 16*

הודו *Thank the Lord:* The Bible gives us a vivid account (1 Chr. 15–16) of the moment when this passage was first recited: when King David brought the Ark of the Covenant to Jerusalem, newly established as the capital of the Jewish state. The Ark, which had been captured by the Philistines, was brought back by David to a temporary resting place. Later it was carried into Jerusalem to scenes of great jubilation. As on other momentous occasions in the life of biblical Israel, the leader (here David) reminds the people of the

בָּרוּךְ אַתָּה יהוה אֱלֹהֵינוּ מֶלֶךְ הָעוֹלָם
הָאֵל הָאָב הָרַחֲמָן הַמְהֻלָּל בְּפִי עַמּוֹ
מְשֻׁבָּח וּמְפֹאָר בִּלְשׁוֹן חֲסִידָיו וַעֲבָדָיו
וּבְשִׁירֵי דָוִד עַבְדֶּךָ
נְהַלֶּלְךָ יהוה אֱלֹהֵינוּ.
בִּשְׁבָחוֹת וּבִזְמִירוֹת
נְגַדֶּלְךָ וּנְשַׁבֵּחֲךָ וּנְפָאֶרְךָ
וְנַזְכִּיר שִׁמְךָ וְנַמְלִיכְךָ
מַלְכֵּנוּ אֱלֹהֵינוּ, ▸ יָחִיד חֵי הָעוֹלָמִים
מֶלֶךְ, מְשֻׁבָּח וּמְפֹאָר עֲדֵי עַד שְׁמוֹ הַגָּדוֹל
בָּרוּךְ אַתָּה יהוה, מֶלֶךְ מְהֻלָּל בַּתִּשְׁבָּחוֹת.

הוֹדוּ לַיהוה קִרְאוּ בִשְׁמוֹ, הוֹדִיעוּ בָעַמִּים עֲלִילֹתָיו: שִׁירוּ לוֹ, דברי הימים א׳ טז
זַמְּרוּ־לוֹ, שִׂיחוּ בְּכָל־נִפְלְאֹתָיו: הִתְהַלְלוּ בְּשֵׁם קָדְשׁוֹ, יִשְׂמַח לֵב
מְבַקְשֵׁי יהוה: דִּרְשׁוּ יהוה וְעֻזּוֹ, בַּקְּשׁוּ פָנָיו תָּמִיד: זִכְרוּ נִפְלְאֹתָיו
אֲשֶׁר עָשָׂה, מֹפְתָיו וּמִשְׁפְּטֵי־פִיהוּ: זֶרַע יִשְׂרָאֵל עַבְדּוֹ, בְּנֵי יַעֲקֹב
בְּחִירָיו: הוּא יהוה אֱלֹהֵינוּ בְּכָל־הָאָרֶץ מִשְׁפָּטָיו: זִכְרוּ לְעוֹלָם

---

ten corresponds to the ten times the word *VaYomer*, "And He said," appears in the story of creation in Genesis 1. Hence the rabbinic saying that "With ten utterances the world was created" (*Avot* 5:1).

Blessed are You: The second half of the blessing is a prelude to the biblical verses that follow, mainly from the Psalms ("With the Psalms of your servant David we will exalt you") but also from the books of Chronicles and Nehemiah ("extolled by the mouth of His people"). To emphasize the significance of this declaration, we recite it standing and, at the end, kiss the two front fringes of the tallit.

His covenant for ever, the word He commanded for a thousand generations. He made it with Abraham, vowed it to Isaac, and confirmed it to Jacob as a statute and to Israel as an everlasting covenant, saying, "To you I will give the land of Canaan as your allotted heritage." You were then small in number, few, strangers there, wandering from nation to nation, from one kingdom to another, but He let no man oppress them, and for their sake He rebuked kings: "Do not touch My anointed ones, and do My prophets no harm." Sing to the LORD, all the earth; proclaim His salvation daily. Declare His glory among the nations, His marvels among all the peoples. For great is the LORD and greatly to be praised; He is awesome beyond all heavenly powers. ▸ For all the gods of the peoples are mere idols; it was the LORD who made the heavens.

Before Him are majesty and splendor; there is strength and beauty in His holy place. Render to the LORD, families of the peoples, render to the LORD honor and might. Render to the LORD the glory due to His name; bring an offering and come before Him; bow down to the LORD in the splendor of holiness. Tremble before Him, all the earth; the world stands firm, it will not be shaken. Let the heavens rejoice and the earth be glad; let them declare among the nations, "The LORD is King." Let the sea roar, and all that is in it; let the fields be jubilant, and all they contain. Then the trees of the forest will sing for joy before the LORD, for He is coming to judge the earth. Thank the LORD for He is good; His loving-kindness is for ever. Say: "Save us, God of our salvation; gather us and rescue us from the nations, to acknowledge Your holy name and glory in Your praise. Blessed is the LORD, God of Israel, from this world to eternity." And let all the people say "Amen" and "Praise the LORD."

---

as an accompaniment to the sacrifices, from that day until the inauguration of the Temple in the time of Solomon.

בְּרִיתוֹ, דָּבָר צִוָּה לְאֶלֶף דּוֹר: אֲשֶׁר כָּרַת אֶת־אַבְרָהָם, וּשְׁבוּעָתוֹ
לְיִצְחָק: וַיַּעֲמִידֶהָ לְיַעֲקֹב לְחֹק, לְיִשְׂרָאֵל בְּרִית עוֹלָם: לֵאמֹר,
לְךָ אֶתֵּן אֶרֶץ־כְּנָעַן, חֶבֶל נַחֲלַתְכֶם: בִּהְיוֹתְכֶם מְתֵי מִסְפָּר,
כִּמְעַט וְגָרִים בָּהּ: וַיִּתְהַלְּכוּ מִגּוֹי אֶל־גּוֹי, וּמִמַּמְלָכָה אֶל־עַם
אַחֵר: לֹא־הִנִּיחַ לְאִישׁ לְעָשְׁקָם, וַיּוֹכַח עֲלֵיהֶם מְלָכִים: אַל־
תִּגְּעוּ בִּמְשִׁיחָי, וּבִנְבִיאַי אַל־תָּרֵעוּ: שִׁירוּ לַיהוה כָּל־הָאָרֶץ,
בַּשְּׂרוּ מִיּוֹם־אֶל־יוֹם יְשׁוּעָתוֹ: סַפְּרוּ בַגּוֹיִם אֶת־כְּבוֹדוֹ, בְּכָל־
הָעַמִּים נִפְלְאֹתָיו: כִּי גָדוֹל יהוה וּמְהֻלָּל מְאֹד, וְנוֹרָא הוּא
עַל־כָּל־אֱלֹהִים: ◂ כִּי כָּל־אֱלֹהֵי הָעַמִּים אֱלִילִים, וַיהוה שָׁמַיִם
עָשָׂה:

הוֹד וְהָדָר לְפָנָיו, עֹז וְחֶדְוָה בִּמְקֹמוֹ: הָבוּ לַיהוה מִשְׁפְּחוֹת
עַמִּים, הָבוּ לַיהוה כָּבוֹד וָעֹז: הָבוּ לַיהוה כְּבוֹד שְׁמוֹ, שְׂאוּ מִנְחָה
וּבֹאוּ לְפָנָיו, הִשְׁתַּחֲווּ לַיהוה בְּהַדְרַת־קֹדֶשׁ: חִילוּ מִלְּפָנָיו כָּל־
הָאָרֶץ, אַף־תִּכּוֹן תֵּבֵל בַּל־תִּמּוֹט: יִשְׂמְחוּ הַשָּׁמַיִם וְתָגֵל הָאָרֶץ,
וְיֹאמְרוּ בַגּוֹיִם יהוה מָלָךְ: יִרְעַם הַיָּם וּמְלוֹאוֹ, יַעֲלֹץ הַשָּׂדֶה
וְכָל־אֲשֶׁר־בּוֹ: אָז יְרַנְּנוּ עֲצֵי הַיָּעַר, מִלִּפְנֵי יהוה, כִּי־בָא לִשְׁפּוֹט
אֶת־הָאָרֶץ: הוֹדוּ לַיהוה כִּי טוֹב, כִּי לְעוֹלָם חַסְדּוֹ: וְאִמְרוּ,
הוֹשִׁיעֵנוּ אֱלֹהֵי יִשְׁעֵנוּ, וְקַבְּצֵנוּ וְהַצִּילֵנוּ מִן־הַגּוֹיִם, לְהֹדוֹת
לְשֵׁם קָדְשֶׁךָ, לְהִשְׁתַּבֵּחַ בִּתְהִלָּתֶךָ: בָּרוּךְ יהוה אֱלֹהֵי יִשְׂרָאֵל
מִן־הָעוֹלָם וְעַד־הָעֹלָם, וַיֹּאמְרוּ כָל־הָעָם אָמֵן, וְהַלֵּל לַיהוה:

---

history of the nation, and its dependence on divine providence. The passage ends with the response of the people: "And all the people said 'Amen' and 'Praise the Lord.'" According to *Seder Olam* (chapter 14), this passage was recited daily (in two halves: one in the morning, the other in the afternoon)

‣ Exalt the LORD our God and bow before His footstool: He is holy. Exalt the LORD our God and bow at His holy mountain; for holy is the LORD our God. *Ps. 99*

He is compassionate. He forgives iniquity and does not destroy. *Ps. 78*
Repeatedly He suppresses His anger, not rousing His full wrath.
You, LORD: do not withhold Your compassion from me. May Your *Ps. 40*
loving-kindness and truth always guard me. Remember, LORD, *Ps. 25*
Your acts of compassion and love, for they have existed for ever.
Ascribe power to God, whose majesty is over Israel and whose *Ps. 68*
might is in the skies. You are awesome, God, in Your holy places.
It is the God of Israel who gives might and strength to the people,
may God be blessed. God of retribution, LORD, God of retribu- *Ps. 94*
tion, appear. Arise, Judge of the earth, to repay the arrogant their
just deserts. Salvation belongs to the LORD; may Your blessing rest *Ps. 3*
upon Your people, Selah! ‣ The LORD of hosts is with us, the God *Ps. 46*
of Jacob is our stronghold, Selah! LORD of hosts, happy is the one *Ps. 84*
who trusts in You. LORD, save! May the King answer us on the day *Ps. 20*
we call.

Save Your people and bless Your heritage; tend them and carry *Ps. 28*
them for ever. Our soul longs for the LORD; He is our Help and *Ps. 33*
Shield. For in Him our hearts rejoice, for in His holy name we have
trusted. May Your loving-kindness, LORD, be upon us, as we have

---

we have more time to pray, and also because on Shabbat we reflect on God's creation, a theme of many of the psalms. The Ashkenazi custom is to say nine. Together with the six weekday psalms, they make fifteen, the number associated with the fifteen Songs of Ascents (Psalms 120–134), and the fifteen steps in the Temple on which the Levites stood and sang their songs.

There is a striking feature to this sequence of additional psalms. According to one interpretation (Meiri) the phrase "a song of ascents" means one begun softly and continued with ever-increasing volume. The extra psalms begin in Psalm 19 with the universe singing a silent song ("their voice is not heard") and end in Psalm 93 with a magnificent crescendo ("Mightier than the noise of many waters").

▸ רוֹמְמוּ יהוה אֱלֹהֵינוּ וְהִשְׁתַּחֲווּ לַהֲדֹם רַגְלָיו, קָדוֹשׁ הוּא: תהלים צט
רוֹמְמוּ יהוה אֱלֹהֵינוּ וְהִשְׁתַּחֲווּ לְהַר קָדְשׁוֹ, כִּי־קָדוֹשׁ יהוה
אֱלֹהֵינוּ:

וְהוּא רַחוּם, יְכַפֵּר עָוֹן וְלֹא־יַשְׁחִית, וְהִרְבָּה לְהָשִׁיב אַפּוֹ, תהלים עח
וְלֹא־יָעִיר כָּל־חֲמָתוֹ: אַתָּה יהוה לֹא־תִכְלָא רַחֲמֶיךָ מִמֶּנִּי, חַסְדְּךָ תהלים מ
וַאֲמִתְּךָ תָּמִיד יִצְּרוּנִי: זְכֹר־רַחֲמֶיךָ יהוה וַחֲסָדֶיךָ, כִּי מֵעוֹלָם תהלים כה
הֵמָּה: תְּנוּ עֹז לֵאלֹהִים, עַל־יִשְׂרָאֵל גַּאֲוָתוֹ, וְעֻזּוֹ בַּשְּׁחָקִים: תהלים סח
נוֹרָא אֱלֹהִים מִמִּקְדָּשֶׁיךָ, אֵל יִשְׂרָאֵל הוּא נֹתֵן עֹז וְתַעֲצֻמוֹת
לָעָם, בָּרוּךְ אֱלֹהִים: אֵל־נְקָמוֹת יהוה, אֵל נְקָמוֹת הוֹפִיעַ: הִנָּשֵׂא תהלים צד
שֹׁפֵט הָאָרֶץ, הָשֵׁב גְּמוּל עַל־גֵּאִים: לַיהוה הַיְשׁוּעָה, עַל־עַמְּךָ תהלים ג
בִרְכָתֶךָ סֶּלָה: ▸ יהוה צְבָאוֹת עִמָּנוּ, מִשְׂגָּב לָנוּ אֱלֹהֵי יַעֲקֹב תהלים מו
סֶלָה: יהוה צְבָאוֹת, אַשְׁרֵי אָדָם בֹּטֵחַ בָּךְ: יהוה הוֹשִׁיעָה, תהלים פד תהלים כ
הַמֶּלֶךְ יַעֲנֵנוּ בְיוֹם־קָרְאֵנוּ:

הוֹשִׁיעָה אֶת־עַמֶּךָ, וּבָרֵךְ אֶת־נַחֲלָתֶךָ, וּרְעֵם וְנַשְּׂאֵם עַד־ תהלים כח
הָעוֹלָם: נַפְשֵׁנוּ חִכְּתָה לַיהוה, עֶזְרֵנוּ וּמָגִנֵּנוּ הוּא: כִּי־בוֹ יִשְׂמַח תהלים לג
לִבֵּנוּ, כִּי בְשֵׁם קָדְשׁוֹ בָטָחְנוּ: יְהִי־חַסְדְּךָ יהוה עָלֵינוּ, כַּאֲשֶׁר

רוֹמְמוּ *Exalt the Lord our God:* A selection of verses from the book of Psalms, expressing hope and trust in God. The voice in these verses modulates from singular to plural, individual to nation. This frequent shift from public to private and back again is a distinctive feature of Jewish sensibility. We speak to God as individuals, from the depths of our being, yet we are also members of an extended family, a people, a nation, whose fate and destiny we share and on whose behalf we pray.

EXTRA PSALMS FOR SHABBAT AND YOM TOV

In the earliest siddurim, we already find the well-established custom of saying extra psalms on Shabbat and Yom Tov. This is because, work being forbidden,

put our hope in You. Show us, LORD, Your loving-kindness and Ps. 85
grant us Your salvation. Arise, help us and redeem us for the sake Ps. 44
of Your love. I am the LORD your God who brought you up from Ps. 81
the land of Egypt: open your mouth wide and I will fill it. Happy is Ps. 144
the people for whom this is so; happy is the people whose God the
LORD. ▸ As for me, I trust in Your loving-kindness; my heart rejoices Ps. 13
in Your salvation. I will sing to the LORD for He has been good to me.

לַמְנַצֵּחַ For the conductor of music. A psalm of David. Ps. 19
The heavens declare the glory of God;
the skies proclaim the work of His hands.
Day to day they pour forth speech;
night to night they communicate knowledge.
There is no speech, there are no words,
their voice is not heard.
Yet their music carries throughout the earth,
their words to the end of the world.
In them He has set a tent for the sun.
It emerges like a groom from his marriage chamber,
rejoicing like a champion about to run a race.
It rises at one end of the heaven and makes its circuit to the other:
nothing is hidden from its heat.
The LORD's Torah is perfect, refreshing the soul.
The LORD's testimony is faithful, making the simple wise.
The LORD's precepts are just, gladdening the heart.
The LORD's commandment is radiant, giving light to the eyes.
The fear of the LORD is pure, enduring for ever.
The LORD's judgments are true, altogether righteous.

---

it instructs the human universe, the world we make by our actions and reactions. The Psalmist pours out his praise of God's creation of the world-that-is, and His revelation of the world-that-ought-to-be. קַוָּם *Yet their music:* literally "their line," perhaps the reverberating string of a musical instrument. Alternatively, it may mean the line marking a boundary – a reference to the order and "fearful symmetry" of the universe.

יְחַלְנוּ לָךְ: הַרְאֵנוּ יהוה חַסְדֶּךָ, וְיֶשְׁעֲךָ תִּתֶּן־לָנוּ: קוּמָה עֶזְרָתָה תהלים פה / תהלים מד
לָּנוּ, וּפְדֵנוּ לְמַעַן חַסְדֶּךָ: אָנֹכִי יהוה אֱלֹהֶיךָ הַמַּעַלְךָ מֵאֶרֶץ תהלים פא
מִצְרָיִם, הַרְחֶב־פִּיךָ וַאֲמַלְאֵהוּ: אַשְׁרֵי הָעָם שֶׁכָּכָה לּוֹ, אַשְׁרֵי תהלים קמד
הָעָם שֶׁיהוה אֱלֹהָיו: ‹ וַאֲנִי בְּחַסְדְּךָ בָטַחְתִּי, יָגֵל לִבִּי בִּישׁוּעָתֶךָ, תהלים יג
אָשִׁירָה לַיהוה, כִּי גָמַל עָלָי:

לַמְנַצֵּחַ מִזְמוֹר לְדָוִד: תהלים יט

הַשָּׁמַיִם מְסַפְּרִים כְּבוֹד־אֵל, וּמַעֲשֵׂה יָדָיו מַגִּיד הָרָקִיעַ:
יוֹם לְיוֹם יַבִּיעַ אֹמֶר, וְלַיְלָה לְּלַיְלָה יְחַוֶּה־דָּעַת:
אֵין־אֹמֶר וְאֵין דְּבָרִים, בְּלִי נִשְׁמָע קוֹלָם:
בְּכָל־הָאָרֶץ יָצָא קַוָּם, וּבִקְצֵה תֵבֵל מִלֵּיהֶם
לַשֶּׁמֶשׁ שָׂם־אֹהֶל בָּהֶם:
וְהוּא כְּחָתָן יֹצֵא מֵחֻפָּתוֹ, יָשִׂישׂ כְּגִבּוֹר לָרוּץ אֹרַח:
מִקְצֵה הַשָּׁמַיִם מוֹצָאוֹ, וּתְקוּפָתוֹ עַל־קְצוֹתָם
וְאֵין נִסְתָּר מֵחַמָּתוֹ:
תּוֹרַת יהוה תְּמִימָה, מְשִׁיבַת נָפֶשׁ
עֵדוּת יהוה נֶאֱמָנָה, מַחְכִּימַת פֶּתִי:
פִּקּוּדֵי יהוה יְשָׁרִים, מְשַׂמְּחֵי־לֵב
מִצְוַת יהוה בָּרָה, מְאִירַת עֵינָיִם:
יִרְאַת יהוה טְהוֹרָה, עוֹמֶדֶת לָעַד
מִשְׁפְּטֵי־יהוה אֱמֶת, צָדְקוּ יַחְדָּו:

לַמְנַצֵּחַ *Psalm 19. The heavens declare the glory of God:* A hymn of glory to the universe as God's work and the Torah as God's word. In the first half of the poem, the Psalmist speaks metaphorically of creation singing a song of praise to its Creator, a silent song yet one that can be heard by those whose ears are attuned to wonder. But God's word not only gives life to the natural universe:

More precious than gold, than much fine gold.
They are sweeter than honey, than honey from the comb.
Your servant, too, is careful of them,
for in observing them there is great reward.
Yet who can discern his errors?
Cleanse me of hidden faults.
Keep Your servant also from willful sins;
let them not have dominion over me.
Then shall I be blameless,
and innocent of grave sin.
▸ May the words of my mouth and the meditation of my heart
find favor before You, LORD, my Rock and my Redeemer.

לְדָוִד Of David. When he pretended to be insane before Abimelech, *Ps. 34*
who drove him away, and he left.
I will bless the LORD at all times;
His praise will be always on my lips.
My soul will glory in the LORD;
let the lowly hear this and rejoice.
Magnify the LORD with me;
let us exalt His name together.
I sought the LORD, and He answered me;
He saved me from all my fears.
Those who look to Him are radiant;
Their faces are never downcast.
This poor man called, and the LORD heard;
He saved him from all his troubles.
The LORD's angel encamps around those who fear Him,
and He rescues them.
Taste and see that the LORD is good;
happy is the man who takes refuge in Him.
Fear the LORD, you His holy ones,
for those who fear Him lack nothing.
Young lions may grow weak and hungry,
but those who seek the LORD lack no good thing.

הַנֶּחֱמָדִים מִזָּהָב וּמִפַּז רָב, וּמְתוּקִים מִדְּבַשׁ וְנֹפֶת צוּפִים:
גַּם־עַבְדְּךָ נִזְהָר בָּהֶם, בְּשָׁמְרָם עֵקֶב רָב:
שְׁגִיאוֹת מִי־יָבִין, מִנִּסְתָּרוֹת נַקֵּנִי:
גַּם מִזֵּדִים חֲשֹׂךְ עַבְדֶּךָ, אַל־יִמְשְׁלוּ־בִי אָז אֵיתָם
וְנִקֵּיתִי מִפֶּשַׁע רָב:
◂ יִהְיוּ לְרָצוֹן אִמְרֵי־פִי וְהֶגְיוֹן לִבִּי לְפָנֶיךָ, יהוה, צוּרִי וְגֹאֲלִי:

תהלים לד
לְדָוִד, בְּשַׁנּוֹתוֹ אֶת־טַעְמוֹ לִפְנֵי אֲבִימֶלֶךְ, וַיְגָרְשֵׁהוּ וַיֵּלַךְ:
אֲבָרְכָה אֶת־יהוה בְּכָל־עֵת, תָּמִיד תְּהִלָּתוֹ בְּפִי:
בַּיהוה תִּתְהַלֵּל נַפְשִׁי, יִשְׁמְעוּ עֲנָוִים וְיִשְׂמָחוּ:
גַּדְּלוּ לַיהוה אִתִּי, וּנְרוֹמְמָה שְׁמוֹ יַחְדָּו:
דָּרַשְׁתִּי אֶת־יהוה וְעָנָנִי, וּמִכָּל־מְגוּרוֹתַי הִצִּילָנִי:
הִבִּיטוּ אֵלָיו וְנָהָרוּ, וּפְנֵיהֶם אַל־יֶחְפָּרוּ:
זֶה עָנִי קָרָא, וַיהוה שָׁמֵעַ, וּמִכָּל־צָרוֹתָיו הוֹשִׁיעוֹ:
חֹנֶה מַלְאַךְ־יהוה סָבִיב לִירֵאָיו, וַיְחַלְּצֵם:
טַעֲמוּ וּרְאוּ כִּי־טוֹב יהוה, אַשְׁרֵי הַגֶּבֶר יֶחֱסֶה־בּוֹ:
יְראוּ אֶת־יהוה קְדֹשָׁיו, כִּי־אֵין מַחְסוֹר לִירֵאָיו:
כְּפִירִים רָשׁוּ וְרָעֵבוּ, וְדֹרְשֵׁי יהוה לֹא־יַחְסְרוּ כָל־טוֹב:

לְדָוִד *Psalm 34:* During the period that David was fleeing from King Saul, he took refuge in the Philistine city of Gath. There, however, he was recognized and his life was again in danger. Feigning insanity in order to appear harmless, he was dismissed by the king and was able to escape (1 Sam. 21:11–16). The psalm of thanksgiving that follows is constructed as an alphabetical acrostic. An extra verse has been added at the end to avoid closing on a negative note. גַּדְּלוּ לַיהוה אִתִּי *Magnify the LORD with me*: this verse is taken by the sages as the source of the institution of summoning to prayer, as in the Grace after Meals. It is also said on taking the Torah scroll out of the Ark. טַעֲמוּ וּרְאוּ *Taste*

Come, my children, listen to me;
  I will teach you the fear of the LORD.
Who desires life,
  loving each day to see good?
Then guard your tongue from evil
  and your lips from speaking deceit.
Turn from evil and do good;
  seek peace and pursue it.
The eyes of the LORD are on the righteous
  and His ears attentive to their cry;
The LORD's face is set against those who do evil,
  to erase their memory from the earth.
The righteous cry out, and the LORD hears them;
  delivering them from all their troubles.
The LORD is close to the brokenhearted,
  and saves those who are crushed in spirit.
Many troubles may befall the righteous,
  but the LORD delivers him from them all;
He protects all his bones,
  so that none of them will be broken.
Evil will slay the wicked;
  the enemies of the righteous will be condemned.
▸ The LORD redeems his servants;
  none who take refuge in Him shall be condemned.

תְּפִלָּה לְמֹשֶׁה A prayer of Moses, the man of God. LORD, You have been our shelter in every generation. Before the mountains were born, before You brought forth the earth and the world, from everlasting to everlasting You are God. You turn men back to dust, saying, "Return, you children of men." For a thousand years in Your sight are like yesterday when it has passed, like a watch in the night. You sweep men away; they sleep. In the morning they are like grass newly grown: in the morning it flourishes and is new, but by evening it withers and dries up. For we are consumed by Your *Ps. 90*

לְכוּ־בָנִים שִׁמְעוּ־לִי, יִרְאַת יהוה אֲלַמֶּדְכֶם:
מִי־הָאִישׁ הֶחָפֵץ חַיִּים, אֹהֵב יָמִים לִרְאוֹת טוֹב:
נְצֹר לְשׁוֹנְךָ מֵרָע, וּשְׂפָתֶיךָ מִדַּבֵּר מִרְמָה:
סוּר מֵרָע וַעֲשֵׂה־טוֹב, בַּקֵּשׁ שָׁלוֹם וְרָדְפֵהוּ:
עֵינֵי יהוה אֶל־צַדִּיקִים, וְאָזְנָיו אֶל־שַׁוְעָתָם:
פְּנֵי יהוה בְּעֹשֵׂי רָע, לְהַכְרִית מֵאֶרֶץ זִכְרָם:
צָעֲקוּ וַיהוה שָׁמֵעַ, וּמִכָּל־צָרוֹתָם הִצִּילָם:
קָרוֹב יהוה לְנִשְׁבְּרֵי־לֵב, וְאֶת־דַּכְּאֵי־רוּחַ יוֹשִׁיעַ:
רַבּוֹת רָעוֹת צַדִּיק, וּמִכֻּלָּם יַצִּילֶנּוּ יהוה:
שֹׁמֵר כָּל־עַצְמוֹתָיו, אַחַת מֵהֵנָּה לֹא נִשְׁבָּרָה:
תְּמוֹתֵת רָשָׁע רָעָה, וְשֹׂנְאֵי צַדִּיק יֶאְשָׁמוּ:
◂ פּוֹדֶה יהוה נֶפֶשׁ עֲבָדָיו, וְלֹא יֶאְשְׁמוּ כָּל־הַחֹסִים בּוֹ:

תהלים צ
תְּפִלָּה לְמֹשֶׁה אִישׁ־הָאֱלֹהִים, אֲדֹנָי, מָעוֹן אַתָּה הָיִיתָ לָּנוּ בְּדֹר
וָדֹר: בְּטֶרֶם הָרִים יֻלָּדוּ, וַתְּחוֹלֵל אֶרֶץ וְתֵבֵל, וּמֵעוֹלָם עַד־עוֹלָם
אַתָּה אֵל: תָּשֵׁב אֱנוֹשׁ עַד־דַּכָּא, וַתֹּאמֶר שׁוּבוּ בְנֵי־אָדָם: כִּי
אֶלֶף שָׁנִים בְּעֵינֶיךָ, כְּיוֹם אֶתְמוֹל כִּי יַעֲבֹר, וְאַשְׁמוּרָה בַלָּיְלָה:
זְרַמְתָּם, שֵׁנָה יִהְיוּ, בַּבֹּקֶר כֶּחָצִיר יַחֲלֹף: בַּבֹּקֶר יָצִיץ וְחָלָף,

---

and see: religious experience precedes religious understanding. God's goodness has to be felt before it can be thought. נְצֹר לְשׁוֹנְךָ מֵרָע *Then guard your tongue from evil*: the sages said about *lashon hara,* evil speech, that it harms the one who says it, the one it is said about, and the one who gives credence to it. בַּקֵּשׁ שָׁלוֹם וְרָדְפֵהוּ *Seek peace and pursue it*: "Seek peace where you are, and pursue it elsewhere" (Yerushalmi, *Pe'ah* 1:1).

תְּפִלָּה לְמֹשֶׁה *Psalm 90:* A moving meditation on the eternity of God and the shortness of our lives. זְרַמְתָּם *You sweep men away*: a succession of poetic

anger, terrified by Your fury. You have set our iniquities before You, our secret sins in the light of Your presence. All our days pass away in Your wrath, we spend our years like a sigh. The span of our life is seventy years, or if we are strong, eighty years; but the best of them is trouble and sorrow, for they quickly pass, and we fly away. Who can know the force of Your anger? Your wrath matches the fear due to You. Teach us rightly to number our days, that we may gain a heart of wisdom. Relent, O Lord! How much longer? Be sorry for Your servants. Satisfy us in the morning with Your loving-kindness, that we may sing and rejoice all our days. Grant us joy for as many days as You have afflicted us, for as many years as we saw trouble. Let Your deeds be seen by Your servants, and Your glory by their children. ▸ May the pleasantness of the Lord our God be upon us. Establish for us the work of our hands, O establish the work of our hands.

יֹשֵׁב בְּסֵתֶר He who lives in the shelter of the Most High dwells in the shadow of the Almighty. I say of the Lord, my Refuge and Stronghold, my God in whom I trust, that He will save you from the fowler's snare and the deadly pestilence. With His pinions He will cover you, and beneath His wings you will find shelter; His faithfulness is an encircling shield. You need not fear terror by night, nor the arrow that flies by day; not the pestilence that stalks in darkness, nor the plague that ravages at noon. A thousand may fall at your side, ten thousand at your right hand, but it will not come near you. You will only look with your eyes and see the punishment of the wicked. Because you said "The Lord is my Refuge," *Ps. 91*

---

the Israelites when they finished constructing the Tabernacle, adding, "May the Divine Presence rest in the work of your hands" (*Bemidbar Raba* 12:9; quoted by Rashi on Exodus 39:43).

יֹשֵׁב בְּסֵתֶר *Psalm 91:* A prayer for protection from danger and harm. The psalm uses many images for God's protection. To those who trust in Him, He is

לָעֶרֶב יְמוֹלֵל וְיָבֵשׁ: כִּי־כָלִינוּ בְאַפֶּךָ, וּבַחֲמָתְךָ נִבְהָלְנוּ: שַׁתָּ
עֲוֹנֹתֵינוּ לְנֶגְדֶּךָ, עֲלֻמֵנוּ לִמְאוֹר פָּנֶיךָ: כִּי כָל־יָמֵינוּ פָּנוּ בְעֶבְרָתֶךָ,
כִּלִּינוּ שָׁנֵינוּ כְמוֹ־הֶגֶה: יְמֵי־שְׁנוֹתֵינוּ בָהֶם שִׁבְעִים שָׁנָה, וְאִם
בִּגְבוּרֹת שְׁמוֹנִים שָׁנָה, וְרָהְבָּם עָמָל וָאָוֶן, כִּי־גָז חִישׁ וַנָּעֻפָה:
מִי־יוֹדֵעַ עֹז אַפֶּךָ, וּכְיִרְאָתְךָ עֶבְרָתֶךָ: לִמְנוֹת יָמֵינוּ כֵּן הוֹדַע,
וְנָבִא לְבַב חָכְמָה: שׁוּבָה יהוה עַד־מָתָי, וְהִנָּחֵם עַל־עֲבָדֶיךָ:
שַׂבְּעֵנוּ בַבֹּקֶר חַסְדֶּךָ, וּנְרַנְּנָה וְנִשְׂמְחָה בְּכָל־יָמֵינוּ: שַׂמְּחֵנוּ
כִּימוֹת עִנִּיתָנוּ, שְׁנוֹת רָאִינוּ רָעָה: יֵרָאֶה אֶל־עֲבָדֶיךָ פָעֳלֶךָ,
וַהֲדָרְךָ עַל־בְּנֵיהֶם: ◂ וִיהִי נֹעַם אֲדֹנָי אֱלֹהֵינוּ עָלֵינוּ, וּמַעֲשֵׂה
יָדֵינוּ כּוֹנְנָה עָלֵינוּ, וּמַעֲשֵׂה יָדֵינוּ כּוֹנְנֵהוּ:

תהלים צא
יֹשֵׁב בְּסֵתֶר עֶלְיוֹן, בְּצֵל שַׁדַּי יִתְלוֹנָן: אֹמַר לַיהוה מַחְסִי וּמְצוּדָתִי,
אֱלֹהַי אֶבְטַח־בּוֹ: כִּי הוּא יַצִּילְךָ מִפַּח יָקוּשׁ, מִדֶּבֶר הַוּוֹת:
בְּאֶבְרָתוֹ יָסֶךְ לָךְ, וְתַחַת־כְּנָפָיו תֶּחְסֶה, צִנָּה וְסֹחֵרָה אֲמִתּוֹ:
לֹא־תִירָא מִפַּחַד לָיְלָה, מֵחֵץ יָעוּף יוֹמָם: מִדֶּבֶר בָּאֹפֶל יַהֲלֹךְ,
מִקֶּטֶב יָשׁוּד צָהֳרָיִם: יִפֹּל מִצִּדְּךָ אֶלֶף, וּרְבָבָה מִימִינֶךָ, אֵלֶיךָ
לֹא יִגָּשׁ: רַק בְּעֵינֶיךָ תַבִּיט, וְשִׁלֻּמַת רְשָׁעִים תִּרְאֶה: כִּי־אַתָּה

---

images conveying the brevity of human life: it flows as fast as a swollen river; as quickly as a sleep or a dream; it is like grass in a parched land that withers by the end of the day; it is like a sigh, a mere breath, like a bird that briefly lands then flies away. The speed with which these metaphors succeed one another mirrors the rapidity with which the days and years pass. לִמְנוֹת יָמֵינוּ כֵּן הוֹדַע *Teach us rightly to number our days*: the moral at the heart of the psalm: Teach us to remember how short life is, that we may spend our time on the things that endure. וִיהִי נֹעַם אֲדֹנָי אֱלֹהֵינוּ עָלֵינוּ *May the pleasantness of the LORD our God be upon us:* according to the sages, this is the blessing Moses gave

taking the Most High as your shelter, no harm will befall you, no plague will come near your tent, for He will command His angels about you, to guard you in all your ways. They will lift you in their hands, lest your foot stumble on a stone. You will tread on lions and vipers, you will trample on young lions and snakes. [God says] "Because he loves Me, I will rescue him; I will protect him, because he acknowledges My name. When he calls on Me, I will answer him, I will be with him in distress, I will deliver him and bring him honor.
▸ With long life I will satisfy him, and show him My salvation.
With long life I will satisfy him, and show him My salvation."

הַלְלוּיָהּ Halleluya! Praise the name of the LORD. Praise Him, you servants of the LORD who stand in the LORD's House, in the courtyards of the House of our God. Praise the LORD, for the LORD is good; sing praises to His name, for it is lovely. For the LORD has chosen Jacob as His own, Israel as his treasure. For I know that the LORD is great, that our LORD is above all heavenly powers. Whatever pleases the LORD, He does, in heaven and on earth, in the seas and all the depths. He raises clouds from the ends of the earth; He sends lightning with the rain; He brings out the wind from His storehouses. He struck down the firstborn of Egypt, of both man and animals. He sent signs and wonders into your midst, *Ps. 135*

---

were written for public worship in the Temple, and both are litanies: a series of invocations said by a leader of prayer, together with congregational responses. Psalm 136, with its refrain "His loving-kindness is for ever," is the only psalm in which the congregational responses are set out in full, line by line. In Psalm 135 the responses are likely to have been, for the first section, "Halleluya" (Praise God), and for the last, "Bless the LORD" (*Pesaḥim* 118a). Psalm 135 is structured in three parts: the first and last speak about the truth of God and the falsity of idols, and the second about God's power over nature and history. The first part is five verses long; the second, seven; the third, nine. שֶׁהִכָּה בְּכוֹרֵי מִצְרָיִם *He struck down the firstborn of Egypt*: these lines are paral-

יהוה מַחְסִי, עֶלְיוֹן שַׂמְתָּ מְעוֹנֶךָ: לֹא־תְאֻנֶּה אֵלֶיךָ רָעָה, וְנֶגַע
לֹא־יִקְרַב בְּאָהֳלֶךָ: כִּי מַלְאָכָיו יְצַוֶּה־לָּךְ, לִשְׁמָרְךָ בְּכָל־דְּרָכֶיךָ:
עַל־כַּפַּיִם יִשָּׂאוּנְךָ, פֶּן־תִּגֹּף בָּאֶבֶן רַגְלֶךָ: עַל־שַׁחַל וָפֶתֶן תִּדְרֹךְ,
תִּרְמֹס כְּפִיר וְתַנִּין: כִּי בִי חָשַׁק וַאֲפַלְּטֵהוּ, אֲשַׂגְּבֵהוּ כִּי־יָדַע
שְׁמִי: יִקְרָאֵנִי וְאֶעֱנֵהוּ, עִמּוֹ אָנֹכִי בְצָרָה, אֲחַלְּצֵהוּ וַאֲכַבְּדֵהוּ:
‹ אֹרֶךְ יָמִים אַשְׂבִּיעֵהוּ, וְאַרְאֵהוּ בִּישׁוּעָתִי:
אֹרֶךְ יָמִים אַשְׂבִּיעֵהוּ, וְאַרְאֵהוּ בִּישׁוּעָתִי:

הַלְלוּיָהּ, הַלְלוּ אֶת־שֵׁם יהוה, הַלְלוּ עַבְדֵי יהוה: שֶׁעֹמְדִים בְּבֵית תהלים קלה
יהוה, בְּחַצְרוֹת בֵּית אֱלֹהֵינוּ: הַלְלוּיָהּ כִּי־טוֹב יהוה, זַמְּרוּ לִשְׁמוֹ
כִּי נָעִים: כִּי־יַעֲקֹב בָּחַר לוֹ יָהּ, יִשְׂרָאֵל לִסְגֻלָּתוֹ: כִּי אֲנִי יָדַעְתִּי
כִּי־גָדוֹל יהוה, וַאֲדֹנֵינוּ מִכָּל־אֱלֹהִים: כֹּל אֲשֶׁר־חָפֵץ יהוה עָשָׂה,
בַּשָּׁמַיִם וּבָאָרֶץ, בַּיַּמִּים וְכָל־תְּהֹמוֹת: מַעֲלֶה נְשִׂאִים מִקְצֵה
הָאָרֶץ, בְּרָקִים לַמָּטָר עָשָׂה, מוֹצֵא־רוּחַ מֵאוֹצְרוֹתָיו: שֶׁהִכָּה
בְּכוֹרֵי מִצְרָיִם, מֵאָדָם עַד־בְּהֵמָה: שָׁלַח אוֹתֹת וּמֹפְתִים בְּתוֹכֵכִי
מִצְרָיִם, בְּפַרְעֹה וּבְכָל־עֲבָדָיו: שֶׁהִכָּה גּוֹיִם רַבִּים, וְהָרַג מְלָכִים

---

shelter, shadow, refuge, stronghold. He protects us beneath His wings, and encircles us like a shield. When we are in distress, He is with us. When we are in danger, we are not alone. Trust defeats terror, and faith conquers fear. The first speaker in the psalm is human; the second, God Himself (*Sanhedrin* 103a).

הַלְלוּיָהּ *Psalms 135–136*: Two psalms forming a single composite unit, similar in tone, vocabulary and literary structure to the group of Psalms 113–118 known as Hallel. Some sages (*Pesaḥim* 118a) called these two psalms "The Great Hallel" to distinguish them from Psalms 113–118 which they called "The Egyptian Hallel" since it contains a reference to the exodus from Egypt (others confined the description to Psalm 136 alone). It is likely that both

Egypt – against Pharaoh and all his servants. He struck down many nations and slew mighty kings: Siḥon, King of the Amorites, Og, King of Bashan, and all the kingdoms of Canaan, giving their land as a heritage, a heritage for His people Israel. Your name, LORD, endures for ever; Your renown, LORD, for all generations. For the LORD will bring justice to His people, and have compassion on His servants. The idols of the nations are silver and gold, the work of human hands. They have mouths, but cannot speak; eyes, but cannot see; ears, but cannot hear; there is no breath in their mouths. Those who make them will become like them: so will all who trust in them. ▸ House of Israel, bless the LORD. House of Aaron, bless the LORD. House of Levi, bless the LORD. You who fear the LORD, bless the LORD. Blessed is the LORD from Zion, He who dwells in Jerusalem. Halleluya!

The custom is to stand for the following psalm.

הודו Thank the LORD for He is good; His loving-kindness is for ever. *Ps. 136*
Thank the God of gods, His loving-kindness is for ever.
Thank the LORD of lords, His loving-kindness is for ever.
To the One who alone works great wonders, His loving-kindness is for ever.
Who made the heavens with wisdom, His loving-kindness is for ever.
Who spread the earth upon the waters, His loving-kindness is for ever.
Who made the great lights, His loving-kindness is for ever.
The sun to rule by day, His loving-kindness is for ever.
The moon and the stars to rule by night; His loving-kindness is for ever.
Who struck Egypt through their firstborn, His loving-kindness is for ever.

הודו *Psalm 136:* Originally in the Temple, the leader of prayer said the first half of each verse, to which the congregation responded with the second half. As in several other psalms, the poem opens with cosmology and ends with history; it begins with God as Creator, and continues with God as Redeemer.

עֲצוּמִים: לְסִיחוֹן מֶלֶךְ הָאֱמֹרִי, וּלְעוֹג מֶלֶךְ הַבָּשָׁן, וּלְכֹל מַמְלְכוֹת
כְּנָעַן: וְנָתַן אַרְצָם נַחֲלָה, נַחֲלָה לְיִשְׂרָאֵל עַמּוֹ: יהוה שִׁמְךָ
לְעוֹלָם, יהוה זִכְרְךָ לְדֹר־וָדֹר: כִּי־יָדִין יהוה עַמּוֹ, וְעַל־עֲבָדָיו
יִתְנֶחָם: עֲצַבֵּי הַגּוֹיִם כֶּסֶף וְזָהָב, מַעֲשֵׂה יְדֵי אָדָם: פֶּה־לָהֶם
וְלֹא יְדַבֵּרוּ, עֵינַיִם לָהֶם וְלֹא יִרְאוּ: אָזְנַיִם לָהֶם וְלֹא יַאֲזִינוּ, אַף
אֵין־יֶשׁ־רוּחַ בְּפִיהֶם: כְּמוֹהֶם יִהְיוּ עֹשֵׂיהֶם, כֹּל אֲשֶׁר־בֹּטֵחַ בָּהֶם:
‹ בֵּית יִשְׂרָאֵל בָּרְכוּ אֶת־יהוה, בֵּית אַהֲרֹן בָּרְכוּ אֶת־יהוה: בֵּית
הַלֵּוִי בָּרְכוּ אֶת־יהוה, יִרְאֵי יהוה בָּרְכוּ אֶת־יהוה: בָּרוּךְ יהוה
מִצִּיּוֹן, שֹׁכֵן יְרוּשָׁלָםִ, הַלְלוּיָהּ:

The custom is to stand for the following psalm.

תהלים קלו
הוֹדוּ לַיהוה כִּי־טוֹב — כִּי לְעוֹלָם חַסְדּוֹ:
הוֹדוּ לֵאלֹהֵי הָאֱלֹהִים — כִּי לְעוֹלָם חַסְדּוֹ:
הוֹדוּ לַאֲדֹנֵי הָאֲדֹנִים — כִּי לְעוֹלָם חַסְדּוֹ:
לְעֹשֵׂה נִפְלָאוֹת גְּדֹלוֹת לְבַדּוֹ — כִּי לְעוֹלָם חַסְדּוֹ:
לְעֹשֵׂה הַשָּׁמַיִם בִּתְבוּנָה — כִּי לְעוֹלָם חַסְדּוֹ:
לְרֹקַע הָאָרֶץ עַל־הַמָּיִם — כִּי לְעוֹלָם חַסְדּוֹ:
לְעֹשֵׂה אוֹרִים גְּדֹלִים — כִּי לְעוֹלָם חַסְדּוֹ:
אֶת־הַשֶּׁמֶשׁ לְמֶמְשֶׁלֶת בַּיּוֹם — כִּי לְעוֹלָם חַסְדּוֹ:
אֶת־הַיָּרֵחַ וְכוֹכָבִים לְמֶמְשְׁלוֹת בַּלָּיְלָה — כִּי לְעוֹלָם חַסְדּוֹ:
לְמַכֵּה מִצְרַיִם בִּבְכוֹרֵיהֶם — כִּי לְעוֹלָם חַסְדּוֹ:

---

leled in the next psalm. עֲצַבֵּי הַגּוֹיִם כֶּסֶף וְזָהָב *The idols of the nations are silver and gold…You who fear the* L*ORD, bless the* L*ORD*: almost exactly paralleled in Hallel (Psalm 115:4–11).

And brought out Israel from their midst,	His loving-kindness is for ever.
With a strong hand and outstretched arm,	His loving-kindness is for ever.
Who split the Reed Sea into parts,	His loving-kindness is for ever.
And made Israel pass through it,	His loving-kindness is for ever.
Casting Pharaoh and his army into the Reed Sea;	His loving-kindness is for ever.
Who led His people through the wilderness;	His loving-kindness is for ever.
Who struck down great kings,	His loving-kindness is for ever.
And slew mighty kings,	His loving-kindness is for ever.
Siḥon, King of the Amorites,	His loving-kindness is for ever.
And Og, King of Bashan,	His loving-kindness is for ever.
And gave their land as a heritage,	His loving-kindness is for ever.
A heritage for His servant Israel;	His loving-kindness is for ever.
Who remembered us in our lowly state,	His loving-kindness is for ever.
And rescued us from our tormentors,	His loving-kindness is for ever.
▸ Who gives food to all flesh,	His loving-kindness is for ever.
Give thanks to the God of heaven.	His loving-kindness is for ever.

רַנְּנוּ Sing joyfully to the LORD, you righteous, for praise from the upright is seemly. Give thanks to the LORD with the harp; make music to Him on the ten-stringed lute. Sing Him a new song, play skillfully with shouts of joy. For the LORD's word is right, and all His deeds are done in faith. He loves righteousness and justice; the earth is full of the LORD's loving-kindness. By the LORD's word the heavens were made, and all their starry host by the breath of His mouth. He gathers the sea waters as a heap, and places the deep in storehouses. Let all the earth fear the LORD, and all the world's inhabitants stand in awe of Him. For He spoke, and it was; He commanded, and it *Ps. 33*

---

tion. Because of its summary of the events of the exodus, it forms part of the Haggada on Pesaḥ.

וַיּוֹצֵא יִשְׂרָאֵל מִתּוֹכָם   כִּי לְעוֹלָם חַסְדּוֹ:
בְּיָד חֲזָקָה וּבִזְרוֹעַ נְטוּיָה   כִּי לְעוֹלָם חַסְדּוֹ:
לְגֹזֵר יַם־סוּף לִגְזָרִים   כִּי לְעוֹלָם חַסְדּוֹ:
וְהֶעֱבִיר יִשְׂרָאֵל בְּתוֹכוֹ   כִּי לְעוֹלָם חַסְדּוֹ:
וְנִעֵר פַּרְעֹה וְחֵילוֹ בְיַם־סוּף   כִּי לְעוֹלָם חַסְדּוֹ:
לְמוֹלִיךְ עַמּוֹ בַּמִּדְבָּר   כִּי לְעוֹלָם חַסְדּוֹ:
לְמַכֵּה מְלָכִים גְּדֹלִים   כִּי לְעוֹלָם חַסְדּוֹ:
וַיַּהֲרֹג מְלָכִים אַדִּירִים   כִּי לְעוֹלָם חַסְדּוֹ:
לְסִיחוֹן מֶלֶךְ הָאֱמֹרִי   כִּי לְעוֹלָם חַסְדּוֹ:
וּלְעוֹג מֶלֶךְ הַבָּשָׁן   כִּי לְעוֹלָם חַסְדּוֹ:
וְנָתַן אַרְצָם לְנַחֲלָה   כִּי לְעוֹלָם חַסְדּוֹ:
נַחֲלָה לְיִשְׂרָאֵל עַבְדּוֹ   כִּי לְעוֹלָם חַסְדּוֹ:
שֶׁבְּשִׁפְלֵנוּ זָכַר לָנוּ   כִּי לְעוֹלָם חַסְדּוֹ:
וַיִּפְרְקֵנוּ מִצָּרֵינוּ   כִּי לְעוֹלָם חַסְדּוֹ:
◂ נֹתֵן לֶחֶם לְכָל־בָּשָׂר   כִּי לְעוֹלָם חַסְדּוֹ:
הוֹדוּ לְאֵל הַשָּׁמָיִם   כִּי לְעוֹלָם חַסְדּוֹ:

רַנְּנוּ צַדִּיקִים בַּיהוה, לַיְשָׁרִים נָאוָה תְהִלָּה: הוֹדוּ לַיהוה בְּכִנּוֹר, תהלים לג
בְּנֵבֶל עָשׂוֹר זַמְּרוּ־לוֹ: שִׁירוּ־לוֹ שִׁיר חָדָשׁ, הֵיטִיבוּ נַגֵּן בִּתְרוּעָה:
כִּי־יָשָׁר דְּבַר־יהוה, וְכָל־מַעֲשֵׂהוּ בֶּאֱמוּנָה: אֹהֵב צְדָקָה וּמִשְׁפָּט,
חֶסֶד יהוה מָלְאָה הָאָרֶץ: בִּדְבַר יהוה שָׁמַיִם נַעֲשׂוּ, וּבְרוּחַ
פִּיו כָּל־צְבָאָם: כֹּנֵס כַּנֵּד מֵי הַיָּם, נֹתֵן בְּאֹצָרוֹת תְּהוֹמוֹת: יִירְאוּ

The sages related the twenty-six verses of the psalm to the twenty-six generations between Adam and the Giving of the Torah – from creation to revela-

stood firm. The LORD foils the plans of nations; He thwarts the intentions of peoples. The LORD's plans stand for ever, His heart's intents for all generations. Happy is the nation whose God is the LORD, the people He has chosen as His own. From heaven the LORD looks down and sees all mankind; from His dwelling place He oversees all who live on earth. He forms the hearts of all, and discerns all their deeds. No king is saved by the size of his army; no warrior is delivered by great strength. A horse is a vain hope for deliverance; despite its great strength, it cannot save. The eye of the LORD is on those who fear Him, on those who place their hope in His unfailing love, to rescue their soul from death, and keep them alive in famine. Our soul waits for the LORD; He is our Help and Shield. ▸ In Him our hearts rejoice, for we trust in His holy name. Let Your unfailing love be upon us, LORD, as we have put our hope in You.

מִזְמוֹר שִׁיר A psalm. A song for the Sabbath day. It is good to thank *Ps. 92* the LORD and sing psalms to Your name, Most High – to tell of Your loving-kindness in the morning and Your faithfulness at night, to the music of the ten-stringed lyre and the melody of the harp. For You have made me rejoice by Your work, O LORD; I sing for joy at the deeds of Your hands. How great are Your deeds, LORD, and how very deep Your thoughts. A boor cannot know, nor can a fool understand, that though the wicked spring up like grass and all evildoers flourish, it is only that they may be destroyed for ever. But You, LORD, are eternally exalted. For behold Your enemies, LORD, behold Your enemies will perish; all evildoers will be scattered. You have raised my pride like that of a wild ox; I am anointed with fresh oil. My eyes shall look in triumph on my adversaries, my ears shall hear the downfall of the wicked who rise against me. ▸ The righteous will flourish like a palm tree and grow tall like a cedar in Lebanon. Planted in the LORD's House, blossoming in our God's courtyards, they will still bear fruit in old age, and stay vigorous and fresh, proclaiming that the LORD is upright: He is my Rock, in whom there is no wrong.

מֵיהוה כָּל־הָאָרֶץ, מִמֶּנּוּ יָגוּרוּ כָּל־יֹשְׁבֵי תֵבֵל: כִּי הוּא אָמַר וַיֶּהִי, הוּא־צִוָּה וַיַּעֲמֹד: יהוה הֵפִיר עֲצַת־גּוֹיִם, הֵנִיא מַחְשְׁבוֹת עַמִּים: עֲצַת יהוה לְעוֹלָם תַּעֲמֹד, מַחְשְׁבוֹת לִבּוֹ לְדֹר וָדֹר: אַשְׁרֵי הַגּוֹי אֲשֶׁר־יהוה אֱלֹהָיו, הָעָם בָּחַר לְנַחֲלָה לוֹ: מִשָּׁמַיִם הִבִּיט יהוה, רָאָה אֶת־כָּל־בְּנֵי הָאָדָם: מִמְּכוֹן־שִׁבְתּוֹ הִשְׁגִּיחַ, אֶל כָּל־יֹשְׁבֵי הָאָרֶץ: הַיֹּצֵר יַחַד לִבָּם, הַמֵּבִין אֶל־כָּל־מַעֲשֵׂיהֶם: אֵין־הַמֶּלֶךְ נוֹשָׁע בְּרָב־חָיִל, גִּבּוֹר לֹא־יִנָּצֵל בְּרָב־כֹּחַ: שֶׁקֶר הַסּוּס לִתְשׁוּעָה, וּבְרֹב חֵילוֹ לֹא יְמַלֵּט: הִנֵּה עֵין יהוה אֶל־יְרֵאָיו, לַמְיַחֲלִים לְחַסְדּוֹ: לְהַצִּיל מִמָּוֶת נַפְשָׁם, וּלְחַיּוֹתָם בָּרָעָב: נַפְשֵׁנוּ חִכְּתָה לַיהוה, עֶזְרֵנוּ וּמָגִנֵּנוּ הוּא: ◂ כִּי־בוֹ יִשְׂמַח לִבֵּנוּ, כִּי בְשֵׁם קָדְשׁוֹ בָטָחְנוּ: יְהִי־חַסְדְּךָ יהוה עָלֵינוּ, כַּאֲשֶׁר יִחַלְנוּ לָךְ:

מִזְמוֹר שִׁיר לְיוֹם הַשַּׁבָּת: טוֹב לְהֹדוֹת לַיהוה, וּלְזַמֵּר לְשִׁמְךָ עֶלְיוֹן: לְהַגִּיד בַּבֹּקֶר חַסְדֶּךָ, וֶאֱמוּנָתְךָ בַּלֵּילוֹת: עֲלֵי־עָשׂוֹר וַעֲלֵי־נָבֶל, עֲלֵי הִגָּיוֹן בְּכִנּוֹר: כִּי שִׂמַּחְתַּנִי יהוה בְּפָעֳלֶךָ, בְּמַעֲשֵׂי יָדֶיךָ אֲרַנֵּן: מַה־גָּדְלוּ מַעֲשֶׂיךָ יהוה, מְאֹד עָמְקוּ מַחְשְׁבֹתֶיךָ: אִישׁ־בַּעַר לֹא יֵדָע, וּכְסִיל לֹא־יָבִין אֶת־זֹאת: בִּפְרֹחַ רְשָׁעִים כְּמוֹ עֵשֶׂב, וַיָּצִיצוּ כָּל־פֹּעֲלֵי אָוֶן, לְהִשָּׁמְדָם עֲדֵי־עַד: וְאַתָּה מָרוֹם לְעֹלָם יהוה: כִּי הִנֵּה אֹיְבֶיךָ יהוה, כִּי־הִנֵּה אֹיְבֶיךָ יֹאבֵדוּ, יִתְפָּרְדוּ כָּל־פֹּעֲלֵי אָוֶן: וַתָּרֶם כִּרְאֵים קַרְנִי, בַּלֹּתִי בְּשֶׁמֶן רַעֲנָן: וַתַּבֵּט עֵינִי בְּשׁוּרָי, בַּקָּמִים עָלַי מְרֵעִים תִּשְׁמַעְנָה אָזְנָי: ◂ צַדִּיק כַּתָּמָר יִפְרָח, כְּאֶרֶז בַּלְּבָנוֹן יִשְׂגֶּה: שְׁתוּלִים בְּבֵית יהוה, בְּחַצְרוֹת אֱלֹהֵינוּ יַפְרִיחוּ: עוֹד יְנוּבוּן בְּשֵׂיבָה, דְּשֵׁנִים וְרַעֲנַנִּים יִהְיוּ: לְהַגִּיד כִּי־יָשָׁר יהוה, צוּרִי, וְלֹא־עַוְלָתָה בּוֹ: תהלים צב

יהוה מָלָךְ The Lord reigns. He is robed in majesty. The Lord is robed, girded with strength. The world is firmly established; it cannot be moved. Your throne stands firm as of old; You are eternal. Rivers lift up, Lord, rivers lift up their voice, rivers lift up their Crashing waves. ▸ Mightier than the noise of many waters, than the mighty waves of the sea is the Lord on high. Your testimonies are very sure; holiness adorns Your House, Lord, for evermore. *Ps. 93*

יְהִי כְבוֹד May the Lord's glory be for ever; may the Lord rejoice *Ps. 104*
in His works. May the Lord's name be blessed, now and for ever. *Ps. 113*
From the rising of the sun to its setting, may the Lord's name be praised. The Lord is high above all nations; His glory is above the
heavens. Lord, Your name is for ever. Your renown, Lord, is for all *Ps. 135*
generations. The Lord has established His throne in heaven; His *Ps. 103*
kingdom rules all. Let the heavens rejoice and the earth be glad. Let *1 Chr. 16*
them say among the nations, "The Lord is King." The Lord is King, the Lord was King, the Lord will be King for ever and all time.
The Lord is King for ever and all time; nations will perish from *Ps. 10*
His land. The Lord foils the plans of nations; He frustrates the *Ps. 33*
intentions of peoples. Many are the intentions in a person's mind, *Prov. 19*
but the Lord's plan prevails. The Lord's plan shall stand for ever, *Ps. 33*
His mind's intent for all generations. For He spoke and it was; He
commanded and it stood firm. For the Lord has chosen Zion; He *Ps. 132*
desired it for His dwelling. For the Lord has chosen Jacob, Israel *Ps. 135*
as His special treasure. For the Lord will not abandon His people; *Ps. 94*
nor will He forsake His heritage. ▸ He is compassionate. He forgives *Ps. 78*
iniquity and does not destroy. Repeatedly He suppresses His anger,
not rousing His full wrath. Lord, save! May the King answer us on *Ps. 20*
the day we call.

---

of heaven. However, it is not so: "The Lord's plan prevails." God has chosen a particular people (Zion, Jacob) to exemplify this truth, for Israel is the only nation whose very existence is dependent on its covenant with God. Because Israel recognizes no ultimate king other than God, it turns to Him in prayer.

יהוה מָלָךְ, גֵּאוּת לָבֵשׁ, לָבֵשׁ יהוה עֹז הִתְאַזָּר, אַף־תִּכּוֹן תֵּבֵל תהלים צג
בַּל־תִּמּוֹט: נָכוֹן כִּסְאֲךָ מֵאָז, מֵעוֹלָם אָתָּה: נָשְׂאוּ נְהָרוֹת יהוה,
נָשְׂאוּ נְהָרוֹת קוֹלָם, יִשְׂאוּ נְהָרוֹת דָּכְיָם: ‹ מִקֹּלוֹת מַיִם רַבִּים,
אַדִּירִים מִשְׁבְּרֵי־יָם, אַדִּיר בַּמָּרוֹם יהוה: עֵדֹתֶיךָ נֶאֶמְנוּ מְאֹד
לְבֵיתְךָ נַאֲוָה־קֹדֶשׁ, יהוה לְאֹרֶךְ יָמִים:

יְהִי כְבוֹד יהוה לְעוֹלָם, יִשְׂמַח יהוה בְּמַעֲשָׂיו: יְהִי שֵׁם יהוה מְבֹרָךְ, תהלים קד תהלים קיג
מֵעַתָּה וְעַד־עוֹלָם: מִמִּזְרַח־שֶׁמֶשׁ עַד־מְבוֹאוֹ, מְהֻלָּל שֵׁם יהוה:
רָם עַל־כָּל־גּוֹיִם יהוה, עַל הַשָּׁמַיִם כְּבוֹדוֹ: יהוה שִׁמְךָ לְעוֹלָם, תהלים קלה
יהוה זִכְרְךָ לְדֹר־וָדֹר: יהוה בַּשָּׁמַיִם הֵכִין כִּסְאוֹ, וּמַלְכוּתוֹ בַּכֹּל תהלים קג
מָשָׁלָה: יִשְׂמְחוּ הַשָּׁמַיִם וְתָגֵל הָאָרֶץ, וְיֹאמְרוּ בַגּוֹיִם יהוה מָלָךְ: דברי הימים א׳ טז
יהוה מֶלֶךְ, יהוה מָלָךְ, יהוה יִמְלֹךְ לְעוֹלָם וָעֶד. יהוה מֶלֶךְ עוֹלָם תהלים י
וָעֶד, אָבְדוּ גוֹיִם מֵאַרְצוֹ: יהוה הֵפִיר עֲצַת־גּוֹיִם, הֵנִיא מַחְשְׁבוֹת תהלים לג
עַמִּים: רַבּוֹת מַחֲשָׁבוֹת בְּלֶב־אִישׁ, וַעֲצַת יהוה הִיא תָקוּם: עֲצַת משלי יט תהלים לג
יהוה לְעוֹלָם תַּעֲמֹד, מַחְשְׁבוֹת לִבּוֹ לְדֹר וָדֹר: כִּי הוּא אָמַר וַיֶּהִי,
הוּא־צִוָּה וַיַּעֲמֹד: כִּי־בָחַר יהוה בְּצִיּוֹן, אִוָּהּ לְמוֹשָׁב לוֹ: כִּי־יַעֲקֹב תהלים קלב תהלים קלה
בָּחַר לוֹ יָהּ, יִשְׂרָאֵל לִסְגֻלָּתוֹ: כִּי לֹא־יִטֹּשׁ יהוה עַמּוֹ, וְנַחֲלָתוֹ לֹא תהלים צד
יַעֲזֹב: ‹ וְהוּא רַחוּם, יְכַפֵּר עָוֹן וְלֹא־יַשְׁחִית, וְהִרְבָּה לְהָשִׁיב אַפּוֹ, תהלים עח
וְלֹא־יָעִיר כָּל־חֲמָתוֹ: יהוה הוֹשִׁיעָה, הַמֶּלֶךְ יַעֲנֵנוּ בְיוֹם־קָרְאֵנוּ: תהלים כ

יְהִי כְבוֹד *May the LORD's glory:* An anthology of verses, mainly from Psalms, but also from Chronicles and Proverbs. One verse, "The LORD is King, the LORD was King, the LORD will be King for ever and all time," does not appear in this form in the Bible: it is a combination of three biblical phrases, two from Psalms, one from Exodus (at the end of the Song at the Sea). The verses take us through the following sequence of thought: God created the universe, therefore God is Sovereign over the universe. In the short term it may seem that human beings determine their own fate even against the will

The line beginning with "You open Your hand" should be said with special concentration, representing as it does the key idea of this psalm, and of Pesukei DeZimra as a whole, that God is the creator and sustainer of all.

אַשְׁרֵי Happy are those who dwell in Your House; *Ps. 84*
they shall continue to praise You, Selah!
Happy are the people for whom this is so; *Ps. 144*
happy are the people whose God is the Lord.
A song of praise by David. *Ps. 145*

I will exalt You, my God, the King, and bless Your name for ever and all time. Every day I will bless You, and praise Your name for ever and all time. Great is the Lord and greatly to be praised; His greatness is unfathomable. One generation will praise Your works to the next, and tell of Your mighty deeds. On the glorious splendor of Your majesty I will meditate, and on the acts of Your wonders. They shall talk of the power of Your awesome deeds, and I will tell of Your greatness. They shall recite the record of Your great goodness, and sing with joy of Your righteousness. The Lord is gracious and compassionate, slow to anger and great in loving-kindness. The Lord is good to all, and His compassion extends to all His works. All Your works shall thank You, Lord, and Your devoted ones shall bless You. They shall talk of the glory of Your kingship, and speak of Your might. To make known to mankind His mighty deeds and the glorious majesty of His kingship. Your kingdom is an everlasting kingdom, and Your reign is for all generations. The Lord supports all who fall, and raises all who are bowed down. All raise their eyes to You in hope, and You give them

---

favor," encapsulating the idea that God did not merely create the universe in the beginning, but also sustains it and the life it contains daily. The sages ruled (*Berakhot* 4b) that it be said three times each day (twice in the morning service, once in the afternoon).

There are other reasons for its prominence. It is the only one of the 150 Psalms to be called *Tehilla leDavid*, "A Song of Praise by David." It contains

The line beginning with פּוֹתֵחַ אֶת יָדֶךָ *should be said with special concentration, representing as it does the key idea of this psalm, and of* פסוקי דזמרה *as a whole, that God is the creator and sustainer of all.*

תהלים פד אַשְׁרֵי יוֹשְׁבֵי בֵיתֶךָ, עוֹד יְהַלְלְוּךָ סֶּלָה:
תהלים קמד אַשְׁרֵי הָעָם שֶׁכָּכָה לּוֹ, אַשְׁרֵי הָעָם שֶׁיהוה אֱלֹהָיו:
תהלים קמה תְּהִלָּה לְדָוִד
אֲרוֹמִמְךָ אֱלוֹהַי הַמֶּלֶךְ, וַאֲבָרְכָה שִׁמְךָ לְעוֹלָם וָעֶד:
בְּכָל־יוֹם אֲבָרְכֶךָּ, וַאֲהַלְלָה שִׁמְךָ לְעוֹלָם וָעֶד:
גָּדוֹל יהוה וּמְהֻלָּל מְאֹד, וְלִגְדֻלָּתוֹ אֵין חֵקֶר:
דּוֹר לְדוֹר יְשַׁבַּח מַעֲשֶׂיךָ, וּגְבוּרֹתֶיךָ יַגִּידוּ:
הֲדַר כְּבוֹד הוֹדֶךָ, וְדִבְרֵי נִפְלְאֹתֶיךָ אָשִׂיחָה:
וֶעֱזוּז נוֹרְאֹתֶיךָ יֹאמֵרוּ, וּגְדוּלָּתְךָ אֲסַפְּרֶנָּה:
זֵכֶר רַב־טוּבְךָ יַבִּיעוּ, וְצִדְקָתְךָ יְרַנֵּנוּ:
חַנּוּן וְרַחוּם יהוה, אֶרֶךְ אַפַּיִם וּגְדָל־חָסֶד:
טוֹב־יהוה לַכֹּל, וְרַחֲמָיו עַל־כָּל־מַעֲשָׂיו:
יוֹדְוּךָ יהוה כָּל־מַעֲשֶׂיךָ, וַחֲסִידֶיךָ יְבָרְכוּכָה:
כְּבוֹד מַלְכוּתְךָ יֹאמֵרוּ, וּגְבוּרָתְךָ יְדַבֵּרוּ:
לְהוֹדִיעַ לִבְנֵי הָאָדָם גְּבוּרֹתָיו, וּכְבוֹד הֲדַר מַלְכוּתוֹ:
מַלְכוּתְךָ מַלְכוּת כָּל־עֹלָמִים, וּמֶמְשַׁלְתְּךָ בְּכָל־דּוֹר וָדֹר:
סוֹמֵךְ יהוה לְכָל־הַנֹּפְלִים, וְזוֹקֵף לְכָל־הַכְּפוּפִים:
עֵינֵי־כֹל אֵלֶיךָ יְשַׂבֵּרוּ, וְאַתָּה נוֹתֵן־לָהֶם אֶת־אָכְלָם בְּעִתּוֹ:

אַשְׁרֵי *Happy are those:* Psalm 145 is the single most important passage in the Verses of Praise. The sages saw it as the paradigm of praise, firstly because it is constructed as an alphabetic acrostic (with the exception of the letter *nun*), thus praising God with all the letters of the alphabet; second, because it contains the verse "You open Your hand, and satisfy every living thing with

their food in due season. You open Your hand, and satisfy every living thing with favor. The LORD is righteous in all His ways, and kind in all He does. The LORD is close to all who call on Him, to all who call on Him in truth. He fulfills the will of those who revere Him; He hears their cry and saves them. The LORD guards all who love Him, but all the wicked He will destroy. ▸ My mouth shall speak the praise of the LORD, and all creatures shall bless His holy name for ever and all time.

We will bless the LORD now and for ever. Halleluya! *Ps. 115*

הַלְלוּיָהּ Halleluya! Praise the LORD, my soul. I will praise the LORD all my life; I will sing to my God as long as I live. Put not your trust in princes, or in mortal man who cannot save. His breath expires, he returns to the earth; on that day his plans come to an end. Happy is he whose help is the God of Jacob, whose hope is in the LORD his God who made heaven and earth, the sea and all they contain; He who keeps faith for ever. He secures justice for the oppressed. He gives food to the hungry. The LORD sets captives free. The LORD gives sight to the blind. The LORD raises those bowed down. The LORD loves the righteous. The LORD protects the stranger. He gives courage to the orphan and widow. He thwarts the way of the wicked. ▸ The LORD shall reign for ever. He is your God, Zion, for all generations. Halleluya! *Ps. 146*

---

which ends with *Halleluya*. It thus epitomizes the book of Psalms as a whole, which begins with the word *Ashrei* and ends with the word *Halleluya*.

הַלְלוּיָהּ *Psalm 146:* The contrast between human and divine rule. Human beings are mortal. They come from dust and return to dust. God is eternal, as are the values by which He governs the affairs of humankind. He brings justice to the oppressed, food to the hungry, freedom to captives, and hope to those at the margins of society. These principles of justice and compassion run through Jewish history as the governing ideals of a society under the sovereignty of God.

פּוֹתֵחַ אֶת־יָדֶךָ, וּמַשְׂבִּיעַ לְכׇל־חַי רָצוֹן:
צַדִּיק יהוה בְּכׇל־דְּרָכָיו, וְחָסִיד בְּכׇל־מַעֲשָׂיו:
קָרוֹב יהוה לְכׇל־קֹרְאָיו, לְכֹל אֲשֶׁר יִקְרָאֻהוּ בֶאֱמֶת:
רְצוֹן־יְרֵאָיו יַעֲשֶׂה, וְאֶת־שַׁוְעָתָם יִשְׁמַע, וְיוֹשִׁיעֵם:
שׁוֹמֵר יהוה אֶת־כׇּל־אֹהֲבָיו, וְאֵת כׇּל־הָרְשָׁעִים יַשְׁמִיד:
› תְּהִלַּת יהוה יְדַבֶּר פִּי, וִיבָרֵךְ כׇּל־בָּשָׂר שֵׁם קׇדְשׁוֹ לְעוֹלָם וָעֶד:
תהלים קטו וַאֲנַחְנוּ נְבָרֵךְ יָהּ מֵעַתָּה וְעַד־עוֹלָם, הַלְלוּיָהּ:

תהלים קמו הַלְלוּיָהּ, הַלְלִי נַפְשִׁי אֶת־יהוה: אֲהַלְלָה יהוה בְּחַיָּי, אֲזַמְּרָה
לֵאלֹהַי בְּעוֹדִי: אַל־תִּבְטְחוּ בִנְדִיבִים, בְּבֶן־אָדָם שֶׁאֵין
לוֹ תְשׁוּעָה: תֵּצֵא רוּחוֹ, יָשֻׁב לְאַדְמָתוֹ, בַּיּוֹם הַהוּא אָבְדוּ
עֶשְׁתֹּנֹתָיו: אַשְׁרֵי שֶׁאֵל יַעֲקֹב בְּעֶזְרוֹ, שִׂבְרוֹ עַל־יהוה אֱלֹהָיו:
עֹשֶׂה שָׁמַיִם וָאָרֶץ, אֶת־הַיָּם וְאֶת־כׇּל־אֲשֶׁר־בָּם, הַשֹּׁמֵר אֱמֶת
לְעוֹלָם: עֹשֶׂה מִשְׁפָּט לָעֲשׁוּקִים, נֹתֵן לֶחֶם לָרְעֵבִים, יהוה
מַתִּיר אֲסוּרִים: יהוה פֹּקֵחַ עִוְרִים, יהוה זֹקֵף כְּפוּפִים, יהוה
אֹהֵב צַדִּיקִים: יהוה שֹׁמֵר אֶת־גֵּרִים, יָתוֹם וְאַלְמָנָה יְעוֹדֵד,
וְדֶרֶךְ רְשָׁעִים יְעַוֵּת: › יִמְלֹךְ יהוה לְעוֹלָם, אֱלֹהַיִךְ צִיּוֹן לְדֹר
וָדֹר, הַלְלוּיָהּ:

---

the phrase, "Every day I will bless You," suggesting that it be said daily. Its 21 lines are constructed in three groups of seven verses: 1–7 are about God's praise throughout the generations; 8–14 depict God's kingship and compassion; and 15–21 are about how God heeds prayer. The psalm is built on numerical structures (3, 7, 10) that closely resemble the creation narrative in Genesis 1:1–2:3.

Added to Psalm 145 are verses from other psalms: two at the beginning, which include the word *Ashrei* (happy) three times; and one at the end,

הַלְלוּיָהּ Halleluya! How good it is to sing songs to our God; how pleasant and fitting to praise Him. The LORD rebuilds Jerusalem. He gathers the scattered exiles of Israel. He heals the brokenhearted and binds up their wounds. He counts the number of the stars, calling each by name. Great is our LORD and mighty in power; His understanding has no limit. The LORD gives courage to the humble, but casts the wicked to the ground. Sing to the LORD in thanks; make music to our God on the harp. He covers the sky with clouds. He provides the earth with rain and makes grass grow on the hills. He gives food to the cattle and to the ravens when they cry. He does not take delight in the strength of horses nor pleasure in the fleetness of man. The LORD takes pleasure in those who fear Him, who put their hope in His loving care. Praise the LORD, Jerusalem; sing to your God, Zion, for He has strengthened the bars of your gates and blessed your children in your midst. He has brought peace to your borders, and satisfied you with the finest wheat. He sends His commandment to earth; swiftly runs His word. He spreads snow like fleece, sprinkles frost like ashes, scatters hail like crumbs. Who can stand His cold? He sends His word and melts them; He makes the wind blow and the waters flow. ▸ He has declared His words to Jacob, His statutes and laws to Israel. He has done this for no other nation; such laws they do not know. Halleluya! *Ps. 147*

הַלְלוּיָהּ Halleluya! Praise the LORD from the heavens, praise Him in the heights. Praise Him, all His angels; praise Him, all His hosts. Praise Him, sun and moon; praise Him, all shining stars. *Ps. 148*

---

chosen Israel uniquely to embody this truth in their constitution as a nation. Therefore He, not a human legislature, is the source of their laws.

הַלְלוּיָהּ *Psalm 148:* A creation psalm. The entire universe sings a song of praise to God. The first half of the psalm is about the heavens, the second about the

תהלים קמז
הַלְלוּיָהּ, כִּי־טוֹב זַמְּרָה אֱלֹהֵינוּ, כִּי־נָעִים נָאוָה תְהִלָּה: בּוֹנֵה
יְרוּשָׁלַםִ יהוה, נִדְחֵי יִשְׂרָאֵל יְכַנֵּס: הָרוֹפֵא לִשְׁבוּרֵי לֵב, וּמְחַבֵּשׁ
לְעַצְּבוֹתָם: מוֹנֶה מִסְפָּר לַכּוֹכָבִים, לְכֻלָּם שֵׁמוֹת יִקְרָא: גָּדוֹל
אֲדוֹנֵינוּ וְרַב־כֹּחַ, לִתְבוּנָתוֹ אֵין מִסְפָּר: מְעוֹדֵד עֲנָוִים יהוה,
מַשְׁפִּיל רְשָׁעִים עֲדֵי־אָרֶץ: עֱנוּ לַיהוה בְּתוֹדָה, זַמְּרוּ לֵאלֹהֵינוּ
בְכִנּוֹר: הַמְכַסֶּה שָׁמַיִם בְּעָבִים, הַמֵּכִין לָאָרֶץ מָטָר, הַמַּצְמִיחַ
הָרִים חָצִיר: נוֹתֵן לִבְהֵמָה לַחְמָהּ, לִבְנֵי עֹרֵב אֲשֶׁר יִקְרָאוּ:
לֹא בִגְבוּרַת הַסּוּס יֶחְפָּץ, לֹא־בְשׁוֹקֵי הָאִישׁ יִרְצֶה: רוֹצֶה
יהוה אֶת־יְרֵאָיו, אֶת־הַמְיַחֲלִים לְחַסְדּוֹ: שַׁבְּחִי יְרוּשָׁלַםִ אֶת־
יהוה, הַלְלִי אֱלֹהַיִךְ צִיּוֹן: כִּי־חִזַּק בְּרִיחֵי שְׁעָרָיִךְ, בֵּרַךְ בָּנַיִךְ
בְּקִרְבֵּךְ: הַשָּׂם־גְּבוּלֵךְ שָׁלוֹם, חֵלֶב חִטִּים יַשְׂבִּיעֵךְ: הַשֹּׁלֵחַ
אִמְרָתוֹ אָרֶץ, עַד־מְהֵרָה יָרוּץ דְּבָרוֹ: הַנֹּתֵן שֶׁלֶג כַּצָּמֶר, כְּפוֹר
כָּאֵפֶר יְפַזֵּר: מַשְׁלִיךְ קַרְחוֹ כְפִתִּים, לִפְנֵי קָרָתוֹ מִי יַעֲמֹד:
יִשְׁלַח דְּבָרוֹ וְיַמְסֵם, יַשֵּׁב רוּחוֹ יִזְּלוּ־מָיִם: ‹ מַגִּיד דְּבָרָו לְיַעֲקֹב,
חֻקָּיו וּמִשְׁפָּטָיו לְיִשְׂרָאֵל: לֹא עָשָׂה כֵן לְכָל־גּוֹי, וּמִשְׁפָּטִים
בַּל־יְדָעוּם, הַלְלוּיָהּ:

תהלים קמח
הַלְלוּיָהּ, הַלְלוּ אֶת־יהוה מִן־הַשָּׁמַיִם, הַלְלוּהוּ בַּמְּרוֹמִים:
הַלְלוּהוּ כָל־מַלְאָכָיו, הַלְלוּהוּ כָּל־צְבָאָו: הַלְלוּהוּ שֶׁמֶשׁ וְיָרֵחַ,

---

הַלְלוּיָהּ *Psalm 147:* A magnificent weaving together of the themes of nature, God's role in Israel's history, and the paradox of divine distance and closeness. God counts the stars: He rules the cosmos. At the same time, He also "heals the brokenhearted and binds up their wounds": He cares for each of us. What matters ultimately is not power but humility in the face of God. He has

Praise Him, highest heavens and the waters above the heavens. Let them praise the name of the LORD, for He commanded and they were created. He established them for ever and all time, issuing a decree that will never change. Praise the LORD from the earth: sea monsters and all the deep seas; fire and hail, snow and mist, storm winds that obey His word; mountains and all hills, fruit trees and all cedars; wild animals and all cattle, creeping things and winged birds; kings of the earth and all nations, princes and all judges on earth; youths and maidens, old and young. ▸ Let them praise the name of the LORD, for His name alone is sublime; His majesty is above earth and heaven. He has raised the pride of His people, for the glory of all His devoted ones, the children of Israel, the people close to Him. Halleluya!

הַלְלוּיָהּ Halleluya! Sing to the LORD a new song, His praise in the assembly of the devoted. Let Israel rejoice in its Maker; let the children of Zion exult in their King. Let them praise His name with dancing; sing praises to Him with timbrel and harp. For the LORD delights in His people; He adorns the humble with salvation. Let the devoted revel in glory; let them sing for joy on their beds. Let high praises of God be in their throats, and a two-edged sword in their hand: to impose retribution on the nations, punishment on the peoples, ▸ binding their kings with chains, their nobles with iron fetters, carrying out the judgment written against them. This is the glory of all His devoted ones. Halleluya! *Ps. 149*

---

cruelty and aggression. The "two-edged sword" may be a reference to the dual nature of history: on the one hand the house of Israel must fight its own battles, on the other it must always be conscious of the providential pattern of history, the role of God in its survival and success.

הַלְלְוּהוּ כׇּל־כּֽוֹכְבֵי אוֹר: הַלְלְוּהוּ שְׁמֵי הַשָּׁמָיִם, וְהַמַּיִם אֲשֶׁר
מֵעַל הַשָּׁמָיִם: יְהַלְלוּ אֶת־שֵׁם יהוה, כִּי הוּא צִוָּה וְנִבְרָאוּ:
וַיַּעֲמִידֵם לָעַד לְעוֹלָם, חׇק־נָתַן וְלֹא יַעֲבוֹר: הַלְלוּ אֶת־יהוה
מִן־הָאָרֶץ, תַּנִּינִים וְכׇל־תְּהֹמוֹת: אֵשׁ וּבָרָד שֶׁלֶג וְקִיטוֹר, רְוּחַ
סְעָרָה עֹשָׂה דְבָרוֹ: הֶהָרִים וְכׇל־גְּבָעוֹת, עֵץ פְּרִי וְכׇל־אֲרָזִים:
הַחַיָּה וְכׇל־בְּהֵמָה, רֶמֶשׂ וְצִפּוֹר כָּנָף: מַלְכֵי־אֶרֶץ וְכׇל־לְאֻמִּים,
שָׂרִים וְכׇל־שֹׁפְטֵי אָרֶץ: בַּחוּרִים וְגַם־בְּתוּלוֹת, זְקֵנִים עִם־נְעָרִים:
› יְהַלְלוּ אֶת־שֵׁם יהוה, כִּי־נִשְׂגָּב שְׁמוֹ לְבַדּוֹ, הוֹדוֹ עַל־אֶרֶץ
וְשָׁמָיִם: וַיָּרֶם קֶרֶן לְעַמּוֹ, תְּהִלָּה לְכׇל־חֲסִידָיו, לִבְנֵי יִשְׂרָאֵל
עַם קְרֹבוֹ, הַלְלוּיָהּ:

תהלים קמט הַלְלוּיָהּ, שִׁירוּ לַיהוה שִׁיר חָדָשׁ, תְּהִלָּתוֹ בִּקְהַל חֲסִידִים:
יִשְׂמַח יִשְׂרָאֵל בְּעֹשָׂיו, בְּנֵי־צִיּוֹן יָגִילוּ בְמַלְכָּם: יְהַלְלוּ שְׁמוֹ
בְמָחוֹל, בְּתֹף וְכִנּוֹר יְזַמְּרוּ־לוֹ: כִּי־רוֹצֶה יהוה בְּעַמּוֹ, יְפָאֵר
עֲנָוִים בִּישׁוּעָה: יַעְלְזוּ חֲסִידִים בְּכָבוֹד, יְרַנְּנוּ עַל־מִשְׁכְּבוֹתָם:
רוֹמְמוֹת אֵל בִּגְרוֹנָם, וְחֶרֶב פִּיפִיּוֹת בְּיָדָם: לַעֲשׂוֹת נְקָמָה בַּגּוֹיִם,
תּוֹכֵחוֹת בַּלְאֻמִּים: › לֶאְסֹר מַלְכֵיהֶם בְּזִקִּים, וְנִכְבְּדֵיהֶם בְּכַבְלֵי
בַרְזֶל: לַעֲשׂוֹת בָּהֶם מִשְׁפָּט כָּתוּב, הָדָר הוּא לְכׇל־חֲסִידָיו,
הַלְלוּיָהּ:

---

earth. Each is a voice in the choral symphony of creation, in which all that exists testifies to its Maker.

הַלְלוּיָהּ *Psalm 149:* A psalm of thanksgiving for God's role in Israel's history, granting them victory in war and ensuring the ultimate victory of justice over

הַלְלוּיָהּ Halleluya! Ps. 150
Praise God in His holy place;
praise Him in the heavens of His power.
Praise Him for His mighty deeds;
praise Him for His surpassing greatness.
Praise Him with blasts of the shofar;
praise Him with the harp and lyre.
Praise Him with timbrel and dance;
praise Him with strings and flute.
▸ Praise Him with clashing cymbals;
praise Him with resounding cymbals.
Let all that breathes praise the LORD. Halleluya!
Let all that breathes praise the LORD. Halleluya!

בָּרוּךְ Blessed be the LORD for ever. Amen and Amen. Ps. 89
Blessed from Zion be the LORD Ps. 135
who dwells in Jerusalem. Halleluya!
Blessed be the LORD, God of Israel, who alone does wonders. Ps. 72
▸ Blessed be His glorious name for ever,
and may all the earth be filled with His glory.
Amen and Amen.

Stand until "The soul" on page 648.

וַיְבָרֶךְ דָּוִיד David blessed the LORD in front of the entire assembly. David said, "Blessed are You, LORD, God of our father Yisrael, for ever and ever. Yours, LORD, are the greatness and the power, the glory, majesty and splendor, for everything in heaven and earth is Yours. Yours, LORD, is the kingdom; You are exalted as Head over all. Both *1 Chr. 29*

Temple Mount (Maimonides, *Bikkurim* 4:17). The repetition of the last verse is a convention signaling the end of a book or passage.

בָּרוּךְ ה׳ *Blessed be the LORD:* A passage marking the closure of the Verses of Praise. It is constructed out of three verses from the book of Psalms, chosen because they open with the word "Blessed."

הַלְלוּיָהּ תהלים קנ
הַלְלוּ־אֵל בְּקָדְשׁוֹ, הַלְלוּהוּ בִּרְקִיעַ עֻזּוֹ:
הַלְלוּהוּ בִגְבוּרֹתָיו, הַלְלוּהוּ כְּרֹב גֻּדְלוֹ:
הַלְלוּהוּ בְּתֵקַע שׁוֹפָר, הַלְלוּהוּ בְּנֵבֶל וְכִנּוֹר:
הַלְלוּהוּ בְתֹף וּמָחוֹל, הַלְלוּהוּ בְּמִנִּים וְעוּגָב:
◂ הַלְלוּהוּ בְצִלְצְלֵי־שָׁמַע, הַלְלוּהוּ בְּצִלְצְלֵי תְרוּעָה:
כֹּל הַנְּשָׁמָה תְּהַלֵּל יָהּ, הַלְלוּיָהּ:
כֹּל הַנְּשָׁמָה תְּהַלֵּל יָהּ, הַלְלוּיָהּ:

בָּרוּךְ יהוה לְעוֹלָם, אָמֵן וְאָמֵן: תהלים פט
בָּרוּךְ יהוה מִצִּיּוֹן, שֹׁכֵן יְרוּשָׁלָםִ, הַלְלוּיָהּ: תהלים קלה
בָּרוּךְ יהוה אֱלֹהִים אֱלֹהֵי יִשְׂרָאֵל, עֹשֵׂה נִפְלָאוֹת לְבַדּוֹ: תהלים עב
◂ וּבָרוּךְ שֵׁם כְּבוֹדוֹ לְעוֹלָם
וְיִמָּלֵא כְבוֹדוֹ אֶת־כָּל־הָאָרֶץ
אָמֵן וְאָמֵן:

Stand until נִשְׁמַת *on page 649.*

דברי הימים א׳ כט
וַיְבָרֶךְ דָּוִיד אֶת־יהוה לְעֵינֵי כָּל־הַקָּהָל, וַיֹּאמֶר דָּוִיד, בָּרוּךְ
אַתָּה יהוה, אֱלֹהֵי יִשְׂרָאֵל אָבִינוּ, מֵעוֹלָם וְעַד־עוֹלָם: לְךָ יהוה
הַגְּדֻלָּה וְהַגְּבוּרָה וְהַתִּפְאֶרֶת וְהַנֵּצַח וְהַהוֹד, כִּי־כֹל בַּשָּׁמַיִם
וּבָאָרֶץ, לְךָ יהוה הַמַּמְלָכָה וְהַמִּתְנַשֵּׂא לְכֹל לְרֹאשׁ: וְהָעֹשֶׁר

הַלְלוּיָהּ *Psalm 150:* The book of Psalms here reaches its crescendo in a magnificent song whose key word is praise (*hallel*), which appears in one or an other form thirteen times in a single short paragraph. In ancient times it was recited by pilgrims bringing first fruits to Jerusalem, when they reached the

riches and honor are in Your gift and You reign over all things. In Your hand are strength and might. It is in Your power to make great and give strength to all. Therefore, our God, we thank You and praise Your glorious name." You alone are the LORD. You Neh. 9
made the heavens, even the highest heavens, and all their hosts, the earth and all that is on it, the seas and all they contain. You give life to them all, and the hosts of heaven worship You. ▸ You are the LORD God who chose Abram and brought him out of Ur of the Chaldees, changing his name to Abraham. You found his heart faithful toward You, ◂ and You made a covenant with him to give to his descendants the land of the Canaanites, Hittites, Amorites, Perizzites, Jebusites and Girgashites. You fulfilled Your promise for You are righteous. You saw the suffering of our ancestors in Egypt. You heard their cry at the Sea of Reeds. You sent signs and wonders against Pharaoh, all his servants and all the people of his land, because You knew how arrogantly the Egyptians treated them. You created for Yourself renown that remains to this day. ▸ You divided the sea before them, so that they passed through the sea on dry land, but You cast their pursuers into the depths, like a stone into mighty waters.

וַיּֽוֹשַׁע That day the LORD saved Israel from the hands of the Egyp- Ex. 14
tians, and Israel saw the Egyptians lying dead on the seashore. ▸ When Israel saw the great power the LORD had displayed against the Egyptians, the people feared the LORD, and believed in the LORD and in His servant, Moses.

One reason for their presence here is that thus far we have prayed as individuals. Communal prayer is about to begin. The three historic passages are about the constitution of a community of prayer.

In the first, David had made Jerusalem the capital of the nation and brought the Ark to it. Now at the end of his life he assembled the people and charged them with the sacred task of building the Temple. In the second, after the Babylonian exile, Ezra and Nehemiah summoned the people to reaffirm their

וְהַכָּבוֹד מִלְּפָנֶיךָ, וְאַתָּה מוֹשֵׁל בַּכֹּל, וּבְיָדְךָ כֹּחַ וּגְבוּרָה, וּבְיָדְךָ
לְגַדֵּל וּלְחַזֵּק לַכֹּל: וְעַתָּה אֱלֹהֵינוּ מוֹדִים אֲנַחְנוּ לָךְ, וּמְהַלְלִים
לְשֵׁם תִּפְאַרְתֶּךָ: אַתָּה־הוּא יהוה לְבַדֶּךָ, אַתָּ עָשִׂיתָ נחמיה ט
אֶת־הַשָּׁמַיִם, שְׁמֵי הַשָּׁמַיִם וְכָל־צְבָאָם, הָאָרֶץ וְכָל־אֲשֶׁר עָלֶיהָ,
הַיַּמִּים וְכָל־אֲשֶׁר בָּהֶם, וְאַתָּה מְחַיֶּה אֶת־כֻּלָּם, וּצְבָא הַשָּׁמַיִם לְךָ
מִשְׁתַּחֲוִים: ◂ אַתָּה הוּא יהוה הָאֱלֹהִים אֲשֶׁר בָּחַרְתָּ בְּאַבְרָם,
וְהוֹצֵאתוֹ מֵאוּר כַּשְׂדִּים, וְשַׂמְתָּ שְּׁמוֹ אַבְרָהָם: וּמָצָאתָ אֶת־
לְבָבוֹ נֶאֱמָן לְפָנֶיךָ, ◂ וְכָרוֹת עִמּוֹ הַבְּרִית לָתֵת אֶת־אֶרֶץ הַכְּנַעֲנִי
הַחִתִּי הָאֱמֹרִי וְהַפְּרִזִּי וְהַיְבוּסִי וְהַגִּרְגָּשִׁי, לָתֵת לְזַרְעוֹ, וַתָּקֶם
אֶת־דְּבָרֶיךָ, כִּי צַדִּיק אָתָּה: וַתֵּרֶא אֶת־עֳנִי אֲבֹתֵינוּ בְּמִצְרָיִם,
וְאֶת־זַעֲקָתָם שָׁמַעְתָּ עַל־יַם־סוּף: וַתִּתֵּן אֹתֹת וּמֹפְתִים בְּפַרְעֹה
וּבְכָל־עֲבָדָיו וּבְכָל־עַם אַרְצוֹ, כִּי יָדַעְתָּ כִּי הֵזִידוּ עֲלֵיהֶם, וַתַּעַשׂ־
לְךָ שֵׁם כְּהַיּוֹם הַזֶּה: ◂ וְהַיָּם בָּקַעְתָּ לִפְנֵיהֶם, וַיַּעַבְרוּ בְתוֹךְ־
הַיָּם בַּיַּבָּשָׁה, וְאֶת־רֹדְפֵיהֶם הִשְׁלַכְתָּ בִמְצוֹלֹת כְּמוֹ־אֶבֶן, בְּמַיִם
עַזִּים:

וַיּוֹשַׁע יהוה בַּיּוֹם הַהוּא אֶת־יִשְׂרָאֵל מִיַּד מִצְרָיִם, וַיַּרְא יִשְׂרָאֵל שמות יד
אֶת־מִצְרַיִם מֵת עַל־שְׂפַת הַיָּם: ◂ וַיַּרְא יִשְׂרָאֵל אֶת־הַיָּד הַגְּדֹלָה
אֲשֶׁר עָשָׂה יהוה בְּמִצְרַיִם, וַיִּירְאוּ הָעָם אֶת־יהוה, וַיַּאֲמִינוּ
בַּיהוה וּבְמֹשֶׁה עַבְדּוֹ:

וַיְבָרֶךְ דָּוִיד *David blessed:* The first of three passages marking historic transitions in the history of Israel: (1) King David's prayer for the building of the Temple; (2) the prayer said at the gathering convened by Ezra after the return from the Babylonian exile; and (3) the song Moses and the Israelites sang at the Sea of Reeds, after the waters had miraculously divided, allowing them to cross to safety.

אָז יָשִׁיר־מֹשֶׁה Then Moses and the Israelites sang this song to the LORD, saying: *Ex. 15*
I will sing to the LORD, for He has triumphed gloriously;
horse and rider He has hurled into the sea.
The LORD is my strength and song; He has become my salvation.
This is my God, and I will beautify Him,
my father's God, and I will exalt Him.
The LORD is a Master of war; LORD is His name.
Pharaoh's chariots and army He cast into the sea;
the best of his officers drowned in the Sea of Reeds.
The deep waters covered them;
they went down to the depths like a stone.
Your right hand, LORD, is majestic in power.
Your right hand, LORD, shatters the enemy.
In the greatness of Your majesty, You overthrew those who rose against You.
You sent out Your fury; it consumed them like stubble.
By the blast of Your nostrils the waters piled up.
The surging waters stood straight like a wall;
the deeps congealed in the heart of the sea.
The enemy said, "I will pursue. I will overtake. I will divide the spoil.
My desire shall have its fill of them.
I will draw my sword. My hand will destroy them."
You blew with Your wind; the sea covered them.
They sank in the mighty waters like lead.
Who is like You, LORD, among the mighty?
Who is like You – majestic in holiness, awesome in glory, working wonders?
You stretched out Your right hand,
the earth swallowed them.

---

when the people constituted themselves as a nation dedicated to the service of God. They were no longer mere individuals (returning exiles, escaping slaves) but a group, a nation, a community of faith.

שמות טו

אָז יָשִׁיר־מֹשֶׁה וּבְנֵי יִשְׂרָאֵל אֶת־הַשִּׁירָה הַזֹּאת לַיהוה, וַיֹּאמְרוּ
לֵאמֹר, אָשִׁירָה לַיהוה כִּי־גָאֹה גָּאָה, סוּס
וְרֹכְבוֹ רָמָה בַיָּם: עָזִּי וְזִמְרָת יָהּ וַיְהִי־לִי
לִישׁוּעָה, זֶה אֵלִי וְאַנְוֵהוּ, אֱלֹהֵי
אָבִי וַאֲרֹמְמֶנְהוּ: יהוה אִישׁ מִלְחָמָה, יהוה
שְׁמוֹ: מַרְכְּבֹת פַּרְעֹה וְחֵילוֹ יָרָה בַיָּם, וּמִבְחַר
שָׁלִשָׁיו טֻבְּעוּ בְיַם־סוּף: תְּהֹמֹת יְכַסְיֻמוּ, יָרְדוּ בִמְצוֹלֹת כְּמוֹ־
אָבֶן: יְמִינְךָ יהוה נֶאְדָּרִי בַּכֹּחַ, יְמִינְךָ
יהוה תִּרְעַץ אוֹיֵב: וּבְרֹב גְּאוֹנְךָ תַּהֲרֹס
קָמֶיךָ, תְּשַׁלַּח חֲרֹנְךָ יֹאכְלֵמוֹ כַּקַּשׁ: וּבְרוּחַ
אַפֶּיךָ נֶעֶרְמוּ מַיִם, נִצְּבוּ כְמוֹ־נֵד
נֹזְלִים, קָפְאוּ תְהֹמֹת בְּלֶב־יָם: אָמַר
אוֹיֵב אֶרְדֹּף, אַשִּׂיג, אֲחַלֵּק שָׁלָל, תִּמְלָאֵמוֹ
נַפְשִׁי, אָרִיק חַרְבִּי תּוֹרִישֵׁמוֹ יָדִי: נָשַׁפְתָּ
בְרוּחֲךָ כִּסָּמוֹ יָם, צָלְלוּ כַּעוֹפֶרֶת בְּמַיִם
אַדִּירִים: מִי־כָמֹכָה בָּאֵלִם יהוה, מִי
כָּמֹכָה נֶאְדָּר בַּקֹּדֶשׁ, נוֹרָא תְהִלֹּת עֹשֵׂה
פֶלֶא: נָטִיתָ יְמִינְךָ תִּבְלָעֵמוֹ אָרֶץ: נָחִיתָ

---

historic covenant with God. The third, after the Israelites had crossed the Sea of Reeds, was the moment when they left the land over which Pharaoh ruled. They were now God's people, under His sole domain. Common to all three passages is that they were said at historic moments when the people pledged themselves to be defined as a nation bound together by a sacred task.

Instead of simply moving from individual to communal worship, the siddur takes us through three transformative moments in Jewish history

In Your loving-kindness, You led the people You redeemed.
In Your strength, You guided them to Your holy abode.
Nations heard and trembled;
terror gripped Philistia's inhabitants.
The chiefs of Edom were dismayed,
Moab's leaders were seized with trembling,
the people of Canaan melted away.
Fear and dread fell upon them.
By the power of Your arm, they were still as stone –
until Your people crossed, LORD,
until the people You acquired crossed over.
You will bring them and plant them on the mountain
of Your heritage –
the place, LORD, You made for Your dwelling,
the Sanctuary, LORD, Your hands established.
The LORD will reign for ever and all time.

The LORD will reign for ever and all time.
The LORD's kingship is established for ever and to all eternity.

When Pharaoh's horses, chariots and riders went into the sea,
the LORD brought the waters of the sea back over them,
but the Israelites walked on dry land through the sea.

▸ For kingship is the LORD's *Ps. 22*
and He rules over the nations.
Saviors shall go up to Mount Zion *Ob. 1*
to judge Mount Esau,
and the LORD's shall be the kingdom.
Then the LORD shall be King over all the earth; *Zech. 14*
on that day the LORD shall be One and His name One,

(as it is written in Your Torah, saying:
Listen, Israel: the LORD is our God, the LORD is One.) *Deut. 6*

נָחִיתָ בְחַסְדְּךָ עַם־זוּ גָּאָלְתָּ, נֵהַלְתָּ בְעָזְּךָ אֶל־נְוֵה
קָדְשֶׁךָ: שָׁמְעוּ עַמִּים יִרְגָּזוּן, חִיל
אָחַז יֹשְׁבֵי פְּלָשֶׁת: אָז נִבְהֲלוּ אַלּוּפֵי
אֱדוֹם, אֵילֵי מוֹאָב יֹאחֲזֵמוֹ רָעַד, נָמֹגוּ
כֹּל יֹשְׁבֵי כְנָעַן: תִּפֹּל עֲלֵיהֶם אֵימָתָה
וָפַחַד, בִּגְדֹל זְרוֹעֲךָ יִדְּמוּ כָּאָבֶן, עַד־
יַעֲבֹר עַמְּךָ יהוה, עַד־יַעֲבֹר עַם־זוּ
קָנִיתָ: תְּבִאֵמוֹ וְתִטָּעֵמוֹ בְּהַר נַחֲלָתְךָ, מָכוֹן
לְשִׁבְתְּךָ פָּעַלְתָּ יהוה, מִקְּדָשׁ אֲדֹנָי כּוֹנְנוּ
יָדֶיךָ: יהוה יִמְלֹךְ לְעֹלָם וָעֶד:

יהוה יִמְלֹךְ לְעֹלָם וָעֶד.

יהוה מַלְכוּתֵהּ קָאֵם לְעָלַם וּלְעָלְמֵי עָלְמַיָּא.

כִּי
בָא סוּס פַּרְעֹה בְּרִכְבּוֹ וּבְפָרָשָׁיו בַּיָּם, וַיָּשֶׁב יהוה עֲלֵהֶם אֶת־מֵי
הַיָּם, וּבְנֵי יִשְׂרָאֵל הָלְכוּ בַיַּבָּשָׁה בְּתוֹךְ הַיָּם:

◂ כִּי לַיהוה הַמְּלוּכָה וּמֹשֵׁל בַּגּוֹיִם: תהלים כב
וְעָלוּ מוֹשִׁעִים בְּהַר צִיּוֹן עובדיה א
לִשְׁפֹּט אֶת־הַר עֵשָׂו
וְהָיְתָה לַיהוה הַמְּלוּכָה:
וְהָיָה יהוה לְמֶלֶךְ עַל־כָּל־הָאָרֶץ זכריה יד
בַּיּוֹם הַהוּא יִהְיֶה יהוה אֶחָד וּשְׁמוֹ אֶחָד:

(וּבְתוֹרָתְךָ כָּתוּב לֵאמֹר, שְׁמַע יִשְׂרָאֵל, יהוה אֱלֹהֵינוּ יהוה אֶחָד:) דברים ו

THE SOUL

of all that lives shall bless Your name, LORD our God,
and the spirit of all flesh shall always glorify
and exalt Your remembrance, our King.
From eternity to eternity You are God.
Without You, we have no King, Redeemer or Savior,
who liberates, rescues, sustains
and shows compassion in every time of trouble and distress.
We have no King but You, God of the first and last,
God of all creatures, Master of all ages,
extolled by a multitude of praises,
who guides His world with loving-kindness
and His creatures with compassion.
The LORD neither slumbers nor sleeps.
He rouses the sleepers and wakens the slumberers.
He makes the dumb speak, sets the bound free,
supports the fallen, and raises those bowed down.
To You alone we give thanks:
If our mouths were as full of song as the sea,
and our tongue with jubilation as its myriad waves,
if our lips were full of praise like the spacious heavens,
and our eyes shone like the sun and moon,
if our hands were outstretched like eagles of the sky,
and our feet as swift as hinds –

---

mentioned in the Mishna as a conclusion to saying Hallel in the *seder* service on Pesaḥ (*Pesaḥim* 118a). Just as there, so here, it stands as a conclusion to the recitation of Psalms. The second part, beginning "To You alone we give thanks," is mentioned in the Talmud (*Berakhot* 59b) as a thanksgiving prayer for rain.

The first section is an extended meditation on the final words of the book of Psalms: "Let all that breathes praise the LORD." Hebrew has many words for soul, all deriving from verbs related to breathing. *Neshama* – the word linking this passage to the end of Psalms – means to breathe deeply, as we

נִשְׁמַת

כָּל חַי תְּבָרֵךְ אֶת שִׁמְךָ, יהוה אֱלֹהֵינוּ
וְרְוּחַ כָּל בָּשָׂר תְּפָאֵר וּתְרוֹמֵם זִכְרְךָ מַלְכֵּנוּ תָּמִיד.
מִן הָעוֹלָם וְעַד הָעוֹלָם אַתָּה אֵל
וּמִבַּלְעָדֶיךָ אֵין לָנוּ מֶלֶךְ גּוֹאֵל וּמוֹשִׁיעַ
פּוֹדֶה וּמַצִּיל וּמְפַרְנֵס וּמְרַחֵם
בְּכָל עֵת צָרָה וְצוּקָה אֵין לָנוּ מֶלֶךְ אֶלָּא אֶתָּה.
אֱלֹהֵי הָרִאשׁוֹנִים וְהָאַחֲרוֹנִים, אֱלְוֹהַ כָּל בְּרִיּוֹת
אֲדוֹן כָּל תּוֹלָדוֹת, הַמְהֻלָּל בְּרֹב הַתִּשְׁבָּחוֹת
הַמְנַהֵג עוֹלָמוֹ בְּחֶסֶד וּבְרִיּוֹתָיו בְּרַחֲמִים.
וַיהוה לֹא יָנוּם וְלֹא יִישָׁן
הַמְעוֹרֵר יְשֵׁנִים וְהַמֵּקִיץ נִרְדָּמִים
וְהַמֵּשִׂיחַ אִלְּמִים וְהַמַּתִּיר אֲסוּרִים
וְהַסּוֹמֵךְ נוֹפְלִים וְהַזּוֹקֵף כְּפוּפִים.
לְךָ לְבַדְּךָ אֲנַחְנוּ מוֹדִים.
אִלּוּ פִינוּ מָלֵא שִׁירָה כַּיָּם
וּלְשׁוֹנֵנוּ רִנָּה כַּהֲמוֹן גַּלָּיו
וְשִׂפְתוֹתֵינוּ שֶׁבַח כְּמֶרְחֲבֵי רָקִיעַ
וְעֵינֵינוּ מְאִירוֹת כַּשֶּׁמֶשׁ וְכַיָּרֵחַ
וְיָדֵינוּ פְרוּשׂוֹת כְּנִשְׁרֵי שָׁמָיִם
וְרַגְלֵינוּ קַלּוֹת כָּאַיָּלוֹת

נִשְׁמַת כָּל חַי *The soul of all that lives:* This magnificent poem is composed of two parts. The first, according to Rabbi Yoḥanan is the "blessing of the song"

still we could not thank You enough,
Lord our God and God of our ancestors,
or bless Your name
for even one of the thousand thousands
and myriad myriads of favors
You did for our ancestors and for us.
You redeemed us from Egypt, Lord our God,
and freed us from the house of bondage.
In famine You nourished us; in times of plenty You sustained us.
You delivered us from the sword, saved us from the plague,
and spared us from serious and lasting illness.
Until now Your mercies have helped us.
Your love has not forsaken us.
May You, Lord our God, never abandon us.
Therefore the limbs You formed within us,
the spirit and soul You breathed into our nostrils,
and the tongue You placed in our mouth –
they will thank and bless, praise and glorify, exalt and esteem,
hallow and do homage to Your name, O our King.
For every mouth shall give thanks to You,
every tongue vow allegiance to You,
every knee shall bend to You,
every upright body shall bow to You,
all hearts shall fear You,
and our innermost being sing praises to Your name,
as is written:

"All my bones shall say: Lord, who is like You? *Ps. 35*
You save the poor from one stronger than him,
the poor and needy from one who would rob him."

---

that lives sing a song of praise to God who brought the universe into being, sustains it, and guides the destinies of all things.

The second section is composed around a phrase from Psalms: "All my

אֵין אֲנַחְנוּ מַסְפִּיקִים לְהוֹדוֹת לְךָ
יהוה אֱלֹהֵינוּ וֵאלֹהֵי אֲבוֹתֵינוּ
וּלְבָרֵךְ אֶת שְׁמֶךָ
עַל אַחַת מֵאֶלֶף אֶלֶף אַלְפֵי אֲלָפִים
וְרִבֵּי רְבָבוֹת פְּעָמִים הַטּוֹבוֹת
שֶׁעָשִׂיתָ עִם אֲבוֹתֵינוּ וְעִמָּנוּ.
מִמִּצְרַיִם גְּאַלְתָּנוּ, יהוה אֱלֹהֵינוּ, וּמִבֵּית עֲבָדִים פְּדִיתָנוּ
בְּרָעָב זַנְתָּנוּ וּבְשָׂבָע כִּלְכַּלְתָּנוּ
מֵחֶרֶב הִצַּלְתָּנוּ וּמִדֶּבֶר מִלַּטְתָּנוּ
וּמֵחֳלָיִם רָעִים וְנֶאֱמָנִים דִּלִּיתָנוּ.
עַד הֵנָּה עֲזָרוּנוּ רַחֲמֶיךָ, וְלֹא עֲזָבוּנוּ חֲסָדֶיךָ
וְאַל תִּטְּשֵׁנוּ, יהוה אֱלֹהֵינוּ, לָנֶצַח.
עַל כֵּן אֵבָרִים שֶׁפִּלַּגְתָּ בָּנוּ
וְרוּחַ וּנְשָׁמָה שֶׁנָּפַחְתָּ בְּאַפֵּינוּ, וְלָשׁוֹן אֲשֶׁר שַׂמְתָּ בְּפִינוּ
הֵן הֵם יוֹדוּ וִיבָרְכוּ וִישַׁבְּחוּ וִיפָאֲרוּ
וִירוֹמְמוּ וְיַעֲרִיצוּ וְיַקְדִּישׁוּ וְיַמְלִיכוּ אֶת שִׁמְךָ מַלְכֵּנוּ
כִּי כָל פֶּה לְךָ יוֹדֶה וְכָל לָשׁוֹן לְךָ תִשָּׁבַע
וְכָל בֶּרֶךְ לְךָ תִכְרַע וְכָל קוֹמָה לְפָנֶיךָ תִשְׁתַּחֲוֶה
וְכָל לְבָבוֹת יִירָאוּךָ וְכָל קֶרֶב וּכְלָיוֹת יְזַמְּרוּ לִשְׁמֶךָ
כַּדָּבָר שֶׁכָּתוּב
כָּל עַצְמֹתַי תֹּאמַרְנָה יהוה מִי כָמוֹךָ תהלים לה
מַצִּיל עָנִי מֵחָזָק מִמֶּנּוּ, וְעָנִי וְאֶבְיוֹן מִגֹּזְלוֹ:

---

are able to do in a state of rest. Hence the sages said that on Shabbat we have "an extra soul." In the still silence of the turning world it is as if we hear all

Who is like You? Who is equal to You?
Who can be compared to You?
O great, mighty and awesome God, God Most High,
Maker of heaven and earth.
▸ We will laud, praise and glorify You and bless Your holy name,
as it is said:
"Of David. Bless the LORD, O my soul, *Ps. 103*
and all that is within me bless His holy name."

הָאֵל God – in Your absolute power,
Great – in the glory of Your name,
Mighty – for ever,
Awesome – in Your awe-inspiring deeds,
The King – who sits on a throne.
High and lofty

The Leader begins here:

HE INHABITS ETERNITY;
exalted and holy is His name.
And it is written:
Sing joyfully to the LORD, you righteous, *Ps. 33*
for praise from the upright is seemly.

▸ By the mouth	of the upright	You shall be praised.
By the words	of the righteous	You shall be blessed.
By the tongue	of the devout	You shall be extolled,
And in the midst	of the holy	You shall be sanctified.

---

the human inability to adequately thank God, itemizing how the various limbs ("All my bones") may praise Him.

שׁוֹכֵן עַד *He inhabits eternity:* The Leader begins at different points on different holy days of the year. On Shabbat he begins with "He inhabits eternity," emphasizing creation; on Yom Tov, with "God – in Your abolute power," laying stress on God as He acts in history; on Rosh HaShana and Yom Kippur, with "The King – enthroned," evoking ideas of justice and judgment.

מִי יִדְמֶה לָּךְ וּמִי יִשְׁוֶה לָּךְ וּמִי יַעֲרָךְ לָךְ
הָאֵל הַגָּדוֹל, הַגִּבּוֹר וְהַנּוֹרָא, אֵל עֶלְיוֹן, קֹנֵה שָׁמַיִם וָאָרֶץ.
‹ נְהַלֶּלְךָ וּנְשַׁבֵּחֲךָ וּנְפָאֶרְךָ וּנְבָרֵךְ אֶת שֵׁם קָדְשֶׁךָ
כָּאָמוּר
תהלים קג לְדָוִד, בָּרְכִי נַפְשִׁי אֶת־יהוה
וְכָל־קְרָבַי אֶת־שֵׁם קָדְשׁוֹ:
הָאֵל בְּתַעֲצֻמוֹת עֻזֶּךָ
הַגָּדוֹל בִּכְבוֹד שְׁמֶךָ
הַגִּבּוֹר לָנֶצַח וְהַנּוֹרָא בְּנוֹרְאוֹתֶיךָ
הַמֶּלֶךְ הַיּוֹשֵׁב עַל כִּסֵּא
רָם וְנִשָּׂא

The שליח ציבור *begins here:*

שׁוֹכֵן עַד

מָרוֹם וְקָדוֹשׁ שְׁמוֹ
וְכָתוּב
תהלים לג רַנְּנוּ צַדִּיקִים בַּיהוה, לַיְשָׁרִים נָאוָה תְהִלָּה:
‹ בְּפִי יְשָׁרִים תִּתְהַלָּל
וּבְדִבְרֵי צַדִּיקִים תִּתְבָּרַךְ
וּבִלְשׁוֹן חֲסִידִים תִּתְרוֹמָם
וּבְקֶרֶב קְדוֹשִׁים תִּתְקַדָּשׁ

---

bones shall say, God, who is like You?" – thus ingeniously linking the psalms of praise with the שירת הים ("Song at the Sea"), which contains the same phrase, "Who is like You?" Through a fine series of images, the poet expresses

וּבְמַקְהֲלוֹת And in the assemblies
of tens of thousands of Your people, the house of Israel,
with joyous song shall Your name, our King,
be glorified in every generation.
▸ For this is the duty of all creatures before You,
LORD our God and God of our ancestors:
to thank, praise, laud, glorify, exalt,
honor, bless, raise high and acclaim –
even beyond all the words of song and praise
of David, son of Jesse, Your servant, Your anointed.

Stand until after "Barekhu" on page 658.

יִשְׁתַּבַּח May Your name be praised for ever, our King,
the great and holy God, King in heaven and on earth.
For to You, LORD our God and God of our ancestors,
it is right to offer song and praise,
hymn and psalm,
strength and dominion,
eternity, greatness and power,
song of praise and glory,
holiness and kingship,
▸ blessings and thanks, from now and for ever.
Blessed are You, LORD,
God and King, exalted in praises,
God of thanksgivings,
Master of wonders,
who delights in hymns of song,
King, God, Giver of life to the worlds.

"assemblies" refers to the large congregations present in synagogues on holy days, reminding us of the Temple, full at such times.

יִשְׁתַּבַּח שִׁמְךָ *May Your name be praised for ever:* The concluding blessing over the *Pesukei DeZimra* which, like the introductory blessing, is said standing. The fifteen terms of glorification equal the number of psalms in the *Pesukei DeZimra* on Shabbat and Yom Tov, as well as the number of "Songs of Ascents."

וּבְמַקְהֲלוֹת רִבְבוֹת עַמְּךָ בֵּית יִשְׂרָאֵל
בְּרִנָּה יִתְפָּאַר שִׁמְךָ מַלְכֵּנוּ בְּכָל דּוֹר וָדוֹר
◂ שֶׁכֵּן חוֹבַת כָּל הַיְצוּרִים
לְפָנֶיךָ יהוה אֱלֹהֵינוּ וֵאלֹהֵי אֲבוֹתֵינוּ
לְהוֹדוֹת, לְהַלֵּל, לְשַׁבֵּחַ, לְפָאֵר, לְרוֹמֵם
לְהַדֵּר, לְבָרֵךְ, לְעַלֵּה וּלְקַלֵּס
עַל כָּל דִּבְרֵי שִׁירוֹת וְתִשְׁבְּחוֹת
דָּוִד בֶּן יִשַׁי, עַבְדְּךָ מְשִׁיחֶךָ.

Stand until after בָּרְכוּ *on page 659.*

יִשְׁתַּבַּח שִׁמְךָ לָעַד, מַלְכֵּנוּ
הָאֵל הַמֶּלֶךְ הַגָּדוֹל וְהַקָּדוֹשׁ בַּשָּׁמַיִם וּבָאָרֶץ
כִּי לְךָ נָאֶה, יהוה אֱלֹהֵינוּ וֵאלֹהֵי אֲבוֹתֵינוּ
שִׁיר וּשְׁבָחָה, הַלֵּל וְזִמְרָה
עֹז וּמֶמְשָׁלָה, נֶצַח, גְּדֻלָּה וּגְבוּרָה
תְּהִלָּה וְתִפְאֶרֶת, קְדֻשָּׁה וּמַלְכוּת
◂ בְּרָכוֹת וְהוֹדָאוֹת, מֵעַתָּה וְעַד עוֹלָם.
בָּרוּךְ אַתָּה יהוה
אֵל מֶלֶךְ גָּדוֹל בַּתִּשְׁבָּחוֹת
אֵל הַהוֹדָאוֹת
אֲדוֹן הַנִּפְלָאוֹת
הַבּוֹחֵר בְּשִׁירֵי זִמְרָה
מֶלֶךְ, אֵל, חֵי הָעוֹלָמִים.

וּבְמַקְהֲלוֹת *And in the assemblies:* The list of nine words for praise corresponds to the nine additional psalms we say on Shabbat and Yom Tov. The word

On Shabbat Shuva, many congregations open the Ark and say this psalm responsively, verse by verse.

שִׁיר הַמַּעֲלוֹת A song of ascents. From the depths I have called to You, Lord. Ps. 130
Lord, hear my voice; let Your ears be attentive to my plea. If You, Lord, should keep account of sins, O Lord, who could stand? But with You there is forgiveness, that You may be held in awe. I wait for the Lord, my soul waits, and in His word I put my hope. My soul waits for the Lord more than watchmen wait for the morning, more than watchmen wait for the morning. Israel, put your hope in the Lord, for with the Lord there is loving-kindness, and great is His power to redeem. It is He who will redeem Israel from all their sins.

HALF KADDISH

Leader: יִתְגַּדַּל Magnified and sanctified
may His great name be,
in the world He created by His will.
May He establish His kingdom
in your lifetime and in your days,
and in the lifetime of all the house of Israel,
swiftly and soon –
and say: Amen.

All: May His great name be blessed
for ever and all time.

Leader: Blessed and praised,
glorified and exalted,
raised and honored,
uplifted and lauded
be the name of the Holy One,
blessed be He,
beyond any blessing,
song, praise and consolation uttered in the world –
and say: Amen.

On שבת שובה*, many congregations open the* ארון קודש *and say this psalm responsively, verse by verse.*

תהלים קל
שִׁיר הַמַּעֲלוֹת, מִמַּעֲמַקִּים קְרָאתִיךָ יהוה: אֲדֹנָי שִׁמְעָה בְקוֹלִי, תִּהְיֶינָה אָזְנֶיךָ קַשֻּׁבוֹת לְקוֹל תַּחֲנוּנָי: אִם־עֲוֺנוֹת תִּשְׁמָר־יָהּ, אֲדֹנָי מִי יַעֲמֹד: כִּי־עִמְּךָ הַסְּלִיחָה, לְמַעַן תִּוָּרֵא: קִוִּיתִי יהוה קִוְּתָה נַפְשִׁי, וְלִדְבָרוֹ הוֹחָלְתִּי: נַפְשִׁי לַאדֹנָי, מִשֹּׁמְרִים לַבֹּקֶר, שֹׁמְרִים לַבֹּקֶר: יַחֵל יִשְׂרָאֵל אֶל יהוה, כִּי־עִם־יהוה הַחֶסֶד, וְהַרְבֵּה עִמּוֹ פְדוּת: וְהוּא יִפְדֶּה אֶת־יִשְׂרָאֵל, מִכֹּל עֲוֺנוֹתָיו:

חצי קדיש

ש״ץ: יִתְגַּדַּל וְיִתְקַדַּשׁ שְׁמֵהּ רַבָּא (קהל: אָמֵן)
בְּעָלְמָא דִּי בְרָא כִרְעוּתֵהּ
וְיַמְלִיךְ מַלְכוּתֵהּ
בְּחַיֵּיכוֹן וּבְיוֹמֵיכוֹן וּבְחַיֵּי דְכָל בֵּית יִשְׂרָאֵל
בַּעֲגָלָא וּבִזְמַן קָרִיב
וְאִמְרוּ אָמֵן. (קהל: אָמֵן)

קהל וש״ץ: יְהֵא שְׁמֵהּ רַבָּא מְבָרַךְ לְעָלַם וּלְעָלְמֵי עָלְמַיָּא.

ש״ץ: יִתְבָּרַךְ וְיִשְׁתַּבַּח וְיִתְפָּאַר וְיִתְרוֹמַם וְיִתְנַשֵּׂא
וְיִתְהַדָּר וְיִתְעַלֶּה וְיִתְהַלָּל
שְׁמֵהּ דְּקֻדְשָׁא בְּרִיךְ הוּא (קהל: בְּרִיךְ הוּא)
לְעֵלָּא מִן כָּל בִּרְכָתָא
/בשבת שובה: לְעֵלָּא לְעֵלָּא מִכָּל בִּרְכָתָא/
וְשִׁירָתָא, תֻּשְׁבְּחָתָא וְנֶחֱמָתָא, דַּאֲמִירָן בְּעָלְמָא
וְאִמְרוּ אָמֵן. (קהל: אָמֵן)

BLESSINGS OF THE SHEMA

The following blessing and response are said only in the presence of a minyan. They represent a formal summons to the congregation to engage in an act of collective prayer. The custom of bowing at this point is based on 1 Chronicles 29:20, "David said to the whole assembly, 'Now bless the LORD your God.' All the assembly blessed the LORD God of their fathers and bowed their heads low to the LORD and the King."

The Leader says the following, bowing at "Bless," standing straight at "the LORD." The congregation, followed by the Leader, responds, bowing at "Bless," standing straight at "the LORD."

Leader: **BLESS**
the LORD, the blessed One.

Congregation: Bless the LORD, the blessed One,
for ever and all time.

Leader: Bless the LORD, the blessed One,
for ever and all time.

The custom is to sit from this point until the Amida, since the predominant emotion of this section of the prayers is love rather than awe. Conversation is forbidden until after the Amida.

בָּרוּךְ Blessed are You, LORD our God,
King of the Universe,
who forms light and creates darkness, *Is. 45*
makes peace and creates all.

---

of the entire Jewish people. Since then, though Jews have been scattered and dispersed, wherever ten gather in prayer it is as if the whole Jewish people were present. The community is a microcosm of the nation.

BLESSINGS OF THE SHEMA

יוֹצֵר אוֹר *Who forms light:* A statement of faith that all things – good and apparently bad – come from the One God. The prayer is based on a verse in Isaiah (45:7). The original has the phrase "makes peace and creates evil"; this

קריאת שמע וברכותיה

The following blessing and response are said only in the presence of a מנין.
They represent a formal summons to the קהל *to engage in an act of collective prayer.*
The custom of bowing at this point is based on דברי הימים א׳ כט, כ, *"David said to the whole assembly, 'Now bless the Lord your God.' All the assembly blessed the Lord God of their fathers and bowed their heads low to the Lord and the King."*
The שליח ציבור *says the following, bowing at* בָּרְכוּ, *standing straight at* ה׳.
The קהל, *followed by the* שליח ציבור, *responds, bowing at* בָּרוּךְ, *standing straight at* ה׳.

ש״ץ: **בָּרְכוּ**

אֶת יהוה הַמְבֹרָךְ.

קהל: **בָּרוּךְ יהוה הַמְבֹרָךְ לְעוֹלָם וָעֶד.**

ש״ץ: **בָּרוּךְ יהוה הַמְבֹרָךְ לְעוֹלָם וָעֶד.**

The custom is to sit from this point until the עמידה, *since the predominant emotion of this section of the prayers is love rather than awe.*
Conversation is forbidden until after the עמידה.

בָּרוּךְ אַתָּה יהוה אֱלֹהֵינוּ מֶלֶךְ הָעוֹלָם
ישעיה מה **יוֹצֵר אוֹר וּבוֹרֵא חֹשֶׁךְ**
עֹשֶׂה שָׁלוֹם וּבוֹרֵא אֶת הַכֹּל.

SUMMONS TO PRAYER

בָּרְכוּ *Bless the Lord:* An ancient formula (see Nehemiah 9:5) for summoning the congregation to prayer. From this point onward, communal prayer begins. Prayers of special sanctity require a *minyan*, a quorum of ten adult males. The ten spies who brought back a negative report about the land were called a "congregation." In response to Abraham's prayer about Sodom (Genesis, chapter 18), God assured him that if it contained ten righteous individuals, their merits would save the city. Ten is thus the minimum number to constitute a community. When the Temple stood, sacrifices were offered daily on behalf

All will thank You.
All will praise You.
All will declare:
Nothing is as holy as the LORD.
All will exalt You, Selah, You who form all –
the God who daily opens the doors of the gates of the East
and cleaves the windows of the sky,
who brings out the sun from its place
and the moon from its abode,
giving light to the whole world and its inhabitants
whom He created by the attribute of compassion.
In compassion He gives light to the earth and its inhabitants,
and in His goodness daily, continually,
renews the work of creation.
He is the King who alone was exalted since time began,
praised, glorified and raised high from days of old.
Eternal God,
in Your great compassion, have compassion on us,
LORD of our strength, Rock of our refuge,
Shield of our salvation, Stronghold of our safety.

---

before the Shema. The first, but not the other blessings, is enlarged in honor of the Shabbat, because its theme is creation, and Shabbat is "a remembrance of the work of creation."

בְּכָל יוֹם תָּמִיד *Daily, continually, renews the work of creation:* Rabbi Yehuda HaLevi explained the difference between creation-from-something (*Yetzira*) and creation-from-nothing (*Beria*). When a carpenter makes a table from wood, the table continues to exist after the creative act is finished. When one makes something from nothing, however, the creative act must be continually renewed, otherwise the creation would cease to be. Divine creation is creation-from-nothing, and is thus perpetually renewed. This prayer invites us to a sense of wonder at the fact of existence: "It is not *how* the world is, but *that* it is, which is the mystical" (Wittgenstein).

הַכֹּל יוֹדְוּךָ וְהַכֹּל יְשַׁבְּחְוּךָ
וְהַכֹּל יֹאמְרוּ אֵין קָדוֹשׁ כַּיהוה
הַכֹּל יְרוֹמְמְוּךָ סֶּלָה, יוֹצֵר הַכֹּל.
הָאֵל הַפּוֹתֵחַ בְּכָל יוֹם דַּלְתוֹת שַׁעֲרֵי מִזְרָח
וּבוֹקֵעַ חַלּוֹנֵי רָקִיעַ
מוֹצִיא חַמָּה מִמְּקוֹמָהּ וּלְבָנָה מִמְּכוֹן שִׁבְתָּהּ
וּמֵאִיר לָעוֹלָם כֻּלּוֹ וּלְיוֹשְׁבָיו
שֶׁבָּרָא בְּמִדַּת הָרַחֲמִים.
הַמֵּאִיר לָאָרֶץ וְלַדָּרִים עָלֶיהָ בְּרַחֲמִים
וּבְטוּבוֹ מְחַדֵּשׁ בְּכָל יוֹם תָּמִיד מַעֲשֵׂה בְרֵאשִׁית.
הַמֶּלֶךְ הַמְרוֹמָם לְבַדּוֹ מֵאָז
הַמְשֻׁבָּח וְהַמְפֹאָר וְהַמִּתְנַשֵּׂא מִימוֹת עוֹלָם.
אֱלֹהֵי עוֹלָם, בְּרַחֲמֶיךָ הָרַבִּים רַחֵם עָלֵינוּ
אֲדוֹן עֻזֵּנוּ, צוּר מִשְׂגַּבֵּנוּ, מָגֵן יִשְׁעֵנוּ, מִשְׂגָּב בַּעֲדֵנוּ.

---

last word has been changed to "all" to avoid speaking of evil in the context of prayer. The verse is directed against *dualism*: the perennial temptation to see in the suffering of the world, a force (evil, darkness, the devil) independent of, and opposed to, God. Dualism sees strife and war, contest and conquest, as part of the structure of reality itself. So profoundly did Judaism reject this idea, that it placed this counter-affirmation at the beginning of our collective prayers.

הַכֹּל יוֹדְוּךָ *All will thank You:* A short poem built around the last word of the previous line, "All," which is repeated here five times, four times at the beginning of a phrase, and once at the end. In monotheism, to worship anything less than the All is idolatry – be it worship of the self, the race, the nation, the ruler or the political system.

The paragraphs that follow are an expansion of the usual first blessing

אֵין כְּעֶרְכֶּךָ None can be compared to You,
there is none besides You;
None without You.
Who is like You?

▸ None can be compared to You,
LORD our God – in this world.
There is none besides You, our King –
in the life of the World to Come.
There is none but You, our Redeemer –
in the days of the Messiah.
There is none like You, our Savior –
at the resurrection of the dead.

אֵל אָדוֹן God, LORD of all creation,
the Blessed, is blessed by every soul.
His greatness and goodness fill the world;
knowledge and wisdom surround Him.

Exalted above the holy Ḥayyot,
adorned in glory on the Chariot;
Merit and right are before His throne,
kindness and compassion before His glory.

---

the realm of the soul after death; (3) the days of the Messiah, when the Temple will be rebuilt, the rule of David will be restored and peace and justice will prevail in the affairs of mankind; and (4) the resurrection of the dead, the final denouement of history, when those who have died will live again.

אֵל אָדוֹן *God, LORD of all creation:* A hymn of praise to God as Creator of the heavens, stars and celestial forces. The poem, structured as an alphabetical acrostic, is longer than its weekday counterpart (אֵל בָּרוּךְ, "The blessed God") in honor of Shabbat. On weekdays each letter corresponds to a word; on Shabbat to a complete phrase. The poem contains traces of *Merkava* ("Chariot") mysticism, based on Ezekiel's vision of the divine chariot (Ezekiel, chapter 1).

אֵין כְּעֶרְכֶּךָ
וְאֵין זוּלָתֶךָ
אֶפֶס בִּלְתֶּךָ
וּמִי דּוֹמֶה לָּךְ.

· אֵין כְּעֶרְכְּךָ, יהוה אֱלֹהֵינוּ, בָּעוֹלָם הַזֶּה
וְאֵין זוּלָתְךָ, מַלְכֵּנוּ, לְחַיֵּי הָעוֹלָם הַבָּא
אֶפֶס בִּלְתְּךָ, גּוֹאֲלֵנוּ, לִימוֹת הַמָּשִׁיחַ
וְאֵין דּוֹמֶה לְּךָ, מוֹשִׁיעֵנוּ, לִתְחִיַּת הַמֵּתִים.

אֵל אָדוֹן עַל כָּל הַמַּעֲשִׂים
בָּרוּךְ וּמְבֹרָךְ בְּפִי כָּל נְשָׁמָה
גָּדְלוֹ וְטוּבוֹ מָלֵא עוֹלָם
דַּעַת וּתְבוּנָה סוֹבְבִים אוֹתוֹ.

הַמִּתְגָּאֶה עַל חַיּוֹת הַקֹּדֶשׁ
וְנֶהְדָּר בְּכָבוֹד עַל הַמֶּרְכָּבָה
זְכוּת וּמִישׁוֹר לִפְנֵי כִסְאוֹ
חֶסֶד וְרַחֲמִים לִפְנֵי כְבוֹדוֹ.

אֵין כְּעֶרְכֶּךָ *None can be compared to You:* a fourfold statement of the uniqueness of God, each phrase of which is then expanded in the following lines. The fourfold structure of many early rabbinic prayers reflects the influence of Jewish mysticism, which saw reality in terms of four dimensions of increasing spirituality: the world of action, *Asiya;* the world of formation, *Yetzira;* the world of creation, *Beria;* and the world of Emanation, *Atzilut.*

This world... the World to Come: the prayer itemizes four time-zones: (1) this world that we inhabit now; (2) the World to Come, according to Maimonides,

Good are the radiant stars our God created;
He formed them with knowledge,
understanding and deliberation.
He gave them strength and might
to rule throughout the world.

Full of splendor, radiating light,
beautiful is their splendor throughout the world.
Glad as they go forth, joyous as they return,
they fulfill with awe their Creator's will.

Glory and honor they give to His name,
jubilation and song at the mention of His majesty.
He called the sun into being and it shone with light.
He looked and fashioned the form of the moon.

All the hosts on high give Him praise;
the Seraphim, Ophanim and holy Ḥayyot
ascribe glory and greatness –

לָאֵל To God who rested from all works,
and on the seventh day
ascended and sat on His throne of glory.
He robed the day of rest in glory
and called the Sabbath day a delight.
This is the praise of the seventh day,
that on it God rested from all His work.
The seventh day itself gives praise, saying,
"A psalm, a song for the Sabbath day. *Ps. 92*
It is good to give thanks to the Lord."

לָאֵל *To God who rested:* A prayer on the theme of "the Sabbath of creation" at the dawn of time. Here, time itself is personified. Shabbat becomes a living presence, "robed in glory." The passage reflects a midrashic tradition that, at creation, each day sang its own song to God. The Sabbath sang Psalm 92 – the

טוֹבִים מְאוֹרוֹת שֶׁבָּרָא אֱלֹהֵינוּ
יְצָרָם בְּדַעַת בְּבִינָה וּבְהַשְׂכֵּל
כֹּחַ וּגְבוּרָה נָתַן בָּהֶם
לִהְיוֹת מוֹשְׁלִים בְּקֶרֶב תֵּבֵל.

מְלֵאִים זִיו וּמְפִיקִים נֹגַהּ
נָאֶה זִיוָם בְּכָל הָעוֹלָם
שְׂמֵחִים בְּצֵאתָם וְשָׂשִׂים בְּבוֹאָם
עוֹשִׂים בְּאֵימָה רְצוֹן קוֹנָם.

פְּאֵר וְכָבוֹד נוֹתְנִים לִשְׁמוֹ
צָהֳלָה וְרִנָּה לְזֵכֶר מַלְכוּתוֹ
קָרָא לַשֶּׁמֶשׁ וַיִּזְרַח אוֹר
רָאָה וְהִתְקִין צוּרַת הַלְּבָנָה.

שֶׁבַח נוֹתְנִים לוֹ כָּל צְבָא מָרוֹם
תִּפְאֶרֶת וּגְדֻלָּה, שְׂרָפִים וְאוֹפַנִּים וְחַיּוֹת הַקֹּדֶשׁ.

לָאֵל אֲשֶׁר שָׁבַת מִכָּל הַמַּעֲשִׂים
בַּיּוֹם הַשְּׁבִיעִי נִתְעַלָּה וְיָשַׁב עַל כִּסֵּא כְבוֹדוֹ.
תִּפְאֶרֶת עָטָה לְיוֹם הַמְּנוּחָה
עֹנֶג קָרָא לְיוֹם הַשַּׁבָּת.
זֶה שֶׁבַח שֶׁלַּיּוֹם הַשְּׁבִיעִי
שֶׁבּוֹ שָׁבַת אֵל מִכָּל מְלַאכְתּוֹ
וְיוֹם הַשְּׁבִיעִי מְשַׁבֵּחַ וְאוֹמֵר
מִזְמוֹר שִׁיר לְיוֹם הַשַּׁבָּת, טוֹב לְהֹדוֹת לַיהוה: תהלים צב

Therefore let all He has formed glorify and bless God.
Let them give praise, honor and grandeur to God,
the King, who formed all things
and in His holiness gave a heritage of rest
to His people Israel on the holy Sabbath day.
May Your name, O Lord our God, be sanctified,
and Your renown, O our King, be glorified
in the heavens above and on earth below.
May You be blessed, our Deliverer,
by the praises of Your handiwork,
and by the radiant lights You have made:
may they glorify You. Selah!

תִּתְבָּרַךְ May You be blessed,
our Rock, King and Redeemer, Creator of holy beings.
May Your name be praised for ever,
our King, Creator of the ministering angels,
all of whom stand in the universe's heights,
proclaiming together,
in awe, aloud,
the words of the living God, the eternal King.
They are all beloved, all pure, all mighty,
and all perform in awe and reverence the will of their Maker.
▸ All open their mouths in holiness and purity,
with song and psalm,
and bless, praise, glorify,
revere, sanctify and declare the sovereignty of – ◂
The name of the great, mighty
and awesome God and King,
holy is He.

Shabbat is a unique institution. The year is determined by the sun, the month by the phases of the moon, but there is no Shabbat in nature: nothing

לְפִיכָךְ יְפָאֲרוּ וִיבָרְכוּ לָאֵל כָּל יְצוּרָיו
שֶֽׁבַח יְקָר וּגְדֻלָּה יִתְּנוּ לָאֵל מֶֽלֶךְ יוֹצֵר כֹּל
הַמַּנְחִיל מְנוּחָה לְעַמּוֹ יִשְׂרָאֵל בִּקְדֻשָּׁתוֹ בְּיוֹם שַׁבַּת קֹֽדֶשׁ.
שִׁמְךָ יהוה אֱלֹהֵינוּ יִתְקַדַּשׁ, וְזִכְרְךָ מַלְכֵּנוּ יִתְפָּאַר
בַּשָּׁמַיִם מִמַּעַל וְעַל הָאָֽרֶץ מִתָּֽחַת.
תִּתְבָּרַךְ מוֹשִׁיעֵנוּ עַל שֶֽׁבַח מַעֲשֵׂה יָדֶֽיךָ
וְעַל מְאוֹרֵי אוֹר שֶׁעָשִֽׂיתָ, יְפָאֲרוּךָ סֶּֽלָה.

תִּתְבָּרַךְ
צוּרֵֽנוּ מַלְכֵּֽנוּ וְגוֹאֲלֵֽנוּ, בּוֹרֵא קְדוֹשִׁים
יִשְׁתַּבַּח שִׁמְךָ לָעַד
מַלְכֵּֽנוּ, יוֹצֵר מְשָׁרְתִים
וַאֲשֶׁר מְשָׁרְתָיו כֻּלָּם עוֹמְדִים בְּרוּם עוֹלָם
וּמַשְׁמִיעִים בְּיִרְאָה יַֽחַד בְּקוֹל
דִּבְרֵי אֱלֹהִים חַיִּים וּמֶֽלֶךְ עוֹלָם.
כֻּלָּם אֲהוּבִים, כֻּלָּם בְּרוּרִים, כֻּלָּם גִּבּוֹרִים
וְכֻלָּם עוֹשִׂים בְּאֵימָה וּבְיִרְאָה רְצוֹן קוֹנָם
◂ וְכֻלָּם פּוֹתְחִים אֶת פִּיהֶם בִּקְדֻשָּׁה וּבְטָהֳרָה
בְּשִׁירָה וּבְזִמְרָה
וּמְבָרְכִים וּמְשַׁבְּחִים וּמְפָאֲרִים
◂ וּמַעֲרִיצִים וּמַקְדִּישִׁים וּמַמְלִיכִים
אֶת שֵׁם הָאֵל הַמֶּֽלֶךְ הַגָּדוֹל, הַגִּבּוֹר וְהַנּוֹרָא
קָדוֹשׁ הוּא.

Midrash taking its opening phrase to mean not "a song for the Sabbath day" but "a song sung by the Sabbath day."

▸ All accept on themselves,
one from another,
the yoke of the kingdom of heaven,
granting permission to one another
to sanctify the One who formed them, in serene spirit,
pure speech and sweet melody.
All, as one, proclaim His holiness,
saying in awe:

All say aloud:

Holy, holy, holy is the Lord of hosts; *Is. 6*
the whole world is filled with His glory.

▸ Then the Ophanim and the Holy Ḥayyot,
with a roar of noise,
raise themselves toward the Seraphim and,
facing them, give praise, saying:

All say aloud:

Blessed is the Lord's glory from His place. *Ezek. 3*

---

prayers – before the Shema, during the Leader's Repetition of the Amida; and toward the end of prayer, except on Shabbat when the third is transferred to the afternoon.

This section of the prayers – the vision of the heavenly throne and the angels – is part of the mystical tradition in Judaism. Prayer is Jacob's ladder, stretching from earth to heaven, with "angels of the Lord" ascending and descending. The three *Kedushot* represent, respectively, the ascent, the summit, and the descent: the journey of the soul from earth to heaven and back again, transformed by our experience of the Divine.

נַחַת רוּחַ *Serene spirit:* The angels' praise has three elements, and by implication so should ours: serene spirit (*naḥat ruaḥ*), pure speech (*safa berura*), and sweet melody (*ne'ima*). These are the three dimensions of prayer: spiritual *tranquillity*, cognitive *clarity*, and emotional-aesthetic *beauty*.

וְהָאוֹפַנִּים וְחַיּוֹת...שְׂרָפִים *Ophanim, Ḥayyot, Seraphim:* Three kinds of angels

◂ וְכֻלָּם מְקַבְּלִים עֲלֵיהֶם עֹל מַלְכוּת שָׁמַיִם זֶה מִזֶּה
וְנוֹתְנִים רְשׁוּת זֶה לָזֶה
לְהַקְדִּישׁ לְיוֹצְרָם בְּנַחַת רוּחַ
בְּשָׂפָה בְרוּרָה וּבִנְעִימָה
קְדֻשָּׁה כֻּלָּם כְּאֶחָד
עוֹנִים וְאוֹמְרִים בְּיִרְאָה

All say aloud:

ישעיה ו קָדוֹשׁ, קָדוֹשׁ, קָדוֹשׁ יהוה צְבָאוֹת
מְלֹא כָל־הָאָרֶץ כְּבוֹדוֹ:

◂ וְהָאוֹפַנִּים וְחַיּוֹת הַקֹּדֶשׁ
בְּרַעַשׁ גָּדוֹל מִתְנַשְּׂאִים לְעֻמַּת שְׂרָפִים
לְעֻמָּתָם מְשַׁבְּחִים וְאוֹמְרִים

All say aloud:

יחזקאל ג בָּרוּךְ כְּבוֹד־יהוה מִמְּקוֹמוֹ:

---

that corresponds to the seven-day cycle of work and rest, creation and cessation, doing and being.

The sages say that the creation of the first man and woman, their sin and their sentence to exile from the Garden of Eden all took place on the sixth day. Out of compassion, God allowed them to stay one full day in the Garden: the seventh day. Thus, the Shabbat is as close as we come to Paradise regained.

THE HOLINESS PRAYER

Two prophets, Isaiah and Ezekiel, saw mystical visions of God among His heavenly host, the choir of angels. These visions, together with the words the prophets heard the angels sing ("Holy, holy, holy" in Isaiah's vision, "Blessed is the LORD's glory from His place" in Ezekiel's), form the heart of *Kedusha*, the "Holiness" prayer. This is recited three times in the morning

לָאֵל To the blessed God they offer melodies.
To the King,
living and eternal God,
they say psalms and proclaim praises.
For it is He alone
who does mighty deeds and creates new things,
who is Master of battles and sows righteousness,
who makes salvation grow and creates cures,
who is is revered in praises, the LORD of wonders,
who in His goodness,
continually renews the work of creation,
day after day,
as it is said:
"[Praise] Him who made the great lights, *Ps. 136*
for His love endures for ever."
▸ May You make a new light shine over Zion,
and may we all soon be worthy of its light.
Blessed are You, LORD,
who forms the radiant lights.

אַהֲבָה You have loved us with great love,
LORD our God,
and with surpassing compassion
have You had compassion on us.
Our Father, our King,
for the sake of our ancestors who trusted in You,
and to whom You taught the laws of life,
be gracious also to us and teach us.

אַהֲבָה רַבָּה *You have loved us:* One of the supreme expressions of love in the liturgy. Having spoken of God's relationship to the universe, we now speak of His relationship to us, moving from cosmic grandeur to spiritual

לָאֵל בָּרוּךְ נְעִימוֹת יִתֵּנוּ
לַמֶּלֶךְ אֵל חַי וְקַיָּם
זְמִירוֹת יֹאמֵרוּ וְתִשְׁבָּחוֹת יַשְׁמִיעוּ
כִּי הוּא לְבַדּוֹ
פּוֹעֵל גְּבוּרוֹת, עוֹשֶׂה חֲדָשׁוֹת
בַּעַל מִלְחָמוֹת, זוֹרֵעַ צְדָקוֹת
מַצְמִיחַ יְשׁוּעוֹת, בּוֹרֵא רְפוּאוֹת
נוֹרָא תְהִלּוֹת, אֲדוֹן הַנִּפְלָאוֹת
הַמְחַדֵּשׁ בְּטוּבוֹ בְּכָל יוֹם תָּמִיד מַעֲשֵׂה בְרֵאשִׁית
כָּאָמוּר
תהלים קלו
לְעֹשֵׂה אוֹרִים גְּדֹלִים
כִּי לְעוֹלָם חַסְדּוֹ:
▸ אוֹר חָדָשׁ עַל צִיּוֹן תָּאִיר וְנִזְכֶּה כֻלָּנוּ מְהֵרָה לְאוֹרוֹ.
בָּרוּךְ אַתָּה יהוה, יוֹצֵר הַמְּאוֹרוֹת.

אַהֲבָה רַבָּה אֲהַבְתָּנוּ, יהוה אֱלֹהֵינוּ
חֶמְלָה גְדוֹלָה וִיתֵרָה חָמַלְתָּ עָלֵינוּ.
אָבִינוּ מַלְכֵּנוּ
בַּעֲבוּר אֲבוֹתֵינוּ שֶׁבָּטְחוּ בְךָ
וַתְּלַמְּדֵם חֻקֵּי חַיִּים
כֵּן תְּחָנֵּנוּ וּתְלַמְּדֵנוּ.

---

seen by Isaiah and Ezekiel in their visions. Seraphim are angels of fire. Ḥayyot are "living beings" surrounded by fire. Ophanim are "wheels within wheels." They form a heavenly retinue surrounding the divine throne, an angelic choir singing God's praises.

Our Father,
compassionate Father, ever compassionate,
have compassion on us.
Instill in our hearts the desire to understand and discern,
to listen, learn and teach,
to observe, perform and fulfill
all the teachings of Your Torah in love.
Enlighten our eyes in Your Torah
and let our hearts cling to Your commandments.
Unite our hearts to love and revere Your name,
so that we may never be ashamed.
And because we have trusted
in Your holy, great and revered name,
may we be glad and rejoice in Your salvation.

At this point, gather the four tzitziot of the tallit, holding them in the left hand.

Bring us back in peace
from the four quarters of the earth
and lead us upright to our land.
▸ For You are a God who performs acts of salvation,
and You chose us from all peoples and tongues,
bringing us close to Your great name for ever in truth,
that we may thank You
and proclaim Your oneness in love.
Blessed are You, Lord,
who chooses His people Israel in love.

---

mention of compassion in the space of six Hebrew words, is one of the most concentrated expressions of the love and trust we feel in and for God – the God who said, "My child, My firstborn, Israel" (Ex. 4:22). The channel through which this love flows is the Torah, God's covenant with His people. This contains "the laws of life" in a double sense: laws that *guide* us in life, and laws that *give* us life.

אָבִינוּ
הָאָב הָרַחֲמָן, הַמְרַחֵם
רַחֵם עָלֵינוּ
וְתֵן בְּלִבֵּנוּ לְהָבִין וּלְהַשְׂכִּיל
לִשְׁמֹעַ, לִלְמֹד וּלְלַמֵּד
לִשְׁמֹר וְלַעֲשׂוֹת, וּלְקַיֵּם
אֶת כָּל דִּבְרֵי תַלְמוּד תּוֹרָתֶךָ בְּאַהֲבָה.
וְהָאֵר עֵינֵינוּ בְּתוֹרָתֶךָ
וְדַבֵּק לִבֵּנוּ בְּמִצְוֹתֶיךָ
וְיַחֵד לְבָבֵנוּ לְאַהֲבָה וּלְיִרְאָה אֶת שְׁמֶךָ
וְלֹא נֵבוֹשׁ לְעוֹלָם וָעֶד.
כִּי בְשֵׁם קָדְשְׁךָ הַגָּדוֹל וְהַנּוֹרָא בָּטָחְנוּ
נָגִילָה וְנִשְׂמְחָה בִּישׁוּעָתֶךָ.

At this point, gather the four ציציות *of the* טלית*, holding them in the left hand.*

וַהֲבִיאֵנוּ לְשָׁלוֹם מֵאַרְבַּע כַּנְפוֹת הָאָרֶץ
וְתוֹלִיכֵנוּ קוֹמְמִיּוּת לְאַרְצֵנוּ.
◂ כִּי אֵל פּוֹעֵל יְשׁוּעוֹת אָתָּה
וּבָנוּ בָחַרְתָּ מִכָּל עַם וְלָשׁוֹן
וְקֵרַבְתָּנוּ לְשִׁמְךָ הַגָּדוֹל סֶלָה, בֶּאֱמֶת
לְהוֹדוֹת לְךָ וּלְיַחֶדְךָ בְּאַהֲבָה.
בָּרוּךְ אַתָּה יהוה, הַבּוֹחֵר בְּעַמּוֹ יִשְׂרָאֵל בְּאַהֲבָה.

---

intimacy. The phrase *Our Father, compassionate Father, ever compassionate, have compassion on us,* with its twofold repetition of "Father" and threefold

The Shema must be said with intense concentration. In the first paragraph one should accept, with love, the sovereignty of God; in the second, the mitzvot as the will of God. The end of the third paragraph constitutes fulfillment of the mitzva to remember, morning and evening, the exodus from Egypt.

When not praying with a minyan, say:

God, faithful King!

The following verse should be said aloud, while covering the eyes with the right hand:

Listen, Israel: the LORD is our God, the LORD is One. *Deut. 6*

Quietly: Blessed be the name of His glorious kingdom for ever and all time.

וְאָהַבְתָּ Love the LORD your God with all your heart, with all your soul, and with all your might. These words which I command you today shall be on your heart. Teach them repeatedly to your children, speaking of them when you sit at home and when you travel on the way, when you lie down and when you rise. Bind them as a sign on your hand, and they shall be an emblem between your eyes. Write them on the doorposts of your house and gates. *Deut. 6*

---

as a people. *The LORD is One:* among the many meanings of this phrase are: (1) there is only one God; (2) God is a unity, indivisible; (3) God is the only ultimate reality; (4) God is One despite the many appearances He has had throughout history; and (5) God alone is our King. This great sentence is the supreme declaration of Jewish faith: among the first Hebrew words learned by a child, often the last words of martyrs.

בָּרוּךְ שֵׁם *Blessed be the name:* This was the congregational response to the utterance in the Temple of the Tetragrammaton, God's holiest name. It is said here as a memory of the Temple service, but silently (except on Yom Kippur) because it is not part of the biblical text.

וְשִׁנַּנְתָּם *Teach them repeatedly:* Education is the responsibility, not only of schools, but also of parents. In Judaism, parents are educators, the home a matrix of learning, and education a conversation across the generations. Alshich connects this verse with the earlier one ("Love the LORD"): How do we teach our children? By showing them what we love.

The שמע must be said with intense concentration. In the first paragraph one should accept, with love, the sovereignty of God; in the second, the מצוות as the will of God. The end of the third paragraph constitutes fulfillment of the מצווה to remember, morning and evening, the exodus from Egypt.

When not praying with a מנין, say:

אֵל מֶלֶךְ נֶאֱמָן

The following verse should be said aloud, while covering the eyes with the right hand:

דברים ו **שְׁמַע יִשְׂרָאֵל, יהוה אֱלֹהֵינוּ, יהוה ׀ אֶחָד:**

Quietly בָּרוּךְ שֵׁם כְּבוֹד מַלְכוּתוֹ לְעוֹלָם וָעֶד.

דברים ו וְאָהַבְתָּ אֵת יהוה אֱלֹהֶיךָ, בְּכָל־לְבָבְךָ וּבְכָל־נַפְשְׁךָ וּבְכָל־
מְאֹדֶךָ: וְהָיוּ הַדְּבָרִים הָאֵלֶּה, אֲשֶׁר אָנֹכִי מְצַוְּךָ הַיּוֹם, עַל־לְבָבֶךָ:
וְשִׁנַּנְתָּם לְבָנֶיךָ וְדִבַּרְתָּ בָּם, בְּשִׁבְתְּךָ בְּבֵיתֶךָ וּבְלֶכְתְּךָ בַדֶּרֶךְ,
וּבְשָׁכְבְּךָ וּבְקוּמֶךָ: וּקְשַׁרְתָּם לְאוֹת עַל־יָדֶךָ וְהָיוּ לְטֹטָפֹת בֵּין
עֵינֶיךָ: וּכְתַבְתָּם עַל־מְזֻזוֹת בֵּיתֶךָ וּבִשְׁעָרֶיךָ:

THE SHEMA

שְׁמַע *Listen, Israel:* The word *Shema* is untranslatable in English. It means (1) listen, (2) hear, (3) reflect on, (4) understand, (5) internalize, (6) respond in action, and hence (7) obey. In rabbinic Hebrew it developed yet other senses, such as "transmit, know about, infer, learn." I have translated it here as "Listen" rather than the traditional "Hear" because listening is active, hearing passive. The Shema is a call to an act of mind and soul, to meditate on, internalize and affirm the oneness of God.

Most civilizations have been cultures of the eye. Judaism, with its belief in the invisible God who transcends the universe, and its prohibition against visual representations of God, is supremely a civilization of the ear. The patriarchs and prophets did not see God; they heard Him. Hence, the key verb in Judaism is *Shema*, "listen." To give dramatic force to the idea that God is heard, not seen, we cover our eyes with our hand as we say these words.

יהוה אֱלֹהֵינוּ *The Lord is our God:* The sages called this declaration "acceptance of the yoke of the kingship of Heaven," meaning that we take God as our Sovereign, and our covenant with Him as the essence of our existence

וְהָיָה If you indeed heed My commandments with which I charge you today, to love the Lord your God and worship Him with all your heart and with all your soul, I will give rain in your land in its season, the early and late rain; and you shall gather in your grain, wine and oil. I will give grass in your field for your cattle, and you shall eat and be satisfied. Be careful lest your heart be tempted and you go astray and worship other gods, bowing down to them. Then the Lord's anger will flare against you and He will close the heavens so that there will be no rain. The land will not yield its crops, and you will perish swiftly from the good land that the Lord is giving you. Therefore, set these, My words, on your heart and soul. Bind them as a sign on your hand, and they shall be an emblem between your eyes. Teach them to your children, speaking of them when you sit at home and when you travel on the way, when you lie down and when you rise. Write them on the doorposts of your house and gates, so that you and your children may live long in the land that the Lord swore to your ancestors to give them, for as long as the heavens are above the earth. *Deut. 11*

Transfer the tzitziot to the right hand, kissing them at °.

וַיֹּאמֶר The Lord spoke to Moses, saying: Speak to the Israelites and tell them to make °tassels on the corners of their garments for all generations. They shall attach to the °tassel at each corner a thread of blue. This shall be your °tassel, and you shall see it and remember all of the Lord's commandments and keep them, not straying after your heart and after your eyes, following your own sinful desires. Thus you will be reminded to keep all My *Num. 15*

---

(1) it deals with the third outward sign, tzitzit, which belongs together with the two mentioned in the previous paragraphs, tefillin and mezuza; and (2) it mentions the exodus, which we are commanded to remember "all the days of your life." *After your heart and after your eyes:* a principle of Judaism, as of cognitive psychology, is that our perceptions are filtered through our beliefs and emotions. What we feel affects what we see. The heart controls the eye.

וְהָיָה אִם־שָׁמֹעַ תִּשְׁמְעוּ אֶל־מִצְוֺתַי אֲשֶׁר אָנֹכִי מְצַוֶּה אֶתְכֶם דברים יא
הַיּוֹם, לְאַהֲבָה אֶת־יהוה אֱלֹהֵיכֶם וּלְעָבְדוֹ, בְּכָל־לְבַבְכֶם וּבְכָל־
נַפְשְׁכֶם: וְנָתַתִּי מְטַר־אַרְצְכֶם בְּעִתּוֹ, יוֹרֶה וּמַלְקוֹשׁ, וְאָסַפְתָּ
דְגָנֶךָ וְתִירֹשְׁךָ וְיִצְהָרֶךָ: וְנָתַתִּי עֵשֶׂב בְּשָׂדְךָ לִבְהֶמְתֶּךָ, וְאָכַלְתָּ
וְשָׂבָעְתָּ: הִשָּׁמְרוּ לָכֶם פֶּן־יִפְתֶּה לְבַבְכֶם, וְסַרְתֶּם וַעֲבַדְתֶּם
אֱלֹהִים אֲחֵרִים וְהִשְׁתַּחֲוִיתֶם לָהֶם: וְחָרָה אַף־יהוה בָּכֶם, וְעָצַר
אֶת־הַשָּׁמַיִם וְלֹא־יִהְיֶה מָטָר, וְהָאֲדָמָה לֹא תִתֵּן אֶת־יְבוּלָהּ,
וַאֲבַדְתֶּם מְהֵרָה מֵעַל הָאָרֶץ הַטֹּבָה אֲשֶׁר יהוה נֹתֵן לָכֶם:
וְשַׂמְתֶּם אֶת־דְּבָרַי אֵלֶּה עַל־לְבַבְכֶם וְעַל־נַפְשְׁכֶם, וּקְשַׁרְתֶּם
אֹתָם לְאוֹת עַל־יֶדְכֶם, וְהָיוּ לְטוֹטָפֹת בֵּין עֵינֵיכֶם: וְלִמַּדְתֶּם
אֹתָם אֶת־בְּנֵיכֶם לְדַבֵּר בָּם, בְּשִׁבְתְּךָ בְּבֵיתֶךָ וּבְלֶכְתְּךָ בַדֶּרֶךְ,
וּבְשָׁכְבְּךָ וּבְקוּמֶךָ: וּכְתַבְתָּם עַל־מְזוּזוֹת בֵּיתֶךָ וּבִשְׁעָרֶיךָ: לְמַעַן
יִרְבּוּ יְמֵיכֶם וִימֵי בְנֵיכֶם עַל הָאֲדָמָה אֲשֶׁר נִשְׁבַּע יהוה לַאֲבֹתֵיכֶם
לָתֵת לָהֶם, כִּימֵי הַשָּׁמַיִם עַל־הָאָרֶץ:

Transfer the ציציות *to the right hand, kissing them at* °.

וַיֹּאמֶר יהוה אֶל־מֹשֶׁה לֵּאמֹר: דַּבֵּר אֶל־בְּנֵי יִשְׂרָאֵל וְאָמַרְתָּ במדבר טו
אֲלֵהֶם, וְעָשׂוּ לָהֶם °צִיצִת עַל־כַּנְפֵי בִגְדֵיהֶם לְדֹרֹתָם, וְנָתְנוּ
°עַל־צִיצִת הַכָּנָף פְּתִיל תְּכֵלֶת: וְהָיָה לָכֶם °לְצִיצִת, וּרְאִיתֶם
אֹתוֹ וּזְכַרְתֶּם אֶת־כָּל־מִצְוֺת יהוה וַעֲשִׂיתֶם אֹתָם, וְלֹא תָתוּרוּ
אַחֲרֵי לְבַבְכֶם וְאַחֲרֵי עֵינֵיכֶם, אֲשֶׁר־אַתֶּם זֹנִים אַחֲרֵיהֶם: לְמַעַן

וְהָיָה אִם־שָׁמֹעַ תִּשְׁמְעוּ *If you indeed heed My commandments:* The sages called this "acceptance of the yoke of the commands." Having declared God our Sovereign, we go on to accept the laws He has given us, understanding that Israel's fate as a nation depends on its fidelity to them.

וַיֹּאמֶר יהוה *The Lord spoke:* This paragraph was included in the Shema because:

commandments, and be holy to your God. I am the LORD your God, who brought you out of the land of Egypt to be your God. I am the LORD your God.

°True –

The Leader repeats:

▸ The LORD your God is true –

וְיַצִּיב And firm, established and enduring, right, faithful,
beloved, cherished, delightful, pleasant,
awesome, mighty, perfect, accepted, good and beautiful
is this faith for us for ever.

True is the eternal God, our King, Rock of Jacob,
Shield of our salvation.
He exists and His name exists
through all generations.
His throne is established,
His kingship and faithfulness endure for ever.

At °, kiss the tzitziot and release them.

His words live and persist,
faithful and desirable
°for ever and all time.
▸ So they were for our ancestors, so they are for us,
and so they will be for our children
and all our generations and for all future generations
of the seed of Israel, Your servants.

---

blessings – which leads up to the Amida, the holiest of prayers, as the six days of the week lead to Shabbat, holiest of days.

The meaning of the word "true" here is similar to the word "Amen" said after a blessing. It is an act of affirmation and ratification, reminding us that the Shema is less a prayer than a declaration of faith. The passage recapitulates the main ideas of the Shema. Its primary emphasis, though, is on redemption. It contains the word "redeem" eight times, and is filled with redemption-related terms – deliverance, rescue, help, shield, Savior, as well as redemptive

תִּזְכְּרוּ וַעֲשִׂיתֶם אֶת־כָּל־מִצְוֺתָי, וִהְיִיתֶם קְדֹשִׁים לֵאלֹהֵיכֶם: אֲנִי
יהוה אֱלֹהֵיכֶם, אֲשֶׁר הוֹצֵאתִי אֶתְכֶם מֵאֶרֶץ מִצְרַיִם, לִהְיוֹת
לָכֶם לֵאלֹהִים, אֲנִי יהוה אֱלֹהֵיכֶם:

°אֱמֶת

The שליח ציבור *repeats:*

‹ יהוה אֱלֹהֵיכֶם אֱמֶת

וְיַצִּיב, וְנָכוֹן וְקַיָּם, וְיָשָׁר וְנֶאֱמָן
וְאָהוּב וְחָבִיב, וְנֶחְמָד וְנָעִים
וְנוֹרָא וְאַדִּיר, וּמְתֻקָּן וּמְקֻבָּל, וְטוֹב וְיָפֶה
הַדָּבָר הַזֶּה עָלֵינוּ לְעוֹלָם וָעֶד.

אֱמֶת אֱלֹהֵי עוֹלָם מַלְכֵּנוּ
צוּר יַעֲקֹב מָגֵן יִשְׁעֵנוּ
לְדוֹר וָדוֹר הוּא קַיָּם וּשְׁמוֹ קַיָּם
וְכִסְאוֹ נָכוֹן
וּמַלְכוּתוֹ וֶאֱמוּנָתוֹ לָעַד קַיֶּמֶת.

At °, kiss the ציציות *and release them.*

וּדְבָרָיו חָיִים וְקַיָּמִים
נֶאֱמָנִים וְנֶחֱמָדִים
°לָעַד וּלְעוֹלְמֵי עוֹלָמִים
‹ עַל אֲבוֹתֵינוּ וְעָלֵינוּ
עַל בָּנֵינוּ וְעַל דּוֹרוֹתֵינוּ
וְעַל כָּל דּוֹרוֹת זֶרַע יִשְׂרָאֵל עֲבָדֶיךָ.

אֱמֶת וְיַצִּיב *True and firm:* Fifteen adjectives mirroring the fifteen "Songs of Ascents" and the fifteen steps to the Temple courtyard. The prayer is structured around a six-part repetition of the word *Emet*: "true," mirroring the six-part sequence – the three paragraphs of the Shema and its three surrounding

For the early and the later generations
this faith has proved good and enduring for ever –
True and faithful, an irrevocable law.
True You are the LORD: our God and God of our ancestors,
▸ our King and King of our ancestors,
our Redeemer and Redeemer of our ancestors,
our Maker,
Rock of our salvation,
our Deliverer and Rescuer:
this has ever been Your name.
There is no God but You.

עֶזְרַת You have always been the help of our ancestors,
Shield and Savior of their children
after them in every generation.
Your dwelling is in the heights of the universe,
and Your judgments and righteousness
reach to the ends of the earth.
Happy is the one who obeys Your commandments
and takes to heart Your teaching and Your word.
True You are the Master of Your people
and a mighty King who pleads their cause.
True You are the first and You are the last.
Besides You, we have no king, redeemer or savior.
From Egypt You redeemed us, LORD our God,
and from the slave-house You delivered us.
All their firstborn You killed,
but Your firstborn You redeemed.
You split the Sea of Reeds and drowned the arrogant.
You brought Your beloved ones across.
The water covered their foes; not one of them was left. *Ps. 106*

---

activity – pleading a cause, raising the lowly, redeeming the meek, and helping the needy. Redemption refers to God's activity in history, liberating slaves, rewarding the faithful and ensuring justice.

עַל הָרִאשׁוֹנִים וְעַל הָאַחֲרוֹנִים
דָּבָר טוֹב וְקַיָּם לְעוֹלָם וָעֶד
אֱמֶת וֶאֱמוּנָה, חֹק וְלֹא יַעֲבֹר.
אֱמֶת שָׁאַתָּה הוּא יהוה אֱלֹהֵינוּ וֵאלֹהֵי אֲבוֹתֵינוּ
· מַלְכֵּנוּ מֶלֶךְ אֲבוֹתֵינוּ
גּוֹאֲלֵנוּ גּוֹאֵל אֲבוֹתֵינוּ
יוֹצְרֵנוּ צוּר יְשׁוּעָתֵנוּ
פּוֹדֵנוּ וּמַצִּילֵנוּ מֵעוֹלָם שְׁמֶךָ
אֵין אֱלֹהִים זוּלָתֶךָ.

עֶזְרַת אֲבוֹתֵינוּ אַתָּה הוּא מֵעוֹלָם
מָגֵן וּמוֹשִׁיעַ לִבְנֵיהֶם אַחֲרֵיהֶם בְּכָל דּוֹר וָדוֹר.
בְּרוּם עוֹלָם מוֹשָׁבֶךָ
וּמִשְׁפָּטֶיךָ וְצִדְקָתְךָ עַד אַפְסֵי אָרֶץ.
אַשְׁרֵי אִישׁ שֶׁיִּשְׁמַע לְמִצְוֹתֶיךָ
וְתוֹרָתְךָ וּדְבָרְךָ יָשִׂים עַל לִבּוֹ.
אֱמֶת אַתָּה הוּא אָדוֹן לְעַמֶּךָ
וּמֶלֶךְ גִּבּוֹר לָרִיב רִיבָם.
אֱמֶת אַתָּה הוּא רִאשׁוֹן וְאַתָּה הוּא אַחֲרוֹן
וּמִבַּלְעָדֶיךָ אֵין לָנוּ מֶלֶךְ גּוֹאֵל וּמוֹשִׁיעַ.
מִמִּצְרַיִם גְּאַלְתָּנוּ, יהוה אֱלֹהֵינוּ
וּמִבֵּית עֲבָדִים פְּדִיתָנוּ
כָּל בְּכוֹרֵיהֶם הָרָגְתָּ, וּבְכוֹרְךָ גָּאָלְתָּ
וְיַם סוּף בָּקַעְתָּ, וְזֵדִים טִבַּעְתָּ
וִידִידִים הֶעֱבַרְתָּ
תהלים קו וַיְכַסּוּ־מַיִם צָרֵיהֶם, אֶחָד מֵהֶם לֹא נוֹתָר:

For this, the beloved ones praised and exalted God,
the cherished ones sang psalms, songs and praises,
blessings and thanksgivings to the King,
the living and enduring God.
High and exalted, great and awesome,
He humbles the haughty and raises the lowly,
freeing captives and redeeming those in need, helping the poor
and answering His people when they cry out to Him.

Stand in preparation for the Amida. Take three steps back before beginning the Amida.

▸ Praises to God Most High,
the Blessed One who is blessed.
Moses and the children of Israel
recited to You a song with great joy, and they all exclaimed:
"Who is like You, LORD, among the mighty? *Ex. 15*
Who is like You, majestic in holiness,
awesome in praises, doing wonders?"

▸ With a new song, the redeemed people praised
Your name at the seashore.
Together they all gave thanks,
proclaimed Your kingship, and declared:
"The LORD shall reign for ever and ever." *Ex. 15*

Congregants should end the following blessing together with the Leader so as to be able to move directly from the words "redeemed Israel" to the Amida, without the interruption of saying Amen.

▸ צוּר יִשְׂרָאֵל Rock of Israel! Arise to the help of Israel.
Deliver, as You promised, Judah and Israel.
Our Redeemer, the LORD of hosts is His name, *Is. 47*
the Holy One of Israel.
Blessed are You, LORD, who redeemed Israel.

The God of the philosophers is a dimension of reality but not a personal presence, a shaper of history. One may meditate on such a being, but we cannot speak to Him, lay our innermost thoughts before Him, and place our fate in His hands. The God of the prophets – the God of redemption – is encountered in events, in history, in life (Judah HaLevi, *Kuzari*).

עַל זֹאת שִׁבְּחוּ אֲהוּבִים, וְרוֹמְמוּ אֵל
וְנָתְנוּ יְדִידִים זְמִירוֹת, שִׁירוֹת וְתִשְׁבָּחוֹת
בְּרָכוֹת וְהוֹדָאוֹת לַמֶּלֶךְ אֵל חַי וְקַיָּם
רָם וְנִשָּׂא, גָּדוֹל וְנוֹרָא
מַשְׁפִּיל גֵּאִים וּמַגְבִּיהַּ שְׁפָלִים
מוֹצִיא אֲסִירִים, וּפוֹדֶה עֲנָוִים וְעוֹזֵר דַּלִּים
וְעוֹנֶה לְעַמּוֹ בְּעֵת שַׁוְּעָם אֵלָיו.

Stand in preparation for the עמידה*. Take three steps back before beginning the* עמידה*.*

◂ תְּהִלּוֹת לְאֵל עֶלְיוֹן, בָּרוּךְ הוּא וּמְבֹרָךְ
מֹשֶׁה וּבְנֵי יִשְׂרָאֵל, לְךָ עָנוּ שִׁירָה בְּשִׂמְחָה רַבָּה, וְאָמְרוּ כֻלָּם
שמות טו מִי־כָמֹכָה בָּאֵלִם, יהוה
מִי כָּמֹכָה נֶאְדָּר בַּקֹּדֶשׁ, נוֹרָא תְהִלֹּת, עֹשֵׂה פֶלֶא:

◂ שִׁירָה חֲדָשָׁה שִׁבְּחוּ גְאוּלִים
לְשִׁמְךָ עַל שְׂפַת הַיָּם
יַחַד כֻּלָּם הוֹדוּ וְהִמְלִיכוּ, וְאָמְרוּ
שמות טו יהוה יִמְלֹךְ לְעֹלָם וָעֶד:

The קהל *should end the following blessing together with the* שליח ציבור *so as to be able to move directly from the words* גָּאַל יִשְׂרָאֵל *to the* עמידה*, without the interruption of saying* אמן*.*

◂ צוּר יִשְׂרָאֵל, קוּמָה בְּעֶזְרַת יִשְׂרָאֵל
וּפְדֵה כִנְאֻמֶךָ יְהוּדָה וְיִשְׂרָאֵל.
ישעיה מז גֹּאֲלֵנוּ יהוה צְבָאוֹת שְׁמוֹ, קְדוֹשׁ יִשְׂרָאֵל:
בָּרוּךְ אַתָּה יהוה, גָּאַל יִשְׂרָאֵל.

גָּאַל יִשְׂרָאֵל *Who redeemed Israel:* The sages attached great significance to the principle of "juxtaposing redemption and prayer," insisting that nothing should interrupt the transition from the words "who redeemed Israel" to the Amida itself (*Berakhot* 9b). The act of prayer *is* ultimately a request for redemption, a plea for God to intervene in our lives and the life of our people.

THE AMIDA

The following prayer, until "in former years" on page 698, is said silently, standing with feet together. If there is a minyan, the Amida is repeated aloud by the Leader. Take three steps forward and at the points indicated by ▾, bend the knees at the first word, bow at the second, and stand straight before saying God's name.

O Lord, open my lips, so that my mouth may declare Your praise. *Ps. 51*

PATRIARCHS

▾בָּרוּךְ Blessed are You, Lord our God and God of our fathers,
God of Abraham, God of Isaac and God of Jacob;
the great, mighty and awesome God, God Most High,
who bestows acts of loving-kindness and creates all,
who remembers the loving-kindness of the fathers
and will bring a Redeemer to their children's children
for the sake of His name, in love.

On Shabbat Shuva: Remember us for life, O King who desires life,
and write us in the book of life – for Your sake, O God of life.

King, Helper, Savior, Shield:
▾Blessed are You, Lord, Shield of Abraham.

DIVINE MIGHT

אַתָּה גִּבּוֹר You are eternally mighty, Lord.
You give life to the dead and have great power to save.

The phrase "He makes the wind blow and the rain fall" is added from Simḥat Torah until Pesaḥ. In Israel the phrase "He causes the dew to fall" is added from Pesaḥ until Shemini Atzeret.

In fall & winter: He makes the wind blow and the rain fall.
In Israel, in spring & summer: He causes the dew to fall.

He sustains the living with loving-kindness,
and with great compassion revives the dead.
He supports the fallen, heals the sick, sets captives free,
and keeps His faith with those who sleep in the dust.
Who is like You, Master of might, and to whom can You be compared,
O King who brings death and gives life, and makes salvation grow?

עמידה

The following prayer, until קַדְמוֹנִיּוֹת *on page 699, is said silently, standing with feet together. If there is a* מנין, *the* עמידה *is repeated aloud by the* שליח ציבור. *Take three steps forward and at the points indicated by* ˈ, *bend the knees at the first word, bow at the second, and stand straight before saying God's name.*

אֲדֹנָי, שְׂפָתַי תִּפְתָּח, וּפִי יַגִּיד תְּהִלָּתֶךָ: תהלים נא

אבות

ˈבָּרוּךְ אַתָּה יהוה, אֱלֹהֵינוּ וֵאלֹהֵי אֲבוֹתֵינוּ
אֱלֹהֵי אַבְרָהָם, אֱלֹהֵי יִצְחָק, וֵאלֹהֵי יַעֲקֹב
הָאֵל הַגָּדוֹל הַגִּבּוֹר וְהַנּוֹרָא, אֵל עֶלְיוֹן
גּוֹמֵל חֲסָדִים טוֹבִים, וְקוֹנֵה הַכֹּל
וְזוֹכֵר חַסְדֵי אָבוֹת
וּמֵבִיא גוֹאֵל לִבְנֵי בְנֵיהֶם לְמַעַן שְׁמוֹ בְּאַהֲבָה.

בשבת שובה: זָכְרֵנוּ לְחַיִּים, מֶלֶךְ חָפֵץ בַּחַיִּים
וְכָתְבֵנוּ בְּסֵפֶר הַחַיִּים, לְמַעַנְךָ אֱלֹהִים חַיִּים.

מֶלֶךְ עוֹזֵר וּמוֹשִׁיעַ וּמָגֵן. ˈבָּרוּךְ ˈאַתָּה יהוה, מָגֵן אַבְרָהָם.

גבורות

אַתָּה גִּבּוֹר לְעוֹלָם, אֲדֹנָי, מְחַיֵּה מֵתִים אַתָּה, רַב לְהוֹשִׁיעַ

The phrase מַשִּׁיב הָרְוּחַ *is added from* שמחת תורה *until* פסח.
In ארץ ישראל *the phrase* מוֹרִיד הַטָּל *is added from* פסח *until* שמיני עצרת.

בחורף: מַשִּׁיב הָרְוּחַ וּמוֹרִיד הַגֶּשֶׁם / בארץ ישראל בקיץ: מוֹרִיד הַטָּל

מְכַלְכֵּל חַיִּים בְּחֶסֶד, מְחַיֵּה מֵתִים בְּרַחֲמִים רַבִּים
סוֹמֵךְ נוֹפְלִים, וְרוֹפֵא חוֹלִים, וּמַתִּיר אֲסוּרִים
וּמְקַיֵּם אֱמוּנָתוֹ לִישֵׁנֵי עָפָר.
מִי כָמְוֹךָ, בַּעַל גְּבוּרוֹת, וּמִי דּוֹמֶה לָּךְ
מֶלֶךְ, מֵמִית וּמְחַיֶּה וּמַצְמִיחַ יְשׁוּעָה.

On Shabbat Shuva: Who is like You, compassionate Father,
who remembers His creatures in compassion, for life?

Faithful are You to revive the dead.
Blessed are You, LORD, who revives the dead.

When saying the Amida silently, continue with "You are holy" on the next page.

KEDUSHA

During the Leader's Repetition, the following is said standing with feet together, rising on the toes at the words indicated by ▲.

Cong. then Leader: נְקַדֵּשׁ We will sanctify Your name on earth,
as they sanctify it in the highest heavens,
as is written by Your prophet,
"And they [the angels] call to one another saying: *Is. 6*

Cong. then Leader: ▲Holy, ▲holy, ▲holy is the LORD of hosts
the whole world is filled with His glory."
Then with a sound of mighty noise, majestic and strong,
they make their voice heard, raising themselves
toward the Seraphim, and facing them say: "Blessed...

Cong. then Leader: ▲"Blessed is the LORD's glory from His place." *Ezek. 3*
Reveal Yourself from Your place, O our King, and reign over us,
for we are waiting for You. When will You reign in Zion?
May it be soon in our days,
and may You dwell there for ever and all time.
May You be exalted and sanctified in the midst of Jerusalem,
Your city, from generation to generation for evermore.
May our eyes see Your kingdom,
as is said in the songs of Your splendor,
written by David your righteous anointed one:

Cong. then Leader: ▲"The LORD shall reign for ever. He is your God, Zion, *Ps. 146*
from generation to generation, Halleluya!"

Leader: From generation to generation we will declare Your greatness,
and we will proclaim Your holiness for evermore.
Your praise, our God, shall not leave our mouth forever,
for You, God, are a great and holy King. Blessed are You, LORD,
the holy God. / *On Shabbat Shuva:* the holy King./

The Leader continues with "Moses rejoiced" on the next page.

בשבת שובה: מִי כָמְוֹךָ אַב הָרַחֲמִים, זוֹכֵר יְצוּרָיו לְחַיִּים בְּרַחֲמִים.

וְנֶאֱמָן אַתָּה לְהַחֲיוֹת מֵתִים. בָּרוּךְ אַתָּה יהוה, מְחַיֵּה הַמֵּתִים.

When saying the עמידה silently, continue with אַתָּה קָדוֹשׁ on the next page.

קדושה

During the חזרת הש״ץ, the following is said standing with feet together, rising on the toes at the words indicated by ˄.

then קהל ש״ץ: נְקַדֵּשׁ אֶת שִׁמְךָ בָּעוֹלָם, כְּשֵׁם שֶׁמַּקְדִּישִׁים אוֹתוֹ בִּשְׁמֵי מָרוֹם
כַּכָּתוּב עַל יַד נְבִיאֶךָ: וְקָרָא זֶה אֶל־זֶה וְאָמַר ישעיה ו

then קהל ש״ץ: ˄קָדוֹשׁ, ˄קָדוֹשׁ, ˄קָדוֹשׁ, יהוה צְבָאוֹת, מְלֹא כָל־הָאָרֶץ כְּבוֹדוֹ:
אָז בְּקוֹל רַעַשׁ גָּדוֹל אַדִּיר וְחָזָק, מַשְׁמִיעִים קוֹל
מִתְנַשְּׂאִים לְעֻמַּת שְׂרָפִים, לְעֻמָּתָם בָּרוּךְ יֹאמֵרוּ

then קהל ש״ץ: ˄בָּרוּךְ כְּבוֹד־יהוה מִמְּקוֹמוֹ: יחזקאל ג
מִמְּקוֹמְךָ מַלְכֵּנוּ תוֹפִיעַ וְתִמְלֹךְ עָלֵינוּ, כִּי מְחַכִּים אֲנַחְנוּ לָךְ
מָתַי תִּמְלֹךְ בְּצִיּוֹן, בְּקָרוֹב בְּיָמֵינוּ לְעוֹלָם וָעֶד תִּשְׁכֹּן
תִּתְגַּדַּל וְתִתְקַדַּשׁ בְּתוֹךְ יְרוּשָׁלַיִם עִירְךָ, לְדוֹר וָדוֹר וּלְנֵצַח נְצָחִים.
וְעֵינֵינוּ תִרְאֶינָה מַלְכוּתֶךָ
כַּדָּבָר הָאָמוּר בְּשִׁירֵי עֻזֶּךָ, עַל יְדֵי דָוִד מְשִׁיחַ צִדְקֶךָ

then קהל ש״ץ: ˄יִמְלֹךְ יהוה לְעוֹלָם, אֱלֹהַיִךְ צִיּוֹן לְדֹר וָדֹר, הַלְלוּיָהּ: תהלים קמו

ש״ץ: לְדוֹר וָדוֹר נַגִּיד גָּדְלֶךָ, וּלְנֵצַח נְצָחִים קְדֻשָּׁתְךָ נַקְדִּישׁ
וְשִׁבְחֲךָ אֱלֹהֵינוּ מִפִּינוּ לֹא יָמוּשׁ לְעוֹלָם וָעֶד
כִּי אֵל מֶלֶךְ גָּדוֹל וְקָדוֹשׁ אָתָּה.
בָּרוּךְ אַתָּה יהוה הָאֵל הַקָּדוֹשׁ./ בשבת שובה: הַמֶּלֶךְ הַקָּדוֹשׁ./

The שליח ציבור continues with יִשְׂמַח מֹשֶׁה on the next page.

קדושה *Kedusha:* As on weekdays, the core of the *Kedusha* is comprised of the two lines said by the angels in the mystic visions of Isaiah ("Holy, holy, holy") and Ezekiel ("Blessed is the Lord's glory from His place"), together

HOLINESS

אַתָּה קָדוֹשׁ You are holy and Your name is holy,
and holy ones praise You daily, Selah!
Blessed are You, Lord,
the holy God. / *On Shabbat Shuva:* the holy King./
(If forgotten, repeat the Amida.)

HOLINESS OF THE DAY

יִשְׂמַח Moses rejoiced at the gift of his portion
when You called him "faithful servant."
A crown of glory
You placed on his head
when he stood before You on Mount Sinai.
He brought down in his hands two tablets of stone
on which was engraved the observance of the Sabbath.
So it is written in Your Torah:

וְשָׁמְרוּ The children of Israel must keep the Sabbath, *Ex. 31*
observing the Sabbath in every generation
as an everlasting covenant.
It is a sign between Me and the children of Israel for ever,
for in six days God made the heavens and the earth,
but on the seventh day
He ceased work and refreshed Himself.

יִשְׂמַח מֹשֶׁה *Moses rejoiced:* As explained in the commentary for Friday night, the central blessings of the Shabbat evening, morning and afternoon services are different, forming a three-movement structure. This can be understood in three ways: (1) in terms of Jewish faith in creation, revelation and redemption; (2) in terms of eras: Shabbat past, present and future; and (3) as the three parts of a wedding: betrothal, marriage (marked by *simḥa*, rejoicing), and *yiḥud*, the coming together of bride and groom. The morning blessing fits all three patterns. It speaks about revelation – Moses bringing down the tablets of stone from Mount Sinai; about time present – the Israelites "observing the Sabbath throughout their generations"; and it speaks of joy – "Moses rejoiced."

קדושת השם

אַתָּה קָדוֹשׁ וְשִׁמְךָ קָדוֹשׁ
וּקְדוֹשִׁים בְּכָל יוֹם יְהַלְלוּךָ סֶּלָה.
בָּרוּךְ אַתָּה יהוה, הָאֵל הַקָּדוֹשׁ. / בשבת שובה: הַמֶּלֶךְ הַקָּדוֹשׁ./
(*If forgotten, repeat the* עמידה.)

קדושת היום

יִשְׂמַח מֹשֶׁה בְּמַתְּנַת חֶלְקוֹ
כִּי עֶבֶד נֶאֱמָן קָרָאתָ לּוֹ
כְּלִיל תִּפְאֶרֶת בְּרֹאשׁוֹ נָתַתָּ לּוֹ
בְּעָמְדוֹ לְפָנֶיךָ עַל הַר סִינַי
וּשְׁנֵי לוּחוֹת אֲבָנִים הוֹרִיד בְּיָדוֹ
וְכָתוּב בָּהֶם שְׁמִירַת שַׁבָּת
וְכֵן כָּתוּב בְּתוֹרָתֶךָ

שמות לא וְשָׁמְרוּ בְנֵי־יִשְׂרָאֵל אֶת־הַשַּׁבָּת
לַעֲשׂוֹת אֶת־הַשַּׁבָּת לְדֹרֹתָם בְּרִית עוֹלָם:
בֵּינִי וּבֵין בְּנֵי יִשְׂרָאֵל אוֹת הִוא לְעֹלָם
כִּי־שֵׁשֶׁת יָמִים עָשָׂה יהוה אֶת־הַשָּׁמַיִם וְאֶת־הָאָרֶץ
וּבַיּוֹם הַשְּׁבִיעִי שָׁבַת וַיִּנָּפַשׁ:

---

with a line from Psalms ("The Lord shall reign for ever"). The connecting passages, however, are longer than on weekdays.

The *Kedusha* is the supremely mystical moment in the prayers, and it may have had its origin in mystical circles in ancient times. So holy is it that in Israel until the era of the Geonim it was said only once a week, on Shabbat morning. In Babylon, however, it was said at every Leader's Repetition of the Amida. During its recital we stand with our feet together, rising on our toes at key words, as if we were angels, striving upward.

וְלֹא You, O Lord our God, did not give it
to the other nations of the world,
nor did You, our King, give it as a heritage to those who worship idols.
In its rest the uncircumcised do not dwell,
for You gave it in love to Israel Your people,
to the descendants of Jacob whom You chose.
May the people who sanctify the seventh day
all find satisfaction and delight in Your goodness,
for You favored the seventh day and made it holy,
calling it the most cherished of days,
a remembrance of the act of creation.

אֱלֹהֵינוּ Our God and God of our ancestors, find favor in our rest.
Make us holy through Your commandments
and grant us our share in Your Torah.
Satisfy us with Your goodness, grant us joy in Your salvation,
and purify our hearts to serve You in truth.
In love and favor, Lord our God,
grant us as our heritage Your holy Sabbath,
so that Israel who sanctify Your name may find rest on it.
Blessed are You, Lord, who sanctifies the Sabbath.

TEMPLE SERVICE

רְצֵה Find favor, Lord our God, in Your people Israel and their prayer.
Restore the service to Your most holy House,
and accept in love and favor the fire-offerings of Israel and their prayer.
May the service of Your people Israel always find favor with You.

On Rosh Ḥodesh, say:

אֱלֹהֵינוּ Our God and God of our ancestors, may there rise, come, reach, appear, be favored, heard, regarded and remembered before You, our recollection and remembrance, as well as the remembrance of our

---

the earth." Revelation, however, is particular – the unique covenant of love between God and His people – hence the emphasis on the special nature of the bond between Shabbat and the Jewish people.

וְלֹא נְתַתּוֹ, יהוה אֱלֹהֵינוּ, לְגוֹיֵי הָאֲרָצוֹת
וְלֹא הִנְחַלְתּוֹ, מַלְכֵּנוּ, לְעוֹבְדֵי פְסִילִים
וְגַם בִּמְנוּחָתוֹ לֹא יִשְׁכְּנוּ עֲרֵלִים
כִּי לְיִשְׂרָאֵל עַמְּךָ נְתַתּוֹ בְּאַהֲבָה, לְזֶרַע יַעֲקֹב אֲשֶׁר בָּם בָּחָרְתָּ.
עַם מְקַדְּשֵׁי שְׁבִיעִי
כֻּלָּם יִשְׂבְּעוּ וְיִתְעַנְּגוּ מִטּוּבֶךָ, וּבַשְּׁבִיעִי רָצִיתָ בּוֹ וְקִדַּשְׁתּוֹ
חֶמְדַּת יָמִים אוֹתוֹ קָרָאתָ, זֵכֶר לְמַעֲשֵׂה בְרֵאשִׁית.

אֱלֹהֵינוּ וֵאלֹהֵי אֲבוֹתֵינוּ, רְצֵה בִמְנוּחָתֵנוּ
קַדְּשֵׁנוּ בְּמִצְוֹתֶיךָ וְתֵן חֶלְקֵנוּ בְּתוֹרָתֶךָ
שַׂבְּעֵנוּ מִטּוּבֶךָ וְשַׂמְּחֵנוּ בִּישׁוּעָתֶךָ
וְטַהֵר לִבֵּנוּ לְעָבְדְּךָ בֶּאֱמֶת
וְהַנְחִילֵנוּ, יהוה אֱלֹהֵינוּ, בְּאַהֲבָה וּבְרָצוֹן שַׁבַּת קָדְשֶׁךָ
וְיָנוּחוּ בוֹ יִשְׂרָאֵל מְקַדְּשֵׁי שְׁמֶךָ.
בָּרוּךְ אַתָּה יהוה, מְקַדֵּשׁ הַשַּׁבָּת.

עבודה

רְצֵה יהוה אֱלֹהֵינוּ בְּעַמְּךָ יִשְׂרָאֵל, וּבִתְפִלָּתָם
וְהָשֵׁב אֶת הָעֲבוֹדָה לִדְבִיר בֵּיתֶךָ
וְאִשֵּׁי יִשְׂרָאֵל וּתְפִלָּתָם בְּאַהֲבָה תְקַבֵּל בְּרָצוֹן
וּתְהִי לְרָצוֹן תָּמִיד עֲבוֹדַת יִשְׂרָאֵל עַמֶּךָ.

On ראש חודש*, say:*

אֱלֹהֵינוּ וֵאלֹהֵי אֲבוֹתֵינוּ, יַעֲלֶה וְיָבוֹא וְיַגִּיעַ, וְיֵרָאֶה וְיֵרָצֶה
וְיִשָּׁמַע, וְיִפָּקֵד וְיִזָּכֵר זִכְרוֹנֵנוּ וּפִקְדוֹנֵנוּ וְזִכְרוֹן אֲבוֹתֵינוּ, וְזִכְרוֹן

וְלֹא נְתַתּוֹ *You… did not give it to the other nations of the world:* Creation is universal; so is redemption, the time when "God will be Sovereign over all

ancestors, and of the Messiah son of David Your servant, and of Jerusalem Your holy city, and of all Your people the house of Israel – for deliverance and well-being, grace, loving-kindness and compassion, life and peace, on this day of Rosh Ḥodesh. On it remember us, LORD our God, for good; recollect us for blessing, and deliver us for life. In accord with Your promise of salvation and compassion, spare us and be gracious to us; have compassion on us and deliver us, for our eyes are turned to You because You, God, are a gracious and compassionate King.

וְתֶחֱזֶינָה And may our eyes witness Your return to Zion in compassion.
Blessed are You, LORD,
who restores His Presence to Zion.

THANKSGIVING

Bow at the first nine words.

מוֹדִים We give thanks to You,
for You are the LORD our God
and God of our ancestors
for ever and all time.
You are the Rock of our lives,
Shield of our salvation
from generation to generation.
We will thank You and
declare Your praise for our lives,
which are entrusted into Your hand;
for our souls,
which are placed in Your charge;
for Your miracles
which are with us every day;
and for Your wonders and favors
at all times, evening, morning and midday.
You are good –
for Your compassion never fails.
You are compassionate –
for Your loving-kindnesses never cease.
We have always placed our hope in You.

During the Leader's Repetition, the congregation says quietly:

מוֹדִים We give thanks to You,
for You are the LORD our God
and God of our ancestors,
God of all flesh,
who formed us
and formed the universe.
Blessings and thanks
are due to Your great
and holy name for giving us
life and sustaining us.
May You continue
to give us life and sustain us;
and may You gather our
exiles to Your holy courts,
to keep Your decrees,
do Your will and serve You
with a perfect heart,
for it is for us
to give You thanks.
Blessed be God to whom
thanksgiving is due.

מָשִׁיחַ בֶּן דָּוִד עַבְדֶּךָ, וְזִכְרוֹן יְרוּשָׁלַיִם עִיר קָדְשֶׁךָ, וְזִכְרוֹן כָּל עַמְּךָ בֵּית יִשְׂרָאֵל, לְפָנֶיךָ, לִפְלֵיטָה לְטוֹבָה, לְחֵן וּלְחֶסֶד וּלְרַחֲמִים, לְחַיִּים וּלְשָׁלוֹם בְּיוֹם רֹאשׁ הַחֹדֶשׁ הַזֶּה. זָכְרֵנוּ יהוה אֱלֹהֵינוּ בּוֹ לְטוֹבָה, וּפָקְדֵנוּ בוֹ לִבְרָכָה, וְהוֹשִׁיעֵנוּ בוֹ לְחַיִּים. וּבִדְבַר יְשׁוּעָה וְרַחֲמִים, חוּס וְחָנֵּנוּ וְרַחֵם עָלֵינוּ וְהוֹשִׁיעֵנוּ, כִּי אֵלֶיךָ עֵינֵינוּ, כִּי אֵל מֶלֶךְ חַנּוּן וְרַחוּם אָתָּה.

וְתֶחֱזֶינָה עֵינֵינוּ בְּשׁוּבְךָ לְצִיּוֹן בְּרַחֲמִים.
בָּרוּךְ אַתָּה יהוה, הַמַּחֲזִיר שְׁכִינָתוֹ לְצִיּוֹן.

הודאה

Bow at the first five words.

מוֹדִים אֲנַחְנוּ לָךְ
שָׁאַתָּה הוּא יהוה אֱלֹהֵינוּ
וֵאלֹהֵי אֲבוֹתֵינוּ לְעוֹלָם וָעֶד.
צוּר חַיֵּינוּ, מָגֵן יִשְׁעֵנוּ
אַתָּה הוּא לְדוֹר וָדוֹר.
נוֹדֶה לְּךָ וּנְסַפֵּר תְּהִלָּתֶךָ
עַל חַיֵּינוּ הַמְּסוּרִים בְּיָדֶךָ
וְעַל נִשְׁמוֹתֵינוּ הַפְּקוּדוֹת לָךְ
וְעַל נִסֶּיךָ שֶׁבְּכָל יוֹם עִמָּנוּ
וְעַל נִפְלְאוֹתֶיךָ וְטוֹבוֹתֶיךָ
שֶׁבְּכָל עֵת, עֶרֶב וָבֹקֶר וְצָהֳרָיִם.
הַטּוֹב, כִּי לֹא כָלוּ רַחֲמֶיךָ
וְהַמְרַחֵם, כִּי לֹא תַמּוּ חֲסָדֶיךָ
מֵעוֹלָם קִוִּינוּ לָךְ.

During the חזרת הש״ץ, *the* קהל *says quietly:*

מוֹדִים אֲנַחְנוּ לָךְ
שָׁאַתָּה הוּא יהוה אֱלֹהֵינוּ
וֵאלֹהֵי אֲבוֹתֵינוּ
אֱלֹהֵי כָל בָּשָׂר
יוֹצְרֵנוּ, יוֹצֵר בְּרֵאשִׁית.
בְּרָכוֹת וְהוֹדָאוֹת
לְשִׁמְךָ הַגָּדוֹל וְהַקָּדוֹשׁ
עַל שֶׁהֶחֱיִיתָנוּ וְקִיַּמְתָּנוּ.
כֵּן תְּחַיֵּנוּ וּתְקַיְּמֵנוּ
וְתֶאֱסֹף גָּלֻיּוֹתֵינוּ
לְחַצְרוֹת קָדְשֶׁךָ
לִשְׁמֹר חֻקֶּיךָ וְלַעֲשׂוֹת רְצוֹנֶךָ
וּלְעָבְדְּךָ בְּלֵבָב שָׁלֵם
עַל שֶׁאֲנַחְנוּ מוֹדִים לָךְ.
בָּרוּךְ אֵל הַהוֹדָאוֹת.

On Ḥanukka:

עַל הַנִּסִּים [We thank You also] for the miracles, the redemption, the mighty deeds, the salvations, and the victories in battle which You performed for our ancestors in those days, at this time.

בִּימֵי מַתִּתְיָהוּ In the days of Mattityahu, son of Yoḥanan, the High Priest, the Hasmonean, and his sons, the wicked Greek kingdom rose up against Your people Israel to make them forget Your Torah and to force them to transgress the statutes of Your will. It was then that You in Your great compassion stood by them in the time of their distress. You championed their cause, judged their claim, and avenged their wrong. You delivered the strong into the hands of the weak, the many into the hands of the few, the impure into the hands of the pure, the wicked into the hands of the righteous, and the arrogant into the hands of those who were engaged in the study of Your Torah. You made for Yourself great and holy renown in Your world, and for Your people Israel You performed a great salvation and redemption as of this very day. Your children then entered the holiest part of Your House, cleansed Your Temple, purified Your Sanctuary, kindled lights in Your holy courts, and designated these eight days of Ḥanukka for giving thanks and praise to Your great name.

Continue with "For all these things."

On Shushan Purim in Jerusalem:

עַל הַנִּסִּים [We thank You also] for the miracles, the redemption, the mighty deeds, the salvations, and the victories in battle which You performed for our ancestors in those days, at this time.

בִּימֵי מָרְדְּכַי In the days of Mordekhai and Esther, in Shushan the capital, the wicked Haman rose up against them and sought to destroy, slay and exterminate *Esther 3* all the Jews, young and old, children and women, on one day, the thirteenth day of the twelfth month, which is the month of Adar, and to plunder their possessions. Then You in Your great compassion thwarted his counsel, frustrated his plans, and caused his scheme to recoil on his own head, so that they hanged him and his sons on the gallows.

Continue with "For all these things."

וְעַל כֻּלָּם For all these things may Your name be blessed and exalted, our King, continually, for ever and all time.

On Shabbat Shuva: And write, for a good life, all the children of Your covenant.

Let all that lives thank You, Selah! and praise Your name in truth,
God, our Savior and Help, Selah!
▾Blessed are You, Lord, whose name is "the Good"
and to whom thanks are due.

בחנוכה:

עַל הַנִּסִּים וְעַל הַפֻּרְקָן וְעַל הַגְּבוּרוֹת וְעַל הַתְּשׁוּעוֹת וְעַל הַמִּלְחָמוֹת שֶׁעָשִׂיתָ לַאֲבוֹתֵינוּ בַּיָּמִים הָהֵם בַּזְּמַן הַזֶּה.

בִּימֵי מַתִּתְיָהוּ בֶּן יוֹחָנָן כֹּהֵן גָּדוֹל חַשְׁמוֹנַאי וּבָנָיו, כְּשֶׁעָמְדָה מַלְכוּת יָוָן הָרְשָׁעָה עַל עַמְּךָ יִשְׂרָאֵל לְהַשְׁכִּיחָם תּוֹרָתֶךָ וּלְהַעֲבִירָם מֵחֻקֵּי רְצוֹנֶךָ, וְאַתָּה בְּרַחֲמֶיךָ הָרַבִּים עָמַדְתָּ לָהֶם בְּעֵת צָרָתָם, רַבְתָּ אֶת רִיבָם, דַּנְתָּ אֶת דִּינָם, נָקַמְתָּ אֶת נִקְמָתָם, מָסַרְתָּ גִבּוֹרִים בְּיַד חַלָּשִׁים, וְרַבִּים בְּיַד מְעַטִּים, וּטְמֵאִים בְּיַד טְהוֹרִים, וּרְשָׁעִים בְּיַד צַדִּיקִים, וְזֵדִים בְּיַד עוֹסְקֵי תוֹרָתֶךָ, וּלְךָ עָשִׂיתָ שֵׁם גָּדוֹל וְקָדוֹשׁ בְּעוֹלָמֶךָ, וּלְעַמְּךָ יִשְׂרָאֵל עָשִׂיתָ תְּשׁוּעָה גְדוֹלָה וּפֻרְקָן כְּהַיּוֹם הַזֶּה. וְאַחַר כֵּן בָּאוּ בָנֶיךָ לִדְבִיר בֵּיתֶךָ, וּפִנּוּ אֶת הֵיכָלֶךָ, וְטִהֲרוּ אֶת מִקְדָּשֶׁךָ, וְהִדְלִיקוּ נֵרוֹת בְּחַצְרוֹת קָדְשֶׁךָ, וְקָבְעוּ שְׁמוֹנַת יְמֵי חֲנֻכָּה אֵלּוּ, לְהוֹדוֹת וּלְהַלֵּל לְשִׁמְךָ הַגָּדוֹל.

Continue with וְעַל כֻּלָּם.

בשושן פורים בירושלים:

עַל הַנִּסִּים וְעַל הַפֻּרְקָן וְעַל הַגְּבוּרוֹת וְעַל הַתְּשׁוּעוֹת וְעַל הַמִּלְחָמוֹת שֶׁעָשִׂיתָ לַאֲבוֹתֵינוּ בַּיָּמִים הָהֵם בַּזְּמַן הַזֶּה.

בִּימֵי מָרְדְּכַי וְאֶסְתֵּר בְּשׁוּשַׁן הַבִּירָה, כְּשֶׁעָמַד עֲלֵיהֶם הָמָן הָרָשָׁע, בִּקֵּשׁ לְהַשְׁמִיד לַהֲרֹג וּלְאַבֵּד אֶת־כָּל־הַיְּהוּדִים מִנַּעַר וְעַד־זָקֵן טַף וְנָשִׁים בְּיוֹם אֶחָד, בִּשְׁלוֹשָׁה עָשָׂר לְחֹדֶשׁ שְׁנֵים־עָשָׂר, הוּא־חֹדֶשׁ אֲדָר, וּשְׁלָלָם לָבוֹז: וְאַתָּה בְּרַחֲמֶיךָ הָרַבִּים הֵפַרְתָּ אֶת עֲצָתוֹ, וְקִלְקַלְתָּ אֶת מַחֲשַׁבְתּוֹ, וַהֲשֵׁבוֹתָ לּוֹ גְּמוּלוֹ בְּרֹאשׁוֹ, וְתָלוּ אוֹתוֹ וְאֶת בָּנָיו עַל הָעֵץ. אסתר ג

Continue with וְעַל כֻּלָּם.

וְעַל כֻּלָּם יִתְבָּרַךְ וְיִתְרוֹמַם שִׁמְךָ מַלְכֵּנוּ תָּמִיד לְעוֹלָם וָעֶד.

בשבת שובה: וּכְתֹב לְחַיִּים טוֹבִים כָּל בְּנֵי בְרִיתֶךָ.

וְכֹל הַחַיִּים יוֹדוּךָ סֶּלָה, וִיהַלְלוּ אֶת שִׁמְךָ בֶּאֱמֶת הָאֵל יְשׁוּעָתֵנוּ וְעֶזְרָתֵנוּ סֶלָה.

בָּרוּךְ אַתָּה יהוה, הַטּוֹב שִׁמְךָ וּלְךָ נָאֶה לְהוֹדוֹת.

The following is said by the Leader during the Repetition of the Amida.
In Israel, if Kohanim bless the congregation, *turn to page 1004.*

Our God and God of our fathers, bless us with the threefold blessing in the Torah, written by the hand of Moses Your servant and pronounced by Aaron and his sons the priests, Your holy people, as it is said:

May the Lord bless you and protect you. *Num. 6*
Cong: May it be Your will.
May the Lord make His face shine on you and be gracious to you.
Cong: May it be Your will.
May the Lord turn His face toward you, and grant you peace.
Cong: May it be Your will.

PEACE

שִׂים שָׁלוֹם Grant peace, goodness and blessing,
grace, loving-kindness and compassion to us
and all Israel Your people.
Bless us, our Father, all as one, with the light of Your face,
for by the light of Your face You have given us, Lord our God,
the Torah of life and love of kindness,
righteousness, blessing, compassion, life and peace.
May it be good in Your eyes to bless Your people Israel
at every time, in every hour, with Your peace.

On Shabbat Shuva: In the book of life, blessing,
peace and prosperity,
may we and all Your people
the house of Israel be remembered and written
before You for a good life, and for peace.*

Blessed are You, Lord,
who blesses His people Israel with peace.

**On Shabbat Shuva outside Israel, many end the blessing:*
Blessed are You, Lord, who makes peace.

The following verse concludes the Leader's Repetition of the Amida.
Some also say it here as part of the silent Amida.

May the words of my mouth and the meditation of my heart *Ps. 19*
find favor before You, Lord, my Rock and Redeemer.

The following is said by the שליח ציבור *during* חזרת הש״ץ.
In ארץ ישראל, *if* כהנים *say* ברכת כהנים, *turn to page 1005.*

אֱלֹהֵינוּ וֵאלֹהֵי אֲבוֹתֵינוּ, בָּרְכֵנוּ בַּבְּרָכָה הַמְשֻׁלֶּשֶׁת בַּתּוֹרָה, הַכְּתוּבָה עַל יְדֵי מֹשֶׁה עַבְדֶּךָ, הָאֲמוּרָה מִפִּי אַהֲרֹן וּבָנָיו כֹּהֲנִים עַם קְדוֹשֶׁיךָ, כָּאָמוּר

במדבר ו יְבָרֶכְךָ יהוה וְיִשְׁמְרֶךָ: קהל: כֵּן יְהִי רָצוֹן
יָאֵר יהוה פָּנָיו אֵלֶיךָ וִיחֻנֶּךָּ: קהל: כֵּן יְהִי רָצוֹן
יִשָּׂא יהוה פָּנָיו אֵלֶיךָ וְיָשֵׂם לְךָ שָׁלוֹם: קהל: כֵּן יְהִי רָצוֹן

ברכת שלום

שִׂים שָׁלוֹם טוֹבָה וּבְרָכָה
חֵן וָחֶסֶד וְרַחֲמִים
עָלֵינוּ וְעַל כָּל יִשְׂרָאֵל עַמֶּךָ.
בָּרְכֵנוּ אָבִינוּ כֻּלָּנוּ כְּאֶחָד בְּאוֹר פָּנֶיךָ
כִּי בְאוֹר פָּנֶיךָ נָתַתָּ לָּנוּ, יהוה אֱלֹהֵינוּ
תּוֹרַת חַיִּים וְאַהֲבַת חֶסֶד
וּצְדָקָה וּבְרָכָה וְרַחֲמִים וְחַיִּים וְשָׁלוֹם.
וְטוֹב בְּעֵינֶיךָ לְבָרֵךְ אֶת עַמְּךָ יִשְׂרָאֵל
בְּכָל עֵת וּבְכָל שָׁעָה בִּשְׁלוֹמֶךָ.

בשבת שובה: בְּסֵפֶר חַיִּים, בְּרָכָה וְשָׁלוֹם, וּפַרְנָסָה טוֹבָה
נִזָּכֵר וְנִכָּתֵב לְפָנֶיךָ, אֲנַחְנוּ וְכָל עַמְּךָ בֵּית יִשְׂרָאֵל
לְחַיִּים טוֹבִים וּלְשָׁלוֹם.*

בָּרוּךְ אַתָּה יהוה, הַמְבָרֵךְ אֶת עַמּוֹ יִשְׂרָאֵל בַּשָּׁלוֹם.

**On* שבת שובה *in* חוץ לארץ, *many end the blessing:*

בָּרוּךְ אַתָּה יהוה, עוֹשֵׂה הַשָּׁלוֹם.

The following verse concludes the חזרת הש״ץ
Some also say it here as part of the silent עמידה.

תהלים יט יִהְיוּ לְרָצוֹן אִמְרֵי־פִי וְהֶגְיוֹן לִבִּי לְפָנֶיךָ, יהוה צוּרִי וְגֹאֲלִי:

אֱלֹהַי My God, *Berakhot 17a*
guard my tongue from evil
and my lips from deceitful speech.
To those who curse me, let my soul be silent;
may my soul be to all like the dust.
Open my heart to Your Torah
and let my soul pursue Your commandments.
As for all who plan evil against me,
swiftly thwart their counsel and frustrate their plans.
Act for the sake of Your name;
act for the sake of Your right hand;
act for the sake of Your holiness;
act for the sake of Your Torah.
That Your beloved ones may be delivered, *Ps. 60*
save with Your right hand and answer me.
May the words of my mouth *Ps. 19*
and the meditation of my heart
find favor before You, LORD, my Rock and Redeemer.

Bow, take three steps back, then bow, first left, then right, then center, while saying:

May He who makes peace in His high places,
make peace for us and all Israel – and say: Amen.

יְהִי רָצוֹן May it be Your will, LORD our God and God of our ancestors,
that the Temple be rebuilt speedily in our days,
and grant us a share in Your Torah.
And there we will serve You with reverence,
as in the days of old and as in former years.
Then the offering of Judah and Jerusalem *Mal. 3*
will be pleasing to the LORD as in the days of old and as in former years.

On Rosh Ḥodesh and Ḥanukka, the service continues with Hallel on page 982.

---

ence, we now ask Him to teach us what *not* to say in the presence of other human beings. We ask for help not to respond in kind to those who seek our harm. "The way of the righteous is to suffer humiliation but not to inflict it; to hear themselves insulted but not to reply" (*Yoma* 23a).

ברכות יז.

אֱלֹהַי

נְצֹר לְשׁוֹנִי מֵרָע, וּשְׂפָתַי מִדַּבֵּר מִרְמָה

וְלִמְקַלְלַי נַפְשִׁי תִדֹּם, וְנַפְשִׁי כֶּעָפָר לַכֹּל תִּהְיֶה.

פְּתַח לִבִּי בְּתוֹרָתֶךָ, וּבְמִצְוֹתֶיךָ תִּרְדֹּף נַפְשִׁי.

וְכָל הַחוֹשְׁבִים עָלַי רָעָה

מְהֵרָה הָפֵר עֲצָתָם וְקַלְקֵל מַחֲשַׁבְתָּם.

עֲשֵׂה לְמַעַן שְׁמֶךָ

עֲשֵׂה לְמַעַן יְמִינֶךָ

עֲשֵׂה לְמַעַן קְדֻשָּׁתֶךָ

עֲשֵׂה לְמַעַן תּוֹרָתֶךָ.

תהלים ס לְמַעַן יֵחָלְצוּן יְדִידֶיךָ, הוֹשִׁיעָה יְמִינְךָ וַעֲנֵנִי:

תהלים יט יִהְיוּ לְרָצוֹן אִמְרֵי־פִי וְהֶגְיוֹן לִבִּי לְפָנֶיךָ, יהוה צוּרִי וְגֹאֲלִי:

Bow, take three steps back, then bow, first left, then right, then center, while saying:

עֹשֶׂה שָׁלוֹם/ בשבת שובה: הַשָּׁלוֹם/ בִּמְרוֹמָיו

הוּא יַעֲשֶׂה שָׁלוֹם עָלֵינוּ וְעַל כָּל יִשְׂרָאֵל, וְאִמְרוּ אָמֵן.

יְהִי רָצוֹן מִלְּפָנֶיךָ יהוה אֱלֹהֵינוּ וֵאלֹהֵי אֲבוֹתֵינוּ

שֶׁיִּבָּנֶה בֵּית הַמִּקְדָּשׁ בִּמְהֵרָה בְיָמֵינוּ

וְתֵן חֶלְקֵנוּ בְּתוֹרָתֶךָ

וְשָׁם נַעֲבָדְךָ בְּיִרְאָה כִּימֵי עוֹלָם וּכְשָׁנִים קַדְמֹנִיּוֹת.

מלאכי ג וְעָרְבָה לַיהוה מִנְחַת יְהוּדָה וִירוּשָׁלָיִם כִּימֵי עוֹלָם וּכְשָׁנִים קַדְמֹנִיּוֹת:

On ראש חודש *and* חנוכה, *the service continues with* הלל *on page 983.*

אֱלֹהַי *My God:* A private meditation composed by the fourth-century scholar, Mar son of Ravina. It beautifully mirrors the opening meditation, "O Lord, open my lips." Having asked God to teach us what to say in His pres-

FULL KADDISH

Leader: יִתְגַּדַּל Magnified and sanctified
may His great name be,
in the world He created by His will.
May He establish His kingdom
in your lifetime and in your days,
and in the lifetime of all the house of Israel,
swiftly and soon –
and say: Amen.

All: May His great name
be blessed for ever and all time.

Leader: Blessed and praised,
glorified and exalted,
raised and honored,
uplifted and lauded be the name of the Holy One,
blessed be He, beyond any blessing,
song, praise and consolation
uttered in the world –
and say: Amen.

May the prayers and pleas of all Israel
be accepted by their Father in heaven –
and say: Amen.

May there be great peace from heaven,
and life for us and all Israel –
and say: Amen.

Bow, take three steps back, as if taking leave of the Divine Presence, then bow, first left, then right, then center, while saying:

May He who makes peace in His high places,
make peace for us and all Israel –
and say: Amen.

קדיש שלם

ש״ץ: יִתְגַּדַּל וְיִתְקַדַּשׁ שְׁמֵהּ רַבָּא (קהל: אָמֵן)
בְּעָלְמָא דִּי בְרָא כִרְעוּתֵהּ
וְיַמְלִיךְ מַלְכוּתֵהּ
בְּחַיֵּיכוֹן וּבְיוֹמֵיכוֹן וּבְחַיֵּי דְכָל בֵּית יִשְׂרָאֵל
בַּעֲגָלָא וּבִזְמַן קָרִיב, וְאִמְרוּ אָמֵן. (קהל: אָמֵן)

קהל וש״ץ: יְהֵא שְׁמֵהּ רַבָּא מְבָרַךְ לְעָלַם וּלְעָלְמֵי עָלְמַיָּא.

ש״ץ: יִתְבָּרַךְ וְיִשְׁתַּבַּח וְיִתְפָּאַר
וְיִתְרוֹמַם וְיִתְנַשֵּׂא וְיִתְהַדַּר וְיִתְעַלֶּה וְיִתְהַלָּל
שְׁמֵהּ דְּקֻדְשָׁא בְּרִיךְ הוּא (קהל: בְּרִיךְ הוּא)
לְעֵלָּא מִן כָּל בִּרְכָתָא
/ בשבת שובה: לְעֵלָּא לְעֵלָּא מִכָּל בִּרְכָתָא/
וְשִׁירָתָא, תֻּשְׁבְּחָתָא וְנֶחֱמָתָא
דַּאֲמִירָן בְּעָלְמָא, וְאִמְרוּ אָמֵן. (קהל: אָמֵן)

תִּתְקַבַּל צְלוֹתְהוֹן וּבָעוּתְהוֹן דְּכָל יִשְׂרָאֵל
קֳדָם אֲבוּהוֹן דִּי בִשְׁמַיָּא, וְאִמְרוּ אָמֵן. (קהל: אָמֵן)

יְהֵא שְׁלָמָא רַבָּא מִן שְׁמַיָּא
וְחַיִּים, עָלֵינוּ וְעַל כָּל יִשְׂרָאֵל, וְאִמְרוּ אָמֵן. (קהל: אָמֵן)

Bow, take three steps back, as if taking leave of the Divine Presence, then bow, first left, then right, then center, while saying:

עֹשֶׂה שָׁלוֹם/ בשבת שובה: הַשָּׁלוֹם/ בִּמְרוֹמָיו
הוּא יַעֲשֶׂה שָׁלוֹם עָלֵינוּ
וְעַל כָּל יִשְׂרָאֵל, וְאִמְרוּ אָמֵן. (קהל: אָמֵן)

REMOVING THE TORAH FROM THE ARK

אֵין־כָּמְוֹךָ There is none like You among the heavenly powers, Ps. 86
LORD, and there are no works like Yours.
Your kingdom is an eternal kingdom, Ps. 145
and Your dominion is for all generations.

The LORD is King, the LORD was King,
the LORD shall be King for ever and all time.
The LORD will give strength to His people; Ps. 29
the LORD will bless His people with peace.

Father of compassion,
favor Zion with Your goodness; rebuild the walls of Jerusalem. Ps. 51
For we trust in You alone, King, God,
high and exalted, Master of worlds.

The Ark is opened and the congregation stands. All say:

וַיְהִי בִּנְסֹעַ Whenever the Ark set out, Moses would say, Num. 10
"Arise, LORD, and may Your enemies be scattered.
May those who hate You flee before You."
For the Torah shall come forth from Zion, Is. 2
and the word of the LORD from Jerusalem.
Blessed is He who in His Holiness gave the Torah to His people Israel.

---

study as well as prayer. During the Second Temple period and later eras, the reading was accompanied by verse-by-verse translation into the vernacular, mainly Aramaic. Over the course of time, the act of taking the Torah from, and returning it to, the Ark became ceremonial moments in their own right.

אֵין־כָּמְוֹךָ *There is none like You among the heavenly powers:* A collection of verses and phrases from the book of Psalms. וַיְהִי בִּנְסֹעַ הָאָרֹן *Whenever the Ark set out*: A description of the Ark during the journeys of the Israelites in the wilderness. The parallel verse, "When it came to rest," is recited when the Torah is returned to the Ark. Thus, the taking of the *Sefer Torah* from the Ark and its return recall the Ark of the covenant which accompanied the Israelites in the days of Moses.

כִּי מִצִּיּוֹן תֵּצֵא תוֹרָה *For the Torah shall come forth from Zion:* part of Isaiah's famous vision (2:2–4) of the end of days.

הוצאת ספר תורה

אֵין־כָּמְוֹךָ בָאֱלֹהִים, אֲדֹנָי, וְאֵין כְּמַעֲשֶׂיךָ: תהלים פו

מַלְכוּתְךָ מַלְכוּת כָּל־עֹלָמִים, וּמֶמְשַׁלְתְּךָ בְּכָל־דּוֹר וָדֹר: תהלים קמה

יהוה מֶלֶךְ, יהוה מָלָךְ, יהוה יִמְלֹךְ לְעֹלָם וָעֶד.

יהוה עֹז לְעַמּוֹ יִתֵּן, יהוה יְבָרֵךְ אֶת־עַמּוֹ בַשָּׁלוֹם: תהלים כט

אַב הָרַחֲמִים, הֵיטִיבָה בִרְצוֹנְךָ אֶת־צִיּוֹן תִּבְנֶה חוֹמוֹת יְרוּשָׁלָםִ: תהלים נא

כִּי בְךָ לְבַד בָּטָחְנוּ, מֶלֶךְ אֵל רָם וְנִשָּׂא, אֲדוֹן עוֹלָמִים.

The ארון קודש *is opened and the* קהל *stands. All say:*

וַיְהִי בִּנְסֹעַ הָאָרֹן וַיֹּאמֶר מֹשֶׁה במדבר י

קוּמָה יהוה וְיָפֻצוּ אֹיְבֶיךָ וְיָנֻסוּ מְשַׂנְאֶיךָ מִפָּנֶיךָ:

כִּי מִצִּיּוֹן תֵּצֵא תוֹרָה וּדְבַר־יהוה מִירוּשָׁלָםִ: ישעיה ב

בָּרוּךְ שֶׁנָּתַן תּוֹרָה לְעַמּוֹ יִשְׂרָאֵל בִּקְדֻשָּׁתוֹ.

READING OF THE TORAH

Since the revelation at Mount Sinai, the Jewish people has been a nation defined by a book: the Torah. The Mosaic books are more than sacred literature, they are the written constitution of the house of Israel as a nation under the sovereignty of God, the basis of its collective memory, the record of its covenant with God, the template of its existence as "a kingdom of priests and a holy nation," and the detailed specification of the task it is called on to perform: to construct a society on the basis of justice and compassion and the inalienable dignity of the human person as the image of God. Just as the Torah is central to Jewish life, so the reading of the Torah is central to the synagogue service.

The Tanakh records several key moments in Jewish history when national rededication was accompanied by a public reading of the Torah, most famously in the days of King Josiah (II Kings, chapter 23) and Ezra (Nehemiah, chapter 8). According to tradition, Moses ordained that the Torah be read regularly and publicly, a long reading on Shabbat morning and shorter readings on Mondays and Thursdays. Ezra, reinstituting this practice, added the reading on Shabbat afternoon. Thus from its earliest days the synagogue was a place of

Blessed is the name of the Master of the Universe. Blessed is Your crown and Your place. May Your favor always be with Your people Israel. Show Your people the salvation of Your right hand in Your Temple. Grant us the gift of Your good light, and accept our prayers in mercy. May it be Your will to prolong our life in goodness. May I be counted among the righteous, so that You will have compassion on me and protect me and all that is mine and all that is Your people Israel's. You feed all; You sustain all; You rule over all; You rule over kings, for sovereignty is Yours. I am a servant of the Holy One, blessed be He, before whom and before whose glorious Torah I bow at all times. Not in man do I trust, nor on any angel do I rely, but on the God of heaven who is the God of truth, whose Torah is truth, whose prophets speak truth, and who abounds in acts of love and truth. ▸ In Him I trust, and to His holy and glorious name I offer praises. May it be Your will to open my heart to the Torah, and to fulfill the wishes of my heart and of the hearts of all Your people Israel for good, for life, and for peace. *Zohar, Vayak-hel*

The Leader takes the Torah scroll in his right arm. Leader then congregation:

Listen, Israel: the LORD is our God, the LORD is One. *Deut. 6*

Leader then congregation:

One is our God; great is our Master;
holy is His name.

The Leader turns to face the Ark, bows and says:

Magnify the LORD with me, and let us exalt His name together. *Ps. 34*

The Ark is closed. The Leader carries the Torah scroll to the bima and the congregation says:

לְךָ Yours, LORD, are the greatness and the power, the glory and the majesty and splendor, for everything in heaven and earth is Yours. Yours, LORD, is the kingdom; You are exalted as Head over all. *1 Chr. 29*

רוֹמְמוּ Exalt the LORD our God and bow to His footstool; He is holy. Exalt the LORD our God, and bow at His holy mountain, for holy is the LORD our God. *Ps. 99*

---

one should say (at this time): …." The prayer "Blessed is the name" then follows. The custom of reciting it has its origins in the circle of mystics in Safed associated with Rabbi Isaac Luria.

זוהר ויקהל בְּרִיךְ שְׁמֵהּ דְּמָרֵא עָלְמָא, בְּרִיךְ כִּתְרָךְ וְאַתְרָךְ. יְהֵא רְעוּתָךְ עִם עַמָּךְ יִשְׂרָאֵל לְעָלַם, וּפֻרְקַן יְמִינָךְ אַחֲזִי לְעַמָּךְ בְּבֵית מַקְדְּשָׁךְ, וּלְאַמְטוּיֵי לָנָא מִטּוּב נְהוֹרָךְ, וּלְקַבֵּל צְלוֹתַנָא בְּרַחֲמִין. יְהֵא רַעֲוָא קֳדָמָךְ דְּתוֹרִיךְ לַן חַיִּין בְּטִיבוּ, וְלֶהֱוֵי אֲנָא פְּקִידָא בְּגוֹ צַדִּיקַיָּא, לְמִרְחַם עֲלַי וּלְמִנְטַר יָתִי וְיַת כָּל דִּי לִי וְדִי לְעַמָּךְ יִשְׂרָאֵל. אַנְתְּ הוּא זָן לְכֹלָּא וּמְפַרְנֵס לְכֹלָּא, אַנְתְּ הוּא שַׁלִּיט עַל כֹּלָּא, אַנְתְּ הוּא דְּשַׁלִּיט עַל מַלְכַיָּא, וּמַלְכוּתָא דִּילָךְ הִיא. אֲנָא עַבְדָּא דְקֻדְשָׁא בְּרִיךְ הוּא, דְּסָגִדְנָא קַמֵּהּ וּמִקַּמֵּי דִּיקַר אוֹרַיְתֵהּ בְּכָל עִדָּן וְעִדָּן. לָא עַל אֱנָשׁ רָחִיצְנָא וְלָא עַל בַּר אֱלָהִין סָמִיכְנָא, אֶלָּא בֶּאֱלָהָא דִשְׁמַיָּא, דְּהוּא אֱלָהָא קְשׁוֹט, וְאוֹרַיְתֵהּ קְשׁוֹט, וּנְבִיאוֹהִי קְשׁוֹט, וּמַסְגֵּא לְמֶעְבַּד טַבְוָן וּקְשׁוֹט. ‹ בֵּהּ אֲנָא רָחִיץ, וְלִשְׁמֵהּ קַדִּישָׁא יַקִּירָא אֲנָא אֵמַר תֻּשְׁבְּחָן. יְהֵא רַעֲוָא קֳדָמָךְ דְּתִפְתַּח לִבַּאי בְּאוֹרַיְתָא, וְתַשְׁלִים מִשְׁאֲלִין דְּלִבַּאי וְלִבָּא דְכָל עַמָּךְ יִשְׂרָאֵל לְטַב וּלְחַיִּין וְלִשְׁלָם.

The שליח ציבור *takes the* ספר תורה *in his right arm. The* שליח ציבור *then* קהל:

דברים ו שְׁמַע יִשְׂרָאֵל, יהוה אֱלֹהֵינוּ, יהוה אֶחָד:

קהל *then* שליח ציבור:

אֶחָד אֱלֹהֵינוּ, גָּדוֹל אֲדוֹנֵינוּ, קָדוֹשׁ שְׁמוֹ.

The שליח ציבור *turns to face the* ארון קודש*, bows and says:*

תהלים לד גַּדְּלוּ לַיהוה אִתִּי וּנְרוֹמְמָה שְׁמוֹ יַחְדָּו:

The ארון קודש *is closed. The* שליח ציבור *carries the* ספר תורה *to the* בימה *and the* קהל *says:*

דברי הימים א׳ כט לְךָ יהוה הַגְּדֻלָּה וְהַגְּבוּרָה וְהַתִּפְאֶרֶת וְהַנֵּצַח וְהַהוֹד, כִּי־כֹל בַּשָּׁמַיִם וּבָאָרֶץ, לְךָ יהוה הַמַּמְלָכָה וְהַמִּתְנַשֵּׂא לְכֹל לְרֹאשׁ:

תהלים צט רוֹמְמוּ יהוה אֱלֹהֵינוּ וְהִשְׁתַּחֲווּ לַהֲדֹם רַגְלָיו, קָדוֹשׁ הוּא: רוֹמְמוּ יהוה אֱלֹהֵינוּ וְהִשְׁתַּחֲווּ לְהַר קָדְשׁוֹ, כִּי־קָדוֹשׁ יהוה אֱלֹהֵינוּ:

בְּרִיךְ שְׁמֵהּ *Blessed is the name:* This passage, from the mystical text, the *Zohar* (*Vayak-hel* 206a), is prefaced in its original context with the words: "Rabbi Shimon said: When the scroll of the Torah is taken out to be read in public, the Gates of Compassion are opened, and love is aroused on high. Therefore

Over all may the name of the Supreme King of kings, the Holy One blessed be He, be magnified and sanctified, praised and glorified, exalted and extolled, in the worlds that He has created – this world and the World to Come – in accordance with His will, and the will of those who fear Him, and the will of the whole house of Israel. He is the Rock of worlds, LORD of all creatures, God of all souls, who dwells in the spacious heights and inhabits the high heavens of old. His holiness is over the Ḥayyot and over the throne of glory. Therefore may Your name, LORD our God, be sanctified among us in the sight of all that lives. Let us sing before Him a new song, as it is written: "Sing to God, make music for His name, extol Him who rides the clouds – the LORD is His name – and exult before Him." And may we see Him eye to eye when He returns to His abode as it is written: "For they shall see eye to eye when the LORD returns to Zion." And it is said: "Then will the glory of the LORD be revealed, and all mankind together shall see that the mouth of the LORD has spoken." *Ps. 68* *Is. 52* *Is. 40*

Father of mercy, have compassion on the people borne by Him. May He remember the covenant with the mighty (patriarchs), and deliver us from evil times. May He reproach the evil instinct in the people by Him, and graciously grant that we be an eternal remnant. May He fulfill in good measure our requests for salvation and compassion.

The Torah scroll is placed on the bima and the Gabbai calls a Kohen to the Torah.

וְיַעֲזֹר May He help, shield and save all who seek refuge in Him,
and let us say: Amen.
Let us all render greatness to our God and give honor to the Torah.
*Let the Kohen come forward.
Arise (*name* son of *father's name*), the Kohen.

**If no Kohen is present, a Levi or Yisrael is called up as follows:*

/As there is no Kohen, arise (*name* son of *father's name*) in place of a Kohen./

Blessed is He who, in His holiness, gave the Torah to His people Israel.

The congregation followed by the Gabbai:

You who cling to the LORD your God are all alive today. *Deut. 4*

The appropriate Torah portion is read.

---

cally, known as the *ba'al koreh*), "so as not to shame those who do not know how to read" their own portions. Instead, they say the blessings before and after the portion, and recite the text silently along with the Reader.

עַל הַכֹּל יִתְגַּדַּל וְיִתְקַדַּשׁ וְיִשְׁתַּבַּח וְיִתְפָּאַר וְיִתְרוֹמַם וְיִתְנַשֵּׂא שְׁמוֹ שֶׁל מֶלֶךְ
מַלְכֵי הַמְּלָכִים הַקָּדוֹשׁ בָּרוּךְ הוּא בָּעוֹלָמוֹת שֶׁבָּרָא, הָעוֹלָם הַזֶּה וְהָעוֹלָם
הַבָּא, כִּרְצוֹנוֹ וְכִרְצוֹן יְרֵאָיו וְכִרְצוֹן כָּל בֵּית יִשְׂרָאֵל. צוּר הָעוֹלָמִים, אֲדוֹן כָּל
הַבְּרִיּוֹת, אֱלוֹהַּ כָּל הַנְּפָשׁוֹת, הַיּוֹשֵׁב בְּמֶרְחֲבֵי מָרוֹם, הַשּׁוֹכֵן בִּשְׁמֵי שְׁמֵי קֶדֶם,
קְדֻשָּׁתוֹ עַל הַחַיּוֹת, וּקְדֻשָּׁתוֹ עַל כִּסֵּא הַכָּבוֹד. וּבְכֵן יִתְקַדַּשׁ שִׁמְךָ בָּנוּ יהוה
תהלים סח אֱלֹהֵינוּ לְעֵינֵי כָּל חָי, וְנֹאמַר לְפָנָיו שִׁיר חָדָשׁ, כַּכָּתוּב: שִׁירוּ לֵאלֹהִים זַמְּרוּ
שְׁמוֹ, סֹלּוּ לָרֹכֵב בָּעֲרָבוֹת, בְּיָהּ שְׁמוֹ, וְעִלְזוּ לְפָנָיו: וְנִרְאֵהוּ עַיִן בְּעַיִן בְּשׁוּבוֹ אֶל
ישעיה נב נָוֵהוּ, כַּכָּתוּב: כִּי עַיִן בְּעַיִן יִרְאוּ בְּשׁוּב יהוה צִיּוֹן: וְנֶאֱמַר: וְנִגְלָה כְּבוֹד יהוה,
וְרָאוּ כָל־בָּשָׂר יַחְדָּו כִּי פִּי יהוה דִּבֵּר:

אַב הָרַחֲמִים הוּא יְרַחֵם עַם עֲמוּסִים, וְיִזְכֹּר בְּרִית אֵיתָנִים, וְיַצִּיל נַפְשׁוֹתֵינוּ מִן
הַשָּׁעוֹת הָרָעוֹת, וְיִגְעַר בְּיֵצֶר הָרָע מִן הַנְּשׂוּאִים, וְיָחֹן אוֹתָנוּ לִפְלֵיטַת עוֹלָמִים,
וִימַלֵּא מִשְׁאֲלוֹתֵינוּ בְּמִדָּה טוֹבָה יְשׁוּעָה וְרַחֲמִים.

The ספר תורה *is placed on the* שולחן *and the* גבאי *calls a* כהן *to the* תורה.

וְיַעֲזֹר וְיָגֵן וְיוֹשִׁיעַ לְכָל הַחוֹסִים בּוֹ, וְנֹאמַר אָמֵן.
הַכֹּל הָבוּ גֹדֶל לֵאלֹהֵינוּ וּתְנוּ כָבוֹד לַתּוֹרָה.
*כֹּהֵן קְרַב, יַעֲמֹד (פלוני בֶּן פלוני) הַכֹּהֵן.

**If no* כהן *is present, a* לוי *or* ישראל *is called up as follows:*

/אֵין כָּאן כֹּהֵן, יַעֲמֹד (פלוני בֶּן פלוני) בִּמְקוֹם כֹּהֵן./

בָּרוּךְ שֶׁנָּתַן תּוֹרָה לְעַמּוֹ יִשְׂרָאֵל בִּקְדֻשָּׁתוֹ.

The קהל *followed by the* גבאי:

דברים ד וְאַתֶּם הַדְּבֵקִים בַּיהוה אֱלֹהֵיכֶם חַיִּים כֻּלְּכֶם הַיּוֹם:

The appropriate תורה *portion is read.*

ASCENT TO THE TORAH

The original custom was that each of those called to the Torah read his own portion. Not everyone was able to do this, so the practice developed of entrusting the reading to one with expertise (commonly, though ungrammati-

The Reader shows the oleh the section to be read. The oleh touches the scroll at that place with the tzitzit of his tallit, which he then kisses. Holding the handles of the scroll, he says:

Oleh: Bless the LORD, the blessed One.

Cong: Bless the LORD, the blessed One, for ever and all time.

Oleh: Bless the LORD, the blessed One, for ever and all time.

Blessed are You, LORD our God, King of the Universe,
who has chosen us from all peoples
and has given us His Torah.
Blessed are You, LORD, Giver of the Torah.

After the reading, the oleh says:

Oleh: Blessed are You, LORD our God, King of the Universe,
who has given us the Torah of truth,
planting everlasting life in our midst.
Blessed are You, LORD, Giver of the Torah.

One who has survived a situation of danger (see the commentary) says:

Blessed are You, LORD our God, King of the Universe, who bestows good on the unworthy, who has bestowed on me much good.

The congregation responds:

Amen. May He who bestowed much good on you
continue to bestow on you much good, Selah.

הַגּוֹמֵל *Who bestows good on the unworthy:* This blessing, known as *HaGomel* ("who bestows"), is mentioned in the Talmud (*Berakhot* 54b). It is to be said after the following four circumstances: (1) release from captivity, (2) recovery from a potentially life-threatening illness, (3) a dangerous journey, and (4) a sea-crossing (nowadays, many also say it after an air flight). It is said in the presence of a *minyan* (at least ten adult males), usually, though not necessarily, at the time of the reading of the Torah, and within three days of the event.
הַגּוֹמֵל לְחַיָּבִים טוֹבוֹת *Who bestows good on the unworthy:* reminiscent of Jacob's prayer (Gen. 32:11), "I am unworthy of all the kindness and faithfulness You have shown Your servant."

The קורא *shows the* עולה *the section to be read. The* עולה *touches the scroll at that place with the* ציצית *of his* טלית*, which he then kisses. Holding the handles of the scroll, he says:*

עולה: **בָּרְכוּ אֶת יהוה הַמְבֹרָךְ.**

קהל: בָּרוּךְ יהוה הַמְבֹרָךְ לְעוֹלָם וָעֶד.

עולה: **בָּרוּךְ יהוה הַמְבֹרָךְ לְעוֹלָם וָעֶד.**

בָּרוּךְ אַתָּה יהוה, אֱלֹהֵינוּ מֶלֶךְ הָעוֹלָם

אֲשֶׁר בָּחַר בָּנוּ מִכָּל הָעַמִּים וְנָתַן לָנוּ אֶת תּוֹרָתוֹ.

בָּרוּךְ אַתָּה יהוה, נוֹתֵן הַתּוֹרָה.

After the קריאת התורה*, the* עולה *says:*

עולה: **בָּרוּךְ אַתָּה יהוה אֱלֹהֵינוּ מֶלֶךְ הָעוֹלָם**

אֲשֶׁר נָתַן לָנוּ תּוֹרַת אֱמֶת וְחַיֵּי עוֹלָם נָטַע בְּתוֹכֵנוּ.

בָּרוּךְ אַתָּה יהוה, נוֹתֵן הַתּוֹרָה.

One who has survived a situation of danger (see the commentary) says:

בָּרוּךְ אַתָּה יהוה אֱלֹהֵינוּ מֶלֶךְ הָעוֹלָם הַגּוֹמֵל לְחַיָּבִים טוֹבוֹת שֶׁגְּמָלַנִי כָּל טוֹב.

The קהל *responds:*

אָמֵן. מִי שֶׁגְּמָלְךָ כָּל טוֹב הוּא יִגְמָלְךָ כָּל טוֹב, סֶלָה.

בָּרְכוּ *Bless the* L*ORD*: An invitation to the congregation to join in blessing God, similar to the one that precedes communal prayer in the morning and evening services. **אֲשֶׁר בָּחַר בָּנוּ מִכָּל הָעַמִּים** *Who has chosen us from all peoples:* this ancient blessing, to be said before Torah study as well as before the public reading of the Torah, makes it clear that chosenness is not a right but a responsibility. **אֲשֶׁר נָתַן לָנוּ תּוֹרַת אֱמֶת** *Who has given us the Torah of truth:* an act of affirmation following the reading. The blessing, simply but beautifully, expresses the thought that in reading, studying and observing the word of the Eternal, we touch eternity.

After a Bar Mitzva boy has finished the Torah blessing, his father says aloud:

Blessed is He who has released me from the responsibility for this child.

FOR AN OLEH

May He who blessed our fathers, Abraham, Isaac and Jacob, bless (*name,* son of *father's name*) who has been called up in honor of the All-Present, in honor of the Torah, and in honor of Shabbat. As a reward for this, may the Holy One, blessed be He, protect and deliver him from all trouble and distress, all infection and illness, and send blessing and success to all the work of his hands, together with all Israel, his brethren, and let us say: Amen.

FOR A SICK MAN

May He who blessed our fathers, Abraham, Isaac and Jacob, Moses and Aaron, David and Solomon, bless and heal one who is ill, (*sick person's name,* son of *mother's name*), on whose behalf (*name of the one making the offering*) is making a contribution to charity. As a reward for this, may the Holy One, blessed be He, be filled with compassion for him, to restore his health, cure him, strengthen and revive him, sending him a swift and full recovery from heaven to all his 248 organs and 365 sinews, amongst the other sick ones in Israel, a healing of the spirit and a healing of the body – though on Shabbat it is forbidden to cry out, may healing be quick to come – now, swiftly and soon, and let us say: Amen.

FOR A SICK WOMAN

May He who blessed our fathers, Abraham, Isaac and Jacob, Moses and Aaron, David and Solomon, bless and heal one who is ill, (*sick person's name,* daughter of *mother's name*), on whose behalf (*name of the one making the offering*) is making a contribution to charity. As a reward for this, may the Holy One, blessed be He, be filled with compassion for her, to restore her health, cure her, strengthen and revive her, sending her a swift and full recovery from heaven to all her organs and sinews, amongst the other sick ones in Israel, a healing of the spirit and a healing of the body – though on Shabbat it is forbidden to cry out, may healing be quick to come – now, swiftly and soon, and let us say: Amen.

---

for his or her deeds. This blessing expresses the parents' gratitude for having lived to see their child reach the age of responsibility.

After a בר מצווה *has finished the* תורה *blessing, his father says aloud:*

בָּרוּךְ שֶׁפְּטָרַנִי מֵעָנְשׁוֹ שֶׁלָּזֶה.

מי שברך לעולה לתורה

מִי שֶׁבֵּרַךְ אֲבוֹתֵינוּ אַבְרָהָם יִצְחָק וְיַעֲקֹב, הוּא יְבָרֵךְ אֶת (פלוני בֶּן פלוני), **בַּעֲבוּר שֶׁעָלָה לִכְבוֹד הַמָּקוֹם וְלִכְבוֹד הַתּוֹרָה וְלִכְבוֹד הַשַּׁבָּת. בִּשְׂכַר זֶה הַקָּדוֹשׁ בָּרוּךְ הוּא יִשְׁמְרֵהוּ וְיַצִּילֵהוּ מִכָּל צָרָה וְצוּקָה וּמִכָּל נֶגַע וּמַחֲלָה, וְיִשְׁלַח בְּרָכָה וְהַצְלָחָה בְּכָל מַעֲשֵׂה יָדָיו עִם כָּל יִשְׂרָאֵל אֶחָיו, וְנֹאמַר אָמֵן.**

מי שברך לחולֶה

מִי שֶׁבֵּרַךְ אֲבוֹתֵינוּ אַבְרָהָם יִצְחָק וְיַעֲקֹב, מֹשֶׁה וְאַהֲרֹן דָּוִד וּשְׁלֹמֹה הוּא יְבָרֵךְ וִירַפֵּא אֶת הַחוֹלֶה (פלוני בֶּן פלונית) **בַּעֲבוּר שֶׁ**(פלוני בֶּן פלוני) **נוֹדֵר צְדָקָה בַּעֲבוּרוֹ. בִּשְׂכַר זֶה הַקָּדוֹשׁ בָּרוּךְ הוּא יִמָּלֵא רַחֲמִים עָלָיו לְהַחֲלִימוֹ וּלְרַפְּאתוֹ וּלְהַחֲזִיקוֹ וּלְהַחֲיוֹתוֹ וְיִשְׁלַח לוֹ מְהֵרָה רְפוּאָה שְׁלֵמָה מִן הַשָּׁמַיִם לִרְמַ״ח אֵבָרָיו וּשְׁסָ״ה גִּידָיו בְּתוֹךְ שְׁאָר חוֹלֵי יִשְׂרָאֵל, רְפוּאַת הַנֶּפֶשׁ וּרְפוּאַת הַגּוּף. שַׁבָּת הִיא מִלִּזְעֹק וּרְפוּאָה קְרוֹבָה לָבוֹא, הַשְׁתָּא בַּעֲגָלָא וּבִזְמַן קָרִיב, וְנֹאמַר אָמֵן.**

מי שברך לחולָה

מִי שֶׁבֵּרַךְ אֲבוֹתֵינוּ אַבְרָהָם יִצְחָק וְיַעֲקֹב, מֹשֶׁה וְאַהֲרֹן דָּוִד וּשְׁלֹמֹה הוּא יְבָרֵךְ וִירַפֵּא אֶת הַחוֹלָה (פלונית בַּת פלונית) **בַּעֲבוּר שֶׁ**(פלוני בֶּן פלוני) **נוֹדֵר צְדָקָה בַּעֲבוּרָהּ. בִּשְׂכַר זֶה הַקָּדוֹשׁ בָּרוּךְ הוּא יִמָּלֵא רַחֲמִים עָלֶיהָ לְהַחֲלִימָהּ וּלְרַפְּאתָהּ וּלְהַחֲזִיקָהּ וּלְהַחֲיוֹתָהּ וְיִשְׁלַח לָהּ מְהֵרָה רְפוּאָה שְׁלֵמָה מִן הַשָּׁמַיִם לְכָל אֵבָרֶיהָ וּלְכָל גִּידֶיהָ בְּתוֹךְ שְׁאָר חוֹלֵי יִשְׂרָאֵל, רְפוּאַת הַנֶּפֶשׁ וּרְפוּאַת הַגּוּף. שַׁבָּת הִיא מִלִּזְעֹק וּרְפוּאָה קְרוֹבָה לָבוֹא, הַשְׁתָּא בַּעֲגָלָא וּבִזְמַן קָרִיב, וְנֹאמַר אָמֵן.**

בָּרוּךְ שֶׁפְּטָרַנִי *Who has released me from the responsibility for this child:* Until a boy reaches the age of thirteen (twelve for girls), the parents are responsible

ON THE BIRTH OF A SON

May He who blessed our fathers, Abraham, Isaac and Jacob, Moses and Aaron, David and Solomon, Sarah, Rebecca, Rachel and Leah, bless the woman (*name,* daughter of *father's name*) who has given birth, and her son who has been born to her as an auspicious sign. Her husband, the child's father, is making a contribution to charity. As a reward for this, may father and mother merit to bring the child into the covenant of Abraham and to a life of Torah, to the marriage canopy and to good deeds, and let us say: Amen.

ON THE BIRTH OF A DAUGHTER

May He who blessed our fathers, Abraham, Isaac and Jacob, Moses and Aaron, David and Solomon, Sarah, Rebecca, Rachel and Leah, bless the woman (*name,* daughter of *father's name*) who has given birth, and her daughter who has been born to her as an auspicious sign; and may her name be called in Israel (*baby's name,* daughter of *father's name*). Her husband, the child's father, is making a contribution to charity. As a reward for this, may father and mother merit to raise her to a life of Torah, to the marriage canopy, and to good deeds, and let us say: Amen.

FOR A BAR MITZVA

May He who blessed our fathers, Abraham, Isaac and Jacob, bless (*name,* son of *father's name*) who has completed thirteen years and attained the age of the commandments, who has been called to the Torah to give praise and thanks to God, may His name be blessed, for all the good He has bestowed on him. May the Holy One, blessed be He, protect and sustain him and direct his heart to be perfect with God, to walk in His ways and keep the commandments all the days of his life, and let us say: Amen.

FOR A BAT MITZVA

May He who blessed our fathers, Abraham, Isaac and Jacob, Sarah, Rebecca, Rachel and Leah, bless (*name,* daughter of *father's name*) who has completed twelve years and attained the age of the commandments, and gives praise and thanks to God, may His name be blessed, for all the good He has bestowed on her. May the Holy One, blessed be He, protect and sustain her and direct her heart to be perfect with God, to walk in His ways and keep the commandments all the days of her life, and let us say: Amen.

מי שברך ליולדת בן

מִי שֶׁבֵּרַךְ אֲבוֹתֵינוּ אַבְרָהָם יִצְחָק וְיַעֲקֹב, מֹשֶׁה וְאַהֲרֹן דָּוִד וּשְׁלֹמֹה, שָׂרָה רִבְקָה רָחֵל וְלֵאָה הוּא יְבָרֵךְ אֶת הָאִשָּׁה הַיּוֹלֶדֶת (פלונית בַּת פלוני) וְאֶת בְּנָהּ שֶׁנּוֹלַד לָהּ לְמַזָּל טוֹב בַּעֲבוּר שֶׁבַּעְלָהּ וְאָבִיו נוֹדֵר צְדָקָה בַּעֲדָם. בִּשְׂכַר זֶה יִזְכּוּ אָבִיו וְאִמּוֹ לְהַכְנִיסוֹ בִּבְרִיתוֹ שֶׁל אַבְרָהָם אָבִינוּ וּלְגַדְּלוֹ לְתוֹרָה וּלְחֻפָּה וּלְמַעֲשִׂים טוֹבִים, וְנֹאמַר אָמֵן.

מי שברך ליולדת בת

מִי שֶׁבֵּרַךְ אֲבוֹתֵינוּ אַבְרָהָם יִצְחָק וְיַעֲקֹב, מֹשֶׁה וְאַהֲרֹן דָּוִד וּשְׁלֹמֹה, שָׂרָה רִבְקָה רָחֵל וְלֵאָה הוּא יְבָרֵךְ אֶת הָאִשָּׁה הַיּוֹלֶדֶת (פלונית בַּת פלוני) וְאֶת בִּתָּהּ שֶׁנּוֹלְדָה לָהּ לְמַזָּל טוֹב וְיִקָּרֵא שְׁמָהּ בְּיִשְׂרָאֵל (פלונית בַּת פלוני), בַּעֲבוּר שֶׁבַּעְלָהּ וְאָבִיהָ נוֹדֵר צְדָקָה בַּעֲדָן. בִּשְׂכַר זֶה יִזְכּוּ אָבִיהָ וְאִמָּהּ לְגַדְּלָהּ לְתוֹרָה וּלְחֻפָּה וּלְמַעֲשִׂים טוֹבִים, וְנֹאמַר אָמֵן.

מי שברך לבר מצווה

מִי שֶׁבֵּרַךְ אֲבוֹתֵינוּ אַבְרָהָם יִצְחָק וְיַעֲקֹב הוּא יְבָרֵךְ אֶת (פלוני בֶּן פלוני) שֶׁמָּלְאוּ לוֹ שְׁלֹשׁ עֶשְׂרֵה שָׁנָה וְהִגִּיעַ לְמִצְוֹת, וְעָלָה לַתּוֹרָה, לָתֵת שֶׁבַח וְהוֹדָיָה לְהַשֵּׁם יִתְבָּרַךְ עַל כָּל הַטּוֹבָה שֶׁגָּמַל אִתּוֹ. יִשְׁמְרֵהוּ הַקָּדוֹשׁ בָּרוּךְ הוּא וִיחַיֵּהוּ, וִיכוֹנֵן אֶת לִבּוֹ לִהְיוֹת שָׁלֵם עִם יהוה וְלָלֶכֶת בִּדְרָכָיו וְלִשְׁמֹר מִצְוֹתָיו כָּל הַיָּמִים, וְנֹאמַר אָמֵן.

מי שברך לבת מצווה

מִי שֶׁבֵּרַךְ אֲבוֹתֵינוּ אַבְרָהָם יִצְחָק וְיַעֲקֹב, שָׂרָה רִבְקָה רָחֵל וְלֵאָה, הוּא יְבָרֵךְ אֶת (פלונית בַּת פלוני) שֶׁמָּלְאוּ לָהּ שְׁתֵּים עֶשְׂרֵה שָׁנָה וְהִגִּיעָה לְמִצְוֹת, וְנוֹתֶנֶת שֶׁבַח וְהוֹדָיָה לְהַשֵּׁם יִתְבָּרַךְ עַל כָּל הַטּוֹבָה שֶׁגָּמַל אִתָּהּ. יִשְׁמְרֶהָ הַקָּדוֹשׁ בָּרוּךְ הוּא וִיחַיֶּהָ, וִיכוֹנֵן אֶת לִבָּהּ לִהְיוֹת שָׁלֵם עִם יהוה וְלָלֶכֶת בִּדְרָכָיו וְלִשְׁמֹר מִצְוֹתָיו כָּל הַיָּמִים, וְנֹאמַר אָמֵן.

HALF KADDISH

Before Maftir is read, the Reader says Half Kaddish:

Reader: יִתְגַּדַּל Magnified and sanctified
may His great name be,
in the world He created by His will.
May He establish His kingdom
in your lifetime and in your days,
and in the lifetime of all the house of Israel,
swiftly and soon –
and say: Amen.

All: May His great name be blessed for ever and all time.

Reader: Blessed and praised, glorified and exalted,
raised and honored, uplifted and lauded
be the name of the Holy One, blessed be He,
beyond any blessing,
song, praise and consolation
uttered in the world –
and say: Amen.

HAGBAHA AND GELILA

The Torah scroll is lifted and the congregation says:

וְזֹאת הַתּוֹרָה This is the Torah *Deut. 4*
that Moses placed before the children of Israel, *Num. 9*
at the LORD's commandment, by the hand of Moses.

Some add: It is a tree of life to those who grasp it, and those who uphold it are happy. *Prov. 3*
Its ways are ways of pleasantness, and all its paths are peace.
Long life is in its right hand; in its left, riches and honor.
It pleased the LORD for the sake of [Israel's] righteousness, *Is. 42*
to make the Torah great and glorious.

The Torah scroll is bound and covered.

---

commandment, by the hand of Moses" (the declaration is an amalgam of Deuteronomy 4:44 and Numbers 9:23).

חצי קדיש

Before מפטיר *is read, the* קורא *says* חצי קדיש*:*

קורא: **יִתְגַּדַּל וְיִתְקַדַּשׁ שְׁמֵהּ רַבָּא** (קהל: אָמֵן)
בְּעָלְמָא דִּי בְרָא כִרְעוּתֵהּ
וְיַמְלִיךְ מַלְכוּתֵהּ
בְּחַיֵּיכוֹן וּבְיוֹמֵיכוֹן וּבְחַיֵּי דְכָל בֵּית יִשְׂרָאֵל
בַּעֲגָלָא וּבִזְמַן קָרִיב, וְאִמְרוּ אָמֵן. (קהל: אָמֵן)

קהל וקורא: **יְהֵא שְׁמֵהּ רַבָּא מְבָרַךְ לְעָלַם וּלְעָלְמֵי עָלְמַיָּא.**

קורא: **יִתְבָּרַךְ וְיִשְׁתַּבַּח וְיִתְפָּאַר וְיִתְרוֹמַם וְיִתְנַשֵּׂא**
וְיִתְהַדָּר וְיִתְעַלֶּה וְיִתְהַלָּל
שְׁמֵהּ דְּקֻדְשָׁא בְּרִיךְ הוּא (קהל: בְּרִיךְ הוּא)
לְעֵלָּא מִן כָּל בִּרְכָתָא / בשבת שובה: **לְעֵלָּא לְעֵלָּא מִכָּל בִּרְכָתָא/**
וְשִׁירָתָא, תֻּשְׁבְּחָתָא וְנֶחֱמָתָא, דַּאֲמִירָן בְּעָלְמָא
וְאִמְרוּ אָמֵן. (קהל: אָמֵן)

הגבהה וגלילה

The ספר תורה *is lifted and the* קהל *says:*

וְזֹאת הַתּוֹרָה אֲשֶׁר־שָׂם מֹשֶׁה לִפְנֵי בְּנֵי יִשְׂרָאֵל: דברים ד
עַל־פִּי יהוה בְּיַד מֹשֶׁה: במדבר ט

Some add עֵץ־חַיִּים הִיא לַמַּחֲזִיקִים בָּהּ וְתֹמְכֶיהָ מְאֻשָּׁר: משלי ג
דְּרָכֶיהָ דַרְכֵי־נֹעַם וְכָל־נְתִיבֹתֶיהָ שָׁלוֹם:
אֹרֶךְ יָמִים בִּימִינָהּ, בִּשְׂמֹאולָהּ עֹשֶׁר וְכָבוֹד:
יהוה חָפֵץ לְמַעַן צִדְקוֹ יַגְדִּיל תּוֹרָה וְיַאְדִּיר: ישעיה מב

The ספר תורה *is bound and covered.*

וְזֹאת הַתּוֹרָה *This is the Torah.* The raising (*hagbaha*) and rolling (*gelila*) of the Torah – ancient customs regarded as high honors, are accompanied by a reaffirmation of the holiness of the Torah as God's word, "at the Lord's

BLESSINGS BEFORE AND AFTER READING THE HAFTARA

Before reading the Haftara, the person called up for Maftir says:

בָּרוּךְ Blessed are You, Lord our God, King of the Universe, who chose good prophets and was pleased with their words, spoken in truth. Blessed are You, Lord, who chose the Torah, His servant Moses, His people Israel, and the prophets of truth and righteousness.

After the Haftara, the person called up for Maftir says the following blessings:

בָּרוּךְ Blessed are You, Lord our God, King of the Universe, Rock of all worlds, righteous for all generations, the faithful God who says and does, speaks and fulfills, all of whose words are truth and righteousness. You are faithful, Lord our God, and faithful are Your words, not one of which returns unfulfilled, for You, God, are a faithful (and compassionate) King. Blessed are You, Lord, faithful in all His words.

רַחֵם Have compassion on Zion for it is the source of our life, and save the one grieved in spirit swiftly in our days. Blessed are You, Lord, who makes Zion rejoice in her children.

שַׂמְּחֵנוּ Grant us joy, Lord our God, through Elijah the prophet Your servant, and through the kingdom of the house of David Your anointed – may he soon come and make our hearts glad. May no stranger sit on his throne, and may others not continue to inherit his glory, for You promised him by Your holy name that his light would never be extinguished. Blessed are You, Lord, Shield of David.

---

word *haftara* means "conclusion" of the Torah reading. The person who reads the *haftara* is first called to the Torah (*maftir* – a rereading of the last verses of the weekly Torah portion) to emphasize the connection between the Mosaic

ברכות ההפטרה

Before reading the הפטרה*, the person called up for* מפטיר *says:*

בָּרוּךְ אַתָּה יהוה אֱלֹהֵינוּ מֶלֶךְ הָעוֹלָם אֲשֶׁר בָּחַר בִּנְבִיאִים טוֹבִים, וְרָצָה בְדִבְרֵיהֶם הַנֶּאֱמָרִים בֶּאֱמֶת. בָּרוּךְ אַתָּה יהוה, הַבּוֹחֵר בַּתּוֹרָה וּבְמֹשֶׁה עַבְדּוֹ וּבְיִשְׂרָאֵל עַמּוֹ וּבִנְבִיאֵי הָאֱמֶת וָצֶדֶק.

After the הפטרה*, the person called up for* מפטיר *says the following blessings:*

בָּרוּךְ אַתָּה יהוה אֱלֹהֵינוּ מֶלֶךְ הָעוֹלָם, צוּר כָּל הָעוֹלָמִים, צַדִּיק בְּכָל הַדּוֹרוֹת, הָאֵל הַנֶּאֱמָן, הָאוֹמֵר וְעוֹשֶׂה, הַמְדַבֵּר וּמְקַיֵּם, שֶׁכָּל דְּבָרָיו אֱמֶת וָצֶדֶק. נֶאֱמָן אַתָּה הוּא יהוה אֱלֹהֵינוּ וְנֶאֱמָנִים דְּבָרֶיךָ, וְדָבָר אֶחָד מִדְּבָרֶיךָ אָחוֹר לֹא יָשׁוּב רֵיקָם, כִּי אֵל מֶלֶךְ נֶאֱמָן (וְרַחֲמָן) אָתָּה. בָּרוּךְ אַתָּה יהוה, הָאֵל הַנֶּאֱמָן בְּכָל דְּבָרָיו.

רַחֵם עַל צִיּוֹן כִּי הִיא בֵּית חַיֵּינוּ, וְלַעֲלוּבַת נֶפֶשׁ תּוֹשִׁיעַ בִּמְהֵרָה בְיָמֵינוּ. בָּרוּךְ אַתָּה יהוה, מְשַׂמֵּחַ צִיּוֹן בְּבָנֶיהָ.

שַׂמְּחֵנוּ יהוה אֱלֹהֵינוּ בְּאֵלִיָּהוּ הַנָּבִיא עַבְדֶּךָ, וּבְמַלְכוּת בֵּית דָּוִד מְשִׁיחֶךָ, בִּמְהֵרָה יָבוֹא וְיָגֵל לִבֵּנוּ. עַל כִּסְאוֹ לֹא יֵשֵׁב זָר, וְלֹא יִנְחֲלוּ עוֹד אֲחֵרִים אֶת כְּבוֹדוֹ, כִּי בְשֵׁם קָדְשְׁךָ נִשְׁבַּעְתָּ לּוֹ שֶׁלֹּא יִכְבֶּה נֵרוֹ לְעוֹלָם וָעֶד. בָּרוּךְ אַתָּה יהוה, מָגֵן דָּוִד.

THE HAFTARA

The reading of a passage from the prophetic works (the second of the three parts of Tanakh) dates back, in origin, to the period of the Second Temple. The

עַל הַתּוֹרָה For the Torah, for divine worship, for the prophets, and for this Sabbath day which You, Lord our God, have given us for holiness and rest, honor and glory – for all these we thank and bless You, Lord our God, and may Your name be blessed by the mouth of all that lives, continually, for ever and all time. Blessed are You, Lord, who sanctifies the Sabbath.

The following three paragraphs are only said when praying with a minyan (some say the first paragraph without a minyan).

יְקוּם פֻּרְקָן May deliverance arise from heaven, bringing grace, love and compassion, long life, ample sustenance and heavenly help, physical health and enlightenment of mind, living and thriving children who will neither interrupt nor cease from the words of the Torah – to our masters and teachers of the holy communities in the land of Israel and Babylon; to the leaders of assemblies and the leaders of communities in exile; to the heads of academies and to the judges in the gates; to all their disciples and their disciples' disciples, and to all who occupy themselves in study of the Torah. May the King of the Universe bless them, prolonging their lives, increasing their days, and adding to their years. May they be redeemed and delivered from all distress and illness. May our Master in heaven be their help at all times and seasons; and let us say: Amen.

---

not from the house of David); and (4) a hymn of praise to the day: Shabbat or Festival.

Special Prayers: A series of seven prayers for Jewish communities throughout the world, the societies in which, and the governments under which, they live. Dating from different times and places, they reflect the diversity of Jewish life from ancient times to today.

יְקוּם פֻּרְקָן *May deliverance arise:* A prayer for the religious and lay leadership of Babylonian Jewry, dating from the Talmudic and Geonic eras, when Babylon was a major center of Jewish life.

עַל הַתּוֹרָה וְעַל הָעֲבוֹדָה וְעַל הַנְּבִיאִים וְעַל יוֹם הַשַּׁבָּת הַזֶּה, שֶׁנָּתַתָּ לָּנוּ יהוה אֱלֹהֵינוּ לִקְדֻשָּׁה וְלִמְנוּחָה, לְכָבוֹד וּלְתִפְאָרֶת. עַל הַכֹּל יהוה אֱלֹהֵינוּ אֲנַחְנוּ מוֹדִים לָךְ וּמְבָרְכִים אוֹתָךְ, יִתְבָּרַךְ שִׁמְךָ בְּפִי כָּל חַי תָּמִיד לְעוֹלָם וָעֶד. בָּרוּךְ אַתָּה יהוה, מְקַדֵּשׁ הַשַּׁבָּת.

The following three paragraphs are only said when praying with a מנין *(some say the first paragraph without a* מנין*).*

יְקוּם פֻּרְקָן מִן שְׁמַיָּא, חִנָּא וְחִסְדָּא וְרַחֲמֵי וְחַיֵּי אֲרִיכֵי וּמְזוֹנֵי רְוִיחֵי, וְסִיַּעְתָּא דִשְׁמַיָּא, וּבַרְיוּת גּוּפָא וּנְהוֹרָא מְעַלְּיָא, זַרְעָא חַיָּא וְקַיָּמָא, זַרְעָא דִּי לָא יִפְסֻק וְדִי לָא יִבְטֻל מִפִּתְגָּמֵי אוֹרַיְתָא, לְמָרָנָן וְרַבָּנָן חֲבוּרָתָא קַדִּישָׁתָא דִּי בְאַרְעָא דְיִשְׂרָאֵל וְדִי בְבָבֶל, לְרֵישֵׁי כַלָּה, וּלְרֵישֵׁי גָלְוָתָא, וּלְרֵישֵׁי מְתִיבָתָא, וּלְדַיָּנֵי דְבָבָא, לְכָל תַּלְמִידֵיהוֹן, וּלְכָל תַּלְמִידֵי תַלְמִידֵיהוֹן, וּלְכָל מָאן דְּעָסְקִין בְּאוֹרַיְתָא. מַלְכָּא דְעָלְמָא יְבָרֵךְ יָתְהוֹן, יַפִּישׁ חַיֵּיהוֹן וְיַסְגֵּא יוֹמֵיהוֹן, וְיִתֵּן אַרְכָא לִשְׁנֵיהוֹן, וְיִתְפָּרְקוּן וְיִשְׁתֵּזְבוּן מִן כָּל עָקָא וּמִן כָּל מַרְעִין בִּישִׁין. מָרַן דִּי בִשְׁמַיָּא יְהֵא בְסַעְדְּהוֹן כָּל זְמַן וְעִדָּן, וְנֹאמַר אָמֵן.

---

and prophetic books. The *haftara* is usually connected, verbally or thematically, with the Torah reading. Some *haftarot,* however, are related to the time of the year, such as the readings for Rosh Ḥodesh when it falls on a Shabbat, or before and after Tisha B'Av. The blessing before the reading emphasizes our faith in the truth of the words of the prophets. The four blessings afterwards speak of: (1) our faith in God's promises, through the prophets; (2) our hope for the restoration of Zion; (3) a prayer for the return of the Davidic monarchy (there are traces here of a polemic against rival claims to sovereignty, such as that of the Hasmonean kings of the Second Temple period, who were

יְקוּם פֻּרְקָן May deliverance arise from heaven, bringing grace, love and compassion, long life, ample sustenance and heavenly help, physical health and enlightenment of mind, living and thriving children who will neither interrupt nor cease from the words of the Torah – to all this holy congregation, great and small, women and children. May the King of the Universe bless you, prolonging your lives, increasing your days, and adding to your years. May you be redeemed and delivered from all distress and illness. May our Master in heaven be your help at all times and seasons; and let us say: Amen.

מִי שֶׁבֵּרַךְ May He who blessed our fathers, Abraham, Isaac and Jacob, bless all this holy congregation, together with all other holy congregations: them, their wives, their sons and daughters, and all that is theirs. May He bless those who unite to form synagogues for prayer and those who come there to pray; those who provide lamps for light and wine for Kiddush and Havdala, food for visitors and charity for the poor, and all who faithfully occupy themselves with the needs of the community. May the Holy One, blessed be He, give them their reward; may He remove from them all illness, grant them complete healing, and forgive all their sins. May He send blessing and success to all the work of their hands, together with all Israel their brethren; and let us say: Amen.

---

lective house of Jewish worship, was made out of the voluntary contributions of the Israelites, so Jewish communities today are sustained by the voluntary contributions of their members, whether in the form of money or time.

יְקוּם פֻּרְקָן מִן שְׁמַיָּא, חִנָּא וְחִסְדָּא וְרַחֲמֵי וְחַיֵּי אֲרִיכֵי וּמְזוֹנֵי רְוִיחֵי, וְסִיַּעְתָּא דִשְׁמַיָּא, וּבַרְיוּת גּוּפָא וּנְהוֹרָא מְעַלְיָא, זַרְעָא חַיָּא וְקַיָּמָא, זַרְעָא דִּי לָא יִפְסֻק וְדִי לָא יִבְטֻל מִפִּתְגָּמֵי אוֹרַיְתָא, לְכָל קְהָלָא קַדִּישָׁא הָדֵין, רַבְרְבַיָּא עִם זְעֵרַיָּא, טַפְלָא וּנְשַׁיָּא. מַלְכָּא דְעָלְמָא יְבָרֵךְ יָתְכוֹן, יַפֵּשׁ חַיֵּיכוֹן וְיַסְגֵּא יוֹמֵיכוֹן, וְיִתֵּן אַרְכָא לִשְׁנֵיכוֹן, וְתִתְפָּרְקוּן וְתִשְׁתֵּיזְבוּן מִן כָּל עָקָא וּמִן כָּל מַרְעִין בִּישִׁין. מָרַן דִּי בִשְׁמַיָּא יְהֵא בְסַעְדְּכוֹן כָּל זְמַן וְעִדָּן, וְנֹאמַר אָמֵן.

מִי שֶׁבֵּרַךְ אֲבוֹתֵינוּ אַבְרָהָם יִצְחָק וְיַעֲקֹב, הוּא יְבָרֵךְ אֶת כָּל הַקָּהָל הַקָּדוֹשׁ הַזֶּה עִם כָּל קְהִלּוֹת הַקֹּדֶשׁ, הֵם וּנְשֵׁיהֶם וּבְנֵיהֶם וּבְנוֹתֵיהֶם וְכָל אֲשֶׁר לָהֶם, וּמִי שֶׁמְּיַחֲדִים בָּתֵּי כְנֵסִיּוֹת לִתְפִלָּה, וּמִי שֶׁבָּאִים בְּתוֹכָם לְהִתְפַּלֵּל, וּמִי שֶׁנּוֹתְנִים נֵר לַמָּאוֹר וְיַיִן לְקִדּוּשׁ וּלְהַבְדָּלָה וּפַת לָאוֹרְחִים וּצְדָקָה לָעֲנִיִּים, וְכָל מִי שֶׁעוֹסְקִים בְּצָרְכֵי צִבּוּר בֶּאֱמוּנָה. הַקָּדוֹשׁ בָּרוּךְ הוּא יְשַׁלֵּם שְׂכָרָם, וְיָסִיר מֵהֶם כָּל מַחֲלָה, וְיִרְפָּא לְכָל גּוּפָם, וְיִסְלַח לְכָל עֲוֹנָם, וְיִשְׁלַח בְּרָכָה וְהַצְלָחָה בְּכָל מַעֲשֵׂי יְדֵיהֶם עִם כָּל יִשְׂרָאֵל אֲחֵיהֶם, וְנֹאמַר אָמֵן.

יְקוּם פֻּרְקָן *May deliverance arise:* The second and third prayers, one in Aramaic and based on the previous prayer, the other in Hebrew, are for all those who work for the congregation. Just as the Tabernacle, the first col-

The Prayer for the Welfare of the Canadian Goverment is on the next page.

PRAYER FOR THE WELFARE OF THE AMERICAN GOVERNMENT

The Leader says the following:

הַנּוֹתֵן תְּשׁוּעָה May He who gives salvation to kings and dominion to princes, whose kingdom is an everlasting kingdom, who delivers His servant David from the evil sword, who makes a way in the sea and a path through the mighty waters, bless and protect, guard and help, exalt, magnify and uplift the President, Vice President and all officials of this land. May the Supreme King of kings in His mercy put into their hearts and the hearts of all their counselors and officials, to deal kindly with us and all Israel. In their days and in ours, may Judah be saved and Israel dwell in safety, and may the Redeemer come to Zion. May this be His will, and let us say: Amen.

PRAYER FOR THE SAFETY OF THE AMERICAN MILITARY

The Leader says the following:

אַדִּיר בַּמָּרוֹם God on high who dwells in might, the King to whom peace belongs, look down from Your holy habitation and bless the soldiers of the American military forces who risk their lives for the sake of peace on earth. Be their shelter and stronghold, and let them not falter. Give them the strength and courage to thwart the plans of the enemy and end the rule of evil. May their enemies be scattered and their foes flee before them, and may they rejoice in Your salvation. Bring them back safely to their homes, as is written:
"The LORD will guard you from all harm, He will guard your life. *Ps. 121*
The LORD will guard your going and coming, now and for evermore."
And may there be fulfilled for us the verse: "Nation shall not lift up *Is. 2*
sword against nation, nor shall they learn war any more." Let all the

---

find peace." Similar guidance was given at a later period (first century CE) after the Roman conquest of Jerusalem: "Rabbi Ḥanina, the deputy High Priest, said: Pray for the welfare of the government, for were it not for fear of it, people would swallow one another alive" (*Avot* 3:2).

The Prayer for the Welfare of the Canadian Goverment is on the next page.

תפילה לשלום המלכות

The שליח ציבור *says the following:*

הַנּוֹתֵן תְּשׁוּעָה לַמְּלָכִים וּמֶמְשָׁלָה לַנְּסִיכִים, מַלְכוּתוֹ מַלְכוּת כָּל עוֹלָמִים, הַפּוֹצֶה אֶת דָּוִד עַבְדּוֹ מֵחֶרֶב רָעָה, הַנּוֹתֵן בַּיָּם דֶּרֶךְ וּבְמַיִם עַזִּים נְתִיבָה, הוּא יְבָרֵךְ וְיִשְׁמֹר וְיִנְצֹר וְיַעֲזֹר וִירוֹמֵם וִיגַדֵּל וִינַשֵּׂא לְמַעְלָה אֶת הַנָּשִׂיא וְאֵת מִשְׁנֵהוּ וְאֶת כָּל שָׂרֵי הָאָרֶץ הַזֹּאת. מֶלֶךְ מַלְכֵי הַמְּלָכִים, בְּרַחֲמָיו יִתֵּן בְּלִבָּם וּבְלֵב כָּל יוֹעֲצֵיהֶם וְשָׂרֵיהֶם לַעֲשׂוֹת טוֹבָה עִמָּנוּ וְעִם כָּל יִשְׂרָאֵל. בִּימֵיהֶם וּבְיָמֵינוּ תִּוָּשַׁע יְהוּדָה, וְיִשְׂרָאֵל יִשְׁכֹּן לָבֶטַח, וּבָא לְצִיּוֹן גּוֹאֵל. וְכֵן יְהִי רָצוֹן, וְנֹאמַר אָמֵן.

תפילה לשלום חיילי צבא ארצות הברית

The שליח ציבור *says the following:*

אַדִּיר בַּמָּרוֹם שׁוֹכֵן בִּגְבוּרָה, מֶלֶךְ שֶׁהַשָּׁלוֹם שֶׁלּוֹ, הַשְׁקִיפָה מִמְּעוֹן קָדְשְׁךָ, וּבָרֵךְ אֶת חַיָּלֵי צְבָא אַרְצוֹת הַבְּרִית, הַמְחָרְפִים נַפְשָׁם בְּלֶכְתָּם לָשִׂים שָׁלוֹם בָּאָרֶץ. הֱיֵה נָא לָהֶם מַחֲסֶה וּמָעוֹז, וְאַל תִּתֵּן לַמּוֹט רַגְלָם, חַזֵּק יְדֵיהֶם וְאַמֵּץ רוּחָם לְהָפֵר עֲצַת אוֹיֵב וּלְהַעֲבִיר מֶמְשֶׁלֶת זָדוֹן, יָפוּצוּ אוֹיְבֵיהֶם וְיָנוּסוּ מְשַׂנְאֵיהֶם מִפְּנֵיהֶם, וְיִשְׂמְחוּ בִּישׁוּעָתֶךָ. הֲשִׁיבֵם בְּשָׁלוֹם אֶל בֵּיתָם, כַּכָּתוּב בְּדִבְרֵי קָדְשֶׁךָ:
תהלים קכא יהוה יִשְׁמָרְךָ מִכָּל־רָע, יִשְׁמֹר אֶת־נַפְשֶׁךָ: יהוה יִשְׁמָר־צֵאתְךָ
ישעיה ב וּבוֹאֶךָ, מֵעַתָּה וְעַד־עוֹלָם: וְקַיֵּם בָּנוּ מִקְרָא שֶׁכָּתוּב: לֹא־יִשָּׂא גוֹי

הַנּוֹתֵן תְּשׁוּעָה *Prayer for the Welfare of the Government.* This prayer echoes the instruction of Jeremiah (29:7) to those dispersed at the time of the Babylonian exile (sixth century BCE): "Seek the peace of the city to which I have carried you in exile. Pray to the LORD for it, because in its peace, you shall

inhabitants on earth know that sovereignty is Yours and Your name inspires awe over all You have created – and let us say: Amen.

PRAYER FOR THE WELFARE OF THE CANADIAN GOVERNMENT

The Leader says the following:

הַנּוֹתֵן תְּשׁוּעָה May He who gives salvation to kings and dominion to princes, whose kingdom is an everlasting kingdom, who delivers His servant David from the evil sword, who makes a way in the sea and a path through the mighty waters, bless and protect, guard and help, exalt, magnify and uplift the Prime Minister and all the elected and appointed officials of Canada. May the Supreme King of kings in His mercy put into their hearts and the hearts of all their counselors and officials, to deal kindly with us and all Israel. In their days and in ours, may Judah be saved and Israel dwell in safety, and may the Redeemer come to Zion. May this be His will, and let us say: Amen.

PRAYER FOR THE SAFETY OF THE CANADIAN MILITARY FORCES

The Leader says the following:

אַדִּיר בַּמָּרוֹם God on high who dwells in might, the King to whom peace belongs, look down from Your holy habitation and bless the soldiers of the Canadian Forces who risk their lives for the sake of peace on earth. Be their shelter and stronghold, and let them not falter. Give them the strength and courage to thwart the plans of the enemy and end the rule of evil. May their enemies be scattered and their foes flee before them, and may they rejoice in Your salvation.
Bring them back safely to their homes, as is written: "The Lord will *Ps. 121*
guard you from all harm, He will guard your life. The Lord will guard your going and coming, now and for evermore." And may
there be fulfilled for us the verse: "Nation shall not lift up sword *Is. 2*
against nation, nor shall they learn war any more." Let all the inhabitants on earth know that sovereignty is Yours and Your name inspires awe over all You have created – and let us say: Amen.

אֶל־גּוֹי חֶרֶב, וְלֹא־יִלְמְדוּ עוֹד מִלְחָמָה: וְיֵדְעוּ כָּל יוֹשְׁבֵי תֵבֵל כִּי
לְךָ מְלוּכָה יָאֲתָה, וְשִׁמְךָ נוֹרָא עַל כָּל מַה שֶּׁבָּרָאתָ. וְנֹאמַר אָמֵן.

תפילה לשלום המלכות

The שליח ציבור *says the following:*

הַנּוֹתֵן תְּשׁוּעָה לַמְּלָכִים וּמֶמְשָׁלָה לַנְּסִיכִים, מַלְכוּתוֹ מַלְכוּת כָּל
עוֹלָמִים, הַפּוֹצֶה אֶת דָּוִד עַבְדּוֹ מֵחֶרֶב רָעָה, הַנּוֹתֵן בַּיָּם דֶּרֶךְ
וּבְמַיִם עַזִּים נְתִיבָה, הוּא יְבָרֵךְ וְיִשְׁמֹר וְיִנְצֹר וְיַעֲזֹר וִירוֹמֵם וִיגַדֵּל
וִינַשֵּׂא לְמַעְלָה אֶת רֹאשׁ הַמֶּמְשָׁלָה וְאֶת כָּל שָׂרֵי הָאָרֶץ הַזֹּאת.
מֶלֶךְ מַלְכֵי הַמְּלָכִים, בְּרַחֲמָיו יִתֵּן בְּלִבָּם וּבְלֵב כָּל יוֹעֲצֵיהֶם
וְשָׂרֵיהֶם לַעֲשׂוֹת טוֹבָה עִמָּנוּ וְעִם כָּל יִשְׂרָאֵל. בִּימֵיהֶם וּבְיָמֵינוּ
תִּוָּשַׁע יְהוּדָה, וְיִשְׂרָאֵל יִשְׁכֹּן לָבֶטַח, וּבָא לְצִיּוֹן גּוֹאֵל. וְכֵן יְהִי
רָצוֹן, וְנֹאמַר אָמֵן.

תפילה לשלום חיילי צבא קנדה

The שליח ציבור *says the following:*

אַדִּיר בַּמָּרוֹם שׁוֹכֵן בִּגְבוּרָה, מֶלֶךְ שֶׁהַשָּׁלוֹם שֶׁלּוֹ, הַשְׁקִיפָה
מִמְּעוֹן קָדְשֶׁךָ, וּבָרֵךְ אֶת חַיָּלֵי צְבָא קָנָדָה, הַמְחָרְפִים נַפְשָׁם
בְּלֶכְתָּם לָשִׂים שָׁלוֹם בָּאָרֶץ. הֱיֵה נָא לָהֶם מַחֲסֶה וּמָעוֹז, וְאַל תִּתֵּן
לַמּוֹט רַגְלָם, חַזֵּק יְדֵיהֶם וְאַמֵּץ רוּחָם לְהָפֵר עֲצַת אוֹיֵב וּלְהַעֲבִיר
מֶמְשֶׁלֶת זָדוֹן, יָפוּצוּ אוֹיְבֵיהֶם וְיָנוּסוּ מְשַׂנְאֵיהֶם מִפְּנֵיהֶם, וְיִשְׂמְחוּ
בִּישׁוּעָתֶךָ. הֲשִׁיבֵם בְּשָׁלוֹם אֶל בֵּיתָם, כַּכָּתוּב בְּדִבְרֵי קָדְשֶׁךָ:
יהוה יִשְׁמָרְךָ מִכָּל־רָע, יִשְׁמֹר אֶת־נַפְשֶׁךָ: יהוה יִשְׁמָר־צֵאתְךָ תהלים קכא
וּבוֹאֶךָ, מֵעַתָּה וְעַד־עוֹלָם: וְקַיֵּם בָּנוּ מִקְרָא שֶׁכָּתוּב: לֹא־יִשָּׂא גוֹי ישעיה ב
אֶל־גּוֹי חֶרֶב, וְלֹא־יִלְמְדוּ עוֹד מִלְחָמָה: וְיֵדְעוּ כָּל יוֹשְׁבֵי תֵבֵל כִּי
לְךָ מְלוּכָה יָאֲתָה, וְשִׁמְךָ נוֹרָא עַל כָּל מַה שֶּׁבָּרָאתָ. וְנֹאמַר אָמֵן.

PRAYER FOR THE STATE OF ISRAEL

The Leader says the following prayer:

אָבִינוּ שֶׁבַּשָּׁמַיִם Heavenly Father, Israel's Rock and Redeemer, bless the State of Israel, the first flowering of our redemption. Shield it under the wings of Your loving-kindness and spread over it the Tabernacle of Your peace. Send Your light and truth to its leaders, ministers and counselors, and direct them with good counsel before You.

Strengthen the hands of the defenders of our Holy Land; grant them deliverance, our God, and crown them with the crown of victory. Grant peace in the land and everlasting joy to its inhabitants.

As for our brothers, the whole house of Israel, remember them in all the lands of our (*In Israel say:* their) dispersion, and swiftly lead us (*In Israel say:* them) upright to Zion Your city, and Jerusalem Your dwelling place, as is written in the Torah of Moses Your servant: "Even if you are scattered to the furthermost lands under the heavens, from there the LORD your God will gather you and take you back. The LORD your God will bring you to the land your ancestors possessed and you will possess it; and He will make you more prosperous and numerous than your ancestors. Then the LORD your God will open up your heart and the heart of your descendants, to love the LORD your God with all your heart and with all your soul, that you may live." *Deut. 30*

Unite our hearts to love and revere Your name and observe all the words of Your Torah, and swiftly send us Your righteous anointed one of the house of David, to redeem those who long for Your salvation.

Appear in Your glorious majesty over all the dwellers on earth, and let all who breathe declare: The LORD God of Israel is King and His kingship has dominion over all. Amen, Selah.

---

verse from Deuteronomy – that Israel would one day be gathered from "the furthermost lands under the heavens," an astonishingly precise prediction of what actually happened. According to the third-century Babylonian teacher Shmuel, "The only difference between this world and the messianic age is subjection to foreign powers" (*Berakhot* 34b). In this view, Israel's independence was in itself a redemptive moment, a return to Jewish self-determination, self-government and self-defense under the sovereignty of God alone.

תפילה לשלום מדינת ישראל

The שליח ציבור *says the following prayer:*

אָבִֽינוּ שֶׁבַּשָּׁמַֽיִם, צוּר יִשְׂרָאֵל וְגוֹאֲלוֹ, בָּרֵךְ אֶת מְדִינַת יִשְׂרָאֵל,
רֵאשִׁית צְמִיחַת גְּאֻלָּתֵֽנוּ. הָגֵן עָלֶֽיהָ בְּאֶבְרַת חַסְדֶּֽךָ וּפְרֹשׂ עָלֶֽיהָ
סֻכַּת שְׁלוֹמֶֽךָ, וּשְׁלַח אוֹרְךָ וַאֲמִתְּךָ לְרָאשֶֽׁיהָ, שָׂרֶֽיהָ וְיוֹעֲצֶֽיהָ,
וְתַקְּנֵם בְּעֵצָה טוֹבָה מִלְּפָנֶֽיךָ.

חַזֵּק אֶת יְדֵי מְגִנֵּי אֶֽרֶץ קָדְשֵֽׁנוּ, וְהַנְחִילֵם אֱלֹהֵֽינוּ יְשׁוּעָה וַעֲטֶֽרֶת
נִצָּחוֹן תְּעַטְּרֵם, וְנָתַתָּ שָׁלוֹם בָּאָֽרֶץ וְשִׂמְחַת עוֹלָם לְיוֹשְׁבֶֽיהָ.

וְאֶת אַחֵֽינוּ כָּל בֵּית יִשְׂרָאֵל, פְּקָד נָא בְּכָל אַרְצוֹת פְּזוּרֵֽינוּ, וְתוֹלִיכֵֽנוּ
/בארץ ישראל: פְּזוּרֵיהֶם, וְתוֹלִיכֵם/ מְהֵרָה קוֹמְמִיּוּת לְצִיּוֹן עִירֶֽךָ וְלִירוּשָׁלַֽיִם
מִשְׁכַּן שְׁמֶֽךָ, כַּכָּתוּב בְּתוֹרַת מֹשֶׁה עַבְדֶּֽךָ: אִם־יִהְיֶה נִדַּחֲךָ בִּקְצֵה דברים ל
הַשָּׁמָֽיִם, מִשָּׁם יְקַבֶּצְךָ יהוה אֱלֹהֶֽיךָ וּמִשָּׁם יִקָּחֶֽךָ: וֶהֱבִיאֲךָ יהוה
אֱלֹהֶֽיךָ אֶל־הָאָֽרֶץ אֲשֶׁר־יָרְשׁוּ אֲבֹתֶֽיךָ וִירִשְׁתָּהּ, וְהֵיטִבְךָ וְהִרְבְּךָ
מֵאֲבֹתֶֽיךָ: וּמָל יהוה אֱלֹהֶֽיךָ אֶת־לְבָבְךָ וְאֶת־לְבַב זַרְעֶֽךָ, לְאַהֲבָה
אֶת־יהוה אֱלֹהֶֽיךָ בְּכָל־לְבָבְךָ וּבְכָל־נַפְשְׁךָ, לְמַֽעַן חַיֶּֽיךָ:

וְיַחֵד לְבָבֵֽנוּ לְאַהֲבָה וּלְיִרְאָה אֶת שְׁמֶֽךָ, וְלִשְׁמֹר אֶת כָּל דִּבְרֵי
תוֹרָתֶֽךָ, וּשְׁלַח לָֽנוּ מְהֵרָה בֶּן דָּוִד מְשִֽׁיחַ צִדְקֶֽךָ, לִפְדּוֹת מְחַכֵּי
קֵץ יְשׁוּעָתֶֽךָ.

וְהוֹפַע בַּהֲדַר גְּאוֹן עֻזֶּֽךָ עַל כָּל יוֹשְׁבֵי תֵבֵל אַרְצֶֽךָ וְיֹאמַר כֹּל אֲשֶׁר
נְשָׁמָה בְאַפּוֹ, יהוה אֱלֹהֵי יִשְׂרָאֵל מֶֽלֶךְ וּמַלְכוּתוֹ בַּכֹּל מָשָֽׁלָה,
אָמֵן סֶֽלָה.

אָבִֽינוּ שֶׁבַּשָּׁמַֽיִם *Prayer for the State of Israel:* Introduced after the birth of the modern State of Israel in 1948. A key element of the prayer is the phrase "the first flowering of our redemption." It means that the restoration of Israel as a sovereign nation in its own land was not merely an event in secular history. It was the fulfillment of the prophetic vision – first stated by Moses in the quoted

PRAYER FOR ISRAEL'S DEFENSE FORCES

The Leader says the following prayer:

מִי שֶׁבֵּרַךְ May He who blessed our ancestors, Abraham, Isaac and Jacob, bless the members of Israel's Defense Forces and its security services who stand guard over our land and the cities of our God from the Lebanese border to the Egyptian desert, from the Mediterranean sea to the approach of the Aravah, and wherever else they are, on land, in air and at sea. May the LORD make the enemies who rise against us be struck down before them. May the Holy One, blessed be He, protect and deliver them from all trouble and distress, affliction and illness, and send blessing and success to all the work of their hands. May He subdue our enemies under them and crown them with deliverance and victory. And may there be fulfilled in them the verse, "It is the LORD your God *Deut. 20* who goes with you to fight for you against your enemies, to deliver you." And let us say: Amen.

PRAYER FOR THOSE BEING HELD IN CAPTIVITY

If Israeli soldiers or civilians are being held in captivity, the Leader says the following:

מִי שֶׁבֵּרַךְ May He who blessed our ancestors, Abraham, Isaac and Jacob, Joseph, Moses and Aaron, David and Solomon, bless, protect and guard the members of Israel's Defense Forces missing in action or held captive, and other captives among our brethren, the whole house of Israel, who are in distress or captivity, as we, the members of this holy congregation, pray on their behalf. May the Holy One, blessed be He, have compassion on them and bring them out from darkness and the shadow of death; may He break their bonds, deliver them from their distress, and bring them swiftly back to their families' embrace. Give thanks to the LORD *Ps. 107* for His loving-kindness and for the wonders He does for the children of men; and may there be fulfilled in them the verse: "Those redeemed by *Is. 35* the LORD will return; they will enter Zion with singing, and everlasting joy will crown their heads. Gladness and joy will overtake them, and sorrow and sighing will flee away." And let us say: Amen.

---

before they went out to battle in biblical times (Deut. 20:4). Israel, always small, always outnumbered by its neighbors, places its faith in God and the justice of its cause, not on military might alone.

מי שברך לחיילי צה״ל

The שליח ציבור *says the following prayer:*

מִי שֶׁבֵּרַךְ אֲבוֹתֵינוּ אַבְרָהָם יִצְחָק וְיַעֲקֹב הוּא יְבָרֵךְ אֶת חַיָּלֵי
צְבָא הַהֲגָנָה לְיִשְׂרָאֵל וְאַנְשֵׁי כֹּחוֹת הַבִּטָּחוֹן, הָעוֹמְדִים עַל מִשְׁמַר
אַרְצֵנוּ וְעָרֵי אֱלֹהֵינוּ, מִגְּבוּל הַלְּבָנוֹן וְעַד מִדְבַּר מִצְרַיִם וּמִן הַיָּם
הַגָּדוֹל עַד לְבוֹא הָעֲרָבָה וּבְכָל מָקוֹם שֶׁהֵם, בַּיַּבָּשָׁה, בָּאֲוִיר וּבַיָּם.
יִתֵּן יהוה אֶת אוֹיְבֵינוּ הַקָּמִים עָלֵינוּ נִגָּפִים לִפְנֵיהֶם. הַקָּדוֹשׁ בָּרוּךְ
הוּא יִשְׁמֹר וְיַצִּיל אֶת חַיָּלֵינוּ מִכָּל צָרָה וְצוּקָה וּמִכָּל נֶגַע וּמַחֲלָה,
וְיִשְׁלַח בְּרָכָה וְהַצְלָחָה בְּכָל מַעֲשֵׂי יְדֵיהֶם. יַדְבֵּר שׂוֹנְאֵינוּ תַּחְתֵּיהֶם
וִיעַטְּרֵם בְּכֶתֶר יְשׁוּעָה וּבַעֲטֶרֶת נִצָּחוֹן. וִיקֻיַּם בָּהֶם הַכָּתוּב: כִּי דברים כ
יהוה אֱלֹהֵיכֶם הַהֹלֵךְ עִמָּכֶם לְהִלָּחֵם לָכֶם עִם־אֹיְבֵיכֶם לְהוֹשִׁיעַ
אֶתְכֶם: וְנֹאמַר אָמֵן.

מי שברך לשבויים

If Israeli soldiers or civilians are being held in captivity, the שליח ציבור *says the following:*

מִי שֶׁבֵּרַךְ אֲבוֹתֵינוּ אַבְרָהָם יִצְחָק וְיַעֲקֹב, יוֹסֵף מֹשֶׁה וְאַהֲרֹן,
דָּוִד וּשְׁלֹמֹה, הוּא יְבָרֵךְ וְיִשְׁמֹר וְיִנְצֹר אֶת נֶעְדְּרֵי צְבָא הַהֲגָנָה
לְיִשְׂרָאֵל וּשְׁבוּיָו, וְאֶת כָּל אַחֵינוּ הַנְּתוּנִים בְּצָרָה וּבְשִׁבְיָה, בַּעֲבוּר
שֶׁכָּל הַקָּהָל הַקָּדוֹשׁ הַזֶּה מִתְפַּלֵּל בַּעֲבוּרָם. הַקָּדוֹשׁ בָּרוּךְ הוּא
יִמָּלֵא רַחֲמִים עֲלֵיהֶם, וְיוֹצִיאֵם מֵחֹשֶׁךְ וְצַלְמָוֶת, וּמוֹסְרוֹתֵיהֶם
יְנַתֵּק, וּמִמְּצוּקוֹתֵיהֶם יוֹשִׁיעֵם, וִישִׁיבֵם מְהֵרָה לְחֵיק מִשְׁפְּחוֹתֵיהֶם.
יוֹדוּ לַיהוה חַסְדּוֹ וְנִפְלְאוֹתָיו לִבְנֵי אָדָם: וִיקֻיַּם בָּהֶם מִקְרָא תהלים קז
שֶׁכָּתוּב: וּפְדוּיֵי יהוה יְשֻׁבוּן, וּבָאוּ צִיּוֹן בְּרִנָּה, וְשִׂמְחַת עוֹלָם ישעיה לה
עַל־רֹאשָׁם, שָׂשׂוֹן וְשִׂמְחָה יַשִּׂיגוּ, וְנָסוּ יָגוֹן וַאֲנָחָה: וְנֹאמַר אָמֵן.

מִי שֶׁבֵּרַךְ *Prayer for Israel's Defense Forces:* The verse with which the prayer ends is taken from the speech that the "Kohen anointed for war" spoke to Israel

BLESSING THE NEW MONTH

On the Shabbat before Rosh Ḥodesh, the following is said by the congregation, and repeated by the Leader:

יְהִי רָצוֹן May it be Your will, Lord our God and God of our fathers, to renew for us this coming month for good and blessing. Grant us long life, a life of peace, a life of goodness, a life of blessing, a life of sustenance, a life of physical health, a life marked by reverence for heaven and dread of sin, a life without shame or disgrace, a life of wealth and honor, a life in which we have love for the Torah and reverence for heaven, a life in which our hearts' desires are fulfilled for good. Amen, Selah. *Berakhot 16b*

The new moon is announced, then the Leader takes the Torah scroll in his right arm and says:

מִי שֶׁעָשָׂה May He who performed miracles for our ancestors
and redeemed them from slavery to freedom, redeem us soon,
and gather in our dispersed people from the four quarters of the earth,
so that all Israel may be united in friendship, and let us say: Amen.

The Leader, then the congregation:

The new month of (*Hebrew month*) will occur on (*day of week*).
May it come to us and all Israel for good.

The congregation and Leader continue:

Outside Israel:
May the Holy One,
blessed be He,
renew this new month for
us and for all His people,
the house of Israel,
for life and peace,
gladness and joy,
salvation and consolation;
and let us say: Amen.

In Israel:
May the Holy One, blessed be He, renew this
month for us and for all His people
the house of Israel, wherever they are,
for good and blessing, gladness and joy,
for salvation and consolation, livelihood and
sustenance,
for life and peace, good tidings and good news,
(*In winter:* for rain in its due season,)
for complete healing and imminent redemption,
and let us say: Amen.

BLESSING OF THE NEW MOON

Originally the New Moon was determined by the Sanhedrin on the basis of eye-witness testimony. Since this could not be precisely predicted in advance, the decision of the court had to be communicated to the Jewish communities in Israel and elsewhere. At first this was done by lighting fire signals on hill-tops. Later it was done by messengers, and in the fourth century, when

ברכת החודש

On the שבת *before* ראש חודש*, the following is said by the* קהל*, and repeated by the* שליח ציבור*:*

ברכות טז: יְהִי רָצוֹן מִלְּפָנֶיךָ, יהוה אֱלֹהֵינוּ וֵאלֹהֵי אֲבוֹתֵינוּ, שֶׁתְּחַדֵּשׁ עָלֵינוּ אֶת הַחֹדֶשׁ הַזֶּה לְטוֹבָה וְלִבְרָכָה. וְתִתֶּן לָנוּ חַיִּים אֲרוּכִים, חַיִּים שֶׁל שָׁלוֹם, חַיִּים שֶׁל טוֹבָה, חַיִּים שֶׁל בְּרָכָה, חַיִּים שֶׁל פַּרְנָסָה, חַיִּים שֶׁל חִלּוּץ עֲצָמוֹת, חַיִּים שֶׁיֵּשׁ בָּהֶם יִרְאַת שָׁמַיִם וְיִרְאַת חֵטְא, חַיִּים שֶׁאֵין בָּהֶם בּוּשָׁה וּכְלִמָּה, חַיִּים שֶׁל עֹשֶׁר וְכָבוֹד, חַיִּים שֶׁתְּהֵא בָנוּ אַהֲבַת תּוֹרָה וְיִרְאַת שָׁמַיִם, חַיִּים שֶׁיִּמָּלְאוּ מִשְׁאֲלוֹת לִבֵּנוּ לְטוֹבָה, אָמֵן סֶלָה.

The מולד *is announced, then the* שליח ציבור *takes the* ספר תורה *in his right arm and says:*

מִי שֶׁעָשָׂה נִסִּים לַאֲבוֹתֵינוּ וְגָאַל אוֹתָם מֵעַבְדוּת לְחֵרוּת
הוּא יִגְאַל אוֹתָנוּ בְּקָרוֹב וִיקַבֵּץ נִדָּחֵינוּ מֵאַרְבַּע כַּנְפוֹת הָאָרֶץ
חֲבֵרִים כָּל יִשְׂרָאֵל וְנֹאמַר אָמֵן.

The שליח ציבור*, then the* קהל*:*

רֹאשׁ חֹדֶשׁ *month* יִהְיֶה בְּיוֹם *day* (*וּבְיוֹם *day*)
הַבָּא עָלֵינוּ וְעַל כָּל יִשְׂרָאֵל לְטוֹבָה.

**if the second day falls on Sunday, then substitute:* וּלְמָחֳרָתוֹ בְּיוֹם

The קהל *and* שליח ציבור *continue:*

In חוץ לארץ *say:*

יְחַדְּשֵׁהוּ
הַקָּדוֹשׁ בָּרוּךְ הוּא
עָלֵינוּ
וְעַל כָּל עַמּוֹ בֵּית יִשְׂרָאֵל
לְחַיִּים וּלְשָׁלוֹם
לְשָׂשׂוֹן וּלְשִׂמְחָה
לִישׁוּעָה וּלְנֶחָמָה
וְנֹאמַר אָמֵן.

in ארץ ישראל *say:*

יְחַדְּשֵׁהוּ הַקָּדוֹשׁ בָּרוּךְ הוּא
עָלֵינוּ וְעַל כָּל עַמּוֹ בֵּית יִשְׂרָאֵל בְּכָל מָקוֹם שֶׁהֵם
לְטוֹבָה וְלִבְרָכָה, לְשָׂשׂוֹן וּלְשִׂמְחָה
לִישׁוּעָה וּלְנֶחָמָה
לְפַרְנָסָה וּלְכַלְכָּלָה
לְחַיִּים וּלְשָׁלוֹם
לִשְׁמוּעוֹת טוֹבוֹת וְלִבְשׂוֹרוֹת טוֹבוֹת
(בחורף: וְלִגְשָׁמִים בְּעִתָּם)
וְלִרְפוּאָה שְׁלֵמָה, וְלִגְאֻלָּה קְרוֹבָה, וְנֹאמַר אָמֵן.

The following is omitted on days when Taḥanun is not said. It is also omitted on a Shabbat before Rosh Ḥodesh (except for the Shabbat before Rosh Ḥodesh Iyar and Rosh Ḥodesh Sivan) and on Shabbat Shekalim, Zakhor, Para and HaḤodesh.

אַב הָרַחֲמִים Father of compassion, who dwells on high: may He remember in His compassion the pious, the upright and the blameless – holy communities who sacrificed their lives for the sanctification of God's name. Lovely and pleasant in their lives, in death they were not parted. They were swifter than eagles and stronger than lions to do the will of their Maker and the desire of their Creator. O our God, remember them for good with the other righteous of the world, and may He exact retribution for the shed blood of His servants, as it is written in the Torah of Moses, the man of God: "O nations, acclaim *Deut. 32*
His people, for He will avenge the blood of His servants, wreak vengeance on His foes, and make clean His people's land." And by Your servants, the prophets, it is written: "I shall cleanse their blood which I have not yet *Joel 4*
cleansed, says the LORD who dwells in Zion." And in the holy Writings it says: "Why should the nations say: Where is their God? Before our eyes, may those *Ps. 79*
nations know that You avenge the shed blood of Your servants." And it also says: "For the Avenger of blood remembers them and does not forget the cry *Ps. 9*
of the afflicted." And it further says: "He will execute judgment among the *Ps. 110*
nations, filled with the dead, crushing rulers far and wide. From the brook by the wayside he will drink, then he will hold his head high."

אַשְׁרֵי Happy are those who dwell in Your House; *Ps. 84*
they shall continue to praise You, Selah!
Happy are the people for whom this is so; *Ps. 144*
happy are the people whose God is the LORD.
A song of praise by David. *Ps. 145*

I will exalt You, my God, the King, and bless Your name for ever and all time. Every day I will bless You, and praise Your name for ever and all time. Great is the LORD and greatly to be praised; His greatness is unfathomable. One generation will praise Your works to the next, and tell of Your mighty deeds. On the glorious splendor of Your majesty I will meditate, and on the acts of Your wonders. They shall talk of the power of Your awesome deeds,

---

much of the Jewish population had been forced to leave Israel, Hillel II ordained that the new moon be determined by astronomical calculation. Our ceremony, though of a later date, recalls the earlier custom.

The following is omitted on days when תחנון *is not said.*
It is also omitted on שבת מברכים *(except for the* שבת *before* ראש חודש אייר*)*
and ראש חודש סיון*) and on the "*ארבע פרשיות*,"* שקלים*,* זכור*,* פרה *and* החודש.

אַב הָרַחֲמִים שׁוֹכֵן מְרוֹמִים, בְּרַחֲמָיו הָעֲצוּמִים הוּא יִפְקֹד בְּרַחֲמִים
הַחֲסִידִים וְהַיְשָׁרִים וְהַתְּמִימִים, קְהִלּוֹת הַקֹּדֶשׁ שֶׁמָּסְרוּ נַפְשָׁם עַל
קְדֻשַּׁת הַשֵּׁם, הַנֶּאֱהָבִים וְהַנְּעִימִים בְּחַיֵּיהֶם, וּבְמוֹתָם לֹא נִפְרָדוּ,
מִנְּשָׁרִים קַלּוּ וּמֵאֲרָיוֹת גָּבֵרוּ לַעֲשׂוֹת רְצוֹן קוֹנָם וְחֵפֶץ צוּרָם. יִזְכְּרֵם
אֱלֹהֵינוּ לְטוֹבָה עִם שְׁאָר צַדִּיקֵי עוֹלָם, וְיִנְקֹם לְעֵינֵינוּ נִקְמַת דַּם עֲבָדָיו
הַשָּׁפוּךְ, כַּכָּתוּב בְּתוֹרַת מֹשֶׁה אִישׁ הָאֱלֹהִים: הַרְנִינוּ גוֹיִם עַמּוֹ, כִּי דברים לב
דַם־עֲבָדָיו יִקּוֹם, וְנָקָם יָשִׁיב לְצָרָיו, וְכִפֶּר אַדְמָתוֹ עַמּוֹ: וְעַל יְדֵי עֲבָדֶיךָ
הַנְּבִיאִים כָּתוּב לֵאמֹר: וְנִקֵּיתִי, דָּמָם לֹא־נִקֵּיתִי, וַיהוה שֹׁכֵן בְּצִיּוֹן: יואל ד
וּבְכִתְבֵי הַקֹּדֶשׁ נֶאֱמַר: לָמָּה יֹאמְרוּ הַגּוֹיִם אַיֵּה אֱלֹהֵיהֶם, יִוָּדַע בַּגּוֹיִם תהלים עט
לְעֵינֵינוּ נִקְמַת דַּם־עֲבָדֶיךָ הַשָּׁפוּךְ: וְאוֹמֵר: כִּי־דֹרֵשׁ דָּמִים אוֹתָם זָכָר, תהלים ט
לֹא־שָׁכַח צַעֲקַת עֲנָוִים: וְאוֹמֵר: יָדִין בַּגּוֹיִם מָלֵא גְוִיּוֹת, מָחַץ רֹאשׁ תהלים קי
עַל־אֶרֶץ רַבָּה: מִנַּחַל בַּדֶּרֶךְ יִשְׁתֶּה, עַל־כֵּן יָרִים רֹאשׁ:

אַשְׁרֵי יוֹשְׁבֵי בֵיתֶךָ, עוֹד יְהַלְלוּךָ סֶּלָה: תהלים פד

אַשְׁרֵי הָעָם שֶׁכָּכָה לּוֹ, אַשְׁרֵי הָעָם שֶׁיהוה אֱלֹהָיו: תהלים קמד

תְּהִלָּה לְדָוִד תהלים קמה

אֲרוֹמִמְךָ אֱלוֹהַי הַמֶּלֶךְ, וַאֲבָרְכָה שִׁמְךָ לְעוֹלָם וָעֶד:
בְּכָל־יוֹם אֲבָרְכֶךָּ, וַאֲהַלְלָה שִׁמְךָ לְעוֹלָם וָעֶד:
גָּדוֹל יהוה וּמְהֻלָּל מְאֹד, וְלִגְדֻלָּתוֹ אֵין חֵקֶר:
דּוֹר לְדוֹר יְשַׁבַּח מַעֲשֶׂיךָ, וּגְבוּרֹתֶיךָ יַגִּידוּ:
הֲדַר כְּבוֹד הוֹדֶךָ, וְדִבְרֵי נִפְלְאֹתֶיךָ אָשִׂיחָה:
וֶעֱזוּז נוֹרְאֹתֶיךָ יֹאמֵרוּ, וּגְדוּלָּתְךָ אֲסַפְּרֶנָּה:
זֵכֶר רַב־טוּבְךָ יַבִּיעוּ, וְצִדְקָתְךָ יְרַנֵּנוּ:
חַנּוּן וְרַחוּם יהוה, אֶרֶךְ אַפַּיִם וּגְדָל־חָסֶד:

and I will tell of Your greatness. They shall recite the record of Your great goodness, and sing with joy of Your righteousness. The LORD is gracious and compassionate, slow to anger and great in loving-kindness. The LORD is good to all, and His compassion extends to all His works. All Your works shall thank You, LORD, and Your devoted ones shall bless You. They shall talk of the glory of Your kingship, and speak of Your might. To make known to mankind His mighty deeds and the glorious majesty of His kingship. Your kingdom is an everlasting kingdom, and Your reign is for all generations. The LORD supports all who fall, and raises all who are bowed down. All raise their eyes to You in hope, and You give them their food in due season. You open Your hand, and satisfy every living thing with favor. The LORD is righteous in all His ways, and kind in all He does. The LORD is close to all who call on Him, to all who call on Him in truth. He fulfills the will of those who revere Him; He hears their cry and saves them. The LORD guards all who love Him, but all the wicked He will destroy. ▸ My mouth shall speak the praise of the LORD, and all creatures shall bless His holy name for ever and all time.

We will bless the LORD now and for ever. Halleluya! *Ps. 115*

RETURNING THE TORAH TO THE ARK

The Ark is opened. All stand. The Leader takes the Torah scroll and says:

יְהַלְלוּ Let them praise the name of the LORD, *Ps. 148*
for His name alone is sublime.

The congregation responds:

הוֹדוֹ His majesty is above earth and heaven.
He has raised the horn of His people,
for the glory of all His devoted ones,
the children of Israel,
the people close to Him.
Halleluya!

טוֹב־יהוה לַכֹּל, וְרַחֲמָיו עַל־כָּל־מַעֲשָׂיו:
יוֹדוּךָ יהוה כָּל־מַעֲשֶׂיךָ, וַחֲסִידֶיךָ יְבָרְכוּכָה:
כְּבוֹד מַלְכוּתְךָ יֹאמֵרוּ, וּגְבוּרָתְךָ יְדַבֵּרוּ:
לְהוֹדִיעַ לִבְנֵי הָאָדָם גְּבוּרֹתָיו, וּכְבוֹד הֲדַר מַלְכוּתוֹ:
מַלְכוּתְךָ מַלְכוּת כָּל־עֹלָמִים, וּמֶמְשַׁלְתְּךָ בְּכָל־דּוֹר וָדֹר:
סוֹמֵךְ יהוה לְכָל־הַנֹּפְלִים, וְזוֹקֵף לְכָל־הַכְּפוּפִים:
עֵינֵי־כֹל אֵלֶיךָ יְשַׂבֵּרוּ, וְאַתָּה נוֹתֵן־לָהֶם אֶת־אָכְלָם בְּעִתּוֹ:
פּוֹתֵחַ אֶת־יָדֶךָ, וּמַשְׂבִּיעַ לְכָל־חַי רָצוֹן:
צַדִּיק יהוה בְּכָל־דְּרָכָיו, וְחָסִיד בְּכָל־מַעֲשָׂיו:
קָרוֹב יהוה לְכָל־קֹרְאָיו, לְכֹל אֲשֶׁר יִקְרָאֻהוּ בֶאֱמֶת:
רְצוֹן־יְרֵאָיו יַעֲשֶׂה, וְאֶת־שַׁוְעָתָם יִשְׁמַע, וְיוֹשִׁיעֵם:
שׁוֹמֵר יהוה אֶת־כָּל־אֹהֲבָיו, וְאֵת כָּל־הָרְשָׁעִים יַשְׁמִיד:
◂ תְּהִלַּת יהוה יְדַבֶּר פִּי, וִיבָרֵךְ כָּל־בָּשָׂר שֵׁם קָדְשׁוֹ לְעוֹלָם וָעֶד:
וַאֲנַחְנוּ נְבָרֵךְ יָהּ מֵעַתָּה וְעַד־עוֹלָם, הַלְלוּיָהּ: תהלים קטו

הכנסת ספר תורה

The ארון קודש *is opened. All stand. The* שליח ציבור *takes the* ספר תורה *and says:*

יְהַלְלוּ אֶת־שֵׁם יהוה, כִּי־נִשְׂגָּב שְׁמוֹ, לְבַדּוֹ תהלים קמח

The קהל *responds:*

הוֹדוֹ עַל־אֶרֶץ וְשָׁמָיִם:
וַיָּרֶם קֶרֶן לְעַמּוֹ
תְּהִלָּה לְכָל־חֲסִידָיו
לִבְנֵי יִשְׂרָאֵל עַם קְרֹבוֹ
הַלְלוּיָהּ:

While the Torah scroll is being returned to the Ark, say:

מִזְמוֹר לְדָוִד A psalm of David. Render to the LORD, you angelic powers, render to the LORD glory and might. Render to the LORD the glory due to His name. Bow to the LORD in the beauty of holiness. The LORD's voice echoes over the waters; the God of glory thunders; the LORD is over the mighty waters. The LORD's voice in power, the LORD's voice in beauty, the LORD's voice breaks cedars, the LORD shatters the cedars of Lebanon. He makes Lebanon skip like a calf, Sirion like a young wild ox. The LORD's voice cleaves flames of fire. The LORD's voice makes the desert quake, the LORD shakes the desert of Kadesh. The LORD's voice makes hinds calve and strips the forests bare, and in His temple all say: "Glory!" The LORD sat enthroned at the Flood, the LORD sits enthroned as King for ever. The LORD will give strength to His people; the LORD will bless His people with peace. *Ps. 29*

As the Torah scroll is placed into the Ark, all say:

וּבְנֻחֹה יֹאמַר When the Ark came to rest, Moses would say: "Return, *Num. 10*
O LORD, to the myriad thousands of Israel." Advance, LORD, to *Ps. 132*
Your resting place, You and Your mighty Ark. Your priests are clothed in righteousness, and Your devoted ones sing in joy. For the sake of Your servant David, do not reject Your anointed one.
For I give you good instruction; do not forsake My Torah. It is a tree *Prov. 4* *Prov. 3*
of life to those who grasp it, and those who uphold it are happy. Its
ways are ways of pleasantness, and all its paths are peace. ▸ Turn us *Lam. 5*
back, O LORD, to You, and we will return. Renew our days as of old.

The Ark is closed.

---

the opening of the Ark, a ceremony in the present recalls the ancient past, when the Israelites carried the Ark, containing the Tablets, with them on all their journeys. Hence the poignancy of the last line, taken from the book of Lamentations, "Renew our days as of old." In Judaism – the world's oldest monotheistic faith – the new is old, and the old is new. The symbol of this constant renewal is the Torah, the word of the One who is beyond time.

While the ספר תורה *is being returned to the* ארון קודש*, say:*

תהלים כט
מִזְמוֹר לְדָוִד, הָבוּ לַיהוה בְּנֵי אֵלִים, הָבוּ לַיהוה כָּבוֹד וָעֹז: הָבוּ
לַיהוה כְּבוֹד שְׁמוֹ, הִשְׁתַּחֲווּ לַיהוה בְּהַדְרַת־קֹדֶשׁ: קוֹל יהוה
עַל־הַמָּיִם, אֵל־הַכָּבוֹד הִרְעִים, יהוה עַל־מַיִם רַבִּים: קוֹל־יהוה
בַּכֹּחַ, קוֹל יהוה בֶּהָדָר: קוֹל יהוה שֹׁבֵר אֲרָזִים, וַיְשַׁבֵּר יהוה אֶת־
אַרְזֵי הַלְּבָנוֹן: וַיַּרְקִידֵם כְּמוֹ־עֵגֶל, לְבָנוֹן וְשִׂרְיוֹן כְּמוֹ בֶן־רְאֵמִים:
קוֹל־יהוה חֹצֵב לַהֲבוֹת אֵשׁ: קוֹל יהוה יָחִיל מִדְבָּר, יָחִיל יהוה
מִדְבַּר קָדֵשׁ: קוֹל יהוה יְחוֹלֵל אַיָּלוֹת וַיֶּחֱשֹׂף יְעָרוֹת, וּבְהֵיכָלוֹ,
כֻּלּוֹ אֹמֵר כָּבוֹד: יהוה לַמַּבּוּל יָשָׁב, וַיֵּשֶׁב יהוה מֶלֶךְ לְעוֹלָם:
יהוה עֹז לְעַמּוֹ יִתֵּן, יהוה יְבָרֵךְ אֶת־עַמּוֹ בַשָּׁלוֹם:

As the ספר תורה *is placed into the* ארון קודש*, all say:*

במדבר י / תהלים קלב
וּבְנֻחֹה יֹאמַר, שׁוּבָה יהוה רִבְבוֹת אַלְפֵי יִשְׂרָאֵל: קוּמָה יהוה
לִמְנוּחָתֶךָ, אַתָּה וַאֲרוֹן עֻזֶּךָ: כֹּהֲנֶיךָ יִלְבְּשׁוּ־צֶדֶק, וַחֲסִידֶיךָ יְרַנֵּנוּ:
משלי ד
בַּעֲבוּר דָּוִד עַבְדֶּךָ אַל־תָּשֵׁב פְּנֵי מְשִׁיחֶךָ: כִּי לֶקַח טוֹב נָתַתִּי
משלי ג
לָכֶם, תּוֹרָתִי אַל־תַּעֲזֹבוּ: עֵץ־חַיִּים הִיא לַמַּחֲזִיקִים בָּהּ, וְתֹמְכֶיהָ
איכה ה
מְאֻשָּׁר: דְּרָכֶיהָ דַרְכֵי־נֹעַם וְכָל־נְתִיבֹתֶיהָ שָׁלוֹם: ‹ הֲשִׁיבֵנוּ יהוה
אֵלֶיךָ וְנָשׁוּבָה, חַדֵּשׁ יָמֵינוּ כְּקֶדֶם:

The ארון קודש *is closed.*

RETURN OF THE TORAH TO THE ARK

A ceremony parallel to that accompanying the taking out of the scroll(s).

מִזְמוֹר לְדָוִד *A psalm of David:* Psalm 29, with its sevenfold reference to "the LORD's voice" that makes the world tremble, was traditionally associated with the giving of the Torah at Mount Sinai, accompanied by thunder and lightning, when the mountain "trembled violently" (Ex. 19:18).

וּבְנֻחֹה יֹאמַר *When the Ark came to rest:* The verse (Num. 10:36) describing the moments in the wilderness years when the Israelites encamped. As at

HALF KADDISH

Leader: יִתְגַּדַּל Magnified and sanctified may His great name be,
in the world He created by His will.
May He establish His kingdom
in your lifetime and in your days,
and in the lifetime of all the house of Israel,
swiftly and soon – and say: Amen.

All: May His great name be blessed for ever and all time.

Leader: Blessed and praised, glorified and exalted,
raised and honored, uplifted and lauded
be the name of the Holy One, blessed be He,
beyond any blessing, song, praise and consolation
uttered in the world – and say: Amen.

Musaf for Shabbat

THE AMIDA

The following prayer, until "in former years" on page 756, is said silently, standing with feet together. If there is a minyan, the Amida is repeated aloud by the Leader. Take three steps forward and at the points indicated by ▾, bend the knees at the first word, bow at the second, and stand straight before saying God's name.

When I proclaim the LORD's name, give glory to our God. *Deut. 32*
O LORD, open my lips, so that my mouth may declare Your praise. *Ps. 51*

PATRIARCHS

▾בָּרוּךְ Blessed are You, LORD our God and God of our fathers,
God of Abraham, God of Isaac and God of Jacob;

---

the absence of the Temple and its rites, to accept our prayer in place of sacrifice in the spirit of the words of Hosea (14:3), "Receive us graciously that we may offer (the words of) our lips as the sacrifices of bulls." The Hebrew word for sacrifice, *korban*, derives from the root *k-r-b* meaning "to come, or bring close." The act of coming close to God involves sacrifice in the deepest sense of the word: surrendering something of ourselves to One greater than ourselves, the Author and ultimate Owner of all. Prayer-as-sacrifice means

חצי קדיש

ש״ץ: יִתְגַּדַּל וְיִתְקַדַּשׁ שְׁמֵהּ רַבָּא (קהל: אָמֵן)
בְּעָלְמָא דִּי בְרָא כִרְעוּתֵהּ
וְיַמְלִיךְ מַלְכוּתֵהּ
בְּחַיֵּיכוֹן וּבְיוֹמֵיכוֹן וּבְחַיֵּי דְכָל בֵּית יִשְׂרָאֵל
בַּעֲגָלָא וּבִזְמַן קָרִיב, וְאִמְרוּ אָמֵן. (קהל: אָמֵן)

קהל וש״ץ: יְהֵא שְׁמֵהּ רַבָּא מְבָרַךְ לְעָלַם וּלְעָלְמֵי עָלְמַיָּא.

ש״ץ: יִתְבָּרַךְ וְיִשְׁתַּבַּח וְיִתְפָּאַר וְיִתְרוֹמַם וְיִתְנַשֵּׂא
וְיִתְהַדָּר וְיִתְעַלֶּה וְיִתְהַלָּל שְׁמֵהּ דְּקֻדְשָׁא בְּרִיךְ הוּא (קהל: בְּרִיךְ הוּא)
לְעֵלָּא מִן כָּל בִּרְכָתָא / בשבת שובה: לְעֵלָּא לְעֵלָּא מִכָּל בִּרְכָתָא/
וְשִׁירָתָא, תֻּשְׁבְּחָתָא וְנֶחֱמָתָא
דַּאֲמִירָן בְּעָלְמָא, וְאִמְרוּ אָמֵן. (קהל: אָמֵן)

מוסף לשבת

עמידה

The following prayer, until קַדְמֹנִיּוֹת *on page 757, is said standing with feet together. If there is a* מנין*, the* עמידה *is repeated aloud by the* שליח ציבור*. Take three steps forward and at the points indicated by* ˅*, bend the knees at the first word, bow at the second, and stand straight before saying God's name.*

דברים לב: כִּי שֵׁם יהוה אֶקְרָא, הָבוּ גֹדֶל לֵאלֹהֵינוּ:
תהלים נא: אֲדֹנָי, שְׂפָתַי תִּפְתָּח, וּפִי יַגִּיד תְּהִלָּתֶךָ:

אבות

˅בָּרוּךְ אַתָּה יהוה, אֱלֹהֵינוּ וֵאלֹהֵי אֲבוֹתֵינוּ
אֱלֹהֵי אַבְרָהָם, אֱלֹהֵי יִצְחָק, וֵאלֹהֵי יַעֲקֹב

THE ADDITIONAL SERVICE

On Shabbat, festivals and Rosh Ḥodesh, an extra sacrifice, Musaf, was brought in addition to the regular daily morning and afternoon offerings. The Musaf Amida corresponds to that sacrifice. Through it we ask God, in

the great, mighty and awesome God, God Most High,
who bestows acts of loving-kindness and creates all,
who remembers the loving-kindness of the fathers
and will bring a Redeemer to their children's children
for the sake of His name, in love.

On Shabbat Shuva: Remember us for life, O King who desires life,
and write us in the book of life – for Your sake, O God of life.

King, Helper, Savior, Shield:
▼Blessed are You, Lord, Shield of Abraham.

DIVINE MIGHT

אַתָּה גִּבּוֹר You are eternally mighty, Lord.
You give life to the dead and have great power to save.

The phrase "He makes the wind blow and the rain fall" is added from Simḥat Torah until Pesaḥ.
In Israel the phrase "He causes the dew to fall" is added from Pesaḥ until Shemini Atzeret.

In fall & winter: He makes the wind blow and the rain fall.
In Israel, in spring & summer: He causes the dew to fall.

He sustains the living with loving-kindness,
and with great compassion revives the dead.
He supports the fallen, heals the sick, sets captives free,
and keeps His faith with those who sleep in the dust.
Who is like You, Master of might, and to whom can You be compared,
O King who brings death and gives life, and makes salvation grow?

On Shabbat Shuva: Who is like You, compassionate Father,
who remembers His creatures in compassion, for life?

Faithful are You to revive the dead.
Blessed are You, Lord, who revives the dead.

קדושה *Kedusha:* As with all forms of the *Kedusha,* the central verses are the praises of the angels as described in the mystical visions of Isaiah and Ezekiel. The surrounding verses are different in Musaf from those of the other Amidot, most notably by the inclusion of the first verse of the Shema. According to Rabbi Amram Gaon (ninth century) this originated at a time of persecution

הָאֵל הַגָּדוֹל הַגִּבּוֹר וְהַנּוֹרָא, אֵל עֶלְיוֹן
גּוֹמֵל חֲסָדִים טוֹבִים, וְקוֹנֵה הַכֹּל
וְזוֹכֵר חַסְדֵי אָבוֹת
וּמֵבִיא גוֹאֵל לִבְנֵי בְנֵיהֶם לְמַעַן שְׁמוֹ בְּאַהֲבָה.

בשבת שובה: זָכְרֵנוּ לְחַיִּים, מֶלֶךְ חָפֵץ בַּחַיִּים
וְכָתְבֵנוּ בְּסֵפֶר הַחַיִּים, לְמַעַנְךָ אֱלֹהִים חַיִּים.

מֶלֶךְ עוֹזֵר וּמוֹשִׁיעַ וּמָגֵן.
בָּרוּךְ אַתָּה יהוה, מָגֵן אַבְרָהָם.

גבורות

אַתָּה גִּבּוֹר לְעוֹלָם, אֲדֹנָי
מְחַיֵּה מֵתִים אַתָּה, רַב לְהוֹשִׁיעַ

The phrase מַשִּׁיב הָרוּחַ *is added from* שמחת תורה *until* פסח.
In ארץ ישראל *the phrase* מוֹרִיד הַטָּל *is added from* פסח *until* שמיני עצרת.

בחורף: מַשִּׁיב הָרוּחַ וּמוֹרִיד הַגֶּשֶׁם / בארץ ישראל בקיץ: מוֹרִיד הַטָּל

מְכַלְכֵּל חַיִּים בְּחֶסֶד, מְחַיֵּה מֵתִים בְּרַחֲמִים רַבִּים
סוֹמֵךְ נוֹפְלִים, וְרוֹפֵא חוֹלִים, וּמַתִּיר אֲסוּרִים
וּמְקַיֵּם אֱמוּנָתוֹ לִישֵׁנֵי עָפָר.
מִי כָמוֹךָ, בַּעַל גְּבוּרוֹת, וּמִי דּוֹמֶה לָּךְ
מֶלֶךְ, מֵמִית וּמְחַיֶּה וּמַצְמִיחַ יְשׁוּעָה.

בשבת שובה: מִי כָמוֹךָ אַב הָרַחֲמִים, זוֹכֵר יְצוּרָיו לְחַיִּים בְּרַחֲמִים.

וְנֶאֱמָן אַתָּה לְהַחֲיוֹת מֵתִים.
בָּרוּךְ אַתָּה יהוה, מְחַיֵּה הַמֵּתִים.

---

not asking God to do our will, but pledging ourselves to do His will. It is the supreme act of acknowledging our dependency on God.

When saying the Amida silently, continue with "You are holy" on the next page.

KEDUSHA

During the Leader's Repetition, the following is said standing with feet together, rising on the toes at the words indicated by ▲.

Cong. then Leader: נַעֲרִיצְךָ We will revere and sanctify You with the words uttered by the holy Seraphim who sanctify Your name in the Sanctuary; as is written by Your prophet:
"They call out to one another, saying: *Is. 6*

Cong. then Leader: ▲Holy, ▲holy, ▲holy is the LORD of hosts; the whole world is filled with His glory."
His glory fills the universe. His ministering angels ask each other, "Where is the place of His glory?"
Those facing them reply "Blessed –

Cong. then Leader: ▲"Blessed is the LORD's glory from His place." *Ezek. 3*
From His place may He turn with compassion and be gracious to the people who proclaim the unity of His name, morning and evening, every day, continually, twice each day reciting in love the Shema:

Cong. then Leader: "Listen, Israel, the LORD is our God, the LORD is One." *Deut.6*
He is our God, He is our Father, He is our King,
He is our Savior – and He, in His compassion, will let us hear a second time in the presence of all that lives,
His promise to be "Your God." *Num. 15*
"I am the LORD your God."

Leader: And in Your holy Writings it is written:

Cong. then Leader: ▲"The LORD shall reign for ever. He is your God, Zion, from generation to generation, Halleluya!" *Ps. 146*

Leader: From generation to generation we will declare Your greatness, and we will proclaim Your holiness for evermore.
Your praise, our God, shall not leave our mouth forever, for You, God, are a great and holy King.
Blessed are You, LORD,
the holy God. / *On Shabbat Shuva:* the holy King./

The Leader continues on the next page with "You instituted the Sabbath" on Shabbat and "Long ago You formed" on Rosh Ḥodesh.

When saying the עמידה *silently, continue with* אַתָּה קָדוֹשׁ *on the next page.*

קדושה

During the חזרת הש״ץ*, the following is said standing with feet together, rising on the toes at the words indicated by* ▲.

קהל *then* ש״ץ: נַעֲרִיצְךָ וְנַקְדִּישְׁךָ כְּסוֹד שִׂיחַ שַׂרְפֵי קֹדֶשׁ
הַמַּקְדִּישִׁים שִׁמְךָ בַּקֹּדֶשׁ, כַּכָּתוּב עַל יַד נְבִיאֶךָ:
ישעיה ו וְקָרָא זֶה אֶל־זֶה וְאָמַר

קהל *then* ש״ץ: ▲קָדוֹשׁ, ▲קָדוֹשׁ, ▲קָדוֹשׁ, יהוה צְבָאוֹת, מְלֹא כָל הָאָרֶץ כְּבוֹדוֹ:
כְּבוֹדוֹ מָלֵא עוֹלָם, מְשָׁרְתָיו שׁוֹאֲלִים זֶה לָזֶה, אַיֵּה מְקוֹם כְּבוֹדוֹ
לְעֻמָּתָם בָּרוּךְ יֹאמֵרוּ

יחזקאל ג קהל *then* ש״ץ: ▲בָּרוּךְ כְּבוֹד־יהוה מִמְּקוֹמוֹ:
מִמְּקוֹמוֹ הוּא יִפֶן בְּרַחֲמִים וְיָחֹן עַם הַמְיַחֲדִים שְׁמוֹ,
עֶרֶב וָבֹקֶר בְּכָל יוֹם תָּמִיד, פַּעֲמַיִם בְּאַהֲבָה שְׁמַע אוֹמְרִים

דברים ו קהל *then* ש״ץ: שְׁמַע יִשְׂרָאֵל, יהוה אֱלֹהֵינוּ, יהוה אֶחָד:
הוּא אֱלֹהֵינוּ, הוּא אָבִינוּ, הוּא מַלְכֵּנוּ, הוּא מוֹשִׁיעֵנוּ
במדבר טו וְהוּא יַשְׁמִיעֵנוּ בְּרַחֲמָיו שֵׁנִית לְעֵינֵי כָּל חָי, לִהְיוֹת לָכֶם לֵאלֹהִים
אֲנִי יהוה אֱלֹהֵיכֶם:

ש״ץ: וּבְדִבְרֵי קָדְשְׁךָ כָּתוּב לֵאמֹר

תהלים קמו קהל *then* ש״ץ: ▲יִמְלֹךְ יהוה לְעוֹלָם, אֱלֹהַיִךְ צִיּוֹן לְדֹר וָדֹר, הַלְלוּיָהּ:

ש״ץ: לְדוֹר וָדוֹר נַגִּיד גָּדְלֶךָ, וּלְנֵצַח נְצָחִים קְדֻשָּׁתְךָ נַקְדִּישׁ
וְשִׁבְחֲךָ אֱלֹהֵינוּ מִפִּינוּ לֹא יָמוּשׁ לְעוֹלָם וָעֶד
כִּי אֵל מֶלֶךְ גָּדוֹל וְקָדוֹשׁ אָתָּה.
בָּרוּךְ אַתָּה יהוה, הָאֵל הַקָּדוֹשׁ./ בשבת שובה: הַמֶּלֶךְ הַקָּדוֹשׁ./

The שליח ציבור *continues on the next page with* תִּכַּנְתָּ שַׁבָּת *on* שבת *and* אַתָּה יָצַרְתָּ *on* ראש חודש.

---

when Jews were forbidden to publicly declare their faith. They then incorporated the first verse into the Musaf Amida, where it remains to this day.

HOLINESS

אַתָּה קָדוֹשׁ You are holy and Your name is holy,
and holy ones praise You daily, Selah!
Blessed are You, Lord,
the holy God. / *On Shabbat Shuva:* the holy King./
(If forgotten, repeat the Amida.)

On Shabbat Rosh Ḥodesh say "Long ago You formed" below the line.

HOLINESS OF THE DAY

תִּכַּנְתָּ שַׁבָּת You instituted the Sabbath, You favored its offerings.
You commanded its specific laws
along with the order of its libations.
Those who delight in it inherit eternal glory,
those who relish it merit life,
and those who love its teachings have chosen greatness.
Even before Sinai they were commanded about it.
Then You, Lord our God, commanded us to offer on it
the additional offering of the Sabbath in the proper way.

On Shabbat Rosh Ḥodesh:

אַתָּה יָצַרְתָּ Long ago You formed Your world, completing Your work on the seventh day.
You loved us. You favored us, raising us above all languages.
You made us holy through Your commandments,
brought us near, O our King, to Your service,
and called us by Your great and holy name.
You also gave us in love, Lord our God,
Sabbaths for rest and New Moons for atonement.
But because we and our ancestors sinned against You,
our city was laid waste, our Sanctuary made desolate,
our splendor exiled, and the glory gone from our House of life.
We can no longer fulfill our obligations in Your chosen House,
the great and holy Temple called by Your name,
because of the hand that was stretched out against Your Sanctuary.

Continue below the line on the next page.

---

for the return of Jews to Israel and the restoration of the Temple service. The second, "Those who keep the Sabbath and call it a delight," speaks of the joyous nature of the day of rest.

קדושת השם

אַתָּה קָדוֹשׁ וְשִׁמְךָ קָדוֹשׁ, וּקְדוֹשִׁים בְּכָל יוֹם יְהַלְלְוּךָ סֶּלָה.
בָּרוּךְ אַתָּה יהוה, הָאֵל הַקָּדוֹשׁ. / בשבת שובה: הַמֶּלֶךְ הַקָּדוֹשׁ./

(*If forgotten, repeat the* עמידה.)

On שבת ראש חודש *say* אַתָּה יָצַרְתָּ *below the line.*

קדושת היום

תִּכַּנְתָּ שַׁבָּת, רָצִיתָ קׇרְבְּנוֹתֶיהָ
צִוִּיתָ פֵּרוּשֶׁיהָ עִם סִדּוּרֵי נְסָכֶיהָ
מְעַנְּגֶיהָ לְעוֹלָם כָּבוֹד יִנְחָלוּ, טוֹעֲמֶיהָ חַיִּים זָכוּ
וְגַם הָאוֹהֲבִים דְּבָרֶיהָ גְּדֻלָּה בָּחָרוּ.
אָז מִסִּינַי נִצְטַוּוּ עָלֶיהָ
וַתְּצַוֵּנוּ יהוה אֱלֹהֵינוּ לְהַקְרִיב בָּהּ קׇרְבַּן מוּסַף שַׁבָּת כָּרָאוּי.

בשבת ראש חודש:

אַתָּה יָצַרְתָּ עוֹלָמְךָ מִקֶּדֶם, כִּלִּיתָ מְלַאכְתְּךָ בַּיּוֹם הַשְּׁבִיעִי
אָהַבְתָּ אוֹתָנוּ וְרָצִיתָ בָּנוּ, וְרוֹמַמְתָּנוּ מִכׇּל הַלְּשׁוֹנוֹת
וְקִדַּשְׁתָּנוּ בְּמִצְוֹתֶיךָ, וְקֵרַבְתָּנוּ מַלְכֵּנוּ לַעֲבוֹדָתֶךָ
וְשִׁמְךָ הַגָּדוֹל וְהַקָּדוֹשׁ עָלֵינוּ קָרָאתָ.
וַתִּתֶּן לָנוּ יהוה אֱלֹהֵינוּ בְּאַהֲבָה, שַׁבָּתוֹת לִמְנוּחָה וְרָאשֵׁי חֳדָשִׁים לְכַפָּרָה.
וּלְפִי שֶׁחָטָאנוּ לְפָנֶיךָ אֲנַחְנוּ וַאֲבוֹתֵינוּ
חָרְבָה עִירֵנוּ, וְשָׁמֵם בֵּית מִקְדָּשֵׁנוּ, וְגָלָה יְקָרֵנוּ, וְנִטַּל כָּבוֹד מִבֵּית חַיֵּינוּ
וְאֵין אֲנַחְנוּ יְכוֹלִים לַעֲשׂוֹת חוֹבוֹתֵינוּ בְּבֵית בְּחִירָתֶךָ
בַּבַּיִת הַגָּדוֹל וְהַקָּדוֹשׁ שֶׁנִּקְרָא שִׁמְךָ עָלָיו, מִפְּנֵי הַיָּד שֶׁנִּשְׁתַּלְּחָה בְּמִקְדָּשֶׁךָ.

Continue below the line on the next page.

תִּכַּנְתָּ שַׁבָּת *You instituted the Sabbath:* The central blessing of the Amida focuses on the biblical passage describing the additional Sabbath sacrifice (Num. 28:9–10). Surrounding it are two prayers. The first, "You instituted the Sabbath," opens with an acrostic: the initial letters of the first twenty-two words spell out the Hebrew alphabet in reverse. It continues with a prayer

יְהִי רָצוֹן May it be Your will,
Lord our God and God of our ancestors, to lead us back in joy
to our land and to plant us within our borders.
There we will prepare for You our obligatory offerings:
the regular daily offerings in their order,
and the additional offerings according to their laws.

וְאֶת מוּסַף And the additional offering of this Sabbath day
we will prepare and offer before You in love,
in accord with Your will's commandment,
as You wrote for us in Your Torah
through Your servant Moses, by Your own word,
as it is said:

"On the Sabbath day, *Num. 28*
make an offering of two lambs a year old, without blemish,
together with two-tenths of an ephah of fine flour
mixed with oil as a meal-offering, and its appropriate libation.
This is the burnt-offering for every Sabbath,
in addition to the regular daily burnt-offering and its libation."

May it be Your will, Lord our God and God of our ancestors,
to lead us back in joy to our land, and to plant us within our borders.
There we will prepare for You our obligatory offerings:
the regular daily offerings in their order,
and the additional offerings according to their laws.
And the additional offerings of this Sabbath day, and of this New Moon day,
we will prepare and offer before You in love, in accord with Your will's commandment,
as You wrote for us in Your Torah through Your servant Moses,
by Your own word, as it is said:

"On the Sabbath day, make an offering of two lambs a year old, without blemish, together with two-tenths of an ephah of fine flour mixed with oil as a meal-offering, and its appropriate libation. This is the burnt-offering for every Sabbath, in addition to the regular daily burnt-offering and its libation." *Num. 28*

"And on your new moons, present as a burnt-offering to the Lord two young bulls, one ram, and seven yearling lambs without blemish." *Num. 28*

Continue below the line on the next page.

יְהִי רָצוֹן מִלְּפָנֶיךָ, יהוה אֱלֹהֵינוּ וֵאלֹהֵי אֲבוֹתֵינוּ
שֶׁתַּעֲלֵנוּ בְשִׂמְחָה לְאַרְצֵנוּ וְתִטָּעֵנוּ בִּגְבוּלֵנוּ
וְשָׁם נַעֲשֶׂה לְפָנֶיךָ אֶת קָרְבְּנוֹת חוֹבוֹתֵינוּ
תְּמִידִים כְּסִדְרָם וּמוּסָפִים כְּהִלְכָתָם.

וְאֶת מוּסַף יוֹם הַשַּׁבָּת הַזֶּה
נַעֲשֶׂה וְנַקְרִיב לְפָנֶיךָ בְּאַהֲבָה כְּמִצְוַת רְצוֹנֶךָ
כְּמוֹ שֶׁכָּתַבְתָּ עָלֵינוּ בְּתוֹרָתֶךָ
עַל יְדֵי מֹשֶׁה עַבְדֶּךָ מִפִּי כְבוֹדֶךָ
כָּאָמוּר

וּבְיוֹם הַשַּׁבָּת שְׁנֵי־כְבָשִׂים בְּנֵי־שָׁנָה תְּמִימִם במדבר כח
וּשְׁנֵי עֶשְׂרֹנִים סֹלֶת מִנְחָה בְּלוּלָה בַשֶּׁמֶן וְנִסְכּוֹ:
עֹלַת שַׁבַּת בְּשַׁבַּתּוֹ, עַל־עֹלַת הַתָּמִיד וְנִסְכָּהּ:

יְהִי רָצוֹן מִלְּפָנֶיךָ, יהוה אֱלֹהֵינוּ וֵאלֹהֵי אֲבוֹתֵינוּ
שֶׁתַּעֲלֵנוּ בְשִׂמְחָה לְאַרְצֵנוּ וְתִטָּעֵנוּ בִּגְבוּלֵנוּ
וְשָׁם נַעֲשֶׂה לְפָנֶיךָ אֶת קָרְבְּנוֹת חוֹבוֹתֵינוּ
תְּמִידִים כְּסִדְרָם וּמוּסָפִים כְּהִלְכָתָם.
וְאֶת מוּסְפֵי יוֹם הַשַּׁבָּת הַזֶּה וְיוֹם רֹאשׁ הַחֹדֶשׁ הַזֶּה
נַעֲשֶׂה וְנַקְרִיב לְפָנֶיךָ בְּאַהֲבָה כְּמִצְוַת רְצוֹנֶךָ
כְּמוֹ שֶׁכָּתַבְתָּ עָלֵינוּ בְּתוֹרָתֶךָ עַל יְדֵי מֹשֶׁה עַבְדֶּךָ מִפִּי כְבוֹדֶךָ, כָּאָמוּר

וּבְיוֹם הַשַּׁבָּת שְׁנֵי־כְבָשִׂים בְּנֵי־שָׁנָה תְּמִימִם, וּשְׁנֵי עֶשְׂרֹנִים סֹלֶת מִנְחָה בְּלוּלָה במדבר כח
בַשֶּׁמֶן וְנִסְכּוֹ: עֹלַת שַׁבַּת בְּשַׁבַּתּוֹ, עַל־עֹלַת הַתָּמִיד וְנִסְכָּהּ:

וּבְרָאשֵׁי חָדְשֵׁיכֶם תַּקְרִיבוּ עֹלָה לַיהוה, פָּרִים בְּנֵי־בָקָר שְׁנַיִם, וְאַיִל אֶחָד, במדבר כח
כְּבָשִׂים בְּנֵי־שָׁנָה שִׁבְעָה, תְּמִימִם:

Continue below the line on the next page.

יִשְׂמְחוּ Those who keep the Sabbath and call it a delight
shall rejoice in Your kingship.
The people who sanctify the seventh day shall all be satisfied
and take delight in Your goodness,
for You favored the seventh day and declared it holy.
You called it "most desirable of days"
in remembrance of Creation.

אֱלֹהֵינוּ Our God and God of our ancestors, find favor in our rest.
Make us holy through Your commandments
and grant us our share in Your Torah.
Satisfy us with Your goodness,
grant us joy in Your salvation,
and purify our hearts to serve You in truth.
In love and favor, LORD our God,
grant us as our heritage Your holy Sabbath,
so that Israel who sanctify Your name may find rest on it.
Blessed are You, LORD, who sanctifies the Sabbath.

And their meal-offerings and wine-libations as ordained: three-tenths of an ephah for each bull, two-tenths of an ephah for the ram, one-tenth of an ephah for each lamb, wine for the libations, a male goat for atonement, and two regular daily offerings according to their law.

Those who keep the Sabbath and call it a delight
shall rejoice in Your kingship.
The people who sanctify the seventh day shall all be satisfied
and take delight in Your goodness,
for You favored the seventh day and declared it holy.
You called it "most desirable of days"
in remembrance of Creation.

Our God and God of our ancestors, find favor in our rest, and on this Sabbath day renew for us the coming month for good and blessing, joy and gladness, deliverance and consolation, sustenance and support, life and peace, pardon of sin and forgiveness of iniquity (*From Marḥeshvan to Adar II in a Jewish leap year:* and atonement of transgression). For You have chosen Your people Israel from all nations; You have made known to them Your holy Sabbath, and instituted for them rules for the New Moon. Blessed are You, LORD, who sanctifies the Sabbath, Israel and the New Moons.

Continue with "Find favor" on the next page.

יִשְׂמְחוּ בְמַלְכוּתְךָ שׁוֹמְרֵי שַׁבָּת וְקוֹרְאֵי עֹנֶג
עַם מְקַדְּשֵׁי שְׁבִיעִי
כֻּלָּם יִשְׂבְּעוּ וְיִתְעַנְּגוּ מִטּוּבֶךָ
וּבַשְּׁבִיעִי רָצִיתָ בּוֹ וְקִדַּשְׁתּוֹ
חֶמְדַּת יָמִים אוֹתוֹ קָרָאתָ, זֵכֶר לְמַעֲשֵׂה בְרֵאשִׁית.

אֱלֹהֵינוּ וֵאלֹהֵי אֲבוֹתֵינוּ, רְצֵה בִמְנוּחָתֵנוּ
קַדְּשֵׁנוּ בְּמִצְוֹתֶיךָ וְתֵן חֶלְקֵנוּ בְּתוֹרָתֶךָ
שַׂבְּעֵנוּ מִטּוּבֶךָ, וְשַׂמְּחֵנוּ בִּישׁוּעָתֶךָ
וְטַהֵר לִבֵּנוּ לְעָבְדְּךָ בֶּאֱמֶת
וְהַנְחִילֵנוּ יהוה אֱלֹהֵינוּ בְּאַהֲבָה וּבְרָצוֹן שַׁבַּת קָדְשֶׁךָ
וְיָנוּחוּ בוֹ יִשְׂרָאֵל מְקַדְּשֵׁי שְׁמֶךָ.
בָּרוּךְ אַתָּה יהוה, מְקַדֵּשׁ הַשַּׁבָּת.

וּמִנְחָתָם וְנִסְכֵּיהֶם כִּמְדֻבָּר, שְׁלֹשָׁה עֶשְׂרֹנִים לַפָּר, וּשְׁנֵי עֶשְׂרֹנִים לָאָיִל, וְעִשָּׂרוֹן לַכֶּבֶשׂ, וְיַיִן כְּנִסְכּוֹ, וְשָׂעִיר לְכַפֵּר, וּשְׁנֵי תְמִידִים כְּהִלְכָתָם.

יִשְׂמְחוּ בְמַלְכוּתְךָ שׁוֹמְרֵי שַׁבָּת וְקוֹרְאֵי עֹנֶג
עַם מְקַדְּשֵׁי שְׁבִיעִי
כֻּלָּם יִשְׂבְּעוּ וְיִתְעַנְּגוּ מִטּוּבֶךָ
וּבַשְּׁבִיעִי רָצִיתָ בּוֹ וְקִדַּשְׁתּוֹ
חֶמְדַּת יָמִים אוֹתוֹ קָרָאתָ, זֵכֶר לְמַעֲשֵׂה בְרֵאשִׁית.

אֱלֹהֵינוּ וֵאלֹהֵי אֲבוֹתֵינוּ, רְצֵה בִמְנוּחָתֵנוּ, וְחַדֵּשׁ עָלֵינוּ בְּיוֹם הַשַּׁבָּת הַזֶּה אֶת הַחֹדֶשׁ הַזֶּה, לְטוֹבָה וְלִבְרָכָה, לְשָׂשׂוֹן וּלְשִׂמְחָה, לִישׁוּעָה וּלְנֶחָמָה, לְפַרְנָסָה וּלְכַלְכָּלָה, לְחַיִּים וּלְשָׁלוֹם, לִמְחִילַת חֵטְא וְלִסְלִיחַת עָוֺן (*From* מרחשון *to* אדר שני *in a Jewish leap year* וּלְכַפָּרַת פָּשַׁע), כִּי בְעַמְּךָ יִשְׂרָאֵל בָּחַרְתָּ מִכָּל הָאֻמּוֹת, וְשַׁבַּת קָדְשְׁךָ לָהֶם הוֹדַעְתָּ וְחֻקֵּי רָאשֵׁי חֳדָשִׁים לָהֶם קָבָעְתָּ. בָּרוּךְ אַתָּה יהוה, מְקַדֵּשׁ הַשַּׁבָּת וְיִשְׂרָאֵל וְרָאשֵׁי חֳדָשִׁים.

Continue with רְצֵה *on the next page.*

TEMPLE SERVICE

רְצֵה Find favor, LORD our God,
in Your people Israel and their prayer.
Restore the service to Your most holy House,
and accept in love and favor
the fire-offerings of Israel and their prayer.
May the service of Your people Israel
always find favor with You.
And may our eyes witness Your return to Zion in compassion.
Blessed are You, LORD, who restores His Presence to Zion.

THANKSGIVING

Bow at the first nine words.

מוֹדִים We give thanks to You,
for You are the LORD our God
and God of our ancestors
for ever and all time.
You are the Rock of our lives,
Shield of our salvation
from generation to generation.
We will thank You and
declare Your praise for our lives,
which are entrusted into Your hand;
for our souls,
which are placed in Your charge;
for Your miracles
which are with us every day;
and for Your wonders and favors
at all times,
evening, morning and midday.
You are good –
for Your compassion never fails.
You are compassionate –
for Your loving-kindnesses never cease.
We have always placed our hope in You.

During the Leader's Repetition, the congregation says quietly:

מוֹדִים We give thanks to You,
for You are the LORD our God
and God of our ancestors,
God of all flesh,
who formed us
and formed the universe.
Blessings and thanks
are due to Your great
and holy name for giving us
life and sustaining us.
May You continue
to give us life and sustain us;
and may You gather our
exiles to Your holy courts,
to keep Your decrees,
do Your will and serve You
with a perfect heart,
for it is for us
to give You thanks.
Blessed be God to whom
thanksgiving is due.

עבודה

רְצֵה יהוה אֱלֹהֵינוּ בְּעַמְּךָ יִשְׂרָאֵל, וּבִתְפִלָּתָם
וְהָשֵׁב אֶת הָעֲבוֹדָה לִדְבִיר בֵּיתֶךָ
וְאִשֵּׁי יִשְׂרָאֵל וּתְפִלָּתָם בְּאַהֲבָה תְקַבֵּל בְּרָצוֹן
וּתְהִי לְרָצוֹן תָּמִיד עֲבוֹדַת יִשְׂרָאֵל עַמֶּךָ.
וְתֶחֱזֶינָה עֵינֵינוּ בְּשׁוּבְךָ לְצִיּוֹן בְּרַחֲמִים.
בָּרוּךְ אַתָּה יהוה, הַמַּחֲזִיר שְׁכִינָתוֹ לְצִיּוֹן.

הודאה

Bow at the first five words.

מוֹדִים אֲנַחְנוּ לָךְ
שָׁאַתָּה הוּא יהוה אֱלֹהֵינוּ
וֵאלֹהֵי אֲבוֹתֵינוּ לְעוֹלָם וָעֶד.
צוּר חַיֵּינוּ, מָגֵן יִשְׁעֵנוּ
אַתָּה הוּא לְדוֹר וָדוֹר.
נוֹדֶה לְּךָ וּנְסַפֵּר תְּהִלָּתֶךָ
עַל חַיֵּינוּ הַמְּסוּרִים בְּיָדֶךָ
וְעַל נִשְׁמוֹתֵינוּ הַפְּקוּדוֹת לָךְ
וְעַל נִסֶּיךָ שֶׁבְּכָל יוֹם עִמָּנוּ
וְעַל נִפְלְאוֹתֶיךָ וְטוֹבוֹתֶיךָ
שֶׁבְּכָל עֵת, עֶרֶב וָבֹקֶר וְצָהֳרָיִם.
הַטּוֹב, כִּי לֹא כָלוּ רַחֲמֶיךָ
וְהַמְרַחֵם, כִּי לֹא תַמּוּ חֲסָדֶיךָ
מֵעוֹלָם קִוִּינוּ לָךְ.

During the חזרת הש״ץ*, the* קהל *says quietly:*

מוֹדִים אֲנַחְנוּ לָךְ
שָׁאַתָּה הוּא יהוה אֱלֹהֵינוּ
וֵאלֹהֵי אֲבוֹתֵינוּ
אֱלֹהֵי כָל בָּשָׂר
יוֹצְרֵנוּ, יוֹצֵר בְּרֵאשִׁית.
בְּרָכוֹת וְהוֹדָאוֹת
לְשִׁמְךָ הַגָּדוֹל וְהַקָּדוֹשׁ
עַל שֶׁהֶחֱיִיתָנוּ וְקִיַּמְתָּנוּ.
כֵּן תְּחַיֵּנוּ וּתְקַיְּמֵנוּ
וְתֶאֱסֹף גָּלֻיּוֹתֵינוּ
לְחַצְרוֹת קָדְשֶׁךָ
לִשְׁמֹר חֻקֶּיךָ וְלַעֲשׂוֹת רְצוֹנֶךָ
וּלְעָבְדְּךָ בְּלֵבָב שָׁלֵם
עַל שֶׁאֲנַחְנוּ מוֹדִים לָךְ.
בָּרוּךְ אֵל הַהוֹדָאוֹת.

On Ḥanukka:

עַל הַנִּסִּים [We thank You also] for the miracles, the redemption, the mighty deeds, the salvations, and the victories in battle which You performed for our ancestors in those days, at this time.

בִּימֵי מַתִּתְיָהוּ In the days of Mattityahu, son of Yoḥanan, the High Priest, the Hasmonean, and his sons, the wicked Greek kingdom rose up against Your people Israel to make them forget Your Torah and to force them to transgress the statutes of Your will. It was then that You in Your great compassion stood by them in the time of their distress. You championed their cause, judged their claim, and avenged their wrong. You delivered the strong into the hands of the weak, the many into the hands of the few, the impure into the hands of the pure, the wicked into the hands of the righteous, and the arrogant into the hands of those who were engaged in the study of Your Torah. You made for Yourself great and holy renown in Your world, and for Your people Israel You performed a great salvation and redemption as of this very day. Your children then entered the holiest part of Your House, cleansed Your Temple, purified Your Sanctuary, kindled lights in Your holy courts, and designated these eight days of Ḥanukka for giving thanks and praise to Your great name.

Continue with "For all these things."

On Shushan Purim in Jerusalem:

עַל הַנִּסִּים [We thank You also] for the miracles, the redemption, the mighty deeds, the salvations, and the victories in battle which You performed for our ancestors in those days at this time.

בִּימֵי מָרְדְּכַי In the days of Mordekhai and Esther, in Shushan the capital, the wicked Haman rose up against them and sought to destroy, slay and exterminate *Esther 3* all the Jews, young and old, children and women, on one day, the thirteenth day of the twelfth month, which is the month of Adar, and to plunder their possessions. Then You in Your great compassion thwarted his counsel, frustrated his plans, and caused his scheme to recoil on his own head, so that they hanged him and his sons on the gallows.

Continue with "For all these things."

וְעַל כֻּלָּם For all these things may Your name be blessed and exalted, our King, continually, for ever and all time.

On Shabbat Shuva: And write, for a good life, all the children of Your covenant.

Let all that lives thank You, Selah! and praise Your name in truth,
God, our Savior and Help, Selah!
▾Blessed are You, LORD, whose name is "the Good"
and to whom thanks are due.

בחנוכה:

עַל הַנִּסִּים וְעַל הַפֻּרְקָן וְעַל הַגְּבוּרוֹת וְעַל הַתְּשׁוּעוֹת וְעַל הַמִּלְחָמוֹת שֶׁעָשִׂיתָ לַאֲבוֹתֵינוּ בַּיָּמִים הָהֵם בַּזְּמַן הַזֶּה.

בִּימֵי מַתִּתְיָהוּ בֶּן יוֹחָנָן כֹּהֵן גָּדוֹל חַשְׁמוֹנַאי וּבָנָיו, כְּשֶׁעָמְדָה מַלְכוּת יָוָן הָרְשָׁעָה עַל עַמְּךָ יִשְׂרָאֵל לְהַשְׁכִּיחָם תּוֹרָתֶךָ וּלְהַעֲבִירָם מֵחֻקֵּי רְצוֹנֶךָ, וְאַתָּה בְּרַחֲמֶיךָ הָרַבִּים עָמַדְתָּ לָהֶם בְּעֵת צָרָתָם, רַבְתָּ אֶת רִיבָם, דַּנְתָּ אֶת דִּינָם, נָקַמְתָּ אֶת נִקְמָתָם, מָסַרְתָּ גִבּוֹרִים בְּיַד חַלָּשִׁים, וְרַבִּים בְּיַד מְעַטִּים, וּטְמֵאִים בְּיַד טְהוֹרִים, וּרְשָׁעִים בְּיַד צַדִּיקִים, וְזֵדִים בְּיַד עוֹסְקֵי תוֹרָתֶךָ, וּלְךָ עָשִׂיתָ שֵׁם גָּדוֹל וְקָדוֹשׁ בְּעוֹלָמֶךָ, וּלְעַמְּךָ יִשְׂרָאֵל עָשִׂיתָ תְּשׁוּעָה גְדוֹלָה וּפֻרְקָן כְּהַיּוֹם הַזֶּה. וְאַחַר כֵּן בָּאוּ בָנֶיךָ לִדְבִיר בֵּיתֶךָ, וּפִנּוּ אֶת הֵיכָלֶךָ, וְטִהֲרוּ אֶת מִקְדָּשֶׁךָ, וְהִדְלִיקוּ נֵרוֹת בְּחַצְרוֹת קָדְשֶׁךָ, וְקָבְעוּ שְׁמוֹנַת יְמֵי חֲנֻכָּה אֵלּוּ, לְהוֹדוֹת וּלְהַלֵּל לְשִׁמְךָ הַגָּדוֹל.

Continue with וְעַל כֻּלָּם.

בשושן פורים בירושלים:

עַל הַנִּסִּים וְעַל הַפֻּרְקָן וְעַל הַגְּבוּרוֹת וְעַל הַתְּשׁוּעוֹת וְעַל הַמִּלְחָמוֹת שֶׁעָשִׂיתָ לַאֲבוֹתֵינוּ בַּיָּמִים הָהֵם בַּזְּמַן הַזֶּה.

בִּימֵי מָרְדְּכַי וְאֶסְתֵּר בְּשׁוּשַׁן הַבִּירָה, כְּשֶׁעָמַד עֲלֵיהֶם הָמָן הָרָשָׁע, בִּקֵּשׁ
לְהַשְׁמִיד לַהֲרֹג וּלְאַבֵּד אֶת־כָּל־הַיְּהוּדִים מִנַּעַר וְעַד־זָקֵן טַף וְנָשִׁים בְּיוֹם אסתר ג
אֶחָד, בִּשְׁלוֹשָׁה עָשָׂר לְחֹדֶשׁ שְׁנֵים־עָשָׂר, הוּא־חֹדֶשׁ אֲדָר, וּשְׁלָלָם לָבוֹז: וְאַתָּה בְּרַחֲמֶיךָ הָרַבִּים הֵפַרְתָּ אֶת עֲצָתוֹ, וְקִלְקַלְתָּ אֶת מַחֲשַׁבְתּוֹ, וַהֲשֵׁבוֹתָ לּוֹ גְּמוּלוֹ בְּרֹאשׁוֹ, וְתָלוּ אוֹתוֹ וְאֶת בָּנָיו עַל הָעֵץ.

Continue with וְעַל כֻּלָּם.

וְעַל כֻּלָּם יִתְבָּרַךְ וְיִתְרוֹמַם שִׁמְךָ מַלְכֵּנוּ תָּמִיד לְעוֹלָם וָעֶד.

בשבת שובה: וּכְתֹב לְחַיִּים טוֹבִים כָּל בְּנֵי בְרִיתֶךָ.

וְכֹל הַחַיִּים יוֹדוּךָ סֶּלָה, וִיהַלְלוּ אֶת שִׁמְךָ בֶּאֱמֶת הָאֵל יְשׁוּעָתֵנוּ וְעֶזְרָתֵנוּ סֶלָה.

בָּרוּךְ אַתָּה יהוה, הַטּוֹב שִׁמְךָ וּלְךָ נָאֶה לְהוֹדוֹת.

The following is said by the Leader during the Repetition of the Amida.
In Israel, if Kohanim bless the congregation, turn to page 1004.

Our God and God of our fathers, bless us with the threefold blessing in the Torah, written by the hand of Moses Your servant and pronounced by Aaron and his sons the priests, Your holy people, as it is said:

May the LORD bless you and protect you. *Num. 6*
Cong: May it be Your will.
May the LORD make His face shine on you and be gracious to you.
Cong: May it be Your will.
May the LORD turn His face toward you, and grant you peace.
Cong: May it be Your will.

PEACE

שִׂים שָׁלוֹם Grant peace, goodness and blessing, grace,
loving-kindness and compassion to us
and all Israel Your people.
Bless us, our Father, all as one,
with the light of Your face,
for by the light of Your face You have given us,
LORD our God, the Torah of life and love of kindness,
righteousness, blessing, compassion, life and peace.
May it be good in Your eyes to bless Your people Israel
at every time, in every hour, with Your peace.

On Shabbat Shuva: In the book of life, blessing, peace and prosperity,
may we and all Your people the house of Israel
be remembered and written before You for a good life,
and for peace.*

Blessed are You, LORD, who blesses His people Israel with peace.

**On Shabbat Shuva outside Israel, many end the blessing:*
Blessed are You, LORD, who makes peace.

The following verse concludes the Leader's Repetition of the Amida.
Some also say it here as part of the silent Amida.

May the words of my mouth and the meditation of my heart *Ps. 19*
find favor before You, LORD, my Rock and Redeemer.

The following is said by the שליח ציבור *during* חורת הש״ץ.
In ארץ ישראל *if* כהנים *say* ברכת כהנים *turn to page 1005.*

אֱלֹהֵינוּ וֵאלֹהֵי אֲבוֹתֵינוּ, בָּרְכֵנוּ בַבְּרָכָה הַמְשֻׁלֶּשֶׁת בַּתּוֹרָה, הַכְּתוּבָה עַל יְדֵי מֹשֶׁה עַבְדֶּךָ, הָאֲמוּרָה מִפִּי אַהֲרֹן וּבָנָיו כֹּהֲנִים עַם קְדוֹשֶׁיךָ, כָּאָמוּר

במדבר ו יְבָרֶכְךָ יהוה וְיִשְׁמְרֶךָ: קהל: כֵּן יְהִי רָצוֹן
יָאֵר יהוה פָּנָיו אֵלֶיךָ וִיחֻנֶּךָּ: קהל: כֵּן יְהִי רָצוֹן
יִשָּׂא יהוה פָּנָיו אֵלֶיךָ וְיָשֵׂם לְךָ שָׁלוֹם: קהל: כֵּן יְהִי רָצוֹן

ברכת שלום

שִׂים שָׁלוֹם טוֹבָה וּבְרָכָה
חֵן וָחֶסֶד וְרַחֲמִים עָלֵינוּ וְעַל כָּל יִשְׂרָאֵל עַמֶּךָ.
בָּרְכֵנוּ אָבִינוּ כֻּלָּנוּ כְּאֶחָד בְּאוֹר פָּנֶיךָ
כִּי בְאוֹר פָּנֶיךָ נָתַתָּ לָּנוּ, יהוה אֱלֹהֵינוּ
תּוֹרַת חַיִּים וְאַהֲבַת חֶסֶד
וּצְדָקָה וּבְרָכָה וְרַחֲמִים וְחַיִּים וְשָׁלוֹם.
וְטוֹב בְּעֵינֶיךָ לְבָרֵךְ אֶת עַמְּךָ יִשְׂרָאֵל
בְּכָל עֵת וּבְכָל שָׁעָה בִּשְׁלוֹמֶךָ.

בשבת שובה: בְּסֵפֶר חַיִּים, בְּרָכָה וְשָׁלוֹם, וּפַרְנָסָה טוֹבָה
נִזָּכֵר וְנִכָּתֵב לְפָנֶיךָ, אֲנַחְנוּ וְכָל עַמְּךָ בֵּית יִשְׂרָאֵל
לְחַיִּים טוֹבִים וּלְשָׁלוֹם.*

בָּרוּךְ אַתָּה יהוה, הַמְבָרֵךְ אֶת עַמּוֹ יִשְׂרָאֵל בַּשָּׁלוֹם.

**On* שבת שובה *in* חוץ לארץ*, many end the blessing:*

בָּרוּךְ אַתָּה יהוה, עוֹשֶׂה הַשָּׁלוֹם.

The following verse concludes the חורת הש״ץ.
Some also say it here as part of the silent עמידה.

תהלים יט יִהְיוּ לְרָצוֹן אִמְרֵי־פִי וְהֶגְיוֹן לִבִּי לְפָנֶיךָ, יהוה צוּרִי וְגֹאֲלִי:

אֱלֹהַי My God, *Berakhot 17a*
guard my tongue from evil and my lips from deceitful speech.
To those who curse me, let my soul be silent;
may my soul be to all like the dust.
Open my heart to Your Torah
and let my soul pursue Your commandments.
As for all who plan evil against me,
swiftly thwart their counsel and frustrate their plans.
Act for the sake of Your name; act for the sake of Your right hand;
act for the sake of Your holiness; act for the sake of Your Torah.
That Your beloved ones may be delivered, *Ps. 60*
save with Your right hand and answer me.
May the words of my mouth and the meditation of my heart *Ps. 19*
find favor before You, LORD, my Rock and Redeemer.

Bow, take three steps back, then bow, first left, then right, then center, while saying:
May He who makes peace in His high places,
make peace for us and all Israel – and say: Amen.

יְהִי רָצוֹן May it be Your will, LORD our God and God of our ancestors,
that the Temple be rebuilt speedily in our days, and grant us a share in Your Torah.
And there we will serve You with reverence,
as in the days of old and as in former years.
Then the offering of Judah and Jerusalem *Mal. 3*
will be pleasing to the LORD as in the days of old and as in former years.

FULL KADDISH

Leader: יִתְגַּדַּל Magnified and sanctified
may His great name be,
in the world He created by His will.
May He establish His kingdom
in your lifetime and in your days,
and in the lifetime of all the house of Israel,
swiftly and soon – and say: Amen.

All: May His great name be blessed for ever and all time.

ברכות יז.
אֱלֹהַי
נְצֹר לְשׁוֹנִי מֵרָע וּשְׂפָתַי מִדַּבֵּר מִרְמָה
וְלִמְקַלְלַי נַפְשִׁי תִדֹּם, וְנַפְשִׁי כֶּעָפָר לַכֹּל תִּהְיֶה.
פְּתַח לִבִּי בְּתוֹרָתֶךָ, וּבְמִצְוֹתֶיךָ תִּרְדֹּף נַפְשִׁי.
וְכָל הַחוֹשְׁבִים עָלַי רָעָה
מְהֵרָה הָפֵר עֲצָתָם וְקַלְקֵל מַחֲשַׁבְתָּם.
עֲשֵׂה לְמַעַן שְׁמֶךָ, עֲשֵׂה לְמַעַן יְמִינֶךָ
עֲשֵׂה לְמַעַן קְדֻשָּׁתֶךָ, עֲשֵׂה לְמַעַן תּוֹרָתֶךָ.
תהלים ס
לְמַעַן יֵחָלְצוּן יְדִידֶיךָ, הוֹשִׁיעָה יְמִינְךָ וַעֲנֵנִי:
תהלים יט
יִהְיוּ לְרָצוֹן אִמְרֵי־פִי וְהֶגְיוֹן לִבִּי לְפָנֶיךָ, יהוה צוּרִי וְגֹאֲלִי:

Bow, take three steps back, then bow, first left, then right, then center, while saying:

עֹשֶׂה שָׁלוֹם/ בשבת שובה: הַשָּׁלוֹם/ בִּמְרוֹמָיו
הוּא יַעֲשֶׂה שָׁלוֹם עָלֵינוּ וְעַל כָּל יִשְׂרָאֵל, וְאִמְרוּ אָמֵן.

יְהִי רָצוֹן מִלְּפָנֶיךָ יהוה אֱלֹהֵינוּ וֵאלֹהֵי אֲבוֹתֵינוּ
שֶׁיִּבָּנֶה בֵּית הַמִּקְדָּשׁ בִּמְהֵרָה בְיָמֵינוּ, וְתֵן חֶלְקֵנוּ בְּתוֹרָתֶךָ
וְשָׁם נַעֲבָדְךָ בְּיִרְאָה כִּימֵי עוֹלָם וּכְשָׁנִים קַדְמֹנִיּוֹת.
מלאכי ג
וְעָרְבָה לַיהוה מִנְחַת יְהוּדָה וִירוּשָׁלָםִ כִּימֵי עוֹלָם וּכְשָׁנִים קַדְמֹנִיּוֹת:

קדיש שלם

ש״ץ: יִתְגַּדַּל וְיִתְקַדַּשׁ שְׁמֵהּ רַבָּא (קהל: אָמֵן)
בְּעָלְמָא דִּי בְרָא כִרְעוּתֵהּ
וְיַמְלִיךְ מַלְכוּתֵהּ
בְּחַיֵּיכוֹן וּבְיוֹמֵיכוֹן וּבְחַיֵּי דְכָל בֵּית יִשְׂרָאֵל
בַּעֲגָלָא וּבִזְמַן קָרִיב, וְאִמְרוּ אָמֵן. (קהל: אָמֵן)

קהל וש״ץ: יְהֵא שְׁמֵהּ רַבָּא מְבָרַךְ לְעָלַם וּלְעָלְמֵי עָלְמַיָּא.

Leader: Blessed and praised, glorified and exalted,
raised and honored,
uplifted and lauded be the name of the Holy One,
blessed be He, beyond any blessing,
song, praise and consolation uttered in the world –
and say: Amen.

May the prayers and pleas of all Israel
be accepted by their Father in heaven –
and say: Amen.

May there be great peace from heaven,
and life for us and all Israel – and say: Amen.

Bow, take three steps back, as if taking leave of the Divine Presence, then bow, first left, then right, then center, while saying:

May He who makes peace in His high places,
make peace for us and all Israel – and say: Amen.

אֵין כֵּאלֹהֵינוּ There is none like our God, none like our LORD,
none like our King, none like our Savior.
Who is like our God? Who is like our LORD?
Who is like our King? Who is like our Savior?
We will thank our God, we will thank our LORD,
we will thank our King, we will thank our Savior.
Blessed is our God, blessed is our LORD,
blessed is our King, blessed is our Savior.
You are our God, You are our LORD,
You are our King, You are our Savior.
You are He to whom our ancestors offered the fragrant incense.

Amen; the first words of the next two are "Blessed are You." Thus the poem is a way of reaffirming the preceding prayers, a coded coda to the service as a whole. Some suggest that the passage was intended to complete the "hundred blessings" to be said every day, since the Shabbat Amidot have fewer blessings than their weekday counterparts (Kol Bo).

ש״ץ: יִתְבָּרַךְ וְיִשְׁתַּבַּח וְיִתְפָּאַר
וְיִתְרוֹמַם וְיִתְנַשֵּׂא וְיִתְהַדָּר וְיִתְעַלֶּה וְיִתְהַלָּל
שְׁמֵהּ דְּקֻדְשָׁא בְּרִיךְ הוּא (קהל: בְּרִיךְ הוּא)
לְעֵלָּא מִן כָּל בִּרְכָתָא / בשבת שובה: לְעֵלָּא לְעֵלָּא מִכָּל בִּרְכָתָא/
וְשִׁירָתָא, תֻּשְׁבְּחָתָא וְנֶחֱמָתָא
דַּאֲמִירָן בְּעָלְמָא, וְאִמְרוּ אָמֵן. (קהל: אָמֵן)

תִּתְקַבַּל צְלוֹתְהוֹן וּבָעוּתְהוֹן דְּכָל יִשְׂרָאֵל
קֳדָם אֲבוּהוֹן דִּי בִשְׁמַיָּא, וְאִמְרוּ אָמֵן. (קהל: אָמֵן)

יְהֵא שְׁלָמָא רַבָּא מִן שְׁמַיָּא
וְחַיִּים, עָלֵינוּ וְעַל כָּל יִשְׂרָאֵל, וְאִמְרוּ אָמֵן. (קהל: אָמֵן)

Bow, take three steps back, as if taking leave of the Divine Presence, then bow, first left, then right, then center, while saying:

עֹשֶׂה שָׁלוֹם/ בשבת שובה: הַשָּׁלוֹם/ בִּמְרוֹמָיו
הוּא יַעֲשֶׂה שָׁלוֹם עָלֵינוּ וְעַל כָּל יִשְׂרָאֵל
וְאִמְרוּ אָמֵן. (קהל: אָמֵן)

אֵין כֵּאלֹהֵינוּ, אֵין כַּאדוֹנֵינוּ, אֵין כְּמַלְכֵּנוּ, אֵין כְּמוֹשִׁיעֵנוּ.
מִי כֵאלֹהֵינוּ, מִי כַאדוֹנֵינוּ, מִי כְמַלְכֵּנוּ, מִי כְמוֹשִׁיעֵנוּ.
נוֹדֶה לֵאלֹהֵינוּ, נוֹדֶה לַאדוֹנֵינוּ, נוֹדֶה לְמַלְכֵּנוּ, נוֹדֶה לְמוֹשִׁיעֵנוּ.
בָּרוּךְ אֱלֹהֵינוּ, בָּרוּךְ אֲדוֹנֵינוּ, בָּרוּךְ מַלְכֵּנוּ, בָּרוּךְ מוֹשִׁיעֵנוּ.
אַתָּה הוּא אֱלֹהֵינוּ, אַתָּה הוּא אֲדוֹנֵינוּ,
אַתָּה הוּא מַלְכֵּנוּ, אַתָּה הוּא מוֹשִׁיעֵנוּ.
אַתָּה הוּא שֶׁהִקְטִירוּ אֲבוֹתֵינוּ לְפָנֶיךָ אֶת קְטֹרֶת הַסַּמִּים.

אֵין כֵּאלֹהֵינוּ *There is none like our God:* This paragraph, usually sung in the synagogue, is a poetic introduction to the reading of the passage about the incense offering in the Temple. The initial letters of the first three lines spell

פִּטּוּם הַקְּטֹרֶת The incense mixture consisted of balsam, onycha, galbanum and frankincense, each weighing seventy manehs; myrrh, cassia, spikenard and saffron, each weighing sixteen manehs; twelve manehs of costus, three of aromatic bark; nine of cinnamon; nine kabs of Carsina lye; three seahs and three kabs of Cyprus wine. If Cyprus wine was not available, old white wine might be used. A quarter of a kab of Sodom salt, and a minute amount of a smoke-raising herb. Rabbi Nathan says: Also a minute amount of Jordan amber. If one added honey to the mixture, he rendered it unfit for sacred use. If he omitted any one of its ingredients, he is guilty of a capital offence. *Keritot 6a*

Rabban Shimon ben Gamliel says: "Balsam" refers to the sap that drips from the balsam tree. The Carsina lye was used for bleaching the onycha to improve it. The Cyprus wine was used to soak the onycha in it to make it pungent. Though urine is suitable for this purpose, it is not brought into the Temple out of respect.

These were the psalms which the Levites used to recite in the Temple: *Mishna, Tamid 7*
On the first day of the week they used to say: "The earth is the LORD's *Ps. 24*
and all it contains, the world and all who live in it."
On the second day they used to say: "Great is the LORD and *Ps. 48*
greatly to be praised in the city of God, on His holy mountain."
On the third day they used to say: "God stands in the divine assembly. *Ps. 82*
Among the judges He delivers judgment."
On the fourth day they used to say: "God of retribution, LORD, *Ps. 94*
God of retribution, appear."
On the fifth day they used to say: "Sing for joy to God, our strength. *Ps. 81*
Shout aloud to the God of Jacob."
On the sixth day they used to say: "The LORD reigns: He is robed in majesty; *Ps. 93*
the LORD is robed, girded with strength;
the world is firmly established; it cannot be moved."
On the Sabbath they used to say: "A psalm, a song for the Sabbath day" – *Ps. 92*
[meaning] a psalm and song for the time to come,
for the day which will be entirely Sabbath and rest for life everlasting.

It was taught in the Academy of Elijah: Whoever studies [Torah] laws every day is assured that he will be destined for the World to Come, as it is said, *Megilla 28b*
"The ways of the world are His" – read not, "ways" [*halikhot*] but "laws" [*halakhot*]. *Hab. 3*

---

used to recite in the Temple: Each day of the week, after the regular offerings in the Temple, the Levites would sing a particular psalm, signaling that each day has its own character, its own tasks, its own tonality in the symphony of time. We still say these psalms, usually at the end of the service. In this way, a further connection is made between our prayers and the Temple service.

כריתות ו.
פִּטּוּם הַקְּטֹרֶת. הַצֳּרִי, וְהַצִּפֹּרֶן, וְהַחֶלְבְּנָה, וְהַלְּבוֹנָה מִשְׁקַל שִׁבְעִים שִׁבְעִים מָנֶה, מֹר, וּקְצִיעָה, שִׁבֹּלֶת נֵרְדְּ, וְכַרְכֹּם מִשְׁקַל שִׁשָּׁה עָשָׂר שִׁשָּׁה עָשָׂר מָנֶה, הַקֹּשְׁטְ שְׁנֵים עָשָׂר, קִלּוּפָה שְׁלֹשָׁה, וְקִנָּמוֹן תִּשְׁעָה, בֹּרִית כַּרְשִׁינָה תִּשְׁעָה קַבִּין, יֵין קַפְרִיסִין סְאִין תְּלָת וְקַבִּין תְּלָתָא, וְאִם אֵין לוֹ יֵין קַפְרִיסִין, מֵבִיא חֲמַר חִוַּרְיָן עַתִּיק. מֶלַח סְדוֹמִית רֹבַע, מַעֲלֶה עָשָׁן כָּל שֶׁהוּא. רַבִּי נָתָן הַבַּבְלִי אוֹמֵר: אַף כִּפַּת הַיַּרְדֵּן כָּל שֶׁהוּא, וְאִם נָתַן בָּהּ דְּבַשׁ פְּסָלָהּ, וְאִם חִסַּר אֶחָד מִכָּל סַמָּנֶיהָ, חַיָּב מִיתָה.

רַבָּן שִׁמְעוֹן בֶּן גַּמְלִיאֵל אוֹמֵר: הַצֳּרִי אֵינוֹ אֶלָּא שְׂרָף הַנּוֹטֵף מֵעֲצֵי הַקְּטָף. בֹּרִית כַּרְשִׁינָה שֶׁשָּׁפִין בָּהּ אֶת הַצִּפֹּרֶן כְּדֵי שֶׁתְּהֵא נָאָה, יֵין קַפְרִיסִין שֶׁשּׁוֹרִין בּוֹ אֶת הַצִּפֹּרֶן כְּדֵי שֶׁתְּהֵא עַזָּה, וַהֲלֹא מֵי רַגְלַיִם יָפִין לָהּ, אֶלָּא שֶׁאֵין מַכְנִיסִין מֵי רַגְלַיִם בַּמִּקְדָּשׁ מִפְּנֵי הַכָּבוֹד.

משנה תמיד ז
הַשִּׁיר שֶׁהַלְוִיִּם הָיוּ אוֹמְרִים בְּבֵית הַמִּקְדָּשׁ:

תהלים כד
בַּיּוֹם הָרִאשׁוֹן הָיוּ אוֹמְרִים, לַיהוה הָאָרֶץ וּמְלוֹאָהּ, תֵּבֵל וְיֹשְׁבֵי בָהּ:

תהלים מח
בַּשֵּׁנִי הָיוּ אוֹמְרִים, גָּדוֹל יהוה וּמְהֻלָּל מְאֹד, בְּעִיר אֱלֹהֵינוּ הַר־קָדְשׁוֹ:

תהלים פב
בַּשְּׁלִישִׁי הָיוּ אוֹמְרִים, אֱלֹהִים נִצָּב בַּעֲדַת־אֵל, בְּקֶרֶב אֱלֹהִים יִשְׁפֹּט:

תהלים צד
בָּרְבִיעִי הָיוּ אוֹמְרִים, אֵל־נְקָמוֹת יהוה, אֵל נְקָמוֹת הוֹפִיעַ:

תהלים פא
בַּחֲמִישִׁי הָיוּ אוֹמְרִים, הַרְנִינוּ לֵאלֹהִים עוּזֵּנוּ, הָרִיעוּ לֵאלֹהֵי יַעֲקֹב:

תהלים צג
בַּשִּׁשִּׁי הָיוּ אוֹמְרִים, יהוה מָלָךְ גֵּאוּת לָבֵשׁ
לָבֵשׁ יהוה עֹז הִתְאַזָּר, אַף־תִּכּוֹן תֵּבֵל בַּל־תִּמּוֹט:

תהלים צב
בַּשַּׁבָּת הָיוּ אוֹמְרִים, מִזְמוֹר שִׁיר לְיוֹם הַשַּׁבָּת:
מִזְמוֹר שִׁיר לֶעָתִיד לָבוֹא, לְיוֹם שֶׁכֻּלּוֹ שַׁבָּת וּמְנוּחָה לְחַיֵּי הָעוֹלָמִים.

מגילה כח:
תָּנָא דְבֵי אֵלִיָּהוּ: כָּל הַשּׁוֹנֶה הֲלָכוֹת בְּכָל יוֹם
מֻבְטָח לוֹ שֶׁהוּא בֶּן עוֹלָם הַבָּא, שֶׁנֶּאֱמַר

חבקוק ג
הֲלִיכוֹת עוֹלָם לוֹ: אַל תִּקְרֵי הֲלִיכוֹת אֶלָּא הֲלָכוֹת.

פִּטּוּם הַקְּטֹרֶת *The incense mixture:* This paragraph is a Talmudic passage (*Keritot* 6a) describing the composition of the incense, burned in the Temple every morning and evening (Ex. 30:7–9).

הַשִּׁיר שֶׁהַלְוִיִּם הָיוּ אוֹמְרִים בְּבֵית הַמִּקְדָּשׁ *These were the psalms which the Levites*

Rabbi Elazar said in the name of Rabbi Ḥanina: The disciples of the sages increase peace in the world, as it is said, "And all your children shall be taught of the LORD, and great shall be the peace of your children [*banayikh*]." Read not *banayikh*, "your children," but *bonayikh*, "your builders." Those who love Your Torah have great peace; there is no stumbling block for them. May there be peace within your ramparts, prosperity in your palaces. For the sake of my brothers and friends, I shall say, "Peace be within you." For the sake of the House of the LORD our God, I will seek your good. ▸ May the LORD grant strength to His people; may the LORD bless His people with peace.

Berakhot 64a
Is. 54
Ps. 119
Ps. 122
Ps. 29

THE RABBIS' KADDISH

The following prayer, said by mourners, requires the presence of a minyan.
A transliteration can be found on page 1048.

Mourner: יִתְגַּדַּל Magnified and sanctified
may His great name be,
in the world He created by His will.
May He establish His kingdom in your lifetime
and in your days,
and in the lifetime of all the house of Israel,
swiftly and soon – and say: Amen.

All: May His great name be blessed for ever and all time.

Mourner: Blessed and praised,
glorified and exalted,
raised and honored,
uplifted and lauded
be the name of the Holy One, blessed be He,
beyond any blessing,
song, praise and consolation uttered in the world –
and say: Amen.

To Israel, to the teachers,
their disciples and their disciples' disciples,
and to all who engage
in the study of Torah,
in this (*in Israel add:* holy) place or elsewhere,
may there come to them and you great peace,

אָמַר רַבִּי אֶלְעָזָר, אָמַר רַבִּי חֲנִינָא: תַּלְמִידֵי חֲכָמִים מַרְבִּים שָׁלוֹם בָּעוֹלָם, ברכות סד.
שֶׁנֶּאֱמַר, וְכָל־בָּנַיִךְ לִמּוּדֵי יהוה, וְרַב שְׁלוֹם בָּנָיִךְ: אַל תִּקְרֵי בָּנָיִךְ, אֶלָּא ישעיה נד
בּוֹנָיִךְ. שָׁלוֹם רָב לְאֹהֲבֵי תוֹרָתֶךָ, וְאֵין־לָמוֹ מִכְשׁוֹל: יְהִי־שָׁלוֹם בְּחֵילֵךְ, תהלים קיט תהלים קכב
שַׁלְוָה בְּאַרְמְנוֹתָיִךְ: לְמַעַן אַחַי וְרֵעָי אֲדַבְּרָה־נָּא שָׁלוֹם בָּךְ: לְמַעַן בֵּית־יהוה
אֱלֹהֵינוּ אֲבַקְשָׁה טוֹב לָךְ: ‹ יהוה עֹז לְעַמּוֹ יִתֵּן, יהוה יְבָרֵךְ אֶת־עַמּוֹ בַשָּׁלוֹם: תהלים כט

קדיש דרבנן

The following prayer, said by mourners, requires the presence of a מנין.
A transliteration can be found on page 1048.

אבל: יִתְגַּדַּל וְיִתְקַדַּשׁ שְׁמֵהּ רַבָּא (קהל: אָמֵן)
בְּעָלְמָא דִּי בְרָא כִרְעוּתֵהּ
וְיַמְלִיךְ מַלְכוּתֵהּ
בְּחַיֵּיכוֹן וּבְיוֹמֵיכוֹן וּבְחַיֵּי דְכָל בֵּית יִשְׂרָאֵל
בַּעֲגָלָא וּבִזְמַן קָרִיב, וְאִמְרוּ אָמֵן. (קהל: אָמֵן)

קהל ואבל: יְהֵא שְׁמֵהּ רַבָּא מְבָרַךְ לְעָלַם וּלְעָלְמֵי עָלְמַיָּא.

אבל: יִתְבָּרַךְ וְיִשְׁתַּבַּח וְיִתְפָּאַר וְיִתְרוֹמַם וְיִתְנַשֵּׂא
וְיִתְהַדָּר וְיִתְעַלֶּה וְיִתְהַלָּל
שְׁמֵהּ דְּקֻדְשָׁא בְּרִיךְ הוּא (קהל: בְּרִיךְ הוּא)
לְעֵלָּא מִן כָּל בִּרְכָתָא / בשבת שובה: לְעֵלָּא לְעֵלָּא מִכָּל בִּרְכָתָא/
וְשִׁירָתָא, תֻּשְׁבְּחָתָא וְנֶחֱמָתָא, דַּאֲמִירָן בְּעָלְמָא
וְאִמְרוּ אָמֵן. (קהל: אָמֵן)

עַל יִשְׂרָאֵל וְעַל רַבָּנָן
וְעַל תַּלְמִידֵיהוֹן וְעַל כָּל תַּלְמִידֵי תַלְמִידֵיהוֹן
וְעַל כָּל מָאן דְּעָסְקִין בְּאוֹרַיְתָא
דִּי בְאַתְרָא (בארץ ישראל: קַדִּישָׁא) הָדֵין, וְדִי בְכָל אֲתַר וַאֲתַר
יְהֵא לְהוֹן וּלְכוֹן שְׁלָמָא רַבָּא

grace, kindness and compassion, long life, ample sustenance
and deliverance, from their Father in Heaven –
and say: Amen.

May there be great peace from heaven,
and (good) life for us and all Israel –
and say: Amen.

Bow, take three steps back, as if taking leave of the Divine Presence, then bow, first left, then right, then center, while saying:

May He who makes peace in His high places,
in His compassion make peace for us and all Israel –
and say: Amen.

Stand while saying Aleinu. Bow at ▾.

עָלֵינוּ It is our duty to praise the Master of all,
and ascribe greatness to the Author of creation,
who has not made us like the nations of the lands
nor placed us like the families of the earth;
who has not made our portion like theirs,
nor our destiny like all their multitudes.
(For they worship vanity and emptiness,
and pray to a god who cannot save.)
▾But we bow in worship
and thank the Supreme King of kings, the Holy One, blessed be He,
who extends the heavens and establishes the earth,
whose throne of glory is in the heavens above,
and whose power's Presence is in the highest of heights.
He is our God; there is no other.
Truly He is our King, there is none else,
as it is written in His Torah:
"You shall know and take to heart this day that the LORD is God, *Deut. 4*
in heaven above and on earth below. There is no other."

Therefore, we place our hope in You, LORD our God,
that we may soon see the glory of Your power,
when You will remove abominations from the earth,
and idols will be utterly destroyed,
when the world will be perfected under the sovereignty of the Almighty,

חִנָּא וְחִסְדָּא, וְרַחֲמֵי, וְחַיֵּי אֲרִיכֵי, וּמְזוֹנֵי רְוִיחֵי
וּפֻרְקָנָא מִן קֳדָם אֲבוּהוֹן דִּי בִשְׁמַיָּא, וְאִמְרוּ אָמֵן. (קהל: אָמֵן)

יְהֵא שְׁלָמָא רַבָּא מִן שְׁמַיָּא
וְחַיִּים (טוֹבִים) עָלֵינוּ וְעַל כָּל יִשְׂרָאֵל, וְאִמְרוּ אָמֵן. (קהל: אָמֵן)

Bow, take three steps back, as if taking leave of the Divine Presence, then bow, first left, then right, then center, while saying:

עֹשֶׂה שָׁלוֹם/ בשבת שובה: הַשָּׁלוֹם/ בִּמְרוֹמָיו
הוּא יַעֲשֶׂה בְרַחֲמָיו שָׁלוֹם, עָלֵינוּ וְעַל כָּל יִשְׂרָאֵל
וְאִמְרוּ אָמֵן. (קהל: אָמֵן)

Stand while saying עָלֵינוּ. *Bow at* ▾.

עָלֵינוּ לְשַׁבֵּחַ לַאֲדוֹן הַכֹּל, לָתֵת גְּדֻלָּה לְיוֹצֵר בְּרֵאשִׁית
שֶׁלֹּא עָשָׂנוּ כְּגוֹיֵי הָאֲרָצוֹת, וְלֹא שָׂמָנוּ כְּמִשְׁפְּחוֹת הָאֲדָמָה
שֶׁלֹּא שָׂם חֶלְקֵנוּ כָּהֶם וְגוֹרָלֵנוּ כְּכָל הֲמוֹנָם.
(שֶׁהֵם מִשְׁתַּחֲוִים לְהֶבֶל וָרִיק וּמִתְפַּלְלִים אֶל אֵל לֹא יוֹשִׁיעַ.)
▾וַאֲנַחְנוּ כּוֹרְעִים וּמִשְׁתַּחֲוִים וּמוֹדִים
לִפְנֵי מֶלֶךְ מַלְכֵי הַמְּלָכִים, הַקָּדוֹשׁ בָּרוּךְ הוּא
שֶׁהוּא נוֹטֶה שָׁמַיִם וְיוֹסֵד אָרֶץ
וּמוֹשַׁב יְקָרוֹ בַּשָּׁמַיִם מִמַּעַל
וּשְׁכִינַת עֻזּוֹ בְּגָבְהֵי מְרוֹמִים.
הוּא אֱלֹהֵינוּ, אֵין עוֹד.
אֱמֶת מַלְכֵּנוּ, אֶפֶס זוּלָתוֹ, כַּכָּתוּב בְּתוֹרָתוֹ
וְיָדַעְתָּ הַיּוֹם וַהֲשֵׁבֹתָ אֶל־לְבָבֶךָ דברים ד
כִּי יהוה הוּא הָאֱלֹהִים בַּשָּׁמַיִם מִמַּעַל וְעַל־הָאָרֶץ מִתָּחַת, אֵין עוֹד:

עַל כֵּן נְקַוֶּה לְּךָ יהוה אֱלֹהֵינוּ, לִרְאוֹת מְהֵרָה בְּתִפְאֶרֶת עֻזֶּךָ
לְהַעֲבִיר גִּלּוּלִים מִן הָאָרֶץ, וְהָאֱלִילִים כָּרוֹת יִכָּרֵתוּן
לְתַקֵּן עוֹלָם בְּמַלְכוּת שַׁדַּי.

when all humanity will call on Your name,
to turn all the earth's wicked toward You.
All the world's inhabitants will realize and know
that to You every knee must bow and every tongue swear loyalty.
Before You, LORD our God, they will kneel and bow down
and give honor to Your glorious name.
They will all accept the yoke of Your kingdom,
and You will reign over them soon and for ever.
For the kingdom is Yours,
and to all eternity You will reign in glory,
as it is written in Your Torah: "The LORD will reign for ever and ever." *Ex. 15*
▸ And it is said: "Then the LORD shall be King over all the earth; *Zech. 14*
on that day the LORD shall be One and His name One."

Some add:

Have no fear of sudden terror or of the ruin when it overtakes the wicked. *Prov. 3*
Devise your strategy, but it will be thwarted; propose your plan, *Is. 8*
but it will not stand, for God is with us.
When you grow old, I will still be the same. *Is. 46*
When your hair turns gray, I will still carry you.
I made you, I will bear you, I will carry you, and I will rescue you.

MOURNER'S KADDISH

The following prayer, said by mourners, requires the presence of a minyan.
A transliteration can be found on page 1049.

Mourner: יִתְגַּדַּל Magnified and sanctified
may His great name be,
in the world He created by His will.
May He establish His kingdom
in your lifetime and in your days,
and in the lifetime of all the house of Israel,
swiftly and soon – and say: Amen.

All: May His great name
be blessed for ever and all time.

Mourner: Blessed and praised, glorified and exalted,
raised and honored, uplifted and lauded
be the name of the Holy One, blessed be He,

וְכָל בְּנֵי בָשָׂר יִקְרְאוּ בִשְׁמֶךָ לְהַפְנוֹת אֵלֶיךָ כָּל רִשְׁעֵי אָרֶץ.
יַכִּירוּ וְיֵדְעוּ כָּל יוֹשְׁבֵי תֵבֵל
כִּי לְךָ תִּכְרַע כָּל בֶּרֶךְ, תִּשָּׁבַע כָּל לָשׁוֹן.
לְפָנֶיךָ יהוה אֱלֹהֵינוּ יִכְרְעוּ וְיִפֹּלוּ, וְלִכְבוֹד שִׁמְךָ יְקָר יִתֵּנוּ
וִיקַבְּלוּ כֻלָּם אֶת עֹל מַלְכוּתֶךָ
וְתִמְלֹךְ עֲלֵיהֶם מְהֵרָה לְעוֹלָם וָעֶד.
כִּי הַמַּלְכוּת שֶׁלְּךָ הִיא וּלְעוֹלְמֵי עַד תִּמְלֹךְ בְּכָבוֹד
שמות טו כַּכָּתוּב בְּתוֹרָתֶךָ, יהוה יִמְלֹךְ לְעֹלָם וָעֶד:
זכריה יד ◂ וְנֶאֱמַר, וְהָיָה יהוה לְמֶלֶךְ עַל־כָּל־הָאָרֶץ
בַּיּוֹם הַהוּא יִהְיֶה יהוה אֶחָד וּשְׁמוֹ אֶחָד:

Some add:

משלי ג אַל־תִּירָא מִפַּחַד פִּתְאֹם וּמִשֹּׁאַת רְשָׁעִים כִּי תָבֹא:
ישעיה ח עֻצוּ עֵצָה וְתֻפָר, דַּבְּרוּ דָבָר וְלֹא יָקוּם, כִּי עִמָּנוּ אֵל:
ישעיה מו וְעַד־זִקְנָה אֲנִי הוּא, וְעַד־שֵׂיבָה אֲנִי אֶסְבֹּל אֲנִי עָשִׂיתִי וַאֲנִי אֶשָּׂא וַאֲנִי אֶסְבֹּל וַאֲמַלֵּט:

קדיש יתום

The following prayer, said by mourners, requires the presence of a מנין.
A transliteration can be found on page 1049.

אבל: יִתְגַּדַּל וְיִתְקַדַּשׁ שְׁמֵהּ רַבָּא (קהל: אָמֵן)
בְּעָלְמָא דִּי בְרָא כִרְעוּתֵהּ
וְיַמְלִיךְ מַלְכוּתֵהּ
בְּחַיֵּיכוֹן וּבְיוֹמֵיכוֹן וּבְחַיֵּי דְכָל בֵּית יִשְׂרָאֵל
בַּעֲגָלָא וּבִזְמַן קָרִיב, וְאִמְרוּ אָמֵן. (קהל: אָמֵן)

קהל ואבל: יְהֵא שְׁמֵהּ רַבָּא מְבָרַךְ לְעָלַם וּלְעָלְמֵי עָלְמַיָּא.

אבל: יִתְבָּרַךְ וְיִשְׁתַּבַּח וְיִתְפָּאַר
וְיִתְרוֹמַם וְיִתְנַשֵּׂא וְיִתְהַדָּר וְיִתְעַלֶּה וְיִתְהַלָּל
שְׁמֵהּ דְּקֻדְשָׁא בְּרִיךְ הוּא (קהל: בְּרִיךְ הוּא)

beyond any blessing,
song, praise and consolation
uttered in the world –
and say: Amen.

May there be great peace from heaven,
and life for us and all Israel –
and say: Amen.

Bow, take three steps back, as if taking leave of the Divine Presence, then bow, first left, then right, then center, while saying:

May He who makes peace in His high places,
make peace for us and all Israel –
and say: Amen.

Many congregations say the Daily Psalm after the Song of Glory, page 772. (In Israel on Shabbat Rosh Ḥodesh, some say Barekhi Nafshi, page 830, as the Daily Psalm.)

Today is the holy Sabbath,
on which the Levites used to say this psalm in the Temple:

מִזְמוֹר A psalm. A song for the Sabbath day. It is good to thank the LORD and sing psalms to Your name, Most High – to tell of Your loving-kindness in the morning and Your faithfulness at night, to the music of the ten-stringed lyre and the melody of the harp. For You have made me rejoice by Your work, O LORD; I sing for joy at the deeds of Your hands. How great are Your deeds, LORD, and how very deep Your thoughts. A boor cannot know, nor can a fool understand, that though the wicked spring up like grass and all evildoers flourish, it is only that they may be destroyed for ever. But You, LORD, are eternally exalted. For behold Your enemies, LORD, behold Your enemies will perish; all evildoers will be scattered. You have raised my pride like that of a wild ox; I am anointed with fresh oil. My eyes shall look in triumph on my adversaries; my ears shall hear the downfall of the wicked who rise against me. The righteous will flourish like a palm *Ps. 92*

לְעֵלָּא מִן כָּל בִּרְכָתָא
/בשבת שובה: לְעֵלָּא לְעֵלָּא מִכָּל בִּרְכָתָא/
וְשִׁירָתָא, תֻּשְׁבְּחָתָא וְנֶחֱמָתָא
דַּאֲמִירָן בְּעָלְמָא
וְאִמְרוּ אָמֵן. (קהל: אָמֵן)

יְהֵא שְׁלָמָא רַבָּא מִן שְׁמַיָּא
וְחַיִּים, עָלֵינוּ וְעַל כָּל יִשְׂרָאֵל
וְאִמְרוּ אָמֵן. (קהל: אָמֵן)

Bow, take three steps back, as if taking leave of the Divine Presence, then bow, first left, then right, then center, while saying:

עֹשֶׂה שָׁלוֹם/ בשבת שובה: הַשָּׁלוֹם/ בִּמְרוֹמָיו
הוּא יַעֲשֶׂה שָׁלוֹם עָלֵינוּ וְעַל כָּל יִשְׂרָאֵל
וְאִמְרוּ אָמֵן. (קהל: אָמֵן)

Many congregations say the שיר של יום *after the* שיר הכבוד, *page 773.*
(*In* ארץ ישראל *on* שבת ראש חודש, *some say* בָּרְכִי נַפְשִׁי, *page 831, as the* שיר של יום.)

הַיּוֹם יוֹם שַׁבַּת קֹדֶשׁ, שֶׁבּוֹ הָיוּ הַלְוִיִּם אוֹמְרִים בְּבֵית הַמִּקְדָּשׁ:

תהלים צב מִזְמוֹר שִׁיר לְיוֹם הַשַּׁבָּת: טוֹב לְהֹדוֹת לַיהוה, וּלְזַמֵּר לְשִׁמְךָ עֶלְיוֹן: לְהַגִּיד בַּבֹּקֶר חַסְדֶּךָ, וֶאֱמוּנָתְךָ בַּלֵּילוֹת: עֲלֵי־עָשׂוֹר וַעֲלֵי־נָבֶל, עֲלֵי הִגָּיוֹן בְּכִנּוֹר: כִּי שִׂמַּחְתַּנִי יהוה בְּפָעֳלֶךָ, בְּמַעֲשֵׂי יָדֶיךָ אֲרַנֵּן: מַה־גָּדְלוּ מַעֲשֶׂיךָ יהוה, מְאֹד עָמְקוּ מַחְשְׁבֹתֶיךָ: אִישׁ־בַּעַר לֹא יֵדָע, וּכְסִיל לֹא־יָבִין אֶת־זֹאת: בִּפְרֹחַ רְשָׁעִים כְּמוֹ־עֵשֶׂב, וַיָּצִיצוּ כָּל־פֹּעֲלֵי אָוֶן, לְהִשָּׁמְדָם עֲדֵי־עַד: וְאַתָּה מָרוֹם לְעֹלָם יהוה: כִּי הִנֵּה אֹיְבֶיךָ יהוה, כִּי־הִנֵּה אֹיְבֶיךָ יֹאבֵדוּ, יִתְפָּרְדוּ כָּל־פֹּעֲלֵי אָוֶן: וַתָּרֶם כִּרְאֵים קַרְנִי, בַּלֹּתִי בְּשֶׁמֶן רַעֲנָן:

tree and grow tall like a cedar in Lebanon. Planted in the LORD's House, blossoming in our God's courtyards, ▸ they will still bear fruit in old age, and stay vigorous and fresh, proclaiming that the LORD is upright: He is my Rock, in whom there is no wrong.

Mourner's Kaddish (page 766)

On Rosh Ḥodesh, say Barekhi Nafshi on page 830 followed by Mourner's Kaddish.
On Ḥanukka, many congregations add Psalm 30 on page 602 followed by Mourner's Kaddish.

From the second day of Rosh Ḥodesh Elul through Shemini Atzeret (in Israel through Hoshana Raba), the following psalm is said:

לְדָוִד A psalm of David. The LORD is my light and my salvation – *Ps. 27*
whom then shall I fear? The LORD is the stronghold of my life – of whom shall I be afraid? When evil men close in on me to devour my flesh, it is they, my enemies and foes, who stumble and fall. Should an army besiege me, my heart would not fear. Should war break out against me, still I would be confident. One thing I ask of the LORD, only this do I seek: to live in the House of the LORD all the days of my life, to gaze on the beauty of the LORD and worship in His Temple. For He will keep me safe in His pavilion on the day of trouble. He will hide me under the cover of His tent. He will set me high upon a rock. Now my head is high above my enemies who surround me. I will sacrifice in His tent with shouts of joy. I will sing and chant praises to the LORD. LORD, hear my voice when I call. Be gracious to me and answer me. On Your behalf my heart says, "Seek My face." Your face, LORD, will I seek. Do not hide Your face from me. Do not turn Your servant away in anger. You have been my help. Do not reject or forsake me, God, my Savior. Were my father and my mother to forsake me, the LORD would take me in. Teach me Your way, LORD, and lead me on a level path, because of my oppressors. Do not abandon me to the will of my foes, for false witnesses have risen against me, breathing violence. ▸ Were it not for my faith that I shall see the LORD's goodness in the land of the living. Hope in the LORD. Be strong and of good courage, and hope in the LORD!

Mourner's Kaddish (page 766)

וַתַּבֵּט עֵינִי בְּשׁוּרָי, בַּקָּמִים עָלַי מְרֵעִים תִּשְׁמַעְנָה אָזְנָי: צַדִּיק כַּתָּמָר יִפְרָח, כְּאֶרֶז בַּלְּבָנוֹן יִשְׂגֶּה: שְׁתוּלִים בְּבֵית יהוה, בְּחַצְרוֹת אֱלֹהֵינוּ יַפְרִיחוּ: ‹ עוֹד יְנוּבוּן בְּשֵׂיבָה, דְּשֵׁנִים וְרַעֲנַנִּים יִהְיוּ: לְהַגִּיד כִּי־יָשָׁר יהוה, צוּרִי, וְלֹא־עַוְלָתָה בּוֹ:

קדיש יתום (*page 767*)

On ראש חודש*, say* בָּרְכִי נַפְשִׁי *on page 831 followed by* קדיש יתום*.*
On חנוכה*, many congregations add* מִזְמוֹר שִׁיר־חֲנֻכַּת הַבַּיִת *on page 603 followed by* קדיש יתום*.*

From the second day of ראש חודש אלול *through* שמיני עצרת
(in ארץ ישראל *through* הושענא רבה*), the following psalm is said:*

תהלים כז

לְדָוִד, יהוה אוֹרִי וְיִשְׁעִי, מִמִּי אִירָא, יהוה מָעוֹז־חַיַּי, מִמִּי אֶפְחָד: בִּקְרֹב עָלַי מְרֵעִים לֶאֱכֹל אֶת־בְּשָׂרִי, צָרַי וְאֹיְבַי לִי, הֵמָּה כָשְׁלוּ וְנָפָלוּ: אִם־תַּחֲנֶה עָלַי מַחֲנֶה, לֹא־יִירָא לִבִּי, אִם־תָּקוּם עָלַי מִלְחָמָה, בְּזֹאת אֲנִי בוֹטֵחַ: אַחַת שָׁאַלְתִּי מֵאֵת־יהוה, אוֹתָהּ אֲבַקֵּשׁ, שִׁבְתִּי בְּבֵית־יהוה כָּל־יְמֵי חַיַּי, לַחֲזוֹת בְּנֹעַם־יהוה, וּלְבַקֵּר בְּהֵיכָלוֹ: כִּי יִצְפְּנֵנִי בְּסֻכֹּה בְּיוֹם רָעָה, יַסְתִּרֵנִי בְּסֵתֶר אָהֳלוֹ, בְּצוּר יְרוֹמְמֵנִי: וְעַתָּה יָרוּם רֹאשִׁי עַל אֹיְבַי סְבִיבוֹתַי, וְאֶזְבְּחָה בְאָהֳלוֹ זִבְחֵי תְרוּעָה, אָשִׁירָה וַאֲזַמְּרָה לַיהוה: שְׁמַע־יהוה קוֹלִי אֶקְרָא, וְחָנֵּנִי וַעֲנֵנִי: לְךָ אָמַר לִבִּי בַּקְּשׁוּ פָנָי, אֶת־פָּנֶיךָ יהוה אֲבַקֵּשׁ: אַל־תַּסְתֵּר פָּנֶיךָ מִמֶּנִּי, אַל תַּט־בְּאַף עַבְדֶּךָ, עֶזְרָתִי הָיִיתָ, אַל־תִּטְּשֵׁנִי וְאַל־תַּעַזְבֵנִי, אֱלֹהֵי יִשְׁעִי: כִּי־אָבִי וְאִמִּי עֲזָבוּנִי, וַיהוה יַאַסְפֵנִי: הוֹרֵנִי יהוה דַּרְכֶּךָ, וּנְחֵנִי בְּאֹרַח מִישׁוֹר, לְמַעַן שׁוֹרְרָי: אַל־תִּתְּנֵנִי בְּנֶפֶשׁ צָרָי, כִּי קָמוּ־בִי עֵדֵי־שֶׁקֶר, וִיפֵחַ חָמָס: ‹ לוּלֵא הֶאֱמַנְתִּי לִרְאוֹת בְּטוּב־יהוה בְּאֶרֶץ חַיִּים: קַוֵּה אֶל־יהוה, חֲזַק וְיַאֲמֵץ לִבֶּךָ, וְקַוֵּה אֶל־יהוה:

קדיש יתום (*page 767*)

SONG OF GLORY

The Ark is opened and all stand.

Leader: I will sing sweet psalms and I will weave songs,
to You for whom my soul longs.

Cong: My soul yearns for the shelter of Your hand,
that all Your mystic secrets I might understand.

Leader: Whenever I speak of Your glory above,
my heart is yearning for Your love.

Cong: So Your glories I will proclaim,
and in songs of love give honor to Your name.

Leader: I will tell of Your glory though I have not seen You,
imagine and describe You, though I have not known You.

Cong: By the hand of Your prophets, through Your servants' mystery,
You gave a glimpse of Your wondrous majesty.

Leader: Recounting Your grandeur and Your glory,
of Your great deeds they told the story.

Cong: They depicted You, though not as You are,
but as You do: Your acts, Your power.

Leader: They represented You in many visions;
through them all You are One without divisions.

Cong: They saw You, now old, then young,
Your head with gray, with black hair hung.

Leader: Aged on the day of judgment, yet on the day of war,
a young warrior with mighty hands they saw.

Cong: Triumph like a helmet He wore on his head;
His right hand and holy arm to victory have led.

Leader: His curls are filled with dew drops of light,
His locks with fragments of the night.

Cong: He will glory in me, for He delights in me;
My diadem of beauty He shall be.

Leader: His head is like pure beaten gold;
Engraved on His brow, His sacred name behold.

Cong: For grace and glory, beauty and renown,
His people have adorned Him with a crown.

שיר הכבוד

The ארון קודש *is opened and all stand.*

ש״ץ: אַנְעִים זְמִירוֹת וְשִׁירִים אֶאֱרֹג, כִּי אֵלֶיךָ נַפְשִׁי תַעֲרֹג.
קהל: נַפְשִׁי חִמְּדָה בְּצֵל יָדֶךָ, לָדַעַת כָּל רָז סוֹדֶךָ.

ש״ץ: מִדֵּי דַבְּרִי בִּכְבוֹדֶךָ, הוֹמֶה לִבִּי אֶל דּוֹדֶיךָ.
קהל: עַל כֵּן אֲדַבֵּר בְּךָ נִכְבָּדוֹת, וְשִׁמְךָ אֲכַבֵּד בְּשִׁירֵי יְדִידוֹת.

ש״ץ: אֲסַפְּרָה כְבוֹדְךָ וְלֹא רְאִיתִיךָ, אֲדַמְּךָ אֲכַנְּךָ וְלֹא יְדַעְתִּיךָ.
קהל: בְּיַד נְבִיאֶיךָ בְּסוֹד עֲבָדֶיךָ, דִּמִּיתָ הֲדַר כְּבוֹד הוֹדֶךָ.

ש״ץ: גְּדֻלָּתְךָ וּגְבוּרָתֶךָ, כִּנּוּ לְתֹקֶף פְּעֻלָּתֶךָ.
קהל: דִּמּוּ אוֹתְךָ וְלֹא כְּפִי יֶשְׁךָ, וַיְשַׁוּוּךָ לְפִי מַעֲשֶׂיךָ.

ש״ץ: הִמְשִׁילוּךָ בְּרֹב חֶזְיוֹנוֹת, הִנְּךָ אֶחָד בְּכָל דִּמְיוֹנוֹת.
קהל: וַיֶּחֱזוּ בְךָ זִקְנָה וּבַחֲרוּת, וּשְׂעַר רֹאשְׁךָ בְּשֵׂיבָה וְשַׁחֲרוּת.

ש״ץ: זִקְנָה בְּיוֹם דִּין וּבַחֲרוּת בְּיוֹם קְרָב, כְּאִישׁ מִלְחָמוֹת יָדָיו לוֹ רָב.
קהל: חָבַשׁ כּוֹבַע יְשׁוּעָה בְּרֹאשׁוֹ, הוֹשִׁיעָה לּוֹ יְמִינוֹ וּזְרוֹעַ קָדְשׁוֹ.

ש״ץ: טַלְלֵי אוֹרוֹת רֹאשׁוֹ נִמְלָא, קְוֻצּוֹתָיו רְסִיסֵי לָיְלָה.
קהל: יִתְפָּאֵר בִּי כִּי חָפֵץ בִּי, וְהוּא יִהְיֶה לִּי לַעֲטֶרֶת צְבִי.

ש״ץ: כֶּתֶם טָהוֹר פָּז דְּמוּת רֹאשׁוֹ, וְחַק עַל מֵצַח כְּבוֹד שֵׁם קָדְשׁוֹ.
קהל: לְחֵן וּלְכָבוֹד צְבִי תִפְאָרָה, אֻמָּתוֹ לוֹ עִטְּרָה עֲטָרָה.

אַנְעִים זְמִירוֹת *Song of Glory:* Attributed to either Rabbi Yehuda HeḤasid (d. 1217) or his father Rabbi Shmuel, this hymn is structured as an alphabetical acrostic, with a (non-acrostic) four-line introduction and a three-line conclusion, followed by biblical verses. The poem, with great grace and depth, speaks about the limits of language in describing the experience of God. On the one hand, God – infinite, eternal, invisible – is beyond the reach of language. On the other, we can only address Him in and through language.

Leader: Like a youth's, His hair in locks unfurls;
Its black tresses flowing in curls.

Cong: Jerusalem, His splendor, is the dwelling place of right;
may He prize it as His highest delight.

Leader: Like a crown in His hand may His treasured people be,
a turban of beauty and of majesty.

Cong: He bore them, carried them, with a crown He adorned them.
They were precious in His sight, and He honored them.

Leader: His glory is on me; my glory is on Him.
He is near to me when I call to Him.

Cong: He is bright and rosy; red will be His dress,
when He comes from Edom, treading the winepress.

Leader: He showed the tefillin-knot to Moses, humble, wise,
when the LORD's likeness was before his eyes.

Cong: He delights in His people; the humble He does raise –
He glories in them; He sits enthroned upon their praise.

Leader: Your first word, Your call to every age, is true:
O seek the people who seek You.

Cong: My many songs please take and hear
and may my hymn of joy to You come near.

Leader: May my praise be a crown for Your head,
and like incense before You, the prayers I have said.

Cong: May a poor man's song be precious in Your eyes,
like a song sung over sacrifice.

Leader: To the One who sustains all, may my blessing take flight:
Creator, Life-Giver, God of right and might.

Cong: And when I offer blessing, to me Your head incline:
accepting it as spice, fragrant and fine.

Leader: May my prayer be to You sweet song.
For You my soul will always long.

The Ark is closed.

Yours, LORD, are the greatness and the power, the glory, the majesty and *I Chr. 29*
splendor, for everything in heaven and earth is Yours. Yours, LORD, is the *Ps. 106*
kingdom; You are exalted as Head over all. ▸ Who can tell of the mighty
acts of the LORD and make all His praise be heard?

ש״ץ: מַחְלְפוֹת רֹאשׁוֹ כְּבִימֵי בְחוּרוֹת, קְוֻצּוֹתָיו תַּלְתַּלִּים שְׁחוֹרוֹת.

קהל: נְוֵה הַצֶּדֶק צְבִי תִפְאַרְתּוֹ, יַעֲלֶה נָּא עַל רֹאשׁ שִׂמְחָתוֹ.

ש״ץ: סְגֻלָּתוֹ תְּהִי בְיָדוֹ עֲטֶרֶת, וּצְנִיף מְלוּכָה צְבִי תִפְאֶרֶת.

קהל: עֲמוּסִים נְשָׂאָם, עֲטֶרֶת עִנְּדָם, מֵאֲשֶׁר יָקְרוּ בְעֵינָיו כִּבְּדָם.

ש״ץ: פְּאֵרוֹ עָלַי וּפְאֵרִי עָלָיו, וְקָרוֹב אֵלַי בְּקָרְאִי אֵלָיו.

קהל: צַח וְאָדֹם לִלְבוּשׁוֹ אָדֹם, פּוּרָה בְדָרְכוֹ בְּבוֹאוֹ מֵאֱדוֹם.

ש״ץ: קֶשֶׁר תְּפִלִּין הֶרְאָה לֶעָנָו, תְּמוּנַת יהוה לְנֶגֶד עֵינָיו.

קהל: רוֹצֶה בְעַמּוֹ עֲנָוִים יְפָאֵר, יוֹשֵׁב תְּהִלּוֹת בָּם לְהִתְפָּאֵר.

ש״ץ: רֹאשׁ דְּבָרְךָ אֱמֶת קוֹרֵא מֵרֹאשׁ דּוֹר וָדוֹר, עַם דּוֹרֶשְׁךָ דְּרֹשׁ.

קהל: שִׁית הֲמוֹן שִׁירַי נָא עָלֶיךָ, וְרִנָּתִי תִּקְרַב אֵלֶיךָ.

ש״ץ: תְּהִלָּתִי תְּהִי לְרֹאשְׁךָ עֲטֶרֶת, וּתְפִלָּתִי תִּכּוֹן קְטֹרֶת.

קהל: תִּיקַר שִׁירַת רָשׁ בְּעֵינֶיךָ, כַּשִּׁיר יוּשַׁר עַל קָרְבָּנֶיךָ.

ש״ץ: בִּרְכָתִי תַעֲלֶה לְרֹאשׁ מַשְׁבִּיר, מְחוֹלֵל וּמוֹלִיד, צַדִּיק כַּבִּיר.

קהל: וּבְבִרְכָתִי תְנַעַנַע לִי רֹאשׁ, וְאוֹתָהּ קַח לְךָ כִּבְשָׂמִים רֹאשׁ.

ש״ץ: יֶעֱרַב נָא שִׂיחִי עָלֶיךָ, כִּי נַפְשִׁי תַעֲרֹג אֵלֶיךָ.

The ארון קודש *is closed.*

לְךָ יהוה הַגְּדֻלָּה וְהַגְּבוּרָה וְהַתִּפְאֶרֶת וְהַנֵּצַח וְהַהוֹד, כִּי־כֹל בַּשָּׁמַיִם דברי הימים א׳ כט
וּבָאָרֶץ, לְךָ יהוה הַמַּמְלָכָה וְהַמִּתְנַשֵּׂא לְכֹל לְרֹאשׁ: ‹ מִי יְמַלֵּל גְּבוּרוֹת תהלים קו
יהוה, יַשְׁמִיעַ כָּל־תְּהִלָּתוֹ:

Hence the various literary forms – metaphor, image, mystic vision – used by the prophets and poets and their successors to indicate, through words, that which lies beyond words. The images are many, but God is One.

In some communities the hymn is said each day. Many authorities, however, held that it was too sublime to be said daily, and limited its recital to Shabbat and Yom Tov.

MOURNER'S KADDISH

The following prayer, said by mourners, requires the presence of a minyan.
A transliteration can be found on page 1049.

Mourner: יִתְגַּדַּל Magnified and sanctified
may His great name be,
in the world He created by His will.
May He establish His kingdom
in your lifetime and in your days,
and in the lifetime of all the house of Israel,
swiftly and soon –
and say: Amen.

All: May His great name
be blessed for ever and all time.

Mourner: Blessed and praised,
glorified and exalted,
raised and honored,
uplifted and lauded
be the name of the Holy One,
blessed be He,
beyond any blessing,
song, praise and consolation
uttered in the world –
and say: Amen.

May there be great peace from heaven,
and life for us and all Israel –
and say: Amen.

Bow, take three steps back, as if taking leave of the Divine Presence,
then bow, first left, then right, then center, while saying:

May He who makes peace in His high places,
make peace for us and all Israel –
and say: Amen.

קדיש יתום

The following prayer, said by mourners, requires the presence of a מנין.
A transliteration can be found on page 1049.

אבל: יִתְגַּדַּל וְיִתְקַדַּשׁ שְׁמֵהּ רַבָּא (קהל: אָמֵן)
בְּעָלְמָא דִּי בְרָא כִרְעוּתֵהּ
וְיַמְלִיךְ מַלְכוּתֵהּ
בְּחַיֵּיכוֹן וּבְיוֹמֵיכוֹן וּבְחַיֵּי דְכָל בֵּית יִשְׂרָאֵל
בַּעֲגָלָא וּבִזְמַן קָרִיב
וְאִמְרוּ אָמֵן. (קהל: אָמֵן)

קהל ואבל: יְהֵא שְׁמֵהּ רַבָּא מְבָרַךְ לְעָלַם וּלְעָלְמֵי עָלְמַיָּא.

אבל: יִתְבָּרַךְ וְיִשְׁתַּבַּח וְיִתְפָּאַר
וְיִתְרוֹמַם וְיִתְנַשֵּׂא וְיִתְהַדָּר וְיִתְעַלֶּה וְיִתְהַלָּל
שְׁמֵהּ דְּקֻדְשָׁא בְּרִיךְ הוּא (קהל: בְּרִיךְ הוּא)
לְעֵלָּא מִן כָּל בִּרְכָתָא / בשבת שובה: לְעֵלָּא לְעֵלָּא מִכָּל בִּרְכָתָא/
וְשִׁירָתָא, תֻּשְׁבְּחָתָא וְנֶחֱמָתָא
דַּאֲמִירָן בְּעָלְמָא
וְאִמְרוּ אָמֵן. (קהל: אָמֵן)

יְהֵא שְׁלָמָא רַבָּא מִן שְׁמַיָּא
וְחַיִּים, עָלֵינוּ וְעַל כָּל יִשְׂרָאֵל
וְאִמְרוּ אָמֵן. (קהל: אָמֵן)

Bow, take three steps back, as if taking leave of the Divine Presence, then bow, first left, then right, then center, while saying:

עֹשֶׂה שָׁלוֹם/ בשבת שובה: הַשָּׁלוֹם/ בִּמְרוֹמָיו
הוּא יַעֲשֶׂה שָׁלוֹם עָלֵינוּ וְעַל כָּל יִשְׂרָאֵל
וְאִמְרוּ אָמֵן. (קהל: אָמֵן)

LORD OF THE UNIVERSE,
who reigned before the birth of any thing –

When by His will all things were made
then was His name proclaimed King.

And when all things shall cease to be
He alone will reign in awe.

He was, He is, and He shall be
glorious for evermore.

He is One, there is none else,
alone, unique, beyond compare;

Without beginning, without end,
His might, His rule are everywhere.

He is my God; my Redeemer lives.
He is the Rock on whom I rely –

My banner and my safe retreat,
my cup, my portion when I cry.

Into His hand my soul I place,
when I awake and when I sleep.

The LORD is with me, I shall not fear;
body and soul from harm will He keep.

---

a personal presence. Though He is unfathomably vast, He is also intensely close. I face the world without fear because I rest in His everlasting arms.

אֲדוֹן עוֹלָם

אֲשֶׁר מָלַךְ בְּטֶרֶם כָּל־יְצִיר נִבְרָא.
לְעֵת נַעֲשָׂה בְחֶפְצוֹ כֹּל אֲזַי מֶלֶךְ שְׁמוֹ נִקְרָא.
וְאַחֲרֵי כִּכְלוֹת הַכֹּל לְבַדּוֹ יִמְלֹךְ נוֹרָא.
וְהוּא הָיָה וְהוּא הֹוֶה וְהוּא יִהְיֶה בְּתִפְאָרָה.
וְהוּא אֶחָד וְאֵין שֵׁנִי לְהַמְשִׁיל לוֹ לְהַחְבִּירָה.
בְּלִי רֵאשִׁית בְּלִי תַכְלִית וְלוֹ הָעֹז וְהַמִּשְׂרָה.
וְהוּא אֵלִי וְחַי גּוֹאֲלִי וְצוּר חֶבְלִי בְּעֵת צָרָה.
וְהוּא נִסִּי וּמָנוֹס לִי מְנָת כּוֹסִי בְּיוֹם אֶקְרָא.
בְּיָדוֹ אַפְקִיד רוּחִי בְּעֵת אִישַׁן וְאָעִירָה.
וְעִם רוּחִי גְּוִיָּתִי יהוה לִי וְלֹא אִירָא.

אֲדוֹן עוֹלָם *Lord of the Universe:* A magnificent poem, attributed by some to the Spanish Jewish poet Solomon ibn Gabirol (1021–1070). Its power lies in its effortless transition from abstract theology to personal experience. The first six lines speak of God in cosmic terms; the last four lines turn to God as

Kiddush and Zemirot for Shabbat Day

Some say:

אַתְקִינוּ Prepare the feast of perfect faith, joy of the holy King. Prepare the royal feast, this is the feast [mystically known as] "the Holy Ancient One" – and "the Small Face" and "the Field of Holy Apples" [mystical terms for aspects of the Divine] come to partake in the feast with it.

אֲסַדֵּר I will prepare the Sabbath morning feast, and invite to it "the Holy Ancient One." May His radiance shine on it, on the great Kiddush and goodly wine that gladdens the soul. May He send us His splendor; may we see His glory; may He reveal to us His whispered secrets. May He disclose to us the reason for the twelve loaves of bread, which are [the twelve combinations of the letters of] His name, and [the twelve sons of Jacob] the youngest patriarch. May we be united with the One above, who gives life to all; may our strength increase and [our prayers] reach [God's] head. Laborers in the field [of Torah] rejoice with speech and voice, speaking words sweet as honey. Before the Master of the Universe, reveal the meaning of, and give new interpretations to, matters veiled in mystery. To adorn the table with precious secrets, deep, esoteric, not widely to be shared. These words become sky; new heavens, and the sun then is the same. He will be lifted to a higher level, and [God] will take [Israel], from whom He had been separated, as His bride.

חַי יהוה The LORD lives; my Rock is blessed. My soul glories in the LORD. For the LORD gives light to my lamp; His radiance shines on my head. The LORD is my Shepherd, I shall not want. He leads me beside the still waters. He gives food to all flesh; He feeds me my daily bread. May it be Your will, You, my holy God, To prepare a table before me, to anoint my head with oil. Who will lay my rest before the LORD of peace, and grant that my children stay faithful, [blessed with] life and peace? May He send His angel before me, to accompany me on the way. I lift my face with a cup of salvation; my cup is filled to overflowing. My soul thirsts for God; may He fill my store with plenty. I lift my eyes to the sages, [celebrating Shabbat] like Hillel, not Shammai. Most delightful of days and eternity's years; awake, my soul, awake. Above my head let there shine as one, the lamp of the commandments and the Torah's light. Advance, LORD, to where I rest; You and Your mighty Ark. Please, God, take my blessing and strengthen the shield of Your seer.

מִזְמוֹר לְדָוִד A psalm of David. The LORD is my Shepherd, I shall not want. He makes *Ps. 23*
me lie down in green pastures. He leads me beside the still waters. He refreshes my soul. He guides me in the paths of righteousness for His name's sake. Though I walk through the valley of the shadow of death, I will fear no evil, for You are with me; Your rod and Your staff, they comfort me. You set a table before me in the presence of my enemies; You anoint my head with oil; my cup is filled to overflowing. May goodness and kindness follow me all the days of my life, and may I live in the House of the LORD for evermore.

קידוש וזמירות ליום שבת

Some say:

אַתְקִינוּ סְעוּדָתָא דִמְהֵימְנוּתָא שְׁלִימָתָא, חֶדְוָתָא דְמַלְכָּא קַדִּישָׁא. אַתְקִינוּ סְעוּדָתָא דְמַלְכָּא. דָּא הִיא סְעוּדָתָא דְעַתִּיקָא קַדִּישָׁא, וּזְעֵיר אַנְפִּין וַחֲקַל תַּפּוּחִין קַדִּישִׁין אָתַיִן לְסַעֲדָה בַּהֲדֵהּ.

אֲסַדֵּר לִסְעוּדָתָא בְּצַפְרָא דְשַׁבַּתָּא וְאַזְמִין בַּהּ הַשְׁתָּא עַתִּיקָא קַדִּישָׁא.
נְהוֹרֵהּ יִשְׁרֵי בַהּ בְּקִדּוּשָׁא רַבָּה וּמֵחַמְרָא טָבָא דְבֵהּ תֶּחֱדֵי נַפְשָׁא.
יְשַׁדַּר לָן שְׁפְרֵהּ וְנֶחֱזֵי בִיקָרֵהּ וְיַחֲוֵי לָן סִתְרֵהּ דְּמִתְאֲמַר בִּלְחִישָׁא.
יְגַלֶּה לַן טַעֲמֵי דְּבִתְרֵיסַר נַהֲמֵי דְּאִנּוּן אָת בִּשְׁמֵהּ כְּפִילָה וּקְלִישָׁא.
צְרוֹרָא דִלְעֵלָּא דְבֵהּ חַיֵּי כֹלָּא וְיִתְרַבֵּי חֵילָא וְתִסַּק עַד רֵישָׁא.
חֲדוּ חַצְדֵי חַקְלָא בְּדִבּוּר וּבְקָלָא וּמַלְּלוּ מִלָּה מְתִיקָא כְּדֻבְשָׁא.
קֳדָם רִבּוֹן עָלְמִין בְּמִלִּין סְתִימִין תְּגַלּוּן פִּתְגָּמִין וְתֵימְרוּן חִדּוּשָׁא.
לְעַטֵּר פָּתוֹרָא בְּרָזָא יַקִּירָא עֲמִיקָא וּטְמִירָא וְלָאו מִלְּתָא אוּשָׁא.
וְאִלֵּין מִלַּיָּא יְהוֹן לִרְקִיעַיָּא חֲדָתִין וּשְׁמַיָּא בְּכֵן הַהוּא שִׁמְשָׁא.
רְבוּ יַתִּיר יִסְגֵּי לְעֵילָּא מִן דַּרְגֵּהּ וְיִסַּב בַּת זוּגֵהּ דַּהֲוַת פְּרִישָׁא.

חַי יהוה וּבָרוּךְ צוּרִי, בַּיהוה תִּתְהַלֵּל נַפְשִׁי, כִּי יהוה יָאִיר נֵרִי, בְּהִלּוֹ נֵרוֹ עֲלֵי רֹאשִׁי.
יהוה רֹעִי לֹא אֶחְסָר, עַל מֵי מְנוּחוֹת יְנַהֲלֵנִי, נוֹתֵן לֶחֶם לְכָל בָּשָׂר, לֶחֶם חֻקִּי הַטְרִיפֵנִי.
יְהִי רָצוֹן מִלְּפָנֶיךָ, אַתָּה אֱלֹהֵי קְדוֹשִׁי, תַּעֲרֹךְ לְפָנַי שֻׁלְחָנְךָ, תְּדַשֵּׁן בַּשֶּׁמֶן רֹאשִׁי.
מִי יִתֵּן מְנוּחָתִי, לִפְנֵי אֲדוֹן הַשָּׁלוֹם, וְהָיְתָה שְׁלֵמָה מִטָּתִי, הַחַיִּים וְהַשָּׁלוֹם.
יִשְׁלַח מַלְאָכוֹ לְפָנַי, לְלַוּוֹתִי לְוָיָה, בְּכוֹס יְשׁוּעוֹת אֶשָּׂא פָנַי, מְנָת כּוֹסִי רְוָיָה.
צָמְאָה נַפְשִׁי אֶל יהוה, יְמַלֵּא שֹׂבַע אֲסָמַי, אֶל הֶהָרִים אֶשָּׂא עֵינַי, כְּהִלֵּל וְלֹא כְשַׁמַּאי.
חֶדְוַת יָמִים וּשְׁנוֹת עוֹלָמִים, עוּרָה כְבוֹדִי עוּרָה, וְעַל רֹאשִׁי יִהְיוּ תָמִים,
נֵר מִצְוָה וְאוֹר תּוֹרָה.

קוּמָה יהוה לִמְנוּחָתִי, אַתָּה וַאֲרוֹן עֻזֶּךָ, קַח נָא אֵל אֶת בִּרְכָתִי, וְהַחֲזֵק מָגֵן חוֹזֶךָ.

תהלים כג מִזְמוֹר לְדָוִד, יהוה רֹעִי לֹא אֶחְסָר: בִּנְאוֹת דֶּשֶׁא יַרְבִּיצֵנִי, עַל־מֵי מְנֻחוֹת
יְנַהֲלֵנִי: נַפְשִׁי יְשׁוֹבֵב, יַנְחֵנִי בְמַעְגְּלֵי־צֶדֶק לְמַעַן שְׁמוֹ: גַּם כִּי־אֵלֵךְ בְּגֵיא
צַלְמָוֶת לֹא־אִירָא רָע, כִּי־אַתָּה עִמָּדִי, שִׁבְטְךָ וּמִשְׁעַנְתֶּךָ הֵמָּה יְנַחֲמֻנִי:
תַּעֲרֹךְ לְפָנַי שֻׁלְחָן נֶגֶד צֹרְרָי, דִּשַּׁנְתָּ בַשֶּׁמֶן רֹאשִׁי, כּוֹסִי רְוָיָה: אַךְ טוֹב
וָחֶסֶד יִרְדְּפוּנִי כָּל־יְמֵי חַיָּי, וְשַׁבְתִּי בְּבֵית־יהוה לְאֹרֶךְ יָמִים:

SHABBAT MORNING KIDDUSH

Some say:

אִם־תָּשִׁיב If you keep your feet from breaking the Sabbath, and from pursuing your affairs on My holy day, if you call the Sabbath a delight, and the LORD's holy day honorable, and if you honor it by not going your own way or attending to your own affairs, or speaking idle words, then you will find joy in the LORD, and I will cause you to ride on the heights of the earth and to feast on the inheritance of your father Jacob, for the mouth of the LORD has spoken. *Is. 58*

Most begin Kiddush here.

וְשָׁמְרוּ The children of Israel must keep the Sabbath, observing the Sabbath in every generation as an everlasting covenant. It is a sign between Me and the children of Israel for ever, for in six days the LORD made the heavens and the earth, but on the seventh day He ceased work and refreshed Himself. *Ex. 31*

זָכוֹר Remember the Sabbath day to keep it holy. Six days you shall labor and do all your work, but the seventh day is a Sabbath of the LORD your God; on it you shall not do any work – you, your son or daughter, your male or female slave, or your cattle, or the stranger within your gates. For in six days the LORD made heaven and earth and sea and all that is in them, and rested on the seventh day; therefore the LORD blessed the Sabbath day and declared it holy. *Ex. 20*

When saying Kiddush for others, add:
Please pay attention, my masters.

בָּרוּךְ Blessed are You, LORD our God, King of the Universe,
who creates the fruit of the vine.

---

prepare: A poem written by R. Isaac Luria. The verses form an acrostic based on the author's name. חַי יהוה *The LORD lives*: A seventeenth-century poem whose verses spell out the name *Ḥayyim Yitzḥak*. אִם־תָּשִׁיב מִשַּׁבָּת רַגְלֶךָ *If you keep your feet*: the passage from Isaiah that is the source of the idea of *oneg Shabbat*, making the day a delight. וְשָׁמְרוּ בְנֵי־יִשְׂרָאֵל *The children of Israel:* Shabbat as a memorial of creation. זָכוֹר אֶת־יוֹם הַשַּׁבָּת *Remember the Sabbath day:* Shabbat as a memory of the exodus from Egypt. The freedom of Shabbat is the antithesis of slavery in Egypt.

קידושא רבה

Some say:

ישעיה נח אִם־תָּשִׁיב מִשַּׁבָּת רַגְלֶךָ עֲשׂוֹת חֲפָצֶךָ בְּיוֹם קָדְשִׁי, וְקָרָאתָ לַשַּׁבָּת עֹנֶג לִקְדוֹשׁ
יהוה מְכֻבָּד, וְכִבַּדְתּוֹ מֵעֲשׂוֹת דְּרָכֶיךָ מִמְּצוֹא חֶפְצְךָ וְדַבֵּר דָּבָר: אָז תִּתְעַנַּג
עַל־יהוה, וְהִרְכַּבְתִּיךָ עַל־בָּמֳתֵי אָרֶץ, וְהַאֲכַלְתִּיךָ נַחֲלַת יַעֲקֹב אָבִיךָ, כִּי פִּי
יהוה דִּבֵּר:

Most begin קידוש *here.*

שמות לא **וְשָׁמְרוּ בְנֵי־יִשְׂרָאֵל אֶת־הַשַּׁבָּת, לַעֲשׂוֹת אֶת־הַשַּׁבָּת לְדֹרֹתָם**
בְּרִית עוֹלָם: בֵּינִי וּבֵין בְּנֵי יִשְׂרָאֵל אוֹת הִוא לְעֹלָם, כִּי־שֵׁשֶׁת
יָמִים עָשָׂה יהוה אֶת־הַשָּׁמַיִם וְאֶת־הָאָרֶץ וּבַיּוֹם הַשְּׁבִיעִי שָׁבַת
וַיִּנָּפַשׁ:

שמות כ **זָכוֹר אֶת־יוֹם הַשַּׁבָּת לְקַדְּשׁוֹ: שֵׁשֶׁת יָמִים תַּעֲבֹד, וְעָשִׂיתָ כָּל־**
מְלַאכְתֶּךָ: וְיוֹם הַשְּׁבִיעִי שַׁבָּת לַיהוה אֱלֹהֶיךָ, לֹא־תַעֲשֶׂה כָל־
מְלָאכָה אַתָּה וּבִנְךָ וּבִתֶּךָ, עַבְדְּךָ וַאֲמָתְךָ וּבְהֶמְתֶּךָ, וְגֵרְךָ אֲשֶׁר
בִּשְׁעָרֶיךָ: כִּי שֵׁשֶׁת־יָמִים עָשָׂה יהוה אֶת־הַשָּׁמַיִם וְאֶת־הָאָרֶץ
אֶת־הַיָּם וְאֶת־כָּל־אֲשֶׁר־בָּם, וַיָּנַח בַּיּוֹם הַשְּׁבִיעִי, עַל־כֵּן בֵּרַךְ
יהוה אֶת־יוֹם הַשַּׁבָּת וַיְקַדְּשֵׁהוּ:

When saying קידוש *for others, add:*

סַבְרִי מָרָנָן

בָּרוּךְ אַתָּה יהוה אֱלֹהֵינוּ מֶלֶךְ הָעוֹלָם בּוֹרֵא פְּרִי הַגָּפֶן.

SHABBAT MORNING KIDDUSH

The Kiddush of Shabbat morning is known as *Kiddusha Raba*, "the great Kiddush," despite or possibly because of its brevity: essentially it involves only the blessing over wine. Over the course of time additional texts were added, reflecting the varied customs of Jewish communities. אַתְקִינוּ סְעוּדָתָא *Prepare the feast* (on previous page): a mystical passage based in the Zohar. אֲסַדֵּר *I will*

ZEMIROT FOR SHABBAT DAY

בָּרוּךְ Blessed be the Lord who, day by day, carries our burden with salvation and redemption. We will rejoice in His name all day long, and raise our head high in His salvation. For He is a stronghold for the poor and a refuge for the needy.

The Lord's tribes are Israel's testimony: He was distressed in their distress, in their suffering and slavery. Through a pavement of sapphire He showed them the strength of His love, He revealed Himself, lifting them from the depths of the pit. For with the Lord is loving- *Ps. 130* kindness; He abounds in redemption.

How precious is His loving-kindness; He shelters them under His shade. For their sake He went with them into exile in Babylon. When they went down in ships, He was counted among them. He ensured that they were treated mercifully by those who took them captive. For the Lord will not forsake His people, for the sake of His great name.

In Eilam He placed His throne, to rescue His beloved, to remove from them the stronghold of His rebels. He redeemed His servants from passing under the sword. He raised the pride of His people, for the glory of all His devoted ones. For though He afflicts, He also shows *Lam. 3* compassion and loving-kindness.

When the he-goat [Greece] extended its power, and the vision of the four ascended to the heights, And in their hearts they intended to destroy those He loved, through His priests He laid low those who rose against Him: The Lord's kindness has not ended nor His *Lam. 3* compassion ceased.

I was handed over to Edom [Rome] by my quarrelsome friends, who daily sated their appetite with my treasures. His help was with me, supporting my foundations, He will not forsake me all the days of my age. For the Lord does not reject forever. *Lam. 3*

When He comes from Edom with garments stained crimson, there will be slaughter in Botzra, and an execution of traitors, their blood will turn His garments red, in His great strength He will bring the leaders low. With His mighty blast like a day of the east wind. *Is. 27*

When the oppressor from Edom sees how it will be, He will think Botzra to be a refuge like Betzer, giving protection to angels and men, willful and accidental sinners alike. Love the *Ps. 31* Lord, all His devoted ones: all His faithful ones He will guard.

The Rock in His kindness will command His communities to gather, coming together from the four winds, He will settle them upon the high mountains, He will return with us, gathering the dispersed, for it does not say, "He will bring back" but "He will return" and gather.

Blessed is our God who has bestowed good upon us. In His compassion and abundant kindness, He has done great things for us. Like these and those, may He do yet more for us, to magnify His great, mighty and awesome name, by which we are called.

Blessed is our God who created us for His glory, To praise and laud Him and tell of His majesty, His loving-kindness is greater to us than to any other nation. Therefore with all our heart and soul and might, let us proclaim His kingship and His unity.

May He to whom peace belongs, send us blessing and peace. From left and right, may Israel have peace. May the Compassionate One bless His people with peace, and may they merit to see children and children's children, occupied with Torah and the commandments, bringing Israel peace. Wondrous Counselor, mighty God, everlasting Father, Prince of peace. *Is. 9*

זמירות ליום שבת

בָּרוּךְ אֲדֹנָי יוֹם יוֹם, יַעֲמָס לָנוּ יֶשַׁע וּפִדְיוֹם, וּבִשְׁמוֹ נָגִיל כָּל הַיּוֹם, וּבִישׁוּעָתוֹ נָרִים
רֹאשׁ עֶלְיוֹן. כִּי הוּא מָעוֹז לַדָּל וּמַחְסֶה לָאֶבְיוֹן.

שִׁבְטֵי יָהּ לְיִשְׂרָאֵל עֵדוּת, בְּצָרָתָם לוֹ צָר בְּסִבְלוּת וּבְעַבְדוּת, בְּלִבְנַת הַסַּפִּיר הֶרְאָם עֹז
יְדִידוּת, וְנִגְלָה לְהַעֲלוֹתָם מֵעֹמֶק בּוֹר וָדוּת. כִּי־עִם־יהוה הַחֶסֶד, וְהַרְבֵּה עִמּוֹ פְדוּת: תהלים קל

מַה יָּקָר חַסְדּוֹ בְּצִלּוֹ לְגוֹנְנֵמוֹ, בְּגָלוּת בָּבֶלָה שֻׁלַּח לְמַעַנֵמוֹ, לְהוֹרִיד בָּרִיחִים נִמְנָה
בֵינֵימוֹ, וַיִּתְּנֵם לְרַחֲמִים לִפְנֵי שׁוֹבֵימוֹ. כִּי לֹא יִטֹּשׁ יהוה אֶת עַמּוֹ, בַּעֲבוּר הַגָּדוֹל שְׁמוֹ.

עֵילָם שָׁת כִּסְאוֹ לְהַצִּיל יְדִידָיו, לְהַאֲבִיד מִשָּׁם מָעֻזְנֵי מוֹרְדָיו, מֵעֲבוֹר בַּשֶּׁלַח פָּדָה
אֶת עֲבָדָיו, קֶרֶן לְעַמּוֹ יָרִים, תְּהִלָּה לְכָל חֲסִידָיו. כִּי אִם־הוֹגָה, וְרִחַם כְּרֹב חֲסָדָו: איכה ג

וּצְפִיר הָעִזִּים הִגְדִּיל עֲצוּמָיו, וְגַם חָזוֹת אַרְבַּע עָלוּ לִמְרוֹמָיו, וּבְלִבָּם דִּמּוּ לְהַשְׁחִית אֶת
רְחוּמָיו, עַל יְדֵי כֹהֲנָיו מִגֵּר מִתְקוֹמְמָיו. חַסְדֵי יהוה כִּי לֹא־תָמְנוּ, כִּי לֹא כָלוּ רַחֲמָיו: איכה ג

נִסְגַּרְתִּי לֶאֱדוֹם בְּיַד רֵעַי מְדָנַי, שֶׁבְּכָל יוֹם מְמַלְּאִים כְּרֵסָם מֵעֲדָנַי, עֶזְרָתוֹ עִמִּי לִסְמֹךְ
אֶת אֲדָנַי, וְלֹא נְטַשְׁתַּנִי כָּל יְמֵי עִדָּנַי. כִּי לֹא יִזְנַח לְעוֹלָם אֲדֹנָי: איכה ג

בְּבוֹאוֹ מֵאֱדוֹם חֲמוּץ בְּגָדִים, זֶבַח לוֹ בְּבָצְרָה וְטֶבַח לוֹ בְּבוֹגְדִים, וְיֵז נִצְחָם מַלְבּוּשָׁיו
לְהַאְדִּים, בְּכֹחוֹ הַגָּדוֹל יִבְצֹר רוּחַ נְגִידִים. הָגָה בְּרוּחוֹ הַקָּשָׁה בְּיוֹם קָדִים: ישעיה כז

רְאוֹתוֹ כִּי כֵן אֲדוֹמִי הָעוֹצֵר, יַחְשָׁב לוֹ בָּצְרָה תִּקְלֹט כְּבֶצֶר, וּמַלְאָךְ כְּאָדָם בְּתוֹכָהּ
יִנָּצֵר, וּמֵזִיד כַּשּׁוֹגֵג בְּמִקְלָט יֵעָצֵר. אֶהֱבוּ אֶת־יהוה כָּל־חֲסִידָיו, אֱמוּנִים נֹצֵר: תהלים לא

יְצַוֶּה צוּר חַסְדּוֹ קְהִלּוֹתָיו לְקַבֵּץ, מֵאַרְבַּע רוּחוֹת עָדָיו לְהִקָּבֵץ, וּבְהַר מְרוֹם הָרִים
אוֹתָנוּ לְהַרְבֵּץ, וְאִתָּנוּ יָשׁוּב נִדָּחִים קוֹבֵץ. יָשִׁיב לֹא נֶאֱמַר, כִּי אִם וְשָׁב וְקִבֵּץ.

בָּרוּךְ הוּא אֱלֹהֵינוּ אֲשֶׁר טוֹב גְּמָלָנוּ, כְּרַחֲמָיו וּכְרֹב חֲסָדָיו הִגְדִּיל לָנוּ, אֵלֶּה וְכָאֵלֶּה
יוֹסֵף עִמָּנוּ, לְהַגְדִּיל שְׁמוֹ הַגָּדוֹל הַגִּבּוֹר וְהַנּוֹרָא, שֶׁנִּקְרָא עָלֵינוּ.

בָּרוּךְ הוּא אֱלֹהֵינוּ שֶׁבְּרָאָנוּ לִכְבוֹדוֹ, לְהַלְּלוֹ וּלְשַׁבְּחוֹ וּלְסַפֵּר הוֹדוֹ, מִכָּל אֹם גָּבַר
עָלֵינוּ חַסְדּוֹ, לָכֵן בְּכָל לֵב וּבְכָל נֶפֶשׁ וּבְכָל מְאוֹדוֹ, נַמְלִיכוֹ וּנְיַחֲדוֹ.

שֶׁהַשָּׁלוֹם שֶׁלּוֹ יָשִׂים עָלֵינוּ בְּרָכָה וְשָׁלוֹם, מִשְּׂמֹאל וּמִיָּמִין עַל יִשְׂרָאֵל שָׁלוֹם, הָרַחֲמָן
הוּא יְבָרֵךְ אֶת עַמּוֹ בַשָּׁלוֹם, וְיִזְכּוּ לִרְאוֹת בָּנִים וּבְנֵי בָנִים, עוֹסְקִים, בַּתּוֹרָה וּבְמִצְוֹת,
עַל יִשְׂרָאֵל שָׁלוֹם. פֶּלֶא יוֹעֵץ אֵל גִּבּוֹר אֲבִי־עַד שַׂר־שָׁלוֹם: ישעיה ט

בָּרוּךְ אֵל עֶלְיוֹן Blessed is God Most High who has given us rest,
To relieve our souls from distress and pain.
May He seek the good of Zion, the outcast city.
How long must she grieve, her spirits downcast?
All who keep the Sabbath, man and woman alike, find favor like an offering made to God.

He who rides the heavens, King of worlds,
Gently told His people to rest,
With tasty food and delicacies of all kinds,
With elegant dress, as at a family feast.
All who keep the Sabbath, man and woman alike, find favor like an offering made to God.

Happy are all who await a double reward
From the One who sees all, though He dwells in dense dark.
He will grant him a heritage in hill and valley,
A heritage and resting place like [Jacob] on whom the sun shone.
All who keep the Sabbath, man and woman alike, find favor like an offering made to God.

Whoever keeps the Sabbath fully, not profaning it,
Shows that he is worthy; holy is his lot.
Happy is he who fulfills the day's duty;
It is like a gift presented to God who fashioned him.
All who keep the Sabbath, man and woman alike, find favor like an offering made to God.

The Rock, my God, called it "Beloved of days."
Happy are the faithful if it is kept intact.
He will set on their head a close-fitting crown.
On them the Rock of Eternity will make His spirit rest.
All who keep the Sabbath, man and woman alike, find favor like an offering made to God.

He who remembers the Sabbath day to keep it holy
Will gain high honor like a diadem on his head.
Therefore let each give to his soul
Delight and joy with which to be exalted.
All who keep the Sabbath, man and woman alike, find favor like an offering made to God.

Let her be holy to you – Sabbath the queen –
Placing a blessing in your home.
In all your dwellings, do no work,
Nor your sons and daughters, your servant or maid.
All who keep the Sabbath, man and woman alike, find favor like an offering made to God.

בָּרוּךְ אֵל עֶלְיוֹן
אֲשֶׁר נָתַן מְנוּחָה, לְנַפְשֵׁנוּ פִּדְיוֹן מִשֵּׁאת וַאֲנָחָה
וְהוּא יִדְרֹשׁ לְצִיּוֹן, עִיר הַנִּדָּחָה, עַד אָנָה תּוּגְיוֹן נֶפֶשׁ נֶאֱנָחָה.
הַשּׁוֹמֵר שַׁבָּת הַבֵּן עִם הַבַּת, לָאֵל יֵרָצוּ כְּמִנְחָה עַל מַחֲבַת.

רוֹכֵב בָּעֲרָבוֹת, מֶלֶךְ עוֹלָמִים, אֶת עַמּוֹ לִשְׁבֹּת אִזֵּן בַּנְּעִימִים
בְּמַאֲכָלוֹת עֲרֵבוֹת בְּמִינֵי מַטְעַמִּים, בְּמַלְבּוּשֵׁי כָבוֹד זֶבַח מִשְׁפָּחָה.
הַשּׁוֹמֵר שַׁבָּת הַבֵּן עִם הַבַּת, לָאֵל יֵרָצוּ כְּמִנְחָה עַל מַחֲבַת.

וְאַשְׁרֵי כָּל חוֹכֶה לְתַשְׁלוּמֵי כֵפֶל, מֵאֵת כָּל סוֹכֶה, שׁוֹכֵן בָּעֲרָפֶל
נַחֲלָה לוֹ יִזְכֶּה בָּהָר וּבַשָּׁפֶל, נַחֲלָה וּמְנוּחָה כַּשֶּׁמֶשׁ לוֹ זָרְחָה.
הַשּׁוֹמֵר שַׁבָּת הַבֵּן עִם הַבַּת, לָאֵל יֵרָצוּ כְּמִנְחָה עַל מַחֲבַת.

כָּל שׁוֹמֵר שַׁבָּת כַּדָּת מֵחַלְּלוֹ, הֵן הֻכְשַׁר חִבַּת קֹדֶשׁ גּוֹרָלוֹ
וְאִם יֵצֵא חוֹבַת הַיּוֹם, אַשְׁרֵי לוֹ, אֶל אֵל אָדוֹן מְחוֹלְלוֹ מִנְחָה הִיא שְׁלוּחָה.
הַשּׁוֹמֵר שַׁבָּת הַבֵּן עִם הַבַּת, לָאֵל יֵרָצוּ כְּמִנְחָה עַל מַחֲבַת.

חֶמְדַּת הַיָּמִים קְרָאוֹ אֵלִי צוּר, וְאַשְׁרֵי לִתְמִימִים אִם יִהְיֶה נָצוּר
כֶּתֶר הִלּוּמִים עַל רֹאשָׁם יָצוּר, צוּר הָעוֹלָמִים, רוּחוֹ בָּם נָחָה.
הַשּׁוֹמֵר שַׁבָּת הַבֵּן עִם הַבַּת, לָאֵל יֵרָצוּ כְּמִנְחָה עַל מַחֲבַת.

זָכוֹר אֶת יוֹם הַשַּׁבָּת לְקַדְּשׁוֹ, קַרְנוֹ כִּי גָבְהָה נֵזֶר עַל רֹאשׁוֹ
עַל כֵּן יִתֵּן הָאָדָם לְנַפְשׁוֹ, עֹנֶג וְגַם שִׂמְחָה בָּהֶם לְמָשְׁחָה.
הַשּׁוֹמֵר שַׁבָּת הַבֵּן עִם הַבַּת, לָאֵל יֵרָצוּ כְּמִנְחָה עַל מַחֲבַת.

קֹדֶשׁ הִיא לָכֶם שַׁבָּת הַמַּלְכָּה, אֶל תּוֹךְ בָּתֵּיכֶם לְהָנִיחַ בְּרָכָה
בְּכָל מוֹשְׁבוֹתֵיכֶם לֹא תַעֲשׂוּ מְלָאכָה, בְּנֵיכֶם וּבְנוֹתֵיכֶם עֶבֶד וְגַם שִׁפְחָה.
הַשּׁוֹמֵר שַׁבָּת הַבֵּן עִם הַבַּת, לָאֵל יֵרָצוּ כְּמִנְחָה עַל מַחֲבַת.

יוֹם זֶה מְכֻבָּד This day is honored above all others,
For on it He who formed worlds found rest.

For six days, do your work
But the seventh day is God's:
On the Sabbath you shall do no work,
For in six days He made all.

This day is honored above all others,
for on it He who formed worlds found rest.

Foremost among sacred days
Is this day of rest, this holy Sabbath.
So let each say Kiddush over wine,
And break bread over two complete loaves.

This day is honored above all others,
for on it He who formed worlds found rest.

Eat choice food, drink sweet wine,
For God will give to those who cleave to Him
Clothes to wear, due portions of bread,
Meat and fish, and all tasty foods.

This day is honored above all others,
for on it He who formed worlds found rest.

On it you shall lack nothing – so eat,
Be satisfied and bless
The LORD your God, whom you love,
For He has blessed you from all peoples.

This day is honored above all others,
for on it He who formed worlds found rest.

The heavens declare His glory
And the earth is full of His loving-kindness.
See all these things His hand has made
For He is the Rock, His work is perfect.

This day is honored above all others,
for on it He who formed worlds found rest.

יוֹם זֶה מְכֻבָּד מִכָּל יָמִים, כִּי בוֹ שָׁבַת צוּר עוֹלָמִים.

שֵׁשֶׁת יָמִים תַּעֲשֶׂה מְלַאכְתֶּךָ
וְיוֹם הַשְּׁבִיעִי לֵאלֹהֶיךָ
שַׁבָּת לֹא תַעֲשֶׂה בוֹ מְלָאכָה
כִּי כֹל עָשָׂה שֵׁשֶׁת יָמִים.
יוֹם זֶה מְכֻבָּד מִכָּל יָמִים, כִּי בוֹ שָׁבַת צוּר עוֹלָמִים.

רִאשׁוֹן הוּא לְמִקְרָאֵי קֹדֶשׁ
יוֹם שַׁבָּתוֹן יוֹם שַׁבַּת קֹדֶשׁ
עַל כֵּן כָּל אִישׁ בְּיֵינוֹ יְקַדֵּשׁ
עַל שְׁתֵּי לֶחֶם יִבְצְעוּ תְמִימִים.
יוֹם זֶה מְכֻבָּד מִכָּל יָמִים, כִּי בוֹ שָׁבַת צוּר עוֹלָמִים.

אֱכֹל מַשְׁמַנִּים, שְׁתֵה מַמְתַּקִּים
כִּי אֵל יִתֵּן לְכֹל בּוֹ דְבֵקִים
בֶּגֶד לִלְבּשׁ, לֶחֶם חֻקִּים
בָּשָׂר וְדָגִים וְכָל מַטְעַמִּים.
יוֹם זֶה מְכֻבָּד מִכָּל יָמִים, כִּי בוֹ שָׁבַת צוּר עוֹלָמִים.

לֹא תֶחְסַר כֹּל בּוֹ, וְאָכַלְתָּ
וְשָׂבָעְתָּ וּבֵרַכְתָּ
אֶת יהוה אֱלֹהֶיךָ אֲשֶׁר אָהַבְתָּ
כִּי בֵרַכְךָ מִכָּל הָעַמִּים.
יוֹם זֶה מְכֻבָּד מִכָּל יָמִים, כִּי בוֹ שָׁבַת צוּר עוֹלָמִים.

הַשָּׁמַיִם מְסַפְּרִים כְּבוֹדוֹ
וְגַם הָאָרֶץ מָלְאָה חַסְדּוֹ
רְאוּ כָּל אֵלֶּה עָשְׂתָה יָדוֹ
כִּי הוּא הַצּוּר פָּעֳלוֹ תָמִים.
יוֹם זֶה מְכֻבָּד מִכָּל יָמִים, כִּי בוֹ שָׁבַת צוּר עוֹלָמִים.

יוֹם שַׁבָּתוֹן The day of rest should not be forgotten, Its memory is like sweet fragrance,
On it the dove found rest, And in it the exhausted rest.

This day is honored by the people of faith. Parents and children guard it with care.
It was engraved on two tablets of stone,
By the greatness of His power and His unfailing strength.

On it the dove found rest, And in it the exhausted rest.

All came together in a covenant: "We will do and we will obey," they said as one.
Then they responded, saying, "The Lord is One" –
Blessed is He who gives the weary strength.

On it the dove found rest, And in it the exhausted rest.

He spoke in His holiness on the Mount of Myrrh [Sinai]:
"Remember and observe the seventh day."
And learn together all His commands: Gird your loins and muster strength.

On it the dove found rest, And in it the exhausted rest.

The people who have wandered like a straying flock –
May He remember the covenant and the oath,
So that no harm should happen to them, As You swore at the end of Noah's flood.

On it the dove found rest, And in it the exhausted rest.

שַׁבָּת הַיּוֹם Today is the Sabbath of the Lord. Celebrate greatly with my songs,
Multiply my delicacies, Keep it like the Lord's command.

Today is the Sabbath of the Lord.

Do not travel beyond boundaries, Do not labor on this day:
Eat, drink, make merry. This is the day the Lord has made.

Today is the Sabbath of the Lord.

If you keep it God will guard you like the pupil of His eye,
You, your son and daughter too. If you call the Sabbath a delight
Then you will find delight before the Lord.

Today is the Sabbath of the Lord.

Eat rich foods and delicacies, Tasty dishes of many kinds,
Soft-shelled nuts and pomegranates: Eat, be satisfied and bless the Lord.

Today is the Sabbath of the Lord.

Make ready on the table delicious bread, And make, this day, three meals.
Bless and thank His glorious name. Take care, observe and do, my sons.

Today is the Sabbath of the Lord.

יוֹם שַׁבָּתוֹן אֵין לִשְׁכֹּחַ, זִכְרוֹ כְּרֵיחַ הַנִּיחֹחַ

יוֹנָה מָצְאָה בוֹ מָנוֹחַ וְשָׁם יָנוּחוּ יְגִיעֵי כֹחַ.

הַיּוֹם נִכְבָּד לִבְנֵי אֱמוּנִים, זְהִירִים לְשָׁמְרוֹ אָבוֹת וּבָנִים
חָקוּק בִּשְׁנֵי לוּחוֹת אֲבָנִים, מֵרֹב אוֹנִים וְאַמִּיץ כֹּחַ.

יוֹנָה מָצְאָה בוֹ מָנוֹחַ וְשָׁם יָנוּחוּ יְגִיעֵי כֹחַ.

וּבָאוּ כֻלָּם בִּבְרִית יַחַד, נַעֲשֶׂה וְנִשְׁמַע אָמְרוּ כְּאֶחָד
וּפָתְחוּ וְעָנוּ יהוה אֶחָד, בָּרוּךְ נֹתֵן לַיָּעֵף כֹּחַ.

יוֹנָה מָצְאָה בוֹ מָנוֹחַ וְשָׁם יָנוּחוּ יְגִיעֵי כֹחַ.

דִּבֶּר בְּקָדְשׁוֹ בְּהַר הַמֹּר, יוֹם הַשְּׁבִיעִי זָכוֹר וְשָׁמוֹר
וְכָל פִּקּוּדָיו יַחַד לִגְמֹר, חַזֵּק מָתְנַיִם וְאַמֵּץ כֹּחַ.

יוֹנָה מָצְאָה בוֹ מָנוֹחַ וְשָׁם יָנוּחוּ יְגִיעֵי כֹחַ.

הָעָם אֲשֶׁר נָע, כַּצֹּאן תָּעָה, יִזְכֹּר לְפָקְדוֹ בְּרִית וּשְׁבוּעָה
לְבַל יַעֲבָר בָּם מִקְרֵה רָעָה, כַּאֲשֶׁר נִשְׁבַּעְתָּ עַל מֵי נֹחַ.

יוֹנָה מָצְאָה בוֹ מָנוֹחַ וְשָׁם יָנוּחוּ יְגִיעֵי כֹחַ.

שַׁבָּת הַיּוֹם לַיהוה, מְאֹד צַהֲלוּ בְּרִנּוּנַי
וְגַם הַרְבּוּ מַעֲדַנַּי, אוֹתוֹ לִשְׁמֹר כְּמִצְוַת יהוה. שַׁבָּת הַיּוֹם לַיהוה.

מֵעֲבֹר דֶּרֶךְ וּגְבוּלִים, מֵעֲשׂוֹת הַיּוֹם פְּעָלִים
לֶאֱכֹל וְלִשְׁתּוֹת בְּהִלּוּלִים, זֶה הַיּוֹם עָשָׂה יהוה. שַׁבָּת הַיּוֹם לַיהוה.

וְאִם תִּשְׁמְרֶנּוּ, יָהּ יִנְצָרְךָ כְּבָבַת, אַתָּה וּבִנְךָ וְגַם הַבַּת
וְקָרָאתָ עֹנֶג לַשַּׁבָּת, אָז תִּתְעַנַּג עַל יהוה. שַׁבָּת הַיּוֹם לַיהוה.

אֱכֹל מַשְׁמַנִּים וּמַעֲדַנִּים, וּמַטְעַמִּים הַרְבֵּה מִינִים
אֱגוֹזֵי פֶרֶךְ וְרִמּוֹנִים, וְאָכַלְתָּ וְשָׂבָעְתָּ וּבֵרַכְתָּ אֶת יהוה. שַׁבָּת הַיּוֹם לַיהוה.

לַעֲרֹךְ בְּשֻׁלְחָן לֶחֶם חֲמוּדוֹת, לַעֲשׂוֹת הַיּוֹם שָׁלֹשׁ סְעוּדוֹת
אֶת הַשֵּׁם הַנִּכְבָּד לְבָרֵךְ וּלְהוֹדוֹת, שִׁקְדוּ וְשִׁמְרוּ וַעֲשׂוּ בָנַי. שַׁבָּת הַיּוֹם לַיהוה.

שִׁמְרוּ שַׁבְּתוֹתַי Observe My Sabbaths, so that you are nourished and sated,
From the radiance of My blessings,
when you come to rest. Borrow on My account, My children,
Delight in My pleasures: Today is the Sabbath of the Lord.

Borrow on My account, My children,
Delight in My pleasures: Today is the Sabbath of the Lord.

Proclaim freedom from toil, then I will grant My blessing,
joining one to the next,
bringing gladness on My day of joy. Wear clothes of fine linen and wool.
And learn from My elders: Today is the Sabbath of the Lord.

Borrow on My account, My children,
Delight in My pleasures: Today is the Sabbath of the Lord.

Quickly bring the portion, obey Esther's command.
Make a reckoning with the Creator,
He will repay you for the food, and more. Trust in Me, My faithful ones,
And drink wine from My plentiful supply. Today is the Sabbath of the Lord.

Borrow on My account, My children,
Delight in My pleasures: Today is the Sabbath of the Lord.

Today is a day of redemption, if you observe the Sabbath;
Then you will be My special treasure.
Stay [for the night of exile], then pass on. Then you will live before Me.
And be filled from My hidden store. Today is the Sabbath of the Lord.

Borrow on My account, My children,
Delight in My pleasures: Today is the Sabbath of the Lord.

Make my city strong, God, the God most high.
Bring back my Temple,
With joy and words of song. There may my singers chant,
My Levites and my priests.
Then you will delight in the Lord. Today is the Sabbath of the Lord.

Borrow on My account, My children,
Delight in My pleasures: Today is the Sabbath of the Lord.

שִׁמְרוּ שַׁבְּתוֹתַי, לְמַעַן תִּינְקוּ וּשְׂבַעְתֶּם, מִזִּיו בִּרְכוֹתַי
אֶל הַמְּנוּחָה כִּי בָאתֶם, וּלְווּ עָלַי בָּנַי, וְעִדְנוּ מַעֲדָנַי
שַׁבָּת הַיּוֹם לַיהוה.
וּלְווּ עָלַי בָּנַי, וְעִדְנוּ מַעֲדָנַי, שַׁבָּת הַיּוֹם לַיהוה.

לְעָמֵל קִרְאוּ דְרוֹר, וְנָתַתִּי אֶת בִּרְכָתִי, אִשָּׁה אֶל אֲחוֹתָהּ לִצְרוֹר
לְגַלּוֹת עַל יוֹם שִׂמְחָתִי, בִּגְדֵי שֵׁשׁ עִם שָׁנִי, וְהִתְבּוֹנְנוּ מִזְּקֵנַי
שַׁבָּת הַיּוֹם לַיהוה.
וּלְווּ עָלַי בָּנַי, וְעִדְנוּ מַעֲדָנַי, שַׁבָּת הַיּוֹם לַיהוה.

מַהֲרוּ אֶת הַמָּנֶה, לַעֲשׂוֹת אֶת דְּבַר אֶסְתֵּר, וְחִשְׁבוּ עִם הַקּוֹנֶה
לְשַׁלֵּם אָכוֹל וְהוֹתֵר, בִּטְחוּ בִי אֱמוּנַי, וּשְׁתוּ יֵין מִשְׁמַנַּי
שַׁבָּת הַיּוֹם לַיהוה.
וּלְווּ עָלַי בָּנַי, וְעִדְנוּ מַעֲדָנַי, שַׁבָּת הַיּוֹם לַיהוה.

הִנֵּה יוֹם גְּאֻלָּה, יוֹם שַׁבָּת אִם תִּשְׁמֹרוּ, וִהְיִיתֶם לִי סְגֻלָּה
לִינוּ וְאַחַר תַּעֲבֹרוּ, וְאָז תִּחְיוּ לְפָנַי, וּתְמַלְאוּ צְפוּנַי
שַׁבָּת הַיּוֹם לַיהוה.
וּלְווּ עָלַי בָּנַי, וְעִדְנוּ מַעֲדָנַי, שַׁבָּת הַיּוֹם לַיהוה.

חַזֵּק קִרְיָתִי, אֵל אֱלֹהִים עֶלְיוֹן, וְהָשֵׁב אֶת נָוָתִי
בְּשִׂמְחָה וּבְהִגָּיוֹן, יְשׁוֹרְרוּ שָׁם רְנָנַי, לְוִיַּי וְכֹהֲנַי, אָז תִּתְעַנַּג עַל יהוה
שַׁבָּת הַיּוֹם לַיהוה.
וּלְווּ עָלַי בָּנַי, וְעִדְנוּ מַעֲדָנַי, שַׁבָּת הַיּוֹם לַיהוה.

כִּי אֶשְׁמְרָה If I keep the Sabbath, God will keep me,
It is an eternal sign between God and me.
It is an eternal sign between God and me.

It is forbidden to engage in business or to travel,
Even to speak about the things we need, or about matters of trade or state.
Instead I will study God's Torah and it will make me wise.
It is an eternal sign between God and me.

On it I always find refreshment for my soul.
See: My Holy One gave the first generation,
A sign, by giving them a double portion on the sixth day.
So may my food be doubled every sixth day!
It is an eternal sign between God and me.

Engraved in God's law is His priests' decree,
To prepare the Show-Bread in His presence.
So, His sages ruled, on it fasting is forbidden, except on sins' Atonement Day.
It is an eternal sign between God and me.

It is a day of honor, a day of delight, with bread and fine wine, meat and fish.
On it those who mourn are turned around,
For it is a joyous day and it will bring me joy.
It is an eternal sign between God and me.

Those who desecrate it by working will, in the end, be cut off.
Therefore I cleanse my heart with it as if with soap.
Evening and morning I will pray to God,
Additional and afternoon prayer also, and He will answer me.
It is an eternal sign between God and me.

דְּרוֹר יִקְרָא God proclaims freedom to boy and girl,
And guards you like the pupil of His eye.
Your name is pleasant, never will it cease. Rest and be at ease on the Sabbath day.

Seek my Temple and my hall, And show me a sign of salvation.
Plant a shoot in my vineyard. Hear the cry of my people.

Tread the winepress in Botzra, And in Babylon which overpowered.
Crush my foes in anger and wrath, Hear my voice on the day I cry.

God, let there be on the desert mountain, Myrtle, acacia, cypress and box tree.
To one who warns and one who is warned, Let peace flow like river waters.

Crush those who rise against me, zealous God, Melting their heart with grief.
Then we will open and fill our mouths, And tongues with songs of joy to You.

Know what is wisdom for your soul, And it will be a crown for your head.
Keep your Holy One's command, Observe your holy Sabbath day.

Birkat HaMazon can be found on page 1006.

כִּי אֶשְׁמְרָה שַׁבָּת אֵל יִשְׁמְרֵנִי. אוֹת הִיא לְעוֹלְמֵי עַד בֵּינוֹ וּבֵינִי.
אוֹת הִיא לְעוֹלְמֵי עַד בֵּינוֹ וּבֵינִי.

אָסוּר מְצֹא חֵפֶץ, עֲשׂוֹת דְּרָכִים, גַּם מִלְּדַבֵּר בּוֹ דִּבְרֵי צְרָכִים
דִּבְרֵי סְחוֹרָה אַף דִּבְרֵי מְלָכִים, אֶהְגֶּה בְּתוֹרַת אֵל וּתְחַכְּמֵנִי.
אוֹת הִיא לְעוֹלְמֵי עַד בֵּינוֹ וּבֵינִי.

בּוֹ אֶמְצְאָה תָמִיד נֹפֶשׁ לְנַפְשִׁי, הִנֵּה לְדוֹר רִאשׁוֹן נָתַן קְדוֹשִׁי
מוֹפֵת, בְּתֵת לֶחֶם מִשְׁנֶה בַּשִּׁשִּׁי, כָּכָה בְּכָל שִׁשִּׁי יַכְפִּיל מְזוֹנִי.
אוֹת הִיא לְעוֹלְמֵי עַד בֵּינוֹ וּבֵינִי.

רָשַׁם בְּדַת הָאֵל חֹק אֶל סְגָנָיו, בּוֹ לַעֲרֹךְ לֶחֶם פָּנִים בְּפָנָיו
עַל כֵּן לְהִתְעַנּוֹת בּוֹ עַל פִּי נְבוֹנָיו, אָסוּר, לְבַד מִיּוֹם כִּפּוּר עֲוֹנִי.
אוֹת הִיא לְעוֹלְמֵי עַד בֵּינוֹ וּבֵינִי.

הוּא יוֹם מְכֻבָּד, הוּא יוֹם תַּעֲנוּגִים, לֶחֶם וְיַיִן טוֹב, בָּשָׂר וְדָגִים
הַמִּתְאַבְּלִים בּוֹ אָחוֹר נְסוֹגִים, כִּי יוֹם שְׂמָחוֹת הוּא וּתְשַׂמְּחֵנִי.
אוֹת הִיא לְעוֹלְמֵי עַד בֵּינוֹ וּבֵינִי.

מֵחֵל מְלָאכָה בּוֹ סוֹפוֹ לְהַכְרִית, עַל כֵּן אֲכַבֵּס בּוֹ לִבִּי כְּבוֹרִית
וְאֶתְפַּלְלָה אֶל אֵל עַרְבִית וְשַׁחֲרִית, מוּסָף וְגַם מִנְחָה הוּא יַעֲנֵנִי.
אוֹת הִיא לְעוֹלְמֵי עַד בֵּינוֹ וּבֵינִי.

דְּרוֹר יִקְרָא לְבֵן עִם בַּת, וְיִנְצָרְכֶם כְּמוֹ בָבַת
נְעִים שִׁמְכֶם וְלֹא יֻשְׁבַּת, שְׁבוּ נוּחוּ בְּיוֹם שַׁבָּת

דְּרֹשׁ נָוִי וְאוּלָמִי, וְאוֹת יֶשַׁע עֲשֵׂה עִמִּי
נְטַע שׂוֹרֵק בְּתוֹךְ כַּרְמִי, שְׁעֵה שַׁוְעַת בְּנֵי עַמִּי.

דְּרֹךְ פּוּרָה בְּתוֹךְ בָּצְרָה, וְגַם בָּבֶל אֲשֶׁר גָּבְרָה
נְתֹץ צָרַי בְּאַף עֶבְרָה, שְׁמַע קוֹלִי בְּיוֹם אֶקְרָא.

אֱלֹהִים תֵּן בַּמִּדְבָּר הַר, הֲדַס שִׁטָּה בְּרוֹשׁ תִּדְהָר
וְלַמַּזְהִיר וְלַנִּזְהָר, שְׁלוֹמִים תֵּן כְּמֵי נָהָר.

הֲדֹךְ קָמַי, אֵל קַנָּא, בְּמוֹג לֵבָב וּבִמְגִנָּה
וְנַרְחִיב פֶּה וּנְמַלְּאֶנָּה, לְשׁוֹנֵנוּ לְךָ רִנָּה.

דְּעֵה חָכְמָה לְנַפְשֶׁךָ, וְהִיא כֶתֶר לְרֹאשֶׁךָ
נְצֹר מִצְוַת קְדוֹשֶׁךָ, שְׁמֹר שַׁבַּת קָדְשֶׁךָ.

ברכת המזון *can be found on page 1007.*

Minḥa for Shabbat

אַשְׁרֵי Happy are those who dwell in Your House; *Ps. 84*
they shall continue to praise You, Selah!
Happy are the people for whom this is so; *Ps. 144*
happy are the people whose God is the Lord.

A song of praise by David. *Ps. 145*

I will exalt You, my God, the King, and bless Your name for ever and all time. Every day I will bless You, and praise Your name for ever and all time. Great is the Lord and greatly to be praised; His greatness is unfathomable. One generation will praise Your works to the next, and tell of Your mighty deeds. On the glorious splendor of Your majesty I will meditate, and on the acts of Your wonders. They shall talk of the power of Your awesome deeds, and I will tell of Your greatness. They shall recite the record of Your great goodness, and sing with joy of Your righteousness. The Lord is gracious and compassionate, slow to anger and great in loving-kindness. The Lord is good to all, and His compassion extends to all His works. All Your works shall thank You, Lord, and Your devoted ones shall bless You. They shall talk of the glory of Your kingship, and speak of Your might. To make known to mankind His mighty deeds and the glorious majesty of His kingship. Your kingdom is an everlasting kingdom, and Your reign is for all generations. The Lord supports all who fall, and raises all who are bowed down. All raise their eyes to You in hope, and You give them their food in due season. You open Your hand, and satisfy every living thing with favor. The Lord is righteous in all

---

with the word *Ashrei*, the first word of the first psalm, and ends with *Halleluya*, the last word of the last psalm. It thus stands, in miniature, for the book of Psalms as a whole.

מנחה לשבת

אַשְׁרֵי יוֹשְׁבֵי בֵיתֶךָ, עוֹד יְהַלְלְוּךָ סֶּלָה: תהלים פד

אַשְׁרֵי הָעָם שֶׁכָּכָה לּוֹ, אַשְׁרֵי הָעָם שֶׁיהוה אֱלֹהָיו: תהלים קמד

תְּהִלָּה לְדָוִד תהלים קמה

אֲרוֹמִמְךָ אֱלוֹהַי הַמֶּלֶךְ, וַאֲבָרְכָה שִׁמְךָ לְעוֹלָם וָעֶד:
בְּכָל־יוֹם אֲבָרְכֶךָּ, וַאֲהַלְלָה שִׁמְךָ לְעוֹלָם וָעֶד:
גָּדוֹל יהוה וּמְהֻלָּל מְאֹד, וְלִגְדֻלָּתוֹ אֵין חֵקֶר:
דּוֹר לְדוֹר יְשַׁבַּח מַעֲשֶׂיךָ, וּגְבוּרֹתֶיךָ יַגִּידוּ:
הֲדַר כְּבוֹד הוֹדֶךָ, וְדִבְרֵי נִפְלְאֹתֶיךָ אָשִׂיחָה:
וֶעֱזוּז נוֹרְאֹתֶיךָ יֹאמֵרוּ, וּגְדוּלָּתְךָ אֲסַפְּרֶנָּה:
זֵכֶר רַב־טוּבְךָ יַבִּיעוּ, וְצִדְקָתְךָ יְרַנֵּנוּ:
חַנּוּן וְרַחוּם יהוה, אֶרֶךְ אַפַּיִם וּגְדָל־חָסֶד:
טוֹב־יהוה לַכֹּל, וְרַחֲמָיו עַל־כָּל־מַעֲשָׂיו:
יוֹדוּךָ יהוה כָּל־מַעֲשֶׂיךָ, וַחֲסִידֶיךָ יְבָרְכוּכָה:
כְּבוֹד מַלְכוּתְךָ יֹאמֵרוּ, וּגְבוּרָתְךָ יְדַבֵּרוּ:
לְהוֹדִיעַ לִבְנֵי הָאָדָם גְּבוּרֹתָיו, וּכְבוֹד הֲדַר מַלְכוּתוֹ:
מַלְכוּתְךָ מַלְכוּת כָּל־עֹלָמִים, וּמֶמְשַׁלְתְּךָ בְּכָל־דּוֹר וָדֹר:
סוֹמֵךְ יהוה לְכָל־הַנֹּפְלִים, וְזוֹקֵף לְכָל־הַכְּפוּפִים:
עֵינֵי־כֹל אֵלֶיךָ יְשַׂבֵּרוּ, וְאַתָּה נוֹתֵן־לָהֶם אֶת־אָכְלָם בְּעִתּוֹ:
פּוֹתֵחַ אֶת־יָדֶךָ, וּמַשְׂבִּיעַ לְכָל־חַי רָצוֹן:

אַשְׁרֵי *Happy are those:* As on weekdays, the Minḥa Service begins with *Ashrei* as a prelude to prayer. The addition of two verses from other psalms at the beginning, and one verse at the end mean that the prayer, as we say it, begins

His ways, and kind in all He does. The LORD is close to all who call on Him, to all who call on Him in truth. He fulfills the will of those who revere Him; He hears their cry and saves them. The LORD guards all who love Him, but all the wicked He will destroy. ▸ My mouth shall speak the praise of the LORD, and all creatures shall bless His holy name for ever and all time.

We will bless the LORD now and for ever. Halleluya! *Ps. 115*

וּבָא לְצִיּוֹן גּוֹאֵל "A redeemer will come to Zion, *Is. 59*
to those of Jacob who repent of their sins," declares the LORD.
"As for Me, this is My covenant with them," says the LORD.
"My spirit, that is on you, and My words I have placed in your mouth will not depart from your mouth, or from the mouth of your children, or from the mouth of their descendants from this time on and for ever," says the LORD.

▸ You are the Holy One, enthroned on the praises of Israel. *Ps. 22*
And [the angels] call to one another, saying, ◂ "Holy, holy, holy is the LORD of hosts; the whole world is filled with His glory."
And they receive permission from one another, saying: *Targum Yonatan Is. 6*
"Holy in the highest heavens, home of His Presence; holy on earth,
the work of His strength; holy for ever and all time is the LORD of hosts;
the whole earth is full of His radiant glory."

▸ Then a wind lifted me up and I heard behind me the sound of a great noise, saying, ◂ "Blessed is the LORD's glory from His place." *Ezek. 3*
Then a wind lifted me up and I heard behind me *Targum Yonatan Ezek. 3*
the sound of a great tempest of those who uttered praise, saying,
"Blessed is the LORD's glory from the place of the home of His Presence."

---

the custom of communal study before the afternoon prayer. The passage is composed of the following elements: (1) two consecutive verses from Isaiah about redemption; (2) the *Kedusha,* together with an Aramaic translation; (3) a collection of verses about faithfulness to God; (4) a blessing thanking God for the Torah and praying for the ability to fulfill the commandments; (5) a further collection of verses, about trust in God.

צַדִּיק יהוה בְּכָל־דְּרָכָיו, וְחָסִיד בְּכָל־מַעֲשָׂיו:
קָרוֹב יהוה לְכָל־קֹרְאָיו, לְכֹל אֲשֶׁר יִקְרָאֻהוּ בֶאֱמֶת:
רְצוֹן־יְרֵאָיו יַעֲשֶׂה, וְאֶת־שַׁוְעָתָם יִשְׁמַע, וְיוֹשִׁיעֵם:
שׁוֹמֵר יהוה אֶת־כָּל־אֹהֲבָיו, וְאֵת כָּל־הָרְשָׁעִים יַשְׁמִיד:
◂ תְּהִלַּת יהוה יְדַבֶּר פִּי, וִיבָרֵךְ כָּל־בָּשָׂר שֵׁם קָדְשׁוֹ לְעוֹלָם וָעֶד:
וַאֲנַחְנוּ נְבָרֵךְ יָהּ מֵעַתָּה וְעַד־עוֹלָם, הַלְלוּיָהּ: תהלים קטו

וּבָא לְצִיּוֹן גּוֹאֵל, וּלְשָׁבֵי פֶשַׁע בְּיַעֲקֹב, נְאֻם יהוה: ישעיה נט
וַאֲנִי זֹאת בְּרִיתִי אוֹתָם, אָמַר יהוה
רוּחִי אֲשֶׁר עָלֶיךָ וּדְבָרַי אֲשֶׁר־שַׂמְתִּי בְּפִיךָ
לֹא־יָמוּשׁוּ מִפִּיךָ וּמִפִּי זַרְעֲךָ וּמִפִּי זֶרַע זַרְעֲךָ
אָמַר יהוה, מֵעַתָּה וְעַד־עוֹלָם:

◂ וְאַתָּה קָדוֹשׁ יוֹשֵׁב תְּהִלּוֹת יִשְׂרָאֵל: וְקָרָא זֶה אֶל־זֶה וְאָמַר ◂ תהלים כב ישעיה ו
קָדוֹשׁ, קָדוֹשׁ, קָדוֹשׁ, יהוה צְבָאוֹת, מְלֹא כָל־הָאָרֶץ כְּבוֹדוֹ:
וּמְקַבְּלִין דֵּין מִן דֵּין וְאָמְרִין, קַדִּישׁ בִּשְׁמֵי מְרוֹמָא עִלָּאָה בֵּית שְׁכִינְתֵּהּ תרגום יונתן ישעיה ו
קַדִּישׁ עַל אַרְעָא עוֹבַד גְּבוּרְתֵּהּ, קַדִּישׁ לְעָלַם וּלְעָלְמֵי עָלְמַיָּא
יהוה צְבָאוֹת, מַלְיָא כָל אַרְעָא זִיו יְקָרֵהּ.

◂ וַתִּשָּׂאֵנִי רוּחַ, וָאֶשְׁמַע אַחֲרַי קוֹל רַעַשׁ גָּדוֹל ◂ יחזקאל ג
בָּרוּךְ כְּבוֹד־יהוה מִמְּקוֹמוֹ:
וּנְטָלַתְנִי רוּחָא, וּשְׁמָעִית בַּתְרַי קָל זִיעַ סַגִּיא, דִּמְשַׁבְּחִין וְאָמְרִין תרגום יונתן יחזקאל ג
בְּרִיךְ יְקָרָא דַיהוה מֵאֲתַר בֵּית שְׁכִינְתֵּהּ.

וּבָא לְצִיּוֹן גּוֹאֵל *A redeemer will come to Zion:* The proper place for this prayer, as on weekdays, is in the morning service. However, since the Shabbat morning prayers are already long, it was moved to the afternoon. Another possibility is that, since it was usually said after a period of study, it may testify to

The Lord shall reign for ever and all time. *Ex. 15*
The Lord's kingdom is established for ever and all time. *Targum Onkelos Ex. 15*

יהוה Lord, God of Abraham, Isaac and Yisrael, our ancestors, may *1 Chr. 29*
You keep this for ever so that it forms the thoughts in Your people's heart, and directs their heart toward You. He is compassionate. He *Ps. 78*
forgives iniquity and does not destroy. Repeatedly He suppresses His anger, not rousing His full wrath. For You, my Lord, are good *Ps. 86*
and forgiving, abundantly kind to all who call on You. Your righ- *Ps. 119*
teousness is eternally righteous, and Your Torah is truth. Grant *Micah 7*
truth to Jacob, loving-kindness to Abraham, as You promised our ancestors in ancient times. Blessed is my Lord for day after day He *Ps. 68*
burdens us [with His blessings]; is our salvation, Selah! The Lord *Ps. 46*
of hosts is with us; the God of Jacob is our refuge, Selah! Lord of *Ps. 84*
hosts, happy is the one who trusts in You. Lord, save. May the King *Ps. 20*
answer us on the day we call.

בָּרוּךְ Blessed is He, our God, who created us for His glory, separating us from those who go astray; who gave us the Torah of truth, planting within us eternal life. May He open our heart to His Torah, imbuing our heart with the love and awe of Him, that we may do His will and serve Him with a perfect heart, so that we neither toil in vain nor give birth to confusion.

יְהִי רָצוֹן May it be Your will, O Lord our God and God of our ancestors, that we keep Your laws in this world, and thus be worthy to live, see and inherit goodness and blessing in the Messianic Age and in the life of the World to Come. So that my soul may sing to You and *Ps. 30*
not be silent. Lord, my God, for ever I will thank You. Blessed is *Jer. 17*
the man who trusts in the Lord, whose trust is in the Lord alone. Trust in the Lord for evermore, for God, the Lord, is an everlast- *Is. 26*
ing Rock. ▸ Those who know Your name trust in You, for You, Lord, *Ps. 9*
do not forsake those who seek You. The Lord desired, for the sake *Is. 42*
of Israel's merit, to make the Torah great and glorious.

יהוה יִמְלֹךְ לְעֹלָם וָעֶד׃ שמות טו
יהוה מַלְכוּתֵהּ קָאֵם לְעָלַם וּלְעָלְמֵי עָלְמַיָּא׃ תרגום אונקלוס שמות טו

יהוה אֱלֹהֵי אַבְרָהָם יִצְחָק וְיִשְׂרָאֵל אֲבֹתֵינוּ, שָׁמְרָה־זֹּאת לְעוֹלָם דברי הימים א, כט
לְיֵצֶר מַחְשְׁבוֹת לְבַב עַמֶּךָ, וְהָכֵן לְבָבָם אֵלֶיךָ׃ וְהוּא רַחוּם יְכַפֵּר תהלים עח
עָוֹן וְלֹא־יַשְׁחִית, וְהִרְבָּה לְהָשִׁיב אַפּוֹ, וְלֹא־יָעִיר כָּל־חֲמָתוֹ׃
כִּי־אַתָּה אֲדֹנָי טוֹב וְסַלָּח, וְרַב־חֶסֶד לְכָל־קֹרְאֶיךָ׃ צִדְקָתְךָ תהלים פו תהלים קיט
צֶדֶק לְעוֹלָם וְתוֹרָתְךָ אֱמֶת׃ תִּתֵּן אֱמֶת לְיַעֲקֹב, חֶסֶד לְאַבְרָהָם, מיכה ז
אֲשֶׁר־נִשְׁבַּעְתָּ לַאֲבֹתֵינוּ מִימֵי קֶדֶם׃ בָּרוּךְ אֲדֹנָי יוֹם יוֹם יַעֲמָס־ תהלים סח
לָנוּ, הָאֵל יְשׁוּעָתֵנוּ סֶלָה׃ יהוה צְבָאוֹת עִמָּנוּ, מִשְׂגָּב לָנוּ אֱלֹהֵי תהלים מו
יַעֲקֹב סֶלָה׃ יהוה צְבָאוֹת, אַשְׁרֵי אָדָם בֹּטֵחַ בָּךְ׃ יהוה הוֹשִׁיעָה, תהלים פד תהלים כ
הַמֶּלֶךְ יַעֲנֵנוּ בְיוֹם־קָרְאֵנוּ׃

בָּרוּךְ הוּא אֱלֹהֵינוּ שֶׁבְּרָאָנוּ לִכְבוֹדוֹ, וְהִבְדִּילָנוּ מִן הַתּוֹעִים, וְנָתַן לָנוּ תּוֹרַת אֱמֶת, וְחַיֵּי עוֹלָם נָטַע בְּתוֹכֵנוּ. הוּא יִפְתַּח לִבֵּנוּ בְּתוֹרָתוֹ, וְיָשֵׂם בְּלִבֵּנוּ אַהֲבָתוֹ וְיִרְאָתוֹ וְלַעֲשׂוֹת רְצוֹנוֹ וּלְעָבְדוֹ בְּלֵבָב שָׁלֵם, לְמַעַן לֹא נִיגַע לָרִיק וְלֹא נֵלֵד לַבֶּהָלָה.

יְהִי רָצוֹן מִלְּפָנֶיךָ יהוה אֱלֹהֵינוּ וֵאלֹהֵי אֲבוֹתֵינוּ, שֶׁנִּשְׁמֹר חֻקֶּיךָ
בָּעוֹלָם הַזֶּה, וְנִזְכֶּה וְנִחְיֶה וְנִרְאֶה וְנִירַשׁ טוֹבָה וּבְרָכָה, לִשְׁנֵי
יְמוֹת הַמָּשִׁיחַ וּלְחַיֵּי הָעוֹלָם הַבָּא. לְמַעַן יְזַמֶּרְךָ כָבוֹד וְלֹא יִדֹּם, תהלים ל
יהוה אֱלֹהַי, לְעוֹלָם אוֹדֶךָּ׃ בָּרוּךְ הַגֶּבֶר אֲשֶׁר יִבְטַח בַּיהוה, ירמיה יז
וְהָיָה יהוה מִבְטַחוֹ׃ בִּטְחוּ בַיהוה עֲדֵי־עַד, כִּי בְּיָהּ יהוה צוּר ישעיה כו
עוֹלָמִים׃ ◂ וְיִבְטְחוּ בְךָ יוֹדְעֵי שְׁמֶךָ, כִּי לֹא־עָזַבְתָּ דֹרְשֶׁיךָ, יהוה׃ תהלים ט
יהוה חָפֵץ לְמַעַן צִדְקוֹ, יַגְדִּיל תּוֹרָה וְיַאְדִּיר׃ ישעיה מב

HALF KADDISH

Leader: יִתְגַּדַּל Magnified and sanctified
may His great name be,
in the world He created by His will.
May He establish His kingdom
in your lifetime and in your days,
and in the lifetime of all the house of Israel,
swiftly and soon – and say: Amen.

All: May His great name be blessed for ever and all time.

Leader: Blessed and praised, glorified and exalted,
raised and honored, uplifted and lauded
be the name of the Holy One, blessed be He,
beyond any blessing,
song, praise and consolation
uttered in the world – and say: Amen.

REMOVING THE TORAH FROM THE ARK

וַאֲנִי As for me, may my prayer come to You, LORD, *Ps. 69*
at a time of favor. O God, in Your great love,
answer me with Your faithful salvation.

The Ark is opened and the congregation stands. All say:

וַיְהִי בִּנְסֹעַ Whenever the Ark set out, Moses would say, *Num. 10*
"Arise, LORD, and may Your enemies be scattered.
May those who hate You flee before You."
For the Torah shall come forth from Zion, *Is. 2*
and the word of the LORD from Jerusalem.
Blessed is He who in His Holiness
gave the Torah to His people Israel.

READING OF THE TORAH

The custom of reading the opening section of the coming week's Torah portion on Shabbat afternoon is undoubtedly of ancient origin. It is attributed in the Talmud (*Bava Kama* 82a) to Ezra after the return of Jews from Babylon.

חצי קדיש

ש״ץ: יִתְגַּדַּל וְיִתְקַדַּשׁ שְׁמֵהּ רַבָּא (קהל: אָמֵן)
בְּעָלְמָא דִּי בְרָא כִרְעוּתֵהּ
וְיַמְלִיךְ מַלְכוּתֵהּ
בְּחַיֵּיכוֹן וּבְיוֹמֵיכוֹן וּבְחַיֵּי דְכָל בֵּית יִשְׂרָאֵל
בַּעֲגָלָא וּבִזְמַן קָרִיב, וְאִמְרוּ אָמֵן. (קהל: אָמֵן)

קהל וש״ץ: יְהֵא שְׁמֵהּ רַבָּא מְבָרַךְ לְעָלַם וּלְעָלְמֵי עָלְמַיָּא.

ש״ץ: יִתְבָּרַךְ וְיִשְׁתַּבַּח וְיִתְפָּאַר וְיִתְרוֹמַם וְיִתְנַשֵּׂא
וְיִתְהַדָּר וְיִתְעַלֶּה וְיִתְהַלָּל
שְׁמֵהּ דְּקֻדְשָׁא בְּרִיךְ הוּא (קהל: בְּרִיךְ הוּא)
לְעֵלָּא מִן כָּל בִּרְכָתָא / בשבת שובה: לְעֵלָּא לְעֵלָּא מִכָּל בִּרְכָתָא/
וְשִׁירָתָא, תֻּשְׁבְּחָתָא וְנֶחֱמָתָא
דַּאֲמִירָן בְּעָלְמָא, וְאִמְרוּ אָמֵן. (קהל: אָמֵן)

הוצאת ספר תורה

תהלים סט
וַאֲנִי תְפִלָּתִי־לְךָ יהוה, עֵת רָצוֹן, אֱלֹהִים בְּרָב־חַסְדֶּךָ
עֲנֵנִי בֶּאֱמֶת יִשְׁעֶךָ:

The ארון קודש *is opened and the* קהל *stands. All say:*

במדבר י
וַיְהִי בִּנְסֹעַ הָאָרֹן וַיֹּאמֶר מֹשֶׁה
קוּמָה יהוה וְיָפֻצוּ אֹיְבֶיךָ וְיָנֻסוּ מְשַׂנְאֶיךָ מִפָּנֶיךָ:

ישעיה ב
כִּי מִצִּיּוֹן תֵּצֵא תוֹרָה וּדְבַר־יהוה מִירוּשָׁלָםִ:
בָּרוּךְ שֶׁנָּתַן תּוֹרָה לְעַמּוֹ יִשְׂרָאֵל בִּקְדֻשָּׁתוֹ.

וַאֲנִי תְפִלָּתִי־לְךָ *As for me, may my prayer come to You:* In the previous verse of Psalm 69, King David says, "I am the taunt of drunkards." The Midrash interprets this as a contrast between those who drink and carouse, and those who, in the midst of their celebrations, remember God. Thus we say this line on Shabbat afternoon, turning from our celebratory meal to pray (Abudarham).

Blessed is the name of the Master of the Universe. Blessed is Your crown and Your place. *Zohar, Vayak-hel*
May Your favor always be with Your people Israel. Show Your people the salvation of Your right hand in Your Temple. Grant us the gift of Your good light, and accept our prayers in mercy. May it be Your will to prolong our life in goodness. May I be counted among the righteous, so that You will have compassion on me and protect me and all that is mine and all that is Your people Israel's. You feed all; You sustain all; You rule over all; You rule over kings, for sovereignty is Yours. I am a servant of the Holy One, blessed be He, before whom and before whose glorious Torah I bow at all times. Not in man do I trust, nor on any angel do I rely, but on the God of heaven who is the God of truth, whose Torah is truth, whose prophets speak truth, and who abounds in acts of love and truth. ▸ In Him I trust, and to His holy and glorious name I offer praises. May it be Your will to open my heart to the Torah, and to fulfill the wishes of my heart and of the hearts of all Your people Israel for good, for life, and for peace.

The Leader takes the Torah scroll in his right arm, bows toward the Ark and says:

Magnify the LORD with me, and let us exalt His name together. *Ps. 34*

The Ark is closed. The Leader carries the Torah scroll to the bima and the congregation says:

לְךָ Yours, LORD, are the greatness and the power, the glory and the majesty and splendor, for everything in heaven and earth is Yours. Yours, LORD, is the kingdom; You are exalted as Head over all. *1 Chr. 29*

רוֹמְמוּ Exalt the LORD our God and bow to His footstool; He is holy. Exalt the LORD our God, and bow at His holy mountain, for holy is the LORD our God. *Ps. 99*

אַב הָרַחֲמִים May the Father of compassion have compassion on the people borne by Him. May He remember the covenant with the mighty [patriarchs], and deliver us from evil times. May He reproach the evil instinct in the people carried by Him, and graciously grant that we be an everlasting remnant. May He fulfill in good measure our requests for salvation and compassion.

The Torah scroll is placed on the bima and the Gabbai calls a Kohen to the Torah.

וְתִגָּלֶה May His kingship over us be soon revealed and made manifest. May He be gracious to our surviving remnant, the remnant of His people the house of Israel in grace, loving-kindness, compassion and favor, and let us say: Amen. Let us all render greatness to our God and give honor to the Torah. *Let the Kohen come forward. Arise (*name* son of *father's name*), the Kohen.

**If no Kohen is present, a Levi or Yisrael is called up as follows:*

/As there is no Kohen, arise (*name* son of *father's name*) in place of a Kohen./

Blessed is He who, in His holiness, gave the Torah to His people Israel.

The congregation followed by the Gabbai:

You who cling to the LORD your God are all alive today. *Deut. 4*

זוהר ויקהל בְּרִיךְ שְׁמֵהּ דְּמָרֵא עָלְמָא, בְּרִיךְ כִּתְרָךְ וְאַתְרָךְ. יְהֵא רְעוּתָךְ עִם עַמָּךְ יִשְׂרָאֵל לְעָלַם, וּפֻרְקַן יְמִינָךְ אַחֲזֵי לְעַמָּךְ בְּבֵית מַקְדְּשָׁךְ, וּלְאַמְטוּיֵי לַנָא מִטּוּב נְהוֹרָךְ, וּלְקַבֵּל צְלוֹתַנָא בְּרַחֲמִין. יְהֵא רַעֲוָא קֳדָמָךְ דְּתוֹרִיךְ לַן חַיִּין בְּטִיבוּ, וְלֶהֱוֵי אֲנָא פְקִידָא בְּגוֹ צַדִּיקַיָּא, לְמִרְחַם עָלַי וּלְמִנְטַר יָתִי וְיַת כָּל דִּי לִי וְדִי לְעַמָּךְ יִשְׂרָאֵל. אַנְתְּ הוּא זָן לְכֹלָּא וּמְפַרְנֵס לְכֹלָּא, אַנְתְּ הוּא שַׁלִּיט עַל כֹּלָּא, אַנְתְּ הוּא דְּשַׁלִּיט עַל מַלְכַיָּא, וּמַלְכוּתָא דִּילָךְ הִיא. אֲנָא עַבְדָּא דְקֻדְשָׁא בְּרִיךְ הוּא, דְּסָגֵדְנָא קַמֵּהּ וּמִקַּמֵּי דִּיקַר אוֹרַיְתֵהּ בְּכָל עִדָּן וְעִדָּן. לָא עַל אֱנָשׁ רָחִיצְנָא וְלָא עַל בַּר אֱלָהִין סָמִיכְנָא, אֶלָּא בֶּאֱלָהָא דִשְׁמַיָּא, דְּהוּא אֱלָהָא קְשׁוֹט, וְאוֹרַיְתֵהּ קְשׁוֹט, וּנְבִיאוֹהִי קְשׁוֹט, וּמַסְגֵּא לְמֶעְבַּד טַבְוָן וּקְשׁוֹט. ‹ בֵּהּ אֲנָא רָחִיץ, וְלִשְׁמֵהּ קַדִּישָׁא יַקִּירָא אֲנָא אֵמַר תֻּשְׁבְּחָן. יְהֵא רַעֲוָא קֳדָמָךְ דְּתִפְתַּח לִבַּאי בְּאוֹרַיְתָא, וְתַשְׁלִים מִשְׁאֲלִין דְּלִבַּאי וְלִבָּא דְכָל עַמָּךְ יִשְׂרָאֵל לְטָב וּלְחַיִּין וְלִשְׁלָם.

The שליח ציבור *takes the* ספר תורה *in his right arm, bows toward the* ארון קודש *and says:*

תהלים לד **גַּדְּלוּ לַיהוה אִתִּי וּנְרוֹמְמָה שְׁמוֹ יַחְדָּו:**

The ארון קודש *is closed. The* שליח ציבור *carries the* ספר תורה *to the* בימה *and the* קהל *says:*

דברי הימים א׳ כט **לְךָ יהוה הַגְּדֻלָּה וְהַגְּבוּרָה וְהַתִּפְאֶרֶת וְהַנֵּצַח וְהַהוֹד, כִּי־כֹל בַּשָּׁמַיִם וּבָאָרֶץ: לְךָ יהוה הַמַּמְלָכָה וְהַמִּתְנַשֵּׂא לְכֹל לְרֹאשׁ:**

תהלים צט **רוֹמְמוּ יהוה אֱלֹהֵינוּ וְהִשְׁתַּחֲווּ לַהֲדֹם רַגְלָיו, קָדוֹשׁ הוּא: רוֹמְמוּ יהוה אֱלֹהֵינוּ וְהִשְׁתַּחֲווּ לְהַר קָדְשׁוֹ, כִּי־קָדוֹשׁ יהוה אֱלֹהֵינוּ:**

אַב הָרַחֲמִים הוּא יְרַחֵם עַם עֲמוּסִים, וְיִזְכֹּר בְּרִית אֵיתָנִים, וְיַצִּיל נַפְשׁוֹתֵינוּ מִן הַשָּׁעוֹת הָרָעוֹת, וְיִגְעַר בְּיֵצֶר הָרָע מִן הַנְּשׂוּאִים, וְיָחֹן אוֹתָנוּ לִפְלֵיטַת עוֹלָמִים, וִימַלֵּא מִשְׁאֲלוֹתֵינוּ בְּמִדָּה טוֹבָה יְשׁוּעָה וְרַחֲמִים.

The ספר תורה *is placed on the* שולחן *and the* גבאי *calls a* כהן *to the* תורה.

וְתִגָּלֶה וְתֵרָאֶה מַלְכוּתוֹ עָלֵינוּ בִּזְמַן קָרוֹב, וְיָחֹן פְּלֵיטָתֵנוּ וּפְלֵיטַת עַמּוֹ בֵּית יִשְׂרָאֵל לְחֵן וּלְחֶסֶד וּלְרַחֲמִים וּלְרָצוֹן וְנֹאמַר אָמֵן. הַכֹּל הָבוּ גֹדֶל לֵאלֹהֵינוּ וּתְנוּ כָבוֹד לַתּוֹרָה. *כֹּהֵן קְרַב, יַעֲמֹד (פלוני בֶּן פלוני) הַכֹּהֵן.

**If no* כהן *is present, a* לוי *or* ישראל *is called up as follows:*

/אֵין כָּאן כֹּהֵן, יַעֲמֹד (פלוני בֶּן פלוני) בִּמְקוֹם כֹּהֵן./

בָּרוּךְ שֶׁנָּתַן תּוֹרָה לְעַמּוֹ יִשְׂרָאֵל בִּקְדֻשָּׁתוֹ.

The קהל *followed by the* גבאי*:*

דברים ד וְאַתֶּם הַדְּבֵקִים בַּיהוה אֱלֹהֵיכֶם חַיִּים כֻּלְּכֶם הַיּוֹם:

The appropriate Torah portion is read.
The Reader shows the oleh the section to be read. The oleh touches the scroll at that place with the tzitzit of his tallit or the fabric belt of the Torah scroll, which he then kisses. Holding the handles of the scroll, he says:

Oleh: Bless the LORD, the blessed One.

Cong: Bless the LORD, the blessed One, for ever and all time.

Oleh: Bless the LORD, the blessed One, for ever and all time.
Blessed are You, LORD our God, King of the Universe, who has chosen us from all peoples and has given us His Torah. Blessed are You, LORD, Giver of the Torah.

After the reading, the oleh says:

Oleh: Blessed are You, LORD our God, King of the Universe, who has given us the Torah of truth, planting everlasting life in our midst. Blessed are You, LORD, Giver of the Torah.

The Torah scroll is lifted and the congregation says:

וְזֹאת הַתּוֹרָה This is the Torah that *Deut. 4*
Moses placed before the children of Israel,
at the LORD's commandment, by the hand of Moses. *Num. 9*

Some add: It is a tree of life to those who grasp it, and those who uphold it are happy. Its ways are ways of pleasantness, and all its paths are peace. Long life is in its right hand; in its left, riches and honor. It pleased the LORD for the sake of [Israel's] righteousness, to make the Torah great and glorious. *Prov. 3* *Is. 42*

The Torah scroll is bound and covered.

The Ark is opened. The Leader takes the Torah scroll and says:

יְהַלְלוּ Let them praise the name of the LORD, *Ps. 148*
for His name alone is sublime.

The congregation responds:

הוֹדוֹ His majesty is above earth and heaven. He has raised the horn of His people, for the glory of all His devoted ones, the children of Israel, the people close to Him. Halleluya!

As the Torah scroll is returned to the Ark say:

לְדָוִד מִזְמוֹר A psalm of David. The earth is the LORD's and all it contains, the world and all who live in it. For He founded it on the seas and established it on the streams. Who may climb the mountain of the LORD? Who may stand in His holy place? He who has clean hands and a pure heart, who has not taken My name in vain, or sworn deceitfully. He shall receive blessing from the LORD, and just reward from God, his salvation. *Ps. 24*

The appropriate תורה *portion is read.*
The קורא *shows the* עולה *the section to be read. The* עולה *touches the scroll at that place with the* ציצית *of his* טלית *or the gartel of the* ספר תורה*, which he then kisses. Holding the handles of the scroll, he says:*

עולה: **בָּרְכוּ אֶת יהוה הַמְבֹרָךְ.**

קהל: בָּרוּךְ יהוה הַמְבֹרָךְ לְעוֹלָם וָעֶד.

עולה: **בָּרוּךְ יהוה הַמְבֹרָךְ לְעוֹלָם וָעֶד.**

בָּרוּךְ אַתָּה יהוה, אֱלֹהֵינוּ מֶלֶךְ הָעוֹלָם אֲשֶׁר בָּחַר בָּנוּ מִכָּל הָעַמִּים וְנָתַן לָנוּ אֶת תּוֹרָתוֹ. בָּרוּךְ אַתָּה יהוה, נוֹתֵן הַתּוֹרָה.

After the קריאת התורה*, the* עולה *says:*

עולה: **בָּרוּךְ אַתָּה יהוה אֱלֹהֵינוּ מֶלֶךְ הָעוֹלָם אֲשֶׁר נָתַן לָנוּ תּוֹרַת אֱמֶת וְחַיֵּי עוֹלָם נָטַע בְּתוֹכֵנוּ. בָּרוּךְ אַתָּה יהוה, נוֹתֵן הַתּוֹרָה.**

The ספר תורה *is lifted and the* קהל *says:*

וְזֹאת הַתּוֹרָה אֲשֶׁר־שָׂם מֹשֶׁה לִפְנֵי בְּנֵי יִשְׂרָאֵל: דברים ד

עַל־פִּי יהוה בְּיַד מֹשֶׁה: במדבר ט

Some add עֵץ־חַיִּים הִיא לַמַּחֲזִיקִים בָּהּ וְתֹמְכֶיהָ מְאֻשָּׁר: דְּרָכֶיהָ דַרְכֵי־נֹעַם וְכָל־נְתִיבוֹתֶיהָ שָׁלוֹם: אֹרֶךְ יָמִים בִּימִינָהּ, בִּשְׂמֹאולָהּ עֹשֶׁר וְכָבוֹד: משלי ג

יהוה חָפֵץ לְמַעַן צִדְקוֹ יַגְדִּיל תּוֹרָה וְיַאְדִּיר: ישעיה מב

The ספר תורה *is bound and covered.*

The ארון קודש *is opened. The* שליח ציבור *takes the* ספר תורה *and says:*

יְהַלְלוּ אֶת־שֵׁם יהוה, כִּי־נִשְׂגָּב שְׁמוֹ, לְבַדּוֹ תהלים קמח

The קהל *responds:*

הוֹדוֹ עַל־אֶרֶץ וְשָׁמָיִם: וַיָּרֶם קֶרֶן לְעַמּוֹ, תְּהִלָּה לְכָל־חֲסִידָיו, לִבְנֵי יִשְׂרָאֵל עַם קְרֹבוֹ, הַלְלוּיָהּ:

As the ספר תורה *is returned to the* ארון קודש*, say:*

לְדָוִד מִזְמוֹר, לַיהוה הָאָרֶץ וּמְלוֹאָהּ, תֵּבֵל וְיֹשְׁבֵי בָהּ: כִּי־הוּא עַל־יַמִּים יְסָדָהּ, וְעַל־נְהָרוֹת יְכוֹנְנֶהָ: מִי־יַעֲלֶה בְהַר־יהוה, וּמִי־יָקוּם בִּמְקוֹם קָדְשׁוֹ: נְקִי כַפַּיִם וּבַר־לֵבָב, אֲשֶׁר לֹא־נָשָׂא לַשָּׁוְא נַפְשִׁי וְלֹא נִשְׁבַּע לְמִרְמָה: יִשָּׂא בְרָכָה מֵאֵת יהוה, וּצְדָקָה מֵאֱלֹהֵי יִשְׁעוֹ: תהלים כד

This is a generation of those who seek Him, the descendants of Jacob who seek Your presence, Selah! Lift up your heads, O gates; be uplifted, eternal doors, so that the King of glory may enter. Who is the King of glory? It is the LORD, strong and mighty, the LORD mighty in battle. Lift up your heads, O gates; lift them up, eternal doors, so that the King of glory may enter. Who is He, the King of glory? The LORD of hosts, He is the King of glory, Selah!

As the Torah scroll is placed into the Ark, say:

וּבְנֻחֹה יֹאמַר When the Ark came to rest, Moses would say: "Return, *Num. 10*
O LORD, to the myriad thousands of Israel." Advance, LORD, to Your *Ps. 132*
resting place, You and Your mighty Ark. Your priests are clothed in
righteousness, and Your devoted ones sing in joy. For the sake of Your
servant David, do not reject Your anointed one. For I give you good *Prov. 4*
instruction; do not forsake My Torah. It is a tree of life to those who *Prov. 3*
grasp it, and those who uphold it are happy. Its ways are ways of pleas-
antness, and all its paths are peace. ▸ Turn us back, O LORD, to You, and *Lam. 5*
we will return. Renew our days as of old.

The Ark is closed.

HALF KADDISH

Leader: יִתְגַּדַּל Magnified and sanctified
may His great name be,
in the world He created by His will.
May He establish His kingdom
in your lifetime and in your days,
and in the lifetime of all the house of Israel,
swiftly and soon – and say: Amen.

All: May His great name be blessed for ever and all time.

Leader: Blessed and praised, glorified and exalted,
raised and honored, uplifted and lauded
be the name of the Holy One, blessed be He,
beyond any blessing,
song, praise and consolation
uttered in the world –
and say: Amen.

זֶה דּוֹר דֹּרְשָׁו, מְבַקְשֵׁי פָנֶיךָ, יַעֲקֹב, סֶלָה: שְׂאוּ שְׁעָרִים רָאשֵׁיכֶם, וְהִנָּשְׂאוּ פִּתְחֵי עוֹלָם, וְיָבוֹא מֶלֶךְ הַכָּבוֹד: מִי זֶה מֶלֶךְ הַכָּבוֹד, יהוה עִזּוּז וְגִבּוֹר, יהוה גִּבּוֹר מִלְחָמָה: שְׂאוּ שְׁעָרִים רָאשֵׁיכֶם, וּשְׂאוּ פִּתְחֵי עוֹלָם, וְיָבֹא מֶלֶךְ הַכָּבוֹד: מִי הוּא זֶה מֶלֶךְ הַכָּבוֹד, יהוה צְבָאוֹת הוּא מֶלֶךְ הַכָּבוֹד, סֶלָה:

As the ספר תורה *is placed into the* ארון קודש*, say:*

וּבְנֻחֹה יֹאמַר, שׁוּבָה יהוה רִבְבוֹת אַלְפֵי יִשְׂרָאֵל: קוּמָה יהוה במדבר י
לִמְנוּחָתֶךָ, אַתָּה וַאֲרוֹן עֻזֶּךָ: כֹּהֲנֶיךָ יִלְבְּשׁוּ־צֶדֶק, וַחֲסִידֶיךָ יְרַנֵּנוּ: תהלים קלב
בַּעֲבוּר דָּוִד עַבְדֶּךָ אַל־תָּשֵׁב פְּנֵי מְשִׁיחֶךָ: כִּי לֶקַח טוֹב נָתַתִּי לָכֶם, משלי ד
תּוֹרָתִי אַל־תַּעֲזֹבוּ: עֵץ־חַיִּים הִיא לַמַּחֲזִיקִים בָּהּ, וְתֹמְכֶיהָ מְאֻשָּׁר: משלי ג
דְּרָכֶיהָ דַרְכֵי־נֹעַם וְכָל־נְתִיבוֹתֶיהָ שָׁלוֹם: ◄ הֲשִׁיבֵנוּ יהוה אֵלֶיךָ וְנָשׁוּבָה, איכה ה
חַדֵּשׁ יָמֵינוּ כְּקֶדֶם:

The ארון קודש *is closed.*

חצי קדיש

ש״ץ: יִתְגַּדַּל וְיִתְקַדַּשׁ שְׁמֵהּ רַבָּא (קהל: אָמֵן)
בְּעָלְמָא דִּי בְרָא כִרְעוּתֵהּ
וְיַמְלִיךְ מַלְכוּתֵהּ
בְּחַיֵּיכוֹן וּבְיוֹמֵיכוֹן, וּבְחַיֵּי דְכָל בֵּית יִשְׂרָאֵל
בַּעֲגָלָא וּבִזְמַן קָרִיב, וְאִמְרוּ אָמֵן. (קהל: אָמֵן)

קהל וש״ץ: יְהֵא שְׁמֵהּ רַבָּא מְבָרַךְ לְעָלַם וּלְעָלְמֵי עָלְמַיָּא.

ש״ץ: יִתְבָּרַךְ וְיִשְׁתַּבַּח וְיִתְפָּאַר וְיִתְרוֹמַם וְיִתְנַשֵּׂא
וְיִתְהַדָּר וְיִתְעַלֶּה וְיִתְהַלָּל
שְׁמֵהּ דְּקֻדְשָׁא בְּרִיךְ הוּא (קהל: בְּרִיךְ הוּא)
לְעֵלָּא מִן כָּל בִּרְכָתָא / בשבת שובה: לְעֵלָּא לְעֵלָּא מִכָּל בִּרְכָתָא/
וְשִׁירָתָא, תֻּשְׁבְּחָתָא וְנֶחֱמָתָא, דַּאֲמִירָן בְּעָלְמָא
וְאִמְרוּ אָמֵן. (קהל: אָמֵן)

THE AMIDA

The following prayer, until "in former years" on page 822, is said silently, standing with feet together. If there is a minyan, the Amida is repeated aloud by the Leader. Take three steps forward and at the points indicated by ▾, bend the knees at the first word, bow at the second, and stand straight before saying God's name.

When I proclaim the LORD's name, give glory to our God. *Deut. 32*
O LORD, open my lips, so that my mouth may declare Your praise. *Ps. 51*

PATRIARCHS

▾בָּרוּךְ Blessed are You, LORD our God and God of our fathers,
God of Abraham, God of Isaac and God of Jacob;
the great, mighty and awesome God, God Most High,
who bestows acts of loving-kindness and creates all,
who remembers the loving-kindness of the fathers
and will bring a Redeemer to their children's children
for the sake of His name, in love.

On Shabbat Shuva: Remember us for life,
O King who desires life,
and write us in the book of life –
for Your sake, O God of life.

King, Helper, Savior, Shield:
▾Blessed are You, LORD, Shield of Abraham.

DIVINE MIGHT

אַתָּה גִּבּוֹר You are eternally mighty, LORD.
You give life to the dead and have great power to save.

The phrase "He makes the wind blow and the rain fall" is added from Simḥat Torah until Pesaḥ. In Israel, the phrase "He causes the dew to fall" is added from Pesaḥ until Shemini Atzeret.

In fall & winter: He makes the wind blow and the rain fall.

In Israel, in spring & summer: He causes the dew to fall.

He sustains the living with loving-kindness,
and with great compassion revives the dead.

עמידה

The following prayer, until קַדְמֹנִיּוֹת *on page 823, is said silently, standing with feet together. If there is a* מנין*, the* עמידה *is repeated aloud by the* שליח ציבור*. Take three steps forward and at the points indicated by* ˅*, bend the knees at the first word, bow at the second, and stand straight before saying God's name.*

דברים לב כִּי שֵׁם יהוה אֶקְרָא, הָבוּ גֹדֶל לֵאלֹהֵינוּ:
תהלים נא אֲדֹנָי, שְׂפָתַי תִּפְתָּח, וּפִי יַגִּיד תְּהִלָּתֶךָ:

אבות

˅בָּרוּךְ אַתָּה יהוה, אֱלֹהֵינוּ וֵאלֹהֵי אֲבוֹתֵינוּ
אֱלֹהֵי אַבְרָהָם, אֱלֹהֵי יִצְחָק, וֵאלֹהֵי יַעֲקֹב
הָאֵל הַגָּדוֹל הַגִּבּוֹר וְהַנּוֹרָא, אֵל עֶלְיוֹן
גּוֹמֵל חֲסָדִים טוֹבִים, וְקֹנֵה הַכֹּל
וְזוֹכֵר חַסְדֵי אָבוֹת
וּמֵבִיא גוֹאֵל לִבְנֵי בְנֵיהֶם לְמַעַן שְׁמוֹ בְּאַהֲבָה.

בשבת שובה: זָכְרֵנוּ לְחַיִּים, מֶלֶךְ חָפֵץ בַּחַיִּים
וְכָתְבֵנוּ בְּסֵפֶר הַחַיִּים
לְמַעַנְךָ אֱלֹהִים חַיִּים.

מֶלֶךְ עוֹזֵר וּמוֹשִׁיעַ וּמָגֵן.
˅בָּרוּךְ אַתָּה יהוה, מָגֵן אַבְרָהָם.

גבורות

אַתָּה גִּבּוֹר לְעוֹלָם, אֲדֹנָי
מְחַיֵּה מֵתִים אַתָּה, רַב לְהוֹשִׁיעַ

The phrase מַשִּׁיב הָרוּחַ *is added from* שמחת תורה *until* פסח*.*
In ארץ ישראל*, the phrase* מוֹרִיד הַטָּל *is added from* פסח *until* שמיני עצרת*.*

בחורף: מַשִּׁיב הָרוּחַ וּמוֹרִיד הַגֶּשֶׁם / בארץ ישראל בקיץ: מוֹרִיד הַטָּל

מְכַלְכֵּל חַיִּים בְּחֶסֶד, מְחַיֵּה מֵתִים בְּרַחֲמִים רַבִּים

He supports the fallen, heals the sick, sets captives free,
and keeps His faith with those who sleep in the dust.
Who is like You, Master of might,
and to whom can You be compared,
O King who brings death and gives life,
and makes salvation grow?

On Shabbat Shuva: Who is like You, compassionate Father,
who remembers His creatures in compassion, for life?

Faithful are You to revive the dead.
Blessed are You, LORD, who revives the dead.

When saying the Amida silently, continue with "You are holy" on the next page.

KEDUSHA

During the Leader's Repetition, the following is said standing with feet together, rising on the toes at the words indicated by ▲.

Cong. then Leader: נְקַדֵּשׁ We will sanctify Your name on earth,
as they sanctify it in the highest heavens,
as is written by Your prophet,
"And they [the angels] call to one another saying: *Is. 6*

Cong. then Leader: ▲Holy, ▲holy, ▲holy is the LORD of hosts
the whole world is filled with His glory."
Those facing them say "Blessed – "

Cong. then Leader: ▲"Blessed is the LORD's glory from His place." *Ezek. 3*
And in Your holy Writings it is written thus:

Cong. then Leader: ▲"The LORD shall reign for ever. He is your God, Zion, *Ps. 146*
from generation to generation, Halleluya!"

Leader: From generation to generation we will declare Your greatness,
and we will proclaim Your holiness for evermore.
Your praise, our God, shall not leave our mouth forever,
for You, God, are a great and holy King.
Blessed are You, LORD,
the holy God. / *On Shabbat Shuva:* the holy King./

The Leader continues with "You are One" on the next page.

סוֹמֵךְ נוֹפְלִים, וְרוֹפֵא חוֹלִים, וּמַתִּיר אֲסוּרִים
וּמְקַיֵּם אֱמוּנָתוֹ לִישֵׁנֵי עָפָר.
מִי כָמְוֹךָ, בַּעַל גְּבוּרוֹת, וּמִי דּוֹמֶה לָּךְ
מֶלֶךְ, מֵמִית וּמְחַיֶּה וּמַצְמִיחַ יְשׁוּעָה.

בשבת שובה: מִי כָמְוֹךָ אַב הָרַחֲמִים
זוֹכֵר יְצוּרָיו לְחַיִּים בְּרַחֲמִים.

וְנֶאֱמָן אַתָּה לְהַחֲיוֹת מֵתִים.
בָּרוּךְ אַתָּה יהוה, מְחַיֵּה הַמֵּתִים.

When saying the עמידה *silently, continue with* אַתָּה קָדוֹשׁ *on the next page.*

קדושה

During the חזרת הש״ץ, *the following is said standing with feet together, rising on the toes at the words indicated by* ˚.

then קהל ש״ץ: נְקַדֵּשׁ אֶת שִׁמְךָ בָּעוֹלָם, כְּשֵׁם שֶׁמַּקְדִּישִׁים אוֹתוֹ בִּשְׁמֵי מָרוֹם
כַּכָּתוּב עַל יַד נְבִיאֶךָ: וְקָרָא זֶה אֶל־זֶה וְאָמַר — ישעיה ו

then קהל ש״ץ: ˚קָדוֹשׁ, ˚קָדוֹשׁ, ˚קָדוֹשׁ, יהוה צְבָאוֹת, מְלֹא כָל־הָאָרֶץ כְּבוֹדוֹ:
לְעֻמָּתָם בָּרוּךְ יֹאמֵרוּ

then קהל ש״ץ: ˚בָּרוּךְ כְּבוֹד־יהוה מִמְּקוֹמוֹ: — יחזקאל ג
וּבְדִבְרֵי קָדְשְׁךָ כָּתוּב לֵאמֹר

then קהל ש״ץ: ˚יִמְלֹךְ יהוה לְעוֹלָם, אֱלֹהַיִךְ צִיּוֹן לְדֹר וָדֹר, הַלְלוּיָהּ: — תהלים קמו

ש״ץ: לְדוֹר וָדוֹר נַגִּיד גָּדְלֶךָ, וּלְנֵצַח נְצָחִים קְדֻשָּׁתְךָ נַקְדִּישׁ
וְשִׁבְחֲךָ אֱלֹהֵינוּ מִפִּינוּ לֹא יָמוּשׁ לְעוֹלָם וָעֶד
כִּי אֵל מֶלֶךְ גָּדוֹל וְקָדוֹשׁ אָתָּה.
בָּרוּךְ אַתָּה יהוה
הָאֵל הַקָּדוֹשׁ. / בשבת שובה: הַמֶּלֶךְ הַקָּדוֹשׁ./

The שליח ציבור *continues with* אַתָּה אֶחָד *on the next page.*

HOLINESS

אַתָּה קָדוֹשׁ You are holy and Your name is holy,
and holy ones praise You daily, Selah!
Blessed are You, LORD,
the holy God. / *On Shabbat Shuva:* the holy King./
(If forgotten, repeat the Amida.)

HOLINESS OF THE DAY

אַתָּה You are One, Your name is One;
and who is like Your people Israel,
a nation unique on earth?
Splendor of greatness and a crown of salvation
is the day of rest and holiness You have given Your people.
Abraham will rejoice, Isaac will sing for joy,
Jacob and his children will find rest in it –
a rest of love and generosity,
a rest of truth and faith,
a rest of peace and tranquility,
calm and trust;
a complete rest in which You find favor.
May Your children recognize and know
that their rest comes from You,
and that by their rest they sanctify Your name.

---

the holiness of the Sabbath; Israel and the Sabbath testify to the creative and redemptive power of God; God and the Sabbath testify to the uniqueness of Israel."

תִּפְאֶרֶת גְּדֻלָּה *Splendor of greatness:* As the day reaches its greatest intensity, the emphasis shifts to the experiential quality of the day itself. The word *menuḥa*, "rest, serenity," appears seven times in this one paragraph, together with an idyllic description of a world at peace with itself: "a rest of love and generosity, a rest of truth and faith, a rest of peace and tranquility, calm and trust." אַבְרָהָם יָגֵל *Abraham will rejoice:* a reference to the future, when the patriarchs will rejoice that their descendants have found peace and "the day that is wholly Sabbath."

קדושת השם

אַתָּה קָדוֹשׁ וְשִׁמְךָ קָדוֹשׁ
וּקְדוֹשִׁים בְּכָל יוֹם יְהַלְלוּךָ סֶּלָה.
בָּרוּךְ אַתָּה יהוה
הָאֵל הַקָּדוֹשׁ. / בשבת שובה: הַמֶּלֶךְ הַקָּדוֹשׁ./
(*If forgotten, repeat the* עמידה.)

קדושת היום

אַתָּה אֶחָד וְשִׁמְךָ אֶחָד
וּמִי כְּעַמְּךָ יִשְׂרָאֵל גּוֹי אֶחָד בָּאָרֶץ.
תִּפְאֶרֶת גְּדֻלָּה וַעֲטֶרֶת יְשׁוּעָה
יוֹם מְנוּחָה וּקְדֻשָּׁה לְעַמְּךָ נָתָתָּ.
אַבְרָהָם יָגֵל, יִצְחָק יְרַנֵּן, יַעֲקֹב וּבָנָיו יָנוּחוּ בוֹ
מְנוּחַת אַהֲבָה וּנְדָבָה, מְנוּחַת אֱמֶת וֶאֱמוּנָה
מְנוּחַת שָׁלוֹם וְשַׁלְוָה וְהַשְׁקֵט וָבֶטַח
מְנוּחָה שְׁלֵמָה שֶׁאַתָּה רוֹצֶה בָּהּ.
יַכִּירוּ בָנֶיךָ וְיֵדְעוּ, כִּי מֵאִתְּךָ הִיא מְנוּחָתָם
וְעַל מְנוּחָתָם יַקְדִּישׁוּ אֶת שְׁמֶךָ.

אַתָּה אֶחָד וְשִׁמְךָ אֶחָד *You are One, Your name is One:* As mentioned before, Shabbat is unique in that the central section of the evening, morning and afternoon Amida prayers is different on each occasion. There are three related explanations: (1) the prayers chart the movement from creation to revelation to redemption; (2) they speak of past, present and future; and (3) they describe the three stages of a wedding: betrothal, rejoicing and *yiḥud*, the coming together of bride and groom. The afternoon prayer fits this pattern closely. It speaks of redemption and the future, when "God shall be One and His name One," and of *yiḥud*, when the oneness of God joins the uniqueness of the Jewish people in perfect union. A Midrash teaches: "God, Israel and the Sabbath all testify to one another; God and Israel testify to

אֱלֹהֵינוּ Our God and God of our ancestors,
find favor in our rest.
Make us holy through Your commandments
and grant us our share in Your Torah.
Satisfy us with Your goodness,
grant us joy in Your salvation,
and purify our hearts to serve You in truth.
In love and favor, LORD our God,
grant us as our heritage Your holy Sabbaths,
so that Israel who sanctify Your name may find rest on them.
Blessed are You, LORD, who sanctifies the Sabbath.

TEMPLE SERVICE

רְצֵה Find favor, LORD our God,
in Your people Israel and their prayer.
Restore the service to Your most holy House,
and accept in love and favor
the fire-offerings of Israel and their prayer.
May the service of Your people Israel always find favor with You.

On Rosh Ḥodesh say:

אֱלֹהֵינוּ Our God and God of our ancestors, may there rise, come, reach, appear, be favored, heard, regarded and remembered before You, our recollection and remembrance, as well as the remembrance of our ancestors, and of the Messiah son of David Your servant, and of Jerusalem Your holy city, and of all Your people the house of Israel – for deliverance and well-being, grace, loving-kindness and compassion, life and peace, on this day of Rosh Ḥodesh. On it remember us, LORD our God, for good; recollect us for blessing, and deliver us for life. In accord with Your promise of salvation and compassion, spare us and be gracious to us; have compassion on us and deliver us, for our eyes are turned to You because You, God, are a gracious and compassionate King.

וְתֶחֱזֶינָה And may our eyes
witness Your return to Zion in compassion.
Blessed are You, LORD, who restores His Presence to Zion.

אֱלֹהֵינוּ וֵאלֹהֵי אֲבוֹתֵינוּ
רְצֵה בִמְנוּחָתֵנוּ
קַדְּשֵׁנוּ בְּמִצְוֹתֶיךָ וְתֵן חֶלְקֵנוּ בְּתוֹרָתֶךָ
שַׂבְּעֵנוּ מִטּוּבֶךָ וְשַׂמְּחֵנוּ בִּישׁוּעָתֶךָ
וְטַהֵר לִבֵּנוּ לְעָבְדְּךָ בֶּאֱמֶת.
וְהַנְחִילֵנוּ יהוה אֱלֹהֵינוּ בְּאַהֲבָה וּבְרָצוֹן שַׁבְּתוֹת קָדְשֶׁךָ
וְיָנוּחוּ בָם יִשְׂרָאֵל מְקַדְּשֵׁי שְׁמֶךָ.
בָּרוּךְ אַתָּה יהוה, מְקַדֵּשׁ הַשַּׁבָּת.

עבודה

רְצֵה יהוה אֱלֹהֵינוּ בְּעַמְּךָ יִשְׂרָאֵל, וּבִתְפִלָּתָם
וְהָשֵׁב אֶת הָעֲבוֹדָה לִדְבִיר בֵּיתֶךָ
וְאִשֵּׁי יִשְׂרָאֵל וּתְפִלָּתָם בְּאַהֲבָה תְקַבֵּל בְּרָצוֹן
וּתְהִי לְרָצוֹן תָּמִיד עֲבוֹדַת יִשְׂרָאֵל עַמֶּךָ.

On ראש חודש *say:*

אֱלֹהֵינוּ וֵאלֹהֵי אֲבוֹתֵינוּ, יַעֲלֶה וְיָבוֹא וְיַגִּיעַ, וְיֵרָאֶה וְיֵרָצֶה וְיִשָּׁמַע, וְיִפָּקֵד וְיִזָּכֵר זִכְרוֹנֵנוּ וּפִקְדוֹנֵנוּ וְזִכְרוֹן אֲבוֹתֵינוּ, וְזִכְרוֹן מָשִׁיחַ בֶּן דָּוִד עַבְדֶּךָ, וְזִכְרוֹן יְרוּשָׁלַיִם עִיר קָדְשֶׁךָ, וְזִכְרוֹן כָּל עַמְּךָ בֵּית יִשְׂרָאֵל, לְפָנֶיךָ, לִפְלֵיטָה לְטוֹבָה, לְחֵן וּלְחֶסֶד וּלְרַחֲמִים, לְחַיִּים וּלְשָׁלוֹם בְּיוֹם רֹאשׁ הַחֹדֶשׁ הַזֶּה. זָכְרֵנוּ יהוה אֱלֹהֵינוּ בּוֹ לְטוֹבָה, וּפָקְדֵנוּ בוֹ לִבְרָכָה, וְהוֹשִׁיעֵנוּ בוֹ לְחַיִּים. וּבִדְבַר יְשׁוּעָה וְרַחֲמִים, חוּס וְחָנֵּנוּ וְרַחֵם עָלֵינוּ וְהוֹשִׁיעֵנוּ, כִּי אֵלֶיךָ עֵינֵינוּ, כִּי אֵל מֶלֶךְ חַנּוּן וְרַחוּם אָתָּה.

וְתֶחֱזֶינָה עֵינֵינוּ בְּשׁוּבְךָ לְצִיּוֹן בְּרַחֲמִים.
בָּרוּךְ אַתָּה יהוה, הַמַּחֲזִיר שְׁכִינָתוֹ לְצִיּוֹן.

THANKSGIVING

Bow at the first nine words.

מוֹדִים We give thanks to You,
for You are the Lord our God
and God of our ancestors
for ever and all time.
You are the Rock of our lives,
Shield of our salvation
from generation to generation.
We will thank You and
declare Your praise for our lives,
which are entrusted into Your hand;
for our souls,
which are placed in Your charge;
for Your miracles which are with us every day;
and for Your wonders and favors
at all times, evening, morning and midday.
You are good –
for Your compassion never fails.
You are compassionate –
for Your loving-kindnesses never cease.
We have always placed our hope in You.

During the Leader's Repetition, the congregation says quietly:

מוֹדִים We give thanks to You,
for You are the Lord our God
and God of our ancestors,
God of all flesh, who formed us
and formed the universe.
Blessings and thanks
are due to Your great
and holy name for giving us
life and sustaining us.
May You continue
to give us life and sustain us;
and may You gather our exiles
to Your holy courts,
to keep Your decrees,
do Your will and serve You
with a perfect heart,
for it is for us
to give You thanks.
Blessed be God to whom
thanksgiving is due.

On Ḥanukka:

עַל הַנִּסִּים [We thank You also] for the miracles, the redemption, the mighty deeds, the salvations, and the victories in battle which You performed for our ancestors in those days, at this time.

בִּימֵי מַתִּתְיָהוּ In the days of Mattityahu, son of Yoḥanan, the High Priest, the Hasmonean, and his sons, the wicked Greek kingdom rose up against Your people Israel to make them forget Your Torah and to force them to transgress the statutes of Your will. It was then that You in Your great compassion stood by them in the time of their distress. You championed their cause, judged their claim, and avenged their wrong. You delivered the strong into the hands of the weak, the many into the hands of the few, the impure into the hands of the pure, the wicked into the hands of the righteous, and the arrogant into the hands of those who were engaged in the study of Your Torah. You made for Yourself great and holy renown in Your world, and for Your people Israel You performed a great salvation and redemption as of this very day. Your children then entered the holiest part of Your House, cleansed Your Temple, purified Your Sanctuary, kindled lights in Your holy courts, and designated these eight days of Ḥanukka for giving thanks and praise to Your great name.

Continue with "For all these things" on the next page.

הודאה

Bow at the first five words.

ימוֹדִים אֲנַחְנוּ לָךְ\
שָׁאַתָּה הוּא יהוה אֱלֹהֵינוּ\
וֵאלֹהֵי אֲבוֹתֵינוּ לְעוֹלָם וָעֶד.\
צוּר חַיֵּינוּ, מָגֵן יִשְׁעֵנוּ\
אַתָּה הוּא לְדוֹר וָדוֹר.\
נוֹדֶה לְּךָ וּנְסַפֵּר תְּהִלָּתֶךָ\
עַל חַיֵּינוּ הַמְּסוּרִים בְּיָדֶךָ\
וְעַל נִשְׁמוֹתֵינוּ הַפְּקוּדוֹת לָךְ\
וְעַל נִסֶּיךָ שֶׁבְּכָל יוֹם עִמָּנוּ\
וְעַל נִפְלְאוֹתֶיךָ וְטוֹבוֹתֶיךָ\
שֶׁבְּכָל עֵת, עֶרֶב וָבֹקֶר וְצָהֳרָיִם.\
הַטּוֹב, כִּי לֹא כָלוּ רַחֲמֶיךָ\
וְהַמְרַחֵם, כִּי לֹא תַמּוּ חֲסָדֶיךָ\
מֵעוֹלָם קִוִּינוּ לָךְ.

During the חזרת הש״ץ*, the* קהל *says quietly:*

ימוֹדִים אֲנַחְנוּ לָךְ\
שָׁאַתָּה הוּא יהוה אֱלֹהֵינוּ\
וֵאלֹהֵי אֲבוֹתֵינוּ\
אֱלֹהֵי כָל בָּשָׂר\
יוֹצְרֵנוּ, יוֹצֵר בְּרֵאשִׁית.\
בְּרָכוֹת וְהוֹדָאוֹת\
לְשִׁמְךָ הַגָּדוֹל וְהַקָּדוֹשׁ\
עַל שֶׁהֶחֱיִיתָנוּ וְקִיַּמְתָּנוּ.\
כֵּן תְּחַיֵּנוּ וּתְקַיְּמֵנוּ\
וְתֶאֱסֹף גָּלֻיּוֹתֵינוּ\
לְחַצְרוֹת קָדְשֶׁךָ\
לִשְׁמֹר חֻקֶּיךָ וְלַעֲשׂוֹת רְצוֹנֶךָ\
וּלְעָבְדְּךָ בְּלֵבָב שָׁלֵם\
עַל שֶׁאֲנַחְנוּ מוֹדִים לָךְ.\
בָּרוּךְ אֵל הַהוֹדָאוֹת.

בחנוכה:

עַל הַנִּסִּים וְעַל הַפֻּרְקָן וְעַל הַגְּבוּרוֹת וְעַל הַתְּשׁוּעוֹת וְעַל הַמִּלְחָמוֹת שֶׁעָשִׂיתָ לַאֲבוֹתֵינוּ בַּיָּמִים הָהֵם בַּזְּמַן הַזֶּה.

בִּימֵי מַתִּתְיָהוּ בֶּן יוֹחָנָן כֹּהֵן גָּדוֹל חַשְׁמוֹנַאי וּבָנָיו, כְּשֶׁעָמְדָה מַלְכוּת יָוָן הָרְשָׁעָה עַל עַמְּךָ יִשְׂרָאֵל לְהַשְׁכִּיחָם תּוֹרָתֶךָ וּלְהַעֲבִירָם מֵחֻקֵּי רְצוֹנֶךָ, וְאַתָּה בְּרַחֲמֶיךָ הָרַבִּים עָמַדְתָּ לָהֶם בְּעֵת צָרָתָם, רַבְתָּ אֶת רִיבָם, דַּנְתָּ אֶת דִּינָם, נָקַמְתָּ אֶת נִקְמָתָם, מָסַרְתָּ גִבּוֹרִים בְּיַד חַלָּשִׁים, וְרַבִּים בְּיַד מְעַטִּים, וּטְמֵאִים בְּיַד טְהוֹרִים, וּרְשָׁעִים בְּיַד צַדִּיקִים, וְזֵדִים בְּיַד עוֹסְקֵי תוֹרָתֶךָ, וּלְךָ עָשִׂיתָ שֵׁם גָּדוֹל וְקָדוֹשׁ בְּעוֹלָמֶךָ, וּלְעַמְּךָ יִשְׂרָאֵל עָשִׂיתָ תְּשׁוּעָה גְדוֹלָה וּפֻרְקָן כְּהַיּוֹם הַזֶּה. וְאַחַר כֵּן בָּאוּ בָנֶיךָ לִדְבִיר בֵּיתֶךָ, וּפִנּוּ אֶת הֵיכָלֶךָ, וְטִהֲרוּ אֶת מִקְדָּשֶׁךָ, וְהִדְלִיקוּ נֵרוֹת בְּחַצְרוֹת קָדְשֶׁךָ, וְקָבְעוּ שְׁמוֹנַת יְמֵי חֲנֻכָּה אֵלּוּ, לְהוֹדוֹת וּלְהַלֵּל לְשִׁמְךָ הַגָּדוֹל.

Continue with וְעַל כֻּלָּם *on the next page.*

On Shushan Purim in Jerusalem:
עַל הַנִּסִּים [We thank You also] for the miracles, the redemption, the mighty deeds, the salvations, and the victories in battle which You performed for our ancestors in those days, at this time.

בִּימֵי מָרְדְּכַי In the days of Mordekhai and Esther, in Shushan the capital, the wicked Haman rose up against them and sought to destroy, slay and exterminate all the Jews, *Esther 3* young and old, children and women, on one day, the thirteenth day of the twelfth month, which is the month of Adar, and to plunder their possessions. Then You in Your great compassion thwarted his counsel, frustrated his plans, and caused his scheme to recoil on his own head, so that they hanged him and his sons on the gallows.

Continue with "For all these things."

וְעַל כֻּלָּם For all these things may Your name be blessed and exalted, our King, continually, for ever and all time.

On Shabbat Shuva: And write, for a good life, all the children of Your covenant.

Let all that lives thank You, Selah! and praise Your name in truth, God, our Savior and Help, Selah!
▾Blessed are You, Lord, whose name is "the Good" and to whom thanks are due.

PEACE

שָׁלוֹם רָב Grant great peace to Your people Israel for ever, for You are the sovereign Lord of all peace; and may it be good in Your eyes to bless Your people Israel at every time, at every hour, with Your peace.

In Israel:
שִׂים שָׁלוֹם Grant peace, goodness and blessing, grace, loving-kindness and compassion to us and all Israel Your people. Bless us, our Father, all as one, with the light of Your face, for by the light of Your face You have given us, Lord our God, the Torah of life and love of kindness, righteousness, blessing, compassion, life and peace. May it be good in Your eyes to bless Your people Israel at every time, in every hour, with Your peace.

בשושן פורים בירושלים:
עַל הַנִּסִּים וְעַל הַפֻּרְקָן וְעַל הַגְּבוּרוֹת וְעַל הַתְּשׁוּעוֹת וְעַל הַמִּלְחָמוֹת שֶׁעָשִׂיתָ לַאֲבוֹתֵינוּ בַּיָּמִים הָהֵם בַּזְּמַן הַזֶּה.

בִּימֵי מָרְדְּכַי וְאֶסְתֵּר בְּשׁוּשַׁן הַבִּירָה, כְּשֶׁעָמַד עֲלֵיהֶם הָמָן הָרָשָׁע, בִּקֵּשׁ לְהַשְׁמִיד לַהֲרֹג וּלְאַבֵּד אֶת־כָּל־הַיְּהוּדִים מִנַּעַר וְעַד־זָקֵן טַף וְנָשִׁים בְּיוֹם אֶחָד, בִּשְׁלוֹשָׁה עָשָׂר לְחֹדֶשׁ שְׁנֵים־עָשָׂר, הוּא־חֹדֶשׁ אֲדָר, וּשְׁלָלָם לָבוֹז: וְאַתָּה בְּרַחֲמֶיךָ הָרַבִּים הֵפַרְתָּ אֶת עֲצָתוֹ, וְקִלְקַלְתָּ אֶת מַחֲשַׁבְתּוֹ, וַהֲשֵׁבוֹתָ לּוֹ גְּמוּלוֹ בְּרֹאשׁוֹ, וְתָלוּ אוֹתוֹ וְאֶת בָּנָיו עַל הָעֵץ. אסתר ג

Continue with וְעַל כֻּלָּם.

וְעַל כֻּלָּם יִתְבָּרַךְ וְיִתְרוֹמַם שִׁמְךָ מַלְכֵּנוּ תָּמִיד לְעוֹלָם וָעֶד.

בשבת שובה: וּכְתֹב לְחַיִּים טוֹבִים כָּל בְּנֵי בְרִיתֶךָ.

וְכֹל הַחַיִּים יוֹדוּךָ סֶּלָה, וִיהַלְלוּ אֶת שִׁמְךָ בֶּאֱמֶת
הָאֵל יְשׁוּעָתֵנוּ וְעֶזְרָתֵנוּ סֶלָה.
בָּרוּךְ אַתָּה יהוה, הַטּוֹב שִׁמְךָ וּלְךָ נָאֶה לְהוֹדוֹת.

ברכת שלום

שָׁלוֹם רָב עַל יִשְׂרָאֵל עַמְּךָ
תָּשִׂים לְעוֹלָם
כִּי אַתָּה הוּא
מֶלֶךְ אָדוֹן לְכָל הַשָּׁלוֹם.
וְטוֹב בְּעֵינֶיךָ
לְבָרֵךְ אֶת עַמְּךָ יִשְׂרָאֵל
בְּכָל עֵת וּבְכָל שָׁעָה
בִּשְׁלוֹמֶךָ.

In ארץ ישראל:
שִׂים שָׁלוֹם טוֹבָה וּבְרָכָה
חֵן וָחֶסֶד וְרַחֲמִים
עָלֵינוּ וְעַל כָּל יִשְׂרָאֵל עַמֶּךָ.
בָּרְכֵנוּ אָבִינוּ כֻּלָּנוּ כְּאֶחָד בְּאוֹר פָּנֶיךָ
כִּי בְאוֹר פָּנֶיךָ נָתַתָּ לָּנוּ יהוה אֱלֹהֵינוּ
תּוֹרַת חַיִּים וְאַהֲבַת חֶסֶד
וּצְדָקָה וּבְרָכָה וְרַחֲמִים וְחַיִּים וְשָׁלוֹם.
וְטוֹב בְּעֵינֶיךָ לְבָרֵךְ אֶת עַמְּךָ יִשְׂרָאֵל
בְּכָל עֵת וּבְכָל שָׁעָה בִּשְׁלוֹמֶךָ.

On Shabbat Shuva: In the book of life, blessing, peace and prosperity, may we and all Your people the house of Israel be remembered and written before You for a good life, and for peace.*

Blessed are You, Lord, who blesses His people Israel with peace.

**On Shabbat Shuva outside Israel, many end the blessing:*
Blessed are You, Lord, who makes peace.

The following verse concludes the Leader's Repetition of the Amida. Some also say it here as part of the silent Amida.

May the words of my mouth and the meditation of my heart *Ps. 19*
find favor before You, Lord, my Rock and Redeemer.

אֱלֹהַי My God, *Berakhot 17a*
guard my tongue from evil
and my lips from deceitful speech.
To those who curse me, let my soul be silent;
may my soul be to all like the dust.
Open my heart to Your Torah
and let my soul pursue Your commandments.
As for all who plan evil against me,
swiftly thwart their counsel and frustrate their plans.
Act for the sake of Your name; act for the sake of Your right hand;
act for the sake of Your holiness; act for the sake of Your Torah.
That Your beloved ones may be delivered, *Ps. 60*
save with Your right hand and answer me.
May the words of my mouth *Ps. 19*
and the meditation of my heart find favor before You,
Lord, my Rock and Redeemer.

Bow, take three steps back, then bow, first left, then right, then center, while saying:

May He who makes peace in His high places,
make peace for us and all Israel – and say: Amen.

יְהִי רָצוֹן May it be Your will, Lord our God and God of our ancestors,
that the Temple be rebuilt speedily in our days, and grant us a share in Your Torah.
And there we will serve You with reverence,
as in the days of old and as in former years.
Then the offering of Judah and Jerusalem *Mal. 3*
will be pleasing to the Lord as in the days of old and as in former years.

בשבת שובה: בְּסֵפֶר חַיִּים, בְּרָכָה וְשָׁלוֹם, וּפַרְנָסָה טוֹבָה
נִזָּכֵר וְנִכָּתֵב לְפָנֶיךָ, אֲנַחְנוּ וְכָל עַמְּךָ בֵּית יִשְׂרָאֵל
לְחַיִּים טוֹבִים וּלְשָׁלוֹם.*

בָּרוּךְ אַתָּה יהוה, הַמְבָרֵךְ אֶת עַמּוֹ יִשְׂרָאֵל בַּשָּׁלוֹם.

*On שבת שובה in חוץ לארץ many end the blessing:

בָּרוּךְ אַתָּה יהוה, עוֹשֵׂה הַשָּׁלוֹם.

The following verse concludes the חזרת הש״ץ.
Some also say it here as part of the silent עמידה.

יִהְיוּ לְרָצוֹן אִמְרֵי־פִי וְהֶגְיוֹן לִבִּי לְפָנֶיךָ, יהוה צוּרִי וְגֹאֲלִי: תהלים יט

אֱלֹהַי ברכות יז.
נְצֹר לְשׁוֹנִי מֵרָע וּשְׂפָתַי מִדַּבֵּר מִרְמָה
וְלִמְקַלְלַי נַפְשִׁי תִדֹּם, וְנַפְשִׁי כֶּעָפָר לַכֹּל תִּהְיֶה.
פְּתַח לִבִּי בְּתוֹרָתֶךָ, וּבְמִצְוֹתֶיךָ תִּרְדֹּף נַפְשִׁי.
וְכָל הַחוֹשְׁבִים עָלַי רָעָה
מְהֵרָה הָפֵר עֲצָתָם וְקַלְקֵל מַחֲשַׁבְתָּם.
עֲשֵׂה לְמַעַן שְׁמֶךָ, עֲשֵׂה לְמַעַן יְמִינֶךָ
עֲשֵׂה לְמַעַן קְדֻשָּׁתֶךָ, עֲשֵׂה לְמַעַן תּוֹרָתֶךָ.
לְמַעַן יֵחָלְצוּן יְדִידֶיךָ, הוֹשִׁיעָה יְמִינְךָ וַעֲנֵנִי: תהלים ס
יִהְיוּ לְרָצוֹן אִמְרֵי־פִי וְהֶגְיוֹן לִבִּי לְפָנֶיךָ, יהוה צוּרִי וְגֹאֲלִי: תהלים יט

Bow, take three steps back, then bow, first left, then right, then center, while saying:

עֹשֶׂה שָׁלוֹם/ בשבת שובה: הַשָּׁלוֹם/ בִּמְרוֹמָיו
הוּא יַעֲשֶׂה שָׁלוֹם עָלֵינוּ וְעַל כָּל יִשְׂרָאֵל, וְאִמְרוּ אָמֵן.

יְהִי רָצוֹן מִלְּפָנֶיךָ יהוה אֱלֹהֵינוּ וֵאלֹהֵי אֲבוֹתֵינוּ
שֶׁיִּבָּנֶה בֵּית הַמִּקְדָּשׁ בִּמְהֵרָה בְיָמֵינוּ, וְתֵן חֶלְקֵנוּ בְּתוֹרָתֶךָ
וְשָׁם נַעֲבָדְךָ בְּיִרְאָה כִּימֵי עוֹלָם וּכְשָׁנִים קַדְמוֹנִיּוֹת.
וְעָרְבָה לַיהוה מִנְחַת יְהוּדָה וִירוּשָׁלָםִ כִּימֵי עוֹלָם וּכְשָׁנִים קַדְמֹנִיּוֹת: מלאכי ג

The following is omitted on days when Taḥanun is not said.

צִדְקָתְךָ Your righteousness is an everlasting righteousness, Ps. 119
and Your Torah is truth.
Your righteousness, O God, reaches to the highest heights, Ps. 71
for You have done great things.
O God, who is like You?
Your righteousness is like the mighty mountains; Ps. 36
Your judgments like the great depths.
O LORD, You save both man and beast.

FULL KADDISH

Leader: יִתְגַּדַּל Magnified and sanctified may His great name be,
in the world He created by His will.
May He establish His kingdom
in your lifetime and in your days,
and in the lifetime of all the house of Israel,
swiftly and soon –
and say: Amen.

All: May His great name be blessed for ever and all time.

Leader: Blessed and praised,
glorified and exalted,
raised and honored,
uplifted and lauded be
the name of the Holy One,
blessed be He, beyond any blessing,
song, praise and consolation uttered in the world –
and say: Amen.

---

to Joseph, Moses and David who, according to tradition, died on Shabbat afternoon. Like words we say at a funeral, they are an acceptance of loss as God's just decree. Because of these sad associations, the verses are not said at celebratory times of the year when *Taḥanun* is not said.

The following is omitted on days when תחנון *is not said.*

צִדְקָתְךָ צֶדֶק לְעוֹלָם וְתוֹרָתְךָ אֱמֶת: תהלים קיט

וְצִדְקָתְךָ אֱלֹהִים עַד־מָרוֹם, אֲשֶׁר־עָשִׂיתָ גְדֹלוֹת אֱלֹהִים, מִי כָמוֹךָ: תהלים עא

צִדְקָתְךָ כְּהַרְרֵי־אֵל, מִשְׁפָּטֶךָ תְּהוֹם רַבָּה אָדָם וּבְהֵמָה תוֹשִׁיעַ יהוה: תהלים לו

קדיש שלם

ש״ץ: יִתְגַּדַּל וְיִתְקַדַּשׁ שְׁמֵהּ רַבָּא (קהל: אָמֵן)
בְּעָלְמָא דִּי בְרָא כִרְעוּתֵהּ
וְיַמְלִיךְ מַלְכוּתֵהּ
בְּחַיֵּיכוֹן וּבְיוֹמֵיכוֹן וּבְחַיֵּי דְכָל בֵּית יִשְׂרָאֵל
בַּעֲגָלָא וּבִזְמַן קָרִיב, וְאִמְרוּ אָמֵן. (קהל: אָמֵן)

קהל וש״ץ: יְהֵא שְׁמֵהּ רַבָּא מְבָרַךְ לְעָלַם וּלְעָלְמֵי עָלְמַיָּא.

ש״ץ: יִתְבָּרַךְ וְיִשְׁתַּבַּח וְיִתְפָּאַר
וְיִתְרוֹמַם וְיִתְנַשֵּׂא וְיִתְהַדָּר וְיִתְעַלֶּה וְיִתְהַלָּל
שְׁמֵהּ דְּקֻדְשָׁא בְּרִיךְ הוּא (קהל: בְּרִיךְ הוּא)
לְעֵלָּא מִן כָּל בִּרְכָתָא
/בשבת שובה: לְעֵלָּא לְעֵלָּא מִכָּל בִּרְכָתָא/
וְשִׁירָתָא, תֻּשְׁבְּחָתָא וְנֶחֱמָתָא
דַּאֲמִירָן בְּעָלְמָא, וְאִמְרוּ אָמֵן. (קהל: אָמֵן)

צִדְקָתְךָ צֶדֶק לְעוֹלָם *Your righteousness is an everlasting righteousness:* Three verses vindicating God's justice. Their recitation at this point in the prayers dates back to the period of the Geonim, who explained them by reference

May the prayers and pleas of all Israel
be accepted by their Father in heaven –
and say: Amen.

May there be great peace from heaven,
and life for us and all Israel –
and say: Amen.

Bow, take three steps back, as if taking leave of the Divine Presence, then bow, first left, then right, then center, while saying:

May He who makes peace in His high places,
make peace for us and all Israel –
and say: Amen.

Between Sukkot and Pesaḥ, some recite Barekhi Nafshi, page 830, at this point.
Between Pesaḥ and Rosh HaShana some recite Ethics of the Fathers, page 842, at this point.

Stand while saying Aleinu. Bow at ▼.

עָלֵינוּ It is our duty to praise the Master of all,
and ascribe greatness to the Author of creation,
who has not made us like the nations of the lands
nor placed us like the families of the earth;
who has not made our portion like theirs,
nor our destiny like all their multitudes.
(For they worship vanity and emptiness,
and pray to a god who cannot save.)
▼But we bow in worship
and thank the Supreme King of kings,
the Holy One, blessed be He,
who extends the heavens and establishes the earth,
whose throne of glory is in the heavens above,
and whose power's Presence is in the highest of heights.
He is our God; there is no other.
Truly He is our King, there is none else,
as it is written in His Torah:
"You shall know and take to heart this day *Deut. 4*
that the Lord is God,
in heaven above and on earth below. There is no other."

תִּתְקַבַּל צְלוֹתְהוֹן וּבָעוּתְהוֹן דְּכָל יִשְׂרָאֵל
קֳדָם אֲבוּהוֹן דִּי בִשְׁמַיָּא, וְאִמְרוּ אָמֵן. (קהל: אָמֵן)

יְהֵא שְׁלָמָא רַבָּא מִן שְׁמַיָּא
וְחַיִּים, עָלֵינוּ וְעַל כָּל יִשְׂרָאֵל, וְאִמְרוּ אָמֵן. (קהל: אָמֵן)

Bow, take three steps back, as if taking leave of the Divine Presence, then bow, first left, then right, then center, while saying:

עֹשֶׂה שָׁלוֹם/ בשבת שובה: הַשָּׁלוֹם/ בִּמְרוֹמָיו
הוּא יַעֲשֶׂה שָׁלוֹם עָלֵינוּ
וְעַל כָּל יִשְׂרָאֵל, וְאִמְרוּ אָמֵן. (קהל: אָמֵן)

Between סוכות *and* פסח, *some recite* ברכי נפשי, *page 831, at this point.*
Between פסח *and* ראש השנה *some recite* פרקי אבות, *page 843, at this point.*

Stand while saying עָלֵינוּ. *Bow at* ▼.

עָלֵינוּ לְשַׁבֵּחַ לַאֲדוֹן הַכֹּל, לָתֵת גְּדֻלָּה לְיוֹצֵר בְּרֵאשִׁית
שֶׁלֹּא עָשָׂנוּ כְּגוֹיֵי הָאֲרָצוֹת, וְלֹא שָׂמָנוּ כְּמִשְׁפְּחוֹת הָאֲדָמָה
שֶׁלֹּא שָׂם חֶלְקֵנוּ כָּהֶם וְגוֹרָלֵנוּ כְּכָל הֲמוֹנָם.
(שֶׁהֵם מִשְׁתַּחֲוִים לְהֶבֶל וָרִיק וּמִתְפַּלְלִים אֶל אֵל לֹא יוֹשִׁיעַ.)
▼וַאֲנַחְנוּ כּוֹרְעִים וּמִשְׁתַּחֲוִים וּמוֹדִים
לִפְנֵי מֶלֶךְ מַלְכֵי הַמְּלָכִים, הַקָּדוֹשׁ בָּרוּךְ הוּא
שֶׁהוּא נוֹטֶה שָׁמַיִם וְיוֹסֵד אָרֶץ
וּמוֹשַׁב יְקָרוֹ בַּשָּׁמַיִם מִמַּעַל
וּשְׁכִינַת עֻזּוֹ בְּגָבְהֵי מְרוֹמִים.
הוּא אֱלֹהֵינוּ, אֵין עוֹד.
אֱמֶת מַלְכֵּנוּ, אֶפֶס זוּלָתוֹ
כַּכָּתוּב בְּתוֹרָתוֹ
דברים ד וְיָדַעְתָּ הַיּוֹם וַהֲשֵׁבֹתָ אֶל־לְבָבֶךָ
כִּי יהוה הוּא הָאֱלֹהִים בַּשָּׁמַיִם מִמַּעַל וְעַל־הָאָרֶץ מִתָּחַת, אֵין עוֹד:

Therefore, we place our hope in You, Lord our God,
that we may soon see the glory of Your power,
when You will remove abominations from the earth,
and idols will be utterly destroyed,
when the world will be perfected
under the sovereignty of the Almighty,
when all humanity will call on Your name,
to turn all the earth's wicked toward You.
All the world's inhabitants will realize and know
that to You every knee must bow and every tongue swear loyalty.
Before You, Lord our God, they will kneel and bow down
and give honor to Your glorious name.
They will all accept the yoke of Your kingdom,
and You will reign over them soon and for ever.
For the kingdom is Yours, and to all eternity You will reign in glory,
as it is written in Your Torah: "The Lord will reign for ever and ever." *Ex. 15*
▸ And it is said: "Then the Lord shall be King over all the earth; *Zech. 14*
on that day the Lord shall be One and His name One."

Some add:

Have no fear of sudden terror or of the ruin when it overtakes the wicked. *Prov. 3*
Devise your strategy, but it will be thwarted; propose your plan, *Is. 8*
but it will not stand, for God is with us. When you grow old, I will still be the same. *Is. 46*
When your hair turns gray, I will still carry you. I made you, I will bear you,
I will carry you, and I will rescue you.

MOURNER'S KADDISH

The following prayer, said by mourners, requires the presence of a minyan.
A transliteration can be found on page 1049.

Mourner: יִתְגַּדַּל Magnified and sanctified may His great name be,
in the world He created by His will.
May He establish His kingdom in your lifetime
and in your days,
and in the lifetime of all the house of Israel,
swiftly and soon – and say: Amen.

All: May His great name be blessed for ever and all time.

עַל כֵּן נְקַוֶּה לְּךָ יהוה אֱלֹהֵינוּ, לִרְאוֹת מְהֵרָה בְּתִפְאֶרֶת עֻזֶּךָ
לְהַעֲבִיר גִּלּוּלִים מִן הָאָרֶץ, וְהָאֱלִילִים כָּרוֹת יִכָּרֵתוּן
לְתַקֵּן עוֹלָם בְּמַלְכוּת שַׁדַּי.
וְכָל בְּנֵי בָשָׂר יִקְרְאוּ בִשְׁמֶךָ לְהַפְנוֹת אֵלֶיךָ כָּל רִשְׁעֵי אָרֶץ.
יַכִּירוּ וְיֵדְעוּ כָּל יוֹשְׁבֵי תֵבֵל
כִּי לְךָ תִּכְרַע כָּל בֶּרֶךְ, תִּשָּׁבַע כָּל לָשׁוֹן.
לְפָנֶיךָ יהוה אֱלֹהֵינוּ יִכְרְעוּ וְיִפֹּלוּ, וְלִכְבוֹד שִׁמְךָ יְקָר יִתֵּנוּ
וִיקַבְּלוּ כֻלָּם אֶת עֹל מַלְכוּתֶךָ
וְתִמְלֹךְ עֲלֵיהֶם מְהֵרָה לְעוֹלָם וָעֶד.
כִּי הַמַּלְכוּת שֶׁלְּךָ הִיא וּלְעוֹלְמֵי עַד תִּמְלֹךְ בְּכָבוֹד
כַּכָּתוּב בְּתוֹרָתֶךָ, יהוה יִמְלֹךְ לְעֹלָם וָעֶד: שמות טו
◂ וְנֶאֱמַר, וְהָיָה יהוה לְמֶלֶךְ עַל־כָּל־הָאָרֶץ זכריה יד
בַּיּוֹם הַהוּא יִהְיֶה יהוה אֶחָד וּשְׁמוֹ אֶחָד:

Some add:

אַל־תִּירָא מִפַּחַד פִּתְאֹם וּמִשֹּׁאַת רְשָׁעִים כִּי תָבֹא: משלי ג
עֻצוּ עֵצָה וְתֻפָר, דַּבְּרוּ דָבָר וְלֹא יָקוּם, כִּי עִמָּנוּ אֵל: ישעיה ח
וְעַד־זִקְנָה אֲנִי הוּא, וְעַד־שֵׂיבָה אֲנִי אֶסְבֹּל, אֲנִי עָשִׂיתִי וַאֲנִי אֶשָּׂא וַאֲנִי אֶסְבֹּל וַאֲמַלֵּט: ישעיה מו

קדיש יתום

The following prayer, said by mourners, requires the presence of a מנין.
A transliteration can be found on page 1049.

אבל: יִתְגַּדַּל וְיִתְקַדַּשׁ שְׁמֵהּ רַבָּא (קהל: אָמֵן)
בְּעָלְמָא דִּי בְרָא כִרְעוּתֵהּ
וְיַמְלִיךְ מַלְכוּתֵהּ
בְּחַיֵּיכוֹן וּבְיוֹמֵיכוֹן וּבְחַיֵּי דְכָל בֵּית יִשְׂרָאֵל
בַּעֲגָלָא וּבִזְמַן קָרִיב, וְאִמְרוּ אָמֵן. (קהל: אָמֵן)

קהל ואבל: יְהֵא שְׁמֵהּ רַבָּא מְבָרַךְ לְעָלַם וּלְעָלְמֵי עָלְמַיָּא.

Mourner: Blessed and praised,
glorified and exalted,
raised and honored,
uplifted and lauded
be the name of the Holy One, blessed be He,
beyond any blessing, song, praise and consolation
uttered in the world –
and say: Amen.

May there be great peace from heaven,
and life for us and all Israel –
and say: Amen.

Bow, take three steps back, as if taking leave of the Divine Presence, then bow, first left, then right, then center, while saying:

May He who makes peace in His high places,
make peace for us and all Israel –
and say: Amen.

BAREKHI NAFSHI

The following psalms are said from the Shabbat after Simḥat Torah until (but not including) the Shabbat before Pesaḥ.

בָּרְכִי נַפְשִׁי Bless the Lord, my soul. Lord, my God, You are very great, *Ps. 104* clothed in majesty and splendor, wrapped in a robe of light. You have spread out the heavens like a tent. He has laid the beams of His lofts in the waters. He makes the clouds His chariot, riding on the wings of the wind. He makes

---

accords with the tradition that creation took place in the month of Tishrei, while the exodus took place in Nisan (*Rosh HaShana* 10b). The winter months therefore correspond to the period through which God was known through creation rather than redemption (the exodus) and revelation (the giving of the Torah at Mount Sinai).

Psalm 104: Together with the first chapter of Genesis and chapters 38–41 of the book of Job, this psalm is one of the supreme celebrations of creation

אבל: יִתְבָּרַךְ וְיִשְׁתַּבַּח וְיִתְפָּאַר

וְיִתְרוֹמַם וְיִתְנַשֵּׂא וְיִתְהַדָּר וְיִתְעַלֶּה וְיִתְהַלָּל

שְׁמֵהּ דְּקֻדְשָׁא בְּרִיךְ הוּא (קהל: בְּרִיךְ הוּא)

לְעֵלָּא מִן כָּל בִּרְכָתָא

/ בשבת שובה: לְעֵלָּא לְעֵלָּא מִכָּל בִּרְכָתָא/

וְשִׁירָתָא, תֻּשְׁבְּחָתָא וְנֶחֱמָתָא

דַּאֲמִירָן בְּעָלְמָא, וְאִמְרוּ אָמֵן. (קהל: אָמֵן)

יְהֵא שְׁלָמָא רַבָּא מִן שְׁמַיָּא

וְחַיִּים, עָלֵינוּ וְעַל כָּל יִשְׂרָאֵל, וְאִמְרוּ אָמֵן. (קהל: אָמֵן)

Bow, take three steps back, as if taking leave of the Divine Presence, then bow, first left, then right, then center, while saying:

עֹשֶׂה שָׁלוֹם/ בשבת שובה: הַשָּׁלוֹם/ בִּמְרוֹמָיו

הוּא יַעֲשֶׂה שָׁלוֹם עָלֵינוּ וְעַל כָּל יִשְׂרָאֵל, וְאִמְרוּ אָמֵן. (קהל: אָמֵן)

ברכי נפשי

The following psalms are said from שבת בראשית *until (but not including)* שבת הגדול.

תהלים קד בָּרְכִי נַפְשִׁי אֶת־יהוה, יהוה אֱלֹהַי גָּדַלְתָּ מְּאֹד, הוֹד וְהָדָר לָבָשְׁתָּ: עֹטֶה־אוֹר
כַּשַּׂלְמָה, נוֹטֶה שָׁמַיִם כַּיְרִיעָה: הַמְקָרֶה בַמַּיִם עֲלִיּוֹתָיו, הַשָּׂם־עָבִים רְכוּבוֹ,
הַמְהַלֵּךְ עַל־כַּנְפֵי־רוּחַ: עֹשֶׂה מַלְאָכָיו רוּחוֹת, מְשָׁרְתָיו אֵשׁ לֹהֵט: יָסַד־אֶרֶץ

BAREKHI NAFSHI / SHABBAT AFTERNOON PSALMS

Between afternoon and evening services, customs varied. Some communities recited Ethics of the Fathers throughout the year; others between Pesaḥ and Shavuot. Our custom is to do so between Pesaḥ and the Shabbat before Rosh HaShana. Between Shabbat Bereshit and the week before Pesaḥ we recite Psalm 104 and the fifteen psalms known as "Songs of Ascents." The connection between Shabbat Bereshit and Psalm 104 is that both are about creation. In general, the saying of these psalms during the winter months

the winds His messengers, flames of fire His ministers. He has fixed the earth on its foundations so that it will never be shaken. You covered it with the deep like a cloak; the waters stood above the mountains. At Your rebuke they fled; at the sound of Your thunder they rushed away, flowing over the hills, pouring down into the valleys to the place You appointed for them. You fixed a boundary they were not to pass, so that they would never cover the earth again. He makes springs flow in the valleys; they make their way between the hills, giving drink to all the beasts of the field; the wild donkeys quench their thirst. The birds of the sky dwell beside them, singing among the foliage. He waters the mountains from His lofts: the earth is sated with the fruit of Your work. He makes grass grow for the cattle, and plants for the use of man, that he may produce bread from the earth, wine to cheer the heart of man, oil to make the face shine, and bread to sustain man's heart. The trees of the Lord drink their fill, the cedars of Lebanon which He planted. There, birds build their nests; the stork makes its home in the cypresses. High hills are for the wild goats; crags are shelter for the badgers. He made the moon to mark the seasons, and makes the sun know when to set. You bring darkness and it is night; then all the beasts of the forests stir. The young lions roar for prey, seeking their food from God. When the sun rises, they slink away and seek rest in their lairs. Man goes out to his work and his labor until evening. How numerous are Your works, Lord; You made them all in wisdom; the earth is full of Your creations. There is the vast, immeasurable sea with its countless swarming creatures, living things great and small. There ships sail. There is Leviathan You formed to sport there. All of them look to You in hope, to give them their food when it is due. What You give them, they gather up. When You open Your hand, they are sated with good. When You hide Your face, they are dismayed. When You take away their breath, they die and return to dust. When You send back Your breath, they are created, giving new life to the earth. May the glory of the Lord be for ever; may the Lord rejoice in His works. When He looks at the earth, it trembles. When He touches the mountains, they pour forth smoke. I will sing to the Lord as long as I live; I will sing psalms to my God all my life. May my meditation be pleasing to Him; I shall rejoice in the Lord. May sinners vanish from the earth, and the wicked be no more. Bless the Lord, my soul. Halleluya!

He is close. He hears prayer. He attends to the human voice. This is the song of one at home in the world, awed by its beauty, trusting in the graciousness of existence as God's gift.

עַל־מְכוֹנֶיהָ, בַּל־תִּמּוֹט עוֹלָם וָעֶד: תְּהוֹם כַּלְּבוּשׁ כִּסִּיתוֹ, עַל־הָרִים יַעַמְדוּ־
מָיִם: מִן־גַּעֲרָתְךָ יְנוּסוּן, מִן־קוֹל רַעַמְךָ יֵחָפֵזוּן: יַעֲלוּ הָרִים, יֵרְדוּ בְקָעוֹת,
אֶל־מְקוֹם זֶה יָסַדְתָּ לָהֶם: גְּבוּל־שַׂמְתָּ בַּל־יַעֲבֹרוּן, בַּל־יְשׁוּבוּן לְכַסּוֹת הָאָרֶץ:
הַמְשַׁלֵּחַ מַעְיָנִים בַּנְּחָלִים, בֵּין הָרִים יְהַלֵּכוּן: יַשְׁקוּ כָּל־חַיְתוֹ שָׂדָי, יִשְׁבְּרוּ
פְרָאִים צְמָאָם: עֲלֵיהֶם עוֹף־הַשָּׁמַיִם יִשְׁכּוֹן, מִבֵּין עֳפָאיִם יִתְּנוּ־קוֹל: מַשְׁקֶה
הָרִים מֵעֲלִיּוֹתָיו, מִפְּרִי מַעֲשֶׂיךָ תִּשְׂבַּע הָאָרֶץ: מַצְמִיחַ חָצִיר לַבְּהֵמָה, וְעֵשֶׂב
לַעֲבֹדַת הָאָדָם, לְהוֹצִיא לֶחֶם מִן־הָאָרֶץ: וְיַיִן יְשַׂמַּח לְבַב־אֱנוֹשׁ, לְהַצְהִיל
פָּנִים מִשָּׁמֶן, וְלֶחֶם לְבַב־אֱנוֹשׁ יִסְעָד: יִשְׂבְּעוּ עֲצֵי יהוה, אַרְזֵי לְבָנוֹן אֲשֶׁר
נָטָע: אֲשֶׁר־שָׁם צִפֳּרִים יְקַנֵּנוּ, חֲסִידָה בְּרוֹשִׁים בֵּיתָהּ: הָרִים הַגְּבֹהִים לַיְּעֵלִים,
סְלָעִים מַחְסֶה לַשְׁפַנִּים: עָשָׂה יָרֵחַ לְמוֹעֲדִים, שֶׁמֶשׁ יָדַע מְבוֹאוֹ: תָּשֶׁת־חֹשֶׁךְ
וִיהִי לָיְלָה, בּוֹ־תִרְמֹשׂ כָּל־חַיְתוֹ־יָעַר: הַכְּפִירִים שֹׁאֲגִים לַטָּרֶף, וּלְבַקֵּשׁ מֵאֵל
אָכְלָם: תִּזְרַח הַשֶּׁמֶשׁ יֵאָסֵפוּן, וְאֶל־מְעוֹנֹתָם יִרְבָּצוּן: יֵצֵא אָדָם לְפָעֳלוֹ,
וְלַעֲבֹדָתוֹ עֲדֵי־עָרֶב: מָה־רַבּוּ מַעֲשֶׂיךָ יהוה, כֻּלָּם בְּחָכְמָה עָשִׂיתָ, מָלְאָה
הָאָרֶץ קִנְיָנֶךָ: זֶה הַיָּם גָּדוֹל וּרְחַב יָדָיִם, שָׁם־רֶמֶשׂ וְאֵין מִסְפָּר, חַיּוֹת קְטַנּוֹת
עִם־גְּדֹלוֹת: שָׁם אֳנִיּוֹת יְהַלֵּכוּן, לִוְיָתָן זֶה־יָצַרְתָּ לְשַׂחֶק־בּוֹ: כֻּלָּם אֵלֶיךָ יְשַׂבֵּרוּן,
לָתֵת אָכְלָם בְּעִתּוֹ: תִּתֵּן לָהֶם יִלְקֹטוּן, תִּפְתַּח יָדְךָ יִשְׂבְּעוּן טוֹב: תַּסְתִּיר
פָּנֶיךָ יִבָּהֵלוּן, תֹּסֵף רוּחָם יִגְוָעוּן, וְאֶל־עֲפָרָם יְשׁוּבוּן: תְּשַׁלַּח רוּחֲךָ יִבָּרֵאוּן,
וּתְחַדֵּשׁ פְּנֵי אֲדָמָה: יְהִי כְבוֹד יהוה לְעוֹלָם, יִשְׂמַח יהוה בְּמַעֲשָׂיו: הַמַּבִּיט
לָאָרֶץ וַתִּרְעָד, יִגַּע בֶּהָרִים וְיֶעֱשָׁנוּ: אָשִׁירָה לַיהוה בְּחַיָּי, אֲזַמְּרָה לֵאלֹהַי
בְּעוֹדִי: יֶעֱרַב עָלָיו שִׂיחִי, אָנֹכִי אֶשְׂמַח בַּיהוה: יִתַּמּוּ חַטָּאִים מִן־הָאָרֶץ,
וּרְשָׁעִים עוֹד אֵינָם, בָּרְכִי נַפְשִׁי אֶת־יהוה, הַלְלוּיָהּ:

---

in Tanakh. Note the profound difference between these religious texts and scientific cosmologies. They speak in poetry, not prose; they express wonder rather than causal explanation; and they testify to the goodness of the world and its Creator rather than to blind, indifferent forces. The account in Psalm 104 is consistent with that of Genesis 1, though it is structured differently because the Psalmist wishes to emphasize the beauty and grandeur of creation rather than the order in which it emerged. What emerges above all – signaled by both beginning and end, "Bless the Lord, my soul" – is the sense of the Psalmist that despite the vastness of the universe and the infinity of its Creator,

A song of ascents. I called to the LORD in my distress and He answered me. Ps. 120
"LORD, save my soul from lying lips, from a deceitful tongue." What will a deceitful tongue profit you? What will you gain? Only a warrior's sharp arrows, and hot coals of broom-wood. Woe to me that I dwell in Meshekh, that I live among the tents of Kedar. I have lived too long among those who hate peace. I am for peace, but whenever I speak of it, they are for war.

A song of ascents. I lift my eyes up to the hills; from where will my help Ps. 121
come? My help comes from the LORD, Maker of heaven and earth. He will not let your foot stumble; He who guards you does not slumber. See: the Guardian of Israel neither slumbers nor sleeps. The LORD is your Guardian; the LORD is your Shade at your right hand. The sun will not strike you by day, nor the moon by night. The LORD will guard you from all harm; He will guard your life. The LORD will guard your going and coming, now and for evermore.

A song of ascents. Of David. I rejoiced when they said to me, "Let us go to the Ps. 122
House of the LORD." Our feet stood within your gates, Jerusalem: Jerusalem built as a city joined together. There the tribes went up, the tribes of the LORD – as a testimony to Israel – to give thanks to the name of the LORD. For there the thrones of justice are set, the thrones of the house of David. Pray for the peace of Jerusalem: "May those who love you prosper. May there be peace within your ramparts, tranquility in your citadels." For the sake of my brothers and my friends, I shall say, "Peace be within you." For the sake of the House of the LORD our God, I shall seek your good.

1:29), a generic term for Arab tribes in the north of the Arabian peninsula. Though both were remote from Israel, they figure in the psalm as examples of warlike peoples.

Psalm 121: One of the great expressions of trust in God's protection, often recited in times of trouble. The Hebrew root *sh-m-r*, "guard, protect," appears six times in this short psalm.

Psalm 122: A song sung by pilgrims on the way to Jerusalem. The Hebrew is awash with alliterations on the *sh* sound – as in *sha'alu shelom Yerushalayim yishlayu* – echoing the sound of the second half of the name "Jerusalem," *shalayim*, related to *shalom*, "peace." Here, literary style mirrors substance: the gentle, soothing sounds evoke Jerusalem at peace.

תהלים קכ

שִׁיר הַמַּעֲלוֹת, אֶל־יהוה בַּצָּרָתָה לִּי, קָרָאתִי וַיַּעֲנֵנִי: יהוה הַצִּילָה נַפְשִׁי מִשְּׂפַת־שֶׁקֶר, מִלָּשׁוֹן רְמִיָּה: מַה־יִּתֵּן לְךָ וּמַה־יֹּסִיף לָךְ, לָשׁוֹן רְמִיָּה: חִצֵּי גִבּוֹר שְׁנוּנִים, עִם גַּחֲלֵי רְתָמִים: אוֹיָה־לִי כִּי־גַרְתִּי מֶשֶׁךְ, שָׁכַנְתִּי עִם־אָהֳלֵי קֵדָר: רַבַּת שָׁכְנָה־לָּהּ נַפְשִׁי, עִם שׂוֹנֵא שָׁלוֹם: אֲנִי־שָׁלוֹם וְכִי אֲדַבֵּר, הֵמָּה לַמִּלְחָמָה:

תהלים קכא

שִׁיר לַמַּעֲלוֹת, אֶשָּׂא עֵינַי אֶל־הֶהָרִים, מֵאַיִן יָבֹא עֶזְרִי: עֶזְרִי מֵעִם יהוה, עֹשֵׂה שָׁמַיִם וָאָרֶץ: אַל־יִתֵּן לַמּוֹט רַגְלֶךָ, אַל־יָנוּם שֹׁמְרֶךָ: הִנֵּה לֹא־יָנוּם וְלֹא יִישָׁן, שׁוֹמֵר יִשְׂרָאֵל: יהוה שֹׁמְרֶךָ, יהוה צִלְּךָ עַל־יַד יְמִינֶךָ: יוֹמָם הַשֶּׁמֶשׁ לֹא־יַכֶּכָּה, וְיָרֵחַ בַּלָּיְלָה: יהוה יִשְׁמָרְךָ מִכָּל־רָע, יִשְׁמֹר אֶת־נַפְשֶׁךָ: יהוה יִשְׁמָר־צֵאתְךָ וּבוֹאֶךָ, מֵעַתָּה וְעַד־עוֹלָם:

תהלים קכב

שִׁיר הַמַּעֲלוֹת לְדָוִד, שָׂמַחְתִּי בְּאֹמְרִים לִי בֵּית יהוה נֵלֵךְ: עֹמְדוֹת הָיוּ רַגְלֵינוּ, בִּשְׁעָרַיִךְ יְרוּשָׁלָםִ: יְרוּשָׁלַםִ הַבְּנוּיָה, כְּעִיר שֶׁחֻבְּרָה־לָּהּ יַחְדָּו: שֶׁשָּׁם עָלוּ שְׁבָטִים שִׁבְטֵי־יָהּ, עֵדוּת לְיִשְׂרָאֵל, לְהֹדוֹת לְשֵׁם יהוה: כִּי שָׁמָּה יָשְׁבוּ כִסְאוֹת לְמִשְׁפָּט, כִּסְאוֹת לְבֵית דָּוִד: שַׁאֲלוּ שְׁלוֹם יְרוּשָׁלָםִ, יִשְׁלָיוּ אֹהֲבָיִךְ: יְהִי־שָׁלוֹם בְּחֵילֵךְ, שַׁלְוָה בְּאַרְמְנוֹתָיִךְ: לְמַעַן אַחַי וְרֵעָי, אֲדַבְּרָה־נָּא שָׁלוֹם בָּךְ: לְמַעַן בֵּית־יהוה אֱלֹהֵינוּ, אֲבַקְשָׁה טוֹב לָךְ:

Psalms 120–134: A sequence of fifteen psalms, all bearing the heading "A song of ascents." The meaning of this phrase is debated. Some relate it to the fifteen steps in the Temple between the men's and women's courtyards, on which the Levites would stand and sing. Others suggest that they were songs sung by the exiles returning from Babylon to Israel (ascending to the holy land). Radak argues that they were said by pilgrims on the three Pilgrimage festivals on their ascent to Jerusalem. Meiri argues that it is a musical direction, meaning a song begun softly and continued with ever-increasing volume. Others speculate that it may be a reference to the particular poetical style in which these psalms are written, in which a repeated phrase serves as a rung on which the poem ascends toward its final theme.

Psalm 120: Meshekh: Descendants of Noah's son Japhet (Gen. 10:2) who lived near the Caspian Sea. Kedar: descendants of Ishmael (Gen. 25:12–13; 1 Chr.

A song of ascents. To You, enthroned in heaven, I lift my eyes. As the eyes of slaves turn to their master's hand, or the eyes of a slave-girl to the hand of her mistress, so our eyes are turned to the LORD our God, awaiting His favor. Show us favor, LORD, show us favor, for we have suffered more than enough contempt. Too long have we suffered the scorn of the complacent, the contempt of arrogant men. *Ps. 123*

A song of ascents. Of David. Had the LORD not been on our side – let Israel say it – had the LORD not been on our side when men rose up against us, they would have swallowed us alive when their anger raged against us. The waters would have engulfed us; the torrent would have swept over us; over us would have swept the raging waters. Blessed be the LORD who did not leave us as a prey for their teeth. We escaped like a bird from the fowler's trap; the trap broke and we escaped. Our help is in the name of the LORD, Maker of heaven and earth. *Ps. 124*

A song of ascents. Those who trust in the LORD are like Mount Zion that cannot be moved, that stands firm for ever. As hills surround Jerusalem so the LORD surrounds His people, now and forever. The scepter of the wicked shall not rest on the land allotted to the righteous, so that the righteous shall not set their hand to wrongdoing. Do good, LORD, to those who are good, to those who are upright in heart. As for those who turn aside to crooked ways, may the LORD make them go the way of evildoers. Peace be on Israel! *Ps. 125*

A song of ascents. When the LORD brought back the exiles of Zion we were like people who dream. Then were our mouths filled with laughter, and our tongues with songs of joy. Then was it said among the nations, "The LORD has done great things for them." The LORD did do great things for us and we rejoiced. Bring back our exiles, LORD, like streams in a dry land. May those who sowed in tears, reap in joy. May one who goes out weeping, carrying a bag of seed, come back with songs of joy, carrying his sheaves. *Ps. 126*

Psalm 126: The psalm sung as the song preceding *Birkat HaMazon* on Shabbat and festivals. Its interpretation is difficult because of the change of tenses from past (verses 1–3) to future (4–6). It may be entirely future-oriented, anticipating the ingathering of exiles and the restoration of national sovereignty, or it may be that the Psalmist prays for the future return of Jews to Zion by recalling events in the past. The current state of the people is compared in the last two verses to grain before the spring: though now it seems buried in the earth, it will eventually grow and yield a rich harvest.

תהלים קכג
שִׁיר הַמַּעֲלוֹת, אֵלֶיךָ נָשָׂאתִי אֶת־עֵינַי, הַיֹּשְׁבִי בַּשָּׁמָיִם: הִנֵּה כְעֵינֵי עֲבָדִים אֶל־יַד אֲדוֹנֵיהֶם, כְּעֵינֵי שִׁפְחָה אֶל־יַד גְּבִרְתָּהּ, כֵּן עֵינֵינוּ אֶל־יהוה אֱלֹהֵינוּ, עַד שֶׁיְּחָנֵּנוּ: חָנֵּנוּ יהוה חָנֵּנוּ, כִּי־רַב שָׂבַעְנוּ בוּז: רַבַּת שָׂבְעָה־לָּהּ נַפְשֵׁנוּ, הַלַּעַג הַשַּׁאֲנַנִּים, הַבּוּז לִגְאֵי יוֹנִים:

תהלים קכד
שִׁיר הַמַּעֲלוֹת לְדָוִד, לוּלֵי יהוה שֶׁהָיָה לָנוּ, יֹאמַר־נָא יִשְׂרָאֵל: לוּלֵי יהוה שֶׁהָיָה לָנוּ, בְּקוּם עָלֵינוּ אָדָם: אֲזַי חַיִּים בְּלָעוּנוּ, בַּחֲרוֹת אַפָּם בָּנוּ: אֲזַי הַמַּיִם שְׁטָפוּנוּ, נַחְלָה עָבַר עַל־נַפְשֵׁנוּ: אֲזַי עָבַר עַל־נַפְשֵׁנוּ, הַמַּיִם הַזֵּידוֹנִים: בָּרוּךְ יהוה, שֶׁלֹּא נְתָנָנוּ טֶרֶף לְשִׁנֵּיהֶם: נַפְשֵׁנוּ כְּצִפּוֹר נִמְלְטָה מִפַּח יוֹקְשִׁים, הַפַּח נִשְׁבָּר וַאֲנַחְנוּ נִמְלָטְנוּ: עֶזְרֵנוּ בְּשֵׁם יהוה, עֹשֵׂה שָׁמַיִם וָאָרֶץ:

תהלים קכה
שִׁיר הַמַּעֲלוֹת, הַבֹּטְחִים בַּיהוה, כְּהַר־צִיּוֹן לֹא־יִמּוֹט, לְעוֹלָם יֵשֵׁב: יְרוּשָׁלַםִ, הָרִים סָבִיב לָהּ, וַיהוה סָבִיב לְעַמּוֹ, מֵעַתָּה וְעַד־עוֹלָם: כִּי לֹא יָנוּחַ שֵׁבֶט הָרֶשַׁע עַל גּוֹרַל הַצַּדִּיקִים, לְמַעַן לֹא־יִשְׁלְחוּ הַצַּדִּיקִים בְּעַוְלָתָה יְדֵיהֶם: הֵיטִיבָה יהוה לַטּוֹבִים, וְלִישָׁרִים בְּלִבּוֹתָם: וְהַמַּטִּים עֲקַלְקַלּוֹתָם יוֹלִיכֵם יהוה אֶת־פֹּעֲלֵי הָאָוֶן, שָׁלוֹם עַל־יִשְׂרָאֵל:

תהלים קכו
שִׁיר הַמַּעֲלוֹת, בְּשׁוּב יהוה אֶת־שִׁיבַת צִיּוֹן, הָיִינוּ כְּחֹלְמִים: אָז יִמָּלֵא שְׂחוֹק פִּינוּ וּלְשׁוֹנֵנוּ רִנָּה, אָז יֹאמְרוּ בַגּוֹיִם הִגְדִּיל יהוה לַעֲשׂוֹת עִם־אֵלֶּה: הִגְדִּיל יהוה לַעֲשׂוֹת עִמָּנוּ, הָיִינוּ שְׂמֵחִים: שׁוּבָה יהוה אֶת־שְׁבִיתֵנוּ, כַּאֲפִיקִים בַּנֶּגֶב: הַזֹּרְעִים בְּדִמְעָה בְּרִנָּה יִקְצֹרוּ: הָלוֹךְ יֵלֵךְ וּבָכֹה נֹשֵׂא מֶשֶׁךְ־הַזָּרַע, בֹּא־יָבֹא בְרִנָּה נֹשֵׂא אֲלֻמֹּתָיו:

Psalm 124: A psalm of thanksgiving for deliverance, using – as often in Psalms – a rapid succession of different images: the people have been in danger of being swallowed, swept away as if in a flood, a prey to the enemy's teeth, captured in a hunter's trap. The images do not coalesce into a single metaphor. Rather, they combine to express a mood; in this case, the sense of sudden release from danger.

Psalm 125: A prayer expressing trust in God, likening divine protection to the hills that surround Jerusalem. The final phrase, "Peace be on Israel," became popular in later times and is found as part of the mosaic in the Byzantine synagogue of Jericho (sixth century CE).

A song of ascents. Of Solomon. Unless the LORD builds the house, its builders labor in vain. Unless the LORD guards the city, in vain does the guard keep watch. In vain do you rise early and go late to rest, toiling for the bread you eat. He provides for His loved ones while they sleep. Children are a heritage from the LORD; the fruit of the womb, His reward. Like arrows in the hand of a warrior are the sons of one's youth. Happy is the man who fills his quiver with them; they shall not be put to shame when they contend with the enemy at the gate. *Ps. 127*

A song of ascents. Happy are all who fear the LORD, who walk in His ways. When you eat the fruit of your labor, happy and fortunate are you. Your wife shall be like a fruitful vine within your house; your sons like olive saplings around your table. So shall the man who fears the LORD be blessed. May the LORD bless you from Zion; may you see the good of Jerusalem all the days of your life; and may you live to see your children's children. Peace be on Israel! *Ps. 128*

A song of ascents. Often since I was young I have been attacked – let Israel now say – often since I was young I have been attacked, but never have my attackers prevailed. Ploughmen ploughed across my back, making long furrows. But the LORD is just; He has cut the bonds of the wicked. Let all who hate Zion be driven back in shame. Let them be like the grass on roofs that fades before it can be pulled up. It will never fill a reaper's hand nor yield an armful for the gatherer of sheaves. No passersby will say to them: "The LORD's blessing be upon you. We bless you in the name of the LORD." *Ps. 129*

A song of ascents. From the depths I have called to You, O LORD. LORD, hear my voice; let Your ears be attentive to my plea. If You, LORD, should keep account of sins, O LORD, who could stand? But with You there is forgiveness, that You may be held in awe. I wait for the LORD, my soul waits, and in His word I put my hope. My soul waits for the LORD more than watchmen wait for the morning, more than watchmen wait for the morning. Israel, put your hope in the LORD, for with the LORD there is loving-kindness, and great is His power to redeem. It is He who will redeem Israel from all their sins. *Ps. 130*

A song of ascents. By David. LORD, my heart is not proud, nor are my eyes haughty. I do not busy myself with great affairs or with things beyond me. But I have made my soul still and quiet, like a weaned child with its mother; like a weaned child is my soul within me. Israel, put your hope in the LORD, now and for evermore. *Ps. 131*

תהלים קכז שִׁיר הַמַּעֲלוֹת לִשְׁלֹמֹה, אִם־יהוה לֹא־יִבְנֶה בַיִת, שָׁוְא עָמְלוּ בוֹנָיו בּוֹ, אִם־יהוה לֹא־יִשְׁמָר־עִיר, שָׁוְא שָׁקַד שׁוֹמֵר: שָׁוְא לָכֶם מַשְׁכִּימֵי קוּם מְאַחֲרֵי־שֶׁבֶת, אֹכְלֵי לֶחֶם הָעֲצָבִים, כֵּן יִתֵּן לִידִידוֹ שֵׁנָא: הִנֵּה נַחֲלַת יהוה בָּנִים, שָׂכָר פְּרִי הַבָּטֶן: כְּחִצִּים בְּיַד־גִּבּוֹר כֵּן בְּנֵי הַנְּעוּרִים: אַשְׁרֵי הַגֶּבֶר אֲשֶׁר מִלֵּא אֶת־אַשְׁפָּתוֹ מֵהֶם, לֹא־יֵבֹשׁוּ כִּי־יְדַבְּרוּ אֶת־אוֹיְבִים בַּשָּׁעַר:

תהלים קכח שִׁיר הַמַּעֲלוֹת, אַשְׁרֵי כָּל־יְרֵא יהוה, הַהֹלֵךְ בִּדְרָכָיו: יְגִיעַ כַּפֶּיךָ כִּי תֹאכֵל, אַשְׁרֶיךָ וְטוֹב לָךְ: אֶשְׁתְּךָ כְּגֶפֶן פֹּרִיָּה בְּיַרְכְּתֵי בֵיתֶךָ, בָּנֶיךָ כִּשְׁתִלֵי זֵיתִים, סָבִיב לְשֻׁלְחָנֶךָ: הִנֵּה כִי־כֵן יְבֹרַךְ גָּבֶר יְרֵא יהוה: יְבָרֶכְךָ יהוה מִצִּיּוֹן, וּרְאֵה בְּטוּב יְרוּשָׁלָםִ, כֹּל יְמֵי חַיֶּיךָ: וּרְאֵה־בָנִים לְבָנֶיךָ, שָׁלוֹם עַל־יִשְׂרָאֵל:

תהלים קכט שִׁיר הַמַּעֲלוֹת, רַבַּת צְרָרוּנִי מִנְּעוּרָי, יֹאמַר־נָא יִשְׂרָאֵל: רַבַּת צְרָרוּנִי מִנְּעוּרָי, גַּם לֹא־יָכְלוּ לִי: עַל־גַּבִּי חָרְשׁוּ חֹרְשִׁים, הֶאֱרִיכוּ לְמַעֲנִיתָם: יהוה צַדִּיק, קִצֵּץ עֲבוֹת רְשָׁעִים: יֵבֹשׁוּ וְיִסֹּגוּ אָחוֹר כֹּל שֹׂנְאֵי צִיּוֹן: יִהְיוּ כַּחֲצִיר גַּגּוֹת שֶׁקַּדְמַת שָׁלַף יָבֵשׁ: שֶׁלֹּא מִלֵּא כַפּוֹ קוֹצֵר, וְחִצְנוֹ מְעַמֵּר: וְלֹא אָמְרוּ הָעֹבְרִים, בִּרְכַּת־יהוה אֲלֵיכֶם, בֵּרַכְנוּ אֶתְכֶם בְּשֵׁם יהוה:

תהלים קל שִׁיר הַמַּעֲלוֹת, מִמַּעֲמַקִּים קְרָאתִיךָ יהוה: אֲדֹנָי שִׁמְעָה בְקוֹלִי, תִּהְיֶינָה אָזְנֶיךָ קַשֻּׁבוֹת לְקוֹל תַּחֲנוּנָי: אִם־עֲוֺנוֹת תִּשְׁמָר־יָהּ, אֲדֹנָי מִי יַעֲמֹד: כִּי־עִמְּךָ הַסְּלִיחָה, לְמַעַן תִּוָּרֵא: קִוִּיתִי יהוה קִוְּתָה נַפְשִׁי, וְלִדְבָרוֹ הוֹחָלְתִּי: נַפְשִׁי לַאדֹנָי, מִשֹּׁמְרִים לַבֹּקֶר, שֹׁמְרִים לַבֹּקֶר: יַחֵל יִשְׂרָאֵל אֶל־יהוה, כִּי־עִם־יהוה הַחֶסֶד, וְהַרְבֵּה עִמּוֹ פְדוּת: וְהוּא יִפְדֶּה אֶת־יִשְׂרָאֵל, מִכֹּל עֲוֺנֹתָיו:

תהלים קלא שִׁיר הַמַּעֲלוֹת לְדָוִד, יהוה לֹא־גָבַהּ לִבִּי, וְלֹא־רָמוּ עֵינַי, וְלֹא־הִלַּכְתִּי בִּגְדֹלוֹת וּבְנִפְלָאוֹת מִמֶּנִּי: אִם־לֹא שִׁוִּיתִי וְדוֹמַמְתִּי נַפְשִׁי, כְּגָמֻל עֲלֵי אִמּוֹ, כַּגָּמֻל עָלַי נַפְשִׁי: יַחֵל יִשְׂרָאֵל אֶל־יהוה, מֵעַתָּה וְעַד־עוֹלָם:

Psalm 130: A penitential psalm, recited during the Ten Days of Repentance. מִמַּעֲמַקִּים *From the depths:* a graphic phrase, signaling closeness to despair or death, used in only one other psalm (Ps. 69). כִּי־עִמְּךָ הַסְּלִיחָה *With You there is forgiveness:* the Psalmist makes the powerful, paradoxical point that God is to be held in awe not because He punishes but because He forgives.

A song of ascents. Lord, remember David and all the hardship he endured. *Ps. 132*
He swore an oath to the Lord and made a vow to the Mighty One of Jacob: "I will not enter my house, nor go to bed; I will not give sleep to my eyes or slumber to my eyelids, until I find a place for the Lord, a dwelling for the Mighty One of Jacob." We heard of it in Efrat, we found it in the fields of Yaar. Let us enter His dwelling, worship at His footstool. Advance, Lord, to Your resting place, You and Your mighty Ark. Your priests are robed in righteousness; Your devoted ones sing for joy. For the sake of Your servant David, do not reject Your anointed one. The Lord swore to David a firm oath that He will not revoke: "One of your own descendants I will set upon your throne. If your sons keep My covenant and My decrees that I teach them, then their sons shall sit upon your throne for all time." For the Lord has chosen Zion; He desired it for His home. This is My resting place for all time; here I will dwell, for that is My desire. I will amply bless its store of food; its poor I will satisfy with bread. I will clothe its priests with salvation; its loyal ones shall sing for joy. There I will make David's dynasty flourish; I will prepare a lamp for My anointed one. I will clothe his enemies with shame, but on him will be a shining crown.

A song of ascents. By David. How good and pleasant it is when brothers dwell *Ps. 133*
together. It is like fragrant oil on the head, running down onto the beard, Aaron's beard, that runs down over the collar of his robes. It is like the dew of Hermon that falls on the mountains of Zion. There the Lord bestows His blessing, life for evermore.

A song of ascents. Come, bless the Lord, all you servants of the Lord, who *Ps. 134*
nightly stand in the House of the Lord. Lift up your hands toward the Sanctuary and bless the Lord. May the Lord, Maker of heaven and earth, bless you from Zion!

Priest, anointing oil was poured over his head (Ex. 29:7). Mount Hermon, in the north, was the highest mountain in Israel. Both images, of oil on the priest's head and dew on the mountain, are metaphors of plenitude.

Psalm 134: The last of the Psalms of Ascents brings the sequence to a close by calling on the people to bless God, and God to bless the people. The juxtaposition in the last verse, of "heaven and earth" and Zion, encapsulates the two dimensions of Judaism – the universal and the particular. God is everywhere, but it is in Zion that His Presence is most apparent.

שִׁיר הַמַּעֲלוֹת, זְכוֹר־יהוה לְדָוִד אֵת כָּל־עֻנּוֹתוֹ: אֲשֶׁר נִשְׁבַּע לַיהוה, נָדַר תהלים קלב
לַאֲבִיר יַעֲקֹב: אִם־אָבֹא בְּאֹהֶל בֵּיתִי, אִם־אֶעֱלֶה עַל־עֶרֶשׂ יְצוּעָי: אִם־אֶתֵּן
שְׁנָת לְעֵינָי, לְעַפְעַפַּי תְּנוּמָה: עַד־אֶמְצָא מָקוֹם לַיהוה, מִשְׁכָּנוֹת לַאֲבִיר
יַעֲקֹב: הִנֵּה־שְׁמַעֲנוּהָ בְאֶפְרָתָה, מְצָאנוּהָ בִּשְׂדֵי־יָעַר: נָבוֹאָה לְמִשְׁכְּנוֹתָיו,
נִשְׁתַּחֲוֶה לַהֲדֹם רַגְלָיו: קוּמָה יהוה לִמְנוּחָתֶךָ, אַתָּה וַאֲרוֹן עֻזֶּךָ: כֹּהֲנֶיךָ
יִלְבְּשׁוּ־צֶדֶק, וַחֲסִידֶיךָ יְרַנֵּנוּ: בַּעֲבוּר דָּוִד עַבְדֶּךָ, אַל־תָּשֵׁב פְּנֵי מְשִׁיחֶךָ:
נִשְׁבַּע־יהוה לְדָוִד, אֱמֶת לֹא־יָשׁוּב מִמֶּנָּה, מִפְּרִי בִטְנְךָ אָשִׁית לְכִסֵּא־לָךְ:
אִם־יִשְׁמְרוּ בָנֶיךָ בְּרִיתִי, וְעֵדֹתִי זוֹ אֲלַמְּדֵם, גַּם־בְּנֵיהֶם עֲדֵי־עַד, יֵשְׁבוּ לְכִסֵּא־
לָךְ: כִּי־בָחַר יהוה בְּצִיּוֹן, אִוָּהּ לְמוֹשָׁב לוֹ: זֹאת־מְנוּחָתִי עֲדֵי־עַד, פֹּה אֵשֵׁב
כִּי אִוִּתִיהָ: צֵידָהּ בָּרֵךְ אֲבָרֵךְ, אֶבְיוֹנֶיהָ אַשְׂבִּיעַ לָחֶם: וְכֹהֲנֶיהָ אַלְבִּישׁ יֶשַׁע,
וַחֲסִידֶיהָ רַנֵּן יְרַנֵּנוּ: שָׁם אַצְמִיחַ קֶרֶן לְדָוִד, עָרַכְתִּי נֵר לִמְשִׁיחִי: אוֹיְבָיו
אַלְבִּישׁ בֹּשֶׁת, וְעָלָיו יָצִיץ נִזְרוֹ:

שִׁיר הַמַּעֲלוֹת לְדָוִד, הִנֵּה מַה־טּוֹב וּמַה־נָּעִים, שֶׁבֶת אַחִים גַּם־יָחַד: תהלים קלג
כַּשֶּׁמֶן הַטּוֹב עַל־הָרֹאשׁ, יֹרֵד עַל־הַזָּקָן, זְקַן־אַהֲרֹן שֶׁיֹּרֵד עַל־פִּי מִדּוֹתָיו:
כְּטַל־חֶרְמוֹן שֶׁיֹּרֵד עַל־הַרְרֵי צִיּוֹן, כִּי שָׁם צִוָּה יהוה אֶת־הַבְּרָכָה, חַיִּים
עַד־הָעוֹלָם:

שִׁיר הַמַּעֲלוֹת, הִנֵּה בָּרְכוּ אֶת־יהוה כָּל־עַבְדֵי יהוה, הָעֹמְדִים בְּבֵית־יהוה תהלים קלד
בַּלֵּילוֹת: שְׂאוּ־יְדֵכֶם קֹדֶשׁ, וּבָרְכוּ אֶת־יהוה: יְבָרֶכְךָ יהוה מִצִּיּוֹן, עֹשֵׂה
שָׁמַיִם וָאָרֶץ:

Psalm 132: A psalm about the Temple and its priests. The first five verses describe David's determination to build a House for God: "Here I am living in a house of cedar, while the Ark of the Lord is housed in a tent" (II Sam. 7:2). Verses 10–12 describe God's promise to David that the monarchy would be an eternal gift to his descendants: "Your family and your kingdom will be established for ever in My sight; your throne will endure for all time" (II Sam. 7:16).

Psalm 133: A short poem on the blessing of harmony between brothers – possibly a reference to the divided kingdom, Israel in the north, Judah in the south, with a hope for their reunification. When Aaron was ordained as High

ETHICS OF THE FATHERS

One of the following chapters is read each Shabbat after Pesaḥ until the Shabbat before Rosh HaShana. On the last three Shabbatot before Rosh HaShana, two chapters are read.

All Israel have a share in the World to Come, as it is said: *Sanhedrin 90a*
"Your people are all righteous; they shall inherit the land for ever; *Is. 60*
they are a shoot of My own planting,
a work of My own hands, that I may be glorified."

CHAPTER I

1. Moses received the Torah at Sinai and handed it on to Yehoshua; Yehoshua to the elders; the elders to the prophets; and the prophets handed it on to the men of the Great Assembly. They (the men of the Great Assembly) said three things: Be careful in judgment; raise up many disciples; and make a fence for the Torah.
2. Shimon the Just was one of the last survivors of the Great Assembly. He used to say: On three things the world stands: on the Torah, on divine worship, and on acts of loving-kindness.

---

grammatic, and at times even cryptic. The first two chapters are organized chronologically; chapters three and four are collections of sayings; chapter five records teachings whose common feature is that they are associated with numerical lists; and the sixth is a hymn of praise to the life of Torah and the virtues it requires.

No finer account exists of the way of life epitomized by the sages, which was quiet, scholarly, profoundly driven by a sense of justice and integrity, skeptical of politics and politicians, and dedicated to the life of the mind and to the spiritual drama of study as the highest connection between the mind of man and the will of God.

CHAPTER 1

1:1. *The elders:* Leaders of the people in the days of the Judges (see Judges 2:7). *Men of the Great Assembly:* a council of the sages convened by Ezra or shortly thereafter, during the Second Temple period. *Make a fence:* Rabbinic enactments designed to safeguard Torah observance.

פרקי אבות

One of the following chapters is read each שבת *after* פסח *until the* שבת *before* ראש השנה*. On the last three* שבתות *before* ראש השנה*, two chapters are read.*

כָּל יִשְׂרָאֵל יֵשׁ לָהֶם חֵלֶק לָעוֹלָם הַבָּא. שֶׁנֶּאֱמַר: סנהדרין צ.
וְעַמֵּךְ כֻּלָּם צַדִּיקִים, לְעוֹלָם יִירְשׁוּ אָֽרֶץ ישעיה ס
נֵֽצֶר מַטָּעַי, מַעֲשֵׂה יָדַי לְהִתְפָּאֵר:

פרק ראשון

א מֹשֶׁה קִבֵּל תּוֹרָה מִסִּינַי וּמְסָרָהּ לִיהוֹשֻׁעַ, וִיהוֹשֻׁעַ לִזְקֵנִים, וּזְקֵנִים לִנְבִיאִים, וּנְבִיאִים מְסָרוּהָ לְאַנְשֵׁי כְנֶסֶת הַגְּדוֹלָה. הֵם אָמְרוּ שְׁלֹשָׁה דְבָרִים: הֱווּ מְתוּנִים בַּדִּין, וְהַעֲמִידוּ תַלְמִידִים הַרְבֵּה, וַעֲשׂוּ סְיָג לַתּוֹרָה.

ב שִׁמְעוֹן הַצַּדִּיק הָיָה מִשְּׁיָרֵי כְנֶסֶת הַגְּדוֹלָה. הוּא הָיָה אוֹמֵר: עַל שְׁלֹשָׁה דְבָרִים הָעוֹלָם עוֹמֵד, עַל הַתּוֹרָה, וְעַל הָעֲבוֹדָה, וְעַל גְּמִילוּת חֲסָדִים.

ETHICS OF THE FATHERS

Ethics of the Fathers (*Pirkei Avot*) is the name given to the tractate of the Mishna that gathers together many of the ethical teachings of the sages. The word *Avot* may mean "fundamental principles," however it is more likely to mean "the fathers" of the oral tradition, the teachers of the Mishna and their predecessors. To the five chapters of the Mishna was added a sixth, not itself part of the Mishna but a later addition, similar in style and content. The need for such an addition arose in circles where the custom was to study one chapter each week during the six Shabbatot between Pesaḥ and Shavuot. It is our custom, however, to study *Avot* from Pesaḥ until the Shabbat before Rosh HaShana.

The tractate begins by tracing the unbroken continuity of the Oral Law from Moses to the sages. Interestingly, the sages traced their provenance to the prophets rather than the priests, who go unmentioned in the chain of succession.

The tractate ranges widely over matters of belief and conduct, but its primary concern is to set out values and virtues of a life dedicated to the study and practice of Torah. Its style is aphoristic; its statements brief, epi-

3. Antigonos of Sokho received [the Torah tradition] from Shimon the Just. He used to say: Do not be like servants who serve their master on condition of receiving a reward, but be like servants who serve their master not on condition of receiving a reward; and let the fear of Heaven be upon you.

4. Yose ben Yo'ezer of Zereda and Yose ben Yoḥanan of Jerusalem received [the tradition] from them. Yose ben Yo'ezer of Zereda used to say: Let your house be a meeting place for sages; sit in the dust at their feet, and with thirst, drink in their words.

5. Yose ben Yoḥanan of Jerusalem used to say: Let your house be open wide; let the poor join the members of your household; and do not gossip inordinately with women. This was said about one's own wife; all the more so does it apply to another man's wife. Hence the sages say: a man who talks too much with a woman brings trouble on himself, neglects the study of Torah, and in the end will inherit Gehinnom.

6. Yehoshua ben Peraḥya and Nittai the Arbelite received [the tradition] from them. Yehoshua ben Peraḥya used to say: Get yourself a teacher, acquire a companion, and give everyone the benefit of the doubt.

7. Nittai the Arbelite used to say: Keep far from a bad neighbor, do not associate with a bad person, and do not despair of divine retribution.

8. Yehuda ben Tabbai and Shimon ben Shataḥ received [the tradition] from them. Yehuda ben Tabbai used to say: [When sitting as a judge] do not act as an advocate; when the parties to a lawsuit appear before you, regard them both as guilty; but when they leave you, having accepted the verdict, regard them both as innocent.

9. Shimon ben Shataḥ used to say: Examine the witnesses thoroughly, and be careful in your words, lest through them they learn how to lie.

10. Shemaya and Avtalyon received [the tradition] from them. Shemaya used to say: Love work, hate public office, and do not become too intimate with the ruling power.

11. Avtalyon used to say: sages, be careful in what you say, lest you incur the penalty of exile and find yourself banished to a place of evil waters, where your disciples who follow you may drink from them and die, with the result that the name of Heaven will be profaned.

---

verdict has been delivered and accepted, there must be no ill-will on either side.

ג אַנְטִיגְנוֹס אִישׁ סוֹכוֹ קִבֵּל מִשִּׁמְעוֹן הַצַּדִּיק. הוּא הָיָה אוֹמֵר: אַל תִּהְיוּ כַּעֲבָדִים הַמְשַׁמְּשִׁים אֶת הָרַב עַל מְנָת לְקַבֵּל פְּרָס, אֶלָּא הֱווּ כַּעֲבָדִים הַמְשַׁמְּשִׁים אֶת הָרַב שֶׁלֹּא עַל מְנָת לְקַבֵּל פְּרָס, וִיהִי מוֹרָא שָׁמַיִם עֲלֵיכֶם.

ד יוֹסֵי בֶּן יוֹעֶזֶר אִישׁ צְרֵדָה וְיוֹסֵי בֶּן יוֹחָנָן אִישׁ יְרוּשָׁלַיִם קִבְּלוּ מֵהֶם. יוֹסֵי בֶּן יוֹעֶזֶר אִישׁ צְרֵדָה אוֹמֵר: יְהִי בֵיתְךָ בֵּית וַעַד לַחֲכָמִים, וֶהֱוֵי מִתְאַבֵּק בַּעֲפַר רַגְלֵיהֶם, וֶהֱוֵי שׁוֹתֶה בַצָּמָא אֶת דִּבְרֵיהֶם.

ה יוֹסֵי בֶּן יוֹחָנָן אִישׁ יְרוּשָׁלַיִם אוֹמֵר: יְהִי בֵיתְךָ פָּתוּחַ לִרְוָחָה, וְיִהְיוּ עֲנִיִּים בְּנֵי בֵיתֶךָ, וְאַל תַּרְבֶּה שִׂיחָה עִם הָאִשָּׁה. בְּאִשְׁתּוֹ אָמְרוּ, קַל וָחֹמֶר בְּאֵשֶׁת חֲבֵרוֹ. מִכָּאן אָמְרוּ חֲכָמִים: כָּל הַמַּרְבֶּה שִׂיחָה עִם הָאִשָּׁה, גּוֹרֵם רָעָה לְעַצְמוֹ, וּבוֹטֵל מִדִּבְרֵי תוֹרָה, וְסוֹפוֹ יוֹרֵשׁ גֵּיהִנֹּם.

ו יְהוֹשֻׁעַ בֶּן פְּרַחְיָה וְנִתַּאי הָאַרְבֵּלִי קִבְּלוּ מֵהֶם. יְהוֹשֻׁעַ בֶּן פְּרַחְיָה אוֹמֵר: עֲשֵׂה לְךָ רַב, וּקְנֵה לְךָ חָבֵר, וֶהֱוֵי דָן אֶת כָּל הָאָדָם לְכַף זְכוּת.

ז נִתַּאי הָאַרְבֵּלִי אוֹמֵר: הַרְחֵק מִשָּׁכֵן רָע, וְאַל תִּתְחַבֵּר לָרָשָׁע, וְאַל תִּתְיָאֵשׁ מִן הַפֻּרְעָנוּת.

ח יְהוּדָה בֶּן טַבַּאי וְשִׁמְעוֹן בֶּן שָׁטָח קִבְּלוּ מֵהֶם. יְהוּדָה בֶּן טַבַּאי אוֹמֵר: אַל תַּעַשׂ עַצְמְךָ כְּעוֹרְכֵי הַדַּיָּנִין, וּכְשֶׁיִּהְיוּ בַּעֲלֵי הַדִּין עוֹמְדִים לְפָנֶיךָ יִהְיוּ בְעֵינֶיךָ כִּרְשָׁעִים, וּכְשֶׁנִּפְטָרִים מִלְּפָנֶיךָ יִהְיוּ בְעֵינֶיךָ כְּזַכָּאִין, כְּשֶׁקִּבְּלוּ עֲלֵיהֶם אֶת הַדִּין.

ט שִׁמְעוֹן בֶּן שָׁטָח אוֹמֵר: הֱוֵי מַרְבֶּה לַחְקֹר אֶת הָעֵדִים, וֶהֱוֵי זָהִיר בִּדְבָרֶיךָ, שֶׁמָּא מִתּוֹכָם יִלְמְדוּ לְשַׁקֵּר.

י שְׁמַעְיָה וְאַבְטַלְיוֹן קִבְּלוּ מֵהֶם. שְׁמַעְיָה אוֹמֵר: אֱהֹב אֶת הַמְּלָאכָה, וּשְׂנָא אֶת הָרַבָּנוּת, וְאַל תִּתְוַדַּע לָרָשׁוּת.

יא אַבְטַלְיוֹן אוֹמֵר: חֲכָמִים הִזָּהֲרוּ בְדִבְרֵיכֶם, שֶׁמָּא תָחוּבוּ חוֹבַת גָּלוּת, וְתִגְלוּ לִמְקוֹם מַיִם הָרָעִים, וְיִשְׁתּוּ הַתַּלְמִידִים הַבָּאִים אַחֲרֵיכֶם וְיָמוּתוּ, וְנִמְצָא שֵׁם שָׁמַיִם מִתְחַלֵּל.

1:8. *Do not act as an advocate:* A judge must maintain strict neutrality. While the case is being heard, the judge must exercise proper skepticism. Once the

12. Hillel and Shammai received [the tradition] from them. Hillel said: Be among the disciples of Aaron, loving peace and pursuing peace, loving people and drawing them close to the Torah.

13. He used to say: A name made great is a name destroyed. He who does not increase [his knowledge] loses it. He who does not study deserves to die, and he who makes worldly use of the crown [of Torah] passes away.

14. He used to say: If I am not for myself, who will be for me? And if I am only for myself, what am I? And if not now, when?

15. Shammai used to say: Make your Torah study a fixed habit. Say little and do much; and greet everyone cheerfully.

16. Rabban Gamliel used to say: Get yourself a teacher, avoid doubt, and do not make a habit of giving tithes by guessing.

17. Shimon, his son, used to say: All my life I grew up among sages and I found that nothing is better for a person than silence. Not learning but doing is the main thing; and one who talks too much causes sin.

18. Rabban Shimon ben Gamliel used to say: On three things does the world stand – on truth, justice and peace, as it is said, "Administer truth and the judgment of peace in your gates." *Zech. 8*

Rabbi Ḥananya ben Akashya said: The Holy One, blessed be He, wanted to confer merit on Israel. That is why He gave them a copious Torah and many commandments, as it is said, "It pleased the Lord, for the sake of [Israel's] righteousness, to make the Torah great and glorious." *Makkot 23b* *Is. 42*

If there is a minyan, mourners say the Rabbis' Kaddish (page 762).

* * *

---

away from situations in which you are called on to make a decision when the facts are unclear.

Rabbi Ḥananya ben Akashya: This paragraph is not part of the *Pirkei Avot* but a liturgical addition. According to Maimonides, its implication is that "It is a fundamental principle of Jewish faith that if a person fulfills even one of the 613 mitzvot fully and properly, without ulterior motive but simply for its own sake and out of love, he merits a share in the World to Come. Therefore Rabbi Ḥananya teaches that there are so many mitzvot that it is impossible that a person should not have fulfilled at least one in the course of a lifetime, and thereby merits eternal life" (commentary on the Mishna *Makkot* 3:17). The statement of Rabbi Ḥananya thus complements the teaching recited at the beginning, that "All Israel have a share in the World to Come."

יב הִלֵּל וְשַׁמַּאי קִבְּלוּ מֵהֶם. הִלֵּל אוֹמֵר: הֱוֵי מִתַּלְמִידָיו שֶׁל אַהֲרֹן, אוֹהֵב שָׁלוֹם וְרוֹדֵף שָׁלוֹם, אוֹהֵב אֶת הַבְּרִיּוֹת וּמְקָרְבָן לַתּוֹרָה.

יג הוּא הָיָה אוֹמֵר: נְגַד שְׁמָא אֲבַד שְׁמֵהּ, וּדְלָא מוֹסִיף יָסוּף, וּדְלָא יָלֵיף קְטָלָא חַיָּב, וּדְאִשְׁתַּמַּשׁ בְּתָגָא חֲלָף.

יד הוּא הָיָה אוֹמֵר: אִם אֵין אֲנִי לִי מִי לִי, וּכְשֶׁאֲנִי לְעַצְמִי מָה אֲנִי, וְאִם לֹא עַכְשָׁו אֵימָתָי.

טו שַׁמַּאי אוֹמֵר: עֲשֵׂה תוֹרָתְךָ קֶבַע, אֱמֹר מְעַט וַעֲשֵׂה הַרְבֵּה, וֶהֱוֵי מְקַבֵּל אֶת כָּל הָאָדָם בְּסֵבֶר פָּנִים יָפוֹת.

טז רַבָּן גַּמְלִיאֵל אוֹמֵר: עֲשֵׂה לְךָ רַב, וְהִסְתַּלֵּק מִן הַסָּפֵק, וְאַל תַּרְבֶּה לְעַשֵּׂר אֻמָּדוֹת.

יז שִׁמְעוֹן בְּנוֹ אוֹמֵר: כָּל יָמַי גָּדַלְתִּי בֵּין הַחֲכָמִים, וְלֹא מָצָאתִי לַגּוּף טוֹב מִשְּׁתִיקָה, וְלֹא הַמִּדְרָשׁ עִקָּר אֶלָּא הַמַּעֲשֶׂה, וְכָל הַמַּרְבֶּה דְבָרִים מֵבִיא חֵטְא.

יח רַבָּן שִׁמְעוֹן בֶּן גַּמְלִיאֵל אוֹמֵר: עַל שְׁלֹשָׁה דְבָרִים הָעוֹלָם קַיָּם, עַל הַדִּין, וְעַל הָאֱמֶת, וְעַל הַשָּׁלוֹם. שֶׁנֶּאֱמַר: אֱמֶת וּמִשְׁפַּט שָׁלוֹם שִׁפְטוּ בְּשַׁעֲרֵיכֶם: זכריה ח

רַבִּי חֲנַנְיָא בֶּן עֲקַשְׁיָא אוֹמֵר: רָצָה הַקָּדוֹשׁ בָּרוּךְ הוּא לְזַכּוֹת אֶת יִשְׂרָאֵל, לְפִיכָךְ מכות כג:
הִרְבָּה לָהֶם תּוֹרָה וּמִצְוֹת. שֶׁנֶּאֱמַר: יהוה חָפֵץ לְמַעַן צִדְקוֹ, יַגְדִּיל תּוֹרָה וְיַאְדִּיר: ישעיה מב

If there is a מנין, *mourners say* קדיש דרבנן *(page 763).*

* * *

1:13. *A name made great:* Those who take pride in fame will eventually lose it. *He who does not study:* life is learning, and learning is life. *He who makes worldly use of the crown:* Torah scholarship must never be used for personal advantage. It is for us to honor the Torah, and not use the Torah to honor ourselves.

1:14. *If I am not for myself:* A succinct summary of Judaism's philosophy of personal responsibility combined with social responsibility. *If not now:* a moment of opportunity, unseized, may never come again.

1:16. *Get yourself a teacher:* As with Yehoshua ben Perahya's teaching (above, 1:6), the emphasis is on the choice of one particular teacher as primary mentor and role model. Scholarship depends on discipleship. *Avoid doubt:* keep

All Israel have a share in the World to Come, as it is said: *Sanhedrin 90a*
"Your people are all righteous; they shall inherit the land for ever; *Is. 60*
they are a shoot of My own planting,
a work of My own hands, that I may be glorified."

CHAPTER 2

1. Rabbi [Judah the Prince] said: What is the right path a person should choose for himself? Whatever is honorable to one who chooses it and honorable in the eyes of others. Be as meticulous in the observance of a minor mitzva as a major one, for you do not know the reward for each mitzva. Against the loss that fulfilling a mitzva may entail, reckon its reward, and against the benefit a transgression may bring, reckon the loss it involves. Reflect on three things and you will not fall into transgression: know what is above you – a seeing eye, a hearing ear, and a book in which all your deeds are written.
2. Rabban Gamliel, son of Rabbi Judah the Prince, said: It is good to combine Torah study with a worldly occupation, for the effort involved in both makes one forget sin. Torah study without an occupation will in the end fail and lead to sin. And all who work for the community should do so for the sake of Heaven, for their ancestral merit will support them and their righteousness endures for ever. And as for you [God will say], I count you worthy of great reward as though you yourselves had accomplished it all.
3. Be wary in your dealings with the ruling power, for they only befriend a man when it serves their needs. When it is to their advantage, they appear as friends, but they do not stand by a person in his hour of need.
4. He used to say: Do His will as if it were yours, so that He may do your will as if it were His. Set aside your will for the sake of His, that He may set aside the will of others before yours.
5. Hillel said: Do not separate yourself from the community. Do not be sure of yourself until the day you die. Do not judge your fellow until you have stood in his place. Do not say anything that cannot be understood [at once] in the hope that it will eventually be understood. And do not say, I will study when I have the time, for you may never have the time.
6. He used to say: An uncouth person cannot be sin-fearing, nor can an ignoramus be pious. A shy person cannot learn, nor can an impatient one teach. A person over-occupied in business does not always become wise. In a place where there are no worthy people, strive to be worthy.

---

not say of anything you have been unable to understand that it is unintelligible. Eventually – through repeated study and fellowship – you will find that you can understand it."

כָּל יִשְׂרָאֵל יֵשׁ לָהֶם חֵלֶק לָעוֹלָם הַבָּא. שֶׁנֶּאֱמַר: סנהדרין צ.
וְעַמֵּךְ כֻּלָּם צַדִּיקִים, לְעוֹלָם יִירְשׁוּ אָרֶץ ישעיה ס
נֵצֶר מַטָּעַי, מַעֲשֵׂה יָדַי לְהִתְפָּאֵר:

פרק שני

א רַבִּי אוֹמֵר: אֵיזוֹ הִיא דֶּרֶךְ יְשָׁרָה שֶׁיָּבֹר לוֹ הָאָדָם, כָּל שֶׁהִיא תִּפְאֶרֶת לְעֹשֶׂיהָ
וְתִפְאֶרֶת לוֹ מִן הָאָדָם. וֶהֱוֵי זָהִיר בְּמִצְוָה קַלָּה כְּבַחֲמוּרָה, שֶׁאֵין אַתָּה יוֹדֵעַ
מַתַּן שְׂכָרָן שֶׁל מִצְוֹת. וֶהֱוֵי מְחַשֵּׁב הֶפְסֵד מִצְוָה כְּנֶגֶד שְׂכָרָהּ, וּשְׂכַר עֲבֵרָה
כְּנֶגֶד הֶפְסֵדָהּ. הִסְתַּכֵּל בִּשְׁלֹשָׁה דְבָרִים, וְאֵין אַתָּה בָא לִידֵי עֲבֵרָה. דַּע
מַה לְּמַעְלָה מִמְּךָ, עַיִן רוֹאָה, וְאֹזֶן שׁוֹמַעַת, וְכָל מַעֲשֶׂיךָ בְּסֵפֶר נִכְתָּבִים.
ב רַבָּן גַּמְלִיאֵל בְּנוֹ שֶׁל רַבִּי יְהוּדָה הַנָּשִׂיא אוֹמֵר: יָפֶה תַּלְמוּד תּוֹרָה עִם דֶּרֶךְ
אֶרֶץ, שֶׁיְּגִיעַת שְׁנֵיהֶם מְשַׁכַּחַת עָוֹן. וְכָל תּוֹרָה שֶׁאֵין עִמָּהּ מְלָאכָה, סוֹפָהּ
בְּטֵלָה וְגוֹרֶרֶת עָוֹן. וְכָל הָעוֹסְקִים עִם הַצִּבּוּר, יִהְיוּ עוֹסְקִים עִמָּהֶם לְשֵׁם
שָׁמַיִם, שֶׁזְּכוּת אֲבוֹתָם מְסַיַּעְתָּם, וְצִדְקָתָם עוֹמֶדֶת לָעַד. וְאַתֶּם, מַעֲלֶה אֲנִי
עֲלֵיכֶם שָׂכָר הַרְבֵּה כְּאִלּוּ עֲשִׂיתֶם.
ג הֱווּ זְהִירִין בָּרָשׁוּת, שֶׁאֵין מְקָרְבִין לוֹ לָאָדָם אֶלָּא לְצֹרֶךְ עַצְמָן. נִרְאִין כְּאוֹהֲבִין
בְּשָׁעַת הֲנָאָתָן, וְאֵין עוֹמְדִין לוֹ לָאָדָם בִּשְׁעַת דָּחְקוֹ.
ד הוּא הָיָה אוֹמֵר: עֲשֵׂה רְצוֹנוֹ כִּרְצוֹנְךָ, כְּדֵי שֶׁיַּעֲשֶׂה רְצוֹנְךָ כִּרְצוֹנוֹ. בַּטֵּל
רְצוֹנְךָ מִפְּנֵי רְצוֹנוֹ, כְּדֵי שֶׁיְּבַטֵּל רְצוֹן אֲחֵרִים מִפְּנֵי רְצוֹנְךָ.
ה הִלֵּל אוֹמֵר: אַל תִּפְרֹשׁ מִן הַצִּבּוּר, וְאַל תַּאֲמִין בְּעַצְמְךָ עַד יוֹם מוֹתְךָ, וְאַל
תָּדִין אֶת חֲבֵרְךָ עַד שֶׁתַּגִּיעַ לִמְקוֹמוֹ. וְאַל תֹּאמַר דָּבָר שֶׁאִי אֶפְשָׁר לִשְׁמֹעַ,
שֶׁסּוֹפוֹ לְהִשָּׁמַע. וְאַל תֹּאמַר לִכְשֶׁאֶפָּנֶה אֶשְׁנֶה, שֶׁמָּא לֹא תִפָּנֶה.
ו הוּא הָיָה אוֹמֵר: אֵין בּוּר יְרֵא חֵטְא, וְלֹא עַם הָאָרֶץ חָסִיד, וְלֹא הַבַּיְשָׁן
לָמֵד, וְלֹא הַקַּפְּדָן מְלַמֵּד, וְלֹא כָל הַמַּרְבֶּה בִסְחוֹרָה מַחְכִּים. וּבְמָקוֹם שֶׁאֵין
אֲנָשִׁים, הִשְׁתַּדֵּל לִהְיוֹת אִישׁ.

CHAPTER 2

The chapter continues the chronological sequence of the previous chapter, beginning with Rabbi (Judah the Prince) and his son, Rabban Gamliel, before reverting to the teachings of earlier sages, beginning with Hillel.

2:5. *Do not say anything that cannot be understood:* Alternative translation: "Do

7. Seeing a skull floating on the water, he said: "Because you drowned others, they drowned you, and those who drowned you will themselves eventually be drowned."
8. He used to say: The more flesh, the more worms. The more possessions, the more worries. The more wives, the more witchcraft. The more maidservants, the more lewdness. The more menservants, the more robbery. The more Torah, the more life. The more study, the more wisdom. The more counsel, the more understanding. The more charity, the more peace. Whoever acquires a good name acquires something for himself. Whoever acquires for himself words of Torah acquires for himself life in the World to Come.
9. Rabban Yoḥanan ben Zakkai received [the tradition] from Hillel and Shammai. He used to say: If you have learnt much Torah, take no special credit for yourself, for it was for this that you were created.
10. Rabban Yoḥanan ben Zakkai had five [pre-eminent] disciples, namely: Rabbi Eliezer ben Hyrcanus, Rabbi Yehoshua ben Ḥananya, Rabbi Yose the Priest, Rabbi Shimon ben Netanel and Rabbi Elazar ben Arakh.
11. He used to recount their praise: Eliezer ben Hyrcanus: a plastered well that never loses a drop. Yehoshua ben Ḥananya: happy the one who gave him birth. Yose the Priest: a pious man. Shimon ben Netanel: a man who fears sin. Elazar ben Arakh: an ever-flowing spring.
12. He used to say: If all the sages of Israel were in one scale of a balance and Eliezer ben Hyrcanus in the other, he would outweigh them all. However, Abba Saul said in his name: If all the sages of Israel, including Eliezer ben Hyrcanus, were in one scale of a balance, and Elazar ben Arakh in the other, he would outweigh them all.
13. He said to them: Go and see which is the right way to which one should cling. Rabbi Eliezer said: a good eye [generosity of spirit]. Rabbi Yehoshua said: a good companion. Rabbi Yose said: a good neighbor. Rabbi Shimon said: one who considers the consequences. Rabbi Elazar said: a good heart. Then he said to them: I prefer the answer of Elazar ben Arakh, for his view includes all of yours.
14. He said to them: Go and see which is the wrong way one should avoid. Rabbi Eliezer said: an evil eye [envy]. Rabbi Yehoshua said: an evil companion. Rabbi Yose said: an evil neighbor. Rabbi Shimon said: one who borrows and

---

2:10–11. *Rabban Yoḥanan ben Zakkai:* Rabban Yoḥanan was able to raise distinguished disciples because "he used to recount their praise." A great teacher is one who recognizes the distinctive potential of each student, and by praise and encouragement brings it to fruition.

ז אַף הוּא רָאָה גֻּלְגֹּלֶת אַחַת שֶׁצָּפָה עַל פְּנֵי הַמָּיִם. אָמַר לָהּ: עַל דַּאֲטֵפְתְּ אֲטִיפוּךְ, וְסוֹף מְטִיפַיִךְ יְטוּפוּן.

ח הוּא הָיָה אוֹמֵר: מַרְבֶּה בָשָׂר, מַרְבֶּה רִמָּה. מַרְבֶּה נְכָסִים, מַרְבֶּה דְאָגָה. מַרְבֶּה נָשִׁים, מַרְבֶּה כְשָׁפִים. מַרְבֶּה שְׁפָחוֹת, מַרְבֶּה זִמָּה. מַרְבֶּה עֲבָדִים, מַרְבֶּה גָזֵל. מַרְבֶּה תוֹרָה, מַרְבֶּה חַיִּים. מַרְבֶּה יְשִׁיבָה, מַרְבֶּה חָכְמָה. מַרְבֶּה עֵצָה, מַרְבֶּה תְבוּנָה. מַרְבֶּה צְדָקָה, מַרְבֶּה שָׁלוֹם. קָנָה שֵׁם טוֹב, קָנָה לְעַצְמוֹ. קָנָה לוֹ דִבְרֵי תוֹרָה, קָנָה לוֹ חַיֵּי הָעוֹלָם הַבָּא.

ט רַבָּן יוֹחָנָן בֶּן זַכַּאי קִבֵּל מֵהִלֵּל וּמִשַּׁמַּאי. הוּא הָיָה אוֹמֵר: אִם לָמַדְתָּ תּוֹרָה הַרְבֵּה, אַל תַּחֲזִיק טוֹבָה לְעַצְמְךָ, כִּי לְכָךְ נוֹצָרְתָּ.

י חֲמִשָּׁה תַלְמִידִים הָיוּ לְרַבָּן יוֹחָנָן בֶּן זַכַּאי. וְאֵלּוּ הֵן: רַבִּי אֱלִיעֶזֶר בֶּן הוֹרְקָנוֹס, רַבִּי יְהוֹשֻׁעַ בֶּן חֲנַנְיָה, רַבִּי יוֹסֵי הַכֹּהֵן, רַבִּי שִׁמְעוֹן בֶּן נְתַנְאֵל, רַבִּי אֶלְעָזָר בֶּן עֲרָךְ.

יא הוּא הָיָה מוֹנֶה שִׁבְחָם: אֱלִיעֶזֶר בֶּן הוֹרְקָנוֹס, בּוֹר סוּד שֶׁאֵינוֹ מְאַבֵּד טִפָּה. יְהוֹשֻׁעַ בֶּן חֲנַנְיָה, אַשְׁרֵי יוֹלַדְתּוֹ. יוֹסֵי הַכֹּהֵן, חָסִיד. שִׁמְעוֹן בֶּן נְתַנְאֵל, יְרֵא חֵטְא. אֶלְעָזָר בֶּן עֲרָךְ, כְּמַעְיָן הַמִּתְגַּבֵּר.

יב הוּא הָיָה אוֹמֵר: אִם יִהְיוּ כָּל חַכְמֵי יִשְׂרָאֵל בְּכַף מֹאזְנַיִם, וֶאֱלִיעֶזֶר בֶּן הוֹרְקָנוֹס בְּכַף שְׁנִיָּה, מַכְרִיעַ אֶת כֻּלָּם. אַבָּא שָׁאוּל אוֹמֵר מִשְּׁמוֹ: אִם יִהְיוּ כָּל חַכְמֵי יִשְׂרָאֵל בְּכַף מֹאזְנַיִם, וֶאֱלִיעֶזֶר בֶּן הוֹרְקָנוֹס אַף עִמָּהֶם, וְאֶלְעָזָר בֶּן עֲרָךְ בְּכַף שְׁנִיָּה, מַכְרִיעַ אֶת כֻּלָּם.

יג אָמַר לָהֶם: צְאוּ וּרְאוּ אֵיזוֹ הִיא דֶּרֶךְ טוֹבָה, שֶׁיִּדְבַּק בָּהּ הָאָדָם. רַבִּי אֱלִיעֶזֶר אוֹמֵר: עַיִן טוֹבָה. רַבִּי יְהוֹשֻׁעַ אוֹמֵר: חָבֵר טוֹב. רַבִּי יוֹסֵי אוֹמֵר: שָׁכֵן טוֹב. רַבִּי שִׁמְעוֹן אוֹמֵר: הָרוֹאֶה אֶת הַנּוֹלָד. רַבִּי אֶלְעָזָר אוֹמֵר: לֵב טוֹב. אָמַר לָהֶם, רוֹאֶה אֲנִי אֶת דִּבְרֵי אֶלְעָזָר בֶּן עֲרָךְ מִדִּבְרֵיכֶם, שֶׁבִּכְלַל דְּבָרָיו דִּבְרֵיכֶם.

יד אָמַר לָהֶם: צְאוּ וּרְאוּ, אֵיזוֹ הִיא דֶּרֶךְ רָעָה, שֶׁיִּתְרַחֵק מִמֶּנָּה הָאָדָם. רַבִּי אֱלִיעֶזֶר אוֹמֵר: עַיִן רָעָה. רַבִּי יְהוֹשֻׁעַ אוֹמֵר: חָבֵר רָע. רַבִּי יוֹסֵי אוֹמֵר: שָׁכֵן

2:7. *A skull floating on the water:* The principle of measure for measure. This is one half of the basic ethic of Judaism. The first is the principle of altruism: Do not do to others what you would not wish them to do to you. The second is the principle of retributive justice: As you do to others, so shall others do to you.

does not repay, for borrowing from a person is like borrowing from God, as it is said, "The wicked borrows and does not repay, but the Righteous One is gracious and repays." Rabbi Elazar said: an evil heart. Then he said to them: I prefer the answer of Elazar ben Arakh, for his view includes all of yours. *Ps. 37*

15. Each of the disciples said three things. Rabbi Eliezer said: Let the honor of your fellow be as precious to you as your own. Do not be easily provoked to anger. Repent one day before you die. [He also said:] Warm yourself by the fire of the sages, but be careful of their glowing coals lest you be burnt; for their bite is the bite of a fox, their sting is the sting of a scorpion, their hiss is the hiss of a serpent, and all their words are like fiery coals.
16. Rabbi Yehoshua said: The evil eye [envy], the evil impulse, and hatred of humankind drive a person out of the world.
17. Rabbi Yose said: Let the property of your fellow be as precious to you as your own. Prepare yourself to study Torah, for it does not come to you as an inheritance. And let all your deeds be for the sake of Heaven.
18. Rabbi Shimon said: Be meticulous in reciting the Shema and the [Amida] prayer. When you pray, do not do so as a fixed routine, but as a plea for mercy and grace before God, as it is said, "For He is gracious and compassionate, slow to anger, abounding in kindness, and renouncing punishment." Do not be evil in your own eyes. *Joel 2*
19. Rabbi Elazar said: Be diligent in the study of Torah. Know how to answer a heretic. Know for whom you labor and who is your Employer who will pay you the reward of your work.
20. Rabbi Tarfon said: The day is short, the task is great, the laborers are lazy, the reward is much, and the Master insistent.
21. He used to say: It is not for you to complete the task, but neither are you free to stand aside from it. If you have studied much Torah, you will be given great reward, for your Employer will faithfully reward your work. Know, though, that the reward of the righteous is granted in the time to come.

---

all your deeds be for the sake of heaven – even those that are not specifically religious acts.

2:21. *It is not for you to complete the task:* The task of creating a society built on justice and compassion, freedom and respect for human dignity, cannot be achieved by one generation alone. It is a continuous struggle, in which each of us has a part to play; hence the idea of the covenant as a challenge extending over time, in which we build on the achievements of our ancestors and hand on our ideals to those who will come after us.

רָע. רַבִּי שִׁמְעוֹן אוֹמֵר: הַלֹּוֶה וְאֵינוֹ מְשַׁלֵּם, אֶחָד הַלֹּוֶה מִן הָאָדָם כְּלֹוֶה
מִן הַמָּקוֹם, שֶׁנֶּאֱמַר: לֹוֶה רָשָׁע וְלֹא יְשַׁלֵּם, וְצַדִּיק חוֹנֵן וְנוֹתֵן: רַבִּי אֶלְעָזָר תהלים לז
אוֹמֵר: לֵב רָע. אָמַר לָהֶם: רוֹאֶה אֲנִי אֶת דִּבְרֵי אֶלְעָזָר בֶּן עֲרָךְ מִדִּבְרֵיכֶם,
שֶׁבִּכְלַל דְּבָרָיו דִּבְרֵיכֶם.

טו הֵם אָמְרוּ שְׁלֹשָׁה דְבָרִים. רַבִּי אֱלִיעֶזֶר אוֹמֵר: יְהִי כְבוֹד חֲבֵרְךָ חָבִיב עָלֶיךָ
כְּשֶׁלָּךְ, וְאַל תְּהִי נְוֹחַ לִכְעֹס. וְשׁוּב יוֹם אֶחָד לִפְנֵי מִיתָתְךָ. וֶהֱוֵי מִתְחַמֵּם כְּנֶגֶד
אוּרָן שֶׁל חֲכָמִים, וֶהֱוֵי זָהִיר בְּגַחַלְתָּן שֶׁלֹּא תִכָּוֶה, שֶׁנְּשִׁיכָתָן נְשִׁיכַת שׁוּעָל,
וַעֲקִיצָתָן עֲקִיצַת עַקְרָב, וּלְחִישָׁתָן לְחִישַׁת שָׂרָף, וְכָל דִּבְרֵיהֶם כְּגַחֲלֵי אֵשׁ.

טז רַבִּי יְהוֹשֻׁעַ אוֹמֵר: עַיִן הָרָע וְיֵצֶר הָרָע וְשִׂנְאַת הַבְּרִיּוֹת, מוֹצִיאִין אֶת הָאָדָם
מִן הָעוֹלָם.

יז רַבִּי יוֹסֵי אוֹמֵר: יְהִי מָמוֹן חֲבֵרְךָ חָבִיב עָלֶיךָ כְּשֶׁלָּךְ. וְהַתְקֵן עַצְמְךָ לִלְמֹד
תּוֹרָה, שֶׁאֵינָהּ יְרֻשָּׁה לָךְ. וְכָל מַעֲשֶׂיךָ יִהְיוּ לְשֵׁם שָׁמָיִם.

יח רַבִּי שִׁמְעוֹן אוֹמֵר: הֱוֵי זָהִיר בִּקְרִיאַת שְׁמַע וּבִתְפִלָּה. וּכְשֶׁאַתָּה מִתְפַּלֵּל
אַל תַּעַשׂ תְּפִלָּתְךָ קֶבַע, אֶלָּא רַחֲמִים וְתַחֲנוּנִים לִפְנֵי הַמָּקוֹם, שֶׁנֶּאֱמַר: כִּי יואל ב
חַנּוּן וְרַחוּם הוּא, אֶרֶךְ אַפַּיִם וְרַב־חֶסֶד וְנִחָם עַל־הָרָעָה: וְאַל תְּהִי רָשָׁע
בִּפְנֵי עַצְמֶךָ.

יט רַבִּי אֶלְעָזָר אוֹמֵר: הֱוֵי שָׁקוּד לִלְמֹד תּוֹרָה. וְדַע מַה שֶּׁתָּשִׁיב לְאֶפִּיקוֹרוֹס.
וְדַע לִפְנֵי מִי אַתָּה עָמֵל, וּמִי הוּא בַּעַל מְלַאכְתְּךָ, שֶׁיְּשַׁלֶּם לְךָ שְׂכַר פְּעֻלָּתֶךָ.

כ רַבִּי טַרְפוֹן אוֹמֵר: הַיּוֹם קָצֵר, וְהַמְּלָאכָה מְרֻבָּה, וְהַפּוֹעֲלִים עֲצֵלִים, וְהַשָּׂכָר
הַרְבֵּה, וּבַעַל הַבַּיִת דּוֹחֵק.

כא הוּא הָיָה אוֹמֵר: לֹא עָלֶיךָ הַמְּלָאכָה לִגְמֹר, וְלֹא אַתָּה בֶן חוֹרִין לִבָּטֵל מִמֶּנָּה.
אִם לָמַדְתָּ תּוֹרָה הַרְבֵּה, נוֹתְנִין לְךָ שָׂכָר הַרְבֵּה. וְנֶאֱמָן הוּא בַּעַל מְלַאכְתְּךָ,
שֶׁיְּשַׁלֶּם לְךָ שְׂכַר פְּעֻלָּתֶךָ. וְדַע, שֶׁמַּתַּן שְׂכָרָן שֶׁל צַדִּיקִים לֶעָתִיד לָבוֹא.

2:16. *Rabbi Yehoshua said:* Life is shortened by negative emotions. This has been confirmed by many medical studies.

2:17. *Prepare yourself to study Torah:* Though Torah is described as "the heritage of the congregation of Jacob" (Deut. 33:4), it does not pass automatically from one generation to the next. Only those who labor for it, acquire it. *Let*

Rabbi Ḥananya ben Akashya said: The Holy One, blessed be He, wanted to confer merit on Israel. That is why He gave them a copious Torah and many commandments, as it is said, "It pleased the LORD, for the sake of [Israel's] righteousness, to make the Torah great and glorious." *Makkot 23b* *Is. 42*

If there is a minyan, mourners say the Rabbis' Kaddish (page 762).

* * *

All Israel have a share in the World to Come, as it is said, *Sanhedrin 90a*
"Your people are all righteous; they shall inherit the land for ever; *Is. 60*
they are a shoot of My own planting,
a work of My own hands, that I may be glorified."

CHAPTER 3

1. Akavya ben Mahalalel said: Reflect on three things and you will avoid transgression: Know where you came from, where you are going, and before whom you will have to give an account and reckoning. "Where you came from" – from a putrid drop. "Where you are going" – to a place of dust, worms and maggots. "And before whom you will have to give an account and reckoning" – before the Supreme King of kings, the Holy One, blessed be He.
2. Rabbi Ḥanina, the deputy High Priest, said: Pray for the welfare of the government, for were it not for fear of it, people would swallow one another alive.
3. Rabbi Ḥanina ben Teradyon said: When two people sit together and no words of Torah pass between them, they are regarded as a company of scoffers, as it is said, "He does not sit in the company of scoffers." *Ps. 1* But when two people sit together and words of Torah do pass between them, the Divine Presence rests with them, as it is said, "Then those who feared the LORD talked together, *Mal. 3* and the LORD listened and heard, and a scroll of remembrance was written before Him concerning those who feared the LORD and cherished His name." This verse tells me about two people; from where can I learn that even one person who sits alone and studies Torah, the Holy One, blessed be He, grants him a reward? From the verse, "Though he sits alone and meditates quietly, *Lam. 3* He will grant him a reward."

---

of law, society would degenerate into a "war of all against all" in which life would be "solitary, poor, nasty, brutish, and short."

3:3. *Rabbi Ḥanina ben Teradyon:* A restatement of the argument of Psalm 1:1–2, "Happy is the man who does not… sit in the company of scoffers. But his delight is in the law of the LORD, and on his Torah he meditates day and night." Sharing words of Torah at the table transforms a physical act into a spiritual one, and those present into a learning fellowship.

רַבִּי חֲנַנְיָא בֶּן עֲקַשְׁיָא אוֹמֵר: רָצָה הַקָּדוֹשׁ בָּרוּךְ הוּא לְזַכּוֹת אֶת יִשְׂרָאֵל, לְפִיכָךְ הִרְבָּה לָהֶם תּוֹרָה וּמִצְוֹת. שֶׁנֶּאֱמַר: יהוה חָפֵץ לְמַעַן צִדְקוֹ, יַגְדִּיל תּוֹרָה וְיַאְדִּיר: מכות כג: ישעיה מב

If there is a מנין*, mourners say* קדיש דרבנן *(page 763).*

* * *

כָּל יִשְׂרָאֵל יֵשׁ לָהֶם חֵלֶק לָעוֹלָם הַבָּא. שֶׁנֶּאֱמַר: סנהדרין צ.
וְעַמֵּךְ כֻּלָּם צַדִּיקִים, לְעוֹלָם יִירְשׁוּ אָרֶץ ישעיה ס
נֵצֶר מַטָּעַי, מַעֲשֵׂה יָדַי לְהִתְפָּאֵר:

פרק שלישי

א עֲקַבְיָא בֶּן מַהֲלַלְאֵל אוֹמֵר: הִסְתַּכֵּל בִּשְׁלֹשָׁה דְבָרִים, וְאֵין אַתָּה בָא לִידֵי עֲבֵרָה. דַּע מֵאַיִן בָּאתָ, וּלְאָן אַתָּה הוֹלֵךְ, וְלִפְנֵי מִי אַתָּה עָתִיד לִתֵּן דִּין וְחֶשְׁבּוֹן. מֵאַיִן בָּאתָ, מִטִּפָּה סְרוּחָה. וּלְאָן אַתָּה הוֹלֵךְ, לִמְקוֹם עָפָר, רִמָּה וְתוֹלֵעָה. וְלִפְנֵי מִי אַתָּה עָתִיד לִתֵּן דִּין וְחֶשְׁבּוֹן, לִפְנֵי מֶלֶךְ מַלְכֵי הַמְּלָכִים, הַקָּדוֹשׁ בָּרוּךְ הוּא.

ב רַבִּי חֲנִינָא סְגַן הַכֹּהֲנִים אוֹמֵר: הֱוֵי מִתְפַּלֵּל בִּשְׁלוֹמָהּ שֶׁל מַלְכוּת, שֶׁאִלְמָלֵא מוֹרָאָהּ, אִישׁ אֶת רֵעֵהוּ חַיִּים בְּלָעוֹ.

ג רַבִּי חֲנִינָא בֶּן תְּרַדְיוֹן אוֹמֵר: שְׁנַיִם שֶׁיּוֹשְׁבִין, וְאֵין בֵּינֵיהֶם דִּבְרֵי תוֹרָה, הֲרֵי זֶה מוֹשַׁב לֵצִים, שֶׁנֶּאֱמַר: וּבְמוֹשַׁב לֵצִים לֹא יָשָׁב: אֲבָל שְׁנַיִם שֶׁיּוֹשְׁבִין, תהלים א
וְיֵשׁ בֵּינֵיהֶם דִּבְרֵי תוֹרָה, שְׁכִינָה שְׁרוּיָה בֵינֵיהֶם, שֶׁנֶּאֱמַר: אָז נִדְבְּרוּ יִרְאֵי מלאכי ג
יהוה אִישׁ אֶל־רֵעֵהוּ, וַיַּקְשֵׁב יהוה וַיִּשְׁמָע, וַיִּכָּתֵב סֵפֶר זִכָּרוֹן לְפָנָיו לְיִרְאֵי יהוה וּלְחֹשְׁבֵי שְׁמוֹ: אֵין לִי אֶלָּא שְׁנַיִם, מִנַּיִן אֲפִלּוּ אֶחָד שֶׁיּוֹשֵׁב וְעוֹסֵק
בַּתּוֹרָה שֶׁהַקָּדוֹשׁ בָּרוּךְ הוּא קוֹבֵעַ לוֹ שָׂכָר, שֶׁנֶּאֱמַר: יֵשֵׁב בָּדָד וְיִדֹּם כִּי נָטַל עָלָיו: איכה ג

CHAPTER 3

3:1. *Akavya ben Mahalalel:* Considered as physical beings, we come from dust and to the dust we return. Only in matters of the spirit do we touch the wings of eternity.

3:2. *Rabbi Ḥanina, the deputy High Priest:* An anticipation, by some sixteen centuries, of the argument of Thomas Hobbes' political classic, *The Leviathan.* Without a centralized power, charged with the authority of enforcing the rule

4. Rabbi Shimon said: Three who eat at one table, and do not speak words of Torah, are as if they had eaten of sacrifices of dead idols, as it is said, "For all the tables are full of vomit and filth, when God is absent." However, three who eat at one table and speak words of Torah, it is as if they had eaten at God's table, as it is said, "And He spoke to me: This is the table before the LORD." *Is. 28* *Ezek. 41*

5. Rabbi Ḥanina ben Ḥakhinai said: One who stays awake at night, travels alone, or turns his mind to idle thoughts, endangers his soul.

6. Rabbi Neḥunya ben HaKanna said: One who takes on himself the yoke of Torah will be spared the yoke of government and the yoke of worldly responsibilities, but one who throws off the yoke of the Torah will bear the yoke of government and the yoke of worldly responsibilities.

7. Rabbi Ḥalafta ben Dosa of Kfar Ḥananya said: When ten people sit together and study Torah, the Divine Presence rests among them, as it is said, "God stands in the divine assembly." How do we know that the same applies to five? From the verse, "He has founded His group on the earth." And how do we know that it applies even to three? From the verse, "He judges among the judges." How do we know that the same applies even to two? From the verse, "Then those who feared the LORD talked together, and the LORD listened and heard." And how do we know that it applies even to one? From the verse, "In every place where I cause My name to be mentioned, I will come to you and bless you." *Ps. 82* *Amos 9* *Ps. 82* *Mal. 3* *Ex. 20*

8. Rabbi Elazar of Bartota said: Give Him what is His, for you and yours are His. This was also said by David: "For all things come from You, and we have given You only what is Yours." *1 Chr. 29*

9. Rabbi Jacob said: One who is reviewing his Torah study while walking on the way, and interrupts his study to say, "What a beautiful tree" or "What a beautiful field," is regarded by Scripture as if he had endangered his soul.

10. Rabbi Dostai of Rabbi Yannai said in the name of Rabbi Meir: One who forgets even one thing of his Torah learning, Scripture regards him as if he had endangered his soul, for it is said, "Only take heed and guard your soul very carefully so that you do not forget the things that your eyes saw." One might think that this applies even to one who finds his studies too hard to remember. Therefore the verse adds, "Lest they be removed from your heart all the *Deut. 4* *Deut. 4*

3:9. *One who is reviewing his Torah study:* Judaism is a religion of the ear rather than the eye. Pagans *saw* the gods in the phenomena of nature; in Judaism, God cannot be seen, but *heard*. Hence one of the key words of the Bible is *Shema*, "listen, hear." One who gives priority to sight over sound has started to stray from the path of Jewish values.

ד רַבִּי שִׁמְעוֹן אוֹמֵר: שְׁלֹשָׁה שֶׁאָכְלוּ עַל שֻׁלְחָן אֶחָד וְלֹא אָמְרוּ עָלָיו דִּבְרֵי
תוֹרָה, כְּאִלּוּ אָכְלוּ מִזִּבְחֵי מֵתִים, שֶׁנֶּאֱמַר: כִּי כָּל־שֻׁלְחָנוֹת מָלְאוּ קִיא ישעיה כח
צֹאָה בְּלִי מָקוֹם: אֲבָל שְׁלֹשָׁה שֶׁאָכְלוּ עַל שֻׁלְחָן אֶחָד, וְאָמְרוּ עָלָיו דִּבְרֵי
תוֹרָה, כְּאִלּוּ אָכְלוּ מִשֻּׁלְחָנוֹ שֶׁל מָקוֹם, שֶׁנֶּאֱמַר: וַיְדַבֵּר אֵלַי, זֶה הַשֻּׁלְחָן יחזקאל מא
אֲשֶׁר לִפְנֵי יהוה:

ה רַבִּי חֲנִינָא בֶּן חֲכִינַאי אוֹמֵר: הַנֵּעוֹר בַּלַּיְלָה, וְהַמְהַלֵּךְ בַּדֶּרֶךְ יְחִידִי, וְהַמְפַנֶּה
לִבּוֹ לְבַטָּלָה, הֲרֵי זֶה מִתְחַיֵּב בְּנַפְשׁוֹ.

ו רַבִּי נְחוּנְיָא בֶּן הַקָּנָה אוֹמֵר: כָּל הַמְקַבֵּל עָלָיו עֹל תּוֹרָה, מַעֲבִירִין מִמֶּנּוּ עֹל
מַלְכוּת וְעֹל דֶּרֶךְ אֶרֶץ. וְכָל הַפּוֹרֵק מִמֶּנּוּ עֹל תּוֹרָה, נוֹתְנִין עָלָיו עֹל מַלְכוּת
וְעֹל דֶּרֶךְ אֶרֶץ.

ז רַבִּי חֲלַפְתָּא בֶּן דּוֹסָא אִישׁ כְּפַר חֲנַנְיָה אוֹמֵר: עֲשָׂרָה שֶׁיּוֹשְׁבִין וְעוֹסְקִין
בַּתּוֹרָה שְׁכִינָה שְׁרוּיָה בֵינֵיהֶם, שֶׁנֶּאֱמַר: אֱלֹהִים נִצָּב בַּעֲדַת־אֵל: וּמִנַּיִן אֲפִלּוּ תהלים פב
חֲמִשָּׁה, שֶׁנֶּאֱמַר: וַאֲגֻדָּתוֹ עַל־אֶרֶץ יְסָדָהּ: וּמִנַּיִן אֲפִלּוּ שְׁלֹשָׁה, שֶׁנֶּאֱמַר: עמוס ט
בְּקֶרֶב אֱלֹהִים יִשְׁפֹּט: וּמִנַּיִן אֲפִלּוּ שְׁנַיִם, שֶׁנֶּאֱמַר: אָז נִדְבְּרוּ יִרְאֵי יהוה אִישׁ תהלים פב מלאכי ג
אֶל־רֵעֵהוּ, וַיַּקְשֵׁב יהוה וַיִּשְׁמָע: וּמִנַּיִן אֲפִלּוּ אֶחָד, שֶׁנֶּאֱמַר: בְּכָל־הַמָּקוֹם שמות כ
אֲשֶׁר אַזְכִּיר אֶת־שְׁמִי, אָבוֹא אֵלֶיךָ וּבֵרַכְתִּיךָ:

ח רַבִּי אֶלְעָזָר אִישׁ בַּרְתּוֹתָא אוֹמֵר: תֶּן לוֹ מִשֶּׁלּוֹ, שֶׁאַתָּה וְשֶׁלְּךָ שֶׁלּוֹ. וְכֵן בְּדָוִד
הוּא אוֹמֵר: כִּי־מִמְּךָ הַכֹּל, וּמִיָּדְךָ נָתַנּוּ לָךְ: דברי הימים א׳ כט

ט רַבִּי יַעֲקֹב אוֹמֵר: הַמְהַלֵּךְ בַּדֶּרֶךְ וְשׁוֹנֶה, וּמַפְסִיק מִמִּשְׁנָתוֹ וְאוֹמֵר, מַה
נָּאֶה אִילָן זֶה, מַה נָּאֶה נִיר זֶה, מַעֲלֶה עָלָיו הַכָּתוּב כְּאִלּוּ מִתְחַיֵּב בְּנַפְשׁוֹ.

י רַבִּי דוֹסְתָּאִי בְּרַבִּי יַנַּאי מִשּׁוּם רַבִּי מֵאִיר אוֹמֵר: כָּל הַשּׁוֹכֵחַ דָּבָר אֶחָד
מִמִּשְׁנָתוֹ, מַעֲלֶה עָלָיו הַכָּתוּב כְּאִלּוּ מִתְחַיֵּב בְּנַפְשׁוֹ, שֶׁנֶּאֱמַר: רַק הִשָּׁמֶר דברים ד
לְךָ וּשְׁמֹר נַפְשְׁךָ מְאֹד, פֶּן־תִּשְׁכַּח אֶת־הַדְּבָרִים אֲשֶׁר־רָאוּ עֵינֶיךָ: יָכוֹל אֲפִלּוּ

3:5. *Endangers his soul:* Literally, "is mortally guilty." The sages used this phrase to emphasize serious spiritual danger, rather than to suggest that an individual has committed a capital crime.

3:7. *Ten, five:* "Assembly" (*edah*), signifies ten as in the case of the spies who brought back an evil report about the land (Num. 14:27). "Group" (*aguda*), refers to that which can be held together in the five fingers of one hand: hence it signifies five.

days of your life." Thus, one does not endanger his soul unless he deliberately removes teachings from his heart.

11. Rabbi Ḥanina ben Dosa said: For one who puts fear of sin before wisdom, wisdom endures. For one who puts wisdom before fear of sin, wisdom does not endure.

12. He also used to say: For one whose good deeds exceed his wisdom, wisdom endures. For one whose wisdom exceeds his good deeds, wisdom does not endure.

13. He also used to say: In one in whom people delight, God delights. In one in whom people do not delight, God does not delight.

14. Rabbi Dosa ben Harkinas said: Sleeping late in the morning, drinking wine at midday, chattering with children and sitting in gatherings of the ignorant – these drive a person from the world.

15. Rabbi Elazar of Modin said: One who desecrates sacred things, despises the festivals, shames his fellow in public, nullifies the covenant of our father Abraham, or attributes meanings to the Torah contrary to normative law, even though he has to his credit Torah and good deeds, has no share in the World to Come.

16. Rabbi Yishmael said: Be yielding to a superior, pleasing to the young, and receive everyone cheerfully.

17. Rabbi Akiva said: Mocking and frivolity lead to immorality. The oral tradition (*Mesora*) is a fence protecting the Torah; tithes are a fence protecting wealth; vows are a fence protecting abstinence. The fence protecting wisdom is silence.

18. He used to say: Beloved is man, for he was created in the image of God. As a gesture of special love, it was made known to him that he was created in the image of God, as it is said, "For in the image of God He made man." Beloved *Gen. 9* are Israel for they are called God's children. As a gesture of special love, it was made known to them that they are called God's children, as it is said, "You *Deut. 14* are the children of the Lord your God." Beloved are Israel, for they were given a precious vessel [the Torah]. As a gesture of special love, it was made known to them that they were given the precious vessel through which the world was created, as it is said, "I have given you good instruction; do not *Prov. 4* forsake My Torah."

---

law: for instance, giving an allegorical meaning to commandments, arguing that they are not laws to be practiced, but rather philosophical statements to be contemplated.

תְּקָפָה עָלָיו מִשְׁנָתוֹ, תַּלְמוּד לוֹמַר: וּפֶן יָסוּרוּ מִלְּבָבְךָ כֹּל יְמֵי חַיֶּיךָ: הָא אֵינוֹ דברים ד
מִתְחַיֵּב בְּנַפְשׁוֹ, עַד שֶׁיֵּשֵׁב וִיסִירֵם מִלִּבּוֹ.

יא רַבִּי חֲנִינָא בֶּן דּוֹסָא אוֹמֵר: כֹּל שֶׁיִּרְאַת חֶטְאוֹ קוֹדֶמֶת לְחָכְמָתוֹ, חָכְמָתוֹ מִתְקַיֶּמֶת. וְכֹל שֶׁחָכְמָתוֹ קוֹדֶמֶת לְיִרְאַת חֶטְאוֹ, אֵין חָכְמָתוֹ מִתְקַיֶּמֶת.

יב הוּא הָיָה אוֹמֵר: כֹּל שֶׁמַּעֲשָׂיו מְרֻבִּין מֵחָכְמָתוֹ, חָכְמָתוֹ מִתְקַיֶּמֶת. וְכֹל שֶׁחָכְמָתוֹ מְרֻבָּה מִמַּעֲשָׂיו, אֵין חָכְמָתוֹ מִתְקַיֶּמֶת.

יג הוּא הָיָה אוֹמֵר: כֹּל שֶׁרוּחַ הַבְּרִיּוֹת נוֹחָה הֵימֶנּוּ, רוּחַ הַמָּקוֹם נוֹחָה הֵימֶנּוּ. וְכֹל שֶׁאֵין רוּחַ הַבְּרִיּוֹת נוֹחָה הֵימֶנּוּ, אֵין רוּחַ הַמָּקוֹם נוֹחָה הֵימֶנּוּ.

יד רַבִּי דוֹסָא בֶּן הַרְכִּינַס אוֹמֵר: שֵׁנָה שֶׁל שַׁחֲרִית, וְיַיִן שֶׁל צָהֳרַיִם, וְשִׂיחַת הַיְלָדִים, וִישִׁיבַת בָּתֵּי כְנֵסִיּוֹת שֶׁל עַמֵּי הָאָרֶץ, מוֹצִיאִין אֶת הָאָדָם מִן הָעוֹלָם.

טו רַבִּי אֶלְעָזָר הַמּוֹדָעִי אוֹמֵר: הַמְחַלֵּל אֶת הַקֳּדָשִׁים, וְהַמְבַזֶּה אֶת הַמּוֹעֲדוֹת, וְהַמַּלְבִּין פְּנֵי חֲבֵרוֹ בָּרַבִּים, וְהַמֵּפֵר בְּרִיתוֹ שֶׁל אַבְרָהָם אָבִינוּ, וְהַמְגַלֶּה פָנִים בַּתּוֹרָה שֶׁלֹּא כַהֲלָכָה, אַף עַל פִּי שֶׁיֵּשׁ בְּיָדוֹ תּוֹרָה וּמַעֲשִׂים טוֹבִים, אֵין לוֹ חֵלֶק לָעוֹלָם הַבָּא.

טז רַבִּי יִשְׁמָעֵאל אוֹמֵר: הֱוֵי קַל לְרֹאשׁ וְנוֹחַ לְתִשְׁחֹרֶת, וֶהֱוֵי מְקַבֵּל אֶת כָּל הָאָדָם בְּשִׂמְחָה.

יז רַבִּי עֲקִיבָא אוֹמֵר: שְׂחוֹק וְקַלּוּת רֹאשׁ מַרְגִּילִין אֶת הָאָדָם לְעֶרְוָה. מַסֹּרֶת סְיָג לַתּוֹרָה, מַעְשְׂרוֹת סְיָג לָעֹשֶׁר, נְדָרִים סְיָג לַפְּרִישׁוּת, סְיָג לַחָכְמָה שְׁתִיקָה.

יח הוּא הָיָה אוֹמֵר, חָבִיב אָדָם שֶׁנִּבְרָא בְצֶלֶם, חִבָּה יְתֵרָה נוֹדַעַת לוֹ שֶׁנִּבְרָא
בְּצֶלֶם, שֶׁנֶּאֱמַר: כִּי בְּצֶלֶם אֱלֹהִים עָשָׂה אֶת־הָאָדָם: חֲבִיבִין יִשְׂרָאֵל שֶׁנִּקְרְאוּ בראשית ט
בָנִים לַמָּקוֹם, חִבָּה יְתֵרָה נוֹדַעַת לָהֶם שֶׁנִּקְרְאוּ בָנִים לַמָּקוֹם, שֶׁנֶּאֱמַר: בָּנִים דברים יד
אַתֶּם לַיהוה אֱלֹהֵיכֶם: חֲבִיבִין יִשְׂרָאֵל שֶׁנִּתַּן לָהֶם כְּלִי חֶמְדָּה, חִבָּה יְתֵרָה
נוֹדַעַת לָהֶם שֶׁנִּתַּן לָהֶם כְּלִי חֶמְדָּה שֶׁבּוֹ נִבְרָא הָעוֹלָם, שֶׁנֶּאֱמַר: כִּי לֶקַח משלי ד
טוֹב נָתַתִּי לָכֶם, תּוֹרָתִי אַל־תַּעֲזֹבוּ:

3:15. *One who… nullifies the covenant of our father Abraham:* The reference is to those who, under the influence of Hellenism, tried to remove the mark of circumcision. *Who… attributes meanings to the Torah contrary to normative*

19. All is foreseen, yet freedom of choice is given. The world is judged with goodness, but all depends on the majority of one's deeds.

20. He used to say: All is given on collateral, and a net is spread over all the living. The shop is open, the shopkeeper extends credit, the ledger is open, and the hand records. Whoever wishes to borrow may come and borrow. The collectors regularly make their daily rounds and collect payment from a person, whether he realizes it or not. They have [a record] on which they can rely; the judgment is just; and all is prepared for the banquet.

21. Rabbi Elazar ben Azariah said: If there is no Torah, there is no respect; if there is no respect, there is no Torah. If there is no wisdom, there is no reverence; if there is no reverence, there is no wisdom. If there is no knowledge, there is no understanding; if there is no understanding, there is no knowledge. If there is no flour [sustenance], there is no Torah; if there is no Torah, there is no flour.

22. He used to say: To what may one whose wisdom exceeds his deeds be compared? To a tree with many branches but few roots. When a wind comes, it uproots and overturns it, as it is said, "He shall be like a juniper tree in the desert, which does not sense the coming of good: it is set in the scorched places of the wilderness in a barren, uninhabited land." To what may one whose deeds exceed his wisdom be compared? To a tree with few branches but many roots. Even if all the winds of the world come and blow against it, they cannot dislodge it from its place, as it is said, "He shall be like a tree planted by waters, sending forth its roots by a stream: it does not sense the coming of heat; its leaves are ever fresh; it has no care in a year of drought; it does not cease to bear fruit."

Jer. 17

Jer. 17

23. Rabbi Elazar ben Ḥisma said: The laws of bird offerings and the calculation of menstrual periods are essential laws; astronomy and mathematics are adjuncts to wisdom.

Rabbi Ḥananya ben Akashya said: The Holy One, blessed be He, wanted to confer merit on Israel. That is why He gave them a copious Torah and many commandments, as it is said, "It pleased the LORD, for the sake of [Israel's] righteousness, to make the Torah great and glorious."

Makkot 23b

Is. 42

If there is a minyan, mourners say the Rabbis' Kaddish *(page 762)*.

* * *

3:20. *All is given on collateral:* An extended metaphor on life under divine justice. Because we are not punished immediately for our misdeeds, we may come to think that bad behavior has no consequences. The reality is, however, that God is merely extending credit. He keeps a record of our deeds, and ultimately we will have to pay the price. The banquet refers to the World to Come.

יט הכל צפוי, והרשות נתונה, ובטוב העולם נדון, והכל לפי רב המעשה.

כ הוא היה אומר: הכל נתון בערבון, ומצודה פרוסה על כל החיים. החנות פתוחה, והחנוני מקיף, והפנקס פתוח, והיד כותבת, וכל הרוצה ללוות יבא וילוה. והגבאין מחזירין תדיר בכל יום, ונפרעין מן האדם מדעתו ושלא מדעתו, ויש להם על מה שיסמכו. והדין, דין אמת. והכל מתקן לסעודה.

כא רבי אלעזר בן עזריה אומר: אם אין תורה אין דרך ארץ, אם אין דרך ארץ אין תורה. אם אין חכמה אין יראה, אם אין יראה אין חכמה. אם אין דעת אין בינה, אם אין בינה אין דעת. אם אין קמח אין תורה, אם אין תורה אין קמח.

כב הוא היה אומר: כל שחכמתו מרבה ממעשיו, למה הוא דומה, לאילן שענפיו מרבין ושרשיו מעטין, והרוח באה ועוקרתו והופכתו על פניו. שנאמר, והיה כערער בערבה, ולא יראה כי־יבוא טוב, ושכן חררים במדבר, ארץ מלחה ולא תשב: ירמיה יז
אבל כל שמעשיו מרבין מחכמתו, למה הוא דומה, לאילן שענפיו מעטין ושרשיו מרבין, שאפלו כל הרוחות שבעולם באות ונושבות בו, אין מזיזין אותו ממקומו. שנאמר: והיה כעץ שתול על־מים, ועל־יובל ישלח שרשיו, ולא ירא כי־יבא חם, והיה עלהו רענן, ובשנת בצרת לא ידאג, ולא ימיש מעשות פרי: ירמיה יז

כג רבי אלעזר בן חסמא אומר: קנין ופתחי נדה הן הן גופי הלכות, תקופות וגימטריאות פרפראות לחכמה.

רבי חנניא בן עקשיא אומר: רצה הקדוש ברוך הוא לזכות את ישראל, לפיכך הרבה להם תורה ומצות. שנאמר: יהוה חפץ למען צדקו, יגדיל תורה ויאדיר: מכות כג: ישעיה מב

If there is a מנין, *mourners say* קדיש דרבנן *(page 763)*.

* * *

3:19. *All is foreseen:* This is the standard translation, according to which Rabbi Akiva sets out the paradox between divine foreknowledge and human free will. God knows in advance what we will do, but this does not negate our freedom to choose. An alternative translation is: "All is seen, yet freedom of choice is given." According to this, Rabbi Akiva is not speaking about divine foreknowledge. He is teaching that, though we are free to choose, we cannot escape responsibility for the consequences of our choice, because God sees all.

All Israel have a share in the World to Come, as it is said: *Sanhedrin 90a*
"Your people are all righteous; they shall inherit the land for ever; *Is. 60*
they are a shoot of My own planting,
a work of My own hands, that I may be glorified."

CHAPTER 4

1. Ben Zoma said: Who is wise? One who learns from everyone, as it is said, "From all my teachers I have learned, for Your testimonies are my meditation." *Ps. 119* Who is strong? One who masters his evil impulse, as it is said, "He who is slow to *Prov. 16* anger is better than the mighty, and he who rules over his spirit is better than he who conquers a city." Who is rich? One who rejoices in what he has, as it is said, "When you eat from the labor of your hands, you will be happy and all will be *Ps. 128* well with you." "You will be happy" – in this world, "and all will be well with you" – in the World to Come. Who is honored? One who honors others, as it is said, "Those who honor Me, I will honor; but those who scorn Me will be despised." *1 Sam. 2*

2. Ben Azzai said: Run to do even a minor mitzva, and flee from sin, for one mitzva leads to another, and one sin leads to another – for the reward of a mitzva is another mitzva, and the recompense of a sin is another sin.

3. He used to say: Despise no one and disdain nothing, for there is no one who does not have his hour and there is nothing that does not have its place.

4. Rabbi Levitas of Yavne said: Have extreme humility of spirit, for the end of mortal man is the worm [the grave].

5. Rabbi Yoḥanan ben Beroka said: Whoever profanes God's name in secret will be punished in public. Profaning the name is the same whether done inadvertently or deliberately.

6. Rabbi Yishmael his son said: One who learns in order to teach will be given the opportunity to learn and teach. One who learns in order to do will be given the opportunity to learn, teach, keep and do.

7. Rabbi Zadok said: Do not separate yourself from the community. [When sitting as a judge] do not act as a lawyer. Do not use [the Torah] as a crown for self-glorification, or as a spade with which to dig. Likewise Hillel used to say: One who makes worldly use of the crown [of the Torah] shall fade away. From this you learn that one who seeks personal benefit from the words of Torah risks destroying his life.

---

who has everything he wants, but one who enjoys what he has. The greatest honors are not those we receive but those we give.

4:6. *One who learns in order to teach:* The best way to learn is to teach. The best way to teach is to practice what we preach.

כָּל יִשְׂרָאֵל יֵשׁ לָהֶם חֵלֶק לָעוֹלָם הַבָּא. שֶׁנֶּאֱמַר: סנהדרין צ.
וְעַמֵּךְ כֻּלָּם צַדִּיקִים, לְעוֹלָם יִירְשׁוּ אָרֶץ ישעיה ס
נֵצֶר מַטָּעַי, מַעֲשֵׂה יָדַי לְהִתְפָּאֵר:

פרק רביעי

א בֶּן זוֹמָא אוֹמֵר: אֵיזֶהוּ חָכָם, הַלּוֹמֵד מִכָּל אָדָם, שֶׁנֶּאֱמַר: מִכָּל־מְלַמְּדַי תהלים קיט
הִשְׂכַּלְתִּי, כִּי עֵדְוֹתֶיךָ שִׂיחָה לִּי: אֵיזֶהוּ גִבּוֹר, הַכּוֹבֵשׁ אֶת יִצְרוֹ, שֶׁנֶּאֱמַר: טוֹב משלי טז
אֶרֶךְ אַפַּיִם מִגִּבּוֹר וּמשֵׁל בְּרוּחוֹ מִלֹּכֵד עִיר: אֵיזֶהוּ עָשִׁיר, הַשָּׂמֵחַ בְּחֶלְקוֹ,
שֶׁנֶּאֱמַר: יְגִיעַ כַּפֶּיךָ כִּי תֹאכֵל אַשְׁרֶיךָ וְטוֹב לָךְ: אַשְׁרֶיךָ בָּעוֹלָם הַזֶּה וְטוֹב תהלים קכח
לָךְ לָעוֹלָם הַבָּא. אֵיזֶהוּ מְכֻבָּד, הַמְכַבֵּד אֶת הַבְּרִיּוֹת, שֶׁנֶּאֱמַר: כִּי־מְכַבְּדַי שמואל א׳ ב
אֲכַבֵּד, וּבֹזַי יֵקָלּוּ:

ב בֶּן עַזַּאי אוֹמֵר: הֱוֵי רָץ לְמִצְוָה קַלָּה וּבוֹרֵחַ מִן הָעֲבֵרָה. שֶׁמִּצְוָה גּוֹרֶרֶת מִצְוָה, וַעֲבֵרָה גּוֹרֶרֶת עֲבֵרָה. שֶׁשְּׂכַר מִצְוָה מִצְוָה, וּשְׂכַר עֲבֵרָה עֲבֵרָה.

ג הוּא הָיָה אוֹמֵר: אַל תְּהִי בָז לְכָל אָדָם, וְאַל תְּהִי מַפְלִיג לְכָל דָּבָר. שֶׁאֵין לְךָ אָדָם שֶׁאֵין לוֹ שָׁעָה, וְאֵין לְךָ דָבָר שֶׁאֵין לוֹ מָקוֹם.

ד רַבִּי לְוִיטַס אִישׁ יַבְנֶה אוֹמֵר: מְאֹד מְאֹד הֱוֵי שְׁפַל רוּחַ, שֶׁתִּקְוַת אֱנוֹשׁ רִמָּה.

ה רַבִּי יוֹחָנָן בֶּן בְּרוֹקָא אוֹמֵר: כָּל הַמְחַלֵּל שֵׁם שָׁמַיִם בַּסֵּתֶר, נִפְרָעִין מִמֶּנּוּ בַּגָּלוּי. אֶחָד שׁוֹגֵג וְאֶחָד מֵזִיד בְּחִלּוּל הַשֵּׁם.

ו רַבִּי יִשְׁמָעֵאל בְּנוֹ אוֹמֵר: הַלּוֹמֵד עַל מְנָת לְלַמֵּד, מַסְפִּיקִין בְּיָדוֹ לִלְמֹד וּלְלַמֵּד. וְהַלּוֹמֵד עַל מְנָת לַעֲשׂוֹת, מַסְפִּיקִין בְּיָדוֹ לִלְמֹד וּלְלַמֵּד, לִשְׁמֹר וְלַעֲשׂוֹת.

ז רַבִּי צָדוֹק אוֹמֵר: אַל תִּפְרֹשׁ מִן הַצִּבּוּר, וְאַל תַּעַשׂ עַצְמְךָ כְּעוֹרְכֵי הַדַּיָּנִין, וְאַל תַּעֲשֶׂהָ עֲטָרָה לְהִתְגַּדֶּל בָּהּ, וְלֹא קַרְדֹּם לַחְפֹּר בָּהּ. וְכָךְ הָיָה הִלֵּל אוֹמֵר: וּדְאִשְׁתַּמֵּשׁ בְּתָגָא חֲלָף. הָא לָמַדְתָּ, כָּל הַנֶּהֱנֶה מִדִּבְרֵי תוֹרָה, נוֹטֵל חַיָּיו מִן הָעוֹלָם.

CHAPTER 4

4:1. *Ben Zoma said:* Truth, argues Ben Zoma, is often the reverse of conventional wisdom. Who is wise? Not one who teaches, but one who is always willing to learn. Who is strong? Not one who can defeat his enemies but one who can defeat his own worst impulses (*Avot deRabbi Nathan* adds: Who is strong? One who turns an enemy into a friend). Who is rich? Not one

8. Rabbi Yose said: One who honors the Torah will be honored by mankind. One who disgraces the Torah will be disgraced by mankind.

9. Rabbi Yishmael his son said: One who avoids serving as a judge spares himself enmity, robbery and false swearing. One who is over-confident in giving decisions is foolish, wicked and arrogant.

10. He used to say: Do not act as a judge alone, for none may judge alone except the One. Do not say "Accept my view"; for they are permitted, not you.

11. Rabbi Yonatan said: Whoever keeps the Torah when poor will eventually keep it in wealth. Whoever neglects the Torah when wealthy will eventually neglect it in poverty.

12. Rabbi Meir said: Limit your business activities and occupy yourself with Torah. Have humility before everyone. If you neglect the Torah, you will have many excuses to neglect it, but if you labor in the Torah, He has great reward to give you.

13. Rabbi Eliezer ben Jacob said: One who performs a single mitzva acquires for himself an advocate. One who commits a single transgression acquires for himself an accuser. Repentance and good deeds are a shield against punishment.

14. Rabbi Yoḥanan the sandal maker said: Every gathering that meets for the sake of heaven will have an enduring effect. One that is not for the sake of heaven will not have an enduring effect.

15. Rabbi Elazar ben Shammua said: Let your student's honor be as precious to you as your own; let your colleague's honor be like the reverence due to your teacher; and let the reverence you have for your teacher be like the reverence due to Heaven.

16. Rabbi Judah said: Be careful when you study, for an inadvertent error in study is tantamount to an intentional sin.

17. Rabbi Shimon said: There are three crowns: the crown of Torah, the crown of priesthood, and the crown of kingship – but the crown of a good name surpasses them all.

---

ments are compelling; you do not have the right to put pressure on them to do so.

4:12. *Have humility before everyone:* Not just those who are greater than you. Behave toward everyone as if they were your superior. Greatness is humility, and humility is greatness.

4:17. *There are three crowns:* The Judaic principle of the separation of powers. Kingship is the crown of government; priesthood, the crown of religious

ח רַבִּי יוֹסֵי אוֹמֵר: כָּל הַמְכַבֵּד אֶת הַתּוֹרָה, גּוּפוֹ מְכֻבָּד עַל הַבְּרִיּוֹת. וְכָל הַמְחַלֵּל אֶת הַתּוֹרָה, גּוּפוֹ מְחֻלָּל עַל הַבְּרִיּוֹת.

ט רַבִּי יִשְׁמָעֵאל בְּנוֹ אוֹמֵר: הַחוֹשֵׂךְ עַצְמוֹ מִן הַדִּין, פּוֹרֵק מִמֶּנּוּ אֵיבָה וְגָזֵל וּשְׁבוּעַת שָׁוְא. וְהַגַּס לִבּוֹ בְּהוֹרָאָה, שׁוֹטֶה, רָשָׁע וְגַס רוּחַ.

י הוּא הָיָה אוֹמֵר: אַל תְּהִי דָן יְחִידִי, שֶׁאֵין דָּן יְחִידִי אֶלָּא אֶחָד. וְאַל תֹּאמַר קַבְּלוּ דַעְתִּי, שֶׁהֵן רַשָּׁאִין וְלֹא אָתָּה.

יא רַבִּי יוֹנָתָן אוֹמֵר: כָּל הַמְקַיֵּם אֶת הַתּוֹרָה מֵעֹנִי, סוֹפוֹ לְקַיְּמָהּ מֵעֹשֶׁר. וְכָל הַמְבַטֵּל אֶת הַתּוֹרָה מֵעֹשֶׁר, סוֹפוֹ לְבַטְּלָהּ מֵעֹנִי.

יב רַבִּי מֵאִיר אוֹמֵר: הֱוֵי מְמַעֵט בְּעֵסֶק וַעֲסֹק בַּתּוֹרָה, וֶהֱוֵי שְׁפַל רוּחַ בִּפְנֵי כָל אָדָם. וְאִם בָּטַלְתָּ מִן הַתּוֹרָה, יֶשׁ לְךָ בְּטֵלִים הַרְבֵּה כְּנֶגְדָּךְ. וְאִם עָמַלְתָּ בַּתּוֹרָה, יֶשׁ לוֹ שָׂכָר הַרְבֵּה לִתֵּן לָךְ.

יג רַבִּי אֱלִיעֶזֶר בֶּן יַעֲקֹב אוֹמֵר: הָעוֹשֶׂה מִצְוָה אַחַת, קוֹנֶה לּוֹ פְּרַקְלִיט אֶחָד. וְהָעוֹבֵר עֲבֵרָה אַחַת, קוֹנֶה לּוֹ קַטֵּגוֹר אֶחָד. תְּשׁוּבָה וּמַעֲשִׂים טוֹבִים, כִּתְרִיס בִּפְנֵי הַפֻּרְעָנוּת.

יד רַבִּי יוֹחָנָן הַסַּנְדְּלָר אוֹמֵר: כָּל כְּנֵסִיָּה שֶׁהִיא לְשֵׁם שָׁמַיִם, סוֹפָהּ לְהִתְקַיֵּם. וְשֶׁאֵינָהּ לְשֵׁם שָׁמַיִם, אֵין סוֹפָהּ לְהִתְקַיֵּם.

טו רַבִּי אֶלְעָזָר בֶּן שַׁמּוּעַ אוֹמֵר: יְהִי כְבוֹד תַּלְמִידְךָ חָבִיב עָלֶיךָ כְּשֶׁלָּךְ, וּכְבוֹד חֲבֵרְךָ כְּמוֹרָא רַבָּךְ, וּמוֹרָא רַבָּךְ כְּמוֹרָא שָׁמַיִם.

טז רַבִּי יְהוּדָה אוֹמֵר: הֱוֵי זָהִיר בְּתַלְמוּד, שֶׁשִּׁגְגַת תַּלְמוּד עוֹלָה זָדוֹן.

יז רַבִּי שִׁמְעוֹן אוֹמֵר: שְׁלֹשָׁה כְתָרִים הֵן, כֶּתֶר תּוֹרָה וְכֶתֶר כְּהֻנָּה וְכֶתֶר מַלְכוּת, וְכֶתֶר שֵׁם טוֹב עוֹלֶה עַל גַּבֵּיהֶן.

4:8. *One who honors the Torah:* No one wins honor by betraying his or her faith.

4:9. *Spares himself enmity, robbery and false swearing: Enmity* of the litigants; *robbery,* if the judge gives an incorrect verdict in a civil case, with the result that money is wrongfully transferred from one party to the other; *false swearing,* if the judge requires one of the litigants to take an oath, and he then testifies falsely.

4:10. *Do not say "Accept my view":* If your colleagues disagree, do not compel them to agree with you. They have the right to accept your view if your argu-

18. Rabbi Nehorai said: Exile yourself to a place of Torah, and do not assume that it will come after you, for your fellow students will ensure that it will remain with you. "Do not rely on your own understanding." *Prov. 3*

19. Rabbi Yannai said: It is not in our power to explain either the peace of the wicked or the suffering of the righteous.

20. Rabbi Matya ben Ḥarash said: Be first in greeting everyone. Be a tail to lions rather than a head to foxes.

21. Rabbi Jacob said: This world is like an antechamber before the World to Come. Prepare yourself in the antechamber so that you may enter the banqueting hall.

22. He used to say: Better one hour of repentance and good deeds in this world than all the life in the World to Come. Better one hour of bliss in the World to Come than the whole life of this world.

23. Rabbi Shimon ben Elazar said: Do not try to placate your fellow in his hour of anger. Do not try to comfort him while his dead lies before him. Do not question him about his vow at the time he is making it. Do not try to see him in his hour of disgrace.

24. Samuel the Younger used to quote: "If your enemy falls, do not rejoice; if he stumbles, let not your heart be glad; lest the Lord see it and be displeased, and divert His wrath from him to you." *Prov. 24*

25. Elisha ben Abuya said: When you learn as a child, what is it like? Like ink written on clean paper. When you learn in old age, what is it like? Like ink written on blotted paper.

26. Rabbi Yose bar Judah of Kfar Bavli said: When you learn from the young, what is it like? Like eating unripe grapes or drinking wine straight from the

---

4:19. *It is not in our power to explain:* Seen from beneath, a Turkish carpet looks like a meaningless tangle of threads. Only when we view it from the other side do we see its intricately designed pattern. So it is with the justice of events. On earth, we seem to see the righteous suffer and the wicked prosper. Only from the other side – Heaven – is it possible to see the logic, the pattern; but that is a vantage point we cannot attain in this life.

4:20. *Be a tail to lions:* The great seek the company of those greater than themselves.

4:23. *Do not try to placate:* There is a time and a place for everything, especially speech. The right word at the wrong time makes matters worse.

יח רַבִּי נְהוֹרַאי אוֹמֵר: הֱוֵי גוֹלֶה לִמְקוֹם תּוֹרָה. וְאַל תֹּאמַר שֶׁהִיא תָבוֹא אַחֲרֶיךָ,
שֶׁחֲבֵרֶיךָ יְקַיְּמוּהָ בְיָדֶךָ. וְאֶל־בִּינָתְךָ אַל־תִּשָּׁעֵן: משלי ג
יט רַבִּי יַנַּאי אוֹמֵר: אֵין בְּיָדֵינוּ לֹא מִשַּׁלְוַת הָרְשָׁעִים וְאַף לֹא מִיִּסּוּרֵי הַצַּדִּיקִים.
כ רַבִּי מַתְיָא בֶן חָרָשׁ אוֹמֵר: הֱוֵי מַקְדִּים בִּשְׁלוֹם כָּל אָדָם, וֶהֱוֵי זָנָב לָאֲרָיוֹת,
וְאַל תְּהִי רֹאשׁ לַשּׁוּעָלִים.
כא רַבִּי יַעֲקֹב אוֹמֵר: הָעוֹלָם הַזֶּה דּוֹמֶה לִפְרוֹזְדוֹר בִּפְנֵי הָעוֹלָם הַבָּא. הַתְקֵן
עַצְמְךָ בִּפְרוֹזְדוֹר, כְּדֵי שֶׁתִּכָּנֵס לַטְּרַקְלִין.
כב הוּא הָיָה אוֹמֵר: יָפָה שָׁעָה אַחַת בִּתְשׁוּבָה וּמַעֲשִׂים טוֹבִים בָּעוֹלָם הַזֶּה,
מִכָּל חַיֵּי הָעוֹלָם הַבָּא. וְיָפָה שָׁעָה אַחַת שֶׁל קוֹרַת רוּחַ בָּעוֹלָם הַבָּא, מִכָּל
חַיֵּי הָעוֹלָם הַזֶּה.
כג רַבִּי שִׁמְעוֹן בֶּן אֶלְעָזָר אוֹמֵר: אַל תְּרַצֶּה אֶת חֲבֵרְךָ בִּשְׁעַת כַּעֲסוֹ, וְאַל
תְּנַחֲמֵהוּ בְּשָׁעָה שֶׁמֵּתוֹ מֻטָּל לְפָנָיו, וְאַל תִּשְׁאַל לוֹ בִּשְׁעַת נִדְרוֹ, וְאַל
תִּשְׁתַּדֵּל לִרְאוֹתוֹ בִּשְׁעַת קַלְקָלָתוֹ.
כד שְׁמוּאֵל הַקָּטָן אוֹמֵר: בִּנְפֹל אוֹיִבְךָ אַל־תִּשְׂמָח, וּבִכָּשְׁלוֹ אַל־יָגֵל לִבֶּךָ: פֶּן־ משלי כד
יִרְאֶה יהוה וְרַע בְּעֵינָיו, וְהֵשִׁיב מֵעָלָיו אַפּוֹ:
כה אֱלִישָׁע בֶּן אֲבוּיָה אוֹמֵר: הַלּוֹמֵד יֶלֶד, לְמָה הוּא דוֹמֶה, לִדְיוֹ כְתוּבָה עַל נְיָר
חָדָשׁ. וְהַלּוֹמֵד זָקֵן, לְמָה הוּא דוֹמֶה, לִדְיוֹ כְתוּבָה עַל נְיָר מָחוּק.
כו רַבִּי יוֹסֵי בַּר יְהוּדָה אִישׁ כְּפַר הַבַּבְלִי אוֹמֵר: הַלּוֹמֵד מִן הַקְּטַנִּים, לְמָה הוּא

---

worship; and Torah is the crown of Jewish study and education. The sages were critical of the Hasmonean kings, some of whom appointed themselves as High Priests, thus breaching the separation of the crowns of kingship and priesthood. *The crown of a good name:* an alternative translation is, "But the crown of a good name must accompany them all." Unlike the other crowns, which exist in virtue of office or accomplishment, a good name is won by the individual him- or herself, regardless of office or accomplishment, by the integrity and grace with which he or she relates to others.

4:18. *Exile yourself to a place of Torah:* Be prepared to travel to a center of Torah study where there are outstanding teachers and scholars. Torah is learned not only from books but also, and essentially, from people, their conduct, and the fellowship of argument.

vat. When you learn from the old, what is it like? Like eating ripe grapes and drinking old wine.

27. Rabbi Meir said: Do not look at the container but at what it contains, for a new flask may contain old wine, and an old flask may not contain anything, even new wine.

28. Rabbi Elazar HaKappar said: Envy, lust, and the seeking of honor, drive a person out of the world.

29. He used to say: Those who are born will one day die, those who die will live again, and the living will be judged. It is for us to know, make known, and confirm that He is God, He is the Maker; He is the Creator; He is the Discerner; He is the Judge; He is the Witness; He is the Plaintiff; and He will deliver the judgment. Blessed is He before whom there is no unrighteousness, no forgetfulness, no favoritism and no taking of bribes; and know that all is according to a strict reckoning. Do not let your evil impulse persuade you that the grave is, for you, a place of refuge: for without your consent you were formed, without your consent you were born, without your consent you live, without your consent you will die, and without your consent you will in the future have to give an account and reckoning before the Supreme King of kings, the Holy One, blessed be He.

Rabbi Ḥananya ben Akashya said: The Holy One, blessed be He, wanted to confer merit on Israel. That is why He gave them a copious Torah and many commandments, as it is said, "It pleased the LORD, for the sake of [Israel's] righteousness, to make the Torah great and glorious." *Makkot 23b* *Is. 42*

If there is a minyan, mourners say the Rabbis' Kaddish (page 762).

* * *

All Israel have a share in the World to Come, as it is said, *Sanhedrin 90a*
"Your people are all righteous; they shall inherit the land for ever; *Is. 60*
they are a shoot of My own planting,
a work of My own hands, that I may be glorified."

CHAPTER 5

1. By ten acts of speech the world was created. What does this teach us? Could not the world have been created by a single act of speech? It is to exact punishment from the wicked who destroy a world created by ten acts of speech, and richly to reward the righteous who sustain the world created by ten acts of speech.

5:1. *By ten acts of speech:* The word *VaYomer*, "and He said," appears ten times in Genesis chapter 1.

דּוֹמֶה, לְאוֹכֵל עֲנָבִים קֵהוֹת וְשׁוֹתֶה יַיִן מִגִּתּוֹ. וְהַלּוֹמֵד מִן הַזְּקֵנִים, לְמָה הוּא דּוֹמֶה, לְאוֹכֵל עֲנָבִים בְּשׁוּלוֹת וְשׁוֹתֶה יַיִן יָשָׁן.

כו רַבִּי מֵאִיר אוֹמֵר: אַל תִּסְתַּכֵּל בְּקַנְקַן, אֶלָּא בְמַה שֶּׁיֵּשׁ בּוֹ. יֵשׁ קַנְקַן חָדָשׁ מָלֵא יָשָׁן, וְיָשָׁן שֶׁאֲפִלּוּ חָדָשׁ אֵין בּוֹ.

כח רַבִּי אֶלְעָזָר הַקַּפָּר אוֹמֵר: הַקִּנְאָה וְהַתַּאֲוָה וְהַכָּבוֹד, מוֹצִיאִין אֶת הָאָדָם מִן הָעוֹלָם.

כט הוּא הָיָה אוֹמֵר: הַיִּלּוֹדִים לָמוּת, וְהַמֵּתִים לְחִיוֹת, וְהַחַיִּים לִדּוֹן, לֵידַע וּלְהוֹדִיעַ וּלְהִוָּדַע, שֶׁהוּא אֵל, הוּא הַיּוֹצֵר, הוּא הַבּוֹרֵא, הוּא הַמֵּבִין, הוּא הַדַּיָּן, הוּא הָעֵד, הוּא בַּעַל דִּין, הוּא עָתִיד לָדוּן. בָּרוּךְ הוּא, שֶׁאֵין לְפָנָיו לֹא עַוְלָה וְלֹא שִׁכְחָה, וְלֹא מַשּׂוֹא פָנִים וְלֹא מִקַּח שֹׁחַד, שֶׁהַכֹּל שֶׁלּוֹ. וְדַע, שֶׁהַכֹּל לְפִי הַחֶשְׁבּוֹן. וְאַל יַבְטִיחֲךָ יִצְרְךָ שֶׁהַשְּׁאוֹל בֵּית מָנוֹס לָךְ, שֶׁעַל כָּרְחֲךָ אַתָּה נוֹצָר, וְעַל כָּרְחֲךָ אַתָּה נוֹלָד, וְעַל כָּרְחֲךָ אַתָּה חַי, וְעַל כָּרְחֲךָ אַתָּה מֵת, וְעַל כָּרְחֲךָ אַתָּה עָתִיד לִתֵּן דִּין וְחֶשְׁבּוֹן לִפְנֵי מֶלֶךְ מַלְכֵי הַמְּלָכִים הַקָּדוֹשׁ בָּרוּךְ הוּא.

רַבִּי חֲנַנְיָא בֶּן עֲקַשְׁיָא אוֹמֵר: רָצָה הַקָּדוֹשׁ בָּרוּךְ הוּא לְזַכּוֹת אֶת יִשְׂרָאֵל, לְפִיכָךְ מכות כג:
הִרְבָּה לָהֶם תּוֹרָה וּמִצְוֹת. שֶׁנֶּאֱמַר: יהוה חָפֵץ לְמַעַן צִדְקוֹ, יַגְדִּיל תּוֹרָה וְיַאְדִּיר: ישעיה מב

If there is a מנין*, mourners say* קדיש דרבנן *(page 763).*

* * *

כָּל יִשְׂרָאֵל יֵשׁ לָהֶם חֵלֶק לָעוֹלָם הַבָּא. שֶׁנֶּאֱמַר: סנהדרין צ.
וְעַמֵּךְ כֻּלָּם צַדִּיקִים, לְעוֹלָם יִירְשׁוּ אָרֶץ ישעיה ס
נֵצֶר מַטָּעַי, מַעֲשֵׂה יָדַי לְהִתְפָּאֵר:

פרק חמישי

א בַּעֲשָׂרָה מַאֲמָרוֹת נִבְרָא הָעוֹלָם. וּמַה תַּלְמוּד לוֹמַר, וַהֲלֹא בְמַאֲמָר אֶחָד יָכוֹל לְהִבָּרְאוֹת, אֶלָּא לְהִפָּרַע מִן הָרְשָׁעִים, שֶׁמְּאַבְּדִין אֶת הָעוֹלָם שֶׁנִּבְרָא בַּעֲשָׂרָה מַאֲמָרוֹת, וְלִתֵּן שָׂכָר טוֹב לַצַּדִּיקִים, שֶׁמְּקַיְּמִין אֶת הָעוֹלָם שֶׁנִּבְרָא בַּעֲשָׂרָה מַאֲמָרוֹת.

CHAPTER 5

Unlike the previous chapters, where the emphasis was placed on the authors as well as their teachings, most of the passages in this final chapter of *Avot*, are presented anonymously. They begin with a series of numerical lists.

2. There were ten generations from Adam to Noah, to make known how patient God is, for all those generations increasingly provoked Him until He brought on them the waters of the Flood.
3. There were ten generations from Noah to Abraham, to make known how patient God is, for all those generations increasingly provoked Him until Abraham our father came and received the reward which could have been theirs.
4. Abraham our father was tested with ten trials and he withstood all of them, to make known how deep was our father Abraham's love of God.
5. Ten miracles were performed for our ancestors in Egypt, and ten at the Sea. The Holy One, blessed be He, brought ten plagues against the Egyptians in Egypt, and ten at the Sea.
6. With ten trials our ancestors tried the patience of the Holy One, blessed be He, in the wilderness, as it is written, "They have tested Me these ten times, *Num. 14*
and did not listen to My voice."
7. Ten miracles were performed for our ancestors in the Temple: (1) No woman miscarried from the aroma of the sacrificial meat; (2) the sacrificial meat never became putrid; (3) no fly was seen in the slaughterhouse; (4) the High Priest never suffered ritual pollution on Yom Kippur; (5) rain never extinguished the fire of the wood-pile on the altar; (6) the wind never blew away the column of smoke that rose from the altar; (7) no defect was ever found in the Omer, the Two Loaves, or the Showbread; (8) the people stood crowded together, yet there was ample space when they prostrated themselves; (9) no serpent or scorpion ever harmed anyone in Jerusalem; and (10) no one ever said to his fellow, "There is no room for me to stay overnight in Jerusalem."
8. Ten things were created on the eve of the Sabbath at twilight. They were: (1) the mouth of the earth; (2) the mouth of the well; (3) the mouth of [Balaam's] ass; (4) the rainbow; (5) the manna; (6) the staff; (7) the Shamir; (8) the writing [on the Tablets]; (9) the inscription; and (10) the Tablets. Some say: also the demons, Moses' burial place, and the ram of our father Abraham. And some say: also tongs made with tongs.
9. Seven traits characterize an uncultured person, and seven a sage. A sage: (1) does not speak before one who is wiser than he; (2) does not interrupt the words of his fellow; (3) does not answer impetuously; (4) asks relevant questions and gives appropriate answers; (5) deals with first things first, and last things last; (6) about something he has not heard he says, "I have not

---

5:8. *Ten things were created:* Miraculous events which involved temporary suspension of natural or scientific law. The Mishna teaches that these events were programmed into nature at the outset. In general, Judaism emphasizes

ב עֲשָׂרָה דוֹרוֹת מֵאָדָם וְעַד נֹחַ, לְהוֹדִיעַ כַּמָּה אֶרֶךְ אַפַּיִם לְפָנָיו, שֶׁכָּל הַדּוֹרוֹת
הָיוּ מַכְעִיסִין וּבָאִין, עַד שֶׁהֵבִיא עֲלֵיהֶם אֶת מֵי הַמַּבּוּל.

ג עֲשָׂרָה דוֹרוֹת מִנֹּחַ וְעַד אַבְרָהָם, לְהוֹדִיעַ כַּמָּה אֶרֶךְ אַפַּיִם לְפָנָיו, שֶׁכָּל
הַדּוֹרוֹת הָיוּ מַכְעִיסִין וּבָאִין, עַד שֶׁבָּא אַבְרָהָם אָבִינוּ וְקִבֵּל שְׂכַר כֻּלָּם.

ד עֲשָׂרָה נִסְיוֹנוֹת נִתְנַסָּה אַבְרָהָם אָבִינוּ וְעָמַד בְּכֻלָּם, לְהוֹדִיעַ כַּמָּה חִבָּתוֹ
שֶׁל אַבְרָהָם אָבִינוּ.

ה עֲשָׂרָה נִסִּים נַעֲשׂוּ לַאֲבוֹתֵינוּ בְּמִצְרַיִם, וַעֲשָׂרָה עַל הַיָּם. עֶשֶׂר מַכּוֹת הֵבִיא
הַקָּדוֹשׁ בָּרוּךְ הוּא עַל הַמִּצְרִיִּים בְּמִצְרַיִם, וְעֶשֶׂר עַל הַיָּם.

ו עֲשָׂרָה נִסְיוֹנוֹת נִסּוּ אֲבוֹתֵינוּ אֶת הַקָּדוֹשׁ בָּרוּךְ הוּא בַּמִּדְבָּר, שֶׁנֶּאֱמַר: וַיְנַסּוּ במדבר יד
אֹתִי זֶה עֶשֶׂר פְּעָמִים, וְלֹא שָׁמְעוּ בְּקוֹלִי:

ז עֲשָׂרָה נִסִּים נַעֲשׂוּ לַאֲבוֹתֵינוּ בְּבֵית הַמִּקְדָּשׁ. לֹא הִפִּילָה אִשָּׁה מֵרֵיחַ
בְּשַׂר הַקֹּדֶשׁ, וְלֹא הִסְרִיחַ בְּשַׂר הַקֹּדֶשׁ מֵעוֹלָם, וְלֹא נִרְאָה זְבוּב בְּבֵית
הַמִּטְבְּחַיִם, וְלֹא אֵרַע קֶרִי לְכֹהֵן גָּדוֹל בְּיוֹם הַכִּפּוּרִים, וְלֹא כִבּוּ הַגְּשָׁמִים
אֵשׁ שֶׁל עֲצֵי הַמַּעֲרָכָה, וְלֹא נִצְּחָה הָרוּחַ אֶת עַמּוּד הֶעָשָׁן, וְלֹא נִמְצָא פְסוּל
בָּעֹמֶר וּבִשְׁתֵּי הַלֶּחֶם וּבְלֶחֶם הַפָּנִים, עוֹמְדִים צְפוּפִים וּמִשְׁתַּחֲוִים רְוָחִים,
וְלֹא הִזִּיק נָחָשׁ וְעַקְרָב בִּירוּשָׁלַיִם מֵעוֹלָם, וְלֹא אָמַר אָדָם לַחֲבֵרוֹ: צַר לִי
הַמָּקוֹם שֶׁאָלִין בִּירוּשָׁלָיִם.

ח עֲשָׂרָה דְבָרִים נִבְרְאוּ בְּעֶרֶב שַׁבָּת בֵּין הַשְּׁמָשׁוֹת. וְאֵלּוּ הֵן, פִּי הָאָרֶץ, פִּי
הַבְּאֵר, פִּי הָאָתוֹן, הַקֶּשֶׁת, וְהַמָּן, וְהַמַּטֶּה, וְהַשָּׁמִיר, הַכְּתָב, וְהַמִּכְתָּב,
וְהַלּוּחוֹת. וְיֵשׁ אוֹמְרִים, אַף הַמַּזִּיקִין, וּקְבוּרָתוֹ שֶׁל מֹשֶׁה, וְאֵילוֹ שֶׁל אַבְרָהָם
אָבִינוּ. וְיֵשׁ אוֹמְרִים, אַף צְבָת בִּצְבָת עֲשׂוּיָה.

ט שִׁבְעָה דְבָרִים בְּגֹלֶם, וְשִׁבְעָה בְּחָכָם. חָכָם אֵינוֹ מְדַבֵּר לִפְנֵי מִי שֶׁגָּדוֹל מִמֶּנּוּ
בְּחָכְמָה, וְאֵינוֹ נִכְנָס לְתוֹךְ דִּבְרֵי חֲבֵרוֹ, וְאֵינוֹ נִבְהָל לְהָשִׁיב, שׁוֹאֵל כָּעִנְיָן

5:4. *Ten trials:* Such as the commandment to leave his father's house; being forced by famine to go to Egypt; and the binding of Isaac. There are different midrashic traditions as to the precise enumeration.

5:6. *With ten trials our ancestors tried the patience:* Such as their rebellion at the Reed Sea; their complaints about the food and water; the golden calf; the report of the spies; and other provocations.

heard"; and (7) he acknowledges the truth. The opposites of these characterize an uncultured person.

10. Seven types of punishment come into the world for seven kinds of transgression: (1) If some tithe and others do not, a famine caused by drought occurs, so that some go hungry while others have sufficient. (2) If all decide not to tithe, a famine comes through tumult [of war] as well as drought. (3) If they also decide not to set apart ḥalla, a fatal famine ensues.

11. (4) Pestilence comes to the world for crimes that, according to the Torah, carry the death penalty, but are not the preserve of a human tribunal, and also for violation of the laws relating to produce of the seventh year. (5) The sword comes to the world for delay of justice, the perversion of justice, and for those who give a legal decision in violation of normative Torah law.

12. (6) Wild beasts come to the world because of perjury and the desecration of God's name. (7) Exile comes to the world for idolatry, sexual immorality and bloodshed, and for violating the sabbatical year of the land.

13. At four periods [of the seven-year sabbatical cycle] pestilence increases: in the fourth year, the seventh year, the year following the sabbatical year, and annually at the conclusion of the Festival of Sukkot. In the fourth year, [pestilence increases] because of neglect of the tithe for the poor in the third year; in the seventh year, because of neglect of the tithe for the poor in the sixth year; in the year following the sabbatical year, because of the violation of the laws of the seventh-year produce; and at the conclusion of the Festival of Sukkot, for robbing the poor of their gifts.

14. There are four types of human character: (1) One who says, "What is mine is mine, and what is yours is yours," is an average person, though some say this is a Sodom type. (2) One who says, "What is mine is yours and what is yours is mine," is an ignoramus. (3) One who says, "What is mine is yours and what

---

sought to understand national calamities as divine punishment, measure for measure, for national failings, religious, ethical or social. Thus the appropriate response to tragedy was collective penitence and rededication of the nation to the principles on which it was founded.

5:13. *Robbing the poor of their gifts:* The gleanings of the harvest, the corners of the field, and forgotten sheaves. These were to be left for the poor at harvest time; hence the connection with Sukkot, the harvest festival.

5:14. *Some say this is a Sodom type:* The sin of Sodom, according to Ezekiel 16:49, was that "they did not help the poor and needy." Insisting on property

וּמֵשִׁיב כַּהֲלָכָה, וְאוֹמֵר עַל רִאשׁוֹן רִאשׁוֹן וְעַל אַחֲרוֹן אַחֲרוֹן, וְעַל מַה שֶּׁלֹּא שָׁמַע אוֹמֵר לֹא שָׁמַעְתִּי, וּמוֹדֶה עַל הָאֱמֶת. וְחִלּוּפֵיהֶן בַּגֹּלֶם.

י שִׁבְעָה מִינֵי פֻרְעָנִיּוֹת בָּאִין לָעוֹלָם עַל שִׁבְעָה גוּפֵי עֲבֵרָה. מִקְצָתָן מְעַשְּׂרִין וּמִקְצָתָן אֵינָן מְעַשְּׂרִין, רָעָב שֶׁל בַּצֹּרֶת בָּא, מִקְצָתָן רְעֵבִים וּמִקְצָתָן שְׂבֵעִים. גָּמְרוּ שֶׁלֹּא לְעַשֵּׂר, רָעָב שֶׁל מְהוּמָה וְשֶׁל בַּצֹּרֶת בָּא. וְשֶׁלֹּא לִטּוֹל אֶת הַחַלָּה, רָעָב שֶׁל כְּלָיָה בָּא.

יא דֶּבֶר בָּא לָעוֹלָם עַל מִיתוֹת הָאֲמוּרוֹת בַּתּוֹרָה שֶׁלֹּא נִמְסְרוּ לְבֵית דִּין, וְעַל פֵּרוֹת שְׁבִיעִית. חֶרֶב בָּאָה לָעוֹלָם עַל עִנּוּי הַדִּין, וְעַל עִוּוּת הַדִּין, וְעַל הַמּוֹרִים בַּתּוֹרָה שֶׁלֹּא כַהֲלָכָה.

יב חַיָּה רָעָה בָּאָה לָעוֹלָם עַל שְׁבוּעַת שָׁוְא וְעַל חִלּוּל הַשֵּׁם. גָּלוּת בָּאָה לָעוֹלָם עַל עֲבוֹדָה זָרָה, וְעַל גִּלּוּי עֲרָיוֹת, וְעַל שְׁפִיכוּת דָּמִים, וְעַל שְׁמִטַּת הָאָרֶץ.

יג בְּאַרְבָּעָה פְרָקִים הַדֶּבֶר מִתְרַבֶּה, בָּרְבִיעִית, וּבַשְּׁבִיעִית, וּבְמוֹצָאֵי שְׁבִיעִית, וּבְמוֹצָאֵי הֶחָג שֶׁבְּכָל שָׁנָה וְשָׁנָה. בָּרְבִיעִית, מִפְּנֵי מַעְשַׂר עָנִי שֶׁבַּשְּׁלִישִׁית. בַּשְּׁבִיעִית, מִפְּנֵי מַעְשַׂר עָנִי שֶׁבַּשִּׁשִּׁית. בְּמוֹצָאֵי שְׁבִיעִית, מִפְּנֵי פֵּרוֹת שְׁבִיעִית. בְּמוֹצָאֵי הֶחָג שֶׁבְּכָל שָׁנָה וְשָׁנָה, מִפְּנֵי גֵזֶל מַתְּנוֹת עֲנִיִּים.

יד אַרְבַּע מִדּוֹת בָּאָדָם. הָאוֹמֵר שֶׁלִּי שֶׁלִּי וְשֶׁלְּךָ שֶׁלָּךְ, זוֹ מִדָּה בֵינוֹנִית, וְיֵשׁ

---

the law-like structure of the physical universe, as it says in Ecclesiastes, "There is nothing new under the sun" (1:9). *On the eve of the Sabbath at twilight* – between the six days of nature, and the seventh, which belongs to the One who transcends nature. *The mouth of the earth,* which opened to swallow Koraḥ; *the mouth of the well,* which accompanied the Israelites on their journey through the wilderness; *the mouth of [Balaam's] ass,* which spoke (Num. 22:28); *the rainbow,* which appeared after the Flood; *the manna,* which descended as "bread from heaven"; *the staff,* with which Moses performed signs and wonders; *the Shamir,* the miraculous worm which, according to tradition, split the stones from which the Temple was made; *the writing [on the Tablets],* which could be seen from both sides; *the inscription* of the Tablets and *the Tablets* themselves, hewn and inscribed by God. *Some say, also tongs made with tongs:* the infinite regress – what held the first implement forged by fire, if not another implement forged by fire?

5:10. *Seven types of punishment:* As heirs to the prophetic tradition, the sages

is yours is yours," is pious. (4) One who says, "What is yours is mine and what is mine is mine," is wicked.

15. There are four types of temperament: (1) One who is easily angered and easily pacified – his loss is cancelled by his gain. (2) One who is hard to anger and hard to pacify – his gain is cancelled by his loss. (3) One who is hard to anger and easily pacified is pious. (4) One who is easily angered and hard to pacify is wicked.

16. There are four types of student: (1) One who learns quickly and forgets quickly – his gain is cancelled by his loss. (2) One who learns slowly and forgets slowly – his loss is cancelled by his gain. (3) One who learns quickly and forgets slowly – his is a happy lot. (4) One who learns slowly and forgets quickly – his is a sad lot.

17. There are four types of donor to charity: (1) One who wishes to give but does not want others to give, begrudges others. (2) One who wants others to give, but does not himself give, begrudges himself. (3) One who gives and wants others to give is pious. (4) One who does not himself give and does not want others to give is wicked.

18. There are four types among those who attend the House of Study: (1) One who goes but does not practice [what he learns] receives a reward for going. (2) One who practices but does not go receives a reward for practicing. (3) One who goes and also practices is pious. (4) One who neither goes nor practices is wicked.

19. There are four types among those who sit before the sages: the sponge, the funnel, the strainer and the sieve. The sponge absorbs everything. The funnel takes in at one end and lets out at the other. The strainer lets out the wine and retains the sediment. The sieve allows the flour dust to pass through and retains the fine flour.

20. If love depends on a specific cause, when the cause ends, so does the love. If love does not depend on a specific cause, then it never ends. What is an example of love depending on a specific cause? The love of Amnon for Tamar. What is an example of love not dependent on a specific cause? The love of David and Jonathan.

21. Any dispute for the sake of Heaven will have enduring value, but any dispute not for the sake of Heaven will not have enduring value. What is an example of a dispute for the sake of heaven? The dispute between Hillel and Shammai. What is an example of one not for the sake of heaven? The dispute of Koraḥ and all his company.

---

by the truth is the only defeat that is also a victory, for by it we grow. "Just as I received reward for the exposition," said Rabbi Shimon HaAmsoni, "so I

אוֹמְרִים, זוֹ מִדַּת סְדוֹם. שֶׁלִּי שֶׁלְּךָ וְשֶׁלְּךָ שֶׁלִּי, עַם הָאָרֶץ. שֶׁלִּי שֶׁלְּךָ וְשֶׁלְּךָ שֶׁלְּךָ, חָסִיד. שֶׁלְּךָ שֶׁלִּי וְשֶׁלִּי שֶׁלִּי, רָשָׁע.

טו אַרְבַּע מִדּוֹת בַּדֵּעוֹת. נוֹחַ לִכְעֹס וְנוֹחַ לִרְצוֹת, יָצָא הֶפְסֵדוֹ בִּשְׂכָרוֹ. קָשֶׁה לִכְעֹס וְקָשֶׁה לִרְצוֹת, יָצָא שְׂכָרוֹ בְּהֶפְסֵדוֹ. קָשֶׁה לִכְעֹס וְנוֹחַ לִרְצוֹת, חָסִיד. נוֹחַ לִכְעֹס וְקָשֶׁה לִרְצוֹת, רָשָׁע.

טז אַרְבַּע מִדּוֹת בַּתַּלְמִידִים. מָהִיר לִשְׁמֹעַ וּמָהִיר לְאַבֵּד, יָצָא שְׂכָרוֹ בְּהֶפְסֵדוֹ. קָשֶׁה לִשְׁמֹעַ וְקָשֶׁה לְאַבֵּד, יָצָא הֶפְסֵדוֹ בִּשְׂכָרוֹ. מָהִיר לִשְׁמֹעַ וְקָשֶׁה לְאַבֵּד, זֶה חֵלֶק טוֹב. קָשֶׁה לִשְׁמֹעַ וּמָהִיר לְאַבֵּד, זֶה חֵלֶק רָע.

יז אַרְבַּע מִדּוֹת בְּנוֹתְנֵי צְדָקָה. הָרוֹצֶה שֶׁיִּתֵּן וְלֹא יִתְּנוּ אֲחֵרִים, עֵינוֹ רָעָה בְּשֶׁל אֲחֵרִים. יִתְּנוּ אֲחֵרִים וְהוּא לֹא יִתֵּן, עֵינוֹ רָעָה בְּשֶׁלּוֹ. יִתֵּן וְיִתְּנוּ אֲחֵרִים, חָסִיד. לֹא יִתֵּן וְלֹא יִתְּנוּ אֲחֵרִים, רָשָׁע.

יח אַרְבַּע מִדּוֹת בְּהוֹלְכֵי בֵית הַמִּדְרָשׁ. הוֹלֵךְ וְאֵינוֹ עוֹשֶׂה, שְׂכַר הֲלִיכָה בְּיָדוֹ. עוֹשֶׂה וְאֵינוֹ הוֹלֵךְ, שְׂכַר מַעֲשֶׂה בְּיָדוֹ. הוֹלֵךְ וְעוֹשֶׂה, חָסִיד. לֹא הוֹלֵךְ וְלֹא עוֹשֶׂה, רָשָׁע.

יט אַרְבַּע מִדּוֹת בְּיוֹשְׁבִים לִפְנֵי חֲכָמִים, סְפוֹג, וּמַשְׁפֵּךְ, מְשַׁמֶּרֶת, וְנָפָה. סְפוֹג, שֶׁהוּא סוֹפֵג אֶת הַכֹּל. וּמַשְׁפֵּךְ, שֶׁמַּכְנִיס בְּזוֹ וּמוֹצִיא בְזוֹ. מְשַׁמֶּרֶת, שֶׁמּוֹצִיאָה אֶת הַיַּיִן וְקוֹלֶטֶת אֶת הַשְּׁמָרִים. וְנָפָה, שֶׁמּוֹצִיאָה אֶת הַקֶּמַח וְקוֹלֶטֶת אֶת הַסֹּלֶת.

כ כָּל אַהֲבָה שֶׁהִיא תְלוּיָה בְדָבָר, בָּטֵל דָּבָר, בְּטֵלָה אַהֲבָה. וְשֶׁאֵינָהּ תְּלוּיָה בְדָבָר, אֵינָהּ בְּטֵלָה לְעוֹלָם. אֵיזוֹ הִיא אַהֲבָה שֶׁהִיא תְלוּיָה בְדָבָר, זוֹ אַהֲבַת אַמְנוֹן וְתָמָר. וְשֶׁאֵינָהּ תְּלוּיָה בְדָבָר, זוֹ אַהֲבַת דָּוִד וִיהוֹנָתָן.

כא כָּל מַחֲלֹקֶת שֶׁהִיא לְשֵׁם שָׁמַיִם, סוֹפָהּ לְהִתְקַיֵּם. וְשֶׁאֵינָהּ לְשֵׁם שָׁמַיִם, אֵין סוֹפָהּ לְהִתְקַיֵּם. אֵיזוֹ הִיא מַחֲלֹקֶת שֶׁהִיא לְשֵׁם שָׁמַיִם, זוֹ מַחֲלֹקֶת הִלֵּל וְשַׁמַּאי. וְשֶׁאֵינָהּ לְשֵׁם שָׁמַיִם, זוֹ מַחֲלֹקֶת קֹרַח וְכָל עֲדָתוֹ.

---

rights, they frowned on charity. *An ignoramus:* this, according to some scholars, is a critique of the property-sharing communes associated with the Essenes.

5:21. *Any dispute for the sake of Heaven* is an argument for the sake of truth. *Any dispute not for the sake of Heaven* is an argument for the sake of victory. In an argument for the sake of heaven, both sides win; one because his views are accepted, the other because he has learned something new. To be defeated

22. One who brings merit to the many will not be the cause of sin. One who causes the many to sin will be denied the means to repent. Moses attained merit and brought merit to the many; therefore the merit of the many was attributed to him, as it is said, "He carried out the LORD's righteousness and His ordinances with Israel." Jeroboam, son of Nebat, sinned and caused the many to sin; therefore the sin of the many was attributed to him, as it is said, "For the sins of Jeroboam that he committed and that he caused Israel to commit." *Deut. 33* *1 Kings 15*

23. Whoever possesses these three traits is one of the disciples of our father Abraham; whoever possesses the three opposite traits is one of the disciples of the wicked Balaam. A generous eye, a modest demeanor and a humble soul are the traits of the disciples of our father Abraham. An evil eye, an arrogant demeanor and an insatiable soul are attributes of the disciples of the wicked Balaam. What is the difference between our father Abraham's disciples and those of the wicked Balaam? Our father Abraham's disciples enjoy this world and inherit the World to Come, as it is said, "That I may cause those who love me to inherit substance and so that I may fill their treasures." The wicked Balaam's disciples inherit Gehinnom and go down to the pit of destruction, as it is said, "But You, God, will bring them down to the pit of destruction; bloodthirsty and deceitful men shall not live out half their days; but I trust in You." *Prov. 8* *Ps. 55*

24. Judah ben Tema said: Be strong as a leopard, light as an eagle, swift as a gazelle, and brave as a lion, to do the will of your Father in heaven. He used to say: The shameless go to Gehinnom; those who have a sense of shame are destined for the Garden of Eden. May it be Your will, O LORD our God and God of our ancestors that the Temple be speedily rebuilt in our days; and grant us our portion in Your Torah.

25. He used to say: Five years old is the age to begin studying Scripture; ten for Mishna; thirteen for the obligation of the commandments; fifteen for the study of Talmud; eighteen for marriage; twenty for seeking a livelihood; thirty for full strength; forty for understanding; fifty for giving counsel; sixty for old age; seventy for ripe old age; eighty for exceptional strength; and ninety for a bent back; at a hundred, one is as if he were dead and had left and gone from the world.

26. Ben Bag-Bag said: Turn it [the Torah] over and over, for everything is in it. Reflect on it, grow old and gray in it and do not stir from it, for there is no better portion for you than this. Ben Heh-Heh said: According to the effort is the reward.

5:24. *May it be Your will:* This passage originally marked the end of the chapter, and of the tractate, hence its formulaic character.

כב כָּל הַמְזַכֶּה אֶת הָרַבִּים, אֵין חֵטְא בָּא עַל יָדוֹ. וְכָל הַמַּחֲטִיא אֶת הָרַבִּים, אֵין
מַסְפִּיקִין בְּיָדוֹ לַעֲשׂוֹת תְּשׁוּבָה. מֹשֶׁה זָכָה וְזִכָּה אֶת הָרַבִּים, זְכוּת הָרַבִּים
דברים לג תָּלוּי בוֹ, שֶׁנֶּאֱמַר: צִדְקַת יהוה עָשָׂה וּמִשְׁפָּטָיו עִם־יִשְׂרָאֵל: יָרָבְעָם בֶּן נְבָט,
מלכים א׳ טו חָטָא וְהֶחֱטִיא אֶת הָרַבִּים, חֵטְא הָרַבִּים תָּלוּי בוֹ, שֶׁנֶּאֱמַר: עַל־חַטֹּאות
יָרָבְעָם אֲשֶׁר חָטָא וַאֲשֶׁר הֶחֱטִיא אֶת־יִשְׂרָאֵל:

כג כָּל מִי שֶׁיֵּשׁ בּוֹ שְׁלֹשָׁה דְבָרִים הַלָּלוּ, הוּא מִתַּלְמִידָיו שֶׁל אַבְרָהָם אָבִינוּ,
וּשְׁלֹשָׁה דְבָרִים אֲחֵרִים, הוּא מִתַּלְמִידָיו שֶׁל בִּלְעָם הָרָשָׁע. עַיִן טוֹבָה, וְרוּחַ
נְמוּכָה, וְנֶפֶשׁ שְׁפָלָה, תַּלְמִידָיו שֶׁל אַבְרָהָם אָבִינוּ. עַיִן רָעָה, וְרוּחַ גְּבוֹהָה
וְנֶפֶשׁ רְחָבָה, תַּלְמִידָיו שֶׁל בִּלְעָם הָרָשָׁע. מַה בֵּין תַּלְמִידָיו שֶׁל אַבְרָהָם
אָבִינוּ לְתַלְמִידָיו שֶׁל בִּלְעָם הָרָשָׁע. תַּלְמִידָיו שֶׁל אַבְרָהָם אָבִינוּ אוֹכְלִין
משלי ח בָּעוֹלָם הַזֶּה וְנוֹחֲלִין הָעוֹלָם הַבָּא, שֶׁנֶּאֱמַר: לְהַנְחִיל אֹהֲבַי יֵשׁ וְאֹצְרֹתֵיהֶם
אֲמַלֵּא: אֲבָל תַּלְמִידָיו שֶׁל בִּלְעָם הָרָשָׁע יוֹרְשִׁין גֵּיהִנָּם וְיוֹרְדִין לִבְאֵר שַׁחַת,
תהלים נה שֶׁנֶּאֱמַר: וְאַתָּה אֱלֹהִים תּוֹרִדֵם לִבְאֵר שַׁחַת, אַנְשֵׁי דָמִים וּמִרְמָה לֹא־יֶחֱצוּ
יְמֵיהֶם, וַאֲנִי אֶבְטַח־בָּךְ:

כד יְהוּדָה בֶּן תֵּימָא אוֹמֵר: הֱוֵי עַז כַּנָּמֵר וְקַל כַּנֶּשֶׁר, רָץ כַּצְּבִי וְגִבּוֹר כָּאֲרִי,
לַעֲשׂוֹת רְצוֹן אָבִיךָ שֶׁבַּשָּׁמָיִם. הוּא הָיָה אוֹמֵר: עַז פָּנִים לְגֵיהִנָּם, וּבֹשֶׁת
פָּנִים לְגַן עֵדֶן. יְהִי רָצוֹן מִלְּפָנֶיךָ, יהוה אֱלֹהֵינוּ וֵאלֹהֵי אֲבוֹתֵינוּ, שֶׁיִּבָּנֶה בֵּית
הַמִּקְדָּשׁ בִּמְהֵרָה בְיָמֵינוּ, וְתֵן חֶלְקֵנוּ בְּתוֹרָתֶךָ.

כה הוּא הָיָה אוֹמֵר: בֶּן חָמֵשׁ שָׁנִים לַמִּקְרָא, בֶּן עֶשֶׂר שָׁנִים לַמִּשְׁנָה, בֶּן שְׁלֹשׁ
עֶשְׂרֵה לַמִּצְוֹת, בֶּן חֲמֵשׁ עֶשְׂרֵה לַגְּמָרָא, בֶּן שְׁמוֹנֶה עֶשְׂרֵה לַחֻפָּה, בֶּן עֶשְׂרִים
לִרְדֹּף, בֶּן שְׁלֹשִׁים לַכֹּחַ, בֶּן אַרְבָּעִים לַבִּינָה, בֶּן חֲמִשִּׁים לָעֵצָה, בֶּן שִׁשִּׁים
לַזִּקְנָה, בֶּן שִׁבְעִים לַשֵּׂיבָה, בֶּן שְׁמוֹנִים לַגְּבוּרָה, בֶּן תִּשְׁעִים לָשׁוּחַ, בֶּן מֵאָה
כְּאִלּוּ מֵת וְעָבַר וּבָטֵל מִן הָעוֹלָם.

כו בֶּן בַּג בַּג אוֹמֵר: הֲפָךְ בָּהּ וַהֲפָךְ בָּהּ דְּכֹלָּא בָהּ, וּבַהּ תֶּחֱזֵי, וְסִיב וּבְלֵה בָהּ,
וּמִנַּהּ לָא תְזוּעַ, שֶׁאֵין לְךָ מִדָּה טוֹבָה הֵימֶנָּה. בֶּן הֵא הֵא אוֹמֵר: לְפוּם
צַעֲרָא אַגְרָא.

---

will receive reward for the retraction" (*Bekhorot* 6b). In an argument for the sake of victory, both sides lose, even the victor, for in diminishing the other, he has diminished himself.

Rabbi Ḥananya ben Akashya said: The Holy One, blessed be He, wanted to confer merit on Israel. That is why He gave them a copious Torah and many commandments, as it is said, "It pleased the LORD, for the sake of [Israel's] righteousness, to make the Torah great and glorious." *Makkot 23b* *Is. 42*

If there is a minyan, mourners say the Rabbis' Kaddish (*page 762*).

* * *

Sanhedrin 90a

All Israel have a share in the World to Come, as it is said,
"Your people are all righteous; they shall inherit the land for ever; *Is. 60*
they are a shoot of My own planting,
a work of My own hands, that I may be glorified."

CHAPTER 6

The sages taught the following in the style of the Mishna – blessed be He who chose them and their teaching.

1. Rabbi Meir said: Whoever engages in Torah study for its own sake merits many things; moreover, the whole world is worthwhile for his sake alone. He is called friend, beloved, a lover of God and a lover of mankind. [The Torah] clothes him with humility and reverence. It prepares him to be righteous, pious, upright and faithful. It keeps him far from sin and near to virtue. People benefit from his advice and wisdom, understanding and courage, as it is said, "Mine are counsel and wisdom; I am understanding, courage is mine." *Prov. 8* It gives him sovereignty, dominion and discerning judgment. To him the secrets of the Torah are revealed. He becomes like a never-failing fountain, like a river that never runs dry. He becomes modest and patient; he forgives insults. It makes him great, exalting him above all things.
2. Rabbi Yehoshua ben Levi said: Every day a heavenly voice resounds from Mount Horeb, proclaiming and saying: "Woe to mankind for their contempt of the Torah!" For whoever does not occupy himself with the Torah is called reprehensible, as it is said, "Like a gold ring in the snout of a pig is a beautiful woman bereft of sense." *Prov. 11* It also says, "The tablets were the work of God, and the writing was the writing of God, engraved (*ḥarut*) on the tablets." *Ex. 32* Read not *ḥarut* ("engraved") but *ḥerut* ("freedom"), for the only person who is truly free is one who occupies himself with Torah study; and whoever occupies himself with Torah study will be exalted, as it is said, "And from Mattana to Naḥaliel, and from Naḥaliel to Bamot." *Num. 21*

6:2. *The only person who is truly free:* Hebrew distinguishes two kinds of freedom, *ḥofesh* and *ḥerut*. *Ḥofesh* is negative liberty, the absence of coercion, while *ḥerut* is positive liberty, the freedom that honors the freedom of others. Positive freedom requires habits of self-restraint; hence it belongs only

רַבִּי חֲנַנְיָא בֶּן עֲקַשְׁיָא אוֹמֵר: רָצָה הַקָּדוֹשׁ בָּרוּךְ הוּא לְזַכּוֹת אֶת יִשְׂרָאֵל, לְפִיכָךְ מכות כג:
הִרְבָּה לָהֶם תּוֹרָה וּמִצְוֹת. שֶׁנֶּאֱמַר: יהוה חָפֵץ לְמַעַן צִדְקוֹ, יַגְדִּיל תּוֹרָה וְיַאְדִּיר: ישעיה מב

If there is a מנין*, mourners say* קדיש דרבנן *(page 763).*

* * *

כָּל יִשְׂרָאֵל יֵשׁ לָהֶם חֵלֶק לָעוֹלָם הַבָּא. שֶׁנֶּאֱמַר: סנהדרין צ.
וְעַמֵּךְ כֻּלָּם צַדִּיקִים, לְעוֹלָם יִירְשׁוּ אָרֶץ ישעיה ס
נֵצֶר מַטָּעַי, מַעֲשֵׂה יָדַי לְהִתְפָּאֵר:

פרק ששי

שָׁנוּ חֲכָמִים בִּלְשׁוֹן הַמִּשְׁנָה, בָּרוּךְ שֶׁבָּחַר בָּהֶם וּבְמִשְׁנָתָם.

א רַבִּי מֵאִיר אוֹמֵר: כָּל הָעוֹסֵק בַּתּוֹרָה לִשְׁמָהּ, זוֹכֶה לִדְבָרִים הַרְבֵּה. וְלֹא עוֹד, אֶלָּא שֶׁכָּל הָעוֹלָם כֻּלּוֹ כְּדַאי הוּא לוֹ. נִקְרָא רֵעַ, אוֹהֵב אֶת הַמָּקוֹם, אוֹהֵב אֶת הַבְּרִיּוֹת, מְשַׂמֵּחַ אֶת הַמָּקוֹם, מְשַׂמֵּחַ אֶת הַבְּרִיּוֹת, וּמַלְבַּשְׁתּוֹ עֲנָוָה וְיִרְאָה, וּמַכְשַׁרְתּוֹ לִהְיוֹת צַדִּיק, חָסִיד, יָשָׁר, וְנֶאֱמָן, וּמְרַחַקְתּוֹ מִן הַחֵטְא, וּמְקָרַבְתּוֹ לִידֵי זְכוּת, וְנֶהֱנִין מִמֶּנּוּ עֵצָה וְתוּשִׁיָּה, בִּינָה וּגְבוּרָה, שֶׁנֶּאֱמַר:
לִי־עֵצָה וְתוּשִׁיָּה, אֲנִי בִינָה, לִי גְבוּרָה: וְנוֹתֶנֶת לוֹ מַלְכוּת וּמֶמְשָׁלָה, וְחִקּוּר משלי ח
דִּין, וּמְגַלִּין לוֹ רָזֵי תוֹרָה, וְנַעֲשֶׂה כְּמַעְיָן הַמִּתְגַּבֵּר וּכְנָהָר שֶׁאֵינוֹ פוֹסֵק, וְהֹוֶה צָנוּעַ, וְאֶרֶךְ רוּחַ, וּמוֹחֵל עַל עֶלְבּוֹנוֹ, וּמְגַדַּלְתּוֹ וּמְרוֹמַמְתּוֹ עַל כָּל הַמַּעֲשִׂים.

ב אָמַר רַבִּי יְהוֹשֻׁעַ בֶּן לֵוִי: בְּכָל יוֹם וָיוֹם, בַּת קוֹל יוֹצֵאת מֵהַר חוֹרֵב וּמַכְרֶזֶת וְאוֹמֶרֶת, אוֹי לָהֶם לַבְּרִיּוֹת מֵעֶלְבּוֹנָהּ שֶׁל תּוֹרָה, שֶׁכָּל מִי שֶׁאֵינוֹ עוֹסֵק
בַּתּוֹרָה נִקְרָא נָזוּף, שֶׁנֶּאֱמַר: נֶזֶם זָהָב בְּאַף חֲזִיר, אִשָּׁה יָפָה וְסָרַת טָעַם: משלי יא
וְאוֹמֵר: וְהַלֻּחֹת מַעֲשֵׂה אֱלֹהִים הֵמָּה, וְהַמִּכְתָּב מִכְתַּב אֱלֹהִים הוּא, חָרוּת שמות לב
עַל־הַלֻּחֹת: אַל תִּקְרָא חָרוּת אֶלָּא חֵרוּת, שֶׁאֵין לְךָ בֶּן חוֹרִין אֶלָּא מִי שֶׁעוֹסֵק בְּתַלְמוּד תּוֹרָה. וְכָל מִי שֶׁעוֹסֵק בְּתַלְמוּד תּוֹרָה, הֲרֵי זֶה מִתְעַלֶּה, שֶׁנֶּאֱמַר:
וּמִמַּתָּנָה נַחֲלִיאֵל, וּמִנַּחֲלִיאֵל בָּמוֹת: במדבר כא

CHAPTER 6

This chapter, as the text explains, is not part of the Tractate *Avot*, but is a later compilation. It is known as *The Chapter of R. Meir*, because of its first speaker, or *The Chapter of the Acquisition of Torah*, because of its central theme. Like Chapter 119 of the book of Psalms, it is a poetic expression of the love of a people for a book, the Book of Books, and a quintessential declaration of rabbinic faith.

3. Whoever learns from someone else a single chapter, a single law, a single verse, a single word, even a single letter, must treat him with honor, for so we find in the case of David, King of Israel, who learned only two things from Aḥitophel, yet he called him his teacher, his guide, and his close friend, for so it says, "But it is you, my equal, my guide, my close friend." The following *Ps. 55* inference can be derived: If David, King of Israel, who learned only two things from Aḥitophel, called him his teacher, guide and close friend, how much more must one who learns from someone else a chapter, a law, a verse, a word or even a single letter, treat him with honor! And honor is due only to Torah, as it is written, "The wise shall inherit honor," *Prov. 3* and "The wholehearted *Prov. 28* shall attain good," and "good" signifies Torah, as it is said, "I have given you *Prov. 4* good instruction; do not forsake My Torah."

4. This is the way of Torah: Eat bread with salt, drink water by measure, sleep on the ground, live a life of hardship, but toil in the Torah! If you do so, "You will be happy and it will be well with you": "You will be happy" in this world, "and it shall be well with you" in the World to Come.

5. Do not seek greatness for yourself, and do not long for honor. Let your deeds exceed your learning. Do not crave the table of kings, for your table is greater than theirs, your crown is greater than their crown, and your Employer can be relied upon to pay you your labor's reward.

6. The Torah is greater than priesthood and kingship, for kingship is acquired with thirty attainments, and priesthood is endowed with twenty-four [gifts], but the Torah is acquired by forty-eight virtues. They are: study, attentive listening, well-ordered speech, intuitive understanding, awe, reverence, humility, joy, purity, serving the wise, association with colleagues, debate with students, serenity, knowledge of Scripture and Mishna; minimizing time spent on business, worldly matters, pleasure, sleep, small talk or laughter; patience, a kindly heart, faith in the sages, and acceptance of suffering; knowing one's place, being happy with one's lot, restraining one's words, and claiming no credit for

---

the sages had a tradition that Psalm 55 was composed by David during Absolom's rebellion, and understood the following verses as referring to Aḥitophel: "If an enemy were insulting me, I could endure it…But it is you, a man like myself, my companion, my close friend, with whom I once enjoyed sweet fellowship as we walked with the throng at the House of God."

6:6. *Kingship is acquired with thirty attainments,* set out in Mishna, *Sanhedrin* 2:2–5. *Priesthood is endowed with twenty-four gifts,* derived from Numbers 18:8–32.

ג הַלּוֹמֵד מֵחֲבֵרוֹ פֶּרֶק אֶחָד, אוֹ הֲלָכָה אַחַת, אוֹ פָּסוּק אֶחָד, אוֹ דִבּוּר אֶחָד,
אוֹ אֲפִלּוּ אוֹת אַחַת, צָרִיךְ לִנְהָג בּוֹ כָּבוֹד. שֶׁכֵּן מָצִינוּ בְּדָוִד מֶלֶךְ יִשְׂרָאֵל,
שֶׁלֹּא לָמַד מֵאֲחִיתֹפֶל אֶלָּא שְׁנֵי דְבָרִים בִּלְבָד, קְרָאוֹ רַבּוֹ אַלּוּפוֹ וּמְיֻדָּעוֹ,
שֶׁנֶּאֱמַר: וְאַתָּה אֱנוֹשׁ כְּעֶרְכִּי, אַלּוּפִי וּמְיֻדָּעִי: וַהֲלֹא דְבָרִים קַל וָחֹמֶר. וּמַה תהלים נה
דָּוִד מֶלֶךְ יִשְׂרָאֵל, שֶׁלֹּא לָמַד מֵאֲחִיתֹפֶל אֶלָּא שְׁנֵי דְבָרִים בִּלְבָד, קְרָאוֹ
רַבּוֹ אַלּוּפוֹ וּמְיֻדָּעוֹ, הַלּוֹמֵד מֵחֲבֵרוֹ פֶּרֶק אֶחָד, אוֹ הֲלָכָה אַחַת, אוֹ פָּסוּק
אֶחָד, אוֹ דִבּוּר אֶחָד, אוֹ אֲפִלּוּ אוֹת אַחַת, עַל אַחַת כַּמָּה וְכַמָּה שֶׁצָּרִיךְ
לִנְהָג בּוֹ כָּבוֹד. וְאֵין כָּבוֹד אֶלָּא תוֹרָה, שֶׁנֶּאֱמַר: כָּבוֹד חֲכָמִים יִנְחָלוּ: משלי ג
וּתְמִימִים יִנְחֲלוּ־טוֹב: וְאֵין טוֹב אֶלָּא תוֹרָה, שֶׁנֶּאֱמַר: כִּי לֶקַח טוֹב נָתַתִּי משלי כח משלי ד
לָכֶם, תּוֹרָתִי אַל־תַּעֲזֹבוּ:

ד כָּךְ הִיא דַּרְכָּהּ שֶׁל תּוֹרָה. פַּת בַּמֶּלַח תֹּאכַל, וּמַיִם בַּמְּשׂוּרָה תִּשְׁתֶּה, וְעַל
הָאָרֶץ תִּישַׁן, וְחַיֵּי צַעַר תִּחְיֶה, וּבַתּוֹרָה אַתָּה עָמֵל. אִם אַתָּה עוֹשֶׂה כֵּן,
אַשְׁרֶיךָ וְטוֹב לָךְ, אַשְׁרֶיךָ בָּעוֹלָם הַזֶּה, וְטוֹב לָךְ לָעוֹלָם הַבָּא.

ה אַל תְּבַקֵּשׁ גְּדֻלָּה לְעַצְמְךָ, וְאַל תַּחְמֹד כָּבוֹד. יוֹתֵר מִלִּמּוּדְךָ עֲשֵׂה. וְאַל
תִּתְאַוֶּה לְשֻׁלְחָנָם שֶׁל מְלָכִים, שֶׁשֻּׁלְחָנְךָ גָּדוֹל מִשֻּׁלְחָנָם, וְכִתְרְךָ גָּדוֹל
מִכִּתְרָם. וְנֶאֱמָן הוּא בַּעַל מְלַאכְתְּךָ, שֶׁיְּשַׁלֶּם לְךָ שְׂכַר פְּעֻלָּתֶךָ.

ו גְּדוֹלָה תוֹרָה יוֹתֵר מִן הַכְּהֻנָּה וּמִן הַמַּלְכוּת. שֶׁהַמַּלְכוּת נִקְנֵית בִּשְׁלֹשִׁים
מַעֲלוֹת, וְהַכְּהֻנָּה בְּעֶשְׂרִים וְאַרְבַּע, וְהַתּוֹרָה נִקְנֵית בְּאַרְבָּעִים וּשְׁמוֹנָה
דְבָרִים. וְאֵלּוּ הֵן, בְּתַלְמוּד, בִּשְׁמִיעַת הָאֹזֶן, בַּעֲרִיכַת שְׂפָתַיִם, בְּבִינַת הַלֵּב,
בְּאֵימָה, בְּיִרְאָה, בַּעֲנָוָה, בְּשִׂמְחָה, בְּטָהֳרָה, בְּשִׁמּוּשׁ חֲכָמִים, בְּדִקְדּוּק
חֲבֵרִים, בְּפִלְפּוּל הַתַּלְמִידִים, בְּיִשּׁוּב, בְּמִקְרָא, בְּמִשְׁנָה, בְּמִעוּט סְחוֹרָה,

---

to those who have internalized the teachings of Torah. *"From Mattana to Naḥaliel, and from Naḥaliel to Bamot,"* reading the phrase as, "From the gift of Torah (*Mattana*) one reaches the heritage of God (*Naḥaliel*), and from there to the heights (*Bamot*)."

6:3. *Even a single letter:* Such as the correct text of a verse, which may depend on a single letter. *David and Aḥitophel:* the poignancy of this passage is that it was Aḥitophel who urged King David's son Absolom to rebel against him (II Samuel, chapter 16). He was therefore a traitor against the king. However,

oneself; being loved, loving God, loving mankind and loving righteousness, justice and admonishment; shunning honors, avoiding arrogance in one's learning or delight in giving decisions; sharing someone else's burden, giving him the benefit of the doubt, guiding him to truth and peace; concentrating on one's study, asking and answering questions, listening and adding to one's knowledge; learning in order to teach, learning in order to do, making one's teacher wiser, being precise in one's studies, and reporting a saying in the name of the one who said it. For you have learned: Whoever reports a saying in the name of the one who said it brings deliverance to the world, as it is said, "And Esther told the king in the name of Mordekhai." *Esther 2*

7. Great is Torah for it gives life to its practitioners in both this world and the World to Come, as it is said, "For they are life to those that find them, and *Prov. 4* healing to all their flesh"; and it says, "It shall be healing for your body and *Prov. 3* marrow for your bones"; and it says, "It is a tree of life to those who grasp it, and those who support it shall be happy"; and it says, "They shall be a garland *Prov. 1* of grace on your head, and pendants for your neck"; and it says, "It will adorn *Prov. 4* your head with a garland of grace, and bestow on you a crown of glory"; and it says, "Through me shall your days increase, and years of life shall be added *Prov. 9* to you"; and it says, "At its right hand is length of days; in its left, riches and *Prov. 3* honor"; and it says, "For length of days and years of life and peace shall they *Prov. 3* add to you."

8. Rabbi Shimon ben Menasya said in the name of Rabbi Shimon ben Yoḥai: Beauty, strength, wealth, honor, wisdom, old age, gray hair, and children are fitting for the righteous and for the world, as it is said: "Gray hair is a crown *Prov. 16* of glory; it is attained by the way of righteousness"; and it says, "The crown *Prov. 14* of the wise is their wealth"; and it says, "Grandchildren are the crown of *Prov. 17* their elders; the glory of children is their parents"; and it says, "The glory of *Prov. 20* the young is their strength; the majesty of the old is their gray hair"; and it says, "Then the moon shall be ashamed and the sun shall be abashed, for the *Is. 24* LORD of hosts will reign on Mount Zion and in Jerusalem, and glory shall be before His elders." Rabbi Shimon ben Menasya said: These seven qualities which the sages attributed to the righteous were all present in Rabbi [Judah the Prince] and his sons.

9. Rabbi Yose ben Kisma said: Once I was walking along the road when a man met and greeted me, and I returned his greeting. He said to me, "Rabbi, where do you come from?" I replied, "I come from a great city of sages and scribes." He said to me, "Rabbi, if you are willing to live with us in our place I will give you a million gold dinars, as well as precious stones and pearls." I replied, "Were you to give me all the silver and gold and precious stones and pearls

בְּמִעוּט דֶּרֶךְ אֶרֶץ, בְּמִעוּט תַּעֲנוּג, בְּמִעוּט שֵׁנָה, בְּמִעוּט שִׂיחָה, בְּמִעוּט שְׂחוֹק, בְּאֶרֶךְ אַפַּיִם, בְּלֵב טוֹב, בֶּאֱמוּנַת חֲכָמִים, בְּקַבָּלַת הַיִּסּוּרִין, הַמַּכִּיר אֶת מְקוֹמוֹ, וְהַשָּׂמֵחַ בְּחֶלְקוֹ, וְהָעוֹשֶׂה סְיָג לִדְבָרָיו, וְאֵינוֹ מַחֲזִיק טוֹבָה לְעַצְמוֹ, אָהוּב, אוֹהֵב אֶת הַמָּקוֹם, אוֹהֵב אֶת הַבְּרִיּוֹת, אוֹהֵב אֶת הַצְּדָקוֹת, אוֹהֵב אֶת הַמֵּישָׁרִים, אוֹהֵב אֶת הַתּוֹכָחוֹת, וּמִתְרַחֵק מִן הַכָּבוֹד, וְלֹא מֵגִיס לִבּוֹ בְּתַלְמוּדוֹ, וְאֵינוֹ שָׂמֵחַ בְּהוֹרָאָה, נוֹשֵׂא בְעֹל עִם חֲבֵרוֹ, וּמַכְרִיעוֹ לְכַף זְכוּת, וּמַעֲמִידוֹ עַל הָאֱמֶת, וּמַעֲמִידוֹ עַל הַשָּׁלוֹם, וּמִתְיַשֵּׁב לִבּוֹ בְּתַלְמוּדוֹ, שׁוֹאֵל וּמֵשִׁיב, שׁוֹמֵעַ וּמוֹסִיף, הַלּוֹמֵד עַל מְנָת לְלַמֵּד, וְהַלּוֹמֵד עַל מְנָת לַעֲשׂוֹת, הַמַּחְכִּים אֶת רַבּוֹ, וְהַמְכַוֵּן אֶת שְׁמוּעָתוֹ, וְהָאוֹמֵר דָּבָר בְּשֵׁם אוֹמְרוֹ. הָא לָמַדְתָּ, כָּל הָאוֹמֵר דָּבָר בְּשֵׁם אוֹמְרוֹ, מֵבִיא גְאֻלָּה לָעוֹלָם, שֶׁנֶּאֱמַר:
וַתֹּאמֶר אֶסְתֵּר לַמֶּלֶךְ בְּשֵׁם מָרְדֳּכָי: אסתר ב

ז גְּדוֹלָה תוֹרָה, שֶׁהִיא נוֹתֶנֶת חַיִּים לְעוֹשֶׂיהָ בָּעוֹלָם הַזֶּה וּבָעוֹלָם הַבָּא,
שֶׁנֶּאֱמַר: כִּי־חַיִּים הֵם לְמֹצְאֵיהֶם, וּלְכָל־בְּשָׂרוֹ מַרְפֵּא: וְאוֹמֵר: רִפְאוּת תְּהִי משלי ד משלי ג
לְשָׁרֶּךָ, וְשִׁקּוּי לְעַצְמוֹתֶיךָ: וְאוֹמֵר: עֵץ־חַיִּים הִיא לַמַּחֲזִיקִים בָּהּ, וְתֹמְכֶיהָ
מְאֻשָּׁר: וְאוֹמֵר: כִּי לִוְיַת חֵן הֵם לְרֹאשֶׁךָ, וַעֲנָקִים לְגַרְגְּרֹתֶיךָ: וְאוֹמֵר: תִּתֵּן משלי א משלי ד
לְרֹאשְׁךָ לִוְיַת־חֵן, עֲטֶרֶת תִּפְאֶרֶת תְּמַגְּנֶךָּ: וְאוֹמֵר: כִּי־בִי יִרְבּוּ יָמֶיךָ, וְיוֹסִיפוּ משלי ט
לְךָ שְׁנוֹת חַיִּים: וְאוֹמֵר: אֹרֶךְ יָמִים בִּימִינָהּ, בִּשְׂמֹאולָהּ עֹשֶׁר וְכָבוֹד: משלי ג
וְאוֹמֵר: כִּי אֹרֶךְ יָמִים וּשְׁנוֹת חַיִּים וְשָׁלוֹם יוֹסִיפוּ לָךְ: משלי ג

ח רַבִּי שִׁמְעוֹן בֶּן מְנַסְיָא מִשּׁוּם רַבִּי שִׁמְעוֹן בֶּן יוֹחַאי אוֹמֵר: הַנּוֹי, וְהַכֹּחַ, וְהָעֹשֶׁר,
וְהַכָּבוֹד, וְהַחָכְמָה, וְהַזִּקְנָה, וְהַשֵּׂיבָה, וְהַבָּנִים, נָאֶה לַצַּדִּיקִים וְנָאֶה לָעוֹלָם,
שֶׁנֶּאֱמַר: עֲטֶרֶת תִּפְאֶרֶת שֵׂיבָה, בְּדֶרֶךְ צְדָקָה תִּמָּצֵא: וְאוֹמֵר: עֲטֶרֶת חֲכָמִים משלי טז משלי יד
עָשְׁרָם: וְאוֹמֵר: עֲטֶרֶת זְקֵנִים בְּנֵי בָנִים, וְתִפְאֶרֶת בָּנִים אֲבוֹתָם: וְאוֹמֵר: משלי יז
תִּפְאֶרֶת בַּחוּרִים כֹּחָם, וַהֲדַר זְקֵנִים שֵׂיבָה: וְאוֹמֵר: וְחָפְרָה הַלְּבָנָה וּבוֹשָׁה משלי כ ישעיה כד
הַחַמָּה, כִּי־מָלַךְ יהוה צְבָאוֹת בְּהַר צִיּוֹן וּבִירוּשָׁלַיִם, וְנֶגֶד זְקֵנָיו כָּבוֹד: רַבִּי
שִׁמְעוֹן בֶּן מְנַסְיָא אוֹמֵר: אֵלּוּ שֶׁבַע מִדּוֹת שֶׁמָּנוּ חֲכָמִים לַצַּדִּיקִים, כֻּלָּם
נִתְקַיְּמוּ בְּרַבִּי וּבְבָנָיו.

ט אָמַר רַבִּי יוֹסֵי בֶּן קִסְמָא: פַּעַם אַחַת הָיִיתִי מְהַלֵּךְ בַּדֶּרֶךְ, וּפָגַע בִּי אָדָם אֶחָד, וְנָתַן לִי שָׁלוֹם וְהֶחֱזַרְתִּי לוֹ שָׁלוֹם. אָמַר לִי, רַבִּי, מֵאֵיזֶה מָקוֹם אָתָּה.

in the world, I would not live anywhere except in a place of Torah, for so it is written in the book of Psalms by David, King of Israel, 'I prefer the Torah of your mouth to thousands of gold and silver pieces.' Furthermore, when a person departs from this world, neither silver nor gold nor precious stones nor pearls accompany him, but only Torah and good deeds, as it is said, 'When you walk, it will lead you; when you lie down, it will watch over you; and when you awake, it will talk with you.' 'When you walk, it will lead you' – in this world; 'when you lie down, it will watch over you' – in the grave; 'and when you awake, it will speak for you' – in the World to Come. And it says, 'Mine is the silver, and Mine is the gold, says the LORD of hosts.'" *Ps. 119* *Prov. 6* *Hag. 2*

10. Five possessions did the Holy One, blessed be He, declare as His own in His world, and they are: the Torah, heaven and earth, Abraham, Israel and the Temple. How do we know this about the Torah? Because it is written, "The LORD created me at the beginning of His way, as the first of His works in days of old." How do we know it about heaven and earth? Because it is written, "So says the LORD: the heaven is My throne, and the earth is My footstool; what house can you build for Me, and where is the place for My rest?"; and it also says, "How numerous are Your works, LORD; You made them all in wisdom; the earth is full of Your creations." How do we know it about Abraham? Because it is written, "And He blessed him and said, Blessed be Abram of God the Most High, owner of heaven and earth." How do we know it about Israel? Because it is written, "Until Your people pass over, O LORD, until this people You acquired pass over"; and it also says, "As for the holy ones who are on earth and for the mighty, all My delight is in them." How do we know it about the Temple? Because it is written, "Your dwelling place which You, LORD, have made; the Temple, O LORD, which Your hands established"; and it also says, "He brought them to His holy realm, the mountain His right hand had acquired." *Prov. 8* *Is. 66* *Ps. 104* *Gen. 14* *Ex. 15* *Ps. 16* *Ex. 15* *Ps. 78*

11. All that the Holy One, blessed be He, created in His world, He created solely for His glory, as it is said, "All that is called by My name, it is for My glory that I created it, formed it and made it"; and it also says, "The LORD shall reign for ever and ever." *Is. 43* *Ex. 15*

Rabbi Ḥananya ben Akashya said: The Holy One, blessed be He, wanted to confer merit on Israel. That is why He gave them a copious Torah and many commandments, as it is said, "It pleased the LORD, for the sake of [Israel's] righteousness, to make the Torah great and glorious." *Makkot 23b* *Is. 42*

If there is a minyan, mourners say the Rabbis' Kaddish *(page 762)*.

אָמַרְתִּי לוֹ, מֵעִיר גְּדוֹלָה שֶׁל חֲכָמִים וְשֶׁל סוֹפְרִים אָנִי. אָמַר לִי, רַבִּי, רְצוֹנְךָ
שֶׁתָּדוּר עִמָּנוּ בִּמְקוֹמֵנוּ, וַאֲנִי אֶתֵּן לְךָ אֶלֶף אֲלָפִים דִּינְרֵי זָהָב וַאֲבָנִים
טוֹבוֹת וּמַרְגָּלִיּוֹת. אָמַרְתִּי לוֹ, אִם אַתָּה נוֹתֵן לִי כָּל כֶּסֶף וְזָהָב וַאֲבָנִים
טוֹבוֹת וּמַרְגָּלִיּוֹת שֶׁבָּעוֹלָם, אֵינִי דָר אֶלָּא בִּמְקוֹם תּוֹרָה, וְכֵן כָּתוּב בְּסֵפֶר
תְּהִלִּים עַל יְדֵי דָוִד מֶלֶךְ יִשְׂרָאֵל: טוֹב־לִי תוֹרַת־פִּיךָ מֵאַלְפֵי זָהָב וָכָסֶף: תהלים קיט
וְלֹא עוֹד, אֶלָּא שֶׁבִּשְׁעַת פְּטִירָתוֹ שֶׁל אָדָם, אֵין מְלַוִּין לוֹ לְאָדָם לֹא כֶסֶף
וְלֹא זָהָב וְלֹא אֲבָנִים טוֹבוֹת וּמַרְגָּלִיּוֹת, אֶלָּא תּוֹרָה וּמַעֲשִׂים טוֹבִים בִּלְבָד,
שֶׁנֶּאֱמַר: בְּהִתְהַלֶּכְךָ תַּנְחֶה אֹתָךְ, בְּשָׁכְבְּךָ תִּשְׁמֹר עָלֶיךָ, וַהֲקִיצוֹתָ הִיא משלי ו
תְשִׂיחֶךָ: בְּהִתְהַלֶּכְךָ תַּנְחֶה אֹתָךְ, בָּעוֹלָם הַזֶּה. בְּשָׁכְבְּךָ תִּשְׁמֹר עָלֶיךָ,
בַּקֶּבֶר. וַהֲקִיצוֹתָ הִיא תְשִׂיחֶךָ, לָעוֹלָם הַבָּא. וְאוֹמֵר: לִי הַכֶּסֶף וְלִי הַזָּהָב, חגי ב
נְאֻם יהוה צְבָאוֹת:

י חֲמִשָּׁה קִנְיָנִים קָנָה הַקָּדוֹשׁ בָּרוּךְ הוּא בְּעוֹלָמוֹ. וְאֵלּוּ הֵן, תּוֹרָה קִנְיָן אֶחָד,
שָׁמַיִם וָאָרֶץ קִנְיָן אֶחָד, אַבְרָהָם קִנְיָן אֶחָד, יִשְׂרָאֵל קִנְיָן אֶחָד, בֵּית הַמִּקְדָּשׁ
קִנְיָן אֶחָד. תּוֹרָה מִנַּיִן, דִּכְתִיב: יהוה קָנָנִי רֵאשִׁית דַּרְכּוֹ, קֶדֶם מִפְעָלָיו מֵאָז: משלי ח
שָׁמַיִם וָאָרֶץ מִנַּיִן, דִּכְתִיב: כֹּה אָמַר יהוה הַשָּׁמַיִם כִּסְאִי וְהָאָרֶץ הֲדֹם רַגְלָי, ישעיה סו
אֵי־זֶה בַיִת אֲשֶׁר תִּבְנוּ־לִי, וְאֵי־זֶה מָקוֹם מְנוּחָתִי: וְאוֹמֵר: מָה־רַבּוּ מַעֲשֶׂיךָ תהלים קד
יהוה, כֻּלָּם בְּחָכְמָה עָשִׂיתָ, מָלְאָה הָאָרֶץ קִנְיָנֶךָ: אַבְרָהָם מִנַּיִן, דִּכְתִיב:
וַיְבָרְכֵהוּ וַיֹּאמַר, בָּרוּךְ אַבְרָם לְאֵל עֶלְיוֹן, קֹנֵה שָׁמַיִם וָאָרֶץ: יִשְׂרָאֵל מִנַּיִן, בראשית יד
דִּכְתִיב: עַד־יַעֲבֹר עַמְּךָ יהוה, עַד־יַעֲבֹר עַם־זוּ קָנִיתָ: וְאוֹמֵר: לִקְדוֹשִׁים שמות טו תהלים טז
אֲשֶׁר־בָּאָרֶץ הֵמָּה, וְאַדִּירֵי כָּל־חֶפְצִי־בָם: בֵּית הַמִּקְדָּשׁ מִנַּיִן, דִּכְתִיב: מָכוֹן שמות טו
לְשִׁבְתְּךָ פָּעַלְתָּ יהוה, מִקְּדָשׁ אֲדֹנָי כּוֹנְנוּ יָדֶיךָ: וְאוֹמֵר: וַיְבִיאֵם אֶל־גְּבוּל תהלים עח
קָדְשׁוֹ, הַר־זֶה קָנְתָה יְמִינוֹ:

יא כָּל מַה שֶּׁבָּרָא הַקָּדוֹשׁ בָּרוּךְ הוּא בְּעוֹלָמוֹ, לֹא בְרָאוֹ אֶלָּא לִכְבוֹדוֹ, שֶׁנֶּאֱמַר:
כֹּל הַנִּקְרָא בִשְׁמִי וְלִכְבוֹדִי בְּרָאתִיו, יְצַרְתִּיו אַף־עֲשִׂיתִיו: וְאוֹמֵר: יהוה ישעיה מג שמות טו
יִמְלֹךְ לְעֹלָם וָעֶד:

רַבִּי חֲנַנְיָא בֶּן עֲקַשְׁיָא אוֹמֵר: רָצָה הַקָּדוֹשׁ בָּרוּךְ הוּא לְזַכּוֹת אֶת יִשְׂרָאֵל, לְפִיכָךְ מכות כג:
הִרְבָּה לָהֶם תּוֹרָה וּמִצְוֹת, שֶׁנֶּאֱמַר: יהוה חָפֵץ לְמַעַן צִדְקוֹ, יַגְדִּיל תּוֹרָה וְיַאְדִּיר: ישעיה מב

If there is a מנין, *mourners say* קדיש דרבנן (*page 763*).

Se'uda Shelishit for Shabbat

אַתְקִינוּ Prepare the feast of perfect faith, joy of the holy King.
Prepare the Royal feast,
this is the feast [mystically known as] "the Small Face,"
and "the Holy Ancient One" and "the Field of Holy Apples"
[mystical terms for aspects of the Divine]
come to partake in the feast with it.

Children of the palace
who yearn to see the radiance of "the Small Face,"
be here at this table
in which the King is engraved.
Long to join this gathering
together with the winged angels.
Rejoice now at this time of favor
when there is no displeasure.
Come close to me, see my strength,
for there are no harsh judgments:
Those brazen dogs are outside,
unable to enter.
So I invite the holy Ancient of Days, His brow of desire
as the moment fades,
And His will is revealed,
to annul all forces of impurity.
Hurl them into the abyss,
hide them in the clefts of rocks,
For now, at Minḥa-time,
is a time of joy for "the Small Face."

---

the words of Torah at the table more inward and profound. Yet there is also the knowledge that this charmed moment is the end of something, and the workday week, with its tensions and hazards, is about to begin. The Ḥassidim in particular seek to draw out these closing moments as long as possible, as if one could make time itself slow to a standstill. This is a time of spiritual longing, as we reluctantly prepare to leave the world-that-ought-to-be for the testing reality of the world-that-is.

סעודה שלישית של שבת

אַתְקִינוּ סְעוּדָתָא דִמְהֵימְנוּתָא שְׁלִימְתָא, חֶדְוְתָא דְמַלְכָּא קַדִּישָׁא.
אַתְקִינוּ סְעוּדָתָא דְמַלְכָּא.
דָּא הִיא סְעוּדָתָא דִזְעֵיר אַנְפִּין
וְעַתִּיקָא קַדִּישָׁא וַחֲקַל תַּפּוּחִין קַדִּישִׁין אָתַיִן לְסַעֲדָה בַּהֲדֵהּ.

בְּנֵי הֵיכְלָא, דְּכַסִּיפִין לְמֶחֱזֵי זִיו זְעֵיר אַנְפִּין
יְהוֹן הָכָא, בְּהַאי תַּכָּא, דְּבֵהּ מַלְכָּא בְּגִלּוּפִין.
צְבוּ לַחֲדָא, בְּהַאי וַעֲדָא, בְּגוֹ עִירִין וְכָל גַּדְפִּין.
חֲדוּ הַשְׁתָּא, בְּהַאי שַׁעְתָּא, דְּבֵהּ רַעֲוָא וְלֵית זַעֲפִין.
קְרִיבוּ לִי, חֲזוּ חֵילִי, דְּלֵית דִּינִין דְּתַקִּיפִין.
לְבַר נָטְלִין, וְלָא עָלִין, הָנֵי כַּלְבִּין דַּחֲצִיפִין.
וְהָא אַזְמִין עֲתִיק יוֹמִין, לְמִצְחֵהּ עַד יְהוֹן חָלְפִין.
רְעוּ דִי לֵהּ, דְּגַלֵּי לֵהּ, לְבַטָּלָה בְּכָל קְלִיפִּין.
יְשַׁוֵּי לוֹן, בְּנֻקְבְּהוֹן, וְיַטְמְרוּן בְּגוֹ כֵּפִין.
אֲרֵי הַשְׁתָּא, בְּמִנְחָתָא, בְּחֶדְוָתָא דִזְעֵיר אַנְפִּין.

SE'UDA SHELISHIT / THE THIRD SHABBAT MEAL

One of the ways in which Shabbat is honored is by eating a third meal, *Se'uda Shelishit*: on weekdays, in Talmudic times, only two meals were eaten. The third meal – often, especially in summer, eaten communally – is a time of great spiritual intensity. The special atmosphere of Shabbat here reaches its climax. We have passed through the Shabbat of creation, the theme of Friday night, and the Shabbat of revelation, the mood of Shabbat morning. We now enter the Shabbat of redemption, the distantly glimpsed future of a world in which God's sovereignty will be recognized by all, and life on earth will recover the harmonies it once had at the dawn of time.

Something of that serenity suffuses the third meal as the sun sinks low on the horizon, sending its slanting rays through the leaves and etching the landscape with red gold. The melodies of the third meal are more meditative, and

מִזְמוֹר לְדָוִד A psalm of David. *Ps. 23*
The LORD is my Shepherd,
I shall not want.
He makes me lie down in green pastures.
He leads me beside the still waters.
He refreshes my soul.
He guides me in the paths of righteousness
for His name's sake.
Though I walk through
the valley of the shadow of death,
I will fear no evil,
for You are with me;
Your rod and Your staff,
they comfort me.
You set a table before me
in the presence of my enemies;
You anoint my head with oil;
my cup is filled to overflowing.
May goodness and kindness
follow me all the days of my life,
and may I live in the House of the LORD
for evermore.

---

cup of wine filled to overflowing, his head anointed with oil (oil was placed on the heads of honored guests at banquets: see Ecclesiastes 9:8; Psalm 92:11). Though his enemies are close, they can do him no harm for he is under his host's protection. The last line delivers the unexpected denouement: the place where the poet experiences these rich feelings of safety is the Temple, "the House of the LORD."

Said here, toward the end of Shabbat, the psalm has particular force. Often Jews were all too conscious of the dangers that lay ahead as they left the refuge of Shabbat and prepared to reengage with the world outside. With them, however, they took the courage born of faith that "I will fear no evil, for You are with me."

תהלים כג

מִזְמוֹר לְדָוִד

יהוה רֹעִי לֹא אֶחְסָר:
בִּנְאוֹת דֶּשֶׁא יַרְבִּיצֵנִי
עַל־מֵי מְנֻחוֹת יְנַהֲלֵנִי:
נַפְשִׁי יְשׁוֹבֵב
יַנְחֵנִי בְמַעְגְּלֵי־צֶדֶק לְמַעַן שְׁמוֹ:
גַּם כִּי־אֵלֵךְ בְּגֵיא צַלְמָוֶת לֹא־אִירָא רָע
כִּי־אַתָּה עִמָּדִי
שִׁבְטְךָ וּמִשְׁעַנְתֶּךָ הֵמָּה יְנַחֲמֻנִי:
תַּעֲרֹךְ לְפָנַי שֻׁלְחָן נֶגֶד צֹרְרָי
דִּשַּׁנְתָּ בַשֶּׁמֶן רֹאשִׁי
כּוֹסִי רְוָיָה:
אַךְ טוֹב וָחֶסֶד יִרְדְּפוּנִי כָּל־יְמֵי חַיָּי
וְשַׁבְתִּי בְּבֵית־יהוה לְאֹרֶךְ יָמִים:

Psalm 23: One of the most sublime passages in all religious literature: a poetic masterpiece – a mere 57 words long – of trust in God's gentle care. In the first half, the Psalmist sees himself as a sheep of God's flock, vulnerable yet safe under the shepherd's protective eye. The tone of serenity is conveyed by a series of pastoral images: "green pastures," "still waters," and *ma'agelei tzedek,* "right (i.e. safe) paths."

The mood then quickens. The Psalmist speaks of "the valley of the shadow of death" (or "a valley of deep darkness"), perhaps a crevice in the rocks where the sun cannot penetrate and where there may be danger from predators. At this point, the psalm shifts from third to second person as the author turns directly to God, uttering in six simple Hebrew words one of the great declarations of faith: "I will fear no evil, for You are with me."

The metaphor then changes. Now the Psalmist is a guest at God's table, his

יְדִיד Beloved of the soul, Father of compassion,
draw Your servant close to Your will.
Like a deer will Your servant run
and fall prostrate before Your beauty.
To him Your love is sweeter
than honey from the comb, than any taste.

הָדוּר Glorious, beautiful, radiance of the world,
my soul is sick with love for You.
Please, God, heal her now
by showing her Your tender radiance.
Then she will recover her strength and be healed,
Be Your servant for eternity.

וָתִיק Ancient of Days, let Your mercy be aroused;
please have pity on Your beloved child.
How long have I yearned
to see the glory of Your strength.
Please, my God, my heart's desire –
hasten; do not hide Yourself.

הִגָּלֵה Reveal Yourself, beloved, and spread over me
the tabernacle of Your peace.
Let the earth shine with Your glory,
let us be overjoyed and rejoice in You.
Hurry, beloved, for the appointed time has come,
and be gracious to me as in the times of old.

Psalm 102:14, "You will surely arise and take pity on Zion, for it is time to be gracious to her; the appointed time has come" – a reference, in this context, to the messianic age.

יְדִיד נֶפֶשׁ, אָב הָרַחֲמָן, מְשֹׁךְ עַבְדְּךָ אֶל רְצוֹנֶךָ
יָרוּץ עַבְדְּךָ כְּמוֹ אַיָּל, יִשְׁתַּחֲוֶה מוּל הֲדָרֶךָ
כִּי יֶעֱרַב לוֹ יְדִידוּתֶךָ, מִנֹּפֶת צוּף וְכָל טָעַם.

הָדוּר, נָאֶה, זִיו הָעוֹלָם, נַפְשִׁי חוֹלַת אַהֲבָתֶךָ
אָנָּא, אֵל נָא, רְפָא נָא לָהּ, בְּהַרְאוֹת לָהּ נֹעַם זִיוֶךָ
אָז תִּתְחַזֵּק וְתִתְרַפֵּא, וְהָיְתָה לָךְ שִׁפְחַת עוֹלָם.

וָתִיק, יֶהֱמוּ רַחֲמֶיךָ, וְחוּס נָא עַל בֵּן אוֹהֲבָךְ
כִּי זֶה כַּמֶּה נִכְסֹף נִכְסַף לִרְאוֹת בְּתִפְאֶרֶת עֻזָּךְ
אָנָּא, אֵלִי, מַחְמַד לִבִּי, חוּשָׁה נָּא, וְאַל תִּתְעַלָּם.

הִגָּלֶה נָא וּפְרֹשׂ, חָבִיב, עָלַי אֶת סֻכַּת שְׁלוֹמָךְ
תָּאִיר אֶרֶץ מִכְּבוֹדָךְ, נָגִילָה וְנִשְׂמְחָה בָךְ.
מַהֵר, אָהוּב, כִּי בָא מוֹעֵד, וְחָנֵּנִי כִּימֵי עוֹלָם.

יְדִיד נֶפֶשׁ *Beloved of the soul:* A poem of passionate love for God, written by the Safed kabbalist Rabbi Elazar ben Moses Azikri (1533–1600). Azikri was part of a mystical fellowship whose members undertook to relinquish all worldly activity and devote their time exclusively to study, prayer and meditation. He wrote "Beloved of the soul," which he called "a prayer for union and the desire of love," around 1584. It is one of the boldest expressions of love in Jewish literature, reminiscent in mood of the Song of Songs. יְדִיד נֶפֶשׁ *Beloved of the soul:* in Jeremiah 12:7, God calls Israel, "the beloved of My soul." מְשֹׁךְ עַבְדְּךָ *Draw Your servant close:* Song of Songs 1:4, "Draw me after You, let us run!" אֵל נָא, רְפָא נָא לָהּ *Please, God, heal her now:* Moses' prayer on behalf of Miriam (Num. 12:13). כִּי בָא מוֹעֵד *For the appointed time has come:*

אֵל מִסְתַּתֵּר God hides Himself in the beauty of concealment, His wisdom opaque
to all human thought; / Cause of causes, adorned with the highest crown,
they [the angels] give You, LORD, a crown.

In the beginning was Your primordial Torah, inscribed with Your hermetic wisdom.
Where can it be found? It is hidden. Wisdom begins in awe of the LORD.

Wider than a river, like never-ending streams, deep waters, that only an
understanding man can draw, / its outcomes are the fifty gates of understanding.
The faithful are guarded by the LORD.

Great God, all eyes are turned toward You. Your great kindness is higher than
the heavens. / God of Abraham, remember Your servant, I will tell of the LORD's
kindness, sing praises to the LORD.

Sublime, majestic in strength and might, who brings forth unparalleled light,
"Awe of Isaac," make our judgment light. Forever, LORD, is Your might.

Who is like You, God, doing great deeds, Mighty One of Jacob, awesome in praise,
Splendor of Israel, who listens to prayers, LORD who listens to those in need.

God, may the merit of the fathers be our shield. Eternal One of Israel, redeem us
from distress. / Draw us, raise us, from the pit of exile, that we may loudly sing in
service at the House of the LORD.

From right and left the prophets were inspired, finding within them Eternity and
Glory, / known by the names of Yakhin and Boaz, and all your children shall be
learned of the LORD.

Foundation, the Righteous, is hidden in Seven, the sign of the covenant to the world.
Source of blessing, Righteous, Foundation of the world, righteous are You, LORD.

Restore, please, David and Solomon's kingdom, with the crown with which his
mother crowned it. / The congregation of Israel is sweetly called a bride,
a crown of splendor in the hand of the LORD.

Mighty One, unite the ten Sefirot as one. Those who divide them from the LORD
will see no light. / Together they shine like sapphire. Bring my song close to You,
the LORD.

Birkat HaMazon can be found on page 1006.

אֵל מִסְתַּתֵּר בְּשַׁפְרִיר חֶבְיוֹן, הַשֵּׂכֶל הַנֶּעְלָם מִכׇּל רַעְיוֹן
עִלַּת הָעִלּוֹת מֻכְתָּר בְּכֶתֶר עֶלְיוֹן, כֶּתֶר יִתְּנוּ לְךָ יהוה.

בְּרֵאשִׁית תּוֹרָתְךָ הַקְּדוּמָה, רְשׁוּמָה חׇכְמָתְךָ הַסְּתוּמָה
מֵאַיִן תִּמָּצֵא וְהִיא נֶעְלָמָה, רֵאשִׁית חׇכְמָה יִרְאַת יהוה.

רְחוֹבוֹת הַנָּהָר נַחֲלֵי אֱמוּנָה, מַיִם עֲמֻקִּים יִדְלֵם אִישׁ תְּבוּנָה
תּוֹצְאוֹתֶיהָ חֲמִשִּׁים שַׁעֲרֵי בִינָה, אֱמוּנִים נוֹצֵר יהוה.

הָאֵל הַגָּדוֹל עֵינֵי כֹל נֶגְדֶּךָ, רַב חֶסֶד גָּדוֹל עַל הַשָּׁמַיִם חַסְדֶּךָ
אֱלֹהֵי אַבְרָהָם זְכֹר לְעַבְדֶּךָ, חַסְדֵי יהוה אַזְכִּיר תְּהִלּוֹת יהוה.

מָרוֹם נֶאְדָּר בְּכֹחַ וּגְבוּרָה, מוֹצִיא אוֹרָה מֵאֵין תְּמוּרָה
פַּחַד יִצְחָק מִשְׁפָּטֵנוּ הָאִירָה, אַתָּה גִּבּוֹר לְעוֹלָם יהוה.

מִי אֵל כָּמוֹךָ עוֹשֶׂה גְדוֹלוֹת, אֲבִיר יַעֲקֹב נוֹרָא תְהִלּוֹת
תִּפְאֶרֶת יִשְׂרָאֵל שׁוֹמֵעַ תְּפִלּוֹת, כִּי שׁוֹמֵעַ אֶל אֶבְיוֹנִים יהוה.

יָהּ, זְכוּת אָבוֹת יָגֵן עָלֵינוּ, נֵצַח יִשְׂרָאֵל, מִצָּרוֹתֵינוּ גְּאָלֵנוּ
וּמִבּוֹר גָּלוּת דְּלֵנוּ וְהַעֲלֵנוּ, לְנַצֵּחַ עַל מְלֶאכֶת בֵּית יהוה.

מִיָּמִין וּמִשְּׂמֹאל יְנִיקַת הַנְּבִיאִים, נֶצַח וָהוֹד מֵהֶם נִמְצָאִים
יָכִין וּבֹעַז בְּשֵׁם נִקְרָאִים, וְכׇל בָּנַיִךְ לִמּוּדֵי יהוה.

יְסוֹד צַדִּיק בְּשִׁבְעָה נֶעְלָם, אוֹת בְּרִית הוּא לְעוֹלָם
מַעְיַן הַבְּרָכָה צַדִּיק יְסוֹד עוֹלָם, צַדִּיק אַתָּה יהוה.

נָא הָקֵם מַלְכוּת דָּוִד וּשְׁלֹמֹה, בָּעֲטָרָה שֶׁעִטְּרָה לּוֹ אִמּוֹ
כְּנֶסֶת יִשְׂרָאֵל כַּלָּה קְרוּאָה בִּנְעִימָה, עֲטֶרֶת תִּפְאֶרֶת בְּיַד יהוה.

חָזָק מְיַחֵד כְּאֶחָד עֶשֶׂר סְפִירוֹת, וּמַפְרִיד אַלּוּף לֹא יִרְאֶה מְאוֹרוֹת
סַפִּיר גִּזְרָתָם יַחַד מְאִירוֹת, תִּקְרַב רִנָּתִי לְפָנֶיךָ יהוה.

ברכת המזון *can be found on page 1007.*

Ma'ariv for Motza'ei Shabbat

In many congregations, the following two psalms are sung before Ma'ariv at the end of Shabbat.

לְדָוִד Of David. Blessed is the LORD, my Rock, who trains my hands for war, my fingers for battle. He is my Benefactor, my Fortress, my Stronghold and my Refuge, my Shield in whom I trust, He who subdues nations under me. LORD, what is man that You care for him, what are mortals that You think of them? Man is no more than a breath, his days like a fleeting shadow. LORD, part Your heavens and come down; touch the mountains so that they pour forth smoke. Flash forth lightning and scatter them; shoot Your arrows and panic them. Reach out Your hand from on high; deliver me and rescue me from the mighty waters, from the hands of strangers, whose every word is worthless, whose right hands are raised in falsehood. To You, God, I will sing a new song; to You I will play music on a ten-stringed harp. He who gives salvation to kings, who saved His servant David from the cruel sword: may He deliver me and rescue me from the hands of strangers, whose every word is worthless, whose right hands are raised in falsehood. Then our sons will be like saplings, well nurtured in their youth. Our daughters will be like pillars carved for a palace. Our barns will be filled with every kind of provision. Our sheep will increase by thousands, even tens of thousands in our fields. Our oxen will draw heavy loads. There will be no breach in the walls, no going into captivity, no *Ps. 144*

The story is a parable of Jewish spirituality. Shabbat is our weekly return to the harmony and serenity of the Garden of Eden. As the day ends we, like Adam and Eve, prepare to reengage with the world – a world often fraught with dangers. We pray to God to be with us in the days ahead, to protect us from harm, and to bless the work of our hands.

לְדָוִד *Psalm 144:* As the arrival of Shabbat is greeted with psalms, so is its departure. Psalm 144 speaks with confidence about facing the battles that may

מעריב למוצאי שבת

In many congregations, the following two psalms are sung before מעריב *on* מוצאי שבת.

לְדָוִד, בָּרוּךְ יהוה צוּרִי, הַמְלַמֵּד יָדַי לַקְרָב, אֶצְבְּעוֹתַי לַמִּלְחָמָה: תהלים קמד
חַסְדִּי וּמְצוּדָתִי מִשְׂגַּבִּי וּמְפַלְטִי לִי, מָגִנִּי וּבוֹ חָסִיתִי, הָרוֹדֵד עַמִּי
תַחְתָּי: יהוה מָה־אָדָם וַתֵּדָעֵהוּ, בֶּן־אֱנוֹשׁ וַתְּחַשְּׁבֵהוּ: אָדָם לַהֶבֶל
דָּמָה, יָמָיו כְּצֵל עוֹבֵר: יהוה הַט־שָׁמֶיךָ וְתֵרֵד, גַּע בֶּהָרִים וְיֶעֱשָׁנוּ:
בְּרוֹק בָּרָק וּתְפִיצֵם, שְׁלַח חִצֶּיךָ וּתְהֻמֵּם: שְׁלַח יָדֶיךָ מִמָּרוֹם, פְּצֵנִי
וְהַצִּילֵנִי מִמַּיִם רַבִּים, מִיַּד בְּנֵי נֵכָר: אֲשֶׁר פִּיהֶם דִּבֶּר־שָׁוְא, וִימִינָם
יְמִין שָׁקֶר: אֱלֹהִים שִׁיר חָדָשׁ אָשִׁירָה לָּךְ, בְּנֵבֶל עָשׂוֹר אֲזַמְּרָה־
לָּךְ: הַנּוֹתֵן תְּשׁוּעָה לַמְּלָכִים, הַפּוֹצֶה אֶת־דָּוִד עַבְדּוֹ מֵחֶרֶב רָעָה:
פְּצֵנִי וְהַצִּילֵנִי מִיַּד בְּנֵי נֵכָר, אֲשֶׁר פִּיהֶם דִּבֶּר־שָׁוְא, וִימִינָם יְמִין
שָׁקֶר: אֲשֶׁר בָּנֵינוּ כִּנְטִעִים, מְגֻדָּלִים בִּנְעוּרֵיהֶם, בְּנוֹתֵינוּ כְזָוִיֹּת,
מְחֻטָּבוֹת תַּבְנִית הֵיכָל: מְזָוֵינוּ מְלֵאִים, מְפִיקִים מִזַּן אֶל־זַן, צֹאונֵנוּ
מַאֲלִיפוֹת מְרֻבָּבוֹת בְּחוּצוֹתֵינוּ: אַלּוּפֵינוּ מְסֻבָּלִים, אֵין פֶּרֶץ וְאֵין

CONCLUSION OF SHABBAT

The end of Shabbat is one of the most intense Jewish experiences of time. According to rabbinic tradition (*Pirkei deRabbi Eliezer,* chapter 20), Adam and Eve were created, sinned, and were sentenced to exile from the Garden of Eden, all on the sixth day. God granted them stay of sentence, allowing them to spend one day, Shabbat itself, in the garden. During that day, say the sages, the sun did not set. As Shabbat came to an end, and darkness began to fall, the first human beings prepared to leave paradise and enter the world outside with its conflicts and challenges, hazards and fears. Assuring them that He would be with them, God gave them a gift: the ability to make light. Hence our custom of making a blessing over light in the Havdala service.

cries of distress in our streets. Happy are the people for whom this is so; happy are the people whose God is the LORD.

לַמְנַצֵּחַ For the conductor of music. With stringed instruments. A psalm, a song. May God be gracious to us and bless us. May He make His face shine on us, Selah. Then will Your way be known on earth, Your salvation among all the nations. Let the peoples praise You, God; let all peoples praise You. Let nations rejoice and sing for joy, for You judge the peoples with equity, and guide the nations of the earth, Selah. Let the peoples praise You, God; let all peoples praise You. The earth has yielded its harvest. May God, our God, bless us. God will bless us, and all the ends of the earth will fear Him. *Ps. 67*

וְהוּא רַחוּם He is compassionate. *Ps. 78*
He forgives iniquity and does not destroy.
Repeatedly He suppresses His anger,
not rousing His full wrath.
LORD, save! *Ps. 20*
May the King, answer us on the day we call.

---

was no daily sacrifice to which it corresponded (*Berakhot* 27b–28a). So widespread was its observance, however, that it was eventually deemed obligatory. Notwithstanding, since the Amida at night does not correspond to a sacrifice, it is not repeated by the Leader.

Tradition identifies the evening prayer with Jacob, who had his most intense religious experiences at night, especially the vision most associated with prayer: the ladder stretching from earth to heaven on which angels ascended and descended. During that vision, God promised Jacob that "I will protect you wherever you go" (Gen. 28:15). The evening service represents our trust in God during the dark and dangers of night.

וְהוּא רַחוּם *He is compassionate:* A prelude to prayer, from the book of Psalms, that serves as a brief equivalent to the Verses of Praise in the morning service. The verse (Psalm 78:38) contains thirteen words that are reminiscent of the thirteen attributes of divine mercy.

יוֹצֵאת, וְאֵין צְוָחָה בִּרְחֹבֹתֵינוּ: אַשְׁרֵי הָעָם שֶׁכָּכָה לּוֹ, אַשְׁרֵי הָעָם
שֶׁיהוה אֱלֹהָיו:

תהלים סז לַמְנַצֵּחַ בִּנְגִינֹת, מִזְמוֹר שִׁיר: אֱלֹהִים יְחָנֵּנוּ וִיבָרְכֵנוּ, יָאֵר פָּנָיו אִתָּנוּ
סֶלָה: לָדַעַת בָּאָרֶץ דַּרְכֶּךָ, בְּכָל־גּוֹיִם יְשׁוּעָתֶךָ: יוֹדוּךָ עַמִּים אֱלֹהִים,
יוֹדוּךָ עַמִּים כֻּלָּם: יִשְׂמְחוּ וִירַנְּנוּ לְאֻמִּים, כִּי־תִשְׁפֹּט עַמִּים מִישֹׁר,
וּלְאֻמִּים בָּאָרֶץ תַּנְחֵם סֶלָה: יוֹדוּךָ עַמִּים אֱלֹהִים, יוֹדוּךָ עַמִּים כֻּלָּם:
אֶרֶץ נָתְנָה יְבוּלָהּ, יְבָרְכֵנוּ אֱלֹהִים אֱלֹהֵינוּ: יְבָרְכֵנוּ אֱלֹהִים, וְיִירְאוּ
אוֹתוֹ כָּל־אַפְסֵי־אָרֶץ:

תהלים עח וְהוּא רַחוּם, יְכַפֵּר עָוֹן וְלֹא־יַשְׁחִית
וְהִרְבָּה לְהָשִׁיב אַפּוֹ, וְלֹא־יָעִיר כָּל־חֲמָתוֹ:
תהלים כ יהוה הוֹשִׁיעָה, הַמֶּלֶךְ יַעֲנֵנוּ בְיוֹם־קָרְאֵנוּ:

---

lie ahead, and the blessings, human and material, that come from hard work. This is the song of a people who, trusting in God, face the future without fear.

לַמְנַצֵּחַ *Psalm 67:* A psalm of thanksgiving whose key phrase is "the earth has yielded its harvest." The second verse uses language reminiscent of the Priestly blessings. The word "earth" appears four times in a variety of senses, suggesting that when we do God's will on earth, the earth yields its blessings with the result that God is recognized by all nations of the earth. As we prepare to meet the time that recalls Adam's exile from Eden, we do so in a spirit directly opposite to the mood that prevailed then. Then it was said: "Cursed be the ground because of you" (Gen. 3:17). Now we pray for it to be blessed.

EVENING SERVICE

The saying of Shema at night ("when you lie down") is a biblical imperative. In early post-Temple times there were some who held that the evening Amida was non-obligatory since – unlike the morning and afternoon services – there

BLESSINGS OF THE SHEMA

The Leader says the following, bowing at "Bless," standing straight at "the LORD"; the congregation, followed by the Leader, responds, bowing at "Bless," standing straight at "the LORD":

Leader: **BLESS**
the LORD, the blessed One.

Congregation: Bless the LORD, the blessed One,
for ever and all time.

Leader: Bless the LORD, the blessed One,
for ever and all time.

בָּרוּךְ Blessed are You, LORD our God, King of the Universe,
who by His word brings on evenings,
by His wisdom opens the gates of heaven,
with understanding makes time change and the seasons rotate,
and by His will
orders the stars in their constellations in the sky.
He creates day and night,
rolling away the light before the darkness,
and darkness before the light.
▸ He makes the day pass and brings on night,
distinguishing day from night:
the LORD of hosts is His name.
May the living and forever enduring God rule over us for all time.
Blessed are You, LORD, who brings on evenings.

הַמַּעֲרִיב עֲרָבִים *Who brings on evenings:* Praise of God as Creator of the universe, and hence of time itself. As with the morning service, the two blessings before the Shema, and the one immediately following, speak in turn of the three key elements of Jewish faith: creation, revelation and redemption.

קריאת שמע וברכותיה

The שליח ציבור *says the following, bowing at* בָּרְכוּ*, standing straight at* ה׳*; the* קהל*, followed by the* שליח ציבור*, responds, bowing at* בָּרוּךְ*, standing straight at* ה׳*:*

ש״ץ: **בָּרְכוּ**

אֶת יהוה הַמְבֹרָךְ.

קהל: בָּרוּךְ יהוה הַמְבֹרָךְ לְעוֹלָם וָעֶד.

ש״ץ: בָּרוּךְ יהוה הַמְבֹרָךְ לְעוֹלָם וָעֶד.

בָּרוּךְ אַתָּה יהוה אֱלֹהֵינוּ מֶלֶךְ הָעוֹלָם
אֲשֶׁר בִּדְבָרוֹ מַעֲרִיב עֲרָבִים
בְּחָכְמָה פּוֹתֵחַ שְׁעָרִים
וּבִתְבוּנָה מְשַׁנֶּה עִתִּים וּמַחֲלִיף אֶת הַזְּמַנִּים
וּמְסַדֵּר אֶת הַכּוֹכָבִים בְּמִשְׁמְרוֹתֵיהֶם בָּרָקִיעַ כִּרְצוֹנוֹ.
בּוֹרֵא יוֹם וָלָיְלָה, גּוֹלֵל אוֹר מִפְּנֵי חֹשֶׁךְ וְחֹשֶׁךְ מִפְּנֵי אוֹר
◄ וּמַעֲבִיר יוֹם וּמֵבִיא לָיְלָה
וּמַבְדִּיל בֵּין יוֹם וּבֵין לָיְלָה
יהוה צְבָאוֹת שְׁמוֹ.
אֵל חַי וְקַיָּם תָּמִיד, יִמְלֹךְ עָלֵינוּ לְעוֹלָם וָעֶד.
בָּרוּךְ אַתָּה יהוה, הַמַּעֲרִיב עֲרָבִים.

בָּרְכוּ אֶת יהוה *Bless the Lord:* As in the morning service, a call to the congregation to join in communal prayer, derived from the verse: "Magnify the Lord with me; let us exalt His name together" (Psalm 34:4).

אַהֲבַת עוֹלָם With everlasting love
have You loved Your people, the house of Israel.
You have taught us Torah and commandments,
decrees and laws of justice.
Therefore, LORD our God, when we lie down and when we rise up
we will speak of Your decrees,
rejoicing in the words of Your Torah
and Your commandments for ever.
▸ For they are our life and the length of our days;
on them will we meditate day and night.
May You never take away Your love from us.
Blessed are You, LORD, who loves His people Israel.

The Shema must be said with intense concentration.

When not with a minyan, say:

God, faithful King!

The following verse should be said aloud, while covering the eyes with the right hand:

Listen, Israel: the LORD is our God, the LORD is One.

Deut. 6

Quietly: Blessed be the name of His glorious kingdom for ever and all time.

וְאָהַבְתָּ Love the LORD your God with all your heart, with all your soul, and with all your might. These words which I command you today shall be on your heart. Teach them repeatedly to your children, speaking of them when you sit at home and when you travel on the way, when you lie down and when you rise. Bind them as a sign on your hand, and they shall be an emblem between your eyes. Write them on the doorposts of your house and gates. *Deut. 6*

---

do we bind ourselves to Him by the words of Torah and the deeds of the commandments. No simpler or more profound statement exists of the love of Jews for the life of the commandments than the phrase, "For they are our life and the length of our days."

אַהֲבַת עוֹלָם בֵּית יִשְׂרָאֵל עַמְּךָ אָהָבְתָּ
תּוֹרָה וּמִצְוֹת, חֻקִּים וּמִשְׁפָּטִים, אוֹתָנוּ לִמַּדְתָּ
עַל כֵּן יהוה אֱלֹהֵינוּ בְּשָׁכְבֵנוּ וּבְקוּמֵנוּ נָשִׂיחַ בְּחֻקֶּיךָ
וְנִשְׂמַח בְּדִבְרֵי תוֹרָתֶךָ וּבְמִצְוֹתֶיךָ לְעוֹלָם וָעֶד
◄ כִּי הֵם חַיֵּינוּ וְאֹרֶךְ יָמֵינוּ
וּבָהֶם נֶהְגֶּה יוֹמָם וָלָיְלָה.
וְאַהֲבָתְךָ אַל תָּסִיר מִמֶּנּוּ לְעוֹלָמִים.
בָּרוּךְ אַתָּה יהוה, אוֹהֵב עַמּוֹ יִשְׂרָאֵל.

The שמע *must be said with intense concentration.*
When not with a מנין*, say:*

אֵל מֶלֶךְ נֶאֱמָן

The following verse should be said aloud, while covering the eyes with the right hand:

דברים ו
שְׁמַע יִשְׂרָאֵל, יהוה אֱלֹהֵינוּ, יהוה ׀ אֶחָד:

Quietly בָּרוּךְ שֵׁם כְּבוֹד מַלְכוּתוֹ לְעוֹלָם וָעֶד.

דברים ו
וְאָהַבְתָּ אֵת יהוה אֱלֹהֶיךָ, בְּכָל־לְבָבְךָ וּבְכָל־נַפְשְׁךָ וּבְכָל־מְאֹדֶךָ:
וְהָיוּ הַדְּבָרִים הָאֵלֶּה, אֲשֶׁר אָנֹכִי מְצַוְּךָ הַיּוֹם, עַל־לְבָבֶךָ: וְשִׁנַּנְתָּם
לְבָנֶיךָ וְדִבַּרְתָּ בָּם, בְּשִׁבְתְּךָ בְּבֵיתֶךָ וּבְלֶכְתְּךָ בַדֶּרֶךְ, וּבְשָׁכְבְּךָ
וּבְקוּמֶךָ: וּקְשַׁרְתָּם לְאוֹת עַל־יָדֶךָ וְהָיוּ לְטֹטָפֹת בֵּין עֵינֶיךָ:
וּכְתַבְתָּם עַל־מְזֻזוֹת בֵּיתֶךָ וּבִשְׁעָרֶיךָ:

אַהֲבַת עוֹלָם *With everlasting love:* A counterpart to the morning blessing, "You have loved us with great love." Both speak of divine love in terms of revelation: God's gift to Israel of the Torah and its commandments. In the same way that God binds Himself to His people through word and deed, so

וְהָיָה If you indeed heed My commandments with which I charge you today, to love the Lord your God and worship Him with all your heart and with all your soul, I will give rain in your land in its season, the early and late rain; and you shall gather in your grain, wine and oil. I will give grass in your field for your cattle, and you shall eat and be satisfied. Be careful lest your heart be tempted and you go astray and worship other gods, bowing down to them. Then the Lord's anger will flare against you and He will close the heavens so that there will be no rain. The land will not yield its crops, and you will perish swiftly from the good land that the Lord is giving you. Therefore, set these, My words, on your heart and soul. Bind them as a sign on your hand, and they shall be an emblem between your eyes. Teach them to your children, speaking of them when you sit at home and when you travel on the way, when you lie down and when you rise. Write them on the doorposts of your house and gates, so that you and your children may live long in the land that the Lord swore to your ancestors to give them, for as long as the heavens are above the earth. *Deut. 11*

וַיֹּאמֶר The Lord spoke to Moses, saying: Speak to the Israelites and tell them to make tassels on the corners of their garments for all generations. They shall attach to the tassel at each corner a thread of blue. This shall be your tassel, and you shall see it and remember all of the Lord's commandments and keep them, not straying after your heart and after your eyes, following your own sinful desires. Thus you will be reminded to keep all My commandments, and be holy to your God. I am the Lord your God, who brought you out of the land of Egypt to be your God. I am the Lord your God. *Num. 15*

True –

The Leader repeats:

▸ The Lord your God is true –

וְהָיָה אִם־שָׁמֹעַ תִּשְׁמְעוּ אֶל־מִצְוֺתַי אֲשֶׁר אָנֹכִי מְצַוֶּה אֶתְכֶם דברים יא
הַיּוֹם, לְאַהֲבָה אֶת־יהוה אֱלֹהֵיכֶם וּלְעָבְדוֹ, בְּכָל־לְבַבְכֶם וּבְכָל־
נַפְשְׁכֶם: וְנָתַתִּי מְטַר־אַרְצְכֶם בְּעִתּוֹ, יוֹרֶה וּמַלְקוֹשׁ, וְאָסַפְתָּ דְגָנֶךָ
וְתִירֹשְׁךָ וְיִצְהָרֶךָ: וְנָתַתִּי עֵשֶׂב בְּשָׂדְךָ לִבְהֶמְתֶּךָ, וְאָכַלְתָּ וְשָׂבָעְתָּ:
הִשָּׁמְרוּ לָכֶם פֶּן־יִפְתֶּה לְבַבְכֶם, וְסַרְתֶּם וַעֲבַדְתֶּם אֱלֹהִים אֲחֵרִים
וְהִשְׁתַּחֲוִיתֶם לָהֶם: וְחָרָה אַף־יהוה בָּכֶם, וְעָצַר אֶת־הַשָּׁמַיִם
וְלֹא־יִהְיֶה מָטָר, וְהָאֲדָמָה לֹא תִתֵּן אֶת־יְבוּלָהּ, וַאֲבַדְתֶּם מְהֵרָה
מֵעַל הָאָרֶץ הַטֹּבָה אֲשֶׁר יהוה נֹתֵן לָכֶם: וְשַׂמְתֶּם אֶת־דְּבָרַי
אֵלֶּה עַל־לְבַבְכֶם וְעַל־נַפְשְׁכֶם, וּקְשַׁרְתֶּם אֹתָם לְאוֹת עַל־יֶדְכֶם,
וְהָיוּ לְטוֹטָפֹת בֵּין עֵינֵיכֶם: וְלִמַּדְתֶּם אֹתָם אֶת־בְּנֵיכֶם לְדַבֵּר בָּם,
בְּשִׁבְתְּךָ בְּבֵיתֶךָ וּבְלֶכְתְּךָ בַדֶּרֶךְ, וּבְשָׁכְבְּךָ וּבְקוּמֶךָ: וּכְתַבְתָּם עַל־
מְזוּזוֹת בֵּיתֶךָ וּבִשְׁעָרֶיךָ: לְמַעַן יִרְבּוּ יְמֵיכֶם וִימֵי בְנֵיכֶם עַל הָאֲדָמָה
אֲשֶׁר נִשְׁבַּע יהוה לַאֲבֹתֵיכֶם לָתֵת לָהֶם, כִּימֵי הַשָּׁמַיִם עַל־הָאָרֶץ:

וַיֹּאמֶר יהוה אֶל־מֹשֶׁה לֵּאמֹר: דַּבֵּר אֶל־בְּנֵי יִשְׂרָאֵל וְאָמַרְתָּ במדבר טו
אֲלֵהֶם, וְעָשׂוּ לָהֶם צִיצִת עַל־כַּנְפֵי בִגְדֵיהֶם לְדֹרֹתָם, וְנָתְנוּ עַל־
צִיצִת הַכָּנָף פְּתִיל תְּכֵלֶת: וְהָיָה לָכֶם לְצִיצִת, וּרְאִיתֶם אֹתוֹ
וּזְכַרְתֶּם אֶת־כָּל־מִצְוֺת יהוה וַעֲשִׂיתֶם אֹתָם, וְלֹא תָתוּרוּ אַחֲרֵי
לְבַבְכֶם וְאַחֲרֵי עֵינֵיכֶם, אֲשֶׁר־אַתֶּם זֹנִים אַחֲרֵיהֶם: לְמַעַן תִּזְכְּרוּ
וַעֲשִׂיתֶם אֶת־כָּל־מִצְוֺתָי, וִהְיִיתֶם קְדֹשִׁים לֵאלֹהֵיכֶם: אֲנִי יהוה
אֱלֹהֵיכֶם, אֲשֶׁר הוֹצֵאתִי אֶתְכֶם מֵאֶרֶץ מִצְרַיִם, לִהְיוֹת לָכֶם
לֵאלֹהִים, אֲנִי יהוה אֱלֹהֵיכֶם:

אֱמֶת

The שליח ציבור *repeats:*

◂ יהוה אֱלֹהֵיכֶם אֱמֶת

וֶאֱמוּנָה – and faithful is all this,
and firmly established for us
that He is the LORD our God,
and there is none besides Him,
and that we, Israel, are His people.
He is our King, who redeems us from the hand of kings
and delivers us from the grasp of all tyrants.
He is our God,
who on our behalf repays our foes
and brings just retribution on our mortal enemies;
who performs great deeds beyond understanding
and wonders beyond number;
who kept us alive, not letting our foot slip; *Ps. 66*
who led us on the high places of our enemies,
raising our pride above all our foes;
who did miracles for us
and brought vengeance against Pharaoh;
who performed signs and wonders
in the land of Ham's children;
who smote in His wrath all the firstborn of Egypt,
and brought out His people Israel from their midst
into everlasting freedom;
who led His children through the divided Reed Sea,
plunging their pursuers and enemies into the depths.
When His children saw His might,
they gave praise and thanks to His name,
▸ and willingly accepted His Sovereignty.
Moses and the children of Israel
then sang a song to You with great joy,
and they all exclaimed:

מִי־כָמֹכָה "Who is like You, LORD, among the mighty? *Ex. 15*
Who is like You, majestic in holiness,
awesome in praises, doing wonders?"

וֶאֱמוּנָה כָּל זֹאת וְקַיָּם עָלֵינוּ
כִּי הוּא יהוה אֱלֹהֵינוּ וְאֵין זוּלָתוֹ
וַאֲנַחְנוּ יִשְׂרָאֵל עַמּוֹ.
הַפּוֹדֵנוּ מִיַּד מְלָכִים, מַלְכֵּנוּ הַגּוֹאֲלֵנוּ מִכַּף כָּל הֶעָרִיצִים.
הָאֵל הַנִּפְרָע לָנוּ מִצָּרֵינוּ
וְהַמְשַׁלֵּם גְּמוּל לְכָל אוֹיְבֵי נַפְשֵׁנוּ.
הָעוֹשֶׂה גְדוֹלוֹת עַד אֵין חֵקֶר, וְנִפְלָאוֹת עַד אֵין מִסְפָּר
תהלים סו הַשָּׂם נַפְשֵׁנוּ בַּחַיִּים, וְלֹא־נָתַן לַמּוֹט רַגְלֵנוּ:
הַמַּדְרִיכֵנוּ עַל בָּמוֹת אוֹיְבֵינוּ
וַיָּרֶם קַרְנֵנוּ עַל כָּל שׂוֹנְאֵינוּ.
הָעוֹשֶׂה לָּנוּ נִסִּים וּנְקָמָה בְּפַרְעֹה
אוֹתוֹת וּמוֹפְתִים בְּאַדְמַת בְּנֵי חָם.
הַמַּכֶּה בְעֶבְרָתוֹ כָּל בְּכוֹרֵי מִצְרָיִם
וַיּוֹצֵא אֶת עַמּוֹ יִשְׂרָאֵל מִתּוֹכָם לְחֵרוּת עוֹלָם.
הַמַּעֲבִיר בָּנָיו בֵּין גִּזְרֵי יַם סוּף
אֶת רוֹדְפֵיהֶם וְאֶת שׂוֹנְאֵיהֶם בִּתְהוֹמוֹת טִבַּע
וְרָאוּ בָנָיו גְּבוּרָתוֹ, שִׁבְּחוּ וְהוֹדוּ לִשְׁמוֹ
◂ וּמַלְכוּתוֹ בְּרָצוֹן קִבְּלוּ עֲלֵיהֶם.
מֹשֶׁה וּבְנֵי יִשְׂרָאֵל, לְךָ עָנוּ שִׁירָה בְּשִׂמְחָה רַבָּה
וְאָמְרוּ כֻלָּם
שמות טו מִי־כָמֹכָה בָּאֵלִם יהוה
מִי כָּמֹכָה נֶאְדָּר בַּקֹּדֶשׁ
נוֹרָא תְהִלֹּת עֹשֵׂה פֶלֶא:

אֱמֶת וֶאֱמוּנָה *True and faithful:* A blessing about redemption, parallel to the blessing **אֱמֶת וְיַצִּיב**, "True and firm," in the morning. The special emphasis on

‣ Your children beheld Your majesty
as You parted the sea before Moses.
"This is my God!" they responded, and then said:

"The LORD shall reign for ever and ever." *Ex. 15*

‣ And it is said, "For the LORD has redeemed Jacob *Jer. 31*
and rescued him from a power stronger than his own."
Blessed are You, LORD, who redeemed Israel.

הַשְׁכִּיבֵנוּ Help us lie down, O LORD our God, in peace,
and rise up, O our King, to life.
Spread over us Your canopy of peace.
Direct us with Your good counsel,
and save us for the sake of Your name.
Shield us and remove from us every enemy,
plague, sword, famine and sorrow.
Remove the adversary from before and behind us.
Shelter us in the shadow of Your wings,
for You, God, are our Guardian and Deliverer;
You, God, are a gracious and compassionate King.
‣ Guard our going out and our coming in,
for life and peace, from now and for ever.
Blessed are You, LORD, who guards His people Israel for ever.

In Israel the service continues with Half Kaddish on page 910.

בָּרוּךְ Blessed be the LORD for ever. Amen and Amen. *Ps. 89*
Blessed from Zion be the LORD *Ps. 135*
who dwells in Jerusalem. Halleluya!
Blessed be the LORD, God of Israel, *Ps. 72*
who alone does wondrous things.

בָּרוּךְ יהוה לְעוֹלָם *Blessed be the LORD for ever:* This passage originated among Babylonian Jewry at a time when synagogues were not permitted within the town and were built in the fields outside. This made attendance at synagogue potentially hazardous at night. This prayer, with its eighteen references to

◂ מַלְכוּתְךָ רָאוּ בָנֶיךָ, בּוֹקֵעַ יָם לִפְנֵי מֹשֶׁה
זֶה אֵלִי עָנוּ, וְאָמְרוּ
שמות טו יהוה יִמְלֹךְ לְעֹלָם וָעֶד:
◂ וְנֶאֱמַר
ירמיהו לא כִּי־פָדָה יהוה אֶת־יַעֲקֹב, וּגְאָלוֹ מִיַּד חָזָק מִמֶּנּוּ:
בָּרוּךְ אַתָּה יהוה, גָּאַל יִשְׂרָאֵל.

הַשְׁכִּיבֵנוּ יהוה אֱלֹהֵינוּ לְשָׁלוֹם
וְהַעֲמִידֵנוּ מַלְכֵּנוּ לְחַיִּים
וּפְרֹשׂ עָלֵינוּ סֻכַּת שְׁלוֹמֶךָ, וְתַקְּנֵנוּ בְּעֵצָה טוֹבָה מִלְּפָנֶיךָ
וְהוֹשִׁיעֵנוּ לְמַעַן שְׁמֶךָ.
וְהָגֵן בַּעֲדֵנוּ, וְהָסֵר מֵעָלֵינוּ אוֹיֵב, דֶּבֶר וְחֶרֶב וְרָעָב וְיָגוֹן
וְהָסֵר שָׂטָן מִלְּפָנֵינוּ וּמֵאַחֲרֵינוּ, וּבְצֵל כְּנָפֶיךָ תַּסְתִּירֵנוּ
כִּי אֵל שׁוֹמְרֵנוּ וּמַצִּילֵנוּ אָתָּה
כִּי אֵל מֶלֶךְ חַנּוּן וְרַחוּם אָתָּה.
◂ וּשְׁמֹר צֵאתֵנוּ וּבוֹאֵנוּ לְחַיִּים וּלְשָׁלוֹם מֵעַתָּה וְעַד עוֹלָם.
בָּרוּךְ אַתָּה יהוה, שׁוֹמֵר עַמּוֹ יִשְׂרָאֵל לָעַד.

In ארץ ישראל *the service continues with* חצי קדיש *on page 911.*

תהלים פט בָּרוּךְ יהוה לְעוֹלָם, אָמֵן וְאָמֵן:
תהלים קלה בָּרוּךְ יהוה מִצִּיּוֹן, שֹׁכֵן יְרוּשָׁלָםִ, הַלְלוּיָהּ:
תהלים עב בָּרוּךְ יהוה אֱלֹהִים אֱלֹהֵי יִשְׂרָאֵל, עֹשֵׂה נִפְלָאוֹת לְבַדּוֹ:

---

faithfulness at night echoes the phrase from Psalm 92: "to tell of Your love in the morning, and Your faithfulness at night."

הַשְׁכִּיבֵנוּ *Help us lie down:* This blessing, which has no parallel in the morning service, is a prayer for protection against the hazards of the night.

Blessed be His glorious name for ever,
and may the whole earth be filled with His glory. Amen and Amen.
May the glory of the LORD endure for ever; *Ps. 104*
may the LORD rejoice in His works.
May the name of the LORD be blessed now and for all time. *Ps. 113*
For the sake of His great name *1 Sam. 12*
the LORD will not abandon His people,
for the LORD vowed to make you a people of His own.
When all the people saw [God's wonders] they fell on their faces *1 Kings 18*
and said: "The LORD, He is God; the LORD, He is God."
Then the LORD shall be King over all the earth; *Zech. 14*
on that day the LORD shall be One and His name One.
May Your love, LORD, be upon us, *Ps. 33*
as we have put our hope in You.
Save us, LORD our God, gather us *Ps. 106*
and deliver us from the nations,
to thank Your holy name, and glory in Your praise.
All the nations You made shall come and bow before You, LORD, *Ps. 86*
and pay honor to Your name,
for You are great and You perform wonders:
You alone are God.
We, Your people, the flock of Your pasture, *Ps. 79*
will praise You for ever.
For all generations we will relate Your praise.

בָּרוּךְ Blessed is the LORD by day, blessed is the LORD by night.
Blessed is the LORD when we lie down;
blessed is the LORD when we rise.
For in Your hand are the souls of the living and the dead,
[as it is written:] "In His hand is every living soul, *Job 12*
and the breath of all mankind."

---

home before dark. When conditions changed, the prayer was retained. Since it was a substitute for the weekday Amida, it is not said on Shabbat or Yom Tov.

וּבָרוּךְ שֵׁם כְּבוֹדוֹ לְעוֹלָם
וְיִמָּלֵא כְבוֹדוֹ אֶת־כׇּל־הָאָרֶץ, אָמֵן וְאָמֵן:
יְהִי כְבוֹד יהוה לְעוֹלָם, יִשְׂמַח יהוה בְּמַעֲשָׂיו: תהלים קד
יְהִי שֵׁם יהוה מְבֹרָךְ מֵעַתָּה וְעַד־עוֹלָם: תהלים קיג
כִּי לֹא־יִטֹּשׁ יהוה אֶת־עַמּוֹ בַּעֲבוּר שְׁמוֹ הַגָּדוֹל שמואל א, יב
כִּי הוֹאִיל יהוה לַעֲשׂוֹת אֶתְכֶם לוֹ לְעָם:
וַיַּרְא כׇּל־הָעָם וַיִּפְּלוּ עַל־פְּנֵיהֶם מלכים א, יח
וַיֹּאמְרוּ, יהוה הוּא הָאֱלֹהִים, יהוה הוּא הָאֱלֹהִים:
וְהָיָה יהוה לְמֶלֶךְ עַל־כׇּל־הָאָרֶץ זכריה יד
בַּיּוֹם הַהוּא יִהְיֶה יהוה אֶחָד וּשְׁמוֹ אֶחָד:
יְהִי־חַסְדְּךָ יהוה עָלֵינוּ, כַּאֲשֶׁר יִחַלְנוּ לָךְ: תהלים לג
הוֹשִׁיעֵנוּ יהוה אֱלֹהֵינוּ, וְקַבְּצֵנוּ מִן־הַגּוֹיִם תהלים קו
לְהוֹדוֹת לְשֵׁם קׇדְשֶׁךָ, לְהִשְׁתַּבֵּחַ בִּתְהִלָּתֶךָ:
כׇּל־גּוֹיִם אֲשֶׁר עָשִׂיתָ, יָבוֹאוּ וְיִשְׁתַּחֲווּ לְפָנֶיךָ, אֲדֹנָי תהלים פו
וִיכַבְּדוּ לִשְׁמֶךָ:
כִּי־גָדוֹל אַתָּה וְעֹשֵׂה נִפְלָאוֹת, אַתָּה אֱלֹהִים לְבַדֶּךָ:
וַאֲנַחְנוּ עַמְּךָ וְצֹאן מַרְעִיתֶךָ, נוֹדֶה לְּךָ לְעוֹלָם תהלים עט
לְדוֹר וָדֹר נְסַפֵּר תְּהִלָּתֶךָ:

בָּרוּךְ יהוה בַּיּוֹם, בָּרוּךְ יהוה בַּלָּיְלָה
בָּרוּךְ יהוה בְּשׇׁכְבֵנוּ, בָּרוּךְ יהוה בְּקוּמֵנוּ.
כִּי בְיָדְךָ נַפְשׁוֹת הַחַיִּים וְהַמֵּתִים.
אֲשֶׁר בְּיָדוֹ נֶפֶשׁ כׇּל־חָי, וְרוּחַ כׇּל־בְּשַׂר־אִישׁ: איוב יב

God, was originally recited as a substitute for the evening Amida – possibly to shorten the evening service in synagogue so that participants could return

Into Your hand I entrust my spirit: *Ps. 31*
You redeemed me, LORD, God of truth.
Our God in heaven, bring unity to Your name,
establish Your kingdom constantly
and reign over us for ever and all time.

יִרְאוּ May our eyes see, our hearts rejoice,
and our souls be glad in Your true salvation,
when Zion is told, "Your God reigns."
The LORD is King, the LORD was King,
the LORD will be King for ever and all time.
▸ For sovereignty is Yours, and to all eternity You will reign in glory,
for we have no king but You.
Blessed are You, LORD,
the King who in His constant glory will reign over us
and all His creation for ever and all time.

HALF KADDISH

Leader: יִתְגַּדַּל Magnified and sanctified
may His great name be,
in the world He created by His will.
May He establish His kingdom
in your lifetime and in your days,
and in the lifetime of all the house of Israel,
swiftly and soon – and say: Amen.

All: May His great name be blessed for ever and all time.

Leader: Blessed and praised, glorified and exalted,
raised and honored, uplifted and lauded
be the name of the Holy One,
blessed be He,
beyond any blessing,
song, praise and consolation
uttered in the world – and say: Amen.

תהלים לא
בְּיָדְךָ אַפְקִיד רוּחִי, פָּדִיתָה אוֹתִי יהוה אֵל אֱמֶת:
אֱלֹהֵינוּ שֶׁבַּשָּׁמַיִם, יַחֵד שִׁמְךָ וְקַיֵּם מַלְכוּתְךָ תָּמִיד
וּמְלֹךְ עָלֵינוּ לְעוֹלָם וָעֶד.

יִרְאוּ עֵינֵינוּ וְיִשְׂמַח לִבֵּנוּ וְתָגֵל נַפְשֵׁנוּ בִּישׁוּעָתְךָ בֶּאֱמֶת
בֶּאֱמֹר לְצִיּוֹן מָלַךְ אֱלֹהָיִךְ.
יהוה מֶלֶךְ, יהוה מָלָךְ, יהוה יִמְלֹךְ לְעֹלָם וָעֶד.
◂ כִּי הַמַּלְכוּת שֶׁלְּךָ הִיא, וּלְעוֹלְמֵי עַד תִּמְלֹךְ בְּכָבוֹד
כִּי אֵין לָנוּ מֶלֶךְ אֶלָּא אָתָּה.
בָּרוּךְ אַתָּה יהוה
הַמֶּלֶךְ בִּכְבוֹדוֹ תָּמִיד, יִמְלֹךְ עָלֵינוּ לְעוֹלָם וָעֶד וְעַל כָּל מַעֲשָׂיו.

חצי קדיש

ש״ץ: יִתְגַּדַּל וְיִתְקַדַּשׁ שְׁמֵהּ רַבָּא (קהל: אָמֵן)
בְּעָלְמָא דִּי בְרָא כִרְעוּתֵהּ
וְיַמְלִיךְ מַלְכוּתֵהּ
בְּחַיֵּיכוֹן וּבְיוֹמֵיכוֹן וּבְחַיֵּי דְכָל בֵּית יִשְׂרָאֵל
בַּעֲגָלָא וּבִזְמַן קָרִיב, וְאִמְרוּ אָמֵן. (קהל: אָמֵן)

קהל וש״ץ: יְהֵא שְׁמֵהּ רַבָּא מְבָרַךְ לְעָלַם וּלְעָלְמֵי עָלְמַיָּא.

ש״ץ: יִתְבָּרַךְ וְיִשְׁתַּבַּח וְיִתְפָּאַר וְיִתְרוֹמַם וְיִתְנַשֵּׂא
וְיִתְהַדָּר וְיִתְעַלֶּה וְיִתְהַלָּל
שְׁמֵהּ דְּקֻדְשָׁא בְּרִיךְ הוּא (קהל: בְּרִיךְ הוּא)
לְעֵלָּא מִן כָּל בִּרְכָתָא / בעשרת ימי תשובה: לְעֵלָּא לְעֵלָּא מִכָּל בִּרְכָתָא/
וְשִׁירָתָא, תֻּשְׁבְּחָתָא וְנֶחֱמָתָא
דַּאֲמִירָן בְּעָלְמָא, וְאִמְרוּ אָמֵן. (קהל: אָמֵן)

THE AMIDA

The following prayer, until "in former years" on page 928, is said silently, standing with feet together. Take three steps forward and at the points indicated by ▾, bend the knees at the first word, bow at the second, and stand straight before saying God's name.

O LORD, open my lips, *Ps. 51*
so that my mouth may declare Your praise.

PATRIARCHS

▾בָּרוּךְ Blessed are You, LORD our God and God of our fathers,
God of Abraham, God of Isaac and God of Jacob;
the great, mighty and awesome God, God Most High,
who bestows acts of loving-kindness and creates all,
who remembers the loving-kindness of the fathers
and will bring a Redeemer to their children's children
for the sake of His name, in love.

Between Rosh HaShana & Yom Kippur: Remember us for life, O King who desires life,
and write us in the book of life –
for Your sake, O God of life.

King, Helper, Savior, Shield:
▾Blessed are You, LORD, Shield of Abraham.

DIVINE MIGHT

אַתָּה גִּבּוֹר You are eternally mighty, LORD.
You give life to the dead
and have great power to save.

The phrase "He makes the wind blow and the rain fall" is added from Simḥat Torah until Pesaḥ. In Israel the phrase "He causes the dew to fall" is added from Pesaḥ until Shemini Atzeret.

In fall & winter: He makes the wind blow and the rain fall.
In Israel, in spring & summer: He causes the dew to fall.

He sustains the living with loving-kindness,
and with great compassion revives the dead.
He supports the fallen, heals the sick, sets captives free,
and keeps His faith with those who sleep in the dust.

עמידה

The following prayer, until קַדְמֹנִיּוֹת *on page 929, is said silently, standing with feet together. Take three steps forward and at the points indicated by* ᵛ*, bend the knees at the first word, bow at the second, and stand straight before saying God's name.*

תהלים נא אֲדֹנָי, שְׂפָתַי תִּפְתָּח, וּפִי יַגִּיד תְּהִלָּתֶךָ:

אבות

ᵛבָּרוּךְ אַתָּה יהוה, אֱלֹהֵינוּ וֵאלֹהֵי אֲבוֹתֵינוּ
אֱלֹהֵי אַבְרָהָם, אֱלֹהֵי יִצְחָק, וֵאלֹהֵי יַעֲקֹב
הָאֵל הַגָּדוֹל הַגִּבּוֹר וְהַנּוֹרָא, אֵל עֶלְיוֹן
גּוֹמֵל חֲסָדִים טוֹבִים, וְקוֹנֵה הַכֹּל
וְזוֹכֵר חַסְדֵי אָבוֹת
וּמֵבִיא גוֹאֵל לִבְנֵי בְנֵיהֶם לְמַעַן שְׁמוֹ בְּאַהֲבָה.

בעשרת ימי תשובה: זָכְרֵנוּ לְחַיִּים, מֶלֶךְ חָפֵץ בַּחַיִּים
וְכָתְבֵנוּ בְּסֵפֶר הַחַיִּים, לְמַעַנְךָ אֱלֹהִים חַיִּים.

מֶלֶךְ עוֹזֵר וּמוֹשִׁיעַ וּמָגֵן.
ᵛבָּרוּךְ אַתָּה יהוה, מָגֵן אַבְרָהָם.

גבורות

אַתָּה גִּבּוֹר לְעוֹלָם, אֲדֹנָי
מְחַיֵּה מֵתִים אַתָּה, רַב לְהוֹשִׁיעַ

The phrase מַשִּׁיב הָרוּחַ *is added from* שמחת תורה *until* פסח*. In* ארץ ישראל *the phrase* מוֹרִיד הַטָּל *is added from* פסח *until* שמיני עצרת*.*

בחורף: מַשִּׁיב הָרוּחַ וּמוֹרִיד הַגֶּשֶׁם / בארץ ישראל בקיץ: מוֹרִיד הַטָּל

מְכַלְכֵּל חַיִּים בְּחֶסֶד
מְחַיֵּה מֵתִים בְּרַחֲמִים רַבִּים
סוֹמֵךְ נוֹפְלִים, וְרוֹפֵא חוֹלִים, וּמַתִּיר אֲסוּרִים
וּמְקַיֵּם אֱמוּנָתוֹ לִישֵׁנֵי עָפָר.

Who is like You, Master of might,
and to whom can You be compared,
O King who brings death and gives life, and makes salvation grow?

Between Rosh HaShana & Yom Kippur: Who is like You, compassionate Father,
who remembers His creatures in compassion, for life?

Faithful are You to revive the dead.
Blessed are You,
LORD, who revives the dead.

HOLINESS

אַתָּה קָדוֹשׁ You are holy and Your name is holy,
and holy ones praise You daily, Selah!
Blessed are You, LORD,
the holy God. / *Between Rosh HaShana & Yom Kippur:* the holy King./
(*If forgotten, repeat the Amida.*)

KNOWLEDGE

אַתָּה חוֹנֵן You grace humanity with knowledge
and teach mortals understanding.
You have graced us with the knowledge of Your Torah,
and taught us to perform the statutes of Your will.
You have distinguished, LORD our God,
between sacred and profane,
light and darkness, Israel and the nations,
and between the seventh day and the six days of work.
Our Father, our King, may the days approaching us bring peace;
may we be free from all sin, cleansed from all iniquity,
holding fast to our reverence of You.
And Grace us with the knowledge, understanding
and discernment that come from You.
Blessed are You, LORD,
who graciously grants knowledge.

---

human mind and the ability to make distinctions ("If there is no knowledge," says the Talmud Yerushalmi [*Berakhot* 5:2], "how can there be distinction?").

מִי כָמְוֹךָ, בַּעַל גְּבוּרוֹת, וּמִי דְּוֹמֶה לָּךְ
מֶלֶךְ, מֵמִית וּמְחַיֶּה וּמַצְמִיחַ יְשׁוּעָה.
בעשרת ימי תשובה: מִי כָמְוֹךָ אַב הָרַחֲמִים
זוֹכֵר יְצוּרָיו לְחַיִּים בְּרַחֲמִים.
וְנֶאֱמָן אַתָּה לְהַחֲיוֹת מֵתִים.
בָּרוּךְ אַתָּה יהוה, מְחַיֵּה הַמֵּתִים.

קדושת השם

אַתָּה קָדוֹשׁ וְשִׁמְךָ קָדוֹשׁ וּקְדוֹשִׁים בְּכָל יוֹם יְהַלְלְוּךָ סֶּלָה.
בָּרוּךְ אַתָּה יהוה, הָאֵל הַקָּדוֹשׁ./ בעשרת ימי תשובה: הַמֶּלֶךְ הַקָּדוֹשׁ./
(*If forgotten, repeat the* עמידה.)

דעת

אַתָּה חוֹנֵן לְאָדָם דַּעַת, וּמְלַמֵּד לֶאֱנוֹשׁ בִּינָה.
אַתָּה חוֹנַנְתָּנוּ לְמַדַּע תּוֹרָתֶךָ
וַתְּלַמְּדֵנוּ לַעֲשׂוֹת חֻקֵּי רְצוֹנֶךָ
וַתַּבְדֵּל יהוה אֱלֹהֵינוּ בֵּין קֹדֶשׁ לְחֹל
בֵּין אוֹר לְחֹשֶׁךְ, בֵּין יִשְׂרָאֵל לָעַמִּים
בֵּין יוֹם הַשְּׁבִיעִי לְשֵׁשֶׁת יְמֵי הַמַּעֲשֶׂה.
אָבִינוּ מַלְכֵּנוּ, הָחֵל עָלֵינוּ הַיָּמִים הַבָּאִים לִקְרָאתֵנוּ לְשָׁלוֹם
חֲשׂוּכִים מִכָּל חֵטְא וּמְנֻקִּים מִכָּל עָוֹן וּמְדֻבָּקִים בְּיִרְאָתֶךָ.
וְחָנֵּנוּ מֵאִתְּךָ דֵּעָה בִּינָה וְהַשְׂכֵּל.
בָּרוּךְ אַתָּה יהוה, חוֹנֵן הַדָּעַת.

אַתָּה חוֹנַנְתָּנוּ *You have graced us:* From Talmudic times, this paragraph has been the way of marking Havdala – the transition between holy and secular time – within the Amida prayer. Havdala is repeated as a separate ceremony in the synagogue after prayer, and then again at home. Its positioning here, in the prayer for knowledge, indicates the essential connection between the

REPENTANCE

הֲשִׁיבֵנוּ Bring us back, our Father, to Your Torah.
Draw us near, our King, to Your service.
Lead us back to You in perfect repentance.
Blessed are You, LORD,
who desires repentance.

FORGIVENESS

Strike the left side of the chest at °.

סְלַח לָנוּ Forgive us, our Father, for we have °sinned.
Pardon us, our King, for we have °transgressed;
for You pardon and forgive.
Blessed are You, LORD,
the gracious One who repeatedly forgives.

REDEMPTION

רְאֵה Look on our affliction, plead our cause,
and redeem us soon for Your name's sake,
for You are a powerful Redeemer.
Blessed are You, LORD,
the Redeemer of Israel.

HEALING

רְפָאֵנוּ Heal us, LORD, and we shall be healed.
Save us and we shall be saved, for You are our praise.
Bring complete recovery for all our ailments,

The following prayer for a sick person may be said here:
May it be Your will, O LORD my God and God of my ancestors, that You speedily send a complete recovery from heaven, a healing of both soul and body, to the patient (*name*), son/daughter of (*mother's name*) among the other afflicted of Israel.

---

amidst seeming chaos. As we begin the working week, we acknowledge the divine order of creation as the necessary prelude to human acts of creation.

תשובה

הֲשִׁיבֵנוּ אָבִינוּ לְתוֹרָתֶךָ, וְקָרְבֵנוּ מַלְכֵּנוּ לַעֲבוֹדָתֶךָ
וְהַחֲזִירֵנוּ בִּתְשׁוּבָה שְׁלֵמָה לְפָנֶיךָ.
בָּרוּךְ אַתָּה יהוה, הָרוֹצֶה בִּתְשׁוּבָה.

סליחה

Strike the left side of the chest at °.

סְלַח לָנוּ אָבִינוּ כִּי °חָטָאנוּ
מְחַל לָנוּ מַלְכֵּנוּ כִּי °פָשָׁעְנוּ
כִּי מוֹחֵל וְסוֹלֵחַ אָתָּה.
בָּרוּךְ אַתָּה יהוה, חַנּוּן הַמַּרְבֶּה לִסְלֹחַ.

גאולה

רְאֵה בְעָנְיֵנוּ, וְרִיבָה רִיבֵנוּ, וּגְאָלֵנוּ מְהֵרָה לְמַעַן שְׁמֶךָ
כִּי גּוֹאֵל חָזָק אָתָּה.
בָּרוּךְ אַתָּה יהוה, גּוֹאֵל יִשְׂרָאֵל.

רפואה

רְפָאֵנוּ יהוה וְנֵרָפֵא, הוֹשִׁיעֵנוּ וְנִוָּשֵׁעָה, כִּי תְהִלָּתֵנוּ אָתָּה
וְהַעֲלֵה רְפוּאָה שְׁלֵמָה לְכָל מַכּוֹתֵינוּ

The following prayer for a sick person may be said here:

יְהִי רָצוֹן מִלְּפָנֶיךָ יהוה אֱלֹהַי וֵאלֹהֵי אֲבוֹתַי, שֶׁתִּשְׁלַח מְהֵרָה רְפוּאָה שְׁלֵמָה
מִן הַשָּׁמַיִם רְפוּאַת הַנֶּפֶשׁ וּרְפוּאַת הַגּוּף לַחוֹלֶה/לַחוֹלָה *name of patient*
בֶּן/בַּת *mother's name* בְּתוֹךְ שְׁאָר חוֹלֵי יִשְׂרָאֵל.

In nature there are no sharp boundaries. Day shades gradually into night; winter into spring; life into sentience. According to the Torah, what links man to God is our ability to separate, classify and name, and thus to see order

for You, God, King, are a faithful and compassionate Healer.
Blessed are You, Lord,
Healer of the sick of His people Israel.

PROSPERITY

The phrase "Grant dew and rain as a blessing" is said from December 4th (in the year before a civil leap year, December 5th) until Pesaḥ. In Israel, it is said from the 7th of Marḥeshvan. The phrase "Grant blessing" is said from Ḥol HaMo'ed Pesaḥ until December 3rd (in the year before a civil leap year, December 4th). In Israel it is said through the 6th of Marḥeshvan.

בָּרֵךְ Bless this year for us, Lord our God,
and all its types of produce for good.

In winter: Grant dew and rain as a blessing
In other seasons: Grant blessing

on the face of the earth, and from its goodness satisfy us,
blessing our year as the best of years.
Blessed are You, Lord, who blesses the years.

INGATHERING OF EXILES

תְּקַע Sound the great shofar for our freedom,
raise high the banner to gather our exiles,
and gather us together
from the four quarters of the earth.
Blessed are You, Lord,
who gathers the dispersed of His people Israel.

JUSTICE

הָשִׁיבָה Restore our judges as at first,
and our counselors as at the beginning,
and remove from us sorrow and sighing.
May You alone, Lord, reign over us
with loving-kindness and compassion,
and vindicate us in justice.
Blessed are You, Lord,
the King who loves righteousness and justice.
/*Between Rosh HaShana & Yom Kippur, end the blessing:* the King of justice./

כִּי אֵל מֶלֶךְ רוֹפֵא נֶאֱמָן וְרַחֲמָן אָתָּה.
בָּרוּךְ אַתָּה יהוה, רוֹפֵא חוֹלֵי עַמּוֹ יִשְׂרָאֵל.

ברכת השנים

The phrase וְתֵן טַל וּמָטָר לִבְרָכָה *is said from December 4th (in the year before a civil leap year, December 5th) until* פסח. *In* ארץ ישראל, *it is said from* ז׳ מרחשון. *The phrase* וְתֵן בְּרָכָה *is said from* חול המועד פסח *until December 3rd (in the year before a civil leap year, December 4th). In* ארץ ישראל *it is said through* ו׳ מרחשון.

בָּרֵךְ עָלֵינוּ יהוה אֱלֹהֵינוּ אֶת הַשָּׁנָה הַזֹּאת
וְאֶת כָּל מִינֵי תְבוּאָתָהּ, לְטוֹבָה
בחורף: וְתֵן טַל וּמָטָר לִבְרָכָה / בקיץ: וְתֵן בְּרָכָה
עַל פְּנֵי הָאֲדָמָה, וְשַׂבְּעֵנוּ מִטּוּבָהּ
וּבָרֵךְ שְׁנָתֵנוּ כַּשָּׁנִים הַטּוֹבוֹת.
בָּרוּךְ אַתָּה יהוה, מְבָרֵךְ הַשָּׁנִים.

קבוץ גלויות

תְּקַע בְּשׁוֹפָר גָּדוֹל לְחֵרוּתֵנוּ, וְשָׂא נֵס לְקַבֵּץ גָּלֻיּוֹתֵינוּ
וְקַבְּצֵנוּ יַחַד מֵאַרְבַּע כַּנְפוֹת הָאָרֶץ.
בָּרוּךְ אַתָּה יהוה, מְקַבֵּץ נִדְחֵי עַמּוֹ יִשְׂרָאֵל.

השבת המשפט

הָשִׁיבָה שׁוֹפְטֵינוּ כְּבָרִאשׁוֹנָה
וְיוֹעֲצֵינוּ כְּבַתְּחִלָּה
וְהָסֵר מִמֶּנּוּ יָגוֹן וַאֲנָחָה
וּמְלֹךְ עָלֵינוּ אַתָּה יהוה לְבַדְּךָ בְּחֶסֶד וּבְרַחֲמִים
וְצַדְּקֵנוּ בַּמִּשְׁפָּט.
בָּרוּךְ אַתָּה יהוה
מֶלֶךְ אוֹהֵב צְדָקָה וּמִשְׁפָּט. / בעשרת ימי תשובה: הַמֶּלֶךְ הַמִּשְׁפָּט./

AGAINST INFORMERS

וְלַמַּלְשִׁינִים For the slanderers let there be no hope,
and may all wickedness perish in an instant.
May all Your people's enemies swiftly be cut down.
May You swiftly uproot, crush, cast down
and humble the arrogant swiftly in our days.
Blessed are You, LORD,
who destroys enemies and humbles the arrogant.

THE RIGHTEOUS

עַל הַצַּדִּיקִים To the righteous, the pious,
the elders of Your people the house of Israel,
the remnant of their scholars,
the righteous converts, and to us,
may Your compassion be aroused, LORD our God.
Grant a good reward to all who sincerely trust in Your name.
Set our lot with them,
so that we may never be ashamed, for in You we trust.
Blessed are You, LORD,
who is the support and trust of the righteous.

REBUILDING JERUSALEM

וְלִירוּשָׁלַיִם To Jerusalem, Your city, may You return in compassion,
and may You dwell in it as You promised.
May You rebuild it rapidly in our days as an everlasting structure,
and install within it soon the throne of David.
Blessed are You, LORD,
who builds Jerusalem.

KINGDOM OF DAVID

אֶת צֶמַח May the offshoot of Your servant David soon flower,
and may his pride be raised high by Your salvation,
for we wait for Your salvation all day.
Blessed are You, LORD,
who makes the glory of salvation flourish.

ברכת המינים

וְלַמַּלְשִׁינִים אַל תְּהִי תִקְוָה, וְכָל הָרִשְׁעָה כְּרֶגַע תֹּאבֵד
וְכָל אוֹיְבֵי עַמְּךָ מְהֵרָה יִכָּרֵתוּ
וְהַזֵּדִים מְהֵרָה תְעַקֵּר וּתְשַׁבֵּר וּתְמַגֵּר וְתַכְנִיעַ בִּמְהֵרָה בְיָמֵינוּ.
בָּרוּךְ אַתָּה יהוה, שׁוֹבֵר אוֹיְבִים וּמַכְנִיעַ זֵדִים.

על הצדיקים

עַל הַצַּדִּיקִים וְעַל הַחֲסִידִים, וְעַל זִקְנֵי עַמְּךָ בֵּית יִשְׂרָאֵל
וְעַל פְּלֵיטַת סוֹפְרֵיהֶם
וְעַל גֵּרֵי הַצֶּדֶק, וְעָלֵינוּ
יֶהֱמוּ רַחֲמֶיךָ יהוה אֱלֹהֵינוּ
וְתֵן שָׂכָר טוֹב לְכָל הַבּוֹטְחִים בְּשִׁמְךָ בֶּאֱמֶת
וְשִׂים חֶלְקֵנוּ עִמָּהֶם
וּלְעוֹלָם לֹא נֵבוֹשׁ כִּי בְךָ בָטָחְנוּ.
בָּרוּךְ אַתָּה יהוה, מִשְׁעָן וּמִבְטָח לַצַּדִּיקִים.

בניין ירושלים

וְלִירוּשָׁלַיִם עִירְךָ בְּרַחֲמִים תָּשׁוּב
וְתִשְׁכֹּן בְּתוֹכָהּ כַּאֲשֶׁר דִּבַּרְתָּ
וּבְנֵה אוֹתָהּ בְּקָרוֹב בְּיָמֵינוּ בִּנְיַן עוֹלָם
וְכִסֵּא דָוִד מְהֵרָה לְתוֹכָהּ תָּכִין.
בָּרוּךְ אַתָּה יהוה, בּוֹנֵה יְרוּשָׁלָיִם.

משיח בן דוד

אֶת צֶמַח דָּוִד עַבְדְּךָ מְהֵרָה תַצְמִיחַ, וְקַרְנוֹ תָּרוּם בִּישׁוּעָתֶךָ
כִּי לִישׁוּעָתְךָ קִוִּינוּ כָּל הַיּוֹם.
בָּרוּךְ אַתָּה יהוה, מַצְמִיחַ קֶרֶן יְשׁוּעָה.

RESPONSE TO PRAYER

שְׁמַע קוֹלֵנוּ Listen to our voice, LORD our God.
Spare us and have compassion on us,
and in compassion and favor accept our prayer,
for You, God, listen to prayers and pleas.
Do not turn us away, O our King,
empty-handed from Your presence,*
for You listen with compassion
to the prayer of Your people Israel.
Blessed are You, LORD, who listens to prayer.

At this point, in times of drought in Israel, say "And answer us" on page 1004.

TEMPLE SERVICE

רְצֵה Find favor, LORD our God,
in Your people Israel and their prayer.
Restore the service to Your most holy House,
and accept in love and favor
the fire-offerings of Israel and their prayer.
May the service of Your people Israel always find favor with You.

On Rosh Ḥodesh, say:

אֱלֹהֵינוּ Our God and God of our ancestors, may there rise, come, reach, appear, be favored, heard, regarded and remembered before You, our recollection and remembrance, as well as the remembrance of our ancestors, and of the Messiah son of David Your servant, and of Jerusalem Your holy city, and of all Your people the house of Israel – for deliverance and well-being, grace, loving-kindness and compassion, life and peace, on this day of Rosh Ḥodesh. On it remember us, LORD our God, for good; recollect us for blessing, and deliver us for life. In accord with Your promise of salvation and compassion, spare us and be gracious to us; have compassion on us and deliver us, for our eyes are turned to You because You, God, are a gracious and compassionate King.

וְתֶחֱזֶינָה And may our eyes witness Your return to Zion in compassion.
Blessed are You, LORD,
who restores His Presence to Zion.

שומע תפילה

שְׁמַע קוֹלֵנוּ יהוה אֱלֹהֵינוּ
חוּס וְרַחֵם עָלֵינוּ
וְקַבֵּל בְּרַחֲמִים וּבְרָצוֹן אֶת תְּפִלָּתֵנוּ
כִּי אֵל שׁוֹמֵעַ תְּפִלּוֹת וְתַחֲנוּנִים אָתָּה
וּמִלְּפָנֶיךָ מַלְכֵּנוּ רֵיקָם אַל תְּשִׁיבֵנוּ*
כִּי אַתָּה שׁוֹמֵעַ תְּפִלַּת עַמְּךָ יִשְׂרָאֵל בְּרַחֲמִים.
בָּרוּךְ אַתָּה יהוה, שׁוֹמֵעַ תְּפִלָּה.

*At this point, in times of drought in ארץ ישראל, say וַעֲנֵנוּ on page 1005.

עבודה

רְצֵה יהוה אֱלֹהֵינוּ בְּעַמְּךָ יִשְׂרָאֵל, וּבִתְפִלָּתָם
וְהָשֵׁב אֶת הָעֲבוֹדָה לִדְבִיר בֵּיתֶךָ
וְאִשֵּׁי יִשְׂרָאֵל וּתְפִלָּתָם בְּאַהֲבָה תְקַבֵּל בְּרָצוֹן
וּתְהִי לְרָצוֹן תָּמִיד עֲבוֹדַת יִשְׂרָאֵל עַמֶּךָ.

On ראש חודש*, say:*

אֱלֹהֵינוּ וֵאלֹהֵי אֲבוֹתֵינוּ, יַעֲלֶה וְיָבוֹא וְיַגִּיעַ, וְיֵרָאֶה וְיֵרָצֶה וְיִשָּׁמַע, וְיִפָּקֵד וְיִזָּכֵר זִכְרוֹנֵנוּ וּפִקְדּוֹנֵנוּ וְזִכְרוֹן אֲבוֹתֵינוּ, וְזִכְרוֹן מָשִׁיחַ בֶּן דָּוִד עַבְדֶּךָ, וְזִכְרוֹן יְרוּשָׁלַיִם עִיר קָדְשֶׁךָ, וְזִכְרוֹן כָּל עַמְּךָ בֵּית יִשְׂרָאֵל, לְפָנֶיךָ, לִפְלֵיטָה לְטוֹבָה, לְחֵן וּלְחֶסֶד וּלְרַחֲמִים, לְחַיִּים וּלְשָׁלוֹם בְּיוֹם רֹאשׁ הַחֹדֶשׁ הַזֶּה. זָכְרֵנוּ יהוה אֱלֹהֵינוּ בּוֹ לְטוֹבָה, וּפָקְדֵנוּ בוֹ לִבְרָכָה, וְהוֹשִׁיעֵנוּ בוֹ לְחַיִּים. וּבִדְבַר יְשׁוּעָה וְרַחֲמִים, חוּס וְחָנֵּנוּ וְרַחֵם עָלֵינוּ וְהוֹשִׁיעֵנוּ, כִּי אֵלֶיךָ עֵינֵינוּ, כִּי אֵל מֶלֶךְ חַנּוּן וְרַחוּם אָתָּה.

וְתֶחֱזֶינָה עֵינֵינוּ בְּשׁוּבְךָ לְצִיּוֹן בְּרַחֲמִים.
בָּרוּךְ אַתָּה יהוה, הַמַּחֲזִיר שְׁכִינָתוֹ לְצִיּוֹן.

THANKSGIVING

Bow at the first nine words.

מוֹדִים We give thanks to You,
for You are the LORD our God and God of our ancestors
for ever and all time.
You are the Rock of our lives,
Shield of our salvation from generation to generation.
We will thank You and declare Your praise for our lives,
which are entrusted into Your hand;
for our souls, which are placed in Your charge;
for Your miracles which are with us every day;
and for Your wonders and favors at all times,
evening, morning and midday.
You are good – for Your compassion never fails.
You are compassionate – for Your loving-kindnesses never cease.
We have always placed our hope in You.

On Ḥanukka:

עַל הַנִּסִּים [We thank You also] for the miracles, the redemption, the mighty deeds, the salvations, and the victories in battle which You performed for our ancestors in those days, at this time.

בִּימֵי מַתִּתְיָהוּ In the days of Mattityahu, son of Yoḥanan, the High Priest, the Hasmonean, and his sons, the wicked Greek kingdom rose up against Your people Israel to make them forget Your Torah and to force them to transgress the statutes of Your will. It was then that You in Your great compassion stood by them in the time of their distress. You championed their cause, judged their claim, and avenged their wrong. You delivered the strong into the hands of the weak, the many into the hands of the few, the impure into the hands of the pure, the wicked into the hands of the righteous, and the arrogant into the hands of those who were engaged in the study of Your Torah. You made for Yourself great and holy renown in Your world, and for Your people Israel You performed a great salvation and redemption as of this very day. Your children then entered the holiest part of Your House, cleansed Your Temple, purified Your Sanctuary, kindled lights in Your holy courts, and designated these eight days of Ḥanukka for giving thanks and praise to Your great name.

Continue with "For all these things."

הודאה

Bow at the first five words.

מוֹדִים אֲנַחְנוּ לָךְ
שָׁאַתָּה הוּא יהוה אֱלֹהֵינוּ וֵאלֹהֵי אֲבוֹתֵינוּ לְעוֹלָם וָעֶד.
צוּר חַיֵּינוּ, מָגֵן יִשְׁעֵנוּ אַתָּה הוּא לְדוֹר וָדוֹר.
נוֹדֶה לְּךָ וּנְסַפֵּר תְּהִלָּתֶךָ
עַל חַיֵּינוּ הַמְּסוּרִים בְּיָדֶךָ
וְעַל נִשְׁמוֹתֵינוּ הַפְּקוּדוֹת לָךְ
וְעַל נִסֶּיךָ שֶׁבְּכָל יוֹם עִמָּנוּ
וְעַל נִפְלְאוֹתֶיךָ וְטוֹבוֹתֶיךָ
שֶׁבְּכָל עֵת, עֶרֶב וָבֹקֶר וְצָהֳרָיִם.
הַטּוֹב, כִּי לֹא כָלוּ רַחֲמֶיךָ, וְהַמְרַחֵם, כִּי לֹא תַמּוּ חֲסָדֶיךָ
מֵעוֹלָם קִוִּינוּ לָךְ.

בחנוכה:

עַל הַנִּסִּים וְעַל הַפֻּרְקָן וְעַל הַגְּבוּרוֹת וְעַל הַתְּשׁוּעוֹת וְעַל הַמִּלְחָמוֹת שֶׁעָשִׂיתָ לַאֲבוֹתֵינוּ בַּיָּמִים הָהֵם בַּזְּמַן הַזֶּה.

בִּימֵי מַתִּתְיָהוּ בֶּן יוֹחָנָן כֹּהֵן גָּדוֹל חַשְׁמוֹנַאי וּבָנָיו, כְּשֶׁעָמְדָה מַלְכוּת יָוָן הָרְשָׁעָה עַל עַמְּךָ יִשְׂרָאֵל לְהַשְׁכִּיחָם תּוֹרָתֶךָ וּלְהַעֲבִירָם מֵחֻקֵּי רְצוֹנֶךָ, וְאַתָּה בְּרַחֲמֶיךָ הָרַבִּים עָמַדְתָּ לָהֶם בְּעֵת צָרָתָם, רַבְתָּ אֶת רִיבָם, דַּנְתָּ אֶת דִּינָם, נָקַמְתָּ אֶת נִקְמָתָם, מָסַרְתָּ גִבּוֹרִים בְּיַד חַלָּשִׁים, וְרַבִּים בְּיַד מְעַטִּים, וּטְמֵאִים בְּיַד טְהוֹרִים, וּרְשָׁעִים בְּיַד צַדִּיקִים, וְזֵדִים בְּיַד עוֹסְקֵי תוֹרָתֶךָ, וּלְךָ עָשִׂיתָ שֵׁם גָּדוֹל וְקָדוֹשׁ בְּעוֹלָמֶךָ, וּלְעַמְּךָ יִשְׂרָאֵל עָשִׂיתָ תְּשׁוּעָה גְדוֹלָה וּפֻרְקָן כְּהַיּוֹם הַזֶּה. וְאַחַר כֵּן בָּאוּ בָנֶיךָ לִדְבִיר בֵּיתֶךָ, וּפִנּוּ אֶת הֵיכָלֶךָ, וְטִהֲרוּ אֶת מִקְדָּשֶׁךָ, וְהִדְלִיקוּ נֵרוֹת בְּחַצְרוֹת קָדְשֶׁךָ, וְקָבְעוּ שְׁמוֹנַת יְמֵי חֲנֻכָּה אֵלּוּ, לְהוֹדוֹת וּלְהַלֵּל לְשִׁמְךָ הַגָּדוֹל.

Continue with וְעַל כֻּלָּם.

On Purim:

עַל הַנִּסִּים [We thank You also] for the miracles, the redemption, the mighty deeds, the salvations, and the victories in battle which You performed for our ancestors in those days at this time.

בִּימֵי מָרְדְּכַי In the days of Mordekhai and Esther, in Shushan the capital, the wicked Haman rose up against them and sought to destroy, slay and exterminate all the Jews, young and old, children and women, on one day, the thirteenth day of the twelfth month, which is the month of Adar, and to plunder their possessions. Then You in Your great compassion thwarted his counsel, frustrated his plans, and caused his scheme to recoil on his own head, so that they hanged him and his sons on the gallows. *Esther 3*

Continue with "For all these things."

וְעַל כֻּלָּם For all these things may Your name be blessed and exalted, our King, continually, for ever and all time.

Between Rosh HaShana & Yom Kippur: And write, for a good life, all the children of Your covenant.

Let all that lives thank You, Selah! and praise Your name in truth, God, our Savior and Help, Selah!

▾Blessed are You, Lord, whose name is "the Good" and to whom thanks are due.

PEACE

שָׁלוֹם רָב Grant great peace to Your people Israel for ever,
for You are the sovereign Lord of all peace;
and may it be good in Your eyes
to bless Your people Israel
at every time, at every hour, with Your peace.

Between Rosh HaShana & Yom Kippur: In the book of life, blessing, peace and prosperity, may we and all Your people the house of Israel be remembered and written before You for a good life, and for peace.*

Blessed are You, Lord, who blesses His people Israel with peace.

**Between Rosh HaShana and Yom Kippur outside Israel, many end the blessing:*
Blessed are You, Lord, who makes peace.

בפורים:

עַל הַנִּסִּים וְעַל הַפֻּרְקָן וְעַל הַגְּבוּרוֹת וְעַל הַתְּשׁוּעוֹת וְעַל הַמִּלְחָמוֹת שֶׁעָשִׂיתָ לַאֲבוֹתֵינוּ בַּיָּמִים הָהֵם בַּזְּמַן הַזֶּה.

בִּימֵי מָרְדְּכַי וְאֶסְתֵּר בְּשׁוּשַׁן הַבִּירָה, כְּשֶׁעָמַד עֲלֵיהֶם הָמָן הָרָשָׁע, בִּקֵּשׁ
אסתר ג לְהַשְׁמִיד לַהֲרֹג וּלְאַבֵּד אֶת־כָּל־הַיְּהוּדִים מִנַּעַר וְעַד־זָקֵן טַף וְנָשִׁים בְּיוֹם אֶחָד, בִּשְׁלוֹשָׁה עָשָׂר לְחֹדֶשׁ שְׁנֵים־עָשָׂר, הוּא־חֹדֶשׁ אֲדָר, וּשְׁלָלָם לָבוֹז: וְאַתָּה בְּרַחֲמֶיךָ הָרַבִּים הֵפַרְתָּ אֶת עֲצָתוֹ, וְקִלְקַלְתָּ אֶת מַחֲשַׁבְתּוֹ, וַהֲשֵׁבוֹתָ לּוֹ גְּמוּלוֹ בְּרֹאשׁוֹ, וְתָלוּ אוֹתוֹ וְאֶת בָּנָיו עַל הָעֵץ.

Continue with וְעַל כֻּלָּם.

וְעַל כֻּלָּם יִתְבָּרַךְ וְיִתְרוֹמַם שִׁמְךָ מַלְכֵּנוּ תָּמִיד לְעוֹלָם וָעֶד.

בעשרת ימי תשובה: וּכְתֹב לְחַיִּים טוֹבִים כָּל בְּנֵי בְרִיתֶךָ.

וְכֹל הַחַיִּים יוֹדוּךָ סֶּלָה, וִיהַלְלוּ אֶת שִׁמְךָ בֶּאֱמֶת הָאֵל יְשׁוּעָתֵנוּ וְעֶזְרָתֵנוּ סֶלָה.

בָּרוּךְ אַתָּה יהוה, הַטּוֹב שִׁמְךָ וּלְךָ נָאֶה לְהוֹדוֹת.

ברכת שלום

שָׁלוֹם רָב עַל יִשְׂרָאֵל עַמְּךָ תָּשִׂים לְעוֹלָם
כִּי אַתָּה הוּא מֶלֶךְ אָדוֹן לְכָל הַשָּׁלוֹם.
וְטוֹב בְּעֵינֶיךָ לְבָרֵךְ אֶת עַמְּךָ יִשְׂרָאֵל
בְּכָל עֵת וּבְכָל שָׁעָה בִּשְׁלוֹמֶךָ.

בעשרת ימי תשובה: בְּסֵפֶר חַיִּים, בְּרָכָה וְשָׁלוֹם, וּפַרְנָסָה טוֹבָה
נִזָּכֵר וְנִכָּתֵב לְפָנֶיךָ, אֲנַחְנוּ וְכָל עַמְּךָ בֵּית יִשְׂרָאֵל
לְחַיִּים טוֹבִים וּלְשָׁלוֹם.*

בָּרוּךְ אַתָּה יהוה, הַמְבָרֵךְ אֶת עַמּוֹ יִשְׂרָאֵל בַּשָּׁלוֹם.

**During the* עשרת ימי תשובה *in* חוץ לארץ, *many end the blessing:*

בָּרוּךְ אַתָּה יהוה, עוֹשֵׂה הַשָּׁלוֹם.

Some say the following verse:
May the words of my mouth and the meditation of my heart Ps. 19
find favor before You, LORD, my Rock and Redeemer.

אֱלֹהַי My God, Berakhot 17a
guard my tongue from evil and my lips from deceitful speech.
To those who curse me, let my soul be silent;
may my soul be to all like the dust.
Open my heart to Your Torah
and let my soul pursue Your commandments.
As for all who plan evil against me,
swiftly thwart their counsel and frustrate their plans.
Act for the sake of Your name;
act for the sake of Your right hand;
act for the sake of Your holiness;
act for the sake of Your Torah.
That Your beloved ones may be delivered, Ps. 60
save with Your right hand and answer me.
May the words of my mouth Ps. 19
and the meditation of my heart find favor before You,
LORD, my Rock and Redeemer.

Bow, take three steps back, then bow, first left, then right, then center, while saying:
May He who makes peace in His high places,
make peace for us and all Israel – and say: Amen.

יְהִי רָצוֹן May it be Your will, LORD our God and God of our ancestors,
that the Temple be rebuilt speedily in our days, and grant us a share in Your Torah.
And there we will serve You with reverence,
as in the days of old and as in former years.
Then the offering of Judah and Jerusalem Mal. 3
will be pleasing to the LORD as in the days of old and as in former years.

If Yom Tov falls in the following week,
the service continues with Full Kaddish on page 936.

Some say the following verse:

יִהְיוּ לְרָצוֹן אִמְרֵי־פִי וְהֶגְיוֹן לִבִּי לְפָנֶיךָ, יהוה צוּרִי וְגֹאֲלִי: תהלים יט

אֱלֹהַי ברכות יז.

נְצֹר לְשׁוֹנִי מֵרָע וּשְׂפָתַי מִדַּבֵּר מִרְמָה

וְלִמְקַלְלַי נַפְשִׁי תִדֹּם, וְנַפְשִׁי כֶּעָפָר לַכֹּל תִּהְיֶה.

פְּתַח לִבִּי בְּתוֹרָתֶךָ, וּבְמִצְוֹתֶיךָ תִּרְדֹּף נַפְשִׁי.

וְכָל הַחוֹשְׁבִים עָלַי רָעָה

מְהֵרָה הָפֵר עֲצָתָם וְקַלְקֵל מַחֲשַׁבְתָּם.

עֲשֵׂה לְמַעַן שְׁמֶךָ

עֲשֵׂה לְמַעַן יְמִינֶךָ

עֲשֵׂה לְמַעַן קְדֻשָּׁתֶךָ

עֲשֵׂה לְמַעַן תּוֹרָתֶךָ.

לְמַעַן יֵחָלְצוּן יְדִידֶיךָ, הוֹשִׁיעָה יְמִינְךָ וַעֲנֵנִי: תהלים ס

יִהְיוּ לְרָצוֹן אִמְרֵי־פִי וְהֶגְיוֹן לִבִּי לְפָנֶיךָ, יהוה צוּרִי וְגֹאֲלִי: תהלים יט

Bow, take three steps back, then bow, first left, then right, then center, while saying:

עֹשֶׂה שָׁלוֹם/ בעשרת ימי תשובה: הַשָּׁלוֹם/ בִּמְרוֹמָיו

הוּא יַעֲשֶׂה שָׁלוֹם עָלֵינוּ וְעַל כָּל יִשְׂרָאֵל, וְאִמְרוּ אָמֵן.

יְהִי רָצוֹן מִלְּפָנֶיךָ יהוה אֱלֹהֵינוּ וֵאלֹהֵי אֲבוֹתֵינוּ

שֶׁיִּבָּנֶה בֵּית הַמִּקְדָּשׁ בִּמְהֵרָה בְיָמֵינוּ, וְתֵן חֶלְקֵנוּ בְּתוֹרָתֶךָ

וְשָׁם נַעֲבָדְךָ בְּיִרְאָה כִּימֵי עוֹלָם וּכְשָׁנִים קַדְמֹנִיּוֹת.

וְעָרְבָה לַיהוה מִנְחַת יְהוּדָה וִירוּשָׁלָםִ כִּימֵי עוֹלָם וּכְשָׁנִים קַדְמֹנִיּוֹת: מלאכי ג

If יום טוב *falls in the following week,*
the service continues with קדיש שלם *on page 937.*

HALF KADDISH

Leader: יִתְגַּדַּל Magnified and sanctified may His great name be,
in the world He created by His will.
May He establish His kingdom
in your lifetime and in your days,
and in the lifetime of all the house of Israel,
swiftly and soon –
and say: Amen.

All: May His great name be blessed for ever and all time.

Leader: Blessed and praised,
glorified and exalted,
raised and honored,
uplifted and lauded be
the name of the Holy One,
blessed be He, beyond any blessing,
song, praise and consolation
uttered in the world –
and say: Amen.

וִיהִי נֹעַם May the pleasantness of the LORD our God be upon us. *Ps. 90*
Establish for us the work of our hands, O establish the work of our hands.

יֹשֵׁב He who lives in the shelter of the Most High dwells in the *Ps. 91*
shadow of the Almighty. I say of the LORD, my Refuge and Stronghold, my God in whom I trust, that He will save you from the fowler's snare and the deadly pestilence. With His pinions He

---

build the Sanctuary, adding: "May the Divine Presence rest in the work of your hands." Said here at the beginning of the workday week, it is a prayer that God may send His blessings for our labors.

This and the following section are not said in a week in which a Festival falls, because we do not then face a full working week, and because the merit of the coming Festival itself is an augury of divine protection.

חצי קדיש

ש״ץ: יִתְגַּדַּל וְיִתְקַדַּשׁ שְׁמֵהּ רַבָּא (קהל: אָמֵן)
בְּעָלְמָא דִּי בְרָא כִרְעוּתֵהּ
וְיַמְלִיךְ מַלְכוּתֵהּ
בְּחַיֵּיכוֹן וּבְיוֹמֵיכוֹן וּבְחַיֵּי דְכָל בֵּית יִשְׂרָאֵל
בַּעֲגָלָא וּבִזְמַן קָרִיב, וְאִמְרוּ אָמֵן. (קהל: אָמֵן)

קהל ושץ: יְהֵא שְׁמֵהּ רַבָּא מְבָרַךְ לְעָלַם וּלְעָלְמֵי עָלְמַיָּא.

ש״ץ: יִתְבָּרַךְ וְיִשְׁתַּבַּח וְיִתְפָּאַר וְיִתְרוֹמַם וְיִתְנַשֵּׂא
וְיִתְהַדָּר וְיִתְעַלֶּה וְיִתְהַלָּל
שְׁמֵהּ דְּקֻדְשָׁא בְּרִיךְ הוּא (קהל: בְּרִיךְ הוּא)
לְעֵלָּא מִן כָּל בִּרְכָתָא / בעשרת ימי תשובה: לְעֵלָּא לְעֵלָּא מִכָּל בִּרְכָתָא/
וְשִׁירָתָא, תֻּשְׁבְּחָתָא וְנֶחֱמָתָא
דַּאֲמִירָן בְּעָלְמָא, וְאִמְרוּ אָמֵן. (קהל: אָמֵן)

תהלים צ וִיהִי נֹעַם אֲדֹנָי אֱלֹהֵינוּ עָלֵינוּ וּמַעֲשֵׂה יָדֵינוּ כּוֹנְנָה עָלֵינוּ וּמַעֲשֵׂה
יָדֵינוּ כּוֹנְנֵהוּ:

תהלים צא יֹשֵׁב בְּסֵתֶר עֶלְיוֹן, בְּצֵל שַׁדַּי יִתְלוֹנָן: אֹמַר לַיהוה מַחְסִי וּמְצוּדָתִי,
אֱלֹהַי אֶבְטַח־בּוֹ: כִּי הוּא יַצִּילְךָ מִפַּח יָקוּשׁ, מִדֶּבֶר הַוּוֹת:
בְּאֶבְרָתוֹ יָסֶךְ לָךְ, וְתַחַת־כְּנָפָיו תֶּחְסֶה, צִנָּה וְסֹחֵרָה אֲמִתּוֹ:
לֹא־תִירָא מִפַּחַד לָיְלָה, מֵחֵץ יָעוּף יוֹמָם: מִדֶּבֶר בָּאֹפֶל יַהֲלֹךְ,

---

וִיהִי נֹעַם *May the pleasantness of the* L*ORD*: Psalm 91 which follows immediately is known as the Psalm of Blessing and is the most famous of prayers for deliverance from harm. It is said at the end of Shabbat as a prayer for God's protection against the dangers that may lie ahead in the coming week. It is prefaced by the last verse of the previous psalm. According to tradition (Rashi, Ex. 39:43), this was the blessing Moses gave to those who had helped

will cover you, and beneath His wings you will find shelter; His faithfulness is an encircling shield. You need not fear terror by night, nor the arrow that flies by day; not the pestilence that stalks in darkness, nor the plague that ravages at noon. A thousand may fall at your side, ten thousand at your right hand, but it will not come near you. You will only look with your eyes and see the punishment of the wicked. Because you said, "The LORD is my Refuge," taking the Most High as your shelter, no harm will befall you, no plague come near your tent, for He will command His angels about you, to guard you in all your ways. They will lift you in their hands, lest your foot stumble on a stone. You will tread on lions and vipers; you will trample on young lions and snakes. [God says:] "Because he loves Me, I will rescue him; I will protect him, because he acknowledges My name. When he calls on Me, I will answer him; I will be with him in distress, I will deliver him and bring him honor.
▸ With long life I will satisfy him and show him My salvation.
With long life I will satisfy him and show him My salvation.

▸ You are the Holy One, enthroned on the praises of Israel. *Ps. 22*
And [the angels] call to one another, saying, "Holy, holy, holy is the LORD of hosts; the whole world is filled with His glory." *Is. 6*

And they receive permission from one another, saying:
"Holy in the highest heavens, home of His Presence; holy on earth, the work of His strength; holy for ever and all time is the LORD of hosts; the whole earth is full of His radiant glory." *Targum Yonatan Is. 6*

▸ Then a wind lifted me up and I heard behind me the sound of a great noise, saying, "Blessed is the LORD's glory from His place." *Ezek. 3*

Then a wind lifted me up and I heard behind me
the sound of a great tempest of those who uttered praise, saying,
"Blessed is the LORD's glory from the place of the home of His Presence." *Targum Yonatan Ezek. 3*

The LORD shall reign for ever and all time. *Ex. 15*

The LORD's kingdom is established for ever and all time. *Targum Onkelos Ex. 15*

מִקֶּטֶב יָשׁוּד צָהֳרָיִם: יִפֹּל מִצִּדְּךָ אֶלֶף, וּרְבָבָה מִימִינֶךָ, אֵלֶיךָ לֹא יִגָּשׁ: רַק בְּעֵינֶיךָ תַבִּיט, וְשִׁלֻּמַת רְשָׁעִים תִּרְאֶה: כִּי־אַתָּה יהוה מַחְסִי, עֶלְיוֹן שַׂמְתָּ מְעוֹנֶךָ: לֹא־תְאֻנֶּה אֵלֶיךָ רָעָה, וְנֶגַע לֹא־יִקְרַב בְּאָהֳלֶךָ: כִּי מַלְאָכָיו יְצַוֶּה־לָּךְ, לִשְׁמָרְךָ בְּכָל־דְּרָכֶיךָ: עַל־כַּפַּיִם יִשָּׂאוּנְךָ, פֶּן־תִּגֹּף בָּאֶבֶן רַגְלֶךָ: עַל־שַׁחַל וָפֶתֶן תִּדְרֹךְ, תִּרְמֹס כְּפִיר וְתַנִּין: כִּי בִי חָשַׁק וַאֲפַלְּטֵהוּ, אֲשַׂגְּבֵהוּ כִּי־יָדַע שְׁמִי: יִקְרָאֵנִי וְאֶעֱנֵהוּ, עִמּוֹ אָנֹכִי בְצָרָה, אֲחַלְּצֵהוּ וַאֲכַבְּדֵהוּ:

◂ אֹרֶךְ יָמִים אַשְׂבִּיעֵהוּ, וְאַרְאֵהוּ בִּישׁוּעָתִי:

אֹרֶךְ יָמִים אַשְׂבִּיעֵהוּ, וְאַרְאֵהוּ בִּישׁוּעָתִי:

תהלים כב
◂ וְאַתָּה קָדוֹשׁ יוֹשֵׁב תְּהִלּוֹת יִשְׂרָאֵל: וְקָרָא זֶה אֶל־זֶה וְאָמַר

ישעיה ו
קָדוֹשׁ, קָדוֹשׁ, קָדוֹשׁ, יהוה צְבָאוֹת, מְלֹא כָל־הָאָרֶץ כְּבוֹדוֹ:

תרגום יונתן ישעיה ו
וּמְקַבְּלִין דֵּין מִן דֵּין וְאָמְרִין, קַדִּישׁ בִּשְׁמֵי מְרוֹמָא עִלָּאָה בֵּית שְׁכִינְתֵּהּ קַדִּישׁ עַל אַרְעָא עוֹבַד גְּבוּרְתֵּהּ, קַדִּישׁ לְעָלַם וּלְעָלְמֵי עָלְמַיָּא יהוה צְבָאוֹת, מַלְיָא כָל אַרְעָא זִיו יְקָרֵהּ.

יחזקאל ג
◂ וַתִּשָּׂאֵנִי רוּחַ, וָאֶשְׁמַע אַחֲרַי קוֹל רַעַשׁ גָּדוֹל בָּרוּךְ כְּבוֹד־יהוה מִמְּקוֹמוֹ:

תרגום יונתן יחזקאל ג
וּנְטָלַתְנִי רוּחָא, וּשְׁמָעִית בַּתְרַי קָל זִיַע סַגִּיא, דִּמְשַׁבְּחִין וְאָמְרִין בְּרִיךְ יְקָרָא דַיהוה מֵאֲתַר בֵּית שְׁכִינְתֵּהּ.

שמות טו
יהוה יִמְלֹךְ לְעֹלָם וָעֶד:

תרגום אונקלוס שמות טו
יהוה מַלְכוּתֵהּ קָאֵם לְעָלַם וּלְעָלְמֵי עָלְמַיָּא.

וְאַתָּה קָדוֹשׁ *You are the Holy One:* This prayer, with its parallels in the weekday morning and Shabbat afternoon services, was usually associated with periods of communal study. Its presence here may hark back to a time when it was customary to dedicate time to a period of study at the end of Shabbat.

יהוה LORD, God of Abraham, Isaac and Yisrael, our ancestors, may *1 Chr. 29*
You keep this for ever so that it forms the thoughts in Your people's
heart, and directs their heart toward You. He is compassionate. He *Ps. 78*
forgives iniquity and does not destroy. Repeatedly He suppresses
His anger, not rousing His full wrath. For You, my LORD, are good *Ps. 86*
and forgiving, abundantly kind to all who call on You. Your righ- *Ps. 119*
teousness is eternally righteous, and Your Torah is truth. Grant *Micah 7*
truth to Jacob, loving-kindness to Abraham, as You promised our
ancestors in ancient times. Blessed is my LORD for day after day He *Ps. 68*
burdens us [with His blessings]; God is our salvation, Selah! The *Ps. 46*
LORD of hosts is with us; the God of Jacob is our refuge, Selah!
LORD of hosts, happy is the one who trusts in You. LORD, save! *Ps. 84* *Ps. 20*
May the King answer us on the day we call.

בָּרוּךְ Blessed is He, our God, who created us for His glory, separating us from those who go astray; who gave us the Torah of truth, planting within us eternal life. May He open our heart to His Torah, imbuing our heart with the love and awe of Him, that we may do His will and serve Him with a perfect heart, so that we neither toil in vain nor give birth to confusion.

יְהִי רָצוֹן May it be Your will, O LORD our God and God of our ances-
tors, that we keep Your laws in this world, and thus be worthy to live,
see and inherit goodness and blessing in the Messianic Age and in
the life of the World to Come. So that my soul may sing to You and *Ps. 30*
not be silent. LORD, my God, for ever I will thank You. Blessed is *Jer. 17*
the man who trusts in the LORD, whose trust is in the LORD alone.
Trust in the LORD for evermore, for God, the LORD, is an everlast- *Is. 26*
ing Rock. ▸ Those who know Your name trust in You, for You, LORD, *Ps. 9*
do not forsake those who seek You. The LORD desired, for the sake *Is. 42*
of Israel's merit, to make the Torah great and glorious.

יהוה אֱלֹהֵי אַבְרָהָם יִצְחָק וְיִשְׂרָאֵל אֲבֹתֵינוּ, שָׁמְרָה־זֹּאת דברי הימים א׳ כט
לְעוֹלָם לְיֵצֶר מַחְשְׁבוֹת לְבַב עַמֶּךָ, וְהָכֵן לְבָבָם אֵלֶיךָ: וְהוּא תהלים עח
רַחוּם יְכַפֵּר עָוֹן וְלֹא־יַשְׁחִית, וְהִרְבָּה לְהָשִׁיב אַפּוֹ, וְלֹא־יָעִיר
כָּל־חֲמָתוֹ: כִּי־אַתָּה אֲדֹנָי טוֹב וְסַלָּח, וְרַב־חֶסֶד לְכָל־קֹרְאֶיךָ: תהלים פו
צִדְקָתְךָ צֶדֶק לְעוֹלָם וְתוֹרָתְךָ אֱמֶת: תִּתֵּן אֱמֶת לְיַעֲקֹב, חֶסֶד מיכה ז תהלים קיט
לְאַבְרָהָם, אֲשֶׁר־נִשְׁבַּעְתָּ לַאֲבֹתֵינוּ מִימֵי קֶדֶם: בָּרוּךְ אֲדֹנָי תהלים סח
יוֹם יוֹם יַעֲמָס־לָנוּ, הָאֵל יְשׁוּעָתֵנוּ סֶלָה: יהוה צְבָאוֹת עִמָּנוּ, תהלים מו
מִשְׂגָּב לָנוּ אֱלֹהֵי יַעֲקֹב סֶלָה: יהוה צְבָאוֹת, אַשְׁרֵי אָדָם בֹּטֵחַ תהלים פד
בָּךְ: יהוה הוֹשִׁיעָה, הַמֶּלֶךְ יַעֲנֵנוּ בְיוֹם־קָרְאֵנוּ: תהלים כ

בָּרוּךְ הוּא אֱלֹהֵינוּ שֶׁבְּרָאָנוּ לִכְבוֹדוֹ, וְהִבְדִּילָנוּ מִן הַתּוֹעִים, וְנָתַן לָנוּ תּוֹרַת אֱמֶת, וְחַיֵּי עוֹלָם נָטַע בְּתוֹכֵנוּ. הוּא יִפְתַּח לִבֵּנוּ בְּתוֹרָתוֹ, וְיָשֵׂם בְּלִבֵּנוּ אַהֲבָתוֹ וְיִרְאָתוֹ וְלַעֲשׂוֹת רְצוֹנוֹ וּלְעָבְדוֹ בְּלֵבָב שָׁלֵם, לְמַעַן לֹא נִיגַע לָרִיק וְלֹא נֵלֵד לַבֶּהָלָה.

יְהִי רָצוֹן מִלְּפָנֶיךָ יהוה אֱלֹהֵינוּ וֵאלֹהֵי אֲבוֹתֵינוּ, שֶׁנִּשְׁמֹר חֻקֶּיךָ
בָּעוֹלָם הַזֶּה, וְנִזְכֶּה וְנִחְיֶה וְנִרְאֶה וְנִירַשׁ טוֹבָה וּבְרָכָה, לִשְׁנֵי
יְמוֹת הַמָּשִׁיחַ וּלְחַיֵּי הָעוֹלָם הַבָּא. לְמַעַן יְזַמֶּרְךָ כָבוֹד וְלֹא יִדֹּם, תהלים ל
יהוה אֱלֹהַי, לְעוֹלָם אוֹדֶךָּ: בָּרוּךְ הַגֶּבֶר אֲשֶׁר יִבְטַח בַּיהוה, ירמיה יז
וְהָיָה יהוה מִבְטַחוֹ: בִּטְחוּ בַיהוה עֲדֵי־עַד, כִּי בְּיָהּ יהוה צוּר ישעיה כו
עוֹלָמִים: ‹ וְיִבְטְחוּ בְךָ יוֹדְעֵי שְׁמֶךָ, כִּי לֹא־עָזַבְתָּ דֹרְשֶׁיךָ, יהוה: תהלים ט
יהוה חָפֵץ לְמַעַן צִדְקוֹ, יַגְדִּיל תּוֹרָה וְיַאְדִּיר: ישעיה מב

FULL KADDISH

Leader: יִתְגַּדַּל Magnified and sanctified may His great name be,
in the world He created by His will.
May He establish His kingdom in your lifetime
and in your days,
and in the lifetime of all the house of Israel,
swiftly and soon –
and say: Amen.

All: May His great name be blessed for ever and all time.

Leader: Blessed and praised,
glorified and exalted,
raised and honored,
uplifted and lauded be
the name of the Holy One,
blessed be He,
beyond any blessing,
song, praise and consolation uttered in the world –
and say: Amen.

On Purim and Tisha B'Av, omit the next verse and continue with "May there be great peace."

May the prayers and pleas of all Israel
be accepted by their Father in heaven –
and say: Amen.

May there be great peace from heaven,
and life for us and all Israel –
and say: Amen.

Bow, take three steps back, as if taking leave of the Divine Presence, then bow, first left, then right, then center, while saying:

May He who makes peace in His high places,
make peace for us and all Israel –
and say: Amen.

קדיש שלם

ש״ץ: יִתְגַּדַּל וְיִתְקַדַּשׁ שְׁמֵהּ רַבָּא (קהל: אָמֵן)
בְּעָלְמָא דִּי בְרָא כִרְעוּתֵהּ
וְיַמְלִיךְ מַלְכוּתֵהּ
בְּחַיֵּיכוֹן וּבְיוֹמֵיכוֹן וּבְחַיֵּי דְכָל בֵּית יִשְׂרָאֵל
בַּעֲגָלָא וּבִזְמַן קָרִיב, וְאִמְרוּ אָמֵן. (קהל: אָמֵן)

קהל וש״ץ: יְהֵא שְׁמֵהּ רַבָּא מְבָרַךְ לְעָלַם וּלְעָלְמֵי עָלְמַיָּא.

ש״ץ: יִתְבָּרַךְ וְיִשְׁתַּבַּח וְיִתְפָּאַר
וְיִתְרוֹמַם וְיִתְנַשֵּׂא וְיִתְהַדָּר וְיִתְעַלֶּה וְיִתְהַלָּל
שְׁמֵהּ דְּקֻדְשָׁא בְּרִיךְ הוּא (קהל: בְּרִיךְ הוּא)
לְעֵלָּא מִן כָּל בִּרְכָתָא
/ בעשרת ימי תשובה: לְעֵלָּא לְעֵלָּא מִכָּל בִּרְכָתָא/
וְשִׁירָתָא, תֻּשְׁבְּחָתָא וְנֶחֱמָתָא
דַּאֲמִירָן בְּעָלְמָא, וְאִמְרוּ אָמֵן. (קהל: אָמֵן)

On פורים *and* תשעה באב*, omit the next verse and continue with* יְהֵא שְׁלָמָא.

תִּתְקַבַּל צְלוֹתְהוֹן וּבָעוּתְהוֹן דְּכָל יִשְׂרָאֵל
קֳדָם אֲבוּהוֹן דִּי בִשְׁמַיָּא, וְאִמְרוּ אָמֵן. (קהל: אָמֵן)

יְהֵא שְׁלָמָא רַבָּא מִן שְׁמַיָּא
וְחַיִּים, עָלֵינוּ וְעַל כָּל יִשְׂרָאֵל, וְאִמְרוּ אָמֵן. (קהל: אָמֵן)

Bow, take three steps back, as if taking leave of the Divine Presence, then bow, first left, then right, then center, while saying:

עֹשֶׂה שָׁלוֹם/ בעשרת ימי תשובה: הַשָּׁלוֹם/ בִּמְרוֹמָיו
הוּא יַעֲשֶׂה שָׁלוֹם עָלֵינוּ
וְעַל כָּל יִשְׂרָאֵל, וְאִמְרוּ אָמֵן. (קהל: אָמֵן)

Between Pesaḥ and Shavuot the Omer is counted at this point on page 964.

On Ḥanukka, the candles are lit at this point, page 994.

On Tisha B'Av, the following prayers are omitted
and the service continues with Aleinu on page 946.

BIBLICAL VERSES OF BLESSING

וְיִתֶּן־לְךָ May God give you dew from heaven and the richness of the earth, and corn and wine in plenty. May peoples serve you and nations bow down to you. Be lord over your brothers, and may your mother's sons bow down to you. A curse on those who curse you, but a blessing on those who bless you. *Gen. 27*

וְאֵל שַׁדַּי May God Almighty bless you; may He make you fruitful and numerous until you become an assembly of peoples. May He give you and your descendants the blessing of Abraham, that you may possess the land where you are now staying, the land God gave to Abraham. *Gen. 28* This comes from the God of your father – may He help you – and from the Almighty – may He bless you with blessings of the heaven above and the blessings of the deep that lies below, the blessings of breast and womb. The blessings of your father surpass the blessings of my fathers to the bounds of the endless hills. May they rest on the head of Joseph, on the brow of the prince among his brothers. *Gen. 49* He will love you and bless you and increase your numbers. He will bless the fruit of your womb and the fruit of your land: your corn, your wine and oil, the calves of your herds and the lambs of your flocks, in the land He swore to your fathers to give you. You will be blessed more than any other people. None of your men or women will be childless, nor any of your livestock without young. The Lord will keep you free from any disease. He will not inflict on you the terrible diseases you knew in Egypt, but He will inflict them on those who hate you. *Deut. 7*

הַמַּלְאָךְ May the angel who rescued me from all harm, bless these boys. May they be called by my name and the names of my fathers Abraham and Isaac, and may they increase greatly on the earth. *Gen. 48* The Lord your God has increased your numbers so that today you are as many as the stars in the sky. May the Lord, God of your fathers, increase you a thousand times, and bless you as He promised you. *Deut. 1*

---

to begin the next stage, confident in the knowledge that God is with us. They begin with the blessings of Isaac to Jacob, Jacob to Joseph and his brothers, and Moses' closing addresses to the Israelites in the book of Deuteronomy.

Between פסח and שבועות the עומר is counted at this point on page 965.

On חנוכה, the candles are lit at this point, page 995.

On תשעה באב, the following prayers are omitted
and the service continues with עָלֵינוּ on page 947.

פסוקי ברכה

וְיִתֶּן־לְךָ הָאֱלֹהִים מִטַּל הַשָּׁמַיִם וּמִשְׁמַנֵּי הָאָרֶץ, וְרֹב דָּגָן וְתִירֹשׁ: יַעַבְדוּךָ בראשית כז
עַמִּים וְיִשְׁתַּחֲווּ לְךָ לְאֻמִּים, הֱוֵה גְבִיר לְאַחֶיךָ וְיִשְׁתַּחֲווּ לְךָ בְּנֵי אִמֶּךָ,
אֹרְרֶיךָ אָרוּר וּמְבָרְכֶיךָ בָּרוּךְ:

וְאֵל שַׁדַּי יְבָרֵךְ אֹתְךָ וְיַפְרְךָ וְיַרְבֶּךָ, וְהָיִיתָ לִקְהַל עַמִּים: וְיִתֶּן־לְךָ אֶת־ בראשית כח
בִּרְכַּת אַבְרָהָם, לְךָ וּלְזַרְעֲךָ אִתָּךְ, לְרִשְׁתְּךָ אֶת־אֶרֶץ מְגֻרֶיךָ אֲשֶׁר־נָתַן
אֱלֹהִים לְאַבְרָהָם: מֵאֵל אָבִיךָ וְיַעְזְרֶךָּ וְאֵת שַׁדַּי וִיבָרְכֶךָּ, בִּרְכֹת שָׁמַיִם בראשית מט
מֵעָל בִּרְכֹת תְּהוֹם רֹבֶצֶת תָּחַת, בִּרְכֹת שָׁדַיִם וָרָחַם: בִּרְכֹת אָבִיךָ גָּבְרוּ
עַל־בִּרְכֹת הוֹרַי עַד־תַּאֲוַת גִּבְעֹת עוֹלָם, תִּהְיֶיןָ לְרֹאשׁ יוֹסֵף וּלְקָדְקֹד
נְזִיר אֶחָיו: וַאֲהֵבְךָ וּבֵרַכְךָ וְהִרְבֶּךָ, וּבֵרַךְ פְּרִי־בִטְנְךָ וּפְרִי־אַדְמָתֶךָ, דְּגָנְךָ דברים ז
וְתִירֹשְׁךָ וְיִצְהָרֶךָ, שְׁגַר־אֲלָפֶיךָ וְעַשְׁתְּרֹת צֹאנֶךָ, עַל הָאֲדָמָה אֲשֶׁר־נִשְׁבַּע
לַאֲבֹתֶיךָ לָתֶת לָךְ: בָּרוּךְ תִּהְיֶה מִכָּל־הָעַמִּים, לֹא־יִהְיֶה בְךָ עָקָר וַעֲקָרָה
וּבִבְהֶמְתֶּךָ: וְהֵסִיר יהוה מִמְּךָ כָּל־חֹלִי, וְכָל־מַדְוֵי מִצְרַיִם הָרָעִים אֲשֶׁר
יָדַעְתָּ, לֹא יְשִׂימָם בָּךְ, וּנְתָנָם בְּכָל־שֹׂנְאֶיךָ:

הַמַּלְאָךְ הַגֹּאֵל אֹתִי מִכָּל־רָע יְבָרֵךְ אֶת־הַנְּעָרִים, וְיִקָּרֵא בָהֶם שְׁמִי וְשֵׁם בראשית מח
אֲבֹתַי אַבְרָהָם וְיִצְחָק, וְיִדְגּוּ לָרֹב בְּקֶרֶב הָאָרֶץ: יהוה אֱלֹהֵיכֶם הִרְבָּה דברים א
אֶתְכֶם, וְהִנְּכֶם הַיּוֹם כְּכוֹכְבֵי הַשָּׁמַיִם לָרֹב: יהוה אֱלֹהֵי אֲבוֹתֵכֶם יֹסֵף
עֲלֵיכֶם כָּכֶם אֶלֶף פְּעָמִים, וִיבָרֵךְ אֶתְכֶם כַּאֲשֶׁר דִּבֶּר לָכֶם:

פסוקי ברכה *Biblical Verses of Blessing.* Setting out on a journey is a time to seek blessing and divine protection through the challenges that lie ahead, hence this long series of verses from Tanakh, including many of the blessings recorded in the Mosaic books. They are clustered around the themes of blessing, redemption and salvation; rescue and transformation; peace and consolation. Together they emphasize that time is a journey and we are about

בָּרוּךְ You will be blessed in the city, and blessed in the field. You will be blessed when you come in, and blessed when you go out. Your basket and your kneading trough will be blessed. The fruit of your womb will be blessed, and the crops of your land, and the young of your livestock, the calves of your herds and the lambs of your flocks. The LORD will send a blessing on your barns, and on everything you put your hand to. The LORD your God will bless you in the land He is giving you. The LORD will open for you the heavens, the storehouse of His bounty, to send rain on your land in season, and to bless all the work of your hands. You will lend to many nations but will borrow from none. For the LORD your God will bless you as He has promised: you will lend to many nations but will borrow from none. You will rule over many nations, but none will rule over you. Happy are you, Israel! Who is like you, a people saved by the LORD? He is your Shield and Helper and your glorious Sword. Your enemies will cower before you, and you will tread on their high places. *Deut. 28* *Deut. 15* *Deut. 33*

מָחִיתִי I have wiped away your transgressions like a cloud, your sins like the morning mist. Return to Me for I have redeemed you. Sing for joy, O heavens, for the LORD has done this; shout aloud, you depths of the earth; burst into song, you mountains, you forests and all your trees, for the LORD has redeemed Jacob, and will glory in Israel. Our Redeemer, the LORD of hosts is His name, the Holy One of Israel. *Is. 44* *Is. 47*

יִשְׂרָאֵל Israel is saved by the LORD with everlasting salvation. You will never be ashamed or disgraced to time everlasting. You will eat your fill and praise the name of the LORD your God, who has worked wonders for you. Never again shall My people be shamed. Then you will know that I am in the midst of Israel, that I am the LORD your God, and there is no other. Never again will My people be shamed. You will go out in joy and be led out in peace. The mountains and hills will burst into song before you, and all the trees of the field will clap their hands. Behold, God is my salvation, I will trust and not be afraid. The LORD, the LORD, is my strength and my song. He has become my salvation. With joy you will draw water from the springs of salvation. On that day you will say, "Thank the LORD, proclaim His name, make His deeds known among the nations." Declare that His name is exalted. Sing to the LORD, for He has done glorious things; let this be known throughout the world. Shout aloud and sing for joy, you who dwell in Zion, for great in your midst is the Holy One of Israel. On that day they will say, "See, this is our God; we set our hope in Him and He saved us. This is the LORD in whom we hoped; let us rejoice and be glad in His salvation." *Is. 45* *Joel 2* *Is. 55* *Is. 12* *Is. 25*

בָּרוּךְ אַתָּה בָּעִיר, וּבָרוּךְ אַתָּה בַּשָּׂדֶה: בָּרוּךְ אַתָּה בְּבֹאֶךָ, וּבָרוּךְ אַתָּה דברים כח
בְּצֵאתֶךָ: בָּרוּךְ טַנְאֲךָ וּמִשְׁאַרְתֶּךָ: בָּרוּךְ פְּרִי־בִטְנְךָ וּפְרִי אַדְמָתְךָ וּפְרִי
בְהֶמְתֶּךָ, שְׁגַר אֲלָפֶיךָ וְעַשְׁתְּרוֹת צֹאנֶךָ: יְצַו יהוה אִתְּךָ אֶת־הַבְּרָכָה
בַּאֲסָמֶיךָ וּבְכֹל מִשְׁלַח יָדֶךָ, וּבֵרַכְךָ בָּאָרֶץ אֲשֶׁר־יהוה אֱלֹהֶיךָ נֹתֵן לָךְ:
יִפְתַּח יהוה לְךָ אֶת־אוֹצָרוֹ הַטּוֹב אֶת־הַשָּׁמַיִם, לָתֵת מְטַר־אַרְצְךָ בְּעִתּוֹ,
וּלְבָרֵךְ אֵת כָּל־מַעֲשֵׂה יָדֶךָ, וְהִלְוִיתָ גּוֹיִם רַבִּים וְאַתָּה לֹא תִלְוֶה: כִּי־יהוה דברים טו
אֱלֹהֶיךָ בֵּרַכְךָ כַּאֲשֶׁר דִּבֶּר־לָךְ, וְהַעֲבַטְתָּ גּוֹיִם רַבִּים וְאַתָּה לֹא תַעֲבֹט,
וּמָשַׁלְתָּ בְּגוֹיִם רַבִּים וּבְךָ לֹא יִמְשֹׁלוּ: אַשְׁרֶיךָ יִשְׂרָאֵל, מִי כָמוֹךָ, עַם דברים לג
נוֹשַׁע בַּיהוה, מָגֵן עֶזְרֶךָ וַאֲשֶׁר־חֶרֶב גַּאֲוָתֶךָ, וְיִכָּחֲשׁוּ אֹיְבֶיךָ לָךְ, וְאַתָּה
עַל־בָּמוֹתֵימוֹ תִדְרֹךְ:

מָחִיתִי כָעָב פְּשָׁעֶיךָ וְכֶעָנָן חַטֹּאותֶיךָ, שׁוּבָה אֵלַי כִּי גְאַלְתִּיךָ: רָנּוּ שָׁמַיִם ישעיה מד
כִּי־עָשָׂה יהוה, הָרִיעוּ תַּחְתִּיּוֹת אָרֶץ, פִּצְחוּ הָרִים רִנָּה, יַעַר וְכָל־עֵץ בּוֹ,
כִּי־גָאַל יהוה יַעֲקֹב וּבְיִשְׂרָאֵל יִתְפָּאָר: גֹּאֲלֵנוּ, יהוה צְבָאוֹת שְׁמוֹ, קְדוֹשׁ ישעיה מז
יִשְׂרָאֵל:

יִשְׂרָאֵל נוֹשַׁע בַּיהוה תְּשׁוּעַת עוֹלָמִים, לֹא־תֵבֹשׁוּ וְלֹא־תִכָּלְמוּ עַד־עוֹלְמֵי ישעיה מה
עַד: וַאֲכַלְתֶּם אָכוֹל וְשָׂבוֹעַ, וְהִלַּלְתֶּם אֶת־שֵׁם יהוה אֱלֹהֵיכֶם אֲשֶׁר־עָשָׂה יואל ב
עִמָּכֶם לְהַפְלִיא, וְלֹא־יֵבֹשׁוּ עַמִּי לְעוֹלָם: וִידַעְתֶּם כִּי בְקֶרֶב יִשְׂרָאֵל
אָנִי, וַאֲנִי יהוה אֱלֹהֵיכֶם וְאֵין עוֹד, וְלֹא־יֵבֹשׁוּ עַמִּי לְעוֹלָם: כִּי־בְשִׂמְחָה ישעיה נה
תֵצֵאוּ וּבְשָׁלוֹם תּוּבָלוּן, הֶהָרִים וְהַגְּבָעוֹת יִפְצְחוּ לִפְנֵיכֶם רִנָּה, וְכָל־עֲצֵי
הַשָּׂדֶה יִמְחֲאוּ־כָף: הִנֵּה אֵל יְשׁוּעָתִי אֶבְטַח, וְלֹא אֶפְחָד, כִּי־עָזִּי וְזִמְרָת ישעיה יב
יָהּ יהוה, וַיְהִי־לִי לִישׁוּעָה: וּשְׁאַבְתֶּם־מַיִם בְּשָׂשׂוֹן, מִמַּעַיְנֵי הַיְשׁוּעָה:
וַאֲמַרְתֶּם בַּיּוֹם הַהוּא, הוֹדוּ לַיהוה קִרְאוּ בִשְׁמוֹ, הוֹדִיעוּ בָעַמִּים עֲלִילֹתָיו,
הַזְכִּירוּ כִּי נִשְׂגָּב שְׁמוֹ: זַמְּרוּ יהוה כִּי גֵאוּת עָשָׂה, מוּדַעַת זֹאת בְּכָל־
הָאָרֶץ: צַהֲלִי וָרֹנִּי יוֹשֶׁבֶת צִיּוֹן, כִּי־גָדוֹל בְּקִרְבֵּךְ קְדוֹשׁ יִשְׂרָאֵל: וְאָמַר ישעיה כה
בַּיּוֹם הַהוּא, הִנֵּה אֱלֹהֵינוּ זֶה קִוִּינוּ לוֹ וְיוֹשִׁיעֵנוּ, זֶה יהוה קִוִּינוּ לוֹ, נָגִילָה
וְנִשְׂמְחָה בִּישׁוּעָתוֹ:

בֵּית Come, house of Jacob: let us walk in the light of the LORD. He will be the sure foundation of your times; a rich store of salvation, wisdom and knowledge – the fear of the LORD is a person's treasure. In everything he did, David was successful, for the LORD was with him. *Is. 2* *Is. 32* *I Sam. 18*

פָּדָה He redeemed my soul in peace from the battle waged against me, for the sake of the many who were with me. The people said to Saul, "Shall Jonathan die – he who has brought about this great deliverance in Israel? Heaven forbid! As surely as the LORD lives, not a hair of his head shall fall to the ground, for he did this today with God's help." So the people rescued Jonathan and he did not die. Those redeemed by the LORD shall return; they will enter Zion singing; everlasting joy will crown their heads. Gladness and joy will overtake them, and sorrow and sighing will flee away. *Ps. 55* *I Sam. 14* *Is. 35*

הָפַכְתָּ You have turned my sorrow into dancing. You have removed my sackcloth and clothed me with joy. The LORD your God refused to listen to Balaam; instead the LORD your God turned the curse into a blessing, for the LORD your God loves you. Then maidens will dance and be glad; so too will young men and old together; I will turn their mourning into gladness; I will give them comfort and joy instead of sorrow. *Ps. 30* *Deut. 23* *Jer. 31*

בּוֹרֵא I create the speech of lips: Peace, peace to those far and near, says the LORD, and I will heal them. Then the spirit came upon Amasai, chief of the captains, and he said: "We are yours, David! We are with you, son of Jesse! Peace, peace to you, and peace to those who help you; for your God will help you." Then David received them and made them leaders of his troop. And you shall say: "To life! Peace be to you, peace to your household, and peace to all that is yours!" The LORD will give strength to His people; the LORD will bless His people with peace. *Is. 57* *I Chr. 12* *I Sam. 25* *Ps. 29*

אָמַר Rabbi Yoḥanan said: Wherever you find the greatness of the Holy One, blessed be He, there you find His humility. This is written in the Torah, repeated in the Prophets, and stated a third time in the Writings. It is written in the Torah: "For the LORD your God is God of gods and LORD of lords, the great, mighty and awe-inspiring God, who shows no favoritism and accepts no bribe." Immediately afterwards it is written, "He upholds the cause of the orphan and widow, and loves the stranger, giving him food and clothing." It is repeated in the Prophets, as it says: "So says the High and Exalted One, who lives for ever and *Megilla 31a* *Deut. 10* *Is. 57*

אָמַר רַבִּי יוֹחָנָן *Rabbi Yoḥanan said:* A magnificent passage from the Talmud (*Megilla* 31a) telling us to learn from God that greatness is humility, and humility greatness. The Creator of all cares for all; the Power of powers cares for the powerless. The deeper our compassion, the higher we stand.

בֵּית יַעֲקֹב לְכוּ וְנֵלְכָה בְּאוֹר יהוה: וְהָיָה אֱמוּנַת עִתֶּיךָ, חֹסֶן יְשׁוּעֹת חָכְמַת ישעיה ב ישעיה לב
וָדָעַת, יִרְאַת יהוה הִיא אוֹצָרוֹ: וַיְהִי דָוִד לְכָל־דְּרָכָו מַשְׂכִּיל, וַיהוה עִמּוֹ: שמואל א׳ יח

פָּדָה בְשָׁלוֹם נַפְשִׁי מִקְּרָב־לִי, כִּי־בְרַבִּים הָיוּ עִמָּדִי: וַיֹּאמֶר הָעָם אֶל־ תהלים נה שמואל א׳ יד
שָׁאוּל, הֲיוֹנָתָן יָמוּת אֲשֶׁר עָשָׂה הַיְשׁוּעָה הַגְּדוֹלָה הַזֹּאת בְּיִשְׂרָאֵל,
חָלִילָה, חַי־יהוה אִם־יִפֹּל מִשַּׂעֲרַת רֹאשׁוֹ אַרְצָה, כִּי־עִם־אֱלֹהִים עָשָׂה
הַיּוֹם הַזֶּה, וַיִּפְדּוּ הָעָם אֶת־יוֹנָתָן וְלֹא־מֵת: וּפְדוּיֵי יהוה יְשֻׁבוּן וּבָאוּ צִיּוֹן ישעיה לה
בְּרִנָּה, וְשִׂמְחַת עוֹלָם עַל־רֹאשָׁם, שָׂשׂוֹן וְשִׂמְחָה יַשִּׂיגוּ, וְנָסוּ יָגוֹן וַאֲנָחָה:

הָפַכְתָּ מִסְפְּדִי לְמָחוֹל לִי, פִּתַּחְתָּ שַׂקִּי, וַתְּאַזְּרֵנִי שִׂמְחָה: וְלֹא־אָבָה יהוה תהלים ל דברים כג
אֱלֹהֶיךָ לִשְׁמֹעַ אֶל־בִּלְעָם, וַיַּהֲפֹךְ יהוה אֱלֹהֶיךָ לְּךָ אֶת־הַקְּלָלָה לִבְרָכָה,
כִּי אֲהֵבְךָ יהוה אֱלֹהֶיךָ: אָז תִּשְׂמַח בְּתוּלָה בְּמָחוֹל, וּבַחֻרִים וּזְקֵנִים יַחְדָּו, ירמיה לא
וְהָפַכְתִּי אֶבְלָם לְשָׂשׂוֹן, וְנִחַמְתִּים, וְשִׂמַּחְתִּים מִיגוֹנָם:

בּוֹרֵא נִיב שְׂפָתָיִם, שָׁלוֹם שָׁלוֹם לָרָחוֹק וְלַקָּרוֹב אָמַר יהוה, וּרְפָאתִיו: וְרוּחַ ישעיה נז דברי הימים א׳ יב
לָבְשָׁה אֶת־עֲמָשַׂי רֹאשׁ הַשָּׁלִישִׁים, לְךָ דָוִיד וְעִמְּךָ בֶן־יִשַׁי, שָׁלוֹם שָׁלוֹם
לְךָ וְשָׁלוֹם לְעֹזְרֶךָ, כִּי עֲזָרְךָ אֱלֹהֶיךָ, וַיְקַבְּלֵם דָּוִיד וַיִּתְּנֵם בְּרָאשֵׁי הַגְּדוּד:
וַאֲמַרְתֶּם כֹּה לֶחָי, וְאַתָּה שָׁלוֹם וּבֵיתְךָ שָׁלוֹם וְכֹל אֲשֶׁר־לְךָ שָׁלוֹם: יהוה שמואל א׳ כה תהלים כט
עֹז לְעַמּוֹ יִתֵּן, יהוה יְבָרֵךְ אֶת־עַמּוֹ בַשָּׁלוֹם:

אָמַר רַבִּי יוֹחָנָן: בְּכָל מָקוֹם שֶׁאַתָּה מוֹצֵא גְּדֻלָּתוֹ שֶׁל הַקָּדוֹשׁ בָּרוּךְ מגילה לא.
הוּא, שָׁם אַתָּה מוֹצֵא עַנְוְתָנוּתוֹ. דָּבָר זֶה כָּתוּב בַּתּוֹרָה, וְשָׁנוּי בַּנְּבִיאִים,
וּמְשֻׁלָּשׁ בַּכְּתוּבִים. כָּתוּב בַּתּוֹרָה: כִּי יהוה אֱלֹהֵיכֶם הוּא אֱלֹהֵי הָאֱלֹהִים דברים י
וַאֲדֹנֵי הָאֲדֹנִים, הָאֵל הַגָּדֹל הַגִּבֹּר וְהַנּוֹרָא, אֲשֶׁר לֹא־יִשָּׂא פָנִים וְלֹא יִקַּח
שֹׁחַד: וּכְתִיב בַּתְרֵהּ: עֹשֶׂה מִשְׁפַּט יָתוֹם וְאַלְמָנָה, וְאֹהֵב גֵּר לָתֶת לוֹ לֶחֶם
וְשִׂמְלָה: שָׁנוּי בַּנְּבִיאִים, דִּכְתִיב: כִּי כֹה אָמַר רָם וְנִשָּׂא שֹׁכֵן עַד וְקָדוֹשׁ ישעיה נז

פָּדָה *He redeemed my soul in peace:* There now follow three verses on the theme of redemption, three on transformation of fortune from bad to good, and three on peace. These three verses, according to the Talmud (*Berakhot* 55b), should be said to banish fear of misfortune.

whose name is Holy: I live in a high and holy place, but also with the contrite and lowly in spirit, to revive the spirit of the lowly, and to revive the heart of the contrite." It is stated a third time in the Writings: "Sing to God, make music for His name, extol Him who rides the clouds – the LORD is His name – and exult before Him." Immediately afterwards it is written: "Father of the orphans and Justice of widows, is God in His holy habitation." *Ps. 68*

יְהִי May the LORD our God be with us, as He was with our ancestors. May He never abandon us or forsake us. You who cleave to the LORD your God are all alive this day. For the LORD will comfort Zion, He will comfort all her ruins; He will make her wilderness like Eden, and her desert like a garden of the LORD. Joy and gladness will be found there, thanksgiving and the sound of singing. It pleased the LORD for the sake of [Israel's] righteousness to make the Torah great and glorious. *I Kings 8* *Deut. 4* *Is. 51* *Is. 42*

שִׁיר הַמַּעֲלוֹת A song of ascents. Happy are all who fear the LORD, who walk in His ways. When you eat the fruit of your labor, happy and fortunate are you. Your wife shall be like a fruitful vine within your house; your sons like olive saplings around your table. So shall the man who fears the LORD be blessed. May the LORD bless you from Zion; may you see the good of Jerusalem all the days of your life; and may you live to see your children's children. Peace be on Israel! *Ps. 128*

HAVDALA IN THE SYNAGOGUE

Some say the full Havdala on page 960.

The Leader takes the cup of wine in his right hand, and says:

Please pay attention, my masters.

Blessed are You, LORD our God, King of the Universe, who creates the fruit of the vine.

Holding the spice box, the Leader says:

Blessed are You, LORD our God, King of the Universe, who creates the various spices.

The Leader smells the spices and puts the spice box down.
He lifts his hands toward the flame of the Havdala candle, and says:

Blessed are You, LORD our God, King of the Universe, who creates the lights of fire.

He lifts the cup of wine in his right hand, and says:

Blessed are You, LORD our God, King of the Universe, who distinguishes between sacred and secular, between light and darkness, between Israel and the nations, between the seventh day and the six days of work. Blessed are You, LORD, who distinguishes between sacred and secular.

שְׁמוֹ, מָרוֹם וְקָדוֹשׁ אֶשְׁכּוֹן, וְאֶת־דַּכָּא וּשְׁפַל־רוּחַ, לְהַחֲיוֹת רוּחַ שְׁפָלִים
וּלְהַחֲיוֹת לֵב נִדְכָּאִים: מְשֻׁלָּשׁ בַּכְּתוּבִים, דִּכְתִיב: שִׁירוּ לֵאלֹהִים, זַמְּרוּ תהלים סח
שְׁמוֹ, סֹלּוּ לָרֹכֵב בָּעֲרָבוֹת בְּיָהּ שְׁמוֹ, וְעִלְזוּ לְפָנָיו: וּכְתִיב בָּתְרֵהּ: אֲבִי
יְתוֹמִים וְדַיַּן אַלְמָנוֹת, אֱלֹהִים בִּמְעוֹן קָדְשׁוֹ:

יְהִי יהוה אֱלֹהֵינוּ עִמָּנוּ כַּאֲשֶׁר הָיָה עִם־אֲבֹתֵינוּ, אַל־יַעַזְבֵנוּ וְאַל־יִטְּשֵׁנוּ: מלכים א׳ ח
וְאַתֶּם הַדְּבֵקִים בַּיהוה אֱלֹהֵיכֶם, חַיִּים כֻּלְּכֶם הַיּוֹם: כִּי־נִחַם יהוה צִיּוֹן, נִחַם דברים ד ישעיה נא
כָּל־חָרְבֹתֶיהָ, וַיָּשֶׂם מִדְבָּרָהּ כְּעֵדֶן וְעַרְבָתָהּ כְּגַן־יהוה, שָׂשׂוֹן וְשִׂמְחָה יִמָּצֵא
בָהּ, תּוֹדָה וְקוֹל זִמְרָה: יהוה חָפֵץ לְמַעַן צִדְקוֹ, יַגְדִּיל תּוֹרָה וְיַאְדִּיר: ישעיה מב

שִׁיר הַמַּעֲלוֹת, אַשְׁרֵי כָּל־יְרֵא יהוה, הַהֹלֵךְ בִּדְרָכָיו: יְגִיעַ כַּפֶּיךָ כִּי תֹאכֵל, תהלים קכח
אַשְׁרֶיךָ וְטוֹב לָךְ: אֶשְׁתְּךָ כְּגֶפֶן פֹּרִיָּה בְּיַרְכְּתֵי בֵיתֶךָ, בָּנֶיךָ כִּשְׁתִלֵי זֵיתִים,
סָבִיב לְשֻׁלְחָנֶךָ: הִנֵּה כִי־כֵן יְבֹרַךְ גָּבֶר יְרֵא יהוה: יְבָרֶכְךָ יהוה מִצִּיּוֹן, וּרְאֵה
בְּטוּב יְרוּשָׁלָםִ, כֹּל יְמֵי חַיֶּיךָ: וּרְאֵה־בָנִים לְבָנֶיךָ, שָׁלוֹם עַל־יִשְׂרָאֵל:

הבדלה בבית הכנסת

Some say the full הבדלה *on page 961.*

The שליח ציבור *takes the cup of wine in his right hand, and says:*

סַבְרִי מָרָנָן

בָּרוּךְ אַתָּה יהוה אֱלֹהֵינוּ מֶלֶךְ הָעוֹלָם, בּוֹרֵא פְּרִי הַגָּפֶן.

Holding the spice box, the שליח ציבור *says:*

בָּרוּךְ אַתָּה יהוה אֱלֹהֵינוּ מֶלֶךְ הָעוֹלָם, בּוֹרֵא מִינֵי בְשָׂמִים.

The שליח ציבור *smells the spices and puts the spice box down.*
He lifts his hands toward the flame of the הבדלה *candle, and says:*

בָּרוּךְ אַתָּה יהוה אֱלֹהֵינוּ מֶלֶךְ הָעוֹלָם, בּוֹרֵא מְאוֹרֵי הָאֵשׁ.

He lifts the cup of wine in his right hand, and says:

בָּרוּךְ אַתָּה יהוה אֱלֹהֵינוּ מֶלֶךְ הָעוֹלָם, הַמַּבְדִּיל בֵּין קֹדֶשׁ לְחֹל, בֵּין אוֹר לְחֹשֶׁךְ, בֵּין יִשְׂרָאֵל לָעַמִּים, בֵּין יוֹם הַשְּׁבִיעִי לְשֵׁשֶׁת יְמֵי הַמַּעֲשֶׂה. בָּרוּךְ אַתָּה יהוה, הַמַּבְדִּיל בֵּין קֹדֶשׁ לְחֹל.

Stand while saying Aleinu. Bow at ▾.

עָלֵינוּ It is our duty to praise the Master of all,
and ascribe greatness to the Author of creation,
who has not made us like the nations of the lands
nor placed us like the families of the earth;
who has not made our portion like theirs,
nor our destiny like all their multitudes.
(For they worship vanity and emptiness,
and pray to a god who cannot save.)
▾But we bow in worship and thank the Supreme King of kings,
the Holy One, blessed be He,
who extends the heavens and establishes the earth,
whose throne of glory is in the heavens above,
and whose power's Presence is in the highest of heights.
He is our God; there is no other.
Truly He is our King, there is none else, as it is written in His Torah:
"You shall know and take to heart this day that the LORD is God, *Deut. 4*
in heaven above and on earth below. There is no other."

Therefore, we place our hope in You, LORD our God,
that we may soon see the glory of Your power,
when You will remove abominations from the earth,
and idols will be utterly destroyed,
when the world will be perfected under the sovereignty of the Almighty,
when all humanity will call on Your name,
to turn all the earth's wicked toward You.
All the world's inhabitants will realize and know
that to You every knee must bow and every tongue swear loyalty.
Before You, LORD our God, they will kneel and bow down
and give honor to Your glorious name.
They will all accept the yoke of Your kingdom,
and You will reign over them soon and for ever.
For the kingdom is Yours, and to all eternity You will reign in glory,
as it is written in Your Torah: "The LORD will reign for ever and ever." *Ex. 15*
▸ And it is said: "Then the LORD shall be King over all the earth; *Zech. 14*
on that day the LORD shall be One and His name One."

Stand while saying עָלֵינוּ. *Bow at* ˚.

עָלֵינוּ לְשַׁבֵּחַ לַאֲדוֹן הַכֹּל, לָתֵת גְּדֻלָּה לְיוֹצֵר בְּרֵאשִׁית
שֶׁלֹּא עָשָׂנוּ כְּגוֹיֵי הָאֲרָצוֹת, וְלֹא שָׂמָנוּ כְּמִשְׁפְּחוֹת הָאֲדָמָה
שֶׁלֹּא שָׂם חֶלְקֵנוּ כָּהֶם וְגוֹרָלֵנוּ כְּכָל הֲמוֹנָם.
(שֶׁהֵם מִשְׁתַּחֲוִים לְהֶבֶל וָרִיק וּמִתְפַּלְלִים אֶל אֵל לֹא יוֹשִׁיעַ.)
˚וַאֲנַחְנוּ כּוֹרְעִים וּמִשְׁתַּחֲוִים וּמוֹדִים
לִפְנֵי מֶלֶךְ מַלְכֵי הַמְּלָכִים, הַקָּדוֹשׁ בָּרוּךְ הוּא
שֶׁהוּא נוֹטֶה שָׁמַיִם וְיוֹסֵד אָרֶץ
וּמוֹשַׁב יְקָרוֹ בַּשָּׁמַיִם מִמַּעַל
וּשְׁכִינַת עֻזּוֹ בְּגָבְהֵי מְרוֹמִים.
הוּא אֱלֹהֵינוּ, אֵין עוֹד.
אֱמֶת מַלְכֵּנוּ, אֶפֶס זוּלָתוֹ, כַּכָּתוּב בְּתוֹרָתוֹ
דברים ד וְיָדַעְתָּ הַיּוֹם וַהֲשֵׁבֹתָ אֶל־לְבָבֶךָ
כִּי יהוה הוּא הָאֱלֹהִים בַּשָּׁמַיִם מִמַּעַל וְעַל־הָאָרֶץ מִתָּחַת, אֵין עוֹד:

עַל כֵּן נְקַוֶּה לְּךָ יהוה אֱלֹהֵינוּ, לִרְאוֹת מְהֵרָה בְּתִפְאֶרֶת עֻזֶּךָ
לְהַעֲבִיר גִּלּוּלִים מִן הָאָרֶץ, וְהָאֱלִילִים כָּרוֹת יִכָּרֵתוּן
לְתַקֵּן עוֹלָם בְּמַלְכוּת שַׁדַּי.
וְכָל בְּנֵי בָשָׂר יִקְרְאוּ בִשְׁמֶךָ לְהַפְנוֹת אֵלֶיךָ כָּל רִשְׁעֵי אָרֶץ.
יַכִּירוּ וְיֵדְעוּ כָּל יוֹשְׁבֵי תֵבֵל, כִּי לְךָ תִּכְרַע כָּל בֶּרֶךְ, תִּשָּׁבַע כָּל לָשׁוֹן.
לְפָנֶיךָ יהוה אֱלֹהֵינוּ יִכְרְעוּ וְיִפֹּלוּ, וְלִכְבוֹד שִׁמְךָ יְקָר יִתֵּנוּ
וִיקַבְּלוּ כֻלָּם אֶת עֹל מַלְכוּתֶךָ וְתִמְלֹךְ עֲלֵיהֶם מְהֵרָה לְעוֹלָם וָעֶד.
כִּי הַמַּלְכוּת שֶׁלְּךָ הִיא וּלְעוֹלְמֵי עַד תִּמְלֹךְ בְּכָבוֹד
שמות טו כַּכָּתוּב בְּתוֹרָתֶךָ, יהוה יִמְלֹךְ לְעֹלָם וָעֶד:
זכריה יד ◂ וְנֶאֱמַר, וְהָיָה יהוה לְמֶלֶךְ עַל־כָּל־הָאָרֶץ
בַּיּוֹם הַהוּא יִהְיֶה יהוה אֶחָד וּשְׁמוֹ אֶחָד:

Some add:

Have no fear of sudden terror or of the ruin when it overtakes the wicked. *Prov. 3*
Devise your strategy, but it will be thwarted; propose your plan, *Is. 8*
but it will not stand, for God is with us. When you grow old, I will still be the same. *Is. 46*
When your hair turns gray, I will still carry you. I made you, I will bear you,
I will carry you, and I will rescue you.

MOURNER'S KADDISH

The following prayer, said by mourners, requires the presence of a minyan. A transliteration can be found on page 1049.

Mourner: יִתְגַּדַּל Magnified and sanctified may His great name be,
in the world He created by His will.
May He establish His kingdom
in your lifetime and in your days,
and in the lifetime of all the house of Israel,
swiftly and soon –
and say: Amen.

All: May His great name be blessed for ever and all time.

Mourner: Blessed and praised,
glorified and exalted,
raised and honored,
uplifted and lauded
be the name of the Holy One,
blessed be He, beyond any blessing,
song, praise and consolation
uttered in the world –
and say: Amen.

May there be great peace from heaven,
and life for us and all Israel –
and say: Amen.

Bow, take three steps back, as if taking leave of the Divine Presence, then bow, first left, then right, then center, while saying:

May He who makes peace in His high places,
make peace for us and all Israel –
and say: Amen.

Some add:

אַל־תִּירָא מִפַּחַד פִּתְאֹם וּמִשֹּׁאַת רְשָׁעִים כִּי תָבֹא: משלי ג
עֻצוּ עֵצָה וְתֻפָר, דַּבְּרוּ דָבָר וְלֹא יָקוּם, כִּי עִמָּנוּ אֵל: ישעיה ח
וְעַד־זִקְנָה אֲנִי הוּא, וְעַד־שֵׂיבָה אֲנִי אֶסְבֹּל אֲנִי עָשִׂיתִי וַאֲנִי אֶשָּׂא וַאֲנִי אֶסְבֹּל וַאֲמַלֵּט: ישעיה מו

קדיש יתום

The following prayer, said by mourners, requires the presence of a מנין*.*
A transliteration can be found on page 1049.

אבל: יִתְגַּדַּל וְיִתְקַדַּשׁ שְׁמֵהּ רַבָּא (קהל: אָמֵן)
בְּעָלְמָא דִּי בְרָא כִרְעוּתֵהּ
וְיַמְלִיךְ מַלְכוּתֵהּ
בְּחַיֵּיכוֹן וּבְיוֹמֵיכוֹן וּבְחַיֵּי דְכָל בֵּית יִשְׂרָאֵל
בַּעֲגָלָא וּבִזְמַן קָרִיב, וְאִמְרוּ אָמֵן. (קהל: אָמֵן)

קהל ואבל: יְהֵא שְׁמֵהּ רַבָּא מְבָרַךְ לְעָלַם וּלְעָלְמֵי עָלְמַיָּא.

אבל: יִתְבָּרַךְ וְיִשְׁתַּבַּח וְיִתְפָּאַר
וְיִתְרוֹמַם וְיִתְנַשֵּׂא וְיִתְהַדָּר וְיִתְעַלֶּה וְיִתְהַלָּל
שְׁמֵהּ דְּקֻדְשָׁא בְּרִיךְ הוּא (קהל: בְּרִיךְ הוּא)
לְעֵלָּא מִן כָּל בִּרְכָתָא
/בעשרת ימי תשובה: לְעֵלָּא לְעֵלָּא מִכָּל בִּרְכָתָא/
וְשִׁירָתָא, תֻּשְׁבְּחָתָא וְנֶחֱמָתָא
דַּאֲמִירָן בְּעָלְמָא, וְאִמְרוּ אָמֵן. (קהל: אָמֵן)

יְהֵא שְׁלָמָא רַבָּא מִן שְׁמַיָּא
וְחַיִּים, עָלֵינוּ וְעַל כָּל יִשְׂרָאֵל, וְאִמְרוּ אָמֵן. (קהל: אָמֵן)

Bow, take three steps back, as if taking leave of the Divine Presence, then bow, first left, then right, then center, while saying:

עֹשֶׂה שָׁלוֹם/בעשרת ימי תשובה: הַשָּׁלוֹם/ בִּמְרוֹמָיו
הוּא יַעֲשֶׂה שָׁלוֹם עָלֵינוּ וְעַל כָּל יִשְׂרָאֵל, וְאִמְרוּ אָמֵן. (קהל: אָמֵן)

From the second day of Rosh Ḥodesh Elul through Shemini Atzeret (in Israel through Hoshana Raba), the following psalm is said:

לְדָוִד By David. The LORD is my light and my salvation – whom then shall I fear? *Ps. 27* The LORD is the stronghold of my life – of whom shall I be afraid? When evil men close in on me to devour my flesh, it is they, my enemies and foes, who stumble and fall. Should an army besiege me, my heart would not fear. Should war break out against me, still I would be confident. One thing I ask of the LORD, only this do I seek: to live in the House of the LORD all the days of my life, to gaze on the beauty of the LORD and worship in His Temple. For He will keep me safe in His pavilion on the day of trouble. He will hide me under the cover of His tent. He will set me high upon a rock. Now my head is high above my enemies who surround me. I will sacrifice in His tent with shouts of joy. I will sing and chant praises to the LORD. LORD, hear my voice when I call. Be gracious to me and answer me. On Your behalf my heart says, "Seek My face." Your face, LORD, will I seek. Do not hide Your face from me. Do not turn Your servant away in anger. You have been my help. Do not reject or forsake me, God, my Savior. Were my father and my mother to forsake me, the LORD would take me in. Teach me Your way, LORD, and lead me on a level path, because of my oppressors. Do not abandon me to the will of my foes, for false witnesses have risen against me, breathing violence. ▸ Were it not for my faith that I shall see the LORD's goodness in the land of the living. Hope in the LORD. Be strong and of good courage, and hope in the LORD!

Mourner's Kaddish (on previous page)

BLESSING OF THE NEW MOON

Kiddush Levana, the Blessing of the New Moon, is said between the third day and the middle day of each month. If possible, it should be said at the end of Shabbat, under the open sky, and in the presence of a minyan.

הַלְלוּיָהּ Halleluya! Praise the LORD from the heavens, praise Him in *Ps. 148* the heights. Praise Him, all His angels; praise Him, all His hosts. Praise Him, sun and moon; praise Him, all shining stars. Praise Him, highest heavens and the waters above the heavens. Let them praise the name of the LORD, for He commanded and they were created. He established them for ever and all time, issuing a decree that will never change.

---

a symbol of Jewish people who have seemed at times to face eclipse, yet they too have recovered and given light at dark times. Both themes are present in the Psalms and accompanying blessing. The physical act of stretching out on tiptoe to the moon is a gesture of faith that as the moon is beyond human reach and indestructible, so is the people it symbolizes.

From the second day of ראש חודש אלול *through* שמיני עצרת
(in ארץ ישראל *through* הושענא רבה*), the following psalm is said:*

תהלים כז לְדָוִד, יהוה אוֹרִי וְיִשְׁעִי, מִמִּי אִירָא, יהוה מָעוֹז־חַיַּי, מִמִּי אֶפְחָד: בִּקְרֹב עָלַי מְרֵעִים לֶאֱכֹל אֶת־בְּשָׂרִי, צָרַי וְאֹיְבַי לִי, הֵמָּה כָשְׁלוּ וְנָפָלוּ: אִם־תַּחֲנֶה עָלַי מַחֲנֶה, לֹא־יִירָא לִבִּי, אִם־תָּקוּם עָלַי מִלְחָמָה, בְּזֹאת אֲנִי בוֹטֵחַ: אַחַת שָׁאַלְתִּי מֵאֵת־יהוה, אוֹתָהּ אֲבַקֵּשׁ, שִׁבְתִּי בְּבֵית־יהוה כָּל־יְמֵי חַיַּי, לַחֲזוֹת בְּנֹעַם־יהוה, וּלְבַקֵּר בְּהֵיכָלוֹ: כִּי יִצְפְּנֵנִי בְּסֻכֹּה בְּיוֹם רָעָה, יַסְתִּרֵנִי בְּסֵתֶר אָהֳלוֹ, בְּצוּר יְרוֹמְמֵנִי: וְעַתָּה יָרוּם רֹאשִׁי עַל אֹיְבַי סְבִיבוֹתַי, וְאֶזְבְּחָה בְאָהֳלוֹ זִבְחֵי תְרוּעָה, אָשִׁירָה וַאֲזַמְּרָה לַיהוה: שְׁמַע־יהוה קוֹלִי אֶקְרָא, וְחָנֵּנִי וַעֲנֵנִי: לְךָ אָמַר לִבִּי בַּקְּשׁוּ פָנָי, אֶת־פָּנֶיךָ יהוה אֲבַקֵּשׁ: אַל־תַּסְתֵּר פָּנֶיךָ מִמֶּנִּי, אַל תַּט־בְּאַף עַבְדֶּךָ, עֶזְרָתִי הָיִיתָ, אַל־תִּטְּשֵׁנִי וְאַל־תַּעַזְבֵנִי, אֱלֹהֵי יִשְׁעִי: כִּי־אָבִי וְאִמִּי עֲזָבוּנִי, וַיהוה יַאַסְפֵנִי: הוֹרֵנִי יהוה דַּרְכֶּךָ, וּנְחֵנִי בְּאֹרַח מִישׁוֹר, לְמַעַן שׁוֹרְרָי: אַל־תִּתְּנֵנִי בְּנֶפֶשׁ צָרָי, כִּי קָמוּ־בִי עֵדֵי־שֶׁקֶר, וִיפֵחַ חָמָס: ◄ לוּלֵא הֶאֱמַנְתִּי לִרְאוֹת בְּטוּב־יהוה בְּאֶרֶץ חַיִּים: קַוֵּה אֶל־יהוה, חֲזַק וְיַאֲמֵץ לִבֶּךָ, וְקַוֵּה אֶל־יהוה:

קדיש יתום (*on previous page*)

קידוש לבנה

קידוש לבנה*, the Blessing of the New Moon, is said between the third day and the middle day of each month. If possible, it should be said at the end of* שבת*, under the open sky, and in the presence of a* מנין.

תהלים קמח הַלְלוּיָהּ, הַלְלוּ אֶת־יהוה מִן־הַשָּׁמַיִם, הַלְלוּהוּ בַּמְּרוֹמִים: הַלְלוּהוּ כָל־מַלְאָכָיו, הַלְלוּהוּ כָּל־צְבָאָו: הַלְלוּהוּ שֶׁמֶשׁ וְיָרֵחַ, הַלְלוּהוּ כָּל־כּוֹכְבֵי אוֹר: הַלְלוּהוּ שְׁמֵי הַשָּׁמָיִם, וְהַמַּיִם אֲשֶׁר מֵעַל הַשָּׁמָיִם: יְהַלְלוּ אֶת־שֵׁם יהוה, כִּי הוּא צִוָּה וְנִבְרָאוּ: וַיַּעֲמִידֵם לָעַד לְעוֹלָם, חָק־נָתַן וְלֹא יַעֲבוֹר:

These prayers, said on seeing the New Moon, have a dual dimension. First, they testify to the presence of God in creation. The regularity of the moon's waxing and waning are a visible reminder of the law-governed nature of the universe and the presence of an underlying order that surrounds us (Rabbenu Yonah). Second, the moon, endlessly reborn after seeming to decline, is

כִּי־אֶרְאֶה When I see Your heavens, the work of Your fingers, the moon and the stars which You have set in place: What is man that You are mindful of him, the son of man that You care for him? Ps. 8

Look at the moon, then say:

בָּרוּךְ Blessed are You, Lord our God, King of the Universe who by His word created the heavens, and by His breath all their host. He set for them laws and times, so that they should not deviate from their appointed task. They are joyous and glad to perform the will of their Owner, the Worker of truth whose work is truth. To the moon He said that it should renew itself as a crown of beauty for those He carried from the womb [Israel], for they are destined to be renewed like it, and to praise their Creator for the sake of His glorious majesty. Blessed are You, Lord, who renews the months.

The following five verses are each said three times:

Blessed is He who formed you; blessed is He who made you;
blessed is He who owns you; blessed is He who created you.

The following verse is said rising on the toes.

Just as I leap toward you but cannot touch you,
so may none of my enemies be able to touch me to do me harm.

May fear and dread fall upon them; Ex. 15
by the power of Your arm may they be still as stone.
May they be still as stone through the power of Your arm,
when dread and fear fall upon them.

David, King of Israel, lives and endures.

Turn to three people and say to each:

Peace upon you.

They respond:

Upon you, peace.

Say three times:

May it be a good sign and a good omen for us and all Israel. Amen.

קוֹל Hark! My beloved! Here he comes, leaping over the mountains, bounding over the hills. My beloved is like a gazelle, like a young deer. There he stands outside our wall, peering in through the windows, gazing through the lattice. Song. 2

כִּי־אֶרְאֶה שָׁמֶיךָ מַעֲשֵׂה אֶצְבְּעֹתֶיךָ, יָרֵחַ וְכוֹכָבִים אֲשֶׁר כּוֹנָנְתָּה: תהלים ח
מָה־אֱנוֹשׁ כִּי־תִזְכְּרֶנּוּ, וּבֶן־אָדָם כִּי תִפְקְדֶנּוּ:

Look at the moon, then say:

בָּרוּךְ אַתָּה יהוה אֱלֹהֵינוּ מֶלֶךְ הָעוֹלָם, אֲשֶׁר בְּמַאֲמָרוֹ בָּרָא שְׁחָקִים, וּבְרוּחַ פִּיו כָּל צְבָאָם, חֹק וּזְמַן נָתַן לָהֶם שֶׁלֹּא יְשַׁנּוּ אֶת תַּפְקִידָם. שָׂשִׂים וּשְׂמֵחִים לַעֲשׂוֹת רְצוֹן קוֹנָם, פּוֹעֵל אֱמֶת שֶׁפְּעֻלָּתוֹ אֱמֶת. וְלַלְּבָנָה אָמַר שֶׁתִּתְחַדֵּשׁ, עֲטֶרֶת תִּפְאֶרֶת לַעֲמוּסֵי בָטֶן, שֶׁהֵם עֲתִידִים לְהִתְחַדֵּשׁ כְּמוֹתָהּ וּלְפָאֵר לְיוֹצְרָם עַל שֵׁם כְּבוֹד מַלְכוּתוֹ. בָּרוּךְ אַתָּה יהוה, מְחַדֵּשׁ חֳדָשִׁים.

The following five verses are each said three times:

בָּרוּךְ יוֹצְרֵךְ, בָּרוּךְ עוֹשֵׂךְ, בָּרוּךְ קוֹנֵךְ, בָּרוּךְ בּוֹרְאֵךְ.

The following verse is said rising on the toes.

כְּשֵׁם שֶׁאֲנִי רוֹקֵד כְּנֶגְדֵּךְ וְאֵינִי יָכוֹל לִנְגֹּעַ בָּךְ
כָּךְ לֹא יוּכְלוּ כָּל אוֹיְבַי לִנְגֹּעַ בִּי לְרָעָה.

תִּפֹּל עֲלֵיהֶם אֵימָתָה וָפַחַד, בִּגְדֹל זְרוֹעֲךָ יִדְּמוּ כָּאָבֶן: שמות טו
כָּאָבֶן יִדְּמוּ זְרוֹעֲךָ בִּגְדֹל, וָפַחַד אֵימָתָה עֲלֵיהֶם תִּפֹּל.

דָּוִד מֶלֶךְ יִשְׂרָאֵל חַי וְקַיָּם.

Turn to three people and say to each:

שָׁלוֹם עֲלֵיכֶם.

They respond:

עֲלֵיכֶם שָׁלוֹם.

Say three times:

סִימָן טוֹב וּמַזָּל טוֹב יְהֵא לָנוּ וּלְכָל יִשְׂרָאֵל, אָמֵן.

קוֹל דּוֹדִי הִנֵּה־זֶה בָּא, מְדַלֵּג עַל־הֶהָרִים, מְקַפֵּץ עַל־הַגְּבָעוֹת: שיר השירים ב
דּוֹמֶה דוֹדִי לִצְבִי אוֹ לְעֹפֶר הָאַיָּלִים, הִנֵּה־זֶה עוֹמֵד אַחַר כָּתְלֵנוּ, מַשְׁגִּיחַ מִן־הַחַלֹּנוֹת, מֵצִיץ מִן־הַחֲרַכִּים:

שִׁיר לַמַּעֲלוֹת A song of ascents. I lift my eyes up to the hills; from where will my help come? My help comes from the LORD, Maker of heaven and earth. He will not let your foot stumble; He who guards you does not slumber. See: the Guardian of Israel neither slumbers nor sleeps. The LORD is your Guardian; the LORD is your Shade at your right hand. The sun will not strike you by day, nor the moon by night. The LORD will guard you from all harm; He will guard your life. The LORD will guard your going and coming, now and for evermore. *Ps. 121*

הַלְלוּיָהּ Halleluya! Praise God in His holy place; praise Him in the heavens of His power. Praise Him for His mighty deeds; praise Him for His surpassing greatness. Praise Him with blasts of the ram's horn; praise Him with the harp and lyre. Praise Him with timbrel and dance; praise Him with strings and flute. Praise Him with clashing cymbals; praise Him with resounding cymbals. Let all that breathes praise the LORD. Halleluya! *Ps. 150*

תָּנָא In the academy of Rabbi Yishmael it was taught: Were the people of Israel privileged to greet the presence of their heavenly Father only once a month, it would have been sufficient for them. Abaye said: Therefore it [the blessing of the moon] should be said standing. Who is this coming up from the desert, leaning on her beloved? *Sanhedrin 42a* *Song. 8*

וִיהִי May it be Your will, LORD my God and God of my ancestors, to make good the deficiency of the moon, so that it is no longer in its diminished state. May the light of the moon be like the light of the sun and like the light of the seven days of creation as it was before it was diminished, as it says, "The two great luminaries." And may there be fulfilled for us the verse: "They shall seek the LORD their God, and David their king." Amen. *Gen. 1* *Hos. 3*

לַמְנַצֵּחַ For the conductor of music. With stringed instruments, a psalm. A song. May God be gracious to us and bless us. May He make His face shine on us, Selah. Then will Your way be known on earth, Your salvation among all the nations. Let the peoples praise You, God; let all peoples praise You. Let nations rejoice and sing for joy, for You judge the peoples with equity, and guide the nations of the earth, Selah. Let the peoples praise You, God; let all peoples praise You. The earth has yielded its harvest. May God, our God, bless us. God will bless us, and all the ends of the earth will fear Him. *Ps. 67*

תהלים קכא שִׁיר לַמַּעֲלוֹת, אֶשָּׂא עֵינַי אֶל־הֶהָרִים, מֵאַיִן יָבֹא עֶזְרִי: עֶזְרִי מֵעִם
יהוה, עֹשֵׂה שָׁמַיִם וָאָרֶץ: אַל־יִתֵּן לַמּוֹט רַגְלֶךָ, אַל־יָנוּם שֹׁמְרֶךָ:
הִנֵּה לֹא־יָנוּם וְלֹא יִישָׁן, שׁוֹמֵר יִשְׂרָאֵל: יהוה שֹׁמְרֶךָ, יהוה צִלְּךָ
עַל־יַד יְמִינֶךָ: יוֹמָם הַשֶּׁמֶשׁ לֹא־יַכֶּכָּה, וְיָרֵחַ בַּלָּיְלָה: יהוה יִשְׁמָרְךָ
מִכָּל־רָע, יִשְׁמֹר אֶת־נַפְשֶׁךָ: יהוה יִשְׁמָר־צֵאתְךָ וּבוֹאֶךָ, מֵעַתָּה
וְעַד־עוֹלָם:

תהלים קנ הַלְלוּיָהּ, הַלְלוּ־אֵל בְּקָדְשׁוֹ, הַלְלוּהוּ בִּרְקִיעַ עֻזּוֹ: הַלְלוּהוּ בִגְבוּרֹתָיו,
הַלְלוּהוּ כְּרֹב גֻּדְלוֹ: הַלְלוּהוּ בְּתֵקַע שׁוֹפָר, הַלְלוּהוּ בְּנֵבֶל וְכִנּוֹר:
הַלְלוּהוּ בְתֹף וּמָחוֹל, הַלְלוּהוּ בְּמִנִּים וְעֻגָב: הַלְלוּהוּ בְצִלְצְלֵי־שָׁמַע,
הַלְלוּהוּ בְּצִלְצְלֵי תְרוּעָה: כֹּל הַנְּשָׁמָה תְּהַלֵּל יָהּ, הַלְלוּיָהּ:

סנהדרין מב. תָּנָא דְבֵי רַבִּי יִשְׁמָעֵאל: אִלְמָלֵי לֹא זָכוּ יִשְׂרָאֵל אֶלָּא לְהַקְבִּיל פְּנֵי
אֲבִיהֶם שֶׁבַּשָּׁמַיִם פַּעַם אַחַת בַּחֹדֶשׁ, דַּיָּם. אָמַר אַבַּיֵי: הִלְכָּךְ צָרִיךְ
שיר השירים ח לְמֵימְרָא מְעֻמָּד. מִי זֹאת עֹלָה מִן־הַמִּדְבָּר, מִתְרַפֶּקֶת עַל־דּוֹדָהּ:

וִיהִי רָצוֹן מִלְּפָנֶיךָ יהוה אֱלֹהַי וֵאלֹהֵי אֲבוֹתַי, לְמַלֹּאת פְּגִימַת
הַלְּבָנָה וְלֹא יִהְיֶה בָּהּ שׁוּם מִעוּט. וִיהִי אוֹר הַלְּבָנָה כְּאוֹר הַחַמָּה
וּכְאוֹר שִׁבְעַת יְמֵי בְרֵאשִׁית, כְּמוֹ שֶׁהָיְתָה קֹדֶם מִעוּטָהּ, שֶׁנֶּאֱמַר:
בראשית א, הושע ג אֶת־שְׁנֵי הַמְּאֹרֹת הַגְּדֹלִים: וְיִתְקַיֵּם בָּנוּ מִקְרָא שֶׁכָּתוּב: וּבִקְשׁוּ
אֶת־יהוה אֱלֹהֵיהֶם וְאֵת דָּוִיד מַלְכָּם: אָמֵן.

תהלים סז לַמְנַצֵּחַ בִּנְגִינֹת, מִזְמוֹר שִׁיר: אֱלֹהִים יְחָנֵּנוּ וִיבָרְכֵנוּ, יָאֵר פָּנָיו אִתָּנוּ
סֶלָה: לָדַעַת בָּאָרֶץ דַּרְכֶּךָ, בְּכָל־גּוֹיִם יְשׁוּעָתֶךָ: יוֹדוּךָ עַמִּים אֱלֹהִים,
יוֹדוּךָ עַמִּים כֻּלָּם: יִשְׂמְחוּ וִירַנְּנוּ לְאֻמִּים, כִּי־תִשְׁפֹּט עַמִּים מִישֹׁר,
וּלְאֻמִּים בָּאָרֶץ תַּנְחֵם סֶלָה: יוֹדוּךָ עַמִּים אֱלֹהִים, יוֹדוּךָ עַמִּים כֻּלָּם:
אֶרֶץ נָתְנָה יְבוּלָהּ, יְבָרְכֵנוּ אֱלֹהִים אֱלֹהֵינוּ: יְבָרְכֵנוּ אֱלֹהִים, וְיִירְאוּ
אוֹתוֹ כָּל־אַפְסֵי־אָרֶץ:

Stand while saying Aleinu. Bow at ▾.

עָלֵינוּ It is our duty to praise the Master of all, and ascribe greatness to the Author of creation, who has not made us like the nations of the lands nor placed us like the families of the earth; who has not made our portion like theirs, nor our destiny like all their multitudes. (For they worship vanity and emptiness, and pray to a god who cannot save.) ▾But we bow in worship and thank the Supreme King of kings, the Holy One, blessed be He, who extends the heavens and establishes the earth, whose throne of glory is in the heavens above, and whose power's Presence is in the highest of heights. He is our God; there is no other. Truly He is our King, there is none else, as it is written in His Torah: "You shall know and take to heart this day that the LORD is God, *Deut. 4* in heaven above and on earth below. There is no other."

Therefore, we place our hope in You, LORD our God, that we may soon see the glory of Your power, when You will remove abominations from the earth, and idols will be utterly destroyed, when the world will be perfected under the sovereignty of the Almighty, when all humanity will call on Your name, to turn all the earth's wicked toward You. All the world's inhabitants will realize and know that to You every knee must bow and every tongue swear loyalty. Before You, LORD our God, they will kneel and bow down and give honor to Your glorious name. They will all accept the yoke of Your kingdom, and You will reign over them soon and for ever. For the kingdom is Yours, and to all eternity You will reign in glory, as it is written in Your Torah: "The LORD will *Ex. 15* reign for ever and ever." ▸ And it is said: "Then the LORD shall be King over all *Zech. 14* the earth; on that day the LORD shall be One and His name One."

Some add:

Have no fear of sudden terror or of the ruin when it overtakes the wicked. Devise *Prov. 3* *Is. 8* your strategy, but it will be thwarted; propose your plan, but it will not stand, for God is with us. When you grow old, I will still be the same. When your hair turns gray, I *Is. 46* will still carry you. I made you, I will bear you, I will carry you, and I will rescue you.

MOURNER'S KADDISH

The following prayer, said by mourners, requires the presence of a minyan.
A transliteration can be found on page 1049.

Mourner: יִתְגַּדַּל Magnified and sanctified may His great name be,
in the world He created by His will.
May He establish His kingdom
in your lifetime and in your days,
and in the lifetime of all the house of Israel,
swiftly and soon – and say: Amen.

Stand while saying עָלֵינוּ. *Bow at* ▾.

עָלֵינוּ לְשַׁבֵּחַ לַאֲדוֹן הַכֹּל, לָתֵת גְּדֻלָּה לְיוֹצֵר בְּרֵאשִׁית, שֶׁלֹּא עָשָׂנוּ כְּגוֹיֵי הָאֲרָצוֹת, וְלֹא שָׂמָנוּ כְּמִשְׁפְּחוֹת הָאֲדָמָה, שֶׁלֹּא שָׂם חֶלְקֵנוּ כָּהֶם וְגוֹרָלֵנוּ כְּכָל הֲמוֹנָם. (שֶׁהֵם מִשְׁתַּחֲוִים לְהֶבֶל וָרִיק וּמִתְפַּלְּלִים אֶל אֵל לֹא יוֹשִׁיעַ.) ▾וַאֲנַחְנוּ כּוֹרְעִים וּמִשְׁתַּחֲוִים וּמוֹדִים, לִפְנֵי מֶלֶךְ מַלְכֵי הַמְּלָכִים, הַקָּדוֹשׁ בָּרוּךְ הוּא, שֶׁהוּא נוֹטֶה שָׁמַיִם וְיוֹסֵד אָרֶץ, וּמוֹשַׁב יְקָרוֹ בַּשָּׁמַיִם מִמַּעַל, וּשְׁכִינַת עֻזּוֹ בְּגָבְהֵי מְרוֹמִים. הוּא אֱלֹהֵינוּ, אֵין עוֹד. אֱמֶת מַלְכֵּנוּ, אֶפֶס זוּלָתוֹ, כַּכָּתוּב בְּתוֹרָתוֹ, וְיָדַעְתָּ הַיּוֹם וַהֲשֵׁבֹתָ אֶל־לְבָבֶךָ, כִּי יהוה הוּא הָאֱלֹהִים בַּשָּׁמַיִם מִמַּעַל וְעַל־הָאָרֶץ מִתָּחַת, אֵין עוֹד: דברים ד

עַל כֵּן נְקַוֶּה לְּךָ יהוה אֱלֹהֵינוּ, לִרְאוֹת מְהֵרָה בְּתִפְאֶרֶת עֻזֶּךָ, לְהַעֲבִיר גִּלּוּלִים מִן הָאָרֶץ, וְהָאֱלִילִים כָּרוֹת יִכָּרֵתוּן, לְתַקֵּן עוֹלָם בְּמַלְכוּת שַׁדַּי. וְכָל בְּנֵי בָשָׂר יִקְרְאוּ בִשְׁמֶךָ לְהַפְנוֹת אֵלֶיךָ כָּל רִשְׁעֵי אָרֶץ. יַכִּירוּ וְיֵדְעוּ כָּל יוֹשְׁבֵי תֵבֵל, כִּי לְךָ תִּכְרַע כָּל בֶּרֶךְ, תִּשָּׁבַע כָּל לָשׁוֹן. לְפָנֶיךָ יהוה אֱלֹהֵינוּ יִכְרְעוּ וְיִפֹּלוּ, וְלִכְבוֹד שִׁמְךָ יְקָר יִתֵּנוּ, וִיקַבְּלוּ כֻלָּם אֶת עֹל מַלְכוּתֶךָ וְתִמְלֹךְ עֲלֵיהֶם מְהֵרָה לְעוֹלָם וָעֶד. כִּי הַמַּלְכוּת שֶׁלְּךָ הִיא וּלְעוֹלְמֵי עַד תִּמְלֹךְ בְּכָבוֹד, כַּכָּתוּב בְּתוֹרָתֶךָ, יהוה יִמְלֹךְ לְעֹלָם וָעֶד: ◂ וְנֶאֱמַר, וְהָיָה יהוה לְמֶלֶךְ עַל־כָּל־הָאָרֶץ, בַּיּוֹם הַהוּא יִהְיֶה יהוה אֶחָד וּשְׁמוֹ אֶחָד: שמות טו / זכריה יד

Some add:

אַל־תִּירָא מִפַּחַד פִּתְאֹם וּמִשֹּׁאַת רְשָׁעִים כִּי תָבֹא: עֻצוּ עֵצָה וְתֻפָר, דַּבְּרוּ דָבָר וְלֹא יָקוּם, כִּי עִמָּנוּ אֵל: וְעַד־זִקְנָה אֲנִי הוּא, וְעַד־שֵׂיבָה אֲנִי אֶסְבֹּל, אֲנִי עָשִׂיתִי וַאֲנִי אֶשָּׂא וַאֲנִי אֶסְבֹּל וַאֲמַלֵּט: משלי ג / ישעיה ח / ישעיה מו

קדיש יתום

The following prayer, said by mourners, requires the presence of a מנין.
A transliteration can be found on page 1049.

אבל: יִתְגַּדַּל וְיִתְקַדַּשׁ שְׁמֵהּ רַבָּא (קהל: אָמֵן)
בְּעָלְמָא דִּי בְרָא כִרְעוּתֵהּ
וְיַמְלִיךְ מַלְכוּתֵהּ
בְּחַיֵּיכוֹן וּבְיוֹמֵיכוֹן וּבְחַיֵּי דְכָל בֵּית יִשְׂרָאֵל
בַּעֲגָלָא וּבִזְמַן קָרִיב, וְאִמְרוּ אָמֵן. (קהל: אָמֵן)

All: May His great name be blessed for ever and all time.

Mourner: Blessed and praised,
glorified and exalted,
raised and honored,
uplifted and lauded
be the name of the Holy One,
blessed be He,
beyond any blessing,
song, praise and consolation
uttered in the world –
and say: Amen.

May there be great peace from heaven,
and life for us and all Israel –
and say: Amen.

Bow, take three steps back, as if taking leave of the Divine Presence, then bow, first left, then right, then center, while saying:

May He who makes peace in His high places,
make peace for us and all Israel –
and say: Amen.

All sing:

טוֹבִים Good are the radiant stars our God created;
He formed them with knowledge,
understanding and deliberation.
He gave them strength and might
to rule throughout the world.

Full of splendor, radiating light,
beautiful is their splendor throughout the world.
Glad as they go forth, joyous as they return,
they fulfill with awe their Creator's will.

Glory and honor they give to His name,
jubilation and song at the mention of His majesty.
He called the sun into being and it shone with light.
He looked and fashioned the form of the moon.

קהל ואבל: יְהֵא שְׁמֵהּ רַבָּא מְבָרַךְ לְעָלַם וּלְעָלְמֵי עָלְמַיָּא.

אבל: יִתְבָּרַךְ וְיִשְׁתַּבַּח וְיִתְפָּאַר

וְיִתְרוֹמַם וְיִתְנַשֵּׂא וְיִתְהַדָּר וְיִתְעַלֶּה וְיִתְהַלָּל

שְׁמֵהּ דְּקֻדְשָׁא בְּרִיךְ הוּא (קהל: בְּרִיךְ הוּא)

לְעֵלָּא מִן כָּל בִּרְכָתָא

/ בעשרת ימי תשובה: לְעֵלָּא לְעֵלָּא מִכָּל בִּרְכָתָא/

וְשִׁירָתָא, תֻּשְׁבְּחָתָא וְנֶחֱמָתָא

דַּאֲמִירָן בְּעָלְמָא

וְאִמְרוּ אָמֵן. (קהל: אָמֵן)

יְהֵא שְׁלָמָא רַבָּא מִן שְׁמַיָּא

וְחַיִּים, עָלֵינוּ וְעַל כָּל יִשְׂרָאֵל

וְאִמְרוּ אָמֵן. (קהל: אָמֵן)

Bow, take three steps back, as if taking leave of the Divine Presence, then bow, first left, then right, then center, while saying:

עֹשֶׂה שָׁלוֹם/ בעשרת ימי תשובה: הַשָּׁלוֹם/ בִּמְרוֹמָיו

הוּא יַעֲשֶׂה שָׁלוֹם עָלֵינוּ וְעַל כָּל יִשְׂרָאֵל

וְאִמְרוּ אָמֵן. (קהל: אָמֵן)

All sing:

טוֹבִים מְאוֹרוֹת שֶׁבָּרָא אֱלֹהֵינוּ, יְצָרָם בְּדַעַת בְּבִינָה וּבְהַשְׂכֵּל

כֹּחַ וּגְבוּרָה נָתַן בָּהֶם, לִהְיוֹת מוֹשְׁלִים בְּקֶרֶב תֵּבֵל.

מְלֵאִים זִיו וּמְפִיקִים נֹגַהּ, נָאֶה זִיוָם בְּכָל הָעוֹלָם

שְׂמֵחִים בְּצֵאתָם וְשָׂשִׂים בְּבוֹאָם, עוֹשִׂים בְּאֵימָה רְצוֹן קוֹנָם.

פְּאֵר וְכָבוֹד נוֹתְנִים לִשְׁמוֹ, צָהֳלָה וְרִנָּה לְזֵכֶר מַלְכוּתוֹ

קָרָא לַשֶּׁמֶשׁ וַיִּזְרַח אוֹר, רָאָה וְהִתְקִין צוּרַת הַלְּבָנָה.

HAVDALA AT HOME

Taking a cup of wine in the right hand, say:

הִנֵּה Behold, God is my salvation. I will trust and not be afraid. *Is. 12*
The LORD, the LORD, is my strength and my song.
He has become my salvation.
With joy you will draw water from the springs of salvation.
Salvation is the LORD's; on Your people is Your blessing, Selah. *Ps. 3*
The LORD of hosts is with us, the God of Jacob is our stronghold, Selah. *Ps. 46*
LORD of hosts: happy is the one who trusts in You. *Ps. 84*
LORD, save! May the King answer us on the day we call. *Ps. 20*
For the Jews there was light and gladness, joy and honor – so may it be for us. *Esther 8*
I will lift the cup of salvation and call on the name of the LORD. *Ps. 116*

When making Havdala for others, add:
Please pay attention, my masters.
Blessed are You, LORD our God, King of the Universe,
who creates the fruit of the vine.

Hold the spice box and say:

Blessed are You, LORD our God, King of the Universe,
who creates the various spices.

Smell the spices and put the spice box down.
Lift the hands toward the flame of the Havdala candle and say:

Blessed are You, LORD our God, King of the Universe,
who creates the lights of fire.

Holding the cup of wine again in the right hand, say:

בָּרוּךְ Blessed are You, LORD our God, King of the Universe, who distinguishes between sacred and secular, between light and darkness, between Israel and the nations, between the seventh day and the six days of work. Blessed are You, LORD, who distinguishes between sacred and secular.

---

fulfilling the commandment to "Remember the Sabbath day," understood by the sages to mean: "Remember it at the beginning and at the end" (*Pesaḥim* 106a) – in both cases over a cup of wine.

Its deeper meaning recalls the moment at which Adam and Eve, exiled from Eden because of their sin, prepared to enter, for the first time, the world outside, with its darkness and dangers. As a gift, God showed them how to make light. Hence the light of Havdala.

סדר הבדלה בבית

Taking a cup of wine in the right hand, say:

ישעיה יב הִנֵּה אֵל יְשׁוּעָתִי אֶבְטַח, וְלֹא אֶפְחָד
כִּי־עָזִּי וְזִמְרָת יָהּ יהוה, וַיְהִי־לִי לִישׁוּעָה:
וּשְׁאַבְתֶּם־מַיִם בְּשָׂשׂוֹן, מִמַּעַיְנֵי הַיְשׁוּעָה:
תהלים ג לַיהוה הַיְשׁוּעָה, עַל־עַמְּךָ בִרְכָתֶךָ סֶּלָה:
תהלים מו יהוה צְבָאוֹת עִמָּנוּ, מִשְׂגָּב לָנוּ אֱלֹהֵי יַעֲקֹב סֶלָה:
תהלים פד יהוה צְבָאוֹת, אַשְׁרֵי אָדָם בֹּטֵחַ בָּךְ:
תהלים כ יהוה הוֹשִׁיעָה, הַמֶּלֶךְ יַעֲנֵנוּ בְיוֹם־קָרְאֵנוּ:
אסתר ח לַיְּהוּדִים הָיְתָה אוֹרָה וְשִׂמְחָה וְשָׂשֹׂן וִיקָר: כֵּן תִּהְיֶה לָּנוּ.
תהלים קטז כּוֹס־יְשׁוּעוֹת אֶשָּׂא, וּבְשֵׁם יהוה אֶקְרָא:

When making הבדלה *for others, add:*

סַבְרִי מָרָנָן

בָּרוּךְ אַתָּה יהוה אֱלֹהֵינוּ מֶלֶךְ הָעוֹלָם, בּוֹרֵא פְּרִי הַגָּפֶן.

Hold the spice box and say:

בָּרוּךְ אַתָּה יהוה אֱלֹהֵינוּ מֶלֶךְ הָעוֹלָם, בּוֹרֵא מִינֵי בְשָׂמִים.

Smell the spices and put the spice box down.
Lift the hands toward the flame of the הבדלה *candle and say:*

בָּרוּךְ אַתָּה יהוה אֱלֹהֵינוּ מֶלֶךְ הָעוֹלָם, בּוֹרֵא מְאוֹרֵי הָאֵשׁ.

Holding the cup of wine again in the right hand, say:

בָּרוּךְ אַתָּה יהוה אֱלֹהֵינוּ מֶלֶךְ הָעוֹלָם, הַמַּבְדִּיל בֵּין קֹדֶשׁ לְחֹל, בֵּין אוֹר לְחֹשֶׁךְ, בֵּין יִשְׂרָאֵל לָעַמִּים, בֵּין יוֹם הַשְּׁבִיעִי לְשֵׁשֶׁת יְמֵי הַמַּעֲשֶׂה. בָּרוּךְ אַתָּה יהוה, הַמַּבְדִּיל בֵּין קֹדֶשׁ לְחֹל.

HAVDALA

Havdala is to the end of Shabbat what Kiddush is to the beginning: the marking of a transition from secular to holy time and vice versa. It is our way of

הַמַּבְדִּיל He who distinguishes between sacred and secular,
may He forgive our sins.
May He multiply our offspring and wealth like the sand,
and like the stars at night.

The day has passed like a palm tree's shadow;
I call on God to fulfill what the watchman said: *Is. 21*
"Morning comes, though now it is night."

Your righteousness is as high as Mount Tabor.
May You pass high over my sins.
[Let them be] like yesterday when it has passed, like a watch in the night. *Ps. 90*

The time of offerings has passed. Would that I might rest.
I am weary with my sighing, every night I drench [with tears]. *Ps. 6*

Hear my voice; let it not be cast aside. Open for me the lofty gate.
My head is filled with the dew of dawn, my hair with raindrops of the night. *Song. 5*

Heed my prayer, revered and awesome God.
When I cry, grant me deliverance at twilight, *Prov. 7*
as the day fades, or in the darkness of the night.

I call to You, Lord: Save me. Make known to me the path of life.
Rescue me from misery before day turns to night.

Cleanse the defilement of my deeds, lest those who torment me say,
"Where is the God who made me, *Job 35*
who gives cause for songs in the night?"

We are in Your hands like clay: please forgive our sins, light and grave.
Day to day they pour forth speech,
and night to night [they communicate knowledge].

---

create worlds. Creation involves the ability to make distinctions, to rescue order from chaos, to respect the integrity of creation. Havdala is thus not only a human blessing over the end of the day of rest, but as it were a divine blessing over the days of work. The Creator invites us to be creative – but always and only in a way that respects differences and distinctions, the laws of nature and the moral law. The message of Havdala is: if we respect the integrity of boundaries, we can turn chaos into order, darkness into light.

הַמַּבְדִּיל *He who distinguishes:* As we welcomed the arrival of Shabbat in song, so we bid our farewell to it in song. This beautiful hymn, originally part of the *Ne'ila* service on Yom Kippur, was composed by Isaac ibn Ḥayat (1030–1089).

הַמַּבְדִּיל בֵּין קֹֽדֶשׁ לְחֹל, חַטֹּאתֵֽינוּ הוּא יִמְחֹל
זַרְעֵֽנוּ וְכַסְפֵּֽנוּ יַרְבֶּה כַּחוֹל וְכַכּוֹכָבִים בַּלָּֽיְלָה.

יוֹם פָּנָה כְּצֵל תֹּֽמֶר, אֶקְרָא לָאֵל עָלַי גּוֹמֵר
אָמַר שֹׁמֵר, אָתָא בֹֽקֶר וְגַם־לָֽיְלָה: ישעיה כא

צִדְקָתְךָ כְּהַר תָּבוֹר, עַל חֲטָאַי עָבוֹר תַּעֲבֹר
כְּיוֹם אֶתְמוֹל כִּי יַעֲבֹר, וְאַשְׁמוּרָה בַלָּֽיְלָה: תהלים צ

חָלְפָה עוֹנַת מִנְחָתִי, מִי יִתֵּן מְנוּחָתִי
יָגַֽעְתִּי בְאַנְחָתִי, אַשְׂחֶה בְכָל־לָֽיְלָה: תהלים ו

קוֹלִי בַּל יֻנְטַל, פְּתַח לִי שַֽׁעַר הַמְנֻטָּל
שֶׁרֹּאשִׁי נִמְלָא טָל, קְוֻצּוֹתַי רְסִֽיסֵי לָֽיְלָה: שיר השירים ה

הֵעָתֵר נוֹרָא וְאָיֹם, אֲשַׁוֵּֽעַ, תְּנָה פִדְיוֹם
בְּנֶֽשֶׁף־בְּעֶֽרֶב יוֹם, בְּאִישׁוֹן לָֽיְלָה: משלי ז

קְרָאתִֽיךָ יָהּ, הוֹשִׁיעֵֽנִי, אֹֽרַח חַיִּים תּוֹדִיעֵֽנִי
מִדַּלָּה תְבַצְּעֵֽנִי, מִיּוֹם עַד לָֽיְלָה.

טַהֵר טִנּוּף מַעֲשַׂי, פֶּן יֹאמְרוּ מַכְעִיסַי
אַיֵּה אֱלֽוֹהַּ עֹשָׂי, נֹתֵן זְמִרוֹת בַּלָּֽיְלָה: איוב לה

נַֽחְנוּ בְיָדְךָ כַּחֹֽמֶר, סְלַח נָא עַל קַל וָחֹֽמֶר
יוֹם לְיוֹם יַבִּֽיעַ אֹֽמֶר, וְלַֽיְלָה לְּלָֽיְלָה: תהלים יט

This profound parable is the reverse of the Greek myth of Prometheus – who stole fire from the gods and was sentenced to everlasting torment. Judaism taught that God wants and blesses human creativity. Day 8, for humans, was the counterpart to Day 1 for God. Just as God began creation by making light, so He taught humans how to make light – inviting them to become "His partners in the work of creation."

One of the key verbs in Genesis 1 is *b-d-l*, "to separate, distinguish, divide" – the root of the word *Havdala*. It appears five times in the chapter. By inviting human beings to engage in Havdala at the end of Shabbat, God invites us to

COUNTING OF THE OMER

The Omer is counted each night from the second night of Pesaḥ until the night before Shavuot.
Some say the following meditation before the blessing:

For the sake of the unification of the Holy One, blessed be He,
and His Divine Presence, in reverence and love,
to unify the name *Yod-Heh* with *Vav-Heh*
in perfect unity in the name of all Israel.

הִנְנִי I am prepared and ready to fulfill the positive commandment of Counting the Omer, as is written in the Torah, "You shall count seven complete weeks from the day following the [Pesaḥ] rest day, when you brought the Omer as a wave-offering. To the day after the seventh week you shall count fifty days. Then you shall present a meal-offering of new grain to the LORD." *Lev. 23* May the pleasantness of the LORD our God be upon us. Establish for us the work of our hands, O establish the work of our hands. *Ps. 90*

בָּרוּךְ Blessed are You, LORD our God, King of the Universe,
who has made us holy through His commandments,
and has commanded us about counting the Omer.

16 Nisan

1. Today is the first day of the Omer.

17 Nisan

2. Today is the second day of the Omer.

18 Nisan

3. Today is the third day of the Omer.

19 Nisan

4. Today is the fourth day of the Omer.

20 Nisan

5. Today is the fifth day of the Omer.

21 Nisan

6. Today is the sixth day of the Omer.

Egypt with the giving of the Torah at Mount Sinai, are a time of preparation and growth – of leaving a world of slavery and getting ready to enter a world of personal, social and spiritual responsibility. The Jewish mystics attached special significance to this period of the year as one in which the various facets of the soul were cleansed, one by one.

סדר ספירת העומר

The עומר *is counted each night from the second night of* פסח *until the night before* שבועות*.*
Some say the following meditation before the blessing:

לְשֵׁם יִחוּד קֻדְשָׁא בְּרִיךְ הוּא וּשְׁכִינְתֵּהּ בִּדְחִילוּ וּרְחִימוּ
לְיַחֵד שֵׁם י״ה בו״ה בְּיִחוּדָא שְׁלִים בְּשֵׁם כָּל יִשְׂרָאֵל.

הִנְנִי מוּכָן וּמְזֻמָּן לְקַיֵּם מִצְוַת עֲשֵׂה שֶׁל סְפִירַת הָעֹמֶר. כְּמוֹ שֶׁכָּתוּב בַּתּוֹרָה,
וּסְפַרְתֶּם לָכֶם מִמָּחֳרַת הַשַּׁבָּת, מִיּוֹם הֲבִיאֲכֶם אֶת־עֹמֶר הַתְּנוּפָה, שֶׁבַע ויקרא כג
שַׁבָּתוֹת תְּמִימֹת תִּהְיֶינָה: עַד מִמָּחֳרַת הַשַּׁבָּת הַשְּׁבִיעִת תִּסְפְּרוּ חֲמִשִּׁים
יוֹם, וְהִקְרַבְתֶּם מִנְחָה חֲדָשָׁה לַיהוה: וִיהִי נֹעַם אֲדֹנָי אֱלֹהֵינוּ עָלֵינוּ, וּמַעֲשֵׂה תהלים צ
יָדֵינוּ כּוֹנְנָה עָלֵינוּ, וּמַעֲשֵׂה יָדֵינוּ כּוֹנְנֵהוּ:

בָּרוּךְ אַתָּה יהוה אֱלֹהֵינוּ מֶלֶךְ הָעוֹלָם
אֲשֶׁר קִדְּשָׁנוּ בְּמִצְוֹתָיו וְצִוָּנוּ עַל סְפִירַת הָעֹמֶר.

טז בניסן
1. הַיּוֹם יוֹם אֶחָד בָּעֹמֶר.
חסד שבחסד

יז בניסן
2. הַיּוֹם שְׁנֵי יָמִים בָּעֹמֶר.
גבורה שבחסד

יח בניסן
3. הַיּוֹם שְׁלֹשָׁה יָמִים בָּעֹמֶר.
תפארת שבחסד

יט בניסן
4. הַיּוֹם אַרְבָּעָה יָמִים בָּעֹמֶר.
נצח שבחסד

כ בניסן
5. הַיּוֹם חֲמִשָּׁה יָמִים בָּעֹמֶר.
הוד שבחסד

כא בניסן
6. הַיּוֹם שִׁשָּׁה יָמִים בָּעֹמֶר.
יסוד שבחסד

COUNTING THE OMER
When the Temple stood, on the day after the first day of Pesaḥ an offering was made of an Omer (approximately nine pounds) of new barley grain. There then began a count of forty-nine days – seven complete weeks – and on the fiftieth day, the festival of Shavuot was celebrated. When the Temple was destroyed, the sages ordained that we should continue to count the days as a memory of this practice. The forty-nine days, connecting the exodus from

22 Nisan

7. Today is the seventh day,
making one week
of the Omer.

23 Nisan

8. Today is the eighth day,
making one week and one day
of the Omer.

24 Nisan

9. Today is the ninth day,
making one week and two days
of the Omer.

25 Nisan

10. Today is the tenth day,
making one week and three
days of the Omer.

26 Nisan

11. Today is the eleventh day,
making one week and four
days of the Omer.

27 Nisan

12. Today is the twelfth day,
making one week and five days
of the Omer.

28 Nisan

13. Today is the thirteenth day,
making one week and six days
of the Omer.

29 Nisan

14. Today is the fourteenth day,
making two weeks
of the Omer.

30 Nisan, 1st day Rosh Ḥodesh

15. Today is the fifteenth day,
making two weeks and one day
of the Omer.

1 Iyar, 2nd day Rosh Ḥodesh

16. Today is the sixteenth day,
making two weeks and two
days of the Omer.

2 Iyar

17. Today is the seventeenth day,
making two weeks and three
days of the Omer.

3 Iyar

18. Today is the eighteenth day,
making two weeks and four
days of the Omer.

4 Iyar

19. Today is the nineteenth day,
making two weeks and five
days of the Omer.

5 Iyar, Yom HaAtzma'ut

20. Today is the twentieth day,
making two weeks and six days
of the Omer.

כב בניסן

7. הַיּוֹם שִׁבְעָה יָמִים שֶׁהֵם שָׁבוּעַ אֶחָד בָּעֹמֶר. מלכות שבחסד

כג בניסן

8. הַיּוֹם שְׁמוֹנָה יָמִים שֶׁהֵם שָׁבוּעַ אֶחָד וְיוֹם אֶחָד בָּעֹמֶר. חסד שבגבורה

כד בניסן

9. הַיּוֹם תִּשְׁעָה יָמִים שֶׁהֵם שָׁבוּעַ אֶחָד וּשְׁנֵי יָמִים בָּעֹמֶר. גבורה שבגבורה

כה בניסן

10. הַיּוֹם עֲשָׂרָה יָמִים שֶׁהֵם שָׁבוּעַ אֶחָד וּשְׁלֹשָׁה יָמִים בָּעֹמֶר. תפארת שבגבורה

כו בניסן

11. הַיּוֹם אַחַד עָשָׂר יוֹם שֶׁהֵם שָׁבוּעַ אֶחָד וְאַרְבָּעָה יָמִים בָּעֹמֶר. נצח שבגבורה

כז בניסן

12. הַיּוֹם שְׁנֵים עָשָׂר יוֹם שֶׁהֵם שָׁבוּעַ אֶחָד וַחֲמִשָּׁה יָמִים בָּעֹמֶר. הוד שבגבורה

כח בניסן

13. הַיּוֹם שְׁלֹשָׁה עָשָׂר יוֹם שֶׁהֵם שָׁבוּעַ אֶחָד וְשִׁשָּׁה יָמִים בָּעֹמֶר. יסוד שבגבורה

כט בניסן

14. הַיּוֹם אַרְבָּעָה עָשָׂר יוֹם שֶׁהֵם שְׁנֵי שָׁבוּעוֹת בָּעֹמֶר. מלכות שבגבורה

ל בניסן, א׳ דראש חודש

15. הַיּוֹם חֲמִשָּׁה עָשָׂר יוֹם שֶׁהֵם שְׁנֵי שָׁבוּעוֹת וְיוֹם אֶחָד בָּעֹמֶר. חסד שבתפארת

א באייר, ב׳ דראש חודש

16. הַיּוֹם שִׁשָּׁה עָשָׂר יוֹם שֶׁהֵם שְׁנֵי שָׁבוּעוֹת וּשְׁנֵי יָמִים בָּעֹמֶר. גבורה שבתפארת

ב באייר

17. הַיּוֹם שִׁבְעָה עָשָׂר יוֹם שֶׁהֵם שְׁנֵי שָׁבוּעוֹת וּשְׁלֹשָׁה יָמִים בָּעֹמֶר. תפארת שבתפארת

ג באייר

18. הַיּוֹם שְׁמוֹנָה עָשָׂר יוֹם שֶׁהֵם שְׁנֵי שָׁבוּעוֹת וְאַרְבָּעָה יָמִים בָּעֹמֶר. נצח שבתפארת

ד באייר

19. הַיּוֹם תִּשְׁעָה עָשָׂר יוֹם שֶׁהֵם שְׁנֵי שָׁבוּעוֹת וַחֲמִשָּׁה יָמִים בָּעֹמֶר. הוד שבתפארת

ה באייר, יום העצמאות

20. הַיּוֹם עֶשְׂרִים יוֹם שֶׁהֵם שְׁנֵי שָׁבוּעוֹת וְשִׁשָּׁה יָמִים בָּעֹמֶר. יסוד שבתפארת

6 Iyar

21. Today is the twenty-first day, making three weeks of the Omer.

7 Iyar

22. Today is the twenty-second day, making three weeks and one day of the Omer.

8 Iyar

23. Today is the twenty-third day, making three weeks and two days of the Omer.

9 Iyar

24. Today is the twenty-fourth day, making three weeks and three days of the Omer.

10 Iyar

25. Today is the twenty-fifth day, making three weeks and four days of the Omer.

11 Iyar

26. Today is the twenty-sixth day, making three weeks and five days of the Omer.

12 Iyar

27. Today is the twenty-seventh day, making three weeks and six days of the Omer.

13 Iyar

28. Today is the twenty-eighth day, making four weeks of the Omer.

14 Iyar, Pesaḥ Sheni

29. Today is the twenty-ninth day, making four weeks and one day of the Omer.

15 Iyar

30. Today is the thirtieth day, making four weeks and two days of the Omer.

16 Iyar

31. Today is the thirty-first day, making four weeks and three days of the Omer.

17 Iyar

32. Today is the thirty-second day, making four weeks and four days of the Omer.

18 Iyar, Lag BaOmer

33. Today is the thirty-third day, making four weeks and five days of the Omer.

19 Iyar

34. Today is the thirty-fourth day, making four weeks and six days of the Omer.

ו באייר

21. הַיּוֹם אֶחָד וְעֶשְׂרִים יוֹם שֶׁהֵם שְׁלֹשָׁה שָׁבוּעוֹת בָּעֹמֶר.

מלכות שבתפארת

ז באייר

22. הַיּוֹם שְׁנַיִם וְעֶשְׂרִים יוֹם שֶׁהֵם שְׁלֹשָׁה שָׁבוּעוֹת וְיוֹם אֶחָד בָּעֹמֶר. חסד שבנצח

ח באייר

23. הַיּוֹם שְׁלֹשָׁה וְעֶשְׂרִים יוֹם שֶׁהֵם שְׁלֹשָׁה שָׁבוּעוֹת וּשְׁנֵי יָמִים בָּעֹמֶר. גבורה שבנצח

ט באייר

24. הַיּוֹם אַרְבָּעָה וְעֶשְׂרִים יוֹם שֶׁהֵם שְׁלֹשָׁה שָׁבוּעוֹת וּשְׁלֹשָׁה יָמִים בָּעֹמֶר.

תפארת שבנצח

י באייר

25. הַיּוֹם חֲמִשָּׁה וְעֶשְׂרִים יוֹם שֶׁהֵם שְׁלֹשָׁה שָׁבוּעוֹת וְאַרְבָּעָה יָמִים בָּעֹמֶר. נצח שבנצח

יא באייר

26. הַיּוֹם שִׁשָּׁה וְעֶשְׂרִים יוֹם שֶׁהֵם שְׁלֹשָׁה שָׁבוּעוֹת וַחֲמִשָּׁה יָמִים בָּעֹמֶר. הוד שבנצח

יב באייר

27. הַיּוֹם שִׁבְעָה וְעֶשְׂרִים יוֹם שֶׁהֵם שְׁלֹשָׁה שָׁבוּעוֹת וְשִׁשָּׁה יָמִים בָּעֹמֶר. יסוד שבנצח

יג באייר

28. הַיּוֹם שְׁמוֹנָה וְעֶשְׂרִים יוֹם שֶׁהֵם אַרְבָּעָה שָׁבוּעוֹת בָּעֹמֶר. מלכות שבנצח

יד באייר, פסח שני

29. הַיּוֹם תִּשְׁעָה וְעֶשְׂרִים יוֹם שֶׁהֵם אַרְבָּעָה שָׁבוּעוֹת וְיוֹם אֶחָד בָּעֹמֶר. חסד שבהוד

טו באייר

30. הַיּוֹם שְׁלֹשִׁים יוֹם שֶׁהֵם אַרְבָּעָה שָׁבוּעוֹת וּשְׁנֵי יָמִים בָּעֹמֶר. גבורה שבהוד

טז באייר

31. הַיּוֹם אֶחָד וּשְׁלֹשִׁים יוֹם שֶׁהֵם אַרְבָּעָה שָׁבוּעוֹת וּשְׁלֹשָׁה יָמִים בָּעֹמֶר.

תפארת שבהוד

יז באייר

32. הַיּוֹם שְׁנַיִם וּשְׁלֹשִׁים יוֹם שֶׁהֵם אַרְבָּעָה שָׁבוּעוֹת וְאַרְבָּעָה יָמִים בָּעֹמֶר. נצח שבהוד

יח באייר, לג בעומר

33. הַיּוֹם שְׁלֹשָׁה וּשְׁלֹשִׁים יוֹם שֶׁהֵם אַרְבָּעָה שָׁבוּעוֹת וַחֲמִשָּׁה יָמִים בָּעֹמֶר. הוד שבהוד

יט באייר

34. הַיּוֹם אַרְבָּעָה וּשְׁלֹשִׁים יוֹם שֶׁהֵם אַרְבָּעָה שָׁבוּעוֹת וְשִׁשָּׁה יָמִים בָּעֹמֶר. יסוד שבהוד

20 Iyar

35. Today is the thirty-fifth day, making five weeks of the Omer.

21 Iyar

36. Today is the thirty-sixth day, making five weeks and one day of the Omer.

22 Iyar

37. Today is the thirty-seventh day, making five weeks and two days of the Omer.

23 Iyar

38. Today is the thirty-eighth day, making five weeks and three days of the Omer.

24 Iyar

39. Today is the thirty-ninth day, making five weeks and four days of the Omer.

25 Iyar

40. Today is the fortieth day, making five weeks and five days of the Omer.

26 Iyar

41. Today is the forty-first day, making five weeks and six days of the Omer.

27 Iyar

42. Today is the forty-second day, making six weeks of the Omer.

28 Iyar, Yom Yerushalayim

43. Today is the forty-third day, making six weeks and one day of the Omer.

29 Iyar

44. Today is the forty-fourth day, making six weeks and two days of the Omer.

1 Sivan, Rosh Ḥodesh

45. Today is the forty-fifth day, making six weeks and three days of the Omer.

2 Sivan

46. Today is the forty-sixth day, making six weeks and four days of the Omer.

3 Sivan

47. Today is the forty-seventh day, making six weeks and five days of the Omer.

4 Sivan

48. Today is the forty-eighth day, making six weeks and six days of the Omer.

כ באייר

35. הַיּוֹם חֲמִשָּׁה וּשְׁלשִׁים יוֹם שֶׁהֵם חֲמִשָּׁה שָׁבוּעוֹת בָּעֹמֶר. מלכות שבהוד

כא באייר

36. הַיּוֹם שִׁשָּׁה וּשְׁלשִׁים יוֹם שֶׁהֵם חֲמִשָּׁה שָׁבוּעוֹת וְיוֹם אֶחָד בָּעֹמֶר. חסד שביסוד

כב באייר

37. הַיּוֹם שִׁבְעָה וּשְׁלשִׁים יוֹם שֶׁהֵם חֲמִשָּׁה שָׁבוּעוֹת וּשְׁנֵי יָמִים בָּעֹמֶר. גבורה שביסוד

כג באייר

38. הַיּוֹם שְׁמוֹנָה וּשְׁלשִׁים יוֹם שֶׁהֵם חֲמִשָּׁה שָׁבוּעוֹת וּשְׁלשָׁה יָמִים בָּעֹמֶר. תפארת שביסוד

כד באייר

39. הַיּוֹם תִּשְׁעָה וּשְׁלשִׁים יוֹם שֶׁהֵם חֲמִשָּׁה שָׁבוּעוֹת וְאַרְבָּעָה יָמִים בָּעֹמֶר. נצח שביסוד

כה באייר

40. הַיּוֹם אַרְבָּעִים יוֹם שֶׁהֵם חֲמִשָּׁה שָׁבוּעוֹת וַחֲמִשָּׁה יָמִים בָּעֹמֶר. הוד שביסוד

כו באייר

41. הַיּוֹם אֶחָד וְאַרְבָּעִים יוֹם שֶׁהֵם חֲמִשָּׁה שָׁבוּעוֹת וְשִׁשָּׁה יָמִים בָּעֹמֶר. יסוד שביסוד

כז באייר

42. הַיּוֹם שְׁנַיִם וְאַרְבָּעִים יוֹם שֶׁהֵם שִׁשָּׁה שָׁבוּעוֹת בָּעֹמֶר. מלכות שביסוד

כח באייר, יום ירושלים

43. הַיּוֹם שְׁלשָׁה וְאַרְבָּעִים יוֹם שֶׁהֵם שִׁשָּׁה שָׁבוּעוֹת וְיוֹם אֶחָד בָּעֹמֶר. חסד שבמלכות

כט באייר

44. הַיּוֹם אַרְבָּעָה וְאַרְבָּעִים יוֹם שֶׁהֵם שִׁשָּׁה שָׁבוּעוֹת וּשְׁנֵי יָמִים בָּעֹמֶר. גבורה שבמלכות

א בסיון, ראש חודש

45. הַיּוֹם חֲמִשָּׁה וְאַרְבָּעִים יוֹם שֶׁהֵם שִׁשָּׁה שָׁבוּעוֹת וּשְׁלשָׁה יָמִים בָּעֹמֶר. תפארת שבמלכות

ב בסיון

46. הַיּוֹם שִׁשָּׁה וְאַרְבָּעִים יוֹם שֶׁהֵם שִׁשָּׁה שָׁבוּעוֹת וְאַרְבָּעָה יָמִים בָּעֹמֶר. נצח שבמלכות

ג בסיון

47. הַיּוֹם שִׁבְעָה וְאַרְבָּעִים יוֹם שֶׁהֵם שִׁשָּׁה שָׁבוּעוֹת וַחֲמִשָּׁה יָמִים בָּעֹמֶר. הוד שבמלכות

ד בסיון

48. הַיּוֹם שְׁמוֹנָה וְאַרְבָּעִים יוֹם שֶׁהֵם שִׁשָּׁה שָׁבוּעוֹת וְשִׁשָּׁה יָמִים בָּעֹמֶר. יסוד שבמלכות

5 Sivan, Erev Shavuot

49. Today is the forty-ninth day,
making seven weeks of the Omer.

הָרַחֲמָן May the Compassionate One restore the Temple service to its place speedily in our days. Amen, Selah.

Some add:

לַמְנַצֵּחַ For the conductor of music. With stringed instruments. A psalm, a song. *Ps. 67*
May God be gracious to us and bless us. May He make His face shine on us, Selah. Then will Your way be known on earth, Your salvation among all the nations. Let the peoples praise You, God; let all peoples praise You. Let nations rejoice and sing for joy, for You judge the peoples with equity, and guide the nations of the earth, Selah. Let the peoples praise You, God; let all peoples praise You. The earth has yielded its harvest. May God, our God, bless us. God will bless us, and all the ends of the earth will fear Him.

אָנָּא Please, by the power of Your great right hand, set the captive nation free. Accept Your people's prayer. Strengthen us, purify us, You who are revered. Please, mighty One, guard like the pupil of the eye those who seek Your unity. Bless them, cleanse them, have compassion on them, grant them Your righteousness always. Mighty One, Holy One, in Your great goodness guide Your congregation. Only One, exalted One, turn to Your people, who proclaim Your holiness. Accept our plea and heed our cry, You who know all secret thoughts. Blessed be the name of His glorious kingdom for ever and all time.

רִבּוֹנוֹ שֶׁל עוֹלָם Master of the Universe, You commanded us through Your servant Moses to count the Omer, to cleanse our carapaces and impurities, as You have written in Your Torah: "You shall count seven complete weeks from the day *Lev. 23* following the [Pesaḥ] rest day, when you brought the Omer as a wave-offering. To the day after the seventh week, you shall count fifty days." This is so that the souls of Your people Israel may be purified from their uncleanliness. May it also be Your will, LORD our God and God of our ancestors, that in the merit of the Omer count that I have counted today, there may be rectified any defect on my part in the counting of (*insert the appropriate sefira for each day*). May I be cleansed and sanctified with Your holiness on high, and through this may there flow a rich stream through all worlds, to rectify our lives, spirits and souls from any dross and defect, purifying and sanctifying us with Your sublime holiness. Amen, Selah.

On Friday night the service continues with Aleinu on page 518.
On Motza'ei Shabbat the service continues with "May God give you dew" on page 946

ה בסיון, ערב שבועות

49. הַיּוֹם תִּשְׁעָה וְאַרְבָּעִים יוֹם
שֶׁהֵם שִׁבְעָה שָׁבוּעוֹת בָּעֹמֶר. מלכות שבמלכות

הָרַחֲמָן הוּא יַחֲזִיר לָנוּ עֲבוֹדַת בֵּית הַמִּקְדָּשׁ לִמְקוֹמָהּ
בִּמְהֵרָה בְיָמֵינוּ, אָמֵן סֶלָה.

Some add:

תהלים סז לַמְנַצֵּחַ בִּנְגִינֹת, מִזְמוֹר שִׁיר: אֱלֹהִים יְחָנֵּנוּ וִיבָרְכֵנוּ, יָאֵר פָּנָיו אִתָּנוּ סֶלָה: לָדַעַת בָּאָרֶץ דַּרְכֶּךָ, בְּכָל־גּוֹיִם יְשׁוּעָתֶךָ: יוֹדוּךָ עַמִּים אֱלֹהִים, יוֹדוּךָ עַמִּים כֻּלָּם: יִשְׂמְחוּ וִירַנְּנוּ לְאֻמִּים, כִּי־תִשְׁפֹּט עַמִּים מִישֹׁר, וּלְאֻמִּים בָּאָרֶץ תַּנְחֵם סֶלָה: יוֹדוּךָ עַמִּים אֱלֹהִים, יוֹדוּךָ עַמִּים כֻּלָּם: אֶרֶץ נָתְנָה יְבוּלָהּ, יְבָרְכֵנוּ אֱלֹהִים אֱלֹהֵינוּ: יְבָרְכֵנוּ אֱלֹהִים, וְיִירְאוּ אוֹתוֹ כָּל־אַפְסֵי־אָרֶץ:

אָנָּא, בְּכֹחַ גְּדֻלַּת יְמִינְךָ, תַּתִּיר צְרוּרָה. קַבֵּל רִנַּת עַמְּךָ, שַׂגְּבֵנוּ, טַהֲרֵנוּ, נוֹרָא. נָא גִבּוֹר, דּוֹרְשֵׁי יִחוּדְךָ כְּבָבַת שָׁמְרֵם. בָּרְכֵם, טַהֲרֵם, רַחֲמֵם, צִדְקָתְךָ תָּמִיד גָּמְלֵם. חֲסִין קָדוֹשׁ, בְּרֹב טוּבְךָ נַהֵל עֲדָתֶךָ. יָחִיד גֵּאֶה, לְעַמְּךָ פְּנֵה, זוֹכְרֵי קְדֻשָּׁתֶךָ. שַׁוְעָתֵנוּ קַבֵּל וּשְׁמַע צַעֲקָתֵנוּ, יוֹדֵעַ תַּעֲלוּמוֹת. בָּרוּךְ שֵׁם כְּבוֹד מַלְכוּתוֹ לְעוֹלָם וָעֶד.

רִבּוֹנוֹ שֶׁל עוֹלָם, אַתָּה צִוִּיתָנוּ עַל יְדֵי מֹשֶׁה עַבְדֶּךָ לִסְפֹּר סְפִירַת הָעֹמֶר, כְּדֵי לְטַהֲרֵנוּ
ויקרא כג מִקְּלִפּוֹתֵינוּ וּמִטֻּמְאוֹתֵינוּ. כְּמוֹ שֶׁכָּתַבְתָּ בְּתוֹרָתֶךָ: וּסְפַרְתֶּם לָכֶם מִמָּחֳרַת הַשַּׁבָּת, מִיּוֹם הֲבִיאֲכֶם אֶת־עֹמֶר הַתְּנוּפָה, שֶׁבַע שַׁבָּתוֹת תְּמִימֹת תִּהְיֶינָה: עַד מִמָּחֳרַת הַשַּׁבָּת הַשְּׁבִיעִת תִּסְפְּרוּ חֲמִשִּׁים יוֹם: כְּדֵי שֶׁיִּטָּהֲרוּ נַפְשׁוֹת עַמְּךָ יִשְׂרָאֵל מִזֻּהֲמָתָם. וּבְכֵן יְהִי רָצוֹן מִלְּפָנֶיךָ יהוה אֱלֹהֵינוּ וֵאלֹהֵי אֲבוֹתֵינוּ, שֶׁבִּזְכוּת סְפִירַת הָעֹמֶר שֶׁסָּפַרְתִּי הַיּוֹם, יְתֻקַּן מַה שֶּׁפָּגַמְתִּי בִּסְפִירָה (*insert appropriate* ספירה *for each day*) וְאֶטָּהֵר וְאֶתְקַדֵּשׁ בִּקְדֻשָּׁה שֶׁל מַעְלָה, וְעַל יְדֵי זֶה יֻשְׁפַּע שֶׁפַע רַב בְּכָל הָעוֹלָמוֹת, לְתַקֵּן אֶת נַפְשׁוֹתֵינוּ וְרוּחוֹתֵינוּ וְנִשְׁמוֹתֵינוּ מִכָּל סִיג וּפְגָם, וּלְטַהֲרֵנוּ וּלְקַדְּשֵׁנוּ בִּקְדֻשָּׁתְךָ הָעֶלְיוֹנָה, אָמֵן סֶלָה.

On Friday night the service continues with עָלֵינוּ *on page 519.*
On מוצאי שבת *the service continues with* וְיִתֶּן־לְךָ *on page 947*

לַמְנַצֵּחַ *Psalm 67:* Selected to be said at this time because the psalm (excluding the first verse, which is a superscription and not part of the psalm itself) contains forty-nine words, corresponding to the days of the counting of the Omer.

רִבּוֹנוֹ שֶׁל עוֹלָם *Master of the Universe:* a prayer emphasizing the idea that the counting of the Omer is a time of spiritual purification.

SHEMA BEFORE SLEEP AT NIGHT

הֲרֵינִי I hereby forgive anyone who has angered or provoked me or sinned against me, physically or financially or by failing to give me due respect, or in any other matter relating to me, involuntarily or willingly, inadvertently or deliberately, whether in word or deed: let no one incur punishment because of me.

בָּרוּךְ Blessed are You, LORD our God, King of the Universe, who makes the bonds of sleep fall on my eyes, and slumber on my eye-lids. May it be Your will, LORD my God and God of my fathers, that You make me lie down in peace and arise in peace. Let not my imagination, bad dreams or troubling thoughts disturb me. May my bed be flawless before You. Enlighten my eyes lest I sleep the sleep of death, for it is You who illuminates the pupil of the eye. Blessed are You, LORD, who gives light to the whole world in His glory.

When saying all three paragraphs of Shema, say:

God, faithful King!

The following verse should be said aloud, while covering the eyes with the right hand:

Listen, Israel: the LORD is our God, the LORD is One. *Deut. 6*

Quietly: Blessed be the name of His glorious kingdom for ever and all time.

וְאָהַבְתָּ Love the LORD your God with all your heart, with all your soul, and with all your might. These words which I command you today shall be on your heart. Teach them repeatedly to your children, speaking of them when you sit at home and when you travel on the way, when you lie down and when you rise. Bind them as a sign on your hand, and they shall be an emblem between your eyes. Write them on the doorposts of your house and gates. *Deut. 6*

---

from the evening service; (6) הַמַּלְאָךְ הַגֹּאֵל אֹתִי "May the angel who rescued me from all harm," a series of biblical verses about safety and security; (7) A verse about angels, based on "The LORD's angel encamps around those who fear Him, and He rescues them" (Psalm 34:8) and "He will command His angels about you, to guard you in all your ways" (Psalm 91:11); (8) Psalm 128, about work, recalling the phrase from Ecclesiastes (5:11), "Sweet is the sleep of one who labors"; (9) רִגְזוּ וְאַל־תֶּחֱטָאוּ "Tremble, and do not sin," from Psalm 4:5, mentioned in the Talmud (*Berakhot* 4b) as an appropriate verse before

קריאת שמע על המיטה

הֲרֵינִי מוֹחֵל לְכָל מִי שֶׁהִכְעִיס וְהִקְנִיט אוֹתִי אוֹ שֶׁחָטָא כְּנֶגְדִּי, בֵּין בְּגוּפִי בֵּין בְּמָמוֹנִי בֵּין בִּכְבוֹדִי בֵּין בְּכָל אֲשֶׁר לִי, בֵּין בְּאֹנֶס בֵּין בְּרָצוֹן, בֵּין בְּשׁוֹגֵג בֵּין בְּמֵזִיד, בֵּין בְּדִבּוּר בֵּין בְּמַעֲשֶׂה, וְלֹא יֵעָנֵשׁ שׁוּם אָדָם בְּסִבָּתִי.

בָּרוּךְ אַתָּה יהוה אֱלֹהֵינוּ מֶלֶךְ הָעוֹלָם, הַמַּפִּיל חֶבְלֵי שֵׁנָה עַל עֵינָי וּתְנוּמָה עַל עַפְעַפָּי. וִיהִי רָצוֹן מִלְּפָנֶיךָ, יהוה אֱלֹהַי וֵאלֹהֵי אֲבוֹתַי, שֶׁתַּשְׁכִּיבֵנִי לְשָׁלוֹם וְתַעֲמִידֵנִי לְשָׁלוֹם, וְאַל יְבַהֲלוּנִי רַעְיוֹנַי וַחֲלוֹמוֹת רָעִים וְהִרְהוּרִים רָעִים, וּתְהֵא מִטָּתִי שְׁלֵמָה לְפָנֶיךָ, וְהָאֵר עֵינַי פֶּן אִישַׁן הַמָּוֶת, כִּי אַתָּה הַמֵּאִיר לְאִישׁוֹן בַּת עָיִן. בָּרוּךְ אַתָּה יהוה, הַמֵּאִיר לָעוֹלָם כֻּלּוֹ בִּכְבוֹדוֹ.

When saying all three paragraphs of שמע, say:

אֵל מֶלֶךְ נֶאֱמָן

The following verse should be said aloud, while covering the eyes with the right hand:

דברים ו שְׁמַע יִשְׂרָאֵל, יהוה אֱלֹהֵינוּ, יהוה אֶחָד:

Quietly בָּרוּךְ שֵׁם כְּבוֹד מַלְכוּתוֹ לְעוֹלָם וָעֶד.

דברים ו וְאָהַבְתָּ אֵת יהוה אֱלֹהֶיךָ, בְּכָל־לְבָבְךָ וּבְכָל־נַפְשְׁךָ וּבְכָל־מְאֹדֶךָ: וְהָיוּ הַדְּבָרִים הָאֵלֶּה, אֲשֶׁר אָנֹכִי מְצַוְּךָ הַיּוֹם, עַל־לְבָבֶךָ: וְשִׁנַּנְתָּם לְבָנֶיךָ וְדִבַּרְתָּ בָּם, בְּשִׁבְתְּךָ בְּבֵיתֶךָ וּבְלֶכְתְּךָ בַדֶּרֶךְ, וּבְשָׁכְבְּךָ וּבְקוּמֶךָ: וּקְשַׁרְתָּם לְאוֹת עַל־יָדֶךָ וְהָיוּ לְטֹטָפֹת בֵּין עֵינֶיךָ: וּכְתַבְתָּם עַל־מְזֻזוֹת בֵּיתֶךָ וּבִשְׁעָרֶיךָ:

SHEMA BEFORE SLEEP AT NIGHT

Just as our first words in the morning should be words of prayer, so should our last at night. The night prayers consist of: (1) a prayer for peaceful sleep and a safe awakening, mentioned in the Talmud (*Berakhot* 60b); (2) the first paragraph of the Shema, ensuring these words are with us וּבְשָׁכְבְּךָ "when we lie down"; (3) Psalm 91, a prayer for protection from danger; (4) Psalm 3, chosen because of its reference to night: "I lie down to sleep and I wake again, for the LORD supports me"; (5) הַשְׁכִּיבֵנוּ "Help us lie down" – three paragraphs

וִיהִי May the pleasantness of the Lord our God be upon us. Establish for us the work of our hands, O establish the work of our hands. *Ps. 90*

יֹשֵׁב He who lives in the shelter of the Most High dwells in the shadow of the Almighty. I say of God, my Refuge and Stronghold, my Lord in whom I trust, that He will save you from the fowler's snare and the deadly pestilence. With His pinions He will cover you, and beneath His wings you will find shelter; His faithfulness is an encircling shield. You need not fear terror by night, nor the arrow that flies by day; not the pestilence that stalks in darkness, nor the plague that ravages at noon. A thousand may fall at your side, ten thousand at your right hand, but it will not come near you. You will only look with your eyes and see the punishment of the wicked. Because you said, "The Lord is my Refuge," taking the Most High as your shelter, no harm will befall you, no plague come near your tent, for He will command His angels about you, to guard you in all your ways. They will lift you in their hands, lest your foot stumble on a stone. You will tread on lions and vipers; you will trample on young lions and snakes. [God says:] "Because he loves Me, I will rescue him; I will protect him, because he acknowledges My name. When he calls on Me, I will answer him; I will be with him in distress, I will deliver him and bring him honor. With long life I will satisfy him and show him My salvation. *Ps. 91*

With long life I will satisfy him and show him My salvation.

יהוה Lord, how numerous are my enemies, how many rise against me. Many say of me: "There is no help for him in God," Selah. But You, Lord, are a shield around me. You are my glory; You raise my head high. I cry aloud to the Lord, and He answers me from His holy mountain, Selah. I lie down to sleep and I wake again, for the Lord supports me. I will not fear the myriad forces ranged against me on all sides. Arise, Lord, save me, O my God; strike all my enemies across the cheek; break the teeth of the wicked. From the Lord comes deliverance; may Your blessing rest upon Your people, Selah. *Ps. 3*

הַשְׁכִּיבֵנוּ Help us lie down, O Lord our God, in peace, and rise up, O our King, to life. Spread over us Your canopy of peace. Direct us with Your good counsel, and save us for the sake of Your name. Shield us and remove from us every enemy, plague, sword, famine and sorrow. Remove the adversary from before and behind us. Shelter us in the shadow of Your wings, for You, God, are our Guardian and Deliverer; You, God, are a gracious and compassionate King. Guard our going out and our coming in, for life and peace, from now and for ever.

תהלים צ
וִיהִי נֹעַם אֲדֹנָי אֱלֹהֵינוּ עָלֵינוּ וּמַעֲשֵׂה יָדֵינוּ כּוֹנְנָה עָלֵינוּ וּמַעֲשֵׂה יָדֵינוּ כּוֹנְנֵהוּ:

תהלים צא
יֹשֵׁב בְּסֵתֶר עֶלְיוֹן, בְּצֵל שַׁדַּי יִתְלוֹנָן: אֹמַר לַיהוה מַחְסִי וּמְצוּדָתִי, אֱלֹהַי אֶבְטַח־בּוֹ: כִּי הוּא יַצִּילְךָ מִפַּח יָקוּשׁ, מִדֶּבֶר הַוּוֹת: בְּאֶבְרָתוֹ יָסֶךְ לָךְ, וְתַחַת־כְּנָפָיו תֶּחְסֶה, צִנָּה וְסֹחֵרָה אֲמִתּוֹ: לֹא־תִירָא מִפַּחַד לָיְלָה, מֵחֵץ יָעוּף יוֹמָם: מִדֶּבֶר בָּאֹפֶל יַהֲלֹךְ, מִקֶּטֶב יָשׁוּד צָהֳרָיִם: יִפֹּל מִצִּדְּךָ אֶלֶף, וּרְבָבָה מִימִינֶךָ, אֵלֶיךָ לֹא יִגָּשׁ: רַק בְּעֵינֶיךָ תַבִּיט, וְשִׁלֻּמַת רְשָׁעִים תִּרְאֶה: כִּי־אַתָּה יהוה מַחְסִי, עֶלְיוֹן שַׂמְתָּ מְעוֹנֶךָ: לֹא־תְאֻנֶּה אֵלֶיךָ רָעָה, וְנֶגַע לֹא־יִקְרַב בְּאָהֳלֶךָ: כִּי מַלְאָכָיו יְצַוֶּה־לָּךְ, לִשְׁמָרְךָ בְּכָל־דְּרָכֶיךָ: עַל־כַּפַּיִם יִשָּׂאוּנְךָ, פֶּן־תִּגֹּף בָּאֶבֶן רַגְלֶךָ: עַל־שַׁחַל וָפֶתֶן תִּדְרֹךְ, תִּרְמֹס כְּפִיר וְתַנִּין: כִּי בִי חָשַׁק וַאֲפַלְּטֵהוּ, אֲשַׂגְּבֵהוּ כִּי־יָדַע שְׁמִי: יִקְרָאֵנִי וְאֶעֱנֵהוּ, עִמּוֹ־אָנֹכִי בְצָרָה, אֲחַלְּצֵהוּ וַאֲכַבְּדֵהוּ: אֹרֶךְ יָמִים אַשְׂבִּיעֵהוּ, וְאַרְאֵהוּ בִּישׁוּעָתִי:
אֹרֶךְ יָמִים אַשְׂבִּיעֵהוּ, וְאַרְאֵהוּ בִּישׁוּעָתִי:

תהלים ג
יהוה מָה־רַבּוּ צָרָי, רַבִּים קָמִים עָלָי: רַבִּים אֹמְרִים לְנַפְשִׁי, אֵין יְשׁוּעָתָה לּוֹ בֵאלֹהִים, סֶלָה: וְאַתָּה יהוה מָגֵן בַּעֲדִי, כְּבוֹדִי וּמֵרִים רֹאשִׁי: קוֹלִי אֶל־יהוה אֶקְרָא, וַיַּעֲנֵנִי מֵהַר קָדְשׁוֹ, סֶלָה: אֲנִי שָׁכַבְתִּי וָאִישָׁנָה, הֱקִיצוֹתִי כִּי יהוה יִסְמְכֵנִי: לֹא־אִירָא מֵרִבְבוֹת עָם, אֲשֶׁר סָבִיב שָׁתוּ עָלָי: קוּמָה יהוה, הוֹשִׁיעֵנִי אֱלֹהַי, כִּי־הִכִּיתָ אֶת־כָּל־אֹיְבַי לֶחִי, שִׁנֵּי רְשָׁעִים שִׁבַּרְתָּ: לַיהוה הַיְשׁוּעָה, עַל־עַמְּךָ בִרְכָתֶךָ סֶּלָה:

הַשְׁכִּיבֵנוּ, יהוה אֱלֹהֵינוּ, לְשָׁלוֹם. וְהַעֲמִידֵנוּ, מַלְכֵּנוּ, לְחַיִּים. וּפְרֹשׂ עָלֵינוּ סֻכַּת שְׁלוֹמֶךָ, וְתַקְּנֵנוּ בְּעֵצָה טוֹבָה מִלְּפָנֶיךָ, וְהוֹשִׁיעֵנוּ לְמַעַן שְׁמֶךָ. וְהָגֵן בַּעֲדֵנוּ, וְהָסֵר מֵעָלֵינוּ אוֹיֵב, דֶּבֶר וְחֶרֶב וְרָעָב וְיָגוֹן. וְהָסֵר שָׂטָן מִלְּפָנֵינוּ וּמֵאַחֲרֵינוּ, וּבְצֵל כְּנָפֶיךָ תַּסְתִּירֵנוּ, כִּי אֵל שׁוֹמְרֵנוּ וּמַצִּילֵנוּ אָתָּה, כִּי אֵל מֶלֶךְ חַנּוּן וְרַחוּם אָתָּה. וּשְׁמֹר צֵאתֵנוּ וּבוֹאֵנוּ לְחַיִּים וּלְשָׁלוֹם מֵעַתָּה וְעַד עוֹלָם.

---

sleep; and (10) Adon Olam / "LORD of the Universe," said here because of its closing lines with their reference to entrusting our souls and bodies to God's safekeeping at night.

בָּרוּךְ Blessed is the LORD by day, blessed is the LORD by night. Blessed is the LORD when we lie down; blessed is the LORD when we rise. For in Your hand are the souls of the living and the dead, [as it is written:] "In His hand is every living soul, and the breath of all mankind." Into Your hand I entrust my spirit: You redeemed me, LORD, God of truth. Our God in heaven, bring unity to Your name, establish Your kingdom constantly and reign over us for ever and all time. *Job 12* *Ps. 31*

יִרְאוּ May our eyes see, our hearts rejoice, and our souls be glad in Your true salvation, when Zion is told, "Your God reigns." The LORD is King, the LORD was King, and the LORD will be King for ever and all time. For sovereignty is Yours, and to all eternity You will reign in glory, for we have no king but You.

הַמַּלְאָךְ May the angel who rescued me from all harm, bless these boys. May they be called by my name and the names of my fathers Abraham and Isaac, and may they increase greatly on the earth. *Gen. 48*

וַיֹּאמֶר He said, "If you listen carefully to the voice of the LORD your God and do what is right in His eyes, if you pay attention to His commandments and keep all His statutes, I will not bring on you any of the diseases I brought on the Egyptians, for I am the LORD who heals you." The LORD said to the accuser, "The LORD shall rebuke you, accuser. The LORD who has chosen Jerusalem shall rebuke you! Is not this man a burning stick snatched from the fire?" Look! It is Solomon's bed, escorted by sixty warriors, the noblest of Israel, all of them wearing the sword, experienced in battle, each with his sword at his side, prepared for the terror of the nights. *Ex. 15* *Zech. 3* *Song. 3*

Say three times:

יְבָרֶכְךָ May the LORD bless you and protect you. *Num. 6*
May the LORD make His face shine on you and be gracious to you.
May the LORD turn His face toward you and grant you peace.

Say three times:

הִנֵּה See – the Guardian of Israel neither slumbers nor sleeps. *Ps. 121*

Say three times:

לִישׁוּעָתְךָ For Your salvation I hope, LORD. *Gen. 49*
I hope, LORD, for Your salvation.
LORD, for Your salvation I hope.

בָּרוּךְ יהוה בַּיּוֹם, בָּרוּךְ יהוה בַּלָּיְלָה, בָּרוּךְ יהוה בְּשָׁכְבֵנוּ, בָּרוּךְ יהוה
איוב יב בְּקוּמֵנוּ. כִּי בְיָדְךָ נַפְשׁוֹת הַחַיִּים וְהַמֵּתִים. אֲשֶׁר בְּיָדוֹ נֶפֶשׁ כָּל־חָי, וְרוּחַ
תהלים לא כָּל־בְּשַׂר־אִישׁ: בְּיָדְךָ אַפְקִיד רוּחִי, פָּדִיתָה אוֹתִי יהוה אֵל אֱמֶת: אֱלֹהֵינוּ
שֶׁבַּשָּׁמַיִם, יַחֵד שִׁמְךָ וְקַיֵּם מַלְכוּתְךָ תָּמִיד, וּמְלֹךְ עָלֵינוּ לְעוֹלָם וָעֶד.

יִרְאוּ עֵינֵינוּ וְיִשְׂמַח לִבֵּנוּ, וְתָגֵל נַפְשֵׁנוּ בִּישׁוּעָתְךָ בֶּאֱמֶת, בֶּאֱמֹר לְצִיּוֹן
מָלַךְ אֱלֹהָיִךְ. יהוה מֶלֶךְ, יהוה מָלָךְ, יהוה יִמְלֹךְ לְעוֹלָם וָעֶד. כִּי הַמַּלְכוּת
שֶׁלְּךָ הִיא, וּלְעוֹלְמֵי עַד תִּמְלֹךְ בְּכָבוֹד, כִּי אֵין לָנוּ מֶלֶךְ אֶלָּא אָתָּה.

בראשית מח הַמַּלְאָךְ הַגֹּאֵל אֹתִי מִכָּל־רָע יְבָרֵךְ אֶת־הַנְּעָרִים, וְיִקָּרֵא בָהֶם שְׁמִי וְשֵׁם
אֲבֹתַי אַבְרָהָם וְיִצְחָק, וְיִדְגּוּ לָרֹב בְּקֶרֶב הָאָרֶץ:

שמות טו וַיֹּאמֶר אִם־שָׁמוֹעַ תִּשְׁמַע לְקוֹל יהוה אֱלֹהֶיךָ, וְהַיָּשָׁר בְּעֵינָיו תַּעֲשֶׂה,
וְהַאֲזַנְתָּ לְמִצְוֹתָיו וְשָׁמַרְתָּ כָּל־חֻקָּיו, כָּל־הַמַּחֲלָה אֲשֶׁר־שַׂמְתִּי בְמִצְרַיִם
זכריה ג לֹא־אָשִׂים עָלֶיךָ, כִּי אֲנִי יהוה רֹפְאֶךָ: וַיֹּאמֶר יהוה אֶל־הַשָּׂטָן, יִגְעַר יהוה
בְּךָ הַשָּׂטָן, וְיִגְעַר יהוה בְּךָ הַבֹּחֵר בִּירוּשָׁלָיִם, הֲלוֹא זֶה אוּד מֻצָּל מֵאֵשׁ:
שיר השירים ג הִנֵּה מִטָּתוֹ שֶׁלִּשְׁלֹמֹה, שִׁשִּׁים גִּבֹּרִים סָבִיב לָהּ, מִגִּבֹּרֵי יִשְׂרָאֵל: כֻּלָּם
אֲחֻזֵי חֶרֶב, מְלֻמְּדֵי מִלְחָמָה, אִישׁ חַרְבּוֹ עַל־יְרֵכוֹ מִפַּחַד בַּלֵּילוֹת:

Say three times:

במדבר ו יְבָרֶכְךָ יהוה וְיִשְׁמְרֶךָ:
יָאֵר יהוה פָּנָיו אֵלֶיךָ וִיחֻנֶּךָּ:
יִשָּׂא יהוה פָּנָיו אֵלֶיךָ וְיָשֵׂם לְךָ שָׁלוֹם:

Say three times:

תהלים קכא הִנֵּה לֹא־יָנוּם וְלֹא יִישָׁן שׁוֹמֵר יִשְׂרָאֵל:

Say three times:

בראשית מט לִישׁוּעָתְךָ קִוִּיתִי יהוה:
קִוִּיתִי יהוה לִישׁוּעָתְךָ
יהוה לִישׁוּעָתְךָ קִוִּיתִי

Say three times:

בְּשֵׁם In the name of the Lord, God of Israel:
may Michael be at my right hand,
Gabriel, at my left;
in front of me, Uriel,
behind me, Raphael;
and above my head the Presence of God.

שִׁיר הַמַּעֲלוֹת A song of ascents. *Ps. 128*
Happy are all who fear the Lord, who walk in His ways.
When you eat the fruit of your labor, happy and fortunate are you.
Your wife shall be like a fruitful vine within your house;
your sons like olive saplings around your table.
So shall the man who fears the Lord be blessed.
May the Lord bless you from Zion;
may you see the good of Jerusalem all the days of your life;
and may you live to see your children's children. Peace be on Israel!

Say three times:

רִגְזוּ Tremble, and do not sin. *Ps. 4*
Search your heart as you lie on your bed, and be silent. Selah.

אֲדוֹן עוֹלָם Lord of the Universe,
who reigned before the birth of any thing;
when by His will all things were made,
then was His name proclaimed King.
And when all things shall cease to be,
He alone will reign in awe.
He was, He is, and He shall be glorious for evermore.
He is One, there is none else, alone, unique, beyond compare;
Without beginning, without end, His might, His rule are everywhere.
He is my God; my Redeemer lives.
He is the Rock on whom I rely –
my banner and my safe retreat, my cup, my portion when I cry.
Into His hand my soul I place, when I awake and when I sleep.
The Lord is with me, I shall not fear;
body and soul from harm will He keep.

Say three times:

בְּשֵׁם יהוה אֱלֹהֵי יִשְׂרָאֵל
מִימִינִי מִיכָאֵל, וּמִשְּׂמֹאלִי גַּבְרִיאֵל
וּמִלְּפָנַי אוּרִיאֵל, וּמֵאֲחוֹרַי רְפָאֵל
וְעַל רֹאשִׁי שְׁכִינַת אֵל.

תהלים קכח
שִׁיר הַמַּעֲלוֹת, אַשְׁרֵי כָּל־יְרֵא יהוה, הַהֹלֵךְ בִּדְרָכָיו:
יְגִיעַ כַּפֶּיךָ כִּי תֹאכֵל, אַשְׁרֶיךָ וְטוֹב לָךְ:
אֶשְׁתְּךָ כְּגֶפֶן פֹּרִיָּה בְּיַרְכְּתֵי בֵיתֶךָ
בָּנֶיךָ כִּשְׁתִלֵי זֵיתִים, סָבִיב לְשֻׁלְחָנֶךָ:
הִנֵּה כִי־כֵן יְבֹרַךְ גָּבֶר יְרֵא יהוה:
יְבָרֶכְךָ יהוה מִצִּיּוֹן, וּרְאֵה בְּטוּב יְרוּשָׁלָםִ, כֹּל יְמֵי חַיֶּיךָ:
וּרְאֵה־בָנִים לְבָנֶיךָ, שָׁלוֹם עַל־יִשְׂרָאֵל:

Say three times:

תהלים ד
רִגְזוּ וְאַל־תֶּחֱטָאוּ
אִמְרוּ בִלְבַבְכֶם עַל־מִשְׁכַּבְכֶם, וְדֹמּוּ סֶלָה:

אֲדוֹן עוֹלָם אֲשֶׁר מָלַךְ בְּטֶרֶם כָּל־יְצִיר נִבְרָא.
לְעֵת נַעֲשָׂה בְחֶפְצוֹ כֹּל אֲזַי מֶלֶךְ שְׁמוֹ נִקְרָא.
וְאַחֲרֵי כִּכְלוֹת הַכֹּל לְבַדּוֹ יִמְלֹךְ נוֹרָא.
וְהוּא הָיָה וְהוּא הֹוֶה וְהוּא יִהְיֶה בְּתִפְאָרָה.
וְהוּא אֶחָד וְאֵין שֵׁנִי לְהַמְשִׁיל לוֹ לְהַחְבִּירָה.
בְּלִי רֵאשִׁית בְּלִי תַכְלִית וְלוֹ הָעֹז וְהַמִּשְׂרָה.
וְהוּא אֵלִי וְחַי גֹּאֲלִי וְצוּר חֶבְלִי בְּעֵת צָרָה.
וְהוּא נִסִּי וּמָנוֹס לִי מְנָת כּוֹסִי בְּיוֹם אֶקְרָא.
בְּיָדוֹ אַפְקִיד רוּחִי בְּעֵת אִישַׁן וְאָעִירָה.
וְעִם רוּחִי גְּוִיָּתִי יהוה לִי וְלֹא אִירָא.

Hallel

On Ḥanukka, Full Hallel is said.
On Rosh Ḥodesh, Half Hallel is said.

בָּרוּךְ Blessed are You, Lord our God, King of the Universe,
who has made us holy through His commandments
and has commanded us to recite the Hallel.

הַלְלוּיָהּ Halleluya! Servants of the Lord, give praise; praise the name *Ps. 113* of the Lord. Blessed be the name of the Lord now and for evermore. From the rising of the sun to its setting, may the Lord's name be praised. High is the Lord above all nations; His glory is above the heavens. Who is like the Lord our God, who sits enthroned so high, yet turns so low to see the heavens and the earth? ▸ He raises the poor from the dust and the needy from the refuse heap, giving them a place alongside princes, the princes of His people. He makes the woman in a childless house a happy mother of children. Halleluya!

---

at every epoch and at every trouble – may it not come to them! – and when they are redeemed, they recite it in thanks for their delivery" (*Pesaḥim* 117a). That is why we say it on Yom HaAtzma'ut and Yom Yerushalayim, the two most transformative events of modern Jewish history, in the faith that it is not human beings alone who shape the destiny of our people, but God working in and through His children.

Because of its association with history, Hallel is not said on Rosh HaShana or Yom Kippur, days dedicated less to national remembrance than to judgment, repentance and forgiveness.

מְקִימִי מֵעָפָר דָּל *He raises the poor from the dust:* A verse reminiscent of Hannah's prayer after the birth of her child (1 Sam. 2:8). The religions of the ancient world were deeply conservative, designed to vindicate and perpetuate hierarchies of power. Judaism, believing that human dignity is the prerogative of everyone, was an ongoing protest against such inequalities. God's greatness is evident in the fact that He can lift the poor and the needy to a place of honor alongside princes.

סדר הלל

On חנוכה, הלל שלם *is said.*
On ראש חודש, הלל בדילוג *is said.*

בָּרוּךְ אַתָּה יהוה אֱלֹהֵינוּ מֶלֶךְ הָעוֹלָם
אֲשֶׁר קִדְּשָׁנוּ בְּמִצְוֹתָיו וְצִוָּנוּ לִקְרֹא אֶת הַהַלֵּל.

תהלים קיג הַלְלוּיָהּ, הַלְלוּ עַבְדֵי יהוה, הַלְלוּ אֶת־שֵׁם יהוה: יְהִי שֵׁם יהוה
מְבֹרָךְ, מֵעַתָּה וְעַד־עוֹלָם: מִמִּזְרַח־שֶׁמֶשׁ עַד־מְבוֹאוֹ, מְהֻלָּל שֵׁם
יהוה: רָם עַל־כָּל־גּוֹיִם יהוה, עַל הַשָּׁמַיִם כְּבוֹדוֹ: מִי כַּיהוה אֱלֹהֵינוּ,
הַמַּגְבִּיהִי לָשָׁבֶת: הַמַּשְׁפִּילִי לִרְאוֹת, בַּשָּׁמַיִם וּבָאָרֶץ: ‹ מְקִימִי
מֵעָפָר דָּל, מֵאַשְׁפֹּת יָרִים אֶבְיוֹן: לְהוֹשִׁיבִי עִם־נְדִיבִים, עִם נְדִיבֵי
עַמּוֹ: מוֹשִׁיבִי עֲקֶרֶת הַבַּיִת, אֵם־הַבָּנִים שְׂמֵחָה, הַלְלוּיָהּ:

HALLEL

Psalms 113–118 – known as the Egyptian Hallel because of the reference in the second paragraph to the exodus from Egypt – are among the earliest prayers written to be recited in the Temple on days of national celebration. They were sung as accompaniment to the Pesaḥ sacrifice, and early rabbinic sources suggest that they were said on the pilgrimage festivals: Pesaḥ, Shavuot and Sukkot.

By the Talmudic era, a shortened form (known as "Half Hallel") was in use for Rosh Ḥodesh and the last six days of Pesaḥ. The Full Hallel was not said on Rosh Ḥodesh, because it is not a full festival, and on the last days of Pesaḥ because (a) the main event of the exodus took place on the first day, and (b) the miracle of the seventh day, the division of the Reed Sea, involved suffering for the Egyptians. According to the Talmud (*Megilla* 10b; *Sanhedrin* 39b), when the angels wished to sing the Song at the Sea, God refused, saying: "Shall you sing a song while My creatures are drowning in the sea?"

Hallel is a choral symphony of faith in the presence of God in history. The sages said that the prophets "enacted that the Israelites should recite it

בְּצֵאת When Israel came out of Egypt, the house of Jacob from a people of foreign tongue, Judah became His sanctuary, Israel His dominion. The sea saw and fled; the Jordan turned back. The mountains skipped like rams, the hills like lambs. ▸ Why was it, sea, that you fled? Jordan, why did you turn back? Why, mountains, did you skip like rams, and you, hills, like lambs? It was at the presence of the LORD, Creator of the earth, at the presence of the God of Jacob, who turned the rock into a pool of water, flint into a flowing spring. *Ps. 114*

Omit on Rosh Ḥodesh (except on Ḥanukka):

לֹא לָנוּ Not to us, LORD, not to us, but to Your name give glory, for Your love, for Your faithfulness. Why should the nations say, "Where now is their God?" Our God is in heaven; whatever He wills He does. Their idols are silver and gold, made by human hands. They have mouths but cannot speak; eyes but cannot see. They have ears but cannot hear; noses but cannot smell. They have hands but cannot feel; feet but cannot walk. No sound comes from their throat. Those who make them become like them; so will all who trust in them. ▸ Israel, trust in the LORD – He is their Help and their Shield. House of Aaron, trust in the LORD – He is their Help and their Shield. You who fear the LORD, trust in the LORD – He is their Help and their Shield. *Ps. 115*

יהוה זְכָרָנוּ The LORD remembers us and will bless us. He will bless the house of Israel. He will bless the house of Aaron. He will bless those who fear the LORD, small and great alike. May the LORD give you increase: you and your children. May you be blessed by the LORD, Maker of heaven and earth. ▸ The heavens are the LORD's, but the earth He has given over to mankind. It is not the dead who praise the LORD, nor those who go down to the silent grave. But we will bless the LORD, now and for ever. Halleluya!

---

yet imperfect, ideals. Idolatry is the worship of the part instead of the whole, one aspect of the universe in place of the Creator of all who transcends all.

יִרְאֵי יהוה *You who fear the LORD:* This may refer to converts to Judaism (Rashi), or God-fearers among the nations (Ibn Ezra).

וְהָאָרֶץ נָתַן לִבְנֵי־אָדָם *But the earth He has given over to mankind:* "Given over" rather than "given": placed in the guardianship of mankind. We do not own

תהלים קיד בְּצֵאת יִשְׂרָאֵל מִמִּצְרָיִם, בֵּית יַעֲקֹב מֵעַם לֹעֵז: הָיְתָה יְהוּדָה
לְקָדְשׁוֹ, יִשְׂרָאֵל מַמְשְׁלוֹתָיו: הַיָּם רָאָה וַיָּנֹס, הַיַּרְדֵּן יִסֹּב לְאָחוֹר:
הֶהָרִים רָקְדוּ כְאֵילִים, גְּבָעוֹת כִּבְנֵי־צֹאן: ‹ מַה־לְּךָ הַיָּם כִּי תָנוּס,
הַיַּרְדֵּן תִּסֹּב לְאָחוֹר: הֶהָרִים תִּרְקְדוּ כְאֵילִים, גְּבָעוֹת כִּבְנֵי־צֹאן:
מִלִּפְנֵי אָדוֹן חוּלִי אָרֶץ, מִלִּפְנֵי אֱלוֹהַּ יַעֲקֹב: הַהֹפְכִי הַצּוּר אֲגַם־
מָיִם, חַלָּמִישׁ לְמַעְיְנוֹ־מָיִם:

Omit on ראש חודש (*except on* חנוכה):

תהלים קטו לֹא לָנוּ יהוה לֹא לָנוּ, כִּי־לְשִׁמְךָ תֵּן כָּבוֹד, עַל־חַסְדְּךָ עַל־אֲמִתֶּךָ: לָמָּה
יֹאמְרוּ הַגּוֹיִם אַיֵּה־נָא אֱלֹהֵיהֶם: וֵאלֹהֵינוּ בַשָּׁמָיִם, כֹּל אֲשֶׁר־חָפֵץ
עָשָׂה: עֲצַבֵּיהֶם כֶּסֶף וְזָהָב, מַעֲשֵׂה יְדֵי אָדָם: פֶּה־לָהֶם וְלֹא יְדַבֵּרוּ,
עֵינַיִם לָהֶם וְלֹא יִרְאוּ: אָזְנַיִם לָהֶם וְלֹא יִשְׁמָעוּ, אַף לָהֶם וְלֹא יְרִיחוּן:
יְדֵיהֶם וְלֹא יְמִישׁוּן, רַגְלֵיהֶם וְלֹא יְהַלֵּכוּ, לֹא־יֶהְגּוּ בִּגְרוֹנָם: כְּמוֹהֶם יִהְיוּ
עֹשֵׂיהֶם, כֹּל אֲשֶׁר־בֹּטֵחַ בָּהֶם: ‹ יִשְׂרָאֵל בְּטַח בַּיהוה, עֶזְרָם וּמָגִנָּם
הוּא: בֵּית אַהֲרֹן בִּטְחוּ בַיהוה, עֶזְרָם וּמָגִנָּם הוּא: יִרְאֵי יהוה בִּטְחוּ
בַיהוה, עֶזְרָם וּמָגִנָּם הוּא:

יהוה זְכָרָנוּ יְבָרֵךְ, יְבָרֵךְ אֶת־בֵּית יִשְׂרָאֵל, יְבָרֵךְ אֶת־בֵּית אַהֲרֹן:
יְבָרֵךְ יִרְאֵי יהוה, הַקְּטַנִּים עִם־הַגְּדֹלִים: יֹסֵף יהוה עֲלֵיכֶם, עֲלֵיכֶם
וְעַל־בְּנֵיכֶם: בְּרוּכִים אַתֶּם לַיהוה, עֹשֵׂה שָׁמַיִם וָאָרֶץ: ‹ הַשָּׁמַיִם
שָׁמַיִם לַיהוה, וְהָאָרֶץ נָתַן לִבְנֵי־אָדָם: לֹא הַמֵּתִים יְהַלְלוּ־יָהּ, וְלֹא
כָּל־יֹרְדֵי דוּמָה: וַאֲנַחְנוּ נְבָרֵךְ יָהּ, מֵעַתָּה וְעַד־עוֹלָם, הַלְלוּיָהּ:

בְּצֵאת יִשְׂרָאֵל מִמִּצְרָיִם *When Israel came out of Egypt:* A lyrical account of how nature itself trembled and rejoiced at the exodus, when the supreme Power intervened to rescue the powerless.

כְּמוֹהֶם יִהְיוּ עֹשֵׂיהֶם *Those who make them become like them:* Worshiping impersonal objects or forces eventually dehumanizes a culture and those who are part of it. Whether what is worshiped is an icon, a ruler, a race or a political ideology, the final outcome is the sacrifice of human lives on the altar of high,

Omit on Rosh Hodesh (except on Hanukka):

אָהַבְתִּי I love the LORD, for He hears my voice, my pleas. He turns His ear to me whenever I call. The bonds of death encompassed me, the anguish of the grave came upon me, I was overcome by trouble and sorrow. Then I called on the name of the LORD: "LORD, I pray, save my life." Gracious is the LORD, and righteous; our God is full of compassion. The LORD protects the simple hearted. When I was brought low, He saved me. My soul, be at peace once more, for the LORD has been good to you. For You have rescued me from death, my eyes from weeping, my feet from stumbling. ▸ I shall walk in the presence of the LORD in the land of the living. I had faith, even when I said, "I am greatly afflicted," even when I said rashly, "All men are liars." *Ps. 116*

מָה־אָשִׁיב How can I repay the LORD for all His goodness to me? I will lift the cup of salvation and call on the name of the LORD. I will fulfill my vows to the LORD in the presence of all His people. Grievous in the LORD's sight is the death of His devoted ones. Truly, LORD, I am Your servant; I am Your servant, the son of Your maidservant. You set me free from my chains. ▸ To You I shall bring a thanksgiving-offering and call on the LORD by name. I will fulfill my vows to the LORD in the presence of all His people, in the courts of the House of the LORD, in your midst, Jerusalem. Halleluya!

מָה־אָשִׁיב *How can I repay?* A rhetorical question: we can never repay God's kindnesses to us. All that we have is His. The very fact that we exist is due to His creative love. All we can do is express our thanks.

כּוֹס־יְשׁוּעוֹת אֶשָּׂא *I will lift the cup of salvation:* A reference to the wine-libation accompanying a thanksgiving-offering (Rashi). Alternatively, I will hold a feast of thanksgiving at which I will raise a glass of wine in thanks to God. יָקָר בְּעֵינֵי יהוה, הַמָּוְתָה לַחֲסִידָיו *Grievous in the LORD's sight is the death of His devoted ones:* this is Rashi's understanding of the text; others translate it as "Precious in the LORD's sight." God does not wish His devoted ones to die. As the previous two paragraphs have made clear, God is the God of life; only idolatrous cultures worship death.

בֶּן־אֲמָתֶךָ *The son of Your maidservant:* Serving You comes naturally because my mother did likewise (Radak). A father teaches us "the discipline of

Omit on ראש חודש (*except on* חנוכה):

אָהַבְתִּי, כִּי־יִשְׁמַע יהוה, אֶת־קוֹלִי תַּחֲנוּנָי: כִּי־הִטָּה אָזְנוֹ לִי, וּבְיָמַי תהלים קטז
אֶקְרָא: אֲפָפוּנִי חֶבְלֵי־מָוֶת, וּמְצָרֵי שְׁאוֹל מְצָאוּנִי, צָרָה וְיָגוֹן אֶמְצָא:
וּבְשֵׁם־יהוה אֶקְרָא, אָנָּה יהוה מַלְּטָה נַפְשִׁי: חַנּוּן יהוה וְצַדִּיק, וֵאלֹהֵינוּ
מְרַחֵם: שֹׁמֵר פְּתָאיִם יהוה, דַּלּוֹתִי וְלִי יְהוֹשִׁיעַ: שׁוּבִי נַפְשִׁי לִמְנוּחָיְכִי,
כִּי־יהוה גָּמַל עָלָיְכִי: כִּי חִלַּצְתָּ נַפְשִׁי מִמָּוֶת, אֶת־עֵינִי מִן־דִּמְעָה,
אֶת־רַגְלִי מִדֶּחִי: ‹ אֶתְהַלֵּךְ לִפְנֵי יהוה, בְּאַרְצוֹת הַחַיִּים: הֶאֱמַנְתִּי כִּי
אֲדַבֵּר, אֲנִי עָנִיתִי מְאֹד: אֲנִי אָמַרְתִּי בְחָפְזִי, כָּל־הָאָדָם כֹּזֵב:

מָה־אָשִׁיב לַיהוה, כָּל־תַּגְמוּלוֹהִי עָלָי: כּוֹס־יְשׁוּעוֹת אֶשָּׂא, וּבְשֵׁם
יהוה אֶקְרָא: נְדָרַי לַיהוה אֲשַׁלֵּם, נֶגְדָה־נָּא לְכָל־עַמּוֹ: יָקָר בְּעֵינֵי
יהוה, הַמָּוְתָה לַחֲסִידָיו: אָנָּה יהוה כִּי־אֲנִי עַבְדֶּךָ, אֲנִי־עַבְדְּךָ
בֶּן־אֲמָתֶךָ, פִּתַּחְתָּ לְמוֹסֵרָי: ‹ לְךָ־אֶזְבַּח זֶבַח תּוֹדָה, וּבְשֵׁם יהוה
אֶקְרָא: נְדָרַי לַיהוה אֲשַׁלֵּם, נֶגְדָה־נָּא לְכָל־עַמּוֹ: בְּחַצְרוֹת בֵּית
יהוה, בְּתוֹכֵכִי יְרוּשָׁלָםִ, הַלְלוּיָהּ:

---

the earth; we hold it in trust from God and there are conditions to that trust, namely that we respect the earth's integrity and the dignity of the human person; in short, that we honor God's laws.

אָהַבְתִּי *I love the* LORD: This and the next paragraph form a single psalm. The psalmist turns from the collective to the individual. God has saved him from crisis and he gives public voice to his thanks. This prayer was included in Hallel because it spoke to the many among the pilgrims to Jerusalem who had vowed to bring thanksgiving-offerings, as is clear from the next paragraph. The juxtaposition of the individual and the collective is a significant feature of biblical texts generally. The Hebrew prophets and poets never saw the nation as an abstraction and the people an amorphous mass. The individual never loses his or her significance even in the presence of vast gatherings.
אֲנִי אָמַרְתִּי בְחָפְזִי, כָּל־הָאָדָם כֹּזֵב *Even when I said rashly, "All men are liars"*: the commentators relate this to King David who, when forced to flee from Saul, felt betrayed by everyone. Alternatively: "Even when I was fleeing for my life, I knew that those [who preached despair] were false" (Radak).

הַלְלוּ Praise the LORD, all nations; acclaim Him, all you peoples; *Ps. 117*
for His loving-kindness to us is strong,
and the LORD's faithfulness is everlasting.
Halleluya!

The following verses are chanted by the Leader.
At the end of each verse, the congregation responds, "Thank the LORD for He is good; His loving-kindness is for ever."

הודו Thank the LORD for He is good; His loving-kindness is for ever. *Ps. 118*
Let Israel say His loving-kindness is for ever.
Let the house of Aaron say His loving-kindness is for ever.
Let those who fear the LORD say His loving-kindness is for ever.

מִן־הַמֵּצַר In my distress I called on the LORD. The LORD answered me and set me free. The LORD is with me; I will not be afraid. What can man do to me? The LORD is with me. He is my Helper. I will see the downfall of my enemies. It is better to take refuge in the LORD than to trust in man. It is better to take refuge in the LORD than to trust in princes. The nations all surrounded me, but in the LORD's name I drove them off. They surrounded me on every side, but in the LORD's name I drove them off. They surrounded me like bees, they attacked me as fire attacks brushwood, but in the LORD's name I drove them off. They thrust so hard against me, I nearly fell, but the LORD came to my help. The LORD is my strength and my song; He has become

---

has been for so long the guardian of prophecy and transmitted it to the rest of the world – such a nation cannot be destroyed. The Jew is everlasting as eternity itself" (Tolstoy).

הודו לַיהוה כִּי־טוב *Thank the LORD for He is good:* This verse was first recited by King David when he brought the Ark to Jerusalem (1 Chr. 16:34).

מִן־הַמֵּצַר *In my distress... set me free:* The terms mean, respectively, "straits, confined space" and "broad space, expanse." The psalmist writes that he felt hemmed in by enemies; his eventual victory brings a sense of spaciousness and freedom.

תהלים קיז

הַלְלוּ אֶת־יהוה כׇּל־גּוֹיִם, שַׁבְּחוּהוּ כׇּל־הָאֻמִּים:
כִּי גָבַר עָלֵינוּ חַסְדּוֹ, וֶאֱמֶת־יהוה לְעוֹלָם
הַלְלוּיָהּ:

The following verses are chanted by the שליח ציבור.
At the end of each verse, the קהל *responds:* הוֹדוּ לַיהוה כִּי־טוֹב, כִּי לְעוֹלָם חַסְדּוֹ.

תהלים קיח

הוֹדוּ לַיהוה כִּי־טוֹב   כִּי לְעוֹלָם חַסְדּוֹ:
יֹאמַר־נָא יִשְׂרָאֵל   כִּי לְעוֹלָם חַסְדּוֹ:
יֹאמְרוּ־נָא בֵית־אַהֲרֹן   כִּי לְעוֹלָם חַסְדּוֹ:
יֹאמְרוּ־נָא יִרְאֵי יהוה   כִּי לְעוֹלָם חַסְדּוֹ:

מִן־הַמֵּצַר קָרָאתִי יָּהּ, עָנָנִי בַמֶּרְחָב יָהּ: יהוה לִי לֹא אִירָא, מַה־יַּעֲשֶׂה לִי אָדָם: יהוה לִי בְּעֹזְרָי, וַאֲנִי אֶרְאֶה בְשֹׂנְאָי: טוֹב לַחֲסוֹת בַּיהוה, מִבְּטֹחַ בָּאָדָם: טוֹב לַחֲסוֹת בַּיהוה, מִבְּטֹחַ בִּנְדִיבִים: כׇּל־גּוֹיִם סְבָבוּנִי, בְּשֵׁם יהוה כִּי אֲמִילַם: סַבּוּנִי גַם־סְבָבוּנִי, בְּשֵׁם יהוה כִּי אֲמִילַם: סַבּוּנִי כִדְבֹרִים, דֹּעֲכוּ כְּאֵשׁ קוֹצִים, בְּשֵׁם יהוה כִּי אֲמִילַם: דַּחֹה דְחִיתַנִי לִנְפֹּל, וַיהוה עֲזָרָנִי: עָזִּי וְזִמְרָת יָהּ,

---

thought as well as the discipline of action"; a mother teaches us the "living experience" of the commandments, their "flavor, scent and warmth." From her we learn "to feel the presence of the Almighty." "The fathers knew much about the Shabbat; the mothers lived the Shabbat, experienced her presence, and perceived her beauty and splendor" (Rabbi Joseph Soloveitchik).

הַלְלוּ אֶת־יהוה כׇּל־גּוֹיִם *Praise the Lord, all nations:* The shortest of all the psalms, a mere two verses. The psalmist speaks of the universal significance of Israel's history. It is not Israel alone, but all the nations, who will see in the story of this people, something beyond mere history. "The Jew is the emblem of eternity. He who neither slaughter nor torture of thousands of years could destroy, he who neither fire nor sword nor inquisition was able to wipe off the face of the earth, he who was the first to produce the oracles of God, who

my salvation. Sounds of song and salvation resound in the tents of the righteous: "The LORD's right hand has done mighty deeds. The LORD's right hand is lifted high. The LORD's right hand has done mighty deeds." I will not die but live, and tell what the LORD has done. The LORD has chastened me severely, but He has not given me over to death. ▸ Open for me the gates of righteousness that I may enter them and thank the LORD. This is the gateway to the LORD; through it, the righteous shall enter.

אוֹדְךָ I will thank You, for You answered me, and became my salvation.
I will thank You, for You answered me, and became my salvation.

The stone the builders rejected has become the main cornerstone.
The stone the builders rejected has become the main cornerstone.

This is the LORD's doing. It is wondrous in our eyes.
This is the LORD's doing. It is wondrous in our eyes.

This is the day the LORD has made. Let us rejoice and be glad in it.
This is the day the LORD has made. Let us rejoice and be glad in it.

Leader followed by congregation:

אָנָּא LORD, please, save us.
LORD, please, save us.
LORD, please, grant us success.
LORD, please, grant us success.

אוֹדְךָ *I will thank You:* This and the next eight verses, the last of Psalm 118, are repeated. Litany – a prayer in which the Leader says a verse or phrase and the congregation responds – was an aspect of worship in the Temple, and is developed most fully in the *hakafot*, processions around the synagogue, on Sukkot.

אֶבֶן מָאֲסוּ הַבּוֹנִים *The stone the builders rejected:* This is a reference to the people of Israel. Two of the first references to Israel in non-Jewish sources – the Merneptah stele (Egypt, thirteenth century BCE) and the Mesha stele (Moab, ninth century BCE) – both declare that Israel has been destroyed. Israel is the people that outlives its obituaries.

וַיְהִי־לִי לִישׁוּעָה: קוֹל רִנָּה וִישׁוּעָה בְּאָהֳלֵי צַדִּיקִים, יְמִין יהוה עֹשָׂה חָיִל: יְמִין יהוה רוֹמֵמָה, יְמִין יהוה עֹשָׂה חָיִל: לֹא־אָמוּת כִּי־אֶחְיֶה, וַאֲסַפֵּר מַעֲשֵׂי יָהּ: יַסֹּר יִסְּרַנִּי יָּהּ, וְלַמָּוֶת לֹא נְתָנָנִי:
‹ פִּתְחוּ־לִי שַׁעֲרֵי־צֶדֶק, אָבֹא־בָם אוֹדֶה יָהּ: זֶה־הַשַּׁעַר לַיהוה, צַדִּיקִים יָבֹאוּ בוֹ:

אוֹדְךָ כִּי עֲנִיתָנִי, וַתְּהִי־לִי לִישׁוּעָה:
אוֹדְךָ כִּי עֲנִיתָנִי, וַתְּהִי־לִי לִישׁוּעָה:

אֶבֶן מָאֲסוּ הַבּוֹנִים, הָיְתָה לְרֹאשׁ פִּנָּה:
אֶבֶן מָאֲסוּ הַבּוֹנִים, הָיְתָה לְרֹאשׁ פִּנָּה:

מֵאֵת יהוה הָיְתָה זֹּאת, הִיא נִפְלָאת בְּעֵינֵינוּ:
מֵאֵת יהוה הָיְתָה זֹּאת, הִיא נִפְלָאת בְּעֵינֵינוּ:

זֶה־הַיּוֹם עָשָׂה יהוה, נָגִילָה וְנִשְׂמְחָה בוֹ:
זֶה־הַיּוֹם עָשָׂה יהוה, נָגִילָה וְנִשְׂמְחָה בוֹ:

followed by שליח ציבור *:*קהל

אָנָּא יהוה הוֹשִׁיעָה נָּא:
אָנָּא יהוה הוֹשִׁיעָה נָּא:
אָנָּא יהוה הַצְלִיחָה נָא:
אָנָּא יהוה הַצְלִיחָה נָא:

עָזִּי וְזִמְרָת יָהּ *The Lord is my strength and my song:* a quotation from *Shirat HaYam* (Ex. 15:2); it also appears in Isaiah 12:2.

פִּתְחוּ־לִי שַׁעֲרֵי־צֶדֶק *Open for me the gates of righteousness:* A reference to the gates of the Temple.

בָּרוּךְ Blessed is one who comes in the name of the LORD;
we bless you from the House of the LORD.
Blessed is one who comes in the name of the LORD;
we bless you from the House of the LORD.

The LORD is God; He has given us light. Bind the festival offering
with thick cords [and bring it] to the horns of the altar.
The LORD is God; He has given us light. Bind the festival offering
with thick cords [and bring it] to the horns of the altar.

You are my God and I will thank You; You are my God, I will exalt You.
You are my God and I will thank You; You are my God, I will exalt You.

Thank the LORD for He is good; His loving-kindness is for ever.
Thank the LORD for He is good; His loving-kindness is for ever.

יְהַלְלְוּךָ All Your works will praise You, LORD our God,
and Your devoted ones –
the righteous who do Your will,
together with all Your people the house of Israel –
will joyously thank, bless, praise,
glorify, exalt, revere, sanctify,
and proclaim the sovereignty of Your name, our King.
▸ For it is good to thank You and fitting to sing psalms to Your name,
for from eternity to eternity You are God.
Blessed are You, LORD, King who is extolled with praises.

The service continues with Full Kaddish on page 700.

אֵלִי אַתָּה *You are my God:* The words of one who is bringing the offering. וְאוֹדֶךָּ *And I will thank You:* alternatively, "I will acknowledge You." These are words of dedication, meaning: This offering I bring is an expression of thanks and acknowledgment to God for all His kindnesses to me.

יְהַלְלְוּךָ *All Your works will praise You:* A concluding benediction, as at the end of the Verses of Praise.

בָּרוּךְ הַבָּא בְּשֵׁם יהוה, בֵּרַכְנוּכֶם מִבֵּית יהוה:
בָּרוּךְ הַבָּא בְּשֵׁם יהוה, בֵּרַכְנוּכֶם מִבֵּית יהוה:

אֵל יהוה וַיָּאֶר לָנוּ, אִסְרוּ־חַג בַּעֲבֹתִים עַד־קַרְנוֹת הַמִּזְבֵּחַ:
אֵל יהוה וַיָּאֶר לָנוּ, אִסְרוּ־חַג בַּעֲבֹתִים עַד־קַרְנוֹת הַמִּזְבֵּחַ:

אֵלִי אַתָּה וְאוֹדֶךָּ, אֱלֹהַי אֲרוֹמְמֶךָּ:
אֵלִי אַתָּה וְאוֹדֶךָּ, אֱלֹהַי אֲרוֹמְמֶךָּ:

הוֹדוּ לַיהוה כִּי־טוֹב, כִּי לְעוֹלָם חַסְדּוֹ:
הוֹדוּ לַיהוה כִּי־טוֹב, כִּי לְעוֹלָם חַסְדּוֹ:

יְהַלְלְוּךָ יהוה אֱלֹהֵינוּ כָּל מַעֲשֶׂיךָ
וַחֲסִידֶיךָ צַדִּיקִים עוֹשֵׂי רְצוֹנֶךָ
וְכָל עַמְּךָ בֵּית יִשְׂרָאֵל בְּרִנָּה יוֹדוּ וִיבָרְכוּ וִישַׁבְּחוּ
וִיפָאֲרוּ וִירוֹמְמוּ וְיַעֲרִיצוּ וְיַקְדִּישׁוּ וְיַמְלִיכוּ
אֶת שִׁמְךָ מַלְכֵּנוּ
◂ כִּי לְךָ טוֹב לְהוֹדוֹת וּלְשִׁמְךָ נָאֶה לְזַמֵּר
כִּי מֵעוֹלָם וְעַד עוֹלָם אַתָּה אֵל.
בָּרוּךְ אַתָּה יהוה, מֶלֶךְ מְהֻלָּל בַּתִּשְׁבָּחוֹת.

The service continues with קדיש שלם *on page 701.*

בָּרוּךְ הַבָּא *Blessed is one who comes:* A blessing made by the priests to those who came to worship in the Temple (Rashi, Radak). One of the tasks of the priests was to bless the people who came in pilgrimage to the Temple to make their offerings.

אִסְרוּ־חַג בַּעֲבֹתִים *Bind the festival offering with thick cords:* Alternatively, "Order the festival procession with boughs, up to the horns of the altar," a reference to the procession around the altar, with a lulav, on Sukkot (*Sukka* 45a).

SERVICE FOR ḤANUKKA

On each of the eight nights of Ḥanukka, the lights of the menora are lit: one on the first night, two on the second, and so on. On the first night, the rightmost branch of the menora is used; on each subsequent night, an additional light is added to the left. Each night, the new light is lit first, then the others, moving rightwards. If possible, the menora should be displayed near a window so that it is visible from the street.

The lights are lit using a separate flame known as the shamash. The lighting should be carried out as soon as possible after nightfall. On Friday night, it must be done before the beginning of Shabbat. Before lighting the Ḥanukka lights, say:

בָּרוּךְ Blessed are You, LORD our God, King of the Universe,
who has made us holy through His commandments,
and has commanded us to light the Ḥanukka lights.

בָּרוּךְ Blessed are You, LORD our God, King of the Universe,
who performed miracles for our ancestors in those days,
at this time.

On the first night, add:

בָּרוּךְ Blessed are You, LORD our God, King of the Universe,
who has given us life, sustained us,
and brought us to this time.

---

is the anniversary of that ceremony of rededication, celebrating not only the military victory and the restoration of Jewish self-government, but also the spiritual victory of Jewish faith over enforced assimilation. Shortly afterward, it was decided to hold an annual eight-day celebration in memory of those events, including the recitation of Hallel.

One incident came to hold immense symbolic significance: the fact that among the debris of the Temple, a single cruse of oil was found, its seal intact, with which the menora – the Temple candelabrum – could be lit. The oil that would normally have lasted for one day burned for eight, the full period of the rededication ceremony. Even after the Temple was destroyed more than two centuries later by the Romans, the Ḥanukka lights bore witness to the fact that after the worst desecration, something pure remains, lighting a way to the future. The Ḥanukka lights became one of the great symbols of Jewish hope.

סדר הדלקת נרות חנוכה

On each of the eight nights of חנוכה*, the lights of the* חנוכיה *are lit: one on the first night, two on the second, and so on. On the first night, the rightmost branch of the* חנוכיה *is used; on each subsequent night, an additional light is added to the left. Each night, the new light is lit first, then the others, moving rightwards. If possible, the* חנוכיה *should be displayed near a window so that it is visible from the street. The lights are lit using a separate flame known as the* שמש*. The lighting should be carried out as soon as possible after nightfall. On Friday night, it must be done before the beginning of* שבת*. Before lighting the* חנוכה *lights, say:*

בָּרוּךְ אַתָּה יהוה אֱלֹהֵינוּ מֶלֶךְ הָעוֹלָם
אֲשֶׁר קִדְּשָׁנוּ בְּמִצְוֹתָיו וְצִוָּנוּ לְהַדְלִיק נֵר שֶׁל חֲנֻכָּה.

בָּרוּךְ אַתָּה יהוה אֱלֹהֵינוּ מֶלֶךְ הָעוֹלָם
שֶׁעָשָׂה נִסִּים לַאֲבוֹתֵינוּ בַּיָּמִים הָהֵם בַּזְּמַן הַזֶּה.

On the first night, add:

בָּרוּךְ אַתָּה יהוה אֱלֹהֵינוּ מֶלֶךְ הָעוֹלָם
שֶׁהֶחֱיָנוּ וְקִיְּמָנוּ וְהִגִּיעָנוּ לַזְּמַן הַזֶּה.

ḤANUKKA

After the conquests of Alexander the Great, Israel came under the rule of Greece, in the third century BCE under the Ptolemies, based in Egypt; then in the second century BCE under the Seleucids, based in Syria. Beginning in 175 BCE, one of the Seleucid rulers, Antiochus Epiphanes, decided to embark on a campaign of enforced Hellenization of the Jews in Israel. A gymnasium was built at the foot of the Temple Mount. Temple funds were diverted to Greek athletic and cultural events. Eventually, in 167 BCE, the public practice of Judaism was forbidden and a statue of Zeus erected in the Temple. Many Jews went to their death as martyrs rather than abandon their faith.

A group of pious Jews, led by an elderly priest, Mattityahu, and his sons – including most famously Judah, known as the Maccabee – rose in revolt. Over the next three years they fought a successful campaign, driving the Greek forces out of Jerusalem and rededicating the desecrated Temple. Ḥanukka

After lighting the first light, say:

הַנֵּרוֹת הַלָּלוּ We light these lights *Sofrim ch. 3*
because of the miracles and wonders,
deliverances and victories
You performed for our ancestors in those days, at this time,
through Your holy priests.

Throughout the eight days of Ḥanukka
these lights are holy
and we are not permitted
to make any other use of them,
except to look at them,

that we may give thanks and praise to Your great name
for Your miracles, Your wonders and Your deliverances.

After all the lights are lit:

מָעוֹז צוּר Refuge, Rock of my salvation:
to You it is a delight to give praise.
Restore my House of prayer,
so that there I may offer You thanksgiving.
When You silence the loud-mouthed foe,
Then will I complete, with song and psalm, the altar's dedication.

Shabbat lights, those of Ḥanukka are not lit for the sake of the light they give, but rather are lit in order to "publicize the miracle." A separate light or candle, the *shamash*, is used to light the others, and is placed slightly higher, so that if we benefit from the light, it is from the *shamash*, and not those that form part of the mitzva itself.

מָעוֹז צוּר יְשׁוּעָתִי *Refuge, Rock of my salvation:* Composed in Germany in the thirteenth century. The first letters of the verses spell out the name Mordekhai; other than this we cannot identify the author. The first verse recalls the rededication of the Temple and looks forward to its future

After lighting the first light, say:

מסכת סופרים פרק ג

הַנֵּרוֹת הַלָּלוּ אָנוּ מַדְלִיקִים
עַל הַנִּסִּים וְעַל הַנִּפְלָאוֹת וְעַל הַתְּשׁוּעוֹת וְעַל הַמִּלְחָמוֹת
שֶׁעָשִׂיתָ לַאֲבוֹתֵינוּ בַּיָּמִים הָהֵם בַּזְּמַן הַזֶּה
עַל יְדֵי כֹּהֲנֶיךָ הַקְּדוֹשִׁים.

וְכָל שְׁמוֹנַת יְמֵי חֲנֻכָּה
הַנֵּרוֹת הַלָּלוּ קֹדֶשׁ הֵם
וְאֵין לָנוּ רְשׁוּת לְהִשְׁתַּמֵּשׁ בָּהֶם
אֶלָּא לִרְאוֹתָם בִּלְבָד

כְּדֵי לְהוֹדוֹת וּלְהַלֵּל לְשִׁמְךָ הַגָּדוֹל
עַל נִסֶּיךָ וְעַל נִפְלְאוֹתֶיךָ וְעַל יְשׁוּעָתֶךָ.

After all the lights are lit:

מָעוֹז צוּר יְשׁוּעָתִי   לְךָ נָאֶה לְשַׁבֵּחַ
תִּכּוֹן בֵּית תְּפִלָּתִי   וְשָׁם תּוֹדָה נְזַבֵּחַ
לְעֵת תָּכִין מַטְבֵּחַ   מִצָּר הַמְנַבֵּחַ
אָז אֶגְמֹר   בְּשִׁיר מִזְמוֹר   חֲנֻכַּת הַמִּזְבֵּחַ.

They are lit at home, at nightfall or soon thereafter, preferably in a position where they can be seen by passersby. Our custom is to light one candle (or olive-oil lamp) on the first night, two on the second, and so on. The first candle is placed at the right of the menora; on each night, the first light to be lit is the leftmost.

הַנֵּרוֹת הַלָּלוּ *We light these lights:* A hymn about the holiness of the lights and why we light them. The text is known from the rabbinic tractate, *Sofrim*, though it has undergone some changes in the intervening centuries. וְאֵין לָנוּ רְשׁוּת לְהִשְׁתַּמֵּשׁ בָּהֶם *We are not permitted to make any other use of them:* Unlike

רָעוֹת Troubles sated my soul; my strength was spent with sorrow.
They embittered my life with hardship,
when I was enslaved under Egyptian rule.
But God with His great power
brought out His treasured people,
While Pharaoh's host and followers sank like a stone into the deep.

דְּבִיר He brought me to His holy abode,
but even there I found no rest.
The oppressor came and exiled me,
because I had served strange gods.
I had drunk poisoned wine. I almost perished.
Then Babylon fell, Zerubbabel came: within seventy years I was saved.

כְּרֹת The Agagite, son of Hammedatha,
sought to cut down the tall fir tree,
But it became a trap to him,
and his arrogance was brought to an end.
You raised the head of the Benjaminite,
and the enemy's name You blotted out.
His many sons and his household You hanged on the gallows.

יְוָנִים Then the Greeks gathered against me,
in the days of the Hasmoneans.
They broke down the walls of my towers,
and defiled all the oils.
But from the last remaining flask
a miracle was wrought for Your beloved.
Therefore the sages ordained these eight days for song and praise.

חֲשֹׂף Bare Your holy arm, and hasten the time of salvation.
Take retribution against the evil nation
on behalf of Your servants,
For the hour [of deliverance] has been too long delayed;
there seems no end to the evil days.
Thrust the enemy into the darkness of death,
and establish for us the seven Shepherds.

רָעוֹת שָׂבְעָה נַפְשִׁי   בְּיָגוֹן כֹּחִי כָּלָה
חַיַּי מֵרְרוּ בְקֹשִׁי   בְּשִׁעְבּוּד מַלְכוּת עֶגְלָה
וּבְיָדוֹ הַגְּדוֹלָה   הוֹצִיא אֶת הַסְּגֻלָּה
חֵיל פַּרְעֹה   וְכָל זַרְעוֹ   יָרְדוּ כְּאֶבֶן מְצוּלָה.

דְּבִיר קָדְשׁוֹ הֱבִיאַנִי   וְגַם שָׁם לֹא שָׁקַטְתִּי
וּבָא נוֹגֵשׂ וְהִגְלַנִי   כִּי זָרִים עָבַדְתִּי
וְיֵין רַעַל מָסַכְתִּי   כִּמְעַט שֶׁעָבַרְתִּי
קֵץ בָּבֶל   זְרֻבָּבֶל   לְקֵץ שִׁבְעִים נוֹשַׁעְתִּי.

כְּרֹת קוֹמַת בְּרוֹשׁ בִּקֵּשׁ   אֲגָגִי בֶּן הַמְּדָתָא
וְנִהְיָתָה לוֹ לְפַח וּלְמוֹקֵשׁ   וְגַאֲוָתוֹ נִשְׁבָּתָה
רֹאשׁ יְמִינִי נִשֵּׂאתָ   וְאוֹיֵב שְׁמוֹ מָחִיתָ
רֹב בָּנָיו   וְקִנְיָנָיו   עַל הָעֵץ תָּלִיתָ.

יְוָנִים נִקְבְּצוּ עָלַי   אֲזַי בִּימֵי חַשְׁמַנִּים
וּפָרְצוּ חוֹמוֹת מִגְדָּלַי   וְטִמְּאוּ כָּל הַשְּׁמָנִים
וּמִנּוֹתַר קַנְקַנִּים   נַעֲשָׂה נֵס לַשּׁוֹשַׁנִּים
בְּנֵי בִינָה   יְמֵי שְׁמוֹנָה   קָבְעוּ שִׁיר וּרְנָנִים.

חֲשׂף זְרוֹעַ קָדְשֶׁךָ   וְקָרֵב קֵץ הַיְשׁוּעָה
נְקֹם נִקְמַת עֲבָדֶיךָ   מֵאֻמָּה הָרְשָׁעָה
כִּי אָרְכָה לָנוּ הַשָּׁעָה   וְאֵין קֵץ לִימֵי הָרָעָה
דְּחֵה אַדְמוֹן   בְּצֵל צַלְמוֹן   הָקֵם לָנוּ רוֹעִים שִׁבְעָה.

---

restoration. The next four describe, sequentially, four crises and deliverances of Jewish history – slavery in Egypt, the Babylonian exile, Purim, and Ḥanukka itself. The last verse, missing from some manuscripts, may have been a later addition; alternatively it may have been part of the original text, but was censored by the non-Jewish authorities.

SERVICE FOR PURIM

Before the reading of the Megilla, the congregation stands and the Reader says the following three blessings:

בָּרוּךְ Blessed are You, LORD our God, King of the Universe,
who has made us holy through His commandments,
and has commanded us about reading the Megilla.

בָּרוּךְ Blessed are You, LORD our God, King of the Universe,
who performed miracles for our ancestors
in those days at this time.

בָּרוּךְ Blessed are You, LORD our God, King of the Universe,
who has given us life, sustained us, and brought us to this time.

The Megilla is read. When the reading is completed, the scroll is rolled up and, if a minyan is present, the Reader continues:

בָּרוּךְ Blessed are You, LORD our God, King of the Universe,
who pleads our cause, judges our claim, avenges our wrong,
brings retribution to our enemies, and punishes our foes.
Blessed are You, LORD,
who on behalf of His people Israel,
exacts punishment from all their foes,
the God who brings salvation.

The following is said after the reading of the Megilla:

אֲשֶׁר הֵנִיא [God] frustrated the plan of the nations,
Thwarted the intentions of the crafty.
An evil man rose up against us,
An arrogant branch of Amalek's tree,
Haughty, rich, he dug his own pit.
His hubris became his own snare.
He was trapped in the trap he set for others.
Seeking to destroy, he was destroyed.
Haman shared his ancestors' hate,
And stirred against children the hostility of brothers.
He did not remember Saul's act of mercy,
his pity for Agag, through which a new enemy was born.

סדר קריאת המגילה בפורים

Before the reading of the מגילה*, the* קהל *stands and the* קורא *says the following three blessings:*

בָּרוּךְ אַתָּה יהוה אֱלֹהֵינוּ מֶלֶךְ הָעוֹלָם
אֲשֶׁר קִדְּשָׁנוּ בְּמִצְוֹתָיו וְצִוָּנוּ עַל מִקְרָא מְגִלָּה.

בָּרוּךְ אַתָּה יהוה אֱלֹהֵינוּ מֶלֶךְ הָעוֹלָם
שֶׁעָשָׂה נִסִּים לַאֲבוֹתֵינוּ בַּיָּמִים הָהֵם בַּזְּמַן הַזֶּה.

בָּרוּךְ אַתָּה יהוה אֱלֹהֵינוּ מֶלֶךְ הָעוֹלָם
שֶׁהֶחֱיָנוּ וְקִיְּמָנוּ וְהִגִּיעָנוּ לַזְּמַן הַזֶּה.

The מגילה *is read. When the reading is completed, the scroll is rolled up and, if a* מנין *is present, the* קורא *continues:*

בָּרוּךְ אַתָּה יהוה אֱלֹהֵינוּ מֶלֶךְ הָעוֹלָם
הָרָב אֶת רִיבֵנוּ, וְהַדָּן אֶת דִּינֵנוּ, וְהַנּוֹקֵם אֶת נִקְמָתֵנוּ
וְהַמְשַׁלֵּם גְּמוּל לְכָל אוֹיְבֵי נַפְשֵׁנוּ, וְהַנִּפְרָע לָנוּ מִצָּרֵינוּ.
בָּרוּךְ אַתָּה יהוה
הַנִּפְרָע לְעַמּוֹ יִשְׂרָאֵל מִכָּל צָרֵיהֶם, הָאֵל הַמּוֹשִׁיעַ.

The following is said after the reading of the מגילה*:*

אֲשֶׁר הֵנִיא עֲצַת גּוֹיִם, וַיָּפֶר מַחְשְׁבוֹת עֲרוּמִים.
בְּקוּם עָלֵינוּ אָדָם רָשָׁע, נֵצֶר זָדוֹן מִזֶּרַע עֲמָלֵק.
גָּאָה בְעָשְׁרוֹ וְכָרָה לוֹ בּוֹר, וּגְדֻלָּתוֹ יָקְשָׁה לּוֹ לָכַד.
דִּמָּה בְנַפְשׁוֹ לִלְכֹּד וְנִלְכַּד, בִּקֵּשׁ לְהַשְׁמִיד וְנִשְׁמַד מְהֵרָה.
הָמָן הוֹדִיעַ אֵיבַת אֲבוֹתָיו, וְעוֹרֵר שִׂנְאַת אַחִים לַבָּנִים.
וְלֹא זָכַר רַחֲמֵי שָׁאוּל, כִּי בְחֶמְלָתוֹ עַל אֲגָג נוֹלַד אוֹיֵב.

PURIM

Purim is the annual remembrance and celebration of the events described in the book of Esther. During the reign of Aḥashverosh of Persia, one of his

The wicked planned to cut off the righteous,
but the impure were defeated by the pure.
[Mordekhai's] goodness overcame the father's [Saul's] error,
but the evil [Haman] piled sin upon sin.
He hid in his heart his cunning schemes,
intent on his evildoing.
He stretched out his hand against God's holy ones;
he spent his wealth to destroy every memory of them.
When Mordekhai saw the wrath go forth,
and Haman's decrees issued in Shushan,
he put on sackcloth, wrapped himself in mourning,
decreed a fast and sat on ashes.
"Who will arise to atone for error,
and find forgiveness for our ancestors' sins?"
A flower blossomed from the palm tree;
Hadassa arose to wake those who slept.
Her servants hastened Haman to come,
to serve him wine with the venom of serpents.
He had risen by his wealth, but fell by his evil.
He made the very gallows by which he was hanged.
All the inhabitants of the world were amazed
When Haman's ploy (*pur*) became our joy (*Purim*).
The righteous was saved from evil hands,
the perpetrator suffered the fate of his intended victim.
They undertook to celebrate Purim,
and to rejoice on it year after year.
You heeded the prayer of Mordekhai and Esther;
and Haman and his sons were hanged on the gallows.

All say:

שׁוֹשַׁנַּת יַעֲקֹב The lily of Jacob rejoiced and was glad,
When, together, they saw Mordekhai robed in royal blue.
You have been their eternal salvation, their hope in every generation;
To make known that all who hope in You will not be put to shame,
All who trust in You will never be humiliated.
Cursed be Haman who sought to destroy me. Blessed be Mordekhai the Yehudi.
Cursed be Zeresh, wife of him who terrified me.
Blessed be Esther [whose actions saved] me.
Cursed be all the wicked; blessed be all Israel.
And may Ḥarbona, too, be remembered for good.

Continues with "May the pleasantness" on page 930.

זָמַם רָשָׁע לְהַכְרִית צַדִּיק, וְנִלְכַּד טָמֵא בִּידֵי טָהוֹר.
חֶסֶד גָּבַר עַל שִׁגְגַת אָב, וְרָשָׁע הוֹסִיף חֵטְא עַל חֲטָאָיו.
טָמַן בְּלִבּוֹ מַחְשְׁבוֹת עֲרוּמָיו, וַיִּתְמַכֵּר לַעֲשׂוֹת רָעָה.
יָדוֹ שָׁלַח בִּקְדוֹשֵׁי אֵל, כַּסְפּוֹ נָתַן לְהַכְרִית זִכְרָם.
כִּרְאוֹת מָרְדְּכַי כִּי יָצָא קֶצֶף, וְדָתֵי הָמָן נִתְּנוּ בְשׁוּשָׁן.
לָבַשׁ שַׂק וְקָשַׁר מִסְפֵּד וְגָזַר צוֹם וַיֵּשֶׁב עַל הָאֵפֶר.
מִי זֶה יַעֲמֹד לְכַפֵּר שְׁגָגָה, וְלִמְחֹל חַטַּאת עֲוֹן אֲבוֹתֵינוּ.
נֵץ פָּרַח מִלּוּלָב, הֵן הֲדַסָּה עָמְדָה לְעוֹרֵר יְשֵׁנִים.
סָרִיסֶיהָ הִבְהִילוּ לְהָמָן, לְהַשְׁקוֹתוֹ יֵין חֲמַת תַּנִּינִים.
עָמַד בְּעָשְׁרוֹ וְנָפַל בְּרִשְׁעוֹ, עָשָׂה לוֹ עֵץ וְנִתְלָה עָלָיו.
פִּיהֶם פָּתְחוּ כָּל יוֹשְׁבֵי תֵבֵל, כִּי פוּר הָמָן נֶהְפַּךְ לְפוּרֵנוּ.
צַדִּיק נֶחֱלַץ מִיַּד רָשָׁע, אוֹיֵב נִתַּן תַּחַת נַפְשׁוֹ.
קִיְּמוּ עֲלֵיהֶם לַעֲשׂוֹת פּוּרִים וְלִשְׂמֹחַ בְּכָל שָׁנָה וְשָׁנָה.
רָאִיתָ אֶת תְּפִלַּת מָרְדְּכַי וְאֶסְתֵּר, הָמָן וּבָנָיו עַל הָעֵץ תָּלִיתָ.

All say:

שׁוֹשַׁנַּת יַעֲקֹב צָהֲלָה וְשָׂמֵחָה בִּרְאוֹתָם יַחַד תְּכֵלֶת מָרְדְּכָי.
תְּשׁוּעָתָם הָיִיתָ לָנֶצַח, וְתִקְוָתָם בְּכָל דּוֹר וָדוֹר.
לְהוֹדִיעַ שֶׁכָּל קֹוֶיךָ לֹא יֵבֹשׁוּ, וְלֹא יִכָּלְמוּ לָנֶצַח כָּל הַחוֹסִים בָּךְ.
אָרוּר הָמָן אֲשֶׁר בִּקֵּשׁ לְאַבְּדִי, בָּרוּךְ מָרְדְּכַי הַיְּהוּדִי.
אֲרוּרָה זֶרֶשׁ אֵשֶׁת מַפְחִידִי, בְּרוּכָה אֶסְתֵּר בַּעֲדִי.
אֲרוּרִים כָּל הָרְשָׁעִים, בְּרוּכִים כָּל יִשְׂרָאֵל, וְגַם חַרְבוֹנָה זָכוּר לַטּוֹב.

Continues with וִיהִי נֹעַם *on page 931.*

senior officials, Haman, conspired to "destroy, kill and annihilate all the Jews, young and old, women and children, on a single day" (Esther 3:13) – the day chosen by the lottery (*pur*) that gives the festival its name. The Jews were saved by a combination of the defiance of Mordekhai and the plea of his cousin Esther, who had been taken into the royal harem and was a favorite of the king. Haman's plan was thwarted, and he and his sons were hanged on the gallows they had prepared for Mordekhai.

BIRKAT KOHANIM IN ISRAEL

In Israel, the following is said by the Leader during the Repetition of the Amida when Kohanim bless the congregation. If there is more than one Kohen, a member of the congregation calls:

Kohanim!

The Kohanim respond:

Blessed are You, Lord our God, King of the Universe, who has made us holy with the holiness of Aaron, and has commanded us to bless His people Israel with love.

The Leader calls word by word, followed by the Kohanim:

יְבָרֶכְךָ May the Lord bless you and protect you. (*Cong:* Amen.) *Num. 6*
May the Lord make His face shine on you
and be gracious to you. (*Cong:* Amen.)
May the Lord turn His face toward you,
and grant you peace. (*Cong:* Amen.)

The Leader continues with "Grant peace" at Shacharit on page 696 and at Musaf on page 754.

The congregation says:

אַדִּיר Majestic One on high who dwells in power: You are peace and Your name is peace. May it be Your will to bestow on us and on Your people the house of Israel, life and blessing as a safeguard for peace.

The Kohanim say:

רִבּוֹנוֹ Master of the Universe: we have done what You have decreed for us. So too may You deal with us as You have promised us. Look down from Your *Deut. 26* holy dwelling place, from heaven, and bless Your people Israel and the land You have given us as You promised on oath to our ancestors, a land flowing with milk and honey.

PRAYER IN TIMES OF DROUGHT

In times of drought in Israel, the following is added in Respones to Prayer:

וַעֲנֵנוּ And answer us through the attribute of compassion, Creator of the universe who chooses His people Israel to make known His greatness and majestic glory. You who listen to prayer, grant dew and rain on the face of the earth, satisfying the whole universe from Your goodness. Fill our hands from Your blessings and Your hand's rich gift. Guard and deliver this year from all evil, all kinds of destruction and punishment, and give it hope and a peaceful end. Spare us and have compassion on us and on all our produce and fruit, blessing us with bounteous rain. May we merit life, plenty and peace as in the good years. Remove from us plague, sword and famine, wild animals, captivity and plunder, the evil instinct and serious and dangerous illnesses and events. Decree for us goodly decrees, and may Your compassion prevail over Your other attributes, that You may act toward Your children through the attribute of compassion, and in compassion and favor accept our prayer.

Continue with "for You listen" at Mincha on page 444 and at Ma'ariv on page 922.

ברכת כהנים בארץ ישראל

In ארץ ישראל, the following is said by the שליח ציבור during the חזרת הש״ץ when כהנים say ברכת כהנים. If there is more than one כהן, a member of the קהל calls:

כֹּהֲנִים

The כהנים respond:

בָּרוּךְ אַתָּה יהוה אֱלֹהֵינוּ מֶלֶךְ הָעוֹלָם, אֲשֶׁר קִדְּשָׁנוּ בִּקְדֻשָּׁתוֹ שֶׁל אַהֲרֹן וְצִוָּנוּ לְבָרֵךְ אֶת עַמּוֹ יִשְׂרָאֵל בְּאַהֲבָה.

The שליח ציבור calls word by word, followed by the כהנים:

במדבר ו
יְבָרֶכְךָ יהוה וְיִשְׁמְרֶךָ: קהל: אָמֵן
יָאֵר יהוה פָּנָיו אֵלֶיךָ וִיחֻנֶּךָּ: קהל: אָמֵן
יִשָּׂא יהוה פָּנָיו אֵלֶיךָ וְיָשֵׂם לְךָ שָׁלוֹם: קהל: אָמֵן

The שליח ציבור continues with שִׂים שָׁלוֹם at שחרית on page 697 and at מוסף on page 755.

The קהל says:

אַדִּיר בַּמָּרוֹם שׁוֹכֵן בִּגְבוּרָה, אַתָּה שָׁלוֹם וְשִׁמְךָ שָׁלוֹם. יְהִי רָצוֹן שֶׁתָּשִׂים עָלֵינוּ וְעַל כָּל עַמְּךָ בֵּית יִשְׂרָאֵל חַיִּים וּבְרָכָה לְמִשְׁמֶרֶת שָׁלוֹם.

The כהנים say:

דברים כו
רִבּוֹנוֹ שֶׁל עוֹלָם, עָשִׂינוּ מַה שֶּׁגָּזַרְתָּ עָלֵינוּ, אַף אַתָּה עֲשֵׂה עִמָּנוּ כְּמוֹ שֶׁהִבְטַחְתָּנוּ. הַשְׁקִיפָה מִמְּעוֹן קָדְשְׁךָ מִן־הַשָּׁמַיִם, וּבָרֵךְ אֶת־עַמְּךָ אֶת־יִשְׂרָאֵל, וְאֵת הָאֲדָמָה אֲשֶׁר נָתַתָּה לָנוּ, כַּאֲשֶׁר נִשְׁבַּעְתָּ לַאֲבֹתֵינוּ, אֶרֶץ זָבַת חָלָב וּדְבָשׁ:

תפילה לשעת עצירת גשמים

In times of drought in ארץ ישראל, the following is added in שומע תפילה:

וַעֲנֵנוּ בּוֹרֵא עוֹלָם בְּמִדַּת הָרַחֲמִים, בּוֹחֵר בְּעַמּוֹ יִשְׂרָאֵל לְהוֹדִיעַ גָּדְלוֹ וְהַדְרַת כְּבוֹדוֹ. שׁוֹמֵעַ תְּפִלָּה, תֵּן טַל וּמָטָר עַל פְּנֵי הָאֲדָמָה, וְתַשְׂבִּיעַ אֶת הָעוֹלָם כֻּלּוֹ מִטּוּבֶךָ, וּמַלֵּא יָדֵינוּ מִבִּרְכוֹתֶיךָ וּמֵעֹשֶׁר מַתְּנַת יָדֶךָ. שְׁמֹר וְהַצֵּל שָׁנָה זוֹ מִכָּל דָּבָר רָע, וּמִכָּל מִינֵי מַשְׁחִית וּמִכָּל מִינֵי פֻרְעָנֻיּוֹת, וַעֲשֵׂה לָהּ תִּקְוָה וְאַחֲרִית שָׁלוֹם. חוּס וְרַחֵם עָלֵינוּ וְעַל כָּל תְּבוּאָתֵנוּ וּפֵרוֹתֵינוּ, וּבָרְכֵנוּ בְּגִשְׁמֵי בְרָכָה, וְנִזְכֶּה לְחַיִּים וְשֹׂבַע וְשָׁלוֹם כַּשָּׁנִים הַטּוֹבוֹת. וְהָסֵר מִמֶּנּוּ דֶּבֶר וְחֶרֶב וְרָעָב, וְחַיָּה רָעָה וּשְׁבִי וּבִזָּה, וְיֵצֶר הָרָע וָחֳלָיִים רָעִים וְקָשִׁים וּמְאֹרָעוֹת רָעִים וְקָשִׁים. וּגְזֹר עָלֵינוּ גְּזֵרוֹת טוֹבוֹת מִלְּפָנֶיךָ, וְיִגֹּלּוּ רַחֲמֶיךָ עַל מִדּוֹתֶיךָ, וְתִתְנַהֵג עִם בָּנֶיךָ בְּמִדַּת הָרַחֲמִים, וְקַבֵּל בְּרַחֲמִים וּבְרָצוֹן אֶת תְּפִלָּתֵנוּ.

Continue with כִּי אַתָּה שׁוֹמֵעַ at מנחה on page 445 and at מעריב on page 923.

THE MEAL AND ITS BLESSINGS

On washing hands before eating bread:

Blessed are You, LORD our God, King of the Universe,
who has made us holy through His commandments,
and has commanded us about washing hands.

Before eating bread:

Blessed are You, LORD our God, King of the Universe,
who brings forth bread from the earth.

BIRKAT HAMAZON / GRACE AFTER MEALS

שִׁיר הַמַּעֲלוֹת A song of ascents. When the LORD brought back the exiles of Zion we were like people who dream. Then were our mouths filled with laughter, and our tongues with songs of joy. Then was it said among the nations, "The LORD has done great things for them." The LORD did do great things for us and we rejoiced. Bring back our exiles, LORD, like streams in a dry land. May those who sowed in tears, reap in joy. May one who goes out weeping, carrying a bag of seed, come back with songs of joy, carrying his sheaves. *Ps. 126*

Some say:

תְּהִלַּת My mouth shall speak the praise of God, and all creatures *Ps. 145*
shall bless His holy name for ever and all time. We will bless God *Ps. 115*
now and for ever. Halleluya! Thank the LORD for He is good; His *Ps. 136*
loving-kindness is for ever. Who can tell of the LORD's mighty acts *Ps. 106*
and make all His praise be heard?

The original form of Grace consisted of three blessings, which move sequentially from the universal to the particular. In the first, we thank God for sustaining the world and all that lives. The second is national: we thank God for the land of Israel as well as for the other blessings of Jewish life: the covenant and its sign, circumcision, and the Torah. The third turns to Jerusalem. The fourth paragraph is a later addition: according to the Talmud (*Berakhot* 48b), it was added after the Bar Kokhba rebellion, c. 135 CE. Over the course of time, it has expanded considerably.

סדר סעודה וברכותיה

On washing hands before eating bread:

בָּרוּךְ אַתָּה יהוה אֱלֹהֵינוּ מֶלֶךְ הָעוֹלָם
אֲשֶׁר קִדְּשָׁנוּ בְּמִצְוֹתָיו וְצִוָּנוּ עַל נְטִילַת יָדַיִם.

Before eating bread:

בָּרוּךְ אַתָּה יהוה אֱלֹהֵינוּ מֶלֶךְ הָעוֹלָם, הַמּוֹצִיא לֶחֶם מִן הָאָרֶץ.

ברכת המזון

שִׁיר הַמַּעֲלוֹת, בְּשׁוּב יהוה אֶת־שִׁיבַת צִיּוֹן, הָיִינוּ כְּחֹלְמִים: אָז תהלים קכו
יִמָּלֵא שְׂחוֹק פִּינוּ וּלְשׁוֹנֵנוּ רִנָּה, אָז יֹאמְרוּ בַגּוֹיִם הִגְדִּיל יהוה
לַעֲשׂוֹת עִם־אֵלֶּה: הִגְדִּיל יהוה לַעֲשׂוֹת עִמָּנוּ, הָיִינוּ שְׂמֵחִים:
שׁוּבָה יהוה אֶת־שְׁבִיתֵנוּ, כַּאֲפִיקִים בַּנֶּגֶב: הַזֹּרְעִים בְּדִמְעָה
בְּרִנָּה יִקְצֹרוּ: הָלוֹךְ יֵלֵךְ וּבָכֹה נֹשֵׂא מֶשֶׁךְ־הַזָּרַע, בֹּא־יָבֹא
בְרִנָּה נֹשֵׂא אֲלֻמֹּתָיו:

Some say:

תְּהִלַּת יהוה יְדַבֶּר פִּי, וִיבָרֵךְ כָּל־בָּשָׂר שֵׁם קָדְשׁוֹ לְעוֹלָם וָעֶד: תהלים קמה
וַאֲנַחְנוּ נְבָרֵךְ יָהּ מֵעַתָּה וְעַד־עוֹלָם, הַלְלוּיָהּ: הוֹדוּ לַיהוה תהלים קטו תהלים קלו
כִּי־טוֹב, כִּי לְעוֹלָם חַסְדּוֹ: מִי יְמַלֵּל גְּבוּרוֹת יהוה, יַשְׁמִיעַ כָּל־ תהלים קו
תְּהִלָּתוֹ:

BIRKAT HAMAZON / GRACE AFTER MEALS

Grace after Meals is specifically mandated by the Torah itself: "You shall eat and be satisfied and bless the Lord your God" (Deut. 8:10). Thanksgiving, Moses taught the Israelites, is central to Jewish life, "lest your heart grow haughty and you forget the Lord your God… and you say to yourselves, 'My own power and the might of my own hand have won this wealth for me'" (ibid, vv. 14–17). Bereft of a sense of gratitude and of a power higher than humans, nations, like individuals, eventually decay.

ZIMMUN / INVITATION

For the zimmun said during the week of Sheva Berakhot, see page 1044.
At a Brit, see page 1034.

When three or more men say Birkat HaMazon together, the following zimmun is said.
When three or more women say Birkat HaMazon, substitute "Friends" for "Gentlemen."
The leader should ask permission from those with precedence to lead the Birkat HaMazon.

Leader Gentlemen, let us say grace.

Others May the name of the LORD be blessed from now and for ever. *Ps. 113*

Leader May the name of the LORD be blessed from now and for ever.
With your permission, (my father and teacher / my mother and teacher / the Kohanim present / our teacher the Rabbi / the master of this house / the mistress of this house)
my masters and teachers,
let us bless (*in a minyan:* our God,) the One
from whose food we have eaten.

Others Blessed be (*in a minyan:* our God,) the One
from whose food we have eaten,
and by whose goodness we live.

**People present who have not taken part in the meal say:*
*Blessed be (*in a minyan:* our God,) the One
whose name is continually blessed for ever and all time.

Leader Blessed be (*in a minyan:* our God,) the One
from whose food we have eaten,
and by whose goodness we live.
Blessed be He, and blessed be His name.

---

to join in the act of praise is similar to the recitation of *Barekhu,* "Bless the LORD," with which morning and evening services begin. It emphasizes the essentially communal nature of prayer in Judaism. In addition to the regular *zimmun* here, there are special forms of *zimmun* for (1) a wedding meal, (2) a meal after a circumcision, and (3) a meal in a house of mourning.

סדר הזימון

For the זימון *said during the week of* שבע ברכות*, see page 1045.*
At a ברית*, see page 1035.*

When three or more men say ברכת המזון *together, the following* זימון *is said.*
When three or more women say ברכת המזון*, substitute* חֲבֵרוֹתַי *for* רַבּוֹתַי*.*
The leader should ask permission from those with precedence to lead the ברכת המזון.

Leader רַבּוֹתַי, נְבָרֵךְ.

Others יְהִי שֵׁם יהוה מְבֹרָךְ מֵעַתָּה וְעַד־עוֹלָם׃ תהלים קיג

Leader יְהִי שֵׁם יהוה מְבֹרָךְ מֵעַתָּה וְעַד־עוֹלָם׃

בִּרְשׁוּת (אָבִי מוֹרִי / אִמִּי מוֹרָתִי / כֹּהֲנִים / מוֹרֵנוּ הָרַב /
בַּעַל הַבַּיִת הַזֶּה / בַּעֲלַת הַבַּיִת הַזֶּה)

מָרָנָן וְרַבָּנָן וְרַבּוֹתַי

נְבָרֵךְ (במנין: אֱלֹהֵינוּ) שֶׁאָכַלְנוּ מִשֶּׁלּוֹ.

Others בָּרוּךְ (במנין: אֱלֹהֵינוּ) שֶׁאָכַלְנוּ מִשֶּׁלּוֹ וּבְטוּבוֹ חָיִינוּ.

**People present who have not taken part in the meal say:*

*בָּרוּךְ (במנין: אֱלֹהֵינוּ) וּמְבֹרָךְ שְׁמוֹ תָּמִיד לְעוֹלָם וָעֶד.

Leader בָּרוּךְ (במנין: אֱלֹהֵינוּ) שֶׁאָכַלְנוּ מִשֶּׁלּוֹ וּבְטוּבוֹ חָיִינוּ.

בָּרוּךְ הוּא וּבָרוּךְ שְׁמוֹ.

ZIMMUN

A meal at which there are three adult males requires a formal invitation, *zimmun*, to say Grace. The Talmud derives this from the verse, "Magnify the LORD with me; let us exalt His name together" (Psalm 34:4). A slightly longer version is used when at least ten are present. The act of inviting those present

BLESSING OF NOURISHMENT

בָּרוּךְ Blessed are You, Lord our God, King of the Universe,
who in His goodness feeds the whole world
with grace, kindness and compassion.
He gives food to all living things,
for His kindness is for ever.
Because of His continual great goodness,
we have never lacked food,
nor may we ever lack it, for the sake of His great name.
For He is God who feeds and sustains all,
does good to all,
and prepares food for all creatures He has created.
Blessed are You, Lord, who feeds all.

BLESSING OF LAND

נוֹדֶה We thank You, Lord our God,
for having granted as a heritage to our ancestors
a desirable, good and spacious land;
for bringing us out, Lord our God, from the land of Egypt,
freeing us from the house of slavery;
for Your covenant which You sealed in our flesh;
for Your Torah which You taught us;
for Your laws which You made known to us;
for the life, grace and kindness You have bestowed on us;
and for the food by which You continually feed and sustain us,
every day, every season, every hour.

נוֹדֶה *We thank:* After thanking God for the land, the paragraph goes on to add thanks for God's other kindnesses to Israel: the exodus from Egypt, the covenant and its sign, circumcision, the giving of the Torah and the commandments. On Ḥanukka and Purim, *Al HaNissim* ("[We thank You also] for the miracles") is said here, as it is in the Amida in the parallel paragraph of "Thanks" (*Modim*).

ברכת הזן

בָּרוּךְ אַתָּה יהוה אֱלֹהֵינוּ מֶלֶךְ הָעוֹלָם
הַזָּן אֶת הָעוֹלָם כֻּלּוֹ בְּטוּבוֹ
בְּחֵן בְּחֶסֶד וּבְרַחֲמִים
הוּא נוֹתֵן לֶחֶם לְכָל בָּשָׂר
כִּי לְעוֹלָם חַסְדּוֹ.
וּבְטוּבוֹ הַגָּדוֹל, תָּמִיד לֹא חָסַר לָנוּ
וְאַל יֶחְסַר לָנוּ מָזוֹן לְעוֹלָם וָעֶד
בַּעֲבוּר שְׁמוֹ הַגָּדוֹל.
כִּי הוּא אֵל זָן וּמְפַרְנֵס לַכֹּל
וּמֵטִיב לַכֹּל
וּמֵכִין מָזוֹן לְכָל בְּרִיּוֹתָיו אֲשֶׁר בָּרָא.
בָּרוּךְ אַתָּה יהוה, הַזָּן אֶת הַכֹּל.

ברכת הארץ

נוֹדֶה לְּךָ, יהוה אֱלֹהֵינוּ
עַל שֶׁהִנְחַלְתָּ לַאֲבוֹתֵינוּ אֶרֶץ חֶמְדָּה טוֹבָה וּרְחָבָה
וְעַל שֶׁהוֹצֵאתָנוּ יהוה אֱלֹהֵינוּ מֵאֶרֶץ מִצְרַיִם
וּפְדִיתָנוּ מִבֵּית עֲבָדִים
וְעַל בְּרִיתְךָ שֶׁחָתַמְתָּ בִּבְשָׂרֵנוּ
וְעַל תּוֹרָתְךָ שֶׁלִּמַּדְתָּנוּ
וְעַל חֻקֶּיךָ שֶׁהוֹדַעְתָּנוּ
וְעַל חַיִּים חֵן וָחֶסֶד שֶׁחוֹנַנְתָּנוּ
וְעַל אֲכִילַת מָזוֹן שָׁאַתָּה זָן וּמְפַרְנֵס אוֹתָנוּ תָּמִיד
בְּכָל יוֹם וּבְכָל עֵת וּבְכָל שָׁעָה.

On Ḥanukka:

עַל הַנִּסִּים [We thank You also] for the miracles, the redemption, the mighty deeds, the salvations, and the victories in battle which You performed for our ancestors in those days, at this time.

בִּימֵי מַתִּתְיָהוּ In the days of Mattityahu, son of Yoḥanan, the High Priest, the Hasmonean, and his sons, the wicked Greek kingdom rose up against Your people Israel to make them forget Your Torah and to force them to transgress the statutes of Your will. It was then that You in Your great compassion stood by them in the time of their distress. You championed their cause, judged their claim, and avenged their wrong. You delivered the strong into the hands of the weak, the many into the hands of the few, the impure into the hands of the pure, the wicked into the hands of the righteous, and the arrogant into the hands of those who were engaged in the study of Your Torah. You made for Yourself great and holy renown in Your world, and for Your people Israel You performed a great salvation and redemption as of this very day. Your children then entered the holiest part of Your House, cleansed Your Temple, purified Your Sanctuary, kindled lights in Your holy courts, and designated these eight days of Ḥanukka for giving thanks and praise to Your great name.

Continue with "For all this."

On Shushan Purim in Jerusalem:

עַל הַנִּסִּים [We thank You also] for the miracles, the redemption, the mighty deeds, the salvations, and the victories in battle which You performed for our ancestors in those days, at this time.

בִּימֵי מָרְדְּכַי In the days of Mordekhai and Esther, in Shushan the capital,
the wicked Haman rose up against them and sought to destroy, slay and *Esther 3*
exterminate all the Jews, young and old, children and women, on one day, the thirteenth day of the twelfth month, which is the month of Adar, and to plunder their possessions. Then You in Your great compassion thwarted his counsel, frustrated his plans, and caused his scheme to recoil on his own head, so that they hanged him and his sons on the gallows.

Continue with "For all this."

וְעַל הַכֹּל For all this, Lord our God, we thank and bless You.
May Your name be blessed continually
by the mouth of all that lives, for ever and all time –
for so it is written: "You will eat and be satisfied, then you shall *Deut. 8*
bless the Lord your God for the good land He has given you."
Blessed are You, Lord, for the land and for the food.

בחנוכה:

עַל הַנִּסִּים וְעַל הַפֻּרְקָן וְעַל הַגְּבוּרוֹת וְעַל הַתְּשׁוּעוֹת וְעַל הַמִּלְחָמוֹת שֶׁעָשִׂיתָ לַאֲבוֹתֵינוּ בַּיָּמִים הָהֵם בַּזְּמַן הַזֶּה.

בִּימֵי מַתִּתְיָהוּ בֶּן יוֹחָנָן כֹּהֵן גָּדוֹל חַשְׁמוֹנַאי וּבָנָיו, כְּשֶׁעָמְדָה מַלְכוּת יָוָן הָרְשָׁעָה עַל עַמְּךָ יִשְׂרָאֵל לְהַשְׁכִּיחָם תּוֹרָתֶךָ וּלְהַעֲבִירָם מֵחֻקֵּי רְצוֹנֶךָ, וְאַתָּה בְּרַחֲמֶיךָ הָרַבִּים עָמַדְתָּ לָהֶם בְּעֵת צָרָתָם, רַבְתָּ אֶת רִיבָם, דַּנְתָּ אֶת דִּינָם, נָקַמְתָּ אֶת נִקְמָתָם, מָסַרְתָּ גִבּוֹרִים בְּיַד חַלָּשִׁים, וְרַבִּים בְּיַד מְעַטִּים, וּטְמֵאִים בְּיַד טְהוֹרִים, וּרְשָׁעִים בְּיַד צַדִּיקִים, וְזֵדִים בְּיַד עוֹסְקֵי תוֹרָתֶךָ, וּלְךָ עָשִׂיתָ שֵׁם גָּדוֹל וְקָדוֹשׁ בְּעוֹלָמֶךָ, וּלְעַמְּךָ יִשְׂרָאֵל עָשִׂיתָ תְּשׁוּעָה גְדוֹלָה וּפֻרְקָן כְּהַיּוֹם הַזֶּה. וְאַחַר כֵּן בָּאוּ בָנֶיךָ לִדְבִיר בֵּיתֶךָ, וּפִנּוּ אֶת הֵיכָלֶךָ, וְטִהֲרוּ אֶת מִקְדָּשֶׁךָ, וְהִדְלִיקוּ נֵרוֹת בְּחַצְרוֹת קָדְשֶׁךָ, וְקָבְעוּ שְׁמוֹנַת יְמֵי חֲנֻכָּה אֵלּוּ, לְהוֹדוֹת וּלְהַלֵּל לְשִׁמְךָ הַגָּדוֹל.

Continue with וְעַל הַכֹּל.

בשושן פורים בירושלים:

עַל הַנִּסִּים וְעַל הַפֻּרְקָן וְעַל הַגְּבוּרוֹת וְעַל הַתְּשׁוּעוֹת וְעַל הַמִּלְחָמוֹת שֶׁעָשִׂיתָ לַאֲבוֹתֵינוּ בַּיָּמִים הָהֵם בַּזְּמַן הַזֶּה.

בִּימֵי מָרְדְּכַי וְאֶסְתֵּר בְּשׁוּשַׁן הַבִּירָה, כְּשֶׁעָמַד עֲלֵיהֶם הָמָן הָרָשָׁע, בִּקֵּשׁ
לְהַשְׁמִיד לַהֲרֹג וּלְאַבֵּד אֶת־כָּל־הַיְּהוּדִים מִנַּעַר וְעַד־זָקֵן טַף וְנָשִׁים בְּיוֹם אסתר ג
אֶחָד, בִּשְׁלוֹשָׁה עָשָׂר לְחֹדֶשׁ שְׁנֵים־עָשָׂר, הוּא־חֹדֶשׁ אֲדָר, וּשְׁלָלָם לָבוֹז: וְאַתָּה בְּרַחֲמֶיךָ הָרַבִּים הֵפַרְתָּ אֶת עֲצָתוֹ, וְקִלְקַלְתָּ אֶת מַחֲשַׁבְתּוֹ, וַהֲשֵׁבוֹתָ לּוֹ גְּמוּלוֹ בְּרֹאשׁוֹ, וְתָלוּ אוֹתוֹ וְאֶת בָּנָיו עַל הָעֵץ.

Continue with וְעַל הַכֹּל.

וְעַל הַכֹּל, יהוה אֱלֹהֵינוּ
אֲנַחְנוּ מוֹדִים לָךְ וּמְבָרְכִים אוֹתָךְ
יִתְבָּרַךְ שִׁמְךָ בְּפִי כָּל חַי תָּמִיד לְעוֹלָם וָעֶד
כַּכָּתוּב: וְאָכַלְתָּ וְשָׂבָעְתָּ, וּבֵרַכְתָּ אֶת־יהוה אֱלֹהֶיךָ דברים ח
עַל־הָאָרֶץ הַטֹּבָה אֲשֶׁר נָתַן־לָךְ:
בָּרוּךְ אַתָּה יהוה, עַל הָאָרֶץ וְעַל הַמָּזוֹן.

BLESSING FOR JERUSALEM

רַחֶם נָא Have compassion, please,
LORD our God,
on Israel Your people,
on Jerusalem Your city,
on Zion the dwelling place of Your glory,
on the royal house of David Your anointed,
and on the great and holy House that bears Your name.
Our God, our Father,
tend us, feed us, sustain us and support us,
relieve us and send us relief,
LORD our God,
swiftly from all our troubles.
Please, LORD our God,
do not make us dependent
on the gifts or loans of other people,
but only on Your full, open, holy and generous hand
so that we may suffer neither shame nor humiliation
for ever and all time.

רְצֵה Favor and strengthen us, LORD our God,
through Your commandments,
especially through the commandment of the seventh day,
this great and holy Sabbath.
For it is, for You, a great and holy day.
On it we cease work and rest in love
in accord with Your will's commandment.
May it be Your will, LORD our God,
to grant us rest without distress,
grief, or lament on our day of rest.
May You show us the consolation of Zion Your city,
and the rebuilding of Jerusalem Your holy city,
for You are the Master of salvation and consolation.

ברכת ירושלים

רַחֶם נָא, יהוה אֱלֹהֵינוּ
עַל יִשְׂרָאֵל עַמֶּךָ
וְעַל יְרוּשָׁלַיִם עִירֶךָ
וְעַל צִיּוֹן מִשְׁכַּן כְּבוֹדֶךָ
וְעַל מַלְכוּת בֵּית דָּוִד מְשִׁיחֶךָ
וְעַל הַבַּיִת הַגָּדוֹל וְהַקָּדוֹשׁ שֶׁנִּקְרָא שִׁמְךָ עָלָיו.
אֱלֹהֵינוּ, אָבִינוּ
רְעֵנוּ, זוּנֵנוּ, פַּרְנְסֵנוּ וְכַלְכְּלֵנוּ
וְהַרְוִיחֵנוּ, וְהַרְוַח לָנוּ יהוה אֱלֹהֵינוּ מְהֵרָה מִכָּל צָרוֹתֵינוּ.
וְנָא אַל תַּצְרִיכֵנוּ, יהוה אֱלֹהֵינוּ
לֹא לִידֵי מַתְּנַת בָּשָׂר וָדָם
וְלֹא לִידֵי הַלְוָאָתָם
כִּי אִם לְיָדְךָ הַמְּלֵאָה, הַפְּתוּחָה, הַקְּדוֹשָׁה וְהָרְחָבָה
שֶׁלֹּא נֵבוֹשׁ וְלֹא נִכָּלֵם לְעוֹלָם וָעֶד.

רְצֵה וְהַחֲלִיצֵנוּ, יהוה אֱלֹהֵינוּ, בְּמִצְוֹתֶיךָ
וּבְמִצְוַת יוֹם הַשְּׁבִיעִי הַשַּׁבָּת הַגָּדוֹל וְהַקָּדוֹשׁ הַזֶּה
כִּי יוֹם זֶה גָּדוֹל וְקָדוֹשׁ הוּא לְפָנֶיךָ
לִשְׁבָּת בּוֹ, וְלָנוּחַ בּוֹ בְּאַהֲבָה כְּמִצְוַת רְצוֹנֶךָ
וּבִרְצוֹנְךָ הָנִיחַ לָנוּ, יהוה אֱלֹהֵינוּ
שֶׁלֹּא תְהֵא צָרָה וְיָגוֹן וַאֲנָחָה בְּיוֹם מְנוּחָתֵנוּ
וְהַרְאֵנוּ, יהוה אֱלֹהֵינוּ, בְּנֶחָמַת צִיּוֹן עִירֶךָ
וּבְבִנְיַן יְרוּשָׁלַיִם עִיר קָדְשֶׁךָ
כִּי אַתָּה הוּא בַּעַל הַיְשׁוּעוֹת וּבַעַל הַנֶּחָמוֹת.

On Rosh Ḥodesh, say:

אֱלֹהֵינוּ Our God and God of our ancestors,
may there rise, come, reach,
appear, be favored, heard, regarded
and remembered before You, our recollection and remembrance,
as well as the remembrance of our ancestors,
and of the Messiah son of David Your servant,
and of Jerusalem Your holy city,
and of all Your people the house of Israel –
for deliverance and well-being, grace,
loving-kindness and compassion,
life and peace,
on this day of Rosh Ḥodesh.
On it remember us, LORD our God, for good;
recollect us for blessing,
and deliver us for life.
In accord with Your promise of salvation and compassion,
spare us and be gracious to us;
have compassion on us and deliver us,
for our eyes are turned to You because You are God,
gracious and compassionate.

וּבְנֵה And may Jerusalem the holy city
be rebuilt soon, in our time.
Blessed are You, LORD,
who in His compassion will rebuild Jerusalem.
Amen.

---

with compassion, and there My House will be rebuilt" (1:16). According to tradition, the Divine Presence never left Jerusalem, even when the city lay in ruins. בּוֹנֶה בְרַחֲמָיו יְרוּשָׁלָיִם, אָמֵן *Who in His compassion will rebuild Jerusalem. Amen:* the unusual appearance of the word *Amen* in this passage (normally we do not say it after our own blessings) signals that this was originally the end of Grace.

On ראש חודש*, say:*

אֱלֹהֵינוּ וֵאלֹהֵי אֲבוֹתֵינוּ
יַעֲלֶה וְיָבוֹא וְיַגִּיעַ
וְיֵרָאֶה וְיֵרָצֶה וְיִשָּׁמַע
וְיִפָּקֵד וְיִזָּכֵר זִכְרוֹנֵנוּ וּפִקְדוֹנֵנוּ, וְזִכְרוֹן אֲבוֹתֵינוּ
וְזִכְרוֹן מָשִׁיחַ בֶּן דָּוִד עַבְדֶּךָ
וְזִכְרוֹן יְרוּשָׁלַיִם עִיר קָדְשֶׁךָ
וְזִכְרוֹן כָּל עַמְּךָ בֵּית יִשְׂרָאֵל
לְפָנֶיךָ, לִפְלֵיטָה לְטוֹבָה, לְחֵן וּלְחֶסֶד וּלְרַחֲמִים
לְחַיִּים וּלְשָׁלוֹם
בְּיוֹם רֹאשׁ הַחֹדֶשׁ הַזֶּה.
זָכְרֵנוּ יהוה אֱלֹהֵינוּ בּוֹ לְטוֹבָה
וּפָקְדֵנוּ בוֹ לִבְרָכָה
וְהוֹשִׁיעֵנוּ בוֹ לְחַיִּים.
וּבִדְבַר יְשׁוּעָה וְרַחֲמִים
חוּס וְחָנֵּנוּ וְרַחֵם עָלֵינוּ, וְהוֹשִׁיעֵנוּ
כִּי אֵלֶיךָ עֵינֵינוּ, כִּי אֵל חַנּוּן וְרַחוּם אָתָּה.

וּבְנֵה יְרוּשָׁלַיִם עִיר הַקֹּדֶשׁ בִּמְהֵרָה בְיָמֵינוּ.
בָּרוּךְ אַתָּה יהוה, בּוֹנֵה בְרַחֲמָיו יְרוּשָׁלָיִם
אָמֵן.

וּבְנֵה יְרוּשָׁלַיִם *And may Jerusalem.* The third blessing speaks of Jerusalem, home of God's glory, as well as the Davidic monarchy and the Temple, for the restoration of which we pray. As is often the case in the siddur, Jerusalem is associated with the divine attribute of compassion, reflecting the words of Zechariah: "Therefore, this is what the LORD says: I will return to Jerusalem

BLESSING OF GOD'S GOODNESS

בָּרוּךְ Blessed are You, LORD our God, King of the Universe –
God our Father, our King, our Sovereign,
our Creator, our Redeemer, our Maker,
our Holy One, the Holy One of Jacob.
He is our Shepherd, Israel's Shepherd,
the good King who does good to all.
Every day He has done, is doing, and will do good to us.
He has acted, is acting, and will always act kindly toward us for ever,
granting us grace, kindness and compassion, relief and rescue,
prosperity, blessing, redemption and comfort,
sustenance and support, compassion, life, peace and all good things,
and of all good things may He never let us lack.

ADDITIONAL REQUESTS

הָרַחֲמָן May the Compassionate One reign over us
for ever and all time.
May the Compassionate One be blessed
in heaven and on earth.
May the Compassionate One be praised from generation to generation,
be glorified by us to all eternity,
and honored among us for ever and all time.
May the Compassionate One
grant us an honorable livelihood.
May the Compassionate One break the yoke from our neck
and lead us upright to our land.
May the Compassionate One send us many blessings to this house
and this table at which we have eaten.

---

by starvation. Nine hundred and eighty-five towns, villages and settlements were destroyed. Jerusalem was leveled to the ground and rebuilt as a Roman city, Aelia Capitolina. The fact that the sages were able to salvage a fragment of consolation from the fact that the dead were not denied the dignity of burial is testimony to an extraordinary ability to survive catastrophe and preserve the lineaments of hope. The passage is built around threefold references to God's kingship, goodness and bestowal of kindness.

ברכת הטוב והמטיב

בָּרוּךְ אַתָּה יהוה אֱלֹהֵינוּ מֶלֶךְ הָעוֹלָם
הָאֵל אָבִינוּ, מַלְכֵּנוּ, אַדִּירֵנוּ
בּוֹרְאֵנוּ, גּוֹאֲלֵנוּ, יוֹצְרֵנוּ, קְדוֹשֵׁנוּ, קְדוֹשׁ יַעֲקֹב
רוֹעֵנוּ, רוֹעֵה יִשְׂרָאֵל, הַמֶּלֶךְ הַטּוֹב וְהַמֵּטִיב לַכֹּל, שֶׁבְּכָל יוֹם וָיוֹם
הוּא הֵיטִיב, הוּא מֵטִיב, הוּא יֵיטִיב לָנוּ
הוּא גְמָלָנוּ, הוּא גוֹמְלֵנוּ, הוּא יִגְמְלֵנוּ לָעַד
לְחֵן וּלְחֶסֶד וּלְרַחֲמִים, וּלְרֶוַח, הַצָּלָה וְהַצְלָחָה
בְּרָכָה וִישׁוּעָה, נֶחָמָה, פַּרְנָסָה וְכַלְכָּלָה
וְרַחֲמִים וְחַיִּים וְשָׁלוֹם וְכָל טוֹב, וּמִכָּל טוּב לְעוֹלָם אַל יְחַסְּרֵנוּ.

בקשות נוספות

הָרַחֲמָן הוּא יִמְלֹךְ עָלֵינוּ לְעוֹלָם וָעֶד.
הָרַחֲמָן הוּא יִתְבָּרַךְ בַּשָּׁמַיִם וּבָאָרֶץ.
הָרַחֲמָן הוּא יִשְׁתַּבַּח לְדוֹר דּוֹרִים, וְיִתְפָּאַר בָּנוּ לָעַד וּלְנֵצַח נְצָחִים
וְיִתְהַדַּר בָּנוּ לָעַד וּלְעוֹלְמֵי עוֹלָמִים.
הָרַחֲמָן הוּא יְפַרְנְסֵנוּ בְּכָבוֹד.
הָרַחֲמָן הוּא יִשְׁבֹּר עֻלֵּנוּ מֵעַל צַוָּארֵנוּ
וְהוּא יוֹלִיכֵנוּ קוֹמְמִיּוּת לְאַרְצֵנוּ.
הָרַחֲמָן הוּא יִשְׁלַח לָנוּ בְּרָכָה מְרֻבָּה בַּבַּיִת הַזֶּה
וְעַל שֻׁלְחָן זֶה שֶׁאָכַלְנוּ עָלָיו.

בָּרוּךְ *Blessed:* A later addition, dated by the Talmud (*Berakhot* 48b) to the period following the Bar Kokhba rebellion when, after a long delay, the Romans gave permission to the Jews to bury their dead. The failure of the Bar Kokhba rebellion was one of the low points of Jewish history. According to the Roman historian Dio, 580,000 Jews died in the fighting and many others

May the Compassionate One send us Elijah the prophet –
may he be remembered for good –
to bring us good tidings of salvation and consolation.
May the Compassionate One bless the state of Israel,
first flowering of our redemption.
May the Compassionate One bless
the members of Israel's Defense Forces,
who stand guard over our land.

A guest says:

יְהִי רָצוֹן May it be Your will that the master of this house shall not suffer shame in this world, nor humiliation in the World to Come. May all he owns prosper greatly, and may his and our possessions be successful and close to hand. Let not the Accuser hold sway over his deeds or ours, and may no thought of sin, iniquity or transgression enter him or us from now and for evermore.

הָרַחֲמָן May the Compassionate One bless –

When eating at one's own table, say (include the words in parentheses that apply):
me, (my wife/husband, / my father, my teacher / my mother, my teacher/ my children,) and all that is mine,

A guest at someone else's table says (include the words in parentheses that apply):
the master of this house, him (and his wife, the mistress of this house / and his children,) and all that is his,

Children at their parents' table say (include the words in parentheses that apply):
my father, my teacher, (master of this house,) and my mother, my teacher, (mistress of this house,) them, their household, their children, and all that is theirs.

For all other guests, add:
and all the diners here,

---

sages, is how Abraham and Sarah brought monotheism to the world. They would provide hospitality to strangers. When the meal was over, and the guests would begin to thank them, Abraham would reply, "Thank the One from whom all we have enjoyed has come."

הָרַחֲמָן הוּא יִשְׁלַח לָנוּ אֶת אֵלִיָּהוּ הַנָּבִיא זָכוּר לַטּוֹב
וִיבַשֶּׂר לָנוּ בְּשׂוֹרוֹת טוֹבוֹת יְשׁוּעוֹת וְנֶחָמוֹת.
הָרַחֲמָן הוּא יְבָרֵךְ אֶת מְדִינַת יִשְׂרָאֵל, רֵאשִׁית צְמִיחַת גְּאֻלָּתֵנוּ.
הָרַחֲמָן הוּא יְבָרֵךְ אֶת חַיָּלֵי צְבָא הַהֲגָנָה לְיִשְׂרָאֵל
הָעוֹמְדִים עַל מִשְׁמַר אַרְצֵנוּ.

A guest says:

יְהִי רָצוֹן שֶׁלֹּא יֵבוֹשׁ בַּעַל הַבַּיִת בָּעוֹלָם הַזֶּה, וְלֹא יִכָּלֵם לָעוֹלָם הַבָּא, וְיַצְלִיחַ מְאֹד בְּכָל נְכָסָיו, וְיִהְיוּ נְכָסָיו וּנְכָסֵינוּ מֻצְלָחִים וּקְרוֹבִים לָעִיר, וְאַל יִשְׁלוֹט שָׂטָן לֹא בְּמַעֲשֵׂה יָדָיו וְלֹא בְּמַעֲשֵׂה יָדֵינוּ. וְאַל יִזְדַּקֵּק לֹא לְפָנָיו וְלֹא לְפָנֵינוּ שׁוּם דְּבַר הִרְהוּר חֵטְא, עֲבֵרָה וְעָוֹן, מֵעַתָּה וְעַד עוֹלָם.

הָרַחֲמָן הוּא יְבָרֵךְ

When eating at one's own table, say (include the words in parentheses that apply):

אוֹתִי (וְאֶת אִשְׁתִּי / וְאֶת בַּעְלִי / וְאֶת אָבִי מוֹרִי /
וְאֶת אִמִּי מוֹרָתִי / וְאֶת זַרְעִי) וְאֶת כָּל אֲשֶׁר לִי.

A guest at someone else's table says (include the words in parentheses that apply):

אֶת בַּעַל הַבַּיִת הַזֶּה, אוֹתוֹ (וְאֶת אִשְׁתּוֹ בַּעֲלַת הַבַּיִת הַזֶּה /
וְאֶת זַרְעוֹ) וְאֶת כָּל אֲשֶׁר לוֹ.

Children at their parents' table say (include the words in parentheses that apply):

אֶת אָבִי מוֹרִי (בַּעַל הַבַּיִת הַזֶּה), וְאֶת אִמִּי מוֹרָתִי (בַּעֲלַת הַבַּיִת
הַזֶּה), אוֹתָם וְאֶת בֵּיתָם וְאֶת זַרְעָם וְאֶת כָּל אֲשֶׁר לָהֶם

For all other guests, add:

וְאֶת כָּל הַמְּסֻבִּין כָּאן

הָרַחֲמָן *May the Compassionate One:* A series of additional prayers, dating from the Geonic period. The oldest is the one in which a guest invokes blessings on the hosts and their family. This is immediately preceded by a prayer that Elijah may come and announce the coming of the Messiah. The juxtaposition is striking: we bring redemption by acts of hospitality. This, according to the

אוֹתָנוּ – together with us and all that is ours.
Just as our forefathers
Abraham, Isaac and Jacob were blessed in all, from all, with all,
so may He bless all of us together with a complete blessing,
and let us say: Amen.

בַּמָּרוֹם On high, may grace be invoked for them and for us,
as a safeguard of peace.
May we receive a blessing from the LORD
and a just reward from the God of our salvation,
and may we find grace and good favor in the eyes of God and man.

At a circumcision feast add here "May the Compassionate One bless the father" on page 1036.

May the Compassionate One let us inherit
the time, that will be entirely Shabbat
and rest for life everlasting.

On Rosh Ḥodesh: May the Compassionate One renew this month for us,
for good and blessing.

הָרַחֲמָן May the Compassionate One make us worthy
of the Messianic Age and life in the World to Come.
He is a tower of salvation to His king, *II Sam. 22*
showing kindness to His anointed,
to David and his descendants for ever.
He who makes peace in His high places,
may He make peace for us and all Israel,
and let us say: Amen.

יְראוּ Fear the LORD, you His holy ones; *Ps. 34*
those who fear Him lack nothing.
Young lions may grow weak and hungry,
but those who seek the LORD lack no good thing.
Thank the LORD for He is good; His loving-kindness is for ever. *Ps. 118*
You open Your hand, and satisfy every living thing with favor. *Ps. 145*

אוֹתָנוּ וְאֶת כָּל אֲשֶׁר לָנוּ
כְּמוֹ שֶׁנִּתְבָּרְכוּ אֲבוֹתֵינוּ
אַבְרָהָם יִצְחָק וְיַעֲקֹב, בַּכֹּל, מִכֹּל, כֹּל
כֵּן יְבָרֵךְ אוֹתָנוּ כֻּלָּנוּ יַחַד בִּבְרָכָה שְׁלֵמָה, וְנֹאמַר אָמֵן.

בַּמָּרוֹם יְלַמְּדוּ עֲלֵיהֶם וְעָלֵינוּ זְכוּת שֶׁתְּהֵא לְמִשְׁמֶרֶת שָׁלוֹם
וְנִשָּׂא בְרָכָה מֵאֵת יהוה וּצְדָקָה מֵאֱלֹהֵי יִשְׁעֵנוּ
וְנִמְצָא חֵן וְשֵׂכֶל טוֹב בְּעֵינֵי אֱלֹהִים וְאָדָם.

At a meal after a ברית *add here* הָרַחֲמָן הוּא יְבָרֵךְ אֲבִי הַיֶּלֶד *on page 1037.*

הָרַחֲמָן הוּא יַנְחִילֵנוּ
יוֹם שֶׁכֻּלּוֹ שַׁבָּת וּמְנוּחָה לְחַיֵּי הָעוֹלָמִים.
ראש חודש: הָרַחֲמָן הוּא יְחַדֵּשׁ עָלֵינוּ
אֶת הַחֹדֶשׁ הַזֶּה לְטוֹבָה וְלִבְרָכָה.

הָרַחֲמָן הוּא יְזַכֵּנוּ לִימוֹת הַמָּשִׁיחַ וּלְחַיֵּי הָעוֹלָם הַבָּא
שמואל ב׳ כב מִגְדּוֹל יְשׁוּעוֹת מַלְכּוֹ
וְעֹשֶׂה־חֶסֶד לִמְשִׁיחוֹ, לְדָוִד וּלְזַרְעוֹ עַד־עוֹלָם:
עֹשֶׂה שָׁלוֹם בִּמְרוֹמָיו
הוּא יַעֲשֶׂה שָׁלוֹם עָלֵינוּ וְעַל כָּל יִשְׂרָאֵל
וְאִמְרוּ אָמֵן.

תהלים לד יְראוּ אֶת־יהוה קְדֹשָׁיו, כִּי־אֵין מַחְסוֹר לִירֵאָיו:
כְּפִירִים רָשׁוּ וְרָעֵבוּ, וְדֹרְשֵׁי יהוה לֹא־יַחְסְרוּ כָל־טוֹב:
תהלים קיח הוֹדוּ לַיהוה כִּי־טוֹב, כִּי לְעוֹלָם חַסְדּוֹ:
תהלים קמה פּוֹתֵחַ אֶת־יָדֶךָ, וּמַשְׂבִּיעַ לְכָל־חַי רָצוֹן:

Blessed is the person who trusts in the Lord, *Jer. 17*
whose trust is in the Lord alone.
Once I was young, and now I am old, *Ps. 37*
yet I have never watched a righteous man forsaken
or his children begging for bread.
The Lord will give His people strength. *Ps. 29*
The Lord will bless His people with peace.

If Birkat HaMazon was made on a cup of wine, then the blessing over wine is made and the majority of the cup is drunk, after which Al HaMiḥya, page 1024, is said. If Se'uda Shelishit continues after sunset, then the blessing is not said, and the cup of wine is saved for Havdala.

At Sheva Berakhot, turn to page 1046.

BLESSING AFTER FOOD – AL HAMIḤYA

Grace after eating from the "seven species" of produce with which Israel is blessed: food made from the five grains (but not bread); wine or grape juice; grapes, figs, pomegranates, olives, or dates.

בָּרוּךְ Blessed are You, Lord our God, King of the Universe,

After grain products (but not bread or matza):
for the nourishment and sustenance,

After wine or grape juice:
for the vine and the fruit of the vine,

After grapes, figs, olives, pomegranates or dates:
for the tree and the fruit of the tree,

After grain products (but not bread or matza), and wine or grape juice:
for the nourishment and sustenance
and for the vine and the fruit of the vine,

and for the produce of the field; for the desirable, good and spacious land that You willingly gave as heritage to our ancestors, that they might eat of its fruit and be satisfied with its goodness. Have compassion, please, Lord

---

watched." Understood thus, it is a warning against being a mere bystander while other people suffer. It thus brings the Grace to a symmetrical close: It began by speaking of God's goodness in feeding the hungry and ends with an injunction for us to do likewise. This too is part of "walking in God's ways."

עַל הַמִּחְיָה *A blessing after other food or drink:* Known as the "three-in-one" blessing, this prayer summarizes the first three paragraphs of the Grace after

בָּרוּךְ הַגֶּבֶר אֲשֶׁר יִבְטַח בַּיהוה, וְהָיָה יהוה מִבְטַחוֹ: ירמיה יז
נַעַר הָיִיתִי גַּם־זָקַנְתִּי, וְלֹא־רָאִיתִי צַדִּיק נֶעֱזָב וְזַרְעוֹ מְבַקֶּשׁ־לָחֶם: תהלים לז
יהוה עֹז לְעַמּוֹ יִתֵּן, יהוה יְבָרֵךְ אֶת־עַמּוֹ בַשָּׁלוֹם: תהלים כט

If ברכת המזון *was made on a cup of wine, then* בּוֹרֵא פְּרִי הַגָּפֶן *is said and the majority of the cup is drunk, after which* ברכה מעין שלוש, *page 1025, is said. If* סעודה שלישית *continues after* שקיעה, *then the* ברכה *is not said, and the cup of wine is saved for* הבדלה.

At שבע ברכות, *turn to page 1047.*

ברכה מעין שלוש

Grace after eating from the "seven species" of produce with which Israel is blessed: food made from the five grains (but not bread); wine or grape juice; grapes, figs, pomegranates, olives, or dates.

בָּרוּךְ אַתָּה יהוה אֱלֹהֵינוּ מֶלֶךְ הָעוֹלָם, עַל

After grain products (but not bread or מצה*):*
הַמִּחְיָה וְעַל הַכַּלְכָּלָה

After wine or grape juice:
הַגֶּפֶן וְעַל פְּרִי הַגֶּפֶן

After grapes, figs, olives, pomegranates or dates:
הָעֵץ וְעַל פְּרִי הָעֵץ

After grain products (but not bread or מצה*), and wine or grape juice:*
הַמִּחְיָה וְעַל הַכַּלְכָּלָה וְעַל הַגֶּפֶן וְעַל פְּרִי הַגֶּפֶן

וְעַל תְּנוּבַת הַשָּׂדֶה וְעַל אֶרֶץ חֶמְדָּה טוֹבָה וּרְחָבָה, שֶׁרָצִיתָ וְהִנְחַלְתָּ לַאֲבוֹתֵינוּ לֶאֱכֹל מִפִּרְיָהּ וְלִשְׂבֹּעַ מִטּוּבָהּ. רַחֵם נָא יהוה אֱלֹהֵינוּ עַל

נַעַר הָיִיתִי *Once I was young:* The standard translation of this verse (Psalm 37:25) is "I was young and now am old and I have not seen the righteous forsaken or his children searching for bread." I have translated it here according to a fine insight, author unknown, suggesting that the verb *ra'iti* should be understood in the sense in which it appears in the book of Esther, when Esther, pleading on behalf of Jewry, says: "For how can I watch the evil that shall come unto my people? Or how can I watch the destruction of my kindred?" (8:6). The verb there means "stand as a passive witness to." Taken in this sense, Psalm 37:25 should be understood as, "When the righteous was forsaken or his children forced to search for bread, I never merely stood and

our God, on Israel Your people, on Jerusalem, Your city, on Zion the home of Your glory, on Your altar and Your Temple. May You rebuild Jerusalem, the holy city swiftly in our time, and may You bring us back there, rejoicing in its rebuilding, eating from its fruit, satisfied by its goodness, and blessing You for it in holiness and purity. Be pleased to refresh us on this Sabbath Day.

On Rosh Ḥodesh: Remember us for good
on this day of the New Moon.

For You, God, are good and do good to all and we thank You for the land

After grain products (but not bread or matza):	*After wine or grape juice:*	*After grapes, figs, olives, pomegranates or dates:*
and for the nourishment. Blessed are You, LORD, for the land and for the nourishment.	and for the fruit of the vine. Blessed are You, LORD, for the land and for the fruit of the vine.	and for the fruit. Blessed are You, LORD, for the land and for the fruit.

After grain products (but not bread or matza), and wine or grape juice:

and for the nourishment and for the fruit of the vine. Blessed are You, LORD, for the land and for the nourishment and the fruit of the vine.

BLESSING AFTER FOOD – BOREH NEFASHOT

After food or drink that does not require Birkat HaMazon or Al HaMiḥya – such as meat, fish, dairy products, vegetables, beverages, or fruit other than grapes, figs, pomegranates, olives or dates – say:

בָּרוּךְ Blessed are You, LORD our God, King of the Universe,
who creates the many forms of life and their needs.
For all You have created to sustain the life of all that lives,
blessed be He, Giver of life to the worlds.

Meals. It is said after consuming any of the "seven kinds" of produce for which Israel is praised in the Torah (Deut. 8:8) other than bread or matza, namely: (1) food made from wheat, barley, rye, oats or spelt; (2) grape wine or juice; or (3) grapes, figs, pomegranates, olives or dates.

יִשְׂרָאֵל עַמֶּךָ וְעַל יְרוּשָׁלַיִם עִירֶךָ וְעַל צִיּוֹן מִשְׁכַּן כְּבוֹדֶךָ וְעַל מִזְבְּחֶךָ וְעַל הֵיכָלֶךָ. וּבְנֵה יְרוּשָׁלַיִם עִיר הַקֹּדֶשׁ בִּמְהֵרָה בְיָמֵינוּ, וְהַעֲלֵנוּ לְתוֹכָהּ וְשַׂמְּחֵנוּ בְּבִנְיָנָהּ וְנֹאכַל מִפִּרְיָהּ וְנִשְׂבַּע מִטּוּבָהּ, וּנְבָרֶכְךָ עָלֶיהָ בִּקְדֻשָּׁה וּבְטָהֳרָה. וּרְצֵה וְהַחֲלִיצֵנוּ בְּיוֹם הַשַּׁבָּת הַזֶּה

ראש חודש: וְזָכְרֵנוּ לְטוֹבָה בְּיוֹם רֹאשׁ הַחֹדֶשׁ הַזֶּה

כִּי אַתָּה יהוה טוֹב וּמֵטִיב לַכֹּל, וְנוֹדֶה לְּךָ עַל הָאָרֶץ

After grain products (but not bread or מצה*):*	*After wine or grape juice:*	*After grapes, figs, olives, pomegranates or dates:*
וְעַל הַמִּחְיָה.	וְעַל פְּרִי הַגָּפֶן.*	וְעַל הַפֵּרוֹת.**
בָּרוּךְ אַתָּה יהוה עַל הָאָרֶץ וְעַל הַמִּחְיָה.	בָּרוּךְ אַתָּה יהוה עַל הָאָרֶץ וְעַל פְּרִי הַגָּפֶן.*	בָּרוּךְ אַתָּה יהוה עַל הָאָרֶץ וְעַל הַפֵּרוֹת.**

After grain products (but not bread or מצה*), and wine or grape juice:*

וְעַל הַמִּחְיָה וְעַל פְּרִי הַגָּפֶן.*

בָּרוּךְ אַתָּה יהוה, עַל הָאָרֶץ וְעַל הַמִּחְיָה וְעַל פְּרִי הַגָּפֶן.*

**If the wine is from* ארץ ישראל*, then substitute* גַּפְנָהּ *for* הַגָּפֶן*.*

***If the fruit is from* ארץ ישראל*, then substitute* פֵּרוֹתֶיהָ *for* הַפֵּרוֹת*.*

בורא נפשות

After food or drink that does not require ברכת המזון *or* מעין שלוש *– such as meat, fish, dairy products, vegetables, beverages, or fruit other than grapes, figs, pomegranates, olives or dates – say:*

בָּרוּךְ אַתָּה יהוה אֱלֹהֵינוּ מֶלֶךְ הָעוֹלָם
בּוֹרֵא נְפָשׁוֹת רַבּוֹת וְחֶסְרוֹנָן
עַל כָּל מַה שֶּׁבָּרָאתָ
לְהַחֲיוֹת בָּהֶם נֶפֶשׁ כָּל חָי.
בָּרוּךְ חֵי הָעוֹלָמִים.

BRIT MILA

When the baby is brought in, all stand and say:

Blessed is he who comes.

The mohel (in some congregations, all) say (in Israel omit):

וַיְדַבֵּר The Lord spoke to Moses, saying: Pinehas the son of Elazar, the son of Aaron the priest, turned back My rage from the children of Israel, when he was zealous for Me among them, and I did not annihilate the children of Israel in My own zeal. And so tell him, that I now give him My covenant for peace. *Num. 25*

The following verses, through "Lord, please, grant us success," are only said in Israel.

Mohel: Happy are those You choose and bring near to dwell in Your courts. *Ps. 65*

All: May we be sated with the goodness of Your House,
Your holy Temple.

The father takes the baby in his hands and says quietly:

אִם אֶשְׁכָּחֵךְ If I forget you, O Jerusalem, may my right hand forget its skill. May my tongue cling to the roof of my mouth, if I do not remember you, if I do not set Jerusalem above my highest joy. *Ps. 137*

The father says aloud, followed by the congregation:

Listen, Israel: the Lord is our God, the Lord is One. *Deut. 6*

The Mohel, followed by the congregation,
recites each of the following three phrases:

The Lord is King, the Lord was King,
the Lord shall be King for ever and all time.
Lord, please, save us. *Ps. 118*
Lord, please, grant us success.

The baby is placed on Eliyahu's seat, and the Mohel says:

This is the throne of Elijah the prophet, may he be remembered for good.

The Mohel continues:

לִישׁוּעָתְךָ For Your salvation I wait, O Lord. I await Your deliverance, *Gen. 49* *Ps. 119*
Lord, and I observe Your commandments. Elijah, angel of the covenant,
behold: yours is before you. Stand at my right hand and be close to me.
I await Your deliverance, Lord. I rejoice in Your word like one who finds *Ps. 119*

סדר ברית מילה

When the baby is brought in, all stand and say:

בָּרוּךְ הַבָּא.

The מוהל *(in some congregations, all) say (in* ארץ ישראל *omit):*

וַיְדַבֵּר יהוה אֶל־מֹשֶׁה לֵּאמֹר: פִּינְחָס בֶּן־אֶלְעָזָר בֶּן־אַהֲרֹן הַכֹּהֵן הֵשִׁיב אֶת־חֲמָתִי מֵעַל בְּנֵי־יִשְׂרָאֵל, בְּקַנְאוֹ אֶת־קִנְאָתִי בְּתוֹכָם, וְלֹא־כִלִּיתִי אֶת־בְּנֵי־יִשְׂרָאֵל בְּקִנְאָתִי: לָכֵן אֱמֹר, הִנְנִי נֹתֵן לוֹ אֶת־בְּרִיתִי שָׁלוֹם: במדבר כה

The following verses, through אָנָּא יהוה הַצְלִיחָה נָּא *are only said in Israel.*

המוהל: אַשְׁרֵי תִּבְחַר וּתְקָרֵב, יִשְׁכֹּן חֲצֵרֶיךָ תהלים סה

הקהל: נִשְׂבְּעָה בְּטוּב בֵּיתֶךָ, קְדֹשׁ הֵיכָלֶךָ:

The father takes the baby in his hands and says quietly:

אִם־אֶשְׁכָּחֵךְ יְרוּשָׁלָםִ, תִּשְׁכַּח יְמִינִי: תִּדְבַּק לְשׁוֹנִי לְחִכִּי תהלים קלז
אִם־לֹא אֶזְכְּרֵכִי, אִם־לֹא אַעֲלֶה אֶת־יְרוּשָׁלַםִ עַל רֹאשׁ שִׂמְחָתִי:

The father says aloud, followed by the קהל*:*

שְׁמַע יִשְׂרָאֵל, יהוה אֱלֹהֵינוּ, יהוה אֶחָד: דברים ו

The מוהל*, followed by the* קהל*, repeats each of the following three phrases:*

יהוה מֶלֶךְ, יהוה מָלָךְ, יהוה יִמְלֹךְ לְעוֹלָם וָעֶד.
אָנָּא יהוה הוֹשִׁיעָה נָּא תהלים קיח
אָנָּא יהוה הַצְלִיחָה נָא:

The baby is placed on the כסא של אליהו*, and the* מוהל *says:*

זֶה הַכִּסֵּא שֶׁל אֵלִיָּהוּ הַנָּבִיא זָכוּר לַטּוֹב.

The מוהל *continues:*

לִישׁוּעָתְךָ קִוִּיתִי יהוה: שִׂבַּרְתִּי לִישׁוּעָתְךָ יהוה, וּמִצְוֹתֶיךָ עָשִׂיתִי: בראשית מט / תהלים קיט
אֵלִיָּהוּ מַלְאַךְ הַבְּרִית, הִנֵּה שֶׁלְּךָ לְפָנֶיךָ, עֲמֹד עַל יְמִינִי וְסָמְכֵנִי.
שִׂבַּרְתִּי לִישׁוּעָתְךָ יהוה: שָׂשׂ אָנֹכִי עַל־אִמְרָתֶךָ, כְּמוֹצֵא שָׁלָל רָב: תהלים קיט

much spoil. Those who love Your Torah have great peace, and there is no stumbling block before them. Happy are those You choose and bring near to dwell in Your courts. Ps. 65

All respond:

May we be sated with the goodness of Your House, Your holy Temple.

The baby is placed on the knees of the Sandak, and the Mohel says:

בָּרוּךְ Blessed are You, Lord our God, King of the Universe,
who has made us holy through His commandments,
and has commanded us concerning circumcision.

Immediately after the circumcision, the father says:

בָּרוּךְ Blessed are You, Lord our God, King of the Universe,
who has made us holy through His commandments,
and has commanded us to bring him [our son]
into the covenant of Abraham, our father.

In Israel the father adds (some outside Israel add it as well):

בָּרוּךְ Blessed are You, Lord our God, King of the Universe,
who has given us life, sustained us, and brought us to this time.

All respond:

אָמֵן Amen. Just as he has entered into the covenant,
so may he enter into Torah, marriage and good deeds.

---

the circumcision itself, but what it is a sign of – namely entry into the life of the covenant, under the sheltering wings of the Divine Presence (*Arukh HaShulḥan, Yoreh De'ah* 365:2); (3) *Who made the beloved one* [*Isaac*] *holy from the womb* – a blessing of acknowledgment. Isaac was the first child to have a circumcision at the age of eight days. He was consecrated before birth, Abraham having been told that it would be Isaac who would continue the covenant (Gen. 17:19–21).

כְּשֵׁם שֶׁנִּכְנַס לַבְּרִית *Just as he has entered into the covenant:* Mentioned already in early rabbinic sources as the response of those present. The three phrases refer to the duties of a parent to a child: (1) to teach him Torah; (2) to ensure that he marries; and (3) to train him to do good deeds, as the Torah says in the case of Abraham: "For I have singled him out so that he may instruct his children and his posterity to keep the way of the Lord by doing what is just and right" (Gen. 18:19).

שָׁלוֹם רָב לְאֹהֲבֵי תוֹרָתֶךָ, וְאֵין־לָמוֹ מִכְשׁוֹל: אַשְׁרֵי תִּבְחַר וּתְקָרֵב, יִשְׁכֹּן חֲצֵרֶיךָ תהלים סה

All respond:

נִשְׂבְּעָה בְּטוּב בֵּיתֶךָ, קְדֹשׁ הֵיכָלֶךָ:

The baby is placed on the knees of the סנדק*, and the* מוהל *says:*

בָּרוּךְ אַתָּה יהוה אֱלֹהֵינוּ מֶלֶךְ הָעוֹלָם
אֲשֶׁר קִדְּשָׁנוּ בְּמִצְוֹתָיו וְצִוָּנוּ עַל הַמִּילָה.

Immediately after the circumcision, the father says:

בָּרוּךְ אַתָּה יהוה אֱלֹהֵינוּ מֶלֶךְ הָעוֹלָם, אֲשֶׁר קִדְּשָׁנוּ בְּמִצְוֹתָיו
וְצִוָּנוּ לְהַכְנִיסוֹ בִּבְרִיתוֹ שֶׁל אַבְרָהָם אָבִינוּ.

In ארץ ישראל *the father adds (some in* חוץ לארץ *add it as well):*

בָּרוּךְ אַתָּה יהוה אֱלֹהֵינוּ מֶלֶךְ הָעוֹלָם
שֶׁהֶחֱיָנוּ וְקִיְּמָנוּ וְהִגִּיעָנוּ לַזְּמַן הַזֶּה.

All respond:

אָמֵן. כְּשֵׁם שֶׁנִּכְנַס לַבְּרִית, כֵּן יִכָּנֵס לְתוֹרָה וּלְחֻפָּה וּלְמַעֲשִׂים טוֹבִים.

SERVICE AT A CIRCUMCISION

Since the days of Abraham (Gen. 17:4–14), circumcision has been the sign, for Jewish males, of the covenant between God and His people. Despite the fact that the law was restated by Moses (Lev. 12:3), it remains known as the "Covenant of Abraham." The ceremony – always performed on the eighth day, even on Shabbat, unless there are medical reasons for delay – marks the entry of the child into the covenant of Jewish fate and destiny. The duty of circumcision devolves, in principle, on the father of the child; in practice it is performed only by a qualified *mohel*.

בָּרוּךְ *Blessed are You:* There are three blessings to be said at a circumcision: (1) *And has commanded us concerning circumcision* – a blessing over the commandment itself, the "about" formula signaling that the *mohel* is performing the commandment on behalf of the father; (2) *To bring him [our son] into the covenant of Abraham, our father* – a separate blessing, referring not to

After the circumcision has been completed, the Mohel (or another honoree) takes a cup of wine and says:

בָּרוּךְ Blessed are You, LORD our God, King of the Universe, who creates the fruit of the vine.

בָּרוּךְ Blessed are You, LORD our God, King of the Universe, who made the beloved one [Isaac] holy from the womb, marked the decree of circumcision in his flesh, and gave his descendants the seal and sign of the holy covenant. As a reward for this, the Living God, our Portion, our Rock, did order deliverance from destruction for the beloved of our flesh, for the sake of His covenant that He set in our flesh. Blessed are You, LORD, who establishes the covenant.

אֱלֹהֵינוּ Our God and God of our fathers, preserve this child to his father and mother, and let his name be called in Israel (*baby's name* son of *father's name*). May the father rejoice in the issue of his body, and the mother be glad with the fruit of her womb, as is written, "May your father and mother rejoice, and she who bore you be glad." And it is said, "Then I passed by you and saw you downtrodden in your blood, and I said to you: In your blood, live; and I said to you: In your blood, live." *Prov. 23* *Ezek. 16*

וְנֶאֱמַר And it is said, "He remembered His covenant for ever; the word He ordained for a thousand generations; the covenant He made with Abraham and gave on oath to Isaac, confirming it as a statute for Jacob, an everlasting covenant for Israel." And it is said, "And Abraham circumcised his son Isaac at the age of eight days, as God had commanded him." Thank the LORD for He is good; His loving-kindness is for ever. *Ps. 105* *Gen. 21* *Ps. 118*

All respond:

Thank the LORD for He is good; His loving-kindness is for ever.

The Mohel (or honoree) continues:

May this child (*baby's name* son of *father's name*) become great. Just as he has entered into the covenant, so may he enter into Torah, marriage and good deeds.

The Sandak also drinks some of the wine; some drops are given to the baby. The cup is then sent to the mother, who also drinks from it.

All say Aleinu on page 764, and Mourner's Kaddish on page 766.

After the circumcision has been completed, the מוהל *(or another honoree) takes a cup of wine and says:*

בָּרוּךְ אַתָּה יהוה אֱלֹהֵינוּ מֶלֶךְ הָעוֹלָם, בּוֹרֵא פְּרִי הַגָּפֶן.

בָּרוּךְ אַתָּה יהוה אֱלֹהֵינוּ מֶלֶךְ הָעוֹלָם, אֲשֶׁר קִדֵּשׁ יְדִיד מִבֶּטֶן, וְחֹק בִּשְׁאֵרוֹ שָׂם, וְצֶאֱצָאָיו חָתַם בְּאוֹת בְּרִית קֹדֶשׁ. עַל כֵּן בִּשְׂכַר זֹאת, אֵל חַי חֶלְקֵנוּ צוּרֵנוּ צַוֵּה לְהַצִּיל יְדִידוּת שְׁאֵרֵנוּ מִשַּׁחַת, לְמַעַן בְּרִיתוֹ אֲשֶׁר שָׂם בִּבְשָׂרֵנוּ. בָּרוּךְ אַתָּה יהוה, כּוֹרֵת הַבְּרִית.

אֱלֹהֵינוּ וֵאלֹהֵי אֲבוֹתֵינוּ, קַיֵּם אֶת הַיֶּלֶד הַזֶּה לְאָבִיו וּלְאִמּוֹ, וְיִקָּרֵא שְׁמוֹ בְּיִשְׂרָאֵל (פלוני בֶּן פלוני). יִשְׂמַח הָאָב בְּיוֹצֵא חֲלָצָיו וְתָגֵל
אִמּוֹ בִּפְרִי בִטְנָהּ, כַּכָּתוּב: יִשְׂמַח־אָבִיךָ וְאִמֶּךָ, וְתָגֵל יוֹלַדְתֶּךָ: משלי כג
וְנֶאֱמַר: וָאֶעֱבֹר עָלַיִךְ וָאֶרְאֵךְ מִתְבּוֹסֶסֶת בְּדָמָיִךְ, וָאֹמַר לָךְ: יחזקאל טז
בְּדָמַיִךְ חֲיִי, וָאֹמַר לָךְ בְּדָמַיִךְ חֲיִי:
וְנֶאֱמַר: זָכַר לְעוֹלָם בְּרִיתוֹ, דָּבָר צִוָּה לְאֶלֶף דּוֹר: אֲשֶׁר כָּרַת אֶת־ תהלים קה
אַבְרָהָם, וּשְׁבוּעָתוֹ לְיִשְׂחָק: וַיַּעֲמִידֶהָ לְיַעֲקֹב לְחֹק, לְיִשְׂרָאֵל
בְּרִית עוֹלָם: וְנֶאֱמַר: וַיָּמָל אַבְרָהָם אֶת־יִצְחָק בְּנוֹ בֶּן־שְׁמֹנַת בראשית כא
יָמִים, כַּאֲשֶׁר צִוָּה אֹתוֹ אֱלֹהִים: הוֹדוּ לַיהוה כִּי־טוֹב, כִּי לְעוֹלָם תהלים קיח
חַסְדּוֹ:

All respond:

הוֹדוּ לַיהוה כִּי־טוֹב, כִּי לְעוֹלָם חַסְדּוֹ:

The מוהל *(or honoree) continues:*

(פלוני בֶּן פלוני) זֶה הַקָּטָן גָּדוֹל יִהְיֶה, כְּשֵׁם שֶׁנִּכְנַס לַבְּרִית, כֵּן יִכָּנֵס לְתוֹרָה וּלְחֻפָּה וּלְמַעֲשִׂים טוֹבִים.

The סנדק *also drinks some of the wine; some drops are given to the baby.*
The cup is then sent to the mother, who also drinks from it.

All say עָלֵינוּ *on page 765, and* קדיש יתום *on page 767.*

BIRKAT HAMAZON AT A BRIT MILA

Leader Gentlemen, let us say grace.

Others May the name of the LORD be blessed from now and for ever. *Ps. 113*

Leader May the name of the LORD be blessed from now and for ever.

Leader then others We give thanks to Your name among the faithful.
Blessed are you to the LORD.

Leader With permission of the Almighty, awesome and revered,
a refuge in times of trouble,
Almighty, girded with strength –
majestic on high, the LORD.

Others We give thanks to Your name among the faithful.
Blessed are you to the LORD.

Leader With permission of the holy Torah,
pure and clear,
given to us as a heritage
by Moses the servant of the LORD.

Others We give thanks to Your name among the faithful.
Blessed are you to the LORD.

Leader With permission of the priests, the Levites,
I call upon the God of the Hebrews,
declaring His glory to the furthest isles,
and offering blessings to the LORD.

Others We give thanks to Your name among the faithful.
Blessed are you to the LORD.

---

from God, the Torah, Kohanim and Levites, and the assembled company, dating from the Middle Ages. Originally said at other festive occasions, it has come, over the course of time, to be associated specifically with the celebration of a circumcision.

ברכת המזון לברית מילה

Leader רַבּוֹתַי, נְבָרֵךְ.

Others יְהִי שֵׁם יהוה מְבֹרָךְ מֵעַתָּה וְעַד־עוֹלָם: תהלים קיג

Leader יְהִי שֵׁם יהוה מְבֹרָךְ מֵעַתָּה וְעַד־עוֹלָם:

Leader then others נוֹדֶה לְשִׁמְךָ בְּתוֹךְ אֱמוּנַי, בְּרוּכִים אַתֶּם לַיהוה.

Leader בִּרְשׁוּת אֵל אָיֹם וְנוֹרָא
מִשְׂגָּב לְעִתּוֹת בַּצָּרָה
אֵל נֶאְזָר בִּגְבוּרָה
אַדִּיר בַּמָּרוֹם יהוה.

Others נוֹדֶה לְשִׁמְךָ בְּתוֹךְ אֱמוּנַי, בְּרוּכִים אַתֶּם לַיהוה.

Leader בִּרְשׁוּת הַתּוֹרָה הַקְּדוֹשָׁה
טְהוֹרָה הִיא וְגַם פְּרוּשָׁה
צִוָּה לָנוּ מוֹרָשָׁה
מֹשֶׁה עֶבֶד יהוה.

Others נוֹדֶה לְשִׁמְךָ בְּתוֹךְ אֱמוּנַי, בְּרוּכִים אַתֶּם לַיהוה.

Leader בִּרְשׁוּת הַכֹּהֲנִים וְהַלְוִיִּם
אֶקְרָא לֵאלֹהֵי הָעִבְרִיִּים
אֲהוֹדֶנּוּ בְּכָל אִיִּים
אֲבָרְכָה אֶת יהוה.

Others נוֹדֶה לְשִׁמְךָ בְּתוֹךְ אֱמוּנַי, בְּרוּכִים אַתֶּם לַיהוה.

BIRKAT HAMAZON AT A BRIT MILA

נוֹדֶה לְשִׁמְךָ בְּתוֹךְ אֱמוּנַי *We give thanks to Your name among the faithful:* A highly stylized form of the invitation to say Grace, asking permission respectively

Leader With the permission of the rabbis, teachers and friends,
I open my lips with song,
saying from my innermost being:
"Blessed is he that comes in the name of the Lord."

Others We give thanks to Your name among the faithful.
Blessed are you to the Lord.

Leader With your permission, my masters and teachers,
let us bless (*in a minyan:* our God,) the One
from whose food we have eaten.

Others Blessed be (*in a minyan:* our God,) the One
from whose food we have eaten,
and by whose goodness we live.

Leader Blessed be (*in a minyan:* our God,) the One
from whose food we have eaten,
and by whose goodness we live.
Blessed be He, and blessed be His name.

Continue with Birkat HaMazon on page 1010
until "in the eyes of God and man" on page 1022. Then continue:

Someone other than the father says:

הָרַחֲמָן May the Compassionate One
bless the father and mother of this child.
May they be worthy to raise him,
educate him, and train him in wisdom.
From this eighth day onward may his blood be accepted,
and may the Lord his God be with him always.

Someone other than the Sandak says:

הָרַחֲמָן May the Compassionate One bless him [the Sandak]
who assisted in the covenant of circumcision
and rejoiced to do this pious deed.
May God doubly reward him for his deed,
exalting him ever higher.

Leader בִּרְשׁוּת מָרָנָן וְרַבָּנָן וְרַבּוֹתַי
אֶפְתְּחָה בְּשִׁיר פִּי וּשְׂפָתַי
וְתֹאמַרְנָה עַצְמוֹתַי
בָּרוּךְ הַבָּא בְּשֵׁם יהוה.

Others נוֹדֶה לְשִׁמְךָ בְּתוֹךְ אֱמוּנַי, בְּרוּכִים אַתֶּם לַיהוה.

Leader בִּרְשׁוּת מָרָנָן וְרַבָּנָן וְרַבּוֹתַי
נְבָרֵךְ (במנין: אֱלֹהֵינוּ) שֶׁאָכַלְנוּ מִשֶּׁלּוֹ.

Others בָּרוּךְ (במנין: אֱלֹהֵינוּ) שֶׁאָכַלְנוּ מִשֶּׁלּוֹ וּבְטוּבוֹ חָיִינוּ.

Leader בָּרוּךְ (במנין: אֱלֹהֵינוּ) שֶׁאָכַלְנוּ מִשֶּׁלּוֹ וּבְטוּבוֹ חָיִינוּ.
בָּרוּךְ הוּא וּבָרוּךְ שְׁמוֹ.

Continue with ברכת המזון *on page 1011 until* בְּעֵינֵי אֱלֹהִים וְאָדָם *on page 1023. Then continue:*

Someone other than the father says:

הָרַחֲמָן הוּא יְבָרֵךְ אֲבִי הַיֶּלֶד וְאִמּוֹ
וְיִזְכּוּ לְגַדְּלוֹ וּלְחַנְּכוֹ וּלְחַכְּמוֹ
מִיּוֹם הַשְּׁמִינִי וָהָלְאָה יֵרָצֶה דָמוֹ
וִיהִי יהוה אֱלֹהָיו עִמּוֹ.

Someone other than the סנדק *says:*

הָרַחֲמָן הוּא יְבָרֵךְ בַּעַל בְּרִית הַמִּילָה
אֲשֶׁר שָׂשׂ לַעֲשׂוֹת צֶדֶק בְּגִילָה
וִישַׁלֵּם פָּעֳלוֹ וּמַשְׂכֻּרְתּוֹ כְּפוּלָה
וְיִתְּנֵהוּ לְמַעְלָה לְמָעְלָה.

הָרַחֲמָן *May the Compassionate One:* A series of special blessings for the parents of the child, the *Sandak*, the child, and the *mohel*. The fifth and sixth are prayers for the coming of the Messiah, and for Elijah, who is believed to be

הָרַחֲמָן May the Compassionate One
bless the tender child,
circumcised on his eighth day.
May his heart and hands be firm with God,
and may he be worthy to witness the Divine Presence
three times a year.

Someone other than the Mohel says:

הָרַחֲמָן May the Compassionate One
bless him who performed the circumcision,
and fulfilled every part of the precept.
The service of the faint-hearted would not be acceptable
if he failed to perform
the three essentials of the precept.

הָרַחֲמָן May the Compassionate One
send us His anointed, blameless in life,
through the merit of this child
groomed by the blood of circumcision,
to proclaim good news and consolations
to the unique people scattered
and dispersed among the nations.

הָרַחֲמָן May the Compassionate One
send us the righteous priest,
who was taken into hiding,
until a throne, bright as the sun, radiant as a diamond,
is prepared for him;
the prophet who covered his face with his mantle
and wrapped himself in it [when God declared]:
My covenant is with him for life and peace.

Continue with "May the Compassionate One let us inherit" on page 1022.

הָרַחֲמָן הוּא יְבָרֵךְ רַךְ הַנִּמּוֹל לִשְׁמוֹנָה
וְיִהְיוּ יָדָיו וְלִבּוֹ לָאֵל אֱמוּנָה
וְיִזְכֶּה לִרְאוֹת פְּנֵי הַשְּׁכִינָה
שָׁלֹשׁ פְּעָמִים בַּשָּׁנָה.

Someone other than the מוהל *says:*

הָרַחֲמָן הוּא יְבָרֵךְ הַמָּל בְּשַׂר הָעָרְלָה
וּפָרַע וּמָצַץ דְּמֵי הַמִּילָה
אִישׁ הַיָּרֵא וְרַךְ הַלֵּבָב עֲבוֹדָתוֹ פְּסוּלָה
אִם שְׁלָשׁ אֵלֶּה לֹא יַעֲשֶׂה לָהּ.

הָרַחֲמָן הוּא יִשְׁלַח לָנוּ מְשִׁיחוֹ הוֹלֵךְ תָּמִים
בִּזְכוּת חֲתַן לַמּוּלוֹת דָּמִים
לְבַשֵּׂר בְּשׂוֹרוֹת טוֹבוֹת וְנִחוּמִים
לְעַם אֶחָד מְפֻזָּר וּמְפֹרָד בֵּין הָעַמִּים.

הָרַחֲמָן הוּא יִשְׁלַח לָנוּ כֹּהֵן צֶדֶק אֲשֶׁר לֻקַּח לְעֵילוֹם
עַד הוּכַן כִּסְאוֹ כַּשֶּׁמֶשׁ וְיָהֲלוֹם
וַיָּלֶט פָּנָיו בְּאַדַּרְתּוֹ וַיִּגְלֹם
בְּרִיתִי הָיְתָה אִתּוֹ הַחַיִּים וְהַשָּׁלוֹם.

Continue with הָרַחֲמָן הוּא יַנְחִילֵנוּ *on page 1023.*

---

present at the circumcision. The author has left his name, Abraham, in an acrostic formed by the initial letters of the third-to-last word in the first line of the first five blessings.

THANKSGIVING PRAYER AFTER CHILDBIRTH

On entering the synagogue, say:

וַאֲנִי As for me, by Your great love, *Ps. 5*
I will come into Your House.
I will bow down toward Your holy Temple in awe of You.

אָהַבְתִּי I love the LORD, for He hears my voice, my pleas. *Ps. 116*
He turns His ear to me whenever I call.
The bonds of death encompassed me,
the anguish of the grave came upon me,
I was overcome by trouble and sorrow.
Then I called on the name of the LORD: "LORD, I pray, save my life."
Gracious is the LORD, and righteous; our God is full of compassion.
The LORD protects the simple hearted.
When I was brought low, He saved me.
My soul, be at peace once more, for the LORD has been good to you.
For You have rescued me from death,
my eyes from weeping, my feet from stumbling.
I shall walk in the presence of the LORD in the land of the living.
I had faith, even when I said, "I am greatly afflicted,"
even when I said rashly, "All men are liars."

מָה־אָשִׁיב How can I repay the LORD for all His goodness to me? *Ps. 116*
To You I shall bring a thanksgiving-offering
and call on the LORD by name.
I will fulfill my vows to the LORD in the presence of all His people,
in the courts of the House of the LORD,
in your midst, Jerusalem. Halleluya!

---

ing. The above prayer is composed of the following elements: (1) a prayer on entry to the synagogue; (2) verses of thanksgiving from Hallel; (3) the blessing "Who bestows good things" (*HaGomel*) together with the congregational response; and (4) prayers for recovery from the pains of birth, and for success in raising the child.

סדר תפילה ליולדת

On entering the בית כנסת*, say:*

תהלים ה
וַאֲנִי בְּרֹב חַסְדְּךָ אָבוֹא בֵיתֶךָ
אֶשְׁתַּחֲוֶה אֶל־הֵיכַל־קָדְשְׁךָ בְּיִרְאָתֶךָ׃

תהלים קטז
אָהַבְתִּי, כִּי־יִשְׁמַע יהוה, אֶת־קוֹלִי תַּחֲנוּנָי׃
כִּי־הִטָּה אָזְנוֹ לִי, וּבְיָמַי אֶקְרָא׃
אֲפָפוּנִי חֶבְלֵי־מָוֶת, וּמְצָרֵי שְׁאוֹל מְצָאוּנִי, צָרָה וְיָגוֹן אֶמְצָא׃
וּבְשֵׁם־יהוה אֶקְרָא, אָנָּה יהוה מַלְּטָה נַפְשִׁי׃
חַנּוּן יהוה וְצַדִּיק, וֵאלֹהֵינוּ מְרַחֵם׃
שֹׁמֵר פְּתָאיִם יהוה, דַּלּוֹתִי וְלִי יְהוֹשִׁיעַ׃
שׁוּבִי נַפְשִׁי לִמְנוּחָיְכִי, כִּי־יהוה גָּמַל עָלָיְכִי׃
כִּי חִלַּצְתָּ נַפְשִׁי מִמָּוֶת, אֶת־עֵינִי מִן־דִּמְעָה, אֶת־רַגְלִי מִדֶּחִי׃
אֶתְהַלֵּךְ לִפְנֵי יהוה, בְּאַרְצוֹת הַחַיִּים׃
הֶאֱמַנְתִּי כִּי אֲדַבֵּר, אֲנִי עָנִיתִי מְאֹד׃
אֲנִי אָמַרְתִּי בְחָפְזִי, כָּל־הָאָדָם כֹּזֵב׃

תהלים קטז
מָה־אָשִׁיב לַיהוה, כָּל־תַּגְמוּלוֹהִי עָלָי׃
לְךָ־אֶזְבַּח זֶבַח תּוֹדָה, וּבְשֵׁם יהוה אֶקְרָא׃
נְדָרַי לַיהוה אֲשַׁלֵּם, נֶגְדָה־נָּא לְכָל־עַמּוֹ׃
בְּחַצְרוֹת בֵּית יהוה, בְּתוֹכֵכִי יְרוּשָׁלָםִ, הַלְלוּיָהּ׃

THANKSGIVING PRAYER AFTER CHILDBIRTH

In Temple times, mothers would offer a sacrifice after the birth of a child (Lev. 12:6–8). No record exists of a formal prayer offered on such occasions: there may have been no fixed text. Hannah's prayer after the birth of Samuel (I Sam. 2:1–10) is, however, a powerful example of such a song of thanksgiv-

The mother says:

בָּרוּךְ Blessed are You, LORD our God, King of the Universe,
who bestows good things on the unworthy,
who has bestowed on me much good.

All respond:

אָמֵן Amen. May He who bestowed much good on you,
continue to bestow on you much good. Selah.

אָנָּא O great, mighty and revered God. By Your great love I now come into Your House, to offer You a thanksgiving-offering for all the good You have bestowed on me. Travail beset me, pains seized me. In my distress I cried to You, and from Your habitation You heard my voice and helped me. You healed all my sickness, and crowned me with kindness and compassion. Until now Your mercy has helped me. I pray to You, God, never forsake me. Bestow Your blessing upon Your handmaid. Strengthen and support me together with my husband, that we may raise

For a boy:

הַיֶּלֶד the boy that has been born to us, to revere You and serve You in truth, and to walk in the path of righteousness. Protect our tender child in all his ways. Favor him with knowledge, understanding and discernment, and let his portion be in Your Torah, so that he may sanctify Your great name, and become a comfort to us as we grow old. As for me, may my prayer come to You, LORD, at a time of favor. *Ps. 69*
O God, in Your great love, answer me with Your faithful salvation.

For a girl:

הַיַּלְדָּה the girl that has been born to us, to revere You and serve You in truth, and to walk in the path of righteousness. Protect our tender child in all her ways. Favor her with knowledge, understanding and discernment, and let her portion be in Your Torah, so that she may sanctify Your great name, and become a comfort to us as we grow old. As for me, may my prayer come to You, LORD, at a time of favor. *Ps. 69*
O God, in Your great love, answer me with Your faithful salvation.

If the baby is brought to the synagogue, the Rabbi says the following blessings over him/her:

יְבָרֶכְךָ May the LORD bless you and protect you. *Num. 6*
May the LORD make His face shine on you and be gracious to you.
May the LORD turn His face toward you and grant you peace.

The mother says:

בָּרוּךְ אַתָּה יהוה אֱלֹהֵינוּ מֶלֶךְ הָעוֹלָם
הַגּוֹמֵל לְחַיָּבִים טוֹבוֹת, שֶׁגְּמָלַנִי כָּל טוֹב.

All respond:

אָמֵן. מִי שֶׁגְּמָלֵךְ כָּל טוֹב, הוּא יִגְמָלֵךְ כָּל טוֹב, סֶלָה.

אָנָּא הָאֵל הַגָּדוֹל הַגִּבּוֹר וְהַנּוֹרָא, בְּרֹב חַסְדְּךָ אָבוֹא בֵיתֶךָ, לִזְבֹּחַ לְךָ זֶבַח תּוֹדָה עַל כָּל הַטּוֹבוֹת אֲשֶׁר גָּמַלְתָּ עָלָי. אֲפָפוּנִי חֲבָלִים וְצִירִים אֲחָזוּנִי, בַּצַּר לִי קָרָאתִי אֵלֶיךָ, וְשָׁמַעְתָּ מֵהֵיכָלְךָ קוֹלִי וְהָיִיתָ בְּעוֹזְרִי, רְפָאתָ לְכָל תַּחֲלוּאַי, עִטַּרְתַּנִי חֶסֶד וְרַחֲמִים, עַד הֵנָּה עֲזָרוּנִי רַחֲמֶיךָ, אָנָּא אַל תִּטְּשֵׁנִי לָנֶצַח. הוֹאֵל אֱלוֹהַּ, וּבָרֵךְ אֶת אֲמָתֶךָ, חַזְּקֵנִי וְאַמְּצֵנִי, אוֹתִי וְאֶת בַּעְלִי, וּנְגַדֵּל אֶת

For a boy:

הַיֶּלֶד אֲשֶׁר יֻלַּד לָנוּ, לְיִרְאָתְךָ וּלְעָבְדְךָ בֶּאֱמֶת, וְלָלֶכֶת אֹרַח מֵישָׁרִים. שְׁמֹר אֶת הַיֶּלֶד הָרַךְ בְּכָל דְּרָכָיו, חָנֵּהוּ דֵּעָה בִּינָה וְהַשְׂכֵּל, וְתֵן חֶלְקוֹ בְּתוֹרָתֶךָ, וִיקַדֵּשׁ אֶת שִׁמְךָ הַגָּדוֹל, וְהָיָה לָנוּ
תהלים סט לְמֵשִׁיב נֶפֶשׁ בִּימֵי שֵׂיבָתֵנוּ. וַאֲנִי תְפִלָּתִי־לְךָ יהוה עֵת רָצוֹן, אֱלֹהִים בְּרָב־חַסְדֶּךָ, עֲנֵנִי בֶּאֱמֶת יִשְׁעֶךָ:

For a girl:

הַיַּלְדָּה אֲשֶׁר יֻלְּדָה לָנוּ, לְיִרְאָתְךָ וּלְעָבְדְךָ בֶּאֱמֶת, וְלָלֶכֶת אֹרַח מֵישָׁרִים. שְׁמֹר אֶת הַיַּלְדָּה הָרַכָּה בְּכָל דְּרָכֶיהָ, חָנֶּהָ דֵּעָה בִּינָה וְהַשְׂכֵּל, וְתֵן חֶלְקָהּ בְּתוֹרָתֶךָ, וּתְקַדֵּשׁ אֶת שִׁמְךָ הַגָּדוֹל, וְהָיְתָה
תהלים סט לָנוּ לִמְשִׁיבַת נֶפֶשׁ בִּימֵי שֵׂיבָתֵנוּ. וַאֲנִי תְפִלָּתִי־לְךָ יהוה עֵת רָצוֹן, אֱלֹהִים בְּרָב־חַסְדֶּךָ, עֲנֵנִי בֶּאֱמֶת יִשְׁעֶךָ:

If the baby is brought to the בית כנסת*, the Rabbi says the following blessings over him/her:*

במדבר ו יְבָרֶכְךָ יהוה וְיִשְׁמְרֶךָ: יָאֵר יהוה פָּנָיו אֵלֶיךָ וִיחֻנֶּךָּ:
יִשָּׂא יהוה פָּנָיו אֵלֶיךָ, וְיָשֵׂם לְךָ שָׁלוֹם:

ZIMMUN FOR SHEVA BERAKHOT FEAST

The leader takes a cup of wine in his hand and says:

Leader Gentlemen, let us say grace.

Others May the name of the LORD be blessed from now and for ever. *Ps. 113*

Leader May the name of the LORD be blessed from now and for ever.

Banish grief and anger.
Let even the mute celebrate in song.
Guide us in the paths of righteousness.
Hear the blessing of the children of Aaron.

Add the appropriate words in parentheses:

With your permission, (my father and teacher / my mother and teacher / the Kohanim present / our teacher the Rabbi / the master of this house / the mistress of this house)
my masters and teachers,
let us bless our God, in whose dwelling place is joy,
from whose food we have eaten.

Others Blessed be our God in whose dwelling place is joy,
from whose food we have eaten,
and by whose goodness we live.

Leader Blessed be our God in whose dwelling place is joy,
from whose food we have eaten,
and by whose goodness we live.

Blessed be He, and blessed be His name.

Continue with Birkat HaMazon on page 1010, at the end of which say the Sheva Berakhot on the next page over a cup of wine.

---

a poem written by the tenth-century linguist and poet, Dunash ben Labrat. The initial letters of the four phrases spell out his name.

זימון לסעודת שבע ברכות

The leader takes a cup of wine in his hand and says:

Leader רַבּוֹתַי, נְבָרֵךְ.

תהלים קיג

Others יְהִי שֵׁם יהוה מְבֹרָךְ מֵעַתָּה וְעַד־עוֹלָם:

Leader יְהִי שֵׁם יהוה מְבֹרָךְ מֵעַתָּה וְעַד־עוֹלָם:

דְּוַי הָסֵר וְגַם חָרוֹן   וְאָז אִלֵּם בְּשִׁיר יָרֹן.
נְחֵנוּ בְּמַעְגְּלֵי צֶדֶק   שְׁעֵה בִּרְכַּת בְּנֵי אַהֲרֹן.

Add the appropriate words in parentheses:

בִּרְשׁוּת (אָבִי מוֹרִי / אִמִּי מוֹרָתִי / כֹּהֲנִים / מוֹרֵנוּ הָרַב /
בַּעַל הַבַּיִת הַזֶּה / בַּעֲלַת הַבַּיִת הַזֶּה)
מָרָנָן וְרַבָּנָן וְרַבּוֹתַי
נְבָרֵךְ אֱלֹהֵינוּ שֶׁהַשִּׂמְחָה בִּמְעוֹנוֹ וְשֶׁאָכַלְנוּ מִשֶּׁלּוֹ.

Others בָּרוּךְ אֱלֹהֵינוּ שֶׁהַשִּׂמְחָה בִּמְעוֹנוֹ
שֶׁאָכַלְנוּ מִשֶּׁלּוֹ וּבְטוּבוֹ חָיִינוּ.

Leader בָּרוּךְ אֱלֹהֵינוּ שֶׁהַשִּׂמְחָה בִּמְעוֹנוֹ
שֶׁאָכַלְנוּ מִשֶּׁלּוֹ וּבְטוּבוֹ חָיִינוּ.

בָּרוּךְ הוּא וּבָרוּךְ שְׁמוֹ.

Continue with ברכת המזון *on page 1011, at the end of which say the* שבע ברכות *on the next page over a cup of wine.*

GRACE AT SHEVA BERAKHOT / THE SEVEN BLESSINGS
The special invocation, with its phrase "in whose dwelling place is joy," is mentioned in the Talmud (*Ketubot* 8a). דְּוַי הָסֵר וְגַם חָרוֹן *Banish grief and anger:*

THE SEVEN BLESSINGS OF MARRIAGE

בָּרוּךְ Blessed are You, Lord our God, King of the Universe,
who has created all for His glory.

בָּרוּךְ Blessed are You, Lord our God, King of the Universe,
Creator of mankind.

בָּרוּךְ Blessed are You, Lord our God, King of the Universe,
who made humanity in His image, the image of His likeness,
and out of His very self formed a building for eternity.
Blessed are You, Lord, Creator of mankind.

שׂוֹשׂ Bring great happiness and joy to one who was barren [Zion],
as her children return to her in joy.
Blessed are You, Lord, who gladdens Zion through her children.

שַׂמֵּחַ Bring great joy to these loving friends,
as You gave joy to Your creations in the Garden of Eden.
Blessed are You, Lord, who gives joy to the bridegroom and bride.

בָּרוּךְ Blessed are You, Lord our God, King of the Universe,
who created joy and gladness, bridegroom and bride,
happiness and jubilation, cheer and delight,
love, fellowship, peace and friendship.
Soon, Lord our God, may there be heard in the cities of Judah,
and in the streets of Jerusalem, the sounds of joy and gladness,
the sounds of the bridegroom and bride,
the joyous sounds of bridegrooms from their wedding canopy and
of young people at their feasts of song.
Blessed are You, Lord,
who makes the bridegroom rejoice with the bride.

בָּרוּךְ Blessed are You, Lord our God, King of the Universe,
who creates the fruit of the vine.

---

speaks about the Jewish people (Zion) as a whole, renewed through this marriage of her children. The fifth prays that the bride and groom should find joy together and bring joy to God. The sixth and longest brings all of these themes together, invoking the words of the prophet Jeremiah (33:10–11) that in the future there will be heard "the sounds of joy and gladness, the sounds of bridegroom and bride." The seventh concludes with the blessing over wine.

שבע ברכות הנשואין

בָּרוּךְ אַתָּה יהוה אֱלֹהֵינוּ מֶלֶךְ הָעוֹלָם, שֶׁהַכֹּל בָּרָא לִכְבוֹדוֹ.

בָּרוּךְ אַתָּה יהוה אֱלֹהֵינוּ מֶלֶךְ הָעוֹלָם, יוֹצֵר הָאָדָם.

בָּרוּךְ אַתָּה יהוה אֱלֹהֵינוּ מֶלֶךְ הָעוֹלָם
אֲשֶׁר יָצַר אֶת הָאָדָם בְּצַלְמוֹ, בְּצֶלֶם דְּמוּת תַּבְנִיתוֹ
וְהִתְקִין לוֹ מִמֶּנּוּ בִּנְיַן עֲדֵי עַד.
בָּרוּךְ אַתָּה יהוה, יוֹצֵר הָאָדָם.

שׂוֹשׂ תָּשִׂישׂ וְתָגֵל הָעֲקָרָה בְּקִבּוּץ בָּנֶיהָ לְתוֹכָהּ בְּשִׂמְחָה.
בָּרוּךְ אַתָּה יהוה, מְשַׂמֵּחַ צִיּוֹן בְּבָנֶיהָ.

שַׂמֵּחַ תְּשַׂמַּח רֵעִים הָאֲהוּבִים כְּשַׂמֵּחֲךָ יְצִירְךָ בְּגַן עֵדֶן מִקֶּדֶם.
בָּרוּךְ אַתָּה יהוה, מְשַׂמֵּחַ חָתָן וְכַלָּה.

בָּרוּךְ אַתָּה יהוה אֱלֹהֵינוּ מֶלֶךְ הָעוֹלָם
אֲשֶׁר בָּרָא שָׂשׂוֹן וְשִׂמְחָה, חָתָן וְכַלָּה
גִּילָה, רִנָּה, דִּיצָה וְחֶדְוָה, אַהֲבָה וְאַחֲוָה וְשָׁלוֹם וְרֵעוּת.
מְהֵרָה יהוה אֱלֹהֵינוּ
יִשָּׁמַע בְּעָרֵי יְהוּדָה וּבְחוּצוֹת יְרוּשָׁלָיִם
קוֹל שָׂשׂוֹן וְקוֹל שִׂמְחָה, קוֹל חָתָן וְקוֹל כַּלָּה
קוֹל מִצְהֲלוֹת חֲתָנִים מֵחֻפָּתָם וּנְעָרִים מִמִּשְׁתֵּה נְגִינָתָם.
בָּרוּךְ אַתָּה יהוה, מְשַׂמֵּחַ הֶחָתָן עִם הַכַּלָּה.

בָּרוּךְ אַתָּה יהוה אֱלֹהֵינוּ מֶלֶךְ הָעוֹלָם, בּוֹרֵא פְּרִי הַגָּפֶן.

SHEVA BERAKHOT / THE SEVEN BLESSINGS

These blessings date back to early rabbinic times. The first six benedictions move sequentially from the universal to the particular. The first praises God as Creator of all. The second speaks of His creation of man. The third alludes to the second chapter of Genesis in which God, seeing that the man was alone, formed "out of His very self" a partner so that they could become "a building for eternity" through their descendants. The fourth movingly

RABBIS' KADDISH

Mourner: Yitgadal ve-yitkadash shemeh raba. (*Cong:* Amen)
Be-alema di vera khir'uteh, ve-yamlikh malkhuteh,
be-ḥayyeikhon, uv-yomeikhon,
uv-ḥayyei de-khol beit Yisrael,
ba-agala uvi-zman kariv,
ve-imru Amen. (*Cong:* Amen)

All: Yeheh shemeh rabba mevarakh le'alam ul-alemei alemaya.

Mourner: Yitbarakh ve-yishtabaḥ ve-yitpa'ar ve-yitromam ve-yitnaseh
ve-yit-hadar ve-yit'aleh ve-yit-hallal
shemeh dekudsha, berikh hu. (*Cong:* Berikh hu)
Le-ela min kol birkhata
/*Between Rosh HaShana & Yom Kippur:* Le-ela le-ela mi-kol birkhata/
ve-shirata, tushbeḥata ve-neḥemata, da-amiran be-alema,
ve-imru, Amen. (*Cong:* Amen)

Al Yisrael, ve-al rabanan,
ve-al talmideihon, ve-al kol talmidei talmideihon,
ve-al kol man de-asekin be-oraita
di be-atra (*In Israel:* kadisha) ha-dein ve-di be-khol atar va-atar,
yeheh lehon ul-khon shelama raba,
ḥina ve-ḥisda, ve-raḥamei,
ve-ḥayyei arikhei, um-zonei re-viḥei,
u-furkana min kodam avuhon di vish-maya,
ve-imru Amen. (*Cong:* Amen)

Yeheh shelama raba min shemaya
ve-ḥayyim (tovim) aleinu ve-al kol Yisrael,
ve-imru Amen. (*Cong:* Amen)

Bow, take three steps back, as if taking leave of the Divine Presence, then bow, first left, then right, then center, while saying:

Oseh shalom/*Between Rosh HaShana & Yom Kippur:* ha-shalom/
bim-romav,
hu ya'aseh ve-raḥamav shalom aleinu, ve-al kol Yisrael,
ve-imru Amen. (*Cong:* Amen)

MOURNER'S KADDISH

Mourner: Yitgadal ve-yitkadash shemeh raba. (*Cong:* Amen)
Be-alema di vera khir'uteh, ve-yamlikh malkhuteh,
be-ḥayyeikhon, uv-yomeikhon,
uv-ḥayyei de-khol beit Yisrael,
ba-agala uvi-zman kariv,
ve-imru Amen. (*Cong:* Amen)

All: Yeheh shemeh rabba mevarakh le'alam ul-alemei alemaya.

Mourner: Yitbarakh ve-yishtabaḥ ve-yitpa'ar ve-yitromam ve-yitnaseh
ve-yit-hadar ve-yit'aleh ve-yit-hallal
shemeh dekudsha, berikh hu. (*Cong:* Berikh hu)
Le-ela min kol birkhata
/*Between Rosh HaShana & Yom Kippur:* Le-ela le-ela mi-kol birkhata/
ve-shirata, tushbeḥata ve-neḥemata, da-amiran be-alema,
ve-imru, Amen. (*Cong:* Amen)

Yeheh shelama raba min shemaya
ve-ḥayyim aleinu ve-al kol Yisrael,
ve-imru Amen. (*Cong:* Amen)

Bow, take three steps back, as if taking leave of the Divine Presence, then bow, first left, then right, then center, while saying:

Oseh shalom/*Between Rosh HaShana & Yom Kippur:* ha-shalom/
bim-romav,
hu ya'aseh shalom aleinu, ve-al kol Yisrael,
ve-imru Amen. (*Cong:* Amen)

קורן ירושלים